唐山年鉴

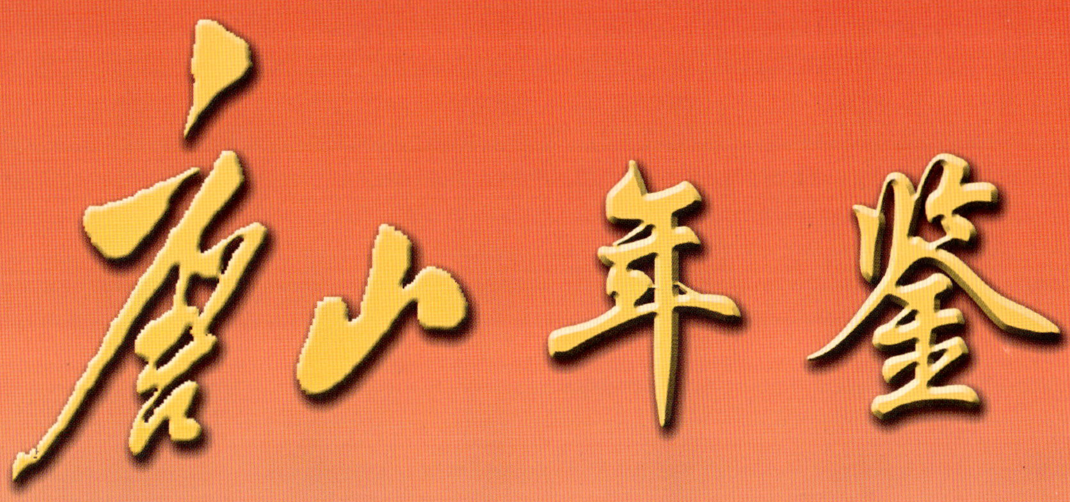

2009 TANGSHAN YEARBOOK

唐山市人民政府 编

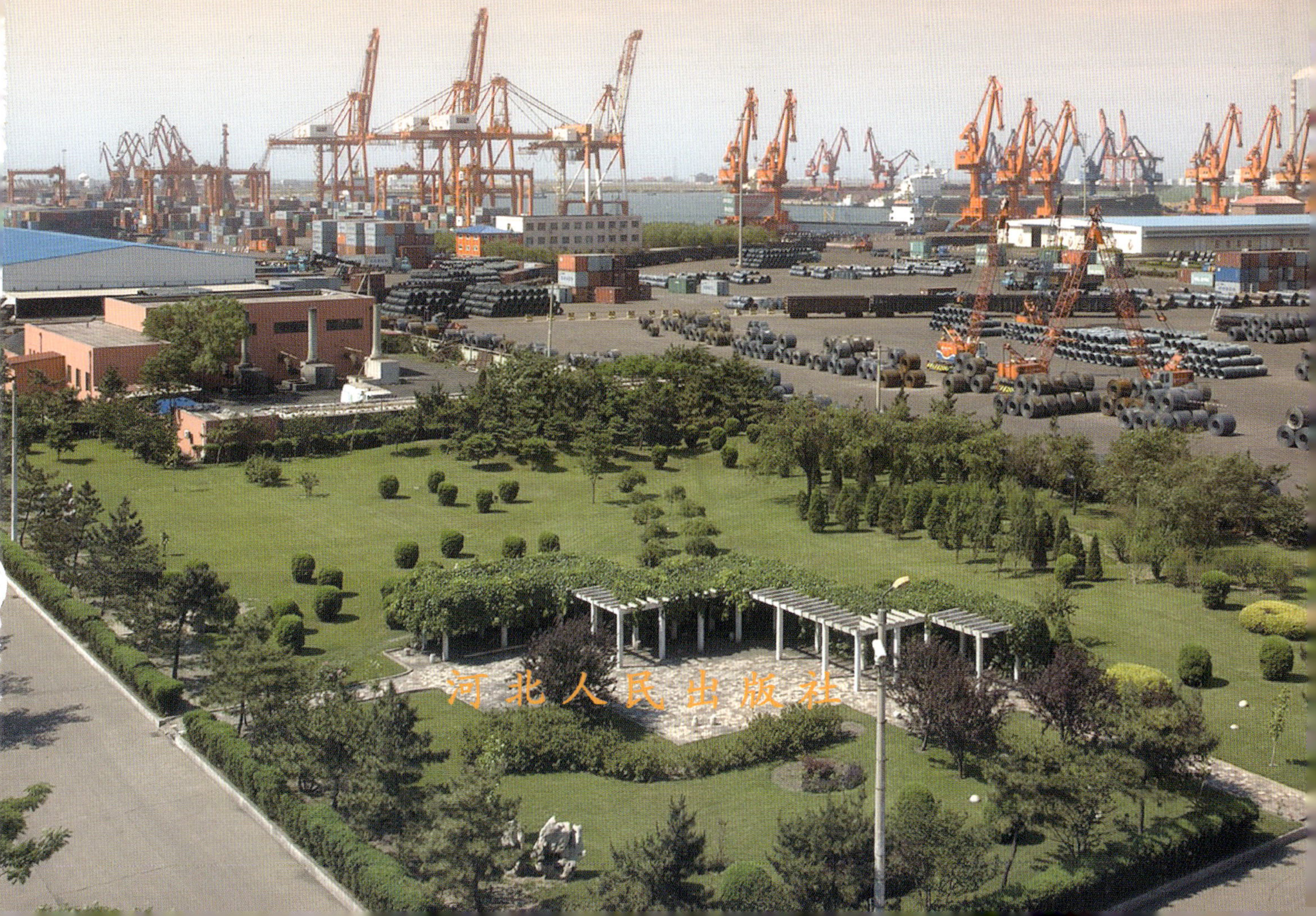

河北人民出版社

图书在版编目（CIP）数据

唐山年鉴. 2009/唐山市人民政府编. —石家庄：河北人民出版社，2010.3
ISBN 978-7-202-05509-0

Ⅰ.①唐… Ⅱ.①唐… Ⅲ.①唐山市—2009—年鉴 Ⅳ.①Z522.23

中国版本图书馆CIP数据核字(2010)第023336号

书　　名	唐山年鉴2009
编　　者	唐山市人民政府
责任编辑	杨永林
美术编辑	李　欣
责任校对	丁　清
装帧设计	中　画
出版发行	河北人民出版社(石家庄市友谊北大街330号)
印　　刷	保定市中画美凯印刷有限公司
开　　本	889×1194毫米　1/16
印　　张	39
字　　数	1453000
版　　次	2010年3月第1版　　2010年3月第1次印刷
印　　数	1-2000
书　　号	ISBN 978-7-202-05509-0/Z·141
定　　价	220.00元

《唐山年鉴》编纂委员会

主　任：陈国鹰（市长）

常务副主任：周仲明（常务副市长）

副主任：唐凤岗（市人大副主任）
沈　瑾（市政协副主席）
刘建国（市委秘书长）
郑立波（市政府副秘书长）
唐文弘（市政府副市长）
贾军平（军分区副司令员）
刘树祥（市政府秘书长）

委　员：纪泽民（市政府副秘书长、研究室主任）
刘作生（市委党史研究室主任）
盛新丰（市工促局局长）
苏春生（市建设局局长）
王志军（市商务局局长）
李冠媛（市编制办主任）
孙士纪（市文化局局长）
刘之俊（市体育局局长）
王洪江（市统计局局长）
杨铁生（市档案局局长）
孟庆海（市政协文史资料委员会主任）
方成田（市委宣传部常务副部长）
袁志刚（市发改委主任）
李俊民（市国资委主任）
孙贵石（市城管局局长）
苏铁成（市财政局局长）
李全民（市教育局局长）
张志明（市卫生局局长）
王　成（市科技局局长）
高世远（市民政局局长）
段海清（市地方志办公室主任）

特邀编委

（以姓氏笔画为序）

王殿春　王晓燕　付国良　皮万杰　刘志鹏　刘永江　刘金柱　许晓娟　许向斌　许建斌
杜少光　李东升　李庆山　杨恩利　杨荣博　杨学诚　肖玉文　沈鸿德　张继成　张哲明
张印勤　张军民　张廷华　陈照印　陈惠中　邸哲敏　赵士锋　赵立成　费连春　徐建军
崔敬东　董秀峰　解光第　阚友合

《唐山年鉴》

监　　审：陈国鹰　周仲明　唐文弘
刘树祥　刘绍辉　郑立波

主　　编：段海清　刘俊增

执行主编：孟祥林　李晓东

副 主 编：刘德山　赵鹤鸣

编　　纂：窦海云　王志力　许　忠　赵世昌
高金山　李晓义　张北环

特约编纂：（以姓氏笔画为序）
马长庚　孙万忠　刘小捷　刘占才
刘玉峰　刘　朋　刘春缓　纪玉恽
任春耕　陈明广　李继隆　胡哲芳
赵艳春　赵　辉　阎　寒

特约摄影：周力平　郑　勇

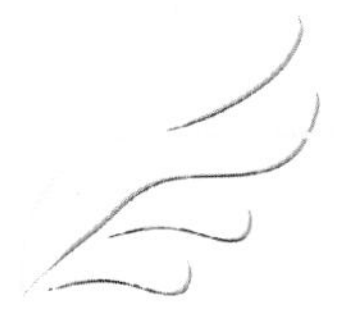

编辑说明

2009

一、《唐山年鉴》是根据国务院《地方志工作条例》和《河北省地方志工作规定》，由唐山市人民政府编纂的全面记述唐山自然、政治、经济、文化、社会各方面市情的大型综合资料性文献，逐年出版，国内外公开发行。

二、本年鉴以邓小平理论和“三个代表”重要思想为指导，以科学发展观为统领，系统记述上一年度政治、经济、文化、社会等各方面取得的新成就、新经验和重要决策，客观反映新问题，为各级领导科学决策提供参考资料，为读者了解唐山提供最新信息，为编纂唐山市志积累资料。

三、本卷为2009年卷，总第二卷。记述的是唐山市2008年发生的各方面的基本情况。有些内容和数据适当作了历史追述和延伸，以使读者了解发展脉络。

四、本年鉴采用分类编纂法，大致分为类目、分目、条目三个层次，条目为记述的基本单元。

五、本年鉴的文稿由唐山市直各单位、所属各县（市）区委派专人撰写，并经领导审定。统计资料由唐山市统计局提供。

六、由于编辑水平有限，疏漏之处在所难免，希望广大读者提出宝贵意见。

曹妃甸新区规划图

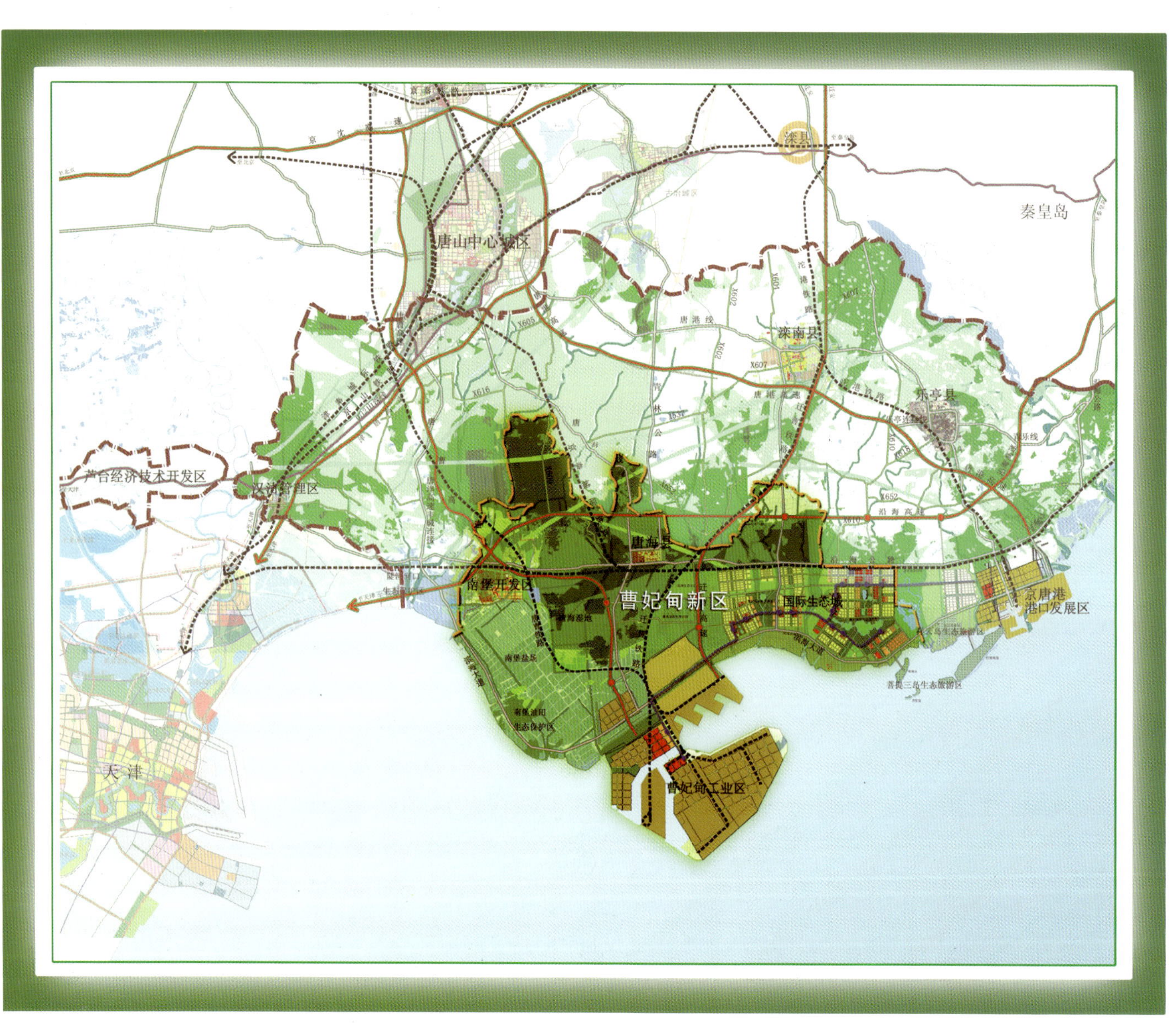

滦县
秦皇岛
唐山中心城区
滦南县
乐亭县
芦台经济技术开发区
汉沽管理区
唐海县
南堡开发区
曹妃甸新区
国际生态城
京唐港
港口发展区
天津
曹妃甸工业区

2008年5月，中共中央政治局常委、中央纪委书记贺国强察看唐山地震后危旧房改造工程

2008年4月，中共中央书记处书记、中央组织部部长李源潮来唐，对唐山开展深入学习实践科学发展观活动试点工作进行调查研究

2008年8月，中共中央书记处书记、中宣部部长刘云山在迁安沙河驿镇唐庄子村考察工作

2008年7月，中共河北省委书记张云川、代省长胡春华在唐山深入了解新农居建设情况

科学发展的示范

和谐号动车组奔驰在祖国大地上

深入学习实践科学发展观动员大会

节能减排淘汰落后产能

曹妃甸港口原油码头

改革开放的前沿

每年一度的陶瓷博览会，唐山人的盛大节日

曹妃甸已是唐山对外开放新的经济增长点

一批批合作项目落户唐山

迎接奥运火炬的唐山人再次向世界敞开宽阔的胸怀

和谐幸福的城市

唐山市已成为全国最具幸福感的城市

安居工程温暖万人心，市领导把房间钥匙交到群众手中

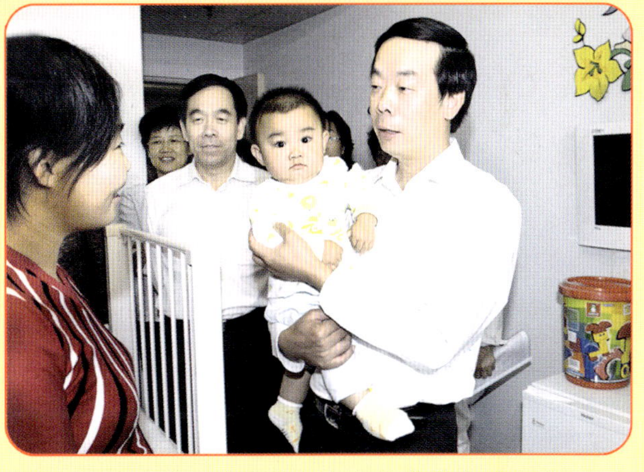

市领导看望在三鹿奶粉事件中受害的儿童

唐山市困难职工帮扶中心揭牌成立

解决居民出行难，北立交桥雄浑壮阔

群众载歌载舞歌颂幸福生活

充满爱心的人民

唐山抗震纪念碑前，人们燃起蜡烛为灾区人民祈福

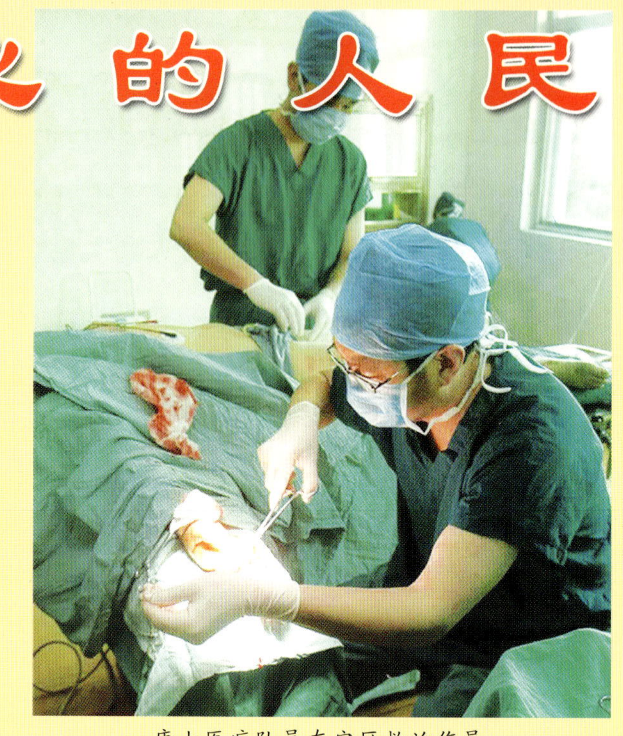

唐山医疗队员在灾区救治伤员

宋志永爱心救援队奋战在汶川地震灾区

唐山医疗队整装待发

全市的共产党员为援建灾区踊跃交纳特殊党费

唐山抢险队誓师出征

唐山市“四点一带”——区域及产业布局示意图

唐山市“四点一带”区域及产业布局示意图

秦皇岛

乐亭新区

装备制造

精品钢铁

煤化工

港口物流

生态旅游

沿海公路

高端服务业

高新技术

石化

钢铁

曹妃甸新区

湿地

装备制造

现代物流

海洋化工

丰南沿海工业区

装备制造

新型材料

芦汉经济技术开发区

五金制品产业

高新技术与信息服务外包产业

天津滨海新区

唐山中心城区

滦南县

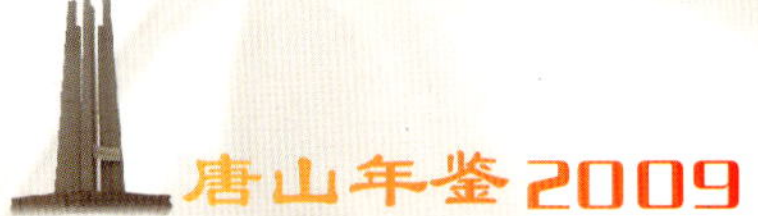

科学发展路

新中国成立60年来，唐山人民在中国共产党的坚强领导下，奋发图强，艰苦创业，克服了前进道路上的重重困难，从举世罕见的大地震中奋勇崛起，谱写了一曲曲壮丽的凯歌。60年来，特别是中共十一届三中全会召开30年来，历经十年重建、十年振兴、十年快速发展的奋斗历程，唐山的经济和社会发展取得了令人瞩目的成就，实现了前所未有的大发展和大跨越。随着以曹妃甸为龙头的唐山湾沿海经济隆起带的强势崛起，唐山实现了由“以钢兴市”到“以港兴市”的战略转变，一个以海洋为依托、以临港产业为支撑的现代化滨海生态城市正在建设科学发展示范区和人民群众幸福之都的宽广大道上阔步前进。

地区生产总值（单位：亿元）

1952年	1957年	1970年	1978年	1990年	1995年	2000年	2005年	2008年
4.54	7.55	12.39	29.11	121.82	498.60	915.05	2027.64	3561.19

全部财政收入（单位：亿元）

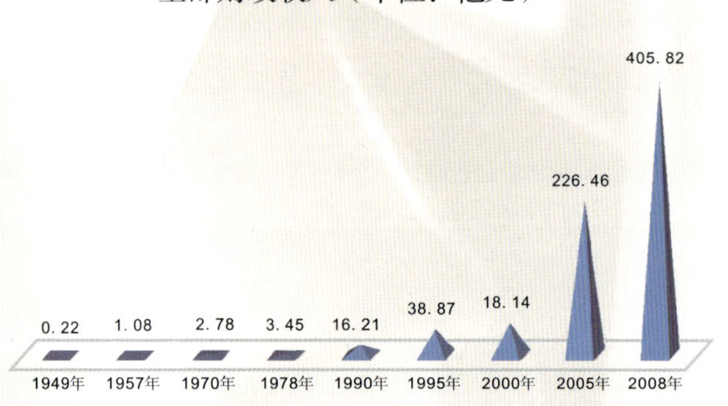

粮食总产量（单位：万吨）

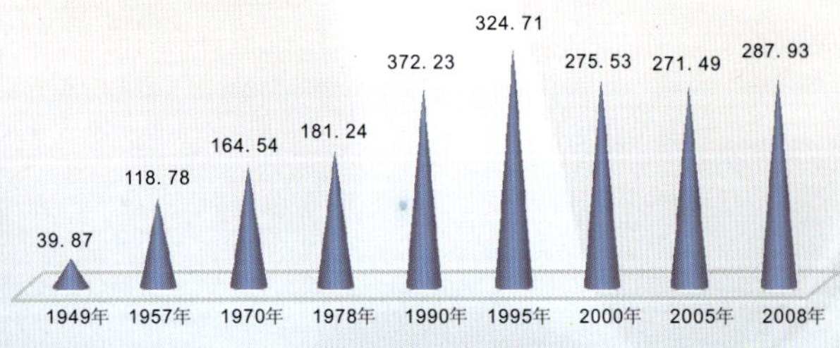

猪牛羊肉总产量（单位：万吨）

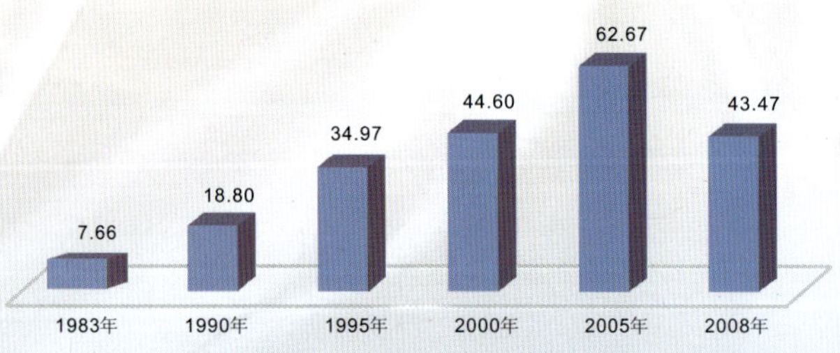

辉 煌 六 十 年

钢产量（单位：万吨）

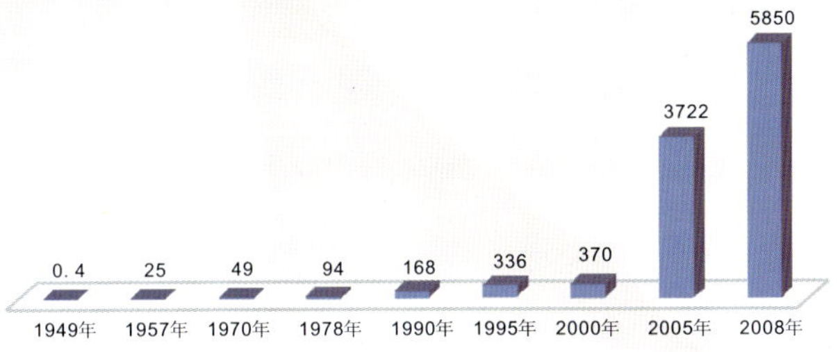

水泥产量（单位：万吨）

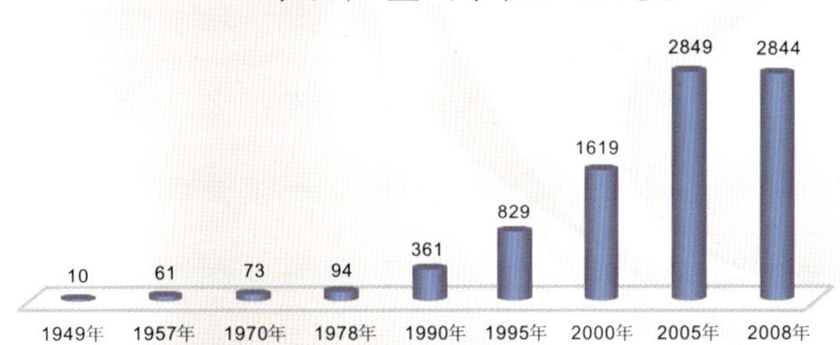

规模以上工业增加值（单位：亿元）

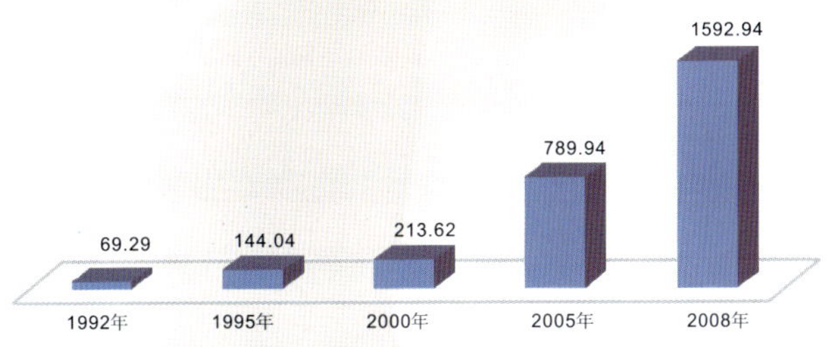

社会消费品零售总额（单位：亿元）

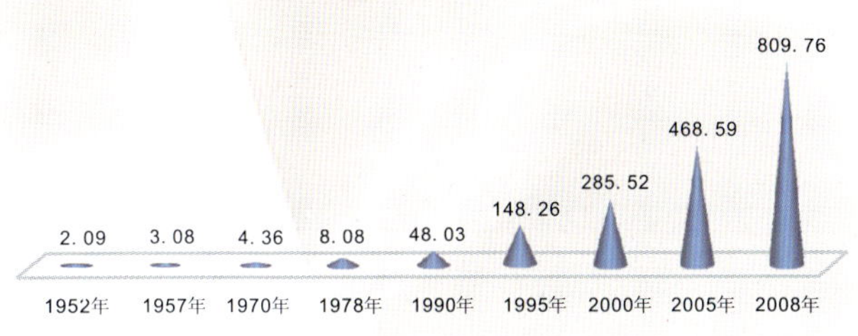

城镇居民人均可支配收入（单位：元）

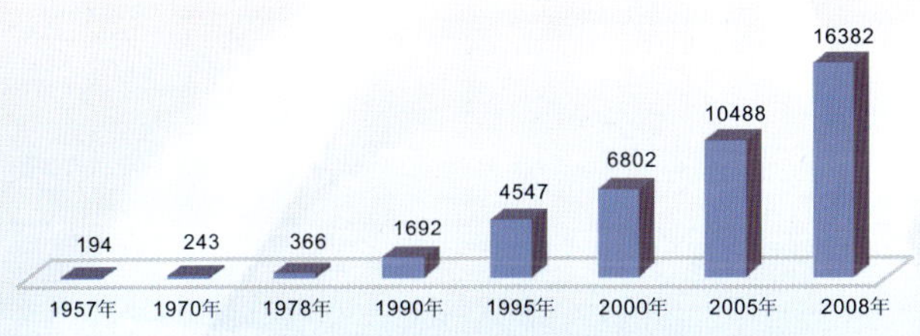

农民人均纯收入（单位：元）

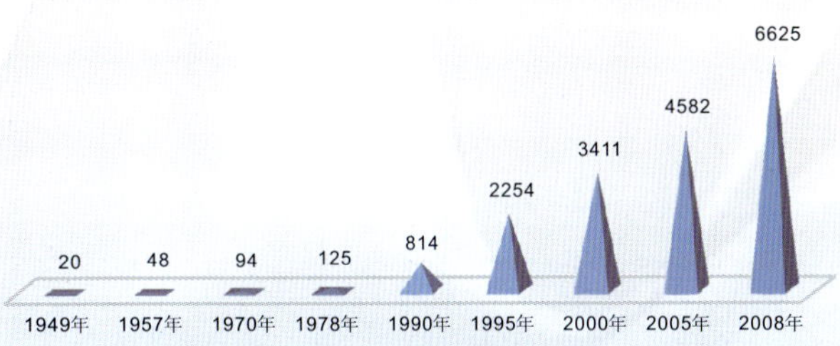

唐山港口

码头一角

花园式港口

唐山港口投资有限公司2000年5月经唐山市政府批准正式组建。2008年以来，在市委、市政府、市国资委和董事会正确领导下，在班子成员及全体员工的共同努力下，公司以控股的唐山港集团股份有限公司筹备上市为契机，通过大规模的资产重组，将产权经营和资本运作变为主业，加速公司职能和定位的战略性调整。

在肆虐全球的金融海啸对实体经济的巨大冲击下，确保了公司持续健康发展，针对工作重心的转移，公司切实发挥独特作用，以科学发展观为指导，真正促进了港口又好又快发展，圆满完成了年初国资委下达的各项考核指标。截至2008年底，公司实现利润总额5.3亿元，完成考核目标值3.5亿元的151.43%；净资产收益率达到13.01%，比考核目标值增加5.51%；国有资本保值增值率113.96%，比考核目标值增加5.96%。公司未发生任何一起安全事故。公司资产规模迅速扩张，控股、参股

集装箱运输

钢材装船

有 限 公 司

子公司从公司成立之初的3家发展到目前的7家，即唐山港集团股份有限公司、唐港铁路有限公司、曹妃甸实业港务有限公司、国投中煤同煤京唐港口有限公司、京唐港国际集装箱码头有限公司、唐山津航疏浚工程有限公司、京唐港首钢码头有限公司。截至2008年底，公司合并报表总资产62亿元，净资产30.4亿元。

生产指挥中心

公司先后获得“河北省先进集体”、“河北省AAA级劳动关系和谐企业”、“河北省诚信企业”、“曹妃甸工程建设先进单位”、“河北省水运工程建设管理先进单位”、“唐山市重点建设先进单位”、“唐山市引进外资先进单位”等多项荣誉，在唐山市国资委组织的国有企业领导班子业绩考核中，2005-2008年连续4年被评定为A级。

集装箱作业现场

宁静的港湾

卸煤现场

河北钢铁集团唐山

唐钢与原料供应企业签订战略协议

河北钢铁集团唐山钢铁股份有限公司（以下简称唐钢）是河北钢铁集团的骨干企业，国有控股上市公司，现有股本总额36.26亿股，资产总额（含代管单位）811亿元。现有在册职工35932人。钢铁主业具有1500万吨/年的配套生产能力，主要产品为热轧板、冷轧板、镀锌板、彩涂板、中厚板、棒材、线材、型材。

唐钢1943年建厂，是我国转炉炼钢的发祥地。“九五”以来，唐钢实施“三步走”发展战略和完善老区、联合周边、加快开发曹妃甸的“三极支撑”发展战略，企业取得快速发展。现有主要高炉、转炉和轧机装备实现了大型化、现代化，特别是高线轧机、棒材轧机、超薄热带生产线、冷轧及产品深加工生产线均从国外引进。同时，唐钢

唐钢举行职工田径大众体育运动会

唐钢厂区夜景

唐钢厂门远景

钢铁股份有限公司

加强环境保护，推行清洁生产，发展循环经济，实现了煤气、蒸汽、废水等排放物全部回收处理再利用，实施了余压发电和热电联产，实现了负能炼钢。

2008年6月30日，由原唐钢集团和邯钢集团联合组建的河北钢铁集团有限公司正式挂牌成立，掀开了唐钢发展的新纪元。

2008年，唐钢产钢1479.41万吨，比上年增长9.92%；产铁1460.73万吨，比上年增长15.35%；产钢材1193.24万吨，比上年增长5.44%。实现主营业务收入568亿元，比上年增长21.65%。实现利税54.87亿元，其中利润24.26亿元。

面对当前严峻的市场形势，唐钢视危机为机遇，按照河北钢铁集团的整体部署，以全新的发展理念，努力淘汰落后产能、调整结构、节能减排、改善环境，全面推行精细化管理，积极创建科学发展示范企业，全力争当河北钢铁集团发展的排头兵。唐钢正朝着建设“装备大型化、产品最优化、管理精细化、环境生态化”、“国内领先、国际一流”现代化钢铁企业目标大步迈进。

唐钢热轧薄板生产线

唐钢冷轧薄板生产线

唐钢冷轧产品

唐钢举行职工田径大众体育运动会

中国太平洋人寿保险股份有限公司
——唐山中心支公司

公司党委书记、总经理 陈捷

中国太平洋保险（集团）股份有限公司是在1991年5月13日成立的中国太平洋保险公司的基础上组建而成的保险集团公司，是中国第一家股份制保险公司，总部设在上海，注册资本77亿元。

中国太平洋人寿保险股份有限公司是中国太平洋保险（集团）股份有限公司旗下重要子公司，是专业经营各类人寿保险业务的全国性股份制商业保险公司，成立于2001年11月9日，总部设在上海。注册资本为23亿元。

2007年12月25日，公司成功登陆

第六届群英会表彰大会（图为分公司甘总为获奖人员颁奖）

宽敞明亮的办公大厅

唐山中心支公司办公

沪市A股，创造了中国保险史上最大规模A股IPO，成为中国首家以集团整体形式上市的保险企业，公司坚持“诚信天下，稳健一生，追求卓越”的核心价值观，致力于通过持续的产品创新和服务创新，满足客户多方面的需求。公司目前开办险种150余个，覆盖人寿保险、年金保险、健康保险、意外伤害保险等多个领域。公司积极打造专业化、高品质的服务品牌，认真履行保险责任，切实保障被保险人利益，有效发挥保险的经济补偿、资金融通和社会管理功能，树立了良好的企业形象。

目前，唐山中支拥有内外勤员工1700余人，其中公司管理人员139人，营销员及银行保险代理人1600余人，公司内部组织结构完善，设有四个业务部室、四个管理部室、在全市各县区共设有营销服务部13个。

集团公司、总公司、分公司领导来唐山视察（图为领导听取唐山中支工作汇报）

在爱心助学活动中社会各界送来的锦旗

3·15宣传活动

客户专程到公司送来锦旗（左一为客户权益部吴建英经理接受锦旗）

唐山湾

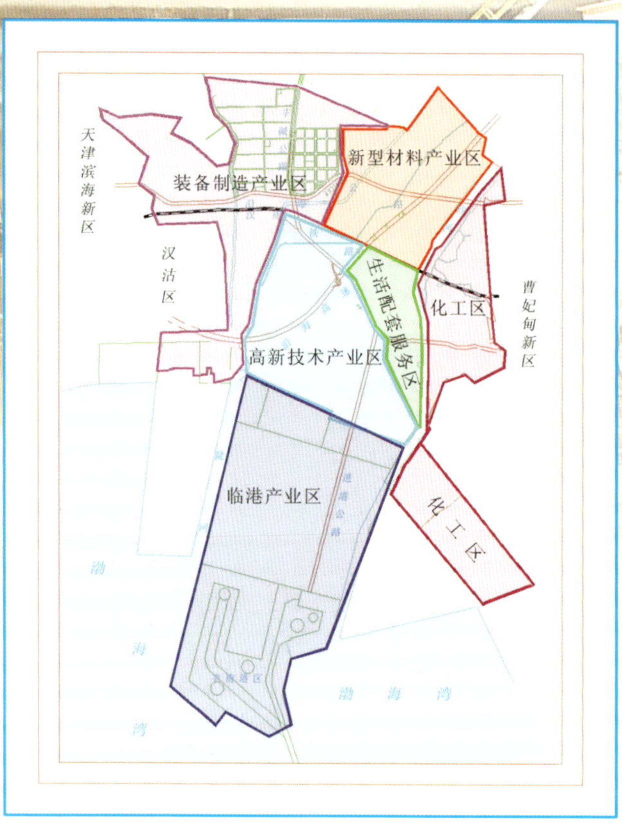

丰南沿海工业区功能分区图

丰南沿海工业区地处渤海之滨，位居环京津和环渤海双重经济圈腹地，东接曹妃甸新区、西连天津滨海新区，具有独特的区位、丰富的资源、坚实的产业和便捷的交通优势。在唐山湾“四点一带”发展战略中成为唐山市生产力向沿海转移和打造沿海经济隆起带的重要支撑点，开发建设前景十分广阔。工业区整体规划面积110平方公里，其中，建成区面积10平方公里。目前，工业区已投资2.18亿元收储土地6平方公里，投资4.94亿元进行各项基础设施建设，建成区内基本具备通车、给排水、供电、供气、通讯等能力。2009年，工业区将继续加大投入力度，计划开工建设11个基础设施项目，总投资14亿元，年内预计完成投资7.5亿元，进一步完善供水、污水处理、绿化、配套服务等基础设施。与此同时，重点推进产业项目引进和落户工作。目前，结转续建、准备开工及洽谈谋划产业项目共32个，计划总投资382.2亿元。展望未来，东北亚一体化进程加速，京津冀都市圈和环渤海经济圈迅速崛起，特别是随着曹妃甸大港的开发建设，环渤海地区已成为继珠三角、长三角之后中国经济第三增长极。沿海工业区将依托得天独厚的区位资源优势、一流的基础设施、特殊的产业政策和全方位的优质服务，发展钢铁精深加工、装备制造、新型材料、化工、高新技术产业和现代新兴服务业，精心打造市区产业转移承载区，曹妃甸新区与天津滨海新区产业对接基地。我们将一如既往的致力于建设公正、公平、高效的政务环境，诚信为本的商务环境，天蓝地绿的宜居环境。欢迎海内外朋友来丰南考察访问、交流合作、共图发展、同创伟业！

PORT OF TIANJIN
PORT OF TIANJIN
PORT OF TIANJIN
PORT OF TIANJIN
CMA CGM

唐山市

丰润区

唐山市丰润区地处京津唐秦腹地，西距北京120公里，西南距天津130公里，东距秦皇岛130公里，南距唐山市中心22.5公里。全区总面积1334平方公里，辖23个乡镇、3个街道办事处、586个行政村，42个居委会，总人口91.64万。2008年，实现地区生产总值328.4亿元，增长11.3%，实现财政收入22.5亿元，实际利用外资1612万美元，出口创汇4亿美元。

丰润区位优越、交通发达，境内有三条铁路（京秦、京山、唐遵）、两条国道（102、112）及京沈高速公路、唐山西外环高速、唐津高速、承唐高速纵横交错，唐山军地两用机场正式投入使用；城区有一级汽车站、二级铁路货运编组站和三级铁路客运站，构成了丰润区独有的“海陆空”大交通骨架。丰润资源丰富，蕴藏着大量的煤炭、石灰岩、水泥灰岩、紫叶岩、泥炭等非金属矿产资源。丰润农业基础较好，拥有耕地72295公顷，是全国粮食生产先进县（区）和河北省专用玉米之乡，基本形成了以奶业、生猪养殖、蔬菜、林果为主导的四条龙型经济，先后被确定为“第一批全国农产品加工业示范基地”、“国家级奶业标准化示范区”、“全国鲜奶生产强县（市）区”，并被命名为“中国奶业之乡”。丰润以水泥和钢铁为主的工业生产发展较快，初步形成了钢铁加工、水泥、食品加工和装备制造四大主导产业，装备制造业园区总体规划和产业发展规划编制完成，园区被确定为省级重点产业聚集区。全年实施亿元以上项目37个，完成全社会固定资产投

休闲广场

资56.6亿元。丰润第三产业尤其是市场建设发展较快，城区南部建成了建材、家具、农机、陶瓷、旧物交易等10个较大市场，冀东建材大世界是华北地区享有盛誉的建材批发市场。丰润的城市建设发展较快。城区规划区面积43平方公里，建成区面积26平方公里，投资1.5亿元改造建设城区道路5条，开工建设县乡道路5条，建设总里程80公里；新建住宅50万平方米；启动实施唐山北站片区改造建设，高标准完成修建性详规编制，拆迁改造开始实施。不断调整完善城市管理组织体系，加大环境综合整治力度，城市管理水平有较大提升。文明生态村镇创建成果不断巩固和加强。投资9900万元有效解决了303个村、34.7万群众的饮水安全问题，户用沼气、村民中心建设持续开展。丰润社会事业得到全面发展，投资4300万元改造教育设施，新建标准校舍2万平方米，配置信息化设备138台套，125所学校取暖设施实现更新改造。具有百年历史的车轴山中学、丰润二中被确定为全省重点高中学校，车轴山中学高考成绩保持全市领先水平；全部免除了高中阶段公助生学费。卫生事业设施完善，共有乡镇以上医疗卫生机构40所，区人民医院被评为“全国百姓放心医院”，区中医院是全国百家示范中医院之一。丰润文化底蕴深厚，现有各类文化单位34个，丰润评剧团是我国县区级评剧团中时间最长的剧团。广播电视事业发展迅速，数字化电视转化工作正在全面铺开。人民生活水平进一步提高，城市居民人均可支配收入达到15067元，农民人均纯收入达到6353元，分别增长16.1%和11.6%。社会保障体系健全，新型农村合作医疗水平不断提高，城镇居民医疗保险全面实施，参保率分别达到93.6%和66%；改善民生攻坚行动扎实推进，区政府承诺的15件实事全部落实到位。

建设中的大唐国际丰润热电厂

和谐号动车组

唐山市丰润区南陈村兴旺的养殖业

和谐号动车组生产车间

还乡河生态治理工程

路南区

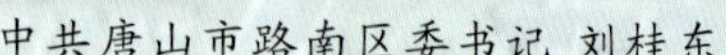
中共唐山市路南区委书记 刘桂东

唐山市路南区人民政府区长 张国栋

路南区是唐山市中心城区之一，辖区总面积67.33平方公里，人口24.5万，现辖1个乡7个街道办事处，是唐山市经济、政治、文化中心的重要组成部分。

路南历史悠久。作为“中国近代工业摇篮”唐山市的发祥地，第一个机械化矿井、第一条标准轨距铁路、第一台蒸汽机车都诞生在这里。随着中国近代工业的兴起，以小山为中心，成为唐山传统的繁商之地。1976年，唐山大地震摧毁了路南区传统商业的百年基业。路南区广大干部群众矢志不渝，在满目疮痍的废墟上再创奇迹，实现了区域经济的快速发展。

路南发展前景广阔。“十一五”以来，特别是开展深入学习实践科学发展观活动以来，路南区主动融入全市科学发展示范区建设中，牢固树立“小区域、大发展、多贡献”的理念，深入实施“依托大南湖、服务大南湖、开发大南湖、建设新路南”主体战略，以项目建设为支撑，大力发展第三产业，调优做强第二产业，巩固提升第一产业，努力实现“三年再造一个新路南”的目标。出色完成南湖生态城、扩湖植绿和地震遗址公园等征地拆迁任务，积极推进重点项目建设，南湖生态城开发建设成为经济社会发展新引擎；提升传统商贸业态与加快服务业发展并重，服务业已成为全区经济主导产业；承接钢铁产业链延伸，加快资源型城市转型，新型城市工业格局正逐步形成；规划先行，拆建并举，建管并重，城乡建设呈现了新的气象；改善民生，保持稳定，和谐路南建设开创了新的局面。

路南区就业岗位、市场摊位大型推介会

大南湖风景

2008年，全区谋划实施各类项目118个，总投资730.3亿元，全年地区生产总值42.9亿元（快报数字），其中服务业实现增加值33.7亿元，占全区GDP总量的79%。全年实现市场成交额155.8亿元，社会消费品零售总额35.21亿元，农民人均纯收入6413元。

风劲帆正扬。随着全省“城镇面貌三年大变样”战略的全面实施，路南这个老城区凸显出得天独厚的后发优势，历史的机遇将路南区推到了新一轮大发展、快发展的最前沿，一个人心思进、齐力攻坚、共图发展大业的新路南正奋勇前行！

长青楼区域整体改造(万达广场效果图)

路南打造新华道南侧六大标志性景观建筑

在建的总投资10亿元、年产量达100万吨的不锈钢冷轧薄板项目厂房结构

西越河“社会主义新农村”建设新面貌

河北唐山海港

2008年4月9日，省委书记张云川到海港经济开发区调研

河北唐山海港经济开发区（以下简称海港开发区）是1993年6月经河北省人民政府批准设立的省级经济开发区，规划面积19平方公里。作为河北建设“沿海经济社会发展强省”、唐山建设“科学发展示范区”的前沿，建区以来，海港开发区凭借自身的发展优势和巨大的发展潜力，从昔日的一片盐碱滩涂，发展成为一个以现代港口、临港工业、商贸流通为特色，以开放型经济为主体、功能完善、环境优美的现代化滨海城市雏形。西班牙德佳德斯、德国蒂森克虏勃等世界500强企业和中冶集团、中材建设、大唐国际、首钢集团等一批国内知名企业先后落户开发区，初步形成了煤化工、精品钢材、装备制造、现代物流四大支柱产业。目前，开发区人口已达5万，固定资产投入已达200多亿元，注册企业517家。2008年，实现地区生产总值60亿元，财政收入14.6亿元，港口吞吐量7645万吨，综合实力在唐山市开

2008年10月31日省委副书记、省长胡春华来海港经济开发区调研

河北大唐国际王滩发电有限公司

昔日盐碱滩涂地，今朝海港不夜城

经济开发区

发区（管理区）中位居第一，在河北省34个省级以上开发区中居第六位。

2008年是海港开发区建区15周年，开发区党工委、管委会提出了“二次创业”的宏伟目标。就是通过实施港、区、县一体化发展战略，争当唐山科学发展示范区建设和唐山湾“四点一带”率先发展的排头兵；建设一流的生态港口、一流的生态工业园、一流的生态城市；由粗放发展向集约发展转变，由局部发展向区域协同发展转变，由依赖资源消耗向依靠开放创新、发挥区域优势转变，由单纯强调经济发展速度向统筹经济社会发展、关注民生转变；实现园区建设、对外开放、城市化进程、优化环境、改善民生的新突破。力争用5年的时间，使海港开发区主要经济指标再翻一番，在综合实力、产业规模、区域构架上，再造一个开发区，建成经济繁荣、生态和谐、适宜人居、充满活力的滨海新城，跻身全国一流开发区行列。

唐山港京唐港区集装箱泊位

唐山中润煤化工有限公司

开发区生活小区

中冶恒通冷轧技术有限公司

唐山港京唐港区全景

唐山市国

2008年12月31日晚，唐山市委常委、常务副市长周仲明（右一）等领导来到唐山市国家税务局慰问正在进行年终税收收入统计工作的税务干部

唐山，作为河北第一经济强市，正在按照胡锦涛总书记、温家宝总理的指示，建设国家第一个科学发展示范区。“潮头两岸阔，风正一帆悬”。唐山市国税局在省局和唐山市委、市政府的正确领导下，正以奋发有为的精神风貌，努力开创国税事业的新局面。2008年，共组织税收收入271.62亿元，占年计划的104.5%，同比增收45.31亿元，增长20%，收入总量居全国大中城市第20位。全局上下认真做好“税收管理提高年”的各项工作，税收事业沿着科学发展的道路不断前进，连年荣获省、市级文明单位称号，先后被命名为“全国精神文明创建工作先进单位”、“全国税务系统先进集体”、省五一劳动奖状，2008年，我局被中央文明委命名为“全国文明单位”，被省委命名为“河北省思想政治工作先进集体”等。“乘风破浪会有时，直挂云帆济沧海”。借助十七大的东风，深入开展“干部作风建设年”活动，唐山市国税局再次鼓起了税收事业发展的风帆，扬帆远航。

组织收看唐山市深入学习实践科学发展观辅导报告会现场直播

市局许建斌局长在为“科学发展从我做起”演讲比赛获奖选手颁奖

唐山国税系统2009年春节文艺汇演

家税务局

唐山市国税局党组书记、局长许建斌与各县(市)区国税局局长签订《党风廉政建设责任状》

董树奎总经济师（前排左二）一行在唐山市国税局局长许建斌（右一）的陪同下到唐山钢铁股份有限公司深入车间考察

路南区福乐园社区老年“威风锣鼓”表演队演出间歇对今年宣传月贴近民生的主题齐口称赞

唐山市国税局创新办税服务模式，于2009年2月在路北区国税局办税服务厅，推出我省第一套自助办税终端系统，受到纳税人的欢迎

唐山港集团股份有限公司

唐山港大厦

唐山港京唐港区是唐山市联合北京市共同投资建设的我国沿海重要港口，位于唐山市东南80公里处，综合能力位居全国港口第16位。京唐港区地理位置显要，自然条件优越，建港谋划由来已久，是民主革命先驱孙中山先生在《建国方略》中拟建的“与纽约等大”、“为世界贸易之通路”的“北方大港”港址。自1989年动工兴建以来，数易其名，影响日增。京唐港区在发展中进步，在进步中实现了新的跨越，总结归纳出了联合发展、科技兴港、人才兴港、创新发展、开放发展、安全发展、协调发展、资本运作、多元化等独具特色的九大发展道路，在不到20年的时间里完成了其他兄弟港口数十年、上百年走过的历程。目前，京唐港区已建成第一、二港池全部和第三、四港池部分泊位，第五港池项目建设顺利推进，正在形成5个港池建设运营的整体格局。建成散杂、件杂、多用途、集装箱、煤炭、水泥、纯碱、液化石油气等各种功能的1.5～10万吨级泊位28个，设计通过能力6808万吨/20万标准箱。建成7万吨级航道，可满足10万吨级船舶单向、5万吨级以下船舶双向通航；建有各类堆场近300万平米，各类仓储、铁路、导助航、辅建设施齐全。港口总资产达100多亿元。京唐港区服务范围已覆盖华北、西北广大地区，航线通达全国沿海、沿江和世界50多个国家（地区），120多个港口。京唐港区是国家重点物资运输的重要港口，在我国煤炭、矿石、钢铁等货物运输中占有重要地位。是我国北煤南运重要港口之一。2008年港口货物吞吐量达7645万吨，同比增长60.9%，再创历史新高，为唐山港整体突

绿色港口

破亿吨，成为我国第15个亿吨港口作出了重要贡献。唐山港集团股份有限公司是唐山港的拓荒者，在京唐港区投资、建设、运营中发挥着主导作用，是一家大型股份制港口集团企业。2008年，该公司以科学发展观为指导，应对危机，抢抓机遇，加强管理，打造效率品牌，显著提高了市场竞争力，同时，夺取了运量生产及经济效益的双丰收。公司现有职工2200人，劳动生产率居全国港口前列，为腹地经济社会发展作出了突出贡献。先后荣膺全国“五一劳动奖状”、全国“模范职工之家”、中国“最具成长性企业”、中国百佳诚信企业、中国交通百强企业等多项国家级荣誉称号。京唐港区建港技术独特创新，粉沙质海岸建港、挖入式港池布局均为全国首创，取得了以“中国港口协会科学技术奖”一等奖为代表的多项创新成果。

京唐港区前景壮阔，蓝图宏伟，在河北建设沿海经济社会发展强省实践中发挥着重要作用，勇当唐山科学发展示范区建设的排头兵，“四点一带”大规模开发建设率先发展的排头兵。按照唐山港“一港两区”模式，京唐港区将与曹妃甸港区形成分工明确、各有侧重、协调发展的港口新格局。新的历史形势下，京唐港区将按照综合性、生态型、国际化的发展方向，加快功能调整，完善物流服务，搞好资本运营，发展产业链经济，推进码头深水化、泊位专业化、大型化、集装箱化和布局园区化，积极创造绿色港口发展模式与和谐港口示范模式，加速把京唐港区建设成技术一流、管理一流、服务一流、文明环保、功能完善、国际知名的科学发展示范港口。到2010年，京唐港区码头泊位将达到35个，吞吐量达到1亿吨，集装箱力争70万标箱；2015年，吞吐量达到1.5亿吨，集装箱达到100万标箱；2020年，吞吐量达到2亿吨，集装箱达到200万标箱。

集装箱运输

钢材堆场

接卸矿石船舶

32号泊位作业现场

港区远眺

武警水电

政治委员 熊壮中

支队长 马玉增

中国人民武装警察部队水电第一支队组建于1966年8月，是一支既参加国家经济建设又依法执行国家赋予的维护社会稳定和处置突发事件任务的具有双重职能使命的部队。现驻唐山市路北区八神庄。

支队技术力量雄厚，有中高级职称的技术人员60多名和800多名结构合理、技术突出、稳定的施工骨干队伍，大型机械装备148台套。具有年完成施工产值4亿元以上、混凝土浇筑60多万方、土石方开挖400多万方、钢筋制品8600多吨的能力，能独立承担大中型水利水电工程建设和公路、铁路、机场、码头、桥梁、涵洞、工民建项目及基础处理任务，对百米以上各类混凝土大坝、面板堆石坝及隧洞开挖具有丰富的施工经验。

河北潘家口水库全景

部分工程机械设备

第一支队

多年来，除完成国家指令性工程任务外，支队积极发挥“军事化、集团化、机械化”优势，广泛参与市场竞争，全部参与建设了“西电东送、西气东输、三峡工程、南水北调”等世纪工程，承建了河北潘家口水利枢纽、桃林口水库、河南鹤壁盘石头水库、湖北清江水布垭大坝等10多项国家大型水利水电工程建设，同时还完成了北京饭店、首都机场、天津杨村逸仙科学工业园、北京大兴工业开发区、武警总部住宅楼等一大批市政、工业与民用建筑工程。独自承建的潘家口水利枢纽工程创造提前一年截流、提前一年蓄水、提前一年发电的优异成绩，被水电部、国家经委、中华全国总工会授予“第一流基建队伍，建设四化的光荣尖兵”、“优秀施工企业”、“全国先进企业”等光荣称号和金质奖章。承建的三峡永久船闸南线一、二闸室被三峡总公司评为“样板工程”，并获得两项国家专利，水布垭堆石坝技术获湖北省科学技术特等奖，南水北调项目部被北京市政府评为“首都文明单位”、“优秀建设集体”，被国务院南水北调建设委员会授予“文明工地”、“文明施工单位”等称号，赢得了社会的广泛赞誉，是国家水利和建筑工程市场的一支重要建设力量。

支队连续三年被唐山市政府表彰为“警民共建先进单位”、“精神文明建设先进单位”。多次出色地完成了维护社会治安和处置突发事件等任务，是第一支进入唐山震区抢险的部队，所属一中队被国家建委授予“抗震救灾”模范中队称号。2008年出色完成汶川大地震唐家山堰塞湖排险和奥运期间北京重要电力实施执勤保卫任务，受到党和人民的高度赞誉。

唐家山堰塞湖抢险

参加唐山植树造林

北京南水北调西四环暗涵工程

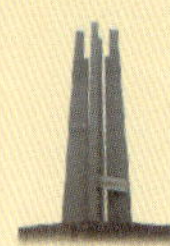

唐山鸿宴饭庄

鸿宴饭庄创建于1937年，是商务部认定的中华老字号企业，经历了我国70余年各种经济体制下餐饮市场的变化，2001年改为股份合作制企业后，在全体员工的共同努力下，老字号饭庄青春焕发，以优秀的经营业绩和先进的管理水平，使各项指标均创历史新高。

鸿宴饭庄总店坐落在唐山市新华西道99号，建筑面积17000平方米，设有4个宽敞明亮的大厅、休闲厅和装饰典雅、格式各异的单间雅座，三层营业楼可同时容纳1800人用餐。拥有一个直属分店白孔雀店，是目前唐山餐饮业唯一兴盛不衰的老字号饭庄。

鸿宴饭庄名师荟萃、能人云集，有中国烹饪大师、燕赵技能大师、河北省特级烹饪（服务）大师和名师、全国技术能手、全国百名优秀厨师、全国商业系统劳动模范、河北省劳动模范、省贸易系统劳动模范、唐山市劳动模范、唐山市先进工作者、唐山市财贸系统优秀共产党员等，还有在全国烹饪技术大赛和河北省烹饪技术大赛屡获金牌的佼佼者，先后有10多名特级烹调技师、面点师到日本、德国等国家进行烹调献艺，曾经代表河北省到马来西亚参加首届“世界烹炉大观”表演赛。正是这些餐饮业技术尖子出名不忘本质，

酱烧茄子

红燕雪蛤羹

坚守一线岗位，不断改革创新，坚持与时俱进，在社会上为鸿宴饭庄树立了良好的企业形象。

鸿宴饭庄的菜点以选料精细、做工考究、质量稳定、特色鲜明而著称，经过多年的努力，形成了自己的特色。煨肘子、酱烧茄子、红烧裙边、酱汁瓦块鱼、南烧冬笋等于1999年被国家贸易局评定为中国名菜；兰花虾片、官烧目鱼、红燕雪哈羹、蟹黄鸡茸菜心、鸡汁广肚、菜胆鱼翅等于2003年被中国烹饪协会评定为中国名菜；锅塌西红柿、葱烧鹿筋、红烧鱿鱼于2006年被中国饭店协会评定为中国名菜；传统小吃棋子烧饼，1997年被中国烹饪协会评定为“首届中华名小吃”。鸿宴饭庄以烹调技术的雄厚实力，展现了京东沿海派传统的烹调技艺，使鸿宴饭庄这一老字号企业焕发出勃勃生机。

鸿宴饭庄曾荣获省级先进企业、省级明星企业、省级卫生先进单位、河北省消费者信得过单位、河北省服务质量奖、首批中华餐饮名店和绿色餐饮企业、国家特级（五钻）酒家、振兴唐山先进单位和精神文明建设先进单位、2006年被商务部认定为中华老字号企业、河北省著名商标企业、河北省最具市场竞争力企业、AAA级河北省劳动关系和谐企业、河北省“五一”劳动奖章等荣誉称号。

锅塌西红柿

葱烧鹿筋

菜胆鱼翅

鸡汁广肚

唐山工业职业技术学院
河北省唐山市技师学院

唐山工业职业技术学院为市属高职院校，与河北省唐山市技师学院实行一体化管理，毕业生同时获得高职学历证书和职业资格证书。

学院在唐山市内设五个校区，设有机械系、自动化系、管理系、信息系、艺术系、英语部和体育部，开设33个专业。艺术设计和数控技术专业为河北省高职高专示范专业。正在建设的全国农民工培训示范基地为中央财政支持项目。数控实训基地、电子电工与自动化实训基地为中央财政支持奖励的实训基地，汽车检测与维修实训基地为河北省职业教育实训基地。

学院为河北省10所重点建设的示范性高职院校之一、河北省曹妃甸工业职教集团牵头单位，是国家教育部等部委确定的“承担全国数控专业人才培训任务的院校”、“推进实施职业资格证书制度的国家试点单位”、“全国教育网络示范校”、全国“温暖工程培训基地”，建有国家职业技能鉴定所。学院现为中国高等职业教育

高瑞华副市长陪同中华职教社陈广庆总干事一行考察学院

南荷兰省副省长达惠丝来院参观考察

学院主校区

研究会“双证书”工作委员会、就业工作委员会、国际交流与课程委员会、教学工作委员会副主任单位；中国高技能人才培养联合委员会成员单位。

学院“前校后厂，产学一体；面向区域，开放办学”的办学成果获得河北省教学成果一等奖，承担着全国教育科学“十一五”规划课题、中国高等教育学会专项规划课题等多个研究项目，推进了专业建设、人才培养模式创新和项目课程教学改革，实现了“融课堂与实习地点为一体”的教学，增强了教学过程的实践性、开放性和职业性。2008年全国职业院校技能大赛中获得全省唯一一项二等奖。毕业生“双证”率达到90%以上，连续四年，学院的毕业生就业率达到92%以上。

围绕唐山市科学发展示范区、曹妃甸循环经济示范区建设和冀东大油田的开发，学院提出了“融入曹妃甸、服务新唐山、面向京津冀、辐射环渤海”的新思路。以重点专业为龙头，相关专业为支撑，构建了装备制造类、电气信息类、港口物流类、艺术设计类、石油化工类、旅游酒店类、汽车服务类等七大专业群，并规划在曹妃甸滨海新城的科教示范园区，建设一个开放型、生态型、数字化、特色化的新校园。

我院与根特职业大学签署合作办学协议

学院机电工程系学生常燕臣（右一）、陈志宽（右二）在2008年全国职业院校技能大赛自动线安装与调试项目中获二等奖

翟海魂副厅长为我院牵头的曹妃甸工业职教集团授牌

全国农民工培训示范基地（电子电工与自动化实训基地）

姜大源教授来院指导课程改革

红十字公益书库向我院捐赠图书

面积达2万平方米的综合实训基地

唐山学院

建立“产学研创新基地”签约仪式

表彰教学名师

唐山学院始建于1956年，是一所以工学为主体学科，管理学、经济学、文学、法学等多学科门类共同发展的全日制普通本科院校。

学院占地33.48万平方米，校舍建筑总面积16.29万平方米。拥有先进的校园网和高水平的实验室，其中有3个唐山市重点实验室。教学仪器设备总值5437.77万元，图书54.8万册。教职工总数948人，其中专任教师672人，教授、副教授207人，具有硕士及以上学位教师303人。学院设有15个教学机构、14个党政管理机构、5个教学科研服务机构、2个科研机构和1个科技有限公司。开设23个本科专业，55个专科专业。各类在校生15153人，其中普通全日制本、专科学生12435人，成教学生2718人。

2008年，唐山学院适应唐山建设科学发展示范区和人民群众幸福之都以及地方经济社会发展的需要，以开展深入学习实践科学发展观活动为契机，全面启动迎评促建工作，全面实施教学质量与教学改革工程，加强人才队伍建设，积极推进校园建设，改善办学条件，教学质量和总体办学水平有了新的提高。学院本科文理录取分数线均高出建档线12分，专科文理录取线高出建档线160多分。毕业生就业率达90%以上。学生积极参加学科竞赛并频获佳绩，其中在2008年“挑战杯”河北省大学生创业计划竞赛中获二等奖1项、三等奖3项；在

白润璋摄影展在我院大唐画院举行

全国大学生数学建模竞赛中获省一等奖1项、二等奖2项；1名学生在全国第十六届“人工环境工程学奖学金”竞赛中荣膺三等奖；1名学生在第二届全国大学生数字艺术设计作品大赛中荣获三等奖；1件学生设计作品在中国广告艺术节学院奖年度广告大赛中入围；在全国大学生英语竞赛中，1人获特等奖，3人获一等奖，9人获二等奖，17人获三等奖。全年通过鉴定的科研项目中有多项达到国内领先水平和国内先进水平，取得5项国家专利和1项计算机软件著作权，获唐山市科技进步二等奖1项、三等奖3项。不断加强产学研合作，为唐山开展了“超细化双相组织钢研究开发”、“优化锯基体的综合力学性能”等数十项科技攻关项目研究，一些具有自主知识产权的高新技术成果已达到国际先进水平，在服务唐山的基础上已辐射到省外。与市热力总公司等单位合作开展了企业文化导入与培训项目，使唐山学院在社会科学领域为唐山大型国有企业提供管理咨询与设计项目的范围和影响越来越大。教师中1人被评为“2007年唐山市十大科技创新人物”，1人获得河北省“三育人”先进个人称号，3人当选唐山市第五批市管优秀专家，2人当选唐山市第七届社会科学优秀青年专家，3人荣获唐山市优秀教师称号。广泛深入地开展了“迎奥运盛会、做文明师生、建和谐校园”、向汶川地震灾区捐款、“感恩”教育、“一助一”扶贫济困、大学生暑期社会实践、青年志愿者等群众性精神文明创建活动。学院连续第9次（18年）获得“省级文明单位”称号。

火烛寄哀思

欢送志愿者

聘西南交大专家

学习科学发展观活动动员大会

军训阅兵

唐山职业技术学院

市长陈国鹰来学院视察

获得高职高专人才培养工作水平评估优秀

战斗在四川抗震一线的毕业生“八姐妹”

唐山职业技术学院成立于2001年4月，是一所办学理念先进、综合实力雄厚、办学特色鲜明的综合性高职院校。

学院坚持以科学发展观为指导，高扬“塑树形象、增强团结、科学发展、争创一流”的主旋律，坚持“综合性、技能型、区域化”的办学定位，以服务为宗旨，以就业为导向，走产学研结合的发展道路，不断强化“质量立校、人才强校、特色兴校”意识，把局部优势转化为整体优势，比较优势转化为竞争优势，打造学院品牌，提升学院核心竞争力，形成了“以研促教、锤艺炼能、特色育人”的办学特色，为区域经济社会发展做出了重要贡献。

学院现有教职工840人，教师中具有副高级以上专业技术职务教师269人；具有研究生学历及硕士以上学位的教师91人；双师素质教师达到292人；享受国务院特殊津贴专家1人。有45人担任了市级以上行业协会、学会和研究会的会长、理事长、秘书长、常务理事和理事等职务。

面向环渤海区域崛起和唐山科学发展示范区建设，开办口腔医学技术、护理、会计电算化、园艺、机电一体化等38个专业，在校生11000人，为唐山市学科门类最为齐全的综合性高职院校。学院毕业生整体就业率为90.25%，学院毕业生足迹遍布全国各地，享誉京、津、冀、沪，并且远赴美、英、加、澳等地工作。

2008年，学院在高职高专院校人才培养工作水平评估中获得优秀。学院迁建工程获准立项，一座具有鲜明职业教育特色的高标准、现代化的新校园，将崛起于唐山凤凰新城。目前，全院师生为创建河北省示范性高职高专院校而努力奋斗。

学生技能培训

唐山市发展和改革委员会

发展改革委员会主任 袁志刚

2008年，唐山市发展和改革委员会按照“务实、创新、高效、廉洁”的总体要求，全面贯彻落实科学发展观，谋远惟勤，开拓进取，扎实推进各项工作，取得明显成效。认真履行参谋、规划和协调职责，一年来，先后10次向市委、市政府、市人大、市政协专题汇报经济形势和落实宏观调控政策的建议。全年有29个文件被市委、市政府印发实施。组织编制唐山湾“四点一带”产业发展和空间布局规划以及装备制造、煤化工、高新技术、现代农业等主导产业链规划。全力谋划项目，争取资金支持。全年共争取到位省以上资金10.74亿元，特别是在国家出台新增1000亿元中央投资政策后，立即按照市委、市政府的要求，迅速行动，在较短的时间内向省发改委上报项目180个，有36个项目纳入新增1000亿元中央投资计划，实际到位中央投资共计5.885亿元。扎实推进结构调整，发布4期《唐山市科学发展主导产业投资指导目录》，制定了100条促进服务业发展的政策措施。加大协调督导力度，全力实施项目攻坚。2008年，省重点调度的170个项目完成投资611.9亿元，100项市重点项目完成投资476亿元。深入推进节能减排，组织实施了“双三十”和“10100”工程，严格执行节能评估审查制度，全年单位生产总值能耗下降5.27%。

中国移动

向宋志永等13位赴湘救灾农民赠送13部存好话费的手机

2008年5月14日，公司总经理带头为灾区捐款

紧紧围绕唐山市“开放创新、富民强市，把新唐山建成科学发展示范区、建成人民群众幸福之都”的总战略和总目标，深入学习实践科学发展观活动，努力推进自身持续、健康发展的同时，积极承担社会责任，助建和谐社会。助力科学发展示范区建设，面向唐山全社会开展“彩铃、短信征集评选大赛”；助力“城市一卡通”工程，B-MAS城通卡正式商用。从网络、营销、服务、信息化等多个角度为首钢搬迁、曹妃甸建设保驾护航。在南方雪灾和四川地震的危难之际，赴湖南郴州为13义士送手机，为丰南区政府赴川抗震小分队、唐山义务救灾第一人、移动代理商等救灾人员提供应急通信保障，主动慰问唐山市消防支队赴川救援官兵，组织抗震救灾员工爱心捐款、缴纳“特殊党费”、“特殊团费”、“特殊会费”，为灾区捐赠教学设备，得到社会广泛好评，被市委、市政府评为唐山市抗震救灾先进集体，成为我市通信系统唯一获此殊荣的单位。

唐山分公司

下乡直销，服务和方便广大农村客户

支持农村信息化发展，中国移动的基站，站得更高，看得更远

“千人签名，共迎奥运活动”得到广大客户积极响应和参与

2008年7月向北川捐赠，献出我们的一份爱心

中国电信

公司总经理党委书记 弥国友

唐山电信公司成立于2003年1月，经过六年多的建设和发展,已完成区城域网、县城城域网和本地传输网的建设，光缆网基本实现乡镇级全覆盖；电缆网实现对市区、县城和部分发达乡镇覆盖。2008年10月成功收购联通CDMA网络资产后，具备了固定电话、移动通信、互联网接入等全业务经营能力，从此进入一个新的历史发展阶段。当年公司投资2亿多元进行C网一期、二期工程建设，实现CDMA移动信号在全区无缝覆盖。2008年公司对固网投资6000多万元，重点进行专线、大客户、小区宽带建设，有效促进了固网业务的发展。

公司在各县（市）、区均设立分支机构，拥有干部员工700多人，拥有自有营业厅42个、指定代理店286个、缴费站2215家，公司总资产达到10亿多元，年实现业务收入近2亿元，累计上缴税收近2000万元。

公司以科学发展观为指导，坚持企业与社会和谐共生。为切实担负起对信息服务业务的安全管理，着力净化网络安全，大力推介“绿色上网”等多种网络服务；“5·12”汶川大地震期间，为各大慈善机构官方网站提供无偿网络通信援助，确保顺利运行；助力地方经济，积极参与“数字唐山”、“无线城市”建设方案制订和曹妃甸通信建设，被河北省委、省政府授予曹妃甸工程建设先进单位。并先后被市委、市政府授予文明建设先进单位、消费者信得过单位和优质服务窗口先进单位等荣誉称号。

温馨、整洁的服务环境

唐山分公司

5·17宣传现场

朝气蓬勃的团队

CDMA网络优化专项整治现场

唐山市地方税务局

该局上下以实干为基，以落实为要，各项工作扎实推进，硕果累累。坚持以“巩固税基、堵漏挖潜”为主线，税费总量逾178亿元，同比增长29.58%，继续稳居全省首位；坚持以加强税收征管为载体，突出科学、精细、规范，征管质效和执法水平跃上新台阶；坚持以“执法聚财寓于服务之中”为宗旨，实现网上报税全覆盖，推行“一窗式”办税服务，架起征纳连心桥；坚持以学习实践科学发展观活动为契机，大力实施“千百十”帮扶工程，科学发展能力日益增强，地税形象日臻完善。继获得全国五一劳动奖状、全国“四五”普法先进单位、全国税务系统文明单位等荣誉后，2008年又被中央文明委授予“全国精神文明建设先进单位”，再次被省委、省政府授予“省级文明单位”，连续第二年被市委、市政府荣记振兴唐山集体一等功。

河北省地税局局长邢国辉到丰南地税局视察“一窗式”服务

市委副书记、常务副市长周仲明慰问地税干部

在路北区机场路小学建立税收教育基地

承办全国税收文化论坛

全市地税系统上下踊跃向地震灾区捐款

目　录

特　　载

大　事　记

唐山概况

政 治

国防建设

政　　法

综合管理

农　业

工　业

服　务　业

国 内 贸 易

对外开放

口　岸

民营经济

财政·税务

金融·保险·证券

建设·环保

交通·邮电

旅　　游

科学技术

社会科学

教　　育

文　化

卫 生

体 育

民 生

县(市)区概况

人　　物

统计资料

开放创新　富民强市
为把新唐山建成科学发展示范区
建成人民群众的幸福之都而奋斗

——在中共唐山市委八届四次全体（扩大）会议上的报告

中共河北省委常委、唐山市委书记　　赵勇

（2008年1月3日）

现在，我代表市委常委会向全会作报告。

胡锦涛总书记2006年视察唐山时，提出了建设科学发展示范区的战略构想。市委常委会经过认真学习领会，决定努力把整个唐山建成科学发展示范区。经过一年多来的实践，建设科学发展示范区的工作在理论和实践上都取得了积极成果。这次全会的主要任务，就是认真学习贯彻党的十七大和省委七届三次全会、中央和省经济工作会议精神，总结2007年建设科学发展示范区的做法和经验，研究部署今年和今后一个时期建设科学发展示范区的战略举措，动员全市各级党组织和广大党员干部，高举中国特色社会主义伟大旗帜，以邓小平理论和“三个代表”重要思想为指导，深入贯彻落实科学发展观，开放创新，富民强市，为把新唐山早日建成科学发展示范区、建成人民群众的幸福之都而团结奋斗！

一、科学发展示范区建设迈出坚实步伐

2007年，是我市贯彻胡锦涛总书记重要指示，建设科学发展示范区的起步之年，是落实市第八次党代会和市委八届三次全会精神，开启科学发展新征程的重要一年。一年来，我们坚持以邓小平理论和“三个代表”重要思想为指导，深入贯彻落实科学发展观，认真落实中央和省委的决策部署，以科学发展示范区建设为总揽，紧紧围绕“抢抓新机遇、建设新唐山、实现新跨越”工作主题，坚持把发展作为第一要务，把和谐作为第一责任，把人民幸福作为第一追求，把党的建设作为第一保证，团结依靠全市共产党员和广大干部群众，解放思想、锐意进取，真抓实干、艰苦奋斗，各项事业取得了丰硕成果。预计全年完成地区生产总值2760亿元，增长15.2%；全社会固定资产投资1000亿元，增长30.6%；全部财政收入330亿元，增长25%，其中一般预算收入118亿元，增长27.2%；城镇居民人均可支配收入14233元，增长15%；农民人均纯收入5825元，增长13%。在历届市委、市政府打下的好的基础上，进一步巩固和发展了全市上下政通人和、心齐气顺、风正劲足、经济发展、社会和谐的生机勃勃的局面。

围绕建设科学发展示范区，广大干部群众思想观念出现了新变化。面对党中央、国务院和省委、省政府提出的新要求，面对时代提出的新要求，面对全市人民的新期待，我们深感责任重大、使命神圣。为肩负起历史重任，我们坚持把解放思想摆在首要位置，提出要依据科学发展的要求解放思想，按照群众的意愿解放思想，针对发展中的难题解放思想，遵循经济社会发展的规律解放思想，开展了一系列解放思想活动，以思想解放推动科学发展示范区建设。组织开展了“抢抓新机遇、建设新唐山”大调研活动和群众性献计献策活动，组织各县（市）区和市直部门负责同志到广东、辽宁等地进行了学习考察，促进各级干部带着问题解放思想，听取群众呼声解放思想，在比较借鉴中解放思想。特别是从去年4月份开始，在全体党员干部中开展了为期半年的科学发展观学习教育活动，取得了积极成效，得到了中央领导同志的充分肯定和高度评价。通过一系列活动，各级干部思想境界和思维层次明显提高，广大群众精神面貌焕然一新。一是观念更新了。贯彻落实科学发展观的自觉性、坚定性明显提高，科学发展不仅成为了使用频率最高的词汇，而且成为了干部群众的共同追求和自觉行动，真正成为了全市的最强音。二是眼界更宽了。自觉把唐山的发展放到经济全球化的背景下来思考，放在全国生产力布局中来谋划，放到环渤海地区的发展大潮中来推进，找准了唐山发展的历史方位。三是思路更清了。对建设科学发展示范区形成了普遍共识，对新唐山建设的思路目标、战略重点和具体路径的认识更加明确。四是办法更多了。通过学习、讨论和思考，找到了更多破解难题的新途径、新措施，解决了一系列制约科学发展的突出矛盾和问题。五是作风更实了。干部群众心往一处想、劲往一处使，求真务实、真抓实干，你追我赶、争先创优。这些实实在在的思想解放成果，正在转化为新唐山建设的巨大推动力和创造力。

围绕建设科学发展示范区，确定了唐山未来发展的新思路。认真总结以往的经验，集中干部群众的智慧，确定了新唐山建设“1246”的总体思路。即把握一个主题：抢抓新机遇、建设新唐山，在科学发展道路上实现新跨越；完成两大任务：实现更好更快发展，构建和谐唐山；实现四大目标：建设文化名城、经济强城、宜居靓城、滨海新城；抓好六项战略重点。在此基础上，组织各方面力量加紧编制科学发展示范区战略规划，初步描绘了唐山科学发展的蓝图；围绕推进集约发展、循环发展、生态发展、创新发展、开放发展、协调发展、和谐发展、安全发展、文化发展、协同发展，积极探索了科学发展的十条路径；在提高产业结构优化度、产业集中度、对外开放度、群众幸福度等方面实施了一系列重要举措，破解了一批科学发展难题；动员各级各部门大胆创新，建立健全政策制度，推进科学发展的新体制新机制正在逐步形成。

围绕建设科学发展示范区，资源型城市转型取得新突破。把推进城市转型作为科学发展示范区建设的重要突破口，在节约资源、治污减排、结构调整等方面加大工作力度，收到了积极成效。本地资源耗用速度开始放缓。关闭了一批小矿山，充分利用国外资源，把本地资源更多留给子孙后代。去年全市铁矿石开采量增幅较上年下降了54个百分点。节能减排、淘汰落后取得实效。制定实施了产业发展指导政策和准入门槛，积极推广节能技术，扎实推进循环经济试点。组织开展了环保综合执法行动和治污减排安全整顿百日攻坚行动，加大关闭“十小”企业的力度，淘汰高耗能、高污染企业501家，基本完成200立方米以下高炉和20吨以下转炉等落后设备淘汰，淘汰落后炼铁产能577万吨、炼钢产能558万吨、水泥产能461万吨。全市二氧化硫排放量降低25%，化学需氧量降低20%，单位GDP能耗下降4.7%。产业结构进一步优化。着力培育具有市场优势的七大主导产业链，钢铁、装备制造、化学工业等主导产业市场竞争力进一步增强。高新技术、现代服务业等新兴产业发展步伐加快。园区经济发展呈现新气象，一批特色产业园区开始形成规模，园区经济成为县域经济发展的重要支撑。

围绕建设科学发展示范区，以曹妃甸新区为重点的沿海开发步入新阶段。谋划实施了曹妃甸新区发展战略，丰富拓展了我市沿海经济发展战略的思路和内涵，提升了曹妃甸在环渤海地区及国家发展战略格局中的地位，在科学发展示范区建设中发挥了龙头牵动作用。突出抓了规划编制。《曹妃甸工业区循环经济产业发展规划》获国务院正式批准，《唐山港总体规划》付诸实施，南部沿海地区空间布局规划和产业发展规划顺利完成，为大规模开发建设创造了条件。重点抓了产业聚集。首钢迁建工程全面投入建设，二十二冶装备制造基地项目竣工，荷兰斯蒂尔造桥机械等25个产业项目开工建设，中石油海洋工程基地、金维力油汽钢管等一批项目签约，修造船、大型石油炼化等一批项目前期工作扎实推进。南堡大油田开发建设步伐加快。着力抓了港城建设。在积极寻求与新加坡的合作中，加快了曹妃甸生态城前期工作，提升了新城规划的档次和水平。新城选址已经确定，正在面向全球征询城市规划意见，与意大利、韩国、德国等国家合作建设生态城的相关工作开始启动。持续抓了基础设施。矿石码头货物吞吐量突破2000万吨，通用杂货码头投入运营，原油码头主体工程完工，煤炭码头建设步伐加快，吹填造地达到80平方公里。唐曹高速公路进入路面铺设。在曹妃甸“龙头”的带动下，沿海一线开发建设全面提速，唐山港吞吐能力攀上亿吨大港台阶，整个沿海地区强势崛起的态势正在形成。

围绕建设科学发展示范区，社会主义新农村建设取得新成效。坚持把推进城乡一体化发展作为科学发展示范区建设的重要内容，以农民增收为核心，以发展现代农业为重点，以文明生态村创建为载体，加快社会主义新农村建设。农业农村经济蓬勃发展。全面落实各项惠农政策，加大“三农”投入力度，大力发展现代农业，龙型经济规模进一步扩大，农业产业化经营率达到59%，非农收入占农民人均纯收入的比例达到67%。农村社会事业发展水平进一步提高。农村办学条件继续改善，义务教育阶段学杂费全部免除。乡村医疗保障水平得到提高。农村敬老院整合改造全面完成。农村社会养老保险试点工作取得积极进展。文明生态村创建活动深入开展，开展创建的村累计达到3033个，60%的行政村建了村民中心。城乡一体化建设扎实推进。制定了《关于统筹城乡发展推进城乡一体化建设的意见》，在全省率先成立了城乡一体化发展研究中心。城乡一体化试点工作全面铺开，城乡路网建设继续完善，城乡一体的市场体系和就业平台加快形成。

围绕建设科学发展示范区，城市改造建设跃上新台阶。

顺应人民群众的愿望，把城市建设作为科学发展示范区建设的重要载体，推动城市改造建设实现了新的突破。完善了城市规划。城市总体规划修编和城市景观、绿化、水系等专项规划的编制工作取得了阶段性成果。成立了城乡规划委员会，拓展规划局职能，建立了城乡规划局，加强对规划工作的统一领导，规划的龙头地位和刚性约束得到强化。明确了城市建设思路。确定了“双核两带”的城市发展总体思路和空间布局，即以市区和曹妃甸生态城为双核，推动北部山前城市带、南部临海城市带协调发展。打了一场拆违拆迁攻坚战。坚持和谐拆迁、文明拆迁、依法拆迁，拆违拆迁295万平米，为城市发展腾出了140多万平米的发展空间，赢得了人民群众的拥护和支持。建设了一批重点工程。高标准实施了建设路综合改造，城市东、西、北出入口综合整治，外环路等十五条城市道路改扩建工程，狠抓了重点地段和区域绿化、亮化、美化，扎实推进“三山三河两湖”环境综合改造，城市面貌明显改观。加快了小城镇建设步伐。各县（市）区加紧完善规划，进一步加大县城和小城镇建设力度。全市城镇化率达到50%，上升了2个百分点。

围绕建设科学发展示范区，对外开放迈出新步伐。坚持把扩大开放作为科学发展示范区建设的重大战略，不断拓展开放的广度和深度，努力提高开放型经济水平。全市实际利用外资6.5亿美元，进出口总额50亿美元，同比分别增长28%和44%。着眼经济全球化狠抓招商引资。多形式、高密度、广范围地开展招商推介活动，在新加坡、日本、韩国以及港澳、深圳等地区组织了招商洽谈会，成功举办了第十届陶瓷博览会和河北唐山（曹妃甸）经贸洽谈会，全年来唐考察洽谈的中外客商达400多个团组、近9000人次，比上年增长2倍以上，其中世界500强企业65家，中央直属大企业40多家。着眼提升核心竞争力引进战略投资者。加强与国内外知名大企业、大集团的联系和对接，日本住友挖掘机等7个投资千万美元以上的大项目落户唐山，新加坡工业园项目取得积极进展，中材集团200亿元的投资项目正式签约，与香港嘉里等一批战略投资者达成了战略合作意向。着眼区域经济一体化推进合作共赢。分别与天津滨海新区、秦皇岛、承德、廊坊以及国家开发银行等地区和企业签署了战略合作协议，搭建了深化合作、共同发展的平台，加快了区域经济一体化进程。着眼提高唐山的知名度加强对外宣传。围绕曹妃甸和南堡大油田开发、科学发展示范区建设、科学发展观学习教育活动，加大在国内外高端媒体宣传力度，进一步扩大了唐山在国内外的影响。

围绕建设科学发展示范区，人民群众的幸福指数有了新提高。坚持把提高人民群众的幸福指数作为科学发展示范区建设的出发点和落脚点，扎实推进十大幸福工程，全面完成了为群众办的20件实事。人民生活进一步改善。震后危旧平房改造开工70万平米，完成旧小区集中供热改造35万平米；零就业家庭就业问题基本得到解决，城镇登记失业率保持在4.5%以下；城乡居民最低生活保障实现应保尽保；加大教育扶助力度，全市投入“两免一补”资金2.68亿元，高中阶段教育普及率达到86%；健全城乡医疗服务体系，城乡医疗保险制度实现全覆盖。群众精神文化生活不断丰富。深入开展创建国家文明城活动，城市文明程度进一步提高；文化事业和文化产业健康发展，推出了一批文化精品，社区文化、农村文化、企业文化更加繁荣、活跃；成功承办了第十二届省运会；我市被评为“中国优秀旅游城市”。群众民主权益得到有效保障。扩大民主参与，支持人大、政协履行职能，加强同各民主党派、工商联和无党派人士合作共事，发挥工会、共青团、妇联、科协等人民团体的桥梁和纽带作用，深入推进政务、厂务、村务、校务和社区事务公开，尤其是广泛深入地开展献计献策活动，进一步拓展了人民群众反映意见和建议的渠道和途径，保证了群众知情权、参与权、表达权、监督权的落实。社会更加和谐稳定。社会主义荣辱观教育扎实推进，“帮一点”等公民道德实践活动深入开展，重信守义、互相关爱的社会氛围更加浓厚；加强社会治安综合治理，矛盾纠纷调解工作体系进一步完善，信访代理制全面推行，为人民群众创造了和谐稳定的社会环境。

围绕建设科学发展示范区，党的建设得到新加强。坚持把党的建设作为科学发展示范区建设的根本保证，以执政能力建设和先进性建设为主线，全面推进党的建设新的伟大工程。理论武装成效显著。以科学发展观学习教育活动为抓手，组织广大党员干部深入学习马克思主义中国化的最新成果和党的十七大精神，各级领导班子和党员干部走中国特色社会主义道路的信念更加坚定，践行科学发展观的自觉性明显增强。干部制度改革迈出重要步伐。圆满完成了县乡人大、政府和县级政协换届任务，领导班子建设进一步加强。在干部选任工作中探索施行了“三推一讲”新机制。面向全国公开推选了150名县级干部后备人选。按照科学发展观要求，制定了《市委管理的领导班子和领导干部综合考评办法（试行）》。围绕曹妃甸开发建设、重点项目需要招聘人才，选派优秀干部分期分批到南方发达城市和意大利、新加坡学习锻炼，促进了领导干部素质和能力的提高。基层组织建设扎实推进。深入开展“三级联创”活动，举办了全市农村党组织书记培训示范班。推行“1+2”人才组合模式，选派退休老干部、大学毕业生、医疗志愿者，到100个贫困村开展工作，收到了明显成效。企业、机关、学校、社区和新社会组织党建工作普遍加强，党员的先锋模范作用得到充分发挥。干部队伍作风明显转变。大力弘扬八个方面良好风气，各级干部的紧迫感更强了，工作节奏更快了，压力更大了，责任更重了，干劲更足了，形成了干事、创业、为民的浓厚氛围。反腐倡廉建设得到加强。进一步落实《条例》，推进反腐倡廉工作体制机制创新，教育、制度、监督并重的惩治和预防腐败体系逐步完善。深入开展“为民、务实、清廉”主题教育活动，廉政文化建设、治理商业贿赂等工作取得显著成绩，各级干部廉洁自律意识普遍增强。创优政务环境，阳光行动、行风评议不断深化，机关工作效能进一步提高。大力纠正损害群众利益的不正之风，解决了一批群众反映的热点、难点问题。特别是严肃换届工作纪律，营造了风清气正的良好环境。加强市委常委会自身建设。坚持从市委常委会做起，带头确立活一方经济，促一方和谐，富一方百姓，用一方人才的目标追求；带头倡导把心思用在工作上，把情感系在民心上，把作风拧在求实上，把功劳记在集体上的价值取向；带头加强制度建设，制定并认真执行加强自身建设四项规定和转变作风六项制度，努力为全市各级党组织和广大党员干部当好表率。

回顾一年来的工作，我们深深感到，唐山的每一点进步，都离不开党中央、国务院的亲切关怀，离不开省委、省政府的高度重视和大力支持；我们深深感到，唐山的干部队伍是一支政治坚定、大局意识强，敢打硬仗、能干大事的优秀干部队伍；我们深深感到，唐山人民是深明大义、勤劳朴实、富于爱心、勇于追求和创造幸福美好生活的英雄人民。我们为有这样的干部队伍而骄傲，为有这样英雄的人民而自豪！在此，我代表市委常委会，向为新唐山建设作出积极贡献的全市各级党组织、广大党员干部和全市人民，表示衷心的感谢和由衷的敬意！

一年来的工作实践证明，市委八届三次全会以来确定的一系列目标、思路、举措，符合党的十七大精神，符合科学发展观要求，符合唐山实际，符合全市人民的根本利益，要毫不动摇地坚持，并在实践中不断加以完善。

回顾一年来科学发展示范区建设的实践，我们有以下几点体会，也是一年来工作的基本经验。一是必须把科学发展观作为经济社会发展的根本指针。我们始终坚持与党中央保持一致，坚决贯彻省委各项决策部署，始终坚持以科学发展观统领各项工作、指引改革与发展。正因为这样，各项事业发展才比较顺利，我们的工作才赢得了老百姓的理解和支持，在全市形成了科学发展的高度共识，形成了推进科学发展的强大合力。二是必须把解放思想、开拓创新作为新唐山建设的根本动力。建设科学发展示范区是前无古人的宏伟事业，没有现成的经验可以借鉴。广大干部群众以敢于超越前人的勇气，大胆探索、锐意创新，才使我们的各项事业呈现出了蓬勃发展的态势。三是必须坚持一切从唐山实际出发确定工作方略。我们的发展思路目标和措施是在充分听取人民群众意见的基础上形成的，是在深入分析市情市力的基础上形成的，既有前瞻性，又符合唐山实际。正因为这样，我们才找准了唐山发展的历史方位，制定出了切实有效的工作措施。四是必须坚持一切依靠人民、一切为了人民。我们始终把人民群众的利益摆在最高位置，始终把一切为了老百姓的幸福作为执政理念。正因为这样，我们开展的拆违拆迁、百日攻坚等难度极大的工作，都得到了人民群众的理解和支持，得以顺利推进和圆满完成。五是必须坚持动真感情、下苦功夫、办实在事。一打纲领不如一步实际行动。我们一贯坚持凡是定下来的事情，就一定要做到、一定要做好，一项一项地抓落实。正因为这样，才保证了各项决策部署落到实处，保证了各项目标任务的实现。

在看到成绩的同时，我们也清醒地认识到，与建设科学发展示范区的要求相比，与人民群众的愿望相比，我们的工作还有不小的差距，前进道路上还存在不少困难和问题，突出的是：经济结构性矛盾仍比较突出，第三产业发展相对滞后，经济增长的资源环境代价过大，产业集中度、对外开放度不高；支撑科学发展的体制机制还不够健全，深化改革的任务还十分艰巨；城乡居民总体收入水平相对较低，部分群众生活仍然比较困难，就业、社保、征地拆迁、物价等关系群众切身利益的问题仍然较多；人才支撑能力不足，基层组织建设存在薄弱环节；等等。这些问题尽管是在经济社会发展过程中长期积累的问题，但也反映出我们领导科学发展的能力还有待进一步提高，工作创新点还不够多，改革力度还不够大，工作效率还不够高，推动工作落实还不够深入。市委常委会深感进一步加强学习，增强理论思维和战略思维，提高驾驭全局、创造性开展工作能力的紧迫；深感进一步解放思想，推进改革创新、破解发展难题的紧迫；深感进一步转变作风，不断提高执行力的紧迫。上述问题，我们要高度重视，在今后工作中继续认真加以解决。

二、科学发展示范区建设面临的新形势和新任务

纵观时代大势，唐山的发展，机遇前所未有，挑战前所未有，机遇大于挑战。我们对唐山的未来充满信心。

世情的深刻变化对建设科学发展示范区提出了新要求。随着经济全球化深入发展和科技革命加速推进，中国从来没有像今天这样与世界联系这么紧密，唐山从来没有像今天这样与世界联系这么紧密，也从来没有像今天这样引起世界的广泛关注。当前，国际形势对我们发展总体有利，世界经济仍会持续增长，新兴国家的经济增长依然会非常强劲。但是，世界情况也发生了一些值得我们关注的变化，美国次贷危机、国际能源原材料价格上涨、人民币升值等因素都与唐山息息相关。在这样的大背景下，我们要建设科学发展示范区，必须增强全球意识和开放意识，趋利避害、妥善应对，以世界的眼光、思维和标准来谋划和推动各项工作。

国情的深刻变化对建设科学发展示范区提出了新要求。党的十七大后，全国各地呈现出沿着科学发展道路竞相发展的更强态势。奥运会在北京举行，将会给我们带来新的发展机遇。同时也不能忽视这样两个问题：一是中央宏观调控政策给我们带来的新考验。面对“一好两防”的政策环境，再像以往那样用红灯、绿灯的理念来应对宏观环境的变化已经行不通了，必须以强筋壮骨、功能再造为着眼点，坚定不移地走科学发展道路，实现再一次“凤凰涅槃”。二是环渤海地区竞相发展给我们带来的更大压力。天津、青岛、烟台、大连等环渤海城市经济持续高速增长，百舸争流，不进则退。我们必须增强忧患意识和创新意识，以只争朝夕的精神和敢为人先的胆识，在建设科学发展示范区的实践中勇闯新路，增创竞争新优势，实现发展新跨越。

省情的深刻变化对建设科学发展示范区提出了新要求。省委七届三次全会明确了建设以实力、活力、竞争力为主

要标志的沿海强省的奋斗目标。最近结束的全省经济工作会议，明确提出今年经济工作基本要求是保持平稳较快发展，在“好”字上下硬功夫，好字优先、好中求快、好中求大、好中求强。面对省委的新要求，唐山实现又好又快发展，压力最大，实现目标难度最大。在省内各市铆足劲发展的情况下，我们要放大优势、保持率先，必须进一步增强责任意识，真正做到好字优先、好中求快。

市情的深刻变化对建设科学发展示范区提出了新要求。经过一年来科学发展示范区建设的生动实践，全市上下推进科学发展的愿望高度一致，建设科学发展示范区的思路比较清晰，破解科学发展难题也有了较好起步。但必须看到，新唐山建设任重道远，必须着力推进“四个加速”。一是科学发展示范区建设要加速。不加速，我们无法向中央交帐，也无法向人民交账。今年9月我们将举办科学发展（曹妃甸）论坛，届时将有多位国际政要前来参加，我们必须以科学发展的实际成果向世界展示唐山的形象。二是资源型城市转型要加速，做到动作更快、措施更硬、成果更大。三是体制机制创新要加速。目前我们工作中最大的困惑、最大的障碍就是体制机制问题，必须进一步建立健全支撑科学发展的体制机制。四是富民惠民要加速。唐山的经济总量很大，但部分群众并不很富裕，必须加快富民惠民步伐。

新的形势和任务，要求我们时刻保持清醒头脑，坚持市委八届三次全会以来形成的一系列发展思路和重要举措不动摇，并在实践过程中不断丰富完善。在充分听取方方面面意见的基础上，市委常委会经过认真研究，认为加快科学发展示范区建设，要提出一个总战略：开放创新、富民强市；要提出一个总目标：把新唐山建成人民群众的幸福之都。

提出“开放创新、富民强市”的总战略，是因为：开放是建设科学发展示范区的必由之路。开放给唐山带来资源，开放给唐山带来资本，开放给唐山带来观念，开放给唐山带来人才，开放给唐山带来活力。省委作出一个判断——“解决河北的各种矛盾和问题，从根本上讲靠开放”。这个判断完全符合唐山的实际，解决唐山的各种矛盾和问题从根本上讲也要靠开放。创新是建设科学发展示范区的动力源泉。示范本身就是创新。不创新就建不成科学发展示范区，不创新就不能走在前列、引领潮流，不创新就难以达到示范的目的。富民是实现科学发展的根本目的。唐山人民的普遍富裕程度与唐山的经济发展水平还很不相称，要把富民摆在优先的位置。强市是实现科学发展的必然要求。唐山可以说是一个大市，但还不能说是一个强市，还必须在增强核心竞争力上下更大的功夫。

提出“建设幸福之都”这个总目标，是对市委八届三次全会提出的建设文化名城、经济强城、宜居靓城、滨海新城目标的进一步集中和提炼。提出这个总目标，更有利于凝聚民心，更有利于激发全市人民创造幸福美好生活的主动性和创造性。

开放创新、富民强市，把我市建成科学发展示范区，建成人民群众的幸福之都，是一个长期战略和奋斗目标，必须着眼长远，狠抓当前，分阶段、有步骤地加以推进。到2010年，我市人均地区生产总值要比2000年翻两番；城镇居民人均可支配收入、农民人均纯收入分别达到20000元和8000元左右。到2015年，基本实现全面建设小康社会奋斗目标，把新唐山建设成为文化名城、经济强城、宜居靓城、滨海新城，建设成为人民幸福指数不断提高的幸福之都。

2008年是全面贯彻落实党的十七大精神的第一年，是实施“十一五”规划承上启下的关键年，是全面推进科学发展示范区建设的提速年、攻坚年。总的要求是：认真贯彻落实党的十七大和省委七届三次全会精神，高举中国特色社会主义伟大旗帜，以邓小平理论和“三个代表”重要思想为指导，深入贯彻落实科学发展观，以“抢抓新机遇、建设新唐山、实现新跨越”为主题，以科学发展示范区建设为总揽，以开放创新、富民强市为总战略，坚持好字优先、好中求快，坚持改革开放，坚持以人为本，扎实推进经济建设、政治建设、文化建设、社会建设和党的建设，为把新唐山建成科学发展示范区、建成人民群众的幸福之都而努力奋斗！主要预期目标是：地区生产总值增长14%以上；单位生产总值能耗降低4.6%；全社会固定资产投资增长25%；全部财政收入增长14%以上，其中一般预算收入增长12.5%；城镇居民人均可支配收入和农民人均纯收入分别增长12%和10%。

加快建设科学发展示范区，我们要坚持以下原则：

第一，牢牢把握抢抓新机遇、建设新唐山，在科学发展道路上实现新跨越这个主题。要乘势而上，顺势而为，以积极地、有作为地姿态贯彻落实好国家宏观调控政策，推动我市科学发展再上新台阶。第二，牢牢把握建设科学发展示范区这个总揽。坚持把建设科学发展示范区的要求，贯穿于新唐山建设的各个方面、各个环节。围绕把我市建成科学发展示范区，深入推进科学发展示范县（市）区、示范单位建设。第三，牢牢把握加快转变经济发展方式这个重点。坚持把转变经济发展方式作为资源型城市转型的核心战略和重中之重，着力破解科学发展难题，牵住实现又好又快发展的“牛鼻子”。第四，牢牢把握“好字优先、好中求快”这个本质要求。“好”是科学发展最鲜明的调子，好中求快是科学发展的题中之义。我们要在优化结构、提高效益、节约资源、保护环境前提下，能搞多快就搞多快。第五，牢牢把握以人为本、改善民生这一根本目的。坚持一切为了老百姓的幸福，更加注重发展成果的普惠性，拿出更多的财力来改善人民生活，让群众真得实惠、多得实惠。第六，牢牢把握提高科学发展能力这一关键。全面提高各级领导班子和领导干部的科学决策能力、科学规划能力、科学管理能力和科学探索能力，使各级干部确有真才实学，确实真抓实干，更好地担负起建设科学发展示范区的重任。

三、加快推进科学发展示范区建设的重大举措

根据总战略和总目标，围绕加快建设科学发展示范区，

今年要重点抓好八个方面的工作。

（一）以学习贯彻党的十七大精神为重点，深入推进思想大解放。解放思想没有止境，是一个永恒的主题。我们要根据新的形势，不断推进思想解放。

坚持把学习贯彻党的十七大精神作为首要政治任务，全面兴起学习贯彻十七大精神热潮。组织广大党员干部，深入学习党的十七大报告和党章，全面准确地领会党的十七大精神。广泛开展十七大精神进机关、进企业、进学校、进农村、进社区活动，切实把广大党员干部群众的思想和行动统一到十七大精神上来，把智慧和力量凝聚到十七大确定的各项任务上来。

坚持以十七大精神引领思想解放，以思想解放推动十七大精神的贯彻落实。要把学习贯彻十七大精神与落实省委七届三次全会精神结合起来，与正在开展的解放思想大讨论活动结合起来，使全市广大党员干部的思想解放再解放、深入再深入、创新再创新，努力把十七大精神转化为改造主观世界和客观世界的生动实践。一是要把十七大精神转化为党员干部的理想信念。引导广大党员干部牢牢把握一面旗帜、一条道路、一个理论体系这个十七大精神的核心，把这“三个一”转化为内心不动摇的信念。二是要把十七大精神转化为党员干部的思想方法和工作方法。把十七大提出的一系列要求和举措，作为想问题、办事情的基本遵循，作为解决各种矛盾问题的“金钥匙”。三是要把十七大精神转化为推进发展的思路和举措。全面审视过来的思路和做法，按照科学发展观要求不断加以丰富完善、创新发展。四是要把十七大精神转化为推进发展的实际行动。思想上解放不解放，关键看行动上落实不落实。要立即行动起来，着力破解影响和制约科学发展的突出问题。五是要把十七大精神转化为检验工作成效的实践标准和价值尺度。树立第一要务的尺度、以人为本的尺度、统筹协调的尺度，以此考量工作、考察干部，真正把广大党员干部的精力和注意力引导到落实科学发展的要求上来。

（二）以转变经济发展方式为重点，深入推进资源型城市转型。科学发展示范区，首先应当成为转变经济发展方式的示范区。推进我市资源型城市转型，核心是经济发展方式的转变。要按照十七大要求，结合唐山实际，加快探索实现经济发展方式转变的具体途径。

努力实现七个转变。一要实现由内陆资源型经济向沿海开放型经济转变。加速生产力布局向沿海转移、生产要素向临港集中，推进唐山经济融入京津唐三角区、京津冀都市圈、环渤海和东北亚区域一体化发展大格局，再造唐山经济发展新优势。优势是可以转换的，抓不住、用不好，优势就会变成劣势。我们决不能有了优势就忘了忧患，决不能错失良机。生产力布局向沿海转移，回报率就会大幅提高。我们一定要进一步加速生产力布局向沿海推进。二要实现由三次产业各自发展向三次产业融合发展转变。现在三次产业越来越密不可分。要加快形成与工业化相配套、与城市化相适应、与国际化相融合的现代产业体系，尤其要加快发展第三产业，制定服务业发展规划，出台支持政策，以服务业的发展拉动提升一产、二产，以一产、二产的发展为壮大服务业提供坚实基础，努力实现三次产业相互融合、协调发展、全面提升。三要实现由单一产业支撑向多门类产业拉动转变。在巩固优势产业、壮大主导产业的同时，全方位推进各产业的协调发展。一方面，要抓住钢铁产业这个立市之本，继续做大做强；另一方面，要加快发展先进制造业、化工等其他战略支撑产业，培育后续主导产业，实现唐山经济社会发展的多门类、多产业支撑。四要实现由总量扩张型向创新驱动型转变。推动经济发展，既要扩张总量，更要提高核心竞争力。提高核心竞争力关键是靠创新驱动。要积极打造创新主体，培育有核心竞争力、有自主知识产权的企业，对拥有顶尖技术和产品的战略投资者，要大力引进，要加强合作，提高创新型经济水平，变以量取胜为以质取胜。五要实现由资源粗放利用向循环经济转变。以发展区域循环经济为主攻方向，以曹妃甸国家循环经济示范区为龙头和突破口，加强与新加坡胜科集团合作，建设循环经济工业园。加紧对现有企业实行循环经济改造，严格新上项目的循环经济准入，通过推进清洁生产、三废利用、产品延伸加工以及跨产业配套利用资源等多种途径，促进资源深度利用，有效推进节能减排，加快构筑循环经济产业体系。六要实现由产业节点向产业链条转变。产业链经济是目前世界上最先进的产业模式。按照发展产业链经济的总体要求，所有企业、项目都要努力成为产业链经济的有效环节。今后无论是现有企业改造，还是新上项目，都要考虑是否能够融入产业链经济，是否能够和其他项目、其他企业形成产业链条关系，促进单一节点项目融入产业链经济。七要实现由产业分散发展向产业集群发展转变。通过建设产业园区、发展产业链经济、组建大型企业集团等多种途径，加速形成以七大主导产业为重点的产业集群。要创造更加宽松的环境、采取更加有力的措施，大力支持县域经济发展，尤其是在土地和金融上给予更大的支持。每个县（市）区今年都要做成一个10平方公里以上的工业园区。要围绕实现“七个转变”，制定并实施循环经济准入标准、产业链经济准入标准和单位面积投资强度标准，形成明确的产业导向。

促进资源型城市转型，实现经济发展方式转变，关键在改革开放。

着力深化改革。进一步激发政府管理活力。政府的审批事项还太多，程序太复杂，环节太繁琐。要加快行政管理体制改革，探索以“大部门”体制解决政出多门问题，以制定市权事项审批程序规定解决层次环节多的问题，以落实限时办结制解决效率低下问题。要进一步清理审批事项，抓紧出台给县（市）区放权的决定，凡适合下放的财权、事权和审批权一律下放，凡不涉及全市总体发展战略的事项一律由县（市）区审批，凡能够通过市场机制解决的问题政府一律不干预。进一步激发市场主体活力。以建立健全金融、地产、人才、劳动力、产权等要素市场为重点，完善市场体系，增强市场自转能力。继续深化国企改革，促使国有资本尽快从一般竞争领域退出；改变目前公

用事业单位国有独资经营模式，融合各类资本，实现股权多元化；积极打造体现市场化要求的国有资本经营机构，变管理资产为经营资本，适时组建唐山投资控股集团公司，提高国有资本运营效率，发挥国有资本的引领、调控、示范和带动作用。大力发展民营经济、混合所有制经济，大力倡导“劳动为本、创业立身”思想观念，积极鼓励普通群众主动闯市场、谋发展，把群众中蕴含的追求富裕、勇于创造的潜能释放出来，把社会积淀的民间资本、各种资源有效利用起来，形成活力迸发、全民创业的生动局面。进一步激发金融活力。面对国家银根收紧的新形势，要把构建区域性现代金融体系作为建设科学发展示范区的重要战略，一方面，搞好银企对接，充分发挥国有商业银行主渠道作用，下功夫引进外资银行和域外银行；另一方面，在用好非银行资金上下功夫。用好非银行资金，至少有七个渠道：一是帮助企业提高资本市场的参与度，支持企业上市和发行公司债券。二是加大对外开放力度，有效利用外资。三是进一步引导和鼓励票据融资，减少对短期贷款的依赖。四是发展多种形势的私募股权基金。五是引导民间融资，发挥对企业融资的补充作用。六是加快城市商业银行和农村信用社的改革。七是发展新型金融组织和金融业务，每个县（市）区都要力争搞一个小额贷款担保公司，全市年内要建起一到两家村镇银行。要通过这些途径，解决融资难问题，增强金融对经济发展的支持能力。积极破解土地瓶颈制约。坚持以“修、换、复、整”为重点，多渠道挖潜，增加土地有效供应。“修”就是要抓紧修订完善我市建设用地规划，将沿海滩涂等未利用土地纳入建设用地规划范围。“换”就是搞好土地置换，通过对废弃砖瓦窑、工矿废弃地、废弃村址进行复垦，运用土地置换政策增加建设用地供应。“复”就是通过对采煤沉降区、资源枯竭矿山进行地貌恢复和生态恢复，实现土地资源有效利用。“整”就是通过改造城中村、实施平改楼、汇集零散建设用地、调整布局等方式，整合现有土地资源，实现土地资源利用的集约化。

大力推进双向开放。营造全民促开放的浓厚氛围。要引导广大干部群众树立强烈的开放意识，在全社会形成以开放促改革、促发展的正确导向，大力宣传先进典型，落实奖励政策，加大奖励力度，调动方方面面招商引资的积极性，在全市上下形成全民招商、参与开放、服务开放的浓厚氛围。构建全方位、多层次、宽领域开放大格局。坚持非禁即入，鼓励和吸引国内外资本进入我市农业、工业、服务业各个领域，完善内外联动、互利共赢、安全高效的经济体系。坚持引资、引技、引智与引进管理经验并举，不断拓展双向开放的广度和深度。充分发挥企业的主体作用，真正把企业推向对外开放的主战场，鼓励支持各类企业、投资创业者开展跨国、跨地区经营，推动开放型经济向纵深发展。优化开放环境、创新开放平台。各级政府部门是优化发展环境的主体，要进一步增强“亲商、安商、扶商”意识，让“你投资我欢迎、你创业我支持、你赚钱我发展”成为工作准则，认真落实各项对外开放政策，用最优良的发展条件吸引投资者、用最优良的服务留住投资者、用最完善的法制保护投资者。要创新招商方式，建立科学工作机制，充分发挥科学发展（曹妃甸）论坛和陶瓷博览会的平台作用，积极采取上门招商、节会招商、网络招商、媒介招商、以商招商等灵活多样的办法，不断扩大招商成果。进一步明确主攻方向。以沿海大规模开发建设为契机，进一步强化“大招商、招大商”的观念，把引进战略投资者作为主攻方向，积极对接世界500强和国内大公司、大集团，尽快形成参与国际经济合作和竞争的新优势。

（三）以曹妃甸新区为重点，深入推进沿海“四点一带”大规模开发建设。为增加我市参与环渤海地区竞争合作的砝码，我们要遵循区域经济一体化发展规律，进一步打破行政区划束缚，把沿海一线的临港地区作为一个整体，按照“四点一带”的格局进行统一规划，统筹开发建设。这是事关我市未来发展最为重大的战略布局。实施“四点一带”战略，有利于放大唐山乃至河北在环渤海区域发展中的竞争优势，为加速生产要素向我市聚集提供一个更大的平台；有利于促进港口、港区、港城协调联动，形成沿海地区大开发、大开放的发展格局；有利于调动各个方面积极性，加快我市生产力布局向沿海转移，实现新区和老区的互动发展。

一是明确战略定位。沿海“四点一带”中的“四点”是指曹妃甸新区、乐亭新区、丰南沿海工业区和芦汉经济技术开发区。“一带”是指贯通“四点”而形成的沿海经济隆起带。实施“四点一带”战略，要坚持以港口为依托，以园区建设为载体，以发展临港产业为特色，加快产业聚集，高标准起步、高水平建设、高质量发展，使之成为科学发展的先行区、先进产业聚集区、双向开放承载区、体制创新引领区、生态文明样板区、跨越发展支撑区。力争用5－10年的时间，使“四点一带”占到全市经济总量的一半，再造一个新唐山，成为引领河北发展的强大引擎、京津冀都市圈的战略支点、环渤海地区快速崛起的重要增长极。

二是统一谋篇布局。统筹考虑“四点”的各自优势，科学确定功能定位。曹妃甸新区要重点发展精品钢材、装备制造、化工、现代物流四大产业，建成环渤海地区的国际性能源和原材料集疏主枢纽港、中国北方地区重化工业基地、国家商业性能源储备和调配中心、国家循环经济示范区、中国北方商务休闲之都、生态宜居的滨海新城。乐亭新区建成煤化工、装备制造业产业基地、滨海旅游胜地。丰南沿海工业区要重点发展钢铁深加工和新型材料产业。芦汉经济技术开发区重点发展高新技术和现代服务业，建成唐津两市区域合作的“桥头堡”。开发建设“四点一带”，要统一领导、统一规划、统一政策、统一资源配置、统一公共服务平台、统一基础设施建设。要理顺管理体制，加快规划编制，加快基础设施建设和产业聚集，尽快形成科学有序地大规模开发建设的热潮。其他各县（市）区要与“四点一带”开发建设搞好对接，努力形成海陆互动、各展所长、优势互补、互利共赢的良好局面。研究制定给其他县（市）区无偿划拨沿海土地资源的政策和办法，配套推进相关财政体制改革。

三是全面启动招商。把“四点一带”作为一个整体进行包装，抓紧启动对外推介、对外宣传，统筹安排各类招商项目，形成唐山对外招商的金字招牌。

四是突出龙头带动。“四点一带”的核心是曹妃甸新区。曹妃甸新区要在沿海“四点一带”开发建设中发挥龙头作用，关键在速度，核心是配套。要把今年作为曹妃甸新区开发建设“配套年”，下大力抓好规划配套、建设配套、产业配套、改革配套。抓紧启动保税仓库和出口监管仓库建设，逐步建立保税物流中心、出口加工区，年内具备申报建设保税港区条件，逐步把曹妃甸新区建设成为面向世界的“自由贸易港区”。

（四）以打造七大主导产业链为重点，深入推进现代产业体系建设。发展产业链经济，是提升实力、增强活力、打造竞争力的重要途径，是加快科学发展示范区建设的重要举措。党的十七大第一次提出了建设现代产业体系的要求。我们要遵循产业链经济发展规划，培育壮大精品钢材、装备制造、化工、现代农业、现代服务业、高新技术和环保七大主导产业链，形成一批有特色、有规模的产业集群和具有国际竞争力的企业集团，加快构建现代产业体系。做大做强主导产业链，必须加强政策引导和宏观调控，特别要在以下方面下功夫：

一是培育产业链龙头企业。产业链经济形成和发展必须以龙头企业为引领，每个产业链都要打造一两个大的龙头企业。钢铁行业要鼓励支持唐钢、首钢、国丰、津西等企业整合地方钢铁企业，做大产业集群，延伸产品加工；装备制造行业要以300公里动车组、住友重型机械、成套建材装备制造企业为龙头，以专业化协作配套为途径，实施技术扩散、产品扩散，打造产业链模式。其他各主导产业都要扶持龙头企业，发挥其引领带动作用。

二是打造链状产业体系。按照链状产业体系要求，制定产业发展规划，谋划产业发展思路。无论是调整存量，还是新上项目，都要善于寻找和填补空白节点，使之成为产业链中的一环。通过产业链体系构造，放大产品倍数，把产业链做宽、做长、做强；通过产业融合，打破行业界限，促进现代产业体系的形成。

三是加快园区建设。坚持把园区建设作为发展产业链经济的重要载体，立足产业互联、要素互融、设施共用、信息共享，使园区真正成为资源深度利用的平台、产业相互融合的纽带、产业链经济发展的基地。今年，要对各个县（市）区园区建设进行评估、验收，并作为考核各县（市）区工作的重要指标。

四是强化政策引导。对发展产业链经济要实行“三个优先”。对符合产业链发展要求的项目，优先进行核准或备案，优先保证土地、资金、电力等要素供应，优先在差别地价、差别电价、差别水价以及财税、金融等方面给予政策支持倾斜。

（五）以建设“四大主体功能区”为重点，深入推进新型城镇化建设。建设科学发展示范区，必须着眼于城镇化与工业化的良性互动，着眼于我市经济社会发展全局，着眼于建设适于人居和创业的幸福家园，拓展城市空间、完善城市功能、突出城市特色、提高城市品位。今年城市建设要在去年工作的基础上，进一步加大城市规划、建设和管理力度，以建设曹妃甸生态城、凤凰新城、南湖生态城和空港城“四大主体功能区”为重点，全面实施“14421”工程，构筑我市新型城镇化发展格局，努力打造魅力唐山、宜居唐山。

实施“14421”工程。抓好“一号工程”。加快震后危旧平房改造和经济适用住房、廉租房建设力度，努力满足老百姓的住房需求。抓好“四大主体功能区”建设。曹妃甸生态城功能区规划面积50平方公里，要以建设世界一流的生态城市、港口城市、滨海城市、示范性城市、国际性城市和环渤海中心城市为目标，积极推进与意大利、德国、韩国等发达国家的合作，8月份之前启动城市基础设施建设，争取3－5年形成基础框架。凤凰新城功能区规划面积23平方公里，要以建设世界一流的商务中心、总部中心为目标，抓紧启动青少年宫、规划展馆、五星级接待中心及总部基地一期项目，规划建设一批体量大、造型新、功能全的标志性建筑，尽快形成大规模开发建设热潮。南湖生态城功能区规划面积91平方公里，要以建设在国内享有较高知名度和美誉度的休闲度假胜地、文化创意园区为目标，抓紧启动拓展湖面、建设环城水系工作，加快地震遗址公园、唐山国家矿山公园、运动绿地和环湖景观建设，努力打造独具特色的城市品牌。空港城功能区，要以建设北方航空货物分拨配送中心为目标，抓紧编制总体规划，统筹发展空港物流业和高新技术产业，开辟唐山通向世界的空中通道。抓好城市“四化”。即，绿化、亮化、美化、净化。深入推进“三山三河两湖”环境综合改造，大力营造生态园林城市，提高城市夜景亮化档次，美化、扮靓城市街景，全面开展环境卫生综合整治，以焕然一新的市容市貌迎接科学发展（曹妃甸）论坛的举办。抓好“两项改造工程”。实施市区企业搬迁改造工程，将137家企业向曹妃甸新区、乐亭新区和丰南沿海工业区转移，退二进三，改善城市环境，拓展服务业发展空间；全面启动市区城中村改造工程，改善群众居住条件，整体提升城市档次。抓好机场通航。抓紧唐山机场军民两用跑办工作，力争上半年实现民航正式通航。

实施“14421”工程，科学规划是龙头，创新建设是关键，加强城市管理是保证。

以超前的理念抓规划。要引进国际一流的设计机构完善规划，充分体现城市规划的前瞻性、先导性和科学性。要牢固树立“规划即法”的理念，城市规划一经法定程序批准，必须严格按规划办事，强化全过程监管，切实维护规划的权威性和严肃性。

以创新的精神抓建设。全面放开城市建设市场，探索建立多元融资机制、全方位经营城市机制、土地市场一级

开发机制，大力引进国内外知名的战略投资者参与城市建设，推行财政投资建设项目代建制，进一步提升城市建设的速度、质量和品位。

以改革的办法抓管理。科学界定市、区两级管理权限，将城市管理的重心放到区和街道办事处。推行综合执法和数字网格化城市管理，市、区联动，建立全覆盖、精细化、无遗漏的城市管理长效机制。建立市民道德行为法规体系，增强全社会文明素质，提升城市综合管理水平。

积极推进县城和小城镇建设。迁安、遵化等县（市）要加快建成中等城市；其他各县城要进一步扩大规模、完善功能。支持有基础、有条件、有潜力的重点镇建设，培育一批人口在5万以上的小城镇，构建独具唐山特色的城镇体系。每个县区都要抓一个市场化改造小城镇的试点。

（六）以农民增收、农业增效、农村增色为重点，深入推进城乡一体化进程。统筹城乡协调发展，是解决“三农”问题的根本途径。要打破城乡二元结构，加快建立以工促农、以城带乡长效机制，尽快形成城乡经济社会一体化新格局。

统筹推进“五个一体化”。一是推进城乡规划一体化。打破城乡规划分割的格局，建立城乡一体规划的新体制，实施城乡规划全覆盖工程，抓紧完成《唐山市城乡一体化战略规划》，引领城乡互动发展。二是推进城乡建设一体化。按照城乡等值化发展理念，加快道路交通网络、商品流通网络、信息网络等贯通城乡的基础设施建设，改造农村公路600公里，发展农村信息高速公路，建成一批农业特色网站。三是推进城乡产业一体化。围绕打造七大主导产业链，优化城乡产业布局，促进城乡一、二、三产业有机融合。加快发展壮大县域经济，力争有更多的县、市跻身全国百强县行列。四是推进城乡公共服务一体化。按照社会公共服务均等化的要求，进一步构筑城乡一体的教育、医疗、卫生服务与社会救助体系，促进城乡经济社会均衡发展。五是推进城乡社会管理一体化。建立城乡一体的产业服务体系和扶助制度，在全市所有乡镇和50%以上行政村建立劳动保障信息网络平台。继续实施农村劳动力转移培训“阳光工程”。

全面落实“五个无障碍”。农民工进城落户无障碍，凡是在唐山有合法固定住所、职业稳定的农民工，其配偶、未成年子女均可在唐山落户；农民进城就业无障碍，认真落实公共就业服务政策、就业扶持政策和城乡一体的就业援助政策，畅通农民进城务工渠道；农民工子女就读无障碍，只要在我市城镇取得暂住证的农民工，其子女可以就近入学，享受与城镇居民子女同等待遇；农民进城公共交通无障碍，完善路网建设，增加客运班次，延伸通达深度；农民进城就医报销无障碍，健全完善覆盖城乡的新型农村合作医疗信息系统，参合农民到城市看病实行“出院即报”。

着力抓好“五个起来”。一是让农民富起来。加强农业基础地位，实施高标准农田区等八项农业基础设施建设工程，加大农业结构调整力度，大力发展现代农业，积极培育农业龙头企业，完善农业服务体系，抓好农村劳动力向二、三产业转移，进一步夯实农民增收基础。二是让农户暖起来。采取技术指导和必要的帮扶措施，大面积推广吊炕。三是让农村亮起来。积极发展太阳能照明，扮亮农村夜景。四是让农家乐起来。强力推进农村安全饮水工程建设，投资5亿元，用一年时间全部解决农村饮水安全问题；推进“村民中心”建设，力争年内全市每个行政村建有一个“村民中心”。五是让农村经济循环起来。重点抓好450个文明生态村创建工作，使开展创建工作的村达到60%以上；抓好主河道水环境综合治理工程；积极推广沼气池、博士灶，让农民生活更文明、更健康、更环保。

（七）以解决群众最关心、最直接、最现实的利益问题为重点，深入推进十大幸福工程。推进科学发展示范区建设，建设人民群众的幸福之都，立足点、出发点、落脚点都是为了人民群众的根本利益。要坚持不懈地推进“十大幸福工程”，每年为百姓办一批实事、好事。

继续推进安居工程。扎实推进危旧平房改造，力争三年全部完成，今年开工151万平方米。加大经济适用住房建设投放力度，年内中心区经济适用住房、廉租房开工40万平方米，全市开工240万平方米。扩大廉租房保障范围，让符合规定住房困难条件的低保和低收入家庭基本实现买得起房、租得起房。引入市场竞争机制，加强有效调控，使商品房价格回归到合理水平。继续推进扩大就业工程。完善政策，鼓励创业，以创业带动就业。健全困难群众就业援助制度，提高零就业家庭就业稳定性。大力发展职业技能培训，提高就业本领。多渠道安置大学生就业。确保城镇新增就业岗位6万个以上，下岗失业人员再就业2.6万人。继续推进社保扩面工程。扩大农村养老保险试点范围，遵化、迁西、唐海、丰南、开平、高新区6个县（市）区要全面推行农村养老保险，其它有条件县区也要开展农村养老保险试点。提高城镇、农村低保标准。完善新型农村合作医疗制度。大力推进城镇居民医疗保险制度，在全省率先实现“全民医保”。继续推进教育扶助工程。推动基础教育均衡发展，全面免除义务教育阶段学生学杂费、农村学生和城市低保家庭学生教科书费，基本普及高中阶段义务教育。大力发展高等教育和职业教育。继续推进全民健康工程。加强以乡镇卫生院为重点的农村三级医疗卫生服务网络和城市社区卫生服务体系建设，确保每个行政村设置一个卫生室，城市社区卫生服务覆盖率达到100%。继续推进文化繁荣工程。大力发展文化事业和文化产业，实施“项目带动、文化创新、文艺精品、文化繁荣”重点工程，推出《李大钊》、《唐山大地震》、《百年窑变唐山瓷》、《近代工业摇篮》等一批优秀影视作品。继续推进蓝天碧水工程。实施一批大气环境综合整治和重点区域、重点行业污染源的治理项目，逐步取消中心区供热燃煤锅炉，城市气化率达到100%。继续实施滦河、还乡河、陡河、青龙河等重点水域的生态治理工程。继续推进政务创优工程。扎实开展“效率年”活动，深化机关（行业）作风评议和质询听证制度，完善行政审批中心一站式

服务制度，开展网上审批试点，全面提高服务水平。继续推进诚信平安创建工程。加快建立政法工作综合调控机制，加强矛盾纠纷排查调处，深入推进信访代理制，加强社会治安综合治理，促进社会和谐稳定。继续推进民主参与工程。支持各级人大、政协组织依法依章履行职责，建立人大代表、政协委员与群众保持经常的、密切的联系机制。充分发挥工会、共青团、妇联和其它群众团体在加强党同群众联系中的桥梁纽带作用。深入开展市民献计献策活动。加强基层民主政治建设，扎实推进党务、政务、厂务、村务公开。要建立推进“十大幸福工程”落实的长效机制，认真组织开展好幸福指数评价活动，加强日常督导，推动“十大幸福工程”的有效落实。

（八）以增强领导科学发展的能力为重点，深入推进党的建设新的伟大工程。建设科学发展示范区，打造幸福之都，关键在党。要坚持以执政能力建设和先进性建设为主线，以改革创新精神全面加强党的建设，为新唐山建设提供坚强保证。

用中国特色社会主义理论体系武装党员干部。立足于为科学发展示范区建设提供理论武器和思想动力，不断创新形式，增强理论武装工作的实际效果。制定实施中国特色社会主义理论体系学习培训计划。完善党委（党组）中心组学习、干部脱产学习、在职学习、理论学习考核考试制度。注重发扬理论联系实际的学风，把理论武装与思想解放紧密结合起来，与运用科学理论引领实践创新、解决实际问题结合起来，用思想解放的程度、科学发展的实绩检验理论武装工作的成效。

深化干部人事制度综合配套改革。围绕有计划地培养干部、全面准确地考察干部、客观公正地评价干部、人尽其才地使用干部、严格及时地监督干部、持续有效地激励干部，全面创新干部培养、选拔、评价和激励约束等各方面的机制，建立起一套科学民主、公开透明、优胜劣汰、奖罚分明、有效监督、廉洁高效、有利于优秀人才脱颖而出的新型干部人事制度和整体配套的管理运行体系，增强干部制度对贯彻落实科学发展观的导向力和牵动力。全面实施领导班子千分制和领导干部百分制综合考评办法，进一步扩大用“三推一讲”办法选拔任用干部的范围，选择部分市直部门和县（市）区正职试行公推公选。在干部培养、监督问责机制等各方面都要大胆创新。通过干部制度配套改革，形成你追我赶、争先创优、干事创业的浓厚氛围。通过干部制度改革，促使各级干部自觉落实科学发展观，让科学发展业绩突出的干部得到奖赏，推动科学发展履责不力的干部受到惩戒，解决干部干好干坏一个样和能上不能下、能进不能出等问题。实施人才强市战略，抓紧制定完善人才引进、培养、使用政策，培育高素质人才队伍，为科学发展示范区建设提供强有力的人才支撑。

全面提升基层组织建设水平。紧紧围绕把各级党组织建设成为落实科学发展观的组织者、推动者和实践者，创新基层党建工作机制，全面加强农村、企业、城市社区和机关、学校、新社会组织等的基层党组织建设，充分发挥基层党组织推动发展、服务群众、凝聚人心、促进和谐的作用，增强基层党组织活力。要深入开展“三级联创”活动，推进村党组织联合、联建和并村计划，不断提高农村党组织发展集体经济、带领群众致富、维护农村稳定的能力；积极探索社区党组织新的设置模式，不断提高社区党组织服务群众的水平；高度重视并认真做好非公有制企业党建工作，不断提高党组织的覆盖面和影响力。建立健全城乡党的基层组织互帮互助机制和党内激励、关怀、帮扶的机制，关心和爱护基层干部、老党员、生活困难党员，增强党组织的凝聚力和向心力。

积极转变领导方式和执政方式。贯彻落实科学发展观，迫切要求建立起与之相适应的领导方式和执政方式。要按照科学执政、民主执政、依法执政的总要求，健全科学决策的机制，拓宽民主参与的渠道，提高领导法制建设的水平。探索实行党代表常任制和各级党委每季度向党代表通报工作的制度，积极推进党委任用重要干部无记名票决制，试行召开代表大会、全会时代表、委员提出建议案的做法，研究进一步拓宽普通党员向各级党组织反映意见建议途径的有效办法。

进一步加强党风廉政建设。围绕为科学发展示范区建设营造风清气正的良好环境，引导广大党员干部继承优良传统，弘扬新风正气，以优良的党风促政风带民风。坚持标本兼治、综合治理、惩防并举、注重预防的方针，加强惩治和预防腐败体系建设，在坚决惩治腐败的同时，更加注重治本，更加注重预防，更加注重制度建设，进一步拓展从源头上防治腐败工作领域。在全市推行“开展一次巡视、进行一次谈话、组织一次评议”的制度，全面开展巡视工作，对县（市）区和市直部门派出巡视组，加强对党风廉政建设和领导干部廉洁自律情况的监督检查；各级领导干部每年要对下属干部进行一次廉政谈话，做到警钟长鸣；对各级领导班子、领导干部的作风和廉政情况，每年都要组织一次民主评议，强化各界群众对反腐倡廉工作的监督。各级各部门要严格落实党风廉政建设责任制，形成反腐倡廉常抓不懈的工作机制，努力造就一支清正廉洁、干事创业的干部队伍。

同志们，我们已经在科学发展道路上迈出了坚实的步伐，我们还将创造科学发展更加辉煌的业绩。让我们在省委的正确领导下，紧密团结在以胡锦涛同志为总书记的党中央周围，高举中国特色社会主义伟大旗帜，坚持以邓小平理论和“三个代表”重要思想为指导，深入贯彻落实科学发展观，开拓创新，顽强拼搏，为把新唐山建成科学发展示范区，建成人民群众的幸福之都而团结奋斗！

开拓进取，奋力拼搏，朝着建设科学发展示范区、建设人民群众幸福之都的宏伟目标加速前进

——在中共唐山市委八届五次全会上代表市委常委会作的工作报告

中共河北省委常委、唐山市委书记　赵勇

（2008 年 12 月 28 日）

这次全会的主要任务是：学习贯彻党的十七大、十七届三中全会、省委七届四次全会和中央、省经济工作会议精神，总结 2008 年工作，研究部署 2009 年工作。不久前召开的党的十七届三中全会和中央经济工作会议，全面分析了形势和任务特别是国际国内经济形势，研究了新形势下推进农村改革发展的若干重大问题，明确提出了明年经济工作的总体要求和重点任务，为我们深入贯彻落实科学发展观、保持经济社会又好又快发展指明了方向。随后召开的省委七届四次全会和全省经济工作会议，贯彻中央精神，结合河北实际，对全省经济社会发展特别是农村改革发展以及做好明年经济工作作出了具体部署。我们一定要深刻学习领会中央、省委要求精神，从唐山实际出发，认认真真地抓好贯彻落实。

现在，我受市委常委会的委托，向全会作工作报告，请予审议。

一、2008 年的工作回顾

八届四次全会以来，市委常委会坚持以学习贯彻党的十七大精神为主线，以学习实践科学发展观为中心任务，以科学发展示范区建设为总揽，以“开放创新、富民强市”为总战略，以“建设科学发展示范区、建设人民群众的幸福之都”为总目标，按照八项战略重点的总布局和“对标赶超、负重奋进、雷厉风行、狠抓落实”的总要求，团结带领党员干部和全市人民，扎实推进经济建设、政治建设、文化建设、社会建设以及生态文明建设和党的建设，各项事业取得了新的成绩，科学发展示范区建设迈出了新的步伐。主要体现在以下十个方面：

第一，认真学习贯彻党的十七大精神，深入开展学习实践科学发展观活动，进一步夯实了建设科学发展示范区的思想基础和工作基础。坚持把学习贯彻十七大精神与开展深入学习实践科学发展观活动紧密结合起来，与建设科学发展示范区紧密结合起来，与加强党的建设和常委会自身建设紧密结合起来，引导全市上下解放思想、更新观念、理清思路、强化措施，坚定地把十七大确定的各项决策部署落到实处。通过学习贯彻十七大精神和扎实开展学习实践活动，全市上下形成了科学发展的强烈共识，凝聚了科学发展的强大力量。广大党员干部对科学发展观由知之不多到知之较多，由情感接受到理性认同，理解得越来越深刻、把握得越来越准确、贯彻得越来越自觉。广大人民群众对科学发展充满了激情，对幸福之都充满了期待，对唐山的未来发展充满了信心，科学发展成为全市的最强音。

第二，深入推进资源型城市转型，城市的实力、活力和竞争力进一步增强。坚持把资源型城市转型作为建设科学发展示范区的重要突破口，全力加以推进。城市功能转型开始起步。进一步完善了“双核两带”的城市发展总体思路，谋划实施了曹妃甸新城、凤凰新城、南湖生态城、空港城“四大功能区”建设，城市功能与现代产业体系发展、与新型城镇化进程、与人民群众宜居宜业的期盼日渐匹配。城市空间结构转型效果初显。加速生产力布局向沿海推进，预计全年“四点一带”地区实现生产总值 1090 亿元，财政收入 104 亿元，分别占全市的 30.6% 和 25.7%。产业转型步伐加快。以产业链经济为基本形态，着力构建现代产业体系。主导产业增加值占规模以上工业的 80% 以上，对工业增长贡献率达到 76.2%；服务业发展步伐加快，增速高于 GDP 增速 2.5 个百分点。企业转型加快实施。召开了千名企业家科学发展大会，通过推动企业家的转型来推动企业的转型，促进了节能减排和结构调整。预计全市万元 GDP 能耗下降 5.27%，二氧化硫和化学需氧量排放量分别削减 6.5% 和 11%。钢铁企业整合迈出实质性步伐，唐山渤海、长城钢铁集团正式挂牌。体制转型深入推进。进一步深化国有企业改革、国有资产管理体制改革和财税体制、投融资体制改革，组建了 12 家国有投资控股公司，搭建起新的融资平台。对外开放进一步扩大，预计全年实际利用外资 8.5 亿美元，增长 27.4%；完成进出口总额 90 亿美元，增长 73.4%。

第三，加快唐山湾“四点一带”开发建设，沿海经济隆起带活力凸显。引导全市上下进一步深化对唐山湾“四点一带”发展战略的认识，加大沿海开放开发力度，努力把唐山湾打造成“中国的东京湾”。进一步理顺了沿海开发建设的领导体制，出台了一系列配套政策，推动“四点一带”地区产业聚集和基础设施建设。首钢京唐钢铁厂一期工程第一部分项目基本建成，一批产业项目顺利推进。曹妃甸 30 万吨级原油码头和煤炭码头一期工程已经完工，

LNG码头完成选址，京唐港区煤炭码头二期取得重大进展。唐山港货物吞吐量首次超过亿吨，正式跨入亿吨大港行列。唐曹高速建成通车，津秦客运专线开工建设。新增造地形成陆域面积120平方公里。供水、供电等配套设施日臻完善，产业支撑和投资拉动作用更加凸显。“四点一带”地区预计全年完成投资620亿元，增长38%，占全市的46%，已经成为拉动整个唐山跨越发展的龙头。

第四，实施新型城镇化战略，城市建设改造迈出较大步伐。按照省委、省政府城镇面貌“三年大变样”的要求，全年投入城市建设资金400多亿元，是历年来投入最多的一年。城市“四大功能区”建设全面启动。曹妃甸新城总体规划编制完成，起步区完成造地5平方公里，滨海大道等项目已经开工；凤凰新城打通了10条道路，完善了一批基础设施，一批公建、商业、住宅项目相继开工；南湖生态城扩展湖面8平方公里，地震遗址公园、环湖景观大道、垃圾山封山绿化、开滦国家矿山公园一期等工程主体完工；空港城概念性总体规划已经完成。“拆违、拆迁、拆陋”工作进程加快。在去年拆除300万平米的基础上，今年又拆除830万平米，累计拆除面积占全市建成区建筑总面积的11.3%。市政公用设施进一步完善。完成了北新道等12条城市道路综合改造，加强城市给排水、供热供气、污水和垃圾处理等基础设施建设，加快城中村改造和旧住宅区环境改善，既有居住建筑节能改造完工121万平米，居住环境和质量有了明显改善。城市管理水平不断提升。进一步理顺了城市管理体制，推行了“网格化”管理，组建了城市管理行政执法局，城市管理水平有了新的提高。

第五，加大新农村建设力度，城乡一体化进程开始加速。城乡规划一体化加速推进。编制完成了全国第一个《城乡发展一体化战略规划》，得到国内专家的好评。城乡建设一体化加速推进。交通网络、商品流通网络、信息网络等贯通城乡的基础设施加快建设，新建改建农村公路963公里，新增农村客运班线45条；全市农家店、便民超市发展到2000多家，农资连锁经营普及率达到90%。城乡产业一体化加速推进。围绕优化城乡产业布局，促进城乡三次产业有机融合，加快发展现代农业，农业产业化经营率达到61%。城乡公共服务一体化加速推进。加快构筑城乡一体的教育、医疗、卫生服务和社会救助体系，全市接收义务教育阶段农民工子女20368人，新型合作医疗农民参合率达到94.3%。城乡社会管理一体化加速推进。建立健全了城乡一体的产业服务体系和扶助制度，推进城乡一体化社会保障试点工作，积极完善城乡一体化的劳动管理制度和就业制度。深入开展科学发展示范村创建活动，90%以上的行政村建成“村民中心”，完成了283个村3.1万户的“平改坡”工程，以新农居改造“六个一”为代表的科学发展模式试验示范工作扎实推进，农村面貌出现了可喜变化。

第六，大力实施幸福工程，人民群众的幸福指数不断提高。全市投入资金30亿元，为群众办了20件实事。作为“一号工程”的震后危旧平房改造，新开工155.3万平米、竣工57万平米。开工经济适用住房68.2万平米、廉租房5.2万平米。投资8.5亿元，基本解决了2450个村、213万农民群众的饮水安全问题。社会保障水平进一步提高，新增就业6.8万人，基本消除“零就业”家庭；市区低保标准由每人每月225元提高到270元，农村低保标准由每人每年1000元提高到1200元；在全省率先实现了“全民医保”。率先实行了公办普通高中免费教育，投资2.06亿元改善农村中小学办学条件。汲取三鹿奶粉事件的教训，大力开展安全生产专项整治，集中开展“盗采国有矿产资源专项打击行动”、“食品安全检查和专项整治”以及“矿山、钢铁焦化等行业的安全专项整治”，努力维护人民群众的生命财产安全。我市被评为2008年中国最具幸福感城市。

第七，倾力做好支援四川灾区抗震救灾工作，新唐山人文精神进一步发扬光大。四川地震灾害发生后，引导全市人民大力弘扬“感恩、博爱、开放、超越”的新唐山人文精神，汇聚唐山这座特殊城市强大的爱心力量，在支援灾区抗震救灾中做出了重要贡献，得到了党中央、国务院和省委、省政府的高度评价，受到了灾区干部群众和社会各界的广泛赞誉。唐山“爱心之城”的城市名片更加响亮，全市上下众志成城建设新唐山的热情和力量空前凝聚，社会文明程度显著提升，我市首次进入全国文明城候选评比城市。

第八，全力做好奥运安保和维护社会稳定工作，为推进改革发展营造了良好环境。一是维护稳定综合调控机制初步建立。运用多种手段化解矛盾，促进社会和谐，收到了积极的效果。二是奥运安保工作交了一份合格的答卷。落实中央和省委要求，强化措施，刚性问责，做到了“四个确保”，实现了“涉奥安保零事故”。三是一大批影响稳定的突出问题得到有效化解。深入开展市县乡村四级大接访活动，化解了一大批长期沉积下来的信访突出问题，得到了中央领导同志的充分肯定。出台了《关于建立市县乡村四级大接访常态机制的意见》，进一步完善了信访稳定工作长效机制，社会和谐稳定的形势得到巩固和发展。

第九，积极应对宏观经济形势带来的严峻挑战，全市经济保持平稳较快发展。面对国际金融危机的挑战，连续5次召开市委常委会和市委常委（扩大）会议，研究部署应对之策，并制定了指导性意见。“国十条”出台后，抓住有利时机，谋划了1359个项目，采取联合审批方式，加快项目审批进程，争取进入国家扩大投资的“大盘子”。截至目前，四项手续齐全的项目达到1137个。累计上报重大项目61个，申请中央投资65.3亿元，已经获批35个项目，利用中央投资3.74亿元。同时，全市人民盼望已久的京唐城际高速铁路、千万吨炼油百万吨乙烯、唐山军民合用机场等重大项目取得了突破性进展。通过加强与金融机构的对接合作，争取银行授信额度1500亿元。及时采取有效的应对措施，使我市经济保持了平稳较快发展的良好态势。预计全年生产总值完成3560亿元，增长13%以上；全部财政收入402亿元，增长22%；全社会固定资产投资

1350亿元，增长30%；城镇居民人均可支配收入16370元，增长15%，农民人均纯收入6742元，增长15.7%。最难能可贵的是，广大党员干部没有被当前的困难所吓倒，大家迎难而上，积极应对，促进又好又快发展，全市上下在困难面前保持了昂扬向上的精神状态。

第十，以改革创新精神全面加强党的建设，为科学发展示范区建设提供了坚强保障。干部制度综合配套改革稳步实施。试行了《市委管理的领导班子和领导干部综合考评办法》，出台了《深化干部制度综合配套改革的实施意见》，实施三推一讲、一讲两推、公推公选干部选任新机制，树立了正确的用人导向，进一步扩大了民主，提升了干部工作的公信度和群众满意度，得到广大干部群众的衷心拥护，为贯彻“公开、平等、竞争、择优”的选人用人方针，初步探索了制度保证。领导班子和干部队伍素质有新的提高。以民主集中制为重点，完善各项制度，健全领导体制，改进领导方式，努力提高科学执政、民主执政、依法执政水平；对县、乡、村三级干部普遍进行了轮训，组织六批县级干部到新加坡、意大利、瑞典等国家学习培训，推进干部轮岗交流，选派干部到南方和曹妃甸新区、南湖生态城等地挂职锻炼，提升了领导水平。基层组织建设迈上新台阶。全面加强农村、企业、城市社区和机关、学校、新社会组织的基层党组织建设，增强了基层党组织活力。尤其是通过选派“1+2”人才组合到老区贫困村任职，选聘1095名高校毕业生担任“村官”，使农村党建工作取得了新的成效。党风廉政建设深入推进。坚持教育、制度、监督并重，大力加强廉政教育和廉政文化建设，在全市推行“三个一”（开展一次巡视、进行一次廉政谈话、组织一次廉政评议）制度，全面完成了县级纪检监察机关派驻机构改革，加强了关键部门、关键环节的监督机制建设；深入开展“效率年”活动，推行了“电子政务”、网上审批、超时默许、零成本注册等措施，行政审批项目由986项减少到292项，减少了70%，行政效率大幅提升。党委的领导核心作用得到充分发挥。坚持党总揽全局、协调各方的原则，不断加强和改进党委对人大、政府、政协工作的领导，巩固壮大新形势下的爱国统一战线，加强国防后备力量建设，充分发挥工会、共青团、妇联等人民团体的桥梁纽带作用，市委常委会的核心领导作用得到有效发挥和不断加强。常委会自身建设得到进一步加强。常委会一班人坚持讲党性、讲大局、讲纪律，带头学习实践科学发展观，带头解放思想、与时俱进，带头求真务实、真抓实干，带头维护团结、促进和谐，带头以身作则、廉洁自律，始终聚精会神搞建设、一心一意谋发展，形成了坚强有力的领导集体，推动各项工作打开了新的局面。

2008年，是很不寻常、很不平凡的一年，我们经受了多方面的严峻挑战和考验，取得了科学发展示范区建设的新成就。这是党中央、国务院和省委、省政府亲切关怀、高度重视的结果，是全市干部群众在历届市委、市政府打下好的基础上团结拼搏、艰苦奋斗的结果。实践证明，唐山的干部队伍敢打硬仗、能干大事，唐山人民勤劳朴实、勇于创造。在此，我代表市委常委会，向为新唐山建设作出贡献的全市各级党组织、广大党员干部和全市人民，表示衷心的感谢！向所有关心和支持新唐山建设的各界人士表示由衷的敬意！

回顾一年来的工作，有许多值得认真总结和始终坚持的经验。一是坚持不懈地解放思想，打开科学发展的“总阀门”。我们之所以能够做成一些事情，首先是通过深入学习实践科学发展观活动、通过解放思想大讨论，破除了很多阻碍科学发展、不合时宜的旧观念，树立了很多与科学发展相适应的新观念，让全市干部的思想、思维进一步活跃起来。正是有了这种思想的不断解放，才有了创新的活力、创造的活力，才使得我们的各项工作不断向前迈进。二是坚持战略规划与阶段性目标相统一，一步一个脚印地朝着既定目标前进。我们通过八届三次全会、四次全会，制定形成了一系列战略规划和布局，又制定了31个专项规划。很多规划是管长远的，有的规划可能要五年的时间才能实现，有的要十年才能实现，有的甚至要二十年才能实现。规划要考虑前瞻性，规划制定后，我们每个年度、每个阶段都有阶段性重点和目标。围绕每个阶段的工作重点，采取集中攻坚的办法，一件一件抓落实，一件一件加以解决，一步一步、扎扎实实地朝着我们的宏伟目标前进。三是坚持发展这个党执政兴国的第一要务，做到不自满、不懈怠、不折腾。市委常委会和各级党组织始终坚持以经济建设为中心，始终做到聚精会神搞建设、一心一意谋发展，一刻也不放松，凝心聚力，促进又好又快发展。四是坚持把造福人民作为一切工作的出发点和落脚点，一切为了人民、一切依靠人民。我们把为人民谋幸福作为执政的根本价值取向和追求目标，想问题、做决策、办事情，都从人民的幸福出发。把科学发展指标体系细化为科学发展指数和人民群众幸福指数，以两个“指挥棒”来引领各级党组织脚踏实地地为人民办实事、办好事，我们的工作才获得了最广泛、最可靠的群众基础和力量源泉。五是坚持弘扬“白加黑、五加二”的工作作风，满怀激情地干事创业。市委常委会认为，唐山抢抓机遇，就是抢抓时间、加快发展。我们引导各级党组织和广大党员干部满怀爱岗敬业的热情，满怀建设新唐山的激情，忘我工作，全身心投入各项工作中来。正是弘扬了这种精神，办事效率大大提高，过去一个月才能办成的事情现在几天就办成了，我们用心血换来了变化，使各项事业呈现出蓬勃发展的新局面。六是坚持党委统揽全局、协调各方，不断提高领导科学发展的能力。市委常委会和各级地方党委始终坚持发挥领导核心作用，重点围绕出思路、定规划、用干部、做表率，充分发挥民主集中制的政治优势，既广泛发扬民主、充分听取各方意见，又善于集中作出决策，在市四大班子中形成坚强有力的领导核心。同时积极支持人大、政府、政协及司法机关、人民团体依照法律和各自章程开展工作。正因为如此，全市上下万众一心，步调一致，形成了干事创业的强大合力。

总结一年来的工作，市委常委会清醒地认识到，与建

设科学发展示范区相比，与人民群众的热切期盼相比，我们的工作还有不小的差距，突出表现在：经济结构性矛盾仍比较突出，转变发展方式的任务十分繁重；节能减排的任务十分艰巨，压力很大；民生的普惠性有待进一步提高，还有很多困难群体，尤其还有一些企业职工收入达不到最低工资保障线；安全生产事故时有发生，安全生产隐患在各个地方、各个行业还不同程度地存在；城市面貌虽然有所改观，但与人民群众的要求还有很大差距；社会不稳定因素仍然大量存在；领导科学发展的能力还有待进一步提高。这些都是我们下一步科学发展示范区建设中迫切需要解决的问题。

二、当前形势和明年的主要任务

2009年，可能是我市经济社会发展十分困难的一年，也是蕴含重大机遇的一年。战胜国际金融危机的严重冲击，做好明年各项工作，对于维护改革发展稳定的大局，实现“十一五”规划确定的目标任务，具有十分重要的意义。我们一定要审时度势，奋发有为，千方百计保持经济社会又好又快发展的态势。

毛泽东主席早就告诫我们，“在困难的时候，要看到成绩，要看到光明，要提高我们的勇气。”现在，全球经济金融形势仍在剧烈动荡，次贷危机所带来的全球性经济波动已经蔓延到实体经济，美国信用卡危机还可能带来更加严重的影响。这场金融危机尚未见底，经济形势复杂严峻，有很多不稳定不确定因素。在这样的背景下，我们确实面临着许多新的挑战，需要科学判断形势、科学进行应对。国际货币基金组织（IMF）预测，全球经济增长率将由2007年的5.0%降低到2008年的3.9%，2009年可能降低到3.0%。这将是自2002年以来世界经济增长幅度的最低水平。世界银行也大幅下调了2009年世界经济增长预测，预计2009年世界经济实际增长将显著放慢至0.9%，世界出口将萎缩2.1%，进口将萎缩1.8%，世界贸易将出现自1982年以来的首次下降。有关机构预测，这将给我国的经济发展带来四大挑战：一是外部需求收缩。世界经济降温，尤其是几个主要国家增速大幅下滑，国际经济和金融环境对我国出口的影响会进一步加深，出口放缓将使净出口对经济增长的拉动作用明显减弱。二是社会投资可能会受到比较大的影响。尽管国家采取了10项措施，提出投资4万亿拉动内需，但从目前情况看，投资者信心减弱将改变社会投资预期。占我国投资规模20%的房地产业成交量大幅萎缩，将导致一连串行业景气度下降，相关产业固定资产投资可能随之减速。三是保持消费需求快速增长难度加大。房地产和汽车两大消费热点退潮后，短期内很难由其他消费热点替代，明年社会消费品零售的名义增长和实际增长都可能低于2008年。四是价格总水平涨幅维持低位，但仍存在价格上涨因素。信贷放开以后，在某些产品、某些行业可能出现比较大幅度的价格上涨因素。虽然面临这些严峻挑战，但我国发展的重要战略机遇期仍然存在，不会因为这场金融危机而发生逆转。我国改革开放30年积累了雄厚的物质基础，我们有党中央、国务院的坚强领导，有中国特色的宏观调控体系，有资本项下不可自由兑换的中国特色金融体制，有应对亚洲金融危机的宝贵经验，尤其是有巨大的国内需求市场，有巨大的内需拉动，遇到的困难和挑战一定能够在前进中得到克服和战胜，我们对中国经济应该充满信心。国际舆论普遍对中国的经济看好，把中国当作一个投资的避风港。

具体到唐山来讲，我们同样处于一个挑战与机遇、不利因素与有利条件并存的时期。在当前形势下，我们必须把困难想得多一点，把形势看得复杂一点，应对起来措施才会更加周全、更加得当。一方面，有效需求不足，导致经济下行压力加大；市场环境趋紧，使企业经营困难加剧、效益下滑；工业企业开工不足甚至有的企业停产关闭，使就业形势面临较大的压力；严峻局势使一部分社会群体面临更多困难，一些社会不稳定因素将会变得更加突出。另一方面，我们拥有更多进一步做好工作、推动又好又快发展的大好机遇。一是加快推进科学发展的机遇。这场国际金融危机，本质上是传统发展之危，科学发展之机。在市场紧缩的情况下，谁的产品质量高、技术含量高、成本低，就会更有竞争力，否则就无法生存。当前受到冲击最大的，是劳动密集型产业、技术水平较低的初级加工业。这对我市的重化工业尤其是许多产品低端、市场竞争力不强的企业，形成了结构调整升级的倒逼机制，逼着我们调整结构，逼着我们向高端迈进，逼着我们增强核心竞争力。二是实现跨越发展的机遇。国家实施积极的财政政策和适度宽松的货币政策，一方面，使企业投资的信心开始恢复，另一方面，使我们的许多项目争取银行支持变得更加有利和现实。从最近跑办项目的情况看，很多大企业愿意到唐山来投资，国家各个部委对唐山的发展高度关注，银行也对唐山企业和项目融资十分支持。最近，我市又派人员分别到上海、广东、江浙等地跑办项目，那里的大企业尤其是外向型企业都表示对环渤海、对唐山非常关注，这也带来了南企北移、南资北移的重大机遇。三是扩大开放的机遇。一方面，日本和韩国从来没有像今天这样对唐山如此关注和青睐，最近来了不少战略投资者，对唐山都抱有浓厚的兴趣，我们可以更多地“引进来”。另一方面，现在是我们“走出去”的大好时机，无论是购买原材料还是并购企业，“走出去”的成本大体上比金融危机之前降低了30%左右。四是改善民生的机遇。我国近些年发展步伐较快，经济外向度也很高，国内很多企业生产的产品较多考虑了国外的需求。现在外需市场受到挤压，我们必须调转头来，眼睛向内，更多地考虑国内市场特别是农村市场。中央出台的扩大内需保增长十项措施，很多关系到改善民生，这是真正提高老百姓幸福指数的好机会。如果有更多的项目能够进入中央的盘子，再加上我们自身的努力，就可以在经济盘整期建成更多惠及民生的项目，使人民群众得到更多的实惠，使民生改善有一个大的飞跃。机遇千载难逢，只要牢牢抓住，我们就能够在战胜困难中保持又好又快发展；机遇转瞬即逝，积极的财政政策和适度宽松的货币政策不会持续很长时间，我们必须增强抢抓机遇的意识。

根据国家和省对明年工作的总体安排，综合分析我市发展的有利条件和不利因素，明年全市经济社会发展的主要预期目标是：地区生产总值增长11%以上；全部财政收入增长12%；城镇居民人均可支配收入增长10%，农民人均纯收入增长8%；全社会固定资产投资增长30%以上；万元生产总值能耗降低5.28%以上，化学需氧量排放量减少6%，二氧化硫排放量减少5%。

完成明年各项目标，总的指导思想是：继续贯彻落实市委八届三次、四次全会以来形成的一系列目标、思路和措施，更加自觉地深入贯彻落实科学发展观，深入实施“开放创新、富民强市”的总战略，以科学发展示范区建设为总揽，以保持经济平稳较快发展为首要任务，把扩大内需作为根本途径，把加快发展方式转变和结构调整作为主攻方向，把深化改革、扩大开放作为强大动力，把改善民生作为出发点和落脚点，开拓进取，奋力拼搏，朝着建设科学发展示范区、建设人民群众幸福之都的宏伟目标加速前进。在具体工作中，要按照科学发展观的要求，坚持统筹兼顾，认真处理好四个关系。一要正确处理当前与长远的关系。立足当前保增长，着眼长远增后劲，既要把保持经济平稳较快发展作为当前第一位的任务，又要多做打基础、谋长远的事，谋划启动一批符合产业规划和政策导向的战略产业、基础设施、自主创新、生态环保等重大项目，为可持续发展奠定坚实基础。二要正确处理好与快的关系。越是在加大力度保增长的时候，越要重视质量和效益，加快发展方式转变，决不能萝卜快了不洗泥，重新回到拼资源、拼环境的老路。一定要在保持高增长中优化结构、增加效益、降低消耗、保护环境，决不能为了眼前的高增长而给后人埋下祸根。三要正确处理政府与市场的关系。既要注重发挥市场在资源配置中的基础性作用，坚持按市场规律办事，又要主动作为，实施必要的政府调节，政府调节的措施也要运用市场机制。四要正确处理发展与稳定的关系。发展是第一要务，稳定是第一责任。没有稳定的环境，什么事都干不成。要把握好各项措施的出台时机，做到因时、因地制宜；把握好各项改革的推行力度，分清轻重缓急，有序推进；把握好社会各阶层的承受能力，各项措施的出台要兼顾不同群体的利益需求，在快速增长当中保持社会的和谐稳定。要进一步完善发展与稳定动态平衡机制，加强政法工作综合调控，保持良好的社会秩序，为加快发展创造环境。

近两年来，我们采取打攻坚战的办法推进各项重点工作，效果非常明显。做好明年的工作，要坚持两年来的有效做法，集中力量再打五场攻坚战：

实施千个项目保增长、调结构攻坚行动。发展是解决一切问题的关键。唐山没有较快增长，就会丧失机遇，我们现在完全有条件、有机遇、有可能实现较快增长。抓发展，核心是抓项目。抓住重大项目，就抓住了发展的关键。要进一步加大项目谋划和跑办力度，力争更多项目纳入中央和省的盘子，明年全市重点推进1000个项目。一要选准主攻方向。项目建设主要应该集中在基础设施建设、产业发展、新农村建设、拉动消费特别是住房消费四大领域，其中的突破点是产业发展。我们要在着力推进港口、公路、铁路、机场、水利和能源等基础设施建设，着力推进新农村建设特别是加快新民居和民生工程建设，着力推进保障性住房和商品房建设的基础上，把加快产业聚集作为主攻方向，切实做到既拉动当前、又着眼长远。特别要积极推动钢铁企业向大集团迈进，产品向中高端迈进、向深加工迈进，把钢铁产业做强；紧盯中石化1000万吨大型炼化一体化等一批化工产业项目，努力实现石油化工、盐化工、煤化工三大化工齐头并进，带动唐山产业结构实现新的飞跃；将装备制造业作为战略发展重点，全力推动住友重工、轨道客车、中材集团等装备制造业基地建设，带动全市装备制造业的发展。在此基础上，要配套推动现代服务业、高新技术产业、现代农业等其他产业链发展，形成更加合理的产业体系。二要力促结构调整。通过项目建设，以增量调整带动存量调整，推动产业结构升级。以项目建设调优区域布局，打造以曹妃甸新区为龙头的“四点一带”增长极，进而推动冀东经济区建设；以项目建设调优产品结构，尽快发展一批能够替代进口的高端产品；以项目建设调优产业结构，实施一批重大产业项目，促进一、二、三产业协调发展，大力发展文化创意产业和高新技术产业；以项目建设调优组织结构，通过重组兼并，推动生产要素向园区集中、向大集团集中。三要激活市场主体。支持现有企业开足马力，开工达产；深化国有企业改革，激发市场主体活力；培育一大批新的市场主体，尤其是降低门槛，发展一大批中小企业。四要提高审批效率。把联合办公作为一项制度长期坚持下去，切实做到特事特办、急事急办。五要力促开工达产。抓项目建设，关键是看什么时候开工。项目没有开工落地，从某种意义上讲都是空的。要紧紧抓住开工达产这个项目建设的牛鼻子，确保早开工、早落地、早见效。总之，要咬住项目建设不放松，通过项目建设优化结构，形成新的产业布局，为当前的经济增长和未来发展打下坚实的基础。

实施城镇面貌三年大变样攻坚行动。实现城镇面貌三年大变样，明年是关键。要坚持以建为主、以提升品位为要，全力推进城市改造建设。突出抓好“四城一河”开发建设。曹妃甸生态城在已经形成一流规划的基础上，35个项目要抓紧开工建设，力争6月份形成接待能力，年底实现大批企业职工入住。凤凰新城要围绕建设一流的区域商务中心、金融中心、总部基地、高新技术产业基地，加快基础设施和重大项目建设，尽快形成一批标志性建筑。南湖生态城要围绕建成中心城区和旅游度假胜地的目标，加快西南片区建设和东南片区拆迁工作进度，全面加快景观绿化、路网体系以及文化、娱乐、旅游、休闲功能设施建设，年底前扩湖区达到AAA级风景区标准。空港城要按照建成空中通道、空港物流区和高新技术园区的要求，抓紧编制控制性详规，尽快实现唐山机场民航通航，统筹发展空港物流业和高新技术产业。陡河、青龙河改造重点完成河道整治和生态景观绿化，谋划启动商业、文化、旅游等项目，打造滨水生态景观带和服务业产业带。全面实施“三项改造”。危旧平房改造在已经开工231万平方米的基础上，明年再开工240万平方米，力争危旧平房改造任务全面完成。中心区城中村改造，全面启动39个改造项目。加快既有建筑的节能改造，年内完成500万平米，到2011年全部完成2200万平米的改造任务。全面展开县城的扩容工程。争取用3年左右的时间，每个县城在现有基础上，建成区再拓展10平方公里以上、扩容10万人。

实施科学发展示范村创建攻坚行动。落实党的十七届三中全会和省委七届四次全会精神，加快新农村建设，最终的成果都要体现在每一个村经济社会发展和面貌改善上，体现在农民的笑脸上。创建科学发展示范村，是建设科学发展示范区的内在要求，是拉动内需、促进发展、改善民生的重要举措，是推进农村改革发展的总抓手。要在前段试点的基础上，以制定一个好规划、发展一个好产业、探索一个好模式、完善一套好制度、建设一个好班子为基本任务，选取不同类型的若干村进行集中攻坚，以示范带动一般。重点抓好“三大工程”：一是大力推进新民居建设工程。全市抓100个新民居整体新建示范村，按照冀东特点和唐山特色规划新建和改建每一个村庄、每一栋民宅，同时探索集约利用土地、集约利用宅基地的新模式；全市每个村要有3－4个新民居示范户。二是大力推进旧民居改造工程。全市抓200个以住宅主体结构改造为主要内容的旧民居改造示范村，500个以博士灶、吊炕、太阳能利用、改水改厕等为主要内容的生活设施改造示范村，促进“六个一”模式的普及推广。三是大力推进中心镇连片创建。选择一些示范镇，所有村连片进行创建，建成科学发展示范镇，每个县（市）区重点规划培育1－2个规模在5万人左右的中心镇，达到科学发展示范镇的水平。要以科学发展示范村创建活动为总抓手，全面推进农村改革发展。尤其要在制度创新上下功夫，建立农村土地管理和流转机制，探索股份合作经营形式，构建农村现代金融体系；要在发展现代农业上下功夫，推进农业产业化经营，全市农业产业化经营率达到63%；要在发展社会事业上下功夫，完善农村公共服务体系。

实施持续改善民生攻坚行动。民生决定民心。越是在经济形势困难的情况下，越是要把老百姓的冷暖挂在心上，越是要加大民生事业投入力度，把发展为了人民、发展依靠人民、发展成果由人民共享落实到改善民生的一件件实事上。明年计划投资60亿元，继续为人民群众办好20件实事。要解决好住房问题。通过建设经济适用住房、廉租房，明年全部解决城市住房困难群众的住房问题。要抓住就业这个民生之本。我市GDP增长一个百分点，大概能安置6000人就业，要千方百计保持经济快速增长，大力发展劳动密集型产业，以发展增加就业岗位；积极扶持大学生、农民和各个方面自主创业，引导金融机构给中小企业创业以更多的支持，以创业带动就业；落实帮扶政策，加大政府购买公益性岗位的力度；引导企业承担社会责任，减少裁员。确保城镇新增就业岗位6万个以上，实现“零就业”家庭动态归零。要大力开展“健康唐山、幸福人民”行动。幸福的基础是健康，没有健康的身体，就没有幸福可言。要从预防做起，提高全市人民的健康水平，延长全市人民的平均寿命。明年为每一个家庭建立健康档案，给每个人建立健康卡片，争取做到包括农民在内所有人每年体检一次。实施健康教育、健康服务、健康饮食、健康文体、健康环境“五大工程”，年内改扩建乡镇卫生院30所，为2000名白内障患者免费实施复明手术，为300名重症精神病患者免费治疗一个疗程并提供药物治疗一年，让全市人民呼吸新鲜的空气，用上放心的药品，有健康的体魄。要着力改善城市空气质量。加大污染减排工作力度，深化钢铁、焦化、电力、水泥等重点企业全面环境达标建设；综合整治160台燃煤锅炉，全年减少燃煤100万吨以上；加大城市环境绿化力度，全部消除城市建设裸露地，推进工地绿色施工、公路绿色运输，严格治理公路粉尘污染，减少粉尘对人体的危害。明年城市环境空气二级及优于二级的天数达到310天以上，可吸入颗粒物、二氧化氮年均浓度值稳定达到国家二级标准。要积极改善群众出行条件。做到让所有的农民都能够乘上便捷的公交车进城，城市65岁以上的老人免费乘坐公交汽车。着力改造农村公路，打通城市断头路，新建外环线连接道路，通过多种形式，方便老百姓出行。要加强公共服务场所建设。全市所有村建成村民中心，建设100个社区市民中心。要扎实推进家电下乡工程。在全市建立销售网点100个，老百姓购买家电就近兑现13%的补贴。

实施安全生产和食品药品安全整治攻坚行动。安全发展直接关系人民群众最核心、最根本的利益。要把安全生产和食品药品安全整治工作作为“天字号”工程，摆在科学发展示范区建设的突出位置，下大力抓紧抓好，切实维护人民群众的生命财产安全和身心健康。在安全生产方面，要吸取安全生产事故的深刻教训，在保增长的同时绝不能忽略安全生产。抓好安全生产，是对各级党组织执政能力的检验，也是各级干部真心实意为人民利益负责的重要标志。实施安全生产攻坚行动，重点在以下几个方面下功夫：一要进一步完善安全生产工作领导体制，构筑党政齐抓共管、政府承担第一责任、所有领导干部一岗双责的安全生产工作新格局。二要对钢铁、冶金矿山、煤矿、危化企业、交通运输及人员密集场所六个重点行业和领域进行拉网式隐患排查，并建立经常性排查监管机制。三要抓紧研究制定更具指导性、操作性的分行业安全生产技术标准并颁布实施。四要逐项落实安全生产预警措施和相关控制措施，特别是对钢铁、煤矿等重点行业企业全部安装数字化报警系统，加强动态监管。五要制定落实企业安全生产主体责任的相关文件，用法律和政策把安全生产责任传导到企业、落实到企业、追究到企业。六要加大安全生产培训力度，职业技术院校要开设安全生产的专门课程，市县两级建立安全生产培训中心和基地，向企业收取专门的培训经费，对所有员工开展安全生产模拟训练。在食品药品安全方面，一要建立联合执法体制，在机构改革中，探索成立经济社

会发展综合执法办公室，改变现有管理体制。二要加强生产、流通、销售全过程的监测，严密监管种植养殖、生产加工、包装、储运、销售等各个环节，配备一流的检测设备，全流程进行监测。三要广泛发动群众进行监督，建立举报奖励制度，营造人人关心、支持食品药品安全的社会氛围。四要从重从快严厉打击，对涉嫌生产、销售有毒有害及假冒伪劣食品药品的案件，发现一起、查处一起。五要增加优质食品供应，大力发展生态农业，与优质食品生产基地建立稳固的供应渠道，让群众吃上放心菜、放心肉、放心粮。

以上五项攻坚行动涵盖了新型工业化、新型城镇化、城乡一体化和民生幸福各个方面。落实好五项攻坚行动，各级党委、政府要迅速组织力量，抓紧制定各专项攻坚行动实施方案；要成立专门领导机构，建立强有力的领导指挥体系；要把攻坚行动细化到每一个环节，落实到每一个干部；要围绕五项攻坚行动，配置好财政资金、土地以及人才等各方面资源；要将攻坚行动开展情况纳入各级领导班子和领导干部年度考核的内容，保证攻坚任务圆满完成。

三、把科学发展示范区建设进一步引向深入

建设科学发展示范区，是中央和省委对我们的重托，是群众对我们的期待，也是我们的光荣使命。必须一以贯之地抓下去，什么时候都不能放松，一年一年脚踏实地向前推进，每年都要有新的进步、新的进展。要以“八大工程”为抓手，把科学发展示范区建设不断引向深入。

（一）深入推进先导工程。把学习实践科学发展观活动作为一项常态性工作长期坚持，努力把活动成果转化为科学发展规划，形成覆盖市、县、乡、村各级各单位的科学发展规划体系；转化为科学发展模式，通过具体模式的试验、创新和推广，打造推进科学发展的实践载体；转化为科学发展的成果，在破解科学发展难题、实现又好又快发展上取得突破；转化为保障科学发展的制度，构建符合科学发展观要求的体制机制；转化为科学发展的能力，造就一支忠诚实践科学发展、善于领导科学发展的干部队伍；转化为广大群众的丰富实践，调动全市上下参与科学发展示范区建设的积极性和创造性；转化为广大干部群众共同的价值观，使科学发展成为实践标准和价值尺度，引领干部群众的自觉行动。

（二）深入推进科学发展示范工程。要深入推进科学发展示范单位创建活动，将科学发展示范县（市）区、示范乡村、示范园区、示范企业、示范机关、示范家庭创建工作，进一步向深度推进、向广度推进。到明年底，力争2个以上县（市）区、30个以上乡镇、200个以上村、5个以上园区、50家以上企业、50个以上机关、1000户以上家庭的创建活动取得重大突破，成为明星示范单位（示范户）。要深入推进科学发展模式试验推广工作。积极开展新提炼的60例科学发展模式的试验示范工作，明年新增加130个试验单位。在试点取得经验的基础上，成熟一个推广一个，尽快形成示范带动效应。每个县（市）区力争创出5－6个成熟的新模式。

（三）深入推进以曹妃甸新区为龙头的唐山湾开发建设工程。唐山湾“四点一带”是科学发展的增长极。明年，“四点一带”地区生产总值和财政收入增速要分别高于全市平均增速两个百分点。要加快完善规划体系。加快“四点一带”区域发展规划及产业、交通等专项规划的调整，上半年编制完成四个新区的发展规划和各产业园区的控制性详规，年底前完成唐山港总体规划修编，同时加快海洋功能区划调整，保障项目建设的用海需求。要加快基础设施建设。滨海大道、沿海高速、蒙冀铁路张曹段、工业区到曹妃甸新城的轨道交通，以及曹妃甸矿石码头二期、LNG码头、集装箱码头、液体化学码头等重大基础设施项目，明年要有突破性进展。要加快产业聚集。“四点一带”地区都要把产业聚集放在突出位置，创造一切条件，促进项目开工建设。曹妃甸新区重点抓好中海油装备制造、中材集团水泥设备、风电装备、新材料生产基地等续建项目，力争尽快完工；积极推进大化工、修造船等重大项目前期工作，力争取得突破，早日开工建设。乐亭新区加快首钢宝业、唐齿变速器、嘉恒重工等在建项目建设进度，抓好旭阳化工、京唐港区保税仓库等一批项目前期工作。丰南沿海工业区重点抓好国丰冷轧镀锌板、AB啤酒等项目建设，积极推进冶金矿山与长沙中联重工合作建设装备制造生产基地。芦汉经济技术开发区重点抓好信息安全产业园区、螺旋焊管、泰美自行车等项目建设。要加快推进体制创新。进一步完善管理体制，理顺乐亭新区、芦汉经济技术开发区管理机制。曹妃甸工业区努力争取国家循环经济示范区的政策。创新投融资体制，加快设立曹妃甸产业投资基金，尽快运作曹妃甸投资控股公司，推进唐山港股份有限公司上市融资。研究制定人才激励政策，不拘一格引进高层次人才，尽快形成人才高地。

（四）深入推进以“四大功能区”为重点的生态城市建设工程。按照生态城市理念提升规划水平。各县（市）区都要建立规划委员会和规划咨询委员会，加快县城总体规划的修编。坚持城市建设规划第一、规划工作生态优先的原则，把生态理念和绿色元素植入“四城一河”开发建设规划、老城区改造规划、各县城以及乡村建设发展规划，使生态文明建设贯穿新型城镇化的全过程。积极引进国际一流的设计机构参与城市规划，提升规划设计档次。运用市场手段筹集建设资金。充分发挥财政资金的引导作用，主要依靠运作土地、运作城市资产来筹集建设资金。积极争取国家、省专项资金和银行信贷资金的支持，鼓励民间资本、外资进入城市开发建设领域，有效满足城建的资金需要。面向国内外开放建设市场，积极引进战略投资者参与城市建设改造。推行BOT等先进的经营运作模式，推行财政投资建设项目代建制，推进城市资源资本化。力争明年城市建设投入500亿元以上。通过标志性建筑提升城市品位。以老城区改造和城市“四大功能区”开发建设为契机，加快建设一批富有时代气息、体现唐山特色、具有国际一流水准的城市标志性建筑。每个县城年内至少建成一条示范性街道，2－3个标志性建筑。坚持城市精细化管理。进一步廓清市、区管理权限，将城市管理重心放到区

和街道办事处，实现责、权、利相统一。深入推行城市管理综合执法和数字“网格化”管理，实现精细化管理全覆盖。不断提升城市“绿化、美化、亮化、净化”水准。

（五）深入推进以现代产业体系建设为重点的资源型城市转型工程。牢牢抓住产业转型这个核心，加快转变发展方式，推进结构优化升级，构建现代产业体系，努力推动唐山这座典型的资源型城市焕发新活力、走出新路子。以发展产业链经济为重点提升产业关联度。按照七大主导产业链的发展方向，强化招商引资、组织项目建设、优化配置资源，使支撑我市经济发展的主导产业不断延伸产品链条，提升竞争实力，增强抵御市场风险的能力。以发展循环经济和推进节能减排为抓手降低资源消耗度。加快曹妃甸国家循环经济示范区、司家营循环经济园区建设，加大重点企业循环经济改造力度，推进清洁生产、“三废”利用，提高资源利用效率。严格落实节能减排工作责任制，大力推广节约、替代、循环利用和治理污染先进技术，加强对高耗能、高排放企业的监管，实现重点企业在线监测全覆盖，确保实现年度节能减排目标任务。以发展园区经济为载体提高要素聚集度。积极推进大项目→产业链→产业集群→产业基地的园区发展模式，重点支持曹妃甸工业区、高新技术产业园区、乐亭临港产业聚集区、开平现代装备制造产业聚集区等园区建设，加速形成各具特色的产业集群。各县（市）区都要高度重视园区建设，使之成为县域经济发展的重要支撑。以扩大开放为根本途径提高经济外向度。引导全市上下进一步强化开放意识，营造全民促开放的浓厚氛围。打造扩大开放的优良平台，进一步扩大陶瓷博览会、曹妃甸临港产业国际合作会议等招商平台的知名度和影响力，增强招商实效；把日韩作为招商引资主攻方向，积极谋划和推进日本工业园、韩国物流园项目；鼓励有条件的企业“走出去”，加强对外经济技术合作，更好地利用“两个市场、两种资源”。以政策倾斜为支点强化对现代产业发展的支撑度。认真落实市委、市政府促进产业链经济发展、加强要素建设和优化配置、促进循环经济发展等政策措施，为现代产业体系建设创造宽松的政策环境。设立现代产业发展导向资金，重点支持高端产业、新兴产业的重大项目。用好节能减排、科技三项费用等专项资金，促进资源节约型、环境友好型、创新驱动型社会建设。

（六）深入推进城乡等值化工程。城乡一体化是一个漫长的过程。要以城乡统筹为基本途径，以城乡等值化为目标取向，以创建科学发展示范村为总抓手，统筹推进城乡规划、建设、产业、公共服务、社会管理一体化，加快建立以工促农、以城带乡长效机制，尽快形成城乡经济社会发展一体化新格局。要逐步实现城乡收入等值。做到城乡收入等值，就是使城镇居民人均可支配收入和农民人均纯收入比逐步达到2：1。要通过产业发展、鼓励创业、落实惠农政策等多种渠道，千方百计增加农民收入，缩小城乡收入差距。大力发展现代农业，夯实农民增收的产业基础；积极发展民营经济，鼓励农民自主创业，以创业带动农民就业，以就业促进农民增收；深入实施“阳光培训工程”，完善城乡劳动力市场服务体系，力争全市每个农户有一名劳动力在非农领域就业，增加农民工资性收入；全面推进农村土地的确权、登记、办证工作，用好农村宅基地等物权，通过宅基地置换、调整等方式，增加农民财产性收入；认真落实各项支农惠农政策，强化政策扶持，加大扶贫开发力度，确保低收入人口稳定脱贫。要逐步实现城乡公共服务等值。加大对农村社会事业的投入，实施高中和中等职业免费教育，推进“户均一名大学生”行动；进一步健全完善县、乡、村三级医疗卫生服务网络，明年乡镇卫生院标准化率达到100%；加强农村基层文化建设，年内支持建设50所乡镇综合文化站，繁荣发展农村文化。要逐步实现城乡社会保障等值。建立统一的城乡社会保障网络，巩固和发展新型农村合作医疗保障制度，使全市农民参合率巩固在94%以上；进一步完善新型农村养老保险制度，明年力争覆盖全市三分之二以上的县（市）区；加强“金保工程”建设，建立起覆盖全市乡镇和50%以上建制村的劳动保障信息网络；探索失地农民、失海农民保障办法，逐步让农民享有与城镇居民等值的社会保障。要逐步实现城乡生活便利等值。以路网、水网、林网、信息网为重点，加强农村基础设施建设。重点实施农村公路联网工程，加快推进“道路入户”建设，大力发展农村沼气，强化村镇水资源管理，到2010年，全市农村基本实现户户通水泥路，适宜建沼气的村普及沼气池，基本普及自来水；进一步加强农产品流通市场体系建设，继续抓好“万村千乡市场工程”、“农产品批发市场升级改造工程”，年内培育和发展规范化的农资连锁便民店1000家，农村日用消费品便民超市100家。

推进城乡等值化，必须加快构建新型工农、城乡关系，真正落实以工促农、以城带乡的责任。市、县两级尽快成立城乡统筹发展委员会，全面负责农村改革发展、加快城乡等值化的组织领导。健全完善支农、强农、惠农的各项政策措施，积极引导市内企业和域外资本到农村办工厂、建基地，广泛开展镇企共建、村企共建活动；大力实施“千村帮扶”工程，组织县以上机关和企事业单位对农村进行帮扶；在城乡各级党组织和广大党员中广泛开展“手拉手”结对帮带活动，带动农村群众发展生产、尽快致富。

（七）深入推进人民幸福工程。围绕建设幸福之都，以解决与人民群众生活密切相关的问题为重点，进一步加大“十项幸福工程”的组织实施力度，不断提升人民群众的幸福指数。围绕住有所居，完善住房保障制度，明年全市开工经济适用住房61万平米、廉租房25万平米，其中市中心区开工经济适用住房40万平米、廉租房10万平米，在二手房市场筹措廉租房5万平米，全部解决城市住房困难群众的住房问题。对1000户农村贫困残疾户、2300户农村低保户危房改造进行援助。围绕劳有所得，在千方百计扩大就业的同时，建立职工正常工资增长机制，保证农民工工资正常发放，维护劳动者正当权益。围绕老有所养，进一步完善社会保障体系，逐步全面推行农民养老保险，继续提高企业退休人员养老金水平，提高城乡低保标准，

全市城镇低保标准由每人270元/月提高到285元/月，农村低保标准由1200元/年提高到1300元/年。围绕病有所医，实施全民健康医疗行动，提高医疗水平；全面推进城镇居民基本医疗保险，将高校在校生、城中村人员、外来务工人员家属子女纳入参保范围，建立居民大额补充医疗保险制度，提高保障水平；加强对贫困残疾人员的医疗救助。围绕学有所教，加快发展教育、文化、体育等社会事业。实施教育优先发展战略，巩固提高基础教育，大力发展职业教育，着力打造高水平、有特色的高等教育；进一步改善农村中小学办学条件，年内改造陈旧校舍10万平米。加强文化基础设施建设，谋划建设文化广场。新建、改扩建50个社区健身苑、500个农民体育健身工程，为群众提供健身场所。深入开展文明城市创建活动，大力弘扬“感恩、博爱、开放、超越”的新唐山人文精神，强化公民道德教育和实践，提升全市人民的思想道德水准和精神境界，促进人的全面发展。

（八）深入推进领导力提升工程。干部队伍的认识水平和工作水平，直接决定着建设科学发展示范区的成效和进程。要把干部能力提升作为科学发展示范区建设的基础工程来实施，不断增强各级干部运用科学发展观解决问题、推进工作的本领。要通过经常性培训教育提升领导力。建立分级分类干部学习培训管理体制，充分利用各种培训资源，实施“万名干部大轮训”工程，年内把所有县级干部轮训一遍；与国内重点高校和科研院所合作举办公共管理、财政金融等专题培训班，每年培训县处级领导干部500名；继续落实选派1000名干部到发达国家和地区学习培训的任务，明年到新加坡培训的人数不少于300人。要通过多种形式的实践锻炼提升领导力。继续推进100名县级后备干部岗位交流，100名市直优秀中青年后备干部到县（市）区任职，100名县（市）区优秀中青年后备干部到市直单位任职，100名县级后备干部到重点骨干企业、曹妃甸新区、南湖生态城、凤凰新城挂职，100名县级或科级干部到发达地区挂职。按照交流面不低于30%的标准，实行市直单位之间班子副职交流制度。在全市范围内选择1500个岗位，实施公务员大交流。要通过健全的干部激励约束机制提升领导力。深化干部制度综合配套改革，进一步完善公开选拔、竞争上岗、试用期、引咎辞职等制度，全面推行“一讲两推”、公推公选干部选任机制，年内公开选拔700名县级后备干部。建立不称职干部调整制度，明确领导干部不称职、不胜任现职的具体标准、调整办法和程序，完善各项配套措施，真正实现干部管理的优胜劣汰。要通过加强民主政治建设提升领导力。进一步完善党代会、全委会和常委会各项工作制度，健全领导班子运行机制，扩大党内民主。积极支持各级人大、政协组织依法依章履行职能，支持人大在立法、监督等方面发挥重要作用，支持政协围绕中心、建言献策、民主监督。加强同民主党派合作共事，选拔和推荐更多优秀党外干部担任领导职务。发挥工会、共青团、妇联等人民团体的作用，支持他们参与社会管理和公共服务，维护群众合法权益。坚持调查研究制度，进一步健全市民献计献策的汇总、转化、督办落实机制，使群众智慧进入决策，变成推动发展的措施。以大民主、大团结营造和谐融洽的大氛围，形成建设科学发展示范区的强大合力。要通过广揽人才、善借外脑提升领导力。加大人才引进力度，在充分提高本地人才综合素质的基础上，年内引进国内外高层次人才和经济社会发展急需专业人才10000名；采取柔性引进方式，使两院院士、国家级专家、留学人员等高端人才为我所用，充分发挥决策咨询委员会的作用，借助“外脑”提高领导能力。

把科学发展示范区建设进一步推向前进，要求广大党员干部脚踏实地、真抓实干，以改革创新的精神和求真务实的作风干工作、抓落实、促发展。要认真落实省委“作风建设年”的部署，在今年开展“效率年”活动的基础上，针对不作为、乱作为等问题，动实招、硬奖惩，全面加强和改进干部队伍作风建设。要进一步提高效率。全面推行首办责任制、限时办结制、超时默许制和联合审批制，整合审批流程，公开审批程序，做到处室审办不过夜、部门审批不逾5个工作日、全部办结不超20天。加大市、县职能部门领导干部交流力度，防止公共权力部门化、部门权力个人化，防止形成既得利益群体，着力消除“中梗阻”。严格实施领导班子和领导干部综合考评，考评结果向社会公开，接受群众监督，并和干部使用挂钩，实行末位淘汰和问责制。要增强主动服务意识。各级各部门尤其是市直部门和县直部门要自觉跳出本部门、本单位利益的小圈子，坚持“服从发展重于一切、服务人民高于一切”，紧紧围绕人民群众和基层、企业反映最迫切、最急需解决的问题，主动热情地搞好服务。全面推行后备干部项目代理审批制，由优秀后备干部全程为投资者免费服务，实现优化发展环境和培养锻炼干部“双赢”。要发扬艰苦奋斗作风。坚持厉行节约，坚决反对铺张浪费和大手大脚，抵制拜金主义、享乐主义和奢靡之风。强化成本意识，树立过紧日子的思想，制定具体的节支目标和措施，努力降低行政成本。加强预算和财务管理，硬化预算约束，加强对各项支出的管理，严格执行各项财经纪律。从各级党政机关做起，不搞超标准接待，严格规范出差乘坐交通工具和通讯费的标准，节约开支。要旗帜鲜明反腐败。坚持教育、制度、监督并重，加强惩治和预防腐败体系建设。明年政府投资建设的工程项目要切实做到百分之百公开招投标、百分之百不转包、百分之百工程监理到位、百分之百不留重大质量隐患、百分之百不出重大安全事故、百分之百行政监察到位、百分之百工程预决算审计到位、百分之百不出腐败案件，为科学发展示范区建设营造风清气正的良好环境。

各位委员、同志们，唐山发展正进入一个新的重要历史时期，加快建设科学发展示范区的伟大事业任重道远，让我们紧密团结在以胡锦涛同志为总书记的党中央周围，高举中国特色社会主义伟大旗帜，坚持以邓小平理论和“三个代表”重要思想为指导，以贯彻落实科学发展观的实际成果，以建设科学发展示范区、建设人民群众幸福之都的实际行动，向建国60周年献上一份厚礼！

政府工作报告

——在唐山市第十三届人民代表大会第二次会议上

唐山市市长　陈国鹰

（2009年1月16日）

各位代表：

现在，我代表唐山市人民政府，向大会作政府工作报告，请予审议，并请市政协各位委员及其他列席人员提出意见。

一、2008年政府工作回顾

刚刚过去的2008年，是很不寻常、很不平凡的一年，也是本届政府履职的第一年。面对宏观经济形势的深刻变化和各种严峻挑战，全市人民在省委、省政府和市委的正确领导下，认真贯彻落实中央、省一系列决策部署，以科学发展示范区建设为总揽，以深入学习实践科学发展观活动为动力，紧紧围绕"开放创新、富民强市，把新唐山建成科学发展示范区、建成人民群众幸福之都"的总战略和总目标，抢抓机遇，开拓创新，拼搏进取，较好地完成了市十三届人大一次会议确定的各项目标任务，科学发展示范区建设迈出了新的步伐。

——国民经济保持平稳较快发展。预计全市完成地区生产总值3560亿元，增长13%；全部财政收入405.8亿元，其中地方一般预算收入146.6亿元，分别增长22.7%和23%。全年粮食总产287.9万吨，增长0.5%，连续五年实现增产；规模以上工业增加值和利税分别增长14.5%和14%；服务业增速达到15.5%。项目支撑作用显著增强，全社会固定资产投资完成1361.3亿元，增长31.3%，其中市级以上重点项目完成投资476亿元，350公里高速动车组、蓝欣镀膜玻璃一期等一批重点项目完工投产。节能减排取得重要进展，全市单位生产总值能耗同比下降5.27%，二氧化硫、化学需氧量排放量分别削减6.5%和11%，可以完成省下达的目标任务。

——唐山湾"四点一带"开发建设势头强劲。"四点一带"地区经济总量和投资规模分别占全市的30.6%和47.7%，其中曹妃甸工业区完成投资327亿元，增长36.6%。唐山湾"四点一带"开发建设规划体系进一步完善。曹妃甸新区获省委、省政府批准正式设立，进入产业聚集加速发展的新阶段。首钢京唐钢铁厂一期工程第一部分基本建成，中海油服装备制造基地等一批重点产业项目开工建设；曹妃甸港区30万吨级原油码头和煤炭码头一期工程完工，LNG码头完成选址，京唐港区3000万吨专业煤炭泊位竣工。唐山港货物吞吐量突破亿吨大关，跨入亿吨大港行列。唐曹高速建成通车，津秦铁路客运专线、承唐高速二期等工程开工建设，供水、供电等配套设施日臻完善，填海造地形成陆域120平方公里。"四点一带"已经成为拉动唐山跨越发展的龙头。

——城镇面貌三年大变样成效显著。全市投入城镇建设资金400多亿元，为历年来投入最多的一年，也是城市面貌发生变化最大的一年。新一轮城市总体规划修编工作完成。城市"四大功能区"规划建设全面启动，曹妃甸新城总体规划编制完成，起步区完成造地5平方公里，滨海大道开工建设；凤凰新城一批市政基础设施、公建及商业住宅项目开工建设；南湖生态城拓展湖面8平方公里，地震遗址公园、垃圾山封山绿化、环湖景观大道等工程主体完工；空港城概念性总体规划完成。拆违、拆迁830万平方米，累计拆除1130万平方米，占全市建成区建筑总面积的11.3%。震后危旧平房改造加速推进，新开工安置住房155万平方米，累计达到235万平方米。北新道等12条城市道路综合改造完工，长青楼区域改造等旧城改造项目开工，16个城中村改造启动实施，既有居住建筑节能改造完工121万平方米，城市绿、美、亮、净环境综合整治成效明显，完成建筑亮化550栋。组建了城市管理行政执法局，推行城市"网格化"管理，城市管理水平有了新的提升。军民两用机场已经国务院、中央军委批复立项。县城和小城镇建设迈出新步伐。

——改革开放扎实推进。国有企业改革、国有资产管理体制和财政体制、投融资体制等各项改革取得新进展，渤海、长城两大地方钢铁集团正式挂牌，整合重组和新建了12家国有投资公司。民营经济快速发展，增加值占全市生产总值比重达到61.8%。全市实际利用外资8.6亿美元，增长29.4%；进出口总额90亿美元，其中出口50亿美元，分别增长73.4%和76.7%。与日本住友、中海油、中材集团等一批国内外大公司、大集团的战略合作迈出实质性步伐。成功举办了唐山·曹妃甸临港产业国际合作会议、第十一届唐山中国陶瓷博览会，取得丰硕成果。我市荣获中国改革开放三十年优秀集体称号。

——新农村建设迈出新步伐。全年投入"三农"资金22亿元，增长22%。现代农业发展步伐加快，乳业、瘦肉型猪、果菜、板栗、花生、水产品等六大龙型经济健康发展，农业产业化经营率达到61%。农民增收渠道拓宽，非农收入占农民人均纯收入的68%。新建改建农村公路963

公里，新建沼气池10.3万户，解决了2450个村、217.7万人的饮水安全问题。新创建文明生态村454个，累计达到总村数的61%。科学发展示范村创建活动深入开展，90%的村建成村民中心，完成283个村、3.1万户的“平改坡”工程，以“六个一”新农居改造为代表的科学发展模式试验示范工作收到实效，农村面貌发生可喜变化。

——社会事业发展取得新进步。全市财政投入社会事业资金达114亿元，增长41.4%。科技创新能力进一步增强，取得国内先进水平及以上科技成果306项，中科院唐山高新技术研究与转化中心正式成立。免除10.6万名公办普通高中公助生基本学费，免除义务教育阶段农村学生和城市低保家庭学生教科书费，改造农村陈旧校舍10.3万平方米；高等教育发展规划通过初步论证，河北理工大学北校区、华北煤炭医学院新校区一期工程完工。城市社区卫生服务机构达到130个，社区卫生服务人口覆盖率达到100%；新建农村卫生室748个，累计达到5556个，实现“一村一室”目标。文化事业和文化产业蓬勃发展，《人影》、《香妃与乾隆》等优秀作品获国家级大奖，开滦国家矿山公园等一批文化产业项目顺利实施，成功举办了第六届中国评剧艺术节。全民健身运动广泛开展，新建20个社区健身苑、100个农民体育健身工程。计划生育、民族宗教、广播电视、外事侨务、爱国卫生、防震减灾、妇女儿童、老龄、气象、档案、人防、“双拥”、民兵预备役和国防动员等各项事业全面发展。深入开展创建全国文明城市活动，我市首次进入全国文明城市候选城市。

——人民群众生活持续改善。预计城镇居民人均可支配收入和农民人均纯收入分别达到16382元和6625元，分别增长15.1%和13.7%。城镇新增就业6.8万人，城镇登记失业率控制在4.4%。城镇职工养老、失业、工伤保险进一步完善，在全省率先实现“全民医保”制度全覆盖，农村新型养老保险试点扩大到7个县（市）区，市区低保标准由每人每月225元提高到270元、农村低保标准由每人每年1000元提高到1200元。开工建设经济适用住房68.2万平方米、廉租房5.2万平方米。深刻汲取三鹿奶粉事件和我市安全生产事故教训，深入组织安全生产大检查，集中开展“打击非法盗采国有矿产资源专项行动”、“食品安全检查和专项整治”以及“矿山钢铁焦化等行业安全专项整治”，努力维护人民群众生命财产安全。我市被评为2008年中国最具幸福感城市。

各位代表，在宏观经济形势复杂多变，尤其是去年下半年以来国际金融危机蔓延、宏观经济环境面临诸多困难的严峻形势下，我市经济社会发展取得这样的成绩来之不易。一年来，我们认真贯彻落实科学发展观，积极应对各种严峻挑战，抓重点、攻难点、破瓶颈，着力发展经济，深化改革开放，保障和改善民生，促进社会和谐，付出了艰苦努力。

（一）认真开展学习贯彻十七大精神和深入学习实践科学发展观活动，进一步夯实建设科学发展示范区的思想基础和工作基础。按照市委统一部署，把学习贯彻十七大精神与开展深入学习实践科学发展观活动紧密结合起来，与建设科学发展示范区紧密结合起来，引导政府系统广大党员干部解放思想、更新观念、理清思路、强化措施，坚定不移地把十七大精神落到实处。围绕“党员干部受教育、科学发展上水平、人民群众得实惠”这个总要求，在各级政府机关扎实开展深入学习实践科学发展观试点工作各个阶段的活动，形成了科学发展的强烈共识，凝聚了科学发展的强大力量，科学发展成为全市上下的自觉行动。

（二）积极应对宏观经济形势带来的严峻挑战，力促经济平稳较快发展。针对国际金融危机快速蔓延、经济放缓的严峻形势，全面落实国家宏观调控政策，制定出台了《关于应对当前宏观经济形势实现又好又快发展的若干意见》和《关于促进全市经济平稳较快发展的实施意见》。特别是抢抓国家实施扩大内需政策的机遇，全力谋划和争取项目。全市共谋划重点推进项目1359个，总投资规模约1万亿元。采取联合审批形式，加快项目审批和前期工作进度，累计向国家上报重大项目61个，申请中央投资65.3亿元，其中35个项目已获得批准，利用中央投资3.74亿元。京唐城际高速铁路、曹妃甸中石化大型炼化一体化、曹妃甸矿石码头二期等一批重大项目取得突破性进展；加强与金融机构的对接与合作，争取建行、农行、国家开发银行授信额度1500亿元。及时有效的应对措施，使我市经济保持了平稳较快发展的良好态势。

（三）抓住事关唐山发展的战略重点全力加以推进，努力带动和活跃工作全局。着眼于加快资源型城市转型，积极推进城市功能转型、产业结构转型、企业和体制转型。尤其是围绕产业结构优化升级，出台了促进产业链经济发展的政策措施，精品钢材、基础能源、优质建材、装备制造和化工五大产业增加值占规模以上工业的80.3%，服务业发展高于GDP增速2.5个百分点，高新技术产业增加值增长20%。着眼于打造唐山跨越发展的战略支撑，制定实施了支持“四点一带”开发建设若干政策，举全市之力加快唐山湾开发建设步伐，使“四点一带”在启动之年取得重大进展。着眼于加快城乡一体化，坚持把“三农”问题作为重中之重，遵循城乡等值化发展理念，编制完成《城乡发展一体化战略规划》，扎实推进让农民富起来、农户暖起来、农村靓起来、农家乐起来、农村经济循环起来“五个起来”，全面落实农民工进城落户、农民进城就业、农民工子女就读、农民进城公共交通、农民进城就医报销“五个无障碍”，推动了新农村建设深入开展。

（四）集中力量打了五场攻坚战，着力破解影响和制约科学发展的突出问题。围绕破解生态环境脆弱的难题，开展了绿化唐山攻坚行动，实施城镇及周边绿化、通道绿化、村庄绿化、农田及“四荒”绿化、工业园区及企业绿化、矿山修复绿化等六大工程，完成造林绿化42.4万亩，相当于近3年的总和，森林覆盖率达到26.45%，提高2.1个百分点。围绕破解城市建设与经济发展不相适应的难题，开展了城乡建设改造和环境综合整治攻坚行动，强力实施“114421”工程，推动省委、省政府城镇面貌三年大变样工作部署的落实。围绕破解资源能源消耗高、环境压力大的难题，开展了安全生产节能减排持续攻坚行动，实施“双三十”和“10100”等七大工程，对钢铁等10大重点领域的4591家企业进行综合整治，关闭取缔“十小”企业236家，停产整顿高耗能、高污染企业267家；组织开展了淘汰水泥机立窑和中空窑集中行动，拆除丰董线等区域的水泥窑34座，淘汰落后产能370.2万吨。围绕破解发展后劲不足、发展方式转变不快的难题，开展了重点产业项目建设攻坚行动，筛选50个重大产业项目集中力量实施攻坚，其中三友集团盐化工产业链等23个项目开工。围绕破解发展成果普惠性不强的难题，开展了改善民生攻坚行动，投入财政资金30亿元，集中为群众办了20件实事，并已全部完成，使改革发展的成果更多的普惠于广大人民群众。

（五）全力做好奥运安保和维护稳定工作，为改革发展营造良好环境。北京奥运会期间，围绕保障奥运绝对安全，把奥运安保工作作为一个时期压倒一切的政治任务，以最高的标准、最严的要求、最大的努力，坚决打好奥运安保这场硬仗。圆满完成了奥运火炬在我市的传递活动和北京奥运安保各项任务，全市人民受到一次深刻的爱国主义教育，进一步激发了建设新唐山的政治热情。高度重视群众信访工作，开展市县乡村四级大接访活动，化解了一大批多年沉积下来的信访突出问题。强化社会治安综合治理，积极探索维护稳定综合调控机制，保持了全市政治安定、社会稳定的良好局面。

（六）注重体制机制创新和政府职能转变，不断提高行政服务水平。围绕激发政府管理活力、市场主体活力和金融活力，加快政府职能转变，研究制定了向县区下放权力、加强要素建设和优化配置、促进循环经济发展等多项政策措施，着力破除体制机制障碍，创优发展环境。认真贯彻落实《行政许可法》和《公务员法》，加强政府法制建设，推进依法行政。深入开展“市民献计献策月”活动，倾听民声、了解民情、集中民智，使政府工作更加符合人民群众的意愿和要求。扎实开展“效率年”活动，推行“电子政务”、网上审批、超时默许、零成本注册，行政许可和非行政许可类审批项目分别由523项、463项减少到190项和102项。加强廉政建设，推行行政权力公开透明运行。自觉接受人民代表大会及其常委会的依法监督，重视发挥人民政协的政治协商、民主监督和参政议政作用，承办市以上人大代表批评意见、建议和政协提案767件，办结率100%，促进了政府工作水平的提高。

需要指出的是，四川汶川特大地震发生后，按照市委的决策部署，倾力做好支援四川灾区抗震救灾工作。全市干部群众捐款捐物合计3.38亿元，到灾区抢险救灾的志愿者达1700多人。全市上下众志成城支援灾区抗震救灾的行动，得到了党中央国务院和省委省政府的高度评价，受到了灾区干部群众和社会各界的广泛赞誉，唐山“爱心之城”的城市名片更加响亮。特别是“感恩、博爱、开放、超越”的新唐山人文精神，得到了空前的弘扬和升华。

各位代表，通过全市上下的共同努力，我们克服了前进道路上的各种困难，实现了新的发展，为加快建设科学发展示范区和人民群众幸福之都奠定了更加坚实的基础。这是党中央国务院、省委省政府和市委正确领导的结果，是全市人民同心同德、锐意进取、艰苦奋斗的结果。在此，我代表市政府，向全市工人、农民、知识分子、各级干部和广大建设者，向人大代表、政协委员，向各民主党派、工商联、无党派人士和人民团体，向驻唐部队、武警官兵、公安政法干警以及关心支持唐山发展的各界朋友，表示崇高的敬意和衷心的感谢！

总结过去的一年，我们也清醒地认识到，我市经济社会发展中还存在许多亟待解决的问题，前进道路上还面临许多新的挑战。主要是：在当前复杂的宏观经济形势下，经济发展面临的不确定因素增多，经济下行压力加大，部分企业生产经营困难、效益下滑、开工不足，就业形势严峻；经济结构性矛盾仍比较突出，加快发展方式转变的任务还很重，节能减排、安全生产任务十分艰巨；支撑科学发展的制度体系有待进一步创新和完善，深化改革的任务还十分紧迫；改善民生的措施需要进一步强化，社会保障、人居环境等一些关系群众切身利益的问题还没有得到更好地解决；政府自身建设和管理需要进一步加强，一些政府工作人员服务意识不强、官僚主义、办事效率低下等问题还比较突出，以权谋私等腐败现象仍然存在。对这些问题，我们要引起高度重视，在今后工作中认真加以解决。

二、2009年工作总体要求和奋斗目标

今年是建国六十周年，也是推进“十一五”规划顺利实施的关键一年。做好今年工作，对于维护改革发展稳定大局，实现“十一五”规划确定的目标任务，推进新唐山科学发展示范区建设具有重要意义。当前，国际金融危机仍在扩散和蔓延，对实体经济影响正在进一步加深，国内经济运行有可能面临更加困难的局面。这些都给我市经济发展带来了严峻挑战。对此，我们一定要切实增强忧患意识、危机意识，有清醒的认识和足够的准备。同时，我们必须充分认识到，我国经济发展的基本面和长期趋势没有改变，我们遇到的困难和挑战只是前进中的问题。就我市来讲，加快发展面临许多有利条件。应该看到，经过改革开放30年来的快速发展，我市综合经济实力显著增强，已成为河北第一经济强市和省域中心城市，抵御风险、应对挑战能力显著提升；应该看到，唐山所处的黄金发展期仍然存在，尤其是国际金融危机引发的全球经济调整、国家实施积极的财政政策和适度宽松的货币政策，又为唐山带来了加快科学发展的新机遇、实现跨越发展的新机遇、扩大开放的新机遇、改善民生的新机遇；应该看到，随着唐山湾“四点一带”、城市“四大功能区”开发建设等重大战略部署的实施，我市产业优势、港口优势、资源优势、成本优势、环境优势正在集中凸显，为唐山吸纳国内外优势生产要素以及在新一轮调整发展中抢占先机创造了有利条件；尤其应该看到，在困难和挑战面前，全市广大干部群众思想高度统一、目标高度一致、建设科学发展示范区

的热情空前高涨，这是我们战胜一切艰难险阻的根本保证。只要我们审时度势，主动应对，完全有条件变压力为动力、化挑战为机遇，开创唐山科学发展新局面。

前不久召开的市委八届五次全会，基于对当前宏观形势的科学判断，基于对科学发展示范区建设的实践探索，在坚持市委八届三次、四次全会以来形成的一系列发展思路的基础上，对今年工作做出了战略部署，为加快科学发展示范区建设进一步指明了方向。我们一定要按照市委工作部署，抢抓机遇，坚定信心，攻坚克难，埋头苦干，努力把唐山改革发展推向一个新境界。

2009年全市国民经济和社会发展的总体要求是：全面贯彻党的十七大、十七届三中全会和省委七届四次全会、市委八届五次全会精神，以邓小平理论和“三个代表”重要思想为指导，更加自觉地深入贯彻落实科学发展观，继续以科学发展示范区建设为总揽，以保持经济平稳较快发展为首要任务，把加大投资、扩大内需作为根本途径，把加快发展方式转变和结构调整作为主攻方向，把深化改革、扩大开放作为强大动力，把改善民生作为出发点和落脚点，深入推进新型工业化、新型城镇化、城乡等值化、社会管理科学化，朝着建设科学发展示范区、建设人民群众幸福之都的宏伟目标加速前进，以优异成绩向建国六十周年献礼！

全市经济社会发展主要预期目标是：地区生产总值增长11%以上；全部财政收入增长12%；城镇居民人均可支配收入增长10%以上，农民人均纯收入增长8%以上；全社会固定资产投资增长30%以上；单位生产总值能耗下降5.28%以上，化学需氧量排放量减少6%，二氧化硫排放量减少5%；城镇登记失业率控制在4.4%以内；人口自然增长率控制在4.98‰。上述发展目标，是在全面分析形势的基础上确定的，与我市“十一五”规划相衔接，需要全市上下团结奋斗、共同努力去实现，并力争完成得更好一些。

做好今年政府工作，实现今年经济社会发展目标，必须按照科学发展观的要求，坚持统筹兼顾，正确处理好“四个关系”：一是正确处理当前与长远的关系。立足当前保增长，着眼长远增后劲，既把保持经济平稳较快发展作为当前的首要任务，又多做打基础、利长远的事，谋划实施一批事关唐山未来发展的重大支撑项目和基础性工程，为实现可持续发展奠定坚实基础。二是正确处理好与快的关系。越是在加大力度保增长的时候，越要重视质量和效益，加快结构调整和发展方式转变，把实现保增长目标建立在提高质量、优化结构、增加效益、降低消耗、保护环境的基础之上。三是正确处理政府与市场的关系。既要注重发挥市场在资源配置中的基础性作用，坚持按市场规律办事，又要主动作为，积极发挥政府在促进引导、支持服务、规范管理等方面的作用，激发各方面加快发展的积极性。四是正确处理发展与稳定的关系。发展是第一要务，稳定是第一责任。更加重视和改善民生，让发展成果更多、更广泛的惠及人民群众。把握好各项改革的推进力度，区分轻重缓急，做到有序推进；把握好社会各阶层的承受能力，各项措施的出台兼顾不同利益群体的意愿和需求，在维护社会稳定中推进改革发展，通过改革发展促进社会稳定。

三、2009年重点工作任务

市委八届五次全会确定，今年在全市集中力量实施“五项攻坚行动”、深入推进“八大工程”，以此推动经济社会又好又快发展，把科学发展示范区建设进一步引向深入。我们要围绕落实市委战略部署，把握关键，强化措施，全力推进十项重点工作：

（一）以千个项目保增长调结构攻坚行动为重点，促进经济平稳较快发展。发展是解决一切问题的关键。抓发展，核心是抓项目。抓住国家实施扩大内需、促进经济增长的政策机遇，深入实施千个项目保增长、调结构攻坚行动，努力增强经济发展后劲和可持续发展能力。

加大项目谋划推进力度。明确主攻方向，力促结构调整，围绕基础设施建设、产业发展、新农村建设、拉动消费和改善民生等重点领域，加大项目谋划和跑办力度，力争更多的项目纳入中央和省的盘子，确保早开工、早落地、早见效。全市重点推进1000个项目。着力推进一批基础设施项目，加快唐山机场、京唐港通用杂货泊位、承唐高速二期、津秦客运专线等项目建设，做好京唐城际高速铁路、蒙冀铁路张曹线等一批基础设施项目前期工作，力争早日立项开工；着力推进装备制造、化工、高新技术、现代服务业等一批重大产业支撑项目，重点抓好高速机车装备制造基地、住友装备制造基地、曹妃甸装备制造基地、曹妃甸石油炼化基地、乐亭煤化工基地、南堡盐化工基地等重大项目的实施，谋划建设若干个高新技术产业园区和信息产业基地，推进一批重大现代服务业项目建设；着力推进一批新农村建设和民生改善项目，重点加快保障性住房、卫生文化基础设施和新农村社会事业发展等项目建设。在项目谋划建设中，坚持扩大投资规模与优化投资结构并举，严格执行国家产业政策，严格控制高耗能、高污染和产能过剩行业投资，坚决防止低水平重复建设和盲目扩张。切实加强投资项目和资金监管，提高投资质量和效益。

充分发挥企业主体作用。鼓励支持大型骨干企业调结构、上项目、求发展，争当行业排头兵，进一步发挥其在全市发展中的支撑带动作用。高度重视并支持中小企业、民营企业做优做强，加大对成长型企业和特色产业集群扶持力度，培育一批新的市场主体，建设一批新的中小项目，充分发挥其在促进发展、吸纳就业、改善民生等方面的重要作用。进一步激发民营经济发展活力，切实加强信用担保体系、创业辅导体系、技术创新服务体系及人才培训体系和信用评价体系建设，形成活力迸发、全民创业的生动局面。当前，部分企业生产经营出现一些困难，要给予企业更多的支持和帮助，为企业创造更好的发展环境。加强对企业的分类指导和服务，对市场前景好、需求旺的企业，全力保障各类生产要素供应，最大限度的促其增产增效；对平、滞销的企业，有针对性地帮助其调整结构、开拓市

场，力争保持正常生产；对设备、工艺、技术落后，产品没有前景的企业，积极推进兼并重组，向市场前景好、产业链条长、抗风险能力强的大企业、大集团靠拢，实现共同发展。加强企业诚信教育，引导企业打造诚信品牌。

着力破解资金、土地等瓶颈制约。抓住国家实施适度宽松的货币政策机遇，进一步推进银企合作，充分发挥商业银行融资主渠道作用；加快唐山商业银行与北京银行战略合作，力争民生银行、招商银行等股份制银行早日在唐设立分支机构；大力发展资本市场，鼓励企业上市和发行公司债券，加快发展钢铁期货交易，积极探索发展信托投资公司、私募股权投资基金；积极规范发展小额贷款公司等新型金融组织，为项目建设和企业发展提供更加有力的金融支撑。在积极争取国家和省更多建设用地支持的同时，充分挖掘存量土地潜力，搞好土地修复置换，用好沿海滩涂荒地，提高土地利用率和集约化水平。

（二）以曹妃甸新区为龙头，全面加速唐山湾“四点一带”开发建设。唐山湾“四点一带”是唐山科学发展的强大引擎和增长极。以更大的气魄、更大的力度推进沿海地区开发开放，掀起开发建设新高潮。“四点一带”地区生产总值和财政收入增速高于全市增速两个百分点；曹妃甸新区力争完成投资1000亿元。

加快完善规划体系。加快“四点一带”区域发展规划及产业、交通、环境等专项规划的调整，上半年编制完成曹妃甸新区、乐亭新区、丰南沿海工业区和芦汉经济技术开发区发展规划、环境规划和各产业园区的控制性详规，年内完成唐山港总体规划修编。加快海洋功能区划调整修编工作，保障项目建设的用海需求。

加快推进产业聚集。坚持把产业聚集放在突出位置，加快引进一批战略投资者，建设一批大项目，打造沿海产业集群带。曹妃甸新区，围绕发展精品钢铁、装备制造、石化、海洋化工和现代物流、高新技术产业，重点抓好中海油服装备制造、华电集团临港装备制造产业基地等项目建设，积极推进中远集团修造船、中石化大型石油炼化一体化等重大产业项目前期工作，力争取得突破、早日开工建设。乐亭新区，围绕发展精品钢材、装备制造，煤化工等主导产业，加快唐齿变速器、嘉恒重工等在建项目建设，做好旭阳煤化工、中润煤化工二期、京唐港区保税仓库等一批项目前期工作，力争早日开工。丰南沿海工业区，围绕发展装备制造、新型建材等主导产业，重点抓好国丰冷轧镀锌板等项目建设，积极推进冶金矿山与长沙中联重科合作建设冶金矿山装备制造生产基地等项目。芦汉经济技术开发区，围绕发展高新技术产业、五金制品等优势产业，重点抓好文化创意、动漫、信息服务与软件外包、信息安全产业园区建设，打造北方信息产业基地；抓好螺旋焊管、泰美自行车、镀膜玻璃二期等重点项目建设。

加快基础设施建设。抢抓国家扩大内需的机遇，强力推进港口、公路、铁路等综合交通体系建设。加快曹妃甸港区通用码头、滨海大道等重大项目建设进度，力争早日完工；积极做好曹妃甸港区矿石码头二期、LNG码头和京唐港区10万吨级航道工程等项目前期工作，尽快全面开工建设。同时，加快供电、供水、造地等配套工程建设进度，开工建设海水淡化项目。

加快体制机制创新。进一步完善管理体制，加快乐亭新区、芦汉经济技术开发区管理体制改革。做好曹妃甸新区综合改革试验区申报工作，争取国家政策支持。创新投融资体制，设立曹妃甸产业投资基金，尽快运作曹妃甸投资控股公司，推进唐山港股份有限公司上市融资。制定人才激励政策，不拘一格引进高层次人才，真正形成人才高地。

在加快唐山湾“四点一带”开发建设的同时，统筹推进北部山前经济带和城市带发展。充分发挥其资源、区位、产业等优势，加强基础设施建设，改造提升钢铁、建材、机械制造等传统产业，优先发展装备制造业、高新技术产业和现代服务业，培育壮大旅游、农产品加工、商贸流通等特色产业，加快推进资源型经济转型，使北部山前城市带与沿海“四点一带”形成功能互补、政策互动、产业互融、设施互联、互为支撑的一体化发展新格局。

（三）以现代产业体系建设为核心，加快资源型城市转型步伐。把资源型城市转型作为科学发展示范区建设的战略任务，牢牢抓住产业转型这个核心，以发展产业链经济为重点，以节能减排为抓手，以园区经济为载体，以科技创新为动力，加快产业结构调整和发展方式转变，努力推动唐山这座资源型城市焕发出新的活力。

积极发展产业链经济。按照新型工业化要求，继续培育壮大精品钢材、装备制造、化工、现代农业、现代服务业、高新技术和环保七大主导产业链。重点组织实施好100项重大产业链支撑项目，年内完成投资450亿元以上。特别是加快精品钢材、现代装备制造和化工产业发展，尽快形成“三足鼎立”的产业格局。钢铁产业，积极推动首钢京唐钢铁厂尽早正式生产，支持长城、渤海等大型优势钢铁集团壮大发展，进一步加快整合重组和淘汰落后产能步伐，推进装备大型化和高科技化，提高产业集约化水平；加快钢铁产品结构调整，向中高端、深加工迈进，全市精品钢比重达到55%。装备制造业，依托住友重工、轨道客车、曹妃甸装备制造产业园等骨干企业和园区，推进工程机械、水泥及冶金工程成套设备、临港重型装备制造等重点项目建设，加快打造现代装备制造产业基地。化工产业，在继续发展煤化工、盐化工的同时，把1000万吨炼油/100万吨乙烯大型石油炼化一体化作为重中之重，力求突破。加快用高新技术改造提升传统产业，打造高新技术产业集群，实施企业重点技术创新和高新技术产业项目50项。以推进信息化和工业化融合为重点，加快企业信息化建设。高度重视现代服务业发展，全面落实鼓励支持政策，在提升商贸流通等传统服务业同时，加快发展现代物流、金融服务、商务服务等生产性服务业，积极发展旅游、商务休闲、文化创意、社区服务等新兴服务业，重点抓好远大物流综合服务平台、唐山湾“三岛”旅游等100个重点服务业项目。推进大型工业企业生产性服务业的剥离工作。

强力推进节能减排。坚持把节能减排作为推进资源型城市转型和发展方式转变的重要抓手，巩固和扩大攻坚成果，强化工作措施，务求取得新成效。严格落实节能减排责任制。进一步加强对纳入省"双三十"和我市"10100"工程县（市）区、企业的监管考核，对节能减排工作进展缓慢、逾期完不成目标任务的地方和企业严格执行问责制和"一票否决制"。强化对高耗能、高排放企业监管，实现重点企业在线监测全覆盖。加快推进节能减排技术改造。推广260项国家鼓励发展的资源节约综合利用新技术和50项国家重点节能技术，抓好50项节能项目和100项减排项目建设。加大水泥、钢铁等高污染、高耗能行业落后产能淘汰力度，建立健全落后装备、高耗能产业退出机制和政府支持节能减排鼓励机制。积极发展循环经济。按照"减量化、再利用、资源化"的原则，组织实施一批循环经济示范工程，加快曹妃甸国家循环经济示范区、司家营循环经济园区建设。注重运用经济手段推动节能减排，全面落实差别电价、阶梯水价政策。

加快发展园区经济。积极推进园区集约发展模式，重点支持曹妃甸工业区、高新技术产业园区、乐亭临港产业聚集区、开平现代装备制造产业聚集区等园区建设，加速形成各具特色的产业集群。重点支持各县（市）区加快园区建设，使之成为县域经济发展的重要支撑。

大力推进科技创新。加快建立以企业为主体、政产学研融合互动的科技创新体系，推进创新型城市建设。培育建设100家市级以上企业工程技术研发中心、行业重点实验室等科技研发机构，提高自主创新能力。抓好高速动车组自主研发基地和配套产业园区建设。围绕资源型城市转型、"四点一带"开发建设，实施15个重大科技创新和示范项目，转化150项重大专利技术。加强与国内外高等院校和科研院所的科技合作，充分发挥中科院唐山高新技术研究与转化中心作用，推进政产学研联合和高新技术成果转化。谋划建设唐山科技城和曹妃甸新城科教园区。

实施"人才强市"战略。创新人才政策机制，加大人才培养引进和使用工作力度，努力使人才队伍整体规模、综合素质和结构与唐山资源型城市转型和科学发展示范区建设相适应。

（四）以城镇面貌三年大变样攻坚行动为载体，加快生态城市建设。今年是推进城镇面貌三年大变样的关键一年。围绕建设现代化生态城市目标，全力实施城镇面貌三年大变样攻坚行动，加快城市建设改造步伐。全年城镇建设投资完成500亿元以上。

坚持以建为主、以提升品位为要，全力推进城市改造建设。突出抓好"四城一河"开发建设。把"四城一河"作为展示唐山崭新形象、拓展城市发展空间的核心工程、标志工程，科学规划，倾力推进。曹妃甸新城，全面开工建设，重点推进起步区土地整理、供电、供水等基础设施配套项目建设，启动曹妃甸大企业职工生活基地、曹妃甸新区行政中心等35个项目建设，实现城市与产业同步规划、同步实施、协调发展。凤凰新城，围绕建设一流区域商务中心、金融中心、总部基地、高新技术产业基地，加快基础设施建设和重点项目实施进度，尽快建成一批标志性建筑。南湖生态城，围绕建成一流的中心城区、生态城区和旅游度假胜地，加快景观绿化、路网体系等基础设施以及文化、娱乐、休闲旅游等项目建设。空港城，按照建成空中通道、空港物流区和高新技术产业园区的要求，抓紧编制详细规划和起步区控制性详规，尽快实现唐山机场民航通航，统筹加快空港物流业和高新技术产业发展。陡河、青龙河改造，重点完成引水工程、河道整治开挖和生态景观绿化，形成约54公里的环城水系；谋划启动商业、文化、旅游等项目，打造滨水生态景观带和服务业产业带。加快实施"三项改造"。继续把震后危旧平房改造作为"一号工程"，在已开工235万平方米安置住房的基础上，今年再开工240万平方米，力争市中心区危旧平房改造全部完成；加快市中心区城中村改造，全面启动39个改造项目；加快既有居住建筑综合节能改造步伐，年内完成500万平方米，到2011年全部完成2200万平方米改造任务。以老城改造和城市"四大功能区"开发建设为契机，加快建设一批富有时代气息、体现唐山特色、具有一流水准的城市标志性建筑，重点抓好万达广场、新华大厦、硅谷科技城等项目建设。全面实施县城扩容提升工程。完成县城规划建设用地控制性详规覆盖，力争经过几年努力，每个县城建成区在现有基础上拓展10平方公里以上、扩容10万人。加快县（市）城基础设施建设，年内每个县城至少建成一条景观大道、一条示范街和2－3个标志性建筑。

全面提升城市规划、建设、管理水平。按照生态理念高起点搞好城市规划。坚持城市建设规划第一、规划工作生态优先的原则，把生态理念和绿色元素融入"四城一河"开发建设、老城区改造和各县城以及乡村建设发展各项规划，使生态文明建设贯穿新型城镇化的全过程。引进国内外一流的设计机构参与城市规划，提升规划设计水平。运用市场手段筹集建设资金。充分发挥财政资金引导作用，鼓励民间资本、外商投资进入城市开发建设领域，积极引进战略投资者参与城市建设改造。推行BOT、BT等先进的经营运作模式，实行财政投资建设项目代建制，推进城市资源资本化。充分发挥各城市建设投资公司投融资平台作用，拓宽融资渠道，提高融资能力。规范房地产市场秩序，优化房地产发展环境。推进城市精细化管理。深入推行城市管理综合执法，加快城乡一体化管理服务信息系统建设，实现城乡数字网格化、精细化管理全覆盖。继续深入实施"绿、美、亮、净"工程，加强环境综合整治，进一步提升城市形象。

（五）以科学发展示范村创建攻坚行动为抓手，全面推进农村改革发展。创建科学发展示范村，是落实党的十七届三中全会精神的实际行动，是建设科学发展示范区的内在要求，是改善民生的重要举措。坚持从实际出发，实施科学发展示范村创建攻坚行动，努力把新农村建设引向深入。

在科学发展示范村创建上，以制定一个好规划、发展一个好产业、探索一个好模式、完善一套好制度、建设一个好班子为基本任务，尊重群众意愿，选取不同类型的若干村，加强引导，典型示范，全力推进。一是大力推进新民居建设，全市重点抓100个新民居整体新建示范村、1万个新民居示范户，按照冀东特点、唐山特色规划新建改建村庄和民宅，积极探索集约节约利用土地、集约利用宅基地新模式；二是大力推进旧民居改造，重点抓好200个以住宅主体结构改造为主要内容的旧民居改造示范村，500个以博士灶、吊炕、太阳能利用、改水改厕等为主要内容的生活设施改造示范村，促进“六个一”模式的普及推广；三是大力推进中心镇连片创建，选择若干示范镇进行村庄连片创建，每个县（市）区重点规划培育1-2个规模在5万人左右的中心镇，达到科学发展示范镇水平。

在农村改革发展上，立足农民持续增收、农业增产增效和农村和谐稳定，重点抓好三个方面：一是加快农村体制机制创新。创新农村经营体制和机制，坚持以家庭承包经营为基础、统分结合的农村双层经营体制，积极探索集体土地多种有效实现形式；以股份合作为主要形式，鼓励支持农民发展各类合作社和专业合作经济组织。创新农村土地管理和流转机制，成立市县乡三级土地承包经营权流转交易中心（站）。创新农村现代金融机制，鼓励创建村镇银行、各类小额贷款公司，到2010年每个县（市）区至少设立一家村镇银行和小额贷款担保公司。创新乡村社会管理机制，深化乡镇机构改革，强化乡镇政府社会管理和公共服务职能。二是加快发展现代农业。稳定粮食生产，保障主要农产品有效供给。加大农业投入力度，加强农田水利基础设施建设，推进平原洼地治理，提高农业机械化水平。按照高产、优质、高效、生态、安全的要求，加快农业结构调整，推进农业产业化经营，抓好绿色奶源生产加工基地、瘦肉型猪生产加工良繁基地等特色农产品基地建设，全市销售收入超亿元的龙头企业达到28家，农业产业化经营率达到63%。大力培育农业品牌，打造集约高效型、循环生态型、外向型农业和订单农业。实施振兴奶业计划，做大做强唐山奶业自主品牌。完善现代农业综合服务体系，加强基层农业信息、技术推广、优良品种、农资农机、生产技术等综合服务。全市建设基层农技推广区域综合站26个。三是加快农村社会事业发展。积极发展农村教育、文化、卫生等各项社会事业，健全完善农村养老、医疗等社会保障体系。加强农村生态环境建设，改善农民居住和生活条件。实施乡村绿化工程，由县（市）区免费为每个农户提供10棵树苗。落实“农民素质提升计划”，建立农民培训长效机制，培育有文化、懂技术、会经营的新型农民。

（六）以城乡等值化为方向，加快推进城乡一体化进程。认真落实市委《关于推进农村改革发展加快实现城乡等值化的决定》，统筹推进城乡规划、建设、产业、公共服务、社会管理一体化，加快建立以工促农、以城带乡长效机制，尽快形成城乡经济社会一体化发展新格局。促进城乡收入等值。通过产业发展、鼓励创业、落实惠农政策等多种渠道，千方百计增加农民收入，逐步缩小城乡收入差距。鼓励农民自主创业，以创业带动农民就业，以就业促进农民增收；大力扶持一批农业产业化龙头企业和农业产业化园区建设，加快发展农村二三产业，深入实施“阳光培训工程”，完善城乡劳动力市场服务体系，力争全市每个农户有一名劳动力在非农领域就业，增加农民工资性收入；推进农村土地的确权、登记、办证工作，用好农村宅基地等物权，通过宅基地置换、调整等方式，增加农民财产性收入；认真落实各项支农惠农政策，加大扶贫开发力度，确保低收入人口稳定脱贫。

促进城乡公共服务等值。加大对农村社会事业的投入，办一批惠农的好事、实事。年内改造陈旧校舍10万平方米，逐步推进“户均一名大学生”行动；进一步健全完善县、乡、村三级医疗卫生服务网络，乡镇卫生院标准化率达到100%；加强农村基层文化建设，年内支持建设50所乡镇综合文化站，繁荣发展农村文化。将城乡一体化管理服务信息系统延伸至乡、村，为农村、农民提供优质服务。鼓励农民进城，推进农村人口向城镇城区集中，统筹做好户籍管理、社会保障、住房安居、就业扶持、子女入学、宅基地流转等工作，解决农民进城后顾之忧，真正让农民进得来、留得住、过得好。

促进城乡社会保障等值。巩固和发展新型农村合作医疗保障制度，全市农民参合率巩固在94%以上；完善新型农村养老保险制度，进一步提高覆盖面和保障水平；加强“金保工程”建设，加快建立起覆盖全市乡镇和50%以上建制村的劳动保障信息网络；探索完善失地农民、失海渔民保障办法，逐步使农民享有与城镇居民等值的社会保障。

促进城乡生活便利程度等值。加强农村基础设施建设，实施农村公路联网工程，加快推进“道路入户”建设，积极发展农村沼气，强化村镇水资源管理。到2010年，全市农村基本实现户户通水泥路，适宜建沼气的村普及沼气池，基本普及自来水。加强农产品流通市场体系建设，继续抓好“万村千乡市场工程”、“农产品批发市场升级改造工程”，年内培育和发展规范化的农资连锁便民店1000家，农村日用消费品便民超市100家。

（七）以增强科学发展动力和活力为立足点，努力深化改革、扩大开放。坚定不移地推进改革开放，力争在重点领域和关键环节改革上取得新突破，在经济发展外向度上实现新提高，依靠改革开放增动力、添活力。

深入推进各项改革。加快国有企业改革。以产权制度改革为重点，年内全面完成市属国有企业改制。积极推进唐冶机械、唐山陶瓷等企业战略重组，大力引进战略投资者；全力组织实施市属困难企业改制攻坚，年内全部完成49户困难企业改制；把企业改制与“退二进三”相结合，加快冀东氯碱、启新水泥等企业搬迁改造步伐。同时，通过股份制、重组、拍卖等形式，加快供销社企业改革。加快行政管理体制改革。围绕转变政府职能，进一步完善行政管理体制，推进行政审批制度改革，减少审批层级和环节，完善行政审批“一站式服务”。按照国家、省统一部

署，做好政府机构“大部制”改革工作。稳步推进事业单位改革。加快财政体制改革。推进增值税转型改革，落实促进经济增长的激励性财政政策。深化预算制度改革，建立财政支出责任体系。牢固树立科学理财和艰苦奋斗思想，进一步加强税源建设，调整优化支出结构，严格控制一般性支出，发挥财政资金最大效益。加快科技体制改革。深化科技计划管理体制、产学研协作创新体制、科技成果管理体制三项改革，用好科技专项经费，激发科技创新活力。加快教育体制改革。按照素质教育要求，探索建立更具活力的教育管理体制，启动实施义务教育学校绩效工资制；着眼于唐山湾“四点一带”开发建设对高素质技能人才的需要，整合教育资源，加快体制机制创新，建设一流高等职业技术学院。加快文化体制改革。加快经营性和公益性文化事业单位改革，健全文化产业多元化投入机制，使文化事业单位更加充满活力，使文化企业蓬勃发展。加快社会管理体制改革。切实抓好养老保险、医疗保险、户籍制度等一系列社会管理制度的改革。

全力推进双向开放。适应国际资本流动新趋势和国际市场新变化，引导全市上下进一步强化开放意识，营造全民促开放的浓厚氛围，以大开放促进大发展。加大招商引资力度。落实招商引资奖励政策，形成全民招商生动局面。改进招商方式，增强招商的针对性和实效性。办好科学发展（曹妃甸）论坛、曹妃甸临港产业国际合作会议、唐山中国陶瓷博览会，打造在国内外具有较强影响力的对外开放平台。积极推进签约项目的履约、落地和开工建设，重点抓好爱信二期增资、曹妃甸华润电厂等30个1000万美元以上利用外资项目和首钢装备制造园等58个内资项目，积极谋划建设“中日循环经济产业园区”和“中韩物流园区”。全年利用外资9.5亿美元。努力扩大对外贸易。坚持出口市场多元化、集约化，以质取胜，用好国家出口退税政策，调整优化出口产品结构，发展壮大陶瓷、钢材、机械制造、农产品等外贸出口基地，鼓励企业积极抢占国际市场。围绕产业发展需要，积极支持关键设备、先进技术和短缺资源进口。支持有条件、有实力的企业“走出去”，更好地利用两个市场、两种资源。全市进出口总额增长11%。积极推进区域合作。全方位参与环渤海地区和京津冀都市圈产业分工与对接，尤其是加强与京津地区的战略合作。认真落实省委、省政府打造冀东经济区部署，支持曹妃甸新区承德临港工业园和秦皇岛临港工业园建设，促进唐秦承区域经济一体化发展。

（八）以经济社会协调发展为目标，全面发展各项社会事业。在发展经济的同时，更加重视社会建设，不断加大社会事业投入力度。今年全市财政投入社会事业资金增长15%以上。

优先发展教育事业。围绕实现教育公平，整合教育资源，优化教育布局，加大教育投入，健全义务教育经费保障机制，促进各类教育均衡发展。巩固提高九年义务教育发展水平，加强中小学生思想道德教育，积极推进和深化开放式素质教育试验，继续推进普通高中免费教育。坚持以就业为导向，大力发展职业教育，积极创建国家级、省级示范校和示范性实训基地，加快建立以服务唐山经济社会发展为核心的职业教育体系。加快发展高等教育，加强高校重点学科建设，积极推进与国内外知名高校的交流与合作，全力支持河北理工大学和华北煤炭医学院争取博士学位授予权，启动曹妃甸科教城建设。完善成人教育体系，积极发展民办教育。加强教师队伍培训，提高教师队伍素质。

大力推进文化建设。深入推进文化繁荣工程，大力发展文化事业和文化产业。加快青少年宫、科技馆等重点项目建设，启动文化艺术广场、传媒大厦、中国近代工业博物馆、档案馆、动漫文化主题公园、文化创意产业基地等文化基础设施和文化产业项目建设。大力培养文化艺术人才，组织推出一批优秀剧目和作品，办好社区文化艺术节、高雅艺术下基层等系列群众文化活动。以纪念评剧诞生100周年为契机，进一步弘扬冀东优秀地域文化。深入开展文明城市创建活动，大力弘扬新唐山人文精神，强化公民道德教育和实践，不断提升全市人民思想道德水准和精神境界，促进人的全面发展。

加强医疗卫生事业。健全完善城乡卫生服务体系，提高基层医疗卫生服务水平。加快市工人医院外科大楼、市人民医院肿瘤大楼建设，启动市中医院扩建、市儿童医院项目，改扩建市传染病医院，谋划建设新工人医院、口腔医院和精神病院。加强传染病预防控制，提高突发公共事件应急处置能力。强化卫生执法监督，进一步规范药品生产流通秩序，推进医疗垃圾无害化处理，确保人民群众就医用药安全。按照国家统一部署，稳步推进医药卫生体制改革。

加快发展体育等各项事业。广泛开展全民健身运动，实施奥运人才培养工程，提高竞技体育水平。谋划启动新奥林匹克体育运动中心建设。实施计生惠民工程，稳定低生育水平，提高人口素质。加快广播电视数字化发展。继续做好国防动员、人民防空工作，加强民兵预备役建设，深入开展双拥共建活动。重视发展民族宗教、外事侨务、气象、地震、档案、老龄、妇女儿童、残疾人等各项事业，促进社会全面进步。

（九）以持续改善民生攻坚行动为重点，进一步提高人民群众幸福指数。建设科学发展示范区，最终目的就是让全市人民生活得更加幸福。全面落实“十大幸福工程”，实施持续改善民生攻坚行动，切实解决好群众最关心、最直接、最现实的利益问题，把发展为了人民、发展依靠人民、发展成果由人民共享落实到改善民生的一件件实实在在的事情上。

全年计划投入60亿元，为群众办好20件实事。围绕扩大就业，全面落实就业创业各项促进扶持政策，以创业带动就业，努力增加就业岗位，突出做好下岗失业人员、就业困难群体、零就业家庭、高校毕业生、退伍军人就业安置工作。全年城镇新增就业6.9万人，安置就业困难群体5000人以上，实现“零就业”家庭动态归零。围绕劳有所得，建立健全企事业单位工资正常增长机制，努力增加中低收入群体收入。妥善解决好拖欠农民工工资问题，依法维护劳动者权益。围绕住有所居，完善住房保障制度，全市开工经济适用住房61万平方米、廉租房25万平方米，其中市中心区建设经济适用住房40万平方米、廉租房10万平方米，全部解决城市住房困难群众的住房问题；对1000户农村贫困残疾户危房进行改造援助。围绕老有所养，按照国家、省部署继续提高企业退休人员养老金水平，加快推进农村新型养老保险；进一步提高城乡低保标准，城镇由每人每月270元提高到285元，农村由每人每年1200元提高到1300元。围绕病有所医，全面推进城镇居民基本医疗保险，将高校在校生、城中村人员、外来务工人员家属子女纳入城镇居民基本医疗保险参保范围，建立居民大额补充医疗保险制度，提高保障水平；巩固和发展新型农村合作医疗制度，加强对贫困残疾人员的医疗救助。围绕全民健康，启动“健康唐山、幸福人民”行动，实施健康教育、健康服务、健康饮食、健康文体、健康环境“五大工程”，为全市每位公民建立一个健康档案，制订一个健康计划，力争每年进行一次健康体检，使全市人民主要健康指标实现明显提高，健康环境得到明显改善。围绕改善环境质量，深化钢铁、焦化、电力、水泥等重点企业环保达标建设，对10家重点行业企业进行脱硫改造，综合整治燃煤锅炉；完成市中心区民用天然气置换；全部消灭城市裸露地，治理工地、公路和街道粉尘污染，减少粉尘对人体危害。城市环境空气质量二级及优于二级天数达到310天以上，可吸入颗粒物、二氧化氮年均浓度值稳定达到国家二级标准。围绕方便群众出行，新建、改建农村公路700公里，改造农村公路危桥1500延长米；打通4条城市断头路，新建外环线连接道路2条，启动建设2座城市高架桥和2座立交桥；新购置公交车60部；实行城市65岁以上老人免费乘坐公交车。围绕便民服务，完善560个村民中心，建设500个规范化村民中心，全市所有的村建成村民中心；加强城市社区建设，建设100个社区市民中心。推进家电下乡工程，完善销售网络，及时对农民购买的彩电、冰箱、洗衣机、手机等四类家电下乡产品按国家政策给予补贴。

（十）以安全生产和食品药品安全整治攻坚行动为突破口，努力维护公共安全和社会和谐稳定。安全发展直接关系人民群众切身利益和生命财产安全。牢固树立安全发展理念，坚持把安全生产和食品药品安全整治工作作为“天字号”工程，摆在科学发展示范区建设的突出位置，下决心、下大力抓紧抓好。

在安全生产方面，汲取安全生产事故的深刻教训，强化安全生产责任和各项措施的落实，坚决遏制重特大事故发生。一是完善安全生产工作领导机制。严格落实各级党政领导干部“一岗双责”责任制，进一步强化各级政府主要领导安全生产第一责任人、主管领导直接责任人的责任，切实加强对安全生产工作的领导，形成安全生产工作新格局。二是进一步明确各级安全监管部门的责任，加强对各级各类企业的安全生产监管。实行“谁检查、谁签字、谁负责”的责任制和问责制。三是强化企业安全生产主体责任。严格落实相关政策措施，用法律和政策把安全生产主体责任落实到每个企业。加大企业安全生产投入，改善安全生产条件，落实安全生产措施，健全规章制度，提高企业安全生产整体水平。在钢铁、煤矿等重点行业全部安装数字化报警系统。四是坚持不懈开展安全生产大检查。特别是对煤矿、非煤矿山、冶金企业、危险化学品、人员密集公共场所、易燃易爆单位、建筑施工企业等高危行业和重点领域持续实施安全生产专项整治，并建立经常性的排查监管机制，彻底消除事故隐患。五是加强安全培训。建立完善市县两级安全生产培训中心和基地，全面落实企业安全生产培训保证金制度，对所有企业员工开展安全生产培训。六是严格安全生产执法和责任追究。严厉打击各种安全生产非法行为，加大责任追究力度。对因安全责任不落实、措施不到位、监管不力引发安全生产事故的政府工作人员和企业法人（控制人）坚决按照“四不放过”原则，依法追究责任、严肃处理，决不姑息迁就。

在食品药品安全方面，建立健全联合执法和监管体制，完善检验检测体系，对种植养殖、生产加工、包装、储运、销售等各个环节进行严密监管，实施全流程监测；加强执法检查，从重从快严厉打击涉嫌生产、销售有毒有害及假冒伪劣食品药品的行为，发现一起、查处一起；发展生态农业，努力增加优质安全食品供应，让群众吃上放心菜、放心肉、放心粮；广泛发动群众监督，建立举报奖励制度，在全市营造人人关心、支持食品药品安全的社会氛围。

在维护社会稳定方面，全面实施维护稳定综合调控，建立健全多元化的社会矛盾纠纷化解机制，正确处理新形势下的人民内部矛盾，切实做到“小事不出村（居）、一般事不出乡镇（街道）、大事不出县区、矛盾不上交”。高度重视和切实加强社会治安综合治理，深入推进新一轮“诚信平安唐山”创建活动，健全完善社会治安防控体系，进一步提高对社会治安秩序的控制能力，严密防范和依法严厉打击违法犯罪活动。强化全民普法教育，不断提高全民的法律道德素质。继续开展好市、县、乡、村四级大接访，进一步规范信访秩序，深入推行信访代理制，带着感情做好群众工作。完善应急预案体系，妥善处置群体性事件，切实提高预防和处置突发公共安全事件的能力。

四、切实加强政府自身建设

加快建设科学发展示范区、建设人民群众的幸福之都，各级政府责任重大、使命光荣。我们必须带头落实省委和市委关于开展“作风建设年”工作部署，进一步加强政府自身建设，努力开创政府工作新局面。

（一）不断解放思想，提高创新力。巩固深化科学发展观学习实践活动成果，更新理念，创新思维，自觉运用党的最新理论成果武装头脑，自觉摒弃不合时宜的传统观念和思维定势，切实把思想和行动统一到中央、省和市委决策部署上来。面对新形势、新任务，以敢为人先、勇于探索的精神，研究新问题，探索新规律，制定新举措，实

现新跨越。加强公务员队伍建设，有计划开展公务员培训，引导各级公务员学习新知识、练就新本领，增强服务发展、服务人民群众的能力。

（二）加强效能建设，提高履职力。针对不作为、乱作为问题，动实招、硬奖惩，切实加强政府机关效能建设，努力提速工作过程，提高行政效能。结合开展“作风建设年”活动，对工作目标实行项目化管理，解决不作为问题；对工作过程实行标准化管理，解决乱作为问题；对工作效率实行档案化管理，解决无效作为问题。进一步创新行政管理体制，全面落实首办责任制、限时办结制、超时默许制和联合审批制，整合审批流程，公开审批程序，提高审批效率，降低行政成本，提升服务水平，优化发展环境。严格实施政府机关干部综合考评，考核结果向社会公开，接受群众监督，实行末位淘汰和问责制，切实做到权责统一、责任明确、严格考核、奖罚分明。

（三）坚持真抓实干，提高执行力。大力弘扬求实精神和务实作风，少说多做，力戒浮躁，坚决反对形式主义、官僚主义，扎实推进工作落实。以时不我待、奋发有为的精神状态抓落实，强化机遇意识、责任意识、效率意识，拼搏进取，加压奋进；坚持突破重点、活跃全局抓落实，统筹兼顾，抓重点、攻难点，尤其对事关全市科学发展全局的战略重点和群众关心关注的热点难点问题，集中力量实施攻坚突破；全面推行“一线工作法”抓落实，从市政府各部门做起，深入基层掌握实情、破解难题、搞好服务，真正做到干部在一线工作，决策在一线落实，问题在一线解决，创新在一线体现，成效在一线检验。

（四）推进依法行政，提高公信力。自觉接受人大法律监督、政协民主监督和社会监督，完善和加强政府内部监督，确保行政权力依法公正行使。深入推进行政权力公开透明运行，自觉接受群众监督。健全社情民意反映制度和重大事项专家咨询、社会公示、听证和质询制度，继续开展“市民献计献策月”活动，切实做到科学决策、民主决策。继续深入开展民主评议行风政风活动。坚持依法行政，推动政府各项工作法制化。

（五）保持清正廉洁，提高感召力。加强对权力运行的监督和制约，更加注重治本、更加注重预防、更加注重制度建设。坚持不懈开展反腐倡廉教育，筑牢拒腐防变的思想道德防线。认真坚持党风廉政建设责任制，健全和落实“一岗双责”制度。强化对行政权力运行的监督和制约，完善政府投资监管、国有资产监管和非经营性资产管理制度，规范建设工程招投标、经营性土地使用权出让、政府采购和产权交易制度，用制度管权、管事、管人。加大专项治理力度，解决好土地征用、房屋拆迁、环保等方面群众反映强烈的问题，坚决纠正损害群众利益的不正之风。坚持从严治政，廉洁从政，努力在人民群众中树立良好形象。

各位代表，我们深知人民政府的权力是人民赋予的，政府的职责就是为人民服务。我们一定牢固树立正确的政绩观，强化民本意识，深怀爱民之心，恪守为民之责，善谋为民之策，多办利民之事，真正做到感情上贴近群众、工作上深入群众、发展上依靠群众，最大限度地实现好、维护好、发展好广大人民群众的根本利益，以实际行动造福全市人民。

各位代表，今年的形势复杂而严峻，任务光荣而艰巨。让我们更加紧密地团结在以胡锦涛为总书记的党中央周围，在省委省政府和市委正确领导下，全面贯彻落实科学发展观，发扬求真务实、真抓实干的作风，开拓创新，拼搏进取，团结奋斗，全面完成今年确定的各项目标任务，以建设科学发展示范区和人民群众幸福之都的优异成绩向建国六十周年献礼！

《政府工作报告》名词解释

1. 唐山湾“四点一带”（第2页）：我市南部沿海地区具有得天独厚的自然条件和巨大的开发潜力。在198公里的陆域海岸线上，汇集了深水大港、16亿吨储量的整装大油田和多达1173平方公里的未利用盐碱滩涂等诸多极其难得的自然禀赋优势。立足放大沿海优势，统筹沿海一线开发，遵循区域经济一体化发展规律，市委、市政府于2008年初作出实施唐山湾“四点一带”开发战略的重大决策部署。这是事关我市未来发展最为重大的战略布局。“四点”是指曹妃甸新区、乐亭新区、丰南沿海工业区和芦汉经济技术开发区；“一带”是指贯通“四点”而形成的沿海经济隆起带。

2. 城镇面貌三年大变样（第2页）：在2007年10月份召开的河北省委七届三次全会上，省委要求各市和各县（市）在城市建设上力争每年一大步、三年大变样，使全省城镇面貌明显改观，同时要求石家庄和唐山加快建设省域中心城市。

3. 城市“四大功能区”（第3页）：着眼于构筑新型城镇化发展格局，2008年初市委、市政府正式启动实施城市“四大功能区”建设。城市“四大功能区”，即曹妃甸新城、凤凰新城、南湖生态城、空港城。

4. 城市“网格化”管理（第3页）：就是将城市划分为若干个网格单元，运用地理编码技术将城市的各个组成部分定位到单元网格地图上，利用专用信息采集器“城管通”，进行现场信息的快速采集和传送。在此基础上，由城市管理监督员负责若干个网格责任区，进行实时监控。

5. “六个一”新农居改造（第4页）：在我市开展深入学习实践科学发展观活动试点工作中，积极探索开展了以“六个一”新农居改造为突破口的科学发展模式试验示范工作。“六个一”，即一顶（坡屋顶）、一炕（保温吊炕）、一墙（保温墙）、一灶（博士灶）、一能（太阳能取暖）、一沼卫（沼气池卫生厕所）。

6. 资源型城市转型（第7页）：是指将城市的主导产业从不可再生资源（多指自然资源）的开采、加工转向其它产业，使城市逐步摆脱对原有资源产业的依赖性。通过发展新的主导产业，实现城市跨越式发展和可持续发展。

它是一项系统工程，涉及到政治、经济、文化、社会、法律等诸多方面的系统演变，从某种角度上讲是一个城市再造、社会再造的过程。

7. 产业链经济（第7页）：产业链是经济学中的一个概念，是各个产业部门之间基于一定的技术经济关联，客观形成的链条式关联关系形态。也可以定义为具有某种内在联系的产业集合。这种产业集合，是由围绕服务于某种特定需求或进行特定产品生产（及提供服务）所涉及到的一系列互为基础、相互依存的产业所构成。产业链经济是在产业链基础上形成的一种经济模式。

8. 城乡等值化（第7页）：就是在农村不变成城市、农民不变成市民的背景下，农民的生活质量和城里人是相当的、等值的。这是农民的愿望，也是城乡协调发展的基本规律。

9. "114421"工程（第8页）："1"，即"一号工程"，推进市区震后危旧平房改造工程，加快经济适用住房和廉租房建设；"1"，即拆违拆迁；"4"，即城市"四大功能区"；"4"，即城市绿化、亮化、美化、净化"四化"；"2"，即市区企业搬迁改造和市区城中村改造"两项改造工程"；"1"，即军民两用机场建设。

10. "双三十"和"10100"工程（第8页）："双三十"是指根据省委七届三次全会要求，选择30个重点县（市）区和30个重点企业向省十一届人大一次会议的全体代表做出"十一五"节能减排承诺，并实行省直接考核。我市迁安市、丰南区、丰润区、开平区和唐钢、津西、港陆、三友、开滦、冀东水泥被列入省"双三十"。"10100"工程，就是除列入省"双三十"的县（市）区和企业外，我市将其余10个县（市）区全部纳入重点考核，同时筛选100家能耗高、排放大的重点企业实行市级重点监管，明确市级节能减排目标任务，由县（市）区长和企业法人向市十三届人大一次会议全体代表做出节能减排承诺。

11. 超时默许（第9页）：指在行政审批服务过程中，对申请人手续齐全有效的报批申请，有关行政机关受理后，未在承诺时限内办结或作出书面告知延期理由，在延期承诺时限内仍未作出决定的审批事项，将被视为该行政机关默许审批事项，由超时审批的行政机关向申请人及时作出审批决定。

12. 零成本注册（第9页）：指对全市所有工商企业和个体工商户在初次注册设立时，免缴注册登记费和工本费（工本费限一个），以此进一步优化发展环境，鼓励全民创业。

13. 积极的财政政策和适度宽松的货币政策（第11页）：积极财政政策，就是扩张性的财政政策，即增加政府支出来扩大社会总需求。适度宽松货币政策，就是为扩大内需、充分发挥金融支持实体经济作用，推行降低存款准备金率等政策，刺激企业及其他经济主体的投资热情，扩大投资需求，确保经济的持续稳定增长。

14. 五项攻坚行动（第14页）：围绕推进经济社会又好又快发展，市委八届五次全会确定今年全市的重点工作，就是集中力量抓好五项攻坚行动。即千个项目保增长、调结构攻坚行动，城镇面貌三年大变样攻坚行动，科学发展示范村创建攻坚行动，持续改善民生攻坚行动，安全生产和食品药品安全整治攻坚行动。

15. 八大工程（第14页）：围绕把科学发展示范区建设不断引向深入，市委八届五次全会确定加快推进"八大工程"，即先导工程、科学发展示范工程、唐山湾开发建设工程、生态城市建设工程、资源型城市转型工程、城乡等值化工程、人民幸福工程、领导力提升工程。

16. 信托投资公司（第16页）：指以受托人的身份代人理财的金融机构。它与银行信贷、保险并称为现代金融业的三大支柱。信托投资公司的主要业务包括经营资金和财产委托、代理资产保管、金融租赁、经济咨询、证券发行以及投资等。

17. 私募股权投资基金（第16页）：指通过私募形式对非上市企业进行权益性投资，投资者按照出资份额分享投资收益，承担投资风险。私募股权基金的投资对象主要是形成一定规模并产生稳定现金流的成熟企业，这是与风险投资基金最大的区别。

18. 信息化和工业化融合（第19页）：指以信息化带动工业化，以工业化促进信息化，走科技含量高、经济效益好、资源消耗低、环境污染少、人力资源优势得到充分发挥的新型工业化道路。信息化与工业化融合包括技术融合、产品融合、业务融合、产业衍生四个层次。

19. 唐山湾"三岛"（第20页）：是指乐亭菩提岛、月坨岛、金沙岛。

20. 四城一河（第21页）：指曹妃甸新城、凤凰新城、南湖生态城、空港城和陡河青龙河。

21. 三项改造（第22页）：指震后危旧平房改造、市中心区城中村改造和既有居住建筑节能改造。

22. BOT（第23页）：是英文 Build—Operate—Transfer 的缩写，即建设—经营—转让方式，是政府将一个基础设施项目的特许权授予承包商（一般为国际财团）。承包商在特许期内负责设计、中小企业融资、建设和运营，并回收成本、偿还债务、赚取利润，特许期结束后将项目所有权移交给政府部门，转由政府指定部门经营和管理。

23. BT（第23页）：是英文 Build（建设）和 Transfer（移交）的缩写，即"建设—移交"，是政府利用非政府资金进行基础非经营性设施项目建设的一种融资模式。

24. 财政投资建设项目代建制（第23页）：指由专业化的项目管理单位（代建单位）负责组织实施政府投资非经营性项目建设的制度。我市规定，国家机关、人民团体的办公业务用房和培训用房等非经营性项目，财政出资在300万元以上（含300万元）的均实行代建制。

25. 城乡一体化管理服务信息系统（第23页）：是指充分利用多种信息化技术，实施城市综合管理数字网络化、精细化。整合科技、教育、人才、卫生、文化、社会保障等公共服务以及宾馆、旅游景点、餐饮、家政服务等与居民相关的信息资源，拓展平安唐山、环保监测、安全生产、防震减灾、疫情监测、防汛指挥、交通监测等方面内容，建立市、县两级联动的城乡一体化社会管理服务平台，运用电话呼叫、短信发送、网络传真等多种服务方式，为城乡居民提供全方位的便民服务。

26. 土地承包经营权流转交易（第24页）：指农民可以对自己享有承包权的土地依法进行转包、出租、互换、转让、入股从事农业合作生产等。

27. 村镇银行（第24页）：指经银监会依据有关法律、法规批准，由境内外金融机构、境内非金融机构企业法人、境内自然人出资，在农村地区设立的主要为当地农民、农业和农村经济发展提供金融服务的银行业金融机构。

28. 阳光培训工程（第26页）：由政府财政支持，在农村开展劳动力转移就业前的示范性职业技能培训。

29. 万村千乡市场工程（第27页）：2005年2月，商务部在全国正式启动“万村千乡市场工程”。目标是从2005年起，力争用3年时间，培育出约25万家农家店，形成以城区店为龙头、乡镇店为骨干、村级店为基础的农村消费经营网络，逐步缩小城乡消费差距。为搞活农村流通，扩大农村消费，2009年国家继续深入推进“万村千乡市场工程”建设。

30. 政府机构“大部制”改革（第28页）：为贯彻落实党的十七大精神，十七届二中全会审议通过了《关于深化行政管理体制改革的意见》，改革的方向就是探索实行职能有机统一的大部门体制。所谓大部门体制，即将性质类同的政府部门进行合并，把密切相关的职能集中在一个大的部门统一行使。这样可以减少部门之间职能交叉和权限冲突，简化处理公务的手续和环节，有利于建立统一、精简、高效的服务政府和责任政府。

31. 增值税转型改革（第28页）：指将生产型增值税转型为消费型增值税，把原来不允许企业抵扣新购设备所含增值税改变为允许企业进行抵扣。

32. 十大幸福工程（第31页）：就是扩大就业工程、社保扩面工程、安居工程、教育扶助工程、全民健康工程、文化繁荣工程、蓝天碧水工程、政务创优工程、诚信平安创建工程、民主参与工程。

33. 四不放过（第34页）：是指事故原因未查清不放过，当事人和群众没有受到教育不放过，事故责任人未受到处理不放过，没有制定切实可行的预防措施不放过。

34. 信访代理制（第35页）：指信访群众可以委托信访代理员代表本人逐级到有关部门反映情况、表达诉求。实行信访代理制把信访诉求的平台延伸到群众“家门口”，可以有效解决信访群众不会访、无序访、走弯路的问题，降低信访成本，方便信访群众，维护社会稳定，是做好基层信访工作的一项创新。

35. 一岗双责（第37页）：按照1998年中共中央、国务院印发的《关于实行党风廉政建设责任制的规定》（中发［1998］16号）规定，各级党政领导干部不仅负有抓好分管业务工作的职责，还承担着抓好党风廉政建设的责任。

关于唐山市2008年国民经济和社会发展计划执行情况与2009年国民经济和社会发展计划的报告（书面）

——在唐山市第十三届人民代表大会第二次会议上

唐山市发展和改革委员会主任　袁志刚

（2009年1月16日）

各位代表：

我受唐山市人民政府委托，向大会报告全市2008年国民经济和社会发展计划执行情况与2009年国民经济和社会发展计划（草案），请予审议，请市政协各位委员和其他列席人员提出意见。

一、2008年计划执行情况

2008年，面对复杂多变的国际国内经济环境和经济运行中出现的新情况新问题，在市委的正确领导下，认真落实"开放创新、富民强市"总战略，以"建设科学发展示范区、建设人民群众幸福之都"为总目标，大力推进唐山湾"四点一带"、"四大城市功能区"的开发建设，深入开展"五项攻坚行动"，主要经济社会发展指标基本完成年初确定的目标任务。初步预计，全市生产总值完成3561.2亿元，同比增长13.1%。财政收入405.8亿元，增长22.7%，其中一般预算收入146.6亿元，同比增长23%。全社会固定资产投资1361.3亿元，同比增长31.3%。经济社会发展呈现的主要特点是：

（一）结构调整步伐加快。一是农业农村经济稳步发展。全年粮食总产量达到287.9万吨，实现了连续五年增产。全市新增、恢复、改善灌溉面积39.6万亩，解决了2450个村、217.7万农民群众的饮水安全问题。启动实施农业科学发展示范工程，农业产业化经营率达到61%。二是产业结构进一步优化。编制完成了装备制造、高新技术、化工等七大主导产业链规划，出台了《关于促进产业链经济发展的若干政策措施》，每个产业链谋划实施了100项重点项目。重点实施了住友工程机械、盾石机械日产万吨新型干法水泥成套设备等25项装备制造业项目和天赫钛业海绵钛、晶源电子年产7200万件新型片式晶体原器件等40项高新技术产业项目。规模以上工业企业完成增加值增长14.5%，精品钢材、基础能源、优质建材、装备制造、化工五大支柱产业增加值占规模以上工业比重达到80.3%。三是现代服务业加快发展。出台了《振兴服务业发展规划纲要》，制定了支持服务业发展的100条政策措施。谋划实施了唐山远大物流、开滦物流等108个服务业重点项目。服务业增加值增长15.5%，高于全市GDP增速2.5个百分点。消费品市场繁荣活跃，社会消费品零售总额800亿元，增长24.5%。

（二）重大项目支撑带动作用显著增强。为确保重点项目建设顺利推进，对重点项目采取"每个项目组成一个专门班子，制定一个详细工作方案，明确一名责任人和时间节点，设立一个项目台帐"的"四个一"工作制度，加强协调调度，集中力量实施攻坚。省政府调度的170个项目完成投资611.9亿元，完成年计划的101.7%；100项市重点项目完成投资476亿元，占城镇固定资产投资的43%。首钢京唐钢铁厂一期工程基本建成，开滦30万吨煤焦油等重点工程加快建设，住友重机等一批项目开工建设。全市有90个项目列入省重点项目。

（三）唐山湾"四点一带"开发建设加快推进。曹妃甸新区获省委、省政府批准设立。唐山港货物吞吐量突破1亿吨大关。预计全年"四点一带"地区实现生产总值1090亿元，固定资产投资649亿元，分别占全市的30.6%和47.7%。一是规划编制取得重要成果。"四点一带"空间布局与产业发展规划编制完成；《唐山港总体规划》、《曹妃甸循环经济示范区产业发展总体规划》分别获省政府和国务院批准。二是项目聚集步伐加快。中材集团装备制造基地、中海油临港作业支持基地等一批重大产业项目陆续开工建设，中石化曹妃甸1000万吨炼油、100万吨乙烯前期工作取得突破性进展。三是基础设施建设加快推进。唐曹高速建成通车，曹妃甸港区30万吨级原油码头和煤炭码头一期工程完工。

（四）以"四大城市功能区"为重点的城市建设取得明显成效。城镇面貌"三年大变样"启动早、力度大，全年投入城市建设资金400多亿元，城乡面貌正在发生深刻变化。城市总体规划、曹妃甸新城总体规划获省政府批准，景观、绿化等专项规划编制完成。凤凰新城打通10条道路；南湖生态城扩湖8平方公里，地震遗址公园、环湖景观大道、矿山公园一期等工程主体完工；空港城概念性总体规划编制完成，军民合用机场获得国务院、中央军委立

项批复。唐山北站－唐山站铁路客车专线已通过铁道部、河北省政府立项。津秦客运专线开工建设，征地拆迁工作有序推进。京唐城际高速铁路前期工作取得重要进展。

（五）“攻坚行动”成效显著。在节能减排安全生产整顿攻坚行动中，实施了重点企业排污在线监测等七大工程，对钢铁、水泥、焦化等10大重点领域的4591家企业进行综合整治，关闭取缔“十小企业”236家，停产整顿高耗能、高污染企业267家。预计全市单位GDP能耗下降5.27%。在城乡建设改造和环境综合整治攻坚行动中，启动实施了16个城中村改造工程，震后危旧平房改造竣工57万平米，既有居民建筑节能改造完工121万平米。在绿化唐山攻坚行动中，实施了六大绿化工程，完成造林42.4万亩，义务植树1002万株，拆墙透绿10万延长米，增建绿地19万平米。在改善民生攻坚行动中，组织实施了安居、就业等“十大幸福工程”，投入财政资金30亿元，为群众办的20件实事全部兑现。

（六）改革开放取得新突破。一是出台了《科学发展指标体系》和《关于开展科学发展示范县（市）区、乡村、园区、企业、机关、家庭创建活动的实施意见》，在探索建立科学发展机制上有了新突破。二是国有企业改革步伐加快。华新纺织集团、陶瓷集团建陶厂等企业职工安置和资产处置工作有序进行，整合重组和新建了12家国有投资公司。冶金矿山机械厂、启新水泥厂等市区企业结合“退二进三”深化改制工作启动实施。三是利用外资规模进一步扩大。实际利用外资达8.5亿美元，增长27.4%。丰南空气化工三期等一批重点外资项目进展顺利。招商引资力度不断加大，引进世界500强企业累计达到17家。四是出口快速增长。全市出口总额达50亿美元，增长76.7%。其中，钢铁产品出口31.5亿美元，机电产品出口6亿美元，分别占出口总额的63%和12%。

（七）人民群众的幸福指数有新提高。一是就业再就业工作成效明显。全市城镇新增就业6.8万人，城镇登记失业率为4.4%。基本消除了“零就业”家庭。二是社会保障体系进一步完善。城镇居民基本医疗保险覆盖率达到100%，在全省率先实现“全民医保”；农村新型养老保险试点范围扩大到7个县（市）区，市区低保标准由每人每月225元提高到270元，农村低保标准由每人每年1000元提高到1200元。三是教育、卫生等社会事业取得长足发展。在全市公办普通高中实行了免费教育；农村中小学校舍改造完工10.3万平米。城市社区卫生服务人口覆盖率达到100%。四是城乡居民居住环境进一步改善。重点实施了天燃气进市区工程，完成了市中心区27万居民用户的天然气转换工作。

在肯定2008年经济社会发展取得显著成绩的同时，要清醒地认识到我市经济社会发展中还存在一些不容忽视的矛盾和问题：一是受全球金融危机、国内经济下行压力加大和市场需求大幅萎缩的影响，工业生产增速下滑，企业生产经营困难增多、效益下降。二是节能减排任务依然艰巨。去年万元GDP能耗虽然降低了5.27%，使“十一五”以来万元GDP能耗累计降低率达到12%，但是，以完成“十一五”降低20%的目标来衡量，任务仍然非常艰巨。三是产业结构偏重、钢铁工业急需做优做强等问题尚未得到根本解决。四是由于一些企业处在停产半停产状态，使得就业再就业面临很大压力。五是征地拆迁、食品安全、拖欠农民工工资等关系群众切身利益的问题比较多。对这些问题，在今年的工作中必须引起高度重视，采取有效措施予以解决。

二、2009年工作安排

2009年，可能是进入新世纪后经济最为错综复杂和最为困难的一年。从国际上看，目前全球金融危机尚未见底，其对实体经济的影响在进一步加深，严重后果还会进一步显现。从国内看，我国经济受国际经济环境的影响，面临经济下行的严峻挑战，我市经济不可避免地会受到国际国内宏观经济的影响，保持经济平稳较快发展面临较大压力。因此，对今年的经济走势既不能丧失信心，也不可盲目乐观。要做好应对不确定因素和突发性风险充分的思想和工作准备。同时，我们也必须看到，我国经济发展的战略机遇期不会因为国际金融危机而发生根本逆转，我国经济的基本面没有改变。全球金融危机既对我国发展提出了前所未有的挑战，也带来了前所未有的机遇。国家为了应对危机，明确提出要实行积极的财政政策和适度宽松的货币政策，采取了扩大投资、消费，促进金融、房地产业发展，扶持中小企业等一系列有力措施。这对唐山来说又是千载难逢的机遇。

因此，必须既要清醒地认识面临的困难和挑战，又要坚定信心，紧紧抓住危机中的机遇，认真落实全省经济工作会议和市委八届五次全会精神，努力保持经济平稳较快发展，不断改善民生，坚定不移地推进科学发展示范区、人民群众幸福之都建设。

2009年经济社会发展的主要预期目标是：地区生产总值增长11%以上；全部财政收入增长12%，其中地方一般预算收入增长12%；全社会固定资产投资增长30%以上；单位生产总值能耗降低5.28%以上；城镇居民人均可支配收入和农民人均纯收入分别增长10%以上和8%以上。

（一）围绕“保增长”这一首要任务，突出抓好重点项目建设，努力扩大消费和出口。一是实施千个项目保增长、调结构攻坚行动。全力推进1000个固定资产投资项目建设，确保首钢京唐钢铁厂投产达效，加快住友重工、轨道客车等装备制造业项目建设。继续积极争取中央投资，加大项目谋划和跑办力度，力争更多的项目列入国家和省的盘子。二是抓好以曹妃甸为龙头的唐山湾“四点一带”项目建设。狠抓产业项目聚集，力争1000万吨炼油/100万吨乙烯大型炼化一体化等一批项目年内开工建设，加快中材集团等一批装备制造业项目建设进度。加快推进曹妃甸通用码头、滨海大道等项目建设，争取早日完工；全力抓好张曹铁路、京唐港煤码头搬迁等项目前期工作，力争年内开工建设。三是以推进城镇三年大变样为契机，抓好“四城一河”项目建设。曹妃甸新城，抓好曹妃甸新区行

政中心、金融大厦等35个项目建设；南湖生态城，开工建设南湖扩湖二期、唐山机车博物馆等重大项目；凤凰新城，开工建设规划展馆等一批标志性建筑，推进公园、路网等基础设施建设；空港城，加快完善基础设施，推进唐山军民合用机场建设，力争年内实现民航正式通航。陡河青龙河，完成引水管线、河道整治和生态景观绿化等工程建设，谋划启动商业、文化、旅游等项目。四是努力扩大消费特别是居民消费。认真落实国家、省和市出台的刺激消费的各项政策措施，积极培育消费热点，拓展消费空间。争取住房消费有稳定增长，大力发展社区商业、物业、家政等服务性消费。加强农村流通体系和售后服务体系建设，抓好“万村千乡市场工程”、“农产品批发市场升级改造工程”和“家电下乡工程”，培育发展规范化农资连锁便民店1000家，农村日用消费品便民超市100家。五是扶持出口。认真落实国家鼓励出口的各项优惠政策，积极开拓国际市场。进一步优化出口结构，在稳定钢铁产品出口的基础上，大力推动陶瓷制品、轻纺等传统产品出口，促进机电、电子元件和水产品、板栗等优势农副产品、深加工产品出口，拓展服务贸易出口。

（二）抓住有利时机调结构，推进资源型城市转型，转变经济发展方式。一是大力发展产业链经济。落实《关于促进产业链经济发展的若干政策措施》，认真实施七大主导产业链规划，每个产业链谋划实施100个项目，推进现代产业体系建设。二是强力推动钢铁工业的优化整合。做好渤海、长城两大地方钢铁集团整合重组后续工作，提高集约化水平和市场竞争力。在进一步降低钢铁行业生产成本、提高产品质量效益的基础上，加快产品结构调整，着力抓好唐钢5米宽厚板、司家营H型钢生产基地等项目建设，全市精品钢比例达到55%。三是突出抓好装备制造业和高新技术产业发展。以高速列车、船舶修造及配套设备、冶金矿山及水泥机械、大型环保及石化机械为重点，推进装备制造业发展。全力抓好中海油装备制造与临港作业支持基地等项目建设，力争早日投产达效；加快推进中联重科装备制造业基地等一批重大项目的前期工作。围绕生物医药、电子信息、新材料、海洋工程产业等重点领域，年内组织实施50项高新技术产业项目、15个重大科技创新和示范项目；加快推进轨道客车、开滦技术中心等创新能力项目建设。四是大力推动现代服务业发展。落实促进服务业发展的100条政策措施。积极谋划建设科技研发、总部经济、金融保险、现代物流、文化创意、高档宾馆酒店等一批特色项目，突出抓好新奥体中心、唐山湾三岛旅游景区等项目建设。五是扶持中小企业发展壮大。认真落实鼓励中小企业发展的各项优惠政策，在资金、技术等方面对中小企业给予支持。引导中小企业增加研发投入，加强品牌建设，实现转型升级。鼓励全民创业，不断壮大市场主体。六是积极引导产业布局向沿海转移、向园区集中。落实沿海“飞地”政策和《唐山市城区企业“退二进三”搬迁改造实施意见》，鼓励“退二进三”企业及其他县区到唐山湾“四点一带”区域投资。积极推进大项目→产业链→产业集群→产业基地的园区发展模式，重点支持开平现代装备制造产业聚集区、乐亭临港产业聚集区、丰润装备制造业聚集区建设，加快形成各具特色的产业集群。七是发挥曹妃甸龙头作用，积极参与冀东经济区建设。认真落实省委、省政府建设冀东经济区的决策部署，抓好承唐高速二期、遵小铁路、津秦客专等交通基础设施建设，打通疏港路，扩大腹地，支持承德工业园和秦皇岛工业园的规划建设，促进冀东区域经济一体化发展，打造环渤海区域经济增长极。

（三）科学调节经济运行，搞好要素保障，不断提高经济运行的质量和效益。一是切实抓好工业经济运行调节。进一步完善经济运行预警机制，密切关注钢铁、建材、化工等重点企业的生产经营状况，及早发现并帮助企业解决苗头性、倾向性问题，引导企业调整生产经营策略。帮助有市场、有效益的停产半停产企业尽快恢复和扩大生产，帮助亏损企业瞄准市场需求，组织产品生产，最大限度的减亏。指导钢铁、建材等行业企业，抓住国家进一步扩大内需的有利时机，增加适销对路产品的生产，提高市场占有率。二是切实抓好要素保障。加强煤电油运、重要原材料等生产要素的组织协调和供需衔接，特别是要优先保障重点项目和重点生产企业的需求。引导煤、电企业合理安排生产、有序供应。用足用好国家适度宽松的货币政策，想方设法增加信贷规模，把与建设银行、农业银行等签订的合作框架协议的信贷额度落实到具体项目上，有效开展银企对接会，支持贷款公司、担保公司等新型金融机构的发展，破解企业融资难问题。三是积极引导企业做优做强。紧紧抓住当前有利于企业重组的有利时机，扶优汰劣，培育发展一批拥有知名品牌的大型企业和企业集团，鼓励行业龙头企业、优势企业兼并重组落后企业、困难企业；鼓励优势企业强强联合，提高产业集中度和规模效应；鼓励关联产业、上下游企业联合重组，实现一体化经营，增强抗风险能力。四是实施安全生产和食品药品安全整治攻坚行动。坚持安全生产大检查常抓不懈，尤其是对煤矿、非煤矿山、冶金企业等高危行业持续开展安全生产专项整治行动，加强动态监管，用法律和政策把安全生产责任落实到企业，追究到企业。加强食品药品在生产、流通、销售全过程的监测，加大执法检查力度，切实解决关系群众切身利益的食品药品安全问题。

（四）做好农村改革发展工作，加快推进城乡一体化，建设社会主义新农村。一是加强农村制度建设。稳定完善农村基本经营制度，积极探索农村土地流转制度，发展多种形式的适度规模经营。全面推进农村土地的确权、登记、办证工作，用好农村宅基地等物权，通过宅基地置换、调整等方式，增加农民财产性收入。大力发展村镇银行等农村金融组织，引导资本要素向农村流动，为农业现代化服务。二是大力发展现代农业。认真落实各项强农惠农政策，继续做好良种补贴、农机具补贴、农资综合直补工作。稳定粮食生产能力，粮食种植面积保持在720万亩左右。按照“高产、优质、高效、生态、安全”的要求，突出抓好

乳品、肉类、水产品、果菜、粮油五大特色产业链，加快优势产业集团化经营、集群式发展。全面实施振兴奶业计划，抓好瘦肉型猪生产加工良繁基地等特色农产品基地建设。农业产业化经营率达到63%。三是深入实施科学发展示范村创建攻坚行动。全力抓好100个新民居整体新建示范村和200个以住宅主体结构改造为主要内容的旧民居改造示范村建设；选择一些示范镇，所有村连片进行创建，建成科学发展示范镇，每个县（市）区重点规划培育1－2个规模在5万人左右的中心镇，达到科学发展示范镇的水平。引导农民自主进行既有民居“平改坡”；年内基本解决入户道路硬化问题。年内新建农村沼气池10万户，推广秸秆气化炉2万户。四是推动城乡经济社会一体化发展。抓好农村新型养老保险试点工作，巩固和发展新型农村合作医疗制度。继续实施农村中小学陈旧校舍改造工程，年内确保完成10万平方米。加大对农村社会事业的投入，年内改扩建乡镇卫生院30所，新建50个乡镇综合文化站、500个规范化村民中心。

（五）加快改革开放步伐，优化发展环境，增强发展活力。一是深化重点领域改革。全面加快国有企业改革，以资本为纽带，采取股权融资与债权融资相结合的方式，着力推进冀东唐齿集团、唐陶股份等企业与大型优势企业的战略合作和整合重组；加快推进符合改制、破产条件的49户困难企业进入改制、破产程序，力争年底前基本完成改制任务。全面推进行政管理体制改革，进一步规范和减少行政审批事项，提高审批效率；加快乐亭新区、芦汉经济技术开发区管理体制改革。加快推进财税体制改革，落实国家增值税转型改革政策。加快推进金融体制改革，继续巩固和加强与国有商业银行的战略合作，实施唐山商业银行股份制改造，争取民生银行、招商银行等股份制银行早日在唐设立分支机构；大力发展资本市场，尽快运作曹妃甸投资控股公司，推进唐山港股份有限公司等具备条件的企业上市融资。稳步推进科技、教育、文化体制改革，深化科技计划管理体制、产学研协作创新体制、科技成果管理体制改革；探索建立更具活力的教育管理体制，启动实施义务教育学校绩效工作制；加快经营性和公益性文化事业单位改革，健全完善文化产业多元化投入机制。加快推进社会管理体制改革，切实抓好养老保险、医疗保险、户籍制度等一系列社会管理制度改革。二是切实提高对外开放水平。以曹妃甸临港产业国际合作会议、陶瓷博览会为平台，加大招商引资力度，提高招商引资效果。坚持把引进战略投资者作为主攻方向，积极与世界500强和国内“央字号”大公司、大集团搞好对接，促成一批大项目签约、落地。全面落实招商引资奖励政策，形成全民招商生动局面。加强对重点国家、重点领域的招商引资力度，落实对日韩两国的访问成果，积极谋划建设“中日循环经济产业园区”和“中韩物流园区”项目；鼓励有条件的企业“走出去”，加强对外经济技术合作。三是抓好一批重大利用外资项目。重点抓好已签协议项目，特别是省政府确定的重点利用外资项目的落实，确保住友工程机械、唐啤搬迁等一批在建项目如期竣工投产；爱信汽车零部件二期扩建等项目尽早开工建设。

（六）打好节能减排攻坚战，推进清洁生产，发展循环经济。一是进一步加大节能减排项目的谋划和建设力度。积极推广260项国家鼓励发展的资源节约综合利用新技术和50项国家重点节能技术，加快实施燃煤锅炉（窑炉）改造、余压余热利用、电机系统节能等十大节能工程。重点抓好50项节能项目和100项减排项目建设。二是严格执行节能评估审查和环境影响评价制度，严控新上“两高一资”项目，对高于本地单位GDP能耗水平的新项目，一律不再审批、核准和备案。认真执行总量核定制度，按照污染物排放总量“减二增一”和对鼓励类项目实施“减一增一”的原则，严格审批新建项目，控制全市新增量的快速增长。三是推进企业清洁生产。进一步扩大清洁生产实施的企业面，依法将高耗能高污染企业纳入强制审核范围，通过实施“三定一改”，从源头和全过程控制污染排放，提高资源利用率。四是加大落后产能淘汰力度。实施钢铁、水泥、小火电、焦炭、造纸等行业淘汰落后产能集中拆除爆破行动，对各县（市）区列入2009年淘汰名单的落后产能拆除情况进行专项核查，年内关停、淘汰100家（台套）高耗能、高排放、低产出的企业（设备）。五是大力发展循环经济。组织实施循环经济示范工程，加快推进曹妃甸国家循环经济示范区、司家营循环经济园区建设，重点推进南堡盐场浓海水综合利用工程、唐钢南区水系统改造等一批重点综合利用项目建设。在冶金、建材、电力等重点行业和重点企业推广循环经济技术。

（七）大力发展社会事业，切实改善民生，努力提高人民群众的幸福指数。实施持续改善民生攻坚行动，全力抓好“十大幸福工程”，继续为群众办好20件实事。一是继续加大震后危旧平房改造、经济适用住房和廉租房建设力度，年内开工建设危旧平房改造191万平方米、经济适用住房61万平方米、廉租房25万平方米。对1000户农村贫困残疾户危房改造进行援助。二是加大就业和社会保障力度。努力扩大就业再就业，确保年内新增就业6.9万人，安置就业困难人员5000人以上，实现“零就业”家庭动态归零。健全社会保障体系，扩大城镇居民基本医疗保险覆盖面，将高校在校生、城中村人员、外来务工人员家属子女纳入城镇居民基本医疗保险参保范围。建立居民大额补充医疗保险制度，加强对贫困残疾人员的医疗救助。继续提高城乡低保标准，城镇低保标准提高到285元/月，农村低保提高到1300元/年。三是大力发展教育事业。继续加大教育事业投入，促进各级各类教育均衡发展。健全义务教育经费保障机制，继续推进普通高中免费教育。大力发展职业教育，积极创建国家级、省级示范校和示范性实训基地。实施“户均一名大学生”行动。完善发展高等教育，加快推进唐山学院北校区等项目建设，谋划建设曹妃甸大学园和国家大学科技园区。四是加快发展文化、卫生、体育等事业。深入推进文化繁荣工程，大力发展文化事业和文化产业。谋划实施图书馆、博物馆、档案馆等一批重点项目。开展“健康唐山、幸福人民”行动，加快市工人医院、人民医院肿瘤大楼建设，启动实施新工人医院、市儿童医院和市中医院升级改造工程。加快城市社区服务体系建设，确保年内实现全覆盖。广泛开展全民健身运动，实施计生惠民工程，稳定地生育水平。大力发展广播电视、社会福利、慈善、残疾人等社会事业。

各位代表，做好今年的经济社会发展工作，任务艰巨、意义重大。我们要在市委的正确领导下，坚定信心，振奋精神，锐意进取，努力保持经济社会平稳较快发展，推进科学发展示范区、人民群众幸福之都建设迈上新台阶，以优异成绩向建国60周年献礼！

关于唐山市2008年市本级预算及市总预算执行情况和2009年市本级预算及市总预算的报告（书面）

——在唐山市第十三届人民代表大会第二次会议上

唐山市财政局局长　苏铁成

（2009年1月16日）

各位代表：

我受市政府委托，向大会提出2008年市本级预算及市总预算执行情况和2009年市本级预算及市总预算草案的报告，请予审议。请列席会议的市政协委员和其他同志提出意见。

一、2008年市本级预算和市总预算执行情况

2008年，是我市科学发展卓有成效的一年，在中共唐山市委的正确领导下，在市人大的监督指导下，全市各级各部门积极应对宏观形势，牢牢把握科学发展，加快推进经济发展方式转变，努力增收节支，实现了财政经济又好又快发展。全市全部财政收入405.8亿元，增长22.7%，财政支出252.6亿元，增长30.9%，全面完成了市十三届人大一次会议确定的各项目标。

全市一般预算收入1466590万元，完成调整预算101.2%，增长23%；一般预算支出2525966万元，完成调整预算98.5%，增长30.9%。基金收入577723万元，完成调整预算91.1%，增长36.2%；基金支出649400万元，完成调整预算98.8%，增长47.5%。

市本级一般预算收入504689万元，完成调整预算100.6%，同比增长16.1%；一般预算支出525393万元，完成调整预算98.6%，增长35.2%。基金收入180001万元，完成调整预算100%，增长11%；基金支出133103万元，完成调整预算99.5%，增长24.9%。高新开发区一般预算收入23217万元，完成调整预算109.9%，增长27.9%；一般预算支出33965万元，完成调整预算99.6%，增长24%。基金收入16774万元，完成调整预算87.6%，下降22.3%；基金支出16816万元，完成调整预算100%，下降22.3%。

海港开发区一般预算收入41742万元，完成调整预算103%，增长48.2%；一般预算支出52870万元，完成调整预算99.1%，增长39.3%。基金收入43791万元，完成调整预算102.9%，增长43.8%；基金支出43794万元，完成调整预算100%，增长43.8%。南堡开发区一般预算收入17781万元，完成调整预算97.1%，增长23.7%；一般预算支出24115万元，完成调整预算99.7%，增长25.2%。基金收入17914万元，完成调整预算99.7%，下降10.7%；基金支出18329万元，完成调整预算99.9%，下降10.7%。

2008年预算执行良好，收支平衡，略有节余，各级各部门和广大财税干部做出了积极努力，重点做了以下工作：

（一）坚持科学发展，发挥财政调控职能，着力促进唐山经济又好又快发展。坚决落实积极财政政策，努力应对宏观形势挑战。一是用好政策引导发展。制定实施了加大财税支持力度，推进科学发展示范区建设一系列优惠政策；在全国率先对所有工商企业和个体工商户实施零成本注册的鼓励政策；全面落实促进服务业发展的各项财税扶持政策，充分调动投资积极性，增强了经济发展活力。出台支持组建渤海和长城两大地方钢铁集团的政策意见，推进水泥企业生产能力有效整合，促进了传统产业优化升级。二是用好资金支撑发展。全市先后整合预算资金8.2亿元，争取上级补助资金14亿元，重点支持了唐曹高速、曹妃甸港区原油码头等26个重点项目；建立高耗能企业生态补偿制度，投入节能减排专项资金18800万元，支持建立健全落后装备、高耗能产业退出机制和节能减排鼓励机制；投入资金13396万元，积极支持国有企业改革；投入服务业和旅游业发展引导资金2300万元，落实促进中小企业发展资金1350万元，建立创业辅导基地23个，设立信用担保机构48家，办理贷款担保业务4125笔，先后支持帮助286户企业落实担保贷款22亿元，缓解了中小企业融资难问题，支持了企业发展。三是用好体制激励发展。积极稳妥地推行分税制财政体制，将2700户市属企业税收管辖权按属地全部下放县区，调动县区支持企业发展、组织收入的积极性。全面落实曹妃甸新区“超基数全返”的财政体制，实施唐山湾“四点一带”开发建设财政激励体制，对“四点一带”区域实现的增值税、营业税、企业所得税和个人所得税“四税”地方分成部分实行“定额分享、超收全返”，极大地调动了县区组织收入的积极性。全市共有14个县（市）区全部财政收入超10亿元，其中，有7个

县（市）区全部财政收入超20亿元。

（二）坚持统筹兼顾，全面落实惠农政策，着力推进城乡一体化进程。不断完善财政支农长效机制，有效地服务好新农村建设。一是全面落实了农业增效各项政策。投入资金16020万元，重点支持小型农田水利建设、水土保持、节水灌溉等农业基础设施建设；投入农业综合开发资金14900万元，改造中低产田10.2万亩；整合各类支农资金，重点扶持了奶业、肉类、果菜等主导产业发展，推进现代农业产业体系建设；支持了农业科技推广体系、良繁体系、农业标准化检验检测体系等农业社会化服务体系建设。二是全面落实了农民增收各项政策。落实粮食直补和综合直补资金50040万元，受益农户143万户，受益农民373万人；发放良种补贴和大型农机具购置补贴5645万元，有效地提高了农机装备水平；拨付能繁母猪补贴4300万元，奶牛养殖补贴6640万元，特别困难奶农补助1687万元，生鲜牛奶收购加工补贴195万元；发放种植业和养殖业保险保费补贴11213万元，增强了种植业和养殖业防御风险能力。三是全面落实了农村增色各项政策。全市投入文明生态村建设资金4.99亿元，新建文明生态村454个，其中，硬化道路1595.8公里，植树338.5万株；投入2800万元，争取国债资金1816万元，新建沼气池10.3万户；农村饮水安全工程投入4.6亿元，带动社会投入3.9亿元，解决了2450个村、217.7万人饮水困难；投入3000万元，建成村民中心2000个；投入农村公益事业“一事一议”财政奖补资金11258万元，带动社会投资11803万元，建设项目2323个，农村生活环境明显改善，公共服务水平明显提高。

（三）坚持以人为本，突出保障和改善民生，着力强化惠及全民的公共服务体系。不断优化支出结构，有效地服务好幸福之都建设。一是重点解决了群众关心的社会保障问题。投入就业再就业资金15000万元，帮助3.1万名下岗失业人员实现再就业，解决了全市8000多名困难企业职工临时生活困难；提高了城乡居民最低生活保障标准，市区保障标准由225元/人·月提高到270元/人·月，县级由170元/人·月提高到205元/人·月，农村由1000元/人·年提高到1200元/人·年；投入最低生活保障资金10305万元，保障了14.2万名困难群众基本生活需要；投入资金9650万元，落实大中型水库移民后期扶持政策；投入资金4747万元，对农村1.6万名五保人员实现了应保尽保；投入资金3829万元，解决了1371名市属困难企业离休人员就医问题；投入资金580万元，解决了1420名企业军转干部生活困难。二是重点发展了群众关心的社会事业问题。教育支出46.5亿元，重点保障了教学活动正常开展，全部免除城乡义务教育阶段学生杂费，在全省率先推行公办普通高中公助生免费教育，改造农村中小学陈旧校舍10.3万平方米，实施农村中小学取暖设施改造，支持唐山市劳动技工学校和唐山市对外经济贸易学校迁建，全面落实本科、高职专、中职专家庭经济困难学生资助制度。医疗卫生支出14.3亿元，重点完善城乡医疗卫生体制，新建改造村卫生室748个，实现“一村一室”目标，城市社区卫生服务人口覆盖率达到100%；新型农村合作医疗补助22085万元，参合人数458万人，参合率94.3%；城镇居民医疗保险补助3884万元，参保人员51.7万人，参合率74%。文体支出2.6亿元，重点支持了2008北京奥运会火炬在唐山的传递，成功举办了第十届全国老将田径运动会，参加了河北省第六届青少年运动会，组织举办了第十一届陶博会、第六届评剧艺术节和曹妃甸临港产业合作会议，开展了“百场大戏闹新春”等活动，丰富了群众业余文化生活。三是重点改善了群众关心的公共服务问题。城市公共服务设施投入4600万元，购置欧Ⅲ标准城市公交车60部，城市道路清扫和洒水车辆30部；组织开展城区旱厕改水厕工程，进一步提升城市环境质量；环保排污费投入5401万元，重点支持二氧化硫减排、市区清洁能源替代、饮用水源地周边环境综合整治等项目；争取国债资金和国际金融组织与外国政府贷款2.4亿元，支持陡河电厂脱硫技术改造以及新区污水处理厂、西郊污水处理厂、市中心区供水厂、传染病院等公共卫生项目建设，城市环境和卫生状况进一步改善。

（四）坚持成果共享，推进新型城镇化建设，着力促进城市面貌根本性改变。不断发挥投融资功能，有效地支持了城镇面貌三年大变样。一是居住条件进一步改善。投入震后危旧平房改造资金7亿元，新开工155万平方米，河茵北里、正泰里惠民园小区等57万平方米危改安置房已竣工；拆违、拆迁830万平方米，累计拆除面积1130万平方米；投入保障性安居工程资金10770万元，为11000户低收入家庭提供了廉租住房补贴，实物配租880套；推进市场化运作模式，开工建设经济适用住房68.2万平方米，增加经济适用住房投放，有利缓解了低收入人群住房困难。二是城市承载能力进一步提升。筹集9.8亿元，机场连接线已经通车，205国道路基铺筑基本完工，唐丰快速路建设进展顺利，城区路网体系进一步完善；投入7亿元，新建学院南路、长虹道、光明北路等10条道路，整体翻修北新道；实施建设路、卫国北路、新华道、龙泽路等16条道路绿化改造，建成街头绿化景观52处；完成了建设路、裕华道、文化路等10条道路亮化改造，对富强楼、和平楼等19个小区实行了亮化节能改造；推进大钊公园、凤凰山和大城山等特色景观建设，提高了城区园林绿化档次和水平，城市绿、美、亮、净环境综合整治取得明显成效。三是主体功能区进一步完善。投入南湖生态城建设资金6.5亿元，地震遗址公园主体工程完工，拓展湖面8平方公里，新建环湖道路15.7公里，完善环湖绿化生态体系，营造南湖旅游景观；投入凤凰新城建设资金2亿元，延伸了友谊北路和朝阳道等道路，凤凰新城消防站等基础配套设施即将投入使用，凤凰新城基本框架初步形成，为大规模开发建设和招商引资夯实基础。

（五）坚持改革创新，完善财政管理机制，着力构建科学理财体系。不断提升理财能力，有效地服务好科学发展示范区建设。一是完善了科学的收入管理机制。各级财

税部门协调联动，加强收入动态分析，及时把握经济走势，努力应对宏观形势影响，依法强化税费征管，做到应收尽收，确保了财政收入总量跃上400亿元新台阶，实现了历史性跨越；收入质量日趋优化，可用财力占财政收入比重稳步提高，已有6个县区超过50%。二是完善了科学的支出管理机制。预算管理日趋精细化，推行财政重大事项集体决策，加强项目库建设，科学编制部门发展性项目三年滚动预算；国库管理改革稳步推进，市直单位推行了“零余额”清算制度，开展了公务卡试点；县级国库集中支付改革进展顺利，9个县区推行了乡镇集中支付；扩大项目投资评审类别，评审项目414项，审减金额4.4亿元，审减率13%；扩大政府采购规模，全市实现采购额28.9亿元，节支率达11.1%；扩大支出绩效评价范围，评价项目32个，涉及资金3.9亿元，财政资金使用效益进一步提高。三是完善了科学的监督管理机制。健全财政监管机制，制定出台行政、事业单位国有资产管理办法，开展对市直行政、事业单位派驻财政监督员试点，监督重心前移；强化民生资金监管，重点检查了卫生医疗、中小学危房改造、农民综合直补等七类专项资金，涉及资金5.2亿元；强化扩大内需项目资金管理，确保专款专用；开展了罚没收入、收支脱钩管理和会计信息质量大检查，进一步规范财政行为，维护了财经纪律；各级财税部门认真接受人大依法监督和政协民主监督，积极办理代表、委员各类议案，及时答复有关问题，改进各项工作，努力提高服务效率。

在成绩面前，我们也看到，财政工作与市委要求相比，与建设科学发展示范区的标准相比，与广大人民群众的期待相比还有很大差距，财政运行和管理中还存在一些矛盾和问题。一是实现财政经济平稳较快发展的任务较重。受国际金融危机影响，我市实体经济增速下滑，经济下行的结果逐渐反映到财政收入上来，财政收入继续大幅增长的难度加大。实施增值税全面转型改革、企业所得税政策调整等税制改革，以及取消部分行政事业性收费，也在一定程度上造成财政减收。二是落实扩大内需政策的配套支出压力较大。国家扩大政府投资规模，保障和改善民生，加强“三农”、社会保障、节能减排等投入，各项投资大都需要地方配套，加之推进城乡等值化、建设保障性安居工程，加快医疗卫生、文化教育事业发展等都需要增加财政支出。三是提高财政资金使用绩效的困难较多。量财办事、勤俭节约、集中财力办大事的观念需进一步强化，部分单位预算安排重“增量分配”、轻“存量调整”的现象仍然没有得到根本性转变，财政资金损失浪费现象还时有发生，统筹财政性资金和资产使用的意识仍需加强。上述问题需要引起高度重视，采取积极有效措施，认真加以解决。

各位代表，2008年财政改革发展的实践，让我们深刻体会到，财政工作必须紧紧围绕科学发展示范区建设，以发展为根本，以民生为核心，以政策为导向，以创新为手段，努力提升服务科学发展本领。一要正确处理好当前和长远的关系，让财政工作更贴近平稳发展。促发展，既要立足现实、循序渐进，着力解决好最突出、最直接、最紧迫的问题，增强办实事的针对性和可行性；又要着眼长远、统筹规划，完善可持续发展的长效机制，增强办实事的计划性和连续性。二要正确处理好经济增长和改善民生的关系，让财政工作更贴近人民群众。谋福祉，既要增进公众福利，让人民普遍受益，共享改革发展成果；又要处理好城乡居民之间、各类社会保障对象之间、在职与离退休人员之间等各方面的利益关系，增强改善民生的公共性、公平性和公益性。三要正确处理好政府投入与社会投入的关系，让财政工作更贴近资本取向。搞建设，既要把握财政政策的力度，增加财政投入，发挥财政资金四两拨千斤的作用；又要坚持市场运作，拓宽融资渠道，放大融资规模，调动各方面的积极性，形成共同参与、共同发展、共同受益的新格局。四要正确处理好改革创新与依法行政的关系，让财政工作更贴近科学高效。抓创新，既要不断深化财税体制、管理机制和监督机制等各项改革，充分发挥体制机制促进作用，打造“效益财政”和“服务财政”；又要主动接受人大依法监督和政协民主监督，自觉接受社会各界监督，打造“法制财政”和“阳光财政”。

各位代表，这些既是过去一年工作的基本经验，也是今后工作中应该坚持的原则。随着我市经济社会的不断发展，建立稳固、平衡、强大的财政确实任重道远。我们将认真贯彻落实市委八届五次全会精神，统一思想，服务大局，扎实工作，充分发挥财政在党和政府全面履行职能和扩大内需方面所承担的物质基础、政策手段以及体制保障作用，奋力开拓财政工作新局面。

二、2009年市本级预算和市总预算安排草案

根据《国务院关于编制2009年中央和地方预算的通知》精神，以及全市国民经济和社会发展计划，2009年预算安排的指导思想是：认真贯彻落实党的十七大、十七届三中全会和市委八届五次全会精神，继续以科学发展示范区建设为总揽，以支撑科学发展为主线，以“五项攻坚行动”和“八大工程”为重点，加快实施有利于科学发展的积极财政政策，转变经济发展方式，促进资源型城市转型；加快健全有利于科学发展的财政体制，提升市级调控保障能力，增强基层政府的公共服务能力；加快完善有利于科学发展的财政分配机制，着力改善民生，推动城乡等值化发展；加快形成有利于科学发展的财政管理机制，狠抓增收节支，提高财政绩效，努力打造发展财政、公共财政和动态平衡财政，为科学发展示范区和人民群众幸福之都建设做出新贡献。

按照上述指导思想，2009年预算安排坚持积极财政、公共财政、支撑科学发展、集中财力办大事和增收节支的原则，全市全部财政收入计划455亿元，比上年增长12%。预算草案如下：

全市一般预算收入1645018万元，同比增长12%；一般预算支出2264356万元，比上年预算增长16.7%。基金收入916906万元，基金支出916906万元。

市本级一般预算收入553612万元，同比增长9.7%，加税收返还66934万元、结算补助58775万元，减体制上

解和专项上解 11893 万元、对县区体制补助 204151 万元，可用财力 463277 万元。一般预算支出 463277 万元。基金收入 441123 万元，基金支出 441123 万元。

高新开发区一般预算收入 25091 万元，同比增长 16%；一般预算支出 37634 万元，比上年预算增长 23.5%。基金收入 14057 万元，基金支出 14057 万元。

海港开发区一般预算收入 47830 万元，同比增长 14.6%；一般预算支出 55896 万元，比上年预算增长 27.1%。基金收入 26500 万元，基金支出 26500 万元。

南堡开发区一般预算收入 19530 万元，同比增长 9.9%；一般预算支出 21636 万元，比上年预算增长 13.5%。基金收入 19440 万元，基金支出 19440 万元。

2009 年市本级预算安排，主要着眼于确保经济平稳较快增长，着眼于推进城乡等值化发展，着眼于增进民生福祉，着眼于推进生态城市建设，重点解决四个方面问题。

（一）突出保增长调结构攻坚，推进资源型城市转型工程。着力支持优化经济结构。安排七大产业链专项资金 5000 万元，其中，旅游业发展专项资金 1000 万元，服务业发展专项资金 1500 万元，对外开放、招商引资、出口创汇奖补资金 1500 万元，鼓励商业银行贷款增加额度奖励资金 500 万元；科技支出安排 9563 万元（科技三项费 6332 万元），增长 34.5%，其中，中国科学院唐山高新技术研究与转化中心资金 2000 万元，高速动车组研发资金 1500 万元；安排扩大内需国债项目配套资金 1000 万元，中小企业代偿损失补偿资金 500 万元，中小企业发展专项资金 300 万元，工商零成本注册补助资金 800 万元。着力支持节能减排。安排节能减排专项资金 1000 万元，行政事业单位安装热力计量设备改造资金 316 万元，大型公共建筑节能监管体系建设项目配套资金 460 万元，既有建筑节能改造资金 2000 万元，公交汽车“油改气”示范工程补助资金 500 万元；环保专项治理项目资金 4500 万元，其中，大气污染防治 2550 万元，水污染防治 550 万元，农村污染防治 405 万元，污染防治新技术、新工艺的开发、推广和示范 200 万元，环境监测能力建设 795 万元。着力支持科学发展示范工程。安排 60 个科学发展模式试验示范补助资金 2000 万元，科学发展示范区建设成果布展经费 500 万元，曹妃甸临港产业合作会议经费 500 万元，科学发展论坛经费 1500 万元，人才专项资金 600 万元，对外开放费 630 万元。

（二）突出科学发展示范村创建攻坚，推进城乡等值化工程。着力支持现代农业体系建设。安排支农专项资金 9633 万元，增长 10%。其中，农业支出 7063 万元，主要包括：基层农技推广站建站补贴 870 万元，现代农业示范园区建设补助 200 万元，病虫害控制 620 万元，农产品质量检测及体系建设 350 万元，大型农机购置补贴 300 万元，农民合作经济组织、行业协会建设 100 万元，农村公益事业 700 万元，农业产业化扶持资金 600 万元，农村能源建设补助 1000 万元，中央、省立农业项目配套资金 1400 万元；林业支出 300 万元，重点支持森林防火和森林病虫害防治；水利支出 1830 万元，主要包括防汛抗旱应急资金 330 万元，水利工程建设 440 万元，小型农田水利建设 1050 万元；能繁母猪、奶牛和小麦、玉米、棉花等养殖业、种植业保险补贴 4191 万元；农业综合开发配套资金 500 万元。着力改善农村人居环境。安排 18000 万元用于重点通道绿化工程和主城区生态园林绿化工程补助，支持绿化攻坚行动，计划造林绿化 75 万亩；村级一事一议财政奖补资金 4000 万元；安排专项资金 1000 万元，支持 100 个科学发展示范村建设；农村沼气池建设资金 2000 万元；改善农村贫困残疾群众居住条件补助资金 490 万元，对全市 1000 户农村贫困残疾户危房改造给以援助；公开招募选派科普志愿者和医疗志愿者到农村开展志愿服务经费 606 万元。着力提高农民生活水平。安排专项资金 5000 万元，启动农村养老保险改革试点；农村最低生活保障资金 1526 万元，农村最低生活保障水平由 1200 元/人·年提高到 1300 元/人·年；农村五保户生活补助 1705 万元；新型农村合作医疗补助资金 4139 万元。

（三）突出改善民生攻坚，推进人民幸福工程。着力支持社会保障工程。安排再就业补助 1000 万元，城镇居民最低生活保障资金 2050 万元（2009 年城镇居民最低生活保障标准提高到 285 元/人·月），城镇低保家庭和无工作单位的重点优抚对象取暖补贴 756 万元，最低收入家庭住房保障资金 200 万元，慰问困难群众资金 500 万元，老复员军人抚恤补助 983 万元，城镇退役士兵补助 613 万元，居委会经费补助 3110 万元，生活困难劳动模范救济金 200 万元，困难群众医疗救助资金 260 万元，特殊困难家庭救助资金 600 万元，孤儿生活补助 80 万元，企事业离休干部医疗补助 4169 万元，抗战前期企业离休干部养老金 200 万元，建国前入党的农村老党员和未享受离退休待遇的城镇老党员生活补贴 95 万元，企业退休人员生活补贴 8064 万元，行政事业单位离休干部医疗费 7000 万元，机关离退休人员死亡一次性抚恤金 425 万元，独生子女父母专项奖励经费 150 万元。着力支持教育扶助工程。教育支出安排 55193 万元（含地方教育费附加），增长 13.3%。其中，安排市区标准化学校建设资金 4000 万元，城乡义务教育保障经费 3451 万元，中小学陈旧校舍改造和布局调整资金 2300 万元，唐山一中新校区建设 6000 万元，职业教育补助 6000 万元，职业教育发展专项资金 1200 万元，高校、高职专和中职专家庭经济困难学生资助补助 1890 万元。着力支持全民健康工程。安排“健康唐山、幸福人民”专项资金 2000 万元，城镇居民医疗保险补助 1370 万元，城市社区卫生服务资金 659 万元，市“济困医院”政策性补助 180 万元，残疾人事业费和康复救助资金 197 万元，重大疾病防疫防治专项资金 300 万元，市传染病医院迁建资金 1414 万元，市人民医院扩建资金 200 万元，市第五医院综合楼建设资金 200 万元，市口腔医院装修改造资金 200 万元。

（四）突出城镇面貌三年大变样攻坚，推进生态城市建设工程。着力提升城市功能。安排城市建设资金 23 亿

元，重点用于城市公共设施维护、城市环境改善、重点镇建设和“四城一河”开发建设，其中，廉租住房建设资金19904万元，危旧平房改造资金5000万元。安排“四点一带”办公室、凤凰新城管委会、南湖生态城管委会、陡河青龙河管委会工作经费350万元。着力提升城市品位。安排唐山机场军民合用工程建设资金4000万元，唐山站改扩建贷款贴息2000万元，城乡一体化管理服务信息系统建设1700万元，重点文化产业发展资金1200万元，文化团体发展资金500万元，新奥体中心和工人文化宫建设前期项目启动资金1300万元，陶瓷博览会专项补助200万元。着力提升社会管理。大力支持安全生产和食品药品安全整治攻坚，安排安全生产专项经费300万元，食品药品安全管理专项资金500万元，切实维护好人民群众的生命财产安全和身心健康。安排公安系统三基工程建设资金1000万元，政法系统基层建设配套资金800万元，政法部门综合调控专项资金500万元，社会治安综合治理专项经费360万元，政法部门大案要案及信访专项经费360万元。

三、扎实工作，全力以赴完成2009年预算任务

2009年是建设科学发展示范区的重要年，也是落实积极财政政策的关键年，做好财政工作意义重大。我们要在市委的正确领导下，坚定信心，振奋精神，牢牢把握扩大内需的机遇，积极应对困难和挑战，狠抓以下各项工作，确保圆满完成全年预算任务。

（一）围绕落实积极财政政策，以确保经济增长为根本，努力打造发展财政。积极推出财政支持经济发展新举措，增强财政配置公共资源的基础作用，提高经济发展质量和效益。一是努力促进唐山湾“四点一带”开发建设工程。全面落实《关于激励县域经济科学发展的考核奖励办法》，认真实施好分税制财政体制，进一步理顺财政分配关系，积极引导县区做大做强县域经济，科学组织财政收入，不断壮大地方财力。要全面落实省给予的曹妃甸新区“超基数全返”财政政策，研究制定冀东经济区税收分享办法，推进政府投融资平台建设，完善促进唐山湾“四点一带”发展和“四城一河”建设的资金支持、税费扶持等财税措施，支持生产力要素向其聚集，推进新型工业化、新型城镇化，努力打造新的增长极。二是努力促进资源型城市转型工程。要管好用好节能减排专项资金，建立健全节能减排鼓励机制以及落后装备、高耗能产业退出机制，推动企业节能减排，加强生态环境保护，促进循环经济发展。要用好科技经费，鼓励企业自主创新，支持钢铁、能源、化工等主导产业技术改造、产品升级换代。加快推进钢铁工业整合重组，支持市区企业实施“退二进三”，积极跑办实施符合扩大内需政策的重点项目。综合运用财政贴息、资金补助、奖励等方式，支持延伸产业链条、促进产业融合，推进资源城市转型。三是努力促进增强经济发展活力。要用足用好国家和省市有关增值税转型、出口退税政策调整以及其他扩大内需的税费政策，切实减轻企业负担，促进企业投资，扩大产品出口，增强企业抗风险能力。认真落实促进服务业发展的财税政策，支持零成本注册，大力发展生产性、生活性和高端新型服务业，落实支持房地产业发展的税收政策，不断提高第三产业对财政收入的贡献率，努力增加地方可用财力。要健全完善国有企业改革保障机制，盘活闲置国有资产，多渠道筹措资金，妥善安置企业职工，支持国有企业改制；要加快推进公用事业单位国有独资经营改革，融合各类资本，逐步实现股权多元化，健全现代企业制度，增强国有经济活力。

（二）围绕人民幸福工程，以持续改善民生为核心，努力打造公共财政。积极完善公共服务保障机制，发挥好财政调节作用，确保人民群众共享改革发展成果。一是完善建立财政支持新农村建设长效机制。要完善支农发展保障机制。加强农村基础设施建设，加强农田水利设施和水土保持工程，促进现代农业发展。要建立惠农政策落实保障机制。要落实种粮农民直接补贴、农资综合补贴、农机具购置补贴、种植业、养殖业保险保费补贴、农民购买家电补贴等各项政策。要以农村公益事业“一事一议”财政奖补政策为导向，全面推进文明生态村镇建设。要认真开展清理化解农村义务教育“普九”债务试点工作。二是完善建立社会保障体系建设长效机制。要大力推进就业再就业工程，实现“零就业”家庭动态归零，全面实现农民进城无障碍；要完善失业保险制度、城镇职工养老保险和基本医疗保险制度、城镇居民基本医疗保险、新型农村合作医疗制度建设，规范农村五保户供养以及失地农民、失海渔民养老保险等基本生活保障制度，积极落实农村部分计划生育家庭奖励扶助政策，加快农村养老保险试点。要全面落实义务教育阶段经费，加快建立职业教育体系，支持高等教育资源整合。三是完善建立促进城市生态发展的融资机制。要加快打造投融资平台，积极推进12家投融资公司进入资本化运作，有效整合城市资产，增强投融资能力，带动金融资本和民间资本进入建设领域。加快推进曹妃甸生态城、凤凰新城、南湖生态城、空港城和陡河青龙河“四城一河”开发建设，加快实施城中村改造、旧城改造、城市“绿美亮净”工程；加快保障性住房建设，逐步解决困难群体的住房问题；加快推进新奥体中心、文化广场和工人文化宫、青少年宫等公益性文化设施建设，促进生态城市发展。

（三）围绕服务科学发展，以深化改革攻坚为突破，努力打造动态平衡财政。积极完善促进财政内涵发展的新机制，提高科学理财能力，确保财政收支动态平衡。一是努力为民聚好财。大力克服宏观经济形势和财税减收政策的影响，全力组织财税收入。建立健全财税收入增长监控机制，加强对重点地区、重点行业、重点企业和重点税种的征收管理；大力组织城建税、契税、教育费附加等地方专享收入；切实抓好零散税收征管，加强个体私营经济税收征缴，确保及时足额入库。要加强非税收入管理，强化国有资产有偿使用收入、国有资本经营收益、特许经营权出让收入的管理，增加地方可用财力。二是努力为民用好财。坚持量入为出，量财办事，大力压缩一般性支出，不断降低行政成本，集中财力办大事，努力增加发展和民生投入。要切实按照“两个务必”和建设节约型社会的要求，真正过好“紧日子”，牢固树立成本效益观念，厉行勤俭节约，坚决反对任何形式的铺张浪费。对有限的财政资金，一定要倍加珍惜，稳妥使用，真正发挥财政资金的最大效益。要硬化预算约束，充分认识今年财政收支平衡的艰巨性，严格执行年初预算，除救灾和法定增支项目外，原则不再安排追加预算。三是努力为民管好财。要落实好财政重大事项集体决策制度；完善市本级“零余额”清算制度，推行公务卡消费；拓宽财政投资项目评审覆盖面，扩大绩效评价范围；扩大政府采购范围和规模，充分发挥政府采购的导向和功能作用。加快“金财工程”建设，认真贯彻《财政违法行为处罚处分条例》，全面落实行政事业单位国有资产管理办法，加强社保、支农、教育等专项资金监管，提高财政监督效果。要强化政府债务管理，建立债务偿还新机制，逐步化解债务风险，实现债务良性循环。要主动接受人大、政协和社会各界监督，建立多层次、全方位、全过程的监督体系，努力打造阳光财政。

各位代表，近年来唐山经济发展和财政收入形势越来越好，但是我们要清醒地看到财政收入来之不易，特别是今年实现财政增收面临着许多新困难，支出压力会进一步加大，财政收支紧张的矛盾比较突出，完成今年的预算任务光荣而艰巨，责任重大。我们将在市委的正确领导下，在市人大的监督和支持下，坚定信心，奋发有为，努力完成全年的各项预算任务，为把新唐山建成科学发展示范区、建成人民群众的幸福之都做出更大贡献，以优异成绩向建国60周年献礼！

2008年唐山市政府为群众办好的20件实事

一、努力增加就业岗位。截至2008年底，全市新增就业6.8万人，完成实事计划的113.3%；下岗失业人员实现再就业3.1万人，其中安置就业困难群体1.06万人，分别完成实事计划的119.2%、265%。对新出现的128户零就业家庭及时进行就业帮扶。

二、加强社会保障体系建设。城镇居民基本医疗保险制度在全市推广实施，制度覆盖率为100%，截至2008年底，全市参保人数达到60.9万人，参保率达到86.6%。在迁安市开展试点的基础上，遵化市、迁西县、唐海县、丰南区、开平区、高新区6个县（市）区实施新型农村养老保险试点工作，目前进展顺利。截至2008年底，全市新型农村养老保险参保人数达40.54万人，有14.91万名农民按月领取新型农保金。

三、推进城乡公共服务一体化，全面落实“五个无障碍”。农民工进城落户无障碍工作。此项政策在全市得到全面的贯彻落实，凡是在唐山有合法固定产权住所、职业稳定的农民工，其配偶、未成年子女均可在唐山落户。农民工进城就业无障碍工作。为做好此项工作，市制定出台《唐山市“农民进城就业‘无障碍’”实施方案》，各级公共就业服务机构为农民进城务工开展免费服务，实现农民进城就业政策和就业服务的无障碍。农民工子女就读无障碍工作。4月11日，唐山市教育局印发《关于2008年义务教育阶段学校招生工作意见》（唐教字［2008］20号），明确规定：“各县区、各公办中小学校要高度重视进城务工流动人口子女的入学问题，主动协调公安、工商等部门，做好调查摸底，按照市委、市政府关于流动人员子女入学无障碍的要求，结合当地实际制定具体办法，使流动人口子女在入学、收费等方面与当地学生一视同仁”。为推进这一工作的经常化和规范化，唐山市教育局又专门制定《关于农民工子女就读无障碍工作实施办法》，进一步保障农民工子女依法享受教育的权益。截至年底，全市农民工子女就读无障碍工作全面完成，全市接收义务教育阶段农民工子女2.04万人，涉及学校603所（其中中学149所、小学454所）。农民进城公共交通无障碍工作。截至2008年底，新改造农村公路963.5公里，完成实事计划任务的124%；新增农村客运班线48条、客运班车214辆、客运班次1563个，分别完成实事计划任务的107%、186%、447%。农民进城就医报销无障碍工作。16个县（市）区全部被纳入国家新型农村合作医疗补助范围，参合农民达467.83万人，参合率为94.3%。全市统一新型农村合作医疗补偿方案，建立唐山市“新型农村合作医疗管理信息平台”，全市16家定点医院与各县（市）区新农合管理中心全部实现联网运行，参合农民住院不论是在本县域内就医，还是在市级新农合定点医院就医，均实现“入院即报告，出院即报销”，实现农民进城就医报销无障碍目标。

四、提高城乡低保标准。4月29日，唐山市民政局、唐山市财政局联合下发《关于提高城乡低保标准的通知》（市民通字［2008］13号），规定从2008年1月1日起，在全市执行新的城乡低保标准，市区低保标准由每人每月225元调整为每人每月270元；县（市）低保标准由每人每月170元调整为每人每月205元；农村低保标准由每人每年1000元调整为每人每年1200元。年底，全市城乡低保提高标准工作全面完成，市、县两级对8.62万户、16.7万城乡低保对象进行生活保障。2008年，全市累计发放城乡保障金1.81亿元。

五、改善农村困难群众居住条件，对全市现有1150户农村残疾特困户危房改造进行援建。经摸底调查，最终确定危房援建户1170户。截至年底，农村残疾特困户危房援建工程全部完工，1170户贫困残疾人家庭全部搬入新居。

六、推进文明生态村镇建设。全市重点抓好454个（比年初计划增加4个）村的创建工作。截至年底，454个重点村完成道路硬化1595.8公里，绿化植树338.5万株，清理垃圾42万方，安装太阳能路灯4443盏，修建文体广场（公园）444处，各创建村的环境得到明显改善。

七、新建农村沼气池10万户，累计达到39万户，占适宜建池农户的48%。全市新建沼气池10.25万户，完成实事计划的102.6%，累计达到39.25万户，占适宜建池农户的48.7%。

八、实施农村饮水安全工程。全市投资8.16亿元，打井2275眼，安装管道3514.9万米，解决2450个村的饮水安全问题，受益农村人口217.7万人。

九、加强农村文化基础设施建设。全市实事工程计划新建农村文化站30个，新建村民中心2000个。截至2008年底，全市共新建乡镇综合文化站30个、村民中心2666个，分别完成实事计划的100%和133.3%。

十、在农村全部实行免费义务教育的基础上，全部免除城市义务教育阶段学杂费。根据《关于免除城市义务教育阶段学生学杂费的通知》（冀政［2008］22号）精神，全市2008年春季开始全部免除城市义务教育阶段学生学杂费，落实资金3820万元，其中：中央1959万元，省级378万元，市级764万元、区级719万元。截至年底，中央、省级、市级、区级资金均到位，确保城市中小学的正常运转。

全部免除义务教育阶段农村学生和城市低保家庭学生教科书费。2008年，全市义务教育阶段农村学生和城市低保家庭学生全部享受免费教科书，免费金额9280万元，受益学生达57.81万人。

在公办普通高中实行免费教育。2008年，全市免除符合政策的所有普通高中公助在校生的基本学费，免费金额5295万元，受益学生达10.6万人。

进一步改善农村中小学办学条件，年内改造校舍10万平方米。截至年底，全市陈旧校舍改造工程完工10.3万平方米，完成实事计划任务的103%。

十一、发展城市社区卫生服务。新增12个社区卫生服务中心、23个社区卫生服务站，年内城市社区卫生服务人口覆盖率达到100%。全部完成新增12个社区卫生服务中心，23个社区卫生服务站的改扩建任务。全市社区卫生服务机构已达130个，城市社区卫生服务人口覆盖率达到100%。

十二、改扩建唐山市残疾人综合服务中心。9月11日，该项目交唐山市政府投资建设管理中心实行代建，各项工作正在积极推进之中。

十三、新建20个社区健身苑、100个农民体育健身工程。新建的20个社区健身苑、100个农民体育健身工程完工并向社会开放。

十四、加强对陡河水库水质保护。认真贯彻落实《唐山市陡河水库饮用水源地保护条例》，全面开展陡河水库饮用水源保护区内工业污水排污口综合整治工作，对陡河水库饮用水源保护区内9家企业工业污水排污口进行取缔。进一步加强对陡河水库水质的监测力度，增加取水密度和范围，取水次数为每周二、五各取1次，监测点增加到6个，范围由库区扩大到上游河流。陡河水库实施封闭管理，水库水质稳定保持在二类水质标准。组成联合调查组，对陡河水库及其周边环境进行详细调查，进一步完善取水口水质在线监测制度和措施，城区居民饮用水水质符合国家标准。

十五、进一步提高城市空气质量，实施天然气进市区工程。全市天然气进市区工程由两部分组成，分别是“南堡—唐山天然气集输管道工程”和“唐山市天然气储配站和市区燃气管网改扩建工程”。其中，“南堡—唐山天然气集输管道工程”由冀东油田公司负责承建，于2008年5月完成并通气。“唐山市天然气储配站和市区燃气管网改扩建工程”由市燃气公司负责承建，西外环天然气储配站罐区土建工程和配套设施主体工程基本结束，球壳正在制作中，用于置换天然气的简易门站于5月投入使用，与之相配套建设的33.4公里城市天然气管道和设备已完成，并相继投入使用。市区天然气置换工作于2008年6月7日起开始实施，并于9月底完成市区天然气置换工作，总计置换民用户（含刘火新庄）26.5万户，商福户789户，工业户18户。全市日供应天然气38万立方米。取缔城区4吨以下燃煤锅炉30座。泰铭物业、金三角物流等22家单位的30座锅炉取缔工作全部完成。市区及周边重点污染企业全面实施深度治理情况。唐山发电总厂新区热电厂、唐山市金峰热电有限公司、唐山兴业工贸有限公司、大唐陡河发电厂、唐山市征楠焦化有限公司、新兴焦化有限公司、开滦热电有限责任公司林西电厂、马家沟矿业有限公司、开滦唐山矿业分公司、银水钢铁厂等10家重点污染企业的深度治理工作全部完成。

十六、发展城市公共交通，新购置换公交车辆60部，增加城市公交线路，进一步改善群众出行条件。2008年，全市投资6918万元，更新购置欧Ⅲ标准公交车212部，全部到位运营；新开通公交线路12条，延伸9条，使群众出行条件得有效改善。

十七、完善城市路网。新建延伸大里路、友谊东附路；综合改造北新道、长宁道、站前路；翻修银河路、新华东道、车站路等一批城市道路；完善提升煤医、八方地下通道设施。按照《关于调增今年新建道路工程项目及投资的报告》（城管字［2008］35号），经有关市领导批示同意，2008年全市新建延伸大里路、友谊东附路，调整为新建延伸学院南路、友谊北路、友谊东附路、卫国北路、兴源道、长虹道、朝阳道、光明北路、文化北路、大里路、学院北路等11条道路。按照《关于下达2008年城市维护建设项目工程计划的通知》（市发改委、城管局、建设局、财政局联合发文，城管字［2008］28号）要求，将“综合改造北新道、长宁道、站前路”调整为“综合改造北新道、长宁道”；将“翻修银河路、新华东道、车站路等一批城市道路”调整为“翻修银河路、唐柏路、河东路、人民路、解放路、华联北街、古冶京华西道、古冶京山道、唐丰路等9条道路”。

截至2008年底，11条新建延伸道路中，朝阳道、文化北路、兴源道、大里路、光明路等5条道路主体工程完工；学院南路、友谊东辅路、卫国北路、长虹道、友谊北路等5条道路具备开工条件的路段完工；学院北路由于涉及北空土地，转入2009年施工。2条综合改造道路中，北新道综合改造工程全部完成；长宁道综合改造工程按计划完成北半部分铺油工作。9条翻修道路中，除唐柏路因新建立交桥施工没有进场，其它道路基本完工。煤医、八方地下通道完善提升工程正在扎实推进，八方地下通道完善提升工程开工建设。

十八、完善城市环卫基础设施。市内中心区生活垃圾填埋场和大型压缩中转站于4月5日开始正式投入使用。丰润污水处理厂回用工程设备安装完成，具备通水条件。

十九、继续推进市区震后危旧平房改造工程，加快经济适用住房和廉租房建设。市区震后危旧平房改造工程：截至年底，全市开工安置住房155.3万平方米，完成实事计划任务的102.85%。经济适用住房、廉租住房建设：截至年底，市中心区经济适用住房、廉租住房开工40万平方米，其中廉租住房5万平方米，完成实事计划任务的100%。

二十、实施全市（含县区）“主城区、城市周边和公路干线、工业区、乡村绿化和矿山生态修复绿化”工程。主城区绿化：南湖会议接待中心绿化工程完成，南湖风景区植树绿化和环境整治、垃圾填埋场封场绿化正在组织实施。大城山公园改造工程完成，总绿化面积3.23万平方米。凤凰山、大城山裸岩治理工程完成2.41万平方米。狠抓道路绿化建设改造。对全长10.8公里的建设路进行绿化，整体绿化工程全部完成，绿化面积72公顷，共栽植乔灌木4.53万株。对新华道、北新道等20条道路的拆迁部

位进行绿化，绿化面积8.97万平方米。对建设路、北新道等16条主次干道进行绿化完善，对新华道、庆南道、荣华道等14条道路进行杨柳更换，全部完成。城市周边和公路干线绿化：西出入口绿化工程全长3.4公里，绿化面积46.2万平方米，栽植各种乔灌木2.66万株，草坪31.5万平方米，花卉4.9万平方米。外环线绿化工程全长40公里，完成全线绿化平台修整。唐曹高速两侧各30米范围绿化带全部建成，完成造林331.8万平方米，苇田绿化373.7万平方米。唐丰路绿化工程全部完成，全线共计栽植乔灌木1.9万株、草坪8万平方米、补栽乔木8241株。工业区绿化：曹妃甸工业区、海港开发区、高新区、南堡开发区完成绿化面积208.68万平方米。乡村绿化，按照农村户均植树10株的要求，经测算全市需植树1410万株，至年底，全完成植树1465万株，占计划103.9%。矿山生态修复绿化，以落实矿山环境保护与恢复治理责任机制为重点，严格推行矿山环境恢复治理保证金制度。制定下发《唐山市矿山环境恢复治理实施方案》，基本建立起矿山环境恢复治理机制。至年底，全市有303家矿山企业（包括选厂）开始矿山环境恢复治理工程，完成削坡、客土、砌护等土石方1050万立方米，栽植各类苗木3000多万株，绿化面积达到381万平方米。遵化、迁安、迁西等县（市）区初步建立并实施资源生态环境恢复治理保证金制度，累计征收保证金1.75亿元。至年底，全市完成造林绿化面积2.7万公顷，完成实事计划的117.39%；全民义务植树1002万株，完成实事计划的100.2%；市中心区新增绿化面积338公顷，完成实事计划的100%，绿地率、绿化覆盖率和人均公共绿地面积分别为38.4%、44.1%和10.5平方米。

中共唐山市委关于开展深入学习实践科学发展观活动试点工作的总结报告

中央试点工作领导小组办公室：

按照中央的统一部署，在中共河北省委的坚强领导下，今年4月至8月，我们在全市各级党组织和广大党员中认真开展了深入学习实践科学发展观活动试点工作。我们坚持以建设科学发展示范区为主线，对上回答问题、对下解决问题，着力在深入上下功夫、在实效上求突破，经全市上下共同努力，基本达到了党员干部受教育、科学发展上水平、人民群众得实惠的目的。现将有关情况报告如下：

一、主要做法

我市的学习实践活动试点工作，是在去年开展科学发展观学习教育活动的基础上进行的。为贯彻落实胡锦涛总书记2006年7月视察唐山时提出的建设科学发展示范区的殷切希望，从去年4月开始，我们组织开展了为期半年的科学发展观学习教育活动，收到了良好成效。这次中央把唐山确定为学习实践活动试点单位，全市上下倍感鼓舞和振奋，学习实践科学发展观的热情更加高涨。对我市的试点工作，中央和省委给予了高度重视。习近平同志来河北视察时，对我市开展的学习教育活动给予充分肯定，我们倍受鼓舞。李源潮等中央领导同志先后亲临唐山视察，就搞好试点工作作出了重要指示。张云川、胡春华等省委领导也多次来唐调研指导。特别是张云川同志，今年4月到8月，先后四次来唐检查指导，对我市的试点工作倾注了大量心血。这些都为我们深入扎实地搞好试点工作提供了强大动力。

我市的学习实践活动涵盖全市各级领导班子、领导干部和全体党员，并发动各界群众积极参与。整个活动分深化学习、分析检查、解决问题、完善制度、测评总结五个阶段。总结这次活动，主要有以下几个做法和特点：

（一）深入调查研究，精心做好准备。为增强学习实践活动的针对性、实效性，试点工作开始前，我们用一个月的时间进行了充分准备。一是抓好“三个摸清”。坚持深入调查研究，广泛征求意见，着力摸清群众对学习实践活动的新期待，摸清学习实践活动需要解决的重点问题，摸清领导干部和普通党员的思想状况。市领导带头深入基层，面对面听取群众呼声反映，收集意见建议510多条；采取发放征求意见表、召开座谈会、开展群众性献计献策活动等形式，征求到意见建议6.2万多条，为有的放矢地开展学习实践活动打下了基础。二是精心制定方案。市委先后5次召开常委会议，对试点工作的基本原则、主要任务、方法步骤和主要抓手反复研究，力求使试点工作方案既充分体现中央要求，又紧扣唐山建设科学发展示范区的实际。三是深入动员部署。把搞好思想发动作为学习实践活动的基础性工作，通过广泛动员、强化宣传等形式，增强了干部群众投身学习实践活动的积极性和主动性。全市动员大会采取电视直播的形式，一直开到村、企和社区党支部，全市300多万名干部群众收听收看，扩大了活动的知晓面和群众的参与度。

（二）深入学习培训，搞好理论武装。我们把用科学发展观武装党员干部作为学习实践活动的首要任务，以中央规定的文件篇目及“两本书”为重点，联系实际开展了形式多样的学习活动。一是精心组织“三个五”活动。围绕弄清科学发展观是什么、中央提出科学发展观为什么、科学发展观要求我们做什么、科学发展观为我们带来什么、现阶段我们落实科学发展观应该做什么“五个基本问题”，重点开展了“三个五”活动：①邀请白春礼等国内知名专家学者，采用电视直播方式举办了五场专题辅导报告；②县级以上领导班子开展了五场专题讨论；③以基层支部为单位开展了五场论坛活动，收到了良好效果。二是大规模培训干部。分期选派1000名县级干部到新加坡等发达国家培训，拓宽国际视野，树立起科学发展新的参照系。以市、县两级党校为平台，以学习实践科学发展观、建设科学发展示范区为主题，对县、乡、村三级6920名干部，分期分批进行了短期轮训。省委常委、市委书记赵勇同志带头，市、县两级班子成员亲自授课，达到了统一思想认识、提高理论素养、、增强科学发展本领的目的。三是普及科学发展理论。组织编写了《科学发展1001问》、《我身边的科学发展》两个通俗读本，向基层发放50多万册；在市电视台举办了科学发展百家论坛，38位专家学者、市直部门负责人和企业家登坛宣讲。一些单位还通过排演系列文艺节目、编写“口袋书”、组织知识竞赛和演讲比赛等形式，宣传普及科学发展知识。

（三）深入开展解放思想大讨论，打开科学发展“总阀门”。按照省委七届三次全会的部署，去年底和今年初，我们在全市上下组织开展了解放思想大讨论，廓清了干部群众在科学发展问题上的模糊认识。在这次学习实践活动中，我们把开展大讨论、打开“总阀门”作为学习实践活动的先导工程，引导党员干部按照科学发展观的要求，在思想观念上做到“六破六立”。一是破除单纯追求速度、不顾资源环境代价的思想，树立“好”字优先、又好又快的观念；二是破除片面追求经济增长、忽视政治建设、文化建设、社会建设的思想，

树立统筹兼顾、全面协调的观念；三是破除小富即安、固步自封的思想，树立开放创新、敢为人先的观念；四是破除狭隘的地方主义、本位主义思想，树立区域发展“一盘棋”的大局观念；五是破除“管”字当头、重管理轻服务的思想，树立服务至上、效率至上的观念；六是破除追求个人政绩、忽视群众利益的思想，树立以人为本、以民为先的观念。通过“六破六立”，进一步打开了“总阀门”，想科学发展、抓科学发展成为广大党员干部的自觉追求。

（四）深入查找聚焦问题，为科学发展把脉定向。我们把找准问题、解决问题，作为学习实践活动的重要内容和检验试点工作的重要标准，动员全市上下积极参与、共同推进。一是上下结合，把问题找准。坚持闭门思过，组织各级领导班子和领导干部进行了“三对照、三查找”（对照建设科学发展示范区的要求，查找发展思路、发展战略、体制机制和工作举措等方面不符合科学发展观要求的问题；对照国内外科学发展经验，查找科学发展示范区建设中存在的差距；对照人民群众的新期待，查找在建设幸福之都进程中需要解决的突出问题），组织广大党员进行了“三查三看”（查思想，看科学发展意识是否明显增强；查工作，看科学发展能力是否明显提高；查作风，看践行科学发展观的实效是否明显）。通过对照检查，引导各级领导班子、领导干部和广大党员，把自身存在的问题搞清楚。坚持敞门纳谏，通过发放征求意见函、召开座谈会、设立网上互动平台、面对面与群众交流等多种形式，全市县以上领导班子共征求群众意见 18.4 万条，自己查找和从群众意见建议中梳理出的问题共 9306 个。二是深入聚焦，把原因析透。对查摆出的问题，在系统梳理归类、深挖问题根源、统一思想认识的基础上，各级领导班子普遍召开了一次较高质量的民主生活会，形成了一个较高水平的分析报告，召开了一次集思广益的党委（党组）扩大会议，开展了一次充分反映民情民意的民主测评。各级领导班子的分析检查报告，普遍得到了群众认可。在对市委常委分析报告的民主测评中，群众满意率为 96.9%，基本满意率为 3.1%。

（五）深入创新实践，着力破解科学发展难题。整个活动始终突出实践特色，紧紧扭住科学发展示范区建设的关键环节，针对影响和制约科学发展的突出问题，集中精力，组织开展了五项攻坚行动。①围绕破解生态环境脆弱的难题，开展了绿化唐山攻坚行动。②围绕破解城市建设与经济发展不相适应的难题，开展了城乡建设改造和环境综合整治攻坚行动。③围绕破解资源能源消耗高、环境压力大的难题，开展了节能减排持续攻坚行动。④围绕破解发展后劲不足、发展方式转变步伐不快的难题，开展了 50 项重点产业项目建设攻坚行动。⑤围绕破解发展成果普惠性不强的难题，开展了改善民生攻坚行动。对这五项攻坚行动，市委、市政府分别制定了具体实施方案，由市四大班子成员牵头，相关部门分包任务、各负其责，集中力量破解攻坚。

（六）深入查找制度缺陷，构建支撑科学发展的体制机制。我们把创新制度作为试点工作的重要任务，以改革创新精神破解科学发展的体制机制障碍。排查制度缺陷。全面审视已有制度规章，查找不适应、不符合科学发展要求的政策规定，查找政策缺陷和制度空白。通过在媒体发布公告、召开专家座谈会等多种形式，共征求到社会各界关于制度建设方面的意见建议 1.2 万多条，查找制度缺陷 646 项。推进“X＋1”制度体系建设。针对制度缺陷，确定在学习实践活动中制定出台若干政策制度（X）和一部地方性法规（1）。政策制度主要包括以科学发展指数、人民群众幸福指数为主要指标的经济社会发展评价制度，综合配套的干部管理制度，有利于科学发展的利益分配机制、产业导向机制、资源配置机制、环保约束机制等，地方性法规即《科学发展促进条例》。通过加强制度建设，形成自上而下支撑科学发展的制度体系。

（七）深入发动群众，促进党员干部群众同学习、同实践。活动中，我们注意最大限度地调动党员干部群众参与学习实践活动的积极性。以“六个一”为抓手，发挥领导干部的表率作用。在县级以上领导干部中开展了“六个一”活动，即自己动手写一篇调研报告，下基层做一场学习报告，牵头破解一个难题，牵头制定二项政策措施，指导一个单位或系统的科学发展示范单位创建活动，抓好一个学习实践活动联系点并且成为示范点。按照这样的要求，市县两级领导干部撰写调研报告 1300 余篇，作辅导报告 2000 多场，带头破解各类难题 158 个。省委常委、市委书记赵勇同志带头落实“六个一”，为各级领导干部做出了榜样。以党支部为阵地，使广大党员成为学习实践科学发展观的骨干和中坚。为确保每一名党员都参加活动、受到教育、得到提高，我们牢牢抓住党支部这个前沿阵地，在动员时一竿子插到支部，通过支部把全体党员组织起来参加学习实践活动。我们还建立了党支部与流动党员联系制度，通过灵活多样的方式使流动党员参与到活动中来，确保了学习实践活动的覆盖面。以科学发展示范单位创建活动为平台，把全市人民的力量汇聚成科学发展的时代洪流。在全市广泛开展了创建科学发展示范县（市）区、示范乡村（社区）、示范园区、、示范企业、示范机关、示范家庭活动，从各个层面全面展开了科学发展示范区建设的具体实践。面向全市广大人民群众组织开展了“科学发展在我身边”活动，引导广大群众从节约一滴水、少用一度电、少用一次性用品等身边的小事做起，把贯彻落实科学发展观变成自觉实践。

（八）深入开展评议，把群众满意不满意作为评价标准。探索创新测评方法，全面、客观、真实地评价学习实践活动情况，达到以测评促活动开展的目的。市委专门发出了《致全市人民群众参加评议活动的一封公开信》，设定了评议标准并利用各种媒体向社会公布，建立了各界代表组成的评议代表库，确保测评方法让群众掌握，测评标准让群众明白，测评过程让群众参与。为增强测评的公信力，我们还委托第三方调查机构——北京零点公司，在20个县（市）区随机抽取3800个样本，采取入户访问与座谈印证相结合、定性评估和定量评估相结合的办法，开展了对活动整体情况的社会满意度测评。根据测评结果，要求各单位针对测评中反映出来的问题和不足，认真进行“回头看”，拾遗补缺，整改补课。同时，将测评结果纳入年度目标考核，作为对市管领导班子及成员进行业绩评定、奖励惩处、选拔任用的重要依据。

（九）深入组织引导，确保活动扎实有序开展。市委常委一班人坚持把搞好试点工作作为严肃的政治任务，作为推进科学发展示范区建设的重大机遇，切实摆上重要议事日程，精心组织，狠抓落实。市委各位常委坚持深入基层、深入联系点，了解情况、解决问题、总结经验，加强了对分管领域、分管战线、分管部门学习实践活动的指导、组织和推动。各级党组织书记认真履行第一责任人的职责，发挥第一责任人的作用。省委常委、市委书记赵勇同志集中主要精力，亲自调查研究，亲自谋划方案，亲自动员部署，亲自做辅导报告，亲自督导检查，对每一个阶段、每一个环节的工作都紧紧抓在手上，有力地保证和推动了活动的顺利开展。组织推动中，突出抓了四点：一是建强组织机构。市委成立了由书记任组长、8名市领导任副组长、21个市直部门一把手为成员的学习实践活动领导小组。领导小组下设办公室，由市委副书记兼任办公室主任。二是加强督导检查。向各县（市）区和市直部门派出了督导组，切买加强督查，确保不走过场。三是强化舆论引导。充分利用广播、电视、报刊、网络等宣传媒体，通过设立专题专栏、互动平台等形式，在全社会营造了浓厚的舆论氛围。在不同行业选树了146个科学发展先进典型在全市推广，起到了“点亮一盏灯，照亮一大片”的效果。四是注重统筹协调。把学习实践活动与推进科学发展示范区建设的各项工作同部署、同落实、同考核，实现了试点工作与经济社会发展融合统一、相互促进。

二、主要成效

通过开展深入学习实践科学发展观活动，广大党员干部特别是各级领导干部受到了一次深刻的教育，人民群众切身感受到了学习实践活动带来的变化。总结试点工作成效，主要有九个方面：

（一）形成了科学发展的新认识。广大党员干部进一步加深了对科学发展观的理解，在十个方面形成了高度共识：①科学发展观是在新的历史起点上，把中国特色社会主义伟大事业推向前进的强大思想武器，是推动科学发展、促进社会和谐的根本指针；⑦科学发展观是指导物质文明、政治文明、精神文明、社会文明、生态文明协调发展的方法论；③贯彻落实科学发展观关键是要解，放思想、解放生产力；④贯彻落实科学发展观的根本目的是为民造福；⑤贯彻落实科学发展观，必须以科学发展推动改革开放，以改革开放推进科学发展；⑥贯彻落实科学发展观必须依靠科技、依靠人才、依靠创新；⑦贯彻落实科学发展观的过程，是一个不断创造和推广科学发展模式的过程；⑧贯彻落实科学发展观，既要让科学发展观掌握群众，又要让群众掌握科学发展观；⑨建设科学发展示范区，是胡锦涛总书记赋予我们的历史重任，是唐山必须肩负的重大使命；⑩推动科学发展，必须打造一支忠实践行科学发展观的干部队伍。广大人民群众思想认识也得到了升华，普遍认识到科学发展之路是文明之路、幸福之路、复兴之路；唐山作为资源型城市只有加快转型走科学发展之路，才会有美好前景，才有老百姓幸福可言。在活动中，每个地方、每个部门都凝炼了各自的科学发展新理念，“环境是最大的资源，生态是永久的财富”、“金山银山有污染不进唐山”、“群众脸上的笑容是领导干部真正的政绩”等理念日益深入人心。通过树立科学发展的新理念，使干部群众对科学发展观的认识和理解更具体。通过树立新理念，使科学发展日益成为指导干部群众的行动准则。

（二）描绘了科学发展的新蓝图。在科学发展观的指引下，集中全市人民的智慧，特别是结合科学发展观学习教育和学习实践活动中形成的新思路，进一步绘就了唐山末来发展的新蓝图。确立了唐山未来发展的总目标。以“抢抓新机遇、建设新唐山，在科学发展道路上实现新跨越”为主题，以开放创新、富民强市为总战略，坚定不移地朝着建设科学发展示范区、建设人民群众幸福之都的总目标奋勇前进，力争在未来的五年，把唐山建设成为经济繁荣、社会和谐、生态优美、体制健全、人民幸福的科学发展示范区。层层制定了科学发展的新规划。市委、市政府聘请国内外科研机构，在广泛调研、充分论证的基础上，编制了科学发展示范区战略规划和推进资源型城市转型、发展七大主导产业链以及城市建设等30多个专项规划。同时，从县（市）区到乡镇到村、从市直部门到企业到园区，也都层层制定了科学发展规划，科学发展示范区建设在科学规划的指导下顺利推进。

（三）明确了科学发展的新标准。通过制定科学发展的新标准，使行动有了方向，评价有了依据，百姓监督有了渠道。制定发布了全国首个《科学发展指标体系》。这个《指标体系》分科学发展指数和人民群众幸福指数两个方面，各占100分权重。通过这个《指标体

系》，对经济社会发展状况进行科学评价，并将成为考核领导班子和领导干部政绩的“标尺”。明确了创建科学发展示范单位的具体标准。根据科学发展指标体系，细化了科学发展示范县（市）区、示范乡村、示范园区、示范企业、示范机关、示范家庭的标准。在践行和落实这套标准的过程中，涌现出了丰南黄各庄镇、迁安唐庄子村、乐亭县赵蔡庄村等一批示范乡（镇）村，唐钢股份、开滦股份、三友集团、冀东集团等一批示范企业，市委办公厅、市人事局、教育局、工商局等一批示范机关。

（四）探索了科学发展的新模式。通过试验示范可操作性强的科学发展具体模式，把科学发展的各项要求落到实处。瞄准国际水准，结合唐山实际，投入启动资金1600多万元，在全市380多个单位试验示范了60个科学发展模式。这60个模式，涵盖推进新型工业化、新型社会化、农村现代化、社会管理和政府管理创新四个领域。新农居建设“六个一”（一顶、一墙、一能、一炕、一沼卫、一灶）模式，正在全市农村广泛推行，使村庄面貌和农民生活条件有了明显改善。绿色港口、绿色企业、循环经济、生态庄园等模式也都取得了阶段性成果，今年多数项目将完成试验，进入大规模推广阶段。

（五）摸索了科学发展的新路径。围绕建设科学发展示范区的总体思路，积极探索了十条科学发展的新路径。一是集约发展之路。着力提高城市集群度、产业集中度、发展集合度。二是循环发展之路。把循环经济作为立市之本和建设科学发展示范区的最大特色，努力实现企业循环、区域循环和社会大系统循环。三是生态发展之路。建设生态型工业、生态型农业、生态型服务业，发展生态型经济；在全社会大力倡导绿色生活方式，引导群众绿色消费。四是创新发展之路。积极推进关键技术创新，大力发展高新技术产业，加快运用高新技术和先进适用技术改造传统产业。五是开放发展之路。充分发挥曹妃甸国际大港优势，利用国内外两种资源、两个市场，瞄准世界500强和国内央企，加快引进一批战略投资者。六是协调发展之路。坚持城乡等值化的发展理念，以产业化提升农业，以工业化富裕农民，以城镇化改造农村，加快城乡一体化进程。七是和谐发展之路。实施十大幸福工程，不断提升老百姓的幸福指数。八是安全发展之路。实现经济安全、社会安全、生产安全、生活安全。九是文化发展之路。弘扬新唐山人文精神，打造文化名城。十是协同发展之路。找准区域经济发展的方位和支点，大力实施交通一体化、人才一体化、市场一体化、政策一体化、城市功能一体化。各级各单位也都立足实际，积极探索了实践科学发展的具体路径。

（六）打造了科学发展的新平台。围绕加快资源型城市转型，积极推进经济社会发展由单一的经济结构发展模式向多元的发展模式转变，寻求新的经济增长点，着力打造了新的战略平台。一是着力打造了唐山湾“四点一带”大规模开发建设新平台。“四点一带”的领导体制正在逐步理顺，曹妃甸新区、丰南沿海工业区、乐亭新区、芦汉经济技术开发区逐步按新的架构开始运行，基础设施日臻完善，具备了承接产业、大规模开发建设的基本条件。二是着力打造了城市“四大功能区”建设新平台。着眼于打造适宜人居和创业的现代化滨海城市，确定了“双核两带”的城市发展总体思路和空间布局，即以市区和曹妃甸生态城为双核，推动北部山前城市带、南部沿海城市带协调发展。规划实施了曹妃甸生态城、凤凰新城、南湖生态城、空港城“四大功能区”建设。目前，“四大功能区”规划编制已经完成，曹妃甸生态城与瑞典、意大利的国际合作进展顺利，造地工程等基础设施建设开始启动；南湖生态城扩湖工程正在加紧进行，将形成11平方公里湖面；凤凰新城和空港城建设也正加快推进。三是着力打造了“四大要素”支撑平台。围绕构建科技支撑平台，与中科院联合成立了科学发展研究中心，全市企业工程技术研发中心、行业重点实验室等各类研发机构达到91家。围绕构建人才支撑平台，组织实施了《人才强市行动计划》，与全国重点高校的人才智力合作取得新突破。围绕构建文化支撑平台，最近我们正在请城市主题文化研究院来帮我们做系统的文化产业发展规划。围绕构建金融支撑平台，成立了天津银行唐山分行，努力完善区域性现代金融服务体系。

（七）构建了促进科学发展的新机制。坚持以改革创新精神破解科学发展的体制机制障碍，研究制定了一批促进科学发展的政策措施和制度规定。一是理顺了行政管理体制。设立了城乡规划委员会和“四点一带”、城市“四大功能区”行政管理机构。二是健全了政策支撑体系。市委作出了《加快建设科学发展示范区的决定》，制定了《关于向县（市）区下放若干管理权限的意见》、《关于发展循环经济的若干政策》等七项政策措施。三是创新了利益分配机制。制定了产业发展指导政策，支持中小企业发展的政策，鼓励非沿海县（市）区企业向沿海搬迁、招商项目落地到沿海的“飞地”税收政策。四是探索了工作导向机制。制定了《市委管理的领导班子和领导干部综合考评办法》，设立了“新唐山建设卓越功勋奖”和“唐山市科学发展创新奖”，树立了科学发展、崇尚实干、重视基层、鼓励创新的鲜明导向。五是制定了保证科学发展的地方性法规。市人大审议通过了《唐山市科学发展促进条例》，为建设科学发展示范区提供了重要的法律保障。各县（市）区、市直各单位也建立健全了保障和促进科学发展的机制。

（八）增强了领导科学发展的新本领。紧紧围绕执

政能力建设和先进性建设，以改革创新精神全面加强了党的建设。按照科学发展观的要求调整设置考核内容和标准，实行了千分制考核；出台了《深化干部制度综合配套改革的实施意见》，探索施行“三推一讲”、“一讲两推”干部选任新机制，公推公选了市财政局长和城管局长，在全省率先开展了镇乡党委书记公推直选试点工作，促进了优秀人才脱颖而出。各级干部运用科学发展观的思维力、决策力、创新力、执行力明显增强。在最近组织开展的市、县、乡、村四级干部“大接访”活动中，累计接待群众来访8340批、22381人次。其中市党政班子成员接待380批1790人次，使一大批涉及群众切身利益、久拖不决的问题得到有效化解。深入开展“效率年”活动，深化审批制度改革，全市行政审批事项减少了一半以上，“电子政务”、网上审批、超时默许、零费用注册等举措受到了企业和群众欢迎。

（九）创造了科学发展的新业绩。针对影响和制约科学发展的突出问题，组织开展的五项攻坚行动取得明显进展。在绿化唐山攻坚行动中，实施了“主城区绿化、城市周边绿化、交通公路绿化、工业区绿化、乡村绿化、百里矿区生态修复绿化”六大工程，今年已完成造林1.37万公顷，义务植树1002万株，拆墙透绿10万延长米，增建绿地19万平方米。在城乡建设改造和环境综合整治攻坚行动中，大力开展“拆违拆迁”，去年拆除300万平米，今年再拆除700万平米。加强城市环境综合整治，狠抓绿化、亮化、美化、净化，推进城市主干道路改扩建，启动实施环城水系开发建设和城中村改造工程，进一步完善了城市功能，提升了城市形象。在节能减排持续攻坚行动中，实施了重点污染企业在线监测、重点污染企业搬迁改造、矿山综合治理等七大工程，对钢铁、水泥、焦化等10大重点领域的4591家企业进行了综合整顿，在去年关闭901家企业的基础上，今年以来又关闭了235家，二氧化硫、化学需氧量分别削减3%和8%。在50项重点产业项目建设攻坚行动中，精品钢材、装备制造、化工等七大主导产业链不断发展壮大，主导产业的支撑作用进一步增强。日本住友集团装备制造等一批重大产业项目开工建设。在改善民生攻坚行动中，围绕实施“十大幸福工程”，今年投入资金30亿元，重点为群众办好20件实事，新增就业4.05万人，实现下岗失业人员再就业2.13万人；在全省率先实现了“全民医保”，提高了市区和农村低保标准；加快震后危旧平房改造和经济适用房、廉租房建设进度，已开工经济适用住房和廉租房240万平方米，危旧平房改造开工151万平方米，明年底前全部消灭350万平米震后危旧平房；实施农村饮水安全工程，年内全部解决2450个村、213万农民群众的饮水安全问题。四川汶川大地震发生后，我们把支援灾区抗震救灾纳入学习实践活动，引导党员干部和全市人民大力弘扬“感恩、博爱、开放、超越”的新唐山人文精神，把学习实践活动中焕发出的政治热情转化为支援抗震救灾、恢复重建的强大动力。以宋志永为代表的1710名志愿者奔赴前线抗震救灾，全市群众捐款捐物3.38亿元，33.4万名党员交纳特殊党费5181万元，完成建设过渡性安置房4885套，以实际行动展示了学习实践活动的成果。

三、主要启示

学习实践活动给了我们许多深刻的启示，为建设科学发展示范区、建设人民群众幸福之都打下了坚实的基础，使我们对唐山美好未来更加充满信心。感受最深的有九个方面。

（一）各级党委、政府指导各项工作必须坚持以科学发展观为指针。科学发展观是指导经济社会又好又快发展的世界观和方法论。只有以科学发展观为指导推动各项工作，我们的事业才能沿着正确的道路加速前进。学习实践活动以来，我们做出的资源型城市转型、建设生态城市、城乡等值化发展、十项幸福工程等重大决策，之所以很快形成共识，得到人民群众的拥护和支持并顺利推进，归根到底是因为我们的决策符合科学发展观的要求。

（二）深入理解和把握科学发展观的内涵和本质要求，关键在于认清这一理论体系是新的价值形态、知识形态、实践形态、制度形态的有机统一。科学发展观是内涵丰富的理论体系。我们只有始终坚持为民谋利、为民造福的价值取向，努力学习掌握自然科学、社会科学最前沿的知识，积极推动科学发展的实践，并以无畏的勇气创新体制、探索新的制度安排，才能不断增强科学发展的动力、形成科学发展的合力，才能推动经济社会真正实现科学发展。样是一场革命，是一场观念的革命、利益的革命、制度的革命和能力的革命。我们只有用革命的精神和勇气来转变思想观念、调整利益格局、完善制度保障和提高领导能力，才能把科学发展观的各项要求落到实处。

（三）破解科学发展难题，必须采取集中攻坚的办法一个一个去突破。科学发展难题，难就难在涉及面广，难就难在触及到深层次矛盾和问题。为解决影响和制约科学发展的难题，我们集中时间、集中力量、整合资源、多措并举，打了五项攻坚战，取得了良好效果。实践证明，只要我们采取打攻坚战的办法破解影响和制约科学发展的难题，就能在科学发展的道路上夺取一个又一个胜利。

（四）只有把科学发展观的本质要求，细化为具体的发展模式和路径，才能真正变成人民群众的自觉实践，把各项工作落到实处。科学发展的理论只有找到可行的路径才能变成生动的实践，只有化为一个个具体模式，才能把理论变成现实生产力。学习实践活动中，我们探索了10条路径和60个模式，使科学发展变得具体

且有型，大大激发了全市上下投身科学发展的热情，进而使贯彻落实科学发展观变成了广大人民群众的自觉实践。

（五）深入贯彻落实科学发展观关键在于改革开放，深化改革开放必将更加有力地推动科学发展。唐山现在之所以引起国内外的广泛关注，一个重要原因是我们致力于建设科学发展示范区。我市推进资源型城市转型、发展循环经济、建设生态城市等举措，引起了德国、意大利、瑞典等发达国家的浓厚兴趣，都在谋求与我们的实质性合作。这说明，只要坚定不移地走科学发展之路，我们就能在全球化的背景下赢得更加广阔的发展空间。

（六）在科学发展的实践中甄别干部、发现干部、启用干部，才能建设一支能够承担起建设科学发展示范区、建设人民群众幸福之都重任的干部队伍。我们坚持采取选派干部到科学发展的第一线锻炼，选送干部到新加坡、意大利和国内先进地区学习培训，运用新机制选任科学发展业绩突出的干部等多种办法，着力培育一支在推进科学发展中真抓实干、建功立业的干部队伍，从而为落实科学发展观、建设科学发展示范区提供了坚强的保证。

（七）把科学发展理论的钥匙交给群众，就能凝聚起全体人民共同参与、势不可挡的伟大力量。科学发展观是解决各种矛盾的“金钥匙”，只有将这把“金钥匙”交给人民群众，才能真正打开通向科学发展的富裕之门、文明之门、和谐之门，开启科学发展的美好明天，才能凝聚人心、强基固本，形成建设科学发展示范区、建设人民群众幸福之都的强大合力。

（八）确保学习实践活动取得实效，就要把握这次活动的基本特点和规律。我们主要坚持了四点：坚持紧扣科学发展这个主题，活动的每个环节、每项任务、每件工作，都围绕推进科学发展来设计、来展开、来落实；坚持牢牢把握科学发展示范区建设这条主线，把学习实践活动真正变成了全党动员、全民参与科学发展示范区建设科学发展示范区为总抓手，重点实施“七大工程”：

1. 大力实施科学发展示范工程。围绕60个科学发展模式，继续抓好380个示范点的试验示范工作，由市级领导牵头，各示范单位的“一把手”负总责，强力推动，确保抓出成效。要创新规划设计，组织专家充分论证，进一步完善各示范单位的规划设计和试验示范的方向、路径、步骤和方法。要发挥群众的首创精神，鼓励大胆闯、大胆试、大胆创新，努力探索出更多的科学发展新模式。要注重总结经验，考虑可推广性和可复制性，成熟、完善的模式逐步在全市推开。要强化政策支持，把试验示范科学发展模式纳入目标管理，在立项、资金、土地、金融财税等方面给予大力支持。

2. 大力实施以曹妃甸为龙头的唐山湾“四点一带”开发建设工程。充分发挥南部沿海的唐山湾岸线长、港口优、滩涂广的优势，按照曹妃甸新区、乐亭新区、丰南沿海工业区和芦汉经济技术开发区“四点一带”的布局，大力发展临港产业。加快规划编制、基础设施建设、产业聚集、体制创新和人才队伍建设，力争到2015年，使唐山湾生产总值和财政收入占全市比重分别达到40%和45%左右，实现再造一个新唐山。

3. 大力实施以“四大功能区”为重点的生态城市建设工程。认真抓好“114421”工程。抓好震后危旧平房改造和经济适用房、廉租房建设这个“一号工程”，年内开工经济适用住房和廉租房240万平方米，危旧平房改造开工151万平方米。打好一项攻坚战（拆违拆迁），全面完成拆违、拆迁任务。着力打造曹妃甸生态城、凤凰新城、南湖生态城、空港城“四大新城”。曹妃甸生态城规划面积50平方公里，建成世界一流的生态城市、港口城市、滨海城市、示范性城市、国际城市和环渤海中心城市；凤凰新城规划面积23平方公里，建成世界一流的商务中心、总部中心；南湖生态城规划面积91平方公里，建成在国内享有较高知名度和美誉度的休闲度假胜地、文化创意园区；空港城建成北方航空货物分拨配送中心。抓好城市“四化”即绿化、亮化、美化、净化，进一步提升城市形象。抓好市区企业搬迁改造工程和市区城中村改造两项工程，三年内全部完成。抓好唐山军民两用机场建设是一件大事，力争早日实现通航。

4. 大力实施以现代产业体系建设为重点的资源型城市转型工程。要加快推进经济发展方式由内陆资源型经济向沿海开放型经济转变，由三次产业各自发展向三次产业融合发展转变，由单一产业支撑向多门类产业拉动转变，由总量扩张型向创新驱动型转变，由资源粗放利用向循环经济转变，由产业节点向产业链条转变，由产业分散发展向产业集群发展转变，努力走出一条具有唐山特色的新型工业化路子。要不断培育壮大精品钢材、装备制造、化工、现代农业、现代服务业、高新技术和环保七大主导产业链，加快形成一批有特色、有规模的产业集群和有国际竞争力的企业集团，促进产业结构优化升级，构建起现代产业体系。要进一步深化国企改革、国有资产管理体制改革，加快行政管理体制改革，建立健全金融、地产、人才、劳动力、产权等要素市场，增强市场自转能力，激发市场主体活力。要进一步扩大对外开放，积极对接世界500强和国内大公司、大集团，引进战略投资者，尽快形成参与国际经济合作和竞争的新优势。

5. 大力实施城乡等值化工程。继续抓好“三个五”：一是统筹推进城乡规划、城乡建设、城乡产业、城乡公共服务、城乡社会管理“五个一体化”；二是全面落实农民工进城落户、农民进城就业、农民工子女就读、农民进城公共交通、农民进城就医报销“五个无障碍”；三是着力抓好“五个起来”，让农民富起来，让农户暖起来，让农村靓起来，让农家乐起来，让农村经济循环起来，使广大农村群众享受到与城里人相当、等值的生活。

6. 大力实施人民幸福工程。坚持不懈地推进安居、扩大就业、社保扩面、教育扶助、全民健康、文化繁荣、蓝天碧水、政务创优、平安创建、民主参与“十项幸福工程”，每年为百姓办一批实事、好事，大力改善民生，提高人民群众的幸福指数。

7、大力实施领导力提升工程。要继续深化对中国特色社会主义理论体系的学习，继续加大选派干部到先进地区挂职和发达国家培训力度，进一步提高领导干部的思维能力；要健全完善各项议事决策规则，规范重大决策程序，通过多种渠道和形式广泛集中民智，进一步提高领导干部的科学决策能力；要大力营造鼓励探索、支持创新、宽容失误的浓厚氛围，进一步提高领导干部的创新能力；从市委常委会做起，带动各级领导班子和领导干部认真落实目标管理责任制，将各项工作落实具体化、目标化、责任化、制度化，进一步提高执行力。

总之，我们要按照中央和省委要求，不断深化学习实践科学发展观活动，进一步凝心聚力，团结和带领全市广大党员干部群众，始终高扬科学发展的风帆，加快推进科学发展示范区建设，不断开创唐山科学发展的新局面。

专此，报告。

中共唐山市委

2008年9月12日

唐山科学发展示范区建设战略规划（提纲）

第一章　建设科学发展示范区的重大战略意义

一、唐山提出建设科学发展示范区的背景：（一）建设科学发展示范区，是中央提出的殷切希望；（二）建设科学发展示范区，是唐山发展的现实需要：一是资源支撑难以为继，二是生态环境难以为继，三是经济持续增长难以为继，四是改善民生难以为继。（三）建设科学发展示范区，唐山具有良好条件：首先，唐山建设科学发展示范区具有良好的思想基础和群众基础。其次，唐山建设科学发展示范区具备良好的经济社会基础。第三，唐山建设科学发展示范区具备难得的发展机遇。

二、唐山建设科学发展示范区的意义：（一）建设科学发展示范区，就是要向世界展示中国走科学发展之路的现实路径；（二）建设科学发展示范区，就是要为全国树立一个科学发展的样板：一是发展阶段具有代表性，二是面临的突出矛盾具有代表性，三是发展取向具有代表性；（三）建设科学发展示范区，就是要在环渤海地区创造一种新的发展模式；（四）建设科学发展示范区，就是要把唐山打造成为河北建设沿海强省的领头羊；（五）建设科学发展示范区，就是要实现唐山科学发展的新跨越。

第二章　建设科学发展示范区的目标和原则

一、科学发展示范区的总体目标：（一）经济繁荣—1. 综合实力，2. 产业结构，3. 城市化水平，4. 对外开放；（二）社会和谐—1. 社会公平，2. 公共安全，3. 社会保障，4. 文化发展，5. 科技发达；（三）生态优美—1. 资源效率，2. 循环经济，3. 节能降，。4. 环境友好；（四）制度健全—1. 形成民主公正的政治体制，2. 形成竞争有序的市场机制，3. 形成运转协调的社会治理机制，4. 形成繁荣活跃的文化体制 5. 形成廉洁高效的行政管理体制；（五）人民幸福—1. 学有所教，2. 劳有所得到，3. 病有所医，4. 老有所养，5. 住有所居，6. 贫有所扶。

二、建设科学发展示范区遵循的原则：（一）率先发展原则（二）民生至上原则（三）综合创新原则（四）生态优先原则（五）循序渐进原则（六）群众参与原则（七）分类指导原则。

第三章　建设科学发展示范区战略布局

一、深入推进资源型城市转型（一）加快由内陆资源型经济向沿海开放型经济转变（二）加快由三次产业各自发展向三次产业融合发展转变（三）加快由单一产业支撑向多门类产业拉动转变（四）加快实现由总量扩张向创新驱动转变（五）加快由资源粗放利用向循环经济转变（六）加快由产业节点向产业链条转变（七）加快由产品分散发展向产业集群发展转变。

二、深入推进唐山湾“四点一带”大规模开发建设：（一）开发建设“四点一带”是建设科学发展示范区的重大战略把唐山港建设成为环渤海地区的国际性能源和原材料集疏枢纽港（三）开发建设曹妃甸新区（四）开发建设乐亭新区（五）开发建设丰南沿海工业区（六）开发建设芦汉经济技术开发区（七）遵循临港经济发展规律，打破行政区划束缚，统筹规划和推进“四点一带”开放开发。

三、深入推进现代产业体系建设：（一）坚持走新型工业化道路（二）集中发展以钢铁深度加工、资源深度利用为重点的精品钢材产业链（三）集中发展以石油化工、煤化工、盐化工为重点的化学工业产业链（四）集中发展重型装备制造、船舶制造为重点的先进制造业产业链（五）集中发展农产品深加工为重点的现代农业产业链（六）集中发展现代服务业产业链（七）集中发展高新技术产业链（八）集中发展环保产业链。

四、深入推进新型城市化发展：（一）按照“组团发展、西进东连、南拓北控、改造老区、两带隆起”的总体思路，加快构造具有唐山特色的“双核两带”（以主城区和曹妃甸生态城为双核，推动北部山前综合发展带、南部沿海经济带协调发展）的城市格局（二）建设四大城市功能区 1. 曹妃甸生态城功能区，2. 凤凰新城功能区，3. 南湖生态城功能区，4. 空港城功能区（三）推进大中小城市协调发展。

五、深入推进城乡一体化、等值化发展：（一）统筹推进“五个一体化”：一是推进城乡规划一体化，二是推进城乡建设一体化，三是推进城乡产业一体化，四是推进城乡公共服务一体化，五是推进城乡社会管理一体化（二）全面落实“五个无障碍”：农民工进城落户无障碍，农民进城就业无障碍，农民工子女就读无障碍，农民进城公共交通无障碍，农民进城就医报销无障碍（三）抓好“五个起来”：一是让农民富起来，二是让农户暖起来，三是让农村亮起来，四是让农家乐起来，五是让农村经济循环起来。

六、深入推进十大幸福工程：（一）推进安居工程（二）推进扩大就业工程（三）推进社保扩面工程（四）推进教育扶助工程（五）推进全民健康工程（六）推进文化繁荣工程（七）推进蓝天碧水工程（八）推进政务创优程（九）推进诚信平安创建工程（十）推进民主参与工程。

第四章　创新科学发展模式

一、推进新型工业化的科学发展模式：（一）绿色企业模式（二）三废资源综合利用模式（三）静脉产业发展模式（四）海水深度利用链状发展模式（五）既有工业设备节能改造模式（六）产学研协作创新模式（七）企业环保物业管理模式（八）节能减排交易市场模式（九）企业全员创新模式（十）产业融合发展模式（十一）新能源开发模式（十二）“三定一改”清洁生产模式（十三）区域循环发展模式（十四）中小企业上市融资发展模式（十五）中小煤炭企业转型发展模式（十六）绿色港口模式。

二、推进新型城市化的科学发展模式：（一）政府机构节能示范模式（二）生态城建设模式（三）生态镇建设模式（五）立体·彩色·多物种绿化模式（六）超低能耗建筑模式（七）汽车燃料“油改天然气”替代模式（八）既有居住建筑节能改造模式（九）新建住宅和公共建筑“四节”模式（十）绿色照明节能模式（十一）节水型城市建设模式（十二）城市集雨模式（十三）小产权房转为保障性住房模式（十四）城郊农民宅基地流转置换模式（十五）乡村综合规划管理模式。

三、推进农村现代化的科学发展模式：（一）新农居建设“六个一”模式（二）城乡等值化发展模式（三）农村“五个无障碍”模式（四）农村股份制发展模式（五）现代“庄园经济”模式（六）林业复合经营模（七）全程机械化耕作模式（八）家庭养殖集中寄养模式（九）生态旅游家园建设模式（十）农业内部循环生产模式（十一）都市现代农业发展模式（十二）农村生态建设“三清洁”模式（十三）水土保持生态治理模式（十四）矿山生态治理保障模式（十五）农村集雨模式（十六）农村新批宅基地统管统建模式（十七）农村连锁超市便民模式（十八）村庄整合集约发展模式（十九）“4+2”农业产业化发展模式（二十）人工增雨减灾模式（二十一）农村饮水安全工程建设模式（二十二）秸杆气化模式。

四、推进社会管理创新的科学发展模式：（一）村民中心服务模式（二）市民中心服务模式（三）城乡一体化管理服务信息系统模式（四）群众信访代理模式（五）开放式素质教育模式（六）社区中心共建、资源共享模式（七）家庭绿色消费模式。

第五章　建设科学发展示范区的路径选择

一、循环发展之路：（一）推进企业循环式生产（二）推进循环经济示范试点建设（三）推进循环型生态农业建设（四）推进循环型城市建设。

二、集约发展之路：（一）提升城市集聚度（二）提升产业集中度（三）提升要素集合度。

三、生态发展之路：（一）发展生态经济（二）合理开发利用资源（三）加强生态环境保护（四）改善城乡人居环境。

四、创新发展之路：（一）健全完善以企业为主体的技术创新体系（二）打造创新服务平台（三）培养新型工业化亟需的高技能人才和实用人才。

五、开放发展之路：（一）积极融入国际生产体系（二）加快融入国际营销体系（三）买施“走出去”战略（四）引进战略投资者。

六、协调发展之路：（一）推进城乡规划一体化（二）推进城乡建设一体化（三）推进城乡产业一体化（四）推进城乡公共服务一体化（五）推进城乡社会管理一体化。

七、和谐发展之路：（一）促进社会公平正义（二）构建和谐的社会关系（三）健全社会保障体系。

八、安全发展之路：（一）加强安全生产（二）加强社会治安综合治理（三）建立安全预警与应急管理机制。

九、文化发展之路：（一）健全完善公共文化服务体系（二）培育壮大文化产业（三）构建文化创新体系。

十、协同发展之路：（一）建立“京津唐”城市战略联盟（二）推进“环渤海”产业融合（三）实现与腹地协调发展（四）积极融入“东北亚”经济一体化。

第六章　建设科学发展示范区的支撑体系

一、建立科学发展示范区的科技支撑体系：（一）加快重点行业和领域的科技创新。（二）健全完善科技创新的市场化运作机制：一是提高知识产权交易的市场化水平，二是完善技术交易市场，三是健全科技资本市场，四是加强“四大载体”建设。（三）健全完善科技创新的合作交流机制：一是积极吸引大院大所落户唐山，二是建立京津唐三地互认制度，三是建立常年性、宽领域、多层次的项目对接机制，四是及时掌握国际前沿科技动态。

二、建立科学发展示范区的人才支撑体系：（一）创新和完善人才脱颖而出的选人用人机制：一是建立动态管理的选拔机制，二是探索企业经营人才选用机制，

三是创新人才引进机制。（二）创新和完善科学规范的考核评价机制：一是确立以能力和业绩为基本导向的评价标准。二是改进人力资源评价方式，应用各种现代人才测评技术，提高人才测评的科学性。三是发挥《唐山市科学发展指标体系》中科学发展指数和幸福指数“两个指挥棒”作用，探索建立以业绩考核为导向、全社会共同参与、体现科学发展观和正确政绩观要求的考核量化测评内容、标准，实行分类分层量化考核，增强考核工作的科学性。（三）创新和完善分配和激励机制：一是根据能力、水平和业绩，搞活分配制度。二是对于带资金、技术、项目、产品、专利等来唐创业，或以其他方式将技术成果转让给唐山市企事业单位的各类人才，采取一次性买断、分期支付、利润提成、作价入股等多种收益分配方式给予奖励。三是加大对有突出贡献的各类人才的表彰奖励力度。四是完善外国专家准入制度，畅通吸引高层次人才特别是海外高层次留学人才来唐创业的“绿色通道”。（四）创新和完善人力资源市场配置机制：一是坚持市场化运作，加快网上人才市场建设。二是积极开拓创新，大力推进人事代理，发展人才素质测评、择业指导、职业培训、职业生涯设计等新型人才中介服务。三是探索人才中介机构产业化发展方向，加强对人才市场中介服务机构和人才服务工作的指导，研究建立人才市场中介服务机构的准入制度，促进人才中介服务机构形成知名品牌。

三、建立科学发展示范区的金融支撑体系：（一）健全完善金融组织体系：一是大力发展各类地方法人金融机构，二是加快设立或引进各类金融机构，三是鼓励符合条件的企业集团发起设立企业集团财务公司，四是积极发展非银行金融机构。（二）健全完善投融资体系：一是发挥银行筹融资主渠道作用，二是扩大直接融资规模，三是加快金融业务创新，四是完善地方投融资体系。（三）打造区域金融中心：一是打造凤凰新城中心金融集聚区，二是打造曹妃甸沿海金融集聚区，三是逐步形成区域金融中心。（四）健全完善社会征信体系：一是设立唐山市资信评估投资服务公司，发展企业信用评级、银行间债券市场信用评级和信贷市场信用评级，促进唐山市信用评级业的健康发展。二是整顿规范现有信用担保机构，鼓励民间资本建立高标准的信用担保机构，为企业和个人快速融资搭建平台，切实解决中小企业、高新技术企业、民营企业贷款担保难问题。三是以政府为主导，依托人民银行征信系统，为全市企业和个人逐户建立信用档案，并将信用档案推广使用到各类经济主体的生产、经营、管理及个人就业等活动中。四是通过地方立法的形式，完善信用信息共享和公开制度，建立失信惩戒机制。

四、建立科学发展示范区的文化支撑体系：（一）塑造新唐山人文精神，（二）优化文化环境和提升文化品味，（三）提高文化产业对经济社会发展的贡献度，（四）完善文化体制和政策环境：一是重塑文化市场主体，二是完善市场体系，三是加强文化生产要素市场建设，四是改善宏观管理，五是加快转变政府职能，六是建立支持文化发展的地方性政策法规体系，健全文化市场管理机制和社会服务体系。（五）加强精神文明建设：一是大力倡导“爱国守法、明礼诚信、团结友爱、勤俭自强、敬业奉献”的基本道德规范，加强社会公德、职业道德、家庭美德教育，引导人们树立正确的世界观、人生观、价值观。二是积极开展文明“十个一”道德实践活动，普及文明礼仪，推进道德实践，促进文明行为的养成。三是开展教育实践活动，弘扬中华民族的传统美德和唐山“帮一点”精神，打造“爱心名片”，进一步培树唐山“爱心城市”的良好形象。四是坚持不懈地开展月评学雷锋“十佳”事迹活动，积极组织开展道德模范评选和宣传活动，在全社会营造人人崇尚楷模、人人争做楷模的浓厚氛围。

五、建立科学发展示范区的制度支撑体系：（一）建立支撑科学发展的行政管理体制：一是推进行政机构合理设置，二是健全行政管理机制，三是完善行政决策机制，四是建立健全行之有效的监督问责机制。（二）建立支撑科学发展的财政体制：一是健全完善公共财政体系。二是健全完善民生财政体系。（三）建立支撑科学发展的资源配置机制：一是探索盘活闲置土地和沿海滩涂等存量资源的政策措施，探索建立水、土地等紧缺资源优先支持高端产业项目建设和国家鼓励项目建设的机制，推进资源优化配置。二是制定保护资源和生态补偿的地方法规，建立资源补偿和生态修复长效机制。三是严格实行矿产资源探矿权、采矿权有偿取得制度，取消自然资源一级市场供给的双轨制（行政无偿出让和有偿出让），建立统一的矿业权市场。四是深化资源性产品价格改革，建立真实反映资源稀缺程度、市场、供求关系、环境损害成本的价格机制，探索建立土地交易中心、水权市场等。五是积极落实推进能源资源节约、新能源开发利用和环保产业发展的税收优惠政策，完善税费调节机制。六是探索建立推进资源节约和优化配置的公共财政投入机制，建立资源节约利用政策法规支撑体系，严格设定分行业准入门槛，建立支持循环经济发展和资源集约、综合、回收利用的监督新模式。七是建立资源节约和优化配置的国际技术协作机制，探索鼓励引进、消化、吸收国外先进适用技术的新政策，在节能减排、循环经济、清洁生产、新能源等领域广泛开展国际性经济技术合作。（四）建立支撑科学发展的法制保障机制：一是建立完善的立法工作机制，二是建立科学的行政执法机制，三是建立健全综合调控机制，四是建立健全打击预防机制，五是建立健全法律援助机制。（五）建立促进科学发展的国际合作机制：一是建立有效的政府间国际合作促进机制，二是办好唐山（曹妃甸）科学发展高层论坛，三是建立政府和民间相结合的国际商会合作机制。

六、建立科学发展示范区的理论支撑体系：（一）理论学习支撑，（二）理论创新支撑，（三）理论宣传支撑，（四）理论队伍支撑。

第七章　建立科学发展示范体系

一、创建科学发展示范县（市）区：（一）有效提升县域经济总体实力，（二）全力推进经济社会的生态文明程度，（三）显著提高城乡一体化、等值化发展水平，（四）着力发展事关人民群众幸福的各项社会事业建设，（五）全面创新支撑科学发展的体制机制。

二、创建科学发展示范机关：（一）更新执政理念，（二）创新体制机制，（三）强化执政能力，（四）提高执政效能，（五）塑树廉政形象。

三、创建科学发展示范园区：（一）明确产业布局，（二）培育龙头企业，（三）打造特色产业链，（四）聚集规模效应，（五）争当环保典范，（六）创优服务平台。

四、创建科学发展示范企业：（一）调整产业产品结构，（二）推进企业技术进步，（三）强化节能减排力度，（四）建立现代企业制度，（五）争做和谐企业标兵。

五、创建科学发展示范乡村：（一）科学制定乡村建设规划，（二）全力提高经济发展水平，（三）着力推进社会事业发展，（四）全民参与生态环境建设，（五）大力倡导乡村文明风尚，（六）不断强化民主管理服务。

六、创建科学发展示范家庭：（一）培树科学建家新理念，（二）推行家庭消费新模式，（三）倡导家庭绿色新生活，（四）引导文明健康新风尚，（五）推动科学示范进家庭，（六）发挥妇女的创建主体作用。

第八章　建设科学发展示范区的实施步骤与保障措施

一、建设科学发展示范区的实施步骤：（一）起步期（2010年前）：1. 阶段性目标，2. 重点任务：（1）启动并不断完善60个科学发展模式，（2）探索并不断完善实现科学发展的10条路径，（3）创建科学发展示范县（市）区、科学发展示范机关、科学发展示范园区、科学发展示范企业、科学发展示范乡村、科学发展示范家庭，（4）推进唐山湾“四点一带”大规模开发建设，（5）加快以“四大功能区”为重点的城镇化建设，（6）建设国际先进、国内一流的精品钢材基地，京津唐优质农产品生产供应基地、京津冀都市圈自主创新成果转化和扩散基地和全国物流节点城市、北方国际航运物流中心、区域商贸中心、文化创意和软件服务产业基地，（7）建设区域金融中心，（8）推进城乡一体化、等值化发展，（9）建设十大幸福工程。（二）完善提升期（2011年—2015年）：1. 阶段性目标，2. 重点任务：（1）建设立体化、网络化、多样化的城市生态基础设施，（2）建设世界级化学工业基地和创新总部中心，（3）建设国家级装备制造业基地，（4）建设国家农产品加工产业化示范区，（5）建设国家战略性产业、高新技术产业创新基地、孵化基地、辐射基地，（6）建设生态文明，（7）开发人力资源，（8）加强文化建设，（9）搞好服务型政府建设，（10）深入开展社会化建设。（三）稳定成熟期（2016年—2020年）；1. 阶段性目标 2. 重点任务：（1）实施经济建设、政治建设、文化建设、社会建设、生态建“五位一体”的科学发展示范区总体战略布局，（2）建设国际化的知识产权综合交易市场，（3）打造城市中央商务区，（4）实施文化博览园开发，（5）加快曹妃甸港口扩建，（6）推进新型社会化，（7）建设全国城乡一体化示范区、河北城乡一体化先行示范市。

二、建设科学发展示范区的保障措施：（一）搞好宣传发动，强化思想保证。（二）实施统筹协调，强化组织保障：实施目标管理，建立健全大协作制度，建立战略规划实施的信息发布制度、经济运行调度协调制度和例会制度，建立新闻传播媒体定期公告制度，推行网上评议和公务行为电子监督制度，建立党委书记、行政首长问责制度和全方位投诉受理快速反应制度，健全行政执法、司法过错专项责任追究制度、部门社会责任重大缺失专项责任追究制度、财政违法违纪和浪费财政资金行为专项责任追究制度以及其它公务不作为、乱作为责任追究制度。（三）整合发展要素，强化环境保障：建设高效政务环境。构筑宽松政策环境。加强政策执行力建设。（四）立足长效高效，强化机制保障。（五）改进党的建设，强化政治保障。

唐山市人民代表大会关于推进科学发展的决定

（2009年1月19日唐山市第十三届人民代表大会第二次会议通过）

为加快推进唐山科学发展，促进科学发展示范区建设，根据本市具体情况和实际需要，特作如下决定：

一、推进科学发展，要全面贯彻落实科学发展观，在全社会树立科学发展的鲜明导向，鼓励有利于科学发展的行为，约束不利于科学发展的行为，逐步将唐山建设成为经济繁荣、社会和谐、生态优美、体制健全、人民幸福的科学发展示范区，建成人民群众的幸福之都。

二、各级人民政府负责制定并实施本行政区域推进科学发展的相关制度，履行下列职责：

（一）编制并实施本行政区域科学发展规划；

（二）制定并完善推进科学发展的配套政策；

（三）制定科学发展指标评价体系；

（四）建立健全支撑科学发展的体制机制；

（五）建立程序严格、目标明确的行政问责机制，防止违反科学发展行为的发生。

三、各级人民政府应当立足本行政区域的产业基础，根据资源条件和生态环境承载能力，突出地域特色，以增强经济发展实力、综合竞争力、体制机制活力和可持续发展能力为目标，优化和调整本行政区域产业结构，加快发展方式转变，推进资源型城市转型。

四、加快建立以政府为引导、企业为主体、市场为导向、产学研相结合的创新体系，鼓励科技成果的开发、引进、转化和利用，不断提高自主创新能力。

五、在本行政区域总体产业发展规划框架下，按照建立现代产业体系的要求，制定主导产业链发展规划，推进特色产业链的形成和发展。

对符合产业链发展要求的项目，按照相关法律法规和政策给予优先支持。

六、加快唐山湾“四点一带”地区的开发建设，逐步在沿海地区建成产业互联、要素互融、设施共用、信息共享的现代化工业园区体系。

各县级人民政府可以立足本行政区域产业基础和资源条件，制定园区经济发展规划，推进相关产业向园区集聚。

七、各级人民政府应当立足本行政区域农业基础和资源条件，制定现代农业发展规划，建立财政性农村发展投入机制，严格保护耕地，推进资源的综合利用，大力发展农业科技，提升农业的市场化、产业化、现代化水平。

八、大力加强农村基础设施建设，逐步建立覆盖农村的污水排放、处理和生活垃圾处理等基础设施，加强农村生态环境保护。

九、全面推进现代服务业的发展，加快发展生产性服务业，实现产业之间的协调发展。

十、各级人民政府应当结合本行政区域区位、资源、产业、市场和生态环境等实际，制定对外开放的相关政策，优化发展环境，逐步构建全方位、多层次、宽领域的对外开放格局。

十一、加大生态环境保护力度，逐步构建生态环境保护和修复的长效机制，推进生态城市建设。

各级人民政府应当将环境保护和资源节约综合利用项目列为投资重点，按照相关法律法规和政策给予优先支持。禁止对生态环境可能造成破坏的开发建设项目立项、实施。

十二、以曹妃甸国家循环经济示范区为主导，推动区域循环经济发展。

鼓励开发、使用新型或清洁能源，推进本市由高碳经济向低碳经济转型。按照高端、高效、生态、集约的产业发展模式要求，对现有企业实行循环经济改造。

以冶金、化工、建材、电力等行业为重点，推广节能、节水、节地、节材、废弃物循环利用等有利于资源节约和生态环境保护的先进技术，推进节能减排。

十三、以城乡等值化为目标，推进城乡一体化，培育一批产业化龙头企业和规模经营农业园区，支持一批农民进城，建设一批科学发展示范村，完善一批城乡一体化基础设施，办好一批惠农的实事好事，逐步实现城乡规划、基础设施建设、产业发展、公共服务和社会管理的一体化，确保科学发展的成果惠及城乡全体人民。

十四、市人民政府应当完善城市发展规划，加快构建以主城区和曹妃甸新城为核心，大城市、中等城市、县城和中心镇协调互动发展的新型城镇化格局。

推进县城和小城镇建设，支持有条件的县（市）向中等城市发展，鼓励其他县城进一步扩大规模、完善功能，构建具有唐山地域特色的城镇体系。

十五、根据城市发展需要，加快城市“四大功能区”建设，拓展城市空间，提高城市的综合承载力、产业聚集力和整体竞争力。

加强城市管理，廓清市、区管理权限，建立和完善城市管理综合执法体制，推行数字“网格化”管理，加大城市基础设施建设和环境卫生综合整治力度，提高城市绿化、美化、亮化、净化水平。

十六、市、县两级人民政府应当加强以廉租房为重点的城镇保障性住房建设，着力改善居民居住条件。

十七、各级人民政府应当制定人才引进和培养规划，完善并实施有利于人才培养、引进和使用的相关政策，重点培养科学发展示范区建设亟需的各方面人才。

十八、大力开发就业岗位，创造公平就业再就业环境，鼓励自主创业，消除就业歧视，保障劳动者公平就业权。

建立健全就业援助制度，实施扶持政策，开发公益性就业岗位，帮扶就业困难人员通过不同渠道有效实现就业。

建立健全就业培训制度，提高劳动者素质，引导劳动

者转变择业观念，增强就业能力。

稳步推进农村富余劳动力转移，鼓励有条件的农民进城，实现农民工进城落户、就业、子女就读、公共交通、就医等无障碍。

十九、加快教育体制改革，推进基础教育、职业教育、高等教育、成人教育和特殊教育等各类教育协调发展。

巩固提高九年义务教育发展水平，普及高中阶段教育，逐步完善各级各类学校贫困家庭学生资助机制。

大力发展高等教育和职业教育，规范民办教育，建设全民学习、终身学习的学习型城市。

二十、完善和发展基本医疗卫生服务体系和公共卫生服务体系，提高全民健康水平。

建设并完善以乡镇卫生院为重点的农村三级医疗卫生服务和城市社区卫生服务网络，建立覆盖全市城乡的基本医疗卫生服务体系。

加强疾病预防控制、卫生执法监督和妇女儿童保健体系建设，满足人民群众对公共卫生的需求。

二十一、建立覆盖城乡居民的社会保障体系，完善城乡居民最低生活保障制度，建立健全养老、医疗、失业、工伤、生育等社会保险制度。

二十二、大力发展文化产业，充分利用本市文化资源丰富、文化产业特色鲜明等优势，积极培育和规范文化市场，推动创意文化等新型文化产业加快发展。

二十三、市、县两级人民政府应当制定文化发展规划，保护、开发、利用有地方特色的古代文化、近现代工业文化、革命历史文化、地震文化、民俗文化，推进文化事业繁荣发展。

加强对清东陵等世界文化遗产及国家、省、市、县级文物保护单位的保护和合理利用。

加强对本市非物质文化遗产的挖掘、保护和合理利用工作。

二十四、加强公共文化场所建设，积极组织多层次、多形式、全民参与的基层文体活动，构建覆盖城乡的公共文化服务体系，保障人民群众基本文化权益的实现。

二十五、各级人民政府应当牢固树立安全发展理念，全面加强各领域、各行业、各生产经营单位安全生产工作，坚决遏制重特大安全生产事故发生。

落实政府和企业安全生产责任，严格安全生产执法和责任追究，完善安全生产投入、检查、培训等各项措施，建立健全安全生产长效管理机制。

加强食品药品安全管理，建立健全联合执法和监管体制，落实源头治理措施。

二十六、各级各部门应当大力开展关于科学发展的宣传教育活动，提高全民科学发展意识。

中小学校、大专院校和各类专业培训机构应当根据实际情况对学生、学员开展科学发展知识教育。

鼓励社会团体和社区组织发挥各自优势，开展形式多样的群众性科学发展宣传活动，普及科学发展知识。

发挥报纸、广播电视、网络等媒体作用，加强科学发展知识的宣传，营造有利于科学发展的舆论环境。

（人大）

2008 年

1月

1 日

省委常委、市委书记赵勇，市长张国栋联名发表新年献辞，提出在新的一年里要着力推进资源型城市转型，加快以曹妃甸新区为核心的沿海“四点一带”开发步伐，全面启动凤凰新城、南湖生态城、曹妃甸生态城、唐山空港城四大城市主体功能区建设，全力举办好科学发展（曹妃甸）论坛，深入实施惠民利民的幸福工程，凝聚发展力量，提升发展质量，奋力开创唐山科学发展的新局面。

副军职离休干部、唐山军分区原政治委员王树楠因病于 2008 年 1 月 1 日在唐山逝世，享年 99 岁。

2 日

唐山市与中国中材集团公司正式签署合作协议。双方将在唐山建设国际上最大的水泥技术装备制造基地、国内最大的非金属新材料制造基地、发展循环经济和环保产业示范基地以及中材集团最大的产业制造基地和实力最强的发展平台，同时把冀东水泥公司建设成为国内最大的水泥制造企业。省委常委、市委书记赵勇，中材集团公司党委书记、中材股份公司总裁于世良出席签字仪式并讲话。市长张国栋和中材集团公司总经理谭仲明分别代表双方签署协议。

唐山市召开污染源治理整顿工作会议。会上公布了全市第一批 27 家污染严重企业挂“黑牌”名单，对全年治污减排重点工作进行部署。副市长王久宗出席会议并讲话。

3 至 5 日

中共唐山市第八届委员会第四次全体（扩大）会议在燕山影剧院举行。会议通过了赵勇代表市委常委会所作的题为《开放创新富民强市为把新唐山建成科学发展示范区建成人民群众的幸福之都而奋斗》的工作报告。会议还表决通过了《关于认真学习贯彻党的十七大精神的决议》、《关于加快科学发展示范区建设的决定》和《关于设立“新唐山建设卓越功勋奖”的决定》。赵勇在报告中强调，开放创新、富民强市，建设科学发展示范区，建设人民群众的幸福之都是一个长期的战略和目标，必须着眼长远，狠抓当前，分阶段、有步骤地加以推进。到 2010 年，人均地区生产总值要比 2000 年翻两番，城镇居民人均可支配收入、农民人均纯收入分别达到 20000 元和 8000 元左右。到 2015 年，基本实现全面建设小康社会奋斗目标。

4 日

在全国双拥模范城（县）命名及双拥模范单位和个人表彰大会上，唐山市第五次被授予全国双拥模范城称号，乐亭县第三次被授予全国双拥模范县称号，滦南县光荣院院长潘秀荣被授予全国爱国拥军模范称号。

7 至 8 日

唐山市第十二届人民代表大会举行第六次会议。会议投票选举了唐山市出席河北省第十一届人民代表大会代表。表决通过了《关于认真贯彻落实中共唐山市委八届四次全会精神的决议》。

8 日

市政府召开新闻发布会，就市政府 2007 年圆满完成为群众办的二十件实事进行通报。

9 日

市委市政府召开全市城建交通工作会议，部署全年城建交通工作任务，动员全市上下以科学发展观为指导，以科学发展示范区建设为总揽，围绕打造百年精品、造福人民群众，全面打好城市建设总体战。省委常委、市委书记赵勇，市委副书记、市长张国栋出席会议并讲话。

省政府与北京军区空军签署空军唐山机场实行军民合用的协议。省委常委、市委书记赵勇，北京军区空军副参谋长魏仁义出席签字仪式并致词。受省政府委托，市长张国栋代表省政府与北京军区空军签署协议。

省委常委、市委书记赵勇，市

长张国栋会见卢森堡大公国驻华大使柯意赫一行。

唐山亿泰自动化焊接材料有限公司在滦县破土奠基，建成后将成为世界最大的焊丝生产基地。市委副书记葛梦彬等市领导参加了奠基典礼。

10至11日

河北省委常委杨崇勇在唐山考察调研。省委常委、市委书记赵勇，市委常委、常务副市长周仲明，市委常委、秘书长陈学军等陪同调研。

11日

唐山召开全市安全生产电视电话会议，贯彻落实刚刚结束的国家和省有关会议精神，对全市安全生产工作进行全面部署。市长张国栋在会上讲话要求，务必把安全生产工作抓紧再抓紧，措施落实再落实，切实把安全生产工作抓出成效。

唐山市举行首届文艺精品表彰大会暨庆功盛典，对获得唐山市文艺精品工程特殊贡献奖、突出贡献奖、贡献奖、优秀奖的作品进行隆重表彰。省委常委、市委书记赵勇为大会发去贺信。市委副书记杨永山等为获奖者颁奖。

14日

市困难职工帮扶中心在工人体育馆隆重揭牌。省总工会副主席刘书为、市委副书记杨永山出席揭牌仪式，副市长张羽在仪式上讲话。帮扶中心下设困难职工帮扶、农民工维权、职工信访代理三个机构，服务面积638平方米。中心还建立了爱心超市和劳动争议仲裁庭。

15日

中国文联、中国电视艺术家协会"送欢乐、下基层"公益慰问演出团在燕山影剧院为唐山观众慰问演出。中国电视艺术家协会名誉主席杨伟光、市委副书记杨永山等与近千名群众一起观看了演出。演出前，杨永山发表了热情洋溢的讲话。

唐山市召开民营企业家代表新春座谈会，市委副书记杨永山向出席座谈会的民营企业家代表送上新春祝福。

唐山市举行2008年外国专家新春招待会，市委常委、常务副市长周仲明，市人大常委会副主任蔡成山与在唐外国专家代表及市直有关部门、外国专家聘用单位负责人欢聚一堂，共迎新春。

17日

市领导杨永山、于山、么继志、卢晓霞率领统战、民族宗教部门的负责人走访慰问宗教界人士。

唐山市召开治污减排安全整顿纪律教育动员大会。市监察局、工促局、公安局分别就《治污减排安全整顿责任追究若干规定》、《加强电力监管促进科学发展》、《矿山企业爆炸物品使用安全管理意见》等作了具体说明。副市长王久宗到会并讲话。会议对工作中监管不力、行政不作为、逾期不能完成治污减排和安全整顿任务的部门和个人，明确了责任追究的主要方式，轻者给于警告，重者撤职、开除、直至移交司法机关追究刑事责任。

唐山市召开治污减排安全生产督导检查动员会，决定从会议之日起至3月20日，全市开展为期两个月的治污减排安全生产督导大检查。副市长王久宗出席会议并讲话。

"新唐山十佳白衣天使"颁奖典礼在唐山电视台演播大厅举行。市领导徐景田、杜金弘、李恩久、卢晓霞出席颁奖典礼。通过社会和单位推荐、有奖征文、评委会公开投票产生候选人，经媒体公示、社会群众公开投票评选出的十佳白衣天使是：工人医院神经内科主任马建国、协和医院耳鼻喉科主任王东海、人民医院放化一区医师田爱华、中医医院内科主任医师刘玉洁、第二医院手三科主任刘会仁、开滦林西医院内科护士长邸艳荣、滦县人民医院内一科护士长周凤娟、乐亭县蔡庄卫生所医师赵秀云、遵化市人民医院妇产一科主任徐柏郁、妇幼保健院功检科主任寇世和。

18日

中共中央政治局委员、中共北京市委书记刘淇，北京市委副书记、代市长郭金龙在北京会见河北省委常委、唐山市委书记赵勇一行。双方互致新春问候，并就进一步加强合作达成广泛共识。

唐山市召开解放思想大讨论活动工作会议，传达全省解放思想大讨论活动交流汇报会议精神，总结部署唐山市解放思想大讨论活动。市委副书记、市纪委书记葛梦彬出席会议并讲话。

市政法委副书记、综治办主任、见义勇为协会会长陈鸿国到煤医附院，看望勇斗持刀歹徒负伤的英雄关起印，代表市见义勇为协会送上两万元慰问金。关起印是一位出租车司机，1月8日晚9时许，他在行车途中见到一位男青年遭歹徒抢劫，立即开车追赶歹徒，在抓到一名歹徒后，被另一名歹徒刺中肋部，身负重伤。

21日

省委常委、市委书记赵勇对市民政局《关于"真情暖万家扶贫济困"活动开展情况的汇报》作出重要批示，要求"有针对性地帮助困难群众解决实际困难，让全市每一个群众都喜气洋洋过春节。"

22日

为稳控市场价格水平基本稳定，市政府决定：自1月22日起，对粮、油、肉、蛋、奶、液化石油气等重要商品价格实行调价备案临时价格干预。

22至25日

中共中央办公厅调研室副局长朱其高率调研组来唐山，就科学发展观学习教育活动开展情况进行调研。朱其高指出，开展科学发展观学习实践活动，唐山在全国先行一步，实际效果也非常显著。解放了思想，更新了观念，转变了作风，提高了素质，为唐山未来发展奠定了坚实的思想基础。同时，对于如何将科学发展观这一重大理论成果转化为各级领导干部的行动指南，唐山的做法提供了很好的途径，为其他地区开展科学发展观学习实践活动积累了经验，很有借鉴意义和推广价值。市委领导葛梦彬、回建、许德茂陪同调研。

25日

市委办公厅、市政府办公厅印发全市党政机关工作日午间禁酒规定。

26日

唐山市在石家庄召开出席省“两会”的各县（市）区和有关部门负责人会议，传达了省委书记张云川在各代表团团长会议上的讲话精神，并就做好当前工作进行了安排部署。省委常委、市委书记赵勇出席会议并讲话。他强调，要严格按照市委八届四次全会提出的各项重点工作要求，进一步统一思想，凝聚力量，以只争朝夕的精神狠抓当前工作，确保全市老百姓喜气洋洋过春节。

28日

参加省十一届人大一次会议的唐山代表团举行全体会议。省委常委、市委书记赵勇就如何贯彻落实好省“两会”精神讲了意见。他强调，要用省“两会”精神进一步统一思想，凝聚力量，朝着把新唐山建成科学发展示范区、建成人民群众的幸福之都这一总目标坚实迈进。

“2007感动唐山十大爱心人物”评选揭晓。他们是：独自照顾身患重病的父亲，用柔弱的双肩挑起生活重担的滦县老站小学四年级学生卫群；三十年如一日热心帮助残疾人的路北区委宣传部副部长、文明办主任何学红；挺身而出，舍己救人，获得“全国见义勇为好司机”称号的丰润区银城铺乡东马庄村村民亢保铭；身患重病，为残障儿童撑起一片蓝天的乐亭县特教学校校长贾金；军徽不退色，痴心报桑梓的“大校村官”——遵化市堡子店镇十八里村党支部书记兼村委会主任包广贺；致富不忘回报社会，爱心奉献弱势群体的鑫鑫房地产开发有限公司总经理柳宝山；二十年如一日义务赡养两位孤寡老人的古冶区西新楼社区居民马凤楼；热心公益、拾荒助学的唐山二中退休教师刘义；倾一己之力开慈善之门的唐山市龙裔文化传媒工作室董事长王子囡；三十年大爱无私、义务助残的开滦医院护士长常晓英。

唐山市召开干部考评委员会第一次全体（扩大）会议，就实施《唐山市市委管理的领导班子和领导干部综合考评办法（试行）》进行专题研究和部署，推动干部考评工作步入科学化、规范化、制度化轨道。这次会议标志着唐山市深化干部人事制度综合配套改革全面启动。

《唐山劳动日报》报道：从2月1日起，唐山市执行新的最低工资标准。市区、各开发区、迁安、遵化月最低工资标准从580元提高到680元，小时最低工资标准为7元。各县最低月工资标准从520元提高到620元，小时最低工资标准为6.5元。

31日

唐山市召开全市领导干部会议，宣布省委关于唐山市市长调整的决定。省委常委、市委书记赵勇主持会议并讲话。省委组织部副部长刘建合宣读了省委决定：陈国鹰同志任唐山市委委员、市委副书记，提名为唐山市市长候选人；免去张国栋同志的唐山市委副书记、常委职务，不再担任唐山市市长。

省委常委、市委书记赵勇会见首钢集团公司董事长朱继民一行。

2月

1日

唐山市第十二届人民代表大会常务委员会第37次会议决定：接受张国栋同志辞去唐山市人民政府市长职务的请求，任命陈国鹰同志为唐山市人民政府副市长、代理市长。

唐山市与新加坡国际企业发展局签署战略合作框架。近期，双方将在工业园区的开发建设、城镇开发、环保产业、职业教育、企业国际化、港口物流及造船业等领域进一步加强合作。

省委常委、市委书记赵勇接受中国和新加坡两国媒体记者采访，就扩大对外开放、积极推动与新加坡务实合作等方面的问题回答了记者们的提问。

省政协主席刘德旺在唐山走访慰问离退休老干部、劳动模范、伤残军人、困难职工及困难企业。市委副书记杨永山、市政协主席张耀华、副市长于山陪同。

唐山市举行市直离退休干部迎新春茶话会，赵勇在会上讲话，陈国鹰主持会议。

中共唐山市委、唐山市人民政府发表致全市离退休老同志的春节慰问信。

2日

唐山市举行各界人士春节团拜会。省委常委、市委书记赵勇出席团拜会并讲话。市委副书记、代市长陈国鹰主持团拜会。团拜会上还特别举行了向南方灾区捐款活动。

据《唐山劳动日报》报道：南方数省近期遭受重大雨雪冰冻灾害，唐山各界人士纷纷向灾区人民捐款，献爱心，送温暖。全市共收到来自群众、企业等各方面的捐款700多万元。

省委常委、市委书记赵勇春节前夕走访慰问困难群众。

3日

省委常委、市委书记赵勇在古冶区检查督导工作走访慰问群众时强调，要牢固树立安全就是效益、安全就是幸福的观念，把安全生产工作做深做细，确保全市老百姓过一个欢乐祥和的春节。

唐山市举行文化艺术界新春团拜会，赵勇出席并讲话。

市委副书记杨永山到煤炭医学院附属医院，亲切看望勇斗持刀歹徒受伤住院的出租车司机关起印。

3至4日

市四大班子领导分六路慰问节日期间坚守工作岗位的一线干部职工。

6日

玉田县东八里铺农民宋志永从电视上看到南方遭受重大雨雪灾害，一些地方断水断电的情景后，自掏腰包3万元，在大年三十这一天邀集同村12名农民自发赶往湖南郴州救灾。在电网重建工地上，他们不畏艰险，日夜奋战，受到当地干部群众的热烈称赞。他们的事迹经媒体披露后，感动了家乡，感动了全国。中央和各省市的新闻媒体连续进行了大量报道。

18日

据《唐山劳动日报》报道：省委常委、市委书记赵勇就玉田县13位普通农民自发自费赴湖南郴州抗雪救灾事迹作出批示，号召全市“每一个党员、干部和每一个同志都要向他们学习”。2月16日赵勇致信宋志永等13位乡亲，对他们舍小家、顾大家的义举给与高度赞扬。2月18日赵勇专程到玉田县东八里铺村，代表市委和全市人民看望13位农民的家属，向他们表示亲切慰问。

市委召开八届第38次常委会议。会议讨论通过了《中共唐山市委关于在全市广泛开展向宋志永等十三位自愿赴湖南灾区抗雪救灾的同志学习活动的决定》。

19日

唐山市召开全市政法工作会议，贯彻全省政法工作会议和市委八届四次全会精神，研究部署全市政法工作。省委常委、市委书记赵勇出席会议并讲话。他在讲话中强调，要以改革创新精神全面加强政法工作综合调控机制建设，走出一条与科学发展、和谐发展相适应的政法工作新路子。市委副书记杨永山主持会议，市领导陈学军、姚自敏、于山、吴铁汉出席会议。

唐山市召开安全生产工作电视电话会议。贯彻落实全省安全生产工作电视电话会议精神，全面部署安全生产工作。市委副书记、代市长陈国鹰在讲话中强调，要突出重点，狠抓工作落实，深入查找工作中的漏洞和管理中的薄弱环节，采取更加果断有力的措施，坚决防止重特大安全事故发生。

20日

中共唐山市第八届纪律检查委员会举行第三次全体会议。省委常委、市委书记赵勇出席会议并讲话。他强调，要以预防腐败、提高效率为重点，加强反腐倡廉建设，在全市形成惩治腐败者、鞭笞不作为者、保护干事者的鲜明导向，为建设科学发展示范区、建设人民群众的幸福之都提供有力保证。市委副书记、市纪委书记葛梦彬代表市纪委常委会作了题为《深入贯彻党的十七大精神，扎实推进反腐倡廉建设，为加快科学发展、建设幸福之都提供政治保证》的工作报告。会议审议通过了常委会工作报告和《中国共产党唐山市第八届纪律检查委员会第三次全体会议决议》。

市委常委、宣传部长郭彦洪率唐山市代表团赶赴湖南郴州，慰问灾区人民，看望自发去郴州抗雪救灾的13位农民兄弟。郭彦洪代表市委、市政府向郴州市委、市政府捐赠救灾款50万元。在电力抢修工地，郭彦洪亲切看望了宋志永等13位农民，给他们送去了运动衣和运动鞋，并带去了家乡人民的问候。

中国文联党组书记、副主席胡振民，中国红十字会常务副会长江亦曼代表中国文联、中国红十字会看望慰问了支援郴州抗雪救灾的唐山13名农民兄弟。

21日

省委常委、市委书记赵勇到南湖生态城调研。他深入了解了生态城规划建设进展情况，并就下一步开发建设工作讲了指导意见。他强调，要高起点、大手笔规划建设南湖生态城，让唐山老百姓更好地亲近绿水、享受自然。市领导陈国鹰、杨永山、陈学军、李寿平一同调研。

25日

玉田县东八里铺村志愿赴湖南郴州救灾的13位农民胜利完成救灾任务后回到家乡，受到家乡人民的热烈欢迎。市委副书记、代市长陈国鹰，市委常委、农工委书记徐景田出席欢迎仪式。陈国鹰在讲话中对13位农民的先进事迹给与高度评价，要求全市广大党员和干部要深入学习13位农民的先进事迹，积极投身于把新唐山建成科学发展示范区、建成人民群众幸福之都的宏伟事业，不断开创唐山科学发展的新局面。

据《唐山劳动日报》报道：在文化部公布的第二批非物质文化遗产项目代表性传承人名单中，有五位唐山人。他们是：评剧项目的洪影，唐山皮影戏项目的丁振耀、齐永衡，乐亭大鼓项目的何建春、张近平。

26日

唐山市从2月26日起开展集中打击非法采矿专项行动。此次专项行动重点查处各种形式特别是利用养殖、办厂等为掩护的盗采活动，综合运用法律、经济和必要的行政手段，严厉打击非法探矿、非法采矿等矿产资源违法行为，建立良好的矿产资源开发秩序。

28日

深入学习实践科学发展观活动试点工作座谈会在北京召开。中央决定在全党开展深入学习实践科学发展观活动，先进行试点，取得经验后再自上而下分批展开。唐山市被列为试点单位。

代市长陈国鹰签署唐山市人民政府令《唐山市生猪产品市场准入管理办法》（［2008］2号），自2008年4月1日起施行。

29日

唐山劳动日报社发布环渤海新闻网公开试运行通告。宣布环渤海新闻网于3月3日起公开试运行。环渤海新闻网是由市政府新闻办公室主管、唐山劳动日报社主办的新闻综合网站。它立足唐山，面向环渤海地区，逐步向东北亚辐射，是世界了解唐山，唐山走向世界的一扇重要窗口。

3月

1日

南湖生态城扩湖工程开工仪式隆重举行。赵勇宣布扩湖工程开工，陈国鹰在仪式上讲话。

中共唐山市委、唐山市人民政府印发《关于进一步加强人才工作若干政策的实施意见》。《意见》分七个部分：一、大力引进高层次急需人才；二、多渠道多形式引进京津人才智力；三、积极引进国际化人才智力；四、强化人才培养培训；五、充分发挥现有人才作用；六、保障措施；七、其他。

3至4日

省委常委、副省长杨崇勇一行在唐山调研。强调要加大对外开放工作力度，努力把唐山打造成承接国外资本的重点地区。赵勇、周仲明、姚自敏、张羽、唐文弘、王天义等陪同调研。

4日

宋志永等13位赴湘救灾的农民被河北省文明办授予河北省“爱心使者”称号；被唐山市文明委授予“学雷锋标兵”荣誉称号；被共青

团河北省委、河北省青年志愿者协会授予"河北省杰出青年志愿服务集体"荣誉称号。

5日

省委常委、市委书记赵勇在市委常委、宣传部长郭彦洪的陪同下，到玉田县东八里铺村看望抗雪救灾凯旋归来的13位农民。

6日

全市各界妇女代表集会，庆祝"三八"国际劳动妇女节。市领导杨永山、魏文娜、唐文弘、吴铁汉出席大会，并为第二届唐山市十大女杰、唐山市"三八"红旗集体、唐山市"三八"红旗手、唐山市文明礼仪之星、唐山市文明和谐家庭代表颁奖。第二届唐山市十大女杰是：中国银行曹妃甸支行行长王丽艳、迁安市园林绿化管理局副局长王彦钧、路北区龙华中学校长田玉霞、唐山公交10路乘务员安桂芳、玉田县银河中学副董事长严景艳、唐山钢铁股份有限公司技术中心知识产权科科长李桂芳、唐山市路南区福乐园社区党委书记李丽娜、唐山市评剧团副团长罗慧琴、唐山天柱钢铁集团有限公司董事长孟兰芝、唐山兴丰饲料有限公司总经理潘立英。

9至10日

省委常委、组织部长车俊率调研组在唐山调研。他指出，唐山要在巩固科学发展观学习教育活动成果的基础上，通过再认识、再学习、再实践、再创新，高标准完成好学习实践科学发展观活动试点任务。

10至11日

副省长孙瑞彬在省政府副秘书长于万魁的陪同下在唐山调研。赵勇与孙瑞彬一行进行了座谈。赵勇介绍了唐山经济社会发展情况和建设科学发展示范区的战略构想，并就如何加快以曹妃甸为龙头的"四点一带"开发建设与孙瑞彬深入交换了意见。

12日

在全民义务植树节到来之际，代市长陈国鹰在《唐山劳动日报》上发表文章《深入开展植树造林，建设人民群众的幸福之都》。

13日

市委召开八届第43次常委会议。会议研究决定：遵化市、迁西县、路北区等10个县（市）区和唐山国丰钢铁有限公司等100家重点企业（简称10100），就节能减排工作在十三届人大一次会议上向人大代表作出承诺。要求在3年内完成节能减排任务，否则县（市）区长自动引咎辞职，国有企业法人代表就地免职，民营企业停产整顿。

省委常委、市委书记赵勇在乐亭新区进行工作调研。他深入到重点项目工地了解规划建设进展情况，慰问广大工程建设者，并就又好又快地搞好开发建设讲了指导性意见。赵勇强调，要以跨越发展的气魄加快推进"四点一带"开发建设，努力使乐亭新区成为科学发展示范区建设和"四点一带"率先发展的排头兵。

省委常委、市委书记赵勇到唐山劳动日报社环渤海新闻网考察。赵勇强调，要以创新的思维办好网站这一第四媒体，把虚拟的网络与唐山科学发展实践有机结合起来，努力把环渤海新闻网真正办成唐山走向世界的窗口，世界了解唐山的窗口。

18日

中共唐山市委召开民主协商会，就中共唐山市委拟向唐山市第十三届人大一次会议和市政协十届一次会议推荐的市人大、市政府、市政协和法检"两院"候选人建议名单，向市各民主党派、工商联和无党派人士通报情况，听取意见。中共河北省委常委、唐山市委书记赵勇发表重要讲话，中共唐山市委副书记杨永山主持会议。

19至23日

市政协举行十届一次会议。赵勇代表市委在会上作重要讲话。卢晓霞代表九届政协常委会作常委会工作报告。翟久玉受九届政协常委会委托作提案工作报告。会议选举张国栋为市政协主席，卢晓霞、翟久玉、秦少清、于冬青、张艳春、沈瑾、刘长锁、胡万宁、杨方为市政协副主席。会议通过了政治决议等四项报告和决议。

20至24日

唐山市第十三届人民代表大会举行第一次会议。陈国鹰代表市政府作政府工作报告。会议选举张耀华为市人大常委会主任，陈国鹰为市人民政府市长。会议审议批准了政府工作报告和其他报告。董宝泉、韩金哲、莫连营、唐凤岗、于大中、王连灵当选市人大常委会副主任。周仲明、陈学军、于山、王久宗、辛志纯、高瑞华当选为市人民政府副市长。李德仁当选市中级人民法院院长，梁文平当选市人民检察院检察长。会议还通过了《关于加快科学发展示范区建设的决议》和《关于〈唐山市人民政府关于唐山市10个县（市）区和100家重点企业节能减排目标向代表承诺的专题报告〉的决议》等。

24日

《中共唐山市委关于开展深入学习实践科学发展观活动的实施方案》经市委八届第46次常委（扩大）会议研究通过。

25日

唐山市与北京海淀区签署战略合作框架协议。这是双方共同推进区域经济一体化进程、促进两地经济社会更好更快发展的一项重大举措。河北省委常委、唐山市委书记赵勇和北京海淀区委书记谭维克出席签字仪式并致词。唐山市常务副市长周仲明、海淀区常务副区长杨志强代表双方签字。

德国联邦交通、建设和城市发展部国务秘书、联邦议院议员卡林·罗特率德国斯图加特德中友协环保代表团来唐山市考察。省委常委、市委书记赵勇与德国客人座谈。

26日

凌晨4时许，唐山市秀丽姿美容有限公司（学院路27－1号）发生火灾，造成8人死亡。市119指挥中心接到群众报警后迅速调集14部消防车灭火。市领导赵勇、杨永山、郭彦洪、许德茂、韩金哲、王久宗、辛志纯和市有关单位人员闻讯后火速赶往现场指挥灭火救援工作。赵勇在现场要求全力扑灭火灾，

迅速查明原因，妥善处理善后，并要举一反三，在全市开展拉网式安全生产大排查，确保此类事件不再发生。

唐山市召开粮食直补和农资综合直补工作会议，研究部署2008年粮食直补和农资综合直补工作。2008年全市共安排两项补贴资金32781万元，比上年增加10619万元，增长48%。

27日

省委常委、市委书记赵勇就农村饮水安全问题深入到滦南县、玉田县调研，并出席农村饮水安全工程建设现场动员会，对全市农村饮水安全工程建设进行动员部署。赵勇强调，要确保年内让全市人民喝上放心水、健康水、幸福水，进一步提高唐山老百姓的幸福指数。

28日

3月28日是唐山市全民义务植树日。市四大班子领导和机关、学校、医院、厂企的干部职工及驻唐部队官兵一道，共同参加南湖生态城植树活动。

26至29日

市长陈国鹰率唐山代表团参加在香港举办的2008年河北省（香港）投资贸易洽谈会。洽谈会期间，举办了唐山（曹妃甸）科学发展环境规划项目专题推介会，香港140多位工商企业、机构代表、新闻界知名人士出席了推介会。这次洽谈会唐山共签订协议项目20个，总投资21.3亿美元，合同利用外资10.5亿美元。

30日

省委常委、市委书记赵勇在北京会见瑞典驻华大使林川，双方就合作建设曹妃甸生态城项目交换了意见。

4月

1日

市委召开全市开展深入学习实践科学发展观活动试点工作领导小组会议。省委常委、市委书记赵勇主持会议并在会上讲话。他强调，要扎实开展深入学习实践科学发展观活动，努力开辟唐山科学发展的新境界。2日，对领导小组办公室工作人员进行了为期一天的培训。

3日

唐山市召开深入学习实践科学发展观活动试点工作动员大会。省委常委、市委书记赵勇作动员讲话，市委副书记、市长陈国鹰主持会议，省委组织部巡视员李永祥、唐山市四大班子成员出席大会。大会采用广播电视直播形式，近三百万党员干部群众收听收看了大会实况。

4日

全市各界在冀东烈士陵园举行公祭英烈仪式，市党政领导和驻唐部队官兵、机关干部、青年学生代表近400人参加了公祭仪式。赵勇在仪式结束后说，要把烈士陵园这个基地建设好，使它成为一个充分发挥爱国主义教育作用的载体，激励当代，教育后人。

7日

唐山市发布公告，公推公选市财政局局长、市城管局局长。

中共唐山市委开展深入学习实践科学发展观活动试点工作领导小组办公室发布关于面向社会公开征求制度建设意见建议的公告。8日又发布了关于征集《唐山市科学发展评价指数体系》意见的公告。

8至9日

中共中央政治局委员、中央书记处书记、中央组织部部长李源潮就开展深入学习实践科学发展观活动试点工作在唐山调研。李源潮先后考察了曹妃甸工业区、迁安市九江线材有限公司和迁安市寺后村，并召开了有省市领导及有关部门负责同志参加的座谈会。李源潮在调研中指出，开展深入学习实践科学发展观活动试点，是落实党的十七大精神的一项重要举措，要紧密联系本地本单位的实际，进一步解放思想，改革创新，把科学发展的理念真正变成科学发展的生动实践。省市领导张云川、胡春华、车俊、杨崇勇、赵勇、张力、陈国鹰等陪同调研。

9日

据《唐山劳动日报》报道：唐山市决定自2008年秋季开始对公办普通高级中学公助在校生实施免费教育。

9至10日

省委书记张云川在省委常委、市委书记赵勇陪同下，深入唐山市的企业、港口和农村调研。他先后到唐山轨道客车有限公司、海港开发区、乐亭临港工业园区和乐亭县农村考察。张云川强调，各级领导班子和领导干部要深入学习贯彻科学发展观，努力提高领导科学发展的能力，切实促进经济发展方式的转变，不断解决经济社会发展中的实际问题。市领导陈国鹰等陪同调研。

10至11日

省委副书记胡春华在唐山考察调研。胡春华听取了赵勇代表市委市政府作的工作汇报，先后到唐山钢铁集团公司、丰润区、曹妃甸工业区，考察了唐钢冷轧薄板厂、丰润蒙牛乳业液态奶项目、曹妃甸工业区规划展示中心、首钢京唐钢铁公司和曹妃甸矿石码头、原油码头，并出席了唐山轨道客车公司国产时速350公里动车组下线仪式。胡春华指出，要按照科学发展观的要求，深入贯彻省委、省政府工作部署，努力抓好各项工作的落实，实现更大发展。省长助理、省政府秘书长尹亚力，共青团中央宣传部长刘可为，市领导陈国鹰等陪同考察调研。

11日

首列国产时速350公里CRH3“和谐号”动车组在中国北车集团唐山轨道客车有限责任公司下线。铁道部部长刘志军，省委副书记胡春华，国家发改委副主任刘铁男，国务院国资委副主任王瑞祥，市委副书记、市长陈国鹰，市委常委、常务副市长周仲明，副市长辛志纯出席剪彩仪式。刘志军、胡春华先后在仪式上讲话。

12日

市委召开领导干部大会，传达贯彻中共中央政治局委员、中央书记处书记、中央组织部部长李源潮

在唐山视察时的重要讲话精神，部署贯彻落实措施。省委常委、市委书记赵勇主持会议并作重要讲话。他强调，要深入学习贯彻李源潮同志重要讲话精神，以扎实的学习实践活动大力推动唐山的科学发展示范区建设。

市委召开领导干部大会，传达贯彻省委书记张云川在唐山调研时的重要讲话精神，研究贯彻落实的意见和措施。赵勇在会上强调，要扎实推进科学发展示范区建设，为建设以“实力、活力、竞争力”为主要标志的沿海强省做出更大贡献。

14 日

在国务院总理温家宝和瑞典首相赖因费尔特共同主持下，唐山市与瑞典王国外交部和工商部在北京人民大会堂河北厅联合签署了《中华人民共和国河北省唐山市与瑞典王国外交部和工商部关于城市可持续发展合作意向书》。

唐山市政府与中国科学院北京分院签署全面科技合作协议。中科院常务副院长白春礼，省委常委、市委书记赵勇出席签字仪式并致词。

中国科学院常务副院长白春礼在唐山作深入学习实践科学发展观专题辅导报告。

16 日

瑞典企业家代表团一行来唐山考察，中瑞唐山（曹妃甸）环境技术与可持续发展研讨会同日举行。赵勇出席研讨会并致词。

16 至 17 日

全市宣传思想工作会议召开。会议传达学习了全国和全省宣传思想工作会议精神，对上一年的工作进行了总结，对当年的工作作了全面部署。省委常委、市委书记赵勇在会上作重要讲话。

18 日

“人民的心声——‘把新唐山建成科学发展示范区、建成人民群众的幸福之都’献计献策活动”颁奖典礼隆重举行。在活动中荣获优秀成果奖的100 名同志、500 名纪念奖获得者、39 个优秀组织奖和 10 名金奖得主受到表彰。市领导杨永山、回建、郭彦洪、董宝泉出席典礼并为获奖代表颁奖。

13 至 19 日

CCTV（唐山）国际幽默大汇演在唐山渤海影剧院举行。来自世界 17 个国家的 86 位国际顶级幽默艺术家汇聚唐山，向市民奉献欢乐与智慧的文化盛宴。市领导陈国鹰、徐景田、郭彦洪、董宝泉、高瑞华等与近千名观众一起观看了首场演出。

20 至 21 日

赵勇、陈国鹰率唐山市党政代表团赴天津滨海新区学习考察。赵勇在考察中强调，要对标赶超，负重奋进，全力推动唐山经济社会发展实现新跨越。中共中央政治局委员、天津市委书记张高丽亲切会见了唐山市党政代表团。考察中，代表团与天津市领导进行座谈，双方就进一步加强合作达成强烈共识。

24 日

市委召开全市领导干部会议，学习传达全省领导干部会议精神，就如何贯彻落实作出部署。赵勇、陈国鹰分别在会上讲话。赵勇强调，要围绕加快科学发展示范区建设，集中开展“五大攻坚行动”（绿化唐山攻坚行动、城乡建设改造和环境综合整治攻坚行动、节能减排持续攻坚行动、50 项重点产业项目开工建设攻坚行动、改善民生攻坚行动）。

26 日

日本住友集团投资的建筑工程机械项目和减速机项目在开平区举行开工典礼。赵勇宣布项目开工，陈国鹰讲话。

28 日

省委常委、市委书记赵勇应江西省委深入学习实践科学发展观活动试点工作领导小组邀请，在南昌作“唐山市建设科学发展示范区的实践与体会”专题报告。报告引起强烈反响和好评。

29 日

由国核宝钛锆业股份有限公司投资的年产 2000 吨核级海绵锆项目在南堡开发区举行签约仪式。该项目填补了国内核电工业主要原材料——核级锆材生产的空白。

30 日

唐山市召开全市城乡面貌三年大变样及城市建设改造环境综合治理、绿化唐山、节能减排安全生产整顿攻坚行动动员大会。陈国鹰在会上讲话，杨永山主持大会。

唐山市召开农村工作会议，贯彻落实中央、省农村工作会议精神，学习贯彻温家宝总理视察河北时的重要讲话和李源潮、张云川在唐山调研时的重要讲话精神，安排部署农业农村和城乡一体化工作。赵勇向大会致信，对做好“三农”工作提出希望和要求。

5月

4 日

唐山市隆重举行纪念五四运动 89 周年表彰大会。市领导杨永山、回建、唐凤岗、高瑞华、卢晓霞出席大会。大会授予宋志永等 10 名同志 2008 年“唐山市十大杰出青年”称号；授予于利峰等 10 名同志 2008 年“唐山市十大优秀青年”称号；授予高庆轩等 15 名同志“唐山市青年创业之星”荣誉称号。

7 日

《唐山劳动日报》刊发《唐山科学发展理念》：①不发展最不科学；②不科学发展，就是死路一条；③科学发展只限质量不限速度；④科学发展，从我做起；⑤金山银山，有污染不能进唐山；⑥建设科学发展示范区、建设人民群众幸福之都。

6 至 9 日

中共中央政治局常委、中央纪委书记贺国强在河北省委书记张云川、代省长胡春华陪同下在唐山考察。在曹妃甸工业区、首钢京唐钢铁公司、冀东南堡油田，贺国强详细了解工程规划建设和企业管理情况，慰问施工人员和企业职工，勉励大家发扬主人翁精神，推动企业提高自主创新能力，共同努力把企业办好。在唐山市路南区，贺国强查看了唐山地震后安置危旧房改造工程，向困难群众问寒问暖。贺国强在考察中强调，要认真学习贯彻党的十七大和十七届中央纪委第二次全会精神，进一步落实党风廉政建设责任制，扎实推进党风廉政建设和反腐败工作，为改革开放和现代化建设提供有力保证，为深入贯彻落实科学发展观、全面建设小康社会做出新贡献。赵勇、陈国鹰等陪同考察。

12 日

四川汶川发生 8 级地震。中共唐山市委、唐山市人民政府发出慰问电，表示“在唐山抗震救灾过程中，唐山人民积累了较为丰富的救灾经验，有专业的救灾队伍和专业的医疗救护队伍，如果灾区需要，我们将迅即派往灾区，参加抗震救灾。”正率团在欧洲访问的省委常委、市委书记赵勇打电话给市领导，要求全市党员干部和广大群众紧急行动起来，以实际行动支援四川灾区抗震救灾。

唐山各区县不少群众自发前往四川灾区抗震救灾。玉田县抗灾英雄宋志永 5 月 12 日连夜赶赴四川。在之后的几天里，“宋志永志愿者分队”一直奋战在受灾最严重的北川中学。丰润区青年企业家皇甫志友在地震发生的当天就捐出现金 100 万元和 30 万元物资，并组织 51 人的救灾队伍连夜赶往四川灾区。

市委深入学习实践科学发展观活动试点工作领导小组召开会议，研究讨论《关于开展深入学习实践科学发展观群众评议活动的实施方案》。

13 日

唐山市召开援助四川地震灾区紧急会议，会议决定：市委、市政府代表全市人民向四川省抗震救灾指挥部捐款1000万元。会议决定成立唐山市援助四川地震灾区领导小组，立即展开各项救援工作。

市委、市政府发出《致全市人民的一封信》，号召全市有关单位和部门迅速行动起来做好一对一帮扶工作，为灾区人民奉献爱心。市委办公厅、市政府办公厅发出通知，在全市广泛开展“向灾区人民送温暖社会捐助活动”。

唐山人民踊跃向地震灾区捐款，市红十字会一天收到捐款 51 万元，市慈善总会一天收到捐款 20 万元。

唐山市赴四川地震灾区抢险队在社会各界千余人的欢送下踏上征程。由 80 名医护人员组成的唐山市第一批抗震救灾医疗队启程赶往四川省地震灾区抗震救灾。唐山市紧急组织相关专家及当年唐山抗震救灾亲历者编印《唐山抗震救灾经验》小册子送往四川灾区，为灾区抗震救灾及震后重建提供借鉴。

7 至 15 日

省委常委、市委书记赵勇率领唐山市党政代表团出访瑞典、德国，取得圆满成功。

15 日

唐山市抗震救灾专家心理咨询志愿服务队开赴四川德阳市、北川县。市领导陈国鹰、郭彦洪为志愿服务队送行。

各县区、各企业广大群众踊跃向灾区捐款。

16 日

胡锦涛总书记在四川北川县北川中学慰问抗震救灾人员时，与唐山市心理咨询服务队的心理专家徐煜、刘金柱握手。当他听说徐煜等人来自唐山时，语重心长地说：“你们是来自唐山的，32 年前唐山发生大地震。现在你们来到北川支援抗震救灾，希望你们把抗震经验介绍出来，传递下去，把心理疏导工作做好，好好为北川人民服务。你们还来了农民志愿者，这很好。”

胡锦涛总书记在绵阳市南河体育中心临时医疗救助站慰问灾区群众和医护人员时，亲切慰问了唐山市丰南区赴灾区救援队部分队员。在听了医疗队长张艳春的情况介绍之后，胡锦涛说：“感谢唐山人民发扬了‘一方有难、八方支援’的精神，派出了医疗队来这里支援灾区的抗震救灾。”

中共唐山市委、唐山市人民政府印发《关于动员全市干部群众进一步行动起来，投入支援四川灾区抗震救灾斗争的通知》。

19 日

市四大班子领导和各界群众代表2000 多人，在抗震纪念碑广场为四川地震遇难同胞默哀。

20 日

市委组织部发出党员交纳抗震救灾“特殊党费”的通知。全市党员积极响应，踊跃参与。

21 日

赵勇致信慰问唐山市赴川抗震救灾志愿者。

22 日

唐山市决定支援四川灾区 1 万套过渡安置房。陈国鹰主持召开调度会安排部署。

市委办公厅、市政府办公厅印发《关于进一步做好为四川地震灾区开展灾民安置工作捐款的通知》。

23 日

温家宝总理在四川省绵竹市汉旺镇灾区慰问正在进行抗震救灾抢险的唐山市救护队志愿者。

24 至 25 日

中国经济 50 人论坛研讨会在唐山举行。省委常委、市委书记赵勇在会上作《唐山建设科学发展示范区的探索与实践》的发言。

27 日

省委常委、市委书记赵勇在北京会见瑞典驻华大使林川，双方就合作建设曹妃甸国际生态城项目签署了具体项目协议书。

28 日

中共中央政治局常委、全国人大常委会委员长吴邦国，中共中央政治局委员、全国人大常委会副委员长王兆国在四川省绵竹市汉旺镇视察时，亲切接见了唐山市抢险救护队队员。

29 日

省委常委、市委书记赵勇在路北区实验小学参加唐山与四川灾区少年儿童“手拉手、心连心”庆六一主题实践活动。赵勇勉励全市少年朋友们，要与四川地震灾区小朋友们手拉手、心连心，共同为建设祖国做出更大贡献。

6月

2至3日

省委常委、市委书记赵勇代表省委、省政府和市委、市政府率团赴四川慰问河北省和唐山市抗震救灾志愿者并督导过渡安置房援建工作。赵勇强调，唐山抗震救灾志愿者的模范行为，为我们英雄的城市书写了辉煌壮丽的篇章，要继续弘扬“感恩、博爱、开放、超越”的新唐山人文精神，为夺取抗震救灾全面胜利再立新功。

3日

赵勇率领的慰问团在成都慰问四川省抗震救灾指挥部全体成员，并代表市委、市政府向对口支援的崇州市捐款1000万元。

6日

市政府召开十三届一次全体（扩大）会议暨廉政工作会议。会议分析政府工作面临的新形势、新任务，动员政府系统广大干部职工认清肩负的重要使命，加压奋进，创新务实，真抓实干，确保全市各项目标任务圆满完成。

9日

省委常委、市委书记赵勇在北京会见意大利驻华大使谢飒，双方就合作建设曹妃甸生态城项目广泛交换了意见。

10日

中材集团曹妃甸产业基地项目签约仪式在唐山饭店贵宾楼举行。该项目预算总投资40多亿元，占地约2500亩。赵勇、周仲明等出席签约仪式。该项目7月18日开工建设。

11日

唐山市第七届运动会暨市直机关第二十届运动会、首届社区体育大会在市体育中心举行。市四大班子领导出席开幕式。

省政府在石家庄举行新闻通气会宣布：省政府批准，整合唐钢集团、邯钢集团，组建河北钢铁集团有限责任公司。

13日

省委常委、市委书记赵勇在迁安市唐庄子村调研。唐庄子村是唐山市新农村建设示范村。全村农宅统一加装斜坡屋顶和保温隔热墙，全面普及太阳能、吊炕、沼气池和卫生厕所以及博士灶等新技术和新能源。群众的生活方式和生活环境发生了彻底的改观。赵勇在调研中强调，要全面推广唐庄子村经验，努力把全市城乡一体化进程扎实推向前进。

16日

在“宋志永爱心志愿者小分队”的努力和各界的关怀、帮助下，来自四川地震重灾区的246名少年儿童抵达玉田县银河中学就学。他们的学习、生活费用由“宋志永爱心志愿小分队”和银河中学负责提供。市委副书记杨永山等领导同志在银河中学热情欢迎灾区的孩子们。

17日

全市组织工作会议在燕山影剧院召开。省委常委、市委书记赵勇出席会议并讲话。他强调，要认真学习贯彻全国、全省组织工作会议精神，树立和落实鲜明的用人导向，全面推进干部制度综合配套改革，给坚持科学发展的人以激励，给善于科学发展的人以舞台，给不会科学发展的人以压力，给阻碍科学发展的人已惩戒，为建设科学发展示范区提供坚强的组织保证。杨永山在会上宣读了《中共唐山市委关于2007年度市委管理的领导班子和领导干部考核结果情况的通报》。

18日

全市“双建”（建设科学发展示范区、建设社会主义新农村）万名干部下基层工作队启程出发。开展这项活动是市委、市政府按照省委、省政府的工作部署，着眼于全国、全省维护稳定的大局，着眼于北京奥运会安全保卫工作的形势，着眼于全市科学发展示范区和社会主义新农村建设的实际需要作出的重大决策，活动的主题是“抓稳定、保奥运、促发展”。活动持续到9月底。

20日

唐山市召开曹妃甸新区开发建设工作推进会议。省委常委、市委书记赵勇在会上强调，要抢抓机遇，全面提速，以完善规划为先导、以产业项目为龙头、以新城建设为基础、以体制创新为保证，朝着科学发展示范区的目标大踏步迈进。

河北省召开贯彻落实《建立健全惩治和预防腐败体系2008—2012工作规划》电视电话会议，安排部署惩治和预防腐败体系建设工作。赵勇就贯彻落实好全省会议精神讲了意见。他强调，要把惩治和预防腐败工作摆在更加突出的位置，努力把科学发展示范区建设成为风清气正的示范区。

10至21日

国务院安全生产督查组在唐山检查指导工作。督察组听取了唐山市安全生产工作汇报，分别到遵化、迁西、迁安、丰润、古冶、滦县、开平、南堡、丰南等11个县（市）区，对金属、非金属矿山，尾矿库、冶金和危险化学品等重点行业领域安全生产情况进行了全面检查，对唐山市的安全生产工作给予充分肯定。6月14日赵勇陪同督察组到丰南贝氏体钢铁（集团）有限公司检查，对安全生产工作提出了具体要求。

23日

赵勇到乐亭县蔡庄村就建设科学发展示范村进行调研，他深入到农户家中了解农民群众的所思所想所盼，广泛征求对于科学发展示范村建设的意见和建议，并就开展科学发展示范村创建工作讲了指导意见。

26日

中共唐山市委开展深入学习实践科学发展观活动试点工作领导小组办公室公布《中共唐山市委常委会贯彻落实科学发展观情况分析报告》（摘要），向广大干部群众征求意见。

唐山市公布《唐山市科学发展指标体系》。

全市“创建科学发展示范家庭，营造幸福港湾”活动现场推进会在迁安召开。杨永山、韩金哲、秦少清等市领导出席。会议决定在全市范围内评选“科学发展示范家庭”和“科学发展示范明星家庭”。

27日

由唐山劳动日报社主办的环渤海新闻网正式开通。

赵勇通过环渤海新闻网与网友就如何把新唐山建成科学发展示范区、建成人民群众的幸福之都进行在线交流。

30日

由唐钢、邯钢联合组建的河北钢铁集团有限公司在石家庄正式挂牌成立。

7月

2日

省委常委、市委书记赵勇，市长陈国鹰，副市长陈学军、王久宗率市有关部门负责人检查陡河河道、陡河水库防汛工程，并召开陡河水库防汛工作会议。赵勇强调，各级党委、政府和相关部门要本着对人民高度负责的态度，把防汛抢险工作摆在突出位置，切实做好全市防汛抗洪工作。

唐山市抗震救灾先进事迹报告会在燕山影剧院举行。四川汶川大地震发生后，唐山人民向灾区捐款捐物折合人民币3.38亿元，16支专业救援队伍、近5000人奔赴抗震救灾一线。在报告会上介绍救灾事迹的有：宋志永爱心志愿者小分队队长宋志永，唐山赴川抗震救灾抢险队队长于兴维，唐山赴川抗震救灾前线采访记者高虹，唐山赴川抗震救灾医疗队队长郝庆恩，唐钢金恒公司环保设备厂青年工人历宁，唐山心理救援专家志愿服务队队长董慧娟。

3日

市委议军会议在军分区举行。省委常委、市委书记赵勇主持会议并讲话。他强调，在建设科学发展示范区的进程中，要正确认识和处理经济建设和国防建设的关系，统筹兼顾地推进国防后备力量建设和经济社会建设协调发展。

唐山市召开人武部党委第一书记党管武装工作述职会议。赵勇在会上强调，各级党组织要进一步强化党管武装意识，明确党管武装责任，抓好党管武装工作落实，不断开创党管武装工作的新局面。

4日

市委、市政府召开企业家学习实践科学发展观座谈会，征求企业家对学习实践科学发展观、加快建设科学发展示范区的意见和建议，动员全市各条战线的企业家进一步树立和落实科学发展观，不断提高科学发展能力，努力破解制约科学发展的难题，建立适应科学发展的体制机制，为科学发展示范区建设做出更大贡献。赵勇、陈国鹰出席会议并讲话。

唐山市召开纪念冀东人民抗日大暴动70周年座谈会。市委副书记杨永山出席会议并讲话。

5日

由中共唐山市委、唐山市人民政府主办，英才杂志社协办的“2008大企业唐山行”及“走科学发展之路，建渤海明珠唐山”论坛在市政府会议中心举行。中国海洋石油总公司、中国铝业公司等17家央企负责人参加论坛。赵勇出席论坛并作主题演讲。

6日

第八届全国县域经济基本竞争力与科学发展评价报告在广州增城市揭晓，唐山市的迁安、遵化、迁西分别名列第25位、第53位、第84位。

9日

中共唐山市委原副书记、纪委书记，离休干部庞长生同志因病逝世。享年80岁。

10日

市委召开全市领导干部会议，贯彻落实中央深入学习实践科学发展观活动试点工作第二次座谈会精神、河北省领导干部会议精神和全省城镇化会议精神，认真总结上半年工作，分析面临的新形势、新任务，研究部署全市下半年工作。

11日

唐山市人民政府、第一东方投资集团、中国迪拜基金战略合作签约仪式在南湖紫天鹅庄园举行。省委常委、市委书记赵勇，第一东方投资集团董事长诸立力出席签约仪式并致词。按照协议，第一东方投资集团、中国迪拜基金将与唐山市在基础设施建设及能源、建材、装备制造、石化等产业发展方面开展积极合作，并寻求更多的海湾地区和海外资金到唐山投资，帮助唐山企业到海外融资上市。唐山将推荐有实力的优势企业参与合作。

12日

唐山市在市体育馆隆重举行支援四川抗震救灾表彰大会暨爱心唐山大型文艺演出。省委常委、市委书记赵勇出席并讲话。市委副书记、市长陈国鹰宣读了《中共唐山市委、唐山市人民政府关于表彰支援四川抗震救灾先进集体和先进个人的决定》。

《唐山劳动日报》刊发《唐山市事业单位岗位设置管理实施细则》。《细则》是事业单位人事制度改革创新的重大举措。

14日

市委八届第60次常委会议讨论通过了《唐山市“科学发展创新奖”评选奖励办法》。《办法》规定，“科学发展创新奖”用于表彰和奖励唐山市行政区域内，在推动科学发展示范区建设中大胆探索、勇于实践，在推进理论创新、制度创新、科技创新、文化创新、管理创新及经济社会其它领域创新方面做出突出贡献的集体和个人。该奖项每年评选一次，每次奖励不超过30个，设一等奖10个，二等奖20个。一等奖获得者，一次性奖励人民币五万元；二等奖获得者，一次性奖励人民币两万元。

16日

全国人大常委会原副委员长李铁映在唐山考察调研。赵勇、张耀华等陪同调研。

赵勇、陈国鹰、辛志纯到市环保局查访企业排污在线监测控制中心。赵勇强调，要以壮士断腕的决心和现代管理手段抓好治污减排监管和执法，为加快科学发展示范区、

人民群众幸福之都建设步伐做出贡献。

17日

曹妃甸开发建设协调会议在唐山市召开。会议对进一步推进曹妃甸开发建设工作进行了研究部署。省委书记张云川、代省长胡春华出席会议并讲话。常务副省长付志方主持会议。省委常委、唐山市委书记赵勇代表唐山市委、市政府作了汇报。副省长宋恩华出席会议。

省委书记张云川、代省长胡春华在唐山考察新农居建设，他们先后考察了迁安市唐庄子村和路北区刘火新庄。在考察中，张云川对村干部说："群众满意，就是基层党组织的最大成绩。"他勉励随行的各级干部，一定要再接再厉做好工作，促进农村经济发展和社会和谐，使改革开放的成果惠及更多人民群众。赵勇、陈国鹰等陪同考察。

18日

省委书记张云川视察唐山装备制造业工业区。

24日

中海油田服务股份有限公司装备制造及临港作业支持（曹妃甸）基地项目开工。全国人大常委会原副委员长许嘉璐，省委常委、市委书记赵勇出席工程奠基仪式。该项目占地2550亩，总投资超过36亿元，承担大型装备制造维修、石油专用设备制造维修、科研产业化及海上作业支持等功能。

25日

全国人大常委会副委员长、民建中央主席陈昌智，全国政协副主席、民建中央第一副主席张榕明率民建中央有关部门负责人在唐山考察。陈昌智、张榕明对唐山科学发展示范区建设的探索与实践给予充分肯定，就进一步贯彻落实科学发展观提出了指导性意见。省委常委、市委书记赵勇，省委常委、统战部长刘永瑞，省政协副主席武四海等陪同考察。

27至28日

唐山市举行党政领导干部大接访活动。在一天半的时间内，赵勇、陈国鹰等共接待群众来访349批1610人次，成功解决332起信访案件。赵勇在接访时强调，要以公仆之心为百姓排忧解难，同时各级各部门要从接访中悟出规律性的认识，采取措施加以改进。

28日

唐山市在地震遗址纪念公园内隆重举行烛光悼念"7·28"大地震罹难同胞活动。省委常委、市委书记赵勇在仪式上讲话。市四大班子领导和各界群众代表近1500人出席悼念活动。

河北省召开奥运安保决战暨县委书记大接访再动员电视电话会议。会后唐山市召开领导干部大接访再动员电视电话会议，研究贯彻落实省电视电话会议精神的具体措施。省委常委、市委书记赵勇在会上强调，全市党政干部和各有关部门要迅速行动起来，深入开展党政领导干部大接访活动，动真感情下真功夫为人民群众排忧解难。

赵勇到市传染病医院就如何提高手足口病预防和医疗水平进行调研，并看望了部分手足口病患儿。

30日

唐山市与中国建筑股份有限公司签署基础设施项目投资建设框架协议。双方将在基础设施项目投资建设方面进行多层次、多渠道、多种形式的合作，形成战略合作伙伴关系，以加快唐山的交通、城市基础设施建设步伐。

31日

北京奥运会火炬传递在唐山市区和曹妃甸工业区举行。传递路线全长10.1公里，其中市区段2.7公里。共有208名火炬手和54名护跑手参加圣火传递。省委常委、市委书记赵勇在起跑仪式上致词，副省长孙士彬参加传递仪式并在传递结束仪式上致辞。市四大班子领导出席仪式。

8月

1日

市长陈国鹰等市领导走访慰问驻唐师级部队，祝贺八一建军节。

省法院对唐山华云实业集团有限公司合同诈骗，该公司董事长杨树宽等组织、领导、参加黑社会性质组织犯罪一案进行二审宣判：唐山华云实业集团有限公司被处罚金3000万元，杨树宽被判处无期徒刑，其他42名被告人分别被判处有期徒刑。

7日

唐山市召开"四点一带"（"四点"是指曹妃甸新区、乐亭新区、丰南沿海工业区和芦汉经济技术开发区。"一带"是指贯通"四点"形成的沿海交通、经济走廊。）领导小组第一次会议，对唐山湾"四点一带"开发建设进行研究部署。赵勇在讲话中强调，要进一步统一思想，以跨越式发展的胆识和气魄加快唐山湾"四点一带"开发建设。

8日

北京奥运会隆重开幕，唐山各界群众热情收看开幕式实况转播。这一天，唐山有1500多对新人登记结婚，以此纪念这一历史性时刻。

13日

市委召开八届第63次常委（扩大）会议，对科学发展模式试验示范工作进行研究部署。全市确定了60个科学发展的模式。其中，新型工业化模式16个，新型城市化模式15个，农村现代化模式22个，社会管理创新模式7个。全市20个县（市）、区、开发区（园区、管理区、工业区）和89个市直单位、人民团体、企业承担了试验示范任务。为了做好试验示范工作，市委、市政府印发了《关于认真组织开展科学发展模式试验示范工作的通知》。

《唐山劳动日报》报道：市委、市政府印发《关于建立市县乡村四级大接访常态机制的意见》，把大接访活动纳入经常化、制度化、规范化的轨道，努力解民忧、保稳定、促和谐，实现发展与稳定的动态平衡。其中领导干部定期接访制度规定：市党政班子每半年组织一次公开接访，县（市）区党政班子每季度组织一次公开接访，乡镇（街道）党政班子每月组织一次公开接访，村（社区）两委随时倾听群众诉求，随时发现、化解矛盾纠纷。

唐山市召开民主党派经济形势通报会。常务副市长周仲明就全市经济社会发展情况向各民主党派、工商联、无党派人士进行通报。

17日

唐山市召开曹妃甸国际生态城建设现场办公会，省委常委、市委书记赵勇出席会议并讲话。他强调，曹妃甸国际生态城是建设科学发展示范区的一大亮点，是唐山的希望所在，有关县区和相关部门要奋力拼搏、通力协作，确保曹妃甸国际生态城项目9月上旬开工。

18日

赵勇在全市第一期乡镇党委书记科学发展专题轮训班上作辅导报告，帮助基层干部回答好五个问题。即：科学发展观是什么？中央为什么提出科学发展观？科学发展观要求我们做什么？贯彻落实科学发展观会给我们带来什么？现阶段贯彻落实科学发展观应该而且能够做到什么？

19日

市委、市政府召开全市农村饮水安全工程建设调度会议，总结前段农村饮水安全工程建设情况，分析形势和存在问题，明确下一步工程建设的任务。赵勇在会上强调，要坚定不移地履行承诺，确保年底前彻底解决全市农村饮水安全问题。

19至21日

省委常委、纪委书记、省农村工作领导小组组长臧胜业就深入贯彻落实科学发展观、农村改革发展、纪检监察工作在唐山调研。省委常委、市委书记赵勇一同调研。

21日

唐山市召开老区建设工作会议暨市老促会三届一次理事会议。市委副书记、市长陈国鹰在会上讲话。

25日

唐山市召开“推进节能减排全民行动”誓师大会。会议动员全市人民积极行动起来，从岗位做起，从家庭和个人做起，不断增强节能、环保意识，自觉落实节能减排措施，全力促进节能减排“攻坚行动”。市委副书记杨永山出席会议并讲话。市文明办、市直机关党工委、市教育党工委、市总工会、团市委、市妇联、市科协联合向全市机关公务人员、企业事业单位职工、青少年朋友、学校师生和广大居民群众联合发出节能减排倡议。

25至27日

第三届“冀港心·两地情”青少年大型交流活动在唐山举行。这项活动是由省青联、省学联、香港青少年发展联会、唐山市委、市政府共同主办的。由香港18个区的优秀学生和青少年工作者400人组成的代表团在唐参观交流，他们先后参观了抗震纪念碑、曹妃甸工业区、李大钊故居、李大钊纪念馆、清东陵，并和唐山第八中学的学生进行了联谊活动。河北省委副书记车俊，省委常委、唐山市委书记赵勇会见了以香港青少年发展联会主席、宝的集团有限公司主席陈振彬为团长的香港代表团，并出席活动启动仪式。

26至27日

中共中央政治局委员、中央书记处书记、中宣部部长刘云山在唐山考察。刘云山强调，文化建设和精神文明创建要深入贯彻落实科学发展观，高举旗帜、围绕大局、服务人民、改革创新，着力推动文化大发展大繁荣，着力推动形成新一轮精神文明创建热潮。省委书记张云川，省委副书记、代省长胡春华，省委常委、市委书记赵勇，省委常委、宣传部长聂辰席陪同考察。

26至28日

市长陈国鹰率领各县（市）区、开发区、园区及市直相关部门主要领导到山西长治参观考察造林绿化工作。陈国鹰指出，长治市造林绿化工作大手笔、大气魄、大作为，取得了高水平、高质量、高效能的绿化成就。唐山要认真学习借鉴长治造林绿化的经验，坚持高起点规划、高标准建设、市场化运作，集中时间、集中力量、全党动员、全民动手、全社会参与，组织开展绿化唐山攻坚行动大会战，全力推进城乡绿化一体化建设，努力实现城乡绿化全覆盖。

29日

古冶区发生一起非法盗采开滦赵各庄矿井下保安煤柱致使9人被困井下的案件。接到群众举报后，赵勇、陈国鹰等市领导火速赶往现场组织抢险工作。9名被困人员全部遇难。

唐山市在古冶区召开安全生产紧急会议。会议强调，全市要深入开展安全生产大检查活动，所有地方煤矿企业、非煤矿山立即停产整顿，集中开展打击盗采国有矿产资源行动。

唐山市人民政府印发《关于开展依法打击非法盗采国有矿产资源专项行动的通告》。

8月30日至9月2日

原中共中央政治局委员、中央军委副主席、国务委员兼国防部长迟浩田上将一行，在省委常委、省军区政委张彦欣的陪同下在唐山视察。市委副书记杨永山等陪同视察。

9月

1日

唐山市召开绿化攻坚行动大会战动员大会，动员全市上下立即行动起来，迅速开展造林绿化的各项准备工作，全面掀起造林绿化高潮。赵勇在会上强调，要站在造福人民和子孙后代的战略高度，全市动员、全民动手，攻坚克难，打一场造林绿化的人民战争，以新唐山日新月异的变化让全市人民为自己的城市感到骄傲和自豪。

青海省省长宋秀岩率青海省政府考察团考察曹妃甸新区。赵勇、陈学军、刘建国等陪同考察。

3日

市委副书记、市长陈国鹰向市直离退休干部通报上半年主要工作及下半年的工作打算。

5日

古冶区已停产的新华煤矿发生井下爆炸，9名井下维护人员被困。矿主在不明原因的情况下组织4名

人员下井施救，下落不明。接报后，河北省、唐山市有关领导迅速赶赴事发现场，并立即启动应急救援预案。

6日

唐山市召开全市领导干部紧急会议，通报古冶区新华煤矿井下爆炸事件，研究部署进一步加强安全生产工作措施。会议强调，要以壮士断腕的气魄和手段，彻底扭转安全生产的不利局面。赵勇、陈国鹰出席会议并讲话。

7至8日

省委常委、市委书记赵勇与2008年度全市十佳教师及部分荣获国家、省级优秀称号的教师代表座谈。赵勇在讲话中强调，全市各级党委、政府必须把优先发展教育事业摆在更加突出的战略地位，切实抓紧抓好。

市领导分别率领有关部门负责同志深入各县（市）区检查督导安全生产工作。

9日

市政府印发《关于依法严厉打击非法开采行为毁闭非法矿井的通告》。

唐山市召开安全生产电视电话会议，部署打击煤矿超层越界非法行为十日大会战。

10日

唐钢拆除两座450立方米高炉及其附属设施。至此，唐钢400立方米级高炉全部淘汰完毕。赵勇、陈国鹰等市领导出席“创建科学发展示范企业、建设绿色唐钢”高炉拆除仪式。

11日

唐山市召开深入学习实践科学发展观活动总结大会。省委常委、市委书记赵勇在会上作重要讲话。市四大班子领导出席会议，省委组织部巡视员应邀出席会议。唐山市从2007年4月开始，在广大党员干部中组织开展了为期半年的科学发展观学习教育活动。2008年4月至8月，作为全国23个试点单位之一，唐山市组织开展了深入学习实践科学发展观活动试点工作。截至9月份，圆满完成了试点工作任务，达到了预期目的。

12日

唐山市人民政府发布《关于促进全市服务业发展的若干政策措施和责任单位》。

13日

“三鹿婴幼儿奶粉”重大安全事故披露后，唐山市立即组织召开市直有关部门领导参加的三鹿婴幼儿配方奶粉清理整治工作调度会。13日下午，由市领导带队组成食品安全联合检查组，深入到滦南县、丰南区等奶粉生产企业进行现场检查。13日晚，市长陈国鹰主持召开紧急会议，对“三鹿奶粉”事件的处理及在全市开展食品安全大检查和专项整治工作进行全面部署。

17日

市委召开八届第67次常委扩大会议，认真传达学习中央和省委、省政府关于处置三鹿奶粉安全事故的重要指示精神，就进一步做好应对三鹿奶粉安全事故工作进行安排部署。会议决定尽最大努力召回、封存有问题的奶粉，并落实按价补偿；要对所有食用问题奶粉的婴幼儿进行免费诊治；要组织质量合格的奶制品生产企业正常生产，尽最大可能收购鲜奶，切实维护广大奶农利益；要搞好市场供应，保证消费者需求；要妥善做好停产乳制品企业职工的生活保障。

市政府印发《唐山市收购三鹿奶源生鲜牛奶补贴办法》。市卫生局指定41家医院为婴幼儿泌尿系统结石诊断筛查医院。

19日

在全省“三鹿牌婴幼儿配方奶粉”重大安全事故处置工作紧急电视电话会议后，市委副书记、市长陈国鹰就唐山市全力做好事故处置工作进行部署。他强调，要从维护人民群众切身利益的高度，积极主动应对这次重大安全事故。19日下午，陈国鹰主持召开应对“三鹿牌婴幼儿配方奶粉”重大安全事故紧急协调会议，解决广大奶农销售鲜奶的出路和渠道。

25日

市委召开全市领导干部电视电话会议，通报中办、国办《关于三鹿婴幼儿奶粉事件的情况通报》和全省领导干部会议精神，通报全市三鹿婴幼儿奶粉事件处置情况，对下部工作进行安排部署。赵勇在会上强调，要从三鹿奶粉安全事故中吸取沉痛教训，把科学发展观真正落实到经济社会发展的方方面面。

赵勇、陈国鹰到市妇幼保健院，看望食用“问题奶粉”患儿，并慰问医务人员。

《唐山市养犬管理条例》经河北省人大常委会第五次会议批准，自2009年1月1日起施行。

25至26日

全国人大常委会副委员长陈昌智、全国政协副主席林文漪在唐山考察。省委常委、市委书记赵勇，省人大常委会副主任黄荣，省政协副主席田向利陪同考察。

26至28日

唐山·曹妃甸临港产业国际合作会议暨临港产业发展峰会在渤海国际会议中心隆重举行。全国人大常委会副委员长陈昌智宣布大会开幕，省委常委、市委书记赵勇致词。出席会议的有来自30多个国家和地区的46家世界500强和跨国公司代表，国内央企和大型企业代表，澳大利亚国际商会等国际商协会和中介组织代表，刚果、几内亚等驻华使节，共计800余人。会中共签订外资项目30个，总投资61.4亿美元，合同利用外资34.6亿美元；签订内资项目58个，总投资696.3亿元人民币，协议引进省外资金614.2亿元人民币。

28日

市长陈国鹰签署唐山市人民政府令，公布《唐山市城市排水管理办法》（试行），自2008年12月1日起施行。

25至30日

第六届中国评剧艺术节在唐山隆重举行。来自全国各地的14个评剧院团参加本届艺术节。共组织了15台剧目、演出了30场。经评委会评选，评出优秀演出奖7个，优秀剧目奖7个。另外还评出优秀编剧、导演、舞台美术、音乐创作奖和优秀表演奖等单项奖。评剧节期间举办了评剧票友大赛、“评剧百年回顾与展望”学术研讨会。全国人大常委会副委员长陈昌智、全国政协副主席林文漪出席开幕式。

26至30日

第十一届唐山中国陶瓷博览会在唐山国际会展中心隆重举行。全国人大常委会副委员长陈昌智，全国政协副主席林文漪等中央和省、市领导出席开幕式。274家国内外厂商参展，其中国际参展商有20个国家和地区的30家陶瓷企业和销售商。到会客商和来宾7300多人，共签订陶瓷贸易合同额25.3亿元人民币，其中内贸成交合同额15.37亿元人民币，外贸成交合同额9.93亿元人民币。展会期间，日客流量4万多人。会展期间还举办了人才技术交流大会、“特邀院士工作站”建站、两院院士高层论坛、第三届隆达论坛——中国陶瓷发展峰会、深入学习实践科学发展观活动大型成果展览等活动。

10月

7日

市委、市政府召开全市企业家科学发展大会，部署开展科学发展示范企业创建活动。赵勇、陈国鹰在会上讲话，赵勇强调，全市企业家要转型调整，蓄势待发，坚定信心，科学发展，为建设科学发展示范区和人民群众幸福之都作出新的贡献。会上表彰奖励了10名科学发展优秀企业家。他们是：唐山国丰钢铁有限公司总经理张震、河北津西钢铁股份有限公司董事长韩敬远、庞大汽贸集团股份有限公司董事长庞庆华、冀东水泥集团公司董事长张增光、唐山三友集团有限公司董事长么志义、唐山惠达陶瓷集团股份有限公司总经理王彦庆、唐山开元企业集团董事长柳宝诚、唐山港集团股份有限公司董事长孙文仲、河北正元包装集团有限公司董事长郭财、唐山晶源裕丰电子股份有限公司董事长阎永江。会上还宣读了《唐山市创建科学发展示范企业活动实施方案》。

15日

第三届唐山农产品展示交易会在唐山现代农业科技示范园隆重开幕。赵勇出席开幕式并参观了展览。陈国鹰在开幕式上致辞。这次展会有农业精品展示、植物栽培示范展示、农机展示、新能源展示、畜禽优种展示、农产品交易和农业科技讲座、科技咨询、农业招商引资项目发布、农业项目签约等内容。

17日

滨海大道（海港开发区至曹妃甸段）正式开工建设。赵勇、陈国鹰等出席开工仪式。滨海大道（海港开发区至曹妃甸段）全长39.5公里，按城市主干道一级标准设计，估算总投资71.6亿元。

19日

省委常委、市委书记赵勇深入到滦县农村、奶站和农业产业化龙头企业，就进一步加快推进农村改革发展进行专题调研。赵勇强调，要深入学习贯彻党的十七届三中全会精神，加快推进农村改革发展，以农村的改革发展引领和带动经济社会新一轮改革发展，促进科学发展示范区建设。

中共唐山市委、唐山市人民政府印发《关于对今年新命名的国家级、省级农业产业化重点龙头企业进行表彰奖励的决定》、《关于命名唐山市首批农业科学发展示范园区（场、园）的决定》、《关于认定2009——2010年度农业产业化市级重点龙头企业的决定》。

21日

唐山市召开农业科学发展示范工程建设及振兴奶业动员大会，贯彻落实党的十七届三中全会精神，全面启动农业科学发展示范工程建设，安排部署奶业工作。陈国鹰出席会议并讲话。陈国鹰强调，要转变观念，强化措施，以农业科学发展示范工程推动现代农业发展。要因势利导，顺势而为，全力振兴奶业发展。

22日

开滦集团公司召开大会，隆重纪念建矿130周年。中央有关部门和省、市领导出席纪念大会。

河北理工大学隆重举行建校50周年暨办学113周年庆典。河北省副省长龙庄伟等省、市领导出席庆典。

24日

原中顾委委员、司法部第一副部长李运昌同志在北京逝世，享年101岁。李运昌是冀东抗日根据地的主要创建者和领导人。抗日战争时期，历任冀东抗日联军副总司令兼第二路军总指挥、八路军13支队司令员、中共冀热边特委书记兼行署主任、晋察冀军区第13军分区司令员兼政委、冀热辽军区党委书记、冀热辽军区司令员兼政委、晋察冀中央局委员等职。

26至27日

宁夏回族自治区党委书记、人大常委会主任陈建国率宁夏党政代表团一行近30人，就深入开展学习实践科学发展观活动、城市规划建设、临港产业发展情况等在唐山参观考察。河北省委书记、省人大常委会主任张云川会见代表团一行。省委常委、市委书记赵勇，副省长宋恩华等陪同考察。

28日

《唐山劳动日报》发表《中共唐山市委、唐山市人民政府关于应对当前宏观经济形势实现又好又快发展的若干意见》。

30日

曹妃甸工业区与中国华电集团公司就在曹妃甸建设大型能源综合项目举行框架协议签约仪式。省委副书记、代省长胡春华，省委常委、市委书记赵勇，中国华电集团公司总经理云公民等出席签约仪式。

省委副书记、代省长胡春华率省政府研究室、省发改委、省交通厅的负责同志在唐山就冀东区域经济发展进行调研。赵勇、陈国鹰等陪同调研。

31日

市委、市政府召开全市科学发展示范村建设现场会。省委常委、

市委书记赵勇出席会议并作重要讲话。赵勇强调，要深入贯彻落实党的十七届三中全会和省委七届四次全会精神，以科学发展示范村建设为载体，使全市农民生活质量有一个明显提升。与会人员现场观摩了滦县响嘡镇岩山新村、大司营村和迁安市沙河驿镇唐庄子村、杨店子镇洼里村、马兰庄镇马兰新村。会议表彰了迁安市沙河驿镇等13个创建科学发展示范乡（镇）先进单位、滦县响嘡镇大司营村等50个创建科学发展示范村先进单位。

11月

12日

市政府召开第十四次常务会议，专题研究贯彻落实中央、国务院关于进一步扩大内需促进经济增长10项措施的具体实施意见。陈国鹰在会上指出，要迅速行动，切实抓好中央各项部署的落实，要抓紧与国家有关部委和省直有关部门进行对接，从唐山实际出发，抓紧研究出台促进经济增长的政策措施，力争早日见到成效，早日扭转经济下滑的局面。

13日

市政府召开工作会议，传达贯彻中央扩大内需、促进经济增长10项措施，安排部署唐山市分税制财政管理体制改革工作。

中国少年先锋队唐山市第一次代表大会在燕山影剧院召开。来自全市的162名少先队员、少先队辅导员和少年儿童工作者代表出席大会。大会通过了《中国少年先锋队唐山市第一次代表大会关于工作报告的决议》，选举产生了中国少年先锋队唐山市第一届工作委员会，表彰了少先队工作先进集体和个人，进行了少先队主题队会展演。市委副书记杨永山出席会议并在会上讲话。

5至16日

省委常委、市委书记赵勇率唐山市经贸代表团访问日本、韩国取得圆满成功。代表团分别在日本东京和韩国首尔举办唐山市投资环境及曹妃甸新区重点项目说明会。中国驻日本和韩国大使分别会见代表团并出席重要活动，韩国国务总理室长赵重杓、韩国前总理李汉东和日本国多位政要会见代表团。整个出访期间，代表团与日韩企业签署合资合作项目10个，协议利用外资12.82亿美元。

19日

唐山市与联邦德国交通建设与城市发展部签订关于在建筑节能和城市发展领域开展合作的联合意向声明。声明中确定双方将在9个方面开展合作，其中包括双方合作开发南湖生态城、对震后重建期间建造的居住建筑进行节能改造等。

20日

全市绿化攻坚行动冬季义务植树活动在南湖展开。赵勇等市四大班子领导，市直机关、学校、医院、厂企的干部职工，驻唐部队官兵约1200人参加。赵勇要求抢抓时间，全民动员，争取在12月15日之前全面完成冬季植树造林任务。

唐山市召开全市绿化攻坚行动大会战调度会议。赵勇在会上强调，要坚定不移地按照绿化规划组织施工和验收，瞄准世界一流水准开展立体绿化、彩色绿化和多物种绿化，为把唐山建成一座凤凰涅槃的生态城市奠定坚实基础。

22日

赵勇、陈国鹰等市领导深入植树现场，对冬季工程造林进展情况进行检查督导。

23日

津秦铁路客运专线唐山段工程正式开工。市长陈国鹰在开工仪式上致辞。津秦铁路客运专线唐山辖区工程正线全长121公里，需改造唐山站，新建滦河站，新建隧道6座，新建特大桥14座，其中丰南跨京山铁路特大桥全长26.6公里。

25日

澳大利亚驻华大使芮捷锐在唐山访问。省委常委、市委书记赵勇在渤海国际会议中心会见芮捷锐一行。芮捷锐大使先后到曹妃甸工业区规划展示中心、首钢京唐钢铁公司、25万吨级矿石码头、河北钢铁集团唐钢股份公司、开滦国家矿山公园参观考察。

27日

唐曹高速公路正式建成通车。唐曹高速是沟通唐山市区与曹妃甸港区的重要通道，主线全长63.673公里，连接线长1.31公里，总投资53.4亿元。工程于2006年12月24日开工建设。

28日

唐山市召开全市重点项目调度会，通报前段全市争取中央投资项目情况，明确市四大班子领导牵头跑办重点项目分工，力促一批重点项目尽快开工建设，实现全市经济平稳较快发展。省委常委、市委书记赵勇在讲话中强调，要紧急行动起来，抢抓发展机遇，强力落实项目，加快推进科学发展示范区建设，为唐山未来发展奠定坚实基础。

建设银行河北分行与唐山市签署金融服务项目建设合作协议。建行河北分行将在两年内向唐山市交通、港口、建材、装备制造、石油、石化、能源、冶金、城建等行业和基础设施项目提供500亿元的金融支持。

30日

“中国改革开放30年论坛暨评选活动”颁奖晚会在北京召开，唐山市被评为“中国改革开放30年优秀集体”。论坛及评选活动由中国经济体制改革研究会主办，中国经济体制改革杂志社承办。

12月

2日

政协唐山市第六届、第七届委员会副主席刘靖涛因病逝世，享年71岁。

4日

唐山市人民政府与中国农业银行科学发展示范区建设战略合作备忘录在京签署。根据备忘录，唐山市将及时向中国农业银行提供有关经济发展计划、产业促进政策、重点建设项目和企业等信息。中国农业银行将全力支持唐山市发展“三农”产业和新农村建设，对唐山市大企业和优质项目优先安排信贷计划，并选择唐山进行“三农”金融服务试点，为农村企业和农户提供优质金融服务。

5日

唐山市人民政府与中国海洋石油总公司战略合作框架协议在京签署。根据战略合作框架协议，双方将发挥各自优势，在石油化工、成品油销售、油气资源开发利用等领域开展全方位、多层次合作，建立长期稳定的合作关系。

9日

市委、市政府召开全市重点项目联合审批跑办工作调度会议。赵勇在会上强调，要再鼓劲、再加油，把项目建设作为应对当前挑战的头等大事，抓得更紧、更实、更有成效。

9至10日

全省贯彻省委七届四次全会精神调度会暨新农村建设观摩交流会在迁安举行。会议强调，要坚定地走统筹城乡发展之路，进一步深化农业农村重点领域改革，不断开创农村改革发展新局面。省领导赵勇、臧胜业、张和等出席会议。与会人员现场观摩了迁安市沙河驿镇唐庄子村新民居建设模式，木厂口镇松护新村的土地流转、异地联建模式，杨店子镇洼里村统一规划、群众自建模式，马兰庄镇马兰社区生态宜居、新型社区新农村建设模式。

11日

唐山市隆重举行纪念唐山解放60周年暨改革开放30周年座谈会。省委常委、市委书记赵勇在座谈会上讲话。他指出，回顾历史，总结经验，就是要站在新的历史起点上，进一步高举中国特色社会主义的伟大旗帜，坚持以邓小平理论、“三个代表”重要思想为指导，深入贯彻落实科学发展观，全面实施“开放创新、富民强市”的总战略，朝着建设科学发展示范区和人民群众幸福之都的宏伟目标加速前进。市四大班子领导出席会议，市各界代表在座谈会上发言。

18日

市委召开八届第75次常委（扩大）会议，讨论通过《“健康唐山、幸福人民”行动方案》。“健康唐山、幸福人民”行动旨在树立健康理念，培养健康行为，推动全民健身行动，倡导全民健康生活，创建全民健康环境，打造全民健康文化，以人民群众的身心健康促进社会和谐发展。力争经过三年的努力，争创全国健康城市，把新唐山建设成拥有“一流健康环境、一流健康人群”的现代化大都市。

19日

唐山渤海钢铁集团、唐山长城钢铁集团成立。赵勇、陈国鹰为两大集团成立揭牌。渤海钢铁集团是由国丰钢铁公司牵头、12家钢铁企业联合组建的，年产能1500万吨。长城钢铁集团是由九江线材公司牵头、27家钢铁和相关企业联合组建的，年产能1300万吨。

启新水泥厂开始爆破拆迁。启新水泥厂始建于1889年，是中国水泥工业的发祥地，素有“中国水泥工业的摇篮”之称。随着技术进步和社会发展，启新水泥厂能耗指标、环保标准、规模产量都不适应国家科学发展的要求，市政府决定异地建设一座符合国家产业政策的大型水泥生产企业。在启新水泥厂原址建设“中国唐山水泥工业博物馆”。

24日

遵化市港陆钢铁有限公司发生煤气泄漏事故，造成17人死亡，27人受伤。接报后，唐山市及遵化市市委、市政府负责人迅速赶赴现场，指挥伤员救治和事故处理工作。市政府在遵化召开全市安全生产工作现场会，要求各地各单位认真汲取教训，迅速开展安全生产大排查，确保安全生产。

副省长孙瑞彬到遵化督导港陆公司“12·24”煤气泄漏事故抢救救援工作。

25日

唐山市召开全市领导干部大会，通报港陆公司“12·24”煤气中毒事故及善后处置工作情况。会议就贯彻落实省委书记张云川、代省长胡春华批示要求，在全市开展生产和食品药品安全攻坚行动、钢铁和焦化行业专项治理及“12·24”事故处理工作进行了部署。赵勇在会上强调，要把安全生产作为天字号工程，摆在科学发展示范区建设的突出位置。

中国最具幸福感城市推选活动组委会在昆明举行盛大颁奖典礼，唐山等10个城市荣膺“2008中国最具幸福感城市”称号。市委常委、宣传部长郭彦洪出席颁奖典礼，并代表唐山领奖。

29日

河北省政府第27次常务会议审议通过了《唐山市城市总体规划（2008—2020）》和《唐山市曹妃甸新城总体规划（2008—2020）》。

28至30日

中共唐山市委召开八届五次全体（扩大）会议。赵勇代表常委会作工作报告。赵勇在报告中提出2009年的指导思想是：继续贯彻落实八届三次、四次全会以来形成的一系列目标、思路和措施，更加自觉地深入贯彻落实科学发展观，牢牢把握“抢抓新机遇，建设新唐山，实现新跨越”这个主题，深入实施“开放创新、富民强市”的总战略，以科学发展示范区建设为总揽，以保持经济平稳较快发展为首要任务，把扩大内需作为根本途径，把加快发展方式转变和结构调整作为主攻方向，把深化改革、扩大开放作为强大动力，把改善民生作为出发点和落脚点，开拓进取，奋力拼搏，朝着建设科学发展示范区、建设人民群众幸福之都的宏伟目标加速前进。会议表决通过了赵勇代表常委会作的工作报告和《中共唐山市委关于推进农村改革发展、加快实现城乡等值化的决定》。全会还表彰了“唐山市十大杰出农民”、“唐山市十大优秀村党组织书记”、“唐山市十大优秀乡镇党委书记”。

30日

市委、市政府召开首届新唐山建设卓越功勋奖暨2006—2007年度劳动模范表彰大会。赵勇为新唐山建设卓越功勋奖获得者颁奖并作重

要讲话。获得“新唐山建设卓越功勋奖”特别奖的是市政府日本事务所所长小林成；获得“新唐山建设卓越功勋奖”的是：乐亭县高效农业技术研究会副理事长、高级农艺师常寿祥，玉田县玉田镇东八里铺村农民宋志永，唐山开元企业集团党委书记、总裁、高级经济师柳宝诚，唐山轨道客车有限责任公司董事长兼总经理、高级工程师余卫平，唐山三友集团有限公司董事长、党委书记么志义，唐山曹妃甸实业开发有限责任公司总经理王钟敏。

由市文明办主办，市总工会、团市委、市妇联、唐山劳动日报社和市广播电视局协办的厚德载物——唐山市首届道德模范颁奖典礼隆重举行。会上表彰了10名“唐山市首届道德模范”和20名提名奖获得者。唐山市首届道德模范是：助人为乐模范宋志永、臧岚，见义勇为模范关起印、杨晓东，诚实守信模范田玉新、张国华，敬业奉献模范王晓莉、潘秀荣，孝老爱亲模范卫群、马凤楼。

31日

中国科学院唐山高新技术研究与转化中心在唐山市高新技术开发区成立。中国科学院党组成员、中国科学院副秘书长、北京分院党组书记何岩和唐山市长陈国鹰为中心揭牌。中国科学院北京分院党组常务副书记项国英与唐山市长陈国鹰分别代表中国科学院和唐山市政府签署了《中国科学院、唐山市人民政府合作共建中国科学院唐山高新技术研究与转化中心协议》。

《唐山劳动日报》报道：日前，国务院、中央军委批复同意空军唐山机场实行军民合用并进行扩建。

唐山概况

编纂 高金山 赵鹤鸣

建置沿革

据有文字历史记载，商代，唐山今市区及东（北）（南）部属孤竹国。春秋时期，东部、北部为山戎、肥如、令支之地，西部为燕国（亦称北燕）、无终（山戎部方国）之地。战国时期为燕地。秦代，分属辽西郡和右北平郡。西汉时，为幽州右北平郡和辽西郡地。两汉时，辖地为幽州，仍属辽西郡和右北平郡。东汉时右北平郡治所迁到土艮（今丰润区银城铺）。三国时期，辖地属魏国。西晋统一后，右北平郡改为北平郡，以徐无（今遵化）为治所，与辽西郡隶属幽州。北魏时对州郡作了调整，以土艮为界，分置幽州和平州（今迁安）。隋唐时期，反复置州、县和郡、县两级。辖境分别为平州（治所卢龙县）、蓟州（治所渔阳县，今蓟县）之地。唐太宗以后，地方政区由二级改为道、州、县三级，辖地均属河北道。武则天万岁通天元年（696年）改无终县为玉田县，是今唐山市属县命为现名的第一个县。后梁时，蓟州、平州之地为刘守光的大燕所据。公元923年属契丹。后唐时期（923至936年）在平州买马监（建于唐代天宝元年，位于今遵化城关，为养马机构）始置遵化县，属蓟州，以“遵从王化”、“遵守教化”而得名。公元936年，后唐节度使石敬瑭以割让幽云十六州为条件，乞求契丹援兵，建立晋政权，今辖地全部属契丹。公元947年契丹改称辽国。嗣后，辖区除北宋宣和五年（公元1123年）六至十一月曾一度收复石城、马城2县外，历辽、金、元三代统治长达400年之久。辽沿袭唐制，今辖境属南京道析津府平州、蓟州、景州（治所遵化）。辽太祖于天赞二年（923年）攻克平州，置卢龙军节度使。金代地方建置设路、府、州、县，今辖地属中都路平、滦、蓟州分管。世宗大定七年（1167年）将安喜县城迁至今迁安城关，取“迁自安喜”之意，改名迁安县，属平州之地。世宗大定末年（1189年）置乐亭县，以古乐安亭而得名，属滦州。章宗泰和年间（1201至1208年）为避卫绍王完颜永济名讳，将永济县改名丰润县，以“土地丰美润泽”而得名，1209年改为丰闰县，属蓟州。元朝今辖区地处“腹里”中书省，东部属永平路滦州，西部属大都路蓟州（领玉田、丰闰、遵化3县）。丰闰县元代曾升为闰州。明朝辖境分属京师顺天府蓟州和永平府滦州。清朝辖境分属直隶省永平府和遵化直隶州。滦州、迁安县、乐亭县为永平府地，玉田、丰润县隶属遵化直隶州（遵化县因清初在此修建皇陵，故于康熙十五年由县升为州，又于乾隆八年升为直隶州）。

民国元年（1912年），政区建置均袭清制。民国2年2月，废府、州，一律称县，后分全省为四个观察使（俗称为道），辖区属渤海道，民国3年改为津海道。民国13年，滦县、乐亭、迁安三县划归奉天省。翌年复归直隶省。民国14年，北京临时执政府曾下令唐山称市，未及建市段祺瑞执政府垮台。民国17年6月，直隶省改称河北省，同时废道，改省、县两级制。今市辖县均直隶于河北省。民国19年，析出遵化、迁安等县长城以外地区建兴隆县，置都山设治局（1933年改为青龙县）。民国22年6月，根据塘沽协定将冀东划为“非武装区”。今辖区分为“滦（县）榆（临榆县，今抚宁县）区”和“蓟（县）密（云）区”。同年7月，国民政府在冀东分设两个行政督察专员公署管理战区政务。第一区称为“滦榆行政督察专员公署”，辖丰润、滦县、乐亭、迁安、卢龙、抚宁、昌黎、临榆、宁河9县及都山设治局，治所唐山。第二区称“蓟密行政督察专员公署”，辖通县、三河、遵化、玉田、蓟县、密云、昌平、宝坻、顺义、香河、怀柔、平谷、兴隆等13县，治所通县。民国24年，日本帝国主义策动“华北五省自治运动”，滦榆、蓟密区行政督察专员殷汝耕合并两区，于11月25日成立伪冀东防共自治委员会，一个月后改组为伪冀东防共自治政府，辖22个县。伪政权驻地于1937年8月从通县迁至唐山。民国27年1月28日，伪冀东防共自治政府鉴于唐山具有经济、政治上的特殊地位，明令唐山设市。市政机构最初称为“唐山市政府”。同年2月1日，伪冀东防共自治政府与北平（今北京）伪临时政府合并，“唐山市政府”改称“唐山市公署”，隶属于伪中华民国临时政府的“河北省公署”。4月，在唐山设立“冀东道公

署”，为河北省管辖的4个“道”（冀东道、津海道、保定道、冀南道）之一。伪冀东道公署管辖冀东22县。1940年，中共冀东区分委在遵化鲁家峪、蓟县盘山、丰润腰带山创建抗日根据地，建立人民抗日政权，始称晋察冀13专属，后称冀东行政公署。1944年，日本帝国主义由治安军（绥靖军）采取军政方式于7月1日在唐山建立“冀东特别区行政公署”。1945年8月15日日本宣布无条件投降，10月13日国民党河北省政府派刘培初来唐接收日伪政权，先为滦榆区行政督察专员公署（驻地为唐山市）专员兼保安司令，后设置督察专员公署。1945年10月至1946年4月间，唐山未组建市政府，一切政务由督察专员公署和唐山警察局管理。1946年4月，河北省政府委员会第132次会议通过唐山设市，5月5日唐山市政府成立。1948年4月，国民政府行政院内政部方域司公布，河北唐山市为省辖市之一。滦县、迁安、乐亭、滦宁4县为第一行政督察区管辖；玉田、遵化、丰润、洰阳（丰润南部）4县为第四行政督察区辖地。

1949年10月1日中华人民共和国成立后，唐山市仍为省辖市，市辖区由6个区扩展为12个区。1955年3月，唐山市人民政府改为唐山市人民委员会。辖区未变。1958年4月28日，唐山市划归唐山专区领导。同年8月29日，唐山专员公署驻地由昌黎县迁至唐山市。1959年6月3日，中央决定唐山市为全国45个开放城市之一。6月8日，专署和市人委合并改设唐山市人民委员会。1960年4月2日，唐山专区撤销，原专区管辖的秦皇岛市和迁安、昌黎、乐亭、宝坻、玉田、蓟县、遵化划归唐山市（滦县、丰润两县原为市辖区）和柏各庄农场，唐山市改为省辖市。1961年5月23日，恢复唐山专区建制。同年6月1日，唐山市改为专辖市。1968年1月6日，唐山市革命委员会成立，隶属于唐山地区革命委员会。1978年3月11日，唐山市改为省辖市。1982年10月，撤销唐山市革命委员会，建立唐山市人民政府。1983年3月3日，撤销唐山地区，实行市管县体制。1984年12月15日，国务院批准唐山市为全国13个“较大城市”之一。

（伊志）

地理地势

【位置面积】 唐山市位于东北亚中国环渤海经济区、京津唐三角地区、河北省东北部。东经117度31分—119度19分，北纬38度55分—40度28分。唐山市东部隔滦河与秦皇岛市相邻，西部与天津市接壤，南部为渤海，北部隔燕山万里长城与承德市相望。东西长约130公里，南北宽约150公里，总面积13472平方公里。唐山市区东至秦皇岛市区125公里，西南至天津市区108公里，南至河北省会石家庄市区366公里，西北至北京市区154公里。唐山市地处交通要塞，是华北地区通往东北地区的咽喉地带。铁路、公路、高速公路、港口相互交织。京哈铁路、京山铁路、大秦铁路、七滦铁路、迁曹铁路、滦港铁路纵横穿越全境。京沈、津唐、唐港、唐承、沿海高速公路与环城高速公路、国道相交连接，形成网络，四通八达。唐山港京唐港区东望秦皇岛港，曹妃甸港区西邻天津港，位居天津港、秦皇岛港之间，航线与大连港、烟台港相连，为国际通航的重要港口。铁路、高速公路、公路、港口交织成网，成为唐山市出行十分便利的重要条件。唐山市建设中国第一个科学发展示范区，将成为中国环渤海经济区联系东北亚蒙古、俄罗斯、朝鲜、韩国、日本等国的重要地区。

【地势地貌】 唐山市处在地球最古老的华北地台之上。最古老的岩石有36.7亿年的麻砾岩和26.7亿年的蛇绿岩。全市地势北高南低，大致呈阶梯状走向。北部多山，山地与盆地相间；中部为平原或山前平原，南部与西部为滨海低平原；陆地南部为渤海海洋的一部分。全境以玉田县、丰润区、滦县治所驻地连线的海拔50米等高线为界，分成燕山山地丘陵区、滦河平原区、渤海海洋区三大地貌，具有典型的山地、丘陵、盆地、平原、河流、河流冲积扇、滨海沙坝、近海岛屿等天然地貌和运河、干渠、盐田等人工地貌特征。山地以低山、丘陵、谷地为主，横亘于遵化市、迁西县、迁安市和滦县、玉田县、丰润区北部，海拔一般在300—700米以上，山峰115座，其中黄花山钻天缝海拔为895米，是全市最高峰；丘陵海拔一般在300米以下，经风化剥蚀作用已经形成馒头形、盾形和岗梁状；平原以山前倾斜平原、滨海低平原、海岸为主，山前倾斜平原分成洪冲积和冲积两种类型；滨海低平原由海积和海冲积共同堆积而成；平原区内有湖泊、洼地和河道；海岸分成砂质兼淤泥质和沙质海岸两种类型。海洋由海岛、海沟、海滩组成，海岛为砂岛和沙岛残留，海沟涨潮时淹没、落潮时显露，海滩为细沙型。

【三大水系】 唐山市境内有70余条河流，大致可分为滦河水系、蓟运河水系、冀东沿海水系。滦河水系由滦河、洒河、长河、清河、青龙河、冷口沙河组成；蓟运河水系由蓟运河、遵化沙河、黎河、双城河、蓝泉河、还乡河、泥河、双城河改道、津唐运河、煤河组成；冀东沿海水系由陡河、西排干、沙河、小戢门河、双龙河、小青龙河、大清河、泝河组成。滦河水系位于唐山市东部，有18条支流，其中流域面积大于200平方公里的支流有5条。青龙河为滦河水系中支流流域面积最大者，长220公里，流域面积6500平方公里。蓟运河水系位于唐山市西部，有34条支流，其中流域面积大于200平方公里的支流有国河、黎河、沙河、魏进河、蓝泉河、双城河、还乡河、黑龙河、双城河改道。还乡河是最长、流域面积最大的河流。冀东沿海水系也称沙陡河水系，有河流18条，大于200平方公里流域面积的河流有陡河、沙河、泝河、管河、泉水河、青龙河，其中陡河是流域面积最大、最长的河流。

（高金山）

国土资源

【矿产资源】　唐山市矿产资源丰富，矿业经济发达。煤炭、铁、石油、金和非金属矿产为优势矿产。金属矿产由铁矿、锰矿、铬矿、金矿、银矿、铜矿、铝土矿、钼矿、锡矿、汞矿等资源组成；非金属矿产由石灰岩、白云岩、玻璃用石英砂岩、耐火粘土、铁矾土、油石、枳榴石石墨、蛇纹岩、膨化土、海泡石粘土、硅藻土、硼矿、草煤、紫色页岩等资源组成。2008年底，唐山市已发现的各类矿产资源为49种，有近30种正在被开发利用，主要是煤、铁、金、石油、天然气、石灰石（包括水泥、制碱、熔剂、制灰用灰岩）、冶金白云岩等。此外，还有铝、硫铁矿、石墨、柘硫石、蛭石、云母、石膏、锰、铷等资源被发现，但储量尚不明确。2008年，唐山市《矿产储量平衡表》上的矿产资源有20种，累计探明固体矿产资源储量为133.25亿吨，探明石油储量为10.3亿吨、天然气储量为79.51亿立方米。20种上《矿产储量平衡表》的矿产涉及矿产地193处，其中煤炭产地43处、铁矿产地72处、岩金矿产地9处、砂金矿产地2处、有色金属矿产地5处、非金属矿产地55处、石油及天然气产地7处。2008年，原煤产量2565.46万吨，铁矿石产量3190.24万吨，金矿石产量6.87万吨；溶剂用灰岩306.75万吨，冶金用白云岩162.98万吨，水泥用灰岩230.96万吨。2008年底，唐山市各类持有效采矿许可证的矿山企业972家，其中煤矿76家、铁矿308家、金矿8家、砖厂13家、矿泉水8家、其他非金属企业559家。唐山市探矿权67个，其中铁矿探矿权42个、金矿探矿权10个、锰矿探矿权2个、膨润土矿探矿权2个、煤矿探矿权1个、水泥灰岩探矿权1个。列入《2008年地质灾害防治方案》的隐患点为89个，其中崩塌点11处、滑坡点10处、泥石流点12处、地裂缝点4处、地面沉降（地面塌陷）点52处。

【海洋资源】　唐山市海岸线东起滦河口，西至洒金坨插网铺，全长388.8公里。其中，大陆海岸线229.7公里，占河北省大陆海岸线总长度的47.4%；海岛岸线长135.5公里。岛屿面积560公顷。管辖海域总面积（海岸线向海至海域勘界终点）3570平方公里，占全省海域总面积的46.8%，其中已经利用海域719平方公里，占总面积的20%；未利用海域2851平方公里，占总面积的80%。在已经利用的海域中，包括养殖用海372平方公里、非养殖用海347平方公里。非养殖用海主要是乐亭县靶场167平方公里、曹妃甸工业区核心区用海140平方公里、京唐港区规划11平方公里及少量旅游业和工业用海。在未利用海域2859平方公里中，包括渔业捕捞区和公共航道。海岸线至零米等深线之间潮间带面积661.2平方公里，0－5米等深线浅海面积580.2平方公里。唐山市沿海地区位于渤海湾，东起滦河口与秦皇岛市隔河相望，西至洒金坨插网铺与天津市接壤；地处京津唐三角地带，是环渤海经济圈的重要组成部分。所辖沿海地区包括丰南区、乐亭县、滦南县、唐海县和海港开发区、南堡开发区及曹妃甸工业区，基本开成了以曹妃甸工业区——海港经济开发区——南经济开发区“新三角”为支撑，以沿海交通网络为骨架，以各县城和重要城镇为节点，分工合理、各具特色、“点、线、面”相结合的沿海区域经济发展格局。目前，主要海洋产业是水产、交通运输、船舶修造、原盐和盐化工、石油和旅游等。海洋化工资源主要是海水制盐。渤海海水含盐度高，年平均32%。盐田面积在3734288公亩左右，原盐生产能力240万吨以上。卤水资源也很丰富。海洋波浪、潮汐能也具有广阔开发利用前景，已经有所规划。

【土地资源】　2008年底，唐山市土地总面积143.08万公顷。农业用地91.26万公顷，其中耕地56.45万公顷、园地4.64万公顷、林地15.26万公顷、牧草地85公顷、其他农用地14.91万公顷。基本农田为50.11万公顷。建设用地23.4万公顷，其中居民点及工矿用地19.84万公顷、交通运输用地1.48万公顷、水利设施用地2.08万公顷。未利用土地28.42万公顷。

（左红枫）

【能源资源】　唐山市能源资源十分丰富，主要有煤炭、石油、天然气资源。风能、太阳能、地热能资源也具有广泛的开发远景。煤炭资源主要集中在开平煤田、蓟玉煤田。开平煤田煤成气资源生气强度为26.86亿立方米/平方公里，暗色泥岩生气强度为3.67亿立方米/平方公里，生聚悉数0.004，属于二等。石油天然气资源主要分布于渤海沿海地区的海滩区及负5米以下浅海区，横跨唐海县、滦南县、乐亭县和唐山市丰南区，已经发现5个油气田。冀东油田油气资源丰富，不仅类型多而且质量好，资源由常规油、凝析油、稠油和天然气组成，达10亿吨。常规油占80%、稠油占16%。常规油密度在0.82－0.84克/立方厘米，黏度2－20厘米，含微硫，凝固点20－34度；凝析油密度0.78克/立方厘米，黏度1.35厘米；稠油埋藏深，在深度2000米以上。天然气属于原油伴生气体和气顶气，为优质富气，含乙烷、丙烷、丁烷14%－20%，有利于轻烃的回收。天然气资源已经纳入开发使用规划，不久即可成为唐山市生活用气。全市水能理论蕴藏量为70.3万千瓦，按三大水系划分：滦河水系为58.91万千瓦、蓟运河水系为9.17万千瓦、冀东沿海水系为0.15万千瓦。引滦入还、引还入陡可增加2.07万千瓦。总计，可开发利用的水能为52.77万千瓦。引滦入还、引还入陡工程已经开发利用。太阳能、风能、地热能开发潜力很大。沼气能在农村正在受到重视，也已经有所开发。

【生物资源】　唐山市生物资源比较丰富，主要由动物资源、植物资源组成。动物资源分为陆生、水生、海生资源。植物资源分为陆生、水生、海洋生资源。动物资源的陆生动物资源由兽类、爬行类、两栖类、鸟类、昆虫类组成；水生动物资源主要由淡水鱼类组成；海生动物资源由浮游动物、底栖动物、潮间带动物、无脊椎动物、海水鱼类组成。植物资源的陆生植物资源由

林木、草场、野生药材、野生食用菌组成；水生植物资源由淡水藻类组成，是淡水鱼类的饵料以及副食品加工原料，共6门17目37属53种；海生植物以海水藻类为主，由圆筛藻、中肋骨条藻、棱曲舟藻、圆海链藻、有槽直链藻等组成，主要是硅藻类，为28属76种。浮游植物是鱼虾等海洋动物幼体的重要饵料，尤其是中国毛虾食物链中的主要来源。唐山海区河口较多，是浮游植物密集区，成为发展海水养殖业的天然资源。

（高金山）

【水资源】　唐山市是水资源短缺城市。水资源由大气降水、地表水、地下水、海洋水组成。可用水包括地表水、地下水、海水淡化水。2008年，唐山市降水量646.5毫米（依据来自基层水文站，因水文站与气象观测站不在一处，故数据与气象系统不同，略有差别），为多年平均降水量的100.4%，基本与多年平均降水量持平。其中遵化市降水量达到778.6毫米，为全市最高，乐亭县降水量476毫米，为全市最低。全市各县区除乐亭县比多年平均降水量减少18%外，其余各县区基本与多年平均降水量持平。全市地表水资源量6.56亿立方米，为多年平均地表水资源量的44.87%；地下水资源量15.07亿立方米，为多年平均地下水资源量的105%。扣除重复计算量2.12亿立方米，2008年全市水资源总量19.51亿立方米，占多年平均水资源总量24.31亿立方米的80.26%。各县市区水资源量见下表：

全市入境水量11.6亿立方米，其中滦河入境水量8.64亿立方米，遵化沙河入境水量1.84亿立方米，迁安青龙河入境水量1.12亿立方米。出境水量2.16亿立方米，其中遵化市出境水量0.58亿立方米，玉田还乡河出境水量1.58亿立方米。入海水量1.29亿立方米，其中滦河入海水量0.82亿立方米，丰南区陡河、沙河入海水量0.39亿立方米，滦南县沿海诸河入海水量0.08亿立方米。

唐山市各县市区水资源量统计表

行政分区（县、乡）	面积（km^2）	降水量（mm）	地表水资源量（亿 m^3）	地下水资源量（亿 m^3）	重复计算量	水资源总量（亿 m^3）
遵　化	1509	778.6	1.9602	2.1418	0.5974	3.5046
迁　安	1208	657.4	1.1691	1.4248	0.5846	2.0093
迁　西	1439	743.0	1.9890	1.1092	0.7581	2.3401
玉　田	1165	629.1	0.2101	1.1663	0.0152	1.3612
丰　润	1334	694.9	0.5356	1.5487	0.1018	1.9825
滦　县	999	632.7	0.1992	1.9173	0.0551	2.0614
丰　南	1568	613.5	0.1371	1.3834		1.5205
唐　海	700	601.7	0.0350	0.4968		0.5318
乐　亭	1308	476	0.0196	1.0981		1.1177
滦　南	1270	593.4	0.0711	1.7424		1.8135
开　平	252	700.1	0.0489	0.3015	0.0024	0.3480
路　南	67	616.4	0.0233	0.0413		0.0646
路　北	112	681.7	0.0582	0.0736		0.1318
古　冶	253	694	0.0427	0.1804	0.0108	0.2123
芦台农场	139	720.0	0.0278	0.2002		0.2280
汉沽农场	149	770	0.0373	0.2409		0.2782
总计	13472	646.5	6.5642	15.0667	2.1254	19.5055

（李志祥）

气象灾害

【陆地气候】　唐山市陆地属于暖温带半湿润季风型大陆性气候。由于境内地形较复杂，全市大致可以分成温和湿润气候区、温和半湿润气候区、温和较湿润气候区、温暖较湿润气候区、温暖半湿润气候区和暖和半湿润气候区6种类型。温和湿润气候区位于万里长城南侧的遵化市、迁安市北部的低山丘陵地区；温和半湿润气候区位于渤海沿岸的乐亭县大部地区；温和较湿润气候区位于万里长城南侧的迁西县东北部和迁安市北部的丘陵山地区；温暖较湿润气候区位于山前平原的遵化市南部、迁西县和迁安市西南部、丰润区北部、滦县大部分地区；温暖半湿润气候区位于唐山市区、唐海县和滦南县一部分地域内；暖和半湿润气候区位于唐山市区大部、玉田县南部地带。

2008年，唐山大部地区年平均气温12℃，接近常年略偏高；年平均降水量669毫米，与常年（642.5毫米）基本持平略偏多；平均日照时数2420小时，较常年偏少146小时，比2007年少17小时。年内主要灾害性天气有阶段性春旱、夏旱和秋旱；夏季局地暴雨洪涝雷电、夏初连阴雨；秋冬季寒潮强降温、大雾。综合分析2008年的气候条件：相对于农业生产来说，光、温、水的分布比较适宜，尤其是降水，虽然全年各季都出现干旱时段，但在农业生产的关键季节，降水比较及时，基本上都可以满足作物生长需要。综合考虑年景属偏好。其中玉田年平均气温最高13.6℃，迁西年平均气温最低11.1℃，市区年平均气温11.6℃，其余地区在11.4－12.6℃之间，与常年相比，市区、丰润、迁西、滦南接近常年，唐海和滦县较常年偏高0.9℃外，其它地区年平均气温均偏高1－2℃。2008年年降水量在508（滦县）～929毫米（遵化）之间，全市平均669毫米。年降水量分布极不均匀，唐海、遵化降水量最大，分别是865毫米、929毫米，与常年相比偏多3－4成，滦县降水量508毫米，较常年偏少2成；另外8个县区降水量566－731毫米之间，接近常年。2008年雨量时空分布不均，具体表现各季降水时空分布不均，冬季降水偏少，春、夏大部分地区降水量接近常年或略偏少，秋季较常年偏多或接近常年。1月基本没有有效降水，2月降水量异常偏少，各地降水量均小于2毫米，较常年偏少5成多。春季，各站点降水量57.5（滦南）－83.6（遵化）毫米，与常年相比，南部地区降水量较常年同期偏少2－3成，其他大部分地区季降水量均偏少1－2成，仅唐山、遵化和玉田降水量比常年略偏多。春季降水主要出现在3月下旬到5月上旬，3月中上旬和5月中下旬基本没有降水。夏季，唐山市各地降水量282（滦县）－689（唐海）毫米之间，全市平均降水量448毫米。降水量最多地区是唐海和遵化，降水量超过600毫米，唐海689毫米，是该站1978年以来30年中降水量最多的一年，也是近10年来全市降水量最多的一年；最少地区在滦县282毫米，其他地区340－500毫米。秋季，全市降水量在76（滦县）－166毫米（遵化）之间。与常年相比，东部地区降水量75－95毫米，基本接近常年；其他大部地区降水量100－130毫米，较常年偏多1－3成；遵化降水量最多166毫米，较常年偏多近6成。12月份降水分布不均，除东部降水偏少外，大部地区降水较常年偏多，其中玉田、丰润、唐山市区较常年偏多5成以上，玉田较常年偏多1倍以上。年日照时数2187－2627小时。日东部地区日照时数相对多些。滦南最多2627小时、玉田最少2187小时。与常年同期相比，除迁安偏多外，其他地区均偏少。迁安较常年多106小时；唐海、唐山市区较常年少40－90小时，乐亭少215小时，迁西少382小时，其他地区偏少150－190小时。

【海洋气候】 唐山市沿海地处渤海湾顶点，从沿海曹妃甸往前500米即为渤海最深处。渤海平均水深18米，最大水深85米，20米以浅的海域面积占一半以上。海水热力动态深受陆地的影响，表层水温季节变化明显。夏季水温可达24－25摄氏度，冬季水温在0摄氏度左右，沿岸普遍有结冰现象，但冰层不厚，一般为15－30厘米，冰期1－3个月不等。3月初融冰时还常有大量流冰发生，平均水温11摄氏度。由于大陆河川大量的淡水注入，渤海海水中的盐度仅为30%，是中国近海中最低的。海面风浪较小，沿岸平均波高0.3－0.6米。渤海地处北温带，属于暖温带季风气候区，夏无酷暑，冬无严寒，多年平均气温10.7摄氏度，降水量500－600毫米，冬夏季风交替显著。10月－翌年3月盛行偏北季风，海面多西到西北风；6－9月盛行夏季季风，海面多东南风或南风。10月～翌年5月，受冷空气影响，海上常出现大风天气，最大可达10级以上，并持续数天，冷空气强盛时则出现寒潮天气。春、冬季常有东海类、江淮类和黄河类温带气旋发生或过境，伴有暴雨和5～7级大风。海上热带气旋及台风活动一般出现在7－8月，会引起海上大风、暴雨、沿海风暴潮等灾害性天气。这些海上灾害性天气对沿海地区的养殖业、盐业、石油、天然气等工业生产以及人民生活均有较大影响。此外，渤海夏季还容易出现大雾天气，对于航运部门影响较大。2008年唐山市沿海海面（曹妃甸）年平均气温14摄氏度，年降水量567.2毫米；年平均风速4.6米/秒（3级风），年极大风速达21.3米/秒（9级风）。

【风雨雹灾】 2008年由于降水时空分布不均，各季节均出现阶段性的干旱。主要干旱时段出现在3月中上旬、5月下旬到6月中旬、10月下旬到11月。对农业生产影响较大的干旱时段是5月中下旬到6月中旬、10月下旬到11月。5月中下旬到6月中旬，冬小麦处于抽穗、灌浆、乳熟阶段，春播作物苗期生长阶段，对水分需求较多，从5月15日到6月中旬，接近40天唐山市大部分地区的降水量不足5毫米，气温又偏高，土壤失墒加快，各地旱情呈现发展趋势。随着6月下旬降水的增多，旱情解除。自10月24日开始至11月底，全市各地几乎均没有有效降水。与此同时，各地气温普遍偏高，蒸发量加大，各地先后出现旱情并发展。11月份，冬小麦正处于分蘖期，出现的旱情不利冬小麦分蘖扎根。但冬小麦适播期天气适宜，旱情出现后及时进行浇灌管理，大部分地区的冬小麦苗情较好，仅小部分无水浇条件的旱地受到影响。6月22－30日连续8天，唐山大部地区出现连续雷雨天气，各地降雨量80－130毫米，大部分地区日照20－30小时，平均每天2－3小时。由于连续降雨，唐山南部地区的冬小麦收获受到影响，收割机不能及时进地收获，已收获小麦不能及时晾晒，产量上造成一定损失。另外，连续阴雨，日照不足，气温偏低，对蔬菜、大田作物的生长有不利影响，并极易诱发作物病害。夏季唐山出现4次暴雨天气过程，分别出现在6月30日、7月

4－5日、7月14－15日、8月11日。强降雨来势猛，时段集中，给部分地区带来经济损失。6月30日白天到夜间，唐山市大部分地区降中雷阵雨，部分地区暴雨，迁西县太平镇农作物和果树受损，经济损失近1000万元，并有7人受伤。7月14－15日，唐山市出现入汛以来范围最广、强度最大的一次降水过程。全市大部分地区出现暴雨，其中滦南、唐海以及乐亭出现大暴雨。滦南各镇平均降水量达到130毫米，致使农作物大面积受灾，主要受灾作物为玉米、大豆、水稻、花生，总受灾面积3333公顷，经济损失严重。8月10日夜间到11日，唐山市大部分地区出现中雨到大雨天气，市区和丰润暴雨，唐海大暴雨，降水量221毫米，是近30年来日降水量最大的一次（1962年288毫米，1975年266毫米）；与其相邻的乐亭县气象局观测的降水量只有0.0毫米。这次强降雨时间集中，唐海3小时降雨量187毫米，致使道路和农田积水，导致交通不畅；同时丰润境内普遍出现暴雨，并伴有6－7级的大风，使得34108人受灾，农作物受灾面积13120公顷，各种经济损失计552万元。6月25日14时左右，丰南出现雷雨、冰雹、大风，程庄镇一带降冰雹，持续时间约27分钟，最大冰雹直径如鸡蛋。受灾人口1.1万人，农作物受灾面积953公顷，成灾面积733公顷，经济损失596万元。7月29日5－9时，滦南遭受雷雨、大风、暴雨灾害，南堡镇嘴东区瞬时风力11－12级，持续时间6分钟，此次因灾受伤7人，房屋倒塌40间，1440平方米育苗室受灾，网通线路遭到破坏，造成经济损失500万元。8月27日凌晨2点，玉田孤树镇、大安镇出现冰雹、大风，持续时间5分钟，冰雹直径3厘米。此次受灾人口10635人，受灾面积447公顷，直接经济损失1329万元。秋冬季，全市出现3次寒潮降温（大风）过程：10月22－23日和12月3－5日的降温涉及范围广，降温幅度大，中南部地区一般降温幅度48小时达到15－17℃。10月下旬的这次降温，对冬小麦影响比较大，此时冬小麦处于分蘖，在没有经受抗寒锻炼的情况下，遭遇突然降温，易导致大面积冻害的发生，尤其是管理不善的地块。另外伴随寒潮而来的大风降温对设施农业有不利影响，易造成设施蔬菜苗期冻害。秋季，大雾天气较常年明显偏少，9月和11月出现的大雾天气较少，大雾集中出现在10月份。10月出现浓雾的日数也较常年少，大范围的浓雾天气主要出现在17－20日。大雾天气不仅影响人们的身体健康，由于能见度极低，也给人们的出行带来极大的不便。

【雷电灾害】 2008年全市发生雷电灾害事故135起，其中大部分发生在遵化、迁西、迁安、玉田和唐海五个地区，对城乡电力、通讯设施、工业设备、农用机械、家庭电器、办公器材等设施造成不同程度破坏，直接经济损失169.87万元。主要原因，一是无避雷器等防雷设施，二是防雷设施未有效接地，三是电器集中部位忽视防感应雷，四是防雷设施老化，五是雷暴时应断电源的未断电源。如3月31日晚8点，迁安市野鸡坨镇一村民家遭雷击，房垛击掉一大块，屋内家用电器包括电视、微波炉、电话、冰箱全部击坏，屋外地泵电缆击坏，直接经济损失8000元。原因就是架设天线的铁梯直接置于屋外阳台的水泥地上，没做任何接地装置，导致室外电视天线引雷。6月30日9时30分，中国网通（集团）有限公司唐山市丰润区分公司任各庄支局遭受雷击，击坏1台电视机，2台计算机，1部调制解调器，1个计算机网络接口，1套（3台）光电转换服务器，1个照明控制开关，1台直流电缆防盗器，造成直接经济损失1.68万元，间接经济损失0.2万元，原因是现有接地装置老化，且该单位二层办公及设备用楼无感应雷防护措施，未安装电源及信号避雷器。7月29日凌晨，路北区五号小区一栋五层住宅楼楼顶西南角遭雷击，原因是该建筑为震后80年代初建设的住宅，楼顶没有避雷带、避雷网等防直击雷装置。7月29日5时－6时，乐亭县姜各庄镇李营、东南庄部分农户遭受雷击，雷击击坏电视11台、电话2台，直接经济损失1.12万元，原因为直击雷击中附近架空低压电力线、架空电话线，形成较强过电压沿电力线、电话线侵入农户家中，由于农户电源插座未能及时断开致使电视、电话等设备损坏。

（侯书勋 张婉莹）

海洋环境

2008年，唐山市海域海水环境质量基本保持良好状态。大部分海域符合清洁海域水质标准，主要污染物为活性磷酸盐、无机氮、油类和部分重金属。与2007年度比较，污染面积有所减少。较清洁海域面积约200平方公里，减少了91平方公里；轻度污染海域面积约33平方公里，减少了61平方公里；中度污染海域面积约25平方公里，减少了38平方公里；严重污染海域面积约19平方公里，增加了19平方公里。海水中活性磷酸盐含量明显高于上一年，成为唐山市海域海水首要污染物，活性磷酸盐污染主要存在于黑沿子近岸海域；重金属铅含量在河北海域普遍略高于国家一类海水水质标准。

污染区域主要分布在黑沿子近岸海域，海水主要污染物为活性磷酸盐、无机氮和油类。近岸海域沉积物总体质量良好，但局部海域部分贝类体内污染物残留水平较高。陆源入海排污口超标排放污染物的势头有所好转，实现达标排放的入海排污口比率由去年的13%提高到34%。河流携带入海的污染物总量依然较高。近岸海域海洋生态系统处于亚健康状态，主要表现为生境改变或丧失，生物多样性下降，部分生物体内有害物质含量偏高。倾倒区和海水养殖区环境质量基本符合功能要求。海洋自然保护区面临的环境压力依旧较大。年内未发生赤潮灾害。部分滨海岸段海水入侵和土壤盐渍化严重。唐山市梨树园村断面海水入侵距离已超过21公里，且唐山市的两个监测断面距海最近的站位均呈现出较严重的入侵态势。对监测的6个断面21个站位监测结果分析表明，大约三分之一的监测站为非盐渍化土，其余测站均存在不同程度的土壤盐渍化问题。其中，唐山滦南断面土壤盐渍化程

度较为严重，唐山滦南断面垂直于海岸线向内陆延伸15公里范围内均为盐渍化土。

2008年，受北方强冷空气、温带气旋等天气系统的影响，唐山市沿海出现3次接近或达到当地警戒潮位的温带风暴潮过程，其中1次造成经济损失。2008年8月22日，受温带气旋影响，河北沿海出现了50－80厘米的风暴增水，但风浪不大，曹妃甸、京唐港最高潮位均接近当地警戒潮位。受此次风暴潮过程影响，唐山黑沿子镇涧河村部分街道及居民房屋进水，两处扬水站被冲毁，4040亩虾池被淹，造成直接经济损失2000余万元。

（左红枫）

行政区划

唐山市行政区划简表

序号	单位 \ 项目	街道办	镇	乡	居委会	家委会	村委会
1	遵化市	2	13	12	27		648
2	迁安市	4	10	7	29		461
3	滦　县	2	12		24		504
4	滦南县		17		15		594
5	乐亭县	1	11	3	10		533
6	迁西县	1	9	8	8		417
7	玉田县		14	6	13	2	420
8	唐海县		1		8		
9	路北区	11		1	126		36
	高新技术产业园区	1			8		9
10	路南区	7		1	47	9	38
11	古冶区	6		5	71		122
12	开平区	5	6		32		132
13	丰南区	1	12	3	22		474
	南堡经济开发区	1	1		8		8
14	丰润区	3	18	5	44		586
15	芦台经济技术开发区	1	1		9		20
16	汉沽管理区	1	1		4		18
	合计	47	126	51	505	11	5020

唐山市行政区划一览表

（截至2008年12月31日）

全市总计	2县级市　6县　6区　芦台经济技术开发区　汉沽管理区　47街道办事处 126镇　51乡（含3民族乡）　505居委会　11家委会　5020村委会	
县（市）区 名称及政府 驻地	辖街道办事处、镇、乡名称	街、镇、乡、 居、家、 村委会数
遵化市 （驻遵化镇）	街道办事处：华明路（7村、14居）、文化路（12村、13居） 镇：遵化镇（23村）、铁厂镇（20村）、新店子镇（44村）、党峪镇（22村）、石门镇（34村）、堡子店镇（32村）、东旧寨镇（29村）、马兰峪镇（25村）、东新庄镇（22村）、苏家洼镇（40村）、平安城镇（39村）、建明镇（33村）、地北头镇（17村） 乡：西留村乡（18村）、崔家庄乡（24村）、兴旺寨乡（30村）、小厂乡（23村）、娘娘庄乡（20村）、刘备寨乡（19村）、团瓢庄乡（28村）、西三里乡（17村）、侯家寨乡（19村）、西下营乡＊（14村）、汤泉乡＊（10村）、东陵乡＊（27村）	2街道办事处 13镇 12乡 27居委会 648村委会 ＊为满族乡
迁安市 （驻永顺街道办事处）	街道办事处：永顺（23村、10居）、兴安（18村、9居）、杨店子（10村、5居）、滨河（10村、5居） 镇：马兰庄镇（17村）、夏官营镇（28村）、蔡园镇（26村）、建昌营镇（50村）、沙河驿镇（19村）、赵店子镇（15村）、杨各庄镇（37村）、大崔庄镇（21村）、木厂口镇（19村）、野鸡坨镇（21村） 乡：太平庄乡（16村）、阎家店乡（17村）、五重安乡（29村）、上庄乡（24村）、大五里乡（16村）、彭店子乡（18村）、扣庄乡（27村）	4街道办事处 10镇 7乡 29居委会 461村委会
滦县 （驻滦州镇）	街道办事处：滦河（13居）、古城（9居） 镇：滦州镇（90村）、雷庄镇（29村）、榛子镇（59村、2居）、响嘡镇（51村）、茨榆坨镇（28村）、东安各庄镇（41村）、杨柳庄镇（33村）、油榨镇（39村）、王店子镇（36村）、古马镇（29村）、小马庄镇（37村）、九百户镇（32村）	2街道办事处 12镇 24居委会 504村委会
滦南县 （驻倴城镇）	镇：倴城镇（50村、15居）、长凝镇（45村）、柏各庄镇（45村）、胡各庄镇（33村）、扒齿港镇（42村）、司各庄镇（59村）、南堡镇（18村）、青坨营镇（40村）、姚王庄镇（28村）、安各庄镇（29村）、柳赞镇（5村）、坨里镇（19村）、宋道口镇（65村）、程庄镇（47村）、方各庄镇（29村）、东黄坨镇（17村）、马城镇（23村）	17镇 15居委会 594村委会
乐亭县 （驻乐亭镇）	街道办事处：乐安（18村、10居） 镇：乐亭镇（55村）、汀流河镇（31村）、马头营镇（32村）、新寨镇（27村）、王滩镇（54村）、汤家河镇（36村）、胡家坨镇（24村）、阎各庄镇（41村）、姜各庄镇（70村）、毛庄镇（39村）、中堡镇（33村） 乡：古河乡（25村）、庞各庄乡（22村）、大相各庄乡（26村）	1街道办事处 11镇 3乡 10居委会 533村委会
迁西县 （驻兴城镇）	街道办事处：栗乡（8居） 镇：兴城镇（45村）、三屯营镇（38村）、洒河桥镇（26村）、金厂峪镇（19村）、新集镇（36村）、太平寨镇（29村）、东荒峪镇（26村）、罗家屯镇（24村）、滦阳镇（25村） 乡：上营乡（14村）、渔户寨乡（13村）、汉儿庄乡（30村）、尹庄乡（23村）、新庄子乡（12村）、东莲花院乡（16村）、旧城乡（15村）、白庙子乡（26村）	1街道办事处 9镇 8乡 8居委会 417村委会

玉田县 （驻玉田镇）	镇：玉田镇（65村、13居、2家）、亮甲店镇（24村）、鸦鸿桥镇（35村）、大安镇（19村）、窝洛沽镇（35村）、石臼窝镇（20村）、虹桥镇（17村）、孤树镇（16村）、林南仓镇（12村）、彩亭桥镇（12村）、散水头镇（14村）、林西镇（27村）、杨家板桥镇（24村）、唐自头镇（10村） 乡：郭家屯乡（25村）、林头屯乡（15村）、杨家套乡（12村）、潮洛窝乡（15村）、陈家铺乡（10村）、郭家桥乡（13村）	14镇 6乡 13居委会 2家委会 420村委会
唐海县 （驻唐海镇）	镇：唐海镇（8居）	1镇 8居委会
路北区 （驻新华东道）	街道办事处：文化路（15居）、机场路（14居）、乔屯（11居）、龙东（11居）、东新村（7居）、钓鱼台（14居）、大里（14居）、缸窑（11居）、河北路（7居）、光明（16居）、翔云道（6居） 乡：果园乡（36村）	11街道办事处 1乡 126居委会 36村委会
高新技术产业园区	街道办事处：高新技术产业园区（9村、8居）	1街道办事处 8居委会 9村委会
路南区 （驻新华西道）	街道办事处：文化北后街（7居）、友谊（8居1家）、广场（9居1家）、学院南路（7居2家）、小山（8居）、永红桥（8居2家）、钱家营矿区（3家） 乡：女织寨乡（38村）	7街道办事处 1乡 47居委会 9家委会 38村委会
古冶区 （驻新林道）	街道办事处：林西（24居）、古冶（9居）、赵各庄（16居）、南范各庄（2居）、吕家坨（3居）、唐家庄（17居） 乡：卑家店乡（24村）、习家套乡（15村）、王辇庄乡（35村）、范各庄乡（32村）、大庄坨乡（16村）	6街道办事处 5乡 71居委会 122村委会
开平区 （驻新苑路）	街道办事处：马家沟（9居）、税务庄（4居）、荆各庄（1居）、陡电（1居）、开平（14居） 镇：开平镇（34村）、栗园镇（19村）、洼里镇（16村）、越河镇（24村）、双桥镇（12村）、郑庄子镇（27村3居）	5街道办事处 6镇 32居委会 132村委会
丰南区 （驻丰南镇）	街道办事处：胥各庄（12居） 镇：丰南镇（39村、9居）、小集镇（48村）、黄各庄镇（55村、1居）、稻地镇（37村）、王兰庄镇（30村）、大新庄镇（62村）、唐坊镇（18村）、钱营镇（61村）、柳树瞿镇（14村）、黑沿子镇（9村）、西葛镇（18村）、大齐各庄镇（19村） 乡：南孙庄乡（28村）、东田庄乡（27村）、尖子沽乡（9村）	1街道办事处 12镇 3乡 22居委会 474村委会
南堡经济开发区	街道办事处：希望路（8居） 镇：滨海镇（8村）	1街道办事处 1镇 8居委会 8村委会
丰润区 （驻丰润镇）	街道办事处：燕山路（13居）、太平路（13居）、浭阳（2村、18居） 镇：丰润镇（45村）、沙流河镇（23村）、左家坞镇（29村）、韩城镇（43村）、新军屯镇（33村）、丰登坞镇（42村）、王官营镇（27村）、老庄子镇（27村）、白官屯镇（45村）、火石营镇（38村）、小张各庄镇（10村）、岔河镇（29村）、李钊庄镇（24村）、任各庄镇（25村）、石各庄镇（29村）、泉河头镇（18村）、七树庄镇（13村）、杨官林镇（17村） 乡：姜家营乡（12村）、欢喜庄乡（11村）、银城铺乡（15村）、刘家营乡（12村）、常庄乡（17村）	3街道办事处 18镇 5乡 44居委会 586村委会

芦台经济技术开发区	街道办事处：新华路（9居） 镇：海北镇（20村）	1街道办事处 1镇 9居委会 20村委会
汉沽管理区	街道办事处：振兴（4居） 镇：汉丰镇（18村）	1街道办事处 1镇 4居委会 18村委会

说明：全市乡镇和村民委员会总数不包括唐海县下设的11个农场、2个养殖场和94个村。

人　口

【人口低速增长】 2008年，户籍人口为729.41万人，与2007年比增加4.75万人，年增长0.65%，低于本世纪初年增长0.81%的水平。人口继续向“低出生、低死亡、低增长”的现代型人口生产方式转变。人口出生率为10.37‰，比2007年的10.52‰降低了0.15个千分点；人口死亡率为6.31‰，比2007年提高1.53个千分点；人口自然增长率为4.06‰，比2007年下降了1.68个千分点。人口出生率和自然增长率自上世纪90年代中期以来，连续多年低于全省平均指标和政府控制目标。

进入第四次生育高峰以来，从2005－2008年四年的出生率分别为12.71‰、11.12‰、10.52‰、10.37‰，2008年比2005年降低了2.34个千分点，这说明虽然新一轮的生育高峰已经来临，但全市人口发展都处于较为稳定的状态，人口变动趋于平稳。

【人口文化素质提高】 随着文化教育事业的不断发展，人口文化素质也得到了提高。2005年，全市常住人口中，具有大学文化程度的人口为38万人，高中文化程度的人口103万人，初中文化程度的人口为327万人，小学文化程度的人口为215万人，与2000年相比大学文化程度的人口增加17万人，高中文化程度的人口增加10万人，初中文化程度的人口增加58万人，小学文化程度的人口减少16万人。

从每十万人拥有各种文化程度的人口可以看出，人口受教育结构有了明显改善。每10万人受大学教育的人数由2000年的2983人增加到2005年的5234人，受高中教育的人数由13210人，增加到14187教育的人数由38210人，增加到45041人，受小学教育的人数由32812人，减少到29614人，除小学文化程度人口外，其他各类受教育程度的人口2005年都远远高于2000年，尤其是大专及以上人口，2005年比2000年增加了81%。接受大学、高中、初中和小学教育程度的人数之比（以小学人数为100）由2000年的9：40：116：100转变为2005年的18：48：152：100，文化层次不断提高。

【老龄化速度加快】 自上个世纪90年代中后期逐步进入老龄化社会后，这个变化过程在继续加快，2005年0－14岁少年儿童人口系数为15.31%，比2000年下降了5.04个百分点，65岁及以上老年人口系数为9.49%，比2000年上升了1.3个百分点。

老龄化步伐加快主要受两个因素的影响，一是由于计划生育政策的推行，人口生育水平迅速下降，儿童少年组人口减少，其比重大幅度下降，相应的儿童人口系数下降，老少比上升。二是随着人民生活水平的提高，医疗卫生保健事业有了很大发展，人口预期寿命不断提高，使得老年人口的数量不断加大。预计今后人口老龄化进程将进一步加快。

【家庭规模向小型化发展】 总体而言，人口的婚姻稳定性依然较高。自2000年以来，初婚有配偶的比重始终保持在70%以上，2005年，全市15岁月以上人口中初婚有配偶的比例为74%，与2000年基本持平，说明人口婚姻关系比较稳定。从婚姻状况来看，有几方面的特点：一是男性未婚人口要多于女性，未婚人口中男性占58%，女性占42%，这种现象在大龄中表现更为明显；二是女性离婚率与年龄成反比，年轻女性离婚人口有65%左右的人集中在44岁以前，比男性高出8个百分点；三是老龄女性丧偶比例高于男性。

近年来，家庭户规模继续呈缩小的趋势，由2000年的3.28人下降到2005年的3.08人。“两口、三口之家”成为现代家庭的主流，家庭结构日趋简单化。家庭规模的变化必然带来消费、就业、劳动力供给等方面的相应变化，并对今后家庭养老模式、独生子女教育、居民住房需求等都将产生长远的影响。

【性别比优化】 性别比是衡量人口性别结构的主要指标。总人口性别比是指总人口中男性与女性之比，表示为每100名女性相对应的男性数量，一般在103左右为正常性别比。1990年全市总人口性别比为106，比正常值偏高，到2003－2008年间，总人口性别比分别103.5、103.4、103.5、103.3、103.5、103.1，其比例均衡稳定。这表明全市总人口性别比失调的状态基本得到了缓解，正在进入总人口性别结构优化区域。

从分年龄组的性别比来看，低年龄人口性别比有些偏高，尤其是出生婴儿性别比近几年来持续偏高，这主要是由于近年来部分人重男轻女，在婴儿出生前进行性别鉴定，影响了自然生育规律造成的。2005年1%人口变动调查资料显示，全市出生人口性别比高达118.27。出生人口性别比的持续偏高，已使少年儿童的性别比偏离了正常范围。

民族宗教

【民族概况】 唐山市是少数民族散居地区。全市有47个少数民族成分，少数民族人口总计260414人，占全市总人口的3.62%，居全省第3位，遍布全市各县（市）区、农场，其中85%的人口居住在农村。少数民族人口中，满族、回族、壮族、蒙古族人口较多，占全市少数民族人口总数的96.3%，其中满族204805人，回族28546人，壮族9711人，蒙古族7833人。少数民族人口超过万人的县（市）区有：遵化市88751人，玉田县32824人，丰润区23330人，丰南区18884人，迁安市17858人，滦南县15349人，路北区13171人，开平区11462人。全市有3个民族乡和2个少数民族占主体的镇，全部分布在遵化市，分别是遵化市东陵满族乡、遵化市汤泉满族乡、遵化市西下营满族乡、遵化市马兰峪镇、遵化市石门镇。全市共有175个民族村，分布在除路北区以外的其他13个县（市）区。其中，满族村146个、回族村28个、满回联合村1个。自2003年开展文明生态村创建活动以来，全市已有114个民族村（含民族乡）参加文明生态村创建活动，其中市级文明生态村29个，县（市）区级85个。2008年，全市民族村农民人均纯收入5400元，民族乡为4465元，与2007年相比，分别增长11.1%和4.5%，有24个民族村人均收入超过全市人均水平。全市有少数民族干部4651人，占干部总数的2.85%，其中县处级以上少数民族领导干部33人，占全市县级以上干部总数的2.65%。唐山市第十三届人民代表大会代表中少数民族代表35名，占总代表人数的6.94%。中国人民政治协商会议唐山市第十届委员会中少数民族委员36名，占总委员人数的7.03%。全市有25所民族中小学，有少数民族学生6319人。少数民族乡村医疗卫生机构和网点建设有了新的突破，全市有民族医院4所，有医生84人，床位148张；民族村全部设有村卫生所，医疗条件、医疗设备有了很大改善，医务人员素质、医疗水平有了很大提高，并加入了农村合作医疗，少数民族群众“看病难、看病贵”的问题得到进一步解决。

【重点少数民族乡镇村】 遵化市东陵满族乡，有汉、满、回、蒙古4个民族，其中满族人口15210人，占全乡总人口的71%。乡建制于1992年10月，将南新城满族乡与东陵满族乡合并而来。该乡境内有丰富的自然资源和旅游资源。地下金、铁储量丰富，降水充沛，适宜农林业发展。中外闻名的世界文化遗产，国家4A级旅游景区－清东陵座落于此，还有国家4A级景区燕山塔陵万佛园位列其中。经济以旅游为依托，带动农业、企业的发展。农业上，充分利用自然环境和区位优势，大力发展林果业，发展王朝酒葡萄3500亩，干鲜果品面积2500亩，农业观光采摘园发展百余亩，农家院近百家，形成了旅游、观光、娱乐于一体的农业产业链。企业发展以石材、矿山机械配件和板栗深加工为主。

遵化市马兰峪镇，过去别称“兰阳”，1992年合并原营房满族乡，是唐山市明星城镇之一，其中满、蒙、回、壮等8个少数民族人口达到21795人，占全镇总人口的91.4%。镇西侧为规模宏伟的清东陵建筑群，东侧10华里处有可供沐浴疗养的汤泉旅游度假区，北靠雄据山岭的古长城和风景优美的上关湖景区。清朝入关定都北京后，选址建皇家陵寝，管理机构驻地马兰峪，成为当时军事、政治中心。该镇风景秀丽，气候宜人，盛产板栗、苹果、安梨、鲜桃等果品。地下储藏金、银、铜、铁、花岗石等矿产资源。1995年、1996年被国家建设部、河北省分别确定为“全国小城镇建设试点镇”、“省级综合改革试点镇”。

丰润区沙流河镇沙流河满回联合村，位于丰润西10公里，102国道两侧。村建党委，下设5个党支部，村办企业建有沙流河集团，下属六个分公司，主导产业为建筑建材、塑料包装，集体企业固定资产2.3亿元，全村实现种、养、加、建、运、服等九业并举，建设新农村的发展格局。2008年全村实现工农业总产值5.5亿元，利税6300万元，人均生活水平7600元。百分之九十以上的村民都住进高标准的小康住宅，三分之一户住进高雅宽敞的别墅楼和商居楼。真正实现生产发展、生活宽裕、乡风文明、村容整洁、管理民主，百姓安居乐业。村党委2001被中组部命名为“全国先进基层党组织”、2005年至2008年期间两次被中央文明委命名为“全国文明村”，2008年被评为“唐山市最具幸福感村庄”、“全市新农村建设试点村”。2006年7月29日总书记胡锦涛到沙流河村视察。

迁安市沙河驿镇唐庄子回族村，始建清代，位于沙河驿镇东，是唐山市28个回族村之一。2008年，该村列为全市科学发展示范村，该村通过大力培育产业、改善村容村貌、推广新型农村住宅、发展循环经济、发展村内各项事业等工作，推进民族科学发展示范村建设。主要产业为钢筋、结构钢材加工销售、现代化肉鸡、奶牛养殖。集体收益主要用于改善村容村貌，大力推广新型农村住宅，建设精神文明。村有图书室、文体活动室，高标准村务公开栏和宣传橱窗栏。在生态环保方面，投资100万元，建设养殖园区禽畜粪便无害化处理厂、大型沼气池，形成立体生态模式。同时利用退耕还林林地，大力发展树下立体养殖，利用空闲地发展饲草种植等高效农业、设施农业。

【宗教概况】 唐山市有天主教、基督教、伊斯兰教、佛教、道教五种宗教，信教群众11.3万人，占全市总人口的1.56%，其中天主教3.5万人，基督教2万人，伊斯兰教2.8万人，佛教3万人，道教1000人。全市有6个市级爱国宗教团体，分别为天主教唐山教区、唐山市天主教爱国会、唐山市基督教协会、唐山市基督教三自爱国运动委员会、唐山市伊斯兰教协会、唐山市道教协会。全市有正式开放的宗教活动场所132处，其中天主教堂30处，其他固定宗教活动处所9处；基督教堂7处，其他固定宗教活动处所43处；伊斯兰教清真寺22处；佛教寺院18处，其他固定宗教活动处所1处；道教宫观2处。全市有153名宗教教职人员，其中：天主教81人；基督教11人；佛教27人；道

教12人；伊斯兰教22人。有23个天主教徒聚居村，1个基督教徒聚居村。

【重点天主教教堂】 五家庄天主教堂（原乔屯天主教堂，也称圣母无染原罪堂），坐落于唐山市路北区五家庄街9号，是目前唐山市规模最大的天主教堂，亦为天主教唐山教区主教府、唐山市天主教爱国会办公所在地。原乔屯天主教堂由荷兰籍神甫文华经手始建于1907年，属丰润县黄花港分堂。1919年扩建后，共有房屋60间，其中教堂17间，另有育英小学1所，薛复渊是首任本堂。1953年荷兰籍代理主教和毓华被驱逐出境，许士奎继任代理主教，该堂实际成为当时的主教府，1958年兰柏露主教继续把该堂做为主教府。1976年，教堂在唐山大地震中全部震毁。1980年恢复宗教生活以后，在乔屯堂旧址的一角，修建了一座简易教堂，当时全教区仅剩下刘景和、谢博思、兰歧山三位老神甫管理教务，1981年12月21日刘景和祝圣为正权主教。1986年7月服从唐山建设规划，该教堂从乔屯迁至路南老十中院内过宗教生活。后市政府在路北五家庄街拨给土地12.9亩，先后拨款50多万元修建，从1988年4月动工至1993年建成，即现在的五家庄天主教堂。其中教堂全称为圣母无染原罪堂，建筑模式为哥特式，整体面积为1305平方米，砖混结构，长度为70.3米，跨度为18.57米，堂脊高度为20米。前后设为二层，分别作为唱经楼、观礼台和骨灰堂。整个堂区占地面积12.9亩，院内除教堂外，还建有北楼（宿办楼），共三层，分别作为办公室、会议室、图书馆、小堂及神职人员宿舍；西楼，共二层，作为修女宿舍和配电室；南楼，共三层，分别作为修女宿舍、天民诊所、老年公寓。附属建筑共计有房间105间，总面积为1900平方米，此外，院内还有一座圣母山。每至圣诞节，前来观礼的群众多达万人次。

丰润区黄花港天主教堂黄花港天主教堂（耶稣圣心堂）位于唐山市最大的天主教教徒聚居村——石各庄镇黄花港村，信徒大部分为该村群众（现有住户356户，总人口1210人，信教群众1120人，占总人口的93%）。天主教从清代道光年间就传入黄花港，1850年法国传教士在此建堂，属北京教区，号称冀东第一堂，附属圣母院1所、小学1所。1966年文革期间被拆除，圣母院归生产队占用，小学改为公办小学。1986年，唐山市政府拨款4万元在村东重建天主教堂，即现在的圣母圣心教堂。教堂占地5亩，可容纳千人同时礼拜，建有库房5间，警卫3间，宿舍5间，餐厅3间。

【重点基督教教堂】 五家庄基督教堂，位于唐山市路北区五家庄街3号，是唐山市基督教三自爱国运动委员会、唐山市基督教协会两会办公所在地。1987年春，在唐山市政府划拨土地5.37亩并拨款20万元的支持下始建，1988年11月20日献堂。其中教堂500平米，配房207.94平米，均为砖混结构。2000年初，经申请，市政府又无偿划拨了教堂外面的1.36亩土地。目前，基督教堂总占地面积已达6.73亩，总建筑面积1124.83平米。2004年，市政府又出资16万元为教堂安装了暖气管道并特批以最低的取暖费用，纳入市统一供热网。唐山市基督教堂实行自治、自养、自传的三自原则，即教堂信徒自己治理，经济来源由信徒自愿奉献。目前有2位牧师，3位长老和17位传道员。

古冶区唐家庄基督教堂，坐落于古冶区唐家庄3号小区内。始建于1930年。1946年，由信徒申请，开滦唐家庄矿批准，在唐家庄老工房6条（原洋房子墙外），信徒奉献钱款建造一座能容纳200人的教堂。文革开始后，教堂毁损，挪作他用。1985年东矿区政府落实宗教政策，为基督教拨款4万元，批土地741.6平方米，在唐家庄3号小区内重建，由老信徒高洪柱等人筹建，建造成4间礼拜堂，2间祷告室，2间办公室（值班室），1间厨房，成立了以高洪柱为组长，李惠为副组长的7人领导小组，于1986年9月7日献堂礼拜。随着宗教政策的落实，到堂点活动的信徒越来越多，教堂面积也不断增加，截至1997年，教堂增至21间。但房间低矮，通风、采光较差，在相关部门支持下，于2002年9月在旧堂对面又划拨土地2068平方米，投资百万元，新建了目前这座教堂。教堂有1400个座位，堂前为三层小楼有办公室9间，培训室、会议室、祷告室各一大间，院内建有平方14间，其中有小礼拜堂3间，食堂餐厅3间，诗班2间，值班室2间，书房1间，锅炉房和厕所1间，于2004年8月29日献堂。现有长老2人，传道员19名，有一个7人管理小组，信徒约3000人左右。

【重点佛教寺庙】 兴国寺，位于唐山市路北区大城山主峰南侧。史料记载，该寺始建于唐朝，相传唐王东征高丽时曾驻扎于此，得胜归来后建该寺，取希望国家兴旺之意，故名兴国寺。历经辽、金、元、明、清至建国初期仍有僧人住持佛事活动，该寺在其历史上影响较大，文革遭到破坏，76年唐山大地震时被毁。因寺院周围遍植花椒树，民间又传称花椒树寺。近年来，随着唐山市佛教信众的不断增多，广大信教群众纷纷要求恢复兴国寺。为满足信教群众宗教生活的需要，1998年底，市长办公会决定复建兴国寺，有关部门开始在唐山全市选址，几经周折最后仍选定在大城山主峰西南原兴国寺旧址上重建。2001年1月，市长办公会批准了兴国寺的选址地段，决定将大城山西半部原大城山公园所属71.7亩土地划拨给兴国寺无偿使用。建寺筹资主要采取以下三个渠道解决：建庙的资金由信众直接捐献；建万佛殿的资金由供奉者捐献，供奉每尊佛像两千元，将供奉者的名字铸在佛像上世代相传；信众参加佛事活动在功德箱中的捐款。目前，兴国寺的复建工作迅速展开，复建后的兴国寺为古建仿唐式寺院，注重了历史的文化传承，是建筑艺术与宗教场所的完美结合。它不仅将成为满足广大信教群众正常佛事活动的宗教场所，同时，也将成为弘扬民族文化、群众演绎生活的舞台，旅游、观光的胜地，成为唐山市标志性建筑之一。

白塔寺灵山白塔寺位于唐山迁安市蔡园镇灵山村西灵山脚下，因建有白塔，故称灵山白塔寺。该寺修建于唐朝，属河北省文物保护单位，占地面积10464平方米，建筑面积1100平方米，寺内有佛像31尊。清乾隆皇帝北巡灵山曾为该寺亲笔写下“灵山秀色”。白塔寺内外有三口井，塔西井水又苦又涩不能饮用，塔东井常年干枯，塔内水井甘甜可口，被人称为灵山圣水。该寺因何原因于何时被毁不详，现在灵山白塔寺于1995年开始筹建，1995年投资1500万元人民币修建了山门、观音殿、大雄宝殿、中楼、禅房、讲佛堂，并于1998年开放佛教活动场所。2002年投资30万修建地藏王殿，并修缮白塔，2004年投资2000万元修建万佛楼，现该寺院占地总面积1.5万平方米。

【重点道教宫观】 玉清观，坐落在唐山开平区北环路6号，是唐山市道教协会所在地。古时玉清观，在开平古建筑中，是规模较大的一座庙宇；坐落在开平西城门外，火神庙与关帝庙之间；坐北朝南，占地五、六亩；始建于汉代，初毁于宋，复建于明，后毁于唐山大地震。再建的玉清观，坐落在开平老城遗址北门外，坐北朝南，由政府拨地20余亩，民营企业家董崇文个人投资2000万元，建筑面积4000多平米。该观与开平区古艺文化街遥相呼应，形成浓厚的古文化氛围。玉清观正南是牌楼，牌楼为四柱七楼柱不出头，长约16米。主楼次楼为七彩斗拱，雄伟壮丽，气势非凡。牌楼上“玉清观”三个大字，字劲苍遒，金光闪闪。牌楼东西两侧是两层商业楼。由南往北是三座大殿，分别是灵官殿、窑神殿、玉皇殿，均为混凝土框架结构。灵官殿东西两侧为二层钟鼓楼，该楼鼓楼均为木斗拱，十字斜山琉璃瓦顶。再往后边就是高达三层的主殿三清殿，为一尖山式，重檐歇山建筑，长约40米，宽约25米。各层殿建筑风格迥异，却又有异曲同工之妙。主殿气势宏伟，雕梁画栋，斗拱飞檐；配殿小巧玲珑，精工细做，结构严谨；两边墙壁及大殿墙壁壁画均是道教故事及山水人物，供游人观赏，并起到劝善和净化人心的作用。随着玉清观建筑的日臻完善，将成为唐山市乃至河北省规模最大，具有影响力的道教洞天福地之一，在发展过程中的玉清观将努力于公益慈善福利事业，积极弘扬道教文化传统，热情接待海内外游客和来观参拜的善长仁翁。

【重点伊斯兰教清真寺】 建昌营清真寺，座落在唐山迁安市建昌营镇回民村。该寺始建于明嘉靖年间（公元1522－1566年），有草房3间。清康熙58年（公元1720年）由李梅父子扩建，盖大殿3间，高3.5丈，殿前建抱厦3间，厦前栽翠柏两株，1924年经阿訇钟国庆，乡佬杨子峰、马雨亭、李献楼、代凤九等人再次扩建，在原殿西接出大殿3间，并在窑殿顶上建六角楼一座，高5.5丈，大殿后壁有回民文人李幕臣书的“清真古寺”四字，寺内殿前廊下有历来各界人士送的匾十几块。如“真宇恩隆”、“敬畏常在”、“覆帱无私”、“松风水月”等系清朝将领哈元生所送。“天堂正路”、“彼美西方”系李梅所送。“清正正直”、“普慈世界”、“认主独一”等等。抱厦两根红漆明柱挂着木刻对联，上联：“清在箇中一片清心参本色”，下联：“真寻像外三更水月悟根源”。至此，建昌营清真寺成为一座风格奇特，新颖别致，秀丽玲珑的古刹。1947年当地回民发生矛盾，殿内设施被毁。新中国成立后政府于1956年拨款600元人民币进行维修。1967年被回民大队占用，南讲堂、沐浴室、女寺遭破坏。1980年，县政府拨款9万元复建南讲堂3间，沐浴室3间，并将大殿、抱厦、六角楼油漆彩画一新。1998年6月16日，唐山市人民政府将该寺确立为唐山市重点文物保护单位。截至1999年底，该寺有大殿6间，抱厦3间，女寺3间，南、北讲堂7间，男沐浴室3间，女沐浴室2间，该寺总占地面积4.12亩。2002年，建昌营镇建小城镇建设期间，在修民族文化路时，为保护建昌营清真寺这一文化古迹，投资98万元搬迁周围群众住户、修建环岛并修建清真寺仿古式围墙168米，现清真寺总占地面积6.5亩。

开平清真寺开平清真寺座落在唐山市开平区开平镇一街，始建于明嘉靖二年（公元1524年），初建房舍比较简陋，后几经翻修扩建，初建成西大殿13间，讲堂3间，当时地方官吏送匾额一方悬于大殿门楣，文为“独一无二”，又楹联一副，联文为“一点虔诚朝圣主，千秋俎豆诵清芬”。分别悬于左右两柱。清光绪年间（公元1875年至1908年）再行修缮，新建门楼。驻开平镇守使王怀庆赠匾额两方，一方文为“清真古教”，悬于门楼楣上；一方文为“至慈至公”悬于北讲堂门楣。以后又陆续增建沐浴室4间，储藏室、厨房4间。1966年文化大革命开始后，宗教活动被迫停止，该寺改为一街仓库。1976年毁于“7·28”大地震。1979年在开平区委、区政府、区政协以及唐山市民委的关怀下，在原址复建，建成礼拜堂3间、沐浴室4间、讲堂3间、储藏室2间，另有食品厂5间、门房1间，四周有围墙，大门座北朝南，整个寺院占地6.73亩。1990年又重新修缮。2001年，在各级政府的支持下，应广大穆斯林群众要求重建清真寺，新寺总投资人民币100万元，建筑面积1100平方米，可容纳300余人聚礼。

夏庄清真寺夏庄清真寺始建于明嘉靖三年（公元1525年），座落在唐山市开平区夏庄村和后营村之间，有草房3间，后毁于火灾。清乾隆十年（公元1746年）在虔诚教徒穆氏捐献的土地上重建。清道光年间迁于村内，清光绪年间（公元1875年至1908年）经教长丁宝恒扩建。扩建后的清真寺有三层大殿，上有挑脚楼。民国十七年（公元1928年）经丁万春阿訇扩建南北讲堂12间，水房子5间，女讲堂2间。民国二十七年（公元1938年）经李相林阿訇又扩建寺院，筑起高大院墙和南北古式更楼（望月楼）。至此该寺共有大殿三层37间，水房子6间，讲堂14间，地平3间，学校8间，院墙、更楼、大门、二门，占地20余亩，有京东第一大寺之称。寺内悬挂清乾隆十五年（公元1751年）穆提督送的“清真古教”和乾隆年间王文绍翰林送的手笔“造化之原”、“认主独一”等金匾。寺内有石碑六方，篆刻着修建寺院的募捐人姓名和年代。最早的碑文是明朝嘉靖年间雕刻的。1966年文化大革命开始后，宗教活动被迫停止，寺院被村里改做工厂，1970年工厂生产药瓶不慎发生火灾，寺院被焚毁。1978年党的十一届三中全

会以后，全面落实党的民族宗教政策，村里拨款23000元，穆斯林群众集资37000元，在村南新建清真寺。新寺有大殿16间，北讲堂3间，男、女沐浴室8间，教长住室和厨房3间，架子房2间，整个寺院占地4亩。1997年，应夏庄村广大穆民的要求重建清真寺，唐山市和开平区人民政府先后拨款30万元。本村穆民捐款24万元，社会各界资助42万元，共投资96万元，于1997年5月1日动土，10月1日竣工。新建成的清真寺占地面积约为3700平方米，其中建筑面积约为1240平方米（其中礼拜殿500平方米，南讲堂约290平方米，北讲堂约450平方米），空地面积约为2460平方米。可容数百人聚礼。其结构大体上为内外两层，大门是仿古牌楼，入门的右侧为门卫兼传达室，二道门是由影壁隔开的两个出入口，进入二道门，正前方是清真寺的核心建筑——礼拜殿，左侧为男女沐浴室，右侧为主任办公室、学员室、阿訇办公室和仓库。寺内有匾额及楹联共32块，其中汉文14块，阿文18块。

（郑翠玉）

华侨·华人·港澳同胞

2008年，唐山市有归侨242人、侨眷7169人，祖籍在唐山市或在唐山市有亲属关系的海外华侨、华人36834人，港澳同胞5662人，他们分布在世界30多个国家和地区。市政府外事侨务办公室主管全市的华侨、华人、港澳同胞工作。2008年，唐山市的侨务工作全面贯彻落实科学发展观，坚持以人为本，为侨服务的宗旨，以国内侨务工作为基础，以国外侨务工作为主导，坚持为国家大局服务和为侨服务的统一，与时俱进，开拓创新，努力在海外发展一支宏大的友好力量。促进侨务资源的可持续发展，充分发挥海外侨胞和归侨、侨眷的独特作用，为全面建设小康社会、促进祖国统一和发展同各国人民友好合作而奋斗。全力保护华侨正当合法权益，促进华侨团结互助；教育华侨遵守住在国法律，尊重当地社会、民族习俗，并与当地人民和睦相处；尊重华侨自愿加入住在国国籍的意愿，鼓励华侨发扬爱国爱乡优良传统，为促进祖国和住在国的发展以及祖国与住在国的友好上做了大量工作。

（刘旭芳）

2008年环境状况公报

一、环境状况

2008年，唐山市环境保护工作坚持以科学发展观为指导，实施可持续发展战略，探索新思路，落实新举措，不断加大城市环境综合整治力度，加强环保执法检查，在经济快速发展的同时，全市环境质量总体保持稳定，重点区域环境质量进一步改善，减排工作稳步推进，环境保护工作整体水平显著提高，促进了全市经济社会又好又快发展。与2007年相比，各项环境质量指标得到改善，城市大气环境质量继续好转，集中式饮用水源地水质稳定达标，主要河流的水质污染程度基本持平，区域环境噪声和道路交通噪声与上年有所下降。

（一）大气环境

1. 状况

2008年，全市大气环境质量呈好转趋势。大气污染物的主要成分为可吸入颗粒物、二氧化硫和二氧化氮。污染物主要来自汽车尾气、城市道路和建筑工地的二次扬尘以及工业企业排放的废气。

2. 大气污染物排放状况

2008年，全市烟尘、工业粉尘和二氧化硫排放量分别为14.78万吨、16.81万吨、28.27万吨，均比2007年度有不同程度的降低。

表1－1　2008年唐山市大气污染物排放状况表

单位：万吨

污染物名称	排放总量	生活排放量	工业排放量
烟　尘	14.78	2.57	12.21
工业粉尘	16.81		16.81
二氧化硫	28.27	1.06	27.21

3. 措施与行动

认真落实《河北省迎奥运空气质量保障实施方案》，10个重点大气治理项目已按时完工；5家淘汰关闭企业、4家临时停产企业和3家限产限排企业全部落实到位；29家地方加油站全部完成治理整顿。制定下发《唐山市迎奥运空气质量保障方案》，加强大气环境综合整治，拆除废弃烟囱283根，对131根超标烟囱进行限期治理，162台4吨及以下燃煤锅炉改用清洁能源，247台4吨以上取暖锅炉实施并网或高效除尘脱硫，圆满完成奥运空气质量保障任务。

（二）水环境

1. 地表水环境质量状况

2008年对全市境内陡河、滦河、黎河、淋河、还乡河、沙河6条主要河流进行12次常规监测，共设监测断面13个，监测项目达30余项。

2. 陡河水质状况

陡河设6个监测断面：陡河水

库西入口、陡河水库中心、钢厂桥、女织寨、稻地和涧河口。全年各断面水质监测结果见表1－2。

表1－2　陡河各监测断面水质类别及主要污染物

断面名称	水质类别	主要污染物
陡河水库中心	Ⅱ类	/
陡河水库西入口	Ⅱ类	/
钢厂桥	劣Ⅴ类	氨氮、化学需氧量
女织寨	劣Ⅴ类	氨氮、化学需氧量
稻　地	劣Ⅴ类	氨氮、化学需氧量
涧河口	Ⅴ类	化学需氧量

陡河水库两个监测断面为Ⅱ类水质，达到功能区划要求；涧河口为Ⅴ类水质，达到功能区划要求；其余三个监测断面均为劣Ⅴ类水质，主要污染物为氨氮和化学需氧量，未达到功能区划要求。水质较差的主要原因为：地表径流较少，河流接纳的主要是沿岸的工业废水和城镇生活污水，致使水体无自净能力。

3. 滦河水质状况

滦河设三个监测断面：大黑汀水库、滦县大桥和姜各庄。全年各断面水质监测结果见表1－3。

表1－3　滦河各监测断面水质类别和主要污染物

断面名称	水质类别	主要污染物
大黑汀水库	Ⅱ类	/
滦县大桥	Ⅳ类	化学需氧量
姜各庄	Ⅴ类	化学需氧量

大黑汀水库断面为Ⅱ类水质，达到功能区划要求；滦县大桥断面为Ⅳ类水质，达到功能区划要求，主要污染物为化学需氧量；姜各庄断面全年仅监测2次，为Ⅴ类水质，其余月份断流未监测。

4. 黎河水质状况

全年5月、9月和12月监测3次，其余月份断流，监测结果为Ⅲ类水质，达到功能区划要求。

5. 沙河水质状况

全年5月、9月和12月监测3次，其余月份断流，监测结果为Ⅱ类水质，达到功能区划要求。

6. 淋河水质状况

全年断流未监测。

7. 还乡河水质状况

全年断流未监测。

8. 水污染物排放状况

2008年，全市化学需氧量排放量为8.56万吨，其中，工业废水中化学需氧量排放量为6.35万吨，生活废水化学需氧量排放量为2.21万吨。

9. 措施与行动

一是制定《陡河水库饮用水源地取缔、关闭工业污水排污口工作方案》，对滦县榛子镇韩家哨炼铁厂等4家非法反弹企业实施取缔拆除；对丰润区龙源乳业有限公司等4家企业实施停产治理；对丰润区营佳乳品厂等14家涉水排污企业实施限期治理。二是关闭淘汰3家2万吨以下生料造纸企业和10家1万吨以下不能稳定达标的熟料造纸企业。三是完成城镇集中式饮用水源地基础环境调查、水样采集和除陡河水库外的30个饮用水水源地水样的监测工作。

（三）固体废物

2008年全市工业固体产生量为8581.53万吨，主要包括冶炼废渣、炉渣、粉煤灰、尾矿等，工业固体废物排放量为53.24万吨，工业固废综合利用量6329.2万吨，综合利用率为73.27%。

（四）城市市区环境

1. 地下水环境

全年对市区地下水饮用水源地（北郊水厂、大洪桥水厂、西郊水厂、龙王庙水厂）4处进行12次监测，水质较好，全部达到集中式生活饮用水水源标准。

2. 大气环境

1986年唐山市区建成环境空气质量自动监测系统，设有供销社（商业区），雷达站（清洁区）、物资局（交通区），十二中（居民区），陶瓷公司（工业区）和小山（商业区）六个国控监测点，环境空气质量主要监测项目为可吸入颗粒物、二氧化硫和二氧化氮。见图1.1。

2008年唐山市区环境空气中可吸入颗粒物的年均浓度值为0.082mg/Nm^3、二氧化硫年均浓度值为0.066mg/Nm^3、二氧化氮的年均值为0.031mg/Nm^3，三项污染物较上年有所下降外，其中二氧化氮和可吸入颗粒物达到国家二级标准；二氧化硫超过国家二级标准0.1倍。

表 1－4　2008 年全市空气质量监测结果

单位：mg/m³

项　　目	全年均值		二级标准
	2007 年	2008 年	
可吸入颗粒物	0.094	0.082	0.10
二氧化硫	0.082	0.066	0.06
二氧化氮	0.043	0.031	0.08

图 1.1　唐山市区大气环境质量监测点位图

按照 API 指数等级划分，环境空气质量二级及优于二级的天数为 328 天（其中一级天数为 49 天），占总天数的 89.6%，比上年增加 20 天；环境空气质量三级的天数为 38 天，占总天数的 10.4%，比上年减少 19 天。见图 1.2。

图 1.2　全年市区大气环境质量等级分布图

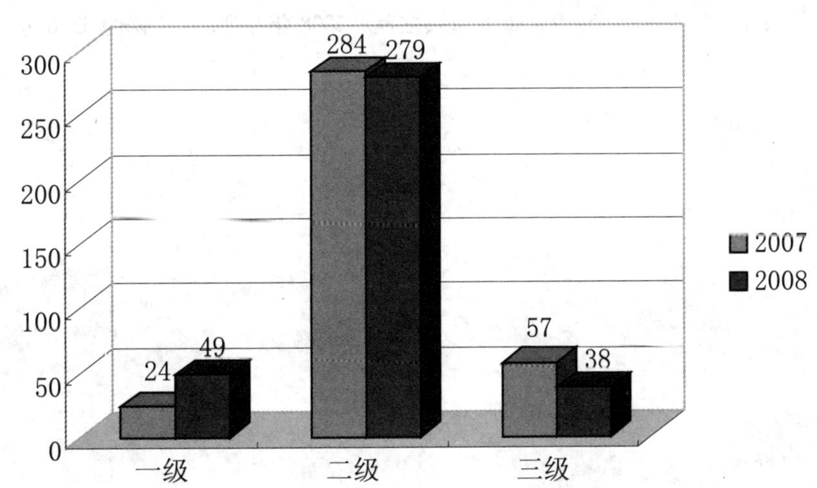

从环境空气质量二级及以上天数分布的月变化趋势看，唐山市区环境空气质量具有明显的季节性特征（见图1.3）：冬季和春季受取暖期和风沙的影响污染物浓度较高，空气质量较差；而夏季和秋季因气象因素利于污染物扩散，污染物浓度较低，空气质量较好。

图1.3　全年市区大气环境变化分析图

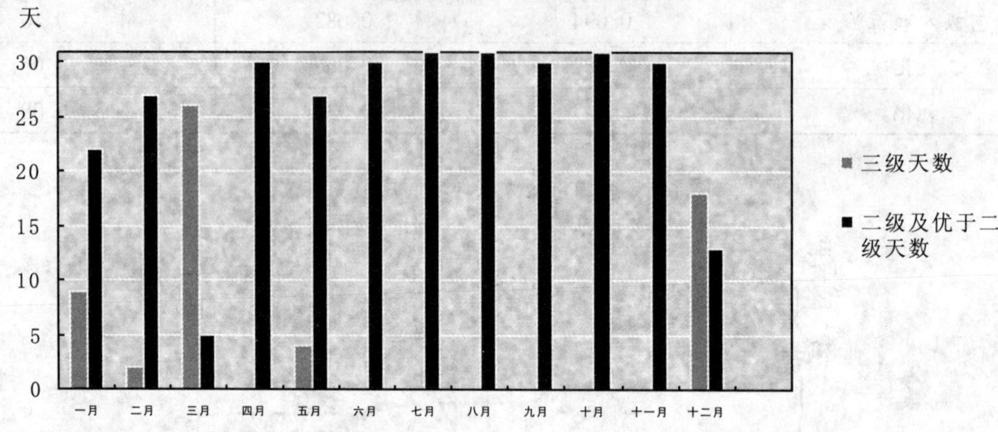

3. 城市声环境质量

城市区域环境噪声、交通环境噪声与去年相比均有所下降。

区域环境噪声：

监测网格数为208个，年监测均值为53.6分贝，比去年有所下降，达到省考核指标（56.0分贝）。

达标（≤56.0分贝）网格数占总数的74.9%，监测值在56.1－60.0分贝之间的占22.2%，60.1分贝以上的占2.9%。造成部分网格区域环境噪声超标的主要原因：一是社会生活噪声源；二是交通机动车辆噪声源；三是工业污染源。见图1.4。

图1.4　各类噪声源所占比例图

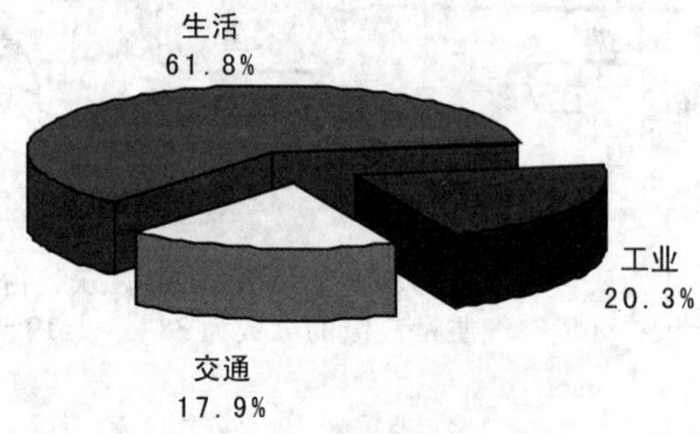

1995－2007年变化范围在54.9－56.6分贝之间，2008年有所下降为53.6分贝。见图1.5。

图 1.5　区域环境噪声年际变化图

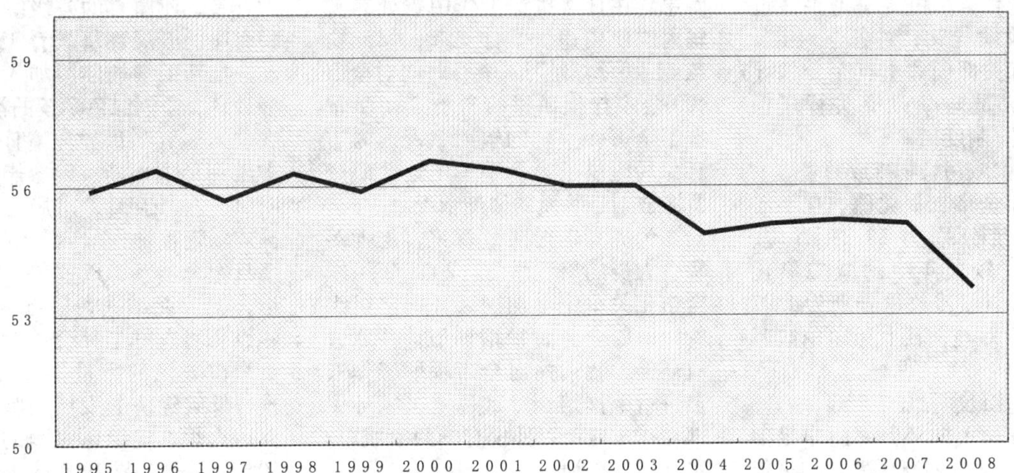

道路交通噪声：

每年监测一次，监测点位 128 个，2008 年监测均值为 67.1 分贝，与上年相比略有下降，达到国家标准（70 分贝）。达标路段占 96.03%，多为路况较好或重型机动车相对较少的道路。主要超标路段是承担外环分流功能和工业、商业较密集地区的主要道路，如吉祥路、唐马路、棉纺路和大庆道等 13 条道路。

随着经济的发展，唐山市机动车保有量快速增加，但由于不断加强城市道路基础设施建设，强化交通管理，交通噪声污染得到有效的控制。

（五）县区环境质量

唐山市共有县（市）级监测站 11 个，从 2001 年开始执行环境质量月报制度。

1. 水环境质量

各县级监测站对各境内河流中 27 个监测断面进行监测（其余监测断面断流）。监测结果分析见图 1.6。

图 1.6　各县区河流监测结果分析

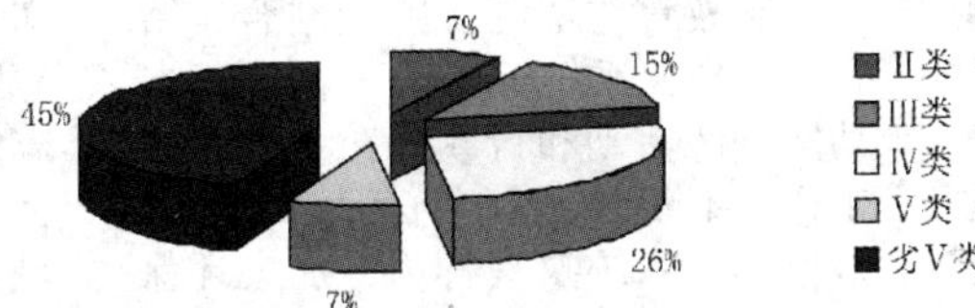

2. 大气环境

各县（市）、区大气环境中首要污染物均为总悬浮颗粒物（或可吸入颗粒物），其中迁安市、迁西县、乐亭县空气质量达到二级标准，丰润区、遵化市、唐海县、玉田县、滦县和滦南县达到三级标准。按照 API 指数等级划分，环境空气质量二级及优于二级的天数见下图 1.7。

图 1.7　各县（市）、区环境空气质量二级及优于二级天数

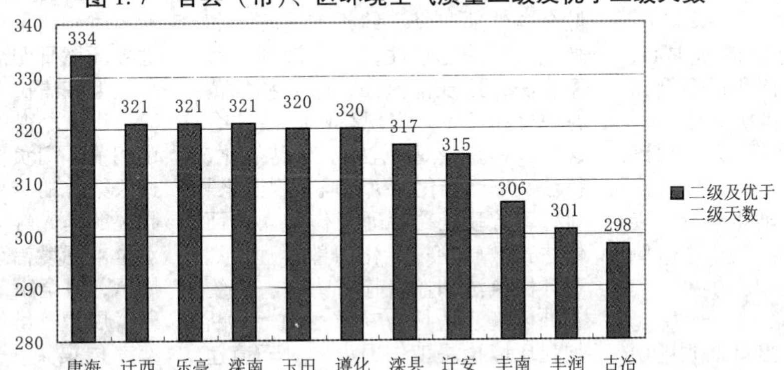

二、环境保护工作

（一）加强环保目标的考核

市委、市政府高度重视环境保护工作，将环保工作目标纳入各级各部门党政领导班子考核内容，印发《唐山市环境保护工作目标考核办法》，与各县（市）区、市直有关部门和重点企业签订《环保工作目标责任状》，将任务指标层层分

解，落实到县区、落实到企业、落实到主要责任人，由“一把手”负总责，与政绩挂钩，对各县（市）区、市直有关部门和重点企业领导班子及其成员政绩评价实行环保“一票否决”制度。

（二）削减污染物排放总量

2008年全市二氧化硫、化学需氧量排放量分别为28.27万吨、8.56万吨，较上年净削减二氧化硫、化学需氧量排放量分别为1.97万吨、1.09万吨，较上年净削减率分别为6.51%、11.29%。

（三）建设项目环境管理

2008年全市向环保部门申报项目1639个。其中编制环境影响报告书的项目38个，编制环境影响报告表的项目770个，填写环境影响登记表的项目831个，环境影响评价执行率100%。申报项目总投资428.013亿元，其中环保投资11.575亿元，环保投资比例为2.704%。2008年应执行“三同时”项目289个，实际执行“三同时”项目289个，“三同时”合格执行率100%。项目实际投资10.323亿元，其中环保投资0.59亿元，环保投资比例为5.72%。

针对各县区的工业集中区的规划环境影响评价工作加大了督促力度；在项目审批中认真贯彻省厅鼓励类“减一增一”，允许类“减二增一”的原则，确保了新建设项目区域污染物排污总量不增加。

（四）信息建设

建立唐山市环境保护局网站，网址是：http://www.tshbj.gov.cn，主要宣传环境保护的方针、政策和国家的环境保护标准，设有网上投诉、局长信箱等。

建设环境监控应急指挥中心，将监控指挥、应急指挥和视频会议合而为一；建设综合业务系统、污染源在线监测监控系统、大气黑度监控系统、车载GPS系统、环境应急指挥系统、办公自动化系统、陡河水质监测系统、空气质量监测系统。

（五）辐射与环境

2008年，全市上报审批放射源手续84家，签订市属以上涉源单位奥运期间安全责任书21家。完成全市19个县（市）区的放射源全面普查。对全市52枚废弃放射源，送交省放射源废物库，消除了辐射安全隐患。在日常执法工作中查处有关辐射源使用违法案件三起，累计罚款21万元。利用一个月时间对全市400余家伴生矿进行普查。初步掌握了全市伴生矿的辐射状况，为市环保局提供了第一手唐山地区矿产资源放射性物质的详细情况。

为提高辐射防范意识，加强对辐射人员的培训学习。2008年组织全市相关单位参加国家环保部组织的辐射安全与防护培训班，并联合省环保厅辐射站对全市辐射工作人员进行上岗培训，这也是国家环保部在指定城市以外仅有的两家城市，单独组织培训。

（六）环境法制建设

继续加强环境法制建设，提高依法行政水平。严格落实环保法律、法规和《唐山市环境保护局行政执法责任制手册》、《唐山市环境保护局权力公开运行实施方案》，重点落实新出台的《河北省环境污染防治监督管理办法》，使市局依法行政的水平进一步得到提高；不断增强全市环保系统对环境政策法规工作重要性的认识，将“依法行政”纳入环保整体工作和年度目标考核，坚持法制教育与法制实践相结合，结合全省环保系统开展的“四项基本功”训练活动和行政处罚案卷评查工作，不断创新法制宣传培训形式，规范环保系统执法行为，加大环保系统执法力度，认真履行环保执法职责制，有效推进环境法制工作的顺利实施；严格行政许可管理机制，实行“阳光作业”。严格按照环保行政许可七项管理制度，确保行政许可事项公平、公正、透明、高效；健全内外部监督制约机制，防止和杜绝执法的随意性，切实做到按程序执法，按规范执法。市局从规范行政处罚入手，实现行政执法“合法化、程序化、执法行为规范化、执法文书标准化、执法监督制度化”目标，行政处罚管理工作步入全面依法行政轨道；强化内部管理，加大环保执法和监督检查力度。围绕查处环境违法行为专项行动，不断加强环境执法工作力度，对环境违法单位进行处罚。

（七）环境宣传教育

继续巩固环境教育在大、中、小学校主阵地的开展，结合绿色学校创建工作，检查部署2008年的活动开展，使原有的各级绿色学校平稳有序的开展环境教育工作，并带动一批新的学校陆续加入到开展环境教育，争创绿色学校的活动中来；在“六·五”世界环境日宣传工作中做到形式出新、内容丰富，效果明显。六月五日，市局在抗震纪念碑广场隆重举行“六·五”世界环境日纪念活动，以宣传“办绿色奥运，促节能减排，倡导生态文明，建设环境友好型社会”为重点，动员全市人民的力量参与环境保护，推行低碳经济的发展，掀起一次迎奥运火炬、建绿色家园的高潮。市领导及社会各界1000余人参加当天的纪念大会。纪念活动上，市人大副主任唐凤岗启动“从我做起，保护环境”万人签名仪式，辛志纯副市长代表市政府向纪念活动致辞。市领导及松下基金管理委员会理事为23名松下环保奖励基金获奖人员颁奖，市环保局杨恩利局长公布2007年度唐山市环境质量状况，小学生代表向市领导及松下环境保护基金理事赠送环保布袋。会后，市领导和与会代表参观企业环保展台，并向群众发放《唐山市民环境保护知识手册》和环保购物袋。当天，《唐山劳动日报》刊登了副市长辛志纯《转变传统观念推行低碳经济促进环境友好型社会建设和资源型城市转型》和市环保局长杨恩利《迎接绿色奥运建设环境友好型社会》的属名文章。同时，市局结合全市2007年底的“安全生产治污减排百日攻坚联合行动”和2008年初的“节能减排安全整顿攻坚行动”与市电视台录制了《绿色行动》——唐山市2008年“六·五”世界环境日纪念活动，并于六月五日晚上在唐山电视台一频道黄金时段播出。电视片通过对主管市领导、市相关部门负责人的采访，对环境违法案件的查处，对个别环境污染状况的曝光等方面的综合多角度地对全市环境治理工作的成效进行了展示，对全市未来环境保护工作进行了展望；继续拓宽宣传阵地，拓宽宣传渠道。通过发表电视讲话，报纸上的宣传报导，走进电视台、电台直播间等多种形式，围绕“治污减排百日攻坚”联合行动、查处环境违法行为专项行动、禁烧秸秆

等行动，表彰先进、鞭策落后，较好地发挥了新闻媒体对环保工作的舆论导向作用。特别是在百日攻坚联合行动期间在加大对违法污染案件查处力度的同时，通过媒体加大曝光力度，促进一些群众关心的环境热点难点问题的解决，在社会上引起较大反响，对遏制环境违法行为起到强有力的促进作用；充分利用环境教育基地，面向社会开展环境教育。为做好全民环境教育，市环保局把建设环境公众教育示范基地作为全市环境教育的突出内容，北郊污水处理厂、松下机器产业有限公司、唐钢高速线材厂、荣华道小学四家环境教育基地发挥了良好的社会作用。通过向公众开放这些环境治理示范典型、清洁生产示范典型和环境教育典型，进一步增强了公众对环境保护工作的感性认识；推进环保志愿者工作开展。充分学习省内外环保志愿者活动先进经验，结合全市今年开展的志愿者活动要求，探索出一条贴近群众、符合实际、效果明显的环保志愿者健康发展之路。协助河北理工大学、唐山学院、河北能源学院、华北煤炭医学院等几所院校的志愿者在“世界环境日”、“世界水日”、“世界地球日”等环境纪念日开展了一系列卓有成效的活动，在社会上取得了很好的反响；加强绿色文明建设，提高公众参与水平。为培养公众良好的环境伦理道德规范，倡导符合绿色文明的生活习惯、消费观念和环境价值观，提高全市人民的环境意识和参与环境保护的自觉性，促进良好社会风尚的形成。在巩固前段的创建工作成果的同时，继续加强对绿色单位的创建指导，自2005年把“绿色社区”和“绿色学校”创建工作推向各县（市）区后，经过三年来的创建实践，树立大批优秀环保绿色社区和绿色学校示范典型，带动全市“五绿”创建工作的全面开展。2008年全市新创建省级绿色学校5家，绿色社区3家，绿色饭店1家，绿色机关1家，环境教育基地2家；全年创建市级绿色单位62家，成为全市绿色单位创建数量最多的年份。

（八）环境监察

针对历年来全市存在的同行业、同规模、相同污染治理设施，但缴纳排污费差额较大的现象，监察支队根据相关依据与标准对钢铁、焦化、电力、水泥等重点企业进行污染因子排放量及收费标准的测算，并依据《排污费稽查工作办法》，对全市首批26家重点企业和相关县（市）区实施了排污收费稽查。

围绕120家国控、省控企业和155家减排工程，实施现场监察，并以监察结果作为评定监察系数的基础数据和材料。在实施现场监察方面，对120家国控、省控企业和155家减排工程做到了每月监察一次，组织现场检查达到3000余次（每个企业一个月至少一次），并要求监察人员认真履行职责，完善监察要素，较好完成了全市主要污染物总量减排监察系数的统计、核算、上报和档案整理工作。

全年完成排污申报2887家，其中工业企业1806家，小型三产企业1073家，污水处理厂8家。同时，市支队完成自身管辖的196家市属单位的排污申报汇总工作，其中工业企业96家，小型三产企业99家，污水处理厂4家。全市100家国控企业的申报与环境统计数据在全省校验评比中分别获得三等奖。

（九）环境信访

坚持防、调并重，以防为主，深入开展信访隐患和矛盾纠纷排查调处“百日活动”，确定4月份为“集中排查化解月”，5月份为“重点整治月”，6月份为“巩固督导月”。按照上级要求，7月份深入开展局领导大接访活动，建立领导接访台帐。切实做到“有访必接、有案必查、有查必果”，全年监察支队受理环境信访案件1111件，其中群众来电816件（含市长公开电话243件）、群众来信51件、群众来访30批、三级交办件214件。受理率、办理率和办结率均为100%。做到举报信访、案件事事有监察，件件有落实。绝大多数信访问题在市区范围内得到了有效化解。市局受理的市长公开电话的反馈和回访率达到100%，受到市政府的表扬。

（十）清洁生产

2008年，市局下发《关于转发〈河北省2008年度省控（含国控）重点工业企业强制清洁生产审核工作方案的通知〉的通知》（唐环发〔2008〕60号）。对全市2008年清洁生产审核工作的步骤、工作内容、各阶段时间安排、保障措施等具体事项进行了明确规定。2008年8月，下发《唐山市环保局关于进一步加强重点企业清洁生产审核工作的通知》（唐环发〔2008〕118号），对验收标准及奖惩制度均提出明确要求。2008年全年，全市30家国控、省控重点企业完成清洁生产审核评估，超省下达目标13家。

（十一）生态建设

生态市和生态县建设工作整体推进顺利。《唐山市生态市建设规划》通过市人大批准实施，全市8个县（市）全部完成生态县（市）建设规划编制，并全部通过当地人大或政府批准实施，按照《唐山市2008年生态市建设工作重点》安排部署，各县（市）区分别制定实施本县（市）区的生态县建设实施方案，各县生态县建设工作均已按本地规划目标顺利开展，成效显著。全市生态县建设、自然保护区建设、省级环境优美城镇和国家级生态村创建工作目标顺利完成。同时，各县（市）区生态建设工作机构建设得到进一步加强，遵化、玉田、迁西和唐海、丰润等县（市）区环保部门均设置了生态科等专职机构。

自然生态保护工作不断加强，形成“北部山区生态保护、中部平原生态恢复和南部沿海鸟类湿地保护”为主的生态特色。全市建成一批自然保护区，其中包括：遵化市清东陵国家级风景名胜区和乐亭金银滩国家级森林公园、丰润区御带山和迁西县景忠山两处省级森林公园、遵化市鹫峰山县级森林公园、唐海湿地和鸟类省级自然保护区和乐亭县石臼坨列岛省级鸟类自然保护区、南湖国家城市湿地公园等，自然保护区覆盖率达到4.76%。

优美城镇创建工作成绩显著。积极开展丰南区黄各庄镇、丰润区沙流河镇、迁西县兴城镇争创国家级环境优美城镇创建工作，并顺利通过环保部的现场核查验收。开展芦台镇、汉沽镇、遵化马兰峪镇、唐海七农场、滦南倴城镇、玉田窝洛沽镇、迁安建昌营镇、滦县滦州镇等8个镇争创省级环境优美城镇创建工作，全部通过省厅验收；在全省率先开展国家级生态村创建工作，迁安沙河驿镇唐庄子、迁西县杨家峪等8个村申报国家级生态村，全部通过省厅验收，目前已上报国家环保部待命名。唐山市的环境优美城镇创建工作位处全省领先水平，受到省厅充分肯定。

（十二）环境监测

积极组织站内专业技术人员进行业务知识的学习，年底完成市级站部分监测人员持证上岗考核工作。严格执行内部审核与管理评审制度，并通过省技术监督局组织的实验室资质认定复查评审。加强对重点实验室环境和原始记录等要素的检查力度，提高专业技术人员的质量意识和规范意识，保障了监测数据的质量；圆满完成环境空气、水和噪声等环境要素的常规监测，完成排污申报监测、换发排污许可证监测、污染纠纷监测、工程验收、突发性污染事故应急监测和临时性的监测工作。完成《2008年度唐山市环境质量报告书》的编写，根据监测情况编写“2008年地表水环境质量分析报告”；加大水质常规监测频次；增加油气回收检测；特别是进京车辆尾气检测工作任务繁重，在工作之初，积极进行设备购置和技术培训，专门组织监测人员研究进京车辆的检测实施方案。从检测仪器购买、人员配置、到检测场地的选址，都进行了具体安排。工作人员加班加点，不怕苦和累，圆满完成此项工作。

（十三）环保产业

积极扶持全市环保产业发展，挖掘环保产业市场潜力，为环保产业的发展提供支持。全年为20多家环保企业办理环保产品认证，为4家企业办理环保工程设计资质认证。同时，完河北省环保产业协会交办的各项工作任务。

（十四）环保科研

根据国务院的统一部署，国家环保部会同有关部委开展《全国饮用水源地环境保护规划》工作，2008年唐山市环保研究所与河北省环境科学研究院协作完成了《唐山市饮用水水源地环境保护的研究》及《唐山市市区饮用水水源保护区划分》的研究工作，被唐山市科技局列为2009年度科研项目计划。

2008年国民经济和社会发展统计公报

2008年，全市人民在市委、市政府的正确领导下，坚持以科学发展示范区和人民群众幸福之都建设总揽经济社会发展全局，认真贯彻落实中央、省一系列决策部署，采取有效措施，积极应对宏观环境变化带来的各种困难和严峻挑战，抢抓机遇、开拓创新，加快推进经济增长方式转变和资源型城市转型，总量与速度、结构、效益、生态环境的协调性进一步增强，国民经济保持平稳较快发展，民生进一步得到改善，各项社会事业取得新进展。

一、综合

国民经济保持平稳较快增长。初步核算，全市实现地区生产总值3561.19亿元，比上年增长13.1%。分产业看，第一产业增加值340.01亿元，增长7.0%；第二产业增加值2113.29亿元，增长12.9%；第三产业增加值1107.89亿元，增长15.3%。按常住人口计算，全市人均生产总值达到48054元（按年平均汇率折合6798美元），比上年增长12.4%。非农产业比重继续上升。三次产业增加值构成为9.5∶59.4∶31.1。

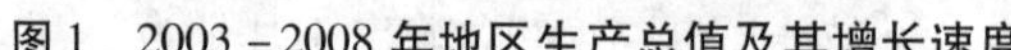
图1　2003－2008年地区生产总值及其增长速度

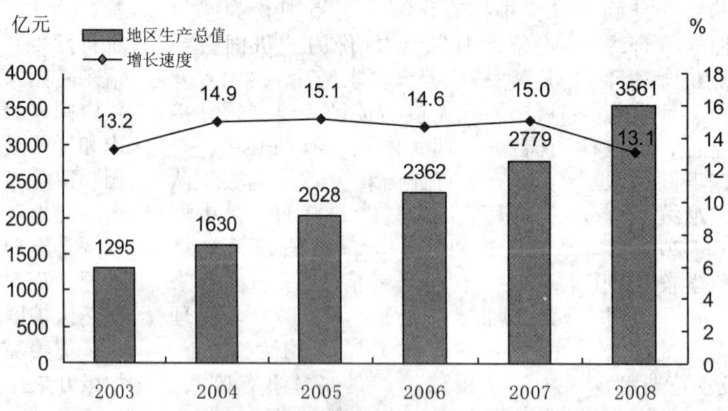

物价总水平上涨较高。居民消费价格比上年上涨6.1%，涨幅比上年提高1.8个百分点，其中城市上涨5.1%，农村上涨7.9%。八大类价格指数呈现“六升二降”格局。其中，食品类上涨13.5%，影响居民消费价格总水平上涨4.3个百分点。商品零售价格上涨6.2%，涨幅比上年提高2.9个百分点。农业生产资料价格上涨22.9%，涨幅提高18.7个百分点。工业品出厂价格上涨20.5%，涨幅提高12.7个百分点。房屋销售价格上涨5.9%，其中商品住宅价格上涨6.0%，房屋租赁价格上涨3.1%。

图 2　2003－2008 年居民消费价格涨跌幅度

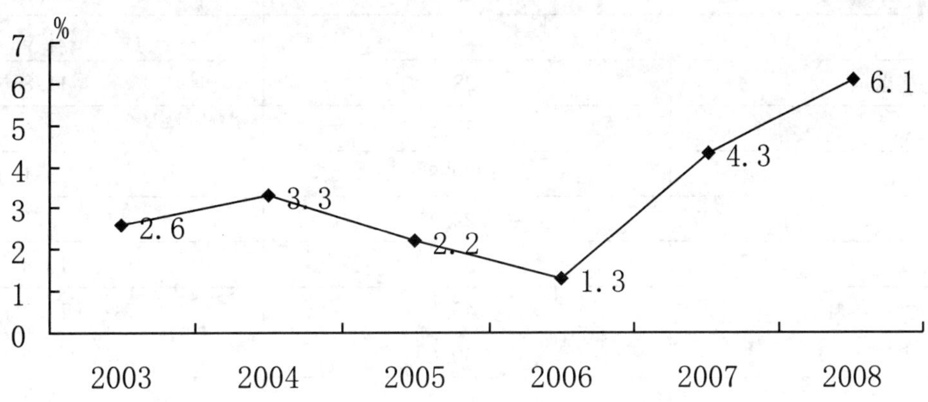

表 1　2008 年居民消费价格指数

单位:%

指　　标	全　　市	城　市	农　村
居民消费价格指数	106.1	105.1	107.9
食品	113.5	112.5	116.0
其中：粮食	106.5	106.9	105.8
猪肉	125.5	126.8	122.6
油脂	122.6	120.7	125.4
烟酒及用品	102.5	102.5	102.4
衣着	101.0	101.3	99.9
家庭设备用品及服务	100.8	100.8	100.8
医疗保健及个人用品	103.5	103.3	104.1
交通和通信	99.1	98.3	101.5
娱乐教育文化用品及服务	99.2	98.8	99.8
居住	107.4	104.2	111.3

就业再就业工作进一步加强。年末全市从业人员 411.5 万人。其中第一产业从业人员 128 万人，比上年减少 4.16 万人；第二产业从业人员 158.2 万人，增加 4.59 万人；第三产业从业人员 125.3 万人，增加 6.48 万人。全市城镇新增就业 6.8 万人，下岗失业人员再就业 3.06 万人，年末城镇登记失业率为 4.17%，低于省达控制目标 0.33 个百分点。

经济运行中存在的主要问题是：经济下行压力增大，企业经营困难增多；保持农民持续增收难度加大；结构性矛盾仍比较突出；节能降耗任务依然艰巨。

二、农业

农业基础地位进一步巩固。全年完成农业总产值 555.30 亿元，比上年增长 7.3%。其中，农业产值 276.62 亿元，林业产值 9.82 亿元，牧业产值 200.25 亿元，渔业产值 50.68 亿元，分别增长 7.9%、2.6%、8.4%和 7.5%。牧业、渔业产值占农业总产值的比重达 45.2%，比上年提高 2.8 个百分点。农业产业化经营率达 61%，比上年提高 2 个百分点。

种植业结构继续调整。全年粮食播种面积 695.55 万亩，比上年减少 3.5%，总产量 287.93 万吨，比上年增长 0.5%，实现持续五年粮食增产，粮食亩产 413.9 公斤，再创历史新高；棉花播种面积 48.96 万亩，总产量 3.75 万吨，增长 2.6%；油料播种面积 123.72 万亩，总产量 28.4 万吨，增长 11.6%；蔬菜播种面积 267.54 万亩，总产量 1279.81 万吨，增长 3.1%，其中设施蔬菜 298.6 万吨。

表2　主要农产品产量

产品名称	产量（万吨）	比上年增长（%）
粮食	287.93	0.5
油料	28.4	11.6
其中：花生	28.4	11.8
棉花	3.75	2.6
蔬菜	1279.8	3.1
鲜果	224.2	3.1
肉类	54.4	10.8
其中：猪牛羊肉	43.5	13.7
禽蛋	30.6	-8.6
奶类	160.7	7.3
其中：牛奶	152.2	5.8
水产品	46.0	4.9

林业生产加快发展。全年完成绿化造林27.6万亩，其中三北防护林、退耕还林、沿海防护林、封山育林等重点林业工程完成造林23.8万亩，北部地区百里矿区生态治理修复工程已经完成绿化面积0.8万亩。年末实有林地面积33.35万公顷，森林覆盖率达26.45%。年末实有果树面积214万亩，其中，名优果树5.18万亩；干鲜果产量229.54万吨（含果用瓜），同比增长3.2%，其中板栗产量4.66万吨，增长5.1%。

畜牧水产业呈恢复性增长。全年生猪存栏305.9万头，比上年同期增长19.8%；奶牛存栏45.7万头，增长17.1%。肉类总产量54.4万吨，增长10.8%，其中猪肉产量34.3万吨，增长15.1%；禽蛋产量30.6万吨，减少8.6%；奶类产量160.7万吨，增长7.3%，其中牛奶产量152.2万吨，增长5.8%。水产特色养殖日益突出，水体利用率明显提高。全年水产品产量46.0万吨，其中，海水产品产量27.2万吨，增长2.3%，淡水产品产量18.8万吨，增长8.7%。

农业基础设施建设进一步加强。全年投入“三农”资金22亿元，比上年增长22%。农田有效灌溉面积49.50万公顷，其中，节水灌溉面积达到27.92万公顷。农业机械总动力984.28万千瓦，增长5.6%。农机综合作业率71%，比上年提高5个百分点。农村用电量118.47亿千瓦时，增长1.3%。

三、工业和建筑业

工业经济保持平稳较快发展。全部工业完成增加值1955.49亿元，比上年增长12.5%。其中规模以上工业企业完成增加值1592.94亿元，增长14.6%。产销衔接良好，产品销售率为96.32%，比上年下降2.54个百分点。

表3　规模以上工业增加值主要分类情况

指　标	增加值（亿元）	比上年增长（%）
工业增加值	1592.94	14.6
国有及国有控股企业	534.90	17.7
按轻重工业分		
轻工业	87.76	5.0
重工业	1505.18	16.2
按主要行业分		
煤炭开采和洗选业	61.07	19.2
石油和天然气开采业	77.73	-2.9
黑色金属矿采选业	212.78	29.1
石油加工、炼焦及核燃料加工业	55.72	10.1
化学原料及化学制品制造业	23.16	11.1

非金属矿物制品制造业	66.54	5.4
黑色金属冶炼及压延加工业	827.02	18.2
通用设备制造业	24.15	12.3
专用设备制造业	12.01	15.8
交通运输设备制造业	16.02	34.7
电力、热力的生产和供应业	81.07	3.0

工业经济结构持续优化。主导产业支撑作用显著增强。精品钢材、基础能源、优质建材、装备制造和化工五大产业完成增加值1279.66亿元，占规模以上工业的80.3%。其中装备制造业完成增加值63.45亿元，比上年增长21.3%，增速高于规模以上工业平均水平6.7个百分点。钢铁工业产业集中度进一步提高，完成增加值827.02亿元，增长18.2%，对工业增长的贡献率为58.7%，拉动规模以上工业增长8.6个百分点。产品结构调整步伐加快。原煤产量比上年下降1.2%；原油下降6.0%；铁矿石增长63.8%；水泥下降6.2%。生铁、粗钢、成品钢材和纯碱生产能力已在全国占有举足轻重的地位，全年产量分别比上年增长3.3%、7.1%、13.1%和8.9%。高附加值产品成长迅速，冷轧窄钢带、镀锌板（带）、热轧薄板和中厚宽钢带分别增长2.9%、4.2倍、52.6%和16.8%；水泥专用设备增长23.3%；金属冶炼设备增长6.8%；电焊机增长16.8%。主导产业向规模化、集团化发展迈出较大步伐，渤海、长城两大地方钢铁集团正式挂牌运营。

表4　主要工业产品产量

产品名称	单位	产量	比上年增长（%）
原煤	万吨	2741	-1.2
原油	万吨	200	-6.0
铁精粉	万吨	4489	23.7
发电量	亿千瓦时	306	-4.3
焦炭	万吨	1368	-2.4
纯碱	万吨	187	8.9
水泥	万吨	2844	-6.2
卫生陶瓷	万件	2087	5.9
日用陶瓷	万件	12183	-29.9
生铁	万吨	5378	3.3
粗钢	万吨	5850	7.1
成品钢材	万吨	5523	13.1
电焊机	万台	11	16.8
乳制品	万吨	68	-9.9
啤酒	千升	443959	-25.0
机制纸及纸板	万吨	174	4.4

受宏观因素影响，企业经济效益有所下滑。工业企业经济效益综合指数达到286.6%，比上年提高32.5个百分点。全年规模以上工业实现利税580.34亿元，增长14.1%；实现利润352.04亿元，增长5.3%。在统计的36个行业中，19个行业利润实现增长。

表5 规模以上工业主要行业利润及增长

单位：万元

行业名称	利润（万元）	比上年增长（%）
总计	352.04	5.3
#煤炭开采和洗选业	8.85	1.1倍
石油和天然气开采业	25.05	-2.7
黑色金属矿采选业	110.61	73.0
石油加工、炼焦及核燃料加工业	9.36	10.8
化学原料及化学制品制造业	3.86	-40.0
非金属矿物制品制造业	10.11	-20.2
黑色金属冶炼及压延加工业	152.02	-10.8
通用设备制造业	7.12	25.1
专用设备制造业	3.12	25.1
交通运输设备制造业	1.71	37.0
电力、热力的生产和供应业	2.55	-82.7

建筑业生产稳步增长。全市建筑业完成增加值157.80亿元，比上年增长17.8%。资质等级以上建筑企业房屋施工面积2471.10万平方米，增长39.1%；房屋竣工面积919.27万平方米，增长6.0%。全市有总承包和专业承包资格的建筑企业267家，实现利润11.80亿元，增长31.8%。

四、固定资产投资

固定资产投资持续较快增长。全社会固定资产投资完成1361.32亿元，比上年增长31.3%。城镇固定资产投资完成1108.59亿元，增长32.6%，其中，第一产业完成投资7.77亿元，增长36.6%，第二产业完成投资711.59亿元，增长64.4%，第三产业完成投资389.23亿元，下降2.2%。全年房地产开发投资92.82亿元，增长50.1%，其中商品住宅投资73.07亿元，增长48.2%。年末全市城镇在建项目1335个，其中亿元以上项目230个，全部项目平均规模18787万元。本年新开工建设项目923个，增长2.8%。

图3 2003－2008年全社会固定资产投资及其增长速度

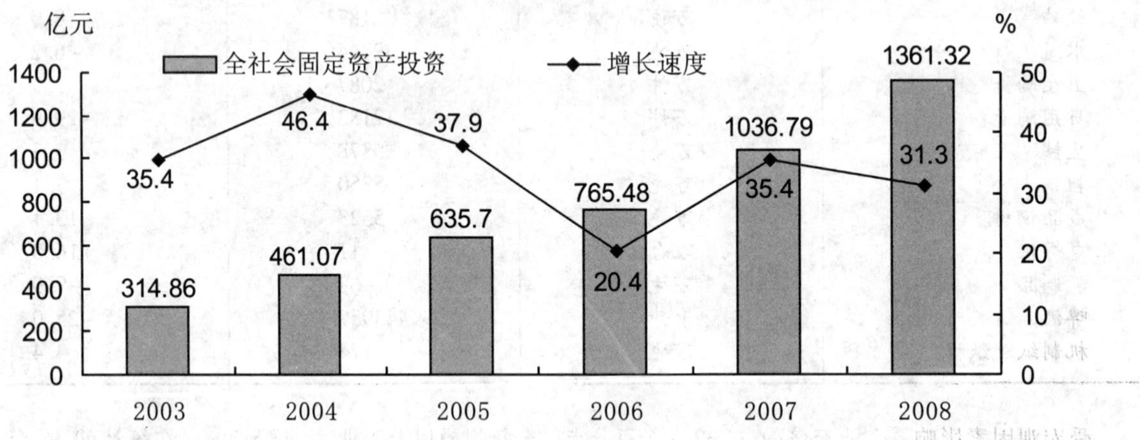

表 6　城镇主要行业固定资产投资总量及增长

单位：万元

行业名称	投资总量（万元）	比上年增长（%）
总计	11085920	32.6
#石油和天然气开采业	1170590	15.9
黑色金属矿采选业	254570	25.3
化学原料及化学制品制造业	163618	1.1 倍
非金属矿物制品制造业	329992	84.9
黑色金属冶炼及压延加工业	3441986	1.1 倍
通用设备制造业	135219	2.5 倍
专用设备制造业	329631	76.7
交通运输业	1003966	-49.2
电力、热力的生产和供应业	172997	-31.6

唐山湾“四点一带”强势崛起，产业框架初步形成。全年“四点一带”区域完成投资 649.32 亿元，增长 38.1%，占全社会投资的 47.7%，比重比上年提高 2.3 个百分点。其中，曹妃甸工业区完成投资 327.25 亿元，比上年增长 36.6%。首钢京唐公司钢铁厂一期工程第一部分基本建成，曹妃甸港区 30 万吨级原油码头和煤炭码头一期工程完工，供水、供电等配套设施日臻完善，填海造地已形成陆域面积约 120 平方公里。京唐港区 3000 万吨专业煤炭泊位竣工并投入使用，20－22 号泊位开工建设。

产业链项目加速推进。住友集团现代装备制造产业基地、三友碱业集团盐化工产业链、开滦精煤煤化工深加工、唐山国丰钢铁有限公司 1450 平方米中薄板及配套工程等项目相继完工或单项投产。

五、国内贸易

消费品市场保持强劲增长。全年实现社会消费品零售总额 809.76 亿元，比上年增长 24.8%。其中，城市零售额 478.91 亿元，增长 24.7%；农村零售额 330.85 亿元，增长 25.0%。分行业看，批发零售贸易业零售额 678.61 亿元，增长 24.2%；住宿餐饮业零售额 118.27 亿元，增长 28.7%；其他行业零售额 12.88 亿元，增长 22.7%。在限额以上批发零售企业销售额中，食品饮料烟酒类增长 21.9%，服装鞋帽针纺织品类增长 38.5%，汽车类增长 46.9%，家用电器和音像器材类增长 18.5%，体育娱乐用品类增长 60.8%，金银珠宝类增长 31.3%。

图 4　2003－2008 年社会消费品零售总额及其增长速度

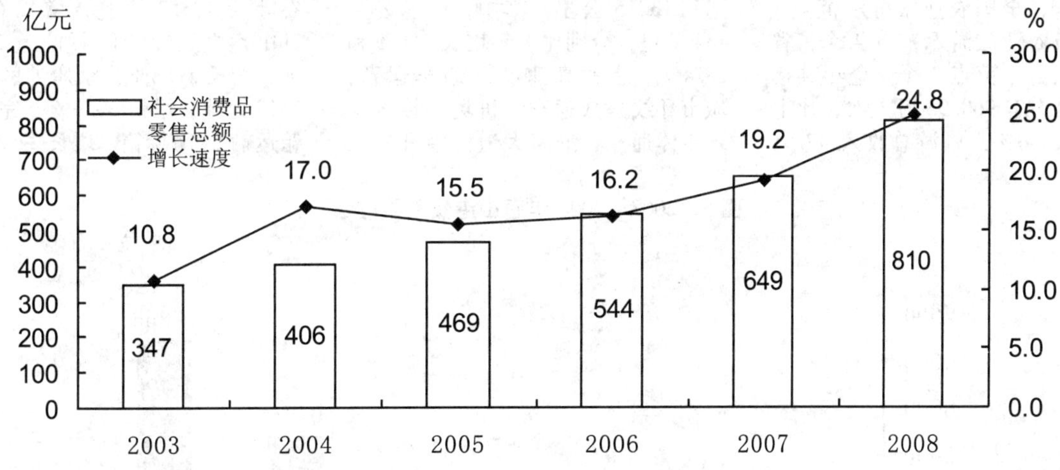

市场交易规模迅速扩大。全市城乡各类商品交易市场达 548 个，其中专业市场 65 个，实现商品成交额 579.89 亿元。大型商贸企业快速向信息化、连锁化、综合化方向发展。限额以上批发零售贸易企业实现零售额 126.83 亿元，增长 33.0%，高于社会消费品零售总额平均增速 8.2 个百分点，占全社会消费品零售额比重由上年的 14.7% 提高到 15.7%。

六、对外经济和旅游

对外贸易高速增长。全年实现进出口总额 91.99 亿美元，比上年增长 77.2%。其中进口额 42.56 亿美元，出口额 49.43 亿美元，分别增长 79.7% 和 75.1%。出口产品结构持续调优。机电产品出口所占比重迅速提高，出口总额为 6.32 亿美元，增长 66.1%，占全市出口总额的比重为 12.8%。钢铁产品已成为全市出口的主要产品，出口额 31.42 亿美元，增长 1.2 倍；陶瓷产品出口 4.37 亿美元，增长 15.8%。商品出口到167个国家和地区。

利用外资领域不断拓展。全年实际利用外资8.63亿美元，比上年增长29.4%，其中外商直接投资8.36亿美元，增长30.2%。全年批准外商投资合同21项，合同总金额8.6亿美元，增长4.9%；合同外资额3.0亿美元。冀东经济区合作发展稳步推进，累计引进省外资金211.7亿元，比上年增长34.5%。成功举办了唐山·曹妃甸临港产业国际合作会议和第十一届唐山中国陶瓷博览会。

表7　主要行业直接利用外资及增长

行业名称	直接利用外资（万美元）	比上年增长（%）
总计	85100	29.9
#畜牧业	693	-54.7
化学原料及化学制品制造业	3994	-25.0
非金属矿物制品制造业	1496	-48.9
黑色金属冶炼及压延加工业	46408	-1.4
通用设备制造业	3258	1.3倍
专用设备制造业	3400	22.1倍
造纸及纸制品业	2577	21.4倍
房地产开发	1030	-63.2

旅游产业核心竞争力不断增强。旅游资源开发投入9.1亿元，增长28.2%。年末全市拥有旅行社133家，新增5家；其中，国际旅行社7家，国内旅行社126家。星级饭店54家，新增11家，其中四星级酒店8家，新增5家。构筑了6大旅游聚集区。A级以上旅游景区达28个，其中AAAA级景区6家，AAA级景区7家，分别比上年增加1个和6个。年末全市拥有全国工业旅游示范点7个，全国农业旅游示范点1个；省级农业旅游示范点4个，省级乡村旅游示范点2个。全年共接待国内外游客960.95万人次，比上年增长25.6%，旅游总收入47.98亿元，增长34.4%。其中，接待国际游客4.29万人次，增长5.7%，旅游外汇收入1654.75万美元，下降0.5%；接待国内游客956.66万人次，增长25.7%，国内旅游收入46.85亿元，增长35.7%。

七、交通运输和邮电

交通基础设施建设进入新高潮。全年完成交通基础建设投资73.9亿元，年内改扩建公路（包括乡村公路）1248公里。全市公路通车里程达到13215公里，其中，高速公路464公里，分别比上年增长1.6%和15.4%。唐曹高速实现通车运营，城市环线建成通车，机场连接线实现主体通车，滨海大道海港开发区至曹妃甸段和承唐高速公路二期均已开工建设。大力实施农村公路"123"工程，投入资金9.91亿元，新改造农村公路964公里，农村公路总里程突破1.14万公里。全年公路客运量5706万人，客运周转量26.78亿人公里，增长25.0%；货物运输量1.37亿吨，货物周转量107.74亿吨公里，增长25.0%。

港口建设实现新突破。唐山港跨入亿吨大港行列。全年港口货物吞吐量10853万吨，增长60.6%，其中，曹妃甸港区吞吐量3208万吨，增长59.8%；京唐港区吞吐量7645万吨，增长60.9%，完成集装箱运输24万标箱，增长24.5%。

图5　2003－2008年唐山港货物吞吐量

单位：万吨

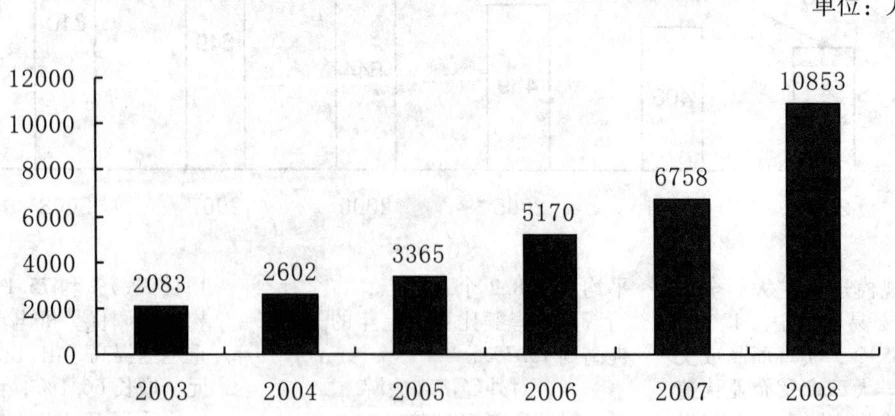

机动车拥有量迅速增长。年末汽车保有量达到50.75万辆，比上年增长11.4%，私人汽车保有量40.24万辆，增长13.0%，其中私人轿车32.71万辆，增长30.0%。

邮电通信服务能力继续提高。全年完成邮电业务总收入48.33亿元，比上年增长3.3%。其中，邮政业务收入2.90亿元，下降18.4%；电信业务收入45.95亿元，增长6.3%。年末全市邮政局（所）168处，其中农村邮政局（所）100处。年末电话机交换总容量达到1133万门，增长1.4倍；固定电话用户196.62万户，其中城市电话用户137.08万户，乡村电话用户59.53万户，分别减少15.27万户和2.83万户；移动电话用户522.88万户，新增59.8万户；互联网用户54.14万户，新增10.04万户；固定电话普及率27部/百人，移动电话普及率72部/百人。

八、财政、税收、金融和保险

财政收入较快增长。全年全部财政收入405.82亿元，比上年增长22.7%，其中，地方财政一般预算收入146.66亿元，增长23.0%。财政公共服务、保障职能进一步向民生倾斜。地方财政一般预算支出252.60亿元，增长30.9%。其中，农林水事务支出增长33.2%，一般公共服务支出增长6.1%，教育支出增长29.5%，医疗卫生支出增长45.3%，社会保障和就业支出增长23.8%。发放粮食直补、综合直补资金5.00亿元，安排落实节能减排专项资金1.88亿元。

税收收入持续增长。全年税收收入完成396.71亿元，比上年增长22.9%。国税收入（按省考核口径）完成271.62亿元，增长20.0%，其中增值税完成219.72亿元，增长19.4%；地税收入125.09亿元，增长29.7%，其中营业税43.04亿元，增长32.1%。

金融运行平稳。全市金融机构年末本外币各项存款余额2919.35亿元，比年初增加655.15亿元。其中，人民币各项存款余额2896.85亿元，比年初增加650.44亿元。城乡居民人民币储蓄存款余额1819.78亿元，比年初增加442.68亿元，人均储蓄存款25030元（按年平均人口计算），比上年增长31.2%。金融机构年末本外币各项贷款余额1557.29亿元，比年初增加318.32亿元。其中，金融机构人民币各项贷款余额1554.09亿元，比年初增加324.33亿元。金融机构累计现金收入5718.92亿元，支出5876.69亿元，收支相抵净投放货币157.77亿元，比上年少投放19.20亿元。

保险业加快发展。营业性保险公司达到32家，比上年增加10家。全年保费收入76.29亿元，比上年增长44.8%。其中财产险保费收入19.47亿元，增长20.5%；人身险保费收入56.81亿元，增长55.6%。全年各类保险赔款给付支出26.57亿元，增长34.7%，其中财险赔给付10.70亿元，增长37.7%；人身险业务赔给付15.87亿元，增长32.7%。

九、城镇建设和环境保护

城镇面貌三年大变样工作成效显著。公用基础设施建设进入历史性高潮。全年城市基础设施建设投资76.18亿元，比上年增长17.2%。城市面貌大为改观。建成区拆违、拆迁面积830万平方米，震后危旧平房改造加速推进，新开工安置住房155万平方米，凤凰城一批标志性建筑已开工建设。新建和翻修改造城市道路27条（段），新铺装道路面积达62.26万平方米，人均城市道路面积13.26平方米。建设路、北新道等12条道路综合改造完工。年内完成旧小区集中供热改造22万平方米，集中供热面积3505万平方米，集中供热普及率达到70.1%，比上年提高2.1个百分点。重点实施了天然气进市工程，27.7万户市区居民用上了洁净实惠的天然气，对18个老旧小区燃气设施系统进行更新改造，城市燃气普及率达到99.5%，比上年提高0.5个百分点。城市日供水能力达到118.01万吨，自来水普及率为100%。年底运营公交线路92条，年内新增22条。

村镇建设实现新突破。全市县（市）城及村镇建设投资64亿元，比上年增长0.8%，其中县（市）城建设投资28.7亿元，村镇建设投资35.3亿元，分别比上年增长0.7%和0.9%。钱营镇压煤搬迁、黑沿子镇蓝海新村住宅小区和沙河驿镇镇区道路改造等项目进展迅速；道路硬化、村庄绿化、街院净化的村庄“三化”整治建设成效明显。全市新创建文明生态村454个，累计达到总村数的61%。

生态环境建设明显加强。南湖生态城拓展湖面8平方公里；城市公园绿地面积2075公顷，比上年增长10.2%；人均公园绿地面积10.5平方米；建成区绿化覆盖面积9437公顷，增长4.2%，绿化覆盖率达到44.31%。全年完成重点污染源治理项目630个，投入治理资金50亿元。工业废水排放达标率达到97.55%，工业固体废物综合利用率达到62%，工业烟尘排放达标率98.75%，工业粉尘排放达标率98.15%，二氧化硫排放达标率98.50%。污水日处理能力73.9万吨，污水处理率90.1%。二氧化硫、化学需氧量排放量分别削减6.5%和11%。城市空气环境质量二级及优于二级的天数达到328天，比上年多20天。

十、科学技术和教育

科技进步和创新引领经济发展能力进一步提高。全市拥有市级以上重点实验室18个，比上年增加1个；企业工程技术研发中心44个，与上年持平；农业产业研发中心20个，比上年增加4个；民营特色科技研发机构26个，比上年增加12个。科技创新能力明显增强。荣获市级以上科技奖116项，其中：获河北省科学技术奖35项，获奖项目总数名列全省第1位，评选市级科技奖励81项；取得国内先进以上水平的科技成果306项，其中达到国际先进以上水平的30项；全年专利申请量1229件，专利授权量709件，分别增长45.8%和7.9%。组织重大科技创新项目21项，承担“十一五”国家科技支撑计划项目1项，实施关键技术创新、科技成果转化课题500项，转化实施重大专利技术150项。

各级各类教育协调发展。年末全市拥有各级各类学校2238所，在校生117.87万人，教职工9.12万人，其中专任教师7.49万人。高等教育办学水平不断提升。全市拥有普通高等学校9所，新招生2.96万人，增长0.8%；在校学生9.10万人，增长5.6%，其中，在校研究生1585人，增长13.3%。河北理工大学北校区、华北煤炭医学院新校区

一期工程完工投入使用。职业教育改革步伐加快。全市拥有中等职业技术学校90所，在校生10.6万人，国家级重点职业技术学校17所，职业学校专业设置达91个。基础教育进一步巩固和提高。全市普通中学在校学生37.21万人，高中阶段毛入学率达到90%；小学在校生43.57万人，入学率和巩固率均达到100%；学前三年入园率达到93.8%。改造农村中小学陈旧校舍10.3万平方米，投入资金8610万元；农村中小学取暖设施改造工程全面完工，投入资金1.26亿元，告别了煤炉取暖的历史。全年新装备计算机5100台，多媒体设备900套，校园网40个。中学计算机教室和多媒体教室普及率均达到100%，小学分别达到95%和80%。残疾儿童少年入学率达到97%。实现了义务教育阶段学生全面免除学杂费，实施了农村和城市低保家庭义务教育阶段学生免除教科书费。从2008年秋季开始对全市10.6万名普通高中学生免除基本学费。

十一、文化、卫生和体育

文化产业蓬勃发展。年末拥有专业艺术表演团体9个，影剧院7个，电影放映队225个，文化馆和群艺馆15个，图书馆13个，总藏书159万册。有线电视用户达到90.43万户，有线电视入户率达40.32%；数字电视节目130套，数字电视用户24.39万户，比上年增长2.0倍。全年公开出版报纸、期刊19种。大型文化活动异彩纷呈。成功举办2008首届唐山书市，来自国内的27家知名出版社单位和58家本市大型书店共同展出优秀出版物3万余种。成功举办第六届中国评剧艺术节、第六届中国评剧票友大赛和“评剧百年回顾与展望”学术研讨会。“百台大戏唱新春”演出活动和社区文化艺术节极大地丰富了人民群众的文化生活。

公共卫生体系逐步完善。年末全市拥有各类卫生机构1800个，其中医院115所，卫生院179个，疾病预防控制中心17个，妇幼保健院（站）17个，其他卫生机构1472个；卫生机构床位2.8万张，其中医院2.1万张；卫生技术人员3.3万人，其中医生1.4万人，全市每万人拥有医生19.3人。城市社区卫生服务体系建设成效明显，全市社区卫生服务机构达130个，其中社区卫生服务中心30个，社区服务站100个，覆盖人口146万人，人口覆盖率达100%。农村卫生基础设施建设进一步加强，全市新建和改造村卫生室748个，实现村卫生室“一村一室”目标。

竞技体育和群众体育取得新进步。全年获全国冠军5个，获河北省冠军93个。向省级运动队输送优秀后备人才35人，其中达到国家级运动健将标准2人，一级运动员标准13人。全年通过二级运动员552人。新评定二级裁判310名，一级裁判23名。奥运圣火成功传递，来自3个国家和地区的208名火炬手和54名护跑手参加了传递活动。承办了全国少儿游泳冠军赛、全国乒乓球甲D锦标赛；获全国最佳赛区。承办了第十届全国老将田径运动会并取得团体总分第一名。在河北省第一届体育大会上，获得金牌总数第二、奖牌总数第三的好成绩。市体育运动学校被国家体育总局命名为国家高水平体育后备人才基地。健身基础设施水平继续提高。标准体育场地3470个，体育馆13个，新建20个社区体育健身苑和1000个农民体育工程。

十二、人民生活和社会保障

城乡居民生活水平稳步提高。居民收入趋于多元化。全年城市居民年人均可支配收入16382元，比上年增长15.1%；在人均总收入中，经营性净收入增长4.8倍，财产性收入增长1.1倍，转移性收入增长26.2%。农村居民年人均纯收入6625元，比上年增长13.7%。生活质量明显提高。城市居民人均消费性支出12026元，增长9.9%；城市居民恩格尔系数为35.5%，比上年下降0.3个百分点；每百户城镇居民家庭拥有家用汽车11辆，家用电脑61台，分别比上年增长10.0%和3.4%。农村居民人均消费性支出4658元，增长13.8%；农村居民恩格尔系数为38.4%，比上年下降0.1个百分点；每百户农村居民家庭拥有空调器15台，电冰箱87台，彩色电视机116台，分别比上年增长18.4%、2.9%和1.2%。居住条件进一步改善。城镇居民人均住房建筑面积22.5平方米，比上年增加0.06平方米。农村居民人均住房面积31.9平方米，比上年增加0.4平方米。

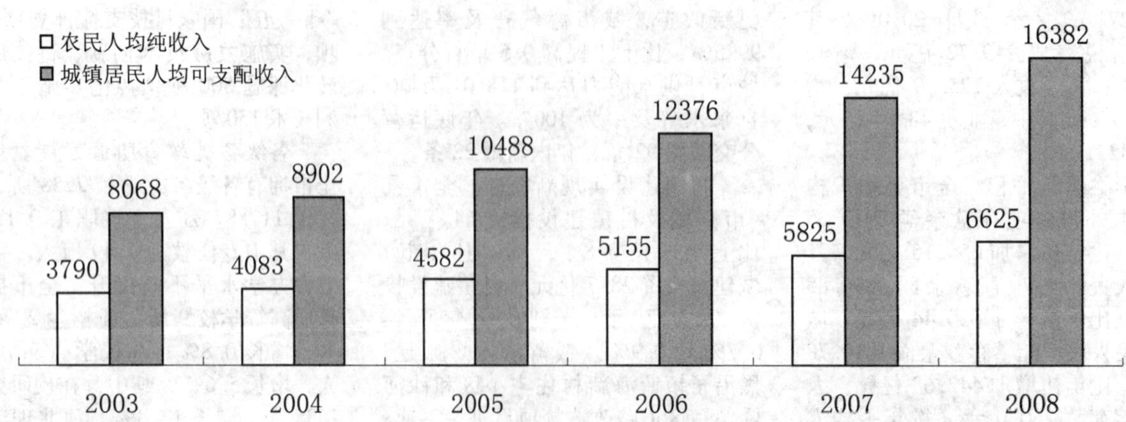

社会保障体系日益完善。年末全市基本养老保险覆盖人数126.9万人，比上年增加7.1万人；城镇职工基本医疗保险参保人数126.3万人，比上年增加14万人，城镇居民基本医疗保险参保人数65.4万人，参保率达93%，在全省率先实现了“全民医保”，参保人数和保障水平居全省首位，并处于全国试点城市前列；参加失业保险人数为73.6万人，比上年增加1.4万人；参加工伤保险人数为72.07万人，比上年增加8.18万人；参加生育保险人数78.7万人，比上年增加12.3万人。全市参加农村新型合作医疗的农民达到467.83万人，参合率达到94.3%。参加农村养老保险人数为68.78万人，比上年增加3.81万人。全市享受城市最低生活保障居民5.8万人，比上年减少0.2万人；享受农村最低生活保障农民10.8万人，比上年增加1.0万人。市区低保标准由每人每月225元提高到270元，农村低保标准由每人每年1000元提高到1200元。

社会福利事业稳步发展。年末全市拥有收养性社会福利单位122个，提供床位1.8万张，收养各类人员1.3万人。全年销售社会福利彩票2.94亿元；直接接收社会各界捐赠款物2.14亿元，其中，为汶川地震灾区募集款物1.91亿元。

十三、人口

低生育水平保持稳定。年末全市总人口729.41万人，比上年末增加4.75万人，其中市区305.53万人，增加1.93万人。在总人口中，农业人口485.02万人，比上年减少3.41万人；非农业人口244.39万人，比上年增加8.16万人；男性人口370.26万人，女性人口359.15万人，男女性别比为103.09：100。全市人口出生率为10.37‰，比上年下降0.15个千分点；死亡率6.31‰，比上年提高1.53个千分点；自然增长率4.06‰，比上年下降1.68个千分点。

（翟淑霞）

主要经济指标在全省的位置

2008年，全市上下牢固树立科学发展观，深入贯彻落实市委八届四次全会精神，以科学发展示范区建设为总揽，以“建设科学发展示范区、建设人民群众的幸福之都”为总目标，在下半年经济形势面临诸多困难和严峻挑战的情况下，经济仍呈平稳较快发展态势，各项主要经济指标在全省的位次仍保持前列。经济总量在全省的比重不断提高，在全省经济“领头羊”作用更加明显。

从指标总量看，占全省22.0%，比上年提高2.0个百分点，全部财政收入占全省的22.3%，比上年提高0.7个百分点。在全省11个市中，各主要指标除城镇投资新开工项目个数居全省第7位以外，总量均居全省前2位，其中，地区生产总值、全部财政收入、规模以上工业增加值、规模以上工业利润、实际利用外资、城市居民人均可支配收入和农民人均纯收入7项指标总量位居第1位；全社会固定资产投资、城镇固定资产投资、社会消费品零售额、出口额4项指标总量居第2位。

从指标增速看，地区生产总值、社会消费品零售总额和出口总额增速3项指标位居第1位，比上年增加2项；农民人均纯收入增速居第2位；全社会固定资产投资增速居第3位；规模以上工业增加值、实际利用外资额2项指标增速居第4位；城镇固定资产投资和城市居民人均可支配收入2项指标增速位居第5位；全部财政收入增速居第6位；规模以上工业利润增速居第7位；城镇固定资产投资新开工项目比上年增加个数居第9位。

从与上年对比看，总量优势更加突出。地区生产总值、规模以上工业增加值、规模以上工业利润、实际利用外资、全部财政收入、城市居民人均可支配收入和农民人均纯收入7项指标总量已连续3年以上稳居全省第1位，其中地区生产总值连续5年，全部财政收入、城市居民人均可支配收入连续4年居全省第1位。

经济实力增长优势明显，消费带动优先发力。在全省11个市中，产业结构优化进程优势和城乡居民收入领先优势正逐步转化为带动经济增长的动力优势。社会消费品零售总额增速连续4年居全省第1位。在12项对比指标中，有5项指标增长速度排名前移。其中，地区生产总值增速由2007年的第2位上升到第1位，规模以上工业增加值增速由第6位上升为第4位，实际利用外资由第5位上升到第4位，出口总值增速由第5位上升到第1位，城市居民人均可支配收入增速由第7位上升到第5位。由于部分指标基数较大、国家宏观调控和市场等因素影响，增速排名有所回落。其中，全社会固定资产投资增速由第2位下降至第3位，城镇固定资产投资增速由第3位下降至第5位。

主要经济指标在全省的位置一览表

项目	数值	增长%	位次	增长位次
地区生产总值	3561亿元	13.1	1	1
全部财政收入	405.8亿元	22.7	1	6
规模以上工业增加值	1592.9亿元	14.6	1	4
规模以上工业利润	352亿元	5.3	1	7
全社会固定资产投资	1361.3亿元	31.3	2	3

城镇固定资产投资	1108.6 亿元	32.6	2	5
城镇投资新开工项目个数	923 亿元	28	7	9
社会消费品零售总额	809.8 亿元	24.8	2	1
实际利用外资	8.63 亿美元	19.4	1	4
出口总值	49.43 亿美元	75.1	2	1
城市居民人均可支配收入	16382 元	15.1	1	5
农民人均纯收入	6625 元	13.7	1	2

（李冬林）

中国共产党唐山市委员会

主要会议及重要决策

【市委八届常委会】　1月9日，赵勇主持召开八届市委常委会第34次会议。研究市委常委贯彻落实市委八届四次全会精神责任分工和市委2008年工作要点；研究并原则通过开展“效率年”活动和“三个一”制度的建议方案。

2月14日，陈国鹰同志受赵勇同志委托主持召开八届市委常委会第37次会议。研究唐山市下一届人大、政府、政协领导成员和市中级人民法院院长、市人民检察院检察长候选人建议人选事宜。

2月18日，赵勇主持召开八届市委常委会第38次会议。研究并原则通过《中共唐山市委2008年工作要点》；研究并原则通过《市委、市政府关于进一步加强人才工作若干政策的实施意见》；听取并通过《全省政法工作会议主要精神及我市贯彻落实意见》；听取并原则同意关于召开市纪委八届三次全会有关事项的汇报；研究并通过《关于全面推行县级纪检监察派驻机构改革的意见》；研究并通过《唐山市选聘到村任职退休（提前离岗、二线）党员干部和大学毕业生管理办法》；研究并原则通过《唐山市农村党员干部现代远程教育工作实施方案》；听取并通过关于成立唐山市干部人事制度综合配套改革领导小组的汇报；研究并通过《关于在全市广泛开展向宋志永等13位自愿赴湖南灾区抗雪救灾的同志学习活动的决定》。

2月21日，赵勇主持召开八届市委常委会第39次会议。研究通过《中共唐山市委关于广泛开展科学发展示范单位创建活动的指导意见》。

3月1日，赵勇主持召开八届市委常委会第40次（扩大）会议。学习传达中央深入学习实践科学发展观活动试点工作座谈会精神，研究唐山市贯彻落实意见；研究讨论拟提请市十三届人大一次会议审议的《政府工作报告（讨论稿）》及《唐山市2007年国民经济和社会发展计划执行情况和2008年国民经济和社会发展计划（草案）的报告（讨论稿）》、《唐山市2007年市本级预算及市总预算执行情况和2008年市本级预算及市总预算（草案）的报告（讨论稿）》；听取关于在唐山南部沿海区域实施以曹妃甸为龙头的“四点一带”发展战略构想有关情况的汇报；听取关于《环京津唐城际铁路网建议规划方案》的汇报；听取关于《唐山机场航站楼的立面形象设计》的汇报。

3月2日，赵勇主持召开八届市委常委会第41次会议。听取关于推荐唐山市2008年全国五一劳动奖章、奖状和河北省五一奖章、奖状情况的汇报；研究《中共唐山市委关于市党代表建议、批评和意见的提出和办理工作的暂行办法（讨论稿）》和《关于市委委员（候补委员）建议案办理工作的意见（讨论稿）》。

3月5日，赵勇主持召开八届市委常委会第42次会议。听取并通过市人大党组关于召开市十三届人大一次会议有关事宜的汇报和市政协党组关于召开市政协十届一次会议有关事宜的汇报。

3月13日，赵勇主持召开八届市委常委会第43次会议。研究讨论《中共唐山市委关于开展深入学习实践科学发展观活动的实施方案（讨论稿）》；讨论并原则同意将《关于加快科学发展示范区建设的决议（草案）》提交唐山市第十三届人民代表大会第一次会议审议；讨论并原则同意将《唐山市10个县（市）区和100家重点企业节能减排目标向代表承诺的专题报告（草案）》及《唐山市节能减排承诺书汇编》提交唐山市第十三届人民代表大会第一次会议审议；听取关于举办国际幽默大汇演有关情况的汇报，原则同意在唐山市举办第二届国际幽默大汇演。

3月20日，赵勇主持召开八届市委常委会第44次会议。研究并一致通过政协唐山市第十届委员会关于设置专门委员会的决定和政协唐山市第十届委员会副秘书长及各专门委员会主任、副主任名单。

3月23日，赵勇主持召开八届市委常委会第45次会议。听取并同意关于部分市人大代表联合提名市十三届人大常委会副主任等各职候选人情况的汇报。

3月24日，赵勇主持召开八届市委常委会第46次（扩大）会议。讨论并一致通过《中共唐山市委关于开展深入学习实践科学发展观活动的实施方案（讨论稿）》；对新当选三套班子和市委班子自身建设提出五点建议；传达全国、全省宣传思想工作会议精神，听取唐山市贯彻落实意见，同意召开全市宣传思想工作会议；研究讨论《中共唐山市委、唐山市人民政府关于开展“效率年”活动的实施方案（讨论稿）》；听取《关于公开推荐选拔市直单位正职人选的实施方案（讨论稿）》的汇报，研究公推公选有关事宜。

4月7日，赵勇主持召开八届市委常委会第47次会议。研究并原则通过《中共唐山市委关于推进干部制度综合配套改革的实施意见（试行）》；传达全省信访工作会议精神，研究唐山市贯彻落实措施；研究并通过《唐山市基本普及高中免费教育实施方案（讨论稿）》。

4月12日，赵勇主持召开八届市委常委会第48次（扩大）会议。传达中共中央政治局委员、书记处书记、中组部部长李源潮同志来唐调研讲话精神，研究唐山市贯彻落实的具体措施；传达温家宝总理在河北农村和农村干部座谈会上的讲话精神，研究唐山市贯彻落实的具体措施；传达张云川同志、胡春华同志在唐山调研时的讲话，研究唐山市贯彻落实的具体措施；研究并原则通过《市委常委领导班子开展深入学习实践科学发展观活动实施方案（讨论稿）》；研究《唐山市城乡一体化建设领导小组办公室2008年推进城乡一体化工作实施意见（讨论稿）》、《关于加强城乡统筹做好2008年农业农村工作的意见（讨论稿）》；再次研究讨论《中共唐山市委关于进一步深化干部制度综合配套改革的实施意见（讨论稿）》，

4月23日，赵勇主持召开八届市委常委会第49次（扩大）会议。传达全省领导干部会议精神，研究唐山市贯彻落实的具体措施；听取市委常委、副市长关于2008年负责的大事要事的汇报；研究《绿化唐山攻坚战行动实施方案》、《城市建设改造及环境综合治理攻坚行动实施方案》、《唐山市节能减排安全整顿攻坚行动实施方案（草案）》、《50项重点项目开工建设攻坚行动实施方案》、《改善民生攻坚行动实施方案》等五项攻坚行动；听取关于北京奥运会安保工作面临的形势、任务和唐山市安全保卫工作进展情况的汇报，研究制定唐山市奥运安保工作的具体措施；研究《城镇面貌三年大变样实施方案（讨论稿）》；研究并通过《关于建立液晶显示器项目领导小组的建议》和《关于建立PX项目领导小组的建议》。

4月25日，赵勇主持召开八届市委常委会第50次会议。听取《全省组织工作会议和全省基层党建工作座谈会精神及我市贯彻落实意见的汇报提纲》。

5月4日，赵勇主持召开八届市委常委会第51次（扩大）会议。传达中央学习实践科学发展观活动试点工作领导小组第二次会议精神，总结分析全市学习实践活动第一阶段的工作情况，提出第二阶段安排意见，原汁原味地反馈干部群众的意见建议，查找市委领导班子存在的差距和不足，研究深入扎实搞好学习实践活动第二阶段工作的措施。

5月4日，赵勇主持召开八届市委常委会第52次会议。原则通过《中共唐山市委、唐山市人民政府关于开展“效率年”活动的实施方案》，决定于发布之日起执行，并由新闻媒体全文发表，广泛接受监督；听取并原则通过市委政法委《关于全面推进新一轮“诚信平安唐山”创建活动的意见（征求意见稿）》；听取全省两次国内安全保卫工作会议精神的汇报；研究讨论《关于推进〈曹妃甸循环经济示范区产业发展总体规划〉工作落实方案》；再次研究讨论《关于深化干部制度综合配套改革的实施意见》；研究讨论《50项重点产业项目攻坚行动实施方案（征求意见稿）》。

5月25日，赵勇主持召开八届市委常委会第53次（扩大）会议。市委常委、市级党员领导干部集中交纳支援抗震救灾“特殊党费”；听取《关于我市前段支援四川地震灾区情况汇报》和《唐山市赴四川灾区协调指挥组关于我市援助四川抗震救灾一线情况的汇报》，总结全市前一阶段支援四川地震灾区的工作，并就下步抗震救灾工作进行安排部署；听取市代表团赴国外考察情况，传达河北省考察团赴浙江考察情况，确定学习国内外先进经验、加快推进科学发展示范区建设的具体措施；研究奥运火炬传递有关事项；研究通过《唐山市城乡规划委员会名单》；听取市财政局局长、市城管局局长人选公推公选情况汇报，并经市委常委会、市委全委会票决产生市财政局、市城管局局长人选。

6月12日，赵勇主持召开八届市委常委会第55次会议。传达全国、全省组织工作会议精神，研究贯彻落实的意见和措施；会议研究讨论赵勇同志、回建同志拟在全市组织工作会议上的讲话和与《中共唐山市委关于深化干部制度综合配套改革的实施意见》相配套的《关于市委全委会干部任用投票表决的暂行办法》、《关于市委常委会干部任用投票表决的暂行办法》、《关于干部任职宣誓制度的暂行办法》、《关于乡镇党委书记公推直选的试行办法》、《关于县级领导班子和领导干部民主评议的暂行办法》、《关于选拔县级党政领导班子后备干部实施方案》、《关于“一讲两推”确定初始提名人选的暂行办法》、《关于公开招聘市属重点骨干企业高级经营管理者实施方案》和《市直单位县级干部交流的原则和政策界限》等九个文件；研究并通过《关于2007年度市委管理的领导班子和领导干部考核定档情况的汇报》，同意将2007年度市委管理的领导班子和领导干部考核定档结果在全市组织工作会议上予以通报；审议《地震罹难者祭（修改稿）》；初步研究《唐山市科学发展示范区战略规划（征求意见稿）》。

6月17日，赵勇主持召开八届市委常委会第56次会议。传达全省城镇化工作会议精神，研究贯彻落实的意见和措施；研究《唐山市科学发展指数评价体系》；传达全省奥运安保有关会议精神，听取唐山市奥运安保工作情况汇报，研究贯彻落实的意见和措施；听取市人口计生委工作汇报；研究并通过《关于市委常委及市委秘书长工作分工的建议》；研究并通过《唐山市选聘高校毕业生到村任职工作实施方案（讨论稿）》；听取全国全省老干部工作会议精神，研究贯彻落实的意见和措施。

6月23日，赵勇主持召开八届

市委常委会第57次（扩大）会议。征求市四大班子领导、各民主党派和市直有关部门负责同志对《中共唐山市委常委会贯彻落实科学发展观情况分析报告（征求意见稿）》的意见和建议，责成分析报告起草组根据会上的意见和建议做进一步修改后，通过媒体公布，接受群众监督；研究讨论《市级领导分包科学发展模式试验示范工作方案（建议稿）》；研究讨论《唐山市党政领导班子和主要领导干部2008年度定量考核目标申报意见（讨论稿）》；研究并同意《关于开展深入查办危害能源资源和生态环境渎职犯罪专项工作的汇报》；研究并原则同意《关于第五批市管优秀专家选拔评审工作情况的汇报》。

7月5日，赵勇主持召开八届市委常委会第58次会议。研究重组、新建国有各类投资公司方案及招聘企业负责人事宜。

7月11日，赵勇主持召开八届市委常委会第59次会议。研究并通过《打造宜居靓城、建设幸福之都攻坚行动实施方案》，决定举全市之力打好打造宜居靓城、建设幸福之都攻坚战；研究并原则同意《关于举办〈唐山市支援四川抗震救灾总结表彰大会——“唐山汶川一家亲”诗音画文艺演出〉的汇报》和《关于表彰支援四川抗震救灾先进集体和先进个人的决定》，增补拟受表彰的先进集体和个人；研究并通过《唐山市奥运安保指挥中心组成人员（建议名单）》；听取关于唐山市企业家科学发展大会筹备情况的汇报；听取《市监察局关于“效率年”活动投诉受理、明察暗访情况通报》。

7月14日，赵勇主持召开八届市委常委会第60次会议。研究讨论《唐山市总工会关于2007年度“新唐山建设卓越功勋奖”、2006－2007年度振兴唐山先进单位、劳动模范评选及表彰大会筹备情况的报告》；研究并通过《唐山市“科学发展创新奖”评选奖励办法（试行）（讨论稿）》，决定通过媒体正式公布；研究并通过《唐山市振兴服务业发展规划纲要（审议稿）》和《唐山市人民政府关于促进服务业发展的若干政策措施（审议稿）》；研究并原则通过《中共唐山市委常委会贯彻落实科学发展观整改落实方案（讨论稿）》；研究并原则同意《关于建立完善凤凰新城、南湖生态城、空港城、陡河青龙河开发建设领导和管理体制的建议》。

7月18日，赵勇主持召开八届市委常委会第61次（扩大）会议。传达曹妃甸开发建设协调会议精神，研究贯彻落实措施。

7月27日，赵勇主持召开八届市委常委会第62次（扩大）会议。听取《关于市领导集中接待群众来访工作有关情况的汇报》，决定会后立即开展市党政领导集中接待群众来访工作。

8月13日，赵勇主持召开八届市委常委会第63次（扩大）会议。传达《国家发展和改革委员会关于上半年经济形势和做好下半年经济工作的建议》的通知和省委常委会议研究的《关于当前全省经济形势及今后几个月工作的建议》的主要精神；听取关于唐山市当前经济形势和做好今后几个月经济工作的建议及科学发展模式试验示范工作有关情况；听取并原则通过《唐山市2008－2012年立法规划（草案）》；研究讨论《唐山市人大常委会讨论决定重大事项的规定（草案）》；听取并原则通过《唐山市人民代表大会常务委员会关于唐山市人民代表大会代表辞职的暂行办法（草案）》。

8月28日，赵勇主持召开八届市委常委会第64次（扩大）会议。传达学习中共中央政治局委员、中央书记处书记、中央宣传部部长刘云山同志来唐视察时的重要指示精神，研究贯彻落实的意见和措施；听取市绿化攻坚领导小组办公室关于唐山市绿化攻坚行动的汇报；研究并原则通过《唐山市科学发展示范区战略规划（征求意见稿）》；研究并原则同意《唐山市科学发展促进条例（草案）》；研究并原则同意制定《关于进一步改善民生的若干政策规定》、《关于推进可持续发展的若干政策规定》、《关于优化要素配置的实施意见》、《关于促进产业链经济发展的政策规定》、《关于加大财税支持力度，推进科学发展示范区建设的实施意见》、《关于加大财政支持力度，促进“四点一带”区域开发建设的实施意见》和《关于建立科学发展示范区人力资源支撑体系的实施意见》等七项政策措施；研究并原则同意《关于向县（市）区下放若干管理权限的意见》；研究《中共唐山市委关于开展深入学习实践科学发展观活动试点工作的总结报告》；研究并通过《关于召开“唐山市开展深入学习实践科学发展观活动总结大会”的预案》；再次研究并通过《唐山市人民代表大会常务委员会讨论决定重大事项的规定（草案）》。

8月31日，赵勇主持召开八届市委常委会第65次（扩大）会议。通报古冶区发生的非法盗采开滦集团保安煤柱人员被困案件的有关情况，研究下步工作措施；听取关于大接访活动开展情况及下步工作建议的汇报，并对继续开展大接访活动进行安排部署；通报唐山市商业银行迁安支行行长杜铁营等参与网络赌博犯罪案件，研究处置措施。

9月6日，赵勇主持召开八届市委常委会第66次会议。通报9月5日古冶区已停产的新华煤矿发生的井下爆炸事件，研究部署进一步加强安全生产工作的措施。

9月17日，赵勇主持召开八届市委常委会第67次会议。传达学习中央和省委、省政府关于处置三鹿奶粉安全事故的重要指示精神，听取唐山市关于三鹿奶粉安全事故处置暨开展食品安全检查和专项整治工作情况的汇报，并就进一步做好应对三鹿奶粉安全事故工作进行安排部署。

9月20日，赵勇主持召开八届市委常委会第68次会议。听取全市关于“三鹿牌婴幼儿配方奶粉”重大安全事故处置暨开展食品安全检查和专项整治工作进展情况的汇报，并就进一步做好应对三鹿奶粉重大安全事故工作进行安排部署；通过《唐山市深入学习实践科学发展观活动领导小组成员名单及办公室各组设置》，并对继续深入开展学习实践活动进行部署；原则同意关于全市奥运安保和“双建”工作情况汇报、关于大接访工作情况及下步工作意见汇报、关于对奥运工作先进集体和个人进行表彰的建议；听取关于召开市委八届五次全会建议的汇报；听取并原则同意全市改革开放30周年纪念活动的安排意见；听取全市创建全国文明城市情况的汇

报，研究全面推进创建工作的措施；研究并原则通过《关于加大财政支持力度，推进科学发展示范区建设的暂行规定》、《关于加强要素建设和优化配置的实施意见》、《关于促进产业链经济发展的若干政策措施》、《关于促进循环经济发展的实施意见》、《关于推进可持续发展的若干政策规定》、《关于进一步改善民生的若干政策规定》。

10月15日，赵勇主持召开八届市委常委会第70次（扩大）会议。传达学习党的十七届三中全会精神，研究贯彻落实的意见和措施；听取全市当前经济运行情况的汇报，研究应对当前经济形势的措施。

10月26日，赵勇主持召开八届市委常委会第71次（扩大）会议。传达学习省委七届四次全会精神，研究贯彻落实的意见和措施；研究并通过《唐山市人民政府关于进一步扩大开放的若干奖励规定（草案）》；研究并原则通过《关于落实再次提高机关公务员津贴补贴和适当给事业单位人员预发工资性补贴工作情况的汇报》。

11月1日，赵勇主持召开八届市委常委会第72次会议。研究并原则通过《唐山市总工会关于2007年度"新唐山建设卓越功勋奖"、2006－2007年度振兴唐山先进单位、劳动模范评选及表彰大会筹备情况的报告》；就做好当前重点工作进行安排部署。

11月24日午，赵勇主持召开八届市委常委会第73次（扩大）会议。通报唐山市经贸代表团访问日本、韩国的情况，研究进一步加强与日韩经贸合作的措施；听取市委八届五次全体（扩大）会议筹备情况汇报，研究《市委常委会工作报告（讨论稿）》、《中共唐山市委关于推进农村改革发展加快实现城乡等值化的决定（讨论稿）》；听取并通过《关于拟受市委、市政府表彰的唐山市"十大杰出农民"、"十大优秀村党组织书记"和"十大优秀乡镇党委书记"评选情况的汇报》；研究《关于贯彻落实中发［2008］18号文件精神努力促进全市经济平稳较快发展的实施意见》；研究并通过《关于理顺我市城市公安（分）局管理体制的意见》；研究并通过《关于对市纪委监察局派驻机构实行统一管理的实施意见》；研究并通过《中共唐山市委巡视工作实施意见（送审稿）》。

11月28日，赵勇主持召开八届市委常委会第74次会议。研究并原则通过《唐山市预防和处置群体性事件工作应急预案》和《唐山市维护稳定工作领导小组名单》；研究并原则通过《中共唐山市委组织部关于全省农村"两委"换届工作会议精神及我市贯彻落实意见的汇报》；对当前工作进行安排部署。

12月18日，赵勇主持召开八届市委常委会第75次（扩大）会议。听取并通过《中共唐山市人大常委会党组关于召开市十三届人大二次会议有关事项的汇报》和《中共唐山市政协党组关于召开市政协十届二次会议的汇报》；研究《2009年全市经济社会发展计划主要指标初步安排意见》；听取《重点项目跑办和联合审批工作情况汇报》，提出进一步推进项目建设的具体要求；研究明年重点实施的五项攻坚行动实施方案；研究并原则通过《中共唐山市委、唐山市人民政府2009年农业农村工作要点》；研究并原则通过《唐山市城乡发展一体化战略规划》；研究并原则通过《关于激励县域经济科学发展的奖励考核办法》；研究并原则通过《唐山市装备制造业发展规划》、《唐山市煤化工发展规划》、《唐山市高新技术产业发展规划》、《唐山市2008－2015现代农业发展规划》；听取关于《中共唐山市委、唐山市人民政府关于加快科技进步和创新，支撑科学发展示范区建设的决定（审议稿）》的汇报；研究并原则通过《关于进一步扩大开放的实施意见》；研究并通过《"健康唐山、幸福人民"行动方案》，决定立即在全市开展"健康唐山、幸福人民"行动；研究并原则通过《关于推行投资项目审批代办制的实施意见（讨论稿）》。

12月31日，赵勇主持召开八届市委常委会第76次（扩大）会议。研究调整充实唐山市安全生产委员会的建议；研究并原则通过《市委、市政府领导班子成员落实市委八届五次全会任务分工（征求意见稿）》。

中共唐山市委及其工作部门领导成员

中共唐山市委
书　　记：赵　勇
副 书 记：张国栋（1月免）
　　　　　杨永山
常　　委：朱正怀　周仲明
　　　　　回　建　徐景田
　　　　　郭彦洪（女）
　　　　　陈国鹰（1月任）
　　　　　葛梦彬（3月免）
　　　　　杨永山（12月免）
　　　　　张义珍（女12月任）
常　　委：朱正怀　周仲明
　　　　　回　建　徐景田
　　　　　郭彦洪（女）
　　　　　陈学军
　　　　　邓沛然（5月任）
　　　　　姚自敏　许德茂
　　　　　李寿平（2月任5月免）

中共唐山市纪委
书　　记：葛梦彬（3月免）
　　　　　邓沛然（5月任）
副书记兼监察局长：沈鸿德
副 书 记：郝有顺
　　　　　郑文庆（7月任）
　　　　　张佩旺（7月任）
副书记、常委：常庆久（4月免）
常委、秘书长、办公厅主任，正县级检查（监察）员：张军田
常委、正县级检查（监察）员：
　　　　　张　伟
正县级检查（监察）员：
　　　　　杨玉华（3月免）
　　　　　孙福莲（女9月免）
常　　委：杨　文　陆建忠
　　　　　张佩旺（7月任）
常委、副局长：冯慧洁（女）
　　　　　郑文庆（7月免）
　　　　　张建德
监察综合室主任：郑胜宏（8月任）
第一纪检监察室主任（副县）：
　　　　　鲁振峰
第二纪检监察室主任（副县）：
　　　　　李建民
第三纪检监察室主任（副县）：
　　　　　高树敏
案件审计室主任：
　　　　　吴静兰（女3月免）
　　　　　孟江宏（8月任）
干部管理室主任（副县）：许俊良

案件审理室主任：张　爽（女）
案件复查室主任：刘志民（8月任）
党风廉政室主任（副县）：孙自生
纠正部门和行业不正之风室主任（副县）：刘学军
政策法规研究室主任（副县）：
　　刘晓明
执法监察室主任（副县）：李忠华
信访室主任（副县）：刘友勤
宣教室主任（副县）：孟君弘（女）
行政效能监察室主任（副县）：
　　霍起勇
副县级检查（监察）员：
　　冯宝增　王小禾
　　张勇军
　　崔敬民（8月任）

市委办公厅
秘 书 长：陈学军（2月免）
　　刘建国（2月任）
副秘书长：杜少光　鲁　颖
　　刘学谦（10月免）
　　赵士锋（3月任）
　　李建新（4月免）
　　张占忠（4月任）
　　周景林（7月任）
　　李光华（3月任）
　　邸　义（8月任）
　　杨桂茹（3月免）
　　张树新（6月任）
　　王志军（6月免）
　　纪泽民（5月免）
　　石洪石　张玉生
　　王洪江（5月免）
　　陈文起
副秘书长（援藏）：路　遇
办公厅主任：杜少光
副 主 任：牛俊武　张玉生
　　王洪江（5月免）
　　陈文起　张喜怀
　　徐　民
督察室主任（正县）：
　　邸　义（8月任）
副主任（副县）：冯晓棠（8月任）
　　刘铁民（9月任）
副调研员：顾俊旺（12月任）
信息中心：王少杰（12月任）
机要局副局长：田万平　李香合
副调研员：刘凤羽
保密局局长：李彦杰（12月免）
　　李　军（12月任）

机关事务管理局
局　　长：鲁教刚（12月免）
　　員晓良（12月任）
调 研 员：鲁教刚（12月任、免）
　　李彦杰（12月免）
副调研员：张友军　张步祥
　　郝仲军
　　李长远（5月任）

信访局
局　　长：李建新（4月免）
　　张占忠（4月任）
副 局 长：王长铭
　　梁别引（3月免）
　　孙绍东（12月免）
　　张志昌　曹敏生
　　赵国勇
　　董　健（3月任）
副调研员：董　健（3月免）

市委研究室
主　　任：纪泽民（5月免）
　　赵士锋（5月任）
副 主 任：田清旺　石　安
　　谢雪生
　　孙朝阳（6月任）
调 研 员：张哲明（5月免）
　　田清旺
副调研员：刘战琪
防范办
主　　任：王志军（6月免）
　　周景林（7月任）
副 主 任：张占江　马　进
　　么福光（1月任）

接待办
主　　任：李光华（3月任）
副 主 任：王耀光（5月任）
　　訾　慧（5月任）
副调研员：王耀光（5月免）
　　任贵军

组织部
部　　长：回　建
常务副部长：付国良
副部长、正县级组织员：
　　王玉芹（女）
　　毕开艾
副 部 长：蒋长洪（3月任）
党员电教中心主任（副县）：
　　林　鹏
副调研员：张洪锁　毛福满
　　谷守军（5月任）

老干部局
局　　长：郭来城
副局长兼老年大学专职副校长（副县）：杨连军
副 局 长：李弘力
　　付学斌（8月免）
　　周国顺
关工委专职副秘书长（副县）：
　　齐志杰（12月任）
老促会专职副秘书长（副县）：
　　高继明（12月任）
调 研 员：付学斌（8月任、免）
副调研员：韩春禄（8月免）
　　李成林

宣传部
部　　长：郭彦洪（女）
常务副部长：方成田
副部长（正县）：邵　荃（6月任）
副 部 长：王　力
　　孟宪民（8月免）
　　马文斌
　　李秀存（3月任）
副部长（援藏）：刘宝富
文明办主任：李秀存（3月任）
文明办副主任：尹翠琳（女）
　　袁凤遥
外宣局局长（副县）：
　　张秀山（5月任）
国防教育办副主任（副县）：
　　刘　方
副调研员：许贵元　黄明洛
　　刘育新（5月任）
　　王小勇（5月任）
　　严为民（12月任）

统战部
部　　长：么继志（3月免）
　　张艳春（女3月任）
常务副部长：李文奇（3月免）
　　李东升（3月任）
副部长（正县）：纪　纯（8月任）
副 部 长：郭凤才　王连长
　　王　勇
副调研员：金作义
　　姚恩刚（8月免）
社会主义学院院长：
　　么继志（3月免）
　　张艳春（女3月任）
社会主义学院副院长：
　　刘贵长（8月免）
　　姚恩刚（8月任）

政法委
书　　记：姚自敏（2月免）
　　　　　许德茂（2月任）
常务副书记：陈照印
副 书 记：于　山（6月免）
　　　　　王久宗（6月任）
　　　　　刘云生（7月任）
　　　　　张连余
　　　　　况成礼（7月任）
　　　　　陈鸿国
政治部主任：刘云生（7月免）
　　　　　侍子兴（7月任）
综治办主任：陈鸿国
综治办副主任：罗远杰（7月免）
　　　　　侍子兴（7月免）
　　　　　冯国臣（12月任）
副调研员：冯志军
　　　　　吕东飞（7月免）
　　　　　李　鹏

农工委
书　　记：徐景田
常务副书记：张继成
副 书 记：张福林（6月任）
　　　　　王晓锋
　　　　　李兆柱（8月免）
　　　　　秦英臣（6月任）
副调研员：徐成良（9月免）
　　　　　王永红（9月任）
　　　　　郝泽川（9月任）

市直机关工委
书　　记：刘建国（6月任）
常务副书记：李广江
副 书 记：李建文　穆　宏
　　　　　郝立庄（5月免）
　　　　　安英泽
纪工委书记：张乃斌（女）
副调研员：刘阁林（12月任）
　　　　　郝　利（12月任）

党史研究室
主　　任：刘作生
副 主 任：金文杰（女12月免）
　　　　　张振岭　王立元
调 研 员：金文杰（女12月任免）
副调研员：林宗泽

党校
校　　长：张　学（3月免）
　　　　　杨永山（3月任）
常务副校长兼社会主义学院第一副院长：安晓良
副 校 长：吴树林
　　　　　张朝民（12月任）
　　　　　金海亮（12月任）
副校长兼社会主义学院副院长：
　　　　　李文利
纪检组长：张武清

唐山劳动日报社
社长、党组书记：阚星光
副社长、总编：侯西岭
副社长、副总编：赵寿忠　郑战国
　　　　　焦金铀
副 总 编：路福民
副 社 长：陈兴德（12月任）
纪检组长：郭站麟

（李旭东）

办公厅工作

【学习实践科学发展观】　按照市委统一部署，围绕进一步增强科学发展意识、提高科学发展能力、创新科学发展体制、创造科学发展业绩，突出实践特色，高标准、高质量地完成深入学习实践科学发展观活动每一阶段的目标任务。紧密结合办公厅实际和工作特点，确定把创建科学发展示范机关、打造第一执行力品牌，作为学习实践活动的载体，把深化理论学习贯穿始终，认真组织“三个五”活动，采取多种有效形式，使党员干部学有所获。采取上级点、自己找、群众提、相互评的办法，归纳聚焦六个方面的突出问题，明确整改方向，组织实施“岗树一念、人练一招、处谋一策”活动，增强学习实践活动的针对性和实效性。“三个一”活动得到赵勇书记的充分肯定，中央试点办予以推介，市直工委在市直机关进行示范推广。赵勇书记以普通党员身份参加办公厅党支部的活动，带头实践“六个一”要求，为全厅同志树立榜样，办公厅学习实践活动测评满意率达到100%。

【保证市委工作正常运转和各项决策部署的贯彻落实】　紧紧围绕市委中心工作，着眼于服务科学发展示范区建设的大局，积极发挥参谋助手作用。一是精心搞好文稿服务。遵循“以学促谋，以文辅政，以勤补拙，精益求精”的工作理念，加强对全局性工作和重点问题的研究。坚持站位求高、思路求新、内容求实、文字求精，不断增强文字综合工作的针对性和指导性。二是广泛深入调查研究，形成一批有深度、有价值的调研成果。三是努力提高信息质量。全年向中办反馈各类信息2900余条、58万字，向省委办公厅反馈信息1600余条、60余万字。两篇被中办秘书局《信息综合专报》单条采用，并专报中央政治局领导。编发《每日动态》179期，《网络信息》210期，《民情信息》30期，《原件呈阅》55期，《唐山快报》176期，赵勇书记等市领导对其中158篇信息做出重要批示。三是强力抓好督导落实，全年呈报《督查专报》243件，其中225件得到市委主要领导批示；印发《督促检查工作》57期，办理领导批示交办事项232件，办结率达98%。开展专项督查活动67次，督办书记接访案件50件，办结率100%。选聘13名县级干部充实督查力量，创新明察暗访等督查工作的体制机制，提升督查工作效能水平。四是高效组织会务接待。全年组织全市性大型会议37次，与有关部门协办会议76次，市委常委会43次，编发常委会纪要39期，整理归档重要资料327份。组织各类大型活动56次，领导调研活动21次，重要会见活动42次。接待各类来唐宾客378批次、7842人次，其中省（部）级以上领导干部193批次，党政代表团（考察团）70批次，重要宾客及客商121批次，圆满完成曹妃甸临港产业国际合作会议、“中国经济50人论坛”唐山研讨会等大型活动的会务组织和接待服务工作。五是确保机关工作高速高效运转。公文运转有序，核发市委文件220件、办公厅文件300件、办公厅通报122期，无一差错。办理《市委值班报告》390期，办结率达100%。协调群众来访100余次。组织开展“网络安全年”活动，办公网络及信息安全基础建设进一步加强，完成系统升级改造，保证办公网络畅通运行。老干部、机要、机关事务管理和安全保卫等工作跨上新台阶。保密工作评为省先进。机关办公环境明显改善。

【提升机关建设水平】　面对新形势新任务新要求，始终把加强机关建设作为根本保证，努力建设一只敢打硬仗、能打胜仗的高素质干部队伍，明确提出按照科学发展要求，以提升干部队伍素质能力为重点，推进学习型机关建设；以进一步解放思想为动力，推进创新型机关建设；以认真履行职能为基本要求，推进服务型机关建设；以提升执行力为目标，推进效能型机关建设；以加强机关和干部队伍建设为基础，推进和谐型机关建设；以提倡节约意识和降低行政成本为理念，推进节约型机关建设。注重加强理论武装和现代经济、现代科技以及各种业务知识的学习，特别是以加强机关处室基础建设"三个一"新模式为载体，锤炼岗位技能，提高推动科学发展的本领。在调整完善内部机构设置的基础上，通过抓培训、打基础，加强干部队伍建设。认真贯彻《干部任用条例》，按照德才兼备标准选拔任用干部，先后组织两次竞争上岗，21名年轻同志走上科级岗位，充分调动起大家的工作积极性。对机关党建、办文、办会、办事、财务、后勤管理等规章制度进行全面梳理和重新修订，推动机关建设走上制度化、规范化轨道。

【开展党风廉政建设】　认真落实市委《〈建立健全惩治和预防腐败体系2008－2012年工作规划〉推进方案》，切实加强廉政教育，通过集中学习、收听收看警示教育录相、开展专题教育活动等多种形式，筑牢拒腐防变的思想道德防线；加强反腐倡廉制度建设，继续推行"两书一卡"制度，认真落实"诺廉、述廉、评廉、考廉"制度，建立和完善县级、科级干部廉政档案，实行廉洁自律公开承诺；加强对干部职工的管理，以各种形式强化监督制约，全厅没有发现一起违法违纪现象，全厅上下始终保持风清气正的良好局面。建立健全岗位责任制、首问责任制、服务承诺制、政务公示制、绩效考评制、失职追究制和民主监督制等制度，优化工作流程，办事效率明显提高。全厅同志大力弘扬敬业奉献精神，恪守厅风厅训，发扬求真务实、团结协作、雷厉风行、严谨细致、任劳任怨的优良作风和"5＋2、白加黑"精神，很多处室的同志几乎没有休过一个完整的节假日，经常工作到深夜甚至通宵，有的同志带病坚持工作，顽强拼搏，无私奉献。继续组织开展"一助一"帮扶活动、向困难群众送温暖活动，组织机关干部利用七一、国庆、"两节"假日，深入基层走访慰问困难群众，开展"爱心一日捐"和"冬衣暖人心"活动，努力为群众排忧解难，进一步密切党群干群关系。积极倡导爱民为民之风、开拓创新之风、艰苦奋斗之风，使机关作风明显改善，树立起公开透明、廉洁高效的机关形象。加强文化建设，在文明单位创建活动中，将精神文明建设作列入重要议事日程，统筹安排，责任到人。坚持以加强思想道德和文化建设为重点，一手抓精神文明建设，一手抓业务发展，以精神文明建设来促进业务工作的开展，使精神文明建设工作扎实有效开展，积极构建文明和谐机关。

（曾庆贺）

纪检监察工作

【概况】　2008年，唐山市党风廉政建设和反腐败工作，全面贯彻反腐倡廉战略方针，以"服务经济、助推发展"为目标，以建立惩治和预防腐败体系为主线，以"效率年"活动为载体，不断深入推进。期间，市委、市政府始终高度重视，正确把握方向，切实加强领导；各级党委、政府认真落实党风廉政建设责任制，将反腐倡廉建设有效融入政治建设、经济建设、文化建设、社会建设和党的建设之中，认真履行反腐倡廉政治责任；各级纪检监察机关充分发挥惩治腐败、保驾护航、催马扬鞭三大职能作用，坚持在继承中发展，在改革中深入，在创新中提高，开创党风廉政建设和反腐败工作的新局面。

【开展"效率年"活动】　按照中共唐山市委八届四次全会部署，坚持"服务至上、效率至上"理念，以企业和群众满意为标准，深化改革，实施审批提速、权力规范、电子政务、科学发展示范机关创建、监督问责"五大工程"，举全市之力，抓效率、重服务，严纪律、正风气，以硬措施改善软环境，以软环境推进科学发展。大力推行并联审批、超时默许、成建制进驻三种审批模式，全市行政审批事项由986项减少到292项，行政审批效率大幅提升，唐山已成为全国审批用时最短的城市之一。制定出台《执法部门进入企业执法检查暂行规定》和《关于建立罚款自由裁量阶次制度的意见》，为33个行政执法单位建立执法档案，在全市建立执法单位、企业、监察机关三位一体的入企检查三联单备案跟踪制度，最大限度的规范执法行为。清理整顿行业协会，80家行业协会实现与政府部门"五脱钩"，164名现职党政干部退出协会兼职，提高政府公信力。运用现代化手段引领政务创优工程，建立网上审批、城乡一体化管理、电子监察三个高效平台，"机制＋科技"的威力得以彰显。建立效能投诉快速反应机制，加大明查暗访力度，累计查纠"不作为、慢作为、乱作为"问题119个，对13起典型案件进行公开处理，全市党员干部"一日无为、三日不安"的意识不断增强，"人人讲效率、事事求快捷"的氛围日益浓厚，"体制健全、机制灵活、运转顺畅、流程科学、环节简便、服务卓越"的"效率唐山"品牌初步形成。

【监督检查工作】　各级纪检监察机关以严肃政治纪律、确保政令畅通为己任，立足"党委政府所需、人民群众所盼"，对中央、省委和市委作出的重要决策，部署的重点工作以及事关全局的攻坚任务，无一例外地及时跟进、全程参与，不断把监督关口前移，全力以赴地服务发展、保障发展、推进发展。围绕中央扩大内需促进经济增长的决策部署，集中力量开展监督检查，保证项目尽早启动、尽快落实，保证财政投资使用安全、透明、高效。围绕加速推进科学发展示范区建设，对城镇建设"三年大变样"、五大攻坚行动、奥运安保、固定资产投资等重大决策年初作出全面部署，全程跟踪监督，查处环境、土地等

违法案件40件。围绕抗震救灾资金物资的募集、管理和使用，加强专项检查，全市3亿多元救灾款物没有出现任何违规违纪问题。围绕安全生产“天字号”工程，重拳出击，从严执纪，强化问责，重点查处3起重大安全生产事件，严格追究领导责任3人。

【完善预防腐败机制】 按照中央《建立健全惩治和预防腐败体系2008—2012年工作规划》要求，突出重点领域、地方区域、关键部门“三个支点”，着力构建与科学发展示范区建设相匹配的预防腐败新机制。以曹妃甸新区为龙头，深化重大工程项目防腐保廉机制，全力打造“廉洁工程”、“绩效工程”，初步建立项目招投标、政府采购监管平台，发挥良好的示范效应。大力培育地方预防腐败品牌，以唐海、迁西、丰润、市交通局为试点，建立权力节点监控、廉情评估预警、腐败风险防范等机制，形成地方亮点鲜明、全市百花齐放的预防腐败特色体系，受到国家预防腐败局的充分肯定。以权力运行的关键部位和关键环节为重点，不断完善权力公开透明监控机制，引入项目管理、过程控制方法，推行ISO9001质量认证管理模式；实行权力运行备案制，建立健全“处务会议纪要”制度、“会审会”制度，实现权力动态公开，遵化市成为全国政务公开示范点。

【加大惩治腐败力度】 坚持把查办案件作为纪检监察机关的第一职责，牢固树立“有案不查是失职，办案治本是尽职”的执纪观，围绕中心查办案件，服务发展；围绕稳定查办案件，服务大局；围绕民生查办案件，服务群众。全市各级纪检监察机关受理群众信访举报3862件（次），立案查处各类违纪违法案件748件，其中，大案要案259件，“一把手”违纪违法案件20件，结案726件，党政纪处分679人。通过查办案件，挽回经济损失2731万元。同时，坚持查办案件与警示教育相结合，专门召开全市警示教育大会，公开处理典型案件8起；坚持查办案件与源头治理相结合，探索实行“一案四报告双建议”制度，针对查办的一起贪污低保资金案，深挖案源，堵塞漏洞，并在全市及时开展专项治理活动，发挥案件的治本功能；坚持查办案件与保护干部相结合，组织协调有关部门，严厉查处诬告党员领导干部人员的案件，全省首例诬告人员被追究刑事责任，在广大党员干部中产生积极影响。通过查办案件，教育干部、完善制度、端正风气。此外，围绕奥运稳定进一步加强和改进基层信访工作，不断完善应急反应机制、领导包案责任制，深入开展矛盾排查和重信重访专项治理，排查矛盾纠纷和信访隐患132件。市纪委、监察局被中纪委、监察部评为全国纪检监察信访举报工作先进单位。

【教育和监督】 突出反腐倡廉教育的基础性地位，从思想道德源头上筑牢防线，廉政文化建设继续走在全国前列。大力实施反腐倡廉电化教育，在全国首创反腐倡廉视频点播，实现廉政教育全覆盖。全力创建廉政文化示范点，形成“一县一特色、处处有亮点”的廉政文化示范网络，李大钊纪念馆和唐海县创业广场被命名为省级十佳廉政教育示范基地。在全省率先举办廉政文化艺术节，广泛开展公益广告大赛、《我的从政警言》征集等活动，廉政文化更加深入人心。全面推行党风廉政建设“三个一”（“开展一次巡视”、“进行一次廉政谈话”、“组织一次廉政评议”）制度。制定出台《关于加强巡视工作的实施意见》，对县级领导班子和“一把手”全面开展廉政巡视；按照“教育在先、防范于前”的原则，对593名县级领导干部进行廉政谈话；严格执行诺廉、述廉、评廉、考廉，对1158名县级领导干部实施专项廉政评议。

【纠风治乱工作】 始终把关注民生、维护民利贯穿纪检监察工作的全过程，不断加大纠风治乱力度，着力解决事关群众切身利益的突出问题。深入推进县级教育集中支付中心建设，1798所学校实现教育经费和收费县级统一管理、统一票证、统一支付。全面开展教育乱收费专项治理，查纠违规收费160多万元。规范药品集中采购，实行限价竞价、网上招标，全市54家二级以上医院让利患者8000多万元。不断健全治理公路“三乱”工作网络，查处公路“三乱”案件8起。深入开展专项资金综合治理，对182亿元各类专项资金进行重点审计和检查，查纠违规资金2.54亿元。进一步深化民主评议，认真开展评议乡村干部、基层所站、医院、学校活动，着力打造阳光热线、质询评议、阳光服务、聚焦行风、公开承诺等社会监督平台，解决群众难题1800多个。进一步畅通群众诉求渠道，制定出台《关于对破坏经济发展环境行为实行有奖投诉暂行办法》，办结群众投诉183件。

【农村基层党风廉政建设】 坚持用发展的思路和改革的办法解决村级组织、村级事务和村级干部监督难问题，着力构建以教育为基础，以“三资”监管为主线，以“勤廉双述”、“四项公开”为保障的农村基层党风廉政建设机制。以玉田县为试点，率先在全省建立村级纪律监督委员会，在维护农民合法权益、化解信访隐患、实施民主监督等方面发挥重要作用。创立农村干部勤廉指数考评新机制，32名村干部因群众测评满意度低受到组织处理或被依法罢免。依托信访服务中心，广泛组织开展“信访大集”、“信访超市”等活动，现场解决群众难题，将信访重心下移，力求“小事不出村、大事不出乡、矛盾不上交”。在农村“两委”换届前，各级纪检监察机关提前介入，组织开展农村“三资”管理、村务公开、惠农政策落实等大检查活动，把问题化解在萌芽状态。同时，加大办案力度，查处农村党员干部违纪案件505起，处分505人，确保换届选举工作的顺利进行。

【县级纪检监察派驻机构改革】

按照全省统一部署和要求，坚持改革领导体制、强化监督职能、确保监督成效的原则，在成功试点的基础上，高标准整合内设机构，高标准配备干部，纪检监察力量得到进一步提升，反腐倡廉重心实现进一步下移，案件查处、信访办理、监督检查等职能作用显著增强。全面推进市级纪检监察派驻机构统一

管理工作，大胆探索市直部门纪检监察干部集中调配使用、联合办公的新路子，将47个市直单位派驻机构的业务工作和干部工作纳入统一管理，成立市直综合、经济管理、建设执法、农业管理、文教卫生、政法管理6个派驻机构协作组，新体制新机制顺利入轨运行。以派驻机构改革为契机，全面加强纪检监察队伍的能力建设、作风建设、纪律建设。8月15日，组织召开全市践行科学发展观、创新纪检监察工作交流汇报会，带动全市纪检监察系统兴起学习实践科学发展观的新高潮。市纪委被中纪委确定为全省唯一一个市级全国纪检监察干部工作联系点。

（白树义）

组织工作

【干部教育培训】　2008年，全市干部教育培训工作，认真落实《干部教育培训工作条例》，紧紧围绕全市工作大局，进一步推动大规模培训干部、大幅度提高干部素质工作，努力为建设科学发展示范区、建设人民群众幸福之都提供有力的思想政治保证、人才保证和智力支持。举办各种干部培训班15期，培训干部1700多人次，其中，县级干部1500多人次，乡科级干部200多人次。为中央党校等干部院校、省委党校、省行政学院及国家和省直有关部门举办的培训班选调干部参加培训315人次，其中市级干部43人次、县级干部157人次、科级干部67人次、党校教师48人次。工作特点：一是在培训内容上，着力抓好科学发展观和党的十七大精神，强化理论武装。在市委党校先后举办第十四、十五期县级干部进修班和乡科级青年干部培训班，培训县级干部100人，培乡科级干部100人。县级干部建设科学发展示范区轮训班和乡镇主要领导干部建设科学发展示范区轮训班，培训县级干部1200多人，乡镇主要领导干部100多人。结合唐山建设科学发展示范区的实际，引导各级领导干部深入领会和把握科学发展观的本质要求和精神实质，切实把思想和行动统一到建设科学发展示范区的实践中来，不断提高各级领导干部科学发展的意识和科学发展的本领。二是在培训方式上，不断强化“开放式”培训力度。积极推进3年内选派1000名干部赴新加坡培训工作，在受汶川地震和北京奥运影响的情况下，还选派2期领导干部和1期企业家共100人赴新加坡学习培训，同时选派6名县级干部、4名县级后备干部赴新加坡南洋理工大学攻读2008年硕士研究生。培训层次上，积极开展干部正规化学历教育。为推进知识型领导干部队伍建设，委托南开大学、燕山大学和河北理工大学举办公共管理硕士、工商管理硕士、工程管理硕士在职干部研究生班。通过积极组织，分别有60人、55人、46人参加全国在职硕士研究生入学联考。三是在管理模式上，不断深化改革。积极推进城区内区委党校与市委党校合校办学工作，在路南、路北区委党校加挂市委党校分校牌子，使路南、路北区委党校成为市委党校分校，进一步优化整合党校干部教育培训资源。进一步改进培训方式，在市委党校主体班开班前全部实行训前考试制度，使培训学员带着问题参加培训，增强培训的针对性，在教学方式上积极推行案例式、研讨式、答疑式、远程式等多种教学方法，对主体班教学专题还实行竞争上岗制度。积极探索干部培训的新机制，根据全市干部制度综合配套改革的要求，下发《关于加强干部培养工作的实施意见》和《干部学习培训考评实施办法》两个文件。

【干部制度综合配套改革】　立足为科学发展示范区建设提供强有力的干部体制机制支撑，按照“民主、公开、竞争、择优”的方针和德才兼备、以德为先，群众公认等原则，积极稳妥地推进干部制度综合配套改革，先后形成“两规范十一方案一办法”等一系列干部制度改革规定。5月份，《中共唐山市委关于深化干部制度综合配套改革的实施意见》出台，《关于市委全委会干部任用投票表决的暂行办法》、《市委常委会干部任用投票表决的暂行办法》、《关于“一讲两推”确定初始提名人选的暂行办法》等6项配套制度实行，实现民主评议、民主推荐、民主考察、民主择优、民主管理、民主监督的创新，有效增强干部工作的科学化、规范化，扩大选人用人的知情权、参与权、选择权和监督权，树立正确的用人导向，提高广大干部群众对干部选任工作的公信度和满意度，充分调动了广大干部群众参与科学发展示范区和人民群众幸福之都建设的积极性、主动性和创造性。

【改进干部选任方法】　围绕选准人、用准人，提高干部工作的公信度和群众满意度，在干部选任方法和机制上进行改革创新，努力做到让善于科学发展的人上，不会科学发展的人让，阻碍科学发展的人下。一是实行“三推一讲”确定考察人选的新办法。包括三次民主推荐和一次述职演讲四个程序。通过扩大民主、科学设置推荐票权重，有效地实现民主与集中的统一，在一定程度上克服干部选拔中拉票和简单以票取人的问题，取得良好效果。二是尝试公推公选县级正职领导干部的新途径。4–6月，通过发布公告、笔试、演讲答辩、票决确定提名人选等11个程序，从48名竞争者中成功公推公选出市财政局局长和城管局局长。这次公推公选工作，赢得竞争成功者、参与竞争者、广大干部和各界群众的“四个满意”，在社会上引起积极反响。三是进行乡镇党委书记公推直选的新探索。制定《关于乡镇党委书记公推直选的试行办法》，先后在迁安市大崔庄镇、遵化市地北头镇、滦县杨柳庄镇和丰南区黄各庄镇、小集镇等5个镇实行公推直选乡镇党委书记试点工作，均取得成功，受到广大基层党员和群众的好评。四是实施“一讲两推”确定初始提名人选的新方法。在县（市）区、市直和企事业单位干部调整时，全面推行“一讲两推”（一次演讲、两次民主推荐）确定初始提名人选办法。全市有463名同志参加“一讲两推”，选出94名副县级干部考察人选，87名同志得到提拔重用。

【完善干部考评机制】　着眼于发挥干部考评机制的导向作用，坚持以科学发展观统揽干部考评工作，制定《市委管理的领导班子和领导干部综合考评办法（试行）》，把推进科学发展、和谐发展作为衡量干部政绩的“标尺”，对县（市）区、市直部门和市属企事业单位实行分类考评。一是在考评指标上，改变过去突出GDP等考评指标的做法，更加注重科学发展指数、人民群众幸福指数考评。对领导干部的考评，在全面考评德、能、勤、绩、廉的基础上，把工作实绩摆在突出位置。二是在考评方法上，坚持定量考评与定性考评相结合，突出定量考评，对领导班子实行千分考评制、领导干部实行百分考评制，能够量化的指标全部量化，并坚持年度考评与平时考评相结合，组织考评与社会评估（民意调查）相结合。三是在等次评定上，领导班子根据综合得分情况分类进行排序，前20%的领导班子，在没有降档因素的情况下，初步确定为优秀领导班子；领导干部依据在本单位综合考评得分排序，以及综合考虑考廉、民主测评和民意调查等环节基础上，按照不超过20%的比例初步确定优秀等次。四是在结果运用上，坚持奖惩分明和末档处置的原则，把考评结果作为对领导班子和领导干部调整使用和奖励的重要依据。在媒体上通报市委管理的领导班子和领导干部2007年度考评结果，在领导班子和领导干部中产生较大震动。

【加强干部培养锻炼】　着眼于提高各级领导干部推动科学发展、促进社会和谐的本领和能力，不断创新培训模式、拓展锻炼平台，努力提升干部培养工作的质量和水平。一是面向世界培养干部。选派干部到发达国家和地区学习培训，学习他们推进发展的先进理念、先进经验。把新加坡作为一个重要基地，对副县级以上干部和后备干部进行培训。二是到发达地区和开放前沿锻炼干部。选派领导干部到先进地区和开放前沿，学习先进地区推进科学发展的新思路、新举措，提升领导科学发展的能力水平。选派5名领导干部到浙江宁波港集团挂职总经理助理等职务，同时选派部分县级干部到曹妃甸挂职，选派90名后备干部负责项目审批跑办，进行岗位锻炼。三是就建设科学发展示范区专题集中轮训干部。结合开展深入学习实践科学发展观活动，分8个专题，由市领导授课，对全市1200名县级领导干部和226名乡镇（街道）党委书记、乡镇长（街道办主任）全部轮训一遍。并按照分级负责的原则，由县（市）区对全市5238名村党组织书记进行全员培训。

【强化干部监督管理】　把干部监督作为防止和纠正选人用人上的不正之风、促进干部健康成长、建设高素质干部队伍的重要保证，着力在干部监督机制上求创新、求实效，努力营造风清气正的选人用人环境。一是建立检查巡视制度。市委成立巡视工作领导小组，从纪检、组织等部门抽调人员组成7个巡视组，对各级领导班子和领导干部特别是主要领导同志贯彻落实科学发展观、执行民主集中制、党风廉政建设、干部选拔任用等方面情况进行定期、不定期巡视或专项巡视。依据巡视结果，向市委常委会提出对被巡视单位领导班子及其成员实施奖惩、调查、调整、使用的意见和建议。二是深化干部任前公示制度。着眼于解决过去存在的群众监督广泛性不够的问题，进一步扩大公示范围，对拟提任的县（市）区党委、人大、政府、政协主要领导，市直单位党政正职，市委管理的企事业单位主要负责人，经市委常委会研究后，在市级主要新闻媒体进行公示，让广大干部群众了解情况、发表意见、进行监督。2008年，在市级新闻媒体上任职前公示11批60名干部。三是实行违反干部选任纪律责任追究制度。健全完善干部监督工作联系通报和内部协调会议制度，以及群众来信来访接待制度，充分发挥“12380”举报电话的作用，认真受理群众举报，主动接受人大、政协和新闻媒体等部门的监督，对违反《干部任用条例》等制度、规定，选人用人工作出现严重失察失误和“带病提拔”、“带病上岗”等问题，通过调查核实，认定有关组织和有关人员责任，予以严肃追究。2008年，接待群众来信来访和电话举报47件次，查核21件，对3名领导干部进行诫勉谈话。

【基层党组织建设】　进一步强化基层党组织推动发展、服务群众、凝聚人心、促进和谐的作用，努力把基层党组织打造成为建设科学发展示范区的坚强组织者、推动者和实践者，把党支部书记培养成“领头雁”，把广大党员培养成践行科学发展观、建设科学发展示范区的排头兵。一是积极探索农村党组织设置新模式，在乐亭和玉田县进行先行试点的基础上，对全市村党组织或村委会联建工作进行专项部署。全市有824个村党组织和815个村委会进行联建，26个村实施村企联建，129个村建立产业协会党组织。推行古冶区街道社区党建“1+3”工作机制，形成资源共享、共驻共建的党建工作格局。实行社区党组织网格化管理模式，实现对社区在职党员、辖区内流动党员以及驻区单位党员的全方位管理和服务。实施新建非公有制企业党建工作“三个同步”、“三个规范”，全市建立党组织的1108家规模以上非公有制企业达到党建工作“组织健全、制度完善、阵地规范、活动有序”的要求。二是建立“1+2”人才组合模式帮扶老区贫困村。在对全市228个老区村进行调研的基础上，组织指导县（市）区直机关和企事业单位与1000个后进或相对后进的村进行结对帮扶。同时，进一步整合城乡人力资源，选聘128名退休（二线）老干部、128名未就业的大学毕业生、128名医疗志愿者，组成“1+2”人才新组合，到128个老区贫困村任职，并选择18个基础条件较好，“1+2”人才组合工作能力较强的村，开展老区建设示范村创建活动。三是做好“双建”干部下基层工作。按照省委“抓稳定、保奥运、促发展”活动要求，完成市直360名机关干部的抽调工作；配合市委政法委组建30个“双建”工作队，于6月25日进驻到农村、社区和部分重点企业；指导各县（市）区完成机关干部抽调工作，全市选派10090名机关干部进驻到5238个行政村，433个社区和323家企业；组织乡镇领导干部开展“每月住村3日”活动。全市有1900名乡镇副科级以上领导干部参与住村活动，累计住村12282日。四是实施农村基层干部“素质工程”。在全面检查验收农村党组织活动场所的基础上，建立24个市级党员干部教育培训基地，组织农村党员深入开展“塑型”教育活动。举办各类“塑型”教育培训班13期，免费培训农村党员1800余人次。狠抓村党组织书记正规化学历教育。全市中专（高中）以上学历的村党组织书记占71.8%。“一好双强”型村党组织书记2752名，其中149名优秀党支部书记参加乡镇公务员招录笔试考试。五是扎实推进农村“两委”换届工作。坚持把农村“两委”换届选举工作与妇代会、团支部换届选举同时部署，印发全市《关于做好农村“两委”换届选举工作的实施方案》，成立全市农村“两委”换届工作领导小组，健全市、县、乡三级联络员网络，组建由纪检监察、政法、民政、司法等部门4081人组成的观察员队伍；举办160场市、县、乡三级村“两委”换届专题培训会。同时，通过部务会成员带领机关调研组，县、乡两级选派专项工作队，开通广播、电视、报纸宣传专栏等形式，了解掌握村级班子现状、村干部思想动态以及党员群众的意见和建议；宣传换届选举法律、法规及相关程序方法；帮助解决群众生产生活难题，为农村“两委”换届选举工作奠定良好的基础。六是开展“一创双争”活动。以“创建科学发展示范单位，争做践行科学发展观排头兵、争当建设科学发展示范区排头兵”为主要内容，组织引导基层党组织和广大党员在建设科学发展示范区的宏伟事业中建功立业、发挥作用。四川汶川抗震救灾过程中，全市有1710人组成13支专业队伍赶赴抗震救灾一线，收到334898名党员特殊党费5181.2万元。宋志永爱心志愿者服务小分队临时党支部被中组部授予第三批抗震救灾先进基层党组织。

（李旭东）

宣传工作

【概况】 2008年，全市宣传思想系统认真学习宣传贯彻党的十七大、省委七届三次全会和市委八届四次全会精神，坚持高举中国特色社会主义伟大旗帜，以邓小平理论和“三个代表”重要思想为指导，深入贯彻落实科学发展观，坚持开放创新、富民强市，坚持解放思想、实事求是、与时俱进，坚持贴近实际、贴近生活、贴近群众，围绕建设社会主义核心价值体系推动马克思主义大众化普及；围绕唐山湾“四点一带”大规模开发建设营造浓厚舆论氛围；围绕建设文化名城推动文化大发展大繁荣；围绕创建全国文明城加强思想道德建设，大力营造继续解放思想、坚持改革开放、推动科学发展、促进社会和谐的良好氛围，为把新唐山建成科学发展示范区、建成人民群众的幸福之都提供强大的思想文化保证。

【理论工作】 一是扎实开展深入学习实践科学发展观活动试点工作。市委宣传部作为唐山市试点工作的牵头组织部门，积极参与试点工作方案的制定和组织协调工作，先后举办乡镇村居、机关、企业三个层次三场“深入学习实践科学发展观论坛”，在组织认真学习中央编印的《毛泽东、邓小平、江泽民论科学发展》、《科学发展观重要论述摘编》两本书的基础上，组织编印《科学发展观100问》、《我身边的科学发展观》两本通俗读本，增强深化学习的实际效果。组织市直各大媒体对动员大会、专题辅导报告、活动督导、先进典型进行及时报道，为整个活动营造良好的社会舆论氛围。二是组织开展解放思想大讨论活动。根据省委统一部署，认真谋划研究实施意见，举办九场“解放思想大讨论，科学发展大跨越”专题论坛，引导广大党员干部以党小组为单位开展专题讨论，采取领导专访、公开公示等多种形式推进思想解放，得到省、市委的充分肯定。同时，宣传思想战线也紧密结合工作实际，重点围绕进取意识不强、文化发展意识不强等七个方面的问题深入开展讨论、破解难题，取得明显效果。三是组织开展马克思主义大众化普及宣传活动。以县（处）级以上领导干部和企业负责人为重点，以唐山如何实现科学发展为主题，先后邀请中央候补委员、中科院常务副院长、中科院院士白春礼，对外经济贸易大学博士生导师、中国WTO研究会第一副会长薛荣久，中央党校哲学教研室主任、博士生导师庞元正，中国人民大学教授、中国农业经济学会副会长温铁军，中央政策研究室副主任郑新立等五位全国社科专家、经济学家和权威人士，组织五次市委和县级中心组专题辅导学习和交流活动。初步起草《关于开展中国特色社会主义理论体系宣传普及活动，推动马克思主义大众化的意见》和《中共唐山市委关于开展理论武装工程的实施意见》，为在全市开展马克思主义大众化普及宣传奠定基础。四是全面开展基层党员教育。重点开展以学习宣传贯彻落实党的十七大精神为主题的基层党员夏训、冬训工作，组织党员教育五项竞赛和“坚定理想信念大家谈”征文活动，探索建立文化科技卫生“三下乡”活动长效机制。

【舆论引导】 紧紧围绕市委八届四次全会提出的建设科学发展示范区的总目标，不断加大舆论宣传力度，组织开展六个集中宣传战役；一是以“解放思想大讨论科学发展大跨越”为主要内容，刊发稿件2400余篇，推动解放思想大讨论活动不断向纵深发展。二是以“学习实践科学发展观活动”为主要内容，刊播稿件4800余篇。唐山电视台对学习实践科学发展观活动动员大会进行现场直播，全市近300万人收看，并对五场专题辅导报告连续进行现场直播，收到较好效果。三是以“五项攻坚行动”为主要内容，市内各媒体刊播稿件2300余篇，深入报道此项行动的进展情况和取得的阶段性成果。四是以“创建全国文明城市”为主要内容，在市直主流媒体统一开设“创文明城市，建幸福之都”专栏。重点宣传创建文明城市的重要意义、基础优势、工作进展情况，促进全市上下共同提升创建工作水平。五是以“北京奥运我们同行”为主要内容。成立奥运宣传新闻中心，市直主流新闻媒体统一开设“北京奥运我们同行”专栏。特别是在火炬传递期间，制定火炬传递直播方案和各种预案、精心设计火炬传递新闻采访点，成功组织奥运火炬在唐山传递的宣传

战役。据统计，火炬传递及奥运期间共有37家境内外媒体（网络）404人次来唐采访报道，各级媒体发稿3000余篇。六是以“纪念改革开放30周年、唐山解放60周年”为主要内容，“纪念改革开放30周年”宣传重点策划三项集中宣传活动，即“30年30人”；“我说改革开放30年”和“改革开放30年巡礼”集中宣传。“纪念唐山解放60周年”宣传，各媒体从自身特点出发，开设专题专栏，重点做好访谈类、综述类、政论类等题材的深度特别报道，集中宣传报道各地各单位纪念唐山解放60周年系列活动。

【文化名城建设】 一是扎实推进文化“繁荣工程”。紧紧围绕提高文化软实力，相继制定出台《唐山市推动文化大发展大繁荣的实施意见》、《唐山市创建文化名城实施意见》、《唐山市建设科学发展示范区文化支撑体系》等一系列操作性和实效性都很强的意见建议。组织开展百场大戏唱新春、元旦春节系列文化展演、唐山国际幽默大汇演、“爱心唐山”大型文艺演出、“欢乐中国行·魅力唐山”电视文艺晚会、第七届唐山市社区文化艺术节和唐山市学习实践科学发展观优秀文艺作品展演、展映、展播、展示活动等一系列大型文化活动。二是扎实推进文化“精品工程”。启动“欢乐东方—天天演”文化品牌工程，推动文化事业和文化产业共同发展。组织拍摄重大革命历史题材电视连续剧《李大钊》，创作推出长篇小说《白纸门》、长篇报告文学《感天动地》、《曹妃甸组歌》、京剧《唐廷枢》、评剧《呼唤》、歌曲《天下百姓》等主旋律作品，为角逐全省乃至全国“五个一工程”奖做好精品储备。举办隆达陶瓷文化论坛，汇集国家有关部门和国内外陶瓷文化领域的专家、学者、企业界人士交流和研讨，成果丰硕，影响深远。三是大力促进文化产业发展。出台《市委、市政府关于深化文化体制改革、加快文化产业发展的意见》，编制完成《唐山市中长期文化发展规划》；出版我市文化产业蓝皮书《唐山市文化产业形势分析与预测》。设立专项资金1200万元，用于支持、保障文化产业的发展，开滦国家矿山公园、曹妃甸湿地公园、唐山大地震遗址纪念公园、唐山国际动漫谷、《大龙脉》等电视连续剧、遵化汤泉旅游度假区、清东陵旅游度假区等一批重点文化产业项目相继落地，储备文化产业重点项目95项，总投资213.14亿元。四是不断深化文化体制改革。在借鉴外地成功经验和广泛征求意见的基础上，提出《唐山市市直文化事业单位文化体制改革方案》，按照“整体推进、重点突破、市场运作、积极稳妥”的思路，推进改革，打破体制束缚，经营性文化事业单位全部转制为国有文化企业，公益性事业单位全面实行人员聘用制。组建唐山市演艺公司，下设京剧团、评剧团、唐剧团、皮影剧团、歌舞剧团5个剧团作为子公司，实行全员聘用制。唐山电视台、唐山电台和唐山劳动日报等新闻单位全面推行宣传与经营“两分开”，实行编印、制播分离，人员实行竞聘上岗，全面推进文化体制机制创新。五是着力维护文化市场的安全稳定。加强日常监管，在全市企业、农村、社区、学校聘请200多人组成的扫黄打非协查员队伍，扩大扫黄打非覆盖面。充分发挥专项行动的优势，集中开展以查堵政治性非法出版物和以整治印刷复制、运输环节为重点的专项行动、以清理文化娱乐场所、强化安全防范措施为重点的集中治理行动和“飓风”迎奥运文化市场专项行动，维护奥运期间的文化市场安全和稳定。

【思想道德建设】 围绕提高市民文明素质和城市文化品位，以弘扬新唐山人文精神为重点，重点开展四个方面的工作：一是集中开展创建文明城市工作。根据2008版《全国文明城市测评体系》，将111项测评内容和276项测评标准逐项分解到相关责任单位。专门成立八个督导组，深入各创建部位现场督导，对主要道路、广场、商业大街、社区、医院等28类实地考察点进行对标优化，提升城市的整体创建水平，实现创建20年来首次进入国检的历史性突破，并在两级测评中受到测评组的充分肯定。二是组织开展“新唐山人文精神”大讨论活动。以诠释、宣传、弘扬“感恩、博爱、开放、超越”为主要内容的新唐山人文精神为主线，重点抓好思想发动、宣传普及、弘扬践行和总结提升四项工作，组织开展“人文唐山大讲堂”、“市民论坛”、有奖征文、演讲比赛、电视辩论会以及评选“感动唐山十大杰出人物”和“弘扬新唐山人文精神事迹报告团”等系列活动，扩大全市人民对人文精神的认同感、归属感，增强城市的亲和力、感召力。三是打造系列市民文明素质提升品牌项目。在全市范围内开展公共文明示范区创建、文明生态创建、道德模范巡讲网上行、宋志永先进事迹报告团巡回演讲、“迎奥运、办论坛，百万市民文明行”、营造城市森林、“知荣辱、树新风、我行动”和“为奥运添彩，为唐山增光”主题教育实践活动，修改完善市民文明公约，城乡居民文明素质显著提升。完善学校、家庭、社会“三位一体”的教育网络，精心打造“社区未成年人活动站”的特色品牌，推荐上报的“社区未成年人活动站”荣获全国“第一届未成年人思想道德建设工作创新案例推广应用奖”，唐山市成为河北省唯一获此殊荣的城市。四是扎实推进村民中心、市民中心的建设与推广。重点加快村民中心建设，在已完成2262个村的基础上，市财政投入3000万元用于剩余的行政村“村民中心”建设，实际投入2350万元安排2404个村，年底前全部完成。着力推广市民中心模式，按照政府主导、居民自治、资源共享、共驻共建的原则，全方位、多角度地为居民搞好服务的理念，推行市民中并覆盖若干个居委会（家委会）的形式，得到广大居民的普遍好评。市民中心模式也得到中央政治局委员、书记处书记、中宣部部长刘云山同志的充分肯定。

【群众性思想政治工作】 一是继续广泛开展献计献策活动。第二次全市群众性献计献策活动从2007年底开始至2008年初结束，收到意见和建议44452件。对征集到的每一条意见和建议都进行认真登记和分类整理，对于时效性强，有重要参考价值的意见和建议，及时以专报的形式上报市领导，对涉及群众切身利益的个性问题，及时交转有

关单位和部门予以答复解决，对那些群众反映比较集中、代表大多数人利益倾向和利益诉求的共性问题，组织新闻媒体深入到市直10个单位和部门进行集中采访报道，把群众的愿望要求与政府职能部门对接，让这些单位和部门阐释政策，正面引导，明确解决问题的办法和思路，公开给群众一个满意的答复。二是不断加大教育基地建设力度。完成唐山抗震纪念馆改陈布展工作和潘家峪惨案纪念馆改陈《大纲》送审及招投标工作。协同民革中央组织举办喜峰口长城抗战75周年暨弘扬“大刀精神”研讨会，邀请有关专家对中国长城抗战纪念馆设计方案进行评审。三是全面提升先进典型宣传整体水平。广泛开展对宋志永等先进典型的宣传。大量跟踪报道玉田县宋志永等13位农民自愿赴湖南灾区抗雪救灾的先进事迹，并在人民大会堂及全国进行先进事迹巡回报告，在全国产生重大影响。做好抗震救灾先进典型的宣传。四川汶川发生大地震后，唐山涌现出一大批宋志永式的志愿者，以实际行动大力弘扬、生动诠释新唐山人文精神。迁安李国华同志参加全国抗震救灾英模报告会。四是组织开展思想政治工作大调研活动。先后组织人民群众精神文化需求、企业文化建设、唐山市政工职务人员现状、农民思想状况的专题调研，《提升唐山城市文化品位的对策研究》、《推动节能减排中的思想障碍分析与对策》2个研究课题被列为重点课题立项，《和谐文化建设中的企业文化系列研究》、《从唐山十三位农民抗灾救雪义举看新时期农村思想政治工作的着力点》等2个课题被列为指导性课题立项。

【对外宣传工作】　一是精心谋划系列重大对外宣传活动。邀请香港7家主流媒体的15名记者对河北（香港）投资贸易洽谈会进行采访，发稿20余篇（条）。围绕科学发展示范区建设、深入学习实践科学发展观活动、文明城市创建、重点宣传报道宋志勇等13位农民的义举和“治污减排安全整治百日攻坚联合动”、中国经济50人论坛等重大活动。进一步规范对外宣传制度，理顺市政府、市直各部门、县市区政府三个层次的新闻发布体制，完善《接待境外记者来唐采访工作程序》和“采访线工程”建设。截至11月18日，组织接待国内外媒体来唐采访236批次，累计915人，在境内外媒体发稿3324篇。二是着力打造城市宣传品牌。立足“品牌外宣”，提升城市形象整体推介水平，打造“渤海明珠”、“幸福之都”的城市形象品牌。启动“渤海明珠、幸福之都”唐山城市品牌商标注册工作。在中央电视台1套、新闻频道的《朝闻天下》和9套收视率较高的《朝闻天下》和《奥运在北京·旅游在中国》等栏目推出“唐山——一座凤凰涅槃的生态城市”（10秒钟）、“渤海明珠、魅力唐山”（5秒钟）城市形象宣传片，在国内外产生较好的反响。统一外宣品标识、包装，制作宣传册《渤海明珠·中国唐山》、宣传地图折页《渤海明珠·唐山》。成功组织唐山市参评“2008年最具幸福感城市推选活动”。三是网络宣传整体实力明显增强。环渤海新闻网3月初试运行以来影响力日益扩大，网上主题宣传成果显著，日点击率由最初的2万人次增长到现在的15万人次。成功制作省委常委、市委书记赵勇同志的访谈节目，组织市两会开幕式网上直播和专题报道，推出“深入学习实践科学发展观”大型专题活动，受到广大网友欢迎，并成为党政机关和社会各界群众学习科学发展观的重要平台。同时，为进一步扩大学习实践科学发展观活动在全国的影响，专门策划国内主流商业网站的宣传报道方案，腾讯网为唐山市制作并发布“今日唐山”专题。

（白丽杰）

统战工作

【民主党派工作】　一是市委重视，工作上位。省委常委、市委书记赵勇同志多次听取统战工作汇报，参加统一战线重要活动，亲自担任市人大、政协换届选举工作领导小组组长，认真安排部署相关工作。各民主党派主委全部进入市人大、市政府、市政协领导班子。换届后，根据人员变化情况，及时调整市级中共党员领导干部与党外代表人士交朋友关系，完善相关制度。在经费保障方面，各民主党派、工商联办公经费2008年比2007年增加一倍，今年调研经费由每家2万元增加到6万元，全部纳入市财政预算，还在市长准备金中为各民主党派、工商联增拨调研经费70万元。

二是围绕中心，服务大局，促进科学发展示范区建设取得成效。一方面，着力实施“调研议政工程”，支持各民主党派、工商联履行职能。1. 积极拓宽知情参政渠道，完善民主监督机制。全年市委、市政府、市纪委召开协商会、通报会9次，就重要人事调整、政府工作及经济社会发展和党风廉政建设情况听取各民主党派、工商联负责人及无党派人士意见。2. 协助各民主党派积极开展调研议政活动。各民主党派、工商联紧紧围绕破解全市科学发展难题和障碍经济社会发展的突出问题，开展调研活动34次，在市政协全会上，各民主党派提出集体提案89份，委员个人提案270份，特别是各民主党派的大会发言，反响强烈，引起市领导的高度重视，签批意见达25人次。同时，各民主党派、工商联围绕“我市钢铁行业健康发展”、“加快新能源开发利用”、“推动唐山文化大发展大繁荣”等课题进行深入调研，形成调研报告8篇。赵勇书记批示要求各相关部门认真研究落实。3. 组织各民主党派、工商联积极参加“献计献策月”活动，广大统战成员积极反映社情民意，围绕促进全市科学发展献计献策，形成有价值、有水平的意见、建议近百条。11月28日，市委主要领导专门就全市2009年工作听取各民主党派、工商联的意见和建议。赵勇同志对所提出的意见和建议非常重视，有的当场拍板，作出决定，责成相关部门落实，有的表态采纳吸收到市委八届五次全会的工作报告和今后的决策中。并要求要把这种征求意见建议的形式形成常态，责成市委统战部经常听取统战各界人士的意见和建议，建立统战专报制度，对征求到的意见和建议，以统战专报的形式直报市委、市政府主要领导。另一方面着力实施“科学发展观进农村、进社区工程”，协助各民主党派搞好社

会服务。各民主党派充分发挥人才、智力优势，确定各自联系点，积极宣传普及科技、卫生、环保等方面知识，引导广大人民群众做学习实践科学发展观的参与者和推动者。开展“三下乡”和科学发展观进农村、进社区活动51次，受益群众近3万人。

三是多措并举，加强引导，多党合作政治基础进一步稳固。1. 协助各民主党派加强自身建设。首先，支持加强领导班子建设，组织各民主党派驻会副主委、秘书长双月学习会6次，各民主党派市委会中心组学习18次。召开各民主党派、工商联负责人参加的纪念“五一”口号发布60周年座谈会和纪念改革开放30周年座谈会，并分别通过在《唐山劳动日报》专版刊发民主党派主委、工商联主席署名纪念文章，推动各民主党派开展自我教育。其次，推动民主党派加强思想政治建设。以开展学习实践科学发展观学习教育活动为契机，通过各种形式深入学习科学发展观有关论述，全面把握科学发展观深刻内涵。围绕推动民主党派搞好政治交接，开展以坚持走中国特色社会主义政治发展道路为主题的“素质提高年”活动，举办“提高自身政治素质、强化科学发展责任”系列讲座，各民主党派主委轮流为各民主党派骨干成员授课。同时，利用多种形式，引导成员回顾历史，坚定政治信念。再次，协助各民主党派加强组织建设。进一步健全工作制度，完善工作运行机制，不断增强组织活力。各民主党派按照《纪要》精神，积极稳妥地发展新成员，全年发展新成员83名。到年底，全市有民主党派成员2718人，其中民革233人、民盟526人、民建764人、民进345人、农工党342人、九三学社508人。

四是各民主党派情系灾区，奉献爱心。四川汶川发生强烈地震后，各民主党派心系灾区，积极行动，奉献爱心，汇聚成风雨同舟、患难与共的强大合力，为支援四川抗震救灾作出积极贡献，涌现出象市九三学社主委胡万宁、市民建会员陈丽君、市民盟成员、集川药业董事长蒋跃勇。市民革党员王子囡、市农工党集体等许多可歌可泣的先进人物和典型事迹。7月9日统战部组织召开赴四川抗震救灾事迹报告会，辑印《风雨同舟共克时艰—唐山市各民主党派支援四川抗震救灾事迹汇编》。

【民族宗教工作】 一是市领导高度重视，大力支持。赵勇同志多次在市委常委会以及全市稳定工作会议上要求各级各部门要充分认识严峻形势，沉着应对，攻坚克难，切实把宗教领域维稳和奥运安保工作做深、做细、做实，确保社会持续稳定和谐。主管领导多次深入一线指导部署工作。日常工作中，市委市政府主动帮助解决实际问题。全年，市级宗教工作经费由2007年的21万元增至91万元，并列入财政预算；宗教工作重点县（市）区经费均达到5万元以上，其它县（市）区达到3万元以上。市政府拨款160万元对年久失修的市天主教主教府、教堂和基督教堂进行全面修缮，为基督教“两会”划拨宗教场所用地1.36亩，并减免费用13万元。把宗教教职人员全部纳入城市低保，每年拨款41万元为宗教界人士发放生活补贴。为天主教教职人员按事业单位标准办理城镇医疗保险。

二是妥善应对，确保民族宗教领导的稳定。首先，切实加强领导。及时调整充实市宗教工作领导小组成员单位。领导小组充实宣传、旅游、外事部门，加强组织领导力量。宗教工作重点村和教徒聚居村成立宗教工作民主管理小组，构筑市、县、乡、村四级宗教工作管理网络。制定《关于妥善处置天主教徒外出朝圣问题的工作方案》、《关于做好宗教领域维稳及奥运安保工作的意见》、《宗教领域维稳及奥运安保工作“三包”责任方案》、《涉及民族宗教方面群体及突发性事件的应急预案》等工作方案，明确工作目标。同时，市宗教工作领导小组与各县（市）区、各县（市）区与各乡镇层层签订《宗教领域维稳和奥运安保工作目标管理责任状》，严格落实包活动场所、包重点村、包重点人物的“三包”责任制。按照属地管理、分级负责和谁主管谁负责的原则，将责任层层分解，落实到人，看好自己的门，管好自己的人，确保不出问题。其次．强化措施，狠抓各项工作落实。1. 市、县、乡三级集中对全市宗教领域的非法活动苗头、场所安全隐患、境外渗透情况、分裂破坏活动动向以及其它潜在不稳定因素进行拉网式排查，做到底数清、情况明，掌握工作主动权。2. 严格按照上级要求和规定，采取有力措施，落实责任状及《做好宗教领域维稳和奥运安保工作的意见》，对重点活动场所、重点村和重点人加强布控。3. 进一步健全宗教工作信息员队伍，及时掌握境外敌对势力、地下势力的活动动向和宗教界人士的思想状况。严格落实信息日报告和零报告制度，加强值班备勤，确保对紧急事件的应急处置灵敏迅速。4. 制定《关于涉奥对外宣传和接受境外新闻媒体采访工作预案》、《唐山市民族宗教涉奥对外宣传答复口径提纲》；确定新闻发言人，并举办4期新闻发言人培训班，统一新闻发言宣传口径，严明新闻发布纪律。5. 深入到各县（市）区及重点乡镇、堂点进行督导检查，并召开专题会议，听取督导情况，研究具体措施，提出改进方案。并将各县（市）区工作开展情况通报给市、县两级主要领导和主管领导，促进工作落实。6. 依法妥善处理迁安、滦县、滦南、路北、玉田、迁西等县（区）排查出的教职人员内部矛盾、非法使用清真标识、回民墓地渗水及坟墓迁移引发的纠风等10余起矛盾隐患。特别是积极稳妥地处理非法宗教组织“中国基督教家庭教会”会长张明选等人欲在迁安、滦县组织非法宗教活动并接受境外记者采访事件，依法取缔韩国基督教徒金昌柱在滦南组织非法聚会传教的活动，维护宗教领域稳定。再次，加强引导，发挥宗教界上层人士的作用。1. 加强对骨干教职人员的思想教育，提升他们的思想境界和政治水平，使其主动配合党和政府做好宗教领域维稳和奥运安保工作。有73名宗教界代表人士被安排为各级人大代表或政协委员。2. 帮助宗教界上层人士解决实际困难，使他们真切地感受到党和政府的关怀，调动他们积极配合党和政府做好宗教领域维稳和奥运安保工作的积极性。3. 深入开展宗教爱国爱教史料整理工作，在全市宗教界组织开展爱国爱教史料搜集、整理、提炼工作，编写10.7万字的《爱的奉献——唐山市宗教界爱国爱教史料集》一书，使宗教界在回顾总结爱国爱教历史的同时进行自我教育，并以爱国爱教史料为依据，不断创新教育途径，积极谋划2009年在全市宗教界开展“弘扬爱国爱教传统、共建和谐唐山”主题教育活动。4. 在5·12四川地震发生后，市五大宗教团体积极响应号召，联名向全市宗教界人士及广大信教群众发出“迎奥运、促和谐”和“心系灾区、奉献爱心”的倡议，全市宗教界人士及信教群众捐款捐物达184.8万元，天主教、基督教组织30多名教职人员无偿献血6000毫升，并有120多人预约登记，天主教2名修女还赶赴一线参加抗震救灾。

【经济联络工作】　一是着力实施“创新业、创大业工程”，引导民营经济健康快速发展。坚持把引导民营企业实现科学发展、健康发展，努力创新业、创大业，作为一件大事来抓。1. 协助市工商联确定10家民营企业作为创建科学发展示范企业典型，引导广大民营企业树立科学发展理念，调整产业、产品结构，走集约型、循环型、生态型、可持续型的内涵式发展道路。2. 引导民营企业围绕唐山湾“四点一带”和“四城一河”大规模开发建设，调整产业结构，按照我市产业链发展规划科学定位，谋划企业发展。3. 深入开展“诚信企业”和“优秀中国特色社会主义事业建设者”评选活动，引导民营企业家诚实守信、依法经营，积极投身光彩事业，塑造新唐山民营企业的良好形象。二是着力实施“助建新农村工程”，引导民营企业积极回馈社会。组织开展“投身科学发展、共建幸福之都，民企系三农、助建新农村”活动，全市确定主要以少数民族聚居村为主的20个村作为助建村，组织民营企业参与助建活动，制订助建规划。为充分发挥典型示范作用，市委统战部确定遵化五道洞村、古冶小殷各庄、丰南东望马台村为典型助建村，组织5家民营企业分别与三个村签订共建协议，市委统战部捐助30万元，水泥500吨，连同企业投入460多万元，有力地推动共建活动开展。活动开展以来，全市有30多家民营企业参与共建，总投资达2000多万元。三是着力实施“扩桥联谊”工程，努力为招商引资牵线搭桥。市侨联由副县级单位升格为正县级单位。充分发挥海联会和侨商会的桥梁纽带作用，积极深化和活跃海外联谊，为经济发展推波助力、牵线搭桥。积极谋划加快区域经济布局一体化建设，牵头筹备建立包括唐山、秦皇岛、承德、张家口、廊坊在内的“冀东北五市统战部民营经济协作发展联谊会”，旨在以“优势互补、资源共享、协同发展、实现共赢”为宗旨，促进地区间信息技术交流、产业转移，形成协作发展与良性互动，为民营经济发展提供服务。

【党外人士安排工作】　加强与组织部门的沟通与联系，认真履行举荐党外干部职能。14个县（市）区均已按要求配备党外人大副主任、副县（市）区长，在市政府职能部门中，有12个部门配备党外县级领导干部，在市法院配备党外副院长，使党外干部安排工作实现新突破。全市非中共全国人大代表5人、政协委员1人；非中共省人大代表29人，其中常委1人；非中共省政协委员33人，其中常委8人。在本届市人大代表中，非中共党员人大代表160名，占代表总数的31.75%；常委10人，占常委总数的32.26%。市政协委员中，非中共党员委员309人，占委员总数的60.35%；常委58人，占常委总数的65.17%。此外，为进一步掌握全市党外干部工作情况，10月至11月，组、统两部组成联合工作组，就《唐山市2004－2008年培养选拔党外干部工作规划》贯彻落实情况进行调研总结，就党外干部培养选拔工作的做法、经验和问题及下步工作的建议形成专题调研报告并报送市委。为更好地适应联系、协调、服务广大党外知识分子工作需要，2008年6月10日，市编办为统战部增设“党外知识分子工作处”，及1名科级职数。

（姜英楠）

政法工作

【概况】　2008年全市政法系统，紧紧围绕“开放创新、富民强市，把新唐山建成科学发展示范区和人民群众幸福之都”的总目标和总战略，以“平安和谐”和“科学发展”为主旋律，创造性地开展工作，确保北京奥运会的顺利举办，为经济发展和社会进步创造稳定有序的社会环境和公正高效的法治环境。全市未发生影响较大的重大案件、事件和事故，政治秩序更加平稳，治安秩序更加安定，人民群众安居乐业。有多项工作在全国、全省同行中争到名次，占有位次，涌现出被司法部荣记一等功的唐山市司法局等一大批先进典型，政法队伍良好形象进一步树立。

【奥运安保工作】　一是强化组织领导。成立由市委、市政府主要领导任组长的奥运安保工作领导小组，先后45次召开专门的调度和部署会议，谋划制定总体方案、专项预案近百套，逐级签订《责任状》。市政府斥资5000余万元添置必要的装备设施，采用高新技术手段。全市千余个部门和单位、近10万人参加安保工作。二是强化组织检查。按照“严了再严，细了再细，确保万无一失”的要求，严格背景审查，先后4次组织开展全市规模的大型实战演练活动，5次对重点复杂部位、治安混乱地区进行拉网式摸底排查并落实稳控措施。紧紧围绕不放心的人、不放心的的事、不放心的物，强化管控打击。对暂住市域内的“三股势力”嫌疑人员和有关少数民族人员时时监控，跟进检查，严密掌控；强化重点物品和重点部位的守护管控，对全市60家民爆站仓库、200余家涉爆从业单位、500余家行业场所等易燃易爆剧毒危险品生产、运输、存贮、使用单位开展全方位的大检查，设立治安检查卡点对进京、入秦车辆进行24小时不间断的安全检查，全力打击私制、私藏、贩运爆炸物品等危险品的违法犯罪行为。年内，全市共破获各类涉爆案件百余起，查处违法人员236人，收缴炸药11.6余吨。三是

实施“六大战役”。组织开展维护政治稳定、严打整治、危爆物品整治、交通和火灾隐患治理、治安隐患排查防控、信访案件攻坚战等“六大战役”。通过“六大战役”的开展，有力打击各类违法犯罪行为，强力压缩违法犯罪活动空间，扫清影响和谐发展的不利因素，净化人民大众的生活环境。四是开展“双建”活动。先后两次举办培训班，选派10710名干部（含省130名）到农村（社区）和企业，深入开展以“保稳定、促发展、迎奥运”为主题的“建设科学发展示范区、建设社会主义新农村”万名干部下基层活动。全市排查出基层各类矛盾纠纷6222件，化解5390件，排查出各类重点人员13134名，列入监控对象12212名，组织奥运安保志愿者15.6万余人，为圆满完成奥运安保工作打下坚实的基础。唐山市被评为全国“五星级火炬传递城市”。

【推进综合调控】 一是调整部署，迅速展开。为认真落实赵勇书记“政法工作综合调控机制建设理论上要有新突破”的重要指示精神，市委政法委多次召开书记办公会，专题研究深入开展综合调控理论研究的实践活动。市委政法委和市直政法各部门及各县（市）区政法委层层成立“深入开展政法工作综合调控理论研究和实践探索活动”课题组，为综合调控机制建设取得实质性进展奠定基础。二是全面推进，大胆实践。研究下发《关于进一步深入开展政法工作综合调控理论研究和实践活动的意见》，明确提出指导思想、工作目标、理论创新、体系机制建设和保障措施。制定下发《关于进一步深入开展政法工作综合调控理念研究和实践实施方案》，提出突破方向、指导原则、方法步骤及保障措施。先后组织召开25次调度会和15场次不同部门、不同层次的座谈会、研讨会和经验交流会，推出一批有一定层次的综合调控模式，解决一大批实际问题和疑难案件。开辟《综合调控专刊》栏目，刊发较高借鉴意义、较高理论水平的专题文章30余篇。三是聘请专家，研究深化。就深入开展政法工作综合调控机制建设问题向中央政法委有关领导汇报，聘请国家级专家帮助深化对课题的研究。中央党校为此专门成立“政法工作综合调控机制研究”课题组，由中央党校副校长、中国法学会副会长石泰峰任顾问。经多次研究，做出《政法工作综合调控机制研究》报告。在认真学习《报告》、全面总结工作的基础上，市课题组研究形成《全面实施政法工作综合调控，为科学发展示范区建设营造和谐稳定社会环境的指导纲要》，疏理出一条与科学发展、和谐发展相适应的政法工作新路子。

【维护政治大局持续稳定】 一是强化情报信息工作。紧紧围绕奥运、“两节”、“两会”等特殊时期，以防渗透、防破坏、保安全为目标，组织政法部门强化重点人员、要害部位控制，及时获取一大批深层次、内幕性、预警性情报信息，牢牢掌握工作的主动权。二是加强矛盾纠纷排查调处工作，有效化解各类不稳定因素。集中开展社会不稳定因素排查化解“百日攻坚战”活动，全市排查各类重点矛盾纠纷5118件，成功化解5066件，调解成功率达99%。三是积极预防和妥善处置群体性事件及突发事件。重新修定《唐山市预防和处置群体性事件工作预案》，进一步完善预警机制、排查调处机制、应急处置机制和责任追究机制，建立健全一系列应急反应预案，组织协调相关部门妥善处置41起群体性事件，及时化解29起重大不稳定隐患，成功制止47次特殊群体集体进京赴省上访。四是严厉打击“法轮功”邪教组织。全力推进“08净网”和“08飓风”等专项行动，不断加大同“法轮功”等邪教组织的斗争力度，破获一大批法轮功案件，抓获法轮功分子120名，特别是成功查破“5·22”专案，查破实际神、门徒会案件10起，抓获犯罪嫌疑人16人。五是强化网上斗争。认真落实互联网信息巡查处置“双负责制”，大力加强网上有害、敏感信息巡查处置工作，及时发现、封堵、删除大量有害信息。开展代号为“08清网”的互联网重大有害、敏感信息模拟处置演练，年内处置网上涉唐有害、敏感信息8759条。

【开展“诚信平安唐山”创建活动】 一是深化严打整治斗争。结合实际，深入开展了打黑除恶、破案、追逃、打现行、打流窜、违法犯罪信息会战、治安乱点整治、打击自行车被盗、油气田及输油管道、“禁毒禁赌”、校园及周边治安秩序专项整治、“冬季亮剑”、严厉打击非法盗采国有矿产资源和集中打击制售有害有毒奶品等一系列专项整治活动，有力打击各类违法犯罪活动。年内，全市破获刑事案件12778起，抓获犯罪嫌疑人9750人，其中，逮捕4951人，提起公诉3969件6705人，一审判决4316件，判处罪犯5961人，打掉犯罪集团1175个。二是健全社会治安防控机制。采取公安和武警混编武装巡逻等超常规方式，组织“百日大巡逻”活动，有效稳控社会面治安秩序；建立以公安调度指挥中心为龙头，统一组织、统一指挥调度、多种形式、网格布警、全时空控制的社会面巡逻防控体系，全力压缩侵财等多发性案件的发生。投入大量的建设资金，全力推行以电子视频监控、防盗报警为主要内容的防范措施，极大提高科技防范水平。三是强化消防和道路交通管理。认真落实消防安全责任制，开展消防安全保卫攻坚战“环京3号、4号”战役，加强消防安全检查，确保消防安全。继续实施畅通工程，进一步改善市中心区主要道路安全设施，开设“护学通道”和“绿色通道”，大力加强交通安全隐患治理力度，确保道路交通安全畅通。年内，交通事故和火灾起数均大幅下降，与去年同期相比分别下降26.6%和51.7%。四是加强铁路护路联防工作。自筹资金80余万元，在京哈铁路14个重点路段安装电子监控设施，在京秦、京山、大秦三条重点线路以专职护路队伍为骨干、公安巡防队伍为辅助力量，构建路上路下协调联动、警民联防的全天候、全方位防控体系。组织开展铁路沿线违法占地和违章建筑清理整治专项行动、卑水铁路治安秩序专项治理，圆满完成全国“两会”、暑期、奥运期间安全保卫任务。五是深入开展见义勇为工作。充分利用各种新闻媒体，大力弘扬见义勇为精神，宣传报道见义勇为先进事迹。先后投入资金数十万元，

表彰奖励各类见义勇为先进分子。8月，路北区司机关起印同志被评为第五届“全国见义勇为司机”，唐山市再次荣获评选活动“城市奖”。

【为经济发展提供服务和保障】　一是严厉打击各种经济犯罪活动。积极参与整顿和规范市场经济秩序活动，依法打击各类危害市场主体财产安全、影响正常生产经营秩序的犯罪活动。年内，全市受理、查处各类经济犯罪193起。二是主动服务大局。组织有关部门在深入调查研究的基础上，先后制定出台《关于依法维护房地产市场秩序的若干意见》、《关于加强对企业周边环境进行专项整治的意见》、《关于深入开展查办危害能源资源和生态环境渎职犯罪工作实施方案》、《关于为金融生态环境和诚信体系建设提供法律保障和服务的实施意见》、《关于服务农村改革发展的工作意见》、《关于依法惩治安全生产领域违法犯罪的若干意见》等一系列方案、意见。三是突出抓好犯罪预防。检察机关在总投资350亿元的56项重点工程中开展专项预防工作，进一步增强相关单位的法律意识，促进阳光操作。继续深入开展“预防渎职犯罪，促进依法行政”、商业贿赂犯罪预防专项活动和“规范村干部施政行为，积极预防职务犯罪”和“送法进村”专项活动，进行专题法制讲座200余场次，受教育人达23000多人次。四是运用法律手段调节经济关系。在坚持诉讼全员、全程及全方位调解的同时，重视司法调解与人民调解、行政调解的对接，建立简单民事纠纷委托调解制度、法院和司法行政机关联席会议制度、指导人民调解工作制度，初步实现社会矛盾纠纷就地化解，全市法院调解、撤诉率达76.9%。将执行工作纳入社会治安综合治理考核目标，先后组织开展“迎奥运、系民生、促和谐、清积案”百日执行活动和集中清理执行积案活动，有力维护司法权威。全年全市法院受理执行案件13934件，同比增长24%，执结11583件，同比增长45%，执结率达83.13%。

【解决涉法涉诉信访问题】　坚持“案结事了、息诉罢访”的标准，全力组织开展集中排查化解涉法涉诉重信重访活动和“大接访”活动，有效解决涉法涉诉信访问题，实现息诉罢访100%和北京奥运会期间涉法涉诉非进京访为零的目标。一是领导重视，身体力行。市委常委、政法委书记许德茂同志亲自分包案件最多、难度最大的法院系统，市委政法委各位副书记亲自包案解决问题，亲自研究息诉方案，指导工作落实，接待群众来访156批238人次，接待群众满意率达100%。二是勇于探索，敢为人先。推行涉法涉诉信访代理机制，通过组织党政干部、乡（街）、村居组织及律师、法律工作者等，代理信访案件421件，成功化解408件，有效解决群众不会访、无序访、越级访等问题，将大量矛盾纠纷化解在基层、萌芽状态，取得较好的社会效果。“有事找代理，在家等消息”的信访代理模式，得到各级领导的充分肯定，经验在全国、全省推广。三是关注民生，解决问题。全面落实领导包案、责任倒查、挂帐督办等措施，设立了涉法涉诉信访工作救助资金。通过公开接访、预约接访、带案下访等形式，接待群众来访2540批、5610人次，使2320批、4835人次上访群众反映的问题得到彻底解决，化解一批多年沉积下来的“钉子案”、“骨头案”，实现奥运等敏感期间零进京、赴省集体上访和非正常进京访的目标。

（徐丽娟）

农村工作

【发展农业产业化经营】　一是积极扶持重点龙头企业进档升级。实施“111行动计划”，组织全市第二届农产品展示交易会，承办全省引导工商资本投资农业产业化经验交流会议，积极引导工商资本投资兴建农业产业化龙头企业，其中投资2.3亿元的新西兰恒天然牧场奶牛养殖等一批重点项目完成年内投资。积极组织全市200多家农业产业化龙头企业申报认定，年内新增国家级、省级、市级重点龙头企业1家、11家和68家，农业产业化龙头企业辐射带动能力进一步增强；二是大力发展“一村一品”、“一乡一业”。年内全市达到国家标准的一村一品专业村521个、“一乡一业”专业乡镇18个，分别比上年增加201个和2个。三是积极扶持发展农民专业合作经济组织。重点选树10家农民专业合作经济组织重点培育扶持，年末全市较为规范的农民专业合作经济组织新增188个。农业产业化经营率达到61%，较上年提高2个百分点；第一产业增加值实现340亿元，较上年增长7%；农民年人均纯收入达到6625元，较上年增长13.7%，是自1997年以来12年间农民收入增幅最大的一年。

【推进文明生态村创建】　按照“五个起来”（即让农民富起来、让农户暖起来、让农村亮起来、让农家乐起来、让农村经济循环起来）的要求，一方面以“三化”为重点抓普及抓推广，一方面以建立长效管护机制为重点抓巩固抓提高。重点抓454个村的创建工作，年内硬化村内道路1600公里、绿化植树340万株、安装太阳能路灯4443盏、推广博士灶2899个、建造吊炕4.7万铺、新建沼气池4.6万个，全市开展创建的村累计达到3485个，占全市行政村总数的61%，全市农村面貌又有新的改善。按照市委、市政府提出的全市每个行政村都要建有“村民中心”的要求，一方面狠抓“村民中心”的硬件建设，全市年内新建“村民中心”2400个，90%的行政村都建有“村民中心”；另一方面，狠抓“村民中心”的制度建设，完善服务功能，充分发挥“村民中心”的作用，得到中共中央政治局委员、国务委员刘延东的批示和肯定。

【推进城乡一体化】　首先制定下发《2008年推进城乡一体化工作实施意见》，并组织层层制定城乡一体化发展规划，年底所有县（市）区、90%的镇、50%的乡、30%的村完成制定，并开始实施；在抓城乡一体化政策体系建设的基础上，狠抓城乡公共服务一体化，保证农民工进城落户、农民进城就业、农民工子女就读、农民进城公共交通和农民进城就医报销实现无障碍；加强城乡社会保障体系建设。在迁安、遵化等6个县（市）区开展新型农村养老保险试点，到年底，全市新型农村养老保险参保人数达40.54万人，有14.91万名农民按月领取新型农保金。同时提高农村低保标准，农村低保由每人每年1000元调整为每人每年1200元。其次开展课题研究，组织编制完成全国首部《城乡发展一体化战略规划》。与中央党校经济学教研部密切合作，经过多次调研，反复讨论，数易其稿，历时一年多时间完成《战略规划》编制工作，12月5日在北京通过论证，专家们一致认为，《唐山城乡发展一体化战略规划》是全国首部市级城乡一体化战略规划，处于全国领先水平。同时组织市城乡一体化研究中心完成8项研究课题，为推进城乡一体化工作提供决策参考和政策依据。

【落实农村各项政策】 充分发挥农工委“综合调研、组织协调、督导检查、指导服务”职能作用，狠抓党在农村各项方针政策的落实。尤其是为落实党在农村的土地承包政策，一是制定出台《关于加快农村土地承包经营权流转促进规模经营发展的意见》等16项政策措施，积极推进土地承包扫尾、补发合同证书及经营权证书工作，补发证书2600多份。二是搭建了农民土地承包权流转交易平台。为创新农村土地管理和流转机制，积极开展调研论证、前期筹备工作，协调有关部门组织建立“唐山市农村土地经营权流转交易中心”，为促进全市农村土地承包权流转、规范流转程序、维护农民合法权益搭建平台，奠定基础。三是积极探索推进土地适度规模经营的途径和办法，开展土地承包经营权流转试点示范，维护农民土地承包合法权益。四是从规范“村民中心”制度建设和运转机制入手，狠抓农村村务公开与民主管理工作，规范公开程序，提高公开质量，提高民主管理水平，群众的满意度达到98%以上。五是组织开展农村基层矛盾纠纷排查工作，认真做好农村信访和稳定工作，办结各类信访案件400余件（次），使接待的信访案件没有出现赴省、进京访，来访群众满意率继续保持100%。

【完成科学发展试验任务】 一是完成科学发展示范乡村建设任务。按照“制定一个好规划、发展一个好产业、探索一个好模式、完善一套好制度、建设一个好班子”的创建要求，选树22个乡镇、116个村作为科学发展示范村试点，突出抓迁安市唐庄子、乐亭县赵蔡庄、滦南县李营、滦县大司营等一批科学发展示范村建设示范典型，组织试点乡镇、村的干部进行学习培训和示范点观摩，组织召开全市科学发展示范村建设大会，对丰润区沙流河镇等13个科学发展示范镇（乡）、迁安唐庄子村等50个科学发展示范村进行表彰。在此基础上，以中心镇及农村新民居建设为抓手，深入开展科学发展示范村攻坚行动，多次组织有关“中心村镇和农村新民居示范村建设”情况的调查摸底，组织到天津市东丽区华明镇考察学习。多次组织召开不同层次、不同类型的座谈会、研讨会，制定下发《唐山市科学发展示范村建设攻坚行动实施方案》等相关政策文件，组织开展村庄规划暨农村新民居建筑设计大赛，组织300名规划师进驻百村开展规划设计。全市以中心镇及农村新民居建设为重点的科学发展示范村攻坚行动开局良好，并取得阶段性成果。二是按照省委书记张云川来唐山调研学习实践科学发展观时提出的“唐山在农村新民居建设和旧民居改造上要起带头、做示范”的要求，突击完成农村民居“平改坡”攻坚任务。历时3个月，完成11个县（市）区、53个乡镇、283个村、3.1万户的旧民居改造示范工程，抓一批示范典型，探索和推广“八种建设模式”，得到省、市领导的充分肯定，全省新农村建设观摩交流会在唐山召开，典型样板为全省新农村暨农村新民居建设起到带头示范作用。三是科学发展模式试验示范工作取得积极成效。为完成市委分配的新农居建设“六个一”模式（一顶、一墙、一灶、一炕、一能、一沼卫）和农业内部循环生产模式的试验示范工作任务，农工委专门成立领导小组，责任到人，科学制定规划，全面组织实施，对每一个模式都量身制定一套工作方案、一套指标体系，明确技术节点和时间节点，确保试验示范模式可学习、可复制、可推广，示范模式点得到领导肯定，在市内、省内得到广泛推广。

【组织实施绿化攻坚行动】 按照市委、市政府工作部署，重点实施城镇及周边绿化、通道绿化、村庄绿化、农田及“四荒”绿化、工业园区及企业绿化、矿山修复绿化六大造林绿化工程。为将绿化攻坚行动落到实处、取得实效，加大宣传发动、组织协调、检查督导工作力度，土地租赁、任务安排、标段划分、苗木调运、组织施工、技术指导等工作协调到位，绿化攻坚秋冬季会战取得阶段性成果，全市完成秋冬季造林绿化面积达34.2万亩。与此同时，历时2个多月组织完成市委交办的《唐山市城市生态园林建设工程》的调研、施工方案规划、工程设计等工作，年底市三个片区的城市生态园林建设工程取得阶段性成果。

【实施振兴奶业计划】 “三鹿奶粉事件”发生后，唐山市乳品产业受到严重冲击。为保护奶农利益，保持奶业发展，维护社会稳定，在市委、市政府统一领导指挥下，组织协调有关部门一手抓治理整顿，一手抓振兴奶业发展，，先后制定出台《加强奶站规范化管理实施方案》、《畜牧水产品质量监测体系建设实施方案》，组织召开“全市振兴奶业动员暨科学发展示范工程建设大会”，表彰首批22家农业科学发展示范园区（场），实现在重大食品安全事件严重影响和重创下的唐山奶业平稳过渡和稳定生产。与此同时，把握机遇，化危为机，协调市畜牧水产局等多家单位，制定《唐山现代奶业品牌工程建设实施方案》以及打造唐山自有奶制品品牌的政策措施，使唐山市乳品产业得到全面振兴，并实现新的发展。

（贯以宁）

信访工作

【概况】 2008年，恰逢北京举办奥运会，信访工作责任重大。面对严峻信访形势和繁重工作任务，

在市委、市政府的正确领导下，全市各单位坚持以“三个代表”重要思想和科学发展观为指导，以实现“平安奥运”为目标，以开展大接访活动为抓手，按照“做实接待、做强督查、做细复查、做深调研、做优机关”的思路和模式，紧紧抓住“事要解决”这一核心，扎实推进信访工作的发展，圆满实现奥运会期间进京集体上访、赴省集体上访、非正常进京上访和群体性事件“四个未发生”的目标。得到省委、中央联席办和中央督导组的充分肯定。

【完善信访工作领导体系】 各级各单位牢固树立“发展是硬道理，是第一要务；稳定是硬任务，是第一责任”的理念，把信访工作列入重要议事日程，认真研究部署，精心组织实施，全市上下形成前所未有的一级抓一级、层层抓落实的良好工作局面。市委、市政府多次召开常委会，对信访稳定工作做出一系列重大决策部署，先后出台《关于开展县委书记大接访活动的意见》、《进一步加强信访工作的若干意见》等30余份文件。省委常委、市委书记赵勇和市委副书记、市长陈国鹰，对信访工作多次做出重要批示，并率先参加市党政领导公开接待来访群众活动，亲自调度重要信访案件，亲自抓信访问题的解决。市党政领导及县（市）区、乡镇（街）和职能部门的党政领导，全部参与调度、包处理重要信访事项工作，形成抓信访、保稳定的强大领导合力。同时，充分发挥联席会议、信访部门的综合协调指导作用，动员和组织社会各方面力量，形成上下联动、左右协调、运转高效、综合施治的工作体系，落实责任主体和责任目标，推动信访工作上台阶、上水平。

【畅通群众信访渠道】 把畅通信访渠道、拓宽群众诉求平台，作为信访工作的前提和基础，保障公民申诉权利，化解社会矛盾隐患。做法，一是创新信访服务方式。为便于群众信访，进一步健全完善全市信访信息系统和“网上信访”、“电话信访”办法，确保民情、民意顺畅上达。全年收到网上诉求274件，办结216件，按期结案率达100%。二是深化信访代理工作。将信访代理工作确定为科学发展模式之一，进一步健全信访代理工作机制，完善工作程序，构建代理网络，实施规范化、制度化、法制化管理。全市代理信访问题1300余件，收到源头治理的好效果。三是推进信访服务中心建设。进一步加强市及各县（市）区信访服务中心建设，完善服务功能，健全规章制度，规范工作流程，改善接待环境，为群众创造安全、舒适、和谐的信访场所。市信访服务中心投入使用后，引入有理推断理念，实现“无缝衔接”，大批信访问题被集中接待、集中化解，极大地方便来访群众，受到广泛好评。

【领导大接访活动】 中央和省委做出开展县委书记大接访活动的决策后，市委、市政府以高度的政治责任感认真安排部署，全力组织推进。全市各级领导干部接待群众来访15338批、44135人次，其中市级党政领导接访490批、3225人次；县（市）区委书记接访998批、3173人次；乡镇（街道）党委书记接访1262批、3259人次，信访突出问题就地化解，一系列关系民生的举措得以落实。主要特点，一是精心组织实施。抓好“公示、接访、包案、落实”四个环节，精心组织，扎实推进。在开展市级党政领导大接访活动中，对1922份信访事项进行汇总整理，确定9个方面930件群众急切盼望解决的问题，纳入市领导公开接访范围。市委市政府主要领导率先垂范、身先士卒，带领市党政班子成员公开接访，探索设区市市委书记及党政班子成员大接访的新经验，先后被中央联席办、省联席办和中央督导组转发，在全省、全国推广，并被中央领导周永康同志批示肯定。二是进行公开公示。通过报纸、网络、广播、电视等新闻媒体对市县党政领导公开接访进行公告，通过公示和广泛宣传，增强大接访工作透明度，使大接访成为排查信访隐患，实施超前化解的重要平台。三是推广典型经验。深入挖掘典型经验、典型单位、典型案例、典型人物，编发《唐山市县委书记大接访活动专报》37期。及时向上级反馈工作情况，有25篇经验被中联办和省联办刊发。四是加强督查督办。三次组织集中督导检查活动，深入各县（市）区、市直重点单位，采取明察暗访方式，对大接访活动进行“四查”：一查是否做到“四个100%接待”；二查党政主要领导是否按要求进行接访；三查是否每天都有县级领导接待；四查重点信访案件是否得到妥善解决。五是建立常态机制。在认真总结县委书记大接访活动经验基础上，针对存在问题，举一反三，研究制定改进工作的具体措施。市委、市政府制定出台《关于建立市县乡村四级大接访常态机制的意见》，建立健全矛盾纠纷排查预警、党政班子成员定期预约下访等9大机制，把大接访纳入经常化、制度化、规范化轨道，确保大接访活动深入持久地开展下去。

【实现“平安奥运”】 把维护奥运期间社会政治稳定，作为全年信访工作的头等大事，早谋划、早部署、早推动，做到“六个到位”：（1）接待信访办理到位。信访服务中心、热心电话和“网上信访”实行24小时值班服务，接待受理群众的来信、来访、来电。奥运期间，仅市信访局接待理群众信访就达2210件次，涉及信访群众2万余人，办理各类信访案件1250件，按期结案率达100%，群众满意率提高20个百分点。（2）隐患排查化解到位。对排查出的各类信访隐患，按照“一起案件、一个处置班子、一套处置方案、一本处置台账”的办法，组织力量逐案研究超前解决问题的措施，确保所有问题解决到位。全市排查出各类重点信访隐患1116件，99%以上实现就地化解（3）非正常访整治到位。按照“案结事了、息诉罢访”的要求，分“解决问题、法制教育、帮扶解困、依法处置”四个步骤，对非正常进京上访案件进行集中清理，逐一研究制定解决问题办法。经过集中整治，有235案、328人实现“案结事了、息诉罢访”；另外，对134人给予生产生活帮扶；对543人实施依法处置（其中，告诫、警告472人，行政拘留64人，劳动教养7人）。（4）重信重访治理到位。组织力量对350

件重信重访案件进行认真梳理，在摸清情况、掌握底数的基础上，重新交办、重新审查、重新结案。同时，对问题突出的企业改制、城市建设、土地征占等重信重访问题，抽调人员组成8个工作小组，集中予以研究解决，避免越级上访的发生。(5)党政领导包案到位。对已发集体访、非正常上访件和排查出的信访隐患，要求各单位在5天内确定县级包案领导，签订领导包案责任书，明确解决问题、思想疏导、稳控和依法处置责任。市委、市政府主要领导带头，市党政领导分包17件疑难信访问题，县级以上领导包案达1387件，90%以上问题得到妥善化解。(6)驻京值班劝返到位。建立基层稳控、路途劝返、依法遣送“三道防线”，构筑全方位、立体式稳控工作网络。特别是驻京值班人员，发扬不怕吃苦、连续作战的作风，坚守最后一道防线，全力维护首都的稳定。

【探索规律破解难题】　把创新作为突破信访工作“瓶颈”的重要手段，不断发现新问题、谋划新思路、制定新措施。首先，认真分析研究信访新动态。针对经济社会快速发展，矛盾集中显现的实际，深入基层搞好排查分析，研究探索信访新规律、新特点，提出解决问题的方法措施，为党委政府决策提供服务。年内，市信访局上报各类信访信息140条，有38条被省、市采用，创历年之最。其次开展专项调研。针对信访热点难点问题，就城市建设开发、农村“三资”管理、国有企业改制、水库移民等方面问题组织专项调研，提出意见、建议和对策，为从源头上减少和避免信访的发生，提供科学决策依据。市、县两级信访部门共撰写调研文章376篇，其中有155篇得到县以上党委政府领导批示。三是广泛征集人民建议。研究制定人民建议征集工作意见，把人民建议征集工作制度化、规范化，激发广大人民群众献计献策的积极性和主动性。市、县两级信访部门征集人民建议140条，有25条被各级领导批示，有的产生超前或成批化解信访问题的实际效果，有的产生较为明显的社会效益和经济效益。

【强化信访部门建设】　把提升信访干部综合素质，建设优质、高效、务实的工作机关，作为一项系统工程来抓，着力加强信访干部队伍建设。结合深入学习实践科学发展观活动，引导信访干部用科学发展观统一思想、统领全局，指导工作，牢固树立“以解决问题为核心”和“有理推断、有过推断、有解推断”理念，进一步增强做好信访工作的使命感、大局意识和责任意识。将解放思想贯彻工作始终，深入开展解放思想大讨论、大调研活动，引导信访干部进一步创新工作思路，健全工作机制，创造性开展工作，以此推动全市信访工作的深入开展。在全市信访系统开展“为民、务实、清廉”教育活动，大力倡导“政治立场坚定、政策法规精通、业务素质过硬、作风正派务实、保障服务一流”六种精神，信访干部顽强拼搏、锐意进取，甘于清贫、默默奉献的精神得到弘扬，赢得广大群众的赞誉和认可，全年收到群众表示感谢的锦旗、牌匾等30余面。

（杨文谦）

决策服务

【概况】　以服务科学发展示范区建设为主题，认真贯彻落实科学发展观，紧贴市委中心工作，全年共完成重大调研课题10项；撰写编发《调研专报》6期、《决策参考》20期；编译供市委主要领导参阅的《国际动态摘报》9期；撰写《献计献策活动呈报》4期；出版《新唐山》杂志12期；重大课题市委主要领导批示率达100%，全部进入市委决策。

【重点调研上水平】　围绕唐山市科学发展的惹干重大课题开展调查研究，撰写一批有价值有分量的调研报告，为市委市政府科学决策提供重要参考和依据，受到各级领导高度重视，并给与充分肯定。如围绕培育壮大市场主体，增强经济发展内在活力，撰写的《关于培育我市市场主体的调查与建议》；围绕推进唐山市旅游业快速发展，打造现代服务业产业链，撰写的《关于加快我市旅游业发展的调查与建议》；围绕提炼和阐释新唐山人文精神，撰写的《对新唐山人文精神的分析及建议》；围绕弘扬新唐山人文精神，撰写的《加快建设科学发展示范区的“铸魂工程”》等。还有面对三鹿婴幼儿奶粉事件对唐山市奶业经济的冲击，及时联合有关部门分赴县（市）区展开调研，撰写的《关于加快发展我市现代奶业的调查与建议》。围绕做大做强港口物流产业，调查撰写的《加快发展我市港口集装箱产业刻不容缓》；围绕促进新农合健康、高效运行，调查撰写的《关于我市新型农村合作医疗制度运行情况的调查与建议》；围绕社区卫生服务体系建设，组织撰写的《以解决城镇居民看病就医问题为着力点，大力加强社区卫生服务体系建设》。市委、市政府主要领导都分别作出重要批示。撰写的《关于我市农村专业合作经济组织发展状况的调查》等报告，市委、市政府分管领导作出重要批示。按照唐山市委主要领导要求，组织相关部门就唐山市农村改革发展中存在的突出问题开展调研，形成《关于农村改革发展若干问题的调查与思考》，成为市委八届五次全会有关决策的重要依据。撰写的《关于城市贫困群众存在问题及建议》一文，在唐山市献计献策活动中被评为金奖。

【总结先进经验】　围绕汲取东京湾发展的经验教训，加快唐山市沿海地区开发开放，在赴日考察的基础上总结撰写出《学习借鉴东京湾经验，努力把唐山湾打造成中国的东京湾》。省委研究室主任称赞这是一份非常好的考察报告，调研深入，有理有据，建议具体，操作性强，文风朴实，堪为典范，对唐山乃至渤海湾经济发展都有重要参考价值。河北省委研究室全文转发。考察撰写的《学习借鉴韩国新村运动经验，加快推动唐山新农村建设》，河北省委办公厅予以全文转发。

【编译国际动态】　为保证市委及时掌握国际经济社会发展重要动态，创办《国际动态摘报》，此项工作得到市委主要领导充分肯定。编译的《德国议会通过新兴能源法修订案》、《莱格尼察：从污染之都到环保典范》、《德国马堡：使用太阳能成法定义务》等引起市领导的关注，市委主要领导分别作出重要批示，为市委、市政府做科学发展决策提供出重要参考。

【起草重要文稿】 6月份以来，市委研究室主要负责同志按照工作分工，组织唐山市委办公厅有关处室，承担市委重要文件和市委主要领导文稿的起草。市委研究室的同志先后参与起草市委八届四次、五次全会文件和市委主要领导讲话，市委改革开放30周年调研报告等一批重要文稿。在研读国内外大量文献和深入调研的基础上，提炼形成60个科学发展模式，成为唐山市科学发展战略规划的重要组成部分。

（甄庆民）

党校工作

【发挥理论阵地作用】 在学习实践科学发展观活动中，市委党校抽调精干人员参加市领导小组各机构，7名同志卓有成效的工作获得好评。组织12名教学骨干广泛开展社会宣传，宣讲60多场次；与新闻媒体结合，制作节目40次，取得良好社会效果。在学习贯彻党的十七届三中全会和省、市委全会精神过程中，组织理论骨干撰写文章解读省、市全会的主题报告，在《唐山劳动日报》、《新唐山》、《唐山党政干部论坛》等报刊杂志发表文章41篇；在号召全校干部职工为建设科学发展示范区献计献策活动中，3位教师的建议获得3项金奖，2位同志的2项建议获得优秀奖，市委党校荣获献计献策活动组织奖。

【干部培训成绩显著】 圆满完成市委下达的各项干部培训轮训任务，全年举办各类主体班次17期，其中县级干部进修班两期，中青年干部培训班两期，全市县、乡两级领导干部建设科学发展示范区专题轮训班7期，非中共党员科级干部培训班一期，各类部门班次5期，培训干部5482人。充分发挥党校干部教育资源优势，扩大干部培训覆盖面和质量。一是围绕中心，不断充实教学内容。突出中国特色社会主义理论体系在教学中的主导地位，坚持与时俱进，紧紧围绕中央、省市委重大决策部署，特别是重点突出科学发展观学习实践活动和市委八届四、五次次全会精神，紧密联系建设科学发展示范区的实际充实教学内容，在主体班开设44个专题课，其中新专题31个，有效增强教育培训的针对性和实效性。二是努力探索，积极构建“大师资”培训格局。探索开放办学模式，邀请专家学者来校讲课，聘请15位市有关部门领导为党校客座教授，其中多位领导来到党校授课，分析全市经济社会发展现状，紧密联系省情市情，增强领导干部科学发展意识，提高领导科学发展的能力。三是深化改革，创新教学管理体制。推进课题竞标和通审稿制度，引入竞争机制，实行教师竞聘上岗；加强教学管理，端正教风、学风，教学秩序进一步好转；创新学员管理，对学员实行入学测试、中间考核、期末鉴定的办法，提高培训的质量和效果；全年主体班学员的到课率、课堂满意率分别达到95%、85%以上，授课优秀率达到25%，事故率为零。四是创新教学方式方法，积极探索案例式教学。组织8位教师专门赴国家行政学院学习案例式教学，并在实际教学中积极探索和尝试，两位教授的示范课，极大调动起主体班学员的学习兴趣，取得良好教学效果。

【提高科研工作水平】 一是坚持正确的科研方向。面向市委市政府决策需要，围绕领导决策选择课题；面向干部教育培训工作需要，努力扩大课堂教学成果；围绕中心，服务大局，使科研工作出现新局面。二是制定并落实奖励政策。列出专项开支鼓励教师深入基层，深入一线调查研究，在车辆安排、费用开支等方面给予大力支持；要求全校干部职工注重学习，撰写文章，对高水平、高质量的作品予以重奖，调动干部职工的科研工作热情，全年完成论文120篇，其中在《人民日报》、《光明日报》等大报及核心期刊发表20篇，省级以上33篇，市级67篇。三是加强载体建设。按照提高品位，扩大影响的方向，将原来校刊《唐山党校》改版为《唐山党政干部论坛》，通过实践，《唐山党政干部论坛》成为宣传研究党的路线方针政策和市委重大决策部署的重要阵地，成为全市各级领导，特别是基层党政领导交流思想的平台，受到市委领导和理论工作者的好评。四是集中力量，重点攻关。围绕建设沿海经济社会发展强省，建设科学发展示范区的需要，协助省委党校组织“环渤海区域合作与发展党校论坛2008唐山会议”，有7个省市地区党校参加会议，得到省市领导的充分肯定。市委党校连续第四届荣获全省党校系统科研工作组织奖。

（孙　杰）

机关工委工作

【学习实践科学发展观活动】 按照市委的要求，工委有9名同志被抽调到市委学习实践科学发展观活动办公室工作，工委常务副书记李广江兼任了活动组组长，工委副书记安英泽兼任了模式办副主任职务。活动中，严格按照规定步骤抓落实，不断创新活动载体，丰富活动内容，举办9场“解放思想科学发展论坛”活动，邀请县（市）区和市直单位主要负责同志以及专家教授进行交流发言，全市科以上干部6000多人次参加。谋划组织5场专家辅导报告会，征集并辑印学习实践科学发展观先进典型436例，在《唐山劳动日报》集中刊发研讨文章，认真回答赵勇书记提出的“五个什么”，引起社会广泛关注。按照市委要求，组织100名社会各界评议代表，对市工商局、环保局、规划局、公安局、民政局、教育局、卫生局、城管局等八个单位进行集中联席评议，推动学习实践科学发展观活动深入开展。举办庆“七一”、抗震救灾先进事迹报告会和“学习实践科学发展观，争当科学发展排头兵”电视知识竞赛活动，组织“科学发展观的春天”文艺汇演、“科学发展在我身边”摄影展等活动，努力营造浓厚氛围，扩大参与度和影响力，得到市领导的肯定。

在市直机关谋划开展科学发展示范机关活动，按照“树立新理念、制定新规划、探索新模式、建立新机制”的要求，制定下发《创建活动实施方案》和《科学发展示范机关考评办法》（试行）。深入开展“岗树一念、人练一招、处谋一策”活动，引导市直各单位结合职责特点，提炼形成本单位、本处室、本岗位科学的工作理念。集中推广党内关怀激励、“三位一体”处级管理、“文明大院”规范化管理和绩效管理、ISO9001质量管理体系等模式，向市直各单位提供菜单式的模式认领服务。积极借助外脑，聘请中国行政管理学会和有关院校专家教授，共同研究制定《唐山市科学发展示范机关创建工程规划》，由市委办和政府办联合印发。工委分别于7月、9月和11月，召开市直机关“文明大院”创建工作现场会、创建科学发展示范机关汇报交流会和科学发展模式试验示范工作会议，组织有关单位介绍交流创建活动的做法和经验，展示科学发展模式试验示范工作的成果。

【纪律作风教育整顿】 精心组织为期一个月的机关纪律作风集中教育整顿，出台市直机关工作人员《行为规范》、《十条纪律》和《违反“十条纪律”的问责办法》，各处室和工作人员签订并公开《工作承诺书》。聘请30名效能作风监督员，确定10个评议监测点，设立举报电话和电子邮箱，发动群众和社会各界监督纠错；建立实行“核查通知书”和“整改通知书”制度，组织两次明查暗访，并通过《唐山劳动日报》、唐山电台、电视台进行通报、曝光，督促机关作风效能的持续改进。以市委办公厅“三个一”活动为基本模式，开展以计算机网络管理、公务员公文写作、公务员实用英语为主要内容的“三项大赛”，全面提升执行力。市领导肯定纪律作风集中教育整顿活动“措施有力、成效明显”，并要求市纪委做好总结宣传。

【落实党建工作责任制】 与市委组织部联合制定下发《关于市直机关实行党建工作责任制的实施办法》，对基层党组织履行党建责任制的总体要求、职责目标、工作制度以及考核追究等进行有效规范，形成责任明确、领导有力、运转有序、保障到位的党建工作保障机制。12月，组织召开市直机关部分单位“一把手”抓党建汇报座谈会，专门集中在北京组织350名专职党务干部、党支部书记培训班，提升党务干部政治业务素质。开展“三优一先”表彰、“十佳党建”活动交流评选和“双学”答题知识竞赛等活动。建立健全党内激励、关怀、帮扶机制，设立生活困难党员帮扶专项资金66900元，指导机关各级党组织慰问困难党员1600多名，累计投入资金80.67万元。组织党员通过交纳“特殊党费”支援四川汶川抗震救灾工作，收缴“特殊党费”513万元，带头弘扬新唐山人文精神。

【机关政务文化建设】 抓精神文明建设，围绕创建全国文明城市，谋划开展“创建现代文明机关，优化政务环境”公民道德教育实践活动，出台《文明礼仪公约》，继续开展“评学雷锋十佳事迹”活动以及创建文明和谐示范单位、机关文明大院和绿色机关活动，组织“迎奥运、讲文明、树新风”礼仪知识竞赛和“看新唐山，促新跨越”参观活动。加强反邪教警示教育，开展“三清”和回访帮教活动，实现“四个零指标”；抓机关品牌建设，通过开展大规模的品牌宣传活动，市劳动和社会保障局“情系民生”、房管局“和谐人居”、交通局“路通人和”、市法院“我公正、你放心”等机关品牌，在全市和全省产生较大影响，机关品牌美誉度和信誉度不断增强。抓廉政文化建设，推动开展读书思廉、党课讲廉、典型示廉、案例警廉、家庭助廉、媒体传廉等“七廉”教育，精心承办首届廉政文化艺术节开幕式，组织优秀节目参加展演，被评为一等奖。按照“五有”标准，加强廉政文化建设，利用现代化设施宣传廉政典型、进行廉政教育，成为市直各单位开展廉政教育的经常内容和有效手段。抓群团特色活动，成功举办市直机关第二十届运动会，省委常委、市委书记赵勇等省、市领导出席开幕式。组织奥运火炬接力长跑活动以及2009年元旦长跑活动，组织青年志愿者到市截瘫疗养院上站服务。举办市直机关青年联谊会，开展创建“科学发展示范家庭”和评选“十佳母亲”等活动，有效活跃机关党员干部群众积极向上的文化生活。

【学习交流活动】 6月份，唐山市直机关工委与青岛市直机关工委联合举办以“机关品牌与文化创新”为主题的全国机关品牌论坛，中央国家机关工委副书记黄燕明等国家和部分省、市领导出席论坛。工委和市房管局分别以《建设机关文化，打造机关品牌》和《让“和谐人居”服务品牌茁壮成长》为主题发表演讲。论坛期间成立全国机关品牌研究会理事会，工委常务副书记李广江当选为副理事长，副调研员郝利当选为副秘书长。11月11日至13日，唐山市直机关工委与天津市级机关工委、青岛市直机关工委、大连市直机关工委联合举办环渤海18个城市机关党建工作座谈会，为更好地服务环渤海地区开发开放和经济发展搭建一个新的平台。会上，工委常务副书记李广江作题为《创建科学发展示范机关的初步实践与思考》的发言，介绍唐山的做法和经验，提高唐山市直机关工委的影响力和知名度。以《唐山机关》报和《唐山机关建设》网站为阵地，以机关党建研究会为依托，开辟党支部书记论坛等专栏编排活动综述和消息，全年编辑印刷《唐山机关》报22期，编辑刊发文章508篇、图片105幅。

（刘会成）

老干部工作

【概况】 2008年，全市老干部工作，以科学发展示范区建设为总揽，以崇仰之情尊重老干部，以儿女之情服务老干部，以敬业之情凝聚老干部，取得显著成效。市委老干部局撰写的《唐山市委提出要努力使老干部老有所养、老有所医、老有所乐、老有所为》和《唐山市推行“3+1”服务模式提升离退休干部管况交流》刊发。市老干部活动中心俏夕阳舞蹈队被全国妇联授予“全国三八红旗手”称号。市委老干部局被省委组织部、省委老干部局评为“全省老干部先进集体”。市老年大学艺术团舞蹈作品《捶布谣》荣获河北省第九届燕赵群星奖一等奖。9月，100个离退休干部工作先进单位、100名优秀离退休干部、100名优秀离退休干部工作者受到市委市政府表彰。

【思想政治建设】　建立1076个离退休干部党支部，划分2262个党小组。对易地安置的157名唐山籍离休干部逐一进行走访慰问，征求意见。举办党的十七大精神讲座3期，辅导班11期，使3万多名老干部受到教育。4月，下发《关于在全市离退休干部党员中开展好深入学习实践科学发展观活动的通知》，组织9万多名离退休干部投身科学发展示范区和人民群众幸福之都建设。7月，组织近百名市直离退休干部参观考察唐山湾“四点一带”、城市四大主体功能区等科学发展示范区建设成果，增强对科学发展的感性认识，加深对科学发展观的理解。

【落实生活待遇】　一是离退休干部“三个机制”有效运转。进一步加大离休费保障机制、医药费保障机制和财政支持机制落实情况的督导检查力度，建立起离休干部医药费标准正常增长机制，使之与离休干部就医要求及经济社会发展水平相适应。为稳步提高老同志待遇，在确保离休费按时足额发放、医药费按规定实报实销的基础上，对离休干部护理费标准偏低，生活不能自理的由200元提高到600元，抗日战争时期离休干部由200元提高到500元，解放战争时期离休干部由120元提高到400元。二是保证离退休干部共享经济社会发展成果。离退休干部医疗保健服务中心投入运行，在市属14家定点医院恢复和建立离退休干部病房218间，为1240名离休干部进行健康体检，组织副市级实职以上离退休干部赴北戴河度假休养，积极配合市委、市政府解决副市级以上离退休干部住房问题。三是特困离退休干部帮扶力度不断加大。将市直单位684名无工资收入离休干部遗属生活补贴标准由每月270元提高到500元，其中535名参加城镇医疗保险自付部分全部由财政负担，为195户特困离休干部遗属免除冬季取暖费。年底对市直100户特困离退休干部和16名特困遗属逐户进行慰问，送去500元慰问金，努力为他们解决燃眉之急。

【提高服务管理水平】　一是继续推行“3+1”服务模式。针对离退休干部步入“双高期”实际，与市委组织部、市卫生局、团市委等部门联合，在全市范围内推行离退休干部“3+1”服务模式（“3”，就是对70岁以上离退休干部分别安排一名在职领导干部、一名医疗保健专家和一名青年志愿者与其结对服务；“1”，就是在市委老干部局为离退休干部开通一条24小时服务热线）。分两批在292名市直离退休干部中落实到位，各县（市）区也进行全面推广。做法得到中组部的充分肯定并转发全国。二是加快推进企业离休干部上收服务管理工作。就75家市属改制、破产和关停企业的517名离休干部上收服务管理问题进行专门研究，会同国资委、商务局、编办、财政等部门，对编制、经费、车辆等进行测算。三是活动场所建设实现新突破。会同市委组织部，对县（市）区老年大学达标情况检查和考评验收，对遵化、迁安等11个单位通报表彰，督促各单位进一步完善离退休干部学习、活动阵地建设，确保离退休干部服务管理条件与经济社会发展水平相适应。全市共有老年学校183所，活动中心（室、站）271个，面积达到14万平米，居全省领先。

【发挥老干部作用】　围绕科学发展示范区建设，积极引导广大离退休干部通过建言献策、调查研究等多种形式，充分发挥他们在落实科学发展观、促进经济社会又好又快发展中的推动作用。8月21日，全市老区建设工作会议暨市老促会三届一次理事会召开，唐山市老区建设促进会完成换届，之后老促会组织调研小组深入到九个县（市）区的25个乡镇42个老区重点帮扶村进行调研，形成调研报告呈报市委，受到市委肯定。围绕绿化唐山攻坚大会战，下发《关于组织离退休干部积极参与绿化唐山攻坚行动大会战的通知》，组织他们开展种植老干部林、祖孙亲情林等活动，推动绿化唐山攻坚行动深入开展。围绕支援四川地震灾区，组织全市离退休干部开展“向灾区人民送温暖”捐助活动，为灾区捐款超过310万元，用实际行动诠释“感恩、博爱、开放、超越”的新唐山人文精神。围绕纪念改革开放30周年、唐山解放60周年活动，组织42379名“五老”骨干通过丰富多彩的主题实践活动，积极向广大青少年开展爱国主义教育，为关心下一代健康成长、促进社会和谐发挥十分重要的作用。市老干部协会、市关心下一代工作委员会联合编撰纪念唐山解放60周年文集《回顾与展望》。围绕推进科学发展示范区建设，以“开阔眼界、解放思想、学习经验、宣传唐山、推介唐山”为主题，组织副市级以上离退休干部赴北京、大连、青岛、天津等环渤海湾四城市进行参观考察，并联系考察收获和唐山实际，向市委呈报专项报告，得到市委肯定。围绕献计献策活动，组织广大离退休干部为科学发展示范区建设提出意见建议数百条。

【提升服务能力】　认真开展深入学习实践科学发展观活动，发放征求意见函190余份，征求到意见建议97条；先后3次召开离退休干部座谈会，对局领导班子的分析报告进行评议。在整改落实阶段，解决思想理念上的问题。把党委是否放心、离退休干部是否满意、社会各界是否认可作为工作的唯一检验标准，把各界特别是老干部的评议纳入考核体系，加大考核权重；解决工作机制上的问题，明确以创新“离退休干部思想政治建设机制、生活待遇保障机制、服务管理机制、发挥作用机制”为主要内容的“四位一体”工作机制；解决能力作风上的问题，推广岗位练兵制、限时办结制、履职问责制三项制度，通过聘请专家“讲”，中层干部“述”，工作人员动手“写”，离退休干部"评"，考评组年终"选"等措施，开展大规模岗位练兵活动，先后3次对机关工作人员进行能力测评，对机关空缺的17个科级职位实行竞争上岗，使机关队伍战斗力、任务执行力、监督约束力得到明显提升。

（戴会利）

党史研究工作

【概况】 2008年，市委党史研究室坚持以学习贯彻党的十七大精神为主线，深入贯彻落实科学发展观，以全面实施党史工作五年《规划》为重点，扎实推进党史征编、研究和宣传教育工作，各项业务都取得新的成绩，为唐山经济社会发展做出积极贡献。在全国党史研究室主任会议上，荣获2007—2008年度全国党史工作先进集体称号，继1996、2000、2006年之后连续第四次受到中央党史研究室的表彰。

【党史征编】 以编写《中国共产党唐山历史（1948.12－1978.12）》第二卷为中心，编辑出版党史书籍2部，待出概况资料集一套，撰写理论和研究文章37篇。一是编纂出版《唐山，新农村三十年》（原名《探寻发展之路》）。为纪念改革开放30周年，总结建国以来特别是改革开放以来全市农村发展变化的历史，剖析经验教训，进一步推进社会主义新农村建设，组织全市党史部门对新农村建设和发展情况进行调研，撰写调研报告36篇，25万字，于2008年12月份由河北人民出版社出版。二是编纂出版《中共唐山年鉴》2008年卷。入编135个单位，110万字，由中央文献出版社出版。自2002年创刊以来，《中共唐山年鉴》已经逐年编纂出版7卷，成为宣传展示唐山发展成就的重要窗口和阵地。三是全面开展《中国共产党唐山历史（1948.12－1978.12）》第二卷的编写工作。制定并以市委办公厅印发编纂方案，成立编审委员会和写作班子，按照编写大纲进行工作分工，邀请省委党史研究室领导对全市参编人员进行了业务培训，开始所需资料的搜集整理工作。同时，按照市、县基本同步的总体要求，所辖14个县（市）区的二卷本编写工作全面展开，编写大纲和编纂方案基本完成，正在按计划有步骤地征集资料。四是认真完成中央和省委党史研究室部署的征编任务。为中央党史研究室编纂的《社会主义时期党史专题文集（1949－1978）》丛书撰写稿件《从"穷棒子"社到建明合作社纪实》。为省委党史研究室编纂《探寻发展之路》一书撰写调研报告4篇，为全省党史系统纪念改革开放30周年学术研讨会撰写论文23篇，为《河北省先进民营企业发展历程》和《河北省优秀民营企业家创业实录》征集照片58幅。同时，完成《中共河北年鉴（2008年卷）》唐山部分的资料征编上报工作。五是开展《唐山市志（1987－2005）》党史工作部分的征编工作。查阅档案资料100多卷，征集整理资料20多万字，撰写稿件3万字，完成初稿。同时，在此基础上编辑《唐山党史工作纪实》（暂定名），全面记录党史机构自1981年成立以来的工作情况，正在审定。

【党史研究】 一是深入开展抗日战争时期唐山市人口伤亡和财产损失课题调研工作。按照中央的统一部署，从2006年6月份起，全市开展空前规模的抗损调研工作。全市各级党史部门把抗损调研作为重点工程，集中财力、人力和时间，高水平、高质量地完成上级部署的各项调研任务，全市上报中央和省调研成果116卷1700多万字。其中，市课题组形成调研成果12卷140多万字。唐山市的调研工作得到省课题组的充分肯定，省党研室先后两次在唐山召开现场会，并多次转发唐山的工作经验。2008年，按照中央和省课题组的要求，下力量对调研资料进行补充论证、规范整理和修订完善，形成综合资料、人口伤亡、专题资料、证人证言、档案资料等5卷本200万字的书稿，完成文稿校对、146幅照片编辑和书籍版式设计工作，报省党研室审定，计划2009年出版发行。二是组织开展李大钊研究，完成纪念李大钊诞辰120周年全国学术研讨会有关事宜的协调工作。7月17日，中国李大钊研究会秘书长古平同志来唐，邀请市委作为主办方参加纪念李大钊诞辰120周年全国学术研讨会。党史研究室提出积极参加的建议，得到赵勇书记等市委领导同意，印发征文通知，安排部署，做好准备，参加将于2009年10月份在北京大学召开的研讨会。同时组织专家学者集中时间审看23集电视剧《铁肩担道义·李大钊》，从党史角度提出意见和建议18条，以市委名义上报。

【党史宣教】 全市党史工作者充分发挥部门优势，以重大历史事件和重要党史人物纪念日为契机，大力开展"三有、六进"活动，组织有影响的党史宣传教育活动10次。一是市委党研室与市委办公厅、宣传部共同组织纪念唐山解放60周年暨改革开放30周年系列活动，在《唐山晚报》开设"见证唐山解放"专栏，先后发表解放唐山亲历者回忆文章15篇。唐山解放纪念日当天，在《唐山劳动日报》发表署名文章《回顾唐山解放》和6篇党史专题资料，并组织人员走进唐山人民广播电台，直播唐山解放60年来的发展历程和改革开放30年来的辉煌成就。6月至8月，与市关心下一代工作委员会联合举办"唐山市青少年纪念唐山解放60周年、改革开放30周年、构建科学发展示范区"大型知识竞赛，全市有20多万名青少年参加，其中210人获奖。二是组织纪念冀东人民抗日暴动70周年系列活动。7月4日，组织召开"唐山市纪念冀东人民抗日暴动70周年座谈会"。七一前夕，应邀走进唐山人民广播电台，以冀东人民抗日暴动为主题，进行长达1个小时的直播。纪念日当天，在《唐山劳动日报》头版刊发长篇纪念文章《伟业垂青史，精神唤后人》。三是围绕重要党史人物纪念日开展宣传教育活动。在周恩来同志诞辰110周年和华国锋同志、李运昌同志逝世后分别撰写纪念文章。其中《伟人风范光照唐山——写在周恩来同志诞辰110周年之际》和《沉痛悼念李运昌同志》在《唐山劳动日报》头版刊发。为纪念刘少奇同志诞辰110周年，积极配合中央文献研究室来唐拍摄纪录片《刘少奇与

新中国》，陪同他们深入矿区采访拍摄。为深刻展示唐山人民在抗战时期的业绩，配合省电视剧创作中心编写出34集电视连续剧《千里无人区》脚本。

【党史资政】　一是服务领导决策，促进党史工作深入开展。8月份，中央党史研究室副主任龙新民同志来唐调研，市委党研室将龙新民同志调研情况和贯彻意见形成报告上报市委，赵勇书记等领导作出批示，以办公厅通报形式印发全市学习贯彻，对进一步加强党史工作起到重要推动作用。二是为老区建设献计出力。与市老促会合作，深入老区重点村进行调研，了解和掌握改革开放以来老区建设与发展的历程，总结分析老区建设取得的成绩、经验及存在的问题，提出加快老区建设的意见和建议，并在此基础上撰写专题文章《昔日建勋献，今朝铸辉煌》。该文以市委、市政府主要领导同志的名义在中国老区促进会主办的《中国老区建设》上刊发。三是为新唐山建设建言献策。积极参加市委组织的献计献策活动，其中《建立革命纪念遗址，打造红色精神家园》一文得到市委主要领导的批示。《要采取措施促进“沙薄地”地区农村经济发展》、《应采取多种形式和途经加快发展循环经济》等3篇文章获优秀成果奖，受到通报表彰。四是以迎接省委党史工作督查为契机，加强党史队伍和机构建设。省委办公厅督查通知印发后，市委党研室会同市委督查室制定督查预案，以市委办公厅名义印发迎查通知，组织全市各级党史部门进行集中自查。在此基础上，与市委督查室深入基层检查指导工作，对自查和督查中发现的问题进行整改。省委督查组对唐山市的各项工作给予充分肯定。

（薄会鹏）

机关事务管理工作

【改善机关环境】　按照省、市城镇建设三年大变样的统一要求，在坚持勤俭节约的原则下，力求领导机关率先垂范。组织铺设市委大院草坪停车场地面2000平方米，完成人大常委会大院地面硬化8500平方米和地下设施改造，粉刷油漆各种建筑及设施10500平方米，铺设砖便道900平方米，安装塑钢门窗、防护罩500平方米，粉刷马路砖牙、花池780平方米。完成人大院小餐厅扩建20平方米，拔除水泥电线杆18根，高架底压线路600米，安装太阳能灯具24盏。遵照市委、市政府拆墙透绿工作要求，仅一个月时间，拆除围墙1150米，建欧式护栏650米，拆除废旧建筑材料1750平方米，拆除西墙增加绿化1600米。所有工程精心计划，严密组织，保证质量，按期完成。机关办公环境明显得到改善。强化卫生工作督导检查力度，进一步建立健全规章制度，各级检查评比始终名列前茅，为创建全国卫生城市作出贡献。

【提升服务质量】　用“全面、认真、细致、严谨、务实、高效”等12个字规范机关事务管理工作，力争做到“对上服务全优化，平级服务领导化，外部来访宾客化”。做好机关大院设施设备维护维修工作，确保机关工作正常运转。随时保证领导和各机关单位用车，全年安全行车110万公里。给市直机关提供有力通讯保障，增加两条100对电缆，更换地下100对、400对、600对电缆各一段，增加两孔电缆管道，安装迁移电话900部。

（王　培）

唐山市人民代表大会常务委员会

【唐山市第十二届人民代表大会第六次会议】　1月7日至8日，唐山市第十二届人民代表大会第六次会议隆重开幕。大会应出席代表507名，实际出席462名。会议表决通过《唐山市第十二届人民代表大会第六次会议选举办法》、《市十二届人大第六次会议关于认真贯彻落实市委八届四次全会精神的决议》，选举产生89名省十一届人大代表。

【唐山市第十二届人民代表大会常务委员会例会】　2月1日，市十二届人大常委会召开第37次会议。市人大常委会主任钟清杰主持会议。副主任陈满、付爱文、赵振鹏、蔡成山、陈嘉庚、王元孝、雷士明、齐景峰、魏文娜、杜金弘，秘书长张维营及委员共33人出席会议。市政府常务副市长周仲明、市中级人民法院院长樊守禄、市人民检察院检察长周庆平和市政府有关部门负责同志列席会议。会议表决通过人事任免事项。

2月22日，市十二届人大常委会召开第38次会议。市人大常委会主任钟清杰主持会议。副主任陈满、付爱文、赵振鹏、蔡成山、陈嘉庚、王元孝、雷士明、齐景峰、魏文娜、杜金弘，秘书长张维营及委员共35人出席会议。市政府常务副市长周仲明、市中级人民法院、市人民检察院、市人大常委会和市政府有关部门负责同志列席会议。会议表决通过了人事任免事项。

3月14日，市十二届人大常委会召开第39次会议。市人大常委会主任钟清杰主持会议并讲话。副主任陈满、付爱文、赵振鹏、蔡成山、陈嘉庚、王元孝、雷士明、齐景峰、魏文娜、杜金弘，秘书长张维营及委员共34人出席会议。市政府常务副市长周仲明、市中级人民法院代院长李德仁、市人民检察院代检察长梁文平，市人大常委会各部门和市政府有关部门负责同志列席会议。会议听取市十二届人大代表资格审查委员会关于市十三届人大代表资格审查结果的报告，审议并表决通过市人大常委会关于召开市十三届人民代表大会第一次会议的决定、十三届一次会议议程（草案）、主席团和秘书长名单（草案）、主席团第一次会议召集人名单（草案）、议案审查委员会组成人员名单（草案）、计划预算审查委员会组成人员名单（草案）、列席人员名单、选举办法（建议草案）、关于设立市十三届人大法制委员会的决定（草案）及法制委员会组成人员人选的表决办法（建议草案）、市人大常委会工作报告（草案），会议还审议市政府关于唐山市市本级2007年预算执行备案事项的报告（书面），表决通过人事任免事项。

【唐山市第十三届人民代表大会第一次会议】 3月20日至24日，市十三届人民代表大会第一次会议隆重开幕。大会应出席代表504名，实际出席495名。会议听取和审议市政府工作报告、唐山市人民代表大会常务委员会工作报告、唐山市中级人民法院工作报告、唐山市人民检察院工作报告；审议市政府关于唐山市2007年国民经济和社会发展计划执行情况与2008年国民经济和社会发展计划草案的书面报告、关于唐山市2007年市本级预算及市总预算执行情况和2008年市本级预算及市总预算草案的书面报告，表决通过相应六个决议。会议还表决通过市十三届人大一次会议选举办法、设立市十三届人大法制委员会决定及其组成人员人选的表决办法、《关于加快科学发展示范区建设的决议》、《关于〈唐山市人民政府关于唐山市10个县（市）区和100家重点企业节能减排目标向代表承诺的专题报告〉的决议》。会议投票选举市十三届人大常委会主任、市政府市长、市中级人民法院院长、市人民检察院检察长、市十三届人大常委会秘书长、市十三届人大常委会副主任、市人民政府副市长、市十三届人大常委会委员。

【唐山市第十三届人民代表大会常务委员会例会】 4月8日，市十三届人大常委会召开第1次会议。市人大常委会主任张耀华主持会议并讲话。副主任董宝泉、韩金哲、莫连营、唐凤岗、王连灵，秘书长张维营及委员共35人出席会议。市政府副市长唐文弘，市中级人民法院院长李德仁，市人民检察院检察长梁文平，市人大常委会各部门、市政府有关部门和各县（市）区人大常委会负责同志列席会议。会议听取审议并表决通过市人大常委会2008年工作要点、市人大法制委关于《唐山市2008年立法计划》，表决通过人事任免事项。

4月29日，市十三届人大常委会召开第2次会议。市人大常委会主任张耀华主持会议。副主任董宝泉、韩金哲、莫连营、唐凤岗、于大中、王连灵，秘书长张维营及委员共37人出席会议。市政府常务副市长周仲明、副市长王久宗，市中级人民法院院长李德仁，市人民检察院检察长梁文平，市人大常委会各部门，市政府有关部门和各县（市）区人大常委会负责同志列席会议。会议听取《唐山市科学发展促进条例（草案）》的说明；审议《唐山市科学发展促进条例（草案）》；听取审议并表决通过市人民检察院关于全市检察机关加强检察官队伍建设情况的报告；听取审议市政府关于唐山市市本级城市维护费2007年预算执行情况和2008年预算草案的报告，并表决通过有关决定。

6月3日，市十三届人大常委会召开第3次会议。市人大常委会主任张耀华主持会议并讲话。副主任董宝泉、韩金哲、莫连营、唐凤岗、于大中，秘书长张维营及委员共35人出席会议。市政府市长陈国鹰，市中级人民法院院长李德仁，市人民检察院检察长梁文平，市人大常委会各部门、市政府有关部门和各县（市）区人大常委会负责同志列席会议。会议表决通过人事任免事项。

7月3日至4日，市十三届人大常委会召开第4次会议。市人大常委会主任张耀华主持会议并讲话。副主任董宝泉、韩金哲、莫连营、唐凤岗、于大中、王连灵，秘书长张维营及委员共38人出席会议。市政府副市长王久宗、唐文弘，市中级人民法院院长李德仁，市人民检察院检察长梁文平，市人大常委会各部门、市政府有关部门、各县（市）区人大常委会负责同志及市人大法制委委员列席会议。会议听取市人大法制委关于《唐山市养犬管理条例（草案）》的说明、市人大常委会办公厅关于《唐山市人大常委会贯彻监督法、搞好监督工作的实施意见（草案）》的起草说明；审议并表决通过《唐山市养犬管理条例（草案）》、《唐山市人大常委会贯彻监督法、搞好监督工作的实施意见（草案）》；听取审议并表决通过市人大常委会执法检查组关于开展《中华人民共和国农产品质量安全法》执法检查的情况报告，市政府关于实施“五五”普法规划的工作报告、关于农村卫生与城市社区卫生服务工作情况的报告、关于2007年度市本级预算执行及其他财政收支情况的审计工作报告。审查批准市政府关于唐山市2007年市本级预算及全市总决算的报告，表决通过相应决议。审议并表决通过《市人大常委会关于设立市十三届人大常委会代表资格审查委员会的决定》及代表资格审查委员会组成人员名单。会议还表决通过人事任免事项。

9月1至2日，市十三届人大常委会召开第5次会议。市人大常委会主任张耀华主持会议并讲话。副主任董宝泉、韩金哲、莫连营、唐凤岗、于大中、王连灵，秘书长张维营及委员共34人出席会议。市政府常务副市长周仲明，副市长唐文弘，市中级人民法院院长李德仁，市人民检察院检察长梁文平，市人大常委会各部门、市政府有关部门、各县（市）区人大常委会负责同志及市人大法制委委员列席会议。会议听取市人大常委会法工委关于《唐山市2008—2012年立法规划（草案）》的说明、市人大法制委关于《唐山市科学发展促进条例（草案）》审议结果的报告；听取审议并表决通过市人大常委会环保执法检查领导小组关于开展《中华人民共和国环境保护法》执法检查情况的报告，市政府关于唐山市2008年上半年国民经济和社会发展计划执行情况的报告、关于唐山市2008年上半年市本级及开发区预算执行情况的报告；审议通过《唐山市2008—2012年立法规划（草案）》、《唐山市科学发展观促进条例（草案）》、《市人大常委会关于加强自身建设的决定》等8项规章制度（草案）。

10月9日，市十三届人大常委会召开第6次会议。市人大常委会主任张耀华主持会议。副主任董宝泉、韩金哲、莫连营、唐凤岗、于大中，秘书长张维营及委员共32人出席会议。市政府常务副市长周仲明，市中级人民法院院长李德仁，市人民检察院负责同志，市人大常委会各部门和市政府有关部门负责同志列席会议。会议听取和审议《唐山市城市总体规划（2008—2020年）》，并表决通过相应决议。

10月29日至30日，市十三届人大常委会召开第7次会议。市人大常委会主任张耀华主持会议并讲话。副主任董宝泉、韩金哲、莫连营、唐凤岗、于大中、王连灵，秘书长张维营及委员共33人出席会议。市政府副市长王久宗、唐文弘，市中级人民法院、市人民检察院负责同志，市人大常委会各部门、市政府有关部门和各县（市）区人大常委会负责同志列席会议。会议听取市政府关于《唐山市旅游业促进条例（草案）》的起草说明，并审议该条例；听取审议并表决通过市人大常委会执法检查组关于开展《中华人民共和国义务教育法》执法检查情况的报告；听取和审议市政府关于加速推进唐山城乡一体化建设情况和社会保险实施情况的两个专项工作报告，表决通过两个专项工作报告和相应审议意见；听取市政府关于唐山市2008年市本级及开发区预算调整方案及备案事项报告，表决通过该报告和市人大常委会关于批准唐山市2008年市本级及开发区预算调整的决定；听取和审议主任会议关于提请对市人大代表王文国采取取保候审强制措施进行审议的议案，经表决，决定不许可对市人大代表王文国采取取保候审强制措施。

12月17日至18日，市十三届人大常委会召开第8次会议。市人大常委会主任张耀华主持会议并讲话。副主任董宝泉、莫连营、唐凤岗、于大中，秘书长张维营及委员共35人出席会议。市政府副市长于山、高瑞华、唐文弘，市中级人民法院院长李德仁，市人民检察院检察长梁文平，市人大常委会各部门、市政府有关部门和各县（市）区人大常委会负责同志列席会议。会议听取市人大法制委关于《唐山市2009年立法计划（草案）》的情况说明、审议并表决通过《唐山市2009年立法计划》。

会议还听取市十三届人大代表资格审查委员会关于市十三届人大代表资格审查结果的报告；听取和审议市政府关于唐山市10个县（市）区和100家重点企业节能减排履行承诺情况的专项工作报告，表决通过该报告和相应审查意见；听取和审议市政府关于《唐山市生态市建设规划》编制成果的报告，表决通过相应决定；会议还审议并表决通过市政府关于唐山市2007年度市本级预算及其他财政收支情况的审计工作报告中有关问题整改情况的书面报告、市人大常委会选任委关于市十三届人大一次会代表建议、批评和意见办理情况的报告；表决通过市人大常委会关于召开市十三届人大二次会议的决定，会议议程（草案），主席团、秘书长名单（草案），议案审查委员会组成人员名单（草案），计划预算审查委员会组成人员名单（草案），10个县（市）区和100家重点企业节能减排履行承诺情况审查委员会建议名单，市十三届人大二次会议列席人员名单及人事任免事项。

【重要活动】　4月15日，以全国人大环境与资源保护委员会副主任委员张文台为组长的全国人大环资委调研组到唐山市就生态文明建设进行专题调研。市人大常委会副主任董宝泉及市人大常委会城环委、市政府有关部门负责同志陪同调研。

6月17日至22日，省人大常委会副主任侯志奎带领省人大代表视察团来唐，对唐山市列入省30个重点县（市）区和30家重点企业履行节能减排目标承诺的落实情况进行视察。市人大常委会主任张耀华、副主任唐凤岗及市人大常委会城环委、市政府有关部门负责同志陪同调研。

7月2日至4日，全国人大常委、省政协副主席、九三学社省委主委丛斌带领驻省20名全国人大代表，就节能减排与综合治理和发展循环经济问题来唐山市进行专题调研。市人大常委会主任张耀华出席汇报座谈会，市人大常委会副主任于大中、市政府副市长辛志纯陪同调研。

8月7日，省人大常委会原副主任王加林陪同全国人大常委会原副委员长李铁映来唐山市考察调研。市人大常委会副主任于大中、原副主任雷士明陪同考察。

8月11日至14日，省人大调研组到唐山就法院执行工作进行调研，市人大常委会副主任韩金哲陪同调研组分赴市中院、迁安市、迁西县进行调研，听取市县两级法院关于执行工作的汇报，并召开座谈会。

8月26日至27日，河南省人大常委会副主任李柏拴一行来唐学习考察，市人大常委会副主任韩金哲陪同考察曹妃甸工业区、参观河北理工大学地政遗址和南胡生态城。

9月16至19日，省人大教科文卫委员会主任靳宝栓带领省人大常委会义务教育法执法检查组对我市贯彻执行《中华人民共和国义务教育法》情况进行执法检查。唐凤岗副主任陪同检查，市政府周仲明、王久宗、高瑞华副市长分别出席座谈会和汇报会。

【立法工作】　常委会从科学发展的实际需要出发，面向全市公开征集立法项目建议，经过充分调研论证，科学确定立法重点，编制唐山市五年立法规划，并按照立法规划和年度立法计划，积极开展立法工作。常委会把依法保障科学发展示范区建设，作为去年立法工作的重要任务，按照中共唐山市委的要求，在上届工作基础上，集中力量，制定唐山市科学发展促进条例（草案）。由于没有上位法可以遵循，经征求省人大法工委的意见，决定将条例草案改为《关于推进科学发展的决定》，提请本次代表大会审议通过。这一全新的立法实践，体现市委八届三次、四次全会关于建设科学发展示范区的精神，是依法保障科学发展的一次重要探索和尝试，为今后开展创制性立法提供十分宝贵的经验。养犬管理条例的制定，涉及千家万户，社会普遍关注。本着规范犬只管理、保护群众生命安全的原则，妥善解决条例执法主体、犬只日常管理、限养品种数量、农村养犬管理等群众反映强烈的问题。从条例起草到审议通过，历时三年，经两届人大常委会三次审议，其间反复征求意见，数易其稿，体现市人大常委会一贯坚持的民主立法、立法为民的宗旨。为合理开发、利用旅游资源，维护旅游经营者和旅游者的合法权益，促进旅游业的发展，常委会将旅游业促进条例纳入去年立法计划，并进行初审。常委会从促进水资源合理利用、创建节约型社会出发，颁布实施唐山市节约用水条例。就环境保护、养老保险、志愿服务、循环经济发展、工业遗产保护等立法项目进行调研论证。完成全国和省人大16部法律法规草案的征求意见工作。对政府投

资建设项目审计监督办法、生猪产品市场准入管理办法、地震安全性评价和抗震设防管理办法等三个政府规章进行备案审查。

【决定重大事项】 常委会听取市政府关于城市总体规划编制情况和生态市建设规划编制成果的报告，审查通过《唐山市城市总体规划(2008—2020年)》和《唐山生态市建设规划》。常委会强调，各级政府和相关部门要自觉维护规划的权威性和严肃性，研究制定执行规划的监管机制，确保规划的顺利实施；要以城市总体规划为依据，抓紧曹妃甸新区、南湖生态城、凤凰新城和空港城的规划编制，为开发建设提供科学依据；同时把握好各县（市）区规划的调整完善，与城市总体规划整体互融，优势互补，相互促进，共同发展。计划、预算事关全市发展的大局。在深入调研的基础上，常委会听取审议市政府关于2007年决算情况报告和审计工作报告，市本级城市维护费2007年预算执行和2008年预算情况报告，2008年上半年计划和预算执行情况报告及预算调整方案，审查批准2007年决算、2008年预算调整、市本级城市维护费2007年预算执行情况和2008年预算。听取审议市政府关于审计结果处理情况的报告，强化对财政预算执行的跟踪监督。常委会按照法律规定和法定程序，共任免本级国家机关工作人员194名。其中任命156名，决定任命35名，免职3名。

【监督工作】 常委会围绕全市重大决策和重点工作，综合运用听取审议专项报告、开展执法检查等方式，深入实施监督，促进工作落实。根据市十三届人大一次会议上“10100”节能减排承诺，开展环境保护法执法检查。听取审议市政府关于“10100”节能减排履行承诺情况和结构调整、延伸产业链情况等报告，要求缜密谋划产业链延伸，做好产业、产品结构调整，加强节能减排监管和认证管理，强化对节能减排项目建设的督导。并三次组织省、市人大代表，对“10100”单位企业进行视察，督促节能减排攻坚行动的深入开展。为推进城乡一体化’加快新农村建设这项工作的顺利开展，在深入调研的基础上，听取审议市政府关于加速推进城乡一体化建设情况的专项工作报告，指出基层发展规划滞后、体制性障碍依然存在、农民整体专业技能水平不高等突出问题。提高农业科技水平、发展现代农业、加强农村土地承包经营权流转的管理和服务，是城乡一体化的重要内容，围绕上述议题，主任会议及有关工作部门开展专题调研，听取相关报告，提出具体的意见和建议，促进工作开展。常委会关注民生问题，开展农产品质量安全法执法检查，对质量检测中心、疾病防控中心、产地环境、生产过程、流通环节等进行现场检查，发现并督促解决一些群众反映强烈的问题。开展义务教育法执法检查，对农村义务教育给予特别关注，要求加大农村学校和较差学校建设，解决农村教师实际困难，防止学生择校和违规收费，进一步理顺各开发区义务教育管理体制。在认真调研的基础上，听取审议市政府关于社会保险实施情况、推进农村农民饮水安全工作情况、农村与城市社区卫生服务工作情况三个专项报告，提出建设性意见和建议。有关工作部门对贯彻计划生育法、高等教育法、女职工特殊保护专项集体合同情况进行检查，积极促进民生的持续改善。围绕“五五”普法、检察官队伍建设、法院执行工作等事项，听取审议有关专项工作报告，开展执法调研，促进上述工作的开展。把人大信访作为联系群众、依法履职的重要平台，共受理来信来访2955件次，督促纠正了一些有法不依、执法不严、违法不究的行为，维护了社会稳定。常委会高度关注奥运安保工作，开展治安管理处罚法实施情况专题调研，并选派人员，圆满完成驻京信访值班和日常值班工作，完成全市“双建”工作，为“平安奥运”目标的实现做出积极贡献。为提高监督实效，常委会不断改进方式方法。实行计划预算监督工作预案制度，改被动监督为主动监督，提高监督效率。实行评议专项工作报告制度，通过投票表决，真实反映常委会组成人员的意见，有利于报告单位了解自身的实际情况。实行网上“阳光工程”，不断丰富公开内容，将纳入“10100”工程的企业情况在机关网站上公布，接受社会监督。各工作部门对常委会审议专项工作报告、开展执法检查中提出的整改意见落实情况和重点信访案件处理情况，进行跟踪督导，提升监督效果。常委会在围绕重大决策和重要工作依法行使权力的同时，还发挥自身特点和优势，就贯彻十七届三中全会和中央经济工作会议精神，开展专题调研，为市委决策提供依据。主任会议成员按照全市统一安排，认真做好制定科学发展模式、服务重点企业和跑办项目工作，努力为全市经济发展分忧解难、献计出力。

【代表工作】 常委会加强代表学习培训，提升代表履职水平。通过委托选举单位轮训、参加上级培训、举办代表组长培训班等形式，对省、市人大代表进行培训，为代表依法履职奠定基础。认真落实向市级人大代表通报重要工作和重大事项办法，督促“一府两院”做好政府公报、法院要讯、检察工作要况的发放工作，为代表订阅书籍、报刊，保证代表知情知政的权利。加强与代表的联系沟通，倾听代表意见和建议，及时改进服务工作，为代表执行职务创造条件。加强对闭会期间代表活动的组织和指导。按照便于活动的原则，将市人大代表编成50个代表小组。针对换届后新代表多的特点，组织召开各县（市）区人大代表科长座谈会，就做好代表工作进行交流探讨。组织市人大代表观摩奥运火炬传递活动，视察拆违拆迁城镇面貌“三年大变样”活动，激发代表履职的积极性。组织省、市人大代表，围绕全市重点工作，开展年中专题调研和会前视察活动。积极配合全国人大代表在唐调研视察活动，为在更高层次给我市争取有利的发展环境做出贡献。常委会认真办理代表建议。采取主任会议重点督办、与政府联合督办等形式，加大督办力度，努力在解决问题上下工夫。对答复代表解决的问题，集中检查落实情况。对没有彻底解决的问题，督促承办单位抓紧做好后续工作。截至去年年底，市十三届人大一次会议期间代表提出的224件、闭会期间提出的5件建议，除未到办结时限的以外，其余均向代表作出答复。对于一些尚未解决的问题，也向代表说明情况。

十三届人大常委会及其工作部门领导成员

主　　任：张耀华
副 主 任：董宝泉　韩金哲
　　　　　莫连营　唐凤岗
　　　　　于大中
　　　　　王连灵（女）
秘 书 长：张维营
委　　员：丁　岚　丁玉双
　　　　　王　全　王国栋
　　　　　王绍忠　王晓光
　　　　　王晓燕　王清文
　　　　　方成田　方合群
　　　　　付国良　刘金柱
　　　　　刘洪英　李太山
　　　　　李云霞　杨贵茹
　　　　　肖克勤　何景忠
　　　　　张　龙　张书民
　　　　　张忠顺　孟繁新
　　　　　郝有顺　徐国卉
　　　　　徐瑞勇　高志龙
　　　　　郭志霞　陶　文
　　　　　梁　辉　鲁　杰
　　　　　解仁义

办公厅
主　　任：张维营（兼）
副 主 任：丁玉双（10月免）
　　　　　张　剑　王敬武
　　　　　易生泉　李志利

研究室
主　　任：张　龙（兼）
副 主 任：张志刚

选举任免委员会
主　　任：刘洪英
副 主 任：任宁翠

法工委
主　　任：孟凡新
副 主 任：彭金生

内司民侨委
主　　任：何景忠
副 主 任：高惠东　张国君

财经委
主　　任：高志龙
副 主 任：周　贺　周晓洁

城建环保委
主　　任：王清文
副 主 任：郝水平　李云普

农经委
主　　任：王绍忠
副 主 任：许　明

教科文卫委
主　　任：王　全
副 主 任：杨文学　王庆云

机关党委
专职副书记：易生泉（10月调离）
　　　　　　丁玉双

（张志刚）

唐山市人民政府

主要会议及重要决策

【市政府常务会议】 1月10日，市政府召开第五十九次常务会议。会议议题：研究讨论《市委市政府关于加速推进我是市现代化农业发展的意见》，强调：做好“三农”工作，把握好：“四个重点”和“两个关键”。四个重点是抓基础、抓转换、抓龙头、抓惠民工程。两个关键是建立健全以工促农、以城带乡的长效机制；建立健全农村土地流转机制，发展规模经营，促进现代农业发展。原则同意《市委市政府关于加速推进我是市现代化农业发展的意见》，农办修改完善后报市委审定。研究讨论《唐山市政府投资建设项目审计监督办法（草案）》，强调：政府投资建设项目审计监督工作要关口前移，建立起事前、事中、事后全方位的监督制约机制，把审计工作作为项目审批的前置条件；强化对重大项目和重点领域的审计监督；注重对资金使用绩效的监督。原则同意《唐山市政府投资建设项目审计监督办法（草案）》，要求注意三点：加强审计工作人员的培训，提高人员素质；提高工作效率，每个审批环节都要有时限要求，不能延误；加强对审计人员的监管，秉公执法、严格执法。研究讨论《唐山市人民政府关于进一步加强城市污水和垃圾处理工作的实施意见》，指出：继续加强基础设施建设，包括污水和垃圾处理系统以及污水管网和垃圾转运站等；创新机制建设，包括多元化投入机制、价格机制等。原则同意《唐山市人民政府关于进一步加强城市污水和垃圾处理工作的实施意见》，城管局修改完善后以政府文件下发。研究讨论《唐山生态市建设规划》，责成环保局修改完善，报经市政府研究同意后，提请市人大常委会审议批准。要求：在进一步完善规划的同时，要切实抓好工作落实，做到“三个跟进”：重点项目谋划要跟进，把生态市建设的各项任务具体化、项目化；配套措施要跟进，制定操作性强的具体措施；责任体系要跟进，明确责任部门、单位、完成时限。研究讨论《唐山市规范地方煤炭资源整合工作的意见》，总得要求是：态度坚决、多措并举、程序规范、责任明确、稳步推进。研究讨论《唐山市妇女发展规划（2001－2010）》、《唐山市儿童发展规划（2001－2010）》，要求在规划实施过程中，注重“两个立足”和“一个支持”。两个立足是：立足于妇女儿童全面发展，从身心健康、文化素质等各方面都要制定出切实可行的具体措施；立足于全方位维护妇女儿童的合法权益。一个支持是各级政府和部门要把妇女儿童工作作为份内工作予以关注和支持。

2月21日，市政府召开第六十次常务会议。会议议题：讨论拟请市十三届人大一次会议审议的《政府工作报告》、《关于唐山市2007年国民经济和社会发展计划执行情况和2008年国民经济和社会发展计划（草案）的报告》、《关于唐山市2007年市本级预算及市总预算执行情况和2008年市本级预算及总预算草案的报告》。原则同意三个报告，责成政府办公厅、发改委、财政局进行修改，广泛争取民主党派、工商联、无党派人士及社会各界的意见，完善后提交市委常委会审定。要求：全面贯彻市委八届四次全会精神，

突出“开放创新、富民强市，把新唐山建成科学发展示范区、建成人民群众幸福之都”『这一总战略、总目标；增强工作部署和各项工作举措的科学性、针对性和可操作性；三个报告搞好衔接，符合国家相关法律法规、产业政策规定；各项数据核实准确。研究讨论《唐山市人民政府贯彻落实市委八届四次全会精神重点工作任务分解》，责成政府办公厅对文件作进一步细化完善后印发执行。听取安监局关于全国全省安全生产会议精神和我市安全生产情况汇报。原则同意汇报意见，责成安监局做好安全生产会议的筹备工作，将全国全省安全生产会议精神和我市会议情况向市委常委会汇报。

2月26日，市政府召开第六十一次常务会议。会议议题：听取国土资源局关于唐山市市本级基准地价更新成果有关情况汇报。认为基准地价更新成果比较成熟，原则同意汇报内容，国土资源局完善后报省国土资源厅验收批准，以市政府名义发布实施。要求修改中把握五点：严格遵守国家法律法规，不得与之相抵触；与当前和今后一个时期城市发展形势、任务相适应，与“四大功能区”建设相衔接；最大限度发挥基准地价对土地市场的调控作用和对城市发展的导向作用；工业用地基准地价在符合国家控制最低价格的基础上不宜过高，住宅、商业用地基础地价适当提高；将曹妃甸工业区纳入市本级调整基准地价范畴。研究讨论《唐山市城区环城水系方案设计》。强调：环城水系规划建设要突出生态型、可行性、美观性、民本性。把握“三个结合”，即水系建设与两岸产业布局相结合，政府引导和市场运作相结合，水系建设与生态保护相结合。议定：成立环城水系规划建设工作领导小组，召集有关部门、单位对方案作进一步修改，请专家论证，经政府同意后报市委常委会审定。研究《唐山市消防“十一五”发展规划》，强调：做好消防工作关键是“两手抓”，一手抓防灾，一手抓火灾扑救能力，做到标本兼治。研究讨论《唐山市生猪产品市场准入管理办法（草案）》，原则同意，法制办、商务局按程序印发执行。听取发改委关于唐山机场航站楼设计方案及有关情况汇报。指出：唐山军民合用机场是2008年重点建设项目，是空港城建设的重要依托，加快前期工作进度，力争2008年7月底通航。责成发改委将设计方案向市委常委会汇报。

3月12日，市政府召开第六十二次常务会议。会议议题：研究讨论《唐山市人民政府关于唐山市10个县（市）区和100家重点企业节能减排目标向代表承诺的专题报告（讨论稿）》和《唐山市“10100”节能减排承诺书》。指出：唐山是经济大市也是耗能大市，以能源原材料为主的重工业产业结构在支撑经济快速发展的同时，也决定了能耗总量高、污染物排放总量大。能耗总量占全省的三分之一，单位GDP能耗高于全国、全省平均水平认为实施“10100”工程是推进节能减排的重要措施。原则同意报告内容，政府办公厅修改完善后报市委常委会审定，提请十三届人大一次会议审议。

4月15日，市政府召开第13届一次常务会议。会议议题：研究讨论市政府2008年拟为群众办好的20件实事。强调，实事工程做到三个到位：责任到位、保障到位、督查到位。听取市政府办公厅关于十三届人大一次会议和政协十届一次会议期间人大代表建议、批评、意见和政协提案情况及办理意见的汇报。做好建议、提案的办理工作要求注意：加强梳理分析，透过个性问题，分析带有普遍性的问题，有针对性地拿出解决办法；突出重点，对关系到改革开放大局和人民群众切身利益的重大问题，集中力量抓落实；注重实效，把承办的着力点放到解决问题上；创新工作机制，创造性的开展好承办工作。听取财政局关于市本级基础设施建设项目贷款情况的汇报。强调做好两方面的工作：各个项目的前期准备工作，争取更多信贷支持；创新融资方式，拓宽融资渠道。要求财政部门和项目单位对财政资金使用精打细算，用较少的资金干成大的事业；确保财政资金安全，财政、审计、监察等部门加大监督检查力度，强化制度保障，提高财政资金使用效益。研究讨论《2008年行政规章制定计划（草案）》。原则同意政府法制办《2008年行政规章制定计划（草案）》，修改完善后组织实施。要求：服务科学发展大局，成熟一个出台一个，形成行政法规体系；围绕经济社会中的突出问题和事关人民群众切身利益的重点问题制定相应的法规制度，增强行政立法的针对性；依法依规，不能与国家法律相矛盾或抵触，有些要与周边地区相衔接；坚持公开立法，广泛征求意见；创新立法机制，确保立法质量。听取机场办关于唐山机场军民合用工程进展情况汇报。要求下步工作“两手抓”，尽快取得上级各有关部门的核准批复，条件成熟可提前开工，规范运作，降低风险。研究《唐山市节能减排安全整顿持续攻坚联合行动实施方案》。原则同意，政府办公厅修改完善后报市委审定。要求：贯彻“态度坚决、依法依规、公正公平、确保稳定”的总原则。加大宣传力度，形成舆论氛围；明确责任主体，分解任务指标，保障实效；市委办公厅、政府办公厅进行督查；严格奖惩，加大惩罚力度，罚没款收支两条线管理，专项用于安监、环保执法，包括基础设施建设、科技建设和队伍建设；成立联合行动领导小组。研究《唐山市信访事项复查复核工作办法（试行）》。原则同意，要求修改完善中把握三点：必须符合《信访条例》和其他相关法律法规，不能与国家法律法规相抵触；增强针对性、可操作性；体现以人为本。研究《关于推进“曹妃甸循环经济示范区产业发展总体规划”工作落实方案》。要求以规划实施为契机，加快各项配套规划的编制和基础设施建设，加快产业聚集；制定产业准入标准，在项目投资、环保、土地利用、循环经济等方面提高门槛，确保资源的高效利用。议定：曹妃甸工业区管委会做好省政府、国家发改委召开的曹妃甸经济示范区产业发展总体规划新闻发布会的准备工作；“四点一带”发展规划要与唐山市总体规划搞好衔接。研究开展城市管理相对集中行政处罚权工作。要求加快综合执法局筹建工作，确保职能明确，人员到位，顺利工作。

4月25日，市政府召开第13届二次常务会议。会议议题：讨论拟

提请十三届人大常委会第二次会议审议的《关于唐山市2007年市本级城市维护费预算执行情况和2008年市本级城市维护费预算草案的报告》。要求：创新理念，发挥城市维护费在城市建设管理中的引导作用和资金的最大效益；保证重点，重点保障“14421”工程的建设需要；严格管理，建立相关制度，堵塞漏洞；拓宽筹资渠道资金使用上精打细算。研究讨论《唐山市市区震后危旧平房改造拆迁补偿安置办法（草案）》。要求做好三个方面工作：依法依规，决不能和上级法律法规和政策规定相抵触，实施后必须严格执行；注重维护好群众利益，补偿资金真正落实到拆迁户，把好事做好；做到公平公正。研究讨论《唐山市商品住房开发项目配套建设保障性住房实施办法》。原则同意，房管局在修改完善中注意把握三点：与上级有关政策法规相符，避免出现相悖之处；与现行房屋开发管理办法相衔接，有序推进；制定配套政策，修订经济适用房和廉租房分配办法，使配套建设的保障性住房分配到低收入家庭。

6月6日，市政府召开第13届三次常务会议。会议议题：研究《唐山市城市总体规划》。认为：总体规划编修从2002年开始，已经过多次修改，基本成熟。要求进一步修改把握三点：在尽可能的情况下，为城市的未来发展预留充足的空间；按照环渤海经济圈、京津冀都市圈快速发展的新形势再进行比照衡量，高起点、高定位，突出唐山特色，增强竞争力；与“四点一带”、“四大主体功能区”规划，与环保、交通、产业等专项规划搞好衔接。规划局修改完善后提交城市规划委员会审定。研究《唐山南部空间发展规划》。议定：规划名称定为《唐山南部沿海“四点一带”区域发展规划》；“四点一带”办公室和相关的县、开发区、工业区、管理区以及发改、交通、环保、水务等部门都要参与制定工作；注意南部沿海岸线资源与海洋功能区划的衔接。研究《唐山空港概念性总体规划》。要求搞好产业定位，空港城重点发展空港、物流和高新技术产业；注重与城市总体规划衔接，以超前的理念、一流的标准，处分体现未来城市的发展构想；要与凤凰新城的开发建设形成互动。

6月20日，市政府召开第13届四次常务会议。会议议题：讨论拟提请十三届人大常委会第四次会议审议的《唐山市人民政府关于唐山市2007年市本级决算及全是总决算的报告》。强调：必须开源节流，科学调度，保障重点，提高效益，收支平衡。讨论拟提请十三届人大常委会第四次会议审议的《唐山市人民政府关于2007年市本级预算执行及其他财政收支情况的审计工作报告》。强调：强化对重点领域和重点项目资金使用情况的审计监督，严肃查处各类违规违纪行为，确保财政资金安全，发挥应有效益；强化长效机制建设，对审计出的问题认真分析原因，从健全制度入手，防止发生类似现象；强化审计方式方法的创新，模范执法行为，落实审计责任制，事后审计向事前、事中审计转变；强化审计队伍建设和管理，树立“铁面无私、公正执法”的良好形象。讨论拟提请十三届人大常委会第四次会议审议的《唐山市人民政府关于实施“五五”普法规划的工作报告》。要求：加强宣传发动，动员各级各部门和社会力量积极投入到普法工作中来，形成法制宣传教育的强大合力；围绕中心开展工作，增强普法工作的针对性、时效性，着眼于建设科学发展示范区，着眼于推进“四点一带”、“四大主体功能区”建设，着眼于推进依法治市建设法制政府，着眼于促进和谐社会建设维护社会稳定，着眼于提高全市人民的文明素质和法律意识，大力开展普法工作，为全市科学发展大局提供强有力的法律保障；创新普法工作机制，积极创新思路、创新方法，使普法宣传更加灵活多样，更加富有成效。讨论拟提请十三届人大常委会第四次会议审议的《唐山市人民政府关于农村卫生与城市社区卫生服务工作情况的报告》。强调继续加强力度，抓出成效，关键是加强“三个建设”：城乡医疗基础设施建设、医疗卫生服务设施建设和城乡医疗保障体系建设。听取防汛办关于2008年防汛准备工作情况的汇报。强调：汛期临近，任务更加艰巨和繁重，克服侥幸心理和麻痹思想，确保汛期水库不垮坝、河堤不决口、洪区不死人、厂矿不停产、道路不断交、农田不受淹。要求：加强防洪工程建设，加快建设进度，确保汛期前全部完工；加大排查隐患力度，对尾矿库、粉煤灰库、采煤沉陷区等重点部位进行安全防汛检查；提高突发事件的应急处置能力，科学制定防洪预案，备足防汛物资，加强防洪抢险模拟演练；强化防汛工作责任制，落实行政首长责任制和部门责任制，各负其责，协同配合，形成合力。责成防汛办筹备防汛工作会议，对防汛工作全面部署。研究城市外环路、唐丰路和西出口路移交问题。原则同意交通局将外环路、唐丰路和西出口路整体移交给城管局。议定：将权责费整体移交，7月底完成；与三条路有关的已经启动建设、目前尚未完工的工程项目，交通局继续负责，完工验收合格后移交给城管局，尚未启动的工程项目直接移交，由城管局负责设计建设；对征地拆迁、道路绿化、基础设施服务等工程建设项目，实行市场化运作，多渠道筹措资金，创新管理理念和水平。

7月4日，市政府召开第13届五次常务会议。会议议题：研究《唐山市国有企业改革领导小组关于推进市属国有企业改制、破产工作的实施意见》。强调下一步要加强领导，下大决心，克服困难，落实责任，确保完成任务；严格按照国家和省有关政策制定改革方案和政策，在政策允许的情况下最大限度维护职工合法权益；加强国企改革全过程的监督，严防国有资产流失。议定：改制、破产企业职工解除劳动合同经济补偿金，按《劳动合同法》的相关规定执行，补偿标准依据解除合同前的实际工龄，按职工解除合同前12个月的平均工资、企业正常生产年份的平均工资、唐山市上年度在岗职工平均工资标准三者取高值计算；破产企业“4050”人员及实行劳动合同制以前参加工作职工，与破产企业终止劳动合同后，可按本人意愿选择领取补偿金或不领取经济补偿金，按：“协保”的政策执行；选择“协保”的人员可进入指定的劳务派遣机构，优先提供社会公益性岗位就业，按规定享受再就业优惠政策；未能就业的，为其缴纳养老、医疗保险费，符合“低保”条件的办理“低保”；法定退休后的医疗保险费由本人通过社区自行缴纳；企业职工住宅管理问题，房管部门负责业务指导；《实施意见》自公布之日起施行，市属集体企业参照执行。研究《唐山市城区企业“退二进三”搬迁改造实施意见》。认为：国资委起草的实施意见，基本可行，原则同意，要求在修改时与财政局即将制订的财税分享政策以及“四点一带”开发建设的意见衔接一致。议定：对拟搬迁企业的具体情况、搬迁费用等详细摸底，逐企业研究制定具体搬迁改造方案，尽快启动实施，确保年底有实质性进展；确定搬迁的企业要严格遵循国家产业政策、产业发展布局和城市建设规划，通过搬迁改造，淘汰落后产能，调整产业结构，提升技术装备水平，做强做大合法搬迁企业；企业搬迁后腾出的土地，统一收回处置，严禁企业自行处置，做到依法依规，规范运作；坚持以人为本，做好搬迁企业职工的安置和思想工作，维护职工合法权益，确保社会和谐稳定；各相关部门立足本职，密切配合，协调联动，加快速度。研究《唐山市振兴服务业发展规划纲要》和《唐山市人民政府关于促进服务业发展的若干政策措施》。指出：唐山市是资源型城市，服务业发展滞后，增加值占全市GDP的比重仅为32.3%，明显低于全国、全省平均水平。加快服务业发展是加快城市转型和科学发展示范区建设的战略举措。要求：加大宣传力度，形成全社会加快服务业发展的氛围，吸引国内、国际上促进服务业发展的各种要素聚集；尽快完成政策制定，形成促进服务业发展的“2+X”政策体系；对筛选的100项重大项目层层分解任务，落实到位；强化监督检查。研究《关于完善国有资产监管体系、重组国有资本运营机构的总体方案》。议定：整合、重组、保留、新设的公司有，由唐山投资有限公司、唐山市经济开发投资公司、唐山商业银行等投融资类企业和优质生产经营类公司（企业）的国有资产（股权）整合组成唐山国有投资控股集团有限责任公司，负责工业类重点项目投资，市区“退二进三”搬迁筹融资，退出的国有企业人员安置费用筹措以及退出企业不良资产的托管及处置等；在现有唐山建设投资公司的基础上构建唐山建设投资有限责任公司，从事能源类、重大基础设施建设、重大产业项目投资；以原唐山城市建设投资公司为基础，整合排水、燃气、自来水、市政建设总公司和资产重组构成唐山城市建设投资有限责任公司，投资除南湖生态城、凤凰新城、空港新城之外的城市建设项目；由唐山国富农业投资有限公司及农林牧副渔粮等经营性国有企业和资产重组构成唐山农业发展投资有限责任公司，投资现代农业和新农村建设等项目；对曹妃甸投资控股有限公司等现曹妃甸工业区内所有国有投资公司重组整合构成唐山市曹妃甸投资控股集团有限责任公司，主要投资曹妃甸工业区和生态城基础设施建设、重大产业项目建设；由唐山科技风险（担保）投资公司改名构成唐山科技风险投资有限责任公司，从事高科技产业投资；保留唐山港口投资有限责任公司；新建曹妃甸国际生态城开发建设投资有限责任公司，投资曹妃甸国际生态城的建设项目；新建南湖生态城开发建设投资有限责任公司，投资南湖生态城建设项目；新建凤凰新城开发建设投资有限责任公司，投资凤凰新城建设项目；新建空港新城开发建设投资有限责任公司，投资空港新城建设项目。唐山市中小企业信用担保中心是为全市中小企业提供信用担保的服务机构，唐山市产权交易中心是为国有、集体资产产权交易服务的事业单位，不列入这次重组范围。调整后的资本运营机构与现政府主管部门脱钩，实现完全市场化经营、企业化管理，建立现代企业制度。分管市长代表市政府按工作分工对各资本运营机构履行领导职责；国资委履行出资人职责，对国有资产监管；国资委按市委、市政府明确的权责分工，分别会同市委、市政府相关部门对资本运营机构的年度目标任务完成情况进行考核；与各类资本运营机构具有相同业务关系的市直部门分别作为各类资本运营机构的业务指导部门。进入各类资本运营机构的人员必须转为企业身份，拿企业工资，按岗定薪，同岗同酬；不得以公务员身份在各类公司任职、兼职；事业单位人员进入资本运营机构的，可以保留事业单位身份和档案，按企业化管理。从会议之日起，对所有资本运营机构重组期间涉及到的企业资产处置暂时冻结，直至整合重组完毕。新成立涉及国有资产的资本运营机构，必须严格履行程序，报市政府审批。除唐山科技风险投资有限公司外，其他机构原则上不再注入货币资金。听取国土资源局关于市区基准地价更新成果调整完善情况汇报。原则同意汇报意见，责成国土资源局修改完善后尽快报省国土资源厅，验收批准后向社会公布实施。

7月22日，市政府召开第13届六次常务会议。会议议题：研究《唐山市城市排水管理办法》（草案）。认为：排水工作是一项系统工程，本办法适用范围要包括各县（市）区。要求：建管并重，确保正常运行；适当提高污水处理费标准，促进节水和减排；实施在线监测，环保部门监测污水排放口，城管部门监测污水处理设施的运行；明确排水管理部门、排污单位和污水处理企业的法律责任；加快各县（市）区污水处理厂的建设进度。研究《唐山市人民政府关于加强人民防空工作意见》。强调：全面贯彻《人民防空法》和中央、省的有关政策规定，不折不扣地将上级精神落到实处；将人防工作纳入全市经济社会发展全局统筹推进，人民防空与经济发展和城市建设相协调、相适应；提高全民对人防工作重要性的认识，动员全社会力量做好人民防空工作。研究《唐山市地震安全性评价实施办法》（草案）。原则同意，修改完善过程中注意扩大评价安全评价范围，科学设定设防标准，强化工程监管。研究《唐山市公共安全技术防范管理办法（草案）。议定：不以市政府规章形式下发，修改完善后以综合治理办公室名义下发执行。要求：依法依规，符合国家有关法律法规的规定，不得与上位法相违背或想抵触；加强技防产品的生产经营监管，确保质量安全；利用现有网络资源，加强资源整合；对敏感隐私场所的技术防范，要妥善处理，保护个人隐私。研究《唐山大地震罹难者祭》。议

定：祭文既要符合祭文文体要求，又要通俗易懂，经得起历史的检验，建议由原作者进一步修改。会议就加快国有资本运营机构整合重组工作进行研究部署。进一步落实责任，抓紧制定方案，加快工作进度。议定：明确各国有资本运营机构组建工作市领导具体分工；分管市领导牵头组成方案制定小组，7月底前提出整合重组方案；摸清底数，统筹谋划，稳步实施，平稳过渡；今后，凡经营性国有资产国资委监管，公益性国有资产财政局监管。

8月16日，市政府召开第13届七次常务会议。会议议题：讨论拟提请市十三届人大常委会第五次会议审议的《关于唐山市2008年上半年国民经济和社会发展计划执行情况的报告》。认为：发改委起草的报告基本符合市委、市政府的工作思路、工作部署和上半年经济社会发展的实际。经济社会发展呈现运行平稳、结构改善、协调发展的态势；矛盾和隐患有：工业经济增幅趋缓，新开工项目有所减少，传统项目较多、高新技术产业项目较少，全年节能减排目标任务艰巨。原则同意，要求修改中注意三点：明确政府下半年工作思路；充分体现7月13日市委常委（扩大）会议精神和要求；向市人大常委会报告工作，通篇语气要一致。讨论拟提请市十三届人大常委会第五次会议审议的《关于唐山市2008年上半年市本级及开发区预算执行情况的报告》。强调做好下半年财政工作，加大组织收入力度，增加可用财力；科学安排支出，对事关国计民生的重大工程项目优先保障；强化财政资金监管，提高使用效益，确保财政资金安全；创新投入机制，区分工程项目的性质，该政府投入的由政府保障，该社会投入的通过社会筹集。听取科技局关于2008年唐山市科学技术奖评审工作情况的汇报。要求进一步完善科学技术奖的评审：完善《奖励办法》，评定授奖项目，既要看科技价值，更要看经济和社会价值；发挥奖励政策的引导作用，对有利于产业结构优化升级、节能减排，有利于提升综合竞争力和民生改善的成果，要适度倾斜；评审要客观、公正、公平，最大限度调动科技工作者的积极性和创造性。研究《市委、市政府关于加快科技进步和创新支撑科学发展示范区建设的决定》（审议稿）原则同意科技局起草的审议稿，要求修改完善中把握三点：紧扣市委市政府重大决策部署，围绕破解科学发展难题，重点加强对产业结构优化升级、节能减排、环境保护等方面高新技术和先进适用技术的引进和再创新，推动和支撑科学发展；健全完善科技成果转化平台，使科技成果真正转化为现实生产力；建立健全科技投入长效机制，保持投入的持续稳定增长。研究《唐山市2008～2015年现代农业发展规划》。原则同意，要求修改完善：稳定粮食总产的同时，优化粮食种植结构，提高农业综合效益；集中财力、物力和人力，加快农村水利、道路、电网、通信等基础设施建设；推进农业产业化经营和农产品精深加工，培育龙头企业，完善服务体系，提高市场竞争力；加快建立以工促农、以城带乡的长效投入机制；规划中的有关基础数据以2007年底统计数字为准。研究《唐山市装备制造业发展规划》、《唐山市煤化工发展规划》、《唐山市高新技术产业发展规划》。原则同意三个规划，要求修改中注意：围绕调整优化产业结构、提升核心竞争力发展产业链，淘汰落后产能，提高产业发展层次；发展循环经济，谋划产业节点，严格准入标准，形成产业间原料、中间产品及废弃物的互供互用、循环利用，节约资源，保护环境；打造产业链的核心企业，培育具有国际竞争力的大企业、大集团，带动整个产业链的发展。

9月2日，市政府召开第13届八次常务会议。会议议题：研究《唐山市关于加大财税支持力度推进科学发展示范区建设的若干政策规定》和《唐山市关于加大财政支持力度促进“四点一带”区域开发建设的若干政策规定》。要求：为增强政策的统一性和可操作性，将《唐山市关于加大财政支持力度促进“四点一带”区域开发建设的若干政策规定》内容并入《唐山市关于加大财税支持力度推进科学发展示范区建设的若干政策规定》。修改中要求：对经市政府批准的向沿海转移项目和非沿海县区到“四点一带”区域内投资的“飞地”项目，在财政上给予原县（市）区适当照顾；增加绿化攻坚方面的内容；安全生产、环境保护等方面的罚没款收入，专项用于安全生产、环境治理；与已有的政策规定保持一致；政策性规定不宜明确牵头落实部门。研究《市政府关于加强要素建设和优化配置的实施意见》。发改委广泛征求意见，按市委常委会要求进行修改，原则同意。研究《市政府关于促进产业链经济发展的若干政策措施》。强调：以精品钢材、先进装备制造、化工、高新技术、现代农业、现代服务业、环保产业等七大产业链为重点，强化政策引导，优化资源配置，培育优势龙头企业，建立产业特色鲜明、链条完善、结构优化、效益明显的产业链经济体系，提升产业竞争能力。研究《市政府关于推进可持续发展的若干政策规定》。原则同意，政府研究室修改完善后印发执行。研究《市政府关于进一步改善民生的若干政策规定》。强调：加快教育、医疗、文化、就业、住房等社会保障体系建设，实现学有所教、病有所医、民有所乐、老有所养、劳有所得、住有所居，提高群众幸福指数。研究《唐山市中心区城中村改造暂行办法》、《唐山市中心区城中村改造居民住房拆迁补偿安置办法》和《唐山市中心区城中村改造村民社会保障实施意见》。原则同意，修改中要求：城中村改造，尊重村民代表的意见；测算补偿标准，做到科学合理；以政府为主导，施行公司化运作；加强政策宣传，做好群众思想稳定工作；规范开发程序，加强全过程的监管，避免无序开发。

9月18日，市政府召开第13届九次常务会议。会议议题：听取行政许可和非许可类行政审批事项清理结果的汇报。原则同意，要求下一步：各相关部门对保留的行政审批事项尽快制定工作规范和流程，确保科学有序实施；行政审批事项的程序设定要注意上下级之间、部门之间的工作衔接，避免出现断档和“真空”，避免出现职责不清；继续实施的审批事项、工作流程和时限要求进行公布；政府督察室、监察局加强督导检查，确保保留的事项规范操作，取消的事项消减到位。听取安全生产工作汇报。要求下步工作：持续深入开展煤矿和非煤矿山整顿，符合关闭条件的，发现一个，关闭一个对非法盗采行为，发现一起，严惩一起；全面排查尾矿库证照，对未领取安全生产许可证、未通过安全设施“三同时”验收的尾矿库，立即责令停产整顿；强化废弃和停止使用尾矿库的管理，落实闭库责任，依法履行闭库程序；强化基础管理，安监局尽快建立尾矿库数据库，查清正常库、危库、险库、病库以及停止使用或闭库的各类尾矿库情况，分级管理；建立健全应急救援体系，制定应急救援预案；政府办公厅起草文件，对“十一”国庆期间重点领域、高危行业以及人员密集场所再组织一次全面彻底的安全隐患大排查，安监局制定隐患排查治理责任制和责任追究办法；开展食品安全专项整治；落实安全生产责任制，加强应急值守工作。研究《唐山市排水管理办法（草案）》。原则同意此办法。研究《市政府关于促进循环经济发展的实施意见》。原则同意，要求修改中把握：综合运用行政、经济和法律手段推进循环经济，特别是经济手段要体现的更充分些；加大政策引导力度，无论是鼓励支持政策还是限制政策，都要按国家政策上线执行；要注重通过循环经济促进产业结构优化升级，促进节能减排和环境保护，涉及到产业发展方向、节能减排和环境保护的相关内容要与产业链发展规划、节能减排攻坚新宫等文件规定相衔接和一致；逐项分解任务、落实责任。研究《市政府关于促进钢铁工业科学发展的意见》。原则同意，工促局修改完善后，以市政府名义下发。研究《市政府关于淘汰落后产能促进产业升级的实施意见》。原则同意，工促局修改完善后，以市政府名义下发。研究《市政府关于加强工业经济运行调控与监管的意见》。原则同意，工促局修改完善时把握几点：体现超前性和科学性，及时研究把握国家经济运行宏观调控政策取向，指导企业生产经营；破解要素瓶颈问题，加强煤电油运等重要生产要素的综合协调和管理，及早预警，解决要素障碍；突出抓好钢铁工业运行；统筹抓好中小企业发展。

9月19日，市政府召开第13届十次常务会议。会议议题：专题研究“三鹿牌婴幼儿配方奶粉”重大安全事故处置工作。听取“三鹿牌婴幼儿配方奶粉”重大安全事故处置暨开展食品安全检查和专项整治工作领导小组办公室工作汇报，讨论并原则通过《关于生鲜牛奶加工奶粉的补贴办法》、《关于建立“三鹿牌婴幼儿奶粉”重大安全事故处置暨食品安全大检查和专项整治工作制度的通知》和《唐山市食品安全检查和专项整治活动检查督导实施方案》。要求，全力做好婴幼儿诊治工作：实现村排查、乡（镇）诊断、县治疗，做到“早发现、早诊断、早治疗”，确保“不漏查、不漏治、不漏诊、不误诊”；卫生部门向诊治医院派驻信息员，及时掌握诊治情况，进行人员疏导分流，防止排队拥挤；发现重症患儿，一定住院治疗；全部免费治疗，由县、市属地落实诊疗费用；做好宣传引导，避免盲从看病。搞好市场供应：有问题的奶制品全部下架、封存、召回，按原货款退货；抓好合格产品供应，确保售出的奶制品质量不出问题；稳定市场价格；打击囤积居奇、哄抬物价、制假买假等不法行为。保护奶农利益：所有奶粉企业全部开足马力生产，将奶农暂时销售不出的原奶加工成奶粉储存，待检验后销售或处理，市（县）区财政对奶粉加工企业给予适当加工补贴；液态奶生产企业，在原料奶检测合格后立即生产，市（县）区财政对企业购买的检测仪、检测试剂给予一定补贴；质监部门向奶业企业派驻3名质检员，畜牧水产、农业部门向每个企业派驻2名联络员，协助搞好生产。引导群众正常消费，维护社会稳定：做好奶农的稳定工作，奶农有访必接；做好“问题奶粉”患儿亲属的思想稳定工作；严防不法分子借机捣乱；做好舆论宣传引导，防止恶意炒作。

10月6日，市政府召开第13届十一次常务会议。会议议题：听取工促局关于科学发展优秀企业家初审情况汇报。议定：唐山国丰钢铁有限公司总经理张震、河北津西钢铁股份有限公司董事长张敬远、庞大汽贸集团股份有限公司董事长庞庆华、冀东水泥集团公司董事长张增光、唐山三友集团有限公司董事长幺志义、唐山惠达陶瓷股份有限公司总经理王彦庆、唐山开元企业集团董事长柳宝诚、唐山港集团股份有限公司董事长孙文仲、河北正元包装集团有限公司董事长郭财、唐山晶源裕丰电子股份有限公司董事长阎永江等十人列为科学发展优秀企业家候选人，责成工促局报市委审定。研究《市委、市政府关于创建科学发展示范企业活动实施方案》。原则同意，要求实施过程中，对创建标准进一步细化、量化，分行业、分领域确定具体的考核标准和细则，明确在节能减排、结构调整、科技创新、安全生产等方面的考核标准，实行分类考核，综合评定。同时，将总工会开展的创新科学发展示范企业活动纳入到这项活动之中，使评选活动科学统一，避免重复表彰。研究《市委市政府关于鼓励全民创业的实施意见》。原则同意，要求修改中把握几点：既要落实上级精神，又要突出唐山特色，提出具体有效的措施；既要有利于鼓励全民创业，又要有利于推进产业结构优化升级，加快资源型城市转型；既要放宽政策、优化环境，又不能忽视节能减排和环境保护；既要加大鼓励引导力度，又要切实增强可操作性。研究《市政府关于加强农业科技服务体系建设的实施意见》。指出：农业科技服务体系建设主要包括组织保障体系和信息保障体系建设，制定加强农业科技服务体系建设的实施意见，必须围绕这两大重点使其具有可操作性，切实解决实际问题。议定政府农办会同科技、农业、林业、畜牧、财政等相关部门修改完善。讨论拟提请十三届人大常委会第六次会议审议的《唐山市旅游业促进条例》（草案）。强调抓好旅游业重点是：鼓励民间资本进入旅游产业政府引导；整合旅游资源，形成产业链，提升竞争力；突出特色，打造旅游品牌；加强宣传推介力度，推进旅游业快速发展。原则同意，要求尽快制定旅游业发展规划。

10月21日，市政府召开第13届十二次常务会议。会议议题：研究《唐山港海域功能区划修改方案》。原则同意，责成海洋局修改完善，以市政府名义报省政府。要求

下一步工作：国土资源局、海洋局按照会议意见修改完善；各级各有关部门按照分工做好相关方案的制定和文件资料的准备；各有关部门与对口的省厅（局）和国家部委汇报沟通，争取上级支持；相关县区做好群众思想工作，争取群众的理解和支持，避免社会矛盾;；在省和国家有关部门批准海域功能区划修改方案前，曹妃甸吹沙填海工程暂停。研究拟提请十三届人大常委会第七次会议审议的《关于唐山市2008年市本级预算调整方案的报告》。强调：受国际国内宏观环境的变化影响，经济运行面临较大压力，各种不确定性因素增多，财政收支压力增大。要求：强化收入管理，应收尽收；强化支出管理，量入为出、统筹兼顾，优化财政支出结构，压缩一般性支出，集中财力确保重点工程、重点项目；强化资金监管，实行财政资金全程监控，专款专用，防止高估冒算、资金浪费。听取财政局关于落实再次提高机关公务员津贴补贴和适当给事业单位人员预发工资性补贴工作情况的汇报。原则同意，要求在落实中，有关部门要做好离退休等人员的政策宣传解释工作；加快推进芦台、汉沽两区管理体制改革，待改革完成、人员过渡到位后按政策给予补发。讨论《市委、市政府关于进一步扩大开放实施意见》、《市政府关于进一步扩大开放的若干奖励规定》。原则同意，要求：对在招商引资中做出贡献的机构和人员的奖励认定要严格程序，规范运作；由项目引进所在地政府实施奖励；各项奖励政策落实到位，确保诚信兑现。

11月10日，市政府召开第13届十三次常务会议。会议议题：讨论《市政府关于改革分税制财政管理体制的决定》。强调：科学合理制定基数，是实行分税制的基础；按照国家、省的有关法律法规和规章制度，明确实行分税制的企业、税种、比例，是实行分税制的关键；规范市、县两级政府的事权、财权，是分税制改革的关键；建立合理的激励性财政机制，采取超收返还、以奖促增、以奖代补等多种激励方式，激发个县、区增收节支的内在动力；建立科学合理的考核指标体系，客观评价县级财政运行情况，为改革提供依据。原则同意，财政局修改完善后报市委审定。研究《市委市政府关于扩大内需促进投资消费的若干政策措施》。责成发改委按照上级精神和会议议定意见修改完善，报市委审定。研究《市政府完善和落实城市住房保障制度切实解决低收入家庭住房问题的实施意见》。基本成熟，原则同意。研究《唐山陶瓷股份有限公司资产置换与股份转让协议》。要求补充两点：明确上市公司注册地永久在唐山；上市公司新增投资的40%在唐山。这两条是硬性条件，对国际汽车园项目可以不作明确要求。听取交通局关于确定"零公里"标志具体位置情况的汇报。原则同意将"零公里"标志设在抗震纪念碑广场南北中轴线上。

11月12日，市政府召开第13届十四次常务会议。会议议题：传达《中共中央国务院转发<国家发展和改革委员会关于当前进一步扩大内需促进经济增长的十项措施>的通知》和国务院召开的省区市人民政府和部门主要负责同志会议精神，以及省政府紧急会议精神，并就贯彻落实国家进一步扩大内需、促进经济增长十项措施进行研究部署。强调：坚决落实中央的"十项措施"，按照中央和省的部署，结合实际，统筹考虑，研究制定具体的落实意见。议定：政府各部门就贯彻落实上级精神，结合各自职责抓紧研究具体意见和项目安排；发改委牵头、市委研究室、政府研究室配合，起草完善市委市政府关于扩大内需促进经济增长的具体实施意见。

11月14日，市政府召开第13届十五次常务会议。会议议题：研究《市政府办公厅关于加强农村新民居建设的实施意见》。要求在工作中，总结经验，正确引导，稳步推广，通过连续几年、甚至几十年的努力彻底改变农村面貌，提高农民群众的生活质量，促进社会主义新农村建设。议定：文件标题改为《关于加强农村新民居规划、建设和管理的实施意见》，责成规划局修改完善，以政府办公厅文件形式下发。研究《唐山市行政单位国有资产管理暂行办法》和《唐山市事业单位国有资产管理暂行办法》。原则同意，修改中要求：把好清产审核关，通过单位自报、中介机构审核、国资委认定等程序，彻底摸清行政事业单位国有资产底数；对资产配置、处置、资产评估等原则性要求进一步细化，规范工作流程；加强国有资产监管，严格执行资产配置、使用、处置、产权变动等规定，加强资产信息化建设，对行政事业单位国有资产各个环节实行动态管理。研究《市政府关于水泥工业科学发展的实施意见》。原则同意，强调关键要抓好两手，一手抓淘汰落后，一手抓整合重组和产业升级。抓住国家扩大投资规模、拉动内需、促进经济增长的有利时机，积极争取国家资金的支持。研究《市政府关于加快城市污水和垃圾处理设施建设的实施意见》。强调抓好几方面：科学规划，合理布局，防止重复建设和低水平建设；强化责任，加强调度，倒排工期，按时完成；探索多元化投入机制，鼓励社会资本特别是民营资本参与建设，加快由政府主导向市场化运作的转变；建立和完善城市污水与垃圾处理的收费制度。研究《唐山市矿山生态修复工程的实施意见》。原则同意，认为：矿山资源的大量开采使矿区生态环境遭到不同程度的破坏，实施修复工程是加强生态保护、建设生态文明的必然要求，是推进资源型城市转型、建设科学发展示范区的重要举措，是造福百姓、造福后代的民心工程。责成国土资源局对照已经实施的《唐山市资源生态环境恢复治理保证金管理暂行办法》，进一步修改完善。听取陡河青龙河管委会（筹建）关于唐山市城市建设投资有限公司与唐山市熔森投资有限公司合作开发建设环城水系洽谈情况的汇报，研究合作框架协议。环城水系建设是重点工程，唐山市城市建设投资有限公司和唐山市熔森投资有限公司拟合作开发建设环城水系项目。责成陡河青龙河管委会（筹建）、政府法制办对合作框架协议修改完善。研究《关于推进市属国有企业改制、破产工作的实施意见》。原则同意，责成国资委尽快下发执行。

12月11日，市政府召开第13届十六次常务会议。会议议题：研究《唐山湾"四点一带"区域发展

规划》。议定：规划名称改为《唐山湾“四点一带”空间布局与产业发展规划》。要求修改中把握：覆盖唐山湾“四点一带”全部区域；符合实际，从空间布局、产业发展、交通路网等方面准确定位；与土地利用总体规划、城市总体规划、岸线开发利用规划等相关规划搞好衔接。研究《唐山市岸线开发利用规划》。原则同意，修改中要求把握好：岸线规划服从经济社会发展总战略、总目标，符合曹妃甸滨海新城的建设定位；与城市总体规划、“四点一带”空间布局与产业发展规划、海洋功能区划等有关规划相衔接；提高岸线资源的保护、开发和利用水平，科学开发、合理利用、依法保护；争取列入全省岸线规划。研究《唐山市环保产业发展规划》。环保产业是七大产业链之一，原则同意，责成发改委修改完善。听取工促局关于钢铁行业转型调整升级组建地方钢铁集团有关情况的汇报，讨论《市政府关于支持组建地方两大钢铁集团的政策意见》。强调：通过整合解决钢铁产业多年存在的问题，以资产和资源为纽带，采取收购、兼并、控股等有效形式推动整合，实现实质性整合，在整合中实现资源优化配置，提高钢铁产业的整体素质，增强市场竞争力和抵御市场风险的能力。研究《唐山市加强城乡规划管理的实施意见》。强调城乡规划工作抓好一下几点：做好城市总体规划报批工作的同时，加快各区域规划的编制工作，形成一整套科学的规划体系；管死规划，严格按规划建设；开放市场，引进国内外规划设计机构参与城乡规划工作，提高城乡规划质量和水平。听取安监局关于安全生产集中行动情况的汇报。强调抓好几个方面：深化煤矿和非煤矿山专项整治，对擅自恢复生产和非法盗采行为，绝不姑息，同时加快地方煤矿整合工作进度；加强危险品化学品和烟花爆竹的检查监管，对查出的问题，定措施、定标准、定责任，限期治理整改；做好人员稠密场所的消防安全工作，不留死角、死面；加强道路交通安全管理，重点是事故多发路段、危险路段整治，严厉打击超员、超载、非法营运；落实安全生产责任制，责任落实到每个单位、每个环节、每个人，对不负责任、失职渎职造成的安全事故，无论是谁都依法处理。研究在石家庄设立办事处事宜。同意在石家庄设立办事处，责成政府办公厅抓紧筹备，争取2009年“五一”前投入使用。

12月29日，市政府召开第13届十七次常务会议。会议议题：听取国资委关于中国中材集团增资重组冀东集团工作情况的汇报。议定：中材集团增资重组冀东集团，要依法依规、按照市场经济规律运作，由国资委、冀东集团与中材集团作进一步洽谈；中材集团增资重组冀东集团资产评估，可以按原评估基准日或重新确定评估基准日进行评估；必须坚持整体重组，对冀东集团的资产、债权债务及所有人员，要全部接收，不得剥离不良资产；中材集团在增资重组冀东集团的同时，承诺在曹妃甸投资建设产业基地，国资委、冀东集团在洽谈增资价款时，可以按评估结果下浮一定比例；中材集团增资重组冀东集团与投资建设曹妃甸产业基地按投资比例同步进行。听取国土资源局关于北空唐山老机场剩余土地转让有关情况的汇报。原则同意，责成政府法制办会同国土资源局对土地使用权转让合同进一步审核完善。研究《市政府关于进一步提高社保对象保障水平》。原则同意，责成财政局安排好社会低保预算，从2009年1月起执行。研究《唐山市供销合作社总社直属企业产权制度改革实施方案》。议定：实施方案应以《唐山市人民政府关于推进市属国有企业改制破产工作的实施意见》（唐政发［2008］34号）作为企业改制的政策依据；财政局建立供销社直属企业产权制度改革专户，包括土地出让金在内全部纳入专户管理，供销社可按相关政策提出使用申请，经批准后拨付。听取国资委关于国有资本运营机构组建进展情况的汇报。议定：责成国资委会同已经担任董事长但未注册的6家公司（唐山国有投资控股集团有限责任公司、唐山城市建设投资有限责任公司、唐山建设投资有限责任公司、唐山农业发展投资有限责任公司、唐山市中小企业信用担保中心、唐山陡河青龙河开发建设投资有限责任公司），进一步核实组入资产，涉及土地资产要有完备手续，尽快完成注册；责成政府研究室对市属国有资本运营机构的管理体制进行研究，提出意见，报市委、市政府决策。

【市长办公会】 1月11日，市政府召开第一次市长办公会议。会议听取有关部门单位关于南湖扩湖工程前期准备工作、地震遗址公园规划方案、北新道综合改造规划方案有关情况的汇报。指出，南湖扩湖工程涉及规划选址、方案设计、生态影响、地质条件、水源调配、防渗治污、景观衔接、土地征收、拆迁安置、植被移植、建设时序以及与铁路、矿井设施等问题，是一项复杂的系统工程，必须谨密研究、科学论证、统筹安排、加快建设。前期准备工作，先后完成《南湖采煤塌陷区综合利用整体规划评估报告》、《南湖生态区及周边地震小区划报告》、《南湖区域地质灾害危险性评估报告》、《南湖生态恢复概念规划》、《南湖生态城核心概念规划》及征地拆迁初步调查摸底工作，并组织国内著名专家对南湖扩湖工程进行了论证。议定：坚持“统一规划、分步实施”的原则，边开工、边设计、边推进，先期启动不存在争议、条件成熟区域的湖面开挖；南湖扩湖工程冬季施工；注重“三个结合”和“三项治理”：即南湖扩湖工程与国家城市湿地公园保护有机结合，与生态环境保护有机结合，与水体质量保护有机结合。在实施南湖扩湖的同时，同步进行垃圾山、青龙河、粉煤灰治理；做好制度保障，技术保障，水量保障。原则同意市园林局提出的南湖扩湖工程植被移植方案。议定地震遗址公园规划方案：以“纪念凭吊、弘扬抗震精神、增长知识、休闲游览”为目标，进一步明确功能定位、丰富内容；考虑设置主题雕塑，增设符合民情的凭吊设施；由地震局负责，制定地震遗址保护方案；规划局将地震遗址公园规划方案向社会公示，广泛征求社会各界和人民群众意见和建议，完成规划方案的修改完善；加快地震遗址公园建设征地拆迁工作；7月中旬前完成地震遗址公园纪念凭吊项目的建设，满足“7.28”纪念活动的需要。议定

北新道综合改造工程规划方案：按照“满足交通通行、减少拆迁量”的原则，科学合理确定道路交叉口改造方案；按照“便民、利民”的原则，考虑道路两侧居民出行方便，合理确定机动车道、非机动车道、人行道、行道树及路灯等设施的布局；对北新道站前路至龙泽路段实施华灯改造；市规划局抓紧制定北新道综合改造双向6车道和双向8车道两套规划方案，提交市政府。

1月15日，市政府召开第二次市长办公会议。会议听取交通局关于机场连接线等四个重点交通建设项目进展情况的汇报。议定：机场连接线。按原有路线改扩建立项，按财政出资审批制立项。1月16日12点前，国土资源局、规划局、环保局出具初审意见，财政局出具出资意见，送发改委；1月17日12点前，发改委审核后出具立项审核手续；交通局按规定组织招投标。占用军方用地，发改委、交通局等部门单独协调。发改委负责、交通局配合申报省重点建设项目。唐丰快速路。该路新增的向北延至曹雪芹大街、火车站连接线从光华道到站前路2.5公里路段，不再向省申报修改原有立项，按城市道路改扩建立项，由丰润区政府负责，交通局建设，资金在唐丰快速路建设投资中统筹解决。滦曹公路。按财政出资审批立项，纳入曹妃甸疏港工程组卷，申报省重点建设项目。唐曹高速公路通港水库出口。曹妃甸管委会出具设此出口的必要函件，国土资源局出具新增占地审查意见，交通局、发改委向省交通厅、发改委办理变更手续。

2008年2月3日，市政府召开第三次市长办公会议。会议就贯彻落实市委八届四次全会精神，狠抓政府全年各项工作落实，认真做好当前工作进行了研究部署。会议指出：要强化责任，突出重点难点，靠前指挥抓落实。。政府办公厅尽快把已经清晰的工作任务进行分解，将责任落实到各位市长、各部门负责人，实行月调度制度，市长办公会一般每半个月召开一次，政府常务会每一个月召开一次，以加强对政府重大事项的协调调度。对“四点一带”开发建设、产业链经济发展、节能减排、对外开放、城市“四大主体功能区”建设等事关全局的重点工作和土地、电力供应、资金等瓶颈问题，制定有力措施，破解难题。各位市长、秘书长、主任要围绕推进工作落实，坚持深入基层、深入实际，抓协调、抓调度、抓督导，及时解决工作落实中出现的问题，确保各项工作落实到位。重点抓好八个方面工作：一是按照党中央、国务院统一部署，讲政治、顾大局，抓好煤电油运的调度和生产，全力支持南方抗灾救灾。同时，做好全市煤电油运等生产要素的衔接和调度，保障工农业生产和人民群众生活的需求。二是对确定的工业、农业、服务业、城市建设等重点项目，从年初开始就要抓紧组织和调度。三是按照中央、省和市委、市政府的工作部署，开展安全生产大检查和专项整治，消除在煤矿、非煤矿山、企业、人员密集场所和烟花爆竹市场等方面的事故隐患，落实防范措施，防止重特大安全生产事故发生。四是采取有力措施，搞好节期商品的产运销衔接，确保市场秩序稳定。五是做好城市水、电、气、暖保障工作。六是对各级救济帮扶资金落实情况进行全面检查，确保全部落实到位，确保困难群众节期生活。同时，组织好节期科技、文化、卫生“三下乡”活动。七是强化社会治安综合治理，严厉打击各种违法犯罪活动，做好信访工作，确保节期社会稳定和谐。八是抓紧做好人大、政协“两会”的筹备工作，尤其要做好政府工作报告、国民经济社会发展和财政三个报告的修改完善工作。

2008年11月26日，市政府召开第四次市长办公会议。会议听取唐山燃气集团公司关于唐山市燃气总公司改制遗留问题的汇报，并就有关问题进行了研究。认为，唐山市燃气总公司作为我市公用事业单位改制试点，自2007年5月与北京市燃气集团有限责任公司合资组建唐山市燃气集团以来，北京方入股2.65亿元，保障了新企业平稳运行。但在评估增值所得税、佳华入唐煤气管线项目贴息、扣缴增值税滞纳金、补发残疾人保健金、唐港高速定向借款、土地房产及车辆等资产过户、佳华供气燃气特许经营权和燃气价格顺价机制八个方面遗留问题，尚未得到根本解决。强调，解决唐山市燃气总公司改制遗留问题，一是严格按照国家和省、市有关法律法规和政策规定进行处理；二是遵循《唐山市城市建设投资有限公司、北京市燃气集团有限责任公司合资组建唐山市燃气集团有限公司的协议》（以下简称《协议》），凡《协议》中有明确约定的按《协议》执行，没有明确约定的不执行，新出现的问题可另行协商；三是依据唐山燃气集团合资双方达成的共识。

议定：“扣缴增值税滞纳金”，该项滞纳金属“或有负债”，按照《协议》约定的“或有负债”相关条款执行。“补发残疾人保健金”，唐山燃气集团股东会已于2008年11月6日议定“由唐山燃气集团支付”，同意按照双方达成的共识解决。“唐港高速定向借款”，由市交通局负责，按照2008年11月6日唐山燃气集团股东会议定的“只支付本金，不付利息”执行。“土地、房产及车辆等资产过户”问题，由发改委会同建设局、规划局、房管局、国土局等部门，对纳入资产评估范围且已计入股份的土地、房产，依据唐山市人民政府市长办公会议纪要［2006］15号“关于北京燃气集团参与唐山市燃气总公司改制有关问题”相关规定，办理过户手续；由于历史原因，手续不完备的，按照市属国有企业改制相关规定，完善有关手续后办理过户手续；土地和房产过户过程中产生的相关税费，财政局负责依据国家有关法律法规和市属国有企业改制政策，提出可操作性的意见，于11月30前报市政府审定。“佳华供气问题”，严格按照《协议》约定条款执行，保证达到《协议》约定供气量；企业经营出现困难时，生产煤气首先满足对唐供应；企业生产煤气超出约定对唐供应量时，可向第三方供气。“燃气特许经营权、燃气价格顺价机制问题”，依据唐山市人民政府市长办公会议纪要［2006］15号“关于新公司特许经营权问题”的决定执行，支持其按规定程序投标获取；唐山燃气集团保证供气气源稳定，承担应急储备调峰任务。

2008年3月13日，市政府召开第五次市长办公会议。听取金融办、财政局、发改委关于唐山市商业银行（以下简称市商行）综合治理、设立曹妃甸产业发展基金、设立曹妃甸信托投资公司、设立小额贷款公司和机场连接线建设工程资金筹措情况的汇报。指出，随着科学发展示范区建设的全面推进一批重大工业项目和基础设施项目将相继开工建设，需要建立一个结构合理、功能完善、高效安全的现代金融体系，以实现既定的经济发展目标。强调当前的首要任务是抓好商行的资本重组工作，实施彻底改革，从根本上解决商行在体制、机制等方面存在的问题，做大做强地方性金融机构，提高政府对金融支持地方经济的调控能力；推进设立曹妃甸产业投资基金和曹妃甸信托投资公司，创新和健全多形式、多层次的筹融资渠道，聚集更多的民间资本和社会闲置资金支持经济建设；探索财政资金的使用管理新模式，发挥财政资金的引导作用，改革和健全财政资金的投入和退出机制，优先满足重大基础设施项目的建设需要。

2008年4月2日，市政府召开第六次市长办公会议。听取唐海县、路南区、丰润区政府和信访局关于曹妃甸科学发展论坛会址、南湖生态城、机场路连接线建设中拆迁、征地补偿的信访问题的汇报。要求：各级各有关单位站在讲政治讲大局的高度把辖区拆迁安置和信访稳定摆在突出的位置，为工程建设创造良好的环境。工程建设补偿标准要依法依规来确定，保持稳定，操作要规范，完善包括拆迁、土地征用、项目立项等手续。确保各项补偿款真正、全额到位，任何单位和个人不能截留、挪用。各有关县区按属地管理原则，全面负起工程建设信访稳定工作的责任，工作做细，责任到人，确保社会稳定。

2008年4月12日，市政府召开第七次市长办公会议。研究需要着力抓好的政府重点工作和相关问题。议定：抓紧制定出台节能减排安全整顿持续攻坚实施方案进一步加大节能减排和安全生产工作力度。抓紧制定实施中心区“退二进三“方案，尽快启动中心区企业搬迁改造工作。抓紧完善“四点一带”各项规划，加快开发建设步伐。抓紧完善“四大主体功能区”各项规划，加快各项工作和项目建设进度。抓紧制定出台矿山生态修复的政策措施，加大生态环境治理力度。加快经济适用房、廉租房建设进度，尽快开工。抓紧筹备召开钢铁业科学发展大会、振兴服务业发展大会。抓紧政府全体会准备工作。抓紧制定政府班子学习实践科学发展观活动实施方案。

2008年5月7日，市政府召开第八次市长办公会议。听取审计局关于审计工作的汇报。强调：加大审计力度，强化对重点领域、重大资金使用的审计监督，严肃查处各类违规违纪行为，创新审计工作的方式方法，规范执法行为，为市委、市政府提供更多有价值的意见和建议。议定：同意审计局聘用部分相关专业人员，解决工作任务与审计人员力量不足的矛盾。同意每年增加300百万元经费，作为审计人员外勤经费。按照规定程序申请，将培训中心更名为计算机审计中心，申请增加2名编制。

2008年6月12日，市政府召开第九次市长办公会议。专题研究了曹妃甸工业区争取国家开发银行贷款有关事项。曹妃甸工业区管委会经与国家开发银行河北省分行洽谈协商，初步达成贷款意向，国家开发银行对曹妃甸工业区西通路扩建工程等19个项目贷款，项目总投资87.9亿元，贷款总额56.3亿元，曹妃甸工业区管委会对此笔贷款申请利用唐山市政府信用。按国家开发银行要求，此次贷款采取BT模式，由曹妃甸投资有限公司投资建设，市政府回购。议定：原则同意除司曹铁路工程（该项目应申请商业贷款，不列入本次贷款）以外的其余18个项目使用国家开发银行贷款。项目总投资83.3亿元，其中拟利用国家开发银行贷款53.1亿元。按照国家开发银行的要求，特许唐山市曹妃甸投资有限公司作为上述18个项目投资方，负责此项目的投资、建设。由曹妃甸工业区管委会负责筹措18个项目建设所需的302138.5万元资本金，并为此笔总计53.1亿元的国家开发银行贷款对市本级财政提供反担保。由曹妃甸工业区管委会负责，抓紧研究制定《投融资资金管理暂行办法》，建立健全偿债机制，防范债务风险。抓紧启动曹妃甸工业区信用的单独评审，并将此次国家开发银行贷款，逐步转到曹妃甸工业区管委会借款平台。曹妃甸工业区管委会配合发改委、财政局等部门，与市人大常委会财经委员会协调沟通，争取市人大的支持。

2008年6月26日，市政府召开第十次市长办公会议。会议对市供销社大院整体改造扩建项目、市粮食局油脂储备库搬迁改造项目和市粮油综合批发市场建设项目进行现场调研，听取相关部门的情况汇报，并就有关问题进行研究。议定：供销社大院整体改造扩建项目由供销社自主开发，要求规划设计标准要高，力争建成一座标志性建筑；功能定位要准，立足发展新型高端服务业，与周边地区错位发展，特色经营；规划、建设、国土资源、财政等部门要发挥职能作用，全力支持项目建设；项目建设过程与企业改制相结合，创新机制，确保国有资产保值增值；项目报批、招投标等程序要依法依规严格执行，确保工程质量。油脂储备库搬迁搬迁新址定在粮食局西侧，占地67亩，并根据项目进展，预留发展空间；油脂库原址由国土资源部门收储，在3个月内进行预拍，先期收取50%资金用于新项目建设；发挥唐山花生产地和毗邻京津市场优势，把新项目建成食用油生产和储备基地；粮食局与山东鲁花集团联系，力争引进鲁花集团投资建厂，政府给予必要的引导和政策支持；油脂库旧址拍卖资金由财政全额返还，用于清偿债务、企业改制和入股新项目建设。项目建设要坚持依法依规、高标准、高质量。粮油批发市场建设地址可考虑在供销社麻棉库院内（西外环东侧、铁路西侧）或畜牧水产局渔种良繁场，由粮食局会同有关部门考察同意后，抓紧办理相关手续，规划和国土资源部门要全力支持；市场建设引入新机制，坚持政府控股，吸引民间资本；市场功能定位以粮油批发和粮油市场宏观调控为主，直接供应市民消费为辅；引入电子交易等新型交易手段；严格规划程序，严格建设手续，保证工程质量。

2008年7月21日，市政府召开

第十一次市长办公会议。专题研究了采煤塌陷搬迁改造工程有关问题。认为：利用3年时间（2008年—2010年），完成原国有重点煤矿采煤塌陷区的综合治理、搬迁改造。指出：开滦集团作为全国煤炭生产的支柱企业，已有130年的开采历史，也不可避免地形成大面积的采煤塌陷。申报的开滦矿区采煤沉陷区综合治理项目已经国家发改委批准，进入具体实施阶段。项目总投资9.45亿元。其中，中央预算内资金3.78亿元（占总投资的40%），省政府出资4455万元（占4.713%），市政府出资1.97亿元（占20.789%），开滦集团出资2.3亿元（占24.457%），城镇搬迁居民自筹9492万元（占10.04%）。2008年，国家发改委下达的投资计划为3.5亿元，占总投资的37.3%。议定：成立“唐山市开滦矿区采煤沉陷区综合治理办公室”，作为独立的项目法人，全面负责开滦矿区采煤沉陷区综合治理项目的组织实施。采煤沉陷区综合治理办公室与危旧平房改造工程办公室联合办公，7月24日前人员、机构落实到位。国家采煤塌陷搬迁改造专项资金，统一划入唐山市开滦矿区采煤沉陷区综合治理办公室账户，与危旧平房改造工程资金账户分开设置，专款专用。路南、路北、开平等市中心区范围内的建设任务，由采煤沉陷区综合治理办公室负责统一推进；古冶区、丰南区、丰润区以及开滦集团自建小区实行各负其责。工程中涉及到的学校、医院、道路、供水等公益事业项目维修改造，由发改委协调，市直对口部门分工负责。规划、国土等职能部门要全力支持项目建设，明确专门联络人员，落实项目用地红线、调规、组卷、征地等相关工作。项目实施过程中，严格政策，严格标准，严格执行国家对采煤沉陷项目的管理要求，落实项目全过程招投标制度，确保工程质量符合国家要求。综合治理办公室作为项目法人，实施2008年项目的同时，做好2009年项目资金计划上报工作。财政局负责为采煤沉陷区综合治理办公室开展工作提供必要的经费支持，单独列支，严禁挪用、挤占专项资金。

2008年7月20日，市政府召开第十二次市长办公会议。专题研究协调了市公交总公司与一运集团客运公司经营矛盾的相关问题。认为：2003年丰润合并建区以来，在城区内运营的公交客运车辆分属于一运集团丰润客运公司和公交七公司，现有线路21条，其中一运集团丰润客运公司8条，公交公司13条。因利益之争，管理体制不顺、线路审批把关不严和营运监管不力等诸多因素，导致两公司曾多次发生矛盾，2008年6月4日发生了长达9个小时堵塞交通、职工围堵丰润区政府事件。议定：保持公交总公司和一运集团公司在丰润区现有开通的公交和客运班线不变，停运的64路、90路、65路和2路、9路，两公司确保稳定的前提下暂时恢复营运；任何部门及丰润区政府不得再擅自审批开通新的公交和客运班线；奥运期间，两公司均不可再增加购置在此区域运营的车辆。公交总公司和一运集团公司要切实发挥维护稳定第一责任人的作用，确保恢复营运的稳定；城管局、交通局作为两公司的主管部门，做好重合线路的调整工作，加强对两公司的运营管理，确保恢复营运工作有序进行；在恢复营运期间，凡有纵容或煽动闹事的，一经彻查核实，严肃追究两部门、两公司责任，情节严重的就地免职。凡发生新的上访问题，严格按照省委省政府关于奥运会期间严肃信访责任追究的相关规定，发生一次责成两部门、两公司向市委市政府写出书面检查，两次诫免谈话，三次就地免职。奥运会结束以后，按照国家和省有关文件精神，推进公交和客运机构改革，理顺运输管理体制，凡在各区新批公交和客运线路，必须征得所在区政府同意，并由市公交总公司和一运集团公司达成一致意见后，方可开通。市委研究室、市政府研究室负责，就理顺运输管理体制和公交、客运线路审批权下放到区的问题进行研究，提出具体办法；丰润区政府负责，城管局、交通局和公交总公司、一运集团客运公司配合，就进一步科学规划现有运营线路，理顺运输管理体制，加强运营队伍管理提出具体办法。

2008年7月26日，市政府召开第十三次市长办公会议。听取卫生局关于手足口病防治情况和公安局手足口病网上传播监管情况汇报。认为：手足口病是夏季常见的传染病，有人在网上恶意炒作，引起群众恐慌。强调：保护人民群众身体健康是政府职责，强化网络监管。议定：公安局和宣传等部门，关注网上动态，对炒作信息及时删除，对恶意炒作的，一经查实，严厉打击。卫生部门加强对医疗单位的管理，与对待其他传染病一样，用最好的医疗手段，及时治疗。治愈后及时出院。疫情防疫部门监视疫情发展，防止蔓延。宣传、卫生部门共同做好媒体正面宣传引导，公开信息和真相，避免群众心理恐慌。卫生局向省卫生厅写出报告，说明疫情和网络发生的情况，防止事态扩大，立即召开县（市）区主管领导和市直有关部门负责人参加的夏季传染病防治工作会议，防治各种传染病，处理好疫情炒作问题。

2008年8月29日，市政府召开第十四次市长办公会议。专题听取了市国土资源局就认真落实省政府关于乐亭县临港工业园占地问题处理意见的有关情况汇报。指出：近日，省政府专门向国家土地督察北京局上报《关于乐亭县临港工业园占地问题有关情况和处理意见的函》，对乐亭县临港工业园违法违规占地问题，提出处理意见。经核实，临港工业园违法违规占地主要有四个问题：一是临港工业园已开工建设道路6条，总长14公里，占地1137亩，业主单位为乐亭临港工业园建设管理委员会。其中国有建设用地825亩，符合土地利用总体规划，但未经依法批准；国有未利用地312亩，不符合土地利用总体规划，也未经依法批准。二是唐山中厚板材有限公司中厚板厂项目，2004年开始建设，现已建成投产，违法超占集体未利用土地2600亩。三是唐山市通宝焦化有限公司焦化厂项目，现已建成投产。2004年未经审批违法占地2909亩，其中耕地94亩，其余为国有未利用地，占地不符合土地利用总体规划。乐亭县国土资源局于2004年4月6日向该公司下达了行政处罚决定书，并于2005年7月2日向法院提出了强制执行申请，目前尚未执法到位。四是唐山首钢宝业钢铁有限责任公司精品钢项目，由北京首钢集团和唐山宝业集团共同出资设立，项目总投资247亿元。2007年11月进场施工，工程占地2958亩，未经依法批准。其中占用国有建设用地1557亩，符合土地利用总体规划；占用国有未利用地1401亩（701亩符合土地利用总体规划，其余700亩不符合土地利用总体规划）。强调：严格执行省政府关于乐亭县临港工业园占地问题提出的处理意见，对照国务院《关于深化改革严格土地管理的决定》和国土资源部《土地违法案件查处办法》等政策规定，进行整改，原则同意国土资源局关于对乐亭县临港工业园违法违规占地问题的处理意见。议定：责成乐亭县政府就临港工业园违法违规占地问题作出深刻检查，于2008年9月5日前拿出具体处理方案报市政府。乐亭县政府必须依据相关政策规定，严格土地审批和监督检查，按照“既要查处事，又要查处人”的原则，对临港工业园违法违规占地问题，依法查处到位。规划局、国土资源局在乐亭县对临港工业园违法违规占地问题查处到位后，对符合规划、产业政策的项目，按有关政策法规补办用地手续。对违法违规占地的所有在建项目，发改部门要立即叫停。

2008年9月13日，市政府召开第十五次市长办公会议。听取质监局、工商局、商务局、畜牧水产局、进出口检验检疫局、卫生局、农业局、食品药品监督管理局及滦南县、丰南区、汉沽管理区对三鹿牌婴幼儿配方奶粉开展大检查情况的汇报；对“三鹿奶粉”事件的处理及在全市开展食品安全大检查和专项整治工作进行部署。议定：成立唐山市食品安全大检查和专项整治领导小组，下设三鹿奶粉清查整治工作组，由质监局、畜牧水产局牵头，相关部门参加。坚持属地管理和谁主管、谁负责的原则，建立完善地方政府对食品安全负总责、监管部门各负其责、企业为第一责任人的责任体系，对涉及食品安全的违法犯罪份子进行严厉打击。对境内的三鹿所属企业奶源、生产加工、销售、消费等环节展开全面调查；对市场上流通的三鹿牌奶粉停止销售，下架封存，召回已售商品。责成三鹿集团委托出口的唐山双龙乳业有限公司立即召回已销售的出口产品，封存库存产品，停产整顿。集中时间、集中力量，对食品安全工作，包括生产环节的农业投入品、加工环节的食品添加剂、流通领域的食品质量安全、餐饮消费环节食品安全进行检查。成立卫生技术咨询工作组，主要负责对食用不安全奶粉及其他不安全食品的婴幼儿进行流调普查，对发病患者进行及时治疗，普及食品安全知识和卫生防疫知识。

2008年9月26日，市政府召开第十六次市长办公会议。专题研究唐山金峰热电有限公司维持生产、改制重组及替代热源等问题。唐山金峰热电有限公司是一家股份制企业，伟达投资公司占股45%，热力公司占股30%，唐山建投公司占股25%。唐山金峰热电有限公司是主要热源厂之一，拥有2台1.2万KW热电联产机组和1台0.3万KW后置机，负责市区东北部30余家企事业单位、2所学校、1家医院和125万平方米居民小区的生产生活用气冬季采暖供热。9月9日5时，因无力拆借资金购买燃煤停产。议定：从2008年9月27日起至替代热源到位之前，国资委负责协调解决生产资金问题，确保企业生产运行和热力供应。将金峰热电有限公司管理权由发改委移交给国资委。对热力公司和唐山建投公司的股权实施合并重组，统归热力公司，对企业控股管理。从9月26日起，国资委负责，发改委、热力公司配合封存金峰热电有限公司原始帐目，清产核资；国资委负责，建设局、热力公司配合，实施股权重组，国有控股后，面向社会招聘企业总经理；发改委、财政局、审计局对洁城能源公司（金峰热电有限公司垃圾焚烧发电项目）国债资金使用情况进行审计，冻结相应资产。建设局研究河北大唐国际唐山热电公司供热系统改造、增加供热能力，保障热源供应方案，9月29日前报市政府；发改委配合解决河北大唐国际唐山热电公司供热系统改造、增加供热能力过程中各类问题；环保局配合督促市区燃煤锅炉上脱硫设施，达到达标排放，维持供热运行。

2008年9月29日，市政府召开第十七次市长办公会议。听取质量技术监督局关于奶粉质量安全情况的汇报，公安局关于滦县双娃乳业公司产品含有“三聚氰胺”案件侦查情况汇报。议定：高度重视奶业产品安全的严峻性，查处“问题奶粉”，责令有关企业迅速召回已售奶粉，由地方政府异地封存，不得再流入市场。从9月30日起，对饲料、奶源及奶制品加工等环节实行全面检验检测。生鲜牛奶批批必检，对“问题原料奶”全部强制销毁，并追究养殖场、户的责任，未经检测和检测不合格的乳制品不允许出厂。所有奶制品企业配齐酶标仪等检测设备，培训检测人员。对在饲料和牛奶中掺杂使用“三聚氰胺”的不法分子要从重从快打击，对奶业生产各环节进行全面检查整治，消除不安全隐患。所有住企质监员、联络员名单在10月2日前报市、县“三鹿牌婴幼儿配方奶粉”重大食品安全事故领导小组办公室，统一管理。畜牧水产局对公安局扣压的双娃乳业滦县奶牛场酵母蛋白添加剂饲料连夜化验，30日前将结果报市政府。强化责任意识，县（市）区行政主要负责人是第一责任人，分管领导是直接责任人，企业是责任主体。政府办公厅下发《关于开展奶业质量安全生产大检查的紧急通知》，做好集中整治工作。

2008年10月13日，市政府召开第十八次市长办公会议。传达、学习国家质检总局、工业和信息化部、商务部、卫生部、工商总局、食品药品监督管理局联合下发的《关于立即全面清理检查市场乳制品的紧急通知》和省政府办公厅的落实意见，听取有关单位关于市场乳制品清理检查工作的汇报。议定：落实国家六部委和省政府办公厅通知要求，对2008尼阿安9月14日以前生产的乳制品，包括婴幼儿配方奶粉、普通奶粉和其他配方奶粉、液态奶，必须全部下架、封存，批批检测，有问题的全部销毁。9月14日之后，原料奶和乳制品必须批批检测，不合格的全部销毁。工商局负责对9月14日以前生产的乳制品进行下架、封存并发布公告，对市场乳制品查验标识后才能上架销售；组织县（市）区工商部门销毁有问题的乳制品；致函三鹿集团，要求召回境内三家企业库存的奶粉，

9月20日前不能召回，将就地销毁。畜牧水产局负责销毁的组织工作，督促检查加工企业在产品包装上加贴“经检验符合三聚氰胺限量值规定”的标识。质量技术监督局督促生产企业及时送检和就地抽检；向企业发出通知，使其知晓应承担的法律责任；对9月14日前生产的乳制品进行检测，对代加工的奶粉全部检测，境内乳品生产企业所有库存奶粉全面检测。

2008年7月11日，市政府召开第十九次市长办公会议。听取路南区政府关于长青楼小区及周边区域整体改造项目进展情况的汇报。议定：路南区政府要本着对居民、商户负责的原则，对补偿面积、补偿金额等认真进行核实测算，在此基础上，与大连万达集团洽谈。原则同意将该项目土地出让金全部返还给路南区政府，用于长青楼区域改造拆迁安置补偿。路南区政府确保项目早日开工建设。长青楼区域整体改造项目办理各项手续中，各部门、单位要按照特事特办的原则，对能免收费用一律免收，能减收的费用一律减收，全力支持项目建设。路南区政府要本着“公平、公开、公正”的原则，坚持依法依规、阳光操作，切实做好项目改造涉及的搬迁补偿安置工作，维护群众的合法权益。

2008年11月1日，市政府召开第二十次市长办公会议。听取国资委关于唐陶股份公司重组工作情况的汇报。认为：唐陶股份公司是原唐陶集团公司、唐山胜利陶瓷集团公司经资产剥离重组后组成的股份制企业，1998年在深圳证券交易所上市，目前总股本22700万股，其中唐山城市建设投资公司（以下简称“城建投”）持股20.73%，唐山建设投资公司（以下简称“建投”）持股10.4%，唐陶集团公司持股10.62%，唐山华美陶瓷公司持股6.64%，社会公众持股51.54%。2007年亏损15000万元，2008年1－9月亏损8621万元，逾期长期借款达24418万元，拖欠职工养老保险、工资约10000万元，欠缴税金4500万元，预计2009年无法扭亏，届时按照证监会规定唐陶股份公司将被退市，丧失上市公司壳资源，面临债权人追讨及职工队伍不稳定等问题。只有引进战略合作者对唐陶股份公司进行重组，才能化解退市风险。指出：国资委向有意重组唐陶股份公司的战略合作者广泛征集了重组方案，经比对，初步确定中国机械工业集团（以下简称“国机集团”）全资子公司中国进口汽车贸易有限公司（以下简称“中进汽贸”）为重组方。国机集团是国务院国资委所属大型综合性企业集团，2007年实现主营业务收入624亿元，利润31亿元，列中国企业500强第78名，经济实力雄厚。按照双方协商意向，拟采用股权转让、资产置换、非公开发行方式进行资产重组。重组之后，城建投和建投协议转让持有的唐山陶瓷股份公司31.2%股权，中进汽贸实现整体上市，我市获得唐陶股份公司现有资产、负债、人员，中进汽贸支付现金3000万元作为壳资源的补偿；唐陶集团公司和唐山华美陶瓷公司继续持有其在上市公司的股份；中进汽贸总部迁至我市，上市公司注册地仍在唐山；国机集团承诺在重组唐山陶瓷股份公司的同时，同步启动总投资额30亿元以上的“唐山国际汽车园”项目，中远期还将与我市开展贸易服务、先进制造业基地等战略合作。议定：原则同意国资委会同有关方面起草的《唐山陶瓷股份有限公司重组意向书》、《唐山市人民政府与中国机械工业集团公司战略合作协议》，将城建投、建投持有的唐山陶瓷股份有限公司31.2%股权协议转让给国机集团。由国资委负责，严格按照有关法律、法规、政策对上述文件进行修改完善，与国机集团协商一致后，按程序报省国资委和深圳证券交易所批准。上报前，要报市政府主管市长审签，如遇重大问题向市政府主要领导报告。国机集团承诺建设的“唐山国际汽车园”项目，要作为中进汽贸重组唐陶股份公司的附加条件。与中进汽贸签订重组《协议》时，要与国机集团同时签订建设“唐山国际汽车园”项目合同，如“唐山国际汽车园”项目最终未能落地，则相应提高唐陶股份公司壳资源转让价款。推荐曹妃甸新区、空港物流城、开平先进制造业园区作为“唐山国际汽车园”项目选址地点，具体用地数量按照省、市关于投资强度的有关规定确定。签订“唐山国际汽车园”项目合同时，国机集团要同时按基准地价拨付500亩土地的征地预付款。经资产重组置换出的唐陶股份公司现有资产暂由国资委持有。由国资委负责，根据重组方案做好唐陶股份公司资产承接、职工安置以及后续发展工作；争取唐陶股份公司债权人支持，将实得壳资源补偿款2500万元（唐陶股份公司需付资产重组成本500万元）优先用于安置职工。本次重组最终方案须经市政府常务会议审定。

2008年10月23日，市政府召开第二十一次市长办公会议。听取民政局《关于将滦南县柳赞镇和唐海县八里滩养殖场划归曹妃甸国际生态城管理范围的意见》，并就有关问题进行研究。认为：曹妃甸国际生态城是我市四大功能区建设的重要组成部分，30平方公里起步区涉及滦南县所属的柳赞镇、唐海县所属的八里滩养殖场等区域，经过前期的研究和论证，已经具备划转条件；滦南县和唐海县对此次管辖范围的调整一致同意。议定：在行政区划不变的前提下，将滦南县所属的柳赞镇和唐海县所属的八里滩养殖场的人口、土地、财产、债权、债务以及人事、规划、城建、交通、教育、卫生、民政、工商、财政、税务、公安、计划生育、劳动保障等各项工作，整体划入曹妃甸国际生态城管辖范围。滦南县第一盐场位于曹妃甸国际生态城规划范围，归属事宜由滦南县和曹妃甸国际生态城协商一致后履行手续。

2008年12月13日，市政府召开第二十二次市长办公会议。听取国资委关于市属困难企业特困职工生活困难救助问题的汇报。议定：由财政局负责、国资委配合，对“两节”期间需要救助的市属困难企业职工人数做进一步核定。按照国资委提出的救助标准，对市属困难企业特困职工发放“两节”救助金，所需资金由国企改革准备金专户中借支，待企业改制后从资产变现收益中优先偿还。听取劳动和社会保障局关于解决拖欠农民工工资情况的汇报。议定：发挥解决农民工工资问题领导小组及其办公室作用，在此基础上，成立解决拖欠农民工工资问题联合执法小组，加大综合执法力度。由建设局牵头、劳动和社会保障局配合，制定规范我市建筑市场承包及劳务行为、确保农民工合法权益不受侵害的文件，对建筑工程总承包单位的责任义务、保证金的缴纳比例、解决农民工工资纠纷的处理办法等做出明确规定。由政府办公厅负责，起草关于清理政府投资工程拖欠工程款的通知，以市政府名义下发。对建筑领域拖欠农民工工资事实清楚的，建设局启动工资保证金支付；没有缴纳工资保证金的，责令总承包单位或中标单位先行支付（按比例支付或全部支付）。劳动监察执法大队加强日常监管工作，对托欠农民工工资问题做到早发现，早解决，争取主动权。对恶意拖欠农民工工资和非法组织农民工上访事实清楚的建筑工程负责人或老板，公安部门依法依规严肃处理。听取城建办关于市中心区拆迁补偿欠款情况的汇报。议定：拆违拆迁工作应把握先补偿、后拆迁和区分轻重缓急、有序推进两个原则。发挥城市建设投资公司的融资平台作用提高融资能力。国土、财政等部门组成联合清缴工作组，及时清缴土地出让金。国土局在加快对拆迁腾空土地收储的基础上，依据城市规划，对符合调整为经营性用地条件的土地适时择机通过“招、拍、挂”方式加快出让，及时变现回笼资金。政府办公厅负责起草关于加强拆迁补偿监督管理的文件，成立由监察、审计、财政、建设、城建办、拆迁办等部门组成的拆迁补偿金监管小组，对拆迁补偿款发放使用进行全程监管。对改制国有企业土地出让所得收益，纳入国企改革准备金专户，财政部门统筹使用。拆迁补偿议定事项12月20日前落实到位。

2008年12月18日，市政府召开第二十三次市长办公会议。听取交通局关于滨海大道（曹妃甸至海港开发区段）建设有关情况的汇报。认为：滨海大道（曹妃甸至海港开发区段）起于海港开发区七号路，止于滨海新城西侧与滦曹公路交叉处，全长39.5公里，项目估算总投资66亿元。项目建议书已经发改委批复（唐发改投资［2008］382号），通过招投标方式确定由中建公司采取BT方式投资建设，建成后由唐山市以现金或可用于开发的土地等价置换的方式回购。中建公司委托中国出口信用保险公司对滨海大道项目提供保险。议定：交通局进一步与中建公司谈判，争取中建公司放弃“市政府承诺回购滨海大道项目资金且经市人大批准，而后再用土地作为担保”的开工建设必要条件。曹妃甸新城管委会会同滦南县政府，加快完成将滦南第一盐场（12平方公里）划给曹妃甸新城的有关事宜，国土资源局完善用地手续。交通局以滦南第一盐场和唐曹高速公路作为唐山市回购滨海大道项目资金的担保与中建公司谈判，如谈判不成，滨海大道由唐山市自行建设。

2008年12月18日，市政府召开第二十四次市长办公会议。研究邱庄水库环库路建设问题，环库路总长14.38公里其中丰润段10.74公里，遵化段3.64公里。议定：总投资1005.9万元（不含征地拆迁费用）省发改委预算内资金支持500万元，水务局支持资金120万元，财政局支持资金200万元争取省交通厅支持140万元。丰润区和遵化市负责本辖区征地拆迁和费用，负责路基施工。水务局负责大岭隧洞进口引桥的施工建设，交通局建设其余路面。

市政府及其工作部门领导成员

市　　长：张国栋（2008.02辞）
陈国鹰（2008.02代理；2008.03任）
常务副市长：周仲明
副 市 长：张　羽（2008.03免）
李恩久（2008.03免）
董宝泉（2008.03免）
于　山
王久宗
陈学军（2008.02任）
李寿平（2008.02辞）
辛志纯（2008.03任）
高瑞华（女，满，2008.03任）
唐文弘（挂职）

政府办公厅
秘 书 长：刘树祥
副秘书长：刘绍辉　郑立波
李建洲　郭文良
唐　利　崔武成
何燕青（6月免）
刘利东
黄敬东（7月任）
王新春（7月任）
邢京林
王志军（6月任）
刘振东
张大军（6月免）
纪泽民（5月任）
苏铁成（6月免）
李志广（6月任）
王文彬　张洪山
党组书记：刘树祥
党组副书记：刘绍辉
纪检组长：胡　平
办公厅主任：刘绍辉
副 主 任（援坝）：崔武成
副 主 任：孙友树
孙　倩（12月任）
调 研 员：唐　利
副调研员：魏晓武　刘国林
王兴国　侯祝杰
周华仲
王瑞云（女）
陈延杰（12月任）
王凯豫（12月任）
明俊国（12月任）
法制办公室主任（副县）：张惠德
支重办公室主任（副县）：马希顺
地方志办公室主任（副县）：
段海清
督察室主任（副县）：孟祥民
财贸办公室主任（副县）：刘从庆
农办主任：刘远平
机关事务管理局局长：
李志广（6月免）
李向军（7月任）
驻京联络处主任：苏铁成（6月免）
李志广（7月任）
驻京联络处主任（副县）：
李志广（6月任）
驻京联络处副主任：
韩树民
李治欣（女6月任）
驻新加坡联络处主任（正县）：
杜成林

发改委（重点办）
主任、党组书记：辛志纯（4月免）

袁志刚（4月任）
党组副书记、副主任、重点项目办主任（正县）：庞秋垣
副　主　任：王洪胜　曹占华
辛晓武　李　瑞
张国顺　杨文平
周景会
调　研　员：曹占华
副调研员：李培宁（女）
赵　彧（12月免）
徐光亮
“四点一带”领导小组办公室副主任：吕来存（3月任）
娄向明（3月任）

物价局
局　　长：崔焕起（3月免）
张哲明（5月任）
副　局　长：孙拉元　杨国清
马维利
党组书记：崔焕起（3月免）
张哲明（5月任）
纪检组长：姚宏伟（女）
调　研　员：郑宝菊（女）

工促局
局　　长：盛新丰
副　局　长：徐树成　胡晓钢
吴连波　李　技
陈建国
党组书记：盛新丰
党组副书记：徐树成（7月任）
纪检组长：刘庆勋
调　研　员：徐树成
副调研员：艾有田（12月任）

教育局
局　　长：李全民
副　局　长：赵俊芬（女）
孙怀春　周燕来
张立群
党委书记：李全民
副书记、纪委书记：姚玉格
副　书　记：陈　贝
调　研　员：陈　贝
杨惠文（8月任）
赵俊芬（女）
副调研员：李贵华　刘宝民
王静普
刘桂芸（女）
李连斌（5月任）

科学技术局
局　　长：王　成
副　局　长：盛志国　孙玉才
王福燕（女）
肖树忠
党组书记：王　成
党组副书记：盛志国
纪检组长：阮陆军
副调研员：高铁军

民族宗教事务局
局　　长：李和平（3月免）
张　硕（3月任）
副　局　长：张　硕（3月免）
高　潮（8月任）
黄　俊（12月任）
党组书记：李和平（3月免）
张　硕（3月任）
纪检组长：石方军

公安局
局　　长：韩金哲（5月免）
刘志鹏（5月任）
副　局　长：董天利（7月任）
李明远（7月任）
艾文庆　许少安
刘晓忠
周景林（7月免）
党委书记：韩金哲（5月免）
刘志鹏（5月任）
党委副书记：周景林（7月免）
艾文庆（7月任）
董天利（7月任）
李明远（7月任）
纪委书记：戴瑞杰（8月免）
副局长兼城市管理行政执法局副局长：陈子文
指挥中心主任（副县）：
刘可心（女）
政治部主任：刘晓忠（7月免）
么春雨（7月任）
督　察　长：戴瑞杰（7月免）
魏顺全（7月任）
交警支队支队长：董天利（7月免）
徐忠岭（7月任）
交警支队政委：徐忠岭（7月免）
郭志强（7月任）
刑警支队支队长：许少安（7月免）
孟印茹（7月任）
刑警支队政委：张　江（8月免）
孙晓忠（7月任）
巡特警支队支队长：
陈子文（7月免）
张　志（7月任）
巡特警支队政委：张　志（7月免）
熊永成（7月任）
国内安全保卫支队支队长：薛长城
国内安全保卫支队政委：刘连贺
人民警察训练学校校长：
霍志云（女7月任）
人民警察训练学校书记：张桂青
收教所所长：董秀丽（女7月任）
第一看守所所长（副县）：
刘德荣（3月免）
孙彦颂（7月任）
第一看守所政委（副县）：项中元
第二看守所所长（副县）：
王占富（7月免）
胡国臣（7月任）
第二看守所政委（副县）：张　清
治安支队支队长（副县）：
艾文庆（7月免）
刘立祥（7月任）
公交分局政委（副县）：王永康
公交分局局长（副县）：崔利文
高新分局局长（副县）：
邱建东（7月免）
江海洲（7月任）
高新分局政委（副县）：
冯意志（7月免）
海港分局局长（副县）：
王振华（7月免）
吕东飞（7月任）
海港分局政委（副县）：
肖瑞成（7月免）
南堡分局局长（副县）：
郑立勇（7月任）
南堡分局政委（副县）：
郑立勇（7月免）
冯意志（7月任）
曹妃甸分局局长（副县）：赵晓峰
芦台公安分局局长（副县）：
周树义（7月免）
张艳兴（7月任）
芦台公安分局政委（副县）：
周树义（7月免）
芦台经济开发区政法委专职副书记（副县）：张林发
汉沽公安分局局长（副县）：
齐瑞江（7月免）
谷晏光（7月任）
汉沽公安分局政委（副县）：
齐瑞江（7月免）
正县级侦察员：许少安（8月任）
张　江（8月任、免）
戴瑞杰（8月任）
戴瑞杰（8月免）
艾文庆（8月任）

董天利
李明远
副县级侦察员：孙绍东（12月免）
秦护福（8月免）
张立成　张建会
苗顺民　王洪涛
王振华（7月任）
肖瑞成（7月任）
副调研员：孙绍东（12月任）
张惠琴（女）
刘维石
李凤清（7月任）
张学宁（7月任）
周树义（7月任）
齐瑞江（7月任）
武前来（7月任）
纪俊祥（12月任）
丁会民（12月任）

民政局
局　长：高世远
副局长：史玉芬（女）
范玉民（3月免）
宋　立　杨建明
于　存
韩卫东（6月任）
张文才
党委书记：高世远（10月免）
付国民（10月任）
副书记：刘　季
纪委书记：韩卫东（6月免）
副调研员：宗国忠　王建利
孟兆亭

司法局
局　长：王殿春
副局长：孙国富　李建生
吴国明　李春华
况成礼（7月免）
王瑞玲（女）
王宗英
党组书记：王殿春
党组副书记（正县）：
孙国富（7月任）
政治部主任：齐学礼（8月任）
劳教所所长：李建生
劳教所政委：付　强
调研员：路秀玉（5月免）
副调研员：魏慧忠

财政局（农开办）
局　长：苏铁成（5月任）
副局长：樊晓清（女）
王雪峰
张加力（7月免）
田云普
马兰银（女）
魏文忠
党组书记：莫连营（3月免）
周仲明（3月任5月免）
苏铁成（5月任）
党组副书记：孟德增
纪检组长：于秀兰（女）
收费局局长：张加力（7月免）
农开办主任：樊晓清（女）
农开办副主任：孟庆国
农开办调研员：李富强
调研员：佟振英（3月免）
孟德增
副调研员：陈华沙
郭茂和（11月免）
陈龙传（5月免）
韩素宁（女）

人事局
局　长：邱建华（3月免）
崔敬东（3月任）
副局长：刘宝东
崔敬东（3月免）
王　平
杨铁生（3月免）
艾　春
党组书记：崔敬东
党组副书记：刘宝东
纪检组长：张彦勋
外专局局长（副县）：田富春
副调研员：蒋耀光　陈　奎
邵大华　庞书平

劳动和社会保障局
局　长：徐建君
副局长：冯保成　张建设
李宪章　李喜辰
杨宪理
党委书记：徐建君
党委副书记：苏振宗（8月免）
纪委书记：霍瑞明
机关事业保险局长、社会保险事业局局长：武昌明
就业局局长：杨宪理
调研员：冯保成　苗福明
苏振宗（8月任、免）
副调研员：张国生
么焕艳（女）

城乡规划局
局　长：沈　瑾（4月免）
林　澎（4月任）
副局长：何建辉
王正英（5月免）
孙海健（3月任10月免）
王　刚（6月任）
党组书记：沈　瑾（4月免）
林　澎（4月任、5月免、5月任）
王正英（5月免）
纪检组长：王成兴
总工程师：赵铁政（女）
总规划师：郑卫平（3月任）

建设局
局　长：苏春生（3月任）
副局长：戴冠军　董国成
毕学斌
党委书记：芮国禄（3月免）
苏春生（3月任）
党委副书记：裴文久
纪委书记：史景忠
调研员：裴文久　戴冠军
副调研员：尹　静
张金池（1月任）
笪志东（11月任）
孙广山（12月免）
侯　民（12月任）

城管局
局　长：孙贵石（5月任）
副局长：申宝祥
路二小（6月免）
张伯光（3月免）
冀桂梅（女）
王国志
党委书记：唐凤岗（3月免）
陈学军（3月任、5月免）
孙贵石（5月任）
党委副书记、纪委书记：李春才
总工程师：李欣男（5月任）
调研员：李春才
牟淑敏（女）
副调研员：刘恩来
陈子文（8月免）
郑宝山（9月免）
张祚建（12月任）
张志栋（5月任）
李九燕（3月免）
孙淑丽（女5月任）

综合执法局
局　长：崔焕起（3月任）
副局长：黄希志（3月任）
张伯光（3月任）

赵国奎（8月任）
党组书记：崔焕起（3月免）
张贺明（3月任）
行政执法支队支队长：
崔焕起（8月任）
行政执法支队政委：
张贺明（8月任）
行政执法支队副支队长：
黄希志（8月任）
张伯光（8月任）
赵国奎（8月任）
副调研员：石中波（12月任）

房屋保障和房产管理局
局　　长：王明如（5月免）
王正英（5月任）
副局长：奚志民
姜凤武（7月任）
王秀平　强铁山
周宝山
张玉峰（7月任）
刘自强
党委书记：王明如（5月任）
副书记：王正英（5月任）
王长发
纪委书记：王　建
廉租住房和经济适用住房管理中心主任：董　毅
调研员：奚志民
姜凤武（7月任）
副调研员：彭素敏（女）

交通局
局　　长：杨荣博
副局长：王世平　张务民
郑建国　王建忠
周健民（5月任）
鲁学军（3月任）
党委书记：秦宝龙
党委副书记：张贺明（3月免）
杨荣博
纪委书记：龚　仁
唐港高管处处长（副县）：李志军
调研员：李卫天（3月任）
张贺明（3月免）
王世平
副调研员：李宝军　王利民
汤建新（11月任）

港航局
局长（正县）：邸哲敏

水务局（移民迁建办）
局　　长：肖玉文
副局长：杨振坤（7月任）
王秋岭　齐洪福
移民迁建办主任：肖玉文
迁建办副主任：刘进坛（7月免）
杨振坤（7月任）
党委书记：肖玉文
党委副书记：王连云　般建平
纪委书记：孟令凯
陡河水库管理处主任（正县）：
刘进坛（6月任）
陡河水库管理处书记（正县）：
窦春和（6月任）
调研员：王家国　王连云
杨振坤（7月任）
副调研员：齐仲利
许振书（3月免）
许顺哲（7月免）
韩荣仪（1月任）
王　赞（女12月任）
张成会（12月任）

农业局
局　　长：杨学诚
副局长：张锦芬（女）
付建民　高广贺
李培云（女8月免）
黑　龙（11月免）
徐成良（9月任）
袁国富
党组书记：杨学诚
党组副书记：袁国富
纪检组长：赵德武
调研员：袁国富
李培云（8月任、免）
黑　龙（11月任、免）
副调研员：刘文军　强　健
农业广播学校副校长（副县）：
闫志兴

林业局
局　　长；董秀峰
副局长：梁安会　李信玲
刘宝华
党组书记：董秀峰
纪检组长：盖文群
调研员：梁安会
副调研员：周玲艳（女9月任）

商务局
局　　长：王希如（10月免）
王志军（10月任）
副局长：赵全成（3月免）
李　庚（7月免）
赵连利　李宗臣
严志高　常　伟
党委书记：王希如（6月免）
王志军（6月任）
党委副书记：卢万福
李　庚（7月免）
纪委书记：冯卫红
调研员：李金生
副调研员：王立东
刘宝祥（3月免）
勾国庆

文化局
局　　长：孙士纪
副局长：白俊艳（女）
孟昭民（5月免）
张佩旺（7月任、免）
邢　忠（7月任）
卢　兵（12月免）
张宗宇
贺子欣（1月任）
党组书记：孙士纪（7月免）
张佩旺（7月任、免）
纪检组长：徐树山
调研员：孟昭民（5月任、免）

体育局
局　　长：刘之俊
副局长：孙伯昌　韩乙诚
王佑安　董晓群
张　荣　王文奇
党组书记：刘之俊
党组副书记：孙伯昌
纪检组长：牛广达
调研员：姚志平（3月免）
副调研员：张　慧
高博生（12月任）
体育中心主任：王佑安（12月免）
韩乙诚（12月任）
体校校长：王文奇

卫生局（爱卫办）
局　　长：张志民
副局长：张成金
张贺珍（女）
陈秉云（女）
刘长贵（8月免）
王永春（11月任）
卫生党委书记：张志民
卫生党委副书记：郝庆恩
杨永会（9月免）
许俊湛（11月任）
纪工委书记：王建辉
调研员：郝庆恩
副调研员：王永春（11月免）

信宝如　艾永红
冯清和（11月任）
爱卫办主任：张志民
爱卫办副主任：魏国忠（12月免）

人口计生委
主　　任：许晓娟（女3月任）
副 主 任：高瑞华（女5月免）
蔡春奎（7月免）
孙永利
赵印仓（12月任）
高士良
党组书记：许晓娟（女3月任）
纪检组长：肖　竞（女）
调 研 员：高瑞华（5月免）
副调研员：闫新伟

审计局
局　　长：阚友合
副 局 长：李　桐　崔明山
王素梅（女）
李树平
副局长（挂职）：罗　杰（8月任）
党组书记：阚友合
纪检组长：宋槐春
调 研 员：李　桐
副调研员：易　敏（女）
乔全春（3月免）
李　富（12月任）

环保局
局　　长：杨恩利
副 局 长：孙东富　刘德政
邢国军　高源山
党组书记：杨恩利
党组副书记：孙东富
纪检组长：严拴庄
副调研员：杨国军
段东海（12月免）
杨金钟（1月任）

广播电视局
局长、党组书记兼电视台台长、广播电台台长、广播电视报社社长、总编：李庆山
副局长、调研员兼广播电视报社常务副社长：赵宝安
副 局 长：熊国祥　赵世民
副局长（援疆）：张瑞宁
总工程师：董　强
纪检组长：孙润连
电视台常务副台长（副县）：
吕惠均
广播电台常务副台长（副县）：

杨晓松
副调研员：才毅群（女）
孙善新
潘建中（5月免）
鲁　新（7月任）

统计局
局　　长：李再东（5月免）
王洪江（5月任）
副 局 长：杜胜奎　毕义祥
党组书记：李再东（5月免）
王洪江（5月任）
纪检组长：王玉琦
普查中心主任（副县）：王学本
调 研 员：冯秀荣（女8月免）
副调研员：李树彬

粮食局
局长、党委书记：王会生
党委副书记、纪委书记：陈庆富
副 局 长：关利民　李大利
李宗远　石　田
副调研员：刘国发

畜牧水产局
局　　长：张印勤
副 局 长：张玉果
张福林（6月免）
张玉安　闫升华
董硕之
党组书记：张印勤
纪检组长：张玉峰（7月免）
调 研 员：张玉果

安全生产监督管理局
局　　长：王树立（9月免）
费连春（9月任）
副 局 长：费连春（9月免）
于兴维　赵立军
谢晓军
党组书记：王树立（9月免）
费连春（9月任、免）
于兴维（9月任）
纪检组长：于德水
安全生产监察支队支队长：孙志峰
调 研 员：王兴华
副调研员：李桂芬（女）
向忠耀（1月任）

政府研究室
主任、党组书记：何燕青（5月免）
纪泽民（5月任）
副 主 任：张树新（6月免）
朱海平　张子群

副县级纪检（监察）员：王健敏
副调研员：果爱民

外侨办
主任、党组书记：皮万杰（3月任）
副 主 任：王晓芳（女）
皮万杰（3月免）
刘广海
武文学（12月任）
副县级纪检（监察）员：王志超

国资委
主任、党委书记：李俊民（11月免）
副 主 任：董效兵（8月任）
薄志全（9月免）
单立军
王克生（7月免）
刘洪威（女）
李俊民（11月免）
党委副书记、纪委书记：毕作臣
国有企业监事会主席（正县）：
左世忠
国有企业监事会主席（副县）：
赵文铸
崔秀华（女）
调 研 员：薄志全（9月任、免）
副调研员：尹守海　李文全
胡　庆（12月任）

编办
主任、党组书记：李冠媛（女）
副 主 任：张小华　彭敬良
副县级纪检（监察）员：葛庆学
副调研员：王秀芹（女）
王树文

人防办
主任、党组书记：李文悦
副 主 任：范俊影　费立志
李福林
纪检组长：石森林（12月任）
副县级纪检（监察）员：
方玉川（3月免）
调 研 员：王长国
郭参军（3月免）
副调研员：刘家昌

地震局
副局长（主持工作）：王卫国
副 局 长：王玉珍（女）
陈志敏
李保民（8月免）
副调研员：韩淑华（3月免）

旅游局
局长、党组书记：刘永江
副　局　长：张景田　罗显堂
　　李健侠（女12月任）
副调研员：何自明（12月任）

档案局（档案馆）
局长、馆长、党组书记：
　　杨振歧（3月免）
　　杨铁生（3月任）
副　局　长：赵振兴　李云栋
　　毕国俊
调　研　员：熊久华（女）
　　汪志成（6月免）
副调研员：王宗海

供销合作总社
主　　任：李元新
副　主　任：陆永辉（12月任）
　　马高华　张树勤
党委书记：王汉银
党委副书记：刘桂芹（女）
纪委书记：陆永辉（12月免）
　　陈树勤（12月任）
调　研　员：刘桂芹（女）
副调研员：李克军（12月免）
　　杜九如（12月任）

海港经济开发区
管委会主任：苗德成（6月任）
常务副主任：张大军（6月任）
副　主　任：刘　广（8月免）
　　陈德山
　　王克生（7月任）
党工委常务副书记：
　　周安海（7月任）
副　书　记：姚连合
　　张大军（6月任）
副书记、纪工委书记：
　　杨玉满（8月免）
调　研　员：刘　广（8月任、免）
　　姚连合
副调研员：角士新　李树堂
　　赵书田（8月任）

高新技术产业园区
主　　任：陈学军（6月免）
　　王金凯（12月任）
常务副主任：王金凯（12月免）
　　韩亚林（12月任）
副　主　任：韩亚林（12月免）
　　苏东红（女）
　　刘玉林
副主任兼空港城管委会（筹建）主任：孟祥云（12月任）
党委书记：陈学军（6月免）
　　王金凯（12月任）
常务副书记：韩亚林
副　书　记：王金凯（12月免）
副书记、纪工委书记：朱彦明
调　研　员：吕凤林
　　柯水龙（3月免）
　　龚立国（8月免）
副调研员：李卫明　单国知
　　范恩华
　　宋来勇（12月任）

曹妃甸新区
副　主　任：方成毅（11月任）
　　李可君（11月任）
　　王旭春（12月任）
　　李建新（11月任）
综合办公室主任：王会良（12月任）
招商局局长：卢　兵（12月任）
曹妃甸工业区管委会副主任（牵头工作）：姚自敏（2月任4月免）
副　主　任：李可君（11月免）
　　王雪增　王永山
　　李再东（5月任）
　　李　轶（6月任）
　　王金成（5月任）
　　王旭春（12月免）
　　张知宝（12月任）
副主任（挂职）：
　　刘　钊（女12月任）
党工委副书记、纪工委书记（正县）：韩建民
纪工委副书记、监察局局长：
　　吴静兰（女3月任）
纪工委副书记：韩立山（1月任）
安监局局长：王会良（12月免）
党政办公室主任：王俊国
规划发展局局长：朱越杰
财政局局长：张贺青
招商合作局局长：王文忠
发展改革局局长（援疆）：
　　于立泉（7月任）
调　研　员：李　轶（6月免）
副调研员：卢　兵（12月免）
　　才俊驹　裴志祥
新城筹建办主任：
　　李可君（11月免）
副　主　任：玄成兵（7月任）
　　周永山（7月任）

中直、省直派驻机构暨垂直管理部门领导成员

唐山市国家税务局
党组书记、局长：许建斌
党组副书记、副局长：
　　周　颖（正处级）
副　局　长：张晓桓
　　于　洋（挂职）
纪检组长：张志文
总会计师：赵锡铎
总经济师：王朋志
调　研　员：郑振东
　　杨占起（2月任）
副调研员：杨占起（1月任）
　　张树春
局长助理：张万友（副处级）

唐山市地方税务局
党组书记、局长：胡光第
党组副书记、副局长：李文忠
党组成员、副局长：安东环
　　田瑞平
　　邵建华
党组成员、纪检组长：张永利

唐山市工商局
局长、党组书记：张廷华
副　局　长：范金梁
　　赵丽华（女）
　　马臣堂　马　艾
纪检组长：陈绍军
副调研员：王树昶

唐山市质量技术监督局
党组书记、局长：张军民
副　局　长：林　虹　李志杰
　　焦　剑
纪检组长：梁叙平

唐山市国土资源局
党委书记、局长：陈惠中
党委副书记：罗晓军
副　局　长：罗晓军（6月免）
　　李焕武
　　王金成（6月免）
　　张文莉（女）
　　鲍增奇
　　牛泽星（6月任）
　　全荣哲（6月任）
党委专职副书记：牛泽星（6月免）
　　刘伟东（7月任）
纪委书记：段彩芹（女）

党委委员：饶长宏（8月任）
调研员：罗晓军　李焕武
副调研员：徐占国　严俊堂
姜金成
高宪章（6月任）
戚广宏（6月任）
花宜山（6月任）
刘伟东（7月免）
王芳（7月任,11月免）
（董国余）

唐山市食品药品监督管理局
局长、党组书记：王维华
副局长：岳志喜　赵利
杨均安　戴云
纪检组长：李建设
调研员：孟庆莲（女）
副调研员：赵红英（女）

唐山市烟草专卖局
局长、党组书记：张继跃
经理、党组副书记：王辉
副局长：张凤海
副经理：李淑芬（女）
纪检组长：毛成志

唐山市出入境检验检疫局
党组书记、局长：陈柏柱
副局长：郑建辉　董卫国
戴胜军（9月任）
副局长、纪检组长：
纪正忠（4月任）

唐山海关
关长：赵立成
副关长、缉私分局局长：
寇永柱（8月退）
副关长：李玉东
缉私分局政委：朱晓亚
缉私分局副局长：费更生

唐山海事局
党组书记：王家新
局长：李志强
副局长：刘军锋　王彬

政府办公厅工作

【概况】　围绕服务建设科学发展示范区、建设人民群众幸福之都的工作大局，按照“严、细、深、实、快”的要求，结合开展效率年活动，积极推进工作创新，提高工作效率和服务质量，规范各项工作。

以市政府年初确定的108项重点工作为主线，发挥办公厅的枢纽作用，强化督促检查力度。制定《2008年政府工作目标任务督查要点》，突出政府中心工作、大事要事，加强了督查室工作力量，改进督查工作方式，全方位抓好督导检查。共办理国家、省、市领导批示件1092件，按时办结率100%；下发各类督办通知、督办卡1200多件（次），编发《督查事项专报》123期，《政务督查》41期。认真做好“市长公开电话”群众反映问题办理工作，受理各类群众诉求16.8万余件，交办1.7万余件，办结率为99.7%，群众满意率97%。

对以市政府和办公厅名义制发的公文，认真审核，严格把关，确保公文质量。制发市政府和办公厅文件650件，接收处理上级来文2126件，受理下级请示、报告1820件，审核、印发文件、交换机要信件23万余件，未出现压件、丢件、误办、漏报等问题。

坚持“正确把握政策、全面掌握情况、深入研究问题、贴近领导思路、有效指导工作”的工作要求，完成政府工作报告、市政府全体会议和各种重要会议文件讲话、向国家省领导汇报等各类文稿1500余篇，成稿文字量1200多万字。文稿质量进一步提高，一次送审合格率达到95%以上，成稿使用率达到98%以上。

严格控制会议数量，规范会务工作程序，组织承办国家、省政府和市政府召开的大型会议和举办的大型活动60次，协调各项政务活动1100多件，组织市政府常务会议21次、组织市长办公会议和各类专题协调会议120次，从预案制定、会前勾通、文稿起草、纪要制发、交办落实等各环节精心组织，保证了会议质量和效果。

为市领导提供了及时、准确的信息服务。全年共编发《信息快报》、《内部通报》、《原件呈阅》等本级信息刊物386期，比上年增长24.5%。被国办、省政府办采用信息226篇。加强政务网络平台建设，制定下发《关于加强政府系统门户网站建设与管理工作的意见》。

加强预警平台体系建设，协助市领导指挥处置海上失踪渔船搜救、安全生产事件、群体性上访等600多起突发事件，成功救助遇困遇险人员523人。认真做好信访接待工作，及时妥善处理集体访60多次。

制定《2008年承办工作方案》和《2008年市政府系统承办工作要点》，承办省、市人大代表建议、政协委员提案776件，按时办复率、答复函规范率和走访率均达到100%，代表、委员满意率达97%。承办工作被省政府办公厅评为2008年度优秀单位。

坚持“协调到位、运转有序、优质服务”的工作标准，完成重大活动及国家有关部委、省政府有关部门、兄弟省市来唐视察、检查、考察、学习、重要外商来唐等多项接待任务，除“两会一节”、“奥运火炬传递”等大型活动接待外，累计完成各项政务接待5800多人次。

起草《唐山市人民政府关于进一步深化行政审批制度改革，提高行政效能的实施意见》。结合唐山实际大力削减行政审批事项，行政许可事项由497项减少到190项，非行政许可审批由424项减少到102项。认真组织实施了整体进驻、并联审批和超时默许“三项制度”，完成网络审批电子监察系统建设。

深入学习实践科学发展观活动，加强党员干部队伍能力素质建设、加强机关基础建设、加强制度和机制建设、加强思想和作风建设。制定《政府办公厅关于科级以下干部培训三年规划》，下发了《全国干部培训教材》。严格执行《党政领导干部选拔任用工作条例》，对副科级以上的干部调整全部实行竞聘上岗，调整、提拔、推荐和交流部分干部。

【项目建设】　组织市有关部门制定《唐山市重点产业项目建设攻坚行动实施方案》，筛选50个投资规模大、带动能力强、事关唐山长远发展的重点产业项目，采取领导分包、挂帐督办、定期集中办公等措施，组织开展了重点产业项目建设攻坚行动。以唐山湾“四点一带”项目、重大产业支撑项目、铁路公路港口等基础设施项目和民生项目为重点，在20天时间里，为具备审批条件的1137个项目全部办理了市、县两级审批手续；累计向国家上报重大项目61个，其中35个项目获得批准，利用中央投资3.74亿元。《曹妃甸工业区循环经济产业发展规划》获国家正式批准，《唐山港总体规划》付诸实施。曹妃甸新区基础设施建设和产业聚集，召开12次重大项目建设专题调度会，协调解决首钢京唐钢铁公司二回路电源建设、迁曹高速、曹妃甸国际生态城起步区建设、原油码头等重大基础设施建设和重大产业项目建设中遇到的实际问题。

【产业结构优化升级】 协调组织有关部门制定出台《促进产业链经济发展的若干政策措施》，着眼于钢铁大市向钢铁强市迈进，制订出台《促进钢铁工业科学发展的意见》，督导有关部门和县（市）区加速推进地方钢铁整合，渤海、长城两大地方钢铁集团已正式挂牌。协调有关部门制定出台《关于鼓励支持和引导民营经济发展的若干意见》、《唐山市振兴服务业发展规划纲要》和《关于促进全市服务业发展的若干政策措施》，促进全市民营经济和服务业的快速发展。

【节能减排和安全生产】 制定下发《唐山市安全生产节能减排攻坚行动实施方案》，实施了“双三十”和“10100”等七大工程。组织调度会7次，组织关闭取缔集中行动9次，对钢铁等十大重点领域进行了综合整治，共治理整顿各类企业2432家。制定下发落实安全生产主体责任、加强企业安全生产培训工作等各项政策性文件，组织政府有关部门和县（市）区集中开展了“打击非法盗采国有矿产资源专项行动”、“食品安全检查和专项整治”以及“矿山钢铁焦化等行业安全专项整治”等安全整治行动，协助市领导妥善处理古冶区赵各庄“8·28”、古冶区新华煤矿“9·5”、港陆“12·24”等重大事故。

【对外开放】 组织有关部门研究制定出台《关于进一步扩大开放的实施意见》、《关于进一步扩大开放的若干奖励规定》等政策措施，积极引导各级不断创新招商方式，提高招商实效。成功组织第十一届唐山中国陶瓷博览会、唐山曹妃甸临港产业国际会议和第六届中国评剧艺术节。陶瓷贸易再创新高，招商引资取得新突破。会中签订合同利用外资34.6亿美元，协议引进省外资金614.2亿元。组织相关单位和企业参加2008河北省（香港）投资贸易洽谈会、5·18廊坊商务节、9·8厦门经贸洽谈会、深圳高新技术成果交易会等一系列大型招商活动。加大区域经济合作协调推进力度，秦承两市和我市签署建设冀东信息网络平台、加快遵小铁路建设等一系列协议，初步确定曹妃甸新区、承德工业园和秦皇岛工业园的选址。

【城镇建设】 起草《城镇面貌三年大变样实施方案》、《绿化唐山攻坚行动实施方案》、《城市建设改造及环境综合治理攻坚行动实施方案》，推动曹妃甸新城、南湖生态城、凤凰新城、空港城“城市四大功能区”建设。起草《唐山市中心区城中村改造暂行办法》、《唐山市中心区城中村改造居民住房拆迁补偿安置办法》、《经济适用住房和廉租住房保障办法》、《商品房建设销售监督管理办法》等政策性文件，及时解决相关政策不配套等问题。市区震后危旧平房改造累计开工面积136.6万平方米，经济适用住房开工21.36万平方米。以“绿、美、亮、净”环境综合整治为载体，累计拆违拆迁1130万平方米，协调组织实施通道绿化、村庄绿化等六大工程，完成造林42.4万亩，森林覆盖率提高2.1个百分点。

调查研究工作

【概况】 2008年，市政府研究室围绕我市经济社会发展热点、难点和重点问题，独立或合作、统筹完成调研成果50多项，其中呈报《领导参考》9篇、《专题报告》6篇，编发《调研内参》24期，较好地发挥了“参谋部、智囊团”的职能作用。

【承办课题调研】 2008年市政府研究室承担了一系列领导交办或批办的重大调研课题，主要有：（1）按照省市有关领导的指示精神，开展“破解项目落地难”专题调研，撰写完成《关于破解项目落地难问题的建议》，以市政府名义上报省政府后，得到省委常委、副省长杨崇勇的批示肯定。（2）按照市委主要领导的要求，开展“科学发展示范区建设制度支撑体系”调研，有关研究成果被吸纳进《唐山科学发展示范区战略规划》。（3）按照市政府主要领导指示，开展“关于城市建设‘三年大变样’资金情况”的调研，基本摸清了我市“三年大变样”工作资金需求情况，并提出了资金筹措的具体建议，推动了相关工作的顺利开展。（4）按照市政府有关领导要求，针对国际金融危机加剧带来的不利影响，组织开展经济形势分析调研，连续完成三篇月度经济形势分析报告，并主持起草了《关于应对当前宏观经济形势实现又好又快发展的若干意见》，以市委、市政府文件形式下发，为我市有效应对宏观经济形势变化带来的严峻挑战做出了积极贡献。（5）按照市政府有关领导要求，组织开展“曹妃甸国家专项政策支持申请”的调研，代省政府起草了《关于给予曹妃甸循环经济示范区开发建设若干政策支持的报告（代拟稿）》。

【自选课题调研】 组织力量，深入基层调查研究，形成《成渝地区城乡一体化发展的经验与启示》、《发展旅游休闲产业，建设优秀旅游城市——关于我市旅游产业发展的几点建议》、《唐山市劳动力供求和就业形势预测与分析》、《关于丰润区2007年奶牛养殖效益的调查分析与建议》、《关于把唐山打造成发达金融城市的调查与建议》、《关于破解项目落地难问题的建议》、《关于抓紧开展钢铁期货应对工作的建议》、《关于唐山空港城建设的调查与思考》等研究成果，得到了有关市领导的积极评价与充分肯定，有的还直接转化为市委、市政府决策。如《关于丰润区2007年奶牛养殖效益的调查分析与建议》得到陈国鹰市长的批示：“该调研报告有理有据，有分析有建议，是一篇很好报告。

请农业局、畜牧水产局认真研究，借鉴吸收。”《关于把唐山打造成发达金融城市的调查与建议》获得王久宗副市长批示：“此报告非常好，对我市经济现状的分析、建议很符合我市实际，特别是落实唐山的科学发展应更进一步重视第三产业的核心——金融服务业的发展，望有关部门要引起重视，认真研究。”

【重点调研课题】 组织开展好全市政府系统的调研工作，是市政府研究室承担的一项重要职能。去年初在玉田县组织召开了一年一度的全市政府系统调研工作会议，部署了2008年全市政府系统调研工作任务，确定了35个重点调研课题，落实了承办单位、课题负责人和完成时限。为确保高质量完成重点课题调研任务，市政府研究室积极进行协调督导，有选择地到一些责任单位进行走访和具体指导，有效地推进了重点课题研究的开展。从完成任务情况看，多数单位都已按进度要求完成了课题调研任务。对于形成的优秀调研成果有的刊发在《唐山经济》，有的编发了《专题报告》和《领导参考》直报市委、市政府领导，为领导实施科学决策提供了重要参考。

政府法制建设

【行政立法】 落实《全面推进依法行政实施纲要》和国务院《关于推进市县政府依法行政的决定》。按照立法计划，组织起草《唐山市旅游促进条例》地方性法规草案。组织起草《唐山市政府投资建设项目审计监督办法》、《唐山市生猪产品市场准入管理办法》、《唐山市城市排水管理办法》等15部行政规章，有4部适时提交市政府常务会议研究决定，发布实施。执行《唐山市行政机关重大行政行为合法性事前审查暂行规定》，做好规范性文件的审查工作。审核《唐山市建设项目用海管理暂行办法》等规范性文件51件；承办《河北省住房公积金管理办法（草案）》、《河北省价格监测规定（草案）》等20部法规、规章征求意见工作。

在行政规章制定项目的选定上，改变以往单纯面向部门的做法，通过新闻媒体广泛征求立法建议。在法案组织起草过程中，始终将保证质量放在首位，进行多方面的调研论证，充分扩大征求意见的范围；认真听取专家、管理相对人的意见；通过公开征求立法建议、公开征求地方性法规、规章项目意见、举行立法听证会等形式，与社会各界沟通意见，集中民智参与国家制度建设。在立法工作中兼顾行政管理与维护管理相对人合法权益，坚持“立、改、废”并重，坚持实事求是原则，正确处理职权与责任、权力与义务、管理与服务的关系，努力增强地方立法的可操作性。

【行政执法】 按照市委办公厅、市政府办公厅《关于印发“效率年”活动主要任务责任分解的通知》要求，搞好各级各部门罚款自由裁量阶次制度的建立，与市监察局联合制定《关于建立罚款自由裁量阶次制度的意见》。详细规定建立罚款自由裁量阶次制度的目的和意义、指导思想和原则、任务与要求，为各行政执法机关确立一般基准、可以降低一个阶次进行处罚、可以升高一个阶次进行处罚、按最高阶次处罚、依法不予罚款处罚，共五大项21分项的罚款基准。

起草《唐山市执法部门进入企业执法检查暂行规定》，依法界定暂行规定适用的行政执法部门范围，并对行政执法检查的内容做出详细规定。在暂行规定中建立行政执法检查公告制度、入企执法检查计划备案制度、控制检查行为行政首长签批制度、行政执法检查当场备案制度、“规劝警告在先、查处罚款在后”联合检查制度、重大行政处罚备案等制度。同时要求建立责任对接机制、建立健全监督员网络、建立健全投诉举报机制、建立优化经济发展环境目标责任制、实行责任追究制度，为切实解决多头执法、重复执法、执法扰民等问题提供依据。为配合城市建设改造三年大变样工作，就收回路南区长青楼小区宋崇亮等1675户住宅用地和长青楼区域唐山交电公司等67家商业、机关等用地土地使用权问题等11件具体行政行为提出审查意见。完成唐山市环城水系开发建设合作协议、津秦铁路客运专线工程征地协议等12件合同草案的审核。完成迁安商业银行8·30大案资金处置建议等工作。在研究审核中注重发挥政府法制专家咨询委员会的作用，集中法学、社会学专家的意见，为市政府提科学的建议和意见，确保政府重大行政决策合法。

【行政复议和应诉】 严格执行行政复议法和行政复议法实施条例，坚持“以人为本，复议为民”和“依法、高效”的指导思想，及时受理、认真办理复议案件。全年共收到复议申请130件，其中受理126件，不予受理2件，告知4件。现已审结127件（含去年结转13件），未审结14件。在已审结的案件中维持101件，撤销7件，终止审理10件，驳回申请5件。在收到的复议申请中，劳动保障和土地管理方面的案件共115件，占全部申请量的90%，其他类型案件占10%。健全各级行政复议机构，畅通复议渠道，确保人民群众的诉求得到及时受理。探索推进电子信息行政复议受理平台建设，为行政相对人提供更方便快捷的申请渠道。在办理行政复议案件的同时积极引入行政调解机制，不断化解行政争议。接受司法监督和省政府的行政监督，共代理市政府参加行政应诉8件，代市政府向省政府提出答辩9件。

【政府信息公开】 举办三期培训班，对各县（市）、区人民政府监察、法制机构负责政府信息公开工作的人员，所属工作部门负责政府信息公开工作的科室负责人，各乡镇人民政府负责政府信息公开工作的负责人，市政府各部门承担信息公开工作任务的处室负责人进行统一培训。市、县、乡三级政府及部门共计887人参加培训。对照《条例》要求，制作下发《唐山市政府信息公开指南（范本）》和《唐山市各级行政信息公开目录（范本）》，对各部门各单位《指南》和《目录》的制作格式进行规范，并对各部门各单位上报的《指南》和《目录》进行审核。

（陈　岩）

行政审批工作

【规范化建设】 组织起草《唐山市人民政府关于进一步深化行政审批制度改革、提高行政效能的实施意见》以及《唐山市并联审批暂行办法》、《归并审批职能、成建制进驻实施办法》、《超时默许制实施办法》、《行政审批和电子监察网络建设实施方案》等一系列配套文件。协助市法制办对市本级实施的行政审批事项进行全面清理，确定继续实施的行政许可事项190项，非行政许可审批事项102项，2008年9月18日经市政府第9次常务会议审定通过，以“唐政通字【2008】10号”文件在新闻媒体向社会通告。经市政府批准，已无审批事项或审批事项少、发生频率低的13个部门，原进驻单位暂时不再要求进驻行政审批服务中心。进驻的部门由原来的48个减少到35个，行政审批服务事项由原来的405项减少到299项（其中行政许可事项168项、非行政许可审批事项67项、行政服务事项64项）。

制发《唐山市人民政府办公厅关于印发〈唐山市行政审批首席代表设立暂行办法〉的通知》（唐政办函【2008】307号）和《唐山市人民政府办公厅关于设立行政审批服务处单位制定进驻实施方案的通知》（唐政办函【2008】308号）两个规范性文件及《唐山市行政服务中心关于进一步规范调整进驻“中心”工作的通知》，归并审批职能、实行成建制进驻。2008年10月9日、11月28日两次召开规范调整进驻行政服务中心工作会议，对各部门进驻工作适时进行调度部署，加快成建制进驻工作进程。2008年12月8正式实现发改委等24个成立行政审批服务处的部门和民政局等11个设立行政审批首席代表的部门成建制进驻，进驻人员由原来的131人增加到220人，办事窗口由136个增加到200个。

2008年8月初，专门组织召开推进并联审批工作协调会议，责成工商局、商务局、建设局等牵头部门分别尽快制定出台《工商企业注册登记并联审批实施办法》、《外商外资企业设立并联审批实施办法》、《建设项目并联审批实施办法》。

2008年6月2日正式实施超时默许制，专门下发《关于实施行政审批超时默许制度的通知》，就超时默许承诺时限的确定、实施的具体要求、实施的监督检查等做出规定，并制作《行政审批延期申请表》、《超时默许通知书》等相关表单。

行政审批及电子监管网络系统于2008年12月23日试运行，缩短行政审批时间。受理各类行政审批事项近16万件，日均受理行政审批事项900余件，按时办结率100%，累计各类行政事业性收费600余万元，群众满意率达到98%。全年共刊发《工作动态》25期，《内部通报》22期。

【内部管理】 对办公大楼一至四层进行改造建设，增加办事窗口58个，装修改造会议室和网络机房；对空调、触摸屏、饮水机等主要设施、设备进行全面的保养和维修，保障各种设施、设备运转正常。2008年12月31日，唐山市农村土地经营权流转交易中心在“中心”正式揭牌成立，对办事窗口进行调整，保证“流转中心”正常办公。2008年12月8日，各进驻部门成建制进驻完成后，“中心”对所有工作人员进行统一编号，统一拍照，制作监督卡及胸卡，为各进驻部门审批处长或首席代表设立监督牌。实行“月评比、周联查、日检查、不定期暗访”的工作机制，评选出2007年度优秀单位12个，先进单位34个，先进个人56名，并在全市予以通报表彰。

（何　欣）

民族与宗教

【民族工作】 市委办公厅、市政府办公厅联合下发《印发〈关于在全市广泛开展民族团结进步创建活动，进一步促进唐山科学发展和谐发展的实施方案〉的通知》（唐办字［2008］55号文件）。宣传部、民宗局联合下发《关于做好民族团结进步创建活动宣传工作的通知》（唐宣字［2008］62号文件），并在唐山劳动日报上开设“共同团结奋斗、共同繁荣发展”专栏7期，宣传民族团结进步事业。

10月25日，市委宣传部、市民宗局在纪念碑广场联合举办以“各民族共同团结奋斗，共同繁荣发展，共同建设科学发展示范区、建设人民群众幸福之都”为主题的大型民族团结进步宣传活动：“2004—2008年唐山市民族团结进步创建活动成就大型摄影展”，集中展示全市14个县（市）区五年来民族工作的主要成果；以各民族大团结为主要内容的大型文艺演出，近200名文艺工作者及群众演出了民族风情的文艺节目；宣传咨询党和国家民族政策、法律法规以及民族常识，向现场观众发放民族团结进步宣传册5000余份，解答涉及民族方面问题100多个。市委常委、宣传部长郭彦洪、市政府副市长王久宗、市政协副主席于冬青等领导出席活动。开展唐山市第十三个“民族团结月”活动，投入资金150余万元为民族乡村修路、打井、配备文化体育器材，慰问少数民族群众20余户，为少数民族群众解决实际困难50余件，对全市52个“民族团结进步先进集体”和70名“民族团结进步先进个人”进行表彰。

路北区利用市民中心网络，开发建设全市第一个集服务、咨询为一体的基层民族宗教工作网站，为少数民族群众提供网上宣传、服务平台。市中心区确定祥富里、友谊里社区等4个民族工作重点社区。

民族工作协调委员会成员单位赴少数民族人口较多的丰润区大刘庄等4个县（区）的9个民族乡村现场办公，帮扶资金378万元，重点解决人畜饮水、道路建设等6个方面的问题。向省争取少数民族发展资金68万元，帮助迁安市得胜等9个民族村解决了农田灌溉、人畜饮水等方面存在的实际问题。

市政府办公厅下发《关于转发〈国务院办公厅关于严格执行党和国家民族政策有关问题的通知〉的通知》（唐政办函［2008］173），对贯彻落实党和国家民族政策情况开展监督检查。从检查情况看，少数民族在政治上的平等权利得到了充分保障。

【宗教工作】 就《宗教事务条例》及相关配套措施在宗教界开展3场专题培训，教职人员及活动场所管理组织负责人近300人参加了培训。组织清真寺阿訇和寺管会主任培，学习《宗教事务条例》、国宗局3号、4号令，以及中国伊斯兰教协会制定的《清真寺民主管理办法》、《伊斯兰教教职人员资格认定办法》、《伊斯兰教活动场所主要教职人员聘任办法》等文件。组建基督教神学思想建设巡回演讲团，利用每周日聚会时间巡回演讲21场次，对基督教教义作出符合社会进步要求的诠释。建立五大宗教团体负责人联席会议制度，增进与宗教界的沟通与协调，确保宗教界和谐稳定。2008年先后召开4次联席会议，向宗教界负责人通报全市重点工作和民族宗教工作重点以及“迎奥运、保安全”工作情况。在全省率先对清真寺驻寺阿訇开展年度述职试点工作。通过述职活动，提高教职人员自主学习、依法传教、适应社会发展要求的积极性，同时进一步了解教职人员的政治素质、业务素质、履行职责情况以及带领信教群众参与科学发展示范区建设等各方面能力。

5月13日，五大宗教团体共同发起成立唐山市宗教界慈善基金，筹集元启动资金10万。

【为四川地震灾区捐款】 5月13日，唐山市宗教界慈善基金为四川地震灾区捐款3万元。遵化回族农民企业家李大利为灾区捐赠10台价值8万元的发电机组，成为唐山民营企业家捐物第一人。5月18日，市天主教、基督教分别举行“拯救生命－为四川灾区捐款献血”、“为四川灾区人民祈祷并捐献爱心”活动，募集善款9万余元，30名信教群众无偿献血6000毫升，120余名信教群众进行了预约无偿献血登记。6月20日，唐山法立德清真食品有限公司董事长李淑香女士向四川灾区运送1.2吨价值5万元的清真食品。截止6月20日，我市民族宗教界仅通过民宗部门就为四川灾区捐款178.5932万元，捐物价值13万元。

【清真食品安全专项整治】 制定《迎奥运清真食品安全专项整治工作方案》，对清真食品市场牛羊肉注水问题进行调查摸底，明确开平区、工商局、卫生局、质监局、商务局、民宗局等部门的工作任务，采取七项措施，从屠宰、加工、销售、卫生防疫等环节加强对清真牛羊肉的监管，建立由食安办等6家单位参加的联合监管机制，有效解决清真羊肉注水问题，确保牛羊肉食品安全。

（郑翠玉）

外事侨务

【外事接待】 协助接待卢森堡、荷兰驻华大使代表团、德国使馆代表团、驻华使馆武官夫人代表团、参加第十一届陶博会驻华使节代表团、澳大利亚西澳上议院（澳大利亚使馆）代表团、澳大利亚西澳农业部代表团、新加坡国家发展部和教育人力部（新加坡使馆）代表团、德国建筑交通城市发展部（德国使馆）及斯图加特德中友协代表团、南荷兰省省长及企业家代表团、比利时东弗兰德省省长（比利时使馆）代表团、日本鸟取县考察小组代表团、韩国浦项市市长（韩国使馆）代表团、瑞典斯康纳省和马尔默市经贸代表团、瑞典大使代表团、酒田市政府代表团、希腊雅典省政府代表团、国际奥委会官员及亲属访问团、香港国际关系科技经贸协会代表团、境外主流媒体记者采访团，以及阿赛洛·米塔尔钢铁集团、美国仲达律师事务所、美国达信顾问公司、美国可持续发展中心、美国龙安建筑规划设计顾问公司、新加坡吉宝企业、新加坡胜科集团、挪威奥德菲尔集团、瑞典企业家代表团、国际银行业联合会、香港嘉里集团、香港第一东方投资集团、中国迪拜基金、中国美国商会、全球首席执行官俱乐部、亚洲发展银行代表团、世界水协会主席代表团、德厚资本主席、国际银行业联合会代表团、澳大利亚驻华大使代表团、新西兰恒天然集团代表团等海外重点企业代表团等39个境外来访团组，来访外宾336人。同时，负责接待外交部党校第45期社调团、家乐福中国区副总裁代表团、北京奥运宾客项目协调小组代表团等3个国内来访团组共计135人。对于每一次接待工作都制定详细的接待计划，进行周密安排。本着热情友好的原则积极宣传唐山，推介唐山招商项目，取得良好的交流效果。

【友好交流】 应中国人民对外友好协会邀请，2008年3月25日、26日，德国联邦交通、建设和城市发展部国务秘书（副部长）、联邦议院议员、斯图加特德中友协主席团成员卡琳·罗特女士率环保考察团一行15人来唐山考察访问，并达成建筑节能改造合作协议；4月14日，在温家宝总理和到访的瑞典莱因费尔特首相见证下，唐山市与瑞典外交部、工商部在人民大会堂举行城市可持续发展合作意向书的签字仪式。为学习借鉴世界上先进的生态城建设经验，加强国际合作，促进唐山科学发展示范区建设，5月7日至15日，精心组织省委常委、市委书记赵勇率团出访瑞典、德国。期间，代表团先后考察学习瑞典马尔默、斯德哥尔摩生态城建设、德国既有建筑节能改造、鲁尔老矿区工业转型、生态农业建设、汽车先进科技等经验，会见150多位两国政府高级官员和企业代表，与两国政府部门和企业进行9次座谈交流活动，并在合作推进生态城建设、既有建筑节能改造、发展节能环保产业、老工业基地转型、生态农业建设、汽车零部件工业项目等方面达成了广泛共识和具体合作意向。中国驻瑞典、德国使馆对此次访问非常重视。中国驻瑞典大使陈明明，中国驻德国使馆临时代办、公使衔参赞赵彬出席代表团重要活动。此前，副市长于山还率团访问沙特阿拉伯，参加中国——中东峰会论坛，向中东地区的政府和企业代表全面推介唐山的建设情况和发展潜力，得到海湾地区企业界的高度重视，达成一部分合作意向。4月份，市政协主席张国栋率唐山市经贸代表团一行8人，访问河北省友好省—比利时东佛兰德省，并举办唐山市暨曹妃甸工业区项目说明会，访问取得良好的效果；6月6日至7日，比利时东佛兰德省政府代表团到唐山市考察，双方进一步

加深了解和友谊。7月18日，韩国浦项市市长朴承浩率代表团来唐山市访问。唐山市与浦项市签订《建立友好交流城市关系意向书》，并达成7项合作意向。8月20日，酒田市长阿部寿一率领该市政府代表团一行4人来唐山市访问。代表团在抗震纪念碑敬献花篮，参观考察南湖公园、河北理工大学地震遗址。阿部寿一市长对唐山市的发展变化给予了高度评价并希望今后两市能够加深友谊，加强交流与合作，实现两市的共同繁荣。9月25日至27日，马来西亚、刚果、法国、加拿大和苏丹等10个国家的驻华使节一行22人参加“冀东水泥之光”第十一届唐山中国陶瓷博览会。期间，使节们参观抗震纪念馆和唐山隆达骨质瓷有限公司，出席唐山曹妃甸临港产业国际合作洽谈会。10月13日至14日，在省外办杨全社主任陪同下，以荷兰南荷兰省省长杨·弗兰森为团长的代表团一行37人来唐山考察访问，并与唐山市签署关于发展临港产业战略合作会谈共识纪要。11月25日至26日，澳大利亚驻华大使芮捷锐一行5人来唐山考察访问。省委常委、市委书记赵勇在渤海国际会议中心会见芮捷锐一行，双方在矿产资源开发与贸易、环保产业、农业、旅游业等领域展开全面合作达成了一致意见。

【加强出国（境）及涉外管理】

以市委、市政府名义起草下发《关于进一步加强因公出国境管理的通知》（唐办发［2008］16号），与市纪委、市委组织部等单位联合起草下发《唐山市开展制止党政干部公款出国境旅游专项工作实施方案》（唐纪发［2008］5号）。依据国务院《国家涉外突发事件应急预案》、外交部《重大突发事件应急预案》、河北省人民政府《突发公共事件总体应急预案》以及相关法律法规、国际条约和国际惯例，起草“唐山市涉外突发事件应急预案”，为及时、稳妥地处理各类涉外事件提供保障。

依据省外办冀政外综字［2008］16号、17号文件，下发《关于加强外事系统安保情报信息工作的通知》（市外通字［2008］3号），建立奥运安保情报信息网，各涉外单位确定奥运安保情报信息负责人和联络员，坚持24小时值守制度和每天情况上报制度。确保奥运涉外安保信息的及时搜集和上报。

共审核因公出访团组105批294人次，其中经贸团组49批195人，随中央部委和省直部门组团68批85人，赴港澳团组16批35人，培训团组19批48人（我市组团1批25人，其余为随省团和随国家部委组团培训）；考察团组25批30人次；其他12批21人次。

在因公出国（境）工作中采取以下措施：实行出国（境）计划报批和量化管理制度。根据唐办发［2008］16号文件规定，要求各单位根据工作需要，认真研究制定本单位人员下年度出国（境）计划。对于拟请市领导率团出访的团组，随国家部委组团和省直部门组团的双跨团组和培训团组予以说明。各县（市）区、各开发区、市直各单位正职和政府序列县级人员原则上每年出国（境）不超过1次，分管外事、商务工作的县级人员严格根据工作需要进行安排。其他县级人员2年内出国（境）不超过1次，并依此规定从严控制科级及以下人员因公出国（境）。严格呈报程序，改进因公出国（境）呈报审批表。在原有呈报材料的基础上，增加出访团组在外日程安排和团组成员前次出访情况说明，以利于对团组的监督管理和对出访人员的量化管理。改进因公出国（境）呈报表，实现呈报材料全部电子打印无手写（领导签字除外）。加强团组管理，提高服务水平。严格执行因公出访团组在回国（境）后上报出访总结和上交因公出国（境）证件制度。在因公出访团组中，安排专人负责护照管理工作，出访期间护照统一保管，回国后及时将护照统一交回市外办，再由市外办送交省外办护照室统一保管，没有按期交回护照的团组市外办安排专人催缴。对拒绝交回护照的单位和个人，依法追究本人和部门领导的责任。实行因公出国（境）事项“专办员”制度。为提高办事效率，规范因公出国（境）报批材料，要求各单位推选1—2位业务素质高、责任心强的外事干部为因公出国（境）事项“专办员”，负责办理本单位人员因公出国（境）手续呈报工作。2008年12月1日，组织举办“全市因公出国（境）事项‘专办员’培训班”，邀请省外办领导专程对与会人员进行培训和指导。

【外国人入境签证的审核审批】

外国人来华关系到国家安全和社会稳定。根据审批权限，切实履行审批职能，对邀请外国人来唐严格把关，并要求接待单位切实落实管理责任，“谁邀请、谁负责；谁接待、谁负责”。截至目前，我市办共办理外国人入境签证函电411批679人次，涉及30个国家的人员。

【奥运期间境外记者管理】 根据市政府新闻办公室制定的《接待境外记者来唐山采访的工作程序》，制定记者的范围，明确接待程序，建立严密的反馈制度，提出注意政策和策略的要求。在具体工作中坚持“引导、疏导、限定”三结合的原则。对境外记者善加引导、善于利用这一重要的外宣资源；在突发事件发生时，对境外记者进行妥善疏导；对一些持不正当目的的记者，对其进行限定。比如今年5月26日－27日，外交部外国记者新闻中心与河北省外办联合组织十几位来自美国、英国、法国、白俄罗斯、巴西、秘鲁、土耳其和韩国等国的记者来访。招待会上，市长陈国鹰向记者们介绍我市改革开放取得的巨大成就，以曹妃甸为龙头的“四点一带”开发建设情况，唐山震后恢复建设的经验以及对汶川地震的援助情况。组织记者们采访唐山轨道客车有限责任公司以及唐山市高新技术开发区，参观考察唐山抗震纪念碑、曹妃甸工业区等，进一步扩大唐山的知名度和美誉度。7月9日，协助安排荷兰新鹿特丹商业报到大唐国际陡河发电厂采访，在了解到发电厂为实现节能减排投入4亿多资金时，该报社社长大为赞叹，并表示，要多写一些文章，使欧洲人更了解中国，消除欧洲人对中国的误解。8月1日下午，自称“中国基督教家庭教会”会长的张明选一行4人分别到迁安、滦县进行非法宗教活动，并计划组织本地和外地教徒于3日上午在迁安聚会，接受英国BBC记者采访。得到消息

后，会同外宣局、公安局、民宗局主要领导立即赶赴现场，对张明选等四人进行掌控，并将其遣送回原籍。英国BBC记者也未能到迁安、滦县进行采访。今年以来，共接待境外记者27批74人，婉拒4批9人，得到外交部新闻中心和省外办的表扬。

【出访和翻译工作】 承办市委书记赵勇出访沙特、瑞典和德国；市政协主席张国栋出访比利时、挪威；水务局经贸代表团出访巴西、秘鲁等多批次出访任务。圆满完成省、市领导大量外事活动的翻译工作，为市直、县区各部门的项目洽谈提供优质口译翻译。同时，也为市领导和相关部门有关领导作了大量的文字翻译工作。

【侨务工作】 2008年初，组织各县（市）、区侨办走访慰问归侨侨眷重点户、贫困户，唐山市侨务系统共筹集慰问救济款120000元。做好“四侨”考生出证和归侨、侨眷身份认证工作。加强政策宣传，扩大覆盖面；在出证过程中，严格按照省侨办有关政策认真把关。为25名“四侨”考生办理出证手续，得到社会、学校、家长的好评。根据《河北省归侨、侨眷身份认定实施意见》，为10名归侨、侨眷办理身份确认，核发归侨、侨眷身份证明。

认真学习《信访条例》，提高依法行政，做好归侨、侨眷来信来访，共接待来信来访120人次，处理省侨办信访件3个。在侨务工作基础扎实、硬件设施完善、服务网络健全的开平区普光里社区和路南区福乐园社区，建立“侨法宣传角”，推动《中华人民共和国归侨侨眷权益保护法》及其实施办法的宣传，引导归侨、侨眷自觉运用法律武器维护自身合法权益。

上半年对归侨、侨眷扶贫项目进行调查，初步选择3—5个项目（主要是小修理、小养殖、小摊点）。乐亭县侨眷张培良办起一家“百老泉”酒坊，因扩大经营规模，缺少周转金。市侨办从扶贫款项目中支持1万元，作为该项目的周转金使用两年。对遵化市归侨史禄小吃部项目、归侨刘春侠手机销售部项目支持1万元进行扶持。对孙昌奎、徐洪来、吴永权、何宗喜、刘泉等养殖修理项目进行扶持。2007年3月与汉沽管理区民政局达成侨务扶贫周转金使用协议。（市外侨办支付侨务扶贫周转金1万元人民币，用于朝鲜归侨尉世公发展养猪项目。），2008年3月份，按协议规定收回该项目周转金。朝鲜归侨尉世公通过养猪使家庭生活水平得到提高。

（赵　颖）

对台工作

【对台民心工程】 针对台湾局势发生重大积极变化，两岸关系出现历史转机和发展机遇的新形势，全面贯彻党的十七大关于对台工作总体要求和中央对台大政方针，牢牢把握两岸关系和平发展主题，以争取台湾民心为出发点和落脚点，深入实施对台民心工程。把扩大对台交流寓于对台民心工程之中。抓住两岸关系开始步入和平发展轨道的契机，把扩大对台交流作为实施对台民心工程的根本途径。岛内来唐交流、考察、洽谈团组和人次有较大增加；我市赴台交流考察领域逐步扩大，层次不断提升。多渠道、多形式的交往交流活动，建立了双方互信基础，增加了台湾同胞对祖国大陆的归属感和向心力。把维护台胞合法权益寓于对台民心工程之中。依法维护台胞合法权益，是祖国大陆对台湾同胞的庄严承诺，也是做好对台工作的一个重要环节。坚持从政治高度和对台大局出发，本着“高度重视、多措并举、迅速处理”的原则，积极稳妥地开展依法维护台胞合法权益工作，认真调处涉台纠纷。把推进入岛宣传寓于对台民心工程之中。“借船出海”，利用台湾媒体是推进入岛宣传的有效方法。5月份，台湾中国时报、中天电视和相关刊物、网站记者来唐采访，用台湾民众易于接受的方式介绍祖国大陆和新唐山的经济社会发展状况，缩小了台湾民众对大陆认识上的差距，加深了广大台胞对祖国大陆的认识和了解。

【对台经济】 紧紧抓住两岸关系和平发展的历史机遇，不断增强对台开放意识，拓展对台经济合作渠道。构建平台，推动对台经济上台阶。9月份，2008冀台（唐山）经济合作洽谈会在我市举办。本着“搭建经济合作桥梁，促进两地经济发展”的宗旨，经过周密部署，认真筹备，会议取得圆满成功，充分发挥了对台招商平台作用，多家台湾公司与我市有关单位达成合作意向，项目总投资21.4亿美元。台湾大润发集团也在会上与相关单位就建设超市等项目进行了深入洽谈。重点洽谈，寻求对台经济大合作。围绕我市加速形成以七大主导产业为重点的产业集群的部署，在对台经济中，着眼提升核心竞争力引进战略投资者，进一步加强了与台湾知名大企业、大集团的联系和对接。台湾腾龙集团顾问陈由豪、台湾翔鹭集团房地产有限公司董事长郭鸿诚先后5次率团来唐，就在曹妃甸工业区投资工业项目、在南湖生态城参与现代服务业开发项目进行深入考察和洽谈。深化服务，促进对台经济快发展。根据晔联管件、德比盛厨具两家台资企业市场前景好、增资扩产意愿强的情况，主动与省台办和华夏银行等单位沟通，经过综合考察，银行已为2家台企拨放4028万美元贷款，为企业发展注入了活力。对有投资意向的台商，坚持实行项目跟踪服务，为台资项目尽快落地创造条件。

【对台交流】 在两岸交往日益密切的新形势下，继续深入贯彻寄希望于台湾人民的方针，交流领域不断扩大，交流层次逐步提升，交流成果日益丰富。我市赴台交流团组21个，共91人（含赴台探亲）；来唐考察交流团组10个，共132人。完善工作流程，夯实对台交流基础。根据两岸关系形势发展和上级台办要求，在对原有操作规定进行再修改的同时，进一步搜集相关资料，新制定了《两岸婚姻手续办理流程》、《台湾同胞驾照转换具体办理办法》等规定。这些操作流程的建立健全，大大提高了工作效率，为更好地开展唐台两地交往交流奠定了基础。提升交流层次，推动对台交流发展。适应两岸关系“大交

流、大合作、大发展”的新形势，我市共有4位市级领导先后率团赴台交流。这种小团组、高层次交流活动，展示了新唐山的新形象和新优势，彰显了新唐山的新机遇和新发展，迈出了唐台交流与合作的新步伐。丰富交流内涵，扩大对台交流影响。我市与岛内的交流往来频繁，经贸、教育、文艺和科技等领域的交流与合作全面开花。多渠道、多形式的交往交流活动，加深了相互了解，扩大了双方合作基础，进一步增强了唐山在岛内的知名度、美誉度。

【对台宣传】　两岸关系开始步入和平发展轨道的新形势为对台宣传提出了新任务和新要求。创新思路，推进对台宣传是做好对台工作的重要基础。拓展渠道，增强入岛宣传实效性。由台湾中国时报集团所属的中国时报、中天电视等媒体记者组成的“大陆魅力城市·唐山”采访团来我市进行了全方位、多角度的采访活动。利用台湾媒体通过台湾记者向广大台湾民众展示唐山湾风采，推介新唐山优势。台湾媒体采访、拍摄的内容已在岛内报纸、杂志、电视和网站刊播，提高了唐山在台湾的影响，增强了对台宣传的可信度和说服力，收到了事半功倍的宣传效果。发挥优势，提高网络宣传快捷性。利用网络覆盖面广、传输速度快、不受地域限制等优势，从加强《唐山台湾事务在线》网站管理入手，调整栏目设置，丰富栏目内容，扩大链接范围，提高更新频率。进一步发挥了网站对台宣传新载体、入岛宣传主阵地作用。加强管理，实现对台宣传规范性。结合北京奥运期间我市作为环京城市成为境外及台湾记者关注地区的新情况，制定并印发了《涉台突发事件新闻处置预案》，并坚持24小时值班和日报告制度，确保了在北京奥运会及其筹备期间我市对台宣传没有出现任何纰漏，维护了涉台稳定。全年，在各级媒体刊发对台宣传稿件175篇（幅）；寄发入岛宣传品5700件。

【涉台教育】　积极探索新形势下涉台教育的新模式和新载体，努力营造人人关注台湾局势、关心两岸关系和平发展的浓厚氛围。基本实现了社区涉台教育形式更丰富，学校涉台教育内容更广泛，群众涉台教育范围更普及的目标要求。完善涉台教育体系。充分发挥涉台教育协调机制作用，积极引导基层组织结合实际开展涉台教育工作，初步形成市、县（市）区、乡镇、街道（社区）、学校等多位一体的涉台教育格局，使涉台教育深入到了社会各个层面。创新涉台教育方式。继续发挥报刊、广播、电视、网络等媒体在涉台教育中的作用。总结推广“三结合”开展涉台教育经验，即学校涉台教育与课本内容、课外活动相结合；社区涉台教育与居民活动、社区学校相结合；干部涉台教育与党校培训相结合。充实涉台教育内容。深入贯彻落实我市《关于加强涉台教育工作的意见》精神。紧密结合两岸关系形势和干部群众关注的热点问题，调整充实涉台教育内容。除以我办编印的台湾问题简明读本——《祖国的宝岛》为涉台教育的基础教材外，还通过邀请专家举办台湾形势报告会、在网站刊载中央对台大政方针、相关评论文章等形式充实涉台教育内容。全年举办各种形式涉台教育活动69场次。

【信息调研】　牢牢把握两岸关系和平发展主题，紧紧围绕市委确定的“开放创新、富民强市”总战略，加强对台信息的针对性、时效性和涉台调研的指导性、前瞻性，努力提高对台信息、涉台调研工作水平。明确任务。结合新形势下对台工作特点和市委八届四次全会精神，在对台信息与调研工作进行专题研究的基础上，下发《2008年涉台信息要点和调研工作方向》，为进一步做好工作提出目标和要求。加强督导。结合各项对台工作进展情况，深入基层进行督导检查，帮助基层对台部门确定调研重点，提高涉台调研质量。注重应用。坚持信息内容的典型性和调研报告的指导性。列为省重点课题的调研报告《对发挥曹妃甸新区优势，构建环渤海地区对台经济合作新平台的思考》已被省台办上报国台办。

【涉台稳定】　把确保涉台稳定作为维护两岸关系和平发展和构建“和谐唐山”的重中之重常抓不懈，确保了涉台稳定，促进了对台工作开展。制定措施到位。在紧密结合我市实际和充分征询省台办及市直有关部门意见的前提下，研究制定了《唐山市涉台突发事件应急预案》，为加强和规范我市涉台突发事件处置工作奠定了基础。排查隐患及时。对出现的涉台纠纷苗头，坚持“三个及时”，即及时分析研究，及时制定预案，及时采取措施，有效预防了涉台突发事件发生。化解纠纷彻底。认真贯彻中央依法维护台胞合法权益精神，本着热心、耐心、诚心的态度，认真调处涉台投诉。先后协调有关部门和单位妥善解决了12起投诉案件，均达到涉台投诉调处率和当事人满意率100%的目标要求。

【世界最大焊丝生产项目落户唐山】

1月9日，唐山亿泰自动化焊接材料有限公司在滦县台商工业园破土奠基，该项目总投资9500万美元，设计年产各种焊丝30万吨。建成后将成为世界最大的焊丝生产基地。项目投资方——台湾广泰集团是台湾岛内最大的焊接材料生产商，目前在大陆拥有5家企业20余家分公司，其最大股东美国林肯电气公司是世界上最大的焊接设备和焊接材料制造企业，在全球18个国家建立了33个企业，为美国纳斯达克上市公司。

【组团赴台进行经贸交流考察】

1月13日至22日，应台湾高雄市两岸世纪发展协会邀请，以市委常委、宣传部长郭彦洪为团长的唐山市经贸交流考察团一行10人赴台进行交流考察。在台期间，考察团先后到高雄、台南、台中、台北4个城市交流考察，并参观了中山大学、华美电子股份有限公司、磐石联合企业开发股份有限公司、三侨实业股份有限公司等企业。交流过程中，考察团广泛宣传新唐山的新形象、新优势，使众多台商对曹妃甸新区和南堡大油田的开发建设，对唐山在环渤海经济圈中所处的地位、作用等情况有了更深了解，看到了新唐山发展的广阔前景，树立了到唐山投资的信心。考察团还专门拜会了与我市有合作项目和意向的台商，就进一步加快合作项目的落实及其他相关情况进行了洽谈和协商，并签署了有关意向书。这次赴台交流考察，对加强我市对台宣传，扩大唐山对台开放，推进我市对台经济、科技、文教等领域的交流与合作起到了良好的推动作用。

【台湾经贸考察团来唐考察】 3月29日至31日，以台湾政治大学教授、中华青年交流协会理事长张昌吉为团长的台湾经贸考察团一行4人来我市进行投资考察。该团考察了曹妃甸工业区规划展示中心及30万吨级原油码头和25万吨级矿石码头，参观了惠达陶瓷有限公司、北车集团唐山轨道客车有限公司等单位，并就融资情况与有关部门进行了座谈。市委副书记杨永山，市委常委、常务副市长周仲明，副市长辛志纯，曹妃甸工业区管委会常务副主任薛渤瑚等领导会见了考察团一行。杨永山向考察团简要介绍了唐山经济社会发展情况及我市正在深入开展的学习实践科学发展观活动，并希望本着互利双赢的原则，加强与台湾的经贸交流合作。张昌吉对唐山丰富的自然资源、优越的地理位置和良好的工业建设布局印象深刻，表示愿意为唐山的经济建设吸引更多的国际资本提供帮助。

【台湾腾龙集团顾问陈由豪一行来唐考察洽谈】 5月26日，台湾腾龙集团顾问陈由豪等一行7人来唐，就我市南湖生态城建设及PX石化项目进展情况进行考察洽谈。上午，陈由豪一行考察了南湖生态城，并就在南湖生态城开发建设大型多功能会议中心、接待中心、民用住宅等与我市有关部门达成初步意向。下午，双方就PX石化项目进展情况召开座谈会，就项目进展过程中的相关问题进行了沟通，就区域环评、项目报批等环节取得共识，并表示按照时间表要求加紧各项准备工作，扎实推进项目进展。座谈会后，省委常委、市委书记赵勇等领导会见了陈由豪一行，并表示市委、市政府将全力支持、积极协调，确保PX项目尽快投产。赵勇还对陪同会见的10位唐山民营企业家提出要求。

【台胞、台属、台商积极为地震灾区捐款】 5月12日，四川省汶川县等地发生里氏8.0级大地震，人民群众生命财产遭受巨大损失。我市台胞、台属、台商得知消息后，积极捐款捐物，以实际行动为地震灾区人民奉献爱心，充分体现了“感恩、博爱、开放、超越”的新唐山人文精神和“一方有难、八方支援”的中华民族传统美德及两岸同胞血浓于水的骨肉亲情。据不完全统计，路南区台胞台属从不同渠道、用不同方式向灾区捐款共计11512元。我市台资企业协会副会长、唐山津美陶瓷有限公司董事长姚美达女士在台湾以个人名义捐款20万新台币（约合人民币5万元），并责成公司总经理田建华以公司名义捐款2万元，同时组织职工进行捐款。该公司共计捐款76000余元。台资企业——唐山德比盛家具有限公司共捐款人民币13170元，其中经理宋荣哲、厂长陈锦章各捐款500元，公司捐款10000元，职工捐款2170元。

【台湾中国时报集团“大陆魅力城市”采访团来唐采访】 5月18日至26日，以台湾中国时报集团董事、中国时报社副社长胡鸿仁为团长的“大陆魅力城市·唐山”采访团在我市进行了为期9天的采访活动。18日晚，市委常委、宣传部长郭彦洪会见了采访团一行。19日下午，市委副书记、市长陈国鹰接受了台湾记者专访。采访团在唐期间，先后到河北理工大学地震遗址、唐山抗震纪念碑广场、唐山市民俗艺术博物馆、南湖公园、大润发超市、远洋城、隆达骨质瓷有限公司和曹妃甸工业区、冀东南堡油田、乐亭县、滦县、迁安市、迁西县及遵化市进行了采访。

这次采访是由国台办和省台办安排的对台宣传推介活动，目的是加强与台湾媒体合作，“借船出海”，充分利用台湾媒体在岛内开展对大陆重点城市的宣传推介，进一步加强海峡两岸同胞的联系，增加两岸同胞的感情。我市被列入采访的重点城市，充分说明新唐山的新机遇、新目标、新形象、新发展已引起岛内媒体的关注，也体现了国台办、省台办领导对我市扩大对台开放、建设科学发展示范区的帮助和支持。在各有关部门和单位的共同努力下，这次采访活动达到了预期目的，取得了良好效果。

【举办海峡两岸美食文化交流活动】

6月18日至24日，我市举办海峡两岸美食文化交流活动。活动汇集包括台湾著名小吃蚵仔煎、台南蛋仔面在内的两岸一百多种著名小吃以及台湾水果、高山茶等台湾特产，共设台湾小吃、特产摊位21个。11位来自岛内的台湾厨师执灶献艺。前来参加饮食文化交流活动的群众络绎不绝，在品尝了地道台湾小吃的同时，也领略了中华各民族特别是宝岛台湾的饮食文化。很多群众表示非常喜爱台湾小吃，特别是希望多举办类似活动以增进两岸人民的相互了解和交流。参加活动的台湾同胞也纷纷表示，期盼两岸人民在更多领域多交流、多沟通，并祝福北京奥运圆满成功。

通过这次活动，进一步弘扬了中华餐饮文化，推动了海峡两岸文化交流，繁荣了我市餐饮市场，丰富了百姓餐桌，促进了我市与台湾及省内外餐饮界的交流与合作。中国新闻社、唐山电视台等媒体对活动给予充分报道。澳门《华侨报》等也刊发了消息，扩大了我市在岛内和海外的影响。

【承办2008冀台（唐山）经济合作洽谈会】 9月27日，2008冀台（唐山）经济合作洽谈会在我市曹妃甸渤海国际会议中心举行。海协会原副会长兼秘书长张金成到会祝贺，省台办主任潘爱良、副主任张献民、市人大副主任董宝泉、副市长于山、市政协副主席卢晓霞出席会议。来自台湾岛内和在大陆投资的59家知名台资企业的117名台商代表参加会议。会上，曹妃甸工业区管委会招商局负责人通过多媒体形式，围绕曹妃甸发展规划对六大重点领域进行了项目推介。各县（市）区、开发（管理、工业）区及有关企业向台商发放招商宣传资料500多份。开幕式后，59家台资企业与我市有关部门及企业进行了对接洽谈。洽谈会在各级领导和省台办的大力支持下取得了丰硕成果。台湾数码科技移动国际有限公司等

3家台资企业就有关项目与我市达成总投资额为21.4亿美元的合作意向；台湾大润发集团等4家台资企业与路南、路北、开平及有关部门达成了投资意向。

【饶颖奇率团来唐考察】　10月16至17日，以中国国民党中评会主席团主席、台湾民意机构原负责人饶颖奇为团长的台湾经贸考察团一行30余名台湾企业家，在原全国人大副委员长、民进中央主席许嘉璐陪同下来我市考察。省委常委、市委书记赵勇，市委副书记、市长陈国鹰先后会见了考察团一行，并分别向客人们简要介绍了我市经济社会发展情况以及曹妃甸良好的地理条件和优越的投资环境。饶颖奇一行先后到南湖生态城、城市展览馆和曹妃甸新区参观考察，并参加我市投资环境暨重点投资项目推介会。

【台湾青商总会员林青商大陆考察团来唐考察】　12月12日至14日，台湾青商总会2002总会长刘灿树率台湾青商总会员林青商大陆考察团来我市考察。市委副书记、市长陈国鹰，副市长于山会见考察团一行。陈国鹰简要介绍了我市经济社会发展情况。他说，当前全市上下正在齐心协力，努力把唐山建设成为经济繁荣、社会和谐、体制健全、环境优美的现代化城市。特别是曹妃甸有着良好的地理条件和优越的投资环境，发展前景非常广阔，已引起了国人的关注和世界的瞩目。他希望台湾青商总会的优秀青年企业家多来唐山参观考察、寻求合作，唐山将给予更多的政策支持与关注，以实现合作共赢。刘灿树说，这次在唐山的考察切身感受到了大陆同胞对台湾同胞的热情与温暖，唐山的快速发展令人鼓舞和振奋。他在详细了解了曹妃甸的情况后，表示返台后将把曹妃甸和唐山介绍给更多的企业家，推动更多的台湾企业来唐投资发展。

在唐期间，考察团一行与我市青年联合会就两岸经济、文化、教育等领域的交流与合作进行了座谈，唐山青年商会与台湾林青商会签定了缔结友好协会协议书，为今后开展交流交往活动打下了基础。考察团一行还先后参观了曹妃甸工业区发展规划展示中心、首钢京唐钢铁指挥中心、中石化30万吨级原油码头、25万吨级矿石码头、南湖生态城、唐山抗震纪念馆和唐山城市规划展览馆。

（付寅生）

机构编制工作

【行政管理体制改革】　按照市委、市政府提出的“四点一带”发展战略目标要求，在全省率先提出“大区划、大综合、大框架”的体制机制格局。统筹考虑机构编制资源，把沿海一带的临港地区作为一个整体，谋划曹妃甸新区、乐亭新区、芦汉经济技术开发区、丰南开发区等关乎唐山改革大局的“四点一带”体制框架。覆盖“两区一县”的曹妃甸新区体制已获得省委批准。整合分散在建设、规划、环保、城管、工商和公安等部门涉及城市管理的行政职能，上收城市中心区城市管理行政执法权限，建立统一的城市管理综合执法机构，为全省综合执法管理提供了创新式的体制模式。配合政法委、公安局上收路北、路南、古冶、开平等区公安体制，形成全市统一调度协调联动的公安执法体制。在全市分散建立的市县区18个公证处的基础上，综合归纳设置4个市级公证处，在全省率先完成司法系统公证处体制改革的总体任务，实现人员、职能、机构的平稳过渡。

为曹妃甸国际生态城、凤凰新城、南湖生态城、空港城和陡河青龙河等“四城一河”管委会（筹建）增加行政编制77名，事业编制58名。调整滦县、丰南区试点县乡镇改革的机构设置与职能定位，两县区共28个乡镇，原行政机构140个，减少为128个，减少9%；事业单位140个，减少到112个，减少20%。为建设精干、高效、运转协调的“小政府，大服务”乡镇工作框架奠定了基础。为发改委、交通局等22个部门成立行政审批处室，整合部门内设机构。完成14个县区纪检系统84个监察机构的改革工作。

【破解事业单位改革难题】　按照省确立的“五个一批”原则，加大清理整顿力度，推进5个事业单位改企改制，收回编制148名。对唐山师范学院、初等教育学院工作体制实施合并，对科技、教育、文化等系统2009年事业体制改革方案进行全面审核，对建设系统政府投资非经营性项目代建制体制给予跟踪，对市政府住房公积金管理体制给予重新升格与定位。从体现民生民计出发，完成社区医疗卫生管理服务网络建设，四区医保体系整合上划，强化环保、林业、农业综合执法，核定建筑工程施工安全监督、城管系统垃圾转运和生活垃圾填埋等机构。

在全国率先建立了“唐山市农村土地经营权流转交易中心”，破解农民在土地流转活动中的难点问题。综合利用现有编制资源，组建“唐山市畜禽水产品质量监测中心”。调整机构设置，成立河北省第一家与中科院协作的“中科院唐山高新技术研究与转化中心”。

事业单位法人登记工作日趋规范，事业单位年检3503个，年检率99.1%，为全省最高。新登记26个，变更登记352个，注销登记36个。

【贯彻《通知》和《条例》】　全面贯彻落实中共中央办公厅、国务院办公厅《关于进一步加强和完善机构编制管理，严格控制机构编制的通知》，国务院《地方各级人民政府机构设置和编制管理条例》，中央编办、国家监察部《机构编制监督检查工作暂行规定》，把工作重点放在整合资源、利用资源上，科学管理、合理使用和调配现有编制总量。仅市直部门调整利用编制资源756名，（其中行政143名，工勤9名，政法111名，全额事业423名，差补70名）。向社会提供招考岗位875个，涉及教育、公安、农业、建设、城管等八个行业。市、县、乡三级预计减少进人两、三千人，连续十一年实现财政供养人员零增长，全市共新核减编制881名。

（高春平）

地方志工作

【编纂综合年鉴】 根据国务院《地方志工作条例》规定和省政府部署，市政府决定从2008年开始编修首部地方综合年鉴，即《唐山年鉴》。市志办成立年鉴编修组，1月份制定《唐山年鉴》2008年卷编纂方案，并下发到有编修任务的单位和部门，组织全体人员在督导市志编修的同时，落实年鉴编纂任务，培训人员，检查质量，修改把关。年鉴成书约125万字，550余页。

【推动市志编修】 针对一些部门工作难度大、进展迟缓等情况，政府领导3次召开协调会，多次召开汇报会，解决二轮修志组织落实工作中的实际问题，取得较好效果，市志编修工作正逐步深入。与遵化、丰润、乐亭、唐海等县（市）区召开小规模业务研讨交流活动10余次，完成滦南县、丰润区志稿评审工作。组织3次理论文章研讨和评选，10余篇在省市研讨会上交流，3篇获奖；编发工作简报《修志动态》12期，初步拟定市志调研专题120多个，为开展调研活动和提高市志质量打下基础。

（赵鹤鸣）

电子政务工作

【办公自动化及网络建设】 唐山市政府办公自动化及网络建设始于1999年，2000年制定《唐山市政府系统办公自动化及网络建设规划》，初步明确建设的指导思想、实施原则、建设规模、建设目标等。围绕"两网一库"（内、外网和信息数据库）建设为目标，有计划、有步骤地组织实施工作。按照"抓住重点，分步实施"的原则，政府办公厅的办公自动化和网络建设作为重点，优先安排，投资200多万元，用于购置、更新硬件设备，购买开发应用和网络软件。用一年左右的时间，建设起包括市政府各部门核心网及10县、5区、2农场、3个开发区的远程网，共计31个远程网点17个局域网点。

政府局域网布线工作已基本完成。市委、市政府、市人大、市政协等5大院共15栋楼统一铺设了6芯3对光纤，初步实现了10/100M到桌面。以政府办公厅信息处为中心，采用电子邮件系统，对省通信采用专线，对县区政府及各委办局采用普通电话线联接。公众信息网已建立了WWW. TANGSHAN. GOV. CN等系列政府网站，为公众提供政务公开、招商引资、教育文化、旅游等服务。国际互联网已接通市委、市政府等五大院305个终端用户。2001年上半年，主要进行政府办公厅系统（含市领导及各靠挂单位）的网络建设。实现办公厅各处室之间，各处室与主管领导之间的网络联接，实现政府日常办公中的公文处理、会议管理、信息采编、督查管理、领导活动安排、接待管理、查询检索等最基本的系统功能，降低办公费用，提高办公效率。2001年下半年，主要进行市政府系统的网络建设。实现全市政府系统，即各县（市）、区、场，市政府各部门，市直各单位之间的网络联接；实现市政府系统与省政府系统、省内各市政府之间的网络联接；实现与国际互联网联接（与办公网络物理断开）。基本完成市政府系统以"两网一库"为基本结构的办公自动化网络建设，初步实现涵盖全市政府系统办公业务的电子化、自动化、网络化。

【办公网建设】 唐山市公众信息网（www. tangshan. gov. cn）建设。2003年初，对唐山市政府公众信息网进行统一规划，统一协调，克服了缺少技术力量、没有服务器网络设备等困难，从信息中心和相关委办局抽调精兵强将，利用一个多月的时间，完成唐山公众信息网的建设改版工作。增设唐山概况、招商引资、网上论坛等栏目，扩大网上办事和便民服务的范围和内容，动态更新唐山新闻，使唐山市民又多一个了解唐山、关注唐山、建设家乡的窗口和渠道。

同时，下发《关于进行市政府系统办公网建设和应用情况调查的通知》（附：唐山市政府办公网建设应用情况调查统计表），初步摸清各县（市）、区政府，市政府各部门的办公网建设应用情况。从2006下半年开始，进行政府系统二级局域网建设。主要内容包括：本级文件、政策法规、信息发布、公文处理、电子信箱等，并在此基础上建立政务信息资源库。市政府办公网各联网单位统一接入市政府电子政务中心节点，通过市政府办公网实现与市委、市人大、市政协、军分区、检察院和法院办公网络的连接和数据交换。

【电子政务建设】 市编办于2005年4月制发唐机编字（2005）6号文件，将原市发展和改革委员会所属的信息中心划归政府办公厅管理，同时更名为唐山市政府电子政务中心，负责政府系统电子政务的建设和管理工作。

整合现有网络资源，推动各县（市）区政府内网网站建设。政府办公厅技术处与唐山市政府电子政务中心一起担负着全市政府系统电子政务的建设和管理工作。制定县（市）区政府门户网站建设标准，对现有的县级门户网站进行检查和改进，对职责不明、归属权不分的进行整合，对还没有门户网站的进行督导，所有政府和市政府部门的门户网站都在唐山市政府门户网站上链接，从而形成市、县两级优势互补、上下联动、协调配合的网站群。先后为十五个县（市）区政府（包括各开发区、管理区、工业区管委会）、30多家市政府部门建立统一的办公内网网站。其功能涵盖本级文件、政策法规、信息发布、公文处理、电子信箱等，并在此基础上建立政务信息资源库。市政府各联网单位统一接入市政府电子政务中心节点，通过市政府电子政务平台实现与省政府及市委、市人大、市政协、等公务网的互联互通和数据交换。

电子政务的核心在于信息的发布及应用，探索加强和完善"外网受理、内网办理、外网反馈"的网上服务模式。在条件还不完全成熟的情况下，争取实现单部门审批行政许可项目全部实现网上受理、过程查询和结果反馈，三次协调督导行政审批中心加紧网上办事网站建设，为全面提升网站服务功能打下基础。

（陈久生）

机关事务管理工作

【改善办公环境】　完成会议中心防漏、会议室照明改造、政府西院水泵房更换液压装置、北院墙拆墙透绿、机关宿舍楼外装修、27号小院热水供应和人事局楼装修等工程。每一项工程都认真论证，精心计划，严密组织，以招标的方式确定施工队伍，保证施工质量，机关办公环境得到很大改善。

【日常服务工作】　坚持“报修登记－维修通知－信息反馈”和月季年三级检修的维修维护制度。工作人员主动到各单位巡视，发现问题，立即解决。坚持24小时值班，保证了机关工作的正常开展。会议中心保障各种会议1472次，其中国家级电视电话会议15次，省级电视电话会议56次，市委、市政府重要会议70余次，全市大接访会议2次。政府机关东西两院进行拆墙透绿，安装铁艺栏杆，新植花草树木。机关花窖全年自繁自养花卉3万余盆。完成机关食堂天然气置换工作，添置和改装食堂灶具19台。及时采购供应机关办公用品，进出库和发放办公用品6万余件。车队严格管理，安全行驶280多万公里，没有发生严重责任事故，节油47859公升。汽车修理厂积极为机关服务，累计修车1358台次。

【贯彻国务院《公共机构节能条例》】　起草《关于“河北省贯彻实施〈公共机构节能条例〉工作会议”情况的汇报及我市落实会议精神的建议》，成立唐山市公共机构节能工作协调领导小组，组建办公机构。安排办公用房1间、专用电脑3台、打印机3台、传真机1台、电话机3部。组织召开全市机关事务管理系统贯彻落实《条例》工作会议。在全市开展的科学发展模式试验示范工作中，研究制定出《市政府办公厅节能模式试验示范实施方案》及相关措施。对机关办公楼采暖系统进行节能技术改造，分区控制，分户热表计量；将机关办公楼北侧窗户全部更换为中空玻璃塑钢窗，加贴了隔热膜；对机关空调系统进行改造和维护，主楼空调采用了变频、变风量、流量可调、高效冷却塔和高效换热器等节能新技术；对机关照明系统进行节能改造，更换节能灯具；电梯施行隔层停开；办公楼卫生间水龙头及大小便器全部加装了自动感应节水装置。节能技术改造后，机关节约效果明显，节电率在10%以上，节水在20%以上，公务用车节油在5%以上，办公用品耗材下降了10%。

（廉华君）

中国人民政治协商会议唐山市委员会

【概况】　2008年是唐山市十届政协的开局之年，也是我唐山市各项事业飞速发展的一年。一年来，市政协常委会在中共唐山市委的领导和省政协的指导下，团结带领全市广大政协委员，各民主党派、工商联，各人民团体及各族各界人士，高举中国特色社会主义伟大旗帜，以邓小平理论和“三个代表”重要思想为指导，深入贯彻落实科学发展观和中共十七大精神，紧紧围绕市委八届四次会议提出的“开放创新、富民强市”的总战略和“建设科学发展示范区、建设人民群众幸福之都”的总目标，认真履行政治协商、民主监督、参政议政职能，为推动全市经济社会发展做出新的贡献。一年中，召开全体委员会议1次，常委会议4次，主席会议5次，组织重要调研、视察、考察活动18次，形成报告10份，市党政领导分别作出批示13件次，有的还以市委“通报”形式转发，安排在市委常委会议上汇报。组织部分委员和专家学者就建立唐山保税港区、保增长、惠民生，“四点一带”和“四大主体功能区”开发建设，发展职业教育和推动就业再就业工作等开展专题调研；就社会保障体系、节能减排、促进石灰岩区农民增收、推进城乡一体化、“三年大变样”攻坚行动、社区卫生、文化市场、林果蔬菜生产，重点交通项目、人民调解、保障农民工权益等方面开展视察；组织委员参加政府有关行政执法、司法部门的行风评议会，先后对50多个单位科学发展观学习实践活动和机关效能建设活动，提出各类整改意见100余条。全年收到社情民意信息40多篇，归纳整理23期分别报送中共唐山市委和省政协，四川汶川大地震发生后，广大政协委员和各级政协组织积极响应，捐款捐物达5000多万元。提供专题《社情民意》15期，其中13期被省政协采纳上报全国政协；全年刊发新闻稿件90余篇，编辑出版内刊《唐山政协》6期，编发《情况通报》21期；十届一次会议以来，全市政协委员、政协各参加单位提出提案608件，立案593件，提案办结率为100%；举办纪念改革开放三十周年征文活动，60多篇征文寄予委员们的殷殷真情，并成功举办人民政协成就展，向社会充分展示全政协系统改革开放以来的辉煌业绩。与有关部门配合，开办人文唐山大讲堂25场，现场听众4万多人次；编辑出版60多万字的《知青纪事》一书，初步完成《唐山沿边长城》征稿工作；在常委会议论专题、主席会议解难题的基础上，大力开展委员在岗选课题调研活动，调研成果——《“金字塔”调研模式》辑印成册。举办迎奥运书画作品展，展出作品160多件，并出版《迎奥运唐山书画家作品集》，一批省、市政协委员作为全各行业的优秀代表，担当火炬手，向社会展示政协委员和政协组织的风彩。以开展科学发展观学习实践活动为主要内容深化学习型政协建设，《学习实践科学发展观贵在“五新”》等经验做法分别在《人民政协报》、《乡音》等媒体刊发。到2008年底，全市有政协委员12名，市政协常务委员89名，常务委员会组成人员100名。

【市政协十届一次会议】　3月19日至23日在燕山影剧院召开，会议应出席委员512名，实际出席495名，符合法定人数。卢晓霞副主席受政协唐山市第九届委员会常务委

员会的委托向大会作工作报告。翟久玉副主席受政协唐山市第九届委员会常务委员会的委托向大会作提案工作报告。出席会议的委员列席市十三届人大一次会议，听取并讨论代市长陈国鹰所作的《政府工作报告》（草案）和其他重要报告；大会表决通过关于十届一次会议期间委员提案审查情况的报告、十届一次会议政治决议、关于九届市政协常务委员会工作报告的决议，关于市政协九届委员会提案工作报告的决议；会议选举张国栋同志为十届市政协主席，卢晓霞（女）、翟久玉、秦少清、于冬青、张艳春（女）、沈瑾、刘长锁、胡万宁、杨方为副主席，赵士金为秘书长，马伟成等89名同志为十届市政协常委；会议表彰市政协九届四次会议以来的优秀提案和优秀提案者（单位）；会议共收到委员提案524件，其中集体提案90件，委员个人及联名提案434件，符合立案条件的511件，会议印发大会发言材料19份，其中11位委员作大会口头发言。中共唐山市委、市政府，市法院、检察院及市直有关部门负责同志应邀列席会议听取大会发言，陈国鹰等市领导当场作出批示39件次。会议期间，中共唐山市委、市政府领导到会参加各委员小组讨论，共商兴市大计，中共河北省委常委、唐山市委书记赵勇，市政协主席张国栋分别在大会开幕式、闭幕式上作重要讲话。

【市政协常委会议】 3月11日，市政协九届二十三次常委会议召开，市政协副主席张学主持会议。会议听取市委、市政府办公厅关于市政协九届五次会议以来提案办理情况的通报；听取赵士金秘书长关于市政协十届一次会议筹备情况的汇报；听取关于政协唐山市第九届委员会常务委员会工作报告和提案工作报告的起草说明；审议通过政协唐山市第九届委员会常务委员会工作报告（草案）和提案工作报告（草案），并推举了报告人。听取关于政协唐山市第十届委员会委员人选和政协唐山市第十届委员会第一次会议主席团成员、主席团会议主持人、秘书长建议名单的说明，协商通过政协唐山市第十届委员会委员人选和十届一次会议主席团成员、主席团会议主持人和秘书长建议名单；审议通过关于召开政协唐山市第十届委员会第一次会议的决定；审议通过政协唐山市第十届委员会第一次会议议程。

3月23日，市政协十届一次常委会议召开，会议应出席常务委员会组成人员100人，实际出席92人，符合法定人数。会议审议通过市政协2008年工作要点；进行人事任免；审议通过政协唐山市第十届委员会常务委员会关于各专门委员会主任、副主任名单；审议通过政协唐山市第十届委员会副秘书长名单；张国栋主席主持会议并就做好常委会工作做重要讲话。

7月3日至4日，市政协十届二次常委会议在唐海县召开，会议应出席常务委员会组成人员100人，实际出席82人，符合法定人数。市政协主席张国栋、副主席卢晓霞分别主持会议。会议中心议题是协商讨论唐山市沿海“四点一带”开发建设和全市就业再就业专题。会议邀请市委常委、市政府常务副市长周仲明到会通报关于在唐山市南部沿海区域实施“四点一带”发展战略的有关情况；听取赵士金同志关于十届市政协规章制度修订和制定情况的说明；听取市政协调研组《推进我市沿海“四点一带”开发建设应注重解决的几个问题》和《进一步推动我市就业再就业工作的调研与建议》的报告，并分组对以上两个专题报告进行深入细致的协商讨论。会议结束时，张国栋主席讲话。

10月8日至9日，市政协十届三次常委会议在迁安市召开。会议应出席常务委员会组成人员100人，实际出席86人，符合法定人数。市政协主席张国栋、副主席卢晓霞分别主持会议。市政府副市长、市农工民主党主委高瑞华应邀出席会议。会议中心议题是协商讨论唐山市“四大主体功能区”建设和职业教育专题。会议听取市政府关于唐山市“四大功能区”建设及拆违拆迁工作情况的通报；会议审议并原则通过《关于推进我市“四大功能区”建设的几点建议》和《关于大力发展我市职业教育的调查与建议》报告；审议通过有关人事任免事项。会议结束时，张国栋主席就市政协科学发展观学习教育实践活动以及政协下步工作提出意见。

12月31日，市政协召开十届四次常委会议。会议应出席常务委员会组成人员100人，实际出席84人，符合法定人数。市政协主席张国栋主持会议。会议听取市委、市政府办公厅关于市政协十届一次会议以来提案办理情况的通报；听取赵士金秘书长关于市政协十届二次会议筹备情况的汇报和说明。会议审议并原则通过政协唐山市第十届委员会常务委员会工作报告（草案）和关于十届一次会议以来提案工作情况的报告（草案）并推举报告人；审议通过关于召开政协唐山市第十届委员会第二次会议议程、日程；政协唐山市第十届委员会第二次会议大会秘书长、副秘书长名单、委员编组办法，小组划分和小组召集人名单及列席单位和特邀列席人员名单。会议议定，政协唐山市第十届委员会第二次会议于2009年1月15日至18日举行。会议审议通过关于政协唐山市第十届委员会关于表彰十届一次会议以来优秀提案和先进提案者（单位）的决定。审议各专门委员会2008年工作总结及2009年工作设想的书面报告。会议结束时，张国栋主席就认真总结经验，做好新一年政协工作发表讲话。

【关于沿海“四点一带”开发建设的调研】 4月至6月，在于冬青副主席带领下，由市政协经济建设委员会牵头，组织部分政协常委、委员、特邀研究员组成专题调研组，对沿海一带曹妃甸新区、乐亭新区、丰南沿海工业区和芦汉经济技术开发区“四个点”的开发建设情况进行调研，并赴辽宁省的锦州、营口、大连、丹东、沈阳等地就“五点一线”开发建设经验进行学习考察。在掌握大量一手资料的基础上，调研组经过反复论证、几易其稿，经市政协十届二次常委会议审议通过，形成《关于推进沿海“四点一带”开发建设应注重解决的几个问题的建议》报告。市委、市政府领导作出重要批示给予充分肯定，责成相关部门召开“四点一带”领导小组会议专题研究、吸纳、落实。

【关于就业再就业工作调研】 就业是民生之本，为认贯彻落实党的十七大和市委八届四次全会精神，经市政协主席会议研究决定，于4月份成立专题调研组，采用专题座谈、问卷调查、走访视察等形式，围绕全市就业、再就业情况进行专题调研。在此基础上，经过综合分析、反复论证，几易其稿，经市政协十届二次常委会议审议通过，形成《关于进一步推动我市就业、再就业工作的调研与建议》报告。市党政主要领导给予充分肯定，赵勇书记批示“这份调研与建议很好。有分析、有对策，很有指导性和操作性，体现了政协工作的高质量、高水平。印发常委和副市长，请政府抓紧研究推动就业和再就业的具体措施，推动以创业实现就业不断提高老百姓幸福指数”。陈国鹰市长作出批示并指出“这是一项很重要的民生工作”，应引起“高度重视”。

【关于推进“四大主体功能区”建设的调研】 5月至7月，在沈瑾、刘长锁副主席的带领下，由市政协农业和人口资源环境委员会牵头，组织部分政协常委、委员，吸收有关专家学者参加，围绕全市“四大主体功能区”专题，深入到市直各相关部门及有关县区进行实地调研，并赴重庆等地进行学习考察，在此基础上，经市政协十届三次常委会议审议通过，形成《关于加快我推进我市“四大主体功能区”建设的几点建议》报告供市委、市政府决策参考，省委常委、市委书记赵勇批示，“这个报告很有指导价值”，并要求各相关部门“提出具体贯彻意见，报市委、市政府”。

【关于职业教育的调研】 4月份以来，市政协教科文卫体委员会组织部分委员、专家学者组成调研组，由秦少清副主席带队，对全市职业教育发展情况进行专题调研。调研组先后听取市教育局、劳动和社会保障局情况介绍；实地考察10所职业院校；召开民办职业教育座谈会；赴长春、哈尔滨等市学习考察先进经验，在此基础上，经过综合论证，经市政协十届三次常委会议审议通过，形成《关于大力发展我市职业教育的调查与建议》报告。市党政领导给予高度重视，作出批示7件。省委常委、市委书记赵勇批示，“报告提出的问题十分紧迫和重要，建议也很好。印发四套班子成员，请建国、瑞华同志抓紧准备，常委扩大会议议一次高等职称问题”。

【关于保税港区建设的调研】 5月至6月，市政协吸收市委研究室、市发改委、市商务局、市动植物进出口检验检疫局、市国土局、市港航局、唐山海关、市政协农资环委等有关部门负责同志组成调研组，由张国栋主席负责并主持调研工作，于冬青副主席具体负责，采取深入调查研究、全面把握政策规定、重点学习借鉴、专家座谈讨论、科学分析论证等方法，对唐山市建设保税港区进行专题调研。调研组在赴上海、宁波、张家港、天津调研的基础上，认真分析对比，反复论证，形成《关于建立曹妃甸保税港区的建议》报告。赵勇书记对报告给予充分肯定，并作出重要批示，“报告非常好，既明了该如何争取，又提出克服困难的措施，请国鹰同志牵头，自敏同志配合，组成专门班子，象抓机场一样马上着手攻关，力争拿下这个项目”。

【关于“保增长、惠民生”调研】 11月至12月，市政协成立以张国栋主席为组长的大调研活动领导小组，专门召开会议进行部署，由分管副主席带队，由专委会、县（市）区政协领导和部分专家学者组成四个调研组，围绕全市社会关注的焦点、群众议论的热点、历时一个月时间，深入14个县（市）区和近30个市直单位，通过实地走访、考察，召开座谈会，问卷调查等多种形式，对全市经济社会发展的主要问题作进一步的剖析。在此基础上，经主席会议讨论通过，形成《关于明年我市保增长、惠民生工作的“双十条”建议》报告。报告围绕保增长、促进经济社会更好更快发展和惠民生、加强和谐社会建设两个方面，集中梳理出“双十条”建议。该建议报告上报市委、市政府决策参考。省委常委、市委书记赵勇同志批示：“很全面，有新意，请五次全会起草组认真研究吸收到全会报告”。

【全力支援灾区抗震救灾】 四川汶川大地震发生后，市政协及时发出抗震救灾倡议书，广大政协委员和各级政协组织积极响应。有的在第一时间向灾区人民捐款率先垂范，有的冒着生命危险亲赴灾区一线表现卓越。据不完全统计，全市政协系统捐款捐物达5000多万元。为响应胡锦涛总书记“一定要把唐山抗震救灾的经验传递下去”的号召，提供专题《社情民意》15期，其中13期被省政协采纳上报全国政协。中央电视台、《人民政协报》、中国政协新闻网等媒体，对唐山市政协抗震救灾的做法，给予充分宣传报道。市政协被评为唐山市抗震救灾先进集体。

【纪念改革开放三十周年活动】

市政协自8月份起，在全市政协系统举办“我与改革开放30周年”系列活动。活动共分为三部分，第一部分是开展“我与改革开放30周年”有奖征文活动，60多篇征文寄予委员们的殷殷真情，从政协的角度，抒写唐山经济社会发展的巨变和自身、家庭的所见所闻。第二部分是开展纪念改革开放30周年座谈会，30周年期间部分离退休政协老领导、各民主党派、工商联及有关社会团体主要领导、历届部分政协委员和特邀研究员以及政协机关干部在专题座谈会上，畅谈沧桑巨变，更加明确工作方向。第三部分是举办改革开放30周年人民政协成就展，以展示批示率、办结率、转化率、活动率、刊载率、贡献率为主要内容，精心制作图文并茂的展牌，向社会充分展示市政协系统改革开放以来的辉煌业绩。

市政协第十届委员会常委会及其工作部门领导成员

在2008年3月19日至23日召开的市政协十届一次会议上，选举产生新一届市政协领导班子和常务委员会组成人员，九届市政协主席张耀华、副主席张学、蒲天惠、池作清、张铁铮、吴铁汉、么继志、董大泉、张福昌、王天义离任。

主　　席：张国栋
副 主 席：卢晓霞（女）
　　　　　翟久玉　秦少清
　　　　　于冬青
　　　　　张艳春（女）
　　　　　沈　瑾（满族）
　　　　　刘长锁　胡万宁
　　　　　杨　方
秘 书 长：赵士金
常务委员（以姓氏笔画为序）：
　　马伟成　方建平
　　王　力　王　勇
　　王　菲（女）
　　王子囡（女）
　　王汉银
　　王玉芹（女）
　　王纯华　王宝泉
　　王春燕（女）
　　王敏义
　　王福燕（女）
　　王毅敏（女，高山族）
　　卢品贤（女）
　　司雁菱（女）
　　白冰（女，蒙古族）
　　白俊艳（女）
　　石凤桐　刘凤海
　　刘永江
　　刘玉兰（女）
　　刘亚安　刘建军
　　刘森林　刘新泉
　　孙玉刚　孙全臣
　　朱晓丽（女，满族）
　　毕义祥
　　许嗣芹（女）
　　阴瑞华（女）
　　吴振儒　张乃平
　　张广增
　　张月仙（女）
　　张世奇（满族）
　　张冬梅（女，市农科院）
　　张俊来
　　张贺珍（女）
　　张振普（回族）
　　张继成
　　张锦芬（女）
　　张锦瑞
　　李　兵（女）
　　李　寅　李长河
　　李东升　李会和
　　李存龙
　　李旭红（女，蒙古族）
　　李建朝　李金源
　　李秋贵　杜文龙
　　杨学诚　杨树生
　　杨彩继　杨瑞忠
　　沈凤光　谷守贤
　　陆之孝
　　陈　薇（女）
　　陈国志　陈照印
　　孟文红（女）
　　孟庆海
　　罗向军（女）
　　郑文庆
　　侯永坤（女）
　　侯西岭　姚子全
　　祝明钊　赵治川
　　赵俊芬（女）
　　赵铁政（女）
　　郝利明　耿万海
　　高均海　崔喜元
　　梁士臣　菅文华
　　程云瑞　葛昌秋
　　韩建民
　　韩敬荣（女）
　　甄贵福　裴　华
　　潘淑荣（女）
副秘书长：刘玉兰（女）
　　　　　张学新（3月免）
　　　　　杨兰亭
　　　　　周晓成（9月免）
　　　　　陈国志（3月免）
　　　　　程云瑞（3月任）
　　　　　刘国中（7月任）

办公厅
副 主 任：杨兰亭
　　　　　陈国志（3月免）
　　　　　郭宝合　李铁柱

研究室
主　　任：张学新（3月免）
　　　　　程云瑞（3月任）
副 主 任：刘国中（7月免）
　　　　　程云瑞（3月免）
　　　　　王瑞全（9月任）

提案委员会
主　　任：祝明钊
副 主 任：刘晋波
　　　　　王　力（兼）
　　　　　刘绍辉（兼）
　　　　　孙全臣（兼）
　　　　　罗向军（兼）

经济建设委员会
主　　任：谷守贤
副 主 任：王静洁（女，10月免）
　　　　　杨立光（女，9月任）
　　　　　田瑞平（兼）
　　　　　张锦瑞（兼）
　　　　　徐树成（兼）
　　　　　符晓光（兼）
　　　　　裴文久（兼）

教科文卫体委员会
主　　任：刘森林
副 主 任：袁会林
　　　　　王福燕（女，兼）
　　　　　刘之俊（兼）
　　　　　张贺珍（女，兼）
　　　　　赵俊芬（女，兼）

港澳台侨和民族宗教委员会
主　　任：刘玉兰（女，3月免）
　　　　　陈国志（3月任）
副 主 任：董世勇
　　　　　方建平（兼）
　　　　　劳　卫（兼）
　　　　　张　硕（回族，兼）
　　　　　菅文华（兼）

文史资料委员会
主　　任：孟庆海
副 主 任：孙来幸
　　　　　白俊艳（女，兼）
　　　　　韩志强（兼）

社会法制委员会
主　　任：孙东富（3月免）
　　　　　张乃平（3月任）
副 主 任：王淑云（女）
　　　　　卢品贤（女，兼）
　　　　　孙国富（兼）
　　　　　张石华（兼）
　　　　　周景林（兼）

农业和资源环境委员会
主　　任：杜文龙
副 主 任：任庆海
　　　　　孙东富（兼）
　　　　　杨学诚（兼）
　　　　　罗晓军（兼）
　　　　　董秀峰（兼）

（张福增）

民主党派·工商联

中国国民党革命委员会唐山市委员会

【素质提高年强素质】　2008年，民革唐山市委坚持以科学发展观为统领，把深入学习实践科学发展观与素质提高年活动紧密结合，做到政治方向更加明确、政治立场更加坚定、政治思想素质进一步提高。一是加强政治理论学习，在深刻领会科学发展观上下功夫。年初，市委会领导班子、市委机关和每个支部认真开展素质提高年活动，认真落实中共唐山市委《关于学习实践科学发展观的实施方案》，认真组织学习赵勇书记在深入学习实践科学发展观大会上的讲话，深刻领会学习实践科学发展观的丰富内涵和重大意义，自觉用科学发展观统一思想、统一行动，统领民革的工作实际。3月17日，民革唐山市委下发关于开展“坚持走中国特色社会主义政治发展道路为主题的素质提高年”活动的通知。4月15日，就开展深入学习实践科学发展观召开动员大会。根据各阶段的学习内容和要求，举办并积极参与一系列学习研讨和论坛活动。二是结合中共“五一口号”发布60周年纪念活动，发扬民革老一代与共产党风雨同舟的坚定信念和光荣传统。4月27日，举行纪念“五一口号”发布60周年学习研讨会，热情回顾民革坚持中国共产党领导，与共产党风雨同舟的光荣历程。5月24日，与其他民主党派共同组织以“坚持中国特色社会主义政治发展道路”为主题的素质提高年系列论坛。沈瑾主委代表民革做了题为“从数字看科学发展观”的发言，通过具体生动的数据使大家对现阶段的经济发展有了较为详细深入的认识，明确了科学发展的迫切性、必然性和重大意义。三是结合改革开放30周年纪念活动，深入学习领会中共十七大精神，进一步解放思想，更新观念，增强做好参政议政工作的能力。12月5日，召开“纪念改革开放三十周年座谈会”，畅谈改革开放的伟大成就，更加坚定了改革开放是实现中华民族伟大复兴必由之路的信念，加深了对改革开放条件下做好参政议政工作重要性的认识。各支部也纷纷以支部民主生活会、学习会、交流会等形式纪念改革开放三十周年。四是利用传统节日纪念活动寓教其中。“三·八”妇女节之际，召开了庆祝国际妇女节座谈会，并向民革女党员宣传贯彻中共唐山市委八届四次会议精神，鼓励她们为建设科学发展示范区贡献力量。中秋佳节到来之际，组织同台湾有亲友关系的党员和教师党员参加具有宫廷风格的茶座，共同就台海两岸出现的新形势和民革党员如何发挥作用进行研讨和座谈。“九·九”重阳节之际，组织老年党员参观了正在建设中的唐山地震遗址公园、南湖高尔夫球场和刚刚落成的唐山市展览馆。参观后，对唐山的建设成就更加感到欣慰与自豪，对未来的唐山更加充满鼓舞与期待。五是结合做好宣传组织工作，促进素质建设。宣传报道工作取得长足进展。《团结报》、《乡音》、《燕赵政协网》、《唐山政协》、《唐山劳动日报》等报刊先后41次报道唐山民革的工作和活动情况。把握标准、审慎发展，组织建设进一步加强。全年共吸收了12名同志加入民革组织。这些同志政治素质好，文化层次高，议政能力强，为民革组织增添了新生力量。经过广泛征求意见、严格审批程序，增补了民革市委组宣处处长冉秀艳同志为民革市委驻会副主委，领导班子建设进一步加强。

【参政议政迈上新台阶】　以科学发展观统领参政议政的工作思路，使民革市委的参政议政工作参与范围更加广泛，议政内容更加深入，议政程序更加规范，议政成果更加显著。在三月召开的市政协大会上，沈瑾主委代表民革唐山市委所做的《关于促进我市商贸发展的战略选择》大会发言，受到市委、市政府领导高度重视和肯定，多位市领导当场作了批示。民革唐山市委被评为优秀提案单位，沈巍、李济清，常宝增、张洪涛被评为优秀提案个人。在市委统战部和各民主党派共同开展的“投身科学发展，共建幸福之都”活动中，市委会进一步拓宽参政议政渠道，在继续搞好“一支一案”和“一人一案”的基础上，充实完善了参政议政委员会，设立农业、文化艺术、教育、医疗卫生、经济发展、城市建设六个调研小组，围绕科学发展示范区的建设展开认真调研，形成《对我市钢铁行业健康发展的几点建议》、《适应市场需求，加速发展职业教育》、《对我市青少年近视应早综合干预的建议》、《在曹妃甸建立配煤中心的建议》、《关于我市垃圾处理的意见》等一批具有全局性、前瞻性和可操作性的调研报告，并送达有关部门。由于对科学发展观的认识不断深化，各支部和党员的责任意识和参政议政的积极性不断提高，纷纷就唐山的科学发展和人民群众普遍关心的问题建言献策，踊跃书写提案和社情民意信息。仅一年的时间，路北一支部就提交了《关于有效控制与降低唐山主城区房价的建议》、《政府应制止随意非法收取取暖费的无政府主义行为》等25份提案，党员毕南海一人就提交了《我市饮用水源安全应引起有关部门关注》等14份提案。杨海宁《建议规范唐山人民祭奠行为》、费秀林《要把提高市民素质落到实处》的建议，受到市委宣传部、精神文明办公室的高度重视。此外，市委会还组成两个课题组，完成了《关于推进农村改革大力发展我市农业合作经济的建议》和《唐山市发展都市农业的思路和对策》两个调研报告。唐山民革各级组织、民革党员中的各级人大代表、政协委员和支部党员全年共提交提案、议案、建议140余件，民革的参政党作用得到更好发挥。

【服务社会取得新成效】　为唐山加速科学发展示范区建设步伐，民革广大成员努力发挥自身优势，不断拓展服务领域，社会服务工作出现新局面，取得新成绩。一是努力做好本职岗位工作，自觉为社会多做贡献。为表达唐山人的风采和

对世界和平的美好祝愿，市美协副主席、民革党员刘志明精心绘制的国画《清东陵》，被选参加了“和平颂——太空飞行艺术之旅”活动，搭载神州七号，在太空遨游了68小时27分钟后返回地面，为唐山增添了荣誉。孙福志多年以来，诚信经营、服务百姓，由他经营的唐山市黄金珠宝总汇荣获国家级珠宝首饰明星放心店荣誉称号。王子囡致富思源、扶助弱势群体，被河北省文明办、民政厅等单位授予“河北省慈善家铜质奖章”。李迎新、李海新两兄弟主动对在唐学习的两名四川灾区学生伸出援手，长期帮扶直到大学毕业。他们的事迹《燕赵都市报》作了刊载。众多老年党员虽年事已高，仍不忘关心社会发展，发挥专长，无私奉献。他们或参加老年合唱团，宣传新唐山；或谱写歌曲，宣传社区科学发展；或创办实业，促进经济繁荣；或投书报刊，针砭时弊，以各种可能的形式，继续为社会健康发展努力做出自己的贡献。二是集体组织自愿者服务活动服务社会。5月中旬，组织参加市委统战部和各民主党派在唐山路南福乐园社区举行的“投身科学发展，共建幸福之都”活动启动仪式暨义诊活动。副主委王大路代表各民主党派、工商联讲话，李济清、任彩丽、陈红等义务工作者现场为社区居民进行义诊和卫生咨询，王子囡向社区居民赠送了3000个环保购物袋。6月中旬，组织民革党员中的医务工作者到革命老区滦南县程庄镇潘家戴村为农民义务诊病，并赠送了价值1500多元的药品，诊治病人和接收卫生咨询近300人。在此次活动中还与程庄镇卫生院达成长期技术支持与服务合作意向。7月8日，在路南区友谊里燕京社区举办了“民革唐山市委践行科学发展文艺演出”活动，民革党员中的文艺工作者为社区居民送去一场精彩的文艺节目。演出过程中穿插唐山市建设科学发展示范区和创建全国文明城市的知识问答，场面热烈感人。三是发挥基层组织作用，采取多种形式服务社会。全民植树日，由科技支部倡导，路北、路南和丰南等八个支部开展义务植树活动。大家牺牲个人休息时间，自备工具，为刚刚施工改造完毕的建设路北口栽上树木，为宜居靓城的建设贡献自己的一份力量。4月22日，民革路北二支部将价值两千元的图书、学生用具和各种文体用品，送到革命老区遵化地北头乡东峪镇东峪小学，还为3名品学兼优的贫困学生提供助学捐款。

【**救灾捐助彰显崇高风尚**】　年初，华南罕见的冰雪灾害，给人民群众的正常生活造成严重困难。民革丰南支部、古冶支部自发组织向南方灾区捐款活动，体现出民革党员对灾区的一片爱心。面对震惊世界的汶川强烈地震灾害，唐山民革党员表现了崇高的社会责任感和浓重的爱国情结。青年党员李迎新、李海新兄弟俩，震灾第二天主动到民革市委各自捐款2000元。在5月15日“民革党员为四川灾区人民献爱心”捐献活动现场，党员们胸前佩戴着“爱心无价”的胸牌，在“爱的奉献”的乐曲声中，120名党员在捐款箱前排起了一条爱心长龙，共捐献人民币25850元。年届九旬的老党员白宝林行动困难，委托老伴到市委会捐款。5月25日民革唐山市委发出致全体党员的一封信，号召向灾区儿童再献爱心。原民革唐山市委副主委，九十二岁高龄的邹文靖，体弱多病，委托儿子交来捐款1000元，他还赋诗歌颂党和人民的救灾壮举。新党员曲建英作为心理医生随同市心理干预志愿者服务队奔赴灾区，他所在的志愿者队伍服务灾民4000余人。并为灾区群众捐款捐物，为孩子们添置学习用品及衣物。李春生为灾区捐款20000元；陈凯华捐赠了价值18400元的救灾急需的对讲机、灭菌灯等物资；李冬梅派专车赶赴四川，为灾区人民送去一车价值七千元的棉被。青年党员李连祥捐款4000元。评剧艺术家洪影让人搀扶着去市红十字会给灾区捐款500元。唐山民革将办学结余款10万元支援了灾区人民。王子囡所创办的唐山龙裔传媒工作室先向灾区捐款6万元，而后又奔赴灾区，送去价值近2万元的食品、药品，捐赠了价值15万元的724套抗震救灾资料光盘，被中共唐山市委、市政府评为抗震救灾突出贡献奖，被民革省委评为抗震救灾先进个人。工人医院神经外科副主任医师杨宏是1976年唐山大地震幸存的孤儿。汶川地震发生后，主动请缨参加唐山市医疗救护队赶赴救灾一线，先后到达成都、绵竹、新都等地参与救治伤员，共诊病人200余人次，被中共唐山市委、市政府评为抗震救灾先进个人。民革唐山市委累计向四川地震灾区捐款22.26万元，捐物价值19.84万元，被民革中央授予民革全国抗震救灾先进集体，成为全省唯一获此殊荣的民革组织。

主　委：
　沈　瑾（市政协驻会副主席）
副主委：张锦芬（女）
　陶　文　沈　巍
　王大路（8月免驻会，仍是兼职副主委）
驻会副主委兼秘书长：
　冉秀艳（女　10月任）

（张立志）

中国民主同盟唐山市委员会

【**思想建设常抓不懈**】　一是深入贯彻落实中共十七大及中共唐山市委八届四次全委扩大会议精神，结合政治交接及素质提高年活动的开展，在全市盟员中开展以深入贯彻落实科学发展观为主题的解放思想大讨论活动。民盟市委印发了《通知》和《致全市盟员的一封信》，要求各基层组织及广大盟员以科学发展观为指导，深刻查找和剖析自身存在的不足与差距，革除与科学发展观不相适应的陈旧观念、方式及思维模式，推动盟务工作不断迈向新台阶。二是动员全市盟员学习实践科学发展观。召开全市盟员动员大会，号召大家迅速行动起来，以高度的政治责任感，认真学习领会中央及省、市的有关精神，结合各自的工作实际，紧紧抓住“开放创新、富民强市，把新唐山建成科学发展示范区，建成人民群众的幸福之都”这个总战略和总目标，发挥自身优势，努力在学习上下功夫，在实效上求突破。三是纪念“五一口号”发布60周年，促进政治交接学教活动深入开展。刘长锁主委在盟委召开的纪念“五一口号”发布60周年座谈会上讲话指出，纪念“五一口号”发布60周年，是深入开展以“坚持走中国特色政治发展道路”为主题的政治交接学习教育活动及深入学习实践科学发展观为主线的素质提高年活动的重要内容；是推进政治文明建设，发展社会主义民主政治，实现多党合作可持续发展的强大动力。全市盟员要继承老一辈优良传统，在新的起点上继往开来，努力发挥好参政党作用。四是开展征文活动，召开座谈会，纪念改革开放三十周年。通过系列活动，广大盟员从社会生活的各个方面畅谈改革开放三十周年以来发生的翻天覆地的变化，盛赞党的方针政策英明正确，广大盟员接受中国共产党领导的自觉性进一步增强，走中国特色社会主义政治发展道路的决心和信念更加坚定。五是召开专题会议学习贯彻中共十七届三中全会精神。深入领会推进农村改革发展的精神实质和重大意义，把思想和行动真正统一到全会精神上来，进一步增强社会服务职能意识，为推进农村改革发展做出应有的贡献。

【组织建设扎实开展】　一是以“素质提高年”活动为契机，完善工作制度、规范工作程序，认真抓好基层组织建设。民盟市委向各基层支部下发《关于开展“素质提高工程”的实施方案》，把创新机制作为核心内容，把破解问题作为主攻方向，把提升盟的基层组织及广大盟员整体素质作为中心环节，不断推动盟务工作的科学化、规范化、制度化水平。有6名民盟市委主要领导及盟员骨干分别参加了中央统战部及市社会主义学院的培训。二是严格按照组织程序，坚持在工作中发展、发展为了工作的原则，高标准，严把关，发展新盟员11名，为盟组织增添了新鲜血液。年初，省、市二级人大政协换届，盟员中1人当选为省人大代表，3人被推选为省政协委员（常委1人），4人当选为市人大代表（常委1人），24人被推选为市政协委员（副主席1人，常委4人）。三是完善评先树优机制，推动组织建设健康发展。开平区、华北煤炭医学院、唐山一中、职业技术学院、理工大学等6个基层支部被评为省级先进支部，蒋跃勇等27名盟员被评为省级先进盟员，8名同志分获省民盟参政议政、理论研究、宣传工作、信息工作先进个人称号。有3个先进基层支部及盟员代表在会上做典型发言。

【参政议政狠抓落实】　一是积极参与全市政治协商、民主监督，努力发挥参政议政作用。组织新一届盟员人大代表、盟内政协委员进行参政议政培训，开展“议政日”和“一支一案”活动，积极提交议案建议，对表现突出的支部及盟员给予表彰奖励。陈嘉庚、陈德泰、韩溪、杨启文、刘玉祥五同志被民盟市委授予“参政议政特殊贡献奖”，刘长锁主委代表盟市委在市政协十届一次全会上所做的《普及农村沼气，推进三农建设》的大会发言反响良好，“一支一案”也取得较好成绩。全年共收到盟员提案198份，经过筛选，评选出一等奖5份，二等奖10份，三等奖20份。二是组织盟员积极参与全市献计献策活动。在“建设科学发展示范区，把唐山建成人民群众的幸福之都”的献计献策活动中，广大盟员积极行动，向市献计献策办公室提交建议30篇。其中，韩溪、刘金元、胡婉娴、杨启文、林竞智提出的建议获市献计献策办公室的奖励，民盟市委被中共唐山市委授予献计献策活动优秀组织奖。三是参与民盟河北省委的参政议政工作有新建树。盟员吴贵彬参加民盟沿海省市发展海洋经济研讨会，并代表民盟河北省委作了《发展区域海洋经济，打造沿海经济隆起带》的大会发言；盟员刘自善撰写的《从天而降的不竭能源——太阳能》代表盟省委参加了民盟中央科技委员会、民盟宁夏区委联合举行的“太阳能开发与利用全国研讨会”；韩溪名誉副主委撰写的《从唐山看城市文化的传承与创新》、张俊来副主委撰写的《城市文化建设的一些思考》两篇论文作为民盟省委的调研文章参加了第二届民盟城市文化论坛。四是通过组织集中学习和请市委统战部领导及有关专家授课等途径，培训基层骨干，提升盟员的参政议政能力。五是成立以刘长锁主委为会长的民盟唐山市委科学发展观研究学会，并根据盟员的特点和优势，以协助中共唐山市委破解六大难题为主旨，设立了五个专题课题组（科学发展观宣传课题组，“三农”问题课题组，“四点一带”开发建设课题组，资源型城市转型课题组，医疗卫生进社区课题组）。各课题组扎实有效地开展调研活动，形成了《关于唐山资源型城市转型的有关思考及建议》、《四措并举推动资源型城市转型》、《尽快构建发展现代农业发展体系，推进现代农业产业化发展》等调研报告并上报了市有关部门。六是社情民意、信息工作再上新台阶。其中杨启文执笔的《关于建立长效机制遏制发生矿难事故的建议》和刘静远执笔的《当前社会主义新农村建设存在的问题及建议》被盟中央采用。全年共编印了《唐山盟讯》4期、《议政交流》4期、《盟务动态》14期，唐山民盟网站正式开通。

【社会服务再创佳绩】　围绕把新唐山建成科学发展示范区、建成人民群众的幸福之都开展系列活动：一是开展科学发展进社区、进校园文艺演出宣教活动。分别与中共路北区委和路北区祥富里小学联合举办“科学发展观进社区文艺展演”和“科学发展进校园、健康快乐伴成长”庆六一文艺演出。教师节前夕，民盟市委在唐山饭店多功能厅举行庆祝教师节暨纪念改革开放三十周年文艺演唱会。来自全市教育系统的100多名盟员欢聚一堂，以不同形式讴歌改革开放三十年来的成果，庆祝教师自己的节日。二是开展科学发展进社区、进农村医疗服务活动。与市妇联、市卫生局联合在天元社区开展了“科学发展进家庭、绿色生活通社区”活动，为广大居民义务体检。与市妇联合办“创建科学发展示范家庭，营造幸福港湾活动”大型公益知识讲座。民盟市委医疗服务课题组还组织专家深入乐亭赵蔡庄、齐庄、丰润沙流河村、迁安杨各庄等地义务为百姓进行健康检查，宣传科学的健康理念。三是组建服务队，开展长效社会服务活动。本着“资源共享、优势互补、形成合力、服务社区”的总体思路，发挥人才优势，探索建立长效服务居民机制，与路北区联手打造幸福乔屯，建立医疗卫生、健康咨询、文化艺术、家庭培训、法律咨询、就业指导等六个义务服务队，在乔屯办事处草场街社区举行社区服务队揭牌仪式并开展服务活动。四是基层支部发挥自身优势，积极开展社会服务活动。民盟华北煤炭医学院支部多次组织专家到路北区富强楼社区及南堡开发区为广大群众进行义诊，民盟唐山职业技术学院的医务专家在教师节期间义务为祥富里小学老师查体，深受服务对象的欢迎和赞扬。

【抗震救灾奉献爱心】 四川汶川大地震发生后，民盟市委向各基层组织及广大盟员发出紧急通知，号召大家踊跃向灾区人民捐款捐物。全市盟员争先恐后，纷纷伸出援手，捐款捐物累计达人民币896万余元，其中涌现了许多感人事迹。盟员蒋跃勇组织本企业员工加班加点多生产，捐赠了价值800余万元的灾区急需的各种杀菌、消毒药品，并六次深入灾区发放药品，又亲自接来15名灾区孤残人员安置在自己企业就业。盟员杨俊来，地震时正在欧洲考察，得知汶川大地震后主动赶到中国驻米兰总领事馆，把随身携带的10000欧元通过米兰领事馆捐往灾区，此后又委托公司人员通过民盟组织为灾区捐款10万元。唐山师范学院董惠娟教授是位灾害心理学博士，她不顾身体刚做完手术，毅然赴灾区进行心理救援。市第五医院副主任医师魏惠香从事心理卫生工作多年，尽管年过半百，仍坚决要求参加了市第二批赴四川灾区医疗小分队。

主　　委：刘长锁
副 主 委：李本华　张俊来
　　　　　李晓强
　　　　　张书民（女　12月免驻会，兼职副主委）
秘 书 长：弭健群

（王海岩）

中国民主建国会唐山市委员会

【加强思想建设】 一是以科学发展观为指导，组织开展政治交接系列学教活动。在组织开展深入学习实践科学发展观、纪念"五一口号"发布60周年、纪念改革开放30周年等系列学习教育活动中，组织理论学习讲座培训、调研考察、献计献策，举办知识答题竞赛和演讲比赛，召开教师、三胞眷属会员茶话会，开展征文活动等，使广大会员通过切身感受，更加深刻认识党的改革开放方针政策的英明和正确，增强与党中央在思想政治上保持高度一致的坚定性，增强贯彻落实科学发展观的自觉性。开滦总支、路南工委先后组织会员参观曹妃甸和唐山市城市建设成就展览，体验家乡的巨大变化，感受时代的发展和社会的进步，进一步激发积极投身发展建设的热情。二是联系实际开展深入细致的思想政治工作。路北工委综合支部邀请教师会员就多党合作事业的形成与发展、民建会史进行专题讲解；古冶工委、丰润支部组织走访老会员，增进年轻会员对民建奋斗历程、老一辈优良传统的了解，深化对多党合作制度的认识；路北工委、开平工委、路南工委、丰南支部、高新支部等基层组织有针对性地组织学习交流、听专家讲座、开展争先创优等活动，不断提高会员的思想理论水平。随着金融危机逐步向实体经济蔓延，钢铁产业形势严峻。唐钢总支召开专题座谈会，统一思想认识，一致认为，在公司党委的坚强领导下，企业一定能够战胜各种困难和挑战，搞好产品结构调整和企业整合，化危机为机遇。大家纷纷表示，要立足本职，爱岗敬业，和企业一道共渡难关，为迎来大发展的明天勇作贡献。

【强化组织建设】 一是规范组织发展工作。按照民建中央和省委要求，着眼于组织的长远发展，在继续坚持主委会与拟入会同志见面制的同时，根据《河北省民主党派组织发展工作规程（试行）》，制定《民建唐山市委关于进一步加强组织发展工作的意见》，进一步完善组织发展程序，规范组织发展工作，为建设政治坚定、结构合理、素质优良的参政党队伍打牢组织基础。二是活跃会务活动。在全会深入开展学习科学发展观践行活动，组织参加市委统战部开展的"素质提高年"系列活动。各基层单位也集思广益，着力在丰富内容、创新载体上下功夫，或举办论坛、或演讲比赛，或与兄弟党派联谊、不断增强活动的活力和吸引力。三是组织会员培训。5月，举办第十四期新会员培训班，对近两年人会的新会员进行科学发展观、统战理论、民建会章会史等有关知识辅导，组织新会员赴青岛、威海等地参观考察，增强服务于唐山发展的责任感和使命感。

【抓好班子和机关建设】 一是贯彻民主集中制，进一步建立健全民主科学的议事决策规则。在增补副主委过程中，严格履行民主程序和选举程序，增补工作顺利。二是落实主委会成员下基层制度。主委会成员大多是兼职，他们克服本职工作繁忙的困难，定期深入基层，了解情况，推动工作，密切与基层组织和会员的联系，较好地发挥了领导集体作用。三是适时调整充实各级班子。根据《会章》有关规定及会务工作需要，通过选举，增补副主委1名，调整充实基层组织负责人11名。使各级班子补充了新人，增强了力量。四是加强机关建设。按照全市加强机关效能建设的要求，把提高执行力作为机关建设的重点。以创建学习型、创新型、服务型、实干型、效能型以及和谐机关为抓手，积极参加统战系统"树立科学发展新理念，实现统战工作新跨越"论坛活动，学习市直机关工作规范和"十条纪律"，制订并认真落实《民建唐山市委关于进一步加强机关建设的实施方案》，机关工作呈现出运转有序的良好局面。

【积极履行参政党职责】 一是增强参政意识。针对不少会员是新担任省、市两级人大代表、政协委员的现状，在市"两会"前夕，举办了新一届省市人大代表、政协委员培训班，就人大代表、政协委员职责、作用发挥以及提案书写等内容进行辅导。"两会"期间，市民建共提提案48件，33人次的发言被《政协简报》刊登，20多人次接受了媒体采访。《以建设世界钢都为目

标做好做强唐山钢铁产业》等大会发言，得到市委副书记、市长陈国鹰等市领导的重视并作了批示。副市长王久宗批示由农业局承办《关于我市小麦秸秆综合利用的建议》提案，并派人赴衡水考察学习，制定出台了切合唐山实际的具体措施。金融支部副主委戴建明撰写的《依托曹妃甸新区建设创建冀东金融中心》的提案被省民建采用，在省政协大会上，省委书记张云川对此提案作了重要批示。二是开展专题调研活动。组织各专委会就公共资源交易平台建设、强化农民工职业培训、促进民营经济更好更快发展、民办幼儿教育发展对策等十大课题进行可行性调研。调研成果有的经市委统战部辑印成册，提交市委市政府领导，有的作为集体提案提交市政协大会，有的作为社情民意上报省民建。全年共上报社情民意稿件100多件，开展社情民意调查的主要做法，在民建河北省委2008年社情民意信息员培训班上作了介绍交流。三是积极组织献计献策。为促进全市科学发展示范区建设，先后召开会内专家学者参加寻计问策座谈会、《唐山市科学发展促进条例（草案）》征求意见会，重点围绕增强核心竞争力、完善产业结构调整、民主政治建设、城市应急机制体系建设等议题建言献策，并将有关意见反馈至市人大、市政府有关部门。李占民、康宁分别就发展慈善事业、促进社会和谐所提出的建议被民建中央采用，并作为慈善发展论坛获奖征文作者赴重庆参加了以“爱心系天下慈善促和谐”为主题的2008中国慈善事业发展论坛。汶川地震发生后，会员李旭红所写《借鉴唐山大地震恢复建设经验加快对汶川地震后重建的几点建议》一文被《人民政协报》刊登。在全市献计献策月活动中，发动广大会员踊跃参与，共征集各类意见建议130条，内容涉及广泛，具有较强的针对性和可操作性，得到市委献计献策办公室的肯定。四是努力争取上级支持。为更好服务唐山中心工作，民建唐山市委努力争取民建中央和省民建的大力支持。9月下旬，全国人大常委会副委员长、民建中央主席陈昌智，全国政协副主席、民建中央第一副主席张榕明，全国政协副秘书长、民建中央常务副主席马培华率民建中央考察团到曹妃甸工业区调研。考察团一行对唐山科学发展示范区建设的探索与实践给予了充分肯定，并表示民建组织应为河北省和唐山市的改革发展作出更大贡献，给予更大支持。

【扎实开展社会服务工作】　一是组织专家服务民生进社区、到基层。发挥专家学者比较集中的优势，深入开展科技、卫生、文化进社区和“三下乡”等社会服务工作，积极为服务民生办实事。4月，组织会员中的医疗、农业、法律专家到路北区祥富里社区开展“践行科学发展观、社会服务进社区”活动，对社区居民免费进行了医疗保健、花卉养殖、物权法等方面的咨询，无偿发放了环保宣传资料、花卉种子、花肥及环保布袋。12月，组织农林专家赴滦县西甄庄村，与该村30余名蔬菜、果树种植专业户进行了现场指导，赠送了部份专业图书资料。这些活动，既得到广大会员的积极响应和热情参与，也得到有关部门的肯定及群众好评。二是情系灾区，奉献爱心。汶川地震发生后，市委会及时以电话和唐山民建网站等形式发出通知，号召各基层组织和广大会员发扬与党同心同德、患难与共的爱国情怀，支援抗震救灾。地震发生时，正在四川眉山、双流参加幼儿教育教学研讨会的丰润德利教育集团执行董事陈丽君临危不惧，与其他教师一起从课堂里安全疏散了1600余名学生（其中600名幼儿）。当她们把孩子们全部安置到相对安全的地方以后，房子坍塌了。眉山市育英学校校长在第一时间给唐山民建打来电话，感激陈丽君，感激唐山人。唐山民建广大会员以各种不同的方式伸出援手、奉献爱心。有的不顾年老体弱，亲自到机关送来捐款；有的正在外地出差特意打来电话，委托机关先为代交；有的已在单位和社会捐款后，又参加了市委会组织的捐款活动；有捐款捐物几万、十几万、上百万并亲赴灾区救援的企业家；有不分昼夜为灾区恢复重建加班加点工作的工程管理者和设计人员；有为大灾之后防大疫，加快震后重建，积极建言献策的医务工作者和机关公务员。距灾难发生不到24小时，丰南支部就将凝聚全体会员爱心的1万元送到了区慈善协会。85岁的李振儒第一个给机关打来电话，要求捐款500元。86岁的吴芝芳多次联系机关要求捐款，并委托工委同志送来500元。年逾9旬的张玉清老人，亲自来到机关捐款200元。路北退休一支部都是老同志，收入并不高，但大家相约专程来到机关，捐款910元。会员宋雷的唐宋企业管理咨询有限公司和唐山市钢铁工业协会、唐山市红十字会三方联合发起了“我捐一吨钢，温暖十家人”的“安居·温暖”捐助活动。据不完全统计，唐山民建会员捐款捐物合计180余万元。向绍新、陈丽君、申永福被中共唐山市委、唐山市人民政府授予“唐山市支援四川抗震救灾先进个人”。陈丽君、申永福、孙秀梅、吕树章、宋雷荣获“民建全国抗震救灾优秀会员”称号。

主　　委：王连灵（女）
副 主 委：王敏义　马怀琳
　　　　　向绍新
　　　　　孙全臣（8月免驻会，兼职副主委）
驻会副主委兼秘书长：
　　辛卫华（9月任）

（张庭芳）

中国民主促进会唐山市委员会

【开展学教活动】　一是搞好“五个参与”，深入学习实践科学发展观。参与学习，提高认识。通过学习贯彻中共唐山市委八届四次扩大会议精神和赵勇书记在全市深入开展学习实践科学发展观活动动员大会上的讲话，学习贯彻《中共唐山市委关于加快科学发展示范区建设的决定》，组织学习《科学发展观重要论述摘编》、《科学发展100问》、《我身边的科学发展案例》等三本书，提高学习与践行科学发展观的思想认识，增强理论学习的自觉性。参与分析，当好参谋。深入实际调查研究，广泛了解群众关心的热点难点问题，提出解决问题的办法和意见，积极建言献策，切实发挥好参政议政作用。参与教育，提高素质。高度重视科学发展观等学习教育对民进工作的促进作用，要求广大党员积极参与，认真查找在运用科学发展观武装头脑、指导实践、推动工作方面存在的问题，提高政策水平和参政议政能力。参与实践，争做贡献。团结广大会员发挥自己专业优势，立足本职岗位，积极主动参与社会实践，为唐山的科学发展、和谐发展多做贡献。参与活动，总结经验。积极探索民进工作促进经济发展、社会进步的新路径、新载体、新内容、新经验，增强用科学发展的理念指导各项工作的自觉性。全年共组织会员参与学习活动20次，组织集体调研活动3次，还根据科学发展观要求和会务需要，重新修改和完善了民进市委自身建设、参政议政、社会服务和机关工作四大项规章制度。二是深化政治交接学教活动，促进素质建设。在开展素质提高年学教活动中，坚持以走中国特色社会主义政治发展道路为主线，认真组织学习中共唐山市委统战部关于在各民主党派开展素质提高年活动的意见、民进中央主席严隽琪在纪念中共中央“五一口号”发布60周年座谈会上的讲话、中共河北省委统战部刘永瑞部长在省各民主党派政治交接主题学习教育活动座谈交流会上的讲话，召开纪念中共中央“五一”口号发布60周年座谈会和纪念改革开放30周年座谈会，组织参加“树立科学发展新理念，实现统战工作新跨越”主题论坛，举办市委委员、支部负责人培训班，将学习与开展主题活动相结合，与坚持中心组学习等行之有效的制度相结合，与“投身科学发展，共建幸福之都”践行活动相结合，深化政治交接学习教育内涵，推动素质提高年活动深入开展。在纪念改革开放三十周年征文活动中，11名会员撰写文章，其中杨方在民进中央的征文比赛中获奖，卢品贤、吴金星分获市政协征文比赛一、二等奖。

【深入调查研究】　一是吃透精神，掌握政策，紧密围绕中共唐山市委、市政府的经济工作和社会各项事业的发展目标，拟定调研课题，组织会内专家、学者深入调研，掌握一手情况，科学参政议政。在市政协常委会组织的调研中，政协副主席、民进主委杨方带队作了“关于推进沿海‘四点一带’开发建设”的调研，副主委卢品贤参加了“促进唐山市就业再就业”的调研，副主委张锦瑞参加了“资源型城市经济转型”调研并执笔撰写调研报告，政协委员张冬梅参加了“唐山职业教育发展”的调研，政协常委王菲参与并撰写了《促进产业集群，壮大民营经济》调研报告，政协委员刘三伶参与并撰写了《解放思想，推动我市文化创意产业迅速崛起》的调研报告。主委杨方在市政协大会上所作的《关于我市钢铁工业的整合与节能减排的建议》的调研报告，受到陈国鹰、葛梦彬、姚自敏、李寿平等市党政领导的高度重视并分别做了批示。《发展循环经济，建设环境友好型社会》、《加速资源型城市经济转型步伐，实现我市经济可持续发展》等提案受到有关部门的重视，一些提案内容得到采纳与落实。民进委员在市人大会议上提出议案2份，在市政协大会上提出提案87份（其中集体提案15份），全年共提出各类提案、建议110余条。二是关注民生，体察民情，反映与人民群众生活密切相关的重点、热点、难点问题。围绕“建设人民群众的幸福之都”、“弘扬新唐山人文精神”、“就业再就业”、“节能减排”等内容开展调研，参与行风督察活动。民进成员中有特约检察员2人，特约监察员4人，特约审计员1人，人民监督员1人，教育督导员2人，文明行业监督员4人。通过行风听证会等形式，实事求是地提出问题和建议。在省民进会议上，唐山民进交流了做好参政议政工作的经验。

【加强组织建设】　一是认真落实《河北省民主党派组织发展工作规程（试行）》和民进河北省委《关于组织发展暂行规定》，以《中国民主促进会章程》为依据，结合唐山民进组织实际，进一步明确入会的政治思想表现、学历职称、社会影响等项条件，规定了入会申请的内容、组织发展程序，杜绝会员发展中的随意性，确保发展质量，增强组织活力，确保和谐稳定。在组织发展中严格控制发展指数，对要求入会的人员经过一年以上不同形式的考察，经市委会民主决定是否作为发展对像，然后征得会员所在单位党组织的意见后，才确定是否正式发展其为会员。经过在众多申请人中严格遴选，全年共发展会员15人，其中高级职称8人，占发展总数的55%，中级职称5人，在政府部门任职2人，经济界代表人士1人。二是把提高会务活动的质量作为增强组织凝聚力、向心力的重要内容。为了保障会员的权利义务和组织的和谐稳定，完善了基层《会务活动的暂行规定》，以保障会员人人有更多机会参加会务活动。把迎新春座谈会、教师节、“三八”节、重阳节等作为举行会务活动的固定内容进行安排。通过活动增进会员之间的了解与沟通，增进组织的凝聚力和向心力，加深会员与组织的感情。重阳节活动时，几位主委一起参加老龄委组织的活动，为70岁以上的老会员祝贺健康长寿。三是坚持开展创先争优评选表彰活动，鼓励会员爱岗敬业，调动基层支部更好发挥作用。全年有5名会员获省级以上奖励，12名获市级奖励，15名获区级奖励。会员中有的被评为模范校长、优秀政工干部、教学管理工作先进个人、优秀教师、教学能手等荣誉称号。省人大代表彭冲、老会员康桂生、市政协委员张冬梅、徐秀云及美术界的会员以出色的成绩集中展示了民进会员的风采。张亚钧以其在茶文化、陶瓷文化等多领域的建树被唐山社科联评为优秀社科专家并荣获唐山市社科联社会科学工作突出贡献奖。民进路北工委、路南联合一支部被评为全市各民主党派“素质提高年”活动先进基层组织，王菲、陶星、吴金星被评为先进个人。

【弘扬博爱精神】　一是以博爱精神开展经常性的助残济困活动。先后三次与唐山市截瘫疗养院联合举办活动，组织文艺界会员表演节目，为残疾人送去两万元的生活用品及书籍。与唐山市美洋达婚纱摄影公司联合在唐山市截瘫疗养院开展搭建爱心桥摄影公益活动，为截瘫病人拍摄集体照、生活护理照、个人技能展示照等。与唐山人民广

播电台、唐山市截瘫疗养院在渤海影剧院联合举办“落实科学发展观，弘扬新唐山人文精神，迎奥运建文明城”大型文艺演出及爱心捐赠活动，现场观众达1000余人，通过电视转播，影响更加广泛。组织会内外教育、医疗、法律方面的专家、学者40余人赴丰南区大新庄镇西八户村开展义诊、咨询、慰问活动，走访慰问生活困难的家庭，送去棉被等生活用品。组织优秀教师深入唐海四农场中学上示范课，受到师生的热烈欢迎。组织医疗专家下乡义诊活动，受益群众200多人。二是以博爱精神踊跃投入抗震救灾行动。汶川发生强烈地震后，全体会员迅速行动，以实际行动弘扬了“感恩、博爱、开放、超越”的新唐山人文精神。丁思佳捐款捐物总价值12万余元，郑威勇一次捐款5万元，伦丽娟先后捐款35500元。彭冲作为唐山市第一个向灾区捐款的民办学校，捐款2万元。王晓静在自己所办幼儿园接收两名地震灾区的儿童免费入学。赵晓娟克服生活困难，支持丈夫到四川救灾，并捐款2000元。会员在民进市委会为灾区捐款54895元，在本单位、社区、红十字会等捐款34.83万元。5月23日，民进市委召开“关于汶川震后重建家园献计献策会”，王振良、张亚钧等会员围绕震后疫病防治、震后重建、资源利用三方面整理出10余条有价值的建议，迅速上报到省民进、市政协、市委统战部等部门。师范学院心理学教师付增文参加了唐山市第二批心理志愿者服务队，在四川灾区参加救助工作21天，其间受到灾区群众及同行的高度评价。民主党派支援四川抗震的事迹被辑印成专集《风雨同舟，共克时艰》，民进会员黄宁为这本书设计了封面、封底，受到市委统战部领导和各民主党派的肯定。

主　　委：杨　方
副 主 委：王黔平（女）
　　　　　张锦瑞　张来柱
驻会副主委兼秘书长：
　　　　　卢品贤（女）

（王丽娟）

中国农工民主党唐山市委员会

【自身建设】　一是深入开展科学发展观学习实践活动，加强政治思想建设。全市召开深入学习实践科学发展观活动试点工作动员大会后，市委会高度重视，及时召开全委会，成立领导小组，制定实施方案，召开大会动员部署，将学习实践活动作为第一要事来抓，加强思想政治建设。活动以《科学发展观重要论述摘编》、《科学发展100问》和《我身边的科学发展案例》三本书为学习重点，采取理论学习和实际工作相结合、集中学习和个人学习相结合、专题学习和系统学习相结合等多种方式，中心组成员每人撰写学习笔记3万多字，机关坚持每周四下午集中学习，每人撰写读书笔记1万多字。上报学习实践活动信息20多篇，被采用5篇，数量在各民主党派中居首位，得到了督导组充分肯定。在24家单位首场深入学习实践科学发展观经验交流会上，农工唐山市委会做了典型发言。二是开展五个结合六个主题活动，从多方面促进素质建设。结合解放思想大讨论、政治交接学习教育、素质提高年活动、纪念中共“五一口号”发布60周年和改革开放30周年，组织开展主题论坛、主题知识竞赛、主题征文、主题报告会、主题讲座、主题成就展活动，为素质建设从更多方面夯实知识基础，不断提升素质水平。在市委统战部举办的“树立科学发展新理念、实现统战工作新跨越”主题论坛会上，郑黎明代表农工市委会作了演讲。吴志新获得市政协“我与改革开放30周年”主题征文三等奖。机关两名同志在市委统战部召开的机关干部素质提高年学习交流会上发言。精心制作唐山农工党参政议政成就展牌，参加市政协“纪念改革开放三十周年人民政协成就展”。各项活动均收到良好效果。三是坚持学习与践行相结合，推进各级组织全面建设。各基层组织认真践行科学发展观，积极探索加强基层组织建设的新途径、新方法，开展行之有效的活动，增强广大党员的参与意识和责任意识，增强基层组织的凝聚力，使制度不断完善，组织建设不断加强。“三八”妇女节、“5·12”护士节、教师节、重阳节期间，分别组织座谈会、下乡义诊、去北京奥运场馆参观等活动，丰富了组织生活内容，增强了党员的组织观念。同时，各级组织重视有计划、有重点培养预备党员，既注重界别特色，又兼顾社会有影响的人士，严格标准，优化结构，增强组织的生机与活力，认真做好组织发展工作。全年对16名发展对象进行了重点培养。在省农工基层组织建设经验交流会上，路北和协和医院支委会荣获“农工党河北省先进基层组织”称号。

【参政议政】　紧紧围绕中共唐山市委、市政府工作中心，组织发动广大农工党员积极建言献策，在增加提案数量的同时注重提高质量。在政协唐山市十届一次会议上，农工党唐山市委共上交集体提案18件，个人提案22件，荣获优秀提案单位。高瑞华主委所做的《关于完善我市服务业发展措施的建议》大会发言，引起市领导的高度重视，市长陈国鹰批示：“请市发改委、商务局将建议吸纳到即将出台的我市促进服务业发展的实施意见中”。《切实加强矿山生态环境建设，促进我市经济社会协调发展》的提案被评为唐山市政协优秀集体提案；郭志军《关于在我市大力提倡节能建筑的建议》、李建朝《提高市民基本素质的建议》、元小东《大力开发我市的自然、历史、文化、旅游资源，构建自然、历史、文化一体化旅游产业链，提升我市的国际影响力》、王雪《关于培育和完善唐山文化市场的建议》分别被评为优秀个人提案。在全市献计献策活动中，提出建议140多条，为领导科学决策提供了有价值的参考。郭志军撰写的《把曹妃甸工业区建设成环保节能新型城市的建议》和《把唐山市建成物流中心城市的几点建议》荣获唐山市献计献策活动“优秀成果奖”和“金奖”。根据市政府发布的重点调研课题，围绕“开放创新、富民强市，把新唐山建成科学发展示范区、建成人民群众的幸福之都”主题，进一步破解科学

发展难题，积极谋划，全力投入，高质量完成了《对大型企业高压电动机节能改造问题》和《关于唐山市文化大繁荣、大发展的报告》两个课题的调研报告，其中，《关于唐山市文化大繁荣、大发展的报告》经市委统战部选送市委常委批阅，并被收入《唐山市各民主党派调研材料汇编》一书。参政议政工作赢得了各级充分肯定，农工党中央授予唐山市委会“社情民意信息工作先进集体”，授予郭志军“社情民意信息工作先进个人”称号。市委会被省委会评为“两为活动”（我为建设沿海经济社会发展强省献计策，我为建设沿海经济社会发展强省做贡献）先进集体；罗慧琴、韩桂荣、王雪、王斌、贾敬苹、李云霞被评为“两为活动”先进个人。在市委统战部召开的“为抢抓新机遇、建设新唐山献计出力活动”总结表彰大会上，唐钢支委会和贾敬苹、郭志军分别荣获“献计出力活动”先进集体和先进个人。

【服务社会】　一是在社会服务传统领域，充分发挥医疗人才优势，进一步扩展医疗培训、义诊咨询活动范围。继上年以迁安市为试点，组织协和医院和中医院支委会，分别与迁安市沙河驿中心医院、野鸡坨镇卫生院建立定点帮扶关系，对乡镇卫生院技术人员及乡村医生进行4期医疗培训之后，又举办10期乡医培训班，利用网络视频等手段，培训乡医近万人次，并在迁安市卫生局召开座谈会征求意见，根据乡镇卫生院的实际需求，合理调整培训计划，推动活动更加广泛深入。二是参与举办“投身科学发展、共建和谐之都”进社区活动，组织人民医院、二院等医疗专家进社区为居民进行义诊咨询近100人次，发放防疫知识手册2000多份。三是鼓励广大农工党员在科学发展示范区建设中立足岗位，勤勉敬业，无私奉献，勇创佳绩，为农工党进一步赢得美誉。“三八”节之际，在唐山市妇联、唐山市人事局组织的第二届“唐山市十大女杰”评选活动中，罗慧琴荣获“唐山市十大女杰”荣誉称号，并荣记二等功；李莉获“唐山市十大女杰提名奖”，荣记三等功，同时被命名为唐山市“三八”红旗手。在唐山市首届文艺精品工程表彰大会上，罗慧琴被授予“特殊贡献奖”，当选为唐山市“冀东文艺三枝花”发展促进会首任会长，并作为火炬手参加了北京奥运会唐山站圣火传递。在2006—2007年度振兴唐山先进单位和劳动模范评选活动中，罗慧琴、李云霞荣获唐山市劳动模范称号。王宗英副主委被评为全国法制宣传教育工作先进个人。高瑞华、杜跃然、李云霞、王希柱、李继安、姚硕龄、韩桂荣、罗慧琴、王保仓、元小东等10名党员先进事迹被收录到农工党河北省委《风雨同舟，继往开来——纪念中共中央“五一口号”发表六十周年》大型宣传画册“党员风采”栏目，占全省所收录的45名农工党员事迹的五分之一强。

【抗震救灾】　5·12”汶川大地震，牵动着全体农工党员的心，灾害无情人有情，大家以“感恩、博爱、开放、超越”的新唐山人文精神，以最快的速度，最大的热情，参加到抗震救灾活动中来。5月13日上午8时许，就将第一笔捐款最先送到市红十字会。整个捐献活动共捐助救灾款235万元，缴纳特殊党费23250元。灾情就是召唤，很多党员主动请缨，积极要求前往震区救灾。先后有屈顺喜、张庆恩、李玉平3名党员直接投身抗震救灾第一线。高瑞华主委和郭彦洪部长带领市专家心理咨询志愿服务队，到重灾区开展工作，看望一线救灾人员。高瑞华、屈顺喜、张庆恩、李玉平被农工党中央授予第一批“抗震救灾优秀党员”称号。屈顺喜、李玉平、张庆恩的感人事迹，分别在市委统战部及农工党唐山市委会召开的抗震救灾事迹报告会和座谈会上作了介绍。屈顺喜、张庆恩、李玉平、韩桂荣抗震救灾先进事迹被收入中共唐山市委统战部编辑的《风雨同舟共克时艰》一书，他们以实际行动彰显了新唐山人文精神，书写了农工党人又一页光彩篇章。

主　　委：高瑞华（女）
副 主 委：张贺珍（女）
　　　　　王宗荣

（于德胜）

九三学社唐山市委员会

【提高参政议政质量】　一是开展“一创双争”活动，努力为建设科学发展示范区献计出力。为进一步增强广大成员参政议政的使命感和责任感，在全社范围开展“一创双争”活动，即积极参与科学发展示范区单位创建活动，争做践行科学发展观排头兵、争当建设科学发展示范区排头兵。大家积极围绕经济社会发展中的重大问题以及人民群众普遍关心的热点、难点问题，研究制定推进资源型城市转型、沿海“四点一带”大规模开发建设、现代产业体系建设、新型城镇化建设和城乡一体化进程的5项调研重点，深入调研，建言建议。全年共完成《构建文化名城，提高城市核心竞争力》、《现代“庄园经济”加快农业发展新模式》、《以世界性的眼光和战略性思维谋划唐山的城市发展》、《影响农民种粮积极性的主要因素》、《优化科技创新政策环境，提高科技创新能力》、《关于城市社区卫生服务建设的几点建议》、《利用先进技术处理尾矿，综合治理矿山环境》等11篇调研报告，其中《利用先进技术处理尾矿，综合治理矿山环境》等课题，受到市长陈国鹰等市领导的重视。二是强化责任，开阔视野，提高参政议政能力。首先，针对换届后担任人大代表、政协委员和基层组织负责人的人员变化情况，社市委通过召开座谈会、举办参政议政培训班，邀请市政协提案委的负责同志就如何做好提案工作进行辅导，交流学习，开阔视野，增强使命感、责任感，提高参政议政能力。其次，注意发挥学术和科技方面的优势，通过深入调查研究，提出科技含量高、有价值的建议。在年初召开的市政协大会上，社市委《关于我市建立科技文献平台的建议》的大会发言、张文君《关于建设能源装备制造业基地的建议》提案、社市委集体《对我市推进城乡经济社会发展一体化的建议》提案，得到多位市领导的高度肯定，并批示有关部门采纳落实。在市政

协对提案工作的总结表彰中，九三学社唐山市委被评为优秀提案单位。7份提案被评为优秀提案，胡万宁、李纪良、张力新、李福安、廖贵、马伟成等6人受到优秀提案奖励。

【加强自身素质建设】　一是开展政治交接学教活动，进一步加强思想政治建设。在学教活动中，牢牢把握坚持走中国特色社会主义政治发展道路的主题，以科学发展观为指导，坚持以领导班子和领导成员为主、自我教育和正面教育为主的原则，采取灵活多样的形式，保证了学教效果。通过对科学发展观的深入学习贯彻，通过开展纪念“五一口号”发布60周年、纪念改革开放30周年系列活动，通过集中动员教育、开展社章社史座谈研讨、举办新成员和骨干培训班、组织赴外地学习考察等形式，回顾我国多党合作事业的蓬勃发展历程和改革开放30年所取得的辉煌成就，进一步提高对参政党性质、地位、作用和历史使命的认识，坚定自觉接受中国共产党领导和坚定走中国特色社会主义道路的信念，增强弘扬老一辈认真履行参政党职能光荣传统的自觉性。学教活动中，社市委坚持把各级组织领导班子成员，包括在市、区人大、政府、政协中任职的成员，以及有影响的代表人士作为重点，有针对地加强培训教育，发挥他们的表率作用和示范效应。同时注意发挥活动载体的作用，组织开展理论学习、报告讲座、专题讨论、知识竞赛、学教征文等活动，丰富学教活动的内容和形式，提高学教效果和质量。在纪念改革开放30周年征文活动，王文才、张桂芳的征文获得市政协表彰，胡万宁、颜木荣的体会文章还被《唐山劳动日报》选登。二是进一步完善工作制度，积极稳妥地推进组织建设。首先，从建立和完善工作制度着手，坚持集体领导和个人分工负责相结合的民主集中制，制定《市委委员暂行规定》，健全深入基层组织调研制度，以加强社市委领导班子建设，不断增强全社的凝聚力和参政议政执行力。其次，制定组织发展年度规划，从年龄、界别、参政议政能力等方面控制发展比例，成员数量稳步增长、人才优势得到加强，组织发展继续保持健康有序态势。年度共发展新成员24人，其中女成员13人、高级职称20人、大学学历23人、硕士研究生以上7人。新发展成员学历高，热情高，素质高，覆盖范围广泛，为更好发挥参政议政职能奠定多层次、宽领域的人才基础。再次，认真做好人大、政协委员推荐工作。在市人大十三届一次会议和市政协十届一次会议上，1人当选市人大常委、2人当选市人大代表；1人当选市政协副主席，6人当选市政协常委、21人当选市政协委员。现有全国人大代表1人，省人大代表1人，区人大常委2人、人大代表6人，省政协常委1人、委员2人，区政协主席2人、常委3人、委员12人。

【做好社会服务工作】　一是社会服务成效明显。成员王永存、廖贵、张艳芳深入古冶、乐亭、丰南、滦南、开平等县区举办11期农业科技培训班，为农民朋友传授果菜育苗栽培、病虫害防治、农药使用等农业科技知识，数以千计的果农、菜农接受了培训。王永存还被开平区聘为“返乡农民工系统培训会”的特聘专家，为提高返乡农民工的再就业能力，下乡1个月，培训返乡农民工达5000余人次。工人医院支社的许丹获得省科技进步二等奖、张志勇获得省卫生厅一等奖和唐山市第五批专业技术拔尖人才称号、潘立峰获省科技进步一等奖、张瑛琪获省科技进步奖和唐山市科技进步一等奖及第六届唐山市青年科技奖。职业技术学院支社的宋亚男获得院级精神文明奖和院级教学评估优秀奖、范例获得院级骨干教师和院级教学评估优秀奖。科技二支社的姜艳霞获河北省建设厅科技进步一等奖和唐山市科普事业贡献奖及第六届唐山市青年科技奖。二是服务活动丰富多彩。先后组织了到唐海县十农场、五农场和福乐园社区的义诊、咨询活动；“三八”节组织《更年期女性保健》专家讲座和查体活动；教师节前夕，请市人民医院心内科专家胡艳玲为教师做健康咨询讲座；重阳节，组织本社老成员考察市区城市建设和大南湖生态区开发建设。此外，积极响应市委、市政府的号召，发动全体成员踊跃参加献计献策活动。在纪念唐山解放60周年和改革开放30周年之际，于12月11日成立了九三学社唐山画院，为新唐山的文化建设增添了一抹亮丽风采。成员武耀宗、王贵华还被吸收为社中央书画院成员。

【踊跃参加抗震救灾】　四川强烈地震发生后，立即组织开展“心系灾区，‘九三’献爱心”捐款活动，广大成员通过不同渠道共捐款近47万元和价值100万元的药品以及字画等。此外，社市委积极响应社中央号召，捐献抗震救灾专项资金6480元。除积极捐款之外，胡万宁、葛健、李长江、王志强、王秀荣、曹立海、王卫东、王新宇、王春燕、张东峰、李黎等11名成员参加了医疗队、抢险队和援建队赶赴四川灾区，参加抢险救助工作。市政协副主席、社市委主委、市人民医院院长胡万宁作为唐山市赴川抗震救灾前线总指挥，连续驻灾区41天。在灾区期间，他们以热情的服务、精湛的医术、忘我的精神，充分发扬中华民族“一方有难、八方支援”的优良传统，弘扬“感恩、博爱、开放、超越”的唐山感恩情怀。7月份，中共唐山市委、唐山市人民政府召开总结表彰会，授予成员胡万宁“唐山市支援四川抗震救灾突出贡献奖”，授予成员韩志强、王卫东、李长江、曹立海、葛健“唐山市支援四川抗震救灾先进个人”荣誉称号。胡万宁等11位赴四川灾区的成员，被九三学社河北省委评为“抗震救灾先进个人”。在12月召开的九三学社中央十二届二中全会上，授予九三学社唐山市委员会为抗震救灾先进集体，授予胡万宁、葛健、李长江为抗震救灾先进个人。在抗震救灾工作中，社市委还专门开展了抗震救灾、恢复建设建议提案征集活动，胡万宁等同志的建议受到有关部门高度重视。

主　　委：胡万宁
副 主 委：司雁菱（女）
　　　　　梁英华（女）
　　　　　王国栋
驻会副主委兼秘书长：李存龙

（孙素娜）

唐山市工商业联合会

【概况】　唐山市工商业联合会的前身是唐山市旧商会，1948年12月12日唐山解放后旧商会解散。1949年9月正式成立唐山市工商联合会，1950年11月更名为唐山市工商业联合会。历任会长（主委）有：高振声、晁幼德、陈达有、李宝山（第十一、十二届）。1997年5月28日，唐山市工商联第十三次会员代表大会选举翟久玉为会长，连任第十三、十四届会长至今。2008年，全市各级工商联组织和广大会员高举中国特色社会主义伟大旗帜，紧紧围绕全市中心工作，按照“开放创新、富民强市，把新唐山建设成科学发展示范区、建成人民群众幸福之都”的战略部署，统筹推进各项工作，在参政议政、服务社会、自身建设、光彩事业等方面取得了显著成效。

【用科学发展观引导民营经济】一是认真学习贯彻党的十七大和市委八届四次全会精神，引导民营企业创新发展理念、创新发展思路、创新发展举措，走科学发展之路。在深入学习实践科学发展观活动中，结合纪念改革开放30周年，向全市民营企业家发出《创建科学发展示范企业，共建幸福之都》的倡议，要求会员单位用科学发展观着力破解民营经济发展实力、活力、竞争力不强的难题，用和谐社会的理念统领企业的发展，用循环经济的理论谋划企业的发展，用时不我待的精神推动企业的发展，加大制度创新、技术创新、管理创新力度，促进经济发展方式的转变和竞争能力的提高。二是发挥会刊作用，加强信息网络建设，为会员单位提供引导作用强、推动作用大、结合实际紧的信息。全年出刊《唐山商会》6期3000册，《商会简讯》22期，免费发给广大会员。加强信息员队伍业务培训，努力健全县（市）区工商联和基层会员组织的信息网络，不断拓展信息来源，成功建立了唐山市工商联网络信息群，已有8个县（市）区工商联加入。

【认真履行参政议政职责】一是召开全市工商联参政议政工作调研会议，交流经验，发现不足，进一步明确用科学发展观指导参政议政工作的努力方向。二是深入分析民营企业在资源型城市转型、实现产业结构调整、建设科学发展示范区战略中的地位和作用，有针对性地建言献策。积极建议引导民营资本进入服务业领域，让民营企业能够根据自己的意愿有选择的参与竞争，投资服务业项目，提高服务业发展的整体水平。《关于吸引民营经济参与服务业发展的建议》受到市委副书记、市长陈国鹰等市领导的高度评价并作出重要批示。在市政协十届一次会议上，唐山市工商联被评为“优秀提案单位”。

【积极拓宽服务领域】　一是年内两次组织47家和24家民营企业受邀参加中共唐山市委八届四次全会和全市领导干部会议暨全市经济形势分析会，还组织河北津西钢铁集团等43家民营企业参加了市委市政府召开的全市民营企业家代表迎春座谈会。这样多的民营企业参加市委全会等重要会议还是第一次，既体现了市委市政府对民营企业在全市经济建设中作用和地位的充分肯定，对民营企业的重视和关心，也说明了唐山市工商联在全市民营企业中的服务功能得到更好的发挥。二是帮助民营企业学习境外先进经验，了解境外有关政策。（1）组织民营企业家赴新加坡考察，学习现代企业管理，参观考察裕廊国际、淡马锡控股、吉宝集团等企业，开阔视野，提高管理能力。（2）组织12家民营企业家参加香港企业家来唐山考察见面会，并与香港企业家进行面对面的交流洽谈。（3）组织县（市）区工商联及企业家100多人在唐山参加中非商会中马项目拓展中心项目发布会，使与会人员对马达加斯加的投资环境以及有关境外投资的政策、审批程序、境外投资应注意的问题有了进一步的了解和掌握。三是积极为民营企业商务活动搭建平台。（1）认真做好唐山·曹妃甸临港产业国际合作会议国内客商的邀请工作，通过发邀请函、实地邀商，65位民营企业家如期参加了会议。（2）组织东方集团等17家民营企业参加有省行的4家金融机构和市行的11家金融机构参加的银企合作座谈会，就民营企业融资问题进行面对面对接洽谈。（3）受天津河西区政府、河西区工商联的邀请，组织通达集团等一行10人参加天津河西2008商务商贸节活动，实地考察天津滨海新区，为企业家全面了解天津及河西区的投资环境，寻求投资商机奠定基础。（4）组织40余名企业家赴通辽进行商务考察，12家会员企业参加辽宁铁岭·河北唐山招商项目说明会，为增进与两地企业界沟通与合作搭建平台。（5）组织大陆实业、天源嘉华、建龙实业三家企业参加在石家庄召开的全省民营企业恳谈会，组织民营企业与秦皇岛企业家开展两地企业联谊交流活动，为增进企业间的了解、沟通、业务往来提供方便。四是与市劳动和社会保障局、教育局、总工会联合举办民营企业招聘活动，路南、路北、开平、古冶、丰润、丰南等155个招聘单位，提供就业岗位5500多个，进场招聘洽谈咨询人数达9000多人，达成初步就业意向2350人，现场培训报名156人，发放各种宣传资料1.2万份，受到民营企业家和广大求职者的好评。五是继续做好为民营企业培训会计人员和职称评定工作，全年为40人报名参加统考会计从业资格证书，为1620名会计人员进行继续教育培训，为60人办理了报考会计职称手续，为40人办理了初级职称认定手续。为下岗职工无业人员免费培训，已上岗参加工作70人。

【努力建设高素质会员队伍】2008年，全市各级工商联加强组织建设，把建设高素质会员队伍摆在重要位置来抓，取得可喜成绩。一是按照全国工商联和省工商联的要求，对全市各级工商联会员、机构设置、人员编制、领导班子成员情况、会费收缴情况、办公地点、工作中存在的问题以及加强工商联组织建设的建议，进行全面调查分析和统计上报；对市级工商联执常委以上情况简介、171家民营企业情况统计进行汇总填报并建立数据库；对全市各级基层组织、同业（行业）组织的建设情况，会员担任各级人大代表、政协委员职务情况进行摸底调查，对发展和培养新会员、调整会员结构、行业商会建设、维护会员合法权益等方面取得的经验和成绩进行认真总结；对玉田县鸦鸿桥镇筹建行业商会，进行积极协调和推动。截止到9月底的统计，全市工商联共有乡镇街道基层组织144个，同业（行业）组织21个，有584名会员担任各级人大代表、政协委员职务。二是积极做好河北省百强企业及重点行业排头兵企业整理汇总工作，认真考察推荐市海联会拟换届理事人选及省联联络委员会人选。推荐上报海联会理事候选人12名，推荐上报符晓光、李林、王彦华为省联联络委员会委员。三是评选表彰优秀会员、会员企业及企业组织。唐山中红普林食品有限公司、唐山东方房地产集团有限公司被评选为河北省工商联优秀会员，唐山市温州商会被评选为河北省工商联先进商会；推荐会员方和群、王彦华参评“唐山市诚实守信道德模范”；滦县工商联会长、唐山市冀东物贸集团有限责任公司董事长庞庆华被县委县政府授予“强县富民卓越功勋奖”，成为滦县获此殊荣的首位企业家；全市近100家会员企业被所在县区工商联评为先进基层组织；遵化市工商联被评为全国工商联系统先进集体。

【积极促进光彩事业健康发展】　一是加大服务力度，为会员企业争取全国光彩事业重点项目和扶贫贷款。4月，经中国光彩事业促进会研究批准，市工商联和市光彩会推荐的蓝贝酒业集团有限公司“异地扩建年产30万吨啤酒（二期工程）”、唐山鑫利农业开发有限公司“肉鸡养殖及屠宰”两个项目获全国光彩事业重点项目。经中央统战部向中国农业银行推荐，上述两个项目和唐山市冀滦纸业有限公司“畜禽养殖、饲料加工”项目，分别获得8500万元、3000万元、1000万元的国家扶贫贷款额度。二是广泛开展活动，把有限的光彩事业基金用在刀刃上。为深入贯彻落实省委统战部、省工商联、省光彩会《关于开展“民企系三农，共建新农村”光彩事业活动的指导意见》，市工商联与市委统战部、市光彩会联合开展了“投身科学发展、共建幸福之都，民企系三农、共建新农村”活动。在启动仪式上，市光彩会向古冶区、丰南区和遵化市的三个对口村分别捐款10万元，5家民企分别与共建村签订共建协议并发出倡议，会员企业积极响应，庞大汽贸集团出资40万元帮扶老区村2个，为村庄修建主副街道、安装闭路电视。为构建和谐社会、共建幸福之都，继续开展“真情暖万家、扶贫济困奉献爱心”活动，年初市光彩会从光彩事业发展金中拨付6万元，资助来自20个贫困家庭的大学生每人3000元。三是加大组织宣传力度，引导广大会员尽最大努力履行社会责任。5月12日四川发生强烈地震，14日市工商联即向全市各级工商联组织及广大会员发出倡议，并举行向灾区送温暖献爱心捐赠仪式。在捐赠仪式上，41家民营企业当即捐款78万元，捐赠药品价值100万元，捐赠铁锹1.8万把价值108万元。据不完全统计，全市工商联会员共向四川地震灾区捐款人民币3400万元、欧元1万元、捐物价值3200万元。唐山龙悦还捐助10万元支持唐山市与四川绵阳市结对创建文明城市活动。在全市支援四川抗震救灾表彰大会上，会员企业唐山集川药业利康制药有限公司荣获唐山市支援四川抗震救灾突出贡献集体奖，该公司董事长蒋跃勇荣获唐山市支援四川抗震救灾突出贡献个人奖，还有15个会员企业荣获先进集体奖，23名会员荣获先进个人奖。尽社会责任，大力投入光彩事业正在成为工商联广大会员和会员单位的自觉行动。迎奥运期间，会员刘宝君通过特快专递，向即将进行北京奥运会圣火传递的越南胡志明市华侨捐赠了40面鲜艳的五星红旗；会员企业庞大汽贸集团向慈善协会捐资10万元救助200名贫困生；唐山市金荣医院为3位癌症患者捐款10060元，免除80万元费用为400名妇女进行乳房检查、亚健康状态检测和中药干预调理；河北大唐鼎旺集团董事长李春旺先后四次向车轴山中学捐资70万元，为学校安装了全市第一家多媒体自动录播教室、电子阅览室和1000套桌凳；瑞丰钢铁开展“帮一点”慈善助学活动，捐赠80万元用于贫困新生入学救助；58家民营企业捐款500余万元共建迁安市木场口镇初级中学。

主　　席：翟久玉
统战部副部长兼党组书记：李会合
副 主 席：符晓光　吴占国
　　　　　武振新　张　刚
调 研 员：陈连友　王立新
副调研员：刘树高（12月免）

（王　磊）

社会团体

唐山市总工会

【概况】　市总工会以“服务发展、促进和谐”为主线，坚持“创新、求实、团结、敬业、为民”工作理念，充分发挥各级工会组织、引导、服务和维护职工合法权益作用，充分调动广大职工为建设科学发展示范区建功立业，多项工作取得突破性进展。全国总工会在唐山召开部分省市区域和行业性职代会研讨会；全市10家企业荣获“全国模范职工之家”、10家企业荣获“全国模范职工小家”荣誉称号；3家荣获“全国模范劳动关系和谐企业”，54家荣获省AAA级劳动关系和谐企业。32家企业荣获“河北省模范职工之家”、41家企业荣获“河北省模范职工小家”称号。

【深入开展建功立业活动】　深入贯彻落实市委八届三次、四次全会精神，动员组织职工参与经济建设主战场，在建设科学发展示范区实践中建功立业。一是深化以曹妃甸为龙头的重点工程建设劳动竞赛。全市各级工会组织按照赵勇书记“建设科学发展示范区，工会应该怎么办”的指示精神，动员组织广大职工围绕重点工程开展劳动竞赛活动。市总工会抓住将曹妃甸重点工程建设升级为国家重点工程竞赛项目的契机，对原竞赛内容作进一步完善，将全市“四点一带”开发建设、七大主导产业链建设纳入竞赛范围，组织开展“创建科学发展示范单位和创建科学发展示范标兵”（简称“双创”）竞赛活动。参加此

项竞赛活动单位超过8000家，实施合理化建议6.84万件，取得较大创新成果2000项。二是节能减排竞赛效果突出。积极配合全市开展的节能减排环境治理工程，组织动员广大职工围绕企业资源综合利用和治理“跑冒滴漏”开展竞赛、技术攻关系列活动，参赛职工达50万人。开展小发明、小创造等“五小”评比交流活动500余场，提合理化建议近万条，职工技术创新成果1250余项。三是“工人先锋号”品牌创建活动规模进一步提升。全市开展创建单位已达5570家，各基层单位以班、组、队、所为平台，以提高服务技能、提升服务质量、开创更优现代服务为内容，全面提高创建活动的实效性，涌现出一批具有时代特色、不同类型的国家级先锋号典型，在全市形成影响广泛的劳动竞赛品牌。四是职工技能大赛效果明显。年内举办的第十二届职工职业技能大赛，突出为“四点一带”和“七大主导产业链”建设提供急需技工人才为目标，参赛职工达62万，参赛工种涉及9个方面，选拔出9名技术状元，118名技术能手。大赛在普及成熟适用技术和推广创新型操作技巧方面取得明显成效。五是劳模管理服务工作再上新台阶。制定下发《唐山市“新唐山建设卓越功勋奖”评选奖励办法》、《唐山市职工劳动模范管理规定》、《关于建立唐山市职工劳动模范荣誉基金的通知》等文件，深入开展新唐山建设职工建功立业活动。劳动模范处处发挥模范带头作用，汶川地震发生后，14名受胡总书记接见的全国劳模带头捐款，并立即发出倡议，全市190万工会会员积极响应，共向地震灾区捐款3305万元。年内，评选出“新唐山建设卓越功勋奖”7名、振兴唐山先进单位103个、市劳动模范430名；推荐全国五一劳动奖章9名、五一劳动奖状1个；推荐河北省五一奖章10名，五一奖状4个。在50位著名全国劳模来唐参观考察期间，对唐山劳模管理经验给予了高度评价。

【全面加强和谐企业建设】 一是围绕容易影响劳动关系和谐稳定的薄弱环节和敏感问题，深入做好劳动关系和谐稳定工作，全面开展和谐企业建设。年内，和谐企业创建工作升级为市委市政府的重点工作，并成立创建工作领导小组，纳入市委、市政府的党政目标考核。市委将“劳动关系和谐企业”创建活动拓展为“创建和谐企业（单位）”活动，印发《唐山市创建劳动关系和谐企业工作指导与操作》，培养选树100个不同类型、不同层面的典型。对符合创建标准的单位，市委、市政府统一授予“唐山市和谐单位”称号。全市参与创建和谐企业活动7161家，3家企业荣获“全国模范劳动关系和谐企业”，54家企业荣获省AAA级劳动关系和谐企业，唐山市被评为“全国创争活动优秀组织单位”。省人大副主任、省总工会主席马兰翠同志批示在全省推广唐山的做法。二是完善劳动合同、集体合同制度。在贯彻落实《劳动法》《劳动合同法》等法律法规的过程中，狠抓劳动合同、集体合同的依法签订和履约，将其作为评选和谐企业的关键性条件，对不签订不履行合同的，会同劳动部门依法查处。全市签订劳动合同101.9万份，集体合同7935家。三是进一步加大工资集体协商推进力度。市委市政府高度重视企业工资集体协商工作并纳入市县两级党委、政府的目标责任考核体系，签订了目标责任状；建立和完善市县乡三级工资集体协商指导员队伍，制发《唐山市企业职工工资集体协商规范运作程序》、《工资集体协商工作指导手册》，使企业工资集体协商有章可循，落到实处。四是深化国有集体及其控股企业厂务公开、民主管理工作，重点推进25人以下小型非公企业民主管理工作。以规范职工代表产生程序、强化职工代表职能培训、拓宽职工代表参与民主管理渠道为重点，以职工代表管理年活动为载体，企业民主管理工作得以扎实推进。全市80%的企业开展了职工代表培训，865家单位开展了职工代表监督评议，470家国有集体及其控股企业厂务公开民主管理工作建制率达100%、规范率达98%，362家企业建立了职工董事制度，812家企业建立了职工监事制度。这项工作得到全国总工会的重视，并在唐山召开全国部分省市区域和行业性职代会研讨会。五是建立劳动关系矛盾纠纷“红橙黄蓝”四色预警预报机制，开展大排查、大调研活动，抓实职工信访代理工作，促进职工队伍的稳定。全市共建立劳动争议调解委员会10485个，建立各类区域性、行业性劳动争议调解组织1345个，有调解员24387名。发现各色劳动预警单位45个，涉及职工13107人，共受理劳动争议案件343件，调解331件，结案率达96.5%。20个县区、225个乡街全部建立了职工信访代理制度，全市信访代理机构3198家，有代理员5997名，全年共完成职工信访代理案件134件。职工信访代理工作被市委确定为唐山科学发展示范模式。

【做好困难职工帮扶工作】 全市各级工会组织、广大工会干部以困难职工帮扶中心为依托，坚持开展两节帮扶送温暖、生活救助送关怀、医疗救助送健康、再就业援助送岗位、金秋助学送希望、为农民工送关爱、保障权益送安全、丰富生活送文化等“八送”活动，唐山市获得全国帮扶工作先进单位称号，12个县（市）区帮扶中心达到省级标准。在“送温暖”活动中，两节期间走访慰问困难企业404个，慰问特困职工、劳动模范、生活困难军转干部、困难职工和农民工81687户，发放慰问款（品）1227.6万元。支出救急济难基金19.39万元，对市属企业特困职工以及市改制小企业763户困难家庭进行了救助。在“送关怀”活动中，年内救助上门求助的困难职工210人，发放救助款17.39万元以及价值1.7万元的生活必需品，为市直34户没有电视的特困职工户发放彩色电视机。世界金融危机爆发后，各级工会组织反应迅速，深入各重点企业开展调查研究，及时向市委专题报告各企业应对举措及职工合法权益保障情况，受到市委领导的高度重视，省委常委、市委书记赵勇同志为此做出重要批示。在组织“送健康”活动中，定期为困难职工提供医疗服务，重点针对因病行动不便的职工提供上门免费诊疗，全年走访服务病困职工78人次，举办集中医疗服务活动11次，为538名困难职工提供了医疗保健服务。在再就业援助"送岗位"中，市总工会和劳动保障局、教育局、工商联共同组织开展了"民营企业招聘周"活动，为7200多名求职者签订了就业意向性协议。全年介绍安置下岗职工3728名，举办各类培训班47期，培训下岗失业人员2838名，帮扶促进安置5535名下岗失业人员实现再就业。在"送希望"助学活动中，推出"金秋助学圆梦行动"，帮助24名困难职工子女就学。全年共救助在大中专院校就读的特困职工子女392人，累计发放助学款113.6万元，确保特困职工子女不因家庭困难而失学。在"送关爱"活动中，以对农民工生活上关心、政治上尊重、权益上维护的负责精神和工作态度，组织开展"关爱农民工十佳企业"、"十大杰出农民工"评选活动，为农民工送去关爱。全年共为农民工提供法律援助230次，处理劳动争议案件和解决违法问题49件，为农民工送科技文化书籍1600册，慰问农民工1130人，送慰问金（慰问品）22.6万元，救助生活困难农民工74人次，救助款物3.5万元。在保权益"送安全"方面，广泛开展"安康杯"竞赛活动，进一步推进劳动安全卫生协议书签订工作，全市签订协议的非国有企业3350家，37.7万人参加职工安全生产知识培训，培训职工总数全省第一。在"送文化"方面，举办春节社会文化系列活动，组织"劳动者之歌——庆五一慰问曹妃甸建设者"文艺演出，举办"实践科学发展，共建幸福之都"职工摄影作品展，开展百万职工迎奥运健身等活动，荣获"全国亿万职工迎奥运健身活动月优秀组织奖"。

【加强基层组织建设】 一是突出抓中介组织建会和服务业、商贸流通行业及新建企业建会，实现工会组织对农民工的最大覆盖。全市新发展会员8.25万人（农民工1.33万人），总数达190.62万人；新增基层工会组织1407个，总数达12533个。世界五百强在市内投资的7家企业全部建会。二是按照制发的《企业工会工作条例量化考核标准》和县乡村企四级工会规范化建设标准，突出抓国有集体企业的规范提高和县乡村的规范化建设。10个县区总工会达到省级规范标准；全市15%的企业工会达到优秀标准，25%达到先进标准；50%乡镇工会工作达到规范化要求；20%的村（社区）工会达到三星级标准，60%达到二星级标准。三是实施基层工会主席直选、职业化试点工作。全市通过直选产生工会主席的企业达731家，涌现出开滦集团、路北区等直选典型；下发《关于进行小型非公有制企业工会联合会主席职业化试点工作的实施方案》，建立小型非公企业工会联合会试点27个，推荐职业化工会主席候选人28名。市基层工会组织建设工作在全省考核评比中位居第一。

主　　席：齐景峰（3月免）
　　　　　于大中（3月任）
常务副主席：张化民（3月免）
　　　　　杨桂茹（3月任）
副 主 席：吕来存（3月免）
　　　　　李长河
　　　　　李德忠
　　　　　孟庆平
　　　　　唐志林（6月任）
经审委主任（副县）：王振亮
女职工委主任（副县）：尹爱娣
外商投资私企工会主席（副县）：张明通
副调研员：董永平
　　　　　王宗山
党组书记：齐景峰（3月免）
　　　　　杨桂茹（3月任）
党组副书记：张化民（3月任）
纪检组长：张先录（3月免）

（孟　晖）

中国共产主义青年团唐山市委员会

【争做科学发展示范先锋】 在科学发展示范区建设中，共青团唐山市委通过组织开展争做"科学发展小标兵"、争做"科学发展青年能手"、创建"科学发展青年示范号"、创建"科学发展示范团委"为主要内容的"双争双创"活动，激发各界青年登上科学发展舞台，发挥聪明才智，从各自岗位做起，从身边做起，争当唐山科学发展先锋。4月25日，团市委在唐山抗震纪念碑广场隆重举行"投身科学发展实践、奉献青春智慧力量——全市青少年'双争双创'活动誓师大会"，来自全市范围的团员青年代表、青年志愿者代表、少先队辅导员等共计1100人参加了大会。活动覆盖全市81个直属团委、120个二级团委、180个行业（系统）市级以上青年文明号集体、少先队组织和行业团员青年。广大青少年在活动中广泛开展"我眼中的科学发展"主题征文、"科学发展小标兵"评比、"小小购物袋，环保大家来"购物袋设计大赛、举办青少年文艺展演等活动，收到征文1588篇，征集购物袋设计作品1920个。活动评选出科学发展小标兵66名、科学发展青年能手50名、创建科学发展青年示范号120个、科学发展示范团委100个、科学发展优秀青年100名、科学发展示范优秀团委10个。迁西县兴城镇东三十二岭村的青年农民魏唯通过参与争做科学发展青年能手活动，更坚定了走科技兴农道路的决心，他带头成立了全县首家核桃合作社，搞了全县第一家占地百余亩优质早果核桃嫁接示范园，带领村民入社，用先进科学技术培训村民，走出一条共同致富路。付强是丰南区工商局的一名信息员，在争做"科学发展青年能手"活动中，利用网络技术研发了工商网格化监管平台，受到省市局领导的充分肯定，该平台将在全省工商系统推广。三友氯碱公司的青年职工积极参与争做科学发展青年能手活动，节能环保理念蔚然成风。由公司青年职工提出并实施的二期转化热水采用无动力循环设计，实现了节水、节电；采用变压吸附工艺，回收精馏尾气中的乙炔和氯乙烯，降低消耗，减少了尾气排放量；树脂塔再生废水回收、聚合母液水综合利用、一期机封水回收等技改项目，实现了水资源的循环利用。"双争双创"活动受到广大青少年欢迎并取得明显成果。

【为服务经济社会发展作贡献】 一是培养、培育科学发展青年人才。在青工人才发展方面，开展导师带徒、岗位练兵、技术比武、同行业交流等实践活动，组织技能培训，全年举办培训班12期，培养市级岗位能手106名。在农村青年致富工作中，着力培育农村青年专业合作组织，培育有文化、懂技术、会经营的青年农民经纪人。年内，筹建青年中心3个，开展农村青年人才培训12场，培训青年1000余名。在对青年人才的鼓励引导方面，开展了2008年度全市“十大杰出青年”评选活动，评选出“十大杰出青年”“十大优秀青年”各10名。二是加强青少年对内对外学习交流。8月25日，由来自香港的373名嘉宾及青年学生组成的第三届“冀港心·两地情”青少年大型交流活动来唐进行为期三天的交流。陶博会期间，邀请了191名全国青联常委来唐考察。重庆、浙江、深圳共青团组织也相继来唐参观考察。12月8日，唐山市青联委员首次组织出访香港、澳门，与两地青联开展交流活动。全年外联青年人数累积达1000余人，通过沟通交流，达到互相学习和促进的目的。三是开展“我为唐山添绿色”主题实践活动。引进全国青联国际项目合作中心——日本东北亚交流协会“小渊基金”180万元绿化植树项目，绿化荒山1200亩，种植生态示范林24万余株。开展创建“共青团生态示范路”，组织“传承长征精神，弘扬民族精神”成人仪式及未成年人“知荣辱、树新风、我行动”道德实践活动，举办“少先队纪念林”、“成人仪式林”种植活动、为全市绿化攻坚做出积极贡献。四是开展“民族精神代代传”等主题教育系列活动。结合庆祝改革开放30年，在全市开展“大眼睛搜索30年”活动；以“我眼中的家乡文化”、“为发展家乡文化进一言”为主题，通过摄影、制作Flash作品等方式，使少年儿童历史文化意识明显增强；开展四川灾区万名少年儿童“手拉手心连心”活动，为灾区捐赠助学金35万元，捐赠图书13万余册，捐赠电脑20台，与灾区学生结成互帮互助15000对。通过丰富多彩的主题教育活动，使广大青少年在思想、学习、工作、生活和行为养成等方面有了良好的遵循，为社会发展做贡献的自觉性有了明显增强。

【志愿服务彰显新唐山精神风貌】 一是支援南方抗冰雪灾害。2月17日，团市委书记刘金柱赶赴玉田县东八里铺13位青年农民志愿者家中，代表全市团员青年对“13义士”进行慰问。2月18日，团市委召开共青团唐山市第十六届七次全委（扩大）会议，将“13义士”的言行实录印发给与会委员，引起强烈反响，当场捐款6000多元支援灾区，并以全会的名义向全市团员青年发出向他们学习的倡议。唐山青年农民志愿者赴湖南灾区抗雪救灾志愿小分队被团中央授予“中国十大杰出志愿服务集体”荣誉称号。二是支援四川地震灾区抗震救灾。在5·12汶川特大地震发生后，全市广大团员青年和各级团组织为灾区捐款捐物累计达1000余万元，以团市委书记刘金柱带领的心理干预服务队、副书记甄贵福带领的“宋志永爱心志愿服务小分队”为代表的数十支抢险救灾青年志愿服务队和1700多名自发赶赴灾区的志愿者，在救灾一线彰显了新唐山人文精神，唐山青年志愿者形象代表—红马甲走出唐山，红遍灾区，唱响全国，并受到胡锦涛总书记的亲切接见。在抗震救灾工作中，抽调专人到重灾区平武县挂职团县委副书记、选派优秀青年50余人参加全省及全国青年抗震救灾队伍、筹措60万元资金建设灾区农村第一所希望小学——“千柏唐山共青希望小学”。团市委荣获全国“抗震救灾先进团组织”和市“支援四川抗震救灾先进集体”等荣誉称号，宋志永爱心志愿服务小分队临时党支部荣获中央组织部“抗震救灾先进基层党组织”荣誉称号，55个基层团组织获得各级“抗震救灾先进集体”荣誉称号，500余人荣获各级抗震救灾先进个人荣誉称号。

【服务青年成长　服务青年发展】 一是做好青年创业就业工作。成立“唐山皓宁青年创业基金”，基金总额100万元。团市委依托基金，不断扶持优秀小型创业项目，发掘和培养创业人才，积极整合社会资源，为青年创业提供良好的外部环境和内部支持。全年分二批救助青年创业大学生、下岗失业青年19人，发放创业基金90余万元；联合市人事局、市总工会和电视台，举办“力促就业，共创未来——唐山市2008夏季大中专毕业生大型公益交流洽谈会”。期间，611家单位到会选才，提供岗位8714个，有2124人当场签约，3157人达成意向；开展“赢在唐山”青年创业大赛，有200余名各界青年参与其中；开展企业之星评选活动，评选出市级青年创业之星15人。激发全市青年干大事、创大业的热情。二是推动青少年宫新址建设。与中国航空工业规划设计研究院签订设计方案，以“生长”和生态建筑的理念来诠释建筑造型和功能布局，借鉴唐山皮影、剪纸艺术，使之成为一座充满现代气息和人文精神的标志型建筑。在市财政支持的基础上，争取团中央资金支持50万元。年内，完成规划设计方案的优化和审批、建筑场地详勘和平整、初步设计和地基处理图、基础施工图并进行基础部分招投标工作。三是召开第一届少代会。11月13日，召开了中国少年先锋队唐山市第一次代表大会，来自全市的167名少先队员、少先队辅导员以及少年儿童工作者代表参加大会。大会通过了《中国少年先锋队唐山市第一次代表大会关于工作报告的决议》，选举产生了中国少年先锋队唐山市第一届工作委员会，产生委员52名。

【促进自身建设科学发展】 一是与中国青少年研究中心合作成立“科学发展示范区建设中的唐山共青团工作研究课题组”，对全市1331名青年进行抽样问卷调查，形成《把握青年特点，创新共青团工作，全面服务科学发展示范区建设—科学发展示范区建设中的唐山共青团工作创新研究报告》，为进一步明确服务科学发展示范区建设中唐山共青团工作的新思路、新举措和新任务，为指导广大青年服务科学发展示范区建设提供依据。二是在全市开展“走进青年”大调研活动。拟定10个课题，由团市委全体党组成员率机关全体中层部室长，组成走进青年课题研究组，走访18个县（市）区、75个社区、115个村、2所大学、4家企业，进行调查究研，形成针对不同青年群体的调研报告60余篇，为共青团工作网络覆盖全市青年作深入科学的探索。

书　　记：刘金柱
副 书 记：石井满

杜　佳（11月任）
胡献忠（挂职）（8月任）
甄贵福

（苏　勐）

唐山市妇女联合会

【概况】　市妇联积极践行科学发展观，充分发挥妇女组织作用，广泛调动妇女积极参与科学发展示范区建设，贴近实际，服务群众，努力创造具有唐山特色的妇女工作，11项经验在省以上推广，市委内刊30多次刊发妇联工作经验。

【创新开展科学建家活动】　一是经过向1000多名群众发放征询意见函，深入走访座谈，广泛求策问计，在科学发展示范区建设中，由市妇联牵头，在全市创造性地展开科学发展示范家庭创建活动，并正式列入全市科学发展示范单位创建六大体系，写入市委八届五次全会报告。二是广泛宣传推动。举办不同层次的启动仪式100多场次，印发、制作各种宣传品30多万份(件)，群众自编自演科学建家文艺节目100多个。创建活动得到广大群众的热情欢迎和支持，5万多人参加了签名活动。三是积极探索总结。坚持把科学发展的时代要求同群众对幸福生活的新期待紧密结合，创造性地提出“科学建家”的指导标准，建立组织协调、社会评估、经费保障等运行机制，走出一条试点村居突破、明星家庭引领、建家模式支撑的科学建家推进路径。全市18个县（市）区、288个村居、20多万个家庭投入到科学建家实践中，11000多个家庭成为科学发展示范家庭。全国妇联副主席陈秀榕、省委学习实践科学发展观活动办公室领导、省妇联主席王淑玲对唐山科学发展示范家庭创建活动给予高度评价，并在全省妇联工作会议上予以推广。市妇联被列为唐山接待外地参观学习实践科学发展观活动的六个联系点之一。

【扎实推进妇女事业发展】　一是城乡妇女发展能力进一步增强。深入开展“巾帼创业”、“巾帼建功”和“双学双比”活动，依托各级女性创业指导中心，为1万多名女性创业就业提供帮助指导；开办女能手大专班6个，招收学员439名，引导广大农村妇女学习推广沼气池、博士灶、吊炕等新型实用技术；启动实施“百岗联百村”行动，促进城乡妇女统筹发展。二是妇女儿童权益得到进一步保障。贯彻落实妇女儿童发展两个《纲要》，深入开展维权法律法规宣传，深化“妇女普法创平安，家庭幸福促和谐”活动；制定全市妇联系统《信访工作规程》和《信访工作流程》，加强信访工作，处理来信来访960多件；推进“春蕾计划”，资助中小学生3630人；推进“心系困境儿童，情暖贫困母亲”活动，为5817名贫困妇女儿童提供了学习、生活和健康救助。三是妇女参政议政工作进一步加强。推荐产生全国、省妇女代表大会代表81名，推荐产生省政协委员1名、市政协委员11名。与市委组织部联合在北京举办培训班，培训优秀科级女干部79名。四是各行业、各层次妇女典型进一步涌现。“十大女杰”、“十佳母亲”、“科学发展示范明星家庭”多项评选活动得到广大妇女的衷心拥护和热情参与，全市宣传表彰各类先进集体124个，先进个人461名，64个先进典型获省以上命名表彰。五是家庭教育工作进一步深入。以市妇女儿童活动中心、各级各类学校、家庭教育指导机构和媒体为阵地，以举办座谈、讲座和开展“家庭教育金点子”征集宣传活动为载体，以“争当合格家长，培养合格人才”为目标，坚持普遍推广和个性化指导相结合，持续不断开展家庭教育工作，有力促进了未成年人思想道德建设。

【努力为和谐社会作贡献】　一是踊跃支援四川抗震救灾。市、县两级妇联动员各界妇女向地震灾区捐款1575.6万元；与市民政局联合开展“唐山妈妈为四川震灾儿童营造爱心港湾”大行动，招募“唐山爱心志愿家庭”5000多个，有9个家庭接纳了9名绵阳市震灾儿童进入家庭学习和生活；走访慰问唐山赴地震灾区志愿者家属339名。市妇联被全国妇联授予“抗震救灾先进妇联组织”称号，被市委、市政府授予“抗震救灾突出贡献奖”。二是热情服务北京奥运。开展“我为奥运添彩、我为唐山增光”为主题的“巾帼”建功活动，积极参与集中宣誓日、祝福语征集、栽植奥运花树、喜迎圣火传递、全民健身、当好东道主等各项活动，尽情展现唐山风采。三是积极推进科学发展示范工作。通过倡导家庭绿色消费十件事，拒绝家庭过度消费五件事，推广十件家用节能产品，促进千万家庭树立绿色消费理念。“家庭绿色消费模式示范指导体系”被编入《唐山科学发展60个模式》一书；通过开展金点子和小窍门征集等多种交流推广活动，倡导和推广文明、健康、节约、环保的生活方式；通过向全市妇女发出“巾帼总动员，扮绿新家园”的绿色攻坚倡议，开展“美化庭院、绿化家园”“双百万”大行动，募集绿化资金5.7万元，启动巾帼生态社区绿化项目；通过与市文明办等5家单位共同发起“远离赌博行为，倡导文明新风”活动，开展“拒绝赌博，巾帼先行”、“绿色消费，远离赌博”、“争做科学发展示范家庭，创建无赌家庭”等主题实践活动，努力为文明城市创建活动做贡献。

【办好知心大姐服务中心】　唐山知心大姐服务中心成立于2000年，隶属于市妇联，是集职业介绍、职业咨询、劳务派遣、技能培训等于一体，以公益性服务为主的综合性机构。以市知心大姐服务公司为龙头，全市有8个县区办理了知心大姐服务中心职业介绍许可证。中心开设家务料理、接送孩子、照顾产妇婴儿、家庭教师、家庭护理、小饭桌、拆做棉活、手工编织、劳务输出以及各类钟点工等服务项目。其中，“月嫂”在传统服务基础上，增加了婴儿肤触按摩、产妇恢复保健等新项目，受到用户的欢迎。中心建立和完善工作守则、用户须知、服务公约、文明用语等一整套规章，实行档案管理、跟踪考评、用户回访、持“三证”（身份证、健康证、上岗证）上岗等规范性、市场化的制度和管理，请专业人员授课培训，组织从业人员考取国家承认的职业资格证书，不断提高家政服务员能力和水平。几年来，中心帮助广大下岗、失业妇女进入社区服务领域就业、促进农村妇女富余劳动力转移，引导和帮助3000余名妇女实现了就业与再就业。获得全国优秀民办职介机构称号，被省妇联、省精神文明办和省劳动和社会保障厅授予“河北省下岗女工再就业援助行动岗位援助奖”，被唐山市劳动和社会保障局命名为就业再就业培训基地。

党组书记、主席：张艳春（3月免）
王晓燕（3月任）
党组副书记、副主席兼妇女儿童工委办公室主任：蒋智宜（6月任）
副 主 席：侯永坤
马鹤英
副调研员：张　丽

（周骏波）

附：唐山市知心大姐服务中心简介

唐山市知心大姐服务中心成立于2000年，隶属于市妇联，是集职业介绍、职业咨询、劳务派遣、技能培训等于一体，以公益性服务为主的综合性机构。几年来，市妇联以市“知心大姐”服务中心为龙头，创建全市家政服务体系，帮助广大下岗、无业妇女进入社区服务领域就业，促进农村妇女富余劳动力转移，吸纳就业近万人。市妇联“知心大姐”服务中心获得全国优秀民办职介机构称号，被唐山市劳动和社会保障局命名为就业再就业培训基地。

中心开设家务料理、照看小孩、接送孩子、照顾产妇婴儿、家庭教师、家庭护理、小饭桌、拆做棉活、手工编织、劳务输出以及各类钟点工等服务项目，拥有护嫂、月嫂、专业保洁、家政服务、钟点工等5支高素质、专业化的服务队伍。其中，“月嫂”在传统服务基础上，增加了婴儿肤触按摩、产妇恢复保健等新项目，受到用户的热烈欢迎。

中心建立完善了工作人员守则、求职须知、用户须知、服务公约、文明用语等一整套规章，实行档案管理制度、跟踪考评制度、评比奖励制度、用户回访制度和服务员分级管理、持“三证”（身份证、健康证、上岗证）上岗制度等具体管理办法，逐步走上了规范性、市场化发展道路。

为打响“妇”字号品牌，中心实施三项举措，不断提高家政服务员能力和水平。一是不定期召开家政服务员、用户座谈会，交流体会，积累经验。二是借助社会力量，请各有关单位专业技术人员义务授课，内容包括护理、保洁、礼仪、面点、早餐制作、家宴制作等，不断推进培训的正规化、专业化、定单化。三是积极引导和组织从业人员考取国家承认的职业资格证书，联合市劳动和社会保障局举办家政服务员培训班，现已有86名学员取得全国通用的初级家政服务员职业资格，22名学员获得中级家政服务员职业资格，10名学员获得高级家政服务员职业资格，推进了唐山家政服务的规范发展。

知心大姐服务中心坚持以质量求生存，以信誉促发展，以成就塑形象，以热情、周到、优质、便捷的服务，积极为城乡妇女搭建就业与再就业平台，成为下岗失业妇女之家、打工妹之家，为构建和谐唐山贡献力量！

（李志平）

唐山市科学技术协会

【概况】 围绕科学发展示范区建设，坚持为经济社会发展服务、为提高全民科学素质服务、为科技工作者服务、加强自身建设“三服务一加强”的工作定位，积极有效开展科技教育、科技普及、科技服务，认真落实《全民科学素质行动计划纲要》，圆满完成年度任务目标，并荣获河北省文明单位、河北省科协系统先进单位、全国青少年科技创新大赛优秀组织奖、河北省青少年科技创新大赛优秀组织奖、唐山市文明单位、振兴唐山先进单位和唐山市“三下乡”活动先进集体。

【落实《纲要》提高全民科学素质】

一是以市委、市政府文件下发《关于落实科学发展观，大力加强全民科学素质工作的意见》，明确全民科学素质工作指导思想、目标任务、工作重点和保障措施，落实《全民科学素质行动计划纲要》，推动全民科学素质提高工作的开展。二是以“节约能源资源，保护生态环境，保障安全健康”为主题，开展全国科普日唐山市系列活动。期间，全市各级科协组织举办科普报告会166场，举办科普知识展览257场，开展科技咨询49场（次），展出科普展板和科普挂图600块（张），组织科普文艺演出80余场，发放科普宣传资料近15万份，受益群众约50万人（次）。三是开展青少年科技教育活动，组织参加第二十三届青少年科技创新大赛，130个科技竞赛项目在河北省竞赛中获奖，3个项目在全国竞赛中获奖；组织参加青少年信息学奥林匹克竞赛（NOI），6名选手获得河北省一等奖，1名选手获得国家二等奖；设立“唐山市青少年科技创新市长奖”，每年评选一次，奖励全市在科技创新方面取得优异成绩的青少年。四是发挥科技馆科普宣传阵地作用，开展“让科技与奥运共舞，让奥运与科技同行”等科普宣传活动，全年共接待参观群众8万余人。启动唐山新科技馆建设，完成立项和规划设计等工作。五是举办“学习实践科学发展观，节约能源、保护环境”大型科普图片展览。省科协领导张金声、市领导郭彦洪、唐文弘和各界群众代表500余人参加开幕式。六是组织“交通杯”科普之春文艺展演。中国科协书记处书记程东红，中国科协党组成员、机关党委书记苑郑民，河北省科协副主席李宗民，市委副书记杨永山，市政府副市长唐文弘等各级领导与600多名各界观众观看演出。

【科普惠农促进新农村建设】 以促进唐山新农村建设为重点，加大对“节柴灶、太阳能、沼气池、吊炕、可移动蔬菜冷棚、食用菌立体栽培、大田作物四种四收模式、高光效苹果整形修剪技术、果树矮化密植早丰技术、新品种引进”等十大农业实用技术（项目）推广力度，组织农业科技人员进村入户进行技术指导1860余次，解决疑难问题3800余次，开展各类培训420多次，发放农业技术资料5万余份，引进推广新品种36项。8月，市科协在玉田县召开学习实践科学发展观农业科技推广现场会，总结和交流农业实用技术项目推广成绩与经验，市领导杨永山、唐文弘出席会议。12月，河北省科协在唐山召开全省农村科普工作现场会，参观考察迁西县科普惠农中心和科普示范村典型——迁西县东荒峪镇青杨树村，市科协作典型发言。会上，中国科协领导、省委省政府省科协领导对唐山市农村科普工作给予肯定。

【科技创新促进经济社会发展】

一是指导企业科协开展技术创新活动，确立市管“讲理想、比贡献”竞赛项目100项，“金桥工程”项目30项。开滦科协“讲比”活动取得良好的经济效益和社会效益，被评为全国“讲比”竞赛活动先进集体。轨道客车集团孙帮成同志被评为全国“讲比”竞赛活动优秀组织者。二是围绕唐山经济社会发展中的热点、难点问题，组织科技工作者开展建言献策活动，编撰《专家建议》8期，针对道路运输、沼气利用、畜牧业可持续发展等提出切实可行的意见和建议。三是调整充实唐山市专家咨询服务团，400多名各行各业优秀科技专家被纳入人才库。加强科技咨询和司法鉴定队伍建设，制定司法鉴定人管理制度，完善司法鉴定首问责任制。年内完成科技咨询和司法鉴定项目10项。

【加强学会工作促进科技交流】

一是举办第二届唐山科协年会。年会以“建设科学发展示范区——科技工作者的责任”为主题，由中国创新方法研究会理事、天津市科协副主席王运洪作题为《振兴科技，走创新道路》的年会主题报告，由中国营养学会秘书长翟凤英作科普报告。年会共征集交流论文113篇。期间，各市级学会和厂矿院校科协组织开展形式多样的学术交流研讨和科普活动，其中市公路学会召开2008年学术年会，交流论文83篇；唐钢科协组织河北省轧钢技术学术年会，征集论文242篇。二是建立学术沙龙制度，组织学术沙龙活动。指导唐山师范学院科协举办以“唐山城市发展远景及对策”为主题的学术沙龙活动，重点对唐山市中心区与滨海新区的关系、唐山滨海新区与天津滨海新区的关系、沿海地区城市化和城市服务业发展等问题进行研讨，形成可操作性的建议和意见20条。三是组织开展“2007唐山十大科技创新人物评选”活动。梁金钢等10名在科技创新和科技进步中取得显著成绩、做出突出贡献的科技人员被评为唐山十大科技创新人物。四是承办京津冀学会工作座谈会，得到中国科协、省科协领导的表扬。五是开展抗震救灾活动。全市科协系统干部职工为汶川地震灾区捐款6万余元。

主　　席：郭志霞（12月免）
　　　　　王宝兴（12月任）
副 主 席：王宝兴（5月任、12月免）
　　　　　赵　海
　　　　　赵彦富（1月任）
　　　　　李秋贵（3月任）
党组书记：郭志霞（5月免）
　　　　　王宝兴（5月任）
副调研员：李秋贵（3月免）
　　　　　王永强（11月任）

（么树军）

唐山市文学艺术界联合会

【概况】　围绕科学发展示范区建设，市文学艺术界积极探索文艺科学发展规律，发挥优势，体现特色，着力实施“人才工程”、“精品工程”和文艺“繁荣工程”，年度工作取得突出成绩，在全省评比中继续位列文联系统第一。

【加强队伍建设】　一是增强科学发展意识，探索文艺科学发展规律。结合文艺界的特点，面向各界代表和群众征求意见，针对制约文艺界科学发展的难题，制定《创建科学发展示范机关实施意见》和关于人才培养、精品创作、促进文艺活动开展、发展协会组织、推进文化产业发展等6个方面的制度和措施，结合开展“打造效率唐山，助推科学发展”活动，努力打造具有“自主知识产权”的唐山文艺品牌，提高文艺对经济、社会发展和人民群众幸福指数的贡献率。二是加强党建工作，促进和谐队伍建设。通过发扬民主和深入调研，形成了切合实际的《换届调整工作方案》和《关于加强机关干部队伍建设的意见》，党支部换届工作得到广大党员的拥护，更多的年轻党员参与支部工作，党建工作的活力进一步提升。三是认真落实有关制度，不断加强班子建设。坚持每周召开主席办公会，定期召开党组会和民主生活会，每年召开两次协会工作汇报会，召开一次工作会议，了解工作情况、民意诉求，把握工作动态。落实谈心制度，形成团结、务实、干事的良好风气。落实党风廉政责任，切实履行“一岗双责”，做好班子成员的责任分解，责任履行，责任检查考核。把“三个一制度”的落实融进机关效能建设、纪律作风整顿、创建科学发展示范机关活动，维护文联系统和谐发展的局面。四是加强老干部工作，发挥老作家和艺术家作用。通过定期通报工作，征求老同志意见和组织走访、电话交流、座谈会、新春茶话会、外出考察等形式，老同志参与文学艺术工作的热情更加高涨。

【主题活动尽展新唐山风采】

一是承办中国文联、中国电视艺术家协会“送欢乐、下基层”活动，赴迁安首钢和丰润沙流河慰问演出。此项活动已连续两次在唐山举办，成为“两节”期间水平最高、最受群众欢迎的文艺演出。二是承办“2008年唐山文艺界迎春团拜会”。赵勇书记、陈国鹰市长、郭彦洪部长等领导出席团拜会。三是与市委宣传部共同承办为期一周的“CCTV（唐山）国际幽默大汇演”活动。承办建设科学发展示范家庭文化进家庭文艺宣传系列展演活动。四是以文艺界特有的形式开展抗震救灾活动。向全市广大文艺工作者发出为支援灾区做贡献的倡议书；组织“情系汶川—赈灾美术书法作品义卖笔会”活动，为灾区募得善款近10万元；在抗震纪念碑广场举办“山川同在，血脉相连”摄影展，展出作品300余幅；举办“弘扬新唐山人文精神，为汶川加油，为祖国加油”主题诗会；组织出版专刊和创作抗震题材的音乐歌曲寄往灾区。五是承办“中国女摄影家协会第三届会员作品展暨邵华将军摄影艺术作品展”。省委常委、市委书记赵勇为中国女摄影家唐山采风团“授旗”。六是主办、承办“改革开放30周年和唐山解放60周年系列活动”。承办唐山与中国作家协会共同主办的“中国作家看科学发展示范区—曹妃甸”大型采风创作活动，中国作协副主席高洪波、蒋子龙，河北省作协主席关仁山等30余位作家来唐；承办唐山与中国摄影家协会共同主办的“魅力唐山”全国摄影展；主办唐山美协会员作品展和大型庆祝音乐会，推出市音协女子合唱团代表唐山参加河北省纪念改革开放30周年《大地欢歌》大型文艺晚会。

【文艺创作彰显唐山人文底蕴】 一是反映传统儒家思想与时代精神相结合的新编历史剧《孔子突围》，旨在提高南湖生态功能区文化品位的《南湖传说》，反映唐山人在四川灾区救灾，体现新唐山人文精神的长篇纪实文学《唐山人在汶川》等重大题材文艺作品得以创作完成。二是长篇小说《老呔商帮》出版；总字数300万的十卷本《唐山民间故事大全》整理完成；反映首钢搬迁的长篇纪实文学《首钢》付梓。三是从艺术角度反映、讴歌曹妃甸建设精神的交响音乐作品《曹妃甸组歌》和诗集《曹妃甸交响诗》创作完成；反映土地问题、农民问题的92万字的长篇史诗性作品《是什么使我们幸存》面世。四是为纪念2009年评剧诞生一百周年，提前组织完成了28集电视连续剧剧本《戏圣成兆才》的创作；同时，戏剧电视连续剧《成兆才》完成拍摄。五是为庆祝唐山文联成立六十周年，专门组织编写了《唐山文艺家名录》和《唐山作家论》。

【繁荣文学艺术 丰富文化生活】 一是开展丰富多彩的文艺活动。举办每年一届的新年合唱音乐会；组织“世纪伟业—中国绘画艺术特展”唐山巡展和赈济郴州雪灾专题笔会；承办“万伯翱新著《五十春秋》签名赠书仪式，市委书记赵勇、市委宣传部长郭彦洪出席；主办“第十二届‘星海杯’全国少年儿童钢琴比赛唐山赛区比赛暨唐山市第五届音乐艺术大赛”；主办著名相声表演艺术家马云路、康桂生和快板书表演艺术家党艺杰收徒仪式；承办《亲吻大地—白润璋摄影展》和“中国书协楷书名家邀请展”；举办《戏圣成兆才》《孔子突围》《老呔商帮》研讨会；为贾文忠、张凤生、曾国祥、王立军、周尊圣、王书杰、赵小海、寇月朋、刘墨鸿等10余位书画家举办个人书画展。二是《唐山文学》和唐山文学院作用突出。《唐山文学》面向基层、面向青年作者，及时刊发新人新作，完成向综合文艺刊物拓展的改版工作，并在郴州雪灾和汶川震灾后出救灾专刊，发挥文学刊物对社会主流文化的巨大支撑作用。唐山文学院坚持常年全义务休息日授课，增加了文学评论内容，还邀请《知音》杂志副主编做专题讲座，为文学爱好者作品的发表提供路径、搭建平台。三是壮大协会组织，拓展艺术领域。以文化名城建设为己任，壮大协会组织，打好文化建设的群众基础，拓展艺术领域向精细化、系统化迈进。年内成立了“冀东‘三枝花’发展促进会”、“唐山诗文学会”，至此，全市艺术家协会已达17个。四是文企联合结硕果。唐山市音协女子合唱团与唐陶股份有限公司达成协议，在未来5年内每年由唐陶出资10万元，将合唱团冠名为唐山音协“红玫瑰”女子合唱团；成立“唐山市文学艺术策划创意中心”，为文学艺术的社会效益和经济效益更好结合搭建平台；与市委宣传部共同谋划“梨园小剧场天天演工程”，探索文艺市场化运作的新路径，赵勇、张国栋、郭彦洪、姚自敏、唐凤岗、高瑞华等省市领导出席开幕式并观看首场演出。

主　　席：袁　宁

党组书记：孟宪民（8月任）

副 主 席：郑久成

（马　啸）

唐山市社会科学界联合会

【概况】 紧紧围绕全市工作大局，服务于唐山经济社会发展，充分发挥“智囊团”、“思想库”作用，工作取得显著成绩，被评为“全省先进社科联”。在全市第七届社科优秀青年专家和第十一届优秀社科成果评选中，11人被评为优秀青年专家，8项社科成果获一等奖，二等奖27项，三等奖74项。

【宣讲科学发展观】 按照市委《关于深入开展学习实践科学发展观活动试点工作的实施方案》，社科界进一步增强责任意识和服务意识，面对建设科学发展示范区的时代课题，转变观念，努力破解阻碍科学发展的难题，健全课题激励、成果转化、学会管理等工作机制，发挥“联”的优势和社科专家的引导作用，聚合力量，以高质量研究成果为市领导提供科学决策依据。在学习实践科学发展观活动中，唐山知名社科专家在《唐山劳动日报》“站在新历史起点上”专栏发表文章12篇，在电台、电视台宣讲10余次，市社科联、市委党校组织专家编写的《科学发展100问》作为专用教材在全市发放。

【开展课题研究】 一是针对城市转型进程中的职工再就业问题，许向斌主席担任课题负责人，联合社科专家共同完成了《在资源型城市产业结构调整中破解再就业难题》，被省社科联评为优秀课题，市委常委、宣传部长郭彦洪在批示中给予高度肯定。二是结合沿海经济为旅游业带来的发展机遇，组织力量完成了《我省沿海经济发展与旅游产业开发带动战略研究》，提出挖掘沿海地方特色文化潜力、加强文化与旅游对接、打造沿海旅游品牌、实现沿海文化产业价值的途径等一系列新观点，受到省社科联好评。三是市委党校专家就保障民生、改善民生、发展民生情况进行了深入调研和理性思考，完成了《唐山民生的现状、问题成因及改善对策研究》，受到省社科联的好评。四是在市级立项课题研究中，以应用理论研究为主、现实问题研究为主、本市问题研究为主，形成30项有实例、有分析、有对策的研究成果，其中11项被评为优秀课题。

【开展社科普及活动】 一是为进一步弘扬“感恩、博爱、开放、超越”的新唐山人文精神，组织召开“新唐山人文精神”社科专家座谈会。二是为挖掘“宋志永精神”的丰富内涵和时代价值，组织有关方面人员召开“宋志永精神”座谈会。三是汶川大地震发生后，市社科联组织正在筹建的心理疏导研究会向市委请战，并组成12名志愿者服务队赴灾区为期20多天，转战都江堰、绵竹等重灾区进行专业心理疏导服务，为当地培训2900多名心理疏导骨干，被誉为“留下了一支不走的心理医疗队伍”。四是召开“抗震救灾心理疏导实践与新唐山人文精神”座谈会。市政协副主席胡万宁参加座谈会并指出：心理疏导志愿者们临危不惧，为灾区群众提供专业的心理服务，以实际行动诠释了新唐山人文精神，积累了宝贵的第一手资料，对心理学课题研究和新唐山人文精神研究都有重要意义。五是组织社科界开展“纪念唐山解放60周年暨改革开放30周年理论研讨征文”活动，收到论文192篇。经评选，一等奖5篇、二等奖8篇、三等奖12篇、优秀奖20篇。六是市社科联及各学会与市环保局于10月13日至17日举办了“构建和谐唐山共建绿色家园”科普周活动，以“推进节能减排、弘扬生态文明、普及环保知识、建设美好家园”为主要内容，旨在提高全民环保意识，培树科学生活理念。市委常委、宣传部长郭彦洪出席启动仪式。

【开展社科学术交流活动】　一是与唐山师范学院具体承办了由中国社会科学院东方文化研究中心、曲阜孔子书院联合主办的“孔子与国学新认识学术研讨会”。会议围绕新中国成立后国学研究的经验及教训、国学研究的现状及发展、孔子生平思想与当代儒学、继承发展中华民族优秀文化对实现社会主义文化大发展大繁荣的意义等问题进行学术研讨。市委常委、宣传部长郭彦洪出席研讨会并致辞。二是与河北省国际国内公共关系协会、《公关世界》杂志社共同举办“公共关系——为唐山和谐发展助力”主题论坛。论坛以中国改革试验田唐山为大背景，积极探索新形势下改革与公共关系良性互动、提高危机公关意识等课题。国内高层公共关系专家就“应对危机公关，促进和谐科学发展”作了精彩演讲。

【召开市社科界第四次代表大会】
4月30日，隆重召开了唐山市社会科学界第四次代表大会，市委常委、宣传部长郭彦洪和河北省社科联副主席兰英山出席并作重要讲话。市妇联主席王晓燕代表各人民团体致贺词，秦皇岛市社科联主席郑道远代表兄弟市社科联致贺词。大会收到浙江、福建、安徽省及石家庄、本溪、青岛市等58个省、市社科联发来的贺函。各县（市）区，省、市属大（专）院校，部分企（事）业单位的代表，唐山市总工会、妇联、文联、侨联、科协等人民团体的代表和市社科联所属学会、协会、研究会代表共计150人参加会议。大会审议并通过了市社科联第三届委员会《工作报告》、《唐山市社会科学界联合会章程》，选举产生了新一届市社科联领导机构。

【发挥载体作用　增强工作活力】
《唐山社会科学》、《社科专家建言》等载体在社科普及中发挥了重要作用。社科联会刊《唐山社会科学》突出学术性、知识性、可读性，成为唐山理论研究的前沿、学术交流的平台、社科普及的阵地，被评为“唐山市十佳内部期刊”；《社科专家建言》及时编选和呈送社科专家高质量建言，为领导科学决策提供依据，受到市领导的重视，并得到省委常委、市委书记赵勇和市委常委、组织部长回建等领导的批示，对专家学者的建言给予高度评价。2008年，新成立和筹备成立社科团体四个：唐山市书画家协会、灾害心里干预与应急救助学会、唐山市投资理财学会、唐山市地方志学会。社科联所属会员单位增至51个，其中茶文化学会、图书馆学会和滦河文化研究会被评为“全国先进社科联学会”。

主　　席：许向斌
副 主 席：陈　伟
　　　　　曹宝华
党组书记：许向斌（8月免）
　　　　　李兆柱（8月任）
副调研员：王素敏

（许向斌　王素敏）

唐山市归国华侨联合会

【服务科学发展第一要务】　全年共邀请接待海外华商来唐商务考察及洽谈10批40余人次，牵线促成世界500强企业落户唐山。促成世界500强企业日本双日株式会社签约投资曹妃甸，第一期投资9000万元。美国益资公司与曹妃甸工业区正式签约并进驻区内实施海洋石油工程项目。促成迁安市乐丫农产品开发有限公司核桃皮粉出口和化妆品代理等项目与韩国企业的合作。指导支持侨商会工作，促成吸收近10个优秀侨资侨属企业入会，引导全市侨商以科学发展的理念和实际行动配合产业政策调整。成功组织第九届世界华人小学生作文大赛，再次蝉联大赛组织奖，促进海内外文化交流。

【举办凝心聚力活动】　以纪念改革开放30周年为契机，组织“走进迁安、感悟三十年”主题活动，与《唐山劳动日报》社联合开展“华侨华人与改革开放30年征文”活动，发表征文19篇，并被人民网、新浪网等大量转载，在海内外引起广泛关注，有力地宣传改革开放的巨大成就、侨界的贡献和他们对改革开放的衷心拥护。元旦、春节期间，深入各县市区走访慰问93户归侨侨眷家庭，送去慰问品、慰问金共计19200元。为全市归侨进行健康体检，使一些归侨的疾病及时得到发现和治疗。

【宣传普及侨法】　开展“全国侨务法律法规有奖知识竞赛”活动，收到答卷1.4万多份，获河北省优秀组织奖。以河北省颁布新的《〈归侨侨眷保护法〉实施办法》为契机，推出《侨法知识宣传栏》橱窗，印制《侨法宣传手册》2500册，侨法宣传材料3000份并发到相关人员手中，在报社、电台、电视台推出《涉侨法律法规问答》、《侨法知识有奖问答》、《侨法知识问答》共70期，引起广泛关注，产生良好效果。

【汇集侨力助灾区】　四川汶川发生强烈地震后，市侨联向唐山市侨商会、各基层侨联和全市广大归侨侨眷发出捐款捐物的倡议并得到广泛响应。侨商会会员、会员单位及会员亲属通过各种渠道和方式共向灾区人民捐款捐物折合人民币2765万元，捐赠台币20万元，捐资重建一所希望小学，侨商会会员单位—玉田银河中学为四川地震灾区的246名少年儿童提供免费教学、食宿等无私援助。市侨联机关5名同志捐款4200元，交纳特殊党费1400元，侨胞响应号召捐款4855元。市侨联被唐山市评为抗震救灾先进单位。

【回馈社会】　促成李海麟先生捐赠的“新华珍珠班”落户唐山开滦一中。该校已招收50名“成绩特优、家庭特困”的学生，这些学生在免除三年学杂费、住宿费、上机费、取暖费的基础上，每名学生每年还可获得2500元的生活补助，考取大学之后，每人每年还可以得到3000－5000元的资助。为迁西县莲花院乡松山峪村的侨联侨心小学送去价值1400元的图书。为遵化市留村乡学汉坨村村民中心捐赠价值3300元的图书。

【参政议政】　配合有关部门，推荐素质高、代表性强的侨界人大代表和政协委员，组织召开侨界“两会”代表、委员见面会进行专题辅导，提高参政议政能力。撰写市政协大会发言和政协提案，受到有关部门的重视。市侨联荣获市政协“先进提案单位”称号。

主　　席：陈嘉庚（5月免）
　　　　　杨　方（5月任，8月免）
　　　　　劳　卫（8月任）
副 主 席：劳　卫（8月免）
　　　　　朱秋华（11月任）
　　　　　朱正权
　　　　　徐国卉

（武海涛）

唐山市残疾人联合会

【概况】　全市共有各类残疾人51.7万，其中视力残疾5.4万人，听力残疾12.5万人，肢体残疾16.7万人，智力残疾4.1万人，精神残疾3.5万人，多重残疾8.8万人。2008年，在各级党委和政府的领导支持下，认真贯彻落实中央《关于促进残疾人事业发展的意见》，以北京残奥会为契机，认真做好残疾人工作，残疾人事业进一步发展，残疾人生活进一步改善。

【贯彻落实中央7号文件精神】　一是上报下达，及时向上级有关部门汇报残疾人事业发展现状，认真组织广大残疾人和残疾人工作者学习贯彻文件精神。二是联系实际走访调研，关心疾苦，解决问题，把贯彻落实中央文件精神的过程变为惠及残疾人的过程。市残联会同有关部门制定出台了多项相关政策，促进残疾人事业不断发展。迁西县残联会同县民政局制定《关于开展贫困关锁精神残疾人救助工作的通知》，对贫困关锁精神病患者实施专项救助；出台《关于开展扶持残疾人自主创业的实施意见》，每年扶持50户左右的残疾人实现自主创业。遵化市加强保障措施，对所有持有《残疾人证》的农村残疾人和城镇一级或重度残疾人参加医疗保障实施医疗救助。三是落实项目，积极发展残疾人事业。全年共申请省、市财政拨款153.5万元（省33.4万元，市120.1万元）。

【为办好残奥会作贡献】　一是加大宣传力度。各级残联以北京举办残奥会为契机，积极宣传残疾人事业。助残日期间，市残联与路北区残联在社区居民活动中心联合举办了“与残疾朋友携手同行共建科学发展示范社区”大型扶残助残活动；丰南区残联与区广播电视局共同录制反映新时期残疾人面貌和助残事迹的专题片；迁安残联悬挂宣传标语26幅、发放宣传手册2万册；国内多家新闻媒体对唐山市残疾人运动员备战残奥会进行采访报道20余次。二是制定奖励政策。根据省政府办公厅《关于进一步加强残疾人体育工作意见》的通知要求，市残联、人事局、财政局、体育局共同制定出台《唐山市有突出贡献残疾人运动员、教练员奖励暂行办法》，为奖励在体育赛事中做出突出贡献的残疾人运动员、教练员提供政策依据。市残联为残奥会运动员的家庭送去慰问金3000元。三是开展残疾人健身活动。路南区组织社区残疾人专职委员、残疾人代表参加坐式太极拳培训班，路北区组织各社区残疾人运动会，路南区培智学校开展特奥足球周活动。四是备战残奥会。唐山向国家队输送5名残疾人运动员参加残奥会，取得4枚银牌的好成绩；精心安排，圆满完成国家盲人柔道队在唐山拉练集训任务。

【顺利完成康复救助任务】　一是顺利完成市级康复救助任务。市财政拨付康复经费35万元，为100名贫困肢体残疾人免费安装假肢，为100名听力残疾人免费验配助听器，为100名重症贫困精神病患者免费赠送一年的治疗用药，对10名重症贫困关锁精神病患者提供免费住院治疗，使年内市级康复救助方案得以顺利实现。二是认真完成省级康复工作任务。根据省委、省政府《关于开展“慈善燕赵·万人复明”活动》通知精神，市财政投入资金100万，各县（市）区扶持到位资金100万，完成贫困白内障免费手术2531例；按照省《贫困精神病患者住院医疗救助项目实施办法》要求，市残联与定点医疗机构签定目标责任书，对贫困精神病患者进行3个月的住院治疗，稳定病情、改善功能，提高生活自理能力。三是搞好经常性康复救助。年内对81名聋儿进行听力康复训练，培训聋儿家长90名，培训聋儿康复专业人员97名；对159名肢体残疾儿童进行康复训练，免费发放辅助器具262件。10个县（市）区开展了精防工作，监护精神病患者21668人，治疗精神病患者4978名，3143名精神病人接受康复训练。593名贫困精神病患者免费接受国家彩票公益金、国家救助专项彩票公益金及其它项目医疗救助。

【认真实施扶贫救助工程】　一是实施特困残疾人危房改造援建工程。市残联与市财政局联合下发通知，对危房改造工作提出指导性意见。16个县（市）区分别召开危房改造动员大会，下任务书，签责任状，逐户查看，对确定的援建户张榜公示，接受群众监督，对建房全过程进行追踪监督，检查施工进度与质量，逐一验收，按程序、按计划拨付建房资金。年内全市共投入危房改造资金967.26万元，对1230户贫困残疾人危房改造进行援建。二是开展托养服务工作。根据省政府关于开展智力和精神残疾人托养服务工作的文件精神，对民办托养机构、精神病疗养院、民政所属截瘫疗养院、敬老院等现有社会资源进行走访调研，在唐山残疾人托养院挂牌开展服务，首批托养残疾人50名。三是开展亲情慰问活动。“两节”期间，市残联和路南区残联共投入5万余元，购买米、面、油等慰问品到400多户贫困残疾人家中进行走访慰问。助残日期间，市残联接受捐赠轮椅200辆，并按各县（市）区人口比例配发到残疾人手中；路南区为境内31户贫困残疾人家庭购置29寸彩电；丰南区为区特教学校和福利院送去12000元的用品。市残联与中国移动公司唐山分公司共同开展“沟通无障碍，构建盲人爱心亲情网”活动，让残疾人尽可能多的享受到现代社会的温暖。

【努力搞好就业救助工作】　一是实施免费培训。各级残联以“抓培训促就业”为思路，为残疾人免费送技术，增强其社会竞争力。全市共投入培训经费482.17万元，进行农村实用技术培训1196人，城镇职业技能培训1779人，其中市残联免费培训残疾人424人，有135人获得职业技术等级证书；开设省级三维设计培训班两期，培训学员90名；按照2008年盲人医疗按摩人员初、中级技术职称评审工作要求，对从事盲人医疗按摩的专业人员进行职称评定，60人取得市盲人按摩初级专业技术职称资格证书。二是加强残疾人就业服务工作。认真执行《残疾人就业条例》，开展残疾人就业登记、政策咨询、职业指导等工作。全市新安置残疾人就业570人，分散按比例安排残疾人就业4554人，扶持残疾人个体就业331人。三是征收残疾人就业保障金。市残联会同地税、中院、监察局等八部门联合转发河北省高院等八部委《关于落实〈残疾人就业条例〉加强按比例安置残疾人就业年度审核工作的通知》，为做好按比例安排残疾人就业年度审核工作提供依据。市残联与地税局等相关部门召开全市残疾人就业保障金征收工作调度会议，探讨解决问题的方法，提出整改措施，使残疾人就业保障金的征收金额较往年大幅提高。全市征缴残疾人就业保障金3452.91万元，较上年增长24%；市本级完成保障金征收883万元，较上年增长23.6%。

理事长、党组书记：张宇清
副理事长：杜世华
　　　　　王善国
副调研员：安玉兰

（陆宁宁）

唐山市红十字会

【概况】　2008年，唐山市红十字会大力弘扬“人道、博爱、奉献”的红十字精神，以科学发展观为指导，求真务实，开拓创新，筹资等多项工作继续走在全省前列，被市委、市政府命名为“精神文明建设先进单位”，唐山市被河北省红十字会授予“红十字会工作先进市”。

【备灾救灾】　在年初南方部分省市发生严重冰雪灾害期间，红十字会每天24小时坚守岗位，共为灾区募集资金155万多元。“5·12”四川发生强烈地震后，市红十字会向全市人民发出“伸出援助之手，向地震灾区人民奉献爱心”的紧急呼吁，紧急准备帐篷、发电机、毛毯等抗震救灾物资，紧急调拨价值10万元的药品。13日15时，地震发生后仅一天时间，常务副会长陈晓星便带领红十字会医疗队（河北省红十字会唐山紧急救援队）奔赴灾区，于14日17时30分抵达重灾区德阳市绵竹九龙镇。该镇领导激动地说：“你们来的太及时了，你们是到这里来的第一支医疗队”。九龙镇几乎所有建筑物都被震塌破坏，没有水，没有电，余震不断，队员们在十分艰苦的条件下开展救护工作。为了使偏远地区灾民得到及时救治，组建了乡间巡诊医疗队。他们救治的最小患者3个月，最大的102岁。那个高寿的老人叫王文秀，家住半山腰，地震使她腿和手多处骨折。医疗队为她打石膏、缝合后，每天都要走1个多小时山路为她输液换药。老人已5世同堂，儿孙们非常感激医疗队员，在老人转院前，她的孙子一再言谢，并说等到重建家园后，一定把唐山市红十字会医疗救护队的人全部请去做客。医疗队赴灾区一去就是一个多月，共救治伤病员5322名。他们的行动感动了九龙、感动了绵竹，都在说“唐山人真好”，救护队被当地群众亲切称为“自己的医院”。5月21日，河北省红十字会常务副会长张淑琴等人看望医疗队时，目睹了他们工作生活环境，心疼地哭了，当即给医疗队1万元钱，让他们改善生活。事后，全体队员一致表示把这笔钱捐给九龙镇政府，委托他们交给受灾群众。中国红十字会副会长苏菊香看望大家时说：“你们为唐山争了光，也为红十字会争了光”；并为医疗队题词：“感谢河北红十字会唐山红十字医疗队在第一时间赴灾区救助灾民所做出的突出贡献”。为了将广大市民捐赠的救灾物资及时运往灾区，唐山市红十字会派出小分队。根据河北省红十字会要求，当小分队将装有帐篷、药品、衣服、食品、手机等三大卡车物资定向运达广元市红十字会后，得知当地缺乏转运物资的大车，他们又不顾道路塌方和山体滑坡的危险，经过6个小时艰难跋涉，直至将救灾物资送到受灾最严重的青川县。接着小分队和他们开去的三辆大卡车又在灾区志愿服务，不惜每天损失1万多元，夜以继日地投入抢险救灾，一干就是21天，仅清运废墟就4万多方。小分队被青川县人民政府授予“青川县荣誉市民”。抗震救灾期间，唐山市红十字会先后组织开展“我捐一吨钢，温暖十家人”；“共同守望、众志成城——情系灾区红飘带爱心行动”；“烛光祈福”、“山川同在、血脉相连——我们与灾区人民心连心签名活动”等大型活动。截止到6月23日，共接待捐款群众18000多人次，接听热线电话20000多个，接收社会各界捐款2180多万元、救灾物资价值218万多元。唐

山红十字会工作人员的敬业精神感染了一个个前来捐款的市民，一些市民捐完款后，自发的留下来加入红十字志愿者队伍。唐山市红十字会被河北省红十字会授予“抗震救灾最佳组织奖”，河北省红十字会唐山紧急救援队（唐山红十字会医疗队）被国家人力资源和社会保障部、中国红十字总会授予“红十字系统抗震救灾英雄集体”荣誉称号。常务副会长陈晓星被省委、省政府授予“河北省抗震救灾模范”，并享受省级劳动模范和先进工作者。

【社会救助】 继续开展以“捐出您一天的收入，奉献您的一份真情”为主题的“博爱一日捐”活动。募集资金100多万元。出资8万元救助16个农村特困白血病、肾病儿童家庭；为21个先天性心脏病儿童实施免费手术救治；举行“唐山市城乡特困群众大病医疗救助金发放仪式”，对符合条件的33名群众发放40.6万元的救助金；开展“医疗惠民”、“阳光复明”、“关爱煤矿学子助学”、“送医送药真情暖万家”等活动，受助群众达5000多人次；建立红十字博爱超市1个。

【业务培训】 一是卫生救护培训。组织机动车驾驶员卫生救护培训900多批次，118377人次；采取电视辅导、组织培训班、举办知识竞赛等形式向35万多名群众普及初级卫生救护知识；建立红十字卫生救护培训工作网络信息管理系统，实现培训、考试、发证、查询等工作环节一体化、网络化。二是举办唐山市首届“国际人道法传播培训班”，各县（市）区红十字会副会长、秘书长和各团体会员单位负责同志200多人接受为期三天的培训。三是引进全球基金艾滋病项目资金39340元，举办了两期“社区卫生救护员艾滋病防治知识培训”。

【组织建设】 成功召开唐山市红十字会第三届理事会第二次全体会议。新发展红十字会员7700多名，招募志愿者1300多名。制定出台《关于开展农村红十字服务工作的通知》和《关于在全市各乡镇、办事处建立红十字组织的意见》，乡镇、办事处建立红十字组织26个，建立村级红十字会员小组252个。首次在全市开展“十个最佳团体会员单位、十名最佳红十字会员、十名志愿者之星”，即“十佳十优十星”评选表彰活动。

【无偿献血】 全市有62962人参加无偿献血，献血量2094万毫升，1500多人采集造血干细胞血样，供者再动员率达到100%。5月，开滦林南仓矿郭鹏程捐献造血干细胞成功，挽救了一名上海18岁青年的生命，成为唐山市第3例、河北省第38例非血缘性造血干细胞捐献者。

会　　长：李恩久（5月免）
　　　　　高瑞华（5月任）
专职副会长：陈晓星

（蔡艳蕊　李怡然）

唐山市慈善总会

【概况】 全市慈善组织建设进一步加强，14个县（市）区建有慈善协会和4个分会，规章制度进一步健全，人员素质进一步提高，派员参加了“2008中国慈善事业发展论坛”，全市慈善事业呈现又好又快发展的良好势头。2008年，市、县两级慈善组织共募集善款18839万元（含赈灾募捐16350万元），救助支出18491万元（含赈灾救助16428万元），救助28722人。其中市慈善总会募集善款2238万元，救助支出2180万元，救助2133人。市慈善总会被评为省民政系统抗震救灾先进集体，并荣立振兴唐山立功竞赛集体三等功。唐山“帮一点”爱心群体被授予河北省慈善特别奖。

【慈善宣传】 开展“帮一点”进社区、进校园活动，印发宣传画1万张，发放“帮一点”爱心标识牌400块，在华北煤炭医学院等四所本科院校成立了慈善义工服务站，招募了100名慈善义工。组织拍摄电视专题片《“帮一点”，唐山最好的爱心名片》，在唐山电视台公共频道开办《情暖唐山》慈善公益栏目，开通唐山慈善网，加大慈善宣传力度。全年在各级新闻媒体刊播稿件150篇次，市慈善总会编发“唐山慈善”简报12期，市文明办印发《唐山慈善新闻报道汇编》500本。通过加强多种形式的慈善宣传，人人都来“帮一点”的精神在社会上的影响更加广泛。

【慈善救助】 市慈善总会全年拨出善款382万元，扎实开展体现唐山特色的“帮一点”慈善救助活动，救助困难群众2119人。其中，拨出善款200万元开展了“帮一点”慈善行大型公益活动，救助200名城乡低保对象中特困家庭的大病患者。出资6万元与团市委共同开展“‘帮一点’共享城市阳光”温暖行动，资助200名外来务工人员子女每人300元；出资80万元开展瑞丰钢铁“帮一点”慈善助学活动，使438名贫困学子圆了大学梦；出资20万元开展裕鑫隆“帮一点”进校园活动，资助在唐山就读的100名贫困大学生；出资50万元开展宝业集团“帮一点”慈善助老活动。为南方低温雨雪冰冻灾害7省区捐赠款物722万多元；为四川地震灾区捐赠款物1075万多元。

【慈善资金来源】 积极探索慈善义演、义拍、义卖、街头募捐等多种募捐方式，在四川汶川特大地震赈灾募捐中，市、县两级慈善机构共接受社会各界捐赠款物1.56亿元，占全市募捐总额的46%。市慈善总会募集款物1075万元，其中物资折款113万元，定向捐款15万元；发挥冠名基金主渠道作用，落实留本冠名基金300万元，鼓励和支持企业设立形式多样的专项基金135万元，与国丰钢铁、冀东物贸等八家企业达成设立冠名基金本金6400万元的意向。

（李贺祥）

唐山市私营个体经济协会

【“红盾安商” 全民创业】 贯彻执行市委市政府鼓励全民创业的有关政策，配合工商部门开展“红盾安商、全民创业”取得显著效果。协会组织工作人员调查研究，摸清因拆迁和节能减排关停企业底数，了解进驻沿海“四点一带”开发建设及来唐投资企业状况，为双方提供信息，牵线搭桥，帮助关停企业实现二次就业。截至年底，发布各类信息6247条，发放联络卡2000张，印发宣传服务项目、优惠政策的公开信60000多份，减免“三费”300多万元，协助安置拆迁商户和关停企业2668户，为供需双方提供服务达成合作意向232户，协助关停民营企业转型和达标再生产300多家，帮助2668户个体私营企业重新创业，帮助解决资金、场地、销路等实际问题1320件，融资35.19亿元人民币。

【组织企业参与招商引资】　4月19日，协会组织民营企业代表14人去杭州参加“河北·浙江民营企业经济合作恳谈会暨项目签约仪式”，正式签约两个项目，投资总额65亿元：一是曹妃甸开发区与浙江金财投资控股公司合资，在曹妃甸建设实施的修造船项目，投资额60亿元；二是古冶区民营企业家赵政纲与浙江神鸽集团合资，在古冶区建设实施的煅烧高岭土项目，投资额5亿元。

【维护会员合法权益】　当国家宣布停止收取“工商管理费”和“市场管理费”后，部分市场管理机构趁机增加经营者的摊位费，引起很多个体会员不满。路南区协会领导听到反映后，及时与有关市场管理单位协商调节，使南新道水产市场、大里路市场、渤海早市等市场管理单位不再增加摊位费，为2000多名个体会员维护了经济权益。全年各级协会法律服务组织依法维护会员权益，开展免费法律咨询2088人次，帮助会员抵制“乱收费、乱罚款、乱摊派”事件14起，通过代理诉讼、协商调节等方式，处理会员投诉92起，为会员挽回经济损失134.5万元。

【发挥协会教育引导作用】　一是利用“春节”、“学雷锋纪念日”、“三八妇女节”、“清明节”、及“五一”、“七一”、“八一”、“十一”等节日、纪念日，对会员进行思想道德教育，组织开展“学雷锋，树新风”、创建“光彩之星”、“青年文明号”、“巾帼建功明星”等活动，树立典型，表彰和推荐先进。年底，在市委、市政府召开的表彰会上，市“私个协”副会长、迁西县胡子经贸公司经理张国华被命名为“唐山市2008年度十大道德模范”，古冶区“私个协”会员王爱玲、迁安市会员徐凤伟、开平区会员赵继儒，被授予“十大道德模范”提名奖。二是下发“关于进一步深入开展安全生产经营教育活动的通知”，广泛开展安全生产经营教育活动，努力预防各类事故的发生。

【慷慨解囊支援灾区】　2月下旬，迁安市16名民营企业家捐款1000万元，支援湖南灾区抗击冰雪灾害。汶川强烈地震发生后，市“私个协”发出倡议书，发动广大会员以实际行动支援抗震救灾。2008年，全市“私个协”会员通过各种渠道，共向冰雪、地震灾区和市公益事业捐款6029.81万元，捐物折款2070万元。

（郑玉顺　谭增荣）

唐山市消费者协会

【概况】　2008年，市消协认真落实消费维权服务准则，加强消费维权预防体系、监督体系及救助体系建设，提高消费者自我保护和维权意识，增强经营者守法经营和诚信自律意识，畅通消费维权诉求和救助渠道，营造良好的市场秩序和消费环境。全市消协系统年受理消费者投诉10669件，办结率98.16%，为消费者挽回经济损失589.2万元。因经营者有欺诈行为使消费者获得加倍赔偿63件，加倍赔偿金额41300元；提交政府有关部门对责任人进行处罚81件，罚没款19.92万元；支持和帮助消费者向人民法院提起诉讼30件，接待消费者来访、咨询186220人次；收到表扬信、锦旗、镜匾128件。

【加强消费维权体系建设】　一是建立网上办公平台，提高维权工作效率。随着网络购物、电视购物和电话购物的普遍开展，所引发的消费纠纷也呈现快速上升的趋势。针对这一现象，市消协在全市开通网上消协、网上投诉及网上和解平台，构建全市消协网上办公平台及联网预警机制，把各地所反映出来的问题及时归纳并发布消费警示，对维护消费者的合法权益起到警示作用。各级消协向社会发布消费警示或提示97则，披露消费侵权典型案例43件。二是加强对基层消协投诉的研究、协调和指导工作，建立健全消费者咨询服务、投诉转移、督办和全市投诉处理情况的分析统计制度，发挥基层消协组织，提高基层组织的维权力度；落实消费争议调解员制度，提高处理投诉水平。三是加强“消费侵权先行赔付制”在全市范围的推行工作，降低消费者的维权成本，增强生产经营企业的自律意识，有效减少消费纠纷发生。全年虽然接待的消费者咨询量由上年的近10万次陡增到18.6万次，但所受理的消费投诉量却比上年下降了18.88%。

【搞好消费维权知识宣传】　一是以“3·15”国际消费者权益日为契机，开展“消费与责任年”主题活动，加大法律、法规及消费知识的宣传。期间，全市在城乡组织大中型纪念活动29场次，143名各级党政领导参加纪念活动，召开新闻发布会、座谈会、讲座或培训21次，举办文艺演出或专题晚会7场次，在电视、广播及报刊等媒体播出专题节目15期，开设专栏8个，向广大消费者发放宣传材料43.92万份。在电视台的“百姓生活话题”、人民台的“说法60分”和“阳光热线”、经济台的“新闻纵横”、唐山晚报的“值班服务”栏目中，开展“诚信经商、勇担社会责任”的宣传，促进消费维权工作的开展。二是开展消费维权教育进社区、进企业、进农村“三进”活动，增强各界消费维权社会责任意识。三是加强对消费者行使权利、维护权利，参与社会监督行为的积极引导。发挥典型事件的警示作用，加大宣传力度，努力打造消费维权的氛围。针对消费者咨询、投诉较为集中的问题，向有关部门发出查询函，增强消费维权的准确性和科学性。

【加大重点事件维权力度】　一

是三鹿牌婴幼儿奶粉事件被曝光后，市消协迅速启动重大食品安全事件应急机制，联合工商局以及市消协的常务理事单位，向全市发布消费警示，要求各县（市）区消协将警示转发至所属全部辖区，最大程度警示商企和消费者。在市工商系统局域网上发出通知，要求记录消协接到的消费者关于问题奶粉的咨询投诉情况，填写统一的《问题奶粉咨询投诉统计表》。截止九月底，全市消协系统共接到消费者关于问题奶粉的咨询387次，受理并解决投诉44件。唐山市消协配合市委市政府有关部门，联合各消协理事单位和媒体记者，对唐山乳品市场进行联合检查，监督和掌握问题奶粉的下架情况，监督和掌握商企执行收、验货制度及问题奶粉、液态奶的公示、退货情况，并由此进行全市多领域、多形式的食品安全监督检查，以确保百姓食品消费安全。二是开展“强化社会责任，共迎奥运盛会”活动，市消协与市整规办共同策划并开展“诚信兴商”宣传月活动，从五月份开始直到奥运会及残奥会结束，组织各有关部门、行业协会、生产经营者贯彻落实《良好企业保护消费者利益社会责任导则》和《消费者导则》，举办“强化社会责任、共迎奥运盛会”论坛暨大型承诺活动启动仪式，强化社会责任意识，确保奥运期间消费安全。三是按照省消协部署，认真做好“消费者信得过单位”、“消费者信得过产品”“双信”评选工作，对往届“双信”单位搞好动态监督管理，增强企业社会责任意识、行政单位市场监管意识、消协系统社会监督意识。市消协对在唐19家保险公司进行问卷调查时发现，汽车消费投诉增多，而汽车商品的售后法规相对滞后，调解投诉难度大。经过认真总结经验，创新维权模式，成功受理了3起家用汽车消费中的重大投诉案件，受到上级消协领导与消费者的一致好评。市消协还从关注民生、节能减排、提高城市品位的角度，介入天然气定价、供热调价工作，提出切实可行的意见措施，架起消费者与政府之间双向沟通的“桥梁”。在全省消协系统先进单位和个人表彰大会上，唐山市消协、迁安市消协、路北区消协和玉田县消协荣获先进集体；市消协副秘书长冯艳军、乐亭县消协副秘书长张晓明、路北区消协秘书长赵伟、玉田县消协秘书长徐文、玉田县城区消协分会秘书长杨小龙、遵化市消协秘书长范沈文荣获先进个人；市消协投诉部主任马超被命名为“十佳消费投诉调解员”；路北昌乐社区站长李秀芝被命名为“十佳义务监督员”。

（于乃伦　吕金璋）

唐山市温州商会

2000年12月28日，由温商发起成立唐山市总商会温州商会。2003年3月31日，唐山市温州商会由唐山市民政局核准登记，成为法人社团，业务主管单位为唐山市工商联（总商会）。唐山市温州商会以坚持为会员、为政府、为社会服务为宗旨，积极为各地政府招商引资牵线搭桥；代表和维护在唐温商的合法权益，为会员和同乡排忧解难；支持投资创业，扩大事业发展；引导会员热心公益，努力回报社会。2004年11月18日，经中共唐山市直机关党工委同意，批准成立中共唐山市温州商会党支部，隶属于中共唐山市委统战部机关委员会。2006年10月23日，唐山市温州商会第二届第一次会员代表大会召开，选举产生第二届理事会。理事会以和谐、发展为主旨，致力于将商会建成：在唐温商的家园，依法维权的团体，联谊交流的纽带，联系政府的桥梁，促进发展的平台，提高素质的学校。理事会聘请唐山市人大副主任付爱文，市政府副市长董宝泉，市政协副主席、市委统战部部长么继志，市政协副主席、市工商联总商会会长翟久玉担任顾问；聘请市发改委主任辛志纯，市商务局局长王希如，市工商联总商会副会长符晓光，路北区委副书记王正英，路南区委副书记王雪增担任名誉会长；聘请庄玉龙为荣誉会长。在唐山、温州两地党委、政府的正确领导下，在社会各界的大力支持下，唐山市温州商会从无到有，由小到大。目前，在唐温商逾万人，企业千余家，遍布全市各县区。主要从事高低压电器、泵阀、服装、鞋帽、眼镜、黄金珠宝、美容美发用品、食品加工及房地产等行业。

几年来，唐山市温州商会一方面加强基础设施建设，改善办公环境，健全规章制度，实行民主办会，拓展服务空间，维护会员权益；一方面加强联谊沟通，积极寻找项目，履行社会职责，筹措共同发展，热心第二故乡科学发展示范区建设。在支援四川抗震救灾中捐款32万余元。商会多次被唐山市工商联、市总商会评选为先进商会，被路南区委、区政府评为“发展个体私营经济特殊贡献单位”，被河北省工商联评为“基层组织建设先进单位”。

（刘　杰）

唐山市社会团体名录

依据《社会团体登记管理条例》规定，经唐山市民政局社会团体年检审核合格，下列单位于2008年6月23日在《唐山劳动日报》公布：

社团名称	登记证号	法人代表	业务主管单位
唐山市侨商会	0301	朱秋华	唐山市侨联
唐山市基督教协会	0063	项书亭	唐山市民宗局
唐山市基督教三自爱国运动委员会	0064	韩秀平	唐山市民宗局
唐山市企业信用管理协会	0191	马臣堂	唐山市工商局
唐山市私营个体经济协会	0036	李保存	唐山市工商局
唐山市消费者协会	0061	范金梁	唐山市工商局
唐山市广告协会	0155	王　栋	唐山市工商局
唐山市创新思维学会	0070	丛选忠	唐山市社科联
唐山市地质学会	0062	李文来	唐山市科协
唐山市翻译工作者协会	0012	王晓玲	唐山市社科联
唐山市预防医学会	0043	郝庆恩	唐山市科协
唐山市工业系统会计协会	0265	朱铁军	唐山市工促局
唐山市企业人才培训开发协会	0210	王　洁	唐山市工促局
唐山市保险行业协会	0264	候永胜	唐山市金融证券领导小组
唐山市资源综合利用协会	0258	王希时	唐山市工促局
唐山市光彩事业促进会	0099	王立新	唐山市委统战部
唐山市高新技术产业园区质量技术监督协会	0263	李忠新	唐山市质量技术督局高新技术产业园区分局
唐山市食品行业协会	0174	高俊岐	唐山市工促局
唐山市质量管理协会	0020	王春明	唐山市工促局
唐山市建筑材料行业协会	0187	刘建才	唐山市工促局
唐山市塑胶工业协会	0177	常广泽	唐山市工促局
唐山市钢铁工业协会	0247	王天义	唐山市工促局
唐山市机械工程学会	0082	杨英葆	唐山市工促局
唐山市煤炭产销协会	0212	姚志忠	唐山市工促局
唐山市水泥工业协会	0075	孙玉文	唐山市工促局
唐山市陶瓷协会	0267	张志权	唐山市工促局
唐山市环境保护产业协会	0092	李淑民	唐山市环保局
唐山市诗词学会	0236	经　纬	唐山市社科联
唐山市老科学技术工作者协会	0139	宋启忠	唐山市科协
唐山市农药协会	0189	戴东权	唐山市农业局
唐山市青少年帮教协会	0154	付振波	共青团唐山市委
唐山市工程勘察设计协会	0183	孟卫平	唐山市建设局
唐山市土木建筑工程学会	0169	苏春生	唐山市建设局

唐山市卫生协会	0137	赵良安	唐山市卫生局
唐山市建筑业联合会	0111	董国成	唐山市建设局
唐山市建筑节能墙改协会	0193	白荣顺	唐山市建设局
唐山市工程建设造价管理协会	0028	邱建忠	唐山市建设局
唐山市自驾游协会	0302	冯国辉	唐山市旅游局
唐山市青年企业家协会	0098	刘金柱	唐山市团市委
唐山市果桑学会	0074	刘希田	唐山市林业局
唐山市心理卫生协会	0079	李建明	唐山市科协
唐山市抗癌协会	0144	胡万宁	唐山市科协
唐山市律师协会	0090	杨立功	唐山市司法局
唐山市老干部协会	0003	宋云峰	唐山市委老干部局
唐山市总商会	0277	翟久玉	中共唐山市委统战部
唐山市房地产开发协会	0105	芮国禄	唐山市建设局
唐山市图书馆学会	0046	白　坤	唐山市社科联
唐山市评剧洪派艺术学会	0274	张俊玲	唐山市文联
唐山市爆破协会	0291	于淑宝	唐山市公安局
唐山市中共党史学会	0230	刘作生	唐山市社科联
唐山市广播电视学会	0022	李庆山	唐山市广播电视局
唐山市烟花爆竹行业管理协会	0204	孙连富	唐山市供销经济合作总社
唐山市金融学会	0175	徐守诚	唐山市社科联
唐山市水产学会	0104	彭盛佳	唐山市畜牧水产局
唐山市中医药学会	0009	杨宝元	唐山市科协
唐山市老教授协会	0210	韩天恩	唐山市科协
唐山市农村金融学会	0037	陈元良	唐山市社科联
唐山市自然疗法保健协会	0229	任领先	唐山市体育局
唐山市老区建设促进会	0004	李　汉	唐山市老干部局
唐山市集邮协会	0072	衡殿武	唐山市邮政局
唐山市会计学会	0050	马兰银	唐山市科协
唐山市珠算协会	0049	莫振岚	唐山市科协
唐山市金属学会	0097	贾光珠	唐山市科协
唐山市自动化学会	0039	娄国焕	唐山市科协
唐山市环境科学学会	0096	吴自民	唐山市科协
唐山市粘接技术协会	0135	李　曼	唐山市科协
唐山市野生动物保护协会	0073	樊晓清	唐山市科协
唐山市护理学会	0035	孙秀兰	唐山市科协
唐山市轨道车辆学会	0256	孙帮成	唐山市科协
唐山市公路学会	0010	王江帅	唐山市科协
唐山市制冷工程学会	0051	赵玉山	唐山市科协
唐山市棉花协会	0248	吴守友	唐山市供销合作总社

唐山市锁业协会	0282	刘翠珍	唐山市商务局
唐山市烹饪协会	0013	孙长珍	唐山市科协
唐山市饭店与餐饮行业协会	0243	时建国	唐山市商务局
唐山市留学人员联谊会	0173	刘建亚	唐山市人事局
唐山市风景园林协会	0103	刘敬文	唐山市科协
唐山市交通会计学会	0153	张士福	唐山市交通局
唐山市滦河文化研究会	0244	刘向权	唐山市社科联
唐山市农业生产资料行业协会	0194	王嘉增	唐山市供销总社
唐山市检察学会	0052	周庆平	唐山市人民检察院
唐山市数学会	0005	闫满富	唐山市科协
唐山市信鸽协会	0150	李志良	唐山市体育局
唐山市舞蹈家协会	0160	任四一	唐山市文联
唐山市中西医结合学会	0008	张　健	唐山市科协
唐山市旅游协会	0255	何自明	唐山市旅游局
唐山市水利学会	0021	肖玉文	唐山市科协
唐山中华职业教育社	0015	郑祥五	唐山市教育局
唐山市城镇供热协会	0289	袁志军	唐山市建设局
唐山市机关党的建设研究会	0250	安树彦	唐山市委市直机关工作委员会
唐山市伊斯兰教协会	0027	韩树军	唐山市民宗局
唐山市戏剧家协会	0156	赵恩舫	唐山市文联
唐山市钱币学会	0086	严大刚	唐山市社科联
唐山市煤炭学会	0112	殷作如	唐山市科协
唐山市农产品经纪人协会	0269	张树勤	唐山市供销合作总社
唐山市外语学会	0031	贾国安	唐山市社科联
唐山市道教协会	0285	董沛文	唐山市民宗局
唐山市人民对外友好协会	0057	皮万杰	唐山市政府外事办公室
唐山市汽车维修协会	0055	孙惠忠	唐山市交通局
唐山市企业联合会	0246	邢平均	唐山市国资委
唐山市拍卖典当行业协会	0287	刘绍先	唐山市商务局
唐山市成品油协会	0209	赵全成	唐山市商务局
唐山市台资企业协会	0059	李祖德	唐山市委台办
唐山市台胞台属联谊会	0025	韩　宏	唐山市委台办
唐山市科技情报学会	0114	李晓军	唐山市科协
唐山市国际税收研究会	0190	李文忠	唐山市地方税务局
唐山市民族管弦乐学会	0155	谭会昌	唐山市文联
唐山市营养学会	0283	王治富	唐山市科协
唐山市摄影家协会	0163	李耀东	唐山市文联
唐山市美术家协会	0195	乔文科	唐山市文联
唐山市硬笔书法家协会	0158	乔秀滨	唐山市文联

唐山市温州商会	0207	朱建华	唐山市委统战部
唐山市档案学会	0024	杨振岐	唐山市社科联
唐山市经济学会	0172	安晓良	唐山市社科联
唐山市防痨协会	0054	董　军	唐山市科协
唐山市书法家协会	0161	韩　瑛	唐山市文联
唐山市农村专业技术协会	0245	郭志霞	唐山市科协
唐山市思想政治工作研究会	0295	宋晓欣	唐山市委宣传部
唐山市板栗产业协会	0253	刘景华	唐山市林业局
唐山市医学会	0007	孟凡增	唐山市科协
唐山市农民体育协会	0044	李　和	唐山市农业局
唐山市农学会	0142	王守彬	唐山市科协
唐山市海港开发区私营个体经济协会	0262	孙永强	唐山市工商局海港分局
唐山市供销合作经济学会	0042	吴旭春	唐山市供销合作社
唐山市收藏鉴赏家协会	0241	李自关	唐山市文化局
唐山市卫生经济学会	0076	刘长贵	唐山市卫生局
唐山市农村现代化建设研究会	0202	张继成	唐山市委农工委
唐山市土地学会	0199	李德敏	唐山市国土资源局
唐山市矿业协会	0200	唐有宏	唐山市国土资源局
唐山市法医学会	0257	董晓宇	唐山市检察院
唐山市家装与家居建材行业协会	0290	贾俊龙	唐山市商务局
唐山市芦台经济开发区畜禽养殖协会	0298	张国富	唐山市芦台经济开发区畜牧水产局
唐山市税务学会	0168	边振明	唐山市国家税务局
唐山市海外联谊会	0083	么继志	唐山市委统战部
唐山市林学会	0226	葛秋莉	唐山市林业局
唐山市杂文学会	0118	杨迎新	唐山市社科联
唐山市气象学会	0126	王　锋	唐山市气象局
唐山市农民合作经济组织联合会	0284	王汉银	唐山市供销合作总社
唐山市种子协会	0121	李振胜	唐山市科学技术学会
唐山市烟草营销协会	0249	李学成	唐山市烟草专卖局
唐山市地震学会	0182	王卫国	唐山市地震局
唐山市防伪行业协会	0060	张军民	唐山市质量技术监督局
唐山市老年摄影协会	0208	郑文忠	唐山市民政局
唐山市职业教育研究会	0119	刘春莲	唐山市教育局
唐山市成人教育学会	0065	马惠元	唐山市教育局
唐山市基层法律服务工作者协会	0294	王殿春	唐山市司法局
唐山市安全生产协会	0271	徐建强	唐山市安监局
唐山市计量协会	0041	林　虹	唐山市质监局
唐山市计算机学会	0058	刘英陶	唐山市科协

唐山市进出口企业协会	0228	赵连利	唐山市商务局
唐山市群众文化学会	0237	孙世纪	唐山市文化局
唐山市茶文化学会	0201	胡智学	唐山市社科联
唐山市安全技术防范行业协会	0133	孙树清	唐山市公安局
唐山市外商投资企业协会	0085	李　庚	唐山市商务局
唐山市动物保健品饲料协会	0192	张　军	唐山市畜牧水产局
唐山市蔬菜行业协会	0276	丁建明	唐山市农业局
唐山市警察协会	0110	韩金哲	唐山市公安局
唐山市老年保健协会	0176	范永祥	唐山市体育局
唐山市应用数学研究会	0239	赵丰华	唐山市科协
唐山市出版印刷发行协会	0293	孟昭民	唐山市新闻出版局
唐山市职工体育协会	0030	李长河	唐山市总工会
唐山市房地产业协会	0018	董连衡	唐山市房管局
唐山市肥料协会	0292	王素华	唐山市农业局
唐山市审计学会	0040	阚友合	唐山市审计局
唐山市内部审计协会	0254	李树平	唐山市审计局
唐山市李大钊研究会	0231	金文杰	唐山市社科联
唐山市监察学会	0179	沈鸿德	唐山市监察局
唐山市糖尿病康复协会	0184	杨静霞	唐山市卫生局
唐山市工商行政管理学会	0084	杜书理	唐山市工商局
唐山市海外交流协会	0089	皮万杰	唐山市侨务办公室

（张　珺）

国防建设

编纂 李晓东

部队建设

【思想政治建设】 唐山军分区坚持把学习贯彻十七大精神作为首要的政治任务，采取通读原文、专题辅导、知识问答、下发“口袋书”等形式，专题学习科学发展观、构建社会主义和谐社会、履行我军历史使命等重大创新理论成果，增强了学习的针对性和有效性。积极参加两级军区组织的师团领导干部理论集训，周密组织副团职以下干部集训，严格落实党委中心组每月两天学习制度，领导干部运用学习成果先后14次深入基层宣讲辅导，营造了真信、真学、真用的浓厚氛围。广泛开展“坚定中国特色社会主义信念、有效履行我军历史使命”主题教育和迎奥运、纪念改革开放30周年主题教育活动，紧贴形势任务及时组织开展经常性思想教育，坚持把抗震救灾的伟大实践作为主题教育的鲜活教材，组织官兵开展“运用社会课堂、学习抗震精神，把学习实践科学发展观活动引向深入”的做法，被两级军区转发。通过深入学习，全区官兵对十七大精神的理解把握不断加深，政治信念更加坚定，高举旗帜、听党指挥、履行使命的思想基础更加牢固，运用十七大精神指导实践、推动工作的自觉性不断增强。作为北京军区学习实践科学发展观试点单位，军分区党委坚持以大事大抓、务求必成的鲜明态度，强势推进学习实践科学发展观活动。党委常委坚持“六个带头”，以实际行动带动党员干部投身学习实践科学发展观活动。始终把创新有为精神贯彻始终，把突出实践特色贯穿全程，使学习实践的过程变为破解难题、推动发展的过程，为国防后备力量建设科学发展注入了新的生机活力。坚持围绕“三线”学习理论，采取录相辅导、参观见学、理论测试、现场申论、体会交流、网上论坛、知识竞赛和演讲比赛等形式，加强理论武装，党员干部贯彻落实科学发展观的自觉性更加坚定，领导部队科学发展的能力不断增强。坚持开门搞试点，虚心听取各方面的意见建议，形成了较为完备的《军分区贯彻落实科学发展观分析报告》，取得了较高的群众满意度。注重运用抗震救灾的伟大实践牵引实践活动深入开展，广大官兵积极踊跃向地震灾区捐款和交纳“特殊党费”活动，全区共捐款19.3万元，捐赠衣被4000多件，筹措资金10万元，赴四川慰问抗震一线的驻唐部队官兵。着力解决突出问题，真心实意为官兵排忧难、办实事，受到广大官兵普遍欢迎。紧贴实际搞调研，保证部队科学发展的制度机制相继出台。党员干部受教育，班子建设上台阶，科学发展见成效的目标基本实现。试点经验成果先后在北京军区和省军区组织的学习实践科学发展观试点工作经验交流会上做了介绍。

河北陆军预备役炮兵第七十二师按照北京军区、省军区部署要求，认真组织部队学习贯彻党的十七大精神，举办副团以下干部十七大精神学习集训班，有力推进十七大重大理论观点、重大战略思想、重大工作部署的学习贯彻，做法被总政、北京军区《政工信息》转发。扎实开展“坚定中国特色社会主义信念，有效履行我军历史使命”主题教育，认真组织纪念改革开放30周年系列活动，打牢官兵高举旗帜、听党指挥、履行使命的思想基础。根据省军区党委部署，采取授课辅导与参观见学相结合、调查分析与交流讨论相结合、整改提高与解决问题相结合的方法，高标准抓了学习实践科学发展观试点活动，做法在省军区作了介绍。全师官兵对十七精神的理解不断加深，政治信念更加坚定。在西藏“3·14”暴力事件、台湾地区领导人选举、四川抗震救灾等重大问题事件上，各级态度鲜明、反应迅速、行动自觉，师支援四川抗震救灾的做法被省军区转发。

【军事工作】 唐山军分区以做好军事斗争准备为牵引，部队完成多样化军事任务能力明显提高。坚持着眼实战搞谋划、聚焦任务做准备，贴近实际抓落实、创新实践求突破，积极创建“学习型、创新型、效率型”司令机关，大力推进“三室两库”建设，实现了具体化、系统化、配套化的目标。构建了集“指挥通信网、战备训练网、国防动员网、日常办公网、视频会议网”于一体的信息化综合平台，为战备训练提供了支持和保障。在河北省军区司令部建设研讨会上，唐山军分区加强“三型”司令机关建设的做法，得到了与会领导的充分肯定。认真落实省军区“学习训练周”制度，大力加强首长机关训练，先后安排47课时，集中学习复杂电磁环境下作战与训练理论研究、训练法

规学习、基本技能训练、指挥所网上演练等内容，取得明显成效。周密组织冬季适应性训练，部队严寒条件下“走、打、吃、住、藏、保、通”的能力明显提高。

河北陆军预备役炮兵第七十二师始终把做好军事斗争准备摆在龙头位置，着眼应对多种安全威胁，加强多样化军事能力建设。按照应急维稳需要，修订完善各种方案和保障预案，配齐应急应战物资器材，召开战备建设暨奥运安保抢险救灾任务现场部署会，规范战备秩序，提高战备质量，打牢战备基础。组织训练评比活动，狠抓军事训练落实，掀起军事训练热潮。师抓教练员集训做法被省军区转发。扎实开展成建制动员、成系统比武、成规模展示“三成”系列活动。通过成建制动员，把高标准完成奥运安保支援任务作为重点工作突出出来，增强军事斗争准备的针对性。通过成系统比武，把落实军事训练突出出来，创新训练方法、激发训练动力、提高训练质量。通过成规模展示，把使命课题针对性、研究性、检验性训练演练和配套化建设突出出来，推进军事斗争准备深入开展。

【部队党委班子建设】 唐山军分区认真贯彻《党委工作条例》，抓好民主集中制落实，党委工作逐步走上了科学决策、民主决策、依法决策、效益决策的路子。以“提高领导部队科学发展能力，建设坚强有力、奋发有为的领导班子”为主题，师团两级召开党委常委民主生活会，较好地解决了深化理论武装、维护集体领导、发扬创新精神、树立良好形象方面存在的问题，各级党委领导部队科学发展能力明显提高。军分区加强党委班子建设的经验做法，在北京军区和省军区党委书记集训会上做了发言交流。以“贯彻落实党内法规制度，提高党委领导的质量水平”为主题，组织团级单位党委书记集训，集中研究新形势下贯彻落实党内法规制度，加强党委班子建设问题，有效解决了贯彻落实法规制度不够到位、跑偏走样、决策水平不高等问题，书记队伍抓班子、带部队的素质明显提高。扎实开展“讲党性，重品行、作表率”主题教育活动，党员干部联系履行职能使命的实际需要，联系岗位职责对能力素质的实际要求，深化学习，查摆问题，整改提高，进一步振奋了革命精神，保持了奋发有为干工作的精神状态。围绕提高干部队伍能力素质，广泛开展“心中有爱、胸中有墨、肩上有责、手上有招”的“四有”实践活动，机关各部对口组织专业干部骨干集训、参谋“六会”比武竞赛和专武干部集训培训，增强了各级干部求知强能、履行使命的自觉性。本着考察干部真实、评价干部准确、使用干部公道的原则，全面推行考试与考核相结合的办法选拔干部，大力开展机关基层“双向代职”活动，营造了“靠素质立身、凭实绩进步、走正道竞争”的浓厚氛围。

河北陆军预备役炮兵第七十二师始终把先进性建设和能力建设贯穿班子和干部队伍建设始终。召开师团党委常委民主生活会，较好地解决深化理论武装、维护集体领导、发扬创新精神、树立良好形象方面存在的问题，提高党委领导部队科学发展能力。按照两级军区部署，在师团党委机关深入开展“讲党性、重品行、作表率”主题教育活动，打牢履职尽责的思想基础。按照北京军区、省军区部署安排，认真组织党纪条规学习和“勤政清廉、率先垂范”教育试点，做法被总政纪检部、北京军区、省军区转发，师被北京军区表彰为廉政知识竞答先进单位。加强廉政制度机制建设，修订完善《师党委理财实施意见》、《加强剩余房地产出租有关规定》、《工程建设管理实施办法》和《物资集中采购办法》等措施，强化廉政意识、规范廉政行为、提高廉政建设标准。按照“三个整体”和“三个延伸”的人才培养思路，组织干部参加研究生考试和计算机二级培训，扩大干部交流任职、参观见学范围，开阔视野、增长见识。深化干部任用、奖惩与创造业绩、提高能力“双挂钩”机制，激发广大干部学习、创新、创优的主动性和自觉性。经验做法分别被总政《政工通讯》、解放军报《内参》、总政《干部工作情况反映》、北京军区《政工信息》转发，并在省军区介绍。

【后勤工作】 唐山军分区按照立足实际、先急后缓、集中建设、逐步完善的思路，狠抓后勤战备和训练工作。先后修订完善保障主力军团跨区机动、反恐维稳、兵员快速动员等14类28套保障方案，形成了系统配套的后勤保障预案体系。大力加强战备设施建设，完善后勤战备“两室一库”建设，为实施快速、高效的后勤指挥提供了强有力的技术支撑和信息保障平台。注重提高管理信息化水平，自主创新开发研制了《财务信息》、《档案查询》等5套信息管理系统。稳妥推进社会化保障，将水、电、暖、气接入市政系统，初步形成了军地一体化后勤保障体系。大力开展资源节约型、环境友好型军营创建工作，勤俭节约的风气不断形成。营建办和机关人员多方协调做工作，集中精力抓落实，营院基础设施建设全面完成。机关各部密切配合，通力协作，圆满完成了省军区赋予的推进后勤科学管理与建设现场会，为全面建设现代后勤趟出了路子。

河北陆军预备役炮兵第七十二师认真学习贯彻《全面建设现代后勤纲要》，现代后勤建设长足进步。筹划家属院经济适用住房建设，改善硬件设施，营造栓心留人的环境。不断健全和完善财务管理制度，党委理财工作得到加强。深化后勤各项改革，物资采购改革取得良好效益。保障了省军区推进后勤规范化管理现场会的召开，师在会上介绍了经验，推进了后勤规范化建设和管理水平的提升。着眼提高装备应急保障能力，修订《应急行动装备保障计划》，整修奥运安保支援车辆和应急保障车辆，装备快速机动保障能力得到提升。认真开展“红旗车炮库”评比活动，师团装备维护保养和正规化管理得到进一步加强。

【基层建设】 唐山军分区坚持把武装部正规化建设作为基层建设的重点内容，师团两级采取“逐个过”的办法，深入基层现场办公、帮建指导、解决问题，基层武装部正规化建设水平不断提高。开平区人武部抓基层全面建设的经验，在省军区基层建设经验交流会上做了书面交流。认真贯彻落实重点帮建工作规划，加大士兵队、民兵装备

仓库、国防训练基地的帮建力度，积极改善文化生活设施，营造了拴心留人的良好环境。民兵装备仓库干部职工和警卫人员履行职责认真，工作一丝不苟，表现出了很强的政治觉悟和大局意识。坚持按纲建队、法规治队、合力办队，士兵队建设正规有序，样板作用发挥较好。国防训练基地注重发挥功能齐全、综合高效的优势，多方做好协调工作，精心组织党政干部、企业员工培训和学生军训，取得良好军事、经济和社会效益。

河北陆军预备役炮兵第七十二师认真贯彻全军、北京军区和省军区基层建设会议精神，以《基层建设纲要》和省军区《基层建设规范》为遵循，狠抓基层和基础建设。持续深化基层营连达标建设，对基层达标情况进行回头看，巩固建设成果，提高基层建设质量。全师所有营连全部达标。按照“成建制编实配强”的要求，狠抓基层营连整组，提高“三率”，并结合整组检验每个团拉动一个建制营，提高整组工作实效，打牢基层组织建设基础。着眼解决师发展不平衡问题，加大营区基础设施建设力度，对师机关办公区进行规划调整，兴建师综合楼，实现战备工作规范化管理、一体化保障；规划文化广场建设，营造军营文化氛围；完成综合训练基地三期工程建设，兴建大型车炮库，实现全师大型装备车辆入库；改造升级师团作战值班室、作战室、模拟训练室，提高部队信息化建设水平。

【安全稳定工作】 唐山军分区认真贯彻《安全条例》和军委五号文件，以及总部、北京军区安全管理工作会议精神，扎实开展“四反”和警示性法制教育，积极主动抓安全，多措并举抓预防，安全管理工作富有成效。加大小散远直单位和重点目标、重要部位的管控力度，投资100多万元完善了分区机关和民兵装备仓库的安全设施，信息保密及重要目标安全系数明显提高。集中派出工作组深入各人武部、小散远直单位、重要目标进行昼查夜巡，发现问题及时纠正。领导机关坚持24小时住库值班，部队安全基础进一步巩固。专项治理工作成效明显，重大安全隐患排查治理深入扎实。集中开展“与奥运同行、展军车风采”和“打击盗用、伪造军车号牌”专项斗争活动，维护了军人军车的良好形象。全区没有发生失泄密问题和行政责任事故，始终保持了高度安全稳定。

河北陆军预备役炮兵第七十二师牢固树立安全发展理念，认真贯彻落实新颁发的《安全条例》，针对特殊形势，狠抓部队安全管理。按照军委总部和北京军区、省军区指示要求，建立健全安全管理领导机构，加强安全管理、安全教育、安全检查，强化官兵安全理念，铸牢官兵思想防线，提高安全防范意识。强化“首都无小事、奥运无小事、安保无小事”观念，严格特殊时期部队安全管理和重要部位管控。对人员和枪械库、机要室、保密室，油库等采取超常管理措施，逐级签订安全责任书，成立突发事件应急分队，加装报警装置，添置应急通信器材，增强防范能力。广泛开展“创建平安营院、平安家庭、平安驻地”、“争当平安之星”活动，发挥“五个体系”的作用，全师保持安全稳定、无重大责任事故发生。

（林云涛　李　霞　颜　静）

兵役工作

【概况】 2008年，唐山市征兵工作，在省政府、省军区的正确指导下，在各级地方政府和兵役机关的密切配合下，紧紧围绕确保新兵质量、特别是政治质量这个核心，紧紧扭住征兵主体调整、优先征集高学历青年和应届毕业生等中心环节，认真执行上级征兵命令和有关政策规定，狠抓征兵廉政建设，从加强领导，严密组织，坚持标准等环节入手，圆满完成了新兵征集任务。

【组织培训】 为确保更多应届毕业生和高学历人员应征入伍，唐山军分区及时召开了有各县（市、区）人武部部长、军事科负责人、主检医生、心理医生参加的征兵工作业务会暨体检、心理检测培训会。会上传达学习上级有关指示精神，明确职责分工及需重点把握的问题。通过培训，使各级各部门对2008年冬季征集主体对象和部分体检标准调整变化有了更明确的认识，为高素质人才的征集奠定了基础。担负信息化体检试点任务的路南区、迁安市、迁西县还专门组织体检医生进行了为期3天的强化训练，确保了网络化体检试点工作的顺利进行。

【宣传发动】 2008年是征兵主体对象调整改革的第一年。为充分调动广大应届毕业生和高学历青年参军报国的积极性，军分区运用报刊、广播、电视、网络等形式，广泛开展了《兵役法》、《国防法》、《征兵工作条例》等政策法规的宣传，引导广大应届毕业生和高学历青年，正确处理“国与家”、“得与失”的辩证关系，不断强化祖国至上和无私奉献的意识，引导广大适龄青年积极响应祖国的征召，踊跃报名参军，自觉接受祖国的挑选。针对高学历应征对象思想活跃特点，通过个别谈心、走访调查等方式对应征对象进行调查摸底，做到了“五清”，即：身体状况清、流向清、联系方式清、现实表现清、家庭住址清，切实掌握了第一手资料。全市共出动宣传车230余台（次），张贴宣传标语53890条，各级领导发表电视讲话和媒体采访24次。

【体检】 为使征兵体检工作规范有序，市中心体检组逐县（市、区）对征兵体检工作进行了检查督导。各单位均按要求，设立了“封闭式”体检站，全面检查了体检器械，更新了老化设备，确保了体检工作的正常进行。对2008年新增的心电图、腹部B超等检查项目，各级征兵办公室和地方卫生部门高度重视，分别从所属医院抽调了最好的设备和技术精湛的医务人员参加征兵体检工作，有效的确保了新增项目的顺利展开。为进一步严把征兵体检关口，确保兵员身体质量，市中心体检组在各县（市、区）体检工作结束后，采取自带设备仪器的方式，对各县（市、区）体检合格人员按照不低于30%的比例进行抽检，各单位抽检合格率均达到了90%以上，有效确保了兵员的身体质量。11月8日至9日省征兵办检

查组分别对路南区、路北区、迁西县征兵工作进行了检查，对唐山市的征兵体检工作较为满意。

【出台力政策保证兵员质量】为确保2008年征集主体调整改革顺利进行，唐山军分区结合应届毕业生兵役登记工作，与市教育局联合下发了《贯彻落实<国征［2008］3号>文件实施方案的通知》，在政策上保证了在本人自愿、条件合格的情况下对院校毕业生优先批准入伍，确保为部队输送高质量的兵员。同时，针对唐山市出现的“征兵冷”的现象，在调研论证的基础上，把做好兵役征集和优抚安置工作作为市委议军会的一项重要内容，引起了市委、市政府主要领导的高度重视，及时出台了《进一步做好兵役征集和优抚安置工作的意见》，细化了应届毕业生和在校大学生的征集办法，大幅提高了优抚安置待遇，有利的调动了应届毕业生和高学历青年的参军热情。

【确保廉洁征兵】　征兵工作开始后，各级严格执行上级法律法规，认真贯彻落实河北省廉洁征兵工作教育动员电视电话会议精神，紧紧围绕“树廉洁形象、保兵员质量”的要求，在不断加强对征接兵人员教育引导的同时，坚持从建章立制、畅通渠道、全程监督等方面入手，有力促进了廉洁征兵各项工作的落实。各级均按要求在本级电视台公布了省、市、县三级征兵举报电话，分别在体检、政审、审批定兵后向社会公布了体检、政审和初定兵名单，自觉接受社会监督。建立了“一信、一书、一卡、一诺”制度。通过学习教育，使征接兵人员真正懂得了廉洁征兵是保证征兵质量的基础，自觉做到不送、不请，努力营造了廉洁征兵的良好氛围。

（林云涛）

民兵预备役工作

【概况】　唐山军分区注重统筹国防后备力量建设与经济建设协调发展，始终坚持军事和经济效益互促共进，战斗力和生产力双向提高，坚持着眼“双应”抓队伍，依托“体系”搞建设，按照“应急应战、按需组建，富有特色、务求实效”的思路，大力推进“双应一体化”体系建设。联合市委、市政府出台了《进一步加强民兵应急队伍建设的通知》，依托现有民兵组织和有关部门专业队伍，组建了防火、防洪、防震、消防、核生化事故防护和应对风暴潮、矿难、塌方、泥石流等突发性自然灾害，以及公共突发性事件为主的应急救援队伍。市县乡村四级民兵应急网络全面形成。各级累计投资750多万元，为民兵应急队伍购置了指挥通信、防暴维稳、抗洪抢险、森林防火、消防灭火等专用器材，县以上民兵应急队伍组织建设和装备器材配套率均达到100%，乡村达到了80%。认真落实军事训练教学责任制，采取动员部署、培训辅导、观摩交流、巡回检查、比武竞赛等形式，深入开展“五小”练兵活动，营造了大抓军事训练的浓厚氛围。唐山军分区总结的《加强民兵组织“双应一体化”建设》的经验做法，分别被总参和两级军区转发。

【民兵防空团建设】　在时间紧、任务重的情况下，丰润、丰南、古冶、开平人武部和开滦、唐钢武装部组织防空分队加班加点、严扣细训，其他单位也都抽调精干力量，参加防空分队拉动点验。圆满完成了省军区赋予的河北省民兵防空团建设观摩会。民兵防空团“两成两力”建设大幅提高。

【奥运安保】　按照“应对有案、依案而练、以活应变”的思路，组织首长机关和各人武部，进行奥运安保反恐维稳指挥所网上演练和应急处突演练。周密组织全市民兵应急分队进行针对性训练，抽调1860名民兵参加奥运火炬唐山传递安保行动，民兵应急队伍遂行多重任务能力明显提高。组织300余名人武、专武干部下乡包村，先后化解矛盾纠纷11起，为群众办实事147件，为平安奥运作出了积极贡献。

（林云涛）

拥政爱民

【军分区积极参加科学发展示范区建设】　2008年，唐山军分区紧紧围绕开放创新、富民强市，把唐山建成科学发展示范区，建成为人民群众幸福之都的总目标，积极参加唐山科学发展示范区建设，广泛开展军民共建和谐唐山活动。组织驻军官兵和民兵预备役人员积极参加重点工程建设，投身蓝天碧水工程、开展节能减排行动，积极参与抢险救灾、应付突发事件等急难险重任务，自觉在科学发展示范区建设、资源型城市转型、产业链经济发展、城市建设等方面发挥生力军作用。全区累计出动4500余人次，车辆400余台次，植树8000余株，处置应急突发事件5次，出色完成了任务。军分区投资65万元，先后帮助丰润区广家店村建设新农村示范点，在国防训练基地建设了新农村“六个一”示范教学农家院。积极投身社会公益事业，先后军训学生2万多人次，为厂企、乡村、学校作辅导讲座150多场次，救助贫困学生62名，捐资助学4万余元，受到地方政府和人民群众的广泛赞誉。

（林云涛）

【72师拥政爱民工作蓬勃开展】河北陆军预备役炮兵第七十二师采取多种渠道，帮助预备役官兵提高就业本领和致富技能。在师政工网、预备役基层政工网和自办刊物《战神》口袋本上开设了就业指南、致富钥匙专栏，为预备役官兵提供就业信息、传授致富方法。结合军事训练，组织官兵学习汽车驾驶、装备修理等实用技术；组织官兵到农业生态园、科技示范基地和优秀个体企业参观见学，开阔致富视野；采取“一团包一镇、一营包一村、一连包一组”的办法，推动预备役官兵带头走上致富路，积极组织他们开展扶贫帮困活动。师联合驻地安全、公安、信访等部门，开展了创建“平安驻地、平安营院、平安家庭”活动，共成立了25支治安联防队，构建师团联通、军地联防、整体联动的防范体系。奥运安保期间，严格落实特殊时期部队安全管

控措施，逐级签订安全责任书，成立突发事件应急分队，确保了奥运火炬在唐山传递和奥运比赛期间驻地和部队的安全稳定。针对驻地社情民情复杂、自然灾害多发的特点，依据驻地社情、水文、气候、地质等情况，建立防火、防洪、防暴、防化、防震应急分队，制定各类预案，结合春季防火、夏季防汛、敏感节点反恐维稳，组织应急分队进行实案化演练，不断提高应对突发事件保卫人民生命财产的能力。积极参加“绿色奥运有你有我义务植树造林大会战”等一批重点工程建设，完成了师部和各团营区的拆墙透绿工程，受到驻地地方党委政府和人民群众的好评。师被河北省委、省政府评为“文明单位”；师政治部被唐山市委、市政府评为“军民共建先进单位”；214团被唐山市委、市政府评为“军民共建先进单位”；高炮团被唐山市委、市政府评为“军民共建先进单位”；师士兵队被唐山市委、市政府评为“文明建设先进单位”。

（李　霞　颜　静）

【武警医院大力支持驻地两个文明建设】 2008年，武警河北总队唐山医院响应唐山市委市政府号召，大力开展和参加“城市美化亮化综合整治”和“绿化唐山攻坚行动大会战”活动。投资40余万对营区和临街房屋进行综合整治和绿化，达到夜晚亮化、道路硬化、地面绿化、环境美化的要求。医院主动请缨，到唐山火车站清扫卫生5次，全院官兵3次参加唐山道路扩建工程和大南湖绿化中的植树活动。同时，医院还把医疗扶贫当作双拥工作的重要组成部分。尽管医院经费十分紧张，但医院还是专门成立了医疗扶贫小分队，到驻地附近的贫困地区进行免费巡诊。上半年下医疗队4次，共义务为贫困群众诊病治病600人次，投入扶贫资金近2.5万元。当了解到遵化、迁西等边远山区缺医少药时，院里立即派出医疗队不辞辛苦，每次驱车上百公里到乡村巡诊，不仅为老百姓免费诊病、治病，还带去了免费药品，所到之处受到老百姓的热烈欢迎。为驻地人民群众办实事已成为医院官兵的一项经常性工作。医院定期组织志愿者服务队和学雷锋小组，由党委派专人带队，深入到车站、广场为过往群众做好事，深入到老年公寓为老人们办实事。官兵们不怕脏，不怕累，为老人们清整室内外卫生、洗头、剪指甲，被老人们亲切地称为“兵儿子，兵闺女”。上半年共出动兵力150人次，为驻地群众做好事180余件。上半年，全院有3位同志在为民服务工作中，被媒体宣传报道。共收锦旗4面，镜匾4块，表扬信6封，被河北省委、省政府评为省级文明单位，被唐山市委、市政府、军分区评为拥政爱民先进单位。

（黎冬力）

【93705部队积极开展双拥共建工作】 驻唐空军93705部队在训练任务重，工作头绪多的情况下，抽出时间专门召开党委会、政工会，认真分析群众工作形势，制定群众工作措施，建立健全各项群众工作制度，并注重指导基层抓好落实，真正做到把群众工作摆上位，做到了有规划、有措施、有检查、有落实。部队在干部战士中广泛开展了以拥政爱民、预防军民纠纷、模范遵守群众纪律、严格遵守战时管理规定为重点内容的各项教育。其中部队领导给基层部队授课3次，解决官兵带倾向性的思想问题15个。教育中他们注重结合实际，贴近官兵现实生活，采取灵活多样的教育形式，把教育搞活、搞实，使官兵深入理解《国防教育法》的内容和规定，充分认清新形势下军队的地位和作用，自己的权利和义务，了解地方政府和人民群众对军队的关心和支持，把官兵的思想统一到加强军政军民团结是我军的根本宗旨和体现这一基本要求上来，从理论上端正官兵对人民群众的根本态度。2008年，该部队7个基层单位（机关与飞行大队同分一组）深入3个共建挂钩点（飞行大队与唐山荆各庄煤矿，机务一、二、三中队与大埝庄小学，修理厂与兴隆店小学）开展共建活动15场，开办国防知识和法律知识讲座9次，举办各类知识竞赛5次，进行文化补习420人次，军民联谊4次。3月份和9月份，部队选派优秀官兵为遵化市劳动局培训工人、到遵化第二中学进行军训，军训成果得到了上级领导和地方政府的肯定和表扬。部队组织官兵参观了遵化市改革开放成果，使全体人员亲身感受党的政策给人民群众、厂矿企业带来的温暖和勃勃生机，进一步激发官兵拥护党的改革开放政策的热情，使官兵积极投身到支援社会主义建设的大潮中。在三月五日学雷锋活动中和“八一”建军节期间，部队组织官兵深入驻地城乡街头进行法律知识宣传和义务做好事125件次，助民劳动日累计79个，修理各种农机农具109件，帮助老乡播种、抢收庄稼达74亩，为遵化市面街道和驻地周围村庄种植林荫树2200余棵，种草580平方米。2008年，部队领导到遵化和唐山市党政机关和企事业单位走访达15人次，举行“军地恳谈会”4场，部队官兵向驻地两所共建小学捐赠书籍957册，向灾区捐款22万余元，捐衣被1千余件。

（政治处）

国防教育

【组织优秀国防教育教案评比】 2008年上半年，市国防教育办公室联合市委党校，对党校开展国防教育情况进行检查总结。下半年，在全市组织了党校国防教育优秀教案评比活动。收到各单位上报教案58篇。经过推荐评审，8篇获省奖励，36篇获市奖励。

【表彰先进少年军校】 市国防教育办公室在各地各单位层层推荐的基础上，对25所先进少年军校进行了表彰奖励。并推荐路北区第30中学、迁安市马兰庄中学、迁西第二实验小学的代表，出席了10月份省少年军校经验交流会。其中，迁西第二实验小学《军风治校，军品育人》的经验在会上做了书面交流。

【开展企业国防教育调研】 2008年上半年，在全市开展了企业国防教育调研活动。全市各单位在认真调查研究的基础上，向市国教办推荐上报了15份调查报告和经验材料。其中开滦集团《真抓实干，务实创新，推动企业国防教育深入发

展》的经验，在全省企业国防教育研讨会作了大会发言。

【开展全民国防教育日活动】 2008年9月20日是第八个全民国防教育日。在此期间，市国教办突出抓了三项工作。一是组织开展国防法律法规知识答题活动。二是在新闻媒体播发爱国主义教育题材的影视作品、先进典型的经验和事迹以及国防教育宣传口号。三是市委常委、副市长陈学军在《唐山劳动日报》发表署名文章。

【表彰优秀国防教育宣传员】 在各地推荐上报的基础上，经市国防教育办公室审核，最后确定60名市级优秀国防教育宣传员，以国教办名义进行表彰。

【检查评估国防教育基地】 4月份，市国防教育办公室对冀东烈士陵园、李大钊纪念馆、潘家峪惨案纪念馆、潘家戴庄惨案纪念馆、唐山抗震纪念馆和常记功臣幸福院等6所国防教育基地的建设和使用情况进行检查，5月份接受了省国防教育办公室对上述教育基地的检查验收。

【修改完善政治动员预案】 2008年，市国防教育办公室对全市政治动员潜力进行了汇总分析，对全市政治动员预案，包括全市城市防空政治动员预案、反恐维稳政治动员预案及有关县（市）区、市直单位的抗洪抢险政治动员预案、林木防火政治动员预案、拥军支前政治动员预案等进行修订完善。

（艾立起）

人民防空

【概况】 2008年，唐山市人民防空办公室认真落实国务院、中央军委《关于进一步推进人民防空事业发展的若干意见》和北京军区、省人防工作会议精神，人防工作保持持续发展。市人防办被省人防办评为河北省人防工作优秀单位、推动县级人防工作优秀单位、人防筹资和财务管理工作优秀单位、组织指挥建设先进单位、人防工程建设先进单位、人防行政执法先进单位、人防机关“准军事化”建设先进单位、人防宣传教育先进单位、人防工程平战结合先进单位。唐海县、玉田县人防办被省人防办评为十佳县级人民防空办公室。遵化市、迁安市、迁西县、丰润区、丰南区、开平区人防办被省人防办评为先进单位。孙东永、王福文、吕兆水被评为全省十佳县级人民防空办公室主任。马秋生、王永兴、李秀业、刘存福、任建丽被省评为县级人防工作先进个人。

【“两防一体化”建设】 市人防办着眼建设“战时能力强，平时作为大”的现代人民防空体系要求，重点抓了人防指挥体系、指挥平台、疏散基地和专业队建设。对本级预案进行修订，建立人防专业队伍，完成人防专业队整组训练任务。市人防办组建了通信、防化侦测和破拆救援3个分队。对“四点一带”和“四大主体功能区”内重要目标的防护进行专题研究，提出了防护预案、管理体制和防护措施。积极探索引偏诱爆、隐蔽伪装、信息防护等手段建设。购置电声警报器×台，车载警报器×台，手提警报器×台。完成了5月19日全国哀悼日和7月7日警报试鸣任务。向各县（市）区人防办下发《关于调整和加强人口疏散地域建设的通知》，修订市人口疏散计划，将远距离人口疏散地域调整到以就近就地疏散，选择南湖公园作为市人口疏散基地。

【人防工程建设】 《唐山市人防工程规划》通过了专家评审。审批防空地下室×万平方米，竣工验收工程×万平方米，分别完成省达年度目标任务的123.9%和102.6%。收取人防易地建设费×万元，收取人防建设费×万元，落实地方财政预算拨款×万元，分别完成省达年度目标的112.6%、228.6%和100%。

【人防行政执法】 起草下发了《唐山市人民政府关于加强人民防空工作的意见》（唐政发［2008］14号），文件分8个部分，5900余字。举办了县（市）区主管领导和人防办主任参加的执法培训班，对贯彻实施人防法律、法规和政策进行培训。为各县（市）区配备行政执法车，对全市人防建设情况进行一次全面的执法检查。对某医院故意不办理人防结建手续一案，责令补建防空地下室，交纳防空地下室建设保证金100万元，罚款2万元。全市依法处理10起违法案件，挽回经济损失1162万元。

【人防宣传教育】 市、县（市）区初级中学防空知识教育得到落实，防空知识教育进机关采取在党校开课形式进行，进社区通过建立人防工作站形式进行，进企业结合人防专业队组训，重要目标防护制定进行。在市以上报刊刊登人防宣传稿75篇，其中国家级18篇、省级57篇。分别完成年度目标的135.2%、228.6%和300%。在电台、电视台播发新闻8条，制作专题片1部，均完成年度目标的100%。被《国家人防》评为新闻报道先进单位。

【机关“准军事化”建设】 按照市县一并推进的办法，积极探索新形势下开展“准军事化”建设的新形式、新途径。组织市人防办各处站负责人与县级人防办主任到辽宁省抚顺市、鞍山市考察学习。召开全市人防系统机关“准军事化”建设动员会议，安排部署“准军事化”建设目标和任务。组织市、县人防办骨干集中培训，组织理论考试和知识竞赛，在丰润区人防办召开了现场会。

（冯仁刚）

政法

编纂 李晓东

社会治安综合治理

【多元化解决矛盾纠纷】 按照综合调控的理念，县、乡两级全部建立“三位（人民调解、行政调解、司法调解）一体”调解中心，统一组织协调辖区的矛盾纠纷调处工作，进一步延伸调解工作触角，整合各种调解资源，形成多元化矛盾纠纷化解机制。一是强化人民调解的基础地位和作用。积极推进人民调解工作进企业、市场、物业、机关、事业、社团活动，努力实现人民调解组织全覆盖，做到哪里有人群，哪里就有人民调解组织；哪里有矛盾纠纷，哪里就有人民调解员的有效工作。积极探索建立面向社会服务的专业化、职业化调解机构。建立人民调解员持证上岗制度，严格人民调解员的选任、聘任、考试、考核等环节，加强教育培训，不断提高调解工作水平，提高人民调解的公信力。1至12月份，排查出民间纠纷9356件，化解8110件。三是进一步加强行政调解工作。认真贯彻落实中办、国办《关于预防和化解行政争议健全行政争议解决机制的意见》精神，建立行政调解机构，组建一支专业化、高素质的行政调解队伍，行政复议、行政诉讼与调解达到有机结合，妥善化解80起由行政争议引发的矛盾纠纷。三是进一步强化司法调解工作。全市各级法院把调解原则贯穿于诉讼的全过程，根据不同案件的类型和不同诉讼阶段的特点，完善调解制度，提高调撤率。迁安市紧紧依靠党委领导和政府支持，坚持以审判职能为后盾，以高质效审判为支撑，运用综合调控方法，强化司法辐射功能，推动社会资源整合，调适纠纷解决方式，促成各级组织联动、分流渠道畅通的多元化矛盾纠纷解决机制，实现受案数量的大幅下降，这一做法在全市进行推广。全年，法院系统受理民事案件38468件，调解12811件，撤诉11852件，调撤率为64%。四是制定和完善群体性事件应急处置预案，积极预防和妥善处置群体性事件。一旦发生群体性事件，在党委领导下，迅速启动应急预案，按照教育疏导与严格法律政策办事相结合、与解决群众困难相结合和慎用警力、慎用强制措施的原则，积极妥善处置，防止矛盾激化。9月，妥善处置“9.5”古冶煤矿事故死亡家属聚集上访等多起群体性事件。

【宽严相济惩治犯罪】 一是按照省委、省政府的总体部署，以严厉打击各类影响人民群众安全感的黑恶势力犯罪、严重暴力犯罪和“两抢一盗”等多发性侵财犯罪为重点，广泛摸排案件线索，强力攻坚，卓有成效地开展打黑除恶，破案追逃，打现行、打流窜，违法犯罪信息会战，乱点整治和“冬季亮剑”等一系列严打整治专项斗争。破获刑事案件31044起，“两抢一盗”案件22269起，抓获犯罪嫌疑人8922名，打掉犯罪集团1100个，摧毁黑社会性质组织犯罪团伙2个、打掉恶势力团伙103个，人民群众安全感进一步提高。二是根据任务需要和社会治安形势的特点，适时组织对治安混乱地区和突出治安问题的整治。各地把重点工程、重点项目作为整治工作的重中之重，研究制定具体的整治措施，确保科学发展示范区建设总体战略的实施。县（市）区对本地经济有重大拉动作用的支柱企业、重点项目实施重点保护，排查出的治安混乱地区和突出治安问题逐一登记造册，逐一明确责任单位和具体责任人，限期进行整治。从9月1日开始开展依法严厉打击非法盗采国有矿产资源专项行动，组织毁闭违法矿井、采石场29处，抓获犯罪嫌疑人32名，冻结涉案资金1350万元。

【完善社会治安防控机制】 一是整合各种治安防控力量，建立以公安调度指挥中心为龙头、网格布警、全时空控制的社会面巡逻防控体系，全力压缩侵财性、多发性案件的发案时空。二是警力下沉、重心下移、保障下倾，大力加强基层基础建设。基层公安派出所、司法所、人民法庭全部达到规范化要求。县级公安机关基层一线警力占总警力的93.1%。派出所警力占总警力55.1%。三是合理布局、规范运作、实用有效，进一步推进社区和农村警务战略，建成驻村警务室681个，配备驻村民警738人；社区警务室412个，配备社区民警453人；警务室全部达到“有室、有警、有制度”的标准。四是积极推进警务前移，大力加强保安队、治安巡防队、治保会、安全社区建设；积极探索

和推广商户联保、治安承包等市场化、社会化防控措施新途径；逐步完善以科技手段为依托的信息化防控网络。在易发案地域建成固定（流动式）治安岗亭78个，设治保会6569个、25126人，创建安全文明社区4468个。五是加强乡镇、街道及厂矿企业等内部单位综治委（办）规范化建设，配齐配强工作人员，建立健全工作制度，积极推进非公企业综治工作，初步达到综治工作的全覆盖。六是加强科技防范建设，提高治安防控水平。认真落实《唐山市社会治安科技防范三年规划（2007—2009）》要求，大力推行以电子视频监控、防盗报警为主要内容的防范措施。全年市、县两级都推出一批科技防范的示范街道、乡镇、社区、厂企、市场和单位，投入建设资金10757万元。视频监控、报警设施与110指挥中心、报警服务中心联网率43%。城区（含县城）街道、出市口、复杂公共场所视频监控覆盖率为40%、29%、59%。全市5098个行政村，有1288个村庄安装视频监控。

【强化社会治安管理】　一是大力加强道路交通管理。实施城市“畅通工程”，进一步改善市中心区主要道路交通设施，在全市138所学校、幼儿园设置交通安全设施，在57所车流量较大的学校门前设立护学通道。对运送北京等大城市生活必需品和工业物资的车辆开辟“绿色通道”。围绕奥运安保工作，做好国、省道和高速公路的交通安全管理，出动警力2.3万人次，警车6498辆次，分流车辆30万台次，劝返大货车1.6万台次，确保辖区112绕行路线安全畅通。二是切实加强消防管理。以大型商场、宾馆饭店、大型仓库、学生宿舍、居民住宅以及网吧、影剧院等公众聚集场所为重点，加强消防安全检查，及时发现和剔除火灾隐患。认真落实消防安全责任制，确保工作落到实处。全面推进农村和社区消防工作，进一步加快消防基础设施建设，增强消防装备配置，组织消防演习，全力下压各类火灾事故发生率，确保奥运期间全市消防安全。三是加大对重点行业和危险物品的监管力度。依法取缔、打击违法经营行为，消除安全隐患和犯罪空间。组织开展“奥运安保危爆物品专项整治战役行动”和枪支管理信息系统自查活动，检查涉枪涉爆单位1.1万家（次），查破涉爆、涉刀案件111起，查处违法人员209人，收缴炸药11.4吨，雷管16.8万枚，导火索4.8万米，消除安全隐患315处，有效防止丢、盗、抢等恶性事件发生。对60家民爆站仓库、200家涉爆从业单位、500家行业场所等易燃易爆剧毒危险品生产、运输、存贮、使用单位开展全方位的大检查，严密落实各项防范措施，确保安全。四是不断提高流动人口的服务和管理。积极推行出租房屋分类管理和等级化管理等新办法，强化实有人口管理攻坚行动，采集登记录入处所171770处，232902人，暂住人口153661人，流出人员19026人，人户分离人员42522人，工作对象17331人，外国人362人。紧密结合管理工作，不断优化流动人口就业、就医、子女就学、社会保障等公共服务，推动此项工作从防控管理型向服务型管理转变，发挥流动人口在促进经济发展中的重要作用，全年完成200万二代身份证换发工作。五是大力加强铁路护路联防工作。铁路护路联防组织以“平安铁路示范路段创建活动”为载体，开展铁路沿线违法占地和违章建筑清理整治专项行动，“平安铁路伴我行，我为奥运做贡献”宣传活动和卑水铁路治安秩序专项治理行动。在京秦、京山、大秦三条重点线路以专职护路队伍为骨干、公安巡防队伍为辅助力量，构建路上路下协调联动、警民联防的全天候、全方位防控体系。在重点时期，安排1063名政法干警、1178名机关干部、1669名护路协管员对重点路段进行24小时巡防。铁路沿线6312名奥运安保志愿者协助政法机关排查涉路隐患、搜集治安信息，宣传护路知识。为加强暑期通道治安防控，唐山市自筹资金80万元，在京哈铁路14个重点路段安装电子监控设施。圆满完成全国“两会”、暑期、奥运期间安全保卫任务，没有发生影响铁路安全的重大案件、事件和治安灾害事故。六是深入开展见义勇为工作。市委、市政府将其纳入创建全国文明城市总体规划之中，先后投入资金数十万元，表彰奖励各类见义勇为先进分子。利用各级新闻媒体，大力弘扬见义勇为精神，宣传报道见义勇为先进事迹，在全社会营造良好的舆论氛围。7月份第五届“全国十大见义勇为好司机”评选活动正式启动，8月份，中华见义勇为基金会在唐山市隆重举办新闻发布会，经过层层推荐，媒体公示、群众投票、评委会集体审定，唐山市路北区司机关起印同志被评为第五届“全国见义勇为司机”，唐山市继2007年获得“城市奖”之后，再次荣获评选活动“城市奖”。

【综治基层组织建设】　认真贯彻落实中央综治委、中央编办《关于加强乡镇（街道）社会治安综合治理基层组织建设的若干意见》，重点解决基层综治办机构设置、人员配备、作用发挥等方面的问题。市、县、乡三级全部成立社会治安综合治理领导机构和办事机构。全市有233个乡镇（街道），全部配备专职综治干部，达到437名。20个县（市）区中有14个县（市）区的乡镇、街道综治委主任是由乡镇党委书记担任，4个县（市）区由镇长（主任）担任，1个区由乡镇（街道）副职担任，曹妃甸工业区综治委主任由安监局局长担任。综治办主任由副书记、人大主席（副主席）、副镇长等兼任，其中副书记兼任的有121个、人大主席（副主席）兼任的有41个、副镇长兼任的有48个，其他（司法所所长、武装部长）兼任18个，137个乡镇（街道）配备有专职副主任。市、县两级综治委（办）的例会、联席会议、检查督导、教育培训和治安形势分析等制度都得到较好落实。乡镇（街道）综治办基本上具备协调本地治安的能力和水平，成为党委、政府抓社会治安综合治理工作的得力助手和参谋。

【完成奥运安全保卫任务】　一是精心组织部署“双建”下基层活动。6月下旬，全市选派10710名干部（含省130名）到农村（社区）和企业，深入开展以“保稳定、促发展、迎奥运”为主题的“建设科学发展示范区，建设社会主义新农村”干部下基层活动。省委常委、市委书记赵勇同志亲自出席出征仪式，并讲话，市委、政府专门成立领导机构，在5月22日、6月16日两次举办培训班，对县（市）区“双建”办工作人员和下基层干部进行培训。7月15日、8月19日在丰润、丰南召开调度会和现场经验交流会议，总结推广先进典型和好人好事，特别是滦南县选聘12000名民情信息员，对辖区内不稳定因素进行搜集报告，对重点人员进行监控工作的做法，在奥运期间发挥重要作用，产生良好的社会效果。经过三个月的艰苦奋战，全市“双建”活动取得预期目标，为北京奥运会的成功举办做出贡献。奥运期间，下基层干部驻点基层单位排查矛盾纠纷6222件，化解5390件，排查重点人员13134名，列入监控对象12212名，组织奥运安保志愿者15.6万人。二是全力以赴直接抓奥运安保。市委、市政府多次召开专题会议，研究部署各个时期的安保工作任务，及时制定《唐山市奥运安保工作方案》、《唐山市奥运火炬传递活动安保方案》等文件，逐级签订《奥运安保责任状》。7月31日，北京奥运火炬在唐传递，公安机关5次对火炬传递沿线的重点复杂部位、治安混乱区域进行拉网式摸底排查，调集参战人员10万人次、4次进行全市多警种实战演练，圆满完成火炬传递保卫任务。为确保奥运安保期间的绝对安全，市奥保办组织督导组，深入到县（市）区和重点要害部门，明查暗访，督导检查，先后组织暗访20次，对发现的问题当场进行整改，对相关责任人提出严肃批评，有效增强各地各部门安保工作责任心，阻塞工作漏洞。

【形成法制宣传和诚信道德教育机制】 一是按照《公民道德建设实施纲要》的要求，大力加强诚信道德建设，初步构建起社会诚信体系。充分发挥大众媒体的正面引导作用，为创建“诚信平安”城市营造良好的舆论氛围。先后在“两节”、“两会”、奥运前夕，组织各级普法组织和普法工作者，采取多种形式，分层次、有针对性地宣传与维护社会和谐稳定相关的法律法规。在7月份全国普法依法治理工作座谈会上，市司法局专题发言，司法部副部长张苏军同志给予高度评价，《法制日报》给予重点宣传。二是进一步加强刑释解教人员的安置帮教工作。在全市范围内开展刑释解教人员调查走访活动，全面了解和掌握其现状，进一步落实各项衔接、管控、帮教和安置措施，2008年有刑释解教人员570人，衔接率100%，安置率95.5%，重新犯罪率控制在2.5%以内，积极组建社区矫正专兼职队伍，形成一支由司法干警为主体，社区协管员为补充的4000人社区矫正工作者队伍，有效推动全市社区矫正试点工作的开展。三是切实加强对青少年特别是闲散青少年的管理教育工作，努力降低青少年违法犯罪率。大力实施“青少年违法犯罪社区预防计划”和“社区矫正工程”，深入开展“零犯罪社区”、“无毒社区”创建活动。加强对在校学生的法制和思想品德教育，特别是对“网瘾”青少年严加管理和疏导，使其转变思维，戒除“网瘾”。加强学校、幼儿园及周边治安秩序整治工作，依法取缔非法游商579人次，清理学校周边污染源26处，整治和规范网吧、台球厅等娱乐场所47处。打击影响学校周边治安秩序的闲散人员7人，为青少年健康成长创造良好的社会环境。

（张旭方）

审　判

【概况】 围绕科学发展示范区建设工作大局，忠实履行宪法和法律赋予的职责，不断加强审判和执行工作。全年共审结和执行各类案件69036件，同比上升24.37%。其中，市中院审结和执行各类案件5553件，同比上升48.4%。全市法院人均办案数高居全省法院榜首。

【依法严惩刑事犯罪】 坚持“严打”方针不动摇，深入开展以“打黑除恶”、“冬季亮剑”等为重点的专项整治斗争，依法打击各种刑事犯罪，全力维护社会稳定。全年审结一审刑事案件4316件，判处罪犯5961人，其中判处五年以上有期徒刑、无期徒刑、死刑的966人。在刑事审判工作中，始终坚持罪刑法定原则和宽严相济的刑事政策，对杀人、强奸、绑架等暴力犯罪和黑恶势力犯罪以及“两抢一盗”等多发性侵财犯罪依法从重从快判处，有力地震慑犯罪，增强人民群众的安全感；依法审结非法集资、金融诈骗、商业贿赂等严重破坏市场经济秩序的犯罪案件63件，判处罪犯127人，促进市场经济秩序健康发展；依法审结贪污、贿赂、渎职等国家工作人员职务犯罪案件70件，判处罪犯135人，推动反腐败斗争的深入开展。继续做好刑事附带民事案件的调解工作，尽可能弥补被害人及其家属因不法侵害遭受的损失。努力提高办案质量，确保无罪的人不受刑事追究。对婚姻家庭、邻里纠纷、非暴力犯罪严格控制死刑适用，对具有法定从轻、减轻情节和酌定从轻情节的刑事被告人，依法从轻、减轻处罚，对2331名认罪服法、确有悔改和立功表现的罪犯予以减刑，促使罪犯改过自新。采取集中公开宣判、召开新闻发布会、选派法官到学校上法制课等活动，广泛进行法制宣传，扩大办案效果。认真做好未成年人犯罪的教育、感化、挽救工作，依法对7名未成年人免予刑罚处罚或罚金。坚持“寓教于审、惩教结合”的原则，积极参与社区矫正和帮教，最大限度地预防和减少犯罪。7月中旬，共青团中央书记处书记王晓来唐视察指导青少年维权工作时，对路南区法院的维权工作给予充分肯定。

【依法调节民事关系】 坚持调解优先、多调少判，不断加大调解力度，提高调解效果，依法妥善解决矛盾纠纷，促进社会和谐发展。全年审结各类民事案件40417件，同比上升19.57%。其中，市中级法院审结各类民事案件4450件，同比上升61.41%。全市法院强化审判职能和诉外服务功能，妥善审理涉及科学发展示范区建设的重点工程、重点项目建设纠纷。6月，全省法院为“科学发展，富民强省”提供司法保障和法律服务新闻发布会在唐山市召开，李德仁院长介绍唐山市的经验与做法，受到一致好评。

依法妥善审理婚姻家庭、相邻关系、损害赔偿等大量普通民事案件15339件，促进民生问题的解决。依法妥善审理涉及企业破产、改制和劳动争议等纠纷案件1097件，推进增长方式转变和现代产业体系建设；妥善审理买卖、运输、租赁等合同纠纷以及票据、证券、公司等经济纠纷案件14083件，依法规范市场经济秩序。为服务农村改革发展，市中院制定《为推进农村改革发展提供司法保障的意见》，妥善审理农村土地承包、流转、征用补偿等涉农案件1480件，推动新农村建设。9月，市中级法院与市人行、工商行、中行等12家金融机构举行金融司法环境建设座谈会，制定《关于为金融生态环境和诚信体系建设提供法律保障和服务的实施意见》，审结借款、担保等纠纷案件4128件，挽回经济损失2.4亿元，保障和促进金融业的健康发展。为维护商品房市场的健康发展，市中院与市检察院联合制定《关于充分履行职能促进商品房市场健康发展的意见》，审结房地产纠纷案件825件。

【积极做好行政审判】　充分发挥行政审判职能，依法调整行政法律关系，既支持和监督行政机关依法行政，又维护行政相对人的合法权益。审结一审行政案件321件，非诉行政执行案件1025件。按照最高法院颁布的《关于行政案件管辖若干问题的规定》，依法受理涉及人民群众切身利益的行政案件；对于重大敏感的案件慎重受理，采取诉前劝导，引导有关部门依法按照政策解决问题。积极探索行政案件协调解决新机制，妥善化解行政争议，协调结案率达26%。围绕服务和保障城镇“三年大变样”，积极协助政府拆违拆迁，依法解决拆违拆迁中的难点问题。认真办理国家赔偿案件，依法保护请求人的合法权益。

【着力解决执行难题】　认真贯彻落实中央和省市委关于解决“执行难”的要求，不断规范执行行为，加大执行力度，全市法院召开集中执行大会30场次，对285名被执行人采取拘传措施，司法拘留被执行人389名，查封、扣押被执行人财产价值9.85亿元，执行各类案件11583件，标的额20.54亿元，执行积案明显减少。认真贯彻落实《中央政法委关于切实解决人民法院执行难问题的通知》要求，进一步完善上级法院统一指挥、统一管理、统一协调执行工作的新体制，理顺执行机构设置及执行工作管理模式，将执行实施、监督和综合管理分权运行，建立“管案、管事、管人”相结合的管理模式；实行委托评估拍卖与执行机构分离，由司法技术辅助室统一委托；建立执行款物支付中心，规范执行款物的发放、管理，提高执行公信力。紧紧依靠党委、人大、政府和社会合力，建立并落实执行工作联席会议制度；与市委综治办联合行文，将执行工作纳入社会治安综合考核目标，实行“一票否决”；建立执行信息管理系统，启动执行联动威慑机制，采用提级、交叉、委托、专项执行以及曝光执行等方法，加大执行工作力度，最大限度地实现债权人的合法权益。4月10日至7月20日，开展“迎奥运、系民生、促和谐、清积案”百日执行活动，清理执行积案1925件，执行标的额9516.25万元。按照中央政法委的部署，全市法院从11月开始，计划利用8个月时间，对有财产可供执行案件开展集中清理执行积案活动，至12月31日，执结积案总数的49%，标的额2.2亿元。全市法院执行案件信息管理系统建设的做法受到省高院高勇院长的充分肯定，并被最高法院《每日信息》登载。积极探索破解执行难题的新思路，李德仁院长提出《对当前执行难的意见和建议》，省高院高勇院长、市政法委书记许德茂都给予充分肯定。8月，省人大常委会有关领导执法调研时，对市中级法院执行工作给予充分肯定。

【严格规范立案和监督】　市中级法院按照最高院《民事案件案由规定》，对四个民事审判庭的管辖案由进行调整，使民事案件管辖更加合理。为规范指导立案工作，全市法院先后召开两次立案工作会议。严格执行新修订的《民事诉讼法》关于申请再审的相关规定，规范再审行为，严把证据关、事实关、程序关和法律适用关，努力解决群众“申诉难”和“再审难”问题。本着实事求是，有错必纠的原则，加强审判监督。全年受理再审案件299件，审结264件，结案率87.86%。

【努力实现和谐司法】　按照司法为民的要求，切实解决人民群众最关心、最直接、最现实的利益问题，切实把司法过程转化为司法为民的具体实践。组织开展“便民利民服务月”活动，两级法院领导“深入百家企业、走访百名代表”，广泛征求人大代表和社会各界意见，研究制定35条司法便民利民措施，开展“听民声、察民情、知民意、解民忧、护民权”教育活动，将便民利民的具体措施落实到工作的全过程。普遍建立立案、信访大厅，强化立案和信访的“文明窗口”建设；向当事人赠阅《警惕诉讼掮客》、《诉讼信访须知》和《诉讼十忌》等材料，进行诉前劝导和风险告知；严把立案审查关，实行权利义务告知和诉讼风险提示，引导当事人依法正确表达诉求；注重提高裁判文书的说理性，坚持判后释法答疑，力求胜败皆明；依法适用简易程序审理案件，提高诉讼效率，降低诉讼成本；坚持远程立案、巡回审理、就地开庭，方便偏远地区和困难群众诉讼；进一步完善司法救助制度，为困难群众实施司法救助1460件，依法减、缓、免诉讼费1597.3万元。高度重视司法调解工作，把调解作为第一选择，坚持“能调则调、当判则判、调判结合、案结事了”的工作方针，将调解贯穿各类案件审判和执行的全过程，调解撤诉率、自动履行率明显提高。民事一审案件调解撤诉率达到76.9%，同比提高4个百分点。10月，在迁安法院召开由全市法院主管民事的副院长、民庭及人民法庭庭长参加的“深化司法调解，坚持综合调控，多元化解决矛盾纠纷”现场会，总结推广迁安法院经验。积极开展诉前调解，深入探索司法调解与人民调解、行政调解的衔接，整合社会各方力量，共同参与矛盾纠纷的处理，将大量的矛盾纠纷化解在诉外、消灭于萌芽。

【着力化解涉诉信访】　认真贯彻落实奥运安保工作部署，紧密结合法院涉法涉诉信访案件多、影响稳定矛盾点多的实际，采取综合调控手段，解决涉法涉诉信访难题，取得突出成效。全年新发生的涉诉信访案件同比下降68%，《人民法院报》、《河北法制报》对唐山市法院运用综合调控手段、解决涉诉信访问题的经验进行宣传报道。奥运安保期间，未发生一件进京非正常访。市中级法院被省委、省政府评为“河北省奥运工作先进集体”，这是全省法院系统唯一获此殊荣的集体。市中级法院党组研究确定“领导挂帅、全员参与、多措并举、整体推进”的工作思路，及时召开全市法院院长会议，要求各级领导、特别是一把手，克服通常观念，强化责任意识，把解决涉诉信访问题、确保奥运安全作为首要的政治任务，明确任务，落实责任，限期完成；市中级法院先后6次召开有关会议，进行安排部署，把任务和责任真正落实到具体单位和人员。坚持动态管理，狠抓督导检查，实行每周一调度，10天一通报，每月一讲评，有效激发和调动两级法院解决涉法涉诉信访工作的积极性，把这项工作真正抓在手上，落实到具体工作中，形成“两级法院协同配合，主要领导亲力亲为，班子成员齐抓共管，全院干警齐心协力”抓信访的工作格局。按照“摸清底数、突出重点、多措并举、逐案击破”的工作思路，着力解决涉诉信访难题。在法院内部，落实“一案三包”措施，即对每一件信访案件确定包案领导、庭长、法官；强化“四个明确”，即明确任务、明确要求、明确责任、明确奖惩；完善“五项制度”，即班子成员包案制度、信访案件通报制度、质量效率和业绩考核制度、信访责任追究制度、信访档案制度；采取“两个结合”，即定期约访和主动下访相结合、抓中院自身案件解决与督导基层法院案件解决相结合；坚持“三级会诊”，即：对上下级法院之间意见不一致的疑难复杂案件，邀请上级法院、指定基层有关法院来中院进行省、市、县三级法院法官会诊，统一认识、统一口径，促使问题解决。实行“无会周”、“督导周”，集中精力、集中力量攻坚克难，有效解决一批信访案件。在法院外部，坚持借助外力，对一些靠法院自身难以解决的疑难复杂案件，紧紧依靠党委政府，协调有关单位和部门，运用综合调控进行解决，尤其是把市、县两级政法委的支持帮助作为法院解决信访问题的强大动力，通过积极努力，使一些棘手、疑难案件得到妥善解决。坚持从提高审判质量入手，强化源头治理，注重从立案、审判、执行、审判监督“四个环节”规范司法行为，努力提高审查质量和效率；从严格办案责任入手，注重强化法官的办案责任，要求法官对所办案件负责到底，对所办案件产生的信访负责到底。市中级法院先后两次召开全市法院电视电话会议，剖析10件典型案件，公开对主办法官进行通报，使广大干警受到震动，进一步强化办案责任。各基层法院也比照市中级法院的做法，实行信访案件责任倒查。着眼改变涉诉信访疲于应付的被动局面，扎实构建常态工作机制。先后建立领导轮流接访、领导包案处访、信访督办、信访责任倒查、典型案件剖析、接处访工作流程等“十项制度”。同时，积极探索涉法涉诉信访工作规律，增强工作针对性，按照市委赵勇书记“注意研究信访工作规律”的指示要求，全市法院开展“接访启示大家谈”活动，分析产生涉法涉诉信访问题原因，研究解决的办法和措施，并将调研文章集印成书，推进常态机制建设，省高院和市委主要领导对此给予高度评价。

【积极推进科学管理】 全市法院强化科学管理意识，围绕“公正效率”主题和执法办案第一要务，全面加强审判管理，以规范促公正、以管理促效率，推动法院审执工作科学发展。借鉴先进经验，按照简便易行、操作性强的原则，市中级法院修订完善20多项管理制度，努力实现管理模式由行政化为主向司法管理为主转变，管理内容由粗放管理向精细管理转变，管理方式由静态管理向动态管理转变，管理方法由他律为主向自律为主转变，管理手段由传统型向信息化转变。初步建立审判质量评估体系，实行审判流程管理，对案件审理的全过程实施动态监督，对案件质效进行定期考评；建立审限警示、催办和通报制度，强化审限意识，严格审限管理，防止久拖不决问题；规范类型案件的法律适用标准，市中院出台《民商事审判应注意的法律适用问题》和《关于审理医疗赔偿纠纷案件若干问题的意见》；认真贯彻落实省高院《瑕疵案件责任追究办法》，在进行案件评查的基础上，将瑕疵案件纳入责任追究范围；认真贯彻执行最高法院《关于开展案件质量评估工作的指导意见》，建立审判质量指标排名通报制度，定期对全市法院“十项质量指标”进行排名通报，强化审判质效管理。建立健全绩效考评体系和司法档案，实行周公示、月评议、季排比、半年初评、年终总评，全面量化排比、及时公开归档。以档案为基础，以评议为手段，注意考核结果运用，激发干警公正司法、争先创优的自觉性。

【全面加强队伍建设】 按照公信立院的要求，坚持以“建一流班子，带一流队伍、创一流业绩”为目标，强教育、重监督，内强素质、外树形象，全面加强法院队伍建设。先后开展“大学习、大讨论”、深入学习实践科学发展观、“人民法院为人民、人民法官为人民”教育实践、“端正执法理念、整顿执法作风、提升执法素质”警示教育、及奥运安保机关警示教育、“责任与使命”教育等活动，上级领导给予高度评价。组织开展慰问贫弱群体和抗震救灾募捐，全市法院为汶川地震灾区捐款96万元。李德仁院长在“七一”表彰大会以《加强党性修养、践行党的宗旨，充分发挥党员先锋模范带头作用》为题，为全体党员上党课，引起强烈反响。确立全市法院实现和服务科学发展的“1661”工作思路，即一个指导思想——以“党的事业至上，人民利益至上，宪法法律至上为指导思想，坚持“六创新、六体现”（一是在思想理念上创新，体现开拓进取、与时俱进，坚持“着力抓教育，突出抓结合”；二是在队伍建设上创新，体现以人为本、廉洁文明，坚持“着力抓素质、突出抓廉政”；三是在审执工作上创新，体现公正高效、又好又快，坚持“着力抓管理、突出抓规范”；四是在解决涉诉

信访机制上创新，体现齐抓共管、综合调控，坚持“着力抓责任、突出抓考评”；五是在基层基础建设上创新，体现勤奋务实、可持续发展，坚持“着力抓防线，突出抓法庭”；六是在职能作用上创新，体现积极主动、有所作为，坚持“着力抓服务，突出抓效能”），实现一个工作目标——争先创优、人民满意的目标，受到省市领导的高度评价。思想政治教育活动激发法官、干警奋发向上干事业、争先进位创一流的积极性，全市法院有26个集体、58名个人受到省以上表彰奖励。坚持“人才兴院、人才强院”战略，深入推进学习型法院建设。全市法院注重在增强法官把握大局、认知社会、感知民情、和谐司法四种综合能力和驾驭庭审、适用法律、文书制作、化解矛盾四种审判实务能力上下功夫，加强教育培训工作。全市法院共举办培训班19期，700多人次受训，选派226名法官参加上级法院业务培训班。组织由最高法院人民法院出版社《中国审判》编辑部主办、市中院承办“我公正、你放心”（唐山杯）主题论坛征文活动，在1600多篇论文中，全市法院有13名同志分别获得特等奖、二等奖、三等奖及优秀奖，其中李德仁院长论文荣获特等奖。全市法院有35名干警通过2008年国家司法考试，其中市中级法院9名，干警司法能力明显提高。严格落实党风廉政建设的各项规章制度，整理编印《廉政手册》发至每名干警，并适时组织明察暗访，强化遵章守纪意识。完善内外监督体系，市中级法院在内部选任兼职纪检监察员21名，将纪检监察工作延伸至立、审、执一线。在外部聘请监督员8名，对法院进行随时监督。严厉查处违法违纪案件，全市法院全年共查处违法违纪干警11人，有力促进党风廉政建设。在各县（市）、区党委、政府的大力支持下，全市法院新建、改扩建法庭7个，唐海法院审判综合楼建成投入使用；投资600多万元，集音频、视频、数据传输的“三级网”建设完成并投入使用；市中院投资45余万元，将15间车库改造成7个审判庭、8个办公室，收回出租给农业银行的房屋，并投资进行装修改造；市中院审判综合楼前期筹建工作进展顺利；“唐山法院网”正式开通，《唐山审判》创刊发行。市中级法院调整干警76名，优化配置审判资源，招录27名协警和20名速录人员，缓解司法辅助人员的不足，基层基础建设的支撑作用体现明显。

（苗松林 甄 飞）

中级人民法院机构成员

院　　长：樊守禄（3月免）
　　　　　李德仁（3月任）
党组书记：樊守禄（2月免）
　　　　　李德仁（2月任）
副院长、党组副书记、正县级审判员：
　　　　　常荣才
副院长、党组副书记：
　　　　　孙国富（7月免）
纪检组长：韩凤清（3月免）
副 院 长：貟卫东　陈永礼
　　　　　杨景明　杨青峰
政治部主任：刘占林
正县级审判员：员卫东（8月任）
　　　　　　　陈永礼（8月任）
党组成员、副调研员：高贵洲
党组成员、副县级审判员：白广永
　　　　　　　　　　　　魏　波
　　　　　　　　　　　　杨志稳
副县级审判员：王秉权　谢维民
　　　　　　　孟祥富　梁树恩
　　　　　　　李惠智　李新民
　　　　　　　王会峰　焦国祥
　　　　　　　刘恩福　孙瑞华
　　　　　　　高　勇　张贺武
　　　　　　　杨松林　郭树信
　　　　　　　李万兆　赵福存
　　　　　　　陆智华　王友山
　　　　　　　苗松林

检　　察

【服务科学发展示范区建设】 一是开展专题调研活动。市县两级院领导带队、深入企业、乡村、街道，倾听社会各界对检察工作的新期待、新要求，探索检察机关服务科学发展示范区建设的新机制、新方法，撰写专题调研报告。围绕市委确定的六大战略重点，确定市院和乐亭、滦南、丰南、唐海、芦台、汉沽、海港7个院服务曹妃甸新区建设，路南、路北、开平、古冶、丰润、丰南6个区院服务城市群建设；遵化、玉田、迁安、迁西4个院服务北部区域经济建设。利用现有服务网络，整合社会资源，建立法制宣传服务、法律咨询服务、检察建议服务、创新机制服务等服务体系，形成长效服务机制。二是市院在总投资944亿元的6项重点工程中开展预防工作。通过预防咨询、监督招投标等活动，帮助企业节约工程造价3.19亿多元。8月14日，唐山市院、唐海县院、北京市石景山区院、唐钢、首钢举行检察机关服务曹妃甸工业区建设座谈会，出台实施方案。最高人民检察院预防厅厅长郝银飞，省院副检察长陈晓颖，市委常委、政法委书记许德茂出席，对唐山市检察机关服务重点工程的做法给予充分肯定。11月4日，召开全市检察机关服务科学发展示范区建设工作会议，确定服务工作思路和目标。市委、市人大、市政府、市政协及有关部门领导和30余名企业家出席会议。三是制定服务农村改革发展的工作意见。通过开展监督村干部施政行为，预防职务犯罪和送法进村、进社区、服务农民等专项活动，推广遵化市院服务新农村建设工作室的经验，配合有关职能部门完善以财务管理为核心的村务管理制度。在资金流动量较大、流通环节较多和事关群众切身利益、容易引发或激化矛盾的部位，建立经常性法律咨询制度和预防职务犯罪机制。配合农村两委换届选举，加强法制宣传，打击破坏干扰选举的违法犯罪活动。开展送法进村活动250次，发放预防宣传材料6000余册（张）。提出决策建议35件，其中27件得到决策机关重视和采纳。四是开展预防渎职犯罪促进依法行政专项活动。积极主动向市委市政府提出加强对企业周边环境进行专项整治的建议，根据办理职务犯罪案件提出个案检察建议75件，引起发案单位的重视，收到较好效果。派员或应邀到企业、金融系统等单位、部门进行法制教育180次，受教育人数20000余人。编印《职务犯罪预防》简报18期1900余份，发给有关领导、部门及

联合预防单位。开展预防咨询89次，落实预防举措23项。

【查处职务犯罪】 全年立案查办贪污贿赂等案件65件142人，其中贿赂案件48人，占立案总数的34%，大要案比例85%，立案公诉率、立案判决率分别达到95%和93%，均为有罪判决。为国家挽回经济损失3000余万元。反贪工作年终综合考评位居全省检察机关第一名。立案查处渎职侵权案件22件47人，其中重大案件3件7人，立案起诉率和立案有罪判决率均达到100%，分别超出省院确定工作目标20个、50个百分点。主要做法：一是制定科学的工作指导意见和有力、平稳、规范、健康发展的工作标准及考评办法。开展百日集中办案等活动，两次召开会议研究办案工作，不定期派员深入基层院帮助指导提高办案效率。深入开展查办涉农职务犯罪和城镇建设领域、商业贿赂犯罪两个专项行动，查处发生在农村基础设施建设、民生工程和农业补贴款使用环节的犯罪案件。在专项行动中，调动人才库特别是侦查大队骨干力量，实行挂账督办、异地交办，收到良好的办案效果。立案查处涉及重大生产安全事故的职务犯罪案件8件，涉农领域贿赂案件25件50人，危害能源资源渎职案件5件10人，教育、医疗卫生、保险、房地产等领域职务犯罪案件9件16人，监狱、看守所工作人员职务犯罪案件4件4人。二是着力提高办案质量和效率。1. 严把初查、立案、证据关，从审查线索开始，进行风险评估，制定初查规划，建立办案工作流程，实行证据体系评价标准，减少不诉案。2. 发挥考评办法的调控导向作用，着力把办案主攻方向引导到重点领域、热点部位的大要案和贿赂案件。3. 坚持与公诉、审判部门的沟通协调，在案件初查、立案侦查、侦查终结阶段分别请侦监、公诉等部门进行评估把关，使案件顺利起诉、判决。4. 不断提高办案能力和水平，通过定计划、出题目、提要求等方式指导县（市）区院抓好在岗培训，进行全员业务素质培训，300余名自侦部门人员参加市院组织的侦查技能和修订律师法培训班，整体办案水平得到明显提高。5. 组织评优、评先活动，开展精品案评比和优秀案例评选活动，调动和激励办案积极性。

【审查逮捕和起诉工作】 审查批准逮捕刑事案件2973件5118人，提起公诉4079件6912人，依法从重从快审查逮捕起诉重特大案件1142件2222人。主要做法，一是制定和实行不批捕案件释法说理暂行办法，办理未成年人案件暂行办法，办理审查逮捕案件实行同步录音录像办法（试行），创立新机制；推广丰润区院实行刑事案件办案质量反馈制度、依法快速办理轻微刑事案件实施办法和滦南县院对已经逮捕的犯罪嫌疑人变更强制措施的若干规定等工作机制的经验。二是以正确的执法理念指导审查逮捕工作，正确把握逮捕条件，注重处理好群体性事件、因人民内部矛盾引发的案件和未成年人犯罪、主观恶意较轻的初犯、偶犯、过失犯罪，区分不同情况，少用慎用逮捕措施，不批捕173人，不起诉35人。三是落实办案责任制度，做到承办人、部门负责人、分管副检察长分别严格把关，准确处理案件。做好讯问犯罪嫌疑人工作，对讯问中发现的问题及时解决。保障犯罪嫌疑人的合法权益，保障无罪的人不受刑事追究。四是落实最高人民检察院《关于在审查逮捕和审查起诉工作中加强证据审查的若干意见》，坚持自侦案件批捕备案审查制度、复杂疑难案件向上级请示报告制度。加强与侦查机关的联系，对有不同看法的案件多协商，必要时以会商的办法解决。对案件中存在疑点的地方，与侦查人员实行面对面指导取证，努力化解存疑不捕，减少侦查机关的复议、复核。加强对质量较差案件的分析总结工作。市院派员深入基层院指导工作32次，听取基层院侦监部门汇报复杂疑难案件65件（次），提出指导性意见56件，有效提高办案质量。五是审查起诉工作中，以保障政治安定社会稳定为目标，把严厉打击境内外敌对势力、暴力恐怖势力、民族分裂势力、宗教极端势力以及“法轮功”等邪教组织犯罪作为首要任务，坚决依法从重打击。从重打击黑社会性质组织犯罪，毒品犯罪、抢劫、抢夺、盗窃犯罪，以及杀人、爆炸、绑架、投放危险物质等严重危害社会治安的刑事犯罪。六是注重保障民生，加大对教育、就业、金融、医疗卫生、社会保障、征地拆迁、抢险救灾、移民补偿等领域发生的职务犯罪以及涉农犯罪的打击力度，维护人民群众的合法权益，为科学发展示范区建设创造稳定的社会环境。七是采取案件繁简交流、分类审查、类案查办、提前介入侦查引导取证等措施，加快办案节奏，审查起诉工作健康发展。八是发挥公诉职能，增强庭审效果，认真做出庭准备工作，针对庭审中可能出现的被告人翻供、证人翻证、辩护人可能提出的辩护意见，制定相应预案，做到有的放矢，出庭支持公诉工作顺利进行。

【发挥诉讼监督职能】 一是加大刑事立案监督力度，以社会危害性大、人民群众反映强烈、严重影响社会和谐稳定的案件为重点，加强监督立案后的跟踪监督。对公安机关久侦未结的案件，发立案监督催办函，督促其尽快办结。加强立案监督备案审查，定期研究解决工作中存在的问题。监督公安机关立案377件520人，监督立案后，起诉158件296人，法院审理案件作有罪判决146件257人，有罪判决率100%，其中立案监督判决率和判处10年以上有期徒刑的案件较去年同期均有较大幅度提高。纠正不应当立案而立案13件14人。监督监管改造单位立案5件10人，审结2件7人。3月29日，开展配合全市治污减排安全整顿专项立案监督活动，制定专项活动实施方案，对环保、土地等单位的行政处罚案件进行审查，审查行政执法案件176件，从中发现立案监督线索14件。二是进一步加大对行政执法机关移送涉嫌犯罪案件的监督力度，在与主要行政执法机关建立涉嫌犯罪移送案件等制度的基础上，实现重新链接，把移送案件作为衔接工作机制的重点不断推进。三是加大刑事侦查监督力度，坚持对重特大案件提前介入公安机关的侦查活动，引导侦查取证，提前介入侦查331件，其中参加公安机关重大案件讨论

268件，参加现场勘验26件，向公安机关发出补充侦查提纲、提供法庭审判证据意见书1578份，为案件的起诉、审判奠定了良好基础。公诉引导侦查的做法经验在全省会议上作了介绍，被省院推广。四是加强对侦查行动合法性的监督，通过发纠正违法通知书纠正侦查机关立而不侦、侦而不结、诱供、刑讯逼供、滥用强制措施等行为。书面纠正侦查中的违法行为63件（次），公安机关全部纠正。五是加大追捕力度，审查逮捕案件，严审细查漏罪漏犯，依法追捕追诉，防止打击不力。追捕漏捕犯罪嫌疑人127人，纠正漏诉72人。六是加大对批捕、不批捕决定执行的监督，对公安机关采取强制措施不当、捕后任意变更强制措施的，及时提出检察建议或纠正违法意见。严格审查批准延长羁押期限，对不符合延押条件的坚决不批，杜绝变相超期羁押。七是加大刑事审判和庭审活动监督力度，建立一审、二审、再审一体化监督体系，对定性不准、量刑不当特别是贯彻宽严相济刑事司法政策不正确，案件裁判没有达到法律效果与社会效果相统一，引发当事人不满的刑事判决加大抗诉力度，提出抗诉26件，法院办结案件中发回重审8件。在全省率先规范、完善量刑建议适用办法，进一步提高对法院刑罚裁量同步监督的水平，量刑建议采纳率达到90%以上。经验材料被省院转发。八是在刑罚执行监督中，强化对刑罚变更执行监督。组织对全市缓刑、假释、剥夺政治权利、暂予监外执行、管制犯罪等执法情况逐人进行检查，纠正减刑呈报不当318人（次），发现并纠正脱管、漏管74人。组织对全市保外就医罪犯集中体检，检查保外就医罪犯206人，发现保外就医条件消失并收监12人。依托监所检察动态监控系统，加强监管改造场所安全防范检查，发现并纠正监管场所各类安全隐患82件。配合监管单位敦促在押人员揭发检举犯罪线索166件，转有关部门查实35件。九是民事审判和行政诉讼监督中，健全一体化办案机制，狠抓案件质量，强化监督效果，提请抗诉、再审检察建议工作取得突破性发展。受理民行申诉案件438件，县（市）区院提请市院抗诉188件，市院向市中级人民法院提出抗诉162件，提请省院抗诉25件，法院改变原判133件，取得市院开展民行检察工作以来最好成绩，在全省处于领先地位。向两级法院发出再审检察建议59件，法院采纳48件，采纳率81%。

【控告申诉检察工作】　以做好北京奥运会期间的社会稳定和涉检访为重点，精心部署，严密组织，实现涉检进京零上访的目标，为社会稳定贡献力量。接待上访群众3528人次，其中领导接待856人次；受理举报线索539件，受理控告申诉案件129件，均按照规定程序进行分流。复查刑事申诉案件29件，办理上级和有关机关交办案件132件。市院被省委政法委评为涉法涉诉上访工作先进集体，控申处党支部书记高瑞文被最高人民检察院授予文明接待员称号，控申处长张立民被省委、省政府授予粤运安保工作先进个人称号。主要做法：一是领导高度重视。5月开始，在坚持每周二检察长接待日制度的基础上，每天安排院领导到信访接待室、举报中心值班，现场接待上访人员，批办涉检访案件。8月3日，市院开展检察长大接访活动，梁文平检察长等6位院领导率有关部门人员接待11案15名上访群众，当场解决4件案件，其余7件逐案确定办理方案、办案部门、包案领导和办案责任人。二是多措并举化解涉检访问题。实行四级分办—督察制度，由检察长督办案件18件，当事人对办理结果均表示满意，息诉罢访。刑事申诉工作中，运用息诉罢访前移的方法，成功化解8起可能继续申诉案件。因办案瑕疵等协调有关部门补偿上访人11名，发放补偿款60余万元。办理国家赔偿案件2件，赔偿13.825万元。办理返还扣押款物案件3件，返还160余万元。上访人均表示满意。三是认真开展信访案件专项活动。针对22件上级交办的涉检访案件，专门制定工作方案，确定责任人和办结期限，实行每周进行一次督导、反馈。2月底，就办结17件，其中省、市政法委交办的信访案件12件，实现息诉罢访80%的阶段性目标。通过办案人耐心做工作，依法为上访人解决实际问题，这批案件全部按期办结，实现息诉罢访。四是深入开展信访隐患排查工作，把信访问题化解在基层。4月至9月，两级院排查出可能引发上访、越级访问题136件，其中属于检察机关管辖的45件。市院将这些问题交有关部门办理，确定责任领导、办案人和办结期限，使之均得到满意解决。同时广泛开展法律宣传信访接待、矛盾排查、信访稳控进社区活动和举报宣传周、普法宣传日活动，检察人员走上街头，深入厂矿、乡村开展法律宣传和矛盾排查化解活动。上半年出动宣传车178次，制作宣传图版260块，发放宣传材料3000多份，宣传群众5万余人。五是扎实开展涉检信访代理。市院制定开展涉检信访代理工作的意见和实施方案，明确开展信访代理的指导思想、基本原则、代理范围、代理员的聘任标准、选择范围、职责、纪律等，设立领导小组。在院信访接待室设立涉检信访代理室，将代理员照片、单位、住址、联系方法、代理流程等上墙公布。两级院聘请200余名涉检信访代理员，其中市院聘请15名。信访代理员来自市、县（市、区）的纪检监察、信访部门，或者街道办事处、居委会、乡村，形成以市院涉检信访代理室为纽带，覆盖全市检察部门和相关单位的涉检信访代理网。通过报纸、广播、电视等媒体对开展涉检信访代理工作进行广泛宣传。在信访代理中，对涉检信访，由相关信访代理员帮助信访人处理授权的信访事项。对其他部门管辖的事项而信访人请求检察机关协助办理的，即指定检察院控申部门工作人员为其信访代理员，按照规定的代理程序进行办理，降低信访人的信访成本。市院聘任的信访代理员代理委托人信访问题19件，其中15件代理案件中的委托人对代理结果比较满意，经验材料被最高人民检察院、河北省人民检察院转发。

【检察技术工作】　一是办公办案信息化工作健康发展。市院运用信息发布系统，发布信息1万余条，网上传送、传阅文件3000余份，保障视频会议和其他会议40次，网络化、无纸化办公水平有较大提高。

二是技术鉴定工作取得新成效。办理检察技术鉴定795件，其中法医检验443件，文件检验131件，司法会计检验40件，痕迹检验151件，视听技术和其他技术保障30件，出具文书材料795件，准确率100%。受理办案部门提请的文证审查352件，审查各种鉴定材料352份，改变原鉴定结论26件。同时整合鉴定资源，筹建鉴定中心。市院建立鉴定人管理数据库，仪器设备数据库，办案及办案质量考证数据库，市院方案获最高人民检察院审核通过。遵循高站位、高起点、出精品的原则，完成论证创建国家认可实验室工作，进入细则、质量手册编制阶段。

人民检察院机构主要成员

检察长、党组书记：
周庆平（2月免）
梁文平（2月任）
副检察长、党组副书记：
孟凡新（3月免）
王胜喜（7月任）
副检察长兼反贪局长、党组副书记：
杨　浩（7月任）
副检察长、党组成员（正县）：
冯振东
李金元（8月任）
副检察长、党组成员（副县）：
郑应祥
副检察长兼反渎职侵权局长、党组成员（副县）：郑喜兰（女）
纪检组长、党组成员（正县）：
幺金宝
政治部主任、党组成员：刘玉国
反贪局副局长、党组成员党组成员（副县）：边法波
党组成员：于　池（4月任）
安成学（4月任）
正县级检察员：赵国庆
副县级检察员：于　池　安成学
杨秀章　武爱国
刘方元　马宝江
李　英　张良波
常　彪　郑立国
亢立国　张文平
狄泽军　张立民
汪笑松　王志勇
王守玺　邱成余
张　跃　刘　瑞
高瑞文　雒长新

（张　忠）

公安武警

【概况】 2008年，全市公安工作紧紧围绕“平安奥运、‘三基’攻坚”，进一步找准跨越式发展的切入点、着力点，改革创新，提质提速，全面提升队伍建设水平，继续保持我良好发展势头，为建设科学发展示范区、人民群众幸福之都创造更加良好的社会治安环境。全年立刑事案件21051起，抓获刑事犯罪嫌疑人9750名，其中，逮捕4951名；打掉犯罪集团1175个，抓获涉案成员4348名；受理治安案件10363起，查处8512起，查处治安违法人员11231名，其中，劳动教养422名，收容教育1238名，强制戒毒260名。发生处理交通事故700起，死亡343人，伤578人，损失折款396.6万元，同比分别下降26.6%、12.3%、33.5%和27.9%。发生抢救火灾257起，死亡9人，伤2人，损失折款195.3万元，火灾起数和损失折款分别比去年同期下降51.7%和41.1%。“三基”（基础设施、基层经费保障、基层警力）工程建设，位列全省第三。

【完成奥运安保任务】 唐山毗邻京、秦两个奥运赛区，同时担负奥运火炬传递任务，多批次中央首长、重要来宾来唐参观，奥运安保责任重大。全市各级公安机关紧扣平安和谐奥运主题，多措并举，强力攻坚，认真开展各项奥运安保工作。对41批670名参与奥运比赛及服务工作的人员进行奥运背景审查，工作量占全省的16.6%，位居全省第2位，未发生任何纰漏，受到上级公安机关的充分肯定。先后5次对奥运火炬传递沿线的重点复杂部位、治安混乱区域情况进行拉网式摸底排查，切实做到底数清、情况明。同时，十易其稿，制定下发《唐山市公安局奥运火炬在唐接力传递安保工作实施方案》等50余套方案和预案，大力强化实战拉练，累计调集参战人员10万余人次，进行4次全市多警种、多部门协同的、大规模的北京奥运会圣火在唐接力传递安保工作实战演练，不断提升参战人员应对能力。由于领导高度重视，组织超常严密，措施采取得当，圆满完成北京奥运会火炬在唐接力传递安保工作，受到公安部、省委、省政府有关领导的一致好评，被评为全国“五星级火炬传递城市”。全力做好北京奥运会期间112主绕行路线和备用绕行路线的交通安全管理工作，出动警力2.3万余人次，警车6498辆次，分流车辆30余万台次，劝返大货车1.6万余台次，确保辖区112绕行路线的安全畅通。同时，圆满完成各类警卫任务66次，和“两会一节”等36场次大型活动的安全保卫任务。

【维护国家安全和社会政治稳定】 一是主动进攻，稳控阵地，加强正面打击力度：1. 继续严厉打击法轮功等邪教组织。通过专项斗争，深挖其地下组织，铲除其生存土壤，破获一批法轮功案件，抓获一批犯罪嫌疑人，打掉一批地下团伙及窝点，使法轮功邪教组织的嚣张气焰得到有效遏制。2. 加大互联网信息巡查处置工作。认真落实互联网信息巡查处置“双负责制”，大力加强网上有害、敏感信息巡查处置工作。制定专门工作预案，组织开展互联网重大有害、敏感信息模拟处置演练，进一步检验预案，锻炼队伍。加强网上巡控，有效防止网上有害信息的传播，营造和谐的网络舆论环境。3. 突出实战练兵，不断深化反恐防暴工作。进一步建立健全反恐领导工作和情报信息会商研判机制，不断健全完善《处置各种突发性和暴力性案（事）件的工作预案》，添置装备设施，加强各种处置训练和演练，培养和选树特殊技能人才，以提高应对和处置各种突发性和暴力性事件的能力和水平。4月和6月，为进一步提高应对突发事件现场处置工作的水平和能力，两次组织开展全市较大规模的反恐实战演练。同时，以处置爆炸、劫持人质、核生化袭击、供水、电、气系统遭恐怖袭击为重点，指导本市反恐怖工作协调小组成员单位及相关单位完善及新制定反恐预案、

方案。

二是狠抓综合调控手段运用，注重实效，得当处置，预防和减少不稳定因素：1. 坚持综合调控，加强矛盾纠纷排查调处工作。进一步完善预警机制和人民内部矛盾排查调处机制，集中开展排查调处矛盾纠纷、排查整治治安混乱地区和突出治安问题专项活动，对可能影响社会稳定的矛盾纠纷和群体性事件苗头隐患及突出治安问题进行全力排查，最大限度地把不稳定因素解决在基层、解决在内部、解决在萌芽状态，努力从源头上缓解社会冲突、减少社会对抗。2. 坚持保稳定促和谐，深化涉法涉诉案件查处工作。以推进“信访案件攻坚战役”等解决信访案件专项活动为载体，抓住县市区委书记开门大接访的有力时机，将上级督办案件作为重中之重，各级公安机关一把手带领班子成员轮流接访，专门组织刑警、法制、控申、交警、纪检等警种具有多年工作经验的专家逐案进行“会诊”，制定详细周密、切实可行的解决方案，综合运用教育、经济和法律等多种手段，全力推动115起重点督办案件息诉停访。3. 坚持注重实效，积极做好群体性突发事件处置工作。认真贯彻实施《突发事件应对法》，进一步分析和研究各类群体性事件的形成要素、演变过程和内在规律，总结经验教训，不断完善和落实各种突发公共事件的预警机制和应急预案。期间，协助有关部门成功妥善处置多起群众聚集上访事件，实现法律效果和社会效果的统一。

【创造良好社会治安环境】 一是严厉打击各类刑事犯罪活动。以严厉打击黑恶势力、严重暴力犯罪和“两抢一盗”等多发性侵财犯罪为重点，广泛摸排，强力攻坚，开展打黑除恶、破案、追逃、打现行、打流窜、违法犯罪信息会战、乱点整治、打击处理和“冬季亮剑”严打整治斗争等一系列严打整治专项斗争。全市破获刑事案件33103起，其中“两抢一盗”案件22269起，摧毁黑社会性质组织犯罪团伙2个、打掉恶势力团伙103个，人民群众安全感进一步提高。二是清淤净污，大力加强治安乱点和突出治安问题整治。针对不同时期的社会治安实际，紧密围绕人民群众关注的社会治安难点、热点问题，本着“哪里问题突出就重点整治哪里”的原则，深入调查，细致摸排，强化打击整治，深入组织开展自行车被盗、油气田及输油管道、“禁毒禁赌”、校园及周边治安秩序专项整治和集中打击制售有害有毒奶品专项整治行动等一系列专项整治活动。特别是自9月1日起，按照市委、市政府的统一部署，积极与国土资源、安监、煤监、工促等部门密切配合，集中警力，全力开展依法严厉打击非法盗采国有矿产资源专项行动，毁闭违法矿井、采石场29处，抓获犯罪嫌疑人32名，冻结涉案资金1350万元。市委、市政府重要领导先后15次作出批示对公安机关进行肯定和鼓励。市政府办公厅专门下发通报，在全市范围内对公安机关予以表彰。三是多元拓展，狠抓社会治安防控。围绕“两抢一盗”等侵财多发性案件和群众关注的热点、难点等治安问题，加强研判，掌握季节性发案走势，科学投放警力，加大有警时空，进一步延伸“网格化”巡控触角。结合奥运安保，组织开展百日大巡控专项行动，全市每天投入巡控工作的专门力量达2920人，其中民警637人，专职巡防队员2283人，汽车265辆，摩托车262辆，自行车615辆，全力压缩侵财等多发性案件的发案时空，不断增强群众的安全感。积极推进警务前移，大力加强保安队、治安巡防队、治保会、安全社区建设，共设治保会6569个、25126人，创建安全文明社区4468个。不断加强科技强防步伐，加大全市旅馆业、典当行、金融网点和危爆物品远程监控等系统建设，逐步完善以科技手段为依托的信息化防控网络，弥补警力不足，提高公安机关发现能力和快速反应能力。按照中央、省关于“平安创建”工作的一系列文件精神和《唐山市社会治安科技防范三年规划（2007—2009）》的要求，全市启动社会治安科技防范系统建设。乐亭、遵化按标准建成本地监控网，安装监控点1600余个，两地覆盖面均达到80%以上。

【优化公安行政管理和服务】 一是坚持管控并重，进一步加大人口管理力度。全面落实户籍管理制度改革政策，修改和完善二代证换发工作规范，高标准、大力度开展二代证换发百日攻坚会战，省厅下达的200万任务全部超额完成。积极推行出租房屋分类管理和等级化管理等新办法，强力开展“强化实有人口管理攻坚行动”，进一步加大流动人口、出租房屋综合管控力度，采集登记录入处所171770处，232902人，其中暂住人口153661人，流动人员19026人，人户分离人员42522人，外国人362人，其他人员17331人。二是突出平安畅通，进一步强化交通管理。大力实施城市“畅通工程”，进一步改善市中心区主要道路交通设施，在全市138所学校、幼儿园设置较为完善的交通安全设施，在57所车流量较大的学校门前设立护学通道。三是坚持安防并重，进一步优化消防管理。加快消防基础设施建设步伐，增强消防装备配置，不断强化消防监督检查力度，严格落实各项防范措施，全力下压各类火灾事故发生率，特别是奥运期间，组织开展多次全市公安机关奥运消防安全保卫攻坚战，出动警力6740人次，对全市1809家消防安全重点单位和1.2万余家重点单位（场所），进行数次拉网式检查，及时剔除一大批火险隐患，保证火炬在唐传递期间“零火灾”，奥运会期间连续240小时无火灾。四是严排细查，狠抓危爆物品管理。认真组织开展“奥运安保危爆物品专项整治战役行动”和枪支管理信息系统自查活动，共检查涉枪涉爆单位1.4万余家（次），查破涉爆、涉刀案件131起，查处违法人员236人，收缴炸药11.6余吨，雷管17.8万余枚，导火索4.8万余米，消除安全隐患381处，有效防止丢、盗、抢等恶性事件的发生。同时，对民爆站仓库、涉爆从业单位、行业场所等易燃易爆剧毒危险品生产、运输、存贮、使用单位开展全方位的大检查，严密落实各项防范措施，确保安全。五是扎紧篱笆，进一步强化内部单位管理。增强守卫力量，实施24小时职守，加强对进京电、气、油管线的巡视和守候，指导督导相关单位内部安全保卫责任制落实，确保

重点要害部位、设施的安全，严防发生破坏活动。建成市直内部单位警务室18家，先后45次组织开展全市性内部单位安全大检查，检查单位6180余个，检查要害、重点、易发案部位3.5万余处，及时发现整改不安全隐患695余处。各级监所部门持续开展内部安全检查和隐患整改，不断健全完善巡视监控二岗合一等项工作制度，进一步提升安全监管水平，没有发生在押人员越狱、自杀等案事件。六是加强出入境管理。认真落实按需申领护照制度，实行高效便捷、阳光作业，开辟“绿色通道”，不断提高服务质量和工作效率。办理出国（境）手续5.2万余人次，未发生任何问题。

【加强“三基”工程建设】 全市纳入计划的27个无房派出所全部建设完成。按照公安部《公安单警装备配备标准》，为基层一线配备单警装备7230套，圆满完成配备任务。派出所全部达到有汽车、电脑、通信工具的标准，派出所和警用车辆统一外观形象标识工作全部完成，全市公安基础设施及警务装备明显改善。市公安局与市财政局联合制发《关于进一步完善县级公安机关公用经费保障机制有关问题的通知》，明确公安经费逐年递增的保障要求。自2006年始连续3年全市县级公安机关公用经费全部按省定标准纳入年初财政预算并全部达标。全市县级公安机关全部建立派出所经费保障标准并落实到位。按照《河北省公安机关基础设施及装备建设规划》要求，7月，市局结合全市公安基础工作实际，研究制定《唐山市公安机关基础设施及装备建设规划》（草案）。与市财政局、发改委几经科学论证，呈市公安机关“三基”工程建设领导小组审议通过后，市政府正式下发执行，使全市公安机关基础设施及装备建设纳入科学规范有序的轨道。在此基础上，又采取三项重要措施，一是警力下沉，使基层警力得到有力充实。全市县级公安机关基层一线警力，占总警力的93.1%。县级派出所警力比例达到55.1%。全市县级公安机关现有领导班子成员中具备相应任职经历的比例达到了80.5%，近三年受表彰奖励的基层一线民警达到受表彰奖励总数的85%以上，全市基层一线民警的津贴、补贴水平均高于机关民警。二是警务前移，管理机制和警务体制改革进程迈出可喜步伐。认真落实中央、省委的文件精神，理顺市局对分局的直接管理体制。11月25日，市委、市编办分别下发文件解决芦台经济技术开发区和汉沽管理区公安分局上划问题，就其人员过渡等事项提出明确要求；明确规定路南、路北、开平、古冶四区公安分局人、财物管理权（包括人员工资、办公经费）整建制上划至市公安局直接管理。按照“合理布局、规范运作、实用有效”的原则，进一步推进社区和农村警务战略，驻村和社区警务室的建设任务全部完成。三是科技强警，警务信息化和应用水平明显提高。建立实用、有效的警务信息系统和综合应用平台，完成派出所综合信息管理系统、实有人口管理信息系统等22个一类业务系统建设。加强联网计算机、数字身份证书配备，百名民警联网计算机拥有率达到规定标准。全市1546家旅店、100家留宿洗浴场所登记管理系统全部与派出所联网。将出租房屋纳入信息系统登记管理，出租房屋、暂住人口的录入率均达到90%以上。四是内强素质，民警教育训练工作实现新突破。大力推行“轮训轮值、战训合一”等练兵培训模式，严格落实“三个必训”制度和教育训练经费保障。目前，全市分县局均已建立了“轮训轮值、战训合一”练兵模式；按照“三个必训”的要求，全部落实基层一线民警每年不少于15天的集中教育训练；建立教育经费保障机制，实现教育训练经费立项单列，全部按不少于业务经费5%的标准列支。

【强化规范化执法】 一是筑牢理念，大力加强民警的法治理念教育。采取多种有效形式，组织广大民警认真学习各项法律法规知识，积极旁听重大案件的庭审，不断增强民警的证据意识、程序意识、权限意识、自觉接受监督意识。切实提高民警的法律素质、法律意识和执法能力、执法水平、办案经验。二是心系群众，全力做好行政复议工作。进一步改进和创新行政复议审理方式，严格落实公安行政复议工作警务公开制度，认真执行《行政复议听证、调解与和解等有关问题的规定》，强化听证审理，充分运用和解、协调机制化解行政争议。受理行政复议案件93起，不予受理4起、撤回复议申请5起，办理中5起，其中在办结行政复议案件中维持80起、撤消重作4起、调解3起、驳回复议申请1起。三是严把关口，不断改革劳动教养审批制度。进一步加强劳动教养审批制度改革，坚持客观公正、有错必纠的原则，把好事实关、定性关、证据关、程序关、处罚关，切实加大对扒窃、入室盗窃、街头打架斗殴、酒后滋事等人民群众反映强烈、深恶痛绝的违法犯罪分子劳教工作力度，有效震慑违法犯罪。全市审核劳动教养案件356件476人。

【以人为本打造过硬警队】 一是坚持学习育警。按照市委和市委政法委的统一部署，将学习实践科学发展观活动作为全局工作的重中之重，在抓好市委规定动作的同时，市局还开展系列“自选动作”。进一步增强民警贯彻落实科学发展观的自觉性和坚定性。同时，以人民满意为目标，以规范执法、管理、服务为重点组织开展“警民心连心”主题实践活动，积极回应人民群众的新期待，树立公安机关新形象。二是坚持制度建警。按照省厅统一要求，以构建目标管理系统、“日清”管控系统、考核激励系统和素质保障系统为主要内容，研究制定《全市公安基层所队正规化建设达标申报办法》，对各单位自荐的34个基层所队正规化建设进行深入细致地考评。其中，玉田县局玉田镇派出所、路南分局福乐园派出所等10个基层所队经市局推荐被评为“全省公安队伍正规化建设先进单位”，其他24个基层所队被确定为全市公安队伍正规化建设先进单位。三是坚持从严治警。紧紧围绕奥运安保，认真落实省委政法委关于抓队伍、保奥运会议精神，严格执行《关于在奥运安保中进一步加强政法队伍教育管理的若干规定》，在全市公安机关深入开展“新奥运、新警队、新形象”主题实践活动，制定出台市局规定，对全市公安民警进行政审，认真梳理队伍中潜在的问题和违法违纪苗头，要求各单位对不放心的民警进行排查和谈话，落实帮教措施。四是坚持从优待警，进一步凝聚公安队伍和广大民警的向心力。根据奥运安保期间高温酷暑、民警工作时间长、强度大等情况，专门下发通知，科学用警，全面调整警务模式，统筹安排各项工作。认真倾听民警心声，了解民警需求，及时看望、慰问一线执勤民警，为民警排忧解难。发放政法委特困干警补助金、互助金13.8万余元，为全体民警办理意外伤害保险。同时，以开展“公安民警健康年”活动为载体，邀请心理专家，普及和宣传心理卫生知识，帮助民警及时缓解心理压力，预防心理疾病。

（朱　敏）

武警唐山市支队

【概况】　武警唐山市支队主要担负唐山市的内部保卫和河北省第三监狱的警卫任务。2008年，支队党委坚决贯彻执行武警河北省总队和唐山市委、市政府的指示，扎扎实实打基础、科学务实谋发展、忠实履行职责使命、践行当代革命军人核心价值观，在确保固定目标勤务绝对安全的基础上，圆满完成奥运火炬唐山市传递安保、奥运会秦皇岛分赛区一线备勤任务、中央首长来唐警卫、第十一届唐山陶瓷博览会安全保卫任务。

【政治建设成效显著】　一是党委充分发挥集体领导作用。坚持理论武装，构建学习奋进的班子，精心凝聚合力，团结和谐处事，注重风气建设，勤政务实。用上级党委和首长指示要求统一思想，用风气建设的制度规定约束规范部队，用正反典型事例激励和警示官兵。二是思想政治工作扎实有效。围绕培养和造就忠诚卫士扎实开展主题教育。依据《政治教育十项制度》规范教育程序，确保教育时间、人员、内容和效果全落实。围绕奥运安保任务认真搞好政治保证。开展“三战”模拟演练和政治攻势训练，组织政工干部深入一线指导，发挥政治工作的作战功能，增强官兵“遇事首用，战之必胜”的打赢能力。围绕官兵现实需求深入抓好经常性思想工作落实。开展送法到基层和思想大谈心、感恩大讨论活动，发挥多种有效载体的作用，深化经常性思想工作效果。

【中心任务圆满完成】　一是采取超常措施，严密组织固定勤务。针对特殊年份、特殊任务，以任务为牵引，加强军事训练，提升执勤信息化、管理精细化、设施规范化建设力度，使部队持续生成，始终保持旺盛的战斗力。坚持“硬隐患有效整治，软隐患有效控制，把执勤工作抓到‘放心程度’的思路，协调市公安局、检察院和监狱系统，先后多次开展隐患联查联治活动，确保执勤目标绝对安全、万无一失。二是按照实战要求，扎实抓好专项训练和演练。组成奥运专项训练指导组，实施面对面指导。对火炬传递安保分队针对预案，严密组织，周密部署，重点抓好路线封控、火炬防护、应急处置、礼仪行为等训练，为完成安保任务奠定坚实基础。对秦皇岛备勤分队重点抓好紧急出动、设卡封控、三战攻心、强行驱散等训练，购买反恐装备器材，在参加唐山“迎奥运、保安全”反恐演习中受到一致好评。三是精心筹备组织，全力完成奥运安保任务。支队党委机关带领部队及早进入奥运安保状态，开设基指前指，拟制论证方案，科学筹组兵力投入奥运安保任务。建立与公安、安全、市火组委联系机制，明确联络员，及时获取动态情报信息。积极参加市政法系统召开的奥运安保火炬传递调度会，主动向市公安局、火组委、政法委有关领导通报情况、汇报工作，及时掌握地方奥运安保工作进展情况，确保备战工作有序有效，圆满完成奥运火炬传递安保任务。奥运期间，担负秦皇岛分赛区的执勤兵力，克服各种困难，连续执勤16天，圆满完成任务，受到奥组委高度评价。1个单位被总部评为奥运安保先进单位，7个单位荣立集体三等功，145名官兵受到表彰。

【基层建设基础牢固】　一是抓基层的力度始终如一。基层党委、支部建设长期保持健康稳定发展。工作规范，秩序井然。狠抓末端落实，务求工作实效。二是从严治警成效明显。认真落实总部、总队两级安全工作精神，深入开展安全教育集中整顿，强化官兵安全意识。狠抓“人、车、枪”的治理，严格落实联包联管责任制度，确保内部安全稳定。贯彻安全第一的思想，严格执行总队《特别规定》，细化各类人员、各类设施、各个岗位、各个场所的管控措施，建立上对下层层承包、下对上层层承诺的双向负责机制。把握任务转换期特点，扎实抓好经常性管理工作。奥运安保任务结束后，及时把有效防范大战之后出大事摆到突出位置来抓。确立“强化安全理念，健全防范体系，完善规章制度，消除安全隐患”的基本目标，实现任务转换期的平稳过度。三是后勤建设进一步加强。突出驻南堡部队建设重点，兼顾县市区中队配套规范，下力改善电厂守卫中队条件。在总队党委和市委市政府的支持帮助下，为所有中队整修晾晒场，安装四季太阳能洗浴和饮水净化设备，配发自助餐保温车；使战士喝上卫生达标的纯净水，洗上太阳能热水澡，营造拴心留人的警营环境。扎实做好奥运安保后勤保障任务。加快推进机关办公楼营建工作，年底封顶。

（王之陆）

水电第一支队

【概况】　2008年，武警水电第一总队一支队，主要担负湖北清江水布垭放空洞及大坝工程、云南糯扎渡电站右岸工程、辽宁丹东市蒲石河抽水蓄能电站工程、山西榆次国电热电厂2×300MW级工程材料库及检修楼工程、特警学院568宿舍楼、指挥部六里桥住宅楼等施工任务。武警部队司令员吴双战上将、副参谋长薛国强、指挥部主任李光强少将、指挥部政委贾方亮少将和副主任岳曦、副政委刘殿长、总工程师冉贤厚、总经济师周光奉、总会计师彭文武、副参谋长刘森平、政治部副主任刘刚等先后到特警学院、六里桥、大兴项目部和支队机关驻地视察调研或检查指导工作。

【中心任务】 全年主要节点工期全部提前实现：云南糯扎渡导流洞提前2天实现过流度汛目标。辽宁丹东市蒲石河项上水库大坝提前20天填筑到顶，提前50天完成年度任务，大坝采用的翻模砂浆固坡技术是抽水蓄能电站首次采用，并一次性取得成功，得到有关专家和业主等的高度评价。湖北清江水布垭工程被湖北省政府表彰为“科技进步特等奖”。南水北调七标项目部未发生施工生产亡人事故，质量安全实现“双零”目标，被北京市政府表彰为“南水北调北京段工程优秀建设集体”，支队长马玉增获优秀建设者金质奖章，参谋长胡文利、副参谋长李文瑛获优秀建设者银质奖章。按总队统一安排部署，派遣18名大型机械设备操作手参加四川抗震救灾唐家山堰塞湖抢险，经过六天紧张施工，6月1日凌晨圆满完成任务。组织167名官兵参加奥运期间北京地区重要电力设施15个目标点的执勤保卫，出色完成任务。

【部队建设】 一是党委班子核心领导作用进一步加强。高度重视理论武装，一班人和谐共事，团结质量有了新的提升，尤其正副书记处处起模范带头作用，大力发扬求真务实、艰苦奋斗的作风，坚持用领导好的作风带动部队好的风气，用干部的朝气鼓舞部队的士气。二是思想政治建设扎实有效。开展当代军人核心价值观等系列主题教育活动，把向抗震救灾、奥运安保部队学习活动与主题教育结合起来，大力宣扬抗震救灾部队的先进典型和英雄事迹，特别是用支队18名官兵参加唐家山堰塞湖抢险的生动实践和感人事迹，教育引导官兵立足本职，爱岗敬业，无私奉献，锤炼敢打必胜、勇争一流、奋勇拼搏的意志品质，把抗震救灾精神和广大官兵学英模的热情转化为抓生产保稳定的强大动力。三是贯彻从严治警方针。组织开展16次警容风纪检查，派出3个工作组到基层蹲点帮扶，每名官兵结合本职岗位，写出防范安全事故的决心和措施，确保了“两会”、“奥运”和复转退期间的安全稳定，支队被总部表彰为连续四年无事故案件先进单位。经常开展安全隐患大排查，排除安全隐患27处，制订19条整改措施，安全施工环境得到有效改善。四是后勤保障得到加强。加大工程款结算和资金调配，强化装备是效益的观念，充分发挥自有装备的作用。调配设备30多台套，确保糯扎渡和蒲石河工程建设需要。加大空余房地产的清理处置力度，回收基地综合楼，解除租赁合同。

（王建国）

司法行政

【概况】 2008年，全市司法行政系统紧密围绕落实市委八届四次全会等工作部署，进一步解放思想，创新务实，坚持好字优先，好中求快，着力抓好普法教育、维护社会稳定、服务经济建设等三项重点工作，努力把全市司法行政工作切实提高到一个新水平，市司法局被司法部授予集体一等功。

【全面实施“五五”普法规划】 一是突出抓好“法律八进”活动。以“法律八进”活动为主题的法制宣传教育工作广泛、深入开展。6月初，市人大对全市“五五”普法工作情况进行视察，对“法律八进”进行专题调研，给予充分肯定。为发挥典型引路作用，上半年普法办在全市组织开展“法律八进示范点”创建活动，制定出台《创建“法律八进示范点”活动的实施方案》，明确指导思想、任务目标和“法律八进示范点”创建标准，选树一批先进典型，把“法律八进”推向新的高潮。二是突出抓好奥运法制宣传。普法办与市委宣传部、市体育局联合制定《关于在全市组织开展“人文奥运·法治同行”集中法制宣传活动的实施方案》，在全市广泛开展与维护社会和谐稳定和奥林匹克相关的法律法规宣传，旨在提高全市人民的法律意识，增强社会法治化水平，为办好北京奥运会营造良好的法治环境。三是突出抓好节日期间的普法工作。利用各个节日，组织各级普法组织和普法工作者，采取广播、板报、出动宣传车、举办法制文艺演出等多种形式，分层次、有针对性的开展丰富多采的法制宣传活动，向广大人民群众宣传以《宪法》为核心的与人民群众生产、生活密切相关的法律法规。举行大型法律咨询活动，义务解答法律问题2000余人（次），免费发放宣传资料万余份，悬挂横幅1000多条，设置宣传橱窗200多个，全市受教育人数达100余万人（次），为维护社会稳定做出积极贡献。四是突出抓好“民主法治示范村”创建活动，全市有15个行政村被评为省“民主法治示范村”。

【拓展人民调解领域】 一方面以维护“两节（春节、国庆节）”、“两会（人代会、政协会议）”和奥运期间社会稳定为目标，扎实开展民间矛盾纠纷排查调处活动。组织各级司法行政机关和民调组织继续通过开展“走千村、进万家”民间矛盾纠纷排查调处活动，集中排查化解民间矛盾纠纷，确保节期祥和稳定和两会顺利召开。全国两会召开前夕，在全市组织开展民间矛盾纠纷排查调处“百日活动”，对奥运前期民间矛盾纠纷排查调处工作进行再部署，再动员。“百日活动”结束以后，配合严打整治专项斗争和奥运安保，组织开展第二个民间矛盾纠纷排查调处“百日活动”。期间，全市各级调解组织将社情民情复杂地区、民转刑案件多发区和基层组织薄弱的村、社区作为排调工作重点区域进行重点排查，并积极介入有关生产经营、企业改制、干群关系等疑难复杂纠纷的调解。严格实行市局领导包县（市）区，县局领导包乡镇，乡镇司法助理员包村（社区），重大疑难纠纷领导包案的“双包”责任制，强化各级司法行政部门领导和责任人员在排调工作中的责任。落实纠纷日报告、确保零报告、重大问题随时报告制度，严格落实了＝纠纷登记、移办、督办、回访等制度。全市排查各类民间矛盾纠纷12028件，化解11957件，其中，防止民转刑37起，劝阻群众上访206起，无因调解不当而引发民转刑和上访案件发生。另一方面坚持以点带面，扎实推进人民调解“六进”。及时印发2008年工

作要点，对人民调解“六进”工作作出部署，提出要求。在迁安市召开全市人民调解工作现场会。4月30日，组织召开由各县市区委政法委书记、市直有关部门负责同志和司法局长、基层科长参加的全市人民调解工作现场会，推广迁安市人民调解进企业、进市场、进学校、进审判机关的经验。与市中级人民法院联合印发《关于进一步加强人民调解工作的意见》，就建立简单民事纠纷委托调解制度、人民法院和司法行政机关联系会议制度、指导人民调解工作制度、培训人民调解员制度、涉及人民调解协议的民事案件受理反馈制度、人民调解员旁听制度、从人民调解员中选聘人民陪审员制度作出规定，并要求全市各人民法院要与司法行政机关密切配合，在法院内部设立诉前人民调解工作室。

【规范法律服务行业】　各级司法行政机关坚持规范与发展并举，找准切入点，把握结合点，把“创建科学发展示范区”作为促进法律服务业的发展的良好机遇，加快行业发展。一是积极引导律师履行社会责任，服务大局。在确保律师队伍不出现问题的基础上，重点引导律师积极承担社会责任，参与联合接访、案件评查等活动，化解当事人的对立情绪。探索律师为国企改制、新农村建设等中心工作服务的新途径、新措施。特别是进一步拓宽曹妃甸法律服务领域，为曹妃甸发展保驾护航。同时，培育、挖掘律师服务社会、参与公益事业的典型。加大宣传力度，树立律师执业为民、服务社会的行业形象。二是努力推进公证机构改革，加快公证事业发展。改革过程中，结合实际，制定人员流向、资金管理、机构设置的具体改革方案，并注重加强与有关部门的联系，推动市局直属的中信公证处解散工作及市第二公证处的清产核资及善后工作顺利开展。三是进一步建立健全法律援助体系，做实做好法律援助工作。制定《法律援助案件服务质量监督管理办法》、《法律援助案件投诉处理办法》、《违章违纪记录和追究制度》、《办理法律援助案件程序规则》。对7家达标机构进行回头看检查，使四家（玉田、迁西、迁安、滦南）机构经省厅检查验收达到规范化标准。创新法律援助工作模式，在乐亭边防检查站建立法律援助工作站，开展“法律援助进军营、进辖区”活动，先后为50多名武警官兵及群众提供法律咨询服务，当场受理涉及官兵家属权益案件1件。全年办理法律援助案件1034件，收到良好的社会效果。四是加大检查培训力度，提高基层法律服务工作者队伍素质。组织市县两级管理人员对全市94个注册基层法律服务所执业情况进行检查，对管理不规范的所限期整改，经验收仍达不到要求的暂缓注册或不予注册。对300名注册的基层法律服务工作者进行一次职业道德执业纪律集中培训，注册法律服务所88个，基层法律服务工作者323名。五是进一步加强和规范司法鉴定行业管理。认真研究制定投诉查处办法，建立健全鉴定质量评估、诚信等级评估等制度，完善鉴定人员回避、出庭、培训等工作规则，确保不出现假、错鉴定。

【劳教和安置帮教工作】　一是继续确保劳教场所安全稳定。进一步制定完善安全稳定防控、排查、应急处置和领导责任机制建设，建立人防、物防、技防相结合的长效机制。建立应急处置工作预案，组织开展多次应急演练，确保一旦发生突发紧急事件，能够及时、有效控制和妥善处理。不断创新教育改造手段，努力提高劳教矫治能力。充分发挥管理、教育和劳动的效能，加大个别教育和心理矫治工作力度。二是切实做好安置帮教和社区矫正工作。进一步在全市范围内开展刑释解教人员调查走访活动，全面了解和掌握其现状，进一步落实各项衔接、管控、帮教和安置措施。2008年全市有刑释解教人员570人，衔接率达到100%，安置率达到95.5%，重新犯罪率控制在2.5%以内，做到底数清、情况明。组建社区矫正专兼职队伍，形成一支由司法干警为主体，社区协管员为补充的4000人社区矫正工作者队伍。同时，加大政府支持力度，政府每年拿出20万元为每名协管员补贴，以保证各项工作落实。

（杜文军）

劳动教养

【概况】　2008年，唐山市劳教所全面落实科学发展观，以维护场所安全为首任，以提高教育挽救质量为中心，以加强队伍建设、提高干警素质为根本，在2月份被司法部命名为“现代化文明劳教所”的基础上，自我加压，开拓奋进，10月份又顺利通过创建部级劳动教养学校考核验收。确保奥运安保和奥运年场所安全稳定，胜利实现连续五年“四无”，为维护社会稳定做出积极贡献。11月，被中共唐山市委、市政府授予2008年度“振兴唐山立功竞赛集体一等功”。

【完成奥运安保任务】　一是采取“五严”、“七落实”的具体措施。“五严”即严防要害部位，严控重点人员，严守重要岗位，严查危险物品，严把关键环节。“七落实”即：每月开展一次综合性的安全大检查、排查；加强对枪支弹药的管控，严防因管理不善而引发严重后果；对重点人员落实包教民警、包控人员和包夹措施；每月组织对重点部位开展一次专项治理安全检查；集中开展矛盾纠纷大排查活动，对排查出的重点问题有针对性进行调研调处；强化门卫管理和警戒巡逻制度，严防违禁品流入场所；严格落实值班和严格执行信息报送的有关规定；严格执行重大事项报告制度。二是狠抓“三项制度”（安全责任制度、安全排查制度、劳教人员动态分析制度）的落实。三是加强“三重”安全保卫，筑牢“三道防线”，抓载体，保安全。加强“重大节日、重要会议、重点敏感期”的安全保卫工作，筑牢“人防、物防、技防”防线，使安全工作处于严密有序的运作状态。加强对物防、技防措施的补充和完善，在相关部位加装视频监控系统、手机屏蔽系统和巡更系统。为一线值班干警和护卫队员新配置10套单警装备，补充和更新警械器材，积极开展处突演练，切实提高全所整体快速反应能力和应变能力，增强实战能力。四是狠抓劳教人员规范化管理。以创建部级劳动教养学校为

契机，认真抓按纲建队工作，通过“抓有形、强管理、促规范”，把对劳教人员的规范化管理和文明执法工作引向深入，使劳教人员在行为养成上得到明显提高。在劳教人员的奖惩使用工作中认真执行部令及劳动教养人员计分考核实施办法的有关规定，严格按照所务公开的内容和要求办理，做到奖罚有据，处理得当。将劳教学员的使用和所外就医、所外执行情况公示上墙，自觉接受劳教人员及其家属的监督，增加劳教执法工作的公正性和透明度。全年未发生一起因劳教人员奖惩不当而发生的诉讼案件。五是积极开展“严打”整治斗争。结合奥运安保工作，组织开展“深挖余罪、揭发检举”活动，积极为各级公安机关提供案件线索，在场所内开辟“严打”第二战场。加大收容工作力度，既坚持原则又适当灵活，想方设法加强与送教公安机关的沟通和联系，使全年劳教人员收容量大有增加。六是进一步完善劳教人员的三种管理模式。结合实际，在三种管理模式（开放式、封闭式、半封闭式）执行方式、程序、处遇方面进行积极的改革和创新，在执法力度不减的前提下，实行人性化执法，人性化管理。提倡劳教人员自我管理，避免惩戒式管理的消极影响，调动劳教人员的积极性，营造双向互动的良好改造氛围，提高教育挽救质量。

【创办部级劳动教养学校】 一是加强领导，措施得力。成立专门创建工作领导小组，制定方案，明确责任，配强力量。在软硬件建设上突出重点工作加大投入，着重在基础资料整理和自办节目上抓突破。二是加强师资队伍，提升教师专业化水平。召开协调会，组织专职教师进行周讲评，检查落实授课进度情况，定期召开专兼职教师研讨会20余次，开展交流研讨教学活动，使师资水平逐步提升。三是加强资料积累，规范教育指标。充分发挥所队两级教育职能，认真落实省局下发的教育工作实施细则和所制定的教育工作计划，把各类教学资料层层分解量化指标，责任到人，夯实基础工作，确保软件达标。四是加强业务考核，完善检查监督机制。着重加强动态管理，做好阶段性的检查、监督、指导、服务工作，通过查缺补漏，使各项创建目标任务得到有效落实。

【打造科学完善的矫治体系】 一是采取集中授课的方式突出抓课堂化教学的开展，先后有43名专、兼职教师进行授课，全年完成750课时。政治教育入学率达到100%、考试合格率达到95%以上，创建验收抽考30名劳教人员成绩优秀。文化教育主要落实扫盲教育。授课、辅导196课时，15名劳教人员通过文化结业考试，合格率达100%。职业技术教育采取以课堂教育的形式进行岗前培训，同时积极与市劳动部门结合，开辟微机修理专业，授课220课时，8名劳教人员通过全省组织的资格考试，获证率达100%。入所、出所教育授课6期240课时，按时完成教学任务，入学率达到100%，劳教人员解教授课全部完成课时并通过考试。二是辅助教育内容丰富、形式多样。举办全所干警与劳教人员春节联欢会、劳教人员象棋比赛、队列会操和学习雷锋宣传月等活动。带劳教人员走出去进行现身说法、召开“比学赶帮”经验交流会，组织劳教人员去冀东烈士陵园祭扫烈士墓，以“创和谐社会，做合格公民”为主题，邀请社会知名人士来所讲课，帮教落实率达到70%以上。四川汶川大地震后，开展“大爱无边，同舟共济，弘扬民族精神”为主题的系列教育活动，并在大地震哀悼日组织劳教人员参加降半旗仪式并为地震遇难者集体默哀活动。奥运前夕组织劳教人员收听收看奥运火炬传递实况相关报道，组织劳教人员参加奥运知识讲座。三是教育矫治质量评价工作得到显著加强。成立由主管所长负责，管理、教育、生活卫生等相关处室和所内具有心理咨询师资格证书民警及大队专管民警、专（兼）职教师、心理咨询师等人员组成的教育矫治质量评价办公室，下设心理咨询工作小组，负责评价工作的计划、组织、指导和检查。制定详细工作计划，作为开展工作的依据。并将责任进行分解，相关处室负责督促指导计划措施的落实情况。将劳动教养人员教育矫治质量评价工作与创建工作紧密结合，将《劳动教养人员教育矫治质量评价手册》的内容和“劳教人员思想状况访谈提纲”渗透到劳教人员个别谈话和心理咨询之中，在严格规范民警个别谈话记录和心理咨询档案的同时，进一步提高这两项工作的可操作性和实效性。四是心理咨询和心理矫治工作扎实有效。将心理咨询工作纳入全年教育计划中，制定严密详实的计划，成立以教育处一名具有心理咨询师资格的副处长负责，各队心理咨询师参加的心理咨询工作小组。投资4万元，购置心理测试软件、扫描识别等系列软、硬件设施。全力搭建心理咨询工作平台，在《育新报》开辟“心灵驿站”园地，向劳教人员宣传健康心理知识；在所内设立心理咨询求助热线（991151），安排专人负责为劳教人员解答心理问题，并对劳教人员反映的典型问题进行集体研究，作出解答提纲；全年为劳教人员上心理健康课30课时，在普及健康心理知识的同时，就学员反映的倾向性问题进行集中答疑。

【狠抓班子和队伍建设】 一是深入开展科学发展观学习实践活动。结合工作实际，全体民警认真查找在发展观念、思维方式、精神状态、工作标准、办事效率等方面存在的问题103条，逐条进行分析整改，干警积极献计献策，全所民警公正执法、严格执法、文明执法水平显著提高。全年干警违法、违纪率“双为零”。二是严格教育培训。全面落实司法部《2006—2010年监狱劳教人民警察队伍建设规划纲要》的各项要求，组织开展形式多样的教育、生活卫生、生产等岗位业务培训。组织部分中层以上领导外出学习考察，组织全体人员参加奥运知识讲座、《戒毒法》、艾滋病知识讲座。对一线民警强化熟练掌握各类活动现场的管理要领和处理各类问题的基本原则、程序和方法的能力，不断提高岗位技能水平。三是坚持从严治警。加大警务督察力度，进一步严格贯彻执行司法部“六条禁令”，加强执法规范化建设。层层签订责任状，狠抓各项规章制度的落实。实行警务督察通报制度，由警务督察组对督察出的安全隐患问题制发《整改通知书》，并进行通报批评，限期整改，提高民警遵纪守法、履职尽责的自觉性。四是从优待警。进一步做好干警补贴、奖励和各项福利工作，无微不至地关心干警生活，经常组织开展生动活泼、健康有益的文体娱乐活动，丰富广大民警的精神文化生活。

【确保生产安全】 在突出习艺生产的矫治性的前提下，规范生产管理，确保生产安全。一是严格贯彻落实各项安全生产政策法规和规章制度，抓预防、抓经常、抓整改，加强安全生产教育培训和督导检查，实施重点部位三级控制。二是加大重点部位的监管检查力度，采取定期检查与平时抽查相结合的方法，认真排查，做到万无一失。先后发现并整改事故隐患六起，对习艺车间狠抓规范管理，重申习艺车间生产劳动纪律。三是完善门禁制度。四是把租赁房屋的所有用户纳入安全生产管理范围。五是积极协调，按照市场发展规律调整客户，上浮加工费。截止11月份，完成生产任务124835元。六是大力抓好外租房屋管理，确保租赁费用顺利收缴，年底共收缴租金105万元。

（杜文军）

典型案例

【华云集团杨树宽案】 2008年8月1日，河北省高级人民法院对河北省唐山华云实业集团有限公司合同诈骗、该公司董事长杨树宽等组织、领导、参加黑社会性质组织犯罪一案进行二审，上诉人河北省唐山华云实业集团有限公司被处罚金3000万元，上诉人杨树宽被判处无期徒刑，其他42名上诉人或原审被告人分别被判处有期徒刑。

根据河北省高级人民法院的指定管辖，张家口市中级人民法院审理由张家口市人民检察院提起公诉的河北省唐山华云实业集团有限公司合同诈骗及杨树宽等组织、领导、参加黑社会性质组织犯罪一案，并于2008年5月28日作出一审判决。一审法院判决认定：被告单位河北省唐山华云实业集团有限公司及该公司董事长、法人代表杨树宽在2005年至2006年间，以虚构事实、隐瞒真相的方法，利用合同骗得河北众力工贸集团有限公司资金6130.7833万元；2002年以来，被告人杨树宽先后纠集被告人范建奎、陈卫国和朱国新、吕刚等人，至2005年9月，逐步形成以杨树宽为首，以范建奎、陈卫国、朱国新、吕刚为骨干成员的黑社会性质组织。2006年，被告人杨树宽又拉拢被告人高晓林、陈文录、常爱民加入该组织，并成为该组织骨干。在此期间，被告人王福林、侯广志、石磊、吴朝阳、姚洪生、何江、刘巍、卫尚昆、李志军、孟春光、钱亮、张杰、张立军等人先后加入该组织。长期以来，该组织依靠其较强的经济实力，在唐山市古冶区一带多次实施聚众斗殴、寻衅滋事、非法买卖枪支和非法持有枪支、弹药等违法犯罪活动，在当地称霸一方，为非作恶，欺压、残害群众，严重破坏了当地经济和社会生活秩序。其中，被告人杨树宽非法买卖枪支2支和无击发能力枪支1支，非法持有枪支28支和无击发能力枪支3支及军用弹药80发、非军用弹药255发；聚众斗殴1起；寻衅滋事2起。一审法院认为，被告单位河北省唐山华云实业集团有限公司及被告人杨树宽以非法占有为目的，在签订、履行合同过程中，以虚构事实、隐瞒真相的方法，骗取他人财物，数额特别巨大，其行为已构成合同诈骗罪。被告人杨树宽的行为还构成组织、领导黑社会性质组织罪，非法买卖枪支罪，非法持有枪支、弹药罪，聚众斗殴罪，寻衅滋事罪。被告人杨树宽系组织、领导黑社会性质组织的首要分子，应对该组织的全部罪行承担责任。其他43名被告人分别构成参加黑社会性质组织罪，聚众斗殴罪，非法买卖枪支罪，非法持有枪支、弹药罪，寻衅滋事罪，故意伤害罪，非法搜查罪，非法处置查封的财产罪。一审法院以合同诈骗罪判处被告单位河北省唐山华云实业集团有限公司罚金人民币3000万元；以合同诈骗罪，组织、领导黑社会性质组织罪，非法买卖枪支罪，非法持有枪支、弹药罪，聚众斗殴罪，寻衅滋事罪，对被告人杨树宽数罪并罚，决定执行无期徒刑，剥夺政治权利终身，并处罚金人民币50万元；分别以参加黑社会性质组织罪，聚众斗殴罪，非法买卖枪支罪，非法持有枪支、弹药罪，寻衅滋事罪，故意伤害罪，非法搜查罪，非法处置查封的财产罪，判处范建奎、陈文录、陈卫国、高晓林、常爱民、王福林等43名被告人有期徒刑。法院还判决将被告人杨树宽等组织、领导、参加黑社会性质组织犯罪聚敛的财物及其收益依法追缴，供其犯罪使用的工具予以没收。

一审人民法院判决后，被告单位河北省唐山华云实业集团有限公司、杨树宽等14名被告人提出上诉。河北省高级人民法院经审理认为，原判决认定的除上诉人张建波以外的其他上诉人及原审被告人的犯罪事实清楚，证据确实、充分，定罪准确，量刑适当，审判程序合法，并依法裁定驳回河北省唐山华云实业集团有限公司、杨树宽等13名上诉人的上诉，维持原判决对河北省唐山华云实业集团有限公司、杨树宽等13名上诉人及其他原审被告人的定罪量刑部分；撤消原判对上诉人张建波的定罪量刑部分，发还重审。

【张平岩等人故意伤害盗窃案】 2008年8月1日，市中级人民法院院对张平岩、张振刚等五十名被告人故意伤害、寻衅滋事、聚众斗殴、盗窃、窝藏等案进行一审公开宣判。以被告人张平岩、耿宗正、刘东生犯故意伤害罪、盗窃罪数罪并罚，决定执行无期徒刑，剥夺政治权利终身，并处罚金一万元；以被告人张振刚犯故意伤害罪判处无期徒刑，剥夺政治权利终身；以故意伤害罪、寻衅滋事罪、聚众斗殴罪、窝藏罪、掩饰、隐瞒犯罪所得罪分别判处刘岩、孟祥义、王立征、揣新超等四十六名被告人一年至十八年不等有期徒刑。

张平岩等被告人均出生于河北省迁西县。经审理查明：2008年4月3日晚，被告人揣新超、王立征、王东伟在迁西县新集庙会闲玩时被他人殴打，疑为李春利指使所为，遂纠集人员寻机报复。在寻找李春利时，恰逢孙永恒、范仁凯、毛小伟乘坐侯永成出租车从新集庙会向迁西县城行驶，被告人孟祥义误认为是李春利等人，遂与刘岩等被告人分别驾驶车辆追赶拦截，刘岩手持一把斧子伸出窗外威胁奥拓出租车停车，被告人揣新超驾车超过出租车后，将出租车挤、别翻至沟内，造成侯永成受重伤、孙永恒受轻伤，出租车车损近3万元。同年4月4日下午，被告人孟祥义等人在新集庙会游乐场处发现李春利并指认给其他被告人，张振刚、王立征遂带领其他被告人冲向李春利等人。李春利、张金宝等人发现后分别逃离。张金宝跑进该庙会一帐篷内，被张平岩、张振刚等人追上。刘岩持镐柄对张金宝进行殴打，并将其拽至帐篷外，张平岩、张振刚分别持镐柄对张金宝的头部猛击并击打身体。刘岩按住张金宝的左腿，耿宗正、刘东生以及徐焕玉、袁伟达分别持镐柄殴打张金宝头部及身体。后各被告人均逃离现场。张金宝头部因钝器打击致重度颅脑损伤死亡。另外，张平岩、耿宗正等被告人还参与盗窃公私财物，数额巨大。根据查明的事实和刑法有关规定，市中院遂做出上述判决。

【梁军蔡秀玲贪污受贿案】

2008年8月22日，唐山市中级人民法院对中国工商银行唐山分行原行长、党委书记梁军、中国建设银行唐山分行退休职工蔡秀玲受贿、贪污一案审结，以被告人梁军犯受贿罪、贪污罪数罪并罚，决定执行无期徒刑，剥夺政治权利终身，并处没收个人全部财产；以被告人蔡秀玲犯受贿罪，判处有期徒刑五年。

被告人梁军，男，中国工商银行河北省分行工会工作委员会副主任兼工会办公室主任（2000年3月至2005年3月任中国工商银行唐山分行行长、党委书记）。被告人蔡秀玲，女，中国建设银行唐山分行退休职工。二人系夫妻。经审理查明：唐山市兴盛房地产开发有限责任公司自2001年9月起至2004年9月，先后5次从中国工商银行唐山市建设北路支行办理住房开发贷款，按有关规定，办理住房开发贷款需经被告人梁军同意才能报中国工商银行河北省分行审批。2003年8月间，被告人梁军利用职权强行以低价购买该公司开发的丽景琴园小区建筑面积179.99平方米的住房一套，比当时市场售价少付人民币130150元。2004年1月，梁军又让李金钰找人对该住房进行内部装修。装修完毕后，被告人梁军迟迟不付装修款，李金钰被迫为梁军支付装修款人民币7万元。以上，梁军共受贿人民币200150元。

2003年10月15日，唐山域银水业有限公司从中国工商银行玉田县支行贷款人民币1.35亿元，当时借贷双方约定贷款年利率5.76%。贷款发放后不久，被告人梁军要求将污水处理及供水项目贷款的年利率上浮10%。后该公司监事王立银（域银公司实际出资人）送给梁人民币100万元，梁军不再坚持上浮利率。该笔贷款的年利率最终未上浮。2003年6月30日，唐山清清环保有限公司从中国工商银行唐山市西山道支行贷款人民币1.25亿元。为顺利取得贷款，该公司股东孙晓林送给梁军人民币80万元。2004年，梁军卖给孙晓林价值人民币78020元（当时折合美元9426.46元）的瓷器摆件21件及书法字画9件，收取孙晓林10万美元。不久，梁军又向孙晓林借款人民币50万元，后强行用10件书法字画（经鉴定价值人民币5320元）抵顶了该笔借款，梁军索贿494680元。2004年，梁军收取唐山市南北房地产开发有限公司法定代表人周俊元人民币50万，明知在不符合条件的情况下，为因该公司开发位于唐山市路北区的南北嘉苑小区商品住房帮助办理住房按揭贷款人民币4000万元。2001年年初的一天，梁军在其办公室收受唐山市协力房地产开发有限公司法定代表人何硕仁所送3万美元，为该公司开发凤祥园小区二期商品住房帮助办理开发贷款。2000年9月至2003年年底间，唐山华强实业有限公司经理赵强（另案处理）在被告人梁军任职期间，为同梁军搞好关系，以便在承揽唐山工行系统装修工程及结算工程款方面得到其帮助，先后4次送给梁军人民币共6万元。2003年年底至2004年年底，吴怀玺在筹建唐山汉维物流有限公司（2004年10月25日更名为唐山汉维储运有限公司）过程中，为申请省工商银行贷款，高价购买梁军部分瓷器，梁从中获得81万余元人民币2001年和2004年，被告人梁军利用其担任唐山分行行长的职务之便，伙同被告人蔡秀玲，为该行干部高绍岭调动工作，分别收受高绍岭所送人民币5000元、美元800元。2003年至2005年，被告人梁军与被告人蔡秀玲在商量或未商量的情况下，由二人或其中一人分别以报发票、买电脑等名义收取中国工商银行滦南县支行、迁西县支行、玉田县支行、唐山市海港开发区支行、南堡开发区支行、朝阳道支行、丰润支行共计人民币115220元。

另查明，2000年年底，梁军与赵强预谋以结算工程款的形式共同贪污公款20万元。以上，梁军、蔡秀玲二被告犯罪金额合人民币达500余万元。

法院认为，被告人梁军身为国家工作人员，利用职务上的便利，非法索取、收受他人财物，为他人谋取利益，并以骗取等手段，非法占有公共财物，其行为已分别构成受贿罪、贪污罪，且数额特别巨大，情节特别严重，依法应予严惩。被告人蔡秀玲伙同梁军非法索取、收受他人财物，为他人谋取利益，其行为已构成受贿罪，但考虑被告人蔡秀玲在共同犯罪中起次要、辅助作用，系从犯，依法应当从轻、减轻处罚，被告人梁军归案后能主动交待侦查机关尚不掌握的同种受贿犯罪事实，且二被告案发后能退出全部赃款，可酌情从轻处罚．根据查明的事实情节和刑法有关规定，市中院遂做出上述判决。

（苗松林　甄　飞）

计划管理

【概况】 2008年，面对复杂多变的国际国内经济环境和经济运行中出现的新情况新问题，认真落实"开放创新、富民强市"总战略，以"建设科学发展示范区、建设人民群众幸福之都"为总目标，大力推进唐山湾"四点一带"（"四点"是指曹妃甸新区、乐亭新区、丰南沿海工业区和芦汉经济技术开发区；"一带"是指贯通"四点"而形成的沿海经济隆起带）、"四大城市功能区"（曹妃甸生态城、凤凰新城、南湖生态城、空港城）的开发建设，深入开展"五项攻坚行动"（绿化唐山攻坚行动、城市改造及环境综合治理攻坚行动、节能减排持续攻坚行动、重点产业项目开工建设攻坚行动、改善民生攻坚行动），主要经济社会发展指标基本完成年初确定的目标任务。全市生产总值完成3561.2亿元，同比增长13.1%。财政收入405.8亿元，增长22.7%，其中一般预算收入146.6亿元，同比增长23%。全社会固定资产投资1361.3亿元，同比增长31.3%。城镇居民人均可支配收入16382元，同比增长15.1%；农民人均纯收入6625元，同比增长13.7%。

【结构调整步伐加快】 一是农业农村经济稳步发展。全年粮食总产量达到287.9万吨，实现了连续五年增产。全市新增、恢复、改善灌溉面积39.6万亩，解决了2450个村、217.7万农民群众的饮水安全问题。启动实施农业科学发展示范工程，农业产业化经营率达到61%。二是产业结构进一步优化。编制完成了装备制造、高新技术、化工等七大主导产业链规划，出台了《关于促进产业链经济发展的若干政策措施》，每个产业链谋划实施了100项重点项目。重点实施了住友工程机械、盾石机械日产万吨新型干法水泥成套设备等25项装备制造业项目和天赫钛业海绵钛、晶源电子年产7200万件新型片式晶体原器件等40项高新技术产业项目。规模以上工业企业完成增加值增长14.5%，精品钢材、基础能源、优质建材、装备制造、化工五大支柱产业增加值占规模以上工业比重达到80.3%。三是现代服务业加快发展。出台了《振兴服务业发展规划纲要》，制定了支持服务业发展的100条政策措施。谋划实施了唐山远大物流、开滦物流等108个服务业重点项目。服务业增加值增长15.5%，高于全市GDP增速2.5个百分点。消费品市场繁荣活跃，社会消费品零售总额800亿元，增长24.5%。

【重大项目支撑带动作用显著增强】 为确保重点项目建设顺利推进，对重点项目采取"每个项目组成一个专门班子，制定一个详细工作方案，明确一名责任人和时间节点，设立一个项目台帐"的"四个一"工作制度，加强协调调度，集中力量实施攻坚。省政府调度的170个项目完成投资611.9亿元，完成年计划的101.7%；100项市重点项目完成投资476亿元，占城镇固定资产投资的43%。首钢京唐钢铁厂一期工程基本建成，开滦30万吨煤焦油等重点工程加快建设，住友重机等一批项目开工建设。全市有90个项目列入省重点项目。

【唐山湾"四点一带"开发建设加快推进】 曹妃甸新区获省委、省政府批准设立。唐山港货物吞吐量突破1亿吨大关。全年"四点一带"地区实现生产总值1090亿元，固定资产投资649亿元，分别占全市的30.6%和47.7%。一是规划编制取得重要成果。"四点一带"空间布局与产业发展规划编制完成；《唐山港总体规划》、《曹妃甸循环经济示范区产业发展总体规划》分别获省政府和国务院批准。二是项目聚集步伐加快。中材集团装备制造基地、中海油临港作业支持基地等一批重大产业项目陆续开工建设，中石化曹妃甸1000万吨炼油、100万吨乙烯前期工作取得突破性进展。三是基础设施建设加快推进。唐曹高速建成通车，曹妃甸港区30万吨级原油码头和煤炭码头一期工程完工。

【城市建设取得明显成效】 城镇面貌"三年大变样"启动早、力度大，全年投入城市建设资金400多亿元，城乡面貌正在发生深刻变化。城市总体规划、曹妃甸新城总体规划获省政府批准，景观、绿化等专项规划编制完成。凤凰新城打通10条道路；南湖生态城扩湖8平方公里，地震遗址公园、环湖景观大道、矿山公园一期等工程主体完工；空港城概念性总体规划编制完成，军民合用机场获得国务院、中央军委立项批复。唐山北站－唐山站铁路客车专线已通过铁道部、河北省政府立项。津秦客运专线开工建设，征地拆迁工作有序推进。京唐城际高速铁路前期工作取得重要进展。

【“攻坚行动”成效显著】 在节能减排安全生产整顿攻坚行动中，实施了重点企业排污在线监测等七大工程，对钢铁、水泥、焦化等10大重点领域的4591家企业进行综合整治，关闭取缔“十小企业”236家，停产整顿高耗能、高污染企业267家。预计全市单位GDP能耗下降5.27%。在城乡建设改造和环境综合整治攻坚行动中，启动实施了16个城中村改造工程，震后危旧平房改造竣工57万平米，既有居民建筑节能改造完工121万平米。在绿化唐山攻坚行动中，实施了六大绿化工程，完成造林42.4万亩，义务植树1002万株，拆墙透绿10万延长米，增建绿地19万平米。在改善民生攻坚行动中，组织实施了安居、就业等“十大幸福工程”，投入财政资金30亿元，为群众办的20件实事全部兑现。

【改革开放取得新突破】 一是出台了《科学发展指标体系》和《关于开展科学发展示范县（市）区、乡村、园区、企业、机关、家庭创建活动的实施意见》，在探索建立科学发展机制上有了新突破。二是国有企业改革步伐加快。华新纺织集团、陶瓷集团建陶厂等企业职工安置和资产处置工作有序进行，整合重组和新建了12家国有投资公司。冶金矿山机械厂、启新水泥厂等市区企业结合“退二进三”深化改制工作启动实施。三是利用外资规模进一步扩大。实际利用外资达8.5亿美元，增长27.4%。丰南空气化工三期等一批重点外资项目进展顺利。招商引资力度不断加大，引进世界500强企业累计达到17家。四是出口快速增长。全市出口总额达50亿美元，增长76.7%。其中，钢铁产品出口31.5亿美元，机电产品出口6亿美元，分别占出口总额的63%和12%。

【人民群众幸福指数提高】 一是就业再就业工作成效明显。全市城镇新增就业6.8万人，城镇登记失业率为4.4%。基本消除了“零就业”家庭。二是社会保障体系进一步完善。城镇居民基本医疗保险覆盖率达到100%，在全省率先实现“全民医保”；农村新型养老保险试点范围扩大到7个县（市）区；市区低保标准由每人每月225元提高到270元，农村低保标准由每人每年1000元提高到1200元。三是教育、卫生等社会事业取得长足发展。在全市公办普通高中实行了免费教育；农村中小学校舍改造完工10.3万平米。城市社区卫生服务人口覆盖率达到100%。四是城乡居民居住环境进一步改善。重点实施了天燃气进市区工程，完成了市中心区27万居民用户的天然气转换工作。

（王志双　李红海）

统计管理

【概况】 2008年，唐山市经济社会发展遇到严峻挑战和考验，统计调查任务十分艰巨繁重。为了有效地发挥了“数据库”和“参谋部”的作用，市统计局加大了统计观测的频度，实行了统计旬报，增加了月度统计分析报告，统计快报由每月12日之后上报改为9日之前上报。认真解决了部分规模以上工业企业数据和投资项目不能入统的问题，摸清了全市投资项目开工竣工进展情况。地区生产总值、能耗降低率、城市化率、居民收入等主要经济指标顺利通过省局验收审核。经济总量占全省比重、三次产业比重、财政收入占GDP比重等宏观指标真实反映了唐山发展阶段、发展条件、发展结构和发展成果，各项数据的协调性、系统性、完整性明显增强。第二次全国经济普查工作在质量优先原则下扎实推进，清查数据顺利通过省局验收。高质量完成了投入产出调查阶段工作，被评为国家级先进单位和全省数据质量管理先进单位。曹妃甸工业区建立了GDP核算体系。首次公布了各开发区月度统计指标，首次研究整理并推出了唐山湾“四点一带”区域主要指标体系。全年共撰写统计分析、信息、专题报告286篇，市委、市政府、省局领导批示45篇。

【关注社情民意】 在全省率先开展了居民消费信心指数、就业信心指数调查。圆满完成了文明城市满意度调查、组织工作满意度调查、“效率年”活动满意度调查、环境保护满意度调查、社会公众安全感调查等大型调查任务。开展了“农民所思所盼专项调查”和“农民自愿到城镇购房居住问卷调查”等系列调查。

【制度创新】 在统计工作管理、专业统计方法制度建设上广泛创新。制定完善各项方法、制度21项，其中统计电子台帐制度、能源消费季度核算方案、服务业统计方法制度等7项创新制度在全省得到普遍推广，受到全省统计系统的一致好评。

【提高统计质量】 一是强化基层基础。全面推行统计台帐制度，市县两级统计部门分别对重点企业、重点项目建立了跟踪台帐。加强网络建设，全市县乡计算机联网率已达92.6%。强化了基层统计人员的业务培训，市级轮训乡镇统计站站长、县级轮训村统计员的工作陆续展开，全年组织了2158人参加统计从业资格培训。二是加强审核评估。严格执行省、市、县三级GDP联审制度，按照省局各专业制度的变动，重新制定了《唐山市主要统计指标下核一级工作方案》，逐步缩小了市县两级数据差距。服务业统计制定了“三个统一”审核办法。投资统计、能源统计建立了部门协作审核机制，通过与市直部门沟通和了解，再次验证统计数据。三是延伸数据链条。搜集整理具有可比较的外地数据、本地历史数据和其他相关数据，建立了不同体系的数据库，在分析对比、揭示规律运用数据的过程中检验数据。市统计局撰写了改革开放30周年系列发展成就分析报告，从30年的历程中揭示了各行业发展演变规律。建立了27个沿海开放城市主要统计指标数据库和京津冀都市圈主要指标数据库，通过对比分析，找出本市发展中的差距和

潜力，明确了加快发展的追赶方向和目标。

【强化统计服务职能】 一是开展经常性的调查研究。制定了统计局领导班子成员和每个处室下基层调研的制度。二是建立经济预测预警系统。针对宏观经济环境变化幅度大、频率高的新情况，建立了经济预测预警系统，形成了以108家重点企业为源头、以县区为信息搜集节点、以市局为处理中心的信息快速收集网络。三是建立主要指标旬报制度。加大了统计观测和报告频度，为市领导在第一时间掌握宏观市场变化对本市经济的影响提供了快捷的信息服务。四是坚持每月召开经济形势分析会。根据经济运行和市场变化情况，坚持每月召开由各县（市）区统计局和重点企业负责同志参加的经济分析会议，收集了大量基层经济运行实情，增强了所提对策建议的针对性和有效性。

【加强统计法制建设】 一是扩大社会宣传。借助报纸、电台、电视台、网络等强势媒体，加大了对统计工作、统计活动和统计信息的宣传报道力度，特别是结合第二次全国经济普查，营造了强大的统计宣传声势。二是加强法制教育。着眼提高统计人员主动执法意识和执法能力，开展了经常性的法制教育和职业道德教育。三是强化执法检查。组织开展了统计执法集中检查，对全市县级统计机构及重点企、事业单位进行了重点抽查，共检查436个单位，查处36起统计违法案件，两起案件在内网上曝光，为统计工作创造了良好的法制环境。

（吴 兴）

审计管理

【概况】 2008年，唐山市审计机关坚持“依法审计、服务大局、围绕中心、突出重点、求真务实”的工作方针，进一步加大审计监督力度，深入揭示障碍全市经济发展的违规违纪问题，审计工作取得突出成效。全年全市共审计单位557个，完成效益审计项目141个，查处违规资金601245万元，纠正管理不规范资金354215万元，上缴财政资金248007万元，促进增收节支244760万元，核减投资额10077万元。提出审计建议753条，被采纳602条；提交信息简报318篇，被批示采用169篇。有效发挥了审计的职能作用，为维护全市经济秩序，促进经济平稳较快发展，促进科学发展示范区和人民群众幸福之都建设做出了积极贡献。在做好各项审计工作的同时，全市审计机关还注重加强了对内部审计工作的指导，较好地发挥了内部审计在改善经营管理、提高效益等方面的积极作用。市公安局等5个单位被评为全省内部审计工作先进单位，中冶京唐建设有限公司被评为全国内部审计工作先进单位。

【财政审计】 着眼保增长、保民生、保稳定的目标要求，遵循收入与支出审计并重，真实性、合法性、效益性审计并重的原则，全市审计机关继续强化财政预算执行审计的“龙头”地位，进一步加大财政预算执行审计的力度。全年共审计预算执行单位110个，查处违规资金224282万元，上缴财政资金133749万元。特别是通过对市本级20个一级预算单位、28个二、三级预算单位和12个重点建设项目的审计，揭示出年初预算编制不细化、不完整，预算调整幅度较大，财政结余结转资金数额大，部分收入未按规定及时上缴国库，部分财政收支未纳入预算管理，部分企业欠缴税费，违规返还土地出让金，违反“收支两条线”规定坐收坐支，专项资金使用、管理不规范，帐外核算收支，政府采购不够规范等问题。延伸审计21户建筑安装、18户交通运输、28户房地产和13户其他行业企业，发现23户企业无缓交审批手续，企业未申报，欠缴税费26372万元。同时，积极开展了财政决算审计，共审计单位49个，查处违规资金41236万元，纠正管理不规范资金4245万元。在揭示问题的同时，审计机关注重从制度上、机制上提出了审计建议和整改措施，促进了财经秩序的进一步规范。

【固定资产投资审计】 针对全市固定资产投资规模不断增长的实际和新形势新任务对审计工作的新要求，全市审计机关以贯彻执行《唐山市政府投资建设项目审计监督办法》（唐山市人民政府令［2008］1号）为契机，进一步加大对固定资产投资特别是重点建设项目投资审计和审计调研的力度。全市共审计固定资产投资项目135个，查处违规资金225094万元，纠正管理不规范资金6384万元，核减投资额10077万元。通过对市本级财政投资的21个重点建设项目的竣工决算审计，查处违规资金224196万元，纠正管理不规范资金3379万元，审减高估冒算资金6727万元。同时，全市审计机关积极适应新形势、新任务对审计工作的新要求，坚持把审计与审计调研相结合，充分发挥了审计的建设性作用。通过对全市污水处理项目投资效益和部分县（市）区乡镇、街道工程建设管理情况的审计调研，对污水处理项目的投资效益、经济效益、环境效益和社会效益作出评价，找出了影响项目投资效益、环境效益和社会效益发挥的制约因素，并揭示出了乡镇、街道工程建设管理中带有普遍性和倾向性的突出问题，深入分析了产生问题的深层次原因，提出了具有可操作性和决策参考性的整改建议。

【社保审计】 全市审计机关以关注民生、维护人民群众切身利益、促进构建和谐社会为目标，进一步加大对养老保险、失业保险以及住房公积金等与群众切身利益紧密相关的社会保障资金的审计力度。全市共审计社保项目58个，审计资金总额1028363万元，查出各类有问题资金18324万元，通过审计，上缴财政资金3278万元。通过对87户规模以上企业缴纳社保资金情况的审计，揭示出企业应缴不缴社保费17439万元、企业申报不实漏缴社保费8671万元、企业应保未保造成漏缴社保费12542万元等问题。揭示出的问题主要有三方面：一是企业应缴不缴。延伸审计22户欠费10万元以上生产经营正常的企业，欠缴社保费17439万元。二是企业申报不实漏缴社保费。通过对65户企业审计，有33户缴费基数申报不实，占审计企业户数的51%，少缴社保费8671万元。三是企业应保未保。延伸审计32户房地产、钢铁企业，有15户未办理社会保险，按发放工资总额计算造成企业漏缴社保费12542万元。通过对滦南县、迁西县、遵化市规模以上企业的参保情况的审计调查，发现有144户企业未申报社会保险费，占企业总数的50%。未申报企业从业人员总数为14704人，按2007年省社平工资1383元的60%计算，漏报工资基数14641万元，当年漏缴养老、失业保险费4538万元。

【经济责任审计】　全市审计机关根据组织部门委托，先后对110个单位118名领导干部进行了经济责任审计，查处违规资金32386万元，纠正管理不规范资金14851万元。通过审计，进一步提高了领导干部依法行政、认真履行经济责任和遵守财经法纪的意识。同时，总结了当前领导干部履行经济责任中存在的突出问题，提出了加强和完善领导干部监督管理的意见措施，为组织人事部门考核、使用干部提供了参考依据。

【其他专项审计】　对行政事业单位的审计。全市共审计行政事业单位159个，查处违规资金35208万元，纠正管理不规范资金24013万元，上缴财政资金26653万元。市审计局通过对唐山工业职业技术学院等5个单位的审计和对20个行政事业单位公用经费支出情况的审计调查，揭示出唐山工业职业技术学院2007年度应缴未缴财政专户款711.63万元、虚列经费开支350万元、应转未转在建工程款600万元等问题。

对国土资金管理使用情况的审计。为促进和规范国有土地资金的管理使用，全市审计机关组织对迁安、滦南、滦县、乐亭、唐海、玉田、迁西7个县（市）国土资金进行了审计。通过对7个县（市）48个局、委、办、乡镇和322个用地单位、113个土地开发整理项目的延伸审计，查出管理不规范资金180891万元，上缴财政资金43784万元。揭示出三个方面主要问题：一是土地出让金征收、解缴、管理使用不规范。一些地方存在免收、缓收、欠收、市政基础建设欠款抵顶土地出让金的问题。有的国土部门欠交土地出让金，违规收取建设期押金，先征后返土地出让金，应缴未缴契税，自定政策收取土地流转费，土地出让业务费未实行收支两条线管理，出让金管理不合规以及出借资金等问题。二是土地出让、供应不规范。存在容积率改变未加收出让金减少财政收入，经营性用地未招拍挂，违规出让或虚假挂牌，违反供地程序出让土地，违规使用土地，超范围划拨，违规批准临时占地，国家重点项目未批先占以及建设部门违规拍卖土地使用权等问题。三是土地开发整理资金及项目建设管理不规范。存在土地开发整理资金及项目建设应征未征、应缴未缴耕地开垦费，结存土地开发整理资金，挤占挪用开发整理资金，土地开发整理项目管理不规范、手续不健全、个别项目未按计划实施以及未严格执行项目招投标制等问题。

对国有企业资产运营和改制情况的审计与调查。围绕国有企业资产运营和改制情况，重点对冀东水泥集团2007年度资产负债损益情况进行了审计，并对市属国有企业改制情况进行了审计调查。在对冀东水泥集团公司资产负债损益审计中，揭示出虚减利润6243万元、少缴所得税2093万元、帐外收支152万元、延迟交纳税费1687万元、集团公司占用上市股份公司资金4647万元以及少缴排污费、河道费273万元、出借资金形成损失、隐瞒货币资金等七大方面24个问题。在对国有企业改制情况的审计调查中，揭示出改制企业清产核资中漏计贷款担保，形成担保损失370万元，未按规定收取土地租赁费造成少收290万元，未实现改制后合资企业发展目标以及职工安置费资金缺口较大等问题。

对金融行业的审计。以检查内部控制制度为切入点、以揭露重大违规违纪问题为突破口、以从宏观上提出加强管理、提高效益的意见建议为目标，先后对市建设投资公司、市城市建设投资有限公司2007年度预算执行以及市商业银行新苑路支行、文化路支行2007年度资产负债损益情况等进行了审计，并对市科技风险投资担保有限公司2006年度担保资金使用效益情况和市建设投资公司、市城市建设投资有限公司资金使用及效益情况进行了审计调查，查出违规违纪资金9482万元，纠正管理不规范资金9233万元，提交专项审计调查报告2篇，提出合理化建议21条。

对重点专项资金的审计。根据省、市安排部署，全市统一组织开展了对2006－2007年度各级安排实施的社会保障、医疗卫生和大型公益性建设10项重点专项资金审计。涉及21个县（市）区、117户企业，涉及资金1707025万元。通过审计，查出有问题资金24981万元。其中，社会保险基金17781万元，大型公益性建设资金5727万元，农村卫生基础设施建设专项资金1473万元。审减工程款802万元。全市专项资金审计工作得到了省督导组和市委、市政府领导的充分肯定。市委、市政府和省督导组先后听取了专项资金审计工作情况汇报，并对审计工作取得的成效给予了充分肯定。

对抗震救灾资金物资的审计。根据省、市统一安排部署，全市审计机关认真组织开展了对四川汶川抗震救灾资金物资的专项审计工作。市审计局对市援建过渡安置房建设款物开展了全过程现场跟踪审计。全市共审计救灾捐款25884万元，向省厅和市政府出具审计报告6篇。通过审计，揭示出救灾资金账户设立不规范、汇总重复计算等问题。

【提高审计工作质量】　全市审计机关坚持把深化优秀审计项目评选活动和加强审计信息化建设，作为提高审计质量和执法水平的重要措施，坚持常抓不懈。通过审计案例剖析、资料展评、分析研讨、优秀审计案例评选表彰和选送骨干外出学习深造等多种形式，不断提高审计干部的业务技能。同时，注重加大资金投入，加强审计信息化硬件建设和计算机审计的推广应用，为确保审计质量提供了技术支撑。在2008年全省优秀审计项目评选活动中，唐山市有两个项目获优秀奖，位居前列。在国家审计署、省审计厅组织的计算机审计专家经验评选

中，唐山市有11篇分别入选全国、全省计算机审计专家经验，居全省首位，有1个审计项目被评为全国审计机关AO应用优秀实例。市审计局被评为全省计算机审计专家经验优秀组织单位。

（陈　平）

人事管理

【制定完善人才政策和规划】 市委、市政府出台了《关于进一步加强人才工作若干政策的实施意见》、《人才强市行动计划》，就做好人才引进、培养、使用和管理工作提出一系列政策措施。在开展人才需求普查的基础上，深入"四点一带"和全市重点建设项目等79个单位进行调研，摸清了全市2008－2015年人才需求情况。根据建设科学发展示范区的总体规划和要求，编制了"一个体系、两个规划"，即《唐山市科学发展示范区人力资源支撑体系》、《唐山市科学发展示范区人才发展规划》和《曹妃甸新区人才发展规划》。通过规划先行，把人才工作进一步引向了科学发展的轨道。

【实施人才引进攻坚行动】 针对科学发展示范区建设人才需求的超常性，突出"三个重点"组织实施人才引进攻坚行动，即以唐山湾"四点一带"、"四城一河"、高等院校等为主要服务对象，以硕士以上研究生为重点的高层次人才引进攻坚行动；以重点建设项目为主要服务对象，以引进紧缺人才和高技能人才为重点的攻坚行动；以全市各企事业单位为服务对象，以安置大中专毕业生就业为重点的"春雨行动"。全年成功招聘和配置各类人才3.5万余人，同比增长了80%。人才引进的数量、质量均创历史新高，引进高层次、高技能和紧缺专业人才10315名，同比增长一倍多。其中，引进博士33名、硕士443名，企业家和其他高级经营管理人才178名。

【深入开展智力引进工作】 院士引进实现新突破，在开滦集团、唐钢股份有限公司、河北理工大学、曹妃甸工业区、迁西县、华北煤炭医学院建立了6家"特邀院士工作站"，15名两院院士被市政府聘为"特邀院士"。举办了"唐山科学发展示范区建设两院院士高层论坛"、"循环经济及钢铁产业结构调整优化升级"专题报告会等活动。全面推进与国内著名高校合作，"一把手"带队"十上京津，五进清华"，在实践中提出了"重点高校从京津突破，京津高校从清华突破，全面合作从项目突破，高层次人才引进从挂职突破"的工作思路和具体方案，取得了一系列成果。与北京交通大学达成人才智力整体合作协议；在陶博会上与各高校现场签约8个项目；引进了15批220多名专家、博士来唐服务，解决技术难题91项；建立了清华大学研究生社会实践唐山基地，第一期天津大学、北京科技大学53名博士、硕士已完成在唐山的挂职锻炼工作。积极做好引进外国专家、留学人员工作，申请国家和省引智项目5个，项目经费资助总额达99万元。其中，"时速300公里动车组项目"被列为国家重大技术引进项目，是建国以来最大单项资助项目。成功举办了河北·唐山第三届农业引智成果精品推介会、"中美曹妃甸物流发展国际研讨会"。1名外国专家荣获国家"友谊奖"，两人获省"燕赵友谊奖"。设立了"凤凰友谊奖"，10人获奖。

【加大人才培养培训力度】 加强专家选拔和高层次人才培养。2008年，获省批准特殊津贴专家两名、有突出贡献专家8名、优秀专家出国培训人选两名。先后选拔24名优秀中青年专家和业务骨干赴国内外高校、科研单位培训。组织专业技术人员创新能力培训35期，3000余人参加了培训与考试。通过委托国内外高校培养、举办培训班和讲座等形式，大力培养高层次和紧缺实用人才。同重点高校联合培养港口管理、EMBA、港口航道工程、机械装备设计、船舶制造等专业的硕士班和专业班已启动。举办人力资源师、物流师等各类培训班52期，为唐山供电公司、城市污水处理有限公司等400余家用人单位培训紧缺实用人才4454人。

【强化人才服务】 加强人才市场建设，不断完善服务功能，全年举办人才交流活动136场次、小型专场招聘会23场次，举办了系列网上人才智力交流大会，充分发挥了配置人才资源的主渠道作用。积极拓展服务领域，进一步加强了人事代理、人才派遣、人才猎头等项工作，新增代理1.3万人，为各类企事业单位派遣员工1049人。启动了唐山市高层次人才信息库和人才资源数据库建设，已经完成结构框架设计和部分数据采集工作，分别建立了"两院院士"信息库、重点高校学科带头人信息库、唐山籍外地专家信息库和本地市管以上专家信息库。通过《人民日报》、《经济日报》等26家主流媒体和22家全国各大专业人才网站，广泛宣传高层次紧缺专业人才需求及人才优惠政策，营造了浓厚的人才氛围。

【加强公务员队伍建设】 1.严格考试录用。开展了在公务员岗位工作未予登记人员考核录用工作，对笔试成绩合格人员进行量化考核，为考试考核合格的2896人办理了公务员录用手续。精心组织警察录用工作，经过资格审查、笔试、面试、体检等环节，从3000名报名人员中确定了300名拟录用人选，圆满完成了省交给的任务。为市政府办公厅公开选拔了3名工作人员。此外，公务员登记工作2008年开始从集中登记转入日常登记，共登记公务员2642人、参照管理单位工作人员58人。2.扎实开展培训。针对公务员队伍实际和不同层次需要，大力推进公务员依法行政、电子政务、MPA核心课程等项培训，着力提高公务员队伍的社会管理和公共服务水平。11429名公务员参加了MPA核心课程培训考试，155名公务员参加了电子政务培训。积极申请加入中国国家人事人才培训网，举办了人事干部培训班，不断提高公务员培训水平。3.加强考核管理。在考核方面，进一步完善公务员考核办法，积极探索科级及其以下公务员绩效考核评价办法，建立量化指标体系，增强针对性和可比性。组织完成了2007年年度考核及2008年上半年考核工作，起草了《唐山市公务员绩效评估实施办法》。在选

拔任用方面，严格规范竞争上岗的程序方法，全程参与正科级岗位的竞争上岗工作。坚持按职数和条件配备干部，坚持把民意测验作为确定考察对象的必经程序，把民意测验结果作为干部使用的重要依据。共组织指导竞争上岗23次，任免科级干部237人。在表彰奖励方面，会同有关部门组织开展系统表彰工作，推荐申报省级先进个人75人次、先进集体22个，评选表彰市级先进个人367人次。4. 加强公务员信息库建设。组织各县（市）区和市直有关部门做好公务员信息采集、录入建库、数据上报工作，全市政府系统公务员信息库建设工作已经基本完成。同时，对原有的科级公务员数据库进行了完善。

【深入推进人事制度和工资制度改革】 1. 全面开展事业单位岗位设置工作。按省部署和要求，全面开展了事业单位岗位设置管理工作。研究制定《唐山市事业单位岗位设置管理实施细则（试行）》等政策措施，采取有力措施扎实推进，及时妥善处理存在问题，加强思想政治工作和政策宣传，确保了这项工作的稳妥有序进行，全市已基本完成岗位设置工作。积极做好聘用合同签订和鉴证工作，为市属事业单位履行聘用合同鉴证手续1504人，为市直教育、卫生、科技等系统履行聘用合同鉴证手续15178人。2. 扎实做好职改工作。以抓规范、抓完善、抓提高为重点，安排部署了全市2008年专业技术资格申报评审工作，向省申报高级专业技术职务资格3159人，经市组织评审，2952人获得中级专业技术职务资格。加大评委人员推选力度，在全市范围推选专业技术骨干，按专业进入市中级评委库。对778名硕士研究生和大中专毕业生认定了中、初级资格。完成公安系统高、中、初级专业技术资格申报评定工作，向国家公安部申报并通过高级职称资格14人，向省公安厅推荐中级职称资格19人。3. 认真做好工资改革工作。一是会同财政部门，研究制定了机关公务员补充提高第一步津贴标准方案和适当给事业单位人员预发工资性补贴标准方案，经上级批准已经实施，完成了机关增资和事业单位预发的审批工作。二是完成了新纳入公务员管理的人员工资兑现、正常晋升工资和年终一次性奖金发放工作。为367名原在公务员岗位工作未予登记人员和1200余名2006年度及以后计划分配到机关事业单位的军队转业干部审核兑现了工资待遇。三是具体协调组织解决企业分离办社会遗留教职工的安置难题，与开滦集团签署了《关于开滦（集团）有限责任公司76名中小学教职工移交地方的协议书》，对6名原华新集团和启新水泥集团中小学退休人员进行了妥善安置。此外，加强调研，针对机关事业单位工资制度改革后存在问题，认真分析提出合理解决建议。撰写了题为“关于如何提高我市机关、事业单位人员收入水平的建议”的调查报告。

【力促大中专毕业生就业】 不断完善促进大中专毕业生就业的政策措施，积极引导毕业生多形式、多渠道面向基层就业，全年推荐1.9万名高校毕业生走上工作岗位。重点抓了三个方面：一是举办多种形式的毕业生就业市场。为河北理工、唐山学院、唐山职业技术学院等6所院校举办了“一校一场”专场招聘会。组织了2008年全国高校毕业生就业网络联盟春季、夏季联合招聘周，2008届毕业生网上人才交流大会等大型网络招聘活动。二是拓宽就业渠道。加强高校毕业生就业见习基地建设，唐钢、中材重机已分别被列入首批国家级和省级就业见习示范基地，吸收见习生158人，同时启动了市级就业见习示范基地建设，提高了毕业生的就业能力。深入实施高校毕业生“三支一扶”计划，招募“三支一扶”志愿者92名，分赴各县区农村基层，分别从事为期两年的“支农、支教、支医、扶贫”服务。三是加强就业指导和服务。开展人才市场校园行活动，聘请就业指导师在全市8所大中专院校作就业政策、人事代理服务巡回讲座，将就业政策、需求信息送进校园，举办了“成功创业典型事迹报告会”。开展特困家庭高校毕业生就业帮扶活动，采取“手拉手、一帮一”的方式，成功推荐34名特困家庭高校毕业生就业。积极做好汶川大地震受灾地区毕业生就业帮扶工作，为甘肃畜牧工程职业技术学院安置了3名大专毕业生到唐山轨道客车有限责任公司就业。

【扎实做好军转安置工作】 一是认真完成安置计划。全年接收军转干部370名，其中计划安置345人。在深入调研的基础上，制定了2008年全市军转干部分配计划；召开了市军转干部安置工作领导小组会议和全市军转干部安置工作会议，对2008年全市军转安置工作进行了全面部署。突出安置重点，实行考试考核相结合、综合测评、量化积分、双向选择、择优分配的办法，提高安置工作质量，安置工作全部到位。同时，为2004年以来5名军转家属协调了安置单位，安置干部身份随军家属9人。做好军转干部岗前培训工作，提高军转干部对地方工作岗位的适应能力。二是加强自主择业军转干部管理服务。全年实际接收自主择业转业干部25人。建立了定期联系、节日慰问、伤病探望、困难帮扶、年度签到、情况报告等6项工作制度，认真落实退役金、医疗保险、独生子女费、冬季取暖费等项待遇。通过推荐就业、帮助创业、发放困难补助金等方式千方百计为自主择业军转干部排忧解难。唐山市自主择业军转干部管理服务经验在2008年8月召开的全国自主择业军转干部管理服务工作经验交流大会上作了经验交流。三是积极做好企业军转干部解困维稳工作。严格落实解困政策，调整了生活补贴和基本养老金补贴标准，保障了企业军转干部工资、养老金、医疗费等的及时足额发放到位。认真抓好企业军转干部信访处理接待和思想教育稳定工作，专门制定了奥运会期间解困和稳定工作措施，重要节日和重大敏感时期均派专人赴京参加信访值班，全年共处理企业军转干部来信（来电）来访160余起，领导督办件12件，涉及400余人次。坚持把思想工作与解决实际困难相结合，做好节日慰问和解难工作，春节、“八一”期间发放慰问款物160余万元。

【做好体制改革人员划转工作】

按照全市体制改革的部署，精心

组织安排，严格审核把关，完成了3个单位的人员划转工作。其中，为城市管理行政执法局划转干部101人，工人136人；对10个县（市）区住房公积金管理机构的133名人员进行了划转；对四区医保中心符合条件的人员进行了划转。认真做好芦台、汉沽两区行使管理职能单位和人员过渡工作，制定了《关于芦台、汉沽两区行使管理职能单位和人员的过渡方案》。成立了由市人事、劳动、编制、纪检等部门人员组成的核查小组和档案材料审核小组，对2300余人的档案、编制、工资、保险等材料进行了审查，就有关问题经领导小组研究达成了一致意见并形成《会议纪要》。

【精心组织各类人事考试】 加强职考工考“从严治考”品牌建设，保证公平竞争的考务环境。全年组织职称外语、计算机技术与软件、卫生、注册税务师、质量、二级建造师、全国职称计算机、河北省职称计算机等各类职称考试14项，报考人数33430人次。组织开展了全市初级工、中级工、高级工、技师正常晋升的报名资格审查工作，确定市直各单位、中省属驻唐单位和部队符合晋升条件人员18758名，已经完成技师考试任务，正在组织高级工考试。事业单位工作人员招聘工作已逐渐步入正轨，各单位出现空缺时，均采用面向社会公开招聘的办法择优录用，先后为市畜牧水产局、粮食局、建设局、城管局、人防办等下属事业单位招聘5批，报名260余人，聘用57人。

【人事争议仲裁和医务劳动鉴定工作】 积极做好人事争议仲裁工作。全年接到仲裁申请17份，通过调解，对唐山师范学院、市人民医院、市建设局等单位的人事争议案件进行了妥善处理，对不属于人事争议仲裁范围的申请案件进行了妥善疏导。配合省人事厅组织开展了两期专兼职促裁员培训班，对200余人进行了培训。组织了机关事业单位医务劳动鉴定，为市直235人进行了工作能力鉴定，年内完成对县区申请人员的鉴定。

（张志辉）

劳动管理

【就业再就业】 市委、市政府把就业再就业工作列为2008年为民办实事的首位，努力克服经济危机影响，千方百计扩大就业，全市就业局势继续保持稳定。全年城镇新增就业6.8万人，下岗失业人员再就业3.06万人，其中就业困难对象再就业1.04万人，新增转移农业劳动力5.5万人，分别完成省下达目标的113%、119%、196%、110%。在全面完成主要任务目标的同时，突出了就业援助和创业帮扶工作。一是进一步完善了就业扶持政策。充分发挥失业金促就业的功能，用6亿元资金做保证，出台了《关于加强就业困难人员就业援助的意见》等4项政策性措施，支持企业停产、减产期间加强职工技能培训，帮助与鼓励企业实现停产不裁员、减薪不失业。2008年，全市城镇登记失业率控制在4.17%以内，低于省达目标。全市共消除“零就业家庭”128户，“零就业家庭”保持动态为零。妥善安置518名贫困家庭子女到技工学校就读，实现“就业一人，脱贫一户”的目的。全年全市共支付促就业资金2.15亿元，充分就业社区达到61个，比重占全省的1/5，总数位居全省第一。二是实施了农民进城就业无障碍工程，废除了农民进城务工的所有歧视性政策，各级公共就业服务机构为农民进城务工开展了免费服务。全年免费为农民工办理《就业失业登记证》1.7万个。唐山就业网受到人力资源和社会保障部通报表扬。三是进一步加大了创业帮扶力度。与市商业银行正式签定了协议，解决了小额贷款担保资金放大比例问题。全年为890名自谋职业或自主创业人员发放小额贷款3767万元，放款额多于前5年之和，居全国100个重点联系城市中第37位。《中国劳动保障报》对唐山城市小额贷款担保工作做了充分报道，唐山的做法也受到省厅的通报表彰。在全市开展了“全民创业服务月”活动，举办了“赢在唐山”青年创业设计大赛、大学生创业典型走进高校报告会等大型活动。对有创业愿望的3274人开展了创业培训，有1435人实现了成功创业。唐山市被省确定为“全省创业成果展示活动先进典型”，滦县被劳动保障部定为“国家农村劳动力转移就业服务体系基本设施建设项目”试点县。四是不断加大农村劳动力转移培训资金投入。将中央和省级财政及市、县财政配套资金捆绑使用，根据不同专业、不同培训时间提高了相应的补助标准。在原200元、400元、600元三个补助标准的基础上，新增了800元的标准。失地农民培训在2007年100人试点的基础上扩大到1000人，培训补助标准提高到每人1000元。全年全市农村劳动力转移培训“阳光工程”共培训近10万人，向非农领域转移就业15.2万人次。滦县、滦南、乐亭等县区劳务输出品牌效应日益显著，丰润区组织864人成功赴沙特、利比亚务工，使境外劳务输出取得了新突破。五是广泛开展了专项就业服务活动。先后组织了“再就业援助月”、“春风行动”、“民营企业招聘周”、“大中专毕业生招聘周”等一系列活动，提供就业岗位7万个，安置就业3万余人，走访就业困难家庭4462户，帮助就业困难人员实现就业2472人。另外，全市还开发各类公益性岗位8000余个。六是充分发挥人力资源市场服务功能。全市各级人力资源市场按照《就业促进法》和《功能手册》的规定，进一步完善服务功能，实行“一站式”服务，定期举办专场招聘会。市本级人力资源市场在全省率先创建了新型就业合作制度，与华北煤炭医学院等高校结成了就业指导与服务联盟，实现了“高校毕业生－市场－用人单位”的有效对接。

【职业技能培训】 全年职业技能鉴定6.2万人，培养新技师1640人，全市技工学校招生1.2万人，分别完成省下达目标的112%、137%、133%，三项指标均列全省第一。正式引进了德国的“双元制”教学模式，在市劳动高级技校开设了两个中德合作试验班，一个中日合作试验班。学生毕业后可获中德双方毕业证书和中德双方职业资格证书，并可直接在德国和欧盟各国在华企业优先就业。技工教育

正式实现了与国际接轨，在全省起到了率先垂范作用。同时，结合唐山产业结构和大项目的开发，主动与企业联系，适时调整专业设置，开展定单、定向培养，把“入校等于就业”、“学习为了工作”做为培养实用技能人才的理念，为经济发展和促进就业做出了贡献。唐山劳动高级技校于9月份如期启用。首期在校生人数5000人，其中有40名学生来自四川地震重灾区。12月顺利通过了晋升“技师学院”的考核验收工作。市劳动高级技校被国家人力资源和社会保障部评为“全国抗震救灾突出贡献学校”。2008年10月份在全省技工教学工作会议上介绍了经验。

【劳动关系调整】 2008年，全市为劳动者追回拖欠工资8998.4万元，依法处理劳动争议3266件，调处矛盾纠纷640起，涉及经济标的6445万元，接待群众来访4268批次、15685人次。督促企业补签劳动合同6.3万份、补缴社会保险203万元，用人单位和劳动者签订劳动合同、缴纳社会保险的自觉性和积极性有所提高。在奥运会和残奥会期间，深入开展“大接访”活动，集中解决了一批群众关心的民生问题和群众急需解决的利益诉求。在年底经济危机影响加重期，针对农民工提前返乡实际，及时将讨薪工作列入工作重点，集中开展了追讨拖欠农民工工资攻坚行动，切实维护了农民的合法权益。2008年唐山市作为全省先进代表参加了全国农民工工作表彰大会。

（苗　磊）

国土资源管理

【保障经济发展用地需求】 2008年，唐山市在年初省下达820公顷计划指标的基础上，国土资源部定向下达用地计划指标600公顷，省先后五次追加用地指标818公顷，全年累计用地指标2238公顷，比上一年增加1438公顷，保障了“四点一带”建设、市危旧平房改造等一大批重点项目用地。土地供应中，严格执行土地利用总体规划和年度计划，严格执行限制和禁止供地目录，对高能耗、高污染和其他不符合国家产业政策的项目坚持不予供地。在计划指标安排上，按照“区别对待，有保有压”和“集中指标保重点，一般项目靠挖潜”的原则，将计划指标重点向“四点一带”和“四城”建设进行倾斜，同时统筹考虑县域经济发展及民生用地需求，安排124个急需建设项目。“四点一带”范围内26个建设项目使用新增建设用地计划指标418.1158公顷（农用地56.7203公顷、未利用地361.3955公顷），占年初省下达新增用地计划指标的51%。利用部、省追加计划指标安排“四点一带”区域项目用地1009.9公顷，占追加指标总量的71.22%。制定出台《关于海域证换发土地证有关问题的意见》，解决围填海形成的土地的使用权确定问题，促进了围海造地的实施。大力推进土地利用总体规划优化布局调整工作，将零散的规划建设用地，集中调整到未利用地区域，方便安排重大建设项目。先后完成滦县、玉田县土地利用总体规划优化布局调整工作，经省政府批准实施。坚持严把土地“闸门”，全面落实耕地保护的各项政策措施，大力组织实施土地开发整理项目，严格项目踏勘、管理和检查验收。全市共申报省级土地开发整理项目6个，规模1908.6公顷，投资3634.5万元，可新增耕地256.5公顷；安排市级土地开发整理项目61个，规模10671公顷，投资14519万元，可新增耕地1547公顷；组织验收土地开发整理项目54个，新增耕地1770公顷，实现了全市耕地占补平衡目标，全市基本农田面积稳定在50.11万公顷。拟定《唐山市人民政府关于全面推进节约集约用地的实施意见》（征求意见稿）和《在科学发展示范区建设中实行节约集约用地的试点方案》（征求意见稿），对全市节约集约用地提出规范性意见。组织开展土地置换潜力调查，上报土地置换复垦立项29个，面积193.9公顷，通过省厅验收23个，面积135公顷，使用土地置换指标66.3公顷，解决了20个项目用地问题。加快推进城中村改造工作，完成许家庄村、税西村、税中村、龙王庙村4个平改楼村的征地、供地工作，共征收土地86.8公顷，供地70.2公顷。

【规范矿产资源开发秩序】 严格落实探矿权、采矿权设置方案制度，组织完成遵化、迁西探矿权设置方案编制工作。严格探矿权管理，重点查处“边探边采”、“以采代探”及非法转让探矿权等违法行为。加强矿产资源监管制度建设，进一步规范了超层越界采矿查处和矿权审批工作。组织开展整顿和规范矿产资源开发秩序“回头看”行动，集中打击非法采矿行为。全市共炸毁、封填矿井241眼（次），收缴、扣押设备92台（件），拆除工棚700余间，遣散人员1800余人。深入开展打击非法盗采国有矿产资源专项行动、依法打击煤矿超层越界开采“十日会战”专项行动，严厉打击各类矿产资源违法行为。累计爆破、封填毁闭各类非法矿井（点）86个，毁闭非法生产用房61间，扣缴生产设备10台套，抓获嫌疑人32人，刑事拘留其中的29人，维护了全市矿业秩序的稳定。积极推进地方煤矿资源整合，起草了《关于规范唐山市地方煤矿资源整合工作意见》，编制完成了《唐山市地方煤炭资源整合规划方案（送审稿）》。按照“就矿找矿”的原则，重点对北部遵化、迁西、迁安已有矿产地开展深部延伸勘查，取得明显成效。全年新增铁矿资源储量1.5亿吨，煤矿资源储量5000万吨，金矿金属量7吨。全面落实矿山生态环境恢复治理保证金制度，全市征收保障金1.75亿元。制定下发《唐山市矿山环境恢复治理实施方案》，对全市矿山环境恢复治理工作进行总体安排，提出了全市矿山环境初步治理工作在3年内基本完成，10年内还清全部欠账的总目标。全年共投入矿山环境恢复治理资金1.5亿元，治理矿区面积7680亩。大力推进地质环境治理项目的实施，积极争取上级专项治理资金开展地质环境恢复治理工作，南湖采煤塌陷区、开滦煤矿大白井煤厂2个国家级矿山地质环境治理项目获批准，落实中央资金1420万元。

【推进海洋资源管理】 围绕服务曹妃甸重大项目用海，加快推进

市级海洋功能区划的修编和曹妃甸总体规划审批工作。《曹妃甸工业区近期工程区域建设用海总体规划》已经国家海洋局批准，为曹妃甸重大用海项目审批提供了依据。《唐山港海洋功能区划修改方案》顺利完成，调整意见通过专家评估，经市政府常务会议审议通过，上报国务院审批。加快推进重大用海项目审批工作，组织完成25个项目的用海审查和组卷上报工作。曹妃甸通用码头、曹妃甸通用码头二期、京唐港5港池三期填海、京唐港挡沙堤三期东平行潜堤等4个项目经省海洋局批准。完成冀东南堡油田14、15号人工岛油气开采项目使用海域的审查。完成京唐港股份有限公司海域使用权评估及权属转移的相关工作。加强海洋环境保护，启动海洋环境保护规划编制工作。组织开展曹妃甸通用码头等7个项目现场检查，督导项目单位严格落实海洋环境保护措施，防止环境污染事故发生。强化海洋环境监测和预警预报工作。完成京唐港水文气象观测站改造工程，安装了全自动观测系统，实现对曹妃甸和京唐港海域潮位、风向风速、水温等项目24小时连续自动监测。加快推进海域使用动态监视监测管理系统建设，投资90万元，完成基础设施建设、软硬件购置安装调试和全市基础信息录入工作，实现了海域权属管理应用。组织开展乐亭、滦南、唐海三个养殖用海示范县养殖用海普查登记及专项执法工作，顺利通过国家和省海洋局的检查验收。

【加强基层基础工作】 完成丰润区、丰南区27.5平方公里1:500比例尺数字化地形图测绘和唐山市1:500比例尺地形图数据库建设工作。围绕服务“四点一带”开发建设，加大基础测绘投入，重点推进唐山市平面高程控制网复测加密改造工作。启动唐山市城区图编制工作，为各级政府和有关部门提供各类地形图7000余幅，较好发挥了测绘服务保障作用，被国家测绘局表彰为全国市县测绘管理工作先进单位。积极推进第二次土地调查工作，落实了市本级财政预算资金，在丰润区完成了调查试点工作，各县（市）区调查作业队伍招投标工作全部完成。加快推进土地利用现状更新调查市级接边汇总，完成与秦皇岛市、承德市的市级接边工作。全市城镇基准地价进行更新，建立了总面积814.65平方公里覆盖市县区一体的基准地价体系并发布实施。唐山市被国土资源部列为105个地价动态监测重点城市之一，在90平方公里的监测范围内，设立了商业、住宅、工业三类性质用地共73个监测点，建立了监测点的完整纸质和电子档案。编制2008年地质灾害防治方案，完善突发地质灾害应急预案，建立了11个市、县两级地质灾害防治中心和50个乡镇地质灾害防治站，开通了市、县、乡三级地质灾害实时管理与应急指挥系统，为全市地质灾害防治工作提供保障。认真落实各项工作制度，建立并实施分片负责制度，组建地质灾害应急保障小组，在迁西县、滦县组织开展地质灾害应急演练，提高了应急处置能力。加强对重点部位的调查和巡查，组织开展对生产矿山、尾矿库、采空区的专项检查活动，全市未发生重大地质灾害事件。扎实推进县（市）、乡（镇）、村级干部国土资源法律知识宣传教育培训活动，开展4·22地球日、6·25土地日、12·4法制宣传日等宣传活动，进一步增强了广大干部群众知法、守法的自觉性，被国家相关部门表彰为全国县（市）、乡（镇）、村级干部法律知识教育培训活动先进单位。加强国土所规范化建设，进一步提升国土所规范化建设水平，全市124个国土所、505名在编人员全部实现垂直管理。组织全市国土资源系统深入开展科学发展观学习实践活动、“效率年”活动、作风纪律整顿活动和财务大检查活动。完成归并审批职能、成建制进驻、自由裁量权清理、中介组织和行业协会整顿、规范入企检查等项重点工作。狠抓学习教育和自查整改，解决了一些工作、纪律、作风等方面存在的突出问题。着眼于构建更加科学规范高效的管理和运行机制，对机关管理、行政审批、财务管理等制度进行重新梳理和完善。组织全系统深入开展“大调研”活动，为破解难题和做好下一年度工作谋划提供基础准备。通过一系列工作，系统干部职工的服务意识、效率意识、法制意识得到明显增强，工作作风进一步转变，各项管理和工作制度更加科学规范，有效促进了各项业务工作的高效开展。

【加大土地执法监管力度】 建立并落实土地批前复核和批后监管制度。进一步完善了动态巡查责任制，健全了市、县、乡、村四级执法巡查网络。深入开展土地执法百日行动督查整改阶段工作。对全市清理出203件“以租代征”、未批先用违法用地案件进行了查处整改，按照有关文件要求，对符合土地利用总体规划、符合国家产业政策、符合国家供地政策的违法用地，积极申请补办用地手续工作。土地执法百日行动相关工作，得到国家土地督察北京局督察组的充分肯定。全力推进第八次卫片执法检查工作。对路南区、路北区、开平区、古冶区、高新技术开发区和丰润区六个区的189个卫片图斑进行了认真清查，共清查出违法占地49宗，面积3927.3亩，全部按规定移交法院强制执行、移送公安机关追究刑事责任、移送纪检监察机关提出党政纪处分建议。通过一系列的土地执法行动，严厉打击了土地违法行为，健全完善了土地执法长效机制建设，强化了同相关部门的协同配合，构建了“横向到边、纵向到底”的执法监察网络。社会各层面保护耕地、依法用地的意识得到明显强化，土地违法违规案件高发势头得到遏制。

（左红枫）

人口与计划生育管理

【独生子女父母奖励落实工作取得进展】 企、事业单位独生子女父母退休3000元奖励落实工作取得突破性进展。由于各级党委政府高度重视，多方筹措资金，全力推动，截至2008年底，全市已有12个县（市）区全面落实了奖励。总计投入资金5700万元，惠及1.9万名退休职工。

【计划生育家庭困难救助】 自2004年起，唐山市政府把救助计划生育困难家庭列入“民心工程”，市级财政每年拨款70万元建立计划生育家庭专项救助基金。2008年市级救助独生子女死亡家庭124户，发放救助金119.5万元。截止到2008年底，市级累计救助独生子女死亡家庭330户，累计发放救助金322万元。

【全国计划生育基层群众自治工作会议在唐山召开】 10月14日至16日，中国计划生育协会在唐山召开了基层群众自治研讨会，唐山市及丰润区、乐亭县的做法和经验在全国研讨会上得到介绍和推广。唐山市在丰润区和乐亭县开展计划生育基层群众自治试点，探索建立基层两委负总责，计生协会具体承做计划生育日常工作的运行机制，使计划生育各项政策落到了实处。

【计划生育优质服务工作不断深化】 继乐亭县、迁西县和滦南县之后，2008年迁安市又获国家级优质服务县称号。至此，全市省级及以上优质服务县（区）达到9个。2008年11月，全市23个乡级服务站建设项目列入中央新增1000亿投资计划，唐山市人口计生委成为全市最早拿到项目批文的单位。争取国债建设资金363万元。2008年在为全市农村育龄妇女开展生殖健康免费查病服务的基础上，滦南县和乐亭县对育龄妇女补服叶酸实行了政府“埋单”，使开展优生四项检测和补服叶酸免费服务的县区由5个增加到7个。

【计划生育家庭优先优惠政策有新拓展】 继遵化市在《新型农村养老保险试行办法》中对计划生育家庭实施优先优惠之后，迁西、唐海等地也相继出台了“低门槛进入、高标准享受”的具体规定，有力地促进了计生惠民与相关“普惠”政策的对接。

国有资产管理

【国资监管】 一是国资监管政策体系不断完善。先后制定出台了《关于推进市属国有企业改制、破产工作的实施意见》、《唐山市城区企业“退二进三”搬迁改造实施意见》、《唐山市市属国有企业不良资产核销及处置管理办法》等一系列规范性文件。二是国有产权管理工作不断规范。为全市586家国有企业办理产权登记年检，实收资本总额211亿元；完成市属企业国有产权转让和资产处置项目共计13宗，成交额9782.62万元；完成资产评估核准备案项目32项，账面资产37.45亿元，评估值43.28亿元，增值率15.59%。三是国有资产统计评价体系逐步健全。采取月统计和季分析的形式，对企业国有资产的运行情况进行科学有效评价，为领导决策提供依据。截止2008年底，市国资委11家业绩考核企业资产总额272.87亿元，负债总额181.80亿元，平均资产负债率为66.63%，净资产91.07亿元。四是业绩考核工作不断科学化、规范化。在年初对企业经营者兑现上年度年薪的基础上，科学地完善了2008年度考核指标体系，增加了节能减排、安全生产、信访稳定、职工工资增长等定性评议指标，实行定性与定量相结合的办法，综合考量企业负责人的经营业绩。五是职工工资正常增长机制正式确立。研究制定并印发了《关于提高国有企业职工收入的指导意见》，建立了提高职工收入与经营者年薪挂钩机制，倡导推行企业工资集体协商机制，积极推进企业内部工资分配制度改革，从机制上保障让广大职工共享企业改革发展成果。六是国企监事会工作又有新进展。在组建2个监事会、向13家企业派出监事会的基础上，谋划组建并向唐山一运集团有限公司等3家企业派出了监事会。

【国有企业改革和战略重组】 一是理顺国资监管体系、重组国资运营机构取得阶段性成果。对各投资类企业进行专题调研，起草了《关于完善国有资产监管体系重组国有资本运营机构的总体方案》。在市委、市政府原则同意该方案基础上，代市政府起草了《唐山市人民政府关于整合组建国有资本运营机构的决定》。截止2009年1月24日，9家重组新建的公司中，国控公司、城建投公司、建投公司、农投公司、陡河青龙河公司、中小企业担保中心等6家以实物资本出资的公司已经完成了工商注册，曹妃甸生态城投资公司、南湖生态城投资公司已于2008年9月完成注册，曹妃甸投资公司在资金到位后也将尽快完成注册。二是积极指导企业进行上市前期资产重组等相关工作。截止11月底，港口投资公司与京唐港股份的资产重组、京唐港液体化工码头有限公司和第一港埠有限公司股权协议转让、京唐港首钢码头有限公司60%股权协议转让、港口投资公司液体化工码头及仓储区工程用地土地使用权协议转让工作基本完成，京唐港股份有限公司已更名为唐山港集团股份有限公司并取得省国资委出具的国有股权设置确认文件。三是冀东水泥集团与中材集团战略重组取得实质性进展。对中材集团重组冀东水泥集团进行了整体规划，研究制定了《冀东水泥集团改制重组实施方案》及《冀东水泥集团与中材集团合作操作流程》，确定了改制重组资产评估机构，完成了冀东水泥改制评估、转让盾石机械整体产权、盾石化学管材有限责任公司企业清算资产评估备案工作。与重组相配套的中材曹妃甸产业园区项目已于7月18日正式开工建设，签署了总额为42亿元的三个项目的《投资协议书》和总规划用地面积为140万平方米的《供地协议书》。四是多方寻求合作，积极推进了唐陶股份、冶金矿山机械厂、唐陶集团、新区热电厂的重组工作，顺利完成了启新水泥公司股权回购工作。

【危困企业改制和破产工作】 一是深入调查研究，制订国企改革政策文件。针对破产企业职工安置过程中遇到的问题，对改制、破产企业职工安置及出中心职工安置情况进行了深入调查分析，起草的《关于推进市属国有企业改制、破产工作的实施意见》已经市政府常务会原则通过，以市政府文件下发。

二是妥善解决历史遗留问题。妥善解决了印染、华大、华新、建陶、焦化、安通制气、墙地砖厂等一批企业因病完全丧失劳动能力人员的退休退职及兽药厂退休职工入医保等问题，解决了华新二分公司医院截瘫病人的居住及水、电、暖等问题。三是统筹规划，积极推进市属国有企业改革。按照破产退出一批、出售转让一批、重组改造一批、“退二进三”搬迁一批的思路，对市属拟改制的困难企业已经逐家制定出破产预案或改制方案，测算了相关费用。截止到年底，市属拟实施改制破产的困难企业中已有13家进入破产程序；3家完成了国有资产的出售；1家实施了租赁经营。

【城区工业企业“退二进三”工作】　按照城市整体规划和功能分区要求，研究制定了《唐山市城区企业“退二进三”搬迁改造实施意见》，已经市政府常务会原则通过，以市政府文件下发。年内已有刘庄煤矿、增盛煤矿、嘉顺煤矿、启新水泥有限公司和冀东氯碱有限公司等5家企业正式进入“退二进三”工作程序。其中启新水泥有限公司的搬迁已进入实质性的工作阶段，企业周边居民冬季取暖工程已经市政府协调，正式启动，施工项目正在紧张进行之中。

【信访稳定工作】　在市领导干部大接访活动开展以来，市国资委共陪同市领导接访125件，直接接待26件，约访124件，770多人次。共梳理出九个方面的共性问题，其中退休人员一孩化奖励问题已出台相关政策，正在兑现落实当中，受到了职工好评。同时，坚持面向困难企业热情服务，累计为唐陶集团等企业的5421名下岗职工从财政借支临时性生活救助金945万元；为22775名困难职工逐月借支医疗保险费1080万元；为8953名困难职工借支春节救助金348万元；为华新公司等破产企业的10786名职工支付破产期间生活费1327万元。

【安全生产工作】　深入开展安全生产隐患治理工作，健全了安全生产的预警、预报、预防和应急救援体系。分别与履行出资人职责企业签订安全生产目标管理责任状。除对出资企业加强日常督导检查外，还严格落实岗位值班工作制度，建立快速信息反馈体系，对企业各个环节尤其是有隐患的事故易发点进行严密监控，通过上下共同努力，确保不发生重大安全生产事故。

（名　勇）

物价管理

【概况】　全市物价部门坚持以科学发展观为统领，认真贯彻执行国家和省市一系列重大决策部署和宏观调控政策，充分发挥职能作用，在加大价格调控监管力度、强化民生价格监管、应对突发事件、深化资源环境价格改革，优化经济发展环境、保持社会和谐稳定等方面，做了大量卓有成效的工作，全年CPI（居民消费价格指数）累计涨幅为6.1%，比全省平均水平低0.4个百分点，为促进全市又好又快发展做出了积极贡献。

【资源性产品价格改革】　一是推进电价改革。两次累计上调电价每千瓦时0.36分，年为全市地方小火电企业提价额1亿元。实施差别电价：对高耗能淘汰类企业（设备）用电加价标准每千瓦时上调到0.3元；限制类企业（设备）用电加价标准每千瓦时上调到0.05元，累计加价电量3亿千瓦时，加价额7103万元。实施鼓励脱硫电价：对新区电厂等4个运行脱硫发电的企业实施环保加价每千瓦时0.015元，年可减排二氧化硫4万吨。实施服务业优惠电价：对唐山百货大楼、华联商厦、华盛超市等7家大型商业零售企业用电暂缓执行峰谷电价，改按“一般工商业”目录电价执行；对社会福利院、老年公寓等用电实行居民生活电价。二是推进气价改革。从促进天然气开发利用和调整消费结构出发，统筹考虑产、供、用各方利益和不同气源比价关系，科学、合理的确定了“天然气置换煤气”价格，在全省属较低水平。从促进临港产业发展和能源利用出发，积极协调了唐山佳华煤化工有限公司的煤气价格补偿问题，支持了重要项目企业的正常运营。三是推进水价改革。积极核定了再生水价格，运用价格手段有力支持了唐钢、国丰等钢铁企业有效利用再生水，年可节省4700万吨地下水。实施了经营服务业用水价格与工业用水价格并轨，支持了服务业发展。四是稳妥疏导热价矛盾。2008年，煤价大幅波动。年初燃煤价格大幅上涨，到8、9月份达到最高峰，但到10月份供暖到来前煤价又大幅下跌，群众对热价涨价质询的声音很高。而与唐山相邻的北京、天津和市内迁安提早公布了不涨热价或调价直补，抬升了唐山老百姓的攀比心理。市物价局高度重视民生情绪，及早介入、深入调研，仅用30个工作日就完成了以往要用90个工作日才能完成的热价调整预案并上报市政府。并认真汲取听证会代表意见，积极向市委市政府主要领导和主管领导汇报，将原来拟提高的热费标准整体下调1元。热价调整方案实施后，政府、企业、群众“三满意”，社会反响很好。

【对关系民生的价费加强监管】　一是强化教育收费监管。全力推进义务教育“免杂费”、“一费制”、“书费最高限价”、“高中公助生免学费”等政策落实，继续推进了义务教育“免费工程”。盯紧对公办高中“三限”政策落实，把择校费稳控在2003年水平，取消上机费，年为学生减负840万元，推进了教育“减负工程”。二是强化医疗服务收费监管。在全市93个社区医疗服务机构实行“三统一”监管模式，为推进医疗体制改革、方便群众就医提供了价格政策支持。深化推进工人医院、协和医院等10家市级医院实行的“单病种限价”模式，为进一步增扩范围积累了条件。加强药品价格监管，分5批制定公布了3410种615个规格药品的临时最高零售价，平均降幅15%。严格审核并确定了11家医院申报的892个新增医疗服务项目“暂行价格”，合理制定了市级医院24种自制药剂零售价格。三是强化涉房价费监管。规范经济适用住房成本构成，把好经济适用住房建设项目招标底价、销售价格审批关并及时公布经济适用住房价格。强化商品房价格备案管理，严禁在房价以外加收费用，规范房产交易、登记和中介服务收费秩序，维护房地产市场价格秩序。四是围绕热点价费事件，维护民生权益。按上级规定停止征收个体工商户管理费和集贸市场管理费后，有的集贸市场以场内设施原来由集体或个体投资为借口，提高收取设施费，变相摊派原来的工商两费，由此引发商户投诉。市物价部门在调查、检查、掌握情况的基础上，制定了《关于明确集贸市场设施费收费的意见》，在全市及时规范集贸市场收费行为。与此同时，重新完善了《唐山市机动车停车服务收费办法》和《唐山市自行车存放服务收费标准》，进一步规范了机动车和自行车停（存）放服务收费行为。

【发挥价格公共服务功能】 一是加强价格监督检查和价格诚信建设。认真开展了粮油、成品油、电煤、涉农、涉企、教育、医疗等价格和收费重点检查和市场巡查，及时受理价格投诉。全年查处各类价格违法案件533件，实施经济制裁1586.30万元；受理价格投诉935件，为群众挽回损失28.56万元；授信了69家A级以上“价格信用单位”。二是加强价格鉴证认证。扎实推进土地征用、房屋拆迁、刑事案件涉案资产、高速公路车辆事故定损和应税物等评估。全年完成各类价格鉴证、认证业务1.11万件，标的额5.91亿元，为社会和群众提供了优质价格服务。三是规范价费审批。积极组建了行政审批服务机构，将本级监管的所有52项物价审批事项全部在市行政审批中心窗口办理，并全部实行超时默许制、时限承诺制、“即报即审”制和“报批备案制”等，办结效率提高50%以上。确定了两大类52项非行政许可审批事项，公布了省以上价权的涉及61个部门425项的《行政事业收费项目目录》。四是加强价格监测监控。在突发事件时期，各级物价部门都实行了价格信息日报和一日两报制度。在坚持做好重点商品价格监测日报、周报及月报的同时，积极开展粮食、农资、钢材、生猪养殖等价格专项调研，报送国家和省市各类价格信息资料462篇（次），为各级党委和政府调控市场物价提供了及时准确的价格决策依据。五是加强成本监审。扎实完成了热力、天然气、供水等20个项目成本监审，审减不合理成本1.1亿元，为科学合理地调定相关价费提供了决策依据。

（刘 杰）

工商行政管理

【建立鼓励全民创业新机制】 一是简化审批手续，进一步畅通企业注册登记绿色通道。推行注册登记“一审一核”和“审核合一”制，注册登记事项不再由主管局长审批，授权核准员（科长）负责审批签字，减少了内部审批环节。对简易审批事项，则实行“审核合一”制，一人受理，全程办结。同时推行限时办结、超时默许制，极大地提高了审批效率。二是降低准入门槛，优化创业环境。坚持“非禁即许，非限即入”的市场准入原则，研究制定了《关于鼓励全民创业，推动科学发展示范区建设的若干意见》，提出了52条创新举措，进一步优化了市场准入环境，形成了鼓励全民创业的政策环境。三是实行零成本注册，降低创业成本。出台了实行零成本注册的政策，下发专门文件，召开有关会议，在全市工商系统大力推行，有力地促进了市场主体的发展。实行零成本注册自2008年9—12月，登记注册企业和个体工商户增长289%，注册资本增长30.7%。四是坚决停收“两费”，稳妥开展退费。按照国家关于停收两费的文件规定，从9月1日，彻底停收“两费”（集贸市场管理费、个体工商户管理费），清理代收费现象，坚决杜绝明停暗不停和各种变相收费行为；同时制定方案，积极稳妥地开展退费工作，确保了停收“两费”工作的平稳顺利进行，为经营者创造了宽松的经营环境。五是积极实施“红盾安商”工程。以因治污减排关闭企业、来唐投资企业和进驻“四点一带”企业为重点，组织实施了为企业“建一言、献一策、搭一桥”活动。全年“红盾安商”工程共为企业提供各类信息6247条，减免费用300多万元，协助安置拆迁商户和企业2668户，为企业供需双方提供场地信息并且已达成意向协议232户，协助关停企业转型和达标再生产300多家，帮助因金融危机步入困境的企业通过动产抵押融资35.19亿元。六是深入实施商标发展战略。邀请中华商标协会商标知识产权专家来唐举行了实施商标战略高层论坛，制定了《唐山市知名商标认定和保护办法》，积极培育知名商标，争创著名、驰名商标的梯次格局逐渐形成。全年新注册商标405件，累计达到7500件；新增注册商标21件，著名商标达到117件。“迁西板栗”、“隆达”骨质瓷被为评驰名商标。全市驰名商标从4件发展到7件。

【积极服务新农村建设】 组织开展了“红盾护农”、“合同帮农”、“经纪活农”、“商标富民”、“维修便农”等系列支农活动，促进了城乡一体化发展。共检查各类农资经营户16607户次，农资经营市场385个次。发布市场监管预警132条，抽检农资商品质量694批次。种子留样备查3562个批次。录入农资市场主体信息3097条、农资商品经营信息25567条。立案查处涉农违法违规案件1232起，案值1827.5万元，罚没款531.14万元。为农民挽回经济损失533.76万元。研究制定了《唐山市地理标志和农产品商标发展三年计划》，“迁西板栗”驰名商标的认定实现了全省地理标志驰名商标“零”的突破，“玉田包尖白菜”地理标志证明商标成为全省唯一注册成功的蔬菜类地理标志证明商标。农村维修三级网络建设进一步加强，全市已建立标准的县（市）区级维修服务中心73个，维修服务站193个，维修联络点3238个，基本实现了“小修不出村、中修不出（乡）镇、大修不出县”，农村维修难老大难问题得到很大改善。

【全面维护市场经济秩序】 一是深入开展安全整顿和治污减排。严格执行国家宏观调控政策，在注册和年检中，加强对环保、安全、消防、卫生等前置手续的审查把关，全市应检内资企业35847户，实检

31465户，参检率88%。通过年检发现和纠正各类问题1103个，整顿41户，警告或限期整改297户。29098户企业通过年检，通过率为81%。外资企业发展到342户，分支机构818户。二是强化了食品安全监管。“两帐两票、一卡一书一栏”等食品安全监管制度全面建立，照、牌、卡三者一致的农村集贸市场食品经营监管新模式全面推开，食品质量责任追溯体系进一步完善，食品安全示范店达到5020家。持续不断地开展了流通领域食品安全整治，共出动执法人员62279人次，检查食品经营户227840户次和批发市场、集贸市场6881个次，检查台帐1849758册。对果蔬、面粉、水发产品、鲜肉及熟肉制品、纯净水、饮料、调味品等10大类食品进行检测总计达1000户次以上，共检测样品30000余份，对不合格食品依照有关规定进行了封存、下架、退市和销毁等处理，使食品抽样合格率由过去的90%上升到95%以上。特别是在“三鹿”奶粉突发事件整治过程中，启动应急响应机制，干部职工不分昼夜，放弃节假日，以高度负责精神反复巡查，共组织为消费者退货200多万元，封存下架退货流通领域问题乳制品91.94吨，清查和销毁生产企业问题乳制品6699.279吨，下架停售、就地封存9月14日以前生产的乳制品以及未经批批检验三聚氰胺的乳制品156.2吨，确保了群众的消费安全。三是打击传销工作深入推进。加强对出租房屋的排查和重点监控，共排查出租房屋13860余户次。大力创建无传销社区（村）和开展“五进”宣传活动，筑牢了打传工作的群众基础。开展5次全市范围的大规模集中整治，共出动人员12048人次，车辆2456台次，查获传销窝点143个次。立案查处案件4起，罚没款1.25万元，刑拘和劳教33人，查获涉嫌三级传销头目2人，遣返传销人员4686人次，解救被骗群众53人，收缴用于传销的物品1587件。同时有效规范了安利、雅芳、玫琳凯、新时代、李锦记、尚赫、完美7个直销企业和正在申请直销的天狮等8个单位的所属办事处、服务网点和经营店铺。四是治理商业贿赂工作向纵深拓展。向银行、网络、产权交易等行业扩展执法领域，查重点，攻难点，抓典型，解决突出问题，挖掘执法深度，查办大要案件，共立案142起，结案138起，罚没款214.4万元。五是商标广告执法取得了保护知识产权的新成效。加强了对印制企业商标印制行为的监管，开展了专卖店（柜台）商标使用许可专项规范活动，有效遏止了专卖领域商标假冒或傍名牌的现象。开展了两次集中执法行动，对20家媒体广告经营单位发布的近千条药品、保健品、化妆品、医疗、美容服务广告进行了监测；对近500家药店、医院和商场发布的店堂广告、印刷品广告进行了拉网式检查。共收缴非法印刷品广告3万余张，下达行政告诫通知书170份，责令停止发布广告86条（次），立案涉嫌违法广告165条，共查处商标广告案件295起，入库罚没款285万元。六是流通领域商品质量监管取得新进展。开展了汽车装具、汽车配件市场的专项执法检查，检查汽车装具、配件等经营主体761家，取缔无照经营8户。下架、暂扣三无和虚假标识商品30多个品种，5000多件。抽检食品400个批次，电线电缆300个批次，钢材200个批次，管件阀门200个批次，化妆品120个批次，消防器材100个批次，电动自行车100个批次，成品油400批次，金银珠宝500个批次。对检测不合格的商品及时做出处罚、整改等处理，有效地净化了全市流通领域商品市场。七是“限塑令”执法初见成效。发放、张贴《国务院办公厅关于限制生产销售使用塑料购物袋的通知》（国办发[2007]72号）和《商品零售场所塑料购物袋有偿使用管理办法》等宣传材料8万余份。在集中开展限制生产、销售使用塑料购物袋专项整治行动中，共出动执法人员2141人次，车辆819辆次，检查市场786个次、商业经营网点4269个次、市场经营户5.3万户，发出限期销售使用塑料购物袋的《行政预警通知书》4129份。没收不合格塑料购物袋15.7万个，立案75起。八是涉奥系列执法有力地支持了北京奥运会。围绕迎奥运、保安全这一主题开展了食品安全、安全生产、知识产权保护等系列执法工作，查处未经奥林匹克标志专利人许可，擅自销售印制奥运标志商品侵权商品案件11起。进一步加强了民用爆炸物品、烟花爆竹、剧毒化学品、放射性物品及易制爆化学品等物品的安全监管，取缔无照经营烟花爆竹摊点10户，共查扣不允许销售的单筒礼花弹2562个、查扣无厂名、厂址及合格证的“双响”炮91捆、烟花鞭炮640余包、劣质烟花爆竹16箱，罚没款41500元。责令2家批发企业召回了售出的“三无”和禁止销售的烟花爆竹。开展了反兴奋剂工作，加强了对高毒农药和含有禁用药物的饲料及饲料添加剂的监管。检查农药经营单位1522家，查获超期农药486瓶，罚没款10500元。检查饲料加工经销企业312家，查处无照饲料加工企业12家，罚没款5.2万元。九是整顿规范市场秩序工作协调推进。检查各类市场、经营户39368户次，查处违法违章案件1593起。查处违法拍卖行为两起。共办理展销会登记123份。查处无照经营粮食12345公斤、劣质成品油980吨、报废汽车配件13457件、注水猪肉1545公斤。对经营具有封建迷信殡葬、祭祀用品的212家个体户作出了责令改正的处理。查处11起违法生产、销售冥品、冥币案件，没收各种冥币3500余斤。取缔、规范中小学周边200米以内互联网上网服务经营场所2家，取缔文化娱乐场所1个，取缔校园周边摊点和流动商贩1336户（次），罚没款233.6万元。开展了扫黄打非、查缴政治性非法出版物、净化出版物市场、清理网吧等4次专项整治活动。检查从事经营音像制品、出版物经营户5232户（次），印刷复制门店1477户（次），文化娱乐场所及文化市场1080户次。依法取缔、关闭证照不全的印刷、复制企业、个体户及门店86户，收缴盗版书刊、光盘等6000多本（盘）。开展了市场内经营封建迷信用品、乱挂广告牌匾、欺街占道经营、露天烧烤等专项整治活动，积极创建全国文明城市。查处无照经营乱摆摊点534户，规范广告牌匾230块，整治马路摊点332个，取缔看手相、抽签、销售冥品、冥币等有碍市容市貌和封建迷信活动119人次。十是消费者权益保护工作迈上新台阶。

12315投诉申诉中心共解答咨询774498人次，受理申诉6743起，办结6526起，办结率为96.78%；受理举报17962起，办结17668起，办结率为98.36%。为消费者挽回经济损失700余万元，收到感谢信800余封，锦旗200余面。使“12315”成为工商系统品牌，维护消费者、经营者合法权益的民心工程，被团中央评为“优秀青少年维权岗”。同时全市“一会两站”工作迈上新台阶，共建成乡镇消协分会190个，村级消费者投诉站和12315联络站4852个。在大型企业、社区、学校、医院等单位建立两站1008个，聘请监督员9376个。全市共组织分会及两站培训23154人次，发放宣传资料32246份，接待消费者咨询80739人次，受理各类投诉7720件，调解处理7292件，为消费者挽回损失57万元。市消协在全市开通了网上消协、网上投诉及网上和解平台，积极构建起了全市消协的网上办公平台及联网机制。开展了“诚信经商、勇担社会责任”及“消费侵权先行赔付”活动，大大增强了生产经营企业的自律意识，有效地减少了消费纠纷的发生。全市消费者咨询量由去年的近10万（人）次猛增到今年的18.6（人）次，而消费投诉量却下降了18.88%。全市消协系统共受理消费者投诉10669件，办结率达到了98.16%，共为消费者挽回经济损失589.2万元。其中因经营者有欺诈行为使消费者获得加倍赔偿的63件，加倍赔偿金额为41300元；经消费者组织提交政府有关部门对责任人进行处罚81件；罚没款为19.92万元；支持和帮助消费者向人民法院提起诉讼的30件；不予受理的84件。接待消费者来访、咨询186220人次，收到消费者赠送的锦旗、镜匾、表扬信128（面）件。

在强化监管执法，全力维护市场秩序的同时，更注重改革监管执法方式，建立长效监管机制。在进一步深化办案四分离，规范自由裁量权的同时，大力推行网格化监管模式。下发了《唐山市工商系统网格化管理工作实施方案》，在古冶区召区开现场会，大力推行了网格化监管模式。建立了市场主体全息数据库，实现了无缝隙、全覆盖、责任清的精细化监管，有效避免了监管盲区，提高了监管效能。在问题乳制品清查专项行动中，这一监管模式发挥了快、细、全、准的体制优势。同时积极改进监管手段，提高现代化执法水平。投资90多万元为每个工商分局配备2个食品快速检测箱。在深入开展全国工商系统信息化知识培训，加强数字工商建设的基础上，改版市局外网网站，实现与市政府门户网站的对接。企业信用分类监管等现代信息技术系统在各类监管中普遍应用，相应数据准确录入，各类数据库进一步健全，为科学监管、高效监管提供了坚实的技术支撑。

【促进依法行政】 编拍了教学片《依法行政》，并制作成光盘下发全市系统。制定出台了《唐山市工商行政管理局行政强制措施管理暂行规定》和《唐山市工商行政管理局公物仓管理暂行办法》两个规范性文件，对基层工商分局办案权限、行政强制措施手续、公物仓管理、符合听证条件的行政处罚案件金额等实际问题做出了具体规定，促进了执法规范化。同时积极指导办案单位应诉行政复议案件1件，行政诉讼案件6件，无一败诉。依法核审各类案件5936起，有效地提高了办案质量。

（谭增荣　郑玉顺）

食品药品监督管理

【确保奥运期间食品药品安全】

为确保奥运期间不发生食品药品安全事件和药源性兴奋剂问题，市有关部门开展了“食品安全专项整治”、“兴奋剂专项整治”、“药械市场集中打假”三次集中行动。制定下发了《唐山市迎奥运食品安全专项整治行动督导检查方案及检查验收评分细则》、《唐山市针对省迎奥运食品安全专项整治暗访情况整改工作方案》等一系列制度方案。市食品药品监督管理局协调市农业、畜牧水产、质监、工商、商务、卫生、公安等职能部门认真履行食品安全监管职能，组织开展迎奥运食品安全专项整治行动和奥运期间突发食品安全事件应急演练。迁安、玉田、丰南、开平、芦台、汉沽等6个县（市）区政府（管委会）和畜牧水产、卫生、食药监、公安等部门对全市8家供奥基地（企业）逐家进行督导，掌握供奥基地（企业）基本情况，强化监管措施，督促落实监管责任。供奥企业全部实行双人双岗双签字24小时驻厂监管制度，建立驻厂监管档案，确保了奥运基地食品质量安全。在药源性兴奋剂专项治理中，对专项治理工作层层签订责任状，明确重点治理区域和重点品种。通过小组包片个人包店的方式分阶段分步骤地进行反复巡查和暗访。对监管的难点、弱点做到心中有数，有针对性的进行整体调度和科学部署。市食药监局与工商、公安、卫生、体育、海关、通信等七部门联合下发兴奋剂治理的通知，形成了各部门间各司其职、各负其责、相互配合、协同作战的工作机制。奥运期间在《唐山劳动日报》开辟“唐山市迎奥运食品安全宣传专栏”，刊发全市迎奥运食品安全专项整治行动进展信息8期。市食品药品监督管理局被河北省食品药品监督管理局评为“保障奥运食品安全暨食品药品安全大检查”先进集体，8名同志被评为“保障奥运食品安全暨食品药品安全大检查”先进个人。

【三鹿奶粉重大食品安全事故处置】

“三鹿奶粉事件”发生后，按照省、市相关会议精神及安排部署，全市各级各部门在职责范围内全力以赴做好问题奶粉重大食品安全事故处置工作，加强对问题奶粉企业的驻点监督，在全市范围内开展食品药品安全大检查和专项整治行动及食品与药品安全集中行动。制定了《唐山市食品药品安全大检查和专项整治工作实施方案》、《关于开展食品药品安全大检查和专项整治行动通告》。市县两级协调联动，集中时间、集中力量，在全市范围内围绕食品、药品监管各环节进行拉网式检查。成立打击违法添加非食用物质和滥用食品添加剂专项整治领导小组，对全市整治工作进行组

织领导和协调部署，定期调度整治工作进展情况，开展督导检查。制定《唐山市打击违法添加非食用物质和滥用食品添加剂专项整治工作方案》，各级各部门结合各自职能，在建立组织、制定方案、明确责任的基础上，严格落实责任制和责任追究制。对全市383家使用食品添加剂的食品生产企业，42家食品添加剂销售单位，291家使用食品添加剂的餐饮单位，3家饲料添加剂生产企业，所使用、经营、生产的添加剂品种进行了详细备案。根据自查自纠阶段掌握的情况，各级各部门对发现的重点产品、重点区域和重点单位开展突击检查，追溯非法食品添加物源头，依法严厉查处非法生产、销售和使用的单位和个人，采取有效措施切断非法食品添加物的供应链。全市共出动执法人员11436人次，检查各类食品添加剂生产、销售、使用单位15340家次，有效净化了食品添加剂市场。

【食品药品安全整治】　12月份在全市范围内开展食品药品安全整治攻坚行动。制定下发了《唐山市食品药品安全整治攻坚行动实施方案》，成立唐山市药品安全整治攻坚行动领导小组，明确整治攻坚的重点品种、重点区域、重点单位。集中开展盐酸克仑特罗、盐酸曲马多制剂、疫苗、血液制品、流动形式无证经营药品、街头收购药品、违法广告药品7项专项整治攻坚。在食品与药品安全集中行动中，制定了《唐山市食品与药品安全集中行动实施方案》、《唐山市食品安全举报奖励办法》，组建食品与药品安全集中行动督导检查组，赴各县（市）、区开展督导检查工作。加强对群众举报案件的调查处理及统计分析，每周定期调度各县（市）区、市有关部门集中行动的落实情况，并及时进行汇总分析，编发《唐山市食品安全信息》12期、《迎奥运食品药品安全信息专刊》9期、《唐山市食品与药品集中行动工作简报》4期。

【食品安全监管】　一是完善制度建设，加强工作指导。适时调整“唐山市食品安全监管协调领导小组”，编制《唐山市食品安全制度汇编》、《唐山市重大食品安全事故应急手册》。二是认真落实食品安全责任，实施食品安全目标管理。各级各部门结合工作实际，将食品安全监管工作纳入到考核体系中，逐级签订食品安全目标责任书，并通过明察暗访和专项考核，落实食品安全责任，评价实际工作效果。三是日常监管与节日期间联合整治相结合，组织开展“元旦、春节”期间、“五一”期间、“夏季食品”、“奥运食品”、“中秋、国庆”期间、“一会两节”期间六个重要节日、重大活动期间的食品安全专项整治，有效地震慑了不法分子，净化全市食品市场。四是多措并举，推进食品安全示范县工作。结合2008年食品安全的特殊环境，以食品安全监管整治活动为切入点，围绕国家级食品安全示范县创建工作目标，开展各项整治行动，着力解决食品安全重点和热点问题。五是搞好督查督办，组织查处综合评价不合格产品。在全省食品安全综合抽检中，不合格产品涉及唐山市食品经营企业13家，食品生产企业8家。通过主动与省食安办联系，及时索取涉及唐山市不合格产品《检验报告》，市工商、质监等部门对不合格产品生产及经营企业依法进行查处，并对查处工作进行跟踪督导。六是畅通网络，加强食品安全信息管理。继续整合信息资源，探索食品安全综合监督信息化建设模式，加强“唐山市食品安全信息网”建设，完善食品安全信息搜集、整理、上报制度。利用食品安全信息预警分析系统，发挥食品安全信息的权威发布平台作用。七是加强舆论引导，广泛开展食品安全宣传教育。奥运期间在《唐山劳动日报》开辟了“唐山市迎奥运食品安全宣传专栏”，刊发全市迎奥运食品安全专项整治行动进展信息。“两节”期间，唐山电视台围绕“珍爱生命、安全生产、安全生活”主题，以与群众节期生活密切相关的内容为切入点，用现场报道新闻的形式讲述食品安全法律法规及常识，讲解辨别假冒伪劣食品的方法，录制播出食品安全专题片7期。在“说天气”节目中插播食品安全常识30条；《唐山劳动日报》刊登“两节”期间食品安全整治进展情况及食品安全常识稿件10篇；唐山广播电台《新闻综合广播》的“百姓话题”开辟食品安全专题版块；广播和电视节目中滚动公示各职能部门的食品安全举报电话。

【药品安全监管】　全年出动执法人员38760人次，查获各类药械案件1400件，捣毁无证经营黑窝点23个，罚没款合计377.5万元。一是将兴奋剂专项检查、药品质量检验监督检查与日常监督检查、GMP跟踪检查相结合。对药品生产企业和医疗机构制剂室检查覆盖率分别达到200%和100%，对5个生产企业进行了常规飞行检查，其中注射剂生产企业飞行检查率为100%。开展对重点企业，重点品种及重点环节的监督检查。对唐山吉祥药业和唐山九江药业、唐山妇幼保健院制剂室大输液车间派驻了驻厂监督员。二是坚决查处将化工产品冒充原料药用于药品生产的违法行为，配合市工商局，对市内10多个小化工生产企业进行了检查，进一步规范了全市药品制剂生产单位的进货渠道。三是全面做好药品注册监管工作，共完成了57个药品注册现场考核抽样工作，全市新取得制剂批准文号13个。四是进一步加大了对特殊药品的监管和药品不良反应、医疗器械不良事件监测的工作力度。巩固完善了特药监控网络，对263个特药生产、经营企业和医疗机构实现网上实时监控，确保全市特殊药品使用安全。药品不良反应报告的监测数量和质量稳步提升，全年共上报不良反应病例1036个，医疗器械不良事件50起。五是继续推进GSP认证工作，加强跟踪检查，巩固认证成果。全年共受理零售企业GSP认证申请144家，组织现场检查112次。六是重拳打击违法药品广告，推行市场退出机制。全年共监测到违法药品广告81份，违法医疗器械广告26起，已全部移交工商部门。对发现的38种违法广告药品责令下架暂停销售，其中21种违法药品广告发布者在《唐山劳动日报》、《唐山晚报》公开致歉并保证不再发布此类违法广告后允许恢复销售。对违法情节严重和拒不履行停止发布违法广告的25个品种已责令退出唐山市药品市场。七是对全市药品批发企业的164名药品销售人员的信息进行了备案登记，并通过河北省诚信监督网发布，督促其自觉接受社会监督。八是着力提高农村药品“两网”运行质量。一方面积极争取各级政府对农村药品“两网”建设的支持力度，探索乡镇药品安全监管新机制。另一方面加大对药品供应网络的扶持力度。通过政策引导、简化程序、优先审批等手段，鼓励药品零售企业向边远地区延伸，方便农民购药用药。九是加强对医疗器械生产、经营、使用单位日常监管工作。全年现场检查生产、经营、使用单位342家，查处违法案件35起。十是强化药品打假技术支撑。药检所全年检品总收检量为1348批，其中监督性抽验1225批，委托抽验123批。监督性抽验不合格品种122批，监督性抽验不合格率为10%。特别是在配备了“药品快速检测车”后，充分发挥药品快速检验的优势，现场快速检验119批。

（郭翠玉）

质量技术监督

【集中精力保障奥运安全】 强化涉奥食品安全监管。一是层层签订责任状。市质监局与各县区局“一把手”签订进京涉奥食品安全责任状，市局党组成员对各县区局涉奥食品安全包片督导。各县区局均与辖区涉奥食品生产企业签订《食品企业质量安全承诺书》。对全市86家涉奥食品生产企业的86名包点监管员和22家高风险食品生产企业负责人进行了培训，严格落实原材料进厂索票把关、生产过程全程监控和产品出厂批批检验等规定。二是加强监管。市局抽调25名业务骨干组成15个涉奥食品安全检查组，对涉奥食品企业逐个进行检查帮扶，督导重点产品严格执行批批强制检验的措施。三是开展风险监测，提前掌握涉奥食品质量状况。市局组织质检所对全市乳制品、肉制品、罐头、饮料、豆制品等22家高风险涉奥食品企业生产的食品进行随机抽检，共检测涉奥食品1271个批次。对发现问题的企业立即停产整顿、严格处罚，做到了提前发现问题、提前解决问题。四是强化涉奥产品标准实施。对全市148个涉奥产品的执行标准情况进行监督检查和备案清理。通过几道防线的有效监管，保证了全市涉奥食品安全，保证了全市1182家获证食品生产加工企业产品质量稳定和192家食品生产小作坊的生产条件符合生产要求。

确保特种设备安全。全市特种设备达31139台，市质监局以服务奥运安全为重点，深入开展“隐患治理年”活动。一是抓重点设备监控。开展了气瓶充装站专项整治和冶金起重机械专项整治，对全市582家重点监管场所和1781台重点监管设备实施了动态监控。全市重点设备使用登记率98.36%，重点设备定期检验率93.5%，全市特种设备使用登记率达到92.8%。二是抓重要时期安全监察。加强在节假日前对在用设备开展安全大检查，坚持找问题、查隐患，突出对设备的安全使用、人员持证上岗以及安全制度落实情况监督检查。三是抓检验检测人员责任意识提高。结合国家总局对市特检所进行检验资质复审，对特检所检验检测工作程序、检验报告进行规范，增强了检测人员责任感，提高了检验检测质量。全市共监检特种设备28772台，压力管道安装监检8万米，完成特种作业人员培训13345人。

【开展乳制品安全应急处置工作】 三鹿婴幼儿奶粉重大事故发生后，市质监局党组立即启动了食品安全应急预案。一是迅速对问题奶粉生产企业进行检查和整治。市局稽查队和县局执法人员对问题奶粉企业进行突击检查，封存库存问题奶粉，实行停产整顿。责令企业立即召回已售出问题奶粉，并全部监督销毁。二是对全市乳制品企业库存奶粉认真清查，落实批批检验。对2008年9月14日以前19家乳制品企业生产和销售的乳粉按批次逐一核查登记，查明生产数量、销售数量、产品流向及现有库存，对企业现有库存产品逐批进行检验。在市政府的组织下，对清查的不合格乳制品全部销毁。三是全力开展三聚氰胺检测工作。市局成立了由局领导、相关业务处室和技术机构组成的检测服务组。市质检所相继配置了液相色谱－质谱/质谱仪、气相色谱－质谱联用仪。市质检所承担乳制品委托检测任务，共检测奶粉965个批次。同时，市局检测服务组举办3次企业化验员培训班，培训52人次。深入企业指导，解答企业化验员在检验中遇到的疑难，请有关专家对检测标准和液相色谱基础知识进行讲解，统一了全市乳制品企业三聚氰胺检测方法和标准。四是认真履行驻厂监管职责。市局紧急抽调72名同志，在第一时间赶赴各乳制品企业履行监管职责。驻厂之前，进行集中培训，监管员从原料进厂、生产流程到产品出厂检验实行全程把关，对企业实行24小时生产监控。同志们克服了吃、住、行等困难，坚守在监管岗位，并充分发挥在标准、计量、检验检测等方面的职能优势，与企业齐心协力提高乳制品质量。

【积极推进“双兴”战略实施】 对列入年度中国名牌和省名牌评价范围的企业进行调查摸底和优质产品考核工作，确定了以水泥、钢铁等产品为主要推荐对象。申报中国名牌产品1个、省质量管理奖2家、质量效益型先进企业4家、服务质量奖18家、省名牌25个、优质产品14个。

【标准化建设】 一是积极推进农业标准化，有4个农业项目被批准列入国家级第6批示范区建设。完成了丰南“无公害设施番茄”、“节水管灌工程”等4批省级标准化示范区的建成验收。完成唐山市农业地方标准的起草、审定15项，《动物防检疫监督管理综合标准》通过省地方标准审定。起草的《丘陵山区林（果）、牧、能》省地方标准被唐山市政府列为科学发展示范模式项目。二是巩固工业标准化，已推荐申报玉田星烁锯业等5个企业承担国家标准的制订和专业技术委员会落户本企业的工作。结合13类重点产品专项整治，对全市420家重点产品生产企业的执行标准情况进行监督检查，企业标准全部进行了复审。全市食品类企业执行标准进行了重新复审登记。

【计量监督】　以国家、省确定的66家重点耗能企业为计量监督管理重点，制定了《进一步加强我市节能计量工作实施方案》。对重点耗能企业近400名从事计量管理和能源管理的人员进行《节能法》、《用能单位能源计量器具配备和管理通则》强制性国家标准培训，派出技术人员30余人次深入企业现场进行服务。二是抓试点、树典型。市局将唐山国丰钢铁有限公司和唐山建龙实业有限公司两个钢铁企业确定为全市节能计量工作试点单位。先后3次组织两个企业到山西太钢考察学习，现场指导合理选用配备能源计量器具、完善能源计量器具的管理。唐山建龙钢铁有限公司节能减排计量工作已达到国家强制性标准《用能单位能源计量器具配备和管理通则》的要求。

【服务百姓生活】　深入开展“关注民生、计量惠民”活动，市局组织机关业务处室和市计量所到社区进行便民服务，免费检定百姓家用的人体秤、血压计，同时对市中心区集贸市场使用的衡器实行免费检定。在全市范围内开展了加油机计量专项监督检查，检查加油机2013台，发现计量违法案件12起，并依法进行了处罚。全年计量器具受检率97%，抽查产品定量包装净含量合格率94.2%，抽查贸易结算计量器具合格率94.2%。

【重点产品专项整治】　全市生产涉及人民群众身体健康安全的10类产品的企业有113家，生产建筑钢材、水泥、电线电缆等3类产品的企业有307家。10类产品主要集中在家具、服装、油漆涂料、汽车配件、装饰材料、洗涤用品等6类生产企业。市局根据唐山市产业结构相对集中的特点，将13类重点产品质量专项整治同时展开。整治目标分解到基层，整治责任落实到具体人。通过集中整治，企业的建立质量档案、标准复审、产品获证及新获证产品监督抽查均达到100%，实现了整治目标。对6531家企业产品进行了定期监督检查检验，检验产品9187批次，合格率为95.4%，顺利通过了省局组织的考核验收。

【打击假冒伪劣】　一是加大对区域性伪劣产品的打击力度。把违法生产地条钢和使用地条钢生产钢材的行为作为整治重点，向供电部门发出断电建议函6份，没收地条钢及制品78吨，捣毁地条钢冶炼窝点6个，取缔高耗能、高污染螺纹钢改制厂2家。二是加大对重要产品的打假力度。突出对抗震救灾物资和涉奥食品的检查，对支援地震灾区的活动板房原材料进行了重点检查把关。对全市煤焦化危化品企业进行整顿，查处无证生产苯类产品和压缩气体案10起。三是加强对服装企业和絮用纤维制品整治。对玉田县鸭鸿桥市场、市区的小山和荷花坑市场进行了拉网式检查，没收违法产品1713件，有效地打击了“黑心棉”的制售行为。检查了35所大中专院校的床上用品，抽样41批次，有效地保护了学生的身体健康。四是对支援四川地震灾区的过渡安置房实施质量监督。市局组织力量对全市生产过渡安置房的24家企业生产资质进行审核把关，选派业务骨干对企业实施驻厂监管，对21批次的过渡房生产原材料质量进行检验检测，保证了产品合格。五是强化打假办职能作用。发挥打假办综合协调作用，与工商、卫生、安监、公安等部门建立联动机制，组织综合执法大检查7次。有效利用“12365”投诉、举报平台，收到群众来信来访反映的问题3218个。全市系统受理投诉、举报46起，向各部门转送案件12起，解决34起，涉案金额68万元。

【提升检测能力】　加大检验检测技术改造及设备购置经费投入。国家钢铁产品质量监督检验中心（唐山）顺利通过了国家实验室认可、计量认证和审查认可评审验收。中心能对300种钢铁产品按标准进行检验，能对钢铁产品的各项指标进行综合分析，将为唐山市钢铁产品检测和质量提升发挥积极的作用。市、县两级特色检验检测项目有新突破。市特检所特种设备检测基地建设已具规模。投资1500万元建设的特种设备检测基地投入使用，市特检所槽罐车检验由年检验70台上升到200台。河北省塑料产品质量监督检验站（玉田）顺利筹建。玉田是重要的橡塑产品生产基地，各类橡胶制品达40余种，玉田县质监局投资90余万元购置了60台套先进的橡塑产品检验设备，顺利通过省局验收评审，该站将具备对47种产品、26项参数的检验能力。三聚氰胺检测能力大幅提升。市质检所在深挖系统内部潜力的同时，积极争取省局和唐山市政府的支持，投资200万元购置高效液相色谱－串联质谱检测设备。市质检所和5个县区局质检所的三聚氰胺检验项目全部通过省局考核。市质检所是省内唯一掌握国家规定的三种检验三聚氰胺方法的市级技术机构，大幅度地提高了食品质量检测能力。

（杨健刚）

安全生产监督管理

【概况】　全市各级各部门认真贯彻落实国家和省关于安全生产工作的各项部署，按照安全生产“隐患治理年”、“承诺落实年”和“行政执法年”总体安排，创新思路，细化措施，加大力度，狠抓落实，各项工作取得预期进展，全市安全生产形势继续保持总体稳定。2008年，全市共发生各类安全生产事故978起，同比下降36.0%；死亡397人，同比下降11.2%；直接经济损失1915.6万元，同比下降2.7%。其中，发生较大事故3起，同比减少3起，下降50%；死亡20人，下降16.7%。发生重大事故1起，死亡17人。工矿商贸企业发生生产安全事故34起，同比下降15%；死亡53人，同比上升3.9%。发生道路交通事故697起，同比下降26.9%；死亡343人，同比下降12.3%。发生火灾事故247起，同比下降53.8%；死亡1人，同比下降80%。全市亿元地区生产总值事故死亡率0.112，煤矿百万吨死亡率0.471，工矿商贸十万就业人员事故死亡率1.361，均好于全国全省平均水平。

【落实安全生产责任制】　全市严格落实市县乡三级安全生产党政

"一岗双责"制度，把安全生产目标完成情况作为领导班子业绩考核的重要内容，实行"一票否决"。制定了唐山市安全生产目标管理量化考核实施办法和细则，将省下达的安全生产各项控制指标进行量化分解。组织全市逐级签订安全生产目标管理责任书，形成了横向到边、纵向到底的安全生产目标管理责任体系。切实加强对责任制落实情况和各项责任目标完成情况的跟踪管理，强化督导。组织市安委会成员单位对各县（市）区和市直部门安全生产目标管理任务执行情况进行了严格考核，促进了安全生产目标责任的有效落实。

【安全生产专项整治】 2008年，继续深化全市煤矿、非煤矿山（尾矿库）、危险化学品和烟花爆竹、冶金等行业的专项整治，全市煤矿、非煤矿山（尾矿库）、危化、冶金等行业安全生产形势实现了总体稳定。煤矿方面，突出抓好"一通三防"，强化瓦斯治理，加强现场管理，严防水害事故发生。按照省政府要求，对全市61家地方煤矿全部进行了停产，严格落实24小时驻矿监管措施，严厉打击非法生产行为，确保地方煤矿停产到位。非煤矿山方面，严格按照"五统一"标准对全市非煤矿山进行治理整顿，对大秦铁路沿线1000米范围内的61个非煤矿山全部取缔关闭。山西省临汾市襄汾新塔矿业有限公司尾矿库溃坝事故发生后，组织开展了尾矿库安全生产大检查、隐患排查和集中整治行动，确定了204座重点监控尾矿库，其中确定闭库62座，停产整顿22座，限期整改84座，并建立了尾矿库安全生产动态监管台账，实施动态监管。危险化学品方面，相继开展了化工企业安全生产大检查、防范危险化学品和烟花爆竹生产安全事故专项行动等多次专项整治行动。全市共检查企业1926家次，排查整改隐患6862项，市县两级安监部门共实施经济处罚216.4万元，责令停产停业整顿企业16家。督导市内7家安全防护距离不符合规定和标准的危险化学品生产企业实施搬迁。对烟花爆竹供货企业实行了备案，防止不符合质量要求的烟花爆竹流入市场。钢铁方面，吸取"12·24"事故教训，组织对全市钢铁企业高炉进行摸底，对不合理设置重力除尘器泄爆板的生产高炉，一律停产整顿。同时，进一步加强对钢铁企业煤气柜、煤气管道、炉前高温部位、高空作业等重点场所和部位的安全整治，有效防止了类似事故的发生。

【开展安全生产隐患排查】 市有关部门制定了22个行业领域隐患排查实施方案，按照检查、整改、复查、验收完整闭合要求，在全市范围内持续开展了隐患排查和执法检查。全市累计排查各类隐患43685项，整改率达到98%。全市安监系统共组织开展大规模执法监察活动16次，检查企业13729家，查出各类隐患35709个，罚款1076万元。一是强化奥运安保。为确保北京奥运会期间全市安全生产形势稳定，全市抽调专门力量自7月初开始组织不间断的安全生产执法监察和明察暗访。对已关闭的矿井加强监控，对停产整顿的矿山企业加强监管或巡回检查，对液氯使用、液氨生产等重点危化企业每天派专人巡回检查，对烟花爆竹经营企业实行安监人员驻库制度和企业负责人24小时值班制度。市安监局领导班子成员按照职责分工，深入县市区、企业、生产一线开展督导。市安委会成员单位有关部门组成8个督导检查组，对各县（市）区安全生产工作进行全面督导，有效确保了奥运安保各项措施的落实。奥运会期间，全市工矿商贸领域未发生生产安全事故。二是认真开展安全生产百日督查专项行动。按照全国、全省统一安排，制定下发了《唐山市安全生产百日督查专项行动工作方案》及4个具体实施方案，先后两次成立15个督导组，积极督导隐患整改。按照省关于开展"三项集中行动"的有关要求，开展了为期一个多月的安全生产大督查，抽调纪检、安监、国土等有关部门的140名精干力量，组成14个督导检查组，常驻各县（市）区及重点企业、重点部位督导，对重点案件进行督查。累计督导检查2758个生产经营单位，查处并整改安全隐患2103处。三是不断加强重大危险源、职业危害场所监控整改。认真组织开展重大危险源普查登记，建立完善重大危险源监控责任制，完成了作业场所职业卫生监管职能交接，积极组织开展职业病危害基本情况调查摸底，督促企业落实有关规章制度和职业危害防治与整改措施。全市1128家企业进行了作业场所职业病危害网上申报。四是持续开展安全生产整顿攻坚。全市先后组织开展了安全生产整顿攻坚行动、依法打击非法盗采国有矿产资源专项行动、千名警力大清查等活动，共关闭整顿取缔非法、不具备安全生产基本条件企业2432家，封填毁闭各类非法矿井（点）91座，抓获犯罪嫌疑人32人，对29人给予刑事拘留。

【夯实安全生产管理基础】 一是市、县两级全部建立了安全生产监管监察机构，全市231个乡镇全部成立了安委会，其中171个重点乡镇成立了安监站。各负有安全生产监管职责部门全部设立了安全生产机构。二是市、县两级成立了应急救援工作机构，健全了应急预案体系，加强了应急救援队伍、装备、物资、演练管理，应对安全生产突发事件的应急处置能力不断提高。6月19日，成功组织了全市危险化学品事故灾难应急救援演习，得到国家安全生产应急救援中心领导的充分肯定。三是建立了煤矿瓦斯监测监控和打卡入井系统。在地方煤矿全面推广了通讯、压风、供水"三条线"建设，开展了煤矿专用回风井、壁式采煤方法和支护方式改革。强力推行地下非煤矿山机械通风、中小采石场中深孔爆破、采空区回填、监测监控、自动停车和"HAN阻隔防爆"等技术，不断提升高危行业安全生产科技水平。

【全面开展从业人员安全培训】 加大了对安全生产培训的监督检查力度，严厉查处企业安全培训违法违规行为。制定了加强安全生产培训的工作意见，狠抓全员培训。全年累计培训煤矿、非煤矿山、危险化学品、机械加工、电力、轻工等行业主要负责人、安全生产管理人员和特种作业人员809期，164206人次。创新安全培训的形式，开展了安全生产事故预防模拟演练，由电视台跟踪报道，并制成

光盘作为培训教材发放到同行业其它企业，提高了安全培训的针对性和实效性。

（张　威）

海事管理

【概况】　2008年，唐山海事局坚持“一切为了水上安全，一切为了人民满意”的宗旨，强化监管措施，有效保障了唐山港京唐港区水域船舶交通安全，促进京唐港港口经济持续发展。2008年辖区吞吐量完成7536万吨，安全监管船舶16813余艘次，审批水上水下施工作业387批次，播发安全信息1019次，出动巡航执法船艇795艘次，巡航60000余海里，调查污染事故5起，海事签证3次。全年实现了无重大安全事故、无污染事故、无安全责任事故的三无记录。

【全力保障电煤运输安全畅通】　2008年年初南方大部分地区出现了罕见的持续大范围低温、雨雪和冰冻的极端天气，致使南方煤炭需求量猛增。为保证电煤有效供应，唐山海事局积极做好海事监管保障工作。充分利用VTS等手段对电煤运输船舶重点监护、全程保驾，对影响、制约电煤船舶安全航行、作业的因素力争最早发现、最快解决，确保电煤运输大通道的安全畅通。认真执行河北局下发的《关于在船舶安全检查工作中落实“保障电煤运输12项措施”的通知》要求，按照“优先安检、优先签证”的原则，在保证安全的前提下最大限度地缩短船舶靠离泊位时间。积极协调指导港口企业挖掘生产潜力，提高港口生产能力，为电煤运输开辟绿色通道，保电煤运输安全、便捷、畅通。提供全天候服务，作到服务“零待时”，推行预约服务、上门服务、远程申报服务等特色服务，全力支持电煤运输。1至3月份，共安全服务电煤运输船舶1189艘次，发送电煤688万吨。

【圆满完成奥运会海上安保任务】　唐山海事局制定了《船舶保安、奥运海上安保工作方案》、《唐山海事局船舶保安、奥运海上安保工作方案》、《唐山海事局奥运期间国际航行船舶进口岸审批强化管理措施》、《关于加强船舶保安、奥运海上安保工作的通知》等文件，成立了奥运安保领导小组，确定了指定联系人，督促航运公司、港口企业、旅游景点制定了应急预案、建立了应急联系机制。7月17日，组织唐山港集团股份有限公司、海港公安分局等港口多家单位，举行了船舶保安演习。奥运期间唐山海事局安全监管船舶进出港3000余艘次，安全运送旅客5万余人次；巡航8000余海里，消除海上各项安全隐患100余项；组织召开安全协调会6次，圆满完成了奥运安保工作任务。荣获直属海事系统奥运安保先进单位称号。

【实现京唐港区7万吨级单向航道双向通航】　根据航道通行能力严重制约京唐港区生产的状况，唐山海事局主动向港方提出航道双向通航的建议，并积极予以指导和协调。制定了《京唐港区航道双向通航监管方案》，并在此基础上进行了模拟实验，有力推动了双向通航的顺利实现。2008年5月29日，随着出港船“锦丰海”和进港船“鸿祥”轮在京唐港航道中安全交汇通过，标志着唐山港京唐港区7万吨级单向航道双向通航正式启动。唐山港京唐港区航道双向通航的实现，由之前日均通航密度29.8艘次提升到39.9艘次，每艘船舶进出港口时间平均节省16.6分钟，效率提高达33.9%。

【开展“三船”问题治理活动】　为巩固2007年“三低”船舶专项治理活动成果，针对来港船舶中存在大量船舶公司对安全投入低，对挂靠船舶“挂而不管”；船舶船况差、应急设备不良；船员素质低，安全意识不强，操作适任性差，没有履行安全管理责任等问题，按照河北海事局、唐山海事局的要求，于4月1日至12月31日开展“三船”问题（即低素质船员、低质量船舶、低管理水平公司）治理活动，活动期间，实施安全检查90余艘次，滞留20艘次，有效的提高了“三船”船舶船员的适任性、船舶的适航性，保证了航行安全，降低了此类船舶公司营运的风险。

【开展“两防”活动回头看】　为进一步巩固“两防”（防船舶碰撞、防泄漏）活动成果，建立健全水上交通安全长效管理机制，全面提升水上交通安全管理水平，营造安全、和谐、稳定的辖区水上交通环境，根据部海事局《关于开展防船舶碰撞防泄漏专项整治活动“回头看”的通知》及河北海事局有关要求，于2008年3月1日至6月30日全面开展“两防”活动“回头看”专项整治活动。活动从“人、船、环境、管理”四个方面入手，在“两防”活动已取得成果基础上，对辖区港口、航运企业及施工作业单位再次开展安全隐患排查、整改工作，排查各类安全生产隐患，准确掌握辖区水上安全管理状况，建立完善安全隐患数据库，建立健全长效监督管理机制。自活动开展以来，市海事局共出动人员400余人次，车辆100余台次，清理碍航渔船10余次，及时发现浮标损坏2次，纠正船舶违章航行4次，排除船舶碰撞险情10余次，对28条内贸船舶、10艘国际航行船舶实施了安全检查，查出缺陷500余项，滞留内贸船舶9艘次，滞留国际航行船舶1艘次。开展旅游船艇安全检查和港作拖轮安全检查活动，对12艘旅游船艇和6艘拖轮实施检查，共查出缺陷150余项，对于查出的隐患要求其立即纠正，有效消除安全隐患，为辖区水上安全形势的稳定打下坚实基础。

【开展“隐患治理年”活动】　唐山海事局按照部局2008年“隐患治理年”专项整治活动的统一安排，于4月21日至12月31日在辖区内对重点水域、重点单位、重点船舶全面开展水上交通安全生产隐患排查治理工作。全面落实施工建设单位、船公司、船舶安全生产主体责任制，推动相关企业深化水上交通安全生产隐患排查治理，督促相关企业对发现的隐患彻底整改，遏制各类安全隐患的产生。期间共出动人员600余人次，车辆150余台次，对134条内贸船舶、35条国际航行船舶实施了安全检查，查出缺陷

2218项，滞留内贸船舶29艘次，滞留国际航行船舶7艘次，所有隐患都要求船舶开航前予以纠正；对10艘船舶进行了船员实操能力检查，要求船方进行"溢油应急演习"、"消防演习"、"救生演习"等现场演习，对演习中存在的问题向船员进行了讲解。唐山海事局还选派经验丰富的海事管理专业人员和船舶管理人员为航运公司担当安全管理顾问，对船公司安全与防污染管理工作等难点、热点问题进行研究、分析，根据航运公司需要免费为其提供技术咨询、知识培训、业务指导等服务，受到辖区航运公司的热烈欢迎。

【开展船舶保安集中检查活动】 为切实贯彻落实交通系统反恐暨安全防范工作的总体部署和要求，发现并纠正船舶日常营运中安保方面存在的重大缺陷和隐患，提高船舶保安意识，防止船舶保安事件的发生，根据部海事局《关于加强全国海事系统防恐和安保工作的通知》及河北海事局《关于开展船舶保安集中检查活动的通知》要求，市海事局自5月15日至10月15日在辖区范围内开展船舶保安集中检查活动。对船舶保安证书文书、船舶保安计划、船舶保安设备及保安训练等进行检查。活动期间，市海事局共对3艘中国籍国际航行船舶、14艘外国籍船舶实施了船舶保安集中检查，滞留船舶2艘，查出涉及船舶保安方面的缺陷19项，通过不断加大船舶保安检查力度，有效提高了来港船舶的保安意识，确保了奥运期间辖区水上安全形势稳定。

【开展限制船舶污染物排放专项行动】 根据交通部建设"资源节约型、环境友好型"交通发展新模式的设想，市海事局结合辖区实际及相关文件的要求，开展限制船舶污染物排放专项行动。开展铅封船舶复查工作，对规定适用的船舶进行全面铅封。同时积极组织开展针对船舶防污文书、防污设备及船员操作性的船舶防污染专项检查，坚决打击船舶不按规定配备和使用船上防污设备、违法排放污染物行为。自5月1日开始，共开展船舶防污染专项检查814余艘，占来港船舶数量的62%，查出涉及船舶防污染方面的缺陷120余项，对3艘存在重大防污染缺陷的船舶实施了滞留，对15艘违法船舶实施了行政处罚。

【开展MMSI专项检查】 为进一步加强对船舶使用海上移动通信业务标识（MMSI）的管理，确保辖区船舶按规定配备MMSI码并配备与船舶实际情况相符的《MMSI码证书》，按照上级文件要求，市海事局自10月15日至11月30日开展了MMSI专项检查活动。对辖区登记船舶进行逐船排查，并建立排查档案，督促所有适用船舶在11月1日之前核配MMSI码；同时，加强现场监督检查，发现未配备MMSI码证书或MMSI码证书所载内容与船舶实际情况不符的，要求船舶立即申请办理或更换MMSI码证书，并通知船籍港海事管理机构。活动期间，累计对70艘次到港船舶实施检查，发现并纠正船舶未按规定配备MMSI码证书或MMSI码证书所载内容与船舶实际情况不符等情况20余次，进一步提高管理相对人安全意识，有效保证本辖区登记船舶及进出本辖区船舶的安全。

【进行国际航行船舶航行安全集中检查】 按照部局、河北海事局相关文件精神及整体部署，依据国际海上人命安全公约（SOLAS公约）相关要求，自9月1日至11月30日，市海事局开展了港口国监督集中检查活动（Concen trated Inspection Campaign）。重点检查到港国际航行船舶所载设备与有效法定证书是否一致、相关设备是否具有适用的型式认可证书并有效运转以及船长及值班驾驶员熟悉有关驾驶台设备，同时对船载自动识别系统（AIS）、航行数据记录仪（VDR）、全球导航卫星系统（GNSS）、电子海图显示和信息系统（ECDIS）等航海仪器进行详细检查。按相关要求填写相关报告、将数据输入亚太地区港口国检查数据库（APCIS）。活动期间，检查船舶5艘，查出缺陷7项，滞留存在严重缺陷的船舶。

【开展防止船舶载运自燃原煤专项活动】 针对新港办事处堆场频繁出现的煤炭自燃现象，为防止自燃煤炭装入船舱酿成事故，积极开展防止船舶载运自燃原煤专项活动。通过加强堆场不定期联合检查、加强煤炭作业期间现场巡视等措施有效的防止自燃煤炭入舱。活动开展以来共发现煤炭自燃事件30余起，组织扑火行动15次，纠正自燃煤炭装船隐患20余次，并得到了船方和港方的高度赞扬。专项活动结束后，办事处联合港方、船公司共同对专项活动进行总结，并研究制定长效监管措施。

【建立唐山—江阴平安航线】 唐山—江阴两地钢铁船舶来往频繁。为了支持唐山地区钢铁经济的发展，促进唐山海上钢铁运输业的发展，唐山海事局主导建立了唐山—江阴钢铁平安航线。充分发挥信息沟通在推进"航线"建设中的纽带和桥梁作用，及时掌握港口企业、航运公司、船舶的状况，有针对性解决存在问题，为两地的钢铁运输船舶提供优先签证、进出港优待和预约安检等多项优惠政策，保障航线的安全、畅通、高效、快捷。

【建立作业单位信誉分级管理制度】 为加强船舶相关作业单位安全与防污染监督管理，防止船舶相关作业造成水域污染，唐山海事局制定了《唐山海事局辖区船舶相关作业单位信誉管理办法》。该办法根据作业单位年度评估成绩、上一年度违章记录、发生事故情况以及参与辖区溢油应急反应情况等对作业单位评定出不同的信誉级别。从作业申报、现场监管、油污水接收数量等方面采取不同的限制性监管措施，从而促使作业单位不断规范，形成船舶作业经济健康发展的良好局面。

【完善监管手段】 为了更好的履行海事监管职责，保证船舶在进出港过程中的安全，改变单一的高频联系方式，2008年唐山局发展了交通管理系统（VTS）、船舶自动识别系统（AIS）和中央电视监控系统（CCTV）等多种监管功能的VTS工程。该工程2008年9月4日通过了交通运输部海事局组织的竣工验收，9月5日对外开通运行。京唐港VTS工程的建立实现了业务管理信息化，船舶监管工作全景化。全年进行船舶登记项目135项。开展港口国监督检查（PSC）35艘次，查出缺陷383项，滞留7艘次，单船缺陷率10.9项，滞留率20%；国内沿海船舶安全检查（FSC）134艘次，查出缺陷1835项，滞留29艘次，单船缺陷率13.7项，滞留率21.6%。对违法行为处罚158艘次，处罚金额172.7万元。

无线电管理

【圆满完成北京奥运会无线电保障任务】 一是制定了《奥运保障方案》、《火炬传递保障方案》，为奥运各项保障工作的开展提供了依据和指南。二是监测人员通过自学和专题授课等形式进行理论知识学习，并结合日常工作中的监听监测、查排干扰、电磁环境测试等实践锻炼提高了业务水平。全年完成省局安排的重要时期的保卫监测值班和新设台站预指配频率的监听监测累计5156小时，查排干扰10起，完成电磁环境测试8次。三是从管频率、管台站、管秩序三面入手，切实履行职责、规范无线电管理。管好频率。协调并组织申报火炬传递过程中包括指挥调度、安全保卫、广播电视、应急通信、新闻媒体等系统和单位用频需求，登记填报用频需求单位12家，协调无线电台站及频率使用单位4家。对唐山地区奥运火炬传递无线电通信相关频段和辖区内广播、电视信号使用占用情况做了详细、全面的监测。期间共动用固定站1座、搬移监测站1套、监测车2部、便携测向设备3部、监听接收设备15部，出动监测技术人员8名，累计出动车辆80多次，出动人员400多人次，监测1100余小时（其中监测车250余小时，固定站740余小时，搬移站100余小时）。配合省广电厅、唐山广播电视局完成火炬传递电视采集、转播系统调试。对市区及曹妃甸港区奥运火炬传递团队专用频点、拟用备频、电视转播等相关频段进行了保护性监听、监测，累计分析信号1950个（次），其中语音信号650个（次），杂波160个（次），其它信号1140个（次）。管好台站。根据奥运火炬传递无线电清查工作的成果，对符合设台条件的23家单位补办了设台手续（已办理固定台3部，手持台121部，奥运火炬传递完毕后需办理设台单位计40余家，包括固定台15部、手持台300多部、船载电台7部）。全年共审批各类台站354部，其中固定台15部，移动台339部；审批个人业余电台101人次，设备125部。发放电台执照526份。撤销各类台站55部。管好秩序。在无线电清查整顿过程中，对已发现违章设台的单位和个人，采取先送达限期整改通知书，责令其停用或办理相关设台手续，逾期仍在使用且未办理设台手续的，坚决予以没收设备并处罚款。全市共清查单位123家（包括曹妃甸工业区69家单位），发出限期整改通知书46份，发证据先行保存通知书31份，查处违章设备320多部，暂扣设备173部，封存设备82部。对可能在火炬传递期间对火炬团队、广播电视直播等信号产生干扰的丰南区广播电视局37频道、滦南县广播电视局数字电视传输系统发放了限期停机发射的无线电管制通知3份。通过清查工作，基本摸清了全市设台情况。

【规范行政许可事项】 按照全省无线电管理系统加速推进行政效能建设大会的要求，进一步规范全系统行政许可事项办理，切实提高机关行政效能。依据修订后的《河北省无线电管理局行政许可事项办理暂行规定》，进一步规范了办事流程，将负责实施的10项行政许可事项的审批时限由法定的20个工作日全部压缩为15个工作日。严格执行《河北省无线电管理局行政效能责任追究实施办法（试行）》，从增强人员素质、建立健全领导机制、加强服务窗口建设、缩短行政许可时限、严格行政许可程序、优化行政许可流程、创新行政许可方式、落实好工作制度、加强监督检查和责任追究九方面入手，规范行政许可事项。

【服务社会】 落实省无线电管理局贴近政府、贴近重点用户、贴近运营商的“三个贴近”要求，充分发挥无线电管理的技术优势，为经济社会建设保驾护航。按照有关单位要求，唐山无线电管理分局参加了2008年全国研究生入学考试、2008年高等教育考试、国家司法考试、唐山市“两会一节”活动等无线电保障工作。

（李相涛）

农　业

编纂　许□中

综　述

2008年，全市农业农村经济保持了持续、健康、稳定发展。全年实现农业增加值340亿元，同比增长7.0%；实现农民人均纯收入6625元，同比增长13.7%。

一、认真落实惠农政策，农业农村经济发展成效显著

2008年，全市共发放良种、农机、生猪及能繁母猪、奶牛养殖、燃油费等各类补贴3.27亿元。粮食总产287.93万吨，同比增长0.5%，连续五年实现稳定增长，夏粮单产为十年来的最好水平。受粮食价格上涨的影响，粮食生产效益提高，实现总产值58.05亿元，总效益35.77亿元，同比分别增长18.2%和14.3%。油料作物总产量28.40万吨，同比增长11.6%。肉类产量54.40万吨，同比增长10.8%。禽蛋产量30.60万吨，同比下降8.6%。奶类和水产品产量分别为160.70万吨和46.05万吨，与上年基本持平。蔬菜和干鲜果产量分别为1279.81万吨和228.54万吨，稳居全省首位。

二、做大做强龙型经济，农业产业化经营水平显著提高

2008年，全市奶业、瘦肉型猪、果菜、粮油、板栗、水产品六条龙型经济和食用菌、花卉、甘薯、肉羊、林产品五大新兴产业不断壮大。全市市级以上农业产业化重点龙头企业发展到194家。其中省级重点龙头企业新增11家，达到30家；国家级龙头企业新增1家，达到3家。龙头企业中年销售收入亿元以上的企业新增2家，达到20家。共有59家企业新上了投资千万元以上的改扩建项目。2008年，全市共确定农业产业化重点项目107个，年内开工项目95个，完成投资17.76亿元。大力发展农民专业合作社和行业协会。11个县（市、区）成立了农合联，会员总数达到1695个。全市有各类协会428个，专业合作社208个，辐射带动农民61万户，助农增收16亿元。

三、加快区域化规模化进程，农业结构进一步优化

着眼于发展现代农业，大力推进农业科学发展示范区建设，带动农业产业结构调整，优势产业建设取得重大成绩。开展粮油、蔬菜、果品、畜禽、水产品五大农业科学发展示范建设，着力提高农产品优质率、生产集中度和产区加工度，推进标准化生产，主导产业的规模不断扩大、档次不断提升。奶业虽受三鹿事件影响严重，但发展形势平稳。到年底，全市奶牛存栏46万头，基本与上年持平。生猪生产效益较好，发展势头强劲。到2008年底，全市生猪存栏达到305.90万头，出栏455.27万头，同比分别增长19.8%、16.3%。蔬菜建设了乐亭庞各庄、滦南姚王庄、丰润韩城、丰南大新庄、玉田玉田镇、遵化平安城六大设施蔬菜科学发展示范区，设施蔬菜播种面积达到90万亩，同比增长20%。水产品养殖推广了生态健康养殖和新技术、新模式，提高了养殖水体利用率，海水养殖生产效益较高，亩效益达到1500元以上。畜牧水产业产值占农业总产值的比重达到了45.7%，已成为农业第一大主导产业，蔬菜果品业产值占农业总产值的比重达到了30.9%，成为重要支柱产业。

四、努力加强农业品牌建设，农产品质量安全水平稳步提高

2008年，修订地方农业标准15项。春播标准化种植、管理作物面积达到363万亩。累计通过省级无公害农产品生产基地认定的面积达到142万亩，涉及农产品种类38个，其中经农业部认证的无公害农产品累计达到了27个。全市绿色食品基地面积达到50万亩，获准绿色食品标志使用权的企业13家，产品合计37个。建成有机农业生产示范园2450亩。涌现出了全国驰名商标“迁西板栗”、全国地理标识产品“玉田大白菜”等一批名牌产品。全市蔬菜质量监测网已经形成，检测能力已能覆盖全市所有蔬菜集中产区和市场，抽检合格率首次达到100%，创历史最好水平。在全市正式实施农产品市场准入制度，农产品质量安全管理日趋规范。

五、不断提升农业装备和科技水平，生产保障能力持续加强

重点实施了农田水利、农机装备、“沃土”三项工程建设。发展节水灌溉24万亩，恢复改善灌溉和除涝面积67万亩，治理水土流失104平方公里。全市农业机械新增48万千瓦，累计达到980万千瓦，农业综合机械化作业率达到70%。小麦全程实现机械化，玉米铁茬播种率达到95%，水稻机收面积30万亩，种植业进入农业机械化高级阶段。全市共完成沃土工程面积410万亩，其中测土配方施肥技术推广面积310万亩。

全市引进推广农业新品种200多个，种植业和养殖业的优种覆盖率分别达到95%和90%以上。滦南、滦县、迁西、乐亭、唐海、开平等6个县(区)进行了跨乡镇基层农技综合区域推广站建设规划选址，有11个综合区域站建成并投入使用。累计建成科技进村服务站1573个，培训农民78万次，推广先进实用技术100多项。积极推进农业信息网络建设，共收录信息约40万余条。此外，动物防疫、病虫害防治、森林防火和防汛工作成效显著，全市没有发生重大动物疫情、病虫灾害和森林火灾，实现了安全度汛。

六、统筹城乡公共基础设施建设，农民生活条件得到较大改善

2008年，重点实施了农村饮水安全、农村沼气建设、绿化攻坚、农村旧民居改造和文明生态村镇建设五大民生工程。全市农村饮水安全工程投入资金7.2亿元，其中群众自筹2.9亿元，完成2450个村的建设任务，占计划任务的100%，使全市农民群众都喝上了放心水、幸福水。全市新建农村沼气池10.2万户，完成全年任务的102.5%，全市累计达到39.2万户，建设数量为历史上最多的一年。推广太阳能路灯3254盏，累计达到5254盏。推广节能吊炕70040铺，累计达到13.6万铺。推广秸秆气化炉2204台，累计达到3204台。春季全市共完成沿海造林、三北造林、退耕还林、社会造林等27.39万亩，占年计划的114%，义务植树1002万株，占年计划的100.2%。在全省城乡绿化评比中位列第一，被评为全省农田林网建设先进市。秋冬季组织开展了绿化攻坚大会战，严格落实组织发动、土地租赁、工程造林、资金筹措等关键环节，多方落实专项资金10亿元，完成通道绿化造林14.13万亩，占总任务的77.4%，其中省级以上道路绿化6.6万亩，占计划任务的102.6%。绿化攻坚行动规模之大、标准之高、发动之广泛、质量之好均取得历史性突破。在农村新民居建设和改造上，全市重点推广了迁安市唐庄子村“六个一”（一顶、一墙、一能、一炕、一沼卫、一灶）的旧民居改造模式，全市有76个村的新民居工程开工建设。把“平改坡”作为农村旧民居改造的一项重点工程，突出抓了一批示范村户。实施了重点道路两侧村庄民居的“平改坡”，共完成3.1户的“平改坡”工程，总投资4.66亿元。文明生态村镇建设扎实推进，全市累计投入30亿元，完成452个村的创建工作，建成村民中心2600个，城乡一体化得到稳步推进。

七、积极应对三鹿奶粉事件冲击，食品安全水平全面提高

“三鹿牌婴幼儿配方奶粉”重大安全事故发生后，各级政府高度重视，迅速行动，积极应对，全力做好处置工作，将三鹿奶粉事件的影响降到了最低程度。市政府成立了“三鹿牌婴幼儿配方奶粉”重大安全事故处置及开展食品安全检查和专项整治工作领导小组，多次召开会议进行安排部署，并连续下发了多个文件和通知，保护奶业发展。对奶站实行了专人负责，从挤奶、运输到进加工厂全程监管，收购的鲜奶做到了批批检验。向全市24家乳制品生产企业派出72名食品安全驻厂监管员，从原料进厂、生产流程到出厂检验实行全程把关，24小时监控。建立了进厂原奶和产品出厂批批检验制度，对“问题乳粉”生产企业进行了整顿，净化了生产市场。成立了市产品质量监督检验室，加强检测力量。投资91万元统一购置14台“酶标仪”和100套试剂盒，配备给所有开工生产的乳品加工企业。开展了奶站和饲料专项整治，建立了可追溯制度。认真做好问题奶粉下架、召回、封存及销毁等工作，确保了广大消费者的利益。落实省对奶农补贴政策，出台了收购原三鹿企业奶源和代加工奶粉补贴办法，切实保护奶农利益。积极引导奶牛养殖“出村进区，出户入场”，发展规模养殖。支持地方乳品企业做大做强，发展现代牧场，培育市场品牌，全力振兴奶业发展。集中时间，集中力量，在全市范围内开展了食品药品大检查，对果菜、畜禽水产品、“地沟油”、食盐、街头食品摊点、私屠滥宰和加工病死畜禽、餐饮消费、固定场所流通领域食品、药品进行专项整治行动，坚决消除食品药品市场安全隐患，杜绝食品药品安全事故发生。建立健全了食品药品安全长效机制。

（王　宇）

农业综合开发

【概况】　全市2008年农业开发投资规模14929.4万元。其中，中央财政投资4035.9万元，省财政投资1621万元，市和扩权县两级财政配套429.6万元，部门资金200万元，项目区农民筹资投劳和项目单位自筹资金6779.9万元，银行贷款1863万元。在丰南、丰润、玉田、滦县、滦南、唐海、乐亭、迁西、迁安和遵化10个农业开发县（市、区）重点实施了土地治理项目、世行三期项目和产业化经营项目，改造中低产田10.2万亩，扶持产业化经营项目7个。

【土地治理项目】　2008年，投资3076万元在丰南、丰润、滦县、迁西和唐海5个县（区）改造中低产田4.3万亩。主要工程有：新打机井210眼，埋设地下节水管道150公里、维塑管6公里，购置喷灌机6台，开挖疏浚渠道266.26公里，建涵洞、闸、扬水点88座，建集雨水窖450个，蓄水池8座，架设农电线路33.91公里，购置安装变压器33台，修农田路115公里，平整土地698亩，植农田防护林1635亩，购买农机具31台。通过更新、维修机井，架设农电线路，修缮沟渠，推行地下管道节水灌溉，提高了水资源利用率。同时引进推广示范新品种、新技术，不断提高项目区科技水平。建成的项目区基本上形成了田成方、树成行、路相通、井渠管道连成网，旱能浇、涝能排的高产、稳产、高效、节水的高标准农田，农业综合生产能力明显提高。

【产业化经营项目】　2008年农业开发产业化项目投资总额8419万元，重点扶持了市场前景好、带动能力强的7个“龙头企业”。这7个项目分别是：遵化市蓝猫饮品集团有限公司1万吨野生酸枣汁加工扩建项目；遵化市长城科贸有限公司600万羽肉鸡加工新建项目；乐亭县欧意金土果业发展有限公司6000吨果品保鲜加工扩建项目；滦南县京东种猪养殖有限公司300头优良种猪繁育基地扩建项目；玉田县牧

富种猪繁育有限公司1000头纯种猪繁育养殖扩建项目；丰南区新源生态科技有限公司4470吨速冻果蔬加工改建项目；滦县小川农牧养殖有限公司1800头肉牛良种繁育基地扩建项目。项目投产后，预计年增产值21725万元，利税3893万元。七个项目中的遵化市蓝猫饮品集团有限公司1万吨野生酸枣汁加工项目，扩建后成为全国同业规模最大“龙头企业”。玉田县牧富种猪繁育有限公司1000头纯种猪繁育养殖扩建项目建设的沼气发电项目，是唐山规模最大的沼气发电项目，不仅满足了企业自己用电问题，而且还将沼渣沼液低价出售给农民，发展当地绿色无公害农业，促进了资源的再利用和农业的可持续发展。

【世行三期项目】 2008年世行三期项目在乐亭、滦南、迁安、玉田和遵化5个县（市）9个乡镇安排投资3434.4万元，其中：中央财政资金1312.9万元，省财政配套资金581万元，市财政配套资金99.3万元，扩权县69.3万元，群众自筹资金1371.9万元。改造中低产田5.9万亩，营造防护林3117亩，开挖疏浚渠道158.5公里，建设涵洞197座、桥94座、水闸7座、渡槽3座，改建机电排灌站2座，更新机井127眼，维修机井837眼，架设低压农电线路106.6公里，安装变压器67台，修农田沙石路122.6公里、农田土路132.7公里，埋设地面输水PVC管道532.4公里。预计世行三期项目将在2009年全面完成建设任务，并接受世行和国家、省农开办的验收。

【世行三期项目汇报会在玉田召开】 4月18日至19日，河北省世行三期项目农民合作经济组织暨绿色农产品建设汇报会在玉田县召开。世行专家Barry Silver、Maria Sandini，国家农开办外资处副处长丁平、高级工程师孙敏章，省农开办外资多经处处长张安生、调研员刘树中、副处长贲育和资金处副处长袁永川，省农业厅高级农艺师李建锋，市农开办主任樊晓清、副主任孟庆国等有关领导出席了汇报会。玉田县委常委、农工委书记、副县长周庆岩同志致辞。省农开办、辛集市农开办和玉田天山果菜产销专业合作社分别向世行、国家办检查团介绍了绿色农产品及农民合作经济组织建设进展情况。检查团一行在省、市、县有关领导的陪同下参观了玉田县天山果菜产销专业合作社现场，就具体问题进行了详细了解。19日上午，检查团与省、市、县项目管理人员及项目单位负责人进行了座谈，并分组进行了讨论。

合作社和农民专业协会专家Barry Silver详细了解了玉田县天山果菜产销专业合作社发展现状、发展计划与支持的需求，并与天山果菜产销专业合作社理事长张天明进行了交流。他希望合作社将来能吸收他为合作社的名誉社员。世行专家及国家办领导对玉田县合作社的建设进展情况给予了充分肯定和高度评价，对下一步继续推进合作社向更高阶段发展提出了具体的措施及建议：（一）合作社要加大农民专业合作社法的宣传力度，进一步提高农民意识，使更多的农民自愿加入合作社；（二）吸收从事与农民专业合作社业务直接有关的企业、事业单位或者社会团体加入合作社，以有利于龙头企业发挥带动作用，有利于协会等社会团体提供服务，最终有利于合作社的发展；（三）合作社要进一步创造条件，积极探索农民入社的形式和途径，用自身的服务吸引农民加入，让农民从中得到实实在在的利益。

【丰南创新管护机制确保农开项目发挥效益】 丰南区农开办在土地治理项目实施中，积极探索创新项目管护机制，收到了较好效果。对于项目区防护林工程的管护，推行“先包后植、效益分成”和“先植后包、竞价拍卖或利益共享”两种模式，对林权进行公开竞价承包、拍卖。针对项目区群众有利用沟渠进行水产养殖的习惯和经验，项目乡村在保证不影响农田灌溉、排涝的前提下，对开发改造后的项目区沟渠水面进行划片承包经营管护，明确了承包人对沟渠及配套建筑物的养殖经营权及管护责任和标准。对于项目区农田道路特别是石渣路等公益设施的管护，采用集体统一管护的做法，确定专人、分段负责，明确目标、实行责任包干，确保责任到位、管护到位。由于经营式管护机制实现了经营权和管护责任的统一，落实了经营管护主体和责任人，明确了管护责任和目标，不仅有效降低了管护成本，而且解决了责任落实难、林木保存率低和沟渠、农路易损毁等问题。通过实施经营式管护机制，不仅壮大了项目村集体经济实力，增强了兴办农村公益事业、服务全体村民的能力，而且为项目工程发挥长久效益提供了保证。

【滦县农开办狠抓四个环节确保植树成活率】 在农业开发工作中，项目区植树是一项重要的环节。滦县农开办积极探索认真总结植树的经验和教训，创出了一套选苗、植树的新模式，确保种树的成活率在95%以上。其具体做法是：一、就近采购树苗，确保树苗的适应性。树苗同其他动植物一样，也有其适应性，主要表现在温度、湿度、气候、土壤等方面。滦县农开办在采购树苗工作中，坚持就近采购树苗的原则，一般以项目区为中心，采购树苗半径不超过25公里。这样做不仅确保了树苗的适应性，而且省时省工、容易达到应有的功能效果。二、选苗不求大，确保树苗的成活率。通过多年农业开发植树实践，他们体会到，树苗胸径越粗、根系越发达，越不易运输和成活。所以，他们一般选择1.8－2.0厘米胸径的树苗作为项目区栽植树苗，项目一经确立，就立即组织植树，待项目整体验收时，树木胸径一般达到3厘米以上，不仅节约了植树资金，而且确保了树苗高成活率，为打造精品项目区工程打下了良好的基础。三、严格杜绝病苗。树苗的健康与否是确保项目区植树高成活率的基础和前提。他们在采购树苗前，邀请林业技术人员一道实地查看树苗情况，确认要移植的树苗植株健壮、生长量正常、无病虫害、无损伤后，再进行采购树苗的商务恰谈与采购事项，确保树苗健康性和安全性。四、精心组织，确保树苗的后期管护。他们把树木种植与管护放在同等地位来抓，采取将树木所有权出售给个人的方式，并在出售合同上突出买方的责任和义务。同时他们还加强了对出售后树木管护的检查

监督，发现问题及时解决。这样不仅调动了各方面管护好树木的积极性，而且确保了树木的后期健康成长。

（常津洪）

农业产业化

【概况】　2008年，全市农业产业化经营保持了持续健康发展的良好势头。农业产业化经营额完成275亿元，比上年增长了6%；产业化经营率达到61%，比上年增长了2个百分点。

【发展龙头企业】　一是吸引“三资”建龙头。市县两级制定优惠政策，通过“走出去”与“请进来”，广泛开展招商引资，引导国内外知名企业的外来资本和当地工商资本、民营资本投资兴建农业龙头企业。年内建设了投资2.3亿元的恒天然牧场、投资1.2亿元的利民食品有限公司、投资1.5亿元的双汇公司扩建工程、投资1.48亿元的金玉农产品交易中心等亿元以上项目。二是整合资源壮龙头。年内，滦南县中红公司、遵化市美客多公司和广野公司通过拓宽经营领域，先后成立了集团公司。滦县奥尔特公司和伊利乳业公司通过收购原有南光公司、元鑫缘乳业公司，不仅盘活了存量资产，而且为龙头企业建设创造了一条捷径。三是政策引导强龙头。充分利用国家、省、市、县扶持市级以上龙头企业的政策，引导龙头企业争取各级财政贴息和金融贷款，积极新上改扩建项目，加快做大做强步伐。年内，全市组织上报银企对接项目110多个，落实龙头企业贷款项目56个，从农发行、农行、信用社等各类金融机构贷款7.12亿元。四是加强管理促升级。年内，通过认真组织开展国家、省、市各级重点龙头企业监测和申报工作，全市新增国家级重点龙头企业1家，总数达到3家；新增省级重点龙头企业7家，总数达到30家；市级重点龙头企业新增19家，达到195家。

【加强基地建设】　一是加强省级农产品加工示范基地县建设。按照《河北省农产品加工示范基地县创建标准和管理办法》要求，市产业化办公室对乐亭、玉田、丰润3个省级农产品加工示范基地县进行监测考核，突出抓了三个基地县的园区规划、项目建设、品牌发展工作。2008年，虽然“三鹿奶粉事件”对丰润区奶业发展影响较大，但是三个县区农产品加工业共实现销售收入85.1亿元，基本与上年持平；实现利税5.57亿元，比上年增长1.08亿元。年内园区新开工项目13个，竣工项目6个，实际完成投资3.5亿多元。创省以上名牌产品14个，绿色、有机和无公害农产品44个。二是大力推进一村一品专业村发展。年内，全市达到国家标准的一村一品专业村总数586个、专业乡镇20个，分别比上年增长12.5%、11%。专业村农民人均纯收入7476元，比全市农民人均纯收入高出28.3%。一村一品实现了快速健康发展，有力地促进了农民收入持续增长。三是引导鼓励龙头企业建设挂牌基地。总结推广乐亭欧意果业公司企业投资建设挂牌基地的做法，进一步密切基地与龙头企业的联系，真正形成利益共享、风险共担的联结机制。年内，冀东果菜、玉田汇源、遵化广野等多家企业已发展建设了挂牌基地。四是抓“六大中心”创建，进一步做大优势产业。年内分别启动了在乳品产业聚集度较高的丰润区建设唐山市奶牛产业发展技术研究培训中心，在瘦肉型猪产业发展先进的玉田县建设唐山市瘦肉型猪产业发展技术研究培训中心，在果菜产业最为发达的乐亭县建设唐山市果菜产业发展技术研究培训中心，在食用菌产业发展突出的遵化市建设唐山市食用菌产业发展技术研究培训中心，在板栗产业比较集中的迁西县建设唐山市板栗产业发展技术研究培训中心，在水产养殖业发展较好的滦南县建设唐山市水产品产业发展技术研究培训中心。“六大农业特色产业发展研究培训中心”创建工作，由所在县市区负责筹建，市直相关部门负责业务指导，承担全市相关主导产业发展的研究、推广、培训等职能。

【发展农民专业合作经济组织】　2008年，全市农民专业合作社、农民技术协会、研究会、产业协会、农民经纪人协会等各类专业合作经济组织得到较快发展，并与龙头企业建立了合同约束、利益吸引、风险补偿、股份合作等多种有效的利益联结机制。以订单农业为代表的合同约束机制在农业龙型经济发展中占有较大份额。年内，全市有11个县市区组建了农民合作经济组织的统领机构（农合联），建立协会428个、专业合作社191个，会员总数1695个。

【产业化联结模式】　2008年，唐山市探索总结出了六种类型的龙型经济发展产业化联结模式。（1）龙头企业辐射型，即“龙头企业+基地+农户”模式。龙头企业直接与基地农户通过合同（契约）建立联结关系，带动基地和农户发展。遵化栗源公司、滦南中红公司、芦台腾龙公司等多数龙头企业都采取了这种模式。（2）中介组织联结型，即“龙头企业+合作组织+基地+农户”模式。龙头企业以合作社或农民专业合作经济组织为纽带与基地农户建立联结关系，使企业、农户与中介组织紧密联系起来。乐亭欧意公司、丰南三商公司、遵化广野公司等一些龙头企业采取了这种模式。(3) 专业市场牵动型，即“专业市场+经纪人+农户”模式。农产品专业批发市场通过经纪人，组织农户进入市场销售产品，使市场、经纪人与农户形成利益共同体。乐亭冀东果菜批发市场、滦南姚王庄蔬菜批发市场等采取了这种模式。(4) 服务组织实体型，即“服务组织+经济实体+农户”模式。农民经济合作组织建龙头企业或经济实体，由单纯的服务型向实体型发展，与农户建立更加紧密的联结关系。遵化马兰峪板栗合作社、东陵酒葡萄协会、玉田农业产业化研究会等都属于这种联结模式。（5）工商资本反哺型，即“工商资本+龙头企业+农户”模式。工商业主投资现代农业，通过建设农业龙头企业与农户建立联结关系，带动农民增收。迁安鑫利公司、遵化尚禾源公司、滦南京东养殖公司、丰南清泉养殖公司等一批企业都是这种模式。

(6) 优势产业招商型，即“优势产业+龙头企业+农户”模式。依托当地具有一定规模的优势特色产业，通过招商引资建设龙头企业与农户建立联结关系，对农产品进行深加工，增加农产品附加值，带动农民增收。丰润蒙牛公司、滦南蒙牛公司、玉田双汇公司、遵化平安食品公司等一大批企业都属于这种模式。

【重点项目建设】 年内，全市共开工建设项目102个，累计完成投资46.2亿元。其中，投资2.3亿元的新西兰恒天然牧场奶牛养殖项目已完成全部投资并投产，存栏奶牛5000头，其中成母牛3000头，形成了年产优质原料奶24000吨的生产能力。投资1.5亿元的唐山双汇二期扩建项目已完成，形成了日产50吨低温肉制品的生产能力。投资1.33亿元的山楂生物食品开发项目、投资7700万元的丰南区鼎新蔬菜出口加工有限公司扩建项目、总投资1.48亿元的金玉农产品交易中心项目和投资1.2亿元的利民食品有限公司建设项目等8个项目完成年内投资计划，形成了一定的生产能力。

【腾龙生态农业科技园开园】 6月26日上午，唐山市腾龙畜禽养殖有限公司在芦台经济开发区投资兴建的唐山市腾龙生态农业科技园建成开园。省农业厅副厅长、农业产业化办公室主任刘立明到场致贺。腾龙生态农业科技园项目总投资4066万元，建设18栋鸡舍，引进父母代肉种鸡8万套；建孵化厂一座，配套58台192型孵化器。建设生态鱼池76亩，有机蔬菜示范园60亩，有机水稻种植园100亩，建设沼气池和有机肥加工厂一座。项目全部建成后，可安排就业岗位150人，带动养殖户800户，带动饲料基地12万亩，农户12000户。一年可直接或间接增加农民收入2000多万元。

【美客多食品集团肉鸡加工项目竣工】 11月27日上午，坐落在遵化市的河北美客多食品集团有限公司举办国家级农业产业化重点龙头企业揭牌暨1800万羽肉鸡屠宰加工项目竣工典礼。省政府副秘书长、农办主任赵金平，唐山市委常委、农工委书记徐景田，唐山市副市长王久宗等出席庆典仪式。遵化市委书记侯志宇为河北美客多食品集团有限公司颁发国家级农业产业化重点龙头企业奖励资金50万元。

【广野集团山楂生物食品新工厂落成】 11月30日，唐山广野集团举行成立十五周年暨山楂生物食品新工厂落成典礼。唐山广野山楂生物工程加工项目顺利建成投产，标志着广野集团在做大做强企业，提高市场竞争力，增强带动能力方面迈上了一个新的台阶。中国科协农村专业技术服务中心副主任、农村专业协会秘书长张晓军，中国科协科普惠农中心农技中心重点项目处处长李福生，河北省科协副主席李宗民，日本新进株式会社社长笼岛正直先生，日本双日中国有限公司总经理宫布敏明先生，日本丘比株式会社社长武内一敏先生，唐山广野新进食品有限公司董事长古平诚先生等出席典礼仪式。

【市委市政府命名并表彰农业产业化龙头企业】 10月21日，市委、市政府在滦县政府礼堂召开唐山市农业科学发展示范工程建设暨振兴奶业动员大会。市政府副市长王久宗在会上宣读了《中共唐山市委、唐山市人民政府关于对今年新命名的国家级、省级农业产业化重点龙头企业进行表彰奖励的决定》、《关于认定2009—2010年度农业产业化市级重点龙头企业的决定》。市委副书记、市长陈国鹰，市委常委、农工委书记徐景田，市政府副市长王久宗等与会领导为被命名单位和受表彰单位颁发标牌和奖金。农业产业化龙头企业名单如下：

国家级重点龙头企业3家

乐亭县冀东果菜批发市场
唐山山源食品有限公司
河北美客多食品集团有限公司。

省级重点龙头企业30家

河北美客多食品集团有限公司
遵化栗源食品有限公司
唐山蓝猫饮品集团有限公司
唐山广野食品集团有限公司
唐山山源食品有限公司
唐山尚禾源农业开发有限公司
唐山市平安食品有限责任公司
唐山双汇食品有限责任公司
玉田县牧富种猪繁育有限公司
唐山豪门园林有限公司
唐山汇源食品有限公司
唐山融商普林畜禽有限公司
唐山普林海珍养殖有限公司
唐山海都水产食品有限公司
滦南县京东种猪养殖有限公司
乐亭县冀东果菜批发市场
河北省刘美实业有限公司
河北欧意金土果业发展有限公司
唐山冀东果菜有限公司
唐山三商食品有限公司
唐山市丰南区鼎新蔬菜出口加工有限公司
唐山新源生态科技有限公司
河北迁西板栗集团有限公司
迁西县金地甘栗食品有限公司
唐山市鑫利农业开发有限公司
迁安三元食品有限公司
蒙牛乳业（唐山）有限责任公司
唐海县十里海养殖场
唐山市腾龙畜禽养殖有限公司
唐山康尼乳业有限公司

市级龙头企业195家

遵化23家

遵化栗源食品有限公司
唐山广野食品集团有限公司
河北美客多食品集团有限公司
唐山蓝猫饮品集团有限公司
唐山山源食品有限公司
唐山尚禾源农业开发有限公司
唐山市平安食品有限责任公司
遵化市钟馗门业有限公司
遵化市宝伞食用菌专业合作社
遵化市金牛良种奶牛繁育中心
遵化市本乡粮油有限公司
遵化市燕都商贸有限公司
遵化市东陵满族乡酒葡萄协会
唐山昌瑞食品有限公司
遵化市新店子长城食品厂
遵化市燕山果菜批发市场
遵化市亚太食品有限责任公司
遵化市长城种禽有限公司
遵化市长城饲料有限公司
河北康园香美客食品有限公司
遵化燕山红食品有限公司
遵化市金泰工贸有限公司
遵化市长城贸易有限公司

迁安22家

唐山市鑫利农业开发有限公司
迁安三元食品有限公司
迁安市双宏食品有限责任公司
迁安市冀东草业有限公司
迁安市金业宏源工贸有限责任公司
迁安市乐丫农产品开发有限公司
迁安市英豪食品有限公司
迁安新亚食品有限公司
唐山市燕山淀粉有限责任公司
迁安市贯头山酒业有限公司
迁安市长城农业科技示范场
迁安市广原奶牛养殖科技有限公司
唐山佳禾生态农业开发有限公司
迁安市恒元食品厂
唐山露丰饮品有限公司
秦皇岛市鑫都科工贸实业有限公司
迁安市林蛙养殖分公司
迁安市德通玉米产业有限责任公司
迁安市福源奶牛场
迁安市瑞阳农产品有限公司
迁安市长城绿宝农产品经销有限责任公司
迁安市龙泉农产品开发有限公司
迁安市隆兴农业科技示范场

丰润12家
蒙牛乳业（唐山）有限责任公司
唐山市大唐康健肉类加工有限公司
唐山金翔纺织集团有限公司
唐山国泰纸业有限公司
唐山三星乳业有限公司
唐山营佳乳品有限公司
唐山市冀东溶剂有限公司
唐山润泽粮油食品有限公司
唐山市恒益养殖有限公司
唐山市丰润区国富润兴奶业有限公司
石各庄镇京丰诚信奶牛场
沙流河镇汇丰集团

丰南22家
唐山三商食品有限公司
唐山市丰南区鼎新蔬菜出口加工有限公司
唐山新源生态科技有限公司
唐山市丰南供销合作社唐坊棉花专业合作社
唐山市丰南区新兴海产品有限公司
唐山市新辉养殖有限公司
唐山蓝天鸿星水产品有限公司
唐山市丰南区犇鑫奶牛乳业有限公司
唐山市丰南区鸿兴养殖场
唐山丰南种业科技有限公司
唐山市丰南区清泉奶牛养殖有限公司
唐山海丰水产科技有限公司
唐山市丰南区王兰庄镇天和三草加工专业合作社
唐山市丰南区兴达棉油有限公司
唐山市丰南区鹏程棉业有限公司
唐山市丰南区白龙面粉有限公司
唐山市丰南区龙强面业有限公司
唐山市丰南区腾达棉业有限公司
唐山市丰南区瀚源生态奶牛养殖场
唐山市丰南区一友果蔬专业合作社
河北东方希望动物食品有限公司
唐山大洪食品有限公司

滦县13家
北京双娃乳业有限公司滦县奶牛养殖场
滦县小川农牧养殖有限公司
唐山隆升实业有限公司
唐山京安斯格种猪有限公司
蓝贝酒业集团有限公司
河北奥尔特食品有限公司
滦县宝福种猪厂
唐山市和发食品厂
滦县五谷绿色农业发展有限公司
滦县军英牧场
唐山市冀生食用油有限公司
滦县农乐服务中心
滦县郎红棚菜专业合作社

滦南14家
唐山融商普林畜禽有限公司
唐山普林海珍养殖有限公司
唐山海都水产食品有限公司
滦南县京东种猪养殖有限公司
唐山宝达普林食品有限公司
滦南县滦玉粮贸有限公司
滦南县天申牧业养殖场
滦南县银雪面粉有限公司
唐山融普种禽有限公司
滦南县利民种猪繁育养殖场
滦南县宏文海豹饲料有限公司
唐山市万丰水产有限公司
滦南县滦丰养殖场
滦南县蓝天牧场

迁西15家
河北迁西板栗集团有限公司
迁西县金地甘栗食品有限公司
迁西县喜峰口板栗专业合作社
迁西县明达商贸有限公司
唐山栗丰有机食品有限公司
迁西县牧富达种羊场
迁西县金川商贸有限责任公司
河北省迁西县栗乡源食品有限公司
迁西县新庄子乡宏立养牛场
迁西县有金板栗专业合作社
唐山福春林木业有限公司
迁西县宝源食品有限公司
迁西县太平寨板栗专业合作社
迁西县胡子生态养殖专业合作社
迁西县中韦贸易有限公司

玉田22家
玉田县牧富种猪繁育有限公司
唐山双汇食品有限责任公司
唐山豪门园林有限公司
唐山汇源食品有限公司
唐山大北农猪育种科技有限责任公司
玉田县瘦肉型猪产业协会
玉田县玉田镇晨捷奶牛养殖场
玉田县亮甲店镇孔五官屯奶牛场
玉田县沃泰生态奶牛养殖有限公司
北京同仁堂河北中药材科技开发有限公司
唐山凯川饲料有限公司
玉田县林头屯乡无公害果菜协会
玉田县汇丰农业生产资料有限公司
玉田县农业协会
玉田县津玉棉业有限公司
唐山金玉农贸市场管理有限公司
唐山猫王工贸有限公司
唐山顺新食品有限公司
玉田县亮甲店镇小韩庄庆合养殖厂
唐山市联合盛畜禽肉业公司
唐山益农种业有限责任公司
玉田县华伟养殖场

乐亭15家
乐亭县冀东果菜批发市场
河北省刘美实业有限公司
唐山冀东果菜有限公司
河北欧意金土果业发展有限公司
唐山永泰水产有限公司
乐亭县宏丰水产食品有限公司
唐山金土地食品有限公司
唐山明春玉米生物工程有限公司
乐亭县奥翔木糖醇有限公司
乐亭县兴农工贸公司
唐山浩翔纺织有限公司
唐山秋利精制米业有限公司
乐亭县冀东皮毛交易市场
河北金土农业发展有限公司
唐山中景中心渔港有限公司

唐海10家

唐海县十里海养殖场
唐海县八里滩养殖场
唐海县第七农场
唐山市丰发冷冻食品有限公司
唐海县乾元农业技术开发有限公司
唐海县承乾畜禽养殖场
唐海天正水产有限公司
唐山唐丰米业有限责任公司
唐海三旺食品有限公司
唐海鑫杰畜禽养殖有限公司

古冶10家
唐山鲜鲜食品有限公司
唐山三鑫生化制品有限公司
中信贸易（唐山）富瑞食品有限公司
唐山市北方锦丰实业有限公司
唐山东方原种猪场
唐山市兴义工贸有限公司
唐山朱海林商贸有限公司
唐山市古冶区隆玉养殖场
唐山市古冶区伟业绿色田园有限公司
唐山市古冶区科兴蔬菜农民专业合作社

开平6家
唐山鼎晨食品有限公司
唐山市香美佳食品有限公司
唐山市开平区开平镇半壁店养殖场
唐山市开平区鹏发鸡厂
唐山市开平区神农果树高科技示范园
唐山市开平区面粉厂

路南4家
唐山市南新道水产品批发市场
河北香宇肉类制品厂
唐山市荷花坑市场经营管理有限公司
唐山隆义实业（集团）公司

芦台2家
唐山市腾龙畜禽养殖有限公司
唐山旺地种业有限公司

汉沽3家
唐山鸿润饲料蛋白有限公司
唐山汉沽兴业奶牛养殖有限公司
唐山法立德清真食品有限公司

京唐港经济开发区1家
唐山市圣昊农科发展有限公司

市供销社1家
唐山市棉麻总公司

（王永红）

【市委市政府命名首批农业科学发展示范园区（场、园）】 10月19日，市委市政府决定命名乐亭县庞各庄蔬菜示范园区等6个蔬菜（食用菌）园区为唐山市农业科学发展示范园区，滦县军英农场等8个养殖场（牧场）为唐山市畜牧水产业科学发展示范场，芦台腾龙生态农业科技园等2个养殖园区为唐山市畜牧水产业科学发展示范园区，遵化市刘各庄优种核桃规范化栽培示范园等6个林果示范园为唐山市林果业科学发展示范园。名单如下：

唐山市农业科学发展示范园区（6个）

乐亭县庞各庄蔬菜示范园区
滦南县姚王庄蔬菜示范园区
玉田县玉田镇蔬菜示范园区
遵化市平安城食用菌示范园区
丰润区韩城蔬菜示范园区
丰南区大新庄蔬菜示范园区

唐山市畜牧水产业科学发展示范场（8个）

滦县军英牧场
唐山恒天然牧场有限公司
丰润国富润兴奶牛养殖有限公司
丰南清泉奶牛养殖有限公司
迁安市天宝奶牛养殖有限公司
玉田牧富种猪繁育有限公司
迁安顺鑫小店种猪繁育有限公司
滦南普林海珍养殖有限公司

唐山市畜牧水产业科学发展示范园区（2个）

芦台腾龙生态农业科技园
滦县小川农牧园

唐山市林果业科学发展示范园区（6个）

遵化市刘各庄优种核桃规范化栽培示范园
乐亭县河北欧意金土果业发展有限公司
迁西县喜峰口有机板栗示范园
乐亭县棘坨现代设施果树示范园
玉田县唐自头红富士苹果提质增效示范园
滦南县国有林场林业科技示范园

（许　辑）

种植业

【概况】 2008年，全市种植业产值276.6亿元，农民人均纯收入6625元，同比分别增长14.6%和13.7%。全市粮食播种面积700.33万亩，粮食总产291.51万吨，连续八年获得丰收。花生播种面积123.42万亩，总产27.28万吨。棉花播种面积48.96万亩，总产3.87万吨。蔬菜播种面积305万亩，总产1400万吨，产值133亿元，三项指标位居全省首位。突出发展设施蔬菜，重点抓了大新庄镇、庞各庄乡、姚王庄镇、韩城镇、玉田镇和平安城镇六个设施蔬菜示范区建设，设施蔬菜面积达到110万亩，成为促进农民增收的重要来源。农产品质量安全水平稳步提高。全市推行标准化生产370万亩，累计通过省级无公害农产品基地认定面积142万亩，发展绿色食品基地50万亩。农产品质量监测网络不断完善，检测水平进一步提高。在迎奥运和应对三鹿奶粉事件专项整治行动中，检测样品6618例，合格率达到100%。农业信息服务力度进一步加大，累计为社会发布各种信息近40万条，帮助农民引进蔬菜新品种100多个、新技术40余项；为6个县30个老区村建立了网络服务站。加强农业综合执法，共检查农资生产企业78个次，经营单位22270个次，查扣不合格农资产品257.86吨，农资市场秩序得到进一步好转。强化农作物病虫害防控体系建设，建立了乡镇植保统防统治机防组织642个，病虫草鼠害预测预报准确率达到96%。

【主导产业逐步形成区域规模】 立足发挥区域农业发展优势，通过强化发展重点和支柱产业，加快优势农产品产业带建设，使主要农产品生产向优势产区集中。形成了以京山沿线为主的优质玉米、小麦种植区；以滦县、迁安、滦南为主的花生种植区；以北部山区为主的杂粮种植区，以乐亭、玉田、丰南、丰润为主的瓜菜种植区。这些产业区的形成，充分发挥了各地的资源特点和区域优势，实现了由优势特

色产业向主导产业的新跨越。

【种植业产业化步伐加快】 扶持发展了一批农业龙头企业。全市营业收入在500万元以上的种植业加工企业达到45家，其中省级重点龙头企业4家，辐射基地面积166万亩，带动农户59万户，全市种植业产业化经营总额达到124亿元。

【农业科技含量进一步提高】 "沃土工程"建设加快推进，2008年建设面积达到400万亩，已占全市农作物总播种面积的1/3，其中配方施肥实现210万亩。农作物病虫害防治体系不断健全，在全市9个县市区推广了天敌、微生物制剂、抗生素、昆虫性信息素、植物源农药等五种防治技术和指标化控防治技术，农作物病虫害预测预报准确率达到95%。农业信息网络化服务日臻完善，全市165个乡镇、1600个村、180个龙头企业、1150位农村经纪人、30万农户、150个农村中介组织实现了微机联网，能够及时收集和发布各种农村经济信息。全市十个大县（市、区）已经全部建成省级农技电波入户示范县，科技进村服务站达到1573个，全年推广先进农业适用技术90多项。

（田永利）

【大力提高农民科技素质】 2008年，围绕提高农民科技素质，利用新型农民培训工程、阳光工程、科技入户、农技电波入户、科技进村服务站等渠道面向农民开展了形式多样的农业技术培训、技术咨询、技术指导、技术服务活动，努力提高农民素质。全市共培训农民158万人次，培养农村实用人才12万人，农村干部、农业技术人员5.3万人，科技示范户1.5万户。村级服务站累计达到1573个，其中省级站60个。积极组织农村基层"两员"培训工程，培训村级"两员"4300人。

（常建新）

【乐亭被评为"全国科普示范县"】 乐亭县大力实施"科教兴县"战略，2008年被评为第三批全国科普示范县，成为唐山唯一获得此殊荣的县。近年来，这县打出"创建全国科普示范县，为大钊故乡添光彩"的口号，成立了30多名农技专家组成的专家服务团，与农户结对子，实行对口帮扶。还实施"科技特派员"制度，对长期工作在基层，做出突出贡献的科技工作人员，给予重奖。全县从事科技工作的人员有986人，专家讲师团470人，科技带头人1000多人。

（许　辑）

【确保农产品质量安全】 2008年，通过贯彻落实《农产品质量安全法》，深入开展以农产品质量安全为重点的执法检查检测工作，促进了农产品质量安全水平的稳步提高。全市建成1个市级检测中心、14个县级检测中心，74个乡镇有市场检测点，形成了市、县、乡（市场、村）三级，上下贯通的农产品质量监测网，保障了全市无公害蔬菜产地、农贸市场、超市等经营单位100%纳入监测范围。2008年，全市各级累计检查农产品经营单位1722家次，农产品基地942家次，抽取基地、市场等样品11966例，合格率99.9%。较上年同期提高了0.8个百分点。无公害基地面积不断拓展。全市完成无公害农产品产地认定面积142万亩，无公害农产品认证产品35个。实现了全市无公害蔬菜生产基地100%备案，100%落实监管责任人，100%设立了农产品生产组织管理机构，100%落实产地主体的质量承诺书，100%实行了问题事件的通报、整改以及撤销制度。

（李静伟）

【农业对外开放】 唐山市农产品出口受国际金融危机的影响呈减少趋势。2008年底，全市农副产品出口创汇额10323万美元，比上年减少1.4%。其中农产品出口创汇额8707万美元，比上年减少0.8%。出口农产品生产能力不断增强，建设蔬菜、花生出口基地35万亩，比上年增加23万亩，引进先进技术30多项，优新品种40多个。

（吴长春）

【重点项目建设】 2008年，全市农业系统实施重点项目54个，项目总投资19197.83万元，比上年同期增加8330.31万元（其中2008年新增1000亿投资中追加投资7693万元），增长76.65%。重点实施了农机补贴、良种补贴、沃土工程、生态家园富民工程、标准粮田建设、农技推广体系建设、设施农业、农民科技培训等项目，有效改善了农业生产条件和科技装备水平，提高了农业综合生产能力。

（刘瑞霞）

【农经工作】 执行各项惠农减负政策，规范涉农收费管理，减轻农民负担963.8万元。落实教育惠农减负政策，减轻农民负担1.15亿元。全面推开一事一议筹资筹劳奖补试点工作，全市（迁安市、遵化市除外）有2314个村开展了一事一议活动，占全市农村的58.9%；申报项目2323个，项目完成后，受益人口达215万人，占全市农业总人口的58.2%。推进农村财务管理规范化建设。全市3528个村开展了集体资产资源招投标工作，512个村开展了集中采购工作，增加集体收入1122.5万元，节省开支584.2万元。完成清产核资工作。全市共清理村级集体资产总额109.3亿元，其中村集体经济组织资产87.1亿元，村集体企业资产22.2亿元，分别占集体资产总额的79.7%、20.3%。开展农村财务审计，全市共审计2434个村，审计金额21.8亿元，其中查处违纪金额99万元。

（亢锐锋）

【滦南荣膺全国粮食生产先进县】 1月，农业部对在2007年发展粮食生产中做出重大贡献、取得突出成绩的单位和个人进行了表彰。滦南县被农业部授予"全国粮食生产先进县"称号。全国共有200个地县（市、区、旗、农场）被授予"全国粮食生产先进地县（农场）"称号，其中河北省有8个县（市、场）获此殊荣。

【玉田核心试验区夏玉米亩产突破700公斤】 2008年10月，市科技局与国家"粮食丰产科技工程"河北省管理办公室组织专家组，对河北省粮食丰产科技工程课题示范区玉田县虹桥镇大胡庄村的50亩京单28夏玉米高产攻关田进行实收测产，经现场实收脱粒及扣除水份后，亩产达到725.83公斤，创下了冀东山前平原区夏玉米的高产纪录。国家粮食丰产科技工程实施以来，唐山市组成了玉田示范县课题攻关组，针对前些年种粮效益差、播种面积减少、粮食总产下降的严峻形势，以提高光温资源利用效率为核心，将现有的小麦、玉米高产单项技术进行优化配置和系统集成，开展穗重型小麦与早熟玉米品种的互补组合、零农耗和短农耗接茬技术、肥水调控促早发早熟技术、病虫草害综合防治技术等为主要内容的课题攻关，充分发掘冬小麦、夏玉米的单产潜力，形成"冀东平原区小麦玉米两熟资源高效利用一体化技术"模式，为实现冬小麦——夏玉米两熟一体化持续高产提供了技术储备。

【汉沽芦笋基地成为国家农业标准化示范区】 在国家标准化管理委员会发布的第六批农业标准化示范区项目名单中,汉沽绿色芦笋基地榜上有名。汉沽管理区长胜芦笋种植公司和唐山润泽芦笋种植有限公司种植芦笋3年来,严格按照国家标准进行栽培管理,无公害绿色芦笋全部出口到日本等国家。此次国家批准河北省40个项目为全国农业标准化示范区,其中一类项目20个。汉沽绿色芦笋种植标准化示范区位列一类项目第八项。国家对一类项目给予补助,补助经费分3年下达。

【迁安大白菜种出新花样】 迁安菜农一改过去传统大白菜种植法，他们瞄准市场，引进开发新品种，分批收获，错开上市。2008年种植示范的20多个品种、5000亩错季白菜，平均亩产达到3600公斤，增收350万元。过去传统大白菜种植模式，是一年一茬，冬季集中上市，越是丰收，价格相对越低，往往出现菜贱伤农的现象。针对这种情况，迁安市农业局先后从北京农科院、省蔬菜花卉研究所等地引进20多个优良白菜品种，生育期从45天至90天的都有。麦秋后播种，中秋节前后依次收获上市，此时正值淡季，因此都卖出了好价格。迁安市还大力推广粮油大白菜、粮粮大白菜等立体种植模式，都收到了良好效果。

（许　辑）

水　利

【概况】 全市水务工作坚持以科学发展观为统领，积极践行可持续发展治水思路，不断提高水利工程运行能力，优化水资源配置，全面建设节水型社会，提高了水资源利用效率和效益。2008年，唐山市水务局被水利部授予"全国水利文明单位"荣誉称号。

水资源配置研究取得重要成果。2008年，市水务局完成了《沿海"四点一带"地区总体规划水资源论证报告》和《唐山市沿海"四点一带"水资源安全保障战略问题研究》。对海水淡化工艺和成本情况进行了调查，组织开展乐亭新区供水工程水资源论证，形成了乐亭新区、海港开发区水资源配置意见。完成了唐山三女河机场、冀东水泥滦县有限公司扩建等16个重点项目的水资源论证。

沿海"四点一带"供水工程进展迅速。投资5750万元，实施了曹妃甸供水净水厂、蓄水池和甸头供水输水管线工程建设；投资1.9亿元的海港开发区供水二期工程已建成试通水；投资近13亿元的乐亭新区供水工程开始启动；滨海新城供水和引滦入唐工程维修除险加固工程已完成工程招投标。

建设节水型社会取得新的进展。迁安市被列为省级第二批节水型社会建设试点，其它县区节水型社会创建工作逐步推开。全市万元工业增加值取水量降到40立方米，水重复利用率达到78%。第二批23眼自备水源井关停和249眼自备水源井监控系统安装工作如期完成。迁安、遵化、丰南、乐亭、丰润等5个县区农村节水试点村组建了农民用水户协会，实现了农民自主管理、计量收费。年内新建农民用水协会5个。农田水利工程托管试点工作全面展开，末级渠系节水改造试点工作顺利启动。

为建设生态城市提供水源保证。对陡河水库饮用水水源地实行了封闭管理，陡河水库水质自动监测系统进入试运行阶段，并增加2个水质监测点，监测频次由每月3次增加到11次。启动陡河水库蓝藻防治研究，完成工作大纲。唐山市陡河供水监测中心建设前期工作全部就绪，已经市发改委立项。环城水系一期工程（南湖调水工程）已完成投资2500万元，其中南湖生态渠穿越京山铁路倒虹吸工程竣工，陡河蓄水橡胶坝工程和进水口引水闸主体工程完工，引水渠道工程全面开工。年内向唐海通港水库（曹妃湖）调水1500万立方米，向陡河河道调水2000万立方米。

【水政】 1. 法规建设。《唐山市节约用水条例》经河北省第十一届人民代表大会常务委员会第三次会议审议通过，于2008年8月1日起施行。这是全省第一部市级节水地方法规。2. 行政执法。组织开展全市河道采砂规范化管理监督检查活动，打击和震慑了非法采砂活动。强化水利综合执法，妥善处理非法取水、采砂、河道取土等各类水事违法案件11件，维护了良好水事秩序和社会的和谐稳定。3. 节水宣传。采取设立宣传站，发放节水宣传手册、传单，展出宣传活动灯箱及展牌，开展文艺演出等形式，组织开展了大规模的广场集中宣传活动，呼吁全社会共同承担节约用水、保护水资源的责任。利用唐山电视台、唐山电台、唐山劳动日报等新闻媒体开展节水宣传。开展"进千家万户宣传活动"，组织全市178个社区居委会，城乡结合部的36个村利用宣传栏、黑板报、社区活动等多种形式开展节水宣传。向全市各居民小区、机关、院校、宾馆、饭店及各计划用水户发放节水宣传画4000张，节水警示标语4.5万张，宣传手册5000本，宣传单4000张。通过联通、网通发布节水公益信息200多万条。

【防汛】 水情。2008年汛期全市平均降雨量494毫米，较常年的527毫米少6.3%，较2007年的388毫米多27.3%。降雨主要集中在6月底和7、8月上旬，期间局部地区发生了暴雨、大暴雨。境内大部分河道径流与上年同期相比有所增加，滦河、冷口沙河、还乡河等河道径流量与上年同期相比增加30%以上。

灾情。7月15日凌晨2：30—

7：00，唐海县普降暴雨到大暴雨，全县有八个农场降雨量超过100毫米。唐海县城49公里的路面全部积水，部分路段积水深达60—70厘米，交通陷于半瘫痪状态，有2238户居民住房进水，水深达40—50厘米，部分低洼处居民区水深达60—70厘米，造成部分电器、家具被淹，直接经济损失1470万元，受灾人口15729人。8月11日，唐海县再次遭受大暴雨袭击，6小时降雨达到224毫米，造成县城大量积水，低洼地区房屋被淹，直接经济损失2784万元，受灾人口18650人。

防汛准备。1. 防洪工程建设。投资近3000万元，相继对市区李各庄河进行综合治理，对境内水库、泵站、河道堤防维修加固。各县（市）区投入河道治理防洪工程建设资金近12亿元，全市防洪工程保障能力进一步增强，河道环境进一步改善。2. 防汛检查。市政府组成4个小组分别对山区、平原、洼地和沿海各县（市）区防汛准备情况进行检查，对查出的问题登记造册，落实处理方案和责任人，限期处理，消除隐患。从年初开始，各水管单位对全市73座国管排水泵站297台机组全部进行了检修，并对变压器进行预防性试验，对所有水闸、水库闸门启闭机进行了检修调试和试运行，以确保汛期正常运行。3. 河道整治。按照“谁设障，谁清障”的原则对河道进行全面清理整治，确保河道行洪安全。全市完成河道清淤193公里、排水渠道清淤1271公里，清除树障3万多棵，清除木料2000立方米，清运废矿渣、尾砂、弃石等200万立方米。4. 信息建设。利用现有的防汛视频会商系统，建成了防汛计算机局域网，实现了与12个县（市）区的视频、语音和数据实时传输，并开通了与唐秦水文局之间的数据传输专线，实现了雨量、水情的实时共享。各小水库、蓄滞洪区、山洪灾害易发区都配备了警报器等报警器材，落实了预警措施。投资85万元建设了防汛现场实况信息应急采集卫星传输系统。

【抗旱】 旱情。2008年，主要出现三次旱情过程。第一次集中在3月上旬到中旬，旱情高峰期全市出现作物受旱面积138.5万亩，白地缺墒面积347.09万亩，3167眼机井出水不足，1505人出现临时性饮水困难。第二次旱情出现在5月下旬到6月中旬，作物受旱面积216.31万亩，其中重旱2万亩，白地缺墒面积106.65万亩，6871眼机井出水不足。第三次旱情出现在11月上旬到12月上旬。全市从10月22日到12月11日未出现有效降雨，土壤墒情损失较大，各地均出现旱情。

抗旱。全市累计投入抗旱资金7430.19万元，投入抗旱人员76.25万人，动用机电井9.06万眼，泵站126处，机动抗旱设施7.32万台套，机动运水车辆0.32万辆，抗旱灌溉面积389.45万亩，累计灌溉面积979.75万亩次，最大限度降低了干旱对全市农业生产和人民生活带来的影响，直接挽回粮食损失30.98万吨，挽回经济作物损失1.49亿元。1. 抗旱水源工程建设。新打灌溉机井2337眼，修旧井3605眼，安装地下管道135.74万米，修建闸涵桥、扬水站点448座，疏浚河道37.5公里，清挖渠道542.2公里，修建水池水窖6899个。2. 抗旱服务。各抗旱服务站共出动活动机具787台套，新打机井20眼，修井443眼，维修机泵897台套，安装防渗管道11.66万亩，浇地18.6万亩次，浇果树20.25万株。3. 调引滦河水。自4月30日开始调引滦河水，共累计调引农业用水3.79亿立方米，有效保障了滦下灌区和陡河灌区抗旱灌溉用水。

【农村水利】 通过实施机井、渠道、管道等设施的更新改造，因地制宜推广棚室滴灌、果树微喷灌、大田低压管道灌溉等工程节水技术，发展节水灌溉20万亩。新增、恢复改善灌溉和除涝面积58.65万亩。新建集雨水窖5100个。完成治理水土流失面积103.86平方公里。推广机井IC卡、水表灌溉计量设施3000套，全市农业机井计量设施安装总数达到1.45万眼。解决了农村217.7万人的饮水不安全问题。

【水库移民】 及时、足额兑现了国家大中型水库移民后期扶持资金7800万元，累计发放15650万元；省级后期扶持资金1110万元全部拨付到位。建立移民问题处理和矛盾排查台账，推行了移民信访代理制，把移民信访融入全市大信访格局。到2008年底，潘家口、大黑汀、桃林口三大水库返库移民经做工作，迁回26户、99人。通过开展“双先（先进移民村、先进移民典型）”示范活动，引导移民发展生产，发展特色经济。

（齐秀华）

林　业

【概况】 2008年，全市林业工作紧紧围绕推进社会主义新农村建设、构建和谐唐山和科学发展示范区建设三大主题，认真组织开展绿化唐山攻坚行动，狠抓造林绿化、林果生产、产业化经营、科教兴林、资源管护等重点工作，较好地完成了各项目标任务。全市春雨季完成沿海造林、三北造林、退耕还林、社会造林等27.39万亩，义务植树1002万株。在全省城乡绿化检查评比中，唐山市取得了第一名。7月份，全省城乡绿化现场经验交流会议在唐山召开，唐山市开展城乡一体绿化的经验在全省推广。全市农田林网庇护率达到70%以上，被评为全省农田林网建设先进市。全年共造林42.4万亩，为常年的2倍，森林覆盖率提高了2个百分点。新发展名优果树5.18万亩，果品总产量150.39万吨，产值超过计划的3.9%。新发展花卉面积0.5万亩，花卉总面积达到4.5万亩。新育苗2.1万亩，其中，容器育苗680万株。

【绿化唐山攻坚行动】 2008年9月1日，召开了全市绿化攻坚大会战动员大会，市政府成立了以陈国鹰市长为组长的领导小组。陈国鹰市长亲自率领十名市级领导、二十一个县市区（开发区、管理区、园区）书记、主管县市区长，市直34个有关单位一把手，就造林绿化工作到山西长治进行了考察学习。市委、市政府制定出台了《中共唐山市委、唐山市人民政府关于组织开展绿化攻坚行动大会战的决定》和

《绿化唐山攻坚行动大会战实施方案》，确定了工程造林的技术标准、补贴标准和验收标准。建立了“政府投资、部门筹资、企业出资、社会集资、群众捐资、劳务代资”的造林绿化多元融资机制，落实资金近10亿元。通道绿化和生态园林等重点工程实行土地流转（租赁），共签订土地流转（租赁）合同8万多份。重点工程造林实行工程监理制，每一标段都派驻监理人员，从苗木调用、整地挖坑到栽植管护实行全程监理，确保了工程质量。经过9至10月两个月的精心准备和11月至12月初近50天的决战攻坚，全市绿化攻坚秋冬季会战共造林35.34万亩，其中通道绿化造林14.13万亩。

【果品生产】 全市新增名优果树5.18万亩。北部石灰岩山区优质核桃发展势头强劲，新建良种核桃基地2.65万亩，全市核桃基地面积达到13万亩。果树管理工作得到全面加强，树体改造完成15.2万亩，果品套袋完成20.8亿个。开展了果品无公害环评检测认证工作，全市无公害环评检测认证面积达到190万亩，无公害果品认证检测56.5万亩，在省林业局组织的四次共145个样品检测中，143个果样合格，合格率达到98.6%。开展了“保质量、保安全、助奥运——农产品质量安全保障行动”。欧意果品等7个县（区）的6个品种及加工品列入奥运果品供应计划，供应基地面积42.5万亩，供应量达16万吨。全市干鲜果品出口量达到6万吨，实现出口创汇6800多万美元，均创历史新高。在省政府认定的全省农业产业化重点龙头企业中，有唐山市林果类龙头企业9家；在市政府认定的龙头企业中，有林果类企业30多家。

【创新林业科学发展模式】 唐山市林业局认真学习实践科学发展观，在开拓创新上狠下功夫，积极探索林业科学发展新模式。一是工程造林、社会造林、全民义务植树三位一体造林模式。形成多形式、多主体、多机制的造林绿化格局，全面加快全市造林绿化步伐。二是彩色绿化、立体绿化、多物种绿化相结合的绿化模式。因地制宜，选用适合当地环境的乡土树种、彩色树种，实施多品种、多类型相结合，乔、灌、藤、草、花并重，形成高低错落、疏密有致、色彩丰富多样的绿化景观。三是林业复合经营模式。选择经济价值高、市场开发前景广阔且栽培技术较为成熟的优质用材树种与粮食作物、经济作物（药材）、果树蔬菜、畜禽养殖在时间顺序（季节、年份）及空间位置（水平、立体）上进行科学优化组合，进行林下间作、林下养殖。以用材树种+经济作物、用材树种+果树蔬菜、用材树种+粮食作物、用材树种+畜禽养殖等模式，营建既相互协调又可多级生产的复合经营型林业体系。

【科技推广】 推广抗旱节水造林技术、盐碱地造林技术、板栗核桃良种及优质丰产技术等面积46万亩，新引进林果花优新品种60余个。开展林下复合经营模式的研究，在全市科学发展模式验收中取得满分。滦县杨柳庄镇等3个镇被评为“中国优质苹果基地百强乡镇”。开展林果科技活动周、科技三下乡活动，发放各类林果科技书籍2.2万本，科技明白纸近25万份，举办各种实用技术培训班2000多场次，培训农民21.7万人次。狠抓林业标准化工作，对沙地枣和有机板栗栽培两项地方标准组织了专家论证并通过了技术监督部门验收。到2008年底，全市执行林业地方标准10项，贯彻执行国家、省级标准17项，果树标准化生产面积达到120万亩。

【森林防火】 一是层层落实责任制。强化各级地方政府的责任，逐级签订森林防火责任状，落实行政领导包片制度。市县乡村四级行政领导签订责任书1647份，防火指挥部成员单位和林业基层单位签订责任书171份，签订护林员管护责任书2712份，签订林主、牧主、坟主及特殊人群监护责任书4000份。二是突出重点。突出抓好春节、两会、清明等敏感时段，突出抓好旅游景区、国有林场和通道景观敏感区域，突出抓好祭扫人员、踏青人员、呆傻人员和中小学生以及坟主、矿主、牧主等敏感人群，确保森林资源安全。三是强化野外火源管理。春防以来，全市52个望火楼、检查站人员全部到位，4400多名护林员全部佩带袖标上岗，出动2000多辆次森林防火检查车辆在林区巡回检查。同时，森林公安机关加大野外违法用火打击力度，出动警力3824人次，1219车次，查处违法用火近百起。8个森林防火重点县（市）区及时发布森林防火戒严令。四是强化森林防火基础设施建设。市县两级新增加防火资金投入233万元，用于改善道路、通讯和购置防火机具。市级防火物资储备达到了120万元水平。六个重点县（市）区组建专业扑火队6个，200人；组建乡镇半专业扑火队84支，2193人；组建县级民兵扑火应急分队6支，360人，组建市武警森林火灾扑救应急分队1支，200人。已建设市级森林防火指挥中心1个，县级森林防火指挥中心4个。五是加大森林防火宣传教育力度。在全市范围内深入组织开展以宣传消防和森林防火为主要内容的防火宣传周活动。下发了《唐山市人民政府办公厅关于印发全市开展冬季防火宣传周活动实施方案的通知》。组织召开了防火宣传周活动启动会议，王久宗副市长在唐山电视台发表了冬季防火宣传电视讲话。建设了永久性森林防火宣传碑牌349块，出动防火宣传车835台次，发放防火宣传材料20万份，张贴宣传标语2.5万条，发布森林防火宣传公益广告、字幕1500次，群发防火短信5万条，营造了浓厚的森林防火氛围。2008年没有发生森林火灾。

【开展“绿盾二号”专项整治行动】

集中开展了以打击非法占用林地、乱砍滥伐林木、非法猎捕鸟类、非法野外用火、违反种苗和森防检疫管理法律法规为重点的“绿盾二号”专项严打整治行动。共查处各类涉林案件520起，涉林案件查处率达到97%以上。对重点案件进行了挂牌督办，共处罚600多人，收缴野生动物2000余只、猎捕工具200多套。在全省率先开展了木材经营加工整治专项行动，进一步规范了木材经营、加工市场秩序，取得了较好的效果。

【首次采用飞机防治美国白蛾】为确保2008年北京奥运会和曹妃甸科学发展论坛等重大赛事大事的顺利举行，唐山市按照绿色奥运、绿色（曹妃甸科学发展）论坛要求，在全面推进地面捕杀、生物防治等常规防治美国白蛾工作的同时，首次租赁飞机防治美国白蛾。本次飞防租用了河北省森防站与河南省安阳航校合营的小型直升机进行飞防作业，利用高效低毒仿生制剂——灭幼脲兑水喷雾，重点对京沈高速公路、唐津高速公路、唐港高速公路、林青公路绿化带和南湖生态城市森林进行喷洒，共实施飞防作业35架次，完成防治面积4.5万亩。

【“迁西板栗”荣膺中国驰名商标】2008年4月，“迁西板栗”被国家工商总局商标局认定为中国驰名商标，成为我国板栗行业第一个地理标志驰名商标。迁西是著名的“中国板栗之乡”，也是京东板栗的主产地和全国最大的板栗出口基地。板栗栽培面积62万亩、3500万株，年产量2.5万吨。从2002年开始，迁西县大力实施“品牌闪亮计划”和品牌兴农战略，向国家商标局申请注册了“迁西板栗”商标，对商标使用单位进行统一授权和管理。2005年“迁西板栗”被认定为河北省著名商标。迁西板栗在上海、大连、广州等国内100多个大中城市建立长期稳定的销售网点700多个，并出口日本、韩国、德国等10多个国家和地区。年出口板栗1万吨，内销板栗1.5万吨。

（马树华）

【迁安获国家园林城称号】2月，国家建设部发出《关于命名国家园林城市（城区）的通报》，迁安市榜上有名。这是继国家卫生城市、全国绿化模范县（市）等国家级荣誉之后，这市又一个响亮的城市名片。此次被命名为国家园林城市的共有34家，其中河北省有石家庄市和迁安市。

【乐亭五九香梨获中国林博会银奖】3月，在中国国际林业博览会上，乐亭县林业局报送的五九香梨获得银奖，并受到国家林业局的表彰。五九香梨是由中国果树所用鸭梨和巴梨杂交培育而成，果实呈纺锤形或长葫芦型，平均单果重300克，最大1100克，果面黄绿色，采时肉硬脆，经存放8天后开始软化，质细汁多，味香甜，品质极佳，9月上中旬成熟。乐亭引入该梨多年，并注册为“乐丰牌“商标”，亩产可达4000公斤以上。

（许　辑）

畜牧业

【概况】2008年，全市畜牧业在奶业经济受到严重冲击的不利情况下，仍然保持了稳定发展的良好态势，畜牧业总产值稳步增长。全市畜牧业总产值200.3亿元，比上年增长7.2%。截至2008年底，全市奶牛存栏45.73万头，同比增长17.1%；生猪存栏305.9万头，出栏455.27万头。鲜奶产量160.7万吨，同比增长7.3%。全市建成50头以上规模化奶牛场626个，奶牛规模养殖比例达到45.4%。

2008年，唐山市制定实施了《唐山市畜牧水产业科学发展示范区建设规划》和《唐山市奶牛养殖场及奶站建设规划》，结合社会主义新农村建设，大力实施散养畜禽“出户入区、出村进场”工程，推广“五统一分”（统一规划、统一建场、统一防疫灭病、统一饲料供应、统一挤奶销售、分户饲养）的养殖小区新模式，加快建设奶业、猪业、禽业、肉牛羊业的生产范例项目。全市建立了市包县、县包乡、乡镇包村（包户、场）的畜牧产品质量安全责任体系，层层签订责任状，实行奥运期间跨省（直辖市）调出动物、动物产品监管的八项措施，强化综合防控，有力保障了奥运期间畜牧产品质量安全。同时，进一步加强对通过“无公害”认证、认定的产地、产品的监管，加强对“瘦肉精”等违禁药品的检查力度，建立健全畜牧产品质量安全监管长效机制。全市动物防疫体系建设步伐进一步加快。认真落实“双轨责任制”，构建起覆盖全市的监测网络，应免动物免疫密度基本达到100%。在全省率先全部完成了县级GSP建设工作，构建起了疫苗供应质量保障体系，以完善的机制，保证了疫情形势总体稳定。

【促进奶业稳定发展】2008年发生的“三鹿奶粉事件”对唐山市的奶业发展造成了不利影响。为了应对这一事件，保护奶农利益，市政府及时制定出台了《唐山市生鲜牛奶加工奶粉补贴办法》和《唐山市收购三鹿奶源生鲜牛奶补贴办法》。积极组织奶源与蒙牛等大型企业的对接，全面做好鲜奶销售工作。向企业派驻监督员，落实上级补贴政策，全面推进奶站、饲料的专项整治工作。进一步明确了对奶站的监管职责，组成了38个县级综合专项整治工作组，逐站逐点开展工作。建立健全了奶站管理的各项制度，建立可追溯管理体系，保障了全市奶业平稳发展。

【项目建设工作取得突破】开展“项目建设年活动”，以项目建设推动产业上档升级。不断建立健全畜牧兽医防疫体系、执法监督体系和质量监测体系等产业发展保障体系，加快畜牧业科学发展步伐。到2008年底，全市续建、新建和谋划畜牧兽医类项目156个，投资总额64.3亿元。唐山市畜牧水产局与澳大利亚西澳农业部签订了合作项目备忘录。加拿大亚达-艾格威在遵化市建立的亚洲第一个良种乳牛基因育繁生物工程基地项目，一期工程已经建成。2000头高产奶牛示范场等一批中加乳业配套项目正在进行中。

【科技支撑体系不断强化】进一步完善乡村配种改良站点，严格做好种畜禽场和改良站点的验收、发证工作，加快了现有养殖品种的改良和选育。加大科技研究和推广的力度，全市畜牧系统共获省政府科研奖两项，市政府科研奖一等奖一项、二等奖两项，市科技推广奖一等奖两项、二等奖三项、三等奖一项。市畜牧科技推广工作荣获“全国妇联双学双比先进集体”称号。

【特色养殖规模扩大】全市备案特种养殖场95个，养殖品种包括狐狸、貉子、貂、大雁、野猪、鹿等。备案特种养殖场的畜禽总存栏130586头。特别是冀东皮毛交易市场的建立，刺激了毛皮动物养殖行业，调动了乐亭以及周边县区养殖积极性。

【资金扶持力度不断加强】 2008年,全市共落实上级扶持项目5项,其中包括,生猪调出大县中央财政奖励、国家级生猪标准化规模养殖场(小区)和生猪扩繁场建设项目、省级能繁母猪饲养补贴项目、良种补贴项目、国家对新建、改(扩)建养牛场(小区)补贴项目。各县(市)区还根据具体情况加强地方补贴资金的扶持力度。国家和省、市、县各级财政部门有关促进生猪生产以及生鲜乳稳定市场供应等各项财政支农惠农政策措施逐步落实到位,极大地调动了广大养殖场(户)的生产积极性,以奶牛、生猪为主的畜牧业生产持续健康发展。

【打造自主品牌】 2008年，唐山市通过出台品牌畜牧业政策，鼓励“龙头”企业、生产基地、合作组织和个人争创畜牧业品牌，对获得国家、省知名品牌的给予奖励。目前，全市已有“龙顺”牌柴鸡蛋、“牧富”种猪、“一指膘”商品猪等多个产品注册商标。

【发展家庭寄养模式】 2008年，在各级政府，有关部门的共同努力下，新建了唐山市丰南区鑫源奶牛养殖小区。小区为托牛所模式的千头奶牛养殖小区，占地100亩，基础设施投资386万元。建有标准牛舍8500平方米、高标准机械化挤奶大厅一座、青贮池5500立方米、沼气池125立方米，并配套建设了饲料加工车间、鲜奶化验室、病牛隔离区、医药超市及奶牛品种改良室。奶牛小区坚持“五统一分”管理模式即：统一规划、统一建场、统一防疫灭病、统一饲料供应、统一挤奶销售、分户饲养。2008年，有75户村内散养奶牛进区饲养，奶牛存栏900头，日产鲜奶10吨，鲜奶主要销往丰润蒙牛。

(葛倩 李萍)

【市畜牧水产局与澳大利亚西澳农业部签署合作备忘录】 7月15日，市畜牧水产局与澳大利亚西澳农业部签署合作备忘录及合作项目协议。副市长王久宗出席签字仪式并发表贺词。澳大利亚西澳州是澳大利亚重要的奶制品和活畜产品出口地区，拥有可持续发展现代畜牧业的先进理念和成熟技术。市畜牧水产局与澳大利亚西澳农业部本着“合作发展、互利共赢”的原则，经过多次深入沟通洽谈，在多年项目合作的基础上，双方达成了进一步全面合作的意向。此次签署的合作备忘录及合作项目协议不仅标志着双方将继续在畜牧业生产方面扩大合作，而且还将在动物疫病防控与动物保护、清真食品物流、生猪产品交易、奶业物流配送、水产品加工销售以及动物食品安全等诸多方面探索合作发展。

【丰润奶牛良种快繁技术通过国家验收】 3月23日，河北国富爱德生物工程有限公司承担的国家农业科技成果转化资金项目“奶牛良种快繁技术中试与示范”通过了受国家科技部委托、河北省科技厅组织的验收专家组的验收。该项目通过奶牛胚胎移植配套技术开发研究，面向冀东地区规模化奶牛养殖场区进行低产奶牛胚胎移植和超声波早孕检测、胎牛性别鉴定技术服务，以及优质胚胎的开发。此项研究可加快奶牛品种的改良步伐，提高奶牛种质，缩短与国内外先进地区的差距。

【李金华养野猪走上致富路】 李金华是遵化镇小草店村的普通农村妇女，一个偶然的机会，看到中央电视台《致富经》栏目中关于养野猪致富的报道，于是萌生了养殖野猪的想法。2006年夏天，她投资近3万元从沈阳购入5只半大的纯种野猪，其中有4头母猪，1头公猪。李金华按照沈阳野猪养殖场教授的方法精心喂养这5只野猪。几个月后，李金华买来的母野猪开始下小猪了，一只母猪头一胎就生了12只小野猪。随着野猪繁殖越来越多，李金华又投资近20万元建起了野猪养殖场，开始规模养殖。当繁殖的野猪将近100只时，李金华开始张罗出售。一些刚会吃食的小野猪很快被一些养殖户以每只高达1600多元的价格买走了。一些大的野猪，则是以70元左右1公斤的价格将猪肉卖给了一些宾馆、饭店，因其肉质好、营养丰富，非常受欢迎。到2008年，李金华的野猪养殖场已存栏野猪近200头，每年出栏野猪100多头，每年可带来经济效益80多万元。

(许 辑)

渔 业

【概况】 2008年，唐山渔业系统坚持科学发展的理念，克服了由于沿海重点渔区工业化进程加快带来的不利因素影响，坚持养捕并举的方针，不断优化海洋渔业结构，壮大产业规模，增加水产品总量，提升水产品质量。全市水产品总产量46.05万吨，其中养殖产量29.73万吨，捕捞产量16.32万吨，养捕比65∶35。全市渔业总产值50.68亿元，较上年增加5.7%。

【苗种生产】 全市水产苗种生产规模较上一年略有扩大，不同养殖品种的苗种数量增减不一。其中生产河蟹苗种4865公斤，同比增加18%；生产各类虾苗81.36亿尾、海水鱼苗685万尾、淡水鱼苗10.1亿尾、淡水鱼种9854吨，较上年均有所减少。

【工厂化养殖】 全市海水工厂化养殖面积55.6万平方米，同比增加1.21万平方米，产量4478吨。海水工厂化养殖已经成为水产养殖的重要组成部分。

【特色养殖】 全市特色水产养殖发展迅速，呈现出重视水资源利用、重视优质品种开发的新理念。海水滩涂养殖和浅海养殖规模进一步扩大，资源节约型养殖新模式得到进一步推广。在乐亭县老米沟、狼窝口等海域发展扇贝养殖5万亩，并在扇贝养殖区域投入魁蚶苗种进行立体养殖，发展循环养殖模式，提高了浅海水域利用率。丰南区利用沿海近岸优越的自然条件发展兰蛤养殖，新增浅海兰蛤养殖5000亩，总面积达到40300亩，同比增长14.2%。淡水养殖以市场为依托，在扩大优质高效品种养殖规模的基础上，加大新品种的开发推广力度。近几年甲鱼销路好、效益高，占地10亩左右的养殖场年利润在25万元以上。玉田县根据市场需求状况，新开发养殖面积200多亩，全县甲鱼养殖面积达到800多亩。迁西县借助政府优惠政策，进行鲟鱼、青鱼养殖，年产鲟鱼500吨，青鱼230吨，成为全市特色养殖的新亮点。

【海洋捕捞】 2008年海洋捕捞产量较上一年略有增长，总产量15.03万吨。其中鱼类占47%，虾类占32.7%，贝类占10.52%，海蜇占4.97%，其它占4.81%。

【疫病防控体系】 全市水生动物疫病防控体系建设进一步完善。唐山市畜牧水产品质量检测中心建成并运行之后，丰南、滦南、乐亭和唐海四县区分别投入140万元建成了水生疫病防治站，已部分投入使用。病害测报网络不断健全。全市共确定病害测报员29名，建立测报点20个，测报水产品种14个，测报面积达到总养殖面积的30%。重点疫病定期检测。4月份和10月份分两次抽取鲤鱼鱼样送往天津市水产养殖病害防治中心进行鲤春病毒病SVC疫情检疫，未发现鲤春病毒。

【水产品质量安全】 一是制定水产地方标准。截止2008年底，唐山市共制定完成1个河北省标准（《刺参人工育苗技术规范》）和3个唐山市标准（《无公害食品杂色蛤》、《海蜇增殖放流技术规范》、《渤海湾网箱养鱼技术规范》）。二是开展无公害产地认定和产品认证工作。全市已通过18个无公害水产品基地认定，总面积96.35万亩，其中有工厂化养殖28.14万平方米。有12个品种、28个产品通过了农业部无公害水产品质量认证。三是加强水产品质量安全监管。起草了《唐山市水产品市场准入实施方案》。对所有水产品重点养殖基地进行了备案，100%落实了监督责任人，100%签订了质量安全承诺书，在水产品质量安全监管上做到了有据可查，有责可究。市、县两级渔业部门分别组成执法检查小组，不定期到养殖场、水产品市场、饲料鱼药销售点进行突击检查，对违反养殖规范、非法使用药品和添加剂、贩卖销售禁用药品等现象及时进行处理，对不法人员进行严厉打击。全市累计出动检查人员近1600人次，检查苗种场247家、养殖场及工厂化车间近1100家（次），对其中86家无生产记录、用药记录或记录不全的，责令进行了整改。

【资源养护】 市政府办公厅印发了《唐山市伏季休渔管理实施方案》，通过新闻媒体及渔业行政主管部门对伏季休渔进行了大力宣传。逐级签订休渔管理责任状，聘请渔民代表作为义务监督员，督促休渔工作。渔政部门与边防派出所联合执法，安排专人负责各河口码头船只休渔管理。共投入管理船只11艘、艇7艘、渔政检查人员4500多人次从事休渔管理，总体休渔秩序良好。渔业水域环境保护工作取得新进展。加大对《渔业法》和《海洋环境保护法》的宣传力度，公布了举报电话。唐海、开平渔政站对本辖区内的渔业水域污染事故进行调查处理，维护了水产养殖者的合法权益。增殖放流工作收到实效。市政府安排渔业资源增殖放流专项资金102.5万元，分别用于潘家口水库、大黑汀水库和近海渔业资源增殖放流。放流中国对虾9500万尾，海蜇幼体700万片，池沼公鱼受精卵10亿粒。丰南区政府拿出100万元放流资金，对中国对虾和三疣梭子蟹进行了资源增殖放流。

【渔业科技推广】 完成了“工厂化养鱼技术推广”、“海蜇全人工育苗与池塘养殖技术推广”、“盐碱地养鱼技术推广”等省市科技推广项目，促进了科技成果的转化。水产养殖病害快速诊断技术、“黄海1号”中国对虾引进选育技术、海水池塘生态化养殖技术等取得突破。市级重点科研项目“渤海湾良种选育与海水生态化养殖技术研究”进展顺利。“抗风浪大网箱养殖试验”取得阶段性成果，年内又新增加了四个大网箱。“石斑鱼人工养殖技术研究”项目已经开始大面积推广。积极开展水产养殖技术培训，结合渔民转产转业，在唐海、滦南、乐亭、丰南等县区先后举办了9期培训班，共培训渔民1000余人，提高了渔民的水产养殖技术水平。

【水产污染源普查】 制定了《唐山市第一次水产污染源普查实施方案》，全市设立普查点5670个，涉及池塘、工厂化、网箱、围栏、浅海筏式、滩涂、其他共7种养殖模式。共培训水产污染源普查指导员105人、数据录入员47人，完成了全市水产污染源普查数据录入和审核工作。

【渔业合作组织】 2008年全市渔业合作组织发展到5家。除2007年成立的唐山市丰南旺海渔业专业合作社之外，丰南市黑沿子镇涧河村、滦南县、乐亭县又先后成立了3家海洋捕捞渔业合作组织，玉田县成立了甲鱼养殖协会。

（葛 倩 鲁兴华）

饲料业

【概况】 2008年，全市有饲料、饲料添加剂生产企业135家，较上年减少了23家。其中：添加剂预混合饲料生产企业18家，饲料添加剂生产企业3家，动物源性饲料生产企业7家。饲料生产企业中，年生产能力10000吨以上的有20家，其中一家为河北省饲料行业30强企业。饲料产品总产量78.9万吨，较上年增加2.7%。全市有饲料经营企业870家。按照《唐山市饲料业范例项目生产企业建设标准》，2008年培育饲料生产企业示范厂10家。

【规范管理】 2008年，换发了《饲料生产企业审查合格证》，关闭了一些耗能高、产量低的小型生产企业。饲料、饲料添加剂生产企业持证率100%。对全市135家饲料、饲料添加剂生产企业发放了告知承诺书，完善了八项制度和八项记录。饲料、饲料添加剂生产企业全部实施了原料进货记录、生产记录、产品销售记录和产品留样记录，完善了各种档案，建立了饲料、饲料添加剂生产企业可追溯机制。饲料、饲料添加剂生产企业100%设立了化验室，配备了化验设备，每个饲料生产企业有2名持证化验员，企业自检能力达到了40%。购进的蛋白饲料原料批批进行检测，出厂的饲料产品批批进行检测，确保饲料产品的质量安全。

饲料经营企业全部纳入了监管范围。对饲料经营企业的从业人员进行培训教育，组织他们学习经营饲料和兽药有关法律法规。对饲料经营企业的产品进行登记备案，完善了进货记录和销售记录，建立了产品销售可追溯机制。向全市饲料经营企业发出告知承诺书，严禁销售无生产许可证、无产品批准文号、无产品标签的“三无”饲料产品，严禁销售含有三聚氰胺、“瘦肉精”、“莱克多巴胺”等违禁药品的饲料产品。

【确保饲料产品质量安全】 一是进一步加强了对饲料法规、规章及有关政策的学习、宣传和培训，举办各类培训班三次，培训145人次，发放宣传材料1800多份。二是集中时间对“瘦肉精”、“莱克多巴胺”等违禁药品进行了拉网式检查。全市检查规模养猪场657个、饲料生产企业135家、饲料经营企业870家、屠宰场42个、集贸市场猪肉摊点70个、肉产品加工厂2个。对养猪场和屠宰场进行了严格的抽样检测，抽取饮水样本347个，猪尿样本1780个，槽料样本369个。三是突出监管重点。凡是供应北京奥运会的活猪，全部进行检测，对供应北京市场的定点猪场进行批次检测。四是及时处置了“三鹿奶粉突发事件”。按照河北省畜牧兽医局《关于进一步加强饲料质量安全监管工作》和《河北省饲料质量安全专项整治工作实施方案》通知精神，开展了饲料质量安全专项整治行动。成立了三聚氰胺专项整治工作领导小组，明确了工作任务和重点，制定了整治方案，落实了监管责任。对全市饲料生产企业、经营企业、规模奶牛养殖场进行了大规模的拉网式检查，从生产记录、进货记录、销售记录、产品留样等方面入手，对其生产车间、库房逐一进行了认真细致的检查。对饲料生产、经营和规模养殖场使用的饲料及自配料全部进行了抽样检测。累计出动执法人员8701人次，检查饲料生产、经营企业和规模化奶牛养殖场6378个次，抽取饲料样品1328批次，查封并销毁不合格饲料及原料26.8吨。

【秸秆开发利用】 进一步加大了秸秆综合利用工作的宣传力度，全年青贮秸秆100万吨。迁西县秸秆养畜示范县项目7月份通过了省里验收；滦南县秸秆养畜示范县项目10月份获省农业厅批准，报农业部审批。

（葛　倩　李顺江）

农业机械

【概况】 2008年，全市农业机械原值50亿元，农机总动力984万千瓦。其中，大中型拖拉机1.47万台，大中拖配套机具2.1万台（套），小麦联合收割机1721台，玉米收获机42台。常规农田作业机械、精量半精量播种机、秸秆还田机、化肥深施机、机引铺膜机、节水灌溉机械等都有较大的增长。农机化对农业发展综合保障能力显著增强，农机作业服务领域不断拓宽。2008年，全市机耕面积757万亩，占适宜耕地面积的93%；机播面积696万亩，占播种面积的85%；机收面积228万亩，占收获面积的28%。耕、播、收综合机械化水平达到71%。小麦生产基本实现了全程机械化，水稻、玉米生产在关键生产环节取得新突破。水稻机收24万亩，占水稻总面积的33.3%，玉米机收5万亩。农机化投入增加，新技术推广普及速度加快。2008年，中央、省、市财政共投入资金1578.59万元，拉动农民投资4640万元。重点推广的农机化技术，面积大、效果显著。秸秆综合利用已由单纯直接还田向多途径综合利用扩展。重点实施区域内提高了机械化秸秆还田能力和作业效果，基本实现了秸秆禁烧。秸秆青贮、饲料压块技术日趋成熟，并逐步推广。2008年全市农作物秸秆综合利用率达到73%，机械化直接还田达35%。机械化保护性耕作扎实推进，在降低作业成本、保护生态环境等方面显现出了生命力。

【落实农机购置补贴政策】 2008年，中央、省、市财政共发放农机补贴1578.59万元，惠及全市16个县（市）。其中，中央财政拨款1250万元，省财政拨款28.59万元，市财政拨款300万元。对于农机购置补贴工作，一是加强组织领导。成立了唐山市农业机械购置补贴工作领导小组，下设农机补贴工作办公室，各县区也都成立了相应的组织机构，为工作顺利开展提供了组织保障。二是制定了工作方案。在广泛调研、准确掌握群众购机需求的基础上，市农业局与市财政局联合制定了实施方案，明确了工作步骤和时间安排。三是严格操作程序。坚持做到“严格把握政策，严格操作规程，严肃工作纪律”，扎扎实实地做好宣传发动、报名申请、名单公示、协议签订、组织购机、档案管理等各个环节的工作。四是加强监督检查。组织开展了经常性的督导检查工作，及时准确掌握各县区工作进展情况，对发现的问题，及时加以解决。五是建立质量保障体系。建立了农机质量投诉机构，公开了投诉举报电话，开展了补贴机具特别是玉米联合收获机质量跟踪调查。到8月底，全市农机购置补贴工作全部结束，全市新增各类补贴机具3800多台，受益农户3270多户，拉动农民投资4550万元。

【组织“三夏”农机作业】 全市农机系统与公安、交通、气象、石油、环保等部门密切协作，圆满完成了“三夏”农机作业任务，为抢农时、保夏收和农业增产、农民增收做出了贡献。一是组织跨区作业。2008年，全市共组建了5个跨区作业队、200多台联合收割机，到河南、山东及河北南部地区进行跨区作业，完成跨区作业面积10万亩，为机手增加收入500多万元。二是组织开展小麦机收。2008年“三夏”期间，全市共出动联合收割机4000台，其中：本市1800台，引进2200台。出动各种拖拉机、农

用运输车等农业机械6万台（套）。三是建立了“三夏”农机作业用油保障机制。2008年“三夏”期间，市农业局针对成品油市场供应紧张的形势，主动加强与中石油、中石化、公安等部门联系，确定了由农业部门开具全市统一格式的“唐山市2008年三夏农业机械作业用油证明”，石油供应部门设立“农机专用加油站”，公安部门负责维护加油秩序。保证了三夏农业生产用油。

【推广农机化新技术】　1. 市农业局承担了全市60个科学发展示范模式之一的全程机械化耕作模式的试验示范任务。按照市委的统一要求，认真研究完善了花生生产、小麦玉米连作生产全程机械化耕作模式。制定了技术路线，确定了迁安市扣庄乡作为示范点。年内示范点完成花生生产全程机械化10000亩，小麦玉米连作生产全程机械化6000亩，取得了一定成效。2. 推广小麦秸秆切抛还田技术。2008年，将小麦秸秆切抛机列入市级农机补贴，全额补贴、免费发放小麦秸秆切抛机50台，推广切抛还田面积5万亩。在玉田县虹桥镇大胡村召开了小麦秸秆切抛机现场演示会议。3. 推广水稻机插育秧和机收技术。新增水稻联合收获机14台，插秧机37台，推广水稻机插育秧2万亩，水稻机械化联合收获24万亩，机收率达到33.3%。4. 推广玉米机械化收获技术。全市新增玉米联合收获机械35台，总量达到76台，完成玉米机收面积5万多亩，比去年翻了一番。5. 推广节水精播。2008年，全市落实省财政补贴资金25万元，引进推广节水精播机具75台，推广作业面积6万亩。其中2BJSP－3C型节水穴灌施肥铺膜播种机19台，SGTN－160Z4A2型多功能花生、棉花节水覆膜旋播机56台，在乐亭和迁安两个县（市）组织实施。机械化节水精播技术推广项目获得唐山市人民政府农业科技推广二等奖。

【举办第三届唐山农交会农机展】

10月份，举办了第三届唐山农产品展示交易会农机展。共邀请国内12个省（区）、市的35家企业参展，参展机具6大类、160个品种，现场成交额350万元，意向合同金额1600万元。展会期间，共发放政策宣传单5万份，解答群众咨询1万多人次，有6万多农民现场参观。唐山电视台和唐山劳动日报等新闻媒体对农机展做了专题报道。市长陈国鹰，市委常委、农工委书记徐景田，副市长王久宗等市领导到现场参观指导。

【整顿农机维修市场】　贯彻落实农业部《农业机械维修管理规定》和《河北省农业机械维修管理办法》，严格依照行政许可程序和《农业机械维修开业技术条件》标准对维修厂点进行技术审定，共核发新版《农机维修技术合格证》663个，并全部实现了网络化管理。市、县都成立了农机打假专项治理领导小组，根据农机市场实际，制定实施方案和措施，建立打假责任制。在春、秋两季，市农机部门会同技术监督、工商管理等部门，抽调专业技术人员，出动宣传车，对辖区内农机及零配件销售市场、维修网点等进行监督检查。各县（市）、区农机维修主管部门把农资集中产区、流通集散地和集中使用区的农机维修厂点、配件供应点和小农机配件生产厂家作为市场治理工作的重点，组织力量开展专项整治活动。检查重点是：是否持有农机维修技术合格证、销售的商品是否是假冒伪劣产品、是否违规使用农机推广证（章）等。对在集中整治中发现的不合格农机产品、不规范企业、不合格人员，采取了必要的行政治理、处罚措施。打击了扰乱农机市场秩序的行为，维护了广大农机消费者的权益。全年共出动农机执法人员141人次，车辆27辆次，检查农机生产、销售、维修及配件供应企业410个，查处无证经营厂点109个，假冒伪劣配件580件，价值3.1万元。按照农业部《农机质量投诉监督管理办法》要求，市县两级共建立农机质量投诉站15，明确了工作人员，公布对外投诉监督电话，设立便民窗口，农机质量投诉工作逐步展开。按照《推进农机职业技能开发的工作方案》和《农机行业职业技能鉴定管理办法》，完善了全市农机行业职业技能鉴定体系。全市农机化从业人员共通过行业职业技能鉴定425人。

【农机安全监理】　按照农机安全目标管理责任制和牌证管理目标责任制的要求，全市进一步规范农机牌证业务管理，农机安全生产保持了平稳态势。市农机监理工作受到省农业厅的表彰，市农机监理所被市安委会评为“安全生产工作先进单位”，滦南农机监理站被农业部、国家安全生产监督管理总局命名为“全国平安农机示范县”。2008年，全市共检验拖拉机10600台，占省下达任务的120%。检验农用车辆42500台，占省下达任务的372%。对驾驶员进行安全教育45000人次，占省下达任务的261%。全市共上报道路外农机事故11起，轻伤10人，直接经济损失8.36万元。与去年相比，事故起数减少8起，直接经济损失增加5.64万元。全市未发生重特大农机事故和因管理不到位引起的农机事故。各县（市）区认真落实安全生产责任制和牌证业务管理责任制，深入开展“农机安全生产百日督查”、“农机安全宣传月”、“农机安全生产隐患排查治理”、“创建平安农机，促进新农村建设”和“黑车非驾专项整治”等一系列活动。在全市范围内开展了检查整顿违规收费行动，组织各监理部门对收费项目、收费标准、收费票据进行了深入自查，市里进行了抽查。全市组织了就“农机事故报送分析系统”和“驾驶人理论考试系统”等软件的农机监理业务培训。开展了农机监理业务规范化大检查，市所共抽查了全市14个农机监理站的1229份拖拉机新业务纸质档案、588份驾驶人新业务纸质档案，对检查中发现的问题提出了整改意见。积极推进农机档案移交工作，唐山市政府办公厅下发了《关于做好低速载货汽车、三轮汽车、拖拉机车辆和驾驶人档案移交工作的通知》（唐政办函［2008］272号）。3月6日，市政府召开了全市农用车、拖拉机及驾驶人档案移交工作会议，确定了农用车档案移交工作的总体步骤。

（薄立杰　杨志锋）

工业

编纂 许忠

综述

2008年，全市工业系统坚持以科学发展观为指导，积极顺应和落实国家一系列宏观调控政策，努力克服国际金融危机影响，积极推进现代产业体系建设，转变经济发展方式，全市工业经济在新型工业化道路上实现了新跨越。全年规模以上工业增加值1593亿元、利税580亿元，同比分别增长14.6%和14.1%，经济总量稳居全省前列，跨入全国48个中心城市前8位。主要特点是：

工业经济保持平稳运行。2008年，全市工业经济经历了从“双防”（防止经济过热、防止通货膨胀）到“一保一控”（保持经济平稳较快发展、控制物价过快上涨）再到“保增长、调结构、促转型”宏观经济形势骤变的严峻考验，通过采取调整振兴重点产业、扶持中小企业发展等一系列措施，工业经济总体保持了适度平稳增长态势。工业增速从2月份的16.7%在震荡中回落到9月份的最低点7.1%，然后逐步攀升到12月份的14.3%，全年工业增加值平均增速14.6%。主要产品稳定增长。全市重点监测的44种工业主导产品中，有28种产品产量保持同比增长。其中：天然气32053万立方米，增长94.8%；铁矿石9606万吨，增长63.8%；铁精粉4489万吨，增长23.7%；生铁5378万吨，增长3.2%；粗钢5850万吨，增长7.1%；钢材5223万吨，增长13.1%；纯碱187万吨，增长8.9%；输送机械99521米，增长462.8%；轨道客车532辆，增长90%。主导产业平稳运行。钢材、能源、建材、装备制造和化工五大行业完成工业增加值1280亿元，占全市工业比重为80.4%，同比增长14.2%，拉动全市工业增幅11.5个百分点，对全市工业增长贡献率达到76.2%。五大行业实现利税422.9亿元，同比增长3.9%；实现利润232亿元，同比下降10.4%。五大行业中，装备制造业呈现较快发展势头，完成工业增加值63.4亿元，同比增长21.3%；实现利润18.2亿元，同比增长30.8%。钢铁行业完成工业增加值827亿元，同比增长18.2%，高于全市平均水平3.6个百分点；实现利润152亿元，同比下降10.8%。化工行业完成工业增加值102.8亿元，同比增长11.9%；实现利润15.2亿元，同比下降11.1%。能源行业完成工业增加值220亿元，同比增长4.1%；实现利润36.4亿元，同比下降18.2%。建材行业完成工业增加值66.5亿元，同比增长5.4%；实现利润10.1亿元，同比下降20.2%。龙头企业带动显著。唐钢、开滦、津西等6家企业入围全国500强。唐钢、国丰、冀东水泥等60家企业跻身全省主营业务收入前300强，共计实现销售收入3800亿元，占全市规模以上工业企业的68%，占全省300强企业三分之一。各类经济体竞相发展。国有控股企业完成53.49亿元，同比增长17.7%；非公有工业完成1002亿元，同比增长15.4%；大中型工业企业完成1202亿元，同比增长13.9%；外商及港澳台商投资企业完成301亿元，同比增长14.1%。

产业结构调整取得明显成效。按照“转型、调整、升级”的总体思路，坚持以项目为载体，综合运用法律、经济和必要的行政手段，着力推进工业结构优化升级。全年投产、达产的投资千万元以上项目167项，新增工业增加值160亿元。钢铁工业整合重组成效显著。按照“控制总量、淘汰落后、联合重组、技术改造、优化布局”的总体要求，以建设钢铁强市为目标，通过市场运作、政府推动，唐山渤海和长城两大钢铁集团顺利挂牌运营。两大钢铁集团整合全市39家民营钢铁、焦化、物流企业，注册资本分别达到10亿元、9.46亿元，现有产能占全市钢铁产能的51%。全市冷轧薄板、H型钢等精品钢材比重达到总产量的51%，板带比达到65%，连铸比实现100%。水泥工业发展模式转变明显。以培育大型企业集团为目标，大力推进新型干法水泥发展，狠抓丰董线综合治理和淘汰落后工作，全市水泥工业结构调整取得积极进展。冀东3条日产4500吨生产线全部投产，全市新型干法水泥比重达到55%，启新水泥搬迁改造等9个日产4000吨以上新型干法水泥项目正在积极申报和推进。装备制造业加快发展。以大力推动时速350公里动车组、重型装备机械、成套建材装备制造企业为龙头，以专业化协作配套为途径，以推进产业聚集为抓手，通过加大项目引进、建设和技术扩散力度，全市重型装备制造业发展明显加快，全年完成工业增加值63.4亿元，同比增长

21.3%；实现利润18.2亿元，同比增长30.8%，远高于全市其他支柱行业。高新技术产业快速发展。积极推动高新技术产业向规模化发展，全年完成高技术产业和技术创新项目325项，实现技术创新销售收入150亿元，完成工业增加值67亿元，同比增长24%。其中电子信息产业完成销售收入27亿元、工业增加值7.9亿元、利税总额3.1亿元，完成出口交货值4.2亿元。

信息化与工业化融合开始加速。积极发挥信息化的渗透、倍增和创新功能，大力助推资源型城市转型，促进工业由大向强转变。重点项目建设加快。规划面积12平方公里的信息产业基地项目正式签约，微波污水处理设备、计算机信息终端保密设备、LED等投资亿元以上的信息产业项目进入实质性操作阶段，中软集团智通公司落户市创业服务中心，一批后续项目全力推进。信息化基础进一步强化。软件企业达到32家、软件产品199项，电子商务网站建设走在全省前列。中国钢铁产业网、中国钢锹网等一批“国字号”特色网站先后建成，7家（全省23家）获得“河北省县域经济特色网站”称号，5家（全省10家）获得“河北省优秀农业特色网站”称号。两化融合成效明显。信息技术改造提升传统产业效果显著，大中型企业产品研发、工程设计CAD普及率达到70%，唐钢、开滦等一批行业龙头信息化水平已在全国同行业保持领先。积极抢抓国家实施“两化融合”试点的机遇，主动跑办，并成功获得国家工信部支持。

产业集群发展水平提升。以规划建设工业园区为载体，通过加大公共服务平台建设力度，积极引导中小企业向园区聚集。全市产业集群技术服务机构达到19个，新增4个。产业集群发展到33个，新增船舶装备制造、煤化工产业集群2个，涉及陶瓷、自行车、装备制造、化工、电子等17个行业，生产及配套企业5150家，从业人员35万人，实现营业收入665亿元。产业集群发展水平进一步提升，以打造“中国动车城”为目标，以动车组为龙头的丰润装备制造产业聚集区，成为唐山装备制造业的品牌。开平现代装备制造业工业园区引进日本住友集团减速机和工程机械项目，项目建成后，年产道路工程机械2500台、工业用减速机12000台，将成为住友集团海外最大的生产基地。遵化矿山机械产业集群聚集相关企业200多家，年生产矿山成套设备5万多台套，成为华北地区最大的矿山机械生产基地。陶瓷行业新增“隆达”、“贺祥”两个中国名牌产品。板栗产业集群“迁西”板栗获得中国驰名商标称号。

节能降耗成效显著。严格落实节能降耗目标责任制，以高耗能高污染行业为突破口，以循环经济项目建设为载体，以节能减排安全生产持续攻坚行动为抓手，工业节能取得明显成效。全市单位工业增加值能耗降低12.7%，超计划目标3.7个百分点。重点节能技术得到广泛应用。积极推广260项国家鼓励发展的资源节约综合利用和环境保护新技术以及50项国家重点节能技术。富氧喷煤、高效连铸、窑尾余热发电等新技术在钢铁、水泥行业广泛应用。其中，TRT发电和高炉煤气发电的装机容量达到480兆瓦，发电21.6亿千瓦时，节省75.6万吨标准煤。向社会推广节能灯具10万多支。在钢铁、化工、建材等行业推广余热余压回收、能量梯级利用、蓄热式加热等30项先进适用技术。全市重点耗能企业共实施节能和资源综合利用项目250项，节约标煤184万吨。依据国家产业政策，加大对落后产能的淘汰力度，开展了安全生产节能减排持续攻坚行动。共关停淘汰200－300立方米高炉20座，淘汰小造纸产能10.6万吨，淘汰落后水泥产能370万吨，规范整顿非煤矿山1893家，停产整顿“双高”企业267家，关闭取缔“十小”企业236家，共减少化学需氧量2.76万吨，减少SO_2和粉尘排放量11.5万吨、17.8万吨，为保奥运空气质量做出了突出贡献。

经济运行调控成效显现。市政府及相关部门积极应对南方雪灾、汶川地震等重特大自然灾害以及保奥运空气质量、交通管制和美国次贷危机等外部因素的影响，抢抓中央扩内需保增长一系列政策措施，狠抓运行调度、要素调节和经济预警，有效促进了工业经济平稳增长。全年为企业协调电煤资金650万元、电煤1.6万吨，发放奥运绿色通行证1500多个，组织矿山钢企对接配置资源2400多万吨，保证了重点项目的用电需求和重点企业的正常生产。在下半年中小企业出现停产半停产的不利形势下，及时召开了全市企业家科学发展大会，提振企业发展信心。同时，千方百计帮助企业协调资金、开拓市场，年内58家重点企业陆续复产。及时掌控钢铁、水泥等重点行业运行走势，研究解析宏观政策取向，指导企业降低市场风险。积极探索市场经济条件下行业管理手段，以差别电价引导结构调整，全年收取差别电费8009万元，全部上缴省财政。大力整顿市场经济秩序。狠抓冶金矿产品生产许可证办证管理，14家企业获取了生产许可证，全市持有生产许可证的企业达到了224家。废旧资源回收加工管理工作进一步加强，电子信息产品市场整顿深入开展，乳品行业管理工作全面提升。

（尹朝辉）

资源型城市转型

2008年，全市上下按照市委八届三次、四次、五次全会精神，加快转变经济发展方式，狠抓节能减排，大力发展产业链经济，积极推进资源型城市转型，促进了全市经济结构优化调整。

（一）着力推进七个转变，加快资源型城市转型。一是由内陆资源型经济向沿海开放型经济转变。2008年，唐山市加快了唐山湾“四点一带”生产生活基础设施建设力度，积极推进滨海大道、滦曹高速、南曹铁路等重大基础设施项目建设，促进生产力布局向沿海推进。积极推进曹妃甸千万吨炼油及百万吨乙烯、挪威阿科凌公司海水淡化、巴西淡水河谷氧化球团、乐亭临港工业区旭阳煤化工、丰南沿海工业区台湾科技园等一批重大产业项目进展，争取尽早开工。二是由三次产业各自发展向三次产业融合发展转变。在继续做大做强以工业为主的第二产业的同时，大力发展第三产业。以100项重点服务业项目为抓

手，建设曹妃甸、京唐港等一批枢纽型的现代物流园区、配送中心；发展壮大信贷、资本、保险市场和地方金融企业；完善科技开发、产品设计、工程设计、环境监测等科技服务；发展各类中介服务业及各类国际性、区域性、专业性会展；建立研发设计、文化传媒、咨询策划、动漫制作等文化创意产业园区；打造若干个国际性、区域性营销服务中心和中央商务区。另一方面，加快发展现代农业。重点抓了古冶鲜鲜食品有限公司二期深加工、遵化长城科贸有限公司肉制品深加工、玉田金玉农产品综合交易中心续建工程等一批农业产业化项目。三是由单一产业支撑向多门类产业拉动转变。在巩固优势产业、壮大主导产业的同时，全方位推进各产业的协调发展。一方面，抓住钢铁产业这个立市之本，继续做大做强；另一方面，加快发展装备制造、石油化工、煤化工、盐化工、高新技术、现代服务业等其他战略支撑产业，培育后续主导产业，实现唐山经济社会发展的多门类、多产业支撑。四是由总量扩张型向创新驱动型转变。加快技术进步，增强自主创新能力，提高产业核心竞争力，把原始创新、集成创新和引进技术消化吸收再创新有机结合起来，实现传统产业由能耗高、污染重向资源节约型、环境友好型转变，由以数量取胜向以质量取胜转变。一方面，重点推进片式化高稳定石英晶体基础元器件、工业控制嵌入式系统、多晶硅、海绵钛及钛合金、新型显示器、原子能级锆材料等一批高新技术项目建设。另一方面，加大技术研发和创新力度，突破一批关键技术。装备制造行业重点突破时速350公里及以上高速动车组技术，高档数控系统设计、制造和系统集成技术，大型港口装卸设备的设计制造技术，日产10000吨以上熟料水泥成套设备的设计制造技术，大型环保设备设计制造技术。钢铁行业重点突破高档轿车面板生产技术，钢板桩生产技术，取向硅钢生产技术，熔融还原技术。化工行业重点突破重油催化热裂解制乙烯（CPP）工业化生产技术，重油接触催化制乙烯（HCC）工业化生产技术，甲醇制烯烃（MTO）工业化生产技术。五是由资源粗放利用向循环经济转变。以发展区域循环经济为主攻方向，加快曹妃甸国家循环经济示范区、司家营循环经济园区建设。同时，加紧对现有唐钢股份、三友碱业、冀东股份、开滦焦化等企业实行循环经济改造，按照循环经济要求，推进清洁生产、三废利用，产品延伸加工以及跨产业配套利用资源等多种途径，促进资源深度利用。六是由产业节点向产业链条转变。实施一批对延伸上下游产业，提高产品附加值的产业链项目，加快初级产品向终端产品延伸。重点抓了海港开发区20万吨焦炉煤气制甲醇、30万吨煤焦油深加工、丰南区2万吨二萘酚、三友集团30万吨氯化钙及18万吨有机硅等一批工业产品深加工项目。同时，鼓励相关县（市）区发展奶（肉）牛深加工、肉鸡深加工、生猪深加工、果品深加工、玉米深加工等农业产业化项目，促进资源的不断转化增值，实现产业向纵深发展。七是由产业分散发展向产业集群发展转变。重点实施了乐亭临港产业聚集区、开平现代装备制造产业聚集区、丰润装备制造产业聚集区等园区项目，发展产业链经济，加速形成以七大主导产业为重点的产业集群。大力发展县域经济，创造更加宽松的环境、采取更加有力的措施支持县域经济发展，尤其是在土地和金融上给以更大的支持。

（二）转变经济发展方式，强力推进节能减排。2008年，深入开展节能减排安全生产整顿持续攻坚行动，严格落实节能减排工作责任制。对纳入省“双三十”和市“10100”工程的县（市）区和高耗能、高排放企业加大了监管考核力度，确保承诺目标的实现。组织推广节约、替代、循环利用和治理污染的先进适用技术，强力推行清洁生产，对重点企业实行在线监测。对现有企业实行循环经济改造，严格新上项目循环经济准入标准，促进资源深度利用，推进节能减排，构建循环经济产业体系。

（三）大力发展产业链经济，加快产业结构优化升级。钢铁产业链方面，研究制定了唐钢、首钢、国丰、津西等重点钢铁企业联合重组和结构调整的实施方案，重点推进渤海钢铁集团、迁安钢铁集团的组建步伐；加快首钢宝业精品宽厚板及精品棒材、唐钢5米宽厚板、唐钢司家营H型钢生产基地等项目建设；规划建设钢铁物流交易中心、积极发展第三方钢铁物流、谋划建设唐山钢铁交易市场，努力实现“建成具有国际竞争力的、全国最大最强的钢铁基地”的目标。化工产业链方面，在继续做大做强南堡开发区盐化工产业链、海港开发区煤化工产业链的基础上，强力推进曹妃甸1000万吨/年炼油及100万吨/年乙烯工程的前期工作，力争2009年内取得实质性进展，努力形成盐化工、煤化工、石油化工三化合一的现代化工产业格局。装备制造业产业链方面，依托盾石机械、唐山轨道客车、中材集团、住友机械、冶金矿山机械厂等骨干企业，加快工程机械、修造船、水泥成套设备、冶金成套设备等装备制造业重点项目的建设，打造重大成套设备和技术装备产业基地。现代农业产业链方面，以提高农业核心竞争力和经济效益为目标，强化食品安全管理体系建设，以集约化、规模化、标准化、品牌化、系列化、高新化项目为抓手，重点发展乳品、肉制品、水产品、特色果蔬、特色粮油五大产业链条。高新技术产业链方面，以提高区域经济综合竞争力和推动产业结构优化升级为目标，大力推进以企业为主体的技术创新，实施高新技术产业化和重大产业技术进步专项，重点建设信息产业、生物医药、新材料产业链条，着力推进中视中科激光显示器生产基地项目、南堡医药化工生产基地项目、核级海绵锆等项目建设。现代服务业产业链方面，出台了支持服务业发展的100条优惠政策，着力实施“4881”工程，逐步形成航运物流、科技研发、旅游休闲、商务会展、金融保险、商贸服务、文化创意和软件、城乡一体服务产业体系等八大重点领域；重点建设唐山港区、曹妃甸生态城、凤凰新城、南湖生态城、空港城、曹妃甸湿地公园商务休闲区、乐亭三岛旅游度假区、北部长城旅游带等八大服务业集聚区，成为环渤海区域现代服务业较为发达的城市。环保产业链方面，重点抓了环保基础设施、环保技术

和产品开发、资源综合利用、信息服务和环保监管等产业体系建设，加强生活垃圾收集集中处理工程、城市建成区集中供热工程建设，鼓励发展海水淡化及循环利用项目，支持环保成套设备和相关产品研发、制造，强化矿山生态修复和生态工程建设，积极开发利用以太阳能、风能、生物质能、地热能、潮汐能为主的新能源。

（王志双　李洪海）

工业结构调整

2008年，唐山工业在积极应对南方重大自然灾害、国家从紧的宏观政策、汶川大地震、保奥运空气质量以及美国金融危机带来的挑战过程中，深入进行结构调整，工业经济在结构优化的基础上实现了平稳较快发展。

重大项目的引进和建设促进了产业结构的战略升级。2008年，唐山不锈钢、中润煤化工粗苯精制、三孚硅业三氯氢硅以及日本住友集团建筑工程机械和减速机项目等一大批钢铁深加工、煤化工、盐化工和装备制造业项目投产达产或开工建设，使传统产业竞争力得到进一步提升。钢铁行业完成工业增加值827亿元，同比增长18.2%，高于全市平均水平3.6个百分点。钢铁企业高炉平均利用系数达到3.5以上，冷轧薄板、H型钢等精品钢材比例占到总产量的51.2%。钢铁冶炼前五强企业已占到总产能的49.1%。装备制造业发展明显提速，完成工业增加值88.4亿元、实现销售收入333.5亿元，同比分别增长20.4%和19.0%，工业总产值约占全市GDP的10%，增速远远高于其他传统产业。

淘汰落后、联合重组，推进地方企业向生产经营集约化、主体装备大型化、主导产品尖端化、生产过程清洁化转型。39家民营钢铁、焦化、物流企业整合为唐山渤海、长城两大钢铁集团，现有总规模2800万吨，占全市地方钢铁产能的51.7%。按照“等量置换、上大汰小”的原则，加大对水泥行业机立窑的淘汰力度，推进新型干法水泥发展。年内淘汰3米以下机立窑20座。对位于市中心区的百年企业启新水泥厂实施搬迁改造。同时积极推进冀东水泥厂3条日产4500吨生产线投产，使全市新型干法水泥比重达到55%，水泥十强企业生产集中度达到60%。

积极推动技术创新和科技成果转化，大力扶持电子信息产业发展。全年完成高技术产业和技术创新项目63项，实现技术创新销售收入295亿元，同比增长20%。其中，电子信息产业完成销售收入25亿元、工业增加值7.8亿元、利税总额2亿元、出口创汇5500万美元。利用高新技术改造提升传统产业效果显著。大中型企业产品研发、工程设计CAD普及率达到70%，唐钢、开滦等一批行业龙头企业信息化水平在全国同行业保持领先。片式石英晶体器件、超声仪表和弯管流量计、焊接机器人系统、铅酸蓄电池技术等达到国内或国际先进水平，部分产品和技术填补了国内空白。

加速推进信息化与工业化融合，促进工业由大变强。在信息化与工业化融合方面积极争取成为全国试点城市，已经获得国家工信部的支持。规划面积12平方公里的中国·北方信息产业基地项目正式签约，微波污水处理设备、计算机信息终端保密设备、LED等投资亿元以上的信息产业项目进入实质性操作阶段。中软集团智通公司落户市创业服务中心，一批后续项目全力推进。

发展产业集群，引导企业向园区聚集。全市重点工业园区总数达到29家。其中，京唐港煤化工园区和南堡盐化工园区已经成为所在行政区域的主体经济支撑。进一步完善了《唐山市产业集群发展规划》，加大了规划引导、政策支持和公共服务力度。全市产业集群技术服务机构达到19个，新增4家。申报省财政专项资金支持项目3项，谋划市级技术服务平台建设项目及龙头企业专业化协作项目15项，争取省、市产业集群专项资金支持345万元。全市产业集群发展到33个，其中，新增了船舶装备制造产业集群和煤化工产业集群。33个产业集群涉及陶瓷、自行车、装备制造、化工、电子等17个行业，集纳生产及配套企业8128家，从业人员33.4万人，全年营业收入650亿元。

（郑美芳）

煤炭工业

【开滦集团煤炭生产经营概况】

2008年，开滦集团原煤产量3285.87万吨，超预算298.87万吨，同比增产225.25万吨。精煤产量771.53万吨，超预算78.78万吨，同比增产16.65万吨。自产煤收入126.75亿元。

煤炭生产。推广先进适用采煤工艺、设备和技术，发挥主力矿井和骨干工作面作用，不断挖掘老矿生产潜力，实现原煤生产水平总体提高。工作面单产完成95700吨，同比提高4013吨；原煤效率完成每工8.294吨，同比提高0.297吨。积极推进洗煤管理和技术进步，实现炼焦煤资源全部入洗。通过原洗煤增产，为煤炭增收和降低成本奠定坚实基础。大力推进生产准备工作，开拓交出5.5个采区，获得开拓煤量4397万吨，超过年初目标要求，确保煤炭生产均衡稳定发展。

产品营销。坚持占领市场，稳定总量，以产促销，以款定销的原则，抓住机遇，主动出击，多次上调煤炭价格，实现涨价增收35.32亿元。在南方遭受雨雪冰冻灾害和抗震救灾期间，坚持顾全大局，克服困难，适时优化市场布局和结构，发挥整体销售优势，确保电煤供应，提升企业信誉。针对煤炭市场出现急剧下滑的情况，及时调整销售发运策略，加强与用户沟通联系，巩固老用户，增加新户用量，启动出口业务，实现产销平衡。加强货款回收工作，坚持把回款管理与资源流向、价格策略相结合，按照用户类别，分别制定了滚动结算、信用额度、资产抵押等措施，落实清收目标，使货款回收保持在合理的水平，保证经济健康、稳定运行。

资源扩张。加强煤炭资源开发。完成新疆地区有关资源的普查工作，内蒙串草圪旦煤矿收购工作取得突破性进展。对地方小煤矿整合工作已经与部分矿井签订契约化管理协议。赵各庄、林西深部勘探续作、钱家营矿扩大区和深部勘探项目正在组织实施。扩大资源储备，在唐山矿区深部、蔚州矿区、内蒙古红树梁井田、新疆伊犁和山西介休地区，累计获得煤炭资源90亿吨。按照省国资委安排，对兴隆局进行了托管，对马家沟等矿实施了契约化管理。压煤搬迁工作取得进展，钱家营矿岭上村搬迁完成总协议签订，唐山矿王禾庄搬迁已完成旧址地上物清点，东欢坨矿六个压煤村庄搬迁工作正式启动，赵各庄矿北金庄新村址建房完成主体工程。

改革创新。根据企业发展需要，完善管理体制和机制，成立新疆投资公司、地方煤矿管理公司等新机构，以“效率年”活动为载体，进一步提高管理效率。深化三项制度改革，完善劳动合同、工资正常增长和支付保障机制，有4项管理创新成果在煤炭行业获奖。编制集团公司2008年至2010年及“十二五”战略规划纲要并加快相应规划的修编。制定了《加强全面成本管理工作的指导意见》，完善内控管理制度和相关经济政策。各生产矿井积极落实准军事化职业行为训练和按规范设计、按设计施工、按标准验收等安全管理新机制，市场化精细管理在煤类公司和部分非煤单位全面推开，促进经济运行质量提升。加快技术创新步伐，广泛开展技术交流活动，建立开滦集团院士工作站，对具有发展战略影响的中长期项目加大研究和开发力度。深部支护、矿井水开发、急倾斜和薄煤层开采等重大技术攻关取得阶段性进展。薄煤层开采技术准备工作基本就绪，建筑下开采已有初步方案，钱家营高效生产线产业升级项目进入实施阶段。被唐山市评为2007年度技术创新先进企业。40项次获得省部级以上奖励，其中两个项目分别获煤炭工业科技一等奖和河北省科技进步二等奖。

重点工程。内蒙古红树梁矿井完成核准前各项工作，正在办理核准手续；蔚州北阳庄矿井筹建完成矿井一期招标和井筒冻结施工准备。在项目筹融资方面，精煤股份公司完成了增发工作；与美国景顺、中瀚海联及美国派利等公司广泛接触，推进了引进战略投资的各项前期工作；发行短期融资券和企业债券的相关工作也在有序推进。

节能减排。加强基础工作，将节能减排作为结构调整的重要手段，注重加快淘汰落后设备和产能，全力督导落实100项省“双三十”节能减排项目和唐山市节能减排安全生产整顿攻坚项目，有效降低了综合能耗。吨原煤生产综合能耗完成7.1千克标煤，比省政府“双三十”考核值下降0.5千克标煤；万元工业增加值综合能耗完成2855千克标煤，比省国资委考核值下降255千克标煤；二氧化硫减排量完成919吨，化学需氧量减排量完成823.7吨，完成了年度省政府“双三十”考核指标。纳入省“双三十”和唐山市攻坚的100项节能减排工程项目全部完成。奥运环境保障工作成效显著，杜绝了重、特大污染事故。

（李志龙）

【汇达煤炭集团煤炭生产概况】 汇达煤炭集团所属国各庄煤矿，是目前唯一市属国有煤矿，占地75亩，固定资产7093万元。据河北省地勘局第五地质大队所做的关于国各庄煤矿资源储量年度报告，至2007年末，国矿煤炭总储量1009万吨，其中地质储量367万吨，可采储量146.8万吨，尚有服务年限17.47年。依据2005年12月省国土资源厅颁发的采矿许可证，批准的开采范围是32m－600m，井田面积1.1391平方公里。2008年，国矿提升系统、排水系统、通风系统、压风系统、供电系统、运输系统、防尘系统、通讯系统、监控系统等均按煤矿行业标准配置到位。采矿许可证、安全生产许可证、矿长安全技术资格证、煤炭生产许可证及矿长资格证、工商营业执照等六证照齐全合法有效。2008年，国各庄煤矿认真贯彻政府有关指令，在党和国家重大政治活动期间、北京奥运会期间多次无条件停产整顿。2008年10月15日，国各庄煤矿按河北省冀政〔2008〕75号文件《关于进一步加强煤矿安全生产工作的意见》要求再次停产，与开滦集团商洽整合重组工作。

（杨兴昌）

【地方煤矿兼并、重组、托管工作】 2008年9月，省政府下发文件要求加大小煤矿兼并、重组、托管工作力度。坚持煤炭资源优先向国有重点企业配置的原则，以开滦、冀中能源两大集团为主体，促进煤炭资源向两大集团集中。为贯彻省政府文件精神，做好煤矿整合工作，市政府成立了地方煤矿整合关闭工作领导小组。市委常委、副市长陈学军任组长，副市长辛志纯、开滦集团公司董事长张文学任副组长，成员为市发改委、市国土资源局、市安监局、河北煤监局冀东分局、市财政局、市规划局、市公安局、市工商局、唐山供电公司、开滦集团公司和各产煤区政府的主要负责同志。领导小组办公室主任由市政府副秘书长张洪山担任。办公室下设资源组、推进组、监管组、稳定组、综合组等5个工作小组。市政府办公厅下发通知，明确了各工作小组和有关部门的工作职责，推动了工作的开展。

冶金工业

【概况】 2008年，全市产铁5378.3万吨、钢5850.24万吨、材5522.7万吨，同比分别增长3.3%、7.1%、13.1%。钢产量在全国继续保持第一位。全市有12家企业钢产量超过200万吨，100－200万吨企业6家，其中：唐钢超过1000万吨，国丰达500万吨，津西超过400万吨。钢铁行业完成工业增加值827.02亿元，同比增长18.2%；利税总额266.25亿元，同比增长4%；利润总额152亿元，同比降低10.8%。工业增加值、利税总额、利润总额分别占全市规模以上工业的52%、45.86%、43.18%。截止2008年底，钢铁行业总资产2363亿元，直接从业人员21万人，分别占全市规模以上工业的52%和33%。

2008年，全市钢铁板带比66%，比2007年提高6个百分点，连铸比连续多年保持100%。热轧卷板、冷轧薄板、中宽带钢、H型钢等精品钢材占到钢材总产量的51.5%，比2007年提高9个百分点。

受金融危机影响，下半年钢铁产成品价格大幅回落。到年底，普碳钢坯、热轧窄带钢平均含税售价分别为3240元/吨、3650元/吨，比2008年初分别降低960元/吨和850元/吨。铁精粉价格880元/吨，焦炭价格1850元/吨，比2008年初分别回落了670元/吨、10元/吨。

【整合重组迈出实质性步伐】按照《钢铁产业发展政策》、《河北省钢铁工业结构调整总体实施方案》、《唐山市人民政府关于促进钢铁工业科学发展的意见》的精神和“统筹规划、集约经营、要素重组、产权联结、政府引导、市场运作”的原则，加快推进钢铁企业整合与集约化经营。2008年，市工业经济促进局把推进地方钢铁企业整合重组列为第一项重点工作，深入丰南区、迁安市，采取督导、座谈等方式进行调研，全力抓好全市地方钢铁企业整合重组工作。在广泛调研的基础上，起草并实施了《唐山市地方钢铁行业整合重组实施方案》。12月19日，以丰南国丰为龙头的唐山渤海钢铁集团、以迁安重点钢铁企业为龙头的长城钢铁集团挂牌成立，标志着钢铁工业结构调整迈出实质性步伐。以两大钢铁集团为平台，按照国家产业政策和钢铁工业振兴规划，以及河北省统一部署，整合全市地方钢铁资源，对渤海长城两大集团规范运作，实现“五统一”管理。一是统一发展规划。对两大集团的组织构架、发展模式、工艺流程、建设内容进行统一规划设计，以全市地方钢铁企业及相关产业为对象，通过控制总量、整合重组和搬迁改造，打造具有现代化工艺装备流程和产品的大型钢铁企业。二是统一资源配置。对全市各类矿山、焦化、物流等有关资源优先配置给两大集团，并对积极参与两个钢铁企业集团整合的企业，优先配置电力、用水、港口和土地等资源要素。三是统一技术研发。两大集团分别整合各自的技术研发力量，统一建设技术研发中心，实施技术创新和产品升级。四是统一市场营销。两大集团内部企业实行统一价格和营销策略。五是统一财务管理。集团内部实施统一的财务核算和资金管理，建立统一的投融资管理机制和平台。

【制定政策促进布局结构调整】为全面推进地方钢铁企业整合重组和优化升级，市政府制定了一系列政策促进生产力布局向沿海转移和资源地聚集，加快打造具有核心竞争力的新型钢铁工业基地。争取到2011年，形成布局合理、工艺先进、生产清洁的现代化企业集团。渤海和长城集团分别形成2000万吨左右生产规模的铁钢材配套联合钢铁企业。为支持两大钢铁集团向沿海转移，向园区集中，推进钢铁产业布局调整，实施和完善了以下财税政策。1. 强化体制保障。财政部门改革完善市以下分税制财政体制，逐步实现税收分享与企业隶属关系分离，建立有利于资源流动重组的政策导向，推动两大集团以产权为纽带，以利益为导向，有效整合现有企业。2. 加强政策引导。鼓励两大钢铁集团到“四点一带”区域投资，支持集团所属企业搬迁落户“四点一带”，对其实行“飞地”财政政策，具体办法参照《中共唐山市委唐山市人民政府关于加大财政支持力度推进科学发展示范区建设的暂行规定》（唐发［2008］17号）有关政策执行。3. 落实资金扶持。市、县两级财政在科技研发、环境保护、节能减排、产业链项目建设等专项资金安排上，重点向两大集团倾斜。在同等条件下，两大集团申请国家、省专项资金时，财政部门予以优先申报。4. 理顺税收分享。对全市辖区内钢铁企业加入地方钢铁集团后，不再保留法人资格并跨县区向集团总部集中缴纳税收的，分支机构与集团总部所在地政府实行税收分享，以分支机构上年缴入地方财政国库数为基数，作为分支机构所在县（市）区财政既得利益，超基数部分分支机构所在县（市）区与集团总部所在县区4∶6分成。

【工艺装备改造提升】按照“先整合，后改造”和“等量或减量置换”原则，钢铁冶炼企业继续积极开展工艺装备改造提升工作。2008年底，钢铁工业450立方米及以上高炉、35吨以上转炉已成为钢铁企业生产的主导炉型，其产能已占全部总产能的70%以上。一大批配套生产线投达产。迁安首钢2150mm热轧薄板等8条中宽带生产线、津西大H型钢生产线、唐钢中厚板3500mm生产线先后投达产。铁钢材生产能力形成了合理配套、工艺衔接的格局。

【优化产品结构】2008年全市钢材品种中，热轧卷板、冷轧薄板、中宽带钢、H型钢等精品钢材产量占到钢材总产量的51.5%，比上年提高9个百分点。钢铁连铸连续多年保持100%。面对激烈的市场竞争，钢铁企业积极开发生产高技术含量、高附加值产品，适应不同层面市场需求。曹妃甸京唐首钢汽车面板、高级家电用板等国际一流产品开发生产进入实质性阶段。首钢与宝业集团联合开发精品中厚板、精品棒材等高附加值产品项目，恒通薄板与中冶集团合资生产冷轧薄板、镀锌板、彩涂板项目已经启动。建龙公司耐侯钢、深冲钢等品种钢已批量生产。津西小H型钢已开工建设。唐钢Ⅲ和Ⅳ级高强度热轧带肋钢筋、国丰1450热轧卷板、丰南瑞丰超薄窄带等产品已达产达效。

【提高技术水平】围绕改善品种质量、提高生产效率、降低生产成本和促进环境保护，推进工艺设备大型化、连续化和自动化。加快企业技术进步，突出抓好一批共性关键技术的创新攻关，开发具有自主知识产权的工艺技术，不断提高钢铁生产的技术装备水平。积极采用高效采矿及运输、高效选矿及矿产资源综合利用、精料入炉、高炉长寿、高炉余压发电、高炉喷煤、铁水预处理、钢水炉外精炼、高效连铸、控轧控冷、信息化管理等一批先进、成熟、适用技术。大力推广高炉干式除尘、转炉干式除尘、干熄焦和以煤气为重点的二次能源回收利用、以渣为重点的固体废弃物综合利用以及水资源综合利用技术，通过全过程控制和综合治理，提高钢铁清洁生产水平，实现各种废弃物的减量化、无害化和资源化，使钢铁生产与周边环境相兼容。

【节能减排】鼓励企业推广应用余热余压利用、燃煤工业锅炉窑炉改造、电机系统节能、能源系统

优化等重点节能工程，采用蓄热式加热炉、高炉富氧喷煤、干熄焦、热装热送等重点节能新技术，加快节能技术改造。对列入市重点节能项目，给予节能专项资金扶持。建立严格的节能管理制度和有效的激励机制，强化基础工作，配备专职人员，加强节能管理、统计和计量工作。继续加大对已签订节能减排目标责任书的100家重点企业的督导力度。对完不成节能减排任务的企业，强制实行能源审计和清洁生产审核。定期对企业能源利用状况进行监督检查、监测。定期报送钢铁企业能耗、水耗情况报表和能源利用状况报告。对单位产品综合能耗较上一年度有所降低，且未超过国家和省市的有关能耗限额的企业，允许计提节能奖励资金。对超额用能企业实行停限电措施。按照“减量化、资源化、再利用”的原则，围绕建立循环型绿色环保工厂，鼓励采取含铁废弃物循环利用，多用废钢和提高轧钢成材率，减少含铁废弃物产生和排放，提高铁素资源利用效率；鼓励企业充分回收利用各生产工序产生的余热、余能，减少单位产品能源消耗量，提高二次能源利用率；采取低消耗、低污染的高循环、高利用率的用水模式，减少外排废水，降低新水消耗，提高水循环利用率；开发推广固体废弃物处理技术和资源化利用技术，实现固体废弃物再资源化，提高固体废弃物综合利用率。鼓励企业实施资源综合利用项目，对符合国家资源综合利用目录的企业和产品，执行国家财政部、税务总局关于税收减免的有关政策。健全完善环境保护决策机制、考核机制、准入机制和责任追究机制，严格落实建设项目环保“三同时”、排放许可和环境影响评价制度。鼓励企业扩大环保投入，完善环保设施，严格实行污染物排放总量控制，有效控制钢铁生产过程中的各种污染源，着力抓好除尘等重点污染治理项目的实施。加大市财政对环保专项治理资金的投入力度，鼓励企业采用先进环保设施，使污染物达标排放，有效减少污染物排放总量。2008年，全市钢铁企业普遍采用蓄热式加热炉、高炉富氧喷煤、干熄焦、TRT发电、煤气发电、热装热送等重点节能新技术，积极淘汰落后产能，使节能减排工作取得显著成效。钢铁企业TRT发电和高炉煤气发电装机容量已达到274.5兆瓦，发电15.5亿千瓦时，节约能源56万吨标准煤。重点钢铁企业吨钢综合能耗602千克标煤/吨、吨钢耗新水5.1吨，同比分别下降3.68%和13.5%。全年减少二氧化硫排放量2.6万吨，减少烟粉尘排放量12.4万吨，年减少化学需氧量6500吨。

【淘汰落后】 市委、市政府依据国家产业政策，加强项目准入管理，坚决淘汰落后产能。对未依法取得相关资质手续或未按期淘汰落后装备的企业，依法采取如下措施：1. 项目审批部门不予受理其新建、扩建和改造项目申报。2. 规划部门不予批准其新建、扩建和改造项目规划设计。3. 环保部门不受理其新建、扩建和改造项目环境影响评价文件。对企业现有设备不能实现达标排放的，由当地政府责令其限期停产整顿，到期整改不达标的，依法予以关闭。4. 国土部门不予配置铁矿资源，不予受理土地供应、转让和抵押申请。5. 安监部门不予受理新开工建设项目安全设施“三同时”申请。对未依法办理安全生产可证的企业，依法责令其停产。6. 水务部门对其新建、改建和扩建项目不予增加用水指标。对其列入淘汰类、限制类装备，落实差别价格政策。对其到期未淘汰的落后装备，依法关闭水源井并吊销用水许可证。7. 电力行政主管部门不批准电力增容，在电力紧张时先行对其限电。对其列入淘汰类、限制类装备，落实差别价格政策。对企业私自建设的钢铁项目或到期未淘汰的落后装备，供电部门不予供电。8. 金融机构对列入国家产业政策限制类和淘汰类新建钢铁项目，不予提供任何形式授信支持。同时，支持淘汰落后企业开发生产符合国家产业政策的新产品，对选准的转产转业项目，积极办理项目审批、土地、环评手续，优先安置淘汰落后装备企业转岗职工。根据《唐山市节能减排安全生产整顿攻坚行动实施方案》总体部署，依法关闭了236家“十小”企业，提前淘汰一批国家产业政策规定需在2010年底前淘汰的落后装备，涉及17家钢铁生产企业20座200-300立方米高炉。

【冶金矿山】 唐山作为我国铁矿资源富集区之一，现已探明储量48.6亿吨，占全国储量的1/5多，可供本市地方开采储量16.8亿吨（除唐钢、首钢），主要分布在北四县（迁安、迁西、遵化和滦县）。其中：迁安、迁西、遵化、滦县保有储量分别为73101.1万吨、13623.4万吨、16903.8万吨、14920.9万吨。此外，根据地质资料，唐山境内尚有已进行过普查而未上表的表外地质储量达20亿吨，按50%可供群采计算，还有10亿吨可利用的储量。

截至2008年底，唐山市拥有各类冶金矿山企业约1700家，其中90%为群采矿山，群采矿山的产量占全市铁矿石总产量的60%以上。黑色金属矿采选业全年共完成增加值212.78亿元，占全市工业规模以上增加值13.36%。完成销售收入414亿元，实现利税141亿元，利润111亿元。

严格控制新建、扩建或技术改造冶金矿山项目。对违反政策和有关法律法规的严格依法予以查处。认真落实《河北省冶金矿产品生产经营监督管理条例》和《国务院关于全面整顿和规范矿产资源开发秩序的通知》，强化执法检查，严惩违法行为，建立铁矿资源管理秩序。坚持开发与保护并重的原则，科学规划、合理开发、规范开采、保护资源，推进铁矿资源的可持续利用。加快推进冶金矿山企业兼并、重组和联合，优化铁矿资源配置，改善矿山企业布局。坚决杜绝大矿小采、一矿多采和低水平重复建设，提高铁矿企业规模和生产集中度。按照政府引导、市场运作、平等有偿的原则，鼓励钢铁企业与矿山企业进行联合、参股、购买、合营等形式的整合，促进资源的合理配置，彻底改变当前铁矿企业“多、小、散、低、差”的状况，实现合理布局、规模办矿、集约发展。

（梅民学）

【金厂峪矿业有限公司生产经营概况】 2008年，金厂峪矿业有限公司在中国黄金集团公司的领导下，

按照“超常规思维，跨越式发展”的理念，通过开展企业基础管理达标、“二次腾飞”主题实践活动和四季度全员劳动竞赛，企业的基础管理水平和职工的队伍素质得到了提升，生产经营取得了丰硕成果。全年采矿量15.50万吨，完成年计划的119.23%；掘进量14518米，完成年计划的97.92%；残矿回收14.68万吨，完成年计划的94.10%；处理矿量32.70万吨，完成年计划的103.81%。原矿品位1.95克/吨，选冶综合回收率87.27%。黄金产量620.66公斤，完成年计划的100.11%。全年实现利润227.08万元。

安全管理。加大现场管理力度，将采场支护、耙道作业、井下通风防尘、火工材料、爆破作业、提升系统、采空区治理、“两品”、“两库”、地压等重要生产环节、重要部位、重要设施作为检查管理重点。加强对施工队的安全管理，协助外包队建立了安全生产管理组织、安全生产责任制、安全操作规程，配备了一氧化碳检测仪和通风机。救护队按国家标准积极训练，2008年10月，通过了省安监局审核验收，取得了非煤矿山救护队三级资质证书。炸药厂积极开展了安全生产承诺落实年、行政执法年、隐患治理年三项活动，完善了三级安全承诺体系和隐患排查四项制度，对隐患治理做到了责任、措施、资金、时间、预案五落实。全年没有发生重伤以上人身事故，实现了“五个零”的安全目标。

生产管理。坑口及生产技术部门的管理人员和工程技术人员，以选厂供矿为主线，总体安排，精心组织，合理编制生产作业计划并加强计划考核，强化生产调度及生产组织，实现了生产要打翻身仗的目标。

地质探矿工作。2008年累计完成坑探工程4916.9米，坑内钻探5223米，探获资源量/储量：金属量2446公斤。至2008年底，金厂峪金矿保有地质储量：金属量10吨以上，服务年限16年。2008年12月28日，《河北金厂峪金矿成矿规律、构造叠加晕研究及找矿靶区预测》被中国黄金协会评为“中国黄金行业科技进步成果一等奖”。始于2004年的金厂峪金矿成矿规律研究及找矿靶区预测研究工作，经过三年多在生产一线开展地质综合研究，总结出了矿体透镜体控矿和断裂构造控矿成矿规律，建立了金厂峪金矿矿床的构造叠加晕模式和盲矿体预测标志，确定了60个找矿靶区。通过近三年的探矿验证，取得了很好的效果。

节能减排。2008年10月12日至2008年11月12日，开展了为期一个月的节能减排专项整治集中行动，把降低电耗作为集中行动的工作重点，对重要设备进行无功补偿，提高功率因数，降低设备耗电量。采用42立方螺杆空压机替代老式活塞式空压机；1.6米摩擦轮卷扬电控由继电器－接触器改为PLC－可控硅无触点开关控制；推进燃煤锅炉热交换系统改造，提高了锅炉热效率；选矿厂、物业公司等单位采用低压无功自动补偿，全矿高压和低压无功补偿累计达5000多kvar。2008年，唐山供电公司奖励金厂峪矿业公司利率补偿电费80017.39元。

治理民采。迁西县驻矿联合执法队与金厂峪矿业公司保卫部联合出击，齐抓共管，通过采取“毁、抓、堵、断”等措施，对曾经十分猖獗的民采活动进行了严厉打击。2008年共炸毁民采作业点十几个，抓获民采偷矿人员100多人次，堵、扒民采作业点80余次，有效地减少了黄金资源的流失。

（张雪斌）

【国际冶金工业博览会在唐山举办】 10月22日至24日，2008中国（河北）国际冶金工业博览会在唐山国际会展中心举办。中国有色金属工业协会秘书长潘文举、中国炼焦工业协会会长黄金干、河北省贸促会副会长赵玉甡、市人大常委会副主任莫连营、副市长于山、市政协副主席于冬青出席了开幕式。本届博览会冶金产品品种齐全，有炼钢设备、轧钢设备、耐材及炉窑等7大类、250个品种参展，展位达到300个，展览面积6000平方米。来自荷兰、印度、意大利、澳大利亚等10个国家的采购商和国内采购商超过千人，规模档次均超过上届。期间还举办了中国钢铁市场论坛，着重研究中国钢铁市场现状，探讨钢铁市场发展机遇，分析钢铁市场供需走势，促进钢铁市场发展。

（许　辑）

建材工业

【水泥工业概况】 水泥工业是唐山的支柱产业之一，产量居于全省之首。唐山水泥品质高，品种全，产品涉及通用水泥、专用水泥两大系列，产品包括P、032、5R、P、042、5R、P、Ⅱ、42、5R、P、S32、5、P、C32、5和英标、美标波特兰水泥、道路硅酸盐水泥、矿渣硅酸盐水泥、复合水泥等十几个品种。广泛用于国家重点工程、基础设施、桥涵、公路及民用住宅工程建设。经过多年的发展，唐山水泥行业形成冀东水泥集团、唐山曙光强兴水泥有限公司等大型企业集团，创出了“盾石”、“马牌”、“强兴”等一批较强影响力的名牌优势产品。2008年，唐山水泥行业有水泥企业166个，比上年减少19家。166家水泥企业中全工艺企业75家，熟料企业6家，粉磨站85家，从业人数近3万人。

2008年，受国际经济危机、国家宏观调控及奥运的影响，水泥需求下滑，而水泥生产成本不断上涨。但唐山水泥仍保持了较高的增长。全市规模以上水泥企业水泥产量2844万吨，占全省总产量的31.76%；实现工业增加值43.35亿元，同比增长30.76%；销售收入1030.58亿元，同比增长8.63%；实现利税133.90亿元，同比增长2.88%；利润75.21亿元，同比增长7.05%。

存在问题。（一）技术结构不合理。目前，全市有各类水泥窑105座，其中30万吨及以上新型干法水泥窑仅有12座，占窑炉总数的11%。（二）产品结构不合理。2008年熟料产量1463万吨，新型干法水泥熟料产能787万吨，占熟料总产能的53.8%，与目标要求到2010年新型干法水泥比重达到80%以上仍有较大距离。（三）产业集中度低。规模在40万吨及以上的水泥企业仅29家（其中粉磨站5家），其生产

能力仅占总生产能力的43.6%。(四)能源消耗高,综合利用水平低。全行业平均吨熟料耗标煤130kg,吨水泥耗电80kwh,仅达到全国平均水平。

【新型干法水泥加快发展】 冀东股份丰润3条日产5000吨纯低温余热发电新型干法水泥熟料生产线竣工投产,完成固定资产投资15.46亿元。唐山飞龙、唐山耀东日产4500吨新型干法项目开工建设。启新水泥有限公司、燕东华城水泥有限公司等新型干法水泥项目正在申报中。

【淘汰落后水泥产能】 2008年,全市淘汰34座中空窑和机立窑,淘汰落后水泥产能370.2万吨,涉及25家水泥企业。对列入淘汰计划的装备全部按标准拆除到位。同时,为支持市景观大道建设,曙光实业集团公司主动淘汰其未列入淘汰计划的年产20万吨水泥粉磨站。

丰董线是水泥企业比较集中的地区,沿线有水泥企业22家,环境污染较为突出。市政府按照“断后路、给出路、创新路”的总体思想,制定了《丰董公路综合治理实施方案》。《方案》要求:逐年淘汰水泥企业,到2010年淘汰全部水泥企业。对违章建筑全部清理、拆除。公路沿线按标准进行绿化、美化。

发放淘汰落后产能中央财政奖励资金。全市15家水泥企业23座机立窑和干法中空窑列入2007年国家淘汰落后奖励资金预算。市工促局和市财政局组织相关单位对这些企业进行核查,按程序确认淘汰落后装备型号、规格、数量,并将有关材料整理成卷。经审核,共发放奖励资金2736万元。2008年全市共有46家企业49座机立窑和干法中空窑列入国家淘汰落后资金奖励预算指标,淘汰落后产能359.4万吨,奖励资金5391万元。到2008年底,对这些企业的现场考核已完成。

(雷晓辉)

【举办第二届中国(唐山)建材博览会】 10月10日至12日,第二届中国(唐山)建筑装饰材料及建筑机械博览会在唐山国际会展中心举行。副市长于山、市政协副主席于冬青出席开幕式。本届博览会突出了新材料、新技术、新产品的推介,注重通过展会推动唐山建材行业产业转型和结构调整。展览面积7000平方米、标准展位200余个,80家厂家和经销商参展。全市大型知名生产企业以及来自北京、天津、秦皇岛、济南等市的建材企业参展。采购商方面有来自韩国、印度、日本和国内房地产开发商、工程建筑商、装饰公司、宾馆酒店等200多家公司的专业人士参会。

【新型墙材发展全国领先】 3月6日,唐山市召开墙体材料行业工作会议。从会议上公布的材料看出,唐山市的新型墙材已占全市墙材总量的70%以上,远远高于全国平均水平,在全国处于领先地位。截止到2007年底,全市新型墙材企业已超过300家,新型墙材产量折合标砖23亿块。3年来,全市累计投入建设、技改资金6.5亿元,新上新型墙材项目140个,完成轮窑改隧道窑、移动式改固定式切块成型机、手工操作改机械化生产轻质墙板等技改项目95个。通过发展新型墙材,已关闭250多家实心粘土砖企业,腾出场区及取土区占地16500多亩,大部分已平整恢复为耕地。

【建材行业大力推广新技术】 唐山市墙体屋面建筑材料行业通过推广窑炉节能、合理掺兑、内燃焙烧技术,积极开展工业废渣综合利用。2007年利用工业废渣130万吨,占全市综合利用总量的60%以上。全市各厂矿企业排放的含有一定热值的粉煤灰、煤矸石、煤尾矿、炉渣、烟道灰等都得到有效利用,已由十几年前的废物变成炙手可热的资源。

唐山市在治理关闭实心粘土砖企业的同时,通过政策引导、下厂指导、技术服务等形式,在墙材行业广泛开展节能、节地、节水、节材和资源综合利用活动,发挥建材行业利废节能优势。通过推广新技术,使全市绝大多数烧结砖企业都不同程度地掺用各种灰渣。开滦(集团)新型建材分公司、玉田昌盛新型烧结砖厂等一批企业通过使用煤矸石等,实现了制砖不用土,烧砖不用煤。烧结行业年掺用各种灰渣总量达到70万吨,年节省土地650万亩。在烧结砖企业掺灰取得经济效益和社会效益的带动下,空心砌块、免烧砖、墙板、路面砖、石棉瓦等行业也都不同程度掺用各种废渣,综合利用废渣范围开始向存量较大的铁尾矿、冶炼渣、建筑类垃圾等固体废物拓展。

(许 辑)

石油化学工业

【概况】 2008年,全市规模以上石油化工企业119家,包括:石油加工及炼焦企业25家,化学原料及化学制品制造企业44家,化学纤维制造企业4家,橡胶制品企业20家,塑料制品企业26家。全行业从业人员4.1万人,资产总计285亿元。整个产业在全市规模以上工业中的比重由2007的5.5%下降到2008年的4.4%。

1至7月份,全市石油和化工行业发展速度和经济效益呈平稳较快增长的态势。石油加工、炼焦行业利税总额同比增长168.3%,利润总额同比增长218.5%。但进入8月份以后,为确保北京奥运会环境质量,地处北京周边的化工企业基本处于停产状态。由于交通管制,一些化工原料或产品无法运输,造成部分企业停产半停产。到了9月份,国际金融危机严重影响到实体经济,造成世界性经济低迷,全市石油和化工行业发展速度和经济效益也随之回落。化肥市场的萎缩还与国家为控制化肥出口于2008年9月份将出口关税上调以及冬季进口化肥价格低于国内价格有关。面对种种不利因素,唐山市石油和化工企业采取有力措施积极应对。他们坚持以科学发展观为指导,以结构调整为主线,以科技创新为动力,大力发展产业链经济和循环经济,全行业主要经济指标仍比上年有较大幅度增长。

1.主导产品产量有升有降。资源性化工原料:原油产量200.3万吨,同比下降6.0%;天然气产量3.2亿立方米,同比增长94.8%;原盐产量207.9万吨,同比下降14.3%。化工产品:焦炭产量

1367.57万吨，同比下降2.4%；烧碱产量23.52万吨，同比增长10.6%；纯碱187.41万吨，同比增长8.9%。化肥：合成氨产量26.37万吨，同比增长3.3%，农用氮磷钾化学肥料产量19.63万吨，同比下降4.7%。

2. 行业主要经济指标与上年相比仍呈增长态势。

2008年全市规模以上化工行业完成工业增加值81.6亿元，同比增长31.6%。其中石油加工及炼焦业完成40.3亿元，同比增长12.3%；化学原料及化学制品制造业完成21.3亿元，同比增长13.5%；化学纤维制造业完成7.8亿元，同比增长6.7%；橡胶制品业完成5.4亿元，同比增加34.2%；塑料制品业完成6.7亿元，同比增长15.7%。2008年全行业主营业务收入284.91亿元，同比增长32.7%。其中石油加工及炼焦业完成140.47亿元，同比增长52.6%；化学及化学制品制造业完成102.58亿元，同比增长17.6%；化学纤维制造业完成2.27亿元，同比增长18.7%；橡胶制品业完成15.57亿元，同比增加36.1%；塑料制品业完成24.02亿元，同比增长27%。

3. 行业利税总额下降，盈利能力降低。2008年全行业实现利税26.21亿元，同比下降3%。其中石油加工及炼焦完成15.32亿元，同比增长11.7%；化学及化学制品制造业完成9.51亿元，同比下降17.5%；化学纤维制造业完成1256万元，同比下降34.8%；橡胶制品业完成5067万元，同比下降2.5%；塑料制品业完成7435万元，同比下降31.3%。2008年全行业实现利润13.95亿元，同比下降14%。其中石油加工及炼焦完成9.36亿元，同比增长10.8%；化学及化学制品制造业完成3.85亿元，同比下降40%；化学纤维制造业完成783万元，同比下降45.5%；橡胶制品业完成2409万元，同比增长13.1%；塑料制品业完成4130万元，同比下降58%。

4. 主导产业支撑作用明显。在规模以上企业中，石油加工及炼焦行业实现工业增加值40.33亿元，占全行业的49.4%；化学原料及化学品制造业完成工业增加值21.3亿元，占全行业的26.1%，两大产业经济总量占全行业的75%。对全行业经济效益贡献最大的是焦化行业，实现工业增加值40.31亿元，比去年同期增长4.4亿元，占全行业的比重达到49%。

5. 部分行业效益下滑。全市规模以上企业有28家亏损，亏损面23.5%，亏损企业亏损额20356万元，同比增长103%。化学原料及化学制品制造业、塑料制品业、化学纤维制造业等行业效益均出现不同程度的下滑趋势。其中，作为唐山优势产业的化学纤维实现利润783万元，同比下降45.5%。

6. 企业应收帐款数额较大。全行业应收帐款17亿元，同比增加110%。其中石油加工、炼焦、化学原料及化学制品制造业应收帐款达到15.3亿元，同比增长141%。

【化工园区建设】 “四点一带”中南堡开发区化工产业园区、京唐港煤化工产业园区基地路网逐步形成。化工园区基础设施建设进一步加快，公共服务体系进一步健全。

南堡开发区工业项目建设持续推进。园区坚持以项目建设为中心，全面推进以海洋化工循环产业为主导的各类工业项目建设，所有项目建设基本实现年度计划目标。一是三孚硅业随着续建扩建项目的加快实施，企业规模不断扩大，生产能力不断提高，经济社会效益开始显现。唐山三友集团盐碱化工循环产业项目扎实推进，国有大企业的支撑作用进一步增强。二是清华工业开发研究院绿色化工产业园和石油焦船舶燃料油等一批重点项目的谋划工作深入开展。绿色化工产业园项目已经取得用地指标，石油焦项目占地由省监狱局一次性批准。

海港煤化工园区自2003年6月份动工建设以来，先后有6个煤化工项目陆续开工，部分项目投产，计划总投资77.9亿元。2008年总投资3.2亿元的开滦精煤公司10万吨/a粗苯加氢精制工程和20万吨/a焦炉煤气制甲醇二期工程以及30万吨/a煤焦油加工工程已经完工，进入试生产。焦化厂二期工程及200万吨/年焦化一期干熄焦改造工程正在续建中，计划2009年6月投产。以上述项目为产业链节点，延伸可以生产多种化工、医药等产品。届时，该园区将形成一个以焦炭生产为龙头，以副产品深加工项目为支线的工业体系。

【项目建设】 全行业新增固定资产16.5亿元，一批重点项目已经投产或正在谋划、建设。中石化1000万吨/年炼油及100万吨/年乙烯项目、中石油1000万吨/年炼油项目已向国家发展改革委员会报批，争取落户曹妃甸。南堡工业区内总投资7.9亿元的唐山三友集团6万吨/年有机硅项目设备开始安装，主装置区土建工程总体完成45%，预计2009年5月投产。投资4.7亿元的三孚硅业的三氯氢硅及气相白炭黑项目一期1.5万吨/年三氯氢硅已经投产，5万吨/年扩建项目部分进入试生产阶段，预计2009年6月投产。投资3.2亿元的唐山三友集团年产30万吨聚氯乙烯、30万吨烧碱技术改造项目土建总体已基本完成，设备安装完成85%，预计2009年5月投产。总投资4.8亿元的河北迁安化肥股份有限公司15万吨尿素扩建项目造气系统已经基本完成，尿素装置主体设备已经到位，其他设备也正在施工建设中，预计2009年底投产。清华工业开发研究院南堡绿色化工产业园、石油焦船舶燃料油等项目，力促尽早落地开工建设。炭黑、有机硅下游产业园、海水综合利用等项目正在洽谈，努力争取有实质性进展。有关部门积极谋划发展海洋化工产业链延伸项目，不断把产业链向高端延伸，推进产业优化升级，努力把海洋化工循环产业的链状体系总量做大、做强，分量做精、做细。

（孙利杰）

【冀东油田生产经营概况】 2008年是中国石油冀东油田公司（以下简称冀东油田）发展史上极不平凡的一年。一年来，冀东油田上下团结一心、同舟共济，在勘探开发、生产建设、经营管理和队伍建设等方面取得了比较圆满的结果。油气勘探获得重大发现，油田开发逐渐步入正常的开发秩序，重点建设工程有序进行，控制投资、压减成本成效显著，企业管理水平进一步提升，安全环保、队伍建设保持了稳定良好的势头。2008年上缴税费

16.22亿元。

一、油气勘探。油气勘探获得重大发现，在南堡油田潜山部署的南堡280井钻遇奥陶系潜山见到良好油气显示，潜山顶部中途测试获得高产工业气流。南堡288井在潜山面见到较好气测异常显示。这两口井的得手标志着南堡潜山勘探取得重大新发现，揭示了潜山良好的勘探前景。

1. 勘探工作量。一是物探工程。2008年垂直地震剖面测井年计划5口井，实际完成6口井，完成年计划的120%。二是探井钻探工程。2008年度南堡滩海预探和评价井共完成31口，为年度计划的110.71%。完成总进尺9.9895万米，为年度计划的89.59%。2008年度南堡陆地完成预探井1口（新庙1），为年度计划的20%；进尺0.4275万米，为年度计划的22.83%。油藏评价井完成26口，为年度计划的66.1%；进尺8.0086万米，为年度计划的72.2%。三是探井试油工程。2008年完成探井试油井21口56层，获工业油气流井8口8层。

2. 主要勘探成果。一是南堡油田潜山勘探又获新发现，南堡280井奥陶系潜山获得高产气流，进一步扩大了南堡2号潜山含油气范围，表明南堡油田潜山是下步重要的勘探领域之一。二是南堡油田中浅层构造油藏、中深层构造-岩性油藏勘探取得重要进展，进一步扩大了南堡油田中浅层的勘探成果。三是南堡5号构造深层天然气钻探取得新成果，试气和综合研究取得新认识，进一步展示了深层天然气勘探潜力。

二、油气开发。1. 油田开发现状。截止2008年，冀东油田累计探明石油地质储量68437.94万吨。动用石油地质储量18071.32万吨，动用石油可采储量4156.13万吨，标定采收率23.0%，累计采出原油1579.97万吨，剩余可采储量2576.20万吨。2008年底，采油井总数1394口，开井数1130口，日产油水平4480吨。2. 主要开发生产指标完成情况。一是原油生产。2008年冀东油田计划生产原油200万吨，实际生产200.3万吨，完成计划的100.2%。产量构成情况：新井产量59.16万吨，自然产量120.59万吨，措施产量20.55万吨。各油田完成情况：高尚堡油田完成81.50万吨，柳赞油田完成42.32万吨，老爷庙油田完成12.54万吨，唐南、北堡、柏各庄油田完成5.59万吨，南堡油田完成58.35万吨。二是油田注水。2008年冀东油田计划注水370万立方米，实际注水434.0万立方米，完成计划的117.3%，其中：高尚堡油田注水118.6万立方米，柳赞油田注水217.4万立方米，老爷庙油田注水71.9万立方米，唐南、北堡、柏各庄油田注水34.4万立方米，南堡油田注水68.6万立方米。三是天然气生产。2008年南堡陆地计划生产天然气3亿立方米，实际完成3.06亿立方米，完成计划的102.1%。其中：高尚堡油田生产5332万立方米，柳赞油田生产1879万立方米，老爷庙油田生产4523万立方米，唐南、北堡、柏各庄油田生产808万立方米。南堡油田生产18887万立方米。

三、钻井工程。1. 钻井生产任务完成情况。2008年油田平均动用钻井队61.21个，年累计开钻398口，完井432口，进尺1237118米，创历年来冀东油田钻井工作量之最。水平井（包括提前实施井）开钻33口，完井70口，进尺174452米。完成欠平衡井3口，欠平衡段进尺1639米。2. 钻井速度。平均井深2956.57米，机械钻速9.29米/小时，钻机月速1922米/台月。平均建井周期57.29天，平均钻井周期40.21天。通过团结协作、真抓实干，钻井速度和去年相比有了明显提高，平均机械钻速9.29米/小时，同比增长6.4%；钻机月速为1922米/台月，同比提高17.9%；钻井队平均队年进尺2.02万米，同比增长22.5%。3. 生产时效。2008年钻井生产时效90.82%，其中，进尺时效49.64%，纯钻进时效28.73%，非生产时效9.18%。

（袁　敏　高福仲）

机械制造业

【概况】 2008年，全市装备制造业坚持以科学发展观为指导，以打造主导产业链为核心，加强结构调整，提高自主创新能力，以曹妃甸工业区重型装备制造区建设为示范，大力发展外向型经济，加强园区建设，促进产业集群式发展，发展循环经济，全行业实现了平稳健康可持续发展。

全市装备制造业入统企业302家，从业人员7.1万人。2008年，全行业资产总值282.2亿元，较上年增长33.5亿元，增长率为13.5%。销售收入333.5亿元，较上年增长53.3亿元，增长率为19.0%。工业总产值344.8亿元，较上年增长69.0亿元，增长率为25.0%。工业增加值88.4亿元，较上年增长15.0亿元，增长率为20.4%。实现利税25.8亿元，利润18.1亿元，完成出口交货值111.9亿元。受经济危机影响，亏损企业达到了58家，较上年增加了14家。

2008年，生产铁路客车532辆、改装汽车4800辆、采矿设备（矿山设备）88231吨、水泥专用设备77488吨、起重设备5700吨、输送机械99521米、包装专用设备857台、电焊机106875台、试验机500台、仪器仪表22400万台、环保专用设备189台。

【经济规模大幅提高】 2008年，装备制造业呈现较快发展态势，保持了年增长20%以上的增长速度。全市装备制造业的销售收入、资产数额年增量均超过了50亿元，工业总产值约占全市GDP的10%，使装备制造业成为唐山工业的五大支柱产业中年增速最高的行业。

全市装备制造业已形成铁路客车、冶金机械、选煤机械、石油机械、水泥机械、汽车及其零部件、印刷机械等优势产品为主体的产业格局，产品涉及工业与工程装备、选煤机械、冶金机械、汽车及零部件和印刷、环保机械等37类、上千种产品，主导产品市场前景广阔，成长性好，发展空间大。2008年，由于经济危机的影响，试验机、金属切削工具、环保专用设备、改装汽车、减速机等产品产量同比有所回落，但主要优势产品输送机械、铁路客车、起重设备、采矿设备、包装专用设备、水泥专用设备、电焊机、仪器仪表等产品产量同比增幅较大。其中优势产品铁路客车较上年增加252辆，增长率为90%；输送机械较上年增加81837台，增长率462.8%。

唐山轨道客车有限公司、唐山轨道装备有限公司、唐山冶金矿山机械厂、唐山齿轮集团有限公司、唐山森普矿山装备有限公司、唐山盾石机械制造有限责任公司等一批龙头骨干企业，对行业的发展起着举足轻重的支撑与导向作用。2008年全行业销售收入排行前10位的企业共实现销售收入110.24亿元，约占全行业的1/3；年利润超过2000万元的16家企业实现利润11.3亿元，占全行业总利润的62.4%。

【科技创新能力和市场竞争力增强】　以唐山国华科技有限公司、唐山汇中威顿仪表有限公司、唐山陆凯科技有限公司等为代表的一批高新技术企业市场开拓能力强、发展步伐快，成为行业发展的重要生力军。超声流量计系列产品、3GDMC系列无压给料三产品重介质旋流器、FJC系列喷射式浮选机、高频电磁振动筛等均为企业自主研发的产品，具备当今国际领先技术水平。超声流量计系列产品被列为国家火炬计划项目和国家高技术产业化推广项目，市场占有率高达45%。3GDMC系列无压给料三产品重介质旋流器、FJC系列喷射式浮选机同时入选煤炭工业十大科技成果。2008年，GDMC系列无压给料三产品重介质旋流器实现销售收入2.44亿元。高频电磁振动筛被业内称之为“中华第一筛”，年产量达到457台。唐山汇中仪表有限公司超声流量计系列产品增补了国内空白，2008年生产2236台，市场占有率达45%，较上年增长28.5%。

一批优势企业自主创新取得了丰硕成果。唐山轨道客车有限公司的时速350公里动车组技术走在了同行业前列，2008年生产客车532辆，较上年增长了90%。唐山重型机床厂自主研发的数控定径辊车床以其几何精度、运动精度、切削精度、自动化程度“四高”添补了国内空白，达到了国际先进水平。唐山高压电瓷有限公司研制的110KV及以上棒型支柱绝缘子，国内市场占有率达到了30%。唐山松下产业机器有限公司生产的CO_2气体保护焊机国内市场占有率达到了60%，已发展成为全国最大的焊接设备制造企业。唐山冶金矿山机械厂生产的烧结产品，荣获两项国家发明实用新型专利，其中170m^{2}新型环式冷却机达到国内领先水平。唐山盾石机械制造有限责任公司设计开发了日产3200—8000吨水泥熟料生产线所用设备，并自主研制了国内最大的Φ5×15米水泥磨和Φ5.2×78米回转窑，居行业领先水平。唐山森普矿山装备有限公司自主研发DMS（MDMS）系列直线振动筛、LLL系列立式刮刀卸料离心脱水机、VSB系列振动弧形筛三项专利技术，并研制出目前世界上最大的LWZ1400×2000型离心机，这些产品均达到国际先进水平。

【产业集群初具规模】　丰南、丰润、玉田、迁安、遵化、乐亭6个县（市）区装备制造业同类企业集聚发展，催生了大量为钢铁、汽车、铁路客车等大型企业配套生产的小企业，呈现集群式规模发展模式。丰南、迁安铸造产业集群，玉田印刷机械产业集群，遵化矿山机械产业集群，丰润、乐亭的装备制造产业集群已具备一定的规模。曹妃甸、开平、迁西等装备制造业园区的规划建设，促进了同类企业合理集聚，提高了专业协作与配套水平，提升了全市装备制造业的整体竞争能力。

【一批大型项目开工建设】　日本住友集团的建筑工程机械项目和减速机项目于4月26日在开平区正式开工建设。项目总投资14178万美元，建成后年产挖掘机、铺摊机2500台，年产减速机、电机等12000台，年销售收入可达到21.7亿元。总投资1.8亿元的唐山华科冶金轧辊有限公司与新加坡嘉吴（远东）有限公司合资的大中型复合轧辊项目、投资4.5亿元的河北海钺耐磨材料科技有限公司的高耐磨合金铸件项目、投资1.7亿元的津唐公司10万吨工程机械及汽车铸件项目、投资1.69亿元的唐山文丰启源有限公司年产50万吨的直缝焊管项目等相继开工建设。这些项目建成后，将提升整个产业的配套能力，有效带动相关产业的发展。

（王瑞凤）

【唐山轨道客车公司生产经营概况】　2008年底，公司员工总人数为6458人，其中高级技术职称132人，中级技术职称270人。下设18个部室，10个生产单位。固定资产原值15.9亿元，净值12.69亿元。设备总数3131台（套）。2008年新造普通客车531辆，制造CRH3动车组4列，实现销售收入14亿元。

引进西门子公司CRH3项目技术转让工作进展顺利。到2008年5月10日，技术转让协议中所有国内外技术培训全部完成。到10月份技术文件的交付基本完成。2008年4月11日，首列国产化CRH3动车组成功下线。6月24日，在京津线试运行中，车速达到394.3公里/小时，为中国铁路第一速。7月7日，前三列CRH3动车组顺利出厂。到2008年底，铝合金车体生产已达到月产2.5列的生产能力，实现了司机室国产化的目标。

全年生产碳钢车531辆。其中包括为北京13号线地铁生产的26组（52辆）地铁车。

销售收入和市场占有率有较大增长。截止2008年底，签订了612辆新造普通客车销售合同，销售收入约13亿元。与朝鲜签订8辆25G型客车合同，与伊朗签订200辆客车散件的意向合同。同时与北京地铁公司签订68辆地铁车合同。在特种车市场，继续保持支配地位，市场占有率达到95%。

新产品研发取得重大进展。通过对西门子高速动车组进行还原设计，系统掌握了动车组各系统的结构组成和功能、组装和调试方法；掌握了车体结构设计方法；掌握了内装、车门、空调、给水卫生、车窗、座椅、车钩、风挡、受电弓、车内电气的设计原理和设计参数选择。掌握了铝合金车体制造技术、涂装及粘结技术、组装集成技术、集成调试技术、质量管理和检测技术。对CRH3高速动车组制造和运营中的问题进行系统地梳理和分析，制定了新一代高速动车组优化方案，为新一代高速动车组自主设计打下了良好的基础。对出口朝鲜的空调

客车按照朝鲜方面提出的技术要求进行设计，2008年底完成了图纸的设计工作。出口非洲加纳的米轨内燃动车组，2008年底完成相关试验准备工作及部分试验工作。25T型客车、25G型春运车、铁路宿营车、自备车、地铁车的研制都取得新的进展。与北京控股磁悬浮技术发展有限公司和国防科技大学等合作研制的时速100公里中低速磁悬浮列车，2008年底车体已制造完成。2008年，公司申报专利45项。截止到2008年底，公司拥有授权专利24项，其中发明专利1项。

（刘振宇）

医药工业

【概况】　截至2008年底，唐山市共有规模以上医药制造企业14家，其中化学药品原药制造企业3家，化学药品制剂制造企业7家，中成药制造企业4家，资产总计15.19亿元，从业人员2719人。医药行业可生产片剂、胶囊剂、颗粒剂、栓剂、口服液、合剂、凝胶剂、糖浆剂等15个剂型，总计1000多个品种。2008年度，全市医药行业实现工业增加值5.32亿元，同比增长31.54%。主营业务收入10.59亿元，同比增长23.6%。利润总额达到1.28亿元，同比增长40.9%。利税总额2.24亿元，同比增长33.3%。主要产品产量有所下降。化学药品原药制造产量3998吨，比上年减产213吨；中成药产量200吨，比上年减产300吨。企业亏损数量有所减少。全市14家制药企业，有7家亏损，较去年同期减少30%。亏损企业亏损额3262万元，比去年同期下降17.9%。龙头企业支撑明显。太阳石（唐山）药业有限公司、乐亭奥翔木糖醇有限公司、唐山集川药业利康制药有限公司等几家企业实力较强，经济效益远远超出行业平均水平。

【产品和企业获奖情况】　集川药业集团的特效药“利康液”获国际贸易科技博览会金奖和省、市级优秀新产品奖；“乐肤液”获全国常用医疗患者满意奖。2008年三鑫集团旗下的唐山市容大药业有限公司和唐山市三鑫生化制品有限公司投入巨资研发生产的关键要素牌容大氨糖硫酸软骨素片（原名：关键要素牌容大复合硫酸软骨素片）获得国家专利。“好娃娃”商标被评为中国驰名商标，“太阳石”、“康妇特”“兆康”等商标为河北省著名商标。太阳石药业于2008年被评为国家级“高新技术企业”，被国家工商行政管理总局授予“全国守合同重信用企业”，被河北省政府确定为“全省重点扶持的100家民营企业”，被河北省医药行业协会评为“河北医药工业利税大户、河北医药工业十强企业”，被中国民营企业联合会等评为“中国民营500强企业”。并于2008年3月正式在美国纳斯达克上市。

（孙利杰）

电力工业

【概况】　2008年，唐山市电力系统深入贯彻科学发展观，认真落实市委、市政府“抢抓新机遇、建设新唐山、实现新跨越”的战略决策部署，开拓创新，真抓实干，全面完成了各项工作任务。2008年底，唐山地区并网运行的电厂达到41座，装机容量5303.2兆瓦，其中火电装机4826.7兆瓦，水电装机476.5兆瓦。唐山电网有110千伏及以上变电站187座。其中北京超高压公司500千伏变电站4座，唐山供电公司所属变电站91座，客户变电站92座。电网变电总容量1660.9万千伏安（注：此为唐山电业局电网变电容量），输电线路322条段4747.30公里。2008年，全市发电290亿千瓦时，比2007年减少9.06%；供热3677.57万吉焦，比2007年减少4%；供电485.5亿千瓦时，比2007年增长4.24%；售电463.92亿千瓦时，同比增长4.41%。全市电厂发电煤耗339.37G/（千瓦时），同比减少3.88G/（千瓦时）。全市供电标准煤耗364.76G/（千瓦时），同比降低3.06G/（千瓦时）。厂用电率达到6.93%。全市线损率完成4.45%，同比下降0.15个百分点。

【电力负荷再创新高】　经济的高速增长，有力地拉动了全市用电增长，电力需求大幅增加，电力负荷再创历史新高。地区整点最大负荷达到696万千瓦，同比增长9.7%，其中网供负荷659.9万千瓦。瞬时地区最大负荷达到699.8万千瓦。

【全社会用电量稳步增长】　2008年，全社会用电量539亿千瓦时，同比增长3.56%。按产业类别分，第一产业用电6.29亿千瓦时，同比下降7.87%；第二产业用电484.61亿千瓦时，同比增长3.02%；第三产业用电23.71亿千瓦时，同比增长10.90%。按行业类别分，农、林、牧、渔、水利业用电6.29亿千瓦时，同比下降7.87%；工业用电481.71亿千瓦时，同比增长2.90%，占全社会用电量的89.45%。其中：轻工业用电16.59亿千瓦时，同比降低6.64%，重工业用电465.12亿千瓦时，同比增长3.27%；建筑业用电2.90亿千瓦时，同比增长29.67%；交通运输、仓储、邮政业用电8.86亿千瓦时，同比增长24.90%；信息传输、计算机服务和软件业用电0.87亿千瓦时，同比增长27.13%；商业、住宿和餐饮业用电6.28亿千瓦时，同比增长10.77%；金融、房地产、商务及居民服务用电2.72万千瓦时，同比增长24.57%；公共事业及管理组织用电4.97亿千瓦时，同比降低13.41%；城乡居民生活用电23.90亿千瓦时，同比增长11.56%。其中：乡村居民生活用电14.40亿千瓦时，同比增长15.67%。城镇居民生活用电9.49亿千瓦时，同比增长5.86%。用电量增长较多的行业主要有：石油和天燃气开采业，全年累计用电37530万千瓦时，同比增长37.50%。黑色金属冶炼及压延加工业，全年累计用电268.38亿千瓦时，同比增长5.55%。

【电力建设步伐加快】　（一）电厂建设。2008年10月唐山建龙实业有限公司1.2万机组并网发电。2008年12月唐山冀东水泥三友有限公司0.79万千瓦机组投入运行。2008年12月华能乐亭风力发电有限公司4.95万千瓦机组（1.5兆瓦×

33台）风力发电并网运行。（二）电网建设。2008年，唐山供电公司完成电网建设投资23.84亿元。新投500千伏太平、唐山西变电站2座，安各庄扩建750MVA主变两台，新投500千伏主变6台，变电容量增加540万千伏安。新投220千伏公用变电站2座，主变4台。改造220千伏公用变电站1座（贾安子），顺利完成了贾安子老站向新站的过渡工作。改扩建220千伏主变6台（贾安子、迁安、赵店子），220千伏公用变电站实际新增变电容量138万千伏安。新投110千伏公用变电站5座，主变10台。增容110千伏主变7台，变电容量实增62.95万千伏安。新投220千伏用户变电站2座，主变6台，变电容量增加144万千伏安。新投110千伏用户变电站11座，新投、增容110千伏主变40台，新增变电容量150.05万千伏安。随着唐山西－贾安子、唐山西－韩城、太平－蓟县、太平－虹桥的220千伏双回线路相继投运，唐山电网220千伏网络得到加强。220千伏网络形成以500千伏太平、姜家营、安各庄、唐山西变电站为依托的南北两个互相联络的环网，有效缓解了全市电力供应紧张状况。

【电力管理职责进一步明确】为进一步规范全市发、供、用电市场秩序，确保电力有效供应和电网安全，根据国家、省、市有关文件精神及电力相关法律法规，唐山市政府办公厅出台了《关于加强电力监管的若干规定》，文件明确了市、县（市）、区工促局是本行政区域的电力行政主管部门，并提出具体工作职责及要求。文件的下发对全市县级电力行政管理体制的建立健全起到了极大的推进作用。全市各县（市）、区工促局均成立了电力管理机构，配备了相应的工作人员，积极开展各项工作，在电力管理工作中发挥了重要作用。

【加强电力协调调度】 一是要求所有电力企业特别是发电企业，严格遵守调度纪律，服从调度指挥。发电企业要科学合理地安排发电机组检修，鼓励发电企业在用电高峰期稳发、满发。电网调度部门制定并严格考核地方电厂的发电运行曲线，在遵守合同协议的基础上，确保其在电力供应紧张期间发挥最大作用。二是切实抓好煤炭供应和运输协调工作，千方百计保证发电用煤需求。为掌握各主力发电厂的运行情况，市工促局建立了日报制度，每天对地区电力负荷、供电量、各电厂的进煤、耗用和库存量进行跟踪调度。发现库存量低于警戒线的，及时了解情况，帮助企业协调煤炭生产企业、铁路、公路运输部门，解决存在问题。积极协调解决电煤资金650万元、电煤1.6万吨，发放奥运绿色通行证1500多个，组织矿山钢企对接配置资源2400多万吨，保证了重点项目的用电需求和重点企业的正常生产。

【加强需求预测管理】 一是继续完善负荷控制管理系统，全市投资400多万元，安装了负控装置。为充分发挥负控系统功能，负控运行班工作人员实行24小时值班，突出重点，合理调整负荷，确保做到限电不拉路，最大限度地将限电损失降至最低。二是大力推广电力需求侧管理技术。组织了由全市100多家大电力客户参加的电力供应与使用研讨会，会上向各用户宣讲变频调速、无功补偿、谐波治理等技术，提高用户对节电技术的认识和积极性。三是充分发挥节电技术推广服务中心的作用。2008年市节电技术服务中心完成销售收入1000多万元，推广节能灯具5万多支。

【全面完成关停小火电机组任务】根据《国务院批转发展改革委、能源办关于加快关停小火电机组若干意见》，按照省发改委下达唐山市“十一五”期间关停小火电机组任务，2008年7月唐山启新水泥有限公司1.5万千瓦机组关停。

【严格执行差别电价政策】 按照《国务院办公厅转发发展改革委关于完善差别电价政策意见的通知》精神，对全市高耗能企业中的淘汰类和限制类生产设备生产用电严格执行差别电价政策，会同物价部门提出了落实差别电价政策方案，由供电部门负责落实到位，全年共计执行差别电价电量3.35亿千瓦时，收取差别电价电费8009万元。

【加强电力设施保护】 2008年，组织开展了历时最长、范围最广、规模最大、要求最高的奥运电力设施安全保卫战。经过全体保卫人员坚持不懈、艰苦卓绝的努力，保证了途经唐山向北京、天津、秦皇岛奥运场馆输电的18条500千伏线路和变电站的安全，保证了奥运赛事的实况转播，保证了全市的安全可靠供电，实现了万无一失的目标，圆满完成了上级考核的各项工作指标。唐山市护电、综合治理等6项工作被国家电网、中国电力企业联合会、河北省政府、华北电网评选为先进单位。

（贾秀敏）

【唐山供电公司生产经营概况】
唐山供电公司是隶属于华北电网有限公司的国有大型供电企业，承担着唐山地区经济发展、人民生活用电及向华北电网输电的任务，供电最大距离东西、南北均为150公里，供电区域面积13472平方公里。现有职工3371人，其中研究生学历25人，大学本科学历633人，大学专科学历740人，大专及以上学历占职工总数的41.47%。至2008年末，企业固定资产原值110亿元，比上年同期增加11%。

2008年供电量485.5亿千瓦时，同比增长4.24%；售电量463.92亿千瓦时，同比增长4.41%。年售电量在全国同级以上城市排名第七位。全市线损率4.45%，同比下降0.15个百分点。城市供电可靠率达到99.9151%，同比提高0.0593个百分点。

2008年，唐山供电公司先后荣获“全国五一劳动奖状”、国务院国资委“优质服务明星单位”、2008年度国家电网公司先进集体和全国“安康杯”竞赛优胜单位、唐山市“2008年度重点项目建设工作先进单位”等荣誉称号，被国家电网公司升格为副局级单位。

供电。2008年，受安全生产、节能减排以及复杂多变的经济形势影响，全市电力需求波动非常明显，1至6月份快速上涨，7月份有所下降，8月份急剧下滑，10月中下旬跌至谷底，11月份开始逐步回升。地区整点最大用电负荷发生在6月份，达到696.1万千瓦，较2007年

最大负荷增长9.67%。地区瞬时最大负荷达到699.8万千瓦。

由于地方经济发展的不均衡性，致使唐山电网局部出现供电紧张情况，特别是唐山北部地区变电站普遍重载。针对上述情况，供电公司积极应对，一方面，加快电网建设速度，对重载变电站采取临时增容措施，另一方面，坚持科学灵活调度，精心安排运行方式，采取串带、调整主变带负荷方式、加大电容器投入力度等措施，最大限度地挖掘供电潜力，保证了电网的安全稳定运行，有力地支撑了地方经济的发展。

奥运保电。唐山地区毗邻北京奥运主会场和天津、秦皇岛分会场，处在奥运电力保障工作前沿。在唐山市委市政府、华北电网有限公司的正确领导和大力支持下，唐山供电公司建立内外联防机制。内部，成立应急指挥中心，建立战时生产值班、"红机电话"等应急领导和指挥体系，输、变、配电专业队伍和经过强化训练的50名特巡队员分工协作，加强巡视和防护，全力以赴确保供电安全。外部，与300名唐山市公安干警、6400余位群众安保护线人员联合，按照"以点包段，以村包面，条块结合"的方法，建立起"外防"、"内防"加"联防"的三级安全防护体系，形成了全民参与、联合作战、齐抓共管、群防群治的防护格局。从7月20日零点开始，所有保电人员以保主网、保主设备为重点，对境内500千伏、220千伏线路及变电站，特别是连接北京、天津、秦皇岛的枢纽变电站和输电线路，地区电力调度中心、通讯大楼等30处反恐防暴危险点进行严防死守，对其它电网设备及监控点实行24小时昼夜不间断巡视，184台应急抢修车辆时刻待命，严格落实电力设施安全保卫机制。防护采取了"实时监控、专业特护、应急支持"的信息安全保障措施，做到了安全防护的无缝链接。奥运保电期间，防护人员先后发现并处置72起重要输电线路遭受外力破坏威胁的隐患，处理98起输、变、配电设备缺陷，确保了唐山电网的运行安全以及向周边涉奥城市的安全可靠供电，取得了奥运保电的全面胜利，被国家电网公司授予"奥运电力保障工作先进集体"称号。

安全生产。坚持以人为本，认真贯彻落实"安全第一，预防为主，综合治理"的方针，以保人身、保主网、保主设备为重点，全面落实安全生产责任制，确保完成了三个百日安全记录，跨年度实现连续安全生产1926天。严格落实安全生产责任制和安全第一责任人制度、安全生产公司领导到岗到位制度，签订了2008年安全生产责任状，突出以人为本，超前防范，严格管理，落实责任，逐步推进制度管人、流程管事。开展企业安全风险管理工作，加强工作现场的"危险点、危险源"的分析与控制，强化现场监督检查，加大对安全责任的追究和考核力度，全年共查处作业性、装置性违章62件，有效杜绝了设备的不安全状态、人的不安全行为、作业环境的不安全因素引发的各类事故。开展安全隐患排查治理专项行动、季节性安全大检查活动，全面排查基层班站以及271家高危用电客户，梳理并治理人身、电网、设备、供电方面各类隐患360条，清理输电线路保护区内树障21万棵，有效遏制了外力破坏案件的发生，保证了电网安全稳定运行和重大活动、重大节日供用电秩序的稳定。

电网建设。强化电网规划，统筹电网发展。编制唐山电网2008至2012年规划报告和"十二五"电网规划设计方案。按照市委市政府战略部署，将唐山湾"四点一带"电网规划作为重点，编制了唐山湾"四点一带"电网发展专项规划，谋划了乐亭、曹妃甸500千伏变电站，三农场、林雀铺220千伏变电站等建设项目，为沿海区域大发展提供电力支撑。坚持建设与改造并举，提高电网供电能力。全年完成基建工程投资23.84亿元，110千伏及以上新建、扩建、增容项目开工43项，投产19项，新增变电容量187万千伏安，新增输电线路625公里。完成技术改造工程投资1.78亿元。220千伏贾（贾安子）韩（韩城）、陡（陡河电厂）韩（韩城）线路破口进500千伏唐山西变电站工程及220千伏太（太平）虹（虹桥）线等工程按期投运，为电网的平稳度夏提供了坚强保障；曹妃甸、和平两座220千伏新建变电站，三屯营、海港等4座110千伏新建变电站，以及赵店子、鸦鸿桥变电站增容等一批增供扩销工程的投产，有力缓解了局部区域供电能力不足的局面；在90%输电线路在水中，出现几十年不遇连续降雨的情况下，供电公司仅用5个月时间完成了曹妃甸第二电源即220千伏安三曹双回80公里线路的建设，为首钢曹妃甸新厂投产创造了条件，圆满完成市政府下达的政治任务。

优质服务。全面落实"四个服务"（服务于党和国家的工作大局，服务于发电企业，服务于电力客户，服务于社会发展）。抓住国家出台扩大内需十项措施的有利契机，争取1000万元用于唐山城乡结合部电网远程智能综合配电箱（JP柜）改造项目，主动支持地方经济发展。落实国家节能减排政策，配合地方政府的专项行动，对需停产、停业整顿及限期治理企业，依法采取了停限电措施。以"金牌服务迎奥运"活动为契机，扩展客户满意度自评价深度，建立95598客服业务月度点评制度，广泛开展"迎奥运、新服务、争双优、树形象"优质服务竞赛、"优质服务进大客户"专项活动以及"供电服务三下乡、百场社戏唱和谐"大型宣传活动，实现了供电服务窗口"零投诉"，供电服务"十项承诺"兑现率100%。在华北电监局组织的冀北地区供电服务和行政许可执行情况检查评比中排名第一。

全面强化可靠性管理。将年度指标分解细化，实行月底统计、月初分析、月中检查与预控。合理平衡输变电设备预试、基建、大修、改造工作安排，优化停电计划，严格控制停电时间，减少重复停电和非计划停电。投资2.85亿元开展配网基建、技改工作，配网手拉手比例增至55.5%。加快急修、抢修速度，强化过程监督与控制，故障受理至抢修结束时间由同期的164分钟降至79分钟。供电可靠性达到99.906%，同比提高了0.073个百分点。

积极支援抗冰抢险和抗震救灾。发扬"感恩、博爱、开放、超越"的新唐山人文精神，抢送192根混凝土电杆，支援福建省三明市建宁县抗击冰雪灾害。结合唐山电网震后30年规划和建设实际，为汶川灾后重建工作提供经验。

（王新燕）

【陡河发电厂生产经营概况】陡河发电厂位于唐山市开平区，是大唐国际发电股份有限公司全资电厂。全厂共有8台燃煤发电机组，总装机容量155万千瓦。2008年发电量90.00亿千瓦时。综合厂用电率7.36%；供电煤耗359.95克/千瓦时；等效可用系数96.90%。内部利润总额－9988.02万元，完成了大唐国际下达的－10000万元以下的指标。3至6号炉脱硫改造、李家峪灰场治理工程按照集团公司和大唐国际的要求到2008年6月30日都如期完工，脱硫投入率、二氧化硫、烟尘及氮氧化物排放全部达到国家标准。

安全管理。坚持“安全第一、预防为主、综合治理”的方针，认真贯彻落实集团公司和大唐国际安全生产1号文件精神，结合实际制定了陡河发电厂安全生产1号文件。明确了全年安全工作目标以及确保目标实现所应完成的13项重点工作。全面落实各级安全生产责任制，重点强调了执行力和督办制度。严格执行四级责任主体安全生产问责制，加大了对单位领导和管理人员职责不落实、管理不到位的连带考核力度。全年未发生不安全事件，实现安全生产连续运行1713天，保持了八台机组连续三年无非停的记录。

保奥运发供电。全厂职工把做好保奥运安全发电工作当成一项重要的政治任务和光荣使命，与大唐国际签订了《保奥运会安全稳定责任书》，明确保电目标，坚持思想上、组织上、措施上、工作上、责任上的“五落实”。克服了燃料供应紧张、煤质下降、脱硫改造、辅控网稳定运行等诸多困难，圆满完成了奥运保电任务。加强要害重点区域安保工作。以防外力破坏做为重点，严格布控，确保重点部位、重点人员的可控、在控；组织了危急事件应急预案演练，对全厂46个危急事件应急预案重新修订；对发现的问题及时组织了整改。加强设备和运行管理。保电期间，加强了设备缺陷管理，运行人员精调、细调、稳调，做到了“高峰顶得上、低谷压得下”，实现了机组安全稳定运行，没有发生非计划停运事件，累计完成发电量13.69亿千瓦时，为奥运会提供了可靠电能。奥运期间，加强环保设备的安全管理及运行维护，保证了脱硫设备的100%投入，投入率和脱硫效率都达到环保要求，实现了环保指标达标。为保证奥运期间燃煤供应，相关部门协调各方关系，竭力保证了发电用煤，燃料库存由6月15日的3.8万吨，增加到9月20日的20万吨，没有发生因缺煤停机事件，保证了安全生产的持续稳定。

经营管理。将2008年主要生产指标以树形图的形式进行层层分解，按月份将各指标进行细化、分解，将指标控制责任落实到人，使指标控制“关口”前移，真正做到各个指标可控在控。确立“节能减排增电量，降低成本提效益”的工作目标，积极开展运行指标竞赛，全力以赴增发电量，努力提高企业经济效益。推行以热效率为中心的经济指标管理模式，将各项指标层层分解，落实责任到人，通过将机组的可靠性、经济性指标紧密结合，调动运行人员和点检人员的积极性。充分利用标准化、信息化管理平台，把安全生产管理与动态对标结合起来，加强过程控制，努力降低电耗、煤耗、水耗、油耗、热耗及排污等各项指标。加强维修项目管理的过程控制，提高维修质量。开展阀门内漏、制粉系统泄漏、渗漏点和热体保温的专项治理活动，不断提高发电设备的可靠性和经济性。制定相关设备、系统的经济运行模式，做好节能的深化和精细化管理，加强计量装置的管理，逐步实现量化管理。加强全厂非生产用能的管理，完成全厂汽水系统调查统计工作，对重点用户实现目标量化控制。以降低供电煤耗为目标，多管齐下，通过宣传教育提高职工的效益意识、节约意识，加大检查与考核力度，全面推动节能工作向纵深发展，提高节能降耗水平。在燃煤供应异常严峻的形势下，加强燃料管理，确保了燃煤供应，较好地完成了公司下达的各项燃煤指标，没有发生因煤质不好发生的锅炉灭火和因缺煤造成的机组停机事件。2008年的电煤市场是近几年来最为严峻的，奥运会前陡河发电厂的发电负荷一直居高不下，日耗煤量在2万吨左右，燃煤库存一直在很低的水平。面对这种严峻的形势，陡河发电厂积极主动地采取应对措施，做好国有大矿的计划兑现工作，多次去山西与矿方和铁路部门沟通，做好运输计划的落实；充分利用与开滦同处一个地区的优势，提高其兑现率；采购汽车煤，弥补订货计划的不足和库存。由于措施得力，国有大矿的计划兑现率明显提高，特别是开滦、平朔矿、准格尔等超计划完成了兑现率。1～9月份较计划多购入86.01万吨，完成计划的121.83%。采购地方汽车煤109.9万吨。在指标的控制上，加大了入厂煤的取样抽查力度，发现问题及时采取措施，全力保障热差值等指标的顺利完成。

环保建设。陡河发电厂高度重视奥运会期间的空气质量保障工作，成立了以厂领导为组长的陡河发电厂2008年奥运会空气质量保障工作领导小组和工作小组，全面负责环保工程的建设、运行、维护和奥运会空气质量保障措施的落实，确保奥运会期间环保设施100%稳定运行，各项污染物达标排放。①3至6号炉安装脱硫设施工作。陡河发电厂3至6号炉烟气脱硫技术改造项目既是2008年北京奥运会空气质量保障项目又是国家“十一五”二氧化硫减排项目。在工程进入关键时期的二季度，全厂开展了“奋战90天，全面完成节能减排重点工程”劳动竞赛活动，确保脱硫改造工程如期完工。3至6号炉脱硫设施投入运行后，年可减少二氧化硫排放量4.44万吨，能有效地改善唐山市市区及周边的大气环境质量。3至6号炉脱硫设施的烟气在线监测系统与脱硫改造工程同步安装，按“一托一”设计，于2008年6月27日和6月30日与唐山市环保局实现了无线传输。②李家峪灰场综合治理工程。作为2008年的环保重点工程，于2008年6月28日完工。共计植树47万棵，种沙棘60万株，植树面积达2200亩。覆土35万平方米，敷设浇树管网2万米，喷淋管带5万米，喷淋有效覆盖面积超过20万平方米，2008年灰场的扬尘污染问题明显好于往年。③#1、2

机组关停。按照《国务院关于加快关停小火电机组若干意见的通知》的要求，在国家、省、市发改委和电网公司的大力支持下，陡河电厂征得大唐国际发电股份有限公司的同意，于2008年12月31日彻底关停了两台125兆瓦机组，并签署了关停五方协议书。为“上大压小”建设唐山北郊两台300兆瓦热电联产项目提供了容量。

（韩作生　杨惠芳）

陶瓷工业

【概况】　全市有陶瓷生产企业200多家，在岗职工人数3.69万人。日用瓷产品有10大系列、600多个器型、400多种花样、1000多个品种，以中餐具、西餐具、咖啡具、茶具、酒店用瓷为主。建筑卫生陶瓷主要有卫生洁具、分体马桶、连体马桶、面盆、建筑瓷砖等。骨干企业有惠达集团、唐陶股份、隆达公司、海格雷公司等。其中惠达集团拥有总资产13亿元，职工10000余人，年产卫生陶瓷800万件，自1995年以来连续多年在全国同行业保持生产规模、经济效益、出口创汇等多项指标第一。隆达骨质瓷有限公司是亚洲最大的骨质瓷生产企业，有员工1600多人，年产骨质瓷2000万件，产品出口到日本、韩国、俄罗斯等十多个国家和地区。

2008年，国内外经济环境对唐山陶瓷企业生产经营形成了巨大压力。一是国际金融危机导致整体市场萎缩，产品销路不畅；二是原材料、能源价格上涨，导到生产成本上升；三是人力资源短缺，工资水平上调，企业人力成本加大；四是企业在节能减排方面投入相当大的资金；五是出口退税的减少和人民币的不断升值，使出口利润不断降低。

2008年，全市在统规模以上企业日用陶瓷产量12183万件，比上年减少29.9%；建筑瓷砖产量1716万平方米，同比减少6.7%；卫生陶瓷产量2087万件，同比增长5.9%。全年实现销售收入37.09亿元，同比减少4.93%；实现工业增加值15.72亿元，同比减少9.73%；实现利税3.68亿元，同比减少40.26%；出口交货值23.8亿元，同比减少14.70%。

【成功举办第十一届陶博会】2008年9月26日至30日，第十一届唐山中国陶瓷博览会在唐山会展中心举办，取得了圆满成功。本届陶博会共有国内外274家陶瓷厂商到会参展，参展陶瓷产品有数十个系列、上千个品种，名牌名企比例达到70%以上。展出的陶瓷精品琳琅满目，绚丽多彩，给中外宾客留下了深刻印象。唐山市有99家企业参展，展品档次和布展水平比往届有新的提高，新产品达到90%以上。本次陶博会单独设立了国际展区，参展商来自20个国家的30家企业，别具异国风格的国外陶瓷展品让人耳目一新。第十一届唐山中国陶瓷博览会期间，唐山市贸促会与韩国陶瓷技术院达成了合作框架协议，为唐山市与韩国的陶瓷技术、文化交流开辟了新路径。中外客商云集使贸易成交再创新高。本届陶博会到会客商和来宾7300多人，为历届最多。会展期间共签订陶瓷贸易合同额25.3亿元人民币。其中内贸成交合同额15.37亿元人民币，外贸成交合同额9.93亿元人民币，均创历届最好水平。在历时5天的展览中，参观购物者络绎不绝，日客流量达4万多人次。第十一届唐山中国陶瓷博览会第一次与国外专业商协会开展展会合作，确定了三家国外陶博会协办单位（意大利翁布里亚制造业联合会、韩国陶瓷技术院、印度—中国工商商会）。通过国外协办单位宣传推介了唐山陶博会，提高了唐山陶博会在国际上的影响力。通过国外协办单位有针对性地邀请了国外陶瓷企业和采购商来唐参会。

【商标名牌创建情况】　骨干企业实施名牌战略，塑造企业品牌。唐山陶瓷的多个品牌驰名海内外。“红玫瑰”、“隆达”、“海格雷”等骨质日用瓷以及“惠达”、“金卫陶”等建筑卫生瓷名牌产品跨越四大洋、远销五大洲，享誉国内外。唐山陶瓷集团“红玫瑰”骨质日用瓷指定为1997年香港回归、1999年澳门回归、建国50周年庆典及中南海用瓷，荣获“中国名牌”产品称号。隆达集团是亚洲最大的骨质瓷生产企业，“隆达”牌骨质瓷已经代表民族陶瓷产业成为国礼用瓷，产品先后成为上海“APEC”首脑宴会用瓷，“中非合作论坛北京峰会”宴会用瓷，北京钓鱼台国宾馆专用瓷等，隆达商标获“中国驰名商标”荣誉称号，2008年成为2010年上海世博会特许产品生产商。惠达集团成为全国建筑卫生陶瓷行业首家获得中国驰名商标、中国名牌和国家免检产品三项国家级称号的企业。

【协会建设情况】　在国家陶瓷工业协会的指导下，唐山市于2005年6月18日成立了唐山市陶瓷协会。协会成立以来，为促进陶瓷行业合理利用原材料和本行业的技术资源，发挥传统的产业优势，使产业由粗放型向集约化方向发展，发挥了重要作用。协会定期开展管理、技术等方面的交流活动，传递信息，推动了唐山陶瓷行业的健康发展。

（张海波）

【惠达又获得三项荣誉】　3月28日，在广东佛山举行的被誉为中国陶瓷行业“奥斯卡”的“第四届中国陶瓷行业新锐榜颁奖典礼暨南风古灶高峰论坛”上，惠达陶瓷集团荣膺新锐榜，获“风云企业奖”。第四届新锐榜是经评委团专家调研、初评、终评，给行业开出的创新和发展的“年度成绩单”。

2008年3月，由中国建筑装饰协会信息咨询委员会、中国指数研究院开展的2007年度“中国家居产业百强企业”入选名单揭晓。惠达陶瓷凭借多年来在品牌建设、技术创新、产品研发、社会责任等方面的卓越成就，入选“中国家居产业百强企业”名单。

2008年5月，中国品牌研究院公布《第三届中国最有价值商标五百强》排行榜，惠达陶瓷集团持有的“惠达”商标以864亿元身价入选，位居第390位。本次评价选取已经获得中国驰名商标并且初次注册地在中国内地的企业类商标进行评价，共对1119件符合条件的中国驰名商标进行了评估。

（许　辑）

电子信息产业

【概况】　2008年，唐山市信息产业发展和信息化与工业化融合取得了明显成效。信息产业（不含电信服务业）入统企业70家，比上年度增加了12家。其中电子信息产品制造业35家，软件产业35家。全年实现销售收入27.18亿元，工业增加值7.89亿元，利税3.28亿元，出口创汇6817万美元，同比分别增长44.16%、41.75%、29.58%、47.54%，保持了高速增长的发展态势。据河北省信息产业2008年完成情况通报分析，2008年唐山市信息产业的销售收入、工业增加值、利税总额、出口创汇等四项主要经济指标占全省信息产业的比重分别是4.36%、4.78%、3.59%、3.90%，在全省信息产业中分别排位第5、6、6、6名。年末总资产合计27.20亿元，所有者权益合计12.67亿元，从业人员年末为8268人，人均劳动报酬20868元。

大中型骨干企业通过技术改造、技术创新得以不断发展壮大。电子信息产品生产制造业产值超过亿元的有5家，分别是：唐山冀东线缆有限公司（产值67131万元）、唐山风帆宏文蓄电池有限公司（产值33836万元）、唐山晶源裕丰电子股份有限公司（产值30381万元）、唐山开诚电控设备集团有限公司（产值28182万元）、唐山百川智能机器有限公司（产值13071万元）。软件生产企业主营业务超过5000万元的有5家，分别是：唐山陆凯科技有限公司（主营收入8232万元）、唐山开元机器人系统有限公司（主营收入7884万元）、唐山智诚电子股份有限公司（主营收入7182万元）、河北龙信科技有限公司（主营收入7107万元）、河北华之杰科技股份有限公司（主营收入6760万元）。玉田县在河北省电子元器件产业园区平台的支撑下，充分发挥唐山晶源裕丰电子股份有限公司的引领作用，全县涌现出23家电子产品生产制造企业，占全市生产企业总数的65.7%，其生产规划和产品技术水平、技术创新能力都在稳步提高，产品市场竞争能力不断得到增强，已成为全市信息产业发展的主力军。

全市软件认定企业31家，累计认定软件产品217种。在70家企业中，有32家企业建立研发机构，其中软件企业28家，电子产品生产制造企业4家。研发经费投入2756万元，研发机构的设立对软件产品和电子产品的开发应用起到了积极的推动作用，全年完成新产品产值19.65亿元。

【项目建设】　一、投产与在建项目。2008年，投资1000万元以上的在建项目有7项，合计总投资7.51亿元，完成投资25838万元。（1）唐山晶源裕丰电子股份有限公司年产7200万只小型片式石英晶体谐振器生产线项目，完成投资1.4亿元，已建成投产。（2）唐山阿诺达自动化有限公司生产基地项目，项目计划总投资42000万元，其中一期工程已建成投产，完成投资2223万元，并于当年实现新增销售收入2500万元。（3）唐山赛恩森电子有限公司年产7200万件石英晶体元器件项目，总投资2000万元，已建成试产。（4）唐山晒阳太阳能科技有限公司系列太阳能照明生产线项目，总投资1600万元，建设太阳能电池板、控制组件、LED封装生产线。其中太阳能电池板生产线已经试生产，LED封装生产线正在建设。（5）唐山智通科技有限公司与中软公司嫁接合作取得了突破性进展，中软公司已注入资金1000万元，初步完成综合信息化便民服务平台项目建设。（6）江东电气（唐山）有限公司金属卤化物灯项目，投资6000万元，已建成投产，2008年新增销售收入2079.2万元。（7）唐山开诚电控设备集团有限公司年产500台高压电气软启动装置项目，总投资8500万元，完成投资115万元。

二、已具备开工条件的项目。（1）开平区太阳能电池版项目，总投资4.2亿元，年新增60兆瓦太阳能发电能力。（2）唐海博信电子设备制造有限公司年产200套车载GPS导航仪项目，与北京华丰银地投资发展有限公司合作，总投资8468.86万元。（3）唐山海泰新能源科技有限公司年产100兆瓦多晶硅光伏组件项目，该公司系玉田县与北京新能源科技有限公司共同组建的新公司，总投资4.5亿元。（4）玉田县晶源电子有限公司年产3000万只小型高稳石英晶体元器件项目，公司通过自主创新研制，具有自主知识产权，总投资3650万元。（5）北方钢铁电子交易平台项目，总投资10亿元。

三、已具备落地签约条件的项目。（1）中国·北方信息产业基地项目，规划占地3平方公里。目前已有微波污水处理、保密手机、涉密安全保密终端、车载安全终端、LED等五个先期支撑项目，总投资16.5亿元。（2）鸿源集团Lcos大型平板液晶电视芯片、光学引擎、手机投影仪生产基地项目，总投资20亿元。

四、有投资意向的项目。（1）引进德国技术建设年产5000吨多晶硅及后续切片项目，总投资50亿元。（2）引进美国技术和香港资金共同建设地源热泵项目，总投资7.2亿元。（3）唐山市中小企业信息化服务平台建设项目，总投资5000万元。

五、储备项目。对外发布了15个中小项目，正积极组织招商。

【信息化与工业化相融合】　2008年，大中型企业在原有信息化建设的基础上，进一步应用新兴信息技术，对节能、环境治理和企业现代化管理进行升级改造，取得了明显成效。唐山松下电焊机厂利用自主研发的18种软件产品应用于全自动焊机中，自动化焊接技术处于国际先进水平。唐山重型机械厂将信息技术与机床有机结合在一起，实现机床的自动化和数字化。唐山赛福特电子信息工程有限公司、唐山汇中仪表有限公司等一批软件企业积极开发拥有自主知识产权软件产品，应用信息技术推动节能减排，其中12种仪器仪表被列为国家推广的节能新技术产品，并在推广应用中取得了明显效果，深受用户的好评。中小企业信息化推进进程加快，新型信息技术、现代化管理技术等都得到了一定的应用。唐山暨曹妃甸信息化与工业化融合试验区工作加速了两化融合进程。唐山轨道客车有限公司高速动车组供应链管理体系项目，开滦集团煤矿井下重大事故危险源识别、检测及灾变预测、预警技术研究，钢铁产业监控体系和北方钢铁电子交易中心、中小企业信息化服务平台，工业软件应用与产业化示范园区等五个项目正在扎实推进。

附：2008 年电子信息产业主要经济指标表

填报单位：唐山市信息产业局

名称	单位	2008 年目标		合计			制造业			软件业		
		目标	完成%	当年	上年	增减%	当年	上年	增减%	当年	上年	增减%
企业单位数	个			70	58	20.69	35	29	20.69	35	29	20.69
主营业务收入	万元	270000	100.68	271844	187561	44.94	205674	138149	48.88	66170	49412	33.91
其中：软件收入合计	万元			49316	33095	49.01				49316	33095	49.01
利税	万元	31000	105.70	32767	23969	36.71	23935	15742	52.05	8832	8227	7.35
利润总额	万元			18771	15437	21.60	13961	10724	30.18	4810	4713	2.06
税金总额	万元			13996	8532	64.04	9974	5018	98.76	4022	3514	14.46
其中：产品销售税金及附加	万元			4244	1970	115.43	3126	546	472.53	1118	1424	-21.49
其中：增值税	万元			9752	6562	48.61	6848	4472	53.13	2904	2090	38.95
从业人员劳动报酬	万元			16884	11279	49.69	9694	6435	50.64	7190	4844	48.43
从业人员平均人数	人			7906	6657	18.76	5649	4911	15.03	2257	1746	29.27
工业增加值	万元	78000	101.63	79271	55672	42.39	57501	37494	53.36	21770	18178	19.76
出口交货值	万元	41000	102.23	41913	31512	33.01	41913	31512	33.01			

（张晓文）

制盐业

【概况】　2008 年唐山盐区共生产原盐 208.17 万吨，完成了国家计划。销售 144.59 万吨，完成了省下达计划。加工食盐 18.5 万吨，产品质量达到国家标准。销售加工食盐 18.76 万吨，碘盐产品合格率达到了 100%。

【制定盐业科学发展规划】　市盐务局在学习实践科学发展观活动中，结合唐山盐区现状，着力破解唐山盐业科学发展的“三大难题”。一是破解资源环境制约的难题，以转变经济发展方式为重点，探索唐山盐业循环经济发展之路。二是破解盐业生产承接海水淡化工程不配套难题。三是破解实力、活力、竞争力不强的难题，抓好传统产品结构的优化升级。确定了以循环发展为主旨，贯彻以盐为主、盐化结合的方针，充分利用资源优势，依靠科技进步，稳步提高原盐产能的目标。到“十一五”末，原盐产能稳定在350万吨，丰年超过 400 万吨，工业产值达10亿元。产品结构在稳定发展现有产品品种的基础上，加强原盐及钾、溴、镁系列产品的开发。以南堡和大清河两个盐化厂为依托，充分利用苦卤资源，采用海洋化工高新技术，大力发展高附加值的海洋化工系列产品，优化产品结构。充分利用唐山盐业位于乐亭新区、丰南沿海工业区临海优势、区位优势、资源优势，围绕海水淡化，海水资源的综合利用，谋划滩田结构技术改造。承接了市委 60 个科学发展试验示范模式之一的海水淡化项目。以南堡盐场为重点的循环经济海水淡化项目正在形成新的经济增长点。

【盐业生产】　春晒期间气象条件不利，蒸发量小，降水量大，且月平均气温偏低。生产基础薄弱，给原盐生产造成了极大影响。省局领导在生产的关键时刻多次调度，市局领导带队两次深入企业调查，适时指导，协助企业根据卤水基础和气象情况制定生产措施。一是抓好制卤。修滩整池，提高设备制卤效果，最大限度的保证结晶卤水需求。二是抓好结晶管理。严格把握好除混、活茬、甩卤三个环节，降低了原盐的可溶性杂质的含量，提高了原盐质量。三是加强塑苫管理。充分发挥两个气象台站的作用，提高苫盖率。四是抓好质量管理。狠抓工艺操作的各个环节，使盐区原盐优一级品率达到 100%。保持了经济平稳较快发展的良好势头。

【盐政执法】　2008 年，围绕依法行政、依法治盐和保持稳定的总体思路，严格执行行政许可法和行政处罚法及相关的盐业法规、政策。对执法人员进行了业务培训，使之成为作风优良、业务精通、执法公正的盐政执法队伍。对于私盐容易出现的南堡产区，利用南堡盐政所与南堡开发区工商局、公安局、技术监督局、南堡盐场公安处的联合执法形式，坚持举报与场区巡查相结合，做到有警必接、有案必查。同时，与丰南区盐务局、唐山西外

环高速及公安部门合作，对无河北省盐务局工业盐运输单、食盐准运证等有效票证的运盐车辆予以审查，经调查符合法定处罚条件的，给予行政处罚。2008年，共出动盐政执法人员400余人次，查处盐业违法案件28起，查获违法盐斤339吨，处罚违法人员27人，罚款13.31万元。

（檀　跃）

食品工业

【概况】　截至2008年底，唐山市共有规模以上食品生产企业98家。按照主要门类划分，农副产品加工业企业57家，食品制造业企业27家，饮料制造业企业14家。从业人员19193人，资产总计60.87亿元。已初步形成了包括粮油、饲料、肉制品、水产品、果蔬、调味品、乳制品、酒类、饮料、罐头、糕点、方便食品等16个门类、几百种产品的食品工业体系。

2008年，唐山食品工业受到国际金融危机和三鹿奶粉事件的双重冲击，生产经营和经济效益受到一定影响，但仍然保持了适度、较为稳定的发展。1. 行业保持适度增长。2008年度，全市食品工业实现增加值37.64亿元，同比增长7.7%；主营业务收入118.43亿元，同比增长3%；资产合计60.87亿元，同比增长5.8%；新增固定资产5.62亿元，同比增长94.1%。其中，农副食品加工业实现增加值19.09亿元，同比增长9.5%；主营业务收入60.23亿元，同比增长15.0%；资产合计25.7亿元，同比增长24.0%，对整个食品行业保持增长起了较大拉动作用。食品制造业和饮料制造业的增加值、主营业务收入和资产合计三项指标均为负增长。2. 经济效益大幅滑坡。2008年度，全市食品工业实现利润5.42亿元，同比下降24.3%；利税总额9.51亿元，同比下降15%；亏损企业25家，同比增长25%；亏损总额6631万元，同比增长27.1%。其中，农副食品加工业实现利润4.58亿元，增长23.5%，利税6.03亿元，增长33%；食品制造业实现利润4553万元，下降83.1%，利税1.47亿元，下降61.5%；饮料制造业实现利润3721万元，下降49.8%，利税2.01亿元，下降29.3%。3. 主要产品产量有增有降。农副食品加工业：大米产量53.07万吨，同比增长11.7%；小麦粉产量18.24万吨，同比增长0.4%；精制食用植物油产量2.17万吨，同比下降42.1%；鲜冷藏冻肉产量4.12万吨，同比下降61.6%。食品制造业：除糕点产量1.19万吨，同比增长58.5倍，出现大幅增长外，其他几个门类产品产量均有不同幅度的减少。饼干产量0.14万吨，同比下降12.5%；方便面产量0.67万吨，同比下降70%；乳制品产量68.36万吨，下降9.9%；冷冻饮品产量0.34万吨，同比下降29.2%。饮料制造业：除啤酒产量443958千升，同比减少25%，出现大幅下降外，均有较大幅度增长。瓶（罐）装饮用水产量9.11万吨，同比增长6.8%；白酒产量7601千升，同比增长92%；碳酸饮料产量0.79万吨，增长21.5%；果汁及果汁饮料产量8.62万吨，同比增长27.5%。4. 企业资金压力增大，周转困难。截至2008年底，整个食品行业应收帐款4.84亿元，同比增长52.3%；产成品库存5.67亿元，同比增长30.3%。企业产品销售不畅，库存增加，货款回收率降低，资金周转困难。

【项目建设】　1. 新建项目：丰南安海斯－布希公司（A－B公司）啤酒项目，项目总投资9亿元，建成后年产60万吨啤酒。中立源（遵化）生态食品有限责任公司有机扁桃种植及深加工项目，项目总投资3.6亿元，建成后年产扁桃食品3万吨。遵化市栗珍坊酒业有限公司板栗酒项目，项目总投资1.2亿元，建成后年产板栗酒2万吨。2. 续建项目：迁安蓝亨啤酒饮料有限公司啤酒项目，项目总投资2亿元，建成后年产30万吨啤酒。项目一期年产10万吨，投资1亿元，2008年底完工。河北欧意金土果业发展有限公司扩建项目，建设4万吨商品化处理厂和1.2万吨保鲜库，项目总投资1亿元。河北美客多食品集团有限公司屠宰加工肉鸡产业化项目，项目总投资1.6亿元，建成后年屠宰加工肉鸡1800万羽。

（王　斌）

【遵化甘栗仁获金奖】　由中国国际林业产业博览会组委会、中国林业产业协会等联合举办的“2008北京奥运推荐果品评选活动”第二次评选中，遵化市栗源食品有限公司生产的小包装甘栗仁被确定为“2008北京奥运推荐果品”，同时获得“中国国际林业产业博览会金奖”。在这次评选活动中，国内外知名果树专家通过对参加评选的485个干鲜及加工果品进行初评和复评，最终有24个果品获得一等奖，同时获得中国国际林业产业博览会金奖。在本次获得一等奖的果品中，河北省仅此一家。

（许　辑）

省以上著名商标品牌产品及生产企业

唐山市省著名商标企业汇总表

（共117件）

序号	企业名称	商标名称	使用商品	联系人	电话	县区	认定时间
1	唐山合亿金属工具制造有限公司	奔	钢锹	杨福州	4112008	滦南	2007年续评
2	唐山腾飞五金工具制造有限公司	根	钢锹	李宝军	4112085	滦南	2007年续评
3	唐山普林食品有限公司	中红	食品加工	桑树军	4167691	滦南	2006年续评
4	滦南县第二水泥有限公司	茅牌	水泥	顾景山	4127888	滦南	2006年续评
5	唐山市银鹰实业有限公司	银鹰	钢锹	周宜祥	4558334	滦南	2006年续评
6	唐山市燕南制锹有限责任公司	燕南	钢锹	付长智	4118192	滦南	2006年续评
7	唐山燕丰复合肥有限公司	燕丰	复合肥	李　江	4125249	滦南	2006年续评
8	河北永新纸业有限公司	冀腾	牛皮箱板高强瓦楞原纸	金国明	4110411	滦南	2008年续评
9	唐山市汇香植物油有限公司	纯滴	食用油	姚凤敏	4427121	滦南	2008年续评
10	唐山市仁和五金工具有限责任公司	军印	钢锹、镰刀、镐	韩凤良	4118881	滦南	2008年续评
11	唐山仁达家具有限责任公司	享乐	家具	金　利	4123476	滦南	2006年认定
12	唐山三发普林饲料有限公司	SF	饲料	桑树军	13931518765	滦南	2006年认定
13	唐山冀滦化肥有限公司	冀滦	肥料	马井成	5601888	滦南	2007年认定
14	唐山腾骥锻轧农具制造有限公司	燕洋	钢锹	李宝林		滦南	2007年认定
15	唐山市军星五金工具制造有限责任公司	军星	钢锹、镐、锄头	史平先	4118882	滦南	2007年认定
16	滦南县丰田五金农具制造有限公司	神羊	锄头、钢锹、砍甘蔗刀	付桂壮	4118973	滦南	2008年认定
17	唐山三发五金工具厂	988	钢锹、钢镐、工具类	李　学	4292228	滦南	2008年认定
18	迁安市宏丰水泥厂	猴王	水泥	张照华	7977082	迁安	2007年认定
19	迁安市海钺耐磨金属材料厂	海钺	耐磨金属	李翠玲	7920158	迁安	2007年认定
20	迁安市沙滦水泥有限责任公司	沙滦	水泥	魏利民	7977038	迁安	2007年认定
21	河北迁安化肥股份有限公司	滦河	尿素	周俊静	7768221	迁安	2007年续评
22	唐山市龙山药业有限公司	兆康	中成药	潘义龙	7613828	迁安	2007年续评
23	河北迁安弘业地毯集团有限公司	图形	地毯	杨　明	7661188	迁安	2007年续评
24	唐山市迁水泵业有限公司	迁水	泵	任凤莲	7612369	迁安	2007年续评
25	迁安市永固油井水泥有限责任公司	岚塔	水泥	贾志民	7966085	迁安	2008年续评
26	唐山冀东线缆有限公司	冀东	电线电缆	朱　国	7682299	迁安	2008年续评
27	迁安市贯头山酒业有限公司	贯头山	白酒	马艳云	7082445	迁安	2006年认定
28	河北省冀东水泥集团有限责任公司	盾石	水泥	杜金宏	3241822	丰润	2006年续评
29	唐山冀丰水泥厂	金枪	水泥	李秀丰	5566268	丰润	2006年续评
30	唐山市汇丰实业集团有限公司	汇丰	家具	管保顺	5566988	丰润	2008年续评
31	唐山市健生医用气体有限公司	延康	医用氧气	徐宝萍	5528658	丰润	2007年续评
32	唐山市思远涂料有限公司	思远	水性外墙涂料	王　丽	3235666	丰润	2007年续评

33	唐山三友眼镜有限公司	`、三友	眼镜	陈积森	3238598	丰润	2006 年认定
34	唐山市成旺化工有限公司	强友	硝酸等化工产品	杨学恩	5539724	丰润	2006 年认定
35	唐山长城门业有限公司	新舒	金属门	李文友	3228880	丰润	2008 年认定
36	唐山亨利车料有限公司	HENLI	自行车	于克儒	022－69358888	芦台	2008 年续评
37	河北芦台羚羊金属柜具有限责任公司	羚羊	金属柜具	霍保泽	25409339	芦台	2006 年续评
38	唐山市芦台富华金属柜具厂	富华	金属柜	霍保泽	25409339	芦台	2006 年续评
39	唐山大通金属制品有限公司	大通图形	暖气片、中心暖气散热器、暖气装置	于克光	69356908	芦台	2008 年认定
40	唐山市玉螺水泥有限责任公司	玉螺	水泥	江俊永	6439038	玉田	2008 年续评
41	唐山建支玛钢有限公司	建支图形	管子零件	任久红	6500292	玉田	2007 年续评
42	唐山晶源裕丰电子股份有限公司	晶源 JYEG	石英晶体元器件	李保存	6198116	玉田	2007 年续评
43	河北星烁锯业股份有限公司	星烁	圆锯片	安凤占	8601360	玉田	2008 年续评
44	河北海贺胜利印刷机械集团有限公司	胜利	印刷机械	孙智先	6188888	玉田	2008 年续评
45	唐山市四通食品有限公司	通飞	水(饮料)	王国明	6485978	玉田	2007 年认定
46	唐山猫王工贸有限公司	猫头图案	饮料	张金齐	6488150	玉田	2006 年认定
47	唐山道诚管业有限公司	道诚图形	非金属管道,非金属水管,非金属或非塑料水管阀	宋志原	6167922	玉田	2008 年认定
48	河北玉田兴业印刷机械有限公司	玉印图形	模切压痕机、模切压痕烫金机、模切压痕排废机等	白云川	6184663	玉田	2008 年认定
49	唐山海格雷骨质瓷有限公司	海格雷	日用陶瓷	王晓光	3105285	路北	2008 年续评
50	唐山华天成陶瓷制品有限公司	维伦	卫生陶瓷	李毅成	3103959	路北	2008 年续评
51	唐山陶瓷股份有限公司	红玫瑰	陶瓷	陈思	3287222	路北	2008 年续评
52	唐山长虹涂料限公司	派特	涂料	么雪枫	787026	路北	2007 年认定
53	唐山隆昌瓷业有限公司	隆昌图形	日用陶瓷、瓷器、日用瓷器	陈树生	3293878	路北	2008 年认定
54	唐山钢铁集团金恒企业发展总公司	世鼎金恒	水净化设备和机器、空气净化装置和机器、通风设备和装置	李杭州	2702934	路北	2008 年认定
55	唐山鸿宴饭庄	鸿宴	餐厅	张晓燕	2858219	路北	2006 年认定
56	唐山市宝珠家具有限公司	宝珠	家具	杨建国	2861040	路南	2008 年续评
57	唐山华盛超市有限公司	华盛	商业服务	魏鲁辰	2825842	路南	2007 年续评
58	唐山隆义实业(集团)公司万里香烧鸡厂	万里	熏鸡	高俊岐	2861448	路南	2008 年续评
59	唐山隆义实业(集团)公司四远香糕点厂	四远	糕点	高俊岐	2861448	路南	2008 年认定
60	唐山中陶实业有限公司	IMEX	坐便器;小便池(卫生设施);盥洗盆(卫生设备部件)	夏剑石	2312944	路南	2008 年认定

61	唐山曙光实业集团有限公司	强兴	水泥	张春来	13603255852	古冶	2008年续评
62	唐山市宏福机械电子有限公司	大松	包装机械	李桂玲	7785941	古冶	2006年认定
63	唐山先隆轧辊实业有限公司	仙龙	轧钢轧辊设备	付秀宇	3536018	古冶	2006年认定
64	唐山昌盛纸业有限公司	兴发	纸类	王艳静	8790196	唐海	2007年续评
65	唐山三旺食品厂	伟英	醋、酱油	李全友	13832931988	唐海	2007年续评
66	唐山冀东石油机械有限责任公司	新远	加热用锅炉	李志奎	8765464	唐海	2008年续评
67	唐山龙海工业用呢有限公司	翔舞	造纸毛毯	乔建报	8711669	唐海	2006年认定
68	唐山唐丰米业有限责任公司	柏各庄	大米	张艳茹	8721498	唐海	2008年认定
69	唐山施尔得食品有限公司	施尔得	猪肉食品	王海芹	2025548	高新区	2007年续评
70	太阳石(唐山)药业有限公司	好娃娃	中西制剂	李志勇	3177872	高新区	2008年续评
71	太阳石(唐山)药业有限公司	太阳石	栓剂	李志勇	3177872	高新区	2008年续评
72	太阳石(唐山)药业有限公司	康妇特	中西药制剂	李志勇	3177872	高新区	2006年认定
73	唐山开诚电器有限责任公司	图形	软件编程	许开成	3173774	高新区	2007年认定
74	唐山陆凯科技有限公司	陆凯	选矿设备	李松奕		高新区	2007年认定
75	河北理工学院智能仪器厂	理智	测量仪器	李志	3173866	高新区	2007年认定
76	唐山汇中仪表有限公司	汇中	超声流量计 超声热冷量计 超声水表	张力新	3208848	高新区	2008年认定
77	唐山陆凯科技有限公司	LANDSKY	不锈钢焊接筛网 (滤管、筛蓝等)	李松奕	3855599	高新区	2008年认定
78	唐山向旺集团	向旺	饮料	王新升	5612636	迁西	2006年续评
79	迁西县林学会	迁西板栗	板栗	张成山	5621499	迁西	2008年续评
80	迁西县远洋食品有限公司	栗之花	加工栗子	李志华	5665505	迁西	2008年续评
81	迁西县胡子工贸有限公司	胡子	新鲜栗子	张国华	13932527608	迁西	2006年认定
82	河北蓝贝酒业集团有限公司	蓝贝	啤酒	刘　政	13930508372	滦县	2007年续评
83	唐山北极熊特种水泥有限责任公司	北极熊图形	水泥	宋月英	7536201	滦县	2006年续评
84	唐山北极熊特种水泥有限责任公司	北极熊文字	水泥	宋月英	7536201	滦县	2006年认定
85	唐山市隆达骨质瓷有限公司	图形	日用瓷器	张志强	3176242	开平	2006年续评
86	唐山市国亮特殊耐火材料有限公司	唐特	耐火材料	董国亮	3365068	开平	2007年续评
87	唐山华丽陶瓷有限公司	huali	卫生洁具	马董清	3363635	开平	2007年续评
88	万通电缆集团有限公司	万升	电线、电缆	耿万生	2976666	开平	2006年认定
89	唐山天汇制衣有限公司	夫人梦	睡衣衬衣成品	田　颖	5936128	开平	2006年认定
90	河北省遵化市钟馗实业公司	钟馗	门	王树升	6677188	遵化	2006年续评
91	遵化市蓝猫饮料有限公司	蓝猫	饮料水果罐头	张井印	6066329	遵化	2006年续评
92	遵化栗源食品有限公司	栗源	糖炒栗子	马飞昆	6663720	遵化	2007年续评
93	唐山市金马矿山机械厂	金马	矿山机械设备	段志禹	6999117	遵化	2006年认定
94	唐山珍珠甘栗食品有限公司	珍珠王	甘栗食品	贺美凤	6637902	遵化	2006年认定
95	遵化市亚太食品有限责任公司	燕春	水果罐头	李凤山	6677588	遵化	2007年认定
96	唐山山源食品有限公司	山野部落	精制坚果仁	李　军	6636698	遵化	2007年认定
97	遵化市长城科贸有限公司	美客多	糖炒栗子	胡晓江	6922785	遵化	2007年认定

98	遵化市长城饲料有限公司	长城	浓缩饲料、预混饲料、配合饲料	胡晓江	6921888	遵化	2008年认定
99	唐山市鑫日升钢业有限公司	鑫日升	钢板合金钢	刘希余	8599468	丰南	2007年认定
100	唐山和美陶瓷有限公司	翠玉	家用陶瓷	许松森	6226161	丰南	2007年认定
101	唐山惠达陶瓷(集团)股份有限公司	huida	陶瓷	董静安	8522541	丰南	2008年续评
102	唐山贺祥锆业有限公司	贺祥	玻璃着色化学品	赵祥启	13803153566	丰南	2007年续评
103	唐山胜达机械有限公司	TSD	升降机械设备	董明武	8159088	丰南	2006年认定
104	唐山燕泉啤酒有限公司	燕泉	啤酒	葛利营	8155127	丰南	2006年认定
105	唐山兴帝酿酒有限公司	兴帝	白酒	张连杰	8159938	丰南	2008年认定
106	唐山兴丰饲料有限公司	洪大	饲料,非医用饲料添加剂	舒世洪	8558356	丰南	2008年认定
107	唐山国丰钢铁有限公司	国丰	钢板、金属柱钢条	张学武	8151900	丰南	2008年认定
108	唐山瑞丰钢铁(集团)有限公司	宏瑞	钢板、钢坯、钢条	冬瑞芹	8393708	丰南	2008年认定
109	唐山梦牌瓷业有限公司	MONOPY	卫生陶瓷制品(坐便器/水箱、盥洗池/盆、小便池)	孟令来	5095951	丰南	2008年认定
110	唐山清华北方电子有限公司	新北万	电度表、配电箱、煤气表	李银龙	8168768	丰南	2008年认定
111	唐山市丰南区白龙面粉有限公司	白龙	面粉、麸皮	肖术保	8319668	丰南	2008年认定
112	乐亭县刘美实业有限公司	刘美	鲜活家禽	于智峰	4627372-8801	乐亭	2007年续评
113	唐山孤竹国酒业有限公司	孤竹国	酒	孙立华	4977201	乐亭	2007年续评
114	唐山市三水岗岩水泥有限公司	岗岩	水泥	周振元	022-69584710	汉沽	2007年续评
115	唐山三友化工股份有限公司	三友	纯碱	么志义	8511183	南堡	2008年续评
116	河北省南堡盐场	海湾	工业盐	赵长勇	8327267	南堡	2006年认定
117	唐山化科冶金轧辊有限公司	科	轧钢机、铸造机	单艳中	2911097	海港	2006年认定

国家工商总局认定的驰名商标

1. 唐山惠达陶瓷（集团）股份有限公司的“huida 惠达”商标

2. 河北省冀东水泥集团有限责任公司的“盾石牌”商标

3. 河北蓝贝酒业集团有限公司的“BC”商标

4. 唐山市隆达骨质瓷有限公司的“LongDa”商标

5. 迁西县林学会的“迁西板栗”商标

6. 唐山大通车料有限公司的“ ”商标（2009年认定）

7. 遵化栗源食品有限公司的“栗源 Liyuan”商标（2009年认定）

进入国家500强工业企业

【河北钢铁集团唐山钢铁股份有限公司】 河北钢铁集团唐山钢铁股份有限公司（简称唐钢公司）是河北钢铁集团的骨干企业，国有控股上市公司，现有股本总额36.26亿股，资产总额（含代管单位）811亿元。在册职工35932人。钢铁主业具有1500万吨/年的配套生产能力，主要产品为热轧板、冷轧板、镀锌板、彩涂板、中厚板、棒材、线材、型材。

2008年，唐钢产钢1479.41万吨，比上年增长9.92%；产铁1460.73万吨，比上年增长15.35%；产钢材1193.24万吨，比上年增长5.44%。实现主营业务收入568亿元，比上年增长21.65%。实现利税54.87亿元，其中利润24.26亿元。在2008年国家统计局公布的全国大型企业中名列第51位。

2008年内发布24项重大技术课题，15项达到攻关目标；签定36项重点技术攻关课题，23项完成承包目标。其中，薄板坯连铸连轧工艺生产低温取向硅钢研究取得突破性进展，产品成份、规格均达到试验目标，开国内先河。

2008年成功开发低碳汽车大梁钢、18kg/m轻轨钢、中牌号管线钢、高强角钢、镀锌板CSA等13个

新品种，其中低碳汽车大梁钢、镀锌板CSA等8个品种形成了批量生产能力，提高了唐钢产品的技术含量和附加值。热轧卷板生产取得较大进步，具备了稳定生产1.8mm热轧薄板产品的能力。在保持原有国家、省级名优产品基础上，有2个产品获得了冶金产品实物质量金杯奖，4个产品通过了品质卓越产品评价。完成了热轧带肋钢筋产品申报中国名牌工作。结构用热轧钢带通过了英国劳氏质量认证公司的CE认证年度监督检查。

2008年，唐钢主动拆除了三座尚不属于国家产业政策限期淘汰的400立米级高炉和三座60m^{2}烧结机及一座8m^{2}竖炉；关停了原三轧钢厂和电炉炼钢厂。这些落后产能装备的淘汰，使唐钢节能减排工作迈上了一个新的台阶。全年投资5.47亿元，实施了炼焦1－4号焦炉干熄焦项目、二钢轧厂转炉汽化系统改造、炼铁北区锅炉及配套发电改造、电机变频节电和二钢轧厂转炉除尘治理、炼焦制气厂焦炉自用煤气脱硫及生化废水深度治理等13项节能减排项目，使唐钢节能减排指标有了明显改善。

以“制定和完善岗位标准、规范和执行规章制度、加强和改善现场管理”为重点，落实制度、落实责任、落实考核，全面开展了强化基础管理工作，企业管理水平显著提升。按照“产销一体、管控衔接、三流同步”的总体目标，全面开展信息化建设工作，圆满完成了管理人员培训、业务流程设计、系统运行测试等各项工作。2008年10月1日，唐钢整体信息化建设一期工程正式上线运行，实现了物资流、资金流的信息集成化管理，使生产经营管理发生了质的变化。

（刘宏剑）

【唐山国丰钢铁有限公司】 成立于1993年，是由香港中旅（集团）有限公司与丰南区丰南镇经济发展总公司共同投资兴办的一家集制氧、烧结、炼铁、炼钢、轧钢为一体的大型钢铁联合企业。2008年，具备年产铁、钢、材各800万吨的综合生产能力，拥有总资产187亿元，职工15500人。2008年公司产铁650万吨，产钢613万吨，产材497万吨，实现销售收入265亿元，利税23亿元，利润11亿元。在2008年国家统计局公布的全国大型企业中名列第267位，在中国制造业500强企业中名列第142位。是中国钢铁工业协会会员、全国工商联冶金业商会和河北省冶金行业协会副会长单位。

国丰坚持“精品立企、诚信兴业”的经营理念，通过了ISO9001—2000质量体系认证。主导产品为热轧卷板、热轧带钢、热轧带肋钢筋，规格齐全、质量可靠，畅销全国20多个省市，出口十几个国家和地区。多次被评为“全国冶金博览会名牌产品”、“中国质量检验协会质量信得过建材产品”、“河北省优质产品”和“河北省用户满意产品”。“国丰”牌商标是河北省著名商标。

国丰坚持“规模适度、突出专精、适应市场、绿色和谐”的发展战略，始终致力于绿色钢铁企业建设，走可持续发展道路。近年来用于环保的固定资产投入累计达到11亿元，在全国同行业中率先实现了工业地下水零开采、污水零排放。

（李晓光）

【开滦集团公司】 开滦（集团）有限责任公司是特大型煤炭企业，始建于1878年，有“中国煤炭工业源头”之称。在国家统计局公布的2008年中国企业五百强中名列291位。

近年来，开滦集团积极推进转型发展，在稳固煤炭生产主业的基础上，大力发展煤焦化、现代物流、煤电热这三个支柱型产业，加快产业结构和产品结构调整。现已成为集煤炭生产、洗选加工、煤焦化、煤化工、煤电热、现代物流、装备制造、建筑施工、建材化工、文化旅游等多产业的大型企业集团。集团下辖煤业公司、服务公司、国际物流公司、张家口蔚州矿业公司、张家口蔚州能源公司、内蒙古投资公司、新疆投资公司等46个子分公司和1个能源化工上市公司。有20对生产矿井，8座选煤厂。2008年期末总资产为326亿元，在册员工总数73240人。

2008年，开滦集团原煤产量完成3286万吨，同比增加403万吨，增长14%；营业收入完成334.47亿元，同比增收177.08亿元，增长112.5%；企业利税完成26亿元，同比增加10亿元，增长62.5%；其中利润7.62亿元，同比增加4.4亿元，增长136.7%。2008年煤炭产业营业收入占集团总收入的38%，煤化工占20%，现代物流占31%，煤电热、装备制造、建筑施工、建材化工、文化旅游等其它占11%。

开滦集团在“十一五”及“十二五”期间，将按照“开放融入、调整转型、科学发展、做大做强”的发展思路，将开滦建成国内一流、国际领先的现代化大型企业集团。集团以煤炭产业为基础，以煤焦化、煤电热、现代物流产业为支柱，以装备制造、文化旅游、建筑施工、建材化工为支持，主业突出、结构合理、多元经营。到“十一五”末，实现“双五”目标。即：煤炭产量达到5000万吨，营业收入达到500亿元。到“十二五”末，实现“双一”目标。即：煤炭产量达到1亿吨，营业收入达到1000亿元。

（李志龙）

【河北津西钢铁股份有限公司】 河北津西钢铁股份有限公司始建于1986年10月。2004年3月2日，拥有津西97.6%股权的中国东方集团控股有限公司在香港联交所主板上市，使津西成为全国首家在海外成功上市的民营钢铁企业。2006年10月，年产量达150万吨大H型钢工程顺利投产，使公司成为全国三大H型钢生产基地之一。2007年11月，全球最大钢铁生产商安赛乐米塔尔成功加盟中国东方控股有限公司，使公司一举迈入世界先进钢企的发展行列。2008年7月，公司对鑫益钢铁进行了兼并重组，使公司达到800万吨的生产规模。2008年9月，年产量达180万吨的中小H型钢生产线试产成功，使企业具备了全国最大型钢生产基地的雏形。公司主要产品有：H型钢和带钢系列产品。现拥有员工10000人，总资产140亿元，具备年产钢800万吨，发电3.25亿千瓦时的综合生产能力。自2003年以来，公司连续6年入围“中国企业500强”，在2008年中国企业500强排序中名列第345位，比2007年上升21位。

曾先后荣获“全国500家最佳经济效益工业企业”、“中国最具生命力企业”、“中国最具成长性企业”、“全国售后服务十佳单位”、“全国信用AAA①级单位”、“中国企业信用·信誉AAA级单位”、“中国质量信誉、安全3A级企业”等称号。公司主要产品H型钢成功进入中央电视台新台址、鸟巢、首钢京唐5500m3高炉、上海21世纪广场等国内重点工程建设领域，出口到日本、韩国等23个国家和地区。产品先后荣获“中国H型钢市场品质信誉第一品牌”、“中国H型钢市场用户满意首选品牌”、“中国最具市场竞争力第一品牌”等荣誉称号。

2008年产铁448万吨、钢452万吨、带钢212万吨、H型钢138万吨，发电2.86亿度，实现销售收入214亿元，利税近10亿元，利润3.5亿元。

（付立军）

【唐山港陆钢铁有限公司】 成立于2001年5月，是一家中港合作的民营钢铁联合企业，现有员工7000余人，总资产70亿元。是集焦化、炼铁、炼钢、轧钢于一体的现代化民营钢铁联合企业，年生产能力300万吨。主要生产设备有：550m^{3}炼铁高炉2座，1160m^{3}高炉1座，70吨转炉3座，550板带混合轧机组1台套，1250型热轧薄板生产线一套以及配套的烧结、竖炉、制氧、变电站、供水等设施，公司具备年300万吨铁钢轧配套生产能力。

2008年，港陆公司产铁221万吨，钢204万吨，材181万吨，营业收入160.02亿元，上交税金2.6亿元。在2008年中国企业500强排序中名列第350位，比2007年上升122位。

港陆公司坚持以科技创新为先导，以技术改造为手段，以结构调整为主线，不断完善综合配套能力，提高装备水平，综合竞争实力逐年提高。投资14.5亿元建设了具备国内先进水平的1250热轧薄板生产线，产品主要为冷轧原料，经冷轧后用于深冲件、镀锌、彩涂。

港陆公司坚持“诚信为本、以质求存”的经营方针，通过了ISO9001：2000国际质量管理体系认证。钢坯、热卷等产品销往东北、华北、华东、华南等广大地区，深受客户好评。被中国中轻产品质量保障中心评为“全国产品质量监督抽查合格企业”，被省评为“河北省诚信企业”。

港陆公司的发展思路是以科学发展观为指导，坚定不移地走新型工业化道路，切实转变增长方式，力争由规模扩张型向资源节约型、质量效益型和环境友好型的转变，加快建设“实力港陆、特色港陆、和谐港陆”，全力打造“人文港陆、生态港陆”，实现全面、协调、可持续发展目标。力争到“十一五”末形成集热轧、冷轧、彩涂、镀锌于一体的完整产业链条，把港陆建成装备精良、技术领先、管理先进、结构合理、发展和谐、环境优美的国内一流精品板材生产加工基地。

（刘树立）

【唐山瑞丰钢铁（集团）有限公司】

公司是以钢铁为主业，兼营矿业、贸易等产业的大型综合性钢铁联合企业，拥有员工4800余人，总资产30亿元，年产钢300万吨。2008年实现销售收入192亿元、利税5亿元。公司在2008年中国企业500强中排第371位、在2008年中国制造业500强中排第210位。先后被评为“河北省百强民营企业”、“河北省百家知名企业”、唐山市丰南区“十佳企业”。2008年通过ISO9001质量管理体系认证、ISO14001环境管理体系认证、OHSAS18001职业健康安全管理体系认证。公司为中国钢铁协会会员单位、河北省冶金行业协会常务理事单位。生产涵盖矿石采选、烧结、炼铁、炼钢、轧钢，实现了全方位热装热送热轧设施配套一条龙。主体生产线全部采用PLC自动化控制，在线光学跟踪检测宽度、厚度，自动显示和调整，有效地保证了产品质量。公司主要设备有72m^{2}烧结机4台，600m^{3}高炉2座、450m^{3}高炉2座，50t炼钢转炉3座，8000m^{3}制氧机组2套、12000m^{3}制氧机组1套，650mm薄带生产线2条、500mm薄带生产线1条，10m^{2}竖炉2座，意大利佛卡斯梁式白灰窑6座。产品获“河北省名牌产品”、“河北省质量信得过产品”等称号，行销华北、华东、华南、华中等全国二十多个省市自治区。

（郑祥怀）

国税纳税百强地税纳税十强企业

2008年度唐山市增值税纳税百强排行榜

序号	纳税人名称	行业	缴税金额（万元）
1	唐山钢铁股份有限公司	黑色金属冶炼及压延加工业	136559.35
2	唐山国丰钢铁有限公司	黑色金属冶炼及压延加工业	111470.05
3	华北电网有限公司唐山供电公司	电力、热力的生产和供应业	84119.48
4	首钢矿业公司	黑色金属矿采选业	67016.38
5	开滦（集团）有限责任公司	煤炭开采和洗选业	65679.54
6	河北津西钢铁股份有限公司	黑色金属冶炼及压延加工业	54965.17
7	河北省首钢迁安钢铁有限责任公司	黑色金属冶炼及压延加工业	48433.23

8	迁安市联钢燕山钢铁有限责任公司	黑色金属冶炼及压延加工业	47212.21
9	唐山中厚板材有限公司	黑色金属冶炼及压延加工业	41073.69
10	中国石油天然气股份有限公司冀东油田分公司	石油和天然气开采业	34494.16
11	开滦能源化工股份有限公司	煤炭开采和洗选业	34266.84
12	迁安中化煤化工有限责任公司	石油加工、炼焦及核燃料加工业	33287.68
13	唐山建龙实业有限公司	黑色金属冶炼及压延加工业	31867.58
14	迁安市九江线材有限公司	黑色金属冶炼及压延加工业	31019.43
15	唐山港陆钢铁有限公司	黑色金属冶炼及压延加工业	25462.98
16	大唐国际发电股份有限公司陡河发电厂	电力、热力的生产和供应业	23611.73
17	唐山不锈钢有限责任公司	黑色金属冶炼及压延加工业	23347.80
18	唐山瑞丰钢铁（集团）有限公司	黑色金属冶炼及压延加工业	23099.57
19	唐山三友化工股份有限公司	化学原料及化学制品制造业	21968.39
20	河北大唐国际王滩发电有限责任公司	电力、热力的生产和供应业	18830.37
21	唐山钢铁集团有限责任公司	石油加工、炼焦及核燃料加工业	18770.54
22	唐山佳华煤化工有限公司	石油加工、炼焦及核燃料加工业	14442.75
23	唐山贝氏体钢铁（集团）有限公司	黑色金属冶炼及压延加工业	14341.16
24	唐山松汀钢铁有限公司	黑色金属冶炼及压延加工业	13813.79
25	迁安轧一钢铁集团有限公司	黑色金属冶炼及压延加工业	13528.92
26	迁安市荣信工贸有限责任公司	黑色金属冶炼及压延加工业	12568.87
27	唐山中润煤化工有限公司	石油加工、炼焦及核燃料加工业	12352.78
28	中国石油天然气股份有限公司冀东油田分公司资金结算中心（唐海）	其他服务业	12172.68
29	唐山钢铁集团华西钢铁有限公司	黑色金属冶炼及压延加工业	11642.19
30	中国石油天然气股份公司冀东油田分公司	石油和天然气开采业	11181.73
31	迁安市马兰庄镇南山铁矿	黑色金属矿采选业	10868.71
32	唐山建龙简舟钢铁有限公司	黑色金属冶炼及压延加工业	10349.90
33	河北省烟草公司唐山市公司	批发业	10087.97
34	唐山冀东水泥股份有限公司	非金属矿物制品业	9687.41
35	迁安市隆宇工贸有限责任公司	黑色金属矿采选业	9597.41
36	太阳石（唐山）药业有限公司	医药制造业	8950.27
37	唐山达丰焦化有限公司	石油加工、炼焦及核燃料加工业	8433.80
38	唐山港陆焦化有限公司	石油加工、炼焦及核燃料加工业	8318.98
39	唐钢滦县司家营铁矿有限责任公司	黑色金属矿采选业	8285.92
40	唐山钢联焦化有限责任公司	石油加工、炼焦及核燃料加工业	8143.48
41	唐山兴业工贸集团有限公司	黑色金属冶炼及压延加工业	8102.79
42	河北大唐国际唐山热电有限责任公司	电力、热力的生产和供应业	8035.88
43	河北银水实业集团有限公司	黑色金属矿采选业	7546.76
44	开滦（集团）赵各庄矿业有限公司	煤炭开采和洗选业	7250.10
45	唐山贝氏体钢铁（集团）福丰钢铁有限公司	黑色金属冶炼及压延加工业	6986.07

46	迁安联钢津安钢铁有限公司	黑色金属冶炼及压延加工业	6776.18
47	河北唐银钢铁有限公司	黑色金属冶炼及压延加工业	6708.31
48	唐山德盛煤化工有限公司	石油加工、炼焦及核燃料加工业	6550.11
49	唐山首钢马兰庄铁矿有限责任公司	黑色金属矿采选业	5997.00
50	唐山市荣程钢铁有限公司	黑色金属冶炼及压延加工业	5993.19
51	唐山松下产业机器有限公司	通用设备制造业	5738.88
52	迁安市磨盘山铁矿	黑色金属矿采选业	5578.50
53	乐亭县渤港物贸有限公司	批发业	5532.76
54	唐山开滦林西矿业有限公司	煤炭开采和洗选业	5531.40
55	唐山东海钢铁集团有限公司	黑色金属冶炼及压延加工业	5131.77
56	河北省唐山市滦通商贸有限公司	批发业	5092.91
57	唐山氯碱有限责任公司	化学原料及化学制品制造业	4868.14
58	唐山市恒安实业有限公司	黑色金属冶炼及压延加工业	4824.37
59	蒙牛乳业（唐山）有限责任公司	食品制造业	4822.44
60	唐山天柱钢铁集团有限公司	黑色金属冶炼及压延加工业	4570.99
61	唐山津西鑫益钢铁有限公司	黑色金属冶炼及压延加工业	4561.40
62	唐山东盛烧结有限公司	黑色金属矿采选业	4542.27
63	迁安市联旺化工厂	石油加工、炼焦及核燃料加工业	4493.51
64	唐山爱信齿轮有限责任公司	通用设备制造业	4460.74
65	开滦（集团）有限责任公司煤炭运销经营部	批发业	4427.72
66	迁安联钢鑫达钢铁有限公司	黑色金属冶炼及压延加工业	4370.11
67	迁安兆丰冶炼有限责任公司	黑色金属冶炼及压延加工业	4304.09
68	庞大汽贸集团股份有限公司	批发业	4301.48
69	唐山亚利陶瓷有限公司	非金属矿物制品业	4264.83
70	迁安市凯达工贸有限责任公司	批发业	4236.13
71	冀东水泥滦县有限责任公司	非金属矿物制品业	4041.14
72	迁西福珍全矿业有限公司	黑色金属矿采选业	4038.17
73	河北永顺实业集团有限公司	石油加工、炼焦及核燃料加工业	3819.04
74	唐山三友热电有限责任公司	电力、热力的生产和供应业	3700.13
75	唐山马家沟矿业有限责任公司	煤炭开采和洗选业	3671.86
76	唐山瑞丰钢铁（集团）粤丰钢铁有限公司	黑色金属冶炼及压延加工业	3663.24
77	唐山市丰润区电力管理局	电力、热力的生产和供应业	3629.58
78	唐山爱信汽车零部件有限公司	交通运输设备制造业	3509.15
79	唐山赛德热电有限公司	电力、热力的生产和供应业	3507.90
80	唐山唐钢气体有限公司	化学原料及化学制品制造业	3453.46
81	唐山冀东石油建设工程有限公司	石油和天然气开采业	3389.98
82	迁安市宏奥工贸有限公司	石油加工、炼焦及核燃料加工业	3155.20
83	唐山钢鑫板材有限公司	黑色金属冶炼及压延加工业	3061.34
84	唐山众业不锈钢有限公司	黑色金属冶炼及压延加工业	3057.04

85	唐山宝泰钢铁集团有限公司	黑色金属冶炼及压延加工业	3026.86
86	河北永新纸业有限公司	造纸及纸制品业	2892.53
87	唐山市汇丰炼焦制气有限公司	石油加工、炼焦及核燃料加工业	2842.14
88	迁安市马兰庄镇新水第二铁矿	黑色金属矿采选业	2837.42
89	唐山华润热电有限公司	电力、热力的生产和供应业	2828.88
90	唐山市冀东解放汽车销售服务有限公司	零售业	2823.90
91	唐山市博鳌煤业有限责任公司	煤炭开采和洗选业	2786.46
92	唐山市通宝焦化有限公司	石油加工、炼焦及核燃料加工业	2708.90
93	唐山新兴焦化股份有限公司	石油加工、炼焦及核燃料加工业	2654.05
94	迁安市电力公司	电力、热力的生产和供应业	2605.45
95	遵化市电力公司	电力、热力的生产和供应业	2597.64
96	唐山市丰南区电力管理局	电力、热力的生产和供应业	2575.15
97	唐山三友碱业（集团）有限公司	电力、热力的生产和供应业	2568.67
98	唐山开滦热电有限责任公司	电力、热力的生产和供应业	2528.45
99	迁西县金信矿业有限公司	黑色金属矿采选业	2527.46
100	中国石油化工股份有限公司河北唐山石油分公司	批发业	2422.09

2008年度地税纳税十强企业

单位：万元

序号	纳税人名称	入库税额
1	唐山钢铁股份有限公司	77885
2	开滦精煤股份有限公司	18029
3	首钢矿业公司	15862
4	唐山港集团股份有限公司	15147
5	开滦（集团）有限责任公司	12190
6	迁安市马兰庄镇南山铁矿	11099
7	中国石油天然气股份有限公司冀东油田分公司	10438
8	华北电网有限公司唐山供电公司	10123
9	唐山三友化工股份有限公司	9946
10	唐山首钢马兰庄铁矿有限责任公司	9844

餐饮业

【概况】 2008年，全市餐饮业销售平稳发展，销售额比上年增长28.7%，达到118.27亿元。主要表现以下特点：一是餐饮企业正规化、规范化、标准化经营得到加强。为贯彻落实商务部《餐饮企业经营规范》，市组织汇编、印制了《餐饮企业经营规范集》五千册，发放到各餐饮企业，还分三期组织135人参加全省“冀菜饮食研修”班，唐山市中国烹饪大师徐福芹、李廷臣、高明远、翟福春主讲授课，并聘请钓鱼台国宾馆孙玉河大师亲临研修班，示范讲解国宴菜。为积极推行标准化服务，做好服务奥运会和曹妃甸国际论坛工作，7月举办英语、手语培训班，饭店餐饮及其他窗口行业服务骨干62人参加，通过此次培训，提高了从业人员服务水平。二是国家特级、省级酒店评审上台阶。唐山明星饭店、唐山金盛万豪餐饮有限公司顺利通过国家特级酒店的评审。遵化市老兵尼特饮食有限公司通过河北餐饮名店名火锅的评审。三是饮食文化参赛获殊荣。中国烹饪协会9月在北京举办“全国厨师节”，唐山鸿宴饭庄荣获中国金厨团体奖，唐山凤凰园餐饮公司烹饪大师王新民荣获金厨奖，唐山盛世金苑御都食府荣获中国餐饮企业信用评价“AAA”级单位。

【组织餐饮企业参赛活动】 11月25日至27日，市组织鸿宴饭店、凤凰园餐饮公司、明星饭店、石油宾馆4个团体队，刘劲飞、周福宝等23人，参加第六届全国烹饪大赛石家庄市赛区的比赛，荣获团体金杯2个、银杯1个、铜杯1个，23名个人选手分别获得4金、8银、6铜、5个优秀的好成绩，刘劲飞取得河北赛区第一名。组织推荐73人，10家企业和2个社团为河北省烹饪协会成立二十周年活动受表彰单位和个人。5月市餐饮协会会长时建国带领唐山盛世金苑餐饮有限公司赴上海参加美国马铃薯协会举办的“马铃薯菜品大赛”，盛世金苑现场制做的菜品荣获最佳营养搭配奖。

（侯军亚　胡建军）

鸿宴饭庄

【概况】 鸿宴饭庄创建于1937年，是商务部认定的中华老字号企业，经历了我国70余年各种经济体制下餐饮市场的变化，2001年改为股份合作制企业后，在全体员工的共同努力下，老字号饭庄青春焕发，以优秀的经营业绩和先进的管理水平，使各项指标均创历史新高。

鸿宴饭庄总店座落在唐山市新华西道99号，另拥有一个直属分店白孔雀店，是目前唐山餐饮业唯一兴盛不衰的老字号饭庄。

鸿宴饭庄名师荟萃、能人云集，有中国烹饪大师、燕赵技能大师、河北省特级烹饪（服务）大师和名师、全国技术能手、全国百名优秀厨师、全国商业系统劳动模范等，还有在全国烹饪技术大赛和河北省烹饪技术大赛屡获金牌的佼佼者，先后有10多名特级烹调技师、面点师到日本、德国等国家进行烹调献艺，曾经代表河北省餐饮业到马来西亚参加首届“世界烹炉大观”表演赛，树立了良好的国际形象。

鸿宴饭庄的菜点以选料精细、做工考究、质量稳定、特色鲜明而著称，经过多年的努力，形成了自己的特色。煨肘子、酱烧茄子、红烧裙边、酱汁瓦块鱼、南烧冬笋等于1999年被国家贸易局评定为中国名菜；兰花虾片、官烧目鱼、红燕雪哈羹、蟹黄鸡茸菜心、鸡汁广肚、菜胆鱼翅等于2003年被中国烹饪协会评定为中国名菜；锅塌西红柿、葱烧鹿筋、红烧鱿鱼于2006年被中国饭店协会评定为中国名菜；传统小吃棋子烧饼1997年被中国烹饪协会评定为“首届中华名小吃”。

鸿宴饭庄曾荣获省级先进企业、省级明星企业、省级卫生先进单位、河北省消费者信得过单位、河北省服务质量奖、首批中华餐饮名店和绿色餐饮企业、国家特级（五钻）酒家、振兴唐山先进单位和精神文明建设先进单位、2006年被商务部认定为中华老字号企业、河北省著名商标企业、河北省最具市场竞争力企业、AAA级河北省劳动关系和谐企业、河北省“五一”劳动奖章等荣誉称号。

娱乐

【概况】 全市文化娱乐经营单位共1407家。音像制品经营单位

526家，其中：市属28家，市中心区116家，各县（市）区410家；互联网上网服务营业场所530家，其中市中心区104家，各县（市）区426家；歌舞娱乐场所292家，其中市区58家，各县（市）区234家；演出团体50家，其中市区23家，各县（市）区27家；艺术表演场馆5家，演出经纪机构4家。据统计，2008年全市文化经营资产总额4.76多亿元，上缴利税近6000万元，安排就业7000多人。

【常规管理和集中清理】 按照网吧、音像等专项整治的要求，组织集中行动，对各类不法经营予以有效的打击。坚持以日常监管为主，把更多的精力放在规范经营行为、查处违法经营上，坚持了打防结合，以防为主。

【重点工作与重点部位】 在全方位做好工作的同时，根据每年的工作任务和唐山市的特点，确定不同的侧重点。网吧的治理工作以违规接纳未成年人及提高“净网先锋”在线率为重点；歌舞娱乐场所以在全市组织开展卡拉OK场所经营单位情况调查及查找安全隐患为重点；音像市场以严厉打击政治性和淫秽、色情类非法盗版音像制品为重点，严查地下黑库，着力查处地下发行网络，加强对火车站、建国路、新华道、旧货市场、玉田县鸦鸿桥音像市场等重点地区、重点部位的监管；演出市场以严厉打击淫秽色情表演为重点，并对农村庙会演出始终保持高压态势。

【传统检查与科学管理】 依据“网吧”更新设备快、规模增大、管理人员配备不足这一现状，按照文化部、省文化厅的统一部署在全市大力推进网络平台的建设工作，平台升级工作已完成后，以提高在线率为重点，加强了其后续监管工作，为网络市场的平稳有序发展提供科学依据。

（附：2008年全市共有印刷复制单位1403家（其中出版物印刷企业19家，专项报刊印刷企业3家，专项装订印刷企业2家，专项制版印刷企业2家，内部资料印刷企业23家，包装装潢印刷企业176家，其它印刷品印刷企业352家，打字复印单位826家）。全市印刷业注册资本约11.22亿元，资产总额23.75亿元，年总产值约22.71亿元，工业增加值约4亿元，销售收入约25.20亿元，利润总额约2.72亿元，税金及附加值2.5亿元，从业人员14940人。）

（马佳杰）

中　介

【概况】 全市中介单位2008年工商登记的共有332家，大体上可分为科教文化信息中介、车船运输中介、百姓信息中介、劳动力中介、房地产信息中介、企业服务和其它中介等8个大类。

科教文化信息中介：登记的单位为40家，主要分为四个大类，1科技咨询服务类，如唐山市冠华科技咨询服务有限公司等；2教育服务类，如唐山市金科教育信息咨询有限公司等；3文化传播类，如北京万佳文化交流有限责任公司唐山分公司等；4旅游服务类，如唐山市旅游咨询服务中心等。

车船运输中介：到2008年底登记的不足30家，主要分成三类，旧机动车交易类，如广鑫旧机动车交易市场有限公司等；驾驶员服务类，如唐山海港瑞诚船员服务有限公司、唐山市机动车驾驶员古冶考试场服务处等；货物流转类，如唐山市路南项宇货运处、唐山曹妃甸工业区海源货运代理有限公司等。

房地产信息中介：共有百余家，主要以提供租房和售房信息为主，也有少量提供物业管理信息的单位。较大的公司有唐山千家房地产经纪有限公司、唐山顺驰不动产有限公司等。

百姓信息中介：目前全市登记的在40家左右。包括投资理财类如北京阳光升财投资顾问有限责任公司唐山分公司；家政服务类如唐山市手帮手咨询服务有限公司、唐山泰康家政信息服务有限公司等；农民信息服务类如滦南县杨岭镇科普服务部等。

劳动力中介：全市到2008年底登记的有11家，如唐山市商贸服务业职业介绍处、唐山市路南力天劳动服务有限公司、唐山市路北成泰职业介绍中心等。

企业服务类：2008年底在市工商局注册登记的有9家，分别是唐山平安企业管理咨询有限公司、唐山市工程咨询中心、唐山元龙担保有限公司、唐山市恒奇经济管理咨询有限公司、无锡市强人商务咨询服务有限公司唐山分公司、北京邦泰达投资有限公司唐山分公司、唐山鸿升企业资产管理有限公司、唐山市隆洋企业管理咨询服务有限公司、唐山海瑞建筑工程咨询服务有限公司。

（冷　编）

家　政

【概况】 家政服务属于近年来新兴的服务行业，主要针对居民家庭的各项需求提供服务，到2008年底在市工商局注册的家庭服务类企业有200余家，按专业分工可分为三大类：1专职保洁类，如唐山天川保洁服务有限公司、唐山市佳洁保洁有限公司等企业，以做室内卫生为主，既可为居民家庭提供每周的定期服务，也可为新装修或新入住的房屋提供一次性保洁，还同时为一些公共单位或企事业单位提供类似服务；2人员服务类，如唐山市军星物业服务有限公司、唐山市八方家政服务有限公司、唐山十月天家政服务有限公司等，可以为居民提供保姆、家教、看护人员等项服务；3其它服务类，如三替公司提供的搬家服务、王氏开锁公司提供的开锁服务等。

（冷　编）

拍卖业

【概况】 到2008年底，全市拍卖行共计29家，企业员工达368人，具有拍卖业资格证书人员达69人，注册拍卖师35人，房地产评估师8人，旧机动车评估师6人，其它专业技术人员25人。累计召开拍卖会千余场，拍卖总成交额10亿多元，平均增值率25%以上。其中2008年举办拍卖会210场，签订成交确认书427份，成交金额10.68亿元，拍卖增值率11.87%。

【简要历程】　唐山拍卖行业起源于1992年。第一家拍卖行为唐山市拍卖行，是经河北省工商行政管理局注册、市政府批准的科级单位。承担着我国法律法规和政策允许的抵押、缉私、罚没、无主物资，执法机关仲裁变卖物资，以及国有企业改革资产拍卖的任务。起到了管理好国家财物，减少财政流失的作用。

（王东生）

唐山市拍卖行有限公司

【概况】　唐山市拍卖行组建于1992年，是唐山市有史以来首家拍卖企业，是最高人民法院选用的法院系统涉案物品拍卖机构，是唐山市人民政府指定的公物处理拍卖人，是各大银行及资产管理公司指定的拍卖机构。从成立到现在，认真贯彻落实《中华人民共和国拍卖法》、国务院及各级政府关于公物处理实行公开拍卖制度，积极开拓市场，严格依法执业。

【年度成果】　2008年，共举行拍卖会26场，拍卖总成交额4.02亿元，为公物增值约30%，增值1.2亿元。业务范围涵盖了土地、房产、机动车、船只、机器设备、租赁权等诸多领域。同时为希望工程、抗震救灾等举行数场义拍活动，为社会义拍捐赠100多万元。

6月1日，与唐山南湖国际高尔夫俱乐部合作举办“山川同在，血脉相连”唐山“帮一点”赈灾慈善义拍活动，筹集善款73万余元。四川汶川地震后中央电视台一套、二套节目第一个报道全国人民捐款救灾的镜头，就是唐山市政协主席接受唐山市拍卖行行长陈淑玲为灾区捐款的画面。

由于唐山市拍卖行严格依法开展拍卖活动，在唐山市人民面前树立了良好的行业形象，也带动了唐山市的拍卖业发展。2008年被中国拍卖行业协会评为AA级拍卖企业，是唐山市唯一一家AA级拍卖企业。

（马振刚）

典当业

【概况】　到2008年底，全市典当行业共有单位40家（包括分支机构）。其中市中心区25家，迁安市5家，遵化市3家，丰润区3家，唐海县2家，乐亭县两家。从业人员500多人。全年业务总笔数达2359笔，年典当总额超过20亿元。其中典当总额超过5000万元的有12家，超过亿元的有7家，全市典当企业注册资本总计为7.6亿元，占全省典当行业注册资本总额的40.2%。

【社会贡献】　全市第一家典当行为海华典当有限公司，成立于2001年。典当作为非金融行业的特殊行业，为企业增加了一条新的融资渠道，也是对金融业的必要补充。据调查，全市的整体典当需求不少于20亿元。典当企业在获取自身利益的同时为全社会做出了积极贡献。据统计，典当行业业务总量中用于对工矿业的支持率为20%，对房地产业的支持率为30%，对其它中小企业的支持率为28%，对消费者个人支持率为22%。在整个社会经济生活中发挥了“支持生产、活跃流通、扶危解困、方便群众”的社会职能。

（王东生）

海华典当有限责任公司

【概况】　成立于2001年1月，注册资本2000万元。2008年全年累计抵押贷款和质押贷款资本额达到15000万元，比开业初期的2002年增长了4倍。其中支持中小企业、私营企业和个体经营项目21个，累计贷款额12000万元。在传统典当业务中，累计向城乡居民提供金饰品等传统质押贷款1195笔，累计贷款3000万元。解决了部分城乡居民因病、因突法事故、因子女上学造成的资金短缺困难。

（徐爱亭）

金德典当有限公司

【概况】　成立于2005年10月，注册资金5000万元。目前以唐山典当行为总部，下设有乐亭、滦南、唐海、北京经济技术开发区等四家分公司及拍卖行一家，另设有唐山金信典当行、秦皇岛建业典当行等两家独立典当行。实现了公司的典当连锁经营模式。

（王　东）

运输及物流

【概况】　全市运输及物流行业2008年登记的单位有1500余家。按运输领域可分为陆海空三个部分，其中海运公司110家，如唐山海港海陆运输有限公司、唐山海港兴唐船务货运代理有限公司、唐山海港鼎丰船务有限公司等；空运单位4家：分别是中外运－敦豪国际航空快件有限公司河北唐山分公司、秦皇岛冀东航空服务有限公司唐山分公司、民航快递有限责任公司唐山分公司、秦皇岛冀东航空服务有限公司唐山分公司（客运）；其余均为陆路运输，如唐山一运集团、唐山通达集团等。按运输项目可分为客运、货运和特种运输三类，货运单位超过1300家，其中承揽国际货运业务的单位有40家，如河北恒业国际货运有限公司、唐山曹妃甸工业区鹏宇国际货运代理有限公司等；特殊品种运输单位有6家，如唐山开滦（集团）化工有限公司危险货物运输分公司、唐山市汇通特种件装卸运输公司等。

（冷　章）

会展业

【概况】　会展业由唐山市贸促会主管，2008年指导、协调和主办的全市展会共20余个，其中包括京津冀（唐山）国际制造业装备博览会、节能减排与资源综合利用投洽会、环渤海房展、唐山奇石玉器工艺品博览会等一系列展会。其中第五届京津冀国际制造业装备博览会落户唐山。有来自国内18个省、市及国外的130余家生产企业参展，展位260个，展出规模10000多平方米。集中展示了先进的机械装备与工艺、安全生产装备及技术。

【成立会展业协会，提高会展整体水平】　于2008年2月29日召开唐山市会展业成立大会暨第一届会员代表大会，大会审议并通过了《唐山市会展业协会章程》，产生了执行机构。7月7日，邀请了商务部国家贸易经济合作研究院会展专家俞华博士来唐考察，研讨全市会展业发展工作，

【开展国内外会展业交流与合作】　一是于6月12至13日，赴北京走访了澳大利亚国际商会、荷兰中国商会、中国阿拉伯国家商会、中国联合钢铁网、非洲投资网。重点推介了第十一届唐山中国陶瓷博览会和第二届中国（河北）国际冶金工业博览会，并就如何开展展会合作、合作的方式、方法等事宜进行了商谈。二是组团考察了国内会展业较为发达的成都市、青岛市、大连市和沈阳市，交流了办展经验。派员参加了会展经理培训，加强了会展业人才队伍建设。

【有效发挥会展综合功能】　一是于年初组织七位陶瓷书画大师参加了由中国世界民族文化交流促进会主办的“中国非物质文化遗产手工技艺交流展”。展示了唐山艺术陶瓷的高超技艺，推介了“北方瓷都”的发展成就。二是10月18日至22日，以副市长于山为团长的唐山市代表团参加了2008中国景德镇国际陶瓷博览会。在博览会上单独设立了唐山展区，唐山市贸促会组织了博玉、金仪、元亨、开元等9家陶瓷企业和13位陶瓷艺术大师参展，产品涉及到日用瓷、建筑瓷、艺术瓷等六大类瓷种。三是于5月28日至6月2日在唐山国际会展中心举办第四届唐山国际汽车展，参展品牌多、覆盖层次广，展会期间参观观众近20万人次，整车成交量达650余辆，总成交金额1.5亿元，实现税收上千万元。四是精心筹办第十一届唐山中国陶瓷博览会。本届陶博会共有国内外274家陶瓷厂商到会参展，参展陶瓷产品达数十个系列、上千个品种，名牌名企比例达到70%以上，琳琅满目，绚丽多彩，给中外宾客留下了深刻印象。本届陶博会到会客商和来宾7300多人，为历届最多。本届陶博会共签订陶瓷贸易合同额25.3亿元人民币；其中，内贸成交合同额15.37亿元人民币，外贸成交合同额9.93亿元人民币，均创历届最好水平。五是成功举办了第二届中国（唐山）建筑装饰材料及建筑机械博览会。在首届建材展成功举办的基础上更加突出了新材料、新技术、新产品的推介，更加注重了通过展会推动全市建材行业产业转型和结构调整，更加明确了政府引导，市场化经营的办展新路径。展览面积达到7000平方米、标准展位200余个，80余家企业参展。促成贸易合同成交额达到1.1亿元。

（向阳明）

国内贸易

编纂 赵世昌

消费品批发零售业

【概况】 2008年，全市社会消费品零售总额实现809.76亿元，同比增长24.8%，提高5.6个百分点。分季度看，社会消费品零售总额稳步增长。一季度实现社会消费品零售总额189.73亿元，以24.39%的增幅开局，二季度实现185.98亿元，同比增长26.46%；三季度实现204.73亿元，同比增长24.5%；四季度实现229.32亿元，同比增长24.10%。城乡市场繁荣活跃。市区零售总额478.91亿元，同比增长24.7%，县（市）区零售额123.95亿元，同比增长25.8%。县以下零售额206.9亿元，同比增长24.5%。大型批发零售业、餐饮业增势强劲。全市批发零售业实现零售额678.61亿元，同比增长24.2%，占全市零售额的83.74%。餐饮业实现零售额118.27亿元，同比增长28.7%，增幅高于社会消费品零售总额3.9个百分点，比批发零售贸易业高4.5个百分点。其它行业实现零售额12.88亿元，同比增长22.7%。

社会消费品零售呈以下特点：一是消费品市场规模不断扩大。各县（市）区均保持强势增长态势。全市16个县（市）区中，唐海县、丰南区、迁安市、路北区、丰润区、古冶区和遵化市增幅高于全市平均水平，同比分别增长27.6%、27.0%、26.4%、26.0%、26.0%、25.6%和25.6%。增幅在14%以上的县（市）区有滦南县、汉沽管理区、滦县、迁西县、乐亭县、玉田县、开平区、芦台开发区，增幅分别为24.0%、23.4%、22.5%、22.3%、21.9%、20.6%、20.2%、14.0%。二是城乡居民收入增长，拉动消费快速攀升。2008年，城市居民人均可支配收入达到16382元，增长15.1%；农民人均纯收入达6625元，增长13.7%。城市居民人均消费性支出12026元，增长9.9%；农民人均消费性支出4658元，增长19.9%。居民收入增加有效拉动消费需求增长。三是销售亮点突出，消费升级加快。从限额以上批发零售贸易业商品零售统计数据看，吃、穿、用等大类商品销售均保持稳步持续增长，汽车、通信产品、家用电器以及发展型、享受型等升级换代商品是消费市场亮点。四是价格拉动作用凸现。2008年，全市居民消费价格同比上涨6.1%，高于同期1.8个百分点。其中城市上涨5.1%，农村上涨7.9%。在八大类商品中，食品上涨13.5%，烟酒及日用品上涨2.5%，衣着上涨1%，家庭设备用品及维修服务费上涨0.8%，医疗保健和个人用品上涨3.5%，居住上涨7.4%。各类消费市场快速发展。2008年，全市城乡商品交易市场548个，其中各类专业市场65个，实现商品成交额579.89亿元，同比增长21.2%。

【积极谋划修订《商业发展规划》】 按照加快城市建设改造步伐，实现城镇面貌三年大变样的要求，重新谋划制订科学合理、适度超前，并与城市建设总体规划相配套的《商业发展规划》。《规划》的编制遵循以下原则：一是与全市城市改造建设相适应。突出做好曹妃甸新城、凤凰新城、南湖生态城、空港城“四大功能区”商业发展规划，拓展城市商业发展空间，展示唐山崭新形象，提高城市档次和品味。二是与加快发展方式转变和结构调整相适应。新《规划》以科学发展示范区建设为总揽，把加快发展方式转变和结构调整作为制订规划的主攻方向，推进现代化商贸流通业加速发展。三是与唐山市城市建设整体规划相适应。四是与对外开放、招商引资的宏观形势相适应。新编制《规划》根据全市繁商区、次繁商区以及客流、服务半径等相关情况，明确规定出外商投资项目的位置、规模和业态，使外商投资企业进驻唐山市有章可循。

【继续加大市场运行监测力度】 一是市场运行监测水平不断提高。狠抓城市生活必需品、重要生产资料、重点流通企业、奶制品监测日报和商务部应急商品数据库重点联系企业五大系统和300种生产资料、600种生活资料的数据信息采集及报送，使全市69家监测样本企业的信息报送取得显著效果，监测信息报送率持续保持全省乃至全国领先水平。二是节日期间监测力度加大。“春节”、“十·一”黄金周期间，着重就市场供应、食品安全和节日市场运行进行调控、监测分析，在全市选择25家有代表性的综合商场、农副产品批发市场、大型超市、餐饮企业，就商品供求状况、促销措施、消费热点、食品安全等多方面全方位监测，及时向市政府、省厅和相关部门提交黄金周市场分析报告。以通报形式报送各有关部门和企业。三是加大监测成果转化工作。加强调研分析，使监测成果运用水平得到提高。表现为监测信息的可用性增强。对监测数据进行加工整理，通过简报、分析等形式，向市政府、省厅反馈市场运行动态信息，并通过网络平台、信息刊物、新闻媒体等，及时发布监测信息及调研报告，扩大商务领域运行监测信息的社会影响。

【应急处置工作取得显著成效】

一是积极配合省商务厅抗击南方冰雪灾害。迅速在全市范围内展开可外调蔬菜储备工作，储备蔬菜5050吨，占全省蔬菜调运计划的25.77%，圆满完成全市蔬菜储备任务。二是动员全市商务系统全力投入抗震救灾工作。市及13个县（市）区商务主管部门和93家商贸流通、特殊行业、中外合资企业捐助14300件（箱）抗震救灾物资，106.68万元人民币和1万美元善款。三是成立奥运期间市场供应领导小组。负责全市奥运期间市场供应的宏观调控、食品安全和运行监测工作，确保奥运期间商品供应、食品安全和市场运行监测工作顺利进行。四是积极做好全国“婴儿奶粉事件”应急处置工作。下架、封存和召回问题品牌奶粉55028袋（听）和问题液态奶17413袋（盒），其中三鹿奶粉31662袋（听）。同时采取切实有效措施，确保奶制品市场不脱销、不断档，维护奶制品市场的平稳运行。

【连锁经营和特许经营较快发展】

唐山华盛超市、冀东物贸、凤凰园美食城、唐山百货大楼集团等连锁龙头企业积极建设连锁分店，重点发展特色连锁专业店、专卖店和便民连锁超市，以直营连锁为主，向特许连锁和加盟连锁发展。2008年，全市连锁门店超过6家的连锁企业达到49家，新增连锁企业18家，连锁门店总数548家。

【大力推进“万村千乡市场工程”】

根据商务部《关于做好2008年“万村千乡市场工程”工作的通知》及河北省商务厅相关文件精神，将“万村千乡市场工程”建设作为市场体系建设的重中之重。2008年，经商务部核准确定丰南、丰润、迁安等9个试点县（市）区12家承办企业，建成标准化农家店2100个，配送中心13个，实现销售收入23.6亿元。“万村千乡市场工程”覆盖全市9个试点县（市）区70%的乡镇、41.8%的行政村，形成营业面积12.3万平方米，带动就业0.72万人，全市260万农民直接受益。

【继续推动“双百市场工程”建设】

遵照《商务部财政部关于2007年继续实施“双百市场工程”的通知》精神，对全市境内各大农产品综合、专业市场和农产品经营企业进行走访，就其冷链系统、质量安全可追溯系统、检验检测系统、安全监测系统等设施进行详细考查，按照“巩固成果、适当调整、扶优扶强”的原则，确定遵化市燕山果菜批发市场、荷花坑批发市场和南新道水产品批发市场为“双百市场工程”推荐企业。引导和支持华盛超市、八方购物广场等农产品流通企业积极创造条件，尽早加入“双百市场工程”建设行列。

【“农产品批发市场标准化”建设】

根据商务部、农业部、国家税务总局、国家标准委四部门《关于开展农产品批发市场标准化工作的通知》和省商务厅、农业厅、国税局、地税局、质监局《关于做好2007年度农产品批发市场标准化工作的通知》和《河北省推进农产品批发市场标准化工作实施方案》精神，结合唐山市农产品批发市场发展现状，经过认真研究、反复筛选，推荐和培育荷花坑市场、南新道水产品、冀东果菜、遵化燕山果菜、唐山通达水产品、滦南县姚王庄青河沿果菜、迁西县喜峰口板栗专业合作社（迁西县喜峰口山货市场）、玉田金玉果菜、建昌营粉条专业批发市场9家农产品批发市场为全市“农产品标准化市场建设”大型农产品批发市场。

【物流项目与物流规划】 生产性物流在原来16项基础上新增两项。一是北京大唐伟业物流公司投资1.5亿元的小山仓储物流中心，进入规划之中。二是住友建机、重机株式会社投资11.3亿元建设住友（唐山）工程机械物流中心，3月完工投产。唐山生产性物流重大项目增加到18项，总投资增加到60亿元。2007年谋划的项目按程序抓紧操作，实现唐山市生产性物流与全市经济快速发展相配套。《唐山市现代物流规划产业链发展规划》形成征求意见稿并向各相关企业征求意见，根据反馈意见修改完善后，《唐山市现代物流规划产业链发展规划》报批执行。

【严格成品油市场监管】 对全市1237家加油站和255家加油网点进行年度审核。对存在无《危险化学品证明》、有证无站、无审批手续和私自改扩建等问题的加油站和加油网点予以注销，其中加油站43家，加油网点46家。对未通过年检的185家加油站和56家加油网点责令限期整改，整改验收合格后通过年检。积极采取应对措施，确保成品油市场供应。一是加强对成品油市场的密切监测，启动实施成品油购、销、存日报制度，正确判断市场形势，一旦出现市场异常波动，在第一时间内报告市政府和主管部门。二是督促批发零售企业增加油品投放量，协调中石油、中石化两大公司积极争取上级公司增加对唐山地区的资源配置。同时，努力增加自采进货量，加强与山东、秦皇岛等地联系，拓宽货源渠道，保证市场供应。三是做好重点供应工作，保证政府部门、公安、邮政、抗震救灾、重要厂企、“三夏”等重点行业、重点领域用油，确保社会稳定。四是积极与有关部门协调合作，对具备营业条件，但因手续问题停业的加油站，采取灵活权变方式，使其先行营业，以增加加油站数量，缓解市场供应紧张状况。规范市场行为，净化市场环境。由市整规办牵头，会同市油管办、工商、税务、质监、安监、物价、消防等部门组成联合检查组，在全市范围内开展成品油市场专项检查。检查22条主要干道44家加油站，对侵犯中石油、中石化商标权、加油机质量鉴定过期、擅自使用地上储油罐进行成品油批发业务等12家违法、违规经营加油站进行处理。震慑不法经营者，促进成品油经营企业文明经营、文明服务，保障全市成品油市场持续、健康、稳定发展。

【抓好典当拍卖市场监督管理】 做到严格准入，积极引导，依法监管。一是组织对全市45家典当、拍卖企业2008年度资产、财务情况进行严格年度审计。对典当、拍卖企业资本、出资人、组织机构变更以及内部管理、规范经营、当票使用、遵守法律法规等情况进行检查。22家典当行全部通过A级年检。23家拍卖企业通过年检。二是对典当、拍卖、旧货企业实行动态监督管理。坚持谨慎监管、从严监管。做到政策透明，准入公开，严格执法，严禁典当、拍卖、旧货企业收赃、销赃，杜绝典当、拍卖、旧货经营活动中的违法违规行为。三是对13家申报典当行企业及8家申报拍卖行企业的资料进行严格的初审，并向省厅推荐。3家典当行申报企业和7家拍卖行申请企业资料通过省厅审核。2008年，全市典当、拍卖、旧货行业成交、销售额35.13亿元。其中典当总额18.45亿元，企业综合收入0.29亿元，利税0.19亿元；拍卖行业召开拍卖会210场，签订拍卖成交确认书427笔，拍卖成交额10.68亿元，全市8家旧货市场交易额超过6亿元。

【畜禽屠宰管理措施得力】 全年屠宰生猪175万头，定点屠宰率99%，查处各类违法违规案件146起，收缴病害肉、注水肉、非定点屠宰肉5066公斤。一是加强畜禽屠宰立法管理。2月26日，市政府第61次常务会议通过《唐山市生猪产品市场准入管理办法》，自2008年4月1日起施行；10月10日，市政府发布《唐山市人民政府关于在市中心区实行生鸡定点屠宰集中检疫管理的通告》。二是改造升级生猪屠宰厂。先后投入6200万元对定点厂进行分级改造，撤销25家不符合条件的定点厂。81家定点厂中，达一级资质的有2家、三级资质的8家、四级资质的71家。三是对生猪、生鸡产品实行严格的市场准入和备案管理制度。四是实行上市白条猪必须加盖清晰的厂名滚花印章、动物产品检疫合格印章和肉品品质检验合格印章，上市白条鸡必须加施定点厂标志环和动物产品检疫合格标志环，同时具备《动物产品检疫合格证明》和《畜禽产品品质检验合格证明》。五是统一收费标准。全市生猪屠宰加工费统一为26元/头（一、二级生猪定点屠宰企业）或25元/头（三、四级）；检疫费统一为8元/头。六是稳步推进牛羊鸡定点屠宰管理。10月26日市中心区开始实行生鸡定点屠宰管理，屠宰生鸡17.67万只。

【加强酒类市场监管】 进一步整顿和规范酒类市场秩序，强化酒类市场管理。全年查处违法违规案件1543起，收缴假冒伪劣酒12979瓶。一是严格酒类许可证管理，开展酒类经营许可证换发工作。换发酒类批发许可证365个，零售许可证18000个。二是全面推行《酒类流通随附单》制度。各酒类监管执法队对贯彻随附单工作进行不间断检查，对存在的各类问题予以规范和纠正，查处了300起违规行为。全市发放和使用随附单1.5万本，市中心区随附单使用率达到98%，县城使用率达95%，农村达90%。三是深入开展啤酒市场专项整治，严格桶装、散装白酒的销售。四是继续开展创建"放心酒经营店"活动，评选出14家"放心酒经营店"，全市达67家。

【调味品产销管理稳步推进】 全市商务行政执法人员认真执行《唐山市调味品生产销售管理实施办法》，规范调味品产销市场秩序。一是加大法律法规的宣传力度，督导调味品生产销售经营者备案登记和年度核查。全市对3687家调味品生产、销售经营者进行备案登记和年度核查。二是加大执法检查力度，严厉查处制售假冒伪劣调味品违法行为。出动检查人员12681人次，车辆3124车次，检查经营主体6204家次，查处案件157起，收缴假冒伪劣调味品11974瓶（袋）。

【强化二手车交易及报废汽车拆解监管】 加强日常监管，督导企业规范经营，抑制盲目竞争，较好地保证二手车市场的正常经营与发展。2008年全市有报废汽车回收分支机构23个，回收报废汽车4107辆。

（陈国东 宋 鹏 侯军亚 胡建军）

供销合作社

【农民合作经济组织】 一是全市农合联组织体系建设日趋完善。新注册成立了2个县级农合联。同时积极推进农合联分会工作。迁安市社在农合联成立的基础上，分别在全市19个乡镇成立了农合联分会。滦南、乐亭、迁西等县（市）也正在开展农合联分会试点工作。目前，促进全市农民走联合发展的组织构架已经基本形成，12个县（市）区已有11个成立了县级农合联，会员总数已达1695个，各类协会428个，专业合作社208个，辐射带动农户61万户，年均助农增收16亿元。一批在当地经济中具有龙头带动作用的知名企业、涉农协会、农民专业合作社纷纷加入了全市农合联组织体系。二是农民专业合作社快速发展。全系统已建成较规范的专业合作社208个。其中，迁西的喜峰口板栗专业合作社、迁安市乐丫农产品专业合作社已成为省、市有一定影响的农产品销售企业。三是开展广泛的为农服务活动。立足农合联"十大服务功能"，通过建网站、办会刊，为广大会员和农民提供信息服务；通过组织会员和农民到先进地区参观考察，开阔农民和会员视野；通过组织会员和农民参加各种商品展示交易会，帮助农民会员拓宽销售渠道。特别是在第三届唐山市农产品展示交易会上，积极组织全市农产品加工型龙头企业、专业合作社、农合联会员单位到会参展交易。商品交易额达280万元，达成意向性协议150份，涉及金额8000万元。

【农村现代流通网络体系】 日用消费品连锁网络向更宽范围、更深层次发展。全市供销社共发展日用品超市69家，累计超市总数达到498家。开在农民家门口的供销社日用品连锁小超市不仅让广大农民享受到了实实在在的方便和优惠，而且也为农民的消费安全提供了有力的保障。农资连锁网络向规范化、标准化发展。全系统共发展、规范农资连锁店256家，使全系统农资连锁店总数达到了1381家。全系统日用消费品、农资连锁经营等农村流通网络建设已被列入了唐山市60个科学发展试验示范模式之一。再生资源回收利用网络建设有新进展。已制定了全市再生资源网络建设三年规划，计划在全市建立以流动收购人员、农村及城市社区回收站点为基础，以集散交易市场为核心，集回收、加工、利用为一体的再生资源回收利用网络。到目前，全市已对市中心区及丰润、丰南、开平等地2700名流动人员实行了“六统一”的会员制管理。

【乡村级综合服务中心（站）】 旨在改善农村生产生活环境，推进城乡一体化和社会主义新农村建设的乡村级综合服务中心（站）工作得到了全新的发展。全市乡村级综合服务中心（站）新增120个，使总数达到700个。服务涉及洗浴、家电修理、美容美发、幼儿教育、文娱活动等多种项目，极大地方便了广大农民的生产生活，让广大农民身处农村也能享受到类似城市化的消费服务。供销社乡村级综合服务中心（站）的建设理念受到市委、市政府的认可，

【农民职业技能培训】 一年来，通过市、县农合联、各类协会共培训农民1.6万人（次）。与省社职业技能鉴定中心联合开设的农产品经纪人、合作经济管理师、庄稼医生等职业技能鉴定培训班已办20期，共有1939名职业农民拿到了国家劳动与社会保障部颁发的《职业资格证书》。6月份，在省社、市委组织部的支持下，由全市百个老区贫困村选送的102名农村经济带头人参加了市社组织的农产品经纪人职业资格认证培训班。经过培训的农民活跃在全市农村经济发展第一线，在农产品的收购、储运、销售中，发挥着农民增收致富的骨干作用。

【项目建设】 龙头企业项目建设有新发展。全系统下大力气培育发展壮大龙头企业。在全系统11个农资龙头企业的基础上，由遵化市社控股、经营者参股，投资200万元，注册成立了遵化益民农资有限公司，目前正在发展农资连锁店，整合供销社原有农资网点。至此，唐山市供销社农资连锁网络已经能够覆盖全市广大农村。滦南县社组建了农产品购销型龙头企业——大唐农业发展有限公司，设置了农产品商务信息网络，同北京农产品批发市场及超市进行了业务对接。还深入东北收购稻谷2062吨，在当地超市销售。迁安市社正在运作综合物流配送项目，政府已划拨22亩土地，目前正在进行项目的相关筹备工作。基层社改造项目步伐加快。迁安市社擂鼓台、沙河驿两个基层社改造后，建成了两个乡镇级的综合服务合作社，年初与金客隆合作的超市相继开业，农民及社会各界反响较好。杨店子、木厂口、建昌营三个基层社改造即将完工。滦南县长凝、司各庄两个基层社改造后都建成了较大型综合服务中心，其中超市面积均在2000平米以上。迁西新集、乐亭汀流河、姜各庄等基层社经装修改造后也都开办了日用消费品超市。丰南稻地基层社改造也已竣工。全市65个基层供销社，到年底完成改造任务的达到58个，占总数的89%。社直单位项目建设取得可喜成绩。确定了8项计划实施项目和8项重点谋划项目，总计投资超过2500多万元，包括为适应唐山市城市建设发展需要建设的园林公司项目、为供销社发展增添新动力的农科院大楼改造项目、市副食品公司第四、第六批发部设施改造项目等已经基本完成或接近完成，为社直企业增加近1.2万平方米的营业面积，使社有资产利用效率大幅提升。其中由唐山市农合联与唐山市果品总公司、唐山市润川涞商贸有限公司联手打造的唐山市农合联新特农产品销售有限公司，占地4000平方米，预计年商品销售总额5000万元，公司“农合联”商标已在国家工商总局商标局申请注册。公司拥有覆盖唐山、京津等地大型超市及连锁配送中心的固定配送网点300多个，无公害、绿色、有机蔬菜、水果、粮油等近万亩供应基地，每天配送总额达5万元以上。

【服务领域拓宽】 先后在市区荷花坑市场和曹妃甸工业区内设立了盐业经销处，受到了用盐户的普遍欢迎，食盐销售量也逐月增加。在全市开展食盐安全专项整治活动，经过两个多月的工作，全市食盐市场得到净化。受国际、国内市场影响，2008年全市化肥供应紧张，供销社作为农资流通主渠道，一方面要求供销社系统连锁经营网络全力稳定化肥价格，为农民提供优质化肥，另一方面积极与化肥生产厂家联系，畅通进货渠道，降低进货成本。为防止全市化肥市场再次出现类似局面，市社在市政府的大力支持下，争取了化肥淡储任务，以调节化肥余缺，平衡市场供求，保障春耕秋播用肥供应。

（董春青）

粮食流通

【积极落实市县两级粮食储备】

到年底，5个市级储备粮承储企业全部完成入库计划。市级储备粮规模达到5万吨（含2004年已储备0.51万吨），其中小麦2.5万吨，玉米2万吨，面粉0.15万吨，大米0.35万吨。市级成品粮首次纳入储备，在全省处于领先地位。年底前五万吨储备粮首次落实到位。全市有10个县（市）区政府下达县级储备粮收储计划。其中玉田、丰润、丰南、迁西、迁安、遵化6个县（市）区储备粮落实到位，入库粮食3.40万吨（其中小麦2.72万吨、玉米0.68万吨）。同时，完成省储玉米3万吨收储入库、新增省储小麦指标1.1万吨并竞价入库、唐海县省储库计划上年度1.45万吨稻谷竞价销售三项工作。

【落实宏观调控措施】 一是完善粮食应急体系建设。在市区建立粮食应急加工网点6个、供应网点27个、储运网点1个，并上报省粮食局备案。同时，全市有11个县（市）区粮食应急预案通过政府批准并颁布实施。二是强化粮食流通统计和粮油价格检测工作。按时完成粮食仓储统计工作，及时汇总上报粮油储藏情况季报表和粮食企业

仓储设施年报表，随时掌握全市国有和非国有粮食企业仓储设施及粮食储藏情况，为各级政府实施粮食宏观调控提供参考依据。三是按时完成社会粮食供需平衡统计调查工作。按照省粮食局部署，组织各县（市）区粮食局开展2007年度社会粮食供需平衡统计调查工作。150多人参加统计调查，调查农户、城镇居民户和各类用粮企业样本1800余个，完成全部调查样本数据采集、整理、总体推算、数据生成和总结分析工作。

【粮食购销】　积极发挥国有粮食企业主渠道作用，坚持“购得进、销得出、不亏损”的原则，适时开展以小麦、玉米为主要品种的购销业务。全年累计收购粮食17.39万吨，销售粮食15.94万吨。企业盈利589万元，比上年多盈29万元。随着购销市场主体多元化，市国有粮食购销企业抵御市场风险能力逐渐增强，经济效益有较大改善。

【组织开展“执法实践年”活动】　以建立粮食经营台账，落实粮食流通统计制度为突破口，全市调用专业及临时执法车辆18部，出动执法人员2200人次，对辖区内1700余家各类粮食经营企业进行监督检查。查处粮食违法、违规案件50起，罚款2.06万元。在健全执法机构，完善制度上，丰南、迁安、滦南、开平、乐亭、唐海、古冶7个县（市）区编委批准成立专业粮食执法大队；全市151人获得监督检查行政执法资格；9个县（市）区的监督检查专项经费纳入当地财政预算，争取经费138.1万元。丰南、丰润、开平、迁安、滦南、乐亭、遵化、古冶8个县（市）区配备了专业执法车辆和相关执法器材。市粮食局制定了《唐山市粮食局行政执法依据、职权、责任分解及相关配套制度》。

【依法做好粮食收购资格审批工作】　建立和规范粮食收购资格审核制度和工作流程，健全行政许可公示制度和收购资格核查制度，将粮食收购许可的受理、审核、决定时限由过去15天缩减为10天。同时积极按时上报粮食收购资格季报表，及时掌握粮食收购许可证新增、变更、注销情况，加强对粮食收购资格审核的管理，全市已办理粮食收购许可证271个，其中国有46个、民营115个、个体105个、外资5个。

【仓储及规范化管理】　全市18个中央、省、市级储备粮承储企业均已严格落实保管员“分人包仓责任制”，定期开展粮情检查，确保储粮安全；积极推广计算机粮情检测、环流熏蒸、机械通风等科学储粮技术，科学储粮率达100%；市粮食局会同有关部门研究制定并经市政府印发《唐山市市级储备粮管理暂行办法》，各级储备粮管理做到“一符三专四落实”（账目与实物相符，专人管理、专账记载、专库储存，数量落实、品种落实、质量落实、地点落实），各级储备粮安全无事故。第二批规范化管理达标工作基本完成。

【军粮供应服务】　一、推行规范化管理，提高军供企业管理水平。市及玉田县、遵化市、丰润区四家军供站争取国家、省粮食局改造资金55万元，对库房、化验室、办公场地等进行修缮，改变站容站貌。唐山市、玉田县两个军供站不断创新规范化管理方法，23名职工全部纳入部队预备役，统一着装、统一内务、实行准军事化管理。二、抓质量，保供应。继续坚持军粮集中采购制度，执行军粮采购一批一检一报告制度，并设置军粮质量管理档案，责任到人。一年来，军供企业义务为部队送粮油98%以上，超额13.75%完成省粮食局下达的军供计划任务。三、强化措施，确保军供信息系统安全。唐山市军粮管理服务中心安装密码室远红外监控设备，对计算机移动介质加强管理，改装光盘刻录机，严格控制U盘使用，以保证军供信息的安全。

【产业化发展】　一、发展订单农业，促进农民增收、企业增效。2008年全市粮食订单播种面积10.2万亩，订单数量6.8万吨。二、依靠科技进步，推进粮油精深加工。全市规模以上粮油精深加工企业年销售收入达到22亿元，粮油加工转化率达到70%。全市有规模以上粮油加工企业49家，其中面粉加工企业14家，大米加工企业13家，饲料加工企业13家，食品等生产企业9家。三、实施名牌和品牌战略，提高产品竞争力。全市已有6家粮食产业化经营企业的6个产品获省级以上名优产品称号，在国内外市场的知名度和影响力不断增强。四、培育和发展龙头企业。与市农业产业化办公室共同审核，市委、市政府认定唐山秋利精制米业有限公司等17家企业为2009—2010年度唐山市粮食产业化重点龙头企业。

【抓好项目建设准备工作】　一是抓好省级油脂储备库项目前期工作。到年底，唐山市油脂储炼公司向市政府提出搬迁项目立项申请，原址土地已实施收储，并进入土地拍卖程序，待市政府确定搬迁选址后，即可组织项目实施。二是抓好唐山市粮油综合批发市场项目建设。经市政府批准，唐山市粮油批发市场建设项目纳入市粮食局与市供销社棉麻仓库共同建设“唐山市农产品综合批发市场”项目，现已完成设计方案、可行性调研论证工作，待市政府批准并立项后，进行实质性规划建设。

【组织开展“4+2”农业产业化科学发展模式试验示范工作】　一、抓订单，促进农民增收。以唐山秋利精制米业有限公司为依托，实行“公司+基地+农户”的经营模式，该公司精选国家优质品种“E28”稻种近4万斤，带动农户上千户，推广优质水稻种植面积近5000亩。利益共享、风险共担、长期稳定的利益联接机制初步建立。二、办基地，发展有机农业。为适应人民生活水平的提高和消费观念的改变，唐山秋利精制米业有限公司突出地方特色，发挥区域比较优势，创办580亩有机水稻示范基地。该基地有机大米生长期在180天以上，采用滦河水和地下水灌溉，施农家肥和有机肥并按照生态措施进行田间管理，无污染。该基地已获得国家有机食品认证。三、完善服务体系，推动试验示范企业科学发展。以市农科院和辽宁省北方水稻研究所为载体组建研发中心，以市粮食局为载体成立培训中心，搞好引导和服务，定期筛选先进适用技术，定向组织推广，聘请专家教授，组织开展各类培训，为农业产业化的科学发展提供人才和技术支撑。

（刘国发）

烟草专卖

【经济运行保持良好发展态势】 一是加强市场调研，掌握市场发展的动向，了解消费者真实需求，形成了科技含量较高的市场调研报告，为指导经济运行平稳发展打下了坚实的基础。二是狠抓卷烟购销计划管理。以市场定销量，以销量定品牌，以品牌定厂家，以厂家修订购货合同，确保购进的卷烟适销对路，满足市场需求。加强重点骨干品牌培育，为重点骨干品牌发展创造了良好的市场环境。三是完善需求预测工作机制，规范订单采集操作流程，拓宽货源公示渠道，全面推进了订单供货工作。四是高度重视协同营销，制订短期、中期和长期的经营战略协同目标，深入开展工商协同营销信息共享平台的研发工作，提高了工商一体化运作水平。五是优化网络运行机制，强化从业人员技能培训，深化客户终端服务体系建设，网络服务水平明显提升。一年来，完成卷烟总销量23.31万箱，同比增长4.49%；低档烟销量完成8.55万箱，同比下降1.78%；重点骨干品牌销售13.76万箱，同比增长21.63%。实现利税5.41亿元，同比增长19.5%；实现利润4.37亿元，同比增长21.76%。

【卷烟物流配送中心建设扎实推进】 成立了基建工程项目建设领导小组，按时召开周例会，强化监督管理。并聘请专业机构进行全程跟踪审计，聘请法律顾问全程参与监督管理，邀请市检察院和市纪委有关部门的领导参与监督检查，有效保障了工程建设的健康运转。截止2008年底，土建工程已完成总量的70%，累计完成投资6173万元，未出现任何质量及其它问题。

【专卖管理取得新突破】 一是加强内部监管。建立了内管机构，理顺了监管流程，进一步梳理营销中心、物流中心、稽查中心的管理节点，构建事前预防、事中控制、事后监督，全方位、全过程的监控体系。紧紧抓住准运证管理、卷烟入网落户销售等关键环节，不定期开展检查和抽查，内部监管工作取得扎实成效。内管工作取得了全省行业第一名。二是加大打假破网力度，一年来，查处各类案件693起，查获各类违法卷烟1640.79万支，罚没款18.04万元。破获符合国家局标准的卷烟售假网络案件5起，缴获运输车辆37辆，抓获犯罪嫌疑人127人，刑拘20人，批捕16人，已判刑10人，总案值9545.88万元。打假破网工作获得省局特殊贡献奖。三是加强专卖执法队伍建设。将全市卷烟市场进行划片、分区管理，优化机构设置，将“查、处、管、核”进行有效分离，明晰权责范围，理顺办事程序，提高工作效率。组织开展全区内管人员、专管员、客户经理等人员的法律学习，举办了烟草专卖行政许可文书制作培训，执法人员综合素质和业务能力得到有效提升。

【基础管理走上规范发展轨道】 一是扎实开展“三项检查”（物资采购、工程投资、广告促销）自查工作，将自查工作与规范流程、健全制度紧密结合，及时梳理和完善各项规章制度，形成长效管理机制。二是加强预算管理，修订完善《唐山烟草全面预算管理实施细则》，进一步细化资产管理制度，健全资金监管审批制度，完善费用报批程序，预算管理水平得到提高。三是科技创新工作取得可喜成绩。其中“卷烟供应链信息协同系统”创新项目被省局评为一等奖，“手机订单采集系统的开发及应用”及“全员学习系统开发及应用”两个项目获得二等奖。四是高度重视稳定工作。认真研究员工关心的问题和难题，对改任非领导职务、内退员工待遇、小集体用工等多个历史遗留问题提出了有效的解决方案。有理有据、依法依规的解决了困扰企业一年之久的阳光浴池信访事件，维护了企业的稳定发展。

（常月杰）

中国石化

【经营出成果】 全年坚持配置、自采两手抓，累计进货91万吨。克服了前8个月国际油价攀升、国内消费旺盛、系统外资源减少、供求矛盾突出的困难，保证了奥运盛会、抗震救灾、“三夏”生产等重点项目及行业的用油，并兼顾其他行业，维护了市场稳定。进入9月份后，受全球金融危机等因素影响，国际油价急剧下跌，国内资源出现了供大于求的局面。超前决策，主动应对，大力开展了促销上量活动。全年累计销售总量92万吨，同比减少2万吨；累计利税2.4亿元，同比增长33%。

【管理上水平】 开展加油站“管理服务提升年”活动。落实《安全生产禁令》、《安全生产纪律》，举行加油站、油库防恐应急演练，投资200余万元分轻重缓急对隐患部位进行了治理。组织了资金、发票、资产等专项检查，堵塞了企业管理漏洞。

【网站建设有突破】 完成了4座形象站改造，33座加油站和任各庄、坨子头2座油库的油气回收改造。新增IC卡站30座，172座加油站实现了IC卡系统联网，47座卡站可发卡充值，34座站安装了非油品POS系统。启动了任各庄油库扩容改造项目。结合工商、商务等部门，清理了43座假冒中国石化标识的社会站点。

【队伍更精干】 通过集中学习、以会代训、外出考察等途径，培训员工2657人次。组织了全区242座站长竞聘，25名优秀新员工被聘任，交流调整站长80人。组织了64名员工参加机关一般管理岗公开竞聘。9月份对部分中层干部进行了调整充实，干部队伍结构呈现年轻化、知识化的趋势。

（高　薇）

中国石油

【概况】　中国石油河北销售唐山分公司是唐山地区成品油零售业务的大型油品销售企业，隶属于中国石油天然气股份有限公司。现有员工1100余人，总资产4.66亿元，加油站132座，年销售成品油32.58万吨。唐山分公司切实履行中国石油的政治、经济和社会三大责任。大力改革创新，努力抢占市场，实行差别化、亲情化服务等营销策略，不断提升服务水平、拓展服务范围、扩大市场份额，全力打造中国石油品牌，单站销量稳步提高，整体效益逐年提升。先后获得华北公司党委"党支部建设示范点"、集团公司先进集体等多项荣誉称号，新华加油站等荣获了集团公司先进班组、共青团河北省委"青年文明号"等多项荣誉。

【合理谋划销售策略　营销管理水平提升】　一是灵活确定销售策略扩大销量。在资源异常紧张时，认真落实"保灾区、保'三夏'、保奥运、保重点"的四保方针，开辟抗震救灾、"三夏"用油、保障奥运三条绿色通道。设立了15座"三夏用油保供点"站，有效的保障了资源供应。在资源充裕、需求下降时，充分发挥价格杠杆作用，合理进行价格调整，确保竞争优势。二是推出优惠销售政策让利于民。积极采取多种促销增量措施：IC卡实施储值优惠；开展冬季促销，在20座站开展"加油即时送"和"加油抽奖"的促销活动；强化客户管理，分层次对加油站固定客户进行回访，对重点的108个固定客户进行了春节走访，增加客户忠诚度和满意度；组织一些业务能力强的片区经理和站经理开展小额配送业务，延伸油枪销售。

【强化基础管理　提高零售效益】　一是强化零售计划管理。派专人绘制区域日、月销售走势曲线，实行动态跟踪。每日跟踪销售进度，每周通报一次各片区销量进度；强化计划上报审核，建立加油站断档情况统计表，每周各片区汇报油站断档情况，紧盯油品配送及到位率，确保加油站油品不脱销、不断档。二是完善油品计划审核制度。建立了三级审核制度，强化停业站管理，实行停业审批制度。对区域内停业站按照"治理一座，成功一座"的总体要求和"齐抓共管、一站一策、分类指导、跟踪问责"的工作原则，建立了自上而下的目标责任体系和开业时间倒记时工作制度。将未开业站治理目标层层分解到具体人员，有效强化了管理责任，促进了停业站的管理。建立片区月度综合检查评比制度。通过片区互查、区域人员分组检查、专项检查等形式，对片区和加油站进行检查评比，颁发月度综合检查流动红旗和加油站荣誉证书，设立光荣榜，促动了片区加油站现场管理。三是确保加油站安全平稳运行。按照"谁主管、谁负责"的原则，进一步建立和完善安全环保长效机制，落实各项安全生产责任制，形成工作有计划、执行有依据、结果有检查、奖惩有力度的运行方式，促进各项安全保障工作的落实。积极宣传贯彻"反违章禁令"，做到了落实"六条禁令"的全动员、全参与、全覆盖。强化安全技改项目的改造，全年上报安全技改项目102座，对118座加油站实施了油气回收改造。强化油品数质量管理，严格执行体积计量交接，利用加油站自盘、片区全盘、区域抽盘、片区间互盘等形式，堵塞油品管理漏洞。全年安全责任事故为零。四是积极发展非油业务，拓宽销售渠道。完成了10座加油站的证照增项变更工作，完成了15座标准店的施工改造。全年完成非油营业收入92.6万元。

（张学志）

市场建设

【消费品市场】　1. 市场规模日益扩大，功能日益完善，集中化趋势明显。2008年，全市城乡商品交易市场总数达到545个，实现商品成交额550亿元，比上年增长15%。其中：从市场分类看，消费品市场525个，各类专业市场20个。2008年全市超亿元市场达到25个，成交总额达到287亿元，占市场成交总额的52.3%，比2007年提高了两个百分点。投资2亿多元的玉田金玉农产品批发市场已投入使用，对促进西北部地区农民增收发挥了重要作用；荷花坑农产品批发市场、乐亭冀东果菜批发市场、南新道水产品批发市场完成了利用国债资金进行的电子交易和检验检测系统的升级改造。

2. 新型业态发展较快。通过积极推进现代流通方式发展，全市新兴业态不断涌现，连锁经营、物流配送、电子商务等新型流通方式发展加快；连锁超市、大卖场、便利店、直营店、直销店、专卖店等新型业态更加普及。

2008年，全市较大规模连锁企业达到14家，比2005年增加9家，发展配送中心、连锁门店230个，实现销售额达到200亿元，销售额占全市消费品零售总额比重达到25%以上。天津家世界、北京东方家园、华润万家、大润发、家惠、肯得鸡、卖当劳、萨拉伯尔等省外大型连锁零售企业相继在唐山开店设场；国际连锁业巨头如美国沃尔玛、法国家乐福，国内知名连锁企业红星美凯龙等也都积极在探讨进入唐山市场的途径；唐山百货大楼集团八方购物广场、华盛超市、陈氏超市等也加快了连锁网点建设步伐，实现了快速扩张；通过推动"万村千乡"市场工程建设，有效提升了农村消费品流通网络覆盖面，全市已建立各类农家店1700多家。

这些新型流通业态与传统的百货店、零售店、批发市场、集贸市场错位经营、相互补充，共同繁荣的局面已初步显现。

3. 繁商区布局得以优化。规划建设的以远洋城、会展中心、唐百人民大厦为核心的市区北部繁商区已经形成；以建国路、小山为核心的东部繁商区正在进行改造；新规划的万达商务中心已经开工建设，2010年部分投入使用；人民大厦、新华大厦等一批高档商贸设施即将开工建设。

【要素市场】　1. 技术市场。2008年全市技术市场发展较快，全年共登记各类技术合同381份，比上年增加了90项，累计实现技术合同成交额9219.73万元，比去年的合同成交额6612万元增加2607.73万元，增幅达39.44%。其中，技术开发合同103份，合同成交额2072.45万元，技术转让合同83份，合同成交额2456.5万元，技术服务合同195份，合同成交额4690.77万元。唐山技术流向了全国20多个省（市、区），技术交易额在全省名列第3位。由省科技厅批准的河北省技术市场有10多家科技中介机构进驻，并与天津北方技术市场建立了业务协作关系，2008年，共发展网上会员1019个，网上发布技术信息2530多条。市科技局和农科院承办的唐山农业技术市场已有北京、山东和省内20多家公司进驻，主要开展农业新品种、新技术的推广和对农民的培训等工作，2008年营业额达5000多万元。

2. 人才市场。全年进场用人单位达13000多家次；求职者达24万多人次。全年引进高层次、高技能和紧缺专业人才10315名（各类高层次人才654名、紧缺专业本科生4981名、其他专业技术人才4680名），引进数量、引进质量均创历史新高。人才市场已成为唐山市引进高层次人才智力的重要桥梁、非公有制经济发展的助推器、大中专毕业生就业的主渠道、社会化人才公共服务的平台和紧缺、实用人才开发培训的重要基地。

3. 劳动力市场。各级劳动力中介部门针对受国际金融危机影响，国际、国内宏观市场需求急剧紧缩的严峻局面，积极应对，密切配合，采取有力措施积极推进就业再就业工作，使全市就业局势保持了基本稳定，全年城镇新增就业6.8万人，城镇登记失业率4.17%，控制在了4.5%以内。

4. 金融市场。全市共有银行业金融机构1142个，从业人员16499人。其中，市级银行业金融机构共6大类12家，分别是：政策性银行1家（农发行）、国有商业银行4家（工行、农行、中行、建行）、股份制商业银行4家（交行、中信、天津、渤海）、城市商业银行1家、农村信用社1家和邮政储蓄1家；保险公司32家共430个分支机构；证券公司2家，共8个营业部，其中：河北财达证券7个营业部，天源证券1个营业部。期货公司2家，分别是：河北恒银期货经纪有限公司唐山营业部和民生期货唐山营业部。中辉期货公司设立唐山营业部已取得了河北证监局的批复，正在办理工商注册，申请期货经营许可证。北京中期、海航东银、天富期货3家期货公司设立唐山营业部已获准筹建，其中北京中期已申请验收。

2008年，全市本外币各项存款余额2919.35亿元，比年初增加655.15亿元，同比增长81.84%；本外币各项贷款余额1557.58亿元，比年初增加318.61亿元，同比增长46.01%；全市保费收入76.3亿元，其中：财产险保费收入19.5亿元，人寿险保费收入56.8亿元；支付各类赔款26.6亿元，其中：财产险支付各类赔款10.7亿元，人寿险支付各类赔款15.9亿元。

2008年，全市共有上市公司8家，累计融资人民币183.08亿元，港币19.25亿元，美元130万元。

（付全增）

纳税前十名商业企业

2008年唐山市国税零售业纳税前10名

	纳税人识别号	纳税人名称	税额（元）
1	130223766645312	唐山市冀东解放汽车销售服务有限公司	39492344.74
2	130203601i37088	中国石油化工股份有限公司河北唐山石油分公司	26208099.95
3	13020310479495X	唐山百货大楼集团有限责任公司	20908852.71
4	130202750298918	唐山市冀东乐业汽车销售服务有限公司	12895613.49
5	130202740192722	唐山冀东丰田汽车销售服务有限公司	11563969.71
6	130202601283405	唐山华盛超市有限公司	10907634.24
7	130202785746450	唐山市冀东之星汽车销售服务有限公司	10744113.66
8	130205757510192	唐山市冀东冀瑞汽车销售有限公司	9566469.63
9	13022376664554X	河北通菱汽车销售服务有限公司	9247240.01
10	130203601084369	唐山百货大楼集团八方购物广场有限责任公司	8813409.39

2008年唐山市国税批发业纳税前10名

	纳税人识别号	纳税人名称	税额（元）
1	130203104744995	河北省烟草公司唐山市公司	242326639.3
2	130203104792823	唐山钢铁集团有限责任公司	188152841.1

3	130225601296871	乐亭县渤港物贸有限公司	55327574.23
4	130204601058187	河北省唐山市滦通商贸有限公司	50929120.92
5	130207758903588	唐山丰南国丰贸易有限公司	45682250.69
6	130208752435867	唐山市丰润区恒丰钢铁有限公司	45613975.91
7	13021260107374X	开滦（集团）有限责任公司煤炭运销经营部	44277204.79
8	130223746886581	庞大汽贸集团股份有限公司	43014788.44
9	130203789830991	唐山钢铁集团国际贸易有限公司	20526199.54
10	13020274686813X	河北永胜实业集团有限公司	16159462.58

2008 年唐山地税零售行业纳税前 10 名

	计算机代码	纳税人名称	税额（元）
1	022701312	迁西县忠义标准件经销处	995898.59
2	746895613	唐山市金客隆超市有限公司	940087.85
3	200102311	唐山荣川实业集团有限公司	902649.98
4	700792424	唐山市荣茂事业集团有限公司	901719.55
5	105007444	唐山市丰南商厦有限公司	877451.45
6	100006659	中国石油化工股份有限公司河北遵化石油分公司	816026.90
7	022702328	迁西县金客隆超市有限公司	812287.26
8	745429012	滦县冀东农业机械供应有限公司	781165.51
9	022913233	唐山泰瑞实业有限公司	754658.80
10	601094954	中国石油化工股份有限公司河北唐山坨子头石油分公司	751921.03

编纂　张北环

对外开放

对外贸易

【概况】　2008年，全市对外贸易实现大幅增长。完成进出口总值919948万美元，同比增长77.2%，增速高于全国59.4个百分点，高于全省26.7个百分点。其中，出口完成494307万美元，同比增长75.1%，增速高于全国57.9个百分点，高于全省33.8个百分点；进口完成425642万美元，同比增长79.7%，增速高于全国61.2个百分点，高于全省10.9个百分点。进出口总额、出口增速、进口总额均位居全省第一；进出口总额占全省总额的24%，比上年提高3.7个百分点，占全省的比重名列第一。提前四个月超额完成省市下达的全年进出口和出口目标任务。

【全年贸易主要特点】　一是全年对外贸易继续保持快速增长，但起伏较大。1-8月对外贸易持续上扬，进出口总额和出口额同比增长103.6%和96.9%。由于受国际金融危机影响，对外贸易额从9月逐月回落。全年进出口增幅较1至8月回落26.4个百分点，出口增幅回落21.8个百分点。二是大部分县（市）区完成出口目标任务。全市除汉沽管理区和曹妃甸工业区未完成出口目标任务外，其他18个县（市）区全部完成出口目标任务，均实现同比增长。丰南区出口突破9亿美元，迁安市出口超过6亿美元，丰润区、高新技术开发区出口超过3亿美元，乐亭县、开平区、海港开发区、路南区出口突破2亿美元。三是国有企业名列出口增速第一，三资企业进口增长最快。三资、国有、民营企业出口分别为166335万美元、115022万美元和212949万美元。占全市出口总额比重分别为33.7%、23.3%和43%，同比增长分别为78.1%、103.5%和60.8%。三资、国有、民营企业进口分别为155681万美元、178331万美元和91630万美元。占全市进口总额比重分别为36.6%、41.9%和21.5%，同比增长分别为130.2%、73.4%和38%。四是钢铁产品出口占出口总额的六成，受国际金融危机影响最大；其他产品出口波动不大。（1）钢铁产品出口从9月起持续下滑，各种钢铁产品出口314202万美元，占全市出口总额的63.6%，同比增长118.1%。由于近年来全市不断调整钢铁产品出口结构，精品钢出口比重连续上升，使得钢铁产品出口快速发展。1至8月，全市钢铁产品出口呈现直线上升态势，并在7、8两个月激增。由于国际金融危机对钢铁产品出口造成前所未有的冲击，钢铁产品出口在8月达到全年顶峰后（当月出口78023万美元），从9月开始连续四个月下滑。到12月出口仅4002万美元。创出近三年来的最低点。钢坯出口61711万美元，占钢铁产品出口总额的19.6%，同比增长42.5%。钢材出口252491万美元，占钢铁产品出口总额的80.4%，同比增长150.6%。其中，板材出口142197万美元，占钢材出口的56.3%，同比增长149.8%；角钢、型钢出口64907万美元，占钢材出口的25.7%，同比增长256.2%；棒材出口42097万美元，占钢材出口的16.7%，同比增长87.4%；线材出口1289万美元，占钢材出口的0.5%，同比增长96.1%。（2）机电产品出口平稳增长。各种机电产品出口63157万美元，占全市出口总额的12.8%，同比增长66.1%。出口的品种588种，比上年同期增31种，全年出口走势较好。（3）陶瓷产品出口略有增长。各种陶瓷产品出口43676万美元，占全市出口总额的8.8%，同比增长15.8%。其中，家用陶瓷出口9254万美元，占全部陶瓷产品出口的21.2%，同比增长1.8%；卫生陶瓷出口24544万美元，占全部陶瓷产品出口的56.2%，同比增长13.8%；瓷砖出口3292万美元，占全部陶瓷产品出口的7.5%，同比增长32.2%；装饰陶瓷出口6586万美元，占全部陶瓷产品出口的15.1%，同比增长44.7%。（4）其他产品出口。农副产品出口16440万美元，同比下降2.3%。服装出口15177万美元，同比增长27.6%，11、12月下降幅度较大。纯碱出口9308万美元，同比增长84%。五是与市主要贸易伙伴的贸易大幅度增长。2008年全市出口国家和地区累计167个，由58个国家和地区进口商品。出口前五位的国家是韩国、沙特阿拉伯、美国、阿联酋和意大利。对韩国累计出口142754万美元，同比增长138.5%，占全市出口总额的28.9%，出口的主要产品是钢材，为全市第一大出口国家。其他出口超三亿美元的国家是：沙特阿拉伯，出口的主要是钢坯和钢材；美国，出口的主要是

卫生瓷、服装和机电产品；阿联酋，出口的主要是钢坯和钢材；意大利，出口的主要是钢材和装饰陶瓷。进口前五位的国家是澳大利亚、印度、巴西、日本和伊朗。由澳大利亚进口176940万美元，同比增长162.3%，占全市进口总额的41.6%，进口的主要是铁矿砂（占比98.4%），为全市第一大进口国家。其他主要进口国家是：印度，进口的主要是铁矿砂（占比98%）；巴西，进口的主要是铁矿砂（占比98.6%）；日本，进口的主要是机械、电子和高新技术产品；伊朗，进口的主要是铁矿砂（占比99.8%）。六是全年铁矿砂进口大幅增长，在10月大幅下降后，11.12月有所反弹。全市进口的主要产品情况是：铁矿砂进口2720万吨、361035万美元，占全市进口总额的84.8%，数量和金额同比增长25.6%和86.7%。在10月大幅下降后又有所反弹，11月进口26633万美元，12月进口26559万美元，均高出10月十几个百分点；机电产品进口34200万美元，占全市进口总额的8%，同比增长75.1%；农产品进口5332万美元，同比增长44.8%；煤炭进口5551万美元，同比增长113.4%；纸浆进口6311万美元，同比下降24.5%；钢材进口352万美元，同比增长37.4%；高新技术产品进口8289万美元，同比增长108%。

【大力实施品牌战略】 一是全力打造唐山市“北方瓷都”品牌。二是发挥出口品牌的影响和带动作用。三是推动全市企业的品牌形象建设，组织全市河北省重点培育品牌、后备品牌、畅销品牌及最具市场竞争力品牌的企业及产品入驻“河北精品廊”网站，提升全省特色精品在国际上的知名度。四是培育、支持企业树立国际品牌意识，帮助12家企业在境外主销市场完成商标注册。

【调整优化出口结构】 引导各类对外贸易企业调整出口商品结构，提高外贸发展的质量和效益。钢坯出口占全部钢铁产品出口比重由2007年的37.2%下降到21.3%。陶瓷产品出口由普通陶瓷向高档骨质瓷转变、由贴牌向自主研发转变。机电产品出口由传统机电产品向高科技含量、高附加值转变，其中高新技术产品实现出口2604万美元，同比增长81.1%。电子技术产品和计算机集成制造技术产品出口分别为1166万美元和1127万美元，占全市高新技术产品出口的88.1%，保持成倍增长。农副产品出口由粗加工向深加工转变。

【狠抓出口基地建设】 一是完善体系与国际市场接轨，积极推动出口基地国际标准化建设。二是同省果树研究所、省农大、省轻工技术研究院和日本窑炉专家建立起联系制度，随时为全市基地企业进行技术指导。在农产品出口基地企业中推行与国际接轨的农产品质量可追溯体系，提高自检能力，获取主销市场出口“通行证”。为迁西甘栗、海都水产、三商食品等7家农产品出口企业争取300万元国家政策扶持资金。在陶瓷出口基地企业推行美国UPC、澳大利亚QAS、韩国KS等国家的认证，使全市的卫生陶瓷出口越过贸易壁垒门槛。帮助金陶、秦皇贸易等12家企业在境外主销市场完成商标注册。为企业争取广交会品牌类展位46个，新增品牌企业7家，全市品牌展位总数78个，总展位数181个，为企业进出口搭建展示平台。

【注重培育发展后劲】 举办6期进出口企业政策业务培训，参训人员1000人。壮大对外贸易经营主体，为164家企业办理对外贸易经营者登记备案，新增企业实现出口4.3亿美元。为171家企业办理对外贸易经营者备案变更手续，保证这些企业进出口业务的正常运行。

【机电产品进出口迈上新台阶】

2008年，机电产品进出口97357万美元，占全市外贸进出口的10.6%，同比增长69.1%。其中，出口完成63157万美元，占全市外贸出口的12.8%，同比增长66.1%；进口完成34200万美元，比上年同期增加14666万美元，同比增长75.1%。机电产品进出口呈以下特点：一是机电产品进出口增速放缓。受金融危机的影响，全市机电产品进出口增速从4月起呈逐月放缓趋势。二是21家机电产品生产企业出口实现零的突破。全年有出口实绩的机电产品生产企业164家，其中出口超千万美元的有13家，这13家机电产品出口42769万美元，占全市机电产品出口的67.7%，呈现规模型出口发展态势。中材建设有限公司机电产品出口20830万美元，超两亿美元，是全市机电产品出口增长的第一大亮点。机电产品出口在100－1000万美元的企业60家。以唐山信德锅炉集团有限公司为首的21家机电产品生产企业出口实现零的突破，新增机电产品出口4264万美元，占全市机电产品出口的6.8%，是全市机电产品出口增长的另一大亮点。三是出口产品结构变化显著。金属制品类产品实现出口19979万美元，同比增长57%；机械及设备出口23263万美元，同比增长124.8%；电器及电子产品出口14075万美元，同比增长48.3%。以上三大类产品的出口占全市机电产品出口的90.75%，超全市机电产品出口的九成。

【扩大进口　解决国内资源和环境约束】 一是扩大资源性产品进口，遵化港陆钢铁有限公司、丰南瑞丰钢铁有限责任公司取得进口铁矿粉资质。二是扩大先进技术设备进口，津西钢铁小H型钢项目完工，使全市H型钢产品实现配套化、系列化和规模化。

（崔小强　魏　群　胡建军）

2008 年唐山市出口主要国家和地区情况表

金额单位：万美元

排名	国家/地区	累计出口	上年出口	同比增长%
1	韩　国	142754	59855	138.5
2	沙特阿拉伯	37208	8884	318.8
3	美　国	35743	27579	29.6
4	阿联酋	32679	10111	223.2
5	意大利	30174	13912	116.9
6	越　南	18941	21922	-13.6
7	日　本	18422	17561	4.9
8	比利时	10723	3682	191.2
9	马来西亚	9362	1926	386
10	伊　朗	8808	4380	101.1
11	印　度	7873	9979	-21.1
12	印度尼西亚	7328	5364	36.6
13	秘　鲁	7311	204	3488.4
14	西班牙	7274	3418	112.8
15	南　非	6104	1857	228.7
16	土耳其	5701	4375	30.3
17	阿尔巴尼亚	5193	146	3463
18	巴　西	5013	4150	20.8
19	新加坡	5004	2705	85
20	尼日利亚	4667	1841	153.5
21	坦桑尼亚	4522	828	446.5
22	德　国	4080	2573	58.6

2008 年唐山市钢铁产品出口走势图

单位：万美元

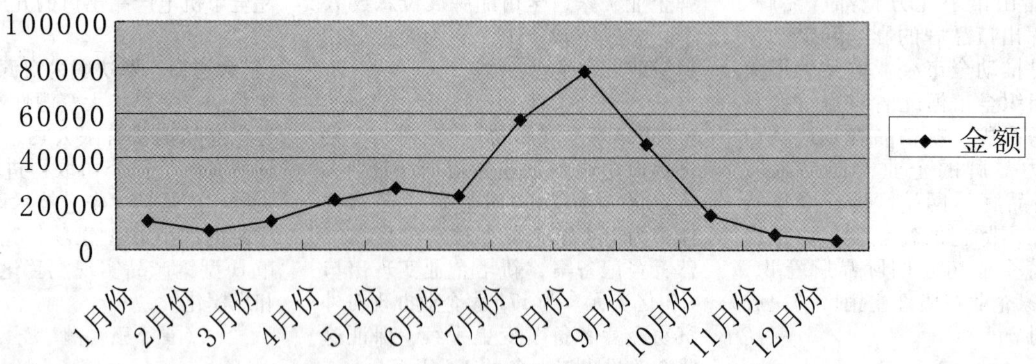

2008 年唐山市出口走势图

单位：万美元

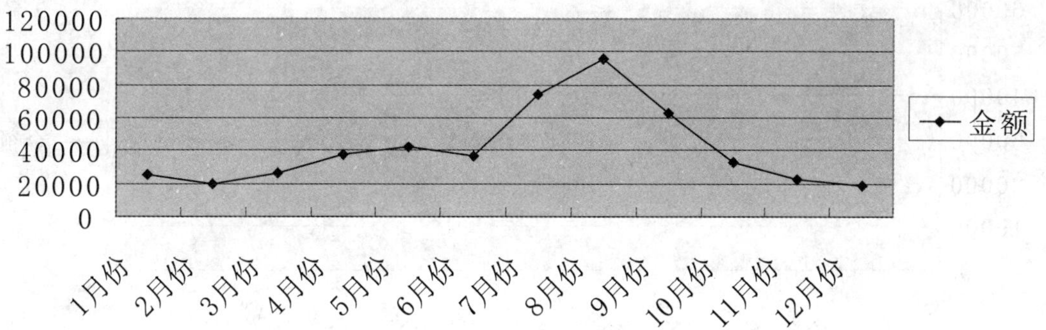

2008 年唐山市进口主要国家和地区情况表

金额单位：万美元

排名	国家/地区	累计进口	上年进口	同比增长%
1	澳大利亚	176940	67457	162.3
2	印　　度	88092	36598	140.7
3	巴　　西	74201	76972	-3.6
4	日　　本	14801	9809	50.9
5	伊　　朗	10923	7205	51.6
6	委内瑞拉	8604	3257	164.2
7	印度尼西亚	7401	5104	45
8	美　　国	7092	5696	24.5
9	瑞　　士	5834	300	1843.2
10	德　　国	5503	5008	9.9
11	意 大 利	4836	909	432.2
12	俄罗斯联邦	3443	484	610.7
13	韩　　国	3156	2869	10
14	毛里塔尼亚	2279	589	286.6
15	泰　　国	1846	2818	-34.5
16	台澎金马关税区	1371	1662	-17.5
17	加 拿 大	1266	2985	-57.6
18	奥 地 利	1152	542	112.6
19	法　　国	1003	987	1.6

2008 年唐山市进口走势图

单位：万美元

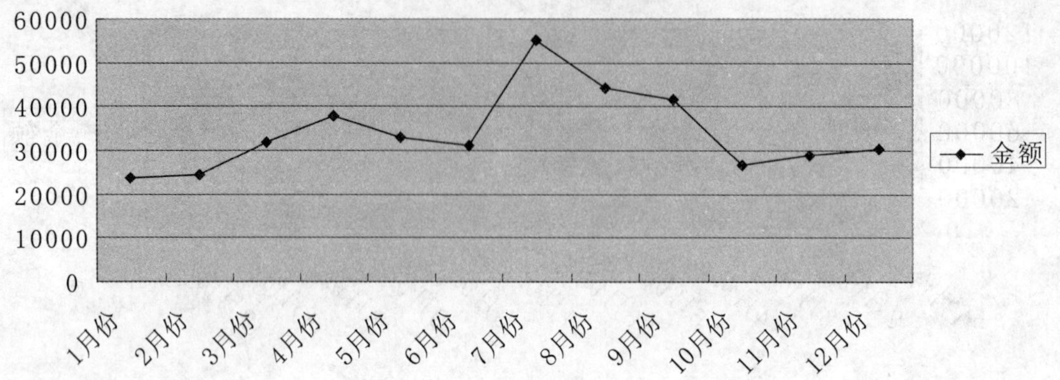

2008 年唐山市主要出口企业进出口情况表

金额单位：万美元

出口名次	企业名称	出口		进口		进出口	
		累计完成	同比%	累计完成	同比%	累计完成	同比%
1	唐山国丰钢铁有限公司	58039	225	66165	101	124203	145
2	唐山钢铁集团有限责任公司	53940	89	135116	165	189056	138
3	迁安市联钢燕山钢铁有限责任公司	46580	83	0	0	46580	83
4	唐山中厚板材有限公司	24124	437	0	0	24124	437
5	唐山市宏中钢铁有限公司	21612	624	0	0	21612	624
6	中材建设有限公司	20830	148	4	450	20833	148
7	河北津西钢铁股份有限公司	18156	88	42338	193	60493	151
8	中冶恒通冷轧技术有限公司	16426	0	0	0	16426	0
9	唐山三友国际贸易有限公司	9322	－32	3413	－66	12735	－46
10	唐山丰南国丰贸易有限公司	7760	263	0	0	7760	263
11	唐山亚利陶瓷有限公司	7506	44	260	8	7767	43
12	唐山中红普林集团有限公司	7393	45	2029	－5	9423	30
13	唐山福顺德贸易有限公司	6910	3496	0	0	6910	3496
14	唐山佳源贸易有限公司	6755	247	0	0	6755	247
15	唐山惠达陶瓷（集团）股份有限公司	5765	95	220	299	5985	99
16	唐山嘉禾伟业商贸有限公司	5717	3563	0	0	5717	3563
17	唐山盛材钢铁有限公司	5539	47437	0	0	5539	47437
18	唐山三友化工股份有限公司	5320	96	86	0	5405	99
19	迁安市金宝商贸有限公司	5281	－35	0	－100	5281	－35
20	唐山市丰润区天明商贸有限公司	4893	201	0	0	4893	201
21	唐山中陶实业有限公司	4789	16	1	41	4790	16
22	唐山梦牌瓷业有限公司	4736	51	222	273	4958	55
23	唐山佳华煤化工有限公司	4250	58	709	0	4959	84

对外经济合作

【概况】 2008年新签对外承包工程与劳务合作合同额197945万美元，同比增长263.7%，高出河北省增幅141个百分点，占河北省新签合同额40.23亿美元的49.2%，是唐山改革开放初期至2007年30年间累计15.35亿美元的130%。完成营业额38572万美元，同比增长61.4%，高出河北省增幅38.8个百分点，占河北省完成营业额16.2亿美元的23.8%，是唐山改革开放初期至2007年30年间累计6.72亿美元的57.4%。外派劳务2722人，同比增长151.1%，高出河北省增幅179个百分点，占河北省外派劳务7660人的35.5%。在外人数3398人，是唐山改革开放初期至2007年30年间12142人的22.4%。新批境外投资项目8个，中方投资额2630万美元，占河北省10300万美元的25.5%。技术引进合同8项，合同额7155.97万美元，同比增长141.1%，占河北省技术引进总额的29.86%。明和（唐山）科技开发有限公司对日本出口IT网络技术和新科技事业技术，同时出口与汽车生产相关的溯源系统、画像检查系统、计量系统、特殊机器人系统技术，实现唐山企业软件出口零的突破。

【全面调度涉外经济项目】 召开外经企业和境外投资企业工作会议，征求企业意见和建议，进行调研、走访、收集情况，掌握项目的运行情况、进度和难点问题，提出工作设想。全市签约和跟踪的对外承包工程和劳务合作项目26项，合同总额389417万美元。有意向境外投资项目27项，投资总额13483万美元，涉及18个国家。开展外派劳务宣传周活动，在三个县及市中心区开展，发动外派劳务基地县及外派劳务公司40人次，利用农村集日、庙会、走乡串村发放张贴宣传单及宣传标语4000份，接受现场咨询和现场答疑200人次。

【组织好企业申报外经权工作】 积极挖掘潜力，鼓励有实力的企业申报对外劳务合作经营权。与市建设局结合随时掌握工程施工企业的资质变化情况，联系具备条件的企业申报外经权。唐钢设计院、河北钢铁建设集团有限责任公司经商务部批准获得对外承包工程经营权。为河北海外工程公司恢复外派劳务经营资格。唐山信德锅炉集团有限公司、河北华国建筑装饰设计工程有限公司、唐山市丰润区惠民经济技术合作公司涉外资质申报材料报河北省商务厅待批。

【境外承包工程增加】 境外承包工程和劳务合作实现较大飞跃，新签合同额超过唐山改革开放30年总和的1.3倍，完成营业额达到唐山改革开放30年的60%。重点推进5000万美元以上大项目。唐山涉外企业签境外承包工程项目合同15个，其中5000万美元以上的大项目9个。分别是，叙利亚48824万美元项目、尼日利亚27540万美元项目、阿塞拜疆23942万美元项目、乌克兰24470万美元项目、塞浦路斯15073万美元项目、匈牙利10736万美元项目、摩洛哥9728万美元项目、马来西亚6268万美元项目、乌干达6078万美元项目。唐山涉外企业在执行的对外承包工程和劳务合作项目32项，涉及32个国家。通过对外承包工程，带动成套设备出口2亿美元。芦台农场援助贝宁的农业项目，国家援外资金900万元到位。

【境外投资创新高】 对有实力和有意愿境外投资的企业，主动协调相关部门，加快项目审批进度。唐山企业有意向境外项目投资27个，投资总额13483万美元，涉及18个国家。冀东物贸集团在蒙古国投资1000万美元汽车组装厂项目、开滦精煤股份有限公司投资加拿大550万美元煤矿项目、唐山弘仁实业集团有限公司投资印尼285万美元铁矿项目、河北正元包装集团投资韩国150万美元的包装厂项目、华联商厦投资美国260万美元的陶瓷生产项目获河北省商务厅批准。中冶京唐建设有限公司投资新加坡、阿尔及利亚、美国的咨询服务、开发建设、机械设备的生产销售租赁、钢结构制作安装、土建施工和工程总承包网站建设获商务部批准。乐亭县燕南农具厂投资尼日利亚、印尼农具厂项目申报材料报河北省商务厅。曙光集团投资马达加斯加水泥厂项目，一期工程开工生产，该国总统、总理为开工剪彩。

【第十届“中国高新技术成果交易会”和第五届“中国——东盟博览会”】 经过3个多月的精心准备，组成100人唐山分团参加第十届高交会。两家企业获准上展位，11个项目参加配对洽谈，1个技术贸易项目上会交易。在高交会上，召开了“唐山市临港产业合作发展洽谈会”，国内外客商125人到会，3个项目签约，合同额6600万美元。在第五届“中国－东盟博览会”上，一是宣传推介唐山，结识新的客户，建立广泛联系；二是通过参加东盟国的政策说明会，了解相关国家的投资环境、投资政策、投资领域；三是直接与外国部长级官员就投资项目进行会谈，10亿元人民币境外工程总承包项目进入实质洽谈。

【钢铁企业境外寻找资源】 组织召开钢铁企业座谈会，推动钢铁企业“走出去”开发境外资源，告知国家政策、推介国际市场，发动企业建立境外原料供应基地。了解金融危机给企业带来的影响和机遇，帮助企业积极应对金融危机，推进企业“走出去”的战略。引导企业在危机中寻找机会，加强风险掌控能力。

（吴振永 许佑枝 胡建军）

招商引资

【概况】 2008年，全市实际利用外资86304万美元，同比增长29.4%，位居全省第一位，占全省实际利用外资总额四分之一。外商直接投资85100万美元，同比增长32.5%；间接投资1204万美元；新批利用外资项目21个，合同外资额29962万美元，分别比上年同期下降44.7%和12.6%。

一、签约项目成果突出。2008年，全市先后在沙特、德国、瑞典、比利时、香港、北京、深圳、厦门、廊坊等地成功举办9次大规模招商活动，签订利用外资项目59项，总投资90.7亿美元，合同利用外资

56.7亿美元；其中合同利用外资3000万美元以上的大项目20个，项目总投资82亿美元，合同利用外资53亿美元。59个签约项目履约30个，项目履约率51%，实际到位外资1.3亿美元。二、第二产业成外商投资重点。外商直接投资三次产业比例为1∶97∶2；第二产业吸引外资83032万美元，占利用外资总额的96.2%，其中制造业占引进外资额的95%；第三产业吸引外资1375万美元，同比减少52%，占全市直接利用外资总额的1.6%；第一产业引进外资693万美元，占利用外资总额的0.8%。三、外商投资来源增长显著。全市吸收外商投资来源涵盖5大洲15个国家和地区。来自亚洲、欧洲、拉丁美洲、北美洲、大洋洲的外商投资金额分别为66281万美元、9179万美元、8788万美元、1044万美元、1012万美元，来自亚洲、欧洲的投资分别比上年增长72%和381%，其他三大洲的投资均有不同幅度下降。

【倾力组织好重大招商活动】 先后承办3·28香港投洽会、5·18廊坊投洽会、9.8厦门投洽会，自主举办深圳招商推介会。成功组织首届唐山·曹妃甸临港产业国际合作会议，突出唐山·曹妃甸品牌效应，改变把曹妃甸经贸洽谈会做为陶博会“会中会”的格局。聘请国家级展会专家科学论证，打出重点体现曹妃甸性质、功能、发展趋势的临港产业国际合作会议的展会品牌，这在全国众多展会中是首家。千家中外客商参会，全国人大副委员长许嘉璐亲临大会。会议签约外资项目21个，合同利用外资18.92亿美元。唐山·曹妃甸临港产业国际合作会议成为唐山、河北，乃至环渤海地区招商引资的主要平台，省委书记张云川、省长胡春华给予肯定，寄予厚望。

【着力引进战略投资者】 着眼于打造七大产业链，推动以“四点一带”为主要内容的唐山湾和“四大主体功能区”开发建设，紧紧盯住世界500强、著名跨国公司及央字号大企业、知名民企，不断完善项目库、客户库、土地资源库，精心包装和推介重大项目，提高在谈项目签约率、签约项目落地率，提高项目审批效率，强化项目后续跟踪服务。新引进了美国AB啤酒、日本住友、法国雅高酒店、巴西淡水河谷、香港嘉里集团及沃尔玛、家乐福、永旺、乐天玛特、乐购等战略投资者。促成住友重机、住友建机一批重大利用外资项目开工建设。全年新批外资项目21家，投资总额8.21亿美元。世界500强企业累计在唐山投资建厂17家。

【推动产业园区扩区升级】 曹妃甸工业区已经省政府批准，正式向国务院申报升格为国家级经济技术开发区。经过积极争取，开平、丰润、乐亭、迁安四家工业园区被认定为省级产业聚集区。产业园区的开发建设，成为唐山对外开放和经济建设的一大亮点。

【精心谋划投资促进项目】 全年分两批次重点谋划唐山市重点投资项目200项，总投资395亿美元，拟利用外资283亿美元，按精品钢材、装备制造、精细化工、现代农业、高新技术、现代服务业、环保、基础设施等9大行业，按照突出国际通行惯例，突出项目主体作用和突出唐山湾“四点一带”、“四大城市功能区”、七大产业链项目建设原则辑印成册。

【参加“2008河北省（香港）投资贸易洽谈会”】 3月，以市长陈国鹰为团长的唐山市代表团，赴香港参加“2008河北省（香港）投资贸易洽谈会”。会上成功举办了“唐山（曹妃甸）科学发展环境·规划·项目专题推介会”，香港华润集团、香港中旅、嘉里集团、长江基建、中远（香港）集团、摩根大通证券、华丰国货、德意志银行香港分行、香港荣利集团有限公司、香港中华总商会、香港招商局、香港贸发局、香港经济日报、香港文汇报等工商企业、机构代表和新闻媒体208位嘉宾出席推介会。发布重点投资项目100项，总投资115亿美元，合同利用外资89亿美元；签订协议项目20个，总投资21.3亿美元，合同利用外资10.5亿美元，涉及精品钢材、装备制造、精细化工、现代农业、高新技术、现代服务业、环保产业等10个行业。

【组团赴瑞典德国考察】 5月7日至15日，以省委常委、市委书记赵勇为团长的唐山市经贸代表团赴瑞典和德国进行访问。访问期间，代表团先后考察学习瑞典生态城建设、德国既有建筑节能改造等先进经验，会见150位两国政府高级官员和企业代表，与两国政府部门和企业进行9次座谈交流活动，并在合作推进生态城建设、既有建筑节能改造、发展节能环保产业等方面达成广泛共识和具体合作意向。代表团与瑞典政府和企业就合作建设曹妃甸国际生态城达成七点共识；与友城瑞典马尔默市签署关于进一步发展双方友好关系备忘录；与德国交通建筑城市发展部就合作进行南湖主体功能区建设等项目达成一揽子合作意向；与德国奔驰公司、华商汽车科技公司达成在市高新区合作建设德国汽车零配件产业园合作意向，推进了米塔尔与津西钢铁技术合作、挪威阿科凌曹妃甸海水淡化、挪威奥特菲尔化学品储运项目等一批在谈项目。

【举办唐山市投资环境暨重点项目推介会】 5月13日至15日，举办唐山市投资环境暨重点项目推介会，发布市级重点投资项目100个，总投资115亿美元，拟利用外来投资89亿美元；县区级重点项目400多个。项目涉及能源、冶金、建材、机电、化工、轻工、农产品深加工、旅游等行业。全国政协原副主席、台盟中央名誉主席、全国台联名誉会长张克辉，全国人大常委、全国台联会长梁国扬率全国台联台商考察团来唐山市参观考察。

【唐山市四大主体功能区建设项目恳谈会】 在6月18日至20日召开的“2008城市发展与规划国际论坛暨首届河北省城市规划建设国际博览会”上举办“唐山市四大主体功能区建设项目恳谈会”，发布城市建设方面合资合作项目30个，总投资65亿美元，拟利用外来投资59亿美元；与英国万庭投资物业管理有限公司签署战略合作协议。同时，围绕城市发展新引擎——四大主体

功能区的总体规划，重点展示了曹妃甸生态城、凤凰新城、南湖生态城、空港城等生态城市发展思路、发展基础、发展环境和发展规划。在此次博览会上，唐山市获得由河北省政府颁发的“最佳组织奖”和“最佳展览奖”。

【参加9·8厦门国际投资贸易洽谈会】 副市长于山任团长的唐山市经贸代表团，9月参加厦门第十二届中国国际投资贸易洽谈会。会上发布市级重点招商引资项目100项，总投资280亿美元，拟利用外资194亿美元，涉及精品钢材、装备制造、精细化工、现代农业、现代服务业、高新技术、环保、基础设施等9大产业。签约及成果项目6个，总投资21975万美元，拟利用外资12686万美元。

【唐山·曹妃甸临港产业国际合作会议暨临港产业发展峰会召开】 9月26日，唐山·曹妃甸临港产业国际合作会议暨临港产业发展峰会举办。邀请美国、英国、德国、法国、意大利、俄罗斯、澳大利亚、加拿大、比利时、巴西、日本、韩国、新加坡、台湾和香港等30多个国家和地区的驻华使节、世界500强、跨国公司和大商社的代表500人，国内部分中央大企业和15个省市（自治区）的重点企业负责人200人。会上，发布市级重点利用外资项目100个，总投资280亿美元，拟利用外资194亿美元，涉及精品钢材、装备制造、精细化工、现代农业、现代服务业、高新技术、环保、基础设施等9大产业；各县（市）区共发布重点利用外资项目300个，总投资428亿美元，拟利用外资300亿美元。签约和报成果的外资项目30个，总投资61.4亿美元，拟利用外资34.6亿美元；签约和报成果内资项目58个，总投资696.3亿元人民币，协议引进市外资金614.2亿元人民币。会议期间还举办唐山·曹妃甸临港产业暨城市发展推介展。

【唐山市代表团访问韩国日本】

11月5日至16日以赵勇书记为团长的唐山市经贸代表团访问日本、韩国，3位市级领导，全市半数县（市）区委书记，十大企业集团总经理，四大城市主体功能区管委会主任等40名领导参加。访问期间，代表团在韩国首尔、日本东京分别成功举办大型投资环境说明会，韩国重点企业代表、日本国际贸易促进协会、日中经济贸易中心、日中投资促进机构、日中经济协会等经济团体，神户制钢、住友集团、三井物产、日立集团等20家世界500强企业，三菱UFZ、瑞穗、三井住友等日本三大银行，新华社、人民日报、中央电视台、时事通信社等中日新闻媒体，分别参加了说明会。代表团重点考察了日本住友挖掘机制造基地、住友造船基地和东京港，与住友集团就进一步加强合作达成共识；认真学习了韩国新村运动经验，基本清理了韩国新村运动的动因、历程和经验教训。还有针对性地走访了韩国乐天玛特、斗山重工、韩进重工、浦项制铁、浦项高科技园和日本日中经济协会、三井物产、双日株式会社、永旺集团、爱信精机、三菱重工、丸红株式会社等重点项目单位，推进了一批项目的合作和实施。拜访了韩国釜山、统营、浦项等市政府，达成政府间广泛开展合作的共识。出访期间，代表团共与日韩企业签署了韩国乐天集团、北京中能源公司开发建设综合商业地产项目、韩国SAWMHAWIGHT-ECH（株）新型建材项目、韩国东北亚钢铁（株）建设钢材加工及交易中心项目等10个合资合作项目，协议利用外资12.82亿美元。

【大力发展会展经济】 先后成功举办第十二届陶瓷博览会、第五届京津冀国际制造业装备展览会、第四届唐山国际汽车展、2008中国河北国际冶金工业博览会等20个展会。活跃唐山商业氛围，聚集人气，带动旅游、餐饮、住宿、交通、通讯业发展。

【做好特色贸促服务】 全力为各类企业做好认证和法律等相关服务。为企业出具原产地证书6213份，签证金额19.64亿元。协助部分企业成功进行商标国际注册申请。对2家唐山公司进行国际商事资信调查，为唐山企业追缴国外欠款10万美元，全年接受企业涉外法律咨询50次，有力地促进对外贸易健康发展。

（杨　光　葛　青　胡建军）

区域经济合作

【唐京津合作取得显著成绩】

重要基础设施共建成就显著。高速公路工程。在国家统一规划指导下，顺利完成京沈、唐津、沿海、唐曹等高速公路建设，对沟通三地乃至华北与东北的经济联系起到了关键作用。港口及其配套工程建设。经过10多年建设与发展，目前唐山港已经发展成为年吞吐量超千万吨的国家级大港，对促进北京相关企业和全市经济的发展起到重要的作用。首都钢铁公司参与投资修建两个25万吨级矿石码头正式通航。曹妃甸30万吨级石油接卸泊位、10万吨级LNG码头等项目正在建设当中。北京铁路局等八家公司合资兴建的迁曹铁路通车。

重大工业项目合作扎实推进。首钢200万吨钢联项目成功落户迁安市。唐钢与首钢合作建设的首钢京唐钢铁公司正式投入生产。为北京奥运配套的北京大唐电厂也落户海港开发区。

资金、人才、技术交流与合作势头强劲。“十一五”时期，全市与京津地区签订经济合作项目179项，引进资金总额达394亿元，占全部利用省外资金的79.1%，。在人才科技方面，京、津两市已经成为引进人才、技术的主要来源。“十一五”时期，预计引进人才2万人。全市与京津技术合作的项目达400个，与中科院、清华、天大、北科大、天科大等科研院所合作开发的一批高科技项目正在稳步推进，对改造提升传统产业起到了重要作用。

京、唐两市实施森林保护合作项目。年内，全市共完成沿海造林、三北造林、退耕还林、社会造林等27.39万亩，占年计划的100.2%，被评为全省农田林网建设先进市。秋冬季组织开展了绿化攻坚大会战，完成通道绿化造林14.13万亩，占总任务的77.4%。

天津滨海新区和曹妃甸新区携手共同发展。本着合理分工、优势互补、密切合作、互利双赢的原则，借助天津滨海新区与唐山市签定的合作协议以及环渤海联席会议、环渤海企业促进会等平台，加强交流与合作。积极参与在天津市举办的各种活动，如博览会、企业促进会等。两地建立了沟通、交流与合作的有效机制。

【项目对接对口支援工作】 丰都县湛普镇是对口支援单位，多年来一直给予必要的财政支持。为达到稳定库区移民、促进移民增收、繁荣湛普镇经济的目的，在财政"输血"的基础上，根据湛普镇资源情况，本着互惠互利的原则，把对口支援工作的重点放在项目对接上，促进湛普镇经济发展，为湛普镇"造血"。结合湛普镇各种资源丰富及能源、交通条件，组织冀东水泥股份有限公司等有关企业对湛普镇相关项目进行了考察和研究，并为当地经济发展提出了有针对性的建议。此外，为安排湛普镇富余劳动力就业，还组织了一批企业到当地招工，解决部分劳动力就业问题。

【冀东经济区建设】 省委、省政府提出建设冀东经济区战略部署后，市委、市政府高度重视，全力抓好各项工作落实。赵勇书记、陈国鹰市长多次就加快冀东经济区建设作出重要指示，专门成立由陈国鹰任组长，市委常委、常务副市长周仲明和市委常委、曹妃甸新区党工委书记、管委会主任姚自敏任副组长的统筹推进冀东区域发展工作领导小组，由周仲明全权负责此项工作，并设立专门办公室，明确专人，全力推进冀东经济区建设。

交通路网建设。津秦客运专线：该线路于2008年11月8日开工建设。遵小铁路：一期工程已于2007年6月开工建设，2008年底主体完工；二期工程前期准备工作就绪，施工单位都已全部进场。

【唐山湾"四点一带"】 一、唐山湾"四点一带"区域。唐山市南部沿海地区共有9个县级行政单位，行政区划面积5592平方公里，占唐山市国土面积的41.5%，人口187万，占唐山市总人口的25.8%。2008年实现生产总值1036.6亿元，占唐山市的比重为29.1%。为统筹沿海区域协调发展，加快建设科学发展示范区，更好地发挥唐山在建设沿海强省中的龙头作用，市委、市政府做出在南部沿海区域实施以曹妃甸为龙头的唐山湾"四点一带"发展战略的决定。规划的唐山湾"四点一带"是将南部沿海9个县级行政单位进行整合，设立曹妃甸新区、乐亭新区、丰南沿海工业区和芦汉经济技术开发区，并以上述"四区"为"点"、以曹妃甸为龙头而构成的沿海经济隆起带。唐山湾"四点一带"的实施空间主要分布在横穿其境内的沿海公路以南的区域，区域面积2143平方公里，1173平方公里的盐碱荒滩等未利用土地全部集中在这一区域。二、唐山湾"四点一带"开发建设。2008年，面对复杂多变的国际国内经济环境，沿海各县区紧紧围绕"开放创新、富民强市，把新唐山建成科学发展示范区、建成人民群众幸福之都"的战略部署，坚持以科学发展观为指导，以重大项目建设为核心、以体制机制创新为动力，全力推进唐山湾"四点一带"开发建设，各项工作均取得明显成效。（一）规划编制工作。完成了唐山湾"四点一带"空间布局和产业发展规划及唐山市岸线开发利用规划的编制工作，并下发到各相关单位严格执行；完成供电、交通、水资源专项规划的编制工作；曹妃甸生态城总体规划完成初步成果，曹妃甸港口物流规划、可再生能源利用规划等编制完成；《曹妃甸循环经济示范区产业发展总体规划》、《曹妃甸近期建设用海总体规划》获国家正式批准；《唐山港总体规划》修编工作进展顺利。《乐亭新区概念性总体规划及核心区城市设计》和《唐山湾三岛旅游区总体规划》编制完成。（二）重大项目建设。2008年唐山湾"四点一带"区域完成全社会固定资产投资649.3亿元，占全市的比重达到47.7%；年初确定的41个重点项目完成投资308.4亿元，占全市100项重点项目完成投资的68.2%。首钢京唐钢铁厂一期工程1号高炉点火烘炉，正式进入投产准备阶段。中材集团装备制造基地、中海油临港作业支持基地、三友集团有机硅项目一期工程、文丰钢铁年产50万片车轮轮毂等一批重大产业项目陆续开工建设。中石化炼化一体化、唐钢临港产业基地、德龙船舶与海洋工程基地、开滦120万吨甲醇制烯烃等一批重大产业项目的前期工作进展顺利。（三）基础设施建设。唐曹高速建成通车，司曹铁路、滦曹公路开工建设，津秦客运专线、张曹铁路、滨海大道、沿海公路改建等重大项目前期工作取得重要进展。港口建设取得新突破。曹妃甸港区30万吨级原油码头和承担"北煤南运"任务的煤炭码头一期工程完工，曹妃甸通用散杂码头起步、二期开工建设，矿石码头二期、煤码头二期等前期工作取得突破性进展。唐山港两港区全年货物吞吐量预计达到1.07亿吨，跃入亿吨大港行列。各产业组团水、电、路、气、讯等基础设施日臻完善，具备大规模开发建设的条件。（四）招商引资工作。2008年9月举办的唐山·曹妃甸临港产业国际合作会议上，唐山湾"四点一带"区域共签约外资项目13项，投资总额52.2亿美元，合同引进外资29.8亿美元，分别占唐山市的43%、85%和86%；签约内资项目30项，投资总额382.4亿元，合同引进市外资金362亿元，分别占全市的52%、55%和59%。成功举办了唐山·曹妃甸临港产业发展峰会和重点投资项目对接洽谈会，向国内外嘉宾充分展示唐山湾"四点一带"独特的发展优势、建设循环经济示范区及生态城的发展规划和目标，推介一批有发展潜力的重点项目，"四点一带"区域已经成为中外客商关注的焦点、投资的热点。（五）体制机制创新工作。曹妃甸新区获省政府正式批准，并挂牌成立。投融资体制创新工作进展顺利，"管委会+公司"的管理模式成功运作，曹妃甸控股股份有限公司在国家工商总局完成名称预先核准，确定公司章程、出资协议等。（六）设置机构保障工作。2008年4月成立"四点一带"领导小组办公室，负责协调"四点一带"区域发展规划、重大生产布局、重要生产要素配置、产业准入标准，汇总分析区域内经济社会发展情况等工作，优化唐山湾"四点一带"区域资源配置，统筹协调发展。

（薛普兴　潘志伟）

综　述

2008年，唐山港两个港区完成货物吞吐量总计10754.12万吨，同比增加4026.56万吨，增长59.85%。其中外贸吞吐量完成5360.82万吨，同比增加1397.06万吨，增长35.24%；内贸吞吐量完成5393.30万吨，同比增加2629.51万吨，增长95.14%。按吞吐量排名，在全国主要沿海港口居第17位。

曹妃甸港区30万吨级进口原油泊位2008年8月12日顺利通过了开放验收，2008年9月20日顺利通航。

京唐港区液体化工泊位2008年12月23日完成了对外开放验收，达到了对外运营条件。

京唐港区保税仓库和出口监管仓库、曹妃甸港区矿石保税仓库于2008年10月24日获得石家庄海关批准。

2008年内交通部两次批复同意延长曹妃甸港区临时开放期限至2009年5月31日。在曹妃甸港区临时对外开放期间，口岸各查验单位分别组建了各自驻港区的办事机构，开展正常的查验监护监管工作，有力地保证了港区船舶进出和卸载作业的安全。

（刘化冰）

唐山港京唐港区

【港口发展概况】　2008年是唐山港亿吨大港之年。唐山港京唐港区各项工作实现了快速发展。全港完成货物吞吐量7645万吨，同比增长60.9%。增幅超全国沿海港口平均增幅48个百分点，排名全国沿海港口16位，为唐山港整体突破亿吨做出了重要贡献。其中，唐山港集团公司完成货物吞吐量3464万吨，同比增长14%；3000万吨专业煤炭码头投产第一年就完成货物吞吐量1953万吨，显示了巨大的增产能力，进一步奠定了京唐港区成为我国西煤东送、北煤南运重要下水港的战略地位；集装箱运输在逆境中前行，完成箱量24万标箱，同比增长32.3%，占河北港口集装箱量的一半，已经超过了京唐港区10#、11#两个泊位的设计通过能力。全年京唐港区主要货种运量在全国港口中的位次分别为：钢铁运量居全国第6位，矿石运量居全国第8位，煤炭运量居全国第4位。

【货源市场开发取得突破】　创新业务服务，围绕货源组织设立唐山业务大厅、建设迁安物流场站，推进业务关口前移，港口业务范围进一步扩展，港口服务能力进一步提高。全港装卸各类船舶5709艘，同比多1509艘，增幅为36%。唐山港集团公司装卸各类船舶3213艘，比2007年多498艘，其中，矿石完成2030万吨，同比增幅26%；钢铁完成1096万吨，与上年持平。新货种、新客户开发呈现新局面，石油焦、硅砂、木薯粉等一批新货种落户，宝钢贸易、广东物资、上海中建材等10余家矿石客商到港开展业务。进口焦煤运输长足发展，完成运量207万吨，同比增幅47.2%。集装箱发展能力进一步增强。新增岸桥3台、场桥6台，19#泊位初步具备了大型集装箱船舶作业条件。开通至内蒙古火车集装箱班列，标志着集装箱业务向三北地区迈出重要一步。外贸运量再攀新高，创单月外贸300万吨记录，安全装卸外贸船1066艘，承运外贸货2331万吨，首次突破2000万吨，同比增长18%。同时，开通欧洲班轮航线，填补港口一项空白，外贸班轮航线达4条，外贸船舶通航国家达50个，实现了新的提升。

【港口品牌建设成效显著】　实行专业化分工，科学分区，矿石、钢杂两板块分离，全港初步形成了集装箱、钢杂、矿石、煤炭、液化五大业务板块。打造以效率为中心的港口品牌，实行单船作业效率考核，生产运营潜能进一步释放，成为港口品牌建设的一大亮点。码头作业效率显著提高，钢铁同比提高24.7%、矿石同比提高28%，钢铁创单线小时431吨、矿石创单班41549吨的效率记录。件杂货万吨船舶停时同比缩短6%，散货万吨船舶同比缩短16%。建立公正、公开、公平的调度体系建设，自动生成船舶计划，港口服务透明度和客户满意率“双提高”，码头作业正常开工率为92.5%，计划完工率达95.3%。全力以赴抢运电煤，受到国家发改委、交通部和省政府表扬。全港完成煤炭3939万吨，净增2378万吨，同比增幅152%，在“北方四港”中，京唐港区煤炭增幅保持最高。库场创昼夜疏矿13万吨记录。煤列平均卸时同比节约18分钟，计划兑现率达98%。

【企业综合管理水平提升】 建立职业健康安全体系，并与质量管理体系进一步整合，形成了较为完善的安全生产责任体系。事故违章起数、事故损失同比降低21%和33%。以事故投诉调查处理为切入点，确保顾客在港利益。强化生产运营保障能力，建立三级设备管理体系，加强大型、关键、特种设备的检测、管理和检修，推行点检维修体制，门机、拖轮等完好率达98%。设立物资采购中心，创新采购模式，增强物资供应保障能力。完成21台门机超载限制器改造及8台门机变频调速系统改造。完成新型钢板吊钳、超长船板组合吊具、新式卷板垛底等几十项工艺设计改进。设立信息中心，完善生产散杂管理系统，开发运行设备物资管理系统，试验开发门机计重系统，信息化对生产管理的支持作用进一步增强。件杂堆场成功应用条形码技术，提高了效率，降低了差错。

【项目建设取得进展】 战略研究和规划调整取得阶段性成果，综合性、生态型、国际化大港发展方向更加明确。港口岸线实现东扩西延，可用岸线从原来11公里增加到19公里，取得包括20~22#泊位和集装箱场站等在内的土地指标，为今后发展赢得了空间。年度完成建港投资11亿元。20~22#泊位作为上市募投项目，前期工作卓有成效，顺利取得项目合法手续。仅用85天就完成954米码头地下连续墙工程，创造了港区建港史上新的记录。进口保税仓库及出口监管仓库得到海关批准后快速推进。集装箱场站已与中远合作签约。液化码头项目重点建设了配套储罐设施。新建堆场22万平方米，缓解了矿石堆存压力。完成18#、19#及30#、31#泊位工程整体验收，完备4个码头运营手续。四港池专业矿石码头项目（47-49#泊位）前期工作进展顺利。10万吨航道建设已具备条件。

【港区环境进一步改善】 投入资金1800万元，购置防尘网50万平方米，矿石货垛基本苫盖；新增吸渣车4台、洒水车4台，增加机械化清扫力量；火车卸煤前、下线时及下线后，增加洒水和清扫工艺；增加人员配置，推进“四标六清”和“工完场清”，增加日常清扫和洒水次数；建设洗车台，减少集疏港车辆带尘扬尘。职工作业中遇到明显灰尘的情况少了，港口职工的满意度提高了。

【荣膺多项荣誉称号】 2008年，唐山港集团公司先后获全国交通行业抗灾保通先进集体、省交通系统安全生产先进单位、振兴唐山先进单位、唐山市文明单位、唐山市模范职工之家、唐山市军民共建先进单位、唐山市支援四川抗震救灾先进单位、唐山市重点项目建设先进单位、唐山市厂务公开先进单位等集体荣誉。孙文仲董事长获得“河北经济年度十大风云人物”、“唐山市科学发展优秀企业家”两项殊荣。

【经济运行质量不断优化】 唐山港集团公司实现收入8.34亿元，同比增长10%；实现利润总额1.84亿元，净利润1.50亿元，净利润同比增长12.12%。总资产达到34.7亿元，比2007年底净增15.3亿元，增长率达78%；净资产为15亿元，比2007年底净增3.4亿元，增长率为29%。公司本部净资产收益率11.3%，合并表报为12.6%，资产负债率为57.5%，合并表报收入13亿元。圆满完成收入、利润及收益率等指标，实现资产保值增值。加强预算管理，统筹经营盘子，资金回笼率达98.4%。面对上市资产收购及项目建设的逐步展开，加强投资管控，特别是财务、预算管控，做到了资金及时有序投放。对投资企业的管控力度进一步增强。2008年投资股权收益7500万元，投资收益率12.76%。

（孙淑存　李志坤）

海　关

【概况】 税收征管创历史最好成绩。全年共征收税款76.07亿元，同比增长105%，人均税收达1.07亿元，其中进口68.82亿元，出口7.25亿元。税收量质并优，实现历史性突破。通关效率大幅提高。全部进口报关单的通关时效为10.28小时，全部出口报关单的通关时效为3.69小时，分别比2007年底缩短1.32小时和1.66小时。监管能力不断加强。全年共监管进出口货物5676.1万吨，同比增长47.36%；监管进出口贸易总值达101.6亿美元，同比增长108.83%，其中进口78.8亿美元，出口22.8亿美元，同比增长分别为158.46%和25.62%；审核货物报关单（接单）7398票，同比增长4.08%，其中进口2633票，同比增长41.48%，出口4765票，同比下降9.19%；监管进出境船舶2106艘次，同比增长17.00%；集装箱（标准）数量12549箱次，同比增长15.08%；监管进出境运输工具服务人员32797人次，同比增长19.64%。加工贸易监管能力得到加强。共审批加工贸易手册283份，累计备案料件值7619.6万美元，办理深加工结转466份，结案手册335份，征收保证金42笔，金额合计348万元；审核上报保税仓库2家，出口监管仓库1家，保税仓库变更4次，保税仓库验收3家，审核保税仓库入库核准单25份，出库核准单11份。年内共办理《进出口货物征免税证明》563份，同比增长131%，审批货值70471.39万美元，同比增长208.89%，依法减免关税、增值税合计12.02亿元人民币，同比增长269%。稽查和企业后续管理不断深化。全年共稽查企业14家，其中常规稽查企业4家，专项稽查企业7家，验证稽查企业3家，移交案件3起。对1家改制企业减免税设备办理了补税手续，补税1674万元。办理企业注册181家，变更242家，年审换证415家；注销39家，报关员注册41人次，资格延续16人次，注销15人次。打击走私成效显著。全年行政受案6起，立案5起，案值620万元，涉税32.5万元，完成协查任务11起，调查终结6起，罚没入库99.5万元，收取风险抵押金95万元。

【全面提升把关服务水平】 立足于唐山经济发展脉搏，全面支持地方经济的建设和发展。

一是为曹妃甸原油码头保驾护

航。认真服务中石化曹妃甸原油码头及配套项目，多次召开关长办公会和业务协调会研究部署原油码头涉及海关监管和进口通关事务，同时专程到石家庄海关为原油码头设立海关监管场所进行汇报和跑办，并特地选派人员到其他口岸海关考察学习，还积极主动与中石化、银行、代理公司进行沟通协商，签署便利通关协议，最大限度降低海关监管风险，提高通关效率。自协议签署以来，曹妃甸原油码头共接卸原油85万吨，实现了即靠即卸、完税即运，从而节约了大量的船舶滞期费和税金利息。

二是完善海关与企业全天候平等对话交流机制。对企业定期召开政策宣讲会，宣传海关政策法规，及时解决企业正常运营和发展中的问题，创造公开、透明、平等、迅捷的对话渠道和服务机制。召开唐山地区加工贸易限制类商品企业座谈会，积极应对加工贸易产业政策调整，帮助企业平稳过渡。针对唐山辖区企业的融资需求和减免税设备擅自处置风险，召开减免税设备企业调研会，向企业宣讲海关减免税设备监管政策，帮助企业正确处理减免税设备抵押贷款问题，为企业合法合规用好海关减免税设备监管政策、拓宽融资渠道提供政策支持，同时降低海关监管风险。

三是积极推进“税款网上支付业务”和区域通关业务。为10家企业开通了税费网上支付业务。目前共有12家企业可以通过网上支付税款，为企业节省了大量通关时间和成本，受到企业欢迎。为3家符合条件的企业开通区域通关业务，共11家企业开通区域通关业务。2008年区域通关报关单2400票，占报关单总量的33%。

四是积极促成京唐港至大连大窑湾集装箱班轮内支线的通航。与石家庄海关职能处室沟通，指导企业做好前期备案等一系列手续；同时，由主管关长带队到大连海关，协调两个海关间的通关监管事宜，使该内支线顺利通航，已运营21个航次，唐山海关共为其1668个外贸集装箱的货物办结了通关手续。

五是关注重点企业、重点项目。密切关注曹妃甸首钢京唐钢铁公司钢铁厂项目，积极主动做好跟进服务。针对该项目设备陆续到货、金额较大、来不及办完海关免税手续的情况，经与企业、银行三方协商准予该公司以提供银行担保的方式先办理手续，既为企业节省了时间，又减少了流动资金的占用。2008年，为首钢京唐钢铁联合有限责任公司曹妃甸项目办理《进出口货物征免税证明》276份，审批货值5.8亿美元，依法减免关税、增值税合计10.1亿元人民币。

六是积极促成保税仓库和出口监管仓库的审批。积极参与唐山港区特殊监管区域的考察和调研活动，多次与曹妃甸管委会、京唐港管委会和相关企业展开座谈沟通，并为企业提供政策咨询与支持。在企业提供资料齐全的情况下，做到特事特办，仅用一天的时间为唐山港区内两家企业办理了两个保税仓库、一个出口监管仓库的审批事宜，为一家企业办理了保税仓库面积变更事项，使唐山港的保税物流功能更加完善。

（邵　璐）

出入境检验检疫

【概况】　全年完成进出口检验检疫35769批22.9亿美元，同比分别增长7.83%和减少6.05%。其中出境31978批21.43万美元；同比分别增长8.01%和减少8.52%；入境1193批2.94亿美元，同比分别增长3.02%和11.9%。检验出口包装2289批3380万件，同比批次减少1.76%、20.23%。检出不合格进出境产品15批，其中入境11批，货物总值488.8万美元，主要是进口机电产品，全部索赔；出境4批，为花生、金属材料、日用陶瓷，货物总值18.3万美元。在进境木材中首次截获云杉八齿小蠹。全年对外出具各种证单证书39200份，与上年持平；签发产地证书10540份，同比减少0.21%。

【积极应对三鹿奶粉事件】　一是以高度的政治敏感性和责任心，迅速投入应急处置三鹿奶粉事件工作之中。采取一把手负总责，班子成员一线督导，以出口台湾奶粉清查处理为重点，全力排查了辖区出口奶粉情况。二是配合国家局、河北局完成了所有留存样品的三聚氰胺检测，根据检测结果及时对双龙公司57.2吨问题奶粉现场封存。三是全面落实《全国质检系统食品安全工作紧急会议》精神，连夜派出3个工作小组，对含乳及涉蛋白产品饲料及乳酸饮料企业进行了排查和驻场监管。四是深入市内3个大型超市，对进口奶制品进行了市场调研和样品抽检。五是建立了畅通的信息报告机制，以《每日工作动态》为载体，及时有效的贯彻落实了系统内外各级指示精神。六是按照唐山市政府统一部署，督导了滦南县问题奶粉的销毁处理及迁安县问题奶粉处理验收工作。

【出口食品卫生注册登记企业专项检查成效明显】　一是周密部署。根据出口企业分布特点，对唐山辖区115家卫生注册登记企业采取突出重点、扶治结合的方式，制定了集中人力打歼灭战的工作方案。二是组织得力。组成7个工作组，实行主管局长包组，小组包企业，组长对检查结果负总责的工作机制；三是信息畅通。建立了专项检查每日例会制度，定时通报工作进展，协调解决存在问题。四是全力投入，成效明显。各工作组克服了各种困难，马不停蹄奔赴在各个企业，及时完成了工作任务。建议吊销2家，限期整改18家，警告74家，21家企业资格自动失效，达到了扶持一批、提高一批，淘汰一批的预期目的。

【深入开展部分重点产品质量安全专项整治行动】　一是对涉及整治的进口油漆、出口木质家具、服装、电线电缆等4类产品、51家企业开展了有针对性的整治。二是对辖区进出口企业100%建立出口质量档案、签订《产品质量安全承诺书》（其中26家非法检生产企业）。三是对进口油漆的货证情况和使用情况进行100%核查。四是针对出口木制品及木家具建立了“安全项目检测+抽批检验+日常监督管理”的

检验监管模式。五是利用HACCP理论指导家具生产企业建立了原料的检疫性病虫害控制追溯体系和辅料中有毒有害物质控制的追溯体系。六是制定了出口电线电缆质量控制规范，并于9月17日顺利通过了省局检查组验收。

【服务唐山经济】 一是创新方式严查细管。以检验检疫执法把关内容作为关注点，结合质量许可、输美认证、检验检疫规范、日常检验监管等要求，出台了“出口日用陶瓷企业诚信评估体系”，已对辖区的20家出口日用陶瓷企业进行了量化打分。制定了《与陶瓷配套出口的食品接触材料的控制要求》、《外购陶瓷产品控制要求》、《白胎骨质瓷产品铅镉控制方法》，完善了出口陶瓷产品的质量追溯和责任追究体系。研发了《唐山局与出口陶瓷企业互联网信息交流系统》，将企业档案、企业源头控制、企业生产过程控制、顾客反馈、实验室管理等检验监管关注的重要信息全部纳入计算机软件管理，实现对企业动态、全程监督管理，该系统已在20家企业运行。二是狠抓食品农产品源头建设。为加强和规范出口食品农产品备案基地管理工作，成立2个专业工作组。清理整顿了肉类、水产品原料备案养殖场和出口保鲜菜备案基地。通过清查，取消唐山玉田双汇食品有限公司等10家备案饲养场；取消唐山中红融商普林食品有限公司等29家备案饲养场，新增32家。取消水产品备案养殖2家。对分布在张家口、承德、秦皇岛及山东潍坊等地的蔬菜种植基地进行清查，取消28271亩，核减备案面积9950亩，符合要求的6805亩异地备案基地通过省局移交当地检验检疫局。三是有序推进出口农产品食品质量安全标准化示范县建设。在迁西板栗和唐海河豚鱼两个质量安全标准化示范县建设中，主管领导多次带队深入两县，召开5次筹备会，协商成立了相关的组织机构。在迁西县确定了4个试点乡镇，与林业部门共同拟定了板栗生产管理及病虫害防治的4个管理规范。会同河北局动检处拟定《唐海县出口河豚鱼安全标准化示范县实施方案》、《河豚鱼标准化示范县考核验收标准》，并根据玉田出口蔬菜基地建设和出口蔬菜贸易情况，主动和玉田县政府沟通，提出创建玉田出口蔬菜质量安全标准化示范县的建设性意见，得到玉田县政府的积极响应，前期工作正有序开展。四是在全市出口企业建立食品防护计划。已基本完成食品防护计划的有：对日出口的偶蹄动物产品、热加工禽肉产品企业，出口敏感市场的食品企业，出口国际市场的罐头、水产品、肉及肉制品、速冻蔬菜、果蔬汁、蜜饯、速冻方便食品等企业。

【提升检验检疫技术能力】 综合实验室现已具备甲胺磷、已酰甲胺磷、六六六和滴滴涕的检测能力，12月23日出具了第一份农残检测报告，实现零的突破；三聚氢胺检测通过了国家局能力验证；血清实验室新增加了肉品和水产品中氯霉素残留、肉品中盐酸克伦特罗、肉品中庆大霉素等残留项目的检测及口蹄疫和禽流感等动物疫情的检测。截至年底，综合实验室具备60个检测项目，出具检测报告1650份，比2007年增加40%。检出各类不合格产品32批。陶瓷实验室上半年完成了20家出口日用瓷企业实验室能力验证工作，8月17日顺利通过了认监委的第二次监督审核，9月初圆满完成国家认监委组织的实验室能力验证和比对试验工作；完成日用陶瓷铅镉溶出检测79444件。

（郑秀银　赵　优）

编纂 许 忠

综　述

2008年全市民营经济单位个数达到28.1万个，其中民营企业1.51万家、个体工商户26.63万个，从业人员164.4万人；全年完成营业收入7868.7亿元，同比增长23.3%；完成增加值2247亿元，同比增长16.4%；上缴税金220亿元，同比增长21.7%。

1. 规模以上工业企业的支撑作用明显。

全市现有规模以上民营企业1349家，占全部民营企业的8.91%。2008年规模以上民营企业完成增加值1044.6亿元，比上年同期增长17.1%，占全市全部规模以上工业企业65.5%、其增长幅度高于全市规模以上工业增幅3个百分点。民营规模以上工业企业对全市工业经济的支撑拉动作用进一步显现。

2. 固定资产投资稳步增长。

2008年全市民营经济共完成固定资产投入505.8亿元，较上年增长20.1%。其中投资在50万元以上的新建及改、扩建项目共有1541个，共完成投资474.9亿元，同比增长20.1%。投资超亿元的项目有64个，投资的重点是传统产业的改造提升和产业结构的调整优化，这些项目的陆续竣工投产，将为全市民营经济持续平稳发展奠定良好的基础。

3. 个体工商户平稳发展、城乡市场繁荣活跃。

民营经济在消费市场中继续保持活跃态势，逐步成为零售市场和服务业的主力军。2008年全市个体经营户较上年新增注册4475户，从业人员新增4万人。实现营业收入2044亿元，实现增加值625亿元，比上年分别增长11.3%和14.1%。民营经济已经成为繁荣城乡贸易市场和服务业发展的主体力量。

4. 在全市经济和社会发展中发挥了积极作用。

2008年全市民营经济实现增加值占全市GDP的63.14%，实缴税金占全市全部财政收入的比重达到54.34%以上，民营经济成为全市国民经济的重要组成部分和增加全市财政收入的主要增长点。2008年全市民营经济从业人员达到164.4万人，净增从业人员7.4万人。2008年民营经济共支付劳动者报酬217.5亿元，同比增长16.1%，人均年工资收入13230元。民营经济成为吸纳社会就业的主渠道和增加城乡居民收入的主要来源。

5. 民营经济运行中存在的问题。

一是结构性矛盾依然突出。从三次产业的构成情况看，2008年全市民营企业中第二产业比重达到82%，以服务业为主的第三产业仅占16%，第三产业发展明显滞后于加工业的发展。从轻重工业分组情况看，轻工业在规模以上民营企业中的比重仅占5.9%，而重工业高达94.1%。从规模以上工业企业的行业构成情况看，黑色金属矿采选业占15%、黑色金属冶炼及压延工业占全部规模以上民营企业的62%以上。从产品结构看，初粗加工多、精深加工少、高附加值产品少的情况还没有根本转变。偏重的工业结构和冶金行业独大的局面，不仅在目前的宏观经济形势下受到很大的冲击，同时也使全市民营经济面临着结构调整、节能减排的巨大压力。

二是经济下行压力较大。受金融危机的影响，唐山市民营经济自2008年9月起，各项经济指标逐月回落，增加值9月份增长23.95%、10月份增长19.1%、11月份增长18.3%、12月份增长16.4%。税金增幅9月份33.39%、10月份26.5%、11月份22.2%、12月份21.7%。受金融危机导致的市场需求低迷、企业资金紧张及价格波动企业亏损增加等多方面影响，导致部分企业处于停产半停产状态。据统计，规模以上工业企业中有319家停产，有115家处于半停产状态，由此预测民营经济下行的风险依然存在。

三是资金矛盾比较突出。受金融危机诸多因素影响，民营企业资金紧缺的矛盾不断加剧。2008年固定资产投资中来自银行贷款所占的比重仅为10.31%，比2007年的13.61%下降了3.3个百分点。自有资金的比重由上年度的63.46%上升到77.63%，同比增加了14个百分点。项目建设过程中不同程度的存在高息拆借和被迫挤占企业流动资金的问题，加上销售不畅库存增加等影响，导致企业资金紧张的矛盾不断加剧。

管理服务

【为民营经济营造良好的发展环境】 市委、市政府对营造民营经济发展的良好环境非常重视，建立健全了全市发展民营经济领导小组和办公室，将民营经济发展纳入党政考核指标体系。领导小组各成员单位各司其职、通过一手抓政策扶持、一手抓规范管理，协力营造民营经济发展的良好氛围。在认真贯彻落实国家和省各项鼓励发展民营经济政策的基础上，2008年制定了《唐山市关于鼓励、支持、引导民营经济发展的若干意见》、《鼓励全民创业的意见》、《中小企业振兴规划》等一系列政策措施。市直20多个相关职能部门，根据各部门的职能分工，从市场准入、土地使用、信贷支持、人才引进、贷款担保以及税收等方面，制定扶持政策和相关措施。各部门认定了100家重点扶持的骨干民营企业进行定点帮扶，构建了多角度、多层次促进民营经济发展的平台。各级政府大力表彰奖励民营经济发展的先进单位和个人。市委市政府在10月6日召开有1000家民营企业参加的全市企业家科学发展大会，大张旗鼓地表彰了10名科学发展优秀企业家，并充分利用媒体全方位、多角度宣传民营企业和民营企业家在全市经济和社会发展中发挥的不可替代的重要贡献，及其在科学发展示范区建设中的引领作用。

【破解中小企业和民营经济发展难题】 在资金支持方面，唐山市根据《中华人民共和国中小企业促进法》和河北省人民政府《关于加强中小企业社会化服务体系建设的意见》设立了中小企业发展专项科目资金。2008年全市县级以上财政预算中安排中小企业发展专项资金1.16亿元，其中市本级安排1450万元。县级以上财政安排用于科技创新、市场开拓方面的专项资金5500万元，其中市本级300万元。县级以上财政注入担保机构的资本金5000万元，其中市本级注入500万元。市财政安排用于担保机构风险补偿金500万元。全市县级以上财政安排创业辅导基地建设资金600万元。在市中小企业创业辅导基地建设中，市财政出资1750万元，购买了已停产的市第一服装厂生产办公综合楼作为市中小企业创业辅导核心基地，并通过各种渠道筹集1000多万元追加投资使基地改造得以顺利进行。各县区按照省市要求，也逐步设立中小企业发展专项资金，重点支持创业辅导基地建设和创业辅导体系建设。到2008年底，全市已建成创业辅导基地22个，基地规划投资39.64亿元，实际已完成基地建设投资24.5亿元，基地规划建设厂房面积213.9万平方米，实际建设完成厂房86.8万平方米。在已经完成投资中，政府出资1.6亿元，企业或集体投资20.97亿元，个人投资0.92亿元。全市基地入驻企业1453个，新增就业人数达到3.2万人。其中市中小企业创业辅导基地已吸收31家中小企业入驻基地，新增就业岗位1500多个。在市创业辅导基地的带动下，路南区、路北区、开平区、高新区、丰南区、玉田县、唐海县等都建立了具有区域特色的创业辅导基地。辅导基地初步实现了政策咨询、行业技术信息发布、人才引进等服务项目，且无偿或低价向辖区内各类创业企业提供建设用地。在为创业企业贷款担保方面。市、县财政累计安排担保资本金3.5亿元，风险补偿金750万元。唐山市下岗失业人员小额担保中心为下岗失业人员提供小额贷款担保，扶植其创办小企业。唐山市中小企业信用担保中心为创建初期的中小企业、有良好发展前景的中小企业提供信用担保服务，缓解企业资金需求，促进企业快速健康发展。2008年全市担保机构累计为中小企业提供贷款担保已达22亿元。

【促进民营企业做大做强】 一是积极引导民营企业通过买断、承包、租赁、参股等形式，进入国有经济退出的领域，或通过与国有大型企业联合实现做大做强。目前全市民营企业通过多种形式参与了1154家国有、集体企业的改组、改制，注入民营资本168亿元，盘活存量资产210多亿元，安置原企业职工19.09万人，新吸纳就业人员5.74万人，既壮大了企业实力，促进了民营企业资本的多元化和社会化，又促进了城镇职工的安置就业，收到了很好的经济效益和社会效益。二是扶优扶强，促进全市民营经济上规模、上水平、上档次。对百强企业、重点成长型企业进一步加大重点扶持的力度。一方面，加强煤电油运等重要生产要素的综合协调，保障重点企业开足马力生产。重点加强电力运行管理，提高供电保证率。另一方面，进一步加强对生产要素的调控管理，促进优势资源向优势企业聚集。对重点行业、重点企业和重大项目，优先保证电力、水、土地、资金等生产要素供应。合理调配矿产资源、水资源，促使优势资源向这些领域聚集，构筑民营经济发展的骨干支撑。目前全市营业收入超亿元的民营企业达到322家，较上年净增52家，约占全省超亿元企业总数的四分之一。2008年有19家企业纳入省百强企业行列，唐山国丰钢铁有限公司等8家民营企业入围“中国制造业500强”行列。有5家企业入围“中国企业500强”，有3家民营企业入围“全国纳税500强”行列。三是扶持重点产业集群建设。通过制定产业集群发展规划，不断加大对先进装备制造、化工、精密铸造、电子信息等产业集群的引导与支持力度，促进产业集群可持续发展。建设产业集群技术服务平台19家，为集群企业提供技术服务支持，促进产业集群整体水平的提高。2008年全市的产业集群达到了33个，涉及陶瓷、自行车、装备制造、化工、电子等17个行业，从业人员33.4万人，生产企业3183家，配套企业4945家。

【加快传统产业结构调整】 钢铁、能源、水泥等传统产业是唐山市民营经济发展的主要支撑产业。为进一步提升传统产业的竞争力，市政府把调整优化产业结构放在更加突出的位置，淘汰落后生产能力，引进战略投资者全力推进企业的整合重组。年内完成了唐钢与华瑞、首钢与新宝业、中冶与恒通的整合。首钢整合了迁安松汀、九江两大公司，唐钢参与了滦县钢铁资源的整合。年内以迁安九江和丰南国丰两大企业整合地方钢铁企业成功组建

了长城和渤海两大民营企业钢铁集团，进一步提升了企业的整体竞争实力。在淘汰落后产能方面，通过开展“百日攻坚”行动，2008 年共关闭非煤矿山 749 家、关停淘汰炼铁能力 577 万吨、炼钢能力 558 万吨、水泥生产能力 536 万吨、造纸生产能力 8.5 万吨，有效促进了产业的改造提升，促进了节能减排各项目标任务的完成。

（恽宝增）

财政·税务

编纂　高金山

财　政

【概况】　2008年，全市全部财政收入405.8亿元，增长22.7%，有14个县（市）区全部财政收入超10亿元，有7个县（市）区全部财政收入超20亿元；地方一般预算收入146.6亿元，增长23%，占全部财政收入比重36.1%，比上年同期提高1个百分点；财政支出252.6亿元，增长30.9%。财政收入规模不断壮大，地方可用财力不断增加，为唐山科学发展示范区建设提供了有力支撑。

【发挥财政调控职能】　一是用好政策引导发展。制定实施了《加大财税支持力度推进科学发展示范区建设的暂行规定》等一系列优惠政策，在全国率先对所有工商企业和个体工商户实施零成本注册的鼓励政策。全市相继有22958户企业和个体工商户在零成本注册中直接受益，工商部门共免收注册费和工本费170余万元。新登记注册户数较上年同期增长65.3%，新登记注册的企业注册资金较2007年同期增长10.4%。全面落实促进服务业发展的各项财税扶持政策，设立服务业、旅游业发展引导资金，增强了经济发展活力。出台支持组建渤海和长城两大地方钢铁集团的政策意见，在用地、能源消耗指标、金融等方面给予政策优惠，并支持向唐山湾“四点一带”搬迁。淘汰落后产能，推进水泥企业生产能力有效整合，促进了传统产业优化升级。二是用好资金支撑发展。全市先后整合预算资金8.2亿元，争取上级补助资金14亿元，重点支持了唐曹高速、曹妃甸港区原油码头等26个重点项目。建立高耗能企业生态补偿制度，投入节能减排专项资金18800万元。支持建立健全落后装备、高耗能产业退出机制和节能减排鼓励机制，投入资金13396万元。积极支持国有企业改革，投入服务业和旅游业发展引导资金2300万元，支持自主创新能力的服务业发展。落实促进中小企业发展资金1350万元，建立创业辅导基地23个，设立信用担保机构48家，办理贷款担保业务4125笔，先后支持帮助286户企业落实担保贷款22亿元，缓解了中小企业融资难问题，支持了企业发展。三是用好体制激励发展。积极稳妥地推行有利于市县政府财力与事权相互匹配、有利于促进公共服务均等化的分税制财政体制，将2700户市属企业税收管辖权按属地全部下放县区，市县实行分享，调动县区支持企业发展、组织收入的积极性。全面落实曹妃甸新区“超基数全返”的财政体制，实施唐山湾“四点一带”开发建设财政激励体制，对“四点一带”区域实现的增值税、营业税、企业所得税和个人所得税“四税”地方分成部分实行“定额分享、超收全返”，极大地调动了县区组织收入的积极性。全市共有14个县（市）区全部财政收入超10亿元，其中，有7个县（市）区全部财政收入超20亿元。

【推进社会主义新农村建设】　一是全面落实农业增效各项政策。投入资金16020万元，重点支持小型农田水利建设、水土保持、节水灌溉等农业基础设施建设。投入农业综合开发资金14900万元，改造中低产田10.2万亩。整合各类支农资金，重点扶持奶业、肉类、果菜等主导产业发展，推进现代农业产业体系建设。支持农业科技推广体系、良繁体系、农业标准化检验检测体系等农业社会化服务体系建设。二是全面落实农民增收各项政策。落实粮食直补和综合直补资金50040万元，受益农户143万户，受益农民373万人。发放良种补贴和大型农机具购置补贴5645万元，有效地提高了农机装备水平。拨付能繁母猪补贴4300万元，奶牛养殖补贴6640万元，特别困难奶农补助1687万元，生鲜牛奶收购加工补贴195万元。发放种植业和养殖业保险保费补贴11213万元，增强了种植业和养殖业防御风险能力。三是全面落实农村增色各项政策。全市投入文明生态村建设资金4.99亿元，新建文明生态村454个，其中，硬化道路1595.8公里，植树338.5万株；投入2800万元，争取国债资金1816万元，新建沼气池10.1万户；农村饮水安全工程投入4.6亿元，带动社会投入3.9亿元，解决了2450个村共213万人的饮水困难；投入3000万元，建成村民中心2000个；投入农村公益事业“一事一议”财政奖补资金11258万元，带动社会投资11803万元，建设项目2323个，农村生活环境明显改善，公共服务水平明显提高。

【保障和改善民生】 一是重点解决社会保障问题。投入就业再就业资金15000万元，帮助3.1万名下岗失业人员实现再就业，解决了全市8000多名困难企业职工临时生活困难。提高城乡居民最低生活保障标准，市区保障标准由225元/人·月提高到270元/人·月，县级由170元/人·月提高到205元/人·月，农村由1000元/人·年提高到1200元/人·年。投入最低生活保障资金10305万元，保障了14.2万名困难群众基本生活需要。投入资金9650万元，落实大中型水库移民后期扶持政策。投入资金4747万元，对农村1.6万名五保人员实现应保尽保。投入资金3829万元，解决了1371名市属困难企业离休人员就医问题。投入资金580万元，解决了1420名企业军转干部生活困难。二是重点发展社会事业。①教育支出46.5亿元。重点保障教学活动正常开展，全部免除城乡义务教育阶段学生杂费，在全省率先推行公办普通高中公助生免费教育，改造农村中小学陈旧校舍10.3万平方米，实施农村中小学取暖设施改造，支持唐山市劳动技工学校和唐山市对外经济贸易学校迁建，全面落实本科、高职专、中职专困难家庭学生资助制度。②医疗卫生支出14.3亿元。重点完善城乡医疗卫生体制，新建改造村卫生室748个，实现“一村一室”目标，城市社区卫生服务人口覆盖率达到100%。新型农村合作医疗补助22085万元，参合人数458万人，参合率94.3%。城镇居民医疗保险补助3884万元，参保人员51.7万人，参合率74%。③文体支出2.6亿元。重点支持了2008北京奥运会火炬在唐山的传递，成功举办第十届全国老将田径运动会，参加河北省第六届青少年运动会，组织举办第十一届陶博会、第六届评剧艺术节和曹妃甸临港产业合作会议，开展“百场大戏闹新春”等活动，丰富了群众业余文化生活。三是重点改善公共服务。城市公共服务设施投入4600万元，购置欧3标准城市公交车60部，城市道路清扫和洒水车辆30部；组织开展城区旱厕改水厕工程，进一步提升城市环境质量；环保排污费投入5401万元，重点支持二氧化硫减排、市区清洁能源替代、饮用水源地周边环境综合整治等项目；争取国债资金和国际金融组织与外国政府贷款2.4亿元，支持陡河电厂脱硫技术改造以及新区污水处理厂、西郊污水处理厂、市中心区供水厂、传染病院等公共卫生项目建设，城市环境和卫生状况进一步改善。

【推进新型城镇化建设】 一是居住条件进一步改善。投入震后危旧平房改造资金7亿元，新开工155万平方米，河茵北里、正泰里惠民园小区等57万平方米危改安置房已竣工。拆违、拆迁830万平方米，累计拆除面积1130万平方米。投入保障性安居工程资金10770万元，为11000户低收入家庭提供了廉租住房补贴，实物配租880套。推进市场化运作模式，开工建设经济适用住房68.2万平方米，增加经济适用住房投放，缓解了低收入人群住房困难。二是城市承载能力进一步提升。筹集9.8亿元，机场连接线已经通车，205国道路基铺筑基本完工，唐丰快速路建设进展顺利，城区路网体系进一步完善。投入7亿元，新建学院南路、长虹道、光明北路等10条道路，整体翻修北新道。实施建设路、卫国北路、新华道、龙泽路等16条道路绿化改造，建成街头绿化景观52处。完成建设路、裕华道、文化路等10条道路亮化改造，对富强楼、和平楼等19个小区实行亮化节能改造。推进大钊公园、凤凰山和大城山等特色景观建设，提高了城区园林绿化档次和水平，城市绿、美、亮、净环境综合整治取得明显成效。三是主体功能区进一步完善。投入南湖生态城建设资金6.5亿元，地震遗址公园主体完工，拓展湖面8平方公里，新建环湖道路15.7公里，完善环湖绿化生态体系，营造南湖旅游景观。投入凤凰新城建设资金2亿元，延伸了友谊北路和朝阳道等道路，凤凰新城消防站等基础配套设施即将投入使用，凤凰新城基本框架初步形成，为大规模开发建设和招商引资夯实基础。

【完善财政管理机制】 一是完善收入管理机制。各级财税部门协调联动，加强收入动态分析，及时把握经济走势，努力应对宏观形势影响，依法强化税费征管，做到应收尽收，确保了财政收入总量跃上400亿元新台阶，实现了历史性跨越。收入质量日趋优化，可用财力占财政收入比重稳步提高，已有6个县区超过50%。二是完善支出管理机制。预算管理日趋精细化，推行财政重大事项集体决策，加强项目库建设，科学编制部门发展性项目三年滚动预算；国库管理改革稳步推进，市直单位推行了“零余额”清算制度，开展了公务卡试点；县级国库集中支付改革进展顺利，9个县区推行了乡镇集中支付；扩大项目投资评审类别，评审项目414项，审减金额4.4亿元，审减率13%；扩大政府采购规模，全市实现采购额28.9亿元，节支率达11.1%；扩大支出绩效评价范围，评价项目32个，涉及资金3.9亿元，财政资金使用效益进一步提高。三是完善监督管理机制。健全财政监管机制，制定出台《唐山市行政单位国有资产管理暂行办法》、《唐山市事业单位国有资产管理暂行办法》、《唐山市财政局关于派驻市直行政事业单位财政监督员的意见》，开展对市直行政、事业单位派驻财政监督员试点，监督重心前移。强化民生资金监管，重点检查了卫生医疗、中小学危房改造、农民综合直补等七类专项资金，涉及资金5.2亿元。强化扩大内需项目资金管理，确保专款专用。开展了罚没收入、收支脱钩管理和会计信息质量大检查，进一步规范财政行为，维护了财经纪律。各级财税部门认真接受人大依法监督和政协民主监督，积极办理代表、委员各类议案，及时答复有关问题，改进各项工作，努力提高服务效率。

税　务

国家税务

【概况】 辖区内共有纳税人100647户，其中一般纳税人15881户，小规模纳税人81622户；各类

企业25466户，个体工商户75181户。全市国税收入271.6亿元，按省局口径完成2716225万元，占省局计划2600000万元的104.5%，同比增长20%，增收453128万元。按政府口径完成税收2513247万元，占政府计划2460000万元的102.2%，同比增长19.6%，增收411656万元。国内增值税完成2197177万元，占省局计划的103.3%，同比增长19.4%；国内消费税完成7448万元，占省局计划的74.5%，同比下降19.9%；企业所得税完成369811万元，占省局计划的114.8%，同比增长30.5%；个人所得税完成27237万元，占省局计划的81.1%，同比下降30.32%；车辆购置税完成114552万元，占省局计划的106.1%，同比增长25.7%。国税收入在全国大中城市中位居20名，占全省国税总收入的四分之一强。唐山国税收入占全省国税收入的比重由2000年的16.6%提高到2008年的24.45%，继续呈现不断上升趋势，对全省国税收入增长的贡献率达到26.74%。

【强化征收管理】　"边城税案"是总局、省局督办的案件。该案涉及乐亭县晟运商贸有限公司、乐亭县泰隆商贸有限公司和乐亭县东鑫商贸有限公司。通过大量深入细致的内查外调确认，乐亭县晟运商贸有限公司、乐亭县泰隆商贸有限公司两户企业恶意取得增值税专用发票、运输发票1883份合计造成少缴税款2915.74万元，扣除留抵税款53.19万元，定性偷税2862.55万元。为13户纳税人虚开增值税专用发票925份，涉及税款1175.28万元。2008年1月16日，依据取得的证据及相关法律规定将这两家公司移送公安机关立案侦查。

通过乐亭商贸企业税案，市国税局和乐亭县国税局举一反三，集中开展商贸企业专项整治，提高税收管理质量。主要做好三项工作：抓评估。抽调50名业务骨干，组成11个评估小组和9个外调小组，围绕企业每笔经营的真实性，抓住物流和资金流等关键环节，内查外调，集中突破。全市通过评估确定有问题的户50户，检查107户企业。查补税款13659.15万元。移送公安机关查处9户，逮捕涉案人员1名，2人网上追逃。抓规范。取消商贸企业一般纳税人资格24户，不符合直接认定一般纳税人或认定后条件发生变化的33户企业依法停票整顿，9户转为辅导期管理，新办企业从税务登记、一般纳税人认定、发票供应、最高限额开具及认证等环节严格把关，防止产生不规范、不合法的商贸企业。抓服务。大力加强税收政策宣传，举办多期商贸企业税收知识培训班，利用集中约谈讲清商贸企业专项整顿的目的意义。另一方面，深入搞好优质服务，坚决治理"有病"商贸企业，不让其干扰税收秩序。坚决为规范企业开"绿灯"，不让其合法经营受损失。自主开发应用"协调联动机制工作平台"，实现信息集中发布、反馈和共享。率先采用税收效能位差方法进行税收分析，取得良好效果。重点深化纳税评估，全局共评估6613户次，发现有问题2257户次，评估入库税款、加收滞纳金、罚款合计5606.45万元，调减留抵税金1673.81万元。

【优化纳税服务】　一是构建规范、透明的纳税服务体系。在全省率先推出了纳税人自助办税系统，实行24小时自助办税服务。该系统通过触摸屏接收纳税人输入的指令，用语音及画面协助纳税人自助办税。纳税人只要凭有效证件办理电子标签后，便可根据ARM的界面提示，轻松完成相关涉税业务，且涉税业务可实现随时查询。二是做好"一窗通办"的试点工作。为缓解纳税人负担，市局制定下发《"一窗通办"办税服务模式推行方案》，按照"扎实推进，分步实施"的原则，确定滦县国税局作为第一批试点单位。滦县国税局专人负责，搭建硬件环境，调整系统权限，加强各岗位业务衔接，简化纳税手续，使纳税人更便捷，提高办税效率。三是在全国率先完成税库银联网。实现财政、税务、人行、商业银行间的互联。横向联网电子缴税创新税收收入缴库和信息共享方式，整合、简化税收征缴流程，实现审核、缴库等环节电子化操作。改变传统的手工录入和税票传递模式，减轻税务、人行的工作量，降低行政成本，提高财政资金运行效率和税款征缴入库效率。降低票证使用量，节约票证印制、管理、打印费用等税收成本。纳税人通过网上申报实时缴税，不必再手持支票或现金往返于税务机关和银行之间，促进征纳和谐。四是加强纳税服务宣传、培训。以贴近纳税人的实际需要为目标，打造纳税服务宣传格局，以提高服务能力为目标，加强窗口税务人员的培训，以提高自主办税能力为目标，加强企业办税人员的培训。乐亭县国税局办税服务厅开展"一口清、问不倒"业务练功活动；"办好服务零距离，办税质量零差错，办税对象零投诉""三零服务"和"服务标兵"评选活动。唐海县国税局创新服务方式，利用互联网对纳税人进行宣传和服务。海港开发区国税局简化办税程序，拓宽服务内容，着力建设纳税服务快速反应机制。滦南县国税局依托短信平台，加强与纳税人的沟通，2008年，为纳税人和社会各界人士发送短信5000余条；迁安市国税局推出纳税人意见和建议"挂号"制度。

【提升执法水平】　根据"权责一致、重在治内"的法制原则，认真贯彻省局制定的《税收执法重大过错责任追究规定》、《协调联动工作机制责任追究暂行规定》、《贯彻执行税收法律规范的遵循原则和制定税收规范性文件的若干意见》、《加强和规范税务案件审理工作的若干意见》，着力开展防范执法风险教育。对市局领导班子各级处室一把手和县（市）区局长及纪检组长、办公室主任进行执法风险专题讲座教育，到各县（市）区局宣讲12场次，将讲座内容制作光盘发到各县（市）区局。开展税收执法预警监控。涉及流转税、征管、稽查三类业务43个监控点，其中，流转税11个，征管26个，稽查6个。

开展执法大检查。市局成立组织，局长抓落实，其他局领导各负其责，有关处室协调联动，多次召开会议动员、研究部署、督导，使自查工作深入细致，成效显著。重点检查市局税收规范性文件、税务行政审批、涉农税收优惠、税务稽查案件、行政复议等五项内容，各项政策基本落实到位，得到省执法

检查组好评。

指导执法监察工作。年内立项监督35项。其中：市局2项，县（市）区局33项，涉及行政管理权方面的2项，税收执法权方面的33项，完成28项。开展执法检查158次，市局对执法自由裁量权和税收减免权实施立项监督。

强化执法检查，严格责任追究。全年追究过错责任1004人次，经济惩戒96591元，其中领导责任追究54人次，连带责任19人次。对纳税人开展日常检查的同时，不断强化重点行业检查和大案要案检查。检查各类企业2319户，发现有问题1636户，查补入库税款、罚款、加收滞纳金13725.4万元。

【加强队伍建设】 一是优化教育培训机制。全年，市局培训中心共举办培训班14期，培训税务干部765人次，并深入县区局举办培训班10期，培训税务干部、税务代理人员等3230人次。二是整合基层征管机构。国税系统共减少43个基层征管机构，其中撤销税务分局26个，新设税务分局27个，撤销税务所44个。全市基层征管机构收缩比率为36.8%。整合中，全市共分流安排688人，其中正副分局长77人，正副所长105人，正副科长8人，一般同志498人。涉及分流调整的600多名同志全部妥善安排。三是强化干部队伍建设。制定《领导班子和领导干部考核工作办法》、《干部交流工作办法》、《科级干部竞争上岗管理办法》等6项干部管理制度。12月份，市局对部分科级干部交流轮换，并通过公开竞争上岗的方式选拔县区稽查局长和分局长，围绕基层领导干部建设，出台《税务分局长管理办法》。同时开展经常性的政治思想工作，广大国税工作人员的思想境界得到升华。汶川大地震发生后，市国税系统干部职工，捐款赈灾45万余元，局机关170名党员交纳“特殊党费”18.9万元，人均缴纳“特殊党费”超千元，局班子成员每人交纳2000元。路北区国税局干部张伟5月16日在他的婚礼现场，把准备外出度蜜月的1万元现金捐献地震灾区。

【网上搭建护廉网】 充分利用信息网络资源，将廉政文化植根于计算机网络中，在局域网上开设廉政网页。廉政网页设置公告栏、警示之窗、廉政风采、监察动态、经验交流、党纪条规、政务公开、行风评议、文化长廊等栏目。及时统计各栏目的点击率，及时调整、更换栏目，填充栏目内容，使廉政网页内容具有可读性、广泛性。廉政网页开通后，点击率逐日攀升，一改过去的集中学习、传达文件等被动学习为主的廉政教育形式，税务人员对廉政建设的学习兴趣日益浓厚，工作之余点击廉政网页洗涤心灵成为反腐倡廉工作的新亮点。在市国税局开通廉政网页的同时，各县（市）区国税局也先后开通廉政网页，全市国税系统搭建广阔的“护廉网”。

【联手协办税收教育基地】 4月29日，市国税局与地税局联合在路北区机场路小学举行“中小学税收教育基地”揭牌仪式。该校成为全市首家中小学税收教育基地，全省首批中小学税收教育基地之一。4月是第17个全国税收宣传月，市国税局、地税局与机场路小学携手，以“税收促进发展，发展为了民生”为主要内容，进一步延伸税收宣传教育的触角，积极组织开展税收知识进课堂等活动，让同学们了解掌握税收知识，广泛宣传税收法规，以“小手牵大手”的形式，带动家庭，辐射社会。

【韩国国税厅长来访】 5月22日，韩国国税厅韩相律厅长一行，在省局党组成员、副局长高莉的陪同下，到市国税局考察增值税防伪税控系统运行情况。听取工作人员防伪税控系统的简要介绍后，韩相律仔细观摩防伪税控各子系统运行具体演示过程，高度评价中国增值税防伪税控工作。

【总局唐山组会】 9月5日上午，国家税务总局在唐山组织召开《纳税人涉税保密信息管理暂行办法》座谈会。总局纳税服务司副司长张树学、省局征管处副处长贾新波及中国石油天然气股份有限公司冀东油田分公司、开滦（集团）有限责任公司等10家企业代表参加会议。企业代表们针对《办法》的具体规定，就在实际操作中可能遇到的情况和问题，纷纷提出中肯的意见和建议，与税务机关的同志面对面交流。为进一步完善《纳税人涉税保密信息管理暂行办法》打下坚实的基础。

【全国大型钢铁企业国税征管协作会召开】 6月26日、27日，由路北区国税局主办的第三届全国大型钢铁企业国税征管协作会第一次会议在唐山召开，会议主题是“创新管理手段，加强纳税评估，优化纳税服务，探讨大型钢铁企业税源管理的新思路”。来自唐钢、首钢、鞍钢、武钢等11家国有大型钢铁企业主管国税机关的63名代表参加了会议，嘉峪关市国税局以观察员身份列席会议。会议从多角度深入探讨加强大型钢铁企业的税收管理办法，并重点围绕协调联动进行交流，会议收到经验交流材料11篇。

（杨 明）

地方税务

【税费收入稳步提高】 2008年，全系统累计实现各项收入178.07亿元，同比增长29.58%。其中，税收收入实现125.09亿元，同比增长29.65%；社保费收入43.33亿元，同比增长29.34%；其他规费收入9.65亿元，同比增长29.72%。全年税费收入稳步提高主要表现：一是税源管理进一步加强。按照属地管理与分类管理相结合的要求，科学配置管理力量，加强钢铁、建筑、房地产等重点行业以及“四点一带”等重点开发区域的监控管理，将市政府年初确定的100项重点项目，明确专人进行全程跟踪管理，把握住了税收的主动权。二是所得税税基进一步巩固。在省局的指导下，积极运作首钢京唐钢铁有限公司企业所得税归属问题，赢得市委、市政府的支持，市政府专门下发文件确定由地税部门征管。年底，省政府正式明确将首钢京唐钢铁有限公司的企业所得税划归地税部门征管，有力地巩固了地税所得税税基。三是堵漏挖潜成效进一步显现。车

船税：继续加强对保险公司代收代缴工作的监督管理，由保险行业协会牵头，从事车险业务的保险公司共同签订《关于唐山车险业务规范经营的共同约定》。此外，市局出台文件规定，凡直接在税务机关缴纳车船税的纳税人，在领取完税证的同时一并领取加盖地税印章的《车船税完税证明》，在办理"交强险"业务时将《车船税完税证明》交保险机构留存，有效解决了个别车主采取涂改其他车辆完税证复印件偷逃车船税等问题。全年累计入库车船税1.22亿元，同比增长156%。土地使用税：以迁安市局为试点，探索利用GPS手持导航仪测量企业实际土地面积，进一步夯实土地使用税税源基础。全系统累计入库土地使用税4.92亿元，同比增长95.56%。城建税：加强与国税部门的合作，建立电子信息交换平台，将获取的增值税、消费税信息与城建税实际征收情况进行比对，最大限度地堵塞了税收漏洞。全年累计入库城建税11.88亿元，同比增长31.69%。土地增值税：继续严格执行《河北省土地增值税管理办法》，进一步规范土地增值税的预征管理，全系统累计入库土地增值税1.44亿元，同比增长51.4%。四是社保费征管进一步规范。建立了"突出重点、三级监控"的费源监控制度，开发了"重点费源网络监控图"，对重点费源实施动态监控。同时，不断加大扩面和清欠力度，全年扩面续保2.6万人，入库费款1.1亿元；清缴往年欠费1.07亿元。五是收入质量进一步提高。为确保收入质量，专门出台《唐山市地方税务局货物运输业自开票纳税人管理工作责任制》，并明确稽查局将欠税情况、代开票情况作为稽查检查的重点，使欠税管理和代开票管理走上了规范化轨道。

【税收执法日趋规范】 一是2008版征管系统升级顺利完成。省局征管系统升级任务部署后，市局积极采取现场授课和网络视频授课相结合的办法，对各岗位税务人员和纳税人进行培训，并组织业务骨干开展实地督导，进行现场答疑，确保系统升级的顺利进行。截至10月底，税银库联网系统迁移已顺利完成，2008版征管系统运行正常。二是重点行业纳税评估取得新进展。在继续巩固去年钢铁行业评估成果的基础上，以铁矿采选、房地产、有机碱制造、水泥、单一钢铁压延等5个行业为重点开展专项评估。评估组选取财务核算比较规范的典型企业进行试点评估，从企业的生产工艺和流程入手，找准反映企业真实经营状况的评估指标，从而建立上述五个行业的分行业纳税评估模型，指导全系统深入开展纳税评估工作。全年评估企业3432户，评估入库税款、滞纳金、罚款合计1.1亿元。三是"以票控税"作用充分发挥。继续深化发票"双奖"活动，不断加大发票打假力度，联合市电视台深入饮食、娱乐等行业进行明察暗访，先后检查27户，发现假发票30余份，均依法处理，有效规范了发票管理秩序。四是税收执法日趋规范。在全省率先出台《重大税务案件审理管理办法》。此外，由法规处、监察室牵头组成检查组，对部分稽查案件和减（抵）免税审批情况开展复审，共发现7大类29个问题，逐一进行整改和责任追究，批评教育9人，经济处罚12人。五是税务稽查进一步强化。出台了《唐山市地方税务局稽查检查人员管理办法》，规范了稽查人员自由裁量权和执法随意性，全年查补入库总额1.31亿元。同时，不断加大大案要案查处力度，全年查处大案要案17件，查补入库总额1808万元；移送案件5件，涉税金额676万元。

【办税服务水平显著提高】 一是服务地方经济发展。全年市局审批减免企业96户，减免税款1.2亿元。同时，充分发挥职能部门的优势，积极为地方党委、政府谏言献策，出台了《唐山市地方税务局关于充分发挥税收职能作用、服务科学发展示范区建设的意见》，得到了市委、市政府的充分肯定。二是开展网上报税工作。初步建成覆盖全部纳税人的电子化税费征缴体系。使企业实现"足不出户、网上报税"，电子缴税工作实现重大突破，降低了税收征纳成本，规范税务人员的执法行为。省委常委、市委书记赵勇在市局报送的《市地税局大力推行电子缴税成效显著》的专报上给予了批示肯定。三是"一窗式"服务工作。针对代开票窗口存在的纳税人排队等候问题，市局以丰南区局为试点，推行"一窗式"办税服务，将原来的单职能窗口全部撤消，统一设立全职能窗口，实现一窗一人一机，每个窗口同时具备咨询服务、停复业（注销）登记、纳税申报、税费征收、购领发票、代开发票、开具外管证明和发票兑奖等多项工作职责，缩短了办税时间，受到纳税人广泛欢迎。该做法得到省局局长邢国辉的批示肯定，并在全省进行推广。

【干部队伍素质不断提高】 一是加强人员素质建设。围绕市局重点工作，组织办税服务厅岗位、税收管理员岗位等培训班13期，共培训650人（次）。7月初，又组织50名基层分局长赴扬州税务学院进修学习，取得了预期效果。二是强化地税文化建设。坚持以地税文化、廉政文化促进基层管理规范化。同时，市局不断加大督导落实力度，对系统内98个基层分局进行检查验收，通报检查结果，提升基层规范化管理水平。6月初，成功承办了全国税务系统文化建设论坛，市局《引入税务文化建设管理模式，提升基层规范化管理水平》的论坛发言得到了与会代表的充分肯定，并在论坛论文评选中获得一等奖。三是建立帮扶工作长效机制。继续组织实施"千百十"帮扶工程（即每年帮扶1000名贫困学生，使100个贫困家庭脱贫，为10个文明生态村各办一件实事），筹措帮扶资金94.6万元，其中个人捐款27.6万元，先后帮扶31个村队落实道路硬化、沼气池修建、自来水管道安装、村民活动中心建设等项目，帮助215户贫困家庭解决生产、生活困难，为1097名贫困学生提供了资助。在向四川地震灾区的捐款中，全系统累计捐款103万元，交纳特殊党费48万元，市局被授予"唐山市支援四川抗震救灾先进集体"。

（赵铁秋）

编纂 张北环

银 行 业

银监分局

【概况】 2008年，唐山银监分局较好地履行了监管职责。分局先后被评为全国金融系统职业道德建设先进单位、银监会系统学习型分局、银监会和河北银监局系统信息工作先进单位、河北银监局系统优秀领导班子，有3人分别获得银监会主席奖励金、资产清查工作先进个人、优秀信息工作者称号，有8人次分别获得河北银监局系统优秀党员、监管标兵等称号。

【响应政策导向 促进经济发展】 在国际金融形势复杂多变和国内经济波动加剧的背景下，按照银监会和省局部署，始终准确把握宏观经济政策导向，积极分析研究经济金融形势走向和宏观调控政策方向，以宏观经济政策为指引，督促引导银行业优化资产结构，强化风险管控，加大有效信贷投入，确保银行业在支持经济发展过程中稳健运行。先后组织召开了唐山市银行业监管座谈会和金融论坛，开展了银行业经济金融形势调研分析。通过监管工作会议、监管谈话、监管提示等多种方式加大督导力度，推动辖内银行业机构积极落实宏观调控政策。“国十条”和“金九条”政策出台后，引导银行业出重拳、出快拳，全力促进地方经济稳定增长。大力推动银行业扩大小企业和“三农”贷款，将小企业贷款和“三农”贷款增速分别纳入有关银行业机构监管责任目标，广泛组织“送金融知识下乡”活动，及时纠正农村信用社发放大额非农贷款倾向，大力推介小企业金融服务工作试点经验，保证了薄弱领域信贷投入不减。

【强化攻坚措施 监管成效突出】 锁定制约银行业发展的重点、难点问题，与全市各银行业机构签订监管责任书，建立监管指标监测台账，分类采取攻坚和督导措施。实行局领导驻行督导、高管考核挂钩、行政许可限批、密集监测、强力督导、约见谈话、监管提示等措施，促进城市商业银行如期实现资本充足率达标。谋划了农村信用社三年达标升级方案，与13家联社签订了监管责任书，筛选了7家升级达标重点机构，加大了高管年度考核和压力传导力度，提前完成省局下达的2008年度达标升级规划。按时完成103家邮储银行和65名高管资格审查，稳步推进了邮政储蓄体制改革。

【深化监管创新 监管实效提升】 积极推动监管方式方法的创新。实行了银行业高管人员任前考察制度，综合运用民主测评、民主座谈、现场核查、书面征询、外部走访、监管谈话等考察方式，对100余名拟任高管人员进行任前考察，对4名有问题的拟任人采取了监管措施，避免了拟任高管人员“带病上岗”问题。在25次现场检查中行使相关调查权，查证了冒名贷款、超额授信、房地产贷款违规、污水处理贷款风险等12项违法违规问题。研发了“三结合一共享”信息系统，通过对银行业内外信息的科学分类、实时录入、实时共享，初步发挥了信息共享、风险预警、决策参谋、定位制导的综合功效。加大信息工作力度，全年上报信息300多篇，被省局以上内刊采用131篇，其中银监会采用18篇。

【狠抓案件治理 完善案防机制】 客观评估银行业案件风险严峻形势，采取了强化银行业内部管控能力建设、稽核联动、评估补漏、查处内控混乱典型机构等一系列治理措施。及时、迅速、果断处置了一起银行业重大案件。适时开展了银行业和监管机构“大查摆”活动。在清查工作开展中，分局加强组织领导，完善清查机制，全面细致部署，采取专人专室办公、建立专项工作小组、全程跟踪、局长督导等多种方式，使清查工作深入有序推进。通过为期百日的清查，督导银行业全面构建案件防控长效机制，为实现案件防控“治本”奠定了基础。

【推进科学监管 提升监管理念】 以“查找科学监管工作的问题、破解科学监管工作的难题、建立科学监管的运行机制”为实践载体，深入推进科学发展观学习实践活动，谋划了科学监管理念的深化和机制的完善。积极谋划和推动银行业组织体系完善工作，协助市政府加快了《唐山市金融产业发展总体规划》编制工作，举办了唐山市金融发展论坛，制定新型农村金融机构三年发展规划，成功引进了天津银行和渤海银行。扎实推进了监管人力资源集成工作，对5个监管办事处人员进行了集成，实现了监管职能的及时切换和有序衔接；跨部门组织了30组次的行政许可、高管考察、案件风险抽查小组，弥补了监管力量不足，充分发挥了集成战斗力。

（王立宏）

人民银行

【概况】 2008年全市金融机构人民币各项存款余额2919.4亿元，比年初增加655.2亿元，增长28.9%，增速创近十年来新高。居民储蓄存款增量超过全部增量的三分之二，是上年同期的2.24倍，其中定期储蓄相当于上年同期增量的3.1倍，占到新增储蓄存款的73.7%。年末企事业单位存款余额798.9亿元，新增175.2亿元，增量是去年同期的72.6%，其中企业活期存款增量占85.9%，定期存款增长远远低于活期存款。

2008年全市金融机构人民币各项贷款余额1557.6亿元，比年初增加318.6亿元，增长25.7%，同比多增100.4亿元，增速同比提高4.9个百分点。从资金运用渠道看，地方法人金融机构有价证券及投资业务增长较快，资金运用渠道拓宽。年末，全市金融机构有价证券及投资余额47.3亿元，比年初增加31亿元，分别是城市商业银行增加16.1亿元，农村信用社增加22.5亿元。

金融企业经营效益稳定，实现利润增加。2008年全市金融企业累计实现利润48亿元，同比增加盈利14亿元。不良贷款绝对额和占比“双降”，资产质量进一步提高。2008年金融机构不良贷款余额81亿元，比年初减少28.2亿元，不良贷款率5.22%，比年初下降3.41个百分点。备付率水平较年初上升。金融机构时点备付金率为6.24%，比年初增加0.48个百分点。

【落实货币政策】 一是积极向政府献言献策。依据货币政策调整，适时建议地方党政落实有保、有压的信贷政策，加强项目规划和管理，争取最大限度的信贷支持。建议市政府抓住机遇，加快产业结构和产品结构调整；积极参与唐山市金融业发展规划初稿的讨论，并结合唐山实际提出参考意见。参与了支持和鼓励唐山金融业发展的实施意见修改和补充完善工作；先后向地方党政建议创立曹妃甸金融中心，引进战略投资者改造唐山市商业银行，建设唐山金融街，壮大金融产业规模，做大做强唐山金融业等意见和建议，并得到了相关领导的采纳。二是加强窗口指导和服务。针对国家宏观调控政策调整及国内外经济环境的变化，因势引导金融机构加大信贷投入，支持企业正常资金需求。制定和发布了第九批金融企业贷款投向参考指导目录，组织开展了唐山市最守信用贷款企业评选活动。加强金融机构信贷政策执行情况的监测、考核和评估，督促金融机构改进金融服务，简化审批程序，支持地方经济发展。四是延伸金融服务。通过组织金融机构信贷人员培训中小企业财会人员，解决中小企业财务信息不透明，指导和帮助中小企业规范账务体系、完善信息披露、加强信用建设，促使优质中小企业达到信贷准入条件要求。截至2008年末，全市已有260家中小企业的财务管理得到银行信贷人员的上门指导，其中60家企业经指导达到规范要求，并纳入审批程序，有49家以前因财务管理不符合贷款条件的企业经过指导获得16614万元贷款，较好地发挥了示范效应。搭建银企对接平台，组织金融机构与企业面对面地洽谈，促进双方合作，实现双赢。全年市县两级组织银企对接洽谈会14次，促成银企双方达成合作协议涉及贷款金额62亿元，银行累计贷款到位41亿元，有效地促进了经济发展。截至2008年末，全市金融机构本外币各项存款余额2919亿元，比年初增加655亿元，同比多增加295亿元，增长82%；各项贷款1558亿元，比年初增加319亿元，同比多增加101亿元，增长46%。

【推进金融改革】 一是推动外埠银行机构入驻唐山。天津银行增设唐山分行后，及时为其开通了账户管理系统、公民身份联网核查系统、大小额支付及支票影像交换系统、征信系统、金融统计系统等，及时提供了现金调缴、信贷管理、反洗钱管理、资金清算、科技等综合性服务，为其尽快开展金融业务提供了有力支持。二是积极推动农村信用社改革。加强对农村信用社改革的检查监督，严格票据兑付考核。2008年，全市13家联社全部通过专项中央银行票据兑付考核，获得专项中央银行票据兑付资金26.7亿元，农村信用社改革取得了初步成果。截至2008年末，全市农村信用社各项存款余额510亿元，比年初增加102亿元，各项贷款312亿元，比年初增加44亿元。全年实现账面利润5.6亿元，较好地实现了花钱买机制的效果。三是积极支持发展新型融资组织。积极配合市政府及有关部门发展小额贷款公司。截至2008年末，全市共设立小额贷款公司22家，累计注册资本12.4亿元。小额贷款公司的发展，为聚集社会闲置资金，引导和规范民间借贷，拓宽中小企业、“三农”融资渠道发挥了积极作用。四是推动企业扩大直接融资。为创造企业直接融资环境，5月21日，协办组织了河北省债券发行培训推介会，进一步宣传推动企业直接融资。积极协助企业申请发行债券融资，努力扩大企业短期融资券规模。截至2008年末，累计审批发行短期融资债券77.1亿元，其中，唐钢50亿元，国丰钢铁22亿元，三友化工5.1亿元。

【加强外汇管理】 一是落实改革政策，促投资和贸易便利化。与市技术监督局配合，支持唐山盾石机械有限公司等3家企业申报“河北省名牌产品”及“国家级名牌农产品”。申报批准了中国人民财产保险股份有限公司河北省曹妃甸分公司经营外汇保险业务，审核开通了辖内邮政储蓄银行、交通银行和建设银行所属10个营业网点办理个人结汇、售汇业务系统。完成2007年老版BOP申报数据的逐笔核查、新版BOP分析子系统的测试，积极推

广“直接投资外汇业务信息系统”，完成361家外商投资企业历史数据的采集和导入工作，从2008年7月1日起，外商直接投资项下各类业务全部实现通过该系统办理。组织推广“服务贸易外汇非现场监管系统”，保障了该系统自2008年2月1日起投入试运行。加强培训和政策督导，确保了出口收结汇联网核查制度落实到位。2008年，新办理外商投资企业外汇登记18家，协议利用外资2.7亿美元；新增直接外债1.69亿美元；审查境外投资项目外汇资金来源6家，中方协议投资总额2055万美元；全市新增备案出口企业78家，有出口实绩企业549家，发放出口收汇核销单51749份，办理核销51205份，核销出口总额52.36亿美元，核销收汇总额51.79亿美元，同比分别增长3.34%、10.43%、65.91%和90.19%，出口收汇核销率为99.81%；全市新增贸易进口付汇企业40家，有进口付汇实绩的企业168家，累计实现进口付汇总额38.03亿美元，同比增长94.18%；企业办理到货核销金额35.09亿美元，同比增长81.94%；办理进口付汇备案253笔，金额5.56亿美元，同比增长3.39倍。全市进口付汇增速同比上升47.43个百分点。二是加强检查监督，维护外汇秩序稳定。完成外商投资企业外汇年检329家，参检率达到108.2%；境外投资企业外汇年检18家，年检率达到100%；完成对建行、工行、中信以及辖内19家企业外汇业务的现场核查及7家外汇指定银行的32家分支机构和2家外币代兑点业务检查；先后开展了对涉嫌参与“深圳‘12·28’钟氏地下钱庄”案的调查、“关注企业”外汇管理情况专项检查、出口多收汇未核销业务专项检查、中信银行唐山分行经营外汇业务合规性检查、打击跨境资金违规流动专项行动和唐山港陆钢铁有限公司违法逃汇案等专项检查和调查，共检查银行和企业419家，查出违规单位13家，违规问题49笔，违规金额4373.35万美元，立案调查违规企业7家，已立案处理违规企业7家，立案金额3090.67万美元，处以人民币罚款106.64万元，实际收缴罚款106.64万元，结案率为100%。

【加强金融服务体系建设，提高金融服务水平】 一是积极推进非现金支付工具推广工作。全年全市共签发银行本票3.1万笔，金额134亿元，分别比上年增长5.6倍和88.6倍。签发个人支票925笔，金额16950万元，分别比上年增长182%和562.4%；年末全市银行卡发卡量618万张，ATM机存量621台，POS机存量5807台，分别比上年末增长27%、23%和93%；刷卡消费金额187亿元，占社会商品零售总额的比重为22.9%，比去年增加15.3个百分点；特色市场银行卡存有量47810张，比上年末增长28.5%；到2008年末已发放公务卡310张，随时可以进行资金清算。二是加强国库业务核算，提高国库服务水平。实施差错记分讲评和差错网上通报制度，增加岗位经办员当天业务日终审核、国库监管员复审和数据报表双人复核上传等环节，层层把关，提高核算质量。在全省率先开通人民银行直接办理无记名国债兑付业务的新模式。加强与政府及财税部门的协调，组织开展培训、接口软件开发及系统联调测试等工作，采取1市（唐山市）带1区（路北区）1县（滦县）试点模式，在全省率先实现了财税（国税）库银横向联网系统的正式上线运行。加强国库会计业务现场检查，改“抽查”为“普查”，对下检查覆盖面达到100%，并坚持边检查，边指导，边整改，后续跟踪监督检查和集中讲评，工作经验在全省国库专业专题交流会上作典型发言。2008年，组织各级预算收入609亿元，支出377亿元，分别比上年增长33%和40%；组织完成发行凭证式国债五期，金额31657.72万元；储蓄式国债（电子式）三期，金额12010.13万元；兑付无记名国债本息73898.57万元；兑付国债收款单本息11125元。三是加强金融调查统计，推进社会信用体系建设。重点完成了金融统计数据集中系统数据导入及核对工作，一次性导入全辖区十个年度四个类别五个频度1.6亿个原始数据；较好地完成了工业景气调查、物价监测数据采集及经济金融运行情况分析工作；完成《农村金融改革进展情况及其面临挑战问题研究》等调研课题8项；加强企业信用信息数据采集及管理，严格贷款卡发放核准程序，全年共核准、发放贷款卡523张，年审卡4079张，年审率91.6%，达到历年来最高水平。受理个人征信业务咨询百余人次、查询286人次。截至12月末，已征集中小企业信息3747户，更新2345户，录入征信系统信息6092户。积极主动与相关部门联系，努力将环保、电信、质量监督等信息纳入企业征信系统。为工行、中信银行唐山分行办理了应收账款质押登记系统。四是加强人民币管理，保证市场现金合理供应。全年累计货币投放285亿元，回笼126亿元；加强业务培训，坚持业务登记和专项检查制度，落实防范措施，完成清分118142捆，销毁残币5.41亿元。针对市场小面额人民币沉淀多的问题，在调入1245万元硬币的基础上，制定和印发了《关于做好辖区小面额货币供给调剂工作的指导意见》，加强了小面额货币流通的统筹协调管理。截至12月末，全市各金融机构已设立兑换网点1168家，配备收兑机具1280套，收兑硬币146万元。唐山城乡六大连锁超市设立义务兑换点200余个，兑换硬币275万元。建立了人民币流通状况监测网。先后在市县两级组织开展了两次人民币收付和假币收缴、鉴定业务专项检查，两次大型反假人民币宣传和培训活动，对全市银行业执行人民币管理规定情况实行考核管理。

（张亚东）

农业发展银行

【概况】 2008年，农业发展银行唐山分行各项贷款余额45.12亿元，比年初增加11.55亿元。商业性贷款21.37亿元。全市累计发放贷款21.42亿元。各项存款余额19.2亿元，比年初增加11.17亿元。完成省分行核定任务的873%。全年实现中间业务收入89.53万元，完成省分行核定任务的101.7%。不良贷款余额2781万元，不良贷款占比仅为0.62%，较年初下降1.65个百分点。全年累计清收、处置不良贷款5728万元。年末实现账面利润

14322万元，完成省分行核定利润计划的212%，比上年实际增加7889万元，增幅122.6%。资产利润率3.11%，同比增加1.46个百分点；收入成本率13.15%，同比下降6.46个百分点。

【巩固发展政策性及准政策性贷款主体业务】 一是把好贷款准入关。为支持企业做好粮食收购工作，3月份和9月份，两次在全辖范围内组织开展客户资源摸底调查，摸清了底数，择优认定了贷款资格。全市认定2008年度夏粮收购贷款资格企业18个，认定秋粮收购贷款资格的企业有35个。二是及时调查和审批贷款。对取得粮食收购贷款资格的企业，坚持成熟一个申报一个的原则，并及时审批和投放。全市累计发放准政策性粮食收购贷款3.2亿元，发放产业化龙头企业、加工企业粮食收购贷款2.6亿元。三是适时调整和优化贷款及客户结构。以贷款资格认定为载体，大力实施客户调整和优化战略，积极支持产业化龙头企业和加工企业参与粮食收购。

【推动农业产业化龙头企业和农村基础设施建设】 一是依托政府财力优势，大力发展非经营性项目。年初成功营销了遵化沙河治理、迁安三里河治理和迁西滦河治理三个项目，共计批准并陆续投放贷款9.1亿元。7月份营销了唐山市农村饮水安全工程项目，累计投放贷款1.43亿元。12月份发放迁西路网建设贷款2.7亿元。二是推进产业化龙头企业流动资金贷款业务健康发展。坚持强化管理、好中选优、调整结构的思路，重点支持了鸿润蛋白饲料、奥翔木糖醇、浩翔纺织等规模大、效益好的产业化龙头企业。全年累计发放农业产业化龙头企业短期贷款1.6亿元，年末农业产业化龙头企业短期贷款余额为1.8亿元。三是审慎稳健发展农业小企业信贷业务。按照"择优限劣、优中选优"的原则，结合唐山实际情况择优支持具有产业区域资源优势或生产经营"名、优、特"产品，选择经营管理好、市场前景好、信用状况好、社会效益好的农业小企业给予支持。全年累计投放农业小企业贷款4650万元。

【以同业定期存款为引擎 积极营销存款】 一是建立层层负责的存款营销机制。财政性支农资金存款实行"一把手"负责制；企业存款由客户经理和主管行长负责；同业定期存款实施了全员营销策略。二是明确目标，把握营销先机和时机。将同业定期存款作为整体存款组织工作的引擎，全年同业定期存款旬均达到18.41亿元，占全部存款的54.7%，超额完成省达任务。三是坚持多管齐下，多渠道营销存款的策略。依托市财政实力营销非经营性贷款的时机积极营销财政性支农资金存款。通过办理银行承兑汇票支持企业购销，增加结算保证金存款。

【国际结算业务实现零突破】 5月份分解下达了国际结算业务指导性任务，并确定了乐亭、遵化、玉田、迁西等行做为办理国际结算业务的重点督导对象，将10家有国际贸易资格的开户企业做为重点营销客户。全年共办理国际结算业务5笔，金额42万美元，实现了国际结算业务零的突破。

【强化不良贷款防控与清收】 一是加强贷款审查，提高办贷质量和效率。成立了由6名业务骨干组成的信贷审查中心，信贷审查工作组织体系更加完善。进一步规范了项目报批材料和申报程序，制定并下发了《关于规范商业性信贷项目申报的有关要求》，明确了操作步骤和方法。做好信贷审查工作，摸索、总结了对企业设立合规性、生产经营合规性、贷款投放可行性、贷款风险可控性四个关键环节进行审查的操作要领，加强行业发展趋势分析，最大限度地暴露贷款风险点。全年共筹备召开18次贷审会，提交51个信贷项目的审查意见。二是加强监测分析，提高信贷管理质量。积极利用CM2006等信息系统，加强对信贷运行的监测分析，加强信贷资金管理。起草了《关于加强信贷资金账户和贷款支付管理有关问题的指导意见》，从严监管销售货款回笼归行制度，做好贷款条件落实检查与评价工作。对全市符合条件的9户企业进行了检查和评价，对检查存在的问题进行了汇总和分析，制定具有针对性的纠改措施。三是强化贷后管理，控制贷款风险。完善贷款风险管理措施，对贷款余额在2000万元以上（含2000万元）的企业实施驻厂管理制度。落实各项贷款管理检查及其整改工作，对贷款"亮帐"检查中发现的问题，制定有效措施，全面整改。加强重点环节和部位的跟踪监控，对贷款担保人、抵押物、质押物进行跟踪检查与评估；对企业资金的变化、现金流量随时进行全面客观地分析。四是强化不良贷款清收、处置。加大对不良贷款清收、处置的监测、指导和督办。采取行长包片、部门包行的办法，强化业务指导、技术支持、督办查办。成立了不良贷款处置中心，并划分为若干工作小组，不断提升不良贷款清收、处置的工作质量和效率。加强资产保全，合规处置不良资产，专项清收滦南省级粮食储备库等6家企业不良贷款976万元。

（王彦华）

农业银行

【概况】 年末全行各项存、贷款增量、中间业务收入、经营利润均居全省农行系统首位。人民币各项存款640.68亿元，比年初增长153.06亿元；各项贷款284.93亿元，当年纯增贷款53.84亿元；累计办理银行承兑汇票125.03亿元；全行中间收入24402万元，同比增加3402万元，居全省农行系统内首位；全行实现经营利润16.47亿元，同比增加4.79亿元，居全省农行系统首位。此外，投资银行及电子银行等新型业务快速发展，全年实现投资银行业务收入2505万元；电子银行业务收入579万元；基金销售收入2029亿元；第三方托管业务开户数10695户。

【推进经营转型】 一是积极推进业务转型。实现了中间收入快速发展。银行卡业务继续保持快速发展态势，当年发卡40万张，其中贷记卡45898张；国际业务四项指标

均居全省第一位；代理保险手续费收入增幅达81%；第三方托管业务开户数10695户，完成省达计划的133.69%；代收代付手续费收入、结算手续费收入比上年均有较大幅度提高。加强电子银行业务营销，年度新增网银客户27530户，网银交易量可突破4000亿元，实现电子银行交易手续费收入578万元。加强优质项目、客户营销，坚持向重点经济区域倾斜、向优势行业倾斜、向优良客户（项目）倾斜、向低风险业务品种倾斜，确保了新增贷款质量。当年纯增贷款53.46亿元，当年累放贷款223亿元，其中新投放贷款153亿元，同时办理银行承兑汇票115亿元。唐山区域内重点企业、项目基本与农行建立合作关系，并成为多家企业主办行。二是围绕功能分区、客户分层积极推进网点转型。力争用两年时间对所有网点按照功能分区、服务分层、业务分流的原则装修改造。目前已全部完成各支行营业室贵宾室和营业网点贵宾窗口建设，实现完全功能分区的网点23个，占比14.6%。加大自助机具投放力度，当年投放自助机具111台，到年末全行自助机具总量达到192台（其中自动存取款机49台），达到点均1.25台。三是加强与地方整体合作，区域主流地位进一步加强。12月4日，总行与唐山市政府在京签署了科学发展示范区建设战略合作备忘录，这是农总行首次与地级市签署合作备忘录。备忘录确定，农行在未来3年内向唐山市提供600亿元人民币的意向性信用额度，支持“三农”和新农村建设、支持“四点一带”和“城市四大功能区”建设、支持产业和资源整合，促进集群发展，并明确提出对唐山重大企业和项目优先安排信贷计划。同时，总行还确定把唐山作为“三农”金融服务试点。唐山市政府也明确表示将与农行加强战略合作，并落实支持农行业务发展的具体措施。

【强化内控管理】 一是扎实开展内控管理大检查活动。抽调350人，组成17个检查组，分专业对全辖业务组织检查，对查处的问题，明确了整改责任部门和责任人，限期整改完成。二是开展案件专项治理活动。成立活动领导小组，制定“实施细则”，明确各级、各部门、各岗位职责分工，明确全年案件查处的重点，重申案件报告制度和责任追究的有关政策规定，使全行员工进一步增强了遵纪守法的自觉性，并就如何加强对重点业务、重点环节管理分别制定了方案并得到落实。三是开展案件风险隐患大清查活动。从9月中旬开始，开展了案件风险隐患清查活动。市分行从监察、人事、办公室、个人、房贷等部门抽调人员组成办公室，实行集中办公，还将涉及清查活动的相关文件辑印成册，下发全辖单位，层层签订《案件风险隐患清查承诺书》。为保证活动效果，市分行两次抽调人员，组成督导组和检查组对各支行进行巡回检查和复查。四是认真开展“安全合规经营专题月”活动。各单位、各部门建立例会制度，保证每周集中学习时间不得少于两小时。组织全行员工集中学习《员工行为守则》，并进行考试，参考率达到100%。与冀东监狱合作，制作了警示教育光盘，复制人手一套。依据《重点岗位员工守则》内容，为重点岗位员工每人制作一个桌牌，列出岗位必做及严禁事项，以便大家每天默诵，提醒自己。针对规章制度和操作流程变化频繁的现象，定期把有关文件辑印成册，发至相关人员，解决一线员工看不到文件的问题。

【完成股改基础工作】 把股改工作作为全行工作的重中之重来抓，加强领导，周密组织，重点工作班子成员带头出面协调，解决疑难问题，在时间紧任务重的情况下保质保量地完成了股改各项工作。按照总行确权统计口径，现有房产295宗，已确权288宗，确权率97.63%；现有土地129宗，已确权123宗，确权率95.35%；两证齐全房地产287宗，综合确权率达到了97.29%。

【探索服务“三农”有效途径】 一是通过深入调研，制定了《中国农业银行唐山分行服务“三农”发展战略》，修订完善了《中国农业银行唐山分行服务“三农”工作方案》。二是扎实开展服务“三农”试点工作。确定经济强县迁安和传统农业大县乐亭作为试点单位，组织力量深入试点行，研究对其范围内经济主体优化流程、减少环节、提高效率的具体模式，探索支持其基础设施建设、中小企业发展的可行路径。组织服务“三农”业务培训，12月一个月的时间，组织培训三次，参训人员上千人次，为下步工作推进奠定了基础。三是把部分行业相对集中、客户资源丰富的支行作为小企业特色支行，配备熟悉特色产业的客户经理，对重点企业做好服务。四是建立了“农业产业化龙头企业信息库”、“优质小企业信息库”、“小城镇建设和基础设施建设项目信息库”、“工业园区基础设施建设及企业情况信息库”、“农村流通企业信息库”、“物流仓储企业信息库”和“新型农民及农民专业合作组织信息库”，为支持服务“三农”提供信息。五是推出服务“三农”的具体举措。对全辖农业产业化龙头企业进行全面调研跟踪，共支持国家级产业化龙头企业2家，覆盖率66.7%；省级产业化龙头企业23家，覆盖率74.2%；市级产业化龙头企业38家，覆盖率23.7%。同时，办理小企业贷款20笔，金额6979万元。截止12月末，按照人行涉农贷款统计口径农行广义涉农贷款余额124.55亿元，占全部贷款的比例为43.7%。其中，农村企业及各类组织贷款118.15亿元，占比94.9%；农户贷款5.26亿元，占比4.1%；城市企业及各类组织涉农贷款1.13亿元，占比1.0%。狭义涉农贷款（即农林牧渔业贷款和支农贷款）余额9.77亿元。

（李　萍）

工商银行

【经营效益明显提升】 2008年实现拨备前利润8.56亿元，同比增长56%，高于全省增幅18个百分点；实现账面利润3.71亿元，同比增加3.23亿元，增长6.73倍。实现利息收入12.6亿元，同比增长43%。实现中间业务收入2.04亿元，同比增长67.5%，超过同业和系统平均增幅41和10个百分点；

同业占比22.8%，提高5.98个百分点。

【贷款增长实现重大突破】
2008年人民币各项贷款新增60.3亿元，考虑核销和信托、银团贷款因素，实际增加71.05亿元，是过去五年贷款增量的总和，占全省增量的26%，其中公司贷款和项目贷款均占全省增量的45%以上；同业占比31.91%，提高21.17个百分点，由第4达到第2。住房贷款新增8.59亿元，同比多增4.85亿，其中个人住房贷款3.96亿元，同比多增1.97亿元，同业占比36.7%，提高17.87个百分点，由第4升至首位。办理票据贴现120亿元，实现利润1.05亿元，继续保持市场领先优势。

【清转处置不良贷款成效显著】
全年清转处置不良贷款5.82亿元，其中，现金清收1.34亿元，以物抵债6948万元，转化1.25亿元，呆账核销2.54亿元，超额完成省行清转处置计划。全年不良贷款余额和占比分别下降2.58亿元和3.71个百分点。已经和即将处置抵贷资产2.75亿元，累计减少不生息资产8.6亿元。提取风险准备金4.84亿元，拨备覆盖率77.22%，提高24个百分点，高于全省平均水平8.59个百分点，经营基础进一步夯实。

【新兴业务快速发展】 全部存款新增121.07亿元，增长34.5%，相当于过去四年增量的总和；同业占比24.53%，提高12.6个百分点。其中储蓄存款70.3亿元，是上年的8.2倍；同业占比22.87%，提高16.12个百分点。对公存款51.8亿元，同比多增31亿；同业占比28.33%，提高8.6个百分点，由上年第4升至第2。国际业务创历史最好水平，办理国际结算14.06亿美元，是07年的2.61倍，同业占比提高5.5个百分点。新增信用卡发卡11.5万张，交易额14.37亿元，继续保持全国系统二级分行20强。新增企网证书客户1483户，同比增长195%。银行卡和电子银行实现中间业务收入1836万元，同比增长60.5%。累计营销对公理财产品35.92亿元，品牌金93.92公斤，实现收入155万元。

【营造强劲发展氛围】 确立了抓管理打基础、促营销拓市场的工作主线，把提高股东回报和员工收入作为核心目标，本着绩效分配向业绩、向基层、向一线倾斜的原则，制定绩效分配和专项奖励办法，积极营造能者多劳、多劳多得、多得光荣的机制和氛围，把全行思想统一到加快发展上来。在此基础上，坚持由点到面、由浅到深、一行一策地推进工作，稳中求进，逐步深入。全行发展理念日趋统一，工作部署逐步深入，发展节奏不断加快，各项业务呈现逐月发展、市场占比持续上升的良好势头，储蓄存款、个人住房贷款的市场占比逐月上升，打破了淡旺季规律；各项贷款、对公存款在一季度快速增长的基础上，8月份后再次加速，其中各项贷款后五个月增加32亿元，对公存款市场占比以月均增长6个百分点的速度持续上升。

【激发网点发展活力】 树立优先发展个金业务的指导思想，将网点作为个金业务发展的主阵地和提升队伍士气的着力点，坚持软硬件一齐抓。一方面，调整网点布局，大刀阔斧地进行装修改造，并与之配套对网点人员、机具设备等经营要素进行全面整合。全年共迁建撤并网点20个，装修改造网点30个。加大硬件设施投入，投入2100万元增加和更新网点机具设施，网点布局和形象得到初步改观。另一方面，千方百计调动网点员工积极性，绩效分配向一线倾斜，网点业绩与激励费用直接挂钩。同时实行了空白凭证集中配送、网点机具统一购置、维护、维修，现金集中整点和现金晚班收款，原始业务凭证传递外包以及网点卫生集中保洁等措施，为基层减轻负担。组织开展了个金业务营销竞赛，全行动员、攻坚占位，掀起个金业务营销高潮，成功实现了后四十天、后二十天储蓄存款和代理保险同业占比首位。

【加快优化资产结构】 一方面，加速发展资产业务。在规模紧张的形势下，抢先抓早，强势营销，紧盯关键环节，寻求政策支持，突出营销“成功率”和投放“到位率”。全年新增公司贷款投放103亿元，是过去4年投放的总和，重点支持了开滦焦化二期、城市维护建设工程、曹妃甸基础设施等25个项目。加快年金业务发展，赢得了电力企业年金业务的全部市场，获得了存量社保年金全部的账户管理和托管业务，赢得了唐钢集团每年6000万元的年金托管人资格和开滦集团6.1万人的账管人资格。加快个人住房贷款业务发展，争揽个人按揭贷款项目53个，比2007年多23个；发放个人住房贷款6.4亿元，同比多增1.81亿元。另一方面，加大清转处置力度。将清转处置不良贷款作为市行重点抓的工作，督促加压，务实解难。开展了清转处置大会战和旺季攻坚战，突出抓好清户和诉讼，全年有48户有进度，31户实现了清户。

（孙翠双）

中国银行

【概况】 中国银行唐山分行成立于1982年，现已发展成为拥有20家支行，72个营业网点，1200余名员工，业务齐全，实力雄厚，信誉卓著的综合性、多功能国有商业银行，成功跨入全国中行系统42家重点城市分行序列。截至2008年末，人民币各项贷款余额为249.9亿元，比年初增加78.6亿元，占全省新增额的44.4%。人民币存款余额达到352亿元，比上年末新增98.6亿元，增幅为38.9%。中间业务方面，收入额达18623万元，比上年增长42.8%，中间业务收入占净收入的15%。经营效益大幅提升，全行共实现净收入12.4亿元，比上年增长33.6%；实现净利润6.5亿元，较去年增长98%，位列河北省中行系统第一。

【优化业务结构】 针对优质客户占比较少、消贷和中间业务占比低等发展中的“短板”，全行上下抓优质客户拓展、抓绩效考核调整、抓专项活动拉动、抓风险管理强化，主要业务结构不断优化。一是优化客户结构。抓住曹妃甸开发带来的

战略机遇，将首钢京唐钢铁等40余个项目作为营销重点，并且成功在首钢京唐钢铁等多个项目上取得突破，还与河钢集团签署了480亿元的战略合作协议，优质客户明显增加，BB级以上客户授信占比由2006年末的75%，提高至现在的98.5%。针对公司存款中系统性和源头存款基础薄弱等问题，引导各支行，以当地的“一金、两税、三财”六个行业作为拓展重点，积极渗透，先后将唐钢30亿元转债资本金、首钢京唐钢铁第三批全部50亿元资本金、冀东水泥11.86亿元股权定向增发资金、驻唐空军近亿元存款争揽过来，并与唐山市住房公积金中心签署合作协议，争揽大部分县区公积金管理部的基本账户。二是优化业务结构。首先是提高中间业务奖励幅度，根据各地实际，将任务细化分解到每个部门、每个支行、每个网点和每名员工，在可操作的前提下，尽量明确每一笔中间业务的奖励标准，让员工每办一笔即可算出自己的收益，使员工主动营销的积极性大大提高。2008年，全行代理保险3.99亿元，实现收益1164万元，占全省的28.9%；销售奥运商品2681万元，列全省第1位；中银有效卡发卡13608张，完成省达任务的101%。其次是提高支行绩效考核中的房贷比重，引导各支行主动走出去，通过开发贷款到同业中去抢、通过公积金贷款去挖、通过二手房贷款去挤。全行累计发放住房贷款5.4亿元，房贷余额在消贷中的占比提高到54.9%。三是提升资产质量。本着“好字优先”的原则，细化了相关部门的贷前、贷中、贷后管理职能，引导各级信贷人员，严格授信准入，强化日常管理。同时，坚持风险部与相关支行双挂钩奖惩，扎实推进不良清收工作。2008年10月，成功清收了全省最大的一笔不良贷款——遵化新利能源公司共14096万元的不良贷款，现全行贷款不良率为1.41%。

【加强网点建设】　制定和完善了分行网点发展三年规划，坚持加快四个调整。一是布局调优。按照规划，先后撤并网点20家，完成装修改造37家，完成亮窗工程21家，网点总数由82家压缩至62家，其中，AB类网点占比80.6%，市区网点占比69%，网点结构明显优化。二是人员调齐。所有网点都实现了八人配置，达到了网点合规的基本要求。在此基础上，全面加快理财经理、大堂经理等队伍建设。目前拥有AFP资格人员已超过70人，基本能够满足网点转型对理财人员的需要。三是管理调直。先后取消支行内设部室，上收城区网点的业务检查、文秘、档案、劳资、保卫、运营等管理权，凭证、现金统一配送，后勤服务整体外包。5月份，又成立了网管中心，专司城区网点的日常管理，初步建立了业务经营前中后台分离、后勤保障全面外包、综合管理集中上收的扁平化管理模式。四是功能调强。按照省行制订的《营业网点综合管理达标规范》，从网点环境卫生、设施摆放、柜面操作、服务举止等方面入手，抓细节规范，抓服务优化，网点服务能力明显增强。

【抓管理促达标】　一是抓教育。以全员警示教育、“双十禁”学习、“我是一道关”活动为载体，强化教育，坚持警钟长鸣。二是抓培训。组织全员，逐节学习各条线达标手册，并逐人、逐项、逐岗进行执行检查，对与手册有出入的行为，逐一整改。三是抓机制。设立了内控部，明确了各级专兼职合规员职责，制定了各级每季、每月、每周、每日必查要点，推行了对公对私业务经理派驻制，形成横到边、纵到底、细到点的内控体系。四是抓整改。组织各条线建立问题整改库和责任库，将内审外查发现的问题，全部记录入库，发送至全辖，组织各单位对照自查整改，严防屡查屡犯。五是抓问责。对负有操作、复核、监督和领导责任的人员，严肃处理，推动了合规文化的顺利形成。

【深化机制改革】　重点组织了三项改革：一是考核机制改革。在机构考核上，合理考虑每个机构的区位差异和发展现状，将网点划分为两大类、共7组进行考核，真正让大行有干头、小行有奔头。在全员考核上，引入平衡计分卡理论，逐一设置各机构、各岗位的考核指标，真正使考核细化到人。同时，将管理人员的聘期由三年改为两年，签订责任状，完不成任务不予续聘。通过上述改革，初步形成了人人有评价、人人有约束、人人有奖罚的考核机制。二是营销机制改革。在公司内部设立4个专职团队，借鉴滨海分行模式，成立了业务拓展部，建立了15个涵盖各层面的重点客户营销小组，营销能力显著提升。三是人力资源改革。完善选人用人机制，对辖内空缺的管理职位进行了公开竞聘，一批优秀的中层骨干被选拔到管理岗位。

（袁　毅）

建设银行

【概况】　2008年，实现账面利润11.67亿元，比上年增加2.47亿元，在全省建行系统居第一位；实现考核利润10.45亿元、经济增加值5.35亿元，分别完成全年计划的103%和104%；经济资本回报率为34.68%、存贷款净利差率为5.03%，分别比上年提高1.98和0.55个百分点。主营业务实现新突破。到年底，全口径存款余额突破500亿元，达502亿元，比年初增加106.57亿元。其中，一般性存款新增104.83亿元，余额达499.43亿元；同业存款余额为2.6亿元，新增1.74亿元。各项贷款余额突破300亿元，达305.5亿元，在压缩信贷规模33亿元的情况下新增63.81亿元。实现中间业务净收入2.74亿元，在代销基金业务大幅下滑的情况下保持平稳增长。各项业务亮点纷呈，项目营销、国际业务以及创新业务发展成效显著。在全省建行系统，一般性存款、各项贷款余额及新增、中间业务净收入等主要指标均居第一位。经营质量继续优化。到年底，按五级分类口径，不良贷款余额为16005万元，比年初下降6269万元；不良贷款率为0.52%，较年初下降0.4个百分点。内控管理和风险防范能力不断增强，全行没有发生案件和事故。

【学习实践科学发展观试点工作】

4月，被建行总行列为学习实

践科学发展观活动试点单位。对此，行党委高度重视，紧密结合唐山区域经济快速发展的实际，深入扎实地推进试点工作。活动期间，共走访公司机构类客户473家，向行内外发出征求意见调查问卷4568份，征求到各种反馈评价6569条，提出意见和建议114条。集中整改阶段，全面完成了25项整改任务。试点工作成果在建行总行试点工作总结大会上作为经验进行介绍，得到上级行充分肯定。

【大力发展对公业务】 一是优质资产业务实现跨越式快速增长。按照“早投放、早受益”的营销思路，从年初开始就狠抓贷款投放，通过强化客户关系营销、争取上级行政策支持等措施，促进贷款投放取得了“开门红”。在全市金融界率先启动省分行与唐山市政府签订“金融支持项目建设合作协议”，为全行优质资产业务的快速发展奠定了坚实基础。2008年，纯新发放公司类贷款95亿元，主要投向了首钢京唐钢铁、首钢迁钢、唐曹高速等重点客户。在加强重点项目贷款营销的同时，积极调整信贷结构，稳步发展机构、中小企业、票据等资产业务。机构类资产业务突出加大了对路网改造、城市外环线和快速路等基础设施项目、发达地区城市基础设施建设项目以及市区“三甲”医院、县区二等甲级医院等客户的营销力度，取得了长足进展。截止12月底，机构客户贷款余额10.3亿元，比年初增加5.77亿元，新增在全省系统排第一位。票据贴现业务累计74.7亿元，同比多增1.4亿元，实现贴现利息收入1.7亿元，同比多增5000多万元。中小企业贷款余额52926万元，增长130.65%，成为历史上小企业类资产业务发展最快的一年。二是对公存款保持稳定。以重点行为依托，以优质客户为龙头，深入开展抢抓基本结算户和“社保营销年”等活动，全年新开基本结算户918户，成功吸收冀东水泥、开滦股份等企业大额资金，新增社保基金存款4.95亿元。截止12月底，全行公司存款余额122.7亿元，新增24亿元，成为全省建行唯一一家余额超百亿的二级分行。三是公司类中间业务迈出新步伐。以为大中型客户提供结算、理财服务为重点，大力开展产品创新，为客户量身定做个性化的服务方案，公司类中间业务取得了新进展，全年实现公司类中间业务收入9923万元，同比增幅为172.8%。国际业务取得骄人业绩，成功营销到日本住友等世界五百强企业。2008年，国际结算量在全省系统内率先突破20亿美元大关，达25.38亿美元，当地市场占比达27.18%；外汇中间业务收入达4888万元，同比增幅达131.66%。

【积极发展个人金融业务】 以“争先创优、提速进位”等丰富多彩的主题营销活动为主线，以产品营销为重点，加强考核激励，抢抓优质客户，促进个人业务价值创造力不断提升。一是个人存款增长势头不断加快。以CTS系统签约为契机，抢抓资本市场回流资金，实现结算资金系统内循环。截止12月底，个人存款余额达到299.90亿元，新增75.07亿元，高居全省系统第一位。个人高端客户规模快速扩张，全行AUM20万以上客户总量为39687人、AUM300万以上客户总量达742人，比年初分别增长66.82%和91.73%。二是个人中间业务稳步发展。在巩固代销基金、借记卡等产品优势的基础上，以拓展代理保险业务、做大做强理财产品为重点，努力在资本市场低迷的情况下拉动收入增长。全年完成代理保险量129386.58万元，实现收入3237.86万元，同比增幅为323.70%，收入占比在当地同业居第一位；代销基金24.35亿元，实现收入3540.58万元，当地市场占比保持第一位；累计发放借记卡202.70万张，实现收入3186.68万元。个人电子银行业务进展加快，个人电子银行客户新增16.65万户，完成交易额48.34亿元，同比增幅为66.35%。三是个人资产和信用卡业务发展持续向好。坚持以市场需求为核心，以个贷中心为基础，建立多渠道营销模式及营销机制，全年个人贷款新增17992万元，余额达239899万元；委托性存款余额20.3亿元，新增5.1亿元；委托性贷款余额为7.9亿元，新增0.8亿元。信用卡业务积极开展三利龙卡、公务卡、龙卡汽车卡和奥运白金卡营销活动，当年新增发卡23412张；同时，大力发展商户市场，共新增商户343家，完成全年POS消费交易额415117万元，同比增幅为67%。

【积极推动业务转型】 零售网点转型不断深化。一是固化转型效果，积极做好对已转型网点的语言及服务行为等方面的固化工作，切实将细节工作做到位、不反弹。二是引导示范，组织优秀大堂经理对岗位职责、服务重点和服务技巧进行重点讲解及指导，为网点转型工作的顺利开展提供了保障。三是学习先进经验，对内组织开展了网点转型知识集中学习培训，对外向邯郸、邢台行学习，取长补短，进一步完善行内考核机制和“三个服务”保障机制，为转型工作的深入推进提供支持。四是督导调度，在与转型网点负责人签订责任书的基础上，通过组织召开转型工作动员会调度会、项目组现场指导等措施加强了对转型工作的督导调度，全年共进行网点转型现场指导72点次，下发网点转型工作联系单72份，签订网点转型工作责任书69份。同时，抓好网点转型二代项目及小型零售网点转型的督导推进工作，进一步增强了网点的竞争优势。对公业务转型已形成了初步实施方案，做好了转型的各项前期准备工作。

【积极调整信贷结构】 按照国家宏观调控政策和上级行要求，严格执行贷款准入和退出标准。一是加强对宏观政策和市场环境的分析研究，细化贷款准入和信贷审批管理，严格把握信贷投向，确保新发放贷款保持较高质量。二是通过召开贷款项目诊断会，对现有贷款项目进行逐户梳理，查找薄弱环节，重点对不良贷款客户、关注类贷款客户和集团客户实行按旬监控。完善风险监测机制，积极推行经济资本计量、风险限额管理等风险管理技术，创新风险分类方法，推行风险管理体制改革，加强贷前、贷中、贷后精细化管理，有效防范信贷风险的发生。三是定期组织召开信贷结构调整联席会议，加强动态监测，

跟踪进度督导，细化退出方案和退出计划，并将信贷结构调整与项目诊断的成果有机结合起来，全年实现信贷结构调整2.65亿元，信贷结构进一步优化。四是加快不良资产处置进程，充分利用减免息、法律诉讼、重组等措施，认真制定和落实处置计划，全行处置各类不良资产1.13亿元，实现不良贷款余额和不良贷款率双降。

（彭宗全）

交通银行

【概况】 截至2008年末，全行本外币资产总额达到152.74亿元，比年初增加35.42亿元，增长30.2%。各项人民币存款余额达到138.3亿元，比年初增加30.4亿元，增长28.17%。其中，对公存款余额96.65亿元，比年初增加18.08亿元，增长23.01%，完成全年任务的100.44%；储蓄存款余额41.66亿元，比年初增加12.29亿元，增长41.85%，完成全年任务的223.5%。各项人民币贷款余额70.2亿元，比年初增加10.71亿元，增长18%。全年累计办理国际结算12.27亿美元，同比增长42.67%，完成全年任务的116.81%。贷计卡净增发卡量37029张，完成全年任务的118.3%。零售贷款达到5.05亿元，比年初增加1.57亿元，增长45%。企业网银新增377户，完成全年任务的104.72%；个人网银新增11762户，完成全年任务的163.36%；实现网银交易量521.79亿元，完成全年任务的94.87%。实现中间业务收入6422万元，完成全年任务的95.13%。全行共实现拨备后利润2.91亿元，同比增长16.41%，完成全年任务的102.03%。

【各项业务高位运行】 一是人民币各项存款提前一个季度完成全年任务，增幅全辖第一，增量交行系统同类行第四，存量交行系统同类行第八。二是加快信贷投放，创新信贷品种，开办了融资租赁贷款、信托贷款，贷款投放总量创历史新高。信贷客户结构进一步得到优化，全行1－5级客户占比达93.33%，比年初上升2.8个百分点，中长期贷款占实质性对公贷款的44.66%，比年初上升11.88个百分点，资产收益和稳定性得到提高。三是新产品推广加快，风险敞口收费、对公理财、财务顾问、蕴通账户、假远期信用证业务、出口风险参与、结构性代付等新产品实现“零”的突破，公司、国际条线中间业务收入达到历史高点。四是战略转型业务继续保持较快发展态势。对私存款历史上首次增量达到12亿元以上，增幅和增量全省第一，并被总行列为经验通报全行。资产1万元以上客户占比较年初大幅提升。代理保险业务发展迅猛，幸福道支行和迁安支行代理保险业务得到总行表扬。国际业务克服不利因素影响，所有考核指标全部提前两个月完成全年任务；电子银行业务也完成进度计划，网银交易量突破500亿元。

【加强内控建设】 一是加强授信管理。坚持有保有压，关注国家宏观调控政策，对节能减排重点行业实施风险排查，全年完成减退贷款2.6亿元，主动防范了政策风险。二是强化贷后管理。加强风险排查，采取加固担保、转化风险、减持退出等措施，弥补风险漏洞。对新发生的不良资产，实行支行行长离岗清收。三是以降低拨备为目标，实现不良资产余额、占比双下降。不良资产余额比上年下降2063万元，占比下降0.57个百分点。四是严防操作风险。狠抓合规管理，规范业务转授权工作。认真执行干部交流和强制休假制度，全年组织重要岗位人员交流20人次，组织干部强制休假58人次。完善会计风险管理工具，加大会计辅导检查频率，狠抓屡查屡犯问题整改，会计操作风险防控能力得到全面提升。五是大力倡导稳健经营的风险文化。深入开展“员工与客户违规交易专项治理”和案件防控大查摆活动，有效提升内控传导力。

【加强经营管理】 一是进一步加强内部管理体系建设。落实直线职能制要求，组建了零售信贷部，装修改造了分行档案中心，部门管理职责更加清晰。二是进一步加强绩效考核机制建设。按照上级行绩效考核要求，修改完善了分行绩效考核办法、费用分配考核办法，出台24项单项奖励办法，调动了全行员工又好又快发展的积极性。三是进一步加强网点建设。迁址成立海港支行、遵化支行，网点布局进一步优化，网点形象进一步提升。四是进一步加强服务工作。为各网点配置了专职保安和保洁人员，成立了分行服务办，除现场检查之外，利用远程监控系统对网点进行实时监控，并与员工绩效考核和履职津贴考核挂钩，进一步提升了全行服务质量。五是进一步规范用工管理，按照劳动合同法梳理了劳动用工关系。

【加强员工队伍建设】 落实中层干部竞聘上岗制度，通过竞聘选拔中层干部7名。按照岗位能力匹配原则，以客户经理、产品经理、对私客户服务经理、大堂经理队伍调整为主线，全年员工岗位调整80人次，对出工不出力的员工进行了批评教育和岗位调整。通过省行招录一批新行员，全行人员岗位结构、业务素质得到进一步提高。通过努力，解决了大部分历史遗留问题，为全行员工补缴养老保险，员工收入持续增加。

（王庆元）

商业银行

【概况】 截至2008年末各项存款余额119亿元，比上年末增加17亿元，增幅16%；各项贷款余额63亿元，比上年末增加14亿元，增幅28%；共清收不良贷款1.39亿元（含清收置换资产），不良贷款率4.22%；实现拨备前利润3.2亿元，比上年末增加1.78亿元，增幅125%；净利润0.58亿元，比上年末增加0.58亿元；资本充足率达到13%，比上年末增加10.24%，增幅371%；拨备充足率182%，比上年末增加63%，增幅53%；拨备覆盖率111%，比上年末下降3%，降幅3%。

【完成首期增资扩股】 按照市

政府十三届一次全体（扩大）会议提出的“抓好城市商业银行重组，确保年内完成”的会议精神，成立以副市长辛志纯为组长的唐山市商业银行增资扩股工作领导小组，积极推进完成市商业银行增资扩股工作。截至9月末，实收资本达到5.17亿元，资本总额达到8亿元，主要监管指标全面实现达标，彻底摆脱退市危险，初步奠定市商业银行的发展基础。

【业务规模稳步增长】 一是通过分解增存目标、明确营销重点、落实营销责任、加大考核力度及开展争当“揽存能手”活动等，年末各项存款余额119亿元，其中对公存款余额97亿元，同比增加9亿元；储蓄存款22亿元，同比增加7亿元。二是有效把控信贷投向，为国企改制、曹妃甸围海造地等一批省市重点项目提供授信支持。全年累计审批发放贷款金额77亿元，累计签发银行承兑汇票183笔，金额34亿元，吸收保证金存款20亿元。在存量贷款中，政府基础设施、公共服务贷款占比达42%，为支持地方经济建设做出积极贡献。三是针对经济严重下滑，企业经营困难、且融资难的情况，先后与多家担保公司签订合作协议，为客户拓宽融资保证渠道。另外，修订完善《小企业授信业务管理办法》和《开展中小企业授信工作方案》，进一步简化业务操作流程，为中小企业的发展营造良好的氛围。四是加大“下岗职工小额担保贷款”、“商铺抵押贷款”等授信业务的投放力度，全年累计发放下岗失业人员小额担保贷款3339万元，使676名下岗失业人员得到贷款支持，享受到政府的关怀；受理发放个人商铺抵押贷款80笔，金额9473万元，大力支持广大市民的信贷需求。

【继续推进“城通卡”工程项目建设】 推出包括乘车、购物、交费、存取款、结算等多功能的“城通卡”，并具备短信通知和指纹校验等保障资金安全功能。截止年末，该卡累计发放5万余张，沉淀存款3000余万元。发展特约商户50家，安装POS机700台，由POS刷卡带来商户平均存款5000多万元，手续费收入近30万元。为配合发卡，2008年投入资金500万元，安装圈存机35台、自动柜员机20台。同时，开发代收水费、有线电视费等功能，发放城镇居民医疗保险卡30万张。另外，“城通市民卡”走进社区服务方案已进入试点运行阶段。随着“城通卡工程”的不断深入推广，在社会上已经产生一定的影响，该业务已经成为市商业银行的一项特色业务、亮点工程。

【经营管理水平得到提升】 一是按经营管理的整体性原则，对考核方案进行调整，使考核指标覆盖经营管理的各个方面。同时，区别支行的不同情况，实行万元含量的考核测算标准。并将安全保卫、行风建设、核算质量等项工作纳入考核，与薪酬挂钩。二是加大对人才培养和引进力度。上半年在民主、公开、竞争、择优原则的指导下，通过笔试、面试、考核等程序聘任29名中层副职。另引进一批优秀人才充实到管理和一般岗位上，逐步形成以本科以上优秀人才为主的人力资源储备队伍。三是推行综合柜员制，改革劳动组合方式。四是实行重点业务专项考核，对做出特别贡献的员工给予特别贡献奖。

【盈利空间进一步拓展】 一是加强费用管理，控制大额采购、装修等费用支出，开源节流，减少不合理的支出。二是严格落实各项财务指标事前预算、事中控制、事后监督和考核制度，用合理的财务计划指标和严谨的财务管理手段，促进业务规模和效益的同步增长。三是资金营运从提高全行资产收益水平和优化全行资产结构两方面入手，在保支付的同时充分运营全行资金。在货币市场业务中，将国债的“免税”优势和金融债（央行票据）收益率高的特点充分结合，加大其持有量及交易量，12月末债券持有余额为43.6亿元，同比增加17.7亿元。实现投资收益1.35亿元，较去年同期增长6149万元；累计买卖债券20笔，金额15亿元。另外，将资金市场变化情况与商行资金头寸情况有机结合，加大债券回购力度，在最大限度增加资金派生效益的同时，有效调节资金的余缺，全年共办理债券回购业务278笔，回购金额达505亿元。四是大力发展中间业务。积极推广本票和个人支票等业务，并对代发工资等代理类中间业务及承兑汇票业务进行规范，修订完善相关办法。另外，针对全行中间业务收费中存在的问题，印发了《进一步加强中间业务收费管理的通知》、《中间业务收费减免管理办法》，规范中间业务收费管理。全年实现中间业务收入509万元，同比增加270万元，增长113%。

【资产质量进一步优化】 一是对存量贷款按照行业分类、担保方式等进行分析，尤其是对受经济形势影响的房地产、钢铁、煤炭等行业，对不良贷款反弹的行业以及正常类贷款形态下调的企业，密切关注其生产经营和资金状态，加强贷后管理检查，做到早预警、早处置。二是对新增贷款坚持与存款营销相结合，重点抢占高端客户和高效优质企业，开发中间业务品种，分析各支行的管理能力和水平，对各支行实行差异化管理。三是完善授信管理，改善贷审会成员结构，修改完善贷审会的议事规则，进一步规范了议事程序，提高了工作效率。四是加大不良贷款的清收力度。通过继续清收转化机制创新，突出支行行长的清收转化责任，采取清收转化与奖励费用挂钩、风险代理、资产重组等多种清转化解方式和手段，调动支行清收积极性。同时，强化清收小组专职清转职能，加大对不良授信大户攻坚力度。年内共清收不良贷款1.39亿元，同比增加1500万元。其中，清收表内存量不良贷款7913万元，置换资产5964万元。另外，加大新增不良贷款责任人的责任追究力度，对年内新增不良贷款的支行行长及相关责任人进行处罚，督促加大清收力度并停办相关支行的新增授信业务。五是严格落实监管政策，做好新增不良贷款的防控和授信集中度达标工作。召开专题会议进行调度，与支行行长签订责任状，制定出台《授信集中度达标方案》，并强化落实执行。六是清理置换贷款诉讼费垫款、表外欠息及其他应收款科目的财务挂账，完成质押物的账务划转工作，解决历史遗留问题。使置换贷款从

表内得到彻底剥离，表内资产更加清晰，非信贷不良资产下降，综合收息率明显提高。七是对全行固定资产进行彻底盘点，并聘请评估机构进行评估。

（周天亮）

天津银行

【概况】　天津银行唐山分行2008年6月30日正式挂牌成立，是全国首家获准在唐山地区设立一级分行的城市商业银行，开业一年来，秉承“服务地方经济、服务中小企业、服务市民百姓”的经营宗旨，大力开拓存贷款市场，广泛营销优质客户，积极支持地方经济建设，为推动唐山当地经济和社会发展，活跃唐山金融市场，密切津唐经济联系做出了积极贡献，取得了令人满意的经营业绩。到2009年6月末，各项存款余额208380万元，累计发放各类贷款156558万元，实现账面利润2942万元。

【拓展优质信贷市场】　制定了以优质大客户为重点、以具备良好成长性和市场竞争能力的中小客户为主体、以迅速提高经营效益和综合竞争力为目标的营销策略，促进大、中、小客户全面均衡发展。紧紧把握国家宏观经济形势变化和行业产业政策调整趋势，有针对性地开展客户营销。把有限资源使用在那些符合国家产业政策、发展潜力大、综合贡献度高、对业务能起到持续拉动作用的重点企业上。实现了贷款早投放、重点投放。

【扩大负债业务市场】　始终把存款业务作为经营发展的基础，建立广泛的客户基础，调配各种资源，坚持不懈地拓展负债业务市场。不断增强服务意识和创新意识，以上乘的服务质量和完善的服务手段大力推动盈利性资产业务的快速发展。

突出抓好重点行业、重点客户的公司存款营销，积极争揽机构性存款，密切关注贷款客户关联企业和上下游企业存款市场。完善了对公存款业务管理机制，强化对营销部门的激励考核约束，不断壮大自身资金实力。

【打牢管理基础】　作为一家新开业的银行，分行坚持风险管控优先，突出合规建设，强化内控管理。严格贯彻落实监管部门的监管要求和总行各项制度、措施，构筑风险防控的坚固防线。开业后，分行逐步完善了各项业务制度并切实做到两个统一：把认识与行动统一起来，切实增强执行的主动性；把制度建设与制度执行统一起来，切实增强执行的有效性，切实把风险防控落实到实处。

（陈　胜）

保险·信用·投资

保险业监管

【概况】　2008年，全市保险业整体实力进一步增强，全年实现保费收入76.28亿元，同比增长44.81%，保费规模位居全省第二位。其中，财产险实现保费收入19.47亿元，同比增长20.53%；人身险实现保费收入56.81亿元，同比增长55.56%。全市保险深度2.14%，保险密度1045元。全市保险赔付与给付26.57亿元，其中财产险10.7亿元，人身险15.87亿元。

【市场体系不断完善】　全市共有保险主体32家，其中产险公司18家，寿险公司14家，全年新增保险主体9家。保险中介机构19家，兼业代理机构9家。在保险网点中县、区级保险机构202家，乡镇级保险机构250家。从业人员2.56万人，保险产品种类1491种。

【积极拓宽服务领域】　一是为社会发展提供风险保障，保险功能得到有效发挥。全年各保险公司累计承担风险总额12937亿元，其中财产险保险金额4509亿元，人身险保险金额8428亿元，起到经济发展助推器和社会稳定器的作用。二是积极推动“三农”保险业务的发展，充分发挥保险在安农、支农、促农方面的积极作用，致力于服务社会主义新农村建设，研究探索保险机构参与新型农村合作医疗管理的有效方式，积极推进计划生育保险业务，加快开展被征土地农民的养老保险业务。三是积极推动商业养老健康保险发展，进一步发挥商业保险在完善社会保障体系中的补充作用，服务和谐社会建设。四是积极推动责任保险发展，进一步发挥保险的社会功能，建设服务安全生产保障机制和社会突发事件应急机制。五是积极服务于医疗卫生体制改革，提供优质的健康保险服务，满足企业和个人基本医疗保障之外的多样化的健康需求，积极稳妥参与各类医疗保障经办管理服务，探索与社保机构、医疗卫生机构的合作方式，充分发挥医疗执业保险在化解医疗风险、保障医患双方合法权益、构建和谐医患关系等方面的作用。

【为客户提供全方位服务】　一是全面推行客户投保提示和风险提示制度，开展赔付程序公开制度的经常性检查，建立健全理赔服务效率和质量通报制度。二是进一步完善监管部门、行业协会、保险机构齐抓共管的信访纠纷调节机制，全年共计接受电话咨询投诉103次，保户直接到协会举报投诉50人次，信访举报投诉6件，结案率100%，充分保护了被保险人的合法权益。三是全面落实保险合同纠纷处理机制，正确维护保险主体与被保险人双方利益，实施好保险消费者个人信息保护制度。

（潘自秘）

中国人民财产保险

【概况】　人保财险唐山市分公司积极参与唐山地方经济建设，努力为构建和谐唐山提供良好的保险保障服务。全年共为全市1918个企业，24.8万个家庭，26.7万辆机动车办理了各种保险，为社会提供风险保障2477.22亿元。全市系统保费收入84366.8万元，完成计划的102.2%，同比增长19.12%，业务规模继续居全省系统第一位。全年共受理各类赔案7.8万件，支付赔款4.5亿元，提取未决赔款2.5亿元，在服务经济社会和群众生活中发挥了“助推器”和“稳定器”作用。

【支持地方经济社会发展】 一是为全市重点建设项目提供保险服务。先后为曹妃甸重点工程、承唐高速等项目提供保险服务。二是重点发展公共场所火灾公众责任保险，公众火灾责任险业务规模在全省系统居领先水平。三是支持和谐唐山建设。年内，丰南、迁西成功开办社保补充团体意外伤害保险业务，拓宽服务渠道。在大力发展保险业务的同时，共向地方缴纳各种税费9000多万元。

【加快发展县域经济保险】 一是加强组织领导。市、县两级公司成立支持“三农”工作领导小组，负责组织领导和协调工作。二是广泛开展普及保险、宣传保险活动。利用报纸、广播、电视、广告、互联网等各种媒体，开展全方位、多角度、立体式宣传，宣传保险在经济补偿、防灾减灾、提高社会保障水平等方面的作用，提高企事业单位和广大群众的投保积极性。三是积极稳妥开办涉农保险，支持地方经济建设。开办政策性农业保险业务，全年政策性农险业务签单收费2400万元，超过自1996年分业以来12年农险业务的总和。

【积极履行社会责任】 5·12汶川地震发生后的次日，向唐山市首批赴地震灾区的医疗救护队和抢险救援队79人赠送人身意外伤害保险，总保额1817万元。按照上级公司和地方党委安排，组织员工向地震灾区捐款，共捐款37.26万元。其中全市系统835名员工向地震灾区捐款16万元；308名党员共交纳“特殊党费”19.42万元元；239名团员共缴纳“特殊团费”8852元。向9名四川灾区来就学的学生（孤儿）赠送学生幼儿意外伤害保险附加住院医疗、意外医疗保险，总保额144万元；丰南支公司为丰南区赴地震灾区抗震救灾抢险队48人捐赠960万元人身意外伤害保险。玉田、迁西等单位还组织了向地方慈善部门捐款活动。

【努力提升服务水平】 开展“理赔无忧—车险快捷服务”活动，对出险原因清楚、责任明确、未涉及第三者、本车定损金额在5000元以下的事故车辆，提供从索赔到汽车修理的全程服务，客户在定损完毕后5天之内直接到指定地点提车；对于客户选择自行修车的，在客户提交修车发票、事故证明等相关索赔单证后3个工作日之内支付赔款。同时，开展服务创新活动。在全省系统率先推广“现场更换玻璃”、“免费救援”等一系列服务新举措，展示公司实力，提升了品牌影响力。

（赵万一）

中国人寿保险

【概况】 2008年全年保费收入32.13亿元，同比增长48.31%，位居全省系统第一位、全国系统80个大中城市分公司第11位，占唐山寿险市场份额的57.1%。公司全年共上缴税金2506.7万元。

【加大结构调整力度】 出台《年度销售精英表彰方案》、《成功创富方案》、《合格代理人表彰方案》等，举办上百场产品说明会，根据市场需求，强势推动风险保障大、交费期限长的期交业务，特别是十年期及以上期交业务。全年长险首年期交保费同比增长18.89%，达到3.94亿元，排名全省系统第1位，全国系统80个大中城市分公司第10位。特别是衡量业务内涵价值的10年期以上期交保费同比增长42%，达到2.24亿元，排名全省系统第1位，全国系统80个大中城市分公司第3位；风险型首年保费同比增长23.5%，达到4.19亿元，排名全省系统第1位，全国系统80个大中城市分公司第11位。

【防范化解经营风险】 出台《2008年业务管理质量考核办法》、《A、B柜面管理考核及奖罚规定》、《核赔业务奖惩办法》等专项管理规定，业务质量明显提升。狠抓《内部控制标准推广方案》的落实，积极开展公司风险控制环境评估工作，顺利通过了普华永道2008年度审计。根据年度效能监察方案，对7个基层单位开展效能监察和党风廉政建设巡视。组织全市系统进行《防范舞弊风险控制手册》培训和《声明书》的签订，开展对员工的反洗钱技能培训，并在规定时限完成营业机构的经营许可证、工商营业执照的年检工作，公司依法合规经营水平大幅度提高。

【积极承担社会责任】 一是全年共承保保单件数1558423件，保险金额达13519189万元，向客户支付各类赔款4467万元、各项给付78157万元，较好满足了人民大众的保险保障需求。10日内结案率达到93%以上，全年回访保单229523件，回访成功率98.5%，服务水平得到有效提升。二是组织开展近千场保险进社区、进农村、进学校的宣传活动，并在市区210多个社区投放保险橱窗，大力宣传普及保险知识，开展创建“保险村”活动。三是积极响应市委、市政府提出的“少用塑料袋”号召，出资30万元，免费向市民发放12万个环保购物袋。四是四川发生特大地震后，为唐山赴地震灾区救灾小分队捐赠保额为1050万元的人身意外伤害保险，全系统员工自觉捐款30余万元，200名党员缴纳特殊党费15余万元，用实际行动支援地震灾区。五是针对就业形势紧张的情况，积极为社会提供就业岗位。全年新吸纳保险营销员近千人，累计达到6000多人，为缓解社会就业压力，维护社会和谐稳定作出积极贡献。

【狠抓行风建设】 一是建立健全各项规章制度，加强监督检查，完善和强化各项制度的落实。二是加强法律法规教育。按照上级公司、市政府关于行风建设的总体要求，进行广泛的宣传教育。以《保险法》、《合同法》等金融法律和上级的规章规定为主要内容，进一步增强各级领导干部和广大员工的法律意识。严格营销员队伍管理，认真落实督察制度，坚决遏制误导客户现象发生。三是诚信教育。在从业人员中广泛宣传“诚乃立司之本、

信乃兴司之重”的理念，并将“做保险先做人”纳入公司教育培训的重要内容，狠抓营销员的“诚信我为先”教育活动和违规行为的查处。使诚信经营成为每一位员工的自觉行动。

（刘学文　王学勇）

太平洋财产保险

【概况】　2008年全年实现保费收入16317.45万元，同比增长21.33%；处理各类案件16739件，赔款支出8482.17万元；上交各类税费918.22万元，为唐山的经济发展做出了积极贡献。

【创新经营理念】　一是以效益为中心，做好龙头业务，实现规模与效益协调发展。在车险业务上，紧跟市场，坚持“抓住交强险、做大商业险”。加强对商业车险的业务分析，以满期赔付率为主要依据，通过费用倾斜、核保政策、激励机制等方法，鼓励发展商业车险业务。二是多措并举，加快结构调整步伐。在非车险业务发展上，贯彻“抓大不放小”的原则，通过开展业务竞赛，使各险种全面发展，多点开花。三是落实与市场相适应的分配制度，建立阶梯型的员工职业发展平台，修订了对团队主管及团队成员考核办法，注重队伍的稳定和发展。

【提高服务质量】　一是强化服务理念，改善服务态度。公司每月对营业厅员工服务态度、仪容仪表、工作纪律等方面进行评比，并将评比结果纳入年终考核，基本杜绝了“生、冷、硬、推”现象，形成了服务为先的工作氛围。二是加强业务培训，提高服务技能。按照普遍了解和重点掌握的原则，采取集中培训与分岗位培训相结合的方式，进行不间断的业务应知应会培训。三是进一步延伸理赔派驻服务，方便客户索赔。在各县区设有理赔站，实现了较为合理的理赔覆盖面，加快到达现场速度，提高第一现场率，受到保户普遍欢迎和好评。四是加快结案速度，提高理赔服务时限。除按照日常工作进行考核外，还确定了结案率季度达标指标，并与各部门负责人工资挂钩，每月进行赔案检查，对结案率较低的部室，由主管副总经理带头进行督导，提高理赔速度，减少理赔水分。

【加强基础管理】　一是加强常规和专项稽核力度、密度。根据检查内容抽调业务、理赔、单证、财务、行政人员组成检查小组，对各岗位进行工作质量检查，严格按照检查—整改—检查的流程进行稽核工作。二是进一步加大《县级及以下机构管理办法》的执行力度，规范和促进县级机构发展，确保风险管控落到实处。三是进一步加强应收保费管控能力。将应收保费管理纳入到部门及个人业绩考核中，贯穿到用工制度和分配制度中，并实行“一票否决”制，公司连续4年保持逾期保费零比例控制。

（赵丽芹）

太平洋人寿保险

【概况】　本公司是中国太平洋保险（集团）股份有限公司旗下重要子公司。唐山中心支公司在全市各县区设有13家营销服务部，拥有个险营销员、银管员、团险业务员近2000人。2008年，累计完成规模保费53680万元，年度预算达成率107.49%，同比增长30.74%，居全省第一位；累计完成标准保费39143万元，年度预算达成率133.72%，同比增长64.49%，居全省第一位。2001年开始承保唐山市城镇职工基本医疗保险，目前参保人数已达75万人。为广大参保人员提供了优质服务，真正做到了为政府、企业排忧，为患者解难，受到各界好评。

【主营业务健康发展】　在进一步加强风险管控外，重点强调要转变意识。积极树立服务意识，不断改进服务质量，投诉率明显降低，并多次受到客户的信函或登门表扬，在市场上树立了太保人的良好形象。在抓业务发展的同时，重点强调“精神文明”和“物质文明”的建设，共同营造了“承担、尊重、快乐、进步”的唐山太保企业文化，使每位员工都在工作中享受着企业文化带来的和谐，员工素质明显提高。

【积极参加社会公益活动】　为唐山市2007西藏助学行活动和2008新疆万里环保助学行独家提供人身意外伤害等保险；全体职工为四川灾区捐款51730元。同时全司26名中共党员交纳特殊党费13900元；2008年关爱活动为唐山滦县油榨镇希望小学捐赠价值2万元的教学用品，体育器材及20名贫困生学习用具。

（张春光）

平安人寿保险股份有限公司

【概况】　中国平安人寿保险股份有限公司唐山中心支公司已形成整体规模，以唐山支公司为中心，下设丰南、丰润、迁西、迁安、遵化、唐海、滦县、乐亭、开平、古冶、玉田、窝洛沽十二个营销服务网点，拥有内外勤员工1500余人。拥有21万余名客户，年赔付金额达1747.33万元。完成全年首期任务5311万，截止到2008年12月底达成率已达102%。续期保费截止到2008年底完成全年的104.24%，在全省排名第四名。共结案3843件，10日结案率达到98%，理赔案件的完成质量及各种KPI指标均达到良好状态，全年共收到客户赠送的锦旗8面，表扬信数封。目前在市场销售的保险产品达30多种，覆盖了人的生、老、病、死和教育、成长全过程。

【以良好的服务塑造品牌】　积极为客户提供保单以外的各种附加价值服务。公司首家推出了海外急难援助服务，首创客户服务节，每年组织客户开展有奖征文、绘画比赛等有益于客户的一系列活动；完善“一柜通”服务，推出迅速方便快捷并适合客户的工作流程。组成快速理赔队伍，推出一系列理赔举措：一旦有大理赔案件发生，公司理赔小组便迅速勘察现场，公司领导要亲自慰问其家属，并推出理赔鲜花探视、报案提醒、上门办理理赔、上门送赔款等项服务，为客户提供快速、合理、专业化的理赔服务。

【实行首接责任制服务】 凡客户或业务员到公司办理业务，不管由谁接待的必须全程服务，给客户满意答复，加强员工的服务意识，促使各岗位服务技能的相互学习及提高。把服务的观点与公司的生存与发展紧紧联系起来，渗透到每一个环节当中，“急客户所急，想客户所想，”成就个人品质的同时也为公司树立了良好的形象。

【积极参与社会公益事业】 公司组织全体员工在南湖公园塌陷区植树千余株，为唐山的绿化事业贡献了自己的一份力量；先后组织全市少儿安全知识竞赛、少儿绘画、英文朗诵等比赛，让少年儿童们对平安世界充满渴望、充满希望；锻炼孩子的英语口语能力，提高孩子的英语学习兴趣；对21万客户进行“十年感恩大回访”活动，积极投身曹妃甸建设宣传，为曹妃甸建设做出应有的贡献；为唐山老年人赴港澳宣传骑行队送去捐款；在兄弟省份遇到特大自然灾害时，组织内外勤员工进行爱心捐款；积极传播精神文明建设，每年向残联送去残疾人就业保障金。

（彭爱华）

平安财产保险股份有限公司

【概况】 中国平安财产保险股份有限公司唐山中心支公司成立于1998年6月18日，同年7月18日经人民银行批准成立，正式对外营业。下设5个标准团队、3个车行团队、1个综合开拓团队、1个高级营销经理、10个营销服务部和5个职能部门（人事行政部、财务部、市场营销部、客服部、财产险部）。2008年保费达成18132万。

【经营战略】 唐山中支经营范围逐渐扩大，已开办险种数十个，全方位满足社会各界的保险需要。成功承保河北矿业、建龙实业、轧一钢铁和中材建设等大中型项目，平安以“信誉第一、效率第一、客户至上、服务至上”为服务宗旨，为客户提供优质高效的售后服务；以信为基，推出“你的平安，我的承诺”，保证“平安车险，万元以下，资料齐全，三天赔付”；强化“竞争、激励、淘汰”三大用人机制，为公司选拔优秀的人才；积极推进“最好的机制在平安，最好的人才在平安，最好的管理在平安、最好的服务在平安、最好的产品在平安”的战略目标，努力实施“一个品牌，两个终身”的战略：以优质、高效的销售和理赔服务，先进的经营管理机制、独特的企业文化，获得客户、社会及员工的广泛认同。

（平才办）

中华联合财产保险

【概况】 2008年是中华联合财产保险唐山中心支公司的第四个经营年度，实现保费收入2.07亿元，完成年度计划的106%，同比增长22%，目前占唐山市场份额第二位。其中车险保费18028.32万元（商业险12452.88万元、交强险5575.44万元），非车险保费2659.93万元。全年总赔付支出1.21亿元，历年制满期赔付率61.2%；承保年制满期赔付率50.89%。全年上缴税款2703.79万元。

【开展车险质量年活动】 在车险质量年活动方案中除坚持了省公司方案中的考核目标外，还增加了一些指标，如当月出险当月结案、车险案均赔款下降等指标，并且这些指标均与查勘费使用挂钩，加大了考核力度，使得各项指标较上年有很大提高。

【降低经营风险】 对费用开支吃紧的公司，实行时点控制，部分财务权力上收，取消其经理的个人签字权。市公司的各职能部门还定期下基层公司检查指导工作，对检查中发现的问题除督促限期整改外，还按经营考核办法责任到人、落实处罚绝不姑息迁就。学习借鉴廊坊公司的应收保费管理经验和做法，实行一把手负责制，加大对各县支公司一把手应收保费指标考核，日常监控督促，时点兑现考核。

【强化管理】 一是公司制定了08年经营考核办法。突出了效益为先原则，工作重点自觉向效益转型。在考核办法中，三个主要考核指标有两个就是对赔付的考核，即当年制和历年制满期赔付率。同时改变了报表格式和统计口径。一切赔付指标和业务分析皆以满期为准。4月下旬，又将业务管理部核保科分设为车险科和非车险科。抽调业务知识熟练、责任心较强的同志担任负责人，从严制定了2008年车险核保政策，提高车险核保的刚性。而非车险科在原来的大量核保工作中解脱出来，制定了较为细致的非车险保前查勘制度、风险评估办法和常用非车险核保政策，提高非车险技术水平和风险管控水平。公司还开展了“创佳绩、做贡献”业务员竞赛活动，个人竞赛成绩与规模、赔付率挂钩，让有贡献的员工切实分享到公司的经营成果。二是强调环节管理，定损、验损、报价、监拆等环节上减少赔款支出近900万。三是加大打击假骗赔案件力度，维护公司形象和利益，顶住了人情压力、黑恶势力压力，通过合理利用痕检、酒检，依法移送公安经侦部门等，有效打击了非法分子。全年处理这类案件约30起，挽回损失超过80万元。四是加强法律工作，重视诉讼案件，合理减少公司赔付。全年接到的诉讼有70余起。坚持庭前调查，掌握情况，据理力争，重视协调，减少不利因素，律师积极参与事故调查取证，减少损失100余万元。

【为抗灾英雄免费上保险】 玉田县东八里铺村宋志永等13位农民自发自费赴湖南雨雪冰冻灾害地区支援救灾。迁安杨各庄镇徐刘营村白玉东等16人自发前往汶川灾区抗震救灾。公司分别为他们及其家人及时送上“家庭平安保险”、“家庭幸福险”、“人身意外伤害险”保险，累计保额达362万元。

（蒋晓莹）

中国大地财产保险

【结构调整初见成效】 截至年底共实现保费收入8846万元，其中车险保费收入7746万元，非车险保费收入788万元，人身险保费收入312万元。积极调整险种结构，使高风险和亏损业务的占比大幅度下降，三大险种比例逐步走向平衡，车险目标客户占比也有所上升，业务结构调整取得了一定的成效。

【承保质量明显好转】 严格承保政策，制定下发行之有效的规定和办法，对承保业务的质量进行有效管控，杜绝了违规现象的发生，保费充足率明显提高。加强了车险理赔权限的管理，因地制宜、因人而异的进行授权，并根据每个节点和环节的不同要求，重新优化理赔流程，加强了理赔实效的监控。同时强化调度职能，对现场、定损、权限、人伤探视等关键环节及时进行调度，整个理赔环节在调度岗的统一指挥下有效顺畅进行，全年共处理各类赔案18617件，累计支付赔款10441万元。

【积极探索创新机制】 在2007年成立“大地之友”汽车俱乐部这个新型销售平台的基础上，进一步健全和完善了相关的管理制度和记分办法，积极打造技术完备的后援支持体系，较好的坚持了晨会点评、投保提示、陌生拜访等制度，坚持进行话术和接待客户礼仪培训，利用先进完善的公司技术支持平台，大力开展直销业务。到年底，公司“大地之友”汽车俱乐部累计联系续保客户3800多个，发展体验会员5000多个，成功签单1000余笔，累计保费收入350余万元，步入了业务稳定发展的新阶段。同时，积极探索电销业务新方式，使这项新兴的销售方式迅速开展起来，到年底已累计出单500余笔，实现电销保费收入200余万元。

（郜春晨）

农村信用社

【概况】 2008年各项存款大幅增长，年末各项存款余额509.8亿元，比年初增加101.8亿元，增幅25%。信贷规模不断扩大，全年累计投放贷款359亿元，年末各项贷款余额312.5亿元，比年初增加43.8亿元，增幅16.3%，存贷款余额比例为61.3%。不良贷款实现余额、占比双下降，资产质量进一步改善。营业收入大幅增加，经营效益明显提高，全年实现总收入35.34亿元，同比增加8.98亿元；实现利润总额5.6亿元。人均存款、人均拨备前利润、资本充足率、拨备充足率等指标在全省农村信用社中居首位，综合费用率、资产费用率、不良贷款占比全省农村信用社中最低。

【央行专项票据全部兑付】 本着“夯实基础、落实责任、反复检查、逐项完善、分类指导、保达标保兑付”的总体工作思路，组织乐亭、古冶、开平3家兑付困难较大县级联社实施攻坚，重点抓好清收不良贷款、提高资本充足率、处置抵债资产等关键性工作，反复检查整改，确保各项指标达标，顺利完成央行专项票据兑付工作。到6月末，全市13家县级联社26.7亿元央行专项票据资金全部兑付。

【继续推进改革工作】 实施了改制创建农村商业银行达标工程。市县两级农村信用社都成立由一把手为组长的创建工作领导小组，抽调专人设立专门办事机构。制定工作规划，将各项指标分解下达到县级联社，实行按季统计监测制度，掌握全市达标进展情况，指导县级联社有针对性地开展达标工作。县级联社按照达标要求制定达标规划，明确重点，分解任务，落实责任，有序推进改革工作。

【积极支持县域经济发展】 一是坚持面向“三农”、服务县域经济的经营宗旨，在全市范围内积极开展信用农户、信用村、信用镇（乡）评定工作，大力推广农户小额信用贷款、农户联保贷款，并实行客户经理负责制，提高支农成效。到年末，农户贷款和联保贷款余额66.77亿元，支持农户18万户。二是大力支持特色农业、种养大户和农产品加工业，积极探索“公司+农户+小额信用贷款”的运行模式，支持全市农业产业结构和农村经济结构调整，推动特色产业和农业龙头企业的全面发展。到年末，全辖农业贷款余额246.4亿元，比年初增加37.64亿元，占全市金融机构农业贷款余额的90%。三是组织全市农村信用社重点筛选营销，努力提高办贷效率，在有力支持有市场发展前景、效益好、信誉高的朝阳型中小企业的基础上，对竞争性的好企业、好项目采取委托贷款、社团贷款等多种方式重点支持。全年累计发放各类贷款359亿元，其中中小企业及其他项目贷款249亿元，占比72.1%。

【抓好贷款营销】 一是建立“贷款重点投向的企业和项目库”，并实行动态管理，做到按季有计划地组织实施一批、储备一批、谋划一批，在防范风险的前提下支持县域经济发展。到年末，公司类贷款余额196.29亿元，比年初增加53.5亿元，其中支持黄金客户620多家金额109亿元。二是加大对省市确定的重点项目营销力度，采取跟进的策略参与重点项目和企业的信贷投放，通过社团贷款方式对4家企业和项目给予重点支持。三是在贷款方式上坚持“推行质押、抵押，限制保证”的信贷原则，大力营销低风险贷款。到年末，累计发放有价证券、房地产等抵（质）押贷款86亿元，占新放贷款的55%。四是实行灵活适度的利率政策，对竞争激烈的无风险的优质项目和优质企业，适度降低利率上浮比例，争得优质客户，拓展业务领域。

【加强非信贷资金营运】 调整富余资金存放期限、压缩低收益率资金、积极加强非信贷资金的营运管理，进一步提高经营效益。到年末，全市非信贷资金收入5.64亿元，比上年同期增加2.69亿元。

【积极发展中间业务】 在巩固

已开办的代收水电费、代发工资、代收电话费等多项中间业务的基础上，积极开拓市场，全面开办代理借款人人身意外伤害保险、国寿两全保险、代发粮食直补资金等中间业务。全年中间业务派生存款余额6亿多元，实现中间业务收入920万元，比上年同期增加344万元。

【加强内控管理】 一是强化信贷管理，努力防范信贷风险。制定下发《关于进一步规范信贷管理的若干规定（试行）》及补充规定，对信贷业务重点环节及操作程序进一步提出明确具体的要求，进行整顿规范，并严格贷款程序化管理，规范贷前调查、贷前审查、贷款审批、贷后管理等各个环节的操作行为，提高新增贷款质量。二是加强财务管理，提高效益。坚持“预算控制、专款专用、事前审核、分级审批”和“分类管理、指标控制、量化考核、逐级监控”的原则，建立起收入、成本按月按季核算分析制度，并健全完善财务审批制度和费用开支分级授权制度，实行大额财务开支由县级联社统一计划管理、对基层信用社日常办公经费年初核定年内授权计划管理按季考核相结合的管理模式，控制费用开支。全年综合费用率18.6%，比上年下降0.54个百分点。三是组织加强稽核检查监督，严惩违规行为。开展2007年度决算真实性稽核、新增大额贷款专项检查、高管人员离任稽核等专项稽核与常规性序时稽核，发现并纠正经营管理工作中的违规问题。四是加强安全保卫工作。逐级逐岗位签订《安全保卫责任状》。投资900多万元加快安全设施建设步伐。组织全市13家县（市）区联社押运移交公安押运公司，降低运钞风险。全年无安全责任事故。

【加强案件风险隐患清查与综合治理】 结合稽核检查、员工不良行为排查等工作深入开展全面风险隐患排查活动，做到组织领导到位、排查内容到位、排查措施到位、排查责任到位、问题整改到位、针对发现问题完善内控管理到位，取得实效。全市共抽调稽核监察、财务、信贷、保卫、科技等部门400名业务骨干组成100多个检查组深入基层信用社，对业务合规、制度落实、管理工作三个方面的23项84条重点排查内容逐社、逐岗、逐人、逐项开展检查、复查。对每项查出的问题都明确专人负责，建立台帐，将整改责任落实到相关岗位及时整改，使内部管理得到加强。

【加快科技建设步伐】 全面完成了综合业务网络系统上线工作，13家县级联社510个营业网点全部上线与省联社综合业务系统联网，实现通存通兑。完成现代化支付系统上线工作，全市13家县级联社全部发行“信通卡”，彻底打破制约农村信用社发展的储蓄、结算“瓶颈”，为进一步开拓业务打下基础。

（马希武）

唐山港口投资有限公司

【概况】 唐山港口投资有限公司2000年5月经唐山市政府批准正式组建。2008年以来，公司以控股的唐山港集团股份有限公司筹备上市为契机，通过大规模的资产重组，将产权经营和资本运作变为主业，加速公司职能和定位的战略性调整。

【经营状况】 在肆虐全球的金融海啸对实体经济的巨大冲击下，确保了公司持续健康发展，2008年底，公司实现利润总额5.3亿元，完成考核目标值3.5亿元的151.43%；净资产收益率达到13.01%，比考核目标值增加5.51%；国有资本保值增值率113.96%，比考核目标指增加5.96%。公司未发生任何一起安全事故。公司资产规模迅速扩张，控股、参股子公司从公司成立之初的3家发展到目前的7家，即唐山港集团股份有限公司、唐港铁路有限公司、曹妃甸实业港务有限公司、国投中煤同煤京唐港口有限公司、京唐港国际集装箱码头有限公司、唐山津航疏浚工程有限公司、京唐港首钢码头有限公司。截至2008年底，公司合并报表总资产62亿元，净资产30.4亿元。

证券监管

【概况】 截至2008年底，唐山辖区内共有8家上市公司，其中三友化工、开滦股份2家企业在上海证券交易所上市，冀东水泥、唐钢股份、唐山陶瓷、晶源电子4家企业在深圳证券交易所上市，津西钢铁在香港联交所上市，美华太阳石药业在美国纳斯达克交易所上市。累计融资人民币138.08亿元，港币19.25亿元，美元130万元。2008年企业上市融资44.23亿元、130万美元，其中三友化工2008年1月18日公开发行人民币普通股4096万股，融资8.34亿元；冀东水泥2008年6月6日非公开发行股份25000万股，融资29.58亿元；开滦股份2008年11月20日公开发行人民币普通股5612万股，融资6.31亿元；美华太阳石2008年12月发行26万股，融资130万美元。2008年2月19日太阳石药业在美国纳斯达克成功实现借壳上市。

8家上市公司2008年实现营业收入947.41亿元，比2007年增长37.42%；实现净利润37.81亿元，比2007年减少28.48%，其中7家企业盈利，1家企业亏损，亏损1.78亿元，比2007年增亏14.84%。8家上市公司的平均每股收益为0.5374元，比2007年减少49.87%。2008年上市公司平均净资产收益率为11.48%，比2007年降低9.41个百分点。

截至2008年底，全市8家上市公司总股本为7035717404股，比2007年的4931679028股增长42.66%；资产总计为873.53亿元，比2007年的671.91亿元增长30.01%；流动资产为403.13亿元，比2007年的288.31亿元增长39.83%；负债总计为544.20亿元，比2007年的418.84亿元增长29.93%；流动负债为413.45亿元，比2007年的296.14亿元增长39.61%。

全市现有财达证券、天源证券两家证券公司，共8个营业部，12家证券服务部。截至2008年底，证券投资者累计开户27.35万户，比2007年的24.53万户增长11.50%；

累计完成A股和封闭式基金交易991.43亿元，比2007年的1440.94亿元减少31.20%；客户交易结算资金金额18.61亿元，比2007年的24.11亿元减少22.81%；证券托管市值72.25亿元，比2007年的121.49亿元减少40.53%；全年实现营业收入3.27亿元，比2007年的4.39亿元减少25.51%；实现净利润2.26亿元，比2007年的3.12亿元减少27.55%。

全市现有1家期货营业部即河北恒银期货经纪有限公司唐山营业部。截至2008年底，客户开户数431户，比2007年的204户增长111.27%；实现代理交易量269640手、94.45亿元，比2007年的72158手、23.20亿元分别增长273.68%和307.11%；实现营业收入354.3万元，比2007年的94.9万元增长273.34%；实现利润39.39万元，比2007年的18.03万元增长118.47%。

【强力推进企业上市工作】 按照"上市一批、培育一批、储存一批"的工作思路，企业上市工作实现了梯次推进的良好局面。

1. 加强领导，明确职责。2008年4月29日印发了《唐山市人民政府关于成立唐山市企业上市工作领导小组的通知》，成立了主管金融工作的副市长为组长，各相关部门负责同志为成员的企业上市工作领导小组，积极做好企业上市的规划和服务，加强与上级相关部门和中介机构的联系沟通，组织开展上市企业培训，及时研究解决企业上市工作中出现的重大问题。

2. 出台政策，大力支持。2008年11月10日制定下发了《唐山市人民政府关于进一步促进金融业发展的意见》，对企业上市进行大力支持。对以上市为目的的改制企业、拟上市公司、上市公司，在进行资产重组改制过程中涉及税收、土地资产的界定、收费等政策性问题给予优惠；对重点培育的中小企业进入辅导期和境外上市进入程序的，中小企业资金不足时，可申请企业上市专项基金垫付部分前期费用；对上市融资及上市后的再融资给予适当奖励，对企业上市各方有功人员给予奖励。

3. 厚实储备，强化培训。市政府建立了上市企业后备资源库，每年进行调查摸底，优选调整储备资源，并按照上市公司的标准和要求进行系统规范、重点培育。通过上市储备资源培训，增强了企业上市意愿，使企业熟悉和掌握了上市知识、上市程序。2008年9月份召开了企业上市融资研讨会，邀请省金融办、省证监局、上交所、深交所以及证券公司、会计事务所、律师事务所、风险投资公司等国内知名证券中介机构，对全市30多家拟上市企业进行了培训，进一步提高了企业资本运作意识和驾驭资本市场的本领。2008年下半年邀请中国证监会和上交所领导来唐指导工作，对全市的上市后备企业进行了专门辅导，有力促进了企业上市工作。

4. 统筹规划，分类指导。按照境内境外上市"两手抓"、直接上市与统筹上市并举的原则，根据储备企业特点，进行有针对性的指导培育，多渠道、多形式的推进企业上市。对规模较大、主业突出、业绩优良的行业龙头企业，支持其在主板市场上市；对科技含量高、成长性好的中小企业，支持其在创业板市场上市；对实力雄厚、资金充裕、管理能力强的企业，积极探索"借壳"上市；并选择合适企业在境外上市或香港H股上市。通过实施分类指导，推动企业加快改制，健全公司治理结构，帮助企业做好各项上市基础性工作，明显加快了企业上市进程。

5. 明确目标，重点扶持。每年通过分类排队，筛选上市意愿强烈、基础工作较为成熟的企业进入上市辅导期，协调各级各部门给予重点扶持。例如：太阳石（唐山）药业有限公司是以生产妇女、儿童用药为主的高新技术企业。通过广泛研究论证，市政府金融证券办向太阳石（唐山）药业推荐了具有时间短、手续简便、费用低等优点的借壳上市方式，支持企业顺利完成了内部改造、平台选择和股权整合置换等工作，成为唐山唯一一家在美国纳斯达克上市的企业。庞大物贸集团前身是县属国有企业，针对企业改制历史确认和公司资产确权困难等问题，市政府多次召集国资、发改、财政、房产、税务、工商、消防等相关部门召开协调会进行研究协调，市金融办负责跟进服务、督导落实，该公司的问题得到了妥善解决，已于2008年6月份上报中国证监会待批。

（张值华　戚作江）

建设·环保

编纂 高金山 李晓东

新型城镇化建设

城市规划

【“四大城市功能区”规划稳步推进】 一是组织南湖生态城规划国际定向咨询。重点结合市民中心的选址、危改工程的惠民里建设、南新道平房改造等南湖生态城综合规划进行修改和调整；组织了91平方公里的南湖生态城概念性总体规划设计及起步区5平方公里城市设计国际定向咨询，规划成果已经完成。二是调整完善凤凰新城规划。按照新定位、新理念，调整完善。明确以服务京津唐区域为目标，唐山市的商务中心、金融中心、总部基地、高科技产业基地的功能定位。商务中心用地年底启动德龙凤凰假日五星级酒店、香港嘉里集团五星级酒店等项目，规划用地面积约280亩，总建筑面积约20万平方米。金融中心用地英国万庭公司、香港腾龙公司意向开发建设348亩的金融商厦、商业街、餐饮街、精品街等各种商业业态。总部基地用地先期启动唐山三友集团有限公司科学技术研发中心等七个项目，总用地面积：31352.4平方米（47亩），总建筑面积约30万平方米。高科技产业基地将建设唐山科技城，建立大学科技园及软件、服务外包基地。三是编制完成空港城规划。组织唐山空港城用地选址和总体规划的编制工作，规划成果基本完成，进入5平方公里起步区的详细规划招标设计工作。四是曹妃甸生态城规划不断深化。完成曹妃甸国际生态城起步区控制性详细规划、城市设计。正在积极组织编制曹妃甸国际生态城一期建设区概念性规划和可持续发展战略研究工作。随着生态城的开工建设，其国际咨询工作正在不断深化。

【城市环境改造规划开始实施】 一是市中心区绿、美、亮、净规划交付实施。组织编制《唐山市中心区绿化、美化、亮化、净化规划》，于6月18日，经市城乡规划委员会第一次会议审议后，组织设计单位对设计思路、设计方案进行修改完善完成规划设计成果，并交相关部门组织实施。二是拆违拆迁规划正在实施。组织对市中心区16条道路沿街建筑进行调查摸底，拟定拆除建筑面积49.3万平方米，477处，并拟定重点项目房屋拆迁红线范围，拆迁工作全面展开。三是“一号工程”（危旧平房改造）规划完成预期目标。开平税务庄保障性住房及危旧平房改造项目核发建设用地规划许可证，总用地面积477256.5平方米，预计改造危旧平房50万平方米，建设经济适用住房40万平方米；惠民里小区规划编制工作，按照西南地区控规进行详细规划设计调整，南湖生态城建设全面推进，市民中心、翔鹭、吉宝等大企业已经进入，正在进行5.2平方公里国际城市设计招标和路网、水系调整。

（张　颖）

城市建设

【既有居住建筑节能改造走在全国前列】 把既有建筑节能改造作为城市建设的重中之重，作为拉动经济增长，提高人民幸福指数，促进科学发展示范区建设的重要举措来抓。在全面彻底摸清全市既有建筑底数基础上，在国内首次编制完成节能改造专项规划，制定节能改造工作实施方案和管理办法，启动节能改造“万人培训”计划，扩大示范工程建设规模，创新以“三改模式”为主的融资机制，为全面实现市委八届五次全会确定的三年完成2200万平方米节能改造任务奠定坚实基础。作为建设部第一批12个供热计量改革示范城市之一，完成既有建筑综合节能改造面积121万平方米，处于全国领先位置，在2008年12月份召开的全国建设工作会议上，唐山市介绍经验做法。2008年11月，德国联邦交通建设与城市发展部与唐山市签署《关于在建筑节能和城市发展领域开展合作的联合意向声明》，全市建筑节能工作再上新台阶。省委常委、市委书记赵勇亲自赴建设部争取政策资金支持，市建设局多次跑部进省，做好后续相关工作，建设部同意按照唐山市节能改造实际兑现奖励资金，将给予11亿元的资金支持。

【震后危旧平房改造加速推进】 市区新开工建设安置住房155.3万平方米，投入资金33亿元，竣工57.2万平方米。累计开工235万平

方米，主体完工80万平方米。出台《市区震后危旧平房安置补偿办法》，对市中心区危旧平房改造范围在媒体上予以公示，并本着“危险住房优先”的原则，对路北区国各庄矿各自楼164户居民进行首批动迁，2008年12月31日，市委书记赵勇、市长陈国鹰看望首批动迁户，并将新房钥匙和慰问金亲自交到动迁户手中，使首批动迁群众享受到市委、市政府实施危旧平房改造的成果。成立唐山市开滦矿区采煤沉陷区综合治理办公室，组织专业技术人员，对六区一县、开滦集团受损情况进行调查核实。市中心区受损居民异地安置工程建设，纳入危旧平房改造计划；外县区钱营煤苑小区、丰润煤苑小区以及东欢坨沉陷区受损严重的风井北农村住宅区完成搬迁5415户，古冶煤苑小区结合危旧平房改造开工建设，同时，对受损的1078户农村住宅进行加固维修。唐山市被评为全省棚户区与旧住宅小区改善工作先进单位。

【公用基础设施高速发展】　全年城市基础设施建设投资76.18亿元，比上年增长17.2%。重点实施天然气进唐和对全市老旧小区燃气设施系统更新改造工程。到年底全市天然气转换工作基本完成。该工程历时100天，实施28个批次、27.7万户居民用户、789户工商福利用户和100多座调压站（调压器）的天然气转换工作，完成燃气管网工程15.8公里，并完成32台燃煤锅炉改燃气工程，使市中心区居民在国庆节前用上洁净实惠的天然气。西部天然气罐站建设也全面展开，有序推进，对市中心区尚未使用燃气的老旧小区2936户居民用户全部实施供气化。同时，以北新道改造为契机，铺设中压管道4870米，过路管道12条。完成全长3850米的马陡路管线工程建设。对建国里小区、丰润5号小区等18个老旧小区燃气系统进行更新改造，涉及10811户燃气用户。到年底，实现燃气扩供17123户，市中心区天然气供气量达40万立方米，燃气普及率99.5%，比上年提高0.5个百分点。供热管网改造重点实施3项工程。完成与北新道改建同步的长414.5米供热管网改造；对市区联合楼长246米的架空管道实施入地改造；完成翔云道东支干线供热工程管线680米。同时，重点谋划和编制市区电厂扩能改造和陡河热电厂二期热网改造方案。全年完成旧小区集中供热改造22万平方米，集中供热面积3505万平方米，集中供热普及率70.1%，比上年提高2.1个百分点。城市建设向功能化、服务化、现代化迈进。

【城镇三年大变样工作显著】　拆违、拆迁面积830万平方米，凤凰城一批标志性建筑开工建设，南湖生态城大面积开工修建。总面积11平方公里，相当于两个杭州西湖大的大南湖公园，拟用一年时间建成，计划2009年“五一”劳动节开园。同时完成三项艰巨任务：一是出色完成曹妃甸论坛会址工程建设任务。市委市政府在唐海县新建高标准的国际论坛会址，总面积11.89万平方米，总投资11亿元，有单体工程39项，市建设局主要承担论坛会址工程建设质量安全保障工作。针对工程体量大、紧、任务重的实际，超前谋划，主动服务，成立工程建设领导小组和专家组，制定科学、合理的质量和安全管理工作流程，建立五级联动的保障体系，加大监督力度，确保论坛会址建设任务如期完成。二是圆满完成城市建设博览会筹备工作。2008城市发展与规划国际论坛暨河北省首届城市规划建设国际博览会由住房和城乡建设部、河北省人民政府主办。唐山展区组织筹备工作由市建设局负责。两个多月完成展示项目的选取、840平方米展厅的布置、100多块展牌以及建筑节能电视宣传片的制作工作。6月18日至21日博览会期间，全面展示新唐山城市规划建设成果，发布30个重点城市建设招商项目，举办城市建设项目恳谈会。省委常委、市委书记赵勇亲临唐山展厅，向与会来宾介绍唐山城市建设成就及发展前景。有关部门组织全市各界人士到唐山展厅观摩学习，唐山展厅成为中外各界人士光临最多、评价最高、反响最好的展厅，荣获国家住房和城乡建设部与河北省政府联合颁发的“大会优秀组织奖”、“优秀布展奖”。全省11个城市中只有两个城市获此殊荣。三是顺利完成全省城镇面貌三年大变样唐山调度会筹备工作。10月8日，调度会在唐山市圆满召开，充分展示唐山三年大变样工作取得的成绩，得到省领导和与会代表的高度评价。会后全市各部门组织“看新唐山”活动。

（牟　静　姚明富　李春坡）

城市公用事业

【路网建设】　到2008年底，唐山市城市人均道路面积达到13平方米。全市路网建设投资14.03亿元。北新道综合改造三个月实现主路通车，一个月完成绿化任务，四个月完成全部建设任务，以较短时间打造出一条靓丽的景观大道；光明北路、学院南路、大里路等11条新建道路完成征地拆迁任务，打通断头路6条，其中卫国北路的打通，使中心区又增加一条南北贯通的大道，有效缓解交通压力；翻修改造银河路等16条道路。对人行便道、路缘石进行集中整治，维修便道6.8万平方米、更换路缘石6600米，道路设施完好率100%；25项城市防汛工程圆满完成，实现安全度汛。

【园林绿化建设】　全市建成区绿化覆盖率达到44.1%，绿地率38.4%，人均公共绿地面积10.5平方米，在全省绿化检查评比中获得第一名。一是打造城市生态景观大道。完成面积72公顷的建设路绿化工程。立体彩色多物种绿化示范模式在城市各个出入口、南湖生态城区域和建设路、北新道全面实施。对16条道路实施绿化整治，实现街景各异、特色鲜明、景观靓丽。实施全长3.4公里的西出入口绿化工程，绿化面积46.2公顷。对新华道、文化路等5条主要道路两侧的树穴加盖复合型树池箅。二是强力推进特色景观建设。实施凤凰山公园扩绿改造工程，公园面积增加一倍，新建5大景观，完成山体南坡裸岩植绿。大钊公园改造面积达14公顷，使公园与纪念碑广场和周边环境更加协调。三是不断提高园林绿化养护水平。重点对全市196条主次干道、36个公园游园、150个

居民小区共计26万株树木进行修剪养护；对新华道、庆南道等14条道路和健康楼、24号小区等8个小区15.11万株老化杨柳注射抑制飞絮药物，更换飞絮杨柳和新植法桐、国槐等六个品种6260余株，使杨柳飞絮扰民问题得到进一步解决。四是12月份向国家花协递交申请，正式申办2014年世界园艺博览会，国家和省花卉协会领导已来唐考察，对唐山申办工作表示支持。

【夜景亮化工程】 仅用四个月时间，完成建设路、北新道247处亮化任务。大力推广电光源新技术、新产品和绿色照明模式。绿色节能照明示范模式全部完成，政府机构节能降耗示范模式收到预期效果。建设路实施一脉多点的灯光布局，将道路、建筑、广场、绿地、树木等亮化形式融为一体。完成四个城区出入口、桥梁和大型绿地亮化建设，初步形成市区"两轴四点"（两轴：建设路和北新道，四点：东西南北四个出口）亮化新格局。夜景亮化工程的实施，使城市夜色变得五彩斑斓，使钢筋水泥建筑显得活泼而生动。

【净化工程】 全市污水处理及再生水回用继续位居全省前列，城市污水处理率达到90.6%，城市生活垃圾处理率100%。北郊污水处理厂被全国给排水协会评为"全国再生水利用先进单位"。一是中心区垃圾卫生填埋场和垃圾中转站运营管理步入正轨，初步达到规范化运营要求。垃圾填埋场通过国家建设部专家组对生活垃圾无害化处理等级评定，达到一级标准，使城市的清污减排竞争力进一步提高。二是建设路、北新道等8条主要道路实现机械化清扫保洁，道路环境得到明显改观。三是100座旱厕改水厕工作全面展开，新购置450个果皮箱全部安装到位，提高了城市环境卫生档次。四是县区治污能力逐步增强。以BOT模式建设的污水处理厂基本完工。唐海污水处理厂和丰润中水回用项目达到通水试运行条件，青龙河治理获"河北省人居环境奖"。

【供水工程】 实施"三厂一站"改造工程和钢厂道管网改造工程，东南部用水紧缺问题得到解决。省城市供水水质监测网唐山监测站通过省级计量认证资格复审，唐山供水网正式投入使用。市区水质综合合格率达到99.98%，城市用水普及率100%。年内完成大洪桥水厂与主管网连接工程，中调项目改造设备陆续进厂安装和验收，净水厂完成二期改造工程，供水水质和供水安全得以有力保障。市自来水公司荣获2008年度"河北省质量信誉双保障"、"河北省诚信企业"等荣誉称号。

【公共交通】 全面推进城乡一体化公共交通服务保障体系，新开通公交线路15条，延伸8条。银河路综合场站和丁家屯车场建成投入使用，助推市区北部公交线网发展和凤凰新城的开发建设。完成建设路、北新道公交站点建设，新建候车亭和站牌150处。强化车辆环保改造，69部公交车完成"油改气"，加气站加快建设步伐；投资7000多万元购置欧Ⅲ排放标准公交车212部投入运营。每万人拥有公交车辆14.05标台。狠抓智能公交建设和优质服务，百姓乘车环境得到明显改善。

【精细化管理】 唐山市获得河北省2007—2008年度宜居城市环境建设"燕赵杯"竞赛金奖。在全市城建系统开展"内学迁安，外学沈阳"，强力推进城市精细化管理活动，取得明显成效。一是实施全面推进城市精细化管理实施方案，制定夜景亮化、景观大道、市政设施、环卫、园林绿化、公共交通、供水、排水8个方面近千项具体指标的精细化管理标准，形成事事有人抓，处处有人管，件件有着落的工作格局。二是实施城市管理巡视制度。市城管局和路南、路北区都建立了精细化管理巡视队伍，对巡视检查中发现的问题及时督导解决。市城管局机关全体人员开展"早到10分钟，巡视一段路"全员巡视活动，对建设路、北新道的市政、环卫、绿化、公交设施实行分段包干，每天一巡查，每周一通报。三是对建设路、北新道390处产权单位的窨井盖板进行装饰性处理，对道路两侧多家产权单位的130余座凸出地面的特殊井桶井盖进行整修完善，方便百姓出行。四是污水处理企业管理水平提高。北郊、西郊、东郊、丰南4座污水处理厂被全国给排水协会授予"全国污水厂处理优秀运营单位"称号。五是精细化管理向法制化发展。《唐山市城市排水管理办法（试行）》由市政府发布实施，《城市夜景亮化管理办法》、《城市户外广告管理办法》、《城市供水条例实施细则》、《城市垃圾处置收费管理办法》等4项管理法规进入市立法程序。

（李九燕）

城市管理

【概况】 根据国务院国发［2002］17号和省政府冀政［2004］19号、［2008］36号文件《关于进一步推进相对集中行政处罚权工作的决定》和《实施意见》，2008年8月18日，唐山市正式挂牌成立城市管理行政执法局，从3月份开始，城市管理行政执法职能由分散到集中，突破多年来制约城市管理与发展的瓶颈，将市区两级的建设、规划、城管、环保、工商、公安等城市管理方面的行政处罚权相对集中，形成市中心区的市级一个执法主体，改变多年以来市区城管执法的二元结构，从体制上有效防止多头执法、重复处罚和执法扰民等问题的发生，使城市管理水平跃上新台阶

【打牢工作基础】 一是抓好机构和队伍组建。城市管理局是全市相对集中行使行政处罚权的行政事业单位，承担城管局、建设局、工商局、环保局、规划局、公安局6个部门11大类的城管执法及行政管理职能，推行"4+1"的城管执法管理体制。全局编制人数294名，局机关内设8个处室，行政编制33名（含工勤3名）。局下设6个直属执法大队和1个督察大队，均为全额拨款事业单位。另设双重管理的执法大队2个、警察大队1个，经费由所属区政府及公安局承担。

二是谋划好工作思路。按照工作有激情、有思路、有魄力、有韧

劲的要求，用“白加黑”和“五加二”的工作精神，突出两手抓：一手抓组建，一手抓执法；一手谋思路，一手订目标，确定城管执法工作“一年打基础，两年求突破，三年创一流”的执法规划目标和“以科学发展观为统领，认真贯彻落实市委八届四次全体会议精神；以班长带班子，班子带队伍，队伍提素质为保障；以抓组建为契机，聚合力，严要求，高起点，出亮点；实施“四城”建设法制化，区域管理网格化，执法管理信息化，队伍管理军事化。以2008年执法工作的良好开局和坚实基础为2009年的求突破创造有利条件，为科学发展示范区建设做出贡献”的执法工作新思路。经过广泛听取各方面意见，起草《唐山市城市管理行政执法三年规划》（2008—2010），并制订落实各项工作的保障举措。省委常委、市委书记赵勇在《执法工作设想》汇报上作出重要批示：“执法局思路清晰，措施有力，初显成效。望狠抓落实，执法如山，为科学发展示范区建设保驾护航。各级各部门都要支持执法局的工作”。市长陈国鹰批示：“拆迁建设难，管理好城市更难，且是一项长期细致的工作。明确责任和执法主体是管好城市的前提条件”。

【依法行政快速推进】 将“依法行政”纳入行政执法整体工作和年度目标考核。坚持法制教育与法制实践相结合，系统梳理归纳涉及城市管理行政执法领域法律、法规，并汇编成册下发。不断创新法制宣传培训形式，规范城管执法系统执法行为，加大执法力度。从规范行政执法行为入手，实现行政执法“合法化、程序化、执法行为规范化、执法文书标准化、执法监督制度化”目标，行政处罚管理工作步入全面依法行政轨道。一是加强内部管理与监督，编制《唐山市城管执法岗位警示录》，规范执法行为；二是协调相关部门授权，梳理归纳法律条款，加强岗前培训，实现依法行政；三是健全内外部监督制约机制，行政处罚管理工作步入全面依法行政轨道；四是加强城管执法工作力度，对违规行为进行处罚。2008年，查处各类违法违规案件21.5万件，均按程序实施行政处罚，有效遏制违规搭建建筑物等行为。

【市容环境秩序综合整治重点战役旗开得胜】 2008年是综合执法局成立的第一年，市容环境秩序综合整治管理状况，既是检验执法局成立必要性和重要性的首张考卷，也是执法局永远的重点和核心。一是结合城镇面貌三年大变样活动不断深入，立足优化城市发展环境，改善城区容貌，组织开展重点执法专项整治工作。相继开展市容市貌集中整治突击月、专项执法大清理、五项执法攻坚和专项治理市领导交办的唐丰路私搭乱建和乱设广告牌匾、市区西出口沿线两侧乱堆垃圾、西外环高速路西侧乱堆建筑垃圾“三大难点”等活动。完成拆除违章建筑43043平方米，清除建筑废墟和生活垃圾195668立方米，治理车辆飘洒10193台（次），治理和清除广告牌匾7966块，清除小广告10.2万条（块），规范治理市场外溢和欺街占道26310起（次）。经过重点执法整治，有效改善城区环境和秩序，提升城市品位，树立执法队伍形象。先后参与建设路、北新道、新华道沿线、大南湖区域、地震遗址公园区域、长青楼改造等重点工程项目拆违拆迁工作。全年完成拆违拆迁830万平方米，高标准完成领导交办的任务。二是加强建筑垃圾处置与管理。控制源头，抓中间环节，加大打击非法清运建筑垃圾力度。全面摸清中心区建筑工地和拆违拆迁场所情况，重新审批三个专用垃圾倾倒场，及时通知清运单位办理清运手续，对建筑垃圾管理实施源头控制。协调交警部门，规范建筑垃圾清运路线和时段，实现建筑垃圾清运管理有序。加大建筑垃圾偷运的监控力度，采取巡视、工地看守和夜蹲等多种举措，严厉打击偷运、乱倒建筑垃圾行为。落实专业队伍三班倒工作制度，实现建筑施工工地全天候监控。查处无手续运输车辆50辆次，未苫盖飘洒车辆1125辆次，疏导超重等问题车辆1620车次，查扣不配合执法车辆7台次。三是规范城区机动车及非机动车停放秩序。根据职能划分，与公安交警支队密切配合，对便道停放车辆管理权限及停车场管理权限重新进行界定，为执法权限移交到位奠定基础。对便道停放机动车和非机动车秩序进行集中整治，制止和纠正行人乱停车的不良习惯，先后查处违章并规范违章车辆4634起，对不听劝阻的违章当事人进行教育和数额较小的处罚。协调各区，在64条街道设置安装自行车架13888个，以方便市民。四是专项整治街头食品摊点。牵头组织街头食品摊点专项联合执法工作。从加强宣传教育入手，制定印发《街头食品摊点规范标准》，重新规划布局，确定从业标准；加强集中整治宣传，发放宣传单5000张，出动宣传车20辆次，在重要路段张贴通告60张；采取错时上下班的方式，集中治理市重点区域违规摊点，对2036个食品摊点逐一登记，并依法取缔无手续、卫生脏乱差的食品摊点536家，治理占道经营1256家；探索并建立与卫生、商务、工商的协调联动机制，确定由城管部门对符合城市规划的街头食品摊点核发临时摊位证；由卫生部门负责核发卫生许可证和从业人员健康证；由工商部门负责摊点经营主体审核、依法登记造册及工商营业执照发放；由行政执法部门负责对街头食品摊点的行政监督、检查，对“三证一照”不全的摊点坚决予以取缔，初步形成多部门齐抓共管、协调联动的长效监管机制。

【创新城管体制机制】 一方面，在软件上切实加强城市管理行政执法队伍建设。按照“立好规矩，严格管理”，“统好班子，精诚团结，带好队伍，多出成绩”的要求，坚持以领导班子建设为关键，以党的组织建设为保障，树立“四个导向”，即：实干和风正气顺的用人导向、敬业和勤奋爱岗讲责任的导向、激励有为和令行禁止、确保政令畅通的导向、激励廉政和作风养成、执法为民的导向，促进队伍全面发展。严把选人用人关口，将一批品行好、能干事、自身干净的人纳入考查范围，组织公开竞聘上岗。建立健全党的基层组织，建立并完善党建工作制度，组织开展“五好”党支部创建、“一名党员一面旗帜”和“讲大局、讲团结、讲实干、讲奉献”的“四讲”教育等项活动，增强党组织的凝聚力。依照执法工作“一年打基础、两年求突破、三年创一流”的要求，确立“一年树形象、两年争一流、三年创品牌”的行风建设工作目标，扎实开展“打造效率唐山、助推科学发展”为主题的效率年活动。狠抓纪律作风教育和整顿，大力实施“提高队伍素质”、“提升执法水平”、“提高群众满意度”三大工程。努力探寻执法和服务的最佳结合点，将执法人员打造成为政府放心、人民满意的城管卫士。另一方面，在硬件上巩固提高城市公用事业建设管理机关和队伍建设。一是创新干部选用机制。建立健全科学考评体系，城管局机关和局属单位干部提职晋级，全部采用“一讲两推”（竞争者演讲，两次民主推荐）方式。采取“一讲两推”方式选用38名各级领导干部，做到公平公正公开，职工心服口服。二是理顺局内部机构关系。根据职能变化，设立局审批处、审计室、巡视大队、调研办、督查室；市园林局整合内部资源，组建一院两公司；市市政环卫处优化资源配置，设立收费科。三是加大对公益企事业单位的考核力度，为全市年度考核工作提供经验。首次制定公益企事业单位年度考核办法，依据考核结果兑现单位领导班子成员的奖惩。四是全面推行工作督办制度。将重点工作项目纳入局重点督办内容，做到“月有督办、周有汇报、年有考核”。创新城管体制机制推进城建系统各单位的经济工作，2008年与上年相比，市自来水公司水费和售水量同比增长5.67%；市排水公司年营业总收入1.2153亿元，市公交总公司年票款收入突破2.67亿元，市市政总公司年利税突破1000万元。市城市管理局荣获“河北省城镇面貌三年大变样工作先进单位”和“河北省城市管理先进单位”称号。

（齐士刚　李九燕）

城乡一体化建设

小城镇规划

【概况】 唐山市城镇化发展比较迅速，大中小城市和中心城镇协调发展，中心城市对区域经济发展带动作用进一步增强；农村城镇化步伐加快，城乡和区域差距逐步缩小，城镇化率明显提高，由2002年的38%提高到2008年的50%。新一轮县城总体规划修编基本完成。截至年底，除唐海县和芦台经济技术开发区外，其余各县（市、区）均已经完成新一轮总体规划的修编工作。有47个镇（农场）、乡正在或已经完成总体规划纲要和评审工作；各县（市）、区小城镇专项规划和详细规划编制正在积极启动。有680个村庄编制完成村庄规划。

【开展乡村规划综合管理模式试验示范工作】 主要在五个体系方面建立规划管理模式，即乡村规划法规体系、乡村规划管理人才体系、乡村规划编制审批体系、乡村规划实施体系、乡村规划实施监督检查体系。《唐山市乡村规划管理办法》完成初稿，《关于加强城乡规划管理的实施意见》和《关于加强农村新民居建设的实施意见》经市政府常务会原则通过，市规划局投入10余万元和中国建筑设计研究院编制完成《唐山市新农村建设村庄规划与民居设计导则》。丰润示范点共有22个乡镇、527个村庄需要编制规划，资金投入合计600万元，编制完成7个乡镇的总体规划，8个乡镇正进行规划编制，其余乡镇正在进行地形图测量；已经编制完成村庄规划22个，253个村庄正在进行规划编制，其余村庄正进行地形图测量，资金投入累计约300万元。丰润区各乡镇全部成立以书记或镇长为主任的规划委员会，并下设规划办公室，承担辖区内的规划管理工作，初审规划意见100件、选址意见书3件、审批建设方案7件、出具规划设计条件10件、办理乡村建设规划许可证21件、办理用地规划许可证6件。此外，迁安示范点16个乡镇中有13个完成规划成果编制工作；滦县响嘡镇投入资金30余万元编制完成镇总体规划和控制性详细规划；开平区郑庄子镇和越河镇已经与规划设计单位签订协议，投入40万元开始编制镇总体规划。

（张　颖）

小城镇建设

【重点城镇基础设施建设进展迅速】 制定《唐山市建制镇建设三年大变样和2008年迈大步实施方案》，以培育重点镇和创建科学发展示范村为主线，大力实施城镇化战略，小城镇承载能力显著提高。全市县（市）城及村镇建设投资64亿元，比上年增长0.8%，其中县（市）城建设投资28.7亿元，镇建设投资35.3亿元，分别比上年增长0.7%和0.9%，基础设施建设投资持续增长。一是污水、垃圾处理设施建设加快。其中，滦县响嘡镇投资500万元，新建日处理能力1500吨污水处理厂1个；丰润区韩城镇启动总投资3670.9万元，建设日处理能力2万吨的污水处理厂。二是镇区道路改造和公用设施建设力度加大。全市投入3.5亿元改造重点镇镇区道路26.8公里。其中，响嘡镇投资2600万元铺设长1619米、宽42米的中心大街和五岳路；迁安市沙河驿镇投资9275万元，完成镇区道路铺砖12.4万平方米和102国道二店子跨线桥等工程。全市重点镇投入近亿元进行基础设施建设。其中，响嘡镇投资1170万元，建成日供水能力2万立方米的水厂；韩城镇投资1500万元在全市小城镇中率先引进天然气，安装4000户，通气400户。公建设施相继竣工，遵化市马兰峪镇投资1200万元迁建民族医院竣工；开平区栗园镇投资400万元，建成2800平方米的栗园村文化活动中心。

【旧城改造和住宅开发持续发展】 全市37个重点镇中8个镇启动旧城平改，13个镇启动住宅开发，全年重点镇旧城改造和住宅开发竣工面积88万平方米，比上年增长

18.9%。各重点镇用3种形式抓开发，一抓城中村平改。韩城镇规划整合建设用地4000余亩，借助区位优势平改，2005年以来每年以20万平方米的速度递增，到2008年完成开发和平改近92.4万平方米，商贸楼5.8万平方米，成为市区西侧城镇建设的亮点。部分镇以旧城改造起步，逐步向城中村整体开发。如马兰峪镇投资2800万元，建成建筑面积2.5万平方米的沿街仿古商贸楼8栋。二抓闲置国有土地的住宅开发。玉田县鸦鸿桥、丰润区新军屯等11个重点镇取得初效。其中，鸦鸿桥镇投资8000万元、建筑面积4.1万平方米的腾飞家园住宅小区完成主体施工；新军屯镇投资9700万元的新新花园住宅小区，一期工程建筑面积5.5万平方米竣工；丰南区黑沿子镇集中全镇近年的宅基地指标，在镇区规划启动雪莲湾新村高标准住宅小区建设，一期工程12.4万平方米，完成投资1.6亿元。三抓矿区村迁建，建设新型社区。其中，响嘡镇岩山新村涉及8个村的迁建，年内投资4.35亿元，92栋住宅楼全部竣工使用。马兰庄铁矿新社区涉及7个矿区村搬迁，预投7.2亿元，年内完成投资1.8亿元，一期住宅楼66栋、建筑面积10.68万平方米竣工。

（牟　静　姚明富）

乡村建设

【抓好新民居示范工程建设】 结合开展科学示范村建设，组织开展新民居设计大赛，确定迁安市沙河驿镇唐庄子村、滦县响嘡镇大司家营村分别为省、市新民居示范“十百千”工程示范村，逐步摸索出5种新民居建设模式：一是以“六个一”为特色的迁安市唐庄子村建设模式。即新民居要达到“保温彩钢坡屋顶、聚苯板保温墙体、太阳能取暖系统、保温吊炕、秸秆气化灶、建沼气池”的标准。按此标准建设的科学发展示范村年底达76个。二是以土地流转、异地联建为特色的建设模式。如迁安市松汀村、护国村，将原村址流转给首钢，再用流转资金向邻近两个镇流转土地600亩，建成综合效益良好的新型社区。三是以城乡等值、农村变社区为特色的建设模式。如迁安市马兰庄镇、滦县响嘡镇，依托矿区，集中联建2个新村，建立居委会，实现公共服务和基础设施共享。四是以产业拉动、功能分区为特色的建设模式。如滦县赵蔡庄、迁安市寺后村对旧农宅按规划改造，将农产品深加工、工业企业引入园区，建设生态观光旅游区，优化建设结构。五是以统一规划、群众自建为特色的建设模式。如迁安市洼里村村民作为投资、建设主体，政府除对沼气池实施部分补贴外，其它费用不再补贴。该村按此模式建成洼里新村。在此基础上，全市陆续完成涉及11个县（市）区的53个乡镇，283个村、3.1万农户旧民居改造工程，重点“平改坡”的任务。同时，在全市农村大力实施道路硬化、村庄绿化、街院净化等“三化”整治建设。

【积极稳妥推进农村旧民居改造】 坚持从实际出发，努力做到四个结合：一是与城乡发展一体化规划有机结合。与《唐山城乡发展一体化战略规划》相衔接、相配套，按照“中等城市—小城市—重点镇—建制镇—中心村—基本村”空间布局规划，制定完善科学发展示范乡村创建规划。二是与推进城市化进程有机结合。按照统筹城乡发展和集约节约用地的要求，引导村庄合并，建设农村新社区；引导整体搬迁村向中心镇聚集，加快中心镇建设，促进农村人口向城镇集中；做好“村改居”工作，解决好并入城镇农民劳动就业、社会保障等问题，加快推进城镇化进程。三是与挖掘和创新地方特色有机结合。充分考虑当地自然条件、历史背景、经济发展状况、生产生活方式和风俗习惯，挖掘地方特色，适应不同地区的实际情况，既传承历史文化，又彰显现代功能特色。四是与加强农村基础设施建设、提高管理水平有机结合。按照“城乡三年大变样”的要求，抓好路、水、电、讯、网等基础设施配套建设和教育、文化、体育、医疗等公益事业设施建设，大力开展乡村及周边环境综合治理和垃圾污水处理等项目建设，达到生态环保和亮化、净化、美化要求，打造优美宜居环境；制定完善各项管理制度，努力提高管理水平。

（牟　静　姚明富　贯以宁）

文明生态村建设

【概况】 2008年，全市文明生态村镇建设认真贯彻落实市委八届四次全会精神，按照“生产发展、生活宽裕、乡风文明、村容整洁、管理民主”的新农村建设要求，坚持把文明生态村镇建设与统筹城乡发展、推进城乡一体化进程和新农村建设有机结合；坚持以发展农村经济，增加农民收入为核心，走产业强村之路；坚持深化“村民中心”建设，推进村民自我教育、自我服务、自我管理；坚持推进与提高并举，建设与管理并重，健全和完善长效管理机制，深化和提高文明生态村镇建设水平，全市文明生态村镇建设工作扎实有序推进，取得明显成效。全市有454个村基本达到创建要求，有100个村达到文明生态示范村要求。截止到12月，全市道路硬化完成1595.8公里，造林绿化完成338.5万株，院街净化共拆除各类违章建筑6万多平方米，清运垃圾42万方，安装太阳能路灯4443盏，新建沼气池34255个，建养殖小区246个，修建文体广场（公园）444处，兴建各类文体活动组织562个，建设“村民中心”2519个。全市投入创建资金4.99亿元，其中县（市）区及镇（乡）投资1.39亿元，村集体和农民个人出资出劳2.94亿元，市县两级机关企事业单位帮扶1832.7万元，社会及其它捐助近1643万元。到2008年底，全市达到文明生态村基本要求的有3487个，占全市总村数的60.9%，在推进文明生态村镇建设活动中，全市共投入创建资金33.83亿元。同时不断进行总结完善，坚持党政群齐抓共管；坚持以农民为主体，尊重群众意愿；坚持发展经济改善人居环境；坚持因地制宜、分类指导。使农村基础设施建设得到加强，农村人居环境得到明显改善，农民群众的素质得到提高，促进农业农村经济健康发展，农村面貌焕然一新。

【创建工作深入开展】 全市上下把面上有序推进与深化创建内涵、提升档次和重点区域创建及科学发展示范乡村建设紧密结合起来。在广度上，按照市委、市政府关于2008年文明生态村镇创建工作的意见要求，深入开展村容村貌大整治活动，不断扩大创建工作覆盖范围。一方面，按全市总村数8%的比例，坚持有序推进。全年全市454个创建村，按照“道路硬化，院街净化，造林绿化”的创建标准要求全部完成创建任务；另一方面为改善农村生产生活环境，使更多的农民群众从创建工作中受益，坚持标本兼治，疏堵结合，以城乡结合部、集镇、中心村、风景区周围以及公路沿线的村为重点，广泛开展农村村容村貌综合整治活动，拆除违章建筑6万多平方米，清运垃圾42万方。在深度上，按照《中共唐山市委关于广泛开展科学发展示范村创建活动的指导意见》要求，本着规划起步，试点带动，分步实施，因地制宜，分类指导，整体推进的原则，依据乡村建设规划全、经济发展水平高、社会事业发展快、生态环境建设美、乡村文明风尚好、民主管理服务强六个标准，扎实开展科学发展示范乡村创建活动，重点抓22个科学发展示范乡镇、116个科学发展示范村的试点建设，有110个村完成规划，21个村完成“平改坡”任务，76个村新民居建设开工，沼气池、吊炕、博士灶和太阳能路灯的推广使用，深受群众欢迎。

【建立健全长效管理机制】 市创建办公室把健全和落实长效管理机制作为协调指导的重要内容，树立多种类型的典型示范村，普遍在全市推广，并就搞好长效管理机制引入奖补机制，从全年的创建资金中拿出140万元用于奖励长效管理机制健全、措施有利、创建效果保持好的县（市）区。各县（市）区根据《关于文明生态村镇长效管理工作实施意见》要求，按“有专人主抓、有环卫设施、有管理制度、有卫生清洁队伍”的四有标准，做大量卓有成效的工作，为文明生态村的后期管理提供有利保证。滦南县在长效管理上“因村制宜、各具特色”，充分利用县财政保洁补贴资金（标准是800人以下的村每年2000元；800人以上的村每年3000元），在经济条件较好的村引导实施城市社区物业管理模式；经济条件一般的村，推广“清洁队伍“的模式；经济条件较差的村推广”六前三包“模式。全县352个生态村根据自身实际分别建立管护机制，其中有82个村组建清洁队伍。丰南区根据制定的考核规则，及时兑现奖惩。

【推进农村新民居建设】 一是抓出一批新民居建设示范工程。按照《燕赵新民居》提供的房屋样板，彩新技术、新材料、新工艺、新产品，建造功能齐全、经济美观、安全适用、节能环保的新住宅。同时积极鼓励和支持农村兴建公寓式、连体式及多层住宅，以节约和转换出更多土地。到年底，全市开工建设的示范村有76个新建民居工程。二是积极引导农民对陈旧房舍实施节能环保改造，抓出一批“平改坡”工程。全市完成涉及11个县（市）区的53个乡镇283个村的31000户的“平改坡”任务，总投资46601.8万元。以“红顶、白墙、绿树”为特色的农村民居成为唐山新农村的靓丽风景。

【深化“村民中心”建设】 全市把“村民中心”建设作为深化文明生态村镇建设的重点，选定100个“村民中心”建设较好的先进典型作样板，发挥试点效应。通过召开观摩会议，大力宣传，全面推进。到年底又有2519个村建立起统一标识、统一规章、统一运行机制的“村民中心”，规范完善涉及村务公开、村民自治等方面制度，重新整合党建、宣传、农技推广、农村住处等各类阵地，搭建起农村基层组织服务新农村建设的平台。

【加大帮扶力度】 列入2008年为群众办实事和单位“一把手”工程，加强组织领导，加大协调指导的工作力度。全市128个市直机关和企事业单位投入帮扶共建新农村工作。一年来各帮扶单位集中时间、集中力量广泛开展帮扶共建活动，共投入帮扶资金728.6万元，水泥2360多吨，还有电脑、书籍、健身器材等其他物资。特别是丰南、滦南、汉沽等地建立的村企共建机制，充分发挥境内厂矿企业优势，为文明生态村镇建设注入新的活力。

（贾以宁）

建筑业

【概况】 2008年，唐山市建筑业发展态势良好，建筑市场秩序不断改善。全市建筑业完成增加值157.8亿元，比上年增长17.8%。完成建筑业增加值60.9亿元；实现利税总额20.2亿元，各项经济指标稳中有升。年内受理各企业上报的新办、增项资质29项，28家符合资全市建筑业完成总产值252.3亿元。积极应对金融危机，谋划总投资139.47亿元的15个建设项目，其中9项（总投资137.62亿元）列入市千个保增长、调结构重点项目质标准的企业予以许可。新办企业16家，增项12家，企业竞争力有效增强。全系统以开展“效率年”为契机，加强行业作风建设，深化行政审批制度改革，将市管建设工程开工许可、建筑业企业三级资质的审批时限由过去的“15天、20天”缩短至“7天、10天”，全面提高办事效率。实行办理服务事项监督卡制度，在政府网公布局信息公开目录，方便服务对象，实现权力公开透明运行。在全省建设系统行风建设评比中，唐山总分位居47个市级建设部门的第一名。

【建筑市场管理】 一是在有形建筑市场建设方面，着眼于创造公开、公平、公正的建设工程交易环境，对交易中心服务设施进行全面升级，从报名、开标、评标全部实现电子监控、智能控制，建成全省一流的工程交易中心，有形建筑市场服务功能明显增强。二是在建筑项目招标程序方面，真正实施“阳光工程”，规范招投标主体行为。年内全市房屋建筑和市政基础设施项目完成招标400项，建筑面积480万平方米，中标总价60亿元。，市

区完成工程承发包交易服务89项，工程担保147项，担保额度6.7亿元，农民工工资保证金收入2196.5万元。稽查全市（含县区）建筑工程632项，面积1019万平方米。到年底处罚违法工程24项，罚款298万元，建筑市场稽查覆盖率保持100%。三是加强协调监督。在省内率先谋划京津唐建筑市场一体化进程，推进城市之间建筑市场的政策协调、制度衔接，为京津冀建筑市场协调发展奠定基础；开通唐山市建筑市场信用信息管理平台，对市场各方主体和从业人员的行为实施动态监管。四是工程代建制管理开始实施。制定出台《唐山市政府投资非经营性项目代建管理暂行办法》。采取以政府代建服务机构为主导、社会代建公司为补充的代建形式。市建设局增设政府投资工程建设管理处，负责非经营性代建项目建设的协调、监管。年内开始组织实施科技馆等多项市重点项目的代建工作。五是加强建设领域农民工工资支付管理，解决讨薪事件33起，为2234名农民工讨回工资3475万元，有力地维护了社会稳定。

【建筑工程质量和安全管理】 工程质量监管方面，一是严格执行设计审查和竣工验收备案制度。全市审查建筑工程勘察设计施工图206项，建筑面积387.1万平方米；监督市中心区工程619项（含结转工程），建筑面积448.8万平方米，投资107.1亿元；在省内首批实行住宅分户验收制度，有效减少工程质量问题，切实让老百姓住上放心房和称心房；办理工程竣工验收备案134项，建筑面积116.2万平方米；解决建设工程质量投诉案件80件。二是认真开展工程质量专项检查。抽查基础及主体结构在施工程28项，涉及施工企业24家，监理企业18家，下发整改通知10份。工程安全管理方面，在多发性事故专项治理中，对全市256项在建工程施工现场进行拉网式检查，下发停工指令书28份，隐患整改通知书34份，及时消除安全事故隐患。较好地完成市中心区963处拆除工程及635栋沿街楼房平改坡工程的安全监督任务。全市建筑施工现场安全达标率为100%，市中心区、县（市）施工现场优良率分别达90%和80%。到年底全市发生建筑施工死亡事故2起，死亡2人，大大低于百亿元产值6人的控制指标，意外伤害保险投保率为100%；安全监督员和企业安全管理人员持证上岗率达95%以上。全市创建市级文明工地47个，省级文明工地37个

【建筑科技水平提升】 一是建筑节能不断探索创新。在全市新建建筑严格执行建筑节能标准的情况下，大力推进既有建筑供热计量及节能改造、大型公共建筑节能运行管理、可再生能源在建筑中应用工作。既有建筑热计量和节能改造在全省领先，2008年唐山被建设部确定为全国第一批12个供热计量改革示范城市之一，到年底，全市完成既有建筑节能改造面积121万平方米，完成供热计量改造285万平方米，累计实现热计量改造及建筑节能改造484万平方米；组织实施河北1号节能改造试点工程20栋，建筑面积6.2万平方米，涉及住户1255户；大胆创新，总结出六项节能改造筹资机制，归纳出政府主导、金融贷款、能源服务公司合同服务、供热企业组织、建筑节能改造公司专业运作、拆迁改造等6种节能改造筹资渠道，充分调动社会各方积极因素；率先在全国完成既有居住建筑节能改造专项规划和18个项目包控制性规划，为2009年大规模改造提供技术保障；世界银行/全球环境基金“中国供热改革与建筑节能项目”进入全面实施阶段，获赠款200万美元。大型公共建筑节能运行管理工作全省领先，积极开展政府办公建筑和大型公共建筑运行节能管理示范项目、建筑能耗统计示范项目、能耗监管平台建设的前期工作。邀请中国建筑科学研究院、深圳市建筑科学研究院等单位进行绿色环保建筑方案设计；派专业人员现场督导渤海国际会议中心、唐山南湖国际高尔夫俱乐部两个超低能耗试点项目建设，研究摸索超低能耗绿色环保建筑实施经验。可再生能源应用步伐加快，太阳能光热、光电技术在建筑中应用面积达260万平方米，浅层地能应用面积达100万平方米。二是建设科技应用有新进展。全年组织申报河北省第十一批建筑业新技术应用示范工程27项、河北省建设科技进步奖6项。组织申报3项施工工法，均被评定为省级施工工法。市建设局承担的铁尾矿在建筑工程混凝土中应用研究项目，获得省科技进步二等奖；全市有9项工程获得省建筑业新技术推广应用奖励。三是建筑科技教育力度进一步加大。努力抓好全市建筑工地创建农民工业余学校工作，完成各类人员培训5063人。年内建工中专、中技招生1205人，比上年增长6%；大学成人教育招生343人，建工教育办学水平不断提高。该校迁址重建完成前期审批手续，开始征地，为全面开工打下基础。

（牟 静 姚明富）

房地产业

【中低收入家庭住房保障任务完成】 2008年，全市落实最低收入家庭住房保障3916户10042人，发放住房保障资金315.68万元，实物配租38户。从11月起，全市将廉租住房保障范围从城市最低收入家庭扩大到住房困难的低收入家庭，12月18日全市开始公开受理申请登记，使廉租住房保障户数扩大到11048户。全市筹集廉租住房880套，圆满完成省下达任务。全市新开工经济适用住房68.16万平方米，投入资金12.3亿元，廉租住房5.2万平方米，投入资金1.3亿元，竣工经济适用住房31.79万平方米，超额完成省下达指标任务。《经济适用住房管理办法》、《廉租住房保障办法》、《唐山市已购经济适用住房交易管理规定》起草完成报市政府。全市归集住房公积金17.56亿元，归集余额为12.21亿元，比去年同期增加4.53亿元，增长34.77%，覆盖率达到86.21%。发放公积金个人贷款5359户、9.56亿元，个贷使用率达到34.60%。实现增值收益6016.45万元，比2007年同期增长2528.76万元。覆盖率及房贷率均超省达指标。截至12月底，全市住房公积金累计归集额为82.64亿元，共有6572个单位、64.90万人设立公积金账户。累计发放公积金贷款

38403户、放贷资金34.55亿元，为居民购房提供充足的资金支持。

【市直管公房经营管理】 市直管公房租金收缴447.07万元，收缴率为93.58%；售出旧公房共用部位维修费实收418.29万元，收缴率为89.75%，较往年有大幅提升；大中修工程投入近910万元。其中：屋面翻顶工程完成232栋、8.6万平米，其它中修工程完成44项，重点解决居民群众反映强烈的屋面漏雨、山墙抹灰、板缝漏水和平房解危等问题。住宅共用部位、共用设施设备专项维修资金，收缴3405元，批复使用资金1547万元，确保专款专用。市区完成471栋住宅楼的坡屋顶改造及美化、亮化工程，投入资金1.72亿元。其中市直管住宅楼坡屋顶改造及美化亮化工程完成328栋（118栋住宅楼的美化外装饰工程，210栋直管楼房加设坡屋顶），投入资金7000多万元；其他产权单位如开滦、唐钢、妇兴房地产公司等完成143栋（含瓦屋面翻新20栋），投入资金1亿多元。以市中心区16条主次干道沿线“绿美亮净”作为重点，对沿城市主、次干道路两侧的旧住宅小区进行局部改善工作，完成9个旧住宅小区的环境综合整治，涉及小区绿化完善、硬化修补、道路（甬路）修补、小区围墙拆除更换铁艺等内容，总建筑面积82.71万平方米，投入资金260万元，超额完成省下达指标任务。

【商品房建设开发管理】 一是认真落实国家政策，加强房地产开发市场监管，推行房地产开发项目资本金管理审查制度，促进房地产业持续健康发展。全年房地开发投资92.82亿元，增长50.1%，其中住宅投资73.07亿元，增长48.2%。全市资质等级以上建筑企业房屋施工面积2471.1万平方米，增长39.1%；房屋竣工面积919.27万平方米，增长6%。市区鹭港、华宁景苑等住宅小区相继竣工。二是严格商品房预售管理，核发商品房预售许可证87件、预售面积356万平方米；针对群众反映强烈的商品房预售中存在的问题，会同市建设局、市规划局、市国土局、市工商局、市城管局、市执法局拟定《关于集中整治非法建设、宣传和销售商品房的通告》，进一步加大房地产市场整顿力度，重点对无商品房预售许可证擅自预售商品房行为进行检查，查处非法售房案件6起，罚款122万元。三是完成房地产管理信息系统软硬件建设，于11月组织两家开发企业、两家中介机构进行试点测试，年底通过国家、省专家组的预验收。房产交易、产权登记管理进一步规范，全市全年办理各类房地产交易面积431.2万平方米，交易金额152.5亿元，完成各类房屋权属登记31799件。四是强化城镇房屋拆迁管理，办理拆迁许可证13件，行政裁决18件。成立了。行政审批服务处，共。办理行政审批事项3473件，其中即办件3262件，承诺件211件，办结率皆100%。五是严格住宅小区物业服务企业的资格审核，规范服务行为，对60家物业管理企业的资质进行审核及重新核定资质等级，对2家不符合要求企业的资质申请予以退回。

【地产业平稳发展】 2008年，全市出让土地使用权307宗、1033.5公顷，出让金额37.92亿元。其中协议出让86宗98.7公顷，出让金额2.96亿元；招拍挂出让221宗935.2公顷，出让金额34.96亿元。市本级出让103宗273.8公顷，出让金额19亿元。其中协议出让49宗17.5公顷，出让金额1亿元；招拍挂出让54宗256.4公顷，出让金额18亿元．全市转让3371宗618.5公顷，出让金总额4亿元。抵押1708宗2094公顷，贷款78亿元。全市划拨供地29宗964公顷。年底房地产业和建筑业分别上缴地税116468万元和186941万元。

（李春泼　崔光华　赵轶秋）

重点项目建设

谋划和前期工作

【突出重点和地区特点】 一是围绕唐山湾“四点一带”开发建设、“四城一河”建设以及打造七大产业链条，重点谋划一批重大产业支撑项目、先进装备制造业项目以及第三产业项目。二是结合国家政策和唐山市产业特点，有针对性地选择一批大企业、大集团进行联系沟通，重点谋划重型装备制造、石油炼化、环保、信息等产业发展的项目。三是由市发改委、市规划局、市环保局、市国土局负责，加强对各县（市）区、市直有关部门项目谋划工作的指导，坚持关口前移，严把项目谋划质量关，对项目可研报告、环评报告、规划建议书及土地利用手续的编制，对前期工作的具体标准、程序要求等给予具体指导，推进项目谋划工作的科学化、规范化，提高项目谋划的质量，消除“影子项目”、“概念项目”，使全市项目库更加扎实，项目前期工作更加完善。市发改委根据曹妃甸港区和循环经济示范区产业发展总体规划，把工作重点放在着力发展现代港口物流，钢铁、石化和装备制造等主导产业上。尽快把曹妃甸建设成为背靠“三北”、面向世界的现代临港工业新城，形成能源、铁矿石等大宗原燃料集疏港、新型工业化基地、商业性能源储备基地和国家级循环经济示范区，成为影响深远的、重要的区域经济增长极。继续盯办国家发改委尽快批复两台30万千瓦热电机组，谋划好石油化工、盐化工、装备制造及新型建材、电力等项目。

【适时调整工作思路】 根据经济形势，积极跟进宏观调控政策变化，及时调整加强项目谋划工作。一是根据国家宏观调控政策由“双防”转为“一保一控”的变化，以及投资政策在优化结构的前提下保持合理的投资规模的微调，积极组织专家深入县（市）区开展项目谋划专项咨询活动，利用4个月时间，到年底前完成对全市所有县（市）区的项目谋划专项咨询活动。截至年底，先后邀请煤化工、钢铁精炼精轧、装备制造、现代物流、信息化等方面7位国内知名专家，完成海港开发区、迁安市和滦县3个单位专项咨询活动，并结合专家的意见和建议，三个县（市）区根据自身实际，陆续谋划出规模较大、水平较高的项目20个，投资超过100

亿元；二是围绕打造“七大产业链”，委托国家发改委宏观院等国内知名机构进行规划编制，进而谋划一批项目；三是充实和完善项目库。实施项目库动态管理，并对各县区的谋划项目情况进行督导。

跑办工作

【领导高度重视】 2008年，全市上下把项目联合审批跑办工作作为应对当前宏观经济形势变化的头等大事，多措并举，强力推进。市四大班子领导按照项目分包工作安排，以身作则，率先垂范。全市重点项目调度会后，市委、市政府主要领导带头跑办，在10多天时间内，先后走访国家发改委、铁道部等十多家中直单位。其他市级领导也认真负责，积极跑资金、争项目全市上下迅速形成项目审批跑办的工作合力。市委组织部门把重点项目跑办落实和谋划工作纳入考核内容，加强考核；纪检监察部门派出人员进驻联合审批办公室，强化效能监察；市委督察室、市政府督查室组成联合督导组，深入各县（市）区、开发区和市直单位进行检查督导；市内新闻媒体加大宣传力度，营造浓厚的舆论氛围，推动全市上下形成抓发展就要抓项目，抓项目就是抓发展的强烈共识，这种强烈共识极大地提升了各级各单位审批跑办项目的积极性。在市四大班子领导的带动下，全市上下迅速形成项目审批跑办热潮，项目工作进展速度明显加快。

【重点项目争取工作取得突破性进展】 京唐铁路350公里/小时客运专线、曹妃甸大型炼化一体化、既有建筑节能改造和震后危旧平房改造、曹妃甸矿石码头二期等30多项重大项目，以及争取用地指标和信贷支持等重点工作均取得突破性进展。全市61个项目申报中央投资，涉及资金65亿元，其中33个项目列入中央投资范围，涉及资金3.68亿元。各金融机构累计上报重点项目43个，贷款金额达323.36亿元，其中，报总行项目12个，贷款金额70亿元，报省行项目17个，贷款金额179.93亿元；通过评审项目5个，贷款金额18.7亿元，资金到位项目10个，到位资金26.84亿元。

【坚持把握四点原则】 一是遵循经济规律。主要是遵循市场竞争规律，谋划项目要从分析现实优势入手，充分考虑项目的竞争力。遵循产业演进规律，既要立足于现有的产业基础和资源禀赋，发展壮大具有比较优势的传统产业，又注重培育能够推动产业结构优化升级的新兴和先导产业，形成特色鲜明、富有竞争力的产业体系。遵循产业集聚规律，引导项目向园区集中，园区向城镇集中，生产要素向优势地区集中，提高集约化程度。二是注重关联效应。选择那些具有很强产业延展性、能够创造出较长产业链的项目作为战略产业项目，抓龙头，带龙身，通过延伸产业链，带动整个产业的发展。三是把握调控政策。全面理解、准确把握国家宏观调控政策，积极、有作为地抓好贯彻落实。按照区别对待、有保有压的原则，优化投资结构，支持符合国家产业政策、有利于带动结构优化升级和加强薄弱环节的重点项目，优先保障建设条件，加快项目建设进程，保持投资合理增长。四是加强战略合作。全市市抓住当前国际产业转移和技术扩散加快的机遇，瞄准世界五百强跨国公司，主动出击，有针对性地寻求和引进战略合作伙伴。

联合审批工作

【迅速组建工作机构】 国务院为克服世界金融危机对国内经济的影响，出台扩大内需，适度宽松金融政策，加大基础设施建设力度的措施后，市委、市政府及时迅速组建市重点项目联合审批办公室，下设综合指挥组、联合审批组、金融组、协调督导组、跑办联络组和后勤保障组。按照集中办公、简化程序、特事特办、规范运作的原则，联合审批各工作组摸底数、定时限、快审批、强督导，审批工作迅速展开。

【调查摸底】 本着实事求是的原则，对各县（市）区、市直有关单位原上报的1081个重点项目进行调整充实。调整后的项目共1359个，与原1081个项目相比，调减项目147个，调增项目425个，项目总投资10912.7亿元，2009年计划投资3384.5亿元；拟申请银行贷款3208.2亿元。通过大范围的调查摸底，进一步摸清各县（市）区、相关部门的项目底数，以及项目用地、规划、环评、发改等基本情况，为有针对性地推进项目审批奠定基础。

【创新手段】 在联合审批过程中，市发改委、市规划局、市国土局、市环保局等职能部门打破常规，简化手续，缩短流程，协调联动，改进审批方式。通过开辟项目审批“绿色通道”、实施并联审批等措施，积累联合审批的新经验。其中，环保部门组织环评编制单位、市县两级环境监测队伍、专家评估组，形成编制、评估、审批一条龙的工作机制。规划部门实行项目审批责任制，将待办项目包干到人，限时组卷，成熟一个办理一个，有效缩短审批时间。国土部门成立专门工作组，深入县（市）区进行现场指导、就地组卷，加快项目审批进度。

【特事特办】 在20天的时间里，领导小组办公室坚持每日联席会议制度，定时碰头，总结工作，对存在问题进行综合研判，及时提出对策建议。各审批职能部门根据项目不同类别，分类制定审批手续办理标准。同时，在符合国家相关法律、政策和要求的前提下，打破常规，提前介入，主动服务，加强对项目基础工作的指导，最大限度地提高审批效率。

落地开工和竣工投产项目

【概况】 2008年，全市安排重点项目100项，总投资2303亿元，年度计划投资475亿元。其中续建项目40项，总投资1199亿元，年度计划投资330亿元；新开工项目50项，总投资645亿元，年度计划投资145亿元；前期（谋划）项目10项，总投资459亿元。截止年底100项重点项目完成投资485.7亿元，占年计划的102%，同比增长31.3%，占全社会固定资产投资的36%，其中，38项10亿元以上项目完成投资389.2亿元，占年计划的108%；40项续建项目完成投资374亿元，占年计划的112%；50项新开工项目完成投资93亿元，占年计划的66%。新开工项目中有39项开工建设，开工率为78%。

2008年全市有90个项目列入省重点建设项目计划，总投资1739.4亿元，年度计划投资380.6亿元，完成投资456.1亿元。其中续建项目39项，总投资1108.6亿元，年度计划投资263.5亿元；新开工项目28项，总投资325.3亿元，年度计划投资117.1亿元；前期项目22项，总投资305.5亿元。到年底列入省市重点的新开工项目中，唐山司曹铁路有限公司唐山至司家营铁矿剥岩土铁路专用线，开滦精煤股份有限公司焦化二期、粗笨加氢精制，住友重机械（唐山）有限公司工业用减速机、电机、传动及控制等装备机械，滦河两岸综合治理等25项开工建设，开工率为89.3%。

已有国投曹妃甸港口有限公司曹妃甸煤炭码头工程、中石化管道储运公司原油码头及配套设施工程、冀东油田勘探开发扩建、开滦精煤股份有限公司煤焦油加工、唐山机车车辆厂动车组技术引进消化吸收和国产化技术改造等74个项目完工投产。

银企对接

【概况】 2008年，全市继续努力培育、积极引进有较强实力的投资主体，在已有基础上，与国内外一些大集团、大公司的合作取得初步成效，为经济发展注入活力。全市抢抓国家银根松动的有利机遇，加快落实与国家开发银行、中国农业银行和省建行等金融机构签署的总授信额度1500亿元的战略协议。结合新与省10家银行的对接成果，由市政府金融办加强盯办，确保各项成果落到实处。充分发挥政府信用担保及12家投资公司的融资平台作用，加大银企对接力度，完善项目信贷要件，以成熟项目、优质项目吸引银行关注、吸引银行放贷，确保更多的信贷资金支持全市重点项目建设。积极做好战略投资者的招商引资工作，精心组织唐山·曹妃甸临港产业国际合作会议暨临港产业发展峰会、第十一届唐山中国陶瓷博览会，以此为平台加强与世界500强、国内央字号大企业、大集团等战略投资者的推介、洽谈工作，在唐山·曹妃甸临港产业国际合作会议暨临港产业发展峰会上签约50个大项目，利用外资和内资总额分别为58.3亿美元和548.3亿元人民币。2008年银企对接重点推介60个项目，总投资816亿元，需银行支持资金255亿元。

【具体对接项目】 一是“四点一带”项目25项，总投资265.3亿元，需银行支持资金152.4亿元。主要包括曹妃甸工业区1号路跨纳潮河大桥工程、曹妃甸工业区1号路跨纳潮河综合管廊工程、滦曹公路等基础设施项目；三友集团6万吨/年有机硅、开滦精煤10万吨/年粗苯加氢精制、考伯斯开滦炭素化工有限公司30万吨/年煤焦油加工等海洋化工及煤化工项目；唐山天赫钛业5000吨海绵钛、乐亭县渤港物贸煤矸石综合利用年产120万吨新型能源—盲孔型煤等高新技术项目；唐山港京唐港区物流中心、祥云湾海洋牧场等现代服务业项目。二是“四大主体功能区”项目5项，总投资42.5亿元，需银行支持资金18.4亿元。主要包括空港城唐山军民合用机场、凤凰新城五星级酒店、南湖生态城景观工程、中国唐山地震遗址纪念公园工程、唐山工业职业技术学院曹妃甸校区建设等大型基础设施及文化设施建设项目。三是重大基础设施项目6项，总投资413亿元，需银行支持资金47亿元。主要包括津秦客运专线、唐山至丰润客车线、唐山至丰润快速路、北新道等城市路网综合改造、唐山市城区河道生态防洪综合治理一期工程等重大交通设施及完善城市功能项目。四是工业项目12项，总投资70.4亿元，需银行支持资金27.2亿元。主要包括冀东三友公司二期1×4000t/d熟料水泥生产线带余热发电、遵化市荣来成玻璃制品有限公司1000平方米低辐射镀膜玻璃生产线、唐山不锈钢公司不锈钢工程、河北华安天泰防爆科技有限公司HAN阻隔防爆器材、唐山数卫通科技有限公司中关村数字电视联盟直播卫星技术产业基地、河北恒基锰业有限公司微生物还原浸出法生产一水硫酸锰产业化、唐山硅业有限责任公司1000吨/年多晶硅等延伸新型建材、钢铁、装备制造业、高新技术产业链项目。五是农业项目7项，总投资14亿元，需银行支持资金5.9亿元，主要包括滦县小川农牧养殖有限公司肉牛养殖及肉牛良种繁育、唐山市丰南区鼎新蔬菜出口加工有限公司保鲜蔬菜精深加工、唐山昌华果汁制造有限公司苹果及葡萄浓缩汁加工、遵化市长城科贸有限公司肉鸡产业化、广野食品贸易有限公司山楂生物食品加工等大型牲畜养殖及农业产业化项目。六是三产项目5项，总投资10.9亿元，需银行支持资金4.1亿元，主要包括唐山北方物流中心、唐山冀东物贸乐业铁路综合物流中心、荷花坑市场农副产品交易商城改扩建、御汤泉行宫度假村、唐山劳动高级技工学校迁建等物流、旅游及文教项目。

（李　晔）

稽察工作

【圆满完成迁曹铁路项目耕地占补平衡情况汇报】 国家审计署对唐山市迁曹铁路建设情况进行审计时，对该项目耕地占补平衡能力提出质疑。情况上报国务院后，温家宝总理批示国家发改委调查处理。1月份，省发改委转来国家发改委、审计署、财政部三部门《关于联合听取迁曹铁路项目耕地占补平衡情况的函》。根据市政府领导指示，稽察办对相关情况进行调查摸底，牵头组织市国土资源局、财政局、唐港铁路有限责任公司等，精心准备汇报材料，赴京向国家发改委等部门做汇报。由于准备充分，材料翔实，得到国家发改委等部门的理解和肯定。

【加强对中央投资项目稽察管理】 为应对国际金融危机对我国的

不利影响，党中央、国务院决定增加中央投资拉动内需，唐山市有一批项目获得新增中央投资支持。为管好用好这些资金，管好建好这些项目，稽察办根据《中纪委、国家发改委、监察部、财政部、审计署对新增1000亿元中央投资加强管理监督检查的通知》精神，起草《关于对中央投资项目进行全程跟踪稽察的通知》文件，由唐山市纪委、发改委、监察局、财政局、审计局以唐纪发［2008］9号文联合印发，稽察办按文件要求对全市中央投资项目开始全程跟踪稽察。

【积极配合国家、省审计和稽察部门工作】 2008年，配合国家审计署武汉特派办完成对唐山市环渤海流域污染治理情况的审计；配合国家发改委稽察办完成对冀东水泥集团有限责任公司、唐山钢铁集团有限责任公司、三友化工股份有限公司、开滦精煤股份有限公司等节能项目的专项稽察；配合省稽察办完成对开滦集团公司煤矿建设项目、玉田县生猪原种场项目、玉田县标准良田建设项目的稽察。

【依法对市内项目进行稽察】 依据《河北省重点建设项目稽察条例》，2008年3月、4月对唐山市各县市区的10家污水处理厂进行全面稽察；对唐海、汉沽管理区农村公路、农村安全饮水工程、防护林、防疫站建设等项目进行稽察；受省稽察办委托，对滦南县农业有害生物预警与控制区域站、大豆良种繁育基地项目进行稽察。全年稽察项目25个，其中23个以稽察交换意见表的形式将发现的主要问题印发项目单位并督促整改，有1个问题向省稽察办作专题报告。同时，按照“预防为主、稽察为辅”的工作思路，从2007年起，对新批国家和省投资建设项目实行稽察管理承诺制，要求项目单位法人对建设项目管理共性方面的规定作出承诺。涉及建立完善法人管理、档案管理、财务管理、概算控制、质量管理、合同管理以及信息交流反馈等七方面内容。2008年，签订稽察管理承诺书项目140个。

（郑秋闽）

环境保护

【综述】 深入实践科学发展观，不断加大治污减排力度，强力推进重点企业达标建设取得显著成绩。先后开展了安全整顿治污减排百日攻坚行动、节能减排安全整顿持续攻坚行动，提高了全市环境保护工作的管理水平。全年城市空气质量二级及优于二级天数达到328天，比2007年增加20天；综合污染指数2.31，比2007年下降0.53个百分点。全年完成减排项目205个，其中：二氧化硫减排项目143个，实现削减二氧化硫7.73万吨；化学需氧量减排项目62个，实现削减化学需氧量3.86万吨。陡河沿岸工业污染源综合治理保障了全市水源安全。黎河（黎河桥断面）、淋河（淋河桥断面）、沙河（沙河桥断面）水质达到III类，陡河水库中心水质达到II类，均达到功能区划的要求。认真执行《环境影响评价法》，加强了规划工作、建设项目环境影响评价制度，理顺了建设项目竣工验收管理体制，健全了现场督查机制，全市钢铁、焦化、水泥、电力等649家企业纳入了全面达标建设，共完成污染源治理项目720多个，累计投入治理资金50多亿元，为历史之最。对重点区域、重点行业开展不定期现场检查，严肃查处违法排污行为，受理率、办理率和办结率均为100%。在迁安市沙河驿镇唐庄子村等8个村，开展了国家级生态村创建工作，全部通过省局验收，已经上报国家环保部等待命名。国家奥运空气质量保障河北督察组先后两次来唐山检查工作，认为唐山市在落实国家和省下达的奥运空气质量保障目标任务方面态度坚决、措施得力、成效明显。唐山市环保局被国家环保部评为奥运环境质量保障工作先进单位。

【主要污染物排放总量削减明显】 全年唐山市二氧化硫排放总量控制指标为28.27万吨、化学需氧量排放总量控制指标为8.59万吨，比2007年净削减二氧化硫1.97万吨、化学需氧量1.06万吨，分别减少6.5%和11%，指标制定具有站位高的特点。全年完成减排项目205个，其中：二氧化硫减排项目143个，削减二氧化硫7.73万吨；化学需氧量减排项目62个，削减化学需氧量3.86万吨。列入《河北省年度污染减排和环境保护目标管理责任书》的古冶区再生水处理工程、迁西县城污水处理工程、滦县县城污水管网工程、遵化市污水处理工程、南堡开发区污水管网及再生水处理工程，已经全部完工并通过验收，唐海县城污水厂已经具备通水条件。这些已经建成的污水处理厂全部达到正常运行标准。列入2008年减排计划的燃煤电厂脱硫项目全部完工，其中新建和结转上年现役电力机组脱硫项目12个，削减二氧化硫排放量4.53万吨；投入运行的燃煤电厂脱硫工程全部达到污染减排核查要求，实现正常运行。

【“双三十”和“10100”工程】 根据省委、省政府《“双三十”（即30个重点县（市）区、30个重点企业）重点县（市、区）和重点企业节能减排目标考核实施方案》要求，唐山市共有4个县（市）区和6家重点企业被列入省“双三十”工程，分别是迁安市、丰南区、丰润区、开平区和开滦集团、唐钢集团、冀东水泥集团、三友集团、港陆钢铁、津西钢铁等公司。全年完成减排项目143个项目，削减二氧化硫3.65万吨、化学需氧量1.32万吨。“双三十”工程所涉及的重点县区、企业均通过了省环保局的考核，完成了年度工作任务。同时，唐山市参照河北省节能减排“双三十”工程的做法，选择10个县（市）区、100家重点企业纳入市“10100”工程管理，10个县（市、区）完成减排项目79个，可削减二氧化硫1.05万吨、化学需氧量2.32万吨；100家重点企业完成减排项目49个，可削减二氧化硫4.14万吨、化学需氧量0.1万吨。其成果正在显现。

【奥运空气质量保障工作受表彰】 逐级建立了奥运环境保障领导机构，层层制定了实施方案，并将任务分解落实到单位，严格坚持了奥运环境质量保障工作问责制、“一票否决”制。5月底，从市环保局、工促局等12个单位中共抽调15名副县级以上领导干部、45名业务精干力量，组成15个督查组对各县（市）区和相关企业进行拉网式督导检查；同时在各新闻媒体上公示奥运环境质量保障工作重点区域、重点企业名单、责任人、完成时限及治理标准，发动广大人民群众监督；两次组织市人大代表、政协委员对全市节能减排和各项保障措施进行视察监督，定期跟踪进度；对未按期完成限期治理任务的企业下发了《关于进一步加强奥运空气质量保障工作的紧急通知》，责令立即改正并在新闻媒体上公布，要求所在县（市）区政府依法采取措施，责令其停产或停业整顿。通过采取限期治理、停产整顿、取缔关闭、高限处罚、区域限批、挂牌督办、媒体曝光等措施查处各类非法排污行为，确保了国家和省规定的重点治理项目、淘汰落后项目、油气治理项目、关停限产项目等任务，全部按期完成，其中完成烟气脱硫和大气治理项目15个、治理加油站29个、依法对14个县（市）区的267家企业实施了停产整治、对86家企业给予黄牌警告，淘汰落后炼铁产能577万吨、炼钢产能558万吨、水泥产能461万吨、造纸产能8.6万吨；关闭发电机组5台、装机容量25万千瓦，圆满完成国家、省下达的所有目标任务，唐山市奥运保障工作被国家环保部授予先进集体称号。

【环境综合整治显著】 一是不断加大烟气排放治理攻坚力度，有效改善了大气环境质量。制定《唐山市烟气排放设施综合治理攻坚行动方案》对131根超标烟囱进行限期治理、拆除全部废弃的排气设施。省环保局要求拆除废弃烟囱116根，实际拆除283根，超额完成了任务。加强城区大气环境综合整治，制定了《关于改善城区大气环境质量的实施意见》，对市中心区燃煤锅炉进行了综合整治，将247台4吨以上取暖锅炉拆除、并网、改燃清洁燃料或安装高效除尘脱硫设施，使大气环境质量明显改善。二是加强水源地环境综合整治，对滦县榛子镇韩家哨炼铁厂等4家企业实施取缔拆除、对丰润区龙源乳业有限公司等4家企业实施停产治理、对丰润区营佳乳品厂等14家涉水排污企业实施限期治理、关闭淘汰了3家2万吨以下生料造纸企业和10家1万吨以下不能稳定达标的熟料造纸企业，保护了水源安全。城镇集中式饮用水源地基础环境调查、水样采集和除陡河水库外的30个饮用水水源地水样监测工作全部完成。

【重污染企业达标建设进展明显】 将全市钢铁、焦化、电力、水泥、造纸、陶瓷、化工行业等七大重点行业的649家企业纳入污染治理全面达标建设工作范围，集中整治工作进展顺利，基本完成污染源深度治理等达标建设任务。唐山市完成污染源治理项目720多个，其中料场挡风抑尘墙项目65个，钢铁、焦化、水泥等大气治理及完善项目490个，烟气脱硫项目16个；取缔燃煤锅炉、燃煤窑炉项目41个，焦化、造纸、化工等污水治理及完善项目90个。累计投入治理资金50多亿元，创唐山市开展企业污染源行动深度治理之最。全年有285家企业全面通过唐山市环保局达标验收，重污染源企业达标建设取得显著成绩，企业形象明显提升。

【环境监管能力普遍提高】 在提高在线监测管理能力上，决定对全市第一批147家重点企业安装在线监控设备，目前已有128家企业完成在线监控设备安装。另有19家企业无需安装、15家企业停产取缔不需要安装。与市监控中心联网的企业达到113家，另外4家企业污水闭路回用无需联网、30家企业因停产取缔不需要联网。国控、省控重点企业全部实现持证排污，治污设施达标实现稳定运行。根据《河北省环保局聘请企业监督员管理办法》从国控、省控重点污染源企业中，聘请了105名环保监督员监督企业环境污染防治工作，并组织22家企业监督员参加了国家环保部、省环保局的培训，提高了全市整体监督水平。对符合产业政策、环境保护法律法规的全市1359个重点项目开辟了“绿色通道”及时审批。严格执行《环境影响评价法》实现了总量不增加、以新代老和区域削减目标，对“两高一资”、选址不合理、污染物排放总量大等不符合环保要求的项目坚决拒批，切实做到既为经济平稳较快发展做好服务，又为控制“两高一资”借机扩张把好关口。全年审批项目264个、验收项目105个、拒批选址不合理不符合国家产业政策或治理技术不成熟，不能稳定达标的建设项目37个。

【清洁生产审核力度加大】 以钢铁、水泥、化工、焦化等行业为重点全面实施清洁生产审核工作，积极推广高炉富氧喷煤、小球团烧结、连铸坯热送热装、高炉余压发电（TRT）、煤气回收综合利用等先进节能技术，对不按要求进行清洁生产审核、不进行污染物总量削减的企业新建项目不予审批。同时严把清洁生产审核验收关，聘请行业专家组成专家组，对企业清洁生产进行检查验收，提高了对企业清洁生产审核水平。12月，河北省环保局委托河北省清洁生产中心对唐山市清洁生产省重点审核企业进行了评估验收，唐山三友兴达化纤股份有限公司等6家省重点企业全部通过省专家组评估；首钢矿业公司烧结厂等35家市、县两级清洁生产重点单位，全部完成了审核报告编制工作并通过唐山市环保局专家组评估。在企业实施无低费方案1344个、中高费方案116个，投资25738.36万元，年节电9980.32万度、节煤12491.3吨、节油268.43吨、节煤气10万标立方米、节蒸汽1.791万吨、节焦炭9.98万吨，实现了环境效益与经济效益双赢局面。

【环保创建和生态保护硕果累累】 《唐山市生态市建设规划》以及迁西县、唐海县、迁安市、遵化市、滦县、滦南县、乐亭县、玉田县的生态县（市）建设规划全部通过批准。丰南区黄各庄镇、丰润区沙流河镇、迁西县兴城镇国家级环境优美城镇创建工作通过了国家环保部验收，正在等待命名。遵化市马兰峪镇、唐海县七农场、滦南县倴城镇、玉田县窝洛沽镇、迁安建昌营镇、滦县滦州镇、芦台开发区城区、汉沽管理区城区8个城镇的省级环境优美城镇创建工作，已经通过省局验收正在等待命名。迁安市沙河驿镇唐庄子村，迁西县杨家峪村、至山庄村、黑洼村，滦南县李营村、唐海县七农场临港村、玉田县西高丘村、刘家湾等8个村创建国家级生态村工作，已经通过省局专家组验收并上报国家环保部等待命名。松下产业机器有限公司、NGK唐山电瓷有限公司、隆达骨质瓷有限公司、唐山轨道客车有限责任公司等4家企业，完成了省级环境友好企业创建任务。完成12家省级绿色单位创建任务，其中绿色学校5家、绿色社区3家、绿色机关1家、绿色饭店1家、环境教育基地2家。河北省国土资源厅批准太古代迁西、迁安群古老地层地质构造及地貌人文景观综合类地质公园计划，新增迁西县和迁安市两个省级自然保护区。全面推进生态环境监察试点工作，唐山市政府印发了《唐山市区域生态环境监察试点实施方案》，迁安市、唐海县政府制定了生态环境监察试点实施方案并通过省环保局专家组论证，其他县（市）区政府的生态环境监察试点实施方案基本编制完成。遵化市生态环境监察工作达到生态示范区建设标准并通过国家环保部验收。唐山市、县两级建立了普查机构20个，有专兼职普查工作人员263人，普查员、普查指导员以及录入人员达到2923人，落实普查经费1974.3万元，并按国家和省要求完成了普查培训、清查、入户调查、表格填报、数据审核、汇总及数据上报等任务。

【加强环境执法和环境监测工作】

在环境执法上一是继续实行环保等级评定制度。根据企业治污减排、达标建设完成情况和环保守法情况实行等级评定制度，将企业环境行为信用等级通报金融、发改、经贸等部门，作为贷款、审批办理相关业务及企业资信的重要依据，同时向社会公开发布接受监督。年内对没有完成限期治理计划、污染严重的267家企业实施了停产整治，对86家企业实施限期整改黄牌警告，对232家企业实施挂牌督办，效果明显。二是加大污染防治设施运行监督力度，加大执法检查频次。对重点区域重点行业进行不定期现场检查，防止治理设施闲置和偷排偷放行为，督促企业对环保设施正确使用和按期维护，严肃查处违法排污行为。2008年累计检查出动执法人员2300人次，检查企业1045家次，罚没905.3万元，超过前五年罚没收入的总和。三是做好环境信访受理及处理工作。坚持防、调并重，以防为主，深入开展信访隐患和矛盾纠纷排查调处“百日活动”，确定4月份为“集中排查化解月”，5月份为“重点整治月”，6月份为“巩固督导月”，7月份开展局领导大接访活动，建立了领导接访台帐，切实做到“有访必接、有案必查、有查必果”。全年受理环境信访案件1111件，省环境监察局批办、转办件204件，全部按期反馈，做到举报信访、案件事事有监察，件件有落实，市长公开电话反馈和回访率达到100%，受到唐山市政府表扬。四是加强辐射源管理，消除安全隐患。全市上报审批放射源手续84家，签订市属以上涉源单位奥运期间安全责任书21家，完成19个县（市）区放射源全面普查。对全市52废弃放射源送交省放射源废物库。全年查处有关辐射源使用违法案件3起，累计罚款21万元。对全市400余家伴生矿进行普查，掌握伴生矿辐射状况。五是加强应急处理能力建设。建立健全应急预案体系和突发环境事件应急组织体系，建立环境危险源应急基础档案，并加强应急队伍建设，配备应急设备，组织应急事故处理演练，提高了应急事件处置能力。2008年唐山市共发生唐海县生活水外排、司家营铁矿选矿水外排、唐海县盐酸车翻车、市焦化厂失火、路北化工经销处库房失火5起环境事故，均得到有效处置。在环境监测上一是注意水环境质量监测，完成地表水环境质量常规监测6次、水质旬报监测33次、地下水环境常规监测6次、饮用水源地监测12次、近岸海域海水常规监测3次，共69次，完成降水监测17次、涉及监测项目33项，出有效数据7200余个；二是环境噪声监测完成38条主要道路（128个点位）的交通噪声监测、208个网格的区域环境噪声监测、全年四个季度八个监测点的功能区噪声监测，报出环境噪声数据近5000个。三是注意污染源监测，完成排污许可证换发、饮食油烟等监测260台，报出监测数据约4500个；完成信访、纠纷、污染事故、排污许可证和排污申报监测等计154家，报出监测数据约2100个；完成污染纠纷和各类监测等计81家。在奥运保障期间，加班加点，完成省市下达的加油站油气回收监测任务64次。四是加大了常规监测频次，奥运期间，对地表水和饮用水源进行加密监测，完成地表水饮用水源地监测全分析109项一次；完成每月一次地表水环境质量标准饮用水源地特定项目35项有机物监测3次；四个污水处理厂在原每季度一次的基础上，增加每月监测一次；完成8月份地表水常规监测增加的一次全分析。

【环保科技信息与环保宣传】

投资270万元改造环境监控指挥中心，监控指挥中心是集在线监控指挥中心、应急中心、视频会议为一体的综合性系统。监控指挥中心形成一个中心，八个子系统，其中包括综合业务系统、污染源在线监测监控系统、大气黑度监控系统、车载GPS系统、环境应急指挥系统、办公自动化系统、陡河水质监测系统、空气质量监测系统共8个系统，极大的提高了环保局工作的自动化、信息化程度。监控中心建设项目已顺利通过验收，为全省第一家。在环保宣传教育上提高了群众参与环境保护工作的意识。一是充分发挥媒体的力量，开展广泛环境宣传教育工作。在《中国环境报》为曹妃甸循环经济示范区建设发表了专版，河北电视台《绿色家园》专版报道唐山市节能减排工作，与《燕赵都市报》联合倡议禁止使用超薄塑料袋，杜绝白色污染，保护赖以生存的家园。6月5日，世界环境日举办以“办绿色奥运，促节能减排，倡导生态文明，建设环境友好型社会”主题活动，启动“从我做起，保护环境”万人签名仪式，唐山市领导、与会代表参观企业环保展台，向群众发放《唐山市民环境保护知识手册》、环保购物袋各1万份，与唐山电视台联合制作了“安全生产治污减排百日攻坚联合行动”和“节能减排安全整顿攻坚行动”为重点内容的大型专题节目《绿色行动》，多角度、多方面、综合地对全市环境治理工作进行展示，取得明

显社会效果。二是利用多种形式把建设环境公众教育示范基地作为全市环境教育内容，唐山市北郊污水处理厂、松下机器产业有限公司、唐钢高速线材厂、荣华道小学4家环境教育基地、环境治理示范典型、清洁生产示范典型和环境教育典型在增强公众支持环境保护工作上发挥出重要作用，推进环保志愿者工作的深入开展，使省内外环保志愿者先进经验更加贴近群众、符合实际、效果明显，走上了健康发展之路。河北理工大学、唐山学院、河北能源学院、华北煤炭医学院等院校志愿者围绕“世界环境日”、“世界水日”、“世界地球日”等纪念日开展了活动，取得很好反响。松下环保奖励基金管理工作在全市的影响日益扩大。松下环保奖励基金评选工作坚持向社会公布评选方案和评选标准，经过报名、初评等环节，评选出王景德等23名同志松下基金奖励人员。三是加强绿色文明创建，提高公众参与水平，公众良好的环境伦理道德规范，倡导符合绿色文明的生活习惯、消费观念和环境价值观、环境意识和参与环境保护自觉性，良好社会风尚基本形成。创建“绿色学校”、“绿色社区”、“绿色机关”、“绿色医院”、“绿色饭店”活动成为全年工作重点，起草了《关于在全市开展绿色学校、绿色社区、绿色机关、绿色医院、绿色饭店、绿色企业创建活动的实施意见》，考核结果纳入对各县（市）区的工作目标和考核内容。2008年5月份，省环保局对唐山市第四批省级绿色学校创建单位进行了检查验收，有5家学校、3家社区、1家机关、1家饭店及1家环境教育基地顺利通过验收。

【健全环保工作机制】 一是健全科学决策机制。按照科学执政、民主执政、依法执政的要求成立了唐山市环境保护局项目审查委员会，建立了《建设项目审查委员会制度》、《行政处罚委员会审查制度》和《行政行为监督及责任追究办法》机制，坚持重大问题集体研究决策，在重大项目安排、重大决策和大额度资金使用等事项上，由局领导班子集体研究决定，科学决策、民主决策机制做到了有章可循、有法可依。二是积极探索环保科学管理模式。在唐山兴业工贸有限公司率先实行了企业环保物业管理模式，委托唐山市致诚环保有限公司和河北恒洁除尘设备有限公司对其环境保护设施运行、维修管理、污染物处理处置和利用监督，并承担相应责任，同时积极探索研究排污权交易配套政策，积极创造交易外部环境。三是实行执法人员责任制。对重点污染源执法检查实行责任县（市）区环保局具体责任人和唐山市环保局具体责任督导人“双责任制”，保障现场监督检查到位、执法到位。四是实行部门联动机制。充分发挥安监、工促、电力、工商、金融、公安等执法职能，对违法违规企业实行联合执法，从源头上杜绝非法生产，引导生产要素向优势产业集中。

（邓春艳　孙建东）

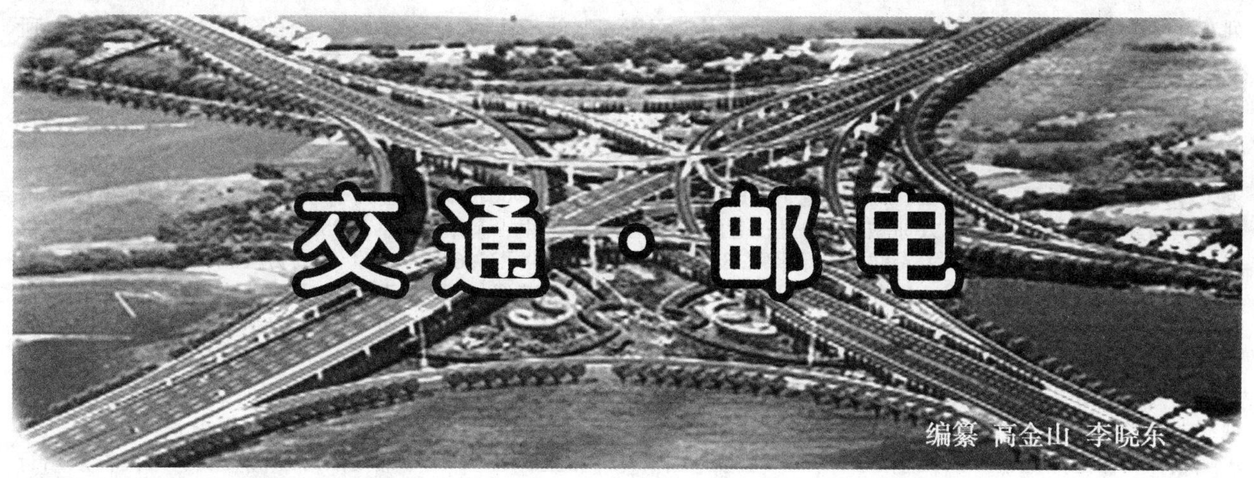

铁 路

国家铁路

【概况】 唐山市境内有京哈线、津山线、大秦线三条国有铁路干线及唐遵线、七滦线、南堡线、马沙线、七丰线、丰胥线、贾联线、崔联线、银联线、沙河驿北联线、沙河驿南联线、丰润唐遵联线、狼窝铺西联线、狼窝铺东联线等支线、联络线。北京局铁路干线京哈线在唐山境内起于97.278公里处，止于214.780公里处；津山线起于192.700公里处，止于348.950公里处，合计营业里程456.009公里。太原局铁路干线大秦线是1级干线，由唐山市玉田县入境，经遵化县、迁西县，由迁安县出境，设三等站遵化北站、迁安北站，隶属大秦铁路股份有限公司，由秦皇岛东站管理，主要办理货运到发业务。秦皇岛东站管内的迁曹线在唐山市内设10个车站，其中二等站2个、三等站3个、四等站2个，正线213.73公里，隶属唐港铁路股份有限公司。由秦皇岛东站直管京唐港站、东港站、聂庄站、乐亭站、滦南站、柏庄村站、司家营站、菱角山站、曹妃甸西站、曹妃甸南站、曹妃甸北站。2008年，秦皇岛东站车务段撤销，改由大秦车务段管辖，管辖车站数量以及等级不变。北京铁路局管内有代维修非路产专用线68条/197.21公里，共有桥梁478座、涵渠773座；共设车站40个，其中一等站4个、二等站4个、三等站9个、四等站及以下站23个。2008年末，北京铁路局驻唐运输单位有唐山车站、唐山车务段、唐山机务段、丰润工务段、秦皇岛工务段、天津供电段。太原铁路局驻唐运输单位有遵化北站、迁安北站以及唐港铁路股份有限公司。遵化北站3、4.6道有效长延长至2800米；轻车方向增加到发线1条，有效长度188米。迁安北站3、4道有效长延长至2800米；2站均为大秦线唐山市境内的三等中间站，办理货运到发业务；迁曹线计有车站10个，隶属唐港铁路股份有限公司，由大秦车务段管理。大秦线唐山境内段、迁曹线始终把运输安全作为强化安全保障体系建设的重要内容。各个车站都建立了全员、全方位、全过程、全天候的安全保障体系，并开展了施工安全、人身安全、非正常行车安全、货物装载加固安全、调车作业安全、车辆防溜安全、道口安全、劳动安全、轨道电路分路不良等专项整治活动，初步形成“每日全站通报、每旬重点点评、每月专题分析”专项整治模式，确保了规范管理。在北京奥运会、残奥会期间，制定了确保安全稳定具体措施，隐患大排查、大整治确保了奥运期间安全万无一失。运输经营克服了卸车任务重、生产人员紧张、运输组织制约等不利因素，确保了运量持续稳定增长。在抗击雨雪冰冻灾害、抢运电煤攻坚战中被全国铁路总工会授予“火车头奖杯”荣誉称号。

【车务】 北京铁路局、太原铁路局在唐山境内分别设有车务部门。北京铁路局车务部门由唐山站、唐山车务段及秦皇岛车务段（部分）组成。唐山站位于津山线261公里684米，为一等客运中间站，所辖唐山东站为一等区段站、唐山南站为一等货运站、贾庵子站为三等站、崔马庄站为四等站，主要客运设施有候车室1座、行李房2座、售票房1座、旅客列车到发线5条、客运站台3座、客运地道3座、行包地道3座、站台雨棚3座，日均接发旅客列车58.5对，其中始发8列、终到8列。主要货运设施有货场2个，建筑面积198600平方米；货场仓库5座，建筑面积5500平方米；货物站台3座，使用面积2300平方米；装卸线7条，装卸有效长2667米；货场一次堆货量15793.9吨，年办理量为148.49万吨，折合货位212个。大型装卸机械4台，最大起重量26吨，小型装卸机械14台；专用铁道5户，线路165条，专用线29户，线路64条。到发线52条。主要货物列车编组设施有编解场5个，半自动化驼峰一座，牵出线6条，配属调车机5台。固定资产原值9437.86万元。唐山车务段管辖境内车站33个，其中一等站1个，即古冶站；二等站4个，即唐山北、沙河驿镇、滦县东、滦县站；三等站6个，玉田县、遵化、银城铺、狼窝铺、卑家店、胥各庄；四等站22个。线路所1个为郝庄所。18个货运站，一条专用铁路，6个独立货场，总装卸能力1215万吨。秦皇岛车务段管辖部分为津山线迁安站、包官营站。迁安站到发线4股，其中正线2股，通过客货列车71.5对。包官营站到发线4股，其中正线2股，通过客货列车71.5对。另有唐山钢铁集团有限责任公司棒磨山铁矿专用铁路1条。太原铁路局在大秦线唐山境内的车务工作原由秦皇岛车务段负责，由于秦皇岛车务段撤销，改由太原铁路局大秦车务段直管。管辖大秦线唐山段、迁曹铁路两条干线、遵化北站、迁安北站以及迁曹线10个车站，办理货运到发业务。在运输经营上，大秦车务段以胡锦涛总书记视察大秦铁路为动力，在抢运电煤攻坚战、确保电煤运输和人民生产生活煤炭需求上作出了应有贡献。在南方雨雪冰冻灾害会战中，共完成卸车149815车，实现日均9987.7车，同比增长23%，连续4次刷新单日卸车最高纪录。10月份以来，煤炭市场需求趋缓，大秦车务段领导班子亲自制定运输方案、货运营销方案，研究提效措施，最大限度地做到了增运增收、多卸快排，受到上级表彰。

【机务】 北京铁路局在唐山境内设有唐山机务段，配属机车231台，其中韶山1型机车139台、东风8B型10台、东风4型57台（含客运23台）、东风7型24台、蒸汽机车1台；调车及小运转机车39台，主要承担滦县、古冶、唐山南、唐山东、银城铺、唐山北、玉田以及唐遵线各站的调车以及唐山小运转列车的牵引任务。太原铁路局大秦线在唐山境内的机务工作由湖东电力机务段负责。

【工务】 北京铁路局在唐山境内设有丰润工务段及秦皇岛工务段。丰润工务段担当京哈线97.278公里至214.780公里，上下行计236.636公里；津山线287.900公里至296.300公里，上下行计16.800公里；唐遵线9.280公里至71.982公里，计62.702公里；七滦线49.500公里至62.655公里，上下行计26.353公里；坨王线0公里至2.718公里，上下行计5.635公里。此外还担当丰润唐遵联线、沙河驿南联线、沙河驿北联线、银联线、狼窝铺西联线、狼窝铺东联线，计16.164公里铁路支线铁路的工务工作。秦皇岛工务段担当津山线192.7至348.95公里，上下行计368.667公里；七滦线0至49.5公里，上下行计97.853公里；南堡线0－33.68公里，计33.68公里；唐遵线0－9.28公里，计9.245公里；沙河驿北联线1.07－3.596公里，计2.526公里；沙河驿南联线1.5－3.257公里，计1.757公里；马沙线0－4.414公里，计4.414公里；七丰线0－0.65公里，计0.65公里；丰胥线0－2.744公里，计2.744公里；贾联线0－2.979公里，计2.979公里；崔联线0－3.268公里，计3.268公里；银联线0－3公里，计3公里。太原铁路局在唐山境内的工务工作由茶坞工务段负责，涉及大秦线、迁曹线。

【电务】 北京铁路局天津电务段在唐山、丰润、滦县、唐山东有4个电务生产车间48个生产班组，职工605人。担负着京哈、津山两大干线及唐遵、七滦、卑水等三条支线共392.582公里的信号设备的养护和维修任务。主要信号设备有：闭塞设备392.582公里，其中自动闭塞设备268.135公里、半自动闭塞设备124.447公里，联锁车站46个，其中电气集中车站30个、非电气集中车站10个、驼峰场3个、联锁道岔1361组、道口信号23处。同时担当着唐山机务段管内共232台机车的LKJ机车信号维护工作。太原铁路局在唐山境内的电务工作由大同电务段负责。

【供电】 北京铁路局天津供电段在唐山市境内下设唐山、丰润、滦县等大修生产车间，共有36个班组980名职工，承担京秦沈电气化区段北塘至留守营、京哈线螺山站至石郎庄、京山线唐山东站至迁安和七滦线七道桥至滦县的牵引供电和自闭、贯通供电和沿线生产生活供水供电任务。主要设备有变电所3个、开闭所4个、分区亭4个、配电室7个。电气化线路993.448条公里，自闭贯通线路1436.76公里，给水管路264.729公里，水塔30座。供水供电量：牵引供电年供电量23287.8万Kwh，自闭贯通年供电量4373万Kwh，年供水量245.63万m^3。太原铁路局在唐山境内的供电工作由大同西供电段负责。

【工程建设临时机构】 12月13日，为推动大规模铁路工程建设，满足国民经济发展和人民群众出行的需要，保证铁路中长期路网规划顺利完成，北京铁路局机构编制委员会正式下发京铁编〔2008〕15号、17号、18号文件，批准成立北京至唐山城际铁路工程建设筹备组、张家口至唐山铁路工程建设筹备组、唐山北至唐山站客车线工程建设指挥部。北京至唐山城际铁路工程建设筹备组为正处级临时机构，定员30人，设综合部、计划财务部、工程管理部、安全质量部、物资设备部。张家口至唐山铁路工程建设筹备组为正处级临时机构，定员50人，设综合部、计划财务部、工程管理部、安全质量部、物资设备部。唐山北至唐山客车线工程建设指挥部为正处级临时机构，定员15人，设综合部、计划财务部、工程管理部、安全质量部。

【设备改造】 2008年天津至唐山间开行动车组列车。北京铁路局在该区段全程进行大型养路机械清筛、起道、捣固综合作业，并投资沿线两侧安装防护护栏。秦皇岛工务段在汉沽至狼窝铺间组织“大战100天，确保动车组顺利开行集中会战”，配合大机作业，对全部线路以及重点桥梁设备进行集中整修，对沿途各站道岔及站场设备进行全面整治，全面组织沿线路肩及外观环境的清理和规范。截至12月末，全部线桥设备达到动车组运营条件，确保动车组首次开行成功。

2008年国家铁路主要指标完成情况统计表

车站	旅客（人）	货物发送、吨	货物到达、吨	装车数	卸空车数
唐山站	3608133	0	0	0	0
唐山东	0	0	0	0	0
唐山南	47896	3423310	4831989	54876	89059
贾庵子	0	752636	6841440	12384	95298
崔马庄	0	145623	2735263	2409	41962
田庄站					
七道桥					
丰南站					
杨家口	238	29902	466290	543	8478
石郎庄					
福山寺					
马柳站					
杨各庄					
滦县站	754757	114357	647020	1866	11764
滦县东		627019	393910	9762	7162
雷庄站		292493	1182445	4565	21499
卑家店		387758	380875	6052	6925
永兴庄					
洼里站					4017
开平站		1067206	1747735	16590	31777
胥各庄		199019	5027220	3256	91404
古冶站		8257374	6677385	128795	121407
螺山站					
玉田县	237265	114666	395615	1992	7193
富庄子					
唐山北	623530	304307	1040270	4949	18914
银城铺		116509	3145175	1905	57185
狼窝铺					
沙子河					
马铺营					
沙河驿镇站		5513215	8729710	86077	158722
丰润站		55865	136895	939	2489
豆各庄		251171	33990	4083	618
洪家屯					
党峪站					43
遵化南		35254	340615	587	6193
遵化站		41185	137885	693	2507

石人沟		133689		2065	
迁安站	111068	485543	1532551	7519	26170
包官营	23280	405912	169959	6205	2737

【唐山北至唐山站客运专线启动】 正线长25.9公里，技术标准速度200－250km/h，机车类型CRH系列动车，列车运行方式自动控制，行车指挥方式综合调度集中。计划2020年开行90对，2030年开行218对。2008年3月初，铁道部计划司组织对《新建唐山至唐山北客车联络线工程可行性研究》进行审查，路局有关业务处室、相关站段参加审查会；7月初，铁三院完成可行性研究，7月底铁道部工程设计鉴定中心对《唐山北站至唐山站铁路客车线工程可行性研究》进行审查，总工室组织各业务处室、相关站段参加审查会；11月，铁三院完成初步设计；12月底，铁道部工程设计鉴定中心对《唐山北站至唐山站铁路客车线工程初步设计》进行审查，总工室组织各业务处室、相关站段和天津工程建设指挥部参加审查会。唐山北至唐山站客运专线启动有了良好开端。

（肖玉民）

地方铁路

【概况】 2008年迁曹铁路既有线改造完工，全线投入运营并完成了各项目标任务。运输生产完成货运量4374万吨，同比增长116.8%；安全管理杜绝了一般D类责任行车事故，消灭了责任路外伤亡事故；设备管理、线路质量在部分区段达到国铁标准。完成了选址建造综合楼任务，职工生产、生活用房得到解决。围绕既有线路施工和迁曹铁路建设加强了监管力度，安全装备资金投入加大，设备质量和作业安全有所提高。集中组织学习《铁路交通事故调查处理规则》、《铁路运输安全行政执法工作细则》后，重新制定了《专用线安全管理办法》、《通信系统安全管理办法》、《规范油库安全管理制度》以及《有压锅炉安全操作规程》，健全了“每日交班会、周例会、月度安委会制度”，改革了安委会汇报和议事程序、安全预测分析，及时研究解决安全隐患，提高了关键环节盯控能力。赴临汾侯马安监分室学习提高了检查人员发现问题、处置问题能力，通过专题安委会、安全交班会、集中反思会，共查摆出突出问题18件、思想意识问题21件、一般问题376件，安全问题和隐患得到解决。“安全生产月”、“安全警示月”强化了安全意识、安全防护、自我保护意识。各种信息渠道对及时掌握动态，落实稳控责任，加强门卫、单身宿舍、货场保安管理提供了保证。严格执行外来人员及车辆检查登记制度、重点部位巡视检查制度，对特大桥梁、隧道、区间巡线以及水源、变电所等存放易燃易爆品处所增派了看守巡视力量。防火措施、油罐车卸油操作规程以及油料到达期间车辆看守得到加强。严厉打击破坏声屏障、偷盗铁路设备等事件，维护了和谐奥运环境。健全了运输组织监管机构，直管站段与相关企业设备质量、人员不足、作业流程不严等问题获得解决。加强了车站作业环节组织，规范了调车组作业管理，通过运输统计分析获得了准确详实数据，信息沟通得到加强。通过适时向太原路局运输处反馈，使车流结构趋向合理。配合太原铁路局完成了既有设备养护维修、施工监护、竣工验收以及物资采购供应和管理工作，发现问题以后及时与各设备管理单位交换意见，认真配合协调各设备管理单位维修管理，新线路新设备维修工作得到加强，相关作业措施办法得到细化。认真落实了记名检、修、验制度，编制并落实了维修计划，对线路、道岔进行了整修，大机捣固、及时补碴，使迁曹线线路、桥梁及区间设备检查得到强化，防寒防断预案为做好道岔融雪装置检试工作提供出保证。无缝线路过冬巡检、冻害设备集中整治、沿线各水害处所恢复、设备防雷设施检查测试都得到落实。道口管理、行车安全得到加强，完成了首钢曹南交接站、电厂专用线代维修协议工作。落实了监护人员责任，开通设备、接触网立杆防撞、施工地段既有设备防护得到加强。制定了物资采购计划，确保了物资供应，杜绝了非标产品上线，做到了严格执行既有线施工管理办法，并且从运营维护、设计优化、施工组织、安全措施优化等方面入手对施工图纸认真审核，组织技术骨干攻关。实现了对接触网、电力、消防等重点部位把住材料进场关、隐蔽工程关和现场作业关，消除了许多安全隐患。在东环线顶涵施工、滦南顶涵施工、司柏铁路建设施工上严格把关，曹西工程进展顺利。在抢运电煤中、在四川汶川大地震抗灾捐助中荣获唐山市“抗震救灾先进单位”称号。

【管理层及管理模式】 管理层由董事长薛继勇、董事会秘书张毅、总经理乔振华、党委书记梁金生以及经理班子成员陈富强、丁俊华、李卓万、郑国明、角士利组成。管理模式为专业委托与安全直管相结合。与太原铁路局签订迁曹铁路运输管理委托协议，将各系统分专业委托给国铁相应站段管理，车务、中间站委托秦皇岛东站负责管理，机车运用、检修系统委托湖东电力机务段负责管理，工务、线路、桥梁、道口等设备委托茶坞工务段负责管理，电力、牵引供电系统委托大同西供电段负责管理，电务信号系统委托大同电务段负责管理，治安管理委托大同铁路公安处负责管理。各直管站段负责日常专业管理和安全直接管理，唐港公司对各专业工作负责安全监督管理。

【经营指标及建设投资】 全年完成货运量4374万吨，实现年度计划的105.4%，同比多运2358万吨，增长116.9%。全年实现主营业务收入53533万元，较年度计划增收5036万元，完成年度计划的

109.4%，同比增收35522万元，增长154.1%。其它业务收入实现5499万元，较年度计划增收1699万元，完成年度计划的144.7%，同比增加3328万元，同比增长153.3%。全年实现利润总额-15718万元，减亏3680万元，减亏19%。全年计划投资182932万元，实际完成工程投资170997万元，完成年度计划的93%。完成平改立工程20处。

【人员　设备与管理】　有员工1512人，其中正式职工617人，包括地方铁路员工476人、国家铁路派入员工137人、协议工887人。员工中有中共党员173人、共青团员130人。设立车务运营车站8个，其中2等站为京唐港站、东港站；3等站为滦南站、聂庄站、曹妃甸南站、菱角山站；4等站为乐亭站、曹妃甸北站。到发线33条，货物线7条，安全线7条，其中曹北3条、菱角山2条、滦南1条、聂庄1条；牵出线4条、机待线4条、专用线8条，正在使用的为东港、电厂、京唐港、北储、开焦、佳华、粮库、曹妃甸实业线；设滦南站、东港站、京唐港站列尾检测点，保有量分别为5、5、3；起复救援设备4套，京唐港、滦南、菱角山、曹南各一套。机务工作设京唐港机务折返段及机务检测点、东港机务折返段及机务检测点，自有机车7台，其中DF8B型2台、DF4B型3台、调车机DF12型1台、液力传动0095号调车机1台；另租用国铁机车7台。工务正线营业里程216公里，延展长度369公里，站线长度74.8公里，无缝线路229公里，其中聂庄—京唐港区间有13公里的50kg/m轨二型枕，其他均为60kg/m轨三型枕，最小曲线半径500米，最大限制坡度12‰。全线有特大桥10座、大桥17座、中桥30座、小桥36座、涵洞589处、隧道2处。另外代维修电厂专用线27.5公里、北储专用线2.2公里；共有道口94处，其中有人看守线17处（含电厂线1处）；有人看护车站4处，有人看护道口39处，无人看护道口18处（含电厂线15处），区间人行道6处，站内平过道2处；临时道口8处，其中曹南线造地公司4处、东港线3处、迁曹线十二局派人看守1处。全线设线路车间4个、桥梁车间1个、探伤车间1个。菱角山线路车间工区7个，为庞庄工区、花庄工区、杨家沟工区、菱角山一工区、菱角山二工区、检查工区、焊接工区；滦南线路车间工区6个，为柏庄工区、滦南一工区、滦南二工区、侯各庄工区、检查工区、道口维修工区；京唐港线路车间工区8个，为乐亭工区、聂庄工区、海港工区、电厂工区、东港工区、检查工区、焊接工区、道口维修工区；曹北线路车间工区5个，为胡各庄工区、张催各庄工区、三场工区、曹北工区、曹南工区。桥梁车间工区1个，为桥隧工区；探伤车间工区1个，为探伤工区。电务开通8个站、9个区间、3个中继站、2个线路所。全线设置电务车间1个、工区8个，为每站1个。机车信号测试点1个。微机联锁车站7个，为菱角山站、滦南站、曹北站、曹南站、乐亭站、聂庄站、东港站，联锁道岔206组，信号机272架，轨道电路区段337个；6502电气联锁车站1个，为京唐港站；联动道岔组20组，信号机29架，轨道电路区段35个。自动闭塞ZPW-2000区间6个，为迁安北-菱角山、滦县-菱角山、菱角山-滦南、滦南-曹北、滦南-乐亭、乐亭-聂庄，合166.8公里，信号机163架，轨道电路区段225个。计轴自动站间闭塞区间3个，为聂庄-东港、聂庄-京唐港、曹北-曹南，合57.8公里。中继站3个，即迁曹线K10+320、K29+000、K96+100。线路所2个，为侯各庄、闫武营。公司产权机车信号JT1—CZ2000型设备8套。在京唐港站含东港作业点、曹南站各设列检工区一处。

【供电　通信与公安】　供电设置菱角山供电车间，下设班组8个，为菱角山检修队、菱角山变电所、滦南综合班组、乐亭检修队、乐亭变电所、东港配电所、曹北检修队、曹南配电所车间。供电范围分别在迁安北-滦南、滦南-聂庄、聂庄-东港、聂庄-京唐港、滦南-曹北、曹北-曹南、曹北-曹西线之间。电源来自菱角山变电所、滦南配电所、聂庄变电所、曹南配电所、东港配电所，乐亭菱角山无人配电所应两路供电，现只有一路电源；迁安配电所未接引进线电源；通信设滦南通信车间，下设车间海港通信工区、滦南通信工区、滦南网管工区、滦县通信工区。公安沿线设4个铁路派出所，为曹北、滦南、菱角山、京唐港所，共24名民警、150名保安，不含机关楼、宿舍、油库保安。

公　路

【概况】　2008年，围绕京津冀都市圈布局规划和唐山市城乡总体规划制定了《唐山市2008—2012年交通发展规划》和《唐山市2008—2020年城乡交通一体化发展规划》，建立起多元投融资机制。与中建集团签订滨海大道建设转让框架协议；205国道丰南至古冶段改建工程列入河北省交通厅规划，进行投资建设；与上海溢银投资公司实施了唐港西外环高速公路固定资产抵押债券融资；与上级部门对接，到2008年底到位银行贷款15亿元，缓解了交通建设资金紧张压力。唐山市公路建设总规模和总投资达到历年之最，到2008年末，共完成交通基础建设投资73.9亿元，其中重点公路项目投资57.59亿元。唐曹高速、城市外环线通车，机场连接线主体通车，滦曹公路沿海公路至滨海大道段路基通车，承唐高速二期工程、滨海大道海港开发区至曹妃甸段开工，205国道改建工程，唐丰快速路和三抚线等项目开工。全市公路通车总里程达到13215公里，密度达到每百平方公里98.09公里，高于沿海地区平均水平，其中，高速公路464公里，密度达到每百平方公里3.44公里，达到世界发达国家水平；一般干线公路1351公里，农村公路1.14万公里，全市路网得到完善。实现了农民进城公共交通无障碍，投资9.91亿元，改造农村公路964公里，全市新增农村客运班线48条，班车214辆1563班次，进一步改善了边远地区农民出行条件。交通运输总体运行平稳，共完成道路客运量5706万人，客运周转量26.78亿/人公里，货物运输量1.37亿吨，货物周转量107.74亿吨

公里，同比增幅均达20%以上。规费和通行费收入再创新高，实现收入23.57亿元，为年计划的129%，其中养路费收入13.49亿元，连续7年位居全省第一；征收运管费和客运附加费1.23亿元，通行费收入8.85亿元，均创历史最好水平。

【唐曹高速公路通车　机场连线主体工程完工】　2008年11月27日，唐曹高速公路正式通车。改善了唐山沿海交通条件，成为沟通唐山市区与曹妃甸港区的重要通道，有效连接了唐承高速、唐津高速、唐山外环高速，沿海高速和曹妃甸北环公路。唐曹高速公路起于唐津高速公路与西外环高速公路交叉处的丰南枢纽互通立交桥，途经丰南区、南堡开发区、唐海县、南堡盐场，跨越沿海高速公路，止于曹妃甸北环公路，主线全长63.67公里，连接线长1.31公里，总投资53.4亿元。双向六车道，设计时速每小时120公里，全线设立交桥15座、特大桥及大中小桥74座，设丰南工业区、南堡开发区、唐海、曹妃甸北和曹妃甸主线收费站。2006年12月24日开工建设，是唐山高速公路建设史上施工难度最大项目，经省、市质量监督部门多次检查，各项工程质量全部达到部颁优良标准。军民合用机场连接线主体工程2008年5月正式开工，11月23日完成主体工程建设，是开辟唐山市空中出口通道、建设空港物流区重要交通基础设施，起于外环线甄家庄互通立交桥，止于唐山机场民航北出口，全长12.26公里，采用双向六车道城市快速路标准，设计时速80公里每小时，路基全宽74米，设置互通式立交1处、分离式立交4处、通道5处、涵洞4个，总投资10.9亿元。军民合用机场连接线是市委、市政府年度重点交通基础设施项目，面对8个月工期，2224.5亩征地、200多户3.11万平米的拆迁量合理安排，科学调度，细化目标，责任到人，经过7个多月昼夜奋战，保证了主体工程建设圆满完成。

【唐山滨海大道及承唐高速公路二期开工】　2008年7月2日滨海大道立项，7月30日与中建集团签订协议，10月17日开工建设，工程起于海港开发区七号路，向西经乐亭县、滦南县、曹妃甸国际生态城，与滦曹公路相交，全长39.5公里，并在距内线约5公里处的海上建设24公里外线段，整个项目按城市主干道一级标准设计，其中特大桥1座、大中桥3座、涵洞36道，工程总投资71.6亿元。中建集团采取BT方式先行投资建设，履行项目法人责任，交通部门负责项目监管、协调，北京中港路通工程管理公司等4家单位为监理单位，是近期沟通京唐港区、曹妃甸工业区（港区）、海滨新城及南堡油田；远期向西连结天津滨海新区，向东延伸至秦皇岛，是连接天津港、秦皇岛港、唐山港，加快京津冀经济一体化格局的重要通道，在提升唐山市城市品位和国际国内知名度上具有积极意义。承唐高速公路二期工程12月16日至17日挂牌监督建设，27日长深公路遵化市至南小营段高速公路又称承唐高速公路二期开工。工程起于遵化市侯家寨乡甘渣峪村承唐交界处，向南与已建成的一期工程相接，全长43.655公里，概算投资26.02亿元，其中遵化南互通立交以北22.5公里为双向六车道，以南20.285公里为双向四车道。全线设互通式立交桥16座、大中桥29座、隧道1座、主线收费站1处，服务区2处。国家承诺拨付中央专项资金（购车费）2.1亿元用于建设，单位公里补助标准比承唐一期工程提高15%，该项目是全国唯一一个地级市做业主的交通公路建设项目，是国家高速公路网“长春—深圳”公路重要路段，是全省“五纵六横七条线”高速公路网重要组成部分。对统筹唐秦承三市发展，建设冀东经济区，打造新的经济增长极，实现冀东经济区域交通大畅通，打通河北北部、内蒙古东部、辽宁西部输港道路，加速东北、华北、西北区域合作具有重要战略意义。

【改造205国道　构建东出西连格局】　唐山市处在环渤海经济区核心地带，拥有曹妃甸、京唐港两大港区，为“东出西联”发展战略重点区域。205国道唐山段西接天津、东连秦皇岛、南通广东，是我市东西、南北运输大动脉。由于该路段穿越市区，与市区道路混合交通，交通事故频发，道路通行能力显著降低，为“东出西联”瓶颈。唐山市积极谋划改造205国道，计划改移至城市边缘，按一级公路标准建设，列入唐山市城区发展规划和市政道路十一五规划。2008年新建郑家庄至王盼庄段9.04公里，一级公路标准，设计时速100公里，双向八车道，接外环后为六车道，概算总投资5.8262亿元，全线设王盼庄互通立交桥，上跨分离式唐海线跨线桥、女织寨立交桥，小桥1座、人行天桥1座。王盼庄互通立交桥是唐山市第一座大型4层立交桥，是打通205国道瓶颈路段重要工程，建成后将成为河北省最大互通立交桥、唐山市标志性建筑。该桥为苜蓿叶式全互通立交，由1座主线桥及13条匝道组成，与唐港、唐津高速公路、唐钱线及城市外环线形成4层立体交叉，总长4308.4米，面积41310平方米，由中交四局承建，路面全部采用国际先进的GTM沥青混凝土路面铺筑法施工，可以提高沥青混凝土路面抗车辙能力、耐高温能力和使用寿命。2008年3月10日开工建设，预计2009年6月底竣工通车。

【支援汶川抗震救灾　保障奥运道路畅通】　圆满完成了唐山市对口支援过渡安置房运输保障任务。5月23日，召开紧急动员会议落实交通运输保障任务，制定工作方案。5月25日，副局长王世平带队奔赴四川灾区一线，协调公安交警部门、铁路部门落实保障措施；组织物资运输车辆调配，由一运集团公司、通达运业（集团）公司承担公路运输任务。5月29日，启动铁路运输方案，以最快时间分阶段顺利完成了过渡房运送任务。截止7月31日，通过公路、铁路向灾区运输安置房2475间，往返运送技术人员2072人，组织运输车辆403辆，发出铁路车皮100节。唐山市交通局运输保障组、一运集团公司和通达运业（集团）公司等4个单位被市委、市政府授予抗震救灾先进单位；市交通局副局长王世平等5名同志被市委、市政府授予抗震救灾先进个人。这次交通职工共捐款155990元，交特殊党费195506元、团费

8630.5元。在迎奥运，保畅通上，3月份开始抢修唐丰路综合改造路面工程12.6公里、宽24米准备工作，采用AC－13C型沥青混合料罩面，厚度4厘米。4月7日，做清扫、洗刨等前期准备工作；12日，进场正式开工；5月5日完工。投资2.6亿元，对112国道以及省道承栗线、京建线、邦宽线等进行大中修，其中112国道唐山段大中修工程73公里，承栗线、京建线、邦宽线55公里为局部大修，6月17日竣工。加大了治超检测力度和范围。治超检测站由原来6个增至11个，严把车辆生产关、车辆准入关、货物装载关、车辆出入境关和阳光执法关。河北省交通厅在唐山市举行了奥运交通保障桥梁应急事件处理演练，唐山市交通局制定了全市桥梁保畅通和应急处理预案、进行拉网式检查，制定了保畅通应急处理预案。7月15日至9月20日，派专职人员看守全市69座大桥特大桥，保障了北京奥运期间道路桥梁的安全畅通。

【燃油税费改革实施　干线公路养护市场化】　按照国家、省有关成品油价格和税费改革要求，唐山市狠抓了四项工作：一是市、县、区交通局成立了成品油价格和税费改革工作领导小组。二是稳妥地做好人员安置工作。三是清产核资强化资产管理。四是以轮流值班、学习培训等方式确保了人员稳定，为下一步转岗创造了条件。2009年1月1日，唐山市公路养路费、公路运输管理费、公路客、货运附加费全部取消，4月30日12个政府还贷二级公路收费全部取消。干线公路日常养护市场化取得进展。2008年4月15日，唐山市西出口路、北出口唐丰路15.96公里的日常养护分三段向社会公开招标，市内3家道路保洁企业中标开始日常养护。这一尝试打破了一直沿用的道班养护公路旧机制，首开省内公路日常养护社会化。公路管理部门作为业主对公路保洁公司实行合同化管理，签署协议明确规定保洁公司养护职责、指标、范围、费用，负责监督、管理，每月检查评分支付养护费用。规定了计分支付原则和违约责任，每年出现两次79分以下的取消养护资格，终止合同，使公路养护部门职能由兼有生产者职能转变为单纯行业化管理者职能。通过强化每月监督检查初显了公路养护社会化成效。8个月养护质量优秀月份占83.3%，其中后四个月三个保洁公司养护质量实现全优，养护效率和质量大幅提高，对于公路日常养护市场化起到了积极推动作用。

【汽车快修服务进社区　继续创建路通人和服务品牌】　唐山市机动车总数已经突破百万辆，其中汽车总数接近40万辆，并且仍以每年9.6%的速度递增，汽车维修服务需求越来越大。2008年初，在全省率先启动汽车快修服务进社区工作，在天元小区泰克快修店、鹭港小区起亚快修连锁店等5家维修企业试点，得到广大车主支持和欢迎。作为全省快修服务推广试点已经成功地创造了社区快修店、4S店延伸快修连锁、品牌服务连锁等快修模式。11月5日，河北省交通厅在唐山市召开汽车快修服务进社区现场会。中国汽车维修行业协会、交通部分公司，河北省交通厅交管局对唐山市汽车快修服务进社区做法给予充分肯定。目前社区连锁企业已扩大到7家，正在试行《唐山市汽车快修业管理办法》，基本形成以一、二类维修企业为主、社区快修为特色，三类专项维修企业为补充的新型维修体系。继续创建“路通人和”交通服务品牌活动，认真落实“车在唐山好行，事在交通好办”社会承诺，被河北省委、省政府命名为省级文明单位。在加大交通基础设施建设上完善了唐山市公路交通网，打造了一流交通环境。全市交通系统以拆违清占、公路标准化、生态扩绿、农村公路示范为主线，实施了公路环境治理，共拆除违章建筑2432处11.9万平方米，实施路基标准化2175公里，生态扩绿269.1公里，创建县级示范路16条141公里。在执法队伍中推行“文明执法”规范化，先后培训执法人员7期677人次；规范细化了执法人员自由载量权37项，杜绝了公路“三乱”，受到市纪委肯定。在通行费服务人员中推广了文明示范收费站细化服务流程、优质服务的经验，提升了收费服务良好形象。唐山市交通局机关围绕建设学习型、创新型、服务型、和谐型机关开展创建活动，被河北省精神文明委员会命名为“河北省文明大院”。认真实施“阳光工程”，打造“廉洁交通”，向重点工程派驻纪检监察员。向唐曹高速、城市外环、205国道改建、唐丰快速、承唐二期等重点工程，派驻了专职纪检监察员负责一线廉政建设工作。项目前期规划向沿线政府及沿线群众公开；工程招投标工作委托专业招标公司代理，公证机关、纪检监察人员现场监督，使招投标过程公正、公开、透明；征地拆迁补偿工作中发布征地公告，公示补偿标准，签订征地补偿协议，委托拆迁公司具体运作，确保拆迁工作顺利完成。各项目指挥部开通“阳光高速”版面接受社会监督。引入“HCS工程项目建设管理系统”对工程实行了网络信息管理和监督。唐山至曹妃甸高速公路工程，8月14日成功进行全程跟踪审计招标，11家具有全国资质单位参与招标。承唐高速公路二期工程成为交通运输部挂牌监督建设项目之一。交通运输部对唐山市挂牌监督工作给予充分肯定。省纪委检查组认为“唐山市交通局构建了具有交通特色的预防腐败体系”，“实施‘阳光工程’，突出了制度建设，坚持用制度管事、管人、管钱，取得了显著成效”。2009年4月，中华全国总工会授予唐山市交通局全国五一劳动奖状荣誉称号，在全国18个获得称号单位中唐山市是河北省交通系统和全市行政事业单位中唯一获此殊荣单位。截至2008年底，唐山市公路密度高于沿海地区平均水平，已建成唐津、京沈、唐港、唐曹、沿海高速和承唐高速公路一期等六条高速公路，率先在全省建成了环城高速；唐山市县（市）、区均有二级或以上公路连接；唐山市在全省率先实现了村村通油路、村村通班车目标。拥有汽车客运站点64个、货运站场11个，客运班线878条，营业性货车7.93万辆，出租车4605辆，营运总里程11.2万公里，连续6年在唐山市市直部门行风评议活动中名列前三名，先后获得全国交通系统先进集体、全国精神文明创建工作先进单位等荣誉。

（吴文刚　董克家）

水　运

【概述】　坚持以科学发展观统领，紧紧围绕打造亿吨大港目标，全面加快港口及航运事业发展，依法依规履行港口行政管理职责，促进了港口建设及运营生产，行业管理进一步加强，港口建设项目进展顺利，港口及内河水上安全形势良好，完成了各项工作目标。港口规划职能管理进一步强化。先后多次召开座谈会，向项目建设单位、科研设计单位、港口所在地政府宣传《唐山港总体规划》和《港口规划管理规定》，开展京唐港区总体规划调整工作，在扩大港口区域、完善港口功能、落实唐山市“退二进三”产业调整方针、严格执行港口岸线使用审批制度上取得了进步。在加强港口岸线管理上，审核上报了唐山港曹妃甸港区通用散杂货1#、2#泊位工程岸线使用申请。港口项目建设管理进一步规范。全面督导各港口建设项目进度，进一步规范港口建设项目程序管理，成功组织京唐港区30#、31#通用散货泊位工程、16# - 19#泊位工程竣工验收。积极履行法规赋予港口工程设计审批职能，完成京唐港区31#泊位工程设计审批、曹妃甸港区通用码头起步工程、二期工程施工图设计审批，及时为京唐港区3000万吨煤炭泊位工程、曹妃甸港区30万吨原油码头及配套工程、京唐港区液体化工泊位及罐区工程办理了试运行备案手续，核发了临时《港口经营许可证》。截至12月底，唐山港两个港区建设累计完成投资33.2亿元，其中曹妃甸港区煤码头起步工程累计完成总投资的96.18%，码头工程及堆场工程全部完工，翻车机房进入空载调试阶段；中石化30万吨级原油码头投入试运行，一港池航道及防波堤工程基本完工；京唐港区3000万吨煤炭泊位（32# - 34#）及液体化工泊位工程已完工并投入试运行阶段，使唐山港规模扩大港口功能进一步完善。

【港航生产形势喜人　经营市场秩序良好】　紧紧围绕打造亿吨大港目标，多次召开运营生产调度会，确保各运营企业完成既定生产运营指标。特别在南方雨雪冰冻灾害中，唐山港积极响应省委、省政府及交通部号召全力以赴，确保了电煤的畅通运输，一季度向南方发运电煤470万吨，同比增长168 %，发运量创历史之最。年底稳步跨入亿吨大港行列。截止12月底，唐山港完成货物吞吐量1.0853亿吨，同比增长60.58%。其中京唐港区完成货物吞吐量7645万吨，同比增长60.93%；曹妃甸港区完成货物吞吐量3207万吨，同比增长59.69%。两港区钢铁吞吐量1096万吨，同比下降0.44%；矿石吞吐量5057万吨，同比增长40.50%；煤炭吞吐量3967万吨，同比增长154.38%；集装箱吞吐量24.04万TEU，同比增长24.48%；外贸吞吐量5476万吨，同比增长38.21%。在扶持航运企业发展上，新增水运企业2家，货运船舶7艘，新增运力2.9万吨，使唐山市水运企业达到15家，其中4家正在筹建，船舶32艘，总计28.4万载重吨。全年完成货运量580万吨，货运周转量149.5亿吨公里。在加强港口经营管理，维护港口经营市场秩序方面，与唐山市工商管理局联合印发了《关于加强港口经营和水运、水运服务企业市场准入管理的通知》，强化了港口经营源头管理，杜绝了无证从事港口经营情况。向44家从事港口经营的单位核发了《港口经营许可证》。同时根据各航运公司和代理企业的投诉，对唐山港集团股份有限公司违规提高拖轮收费标准的违法经营行为进行了处理，有效地维护了港口生产经营秩序。在航运经营管理上，努力提高行政效能，优化政务环境，对企业上报审批事项实施全程免费代理、年审工作推行一站式服务、帮助落实相关产业政策等，吸引了外地水运企业来唐山市落户，促进了航运业快速发展。全年新增18家水运服务企业，总数达到111家，水运市场为唐山市科学发展示范区建设作出了应有贡献。强化水运市场准入后的监管职能。深入开展水运企业经营资质管理，督促所有航运企业按照国家和有关行业标准落实安全生产投入，按照国家和行业标准确保从业人员劳动安全条件，按照国家规定设置安全管理机构和配备安全管理人员强化运政审批和审查，为水运企业高层管理人员举办《国内水路运输经营资质管理规定》培训班，规范水路运输市场准入和退出机制，提高了航运业经营管理水平。

【安全管理强化　安全引航实现】　始终把港口安全生产及内河水上交通安全监管摆到首位，强力推进，圆满完成了唐山港奥运安保及港口设施保安工作。与全港14家港口经营、建设单位签订责任状，通过专题部署、现场演习等形式有效地增强了港口经营企业应对和处置港口设施保安事件的能力，为港口安全防范工作积累出一定经验。严格履行危险货物港口作业资质核查职能，先后向中石化集团管道储运分公司、京唐港液体化工码头有限公司核发了临时《危险货物港口作业认可证》；与唐山海事局建立了危险货物水上运输信息通报机制；制定并发布了《危险货物船舶装卸作业监管程序（试行）》，累计审批危险货物船舶装卸作业18艘次102.7万吨。编制出《唐山市港口危险货物事故应急预案》上报备案，确保了内河水上交通安全连续19年无事故。以船舶检验、安全监管、船员培训执法检查为有效载体，全年检查辖区内水库、湖泊、河流9座（条），各类船舶160艘次，查处和纠正了各类违章行为20起，对2条不符合航行条件的船舶拆除了启动电瓶，没收了不适航船舶铭牌2付，消除了发生事故隐患。引航工作紧紧围绕“安全、优质、高效”体系打造新品牌，注重提升引航服务标准，与有关企业、单位密切协作，建立起通畅信息传递渠道，使引航与港口生产形成有机生产服务链，共安全引航3065艘次，保障了港口生产快速增长。

【精神文明建设成果丰硕】　6月份成立了港航局总支部，设立了局机关和引航站两个党支部，健全了党组织。4至8月份，在全体党员干部中开展了深入学习科学发展观活动，在五个阶段中撰写学习心得65篇，使科学发展意识、港航管理科学发展能力以及推进科学发展示范机关建设进一步提高。加强了团

员、青年的组织领导和管理，成立了港航局工会和团支部，为各项工作提供了组织保证，实现了年初既定目标。港口建设、港口生产、水路运输、安全监管等主要工作登上新台阶。为曹妃甸港区矿石码头二期工程、煤码头续建工程、煤码头二期工程开工建设、京唐港区10万吨级航道工程、京唐港集装箱码头扩容项目施工的准备工作，京唐港区20#—22#泊位工程、曹妃甸港区通用码头起步工程和二期工程、曹妃甸港区一港池航道及防波堤工程等续建工程、曹妃甸港区LNG码头项目、原油码头二期工程和京唐港区煤码头搬迁项目前期研究工作打下了坚实基础。

邮　　政

【概况】　认真落实河北省“抓发展、促改革、保稳定”工作部署，不断创新经营方式，优化产业结构，推行精细化管理，使加快长远发展有了坚实基础。全年全市邮政业务总量完成46024万元，同比增长11.6%。全员劳动生产率实现9.26万元/人，比2007年提高11.16%。各项业务实现均衡发展。邮务类业务全年收入完成7031万元，同比增长27.04%，板块占比为22.87%，比2007年提高7.28个百分点，占全省邮务类收入比重较2007年提高0.91个百分点。函件收入1844万元，列全省第5位，较2007年前进2位；完成年计划同比增长57.3%，增幅连续列全省第1位，收入实现两年翻一番。数据库营销工作取得进展，以银行、保险行业为切入点，积极拓展账单业务品种，全市账单大户增加到9家。业务品种不断创新，增加函件广告收入110万元。报刊发行收入2188万元，列全省第2位，同比增长8.45%，列全省第3位。年度大收订工作实现《环球时报》在唐分印，创收15万元。破订、续订等工作，私费订阅、扩大新订户，巩固了收订成果。集邮收入实现1898万元，列全省第3位，比上年前进1位，同比增长38.28%，列全省第2位。邮品开发围绕重大题材和需求热点进行，集邮产品主题营销活动累计实现奥运邮品收入910万元，销售《奥运大全》124套，列全省第2位，被授予全省奥运专题经营工作综合二等奖。开发了“奥运火炬传递”、欢乐童年等个性化邮票10万版，收入297万元，完成奋斗目标的181.17%。电子商务收入453万元，列全省第5位，同比增长27.59%，列全省第3位。邮储短信成功扣款额达到102万元，办理汇兑短信19万笔，绝对值列全省第1位。开办了代收无线电视费业务。包裹业务收入611万元，列全省第5位，同比增长5.72%，列全省第1位。快递包裹收入占比达到60.9%。机要通信收入38万元，居全省第2位。速递物流类业务形成市、县、区联动，收入6189万元，同比增长27.35%，板块占比为20.13%，比2007年提高6.44个百分点，占全省速递物流类收入比重较2007年提高0.85个百分点。速递专业收入5062万元，列全省第4位，同比增长30.44%，居全省第3位。全面梳理国际业务现有客户和潜在客户，主攻出口创汇企业的国际出口业务，实现国际业务收入594万元，列全省第3位。抢占国内市场份额，突出经济类快递、代收货款、电子商务速递业务，国内异地收入同比增长32.27%。单证照业务抓住第二代身份证集中换证契机，实现收入548万元。“思乡月”实现销售额632万元，同比增长51.94%，累计创收189万元，销售额及收入连续三年列全省首位。物流专业收入1127万元，列全省第5位，同比增长15.1%。商品分销收入同比增长12.03%。协议客户开发和中邮快货业务出口量同比增长44.64%。与烟草公司、太阳石药业等大客户一体化物流业务发展良好。金融类业务结构进一步优化，收入完成16897万元，板块占比为54.97%。邮政储蓄收入16342万元，列全省第3位。积极应对大环境和市场形势的不断变化，精心组织跨年度邮储竞赛、短程竞赛等业务竞赛活动，及时调整旺淡季发展政策，调动各方面积极性，全局累计净增储额15.24亿元，占全部邮储网点净增额的92.02%。以绿卡、商易通为载体推进活期增长，新增ATM机40台、存取款一体机3台，累计发放绿卡29万张，安装商易通853台，邮政储蓄活期存款占比达到35.03%。代理保险业务以客户需求为着眼点，重点发展理财型险种，累计实现代理保费8.16亿元，列全省第2位，同比增长41.48%，实现手续费收入2816万元，同比增长60.11%。汇兑业务收入556万元，列全省第4位。七大战役全面告捷。贺卡营销战役实现收入1458万元，列全省第2位，同比增长38%。丰润局成为全省第一个贺卡收入突破150万元的县局。报刊大收订战役实现上网流转额7126万元，列全省第2位，同比增长11.92%。新邮预定及形象年册战役共预订套票、年册31465套，列全省第3位。邮储短信战役全市净增33217户，加办量和净增量列全省第3位。航空电子客票战役累计销售客票911张，居全省第1位。省公司八次发来贺电、省发行局两次发来贺电、河北科技报社一次发来贺电对唐山邮政系统进行祝贺。营销体系建设列为“一号工程”，全面整合各专业营销队伍和客户资源，对重点客户、重点项目实行“明码标价”、摘牌营销，对客户经理、营销员实行等级动态管理，全年专职营销收入达到2019万元。全年确定的31项重点项目和76项重点营销项目全部完成，项目拉动收入增长2503万元。

【改革创新突破性进展　企业活力显著增强】　平稳推进邮政储蓄体制改革，完成了唐山市分行以及所属分支机构建设工作，实现邮政企业和邮储银行分账核算，邮、银双方金融类业务在收入清分、资金划拨等方面理顺了关系，为金融类业务持续健康发展提供了保证。按照省公司要求组建了唐山市、县两级速递物流工作机构，实现了速递物流改革阶段性目标。唐山市局职能机构精简幅度达到50%；管理人员精简幅度达到30%，初步达到“机构精简、人员精干、职责明确、管理高效”局面。人事制度改革全面推进，干部人事制度综合配套改革和机制有所创新，公推、公选、公开竞聘等多种选拔人才方式进行有序，打破了身份界限，拓宽了用人渠道。加大了科级干部交流调整力

度，区域间经验交流和优势互补得到加强。完善了科级干部管理、考核办法，健全了科级干部目标管理、绩效考评体系，实现了干部管理、考核工作制度化、规范化、经常化。积极稳妥地推进薪酬制度改革，制定了薪酬改革配套措施，在岗位职级梳理基础上达到了人力资源优化配置。劳动用工管理认真落实《劳动合同法》，不断规范劳务用工，在岗职工合同签约率、劳务工派遣率、劳务工规范率分别达到100%，工时管理进一步精细化，梯形排班法试点工作、编制定员工作促进了劳动生产率提高。把教育培训作为事关长远发展强基工程，开展“周末课堂”、中青年干部培训班等教育培训活动，全员培训率达到75%以上，生产人员持证率达到80%以上。

【企业管理加强　质量效益提高】　根据经营需要，严控非生产性费用开支，主要可控成本费用实现一定幅度压缩，其中通信费用同比下降14.52%。对营收资金上划及时率考核加大，通过现金收支预算管理、网上银行监控提高了资金运行质量。通信生产车辆单车考核，定额管理，严格油耗标准和维修费用定额标准，车辆相关费用同比下降10.52%。落实“财务算大帐，业务算细账”原则，通过损益核算明确业务成本和损益情况，指导专业部门合理制定资费优惠政策和营销策略，促进了资源配置的最高效益。开展资产清查工作，加大房产盘活力度，实现盘活收入552万元；对收入较低的部分农村网点进行资源整合，转化委代办网点4个，节约了开支。协调与地税部门的关系，把制度建设作为企业效能建设基础，建立完善一系列规章制度，建立长效管理机制，突出抓督查、抓执行、抓制度细化，“按制度办事、靠制度管人”机制提高了企业执行力。明确各部门职责范围，重点项目制定任务分解表，明确牵头领导、责任单位、责任人、办结时限，坚持经营工作、重点管理项目定期调度督促检查机制，做到了按进度推进工作，先后多次开展“大调研”活动，解决基层困难。在安全生产长效机制上进行了积极探索，健全内部问责体系，加大重点岗位、重点环节、重点人员监督检查力度，及时排查隐患，堵塞漏洞，确保了邮政安全。强化审计监督工作，全年完成工程审计136项，审计金额1574万元，审减299万元，审减率18.98%。全年处理涉法案件和经济纠纷5起，审查各类经济合同129份，合同履约率100%。后勤保障工作加大了房产资源整合力度，提高了资产利用率，为生产经营提供了强有力保障。

【能力建设新进展　支撑作用已显现】　营投平台建设成效明显。新建支局网点5处，改造破旧、小网点29处，提升了对外形象。唐山市内投递网点改造在全面细致测评和优化中顺利通过省验收；县城投递网改造得到省公司肯定。局所拆迁、信报箱建设与管理、信箱信筒规划建设等得到政府支持，提高了通信能力、保障服务水平。实物网运营能力增强，调整了北京物流干线邮路，理顺管理工作流程，提高了运行效率；规划调整区内邮路，将报刊、速递邮件与其它邮件分类发运，增设二频报刊邮路，减少邮件逾限问题；理顺作业流程，减少交叉管理，优化了企业资源配置。信息网先后完成邮政储蓄主机系统扩容切换、电子商务平台上线等工程，开发引进速递驾照系统、办公自动化系统，为业务发展提供出技术支撑。坚持内强素质、外树形象全面加强队伍建设，深入开展学习实践科学发展观活动，较好地完成了各阶段学习实践内容，一些影响和制约唐山邮政快速发展难题得到破解。精神文明建设以建立“诚信邮政”、“和谐企业”为目标，积极开展营投服务专项检查活动、窗口规范化服务达标竞赛活动，推行“阳光服务”虚心接受群众监督，认真落实“首问负责制”解决服务中热点、难点问题，邮政服务用户满意度达到94.24分，被市政府纠风办评为民主评议行风活动先进单位。扎实开展职业道德教育、先进典型宣传、争先创优活动，开展了各种劳动竞赛、岗位练功以及丰富多彩文体活动，涌现出吴海燕等一批岗位技术能手。汶川大地震发生后，全市邮政员工踊跃捐款、捐物、交纳特殊党费共计33万余元，丰润速递员工张琳同志被唐山市委、市政府授予支援四川抗震救灾先进个人称号。在实施民主参与、民主管理、创建劳动关系和谐企业工程中，积极发挥职代会、局务公开、职工维权作用，促进了劳动关系和谐。唐山市邮政局、滦南县、乐亭县、迁西县以及丰南区五个单位获得“AAA”级劳动关系和谐企业称号。全年共走访慰问困难职工612户，发放慰问金39.78万元、生活慰问品32.38万元件，对2名困难职工进行经济救助、31名职工享受到大病医疗互助保险补助。农村支局“四有小家”建设取得新进展。

通　讯

中国电信

【概况】　2008年10月成功收购中国联通CDMA网络资产，从此进入全业务经营历史发展新阶段。当年总资产达到10亿多元，实现业务收入近2亿元，企业实力日益增强，用户满意度不断提升。

【加强网络建设】　一是投资固网6000多万元，重点进行专线、大客户、小区宽带建设，完成建设项目823项，新增覆盖用户数15.7万户。二是接收C网业务后，投资2亿多元进行了一、二期工程建设，新建、置换基站400多个，支撑网络能力显著加强。三是进行CDMA网络优化专项整治，排除C网运行中存在的网络质量故障，配合设备厂家进行无线网络优化，针对接入、掉话、导频污染等问题完成专项整治。经第三方网络评估，唐山市区CDMA移动网络运行质量已达到电信集团高级目标。

【开发多元化产品】　一是积极推出“商务领航”、“我的e家”、“天翼”、“号码百事通”、“互联星空”等知名品牌，为用户搭建专业、安全、可靠、高效的电信网络和服务平台。二是积极优化设备，提高

宽带速度，主流 2M 带宽提升到 4M、8M，让用户尽享电信宽带速度。三是着力开发和推广信息化应用，为政府部门、企事业单位及各个行业提供专业信息化方案，服务领域涉及基础通信、视频监控、视频会议、数据中心托管等方面及渔业、医疗、烟草、钢铁、公共交通等多个行业。四是积极落实“家电”下乡推广工作，缩小城乡数字鸿沟，方便百姓享受信息新生活，满足日益增长的客户需求。

【推进业务发展】 一是以用户为导向，积极推进服务进社区工作，优化各项业务流程，实施多样化社区服务，方便用户快捷办理业务。二是开展亮点营销，结合市场实际适时推出各种促销举措，针对农村市场开展中低端手机专项营销，吸引不同层次消费群体入网。高考期间，在各考点设立“高考服务区”，为考生及家长提供免费通讯、上网等服务。三是聘请各界人士为社会监督员，虚心听取对公司服务质量的意见及建议。四是组织开展多种活动，树立企业良好形象：“5.12”汶川大地震期间，为各大慈善机构官方网站提供无偿网络通信援助，确保网站顺利运行；助力地方经济，积极参与“数字唐山”、“无线城市”建设方案制订及曹妃甸通信建设；组织员工参与电信日、消费者权益日、雷锋纪念日等宣传活动。

（康素敏）

中国移动

【概况】 围绕科学发展示范区、人民群众幸福之都建设，中国移动唐山分公司以满足客户需求为出发点，以“质量领先、运行高效、支撑有力”为工作目标，打造“满意100”服务品牌，采取有效措施展开精确营销，新客户、新业务和新话务三大驱动力的规模效益优势明显，和谐企业建设取得新成绩，荣获“全国精神文明建设先进单位”、“全国模范职工之家”称号，继续保持了河北省政府 AAA 级劳动关系和谐企业名录，在全市 63 个行业窗口单位开展的创建文明行业“三杯”竞赛群众评议活动中，被评为“优秀行业”。

【积极承担社会责任】 一是在激烈的竞争环境中，以服务地方经济为宗旨，大力开发唐山政务平台等新业务。面向全市开展“彩铃、短信征集评选大赛”，助力“城市一卡通”工程，B－MAS 城通卡正式商用。坚持低资费优惠客户，向规模要效益，已有近 600 万唐山移动网上客户，提高了市场掌控力。二是从网络、营销、服务、信息化等多方面为首钢搬迁、曹妃甸建设保驾护航。开展“慰问建设者工程”，使建设者们在远岛上享受便捷的通信服务。公司还出资百余万元组织多场大型慰问演出，为奋斗在一线的建设者送去亲情和温暖。三是在南方雪灾和四川地震的危难之际，赴湖南郴洲为“唐山 13 义士”送去存好话费的 13 部手机，为丰南区政府赴川抗震小分队、唐山义务救灾第一人、移动代理商等救灾人员提供应急通信保障，慰问唐山市消防支队赴川救援官兵，组织员工爱心捐款、缴纳“特殊党费”、“特殊团费”、“特殊会费”27 万余元，为地震灾区捐赠价值 50 万元的教学设备，被唐山市精神文明建设委员会办公室评为 2008 年 7 月份全市学雷锋十佳事迹之一。被市委、市政府评为唐山市抗震救灾先进集体。四是全力做好奥运通信保障，组织火炬传递路线专项优化，全部开通沿线所有小区的 EDGE 功能，对沿线基站重点巡检，加强应急演练，开展机房、信息等网络专项安全整治，曹妃甸三个涉奥基站提前 2 个月顺利开通。奥运火炬在唐山传递路线涉及基站 162 个，BSC 的 CPU 负荷远低于预警门限，全网设备运行正常，火炬传递全程无拥塞，实现了火炬传递和赛事期间网络运行高效、稳定。奥运通信保障工作被河北省通信管理局评为先进集体。五是在开展“感恩河北，回报社会”活动中，积极参与并努力在帮建文明生态村、春蕾计划、陶博会等项目中发挥通信企业的作用，承担社会服务义务，为各类公众活动和突发性自然灾害事件提供快速应急服务。

【渠道网点不断完善】 按照“网络全覆盖，渠道全覆盖”的目标，一是加大资金投入，实现自然村的网络全覆盖。在山区和沿海建设移动通信基站，使全市近 5000 个行政村均有农村服务站，老百姓可以享受到便捷、优质的网络通信服务。二是加大工作力度，努力把曹妃甸新区建成河北省“基础设施最先进、覆盖率最广、畅通率最高、服务最便捷、价格最优惠”的移动通信保障示范区。三是以全国第一个“基层移动政务服务平台”应用示范县（市）项目建设为契机，与遵化市人民政府签署农村政务系统使用协议，在遵化市 25 个乡镇、2 个街道等基层单位全面普及基层移动政务服务平台，利用移动信息技术传播速度快、传播面广、到达率高、成本较低等特点，通过 SMS、WAP、WEB、IVR 等移动通信方式，提供政令信息下达、公文流转、通知、公告等政务热线业务，从而打造成全国第一个基层移动政务服务平台应用示范县（市）。四是推动实体渠道向纵深发展，自办营业厅、社区服务站、农村服务站的建设不断完善，实体营业厅、代理点的服务功能得到有效发挥，自助终端投入量居全省前列，乡镇营业厅自助终端覆盖率 100%。农村信息化推进工作被省公司评为先进单位。

【服务质量持续提升】 2008 年，在客户规模优势形成较高抗风险能力的基础上，努力提升服务质量。一是签订经营责任状，深入落实服务责任制。内部加强培训、强化考核，外部借力第三方暗访测评，通过技术监控、电话拨测等科学手段，多方面提升服务水平。二是加强网络建设和维护，开展流程穿越，持续改善服务短板，优化投诉处理流程，提高前台一次问题解决率。对重点投诉进行专项治理，有效提升投诉客户的回访满意率。通过开展垃圾短信治理工作，垃圾短信数量逐月下降，由垃圾短信产生的投诉从 4 月份的 7401 件下降到 8 月份的 2156 件，收效明显。唐山分公司客户服务中心投诉组被河北省客户满意工程联合推进办公室和河北省服务质量促进会共同授予“2008 年度河北省用户满意服务明星班组”光荣称号。三是定期开展全球通 VIP 俱乐部活动，提升重要客户、集团客户的满意度。四是加强精细化管理，在三级稽核体系的基础上构建立体内控审计体系，将事前预防、过程控制、事后监督有效结合，堵塞经营管理漏洞，从安全稳定的高度提高服务质量。

【和谐企业建设取得新成绩】一是紧密结合行业特点，认真学习，深入贯彻落实科学发展观，以窗口服务单位争创一流业绩促进公司和谐企业建设。在共青团唐山市委组织的学习实践科学发展观创建活动中，市内营销中心被授予“科学发展青年示范号创建单位”荣誉称号，唐山分公司被授予“唐山市十佳示范团委创建单位”。二是大力表彰先进，弘扬劳模精神，组织劳动模范、全国青年文明号服务标兵巡回演讲，参加“关爱分享、自信成长—动感地带与你同行”名师巡讲活动，引导员工树立崇尚先进、积极向上的从业观念。充分发挥职工小家作用，组织多样文体活动，推进民主管理，关心困难员工，关爱离退休人员，保持队伍和谐稳定。公司荣获“全国模范职工之家”荣誉称号，唐山市总工会有关领导出席授牌仪式。三是坚持企务、政务公开，各项事务透明。加强各级班子建设，提升队伍执行力、凝聚力和经营业绩。11 月 4 日，工业和信息化部党组成员、人教司司长陈小筑一行，在省通信管理局局长张峰、市政府陈国鹰市长等省市领导的陪同下到公司视察指导工作时，对兴源道营业厅一流的服务环境和公司取得的成绩给予了高度评价。公司党委还连续七年被评为市国资委系统先进基层党组织，公司继续保持河北省和谐企业称号。

（沈　怡）

中国联通

【概况】　2008 年，唐山联通公司企业转型不断深入，企业改革持续推进，平稳顺利实现了原唐山网通和原唐山联通的融合重组。企业经营持续健康发展，通讯保障能力不断提高，为全市人民提供更加优质完善的服务。信息大厦营业厅还被中国联通集团公司评为全国五星级服务厅、命名为国家级青年文明号。

【企业经营持续健康发展】　各项经营工作坚持以客户为中心，以服务社会为目标，以建设“数字唐山”为己任，优化业务结构，完善营销体系，努力提供丰富多样的宽带通信和综合信息服务产品。一是积极参加“平安唐山”项目建设，与市委政法委合作，负责为社会治安提供网络服务和技术支持。为使“平安唐山”科技防范建设延伸到每一个角落、全市半数以上农村已建成平安互助村。二是加强宽带提速工程建设，进一步满足社会对信息化产品的需求。为全市农村党员干部现代远程教育网工程完成了 5400 多个接入点的建设。不断优化移动网络，日益丰富移动套餐产品，在满足群众需求的同时，促进了业务的快速增长，全年为 300 余万用户提供了固话、移动、小灵通、宽带等各类产品服务，为唐山幸福之都建设提供了强有力的通信支撑。

【通信保障能力不断提高】　一是为保障社会通信需求，服务唐山改革和经济发展的需要，公司投入巨资，不断提升网络通信能力，先后完成四期宽带接入扩容工程，全力加强曹妃甸工业区通信建设，并对全市城乡进行了光进铜退改造工作。二是进行移动通信设备升级改造、增建和优化基站以及网络优化工作。为圆满完成奥运通信保障任务，公司提出“五个确保”和“全网保障、万无一失”的总体要求，协调联动，全员参与，精细工作。开通互联网市到县千兆中继电路 11 条、至秦皇岛中继电路 24 条，在奥运火炬唐山传递起始点和广播电视台直播间等地点开通 ISDN 专用电路 5 条、10 兆光纤电路 1 条，安装国内长途电话 16 部，紧急更新了唐海至曹妃甸部分光缆路由 12 皮长公里、市内 30 皮长公里，由架空形式改为管道敷设，确保了线路安全。三是在抗震救灾重要通信保障任务中，义不容辞提供通信设备、技术支持。同时，全体员工自发捐款捐物，累计捐款 44 万元，捐棉衣棉被 604 件。四是中国经济 50 人论坛会议在唐山·曹妃甸召开期间，公司有关人员连续几天昼夜奋战，圆满完成了通信保障任务。

【服务水平进一步提升】　一是从完善基础管理、强化监督、事前控制等环节入手，狠抓服务管理工作。制定系列制度规范，完善服务质量监督体系，实行日常监控、营业厅内部监控、公司月度考核、第三方暗访和社会监督员抽查相结合的质检工作模式，服务管理、服务环境明显改善。二是通过外请内联，强化员工的礼仪、服务、技术培训，服务水平、服务质量明显提升，用户满意度比上年提高了 2.8 个百分点。

【融合重组工作基本完成】　按照国家电信体制改革的统一部署，2008 年 11 月 28 日，唐山联通公司筹备组成立。根据省公司合并工作要求和市级分公司组织机构方案，着眼未来发展需要，经过充分调查研究，反复征求各方面意见和多次会议研究、讨论，提出了《唐山分公司组织机构设置方案》并被省公司批复执行。按照人尽其才，用其所长，业绩优先，人随事走，保持稳定的原则，12 月 10 日，召开全体管理人员电视电话会议，宣布了公司对中层管理人员的聘用决定，融合重组工作基本完成。

（崔顺昌　苏荫渤）

综　述

2008年，唐山市旅游业在科学发展观的指导下，克服市场的不利因素，有效提升行业运行品质，通过整合资金、捆绑促销，资源开发投入9.1亿元，完成目标计划的113%，休闲旅游产品核心竞争力明显增强。全年接待国内外游客961万人次，创收48亿元，分别完成年度计划的112%、114%，同比增长25.6%、34.4%；新增AAAA级景区1家，AAA级景区6家，A级以上景区达到了28家；新增星级酒店11家，其中四星级酒店5家，三星级酒店6家；绿色饭店达到了5家，其中金叶级2家，银叶级3家；新增国际旅行社1家、国内旅行社5家；新增持证导游员349名。旅游新业态、新产品不断丰富，新增省级农业旅游示范点4家、省级乡村旅游示范点10家，为实现城乡旅游等值化增加了一条新途径。

宣传活动

【规划促销宣传】　一是研编规划，编订了第一部《唐山旅游业总体发展规划》。完成了包括迁西县新集村、丰润区黄昏峪村、乐亭县赵蔡庄村等在内的10个乡村旅游发展规划，引导乡村旅游走上科学发展的轨道，为唐山旅游的可持续发展储备项目。二是选好目标市场，集中点射促销。2008年旅游客源市场开发主要精力集中在京津，以京津做“点”，“辐射”国际国内两个市场。通过调研京津客源市场，掌握其产品取向、出游结构、需求走势，消费模式等，摸清重点，清楚脉络，做到知己知彼，为唐山旅游促销宣传提供可靠依据。

【构筑宣传网络体系】　以宣传撬动旅游市场，2008年，利用多种手段搞促销，构筑起了立体形、全覆盖的唐山旅游形象宣传网络和体系，收到了很好效果。一是实施整合营销。在北京、上海、大连等火车站内25座电视屏幕以及河北卫视“魅力河北风采展”栏目，全年投放15秒旅游广告；在《中国旅游报》购买2个整版、《河北日报》购买3个整版进行整体宣传，介绍唐山的奥运旅游线路和产品，全面启动奥运游客市场。二是主打央视媒体。在央视CCTV1《朝闻天下》、CCTV4《天气预报》投放300万元进行整体形象宣传。三是注重网络宣传。与新浪乐途旅游网合作开展唐山旅游形象广告征集活动，通过事件营销，引起全国人民对唐山旅游的关注。四是加强本地宣传。年初，在《唐山晚报》开辟了旅游专版，在电视台开辟了《天天旅游》栏目、在经济广播电台开辟了《行游天下》旅游专栏，通过这些栏目加大本地旅游宣传力度。五是拓展宣传载体，在京沈高速公路设置旅游广告牌22处，展示了一张张唐山旅游名片，如今旅游宣传广告牌已经成为京沈高速公路上的一道靓丽风景。举办了“魅力之夏”——中国优秀旅游城市·唐山书画、摄影大赛，制作完成了中英文对照的《唐山旅游映像》画册，拓展了唐山旅游宣传载体。

【营造景区引力氛围】　组织谋划精彩活动，增强景区吸引力。迁西县景忠山景区谋划了包括《俏夕阳》剧组到景忠山献艺、驻山僧人和道士进行法事活动等；乐亭月坨岛景区请来了国内知名乐队，打造海洋摇滚音乐节，营造激情之夜浪漫氛围；迁安白羊峪将采摘节推向深入，招揽广大游客爬长城，品乡间美味。5月20日至25日，景忠山景区借农历四月十八传统庙会之机，开展“景忠山传统文化庙会暨心系灾区、祈福募捐活动”，为四川灾区贡献一份力量。启动仪式当天，就募集善款13万余元。

【打造无障碍旅游优势】　为开发京东旅游环线，打造无障碍旅游，唐山、承德、秦皇岛三市旅游主管部门主要负责人共聚唐山，就区域旅游合作进行协商，共同签署了《冀东三市（唐承秦）区域旅游合作协议》。按照协议精神，三市将实施区域旅游资源整合，重点加强历史文化、草原、山地、海滨休闲等旅游产品的对接与链接，共同策划、设计5－7日游“京东旅游环线”，打造环京津、环渤海区域的旅游强势品牌。并在此基础上，积极联合京、津两市，联手建设京津唐承秦华北五市7－9日游线路。唐承秦三市旅游合作，将建立统一的京东旅游环线标识系统、旅游咨询服务系统。统一使用“京东旅游环线”品牌，联合建设“冀东三市”旅游门

户网站，共同编制区域旅游宣传品，共同组织开展宣传促销活动，并相互支持和参与对方的旅游节庆活动。三方将致力于最大限度地开放市场，打造绿色旅游通道，鼓励区域内有实力的旅游企业依法异地经营，并享受同城待遇，鼓励旅游企业打破地域界限，组建和发展跨地区、跨行业的大型旅游企业和企业集团，支持跨地区的旅游线路运营、旅游车船互通。

行业管理

【以科学发展观为统领】 联系实际开展科学发展观学习实践活动，为唐山旅游事业的加快发展拓展了思路，注入了强大的活力，科学发展观成为新一轮旅游业发展的强力指南。一是在发展理念上放大旅游概念，用不断发展的眼光寻找新的符合市场需求的资源加以利用，由“产品发展导向”向“市场开发导向”转变，“区域性市场”向“网络化市场”转变，“传统经营”向“多元化经营”转变。二是在“旅游业发展的产品结构上，由自然资源和历史文化资源形成的传统旅游产品的开发，向传统旅游产品和现代旅游资源的开发利用并行的方向转变”；“旅游业发展的空间结构，由以景（区）点为主体的点状空间发展结构，向以城市为中心的片状空间发展格局转变”；“旅游业发展的产业品质，由数量扩张、经济功能型向素质提升、综合功能型转变”；“旅游业发展的市场资源，由单兵作战、地方性发展向协调共进、区域性发展的格局转变”。通过学习实践活动，全市旅游业确立了建设“国家知名旅游城市”的全新战略目标，明确了提高统筹协调能力、市场开拓能力、引资融资能力、依法行政能力四大工作标准，依靠市场“无形的手”和行业管理“有形的手”来调控、引导、整合食、住、行、游、购、娱旅游六大要素，进一步探索唐山旅游科学发展的新模式。针对旅游集散中心这一省内全新的旅游发展模式积极探索，以赵蔡庄生态家园旅游模式为示范，助推省、市旅游业发展和唐山科学发展示范区建设。积极探索在景区体量、档次、规模不大的现实情况下，走产品联合打造的新路子，将乐亭三个岛屿整合成涵盖浴场、度假、生态旅游等不同功能的同一个大景区；将青山关、潘家口、大刀风情园整合成项目丰富、体量巨大的同一个景区；将清东陵、汤泉整合成观光、度假要素有机融合的同一个景区。由此构筑8—10个各具特色、产品丰富、结构合理的地域功能分区，创建3个AAAAA级景区，6—8个AAAA级景区，为提升唐山市旅游产品的核心竞争力奠定扎实基础。

【加强人才队伍建设】 现有从业人员专业化水平不高，知识结构不健全，整体素质偏低，在一定程度上制约了发展进程。为扭转这种局面，实现旅游业人才队伍从“有岗生存”到“品质生存”的跨越，一是以制度管人，按照“清、减、放”的要求，对外公开程序、流程，实施“超时默许制”和网上审批，落实旅游政务信息公开和重大事项“局务会议纪要”、“会审制度”，制定《行政处罚项目自由裁量权标准》和《执法程序规范》，健全部门议事决策制度、辅助决策听证、质询制度，重新调整AB岗责任制、责任追究制、首问负责制，建立入企检查制度，强化监督问责，落实党风廉政责任制，规范权力运行、约束权力延伸和体外循环，提高工作效率和办事透明度。二是坚持持证上岗，加强从业人员教育培训。先培训、后上岗，把职业培训与饭店评星、旅行社管理、导游员管理、评定旅游景区（点）等级等紧密结合，实施培训达标，充分调动旅游行政部门、培训中心、旅游院校、旅游行业协会和旅游企业等多方面加强旅游从业人员职业教育培训的积极性，形成旅游人力资源开发的多方联动。组织旅行社经理培训和导游员地接能力培训，不断强化职业素养。通过一系列连贯有效的素质培育，效果明显，一些优秀人才得以涌现。赵英健作为全国模范导游员登上“百家讲坛”，马婷婷在全国红色导游员大赛中一路领先，最终取得亚军，显示出唐山地接导游员的能力和水平，树立了唐山旅游的良好形象。

【优化旅游市场环境】 一是加强旅游目的地辅助设施建设。经多次实地踏勘，在省道、国道和高速公路上增设了统一标准的旅游交通标识牌67块；健全完善唐山旅游集散中心、导游服务中心运作机制，10条直达景区的旅游专线车相继开通，彰显了唐山现代城市旅游功能和旅游目的地形象。二是加强立法，健全旅游环境监管。完成唐山市第一部旅游立法《唐山旅游业促进条例》初稿并提交市人大常委会讨论，《社会餐馆旅游接待管理办法》、《一日游管理办法》、《乡村旅游业发展意见》等规范性管理规章相继出台，进一步为健全旅游市场环境监管提供法律依据。三是提升旅游服务基础设施建设档次。按照星级酒店标准加大对在建、拟建星级酒店的指导力度，唐山海澳大酒店、乐亭昌盛国际酒店、乐亭天鹅湖大酒店、迁安九江、迁安安喜大酒店评为四星，迁安奥特宾馆、唐山海港鑫丰大酒店、南苑商务酒店等被评定为三星级饭店。这些高星级酒店的加盟，提升了旅游服务的品质。四是加强奥运旅游市场综合治理。大力开展旅游市场秩序的规范整顿，严肃查处门市部甩手承包、非法旅游运营车辆、外地景区非法运营机构，加强联合执法；启动奥运旅游品质月活动，大力倡导文明旅游、诚信旅游、优质旅游、安全旅游，加强文明出行和绿色出行工程建设；加强旅游景区和城市风貌治理。清东陵作为唯一一家北京之外的游览区列入奥运大家庭的游览行动计划，景区服务和接待工作受到国际友人的高度评价。

项目建设

【概况】 2008年，全市新建、续建、竣工旅游项目41个，规模投资138亿元，其中超过10亿元的项目2个，亿元以上的项目11个。燕东生态园、陶瓷文化旅游博览园、红峪口山庄、南湖公园、赵蔡庄等6家景区通过省旅游局AAA级旅游景区验收。至此，已拥有6个AAAA级旅游景区、7个AAA级旅游景区。规划中的旅游项目12个，

计划投资84亿元，其中10亿元以上项目6个，亿元以上项目3个。旅游项目建设进展顺利，旅游业发展充满后劲。

【南部滨海休闲度假旅游带】 菩提岛环岛旅游路、码头清淤等基础工程取得进展；月岛装修别墅，扩建运河大坝，修建木屋、码头、广场、餐厅，搭建海上舞台，景区档次和运行能力有很大提升，11月份，率先通过国家旅游局AAAA级旅游景区验收；赵蔡庄村村内民居外装修、垂钓池，竹子长廊、湖心八角亭、20亩观光大棚等建设完成；唐海曹妃湖商务休闲港（一期）拆迁绿化基本结束。此外陶瓷文化旅游博览园完成旅游商品进场销售，填补了唐山旅游六大要素中“购”的空白，拉伸了旅游产业链。

【中部城市文化体验旅游带】 作为2008年“四大主体功能区”建设重点之一的南湖生态城项目取得重大突破；南湖扩湖工程起步，环湖景观大道投入使用；开滦国家矿山公园一期工程中的博物馆、主（副）碑、景观广场等竣工并通过验收，文化创意园、分展厅、观光廊桥、徽记水体广场等正在进行施工准备；地震遗址公园完成碎石广场、纪念墙、树林区等建设项目；滦县青龙山延古寺和娘娘顶恢复已初具规模。

【北部长城观光度假旅游带】 迁安白羊峪长城旅游区拓宽3公里景区道路，开通了步步川——大庄旅游观光路，修建了拦水坝；迁安现代农家院（谐园）建成对外开放；迁西栗香湖、莲花湾、金水湾等项目完成初期规划方案和部分征地。

（李中宇）

科学技术

编纂 赵世昌 高金山

综 述

全市科技工作坚持以科技进步和创新支撑科学发展示范区和人民群众幸福之都建设为主线，进一步加大科技进步与创新力度，科技创新能力得到了稳步的提升。2008年，唐山市进入中国城市综合能力创新五十强，被评为全省科技工作先进市；市科技局获国家知识产权培训工作先进集体、河北省院士智力引进工作先进单位等荣誉称号。

科技创新体系建设，自主创新能力提升。一是科技政策体系建设取得新进展。起草了《唐山市加快科技进步和创新支撑科学发展示范区建设的决定》，并通过市政府常务会审定。梳理各级各类科技政策法规146部，辑印了《科学技术法律法规政策文件汇编》，开展专题培训讲座2期，指导企业用好现有科技政策，取得良好实效。二是技术研发体系建设取得新成果。培育建设冶金机械、轨道车辆、数控机床、电焊机等企业工程技术研究中心44家；冶金工程、金属材料等行业重点实验室18家；瘦肉型猪、板栗、蔬菜加工、食用菌等农业产业研发中心20家；印刷机械、冶金设备等民营特色研发机构13家。重型装备预应力制造和水泥装备2个工程技术中心被批准为省级工程技术中心，科技创新能力和辐射带动效应显著增强。三是创新服务体系建设取得新实效。积极打造唐山钢铁科技公共服务平台，为钢铁行业科技进步提供了有力支撑。市生产力促进中心被国家科技部评审为国家级生产力促进中心，各级科技服务机构为企业提供技术服务9450次，推介高新技术项目325项。加强30个农村新型科技服务组织建设，组织556名农业科技特派员深入农村基层开展技术服务。四是科技合作体系建设取得新突破。积极探索产学研协作创新模式，成立了中国科学院唐山高新技术研究与转化中心。积极谋划建设唐山科技城，促成市政府与燕山大学、河北工业大学签订共建国家大学科技园的协议。成功举办河北省（唐山市）高新技术成果暨科技合作洽谈会，7个科技合作项目现场签约。唐山轨道客车有限公司被国家科技部批准为国家国际科技合作示范基地，国际科技合作取得丰硕成果。五是创新型人才培养体系建设迈出新步伐。围绕技术研发体系建设，引进、培养各类科技人才224人，培训专业技术人员800多人次。实施应用基础研究计划，培养学科、领域高层次科技人才64名。通过科技合作引进中科院院士1名，研究员、教授15名进入中科院唐山中心工作。“院士联谊”稳步推进，促成开滦、迁西、唐钢和曹妃甸工业区建设等与院士开展6个项目的实质合作。不断充实科技人才专家库，推荐63名教授、高级工程师进入河北省高新技术企业认定评审专家库。

科技创新，支撑资源型城市转型取得新成效。一是高新技术产业实现新发展。积极谋划打造唐山湾“四点一带”高新技术产业带，推进产业布局向沿海转移，创新驱动高新技术产业快速崛起。实施曹妃甸港现代物流服务应用示范工程，促进现代港口物流基地建设。国家火炬计划焊接产业基地以及5个河北省特色产业基地进一步培育壮大，成为推进资源城市转型的主要支撑项目之一。石英晶体谐振器制造过程中应力消除技术开发与推广列入国家火炬计划，现代血液安全管理信息系统等7个项目获得国家、省创新基金支持，取得发明专利2项、实用新型专利15项、开发自有知识产权产品32个。23家企业通过了省高新技术企业认定评审，唐山轨道客车有限公司是河北省唯一一家被科技部首批认定的创新型企业。二是技术创新支撑产业发展效果显著。重点实施装备制造业集成创新工程及能力建设工程，以技术创新为载体，打造以高速列车、冶金装备、洗选煤装备等为重点的先进装备制造业产业链，有力地带动全市先进装备制造业发展。350km/h高速动车制造关键技术研究项目，列入省重大创新计划，获230万元经费支持；2+2模式重介质选煤系统脱水技术及装备、洒落式振动混流煤炭干燥技术及装备开发，完成关键技术攻关和工业性试验。启动了新型耐火材料民营科技特色产业群建设，以技术创新推动产业整合，提升产业竞争力。三是节能减排技术创新与示范扎实推进。制定《唐山市工业节能减排技术创新实施方案》，加大工业节能减排关键技术攻关，围绕冶金、化工、陶瓷、建材四个重点行业，狠抓节能减排重大创新项目，谋划实施的“钢铁企业低压余热蒸汽发电和钢渣改性气淬处理技术”项目列入国家科技支撑计划，

获2396万元资金支持；粘胶短纤维行业40000m^3/h废气处理与回收、水泥窑补燃发电改纯余热发电成套技术、骨质瓷生产研磨工序节能提效关键技术研究等重大科技创新和示范取得突破性成果。

农村和社会发展领域科技进步取得新进展。坚持把改善民生、造福民众作为科技工作的出发点和落脚点，支撑人民群众幸福之都建设。一是"科技富农"行动卓有成效。大力推进8个"一县一业一园"示范工程、1个国家粮食丰产科技示范工程和2个国家科技富民强县工程，有效带动传统农业优化升级和农业经济繁荣。着力组织实施主要农作物优质高效生产、畜禽标准化养殖、微生物处理玉米秸秆及奶牛饲用技术研究、"黄海1号"中国对虾抗病高产养殖技术模式等73项农业技术研发与示范项目，选育示范农业优新品种25个。重点扶持遵化栗源公司、迁西板栗集团、广野物业、迁安贯头山酒业等12家农业产业化龙头企业，提高企业创新能力，推进农业产业化。深入开展科技先导型新农村建设科技示范，实施农村民生科研示范和综合集成示范，重点培育科技示范村17个。二是"科技惠民"行动效果显著。重点实施安全猪肉生产、曹妃甸滨海类型区绿化、燕山采矿迹地绿色产业生态重建等一批重大技术集成示范项目，以及湿地生态修复与生物多样性技术、生态环境与公共安全支撑技术等重大科技创新示范工程，取得良好成效。精心组织常见病、多发病、传染病和重大疾病防治技术的研发，取得了一批阶段性成果。三是发展循环经济关键技术、矿产资源综合开发利用关键技术、新能源开发利用关键技术等一批研究与示范，取得了实质性进展。矿井水资源化处理技术研究成功，清洁能源纯电动公交车关键技术开发研究在核心技术形成了自主知识产权。

科技管理创新，建立支撑科学发展的新机制。为适应新形势新任务的要求，以大科技的理念，构建科技创新机制，研究制定《关于科学技术研究与发展计划管理改革的意见》，并以唐政办〔2008〕6号文件印发执行。初步健全以企业为主体，产学研相融合的技术创新机制；以市场为导向的科技资源聚合流动机制；以政府为主导的科技创新服务激励机制；以科技成果转化为重点的科技合作交流机制。支撑科学发展的科技创新运行机制进一步完善。

科技管理

【梳理现有科技政策】 认真清理2003年以来国家、省、市制定的科技政策法规，并按综合、创新平台与保障、高新技术、农业与社会发展、成果与技术市场、知识产权、企业科技进步、科技人才八大类进行了整理归纳，共涉及科技法律法规和政策等文件146部，辑印了《科学技术法律法规政策文件汇编》，为谋划制定全市科技相关政策提供全面系统的参照依据。

【培育壮大农业科技创新力量】 合理调整农业科学研发布局，强化科研与开发、推广队伍的建设，逐步形成队伍精干、管理有序的新型农业科技创新体系。加强农业高新技术的应用研究，建立服务于"三农"高水平的科研示范基地。加强科技型农业龙头企业培育，积极扶持创新企业的研发活动，广泛建立以企业为主体、产学研结合、典型引路和示范推广相结合的农业科技项目实施新机制。与技术监督管理部门配合，结合农业科技项目的实施，制定农业技术规范和技术标准，全年制定《杂色蛤苗种繁育技术规范》、《有机果品京东板栗生产技术规程》等省、市级技术标准9项，推进了农业标准化建设。

【重点实验室建设】 年内，组织有关专家对市无机非金属材料重点实验室、工程防灾减灾重点实验室等18个重点实验室进行了评估和论证。按照已建重点实验室的评估结果和申报市级重点实验室的论证结果，在17个市级重点实验室的基础上，重点建设河北省煤矿卫生与安全实验室、唐山市无机非金属材料重点实验室、唐山市冶金技术重点实验室、唐山市矿业开采与安全技术重点实验室、唐山市结构与振动工程重点实验室等省级重点实验室。

【企业工程技术研究开发中心建设】 全市已批准建设企业工程技术研究中心累计达到44家，年内共投入科研经费1.93亿元，承担科研项目263项，取得科研成果73项，取得国家专利47项。企业工程技术研究中心已经成为企业自主创新的重要动力源头。

【民营特色研发机构建设】 年内，新增12家，累计培植民营特色研发机构26家，涵盖了机械、电子、冶金、食品加工、材料等多个领域。丰富和完善了企业、政府、社会三个层次的科技研发体系，大大激活了民间科技创新的源头。年内投入财政资金60万元，引导支持新建10家机构共投入资金1600余万元，用于购置实验仪器和扩大机构规模，进一步完善了研发手段，提高了科技创新与研发能力。全年共开发新技术新产品36项，申报专利15项，培养创新人才40人，年内为300余家企业提供了实质性的技术支撑和服务，提高经济效益、降低生产成本达到2.5亿多元。

【生产力促进中心建设】 年内，唐山市生产力促进中心、迁西生产力促进中心、唐山市高新技术创业服务中心、市机械电子生产力促进中心、河北理工大学制造业信息化培训基地等科技中介服务机构，在技术开发、技术咨询、中介服务、人才培训、企业孵化等方面为企业提供技术服务9450次，推介高新技术项目325项，为促进企业自主创新能力不断增强，科技成果转化及提高企业经济效益作出了应有贡献。5月，唐山市生产力促进中心通过国家科技部评审，步入国家级生产力促进中心行列。

【积极争取国家和省级项目】 年内，争取国家级科技项目11个，获293万元资金支持；争取省级科技项目32个，获851万元资金支持。

专利工作

【专利申请量增加】 全市申请专利1231项，比上年增长46%；授权专利710项，比上年增长8%。

【国家知识产权试点城市工作】 一是继续实行专利申请费补贴政策。全年发放补贴2次，补贴专利464项、补贴金额22.9万元。完成省局发明专利补贴上报工作，全市上报48项（不包括河北理工大学），补贴金额5.6万元。二是做好专利创新引导工程。确定钢铁、装备制造、陶瓷3个行业作为专利开发与实施项目，该项目共投入科技经费111万元，收到了较好的效果。钢铁、装备制造、陶瓷3个行业年内申请专利达380项。其中钢铁行业申请专利150项，陶瓷行业申请专利110项、装备制造业申请专利120项。三是为企业提供专利申请服务。联系石家庄冀科专利事务所的专利代理人先后2次分别到唐山轨道客车有限公司、唐山陶瓷有限公司、隆达陶瓷有限公司进行现场指导，与专利发明人座谈交流，为企业提供专利申请服务。四是做好知识产权优势企事业和优势县（市）区培育工程。全省拟培育20个县（市）区，市申报的迁安、遵化、丰润、路南、高新区5个县（市）区都被列入培育对象，省局给每个县（市）区活动经费1万元。迁安市还向国家局申报了知识产权强市。

科技活动

【科普工作】 5月17日—23日，唐山市科技局牵头组织由24个市直有关部门、社会团体安排15个专题科普宣传行动。围绕“携手建设创新型国家”主题，根据当前科技和经济社会发展的热点，突出科技惠及民生和科技支撑发展两大主线，通过举办一系列丰富多彩、形式多样的群众性科技活动，以科技的视角进一步宣传和解读国家发展的大政方针，让公众在亲身参与中体验科技进步和创新的重要作用。全年有重点地开展科普活动70次，仅在集中开展“科技活动周”等大型活动中，发放科技资料近10万份，接受群众咨询3万多人次，为广大农民提供先进、实用技术近百项。

【参加中国·廊坊高新技术与现代服务业投资贸易洽谈会】 5月18日，组织“曹妃甸工业区年产50万套新型无缝钢轨生产线项目”、“唐山齿轮集团有限公司生产汽车自动变速器项目”等17项招商项目参会。组织“350km/h动车组”、“松下电焊机”等高新技术展览展示项目23项，制作展板26块，在唐山展区进行展示；组织唐山三鑫药业有限公司、唐山国华科技有限公司等10家企业参加18日下午在国际饭店怀远厅召开的高新技术项目洽谈会。共有15个项目达成了合作协议，协议总投资额达到5.22亿元人民币，拟注册外资1.52亿元人民币；唐山国丰钢铁股份有限公司和北京科技大学合作研究“钢铁企业含锌粉尘（污泥）性质以及循环利用的研究”项目，参加了大会组织的签约仪式。市科技局获得省科技厅颁发的“河北省高新技术产业展”特等奖，中国北车集团轨道客车有限公司的“350公里/小时动车组”项目、松下电器唐山有限公司的“焊接机器人”和中国煤炭研究总院唐山分院的“重介质洗选煤工艺及设备”项目获得“河北省高新技术产业展”优秀项目奖。

【召开“唐山市海洋渔业科学发展对策研讨暨浅海设施养殖现场观摩会议”】 10月29日，邀请中国水产科学研究院、黄海水产研究所、大连水产学院、天津水产研究所、河北农业大学海洋学院等单位专家结合唐山湾“四点一带”开发建设，就如何依靠科技创新促进唐山市海洋渔业经济的科学发展进行研讨，为加快发展海洋经济，打造现代渔业产业，实现农业经济又好又快发展提供服务。为唐山更好地开展海洋渔业科技工作奠定基础。

【与中科院科技合作不断深入】 4月14日，市政府与中科院北京分院签署了全面科技合作协议。市科技局分别与中科院过程工程研究所、理化技术研究所、微生物研究所和煤炭化学研究所签订了合作意向。市委书记赵勇、中科院常务副院长白春礼等领导出席签字仪式。双方科技合作协议签订后，为共建中科院唐山应用技术研发与转化中心创造条件，市编委批准成立该中心，市政府拨付专项启动资金1300万元，在市高新技术创新大厦落实3000平方米研发场地，在企业落实1800平方米中试基地。12月31日，中国科学院唐山高新技术研究与转化中心在唐山成立。中国科学院唐山高新技术研究与转化中心过程工程事业部、理化事业部、微生物事业部、电工事业部同时成立。中国科学院党组成员、中国科学院副秘书长、北京分院党组书记何岩，市长陈国鹰为研究与转化中心揭牌。中国科学院北京分院党组常务副书记项国英与市长陈国鹰签署了《中国科学院、唐山市人民政府合作共建中国科学院唐山高新技术研究与转化中心协议》。市科技局分别与中国科学院过程工程研究所、中国科学院理化技术研究所、中国科学院微生物研究所、中国科学院电工研究所签署了合作共建中国科学院唐山高新技术研究与转化中心过程工程事业部、理化事业部、微生物事业部、电工事业部4个协议。标志着唐山市与“大院名校”的实质性科技合作取得突破，开创我省与中国科学院合作建立技术研发与转化机构的先例，开辟政产学研融合发展的自主创新模式。

【承办高新技术成果洽谈会】 9月28日，由省科技厅和市政府共同主办，市科技局承办的河北省（唐山市）高新技术成果暨科技合作洽谈会在渤海国际会议中心举行。全市120多家企业1000多人到会与专家洽谈交流，会上有7个科技合作项目签约：一是唐山正欣实业集团、曹妃甸管委会与中科院电工研究所签订了“共建蒸发冷却技术研发中心”协议；二是唐山雷浩能源技术装备有限公司与中科院过程研究所签订了“水煤气连续生产技术和设备开发”协议；三是唐山宇清环保机械有限公司与中科院生态环境中心签订了“吸泥—除藻船试制”协议；四是唐山金山冶金设备有限公

司与俄罗斯卡卢金联合股份公司签订“JME迷宫式高炉送风装置”协议；五是市科技局与清华启迪创业孵化器有限公司签订战略合作协议；六是市政府与燕山大学签订“共建唐山燕山大学国家大学科技园”协议；七是市政府与河北工业大学签订“共建唐山河北工业大学国家大学科技园”协议。

【召开“科技先导型社会主义新农村示范村建设”研讨会】 11月14日，市科技局邀请农业部农村社会事业发展中心、中国农科院、河北社会科学院、河北农业大学等院校10余名相关专家对《徐流口村科技先导型新农村建设规划》进行了科学论证。通过实施新农村建设科技示范，引导现代农村社区发展，为发展生产、提高生活、改善生态，加快新农村民生建设提供强有力的科技支撑。推动传统农业、传统农村、传统农民向现代农业、现代农村、现代农民转变。

科技成果

【在第六届中国国际发明展览会取得成果】 10月16－19日，开滦集团公司、唐山轨道客车有限公司、唐山钢铁股份有限公司、唐山金山冶金设备有限公司、唐山冶金锯片有限公司等6家企业参加了国家科技部在苏州市举办第六届中国国际发明展览会展。有6个项目分获金、银、铜奖，占河北省获奖项目总数的53%，居省内参展各市首位。其中唐山轨道客车有限公司的“高速动车组”、开滦集团的“矿用胶带运输机双向滚筒人员保护装置”、唐山金山冶金设备有限公司的“金山迷宫式高炉送风装置”3个项目获得金奖，占河北省获金奖项目的60%；唐山冶金锯片有限公司的“节能型金属冷热切圆锯片”获得银奖，占河北省获银奖项目的50%；唐钢的“一种薄板坯连铸连轧生产冷轧用钢的工艺”和开滦的“轻放工作面尾煤回收装置”2个项目获得铜奖，占河北省获铜奖项目的50%。

【参加第三届中国民营企业科技产品博览会】 11月7－9日，组织9家企业参加由国家科技部举办的第三届中国民营企业科技产品博览会，河北华通线缆制造有限公司“高压矿用电缆粗钢丝编织金属绕包软电缆”项目被评为博览会金奖，也是河北省唯一获金奖项目。参加企业与各参展商进行了深入交流洽谈，达成了多项合作意向。

【高新技术产业健康发展】 全市高新技术产业总产值达到190亿元，实现高新技术产业增加值预计为62.3亿元，增速为22.03%（市统计局数据）。全年组织实施高新技术产业化项目132项，组织实施传统产业高技术化项目150项。年内23家企业获得省级高新技术企业认证。其中：唐山轨道客车有限公司、唐山松下电焊机有限公司、唐山惠达陶瓷有限公司等12家公司年产值超亿元，23家企业合计高新技术年产值达到92亿元，促进了高新技术产业整体规模的提高。

【国家级基地建设扎实推进】 国家钢铁材料产业化基地：国家钢铁材料产业化基地已经形成集采矿、选矿、烧结、炼铁、炼钢、焦化、耐火材料和冶金机械等门类齐全、功能配套的体系，钢铁产业已经成为支撑全市经济发展，增加城乡居民收入，安置群众就业的第一优势产业。全市钢铁工业现有生产能力铁3680万吨、钢3660万吨、材3200万吨。一是实施钢铁产业生态化可持续工程。以龙头企业唐山钢铁股份有限公司为依托重点实施了“钢铁企业低压余热蒸汽发电和钢渣改性气淬处理技术”项目。3月26日，该项目通过了河北省科技厅组织召开的国家科技支撑计划项目课题可行性论证；10月份，已得到科技部的最后批复，获得资金2396万元。二是积极打造唐山钢铁科技公共服务平台。重点支持“唐山钢铁科技公共服务平台”建设，为钢铁企业提供基于互联网的钢材销售、物资和原燃材料采购、设备与备品备件贸易、闲置资产交流和冶金技术转让等电子商务服务。三是建设钢铁技术创新联盟。以钢铁产业的技术创新需求为基础，开发钢铁行业的关键共性技术，推广应用钢铁行业先进适用技术、引进消化吸收国外钢铁行业尖端技术，构建关键共性技术平台，凝聚和培育创新人才，推动钢铁产业的健康发展。国家火炬计划陶瓷材料产业基地：陶瓷产业基地生产总值达到80亿元，基地企业实现年技工贸收入达185亿元，利税13亿元。全市陶瓷企业共292家，其中年销售额100万元以上的有274家，资产规模达到60多亿元，从业人员近6万人。日用瓷产量占河北省总产量的70%以上，约占全国总产量的14%；卫生瓷占河北省总产量的75%以上，约占全国总产量的7%。国家火炬计划焊接产业基地：焊接产业已经发展成为唐山高新区的亮点产业。一是科技创新能力增强。焊接产业基地的研究开发经费投入3800万元，占增加值的4.5%，基地内企业开发逆变型高速焊机、400GE2型全数字MIG焊机、重卡车桥生产线、159吨大型变位机等新产品35项。二是产业链初步形成。总投资1.16亿元的唐山鸿鹏焊业新厂区、唐山鸿鹏高丽焊接有限公司项目均建成投产，为唐山焊接产业基地注入了新的活力。总投资50万欧元的唐山鸿鹏阿尔马泰焊机有限公司项目正式落户高新区，主要生产具备德国最高技术的各类数字化高端焊机，达产后生产规模为年产各类数字化焊机10000台。生产的数字化点焊机主要为中国境内宝马、大众等系列轿车生产线和维修站焊接工艺提供装备，专家编程系统逆变弧焊机广泛应用于多功能焊接特别是造船业。三是科技合作延伸企业产品链。总投资3亿元，由唐山开元电器有限公司投资的开元焊接机器人系统和大型焊接装备项目，与美国小池阿龙索·浪神公司、日本日立公司、德国IMG公司等国际知名焊接企业进行合作开发生产，促使唐山焊接产业基地的产品链与产业链更加完善。

【科技成果鉴定】 年内，完成省市科技成果鉴定（验收）306项，其中工业项目88项、农业项目28项、社会发展（含医疗卫生）项目173项、软科学项目17项。按技术水平分，国际领先2项、国际先进

32项、国内领先254项、国内先进18项。全市经省科技厅登记的科技成果251项。

成果推广与应用

【农业科技示范工程】 年内丰润区、迁西县、乐亭县、玉田县、遵化市、迁安市、唐海县、滦南8个县（市）区列入省级“一县一业一园”现代农业科技示范工程管理，形成果菜、奶牛、瘦肉型猪、板栗、水产品五大龙型经济。8个示范县（市）区形成核心区4.57万亩，示范规模42.53万亩，辐射面积169.15万亩，先后在龙头企业建立果菜、瘦肉型猪、板栗、水产养殖等农业产业研发中心9个，开发各类新产品43个，在此基础上培育形成知名品牌或商品15个。推广各类新品种82个，推广新技术50项，举办各类技术培训班，培训农民13.4万人次。有效地培育、建立和组织各类专业协会32个，建立和完善各种科技服务组织175个，形成432个科技进村服务站。通过农业科技园区建设，形成“科技＋企业＋基地＋农户”、“市场＋企业＋基地＋农户”科农工贸一体化、产学研相结合的优势特色农业发展模式，逐步形成具有区域特色的优势产业群体。到年底，全市10个县（市）区已经建立板栗、奶牛、水产、瘦肉型猪、果菜、蔬菜、花生7大产业10大园区重点发展格局。各具特色的农业科技园区的发展，加速了块状区域经济和区域优势农业产业群的形成，促进了农业经济的繁荣。

【技术市场管理】 年内，全市共登记各类技术合同381份，其中，技术开发合同103份，合同成交额2072.45万元，技术转让合同83份，合同成交额2456.5万元，技术服务合同195份，合同成交额4690.77万元。累计实现技术合同成交额9219.73万元，技术交易额9144.73万元。比去年的合同成交额6612万元，增加2607.73万元，增幅达39.44%。网上技术市场累计发展会员1499个，网上发布信息2335条。

【科学技术奖励工作】 全市共有197项科技成果申报唐山市科学技术奖，经市科学技术奖励评审委员会评审，共评出科学技术特等奖1个，科学技术进步奖80个。其中一等奖16个：工业项目7个、农业项目2个、社会发展项目1个、医疗卫生项目6个；二等奖31个：工业项目10个、农业项目6个、社会发展项目1个、医疗卫生项目10个、专利项目2个、软科学项目2个；三等奖33个：工业项目12个、农业项目7个、社会发展项目1个、医疗卫生项目10个、专利项目2个、软科学项目1个。

研究院简介

煤炭科学研究总院唐山研究院

【概况】 煤炭科学研究总院唐山研究院（以下简称唐山院）成立于1956年，是煤炭行业唯一从事选煤、矿山测量、水力采煤与管道运输的综合性科研机构。建设有2个国家级、1个行业级检验检测中心。具有工程咨询、工程设计与承包、工程测绘、地质灾害危险评估、土地规划、地质灾害治理、煤矿安全评价、煤矿生产能力核定等资质和进出口经营权。现有职工1000余人，专业技术人员600余人，其中高级职称以上人员151人，53人享受国务院政府特殊津贴。

1999年，唐山研究院随煤炭科学研究总院一起转制为中央直属科技型企业。2000年煤科总院发起成立天地科技股份有限公司，唐山研究院洁净煤及相关专业组建天地科技股份有限公司唐山分公司。唐山院成为煤炭科研的桥头堡。所有与选煤、水力采煤与管道运输、矿山测量等专业相关的全国质检、科研、学术、信息等组织挂靠在唐山院。拥有国际、国内领先水平的亚洲最大的管道运输试验中心和国家实验室认可委认证的选煤机械及机理等一批专业实验室和选煤中试系统。科技产业收入由1999年的不足1000万元增长到2008年的2.2亿元。突破了产业发展的瓶颈，实现了从弱到强，从小而全到规模化、集约化发展的飞跃，形成了工程设计与承包、选煤装备、煤炭洗选生产、自动控制工程与装备、工业泵与采掘装备、环境保护、多种经营等7大核心产业。

唐山院自主开发的重介质选煤成套技术与装备，拥有多项专利技术，达到国际领先水平。研制成功了世界上直径最大、处理能力最大的重介质旋流器，国内面积最大的筛分机，国内处理能力最大的跳汰机、破碎机、浮选机、离心脱水机、磁选机。同时，是全国唯一的矿山测量专业研究机构，拥有测绘仪器检测室、岩石力学试验室、相似材料模拟试验室等完善的试验手段，GPS接收机、全站仪、EH4、瑞利波仪等先进的测量、物探设备。

【市场开拓工作成效显著】（一）多渠道宣传新技术、新产品。一是按照总院统一部署，先后参加了廊坊、海口、鄂尔多斯、榆林、新疆等地煤炭技术市场与设备展览会。在廊坊展览会期间，“高效重介质选煤工艺及设备”项目荣获“2008年河北省高新技术产业展”优秀项目奖。二是参加了俄罗斯国际采矿技术设备展览会，获得一批有价值的信息。三是加大广告宣传，全年在6个中文核心期刊上刊登广告60余版，特别是在《中国煤炭报》刊登专版2次，取得了较好宣传效果。四是对网站进行全新改版，开通了企业总机，对外宣传视觉焕然一新。此外还重新设计制作了宣传册和企业年册。（二）市场开拓效果显著。选煤装备中心发挥专家营销优势，新签合同1.6492亿元，同比增长144%，各专业室新签合同均创历史纪录。先后承担十几个选煤厂设计加成套设备项目、煤泥水处理工程总包项目及三十多个选煤厂的设备更新改造项目。特别是承担了孝义孟南庄150万吨/年选煤厂工程总承包项目，合同额超过5800万元。浮选研究室创造了新签合同达到3000多万元、销售浮选机整机达123台的历史记录，浮选机是继破碎机后第二个单机产品产值超过3000万元的产品。

市场开发中心发挥专业营销特点，充分利用信息资源，与其它中心密切合作，全程跟踪大项目，拓展大局（矿）、集团的业务。新签各类合同1.4958万元，同比增长65%，其中与大局大矿新签合同达到7860万元，同比增长93%，高端市场的合同份额超过50%。此外与设计工程中心、选煤装备中心紧密配合，签订设计带设备20项，合同总额6792万元。

设计工程中心继续发挥设计龙头作用，并带动设备及工程总承包项目的市场开拓。全年新签订设计合同13项，合同额2306万元；中标工程总承包项目2项，新签总包项目合同4928万元。年初该中心承接了兖矿集团四个洗煤厂的投标方案设计工作，设计方案得到专家一致首肯，成功中标兖矿集团4个招标项目中的2个，最终签订鲍店洗煤厂工包项目。

矿山测量中心充分利用技术优势和与国土资源部以及地方政府的各种资源开拓市场，并加大西部市场以及利润较高项目如土地复垦方案编制和地基评价及鉴定项目的开拓力度，全年新签订四技合同96项，合同额2450万元。特别是借助唐山市创建宜居靓城的契机，与唐山市新签合同达到877万元。此外抓住西部大开发的机遇，在这些地区新签合同1461万元。

破碎装备中心强调品牌建设，产品定位为替代进口的中高端产品，实现高端产品、高端服务，全力以赴攻坚高端市场，在保持兖州、伊泰、鲁能等原有等传统优势市场外，又成功拓展了新疆煤业、山西焦煤、北京昊华、伊东等大企业集团。全年新签合同3600多万元。

采掘装备中心与开滦集团就掘进机配件供应签署战略合作协议，并借助“MQC－75型清仓机”产品取得的煤矿安全标志认证，成功进入开滦井下产品市场，全年共签订合同1364万元，其中开滦合同占90%以上。

自动化工程中心坚持两条腿走路，建立自己的营销队伍和网络，全年共签订合同2188万元，同比增加62%，其中自签合同900余万元。

采矿工程中心利用在水采工艺与设备方面的技术优势，抓住中小煤矿停产整顿和改造机会，与山西古韩联营和东兴煤矿累计签订水采设计、设备及配件合同近400万元。同时利用安全评价资质和煤矿生产能力核定资质开展咨询服务，全年新签合同72万元。

大方公司重点加强国有大型企业的市场开发力度，新签合同首次突破1000万元达到1365万元，同比增长44%。

选检中心通过扩项和提高检测手段，将检验检测范围扩大到所有矿用泵的检验、潜水电泵用电机及破碎机的检验。全年完成检测合同310万元，同比增长19.23%。

煤质化验室深入市场，积极寻找业务，抓好对外检验服务，不断提高硬件和软件水平，全年完成创收73.95万元。

【科技创新工作稳步推进】 全年承担各类科研课题58项。其中国家科技攻关课题6项、863计划课题1项、科技部技术开发专项资金项目3项，标准化课题14项，煤科总院技术创新课题16项，研究院技术创新课题6项，河北省科技计划课题1项，唐山市科技计划课题11项。全年获上级资助981.07万元。申请国家专利9件，获授权专利4件。（一）不断完善科技创新体系建设。一是成立了科技创新委员会，推荐选拔了第一届科技创新委员会委员；二是制订了“唐山研究院研发中心建设管理办法”和“唐山研究院科技创新委员会章程”；三是组建了独立的研发中心，开展前沿技术的研究。（二）高度重视立项工作。2008年申报了“十一五”国家科技支撑计划滚动项目1项，标准化公益性行业科研专项项目建议书1项。组织申报总院技术创新课题28项，经筛选上报总院12项，获批5项。组织编写了“煤炭高效采选技术与装备的研究”可研报告并上报河北省科技厅，争取列入河北省科技计划课题。组织完成8项唐山市科技攻关课题申报材料编写工作，其中5项获批。编写了唐山市“洗选煤装备制造业产业基地建设关键技术开发”项目可研报告并上报市科技局。组织完成2009年度科研院所技术开发研究专项资金项目课题申报材料的编写工作并已按时上报。组织编写“唐山市煤炭洁净技术及装备重点实验室”立项申请工作并获批。（三）抓科技管理，保证计划完成。全年完成10项课题的鉴定验收工作。其中“分选磷矿用重介质旋流器”、“大型分级破碎机”、“清仓机”、“娄邵铁路下采煤技术研究”课题通过了中国煤炭工业协会组织的专家鉴定，其中三项达到国际先进水平，一项达到国内领先水平。“煤炭深加工水资源综合利用研究”课题通过了唐山市科技局组织的鉴定；“煤炭分级破碎技术与装备的研究”等4项课题通过了煤科总院组织的专家验收。此外，还完成了10项总院交帐课题的验收材料的准备工作。（四）积极申报专利，保护合法权益。全年申请国家专利9件，获国家授权专利4件。组织申报唐山市科技进步奖2项、河北省科技进步奖1项、中国煤炭工业科技成果奖2项、煤科总院科技成果奖3项。其中大型高效振动筛的研制与开发获唐山市科技进步一等奖和河北省科技进步三等奖；大型高效离心脱水机的研发、SSC大处理能力分级破碎机的推广及产业化应用分获煤科总院科技成果二等奖和三等奖；维护合法权益，坚决同损害公司利益的行为作斗争，并在“重介质旋流器”知识产权纠纷一案中最终胜诉，不仅维护了分公司的合法权益，而且提高了分公司的知名度。（五）加大产品自主创新力度。根据市场需要，分别为锡林河煤化集团和北京鲁能集团新开发移动破碎站和可更换齿靴的大处理能力分级破碎机。双供介无压给料三产品重介质旋流器获河北省自主创新产品。国内最大的35m2智能化跳汰机和28m2大型浮选机研制成功。絮凝剂自动添加系统的成功开发也填补了国内技术空白，已在3个选煤厂投入生产。新研制的MQC－75型清仓机彻底改变了井工矿井清理水仓的劳动强度和作业环境，具有极大的市场需求。改进后的“MBJ－130型截煤机”已在关键技术方面取得突破。（六）加强学术交流。8月，组织召开全国性的选煤技术学术交流会，并在《选煤技术》上专刊出版了论文集。此外还完成了挂靠研究院的“全国煤炭标准化技术委员会选煤分会”、“煤炭

工业专用设备标准化技术委员会选煤机械分会”的日常管理工作，积极参加唐山市煤炭学会组织的各项学术活动。全院共公开发表署名论文114篇，其中独著和第一作者102篇。

【选煤制造产业发展迅猛】（一）选煤制造产业成效显著。一是在产能只有5000万元的情况下实现合同产值2.03亿元，创历史最高纪录；尤其是单月产值突破4000万元，超过2003年3700万元的年产值。二是完成成本产值1.049亿元，同比增长69%，刷新历史记录。三是在成本划拨比例下降、原材料价格上涨的情况下，节能降耗工作成效显著。（二）煤炭洗选产业较好完成经营目标。截至到12月底，国选精煤公司入洗原煤30万吨，生产精煤22万吨，中煤3万吨，煤泥1.5万吨，实现销售收入1.61亿元，实现税前利润1911万元，较好完成公司董事会确定的赢利目标。（三）继续推动产业基地建设。积极与地方政府洽谈，修订了唐山选煤机械装备制造业基地建设可行性研究报告。此外还积极参与收购重组唐山市水泵厂的各项工作。

【加强管理初见成效】（一）加强人力资源开发管理。全年共引进各类人才69名。其中博士生1人，硕士生8人，本科生14人。加强硕士研究生培养工作，调剂录取4名硕士研究生，完成了4名硕士生的论文开题报告和两名硕士毕业生的论文答辩工作。组织90多人次的注册咨询工程师及职称外语和计算机报名考试，为本院和公司的资质认定及职称晋升提供保障。完成8名技术人员晋升中职和12名技术人员晋升高职的推荐和论文答辩工作。加强青年学术技术带头人的管理工作，在推荐选拔的基础上确定了7名青年学术技术带头人。加强劳动关系管理和劳动纠纷处理工作，终止或解除了16名员工的劳动关系，新签劳动合同69名，续签劳动合同103名，为3名职工办理了病退手续，为8名达到退休年龄人员办理了退休审批手续，妥善处理劳动纠纷案件两起。（二）加强内部控制体系建设。一是加强制度建设。年内，先后出台20多项内控制度，涉及项目成本预算审核、资金划拨、招待费、差旅费、发票和收据使用、付款、技术创新、招（议）标、物资采购、外协加工、运输、车辆抵抹、办公用房、单身宿舍、网站及信息发布、广告宣传、安全生产、机械产品质量考核等多方面内容，进一步完善了制度体系。二是加强计划和价格审核。通过职能部门强有力的计划和价格审核，各单位、部门物资采购、外协外购价格逐步走向正轨，有效遏制了虚报、乱报等情况，进一步规范了采购、外协外购管理，全年一次性节约资金162万元，部分常用物资采购价格下调了约5%。同时规范了产品运输工作，1万元以上的运费必须进行招议标，将运费控制一个在合理范围之内。三是加强预算审核。通过建章立制并严格执行，较好地控制项目收支比例，基本做到不应发生的费用坚决不出，该出的费用控制到合理，保障合理利润留存。同时加强项目的预算控制，对项目到款和预授资金严格管理，对重要合同、大额合同设专人核算，准确掌握资金存量，减少项目对企业资金的无偿占用，使各项目的收入、成本能够及时结转、结算，保障公司经济效益的逐步提高。四是强化资金调度。制定相关管理和操作办法，实行资金集中付款，达到对资金的计划管控，企业资金状况明显改善，企业资金使用效率明显提高。此外还规范了招待费、办公用品费用的支出。五是发挥监督职能。组织对承德鑫发矿业有限公司60万吨选煤厂总包项目进行效能监察。开展了招议标情况的效能监察，共参与招议标活动70余次，出台了招议标监督工作制度。同时对本院内控管理进行了效能监察。（五）加强安全生产管理。一是建立健全安全生产责任制和管理体系，调整了安全生产委员会成员及办公室。二是加强安全制度建设，并严格执行制度。三是加强过程监督和检查，定期组织安全生产大检查，发现问题及时提出改进意见。四是认真贯彻落实总院《关于开展2008年“安全生产月”活动的通知》精神，加大对出租房屋消防检查，查处解决消防隐患7起。对配电室、单身宿舍和同位素库房等部位配置或更换灭火器。（六）质量监控管理。12月下旬，分公司顺利通过中国新时代认证中心组织的专家监督审核。选检中心顺利通过中国合格评定国家认可委员会评审组、国家安全监督管理局检测机构评审组、行业计量认证评审组对中心的“五合一”评审，大方公司也通过了ISO9001质量管理体系监督审核。

（李迎喜）

唐山市农业科学研究院

【概况】市农科院2008年承担各级科研项目48项，成功承办第三届唐山农产品展示交易会，设立食用菌、花生两个国家现代农业产业技术体系试验站，科研成果转化推广实现突破，两项科研成果转化推广项目获河北省成果转化项目，新品种引进、示范及“服务三农”工作不断提高，为唐山及周边地区的农业发展提供了强有力科技支撑。

【科研工作再上新台阶】年内市农科院承担各级各类课题48项，其中科技部2项、省科技厅11项、市科技局23项、市农开办6项、市政府科技成果推广1项、自立5项。发表科技论文5篇，鉴（审）定品种7个，鉴定技术1项，获奖成果3项。“小麦‘唐麦6号’选育与推广”获唐山市科技进步一等奖；“海泡石改良盐碱地应用技术研究”获唐山市科技进步三等奖；“花生新品种唐94－1推广”获唐山市政府科技成果推广一等奖。筛选表现突出的玉米、小麦、花生、蔬菜等农作物新苗头品种15个参加各级区试（预试），其中玉米新品种唐科51号、唐科82号已报河北省审定，唐玉20号和唐黄糯1号通过天津市审定。引进、示范玉米新品种（系）16个，花生新品种7个，棉花新品种6个，蔬菜新品种38个，示范推广新品种23个，引进新农药18个。

【科技成果转化推广取得突破】年内市农科院实施科研成果转

化推广项目12项（新品种9个，新技术3项），累计推广面积3265万亩，取得经济效益110多亿元，其中小麦唐麦8号与唐山秋瓜两项成果获省科技成果转化项目，累计推广面积167.7万亩，取得经济效益3700多万元，新农药推广90万亩，新品种示范面积27.1万亩，取得明显的社会效益和经济效益，为农业增效及农民持续增产、增收做出了贡献。

【科技服务水平不断提高】 为实现科研成果、技术转化为生产力，提高农民科技种植水平，市农科院大力实施“五个一”行动计划（即：抓好一个国家级现代玉米产业体系综合试验站的建设；引进示范农作物优新品种一百个以上；举办科技培训和讲座一百场次以上；自研成果的示范推广面积达到一千万亩以上；抓好一百个科技示范村一千个示范户建设），同时为丰南区大新庄镇千亩温棚猪—沼—菜和滦县10万亩沙薄地改造工程提供技术支撑，举办各种技术培训、送科技下乡，技术指导、召开现场会2174场次，为30000余人次提供技术咨询，发放技术资料32794份，大力普及科学种植知识，普及先进种植管理方式、方法，极大提高了当地农民的种植水平。

【设立食用菌和花生综合试验站】 继国家现代农业产业技术体系在市农科院设立“唐山早熟夏玉米试验站”后，市农科院凭借食用菌及花生方面的专业优势，经多方努力争取，国家现代农业产业技术体系先后在市农科院设立食用菌综合试验站及花生综合试验站。综合试验站的设立，将提高市农科院的科研实力，提高市农科院在玉米、食用菌、花生方面的科技攻关能力，更大程度发挥市农科院的专业优势，促进唐山及周边地区的玉米、食用菌、花生产业发展，带动本地区相关产业不断做大、做强。

【成功承办第三届农展会】 10月15日至10月20日，第三届唐山农产品展示交易会在市农科院成功召开。本届展会分为农业精品展、优良植物栽培示范、商品交易、农机展、畜禽优种展、农村新能源综合利用展、项目推介七大部分活动。由市农办、市农业局、市林业局、市水务局、市农科院、市畜牧水产局、市供销社、各县（市）区及市直机关有关部门组织布展。本届农展会重点对现代农业发展成果和社会主义新农村民生改善成果进行展示，通过展示让农民看了能学、学了能干、干了能受益，从而提高农民群众的幸福指数。本届展会接待参观群众30余万人次，其中农民22万余人次，市民6万余人次，中小学生2万余人次。提供技术咨询8万余人次，现场培训2000余人次，发放技术资料10万余份。本届农展会以面向市场、面向农村、服务农民为宗旨，在农民增收、农业增效、农产品竞争力增强中起到示范引导作用，得到省委常委市委书记赵勇、市长陈国鹰等省市领导的充分肯定。

【唐花10号通过省级鉴定】 9月，由市农科院选育的优质、高产花生新品种“唐花10号”通过河北省科技厅专家鉴定，达国内领先水平。“唐花10号”花生新品种于1995年开始选育，2006年列入河北省科技厅“优质、高产花生新品种选育”科技攻关计划，在市农科院科研人员的精心努力下，历时12年选育成功。该品种具有高油优质、高产稳产、品质优良三大特点，脂肪含量达到55.12%。抗叶斑病、抗倒性较强，生育期在126天左右，适合在中等肥力沙壤条件下种植。平均亩产302.12公斤，较鲁花12号平均增产15.11%。百果重239.2克，百粒重95.4克，属中果大粒花生品种。

（陈　健　苑国民）

获省级科学技术奖项目

年内，全市向省推荐58个科技成果参加省科技奖评审，经河北省科学技术奖励评审委员会评审，有35个项目获奖，其中4个项目获得河北省科技进步二等奖；2个项目获得河北省技术发明三等奖；28个项目获得河北省科技进步三等奖，1个项目获得自然科学奖三等奖。

（吴志博）

表1 获省科技进步二等奖项目

序号	奖项类别	项目名称	完成单位	完成人
1	河北省科技进步二等奖	自体骨髓间充质干细胞移植治疗下肢缺血性病变的基础与临床研究	唐山市工人医院，中国人民解放军军事医学科学院野战输血研究所	刘阁玲，尚小明，李伟娟，王韫芳，管利东，肖红珍，俞芳
2	河北省科技进步二等奖	离散型中小制造企业的可重构定制化信息集成系统	河北理工大学	路春光，孟丽丽，王新，谢世满，杨文生
3	河北省科技进步二等奖	复杂条件老矿区安全高效开采技术研究与应用	开滦（集团）有限责任公司	钟亚平，殷作如，李建民，常文杰，张瑞玺，董荣泉，张普田

4	河北省科技进步二等奖	铁尾矿在建筑工程混凝土中的应用	唐山市建设工程质量监督检测站，河北理工大学，唐山建设集团有限责任公司混凝土施工分公司，丰润建筑安装股份有限公司，唐山市阳光混凝土搅拌有限公司	宋裕增，封孝信，蔡基伟，柴红俊，杨谊琴，李世忠，赵红星

表2 获河北省技术发明三等奖及自然科学奖三等奖项目

序号	奖项类别	项目名称	完成人及单位
1	河北省技术发明三等奖	一种角钢的轧制方法及产品开发	主要完成人：张海芹（唐山钢铁股份有限公司）孔庆福（唐山钢铁股份有限公司）陈兴伟（唐山钢铁股份有限公司）陈春生（唐山钢铁股份有限公司）王云阁（唐山钢铁股份有限公司）谭文振（唐山钢铁股份有限公司）
2	河北省技术发明三等奖	利用污水处理厂废弃物生产生态建筑材料	主要完成人：李海英（河北理工大学冶金与能源学院）孙贵石（唐山城市排水有限公司）张贵杰（河北理工大学冶金与能源学院）李玉凤（河北理工大学研究生学院）吴庆成（唐山城市排水有限公司）刘克俭（河北理工大学冶金与能源学院）
3	河北省自然科学将三等奖	弹性地基上矩形板的动力学问题研究	杨志安（唐山学院）李文兰（唐山学院）席晓燕（唐山学院）赵雪娟（唐山学院）

表3 获省科技进步三等奖项目

序号	奖项类别	项目名称	完成单位	完成人
1	河北省科技进步三等奖	晚熟桃新品种的选育及配套栽培技术	唐山职业技术学院	刘玉祥，李淑芝，张烨，高贵如，聂庭彬
2	河北省科技进步三等奖	板栗鲜食产品开发技术与产业化利用研究	河北省燕山科学试验站，迁西县林业局	王印忠，王凤春，董文明，吴大程，赵亚男
3	河北省科技进步三等奖	猪鸡主要疫病监测与免疫技术研究	唐山市动物疫病预防控制中心，唐山市动物卫生监督所	张福林，王桂柱，张绍军，刘乃强，阚致秀
4	河北省科技进步三等奖	饮用水中硝酸盐和硫酸盐测定卫生标准检验方法的研究	唐山疾病预防控制中心	邢大荣，薛冀州，李素红，王晓红，姚兰
5	河北省科技进步三等奖	妊娠期高血压疾病患者血清尿酸变化对围产儿及孕妇预后的影响	唐山市妇保健院，唐山市工人医院	李桂荣，高慧，王双连，李玖荣，李晓梅
6	河北省科技进步三等奖	乳腺早期诊断和治疗的系列研究	唐山市人民医院，北京市肿瘤医院	赵刚，李金锋，蔡海峰，张瑞娟，李翠霞
7	河北省科技进步三等奖	乙型肝炎病毒前S1蛋白的流行病学研究	华北煤炭医学院，中国人民解放军军事医学科学院微生物流行病研究所	冯福民，蔡海峰，赵刚，张文军，贾延军
8	河北省科技进步三等奖	肿瘤可溶性抗原和金葡素超抗原构建肿瘤疫苗的基础研究及临床应用	唐山市人民医院，华北煤炭医学院	么文博，张庆波，李云霞，边洪荣，李文平

9	河北省科技进步三等奖	石英所致细胞损伤的信号转导机制研究——MAPK/cyclinD1–CDK4通路	华北煤炭医学院，中国疾病预防控制中心职业卫生与中毒控制所	沈福海，刘秉慈，倪国颖，肖淑玉，范雪云
10	河北省科技进步三等奖	常用抗癫痫药物对儿童癫痫疗效及安全性基础与临床的对照研究	华北煤炭医学院附属唐山妇幼保健院	庞保东，刘寅，张双，董琰，李树华，曹丽华
11	河北省科技进步三等奖	单孔非气腹腔镜手术器械的研制	唐山同信医疗器械有限公司，开滦（集团）有限责任公司医院，唐山人民医院	杜运生，周志祥，张景华，崔庆贵，谷守琦
12	河北省科技进步三等奖	缺血性脑血管病治疗的体外血栓监测实验研究	开滦（集团）有限责任公司医院	元小冬，王淑娟，邓洪亮，吴宗武，毕连祝
13	河北省科技进步三等奖	板栗工程化食品分离重组技术研究与应用	河北科技师范学院，河北美客多食品集团有限公司（原遵化市美客多食品有限公司）	常学东，高海生，朱京涛，蔡金星，贾文沦
14	河北省科技进步三等奖	高耐热震性骨质瓷	唐山隆达骨质瓷有限公司，陕西科技大学	张志全，顾大海，任强，王淑梅，卢丽新
15	河北省科技进步三等奖	焦炉煤气脱硫工艺改进与优化	唐山钢铁股份有限公司	赵丽树，张宝会，赵佳顺，李志刚，宋香品
16	河北省科技进步三等奖	含钾、钠 $CaO-SiO_2-Al_2O_3-MgO$ 四元渣中 SiO_2 活度及硫钾钠容量的研究	河北理工大学	吕庆，王书桓，李福民，张淑会，刘增勋
17	河北省科技进步三等奖	唐山市采煤塌陷区生态修复关键技术研究与示范	唐山市生产力促进中心有限公司，河北理工大学，开滦（集团）有限责任公司，煤炭科学研究总院唐山研究院，唐山市园林绿化管理局	高铁军，张锦瑞，董荣泉，李富平，陈秀梅
18	河北省科技进步三等奖	难选极难选稀缺煤种高效分选综合技术的研究	开滦（集团）有限责任公司，中煤国际工程集团北京华宇工程有限公司	殷作如，李建，李建民，钟亚平，邓晓阳
19	河北省科技进步三等奖	V–N合金在高强结构钢中的应用研究	河北理工大学，唐山钢铁股份有限公司	冯运莉，李运刚，田薇，刘战英，郭健
20	河北省科技进步三等奖	唐山市既有居住建筑节能改造技术研究	唐山市建筑节能办公室	苏春生，白荣顺，赵冰，叶金成，党开春

21	河北省科技进步三等奖	大型高振动筛的研制与开发	天地科技股份有限公司唐山分公司	梁钢，王兆申，孙旖，石剑锋，杨俊利
22	河北省科技进步三等奖	高炉料高温强度研究及相关检测系统的开发	河北理工大学	方觉，王杏娟，杜珊，龚瑞娟，方飞
23	河北省科技进步三等奖	贫混凝土基层沥青路面抗裂结构研究	唐山市交通局，长安大学	王江帅，陈拴发，杨荣博，郑木莲，唐秀明
24	河北省科技进步三等奖	基于高温性能的沥青混合料组成设计研究	唐山市交通局，长安大学	杨荣博，张争奇，唐秀明，申远，徐玉峰
25	河北省科技进步三等奖	燃油燃气系列燃烧器研究	中国石油冀东油田公司	王爱洁，席励新，刘兆海，赵晓红，李宏伟
26	河北省科技进步三等奖	密集型井口槽及钻机改造设计应用研究	中国石油冀东油田公司	杨勇，冯京海，朱宽亮，魏昌进，郝宏忠
27	河北省科技进步三等奖	冀东南堡油田滩海工程环境与结构物相互作用影响分析研究	中国石油天然气股份有限公司冀东油田分公司，南京水利科学研究院	金明权，李凯双，蔡正银，王文辉，王长军
28	河北省科技进步三等奖	金属－氮化物结合刚玉滑板抗损失机理研究	河北理工大学，唐山时创耐火材料有限公司	卜景龙，王志发，王榕林，杨晓春，王瑞生
	奖			

地　震

【监测预报工作】 落实省地震局2008年度地震趋势会商会精神和奥运保障要求，制定年度地震短临跟踪方案及措施，时刻注意唐山较强余震的发生。坚持参加天津、唐山、廊坊、沧州四市震情联防会，及时沟通震情。认真组织好周、月、半年、年度地震趋势会商会，不断改进会商方式方法。准确提出奥运期间和5.12汶川地震后唐山地震预测意见。

改善基层台站观测条件、设施和工作环境，重点对四个前兆数字台以及滦县、玉田、丰南、丰润、唐山矿等重点台站进行日常性的维护、维修和改造。及时对这些台站的地热仪、水位仪、通讯单元以及电源等易坏易损部件进行更换和维修。恢复迁安徐流营水位观测，对测震台网中心出现的丢秒现象及时排除，保障了台网正常运行。

对丰南观测井水位突变，滦南井水质变浑和丰润、丰南水泥路面开裂等8次异常现象进行了及时考察核实，编写异常落实报告，利用新闻媒体合理解释异常现象，消除群众的恐慌心理。

每天对近万个前兆数据进行核对，录入数据库。观测设备正常运转率达98%、数据可用率达100%，确保为国家和省提供合格数据，为分析预报工作提供可靠依据。在今年地震观测资料评比中，送省参评地震资料中唐山矿地震台获模拟水位观测第二名；芦台、赵各庄、玉田虹桥、滦县地震台模拟及数字化资料获省优秀奖；唐山矿、玉田、滦县地震台数字化前兆资料获全国质量单项评比优秀奖。

【震灾防御工作】 7月22日，《唐山市地震安全性评价和抗震设防管理办法》经市政府第六次常务会议通过，以政府令形式面向社会公布，已于10月1日起施行，具有里程碑意义。11月，全国人大法制委员会来唐进行《防震减灾法（修订草案）》调研，以此为契机，向市人大提出防震减灾工作立法申请，经批准，现唐山市防震减灾管理条例已正式纳入立法调研计划。

坚持“一审一核”制，规范行政审批上下关系，提高行政审批效率。对一些标志性建设工程和场地比较复杂的工程，如梧桐大道、渤海大厦、新华大酒店改建、小山商贸城等建设项目，全程跟踪，及时反馈，基本做到对重大建设工程、生命线工程、易产生严重次生灾害的工程进行地震安全性评价，并根据评价结果设计和施工，截至目前，已经完成45项建设工程的抗震设防标准确认工作，审批项目的办结率100%，审批窗口全年连续12个月被评为5星级窗口。

组织编写《防震减灾“三网一员”工作手册》和《防震减灾助理员培训教材》，制定下发全市“三网一员”管理制度和评比办法，规范“三网一员”工作具体任务与要求。建立覆盖全市2市6县6区及6个开发区（管理区）的群测群防网络体系，共有地震宏观观察哨141座，观察员153人；防震减灾科普宣传站196座，宣传员196人；地震灾情速报员196人，防震减灾助理员及志愿者196人；建立防震减灾科普教育示范学校24所、宏观观测网示范点20个，鼓励、支持和引导群测群防队伍在基层开展工作。

开展农村民居基础资料和抗震能力调查，摸清不同地震烈度区内农村民居抗震能力现状和不同结构、不同类型房屋基本情况，设计制作符合抗震设防要求的《农村建房抗震知识》挂图，发放至每个行政村，并将挂图及相关科普知识上网，扩大宣传范围和影响。

对各县（市）、区地震工作机构及“三网一员”工作开展情况进行摸底调研。下发《关于报送县级地震工作机构和地震群测群防网络建设情况的通知》，对地震工作机构情况、人员编制情况以及“三网一员”、社区地震应急、乡（镇）民居抗震设防指导等具体工作的落实情况进行逐一调研，对在调研工作中发现的问题及时进行纠正。截止目前，基本完善县（市）区地震部门组织机构建设，县（市）地震机构基本实现“六有”。

【地震应急工作】 及时调整唐山市防震减灾指挥机构成员，保证应急指挥系统组织健全、责任明确、措施完善。组织各县（市）区、各相关部门、修订《唐山市地震局地震应急预案》并下发执行，重点企业单位制定完善本地本单位的应急预案，并完成备案上报工作。全市目前共上报备案乡（镇）、街道预案418个，村级预案2895个。

经常性地开展地震应急模拟演练，锻炼队伍。今年在唐山师范学校和丰南区开展了主题为“迎奥运、保安全”的地震知识宣传和应急演练活动，对遵化和唐海两地开展的地震演练进行了具体指导和帮助。

对应急避难场地进行全面调查，初步建立起应急救援数据库。确定了火车站人防工程、一中新校址、凤凰山、大钊公园、地震遗址公园五处为唐山市地震应急避难场所，目前正在加紧建设。同时与市红十字会共同推进了地震救援志愿者队伍建设，目前招募地震救援志愿已达700余人。

加强测震系统管理，测震台网人员认真按规范做好台网触发事件判定、事件定位、结果存储和日志编写等工作，共编辑地震目录12本，地震观测报告12本。截止目前，唐山地震台网共记录1.0－1.9级地震315次，2.0－2.9级地震66次，3.0－3.9级地震4次，4.0－4.9级地震1次，最大地震为2008年3月11日卢龙发生的ML4.4级地震。共速报地震6次，速报率100%。地震波形完好率达到了100%，为地震预报提供了第一手的宝贵资料，为领导决策提供了及时准确的依据。及时按河北省地震局通信网络主干线路升级方案完成通信网络系统整体转换工作，注重网络平时维护，确保了数据传输的畅通与安全。

【宣传教育工作】 与宣传、教育、科技等相关部门的沟通和合作，推进防震减灾知识进校园、进社区、进乡村活动，各县（市）、区地震部门积极推进防震减灾科普示范学校建设，建立科普示范学校24所，把宣传工作的重点人群定位在中小学生，把防震减灾知识纳入学生素质教育工作。出版发行《学生防震减灾常识》一书，免费赠送给全市中小学校，力求“教育一个学生，普及一个家庭，影响整个社会”。先后在唐山师范学校、玉田银河中学、路北实验小学、丰南实验小学等中小学校开展地震科普知识进校园“三个一”，即：讲一堂课、送一批书、普及一些防震减灾知识活动，在唐山52号小区、唐山燃气公司举办防震减灾科普讲座，受到广大中小学生、社区民众和企业职工的欢迎。

制定《唐山市地震局防震减灾“十一五”宣传工作规划》，把防震减灾宣传工作规范化、制度化。利用科普活动周、“7·28”防震减灾宣传周、国际减灾日和“12·4”法制宣传日等开展防震减灾科普宣传活动。

为更好地保护地震遗址、普及地震科普知识、挖掘地震旅游资源，经多方投资，对牛马库地震遗址、老十中地震遗址以及机车厂地震遗址进行环境改造，其中机车厂地震遗址已被建设成为地震遗址公园。市文物管理部门还对理工大学原图书馆楼等三处遗址立碑加以保护。

【重点项目工作】 唐山市城市活断层探测与地震危险性评价及市区震害预测项目是列入省政府的重点工程，工程成果可为城市规划、国土利用和重大工程选址提供科学依据。目前工程已完成控制性浅层地震勘探40公里，1∶25万、1∶5万、1∶1万数字化信息平台建设也基本完成。高分辨率遥感信息处理与解译、工作区区域地震构造图编制（1∶25万）等系列工作已经完成，部分活断层探测成果已成为唐山市城市规划和土地利用规划的基础资料。

曹妃甸科学发展示范区未来人口密集、经济集中，且由于渤海区域地质构造复杂，多条活动断裂交汇，地震活动频繁，发生灾害的后果将十分严重。经省、市批准，省地震局成功组织召开曹妃甸近海海域地震观测项目论证会，专家论证会一致认为建设曹妃甸综合观测中心十分必要。中心建设得到市政府和曹妃甸管委会的支持，用地问题已经解决。

【支援四川抗震救灾】 5月12日四川汶川发生8.0级大地震，震后十分钟内完成地震速报，通报震情，稳定社会秩序。组织成立援助四川地震灾区专家组，14日上午出发，15日抵达绵阳，成为外省抵达绵阳市的第一支救灾队伍。专家组发挥专业优势，在当地行程达3000多公里，发现重大堰塞湖隐患并发出紧急预警一次，开展解救被困群众、房屋安全性能鉴定、消杀灭疫、心理安抚、防灾宣传等工作。编印《唐山抗震救灾经验》、《地震常识》、《地震遗址选择和保护的建议》、《唐山市重建防震减灾经验和建议》、《唐山震后防震减灾对策和建议》等材料，送往地震灾区，用以指导抗震救灾。

（冉　芃）

社会科学

编纂 赵世昌

综　　述

2008年，唐山市社会科学界坚持以中国特色社会主义理论体系为指导，紧紧围绕全市工作中心，充分发挥专家学者的“智囊团”“思想库”作用，努力服务于全市经济社会发展，全面落实岗位责任，在“认识世界、传承文明、创新理论、咨政育人、服务社会”方面发挥了重要作用。

积极投身科学发展示范区建设活动。广大社会科学工作者以肩负社会责任、服务唐山科学发展为己任，联系重大理论和实际问题深入调研，围绕“开放创新、富民强市，把新唐山建成科学发展示范区、建成人民群众的幸福之都”总战略和总目标，研究和谋划工作框架和内容，注重发挥“联”的优势聚合力量，宣传和解读“感恩、博爱、开放、超越”的新唐山人文精神，以高质量研究成果为领导机关提供科学决策的依据，为全社会的科学发展、和谐发展提供优质服务。在《唐山劳动日报》发表解读文章12篇，在电台、电视台宣讲10余次，社科专家编写的《科学发展100问》被作为全市学习实践科学发展观活动必读书目。

基础理论及应用对策研究成果显著。在立项课题研究中，坚持以“应用理论研究为主，以现实问题研究为主，以本市问题研究为主”的原则，突出科学发展示范区建设与“四城”建设目标任务的推进和互动作用，确立围绕重点热点选题立项的指导思想，围绕科学发展示范区建设，宣传和诠释市委的重大决策、重点工程、示范项目，集中力量在增强沿海意识、转变经济发展方式、推进“四点一带”开发建设、提高人民群众幸福指数、建设和谐唐山等方面选题立项。形成一批有实例、有分析、有对策的研究成果，全年共完成重点立项课题30项，其中《唐山民生的现状、问题成因及改变对策研究》等11项被评为优秀课题，《在资源型城市产业结构调整中破解再就业难题》被省社科联评为优秀课题，研究报告《我省沿海经济发展与旅游产业开发带动战略研究》、《唐山民生的现状、问题成因及改善对策研究》受到省社科联的好评。

社会科学知识普及工作效果明显。社科界充分发挥专家学者诠释理论、解疑释惑、引导方向的优势，有效扩展了社科普及渠道，搭建了解读建设科学发展示范区、建设幸福之都规划目标、重大举措、重点工程的科普平台。

营造社科优秀成果和培育人才的良好氛围。根据《唐山市社会科学奖励办法》，组织唐山市第七届社会科学优秀青年专家评选、第十一届社会科学优秀成果评奖工作。11人被评为青年专家，109项作品获社会科学优秀成果奖。

社科学术研讨活动丰富多彩。承办了由中国社会科学院东方文化研究中心、曲阜孔子书院联合主办，走进崇高研究院、中国哲学史学会、中国现代哲学研究会、《哲学研究》编辑部协办的“孔子与国学新认识学术研讨会”；举办了由河北省国际国内公共关系协会、唐山市社会科学界联合会、《公关世界》杂志社共同组织的“公共关系—为唐山和谐发展助力”主题论坛；举办“新唐山人文精神”社科专家座谈会、“宋志永精神”座谈会、“抗震救灾心理疏导实践与新唐山人文精神”座谈会、“纪念唐山解放60周年暨改革开放30周年理论研讨征文”等一系列丰富多彩的社科活动。

社科信息

【发挥社科专家作用】　在学习实践科学发展观活动中，知名社科专家在《唐山劳动日报》“站在新历史起点上”专栏发表解读文章12篇，在电台、电视台宣讲10余次，市社科联、市委党校组织专家编写的《科学发展100问》作为专用教材在全市发放。

【召开唐山市社会科学界第四次代表大会】　4月30日，唐山市社会科学界第四次代表大会隆重召开。市委常委、宣传部长郭彦洪和河北省社科联副主席兰英山出席并作重要讲话；市妇联主席王晓燕代表各人民团体致贺词；秦皇岛市社科联主席郑道远代表兄弟市社科联致贺词。大会收到浙江省、福建省、安徽省及石家庄市、本溪市、青岛市等58个省、市社科联发来的贺函。各县（市）区、各开发区、园区、管理区、工业区，省、市属大（专）院校，部分企（事）业单位的代表，唐山市总工会、妇联、文

联、侨联、科协等人民团体的代表和市社科联所属学会、协会、研究会代表共计150人参加会议。大会审议并通过了市社科联第三届委员会《工作报告》、《唐山市社会科学界联合会章程》；选举产生了新一届市社科联领导机构。

【增强社科团体工作活力】 年内，新成立和筹备成立社科团体四个，即：唐山市书画家协会、灾害心里干预与应急救助学会、唐山市投资理财学会、唐山市地方志学会，社科联所属会员单位增至51个，其中茶文化学会、图书馆学会和滦河文化研究会被评为“全国先进社科联学会”。

【开展社科普及活动】 为助推唐山科学发展示范区建设，社科界开展了以下有影响的活动：1. 为进一步拓展弘扬“感恩、博爱、开放、超越”的新唐山人文精神，组织了“新唐山人文精神”社科专家座谈会；2. 为挖掘“宋志永精神”的丰富内涵和时代价值，召开了“宋志永精神”座谈会；3. 在“心理疏导研究会（筹备）”组织12名志愿者赴地震灾区实施心理救助的基础上，召开了“抗震救灾心理疏导实践与新唐山人文精神”座谈会，市政协副主席胡万宁参加座谈。4. 组织“纪念唐山解放60周年暨改革开放30周年理论研讨征文”活动，收到论文192篇，5篇获一等奖、8篇获二等奖、12篇获三等奖、20篇获优秀奖。5. 举办“构建和谐唐山共建绿色家园”科普周活动。市环保局、市社科联及各学会于10月13—17日举办了“构建和谐唐山共建绿色家园”科普周活动，以“推进节能减排、弘扬生态文明、普及环保知识、建设美好家园”为主要内容，突出提高全民环保意识，培树科学生活理念。市委常委、宣传部长郭彦洪出席启动仪式，市直新闻媒体进行了充分报道。6. 汶川大地震发生后，市社科联组织正在筹建的心理疏导研究会向市委请战，11名志愿者赴灾区进行了为期20多天的心理援助，转战都江堰、绵竹等重灾区进行专业心理疏导服务，为当地培训2900多名心理疏导骨干，被当地政府誉为“留下了一支不走的心理医疗队伍”。

【社科联会刊在社科普及中发挥重要作用】 社科联会刊《唐山社会科学》成为唐山理论研究的前沿、学术交流的平台、社科普及的阵地，被评为“唐山市十佳内部期刊”；《社科专家建言》及时编选和呈送社科专家高质量建言，为领导科学决策提供依据，受到市领导的重视。

社科研究成果

【省市社科立项课题研究成果】

1. 完成省级立项课题：（1）针对城市转型进程中的职工再就业问题选题，市社科联主席担任课题负责人，联合社科专家共同完成了《在资源型城市产业结构调整中破解再就业难题》被省社科联评为优秀课题。市委常委、宣传部长郭彦洪批示“课题围绕唐山市资源型城市转型中如何搞好再就业工作进行了充分的论证，内容充实，措施可行，具有较强的理论性、实践性和可操作性”。（2）结合沿海经济为旅游业带来的发展机遇，市社科联组织力量完成了《我省沿海经济发展与旅游产业开发带动战略研究》，提出挖掘沿海地方特色文化潜力、加强文化与旅游对接、打造沿海旅游品牌、实现沿海文化产业价值的途径等一系列新观点，受到省社科联好评。（3）市委党校专家就保障民生、改善民生、发展民生情况进行了深入调研和理性思考，完成了《唐山民生的现状、问题成因及改善对策研究》，受到省社科联的好评。2. 市级立项课题研究中，社科界以应用理论研究为主、现实问题研究为主、本市问题研究为主，形成30项有实例、有分析、有对策的研究成果。其中11项被评为优秀课题。

【第七届社科优秀青年专家和第十一届优秀社科成果评选】 根据《唐山市社会科学奖励办法》和《唐山市社会科学优秀青年专家评选办法》，两项评选工作于8月展开。按照公平、公正、公开和民主集中制原则组织了评审，11人被评为唐山市第七届社科优秀青年专家，8项社科成果获一等奖，27项社科成果获二等奖，74项社科成果获三等奖。

学术交流

【承办孔子与国学新认识学术研讨会】 12月7日至9日市社科联与唐山师范学院具体承办了由中国社会科学院东方文化研究中心、曲阜孔子书院联合主办的“孔子与国学新认识学术研讨会”。会议围绕新中国成立后国学研究的经验及教训、国学研究的现状及发展、孔子生平思想与当代儒学、继承发展中华民族优秀文化对实现社会主义文化大发展大繁荣的意义等问题进行了学术研讨。市委常委、宣传部长郭彦洪致辞指出：唐山文化底蕴丰厚，国学在唐山既具有雄厚的基础，又随时代发展不断丰富着新的内容。这次研讨会在唐山召开，必将为新唐山又好又快发展注入新的文化动力，为唐山的文化名城建设增添新的活力。

【“公共关系——为唐山和谐发展助力”主题论坛】 由河北省国际国内公共关系协会、唐山市社会科学界联合会、《公关世界》杂志社共同举办的“公共关系—为唐山和谐发展助力”主题论坛12月19日在唐山举行。论坛以中国改革试验田唐山为大背景，积极探索新形势下改革与公共关系良性互动、提高危机公关意识等课题，国内高层公共关系专家就“应对危机公关，促进和谐科学发展”作了精彩演讲。

地方史研究

年内，地方史研究成果显著，发表地方史研究学术性论文72篇。其中，唐山师院王士立撰写的《滦河流域传统文化述略》、滦南县政府办公室李洪发撰写的《滦河文化研究的传承价值和现实意义》、康占忠同志撰写的《孤竹国考证》、宋坤同志撰写的《东方德源》、鲁杰同志撰写的《唐山考古概述》，均有较高的学术价值，为建设唐山文化名城提供了科学依据，得到社会各界的好评。年内结集出版《滦河文化论坛》、杨立元撰写的《唐山作家论》。由滦河文化研究会副会长张墨瑶编著的三十五集电视连续剧《京东三支花》，9月份拍摄制作成功。

（许向斌）

综　述

2008年，全市基础教育狠抓办学条件的改善、办学水平的提升和素质教育的深化。全市小学入学率和巩固率均达到100%，初中在校生巩固率达98%以上，学前三年入园率达93.8%，残疾儿童少年入学率达97%，高中阶段毛入学率达90%以上。全市拥有省级示范性高中32所，市级示范性高中17所，85%以上的普通高中学生享受到省、市级优质教育资源。全年撤并规模小、办学水平低的普通高中3所。探索实施了"开放式素质教育试验"，在全市中小学实施以推进素质教育为核心的"降、活、提"工程，中小学管理"规范化、精细化、科学化、人文化"的"四化"经验在全省推广。

职业教育面向区域经济、面向三农、面向曹妃甸，初步形成中高职协调发展的体系。全市拥有国家级重点职业学校17所、省级14所，国家级数控技术专业实训基地3个。河北省能源职业教育集团和曹妃甸工业职业教育集团组建完毕正式运行，全市80%以上的职业学校与行业、企业开展"订单培养"和联合办学，全年为社会输送专业人才5万人，中职毕业生就业率达到95%，高职达到90%以上。

高等教育成为唐山经济社会发展的重要支撑。全市9所高校中具备学士学位授予权的4所，硕士学位授予权的2所，其中7所顺利通过教育部办学水平评估。全市高校拥有本科专业121个，涉及十一个学科门类，硕士点达到44个，工程硕士专业学位授予权7个。建立了7个省级重点学科、4个市级重点学科，5个省级重点实验室和16个市级重点实验室。全市高校承担国家科研课题千余项，191项达到国内先进水平。每年为社会培养大学本专科毕业生2.5万人左右，高等教育毛入学率达到26.8%。

初步建立起一支高素质、高水平的干部教师队伍。小学、初中、普通高中和中等职业教育教师学历合格率分别达到99.83%、98.27%、89.62%和83.87%，其中小学教师专科率、初中教师本科率分别达到78.67%和59.27%。

教育投入不断增加。全市教育总投入达到57.5亿元，财政性教育经费支出达到49.2亿元。城乡义务教育阶段学生学杂费全免除，农村学生和城市低保家庭学生免费使用教科书，农村贫困家庭寄宿生住宿费免除，开始实施高中免费教育。

基础教育

【改善办学条件】　为改善中小学特别是农村中小学办学条件，重点实施了"六项工程"：一是农村中小学布局调整工程。全年对农村规模小、布局分散的中小学进行有计划地撤并，撤并中小学71所，其中小学53所，初中15所，高中3所。二是农村中小学陈旧校舍改造工程。年初，农村中小学陈旧校舍改造工程再次被市政府列入"持续改善民生行动"为群众办好的20件实事之一。为确保改造工程顺利实施，市教育局组织力量对全市农村中小学校舍状况进行了摸底调查。4月，印发《全市2008年农村中小学陈旧校舍改造工作实施方案》，对任务进行逐月分解，明确各阶段工作目标和重点内容，实行目标管理责任制。到年底，完成中小学陈旧校舍改造10.3万平方米，完成投资8610万元。三是现代教育装备建设工程。全年用于常规仪器、图书装备和现代教育技术装备的投入7800万元，装备计算机5100台，多媒体设备900套，校园网40个，装备数字实验室设备20套，计算机教室和多媒体教室普及率中学均达到100%，小学分别为95%和80%。信息中心资源建设成果显著，完成中小学电子期刊库点对点登录系统的采购、安装调试工作，资源总量达到1.9T，并免费向全市中小学开放共享。录制教学实况课100节，教育教学专题片1部，专场报告13场次。对114名教师进行了网络基础知识的集中培训，对城市远程教育工程项目学校开展网页制作培训6期，培训262人次。新建省一级图书馆35所，全市达到210所，数量和水平均达全省前例。四是农村中小学取暖设施改造工程。对全市16个县（市）区的1004所尚未采用暖气供暖的农村中小学校进行取暖设施改造，省、市下达专项资金2484万元，各县（市）区担负1.02亿元。到年底，改造工程全部完工并通过验收，农村中小学告别生煤炉取暖的历史。五是"农村卫生新校园建设工程"。按照省要求，在丰润、遵化、乐亭、滦县四个试点县（市）区确定项目校32所，工程主要以建造生态厕所、沼气池，产生沼气用于学校食堂燃气，沼肥作为无害化有机肥，用于学生劳动实践基地或附近农田，截至年底，已有29所建成并投入使用。六是优质高中建设工程。唐山一中迁建工程占地255亩，总面积7.79万平方米，计划投资1.86亿元。到年底，已完成三栋教学楼主体、行政图书楼基础、体育馆地下人防等工程，完成投资8993万元。

【义务教育经费保障机制】 按照河北省教育厅《关于免除城市义务教育阶段学生学杂费的通知》精神，春季开学，免除了全市城市义务教育阶段学生学杂费。经统计，全市落实免杂费资金3820万元，按照中央50%、省10%、市20%、区20%的分担比例，其中中央落实资金1959万元，省资金378万元，市资金764万元，区资金719万元，到年底，中央、省、市和区级四级资金均已到位，确保了各学校的正常运转。根据省、市有关要求，对农村学生和城市家庭经济困难学生免费提供教科书，所需资金全部由中央和省负担（地方教材由省负担，其它教材由中央负担）。为57.81万名义务教育阶段农村学生和城市低保家庭学生免费发放了教科书，免费金额达9280万元。

【高中免费教育】 按照市委八届四次全会部署，从秋季新学期开始，免除公办普通高中公助在校生的基本学费。制定了《唐山市基本普及高中免费教育实施方案》，要求补助所需资金由学校所在县（市）区分级负担，并把普通高中公助生免费教育经费足额列入本级财政预算；确定了免费标准：市区省级示范性高中每生每学期免除600元，一般高中500元，县镇省示范高中500元，一般高中400元；对持有“低保证”的困难家庭学生实行免交课本费和住宿费，所免资金由市和县（市）区财政给予足额补助。为确保秋季开学免费工作顺利实施，各县（市）区积极开展高中免费测算工作，多方筹集资金，积极调整财政预算，确保资金落实到位。市教育局派出专项督导组，深入各县（市）区进行调研督导。到年底前，市本级和各县（市）区对免费资金均安排了预算并已全部拨付到相关学校，免费金额达5295万元，受益高中学生10.6万人。

【高考成绩】 全市高考在2007年取得较大突破的基础上，2008年又取得较好成绩，继续保持河北省领先水平。全市普通高考报名人数61376人，占全省总数的11.42%；本科二批录取控制分数线以上人数15127人，占全省总数的13.75%，上线率为24.65%；各县（市）区本科二批上线12536人，市直学校上线人数2591人；本科一批录取控制分数线以上人数4399人，上线率为8.51%，比上年增加22人，增长率为5.03%。

【教育督导】 在《市政府对县级政府教育工作年度督导评估制度》的基础上，又制定了《督导评估内容和标准》、《督导评估具体办法》。按照市政府要求，由市教育局牵头，财政、审计等部门参与，组织开展对各县（市）区的教育工作督导评估。对各县（市）区年度教育工作的主要情况和主要数据进行汇总和对比分析，向各县（市）区政府提出建议。全年对接受省政府教育工作督导评估的滦县、古冶、芦台、汉沽四县（市）、区进行两到三轮的过程性督导。7月初，芦台开发区顺利通过省政府教育工作督导评估；10月，古冶、滦县、汉沽顺利通过省政府教育督导评估。随后，市政府组织对剩余12个县（市）区政府教育工作进行督导评估，抽查86个乡镇、362所各级各类学校，坚持以督政为主，督政与督学相结合，督导和指导相结合。经评估，丰南、路南、迁安、古冶和遵化被评为教育工作先进县（市）区；迁西、路北、唐海、滦县和汉沽被评为教育投入先进县（市）区；丰润、玉田、滦南、开平、乐亭和芦台被评为教育管理先进县（市）区。

【中考制度改革】 为推进义务教育均衡发展，遏制初中择校现象，按照省规定，将省级示范性高中招生指标按比例平均分配到初中学校，比例达50%。实施中考体育测试，市教育局专门成立了体育考试领导小组，印发了具体实施方案，连续5次召开培训会、考务会，认真做好前期准备工作，于5月13日正式进行。全市有64973人（其中男生31499人，女生33474人）参加了中考体育测试，测试成绩计入中考总成绩。

【“控辍保学”】 开展全市“控辍保学”专项调研，各县（市）区进一步完善制约和激励措施，总结推广先进经验，坚持定期上报检查制度，继续开展了“无辍学乡、无辍学校、无辍学班”活动。在各县（市）区开展依法治辍专项宣传，通过这些措施，全市中小学生巩固率特别是初中在校生巩固率达到98%，其中初一在校生巩固率达99.47%，初二在校生巩固率达98.45%，初三在校生巩固率达97.25%。

【幼儿教育和特殊教育】 年初召开了全市幼儿教育工作会议和特殊教育工作会议，对加强幼儿教育和特殊教育工作进行全面部署。年内，全市优质幼教资源进一步扩大，资金投入向农村幼儿园倾斜，乡镇中心园发展迅速，幼儿教育整体办学水平得到提高，全市省级示范性幼儿园达到26所，省颁标准一类园达到92所。积极倡导园本教研，幼、特教师综合素质得到提高，以教科研带动幼儿园整体教育教学水平提高。年内有4所省示范园承担着国家级科研课题研究，8所省示范园承担着省“十一五”规划重点课题研究。特殊教育办学条件不断改善，玉田县投资500万元新建特教中心主体工程完工，其他县（市）区特教中心也多方筹措资金，购买教学设施和专业设备。制定下发了《唐山市特殊教育学校教育教学管理评估细则》，发挥市盲聋哑教育教师培训中心和市培智教育教师培训中心的作用，开展残疾学生心理健康教育、特殊教育学校教科研课题研究等培训活动，5月初，全省特教学校校长联谊会在唐山召开，河北省教育厅和与会人员对唐山特殊教育工作给予了高度评价。

【农民工子女就读无障碍】　出台制定了《关于农民工子女就读无障碍工作实施办法》，对农民工子女入学、学籍、收费、管理等方面再次做出明确的规定，进一步完善政策约束，从制度上切实保障农民工子女接受义务教育的权利，有效推进农民工子女就读无障碍工作的经常化和规范化。到年底，全市接收义务教育阶段外来务工子女达20368人，涉及学校603所（其中中学149所、小学454所）。

职业教育

【创建国家级和省级示范校、示范实训基地】　明确“以创建国家级和省级示范校、示范专业和实训基地为抓手，大力实施职业教育标准化建设”的目标，制定了《创建国家级示范性职业学校规划方案》，确定7所学校为国家级示范校候选单位。唐山工业职业技术学院通过省级示范校评选。实训基地建设力度进一步加大，全市用于实训基地建设和购置设备投入达5000多万元，确定5所学校为省级实训基地候选单位。

【河北省曹妃甸工业职业教育集团揭牌】　年内，职业教育集团建设步伐不断加快，在去年河北省能源职业教育集团组建完毕基础上，加快河北省曹妃甸工业职业教育集团的组建。9月27日，河北省曹妃甸工业职业教育集团揭牌仪式在唐山工业职业技术学院举行。该集团由唐山工业职业技术学院牵头组建，集团成员主要包括职业院校、工业企业及一些社会团体。集团组建后，将依托行业，联合企业，实现校企合作，工学结合，为曹妃甸工业区培养科学发展所需要的一线创新人才。根据曹妃甸滨海新城高教园区建设规划，唐山工业职业技术学院将首批入驻高教园区，建设一所开放化、生态化、数字化、国际化的具有示范引领作用的地方高校，围绕曹妃甸主导产业，建设装备制造、电气信息、港口物流、艺术设计、汽车修理五大专业群，为科学发展示范区建设提供智力支持和人才保证。

【职业教育建设项目】　职业教育重点建设部分项目已完工并投入使用，唐山市劳动高级技校一期工程和滦县职教中心迁建工程完工，学生已入住。唐山对外经济贸易学校迁建工程教学楼、办公楼等建筑进入装修阶段，遵化职教中心迁建项目实训车间和宿舍楼建设工程在建，唐山建筑工程学校新建项目和丰润区职教中心迁建工程征地工作在推进，迁安职教中心迁建工程在论证谋划。

高等教育

【高等教育规划】　3月，按照市领导要求，市教育局邀请中国教育发展战略学会常务副会长、秘书长，原教育部发展规划司副司长李仁和等3位专家来唐对唐山市各高等院校和曹妃甸新区进行考察。随后，中国教育发展战略学会和国家（教育部）教育发展研究中心以及人民大学、传媒大学相关专家共同参加的唐山高等教育发展规划课题组成立。4月初，唐山高等教育发展规划课题组专家一行8人再次来唐考察后，研究确定以《唐山高等教育发展计划和资源整合方案》为课题，对唐山高等教育进行全面研究。到10月份，高等教育发展规划初稿已完成。《唐山高等教育发展计划和资源整合方案》将唐山高教发展初步规划为“两极”。一极是曹妃甸新区科教城。按照高起点谋划、高标准设计、高质量建设的原则，把曹妃甸新区科教城打造成环渤海区域规模最大的高技能型人才培养基地，加快推进河北理工大学省市共建和整体搬迁工作。另一极是凤凰新城高校园区。积极推进凤凰新城高校园区相关项目建设，凸显人才、技术聚集的优势，打造唐山市中心区教育科学文化高地。实施唐山学院增强服务地方经济社会发展能力计划、唐山师范学院打造河北本科教师教育创新高地计划。

【高校对接】　通过建立唐山高等教育对接网站，开设高校对接专刊，制发公开信，邀请国内重点高校领导来唐考察，走出去主动对接等多种形式，广泛宣传推介唐山教育，不断扩大曹妃甸新区科教城的优势吸引，全方位、多渠道开展对接。到年底，先后邀请国内外28所重点高校、教育科研机构的105名领导和相关专家来唐考察、开展交流、商洽合作办学事宜，取得了显著成效。中华职教社、中国石油大学、哈尔滨工业大学、河北农业大学、河北工业大学、燕山大学等国内知名高校明确表示来唐办学或参与科教城建设。5月13日，唐山市政府邀请哈尔滨工业大学、中国石油大学、中华职教社、河北工业大学、燕山大学、河北大学、河北农业大学、河北理工大学等8所高校主要领导43人来唐，参加省内外部分重点大学领导来唐考察暨高校发展恳谈会。市委副书记、市长陈国鹰在恳谈会上向8所高校领导介绍了唐山经济社会和高等教育发展情况，与会领导实地考察了曹妃甸工业区规划展示中心、曹妃甸国际生态城规划设计成果展厅以后，对在曹妃甸设立大学园区、大力发展高等教育产生了浓厚的兴趣。中国石油大学、中华职教社明确来唐独立办学意向；燕山大学表示把新成立的中国重型机械研究院燕山大学分院建在唐山，密切燕山大学科技园和唐山钢铁冶金、港口、建材、重型装备企业的合作，研发产品就地生产；河北工业大学明确提出来唐创办大学科技园的思路；河北大学、河北农业大学表示要进一步加强同唐山在技术研发和人才培养方面的合作与交流。

【高校资源整合】　按照市委、市政府要求，市教育局就高校资源整合进行认真研究谋划，唐山高校资源整合整体方案上报市委、市政府。经市政府批准，唐山师院初等教育学院与唐山师院实质性合并。玉田分校的发展问题，市政府已经向省政府递交了报告，准备将玉田分校改建为唐山外国语职业学院，对滦州分校发展进行了谋划论证。

【高校办学评估】　6月19日至27日，以同济大学高等技术学院常务副院长董大奎教授任组长的河北省高职高专院校人才培养水平评估专家组，对唐山市科技职业技术学院和唐山职业技术学院进行为期9天的评估考察。省委常委、市委书记赵勇会见了专家组一行，并向专家组介绍了唐山市经济社会和高等教育、职业教育发展状况。评估期间，专家组通过听取汇报、参观校园环境、考察校内外实训基地等方式对两所学院人才培养水平进行全面考察和评估，专家认为唐山市委、市政府高度重视高等职业教育，对高等职业院校的建设与发展给予了全方位的支持，两所院校的人才培养工作均取得了积极成果，并对两校人才培养工作所取得的成绩和鲜明的办学特色给予充分肯定和高度评价。最终两校获得人才培养工作水平评估"优秀"等级。

高校简介

河北理工大学

【概况】　河北理工大学是河北省政府重点建设的骨干大学，1958年6月河北省人民政府报请国务院批准，决定从唐山铁道学院（现西南交通大学）和开滦矿务局抽调教师、干部，组建唐山矿冶学院。1959年天津大学矿冶系（前身即1895年创办的天津北洋西学学堂矿务学学门）成建制调入唐山矿冶学院，1985年更名为唐山工程技术学院，1995年更名为河北理工学院，2004年5月经教育部批准更名为河北理工大学。胡锦涛、江泽民、温家宝、朱镕基、贾庆林、李长春等党和国家领导人以及许多驻华使节、国内外知名人士曾来校考察。学校现有专任教师806人，其中教授167人，副教授238人，具有博士学位的教师165人，具有硕士以上学位的教师占专任教师的74.4%，燕赵学者、"新世纪百千万人才工程"国家级人选、国家和省级突出贡献专家、享受国务院特殊津贴专家、教育部新世纪优秀人才、河北省跨（新）世纪优秀人才48人，博士生导师6人，双聘院士10人。有各类全日制在校生3万余人。校园占地近1200亩，建筑面积约60万平方米，教学科研仪器设备总值达1.5亿元。学校现有17个学院，58个一批、二批本科招生专业，28个硕士学位授权学科，8个工程硕士专业学位授权领域，具有开展同等学力申请硕士学位及留学生招收资格。拥有采矿工程、冶金工程、金属材料工程、机械设计制造及其自动化4个国家级特色专业；钢铁冶金、防灾减灾工程及防护工程、材料加工工程、采矿工程、产业经济学5个河北省重点学科和重点发展学科；物理、化学、电工电子、测绘、无机非金属材料5个省级实验教学示范中心。建有河北省现代冶金技术实验室、河北省无机非金属材料实验室、河北省地震工程研究中心、河北省矿业开发与安全技术实验室4个河北省重点实验室；河北省现代冶金技术实验室为河北省、教育部共建重点实验室。学校设有中科院唐山科学发展研究院、唐山市城乡一体化发展研究中心、唐山市院士工作站以及10个唐山市重点实验室。与开滦集团、唐山钢铁股份有限公司、冀东水泥集团、唐山陶瓷集团、河北津西钢铁股份有限公司、河北新龙科技集团、旭阳煤化工集团等企业共建12个技术开发研究中心。为国家和全市经济建设和社会发展做出了巨大贡献，学校培养的各类专业人才，多数成为各行业管理骨干和业务骨干。其中杰出代表有著名经济学家胡鞍钢，全国人大代表、邢台钢铁有限责任公司董事长袁世臻，国家煤液化技术首席科学家杜铭华，全国十大杰出青年、德龙钢铁公司董事长丁立国，党的十七大代表、唐山钢铁股份有限公司第一钢轧厂炼钢炉长郑久强等。

【校庆工作】　10月22日，学校迎来建校50周年暨办学113周年校庆，学校提出"回顾历史，弘扬传统，展示成就，凝聚人心，扩大影响，再创辉煌"的校庆工作总体要求，成立了校庆工作委员会，下设校庆办公室和9个专项工作组，各学院也成立了校庆工作机构。校庆集资1000多万元，举行30余场学术交流活动，80余次文化活动。省政府副省长龙庄伟，省政协副主席段慧军，市委副书记、市长陈国鹰，市政协主席张国栋，中国工程院院士李京文，省政府副秘书长李靖以及省市、企事业、高校领导和校友出席庆典仪式，到场祝贺。教育部、省政府等近百个单位和个人发来贺电贺信，新华社、光明日报等10余家媒体进行了宣传报道。

【博士授权单位立项建设】　学校博士授权单位立项建设获得批准。在专家评审会和省学位委员会上，学校均以第一名的结果高票通过。

【英语专业本科教学工作评估】　英语专业是学校第一个教育部评估的专业。教育部专家组认为学校英语专业定位明确，建设成绩突出，教学改革效果显著，教研环境良好。教育部评审会议评定学校为优秀。

【"河北理工大学迁安学院"获批成立】　为进一步拓展办学空间，8月26日，经省教育厅批准，学校和迁安市共同筹建河北理工大学迁安学院，属学校二级单位。学校由迁安市划拨500亩土地，投资3.5亿，建设能容纳4500人规模的校区，建成后交由学校运作管理。

【唐山市院士工作站建立】　9月，根据市委、市政府《关于进一步加强人才工作若干政策的实施意见》（唐发［2008］9号）有关精神，学校在特聘院士的基础上，结合学校专业特色和科学建设需要，更多吸引和邀请两院院士进站工作，充分发挥进站院士在学校发展决策、学科建设和科技攻关等方面的优势作用，不断增强学校核心竞争力。经市委、市政府批准和资助，在学校建立特邀院士工作站。

【学科建设】　全年引进教授2人、博士16人，新评教授8人、副教授33人，送培教师攻读博士学位14人。与旭阳煤化工集团联合共建了河北省煤化工工程技术研究中心。与省社科联达成意向，在学校设立河北省社科联城乡发展一体化联合研究基金和河北省城乡发展一体化研究基地。增购了读秀、新东方多媒体学习库和网上报告厅等数据库，引入10个试用数据库。学校重视科学研究，形成应用研究、高新技术研究并重科研工作格局，取得优异成果。获省科技进步奖8项、省冶金科技奖2项、市科技进步奖10项、市社科优秀成果奖21项、专利授权67项。有90项科技成果通过鉴定、7项成果通过验收。有8项国家级项目、20项省部级指令性项目、106项市厅级项目获批立项。冶金与能源学院和唐钢联合申报的国家科技支撑计划项目——“钢铁企业低压余热蒸汽发电及钢渣改性气淬处理技术及示范项目”，获得专项研究经费1774万元。研发了“河北理工大学科技管理系统”。

【开放办学】　年内，8个国家的院校和相关机构来校访问20批次，选派干部教师出国考察、留学6人次，送出学生16人次，聘请外籍教师8名，招收留学生5名。与林肯大学共建了语言培训中心，与马萨诸塞大学、南澳大学、建国大学、托木斯克国立大学、北海道大学签定了合作协议或意向。校领导带队走访了河北省11个地级市、全市15个县（市）区和30个企业，与邢台市、衡水市人民政府、全市15个县（市）区和14个企业签订了《战略合作框架协议》，与沧州市、邯郸市人民政府达成了合作意向。与河北津西钢铁股份有限公司共建了河北理工大学——津西钢铁研究院。与河北新龙科技集团共建河北省（新龙）软件工程研究中心。与宣钢一期合作项目顺利完成，正在谋划实施200万元经费的二期合作项目。唐山市城乡一体化研究中心承担完成7项研究课题，开通中心网站，创办了《城乡一体化》刊物。德龙集团、建龙集团、邢钢、唐山精诚钢铁等企业在学校设立奖助学金，金额已达310余万元。邀请知名学者、社会名人等举办学术报告80余场、素质教育讲座30余场、公益演讲20余场。

【人才培养】　286名同学考取了北京大学、浙江大学、武汉大学、南开大学、中国科学院等重点高校和科研院所的博士、硕士研究生。在国家级、省级可比性统考和竞赛中，学校学生成绩突出。英语专业学生八级通过率高出全国平均通过率17个百分点；在全国大学生数学建模竞赛、智能汽车竞赛、计算机仿真大奖赛、控制技能仿真挑战赛、嵌入式设计大赛、电子创新设计大赛、信息技术大奖赛、全国IT&AT教育工程就业技能大赛等国家级竞赛中，获一等奖1项、二等奖5项、三等奖18项、优秀奖18项；在第六届挑战杯瓮福中国大学生创业计划竞赛中，信息学院学生获得铜奖，是学校学生在此赛事全国比赛中首次获奖；在CCTV杯全国英语演讲大赛中，外国语学院培养的轻工学院学生闯入总决赛，是河北省参赛选手第一次进入决赛；在河北省“挑战杯”创业计划竞赛、数学建模竞赛、“世纪之星”英语演讲大赛、高校首届网络技能大赛等省级竞赛中，获特等奖1项、一等奖4项、二等奖4项、三等奖4项、优秀奖4项；在河北省第十五届大学生运动会上，获田径男子甲组团体总分第三名、女子甲组团体总分第二名；在河北省大学生足球赛上，获第三名；在河北省首届大学生武术比赛上，摘得4金1银1铜，居金牌榜第二名。

【招生工作】　共招收研究生472人、一本学生108人、二本学生3348人、三本学生3555人、专接本学生199人、成教学生4602人，在校生总数达到31230人。其中，冶金工程、土木工程、机械设计制造及自动化3个专业首次一本招生高出省重点线5分，名列省一本工科院校第二名；二本学生大部分省份采用平行志愿投档，第一次投档录取率高达97.8%；省内二本理工类录取线高出省控线30分、文史类高出26分。

（高　佳）

华北煤炭医学院

【概况】　华北煤炭医学院是原中国煤炭工业部所属的唯一一所本科高等医学院校，学校前身为1926年创办的开滦高级护士职业学校，1953年改名为开滦煤矿卫生学校。1958年经煤炭部批准改名为开滦医学专科学校，1963年经国务院批准，开滦煤矿卫生学校、阜新煤矿卫生学校和唐山卫生学校大专班合并，成立唐山煤矿医学院，隶属煤炭部。1971年学院体制转至河北省，改名为河北医学院。1973年经国务院批准，改为煤炭部和河北省双重领导体制，以煤炭部为主，校名再度称唐山煤炭医学院。1984年经煤炭部批准更名为华北煤炭医学院，隶属煤炭部。1998年8月，实行中央与地方共建、以河北省管理为主的办学模式，划转河北省管理。经过几十年的建设和发展，目前已形成多层次、多学科的办学体系。

学校现设置21个本科专业和6个专科专业，年度面向全国24个省、市、自治区共招收学生2229人，其中校本部招收全日制本科生1392人，专科生150人，秦皇岛分院招收专科生687人。学校现有硕士研究生487人，同等学历申请硕士学位研究生800余人，另有成教学生3356人。学校现有专任教师626人，其中正高职126人，副高职164人；有博士学位的45人，硕士学位的312人；享受国务院政府特殊津贴的专家25人，国家“五一”劳动奖章获得者2人，全国三八红旗手1人，省管专家2人，省部级拔尖人才3人，省教学名师1人，省部级优秀教育工作者2人，省中青年骨干教师2人，省“三三三人才工程”13人。

学校现有两个校区，分别为主校区、丰南新校区，占地1011.05亩，建筑面积379412平方米。学校有1个校级实验中心和10个系部级中心实验室。设有临床医学系、基础医学部、中医学系、药学系、预防医学系、社会科学部、卫生事业管理系、体育教研部、护理学系、口腔医学系、生物科学系、心理学系、法律系、外国语言文学系14个教学系部，设有临床医学、医学影像学、麻醉学、口腔医学、护理学、预防医学、药学、药物制剂、中药学、中医学、针灸与推拿、中西医结合临床、医学检验、康复治疗学、应用心理学（临床心理学方向）、生物技术、法学（医事司法方向）、英语、公共事业管理（卫生管理方向）、劳动与社会保障、信息管理与信息系统21个本科专业。学校于1986年开展研究生教育，现有公共卫生与预防医学1个一级学科，人体解剖与组织胚胎学、病原生物学、病理学与病理生理学、内科学、外科学、妇产科学、护理学、口腔临床医学、中医内科学、社会医学与卫生事业管理等16个二级学科具有硕士学位授予权。学校现有直属附属医院1所，非直属附属医院10所，教学医院34所，实习医院12所，其它实践教学基地28（所）个。学校主办的《中国综合临床》、《华北煤炭医学院学报》、《中国煤炭工业医学杂志》、《健康心理学》等杂志均在全国公开发行。其中，《中国综合临床》为国家级核心期刊。学校图书馆为河北省甲级图书馆，馆藏文献总量89.62万册，其中纸质文献61.86万册。

学校在国际交流与合作方面日趋活跃，对外合作规模不断扩大，先后与日本、美国、德国、匈牙利等国家和地区的医学院校、科研机构建立了学术交流友好协作关系，与日本山形大学医学部建立了姊妹学校关系，学校承办了中德、德中医学协会第五届学术年会，中匈医学论坛。学校聘请多名国内外名誉教授，选派中青年教师出国进修，较为广泛地开展了国际间的学术交流与合作。

面对新世纪，学校主动适应高等教育体制改革，不断拓展办学渠道，深化改革，充实内涵，进一步加强和改进思想政治工作，注重人才队伍建设，强化管理意识，改善办学条件，提升办学层次，提高教学质量和办学效益。“十五”以来获国家、省部级教学、科研奖65项，国家专利8项，国家自然基金3项。在煤炭职业防治及创伤救治等领域取得了引人瞩目的成绩。

【基层组织建设】　根据实际需要并报河北省高校工委同意，将冀唐学院党总支变更为冀唐学院党委。心理学系直属党支部、外国语言文学系直属党支部、法律系直属党支部分别变更为心理学系党总支；顺利完成了药学系、口腔医学系、护理学系、后勤党总支4个二级党组织的换届选举工作。同时以改革创新精神进一步加强基层党组织建设，制定了《中共华北煤炭医学院委员会党建工作联查内容及要点》。做好党员发展工作，全年发展学生党员735名，达到省委教育工委所要求本科生党员占12%、研究生党员占40%左右的要求。发展职工党员19人，其中副高职和高学历人员7人。继续做好入党启蒙教育和学生入党积极分子培训工作，有900多人完成入党前培训。年内有110人被学院党委评为优秀共产党员、优秀党务工作者、教学工作标兵、管理工作标兵；34人被唐山市教育委员会评为优秀共产党员和党务工作者，20个基层党组织被学院党委评委先进基层党组织，4个单位被评为先锋模范岗，学院党委被评为教育系统先进基层党组织。

【教师队伍建设】　全年学院共引进博士、硕士、高级专业技术人员99人，其中博士后1人，博士5人，全部充实到教学、科研、医疗第一线，进一步优化了师资队伍结构。年度内有60余人通过高等学校教师资格认定，选派30余人参加教师的专业和其它培训，选派20余名管理人员参加短期培训及学历教育，选派1人作为优秀专家参加出国培训。有4人通过河北省人事厅选拔，作为留学回国人员科技活动项目择优资助人选，为学院的全面发展做好人才储备。

【科学研究成果】　学院草拟了《技术职务岗位工作量考核办法》，强化对专业技术人员的科研工作管理，制订了社科类论文分类的新标准。全年院外立项104项，其中省部级16项、厅局级87项，获得省自然基金立项4项，其中重点1项。此外通过中－匈两国政府间科技合作项目，学院与匈牙利德布勒森大学联合向国家科技部申请的关于治疗Ⅱ型糖尿病中药配伍及单体筛选等研究课题，得到了百万元资助，全年完成成果鉴定51项，其中10项达到国际先进或领先水平；重点清理省级积压课题，结题率达到90%。

【质量与教改工程取得突破】　增加了1个省级本科教育创新高地——“煤炭创伤护理康复技能培训创新高地”和1个省级品牌特色专业——“康复治疗学”，同时，“康复治疗学”被评为国家级品牌特色专业。上报全国教育规划课题7项，中国高教学会横向课题6项，已批准2项。组织河北省十一五规划课题申报工作，申报10项，批准5项，资助3项。推荐上报河北省教育厅、河北省高教学会优秀高等教育科研成果奖7项，荣获一等奖1项，二等奖2项，三等奖4项。

【对外交流】　学院先后邀请日本、美国、澳大利亚、英国、匈牙利等国家和地区的15批34名专家、学者来校访问讲学，开阔了学生视野，激发了广大师生的学习热情。留学生教育规模逐步扩大，全年新接收留学生68人，在校留学生总数达到110人。

【学科建设】　按照以“医学为主、积极发展医学相关学科”的专业定位，调整了学科专业设置，优化结构，强化建设，加大现有省级重点学科及重点发展学科的建设力度，对现有6个校级重点学科及13个重点发展学科实施强化工程。“河北省煤矿卫生与安全”重点实验室接受了河北省评估，取得了良好成绩，首次得到河北省科技厅支持经费30万元，并被纳入唐山市重点实验室。学院获得推荐优秀本科毕业生免试攻读硕士研究生资格的高校。

【抗震救灾工作】　认真组织汶川特大地震抗震救灾工作，学院先后派出25名师生奔赴灾区一线从事心理疏导和卫生保健工作。全院广大师生累计捐款60万元，广大党员缴纳特殊党费近22万元，广大团员缴纳特殊团费6.5万元。通过抗震救灾工作，广大师生爱校爱教、振兴煤医的决心得到了凸显，学院的向心力、凝聚力不断增强。

【冀唐学院建设】　对冀唐学院的领导班子进行了结构调整和力量充实，确立了董事会成员。依据教育部26号令《独立学院设置和管理办法》要求，董事会领导下的院长负责制进一步明确，实行党政联席会议的领导体制。总院与冀唐学院的关系进一步理顺，并在干部及人事管理等项工作中得到具体落实，逐步规范了办学行为。在各相关系部、单位的共同努力下，丰南新校区正式投入使用，顺利完成了2007级学生搬迁工作和2008级新生入学工作。冀唐学院在校学生4693人，其中主校区2241人（04、05和06级），丰南校区2452人（07和08级）。

（李　娜）

唐山学院

【概况】　唐山学院前身是1956年9月成立的唐山市工业夜大学。1957年，经国家高教部批准更名为唐山业余工学院。1966年“文革”学校停止招生，1969年停办。1980年7月，唐山业余工学院恢复招生，为专科层次办学。1983年唐山职业大学成立，开办6个专业。1984年9月，唐山职业大学与唐山业余工学院合为一体联合办学。1985年6月，唐山职业大学更名为唐山大学。同年9月，西南交通大学在唐山建立分校，并与唐山大学、业余工学院联合办学。1988年，唐山业余工学院更名为唐山职工大学。1992年9月，经国家教委批准，唐山大学更名为唐山高等专科学校，仍为唐山地方高等学校。1996年，学校与西南交通大学联办本科专业。2002年9月，经教育部批准，唐山高等专科学校、西南交通大学唐山分校、唐山职工大学三校实质性合并改建本科院校。定名“唐山学院”。

唐山学院占地33.48万平方米，校舍建筑总面积16.29万平方米。教职工总数948人，其中专任教师672人，教授、副教授207人，具有硕士及以上学位教师303人。院校设有9系4部1中心和继续教育学院等15个教学机构。开设23个本科专业，55个专科专业，涵盖工学、管理学、文学、经济学、法学等5个学科门类。各类在校生15153人，其中普通全日制本、专科学生12435人，成教学生2718人。2008年，被命名为省级文明单位。

【“质量工程”建设】　学院于2008年初全面启动教学质量与教学改革工程（简称“质量工程”）。“质量工程”在市政府支持下加大教学投入，增加1500多万元教学仪器设备与图书，筹资3000万元用于北校区体育设施和图书馆建设。拨出100余万元用于“质量工程”专项建设。

遴选出6个重点建设专业，22门重点建设课程，并进行大学英语教学改革试点准备工作。确定首批2个院级重点建设实验教学中心，立项开设出31项综合性及设计性实验，并组织首届大学生创新性实验项目评选。教师中有1人获得河北省“三育人”先进个人称号，3人成为唐山市第五批市管优秀专家，2人当选唐山市第七届社会科学优秀青年专家，3人荣获唐山市优秀教师称号，有16名学生的毕业设计（论文）被评为学院2008届优秀毕业设计（论文）。

【人才培养质量】　在2008年“挑战杯”河北省大学生创业计划竞赛中获二等奖1项、三等奖3项。在全国大学生数学建模竞赛中获一等奖1项、二等奖2项。1名学生在全国第十六届“人工环境工程学奖学金”竞赛中荣膺三等奖。1名学生在第二届全国大学生数字艺术设计作品大赛中荣获三等奖。1件设计作品在中国广告艺术节学院奖年度广告大赛中入围。在全国大学生英语竞赛中，1人获特等奖，3人获一等奖，9人获二等奖，17人获三等奖。学生参加第二届全国大学生金融投资模拟交易大赛获得良好成绩、参加河北省高校计算机一级考试通过率连续第九年居省内领先水平。

【科教研究与社会服务】　全年有36个研究项目在省、市立项，科研经费累计约150万元。取得5项国家专利和1项计算机软件著作权，获唐山市科技进步二等奖1项，三等奖3项。1项成果获第十一届社会科学优秀成果一等奖，3项成果获二等奖。获得省级教学成果二等奖1项，市级优秀教学成果奖6项。1人被评为“2007年唐山市十大科技创新人物”。与唐山钢铁集团合作开发超细化双相组织钢，可在X120管线钢及高级船板钢中应用，该项目对优化唐钢的品种结构，占领国际市场具有重大战略意义。与唐山市冶金锯片有限公司合作，优化锯基体的综合力学性能，通过分析、检测进口锯片板材，达到代替进口的目的，该项目得到唐山市科技局的支持，被列为2008年重大工程项目，被唐山市教育局列为产学研示范项目上报河北省教育厅。与市热力总公司等单位合作开展企业文化导入与培训项目。

【校园建设】　北校区二期工程基本完成，体育中心、图书馆和办公楼主体结构全部被评为“好”。北校区地源热泵空调项目被列为河北省发改委2008年电力需求侧管理项目计划，并被列为唐山市“科学发展模式试验示范项目”。

【感恩教育】　学院对大一新生进行为期一年的“感恩教育”系列活动，包括举办“感恩之心”主题班会，给父母写一封感谢信，开展“师恩难忘，师情永存”主题征文，学习“妈妈的脚印”长篇叙事诗，观看以“感恩”为主题的优秀影片，号召学生日行一善，勤俭节约，鼓励同学们去敬老院看望老人，引导学生积极申报学院暑期社会实践项目，爱心支教，关注农民工等。通过实施感恩教育，学生们懂得知恩图报，用实际行动孝敬父母、回报社会。许多家庭贫困的学生省吃俭用，自立自强，积极参加家教、整理资料、卫生清理等勤工俭学活动，有的学生在暑假期间身兼数职，打工挣钱，尽量为家庭减少经济负担。约有1200多名学生参加无偿献血，92名学生成为造血干细胞捐献志愿者；在2008年抗震救灾中，学生向汶川地震灾区踊跃捐款7万元，并积极报名参加唐山市慈善义工服务，许多毕业生自愿参加赴边疆志愿服务和省内“三支一扶”。“感恩”之花成为唐山学院一道靓丽的风景线。

（魏占学）

唐山师范学院

【概况】　唐山师范学院前身为河北唐山速成师范专科学校，创建于1956年。1958年升格为唐山师范学院，1959年改为唐山师范专科学校。1962年因国家经济遇到暂时困难而停办，一年后改建为唐山专区教师进修学校。1966年“文革”时期下马，1971年2月，唐山专区教师进修学校撤销。1977年9月复建。1979年3月，经国务院批准复建唐山师范专科学校。1983年6月，唐山地区教师进修学院与唐山市教师进修学院合并，同年12月，经河北省人民政府批准，唐山市教师进修学院更名为唐山教育学院。1984年4月，唐山师范专科学校与唐山教育学院合并。2000年3月，经教育部批准，正式恢复改建为唐山师范学院。成为河北省首批专科升格本科的高等师范院校。2001年1月，经河北省政府批准，将唐山滦县师范学校、玉田师范学校改建为唐山师范学院滦州分校、玉田分校；原唐山师范学校更名为唐山师范学院初等教育学院。挂唐山师范学院小学教育部校牌。上述三校人、财、物管理体制不变，实施专科层次教育。2008年7月，唐山师范学院初等教育学院纳入教育部，改建为唐山师范学院学院路校区。

院校占地1000亩，规划建筑面积50万平方米。图书馆藏书200万册，建有20个数据库。多媒体教室、微格教室、语音室123个。建有实验教学中心6个，各类功能实验室120个，在省内外建有学生实习实训基地65个。建有千兆光缆至交换机、百兆到桌面、覆盖办公楼、教学楼、学生公寓的校园网络。学校现有15个系和一个国际学院，两所分校，一所附属中学，一所附属小学，一所附属幼儿园。形成了学前教育、初等教育、中等教育、高等教育一体化和全覆盖的办学特色和优势。学校现有67个本专科专业，学科门类齐全。学校现有在校教职工987余人，其中高级职称教师365人，博士、硕士研究生学历教师276人，硕士生导师21人，全国、省、市级优秀、拔尖人才50人。有来自美、英、德、日等国的外籍教师长期执教。现有全日制本、专科学生13500人；各类成人学历教育与继续教育学员10000多人。

2008年，学校被省政府评为文明单位，学校赴四川地震灾区社会实践服务团被中宣部、中央文明办、教育部、共青团中央、全国学联评为全国大中专学生志愿者暑期“三下乡”社会实践活动赴地震灾区优秀团队。

【招生与就业】 学校普通全日制本、专科招生5164人，（本科生2502人，专科生2662人），生源来自全国14个省、直辖市、自治区。完成1523名本科、1232名专科、1762名专接本、863名5年制大专毕业生的毕业资格审查工作。学校师范类本科生初次就业率达到77.8%，师范类专科生初次就业率达到81.4%，非师范类本科生初次就业率达到75.7%，非师范类专科生初次就业率达到72.6%，353名学生考取了研究生，260名专科生考取专科接本科教育。年度学校顺利通过河北省高校就业指导与服务工作评估。

【完成评估整改】 学校继续按照教育部本科教学工作水平评估指标体系标准，巩固发展评建成果。修订新一轮人才培养方案，保证学校教学资源的充分、合理、有效利用；狠抓课堂教学、考试、实验实习、毕业论文等教学环节。进一步建立健全教学质量监控体系，加强对教学行为的监督检查，不断优化教学秩序，提高教学水平。组织青年老师教学大赛和教学观摩活动，提高青年老师教学水平。加强专业建设和课程建设，召开了第三次教学工作会议和第二次教育思想观念大讨论活动。以“巩固评建成果，整改评建工作，创新学校发展”为主题，紧紧围绕教育部文件、专家组评估考察意见和学校整改工作方案，落实各项整改任务，推动学校创新发展。11月，学校按时向教育部提交了整改报告。

【学科、专业和课程建设】 年内，学校获批增设广播电视新闻学、旅游管理、园艺三个本科专业和影视多媒体技术、煤化工生产技术两个专科专业。同时，学校正式启动学科建设，并确定学院2008－2009学年度重点建设学科3个、重点发展学科3个及一般建设学科10个，资助学年度经费共计31万元。拥有汉语言文学、数学与应用数学、化学、生物科学、物理学等5个校级重点建设专业。在原有《文学理论》、《细胞生物学》、《古代文学》、《微生物学》4门省级精品课程的基础上，《物理化学》课程被评为2008年度河北省高校省级精品课程。拥有校级精品课程14门、校级重点课程20门。学校“本科教师教育创新高地”被评为河北省本科教育创新高地，教育学、汉语言文学两个专业被评为省级品牌特色专业。

【学术科研成果】 学校组织申报科研项目171项，获批74项，获院外经费162.8万元。组织申报唐山市科学技术进步奖3项，获二等奖2项，三等奖1项。有9项科研成果通过省市科研管理部门组织的专家鉴定。学校开展“百家讲坛”活动，聘请校内外专家学者进行学术报告讲座60余场，对增强学术氛围和培养学生科研兴趣，起到积极作用。

【师资队伍建设】 年内，引进博士后1名，博士研究生3名，硕士研究生8名。选派优秀教师进行学历学位进修，学成回校的9名教师经考核合格，被充实到了老师队伍。选派6名教师到重点大学进行访学，25名老师参加教育部国家精品课程培训。落实青年教师导师制，加强对各单位导师制的督导。推荐正高职13人，副高职33人，中职40人。

【校园建设】 在资金短缺，工程管理难度加大的情况下，完成北校区文科综合楼室内抹灰5万平方米，外墙石材幕墙1.5万平方米，玻璃幕墙0.3万平方米及屋面装饰工程。12月30日文科综合楼的脚手架落地。完成沿建设路主体建筑亮化、主校区的围墙改造工程和主校区校园绿化方案。

（刘云伟　刘　楠）

唐山工业职业技术学院

【概况】　唐山工业职业技术学院建于2001年4月。其前身为建于1975年的唐山陶瓷公司职工大学和建于1980年的唐山陶瓷技工学校。1996年创建省级重点技校；1998年建成国家重点技校；1999年建成高级技校，校名更改为河北省唐山市高级技工学校；2001年升格建成唐山工业职业技术学院；2003年增挂河北省唐山市技师学院牌子，与唐山工业职业技术学院实行一体化管理。2008年，成为河北省示范性高职高专院校，是全省十所示范高职院校之一。

学院实行院系两级管理，设有机械工程系、自动化工程系、信息工程系、管理工程系、艺术设计5个系。三个部：体育部、公共英语部、思想政治理论教研部。学院现有教职工323人，其中教师282名，具有正高职称的6名，副高职称61名，中级职称81名。各类在校生7800名。

学院建立以来，接受兼并14个中小企业和学校，实施资源整合。与省外高职院校和市内中职学校合作办学，开设唐海、开平、古冶分校区。与企业共建校内外生产性实习基地，与瑞士、法国、爱尔兰等国院校合作办学，实现集团化办学互利互赢规模效应，促进学校发展。

2008年学院被评为“河北省职业教育先进单位”；“唐山市学习实践科学发展观先进单位”；集团化办学成为市高职教育科学发展示范模式；被市委、市政府命名为“振兴唐山先进单位”；市“2008年度国家安全人民防线建设先进单位”。石连文老师被评为“唐山市十佳教师”；范仕强老师被评为“唐山市优秀教育工作者”。

【专业建设】　根据社会需求和区域经济社会发展的需要，设置重点专业，专业由2007年的22个增加到33个，并建设五个重点专业和专业群：数控技术重点专业及专业群、电气自动化重点技术专业及专业群、物流管理重点专业及专业群、艺术设计重点专业及专业群、汽车检测与维修技术重点专业及专业群。数控技术专业、电气自动化专业、酒店管理专业建成河北省示范专业。

【教学改革】　学院始终坚持以服务为宗旨、以就业为导向，走产学研结合发展之路。形成“前校后厂、产学一体，贴近区域、多元办学”的办学模式；开拓国际合作、对等交流的办学之路；开展了融入区域、服务区域经济。为唐山区域经济发展培养输送大批技能人才，成为唐山高技能人才的培养基地。数控技术、酒店管理和物流管理专业开发出“教、学、做”一体化的学习领域课程体系，实现了专业教学活动与企业生产活动紧密对接，学生的毕业证书与职业资格证书相互融通。《现代陶艺》、《典型零件的数控编程与加工》被评为河北省精品课程。

【科研成果】　年内学院取得全国教育科研课题2项；中国高等教育学会专项研究课题2项；河北省规划研究课题9项；申报国家专利3项；出版编写高职高专教材3部；获取河北省优秀教学成果一等奖1项，并入围全国高等院校优秀成果奖的评选；获得河北省优秀教学成果三等奖1项；学院的职教集团化办学、工学结合、校企合作、开放办学、国际交流等方面经验，在全国职业与教育高层论坛上，在全国学校教育创新论坛上，在中国高职高专教育论坛上，在全国首届集团化办学经验交流会上，都进行了典型介绍和主题发言，学院成为中国高等教育研究会国际合作交流与课程委员会、教学管理委员会、双证协作委员会、就业工作委员会四个副主任单位。

【招生与就业】　学院面向全国十多个省、市、自治区招生，学院的录取分数线连续多年高出省控线100多分。年度计划招生2060人，录取报到1993人，新生报到率96.7%。就业工作依托唐山工业基础雄厚、经济发展迅速、人才需求旺盛的优势，强化就业指导工作，与企业密切合作，实行“订单式”培养。与市劳动和社会保障局、人事局等单位合作，共建学院学生就业指导和服务基地，采用就业指导讲座、职业生涯设计、召开各类招聘会等多种举措，拓宽学生就业渠道，毕业生就业率92%。用人单位对毕业生综合评价称职率90%以上。

【实训基地建设】　2008年，是建设“全国农民工培训示范基地”项目的关键之年。国家开发银行1亿元优惠贷款已经到位，购置占地52亩、2万平方米厂房破产的嘉林陶瓷公司，进行拆建改造，建成“全国农民工培训示范基地”主体工程，现正进行设备购置安装等重点项目。

年内，还建成各专业的实验室、工作室、实训室52个，扩大实习实训能力，推进了工学结合。11月，电子电工与自动化实训基地建成中央财政支持奖励的职教实训基地，获得支持奖励资金340万元。

（于智源　陈晓晶）

河北科技大学纺织职工学院唐山分院

【概况】　河北科技大学纺织职工学院唐山分院（以下简称唐山分院）是一所相对独立的全日制普通高等职业技术学院，主要从事普通高职专科和成人本、专科学历教育。

唐山分院，其前身为“唐山华新纺织厂七·二一职工大学”。1982年经省政府批准，教育部备案，正式组建“河北省唐山纺织职工大学”，1987年学校更名为“河北省纺织职工大学唐山分校”，是河北纺织职工大学的三个校区之一。1996年河北纺织职工大学参与组建河北科技大学，唐山校区随之更名为“河北科技大学纺织职工学院唐山分院”。

唐山分院现已开设影视动画、影视广告、汽车检测与维修技术、焊接技术及自动化、服装设计、环境艺术设计等17个招生专业及方向，形成了涵盖工科、艺术、影视、经济等七大类别的专业群，形成了自己的办学特色。唐山分院占地面积88.4亩，建筑面积3.5万平方米，固定资产4000多万元，在校生2000多人。现有教职工197人，其中高级职称的专任教师40人。

2008年，分院认真贯彻党的“十七大”和市委八届四次全会精神，以教育教学工作为中心，认真抓教学质量、学生管理、招生就业、以及校园的安全稳定等重点工作。教学仪器设备投入150万元，新增汽车实验室、动画工作室等5个实验实训场地。年内完成各类技能培训、职业资格考试3000余人次；完成省级科研课题1个，市级科研课题2个，专业作品《鹧鸪天》获首届“兄弟杯”炫动中国原创大赛金奖。年度学院被市委、市政府授予“文明建设先进单位”；被市委宣传部、教育局、团市委等评为2008年“唐山市大中专学生‘三下乡’社会实践活动先进集体”。

【开展献爱心活动】 年内，学院加大对家庭经济困难学生的资助力度，建立贫困生档案，做好贫困生的帮扶工作，积极为贫困生提供勤工助学岗位。继续开通新生入学绿色通道，对家庭贫困学生所要缴纳的费用实行减、缓、免。新生中有近18名学生签订了学费缓交协议，发放困难补助金11077.50元。按照严格的评审条件和程序，坚持公平、公正、公开的原则，评选出383名学生获得国家助学金76.6万元，106人获得励志奖学金26.5万元和3人获得国家奖学金2.4万元，为38名中专生发放助学金1.2万元，为缓解物价上涨压力，发放学生用餐补贴20.291万元。

4月份，为艺术系患病学生孟娜同学捐款12600元。5.12汶川地震灾情发生后，全体教职工踊跃捐款，缴纳“特殊党费”，在不到一天的时间里，129名党员共计缴纳“特殊党费”13287元。

【选树先进典型】 年内，学院奖励表彰了一批先进集体和个人：校级先进班集体6个、院级三好学生21人，院级优秀学生干部10人，优秀学生会干部31人，系级三好学生102人，系级优秀学生干部48人；优秀团支部6个，优秀团干部20人，优秀团员101人；文明宿舍6个，先进宿舍17个，公寓管理先进系2个。通过表彰在全院学生中形成人人争先创优、文明和谐的良好氛围，有效地促进了良好学风、校风的形成。

【完善教学管理制度】 为了确保教学工作正常进行，制定了《学生实习管理办法》《河北科技大学唐山分院青蓝工程实施方案》，修订了《教师教学质量考核办法》等制度，同时科学调度，合理安排，最大限度地提高了教学设备、场地的利用率，保证了全年教学工作的顺利开展。

【学生技能培养】 10月，在上海举办的首届“兄弟杯”炫动中国原创大赛中学院作品《鹧鸪天》获得学生组唯一金奖；另有《疯狂的狗》《时光回忆》《贝茜的礼物》等6部学生作品入围，动画系5部作品入围“学院奖”、2部作品获得最佳学生作业奖；3部作品入围第四届中国国际动漫节“美猴奖”，填补了省内空白；影视广告专业5部作品入围第17届金犊奖。服装系7名学生入围由河北省服装行业协会、河北省劳动和社会保障厅职业技能鉴定中心主办的“三五〇二”杯河北省服装设计大赛决赛，其中二等奖一名、三等奖一名，优秀奖四名，服装设计学生高塞北的作品《寻找加勒比》获2008全国首届高职高专院校师生服装设计技能大赛学生组最佳效果图优秀奖。

【师资队伍建设】 学院专任教师中已有25名研究生，有1名晋升为教授、有8名晋升为副教授、有15名晋升为讲师，有效地改善了教师队伍职称、学历和专业结构。同时完善新教师培养制度，实施“青蓝工程”，帮助青年教师尽快成长，加强外聘教师管理，聘请企业优秀技术人员参与教学实践过程。另外鼓励专业教师取得相关专业技能证书，不定期到企业顶岗锻炼，加强与实习基地的联系，提高教师的实践能力。年内，干部队伍建设在市教育局全员聘任的基础上，继续履行学院每年一次的教职工聘任制，制定了“岗位设置方案”。为学院人事代理人员办理了工资套改和养老保险参保，提高了教职工的工作积极性。

【强化就业指导】 学院进一步完善毕业生就业指导工作制度，加强与社会各界的联系，进一步拓宽毕业生的就业空间，举办招聘会，并分别与石家庄市、市人才市场和青岛雪驰有限公司、保定长城汽车有限公司等大型企业建立良好的合作关系。年内，又与唐山挥栋房地产经纪有限公司、唐山苏宁电器有限公司、中铁电气化铁路运营管理有限公司、广东步步高电子有限公司、天津人人乐商业集团、华润万家超市等单位广泛接触，促进毕业生积极就业。学院有525名全日制普通毕业生顺利毕业，就业率达到81.5%以上，赢得了良好的社会声誉。

【科研成果】 教师科研能力不断增强，年内教师公开发表71篇论文，其中核心期刊43篇。10月，专业教师李丰的作品《绽放》获2008全国首届高职高专院校师生服装设计技能大赛教师组最佳效果图优秀奖，朱正基在2008年北京电影学院动画学院奖中获优秀指导教师奖。完成省级科研课题1个，市级科研课题2个。

【开展社会实践活动】 坚持青年志愿者服务活动，搭建拓展实践能力平台，学院现有志愿者1000余人。暑假，学院承接了部分奥运火炬传递的安保工作任务，为奥运会火炬在唐山的顺利传递做出了贡献。10月份组织了“06”级商务英语专业学生参加了“曹妃甸临港产业国际合作会议”青年志愿者服务活动，以优异的表现、一流的素质赢得与会嘉宾和大会组委会的赞誉，并被团市委授予“曹妃甸临港会议青年志愿服务先进集体”称号。

（孙硕如）

唐山广播电视大学

【概况】　唐山广播电视大学创建于1979年，是一所集本科、专科、继续教育为一体，有着多层次、多规格教育职能的现代远程开放大学。学校教学业务接受中央广播电视大学和河北广播电视大学指导，与所属15所县区分校形成系统办学、分级管理、分工协作的教育体系。

学校占地面积37亩，校舍建筑面积2.1万平方米。学校教学设备先进，配有计算机网络机房、双向闭路系统、卫星接收站、多媒体教室、语音教室等现代化教学设备。其中多媒体教室22个、计算机网络机房6个、语音教室3个。

学校现有教职工161人，其中教授8人，拥有副高级职称的54人，中级职称的40人。学校现设有5个行政管理部门和8个教育教学部门，开设经济、理工、文史、教育、法律、财会、外语等40余个专业。各级各类在校生2万余人。

【干部队伍建设】　（一）切实加强校级领导班子的自身建设。新的一届领导班子组建以来，把加强自身建设作为加强干部队伍建设的关键环节来抓。对干部聘用、教师入编、评职评先等群众关心的热点问题，坚持集体研究讨论，及时召开教代会，认真听取教职工意见，最大限度实现民主集中制，确保教职工的知情权、参与权和监督权。严格执行“四大纪律、八项要求”和领导干部廉洁从政各项规定，明确分工、落实责任，完善制度，严格执行党风廉政建设责任制和责任追究制，规范领导干部从政行为。（二）加强中层干部队伍建设。为使学校中层机构设置更好的适应学校未来发展的需要，根据市教育党委、市教育局《关于加强市直院校中层干部队伍建设的意见》精神，出台了《唐山广播电视大学中层干部选拔任用及管理办法》（试行）和《中共唐山广播电视大学委员会、唐山广播电视大学关于中层机构调整和中层干部竞争上岗的实施方案》，将中层机构设置由原来的17个减少到了13个，中层干部职数由原来的31名减少到26名。为营造公开、平等、竞争、择优的用人环境，学校采用竞聘上岗的办法，最后经资格审查，有37名同志参加竞聘，其中14人是以前没有职务的年轻同志，最后，有6名年轻同志被选拔为新任中层干部。

【招生工作】　全市电大系统各类招生合计10432人，比去年增长了2318人，涨幅为22%。其中开放教育招生6315人，比2007年增长1423人，涨幅为29%，占全省招生总数的1/4，继续在全省保持领先地位。（一村一名大学生）招生保持了良好的发展态势，招生1873人，成为电大教育的重要组成部分。此外，奥鹏项目、与国内高校联合办学、成人脱产大专、普通大专、中专等其他办学形式累计招生2244人。招生单位也由原来的15家扩大为19家。全市电大系统，从招生数量和招生规模上看，均达到历史最高水平。

【教学管理】　（一）加强常规教学管理。为保障学校教学正常进行，学校教学管理部门和教学辅助部门积极配合统一调度。本学期，完成264科9594课时的教学任务。改革教师考核制度，强化过程管理，增加形成性考核的比重，占到了总考核成绩的60%，使考核结果更加客观、公正。（二）加强教务管理。主要围绕规范学籍和考务管理，提高教务管理为教学和县区分校服务展开工作。在考试工作中，虚心接受社会监督，严肃考试纪律，加强考试管理，在年末的网络考试和期末考试中，学校考务工作得到中央电大和省电大领导的好评。

【思想政治教育】　一是学校高度重视发展党员工作，一方面注意对入党积极分子的培养、教育和考察，保证党员质量；另一方面规范发展程序，严格履行预备党员转正手续，严把“转正”关。学校以业余党校为阵地，加强对学生的宣传教育，全年培训240多人，发展入党积极分子50余名，发展学生党员15名。二是加强学生社会实践能力的培养。通过第二课堂和到厂矿企业现场实习，掌握实践技能，提高综合能力。在“河北省电大系统大学生职业生涯设计大赛”中，学校3名参赛学生在决赛中全部胜出，并被推荐参加全国电大系统的职业设计大赛。

【“一村一名大学生”教育】　一村一名大学生教育的培养目标是：让学员成为当地经济建设的行家能手和带领农民脱贫致富的带头人，成为社会主义新农村建设的主力军。学校教育为“三农”服务的成果得到了中央电大和国际教育人士的高度关注，11月份，朝鲜信息教育考察团来华参观考察，中央电大特别安排该团到学校学习参观“一村一名大学生”教育情况。代表团成员对学校的成功经验给予了高度的评价。

【学校基础设施建设】　为适应新综合楼和未来教学需要，学校改造校园网，新铺设了6条光缆，购置服务器1台、交换机12台，主干网由原来的百兆升级到千兆，对外出口也由原来的20兆升级到100兆独享线路。完善了电子邮件服务器和FTP系统；丰富了网上教学资源，现在网络平台注册率达到了90%，平台资源超过70G。

（孙　辉）

河北省农广校唐山市分校

【概况】　1981年2月27日，原唐山地区建立了中央农业广播学校唐山地区领导小组。同年3月21日，原唐山市建立了中央农业广播学校唐山市领导小组。1983年5月，随着唐山地、市合并，原两个办学组织机构合二为一，统称为中央农业广播学校唐山市办公室，归属唐山市农业局领导。1986年1月16日，市政府决定成立中央农业广播学校唐山分校。1987年5月11日，根据上级文件精神，经唐山市农经委、教委批准，将中央农业广播学校唐山分校更名为中央农业广播电视学校唐山分校。1989年9月4日，根据上级文件精神，将中央农业广播电视学校唐山分校改为河北省农业广播电视学校唐山分校。2002年1月，市编委下发文件，将河北省农广校唐山市分校由市农委管理划归市教育局管理。2002年3月，市编委下发文件，将河北省农广校唐山市分校由市教育局管理改为市农业局管理。2003年1月，经市编委批准，河北省农广校唐山市分校加挂“唐山市农民科技教育培训中心”的牌子，分校内设办公室、培训一科、培训二科、培训三科，负责全市农民科技教育培训工作。

2008年，分校坚持以科学发展观为指导，以服务“三农”为办学宗旨，按照发展现代农业、推进城乡一体化、建设社会主义新农村的总体要求，紧紧围绕农业工作重点，努力破解农民素质偏低的难题，大力实施农民素质提高工程，继续推进新型农民科技培训、农村劳动力转移培训和农村实用人才培养三项重点工作，取得了明显成效。

【新型农民科技培训工作】 全市农广校系统进一步适应现代农业发展和农民增收的需要，采取多种形式培训新型农民15万人次。1. 举办农业科技培训班。全市农广校在市、县、乡镇、村共举办农业实用技术培训班252期，培训农民2万多人次，其中市农广校深入乡村举办培训班18期，培训农民1200多人次。培训内容主要是设施蔬菜栽培及病虫害防治技术、优质粮棉油栽培及病虫害防治技术、食用菌栽培技术、畜禽养殖及疫病防治技术、果树栽培及病虫害防治技术、户用沼气、吊炕技术、农村节能减排技术、农村政策法规等，聘请市、县农业部门技术专家和大专院校教授讲课。使广大农民真正学到种养等方面的实用技术，增强靠科技增收致富的本领。2. 开发利用媒体资源。全市农广校主动与当地电台或电视台开展合作，开办农业科技栏目或在农业科技栏目中争取农广校播出时段，利用广播电视媒体资源向广大农民传播应时、应季、符合农民需求的种植、养殖技术、户用沼气、吊炕技术等农业科技知识，全年开展农业技术讲座210多期。3. 继续发挥“农村大喇叭科技广播站”在传播农业实用技术中的作用。到年底，全市农广校建立“农村大喇叭科技广播站”311个。全年播出农业科技知识、致富信息、政策法规等信息52990条，受益群众40多万人次。为充实“农村大喇叭科技广播站”的播出内容，市农广校投资3万多元，从中央、省农广校购买科技光盘3000多张，录音磁带4000多盒，科技图书3000多册，并编印实用技术小册子1.5万册，及时发放到大喇叭村。大喇叭科技广播站建设工作，得到了中央校的表扬，在10月份中央校召开的全国农广校农村广播教育研讨会议上，市校和迁安作为唯一的市、县级农广校参加了会议，并作了会议发言。为加强农村科技广播站标准化建设，5月份各县区校进行了自查，9月份市校进行重点检查，12月上旬省校进行了抽查，对全市农村科技广播站标准化建设工作给予了充分肯定。4. 积极推进村级“两员”动物防疫员、农业技术员培训工作。年初，市农广校结合有关部门起草了《农村基层“两员”培训工作方案》，并以市政府办公厅文件下发。各县区也印发了文件，制定培训实施方案，县区农广校结合有关部门制定培训计划，确定了培训内容，落实培训经费，开展培训工作。到11月底，各县（市）区已落实培训经费53万元，市财政落实培训经费36万元，完成4000人的村级“两员”培训任务。

【农村劳动力转移培训工作】 全市农广校系统按照各级政府和有关部门的要求，继续开展了农村劳动力转移培训工作，滦南、迁西、丰南、迁安、唐海、开平、古冶、汉沽等农广校开展农村劳动力技能培训3000多人，引导性培训1万多人，就业率达到90%以上。开平、滦南、丰南等农广校还开展了农民创业培训600多人，为农民增收做出了贡献。

【农村实用人才培养工作】 一是继续落实农业部“百万中专生计划”，大力培养农村中等实用人才。全市农广校采取多种有效措施招收中专学员2951人，比省农广校下达的700人的招生任务超额完成1900多人，在全省名列第一。二是稳步推进大专、本科学历教育，培养农村高级实用人才。全市农广校与东北农业大学、浙江大学联办网络教育共招收大专、本科学员1500多人。同时，迁安、丰南、唐海、古冶、汉沽等县区农广校与高校自行开展联合办学，招收大专、本科学员1000多人。另外，参加农广校自学考试报名学员750人，900多科次。农村基层干部“素质工程”大专班学员毕业350人。

【协助省校对县级农广校复评工作】 上半年，中央农广校安排部署对全国县级农广校进行评估工作。省校也对此项工作进行了部署。按照上级农广校的要求，市校及时召开会议，对各县区农广校作了安排部署。在各县区农广校进行自评的基础上，12月1日至5日，省农广校张会敏副校长一行3人复评组来唐山对自评90分以上的8个县区农广校进行了复评，在听取汇报的基础上，逐项进行检查评估，为2009年中央农广校进行评估作准备。

（阎志兴）

成人教育与民办教育

【农村成人教育】 各县（市）区按照省、市规定的成人教育投入政策，安排成人教育经费基本达到或超过省、市政府规定。全市进一步完善农村县、乡、村三级职业技术培训网络建设，依托各乡镇成人教育学校，开展农业产业化培训、农村劳动力转移“阳光工程”（是国家对农村劳动力的转移培训，旨在提高农村劳动力素质和就业技能，促进农村动劳动力向非农产业和城镇转移，实现稳定就业和增加收入），等培训活动，累计培训农村劳动力70万人次。各县（市）区与职校升学、创业教育相结合，对农村初中毕业生开展1-2周的培训活动。

【民办教育】　认真贯彻落实《民办教育促进法》，积极推动社会力量以各种形式依法办学。组织民办中等学校年检，配合省厅组织民办高教机构年检。核准4所学校增加办学范围、变更法人代表和校长。对民办学校的管理力度进一步加大，制定了《唐山市民办幼儿园设置标准》，对违法、违规办学的培训学校进行通报和清理。民办教育规模不断扩大，到年底，全市民办教育各级各类学校在校生达到9.96万人，固定资产达到5.48亿元。

教师队伍建设

【师德建设】　年内，开展了唐山市“十佳教师”及优秀教师评选表彰活动，授予高俊玲等10名同志“唐山市十佳教师”称号，授予王建春等200名同志“唐山市优秀教师”称号。并组织“十佳”教师和优秀教师代表为就读于玉田银河中学、唐山市高级技工学校、唐山市职业教育中心的四川灾区学生送精品课活动，此举在社会上产生较好反响，先后被中央人民广播电台、《中国教育报》、《河北日报》等新闻媒体予以重点报道。还组织获得国家、省、市优秀称号的教师参观考察曹妃甸、凤凰新城、南湖生态城。在全系统广泛开展“迎奥运，讲奉献”、师德教育月、为教师办实事办好事活动等8项主题活动，取得较好效果。

【教师培训】　扎实开展中小学教师全员岗位培训，制定了2008年中小学幼儿园教师培训内容，组织进修学校辅导教师集体备课活动，聘请《新课程评价行动理念与策略》作者、中央教科所韩立福博士来唐进行辅导。加强骨干教师队伍建设，制定下发了《唐山市加强骨干教师队伍建设的意见》，提出全市骨干教师队伍建设的目标要求和具体办法，完成了1162名中小学幼儿园市级骨干教师培训任务，推荐279名骨干教师参加省教育厅组织的培训。大力实施农村教师队伍素质提高计划，下发了《唐山市农村教师队伍素质提高计划》，推荐60名农村英语教师参加了省教育厅组织的专项培训。开展教师学历培训，全市中小学68名教师报名参加了省研究生学力培训考试，有205名中小学教师报考了教育硕士；制定《唐山市加强中小学教师校本培训的意见》，完成了3850名中小学教师综合教育技术能力培训工作。

【教师队伍管理】　加强教育干部培训工作，进一步落实《唐山市教育干部“十一五”规划》部署，制定并印发了《2008年唐山市教育干部培训工作要点》，举办唐山市第二十期中学校长任职资格培训班和2008年科股级教育行政干部培训班，培训初级中学新任校长52人、科股级教育行政干部64人，选送6名高中校长参加省第二十五期示范性高中校长任职资格培训班培训。完成了教师资格认定工作，组织教师资格教育学心理学统一考试，参考人数达到2674人。完成2008年师范类应届毕业生教师资格认定工作，涉及唐山师范学院、师院初等教育学院、师院滦州分校、师院玉田分校、电大师资班五所院校的本、专科师范类毕业毕业生4124人。完成社会人员教师资格认定及在职教师资格认定工作。做好专业技术和政工职务评聘工作，完成申报正高级政工师7人、高级政工师36人、政工师23人的筛选推荐工作，评审助理级30人。完成市直院校、市教育局处室专业技术人员2008年全国、全省职称计算机、全国职称外语考试以及会计和经济等系列资格考试报名工作。组织市直院校工考报名工作，175人报考技师，高级工43人，中级工5人，初级工1人。完成各院校340名高级专业技术人员的职称评审推荐工作。

素质教育

【开放式素质教育】　9月，借鉴瑞典经验，在路南区、路北区的实验小学分别开设30人的一年级试验班，开始探索实施开放式素质教育试验。为确保开放式素质教育试验顺利实施，8月，市教育局先期成立科学发展试验示范工作领导小组，设立领导小组办事机构。在软件方面，8月21日，市政府副市长高瑞华亲自组织召开路南区、路北区政府分管领导、教育局长、部分小学校长、专家参加的座谈会，对《关于开展开放式素质教育示范学校创建的指导意见》进行论证、研讨，并要求两区和两试验校进一步细化指导意见及实施方案、细则。11月中旬，聘请17名市教育界知名教授、学者成立了专家顾问团，通过听课、问卷、座谈、调研、检测、报告、课题研究等形式，对开放式素质教育试验的教学方式、综合评价、教师成长、教育科研等方面进行研究、指导和评估。在硬件方面，市政府和教育行政部门为试验拨付100万元专项经费，在教室里配置随手可取的图书资料、现代化的教学设备、可以无线上网的电脑等。在教育教学方面，一是实现评价方法的开放式。取消书面考试，把考核评价渗透到日常教学中，通过设置单元评价检测，开展模块化单项考核，将学生的兴趣爱好、行为表现、参与效果等记录在《成长档案》里；对学生的评价有教师评价、家长评价、学生自评、学生互评和社区评价等。二是将学科课堂教学、学科课外教学、学科课外活动结合起来。教学活动向家长、其他班级、向社会开放，通过开设网络博客、建立QQ群组吸收好的教育教学方法，扩展知识来源。三是实现学习方法开放式。教室里不设教师专用讲台，学生课桌可拆解组合，学生和老师在教室中的位置随教学内容变化而调整。倡导20分钟讲授课，把时间交给学生用于表达、练习、作业、检测等活动。四是实现班级管理开放式。通过“班委会竞争上岗”、“岗位定期轮换”等方式让学生参与班级管理，培养学生自我管理、自我调控、自我评价能力。到年底，学生的学习自主性和学习兴趣明显增强，得到各级领导和社会各界的广泛好评。

【“降、活、提”工程】　3月，印发了《关于在义务教育阶段学校实施“降、活、提”的意见》，切

实减轻中小学课业负担，扎实推进素质教育，提高教学质量。“降、活、提”工程，即：把学生的课业负担降下来，让校园活起来，使教育质量提上来。把学生课业负担降下来：规范学年教学时间，严禁学校利用寒暑假和国家法定节假日组织学生补课；严格作息时间，对走读学生上午到校和下午离校的时间以及寄宿生作息时间作了明确规定；严格控制学生作业量，小学一、二年级不留课外作业，其他年级书面家庭作业每天控制在1小时以内，初中不超过1.5小时。让校园活起来：通过挖掘学校文化内涵，大力开展丰富多彩的校园文化生活，积极开展校园体育活动，实施大课间体育活动制度，鼓励学校利用音乐课教学生学唱地方戏。全面提高教育教学质量：全面推进并深化课程改革，倡导启发式教学和探究性学习，加强教师队伍建设，加强骨干教师培训、教师学历提高培训、全员岗位培训等，实施农村教师素质提高计划；进一步完善教师统一招考制度，建立教师合理流动制度。为切实推动“降、活、提”这一系统性工程，市教育局建立了监督检查机制和责任追究制度，对违规学校一律严加惩处，并追究责任人的相关责任。

【教育教学研究】 将深化课程改革，达到课程标准提出的要求作为全年中小学教研工作重点。探究式教学和欣赏式教学研究有序展开，鼓励教师们在探究式教学和欣赏式教学中体现课改理念，落实三维目标，解决疑难问题。教育科研课题立项、研究工作成果显著，在申报省级科研课题立项中，共申报61项，立项35项，其中中学立项18项。

【阳光体育】 为全面贯彻国家和省关于加强青少年体育锻炼增强青少年体质，大力开展阳光体育运动的要求，11月21日在滦南县第一中学组织召开了“唐山市中小学生阳光体育活动推进现场会暨冬季长跑活动启动仪式”。副市长高瑞华、政协副主席秦少清，市教育局、市体育局和团市委的主要领导和主管领导，滦南县主管领导，各县（市）区教育局局长、副局长，市直学校校长、副校长参加了会议。组织参观了奔城镇八户完全小学、英才学校的大课间活动现场和6000名中小学生大课间活动展示。会议要求加强学校体育工作，深化在校学生“每天锻炼一小时、健康工作五十年，幸福生活一辈子”的理念，尽快掀起“青少年学生阳光体育运动”新高潮。

【语言文字工作】 6月、11月份，芦台、汉沽、唐海和迁西分别顺利通过河北省语言文字工作委员会的验收。全年，完成全市7229名大中专院校学生、383名公务员和教师的普通话培训、测试工作。由于语言文字工作成绩突出，在河北省语言文字工作会议上，唐山市做了典型发言。

【劳动实践基地】 全市新建学生劳动实践基地259个，总数达到1303个。小学每周平均要保证1课时，中学每周平均保证1.5课时。把学生参加劳动实践活动作为学生综合素质评价主要考核内容之一，学生参加劳动实践活动的过程纳入学校校园文化管理范围，对全市中小学开设劳动与技术课情况进行督导。

招生考试

【考试工作】 全年组织各类考试20次，涉及考生人数443501人。其中高考考生63354人，中考考生64961人，研究生考生6081人，自考考生18545人，成考考生19610人，会考考生175373人，社会考试考生95577人。

【招生工作】 全市普通高考招生被全国各类学校录取考生达到44063人，其中本科二批以上12583人、本三6224人、专科25256人，录取率为69.55%。空军招飞行员组织4600余名考生报名，经“五查”和资格审查推荐上站人数554人，初检合格91人，录取飞行员10人。

学校思想政治工作

【党建工作】 在思想建设方面，组织开展教育系统学习贯彻十七大、解放思想大讨论、纪念改革开放三十周年等主题征文活动。召开市直院校书记党建工作汇报会，总结和推广部分学校在党员发挥作用方面的工作经验，得到市委组织部领导的肯定，分别在《唐山组工信息》和《唐山劳动日报》刊登。在组织建设方面，配合市委组织部，调整两所市直学校领导班子，完成16所学校领导班子和72名领导干部的年度考核工作。评选表彰市直教育系统先进基层党组织10个，系统优秀党务工作者47人，系统优秀党员135人。继续开展“关爱困难党员”活动，市直各院校“七一”期间，共慰问建国前老党员21人，生活困难党员44人，抗震救灾特殊贡献党员18人，慰问物品和慰问金合计62120元。

【德育工作】 举办全市中学生“学习十七大精神树立科学发展观”知识竞赛；组织开展“知荣辱、树新风、我行动”道德实践和“我承诺，做一个有道德的人”网上签名等活动；与市文明办、市人民广播电台联合开办了“阳光少年，快乐成长”节目；开展省、市级三好学生、优秀学生干部、先进班集体和市十佳少年、十佳中学生和优秀少年、优秀中学生评选表彰宣传活动。组织开展“迎奥运、讲文明、树新风”平面媒体知识竞赛、“迎奥运、讲文明、助成长”书法、绘画、征文、演讲比赛等丰富多彩的活动。加强国防教育和禁毒教育，为7所禁毒示范校发放了禁毒宣传教育光盘。在抗击汶川地震爱心捐助活动中，在全市中小学中开展“为四川灾区学生捐献一元钱，写一封信，捐一本好书，交一个朋友，制作一件小礼物”的“五个一”活动。关心下一代工作荣获全省关心下一代工作先进集体和唐山市关心下一代工作先进集体荣誉称号。

【精神文明建设】　按照教育系统承担的35项文明城创建目标，圆满完成创建任务，受到省市文明办肯定。组织“真情暖万家扶贫济困”活动，共筹集资金280多万元。开展“警民共建、文明出行”和“小手拉大手”等系列活动，积极开展对四川地震灾区捐款救援工作，仅市直教育系统捐款就达242万元，交纳特殊党费120万元，先后接纳389名灾区学生来唐就读。

教育发展环境

【教育行风】　按照市委、市政府要求，制定了《2008年教育系统行风工作实施方案》，各县（市）区普遍制定了《实施方案》，并通过新闻媒体向社会公布行风建设公开承诺和热线电话。全市各级教育部门通过走进电台直播间，召开人大代表、政协委员和学生家长座谈会等形式，宣传教育收费、招生考试、师德师风等政策措施，解答群众提问，接受群众投诉。在全市范围内开展了民主评议中小学校工作，制定了《唐山市民主评议中小学校工作实施方案》。大力开展教育乱收费专项检查，查处案件10件次，查出违规收费2.99万元，并全部清退，通报批评2人。全年共受理来电、来信、网上投诉和市长热线400余件，办结率达100%。

【教育救助】　在义务教育阶段，对全市城乡67.47万名义务教育阶段学生免收学杂费，落实补助资金2.48亿元。对55.28万名农村义务教育学生和城市低保家庭子女继续免费提供了教科书。按初中每生每年750元，小学500元的标准，为全市农村9308名义务阶段贫困家庭寄宿学生提供生活补助。在高中教育阶段，继续面向全市贫困家庭优秀初中毕业生举办宏志班，招生100人，录取新生免交三年学费和住宿费，并给予一定的生活补贴；落实国家、省关于对职业院校学生助学金制度，4.7万名中职在校生享受国家补助每年1500元资助，共落实资金7050万元，并对城市低保家庭职业学校学生按比例进行了补助。在高等教育阶段，采取奖、助、贷、免、补等多种措施，1.02万名高校学生获得国家励志奖学金、助学金，落实资金1389万元。为确保每一名贫困大学生都能顺利入学，各高校开通入学绿色通道，先办理入学手续，再根据核实后的情况，通过助学贷款、提供勤工俭学岗位、特殊困难补助、学费减免等多种政策措施，多方面资助大学生顺利完成学业。

【学校安全卫生】　学校安全管理体系得到进一步完善，建立健全学校安全巡查制度、门卫管理制度、学生宿舍管理制度、危险品安全管理制度，交通安全管理制度，消防安全管理制度、大型活动出行申报制度、食品卫生安全管理制度等。认真落实一把手负责的学校安全管理责任制，健全安全工作“一岗双责”责任制。按照省、市深入开展安全生产“隐患排查治理年”活动部署，全年开展7次安全生产大检查和集中专项检查行动，排查2073所学校，对存在安全隐患的88所学校，交由各级政府和部门整治。会同安监、公安、文化、工商、城管等部门对学校及周边秩序进行集中整治，共清理学校周边污染源26处，取缔非法游商579人次，整治和规范网吧、台球厅等娱乐场所47处，打击影响周边秩序闲散人员7人；全市增设更新交通安全指示牌136块，新画、重画斑马线81处，新增设减速带52处，规范整治校车157辆，查扣非法营运车辆5辆。对全市大、中、小学食堂卫生进行全面检查和整治，在全市小学、托幼机构全面开展手足口病防疫工作，预防手足口病在学校流行。全力开展应急逃生演练活动，从秋季开始，全市各级各类学校在开学后集中开展一次以防火、防地震、防踩踏等公共安全事件为内容的应急逃生演练，作为学校每学期开学的第一堂课，以此增强学生逃生避险的实践能力。

（周志广）

附：2008年唐山市十佳教师

高俊玲　女，48岁，中共党员，博士后，华北煤炭医学院科技产业处副处长，组胚教研室主任。

陈秀英　女，38岁，心理学硕士研究生，唐山师范学院教育系教师。

石连文　男，48岁，大学本科，唐山工业职业技术学院教师。

赵延顺　男，38岁，中共党员，大学本科，唐山市第二中学教师。

高永利　男，32岁，中共党员，本科学历，唐海县第一中学语文教师，语文教研组组长。

沙志利　男，39岁，中共党员，本科学历，唐山市四十九中学校长。

马爱华　女，38岁，本科学历，唐山冀东中学教师。

杨丽梅　女，44岁，大专学历，丰南区西葛镇越支小学教师。

张瑞兵　女，35岁，本科学历，遵化市建明镇西铺中心小学教师。

吴秀芬　女，30岁，中共党员，大专学历，玉田县第一幼儿园教师。

2008年唐山市十佳少年

常佳明　路南区燕京小学少先队大队委。

宋雨泽　路北区光明实验小学少先队大队委。

张博文　开平区税钢小学少先队中队委。

高　嵩　丰南区第二实验小学少先队大队委。

张悦硕　滦南县长凝镇中心小学四（1）班班长。

丁安琪　唐海县第二实验小学少先队大队长。

卫　群　滦县新站学区老站小学五（1）班班长。

韩明珑　迁西县第一实验小学六（3）班班长。

孟凡硕　遵化市第三实验小学少先队大队长。

何圆圆　玉田县银河中学小学部五（3）班班长。

文化

编纂 赵世昌 李晓义

文化工作

【第六届中国评剧艺术节】 由文化部艺术司、河北省文化厅、唐山市人民政府共同主办的第六届中国评剧艺术节，自2008年9月22日至30日在唐山成功举办。艺术节期间，来自东北三省、内蒙古、京津及河北14个评剧院团演出14台风格各异、格调高雅、艺术精湛的精彩剧目，安排33台演出活动。还举办了第六届中国评剧票友大赛、"评剧百年回顾与展望"学术研讨会、评剧艺术创作讲座等活动。

经过文化部组织专家评委会评审，评出优秀剧目奖7个，优秀演出奖7个。另外，还评出优秀编剧、导演、舞台、美术、音乐创作奖和优秀表演奖等单项奖。其中，市评剧团参演的《帘卷西风》获优秀剧目奖，丰润评剧团演出的《焦大》、迁安艺术团演出的《仁义胡同》和滦南成兆才评剧团演出的《凤凰坨》获优秀演出奖。为提高艺术节水平，增强艺术节影响力，第六届中国评剧艺术节开幕式邀请中央电视台《欢乐中国行》栏目进行策划演出。同时，中央电视台戏曲音乐部对评剧票友大赛决赛全程拍摄录像。中央电视台的参与将大大提升评剧艺术节的知名度和影响力。

【剧目创作成果】 年内，策划创作了剧本《唐山汉子》。完成评剧《帘卷西风》、《仁义胡同》、《焦大》、《凤凰坨》、京剧《唐廷枢》的创作并进行排练演出。排练演出评剧《玉簪记》、皮影剧《沉香救母》。创作排演唐剧《呼唤》并进行公演，荣获中国人口文化奖二等奖。张近平的大鼓《农村新貌》获中国曲艺"牡丹奖"，这是中国曲艺专业的最高奖。

【大型综艺晚会和专题晚会】 组织排演"百台大戏唱新春"演出活动、"2008年老干部茶话会"、"2008年唐山市各界人士团拜会"、"春之声"交响音乐会等十几台晚会。组织举办以"从我做起"为主题的文化下乡演出活动；以"学习实践科学发展观走进曹妃甸"为主题的慰问曹妃甸建设者大型音乐歌舞晚会；曹妃甸"中国经济50人论坛学术委员研讨会"慰问演出；圆满完成了2008北京奥运会圣火唐山传递文艺演出活动。演出内容精彩，主题突出，弘扬了唐山地域文化，展示了唐山形象，得到了奥运火组委和市委、市政府的高度评价。

社会文化

【两节文化活动】 元旦、春节期间，全市开展迎新春社会文化艺术展演活动："迎新春歌舞音乐戏曲综艺演出"、"百场电影进农村、进社区放映"、"欢乐和谐新农村文化下乡"、"情满人间慰问农民工文艺演出"、"新春中老年大型文体活动展演"等各种文化活动400多项。从1月29日开始，先后举办"唐山市合唱音乐会"、"唐山市新春民族音乐会"、"唐山市慰问外国专家音乐会"等10台文艺晚会。在唐山图书馆组织开展"相约小读者"、"新春新书缘，相约图书馆"、"迎新春—新书展阅"、"迎新春摄影作品展"、"剪纸知识讲座"、"少儿故事会"等寒假活动。接待来馆的小读者6000余人（次）；参加各项活动的读者近1000人（次）。

【社区文化活动】 4月至10月，举办第七届唐山市社区文化艺术节。艺术节期间组织开展"城市因你而美丽"——唐山市慰问农民工大型文艺演出暨第七届唐山市社区文化艺术节开幕式、第二届唐山市读书节、唐山市评剧票友大赛、唐山市原生态民歌大赛、唐山市绘画作品展、"希望之歌"——唐山市建设社会主义新农村文艺调演、唐山市器乐比赛、唐山市民间舞蹈大赛、电影进社区放映月活动、歌唱祖国——全市群众歌咏大会暨第七届唐山市社区文化艺术节闭幕式等十项活动。各县区同期精心组织形式多样、内容新颖的县（市）区文体艺术节，宣传受益群众达百万人次。在河北省举办的2008年优秀社区文艺节目及优秀社区文化辅导员、文化先进社区评奖活动中，市选送的小品《大年三十》获一等奖、小品《妈妈》获二等奖；市文化局被评为河北省社区文化活动组织奖。在"希望之歌—河北省建设社会主义新农村优秀文艺节目评选活动"中，市报送的小话剧《大年三十》获一等奖，乐亭大鼓《水乡秋风》获二等奖，舞蹈《丰收乐》获三等奖，市文化局获组织奖。

【第五届中国评剧票友大赛】　9月23至28日，由文化部艺术司、河北省文化厅、唐山市人民政府主办，唐山市文化局承办的“三友杯”第五届中国评剧票友大赛在唐山市群众艺术馆举办。本届评剧票友大赛来自北京、天津、黑龙江、吉林、辽宁、河北、内蒙古等地市的67位评剧票友竞相登场，展示了流派纷呈的优美评剧唱腔，展示了评剧票友的高超演技，展示了评剧艺术动人心魄的传统魅力。经过激烈角逐，评出全国十大名票、十佳票友和优秀票友。

【非物质文化遗产保护工作】
全年完成对6名皮影雕刻老艺人的调查、采访，年内《唐山皮影雕刻艺术》成书。搜集整理皮影老艺人张绳武、张茂兰等唱段100余段，8月份成册。对靳文然乐亭大鼓唱段进行搜集整理，完成音配像工作。对皮影戏“五峰会”的皮影人各场景进行制作，完成部分音配像工作。完成了省级非物质文化遗产项目传承人申报工作。全市非物质文化遗产项目传承人收卷21人，向省报批18人。经过省专家评审委员会评审、社会公示，河北省一批省级非物质文化遗产项目代表性传承人确定，唐山有18人被评为第一批省级非物质文化遗产项目代表性传承人。按所属项目及姓名分别是：唐山花吹传承人姚少林，评剧传承人洪影，唐山皮影传承人齐永衡、丁振耀、刘佳文、贾祥民、张兆祥、彭佐臣，乐亭大鼓传承人何建春、贾幼然、赵凤兰、张近平、王立言，玉田泥塑传承人吴玉成、吴庆丰，鸿雁饭庄传承人刘二刚、何宝良，迁安手工造纸传承人杨永安。继评剧（滦南县）、唐山皮影戏（唐山市）、乐亭大鼓（乐亭县）入选第一批国家级非物质文化遗产项目名录后，唢呐艺术（唐海县）、泥塑（玉田县）又入选第一批国家级非物质文化遗产项目扩展名录。乐亭县被中国民间文艺家协会命名为“中国皮影之乡”，并建立“中国皮影艺术研究中心”，作为统领全国皮影研究工作的机构，全国只设立一个。

文化交流

【“俏夕阳”舞蹈队赴英国义演】
3月29日至4月4日，“中国老年艺术团”应伦敦华人社区服务中心的邀请赴英国义演，进行文化交流。市老干部活动中心“俏夕阳”舞蹈队派出的7位代表作为“中国老年艺术团”的成员，先后在伦敦和曼彻斯特表演了皮影舞蹈《俏夕阳》和风趣幽默的民族舞蹈《赶驴》。在伦敦市中心的皇后剧院与英国“齐默”艺术团联袂演出时，《俏夕阳》以其独特的表演形式赢得了观众的广泛赞誉，节目结束后全场掌声雷动。一位60多岁从事社会工作的英国老人在中场休息时兴奋地说：“演出太出乎意料了！真没想到中国的老年人如此优雅、充满活力。”“齐默”艺术团91岁的领唱卡莱塔赞不绝口：“以前从未看过中国老年人表演，他们美丽、优雅、活力四射，真让人开眼。”当地一位华人看完《俏夕阳》节目后激动地说：“我为祖国有这样好的文艺队伍而自豪。她们体现了中国老年人的精神风貌和风采。总之，演出太精彩了！”演出期间，还荣幸地受到了伦敦市市长助理西米斯、曼彻斯特市市长和夫人以及中国驻英使馆人员的热情接待。

【新加坡雨含合唱团来唐文化交流演出】　姬福荣团长率领的新加坡雨含合唱团6月参加由中国合唱协会主办的世界汉语合唱大会，同时受市老年合唱团的邀请，于6月5日，在市群艺馆进行交流演出。演出在合唱《爱的奉献》中开始，大家用歌声唱出了对四川地震灾区人民的关爱之情；市老年合唱团演出了《远方的客人请你留下来》、《美丽的草原我的家》、《蓝色多瑙河》等；新加坡雨含合唱团演出了《思乡曲》、《中华谣》、《故乡的云》等，一首首中外名曲不时赢得观众的阵阵掌声。

【乐亭皮影雕刻赴澳门表演】　7月9日开始至8月5日，乐亭皮影雕刻艺人袁建新、周绍文在澳门进行了为期26天的表演。此次展演应澳门特别行政区民政总署邀请，省文化厅派遣，省群众艺术馆、省民间艺术团组织。活动中，皮影雕刻艺人先后在塔石广场、历史博物馆、茶文化馆、民政总署画廊、白鸽巢公园等公共场所进行了皮影雕刻演示，期间还散发了乐亭皮影宣传册600余份。活动不仅在展厅里展示了丰富多彩的乐亭皮影影件，而且还进行了现场刻制，吸引了众多的当地居民和国内外游客学习观赏。

【应奥组委邀请俏夕阳赴京表演】
8月3日，市俏夕阳舞蹈队一行11人，应北京奥组委邀请，赴北京在中华世纪坛、昌平区文化广场、天安门等地进行了连续10天的“迎奥运”民间文化表演。此次表演名为“风情神韵、魅力河北”，全省5支优秀民间文化表演队伍进行了演出。市俏夕阳舞蹈队以独具冀东皮影文化神韵的表演，博得了中外观众热烈的掌声。

【《中国唐山评剧》平遥国际摄影展】　9月19日至25日，在第六届中国评剧艺术节成功举办之际，作为评剧发源地的摄影家和成兆才的后辈，成贵民拍摄唐山评剧作品自费参加在山西举办的山西平遥国际摄影展。在一周的时间里，先后有40多个国家和地区的几千名摄影家及观众饶有兴趣地参观了影展，特别是来自美、英、德、法等国家的摄影家，对唐山评剧这一非物质文化遗产十分好奇。这是唐山评剧第一次以摄影展的形式亮相于国际友人面前，取得了轰动的效果。影展期间，成贵民还接受了中外媒体的采访和约稿，向中外观众介绍了唐山评剧和新唐山的发展成就。

新闻出版（版权）管理

【专项行动】　3至10月，先后组织开展了“2008年元旦春节出版物市场专项治理行动”、“打击非法出版活动和非法印刷活动专项行动”、开展“打击各级各类学校使用盗版教材教辅读物专项行动”、“印刷复制业专项检查行动”、“迎奥运、保稳定、促发展文化市场集中整治行动”、“打击网络侵权盗版专项行动”、“打击非法报刊专项行动”、“规范出版物市场少儿类图书专项行动”、“迎接全国文明城市测评文化市场整治行动”，以及“2008年国庆节出版物市场专项治理行动”。全市文化、新闻出版部门会同公安、工商等部门年内出动执法人员10147人（次），检查文化市场、新闻出版各类经营单位9403家（次），收缴非法出版物63340件（其中盗版图书41850册，报纸3303张，盗版软件1930盘），取缔无证经营摊点112家。市扫黄协调办、工商、公安等部门组织全市集中销毁非法出版物行动，销毁非法出版物25万册（张）。

【加强书刊市场管理】 为促进书刊市场健康发展，成立了书刊市场管委会，设立书刊市场管理办公室，配备了审读人员。制定并实施《书刊市场管理规定》和《书刊市场售前送审制度》，对经营单位的进货渠道、库房登记、进货凭证、售前送审等方面作出明确规定。在此基础上，协调市场主办方利用举办“图书节”系列活动和首届唐山书市等多种形式宣传市场，扩大书刊市场的知名度。

【首届唐山书市】 为满足广大群众日益增长的文化需求，推动文化产业的健康发展和文化名城建设，市文化局会同市委宣传部、路南区人民政府举办了第一次大规模图书展销活动—首届唐山书市。书市于4月3日至4月6日在唐山市路南区文化南路新天地购物乐园举办。书市开展优秀出版物展销、大中专院校教材推广研讨会、作家签名售书、公益性赠书、版权知识普法宣传活动。来自国内27家知名出版单位和58家本市大型书店共同展出优秀出版物3万余种，书市人流量约15万余人（次），销售额达到50余万元。清华大学出版社、人民邮电出版社等国内17家知名出版社在开幕式上为学校、部队捐赠了14020册，价值13万余元的优秀书刊。关仁山、张丽钧等18位唐山籍作家亮相书市，为读者签名售书。

【版权宣传工作】 利用举办2008首届唐山书市之机向社会普及版权知识。4月26日，“保护知识产权宣传周”系列活动在市纪念碑广场举行。5月6日，举办“版权保护与陶瓷业发展”知识讲座。为宣传普及著作权法，帮助市传统优势产业陶瓷业提高版权保护水平，在唐山工业职业技术学院举办了“版权保护与陶瓷业发展”知识讲座。讲座邀请中国出版科学研究所版权研究中心副主任、著名版权专家赵冰研究员主讲。市20多家规模以上陶瓷企业的负责人、唐山工业职业技术学院的师生及对版权保护感兴趣的社会各界人士聆听了讲座，并进行了交流。

文化市场管理

【概况】 全年结合“两节”、“奥运会”和“创建文明城”等重大活动，组织集中行动9次，出动检查人员27986人次，检查音像经营单位14880家（次）、检查互联网经营单位12936家（次）、检查娱乐经营场所2520家（次）、检查演出经营单位170家（次）；全市查处违规网吧37家（次），停业整顿11家（次），暂扣计算机及网络接入设备100余台（件），行政处罚26家，罚款7.8万余元；收缴非法音像制品7万余张（盒），取缔非法游商地摊115家（次）。

【网络文化建设】 为加强日常监管，提高网吧业主业务素质，分期、分批召集网吧业主进行培训，组织业主学习领会《互联网上网服务营业场所管理条例》的内容。迁安市和丰南区为加强日常监管力度，花巨资建立网吧监控管理平台，实现24小时对所有网吧全程监控。监管平台对违法游戏、违法音乐的查处发挥了重要作用，弥补人工监管的欠缺，为解决网吧接纳未成年人等问题提供技术保障，取得较好的监控管理效果。各县（市）、区与网吧业主逐户签订了经营责任状，严格要求其合法经营，并在每户网吧经营室制作“禁止未成年人入内”的警示标志牌。此外，借助社会各界、学校、新闻媒体的力量加大整治宣传力度，形成较大的社会舆论和声势。结合网吧年审工作，逐家落实“净网先锋”软件的升级在线情况，未按要求升级的不在线网吧，坚决不予年审，全市所有网吧都按要求进行“净网先锋”软件的升级，在线率大幅提高。

【第二届网络游戏大赛】 6月2日，为规范网络游戏市场、引导网民享受文明、健康游戏生活，市文化局、路北区文化局主办，唐山英图网吧、唐山热线承办了唐山市“英图杯”第二届网络游戏大赛。此次大赛共设置6个分赛区，总参赛人数达到1500多人，比赛地点均设在网吧，承办比赛地点的网吧不向参赛者收取任何费用，无偿提供设备和服务。本次大赛在引导人民群众正确认识网吧、网络游戏、规范网络游戏市场秩序、宣传倡导健康上网、文明上网等方面发挥了重要的积极作用。

【奥运集中整治行动】 按照文化部和省文化厅及市委、市政府关于开展文化市场奥运保障行动的有关通知精神和要求，制定了全市文化市场奥运保障工作方案，成立领导小组，统一负责奥运保障工作的组织、协调和督查。7月24日召开了全市文化局长、市场科长、稽查队长会议，传达省通知精神，部署全市迅速开展“飓风行动”整顿全市文化市场。在工作中，始终牢固树立“奥运期间无小事，涉奥问题无小事”的思想，紧密结合全市实际，分解任务，细化措施，分析文化市场可能出现的突发事件，科学制定了应急预案。奥运安保期间，以京、秦公路、铁路周边及经过的县（市）区、鸦鸿桥市场和主干交通线周边地区为重点，以车站、重点商业区、旅游景点及其周边地区为重点区域，以音像、网吧、演出、娱乐、艺术品和网络文化市场整治为重点内容，深入动员，周密部署，迅速行动，全面加强市场监管，保证了奥运会期间零事故。

【文化市场】 文化市场经营单

位1407家。音像制品经营单位526家，其中：市中心区116家，各县（市）区410家；互联网上网服务营业场所530家，其中市心区104家，各县（市）区426家；歌舞娱乐场所292家，其中市区58家，各县（市）区234家；演出团体50家，其中市区23家，各县（市）区27家；艺术表演场馆5家，演出经纪机构4家。全年文化经营资产总额4.76多亿元，上缴利税近6000万元，安排就业近7000多人。

文物保护工作

【配合基本建设做好文物保护工作】 年内配合市重点建设工程完成迁西贺家山铁选厂、冀东石油管道、机场军民两用改建工程占地内的文物调查、勘探工作。完成三（屯）抚（宁）公路、京西铁矿铁路专用线工程的文物保护工作。完成市辖区内天津客运专线和唐丰高速路工程的文物调查工作。调查里程近300公里，发掘面积400平方米，出土文物标本50余件。

【第三次文物普查工作】 成立市县两级文物普查工作领导小组，制定了普查工作方案，组建了专业的普查队伍。集中对专业人员进行了培训，基本完成了丰润、丰南、玉田、迁安、乐亭五个地区普查工作。共调查文物点736处，其中重新记录417处，消失319处。

文化基础设施建设

【新农村书屋工程】 按照新闻出版总署等八部门部署在全国实施惠及广大农民的新农村书屋工程要求，开展了全市自然村的普查，摸清全市4862个行政村的人口数、现有书屋位置、面积、现有书报刊数量及书屋管理员等情况。编制了《唐山市新农村书屋工程实施规划》。1月20日，协调书刊市场主办单位向新农村书屋工程捐赠图书，并举行了向玉田县杨家套乡杨小联村和滦县滦州镇东刘各庄村赠书仪式，每个村获赠1500册、价值3万元的图书。

【基础设施建设】 年内全市新建的30个乡镇综合文化站年底全部完成。9月至12月，多次邀请专家对唐山博物馆改扩建方案进行修改完善。组建了唐山文化广场筹建小组并抽调专人负责文化广场筹建工作。

（马佳杰）

文化产业

【文化保障体系不断健全】 一是完善政策保障。在充分调查研究、征求意见和建议的基础上，先后出台了《市委、市政府关于深化文化体制改革、加快文化产业发展的意见》，明确文化体制改革和文化产业发展的指导思想、总体目标、发展战略、主要任务和保障措施；制订了《唐山市振兴服务业发展规划纲要》和《促进服务业发展的若干政策措施》，大力振兴包括文化产业在内的现代服务业，推动唐山经济又好又快发展的战略目标。委托中国城市主题文化设计院编制了《唐山渤海明珠城市主题文化发展战略规划》和《南湖中央公园主题文化发展战略规划》、《乐亭三岛主题文化发展战略规划》。此外，还制订了《唐山市推动文化大发展大繁荣的实施意见》、《唐山市创建文化名城实施意见》、《唐山市建设科学发展示范区文化支撑体系》等指导性文件，出版了文化产业蓝皮书《唐山市文化产业形势分析与预测》，为文化产业发展提供各项政策保障。二是健全组织保障。成立由市委常委、宣传部长任组长，主管副市长任副组长，市规划、财政、文化、广电、编办、人事等部门组成的唐山市文化体制改革和文化产业发展领导小组，下设办公室。年内，又成立了河北省文化创意产业领导小组和创意产业园区领导小组，为推进文化体制改革和文化产业发展提供了有力的组织保障。三是落实资金保障。设立文化产业专项资金1200万元，并制订《唐山市文化产业专项资金管理使用办法》，主要用于文学艺术、戏剧、影视作品等获奖作品的奖励性补助以及对文化体制改革和文化产业发展作出突出贡献的单位进行奖励；重点扶持示范性、原创性、开创性、代表性的文化产业项目。扶持、引导开滦国家矿山公园、“欢乐东方天天演”、陶瓷文化博览园、唐山书刊市场以及电视连续剧《李大钊》等一批重点文化产业项目相继落地。

【文化产业格局初步形成】 一是储备了一批项目。已储备文化产业项目102项，总投资213.46亿元。其中，投资在10亿元以上的项目8个。①开滦国家矿山公园项目。一期工程总投资7.4亿元，已投入1.4746亿元建成博物馆等基础设施。②曹妃甸湿地公园项目。总规划面积21.8平方公里、3.16万亩，总投资20亿元。已投入10亿元建成谐园、高尔夫球场等基础设施。③乐亭月坨岛项目，总投资20亿元。已投入1.5亿元建成木屋、垂钓园和休闲娱乐等基础设施。④唐山国际动漫谷（河北理工大学轻工分院）。规划占地800亩，建筑面积50余万平方米。总投资16.8亿元，已投入2500万元建成培训基地等基础设施。⑤《红楼寻梦城》项目，总投资12亿元。已完成初步选址，正在制定规划。⑥中国动漫（河北）基地项目，总投资100亿元。已签定合作协议。⑦好莱坞影视基地开发建设项目，总投资20亿元。已签定合作协议。⑧大型游艺乐园项目，总投资13亿元。已签定合作协议。二是签约了一批项目。通过组织参加北京创意文化产业博览会和“5.18中国.廊坊高新技术与现代服务业投资贸易洽谈会”、2008唐山·曹妃甸临港产业国际合作会议项目签约仪式，签约7项，合同签约1项，总额1460万元，意向签约6项，总额133.46亿元。三是落地了一批项目。已建成或正在建设中的项目35个。包括：工业文化项目开滦国家矿山公园、唐山陶瓷文化博览园等；演艺文化项目欢乐东方天天演、梨园剧场天天见等；地域文化项目滦州文博馆、中国评剧博物馆、成兆才大戏院、旭宇艺术馆等；旅游休闲文化项目曹妃甸湿地公园、月坨岛国际休闲度假中心、卧龟山绿色生态园、遵化福泉新宫度假村开发、汤泉行宫度假村旅游项目等；影视动漫文化项目电视连续剧《李大钊》、电视连续剧《大龙脉》、26集电视连续剧《绝密1950》、30集电视连续剧《京东“三枝花”》、唐山国际动漫谷、唐山市动漫产业孵化园区、河北科技大学唐山分院影视动漫项目等；出版发行项目唐山书刊市场项目等。

【开创文化产业发展新局面】
1. 完善一项政策。贯彻落实国办发［2008］114号文件和省相关配套政策文件精神，制定《关于加快文化事业和文化产业发展的若干政策》，进一步完善文化体制改革和文化产业发展的人才激励政策、财政投入政策、投资融资政策、税收政策、土地等相关政策。2. 推进五类项目。一是已达成合作意向项目。重点是三辰集团与凤凰新城建设动漫服务外包基地项目、韩国乐天集团与南湖生态城建设动漫主题文化公园项目。二是已签定合作协议项目。重点是东铁贸易公司与凤凰新城建设文化游乐园项目、中国动漫（河北）基地项目、好莱坞影视城项目。三是已完成前期设计项目。四是已重点扶持引导项目。五是已列入重点谋划发展项目。重点是文化广场、唐山大剧院等项目。3. 整合三大资源。一是整合地域文化资源。重点对唐山特有的地域文化“冀东文艺三枝花”资源进行整合，形成品牌，扩大影响。开发、建设好开滦国家矿山公园二期“民俗风情园”项目，整合中国评剧博物馆、滦州文博馆、民俗艺术博物馆资源，充分挖掘、体现“冀东文艺三枝花”等地域文化特色和魅力。实施弘扬唐山地域文化、纪念评剧百年诞辰“五个一工程”，即推出一台评剧百年诞辰纪念演出、组织一次评剧百年诞辰研讨会、打造一台“三枝花小剧场”天天见演出、拍摄一组评剧电视音像精品、筹建一处“三枝花”发展基地。二是整合旅游文化资源。重点是强化旅游与文化的有机对接，开发好以开滦国家矿山公园、唐山陶瓷文化博览园为重点的工业品牌游；以“欢乐东方天天演”、“三枝花小剧场”天天见为重点的地域文化游；以唐山大地震遗址纪念公园、唐山抗震纪念馆为重点的地震科普游。此外，进一步加大休闲度假游、滨海娱乐游、古迹观光游等精品线路的对接开发。三是整合动漫文化资源。推出系列动漫作品《人生的1000个为什么》、《我身边的科学发展100问》。4. 健全三项机制。一是重点项目联动机制。对重点文化产业项目实行项目式管理。建立各县（市）区和市宣传、文化、旅游、财政、税收、土地等部门文化产业重点项目联席会制度，加强沟通，协调联动，确保重点项目做到“三严一高”，即：严谨论证、严密组织、严格管理，高标准建设；确保重点项目在融资政策、土地使用、配套开发、文化旅游对接等方面协调统一，形成合力。二是文化产业融资机制。重点引导民营资本进入文化产业，逐步建立多元化的投融资机制，形成政府投入和社会投入相结合，多渠道、多元化的文化投入机制。通过支持国有非文化企业兴办文化项目、吸引社会力量参与文化企业的经营管理等形式，形成国有资本、社会民间资本、境外资本共同投入的投融资格局。三是文化产业研发机制。成立唐山市文化产业发展促进会，吸纳各有关部门和国有、民营企业进入，通过各种专题的文化产业研究开发和不同形式的社会活动，成为文化产业发展的后盾、桥梁和“助推器”。

（刘玉新）

广播电视

【概况】　截至2008年底，全市共有地市级广播电台、电视台各1座，广播节目套数5套，电视节目套数4套，全年制作广播节目19998小时，制作电视节目13970小时，广播、电视综合人口覆盖率均为100%。共有县（市）区级广播电视台10座，地市级中波转播发射台1座，地市县级调频转播发射台13座。地市县级电视转播发射台17座，发射功率全部超过1千瓦。广播电视卫星微波收转站125座。有线广电传输干线网络总长22006.43公里，有线电视用户904376户。全年地市县级公共广播节目播出49792.15小时，公共电视节目播出67950.29小时。全市广播电视系统上下一心、开拓进取，在新闻宣传、事业建设、产业经营、行业管理、媒体研究等各方面均取得显著成绩，唐山市广播电视局被国家人事部、广播电影电视总局授予“全国广播电影电视系统先进集体”荣誉称号。

【新闻宣传】　一是广泛深入宣传报道学习实践科学发展观活动。唐山人民广播电台《经济生活广播》频率以《开放创新、富民强市》、《把新唐山建成科学发展示范区、建成人民群众的幸福之都》为题开辟专栏，围绕《加快科学发展示范区建设系列访谈》、《十大幸福工程里的科学发展观讲座》、《20件实事里的科学发展观分析解读》和《科学发展示范家庭系列节目》等相关话题举办特别节目，在《801新闻》、《财富801》、《生活一级方程式》、《金色田园》、《阳光热线》等重点收听时段播出与热线互动交流。唐山电视台《新闻综合频道》对全市学习实践科学发展观动员大会、辅导报告、公推公选县级领导干部演讲答辩等进行现场实况直播和重播，对全市解放思想大讨论，科学发展大跨越论坛进行实况录播，为全市深入学习实践科学发展观提供强有力的舆论平台。全年在黄金播出时段和广播电视报重要版面开设专栏17个、编发稿件5960篇、现场直播8场、录播32场、专题20次、访谈27期、对外宣传发稿216篇；先后组织46个采访小组深入基层，宣传报道学习实践科学发展观的经验做法，为深入学习实践科学发展观营造了良好的舆论氛围，强化了唐山作为试点城市深入学习实践科学发展观的效果。

二是出色完成年初抗击冰雪灾害报道任务。按照市委、市政府的安排部署，迅速组织广播电视“两台一报”全力以赴做好抗击南方冰雪灾害的宣传报道。先后开设专栏10个、组织发稿539篇、专题报道20次，涉及抗击冰雪灾害宣传报道的播出时长5000分钟，派往湖南郴

州抗灾一线的2个采访小组8人编采人员，从前线采写新闻稿件205篇、新闻图片210幅、现场直播3场、现场连线12次、与受灾各地广播电台同步直播连线50次，外宣发稿72篇，通过视听手段详细报道了玉田县13位农民兄弟自费奔赴湖南郴州抢险救灾的感人事迹。唐山人民广播电台、唐山电视台先后策划《众志成城抗击冰雪专题报道》、《冰雪难隔两地情》、《冰雪无情、真情永在》、《我把祝福送给你、你把祝福送亲人》、《与前方记者现场连线》、《唐山农民湖南抗灾真情感动中国》和《千里冰雪见真情》等10多个大型直播节目和特别节目，用真情实感诠释了“冰雪无情、人间有爱”的时代主题，集中展示了唐山人民的精神风貌。中共河北省委常委、唐山市委书记赵勇同志通过《千里冰雪见真情》大型直播节目，向远在湖南郴州的13位玉田农民兄弟表达了亲切慰问，对广播电视新闻媒体的工作给予了充分肯定。

三是尽最大努力做好抗震救灾宣传报道工作。四川汶川发生特大地震后，唐山市广播电视局迅速启动“突发事件应急机制”，市广播电视两台《新闻综合》频率频道派出16名记者、组成5个采访小组随唐山市医疗救护先遣小分队和唐山抢险救援小组赶赴地震灾区进行采访报道，采写新闻消息610篇、新闻专题5次、现场直播连线48次。“两台一报”先后播发抗震救灾新闻和专题稿件2641篇。唐山人民广播电台采用异地同步直播的方式，现场连线同步播出的城市涉及全国100多个，直播总时长达280小时，其中与四川人民广播电台、成都人民广播电台、德阳人民广播电台连线直播时长超过60小时；“新闻综合广播”、“经济生活广播”、“交通文艺广播”、“音乐广播”四个专业频率和“唐山人民广播网”并机直播长达12小时的大型特别节目《抗震救灾众志成城——唐山和你们在一起》，在广播听众中间产生重大反响。唐山电视台专门制作了《抗震救灾启示录》系列专题片6部，制作电视宣传片12部，创作拍摄MTV7部，防灾救灾科教专题片16部、公益广告宣传片5部，外宣发稿182篇。市广播电视媒体完成了对时任唐山地震局局长张建华、卫生防疫站站长李可立、抗震救灾指挥部成员赵振中、王庆祥等六位同志的专访，精心制作出一部50分钟的《唐山七·二八大地震专家访谈录》，为四川灾区人民提供了详实宝贵的抗震救灾经验资料。唐山广播电视媒体在抗震救灾中的突出表现受到国家广电总局、省市主要领导同志的好评。

四是出色完成奥运圣火唐山传递直播报道。7月31日，奥运圣火在唐山传递。市广播电视媒体认真把握“北京奥运”带来的重大宣传报道机遇，通过“统一策划、统一指挥、统一管理、统一调度”，使有限的资源得到科学的整合，发挥出最大的技术功能和社会效益。（1）唐山人民广播电台与中央人民广播电台、河北人民广播电台共同推出“全国奥运广播联盟祥云火炬传递大型特别节目《凤舞祥云——奥运圣火在唐山》”，顺利实现中央和省市广播媒体六个半小时的并机直播。（2）唐山电视台四个专业频道与河北电视台同步直播“奥运火炬唐山站传递活动的盛况”，并积极与中央台、河北台的新闻中心联系开展对外宣传报道。（3）唐山市广播电视局以奥运圣火唐山传递为契机，大力推进外宣工作，先后与中央台和省台联合拍摄制作了电视专题片《唐山名片》、新闻宣传片《废墟上崛起的凤凰城》、奥运火炬传递特别报道《跟着圣火看中国》，播出后，引起全市广大干部群众良好反响。

五是圆满完成“两会一节”宣传报道任务。第十一届唐山中国陶瓷博览会、唐山·曹妃甸临港产业国际合作会议和第六届中国评剧艺术节“两会一节”的宣传报道，继奥运火炬传递之后形成高潮，“两台一报”相继开辟《2008年“两会一节”专题报道》、《办陶博盛会迎八方来客》等专题栏目，通过《流光异彩陶博会》、《聚集唐山湾》、《传承民族艺术，呈现文化盛宴——评剧艺术节精彩看点》等热点收视，对“两会一节”的场馆建设、商贸洽谈、品牌推介等方面进行及时、准确报道，组织采写编发稿件583篇。八个广播电视频率频道和广播电视报社邀请嘉宾走进直播间和编辑部，以“文革瓷收藏”、“日用瓷选购技巧”、“唐山本土戏剧的文化艺术表现”等话题展开讨论并作出详细解读，通过《七嘴八舌话陶博》等专栏与广播电视受众互动，在宣传唐山社会经济飞速发展以及“两会一节”给唐山带来深远影响方面，在不断增强广大市民的东道主意识、提高精神文明素质、扩大唐山知名度美誉度方面，在进一步增强全市人民建设科学发展示范区和人民群众幸福之都的信心方面都发挥了重要作用。

六是贴近民生，围绕中心，充分发挥党的喉舌作用。在出色完成人大、政协的“两会”报道中，唐山人民广播电台的《两会特别报道》，唐山电视台的《冬颖跑两会》、《热议民声》、《代表委员两会行》、《街头巷尾话两会》、《职能部门话落实》、《两会博客》、《精彩原声》、《代表委员风采录》，唐山广播电视报的《幸福之都、唐山快跑》等31个广播电视专栏，总计采写编发稿件527篇，播出时长3200分钟。在“绿化唐山攻坚行动”、“城乡建设改造和环境综合整治攻坚行动”、“节能减排持续攻坚行动”、“重点项目建设攻坚行动”、“改善民生攻坚行动”、以及“改革开放三十年”、“唐山解放六十年”等宣传战役中，很好地宣传报道了唐山经过十年恢复、十年振兴、十年快速发展所走过的不凡历程，热情讴歌了改革开放30年人民生活社会发展出现的巨大变化，为社会各界抢抓机遇、建设新唐山、在科学发展道路上实现新跨越创造了强大的舆论支撑，同时也使唐山广播电视的内外宣传质量和“精品工程建设”取得了可喜成绩。对外宣传发稿1326篇，其中中央台248篇、中国广播网218篇、河北台760篇，在全省年度新闻作品评选中，唐山广播电视新闻媒体获奖总数和获奖质量五年蝉联第一。

【事业建设】　一是电视传输实现了真正意义上的全覆盖。为使广大用户在第一时间通过视听手段收听收看唐山电视台节目，以北京奥运会宣传报道为契机，上下联动，全力配合，在北京奥运会开幕之前，唐山电视台所属四个电视专业频道节目全部如期在各县（市）区落地，实现了真正意义上的全面覆盖。二是数字电视发展取得明显成效。全市主城区有线数字电视的转换全部完成，各县（市）区全部开通数字电视信号，有线数字电视用户达到5万余户。与此同时，开通微波数字电视，通过微波无线传输，大力发展农村数字电视，实现农村广播电视节目高质量覆盖，无线数字电视用户接近4万户。三是“曹妃甸之声”开播。《曹妃甸之声》是唐山人民广播电台在《新闻综合广播》、《经济生活广播》、《交通文艺广播》、《音乐广播》基础上开设的第五套广播节目，唐山也由此成为迄今为止全国唯一拥有五套广播节目的地级城市。《曹妃甸之声》的开播得到了国家广电总局、河北省广电局的大力支持和充分肯定。

【产业经营】 媒体经营为事业建设提供了重要的实力基础，2008年，唐山广播电视媒体经营综合创收实现21500.31万元，其中广告创收15254.46万元，网络收入5456.67万元。为确保媒体经营发展目标持续增长，制定完善了《唐山广播电视广告经营管理实施细则》、《唐山广播电视广告经营损失核定的规定》，制定下发了《关于进一步促进广播电视广告创收的决定》，进一步完善经营责任人竞聘竞标实施方案，以制度管人，绩效挂钩，加强考核，同时，科学调整局台利益，从年度预算中拿出700万元作为职工绩效挂钩手段，进一步激发和调动了媒体经营的积极性，年度媒体经营实现目标任务增长12%以上。

【行业管理】 一是依法强化监管力度，开展卫星电视传播秩序整治工作。制定下发《关于切实加强广播电视行业管理的通知》，严格规范广播频率、电视频道的节目管理和播出行为，加大对境外卫星电视节目和卫星电视信号接收监管力度，确保卫星电视节目传输安全。对播放、发行许可手续不齐全的以及统一供片渠道以外的电视节目严肃查处，对不按要求转播中央、省新闻节目的媒体立即纠正、整改到位；对未经批准擅自开办广播频率、电视频道播出和传输机构进行清查，对擅自改变技术参数增加无线播出频率的行为，责令整改并在全市通报批评；加强广告播放管理，进一步明确广告审查、发布程序和责任追究制度，对广告播出实施跟踪监测；加强卫星地面接收设施管理，通过集中整治，收缴违法接收设施200套、拆除违法接收卫星天线300余座，对全市35家有奥运接待任务的宾馆饭店的卫星地面接收设施实施了依法监管。二是安保工作常抓不懈。为确保安全播出，进一步制定完善了《唐山市广播电视安全播出应急预案》，组织下发了《唐山市广播电视系统安全播出制度汇编》，不断提高行业监管和安全播出保障能力，确保各项工作规范开展。为确保网络安全，认真坚持“检测维护为主，故障抢修为辅”的原则，切实抓好网络传输设备的检测、检修，有效防范“法轮功”和反华敌对分子的破坏，确保中央、省市重大会议和奥运会期间有线电视信号的安全传输。全年设备甲级率100%，正式播出单位全年共播52339小时，台内停播率平均0.23秒/百小时，台外停播率为1.20秒/百小时，远低于河北省广播电视局规定的安全播出停播指标。为严格安全保卫工作，市县（区）两级广电局属各单位签订《奥运期间安全保卫工作责任状》，认真落实各项规章制度，严格按照制度办事。深入开展安全隐患排查工作，查找各种薄弱环节、潜在隐患和死角，彻底清除因内部安全隐患造成安全事故的风险，确保奥运安保工作取得实效。市广电局荣获“市级安全生产管理和消防工作先进单位”称号。三是加强人员业务素质培训。组织开展了全市广播电视系统业务培训，请中国传媒大学12名专家博士和高管人员来唐山，为各县（市）区广电系统的局台领导和200多名采编播技术人员进行辅导培训。成功举办3批干部职工子女就业培训班，有将近50位干部职工子女按照有关规定得到妥善安置。

【媒体研究】 一是开展科学发展示范区广电媒体管理研究。2008年，唐山市广播电视局研究机构紧密围绕“建设科学发展示范区中的广播电视媒体管理”进行课题立项研究，以《要讲究传播艺术、更要注重传播效果》为题，撰写《关于全球化语境下唐山科学发展示范区的广播电视媒体管理研究》专论文章。此项专题研究受到市委、市政府领导及研究机构的高度重视，并在《唐山经济》2/2008期全文刊载。二是报送专题报告为领导决策提供参考。在抗震救灾的紧要关头，国家发展和改革委员会用《特急电传》方式，要求唐山市政府以最快的速度报告唐山地震灾后重建工作的经验，为四川汶川灾后重建提供借鉴。唐山市广播电视局受领任务后，经过对有关资料的浓缩凝练，仅用了6个小时就按要求完成了唐山灾后重建的专题报告。专题报告同时报送国家广电总局、河北省广电局，当天下午国家广电总局、省广电局以《抗震救灾快报》方式直送中央和省委省政府领导，又以《值班日报》方式全文转载供领导决策参考。三是开展新闻媒体公信力研究。2008年2月，按照中国广播电视史研究委员会的交办要求，唐山市广播电视研究机构针对“唐山13位农民兄弟赴湖南郴州抗冰雪救灾报道引发争议”开展专题调研。当年4月以《公道自在人心》为题完成了情况汇总。从“背景调查、网络质疑、直言反驳、理性思考”四个方面，以客观公正、真实准确的事实向中国广播电视史研究委员会报送了《专题报告》。经领导审阅同意，在江西南昌大学参加《中国广播电视媒体抗冰雪报道高层论坛》做主旨发言，会后被《新闻春秋》权威学术期刊和《唐山经济》4/2008期全文刊载。四是开展科学处置突发事件应急传播的研究。年初南方低温雨雪冰冻灾害、拉萨“3.14”事件、汶川大地震等自然灾害和突发事件，8、9月份唐山古冶又先后发生非法盗采国家煤炭资源导致地面坍塌的突发事件。面对重大灾难和突发事件，唐山广电媒体认真遵守新闻宣传的职业道德，进行了成功报道，并根据市领导指示，对新闻媒体报道突发事件的成功经验进行了全面总结梳理，加以立项研究。此项研究成果分别被中共唐山市委理论刊物《新唐山》和唐山市人民政府理论刊物《唐山经济》全文刊载。五是开展解放战争中的唐山新华广播历史研究。按照市委、市政府安排部署，围绕“唐山解放60周年”纪念活动，唐山市广播电视局通过深入调研考察，以《解放战争中的唐山新华广播电台历史研究》为题撰写纪念文章，着重阐述解放战争中的新华广播历史发展，其中，地处冀东的唐山新华广播电台，为支援辽沈、平津两大战役做出过突出贡献，在推动和促进人民广播历史发展的进程中占有特殊地位。这项研究成果参加了革命红都瑞金《中国红色新闻理论与实践高层学术论坛》，得到学界业界专家学者高度评价。

（王士林）

报刊、新闻网络

【唐山劳动日报】　《唐山劳动日报》的前身为抗日战争时期的《救国报》，后又曾改名为《冀热辽日报》、《长城日报》、《冀东日报》，1949年4月与解放唐山时创办的中共市委机关报《新唐山日报》合并，当年7月，毛泽东主席题写了报头《唐山劳动日报》，从此《唐山劳动日报》作为唐山市委机关报，记录了60年来唐山发展所走过的每一脚步。2008年，唐山劳动日报社面对宣传报道任务繁重、成本大幅提升、奥运会期间限发广告以及金融危机影响等多方面的严峻挑战，以“擦亮报社品牌、当好媒体先锋”为工作标准，奋发努力，各项工作均取得新的突破，被中国地市报研究会评为“全国地市报业发展50强”。年内全社共获得各级授予的集体奖项19项，新闻奖项56个。

充分发挥新闻宣传舆论强势作用，公信力、服务性和可读性得到整体提升。一是围绕中心、服务大局，唱响科学发展示范区和人民群众幸福之都建设主旋律。围绕“建设科学发展示范区和人民群众幸福之都”这一主题，开设专栏、专题、专版，做到了导向正确、反应迅速、定位准确、观点鲜明、形式灵活、引导有力，新闻内容质量和水平有了进一步提升，多次受到市委领导和宣传部新闻阅评的表扬。其中《论杀出一条血路》等重要评论文章，赵勇书记批示“很好”。同时，还连续推出了《唐山，一座感恩奉献的爱心城》、《唐山，一座“幸福工程”打造的幸福城》、《唐山，一座称雄河北的经济强城》、《唐山，一座吸引八方宾客的创业投资城》、《唐山，一座正在精心打造的宜居生态城》等重头报道，为唐山成功跻身中国最具幸福感城市之列做出突出贡献。二是反应迅速，组织有力，对全国重大事件进行了及时报道。在支援南方抗击冰雪灾害中，先后发表《感动中国》、《弥足珍贵的精神财富》等多条通讯报道和评论文章，在全国各媒体中最早推出宋志永等13位农民支援南方抗击冰雪灾害的先进群体典型；在汶川5·12地震抗震救灾期间，开辟了《患难与共抗震救灾唐山人在一线》专栏，派出记者直接奔赴抗灾一线，冒着余震危险采访报道，先后发回文字报道和照片数百篇（幅），为唐山赴四川灾区前线指挥部和救灾工作队每天投送数百份报纸，送去唐山片片爱心；为更好地宣传报道北京奥运会，谋划组织了奥运火炬传递特刊、奥运开幕特刊和奥运专版，从多角度、多侧面进行详尽报道。在“两会一节”（第十一届唐山中国陶瓷博览会、唐山·曹妃甸临港产业国际合作会议、第六届评剧艺术节）宣传报道中，提前50天发稿50余篇，为“两会一节”预热，精心准备重点报道线索和文章，增强“两会一节”报道效果；为纪念唐山解放60周年和改革开发30周年，全社各部门经过3个月的策划和准备，12月12日在唐山劳动日报推出64版《经典特刊》，取得了良好的宣传效果。

深化管理，提高质量，报业经营健康发展。一是本着高端、大气的要求，对唐山劳动日报进行了成功改版。二是印刷厂克服设备老化的不利影响，继续深入实施“5S”管理法（整理、整顿、清扫、清洁、素养），开展岗位技能竞赛，利用春节、“五一”、“清明”、“十一”等假期对老旧机电设备进行维修改造，提高了设备的运转能力和完好率。校对车间人员从49人减少到27人，工作标准不减，差错率还有所下降。在河北报协、河北印协组织的印刷质量评比中，获得优质一等，这是历史上第一次获此殊荣。通过狠抓节能降耗，提高产值和经营效益，全年实现利润132.8万元，零印业务实现利润33.6万元，节约新闻纸63.8吨。三是广告经营中心首次将日报广告部与晚报广告部合并为一个广告经营中心，通过强化领导、整章建制、稳定队伍、拓展领域、提高版值、增加外埠广告等多种措施，有效减少了奥运期间限发广告、金融危机带来的市场消费走低等对广告创收的不利影响，全年创收完成5817万元，增幅为21.3%。四是发行部在全市各大超市、银行、邮局报亭等开设零售报点，组织与读者互动活动，扩大品牌影响力和发行量。在新闻纸大幅提价的情况下，发动全体员工集中力量攻克难点，最终实现了征订数量超过上一年。五是多元化经营，成立闻越商贸有限公司，建社区宣传栏、阅报栏117个，既配合文明城创建工作，又拓展了户外广告阵地，创收50多万元。图片社自己动手维护设备，积极扩展业务项目。汽修厂依靠诚信经营、优质服务，全年实现利润8万元。

改革干部人事制度，开展纪律作风整顿，加强队伍建设。一是加强制度管理。建立和完善“按需设岗、择优聘任、契约管理、动态更新”用人机制，增强队伍活力，提高工作效能。通过改革，中层领导岗位的干部平均年龄为43.6岁，女干部的比例达到25%。在68名中层干部中，有57名中层干部被交流轮岗，岗位交流率达84%，真正实现了由身份管理改为岗位管理。同时，按照精简机构、整合资源、提高效能、降低成本的原则，组建了统一的广告经营中心、财务中心，增设了广告管理处，还在日报编辑部设立了新闻评论部。改革后，干事、创业的氛围日渐浓厚。二是坚持经常性教育。制定纪律作风专项教育整顿方案，学习党纪规定和政纪条例，开展经常性警示教育。建立党员干部廉政档案，将中层副职以上干部签订的廉政建设承诺书上墙公示。开展“岗树一念、人练一招、处谋一策”活动，努力形成人人学技术、个个当参谋、一心一意谋发展、竭尽全力做贡献的良好态势。还组织了博爱一日捐活动，缴纳特

殊党费为地震灾区捐款56200元，棉衣584件。

（孔祥华　张北环）

【环渤海新闻网】　由唐山市政府新闻办公室主管，唐山劳动日报社主办的环渤海新闻综合网站，是继报纸、电台、电视台之后的唐山市第四新闻媒体。它立足唐山，面向环渤海地区，逐步向东北亚辐射，是外界了解唐山，唐山走向世界的一个重要窗口。环渤海新闻网于2008年3月3日公开试运行，2008年6月27日正式开通，结束了唐山没有官方网络媒体的历史。新闻网宣传紧跟市委中心工作，关注社会热点，关心城市建设。对2008年唐山市"两会"作历史上首次网络图文直播；请省委常委、市委书记赵勇到新闻网演播间，就深入学习实践科学发展观倾听环渤海新闻网网友的意见和建议，与网友在线交流；精心谋划设计《悼念7.28地震罹难者》专题，推出唐山大地震网上纪念馆；对奥运圣火唐山站传递进行视频直播等。年内刊登原创新闻600多条，制作专题60多个、视频80多个，每天更新新闻1000多条，点击率和页面浏览量稳定在20万次以上，年底在全省新闻网站评比中名列第一。对此，赵勇书记批示："可喜可贺"。

环渤海新闻网包括采编部、技术部、美工视频部和广告部，硬件上拥有20台服务器、双百兆发布线路和30台制作计算机，还有一个25平方米的演播间，分别承担制作、备份、上传等任务，设备先进、设计合理、安全可靠、扩展性强，属国内一流网络平台。网站设有唐山、科学发展示范区、曹妃甸、环渤海、国内、国际、民生、视频等28个频道、400多个栏目，为公众提供新闻资讯、分类信息、投资指南、网络游戏、电子商务和互联网广告等方面的服务。

作为地方主流媒体和门户网站，环渤海新闻网的办网宗旨是：紧密围绕唐山市委、市政府工作中心做好舆论宣传工作，做传播社会主义主流文化的主阵地，做记录唐山建成科学发展示范区的新载体、做亲历人民幸福之都建设进程的见证人。在网站稳定运行的基础上，不断充实、完善、提高，努力成为具有唐山特色的，信息量大、覆盖面广、服务功能完善，知名度高的重点新闻网站。

（孔祥华　张北环）

【唐山晚报】　《唐山晚报》创刊于1994年1月1日，为每周三刊，二、四、六出报。2003年4月15日，扩版为每天24版，从2003年10月20日起将前16个版定为A版，后8个版定为B版。重要版面设置有：鲁迅风、健康周刊、新闻视点、人才就业、文化版、学苑内外、旅游。重要栏目有：新闻热线、记者进社区、寻亲热线、百姓话题、世说新语、市井见闻。创刊初编辑部设置一室五部，即总编室、要闻部、社会生活部、文化艺术部、时事体育部、美术摄影部。后为增加收入，增设了晚报广告部。2007年改为二室八部，即总编室、编办室、要闻部、热线部、社会新闻部、特工部、生活专刊部、文教专科部、时体部、美术摄影部。

2008年唐山晚报继续坚持围绕中心，贴近民生，服务读者的办报理念，把建设科学发展示范区的宣传与普通市民的日常生活紧密联系在一起，重点在提高人民生活幸福指数上做文章，开辟专栏，深入报道。其中《热线新闻》全年出版100多个版，稿件总量超过1000余篇，群众反映的许多问题得以有效解决，赢得了百姓信任，收到群众送来的锦旗3面，读者来信来电表扬达100多次；"寻亲热线"专栏帮助70多人找到了亲人；"读者新年圆梦"大型读者互动活动帮读者圆梦500余个；《聚焦行风》栏目接听市民电话1000余个，为市民解决各种问题200多个。在年底举行的读者调查中，满意度达98%。唐山晚报在重大事件的宣传报道中发挥了重要作用，开辟《唐山汶川共抗震灾》等专栏，及时报道支援四川抗震救灾情况，把唐山人民与灾区群众的心紧紧相连；推出4个专版，以《祥云飘来》为主题对奥运火炬传递到唐山的盛况作了详尽报道，推出8个专版和连续刊出23期《唐山人看奥运》专栏，呈现了唐山人对北京奥运会的极大热情；发挥晚报贴近生活的特点，搞好第十一届唐山中国陶瓷博览会、唐山·曹妃甸临港产业国际合作会议、第六届评剧艺术节等重大活动的宣传报道。同时还发挥平台作用，推动希望工程的深入开展。

（孔祥华　张北环）

【唐山广播电视报】　《唐山广播电视报》由唐山市广播电视局主管，于1987年7月31日创刊，四开四版，自办发行7万份；同年12月17日，在河北省内报刊整顿中停刊。为满足广大读者需要，经唐山市广播电视局和中央人民广播电台协商签署一年期协议，于1988年1月8日出版《中国广播报》唐山版，至1989年1月23日停刊。1989年1月29日，《唐山广播电视报》作为内部发行读物与广大读者见面。1991年12月19日，经国家新闻出版署、河北省新闻出版局批准，《唐山广播电视报》从1992年1月编入全国统一刊号，而后改为全国统一连续出版物号，由唐山人民广播电台、唐山电视台主管主办，以周报形式自办发行，全年52期，期平均发行量25万份。

2008年，《唐山广播电视报》深入学习研究国内各大报刊先进办报理念模式，进一步明确周报宣传定位，突出"地域性、娱乐性、服务性、实用性、时尚性"的特点，把新闻报道、荧屏信息、生活资讯、时尚解读等融为一体，按照"读者即市场"的媒体运营理念，在受众细分的基础上，发挥舆论宣传、引导消费、满足读者多种需求的作用，每期不低于64版，最高达104版，形成广播电视周报独有的内容吸附力。改版后的《唐山广播电视报》，《社会周刊》、《娱乐周刊》、《生活周刊》、《时尚唐山》"四大版块"特色突出，"帮忙热线"、"心理咨询"、"城市关注"等专版专栏服务具体，推动采编工作的品牌化、特色化，在丰富和创新报纸版面内容的同时，有效提升了广播电视媒体现代都市周报的社会公信力。采编中心紧密围绕市委、市政府中心工作，推动和促进"全国文明城市"的创建活动。组织重大新闻宣传报道，热情宣传"宋志勇等13位农民兄弟自发自费参加抗冰雪救灾"的典型事迹；连续5期大篇幅刊宣传

报道在“5·12”汶川特大地震灾害中抗震救灾的感人事迹，弘扬新唐山人文精神；出版四期《奥运特刊》、一期《残奥会专刊》，进行资讯类集中报道和奥运现象分析解读，宣传报道北京奥运火炬唐山传递盛况；连续三期出版专刊，对中国（唐山）国际陶瓷博览会、唐山·曹妃甸临港产业国际合作会议、中国评剧艺术节进行全方位深入报道。

为适应市场竞争需要，积极构建现代媒体“一业为主、多业并举”发展格局，改革内部管理体制和经营机制，积极推进“两个市场”（市区市场和县区市场）发展战略，增开专版服务沿海和山区群众，有效提升品牌影响力和市场号召力。加强广告策划营销，坚持“走出去发展战略”，加大外埠广告的招商和公关力度，积极扩大市场占有份额，推动报业经营发展，全年广告创收达到4200多万元。投入200余万元，对设施实施更新改造，充分发挥印务发展中心设备先进、技术精良、竞争力强等优势，积极扩大合作范围，进而不断向高水平、大业务、深发展、精细化的方向迈进。发行服务中心有效地强化零售优势和扩大入户营销，稳定发行投递队伍，提高送报效率，加大城市边缘区域的开发，提升报纸销售数量。印务发展中心把“市场竞争”与“成本核算”作为推进集约化发展的动力，在纸张、油墨等印刷材料大幅提价的严峻情况下，有效控制采购成本，加大内部成本核算，推进承印市场的开发，实现了经济效益的平稳增长，被河北省新闻出版局认定为“强势印刷企业”。

坚持“一手抓改革、一手抓发展，一手抓创收、一手抓创优”，通过编印内部刊物《广电报人》和开展“员工提案制”活动，引导和鼓励员工积极参与报社的经营管理工作。推出按月、季、年评比“最佳员工”办法，设置“突出贡献奖”，引导员工彰显能力，实现最佳效绩。年初，在第四届河北省报纸质量综合检查评比中，被评为“版面设计质量优秀奖”；11月，在第二届中国品牌媒体高峰论坛上，被评为“中国品牌媒体100强·最具品牌价值专业媒体十强”和“最佳版面奥运号外·特刊奖”、“最具收藏价值奥运号外·特刊奖”。2008年1月，唐山广播电视报社被河北省新闻出版局、河北省报业协会评为“第二届河北省先进管理报社”；3月，唐山广播电视报社当选为全国影视报刊协会常务理事单位；7月，被中国广播影视报刊协会授予全国唯一一家“全国著名品牌改革创新示范单位”称号，荣获“全国广播电视报业最具品牌影响力和改革创新示范单位”称号，国家广电总局党组成员、副局长胡占凡亲临唐山参加颁奖和调研指导工作；12月，唐山广播电视报社印刷厂被中国产品质量协会评为“2008年度全国质量守信企业”、“全国第一批国家级征信企业”。

（王志成　王士林）

【开滦日报】　《开滦日报》是我国特大型煤炭企业—开滦（集团）有限责任公司党委机关报，创刊于1949年12月12日，创刊初期报头为《开滦矿工》，后改为《开滦矿工报》，1992年12月12日更名为《开滦日报》至今。《开滦日报》是第一批取得全国统一刊号的企业报。目前出版为周7刊，发行范围也由单一面对企业内部扩展至社会受众，日发行量3万余份。

《开滦日报》始终坚持正确的办报方针，以“坚持党性原则、传播权威信息、引导社会舆论、服务发展大局、贴近百姓生活”作为工作准则，正确处理好党的主张与群众心声、正确导向与宣传艺术、正面宣传与舆论监督的关系，坚持用马克思主义新闻观指导办报的工作实践，规范自身的新闻传播行为，自觉抵制和克服自发型舆论和舆论主体多元化思想倾向的影响，从新闻采写、编发到新闻制作、传播，从新闻业务工作到媒体经营管理，从队伍思想建设到行业作风整顿，都坚持以马克思主义新闻观为指导，真正发挥好企业党报的喉舌作用。通过狠抓采编队伍素质，从整体上提高办报水平。多年来，报纸差错率始终保持在万分之一以下。在历届全国企业报协、全国煤炭新闻工作者协会、河北省新闻工作者协会组织的各类好新闻评选中，开滦日报共有452篇获奖，其中获得一等奖146篇，二等奖158篇，三等奖148篇。1989年开滦日报社曾分别被中华全国新闻工作者协会和中国煤炭新闻工作者协会评为“全国先进新闻集体”。在全国企业报协会历届先进企业报评选中，开滦日报连续五届被评为“全国十佳企业报”、“全国二十佳企业报”、“全国先进企业报纸”、“全国先进企业报”等荣誉称号。在全国煤炭新闻系统被评为“十佳报纸”。2002年被评为河北省“最佳企业报”。2003至2007年，连续5年被河北省新闻出版局、版权局评为“版权工作先进单位”。

2008年，《开滦日报》针对国际国内重大事件、突发事件，充分发挥媒体舆论引导优势，组织战役式报道。年初，南方发生雨雪冰冻灾害，全国能源告急，曾培炎副总理专程到开滦视察，要求开滦发扬国企顾大局、识整体的精神，排除一切困难，春节期间不放假，不停产，多出煤炭，帮助国家渡过难关。报社30余名采编人员，放弃休假，采写稿件，出版“保全勤，多超产”特刊，组织集中报道，为战胜南方冰冻灾害发挥重要的宣传发动作用。5.12汶川抗震救灾期间，组织了2期特刊，6期专刊，40多个版面和350余篇稿件，全面报道开滦员工以实际行动支援抗震救灾的感人事迹。在全国上下戮力同心办好奥运会和唐山市科学发展示范区及“四城”建设等项新闻宣传活动中，《开滦日报》充分发挥“社会周刊”、“新大众”、“消费热点”和“星期天”等专刊社会舆论引导力强的特点，进行了全方位、多视角的宣传报道。围绕开滦建矿130周年，举办了“我的开滦情结”大型主题征文活动，全貌地弘扬了开滦工人阶级特别能战斗的大无畏精神。在搞好上述新闻宣传报道的同时，《开滦日报》还围绕开滦集团公司落实科学发展观，创建大集团，实现大跨越发展战略的实施行动，开辟了多种形式的专版、专栏和专访，为企业做大做强助力。

（董德友）

【燕赵都市报冀东版】　2003年8月1日，经由国家新闻出版署批准，燕赵都市报开办冀东地方版，面向唐山、秦皇岛两市发行。《燕赵都市报冀东版》秉承“为市井人家办报，让平民百姓爱读”的办报宗旨，在主报内容的基础上增加本地新闻信息和生活资讯内容，为唐秦两市的读者提供更丰富更贴近的新闻和资讯服务，实现社会效益、经济效益双丰收。创刊以来，根据市场需求几经改版，现每周7刊，冀东版创刊5周年之际，又推出了近50个版面的特刊。报业经济基本做到一年投入，二年持平，三年盈利，广告刊发额和经营利润每年都以20%以上的速度增长。创刊之初，冀东版发行部门便以“敲门征订、入户投递”模式，把服务送到每个订户的家门口。之后又通过旅游、采摘、团购等一系列售后服务，将读者和报纸紧紧联系起来，同时根据广告市场的变化，针对不同消费者打造丰富的商贸专刊版面，还通过组织看房团、车展等形式多样的广告营销策划活动，让商家、广告公司、企业直接与消费者和读者对接。在为客户创造更大价值的同时，冀东版的广告竞争力得到显著提高。2008年，针对纸张成本增加、奥运会广告市场严控、全球金融风暴引发国内市场不景气等诸多不利因素影响，采取办法积极应对，使发行逆势而上，创下了广告经营收入的新高。

2008年，燕赵都市报冀东版圆满完成了南方冰雪灾害、汶川地震突发、北京奥运会召开等重大事件及本地新闻的报道任务。在抗冰雪灾害期间，第一时间与“唐山13农民义士”取得联系，于全省首家刊发唐山13义士抗冰雪的报道；汶川地震消息传来，冀东版记者主动请缨，纷纷要求奔赴灾区前线。5月12日当晚，记者王文康就踏上征程，从5月13日起，超庚、张啸龙又相继奔赴灾区。他们冒着随时可能发生的余震和山体滑坡危险，用自己手中的笔和相机，记录下抗震救灾的壮举、灾区人民自强不息的精神、燕赵儿女的大爱心怀和一次次感动，采访并推出了宋志永式的志愿者、皇甫志友援建聚源中学、唐山红十会医疗队等先进典型，推出了唐山经验系列报道；秦皇岛是举世瞩目的北京奥运会协办城市之一，奥运火炬均在唐秦两市传递，报道任务非常艰巨。为使奥运会、残奥会报道呈现冀东精彩，前一年，冀东版便以专版和专栏的形式推出了系列专题报道。奥运火炬在唐秦两市传递期间，冀东版推出了图文并茂的特刊。冀东版记者刘光昱还跟随奥运圣火采集团队飞赴雅典，近距离进行图文报道。北京奥运会结束后，冀东版又组织精干力量投入残奥会的报道中，做到“两个奥运，同等重要，同样精彩”；冀东版始终立足冀东，服务冀东，组织改革开放三十年系列报道、持续关注唐山湾曹妃甸建设，努力做好本地化报道，得到有关部门的认可和读者的好评。充分利用冀东版立足唐秦、辐射两地的先天优势，发起并主办“2008唐山人最想买的车型评选”活动，共有50多个汽车品牌参选；联合唐山广播电视报和北京房龙传媒，主办“唐山——北京（天津）看楼直通车”系列活动，仅启动仪式看房团人员就达250人，意向成交量5000万元。

（文向辉）

附录：2008年唐山市出版物准印证单位

报刊名称	书号（准印证号）
唐山劳动日报	CN13－0015
唐山晚报	CN13－0059
唐山广播电视报	CN13－0053
燕赵都市报冀东版	CN13－0004
开滦日报	CN13－0041
唐山文学	ISSN1003－4439　CN13－1015/1
唐山师范学院学报（刊型）	ISSN1009－9115　CN13－1301/G
唐山师范学院报（报型）	CN13－0819/（G）
河北能源职业技术学院学报	ISSN1671－3974　CN13－1312/C
唐山学院学报（刊）	ISSN1672－349X　CN13－1336/G4
河北理工大学学报（社会科学版）	ISSN1673－2804　CN13－1364/Z
河北理工大学学报（自然科学版）	ISSN1674－0262　CN13－1382/N
河北理工大学校报	CN13－0807/（G）
矿山测量	ISSN1001－358X　CN13－1096/TD
选煤技术	ISSN1006－0898　CN13－1185/TN
水力采煤与管道运输	ISSN1003－4439　CN13－1015/1
中国煤炭工业医学杂志	ISSN1007－9564　CN13－1221/R
华北煤炭医学院学报	ISSN1008－6633　CN13－1267/R
陶瓷研究与职业教育	ISSN1672－2965　CN13－1321/TQ
选煤信息	JL08－0001
开滦科技	JL08－0002

唐钢科技	JL08－0003
唐钢班组必读	JL08－0004
唐山检察	JL08－0005
高教改革与实践	JL08－0006
新唐山	JL08－0007
唐山艺术	JL08－0008
唐山渔业	JL08－0009
唐山科普	JL08－0010
唐山人大工作	JL08－0011
唐山献血与输血	JL08－0012
唐山农业	JL08－0013
唐山党政干部论坛	JL08－0014
唐山经济	JL08－0015
唐山电视大学	JL08－0016
唐山城镇供热	JL08－0017
唐山工运	JL08－0018
唐山房地产	JL08－0019
探源	JL08－0020
唐山视听通讯	JL08－0021
唐钢经营与管理	JL08－0022
思想政治工作探索	JL08－0023
宣传与探索	JL08－0024
普法依法治市通讯	JL08－0025
唐山市人民政府公报	JL08－0026
唐山职业技术学院学报	JL08－0027
唐山一中	JL08－0028
唐山地税	JL08－0029
唐山水利	JL08－0030
唐山私营个体经济	JL08－0031
唐山政协	JL08－0032
唐山安全生产	JL08－0033
唐山林业	JL08－0034
冀东汽车	JL08－0035
唐山老年	JL08－0036
唐山编印发	JL08－0037
唐山工程造价信息	JL08－0038
唐山三友	JL08－0039
唐山国税	JL08－0040
冀东狱讯	JL08－0041
华美之声	JL08－0042
唐车通讯	JL08－0043
南盐场讯	JL08－0044
中国二十二冶	JL08－0045
陡电之声	JL08－0046
唐山宾馆	JL08－0047
唐山工人医院	JL08－0048
唐山供电	JL08－0049

冀东石油	JL08－0050
冀东车市通讯	JL08－0051
华北煤炭医学院	JL08－0052
饭店集团之声	JL08－0053
唐山港新闻	JL08－0054
弘业工人	JL08－0055
新唐钢	JL08－0056
滦河之声	JL08－0057
大唐文化	JL08－0058
河北钢铁	JL08－0059
唐山教育	JL08－0060
唐山畜牧	JL08－0061
唐山科技	JL08－0062
滦河文化研究	JL08－0063
津西人	JL08－0064
唐秦水文	JL08－0065
城乡一体化建设	JL08－0066
唐山诗词	JL08－0067
唐山风景园林	JL08－0068
唐车报道	JL08－0069
四通时代	JL08－0070
滦河	JL08－0071

档案工作

【概况】 2008年，全市各级档案部门坚持以学习实践科学发展观为统揽，紧紧围绕贯彻落实市委八届四次全会精神，扎实推进全市档案事业科学发展，依法管理规范指导档案管理水平不断提升。

市档案局将机关单位年度立卷合格单项检查，改革为年度档案工作综合考核。研究制定了《关于市直机关、团体事业单位档案工作年度分类考核办法》，年内，全市有14个机关单位档案目标管理工作晋升省三级以上标准。

企业和重点建设项目档案管理得到加强。全市共有4家企业档案目标管理升级，其中2家晋升为国家二级。市档案局与市发改委、工促局、国资委联合下发《关于切实加强国有改制企业档案管理工作的意见》，对唐陶股份有限公司等5家改制企业档案确定了档案处置意见。与市发改委联合下发《关于加强重点建设项目档案管理工作的通知》，先后对唐山港7万吨级码头等9个重点建设项目档案组织专项验收、材料审核工作，确保重点项目顺利施工建设和竣工验收。

民营企业建档持续增高。全市注册资金在500万元以上的532家民营企业中，年内建档的有44家。丰润区在全区40多家民营企业中推行档案信息一体化、动态化管理，28家民营企业实现了规范化建档，一家民营企业通过了省三级验收。

民生档案服务体系日益完善。到年底，市县两级档案馆已经接收土地承包和流转、文明生态村、合作医疗、村务公开、换届选举、最低生活保障、养老保险、公证等一大批民生档案，并对接收进馆民生档案及政府公开信息，优先进行整理、编目、上网公布，方便群众查询。市档案馆已接收政府系统28个部门1225项公开信息文件资料。

家庭建档工作广泛深入开展。市档案局将家庭建档工作纳入县（市）区档案工作考核目标。迁安市档案局创造了“五个结合”的做法，路北区档案局组织家庭建档展览，市档案局、路北区档案局通过唐山电台、电视台、《唐山晚报》等新闻媒体进行广泛宣传，利用家庭档案充分展示百姓生活变化和社会发展进步的历程。截止年底，全市已有26万多户家庭建立了家庭档案，其中2008年家庭建档达15万户，居全省第一。

注重档案馆基础建设，有效提供档案利用。市县两级国家档案共接收各类档案169363卷、163325件。其中：市档案馆接收96424卷、10335件，遵化市档案馆9055卷、文件30941件。玉田县档案馆24028卷。市档案局起草并以市两办名义印发了《关于加强对重大活动、重大事件档案资料收集管理的通知》，各级档案部门加强对学习实践科学发展观活动、农村换届选举、火灾（煤矿）重大安全事故抢救等工作中档案管理和接收工作。市及开平、丰南区3家档案馆为唐山地震遗址公园征集、整理提供21万多人的唐山大地震罹难者名单，保证了唐山地震遗址公园罹难者纪念墙建设项目的顺利进行。市档案局全程派人参与十一届陶瓷博览会、评剧艺术节、曹妃甸论坛等活动并将档案资料及时整理收集进馆。滦县档案局全程服务“大项目建设”档案工作，受到县主要领导的充分肯定和批示表扬。丰润区档案馆收集、整理了“潘家峪惨案”档案文字资料近300件、照片298张、音像资料2件。遵化市档案馆征集了英模群体档案资料435件。市档案馆、丰润区、乐亭县、丰南区、开平区5家档案馆接收各类公证档案62721卷。迁西县、乐亭县、滦南县、路南区规范整理109家改制企业档案，并及时将4068卷改制企业档案接收进馆。

档案编研、服务、宣传工作又获新成绩。市、县两级档案馆完成《河北省档案志》唐山部分近24万字的征稿、撰写工作。市档案馆组织编著的《唐山港京唐港区史》编写工作基本完成。《唐山市大事记》(1984－1997)、《唐山市建国后英模集》、《唐山市法人代表档案大全》、《丰润区图志》、《开平指南》、《滦县妇女领导干部名录》等一批内容丰富、图文并茂的档案编研作品结集出版。各级档案馆累计向社会开放档案301485卷，接待利用者19883人次，提供档案资料106751卷次，32项档案优秀服务成果、7项档案学术论著（文）获奖。唐山市、滦县、遵化市、乐亭县获河北省“档案宣传工作优胜单位”称号，全市12人获河北省“档案宣传工作先进个人”称号。

【利用地震专题档案为灾区提供智力支持】 四川汶川等地发生特大地震灾害后，市档案局根据市委、市政府为四川地震灾区抗震救灾提供可操作性的具体经验做法指示精神，通过调阅馆藏唐山大地震档案，先后就人员搜救、卫生防疫，伤员救治与转移等编写出14个专题材料，提出100多条建议上报市委和国家有关部门。《中国档案报》、中国档案资讯网、新华网、四川档案局网站等媒体全文刊载。国家档案局将这些材料整理上报国家抗震救灾指挥部，为四川抗震救灾工作提供直接有效的经验。国家档案局长杨冬权在全国档案局馆长会议上对唐山这一做法给予充分肯定，省档案局发专报号召“全省各级档案部门向唐山档案局学习”，市领导先后两次做出批示表扬。市档案局被市委、市政府授予支援四川抗震救灾先进集体。为充实唐山大地震专题档案资料，市档案局派人分赴12个省、市征集各地支援唐山抗震救灾、伤员救治等档案资料共807卷、照片2000多幅、影视光盘21张、实物14件，并对档案资料、震亡名录等进行了系统整理，唐山大地震专题档案日益丰富，随时为利用者提供服务。

【档案馆库建设】 全市新建档案馆总面积达16000平方米，其中唐海县4600平方米新馆当年开工当年完成主体工程，路北区4100平方米新馆已完成地上三层工程。迁西、遵化、丰南、开平四个县（市）区已完成工程规划和选址，规划总面积达15000多平方米，2009年内开工。乐亭、滦南、古冶、丰润四个县区档案馆建设已列入城市改造规划项目。市新档案馆建设已经市长明确批示要与市民中心统筹考虑，并写入市《政府工作报告》和市委、市政府《关于深入推进全国文明城市创建工作的实施意见》，作为市文化设施建设攻坚工程，将加快建设步伐。

【档案信息化建设】 全市有9家档案馆开展数字化工作，政府财政投资达413.8万元，完成扫描任务1904.5万页，居全省第一位。其中，迁西县率先基本完成馆藏档案数字化任务，扫描400万页。市档案馆完成900万页、丰南区200万页、乐亭县135万页、遵化市120万页、丰润区100万页、滦县24万页、古冶区20万页、开平区5.5万页。迁西县积极推进档案信息化建设，组建了“三网”、“四库”、“三个平台”，做到全县档案数据网络统一管理，实现网上在线接收、业务指导。遵化市档案馆实现全文数据库与目录数据库的挂接和网上在线对基层单位的业务指导、档案接收、服务工作。

（刘忠宁）

【抗震救灾】 5月12日汶川强烈地震发生后，市卫生系统以最快的速度落实市委、市政府的指示精神，连夜组建了唐山市赴川医疗救援队伍，并于5月14日下午赶赴灾区开展医疗救治工作。此后，又相继向灾区派出了卫生防疫队、心理咨询服务队和三批对口支援医疗队伍，总人数达220多人。同时，全市卫生系统积极开展向灾区献爱心送温暖活动，其中，市直卫生系统干部职工共向灾区捐款70余万元，交纳特殊党费42.9万元。赴灾区的医疗队、防疫队和心理咨询服务队不怕牺牲，忘我工作，为抢救伤员、防疫灭病、心理干预、恢复建设做出了重大贡献。累计诊治伤病员1.2万人次，实施各类手术423例（其中重大手术106例），心理干预8524人次。为此，国家卫生部给市卫生局专门发来表扬信。中央电视台、中央人民广播电台、新华社等国家级新闻媒体对唐山市医疗救援工作进行专题采访和追踪报道达40余次。唐山卫生防疫队获得全省卫生系统“抗震救灾先进集体”荣誉称号，唐山医疗卫生队被国家卫生部、国家食品药品监督管理局、国家中医药管理局、总后勤部卫生部联合评为“抗震救灾医药卫生先进集体”，被党中央、国务院、中央军委授予“全国抗震救灾英雄集体”荣誉称号。

【手足口病防治】 5月2日手足口病被国家纳入丙类传染病管理后，市委、市政府高度重视，第二天即召开了全市会议，对手足口病防治工作进行具体安排。成立了领导小组，组建了防控和医疗救治专家组，相继制定下发了《唐山市手足口病疫情控制工作方案》、《唐山市手足口病医疗救治方案（试行）》。分级开展了卫生人员和托幼机构、小学管理人员的培训。印制下发宣传材料近70万份。市政府还拨专款470万元，用于购置救治设备。为进一步做好手足口病防治工作，采取了下列主要措施：一是开展专业人员培训。市卫生局及时印发了《市妇幼保健院手足口病救治指南》，就患者病程分期治疗提出了指导性意见。对全市各医院儿科医生进行强化培训，重点是严格诊断标准和明确治疗原则。二是医疗救治关口前移。派出医疗、疾病控制专家入驻发病较多的丰润、迁西、遵化、丰南、滦南等县区指导救治工作。三是实行集中收治与分散收治相结合的办法，控制医院内感染。市财政安排专项资金，由各医院为各病室免费发放“84消毒液”，做好消毒工作。四是加大宣传力度。各新闻媒体密切合作，利用答记者问、专家访谈等多种形式强化正面宣传，正确引导社会舆论。通过狠抓各项防控措施的落实，疫情得到有效控制，没有暴发流行，维护了人民群众身体健康和社会稳定。

【奥运卫生保障】 一是制定下发一系列工作方案和技术方案，组织参加全市防恐怖袭击、危险化学品事故灾难应急救援医疗救治演练，举行全市突发食物中毒应急处置模拟演练、呼吸道传染病应急处理演练。二是开展公共卫生重点监督检查工作，对辖区内的餐饮单位、公共场所、生活饮用水和医疗机构的放射防护情况进行全面摸底，对重点区域和重点单位开展专项整治。通过扎实细致的工作，确保奥运火炬在唐山的传递和奥运期间医疗卫生保障工作万无一失。

【食用“问题奶粉”婴幼儿筛查诊治】 “三鹿牌奶粉”事件发生后，一是全市卫生系统迅速成立工作机构，制订下发《工作方案》和《医疗救治应急预案》，指定41家定点筛查诊治医院。整合全市优质卫生资源，设计科学的就诊流程。通过省、市、县三级财政支持和各医疗机构自筹资金，共购置31台彩超仪，最大限度地满足了婴幼儿筛查诊治的需要。二是紧紧依靠各级党委、政府迅速展开普遍摸底排查。在全市抽调100名医疗专家成立诊疗专家组和巡回指导组，深入基层开展患儿筛查诊治工作的巡回指导，对全部住院患者逐一会诊，确保每个患儿得到及时有效的救治。唐山“1+1+1”结对跟踪治疗法（一名当地领导和一名医务工作人员负责一名食用问题奶粉婴幼儿的跟踪治疗）被省卫生厅在全省推广。全市共筛查婴幼儿17.49万名，临床诊断病例520名，未发生一起死亡病例。

【农村卫生】 一是加强村卫生室标准化建设。印发并认真落实《唐山市2008年村卫生室建设计划》，全市新建和改造村卫生室748个，村卫生室总数达到5556个，实现了市委市政府关于农村卫生标准化建设“一村一室”的目标。二是

新型农村合作医疗运行平稳。在全市实行了起付线、补偿比、药品和诊疗目录“三统一”。封顶线由过去的15000元提高到30000元。参合农民达467.83万人，参合率为94.3%，高于全国、全省平均水平，较2007年增长1.3个百分点。全年累计补偿总人次213.32万人，补偿总费用4.02亿元，统筹基金使用率达到90%，住院补偿率达36.46%，大病统筹基金使用率达93.1%。三是强化对定点医疗机构和县乡经办机构的监管，进一步规范定点医疗机构行为，加强新农合信息平台建设。6月份，全市16家市级定点医院与各县（市）区新农合管理中心全部实现微机联网，使患者在市级定点医院就医更加方便快捷，做到“入院即报告、出院即报销”，在全省率先实现“农民进城医疗报销无障碍”的目标。

【社区卫生】　以“全省领先，全国一流”为努力方向，按照“改造一批、转型一批、新建一批”的工作思路，狠抓社区卫生服务机构建设。坚持高起点规划、高标准建设、高速度推进的要求，统筹安排，强力督导，加紧筹建，完成了35个社区卫生服务机构的改扩建任务，使全市社区卫生服务机构达到130个，人口覆盖率达到100%。

【重点项目建设】　为缓解市区较大医院出现的住院困难、床位紧张的难题，加紧谋划实施市工人医院外科手术楼、市人民医院肿瘤大楼、市协和医院病理综合楼、市第二医院门诊综合楼等一批项目建设。其中，市第二医院门诊综合楼和市协和医院病理综合楼分别在10月和12月投入使用；市人民医院肿瘤病房楼、市工人医院外科大楼计划2009年竣工投入使用。这几项工程将为全市增加床位1000余张，可在一定程度上缓解住院难问题。此外，还积极谋划在凤凰新城兴建一所高标准、现代化、设有2000张床位的大型综合医院，项目前期已完成了规划选址、新医院概念设计等工作。

【医院管理】　一是以深入开展“医院管理年”和“诚信医院”创建活动为主线，全面加强医院全程质量管理。制定《关于实现医院又好又快发展的指导意见（试行）》，举办全市现代医院管理培训班。原国家卫生部副部长殷大奎同志应邀主讲，有力地促进了“医院管理年”工作的深入开展。二是强化医务人员“三基三严”训练，医疗质量基础性工作进一步夯实。广泛开展病历评比活动，病历质量明显提高。三是不断加强学科建设，科研立项工作成绩显著。工人医院的烧伤科、煤医附院的呼吸科被批准为省医学重点学科；工人医院心内科、神内科和煤医附院的神外科被批准为省医学重点发展学科。年内，市直卫生系统列入市科委评审指导的科研项目103项，指令项目11项，其中有4项获一等奖，9项获二等奖，9项获三等奖。四是突出抓好医护管理工作。认真贯彻落实《护士条例》，在加强岗位练兵活动的基础上，深入开展“天使之星——百姓心中好护士”评选活动。认真做好医师准入与执业管理工作，高标准、高质量完成了全国医师资格考试报名的有关工作。市工人医院被国家卫生部评为“全国医院管理年活动先进单位”。

【预防保健】　进一步加强疾病预防控制能力建设和疫情网络建设，不断提高对重大传染病的监测、预警、处置能力。计划免疫保持高接种率，免疫规划疫苗接种率各类均在98%以上。从2008年起，在全市扩大计划免疫接种的病种数量，由过去计划免疫免费接种的“五苗、七病种”扩大到“十一苗、十二病种”，使更多的人群受益。妇幼保健工作成效显著，县级医疗保健机构全部建立了农村孕产妇抢救绿色通道，全市孕产妇住院分娩率达到99.68%，孕产妇死亡率和婴儿死亡率已经低于国家“十一五”规划目标。

【中医工作】　以加强医院管理和中医特色建设为主线，大力实施名中医、名专科、名中医院的“三名”工程，组织开展名中医的评选活动，评出唐山市名老中医10名、名中医40名。全市有4个中医专科被评定为省级以上重点中医专科，1个中医专科被评定为“国家级重点中医专科”，有24项中医药科研课题获奖。

【监督执法】　组织开展以餐饮业食品卫生、职业病防治监督、传染病执法检查以及打击非法行医工作综合治理等为重点的“四项整治”行动，加大对公共卫生的执法监督力度，完善各类食物中毒突发公共卫生事件的应急处置预案。深入开展以餐饮业为重点的食品卫生安全专项整治行动，严格重大接待活动保障规范、卫生标准和质量，全市餐饮业食品卫生状况有较大改观，医疗市场环境得到进一步净化，为城乡居民提供安全放心的饮食和医疗环境。有效保障奥运火炬传递、国家领导人视察等重大接待活动期间来唐人员的饮食安全和身体健康。

【行风建设】　一是狠抓窗口建设，进一步规范卫生行政审批。成立了审批处并进驻审批中心集中办公，全年行政审批事项办结率100%，行政服务满意率100%，树立了卫生机关的良好形象。共承办人大建议10件，承办政协提案34件，按时办结率达100%，人大代表和政协委员满意率100%。二是有效开展卫生济困工作。充分发挥“济困医院”（第八医院）和各级医疗机构“济困病房”的作用，开辟绿色急救通道，实行导医导诊服务，增设收费和取药窗口，简化就医流程，合理调整科室布局等一系列惠民便民举措，群众就医更加方便快捷，患者满意度不断提高。在全市组织开展的市县两级医疗单位医德医风测评中，群众综合满意率达99.32%，比上年提高了0.02个百分点。三是加强药品、医用耗材集中采购工作。为进一步纠正药品购销中的不正之风，减轻群众不合理的医药费负担，在全省率先采取网上竞价的方式，在全市54家二级以上医院开展药品、医用耗材集中采购工作，参与药品集中采购的企业共有303家，参加药品集中采购品种总数共计22943个，中标品种11928个，降价幅度同比2006年全市二级以上医院实际采购价格下降9.27%；同比2008年全国药品网上竞价试点省（云南省）采购价格低3.7%。执行此次药品集中采购结

果，采购周期内集中采购金额可达21.84亿元，直接向百姓让利2.03亿元。

【爱国卫生】 在全市深入开展城乡环境卫生综合整治活动和爱国卫生月、除“四害”等专项活动，城乡环境卫生状况得到明显改善。积极推进“全国亿万农民健康促进行动”和控烟活动，全年共有39家单位获得“唐山市健康教育达标单位”、15个单位获得“唐山市无烟单位”称号。扎实开展卫生城创建活动，全力督导乐亭县和滦南县争创国家卫生县城、省级卫生县城的创建工作。2008年，通过国家和省考核验收，乐亭县被命名为“国家卫生县城”，滦南县被命名为“省级卫生县城”。

（刘德云 信宝如）

综　述

以科学发展观统揽体育工作全局，以传递北京奥运会“祥云”火炬、协力办奥运为契机，为把唐山建成人民群众幸福之都，高站位、高标准创新发展体育工作，加快体育强市建设。2008年，荣获全国体育竞赛最佳赛区称号和全国全民健身活动优秀组织奖、全国健身气功交流活动最佳展示奖、全国百城《城市之间》全民健身展示活动优胜奖、河北省奥运工作先进集体，市体育运动学校被国家体育总局评为国家高水平体育后备人才基地。

完成北京奥运会有关任务

【火炬传递圆满成功】 7月31日上午，象征着和平、友谊、光荣和梦想的北京奥运会“祥云”火炬，圆满完成河北省最后一站唐山站的传递。活动既隆重、热烈、安全、顺畅，又充分展示了新唐山人文精神，凸显了唐山特色。一是精心组织，规范运作。奥运火炬接力涉及传递运行、新闻宣传、安全保卫、后勤保障、风险管理和奥运惯例等多个方面。火炬传递唐山站组委会以过硬的筹备工作指挥和保障机制，统一标准、专业操作、规范运行，以严谨周密的工作，出色地完成奥运圣火在唐山的运行接力。在紧锣密鼓地做好前期准备工作的同时，4月至7月，组委会多次召开工作会议，逐一环节严格检查推演，经过十余次对方案的修改，7月4日最终确定了火炬接力传递路线和安全保卫工作方案，7月19、21日两次进行模拟演练，确保传递顺利，万无一失。二是活动圆满，特色突出。唐山市火炬传递起跑仪式在市体育中心主田径场隆重举行。北京奥组委火炬接力中心副主任林晓华、省委常委唐山市委书记赵勇、省火组委主任副省长孙世彬出席起跑仪式。仪式前举行了大型群众健身活动展示，近千人表演了青年韵律操、皮影操、太极拳及健身气功。赵勇在起跑仪式上致辞指出：“唐山市是文化灿烂的名城，近代工业的摇篮，资源丰富的沃土，科学发展的前沿。火炬在唐山传递，就是要传递建设中国特色社会主义的坚定信念，进一步动员全市人民，为实现中华民族伟大复兴而不懈奋斗；就是要传递伟大的爱国主义精神，进一步感召全市人民，为伟大的祖国光荣、为伟大的人民骄傲；就是要传递‘感恩、博爱、开放、超越’的新唐山人文精神，进一步激励全市人民，朝着建设科学发展示范区、建设人民群众幸福之都的宏伟目标阔步前进。”北京奥组委中心副主任李晓华点燃唐山传递的第一支火炬，将火炬交给市委书记赵勇。赵勇书记接过“祥云”向全场展示后，郑重交给第一棒火炬手——巴塞罗那奥运会100米蝶泳冠军钱红并宣布2008年北京奥运会火炬接力唐山传递活动开始。现场五彩烟花鸣啸升空，锣鼓喧天，彩旗飞舞，万众欢腾。从唐山市体育中心开始，沿市区景观大道建设路、新华道传递，到达唐山抗震纪念碑广场。当市区传递最后一棒火炬手、支援汶川抗震救灾唐山英雄宋志永手持火炬跑入纪念碑广场时，举行了与四川灾区20名小学生联手、连心展示活动。经受过强烈地震的两地人民心手相连，场面使人震撼。随后火炬传递转场到曹妃甸新区，在矿石码头伸向大海的终端平台上，圣火使者展示火种灯，火炬手展示火炬，蔚蓝色的渤海、南堡大油田钻井台、首钢建设工地、曹妃甸货码头象一幅巨型油画，集中展现了世纪工程作为科学发展示范区建设的繁忙景象。此情此景被北京奥组委火炬传递组委会副主任赵卫称赞为“全国独一无二”。12时05分，作为唐山最后一棒火炬手，唐山市市长陈国鹰点燃了曹妃甸圣岛酒店前广场的圣火盆。孙世彬副省长在结束仪式上致词，传递活动至此圆满结束。起跑仪式不设贵宾席位，市领导与党代表、人大、政协、劳动模范代表以及离退休老干部、青少年代表同席观看，体现了干群共庆共乐的新唐山和谐气象。圣火所到之处欢声雷动，红旗似海，热情高涨的群众为火炬手呐喊加油。奥运圣火在唐山传递距离为123.1公里，其中城市传递2.7公里，曹妃甸传递7.4公里，转场113公里。有来自3个国家和地区的208名火炬手和54名护跑手参加了传递活动，其中外籍火炬手4名。还组织了近8万名观众，沿途自发有序观看的群众近10万人，投入警力2.7万名，共接待了37家境内外媒体404人来唐采访报道。

【取得北京残奥会好成绩】 在“有特色、高水平”的北京残奥会上，有5名唐山市运动员入选中国体育代表团，并取得突破性的好成绩。他们参加了田径、自行车、轮椅网球、轮椅篮球四个大项的比赛，收获4枚银牌。短跑运动员周文俊获100米、200米（T38级）及4×100米接力三个项目的银牌，张璐在自行车男子团体竞速赛中收获一枚银牌。中国轮椅网球第一人董福利在本届残奥会上获得女子单打、女子双打两个第五，是我国选手在该项目上的最好成绩。李柏青也取得了中国男子轮椅网球历史性的突破，进入16强。入选国家女子轮椅篮球队的郝文华与队友共同努力，获得第七名。9月22日，参赛运动员凯旋座谈会在唐山世博商务酒店举行，市政府及有关部门领导为取得佳绩的五名同志庆功，对他们为祖国、为唐山赢得的荣誉表示祝贺。5名参赛运动员获得了市政府颁发的2000到12万元不等的奖金。对有突出贡献的残疾人运动员教练员也按照《唐山市有突出贡献残疾人运动员、教练员奖励暂行办法》落实了奖励政策。

【奥运工作受表彰】 北京奥组委、省委省政府、市委市政府分别对为北京奥运会、残奥会的成功举办做出重大贡献的先进集体和先进个人进行了表彰。北京奥运会境内火炬接力河北省组委会授予中共唐山市委、唐山市人大常委会、市政府、市政协办公厅等25个单位及石洪实、唐利、陈照印、刘之俊等84名个人2008奥运火炬接力河北省传递活动先进集体、先进个人称号；河北省委、省政府授予中共唐山市委政法委员会、唐山市公安局、唐山市公安局交警大队、唐山市公安局路北区分局、唐山市中级人民法院、唐山市人民群众来信来访服务中心、中共唐山市委宣传部、统战部、唐山市体育局以及艾文庆、孙国生、张占忠、张国庆等先进集体和先进工作者称号；中共唐山市委、唐山市人民政府授予唐山市公安局治安支队、市体育局群体处等100个单位及刘学东、刘雪昕等50名个人先进集体和先进工作者称号，授予董国强等248人“唐山市奥运工作先进个人”称号。

群众体育

【百万群众健身与奥运同行】 一是以北京奥运会为契机，举办包括元旦万人长跑、新春优秀健身项目展演等共计38项有百万人参加的的“2008唐山市全民健身与奥运同行”系列活动，进一步营造浓厚的全民健身氛围。二是开展北京奥运会重要节点全民健身活动，包括4月30日北京奥运会倒计时100天全民健身系列活动；6月份“迎奥运”全民健身月启动仪式及系列活动；7月底北京奥运会火炬接力在唐山传递期间全民健身展演活动。活动规模大，亮点多，持续时间长，极大地促进了唐山群众体育事业向更广更深发展。据统计，全市体育人口292万人，比上年增加了8万人；群众晨晚练点由上年的320个，增加到500个；农民体育工程设施同比增加了一倍。

【全民健身工程设施建设进展快】 年初计划在本市20个城市居民社区安装健身苑设施，在1000个农村行政村安装农民体育健身设施。按要求，社区健身苑在选址上占地面积不低于400平方米，配备器材不少于8件（套）；农民体育健身工程占地面积不低于500平方米，配备一副篮球架和两张室外乒乓球台。工程采用招投标形式采购所需器材。在保证数量的同时，经过严格标准，精心施工，当年10月，这一市级全民健身工程（市政府实事工程）全部完成，并向群众开放。

【参加省首届体育大会取得好成绩】 体现群众性体育运动蓬勃开展的“河北省首届体育大会”从2008年3月3日至5月29日在邯郸市举行。为了全面展示唐山群众体育运动的风貌，经各有关单位共同努力，克服资金不足等困难，组织了近300名运动员参加了全部23个项目的比赛，获得15枚金牌，13枚银牌和14枚铜牌，取得金牌总数第二、奖牌总数第三的较好成绩。老年组还获得了4枚金牌、1枚银牌、4枚铜牌和团体项目五个第一，并有8人获得“体育道德风尚奖”。本届体育大会，唐山市体育代表团荣获“体育道德风尚奖”和“优秀组织奖”。

【首次举办唐山市社区体育大会】 经市政府批准，唐山市首届社区体育大会从2008年4月份开始至9月底结束。本届社区体育大会由唐山市体育局和路南、路北、开平、古冶、丰润和丰南6个区主办和协办。第一阶段由各区举办选拔赛，第二阶段由各区选拔出的16个街道办事处组成的代表队共1000多人参赛。体育大会设了“健身路径”、“三人篮球”等4个竞技项目和“火炬传递”、“彩蝶飞舞”等4个趣味项目的比赛以及全民健身项目展示。在历时半年的时间里，全市6个区的29个街道办事处310多个社区近10多万名居民参加和参与了这项活动，共有6个区的16支代表队460名运动员进入决赛。通过角逐，丰南城区办事处、丰润燕山办事处、路北机场办事处、开平区开平办事处、路南友谊办事处、开平区马家沟办事处、路北乔屯办事处和路南广场办事处分获团体总分前八名。路北、路南、开平、丰南和丰润获得优秀组织奖。

【加紧培训社会体育指导员】 为促进全民健身工程健康有序开展，年内，培训审批了二级社会体育指导员1500多人；选拔推荐21名二级社会体育指导员参加河北省体育局举办的一级社会体育指导员培训班，选拔推荐了3名一级社会体育指导员参加国家级社会体育指导员培训班，发展了二级社会体育指导员1600人，使全市的社会体育指导员队伍达到3854名，达到了国家体育总局的有关要求。

竞技体育

【做好赛事筹备组织工作】 2008年体育赛事多，除举办唐山市第七

届青少年运动会，组队参加河北省第六届青少年运动会，还要筹办和参与国内其他赛事，又与北京奥运会同处一个周期，竞赛筹备组织工作任务重难度大。为把赛事办得精彩圆满、成绩卓越，客服各种困难，认真做好筹备组织工作。一是投入大量人力、财力、物力，准备场地器材，成立了15个项目竞委会，以有力的组织措施和必要的物资保障保证各项赛事顺利开展。二是加大赛前训练力度，提高赛事裁判员、教练员执法执教水平。举办了篮球、田径、武术、跆拳道、乒乓球裁判培训班，派出射击队赴石家庄，自行车队赴秦皇岛，皮划艇队赴迁安，跳水队赴保定，摔跤队远赴黑龙江等地进行训练。三是反复研究训练和比赛方案，多次召开排球、篮球、摔跤、柔道等教练员队伍动员会、分析会，拟定各项应对措施。通过认真筹备，精心组织，赛事活动得以顺利进行，优势项目得到充分发挥，弱项有所提高，成效好于预期。

【参加省第六届青少年运动会】河北省第六届青少年运动会于2008年5月至9月，分别由各市承办不同项目的比赛。唐山市组队参加了田径、射击、游泳、跳水、体操、艺术体操、举重、柔道、武术、自行车、足球、篮球、排球、乒乓球、羽毛球、拳击、摔跤、跆拳道、皮划艇、网球等所有22个大项的比赛，以团体总分2918.5分和74枚金牌、85枚银牌、70枚铜牌的好成绩获团体总分、金牌总数第三名。

【举办唐山市第七届青少年运动会】由市政府主办、市体育局承办的唐山市第七届青少年运动会以“与奥运同行”为主题，以选拔人才、促进业训为宗旨，以弘扬奥运精神，促进和谐社会为目标，以求实、高效、节俭为原则，赛事活动隆重、文明、精彩，创造了一批新纪录，涌现出一批新人才。经过2个多月的激烈角逐，四年一届的唐山第七届青少年运动会于7月5日圆满结束。省委常委、市委书记赵勇等市四套班子领导参加了开幕式。竞赛共设田径、游泳、射击、篮球、排球、足球、乒乓球、羽毛球、摔跤、举重、柔道、跆拳道、武术、拳击、自行车等15个项目。本届运动会规程规定，凡参加比赛的运动员必须经过骨龄测定，持有省市核发的准赛证或第二代身份证方可参赛。比赛结果：路北区以总分1641.5分和82枚金牌获团体总分、金牌总数第一名，迁安市、遵化市分别获得第二、第三名；路南区、路北区、开平区等15个单位获“体育道德风尚奖”代表团；路南区、路北区教育局、文体局获突出贡献奖；唐山市二十六中学、路南区实验小学、文北小学、友谊里小学、燕京小学、路北光明实验小学和唐山师范学院初等教育学院获优秀组织奖。

【备战省十三届运动会】　一是成功完成1816人的省运会参赛队员的注册和指纹录入工作。二是组织自行车、自由式摔跤、跳水、水上项目参赛运动员外出训练。三是为强化射击和水上项目赛前训练，特别购置了射击器材，市水上项目训练基地经评审招标于9月底开工建设。

【承办国家和省赛事活动】　成功承办了全国少儿游泳锦标赛、全国乒乓球甲D联赛及河北省艺术体操比赛，接待了30个省、市代表队近千名少儿游泳运动员、教练员、裁判员和国内32支男队、32支女队的300多名乒乓球运动员、教练员。赛事承办工作，受到国家体育总局和参赛队的表扬与称赞。

社会体育

【加强体育社团建设】　一是坚持高起点、高标准加强社会体育工作，制定了《唐山市体育社团管理暂行办法》、《体育社团筹资、出资举办赛事奖励办法》两个法规性文件，以规范各社团开展活动的行为。二是在原有的25个体育社团的基础上，通过对群众喜闻乐见和新兴起的体育运动项目进行考察、论证，新成立了唐山市汽车运动协会、跆拳道运动协会、马术运动协会、电子竞技协会、杨氏太极拳研究会、瑜伽协会等6个体育项目协会，聘请有关领导及厂企、公司热心体育运动协会工作的董事长、经理、工会主席为名誉主席、主席、副主席，为协会开展活动增加了后劲。三是认真落实国家体育总局和国家健身气功管理中心关于创建全国“健身气功和谐站点”要求，通过摸底考查，又确定8个全国健身气功和谐站点，不断促进体育社团工作上水平。

【承办第十届全国老将田径运动会】由国家体育总局田径运动管理中心主办，省体育局、唐山市承办，唐山华岩地产开发公司冠名的2008年第十届全国老将田径运动会，10月11日在唐山市体育中心举行。来自全国26个省市、自治区行业体协及香港特别行政区70支代表队的1287名运动员参赛，参赛人数超过了前九届。市委、市政府对办好这一运动会十分重视，并拨付专项经费予以支持。开幕式上2000多名老年人表演了四个大型体育项目，60面大鼓响彻体育场，各600人的太极拳、健身球、健身气功展演精彩纷呈，整齐优美，得到与会领导和广大运动员的热烈的掌声。河北省代表队参赛队员173名，其中唐山籍运动员144名，占83%。赛场上他们团结拼搏，奋力争先，以53枚金牌、54枚银牌、40枚铜牌，总分563分获团体总分第一名、金牌总数第三名，实现了唐山市参加全国老将田径运动会在参赛人数和取得成绩上的历史性突破。由于承办工作圆满成功，国家体育总局田径管理中心主任王大卫称赞这届运动会达到了亚洲老将田径运动会水平。

【积极参与社会体育竞赛活动】一是1月份组队赴海口市参加《蒙牛〈城市之间〉全国100城市全民健身展示活动》总决赛，获得优胜奖；6月份组织承办了《全国蒙牛城市之间——奔向北京》唐山赛区的选拔赛，选拔出的唐山13名运动员参加了7月在赤峰举行的57城市复赛，名列第八名。二是承办了全国象棋甲级联赛唐山赛区两场比赛，组队参加了河北省体育舞蹈锦标赛、街舞大赛、青少年象棋及国际象棋锦标赛、全国围棋比赛等10项次赛事。三是组织了“紫藤

杯”“育才杯”围棋比赛、“海华杯”中国象棋比赛、“新悦杯”台球比赛、桥牌公开赛、轮滑比赛、体育舞蹈表演赛等20项次的市级比赛及表演活动，举办了跆拳道裁判员培训班，体育舞蹈运动员、教练员培训班。

体育产业

【体育产业调查】 经过几年的努力，全市体育产业发展势头良好。为进一步了解体育产业发展状况，有效引导和调动社会力量参与的积极性，营造有利于体育产业发展的环境氛围，市体育局、统计局联合签发文件，对全市体育产业经营单位按不同所有制性质、不同经营类型，分类进行登记，以摸清底数，推动体育产业调整结构，拓宽渠道，增强市场运作能力。涉及各项调查报表14项，经统计：全市有体育用品专营店490家，体育用品销售区域、柜台255家，健身房46家，武术、台球、围棋、保龄球、高尔夫球、滑雪场、乒乓球俱乐部、体育舞蹈学校、卡丁车场、游泳池等50家，安排就业近万人。调查显示：全市体育产业总体构成以体育用品销售业为主，体育服务项目以健身休闲为主，体育产业单位以个体、私人经济为主，没有一家生产加工制造业。尚存在着总体规模小、结构单一、体育服务业比重偏低，体育无形资产开发利用不够等问题。

【环京津体育健身休闲圈调研】 为落实年初省体育局关于加快建设环京津体育健身休闲圈调查论证及发展规划的通知，开发利用体育资源和自然资源，按照河北省“环京津健身休闲圈”一线两山三带的规划框架，结合唐山市“四点一带”建设规划，对南湖生态城国际高尔夫球场、跑马场、弯道山滑雪场、乐亭京唐港天鹅湖旅游度假村等进行了实地调研，对打造唐山市“环京津健身休闲圈”进行了科学论证。调研材料及构建唐山市环京津体育健身休闲圈规划意见受到上级领导重视，并印制成精装画册，在全国体育旅游资源推介会上作了推介。

【体育彩票发行】 经国家财政部、国家体育总局批准，于4月至10月在全国发行奥运主题即开型体育彩票。按照全省的统一部署，经过精心筹备，市公安局、财政局、城管局、地税局、工商局、体育局等六部门联合下发通知，于4月12日在体育中心广场举行了迎奥运暨奥运主题即开型体育彩票发行首发式，各县（市）区在分会场组织。这项活动进一步扩大了对北京奥运会的宣传，激发了全市人民关心奥运、支持奥运、为奥运做贡献的热情。全市共发行体育彩票3950多万张，销售额达2.52亿元，居全省之首。

【体育场馆开放】 为满足广大人民群众的健身需求，唐山市体育中心向市民开放了足球、羽毛球、乒乓球、网球、游泳、健身操、轮滑、棋类等10多项群众健身项目和场馆，接待了健身群众100余万人次。在场馆开放中，千方百计提升服务质量，得到社会良好反响。

附录（1）2008年唐山市十大体育新闻

经唐山市体育局、唐山市体育总会、唐山市体育记者协会共同组织参与并征求相关意见，评选出2008年唐山市十大体育新闻如下：

1. 祥云圣火燃凤城。7月31日，2008年北京奥运“祥云”火炬在唐山成功传递。来自3个国家和地区的208名火炬手和54名护跑手参加了传递活动，沿途自发有序观看的群众达18万多人，37家境内外媒体404名记者来唐采访报道。

2. 惠民工程得民心。全年投资新建的20个社区健身苑和1000个农民体育健身工程全部完工并向群众开放。截止2008年底，全市已有2500个行政村安装了健身路径或农民体育健身工程设施，其中路北区和迁安市率先在全省实现了农村健身工程全覆盖。“全民健身工程”连续五年列为市政府为群众办的“实事工程”。

3. 北京残奥传佳绩。在2008年北京残奥会赛场上，周文俊等五名唐山籍运动员不畏强手，勇于拚搏，夺得4枚银牌，为祖国和唐山人民争了光。

4. 百万群众奥运行。为了广泛倡导奥运精神，传播奥运理念，引导全市人民关注奥运、参与奥运和感受奥运，组织开展了“全民健身与奥运同行”为主题的全民健身系列活动，参与各项活动的干部群众达100万人次，奥运激情涌动“凤凰城”。

5. 承办国赛获最佳。成功承办全国少儿游泳冠军赛、中国乒乓球甲D锦标赛、第十届全国老将运动会等赛事活动，被国家体育总局评为2008年全国体育竞赛最佳赛区。

6. 七届青运结硕果。四年一届的唐山市第七届青少年运动会取得圆满成功，省委常委、市委书记赵勇等市四套班子领导参加了开幕式。全市15个县（市）、区近万名运动员参加了15个大项、310个小项的比赛。

7. 人才基地获免检。市体育运动学校场馆设施和校园建设日臻完善，2005至2008年奥运周期，该校有4人代表国家参加了5项国际大赛，获得两枚金牌、两枚银牌和一个第三名，被国家体育总局认定为全国高水平后备人才基地免检单位。

8. 体育盛会誉社区。为进一步激发广大社区居民关注和参与奥运的热情，唐山市举办首次“健身运动，幸福人民”社区体育大会。在历时半年的时间里，全市6个区的29个街道办事处310多个社区10多万名居民参加和参与了这项活动，在全市营造了全民健身的氛围。

9. 健身气功获最佳。2008年11月，由1400多人参加的四种健身气功功法演示活动，得到了国家体育总局健身气功管理中心的表彰，获“全国百大公园和百县千村健身气功展示活动最佳展示奖”。至此，唐山市健身气功活动管理工作已连续五年被评为全国先进单位。

10. 路南承办乒超赛。路南区首次以市场运作，承办了2008年中国乒乓球俱乐部超级联赛，中央电视台体育频道现场直播，省、市各大媒体宣传报道，对提高唐山及路南的知名度和影响力起到了重要作用。

附录（2）2008年唐山市十佳运动员

1. 周文俊，男，田径运动员，在2008年北京残奥会上获得男子田径T38级200米、400米和4×100米接力3枚银牌。

2. 张璐，男，自行车运动员，在2008年北京残奥会上获得男子手动自行车LC3级1枚银牌。

3. 王子怡，女，市体校艺术体操运动员，在11月6日珠海举行的2008年全国艺术体操锦标赛上获得全能、绳、棒、带、球5枚金牌和圈操铜牌，被大会组委会评为唯一的"最佳表演奖"。

4. 张淑芬，女，田径运动员，在全国老将田径运动会5000米、10000米、4×100米、4×400米接力比赛中获得4枚金牌。

5. 顾菊才，男，田径运动员，在全国老将田径运动会上获得100米、跳远、4×100米接力3枚金牌，4×400米接力银牌。

6. 翟羽佳，男，市体校射击运动员，在河北省六届青少年运动会上获得移动靶标准速个人、团体、混合速个人和团体4枚金牌，并为河北省参加2009年全国运动会争得一张入场券。

7. 马晓佳，女，市体校田径运动员，八一队集训队员。在河北省第六届青少年运动会田径决赛中，夺得400米、800米、1500米及4×400米接力四枚金牌。

8. 董睿，女，市体校短跑运动员。在河北省第六届青少年运动会田径决赛中，取得100米、200米、4×100米接力冠军，400米和4×400米接力第二名。

9. 张嘉讯，女，市体校游泳运动员，在河北省第六届青少年运动会游泳比赛中，夺得女子丙组50米蝶泳、400米自由泳两枚金牌，50米、100米自由泳两项第二名。

10. 孙红月，女，市体校自行车运动员，在河北省第六届青少年运动会场地自行车比赛中夺得女子竞速赛冠军、公路1公里个人赛冠军及30公里团体第三名。

附录（3）唐山市第七届青少年运动会总成绩

名次	单位	团体总分	金牌	银牌	铜牌
一	路北区	1641.5	82	65	34
二	迁安市	1534	58	40	45
三	遵化市	1126.5	37	42	37
四	古冶区	850	35	15	25
五	开平区	821	25	26	23
六	丰南区	749	22	39	13
七	路南区	730	19	30	21
八	滦县	681	10	20	34
九	丰润区	370.5	9	4	3
十	滦南县	279	7	14	11
十一	唐海县	256	3	2	3
十二	乐亭县	254.5	2	7	4
十三	迁西县	242.5	1	4	8
十四	玉田县	104.5	0	2	5
十五	高新区	41	0	1	1

附录（4）参加河北省第六届青少年运动会奖牌总分统计

项目	金牌	银牌	铜牌	总分
乒乓球	1	2	1	95
古典跤	2			66
男自由跤	5	6	2	112
女甲排球			4	40
男甲排球				36
拳击	2	3	3	66
女甲篮球				28
跆拳道			4	45.5
场地自行车	2	3	4	126
女自由跤	4	3		55

跳水	2	4	1	88
羽毛球		1		24
体操	5	1	2	90
男子柔道		2	2	54
女子柔道		2	1	24
水上	2	4	2	77
男甲篮球				12
游泳	3	9	10	481
男子举重	6	4		100
女子举重	3	5	3	103
艺术体操	4	4	2	84
公路自行车	1	2	3	79
武术套路	1		1	41.5
男子足球				20
女子足球				28
田径	20	22	14	591.5
网球				7
射击	11	8	11	345
合计	74	85	70	2918.5

（宋永忠　张德明）

城乡居民生活

【城市居民收入与消费支出】据对200户城市居民家庭抽样调查，2008年城市居民年人均可支配收入16382元，同比增长15.1%，扣除物价上涨因素，实际增长8.5%；人均消费性支出12026元，同比增长9.9%。在全省11个城市中，收支水平居首位。从收支状况看：第一，收入增速加快，来源渠道多元化。在家庭总收入的构成中，工资性收入虽然仍是城镇居民人均家庭总收入的主体，但其比重逐步降低。2008年居民家庭人均从职工单位获得的工薪收入为8699元，占家庭总收入的51.0%，所占比重与2007年相比降低13.3个百分点。经营净收入、财产性收入和转移性收入的比重都有不同程度的提高，收入结构更加优化。一是年居民家庭人均得到的转移性收入为6322元，同比增长26.2%，占家庭总收入的比重由上年32.6%上升到37.0%。其中，按照国家规定提高了企业退休人员的基本养老金水平；享受最低生活保障的家庭收入水平相对提高，市区低保标准由每人每月225元提高到270元，增长20%；捐赠收入增多，居民家庭人均获得捐赠收入为531元，同比增加222元，增长71.6%。二是经营净收入成为城市居民收入增长的新动力。年居民家庭人均所得经营净收入为1608元，占家庭总收入的比重由上年2.0%上升到9.4%。随着“再就业工程”的不断完善及各项优惠政策的实施，使一些下岗、待业人员走上了自主创业之路，扩大了个体经营者队伍，就业人数增多；随着社会经济效益的提高和居民购买能力的增强，拉动了个体经营者经济效益的提高。三是财产性收入成为推动城市居民收入增长的新亮点。2008年城市居民家庭人均所得财产性收入为439元，占家庭总收入的比重由上年1.3%上升到2.6%。资本市场和金融市场的快速发展，使人们的投资渠道逐步拓宽，理财意识逐渐增强，其中出租房屋收入人均177元，是上年的2.1倍。第二，居民消费水平提高，消费结构趋向优化。2008年城市居民家庭生活消费性支出为12026元，同比增长9.9%。一是服务性消费支出稳步上升。随着城市居民家庭收入水平的逐年提高，家庭服务社会化发展的趋势日益明显，居民服务性消费的需求不断上升，包括交通通讯、参观游览、家庭服务、健身娱乐、物业管理以及在外饮食等服务性消费支出明显增加。年人均服务性消费支出达2555元，同比增长8.5%，在居民消费性支出中所占比重达21.2%。二是耐用消费品数字化、高档化。随着居住条件的不断改善和住房面积的扩大，居民购买大件耐用消费品支出稳步增长。城镇居民人均住房建筑面积22.5平方米，比上年增加0.06平方米。人均购买家庭设备用品及服务支出785元，同比增长30.1%。新一轮的高档耐用消费品如家用电脑、摄像机、钢琴、健身器材的拥有量呈快速上升趋势。截至年末，平均每百户城市居民家庭拥有家用电脑60.5台，健身器材7套，空调器80.5台、钢琴4架、汽车11辆（上年10辆）。三是教育文化娱乐消费稳步增长。2008年城市居民教育文化娱乐服务消费支出1579元，同比增长34.3%。其中文化娱乐用品消费增长56.6%，服务费用增长11.2%，用于各种培训班费、家教费等非义务教育支出增长23.8%。四是膳食结构日趋合理，食品消费营养化、社会化。城市居民年人均食品支出4272元，同比增长9.2%；恩格尔系数为35.5%，比上年下降0.3个百分点。居民的食品消费结构也发生了显著的变化，在量上满足的同时，对质的追求已达到了一个较高的层次，方便、营养、健康的绿色食品备受青睐。在餐馆用餐、买便当的比率增加，年人均用于饮食服务支出695元，同比增长0.5%。五是杂项商品及服务支出增幅较大。当年城市居民家庭人均用于杂项商品和服务支出356元，同比增长27.3%。其中，金银珠宝饰品支出同比增长1.9倍，手表支出同比增长2.6倍。金银饰品成为居民财产保值增值的投资首选。六是衣着消费个性化、时尚化。城市居民衣着支出人均为1316元，同比增长36.1%。成衣化、时装化、名牌化、个性化成为衣着消费的主流。城市居民家庭收入水平的提高，使居民的购买能力不断增强，拉动了消费市场的升级。在总体消费水平提高的同时，消费结构也在不断发生新变化，档次不断提升，进一步提高。

（杨胜利　刘秀荣）

【农村居民收入与消费支出】通过认真贯彻落实中央一系列农村政策，不断增加农业和农村基础设施投入，努力拓宽农民增收渠道，同时受粮食价格上涨的影响，粮食生产效益提高，农村经济保持较好的发展态势，2008年农村居民人均纯收入6625元，比上年增长13.7%。随着农民收入的不断增加，农民花钱有了“底气”，农民生活消费支出也有了较快增长，消费结构进一步改善，生活质量有了较大提高。据农村住户抽样调查资料显示，2008年农村居民生活消费结构序列是：食品、居住、交通和通讯、衣着、文教娱乐、医疗保健、家庭设备及用品、其他商品。在生活消费“八大项”支出中，食品支出总量最大，人均1774元，比上年增加204元，增长13.0%；支出总量位于第二和第三位的分别是：居住、交通通讯，农民用于这三项支出的比重达70.4%；增长速度最快的是居住增长46.4%，其次是交通通讯增长18.5%，第四是其他商品和服务增长16.6%。农民生活消费支出人均4658元，比上年增加734元，增长13.8%；农村居民恩格尔系数为38.4%，同比下降0.1个百分点，达到基本富裕的生活水平；每百户农村居民家庭拥有空调器、电冰箱、彩色电视机分别比上年增长18.4%、2.9%和1.2%。农村居民消费结构正在由满足基本生存需要型向追求生活质量享受型转变。一是饮食结构更加合理，副食消费明显增多。农民已不再仅仅满足于吃饱，而且也注重营养，主食占食品消费支出的比重为16.5%，比上年下降3.7个百分点。富含营养的肉禽蛋奶及其制品、水产品及其制品等副食消费明显增加，人均肉禽蛋奶及其制品支出达到482元，增长21.72%，成为食品消费的主要支出。水产品及其制品达到84元，增长51.75%。二是居住更加宽敞，环境更加舒适。经过重点实施农村饮水安全、农村沼气建设、绿化攻坚、农村旧民居改造和文明生态村镇建设五大民生工程，城乡一体化得到稳步推进，新农村建设使农民居住环境发生了可喜变化。年末人均住房面积达到31.9平方米，比上年增加0.4平方米，增长1.3%。住房卫生设备、取暖设备、炊事使用的主要能源、饮用水来源和住宅外道路状况等都得到了极大的改善。农户使用水冲式厕所的有7.6%，使用暖气的有49.8%，使用炊事燃气的有55.8%，饮用自来水的有55.8%，住宅外道路为水泥或柏油路面的有68.1%。居住环境和条件的改善，使农民更愿意将更多的生活消费投入房屋内部装饰装修，用于这方面的消费支出人均达到969元，比上年增加307元，其中，购买居住消费品支出739元，增长65.6%；居住消费服务性支出230元，增长6.7%。三是文化教育投入增多，娱乐旅游消费有所增加。农民在追求物质生活的同时，对精神文化生活的需求也在不断提高。首先，对子女和自身教育培训的投入增加，学文化、学技术意识增强，购买文化教育和娱乐用品的现象增多。文教、娱乐用品消费支出人均372元，比上年增长14.6%，其中，用于购买文教和娱乐用的机电用品78元，增长26.2%。与此同时，国家对农村义务教育阶段实施“两免一补”政策，减轻了农村家庭教育负担，教育服务消费支出人均171元，减少29元，降低14.4%，其中学杂费人均98元，下降32.9%，占教育服务支出比重为57.3%，比上年同期下降了15.8个百分点。其次，随着农民收入水平的不断提高，消费观念也在逐步改变，旅游休闲不再是城里人的专利，农村居民用于旅游休闲等方面的消费支出人均50元，增长1.2倍。其中，旅游消费为13元，增长13.7%。四是用于交通通讯的投入加大。随着乡村道路的不断改善，网络信息的更加通畅，农民的代步工具不断翻新，用于改善交通工具和购买通讯器材的投入随之增长，交通通讯消费支出人均537元，比上年增加84元，增长18.5%。其中，购买通讯用品293元，增长36.4%；购买交通工具161元，增长72%。五是现代家电更加普及，需求注重实用。农民家电的拥有量逐年增加，家电的更新换代也随之加快。2008年家庭设备用品消费支出218元，比上年增12元，增长5.8%。最实用电器如彩电户均超过一台，每百户拥有量为116台；洗衣机每百户拥有量为99台；八成以上家庭拥有电冰箱。六是衣着更加时尚，穿着更加讲究。随着生活水平的提高，外出打工人员的增加，城乡交流的日益增多，农村居民更加注重仪表和服饰，根据自己的喜好来选择购买成衣服装的越来越多。2008年人均衣着消费支出379元，比上年增加52元，增长15.9%。其中，购买服装247元，增长15.2%；鞋类102元，增长18.5%。同时购买首饰、手表、化妆品和美容美发等的消费均有不同程度的增长，其中购买首饰支出增长17.8%、手表支出增长1.6%、化妆品支出增长55%、美容美发支出增长31.9%。七是现金支出比重上升，商品化程度提高。随着农村居民货币收入的增加和购买力的提高，消费支出额中，现金支出的比重增大，来自家庭自产的比重降低，货币消费与实物消费的比例正在发生变化。2008年，农村居民现金支出占全年生活消费支出的比重达95.9%，比上年上升1.2个百分点。消费与市场的联系愈来愈紧密，消费需求面越来越宽。

（王 宇）

社会保障

【就业再就业】 年末全市从业人员411.5万人，其中第一产业从业人员128万人，比上年减少4.16万人；第二产业从业人员158.2万人，比上年增加4.59万人；第三产业从业人员125.3万人，比上年增加6.48万人。全市城镇新增就业6.8万人，下岗失业人员再就业3.06万人，其中就业困难对象再就业1.04万人，新增转移农业劳动力5.5万人，分别完成省达目标的113%、119%、196%、110%，年末城镇登记失业率为4.17%，低于省达控制目标0.33个百分点。2008年，突出做好就业援助和创业帮扶工作，使就业再就业目标任务全面完成。一是进一步完善就业扶持政策。充分发挥失业金促就业的功能，用6亿元资金做保证，出台《关于加强就业困难人员就业援助的意见》等4项政策性措施，支持企业停产、减产期间加强职工技能培训，帮助

与鼓励企业实现停产不裁员、减薪不失业。对缓解经济危机对全市就业形势的冲击、对解决企业改制遗留的职工待遇问题、对零就业家庭和残疾人就业帮扶及稳定全市就业局势发挥了重要作用。2008年，全市共消除“零就业家庭”128户，“零就业家庭”保持动态为零。妥善安置518名贫困家庭子女到技工学校就读，实现“就业一人，脱贫一户”的目的。全年全市共支付促就业资金2.15亿元，充分就业社区达到61个，比重占全省的1/5，总数位居全省第一。二是实施农民进城就业无障碍工程，废除了农民进城务工的所有歧视性政策，各级公共就业服务机构为农民进城务工开展了免费服务。全年免费为农民工办理《就业失业登记证》1.7万个，唐山就业网受到人力资源和社会保障部通报表扬。三是进一步加大创业帮扶力度。与市商业银行正式签定协议，解决小额贷款担保资金放大比例问题，全年为890名自谋职业或自主创业人员发放小额贷款3767万元，放款额多于前5年之和。对此，《中国劳动保障报》作了报道，省厅给予通报表彰，并拨付小额担保资金1440万元作为奖励。同时，还举办“赢在唐山”青年创业设计大赛、大学生创业典型走进高校报告会；开展“全民创业服务月”活动，对有创业愿望的3274人进行创业培训，有1435人实现了成功创业。唐山市被省确定为“全省创业成果展示活动先进典型”，滦县被劳动保障部定为“国家农村劳动力转移就业服务体系基本设施建设项目”试点县。四是不断加大农村劳动力转移培训资金投入。将中央和省级财政及市、县财政配套资金捆绑使用，根据不同专业、不同培训时间提高相应的补助标准。在原200元、400元、600元三个补助标准的基础上，新增了800元的标准；失地农民培训在上年100人试点的基础上扩大到1000人，培训补助标准提高到每人1000元。全年全市农村劳动力转移培训“阳光工程”共培训近10万人，向非农领域转移就业15.2万人次。滦县、滦南、乐亭等县区劳务输出品牌效应日益显著，丰润区组织864人成功赴沙特、利比亚务工，境外劳务输出取得新突破。五是广泛开展专项就业服务活动。先后组织“再就业援助月”、“春风行动”、“民营企业招聘周”、“大中专毕业生招聘周”等一系列活动，提供就业岗位7万个，安置就业3万余人，走访就业困难家庭4462户，帮助就业困难人员实现就业2472人。另外，全市还开发各类公益性岗位8000余个。六是充分发挥人力资源市场服务功能。全市各级人力资源市场按照《就业促进法》和《功能手册》的规定，进一步完善服务功能，实行“一站式”服务，定期举办专场招聘会。市本级人力资源市场在全省率先创建新型就业合作制度，与华北煤炭医学院等高校结成就业指导与服务联盟，实现了“高校毕业生-市场-用人单位”的有效对接。就业再就业工作再创佳绩，得到省政府的充分肯定，在省拨付给唐山的就业补助金15744万元中，有800万元是与工作业绩挂钩的奖励性资金。

【职业技能培训】　全年职业技能鉴定6.2万人，培养新技师1640人，全市技工学校招生1.2万人，分别完成省达目标的112%、137%、133%，三项指标均列全省第一，技工教学工作在全省介绍了经验。一是正式引进德国的“双元制”教学模式，在市劳动高级技校开设两个中德合作试验班，一个中日合作试验班，学生毕业后可获中德双方毕业证书和中德双方职业资格证书，并可直接在德国和欧盟各国在华企业优先就业。技工教育正式实现与国际接轨，在全省起到率先垂范作用。二是完成建筑面积16万平方米，确保唐山劳动高级技校于9月份如期启用。首期在校生人数达5000人，其中有40名学生来自四川地震重灾区，并于12月顺利通过晋升“技师学院”的考核验收工作，又为经济快速发展提供有力的技能人才支撑点，该校被国家人力资源和社会保障部评为“全国抗震救灾突出贡献学校”。三是结合本市产业结构和大项目的开发，主动与企业联系，适时调整专业设置，把“入校等于就业”、“学习为了工作”作为培养实用技能人才的理念，开展定单、定向培养。

【劳动关系调整】　2008年，全市为劳动者追回拖欠工资8998.4万元，依法处理劳动争议3266件，调处矛盾纠纷640起，涉及经济标的6445万元，接待群众来访4268批次、15685人次。督促企业补签劳动合同6.3万份、补缴社会保险203万元，分别较上年减少1.5万份、1781万元，用人单位和劳动者签订劳动合同、缴纳社会保险的自觉性和积极性有所提高。在奥运会和残奥会期间，把确保奥运安全稳定作为首要政治任务抓紧抓好，深入开展“大接访”活动，集中解决群众关心的民生问题和群众急需解决的利益诉求。在年底经济危机影响加重期，针对农民工提前返乡实际，及时将讨薪工作列入工作重点，集中开展追讨拖欠农民工工资攻坚行动，切实维护农民工的合法权益。唐山市代表河北省参加了全国农民工工作表彰大会，受到张德江副总理亲切接见。

【养老保险】　2008年，以非公经济组织、灵活就业人员、农民工和高风险行业为重点，通过完善目标责任制、建立扩面增收与经费保障挂钩制度、推行“捆绑式”参保、为灵活就业人员参保续保开通“绿色通道”等措施强力推进扩面征缴，取得了良好成效。全市仅灵活就业人员参加养老保险就达15.3万人；城镇养老保险新增参保同比增长7.6%，连续五年达到6%以上。年底，全市城镇养老保险覆盖人数为126.9万人，新增6.98万人，完成省达任务目标的161%。其中企业养老保险覆盖97.54万人，在职职工参保人数达72.61万人，较上年末净增5.97万人，完成年度目标任务4.3万人的138.8%。机关事业单位养老保险覆盖人数为294108人（其中新增参保职工4018人，完成省达目标任务500人的8.04倍）。全市养老保险基金征缴为31.2亿元，完成年度征缴计划的110%；企业离退休人员24.93万人，全年累计发放基本养老金32.08亿元，补发调整待遇3660.7万元，按时足额发放率100%。全市机关事业单位养老保险基金征缴为10.8亿元，完成年度征缴计划的100.7%；机关事业单位离退休人员为7.74万人，全年累计发放养老金15.7亿元，按时足额发放率100%。全市企业离退休人员基本养老金提高到每月人均1015元，达到全国平均水平，较上年增长142元。。积极配合城市改造“三年大变样”工程，在全省首家推出《市中心区城中村改造村民社会保障实施意见》，为城中村改造后村民参加社会保险提供了制度保证。

【医疗保险】 一是进一步完善城镇居民医保政策，把城中村和外来务工人员家属、子女纳入城镇居民医疗保险覆盖范围，享受同等待遇，解除外来务工人员的后顾之忧，体现幸福之都的和谐、优越、普惠，提高他们参与建设新唐山的积极性。二是提高医保最高支付限额，体现大病保障功能。从2009年起，在不增加个人缴费的基础上，市本级学生类城镇居民医保最高支付限额由10万元提高到20万元；非学生类居民建立大额补充医疗保险，保险额度为6.5万元，加上基本医疗保险的3.5万元，年最高支付限额提高到10万元。这项工作在全国处于领先水平，中央电视台、《中国劳动保障报》等媒体都对此进行了报道。三是妥善解决部分县区困难企业职工和全市政策性关闭破产国有企业退休职工医疗保险问题。路南、路北、古冶、开平四区105家困难企业职工的参保问题得到解决。到2008年底，全市城镇医疗保险覆盖人数为126.3万人（不含城镇居民医保参保人数），当年新增14万人，完成省达任务目标的552%。全市医疗保险基金收入17.56亿元，完成省达目标任务的117%。城镇居民基本医疗保险参保达到65.4万人，参保率93%，参保人数和参保率位居全省首位、全国前列。农民工参加医疗保险达到16.2万人，新增4.1万人，完成省达扩面任务的108%。

【失业保险】 进一步完善失业保险政策，为有效解决全市2002年底前因企业改制破产解除劳动关系人员待遇不一致的问题，在全省率先制定下发了《关于改制破产解除劳动关系人员失业保险待遇有关问题的通知》。积极扩大基金支出范围，加大就业援助力度，及时拨付失业人员再就业培训补贴、医疗保险补贴、困难就业求职补贴和就业困难应届大学毕业生失业补助金，有效发挥失业保险保生活和促就业功能。到2008年底，全市失业保险覆盖人数为73.6万人，新增1.4万人，完成省达任务目标的140%。全市领取失业保险金人数为1.54万人，1－12月累计支付失业保险金1.17亿元，发放率100%。征收失业保险基金4.65亿元，完成年度征缴计划的133%。失业保险金最高标准提到每月525元，高于全国平均水平，较2007年提高90元。

【工伤保险】 加大对农民工、商贸餐饮、个体工商户和高风险行业等重点人群、重点行业的扩面力度，大力推进“平安计划”，建立企业参保诚信档案库，对未参保或未全员参保企业实行动态监控，限期参保，逐步纳入，进一步扩大社会保险覆盖范围。到2008年底，全市工伤保险覆盖人数为72.07万人，新增8.18万人，完成省达目标任务的181.7%。其中农民工参加工伤保险达到17.23万人，新增1.77万人，完成省达扩面任务3400人的5.2倍，新增人数和超额完成任务量均为近几年之最；采矿、建筑等高风险行业工伤保险新增参保达2.1万人。全市工伤保险基金征缴1.6亿元，完成省达目标任务的173%。全年全市累计为5954名工伤（亡）职工和1422名供养亲属支付工伤保险待遇1.12亿元。解决“老工伤人员”纳入统筹问题，目前已纳入1.8人，减轻了企业负担，维护了职工利益。

【生育保险】 到2008年底，全市生育保险覆盖人数达到78.7万人，新增参保12.3万人，完成省达任务目标的342.6%。享受生育保险待遇人数为3947人。全年生育保险基金收入795万元，支出752万元，历年累计结余861万元。

【农村养老保险】 起草《唐山市新型农村养老保险工作指导意见》，新型农保工作已由迁安发展到遵化、迁西、唐海、丰南、高新、开平等7个试点县（市）区。到2008年底，全市共有78.9万农民参加了养老保险，其中，原农村养老保险参保36.6万人，被征地农民参保2.7万人，新型农村养老保险参保39.61万人，农村参保人员中有14.91万名农民按月领取了新型农保养老金。全市已有迁安市、遵化市、丰南区等13个县（市）区出台了被征地农民养老保险政策。

【基金监督】 严格社会保险基金管理和监督，本着“查深、查实、查到位”的原则，深入细致地开展五项社保基金及农保基金自查自纠工作，加强调度，组织对各县（市）区的全面检查，未发现挤占、挪用等重大问题。通过自查自纠活动，各级社保机构进一步完善内控方案和内审计划，建立多方对账制度，统一统计、会计口径，确保账证、账表相符，进一步推进了社保基金管理和监督的制度化、规范化。全省就业资金管理使用现场会、城镇居民医保现场会、工伤保险汇报交流会、企业退管工作经验交流会等重要工作会议在唐山召开，国家人力资源和社会保障部、省劳动保障厅对唐山的城镇居民医保、生育保险、失业保险、工伤保险、新型农保等项工作给予推广和表彰。

（苗　磊）

基层民主政治建设

【城市社区建设扎实推进】 从健全组织机构、完善基础设施、完备服务功能、提高居民参与和共驻共建入手，开展和谐社区创建。通过整合政府各职能部门在社区办事机构，将40多项服务项目集中到社区市民中心，实行“一站式”受理，将市民中心建成市民参政议事中心、教育培训中心、文化娱乐中心和社区服务中心。路北区完成区级市民服务网络管理中心、10个街道市民中心、38个社区市民中心建设；路南区出台《关于第三届社区居委会换届选举工作的实施意见》，完成14个社区市民中心建设；53个社区依法进行第三届社区居委会换届选举。年末，市内6区组建社区居委会367个，326个达到省级示范社区标准，占89%。全市有4个省级和谐社区建设示范区，20个全省模范社区，30个街道达到省社区建设示范街道标准，唐山市成为省社区建设示范市。

【村民自治不断加强】　加强基层民主管理和公共服务，以强化农村基层"民主选举、民主决策、民主管理、民主监督"制度为着力点，全面落实农村群众四项民主权利，依法推进村委会换届选举，村民自治权利进一步得到重视、完善。认真做好第七届村委会换届选举遗留问题信访接待、解答，依据群众要求，组织指导开展不合格村委会成员罢免工作，保障选民的罢免权。解决村民自治重点、难点问题，做好第八届村委会换届选举准备。

扶贫开发

按照省委、省政府部署，从2008年开始，唐山市对口帮扶承德市；11个经济实力相对较强县（市）区，对口帮扶张家口市5个县、衡水市3个县、沧州2个县和承德市1个县。全年投入帮扶资金435万元，新上基础设施项目4个，种养植项目4个，修路48公里，打井11眼。在全省扶贫开发工作会议上，唐山市扶贫领导小组办公室等4个单位和4名个人受省委、省政府表彰。

社会救助

【城乡低保制度继续规范】　健全完善城乡低保标准同步联动调整机制，随着经济发展水平和基本生活必需品价格指数变动调整低保标准，实现低保对象有出有进，低保标准有升有降，动态管理下的应保尽保。市民政局、财政局联合下发通知，从1月1日起，市区低保标准由每人每月225元调整为270元；县（市）低保标准由每人每月170元调整为205元；农村低保标准由每人每年1000元调整为1200元。这是自1996年城乡最低生活保障制度建立以来第10次提标。年末，全市86151户、166705人享受城乡最低生活保障，累计发放保障金18126.44万元。城镇低保对象月人均补差148.5元，比上年提高38元；农村低保对象年人均补差697.8元，比上年提高227元。城乡低保规范化管理和保障水平在全省保持领先。

【五保供养政策落实】　认真落实《敬老院各项规章制度》，狠抓制度建设，提高服务水平，加强督促检查，汛期、奥运期间五保老人安全无事故。创建省三星级敬老院12所、二星级8所、一星级10所，星级院数目居全省前列。全市五保对象21628人，全部实行五保供养，供养率100%。全市82所敬老院，老人床位1.4万张，在院供养11067人，集中供养率51.17%。进一步健全五保老人生活水平逐年提高的供养机制，市、县两级落实供养资金6606万元，其中市本级1625万元；老人年均生活水平2952元，其中集中供养3130元，分散供养2870元，分别比上年提高153和194元。

【分类救助扎实开展】　医疗救助降低救助门槛，扩大救助范围，提高救助标准，实行医前救助、临时救助、医后救助相结合，严格落实医疗救助预算，下拨医疗救助资金1993万元（含特殊困难家庭救助资金900万元），救助困难群众8083人次，为16.54万人免除医保费用1245.23万元；有在校学生17.57万人次享受到低保家庭教育补贴；累计发放油价补贴1174.76万元；按每户600元标准，向30318户城镇低保户发放取暖补贴1819.08万元；向3916户住房困难的低保户发放补贴157.84万元；"两节"期间安排慰问金500多万元，开展"扶贫济困送温暖"活动，由省、市、县领导带队，对2.3万户困难群众走访慰问；还向544位特困军转干部发放救助金23.36万元。

慈善事业

【概况】　2008年，各级慈善组织在抗震救灾和幸福之都建设活动中发挥了重要作用。市、县两级募款18839万元（含赈灾募捐16350万元），救助支出18491万元（含赈灾救助16428万元），救助28722人。其中市慈善总会募款2238万元，救助支出2180万元，救助2119人。市慈善总会和丰润、丰南、滦县慈善协会被评为河北省优秀慈善组织，唐山"帮一点"爱心群体被授予河北省慈善特别奖，市慈善总会被评为全省民政系统抗震救灾先进集体。

【慈善募捐】　一是在2月南方低温雨雪冰冻灾害和5·12汶川特大地震灾害中，举办慈善义演、义卖、街头募捐。其中在5·12汶川抗震救灾募捐中，市、县两级慈善机构接受社会各界捐赠款物1.56亿元，占全市募捐总额46%。二是发挥冠名基金主渠道作用，落实留本冠名基金300万元；鼓励支持企业设立形式多样的专项基金135万元；与国丰钢铁、冀东物贸等八家企业达成设立冠名基金本金6400万元意向。

【慈善救助】　开展唐山特色的"帮一点"慈善救助活动，全年拨款382万元，救助困难群众2119人，其中拨款200万元开展"帮一点"慈善行大型公益活动，救助200名城乡低保对象大病患者。与团市委共同开展"'帮一点'共享城市阳光"温暖行动，出资6万元资助200名外来务工人员子女；出资80万元开展瑞丰钢铁"帮一点"慈善助学活动，438名贫困学子圆了大学梦；出资20万元开展裕鑫隆"帮一点"进校园活动，资助本市四所本科院校100名贫困大学生；出资50万元开展宝业集团"帮一点"慈善助老活动。

【慈善宣传】　组织拍摄电视专题片《"帮一点"，唐山最好的爱心名片》；在唐山电视台公共频道开办《情暖唐山》慈善公益栏目；开通唐山慈善网；开展"帮一点"进校园活动，在华北煤炭医学院等四所本科院校成立慈善义工服务站，招募100名慈善义工；开展"帮一点"进社区活动，印发宣传画1万张，

向社区发放“帮一点”爱心标识牌400块；印发500本《唐山慈善新闻报道汇编》，每月编发一期《唐山慈善》简报。

【慈善组织】 市慈善总会在14个县（市）区成立慈善协会和4个分会，财务管理等规章制度健全完善，职守清楚，认真负责，努力为建设和谐社会作贡献。先后参加了“2007国际慈善论坛”和2008中国慈善事业发展论坛”。

救灾工作

【遭受灾害情况】 2008年先后遭受干旱、洪涝、风雹、病虫害等多种自然灾害，以春季干旱和汛期洪涝、风雹三类灾害为主，较重自然灾害发生12次，主要涉及遵化市、迁安市、滦县、滦南县、丰南区、乐亭县等16个县（市）区。农作物受灾面积41978公顷，其中成灾面积29712公顷，绝收面积4744公顷。受灾人口51.89万人，因灾伤病30人，无因灾死亡人口。因洪涝、风雹等灾害，110间房屋倒塌，其中居民住房50间，损坏房屋1620间，紧急转移安置1800多人。因干旱2200多人饮水困难。因灾直接经济损失2.89亿元，其中农业直接经济损失2.26亿元。

【防灾应急措施落实】 按照“救灾工作分级管理，救灾资金分级负担”的救灾原则，落实救灾资金预算486万元，其中市本级150万元，县级336万元，争取省级补助1166万元。加强救灾物资实物储备和协议储备，在市救灾物资仓储库实物储备90万元的被褥、帐篷，协议储备2100万元的食品、灶具、工具、防水材料等物资，协议安排10台运输车辆。进一步健全由市、县、乡三级，600多人组成的救灾应急网络，修订、完善了《自然灾害救助应急预案》，建立指挥机构和6个工作组，落实市、县《汛期救灾应急预案》，在1540个村建立1714名由村两委成员组成的灾害信息员队伍，有效应对了突发自然灾害。

【救灾减灾成效显著】 灾情发生后，按照《唐山市自然灾害救助应急预案》规定的响应级别，各级及时启动救助应急预案，在灾情发生后24小时内，赶赴灾区查灾、核灾，快速反馈灾情，实行新的《灾害情况统计制度》和灾情直报、询查制度。针对灾民生活困难，市、县两级下拨救灾款2380多万元，其中市级905万元，解决救灾粮3760吨、衣被10.8万件，恢复住房2100多间，救助各类灾民19.8万人次。全市安排灾民住房恢复重建款670多万元，恢复灾民住房692户、1950多间。在迁安市、滦县、丰润区开展了国家减灾安居工程模范县的创建；在路南区、路北区开展了省减灾示范社区的创建；在10月8日第19个“国际减灾日”，开展了防灾、减灾、避灾宣传。

【组织救灾捐赠】 按照民政部部署，开展了三次紧急捐赠工作，大力开展对外支援活动，弘扬了“感恩、博爱、开放、超越”的新唐山人文精神。一是为支援南方严重低温雨雪冰冻灾害，市民政局紧急组织捐赠，接收捐款244.47万元；市财政向民政部捐赠财政捐款700万元，向郴州、常德捐款100万元。二是为支援四川地震灾区，迅速组织捐赠，接收捐款22875.26万元、捐物1399.17万元。向灾区捐款3000万元，11次紧急组织调运救灾物资，价值2032.02万元。以上捐赠经市审计局持续2个月跟踪审计，未发现违规违纪问题。市民政局被省民政厅评为抗震救灾工作先进单位。三是响应省委、省政府号召，于10月底开展了向四川灾区“送温暖、献爱心”捐赠棉衣被工作，接收捐款113.97万元、棉衣被11.39万件，迅速向平武灾区运送新棉被10456床，新棉衣13479件，超额并提前完成捐赠任务。

双拥优抚安置

【双拥工作】 深入开展落实优抚政策，积极支持部队建设的拥军优属工作。一是组织开展“关爱功臣医疗小分队下乡”活动，组成4个医疗小分队分赴18个县（市）区，走访了15个光荣院（光荣间），为300多名优抚对象和革命功臣体检、治疗、送药和假肢维修；深入52户优抚对象家中开展医疗服务；为10个基层连队官兵义诊、送药，发放4万多元药品。二是协调人事、劳动和编制部门，做好驻唐部队干部随军家属安置。三是利用和发挥地方教育、科技资源优势，为驻军培训科技人才。四是组织开展“八一”和春节期间对部队进行慰问和解困活动，组织开展对驻唐部队赴四川抗震救灾官兵的慰问，慰问官兵430名、家属100名、驻唐四川籍受灾官兵209名、驻川灾区唐山籍官兵家属229名。

【优抚工作】 一是按照优抚标准自然增长机制，完成优抚对象抚恤补助标准调整，妥善做好“两参人员”身份认定和待遇落实。二是制定下发《唐山市优抚对象医疗保障办法》，全市80%以上优抚对象纳入城镇职工医疗保险、居民基本医疗保险和新农合医疗保险，优抚对象住院医疗费报销比例平均达到60%。定点医院优先优惠政策进一步完善，基本建立以医疗保险为基础，以政府医疗补助为重点，以定点医院为服务平台的优抚医疗保障机制。

【退役安置和军休干部管理】 2008年，接收退役士兵3664名，其中按政策应予安置的1530名。退役安置工作大力推进城镇退役士兵自谋职业，444名城镇退役士兵申请自谋职业。妥善处理复员退伍军人矛盾纠纷。认真落实军休干部待遇，按时调整军休干部遗属生活补助费、军休干部军粮差价补贴及住院伙食补助等各项执行标准，完成军休干部特别抚恤金审档和报批手续。

社会福利事业

【社会养老机构】 全市现有各类养老服务机构70所，占地479亩，建筑面积11.6万平方米，总投资1.5亿元。其中市直福利机构2所，市区由政府兴办的综合福利养老机构7所，县（市）办8所，截瘫疗养院5所，社会办养老机构48所。共有床位6106张，入住老人3663人。其中社会办养老机构有床位2569张，占总床位数42%，入住老人1457人，占入住总人数39.7%。收费标准每人每月320元至1000元不等。14个县市区还分别建成一所建筑面积2000平方米以上，床位100张以上，投资200万元以上，规模较大、功能齐全、服务水平较高的老年综合福利服务中心。还有街道及社会力量兴办不同规模和档次的老年公寓、托老所、日间照料中心、市民中心等，为老年提供服务。

【社会福利】　扎实开展社会福利工作。一是唐山市儿童保护中心一期工程完成并投入使用，设计床位50张，投资200万元；总投资2650万元的唐山市综合福利院综合服务大楼通过验收并投入使用。二是进一步整合资源，综合福利院老人服务项目划归唐山市截瘫疗养院，唐山市综合福利院转型为唐山市儿童福利院。三是依据民政部等十五部委《关于加强孤儿救助工作的意见》，建长效机制，推动孤儿福利保障工作深入开展，年末对325名孤儿发放了福利证书。四是为福利院模拟家庭及大龄孤儿协调廉租住房6套，解决成年孤儿就业、上学、住房等问题。五是5·12四川汶川地震后，组织力量接待“爱心家庭”来人来电4000余人次，建立全聚德唐山市股份有限分司助孤基金，资助10名北川地震孤儿。

【福利企业】　加强管理，进一步规范全市福利企业。一是集中安排残疾人就业，严格控制残疾职工占职工总数的比例必达标准，坚持残疾职工工资不低于当地最低工资标准，保障残疾职工合法权益。二是认真落实《关于原福利企业资格认定有关事项的通知》，对符合条件的福利企业予以资格认定。开展“安置残疾人一人就业，帮助一个家庭”活动。年末，通过认定的社会福利企业161家，安置残疾职工3815人，占福利企业职工总数的42%，完成工业产值38.7亿元，利税2.4亿元。

【福利彩票发行】　加强基础建设和宣传工作，树立品牌，规范管理，推进福彩事业健康发展，全年销售福利彩票2.947亿元，取得较好发行业绩。认真开展福利彩票扶老、助残、救孤、济困等福利活动，累计资助福利彩票公益金1446.4万元，其中资助社会福利事业1320.7万元，对困难群众临时救助56.7万元，资助福利企业资金65万元，资助老、少、边、穷地区2.9万元，资助公益事业1.1万元。

社会行政事务管理

【区划地名工作】　对路北区街道办事处设置和范围进行调整；完成遵化市设立华明路、文化路街道办事处报批；就“唐山湾”命名进行研究、协调、沟通。投资15.3万元，补充市中心区30多条道路标志牌106块，审批地名命名18件，制作、安装各类标牌7115块，做好城市设标和县乡镇设标工作。

【民间组织管理】　培育和发展民间组织，年末全市民间组织1506个，其中依法注册社会团体1114个，民办非企业单位392个。全年新办市本级民间组织登记49件，变更登记35件，注销登记13件。对1298个民间组织依法年检，开展行业协会“五脱钩”清理整顿，80个行业协会全部完成，其中71个行业协会达到“五脱钩”。

【婚姻与收养】　创建“全国婚姻登记规范化建设合格单位”，全年依法办理结婚登记65149对，离婚登记12382对，登记合格率100%。8月8日（北京奥运会开幕日），全市办理婚姻登记1921对，创历史单日登记量最高纪录。办理收养登记290例，登记合格率100%。

【殡葬改革与管理】　继续巩固和提高火化率，全市火化尸体38500具，火化率持续保持99%以上，连续17年全省领先。继续推行骨灰安葬多样化，在天津塘沽组织了第八次骨灰撒海活动，抛洒骨灰38盒，网上建馆812座，雕刻姓名5582人。加强殡葬改革宣传，推进殡葬改革发展。制定下发了《唐山市2008年清明节工作方案》、《清明节期间深入开展文明祭祀活动的通知》，成立安全督导小组，与县区对22个殡葬服务单位进行安全督导检查。加强殡葬执法，开展殡葬“三治理”活动，重点解决骨灰装棺再葬、丧事大操大办、偷埋乱葬等问题。

老龄工作

【概况】　2008年，全市60岁以上老人99.9万人，占全市总人口13.8%，达到国际老龄化社会标准。做好老龄工作，认真贯彻落实全国老龄委第十次全体会议精神，配合开展“首届中国老年文化艺术节”活动，丰富老年人精神文化生活。协助组织“河北省首届老年文化艺术节”在迁西县正式启动。开展养老服务业分布情况及发展状况调查，为进一步搞好老龄服务提供决策依据。

【敬老工作】　春节、重阳节期间，累计筹资约30万元，对高龄老人和特困老人开展慰问，慰问老年人800多人次。开展“福星健康老人”选拔大赛，在全市选拔推荐10名“孝亲敬老之星”、10名百岁“老寿星”。组织市老年舞蹈队参加全国老龄办“红叶风采”演出活动，舞蹈“寿婆婆”广受好评。

（谌志军　朱　琦）

老区建设

【概况】　紧紧围绕重点帮扶村农业不断增效、农民持续增收和提高老区人民幸福指数的主题，在世界金融危机逐步影响到实体经济的大背景下，采取有力措施，加大帮扶力度，使老区基础设施进一步改善，农业结构不断优化，基层组织建设继续加强，新农村建设步伐明

显加快，重点帮扶村各项社会事业有新发展，人民群众幸福指数有新提高。全市228个老区重点帮扶村人均纯收入5345元，较2007年增长19.5%。

【加大老区基础设施建设】 为进一步改善老区重点帮扶村生产生活条件，各级继续把加大水、电、路等基础设施建设作为老区建设工作重点。2008年，市和各县（市）区共筹措基础设施建设资金4612.74万元，为老区重点帮扶村打机井235眼，铺设输水管道26万多米，建沼气池1965个，新建乡村道路121.63公里，硬化道路61万多平方米，建水窖1032个，全市重点帮扶村都已基本解决村民安全饮水问题。在农田水利建设方面，丰南区钱营镇史庄子村在2007年安装1500亩节水灌溉设施的基础上，筹措资金20万元安装了1100亩节水灌溉设施，使全村耕地全部实现了水浇地，全年新增蔬菜、花生种植面积500多亩，每年可增加收入近50万元，人均增加600多元。

【搞好老区农业结构调整】 为确保老区重点帮扶村到2010年达到全市平均水平的目标，紧紧依靠当地政府和农业技术部门的支持，按照"一村一品"的思路，进一步深化农业结构调整，增加保护地栽培面积，引进优良品种，改进产品品质，提高单位面积产量。采用科学管理技术，做到优种优法，减少消耗，降低成本，提高收益。通过聘请专业技术人员进行技术指导、制定奖励政策和抓好典型引路等办法，着力发展种植、养殖业尤其是特色种植等主导产业，促进老区重点帮扶村农业增效和农民增收。丰润区老促会全力配合农业专家的工作，在左家坞镇大旺庄村发展瓜菜大棚39个，总面积43.5亩，每亩年纯收入可达2万元左右。迁安市19个老区重点帮扶村共引进栽植优质核桃、板栗等15.77万株，通过加强管理，使果树总数由2007年的78.62万株增加到94.39万株，人均增收650元左右。滦县老促会配合乡镇抓种猪场、奶牛场等典型项目，通过引进先进管理理念、实用技术和优良品种，吸收当地农民进场就业，促进群众增收。遵化市老促会通过引进新品种，使铁厂镇东北店村成为名副其实的新品种核桃种植示范和推广基地。乐亭县老促会从马头营镇东石碑村实际出发，通过资金帮助和技术支持，探索在盐碱低产田发展温室大棚的路子，将1500亩盐碱地逐步建成蔬菜日光节能温室大棚，使低产田变成高产高效农田。迁西县老促会修订印发《关于对老区村种养大户继续给予奖励的实施意见》，进一步激发了群众积极性，特色种养业加快发展，全县老区村新增猪、牛、羊等1.02万头，鸡、鸭、鹅等18.49万只，分别较2007年增长1.9倍和1.4倍。该县黑洼村仅种植栗蘑就有70亩，创效益53万元。

【社会力量支持老区建设】 积极贯彻省政府有关精神，动员、协调社会各界力量，在人力、物力、财力上支持老区建设。除各级财政投入的资金外，社会各界的帮扶资金3695.93万元。市直各有关单位在制定年度工作计划时，把老区重点帮扶村列为重点内容，做到项目优先安排、资金优先拨付、技术优先支持。如交通、水利、农业和畜牧水产等部门把老区重点帮扶村建设项目作为重点工作给与优先安排，在各个方面予以大力支持。财政部门在资金紧张的情况下，保证所需资金按时足额到位。教育、卫生部门把改善老区办学条件、就医环境作为重点优先保障。特别是有的企业在经济形势困难的情况下，主动克服困难，对老区重点帮扶村建设给与大力支持。如冀东水泥集团投入一定数量资金支持迁西县兴城镇西庄村创建文明生态村，还拿出一定数量产成品支援老区重点帮扶村修建道路，受到老区人民的称赞。为了解决老区重点帮扶村基层组织建设薄弱、经济发展相对落后、医疗社会事业困难较多和科技知识普及程度较低的问题，市委先后两批选派优秀退休老干部和大学毕业生、青年医疗和科普工作志愿者（即"1+2"组合模式）到全市228个老区重点帮扶村任职，开展帮扶工作。市、县老促会积极协助党委组织部门了解情况，做好协调工作，帮助驻村同志克服生活上出现的困难，解决工作中遇到的实际问题，使他们踏下心来，为老区建设努力工作。如在迁西县新集镇孙家峪任职的女大学生李高歌，当年年底被高票选为该村党支部书记。许多在老促会工作的老同志心系老区建设，不顾年事已高，经常深入老区调查研究，帮助老区干部群众谋划发展思路，为老区村争取帮扶资金，赢得了老区人民的尊敬和爱戴。滦南县老促会的几位老同志，一年中利用70多天的时间先后7次深入到老区重点帮扶村开展调查研究，了解情况，倾听民意，向当地党委、政府和有关部门报送了多篇有价值的调研报告。他们还发挥自身优势，为重点帮扶村建设牵线搭桥，争取财政和社会帮扶资金1065万元用于基础设施建设。老促会理事单位与老科协协调联动，在年初组织开展的"科普之冬老区行"活动，农业、林果、畜牧等方面的老专家和医疗服务队利用农闲时间深入6个县区的12个老区重点帮扶村开展科普宣传、科技咨询和义诊、赠送药品等活动，深受老区人民的欢迎。市委、市政府把老区建设作为建设科学发展示范区和人民群众幸福之都的重要内容和为民办实事的重要组成部分摆到重要日程高度重视，多次听取老区建设工作汇报。省委常委、市委书记赵勇同志先后3次对老区建设工作作出重要批示；市委副书记、市长陈国鹰同志亲自出席全市老区建设工作会议并讲话；市委常委、常务副市长周仲明同志主持召开市直有关部门负责人参加的协调会，研究解决老区村基础设施建设问题；市委常委、农工委书记徐景田同志主持召开老区建设工作联席会议，协调解决老区重点帮扶村创建文明生态村问题；市政府副市长王久宗同志及时帮助老区建设解决项目安排和配套资金问题。

（王　勇）

路 北 区

【概况】 辖属1个乡，36个行政村；面积107.98平方公里，耕地面积1779公顷；人口589646人，人口自然增长率3.77‰；地区生产总值57.79亿元，第一产业2.12亿元、第二产业13.39亿元、第三产业42.27亿元；粮食总产量1593吨，油总产量830吨；财政收入(含国税、地税、地方财政系统)按新财政体制测算，完成72.09亿元，财政支出10.08亿元；农民年人均纯收入6660元，城镇居民人均可支配收入16382元，职工年平均工资27156元；固定资产投资额18.97亿元；二氧化硫削减率7.99%、化学需氧量减排量6.34%；社会商品零售总额34.11亿元；重大投资、建设开工项目5个，资金数额20.3亿元；引进外资项目3个，资金数额610万元；治污取缔、停产关闭和整顿企业项目2个；城市空气质量等级2级和328天。制定出台《关于促进服务业发展的若干政策措施》，加大对服务业的引导和扶持力度，服务业增加值完成41.5亿元，增长18%，拉动GDP增长12.5个百分点。缸窑境内前后村改造已办理前期手续，陶瓷文化博览区正在积极谋划推进，国矿楼164户居民启动搬迁。加快城中村改造步伐，鹭港二期、景泰翰林等住宅建设相继开工。借助新华道、建设路、北新道拆迁改造，服务业发展空间不断扩大，凤凰购物广场项目建成营业，大地保险、人民健康保险、渤海银行、天津银行等公司成功入驻。汇旺行物流配送基地规模扩大，新建4000平方米厂房投入使用。现代服务业增加值完成10.2亿元，增长18%，占服务业增加值的24.6%。

【项目建设】 安排200万元专项资金，加大项目协调跑办力度。安排重点项目74项，天一广场、许家庄平改等6个项目已经开工建设；禾木花苑、资产交易大厦等20个项目基本具备开工条件；北新道、建设路、新华道沿街19个重点项目全部获得批准。成功签约国际大厦、金山研发项目，引进法国雅高宜必思酒店、家乐福超市、沃尔玛超市3个世界500强项目。上报的49项重点项目全部获批准，投资总额达531亿元，55个社会事业项目已纳入市级项目库。

【社会事业】 完成10件为民办实事工程。争取资金2430万元，落实就业再就业扶持政策，加大教育引导、岗位培训和就业推荐力度，城镇新增就业4362人，下岗失业人员实现再就业3680人；城镇登记失业率3.77%，低于市达控制指标0.43个百分点；城市“零就业家庭”保持动态为零。新增养老保险扩面2332人，基金保障能力进一步增强；城市低保由每人每月225元提高到270元，农村低保由每人每年1000元提高到1200元，共发放低保金1290万元，惠及5641人，实现应保尽保；城镇居民医疗保险参保率97.9%，新型农村合作医疗参合率94.1%，全区108家企业的12735名职工纳入城镇职工医疗保险范畴，参保率98.8%；区财政拨付666万元救助资金，救助困难群众。筹措资金30万元，建成12个村民中心；投入365万元，建成1个区级市民服务管理中心、10个街道和52个社区市民中心。成立15个专项工作组，投入资金300余万元、安保力量9000余人次，实现奥运安保任务万无一失。坚持有访必接、开门接访、主动约访、带案下访，完善信访代理机制，有效化解信访案件240余件。构建以GPS指挥中心为龙头，以基层民警、巡控辅警为骨干的专群结合、点线面结合的治安防控网络，投入176万元，购置巡控设备、执勤装备，全区各类案件同比下降57.7%。

【城乡建设】 按照“多色彩、多树种、多层次”的绿化标准，投入940万元，组织实施高速连接线和西外环两侧、村庄周边和乡村道路绿化，绿化面积7637亩。在城区内实施“见缝插绿、退硬还绿、拆墙透绿”工程，基本消除黄土裸露，完成片林绿化300亩，主次干道和小区道路绿化70亩，单位庭院和居民小区绿化1100亩，建成区绿化覆盖率达到35%。河北一号小区既有建筑节能改造工程如期竣工，改造面积6.2万平方米，受益居民1200多户。筹资1500余万元，对18栋沿街居民住宅楼进行坡屋顶改造。筹资4800万元，组织实施刘火新庄等4个村平改坡试点工程。77条主次道路、134个非物业小区清扫保洁实现全方位覆盖、全天候清扫。按照“村收集、乡保洁、区清运”模式，投入673万元，将所有村庄

全部纳入城市环卫管理体系，在全市率先实现了城乡环卫管理一体化。完成征地任务1013亩，拆违拆迁255万平方米，超额完成拆除建成区建筑总面积10%的任务要求。

中共区委书记：曹全民
副书记、区长：魏宝明
副书记：汤立祥
常委、常务副区长：张占忠（7月免）
吕素青（7月任）
区委常委、副区长：宗玉田（7月免）
杨明贵（7月任）
副区长：王彩霞（7月免）
张金武
任国军
陈春昶（7月任）
区人大主任：王永顺
副主任：王士学
赵雪
朱俊银
李毅民
区政协主席：蔡永茂
副主席：云守才
杨冬梅（3月任）

【河北路街道办事处】 面积6.93平方公里，户数13274户，人口38621人，人口自然增长率0.11‰，辖5个社区办事处。财政收入381万元，财政支出340万元。第二产业增加值3517万元，第三产业增加值4990万元，固定资产投资1.0亿元，引进外资7000万元。

推动河北三号小区青年汇住宅在建项目进度，工程顺利开工，并如期推进；谋划荣华老年疗养中心、永庆里社区服务站2个社会事业项目，清源环保机械厂的新建和离心式鼓风机、恒立太阳能电池等9个工业项目，恒基房地产、新龙房地产等2个住宅开发项目。7月，建成河北里精品市民中心，包括市民政服务中心和市民服务中心两部分，配置了LED显示屏、触摸屏等现代服务设施，建立健全社区服务管理体系，实现社区分散型服务向综合型的转变。8月，对河北一号小区二期20栋楼进行试点改造，总建筑面积6.2万平米，涉及居民1255户。开展服务党员、服务群众、服务社会为主要内容的"三服务"党员义工活动，扩大义工影响力；全年累计发放1293804元保障金。发放大病救助款26人次、35563元。慈善救助站开展7次救助活动，共累计救助1023户1690人，价值155450元的物品，17100元现金；组织召开首届残疾人运动会，帮助境内残疾人树立健康的心态，共计9个残疾人代表队、340余名残疾人参加运动会。完善信访代理科学发展模式，规范预测、疏导、代理三位一体的工作机制，代理员培训做到制度化、经常化。共受理信访事项91件，疏导化解30件，代理61件，代理成功55件，息诉率达到91%，其中解决涉法涉诉信访问题7件，息诉罢访6人，息诉率达到85.7%，信访案件总数呈下降趋势。

中共街道党工委书记：高光宇（10月任）
于广钊（10月免）
办事处主任：袁博谦（10月任）
张翠侠（10月免）

【缸窑街道办事处】 面积9.16平方公里，户数14603户，人口39939人，人口自然增长率3.76‰，辖11个社区办事处。财政收入125.21万元，财政支出125.21万元。第二产业增加值7726万元，第三产业增加值1643.2万元，固定资产投资2011万元，引进外资1100万元。

投资1.5亿元的紫御山庄房地产开发项目，工程进度已经过半；投资2000万元的张秀峰办公楼项目主体工程已经完工。全街区域性控制规划基本制定完成，前后村、高各庄等6个平房区的危旧房改造项目和基础调查工作已经完成，并上报立项。投资100余万元的福星公寓改造项目已经竣工使用。新建服务网点34个，8个社区达到区和谐示范社区标准。开展10余次针对特殊家庭的资金救助、医疗救助、物资救助、生活帮扶和困难学生的教育帮扶，共发放14万余元救助物品。建立社区扶贫档案，分层次、分需求开展有针对性的精细救助服务。向四川灾区捐款16.69万元。共安排各类就业岗位500余个，举办5次招聘会，发布用工信息2000余条。成功代理信访案件29起，有效遏止无序访、越级访案件发生。奥运期间共制止群众集体上访12起，化解和疏导群众信访隐患54起。组织386名注册志愿者开展"扶老助残"、"创建文明城"等志愿服务活动，全街志愿者服务时数达6000余小时。涌现出省级老年志愿者臧岚等一批先进典型。

中共街道党工委书记：于建华
办事处主任：刘锡刚（10月任）
杨立哲（10月免）

【龙东街道办事处】 面积1.64平方公里，户数13376户，人口39155人，人口自然增长率2.56‰，辖11个社区办事处。财政预算内收入444万元，预算外收入132万元；财政预算内支出469万元，预算外支出63.5万元。第二产业增加值1359万元，第三产业增加值791万元，固定资产投资4600万元，引进外资1610万元。

开展中心组课堂、在线党校等五项"特色"活动，成立粉红丝带爱心使者等四支队伍，确定"群众在心中、服务见行动"等三个主题，创办《龙东街居通讯》和《龙东先锋网》两大载体。打造"136"服务体系，即一个社区市民中心、三大服务网络、六大服务基地。其中三大网络由基层组织建设网络、民情信息网络和安全管理网络组成；六大基地涉及到为老服务基地、残疾人康复基地、未成年人服务基地、科普示范基地、计生服务基地和廉政文化教育基地。使街道4万余人不出社区即能享受各种优质服务。

五一期间提前6天完成拆除4000多米拆墙透绿，9月提前7天完成市达拆迁工作，11月拆除唐钢煤场38间，拆迁总量占全区20%。完成绿化1859平方米。

卫生服务中心水、电、暖全部到位，是全区第一家已具备使用条件的社区卫生服务中心；投资30万元建成全市首家街道级残疾人康复基地，可以为路北区东北部残疾人提供康复训练。

中共街道党工委书记：刘玉生（1月免）
魏桂金（1月任）
办事处主任：王丽华

【钓鱼台街道办事处】 面积5.2平方公里，户数18396户，人口53869人，人口自然增长率1.19‰，辖13个社区办事处。财政预算外收入61万元；财政支出61万元。第二产业增加值2520万元，第三产业增加值15000万元，固定资产投资

3000万元，引进外资1139万元。

引进总投资100万元的“唐山电子竞技运动协会”项目，已正式运营；投资2亿元的供电楼（张各庄二期）项目，已建成12.9万平方米；投资70万元的成益冶金改建项目，已投入生产；总投资120万元的原水解蛋白厂新上陶瓷生产线项目，已正式生产。

构建银龄服务体系，重点实施“一键通”应急服务，“一助一”呼叫服务，党员110服务站，志愿者包户服务，医疗保健服务，聊天娱乐室等六项服务。依托社区居家养老服务站，组织、动员境内机关、企事业单位、社会团体、社会家政服务机构等单位参与居家养老服务工作，组建居家养老服务网，为老年人提供质优价低的服务。针对居家老人不同服务需求的现状，招聘4名有孝心、有耐心、有责任心且工作认真、吃苦耐劳的下岗职工，组成专职银龄居家养老服务队，为老人提供“1+X”自选菜单式服务，受到老人们的一致好评。开展下岗职工小额贷款担保业务，已为12人办理小额担保贷款，共计60万元。收集岗位信息399条，安排就业达200余次。境内5户“零就业家庭”已全部实现就业，创建充分就业社区10个，覆盖率达到70.7%以上。街道2798名失业人员，已有2648人实现了再就业，就业率达94%以上。

完成养老扩面57人，完成全年计划40人的142.5%。

在境内各住宅小区、商业网点等显著位置安装“信息墙”宣传标牌。每面“信息墙”包含五个宣传板块。全街已安装“信息墙”180块500延长米，收发各类信息700多条。

中共街道党工委书记：冯国顺（10月任）
姚瑞军（10月免）
办事书主任：杨立哲（10月任）
冯国顺（10月免）

【东新村街道办事处】 面积6.8平方公里，户数5374户，人口14759人，人口自然增长率-0.85‰，辖7个社区办事处。财政预算内收入305万元，财政预算外收入90万元；财政预算内支出273万元，预算外支出82万元。第二产业增加值6099万元，第三产业增加值6622万元，固定资产投资2012万元，引进外资1220万元。

完成重点项目3个，顺利完成国矿各自楼搬迁工作。固定资产总额完成2012万元，引进省外资金1220万元，全年实现无重大安全生产事故。

以新立庄社区为试点，成立“党员代办站”。代办站以低保人员、低保边缘户、残疾人、失业人员、特困家庭、孤寡老人为服务对象，由党员志愿者帮助有困难的群众代理各项事宜，共代办各类事项68次，受益群众150余人。对低保户申请或低保变更，召开听证会，实行“阳光操作”。共举办医疗救助活动5次，发放医疗救助爱心卡500张。对484人进行低保救助，发放低保金999453元。

奥运期间，排查调处信访隐患23件，接访200余人次。

中共街道党工委书记：张金波（10月任）
李凤利（10月免）
办事处主任：李虹（10月任）
张金波（10月免）

【乔屯街道办事处】 面积4.6平方公里，户数15428户，人口47019人，人口自然增长率0.31‰，辖11个社区办事处。财政收入442万元，财政支出412万元。第二产业增加值2700万元，第三产业增加值3600万元，固定资产投资3500万元，引进外资1101.3万元。

市工促局招商写字楼、东方建工集团建钢结构加工厂、长城大酒店客房装修、大福大装修改造等项目已经顺利完工并投入使用；总投资1.8亿元、占地面积2.8万平方米的第二食品厂改造（高第花园）工程，总投资1.3亿的工人医院17层外科大楼建设工程，总投资5000多万元、占地113亩土地的东方建工集团选址扩建工程等项目进展顺利；新华文化广场项目，计划投资10.97亿元，建筑面积32.4万平方米，建成集电影院、购物商场、五星级酒店等功能于一体的45层唐山地标式建筑，已经列入市、区重点项目，规划土地部门已经审批，正在做环评和可行性报告；西北井小肥羊火锅等建筑拆除改造项目，计划投资5亿元，建筑面积4.2万平方米，建成集洗浴、娱乐、公寓于一体的高档酒店，已经列入区重点项目，正在办理相关手续；恒原典当项目，计划投资5个亿，建成4万平方米高档酒店，规划土地部门已经审批，正在做环评和可行性报告；圣典咖啡项目，建筑面积1.3万平方米，建成集餐饮、洗浴、住宿为一体的星级酒店，已经通过竞拍程序获得土地使用权，正在抓紧平面设计；乔屯街道社区卫生服务中心，计划投资260万元，建成建筑面积1800多平方米的社区卫生服务机构，已被发改局立项，正在办理相关手续。

完成街道“市民中心”建设改造任务，新增“市民中心服务大厅”和“市民服务呼叫中心”功能；乔屯楼社区、西山楼社区“市民中心”改建工程已经完工，服务功能得到进一步完善。整合社区文化艺术团、社区市民健身活动中心、社区书院研讨协会、文化知识宣讲团等群众组织，统一制定活动计划，按时开展文体活动。在工人文化宫举办“回眸30年，放歌新路北”文艺演出，正式启动天天乐工程。全年组织文艺演出580场。举办“与奥运同行——乔屯街道社区残疾人运动会”，组织助残日大型文艺演出及宣传活动，开展党员志愿者“扶残助残、热心奉献”主题实践活动。

发放低保金117.48万元、优抚金39.46万元，为125名低保户家庭子女办理学生困难补贴，救助困难居民1211户2792人，发放救助款28万元。发布用工信息795条，提供就业岗位3164个。完善再就业人员档案，建立下岗失业人员基本情况台账、再就业优惠证台账等九套台账。街道被区委、区政府授予社区建设先进单位、再就业先进单位，乔屯楼社区被河北省特奥委授予省特奥示范社区，草场街社区被市精神文明建设委员会评为唐山市最具幸福感社区。

拆迁任务涉及产权单位27家，经营户131户，拆除总量达54000余平方米，目前已拆除北新道沿线650平方米，新华道建筑群近4000平方米，龙泽路东侧建筑群17000平方米，合计26650平方米。拆墙透绿、绿化任务，拆除北新道沿街商业房3处共14家，拆除市自来水公司、开滦医院、市文物管理处等单位围墙29处，涉及产权单位及个人19家，总计3000余长米，绿化5000平方米，安装铁艺栏杆2987延长米，透绿面积2890平方米。7月份以来连续90天对市场进行全天24小时督导整治，共出动人员1000余人次，车辆180次，取缔露天烧烤50家，整治市场外溢130家，疏通占道经营、店外经营和流动摊点80家，清除卫生死角32处。街道被市爱国卫生委员会授予唐山市爱国卫生先进单位。

中共街道党工委书记：雷向阳（10月任）
张国顺（10月免）
办事处主任：郑海峰

【机场路街道办事处】 面积9.8平方公里，户数31966户，人口97000人，人口自然增长率4.32‰，辖17个社区办事处。财政收入558.9万元，财政支出553万元。第二产业增加值1600万元，第三产业增加值21737万元，固定资产投资6000万元，引进外资4000万元。

成立“网络信息服务中心”，网站设立走进机场路、社区建设、窗口受理、政务公开、党群视窗、社区论坛和书记信箱7大板块。制定《星级党员管理办法》，开展“一员双岗”、“四个一”、党员“底线管理”和“周末奉献日”等特色活动；在全街范围内推行党员代理服务制；开办“红色讲堂”，在机关、社区干部中开展“五评、五比”以及“向我看齐、以我为准”活动。开展“科学零距离”知识大赛、“科学发展进家庭”摄影比赛和书画展等，完善科学发展示范社区创建活动。

中共街道党工委书记：冯俊利（10月免）
张翠侠（10月任）
办事处主任：高光宇（10月免）
姜润龙（10月任）

【光明街道办事处】 面积12平方公里，户数29475户，人口90957人，人口自然增长率2.41‰，辖16个社区办事处。财政收入605.18万元，财政支出586.4万元。第三产业增加值230.235万元，固定资产投资3484万元，引进外资1100万元。

光明街道辖区内可利用的土地资源十分有限，果园工房平改项目共涉及居民52户，占地9910平方米，建楼房4栋，建筑面积15900平方米，总投资约2417万元，2008年底居民回迁工作圆满结束；朝阳新居商住楼项目由朝阳房地产开发有限公司投资7000万元建25层商住楼，建筑面积22000平方米，现正在开工建设；瑞景国际公馆项目位于西山道与光明路口西北部，占地27000平方米，建楼房19栋，建筑面积37000平方米，总投资1.9亿元，主体高层已封顶竣工，现正进行外部装修；五二二队改造项目由五二二队地质队投资3亿元，建高层商用房及住宅，占地23900平方米，建设面积15万平方米，已报发改局核准立项。

承担包括北新道、南新道、站前路、西山道四条道路在内的65处三批拆违拆迁工作任务，拆违拆迁面积75493.3平方米，围墙、围栏及大门口1624.55延长米。

以街道为单位成立“一家亲”志愿服务大队，各社区成立“一家亲”志愿服务中队，中队下设各特色服务小分队，对境内需要帮扶的老年人特别是高龄、贫困、空巢、病残老人等提供多元化、网格化、人性化的“3+1”志愿服务。在提供健康保健、起居护理、送医送药、陪聊陪护、卫生保洁、代购商品等16大类服务项目的基础上，专门为金秋老人建立“一家亲健康档案”、成立“一家亲大课堂”、组建“一家亲俱乐部”、建立“金秋快乐聊吧”。现共有“一家亲”志愿者2500余人，与境内400多名老人结成帮扶对子。

中共街道党工委书记：姚瑞军（10月任）
刘岭（10月免）
办事处主任 郑向东

【文化路街道办事处】 面积5.7平方公里，户数1.9万户，人口6.9万人，人口自然增长率0.23‰，辖15个社区办事处。财政收入53.66万元，财政支出518.81万元。第三产业增加值1.08亿元，固定资产投资2.10亿元，引进外资1605万元。

制定《创建科学发展示范街道实施意见》、《文化路街道学习实践科学发展观活动实事工程》、《文化路街道科学发展五年规划》指导性文件。推行市民中心“1+1+N”管理模式，实行“居政分离”，形成集政府公共服务、居民自我服务、便民生活服务三大服务为一体的新型社区服务模式。目前，全街已完成6个社区市民中心模式建设。

制订出台《创建劳动关系和谐街道实施细则》，完善指导、协调、检查、督导、强制五项机制。先后有2家企业被命名为省AAA级劳动关系和谐企业、4家企业被命名为AA级劳动关系和谐企业、10余家企业被命名为A级劳动关系和谐企业。2008年被中华全国总工会评为“全国‘六好’乡镇（街道）工会”，被市总工会评为“厂务公开民主管理工作”先进单位。

以健康楼社区为试点，发动居民群众参与社区建设与管理，保障群众的知情权、参与权、表达权、监督权，实现居民的自我管理、自我教育、自我服务、自我监督。社区事务由十四支志愿者服务队来落实，街道15个社区已全部推开。每个社区都建立社区民情议事站，每月8日为民情议事日。在健康楼社区成立就业困难群体帮扶中心，建立帮扶台账、送岗位上门，缓解弱势群体的困难状况。投资600余万元，实施10项惠民工程，实际完成14项。

中共街道党工委书记：宋士清
办事处主任：于永珍

【大里街道办事处】 面积6.4平方公里，户数27357户，人口78747人，人口自然增长率4.02‰，辖16个社区办事处。财政预算内收入149万元财政预算收入97万元；财政预算内支出147万元，财政预算外支出95万元。第二产业增加值2300万元，第三产业增加值27.32亿元，固定资产投资2.58亿元，引进省内资金一亿元，国外资金10万美元。

建立由街道社区服务中心、真情服务连锁店、市民学校、社区卫生服务站、社区文体站组成的“五层便民服务网络”。延伸“真情服务连锁店”建设，100多家商户通过真情服务连锁店为居民提供服务和用工信息，开发就业岗位200余个；通过“创建全就业（充分就业）社区活动”，为下岗失业人员，

无特长、年龄偏大、就业困难的下岗女工,“4050”人员,外来务工人员送政策、送岗位、送服务、送技能、送项目,提供就业岗位5126个,收集用工信息3000余条,开发就业岗位358个,使241名下岗失业人员、300名下岗女工、120名“4050”人员、266名外来务工人员实现再就业,420位居民就业。已有13个社区达到全就业社区标准,14个社区达到充分就业社区标准。

开展“共产党员认领岗位活动”,全街960名党员认领了16个社区的1224个社区岗位,有的1人认领了3个岗位,有的5人同在一个岗位上。经验材料《开展党员“认领社区岗位”活动、构建和谐社区》一文在《新唐山》2008第五期予以刊发。

成立信访代理中心、涉法涉诉代理站和“三位一体”调解中心,每个社区建立涉法涉诉信访代理室、“三位一体调解室”。制定《信访代理员职责》等14项制度,实现人民调解、行政调解、司法调解有机的结合和相互衔接,形成反应迅速、集中有力的网格式信访代理工作新格局。

中共街道党工委书记:潘宝生
办事处主任:王瑾

【果园乡】 面积45平方公里,户数24172户,人口74291人,人口自然增长率3.99‰,辖36个村。第一产业增加值2.05亿元,第二产业增加值2.72亿元,第三产业增加值6.16亿元,固定资产投资9.87亿元,引进外资5000万元。

完成陈屯平改二期、冀东老年公寓、华夏房地产开发、西外环液化气站5个重点项目建设;张思庄平改、许庄平改、嘉美水产食品物流有限公司正在施工建设,固定资产投资达到9.87亿元;谋划重点项目15个,并全部获得市、区批准,抓紧跑办规划设计和前期手续。地区生产总值完成10.9亿元,三种产业比例达18.8∶24.9∶56.3。农民人均纯收入达到6660元,比上年增加817元。

完成市区下达的兴源道、友谊东副路、大里路、翔云道、重点项目征地任务1013亩,陈屯、许庄、大官庄拆迁房屋70万平方米,确保全市重点工程和重点项目的如期开工。全力推进西外环、高速连接线两侧50米内绿化租地工作,绿化租地1340亩,拆除各类建筑物4.2万平方米。

36个村村民中心建设全部完成,参与活动群众近万人,为全乡已婚育龄妇女免费查体10687人次,为失地农民提供就业技能培训,推荐安置就业4313人。乡政府年投入近100万元,帮扶“村民中心”建设、乡村道路管理、改善敬老院环境、环境卫生治理等,提高人民群众的幸福指数。

落实领导干部“一岗双责”、“下访”制度和信访调处“三位一体”工作机制,解决调处涉及群众利益的信访问题85件。未发生一起重大安全生产责任事故。

中共乡党委书记:孙志顺
乡长:雷向阳(12月免)
代理乡长:董长青(12月任)

(赵艳春 吴铮)

路南区

【概况】 总面积67.3平方公里,耕地面积1133公顷,总人口24万人,自然增长率5.96‰,计划生育率99.51%。辖属乡1个,行政村38个,其中农业村29个,市民村9个。地区生产总值42.9亿元(快报数字),比上年增长16%,其中第一产业0.9亿元,比上年增长6%;第二产业8.3亿元,比上年增长6%;第三产业33.7亿元,比上年增长18%。粮食总产量6038吨,比上年减少18%。全部财政收入24亿元,比上年增长32.69%。一般预算收入2.62亿元;一般预算支出5.51亿元。全年实现市场成交额155.8亿元,比上年增长13.5%。社会消费品零售总额35.21亿元,比上年增长16%。固定资产投资12亿元,比上年增长18.81%。农民人均纯收入6413元,比上年增长10%。规模以上工业企业增加值完成4.99亿元,比上年增长6.2%。实际利用外资604万美元;比上年增长52.5%。实现出口创汇122.19亿美元,比上年增长124.9%。

【重点项目建设】 谋划实施各类项目118个,总投资730.3亿元。其中超亿元项目84个,列入省重点项目1个,列入市重点项目7个,列入唐山市“十一五”期间服务业发展产业支撑项目100个,市委、市政府重点支持的项目56个,总投资558.73亿元。春兴集团年产100万吨冷轧薄板项目(省重点)位于路南区女织寨乡工业园区内,占地550亩,总投资11.66亿元,分两期建设。第一期占地414亩,投资10亿元,建设冷轧车间、办公楼及其配套设施3.3万平方米。生产冷轧板、镀铝锌板、退火板等,目前该项目建设进展顺利,累计已完成投资4.9亿元,完成主厂房、地面等基础建设,部分生产设备已安装完毕,镀锌铝线8月10日试生产,职工招录培训工作正在进行中。新华大厦(市重点项目)项目位于新华道南侧原新华道农贸批发市场旧址,占地22亩,总建筑面积10万平方米,主要建设商务公寓、写字楼、专卖店等,计划总投资2亿元,现正在办理前期手续。渤海大厦(市重点项目)项目位于友谊路与新华道交叉口东南侧,占地8亩,总投资1.5亿元,建筑面积5万平方米,主要建设高档餐饮、娱乐、办公用房,已完成初步设计,正在办理相关手续。人民大厦地处新华道与学院南路交叉口西南侧,总占地22亩,拟投资3亿元,规划建设五星级大酒店,规划建设面积11万平方米,现已开工建设。建国大厦地处建国路1号楼东侧,总占地11.17亩。拟投资2.8亿元建设建国大厦,规划建筑面积3.6万平方米,正在编制控制性规划。曙光大厦地处新华道与车站路交叉口西南侧,总占地22.6亩,拟投资6亿元,实施整体改造,规划建设25层商业大厦,规划建筑面积12万平方米。文化创意产业园,东至唐柏路、南至南湖生态渠、西至南湖运动绿地、北至中心城区环线,引入国内外研发、动漫、文化创意、工业设计、策划、咨询、IT产业等,总占地约600亩,建筑面积20万平方米,总投资5亿元,目前已按园区功能定位开始招商。

【长青楼区域改造】 长青楼区

域地处唐山市的核心地带，东至增盛路、西至文化路、北至新华道、南至国防道。区域面积341亩，属开滦（集团）震后建设的第一批楼房，均为二三层高度，多数破损陈旧。2007年8月，唐山市政府正式决定实施长青楼区域整体改造项目，并把它列为全省“三年大变样”的重点工程。路南区政府作为第一责任人，成立31个工作小组，在全区范围内选调了包括科、股级干部、后备干部、一般干部、志愿者在内的350多人，召开各种会议200余次，入户调查3785次，收集入户调查表1685份，18个拆迁动迁工作组入户动员搬迁近10万人次。经过15次洽谈，完成与大连万达的合作谈判，8月19日签订《唐山长青楼小区及周边区域整体改造项目协议书》。用45天时间拆除1694户居民住宅，搬走312家公建、商业单位（其中涉及产权86户、非住宅产权对外承租128户、增盛里市场经营户98户），总建筑面积18.37万平方米。

【拆迁拆违工作】 按照“拆、规、建”并举的原则，完成拆墙透绿、南湖生态城扩湖植绿、地震遗址公园建设、建设南路拓宽绿化、南湖生态渠、环湖景观路、学院南路南延工程、城市拆违拆迁、建国路市场拆违、绿化攻坚、长青楼区域整体改造拆迁、第8次和第9次国土卫片执法检查拆违等拆迁拆违工作，在全市率先突破百万平方米。同时组织开展人民大厦、渤海大厦、建国大厦、新华大厦等重点项目拆迁和拆墙透绿。自2007年以来，累计拆除各类建筑266万平方米，其中2008年拆违拆迁面积240万平方米，城镇面貌三年大变样工作获省先进集体称号。

【城中村改造】 南湖生态城起步区村民搬迁安置项目已完成选址，大洪桥区域平改项目完成建筑面积13万平方米，新石庄平改、三胶住宅、郑家庄滨湖庄园项目正式开工，王禾庄平改楼项目进入土地招投标程序。

【节能减排】 保温材料厂等31家企业全面完成治理任务。电器厂、电影机械厂等46家企业迁出或转产，从源头上减少污染。单位GDP能耗1.216吨标准煤/万元，比去年同期下降7.78%；单位工业增加值能耗1.026吨标准煤/万元，比去年同期下降7.93%；单位GDP电耗819.52千瓦时/万元，比去年同期下降10.23%；化学需氧量减排719吨，削减92.1%；二氧化硫减排199.45吨，削减35.23%。提前完成“十一五”减排目标。

中共区委书记：于大中（4月免）
　　　　　　　刘桂东（4月任）
副　书　记：张国栋
　　　　　　房　香
区人大主任：董建宝
副　主　任：张一民
　　　　　　王丽芝
　　　　　　刘进成
　　　　　　刘阁云
区　　　长：张国栋
副　区　长：潘树文
　　　　　　王东群
　　　　　　孙辉福
　　　　　　刘　军
　　　　　　杨丽娟
区政协主席：魏文成
副　主　席：侯汝彦
　　　　　　吴跃宏
　　　　　　刘仕俭
　　　　　　王玉玲

【女织寨乡】 总面积43.6平方公里，辖38个行政村，其中农业村29个，市民村9个。总人口52857人，可耕种土地1133公顷。

固定资产投资完成6.5亿元，占区计划的100%，比去年同期增加2.76亿元，增长73.8%。全部税收收入完成1.76亿元，占区计划的112%，比去年同期增加4114万元，同比增长30.4%。区本级税收收入完成5306万元，占区计划的112%，比去年同期增加1225万元，同比增长30%。规模以上企业产值完成6.5亿元，占区计划的110%，比去年同期增加1.23亿元，同比增长23%。农民人均纯收入6413元，同比增加583元，同比增长10%。

有11个项目列入区重点投资项目，占全区重点项目总数的近50%，其中投资超过亿元项目4个。总投资12亿元的春兴不锈钢薄板项目，已完成投入5.5亿元，全部设备已经安装完毕；侯边庄装备制造园项目，在完成制定高速公路通道改造建设方案、入园道路初步建设规划的基础上，完成园区首期约96亩农用地转为工业用地的土地总体规划布局调整的准备工作；投资900万元的钢材市场迁建项目已完成全部投入，待205国道南出口立交桥竣工后即可投入运营。冀东重型汽车交易城项目拆迁工作已经完成，大洪桥平改项目完成投入1.05亿元，回迁房已全部完工，商品楼工程5月份已动工，预计2009年5月份竣工；新石庄平改、郑家庄新农村建设项目已开工建设，王禾庄整体搬迁、定福庄平改三期等项目扎实推进。

推广无公害蔬菜、蔬菜新品种和种植新技术，菜田优种普及率达到98%。订单农业面积达2500亩。完善老谢庄“农民研修基地”建设，形成老谢庄、和平街、西越河等村为重点的花卉种植基地，种植面积达600亩。

中共乡委书记：刘仕俭（12月免）
　　　　　　　侯树立（12月任）
乡　　　　长：侯树立（12月免）
　　　　　　　张　炮（12月任）

【文北街道办事处】 位于唐山市路南区东部，面积4.72平方公里，总户数9363户，总人口26070人。下辖爱国里、文化北后街、花园街、文北西楼、马家屯、大洪桥、文化南北街7个社区居委会。计划生育率100%，统计求实率100%。

全年计划完成大口径税收4221万元，到9月底完成3329.88万元，完成年计划的78.89%，同比增长22.75%，其中国税完成2208.00万元，同比增长17.4%；地税完成1121.88万元，同比增长34.9%。预计全年完成4400万元，同比增长21%。区本级税收计划完成1423万元，到9月底完成1184.70万元，完成年计划的83.25%，同比增长31.15%，其中国税完成344.35万元，同比增长19.4%；地税完成840.35万元，同比增长36.7%；预计全年完成1600万元，同比增长30%。固定资产投资计划完成9400万元，截止10月份已完成投资7610万元，占年计划的81%，同比增长18%。工业总产值年计划4.88亿

元，到10月底完成3.3亿元，完成计划的68%。

达产、开业项目三个：唐齿汽配城一期项目、炉渣综合利用项目和众腾汽车销售项目。推进项目6个：达北东自建、大洪桥平改、三胶厂区改造、唐山市梧桐阁商务酒店、清真肉联厂改造、河北钢铁建设集团商品混凝土项目。谋划项目4个：唐齿二期、爱民里平改、大业里改造、荷花盛世重点项目。唐山众腾汽车销售有限公司项目注册资本金1000万元，集新车展示(SALE)、特约维修(SERVICE)、零件供应(SPARE)、信息反馈(SURVEY)为一体的大众进口汽车4S店，主要经营德国进口系列汽车、售后维修和配件供应，拥有500平方米大众公司标准化展厅，1000平方米的维修车间，并设有配件库房及烤漆房。唐齿汽配城一期工程项目共有商铺125间，展厅一间，现已签订承租协议商户为48户，其出租商铺68间，一期1025平方米展厅也已全部出租。河北钢铁建设集团高炉炉渣综合利用项目占地100亩，建成一条年产60－80万吨矿渣微粉的生产线（混凝土高效掺合料），年可消耗矿渣85－100万吨。总投资7100万元，其中：固定资产投资6970万元（含外汇320万美元），流动资金130万元，年可实现产值7200万元，利税3000万元，2008年3月份进入试生产。荷花坑市场改扩建项目，占地52.72亩，建筑面积47929平方米，计划投资1.1亿元，年内开工。复兴名帘项目建筑面积7640平方米，三层建筑，计划投资1000万元，累计年收入4200万元，可安置就业岗位住400多个，年内开工。达北东自建平改项目占地12.83亩，建筑面积2.24万平方米，投资1亿元，税收为1000万元，现已进入拆迁阶段，大洪桥平改楼项目占地27.2亩，建筑面积2.54万平方米，税收预计为500万元，各项手续已办理完毕。第三橡胶厂厂区改造项目拟住宅楼建设项目总占地27.32亩，工程计划总投资1.8亿元，11月份开工。荷花盛世商住楼项目，占地12亩，计划投资7000万元。清真肉联厂和肠衣厂改造项目占地78亩，投资4亿元。

中共街道工委书记：赵　辉（12月免）
黄树山（12月任）
办事处主任：韩学花（12月免）
蔡建林（12月任）

【小山街道办事处】　总面积4.7平方公里，设置8个社区居委会，辖29个居民小区，人口15927人，其中常住人口14524人，流动人口1403人。

1－12月份完成大口径全部财政收入6608.3万元，占年计划103.33%，同比增长16.33%；完成区本级收入2259.2万元，占年计划101.31%，同比增长16%。1—12月份完成固定资产投资5900万元，占年计划100%；完成入统工业企业总产值2.48亿元，占年计划97.41%。引进省外资金3000万元，占年计划100%。入统工业企业产销率达89.04%。

小山针纺商贸城项目占地37.49亩，计划投资2.31亿元，总建筑面积70000平方米。小山物流商贸城项目占地75亩，投资1.5亿元，总建筑面积74000平方米。花园街平改项目占地230亩，计划建筑面积30万平方米，总投资7.9亿元。引进同创伟业电子有限公司项目，协调解决6亩用地扩大再生产，9月底已正式投产，年产值可达3000万元，年增加税收100万元。

投入600余万元完成建筑面积3800平方米的社区服务中心，每个社区有建筑面积均超过30平方米的残疾人室内活动室，实现8个社区基础设施全覆盖。6月份各社区又配备了残疾人室内活动健身器材。辖区314名残疾人有了自己锻炼、娱乐身心的活动场地。组织免费技能培训150余人次，让每个残疾人拥有一技之长，鼓励残疾人自谋职业，实现自己的社会价值，利用街道办事处职介所，为残疾人提供用工信息1500条，拓宽残疾人就业渠道。帮助残疾人寻找合适的工作岗位，切实提高残疾人劳动就业率。建立了残疾人“基本生活、康复医疗、劳动就业、文化教育、基本权益”等五大社会保障体系。对辖区50名残疾人纳入城乡低保。在区残联的大力扶持下，对3户患重病残疾家庭实施重病救助；为8名符合条件的残疾人专职委员发放了定期补助，24人得到临时救助，52户残疾人家庭得到帮扶，为7名贫困精神病患者免费送医送药，为5名视力残疾人发放盲杖，为2名听力残疾人发放助听器，为18名肢残人员免费提供轮椅车，有效地保障了他们的基本生活。辖区内所有残疾人加入城镇居民医疗保险。围绕“人人享有康复服务”为目标。认真抓好残疾人康复医疗服务，将目前辖区内残疾人全部纳城镇居民医疗保险。加强精神病防治康复工作，唐山市心理医院为我辖区的定点医院，为7名精神病患者发放免费医疗救助卡；为6名特困残疾人支付医疗保障金2000元；做好残疾人康复治疗训练，各社区建立了残疾人康复活动室，今年6月区残联给各社区又配备了价值1.4万元的室内残疾人活动器材，定期帮助残疾人进行康复训练。

中共街道工委书记：闫瑞林（9月免）
张百利（9月任）
办事处主任：张　炮（12月免）
李维杰（12月任）

【永红桥街道办事处】　总面积5.4平方公里，所辖建国里、建国楼、富庄东里、南富庄、车站街、石庄、交大铁路、南操场8个社区居委会，以及增盛楼、富民楼2个开滦家委会。财政收入指标5282万元，全年实际完成5947.29万元，占计划的112.60%，同比增长30.62%。本级财政收入指标2043万元，实际完成2345.79万元，占目标计划的114.82%，同比增长33.17%。固定资产投资计划5900万元，实际完成6000万元，占目标计划的101.20%。规模以上工业总产值计划9015.64万元，完成9989.4万元，完成年计划的110.80%。引进省外资金计划3000万元，全年3000万元任务，完成年计划100%。

南富庄区域改造项目一期已于2007年完工，二期建设预计投资8200万元，建筑面积4.1万平方米，到2008年底完成主体工程建设，完成投入6200万元。凤凰汽配城项目重新定位为旅游商贸城项目，占地约80亩，预计2009年5月开工，建成后可增加税收3000万元以上。千万元以上项目6个，分别是，文化创意产业园、汽车文化展示园服务中心、曙光大厦、建设南路以东、南新道以南精品商业区（字画、古玩、旅游产品等）、化轻公司区域改造、中铁实业公司改扩建项目。成功引入飞龙城市拆迁公司、唐山世园房地产开发有限公司、唐山阔园建筑装饰有限公司、唐山科富防腐工程企业、通德房地产有限公司和中国人民人寿保险股份有限公司唐山中心支公司等6户纳税企业。特别是中国人民人寿保险股份有限公司唐山中心支公司，已于11月6日正式落户我街，预计2009年可实现本级财政收入1000万元以上，将成为我街一个新的税源增长支撑点。

组织宣传活动5次，发放宣传资料5300多份，受教育面达2850多人次。在老火车站面向农民工和临时从业人员开展“走进农民工，构建和谐社会”宣教服务活动6次，发放宣传材料2000余份，接受宣传辅导和政策咨询1000余人次，督促企业法人和私房出租户主履行流动人口计生管理责任，已婚育龄妇女验证率98%以上。全街新生儿104人，出生率控制在4.89‰以内，政策生育率100%。新开发就业岗位1433个，完成指标的211%，新增就业人数465人，完成指标的97%，实现下岗再就业243人，完成指标的102%，实现困难群体再就业78人，完成指标的144%，登记失业率控制在3%。

中共街道工委书记：刘彦军
办 事 处 主 任：李旭强

【广场街道办事处】 位于唐山市中心区，东至增盛路，南至南湖公园，西至学院南路，北至新华道，面积8.4平方公里，辖10个社区，总人口13000多户，54000余人。截止到12月底完成全部财政收入7027.07万元，同比增长53%，占年计划的132%；完成区本级财政收入2287.9万元，同比增长31%，占年计划的113%。工业总产值完成4463.9万元，占年计划的65%。引进省外资金完成2000万元，占年计划100%。全社会固定资产投资：完成2360万元，占年计划的100%。

金安苑住宅楼建设项目为原路南法院旧址建设住宅楼项目，总占地5.6亩，总建筑面积4100平方米，总投资1200万元。目前该项目已全部完工，预计可实现税收200万元左右。淘爱慢摇吧项目位于世博大厦7层南侧，建筑面积5000平方米，投资2000万元，预计年创税收近30万元，提供就业岗位150多个。唐山德福商务酒店有限公司改造项目，实现投资3200万元，2008年底开业。新华道集贸市场改造项目占地面积20.8亩，建筑面积9万平方米，总投资5亿元，正在动工拆迁。华岩南路两侧区域改造暨新刘庄平改项目，总占地约386亩，预计总投资7000万元。

中共街道工委书记：张新山
办 事 处 主 任：李东奇

【学院南路街道办事处】 总面积1.2平方公里，立新西里、西新东楼、国防楼、双新二、双新四、双新东里包括（地质楼、运输楼、交通楼、双新里、偏坡铁路楼、二运楼）、立新东楼、赵庄红砖楼、赵庄偏开楼、偏坡联合社区等16个住宅小区，设置7个社区居委会、两个家委会。财政收入完成2120万元，占全年任务2576万元的82%，预计全年完成2600万元；财政收入完成1180万元，占全年任务1305万元的90%，预计全年完成1350万元；固定资产投资3880万元，占全年任务4130万元的94%。预计超额完成全年任务；引进省外资金2000万元，占全年任务2000万元的100%。

人民大厦项目位于新华西道58号，占地面积14197.89平方米。为唐山松汀钢铁有限公司通过参与人民印刷厂企业改制取得的工业用地。将建成星级酒店，总建筑面积约8万平米。其中，地上6.3万平米，地下1.7万平方米，容积率4.5，高度80米，总投资约6亿元。11月17日开工。渤海大厦项目占地6195.7平方米，总建筑面积3.6万平米，地上建筑3.1万平方米，地下5000平米，容积率5.1，高度100米，23至25层，1至4层为商业层，5层以上为公寓楼，总投资近2亿元以上。

提供就业岗位1124个，服务对象102人，为18名下岗失业人员找到满意工作。截至10月末，新增就业岗位1137个完成计划133%；新增就业1135人，完成计划191%；城镇登记失业率控制在2.6%。为112名下岗失业人员办理优惠证及就业失业登记证，为1人办理申请小额贷款手续。开展“4050”人员以及“特困家庭、困难家庭”下岗失业人员再就业帮扶工作，为他们提供了41次职业介绍，有6人已经走上新岗位。去年应参保人员6199人，已参保人员5941人，占参保比例95.84%，今年我们要克服重重困难，使今年参保比例提高到98%。

中共街道工委书记：李献君
办 事 处 主 任：张 军（12月免）
线立峰（12月任）

【友谊街道办事处】 位于路南区西部，东至大里路，西至光明路，南至西电路，北至新华道，辖区面积2平方公里，有9个社区居委会，分别为福乐园社区、燕京东里社区、燕京西里社区、友谊里社区、友谊南里社区、正泰里社区、永乐园社区、定福里社区、开源里社区。全年实现大口径财政收入3160.25万元，完成年计划的145.03%，比去年同期增长68.27%；实现区本级财政收入850.11万元，完成年计划的120.58%，比去年同期增长39.86%。固定资产投资2378万元，完成年计划2360万元的100.76%；引进省外资金2400万元，完成计划的120%。全部财政收入和区本级财政收入增幅名列全区第一。

谋划实施各类项目10个，总投资19.2亿元。其中工业项目1项，军连彩印总投资1500万元，在2008年区经济技术合作洽谈会上成功签约；三产项目4项（南方购物广场、大里路市场改造、新华医药、化工机械厂“退二进三”），总投资6.4亿元；房地产类项目5项（福兴园、燕新景园、玻璃厂区域改造、燃气公司储气罐场区、武警指挥中心项目），总投资12.65亿元，其中福兴园小区和武警指挥中心项目已正式开工建设。

清理乱摆摊点30余处，规范各类市场摊位17个，取缔无照经营户9家，清除乱贴乱画小广告21000余处，拆除违规广告牌7块，清运建筑垃圾、杂草60余车，总计100余吨；悬挂创建全国文明城宣传横幅、标语80余条，发放创建文明城宣传

材料1.5万余份。举办各类演出28场，参与群众7000余人次。新增就业岗位545个，新增就业人数602人，失业率控制在2%以内。低保户总数157户，累计发放低保金64.5万元。走访慰问境内特困家庭220户，累计发放慰问金及物品3万余元。政策生育率达到100%，人口自然增长率控制在5.23‰。

发生进京赴省信访8次，赴市信访12次，到区信访28次，来办事处信访46次，排查民间纠纷40起，调解率和调解成功率均达到100%。

中共街道工委书记：赵　钢
办事处主任：李　非

【钱家营矿区街道办事处】　坐落在丰南钱家营境内，远离市区中心。辖三个社区居委会，居民小区总面积19.3万平方米，住宅楼56栋，2480户，总人口7700人。截至2008年底，有低保户22户、45人，对低保家庭进行“一助一”帮扶，入户走访慰问，7户低保家庭接受了定期帮贫助困。

中共街道工委书记：吴成生
办事处副主任：王新中

（赵志信）

开平区

【概况】　位于市区东侧，是市中心城区之一，西通京、津二市，东连秦、唐两港，南接曹妃甸工业区，京哈铁路、205国道贯穿境内，京沈、唐津、唐港三条高速公路于此交汇，可谓唐山市区靓丽的“东大门”。辖6个镇，5个街道办事处，132个行政村。总面积251平方公里，耕地1.1万公顷。总人口24.7万，人口出生率7.4‰，人口自然增长率1.47‰。2008年，实现地区生产总值112亿元，比上年增长15%，其中一、二、三产增加值分别完成4.9亿元、75.6亿元、32亿元，比上年分别增长1.5%、16.9%和11.4%。粮食总产量44786吨，比上年增长1.36%，棉花总产量15吨，同比增长67%，油料总产量4712吨，同比增长17.36%。完成全部财政收入12.05亿元，地方一般预算收入2.68亿元，同口径分别比上年增长24.9%和23.1%；财政支出6.89亿元，比上年增长33.3%。城镇居民人均可支配收入13581元、农民人均纯收入6665元、职工年平均工资26595元，分别比上年增长18.99%、13.7%和33.58%。年末城乡居民存款余额达到55.26亿元，比上年末增加13.83亿元。完成全社会固定资产投资32.9亿元，比上年增长24.98%。万元工业增加值能耗达到6.11吨标准煤，比上年降低9.5%。减排二氧化硫3939吨、化学需氧量403吨、烟（粉）尘17600吨，圆满完成省达节能减排目标任务。工业园区占地20平方公里，入园企业达到28家。全社会消费品零售总额达到30.6亿元，比上年增长20.2%。完成出口创汇2.6亿美元，是上年的2.3倍。完工、在建投资百万元以上项目103项，其中，亿元项目16项，千万元项目55项。全年新增外资企业3家，实际利用外资5240万美元，是历史上最多的一年。全年累计投入环保治理资金3980万元，完成环保治理改造项目95项，环境质量得到有效改善，空气质量二级及二级以上天数达到328天。

【项目建设】　有66个项目建成投产，嘉华泵业、三氯氢硅等37个项目正在建设之中。特别是投资1.6亿美元的日本住友建机、重机项目开工以来进展顺利，一期工程基本完工，预计2009年3月份开始试生产。紧紧抓住中央宏观调控政策调整的有利时机，精心筛选26个重点项目积极跑办，完成立项、规划、环评等前期手续，并全部列入唐山市2009年固定资产投资计划。

【结构调整】　制定《开平区未来三年传统产业结构调整实施意见》，明确各主导行业未来发展方向和重点；坚决淘汰落后产能，取缔拆除水泥窑9座，淘汰落后水泥熟料产能83.2万吨；大力发展新兴产业，河北中名太阳能电池等一批有利于结构调整、延伸产业链条的新兴项目相继开工建设；深入实施品牌战略，“隆达”骨质瓷荣获全国驰名商标，“京华”焊管被评为省名牌产品。新建、接转农业项目12项，完成投资2690万元。积极应对“三鹿”奶粉事件，最大限度减少奶农损失，保证养殖业持续健康发展。正在组织编制《开平区服务业发展规划》，作为第十一届唐山陶博会分会场，连续四年成功举办“古玩、奇石暨陶瓷艺术品交流会”。完成开平大集搬迁，唐百集团与博志公司合作建设的志方购物广场正式投入运营，成为三产服务业发展新亮点。

【园区经济】　经市编委会批准，正式成立唐山现代装备制造工业区管委会，理顺管理体制，同时该工业区被省政府确定为省级产业聚集园区；完成唐山现代装备制造工业区和北湖生态产业园区控制性详细规划和产业研究报告编制；加快园区基础设施建设，总投资4600万元的新华道东延，住友西路，园区一、二期连接线以及污水泵站工程基本完工，110千伏变电站已完成各项审批手续，预计3月份开工建设。投资8000万元与北湖生态产业园区配套的马北路已完成总工程量的三分之二以上；狠抓项目入园，在确保日本住友建机、重机项目顺利建设的同时，又有总投资16亿元的三金石油科技园、拓普生物工程等项目相继开工建设，日本嘉纳福树脂排水管、日本生物工程、鸿升科技、渣浆泵等6个项目正在办理开工前的相关手续。谋划占地5平方公里的住友项目群基地，被省政府列为全省重大产业支撑项目。

【改革开放】　投资1700万美元的丰石汽车配件项目和投资720万美元的唐山和凌丰田雷克萨斯汽车服务公司项目进展顺利，日本信浓集团投资7000万日元成立的信浓商贸（唐山）有限公司是我省批准的首家外商流通企业。深化财政管理体制改革，制定《各镇、街道财税奖励实施办法》，完善镇级财税管理体制。通过推行财政综合预算和项目预算，进一步提高财政资金使用效率。

【城市化进程】　城乡规划日趋完善，完成《开平主城区控制性详细规划及城市设计》、《城市道路、排水专项规划》、《栗园镇、洼里镇、双桥镇三个建制镇总体规划》编制和城市管网普测；城市功能不断增强，投资4700万元，完成普光路西延、北环路东延工程和唐古路胜利桥至唐钱路段、银河路开平段翻修改造。投资1110万元，完成马砖小区供热管网、六号小区自来水管网及锅炉房改造，改善居民的供热、供水条件；城乡建设扎实推进，东城绿庭小区一期工程竣工交付使用，东港龙城全面开工建设，新风楼、四街小区震后危旧平房改造完成建设规划设计，正在开展居民动迁工作；强力推进“拆违拆迁”，圆满完成市达任务。投资3300万元，完成高速公路沿线19个村的民房平改坡工作。区财政投资100万元，全面实施农村垃圾集中收集处理工程。组织实施绿化攻坚行动，新植树木9240亩。

【科教文卫】 开发、引进新技术、新产品25项，推广市级科技成果5项，培育省级特色产业基地1个，高新技术产业产值达到3.83亿元；加大教育投入，投资2400万元，完成康各庄、罗各庄、东刘屯3所农村小学整合改造，合并西关、南关、东山3所城区小学，新建成开平区第一实验小学，免除义务教育阶段学生杂费和普通高中公助生学费；健全卫生服务体系，投资8600万元的开平医院改扩建工程主体完工，马家沟街道办事处等3个街道社区卫生服务中心建成投入使用。巩固完善新型农村合作医疗制度，进一步提高了参合农民的受益水平。深入开展食品安全检查和专项整治，扎实做好手足口病等传染病防治工作，全力组织三鹿婴幼儿配方奶粉患儿筛查诊治，保障了群众身体健康和生命安全；加强基层文体设施建设，新建健身路径12条、市级综合文化站1个；加大广电设施投入，区数字电视播控中心主体竣工，数字化小区建设及有线电视网络改造有序推进。

【施政辑要】 投资160万元，实施镇级计生服务站达标建设，为3.2万名农村已婚育龄妇女免费查体，被市委、市政府授予计划生育工作创新奖。加强土地资源管理，落实国家第8次卫片执法要求，严肃查处违法占地行为。推进矿产资源整合，初步完成煤矿、非煤矿山整合方案。严厉打击非法盗采国家矿产资源行为，关闭非法矿山企业12家；深入开展法人代表安全生产承诺落实年活动，消除各类事故隐患684项，落实整改资金1330万元；大力开展节能减排攻坚行动，全年共实施重点节能减排项目26项，圆满完成省达节能减排目标任务，顺利通过省级考核验收。

【关注民生】 认真落实各项惠农政策，及时足额发放种粮补贴和农资综合直补810万元。落实廉租房制度，解决198户城市困难群众住房问题。实施农村饮水安全工程，投资1200万元，解决34个村3.9万人的饮水安全。积极推进就业再就业，新增就业岗位3200个，城镇登记失业率控制在4%以下。社会保障体系日益健全，全年养老保险、工伤保险企业参保职工分别新增1810人和1490人，超额完成市达社保扩面任务，全区企业退休人员社会化管理率、社区管理率均达100%。严格落实城乡最低生活保障制度，全年发放低保资金1600余万元，实现了应保尽保。积极开展支援四川灾区抗震救灾捐赠活动，全区累计捐款540余万元。

中共区委书记：白春明
副　书　记：常庆久
　　　　　　郑汉军
常　　　委：金九龙
　　　　　　戚永和
　　　　　　苏广均
　　　　　　周立权
　　　　　　朱文礼
　　　　　　李泽明
　　　　　　李春普
　　　　　　张雪梅

区人大常委会主任：王克先
副　主　任：何汇东
　　　　　　杨锦刚
　　　　　　郭长荣
　　　　　　张志新
区　　　长：常庆久
副　区　长：苏广钧
　　　　　　朱文礼
　　　　　　江　洁
　　　　　　刘　国
　　　　　　岳中银

区政协主席：杨清波
副　主　席：李晓东
　　　　　　周祖光
　　　　　　李艳春
　　　　　　李庆军

【开平镇】 总面积65.69平方公里，其中耕地面积4.17万亩，辖34个行政村，总人口5.14万人，其中农业人口3.57万人。地区生产总值达到37.3亿元，比上年增长12.8%，其中第一、二、三产业增加值分别完成9124万元、24.74亿元和11.65亿元。完成全部财政收入4.02亿元，比上年增长15%。粮食总产量13838吨，油料总产量987吨。形成冶金、建材、陶瓷、煤炭、建筑、运输、制造7大主导产业和4个工业聚集区。完工、在建百万元以上项目17项，其中，千万元以上项目11项。唐山市隆瀚新型建材有限公司二期工程等8个千万元项目建成投产，唐山润峰采光板等3个项目开工建设。钢铁、耐火、陶瓷行业大力推行管道燃气和节能技术，工艺技术水平明显提高，基本实现清洁生产。完成农业总产值1.8亿元，牧渔业产值占大农业比重的76.45%，农业产业化经营率达到65%，半壁店都市农业园区完成论证，生态农业、观光农业兴起并初具规模。完成出口创汇1.43亿美元，完成出口交货值3.66亿元，分别增长669.89%和10.91%。东城绿庭住宅小区竣工面积15万平方米，小屈庄、中屈庄、前屈庄平改开、竣工面积37.5万平方米；城中村平改全面启动，投资130万元，新建文明生态村2个，农村“平改坡”面积5.5万平方米。

中共镇委书记：于庆利
镇　　　长：邱鹏飞

【栗园镇】 地处开平区北部，东依陡河水库，南邻开平镇，西连丰润区，北靠陡河发电厂，总面积33.7平方公里，辖19个行政村，总人口2.84万人，其中农业人口1.3万人。完成地区生产总值10.13亿元，同比增长12.6%，其中第一、二、三产业增加值分别完成5950万元、8.13亿元和1.65亿元，粮食总产量6219吨。实施农业龙头项目带动，形成“农民依托基地，龙头带动产业”的特色养殖发展格局。腾飞大雁养殖基地年出栏大雁9000只，生产雁蛋1.2万枚，淡水鱼、种鸡、蛋鸡、奶牛等各类养殖业规模日益扩大，大佛头丰华特种经济动物养殖场是全市唯一一家“全国毛皮动物示范养殖场”。实施二产强镇战略，全镇有煤炭、钢铁、陶瓷、水泥等各类工业企业88家，全年安排重点项目16个，总投资9.99亿元，其中完工项目4个，完成投资1.71亿元。有17个村完成文明生态村创建工作，村村建有基层文化室，共有各类群众文化组织32个，体育场地总面积达1.8万平方米，各种健身器材116件。

中共镇委书记：王福军

镇　　　长：麻彩友

【越河镇】 位于开平区南部，地处唐山市东部，总面积42平方公里，辖24个行政村，总人口2.54万人。2008年，地区生产总值达到19.8亿元，比上年增长8.14%，其中第一、二、三产业增加值分别完成0.7亿元、15.97亿元和3.13亿元。完成全部财政收入2.92亿元，比上年增长21.16%。粮食总产量8225吨，农民人均收入达到4816元。着力“一园、一区、一基地和一个中心”建设，投资4800万元的鼎晨食品农产品物流中心和投资4000万元的鼎晨科技示范园项目已完成前期各项准备，即可开工建设。共有接转、新上以及技改项目21项，计划总投资36.999亿元，其中，亿元项目6项，千万元以上项目12项。国威工贸钢渣分选深加工项目、唐山市冀东硅业年产1万吨三氯氢硅项目等一批大型重点项目相继签约落户，并开工建设。完成工业产值67.06亿元，同比增长13.66%，实现出口创汇2253.29万美元。汽贸、仓储物流等现代服务业稳步发展，和凌汽车4S店、唐山北方佳源物流配送中心等一批重点项目的建成，带动全镇第三产业日益壮大。总投资13.2亿元的东港龙城项目开工建设；投资144万元，对大丰谷等8个村实施人饮安全工程，新打机井8眼，铺设管线5.7万米；对全镇27条、近20公里的乡村主干路全部实施绿化；为全镇13个村完善村民中心和服务室建设。

中共镇委书记：王耀辉

镇　　　长：宋　亮

【郑庄子镇】 地处开平区西北部，南接市区，北靠丰润，西临唐丰路，东与开平镇、栗园镇相连。银河路、大庆道纵贯境内，地理位置比较优越。总面积33.4平方公里，辖27个行政村、4个社区，总人口2.8万人。2008年，完成地区生产总值20.8亿元，同比增长50.8%，其中第一、二、三产业增加值分别完成1.85亿元、75.57亿元和3.15亿元。完成全部财政收入2.77亿元，同比增长87.2%。粮食总产量7619吨，与上年基本持平，油料总产量1028吨，比上年增长2%。农民人均纯收入达5023元，同比增长3.84%。有各类企业百余家，涉及30多种行业，其中钢铁、陶瓷等主导产业占全镇工业产值的90%。实施及谋划投资百万元以上项目20项，其中千万元项目11项，亿元项目4项，完成固定资产投资5.9亿元。共引进外资项目12个，占全年建设项目的57%，投资总额达37.5亿元，占总投资额的95%。品牌优势不断提升，隆达骨质瓷有限公司“longda”商标被评为中国驰名商标，目前，出口创汇企业7家，全年完成出口创汇2245万美元，实现出口交货值2.3亿元，同比分别增长21.0%和10.8%。投入20万元，制订郑庄子镇科学发展规划，投资5万元，完成三益庄、郑庄子等8个科学发展示范村规划，并正逐步实施。累计投入资金163万元，在新房子、安各庄2个村开展文明生态村创建工作，硬化村内街道1.83万平方米，清运垃圾8000方，植树1500株，安装路灯60盏，治理村内垃圾坑1处，建成健身广场4个。城乡等值化发展步伐加快，贾庵子新农村建设和小代庄、张庄子搬迁工程全面完成。

中共镇委书记：冬绍成

镇　　　长：梁朝军

【洼里镇】 地处开平区东郊，拥有唐山市最大的回族聚集村——夏庄。总面积32平方公里，辖16个行政村，总人口19715人，其中回族人口3768人。完成地区生产总值8.45亿元，同比增长12.3%，其中第一、二、三产业增加值分别完成6200万元、4.3亿元和3.5亿元，同比分别增长8.1%、12.6%和12.7%。实现全部财政收入2608万元。粮食总产量达到7882吨。农民人均纯收入达4618元，同比增长10%。奶牛规模养殖户达到150户，禽类规模养殖户达到245户。肉、蛋、奶产量分别达3168吨、740吨和11585吨，畜牧养殖业在大农业中所占比例达到了81%。共有完工、在建项目10项，总投资额为2.09亿元，目前已完成固定资产投资6300万元。唐山市兴盛新型建筑砖厂混凝土加气砖生产线项目、唐山东方轧钢有限公司棒材生产线项目、唐山志盛煤炭洗选有限公司精煤洗选项目已经完工。205国道洼里段商业街共拥有餐饮、商贸、运输、配载等服务业百余家，以集贸市场、牛羊交易市场为主导的三产经济带辐射作用明显增强。投入资金120余万元，硬化路面1.76万平方米，植树1300余株，安装路灯50余盏，完成东尚庄和孩儿屯两村文明生态村创建工程，超额完成国道、高速两侧造林绿化任务。

中共镇委书记：田新成

镇　　　长：戚继山

【双桥镇】 地处开平区北部，陡河水库东侧，总面积35.46平方公里，其中耕地面积4795亩，林地面积6500亩，山地面积2.7万亩，水域面积1.9万亩，素有“五山四水一分田”之称。辖12个行政村，总人口1.5万人。地区生产总值完成8.76亿元，同比增长10.89%，其中第一、二、三产业增加值分别完成1710万元、6.21亿元和2.37亿元，同比分别增长20.3%、15.2%和0.04%。粮食总产量1002吨，农民人均纯收入达4800元。完成全社会固定资产投资完成7000万元，引进省外资金1500万元，实现出口交货值1.4亿元，同比增长11.1%。冀东水泥集团已和凤山水泥厂合作的日产5000吨干法水泥熟料生产线项目达成初步意向，27家耐火企业全部取缔燃煤，建成煤气发生炉。重点抓好以孙庄、安庄、大柳树和徐庄子等村为中心的柴鸡、鹿、貉子和南非雁等养殖小区建设，充分发挥龙头企业对基地的带动作用，以规模和品牌争取最大效益，促进全镇养殖业集约化、产业化经营。禽类（柴鸡、南非雁）存栏达到106000余只，畜类（牛、羊）存栏达到3000只，实现经济效益1000万元。投资10亿元，对环凤山进行综合开发，凤山寺、擂鼓台复建已完成规划设计和前期准备，“凤山传说”、“千层影”等21个文化传说已完成相关资料的搜集整理。

中共镇委书记：任建新
镇　　长：周　勇

【开平街道办事处】　位于开平城区中心区域，总面积4平方公里，辖5个社区、8个居委会，总人口2.55万人。街道共有机关干部31名，社区干部79名。街道党工委下设15个基层党组织，共有党员1110人。已建成普光南里、西新苑、东新苑、东城、西城五个社区服务中心，每个社区均建有社区服务工作站、社区安全警务站、社区文体活动站、社区卫生服务站、社区环境管理站。建成各类社区服务实体98处，便民网点105个，服务项目涉及幼儿教育、医疗保健、美容美发、餐饮、商业零售、家政服务等十几个领域，形成社区服务的综合网络体系。

中共街道党工委书记：张志军
办　事　处　主　任：宗文鸣

【马家沟街道办事处】　坐落在开平城区北部，占地1.4平方公里，辖7个社区、2个居委会，总人口2.57万人。街道共有机关干部30人，社区干部58人，劳动保障协助员15人。街道党工委下设6个社区党委、33个党支部，共有党员1328名。以和谐社区建设为主题，深入开展社区服务，涉及社区医疗、娱乐、保健、家政服务、就业培训、法律咨询等领域，其中，马家沟街道社区服务中心老年公寓是我市档次高、规模大、配套设施完善、宾馆化管理的老年公寓之一。新华社区被区委、区政府评为2008年度社区建设先进单位。

中共街道党工委书记：王宪军
办　事　处　主　任：孙春静（女）

【税务庄街道办事处】　地处开平区西南部，东出口立交桥南侧，占地面积3.76平方公里，辖4个社区，总人口1.98万人。街道共有机关干部45人，社区干部29人，社保员7人。街道党工委下设21个基层党组织，共有党员704人。以完善服务网络、创新服务载体、深化服务内涵为目标，投资200万元完成了税东社区服务中心扩建工程，投资20万元完善街道服务中心建设，实现了“一站式”服务。积极开办社区服务项目，涉及保健、餐饮、家政、就业培训、法律咨询等十几个领域，形成优质便捷的社区服务体系。

中共街道党工委书记：刘　伟
办　事　处　主　任：王铁旺

丰南区

【概况】　辖12个镇、3个乡、1个城区街道办事处、474个行政村、396个自然村。全区总面积1568平方公里，耕地面积48333公顷，人均耕地1.41亩。总人口51.38万人，其中农业人口38.9万人，城镇人口12.47万人。人口自然增长率5.1‰。地区生产总值347.8亿元，人均地区生产总值6.8万元，分别比上年增长22.4%和19.3%。其中，第一产业增加值29亿元，增长2.9%；第二产业增加值221亿元，增长22.9%；第三产业增加值97.7亿元，增长28.7%。三次产业结构为8.3∶63.5∶28.2。粮食总产量22.3万吨，下降2.8%；油料（花生）总产2.2万吨，增长30%；棉花1.3万吨，下降12.2%。全部财政收入40.35亿元，比上年增长15.7%。在全部财政收入中，税收收入完成38.9亿元，其中国税收入31.6亿元，地税收入7.3亿元，分别增长14.8%和25.6%。财政支出20.9亿元，增长30.7%。其中科学技术支出增长41.4%，医疗卫生支出增长59.3%，环境保护支出增长259.5%。农民人均纯收入6846元，增长12.2%，城镇居民人均可支配收入15480元，增长16%，职工年均工资26659元；年末城乡居民存款余额110.2亿元，增24.6%。全年固定资产投资100亿元，全年新建续建项目274个，其中，亿元以上的27个，10亿元以上的2个。引进利用外资3.83亿美元，利用外资数连续7年居唐山市各县（市）区首位。节能减排取得重要进展，投资10.3亿元，实施20项节能项目建设和100家重点单位环境综合治理，万元增加值能耗下降11.8%。二氧化硫、化学需氧排放量分别减少12.6%和22.6%，顺利通过了省节能减排考核。丰南经济开发区为省级开发区，面积6.05平方公里，现有进驻企业68家，形成以冶金、机电、陶瓷、食品为主的产业体系，完成工业增加值30亿元，利税5.5亿元。城市空气质量明显好转，城市空气质量等级二级以上天数为299天，比上年增加4天。

【经济结构调整】　把园区经济作为调整产业布局的切入点，加速推进沿海工业区开发建设。健全完善工业区组织领导体系，内设和派出机构开始有效运作；完成起步区控制性详细规划和基础设施建设专项规划编制工作，规划体系进一步完善；累计完成基础设施投资7.1亿元，起步区内6条12.9公里道路建成通车，电力、燃气、给排水、通讯工程同步实施，工业区承载能力不断提高；项目建设进一步加快，冷轧镀锌、国丰冶金轧辊等7个项目先后开工建设，完成投资27.18亿元。产业产品结构进一步优化。工业生产在市场波动较大的情况下保持较快增长，全区完成工业产值969.3亿元，利润62.2亿元，分别增长37%和15.3%。全年淘汰炼铁、炼钢产能147万吨和177万吨，全区钢铁产品带板比达到78.2%；陶瓷、机电、化工、农产品加工等非钢工业产值、利税分别增长15.4%和7.6%。

【新农村建设】　区财政投入农业结构调整和农业农村基础建设资金2.6亿元，比上年增长83%，有力促进农业增效、农民增收、农村增色。新增设施菜4300亩，新发展浅海养殖5000亩、工厂化养殖9000平方米，新建奶牛养殖小区12个，粮食、蔬菜、肉蛋奶总产量分别达到22.3万吨、191.2万吨和12.9万

吨。特色专业村达到335个;固定资产200万元以上的农业龙头企业达到65家,农业产业化经营率达到61%。农村环境不断改善。新增文明生态村41个,文明生态乡镇2个,所有行政村全部建立了村民中心;解决了12.2万人的安全用水问题,新建沼气池10419个。新建、维修农用桥63座,河道清淤26万立方米;发展管灌节水4.07万亩,累计达到41万亩;新打机井330眼,架设高低压线路140公里,实施土地开发整理3.5万亩,净增耕地8100亩。

【改革开放】 截至2008年底,全区834家企业改制工作基本结束,其中,股份制改造30家,出售331家,租赁经营152家,还原147家,注销停产101家,拆除73家。渤海钢铁集团正式挂牌成立,为打造钢铁强区争得先发优势。民营经济加速发展,完成增加值295.8亿元,占全区生产总值比重达到87%。对外开放水平进一步提高,A-B公司啤酒等一批外资项目顺利开工,全年实际利用外资3.8亿美元,出口创汇9.3亿美元,分别增长33%和48.1%,两项指标连续六年居全唐山市首位。

【城乡建设和管理】 完成城乡建设投资19.13亿元,城镇化率达到48.6%。城完成拆违拆迁17.77万平方米,新增住宅建筑面积104万平方米,扩供管道天然气用户5500户,铺设城市供水主管网4500米。西城区开发建设累计完成投资10.84亿元,路网、供热供气、给排水管网等基础设施工程基本完工,唐山劳动高级技工学校、华北煤炭医学院冀唐学院、消防站等顺利投入使用,行政办公大楼、国税大楼、公安大楼、财政大楼基本竣工,法检大楼、广播电视大楼相继开工建设。小城镇建设步伐明显加快,投资6.6亿元统筹推进住宅、学校、医院、市场等基础设施建设,黑沿子镇蓝海新村一批住宅小区相继竣工,黄各庄镇成为国家级环境优美城镇。同时,投资1.8亿元新建、维修干线公路10条,改造维修乡村公路107条277公里。

【人民生活改善】 城镇居民人均可支配收入达15480元,农民人均纯收入6846元。新增城镇就业5100人,下岗失业人员实现再就业1692人,城镇登记失业率控制在3.05%。社会保障能力进一步增强,在全市率先将农村低保标准由每人每年1200元提高到1400元,全年发放低保金1307.8万元;新型农村合作医疗制度和城镇居民基本医疗保险制度进一步完善,全年两项合计报销医药费3685万元,受益城乡居民16.8万人次。

中共区委书记:刘建立
副 书 记:李国忠
　　　　高树春
区人大主任:王树臣
副 主 任:边文明
　　　　郑志新
　　　　董树军
　　　　陆振文
区 长:李国忠
副 区 长:张会春
　　　　许焕庆
　　　　刘会荣
　　　　佟秀媛
　　　　王玉国
　　　　尚 兵
区政协主席:戴 征
副 主 席:李自学
　　　　王彦庆
　　　　孟淑玲
　　　　李旭红
经济技术开发区管委会主任:许焕庆(兼)
常务副主任:刘志生
副 主 任:刘 丰
　　　　曲永胜
丰南沿海工业区管委会主任:高树春
副 主 任:李自学
　　　　韩志普

【丰南镇】 面积67.79平方公里,辖51个行政村,12个居委会,人口9.98万人,耕地面积4.43万亩。地区生产总值144.3亿元,同比增长23%;工农业生产总值509.3亿元,同比增长32%;实现全部财政收入26.43亿元,同比增长26.7%;农村居民人均纯收入7968元,同比增长13.7%。工业总产值507.1亿元,同比增长32.1%;工业企业利润38.8亿元,同比增长19.4%;完成全社会固定资产投资62.69亿元,同比增长98.2%。

镇辖区、经济开发区、沿海工业集中区三个区域的完工项目36个,在建项目14个,固定资产投资62.69亿元。国丰南区项目投资29.42亿元,建设2号230平方米烧结项目,2号1780立方米高炉项目,2号120吨转炉及连铸、1450轧线工程。投资30亿元的唐山丰南冷轧镀锌有限公司冷轧镀锌项目,其中一期投资16.5亿元,主要设备安装完毕,部分设备进行调试。投资9亿元的唐山国丰冶金轧辊有限公司项目已基本完工,部分设备投入试生产。国丰公司关闭自备工业用水的地下水井24眼,年可节采地下水1000多万吨,成为全国首家实现工业用地下水零开采的钢铁企业。贝钢公司定能耗、水耗、污染物排放量,改进节能、节水、资源综合利用工艺的“三定一改”清洁生产模式得到广泛应用,全年实现循环经济效益9138.7万元。其他13家重点治理企业也实现减排目标、任务。镇重点企业共投入资金2.6亿元,用于污染源点防治。其中国丰公司投入2.45亿元,安装高炉重力煤气烟尘输送管道等设施,其他23家重点企业投入1417.73万元,用于污染治理,使城区环境得到明显改善。完成三产增加值30.5亿元,同比增长24.1%。一、二、三产所占比重分别为0.7%、79%和20.3%。实际利用外资3.8亿美元,出口创汇实现7.4亿美元,分别比上年增长33.1%和87.9%。

河北省重点农业龙头企业唐山鼎新蔬菜有限公司总投资7700万元,完成保鲜蔬菜精深加工项目,带动发展周边蔬菜基地3万亩。新打农用井8眼,架设低压线21260米,修田间石渣路84525平方米,挖渠清淤14120米,铺设节水管灌995亩,新打吃水井7眼。植树造林成效显著。完成造林合计1689亩,植树9万株,其中春季造林760亩,秋冬季造林929亩。镇村美化植树1800株,育苗280亩。

河头里西区总占地157.2亩,规划建筑面积27.6万平方米,分三期建设一期住宅楼14栋,主体已经完工并投入使用。河头里东区占地88.35亩,预计投资4.5亿元,建筑面积21万平方米,施工设计已经完成。银丰二期东组团,投资1.5亿元，建设楼房19栋，建筑面积10.4万平方米，主要用于侉二村、建行楼、协作楼安置，已基本完成。投资1230万元完成建设路南伸、煤河东段绿化、银丰小区排水渠清淤工程。

投资1.5亿元建设的胥各庄学校，已正式投入使用。学校占地130亩、建筑面积4万平方米，成为全省一流的九年一贯制大型综合学校。

在2008年中国乡镇综合实力500强评比中，丰南镇位列第八，为北方地区唯一进入前十名的乡镇。被中央文明委授予全国创建文明村镇先进单位、被省委、省政府授予文明单位。

镇党委书记：陆振文
镇　　　长：刘子泉

【黄各庄镇】 辖55个行政村，面积68.3平方公里，耕地4082公顷，人口4.75万人，人口自然增长率0.89‰。实现生产总值23亿元，第一产业增加值2.39亿元，第二产业增加值13.1亿元，第三产业增加值7.5亿元，同比分别增长18.1%、4.4%、21.7%、16.9%。工农业总产值44.99亿元，其中工业总产值41.09亿元，农业总产值3.9亿元，分别增长21.7%和4.6%。粮食总产量1.96万吨，下降24.5%。棉花81吨，与去年持平。财政总收入3.04亿元，财政支出5014万元，分别增加20.7%和67.4%。农民人均纯收入5900元，增长12.2%。社会商品零售总额3.09亿元，增长7.6%，固定资产投资6.51亿元，增长85.9%。

蔬菜播种面积4.5万亩，蔬菜产量达2.5万吨。引进小黄龙金银娃娃菜、水果玉米等新品种，完成西红柿品种无公害产品认证。新增红星、华红等优质苹果树150亩，新增林地3800亩。奶牛存栏971头，猪存栏3.96万头，家禽存栏30万只，珍稀动物存栏8.5万只，新增禽类养殖场6个。新修生产桥5座，新打生产井34眼，吃水井及配套8眼。完成管灌4300米，旱田改造2500亩，沼气池965个，自来水改造8村2725户。维修杨庄、南杨家泊养水站。

投资百万元以上工业项目6个。已投产项目：投资200万元众利达机械厂扩建项目、投资2000万元凤达禽业发展有限公司新建饲料厂项目、投资2000万元瑞泰机械有限公司扩建项目、投资340万元雾化硅铁粉项目。在建项目：总投资8亿元唐山达丰焦化股份有限公司二期扩建工程，预计2009年底投产；投资3.5亿元的唐山万丰兴化工产品有限公司项目，预计2009年底投产。推进工业项目集中区建设，入区项目达到6个，总资产达23亿元。

个体工商户3608户，其中从事批零贸易、餐饮、交通运输等服务业户数为2115家，全年完成增加值609亿元，同比增长7.5%。民营企业118家，固定资产9亿元，全年完成利税547亿元。目前，全镇务工经商人员达18644人，其中，在工业企业就业人员11475人，仅惠达集团就吸纳农村劳动力近8000人。

累计投资106亿元，实现"村村通"油路。累计投资2420万元，修建惠丰路等4条镇区主要道路，硬化各支干路、小区路。程控电话入户率达95%，建有7座移动通信塔，有线电视入户率达97%。相继开发了惠达小区、文慧园小区、黄一村别墅区、黄二村别墅区、花园住宅小区、祥和家园小区等6个住宅小区，建筑面积20万平方米，实现自来水、暖气、燃气和污水处理的集中配套。

参加农村合作医疗比例达到98%，建立村文体活动场所54个，设置图书室54个，组建文体宣传队伍50个，五保老人集中供养率达95%，十星级文明户达到了总户数的73%以上，计划生育率达到98.8以上，人口自然增长率控制在0.84‰以下。

中共镇委书记：梁俊臣
镇　　　　长：张国春

【小集镇】 辖48个行政村，面积77.5平方公里，耕地面积4246.4公顷，人口3.54万人，人口自然增长率-0.54‰。实现地区生产总值41.1亿元，第一产业增加值2.1亿元，第二产业增加值31.5亿元，第三产业增加值7.5亿元，同比分别增长23.6%、4.6%、26.8%、17.3%。粮、棉、油总产量粮食3.1吨、棉花240吨、油3586吨，同比分别增长-0.6%、2.6%、-9.2%。财政收入3.1亿元，财政支出3251.23万元，同比增长-17.7%、77.9%。农民人均纯收入5850元，同比增长11.3%，民营经济增加值30.8亿元，同比增长25.7%，固定资产投资10.5亿元，同比增长133.6%，年末居民存款余额8.5亿元，同比增长68.7%。

金友公司投资17亿元的1580立方米高炉及配套设施项目建设全线竣工，形成年产150万吨的生产能力。唐山任氏包装设备有限公司投资2.1亿元，在沿海工业区新建占地面积95亩的水泥包装机械制造项目，投产后年可生产水泥包装机械5000台套，创产值6亿元。骨干企业以节能减排为重点，完成节能项目15个，万元生产总值能耗降低4.4%。瑞丰、金友公司实施的高炉煤气压差发电项目，年可实现节能3.32万吨标煤。金友公司投资1450万元，建设引沙河水工程及污水处理厂工程，减少地下水开采，实现工业废水零排放。

制订《小集镇2008年农业结构调整实施办法》，镇财政安排支农资金200万元，专项用于农业重点项目建设。投资278万元，架设高低压线路10.1公里，新打机井27眼，改善水浇地面积1.32万亩，安装IC卡智能控制系统136套。康各庄村养殖户投资215万元，新建占地面积50亩，存栏500头的奶牛养殖园区，加快奶牛散养模式向规模化、园区化发展。投资896万元完成辉坨片12个村土地整理，新增耕地面积1311亩；投资230万元推进自来水改造工程，解决4575户9238人的饮水问题；投资258万元完成西纪、姚庄、东韩等9座农用生产桥改造；投资388万元完成沼气池建设1296个，提高了群众生产、生活质量。

投资1200万元，完成辉坨区卫生服务部、辉坨小学、小集敬老院公寓楼扩建等重点工程，城镇集聚功能进一步增强。投资120万元完成了于唐线至柳河、钱庄至爽坨等公路改造。制订《小集镇2008年文明生态村创建实施办法》，筹措资金200万元，加大文明生态村创建力

度，使文明生态村创建工作向广度和深度拓展。全镇累计投资1390万元，完成路面硬化16.2万平方米，栽植绿化苗木14.6万株，花草1950平方米，铺设便道砖1.36万平方米，安装路灯275盏、新建活动广场5600平方米。到2008年底，文明生态村达到44个，被评为文明生态镇。

投资580万元新建辉坨小学教学楼一栋，改善辉坨片办学条件。投资90.6万元，开展有线电视入户工程，19个村3487户群众安装了有线电视。投资221万元，完成41个村综合文体活动场所建设，安装健身器材243台。投资150万元，新建辉坨社区卫生服务部，解决15个村13000人的就医难问题。投资200万元，新建小集敬老院公寓楼一栋，解决80名“三无”老人的生活问题。投资32万元，为101户贫困户购买冬季取暖煤，为10户残疾人和30名特困家庭进行了房屋修缮，帮助他们解决生活难题。

中共镇委书记：郑卫东

镇　　　长：兰少光

【钱营镇】 辖61个行政村，面积131.4平方公里，人口4.57万，人口自然增长率3.55‰，耕地7278.7公顷。粮食总产2.63万吨，蔬菜6万吨，油料7327吨，分别增长-14.1%、0%和40.6%。实现生产总值21亿元，第一产业增加值2.03亿元，第二产业增值10.52亿元，第三产业增加值为8.7亿元，同比增长-7.6%、1.1%、-24.9%、23.8%。财政收入9551.5万元，支出3425万元，分别增长-47.5%、70.4%，农民人均纯收入5650元，增长11.7%。固定资产投资3.2亿元，增长-3%。民营经济增加值19.6亿元，增长-8.4%。年末人均存款余额6.3亿元，增长76.1%。

受宏观环境和市场需求下滑的影响，骨干企业生产经营困难，先后停产，近7000名工人下岗。积极应对，骨干企业转危为安，停产企业相继复工生产。北阳钢厂投入2500万元加强停产设备的检修和完善，招收工人1200人，于2008年11月底前炼钢厂、炼铁厂、电厂全部恢复生产。清泉公司投入资金8000万元，招收工人3000人，于2007年12月份开始启动全部生产线。毕氏集团原材料、资金充足，加大向北阳钢厂的投资力度，现已谋划投资7亿元的北阳钢厂1080立方米高炉、100万吨链蓖机回转窑球团、240平米烧结、100万吨螺纹线材生产线、100万吨H型钢和120万吨焦化等6个项目。其中1080立方米高炉正在进行规划设计。全年拆除4座128立方米高炉、10吨和30吨焦化厂两座，取缔全部小烧结、小炼铁。英城水泥、兆宇特钢分别投资30万元和50万元对除尘布袋实施了更新改造，减少排污量，有力改善大气和环境质量。

安排支农资金500万元，支持农业结构调整和农业基础设施建设。新增露地菜2000亩，暖室120亩，冷棚380亩。新建王官屯等奶牛园区3个，奶牛存栏1万头。新增果树种植面积890亩。推广日本黄薯、五彩花生、雪莲果等新品种9个。新建后打弓庄蔬菜、东旭食用菌、顺生生态农民合作经济组织3个。投资876.1万元创建大明生态村14个，累计完成生态村创建41个，完成61个村村民中心建设和1226个沼气池建设。全年完成植树造林4577亩。农业基础设施进一步改善。投资214.7万元完成1.07万亩节水管灌安装，铺设节水管道8.59万米，安装卡表701块。投资35807万元，新打机井121眼，架设农电低压线路45.8公里，高压线路3.51公里。

投资16.6万元，完成总面积30.24平方米的钱营镇沙盘模型，形象展示了钱营镇城镇建设发展远期规划。投资1025万元完成建筑面积1025万平方米小屯新村二期工程，11月底已投入使用。投资1600万元，完成建筑面积1.67万平米小屯村三期工程；投资160万元新建10吨锅炉1座和50吨水塔2座；同时，投资250万元完成黄各庄村新住宅楼区路网工程建设，黄各庄新住宅楼、钱毫村平改楼、北阳庄和钱营两村新村址规划设计工作；完成投资600万元占地30亩的镇文体中心广场及总投资1600万元、长15000米的镇区主干道整体规划设计和沙河桥基础主体工程。全年小城镇累计投入建设资金4900万元。

中共镇委书记：王玉林

镇　　　长：冯玉清

【大新庄镇】 位于丰南区东南部，与滦南、唐海毗邻，62个行政村，面积136.8平方公里，耕地面积7067公顷，人口5.72万人，人口自然增长率1.06‰。省道唐海线纵贯全镇，唐港和沿海两条高速公路分别横穿该镇。完成地区生产总值18.07亿元，同比增长18.1%；第一、二、三产业增加值分别为3.12亿元、7.8亿元、7.15亿元，同比分别增长4.8%、19.6%、23.2%；粮食总产量26109吨，棉花总产量50吨，油料作物总产量7936吨，同比分别增长-9.6%、0%、14.6%；完成财政收入3086万元，同比增长9%，财政支出2924万元；农民人均纯收入达到5600元，同比增长11.3%，民营经济增加值实现14.20亿元，同比增长30%；社会商品零售总额1.12亿元，同比增长11.8%；完成固定资产投资1.11亿元，同比增长-3.5%；年末居民存款余额3046亿元，同比增长11.3%。

棚菜种植和畜牧养殖是农业主导产业，棚菜种植面积3万亩，蔬菜年产销量达36.8万吨，销售收入超过307亿元。获得河北省无公害农产品基地认证，产品在国家工商总局注册“绿音符”商标，正式被北京市政府确定为“北京市外埠优质蔬菜供应基地”。与唐山新源生态农业科技有限公司合作，在养马坨村建成千亩生态农业示范园区。示范园区采用生猪养殖、沼气池、蔬菜种植相结合的模式，进行蔬菜深冬生产，生产出口创汇菜。完成盛达蔬菜产销专业合作社、三益蔬菜产销专业合作社、山金瓜菜产销专业合作社、盛宏水产养殖专业合作社、绿爽果菜专业合作社等5个专业合作社的组建，提高农民的组织化程度，降低农民的经营风险，增加农民收入。

发展厕所、太阳能畜禽舍与沼气池相结合的“三位一体”新型沼气池，已累计建池4806个。大佟庄三村、大岭子村成为该镇“沼气池村”。大岭子村组建全镇第一个沼气池物业服务站。为拉动爽坨地区发展，将新爽路升级为县级公路，一期工程已经完工；爽坨地区惠及

12000人的11个村集中供水工程竣工，已实现正常供水。

推动佳奇钢铁公司投资1010万元新上节能节水示范项目，建成两座煤气发生炉和配套的水循环利用设施，实现节水20万吨，节约电费10万元，年可减少成本310万元。指导圣达纸厂进行技术改造，淘汰高耗能的旧机器设备，投资1500万元，新上两条采用新型多缸多网造纸机械的生产线，建成功能齐全的污水处理厂，实现废水零排放。

中共镇委书记：李永东
镇　　　长：董连庆

【稻地镇】 面积50.2平方公里，辖37个行政村，人口2.88万，自然增长率0.28‰，耕地3266.7公顷。粮食总产11683吨，棉花150吨，油料702吨，与去年持平。完成地区生产总值16.75亿元，第一产业增加值1.72亿元，第二产业增加值10.20亿元，第三产业增加值4082亿元，同比分别增长21.7% 9.28%、23.1%、23.7%。工农业总产值47.47亿元，其中，农业总产值2.75亿元，工业总产值44.73亿元，分别增长4.9%和22.5%。财政收入达到6569.5万元，支出2229万元，分别增长61.49%和62.0%。完成全社会固定资产投资3.49亿元，同比增长98.9%。完成民营经济增加值15.3亿元，同比增长25.1%。实现农民人均纯收入5600元，同比增长12%。年末居民存款余额3012亿元。

建立萝卜生产基地3000亩、菜—粮—菜生产基地3000亩、“付坨式”小拱棚速生菜及多茬种植生产基地200亩、西芹菜花连作种植模式生产基地2500亩、裸地菜无公害标准化生产科技示范园区300亩。探索建立农作物套作、轮作生产基地2500亩。其中以安前、杨庄子、相庄子为主的吊瓜—玉米—萝卜模式推广基地1000亩，已经通过验收，亩产值为5000元左右，亩纯收入达到3700元；以大公、李新庄为主的瓜—粮—菜模式推广基地1500亩，亩增效益200元以上，总效益增加了30万元以上。投资224·8万元新建占地20亩、奶牛存栏承载能力248头的唐山市丰南区民生奶牛科扶养殖公司，新建可容纳20头奶牛同时挤奶的大厅一座，同时加大动物疫病防疫力度。全年畜牧业完成总产值8240万元，同比增长3.6%。其中猪出栏2.45万头、奶牛存栏1697头、畜禽出栏60万只、鲜奶产量3000吨、禽蛋2300吨。

招商引资，完成投资4000万元的唐山华冶板业有限公司一期工程、总投资2600万元的唐山大洪食品有限公司建设。重点加强投资8.2亿元的昌盛钢材市场项目、投资1亿元唐山赤也焦化二期工程的建设。

完成建筑面积3万平方米的锦盛住宅小区一期工程，并将尝试运作水、电、暖、气等基础设施齐全的物业管理模式。二期工程正在办理征地、拆迁、规划等工作。投资260万元新建老唐相路陡河大桥；投资29.8万元对稻胥路等5条镇村路进行了维修。投资280万元完成了唐柏路镇区中心段亮化、美化工程。投资402万元创建5个文明生态村，修建水泥路5062万平方米，植树4600株，安装路灯88盏，铺设便道砖1700平方米、清运垃圾6540立方米，建成沼气池932个。

中共镇委书记：王树林
镇　　　长：王成如

【黑沿子镇】 位于南部沿海地区，东临唐山市曹妃甸新区，西接天津市滨海新区，地处唐山湾“四点一带”——丰南沿海工业区腹地，是河北省50个改革与发展重点镇之一。辖九个行政村，三个自然村，面积120平方公里，年末常用耕地133.5公顷，人口2.09万人，自然增长率为4.20‰。海岸线长23.5公里，拥有4.68万亩潮间带和40万亩10米等深线浅海水域。完成地区生产总值8.49亿元，比2007年增长17.7%，一、二、三产增加值分别完成4.21亿元、1.35亿元和2.93亿元，同比一产增长1.0%，二产增长46.1%，三产增长33.3%，同比增长17.9%、6.6%、58.5%和22.1%。粮食总产量7720吨，棉花总产量478吨；财政收入2577.5万元，同比增长39.8%，财政支出1782万元，同比增长89.7%；农民人均纯收入5580元，同比增长11.6%；民营经济增加值5.27亿元，同比增长32.0%；社会零售商品总额7500万元，同比增长12%；完成全社会固定资产投资2.24亿元，同比增长260.9%；年末居民存款余额1.98亿元，同比增长4.2%。

新兴水产品有限公司投资350万元实施扩建改造，新建1000平方米的两个加工车间和4个容量为20吨的速冻库，实现新增冷冻能力30吨。以它为带动，全镇水产加工企业已完成出口创汇224.51万美元。全镇民营经济新增固定资产投资850万元，新增民营企业15家，实现民营经济总产值6.45亿元。

投资120万元完成增殖放流工程，共投放东方对虾1.76亿尾，三疣梭子蟹196公斤，实现对虾捕捞量53吨，产值689万元，海蜇捕捞量600吨，产值600万元。新增浅海养殖面积0.5万亩，浅海养殖总面积已达5.93万亩。新增工厂化养殖车间9座，新增养殖面积11100平方米，全镇育苗室共孵化南美白对虾55.2亿尾，实现产值4416万元，利润732万元。新增近海吊笼养殖1.6万个，养殖面积1200亩，总投资80万元。新增奶牛存栏299头，奶牛存栏总量已达1017头。新造林520亩，完成绿化面积4320亩。改善灌溉面积1000亩，完成低洼盐碱地改造1000亩。

雪莲湾·蓝海新村一期工程将建成楼房23栋，已建成楼房1035套，建筑面积11.3万平方米，投入资金1.6亿元。委托清华大学进行的城镇文化形象设计，也正有机融入到新村建设当中。雪莲湾·蓝海新村采用节能环保的水源热泵代替传统锅炉供暖。

投资50余万元建成毕家鄚老年活动中心，投资120余万元完成全镇有线电视“户户通”工程。为全镇200多名教师实施了免费体检，投资29.76万元购买了68台电脑，改善了教师的办公条件，为考入二本以上的应届毕业生发放奖学金4.85万元，为贫困学生发放了2.59万元助学金。

镇党委书记：韩志普
镇　　　长：张兆华

【唐坊镇】 位于丰南区西南部，面积48.38平方公里，辖18个行政村，人口1.8万人，自然增长率1.88‰，耕地面积2.7万亩。地区

生产总值9.1亿元，同比增长19.8%，其中一、二、三产增加值分别完成1.6亿元、3.5亿元、4亿元，同比分别增长-0.3%、27.4%、23.9%；粮食总产量4425吨，棉花总产量750吨，蔬菜总产量218420吨；工农业总产值完成19.3亿元，同比增长20.4%，其中工业产值16.7亿元，同比增长23.6%，农业产值2.6亿元，同比增长3.6%；出口创汇完成1282.2万美元；财政收入2398.9万元，同比增长12.2%，财政支出1254万元；固定资产投资完成1亿元，同比增长24.8%；年末储蓄余额8700万元；农民人均纯收入达到5360元，同比增长11.7%。

新建各类种植基地8个，发展优质椒、露地菜、太空棉及棉菜套作、粮菜套作等特色种植近2万亩。引进双丰1号豆角等新品种7个，完成绿化攻坚任务2220亩；建成翟庄子等两个奶牛养殖小区，新建孔庄子养猪场、孙老庄综合养殖场。投资500万元，完成天鹏奶牛养殖场扩建工程，新建牛舍7000平方米。23家加工企业加工各类蔬菜1000吨，实现产值600万元，富利达走公司+农户的路子，发展日本盘瓜200亩。完成投资600万元的兴达纱厂一期工程，成为我镇特色加工业的有力支撑。

顺兴公司将成本细化到班组，提高了效益，产值利税同比分别增长2.6%和1.4%；引进外地资金3000万元，建成北方型煤有限公司。新上普惠原料、路通桥梁等投资在2000万元以上的项目3个；协调炼钢、轧带钢、焊管生产和板加工等8家企业，建成工序配套的产业集群。唐丰防护用品厂投资500万元扩能提产，年增生产能力6万套，唐丰、长安两家劳保用品厂，形成年产400万套的生产能力，成为唐山地区最大的劳保用品生产基地。投资1000万元，建成东升建材厂，以高炉废渣为原料，生产新型建材；丰泽溶剂厂投资300万元，改进蒸馏、冷凝生产工艺，生产化学溶剂和提拉油，年增产值1000万元。重点开发邱柳公路中心地段，建设商居楼20处，建筑面积4000平方米，新增个体工商户276家，私营企业6家。建成鑫华物资贸易有限公司，总投资1000万元，年可实现销售收入8000万元，利税100万元。

相继投资120万元新建镇文体中心，投资150万元完善村民中心及其配套设施，投资80万元完成文明生态村的软硬件建设，投资200万元用于村村通工程，改善民生。

中共镇委书记：王太久
镇　　　　长：安永德

【王兰庄镇】　位于城区西15公里，辖30个行政村，面积86.6平方公里，耕地3600公顷，3.8万人，人口自然增长率3.58‰。地区生产总值11.4亿元，同比增长15.9%，第一、二、三产增加值分别为1.9亿元、2.5亿元、7亿元，同比分别增长3.1%、27.9%，17.8%。财政总收入2639.9万元，同比增长109%；财政支出2632.9，同比增长11.8%；农民人均纯收入5350元，同比增长11.2%；民营经济增加值9.5亿元，同比增长23.8%；社会商品零售总额7.8亿元，同比增长93.4%；固定资产投资5200万元，同比减少14.8%；2008年末居民存款余额9127.5万元，同比增长9.6%。

创建高庄子500亩优质棉、董唐庄1000亩棉蒜套作、李报庄1000亩棉菜套作和刘迁庄1000亩糯玉米4个示范园区。组建高先甸蔬菜生产销售、西杨庄蛋鸡养殖销售2个专业合作社，完成镇农业科技信息服务站及高先甸、马家庄、毕武庄3个村级农业信息服务站建设。完成投资800万元建国猪场建设，年可出栏杜洛克、长白等瘦肉型猪1万头。投资120万元建设高家围奶牛养殖园区，6户散养户进区入园，奶牛存栏总量达到150头，奶农卖奶难的问题得到有效解决。实施涉及11个村的国家级万亩土地整理项目，新增耕地1700亩。

引进、新上项目7个，总投资1.9亿元，分别是无锡蓝力投资1.5亿元的挖掘机工程机械配件、投资2000万元的建丰合金制品、投资1200万元的北方钢管、投资300万元的福庆机械、投资250万元的增益机械热处理、投资250万元的乐呵呵复合肥、投资220万元的四合铸造扩建。成功启动兰兴钢厂，总投资1.2亿元的唐山宝隆管件项目达成了合作意向。

市级重点文明生态村马庄子村，投资80多万元，高标准硬化主副街道7000平方米，修建排水沟1640米，铺设便道砖5610平方米，街道栽植柿子树300株，安装高标准太阳能路灯14盏，较高标准地完成了创建任务。对抓先庄、车道铺、董唐庄、横四、李报庄、杨庄户等6个村，加大扶持力度，投资70万元进一步完善“三化”建设。加强村民中心建设，全镇30个村全部建成村民中心，使其真正成为了服务“三农”和建设新农村的综合性载体。筹资137.5万元，完成董代庄—112国道、横沽—112国道、高先甸—宣庄、敬老院—邱柳路、大麦铺—范彭路5条共计505公里乡村公路建设，乡村公路建设整体水平明显提高。新建农村户用沼气池170个。筹资240万元，新打吃水井10眼，完成杨庄户等7个村自来水管网改造工程，群众饮水难的问题得到有效解决。

中共镇委书记：孙志宏
镇　　　　长：高远鸣

【西葛镇】　辖18个行政村，面积49.1平方公里，人口2.4万，人口自然增长率1.79%，耕地2146.2公顷。粮食总产3.5万吨、油料287吨，分别增长11.4%、51.9%，棉花33吨，减少46.8%。实现生产总值15亿元，第一产业增加值0.9亿元，第二产业增加值906亿元，第三产业增加值4.5亿元，同比分别增长20.3%、6%、20.5%、23.3%。工农业总产值40.3亿元，其中，工业总产值38.7亿元，农业总产值1.6亿元。分别增长20.7%、6.2%。财政收入达到0.9亿元，支出0.2亿元，分别增长14.5%和66.4%。农民人均纯收入5850元，增长11.2%。民营经济增加值14亿元，增长22.3%，固定资产投资1.6亿元，增长41.7%，年末居民存款余额1.8亿元，增长31.9%。

粮食总产达到3.5万吨，比去年增加2000吨，其中稻谷、玉米、小麦均达到历史最好水平。投资260万元在越支四村新建产业链条奶牛养殖园区，现已投入使用。三个大型机米厂投入200多万元引进先进的色选机、抛光机，年加工大米4万吨。由18户农机专业户成立的农机协会在去年水稻机插育秧、插秧试验取得成功的基础上，又引进水稻插秧机7台，完成机插秧3000亩，为群众节约工时费20余万元。植树造林取得新成效：全镇共有林地面积9981亩，森林覆盖率达21%，率先在全区超额完成造林任务。

粤丰公司生产的角钢系列产品，已被国家电力总公司确定为定点生产企业，垄断华北地区销售市场；梦牌产品95%外销，创汇3500万美元。粤丰公司与国家电网总公司合作投资1.6亿元新上40万吨型钢生产线，现已投入使用。年增加产值2亿元，利税950万元。投资3500万元的强利冶金锯片材料厂，5月初已投入使用，可增产值6000万元，利税180万元；投资3000万元的夹气砖项目7月份已投产，可创产值1500万元，利税500万元；投资800万元的德力石油管道配件项目也投入使用，年可实现产值2400万元，利税500万元。

西尖坨村被定为科学发展示范村，孟庄村、越支六村被定为文明生态示范村，东尖坨4个村被定为新农村建设示范村。其中，西尖坨村投资70余万元，栽植花草3.3万平方米，十字大街成为名副其实的科普、文化长廊。东尖坨4个村继续实施联村创建，投入300万元，便道铺设了彩砖，在各家各户门前栽植1万余棵柿子树，主要街道安装路灯，栽植观赏性苗木3万余株。孟庄村和越支六村两个村共投资40余万元，修整主街，铺设花砖，绿化附道。完成沼气池708座，总数达到1600户，超额完成任务。

15个村组建秧歌队，越支联村成立“夕阳红文艺宣传队”，西葛等3个村联合成立了评剧团。镇中学教师张云龙、刘玉敏夫妇在中央三套“神州大舞台”节目的家庭表演中获得金奖。

中共镇委书记：梁瑞满
镇　　　长：郑　春

【柳树酄镇】　辖14个行政村，面积105.3平方公里，人口2.8万人，人口自然增长率1.87‰，耕地1832公顷。粮食总产量1.73万吨、棉花2509吨（皮棉），分别增长16.5%、4.2%。实现生产总值6.21亿元，第一产业增加值1.85亿元，第二产为增加值2.09亿元，第三产业增加值2.97亿元，同比分别增长19.2%、14%、24.8%、18.7%。工农业总产值9.66亿元，其中工业总产值6.72亿元，农业产值2.94亿元。分别增长20.5%、5.9%。财政收入2756万元，支出2248万元，分别增长35.2%和116.6%。固定资产投资1.6亿元，增长128.6%，年末人均存款余额2.18亿元，增长2.3%。

投资500万元，完成李富庄、老铺二期土地整理项目，修建闸8座，生产桥2座，新打机井6眼，架100KVA变压器4台。完成刘德庄村、西二村、李富庄村中低产田改造项目，总投资476万元，建设总规模7200亩。完成春季造林152.7亩，更新造林200亩，唐曹及项目区等重点造林1295亩。

完成唐山市亨通实业有限公司机械铸锻件项目，投资1.8亿元，占地面积60亩，年可实现产值8亿元，利税1.2亿元。完成唐山市丰南区燃气公司项目入区，投资3000万元，可解决工业区全部入驻企业用气，年利税600万元以上，利用闲置资产，引入唐山吴威金属材料有限公司和唐山市丰南区亚泰德机械设备制造项目。吴威金属材料有限公司项目总投资500万元，年生产铝镁粉6000吨，年实现销售收入2.1亿元，利税2100万元。亚泰德机械设备制造项目总投资2000万元，年实现销售收入8000万元，利税350万元。

投资450万元，完成镇区商贸街和西河中心两侧平改楼1100平方米。投资820万元，完成邱柳公路柳瞿阝段翻建1.5公里，安装高标准路灯62盏。商贸大街安装高标准路灯80盏，栽植绿化树4000延长米，设置垃圾箱50个，建成公共汽车站，城镇功能日臻完善。

投入农村水、电、路资金1500万元，投入各类社会事业资金640万元，文教卫生综合实力明显加强，人民生产质量显著提高。

中共镇委书记：高贺利
镇　　　长：王立新

【大齐各庄镇】　位于区东部，辖19个行政村，面积39.6平方公里，耕地面积2438.52公顷，人口1.3687万，人口自然增长率为-3.24‰。地区生产总值8.2亿元，比上年增长20.6%。其中，第一、二、三产增加值分别为0.81亿元、11.36亿元、1.8亿元，分别比上年增长7%、22.7%、24.3%。粮食总产量1.12万吨，比上年增长2.2%；财政总收入6116万元，比上年增长45.3%；财政支出2211.97万元，比上年增长52%；农民人均纯收入6050元，民营经济增加值6.35万元，固定资产投资1.5亿元，年末居民存款余额1.0655亿元，分别比上年增长16.0%、15.4%、74.9%、30.4%。

完成新建、技改工业项目6个，投资1.27亿元。榕丰钢铁有限公司投资4430万元，新上地面除尘、挡风抑尘墙和废水生化处理设备，现已正式投入使用；投资610万元建设焦炉煤气脱硫工程，实现节能减排目标。汇杭特钢有限公司投资5820万元完成变频器、精炼炉除尘改造和封闭水循环项目。完成鑫磊机械铸造、烨兴洗煤、成达骨质瓷、宏远塑料制品等4个新上项目，完成投资1860万元，年可实现销售收入1亿元，利税1000万元。

投资230万元，完成大齐镇路网改造10.95公里；投资60万元，以稻钱路镇政府所在路段和友谊路大齐村路段为切入点，安装路灯，共有9个村安装路灯。投资486万元改善教学环境，建设学生公寓和礼堂各一栋。

中共镇委书记：张敬宝
镇　　　长：佟赞利

【东田庄乡】　辖27个行政村，面积73.1平方公里，人口1.628万人，人口自然增长率4.02‰，耕地218公顷。粮食总产1100吨，棉花3100吨、油料130吨，同比分别增长6.2%、8%、3.2%。全年实现地区生产总值7.02亿元，第一产业增加值2.19亿元，第二产业增加值1.64亿元，第三产业增加值3.19亿元，同比分别增长23.1%、9.3%、3.2%、30%，工农业总产值11.36亿元，其中：工业总产值8.68亿元，农业总产值2.68亿元，同比分别增长20.4%、24.2%、4.8%。财

政收入1240.6万元，支出1036万元，分别增长33.9%和34.2%。农民人均纯收入5710元，增长9.4%，社会商品零售总额9300万元，增长11.3%，固定资产投资7148万元，增长1.8%，年末居民存款余额6200万元，增长10.6%。

投资480万元，新发展棉蒜套作面积3000亩，增加农民收入100多万元。组织棉农外出开展棉花规模承包经营，增加承包面积5000亩，增加农民收入200多万元。投资3500万元新上大田纺纱厂，满负荷生产后，可消化吸收境内及周边4万亩棉花的产销。投资320万元，完成东田庄、郭庄子、李东街3个存栏400头以上的养猪场建设。

鑫惠丰特钢有限公司投资7000万元，新上4000吨高端油压锻造生产线。投资850万元新上铂新耐火材料项目等，为经济发展增添后劲。

投入140万元用于综合文化活动室和文化娱乐广场建设。特别是大吴庄、宋庄子、谷庄子等村级文体休闲广场经常性地组织群众开展文娱活动。付庄子村的传统篓子灯秧歌被河北省列为非物质文化遗产。

中共乡党委书记：董国才
乡　　　　　长：王艳玲

【南孙庄乡】 辖28个行政村，面积95平方公里，人口2.2万，人口自然增长率2.09‰，耕地3538.6公顷。粮食总产0.13万吨、棉花0.19万吨，分别减少16.8%、21.9%。全年实现生产总值5.9亿元，第一产业增加值2.82亿元，第二产业增加值1.18亿元，第三产业增加值1.90亿元，同比分别增长15.7%、4.5%、18.5%、35.2%。工农业总产值8.8亿元，其中，工业总产值4.5亿元，农业总产值4.3亿元，分别增长20%、59.5%。财政收入达到520万元，支出960万元，分别增长14.1%和39%。农民人均纯收入5100元，增长13.3%。固定资产投资0.35亿元，增长40%。

经济以农业为主，主要生产棉花和辣椒，种植面积分别达3.3万亩和2万亩。先后建起蔬菜加工和棉花加工企业19家。其中，唐山华成食品有限公司，总投资400万元，年可加工蔬菜制品1000吨，创产值500万元，利税40万元，产品出口日本，成为全乡以农产品为原料加工生产的龙头企业。唐山市名远纺织有限公司，投资达1200万元，年生产能力纱线2000吨，年产值约4000万元，年利税600万元，正常生产年需棉短绒2500吨，可带动全乡4万亩的棉花加工销售，每年为群众增收100多万元，成为全乡强有力的农业龙头企业。

与唐山市农科院和区科技局合作，投资30万元在黄河庄、北元庄两村建设200亩辣椒优种繁育基地。投资15万元，在赵新庄建设240亩粘玉米种植基地。

加强赵四牛、马新庄、赵新庄三个奶牛养殖园区建设。投资150万元，在教军厂村新建存栏300头的奶牛养殖基地，现奶牛存栏已近200头，奶牛养殖基地逐步形成。

教军场村、王玉石村分别投资20万元、10万元，建成文化娱乐广场1300平方米、500平方米，用于开展群众性文化活动。全乡有花会秧歌队17支，人数达1160人，农闲时节长期活跃在村内，丰富了群众业余文化生活。

中共乡党委书记：董文再
乡　　　　　长：李恩安

【尖字沽乡】 位于丰南城区南20公里处，北邻惠达工业区，南连沿海工业发展集中区，辖9个行政村，1个自然村；面积44.95平方公里，在册耕地面积1533公顷。人口1.6万，人口自然增长率为3.15‰。完成地区生产总值4.03亿元，占计划的100.7%，同比增长15%；第一、二、三产增加值分别为7700万元、1.2亿元和9.07亿元，同比分别增长0.6%、15.1%和21.4%；粮食总产量为3551吨，同比增长12.1%；棉花总产量763吨，同比增长2%；全社会固定资产投资完成3510万元，同比增长15.8%，完成财政收入837.7万元，同比增长21.9%；农民人均纯收入达到5400元，同比增长11.3%。

推广瓜棉套作、棉菜套作等种植模式466公顷，有效促进农民增收。在年初蒲台河村大棚甜瓜试种成功的基础上，望北村和蒲台河村新上棚菜23.3公顷，超额完成棚菜建设任务。以资源为依托，以项目为载体，科学规划3.3公顷土地，制定可行方案，投资近400万元，集垂钓、棚菜、果园和种养植为一体的农业示范园区基本建成。造林任务是86.6公顷。完成唐曹高速绿化61.7公顷，经济林30公顷，河渠路植树3.3公顷，农田林网13.3公顷，村庄绿化11.8公顷。完成涉及到唐曹高速、丰碱线、胥涧线、范彭线五条干线以及乡道等160公顷绿化攻坚任务。投资近600万元的龙强面粉厂发展势头良好，面粉远销东北、京津地区；投资500余万元的欣龙精制米加工厂已经投产，企业运行平稳；以龙强面粉厂为依托，新建投资300余万元的精品挂面厂，引进低温低速挂面生产线，现已投产。“一条龙”式的粮食加工，使该乡的粮食产业形成特色。

蒲台河村投资1万多元，栽植环村林2000株，投资320万元修筑水泥路4万余平方米，安装路灯53盏；望大村投资60多万元，建房15间，完成村址及其附属工程建设。上双坨村投资30万元，在主副街道植树1200棵，铺设路面彩砖1100多千米。建成沼气池463座，现已通过验收，占全年建池任务的140%。提高教学质量，中考实现历史性突破，有29名学生考入一中。投资40万元对中学实验楼的门窗、地面、室内墙表等进行改造。

中共乡党委书记：毕志安
乡　　　　　长：郑新波

【胥各庄街道办事处】 辖14个社区居委会，135个生活小区，居民16581户，人口49278人。2008年，被评为全国和谐社区建设自主创新先进街道，荣获河北省委、唐山市委思想政治工作先进集体、唐山市社区建设先进街道、唐山市文明建设先进单位、丰南区先进基层党组织、丰南区文明单位等荣誉称号。

发展老同志合唱团、书画协会、健身队等自治组织32支，达4000余人。借助各种纪念日、重大节日，举办大型居民健身运动会、千人革命歌曲大合唱、广场文化展演、书画展等丰富多彩的活动，年平均达400余场次。

投资80万元，搭建社区信息化网络平台，在网络上开设“河头商

家、求职招聘、家政服务、生活指南”等15类便民利民服务版块，扩大服务内容，方便居民需求。同时，在有条件的社区建立电子阅览室、网上学校，定期对社区居民开放。

有164名下岗失业人员在社区从事清扫卫生、居家养老服务等公益性工作。成功创办“下岗嫂子”水洗店和楼道保洁公司，为75名家庭困难的失业妇女提供就业岗位，累计实现灵活就业529人次。对贫困家庭，按低保政策实现应保尽保；针对鳏寡孤独、特困户等弱势家庭，街居干部与他们结成206对服务对子，精神上鼓励、生活上照顾；尝试了“4050”对“7080”服务模式，即安排23名40至50岁公益性下岗职工与辖区内89名离退休老干部结成无偿服务对子，探索出一条居家养老的新途径。成立4所社区服务中心，建立居民健康档案，开展健康教育、关爱妇女儿童等活动。按照“一区一警”模式建立民警责任区，“三位一体”矛盾排查和调处网络体系逐步完善。

中共街道工委书记：夏春秋
主　　　　任：赵洪生

丰润区

【概况】　辖属23个乡镇、3个办事处、587个行政村，总面积1334平方公里，耕地面积72295公顷；总人口91.64万人，人口自然增长率2.90‰。2008年，实现国民生产总值328.44亿元，其中第一、二、三产业分别为36.37亿元、212.60亿元、79.47亿元，同比分别增长6.3%、10.8%、14.6%；粮食总产为40.29万吨，增长1.0%，棉花总产2103吨，下降1.3%，油料总产为4万吨，增长9.9%；财政收入22.47亿元，财政支出15.19亿元，增长15.9%；农民人均纯收入6353元，增长11.6%，城镇居民人均可支配收入15067元，增长16.1%，在岗职工年人均工资26894元，增长17.8%，年末城乡居民存款余额196.75亿元，比年初增加48.22亿元。固定资产投资56.6亿元，增长15.9%。规模以上工业企业增加值综合能耗为2.635吨标准煤/万元，下降10.92%，烟粉尘减排量11726.3吨，二氧化硫减排量5212吨，化学需氧量减排量3947.4吨；装备制造业园区规划面积35.2平方公里，进园企业84家；全年实现社会商品零售总额70.7亿元，增长26%；出口创汇4亿美元，增长1.3倍；实施亿元以上项目37个，实际利用外资1612万美元；取缔拆除水泥窑37座，其中机立窑35座，干法中空窑2座，自然停产企业9家，关闭企业3家；治理整顿企业208家，治理投资总额约1.6亿元；城市环境空气质量二级及优于二级的天数为310天。

【结构调整和节能减排】　实施亿元以上项目37个，完成全社会固定资产投资56.6亿元，增长15.9%。总投资15.6亿元的冀东水泥三期等项目建成投产，总投资27.9亿元的丰润热电、总投资2亿元的科奥浦森等项目开工建设，总投资12.8亿元的立信变速器等项目已具备开工条件。装备制造业园区建设加快推进，总体规划和产业发展规划编制完成，园区被确定为省级重点产业聚集区。节能减排取得显著成效，淘汰落后水泥产能356.2万吨、炼钢能力41万吨，单位地区生产总值能耗同比下降6%，化学需氧量、二氧化硫排放量分别比2005年削减18.5%和16.8%，超额完成年度治理任务。

【新农村建设】　继续实施农业生产补贴措施，引导农民调整结构、提质增效，主导产业有了进一步发展。奶业经受住市场急剧滑坡的严峻挑战，在保持稳定的同时，着力推进规模化发展，当年新建百头以上奶牛养殖场区26个，增加存栏量1.6万头，规模化养殖比率达到60%。生猪基地建设步伐加快，新建百头以上生猪养殖场248个，7个养殖场被评定为国家级生猪养殖场。蔬菜、果品产业持续发展，新建日光节能温室和蔬菜大棚129座，发展涞阳红桃、薄皮核桃等特色果品5000亩。农村生产生活环境进一步改善，投资9900万元有效解决303个村、34.7万群众的饮水安全问题；户用沼气、村民中心建设持续开展，文明生态村镇创建成果进一步巩固和加强。

【城镇建设】　基本完成村庄地形图测绘工作，村庄规划编制全面铺开。投资1.5亿元，改造建设唐丰路城区段、滨河南路等城区道路5条，开工建设彭李线等县乡道路5条，建设总里程80公里。深入推进拆违拆迁攻坚行动，拆除各类建筑44万平方米，新建住宅50万平方米。启动实施唐山北站片区改造建设，高标准完成修建性详细规划编制，拆迁改造开始实施。大力推进既有建筑供热计量和节能改造，完成供热计量改造5.3万平方米，节能改造11.2万平方米。调整完善城市管理组织体系，加大环境综合整治力度，城市管理水平有了较大提升。

【社会事业】　投资4300万元改造教育设施，新建标准校舍2万平方米，配置信息化设备138台套，125所学校取暖设施实现更新改造；教育教学水平稳步提高，车轴山中学高考成绩保持全市领先水平；全部免除高中阶段公助生学费。新建、改建社区卫生服务中心和卫生服务站9个，改造提升乡镇卫生院2个，群众就医条件进一步改善。加强城乡文化设施建设，改建乡镇综合文化站3个，为28个村健全健身设施。进一步完善计划生育利益导向机制，人口自然增长率控制在2.9‰。广播、民政、科技、金融、民兵武装等各项事业持续健康发展。

城市居民人均可支配收入达到15067元，农民人均纯收入达到6353元，分别增长16.1%和11.6%。新增城镇就业4561人，城镇登记失业率控制在4.2%以内。城镇低保由每人每月225元提高到270元，农村低保由每人每年1000元提高到1200元。进一步落实机关事业单位人员津贴补贴，工资待遇达到全市中上游水平。新型农村合作医疗水平进一步提高，城镇居民医疗保险全面实施，参保率分别达到93.6%和66%。高度重视残疾人生活，改造农村贫困残疾人危房148户、1万平方米。改善民生攻坚行动扎实推进，区政府承诺的15件实事全部落实到位。

中共区委书记：刘彦华（12月免）

曹金华（12月免）
副　书　记：曹金华（12月免）
张印久（7月任）
和春军（12月任）
区人大常委会主任：陈绍增
副　主　任：谷运伯
李淑芬
董会平
王玉山
区　　长：曹金华（12月免）
和春军（12月任）
副　区　长：李贵富
郑秀利
孟文红
董会平（12月任）
区政协主席：李秀岩
副　主　席：王玉春
闫仲儒
贾德武

【丰润镇】 辖45个村，总面积92.93平方公里，耕地总面积4843公顷，总人口67848人，人口自然增长率4.85‰。全镇固定资产投资完成16.50亿元，财政总收入完成2.31亿元。工业产值完成108.19亿元，农业产值完成4.18亿元，完成国内生产总值（GDP）33.07亿元，人均生活水平达到6280元。固定资产投资1000万元以上的重点项目17个，其中被列为省重点的丰润热电厂项目，总投资27亿元，规划占地900亩，目前完成投资15亿元，预计建成后年发电能力达30万千瓦时，年利润达2亿元。

以加强基础设施建设为突破口，以无公害蔬菜基地建设为发散面，以果木发展基地为示范带，以畜牧养殖为效益链，推进农业结构调整，突出农业发展的规模化、特色化、产业化。共投入资金103万元用于农业基础设施建设，新增节水灌溉面积3000亩。全镇新增节能日光温室2000亩，蔬菜面积突破9500亩；林果面积发展到300亩；奶牛规模化养殖率和机械化挤奶率达到60%以上，奶牛存栏达到12000头。

先后召开30多次领导班子会议，研究部署矛盾化解和稳控工作，采取领导包片、机关干部包村、村干部包户的办法，开展“大排查、大接访、大调处、大稳定”活动，共排查信访苗头隐患129件。围绕领导开门接访和带案下访两条主线，镇领导深入到信访稳定工作第一线，主动解决群众的来信来访问题，直接接待群众来访累计70人次，协调处理各类信访事项21件。镇机关还抽调15人组成应急小分队，对重点人实行24小时稳控。同时，以“诚信平安”创建为契机，深入开展民间纠纷调解排查活动，排查调处各类矛盾纠纷558起；共清缴反宣传标语1104条，查获反宣传品66件，真正确保了奥运期间辖区内的安全稳定。

绿化攻坚行动中，抽调机关干部100多人，组建了百人绿化工作队，深入到村开展工作，加快进行高速公路、国省干道、县乡级道路两旁绿化占地的丈量、规划与合同的签订，截至年底，共完成道路绿化租地3900亩，占规划绿化面积的95%。平改坡工作中，共涉及新农村等9个村，614户，62067.02平方米，全部按预期完成任务。

全镇共建成市级文明生态村1个，区级文明生态村4个，全镇共投入资金700万元，硬化道路26公里，完成“村村通”工程10.4公里，绿化植树9000株，清运垃圾3500吨。对西黄各庄村等5个村进行集约土地建楼，对王家楼村等6个村进行平房改造工作。计划生育政策生育率达到98.2%。在为汶川地震灾区献爱心活动中，全镇广大党员干部共捐款205.46万元，捐物3456件。

中共镇委书记：高贺山
镇　　长：刘长秀

【银城铺乡】 辖15个村一个居委会，总面积48平方公里，耕地总面积2304公顷，总人口31736人，人口自然增长率6.09‰。完成工农业总产值124.19亿元，比去年增长56.92%；完成固定资产投资2.98亿元；财政总收入完成1.86亿元，比去年增长53.96%，人均纯收入达到5380元。

四川汶川发生大地震后，全乡累计捐款捐物2021117.6元；全乡广大共产党员自愿交纳“特殊党费”72877元用于支援抗震救灾，其中9人交纳“特殊党费”1000元以上；同时，在抗震救灾过程中也涌现出了许多先进典型。刘庄子村党员、入党积极分子第一时间带头捐款；殷官屯村党员蔡中祥组织21名退伍老兵去北川羌族自治县加入抢救行动。

共有去年结转续建、新开工、新谋划投资千万元以上的项目26个，其中完工项目7个，在建项目8个，计划开工项目3个，新谋划项目8个。天柱三期、鑫宇钢铁、鑫旺源钢铁、鼎金技改、金航扩建项目、荣泰钢铁项目、分二期固定资产投资的正泰废旧金属加工项目一期都已完工并生产；盛达钢铁、鑫鑫机械制造、鑫丰钢铁技改项目、科奥浦森轨道交通设备项目、唐城钢铁技改项目、天柱混铁炉项目、大隆机械项目、大八里捆绑建楼项目都在加快建设当中；目立信变速器项目、银城房地产开发项目、振文水泥改建粉磨站项目正在积极准备；国泰纸业二期、国恒钢铁（扩建）、宸瑞镁合金压铸项目、天柱配套建设高速线材项目、正丰钢铁物流项目、刘庄子平改楼项目、甸子捆绑建楼项目、冀东水泥部分项目正在积极谋划运作当中。

结合京沈高速、唐丰路、京秦铁路的平改坡要求，对8个村进行“红顶、白墙、绿树”试点，改造新民居1814户。

在燕山路拆违工作中，圆满完成拆违任务16831平方米；在绿化攻坚工作中，完成银河路、102国道、唐丰路、京沈高速、乡道绿化任务1820.97亩。

中共乡党委书记：李佩安
乡　　长：董　盟

【老庄子镇】 辖27个村，总面积58.7平方公里，耕地总面积4152公顷，总人口37685人，人口自然增长率1.34‰。工农业总产值完成16.1亿元，占计划的106%，比上年增长4.2%，大口径财政收入完成2805.3万元，超年计划31.1%，比上年增长40.3%。特别值得一提的是，2008年涉及该镇的重点工程较多，税务部门严格征管，做到应收尽收，仅此一项增加地税收入232万元。固定资产投入完成2亿元，比计划增长1.3%，农民人均纯收入达6200元，比上年增长10.7%。

按“红顶、白墙、绿树”要求，推进农村新民居改造，投资

2100万元，完成杨信庄等5个村的“红顶”改造；投资450万元，对西外环高速所涉及到七王庄等7个村、邱柳线所涉及的陈家庄等7个村，李官屯至崔家屯道路所涉及的白树庄等5个村进行绿化，总绿化面积达4000多亩，新植树木7万多株。全镇27个村全部完成村域规划，党家庄、小城子等6个村平改楼工作已经全面展开。

一季度完成固定资产投入1000万元。分别投资2500万元、1000万元的唐山建华机械厂，唐山市丰润区润通保温厂已投入生产。总投资1亿元的，唐山汉维物流、唐山鸿鹏焊丝、东润自动化机械厂都在建设中。计划投资500万元的金藏源金属厂，计划投资1000万元的唐山工业泵厂正在积极的谋化中。

重点工程共10项，已圆满完成6项，即机场连接线工程征地；唐丰快速路征地扫尾；唐山友谊路北出口拓宽征地；西外环高速绿化征地；220KV高压线路改造工程用地的拆违工作；110KV高压线路改造工程用地的拆违工作。另外4项正在顺利展开，即津秦客运专线征地；唐山机场连接线绿化征地；西外环公路绿化征地；永秦唐天然气工程。

文明生态村总数达到17个。扩大新型农村合作医疗覆盖面，农民参合率达到100%。完善社会保障体系，扩大贫困群众救助范围，春节期间筹集11.5万元，对400多户贫困户进行了走访慰问。累计向四川灾区捐款30多万元。计划生育工作实现由管理型向服务型转变，广大育龄妇女的生殖健康水平全面提高，全镇计划生育率达到98%。

中共镇委书记：杨得叶

镇　　　　长：薄会海

【任各庄镇】　辖25个村，总面积50平方公里，耕地总面积3322公顷，总人口29577人，人口自然增长率2.1‰。完成全部财政收入2267.42万元，全社会固定资产投资达到1.2亿元，实现2年翻一番的既定目标。农民人均纯收入达到5365元，比上年增长7.1%。2008年全镇共谋划和建设固定资产投资500万元以上的项目7个，总投资4.83亿元。其中，已完工投产的项目3个，分别是投资8300万元的冀东混凝土搅拌站、投资1200万元的德生防水三期工程、投资800万元的鑫强恒聚型焦有限公司。在建项目1个，即投资2亿元的飞龙水泥有限公司。谋划项目3个，分别是投资8000万元的鑫联特种铸件有限公司、投资5000万元的唐山港丰钢铁有限公司转产螺纹钢项目、投资5000万元的瑞隆钢铁有限公司扩建工程。

在唐山北出口拆违拆迁工作中，拆除建筑物18处、7800平方米。在平改坡工程中，安装红顶161110平方米，其中，民宅1206户，128960平方米，民宅商用47户，14800平方米，企业22户，17350平方米。

唐丰快速路任各庄段实现全线按时进场施工，中石油传输管道和中转站建设基本竣工。

在万亩中低产田改造工程中，栽植林木4.3万株，新修石渣路36.69公里，铺设地下防渗管道2万米，地下线缆10.56千米。在规定时间内共签订租地合同2624份，圆满完成了3723亩土地的绿化租地任务。

在三鹿奶粉事件处理中，组织和帮助近600名儿童到定点医院进行身体检查，较好地安抚群众情绪，没有因工作失误造成群众上访事件。

有9个村安全饮水建设工程竣工并投入使用，有8个村正在建设之中，新打吃水井14眼，铺设地下管道9.4万米，近1.7万群众吃上了放心水。

中共镇委书记：刘士宏

镇　　　　长：田子印

【常庄乡】　辖17个村，总面积30.1平方公里，耕地总面积1747公顷，总人口18967人，人口自然增长率3.31‰。地区生产总值7.64亿元，第一产业增加值4051万元，第二产业增加值6.73亿元，第三产业增加值5050万元，粮食总产量5859吨，油料总产量1749吨。财政收入3686.3万元，财政支出372万元，农民年人均纯收入5670元，固定资产投资额1.2亿元。

总投资7090万元，年产值25亿元，利税8700万元的唐山市武东高频焊管（现更名为东泰焊管有限公司）二期项目、超越钢铁二期项目、广丰钢铁二期项目已经完工。有3个项目在建中。麻龙湾休闲度假村改扩建项目，以建清明上河图的泥塑公园为主题，于4月份开始施工建设，总投资2500万元。已投入资金800万元完成清明上河图的基本架构，预计2009年4月底竣工，5月份接待游人，年可实现利税200万元。常兴家园项目（老供销社旧址建商住楼项目），总投资3600万元，已投入3000万元，完成楼房主体建筑，预计2009年5月份可入住。广丰钢铁有限公司35千伏附属变电站项目，总投资1180万元，设备已安装完毕，并完成架线。

计划开工崔马庄一村、张家洼村等5个村新民居建设项目。占地386平方米的“乡居假日”项目展示中心已建成并投入使用，项目总体规划沙盘和项目规划多媒体演示系统均已完成并配备到展示中心。总投资40亿元，已累计投入资金600万元。

赵庄生态科技观光园项目正在谋划洽谈，总投资7.85亿元，年产值可达1.5亿元，年可实现利税2300万元。已与开发商进行多次洽谈，制定分期分批建设规划，并首先筹建占地面积700亩的生态农业种植园，包括农产品生产、无土栽培、果蔬采摘示范3个区，总投资2950万元。

在唐丰路、高速公路两侧建立种植带，以种植蔬菜粮食为主。蔬菜播种面积5650亩，其中设施菜播种面积为560亩。利用沟、坑、荒地发展林果业、水产业，形成经济带，逐步实现产业化。现有果园面积612亩，淡水养殖面积239.5亩。

规划奶业产业区，以三星乳业为依托，重点抓黄各庄、花园、金川院、常一等村奶牛养殖特色村建设，特别是黄各庄和金庄两村两座挤奶大厅的建成，带动周边村奶牛养殖业的发展，养牛5头以上的专业户达95户，奶牛存栏2030头。

以唐山市恒益养殖有限公司为依托，使基础母猪大大增加，年出售种猪、育肥猪20000多头。推广公司加农户养殖模式，改造和发展瘦肉型猪养殖，提升猪肉质量，扩大养殖规模，鼓励养殖大户发展，现全乡存栏优质瘦肉型猪19850头，出栏优质瘦肉型猪37300头，养猪专业户达到30户，规模养猪场达到

25个。

以金庄村、大杨庄、张家洼、常三4个养鸡特色村为龙头，推进全乡养鸡业的发展，全乡家禽现存栏达24万只，出栏达到29.5万只。现有养鸡专业户达到71户，规模养鸡场达到70个。

中共乡党委书记：付占林
乡　　　长：陈会良

【韩城镇】　辖43个村，总面积56平方公里，耕地总面积4107.1公顷，总人口45879人，人口自然增长率1.32‰。地区生产总值12.26亿元，第一产业增加值4.36亿元，第二产业增加值8.72亿元，第三产业增加值6129万元，粮食总产量25367吨，棉总产量63吨，油料总产量2348吨。财政收入1.09亿元，财政支出907万元，农民年人均纯收入5477元，固定资产投资额4.9亿元。

完工及在建项目12个，新增投资20.55亿元。谋划项目3个，总投资4.78亿元。全年完成工农业总产值33.4亿元，财政收入首次突破亿元大关，实现1.11亿元，在经济形势发生逆转的情况下，仍比去年同期增长27%，人均纯收入达到5477元。

投资900万完成主要街道路面和排水系统整修，铺设宽12米的柏油路4250米，铺设排水管7200米，改善交通环境和排水功能。投资300万元进行主要街道亮化、美化、绿化。安装马路沿石5098米，安装路灯112盏，镇容镇貌得到改观。铺设天然气管道4000米，建一级调压站2座，已有300户用上洁净高效的天然气。

依托大唐康健肉类联合加工有限公司，生猪养殖迅速发展。生猪存栏2万头，百头以上养猪场发展到24户。发挥西刘各庄百亩温室大棚蔬菜基地和小张刘村冷棚蔬菜基地辐射带动作用，使蔬菜播种面积稳定在50000亩（含复种），西刘各庄村被市政府确定为全市四大蔬菜示范区之一，韩昌牌甘蓝在河北廊坊农产品博览会上评为优秀农产品。镇村两级投入50多万，硬化、修补田间路20多公里，方便农产品运输；争取上级扶持资金，解决20个村的饮水安全问题。

仅用10天时间完成“新农居建设”试点工作。在“绿化唐山”攻坚行动中，完成西外环高速5000余亩的种植任务，占丰润区总任务的5%，被列为唐山市“绿化攻坚”现场会的参观点。

中共镇委书记：齐　雪
镇　　　长：李晓青

【岔河镇】　辖29个村，总面积48.7平方公里，耕地总面积3297公顷，总人口28821人，人口自然增长率0.25‰。地区生产总值4.05亿元，第一产业增加值9110万元，第二产业增加值2.20亿元，第三产业增加值9365万元，粮食总产量19274吨，棉总产量109吨，油料总产量666吨。财政收入1398.24万元，财政支出486.2万元，农民年人均纯收入5290元，固定资产投资额7240万元。

村办集体企业28家，私营企业17家，个体工商户350户，形成塑料加工、建筑材料、锰钢铸造和金属制品四大骨干行业。金翔化纤集团已形成市区范围内最大的绿色环保企业，建成华北地区最大的短纤维生产基地。形成12个废旧塑料回收加工专业村，是华北最大的废旧塑料回收基地。2008年全镇财政收入完成1398.24万元，其中乡镇财政收入132.66万元，财政支出486.2万元。生产总值完成4.05亿元。粮食总产量达到19274吨，棉花总产量达到109吨，油料总产量达到666吨。在区奶业工程的带动下，已形成南部地区最大的奶牛养殖基地。占地275亩，总投资1587万元的唐山市中奥奶业有限公司以及占地93亩、总投资300万元的国富润兴奶业有限公司成为镇畜牧业发展的龙头。

重点抓总投资500万元的山丰锰钢技改项目；建设玄龙机械设备有限公司、升华选煤设备制造项目、岔河镇中心小学以及投资700万元的岔河镇中心水厂，建设29个村的集中供水项目。抓好投资3500万元的土地平整项目；总投资2256万元的金翔化纤厂北扩的项目，建成后可创产值2.9亿元，利税1280万元。2006年至今全镇用于公路建设、教育投入、朱龙河治理、幸福院开支、文明生态村建设的资金达472.99万元，大大加强基础设施建设。

中共镇委书记：杨秀福
镇　　　长：刘宝东

【新军屯镇】　辖33个村，总面积52平方公里，耕地总面积3827.29公顷，总人口37755人，人口自然增长率0.44‰。地区生产总值43.19亿元，第一产业增加值2.1亿元，第二产业增加值7.74亿元，第三产业增加值3.7亿元，粮食总产量24413吨，油料总产量1494吨。财政收入4578.6万元，财政支出637.2万元，农民年人均纯收入5920元，固定资产投资额1.2亿元。

实施“工业强镇、农业立镇、城建兴镇、商贸旺镇”的四大战略。唐山泰钢钢铁有限公司用110KVA变电站项目是支柱企业之一，总投资1.5亿元，2008年8月正式投入生产，年可实现产值12亿元，利税5800万元，将对经济发展起到重要的战略支撑作用。投资30多万元大力实施生姜科技推广项目，全面推广生姜小拱棚高产栽培技术，提高生姜的种植效益。生姜种植面积达到1.5万亩，成为名副其实的“冀东生姜之乡”。

投资9000万元的新新家园一期工程，建筑面积5.5万平方米；投资600万元主街商贸楼工程，建筑面积3000平方米；投资400万元敬老院工程，占地7亩，建筑面积3000平方米，已投入使用。在项目谋划推进月活动中，谋划总投资1937万元的镇区青年路（南外环）建设工程，已取得省发改委投资处的初步同意，列入国债支持项目。

结合小城镇建设加强东部摩托家电小区、中部小商品批零小区、西部建材小区的规划建设。

中共镇委书记：熊会云
镇　　　长：周兴永

【欢喜庄乡】　辖11个村，总面积33.6平方公里，耕地总面积2333公顷，总人口15412人，人口自然增长率0.91‰。地区生产总值3.86亿元，第一产业增加值6700万元，第二产业增加值5.01亿元，第三产业增加值1815万元，粮食总产量11900吨，棉总产量420吨。财政收入2983.1万元，财政支出421.1万元，农民年人均纯收入5530元，固定资产投资额5200万元。

建设500万元以上项目4个，总投资6900万元，固定资产投资5200万元。欢喜庄村、口头庄村、大齐坨、青庄坞村、西偏坨村为了改善村民状况，通过各种渠道筹措到资金620万元，打深水井6眼，铺设自来水管道76000米，让农民喝上优质的地下水。乡政府多方筹措资金355万元，争取区财政补助资金165万元，修好丰宁公路，解决群众出行难的问题。

中共乡党委书记：何春光
乡　　　　长：王福和

【小张各庄镇】　辖10个村，总面积22.3平方公里，耕地总面积31944公顷，总人口15606人，人口自然增长率2.48‰。地区生产总值25.50亿元，第一产业增加值5011万元，第二产业增加值6.91亿元，第三产业增加值449万元，粮食总产量7537吨，棉总产量490吨，油料总产量211吨。财政收入1455万元，财政支出310万元，农民年人均纯收入5375元，固定资产投资额9288万元。

规划全镇第一个奶牛示范养殖小区，该养殖小区占地100亩，投资1000万元，并配备挤奶大厅一座，整体存栏达到500头以上。投资1.8亿元的宏润钢铁有限公司技改项目于2008年底全面完工，计划年生产H型钢40万吨，可创产值20亿元，实现税收千万元以上。建成该镇第一家非钢铁企业——温州力引管桩有限公司，该企业年设计生产混凝土管桩200多万米，可创产值1.6亿元，实现税收300万元以上。全年税收首次超过千万元，其中国税完成1100万元，地税完成450万元。仅用一天半时间即完成11万KVA变电站建设征地10.9亩的任务，变电站的建成将极大改善全镇电力供应紧张的局面。

中共镇委书记：孙秀铸
镇　　　　长：刘德安

【丰登坞镇】　辖42个村，总面积62.8平方公里，耕地总面积4598公顷，总人口39496人，人口自然增长率1.36‰。地区生产总值5.30亿元，第一产业增加值1.34亿元，第二产业增加值3.16亿元，第三产业增加值8054万元，粮食总产量29002吨，棉总产量44.4吨。财政收入1412.7万元，财政支出543.2万元，农民年人均纯收入5490元，固定资产投资额6056万元。

固定资产投资百万元以上项目12个，完工7个。分别是总投资500万元，固定资产投资300万元的中原起重机械有限公司扩建项目、结转扩建的新型线材厂扩建项目和三达面业有限公司扩建项目，投资百万元的贺彬拔丝厂技改项目，双旺拔丝有限公司技改项目，总投资550万的铜杆加工项目。正在开工的项目有固定资产投资2000万元的金鑫钢铁有限公司技改项目和计划投资2400万元的盛唐商住项目。

突出抓好生猪、奶牛和鸡鸭等畜禽类养殖，2008年牛出栏2000头，同比增长20%，家禽出栏457000只，生猪存栏28000头，奶牛存栏3900头，同比增长13%，产奶12000吨，产值1500万元。重点搞好畜禽防疫工作，蓝耳病、猪瘟、禽流感、口蹄疫等传染病防疫密度达到100%，确保养殖业发展。

按期完成全镇农村饮水工程建设任务，39个村打井43眼，使广大农民用上了放心水。推进沼气池建设工程，建成沼气池160多个。镇村道路的建设，修路5条，涉及6个行政村总长度7.3公里。

中共镇委书记：何永生
镇　　　　长：徐立奎

【李钊庄镇】　辖24个村，总面积63.7平方公里，耕地总面积4323公顷，总人口22540人，人口自然增长率3.51‰。地区生产总值7.15亿元，第一产业增加值1.56亿元，第二产业增加值5.12亿元，第三产业增加值4654万元，粮食总产量13955吨，棉总产量677吨。财政收入1513.2万元，财政支出439.9万元，农民年人均纯收入5110元，固定资产投资额8000万元。

完成4个新项目建设并投入生产。一是唐山市汇鑫钢铁有限公司技改扩建项目。二是唐山市富达钢铁有限公司腾宏分公司的扩建项目。三是唐山市富达钢铁有限公司扩建项目。四是唐山市丰润区润塔机械有限公司的新建项目。

调整种植业结构，蔬菜面积仍稳定在4.2万亩，组建镇“可口舒”蔬菜协会，农业增效，农民增收。建设2个专业村、特色村。投资10万元，植树3万株，全面完成道路两旁116.53亩的绿化任务。投资80万元打机井、建桥涵、清淤，着力改善农业基础设施。大力发展养殖业。扎实推进文明生态村建设，整体创建率达70%，总数达到17个。

全面完成拆迁、拆违工作任务，投资300万元，建计生文化活动中心楼五层，建筑面积2180平方米。投资150万元对李虎庄中心小学进行改建，新建教室40间，建筑面积1619平方米，打院墙590米并新建沼气厕所，改善办学条件。完善合作医疗制度，参合率达93%，比上年提高了7个百分点。投资18万元，修建石渣路两条，全长4500米。投资160万元，打深井14眼，解决了13个村吃水难题。

中共镇委书记：王希得
镇　　　　长：刘继生

【白官屯镇】　辖45个村，总面积71平方公里，耕地总面积4842公顷，总人口44100人，人口自然增长率0.71‰。地区生产总值15.54亿元，第一产业增加值2.65亿元，第二产业增加值11.0亿元，第三产业增加值4.14亿元，粮食总产量37784吨，棉总产量115吨，油料总产量864吨。财政收入3360万元，财政支出1950万元，农民年人均纯收入5685元，固定资产投资额1亿元。

发展蔬菜产业，重点抓以无公害蔬菜和精细棚菜为主的蔬菜生产，形成以郭官屯、太字沟、陈赵庄、望马庄、屈王庄等村为核心的无公害蔬菜基地。其中，以“翠心美”萝卜为主的郭官屯村裸地蔬菜种植面积达到1000多亩，以精细棚菜种植为主的望马庄村蔬菜种植面积达到500多亩，全镇各类无公害蔬菜种植面积达2万余亩。抓好以葡萄、梨等种植为主的特色林果业，形成以屈王庄、三百户、蒙庄子、田鲁选、八各庄等村辐射周边地区的特色林果基地。屈王庄“清香”核桃种植面积达209亩，全镇实现林果种植面积达1600多亩。狠抓绿化，其中京沈高速通道绿化涉及11个

村，全长7.3公里；丰杨线通道绿化涉及5个村，全长2870米；沙白线通道绿化涉及4个村，全长2290米。完成占地面积达580.15亩的绿化攻坚任务，及时发放绿化补贴47.7万元。

建立健全《关于进一步促进民营经济大发展大提高的若干意见》、《招商引资奖励办法》等民营经济的优惠政策，加大政策扶持。实现固定资产投资500万元以上完工工业项目12个，完成固定资产投资9800万元。

全年共计发放低保金51万元，发放优抚费48.7万元。在抗震救灾工作中，共筹集赈灾款59.7万元。全面开展新型农村合作医疗工作，全镇参保率达到88%，实现补偿金额231.3万元。

加大教育投入力度，累计投资141.5万元，完成史庄子小学改造、白官屯小学教学环境改善、陈赵庄小学装备自然实验室和镇一中更换老化线路。2008年，中考取得有史以来最好成绩，考入车轴山高中34人，区二中40人，升入职教中心42人。

中共镇委书记：张万军
镇　　　长：苏泽坤

【石各庄镇】 辖29个村，总面积51.36平方公里，耕地总面积3593.64公顷，总人口29487人，人口自然增长率1.94‰。地区生产总值7.96亿元，第一产业增加值8957万元，第二产业增加值6.70亿元，第三产业增加值3672万元，粮食总产量22604吨，棉总产量70吨，油料总产量1693吨。财政收入2665.5万元，财政支出721.4万元，农民年人均纯收入5505元，固定资产投资额7.46亿元。

重点抓东方轧钢技改及嘉伦建材扩建项目。东方轧钢厂投资1000万元进行技术改造，新增厂房和设备使型钢年生产能力提高到50万吨。嘉伦建材公司投资500万元进行扩建，产品的数量、质量和效益都有了大幅度提升。

先期完成邵家街、刘家套、梁家套、前常魏庄、后常魏庄、尹庄户等六个村的规划编制。按照规划布局和功能分区，总投资1600万元、占地20亩，建筑面积近2万平方米的石华园小区现已建成并投入使用；投资1800万元、占地27.8亩，建筑面积3万平方米的邵家街朝阳小区正在谋划中，这两个试点小区的建设，不仅集约利用了土地，增加了镇域景观，而且打破农民几千年来旧的居住模式。

中共镇委书记：吴宝东
镇　　　长：吴贺清

【沙流河镇】 辖23个村，总面积57平方公里，耕地总面积59273.5公顷，总人口36094人，人口自然增长率3.68‰。地区生产总值7.02亿元，第一产业增加值1.56亿元，第二产业增加值4.38亿元，第三产业增加值1.08亿元，粮食总产量19831吨，油料总产量5277吨。财政收入2085.1万元，财政支出617.2万元，农民年人均纯收入5795元，固定资产投资额3.41亿元。

总投资3.2亿元的唐山市丰润区宏亿钢铁有限公司，一期投资1.2亿元新上型钢生产线项目，于4月底建成，5月试生产。唐山市丰润区大丰钢铁有限公司二期工字钢生产线项目，3月底建成，4月初试投产。唐山市汇丰集团实业有限公司家具生产线技改项目，投资500万元对喷漆生产线和粉尘回收生产线进行技改，6月完工投入使用。推进总投资7亿元的日产4000吨新型干法水泥熟料生产线带余热发电项目，投产后可年产水泥熟料155万吨，年产水泥200万吨，利税1.5亿元。

完成农业总产值3.39亿元，比上年增1120万元。共举办科技培训班10期，培训人员1000多人次，发放技术资料5000多份。承担唐山市农业局冬小麦“三改一追”栽培种植技术100亩和唐山市小麦万亩丰产示范项目。新建沼气池390个，可争取项目补贴38.55万元。打深水井13眼，安装管道104500米，安装水表4967块，建机井房11个，解决12个村的人畜饮水安全。争取玉米、小麦良种24万公斤，争取资金46.5万元。

盘活闲置土地，投资2300多万元将原沙流河一中旧址建成6栋公寓式住宅楼。筹措290多万元，完成沙—白公路和沙—葛公路的翻修。拆除国道沿线建筑物、堆放物295平方米，通过国家环保局的全国环境优美城镇复查。

在2008年先后荣获丰润区先进基层党委、唐山市文明单位、唐山市创建科学发展示范乡村先进单位、唐山市农田节水灌溉先进单位、河北省文明小城镇、全国农业普查先进单位等荣誉称号。

中共镇委书记：董学忠
镇　　　长：雷士前

【杨官林镇】 辖17个村，总面积48.22平方公里，耕地总面积2511公顷，总人口25886人，人口自然增长率3.05‰。地区生产总值8.80亿元，第一产业增加值1.43亿元，第二产业增加值1.23亿元，第三产业增加值3954万元，粮食总产量11884吨，油料总产量5546吨。财政收入2473万元，财政支出596万元，农民年人均纯收入5720元，固定资产投资额5100万元。

新建完工项目4个，总投资5500万元，其中固定资产投资5100万元。计划开工项目2个，总投资2亿元，其中中石油冀东销售公司豆各庄储油库项目属区重点项目之一，计划总投资1.5亿元，其中固定资产投资9100万元，在原占地60亩、1万吨的基础上，新占地43亩，新增库容5万方，年可销售成品油97万吨（原储油销售10万吨/年），销售收入60亿元，上缴税金6000万元；第二期工程，由现在库容的6万吨，增到11万吨，销售收入可达到120亿元，上缴税金1.2亿元。

完成第八届村两委换届选举，全镇17个村共选出村支部委员59人，村委会委员54人，其中交叉任职12人。

落实综合直补政策，在群众无异议的情况下发放直补通知书，每亩补助74.9元，共39121.13亩，发放直补资金293万元。引进补贴小麦良种“京东8号”和“9843”共139500斤，播种面积9500亩，以此带动全镇农业产业结构调整，大幅度增加优质小麦种植面积。落实奶牛补贴政策。登记奶牛3380头，每头牛补贴200元，发放补贴款67600元。

推进农村饮水安全工程，共投资66万元，在石佛林、李庄子、东曹庄、西曹庄、新李庄、豆各庄、破寺、常峪、请庄坞9个村，打深井13眼，并安装配套水泵及变频设备，埋设管网，安装水表入户，确保水质、水量、方便，保障供水。

镇领导、机关干部30多人及村工作人员40多人，分成8个工作组，深入到村，与1263户农民签订租地合同，在102、112国道及承唐公路两侧租用植树用地1345.52亩。

将常峪村和新李庄村确定为文明生态创建村，常峪村共投入资金8万元，建成高标准水泥路2600米，清理垃圾400多立方米，实现村内净化和路面硬化；新李庄村共投入资金5万元，建成高标准水泥路1900米，清理垃圾300多立方米，实现村内路面硬化。

抓好社会保障等工作，为敬老院提供生活费、医疗救助和办公经费共28万余元；为454户农村低保户共857人发放农村低保金531388元；为优抚对象发放优抚金38万元。

继续强化信访工作，共受理信访案件28起，结案率97%，排查信访隐患32起，基本解决了遗留案件。

在汶川大地震的发生后，累计捐款24万多元，捐献特殊党费4.6万元，其中宋庄户村人均捐款百元以上。宏旺铁粉精选厂经理皇甫志友自发成立由53人组成的志愿者小分队亲赴灾区一线救灾抢险，皇甫志友本人又在第一时间捐款100万元后，购置50多万元的救灾物资运往灾区，并到灾区建起聚源中学、八一帐篷小学两所学校，让2000多个孩子重新开始上课。另外，商各庄村康桂文等五人也自发到灾区进行抢险救灾。

中共镇委书记：鲁刚健
镇　　　长：郭子军

【七树庄镇】 辖13个村，总面积49.88平方公里，耕地总面积32628公顷，总人口18312人，人口自然增长率1.59‰。地区生产总值8.01亿元，第一产业增加值1.21亿元，第二产业增加值63331万元，第三产业增加值4700万元，粮食总产量15175吨，油料总产量2838吨。财政收入4653万元，财政支出810万元，农民年人均纯收入5600元，固定资产投资额1.14亿元。

完工项目建设5个。唐山市丰润区盛润源有限公司总投资2800万元，从事轧辊的铸造加工业务，年产值5000万元；唐山市丰润区永丰轧辊厂总投资2800万元，从事轧辊的铸造加工业务，年产值8000万元；宝泰钢铁有限公司固定资产投资3000万元，新上高炉余压发电（TRT）项目，降低生产成本，年可实现经济效益4000万元；顺鑫建筑保温材料厂固定资产投资500万元，从事塑料门窗加工业务，年产值1000万元；唐山七星水泥制品有限公司固定资产投资2300万元，从事水泥排水管生产加工业务，年产值3000万元。

落实《丰润区节能减排实施方案》。重点完成宝泰钢铁投资1.5亿元的节能减排项目，包括储料面积58亩的地下料场和"TRT"发电项目建设，企业年可增创经济效益1260万元。宝泰、众诚等钢铁企业完成烧结机的脱硫治理，安装二氧化硫在线监测仪，全面达到钢铁企业整治规范要求。七星、华润2个水泥企业全部完成除尘设备安装，并进行厂区绿化硬化。

新建养殖小区15个，全镇猪存栏20000头，鸡存栏35万只，百头以上猪场70个，千头猪场2个，万只鸡场8个，千只鸡场130个。新建百头奶牛厂1个，现代化挤奶大厅1个，饲养量达到1193头，畜牧业总产值1.3亿元，占农业产值的63%。以小李庄为中心，辐射周边村庄，发展"双膜土豆"蔬菜种植千亩，新增蔬菜大棚15亩。推广新型能源，实现综合利用，年内新建沼气池41座。

按照小城镇建设长远规划，推进以阎家铺村为先导的乡村平改楼建设工程。平改基本布局规划已经完成，与开发商形成合作意向。投资3万余元，对102国道两侧和京秦铁路沿线进行整治绿化，粉刷墙壁7000平方米。完成高速路、102国道两侧绿化面积1186.85亩，全部签订租赁占地协议。乡道绿化面积240亩，全部完成地块预留。

中共镇委书记：杨福苓
镇　　　长：张宝忠

【左家坞镇】 辖29个村，总面积83.7平方公里，耕地总面积3344.5公顷，总人口42871人，人口自然增长率0.84‰。地区生产总值6.06亿元，第一产业增加值9086万元，第二产业增加值6042万元，第三产业增加值3365万元，粮食总产量20006吨，油料总产量441吨。财政收入1227.5万元，财政支出598.3万元，农民年人均纯收入4860元，固定资产投资额4987万元。

2008年唐山华宇水泥厂投资1200万元增上1个3.2×13米的大型水泥磨及其配套设施，杨古塔万堂页岩砖厂在投资400万的基础上今年又投资1000万元进行扩建，仰山山场投资1500万元增上新设备。总投资8亿元在邱庄水库北岸建设以红学文化、休闲度假、商务中心、体育娱乐融为一体的"红楼山庄"，预计2009年投资兴建。

叩甲寨村在120亩大棚蔬菜的基础上，投资30多万元将40多亩小棚改建成高效冷棚，并探索一种返包倒租的新的经营模式。叩甲寨的黄瓜不仅供应周边县区，还打入北京市场。大旺庄村也新建高效冷棚29个。

中共镇委书记：郑宝增
镇　　　长：马东波

【泉河头镇】 辖18个村，总面积53.8平方公里，耕地总面积2652公顷，总人口26900人，人口自然增长率5.09‰。地区生产总值3.96亿元，第一产业增加值1.11亿元，第二产业增加值1.22亿元，第三产业增加值1.62亿元，粮食总产量17667吨，油料总产量1401吨。财政收入808.3万元，财政支出473.7万元，农民年人均纯收入5281元，固定资产投资额2.31亿元。

在建、新建、技改、计划开工和谋划工业项目7个，项目总投资9.39亿元。其中在建项目投资3.2亿元，新建项目投资7000万元，技改项目投资1100万元，计划开工项目投资5亿元，谋划投资亿元以上项目2个，项目投资2.7亿元，其中日产4000吨、投资3.2亿元的飞龙水泥，是重点项目。

实现畜禽养殖产值17474万元，同比增长25%。在"三鹿事件"后，奶牛存栏稳定在5000头；规模

养猪场新增10家，存栏达3000头。完成县级公路绿化租地面积237.96亩和4条乡级路绿化租地任务564.8亩，同时完成16个村实施绿化工程。

镇中学在中考中有24人考入车轴山中学，综合排序位居同类学校之首，投资700多万元、建筑面积4000多平方米、可容纳300名老人的中心敬老院主体工程全部竣工，实现合并入住，解决了三镇（王官营镇、左家坞镇、泉河头镇）一乡（姜家营乡）老人居住难问题。累计投资284.5万元对全镇21.4公里村村通公路实施硬化，投资84万元对1.3公里乡级公路进行了翻修，使全镇的交通条件大为改善。

中共镇委书记：郑克强
镇　　　长：田立健

【刘家营乡】　辖12个村，总面积27平方公里，耕地总面积1014公顷，总人口13318人，人口自然增长率1.91‰。地区生产总值12.86亿元，第一产业增加值2225万元，第二产业增加值3.3亿元，第三产业增加值1.09亿元，粮食总产量6541吨，油料总产量459吨。财政收入3978万元，财政支出331.5万元，农民年人均纯收入5900元，固定资产投资额1.99亿元。

新建1000万元以上项目3个。丰董路沿街改造开发项目，总投资2000万元，商业街开发改造面积1万平方米；华森压铸有限公司机械精加工中心项目及复合翅片生产项目，复合翅片生产项目，年产值2000万元；唐山泰亚铁路设备有限公司地铁配件生产加工项目，年产值1500万元。物流运输项目2个。一运公司转租以及购置车辆项目，与天津欣洲万利商贸有限公司签订为期三年的承包合同，注册资金450万元，新投资500万元，购置车辆10台；由正丰钢铁出资成立联合运输车队，新增运输车辆50辆。

2个在建的省重点开发项目。唐山正丰钢铁有限公司连铸连轧项目，占地250亩，固定资产投资3亿元；立信汽车微型变速器有限公司的汽车变速器生产线项目，占地450亩，总投资12.8亿元。

东杨家营村“永全养殖场”，七彩山鸡、柴鸡、乌鸡的存栏量已达20000多只，并注册“健生”牌商标。东杨家营村会文养鸡场，存栏30000只，年效益50万元。后刘家营村以天香鸡为主要品种的柴鸡散养共12户。铁城坎村与金旺餐饮公司达成协议，采取公司加农户的模式进行大规模饲养山鸭。北贾庄村贾德辉投资150万元，新建1000头野猪养殖厂。

筹资279万元，翻修刘家营村至102国道通乡路，筹资83万元翻修加固境内陡河桥。硬化道路8500延长米，曹庄子、小营、铁城坎3个村为市级精品村。村民中心的建成使用率为100%。京山铁路沿线的铁城坎、曹庄子、小营、拨子4个村实施了“平改坡”工程，涉及854户，面积90510多平方米，总投资1538万多元。道路两侧170多亩的绿化占地签订协议，涉及4个村，300多户。

中共乡党委书记：刘青山
乡　　　　长：刘胜伟

【王官营镇】　辖27个村，总面积98.26平方公里，耕地总面积3137公顷，总人口36080人，人口自然增长率4.22‰。地区生产总值6.11亿元，第一产业增加值1.69亿元，第二产业增加值1.55亿元，第三产业增加值2.87亿元，粮食总产量23037吨，油料总产量60吨。财政收入1598万元，财政支出676.5万元，农民年人均纯收入5220元，固定资产投资额6000万元。

义德新型建材厂投资1100万元，利用已被淘汰的兴佛水泥厂原有的厂房、场地等闲置资源，转产改建年产15万立方米新型墙体材料“加气混凝土砌块”生产线。年产值可达1600万元，利税400万元。万丰牧业养殖场投资1300万元，占地80余亩，建设面积7000平方米，成牛饲养容量1000头，附属食用菌养殖大棚26座。填补500头以上奶牛养殖场的空白。

领导大接访期间，共接待来访群众23件次，74人次，圆满完成奥运期间安全保卫任务。

镇中合并改造教学楼，总投资500万元，建筑面积4770平方米，三所镇中全部合并到位，形成教学硬件和管理制度相配套的中学教育科学发展模式。

进行小城镇建设规划调整，投资200万元，供销社原国有商业用地改建商住楼房，开发建筑面积3400平方米。

中共镇委书记：张国生
镇　　　长：李文革

【姜家营乡】　辖12个村，总面积31.6平方公里，耕地总面积1347公顷，总人口15048人，人口自然增长率6.22‰。地区生产总值1.54亿元，第一产业增加值2692万元，第二产业增加值1.96亿元，第三产业增加值3097万元，粮食总产量5425吨，油料总产量154吨。财政收入1248.4万元，财政支出381.4万元，农民年人均纯收入5240元，固定资产投资额6423万元。

创建省级文明生态村1个，市级精品村2个，区级文明生态村10个。西杨家营村、何庄子村被确定为丰润区科学建家重点示范村，推出市级文明家庭两个，十大孝星一名。四川发生强烈地震后，共计为灾区捐款42.22万元。

对辖区内碾唐公路沿线所有的违章建筑和堆放物进行强制清理、拆除，共出动人力172次，动用装载机18台、拖拉机36辆次，清除堆放物3646立方米，拆除墙体253延长米，拆除小房12间、325平米，使境内公路沿线环境得以明显改善。硬化街道3500米，植树8000余株，净化垃圾1200立方米，较好地改善了村容村貌。全面完成碾唐公路和碾唐线—杨家铺2条线路的319.99亩的租地任务，累计绿化公路沿线9880米。

中共乡党委书记：张永军
乡　　　　长：唐永田

【火石营镇】　辖38个村，总面积130.8平方公里，耕地总面积2438.7公顷，总人口30342人，人口自然增长率0.44‰。地区生产总值1.38亿元，第一产业增加值7169万元，第二产业增加值2845万元，第三产业增加值3817万元，粮食总产量7945吨，棉总产量14吨，油料总产量112吨。财政收入311万元，财政支出708.5万元，农民年人均纯收入3945元，固定资产投资额2700万元。

招商引资共完成社会固定资产投资2700万元，共进行6个项目建设，分别是丰润区丰源采石厂、占坡采石厂、鸿发采石厂、宏旺炉料有限公司、丰润区民兴建材厂和大成商贸公司，这6家企业全部建设完成并投入生产，年可创产值1560万元，实现利税190万元。

抓农田水利设施建设，新打岩石井3眼，配套改造老机井3眼，修建集雨水窖385座，全镇集雨水窖累计达到2600座，每年可储存天然水4万立方米，有效缓解了全镇群众生产用水难状况。以潘家峪、霍庄、庞庄、大岭沟、比古岫等村为重点，大力发展核桃、大枣、葡萄以及小棚黄瓜等林果及蔬菜品种，扩大果品和蔬菜产业规模。全镇设施菜种植面积达到2000多亩，总产量达到1万多吨，果品种植面积2.5万亩，总产量达到1.5万吨，共创产值2800多万元，特色产业已逐渐成为农民增收的主渠道。2008年奶牛新增200头，存栏总数达7000头，年可创产值2100多万元。

比古岫、庞庄、北刘庄、西高庄、石盘炉和北曹庄6个村文明生态村创建工作，先后投入100多万元创建资金，共硬化街道1.2万延长米，修建沼气池189座，新建太阳能路灯22盏，完成绿化树木5000棵。累计31个行政村达到文明生态村创建标准。

2008年计划生育率达到97.39%以上，人口出生率控制在9.7‰以内，均达到或超过了区计生部门下达的工作指标。全年共发放最低生活保障金99.8万元，涉及全镇38个行政村，739户，1302人。

中共镇委书记：刘志福
镇　　　长：付春增

【太平路街道办事处】　辖12个社区，总面积8.5平方公里，总人口62993人，人口自然增长率3.08‰。固定资产投资额3113万元。

对辖区内主路两侧434家门市店铺进行逐户登记，减少城市卫生的管理漏洞。在规定的时限内完成拆墙透绿和城区主次干道绿化任务，共涉及北车集团、冀东水泥公司等33个单位。总计拆墙长度3347.79米，新建绿化面积10212平方米，完善绿化面积2537平方米，新建硬化面积941平方米。

城镇登记失业率控制在4%以内，城镇新增就业人数1562人，下岗失业人员再就业1586人，办理小额贷款16人次，通过参加专场招聘会近百人实现再就业，700多名符合条件的下岗失业人员申领到社会保险补贴。城镇居民基本医疗保险工作稳步推进，8000多人参保，收缴保费130多万元。

在支援汶川灾区行动中，街道及时在银城广场举办了募捐义演晚会，境内企业恒源轧钢有限公司、悦色酒店分别捐款一万元，园东社区书记捐款1000元，中大树居民韩亚梅捐款2000元，共筹集善款27000元。在整个救灾过程中街道共捐款20多万元。

中共街道工委书记：张士平
主　　　任：魏春华

【燕山路街道办事处】　辖12个社区，总面积3.26平方公里，总人口57748人，人口自然增长率2.3‰。地区生产总值2050万元，固定资产投资额1.35亿元。

打造“文化特色街道”，成立文化体育中心，下设“星光合唱艺术团、创作中心、舞蹈团、体育中心”4个分机构，以此带动群众性文化体育活动的开展。星光合唱艺术团演出的《红星组歌》、《八荣八耻》等保留曲目在市、区都具有较高知名度。完善社区文化队伍的建设。先后组建起欣园社区夕阳红老年秧歌队、团结社区腰鼓队、福园社区老年太极队等10多种30多支业余文化团体。机关和各社区组织各类文艺活动100多次，召开文艺团体、文艺爱好者座谈会20多次，开办文艺课堂教学15场

共有2000多名党员和1400名楼门长，为基层群众排忧解难107件，对群众进行各种政策法规宣传144次，调解群众纠纷105件，义务巡逻380多次，带领广大居民清理小广告1540多处，清运废墟垃圾230多吨。

中共街道工委书记：赵文选
主　　　任：钱志华

【洍阳街道办事处】　辖2个村，耕地总面积53.9公顷，总人口5745人。第一产业增加值87万元，第二产业增加值7398万元，第三产业增加值599万元，粮食总产量494吨。农民年人均纯收入5165元，固定资产投资额8450万元。

完成固定资产投资8450万元，占年计划的120%，整体经济运行形势良好。走访慰问辖区内生活特困户、贫困党员、军烈属、革命伤残人员等769人次，发放慰问金15.94万元。特困家庭大病救助全年申请32人次，申请救助金11.85万元。新办低保69户，核销50户，为841户最低生活保障对象，发放低保金274.73万元和各项补助金21.1万元。按时足额为123名优抚对象发放抚恤金。完成对烈属、因公牺牲军人家属、病故军人家属、在乡老复员军人的又符合生活补助标准的核验工作，确保优抚政策得到落实。组织全街道广大人民群众开展为南方冰雪灾区和5·12四川特大地震灾区进行慈善捐助活动，累计募捐现金87.5万元，过冬棉衣、棉被等防寒物资100多套件，涌现出黄胜德、李小民等善举典型。年检再就业优惠证642人，新办再就业优惠证90份，为每位下岗职工建立基础台账和提供就业信息及就业岗位，为下岗失业人员解决就业359人，安置“就业困难对象”人员111人。培训创业人员52名，为51名“4050”人员灵活就业人员申请了养老保险补贴。组织5次关于下岗失业职工就业再就业政策的宣传解答，印发宣传资料315份。搞好企业退休人员认证管理。全年共认证2925名企业退休人员，共审查84家，颁发合格证84家，未发现一起非法用工，拖欠工人工资事件。春秋两季进行全面畜禽防疫，防疫面达到了100%。培育发展4个绿色早餐示范店，被评为唐山市绿色早餐先进单位。

完成唐山北站片区拆迁35000平方米，累计完成拆迁200884平方米。排查涉法纠纷38件并全部化解。在化解工作中提供法律咨询130人次，解决和协助解决各类民事纠纷16起，防止矛盾激化案件2起。

中共街道工委书记：刘玉军
主　　　任：李爱敏

古冶区

【概况】 辖南范各庄乡、大庄坨乡、王辇庄乡、卑家店乡、习家套乡5个乡，南范街道办事处、林西街道办事处、古冶街道办事处、唐家庄街道办事处、赵各庄街道办事处5个街道办事处。共有122个行政村，71个社区。总面积248.53平方公里，耕地117475亩。总人口360949人，人口自然增长率-1.08‰。国民生产总值100.8亿元，比上年增长14.2%，其中第一、二、三产业分别为6.6亿元、71.37亿元、22.83亿元，同比分别增长6%、12.1%、23.9%。规模以上工业企业增加综合能耗为6.3905吨标准煤/万元，下降9.59%。民营经济增加值60.56亿元，增长11.5%。粮食总产27039吨，增长-1.8%。财政收入12.76亿元，增长6%；地方财政收入2.34亿元，增长8.6%。财政支出7.42亿元，增长25.2%。城市环境空气质量二级及优于二级的天数为11天。全年实现社会消费品零售总额41.41亿元，增长25.6%。固定资产投资40.28亿元，增长25.8%。在岗职工年人均工资24932元，增长10.9%；城镇居民人均可支配收入12064万元，增长15%；农民人均纯收入6189元，增长12%。年末城乡居民存款余额79.66亿元，比年初增长30%。

【重点项目建设】 总投资242.6亿元的111项重点项目，已开工92项，投入资金49.6亿元。其中完工项目82项，投入资金38.9亿元。计划总投资84亿元的唐山不锈钢公司不锈钢工程进展较快，1580轧机生产线和不锈钢冶炼工程正式投产，成功炼出河北省第一炉不锈钢，填补了全省空白；东方发电坑口热电三期两台150兆瓦发电机组已经达到发电条件；国义特钢120万吨焦化项目一期完工；宏文公司60万吨冷轧薄板一期工程、三鑫医药中间体工程分别完工试产和投产。谋划上报27个市级以上审批项目，已全部完成审批，总投资超过100亿元。投资5000万元改造林百大楼，投资2500万元改造原摩托车大世界，投资1500万元建设吉庆大厦，投资2200万元扩建林西平价鞋城，林西商业繁华区得到恢复振兴。营业面积1万平方米的唐家庄时代家居装饰城正式运营。城乡市场进一步繁荣活跃，服务业增加值完成22.7亿元，增长22.8%。

【节能减排】 取缔非法冶炼小钢铁5家，淘汰158高炉2座、机立窑7座，淘汰落后钢铁产能28万吨、水泥产能60万吨；投资1.2亿元，完成17家企业节能治理任务；36家重点污染企业已按要求治理到位。空气污染指数达到4.32，较上年明显下降。围绕精品钢、煤焦化工、水泥、电力、生物制药“五大支柱产业”，不断延伸产业链条，工业结构进一步优化升级。突出企业主体地位，加大科技研发力度，完成5家较大型企业研发中心建设，推广科技成果11项，其中先隆公司“高合金离心复合铸钢支撑辊研制项目”获唐山市科技进步一等奖。参与的“采煤塌陷区生态修复关键技术研究与示范”项目获唐山市科学技术特等奖。科学技术贡献率达到60%。完成10家企业改制工作，盘活存量资产706万元，活化债务1972万元，安置职工656人。新增个体工商户2538个。组织参加2008河北省（香港）投资贸易洽谈会、唐山·曹妃甸临港产业国际合作会等大型招商活动，引进省外资金2.1亿元，利用外资900万美元，圆满完成市达任务。出口创汇完成5900万美元，三鑫集团硫酸软骨素已出口到美国、丹麦、南非等10多个国家；曙光集团在马达加斯加投资建厂。

【城乡建设】 以开发拉动危改，危旧住房改造开工67万平方米；繁兴花苑、龙江瑞景等危改项目进展顺利；经济适用住房建设投资1.5亿元，总建筑面积9.8万平方米的水韵花都主体工程竣工。复建建筑物233处21.3万平方米。国省县乡四级公路绿化植树3000亩26万株，超额完成市达任务。完成南工房、西北楼等社区休闲广场建设；总投资2800万元的唐家庄森林公园和北寺公园改造工程相继竣工；在占地45亩的赵各庄垃圾填埋场生态园林改造和工业园区及企业绿化工程中，共栽植树木5万株。绿化覆盖率达到32.1%，人均公共绿地面积3.3平方米。外环路工程全线开工，已投入资金5.2亿元，路床及桥涵建设分别完成90%、60%；投资7265万元，对205国道（区内段）等7条道路进行翻修改造，对林西道等9条主次干道进行维修养护；投资1475万元，完成总长33.8公里的24条农村公路建设。投资751万元的205国道污水管网建设工程全面完工，铺设管线2.3公里；投资1032万元，对区内主要街道、繁商区和具备排污条件的生活小区旱厕进行改造；投资1010万元，宏源污水处理厂完善配套工程，铺设污水管网7.8公里；投资450万元，实施自来水管网改造工程，全区城市自来水普及率达到95%。对环卫体制进行改革，科学界定区、乡（街）两级管理权限，将9条主要道路清扫保洁权面向社会公开拍卖，其余73条道路管理重心下移到乡（街）；投资1500万元，对205国道东、西出口和古范路南出口、102国道引线北出口环境进行综合整治，新增绿地面积450亩，打造沿路绿色屏障；全年开展全区性集中整治活动8次，城乡环境明显改善。

【新农村建设】 投资3.4亿元，实施12大类农业重点项目，加快现代农业发展步伐；培育伟业绿色田园和科兴蔬菜合作社两个市级农业龙头企业。以养殖业为主导、蔬菜果品为支柱，花卉苗木和专用农产品为特色的产业格局进一步完善，农业产业化经营率达到61%。加大公共财政向“三农”倾斜力度，区财政用于“三农”投入1784万元；投资1600万元，实施国家级万亩塌陷波及地整理项目；投资248万元，实施人饮安全工程，解决7个村5800人饮水安全问题；建设户用沼气池608个。启动编制5个乡和17个城中村一体化发展规划；完成1个科学发展示范乡、5个科学发展示范村以及2个文明生态乡、10个文明生态示范村、18个重点创建村的创建任务，103个村达到文明生态村标准，占全区农村总数的84.4%。深入实施“一村一名大学生”工程，累计选送131名农村优

秀青年到河北农大学习；村民郝臣被评为唐山市“十大杰出农民”；完成29家农村标准化卫生室建设，改善农村就医条件；新农合工作扎实推进，农民参合率达到96.4%，为农民报销医疗费553万元，减轻农民负担。

【社会事业】 区财政向社会事业投入3.1亿元，占一般预算支出的22.5%，是民生投入力度最大、城乡居民受益最多的一年。新增就业3698人，安置下岗失业人员1529人，零就业家庭实现动态归零，城镇登记失业率控制在4%以内，农村劳动力向非农产业转移3000人次。养老保险扩面3113人，城乡低保扩面1576人，养老金、失业金、低保金全部实现按时足额发放；启动企业职工医疗保险；发展慈善事业，在大病救助、爱心助学、南方雪灾、四川抗震等方面累计支出善款（含捐物折款）1700余万元；区民政局被省民政厅评为支援四川抗震救灾工作先进单位。中高考再创佳绩，高考二本上线288人，中考优秀率达到20%以上；投资576万元，新建职教中心焊工综合实训楼；投资800万元，实施工贸中专改扩建工程；10月份、12月份，高标准通过省政府教育督导评估和教学督导评估。投资48万元，在3个乡建立符合国家标准的文化站；完成区文图两馆前期论证和功能分区设计工作，已开始进行内部装修改造；组织大型体育活动8次，全民健身活动14场次，组织文化下乡11次；启动“送电影下乡”活动，放映电影200余场，丰富城乡居民文化体育生活。投资438万元，完成城区90个片区2.2万户有线电视网络升级改造；有线电视入村率达到90%。完成10家社区卫生服务机构建设，社区居民覆盖率达到100%，其中，华瑞新城社区卫生服务中心已达到全市一流、全省领先水平，区、乡（街）、村（社区）三级卫生服务网络日趋完善。全区人口出生率控制在6.25‰，政策生育率99.9%；为2.5万名农村育龄妇女和7531名城市低保人员、流动人口等已婚育龄妇女提供免费查体服务。公民思想素质和道德水平进一步提高，马凤楼被评为全市唯一的省级文明市民。接待上访群众169案241批次1695人次，当场解决74案，限期解决95案；开展严打整治专项斗争，破获刑事案件1255起，为经济社会发展创造和谐稳定的外部环境。

中共区委书记：付国民（10月免）
　　　　　　　王晓谦（10月任）
副　书　记：张桂生
　　　　　　王晓燕（3月免）
　　　　　　谭俊民（7月任）
区人大主任：孙长平
副　主　任：于志刚
　　　　　　欧阳继志
　　　　　　赵永念
　　　　　　李任俊
区　　　长：张桂生
副　区　长：孙怀贵
　　　　　　王俊和
　　　　　　李建忠
　　　　　　韩国强（9月免）
　　　　　　张桂芳
政协主席：曹凤利
副　主　席：王宗合
　　　　　　何玉芬
　　　　　　王春燕（4月任）

【习家套乡】 地处古冶区西大门，总面积18.24平方公里，辖15个行政村，4860户，14552人，截至2008年9月统计数据，人口自然增长率-2.6‰。耕地面积14846亩。生产总值完成1.66亿元；固定资产投资完成9683万元；财政收入完成703万元；农民人均纯收入达到4575元。农业经济三大特色产业中，花卉种植业建有温室350座，占地450亩，有花卉种植户210户；4个规模养殖小区，猪、鸡、牛存栏8.5万头（只），特色养殖品种七彩山鸡存栏万只以上；水产养殖水面3000余亩，养殖户60户，2008年谋划实施包括基础设施建设在内的10项重点项目，总投资4480万元。投资百万元以上企业有20家，投资超亿元的外向型企业2家。谋划实施7个重点项目，总投资2.28亿元。所辖15个村全部通过文明生态村验收，完成文明生态村创建，步入文明生态乡行列。

为四川汶川地震灾区捐款累计98055元，乡机关工作人员捐款6000元，党员干部上缴特殊党费29700元。

中共乡党委书记：窦广春（7月免）
　　　　　　　　李志刚（7月任）
乡　　　长：李志刚（7月免）
　　　　　　王久全（7月任，10月免）
　　　　　　刘大鹏（10月任）

【王辇庄乡】 地处古冶区西北部，属山区、半山区，辖35个行政村，总面积58.14平方公里，耕地面积24165亩，总人口29999人，其中农业人口23364人，人口自然增长率1.75‰。生产总值19.06亿元，其中农业产值2.23亿元，工业产值16.23亿元，三产服务业产值6000万元。民企经济总产值16.09亿元，占国民生产总值的84%。粮食产量4065吨，油料135吨，财政收入2473万元，财政支出952万元，职工年平均工资7415元，农民年人均纯收入5878元。全社会固定资产投入2.60亿元。深度治理企业2个，5家企业节能达标。

4个文明生态创建村（一街、石匠营、刘家洼、长山沟）共投入509万元，新修水泥路53800平方米，绿化植树20700棵，安装路灯105盏，清理垃圾杂物5800立方米，拆除违章建筑3180平方米。截至2008年底，35个村中完成25个，完成创建任务的72%。奥运安保期间，清除信访隐患，90%的信访案件得到解决。

9月5日凌晨3时许，停产的新华煤矿发生井下爆炸，造成13名人员遇难。经过搜寻，有11名遇难者遗体升井。事故尚未定性。乡长王忠、主抓安全生产的副乡长张磊被免职。事故发生后，乡北山53家非煤矿山全部停产，由此引发一系列上访事件。尤其是10月27日，西白道子村（新华煤井投资、经营人所在村）及周边村村民100多人冲击市委大院。上访闹事的组织煽动者9人被逮捕。

中共乡党委书记：苏卫东
乡　　　长：王　忠（9月免）
　　　　　　王久全（9月任）

【范各庄乡】 辖行政村32个，居委会3个，总面积53.13平方公里，耕地面积37150亩，总人口数42812人，人口自然增长率2.8‰，2008年全乡生产总值为52.80亿元，其中工业产值完成49.71亿元，农

业产值完成3.09亿元。第一产业增加值1.91亿元，第二产业增加值13.60亿元，第三产业增加值23694万元。2008年范各庄乡粮食总产量12625吨，油料总产量1195吨，2008年范各庄乡财政总收入1.27亿元，财政支出1195万元，农民年人均纯收入6720元，完成固定资产投资6.39亿元，完成年计划的127.8%。

荣义焦化窑炉改造工程，投资2.20亿元，改造后年生产能力可达到120万吨。投资3.20亿元，建设年生产能力120万吨的国义焦化厂。投资1070万元，新建年生产能力为60万吨的金澳洗煤厂。兴利达砖厂投资450万元，已于7月份完工。总投资1500万元，完成3万平方米的范各庄商业楼复建工程，目前已建成营业。投资300万元，完成大安、北安两村54公顷土地整理项目，新增耕地10公顷，安装变压器2台，新打机井15眼，架高低压线路3200米，铺设管道6500米，修涵洞5座，修路2500米，进行绿化、土地平整。投资500万元，对北安至沙河桥段进行治理，对坑塘进行修整，沿岸实施绿化长廊工程和千亩精品农业种植。投资100万元，对现有排各庄（3个）、大李庄（2个）、佃大寨（1个）、卜大寨（1个）、后岳（1个）等村的8个挤奶大厅环境进行改善，扩大规模，设备更新，上新型挤奶机50台，冷藏设备8套；投资100万元，新上董各庄挤奶大厅1个；投资120万元，推广养殖户机械挤奶，户增挤奶机200套。投资50万元，以王喜庄鲜椒基地为中心，推广鲜椒种植700亩。投资220万元，以董各庄、小赤口等村为重点，推广甜玉米、粘玉米种植1300亩、花生6000亩。投资200万元，完成林网、村庄绿化建设，植树12万株。投资500万元，利用两矿排水及沙河水源，增加蓄水量8万立方米；完成河道治理3000米，打井60眼，铺设地下管道7000米，新增改善水浇地面积4000亩。投资160万元，提高农家肥施用面积，推广水流肥3万亩。投资740万元，新建王喜庄中型养猪场一个；建奶牛养殖场一个。新建孟大寨4个养猪场及小寨养殖小区。对北安各庄养殖小区和大安各庄种植小区实施了改建。新建大安村肉驴养殖场一个。投资600万元，以甘义庄村为重点，新增精养鱼池300亩，改善精养鱼池200亩。投资100万元，改善孟大寨村人畜饮水质量，安装净化水设备500套。投资100万元，在前殷、小殷、小赤口、汀上、范各庄等村发展果树新品种种植400亩。投资400万元，占地120亩，新建种植、养殖小区一个。投资600万元，以卜大寨、佃大寨、前岳、后岳、排各庄、大李为重点，引进高产优质奶牛800头，使全乡奶牛达到6000头，优种率达85%以上。

中共乡党委书记：朱翠环（女）
乡　　　　　长：王锦山

【卑家店乡】 位于古冶区东侧，东面、南面、北面与滦县接壤，西面与城区相接，辖24个行政村，20个文明生态村，总人口24956人，人口自然增长率0.6‰；现有农业人口2.5万人，耕地3万亩；煤炭资源丰富，已有百年开采历史，坐落1个国有大型煤矿—开滦矿务局唐家庄矿及11个个体私营煤矿。完成工农业总产值13.2亿元，实现工业利润1.2亿元，实现工业利税1.8亿元，完成全社会固定资产投资2.61亿元，完成财政收入0.6亿元。全年工业企业完成现价总产值13.7亿元，实现工业利润1.2亿元，利税2.17亿元。完成乡镇地区生产总值4.28亿元，完成全社会固定资产投资4.5亿元，财政收入0.85亿元，农民人均纯收入6046元，同比增长分别为15%、6%、8%和10%。粮棉油总产量8694吨，职工年平均工资2113元，农民年人均纯收入6412元，年末城乡居民存款余额3.41亿元。

投资3850万元，完成万亩土地整理、艾家圈淡水养殖、节水灌溉、福华奶牛养殖场、信双民综合养殖场、雷玉群养牛场、新品种推广、三街淡水养殖、标准化果品生产等。投资200万元四旁植树4万株，栽生态林500亩；唐山市宏伟炼焦制气有限公司年产60万吨焦炭捣固焦炉工程项目建成投产，年实现销售收入10.56亿元，年实现利税1.94亿元，安置人员600余人。

协调汇源集团、滦宏焦化、宏文集团、宏林集团、不锈钢厂等企业投资190万元修建磨料厂路、矸子坡道等道路4条，总长3.2千米1.57万米。投资23万元为平台子、王庄子打深水井2眼，投资90余万元完成七百户自来水管道连接，投资30余万元完成毛山村自来水管网翻修改造。筹资近百万元完成驾校南大坑至沙河防汛通道建设。督促黑水沟沿线企业投资30余万元彻底改造防汛通道。投资近200万元新建维修桥涵9座。投资5200元为北四庄配备风力灭火器。投资6800元购置大型喷雾器4台，集中开展疫病防治，圆满完成春季防疫任务。争取市、区资金40余万元、各种文体器材23套以及多方筹措资金40余万元用于帮助生态村建设。为河南庄村出资32万元，村出资15万元重新翻建村活动场所。投资18万元，帮助李庄子新修村内水泥路950米3800余平米。协调汇源集团为毛山、徐家楼两村捐款近50万元翻修自来水管网和完善娱乐场所。为近2.1万人办理新型农村合作医疗，参合面达到100%，参合率达到98%以上。发放60周岁符合条件农民奖扶资金9600元，农村独生子女奖励资金203910元。救助独生子女伤残、死亡家庭7人，救助资金2100元。拨款12万余元为24个村的生殖健康服务室配备了B超机。截止11月底，发放各种抚恤补贴14.8万元，农村低保45.3万余元，城镇低保25.1万元，五保2.5万元。为四川“5·12”大地震捐款，总额达2243498元。

中共乡党委书记：伦绍金
乡　　　　　长：李新华

【大庄坨乡】 位于古冶区中部，面积17.45平方公里，人口1.04万，辖16个行政村，耕地1.11万亩，主要种植蔬菜、水稻、玉米、高粱等。完成工农业总产值24.1亿元，同比增长29.3%；现价工业产值21.74亿元，同比增长30%；全社会固定资产投资5.41亿元，同比负增长51.4%；农业产值2.36亿元，同比增长6.5%；农民年人均纯收入6385元，同比增长12.5%；全年财政收入6700万元，比去年下降12.2%。2008年确定重点项目16项，其中农业项目7项，完成投资

3300元；工业项目5项完成投资3.38亿元。养殖业猪、禽、牛、羊出栏率分别达到13884头、33.87万只、501头和1886只；肉、蛋、奶产品产量分别达到2032吨、1632吨、1021吨。

自2008年7月，接待上访案件56件，化解矛盾纠纷48起，帮群众解决实际困难8件，案件调处率100%，办结率86%。

中共乡党委书记：宋绍军（7月免）
窦广春（7月任）
乡　　　长：王静刚（7月免）
刘业焱（7月任）

【南范各庄街道办事处】 面积6.99平方公里，居民6571户，人口17732人，人口出生率4.44‰，自然增长-1.91‰。全部财政收入完成5068万元，地方财政收入完成80万元，零散税收完成300万元，固定资产投入2000万元。

共接待来信来访33批次、360人次，没有发生任何形式的越级上访事件。共查获"法轮功"反宣传品千余份，有效地防止其非法聚会和外出活动；累计发放低保金19万元、抚恤金8502元、医疗救助款72637元，为四川灾区人民累计捐款21796元；新增就业72人。投资60万元，建设一站式服务大厅和政务公开栏。

中共街道党工委书记：费　旺
主　　　　　　任：宋建民

【赵各庄街道办事处】 辖14个社区居委会，面积8.44平方公里，总人口59448人，人口自然增长率-2.66‰。地区生产总值1.46亿元，比上年增长26.9%，第二产业增加值4085万元，比上年增长25%。财政收入1324.38万元，财政支出61.2万元（与上年不可比）。固定资产投资额6000万元。治污整顿企业1个。

筹措资金67万元，建便民车库29间，修建水泥路800平方米，铺设便道560平方米，新增绿化带420平方米。改造旱厕，兴建六个高档的水冲厕所。在新工房社区、东工房社区和南工房社区新建和完善修复三个群众业余文化娱乐街心广场，占地12000平方米，投资90万元。成立城市环境卫生管理综合执法站，调整后人员编制为12人。

中共街道党工委书记：彭会德（10月免）
杨　森（10月任）
办　事　处　主　任：王静刚

【林西街道办事处】 位于古冶区东南部，西距唐山市中心区27公里，东与卑家店乡相邻，北与古冶街道、唐家庄街道隔道相望，东部、西部和西部属于与大庄坨乡7个村落混居地带，交通便利、地理位置优越，迁曹线省道贯穿其中，商业发达，是古冶区委、区政府所在地。辖24个社区居民委员会，面积12.11平方公里，总人口8.3万人，人口自然增长率13.3‰。完成工业总产值2500万元、利税270万元，财政收入2477.21万元、财政支出830.23万元，完成固定资产投入1.1亿元，完成林西大世界建设项目等10项重点项目，全部项目投资1.1亿元。

组建由计生宣传志愿者为主的婚育新风进万家文艺宣传队，到社区、进家庭，为群众提供生殖健康服务；成立流动人口计生协会，为流动人口提供加强联系互帮互助的平台。发放抚恤金、低保款和各类补贴救助300万元；为灾区和对口援建地区以及困难家庭组织捐赠现金18万元、衣物近万件；组建绿野和华瑞新城二个社区居委会。保洁保绿和治安巡逻岗位80个，国有企业下岗失业人员1360人中有1313人实现再就业，其他失业人员6447人中有5913人实现就业，为460人办理灵活就业补贴92万元；南工房一、二社区被命名为省级充分就业社区；城镇登记失业率为1.4%。在社区参保人数13719人，保险费征缴金额为223.8万元，城镇居民医保参保率达到了90%以上。投入资金168万元，修建休闲广场5个，硬化面积12100平方米，绿化面积6420平方米。

东南楼二社区居民孟凡芝因20多年义务组织社区文体活动被古冶区推举为唯一2008年奥运会火炬传递唐山站的火炬手，参加奥运火炬传递；绿野社区居民王增庆、王爱玲兄妹自费组织车队二进四川，在汶川地震灾区进行志愿救灾活动。

中共街道党工委书记：赵永念
主　　　　　　任：郑金泳（女）

【唐家庄街道办事处】 总面积14.35平方公里，有17个社区居委会；总人口58691人，人口自然增长率-2.48‰；工业产值完成10亿元，实现利税1406万元；完成固定资产投资26.39亿元；大小口径财政收入分别完成6382万元和460万元。总投资10亿元的不锈钢板坯项目于9月23日生产出第一炉不锈钢，投资15亿元的1580轧机项目于6月投产；投资13.5亿元的东方发电项目，一期工程完工；总投资10亿元的风帆蓄电池项目一期工程一月份投产，生产经营状况正常，1-10月份完成产值4亿元，实现利税100万元。时代装饰材料城项目是在原时代家具城的基础上进行改造，累计投资1200万元，改造后总营业面积达12000平方米，是集文化、商业服务和产品加工一条龙服务的专业化规范市场，于5月8日正式营业。

新建三产项目10个，使社区三产总数由31个增加到41个，包括家政服务、餐饮服务、话费代收、培训辅导、修理服务、粮油经营等经营项目，总投资55多万元，年创收入达11万元。

有社区文艺宣传队58个、社区活动广场12个。

开展环境治理活动，对五条主要交通道路两侧私搭乱建进行清理，完成区下派任务的205国道老工房、东工房、胜利道平安楼等小区清除私搭乱建，共清理违规建筑17间、清理乱堆乱放940处、清除废墟1100吨。筹措投资60万元，新建街心花园4个，栽种各类花草树木4万余株，使全街绿化面积达到2.1万平方米，填土方300立方米、植树2000株，粉刷墙体1.1万平方米。

有低保户761户，1428人，发放低保金1913873元，为低保户和困难家庭实施大病救助15人次，补助金额56953元。为下岗失业人员发布就业信息101条，提供岗位信息1770个。安置734名下岗失业人员实现灵活就业，开辟社区公益性岗位安置94名就业困难对象。

街道党工委书记：艾长征
主　　　　　任：李卫民

【古冶街道办事处】 位于古冶

区中部，面积4.73平方公里，下设9个社区居委会，居民生活小区67个，总户数10505户，总人口23851人，人口自然增长率-3.6‰。完成工业总产值1.51亿元，完成年计划的100.3%；实现利税975万元，完成年计划的423.9%；全街完成财政收入2538.34万元，企业职工年平均工资12465.79元，与去年相比增长44.85%。全社会固定资产投资4.58亿元，完成年计划的915.6%。第二产业增加值1.68亿元。第三产业增加值1.42亿元。

投资7000万元，兴建唐山宝特龙商贸有限公司，主体工程已竣工，将是区规模最大、规格最高的集餐饮、购物、休闲娱乐、生态景观于一体的综合生态园区。唐山恒大汽车俱乐部是集汽车美容、装具、维修保养为一体的汽车综合服务中心，总投资1100万元，于8月策划动工，2009年5月正式投入使用，成为区功能最全的高轿服务中心。华懋商务会馆总投资2000万元，位于205国道南侧古冶卫生院西邻，总建筑面积5000平方米，计划2009年8月正式营业，主要开展餐饮、娱乐、会议招待等项经营。唐山市佳旺有限公司，租用铁路机务段空闲房屋投资200万元进行改造建设，主要开展以投资担保服务、中介、融资理财、咨询为主的经营项目，2008年4月开始营业。

开发水韵花都住宅小区房产，总投资1.58亿元，总占地224.9亩，建筑面积9.8万平方米，预计2009年8月份竣工。开发龙湾小区房产，总投资1.37亿元，建筑面积1万平方米的9栋6层住宅楼及沿街底商，2008年底已完成投资9000万元。建设华瑞现代城住宅小区，总投资1.3亿元，占地73亩，建筑面积7.38万平方米，预计2009年年底竣工。绿野新城房产开发，总投资3.8亿元，总占地290亩，拆除原古冶红星、红卫工房危旧平房建筑3.85万平方米，计划新建开发住宅建筑面积28万平方米。雅典花苑房产开发，总投资1.2亿元，对西耐社区西工房小区进行危旧平房改造，总占地120亩，总建设面积12万平方米，于10月开工建设。

在西新楼社区投资43.5万元，修建健身广场、休闲娱乐广场、老年活动广场、社区活动广场、迎宾花园、幸福花园，种植各类树木、花灌木、色块植物，地面硬化、彩转铺设、墙体粉刷、安装休闲桌椅及健身器材等。

中共街道党工委书记：陈绍贵
主　　　　　　　任：李树华

（胡哲芳　郝宏武）

遵化市

【概况】　辖25个乡镇、648个行政村；总面积1521平方公里。现有耕地面积52205公顷，人均耕地面积1.1亩。总人口71.55万人，人口自然增长率6.88‰。2008年，全市生产总值实现379.7亿元，同比增长15%，其中：一产25.4亿元，同比增长5.8%，二产217.7亿元，同比增长11%，三产136.6亿元，同比增长23.3%，单位GDP能耗为1.646吨标准煤/万元，同比下降6%；民营经济实现增加值34.09亿元，占全市GDP的89.8%，同比增长14.9%。工业园区面积为4500亩，进园企业个数27个，总产值为6.5亿元。粮食总产量25.1万吨，同比下降4.6%，油料产量4.68吨，同比增长9.4%，蔬菜总产量达到69.7万吨，同比增长3.2%，干鲜果品总产量25万吨，食用菌产量达到9.36万吨，同比增长17.5%。财政收入完成27.32亿元，同比增长18.6%（含国税、地税、地方财政系统）；地方一般预算财政收入9.61亿元，增长25.8%；财政支出17.85亿元，同比增长23.1%；社会商品零售总额为73.8亿元，同比增长25.6%；职工年平均工资为26150元，同比增长25.8%；农民人均纯收入为6690元，同比增长11.7%；年末城乡居民存款余额为168.16亿元，同比增长22.2%；城镇居民可支配收入为15172元，同比增长18.1%。城市空气质量等级为二级以上天数320天。实际利用外资2509万美元，增长40.6%；出口创汇1.26亿美元，增长19.3%；节电度数为2332万千瓦时；取缔8座水泥机立窑、停产关闭企业2家、治理整顿企业22家、治污减排项目12个、投资8246万元；烟尘减排量1287.4吨、二氧化硫减排量855.17吨、化学需氧量减排量336.64吨。

【转变经济发展方式】　坚持以结构调整为主线，以建设现代产业体系为重点，推进资源型城市转型。实施百万元以上工业项目85个，总投资102.5亿元，实际完成37.8亿元。宝顺易拉罐、建龙冷轧二期、港陆1500热轧等一批项目竣工或即将投产，传统产业素质进一步提升；以心合高科技制药、真空镀膜玻璃为代表的高新技术产业发展加快。坚持现代农业发展方向，新建乡级高效农业示范园区33个；发展优质苹果、黄桃、有机板栗、核桃1.7万亩；食用菌年产量达到12万吨，被中国食用菌协会命名为“中国香菇之乡”；亚达—艾格威奶牛基因改良及繁育中心、美客多肉鸡屠宰、广野山楂生物食品等一批项目相继建成投产，全市新增唐山市级以上龙头企业5家，总数达到23家，居唐山各县（市）区之首，被中国食品工业协会命名为：“中国食品工业强市”。发挥“中国优秀旅游城市”品牌优势，围绕建设京津冀旅游休闲度假基地，实施了御汤泉度假村、御湖度假村等一批重点旅游开发项目；庞大汽贸、浩友物流等一批重点商贸流通产业项目顺利实施，以旅游业为龙头的服务业得到发展。

【壮大园区经济】　城西轻工业园区完成规划面积15平方公里，基础设施建设基本达到“五通一平”，入园项目达到25个，项目协议总投资46亿元。党峪金山工业园区投资3325万元完成了路网、电力、通讯等基础设施工程，入园企业达29家。中小企业孵化园区一期标准化厂房建设基本竣工，33家企业签订入驻协议。矿山机械制造产业带发展总体规划编制工作初步完成，凝聚矿山机械制造企业49家。

【加速中等城市建设】　认真落实省、唐山市城镇面貌三年大变样工作部署，深入开展“城市建设攻坚年”活动。完成了城市给水、消防工程、供热工程等13个专项规划和古文化商贸区、镇海东街两侧等14个控制性和修建性详规的编制工作，城市覆盖率达到80%。全年实施城建项目71个，实际完成投资33.65亿元。112线城区段南延、文茂大街西通和文柏路改造等15条城区主干道路竣工通车或开工建设，城市交通状况好转；人民公园向市民开放，胜利公园、黎河公园二期基本完工，沙河森林公园完成征地拆迁工作；总投资4.55亿元、全长15.33公里的沙河治理已完成90%的水利工程，护城河治理完成雨污管网铺设；污水处理厂、生活垃圾处理场、第二水厂等主体工程基本完工。强力推进拆违拆迁工作，共拆除违章和有碍观瞻建筑56万平方米。强化土地收储工作，严格执行经营性土地使用权招标、拍卖、挂牌出让制度，全年收储土地2134亩，公开出让1834亩。

【推进新农村建设】 落实财政支农资金1.72亿元，比上年净增2200万元。文明生态村创建活动扎实推进，全年投入创建资金6000万元，新增创建村24个，总数达到575个，全市所有行政村全部完成村民中心建设。投资2.5亿元实施了农村引水安全、乡村道路、沼气池建设、农村信息网络建设、乡村绿化等一大批惠民工程，解决了337个村、31.9万人的饮水安全问题，改建乡村道路84公里，新建沼气池1.6万个，中国北方首家农村信息系统服务平台“农政通”成功启动并全面铺开。积极开展科学发展示范乡村创建工作，培育了16个科学发展示范乡村新模式。

【节能减排和环境保护】 列入省和唐山市“双三十”和“10100”工程的4家企业和列入本市重点监控范围的18家企业污染治理全面达标。黎河化肥厂、春盛化工厂两家城区主要污染企业搬迁工作顺利实施。全年单位生产总值能耗降低6%，二氧化硫排放量和化学需氧量分别削减6.7%和10.8%。城市空气质量二级以上天数达到230天。深入开展以国省干道为重点的绿化攻坚行动，完成投资1.4亿元，新增绿化面积4.6万亩。

【改革开放取得新进展】 完成企业改制4家，实现国（公）有企业产权置换收益4700万元，527名职工与原国（公）有企业解除劳动关系。加快金融服务体系建设，交通银行成功落户本市。全面抓好招商引资工作，全市实际利用外资2509万美元，增长40.6%；出口创汇1.26亿美元，增长19.3%；引进省外资金13.1亿元，增长35.8%。

【社会事业取得新进步】 全市财政用于各项事业发展支出达5.57亿元，比上年增长28.9%。全年实施科研项目100项，引进推广新品种90个。全部免除高中阶段公助生杂费，实现公办普通高中免费教育；职教中心、三中新校以及四实小、石门中学、魏家井联小、梁屯小学等标准化学校建设扎实推进；教育教学质量不断提高，高考本科二批上线人数达1669人，居唐山各县（市）区首位。马兰峪民族医院投入使用，市医院主体工程基本完工，市、乡、村三级卫生监督网络进一步健全，公共卫生监督和突发事件处置能力明显增强。成功举办遵化市第二届群众文化艺术节暨第七届社区文化艺术届，广泛开展社区、农村、企业、校园等文化活动，群众文化生活进一步丰富。

【改善人民群众生活】 城镇新增就业岗位4535个，农村劳动力转移就业达到1.6万人次。城镇居民人均可支配收入达到1.5万元，农民人均纯收入达到669.0元，分别增长18.1%和11.7%。新型农村合作医疗覆盖面不断扩大，全市参合农民达到54.3万人，参合率达到93%；全面启动农村养老保险制度，参保农民达到10万人，参保率达到33%。青年计划完成敬老院整合改造任务，五保人员集中供养条件明显改善。

中共市委书记：侯志宇
副 书 记：赵　山
　　　　　孙成海
市委常委：张铁昌
　　　　　张　国
　　　　　王德满
　　　　　解占久
　　　　　高海柱
　　　　　梁　辉（女）
　　　　　苏广钧（8月免）
　　　　　崔　明
　　　　　朱文军（援疆）（7月任）
　　　　　黄玉刚（9月任）
人大常委会主任：张朝利
副　主　任：魏广印
　　　　　　赵万全
　　　　　　赵玉章
　　　　　　郝明东
市　　　长：赵　山
副　市　长：王德满
　　　　　　苏广钧（8月免）
　　　　　　黄玉刚（9月任）
　　　　　　曹琳瑛（女）
　　　　　　冯会章
　　　　　　毛成海
　　　　　　曹贺龙（9月任）
　　　　　　任万阁（援藏）
市政协主席：孙荣先
副　主　席：孙瑞华
　　　　　　张玉军
　　　　　　王贵英（女）
　　　　　　汤建华（9月任）

【遵化镇】 位于市中心，东邻崔家庄乡、南邻新店子镇，西与西留村乡接壤，北与西三里乡、苏家洼镇相连，总面积31.3平方公里。为遵化市人民政府驻地，是全市的政治、经济、文化中心。镇区帮宽公路东西横贯，唐遵公路、唐遵铁路南北穿过，交通四通八达，为全市交通要地。全镇地区生产总值28.37亿元，一产增加值1.08亿元，二产增加值8.42亿元，三产增加值18.86亿元，财政收入3.70亿元，农村居民人均纯收入7079元，固定资产投入6.83亿元。

项目建设上，充分利用特殊的地理位置，积极发展交通运输、批发零售、住宿餐饮、信息咨询等第三产业，沿一、二环路两侧形成4个商贸专业村，民营企业已达到3746个，从业人员34750人，完成产值88.7亿元。上项目18个，累计完成投资28.3亿元.其中，续建项目16个，累计完成投资24.3亿元；新建项目2个，累计完成投资4亿元。完成响水河改造、污水处理厂、大营子绿化占地、海星大街、华富大街、华西路、文茂大街、文礼西通、森林公园等共3240亩的征地任务，确保市重点工程项目动工生产。

城中村改造工作，以三间房村成功改造为示范，加快进行胜利、下园、双园、北台、大营子、东关、

东坝的城中村改造项目。此外，镇海东街改造、南关、上台子、孔庄子、西关、民主、北关、和平等村的部分改造工程也已顺利开工。张家坎、谢庄子、小二里、大二里、何家园、小河、张家窑等村的城中村改造工作正在酝酿之中。在具体实施过程中，按照公正、公平、公开的原则，对平改方案、户型设计、补偿标准等进行严格把关，保证平改一个村，建成一个标准规范的社区。同时，积极探索农村股权化改革，对已完成城中村改造的三间房村集体的资产实施股权化管理，结合该村的实际情况，已初步出台一些实施方案、实施细则和基本思路。

新农村建设上，抓团练屯、庄户村街道硬化工程，共投入资金132万元硬化道路3.5万平方米；抓铁山岭、蔡家岭、谢庄子、上台子、小草店五个村春季绿化，投资15万元新栽植龙爪槐等乔木2900株、灌木3万株、花草5000平方米。加大投入力度，加快沼气池建设步伐，对每个建池户镇补助200元、村补助500元、奖励村干部200元。新建小型沼气池130个，80立方米的大型沼气池1个，使全镇沼气池总数达到600个。抓好农村饮水安全工程，投入资金52.6万元完成教厂、后杨庄的自来水工程，解决600多户3000多人的吃水问题，完成大二里、铁山岭村饮水安全工程规划设计工作。对全镇138名环卫保洁人员按片进行业务培训和考核。以开展省级卫生城市为契机，加大综合治理力度，创卫工作合计投资410万元，共出动清运车辆6600辆次，清理垃圾12万余立方米，粉刷墙体1.4万平方米，清理建筑垃圾4万余方，拆除违章广告牌匾67个，清理32户商品外溢摊点。完成南二环北侧和西二环南路重点地段的拆迁、东沙河治理拆迁、森林公园清场拆迁等共拆违拆迁218处，8.7万平方米，拆除村内违章建筑2.5万平方米。

社会发展工作，共举办阳光工程培训1380人次，办理就业优惠证150个，共举办各类培训班100多期，培训人员8000多人次，实现省内劳动力输出835人，省外劳动力输出3315人，就业率达到90%以上，全镇195名农村干部已取得大中专学历的达到145名。全镇已有29200人参加新型农村合作医疗保险，参保率达到100%，5000人参加城镇居民医疗保险、2600人参加新型农民养老保险，8000人参加被征地农民养老保险。发放救灾款1.2万元，发放最低生活保障金20.3万元，发放大病救助资金4.1万元，发放五保供养费2.6万元，发放危房改造款7.3万元，弱势群体的生活得到根本改善。

中共镇委书记：诸葛少民
镇　　　　长：尹凤柏（5月免）
　　　　　　　张锦洪（5月任）

【堡子店镇】　位于遵化市西12.5公里处，东与西留村乡接壤，西邻石门镇，南邻东新庄镇，北与西下营相接。总面积76.8平方公里。帮宽公路穿越全境。全镇地区生产总值12.19亿元，一产增加值1.4亿元，二产增加值6.78亿元，三产增加值4.0亿元，农民人均纯收入4522元，财政收入6356万元，固定资产投入2.51亿元。

农村建设上，完善温家庄唐山市级文明生态精品村、西新店子、马坊岭市级文明生态精品村、北小庄、西杨庄等6个镇级文明生态精品村建设，新培育东杨庄、旧寨、大埝庄3个市级文明生态村；新修乡级公路20公里；推行十八里、孟家铺两个科学发展示范村；完成马坊岭、十八里、孟家铺等十个村自来水工程建设；全镇新建沼气池560个，硬化道路6万多平方米，栽植各类绿化苗木2.7万株，粉刷墙体3.1万平方米，累计投入资金260多万元。

项目建设上，“美客多”食品集团有限公司扩建项目，总投资1.8亿元，一期形成日屠宰6万羽鸡的生产能力，年加工各种分割鸡肉产品2万吨，已经竣工投产二期工程。总投入2000万元，进行城镇商贸区建设。建高标准三层商贸楼18处，完成建筑面积14000平方米。完成西起新店子村东至张南洼村的邦宽路拓宽改造工程地上附着物补偿和拆迁工作。涉及农户448户，补助金额达460多万元。第二水厂深井及输水管道铺设工程的管道工程动工，工程涉及11个行政村，农户760户，占地总面积为230亩，补助款共计80多万元。22万伏高压电网改造工程，共25个塔基，涉及10村，已完成征用涉及35户的永久占地，临时占地800户的青苗补助工作。长城化纤有限公司技改项目，计划投资1200万元，对高强、中强丙纶丝进行深加工，延伸产业链。天明门业有限公司建设，项目总投资1000万元，主要生产各种高、中、底档钢质防盗安全门及钢制防火门，年生产能力2万扇。

中共镇委书记：黄国玺（5月免）
　　　　　　　张长城（5月任）
镇　　　　长：乔贺臣

【马兰峪镇】　位于遵化市西北25公里处，东与汤泉乡相连，西邻东陵满族乡，南与石门镇接壤，北靠长城与兴隆县相连。全镇总面积50.8平方公里。交通便利，每天都有通往北京、天津、唐山、兴隆直达班车。地区生产总值11.87亿元，一产增加值4010万元，二产增加值7.52亿元，三产增加值3.95亿元，农民人均纯收入4653元，财政收入2797万元，固定资产投入2.26亿元。

逐步转变经济发展方式。建立旅游观光采摘园和晚秋黄梨、天皇、华山新品种梨示范园，在魏进河建立无公害板栗示范园；板栗种植规模不断扩大，面积达2.2万亩，年收入板栗1628吨，农民收入增加1300万元；大力推进畜牧养殖业的发展，积极鼓励支持建成存栏达200头以上养猪场7个、存栏50头以上养牛小区1个，存栏3000只以上养鸡场5个，农民收入增加1000多万元。大力引进高新品种，北京艾格威良种肉牛育繁工程基地落户本镇，此项目占地500亩，总投资6000万元，项目建成后每年产值可达5000万元，基础设施建设完成70%。积极谋划储备项目，香港四洲集团（河北）分公司、营房机械厂、金山神猴日化厂、金阳汽车配件厂等骨干企业规模不断扩大；唐山宏泰公司投资5000万元扩大生产规模，全镇工业、建筑业经济实体已达180余家；商贸旅游服务业得到跨越式发展，商贸、餐饮等三产服务业由166家一跃发展到233家，从业人员4850人，年增加农民收入4000多万元。

全面加速城镇建设。以被市委、市政府确定为全市唯一的城乡一体化建设试点镇为契机，围绕“商贸旅游服务发展”模式，本着“老镇区完善功能，新镇区拉开框架”的工作思路，完成永旺大街、马兰河市场改造、塔山休闲广场和宏泰广场等专项规划，分别被唐山市建设局、规划局评为村镇建设、村镇规划先进单位；加大基础设施建设力度，投资760万元实施永旺大街改造工程，道路全长1200米，由原来的7米拓宽至15米，双向4车道，将电力、网通、移动线路和排水管道进行综合改造，共完成拆迁32户，拆除建筑8千平方米，道路两侧种植法国梧桐400棵，安装路灯76盏，铺设人行道板1.5万平方米，新镇区框架已基本拉开；实施马兰河市场综合改造工程，已投资100万元完成征地、规划设计工作，平整路基9000平方米，修筑河堤1000米。总投资500万元，占地40多亩的宏泰广场，也已完成征地、设计工作；按照镇总体规划，吸引个人投资3500多万元，新建具有现代建筑加满清风格的商贸楼30多栋，总建筑面积2.5万多平方米。认真做好文物古迹及古民居、街巷保护工作，严格保护规划措施，10月份被省政府命名为历史文化名镇。

新农村建设迈出新步伐投资800万元实施农村安全饮水工程，工程涉及的22个村中，5个村已经通水，11个村完成村内工程，总投资461万元的东西两个水厂主体工程竣工；进一步实施村街道路硬化。年内新硬化道路13.6公里，5.23万平方米，全镇累计硬化街道106.23公里，33万平方米，17个村达到户户通，7个村完成主街道硬化。25个行政村实现了村民中心全覆盖，新安装健身器材35套。辖区内县级公路（石马路、堡东路）两侧绿化111.5亩，村级公路（峪关路、峪营房至侯家山）绿化面积26亩。大力开展环院落、环街道、环村庄绿化工程，栽植乔木9650株，灌木23万株，花草3000平方米。清理街道两侧环境卫生，拆除村内违规建筑物，共清理垃圾2838立方米，拆除违章建筑82处，修建垃圾池56个，建立生活垃圾集中处理点14个，成立专业保洁队伍22个，推广新型沼气池402个。同时，以魏进河、河东、石各庄、定营房、许家峪村为重点，全力打造精品村，粉刷街道2.3万平方米，建街心花园6个，安装路灯548盏。9月份顺利通过省环境优美小城镇验收。

社会事业发展取得新进步完善社会保障、救助、帮扶体系，年内落实农业低保200户，城镇低保20户，发放低保资金24.5万元、救济款9.7万元，改造危房12间。扎实推进新农合、养老保险工作，全镇参合人数达2.1万人，参合率99%，农村新型养老保险2674人参保，缴纳保金715.6万元。

中共镇委书记：刘印山
镇　　　　长：崔占忠

【平安城镇】 地处遵化市区西南方向25公里处，东与东新庄镇接壤，西与蓟县隔沙河相望，北与石门镇相连，南与玉田县相邻。大秦铁路由西南向西北贯穿全境，遵化至玉田公路由东向西穿镇而过，是通往天津主要干线之一。全镇总面积106平方公里。地区生产总值16.32亿元，一产增加值2.84亿元，二产增加值5.09亿元，三产增加值8.39亿元，农民人均纯收入4760元，财政收入1126万元，固定资产投入1.3亿元。

加大农业产业结构调整。平安食品公司投资30多万元，建成杏鲍菇生产基地。全镇食用菌大棚已发展到2460个，年可创产值2亿元，增加农民人均纯收入1500元；已成为全国七大香菇主产地之一，被中国食用菌协会命名为“中国香菇之乡”。以南部山区村为重点，打造千亩优质核桃示范区。该园区已被唐山市命名为科学发展示范园区，刘各庄村因此得到5万元的奖励。该基地年产优质核桃300多吨，实现销售收入120多万元，农民人均增收近1500元。推广高光效等先进林果管理技术，提高果品品质。在北部山区建成7000亩鲜果生产基地，其中苹果5560亩、梨700亩、桃685亩、山楂120亩，年产各种鲜果600多万公斤，实现销售收入2000多万元，果农人均增收近1000元。新增标准化管理苹果园430亩。调整产业结构，发展现代种植农业，已建成5000亩红芳香南瓜和1400亩甜玉米、500亩芦笋订单种植基地，农民人均增收500多元。

抓好项目建设。为华远房地产开发公司和东兴物流公司生产经营提供优质服务，促进企业的发展，增加税收，镇财政收入首次突破千万元大关，达到1126.5万元。认真谋划秸秆菌棒气化项目，充分利用淘汰废弃菌棒近10万吨的资源，平一村引进投资280万元的废弃菌棒气化项目。该项目节能环保，建成后平一村可实现“二人烧火、全村做饭”，解决600多户群众的燃气问题，同时，废弃菌棒气化后的废渣可作为有机肥还田，实现食用菌生产节能循环发展。目前，该项目已完成设计、选址等准备工作。

推进五大民生工程。1. 沼气池建设工程。以改善农村人居环境为目标，不断完善奖惩机制、加强技术指导，加大沼气池建设力度，全镇共完成沼气池859个，在全市名列全茅。2. 农村饮水安全工程。全镇安全饮水项目村17个，涉及4769户16565口人，主要分布在南北山区严重缺水或水质相对较差村，有12个村完成此项工程。另有18个村正在进行筹资、设计等前期准备工作，全镇安全饮水工程已累计投资700多万元，打深井4眼，建蓄水池8座、表池359个，铺设管道135318米。免费为9村新增变压器10台，节约资金100多万元。3. 市、乡道路翻修工程。平东线至夏家峪公路翻修是中南部13个村、近2万群众生产生活出行的主要公路，全长6公里，路面设计宽度7米，水泥浇注路面6米，两侧路肩各0.5米，厚度20厘米，总投资297万元，9月初正式开工，10月底全线竣工通车。平东线改造工程。5月份，平东线改造工程开工后，及时清理公路界内违章厕所6处、垃圾17处共200多吨，砍伐树木4000多棵，为施工队伍准时进场施工提供保障。4. 村民中心建设工程。为推进村民中心建设工作的开展，切实使“村民中心”真正成为村民进行自我教育、自我管理、自我服务的新平台和服务“三农”的阵地，完成16个村的村民中心建设，实现村民中心全覆盖。5. 新型农村合作医疗、农民养老保障工作。镇村两级干部全力以赴、全力攻坚，全镇共

有41722人参加农村合作医疗，交款798385元，保持了绝对人数在全市的领先地位。有8023人上了农民养老保险，缴纳养老保险金2179万多元，被市政府命名为先进单位。

中共镇委书记：李海鹏
镇　　　　长：孟庆泉

【东新庄镇】　东新庄镇地处遵化南川平原区中部，距市城区15公里。东部和南部以黎河为界与团瓢庄乡、刘备寨乡相望，西与平安城相连，北与堡子店相连。全镇总面积61.84平方公里。遵化至宝坻公路贯穿西南东北。地区生产总值14.6亿元，一产增加值2.24亿元，二产增加值5.09亿元，三产增加值8.39亿元，农民人均纯收入5250元，财政收入1305万元，固定资产投入1.72亿元。

加大项目建设力度。金马集团今年总投资5500万元，新上配重铁、高钛渣、还原钛项目，同时投资500万元购置100卷板机一套，建退火窑一座，改造高钛渣电炉一台，年产值达到5000万元，上缴税收200万元。以镇北新区为核心，采取多层次招商引资方式，年内确保引进投资1000万元以上项目3个，300万元以上规模项目6个。

加快产业结构调整。积极培育后毛庄肉牛、八间房蛋鸡、小马坊生猪生产等特色养殖专业村。民乐优质奶牛生态养殖基地现奶牛存栏达到1000头，日产鲜奶6.4吨。新引进澳大利亚优质奶牛50头，投资20万元新购挤奶器10套，冷却罐一套，年销售收入达到420万元，充分发挥龙头辐射作用。全镇无公害蔬菜面积达到20000亩，效益实现2000万元，蔬菜品种达到20个。同时通过积极鼓励农民充分发挥“黎河”牌蔬菜商标品牌效益，改进包装，推出精品蔬菜，现已打进北京、天津、唐山等超级市场，增加产值10%。食用菌大棚达到1500个，3000万棒，占全市生产总量的三分之一，人均增收近1500元，同时可安排52.2万多工日农村富裕劳动力短期就业和700个农村富裕劳动力长期就业，年可为民增收7500万元。

抓好农业建设。西梁子河村新建双孢菇基地一处，现已投入生产的双胞菇大棚达到37个，比去年增加25个。大力加强北岗村千亩优质核桃、北岗—北营优质苹果、中华圣桃、长虹枣基地建设，积极推进东新庄镇北部山区林果业发展。新建规模林果基地5个。北营村荒山绿化植果150亩优质核桃园建设，以及崔各庄、后稻地村150亩的优质核桃园建设；北营村100亩优质大枣园区建设；东梁子河村100亩优质葡萄园建设，现已经开始了苗期管理工作。蛋鸡存栏5000只以上规模养殖小区10个，肉鸡存栏3000只以上1个，母猪存栏10头以上21个，瘦肉型猪存栏200头以上1个，奶牛存栏50头以上3个，肉牛存栏50头以上1个。新引进的300亩上茬西餐专用美国大西洋马铃薯，下茬优质糯玉米，亩效益可达到5000元左右；还有100亩芦笋、200亩的黑美仁花生以及日本红蜜南瓜、鸡腿菇等6个新品种。全镇已建立了王各庄蔬菜协会、养猪协会、养鸡协会和经纪人协会、奶业协会等各类协会组织20多个，并在工商、民政部门进行了注册登记。举办各项农业技术培训班30多次，参训人数达2000余人次，累计发放各类科技资料、农业信息7000余份。引进新品种6个，推广新技术5项，签订订单合同2000亩。

加大文明生态村建设力度。完善了崔各庄村基础设施建设，全村累计清理垃圾1000立方米，清运粪土500立方米，清理乱堆乱放328处，拆除违章建筑8处。硬化路面2260米，村内街道两旁栽植国槐、馒头柳等绿化树1800余株，绿化苗木等5000余株，新建垃圾点8个，新架路灯150盏，完成了西杨庄村两室的新建；同时继续加大投资力度，把东新庄、王各庄、西草场、小马坊等村打造成文明生态精品村。完成全镇22个村的“村民中心”建设，同时依托“村民中心”开展丰富的文化活动。孔庄子—东新庄—崔各庄三处桥涵翻建工程已经完工。投资2000万的平东线改造工程的征地、拆迁、补偿等各项工作都已顺利完成，平东线途经我镇小马坊、东新庄、西草场等六个村，全长8.8公里，占地320多亩，涉及村民641户。现路基铺设工程正在进行中，已完成80%。投资30万元的两眼水厂自来水深井及村建三眼深井都已建设完毕，管道铺设工程也即将完成。全镇22个村有9个村（东新庄、西草场、西杨庄、孔家庄、前稻地、后稻地、前毛庄、后毛庄、崔各庄）和镇区及镇北新区都已开工建设。其中涉及农户3188户11595人，镇直、镇企、学校3361人，供水水厂总规划1.5万人，总投资1100万元，村内投资918万元，水厂投资182万元。

中共镇委书记：崔　嵘
镇　　　　长：高长国

【新店子镇】　位于遵化南部，距市中心15公里。东西分别与东旧寨、东新庄两镇紧密相连，南与党峪镇相接，北靠遵化市区。总面积94.6平方公里。112国道、唐遵铁路南北纵贯全镇。地区生产总值13.31亿元，一产增加值1.41亿元，二产增加值3.68亿元，三产增加值8.22亿元，农民人均纯收入4721元，财政收入5032万元，固定资产投入1.45亿元。

项目建设步伐加快。金泰食品有限公司在投资1800万元建设甘薯、果蔬深加工项目的基础上，又投资500万元新上糯玉米生产线，并成功申报了唐山市农业产业化龙头企业。对高耗能、高污染的石碴厂、石灰窑进行改造，对12家石碴厂、石灰窑进行整合升级。投资2000万元、全市第一家大型搅拌站——东方建筑安装有限公司落户本镇，土地租赁和基础设施建设已经完成。宏达来电器、超越钛金设备、冀东起重安装有限公司等扩建、新建项目已达到协议，完成了规划设计和项目审批工作。工业园区已征地346亩，初步具备开工条件。

新农村建设扎实推进。畜牧养殖获得上级奖励资金30多万元；发放优质良种10.08万公斤、补贴26.76万元；退耕还林280亩，补贴4.5万元；发放粮食和农资综合直补322.3万元。投入支农资金100多万元，用于农村各项基础设施建设。安全饮水工作走在全市前列，争取上级补贴资金800多万元、镇里支持20万元，解决了乔庄子、西南宅、君子口等21个村2.2万人饮水安全问题；投资24万元铺设管道4万米，对大太平、崔庄子等11个村进行节水工程建设；完成涉及26个村、1500多户、1086亩的通道绿化攻坚工程，租赁土地补助资金全部发放到位，植树绿化任务基本完成；圆满完成沼气池建设任务，新建沼气池954个，位居全市第二。以长城食品厂为龙头发展订单架瓜200亩；成立镇域苗木协会，扩大苗木基地建设，新发展优质苗木1000亩；在东苇店、马各庄发展高酸苹果及对苹果进行高科技标准化管理600亩；以车道峪、南王庄为重点发展大樱桃100多亩；完成国家农业部开展的农业科技入户工程，培训科技示范户110户，发放补贴物资1100斤，新建、扩建畜牧养殖小区18处，养殖小区数量位居全市第一，畜牧养殖大镇的地位日趋明显。全镇有26个村开展了科学发展示范村创建工作，硬化村庄道路20.56万平方米，绿化树木8.8万株；配合市政府搞好覆盖18个村，惠及2万多人口的平东线建设工程；完成大老峪至东新立3.7公里的道路硬化工程；作为遵化市首批创建科学发展示范精品村，前杨庄、康各庄、沙石峪已完成整体规划设计。

加速小城镇建设。完成130亩的教育园区征地工作，投资100万元对园区7500平方米道路进行硬化，投资23万元对园区进行绿化，完成七中改扩建一期工程。总投资350万元、建筑面积2800平方米、容纳100张床位的中心分院建设完工，并投入使用，有效地缓解了全镇老百姓看病难的问题。投资1000万元建成1万平方米的住宅楼工程已全面进入施工阶段，投资400万元、4200平方米的一期工程已于10月份正式开工建设。启动了以建材为主的镇区市场商贸楼、集贸市场建设工程，现全部交付使用。各村道路两侧及村庄周围的垃圾进行了重点治理，共出动车辆1000余次，清运垃圾3000吨，拆除违章建筑180处6200平方米。

改善人民群众生活。对全镇所有低保户、五保户进行逐户走访，建立个人资料档案，共有农村低保282户、城镇低保16户、五保186户，全年共发放补助款118万元。发放低保、五保、伤残及退伍军人一次性生活补贴14万元。年终发放救助款18万元。为解决全镇低保、五保住房问题，争取资金8万多元，完成危旧房间改造24间。争取市慈善总会救助金10万元，为7户患特大疾病的贫困户进行救助。继续开展对全镇贫困大学生帮扶活动，使51户有两个孩子上大学的贫困家庭得到帮扶资金6万元，102名贫困大学生得到救助。同时，投入27万元，为有劳动能力、并具有一定养殖经验的88户低保户免费建设沼气池，使其通过发展家庭养殖业尽快脱贫致富。共有39000多人参加农村合作医疗，参合率达到92%，7641人参加新型农民养老保险，使更多的老百姓享受病有所医、老有所养的惠民政策。投入10多万元用于文化建设，全镇共有健身路径96件、篮球场16个、秧歌队28个，组织文艺汇演12场。

中共镇委书记：周海宏（5月免）
　　　　　　　王　相（5月任）
镇　　　　长：王　相（5月免）
　　　　　　　谢德祥（5月任）

【党峪镇】　位于遵化市正南方，距市城区25公里。东与娘娘庄乡相邻，西与地北头镇交界，南与地北头镇及丰润区北夏庄、杨官林乡接壤，北与新店子镇相毗邻。总面积85平方公里。112国道、唐遵铁路南北纵贯全镇。地区生产总值15.74亿元，一产增加值1.25亿元，二产增加值6.53亿元，三产增加值7.96亿元，农民人均纯收入4010元，财政收入1854万元，固定资产投入2.65亿元。

抓好金山工业园区建设。在园区设计上，本着科学合理、功能健全、服务优质、生态环保的理念，力争建成环保型、节能型、加工型、劳动密集型的园区。做到水、电、路、讯、气、排等六到边目标。完成征地和收储土地2380亩，拆迁房屋8000平方米，改线路三条。园区已完成两横一纵道路建设。铺油路工程、路基工程、排水管道工程、变电站的选址、立项设计工程等建设总投资共3000多万元。园区内绿化1万多平方米，实现两片一轴的绿化体系建设。建园区标志园一个，安装路灯120盏。申请入园项目资金已达80多亿元。五大项目，现已落户工业园区，投资总额达30亿元。税收总额年可突破6亿元，安排剩余劳动力3000人。

深入推进社会主义新农村建设。以112沿线各村为主，总投资达120万元进行沿线美化、亮化设施建设；完成“村民中心”建设。投资20万元完成大党峪、后要峪等15个村的村民中心建设，使村民中心建设达到100%；开展沼气池建设和安全饮水工程。共建成沼气池248个。完成16个村的安全饮水工程。

社会保障规范化、信息化。对全镇的贫困户、五保户、低保户、残疾人、失学儿童数进行全面摸排、登记、建立档案，分类制定帮扶措施。对275户确立智力、资金、信息技术、物资等方面帮扶，已有38户贫困户脱贫致富。推进以农民养老保险为主的社会保障机制建设。有3606人参加农民养老保险，参保金额1016万元，完成任务的80.1%，部分解决了老有所养问题。新型合作医疗工作进展顺利，参合率达86.7%。共有117户138人享受五保待遇，对困难家庭实施大病救助26070元，危房改造9户，帮扶资金10.8万元，累计发放救助资金13.4万元。

中共镇委书记：刘满祥
镇　　　　长：刘通江（5月免）
　　　　　　　张立军（5月任）

【地北头镇】　地处遵化最西南端，距市城区35公里。南与丰润区沙流河镇的石佛寺接壤，西与玉田县林头屯乡闫庄子村相连，北与刘备寨乡隔山相望，东与党峪镇相连，全镇总面积63.5平方公里。地区生产总值5.05亿元，一产增加值1.19亿元，二产增加值2.98亿元，三产增加值8874万元，农民人均纯收入3320元，财政收入1016万元，固定资产投入1.16亿元。

加强基础设施建设。改变本镇东邻112、南靠102两大国道经镇却交通十分闭塞的旧貌，借彭李线穿过本镇的良好机遇，投资700多万元，继续修二期工程（地北头至鲁家峪，并西延至遵宝线），有贯穿全镇15公里的红色旅游公路，保证北京游客2小时到地北头、唐山游客1小时到冀东抗日红色景区鲁家峪的旅程目标的实现。

培育龙头企业。投资5300多万元，新建企业6家，扩建企业5家，

技改企业15家，连续投资6000多万元，引进唐山山源公司食品加工厂地北头分厂一、二期工程，厂企安排固定农民工800多人，年可创产值2000多万元，创利税500多万元，年可加工2500吨柿子。

发展农业经济。多方筹资300多万元，引进优质黄头苗木30多万株，发展6000亩，加上改劣原有2000多亩，现全镇已有黄桃8000亩，形成省内名列前茅的黄桃基地。新增良种奶牛1770头，使奶牛存栏达到5000头，日产鲜奶30吨。举办多形式培训长中短班35期，培训转移劳力7800人次，印发《农民信息》12期，培养科协示范户100户，引进新品种、新技术20个，重点发展种植、养殖、果品加工、经纪人协会4个，培育各类骨干能人1500多人。投资800万元，新打深井6眼，修旧井26眼，铺埋地下节水管道60000多米，增容变压器1100千瓦，为7个村新上变压器9台。

加大文明生态村镇建设。筹措资金1000万元，狠抓地北头、鲁家峪两个大村的文明生态村的建设。新增建11个，全镇17个村都有档次较高的村民中心。完成6个村的安全引水工程，近3000户吃上放心水，扩建水泥路11万平方米，把全镇文明生态村建设提高到新水平。

中共镇委书记：朱文军（7月免）
　　　　　　　刘玉良（9月任）
镇　　　　长：韩布晖（5月免）
　　　　　　　王海军（5月任）

【东旧寨镇】　位于遵化市东南部边缘，距市区22公里。东与迁西县毗临，西与新店子镇为邻，南与铁厂镇接壤，北与建明镇、崔家庄乡交界。全镇总面积76.3平方公里。地区生产总值7.69亿元，一产增加值1.21亿元，二产增加值4.75亿元，三产增加值1.74亿元，农民人均纯收入3700元，财政收入985万元，固定资产投入1.16亿元。

项目建设上，达成意向项目8个，主要包括北京墙体艺术砖有限公司投资1.1亿元的页岩砖生产项目、投资1500万元的核桃深加工项目、投资2300万元的优质核桃批发市场项目、投资5500万元的华北制药厂DDS蛋白生产及辅料养殖项目、计划投资1000万元的规模养牛场项目以及投资2000万元的低产果园改造项目和投资5300万元的小城镇经济综合开发建设项目。

低产果园改造工程工作，对29个村林果生产现状进行全面细致的现场堪查，通过多次召开村干部会议、进行宣传发动、组织果农进行技术培训等手段，使此项工作深入人心，加快此项工作的发展步伐。重点对梁屯、东旧寨、西旧寨、徐店子、姚家峪、桓庄等6村的低产果园进行更新改造，共新发展优质苹果600亩，老果园改造新栽优质苹果1500亩、新品种核桃600亩，为实施万亩低产果园的发展规划奠定坚实基础。

肉鸡养殖基地建设上，扶持起黑峪沟村养鸡大棚6个，为每个养殖大棚帮扶资金3万元，同时镇政府又投资6万元帮助肉鸡养殖户通水通电。仅此一项工程就可以为农民增收50万元。争得长城科贸支持，计划在黑峪沟、双泉寺、现光寺、石桥头等4个村发展养鸡大棚50个，力争用三年时间建成长城科贸肉鸡养殖基地。

饮水安全工程工作，在梁屯、高户庄、五虎岭、温庄、杨庄、大田庄、东旧寨、双泉寺、灰岭子、周铁庄10个村实施安全饮水工程，全部完工。新增大寨、七户、东张庄、徐店子、幸福村、西旧寨、徐家套等7各村，这项工作的实施使该镇基本上都用上自来水，彻底告别饮水不安全问题。全镇已安装自来水用户3978户，解决不安全饮水人口17202人。

文明生态村建设工作，投资80余万元重点对金牛寺、徐家套、石桥头等村200多平方米道路进行硬化，金牛寺、徐家套实现户户通。投资12万元对幸福村、周铁庄、大田庄等16个村统一设计统一制作牌匾，投资20万元对河东村和西旧寨村村委会进行翻建，成功地完成村民中心建设工程。投资13.5万元，完成全镇29个村春季绿化工作。动用人力5000余人次，动用车辆2000辆次，清运垃圾1400余吨，粉刷墙体3400平方米，拆除违章建筑400平米，使本镇农村村容村貌有很大改观。利用世行三期项目镇村两级共投入资金320多万元，修建铺设输水管道14000米，打井46眼，不仅增强了抵御自然灾害能力，而且为农业增效、农民增收提供有力保障。

中共镇委书记：刘泽春（5月免）
　　　　　　　郝明芳（5月任）
镇　　　　长：郝明芳（5月免）
　　　　　　　骆金凤（5月任）

【铁厂镇】　位于遵化市东南端，距市城33.5公里。东与迁西县南观乡相邻，西与娘娘庄乡、新店子镇接壤，南与丰润区黄昏峪乡交界，北与东旧寨镇毗邻，全镇总面积77.6平方公里。地区生产总值5.24亿元，一产增加值8443万元，二产增加值3.24亿元，三产增加值1.15亿元，农民人均纯收入1520元，财政收入375万元，固定资产投入1.15亿元。

狠抓富民工程。推广性控冻精和优质冻精技术，加大支农惠农力度，激发奶牛养殖户改良的积极性，并成功完成奶牛改良1200头。鑫美优质奶牛养殖示范区二期工程完工，示范区总占地面积将达48亩，饲养奶牛总量可达950头，示范区有效解决奶牛散养对环境卫生的影响。发展优质核桃和安梨两大富民产业，新增优质果园面积2100亩，其中栽植优质核桃1000亩，安梨1100亩，南北两大优质果品基地现已初具规模。输出钳工、焊工、电工、驾驶等专业技术人员210人，实现由体力劳动到专业技术的初步转型。

加强工业建设。投资600万元，建成二层商贸楼12座。完成金基矿山机械制造厂和鑫力景观砖厂扩建项目。完成井匡峪村占地100亩的柴鸡养殖场基建部分，计划孵化雏鸡5万只，将雏鸡免费发放给当地群众，以“公司+农户”的方式，在全镇全面推开柴鸡散养。

基础设施建设上，筹资360万元，修建蓄水池5个，铺设自来水管道9000多米，完成20个村的自来水改造工程。投资62.8万元，组织9个村，打深井一眼，架线500米，上变压器1台，深井泵1台，建蓄水池11个，铺设管道5000米，建机井房4处，增加节水灌溉面积3000亩。

帮扶弱势群体工作，对全镇412户低保户、159户五保户进行全面审核并登记造册，建立个人档案，实现应保尽保。镇东北店村属唐山市级老区村，为使贫困户尽早脱贫，经两委讨论村民代表通过，将村内10.5亩承包地无偿提供给贫困户栽植核桃苗，村统一供种、统一管理、统一嫁接、统一销售，贫困户只负责简单的除草等工作，所取得的收益全部归贫困户所有，使其达到尽快使其脱贫的目的。

中共镇委书记：王贺忠（5月免）
王瑞忠（5月任）
镇　　　长：王　汉

【建明镇】 位于遵化市东部，距市城区20公里。东与迁西县三屯营镇相连，南与东旧寨毗邻，西和北分别与崔家庄乡和小厂乡接壤。总面积70.5平方公里。大秦铁路东西跨越7个村，省级公路邦宽线在镇中心穿过。全国著名的“穷棒子”之乡——西铺村坐落本镇。地区生产总值62.62亿元，一产增加值13.99亿元，二产增加值52.17亿元，三产增加值9.05亿元，农民人均纯收入6640元，财政收入3.42亿元，固定资产投入4.41亿元。

在“2008年中国乡镇综合实力500强”中列第486位，在河北省百强乡镇中列第6位。被唐山市委、市政府授予“文明村镇”荣誉称号，被唐山市爱卫会授予“爱国卫生”先进单位荣誉称号。

打造经济大镇。完成市委、市政府交办的铁路货场征地、鸿鸭屯村12户群众搬迁、港陆高钙灰回旋窑征地、邦宽公路附线道路建设、西铺电力专线东输、遵小铁路建设、穆家庄新村建设等七项重点工作。支持唐山港陆钢铁公司项目建设，港陆公司投资16亿元的1500热轧薄板、投资10亿元的1×120吨转炉、投资2.6亿元的2×2.5万立方米制氧、投资2亿元的铁路货场项目建设正在进行中，投资4亿元的2×1160m^{3}高炉已完成主体建设，投资3亿元的1×200m^{2}烧结、投资0.5亿元的2×12m^{2}竖炉、投资0.5亿元的1×25MW煤气发电项目建设已经完工。支持众邦泵业投资0.46亿元建设一期厂房和办公设施建设，投资0.24亿元购置成套数控、数显设备，与清华大学合作的“抽沙填海”牌260米潜水泥渣泵成功试产，为做大做强水泵产业奠定坚实基础。

打造现代新镇。将镇区周边的11个村纳入小城镇范畴，镇域面积面积由3.4平方公里扩大到5平方公里。协商搬迁电力所，打通镇区中心十字路。通过和遵化市电力局协商，决定搬迁建明电力所，打通镇区中心十字路。投资2000余万元的二万余平米临街市场商贸楼、瑞诚工贸公司等三层以上商贸楼已完工。加强文化活动广场，活跃群众文化生活。镇政府投资80万元，占地12亩可容纳1000余人集会的文体活动广场已完成地面硬化和配套设施建设。

城乡一体化取得新成效。镇政府将建池补助标准由200元提高到500元，在高各庄村成立沼气池建设综合服务站，全年建沼气池927个，占全年计划的103%。鼓励支持瑞诚工贸公司在西铺村北建设能容纳150户居民的两栋居民住宅楼，支持白马峪村在村北建设15户二层居民楼，农村标准化住房建设取得新突破。镇投资30万元对回龙峪、鸡二等6个村的村两室进行重新建设，村民中心建设比上年又有新提高。

以关注民生为重点，和谐社会建设成效显著。健全完善社会保障和帮扶体系，认真落实农村最低社会保障制度。累计为四川灾区累计捐款107.69万元，捐赠大衣77件、棉被89件、棉褥28件，受到遵化市委、市政府的表彰。有3890名农民入新型农民养老保险，新型农村合作医疗参合率达到95%。在上级优惠政策支持的基础上，镇按照各村工程费用总数20%对村进行补贴，累计投入50万余元，回龙峪、鸡四已完成自来水入户任务，安全饮水工程取得阶段性成果。

中共镇委书记：郝明东（5月免）
郑玉军（5月任）
镇　　　长：屈国强

【石门镇】 位于遵化西部，距遵化市区30公里。东与堡子店镇接壤，南与东新庄镇、平安城镇隔山相望，西邻天津市蓟县，北与东陵乡相连。总面积77.5平方公里。省级邦宽线横贯东西，途径全境，石门是通往京、津的主要隘口。

地区生产总值15.32亿元，一产增加值1.15亿元，二产增加值6.77亿元，三产增加值7.4亿元，农民人均纯收入4720元，财政收入7643万元，固定资产投入1.34亿元。

农业调整，不断优化。以优质林果产业为基础，以畜牧养殖业为促进，以设施农业为龙头，加快推进经济结构调整步伐。率先注册成立“遵化市石门镇北虫草协会”，10万元专项资金用于该项目的试验和推广工作，首批发展北虫草40万瓶已获成功，产品远销广州、深圳等地，为农民增收拓宽新渠道；加大对优质林果的扶持力度，实现新增面积2000多亩，澳洲青苹栽植面积270亩，优质核桃突破6000亩，板栗10000亩。

城镇建设，向前推进。依托清东陵旅游区，省道邦宽公路贯穿石门的区位优势，制定发展旅游服务型城镇的定位，完成总体规划图的编制工作。发展传统产业，因地制宜，科学有序的发展机械制造、玻璃加工、服装加工、板栗加工、旅游服务、旅游开发六大功能园区建设。不断优化产业布局，汇聚产业优势，增强在同行业中的竞争力。

农村建设，持续改善。参加农村合作医疗27334人，参合率为90%；农村养老保险参保农民4677人，参保率为18.1%；社会保障、救助、帮扶三大体系进一步完善，支农惠农政策认真落到实处。完成义井铺等7个村文明生态创建工作，12个村步入文体局命名的“文化村”行列，建设文体广场8个。村民中心建设全部完成，农民业余文化生活得到较大改善。自筹资金40多万元，在新镇区新建一座高标准的综合文化站。

中共镇委书记：刘林生
镇　　　长：刘玉良（5月免）
李国向（9月任）

【苏家洼镇】 位于遵化市北部，距市城区4.1公里。东邻小厂乡，西邻兴旺寨乡，南与市城区相连，北与候家寨乡接壤。全镇总面积81平方公里。大秦铁路东西贯穿，唐山至兴隆公路南北通过。辖40个行政村，总户数8635户，总人口29420人。

项目建设成果显著全年实施百万元以上项目16个，总投资3亿元。全社会固定资产投资累计完成2.45亿元。一超盛方矿山机械厂一期投资9600万元，完成技改扩建项目，建设成为以生产矿山机械、水泥制造设备为主导产品的一家大型机械制造企业；苏家洼、南山等民间投资2800万元，新建商贸楼14处，建筑面积31000平方米，基本竣工；唐山心合制药有限公司总投资1.8亿元，建筑面积8.3万平方米的高科技制药项目，完成投资1.06亿元。这些新建项目完工后，可新增就业人员450人，新增税收8000万元。

农业结构调整迈出新步伐继续加强新品种、新技术的引进和示范工作。在北十里铺建立120亩有机板栗示范园一处，为林果业的发展起到辐射带动作用。继续扩大收台子、沈家庄、西北沟等5个养猪小区建设规模。在大刘庄、贾庄子又新建肉牛、奶牛养殖场各一处，存栏达到500多头。

加强小城镇建设紧紧抓住遵化建设中等城市的历史性机遇，坚持高起点规划、高标准建设、高质量经营，重点实施10个城镇建设项目，总投资3500万元，实施三大工程：一是镇区绿化美化工程。在去年安装路灯亮化镇区的基础上，投资60多万元对镇区主干道进行4公里绿化，并投资80万元在镇区两侧铺设彩砖8000平方米，修建人行便道，进行硬化美化。二是工业区、商贸区建设工程。积极推进农产品加工小区建设，全力支持一超矿机、山源食品新厂址迁建及综合办公楼的建设工作；吸引民间资金3000万元新建商贸楼15栋，建筑面积33000平方米，加快物流、商贸、餐饮等第三产业的发展。三是小王庄新农村社区建设工程。小王庄新村现已完成75栋两层住宅楼、1栋六层住宅楼、1栋村民中心的建设工作，总建筑面积2.2万多平方米。硬化道路1.4万平方米，安装路灯65盏，绿化面积8000平方米，现已投入各类建设资金2600多万元。

推进农村基础设施建设一是镇村道路建设工程。投资610多万元，重点实施镇村道路建设工程，共涉及8条道路，辐射27个村，总里程12.2公里。二是安全饮水工程。全镇有36个村存在着不同程度的饮水不安全问题。投资1100多万元，集中解决这36个村惠及到22100多人饮水水质不达标和生活水量不足的问题。已有27个村安装完毕，9个村正在紧张施工。三是文明生态村建设工作。投资360万元，继续深入开展文明生态村镇创建工作。小王庄等村完成1.7万平方米的道路硬化工作；沈家庄等9个村绿化观赏树2万株，灌木10万株，花草9000平方米的种植工作；二道岭等7个村安装路灯380盏，全镇新建垃圾池97个、新建高标准沼气池421个、大型沼气池4个。四是村民中心建设工作。对未建的李家沟、南山等7个村加大工作力度，增加资金投入，使此7个村的村民中心全部建设完工。

社会保障救助体系得到完善加大对生活困难群众的扶持力度，共发放低保金13.2万元，五保款22.4万元，危房改造19户，累计投入改造资金22.8万元；认真做好新型农民养老保险工作，全镇有3659人参加了养老保险，保险金额已达993万元；加强新型农民合作医疗保险金续缴工作，全镇参加医疗保险投保率已达96%。

中共镇委书记：马田生
镇　　　长：王　沫

【西留村乡】　地处遵化市区西，距市中心3公里，东与城区相连，西与堡子店镇接壤，北邻兴旺寨乡和西三里乡，南与团瓢庄乡毗邻。总面积29平方公里，境内有大秦铁路、唐石铁路通过，公路有国道112线段和省道绑宽线段。地区生产总值7.81亿元，一产增加值5110万元，二产增加值4.12亿元，三产增加值3.18亿元，农民人均纯收入5548元，财政收入3800万元，固定资产投入4.1亿元。

项目建设上，完善工业园区路网建设，包括文郁路南通、文云路、文山路和文北街西通等四条通路，共新征土地264.1亩，完成征地和地上附着物清场工作。配合做好市第二自来水厂管网占地和国储用地附着物评估工作。支持长城科贸年屠宰1800万羽肉鸡生产化项目；总投资1.3亿元的广野山楂深加工项目；总投资2000万元的遵化百雅轩印刷厂有限公司北方艺术品加工基地项目。完成全长近2000米的污水处理厂集水管道铺设工程。

调整农业产业结构上，小麦玉米等作物优种率达98%。搞玉米良种示范村10个村，示范农户100户，示范田300亩。扩大规模提高档次养殖小区增至11个，养殖业收入占农民收入的比重越来越大。依托112线改线和遵宝线拓宽有利时机，大力发展蒜黄产业，形成“一村一品”的农业产业特色。全乡拥有蒜黄大棚660个，总面积达200亩，年生产蒜黄1000万公斤，实现纯利350万元以上。新增节水灌溉面积1000亩，新打机井28眼，全乡机井达到930眼。

推进社会主义新农村建设上，投资960万元实现15个村的户户通，达到净化、亮化、美化、硬化、绿化。投资168万元完成18个村的“村民中心”建设，村部现有办公用房196间，广场公园建设面积达15700平方米，涌现出多个高标准“村民中心”样板村，其中学汉坨村成为唐山市级典型示范村。沼气池建设超额完成780个，一建三改比例达到85%。着手老庄子村150户、占地110亩的新农居改建工程，将建成高档住宅小区和临街商贸区。累计发放粮食直补金额164余万元，退耕还林补贴7.6万元。

社会保障及各项事业上，适龄儿童入学率达到100%。巩固“普九”成果，保持“普九”先进乡地位。低保款、五保户生活费、优抚金等足额发放，抗震救灾捐款49.5万元，交纳特殊党费17.29万元，参加新型农村合作医疗人员达19822人，参合率达96.7%，全面普及农村养老保险。

中共乡委书记：张长城（5月免）
　　　　　　　刘泽春（5月任）
乡　　　　长：张志强

【崔家庄乡】　位于遵化市区东，距市中心8公里。东邻建明镇，西连遵化镇，南与新店子镇交界，北与苏家洼镇相连，总面积28.7平方公里。区内有邦（均）宽（城）公路自西向东横穿而过，交通便利。地区生产总值10.88亿元，一产增加值7363万元，二产增加值4.91

亿元，三产增加值5.24亿元，农民人均纯收入5586元，财政收入1.52亿元，固定资产投入3.9亿元。

完成重点项目征地工作。港陆四期技改有1500热轧薄板和铁路货场建设两个项目。其中1500热轧薄板项目涉及杨家庄和东双城两个村，需占地1300亩；铁路货场建设需占2000余亩，涉及西小寨、东二十里铺、杨家庄村。市垃圾处理厂占地300余亩。“唐承高速”崔家庄乡段总长度为：东5384米，西5376米。涉及黄台、黄台口、前黎河店、后窑、小良屯、晏户新庄、三官庙、老辛庄8个村。

加强农业基础工作。投入资金76万元，维修机井75眼，新打机井21眼，新打200米深井2眼，修缮灌渠9200延长米，地埋管线400余米，地埋动力线7000余米，同时在北部丘陵地带及南部山区新建水窖1个，蓄水量200立方米。结合各村实际，重点发展瘦肉型猪、肉牛、狐貉、高档果品苗木、干鲜果等产业，逐步实现布局区域化、产业特色化。已发展狐、貉养殖户45个，存栏达2000只。已发展规模养殖户55个，新建成规模养殖场2个。年出栏肥猪2.1万多头。新栽植优种核桃、板栗200余亩，20000余株，林果面积达1900多亩，增加农民收入230万元。在河北村推广沼渣沼液综合利用示范园20亩，进行沼渣施用、沼液叶面喷施等施肥、病虫害防治综合实验。在10个村、100个示范户、275.8亩玉米田开展科技入户示范工程，辐射带动户2000户。

推进村民中心建设。投入无偿扶助资金12万元，各村自筹累计投入资金220万元，有力推动“村民中心”建设不断纵深拓展。又投资124万元，完成街道硬化10300延长米，硬化面积31000多平方米。2008年新建户用沼气池309个，大中型沼气池4个300立方米。

社会各项事业快速发展。全乡95户201口人的低保金及时足额发放。为205户贫困户送去慰问金41000元和价值11000斤的粮食，春季救济灾民83户，发放救济款11000元。投资为11户患大病家庭申报医疗救助，取得救助金13845元。深入开展“一助一扶贫济困”活动，对辖区内48户贫困户进行走访慰问，并送去28800元慰问金。

中共乡委书记：冀连明
乡　　　长：单保东（5月免）
　　　　　　刘通江（5月任）

【兴旺寨乡】　位于遵化西北部，距市区12公里。东邻西三里乡，西与西下营乡相连，南与西留村乡、堡子店镇接壤，北依长城，与兴隆县相望。总面积67.4平方公里。地区生产总值11.23亿元，一产增加值6144万元，二产增加值7.88亿元，三产增加值2.73亿元，农民人均纯收入5790元，财政收入9220万元，固定资产投入1.73亿元。

加快经济转型速度。投入资金13万元，推广新品种优质核桃苗200亩；拥有板栗面积3781公顷，其中无公害板栗面积1500亩；立足养殖业优势成立珍稀皮毛动物养殖协会，现有会员220户，在全乡逐步形成板栗、特种养殖和园区种植三大特色产业。抓好唐山尚禾源农业开发有限公司建设，该公司在兴建大棚温室的基础上，投资2000万元，引进先进生产技术，培育白苓菇200万棒，安装太阳能路灯60盏，完成周边环境改造，新型农业旅游开发园区已初具规模。抓好投资3000万元的海绵铁建设，该项目年生产能力可达到6万吨，年可创利税1000万元。抓好贵荣食品有限公司建设。贵荣食品有限公司计划投资2000多万元，目前已完成投资800多万元，可储存板栗2200多吨。全乡共有私营企业126个，年实现工业总产值6.3亿元，占生产总值的64%，第三产业年实现产值2.6亿元，占总产值的20%。

提高人民群众幸福指数。何家峪村的现代“庄园经济”模式是2008年本市确定的八个科学发展试验示范点之一，该村按照创建科学发展示范村的目标和要求，理顺思路，明确“一园两业三村”的发展定位。全年共投入资金1500多万元对25户民居进行改造。确定朝阳沟等10个村率先开展农村安全饮水工程，其中4个村已完工，其他6个村正在施工中，力争3年内全乡30个村全部完成。加大沼气池建设的奖补力度，在上级财政每个沼气池补助1000元的基础上，乡政府又加大资金投入力度为每个沼气池补贴600元，全年完成286个建设任务。

解决群众关心的热点、难点问题。投资170万元，对美城寺大桥进行翻建；投资150万元，对沙坡峪至石家口段3.4公里、西达峪至王爷陵段1.4公里年久失修的乡级公路进行翻修；投资110多万元，实施还河于民还绿于民工程，对乡境内两条於积严重河道进行全面治理，共清除尾矿及各种垃圾15万方；投资60多万元对甘泽庄至兴旺寨段乡级公路两侧1000米路段进行硬化、美化、绿化，铺地砖10000平方米，栽植绿化树木700棵。

抓好社会保障工作。共有3415人参加农村养老保险，上缴保费1022万元，19025人参加农村合作医疗，参合比例达97%。发放低保金14.4万元、五保金8.4万元；为3户贫困户改造危房10间，发放危房补助款10000元；为9户因病致贫的贫困户发放医疗救助款1.5万元，向2户患大病人员发放慈善救助款4万元；乡政府出资1.1万元，对6名贫困学生实施了救助，帮助他们更好地完成学业。

中共乡委书记：王金波
乡　　　长：孟祥印

【西下营满族乡】　位于遵化西北，距市中心20公里。东邻兴旺寨乡，西邻汤泉乡，北界长城与兴隆县相连，南与堡子店镇搭边。总面积34.3平方公里。地区生产总值3.92亿元，一产增加值3300万元，二产增加值2.64亿元，三产增加值9450万元，农民人均纯收入4630元，财政收入2849万元，固定资产投入1.11亿元。

重点项目进展顺利。自筹资金220万元，完成境内长城旅游路东段1706米的道路硬化工程。总投资1.2亿元的栗珍坊酒业有限公司，已签约入驻市工业园区。投资120万元的万金千头养猪场项目，已完成圈舍和1000立方米的沼气池建设工程。

农业进一步发展。依托资源优势，以高酸苹果基地、中华圣桃基地、无公害板栗基地为示范，加快新品种推广。嫁接新品种核桃400亩，改优新品种板栗1500亩，无公害板栗基地认证面积达到2.7万亩，

以桃园村养猪场为带动，加强市场引导，促进畜禽规模养殖，年新增千头养猪场1家，50头以上养猪场10家。以栗田食品有限公司为带动，加快农业产业化项目建设，又新增400吨板栗储存加工企业1家，全乡年储存、加工板栗达到3000吨。通过开展“塑型教育”、“阳光培训”等岗前培训，累计举办培训外出人员300多人次，全乡时节性外出人员达到3000多人次。累计发放粮食直补资金73万元；沼气池补助资金16万元；累计投入资金260多万元，用于农业基础设施建设。

文明生态村创建进一步深化。在街道硬化上，重点抓西沟村、东关村、兰村3个村街道硬化，总计投资100余万元，硬化水泥路面16000平方米。在村民中心建设上，共筹集120多万元，新建7个“村民中心”，“村民中心”创建率达到100%。在绿化上，投入5万多元栽植绿化树木13000余株，绿化面积1000多平方米，同时圆满完成堡安线绿化带征地工作。集中2个月时间开展村容村貌专项整治活动，巩固文明生态村创建成果，爱国卫生工作被评为出席唐山市级的先进单位。

社会保障体系建设稳步推进。累计发放困难户、贫困户救济、救灾款物6万余元，发放低保款15万余元。新型农村合作医疗参保合率达94.5%。同时强力推动新型农村养老保险工作，参保率达到56%。

中共乡委书记：纪凤东
乡　　　长：周　杰（5月免）
　　　　　　唐国栋（5月任）

【东陵满族乡】　位于遵化市西北，距市区27公里。东邻马兰峪镇，西邻蓟县，南与石门镇接壤，北靠长城与兴隆为邻，南与邦（均）宽（城）公路相连，交通便利。地区生产总值6.51亿元，一产增加值6000万元，二产增加值2.61亿元，三产增加值3.30亿元，农民人均纯收入4353元，财政收入1815万元，固定资产投入1.05亿元。

提升文明生态乡创建质量。引导帮扶学田、新立等11个村完成主街道的绿化、亮化、净化工程。乡村两级自筹资金100万元栽种绿化苗木30万棵，架设路灯300杆，重点发展农村新能源建设，新建沼气池720个。完成全乡27个村的村民中心创建工作，使全乡村民中心覆盖率达到100%。

发展特色产业。以现有干鲜果生产为基地，调整农业种植结构，大力发展林果业。在自筹资金的同时，积极争取上级支持和各项优惠政策，以资金、技术、服务引导带动农民广泛参与，首期打造精品林果生产基地3000亩，5月份竣工，该基地的建成，辐射周边14个村，可实现经济效益300万元，计划三年内实现“京东御果园”的目标。发展规模养殖、特色养殖。全乡年出栏生猪200头以上的养殖户发展到20多家，涉及14个村，其中500头以上的6家、1000头以上的1家，全乡年生猪出栏量达到20000头，存栏量达15000头。此外，3000只以上肉鸡养殖场7个，5000只蛋鸡养殖场5个，2000只貉子、兰狐养殖场一个。全年规模化生态养殖场的畜产品占全乡畜产品的比重突破75%。

发展龙头企业。引进王朝公司培育的品质好、效益高的“无毒苗赤霞珠”酒葡萄新品种，扩大种植面积，全乡酒葡萄种植面积达到4000亩。燕山红葡萄酒酒堡在完善榨汁、检测等前期技术工程的基础上，投资120万元完善地上厂房、展厅、休闲厅及园内道路建设。扶持昌瑞山食品公司，投资400万元购进酿酒设备、橡木桶和贮酒罐，扩大酒葡萄面积200亩，初步形成年酿酒200吨的生产能力。

加大农业基础设施投入。争取上级资金19万元，完成六二、学田、西岫、新立、裕小五个村的小流域工程，累计建水池水窖11个，新打机井8眼，加深配套机井10眼，铺管道4万多米，建引水上山工程23处。改善灌溉面积4000多亩，改善果园灌溉3000多亩。通过与上级有关部门的积极协商，筹集资金20余万元，铺设饮水管道12000米，完成新一、新二、新三、新四、租户、惠大、五道洞、影壁山8个项目村和马庄、兴隆泉、六合一、六合二、六合三5个国债村的安全饮水工程。

稳步推进社会保障体系建设。救助低保户218户346人，发放低保救助金32.7万元；救助五保户127户128人，发放五保供养资金39万元；投入16万元为13户困难户改造危房39间；争取大病救助款2万元，救助15人。

中共乡委书记：刘艳海
乡　　　长：张翠荣（5月免）
　　　　　　周　杰（5月任）

【汤泉满族乡】　位于遵化市西北部，距市城区18公里。东邻西下营乡，西隔魏进河与马兰峪镇相望，南与石门镇相连，北靠长城与兴隆县八卦岭乡毗邻。总面积22.4平方公里。地区生产总值2.50亿元，一产增加值2301万元，二产增加值1.33亿元，三产增加值9400万元，农民人均纯收入4880元，财政收入1379万元，固定资产投入2.3亿元。

旅游开发和项目建设上：1.保障两个投资上亿元的旅游开发项目开始全面建设。河北董氏集团公司投资5亿元的御汤泉度假村项目，已完成征用土地、协议的签订、补偿款的发放等项工作，投入6100万元，建围墙1500多米，修筑金属围栏600多米，正在进行项目主体设计。北京依水源公司投资5.2亿元的福泉新宫度假村项目，投入9850万元开通环度假村山地主干道3000米，完成供水工程4000米，福泉新宫广场、度假村围墙、接待中心、物业管理中心、度假公寓样板房等工程完工。2.省级农业龙头企业蓝猫集团5万吨纤维乳扩建项目。围绕做大做强龙头企业，该公司又投资5800万元，扩建新的生产车间，购置新设备，新产品纤维乳项目达到5万吨生产规模，增强了企业发展后劲。3.投资1.2亿元的10万头生猪屠宰加工项目。该项目是在全球金融危机蔓延，经济发展减缓的形势下，落户的一个亿元项目和农业龙头企业。该项目集生猪养殖、屠宰、食品加工于一体，从10月在关山口村动工兴建，目前已投入500多万元，建成一个年出栏万头的生猪养殖基地。

惠民政策落到实处。全年为农户发放种粮补助69.48万元，发放退耕还林补助资金4.54万元，发放奶牛补贴12.6万元。为全乡1162亩玉米、500多头能繁母猪上了农业保险，新打150米以上深井4眼，新建大型集雨水池1个1356立方米，高标准维修节水渠3000多米，保障农民增收。

新农村建设扎实推进。1. 让全乡群众喝上安全洁净的自来水。投资60万元在鲇鱼池、东沟2个村实施安全饮水工程，鲇鱼池村饮水工程已经完工，东沟村也成功地打出180米的洁净水源。通过连续3年开展安全饮水工程，80%村的88%人口用上安全洁净的自来水。2. 净化美化家园，改善群众生活。组织各村清理农村“五乱”，累计清运垃圾、柴草、粪土和砖石3027立方米。绿化工程投入78万元。其中开发区公路绿化工程，投入56万元，高标准绿化公路2400米，栽植国槐、卫矛、金叶女贞、红叶小檗等28万株，打造一条进入本乡旅游区的精品路。村街绿化工程，投入22万元，栽植龙爪槐、银杏、玉兰、樱花、冬青等树木5590株，娃娃草，福禄考等花草5000多棵，高标准粉刷街道3920平方米，建设文化墙500平方米，打造楼似山、果庄子、东沟、鲇鱼池4个精品村。3. 广泛开展沼气池建设。超额完成市政府下达的沼气池建设任务，完成308个，达到任务数的154%，使沼气池这项生态家园富民工程深入人心。4. 深入开展“村民中心”建设。投资20万元在汤泉、果庄子新建2个群众文体活动广场，投资3万元完善东沟、三义两室设施，投资15万元在三义、果庄子、关山口建成3个便民超市，新组建农民秧歌队2个，引导群众过上文明健康的新生活。

中共乡委书记：赵智兰（5月免）
王术海（5月任）
乡　　长：王术海（5月免）
葛延军（5月任）

【刘备寨乡】　位于遵化市西南，距市区22公里。东邻党峪镇，西连平安城镇，南与地北头镇相接，北隔黎河邻东新庄镇。遵（化）玉（田）公路贯穿本乡南北，乡级公路连接东西，交通方便。总面积60.3平方公里。地区生产总值7.24亿元，一产增加值1.38亿元，二产增加值2.87亿元，三产增加值2.99亿元，农民人均纯收入4600元，财政收入216万元，固定资产投入9000万元。

农业产业结构调整步伐加快。累计投资240万元，建水池水窖63个；铺设地下管道2万多米；上变压器2台，架设低压线路2万米，新打深井5眼，增加灌溉面积2000亩。发展连片干鲜果品4000亩，其中美国扁桃基地建设完成2630亩；以宫里、常各庄食用菌大棚基地为中心，大力发展设施农业，带动科道屯、柴王店、马各庄等村新发展以香菇、双孢菇、鸡腿菇为主的食用菌大棚180个；全乡新增奶牛、肉牛存栏50头以上规模的养殖场7个、养殖小区5个，新增肉牛存栏900多头，存栏总量达到2500多头；新建和续建百头以上规模养猪场6个，猪存栏量达到6000多头，马各庄、常各庄等村肉鸡养殖规模达到30万只。

工业经济实现新突破。新投资26.4万元，新发展美国大扁桃880亩，总面积已达到3000亩，栽植扁桃14.8万棵。与中国农科院合作组建中绿源（遵化）生态有限责任公司，在市工业园区建设扁桃深加工企业，项目总投资3000万元，占地60亩，目前已完成企业名称登记。以沼气池建设为纽带，发展畜牧养殖业和绿色有机种植业，实现沼气、渣、液综合利用，探索出循环生态农业综合开发利用的新模式，生产无公害有机农产品。一期工程已完成投资80万元，建设120立方米沼气池12个，280立方米大型沼气池12个，建设精品核桃、黄桃示范园50亩，养殖小区建设项目正在进行。昊原粮油食品加工项目，完成项目投资500万元，厂房、设备、安装、调试已经到位，正在申请省QS生产认证。

加大民生工程建设。投资183万元，建设“一建四改”新型沼气池805个，其中120立方米中型沼气池12个，折合普通沼气池144个；280立方米大型沼气池12个，折合普通沼气池336个。沼气池总数累计完成5280个，沼气池入户率达到82.5%。投资780万元，铺设主管道61930米，铺设副管道226458米，建水表池1025个，打深水井10眼，上大型净化设备两台。18个村全部完成建设任务，解决全乡2.3万人的饮水不安全问题。对遵宝沿线两侧违法建筑进行集中拆除。累计出动铲车、运输车等大型车辆80车次，人员700人次，拆除私搭乱建违章建筑66处，1500平方米，有碍观瞻广告牌匾128块，清理沿街商品外溢摊点34处，清运生活和建筑垃圾550立方米，喷刷墙面10500平方米，新建垃圾填埋点2处。

中共乡委书记：张秀来（5月免）
单宝东（5月任）
乡　　长：葛延军（5月免）
马万占（5月任）

【团瓢庄乡】　位于遵化市区正南，距市城区10.4公里。东与新店子镇接壤，西邻东新庄镇，南与党峪镇隔山相望，北靠笔架山、大华山，与堡子店镇相连，总面积45.5平方公里。112国道和遵玉公路沿境而过，交通便利。地区生产总值8.11亿元，一产增加值1.30亿元，二产增加值3.05亿元，三产增加值3.76亿元，农民人均纯收入4180元，财政收入2652万元，固定资产投入1.38亿元。

抓好三大基地建设。抓好以养猪、养鸡、养牛为主导产业规模养殖基地建设，目前新增养殖厂22个，其中100头以上养猪场14个，3000只以上养鸡场4个，其他规模养猪厂4个。扩大食用菌（包括：香菇、双孢菇和白灵菇）和蔬菜大棚生产基地建设。新增食用菌大棚28个，其中香菇大棚21个，新增蔬菜小拱棚24.1亩，新增蔬菜大棚4亩，新增成方连片蔬菜300亩。抓好以仁、米、邢三个村为重点的秋黄瓜生产基地建设。秋黄瓜、烟台梨立体种植面积已经达到2100亩，净增600亩，年创总产值1428万元，为农民增收1000多万，政府对种植户及两委班子奖励补助达10.6万元。

抓好为民工程。加大对500户弱势群体的帮扶力度。发放农村五保资金43000元，农村低保资金65600元，城镇低保资金3240元，对贫困救济对象143户进行造册登记，共发放救灾资金10000元。抓好六个村饮水安全工程。人畜饮水安全工程涉及东草场、兴隆店、宋各庄、东上庄、周桥子、吴家坑等六个行政村，涉及1670户共计5670

口人。实施7000亩世行三期贷款项目建设。争取世行三期项目11000亩，涉及7个村，现已完成工程预算和设计。抓好800个沼气池建设工程。在政府政策资金大力扶持下，今年新建沼气池887个，超额完成市政府下达的目标，从而使全乡总数达到3329个。抓好9个科学发展示范村建设。

文明生态村建设上，按照"强化八个重点村，打造一条精品线，创建20条精品示范街"的工作思路，全乡28个行政村，总计投入资金157万元。支援四川汶川大地震震后重建工作上，全乡共捐款269663.8元，其中，机关干部捐款7970元，老干部支部捐款2140元，企业捐款70244元，村捐款189309.8元。缴纳特殊党费8.7万多元。

中共乡委书记：曹盈树
乡　　　　长：张久东

【娘娘庄乡】　位于遵化市东南部，距市区25公里。东邻铁厂镇，西与党峪镇、新店子镇相连，南与丰润区接壤，北与东旧寨镇相接，总面积73.5平方公里。乡东南为邱庄水库。地区生产总值4.55亿元，一产增加值4210万元，二产增加值2.15亿元，三产增加值1.98亿元，农民人均纯收入2095元，财政收入1718万元，固定资产投入1.28亿元。

深化农业内部结构调整。加强以相古庄、芦西山等村为重点的4000亩香白杏基地建设，年产优质香白杏600多万斤，增产100多万斤，增收80多万元；以上丁甲岭、下丁甲岭、大官屯、尹家台四个村为重点，集中连片谋划1200亩老劣苹果园更新改造工程，新栽山楂、柿子等果树60000多棵，林果改良步伐进一步加快；以上峪、下峪、丁各庄等村为重点的4000亩优质绿化苗木基地形成规模优势，苗木销售收入达到1900万元，增收300多万元；尹庄子、东小河等老区村充分利用库区水面发展网箱养渔，新增各种网箱渔600多箱，总量达到3000多箱。

新兴产业迅速发展。南小厂、芦北山等村新发展优质黄桃250亩，全乡优质黄桃面积达到1200亩；芦南山、大官屯、尹家台等村新栽优质核桃25000棵，全乡优质核桃面积达到3000亩；上丁甲岭、丁各庄等村充分利用野生酸枣资源丰富优势，嫁接优质大枣300多亩，优质酸（大）枣面积达到2300亩；新建百头以上肉牛养殖场2个，存栏3000只以上肉鸡养殖场6个，存栏百头以上生猪养殖场15个，全乡畜禽存栏达到80000多头（只）。

实施二产项目建设。投资450万元的鸿业白云石矿已投产见效；投资650万元的物华食品厂二期扩建项目已完成厂房、冷库等基建工程，现正在进行设备安装调试和谋划果品深加工项目；投资1600万元的国力高镁灰加工项目实现"三通一平"；投资450万元的钱山采石场技改正在抓紧施工；金属渣浆泵项目正在谋划实施。

推进新农村建设。制定出台《关于推进2008年新农村建设的扶持奖励办法》，20个村共清理垃圾3万多立方米，拆除违章建筑25处，建垃圾池86个，栽植各种绿化苗木10万余棵，东娘娘庄、北小营、大官屯、芦西山、芦南山等村新安装路灯180余盏，同时和国力矿业共同投资50多万元，在国力矿业至电力站沿线安装路灯78盏，栽植树木1500多棵。尹家台、芦北山、东小河、下峪、芦西山五个村已完成工程建设任务，黄土岭、东娘娘庄、芦南山等村正在抓紧组织施工。全乡20个村全部吃上了自来水。新建沼气池234个，累计达到1040个。投入扶持资金8.5万元，新建村民中心12个，全乡20个村全部建成村民中心。完成乡派出所至下峪村乡级通道绿化样板路的土地租赁工作，协调施工单位准备绿化苗木3万多棵，挖树坑3万多个。投资70万多元，新打配套深井3眼，维修配套旧井9眼，铺设地下输水管道25000米，改善灌溉面积2000多亩。

大力发展各项社会事业。全乡中小学全部实现免费教育。实施农村劳动力转移就业"阳光培训"，举办各类培训班6场，培训农民2000多人次。在下峪村投资20多万元，建成乡文化活动中心。同时，在东小河、丁各庄、芦南山、芦西山等四个村建设4个村级文体活动广场。全面启动新型农村养老保险制度，完成3336人的保费收缴工作。深入开展"一助一"扶贫济困活动，为困难群众提供帮扶资金15000多元。四川地震发生后，全乡上下爱心涌动，在很短时间内，捐款18万多元，缴纳特殊党费2万多元。面对石家庄三鹿奶粉"三聚氰胺"事件对奶牛养殖业的冲击，在认真进行调查摸底、稳定群众情绪的基础上，积极协调畜牧等部门千方百计为奶牛养殖户解决实际问题，先后为奶牛养殖户发放补贴款26万多元，最大限度地保护了奶牛养殖户的利益。

中共乡委书记：刘玉泽
乡　　　　长：杨振华

【西三里乡】　位于遵化城区西北，距市区中心1.5公里。东和北与苏家洼镇接壤，西北与兴旺寨乡搭界，东南与城区相连，与西留村乡相接。总面积23平方公里。大（同）秦（皇岛）铁路自西向东绵亘西三里乡。大秦铁路遵化北站、遵化市看守所、市热电厂、市第三实小坐落本乡。市区二环路西段呈孤形穿过西三里乡东南部。地区生产总值6.05亿元，一产增加值3287万元，二产增加值3.10亿元，三产增加值2.62亿元，农民人均纯收入5306元，财政收入4763万元，固定资产投入3.22亿元。

社会主义新农村建设工作，3月中旬，开展春季"绿化净化突击月"活动，并将此项工作纳入村级目标考核，与包村干部年终奖金挂钩。共计栽植龙爪槐、银杏等绿化苗木51432棵，新增绿地面积2200平方米，清理各类垃圾8300立方米。完成310个沼气池建设任务，每个沼气池在市级补助600元的基础上，乡政府还分别奖励包村干部和村干部50元，各村也根据财力情况给予400－500元的款物补助。

农业基础性工作上，抓好总投资232.4万元的北部8个村的世行三期工程扫尾工程。已修桥2座，涵洞5座，新打深井4眼，维修井42眼，建水窖217个，铺设地下管道17700米，修路13公里，完成农田林网建设18公顷。以板栗为主体的经济林总面积达到16000亩。人工及化学疏雄板栗3000亩，叶面微肥施用面积5000亩，病虫害综合预防面积 11000 亩。举办科技培训 4 期，受训人数累计 3600 人次，发放各种科技信息明白纸 5000 份，办科技简报 6 期；组织乡科技人员包项目，充分利用乡内科技信息网，为农民群众搞好科技信息服务，共推广巩固新品种 7 个（玉米博丰 104、农单 5 号、高优 1 号、三北 6 号、唐丰 99、大豆千斤黄、花生丰花一号），完成全乡病虫害综合防治 3 万亩。

社会建设取得新进展。采取村集体和个人双重出资的办法，对东三里、西二里、张各庄三个村 870 人缴纳失地农民养老保险，已有 460 名村民依照各自的参保档次按月领取养老保险。全乡有 14550 人参加合作医疗，农民参合率达到 95%。开展城镇居民医疗保险工作，已有 2018 人农村新型养老保险 500 余万元。

中共乡委书记：郑玉军（5 月免）
尹凤柏（5 月任）
乡　　长：杨占武

【侯家寨乡】　位于遵化最北端长城脚下，距市区 12 公里。东和小厂乡毗邻，西与兴旺寨乡相连，南至苏家洼镇，北与兴隆县孤山子乡接壤，总面积 62 平方公里。112 国道南北穿境而过，长城旅游公路横贯全境，交通便利。地区生产总值 10.21 亿元，一产增加值 2320 万元，二产增加值 7.88 亿元，三产增加值 2.10 亿元，农民人均纯收入 6451 元，财政收入 1.50 亿元，固定资产投入 1.75 亿元。

农业农村经济实现新发展。投资 300 万元，打深井 2 眼，机井 40 眼，修防渗渠 2200 米，确保板栗等果品产量持续增长。采取办培训班、现场指导、外出参观学习等多种方法，发放各类科技资料 4000 余份，培训农民 1500 多人次。大力发展以牛羊鸡为主的传统养殖企业 17 家，进一步提升畜牧业在农业产值中的比重。

工业经济经受新考验。投资 2600 万元的 3.5 万伏变电站工程进入收尾阶段。投资 1.5 亿元的粉末冶金项目，一期工程已投资 7000 万元，首次实现两条生产线全部正常运转；二期铸件项目已完成征地和办公楼建设。

旅游产业实现新突破。禅林寺景区对旅游服务中心、儒意山庄和长青墅度假村进行内部精装修，新建景点 3 处，栽植以银杏为主的绿化苗木 1 万多株，初步形成以银杏为主题，以休闲度假为目标的旅游开发格局。鹫峰山景区开工建设观音堂，进一步提升景区的品味和接待能力，旅游综合收入达到 1700 万元。大河局商贸小区开发速度进一步加快，已建成商贸楼 64 栋，发展餐饮、物流、信息服务商铺 140 多家。

科学发展示范村有新进展。蔡家峪村投资 140 多万元，开展农业内部循环生产模式试验示范工作，创建唐山市级科学发展示范村，现已完成 1000 立方米的沼气池改造、沼气站和通户主管道铺设工程，完工后将成为河北省首个大型沼气池综合利用工程。禅林寺村投入 30 多万元，先后翻建村民中心，绿化广场，安装太阳能路灯，清理卫生，努力加强旅游生态家园建设，也成为遵化市级的科学发展示范村。参加农民养老保险达到 1487 人。累计发放优抚、救济等资金 40 多万元，为 180 个贫困家庭提供有效生活保障。积极组织全乡人民捐款 100 多万元支持汶川地震、南方冰冻等自然灾害。拓宽长城旅游公路 1600 米，缓解难点部位的交通压力，重新翻建片石峪至房山沟村的公路。

中共乡委书记：李学东
乡　　长：周　璇

【小厂乡】　位于遵化市东北部，距市区 20 公里。东邻迁西县，西与崔家庄乡、苏家洼镇相连，南界建明镇，北靠长城，与兴隆县搭边，总面积 92 平方公里。地区生产总值 8.98 亿元，一产增加值 5481 万元，二产增加值 7.43 亿元，三产增加值 9990 万元，农民人均纯收入 4670 元，财政收入 4751 万元，固定资产投入 1.06 亿元。

抓好项目建设。投资 1200 万元在粳子峪村和吴家沟村建成铁粉精选加工项目 2 个；投资 400 万元完成粳子峪大矿技改项目，建设标准化选矿试点，年可创利税 800 万元；投资 40 万元，将绿雨食用菌基地的规模进一步扩大，注册成立遵化市绿雨食用菌生产合作社，新建食用菌大棚 20 个，上菌棒 15 万棒。今年共生产栗蘑 20 多万斤，创收 150 多万元。香菇 25 万斤，创收 100 万元；投资 260 万元在吴家沟水库建立集休闲、餐饮于一体的垂钓园一处。

推进文明生态村建设。新创建三道沟、野鸡峪 2 个文明生态村，吴家沟、高家峪和毛山沟实施道路硬化扫尾工程。全乡共计投资 193 万元硬化道路 50000 平方米。投资 9 万元，完成剩余 8 个村的村民中心硬件建设。投资 115 万元建成村民休闲娱乐广场 14 个。总投资 80 万元维修大口井 2 个，铺设引水上山管道 650 米，新增农用变压器 4 台，新建水池水窖 120 个，沼气池 218 个。投资 40 万元，完成柴户场、庄客 2 个村的安全饮水工程，解决 230 人的吃水困难问题。

开展环境卫生综合治理。清运洪火线两侧废石料 4000 多立方米，清运村内生活垃圾、柴草、毛石等村内垃圾 5000 多立方米，拆除临街建筑厕所等违章建筑 65 处。投资 90 万元，在洪火线两侧安装路灯 130 盏。在清除垃圾的基础上，对村内街道和县道、乡道两侧和尾矿堆削坡后，实行绿化、美化共栽植各种绿化树木 4.2 万株。投资 60 万元在道路两侧的选矿企业建景观墙 3000 多延长米。并对景观墙统一进行粉刷、书写标语。投资 20 万元，粉刷墙体近 10 万平方米。砌花墙 2000 延长米。统一购置垃圾箱 70 个。

发展社会保障事业。协助市交通局完成 7 公里县道洪火线头道城至洪山口段的道路工程，9 月份此段道路已经顺利通车；累计投资 170 万元，清理河道 13000 延长米，清理淤积河道的尾砂 20 万立方米，垒河道两侧护坝 4000 延长米。按时发放救灾款 1.6 万元，发放大病救助款 17.1 万元。落实城乡居民最低保障制度，完成全乡 132 户低保户 6.4 万元的资金发放工作。对全乡五保对象进行摸底，并为 115 户五保户发放五保金 34.5 万元。完成 11 户的危房改造申报审批工作。救助残疾学生 6 名，为 7 名白内障患者实施复明手术。加入新型农村养老保险人员达到 3485 人。农村合作医疗的群众达到 14713 人，参合率达到 95.06%。

中共乡委书记：袁胜利
乡　　　长：唐国栋（5月免）
　　　　　　高海稳（5月任）

【华明路街道办事处】　2008年6月成立华明路街道办事处，下设14个社区，有14094户42918人，共有501名社区党员。

参与城市建设和管理。探索建立城容城貌长效保洁机制，使环境卫生做到全天候、高质量保洁，无缝隙管理，多次受到市爱卫会的通报表扬，并连续两年被评为唐山市先进单位。在创建省级卫生城工作中，出动宣传车辆32台次，设立咨询站3个，悬挂条幅34条，发放卫生宣传资料4600多份，更换橱窗内容14期，张贴标语150多条，同时完成对街道集贸市场、餐饮业、理发店、浴池以及14个居委的环境治理工作。在西一环46户拓宽拆迁工作中，专门成立由26人组成的工作队，将任务分解到人；在沙河两岸拆迁工作中，共出动宣传车深入社区宣传35天，发放宣传单和明白纸2000余份，同时调动街道和社区主要工作力量，深入涉及拆迁的居民户做思想工作。全面完成西一环拓宽拆迁46户、沙河治理600余户居民的签订协议和拆迁任务，做到依法拆迁、和谐拆迁。

解决热点问题。完成对西二环岛附近6栋116户居民的多层住宅楼和河东小区20栋498户居民住宅楼进行改造。解决建新、建功南、东环、南关等社区13个居民小区650户居民的吃水和排水难等问题；对辖区内1000余户居民进行电网改造，从根本上解决电费电价过高问题；解决本辖区2000余户居民冬季取暖入网问题；为居民区硬化道路22条，安装路灯100余盏。

服务居民生活。成立由360人组成的15支社区志愿者服务队伍，参加服务活动200余人次，清理小广告1000余条，协助警察执勤40余人次，为孤寡老人提供服务28件次。根据下岗职工特长，举办不同内容的就业再就业培训班6期，培训人员800余人；通过多方联系为87名下岗职工和“4050”失业人员找到工作岗位，安排零就业家庭成员就业6户，共发放灵活就业社保补贴71万多元，惠及1300多人。为296户居民发放低保金100多万元。为7户特困居民报销医药费29813元。在河东区和南关安装健身器材20组。干部爱心救助捐款2万元，捐衣物1460余件，救助贫困户50余户。

中共街道办书记：陈玉军
主　　　任：孙继红

【文化路街道办事处】　2008年6月成立文化路街道办事处，下设13个社区，辖区内有居民32926人。

加速基础设施建设。集中力量拆除53户1.5万平方米的违法违章建筑，确保沙河、护城河治理、西一环拓宽改造、文柏路改造、海星大街开通、文茂大街西通等城市建设重点项目的开工建设和顺利推进。投资86万元，完成海南、文柏等社区11条街巷1.2万平方米的硬化；投资35万元，完成丽景花园小区2.5万平方米的绿化改造工程；协调市建设局，在警察公寓、文礼小区等居民区增设垃圾箱350个，在海南北道、海淀东条等处安装路灯85盏，社区人居环境明显改观。辖区45个小区47万平方米的责任区实现社区保洁管理全面覆盖，社区“五乱”得到有效遏制。在有关部门的支持配合下，完成海翔小区3600平方米的路肩硬化工程、2000米的污水管道改造工程；完成海翔社区、海泉社区、怡园小区、西三里小区等老小区天然气改造工程，使3600多户居民用上经济环保的天然气。

开展改善民生行动。帮扶款物达3万余元，解决生活中的实际困难100多件，帮助24名困难群众及其子女找到就业岗位。共为156户，396位困难居民发放低保金42万元；为150户困难居民发放物价补贴1.4万元；为185户困难居民发放救济款3.7万元；为6户困难家庭申请并发放大病救济款13.3万元。为716名下岗失业人员免费办理再就业优惠证年检，办理再就业优惠证新申领手续581份；走访摸排零就业家庭7户；与就业局紧密配合，为796名灵活就业人员申领养老保险补贴142.2万元，为61名居委就业人员缴纳养老保险和医疗保险25万元，开展劳动就业政策宣传、再就业培训、提供就业信息等综合性活动6次，帮助92名下岗人员实现再就业。

开展群众性文体活动。设置廉政警句、公民道德教育、生活实用常识等宣传牌260块，评选社区居民文明标兵户100户，组织开展秧歌汇演、戏曲巡演、群众文化艺术节、“路北杯”乒乓球比赛等群众性文体活动80多场次，丰富居民群众文化生活，促进社区文明素质的整体提高。今年街道办事处被唐山市委授予“文明建设先进单位”，文茂、海南、文礼等五个社区被唐山市委命名为创建文明社区工作“文明社区”和“先进社区”。

中共街道办书记：张继勋（5月免）
　　　　　　　　韩布晖（5月任）
主　　　任：张立民

（纪国伟）

迁安市

【概况】　总面积1208平方公里，耕地总资源44733公顷。总人口71.0万人，人口自然增长率5.77‰。2008年全市地区生产总值达到495亿元，比上年增长23.3%。三次产业构成为4.4∶62.6∶33.0。其中，第一、二、三产业增加值分别为21.9亿元、310.3亿元、163.4亿元，同比分别增长14.3%、22.0%、27.5%。粮食总产20.6万吨，同比下降8.4%。全部财政收入71.2亿元，同比增长29.4%；地方财政收入25.6亿元，同比增长7.2%。全市财政支出37.3亿元，比上年增长18%，其中：一般预算支出31.6亿元，比上年增长22.9%；基金预算支出5.8亿元，比上年下降3.2%。全年实现社会消费品零售总额88.8亿元，比上年增长26.7%。全社会固定资产投资140亿元，同比增长27.2%。在岗职工年人均工资29085元，比上年增长32.8%。城镇居民人均可支配收入16132元，比上年增长14.7%。农民人均纯收入8462元，比上年增长20.8%。金融系统年末各项存款余额达到309.8亿元，比年初增加99.6亿元；城乡居民储蓄存款余额达到209.8亿元，比年初增加58.0

亿元。各项贷款余额达到197.8亿元，比年初增加30.8亿元。综合经济实力连续6年位居全省县级30强之首，在第八届全国县域经济基本竞争力百强县（市）评比中列第25位。市区空气质量二级以上天数达到315天，比上年增加8天。

【资源型城市转型取得新突破】

钢铁产业实现战略重组。27家民营企业正式组建长城钢铁集团，全市钢铁产业向科学发展、集约发展和规模发展迈出根本性一步。总投资360亿元的迁钢填平补齐项目进展顺利。轧一集团、燕山钢铁公司、九江公司等企业相继实施一批重点项目，海钺公司高耐磨合金铸件、京东管业公司铸管等项目相继开工竣工。淘汰落后和节能减排工作取得可喜成绩。全面完成300立方米以下高炉、25吨以下转炉和其他落后装备的淘汰任务，实施43个节能减排重点项目和581个奥运环保治理工程，全市万元生产总值综合能耗下降5.6%，化学需氧量、二氧化硫排放量分别削减14.2%和7.5%，大气环境质量二级以上天数达到315天，同比增加8天。矿产资源开发秩序整顿深入开展。将39个采矿权整合设置为15个采矿权人，规范探矿权设置，统一组织开展二次探矿，进一步强化政府调控配置资源的能力。大力实施“百矿披绿”工程，筹集矿山环境治理备用金9300万元，栽植各种树木600万株，全面完成年度矿山生态环境恢复治理任务。非钢产业发展水平进一步提高。正元集团包装制品扩建、弘业公司机织地毯等改造提升项目达产达效；蓝亨公司啤酒饮料、明晶公司玻璃生产线等新兴产业项目竣工投产。企业自主创新能力不断增强。全市企业研发中心达到18家，金沙公司、海钺公司研发中心升级为省级研发中心。市高新技术产业园区被省政府批准为现代装备制造业产业聚集区，搭建了资源型城市转型新平台。

【市域经济发展活力得到新提升】

扎实抓好项目建设和对外开放工作，累计实施重点项目245个，竣工投产156个；实际利用外资3040万美元，引进省外资金21亿元；出口创汇6.2亿美元，增长53.1%。成功举办“迁安—首钢合作50周年庆祝大会暨中国迁安·2008经贸洽谈会”，签约项目68个，协议引进资金164亿元。民营经济主体地位更加突出，注册资金累计达到151.5亿元，占全市经济总量的比重达到87%。服务业发展比地区生产总值增速高4.2个百分点。实施万嘉家居建材城等一批服务业重点工程；编制完成《旅游业发展规划》，红峪山庄黄金溶洞景区、白羊峪长城旅游区被评定为国家3A景区，弘业集团被命名为全国工业旅游示范点。

【特色中等城市展现新面貌】

继2006年获国家卫生城市后，2008年又荣获国家园林城市称号，入选2008中国特色魅力城市200强。城乡规划体系日趋完善。河北省政府正式批准《迁安市城市总体规划（2008－2020）》，将迁安确定为唐山市域副中心城市、以钢铁产业为主的制造业基地、现代服务业发达的滨河生态园林城市。城市功能日趋完善，品位进一步提升。投资6.4亿元的三里河综合改造项目已完成主体工程，初步形成景观。投资8亿元的企业办公一条街、投资6.5亿元的人民医院迁建等项目正在加快建设。坚持拆、改、建、管并举，全面开展“打造山水园林城市、建设人民群众幸福家园”攻坚行动，累计拆违拆迁40万平方米，腾出土地面积68万平方米。本着“政府主导、市场运作、规范管理、尊重民意”的原则，启动实施城中村改造工程，大王庄、殷柳庄等村已经取得实质性进展。燕山大路、兴安大街综合改造工程已经竣工。高标准实施城市亮化工程。小城镇建设扎实推进。累计投资4.2亿元，实施马兰社区等10个小城镇重点项目。城乡基础设施网络日趋完善。永唐秦天然气管道迁安分输站顺利开工，津秦客运专线滦河站即将建设。累计投资4.4亿元，实施祺光路延伸线等10项重点工程，全市公路通车总里程达到2320公里。累计投资1.9亿元，实施赵店子220千伏变电站等10项电力工程，全市新增供电能力46.7万千伏安。开展绿化攻坚行动，造林5.4万亩，全市林木覆盖率达到39%。

【社会主义新农村建设取得新成果】

“122”（力争利用3年左右的时间，培育建设100个左右的特色种植专业村，200个左右的养殖和农产品加工专业村，200个左右的工业品、小商品及运输、商贸流通、旅游专业村）富民工程成效显著。筹集2亿元创业基金，吸引社会投资21亿元，设施农业新增1.75万亩，涉及农民9000户；实施3600个富民项目，带动近10万农户参与创业，农民人均增收980元。积极推进农村劳动力转移就业，全年免费培训农民1.2万人，向非农产业转移劳动力1.4万人。省级农业龙头企业达到2家，唐山市级龙头企业达到20家。新农村示范村建设走在全省前列。按照“四个一步到位”的要求，大力推广“六个一”的新民居建设，探索形成唐庄子村等五种建设模式，新建沼气池9340个、节能吊炕7.9万铺、改厕4000个，完成29个村、79万平方米的平改坡工程，为河北省、唐山市新民居建设现场会提供高标准现场。加快实施村村通系列工程，完成160个村的饮水安全工程，通有线电视村达到100%，万村千乡市场工程基本实现“一村一店”。

中共市委书记：范绍慧
副 书 记：刘桂东（4月免）
郭竞坤（4月任）
张佩旺（7月免）
李维林（7月任）
市委常委：张玉林
杨春景
何春军（满族，7月免）
张　龙
张有悦
郝可军
张淑云（女，7月任）
田立生（8月任）
宋荣兴（8月任）
市人大常委会主任：邰振华
副 主 任：闵有发
韦俊田
张宏图
周　永
市　　长：刘桂东（4月免）
郭竞坤（4月任）
副 市 长：郭竞坤（4月免）
张有悦（8月任）

郝可军（8月任）
和春军（满族，7月免）
马文柏
张淑云（女，7月免）
李福林
岳树存
张梅艳（女，8月任）
冯学工（6月任，挂职）

市政协主席：陈子存
副　主　席：彭忠臣
李志文
马丹青
李治欣（女，6月免）

【迁安镇】 地处市区，辖6个党工委，98个行政村。行政区域面积133.2平方公里，耕地面积5426公顷。总人口156934人，人口自然增长率4.55‰。农村经济总收入47.72亿元，同比增长10.7%；完成种植业2.01亿元，同比增长6.8%；林业1925万元，同比有所下降；养殖业1.86亿元，同比增长16.4%；运输业4.88亿元，同比增长9.0%；工业20.09亿元，同比增长11.6%；建筑业7.92亿元，同比增长14.1%；社会商品批发、零售及餐饮业7.40亿元，同比减少10.1%。农民人均纯收入8510元，同比增长21.5%。实现全部财政收入5.11亿元，同比增长44.4%；完成地方财政收入2.13亿元，同比增长43.0%；全社会固定资产投资17.6亿元，同比增长38.5%；全镇个体私营经济注册资金达到19.41亿元，同比增长23.9%；完成上缴税金4.5亿元，同比增长11.3%；个体私营经济新增投入15.2亿元，同比增长16.4%；私营企业发展到630户。各项社会保障制度全面推行。全镇已有27189人参加养老保险，47279人参加农村医疗保险，16042人完成城镇医疗保险。全镇谋划建设项目30个，总投资46.27亿元。推进"122"富民工程，全力扶植日月明公司投资3600万元的昌图鹅养殖加工项目，至年底该项目完成投资850万元，12栋鹅舍已建完，鹅存栏10万只。发挥城郊优势，引导农民发展冷棚菜生产。投资600万元，在主干道万太路和迁卢路两侧建高标准集中小区两个，新建春提前、秋延后冷棚2000亩，形成集中连片的蔬菜生产基地，实现历史性突破。大力发展畜牧业。以日月明公司为首的杨团堡养殖小区初具规模，共入住小区的养殖场达15家。发展高效多茬种植业。利用有限的土地，发展多茬种植5800亩。大力发展商贸流通业。新发展商贸流通户1605户，各类专业一条街7条。

中共镇委书记：孔祥会
镇　　　长：赵永兴

【扣庄乡】 辖27个行政村，总面积68.3平方公里，耕地面积3972.9公顷，总人口41784人，人口自然增长率4.96‰。完成全部财政收入6641.6万元，同比增长23.7%。完成规模以上现价工业总产值3.68亿元，同比增长248%。完成全社会固定资产投资3.84亿元，同比增长－46.3%。农村经济总收入11亿元，同比增长38%；农民人均纯收入8650元，同比增长21%。全年共谋划实施项目建设18个，其中结转项目4个，新开工项目13个，拟开工项目1个，全年累计完成固定资产投资2.2亿元。科学发展示范乡、村（企）建设取得显著效果。聘请河北发展战略研究所完成科学发展示范乡规划的编制工作。寺后村产业拉动、功能分区科学发展模式和乐丫农产品开发有限公司"四加二"科学发展模式等一大批先进典型被列为全市科学发展试点。寺后村被列为唐山市和河北省新农居改造的示范点。4月8日，中共中央政治局委员、中央书记处书记、中央组织部部长李源潮在省委书记张云川、省长胡春华、省委常委唐山市委书记赵勇等领导的陪同下，到该乡寺后村就深入开展学习实践科学发展观活动进行专题调研，并对该乡的工作给予充分肯定。强力推进"全民创业富民年"工程。改变农民多年来的种植习惯，在以前设施果菜种植几乎为零的情况下，仅2008年一年就新发展大棚（包括温室）1200亩。年内新建各种家禽养殖场15个，新增各类家禽存栏20.92万只；新建存栏100头规模以上的生猪养殖厂10个，新增生猪存栏1.3万头。天宝奶牛养殖场作为全市最大的奶牛养殖企业年内共引进奶牛1100头，使全乡奶牛（肉牛）存栏达到1325头。通过实施"122"富民工程，农民人均增收1000元以上。

中共乡委书记：刘东友
乡　　　长：张利民

【夏官营镇】 辖28个行政村，总面积68.69平方公里，耕地面积3476.7公顷，总人口32492人，人口自然增长率7.11‰。实现全部财政收入1.65亿元，同比增长－6.3%；地方财政收入3646.5万元，同比增长－26.3%；工业总产值完成49亿元，同比增长1.3%；全社会固定资产投资达到5.2亿元，同比增长27.8%；引进外资606万美元，同比增长231.1%。农民人均纯收入8763元，同比增长19.9%。引进外资606万美元，同比增长231.1%。农业龙头企业扎实推进。迁安市泳润食品厂投资1400万元的蔬菜加工项目顺利实施，项目主要以净菜、保鲜包装窖汁为主要内容，年加工蔬菜14000吨，产品销往津京唐各大超市。投资2000万元的灿宇技工农牧公司规模进一步扩大，形成养殖、种植、甜玉米罐头加工为一体的一条龙产业。投资220万元、占地35亩的梁庞庄粉条加工厂不断壮大，年生产能力达275万公斤，产品远销东北、天津、北京等地，年效益80万元。全年共实施重点项目3个，项目总投资3.38亿元。

中共镇委书记：王　钧
镇　　　长：李文秋

【彭店子乡】 辖18个行政村，总面积42.1平方公里，耕地面积2040公顷，总人口22407人，人口自然增长率5.06‰。全乡地区生产总值完成12.1亿元，同比增长36.3%；全社会固定资产投资3.15亿元，同比增长32.9%；农民人均纯收入8710元，同比增长23.4%。全乡实施重点项目4项，完成总投资2.3亿元。一是河北京东管业有限公司30万吨球墨铸管项目。二是迁安祺盛食品有限公司农产品加工及现代物流项目。三是八家寨村优质奶牛场项目。四是精品安梨园项目。小城镇建设方面，完成集贸市场扩建改造工程，建二层商贸楼50栋，总面积达8000平方米；完善18个村庄规划和乡总体规划，投资11.7万元修编各村社会主义新农村建设规划图；圆满完成“平改坡”（“平改坡”是将多层住宅平屋面改建成坡屋顶，改善老式顶层房屋的保温隔热和防水功能。）一期工程，实施“平改坡”工程869户。农业方面，加大投入力度，全年累计建设设施果菜面积1520亩，总投资610万元；建设规模养殖小区面积350亩，总投资1170万元。5月12日，四川汶川发生地震以后，徐家沟村徐宝安、祁庄村祁丽霞、柏庄村郝海全、王孟庄村吴子丰四名乡医自费主动赶往一线进行救援，受到了温家宝总理的亲切接见。

中共乡委书记：玄士丰（8月免）
郭卫民（8月任）
乡　　长：郭卫民（8月免）
高雅利（8月任）

【杨各庄镇】 辖37个行政村，总人口39177人，人口自然增长率3.92‰。总面积76.484平方公里，耕地面积54380亩，人均耕地1.48亩，粮食产量29614吨，是典型的农业大镇。全镇地区生产总值17.2亿元；全社会固定资产投资2.01亿元，比上年增长58.3%；全部财政收入2138.5万元，比上年增长55.2%；农民人均纯收入7954元，比上年增长22.0%。加快构建“南部绿色蔬菜、中部高效种养殖、北部优质干果杂粮”三大农业产业园区，北部园区核桃栽植超过6500亩，有6个村实现全覆盖；南部园区新增设施农业5400多亩。双孢菇、栗蘑均首次在该镇试种成功。同时，家庭经济、种养殖业、加工业等得到快速发展，全镇新增肉羊9900多只、生猪27000多头、家禽22多万只、牛2000多头、商贸流通专业户和农村加工户180多家。全镇“122”富民工程获市政府奖补资金超过3000万元，约占全市奖补资金总额的五分之一。加大招商引资和项目引进力度，顺利完成投资2000万元的唐山展华玉米公司年产6万吨淀粉糖项目、投资2000万元年产200万条汽车垫带的橡胶厂二期工程等8个项目。同时，狠抓投资1亿元年产3万吨食用调合油项目、投资500万元的福源奶牛场二期扩建等11个在建项目。全面推进科学发展示范镇建设，该镇率先被唐山市确定为迁安唯一的创建科学发展示范家庭试点镇，年内隆重举行“创建科学发展示范家庭启动暨万人传递签名仪式”，组建37个宣讲团逐村逐户发动，发放宣传资料3万多份。加快徐流口科技先导型、闫官屯绿色消费型、东高庄富民增收型等科学发展示范村建设进程。大力推广新农居工程及新能源发展，不断提高人民群众幸福指数。全镇新建沼气池780多个，吊炕9800多铺，完成18个村的人畜安全饮水工程。

中共镇委书记：贾春民（10月任）
时立新（10月免）
镇　　长：李国良（10月任）
贾春民（10月免）

【建昌营镇】 地处长城脚下，辖50个行政村。2008年，全镇有44794口人，人口自然增长率为6.86‰，是汉、回、满、白、彝、蒙古等多民族集居的地方，其中，少数民族占总人口的12%。全镇总面积91平方公里，耕地面积2908.9公顷，人均耕地0.96亩，山场面积3669公顷。大力推进招商引资工作。全年完成国内生产总值19.45亿元，同比增长36.8%；全部财政收入4860.8万元，同比增长31.4%；地方财政收入2398.4万元，同比增长55.4%；规模以上工业增加值累计完成1.01亿元，现价同比增51.3%，可比价同比增18.63%。农民人均纯收入8500元，同比增长19.7%。全镇共引进市外项目9个，投资总额1.9亿多元。已开工项目9个，到位资金1.4亿元。重新确定甘薯粉丝加工、商贸服务、废旧轮胎加工、牛羊养殖与屠宰、优质果品生产、交通运输六大产业作为今后群众增收的主要渠道，以此拉动广大群众自主创业，实现共同富裕。全镇10729户，37098口人有了致富载体和产业，年增加纯收入7378万元，人均增加收入1716元。

中共镇委书记：杨　华（6月免）
李曙光（6月任）
镇　　长：张振军

【上庄乡】 辖24个行政村，总人口25057人，人口自然增长率6.90‰，总面积44.6平方公里，耕地面积2466.7公顷。全乡固定资产投资2.48亿元，同比增长37.8%；全部财政收入达到3885.8万元，同比增长93.0%；地方财政收入达到1421.1万元，同比增长97.8%；农民人均纯收入达到7118元，同比增长29.2%；上缴税金达到3886.1万元，同比增长93.8%；新增投入达到2亿元，同比增长12.8%。继续发展棚菜种植，累计投资4000多万元，新建棚室4000多亩，棚室面积近7000亩，实现户均一亩棚的目标，按照年亩收益8000元计算，全乡仅冷棚收入将达5600万元，人均增收2350元，占农民人均纯收入的31%。项目建设实现历史性突破。全年项目建设投资8.5亿元，实施重点项目8项。

中共乡委书记：李曙光（6月免）
任　顺（6月任）
乡　　长：孟祥中

【赵店子镇】 辖15个行政村，总面积39.4平方公里，耕地面积2.9万亩，拥有丰富的铁矿资源和沙地资源。人口20462人，人口自然增长率1.51‰。完成地区生产总值24.24亿元，同比增长40%；第一产业、第二产业、第三产业分别完成增加值8500万元、29.1亿元、3.9亿元，同比分别增长29%、34%和118%；全社会固定资产投资突破9亿元，同比增长49%；全部财政收入4.16亿元，同比增长9.2%；地方财政收入8028.8万元，同比增长14.1%；粮食总产8765吨，同比增长14%；农村经济总收入113.55亿元，同比增长51%；农民人均纯收入8791元，同比增长21%。粮食总产8765吨，同比增长14%；农村经济总收入113.5亿元，同比增长51%；共谋划实施15个项目，总投资14.64亿元。其中，计划投资1.6亿元的燕钢5号板坯连铸项目和开平板生产线项目，土建工程全部完工。总投资3000万元的两套TRT机组项目于4月份完工，年可节煤5309吨。燕钢料场防尘网项目于3月份完工，达到减少污染物排放的效果。总投资5000万元的燕钢一期汽轮机拖动鼓风机改造项目，所需设备已全部到位，12月份完成安装。总投资1000万元的三益工贸加工、销售精密卷板项目，于6月底竣工投产。社会主义新农村

建设不断加快。全镇初步建成4个带动能力强、辐射范围广、经济效益好的全民致富示范区，即绿色食品瓜菜示范园区、“公司+基地+农户”模式养猪基地、工业配套园区、高油花生及制品示范区。

中共镇委书记：庞再明（6月免）
　　　　　　　杨　华（6月任）
镇　　　　长：李　超（8月免）
　　　　　　　闫双友（8月任）

【野鸡坨镇】　辖21个行政村，总面积73平方公里，其中耕地面积3840公顷，山场面积1734公顷。总人口36198人，人口自然增长率为4.12‰。该镇为河北省小城市建设试点镇。全镇粮食总产14753.4吨，禽蛋产量5855.2吨。完成规模以上工业增加值3.5亿元，同比增长66.7%。完成全部财政收入8275.4万元，同比增长8.9%；完成地方财政收入2610.9万元，同比增长19.07%；全社会固定资产投资3.7亿元，同比增长33.3%；农村经济总收入4826.05万元，农民人均收入8650元，同比增长23%；完成规模以上工业增加值3.5亿元，同比增长66.7%。项目建设再获新突破。从事太阳能产品研发、生产、推广、利用的高新技术企业——北京晒阳太阳能电池节能光源项目进入试生产阶段。占地650亩、投资3.5亿元的昌和钢铁物流项目已经开工建设。投资60亿元的燕山精品钢铁基地的前期准备工作已经完成。以迁安福鑫生猪养殖基地为龙头的生猪养殖业迅猛发展。该养殖厂采用的生物环保零排放技术是国内引进的最新技术成果，利用这一技术不仅能解决养猪场污染环境问题，还可改善生猪生长环境，减少疫病发生，节约饲料及人工费用。朱庄子村依托传统优势，大力发展核桃加工业，全村参与核桃加工贩运业的户数达到总户数的77.3%，而且辐射到周边村庄。成立核桃加工贩运专业协会，组建京东核桃种植农民专业合作社，建立朱庄子核桃网站。全村年收入达到820万元，户均增收4万元。小杨官营生猪屠宰贩运业取得长足发展。小杨官营建成投资200万元、占地18亩的现代化生猪屠宰场，日屠宰能力达到500－1000头，是冀东唯一一个村内屠宰场，以此为依托，该村生猪屠宰贩运业发达，经营户达到237户，年加工收入达到500万元，人均增收4599元。创新基层组织设置方式，成立朱庄子村核桃仁经纪人协会党支部和野鸡坨村奶牛协会党支部，加强对产业协会的组织领导。

中共镇委书记：郭桂军
镇　　　　长：李志勇

【大崔庄镇】　辖21个行政村，总面积68.93平方公里，耕地面积1503公顷，人口25872人，人口自然增长率9.67‰。全年完成全部财政收入4514.7万元，同比增长20.5%；完成地方径财政收入1364万元，同比增长－17.9%；实现GDP12.7亿元，同比增长21%；完成全社会固定资产投资1.51亿元，同比增长15%。农民人均纯收入达到7805元，同比增长19.7%。现代农业示范园建设实现新突破。新上核桃2100亩，板栗1000亩，板栗、核桃嫁接2520亩。以万亩围山转果园为基础，投资2124.9万元，建设现代农业示范园区，投资1000万元修通步步川至白羊峪15公里的生态旅游观光路，沿途设置采摘园10个，涉及大崔庄镇东部8个村，惠及1.3万果农，并与白羊峪长城旅游区融为一体，形成集农业旅游观光与民俗旅游休闲为一体的旅游格局。11月份，白羊峪长城旅游区通过国家“AAA”级景区验收，白羊峪村通过全国农业旅游示范点验收，白羊峪长城旅游区被唐山市列为三个长城民俗旅游重点发展项目之一。

中共镇委书记：沈　杰（6月免）
　　　　　　　唐延海（7月任）
镇　　　　长：唐延海

【阎家店乡】　辖17个行政村，总面积41.2平方公里，耕地面积2035.5公顷，总人口24896人，人口自然增长率8.29‰。全社会固定资产投入完成2.76亿元，同比增长4.1%；全部财政收入完成7193.2万元，同比增长14.5%；地方财政收入完成2140.5万元，同比增长－6.3%；全乡农民纯收入完成8650元，同比增长19%；新增农村劳动力就业人数350人；农村劳动力转移培训625人；城镇化水平达到38.6%。农业方面，阎家店乡将“122”富民工程作为新农村建设的切入点，全年共实施“122”富民工程项目170多项，涉及全乡17个村、4600多农户，70%以上的农户通过参与“122”富民工程项目实现增收致富的目标。基础设施建设上，打通马兰路，其中西段7公里已经通车，东段路基工程已经完工，铁路跨线桥工程正在施工，打破制约阎家店乡经济发展的交通瓶颈。坐落于阎家店乡的“三五”变电站已经正式供电。项目建设已呈现良好的发展势头。已有8家企业落户乡工业园区，企业发展态势良好。完成全乡17个村的有线电视入户工程和新增6个村的人畜饮水安全工程。大力推广“三改”沼气和节能吊炕，稳步推进坡屋顶改造工程。2008年，全乡建设沼气池243个，完成“三改”任务638个，建设节能吊炕1775铺。

中共乡委书记：朱广久
乡　　　　长：彭清江（6月免）
　　　　　　　蔡金艳（6月任）

【五重安乡】　辖29个行政村，总面积67.3平方公里，耕地面积1680公顷，总人口26127人，人口自然增长率7.81‰。全乡实现国内生产总值10.83亿元，同比增长29.6%，其中第一、二、三产业总产值分别完成8893万元、5.59亿元、4.35亿元，同比分别增长11.0%、33.9%、28.6%。实现全部财政收入4274.5万元，同比增长7.3%；地方财政收入1284.6万元，同比增长－13.8%；农民年人均纯收入达到8475元，同比增长19.7%。加快重点项目建设进程。离子交换纤维烟用丝束产业化项目，投资4700万元，完成一期工程。红峪山庄景区建设。成功申报省AAA级景区，成为全市2处AAA级景区之一，已正式对外开放。调动农民创业积极性，全乡建设干果生产专业村8个、葡萄专业村1个，同时涌现出姜守利、刘玉玲、张小华等一批养殖大户，农民收入显著增加。

中共乡委书记：陈春山
乡　　　　长：周泽红

【杨店子镇】　辖36个行政村，总面积86.3平方公里，耕地面积2930.7公顷。总人口77213人，人口自然增长率3.95‰。完成地区生产总值33.5亿元，同比增长25%；全社会固定资产投资7.25亿元，同比增长46%；全部财政收入突破5亿元大关，达到5.03亿元，同比增长65.4%；地方财政收入1.19亿元，同比增长39.9%；农民人均纯收入9180元，同比增长25%；民营经济上缴税金2.8亿元，民营经济新增投入达到5.8亿元，全镇私营企业户数达到159户。共实施千万元以上项目18个，全年完成投资59.7亿元。其中一产项目1个，即总投资6000万元的九江犬业公司特种养殖基地项目，当年完工投入使用。二产项目12个，其中总投资150亿元的迁钢冷轧薄板项目，2008年投资5亿元，完成1300多亩土地的征用和400多户的拆迁工作；计划总投资140亿元的首钢迁钢配套完善项目，当年完成投资50亿元；计划总投资1亿万元的蓝亨啤酒饮料有限公司30万吨啤酒一期工程，当年完工投入试生产；总投资1000万元的北京志成润滑油项目，当年8月建成投产；总投资2000万元的北京首钢第二机电安装分公司机械安装及钢结构件项目，当年完工投入使用。三产项目3个，完成投资9000万元。城建项目2个，完成投资6000万元。配合市委市政府做好迁安市西区城市建设的征地、拆迁工作。在燕滨路改造工程中完成拆迁70处，在彭李线道路工程中征地312亩，在滦河右岸大坝工程中完成征地1600亩、拆迁30处，在迁钢配套完善项目建设中征地360亩，拆迁房屋46处。为祺光路建设完成631亩土地的征占和16户民宅的拆迁。

中共镇委书记：田立生（8月免）
李　超（8月任）
镇　　　长：侯　旭

【蔡园镇】　辖26个行政村，总面积53.47平方公里，耕地面积1163公顷，25104口人，人口自然增长率7.08‰。全镇地区生产总值达到54亿元，同比增长41.0%；全社会固定资产投资15.66亿元，同比增长5.8%；全部财政收入4.83亿元，同比增长42.7%；地方性财政收入1.19亿元，同比增长-2.6%；农民人均收入达到11506元，同比增长21.3%。项目建设实现新跨越。实施35个中小项目，其中：市重点项目2个，第一产业项目16个，二、三产业项目17个。轧一钢铁集团第二座160吨转炉于7月投产，形成200万吨铁、400万吨钢、200万吨材的规模。隆宇公司投资1.5亿元建设硐采，提高企业的生产能力和服务年限。鑫汇公司投资3000万元进行设备改造，提高处理矿石能力。节能治污减排卓有成效。轧一集团投入资金8000多万元，采用同行业较先进实用的高压静电除尘、低压脉冲布袋除尘、烟气湿法处理、水浴除尘等措施，完成节能减排及烟尘治理任务，得到国家环保小组的肯定。金岭公司投资4000多万元，从南方引进尾矿陶瓷过滤技术，实现水、泥、沙分离并循环利用，达到尾矿零排放的目标。

中共镇委书记：范晓华（6月免）
陈子红（6月任）
镇　　　长：陈子红（6月免）
沈燕和（6月任）

【大五里乡】　辖16个行政村，总面积51.1平方公里，耕地面积1040公顷，总人口18061人，人口自然增长率6.25‰。全年完成地区生产总值22.01亿元，同比增长22.7%；全社会固定资产投资3.3亿元，同比增长26.5%；完成全部财政收入1.68亿元，同比增长-20.2%；地方财政收入3574.7万元，同比增长-22.5%；农民人均纯收入8650元，同比增长25.9%。全年实施6个项目，完成投资3.48亿元。农业发展全面提升。建精品板栗园7个，面积达1700余亩，全乡板栗林面积已发展到15000亩以上。以旅游开发为突破口，第三产业稳步发展。新开通旅游路12.5公里，总投资47.8万元。新增运输车辆80辆。打造大型农家招待中心。阳光农牧有限公司投资110万元，建设300余亩集垂钓、旅游、观光、餐饮为一体的农家招待中心——丽水田园。山叶口新村农户小饭店日益红火，“十一”期间全乡共接待各地游客达7.2万人次，农户增收400万元。

中共乡委书记：胡春刚
乡　　　长：魏建国

【马兰庄镇】　辖17个行政村，总面积48平方公里，耕地面积224.3公顷，人口24998人，人口自然增长率5.71‰。全年实现地区生产总值65亿元，同比增长25%；全社会固定资产投资11.4亿元，同比增长34%；实现全部财政收入10.7亿元，同比增长44.5%；农民人均纯收入达到12170元，同比增长26%。在全国乡镇综合实力500强评比中位列第29位。扎实推进资源型城镇转型。投资1500万元的首钢马兰庄铁矿技改项目，已于7月竣工投产。实施矿产资源整合。共划分为5大整合区，年内完成3个整合区采矿权人的推举工作。加大矿业开发秩序治理整顿力度。依法关停7家非法采矿，拆除5万吨以下选矿3家，拆除干选、小磁选32家。实施总投资300万元的迁化氨氮废水“零”排放工程，于6月底投入使用。联旺公司新增投资5000万元成立天博舫国际贸易有限公司，注册资金2000万元，主要从事国际矿石贸易，提升马兰庄镇与世界经济接轨的高度。高标准制定城镇发展战略规划。聘请唐山建设规划设计院制定《建设科学发展示范镇战略规划》。加快马兰生态宜居新型社区建设进程。累计投入资金1.8亿元。其中，一期33栋五层住宅楼和33栋二层别墅的主体工程全部竣工。为实现科学发展观节能环保要求和广大用户生活需要的统一结合，为迁安市新农村建设提供试点示范，于10月21日邀请地质、暖通、地源热泵等国内知名专家参加马兰庄镇新型社区供暖方式论证会，最终确定采用地源热泵技术对新型社区集中供暖制冷。该技术属于国际先进水平，在全国如此大面积的运用尚属首例。

中共镇委书记：付立军
镇　　　长：任　顺（6月免）
彭清江（6月任）

【沙河驿镇】　辖19个行政村，总面积41.35平方公里，耕地面积1866.7公顷，人口28326口人，人口自然增长率5.24‰。完成国内生产总值20亿元，同比增长33.5%；全社会固定资产投资9.84亿元，同比增长33%；全部财政收入1.97亿元，同比增长13.4%；地方财政收

入4303.5万元，同比增长14.4%。连续四年跨入财政收入超亿元镇行列；农民人均纯收入8638元，同比增长20.1%。连续四年跨入财政收入超亿元镇行列。培育新兴产业，改造提升传统产业。北方明晶玻璃项目一期生产线已于12月10日试生产出唐山第一块玻璃。此项目的投产，不但填补了迁安此类产品的空白，而且以焦炉煤气为能源，为迁安市焦化企业发展循环经济提供了可借鉴的范例。通过北方明晶玻璃工业园区这个平台，成功引进世界500强——联想集团控股的秦皇岛耀华集团投资5亿元，实施超白压花太阳能电池基板及浮法玻璃生产线项目。落实省、市节能减排工作部署。累计投资3亿元，淘汰9座炉子，实施节能减排项目34项，减少烟尘排放近10万吨。实施“商贸活镇”战略，中铁联合物流项目由中铁联合物流公司、京唐港港物局和迁安市新兴炉料公司联合出资5亿元，规划修建3条铁路专用装卸线。按照“抓大扶强有选择发展小”的原则，累计投资1.8亿元，重点实施首钢设备结构厂物流等三个项目。引进以龙昌工贸公司、宏远商贸公司货场等为代表的10余家中小型物流企业。一个以龙头企业拉动，中型企业支撑，小型企业推动的现代物流体系已初步形成。扎实推进农业内部循环发展试验示范项目，投资1500万元，实施迁安市乡香农业科技示范园区项目。千头肉牛场、沼气发电、饲料加工厂、酒厂等项目已全部投产。循环农业产业园区内逐步探索出“种植—酿酒—肉牛—沼气”、“温室—养猪—沼气—蔬菜”、“树林—草场—鸭、鹅”等多种农业经济循环模式。高标准推进唐庄子科学发展示范村建设。累计投资6000万元，完成村民中心扩建、街心文化广场新建、新农居改造等项目。刘云山、张云川、胡春华、刘永瑞、赵勇等中央、省、唐山市领导先后视察，并接待各地、各级参观考察团398个，人数近万人次。

中共镇委书记：王学龙
镇　　　　长：彭海军

【木厂口镇】　辖19个行政村，总面积58.08平方公里，耕地面积1338公顷。总人口23843人，人口自然增长率5.69‰。全年完成地区生产总值71.76亿元，同比增长39.35%；规模以上工业增加值37.5亿元，同比增长51.8%；全社会固定资产投资19.8亿元，同比增长36.5%；引进外资5.8亿元，同比增长51.6%；完成全部财政收入10.07亿元，同比增长76.3%；完成地方财政收入1.90亿元，同比增长72.6%；农民人均纯收入10012元，同比增长24.9%；被迁安市委、市政府评为“实绩突出单位”、“纳税超10亿元镇乡”。工业结构调整和产业优化升级取得新突破。一是中化煤化工公司200万吨焦化项目。投资12.8亿元，场地平整、两座焦炉基础竣工。二是节能环保项目顺利投产。在拆除5座炼铁高炉的基础上，九江线材有限责任公司（以下简称九江公司）投资2.3亿元的余压发电、富氧喷煤项目于9月底投产；投资1.4亿元上环保设备37台（套），8月底竣工；投资1.35亿元TRT发电及烟粉尘治理项目投入使用，生产环境明显改善，形成了360万吨铁，360万吨钢，300万吨材的生产能力。三是首钢与九江公司的整合已经完成资产评估。四是林兴工贸公司、隆企金属结构厂、首钢物流公司等一批投资5千万元以上的企业顺利投产。支持企业发展，为迁钢、迁焦等5家企业以及阜杨、万太公路征地5700多亩，架线5条，迁坟930多个，涉及11个村1600多户。

中共镇委书记：黄玉东
镇　　　　长：张贵宝

【太平庄乡】　辖16个行政村，总面积59.268平方公里，耕地面积1255公顷，总人口16100人，人口自然增长率6.25‰。完成国内生产总值（可比价）5.6亿元，比上年增长20%；乡镇企业总产值10.5亿元，比上年增长40.56%；社会固定资产投资5.95亿元，比上年增长326%；粮食总产量6264吨，比上年增长－19.3%；完成财政收入6499.5万元，比上年增长110.2%；完成地方性财政收入2041万元，比上年增长66.2%；农民人均纯收入8562元，比上年增长20%。粮食总产量6264吨，比上年增长－19.3%。发展优势农业，以粉丝加工和小杂粮生产为主，粉丝已注册“崇信”商标，产品名扬京津唐和东北地区；以谷子和豆类为主的小杂粮种植面积达4000多亩，杂粮基地初具规模，产品远销香港、东南亚地区。实施特色果品与生态旅游、规模养殖、城镇商贸与工矿区配套三大示范项目重点工程。完成核桃嫁接1518亩，全乡完成果品提质增效、改劣换优11973亩，新建果品示范园4个，全乡优质果品种植面积达到1.4万亩，果品产量8650吨，为农民增收5190万元。发展规模养殖业，积极培育龙头企业，太平庄乡国丰生态养殖场，已累计完成投资1800万元；全乡投资2500万元，新建、完善西峪、七家岭、太平庄、西店、郭家营5个规模养殖小区，带动农户1000余户，新增奶牛存栏2886头、肉牛存栏192头；大力发展效益较好的传统和特色养殖，年内新增猪存栏1792头，柴鸡、蛋鸡存栏47445只，绒山羊7418只。仅养殖业一项，全年纯增经济效益1336万元。依托乡域内的自然生态优势，大力发展生态旅游业，成山旅游开发区，已完成投资500万元，建成农家饭庄1处，景区的详细规划已经完成，水、电、路等基础设施逐步配套，迁安市第一届采摘节暨太平庄乡第二届观光采摘节于9月12日在尚庄村开幕，累计接待游客20多万人次，创收100多万元。积极发展城镇商贸和工矿区配套富民项目，如餐饮服务、修理、运输和农产品加工销售等，仅大型运输车辆全乡就有300多辆，年运输收入3000余万元。做大做强现有企业，宏奥焦化厂投资2亿元的70万吨捣固焦项目，工艺设备和环保设施达到国内一流水平，7月份二期工程顺利点火投产，全年纳税4000万元，成为全乡的支柱项目。千方百计招商引资，生产线长度和工艺达到世界顶级水平的江苏张家港市华尔润集团投资11.7亿元的浮法玻璃生产线项目落户太平庄乡。强化党员教育管理，5·12四川汶川地震发生后，全乡党员踊跃交纳特殊党费，部分党员自发组成志愿小分队远赴灾区抗震救灾，太平庄村党支部书记李国华同志表现突出，受到中宣部、中组部的表彰，并作为

河北省唯一的代表到全国巡回演讲报告。

中共乡委书记：冯　尚
乡　　长：李浩胜

【城区街道办事处】　辖兴安、丰乐路、常青、燕阳、青杨、花园街、惠宁西、永顺街、燕春、惠宁东10个居委会以及明珠街居委会和钢城路居委会两个筹建处，共辖住宅楼494栋，连片瓦房47片，辖区总户数21009户，总人口63133人，辖区面积13.4平方公里。以社区党建为龙头，干部队伍素质显著提升。推出捐献遗体的老党员郭玉、张玉琦，脚踏实地为居民办实事的杨印田等10名感动社区人物。汶川大地震后，广大干部群众踊跃捐款，捐款达19.37万元。城区党员交纳特殊党费63856元。以社区服务中心为依托，开展学历教育、转岗技能培训、社会保障救助等10类服务。家政中介安排、输送就业人员500人以上。依托燕阳、广场馨园、明珠3处社区卫生服务站，组织开展了医疗保健活动，对居民用药治病实行零差价销售。开展保健宣传进社区活动，把一些常见病的防控等基本卫生知识编排成节目，在社区内巡演，受到居民的普遍欢迎。

中共街道办书记：岳正金
办事处主任：王翠芝

（刘英椿　赵　辉）

迁西县

【概况】　辖9个镇、8个乡、1个街道办事处，有8个居民委员会，417个行政村，882个自然村。总人口375661万，人口自然增长率6.8‰。全县总面积1439平方公里，耕地面积18574公顷，减少0.13%。地区生产总值269.80亿元，同比增长16.3%，其中第一产业增加值14.05亿元，增长6.7%；第二产业增加值179.79亿元、第三产业增加值75.96亿元，分别增长14.6%和23.5%。粮棉油总产量81297吨，增长8.2%。单位地区生产总值综合能耗1.72吨，单位地区生产总值能耗下降6.26%。民营经济增加值184.5亿元，占地区生产总值的68.4%。财政收入24.83亿元，增长33.3%，其中国家税收17.08亿元、地方税收6.65亿元、地方财政系统收入1.09亿元，分别增长25.2%、51.8%、81.1%；财政支出15.71亿元，增长33.8%。城乡空气质量优于国家二级标准天数达到310天。实现社会消费品零售总额37.60亿元，增长22.3%。出口总额1.96亿美元，增长91.1%。在岗职工年人均工资27003元，增长19.4%；城镇居民人均可支配性收入15456元，增长14.4%；农民人均纯收入6626元，增长11.0%元；年末城乡居民存款余额98.43亿元，增长21.1%。全社会固定资产投资完成56.0亿元，增长60.1%；全年开工投资百万元以上项目236项，完成投资54.4亿元。位列全国县域经济百强县第84位。

【产业结构调整取得新成效】总投资25亿元的中小H型钢项目竣工投产，总投资16亿元的干熄焦项目开工建设。远大矿业球墨铸管一期已经试生产。积极应对金融危机对钢铁产业的冲击，津西钢铁全面恢复生产，128家矿山企业实现复产。恒基锰业一水硫酸锰一期、友利焦化一期、福春林木业一期等项目先后竣工投产或试产，友利焦化二期、ADI球墨铸铁件、瑞兆激光修复、唐人木业实木门等项目扎实推进。新谋划项目158项，总投资361亿元，其中投资亿元以上项目52项，列入市2009年固定资产投资计划项目72项。

【城市面貌实现新变化】　县城总体规划纲要通过市规划委员会评审，完成县城南出口等区域控制性详规，公园、供热、供水等专项规划和三屯营、洒河桥等5个乡镇总规、207个村庄规划编制工作，规划覆盖面进一步扩大。县城段滦河河道综合治理一期工程完工，西外环路升级改造工程主路通车，栗乡文化公园、栗乡植物园、金色栗乡县标广场建设积极推进。远大商住小区一期、丰泽家园二期等工程完工，新增住宅面积17.8万平方米；新阳峪平改楼一期工程主体即将完工，廉租房项目开工建设。生活垃圾处理场、建筑垃圾填埋场加快建设；新增供热面积40.2万平方米、供燃气1165户，集中供水户达到1.6万户。开展拆违拆迁攻坚行动，全年拆除各类建筑物11.6万平方米。三屯营、洒河桥、太平寨、新集等乡镇加快小城镇建设步伐。实施广场建设、商住小区开发、道路硬化等一批项目，城镇面貌大为改观，兴城镇通过省优美小城镇验收。

【第三产业发展实现新突破】编制完成《迁西县旅游业发展总体规划》及景忠山、青山关等12个景区、景点专项规划。景忠山景点整修及旅游专用路路基工程完工；青山关青山居四合院和部分度假别墅主体工程完工；五虎山景区旅游专用路、休闲别墅等工程基本完工，门景区、水上渔村等工程开工建设；栗香湖游客中心一期工程开工建设，野外观测站宾馆主体工程完工，莲花湾乡村旅游示范区景区道路路基工程完工；凤凰山景区道路、普陀禅寺大雄宝殿主体工程完工；喜峰雄关大刀园长城旅游路路基和生态采摘园工程完工。投资800多万元通过在中央电视台等媒体播发宣传片、在京沈高速设立广告牌等方式开展宣传促销，迁西旅游知名度进一步提高。全年接待游客52万人次，实现旅游综合收入2.2亿元，同比分别增长21.5%、36%。紫玉街市场升级改造工程已完成总量的80%，中兴超市物流配送中心、汽车4S店项目手续已齐全，白庙子综合市场、北方农产品批发交易市场等项目正积极推进。

【“三农”工作取得新进展】　以“六个万亩优质果品示范园”建设为载体，栽植以板栗、核桃为主的树木1.4万亩、87万株；加强品牌建设，“迁西板栗”被评为中国驰名商标；新增千只以上柴鸡养殖场54个，淡水鱼产量达3.3万吨；新增食用菌1200万棒、优质花卉300亩；新建板栗、渔业、食用菌、柴鸡等专业合作社19个；有组织输出农村剩余劳动力4670人。新建文明生态村43个，修水泥路230公里，栽植绿化树木7万多株，垒砌“长城墙”2.6万延长米，市县两级精品村达到120个；村民中心建设任务基本完成；培育出巴家峪、下洪

寨、青杨树等一批新民居建设典型村。全年新增沼气池8200个、吊炕2600铺、太阳能路灯2800盏、秸秆气化炉120台。136个村饮水安全工程竣工供水。洒河桥、罗家屯、东荒峪3个农技服务站主体完工。移民村生产生活条件进一步改善。

【人民幸福指数得到新提高】 优先发展教育事业，积极推进资源整合，投资1.2亿元，实施17所中小学校改扩建项目，第四小学等4所学校投入使用；投资1720万元，完成86所农村中小学校的锅炉取暖改造；出台《关于进一步加强教师队伍管理的意见》，招聘301名大专以上学历毕业生（其中硕士生15名）充实到教师队伍；狠抓基础教育，小学优秀率、及格率明显提升；重视职业教育发展，劳动技能培训得到加强。大力发展医疗卫生事业。县人民医院综合大楼投入使用，中医院升级改造工程完工，妇幼保健院迁址新建主体工程完成70%，标准化村卫生所建设和农村卫生服务站改造任务基本完成；招聘236名医学类毕业生充实到各医疗单位。落实新型农村合作医疗制度，全年为参合农民报销医药费2600多万元。加强计划生育工作，保持在全省的领先位次。积极促进就业再就业，着力解决大中专毕业生就业难题，择优安置829名大中专毕业生就业；加强就业帮扶，全年新增就业人员3588人，实现下岗人员再就业507人。加强社会保障体系建设，提高城乡居民最低生活保障标准，启动失地农民养老保险和城镇职工意外伤害保险，扩大城镇居民医疗保险覆盖面，实施农村特困群众危房改建，全年社保资金支出1.66亿元。加快敬老院整合，新集、太平寨两所敬老院投入使用。把奥运安保稳定作为压倒一切的政治任务，全力以赴抓好各项措施落实，圆满完成安保稳定任务，为“平安奥运”作出应有贡献。加大安全监管力度，集中开展以矿山、交通、消防、森林防火为重点的安全生产专项整治活动，没有发生重大安全生产事故。出台《信访工作十项制度》等文件，深入开展领导干部大接访活动，落实领导包案和下访、约访等制度，强化矛盾纠纷排查调处，群众反映的突出问题得到较好解决。深入开展各类严打整治专项斗争，重大刑事案件和多发性侵财案件减少，社会治安形势进一步好转。

【工业园区产业承载能力得到增强】 冶金工业区《循环经济规划实施纲要》和控制性详规编制工作完成，区域环评已获省环保局批准；集中供水泵站主体工程完工，铺设管道2200米；110KV、35KV变电站投入使用，津西220KV变电站完成选址。规划建设栗乡工业园，其中A区控制性详规编制完成，工业园道路实现简易通车，已有恒基锰业、瑞兆激光修复等13个项目进驻园区。

【大交通格局初步形成】 开展交通建设攻坚年活动，全年开工建设交通项目34项，总投资23.2亿元，年内完成投资6.9亿元。三抚公路一级改建工程A1标段主路通车，结束迁西没有一级公路的历史；彭李公路东段二级改建、大莲线迁西段建设竣工通车；碾唐公路北段二级改建、唐承铁路二期工程征拆占全面展开；京秦高速迁西支线项目已获省政府批准；津西货运站项目已得到太原铁路局同意，报铁道部审批；投资5000万元完成45.6公里乡级公路改建和38.5公里村级公路硬化。

【招商引资工作取得新成绩】 积极参加各类经贸洽谈活动，开展小团组对口招商，在北京举办“迁西县投资环境说明暨重点项目推介会”，唐承铁路、友利焦炉煤气发电、津西200万吨干熄焦等项目成功签约。全年到位外资1亿美元，同比增长80.8%；出口创汇1.94亿美元，同比增长103.5%。

【生态环境建设进展加快】 按照“依法办矿、集团发展、‘绿色矿山’、综合利用和节能减排”的思路，开展打击非法采矿、河道综合治理、采选企业标准化建设、绿色矿山建设、资源整合、采空区处理、矿产品远程监控等七大战役，取缔关闭非法矿点217个，查扣非法采矿机械设备120台；清理河道130公里，垒砌石坝1.2万延长米；栽植树木1200多万株，绿化矿山6000亩；300余家采选企业标准化建设基本达标；处理采空区28个；完成15个整合区新采矿权人确定工作；10家试点单位矿产品产量远程监控系统安装调试到位。按照“打造燕山绿色明珠、唐山后花园”的思路，规划造林4.6万亩，年内完成3.4万亩，栽植各类树木3500余万株。县污水处理厂开始试运行；津西污水处理厂二期、TRT发电等项目投入使用，中和混料场土建工程完工；友利焦化废气处理地面站设施、污水处理设施建设完工。限期深度治理铁选、球团竖炉、高钙灰企业297家，污染物排放量进一步降低。市达节能减排任务全面完成。

【资金紧张难题得到初步解决】 强化财政支撑，在抓好预内资金征缴的基础上，加大预外资金收入力度，全年实现预外收入5亿多元，为财政投资项目的顺利推进提供保障。强化项目融资，紧紧围绕国家产业政策谋划项目，争取上级专项扶持资金1.5亿元、银行贷款21亿元。强化平台融资，通过县城市建设投资公司，为县城段滦河河道综合治理、碾唐公路北段二级改建等项目融资5.2亿元；发挥小额贷款公司的投融资作用，为中小企业提供贷款4.8亿元。

【民主法制建设扎实推进】 自觉接受县人大、政协监督，定期向人大代表、政协委员通报工作，认真落实县人大及其常委会决定、决议和审议意见；加大承办工作力度，全年共办理人大建议和政协提案126件，满意率98.6%。加强基层民主建设，已有414个村完成村委会换届选举。加强制度建设，出台了民主议政、加强农村三资管理等政策文件。强化行政权力公开透明运行，政务、村务、厂务、校务公开得到加强。推进依法治县，大力开展普法教育，强化依法行政，法制建设水平得到提高。

【精神文明创建活动不断深入】 组织开展道德模范评选、科学发展从我做起等系列活动，加大道德规范和文明礼仪的宣传普及力度，深入推进文明行业、文明社区、文明单位创建活动，群众的思想道德素质和社会文明程度进一步提高。四川地震灾害发生后，社会各界踊跃捐款捐物，款物合计1863万元。积极推进乡镇综合文化站建设，新集、洒河桥、白庙子等9个乡镇文化站建设基本完成。开展以“和谐迁西”为主题的书画影展、基层文艺调演、栗乡颂歌及职工乒乓球赛、登山比赛等文化体育活动。

【政府自身形象得到提升】 扎实开展科学发展观学习实践活动，科学发展意识和推进科学发展的能力得到增强。加强行政服务中心建设，精简行政审批项目237项，推行一般审批事项“一审一核”和重点建设工程、重大招商项目“特别审批”制度。加强效能建设，出台并落实《关于对机关工作人员不作为乱作为投诉举报处理办法》等文件，选聘12名督查专员对县委、县政府决策部署落实情况进行督查。全面落实党风廉政建设责任制，严格执行廉洁自律各项规定，加大对以权谋私、行政权力乱用等违法违纪案件的查处力度。

中共县委书记：纪纯（7月免）（7—12月空缺）
副书记：王保国
县委常委：范书江
郭彦徽（女）
边文秀
徐为民
韩庆文
张全彪
人大常委会主任：刘瑞富
人大常委会副主任：高凤存
马光明
韩顺宏
董瑞文
县长：王东印
副县长：蔡洪魁（1月免）
郭彦徽（女）
李进有
马海廉
马少春
姬保新
王芳（1月任）
政协主席：孙法仲
政协副主席：王书珍
刘新生
庞宝印

【白庙子乡】 辖26个行政村，44个自然村，总人口17032人，人口自然增长率1.5‰。总面积65平方公里，耕地面积985公顷，同比减少0.1%。完成地区生产总值8.73亿元，一、二、三产增加值分别是5347万元，5.57亿元，2.61亿元；农民人均纯收入6100元，财政收入5400万元，固定资产投入4.6亿元。

项目建设取得新进展。三抚公路一级改建工程征地483.07亩，征树50014棵，拆迁5601.9平方米，发放补偿金2583.76万元；远大球墨铸管二期工程年设计生产能力钢、铁、材各300万吨，已经完成投资4.0亿元；远大二选项目设计年产精粉120万吨，已完成投资2000万元；综合市场项目占地650亩，已完成投资3000万元；廖庄子寄宿制中心小学总投资370万元，建筑面积3380平方米，主体太阳能教学楼已完工，学生宿舍楼进入内外装修阶段。

农业产业化取得新突破。林果业以仲伟板栗加工厂为龙头，新栽植板栗、核桃、柿子等2000亩、20万株；食用菌业依托三个龙头企业（横河付醒军菌厂、果庄子汪立国菌厂、黑洼李振刚菌厂）和1个试验基地（黑洼食用菌基地），生产栗蘑等食用菌袋230万袋，栽培栗蘑200亩。荣获农业产业化工作先进乡镇的称号。

科学办矿取得新成绩。采矿企业标准化建设，投入资金近30万元，新上设备5套，新建办公用房及工人宿舍20间，栽植绿化树木220棵；选矿企业标准化建设，投入资金200余万元，新增设备25套，包装厂房、新建办公用房和工人宿舍90间；尾矿库垒筑石坝400余米，覆盖山坯土近3万立方米，栽植绿化树木25万棵。

文明生态村建设迈上新台阶。新创建村投入创建资金220万元，巩固创建村投入资金365万元。完成主次街道硬化32000米，街道、广场绿化4000平方米，栽植各类花木、风景树70000株；安装太阳能路灯109盏；清运垃圾40000立方米；美化墙体8000平方米；建沼气池356个，搭建吊炕103铺。

基层组织建设不断完善。全年发展新党员27人，预备党员转正36人，培养农村入党积极分子135名；培养“五好强村”党支部18个、“三‘十佳’”党支部书记15名、“一好双强”型党员干部35人、优秀致富能手100名；投资21.5万元，改造村部5间，粉刷村部8个，购置档案橱5组，办公桌椅18套，会议圆桌2套，空调5台，新作展板10个，全乡18个村阵地建设达到甲级标准；“5·12”四川汶川大地震中，全乡党员交纳特殊党费65575.4元。

中共乡党委书记：张汉卿
乡长：刘桂清

【东莲花院乡】 辖16个行政村，16个自然村。总人口11466人，人口自然增长率4.2‰。总面积59.6平方公里，耕地面积1004公顷。完成地区生产总值1.56亿元，一、二、三产增加值分别是5355万元，2378万元，7876万元；农民人均纯收入4158元，财政收入289万元，固定资产投入92万元。

农业产业化建设成效显著。投入10万元栽植核桃17万株、安梨3万株，建成西莲花院——马家冲万亩优质核桃示范园和柳沟峪村——黄岩村万亩优质安梨示范园；投资5万元建成黄岩百亩摩尔多瓦新品种葡萄和马家冲百亩美国大樱桃两个特色园；投资100万元建成柳沟峪综合养殖小区和马家冲奶肉牛专业养殖小区，全乡规模型养殖场达20个；引进资金50万元成立敦煌种业迁西县东莲花院乡分公司，繁育玉米种3000多亩，产优种10万公斤；干鲜果品产量达到6772吨，增长367.7%，干鲜果品总量和增长量居全县首位。

新农村建设取得新进展。筹资100万元完成徐庄子和东路庄子两个文明生态村创建，硬化水泥路6000米，建成休闲健身小广场3个；投资30万元安装太阳能路灯111盏，建沼气池274个，搭吊炕193个。

社会事业全面进步。大莲公路实现通车；投资50万元完成松山峪——董庄子5公里“村村通”工程。投资130万元完成董庄子、洼

子地等8个村的人畜饮水工程；投资38万元完成西莲花院中心幼儿园翻建和黄岩小学房屋改造；投资18万元新建马家冲、东路庄子等8个村级卫生所，群众医疗条件大幅改善；投资3万元健全完善了各村计生宣传室、文化大院；投资3万元建成7个村民服务中心建设；投资5多万元完成马家冲、徐庄子等村部硬件设施建设；投资4万元为14个村配备29英寸彩电。

中共乡党委书记：张学华

乡　　　　长：高新军

【汉儿庄乡】 辖30个行政村，140个自然村。总人口20504口人，人口自然增长率7.5‰。总面积114平方公里，耕地面积907公顷，同比无变化。完成地区生产总值9.06亿元，一、二、三产增加值分别是1.05亿元，5.90亿元，1833万元；农民人均纯收入6290元，财政收入1.0亿元，固定资产投入1.27亿元。

农业强乡建设有新突破。新栽植板栗树9万株，全乡板栗树总株数达到270万株，年产量达5000吨。新推广汉儿庄村板栗早产早丰示范园300亩，对板栗劣改优嫁接统一使用燕山早丰3113品种，打造汉儿庄乡独特品牌。以栗乡源食品有限公司等企业为龙头积极拓展板栗销售网点，板栗除销往北京、天津、哈尔滨、武汉等大中城市外，还远销日本、韩国等国家。以四楼沟、漆棵岭两个村为主的食用菌栽培产业发展壮大，新推广花籽菇10亩10万袋，食用菌栽培面积达100亩120万袋，年创收入220万元。新增青鱼等新品种130万尾。以路庄、脑峪等村为主，柴鸡存栏达30000只。

工业转型步伐加快。通过整顿，中兴矿业石门子采区、下洪寨铁矿、中兴矿业铁选一厂等20余家企业基本上达到安全、环保标准化要求，下洪寨铁矿标准化工程成为全县标准化建设典型，并代表全县接受全国安全生产工作组的检查验收。对汉儿庄铁矿大韦庄采区、小关庄王里沟铁矿、尖山峪铁矿3家企业按照设计进行空区处理。开展百矿披绿活动，共栽植柳树10000棵、杨树4000棵、紫槐40万株、沙棘15万株，绿化面积达到320亩。

旅游产业异军突起。投资250万元对具有悠久历史文化底蕴、生态植被良好的太阳峪满族风情村进行规划和包装，打造四家集住宿、餐饮、娱乐为一体的农家小院，规划建设庙坡、文化广场、山庄水寨等12个旅游景点。太阳峪村已经形成集传统文化教育、餐饮、住宿、休闲、娱乐为一体的旅游观光圣地，现已接待美国、日本等国内外游客2000余人。

农民幸福指数显著提高。建立大病救助基金，对因病返贫户在享受国家特殊补助外，乡政府启用大病救助基金专项救助。建立教育救助及奖励基金，对贫困学生实行政府补贴政策，对考入县一中及二本以上的学生，一次性奖励300－6000元；对期末考试单科成绩及年级总成绩位居全县前列的教师及集体分别给予一定物质奖励。投资1200万元的汉儿庄乡中学宿舍楼已全部完工、栗树湾寄宿制小学已完成主体土建工程。对11户危房改造户在县政府给予补贴的基础上，乡政府采取补贴方式提供资金3万元。对小龙湾、杨家峪等11个村人畜饮水实施自流水工程。

秀美山庄建设彰显成效。从建设精品文明生态村入手，重点推广“一池三改”工程，共完成沼气池1500个，新安装太阳能灯683盏，新建保温吊炕160个。小龙湾村投资80万元完成户户通路面硬化、垒河坝、砌仿长城护墙，建1000平方米广场一处。四楼沟村投资60万元，完成路面硬化12500平方米，栽植柏树、榕花树等绿化风景树800株，新建村部8间。常胜峪村投资110万元，新建村部5间，硬化路面10000平方米，建沼气池40个。大韦庄至石门子村按照中间路面硬化、两侧人行便道、便道外侧绿化带模式建设，成为城市化交通景观路。全乡共清理河道内尾矿砂、弃渣等废弃物80万立方米，总长8.4公里，垒砌石坝5000米。

中共乡党委书记：吴　强

乡　　　　长：郭新芝

【旧城乡】 辖15个行政村，23个自然村。总人口8306人。总面积45平方公里，耕地面积512公顷。完成地区生产总值3.12亿元，一、二、三产增加值分别是7094万元，1.93亿元，4790万元；农民人均纯收入6011元，财政收入3200万元，固定资产投入1.7亿元。

项目建设取得新进展。友利焦化二期、津西二选扩建项目建成投产，福春林二期、唐人木业、洗煤厂、明达铁选厂扩建项目正在建设之中。完成3000亩板栗中低产改造及中幼林抚育项目建设。完成滦河河道综合治理、三抚公路（旧城段）升级改造3400亩土地、37万株树木征占任务，为项目顺利开工创造良好条件。

社会主义新农村建设步伐加快。共硬化村路19350米，绿化村街14500平方米，美化墙壁36250平方米，建垃圾池128个，砌河坝3600米，垒景观墙4050米，新建文体活动广场7个，评星级卫生户465个，乡村面貌焕然一新。巴家峪村、后河东寨村作为全县首批科学发展示范村，各项工作走在全县前列。

农民增收渠道不断拓宽。以白沟村“围山转”为中心新栽植以板栗为主的经济林1500亩、16万株；以郭沟村为中心新开发“围山转”2200亩，栽植板栗树18万株；以巴家峪村为中心新投放不投料无污染网箱鱼2500箱、1200万尾；以后河东寨村为中心新增柴鸡养殖户6个，柴鸡饲养量达1.6万只。

科学办矿成效显著。严厉打击非法采矿，全乡65家非法采矿点全部按“三不留一毁闭”要求关闭到位。对重点合法企业进行专项整治，共建设标准化厂房3830平方米，建高标准职工宿舍253间，安装太阳能热水器11套，尾矿库、矿山栽植绿化苗木18万株（簇），示范企业建设初见成效。

公益事业全面进步。投资1500万元，拓宽改造全长12.5公里的郭洒线（旧城段）“旅游观光路”，安装太阳能路灯130盏，完成两侧绿化带建设，铺设花岗岩路缘石。投资1200万元，新建全长7.8公里、路基宽18米、路面宽15米的唐董路“富民强乡路”，实现全线通车。投资60余万元，对河东寨寄宿制小学校区教学设施等进行完善。建立扶贫助学基金，将特殊困难家庭与民营企业结成教育帮扶对子，保证困难学生完成学业。全面推行新型

农村合作医疗制度，农民参合率达98%；15个行政村全部建成标准化卫生所，群众就医条件不断改善。

中共乡党委书记：郝志军
乡　　　　　长：王海东

【上营乡】　辖14个行政村，60个自然村。总人口11165人，人口自然增长率-6.0‰。总面积87平方公里，耕地面积370公顷，同比减少18.1%。完成地区生产总值4.38亿元，一、二、三产增加值分别是8361万元，2.57亿元，9746万元；农民人均纯收入6263元，财政收入5013万元，固定资产投入7640万元。

项目建设取得新进展。投资200万元建起中板栗合作社一处，占地2000平方米；太阳石药业投资150万元建药材基地一处，投资80万元建养猪场一处，投资50万元建集养猪、养鸡为一体的大型养殖场一处，占地100亩。海发铁选厂投资1200万元建精选厂一处，福宝铁选厂投资1000万元建标准化矿井三处，福鑫铁选厂投资1700万元迁址扩建。

科学办矿取得新成效。保持对非法采选行为的高压态势，非法采选行为得到有效遏制。建成标准化矿井4个，15家选矿企业投资2000万元，达到标准化企业建设要求。21家尾矿库落实安全整顿措施，全年未发生重特大事故。

乡村道路建设步伐加快。投资230万元完成青山口至大地道路硬化；投资700万元完成上铁线三级改造；投资140万元新建金龙口外环路；投资30万元硬化塔子山至滦阳镇罗家卜子的2公里道路；福宝选厂投资150万元建桥一座。

文明生态村建设得到巩固。总府村投资300万元高标准完成市级文明生态村创建任务，龙湾投资75万元完成县级文明生态村创建任务。已建8个文明生态村全部建立村民中心，建立管护长效机制。落实535户400亩地块绿化协议签订工作，栽植紫穗槐20万株，火炬2500棵，栗树4000棵。

建立扶贫助学基金。乡政府出资10万元作为扶贫助学启动资金，16家民营企业捐资27万元，使扶贫助学基金总额达到37万元。出资3万元奖励考入二本以上的大学生12名。

中共乡党委书记：张文志
乡　　　　　长：郑　翔

【新庄子乡】　辖11个行政村1个行政组，12个自然村。总人口11840人，人口自然增长率1.0‰。总面积52平方公里，耕地面积1085公顷，同比无变化。完成地区生产总值2.64亿元，一、二、三产增加值分别是4939万元，1.30亿元，8629万元；农民人均纯收入4500元，财政收入1013万元，固定资产投入1.2亿元。

项目建设取得新突破。龙塘水库综合开发区项目（融休闲度假、生态循环养殖、观光垂钓为一体）预计前期投资1亿元，已和宁波沿海电力燃料有限公司签订开发协议；奥晶综合养殖园项目计划总投资500万元，在临河水库开发以大雁养殖和垂钓观光为主的综合养殖园，已完成投资260万元，养殖大雁200只；港新工贸有限公司铁粉精选项目计划投资2500万元，年生产高品位铁粉36万吨，可提供就业岗位40个；兴顺陶瓷厂改造项目完成投资500万元，以保健片的加工和销售为主，产品主要销往国内和韩国。投资2661万元的鑫丰工贸有限公司精密铸件项目以精密铸件为主，已完成投资1500万元，厂房建设及设备的购置工作已完成，该项目可提供115个就业岗位；益焕工业气体项目总投资500万元，占地15亩，以乙炔气的加工销售为主，年产乙炔气40万瓶，充装氧气5万瓶，丙烷4万瓶；投资3000万元的林汇二期改造工程，投产后可安排280人就业；金特工贸有限公司（以铁选为主）完成投资1100万元，基础设施及设备安装已基本完成。

“一心三区”产业发展空间布局完成设计。立足“展示迁西形象，打造靓丽南大门”的定位，由河北信达城乡规划设计院完成“一心三区”的产业发展空间布局设计，即下庞店村至新庄子村的商贸中心，丰董公路两侧的物流园区，米城庄村西以铁选、乙炔气、陶瓷、精密铸造为主的工业园区，龙塘至常甸以安梨、核桃、设施农业为主的现代农业园区。规划正在审议中。

开展环境综合整治工作。全面进行拆违拆迁和绿化、美化工作。全乡共拆除违章建筑5230平方米，其中碾唐线拆除违章建筑1000平米，清理垃圾卫生4000立方米，填土石方1万立方米。对公路两侧建筑镶瓷砖6610平方米，刷涂料7000平方米，砌花池2000平方米，栽植桧柏、龙爪槐2450株，绿化面积达到13500平方米，建设商品楼800平方米。结合绿化攻坚行动，对碾唐线进行全面绿化。制定“两线一河，两园一村庄”绿化规划，涉及农户1585户，土地1019亩，即在碾唐线、新花线两侧绿化面积514.5亩，栽植苗木6万株。在万亩核桃园栽植核桃苗20万株，万亩安梨园栽植安梨4.5万株。宅旁、街道、院内及村庄周围预栽龙爪槐4000株，柏树球3000株，杨树2万株，黄杨1000平方米，栽柿子树5000株。目前，碾唐线道路两侧绿化面积各40米、新花线道路两侧绿化面积各20米、还乡河沿岸绿化面积各20米，已完成栽植774.5亩。

启动中日友好生态林建设工程。2008年4月，由团中央启动的“保护母亲河行动——中日青年滦河生态示范林”工程在常甸村正式启动。此项已投资60多万元，完成上山路2000米，绿化荒山1200亩。

文明生态村建设取得新突破。共硬化道路12公里，美化街道9000平方米，栽植绿化树木2万株，安装太阳能路灯122盏。安全饮水工程。全乡饮水安全工程涉及9个行政村，1700余户6500人，总投资276万元。新打井4眼，维修深井5眼。大峪等5个村已吃上自来水，6个村已打好深水井，预计2009年村村通上自来水。

社会民生事业平稳发展。投资15万元完成计生服务中心大楼改造；投资8万元完成临河、下庞店、牵马岭、田家峪4个标准化计生服务站。为育龄妇女负责检查3000余人次。投资170万元、建筑面积1300平方米的在米城庄村小学教学楼已完工。筹资50万元完成常甸中心小学附属工程。投资20万元新建新庄子小学学生宿舍。筹资40余万元完成新庄子乡中、新庄子中心小学、常甸小学取暖设施改造工程，学校冬季取暖问题得到解决。11个

行政村部卫生所全部实现规范化管理。完成村村通工程5.6公里，其中大峪村至大峪林场3公里，牵马岭村至丰润潘家峪村2.6公里。为四川汶川地震灾区捐款87846元。

中共乡党委书记：李　宏
乡　　　　　长：纪卫铁

【尹庄乡】　辖23个行政村，25个自然村。总人口18184人，人口自然增长率7.7‰。总面积64平方公里，耕地面积993公顷，同比减少0.03%。完成地区生产总值8.73亿元，一、二、三产增加值分别是5347万元，5.57亿元，2.61亿元；农民人均纯收入6100元，财政收入5400万元，固定资产投入4.6亿元。

项目建设成效显著。投资200万元的忍字口养殖小区建设项目，已完成投资500万元，实现水电路三通，入住29户；投资100万元的忍字口土地复垦项目；总投资1200万元的刘新永千头猪场建设项目，完成投资70万元，已投入使用；投资2270万元的5家工业企业搬迁改造项目完工投入使用；投资1000万元的朋发铁选厂搬迁项目完工投入使用。

科学办矿取得实效。投资2600万元搬迁拆除滦河河道内企业2家，14家铁选企业完成标准化建设，厂房总包装面积3.16万平方米，技术改造、更新设备8台套。

小城镇建设成绩斐然。投资800万元铺设乡政府门前长1.5公里、宽7米的标准化街道，铺设便道板2000平方米，砌筑乡政府门前河坝1万立方米，砌筑长城垛口墙2400米，铺设路缘石2600米，架桥1座，安装路灯45盏，栽植绿化树木850株，建成绿化带5000平方米；投资140万元在尹庄汽车站对面建商贸楼800平方米；投资170万元新建尹庄集贸市场商贸楼2000平方米，已入住商户18户；投资300万元、占地15亩的尹庄宾馆饭店项目已开工建设。在“三年大变样”拆违拆迁战役中，拆除违章建筑物15处2909平方米。清理西甲河、朱家河河道近8000米，修筑河坝3000米，动用土石方1.3万立方米。

乡村道路建设有新进展。总长7.55公里兴尹公路工程（忍字口—高台子大桥）已投入资金300万元，完成征地占树补偿和整体规划，实现简易通车；投资57.6万元修建北山至忍字口水泥路3000米。

社会事业全面进步。抓好刘台、刘王坎、钓鱼岩三个文明生态村的创建和往年创建村巩固工作，共投资510万元硬化水泥街道2万米，修长城垛口墙1000米，砌路缘石5000米，铺便道板3000米，粉刷墙面5000平方米，新建广场2个，安装健身器材16套，安装照明灯和太阳能路灯170盏，建沼气池505个，新建吊炕110铺；拆除私搭乱建36处；村民中心建设全面完成。投资500万元的高峪村小学教学楼主体工程基本完工；完成23个农村卫生所建设。19名孤寡老人搬入新集敬老院。

中共乡党委书记：张朝阳
乡　　　　　长：王新忠

【渔户寨乡】　辖13个行政村，18个自然村。总人口10306人，人口自然增长率9‰。总面积58平方公里，耕地面积374公顷，同比无变化。完成地区生产总值4.73亿元，一、二、三产增加值分别是4725万元，3.76亿元，5054万元；农民人均纯收入6364元，财政收入5700万元，固定资产投入7000万元。

经济发展实力不断增强。加强以白枣峪等村为主的千亩板栗示范园建设，板栗达到10万余株；新挖围山转2500亩，栽植板栗树6万株。投资130万元在擦都岭村建千头养猪场一处。总投资6000万元的高档实木门一期工程已完成投资2200万元；昌合冶金有限公司投资3000万元进行扩建；四通选厂投资2000万元完成迁建。

新农村建设成效明显。投资810万元的渔户寨至青山口15华里水泥路竣工通车。投资20万元修通渔户寨村2000米外环路路基，擦都岭村外环路通车。投资260万元的1560平方米中学宿舍楼主体工程完工。投资202万元的白草洼、上尹庄、东水峪、三湾村饮水安全工程完工。投资260万元新建高窝子、上尹庄两个文明生态村。投资735万元巩固、完善和发展已建村和4个新建村。新建休闲广场6个7310平方米，安装路灯242盏，架桥6座，硬化水泥路面4万平方米，建沼气池123个、吊炕123铺，推动擦都岭、上尹庄等6个村创建精品村。新建上尹庄、东水峪2幢办公楼，各村党支部阵地全部达到甲级以上水平。建立扶贫助学基金，救助贫困生22人。

矿业经济持续稳定发展。坚持“资源整合、规模办矿、股份多元、集约高效”的办矿之路，推动铁矿采选业健康、科学、有序发展。投资7600万元建设标准化采选企业，建设标准办公用房及职工宿舍450间，包装厂房4800平方米，厂矿区绿化植树30万株。对辖区内的142家非法矿点实行“三不留、一毁闭”处理，全年实现安全生产零事故。

中共乡党委书记：林玉录
乡　　　　　长：李印华

【东荒峪镇】　辖26个行政村，34个自然村。人口13771人，人口自然增长率为4.36‰。总面积70平方公里，耕地面积761公顷，同比无变化。完成地区生产总值6.20亿元，一、二、三产增加值分别是9241万元，3.94亿元，1.34亿元；农民人均纯收入6587元，财政收入5500万元，固定资产投入1.26亿元。

科学办矿成绩斐然。建3000万元以上的标准化选厂2座。投资1200万元征地220亩、征树5万棵、清淤20万立方米，在长河西岸板桥至后韩庄一线筑坝5000米，建成高6米、宽24米的护堤大坝。全镇形成央企中国黄金集团控股鑫峪公司栗树沟采区、金信昌合矿业、昌顺矿业三足鼎立、大户采矿的格局。

推进林果强镇建设。实施以西荒峪、老水峪等6个村为主的万亩板栗低产园改造，修整围山转1.3万亩，新栽板栗19万株，杨树3万株，新增林地2150亩。优种嫁接20万枝3万株，树下扩穴压肥26万株。投资100万元打大井5眼，修复旧井10眼，安装机泵管道5台套，修建扬水点4处，修山路15华里。

畜牧养殖业快速发展。投资100万元扩建苇子峪村养猪场，占地达到10亩，新建500立方米沼气池一个，存栏能力达1000头，现存栏800头；投资240万元在后韩庄新建占地15亩的野猪养殖场，建猪舍80间，100立方米沼气池1个，现存栏200头；投资160万元在前韩庄建现代化养猪厂和肉驴养殖厂各一处。

龙头企业和合作社带动作用凸显。取缔小食品加工企业3家，规范大寨鑫海、九山龙泉等食品加工企业7家；马新利投资1600万元建起金川商贸有限公司，刘海青投资1200万元新建板栗加工厂，2家年可仓储板栗3000吨；有金板栗合作社和星桥板栗合作社在标准化生产、统一销售等方面发挥重要作用，全镇营销板栗5000多吨。

新农村建设扎实推进。对小城镇规划进行修编，正制定建设型详规，将碾唐公路与新三抚路引线合二为一，拉开H型小城镇框架；建立健全城镇综合管理制度，成立环卫队和城管中队，对镇区实施精细管理；投资40万元实施镇貌改造工程，在公路两侧栽植国槐160株，绿化1300平方米，硬化维修中心1600平方米，安装路灯20盏，更换广告牌匾600平米，拆迁1200平方米，镇区容貌更加整洁。

文明生态村建设水平进一步提升。青杨树村被县委确定为科学发展示范村后，确定了“绿树映掩、碧水潺潺、红顶白墙、别墅上山”独具山区特色的示范模式，实施村路拓宽改造、安全饮水、为各户新建浴室、安装太阳能、房屋换顶、安装路灯、美化墙壁、新建村西公园、南山公园等工程，加强食用菌基地管理，强化产业支撑。下川村投资400万元，新建二层楼村部，治理村内河道，新建广场4个，修通4个自然村之间的水泥路；西荒峪村投资80万元，清理绿化街道1000米，硬化水泥路4800米，安装路灯30盏，栽植板栗1万株。全镇新建沼气池400个，吊炕120个，安装太阳能路灯179盏，秸杆气化炉8台。通道绿化全部完成，共351亩，新栽、移栽板栗近3万株、栽植火炬树650株；河系绿化完成了430亩，主要补栽毛白杨、板栗等，其余60亩明春完成；荒山绿化完成675亩的板栗栽植，超额完成县达任务；村庄绿化完成455亩、5万株的绿化任务。

社会事业健康发展。完成大寨、下川等8个村计划生育精品村创建工作。发放低保、五保、优抚定量、老人生活补贴等资金110万元；完成危房改造19户，发放危房改造资金近16万元；为101户特困家庭申请救助款3万元；组织为四川地震灾区捐款近29万元；完成东荒峪、员庄、青杨树3个村失地农民养老保险覆盖工作。投资70万元完成镇中等6所中小学冬季取暖改造工程；投资9万元修缮大寨小学等中小学危房，配备桌椅200套，改造松棚子、下川幼儿园2所。新建成前韩庄等标准化卫生所4个，全镇26个卫生所全部达标。完成新三抚公路的征地征树和拆迁工作，发放补偿款1164万元。投资54万元对青杨树、九山、洪家峪、上川、腰岭子5个村实施安全饮水工程，233户群众已经用上自来水。

中共镇党委书记：白　羽

镇　　　　长：赵玉峰

【金厂峪镇】　辖19个行政村，36个自然村。人口16721人，人口自然增长率9.2‰。总面积86平方公里，耕地面积590公顷，同比减少0.19%。完成地区生产总值8.81亿元，一、二、三产增加值分别是4283万元，6061亿元，1.77亿元；农民人均纯收入6368元，财政收入1.26亿元，固定资产投入1.53亿元。

科学办矿步入规范管理正轨。严厉打击非法采矿，彻底取缔关闭非法矿井106个，拉倒井架94个，封闭洞口12个，拆除非法生产矿山设备41台件。加大对非法勾机采矿打击力度，有力遏制勾机采矿的疯狂势头。强力推行标准化井巷建设，对13个采矿系统进行“六统一”改造，配齐设备、规范制度、美化厂区，刘存寨谷连春标准井等几家企业多次代表全县接受国家、省、市检查组验收。

河道治理动作快力度大。共投资400多万元完成长河段河道清理任务，垒砌河坝4000多延长米，完成庙岭头至河北庄路坝合一工程。

文明生态村创建成效显著。全年共投资1500多万元，铺设高标准水泥路2万多延长米，建休闲娱乐广场7座，铺设草坪3000余平方米，栽植各种观赏树木3万余株，安装路灯150多盏（含太阳能路灯43盏），安装健身器材85件套，打造精品街、精品路10余条。

党建工作业绩突出。一是活动载体不断创新。深入开展“以工补农”、“双帮双包”活动，即企业帮带一个贫困村，包上一个农业项目或公益项目；企业主帮扶一个困难户，包富一个家庭，共有51家企业分别与19个村的养殖户和贫困户结成帮扶对子。开展“村企共建”活动，为企业创造良好的生产环境，同时引导企业开展农民办实事、好事、回报社会活动，各企业主动提供帮扶资金500万元，发展公益事业，使群众充分享受发展成果，促进社会和谐发展。

文教卫生工作备受瞩目。榆木岭寄宿制小学代表迁西县接受省、市领导参观检查。该学校2007年8月开工建设，2008年9月建成并投入使用。占地22亩，建筑面积4000平方米，总投资750万元，可容纳400名学生。校园分教学区、生活区、运动区三部分。教育区开通校园网、宽带网，实现现代化多媒体教育模式，装配30+2规格的微机教育、语音教室、科技活动室等专用教室；生活区包含学生宿舍、食堂、太阳能浴室三部分；运动区建有标准篮球场2个，面积达5400平方米。庙岭头卫生服务站原址改造项目被纳入县政府改造项目14个服务站之一，工程自2008年6月开工，历时5个月完成。服务站占地2.3亩，建筑面积约550平方米，投资40万元。内设内儿科、中医科混合门诊、外科门诊、心电图室、抢救室等16个科室；配备X光机、B超机、心电图机、半自动生化分析仪等检验仪器。该服务站基本满足周边8个行政村、近7000人口的医疗保健需求。

中共镇党委书记：张建军

镇　　　　长：李秀阁

【滦阳镇】　辖25个行政村，141个自然村。人口18079人，人口自然增长率10.4‰。总面积117平方公里，耕地面积509公顷，同比无变化。完成地区生产总值12.01亿元，一、二、三产增加值分别是

7046万元，7.40亿元，3.91亿元；农民人均纯收入6610元，财政收入1.0亿元，固定资产投入1.58亿元。

胡子板栗园区被市委市政府命名科学发展示范园。胡子公司成立了全省第一家板栗合作社，“胡子”品牌板栗顺利通过国家权威部门有机板栗认证，胡子板栗商品成为全国知名品牌，胡子板栗园区成为全县唯一被市委、市政府命名的科学发展示范园。全镇有机板栗园区达到3.6万亩。

铁矿开采全面实现规范化。在采矿业上创造性地提出“依法、安全、环保、高效”的八字方针，投入8000万元，构筑标准化井巷系统38个，建设标准化选厂11家，使全镇矿山采选业在全县率先实现全面规范。全县科学办矿现场会和全市尾矿库治理现场会在滦阳镇召开。福珍金矿业宋庄子井巷系统代表河北省接受国务院专家组的综合考评并获较高评价。

旅游业快速发展。坚持规划引路、宣传引导、建设引领三结合办法，把青山、碧水、古长城三大资源统筹谋划，全力构建潘家口水库、喜峰口长城、喜峰雄关大刀园和长城砂岩地质公园四大联袂风景区。6月和10月在喜峰雄关大刀园成功组织承办喜峰口首届栗花节和喜峰口长城抗战研讨会，使全镇优美的自然和人文景观得到充分展示和广泛宣传。全年景区筹资近千万元建设喜峰口长城英雄碑林和野生植物园，启动喜峰口环库路和长城抗战纪念馆，完善喜峰会所的相关设施和旅游道路，被市委市政府确定为唐山市爱国主义教育基地和唐山市长城文化产业龙头。

社会事业全面发展。投入5000万元开展公益事业建设攻坚，实施镇中搬迁、公路建设、村容村貌整治及河道治理等一系列投资超千万元的为民造福工程。文明生态村建设实施原创村抓提高、在建村抓精品、未建村抓启动，宋庄子、石梯子、铁门关、滦阳、水峪外、回民等村投入都过百万元。投资1000万元的帮宽线滦阳段完成大修，投资500万元的上铁线滦阳段和郭洒线滦阳段完成拓宽改造。筹集千万元款项启动镇中教学楼建设。在全县第一个清出河道历史原貌，防洪过水能力比原来提高一倍。建立全县数额最大的扶贫济困基金，被市委、市政府授予民政工作先进单位。

中共镇党委书记：吴　祥
镇　　　　　长：李铁东

【罗家屯镇】　辖24个行政村，29个自然村。人口22581人，人口自然增长率2.3‰。总面积69平方公里，耕地面积1670公顷，同比无变化。完成地区生产总值7.85亿元，一、二、三产增加值分别是6638万元，5.02亿元，2.16亿元；农民人均纯收入5900元，财政收入4060万元，固定资产投入7100万元。

特色农业快速发展。一是做实花卉产业。投资600多万元在新店村成立河北奔腾花卉有限公司，年内种植200亩露地百合、剑兰，所产2000多万株种球已全部外销，带动周边群众增收80多万元，提供就业岗位60多个；新店、丰富庄新建的180亩、93个花卉大棚已经完工，增加群众就业110多人。注册祥瑞花卉合作社，以建设华北最大的花卉生产基地为目标，计划利用5年时间，投资7000万元，以新店村为主建成3000亩花卉基地，重点发展以百合、剑兰、玫瑰、非洲菊为主打品种的鲜切花生产和种球繁育。二是做精观光农业。将旅游产业与生态观光农业相结合，拓展群众增收空间，在梦境庄园景区建成集采摘、观光、游览、农技实践于一体的1500平方米智能大棚一处。投资100多万元，完善和丰富墙板峪村奇石谷山地野外游项目。三是做强板栗业。筹措资金100多万元，在沙涧一带建成高标准板栗园1000多亩，栽植板栗10万株，成活率90%以上。全镇已建成长岭、沙涧两大区域11000多亩80余万株的标准化板栗园区。

立镇企业迅速崛起。招商引资1400万元，座落于上、下梨树峪村的宏宇铁选厂主体工程已完成总投资的80%，投产后年生产铁精粉20万吨；投资400多万元，对二拨子选厂技改升级；旅游业已完成投资1200万元。投资400万元的7公里的旅游路已经完工，投资100万元的智能温室大棚已经完成，投资600万元、建筑面积3000平方米的景区综合服务楼主体工程已正式开工。

小城镇建设标准高。投资140万元、6500平米的镇区中心文体广场已经投入使用，通过政府参与置换的6000平方米50套三层以上集商贸和住宅于一体的商住楼项目已开工建设；投入30多万元，改善中心卫生院就医条件，对14个村级卫生所完成改造，群众就医质量大大提高；投资644万元，占地6300平方米的寄宿制中心教学楼9月份投入使用。

农村面貌大大改观。拆违拆迁4500多平方米，清理垃圾37000多立方米，新打水泥路15000多米，栽植各类绿化树木40多万株。新创建的金家沟、史家峪和巩固提高创精品生态村的二拨子、东寨、上梨树峪等村翻建村部3处（二拨子、郭家沟、金家沟）33间，新建广场7处，9300平方米，投资达到380多万元；以上、下梨树峪两个老区村为重点，推广使用新能源，全镇共安装太阳能路灯62盏，新建沼气池162个，吊炕70铺。范家峪村18户54间节能新居主体工程已完工，农村面貌改变较大。

加强社会保障工作。落实最低生活保障和大病临时救济制度，做到救济款物和低保资金及时、足额发放到位，保障农村困难群众的基本生活；开展“一助一扶贫济困”活动，科、股级干部累计入户74人次，提供致富信息30多条，帮助就业24人，送项目8个，累计提供帮扶资金和物资折款8万多元；建立扶贫助教专项基金9.3万元，对做出突出贡献的教师和35名家庭困难的师生给予帮扶。

和谐稳定工作成绩显著。推进清河、长河河道治理工作，共清淤15.7万立方米，护土坝4100延长米，建成浆砌坝350米；投资550万元涉及8个村1.3万多人的人畜饮水安全工程，已完成投标。取缔非法独眼井30多个，毁闭非法采矿作业区20余处，加快井巷和铁选企业标准化建设。加大社会治安综合治理力度，全力守住信访稳定“第一关”，确保新三抚路重点工程项目的顺利实施。全镇今年共处理各类信访案件90余起，矛盾调解成功率达到了96%，实现奥运期间赴省、进京零上访。

中共镇党委书记：王毅然

镇　　　长：梁瑞忠

【洒河桥镇】　辖26个行政村，86个自然村。总人口18739人，人口自然增长率7.4‰。总面积79平方公里，耕地面积259公顷，同比减少20.1%。完成地区生产总值14.16亿元，一、二、三产增加值分别是1.07亿元，7.35亿元，5.74亿元；农民人均纯收入6400元，财政收入1.0亿元，固定资产投入1.84亿元。

城镇建设迈出新步伐。投资1000万元、面积6000平方米的时代广场中心楼投入使用；投资1000万元，赵庄子、道马寨平改楼5000平方米；投资1500万元新建商住楼10000平方米；成立热力公司，城区实现集中供热50000平方米，在全县率先实现乡镇集中供热；设计投资3亿元的大修厂高档生活小区完成规划、设计，已经完成投资3000多万元；投资60万元，在城区重点部位安装32个电子监视器，推进“平安社区”建设。

交通旅游业有新发展。投资1600万元拓宽硬化大黑汀水库东岸路，已完成一期硬化；投资5000万元的东营村莲花湾旅游开发项目已完成规划设计、探险旅游专用路硬化及地树征占工作。

河道治理任务全面完成。投资1500万元，对洒河、沙河进行综合治理，清理河道15公里，清运垃圾废料60万立方米，浆砌河坝8.5公里。

新农村建设成效显著。牛店子村投资500多万元，治理污染严重的沙河，建起环境幽雅的带状公园，实现绿化、亮化、硬化、美化、净化；大关庄村投资90多万元，新建两个高标准休闲娱乐广场，供村民休闲娱乐；安家峪村投资380万元，新建高标准村部，建起全市一流的村级滨河公园和文化广场；西桃园、烈马峪集中建楼改造民居，新民居建设成为全县亮点；“四项新技术”在全镇广泛推广，安装太阳能路灯143盏，搭吊炕186铺，建沼气池101个。

社会事业全面发展。投资1800万元对洒河桥镇中整体搬迁，建筑面积11920平方米，主体结构已竣工；投资380万元新建洒河桥寄宿小学学生公寓，面积3130平方米，容纳住宿生600名；投资100万元将道马寨小学改建成一类标准幼儿园，暑假投入使用；投资50多万元新建松岭社区医疗服务站和洒河中心医院疾病防疫中心，10月底投入使用。

中共镇委书记：付永同

镇　　　长：郭广芝

【三屯营镇】　辖38个行政村，38个自然村，人口26423人，人口自然增长率11%。总面积103平方公里，耕地面积1177公顷，同比无变化。完成地区生产总值16.0亿元，一、二、三产增加值分别是8206万元，9.92亿元，5.27亿元；农民人均纯收入6613元，财政收入1.54亿元，固定资产投入3.08亿元。

项目建设取得新进展。投资3000万元的景忠山酒业公司，总投资3000万元，年产白酒3000多吨，处理板栗100多吨，10月份正式投入生产。王寺峪东沟铁矿竖井工程，投资9000多万元，完成基建工程。

小城镇建设成效显著。投资1000多万元的5公里环乡路一期工程龙湾至王寺峪路段，11月份通车。总投资1200万元的东贾庄子新民居工程，建筑面积15000平方米，58栋两层小楼全部投入使用。投资600多万元的老政府大街改造工程完工，全程1.5公里，路宽7米。

教育事业发展较快。投资4000万元的高家店寄宿制小学教学楼工程，建筑面积3000平方米，12月份主体工程已完工。

中共镇委书记：李忠雁

镇　　　长：张志宏

【太平寨镇】　辖29个行政村，76个自然村。人口32734人，人口自然增长率8.9‰。总面积112平方公里，耕地面积1501公顷，同比减少4.2%。完成地区生产总值9.50亿元，一、二、三产增加值分别是1.03亿元，4.80亿元，3.68亿元；农民人均纯收入6200元，财政收入1.0亿元，固定资产投入1.7亿元。

项目建设成效显著。投资1000万元在太四村、南刘古庄、周家峪和楼房峪实施万亩板栗园的山、水、林、路综合开发整治。张庄子板栗加工厂被评为市级龙头企业。投资200万元发展以龙辛庄李金华和太四村张江为龙头的养猪基地；投资260万元建成太三村百亩御花源花卉生产基地；投资1500万元建迁西县一福选厂。

小城镇新农村建设步伐加快。投资200万元修通并硬化从散子峪岭沿南山10米宽的南环路；投资400万元开发鑫海大酒店北侧三角地建设城镇商业区；投资150万元对西环路进行整修，铺设路缘石1200米，铺设污水管道1000米；投资100万元修建古岩休闲娱乐区，安装健身器械12套；投资60万元对政府门前绿地广场进行完善；投资1200万元，沿东西清河砌石坝8000米，清淤20万立方米。全镇3个精品村共投资800万元，修路15.5公里，建广场2个，韩家河村投资10万元安装路灯20盏。完成沼气池建设440个，建节能保温吊炕70铺，规划安装太阳能路灯70盏。投资370万元对镇中7所学校餐厅、校舍暖气进行改造；投资45万元完成10个村的医疗卫生所建设；西沟村投资500万元完成新村部和小学教学楼建设。被评为市级小城镇建设先进单位。

营造绿色和谐发展空间。狠抓科学办矿，非法矿井已全部填实或水泥封堵，没收违法设备8车，清理选毛设备15套，遣散工人40人。完成企业包装65家，新建办公用房35间，新建员工用房70多间，企业环境明显改善。27家选矿企业全部达标。完成通道绿化造林335亩，栽植板栗3万棵；完成荒山绿化造林970亩，栽植板栗95000棵；一村、四村已栽植柳树300株、柏树球900株、冬青3万株，韩家河村栽植柿子树1500棵、柏树1800棵。被评为市级平安乡镇工作先进单位。

中共镇委书记：宋志繁

镇　　　长：刘永宏

【新集镇】　辖36个行政村，43个自然村。人口27657人，人口自然增长率4.7‰。总面积90.7平方公里，耕地面积2279公顷，同比减少2.8%。完成地区生产总值4.39亿元，一、二、三产增加值分别是

4175万元，1.02亿元，2.95亿元；农民人均纯收入3850元，财政收入701万元，固定资产投入3.66亿元。

项目建设取得新进展。新建精选厂四家，总投资6000万元，年产精粉120万吨，已全部建成，2009年初可投产；新建保温材料厂一家，总投资300万元，已正式投产；引进角砾岩石材开发有限公司一家，现已投资20余万元，完成引水上山和电力施工。

经济建设迈上新台阶。在泉庄、东岗等村栽植核桃5350亩，栽植核桃苗木26.5万株。投资60多万元修通园区观光路25公里和5000亩高效板栗示范基地建设。积极推广板栗标准化生产技术，推广树下间作甘薯、花生、烟草等矮秆作物，引进10万株甘薯新品种，亩产达2500多公斤；争取资金250万元打机井1眼，上扬水点5处，建集雨水窖450个，铺设管道1500米，修路10公里。在东岗、代各庄等村发展温室大棚250个，在代各庄新建冷棚100亩。新发展10头以上奶牛养殖户15户；以潘仗子为主进行林地柴鸡养殖，饲养柴鸡3.5万只；在洪峰寺、北董等村建设20万只肉蛋鸡养殖小区2个；发展规模在400头以上的养猪户3户；完成凤凰山景区总体规划，投资600万元，完成旅游路硬化2.6公里，投资360万元大雄宝殿主体工程已完工。

社会事业快速发展。投资240万元完成凤凰街（东西大街）改造工程；新建集贸市场一处，已完成征地工作。治理还乡河河道11500米，清淤8300立方米，砌墙护坝150米。投资达610万元，完成4个文明生态村创建，硬化道路23200米，完成村民中心建设3个，建广场7座，8200平方米，墙体美化7300平方米，街道及广场绿化3300平方米，建沼气池700个，吊炕120个，安装太阳能路灯137盏；投资120万元新建改建村部19个99间2400平方米；完成彭李线公路升级改造工程；投资140万元，修通干柴峪至东莲花院乡马家沟、十字口至东河南寨两条乡级路；投资21万元完善泉庄至林家峪、姚庄至彭李公路两条村村通路；投资300万元完成15个村的人畜饮水安全工程；投资98万元完成全镇36个村的村卫生所建设；投资392万元完成新集小学住宿楼和东岗小学教学楼建设。

中共镇委书记：宋翠敏
镇　　　长：董瑞军

【兴城镇】　辖45个行政村，48个自然村。人口46921人，人口自然增长率8.9‰。总面积119平方公里，耕地面积3044公顷，同比减少8.6%。完成地区生产总值19.53亿元，一、二、三产增加值分别是1.74元，7.54亿元，10.24亿元；农民人均纯收入6119元，财政收入7424万元，固定资产投入3.2亿元。

项目建设步伐加快。开工建设百万元以上项目12个，总投资6.7亿元，实际到位资金3.2亿元。瑞兆激光修复中心、燕东化工、紫玉街市场、富源食品、小杂粮市场等项目先后开工建设，轻工业园初步形成规模，继恒基锰业、华盈搅拌厂等落户园区后，又有瑞兆激光、燕山五金工具、董树成板栗加工等5家企业落户。到年底，入园企业已达到8家。

新农村建设效果显著。全面推进文明生态村创建工作。全镇共投入创建资金500多万元，共完成道路硬化1.05万米，美化墙体3万平方米，建文化广场4处，建桥一座，垒河坝400米，新埋设自来水管道6000米。新能源“四项技术”推广进展顺利，新建沼气池1025个，吊炕139铺，博士灶2个，安装太阳能路灯86盏。通过政府引导、民间投入、农民参与，以龙顺柴鸡养殖基地为龙头，全镇新增柴鸡养殖大户8户，家禽存栏达到40.5万只，占到了全县的1/4强；科学开发大、小黑汀库区水面和北海水库，新增网箱鱼492箱尾；争取中央扶持资金60万元，加强优质生猪基地建设，新增生猪养殖大户34户，生猪存栏达到3.6万头；落实“平玉5号”玉米良种直补项目2万亩；新建蔬菜大棚（冷棚）40亩，食用菌大棚20亩；新植补栽各种树木2006亩，共16万株，规划千亩核桃示范园2个；加强树上树下管理，完成果树嫁接21万穗；新建集雨水窖420个，清理河道7900米，修砌河坝350米，有效地改善了农田水利基础设施，农业发展后劲十足。

社会事业全面进步。投资100多万元，完善沙岭子、南赵庄等7个村人畜饮水问题。加大对弱势群体的帮扶力度，全年共发放救灾救济款300多万元。开展教育救助工作，为34名困难大学生发放救助款6.65万元。完善公共卫生管理制度，完成27所标准化卫生所建设，发展壮大卫生医疗事业。沙岭子、五村等6个村集体负担农民合作医疗费用，全镇农村合作医疗参合率达到了96%。组织育龄妇女查体5次，9369人次接受查环、查孕、查病等免费检查。继续加大处罚力度，对“四清三落实”未处罚到位的依法立案。计划生育工作排名全县第一位。

中共镇委书记：郝庆阁
镇　　　长：王立新

【栗乡街道办事处】　辖山庄里、清泉里、水源里、秀峰里、国兴里、泰和里、民康里、丰苑里8个居民委员会，总计40个居民小区、13909户41775人。其中山庄里有8个居民小区、2076户6887人，清泉里有4个居民小区、1590户3500人，水源里有3个居民小区、2890户8670人，秀峰里有5个居民小区、1759户5677人，国兴里有4个居民小区、1744户6104人，泰和里有6个居民小区、1954户4953人，民康里有5个居民小区、1347户4325人，丰苑里有5个居民小区、549户1659人。

基层组织建设成效显著。深入开展社区党员主题实践活动，充分发挥党员的先锋模范作用。抓好社区党建示范点建设，国兴里、民康里两个社区党建示范点建设已基本达到规定标准。组织街道社区党员干部开展深入学习实践科学发展观和科学发展示范街道、示范机关和市级文明社区创建工作，水源里、国兴里两个社区被市委、市政府评为文明社区，山庄里、秀峰里两个社区被市委、市政府评为创建文明社区工作先进社区。解决民康里、丰苑里、水源里三处社区居委会办公和服务用房。

城建工作取得新进展。巩固2007年绿化成果，累计投资33.6万元，栽植大乔木380株、花灌木3680株，完成小区绿化5827平方米。组建街道城管中队，拆除居民区违章建筑1020平方米，清运建筑垃圾1100立方米。安排在岗保洁人员50名，对16个居民小区开展全天候卫生保洁。投资73.8万元，硬化道路总面积1万平方米。完成部分社区基础设施维修工程，修复墙体160立方米，铺设、修复排污管道180延长米，安装不锈钢护栏150延长米。

社区社会更趋稳定。在水源里、国兴里、民康里、秀峰里4个社区居委会设立社区警务站，街道所属8个社区居委会都成立治保民调委员会。被县委、县政府评为奥运安保工作暨“双建”活动先进单位。对辖区内1295户租房户、1397名流动人口和12名涉疆涉藏人员逐一登统建档，全面掌握人员情况，对37名“法轮功”及其他邪教组织成员、涉法涉诉重点人员实施24小时监控。对辖区内7名刑释解教人员建立档案，落实帮教责任制和帮教措施。排查调处各类矛盾纠纷43件，调解成功39件，矛盾纠纷调处覆盖面达到100%，调解成功率达到95%以上，被县委、县政府评为奥运期间信访工作先进单位。

社区服务工作。全年完成社区城镇居民医疗保险参保7950人（其中新参保5986人、续保1964人），收缴参保费用74.74万元，被市城镇居民基本医疗保险工作领导小组评为先进集体；为228名下岗失业人员办理再就业优惠证，完成1747个再就业优惠证的年检；完成1842名企业退休人员的养老金资格认证工作；为129名“4050”灵活就业人员发放社保补贴25.79万元，为289名灵活就业人员办理社保补贴申报手续，为152人办理了一次性创业补贴申领手续。为305户低保家庭发放低保金85.42万元，为2948名失业人员发放失业救助金62.39万元，为11名大病致贫人员发放医疗救助金6.17万元，为66户发生重大变故致贫家庭发放临时救济金1.89万元，为6名困难学生发放教育救助金1.35万元，发放老龄补贴4.63万元，办理老年优待证20个，发放军烈属优抚金8.22万元，为四川地震灾区捐款14.01万元。投资2.5万元，购置大型乳腺诊断仪一台，对街道所辖8个社区、112个县直及驻迁单位的1791名育龄妇女开展普查；兑现独生子女父母奖励、独生子女父母一次性退休奖励及特殊奖励1431人，奖励金额40.14万元。查处历年以来计划外生育人口7例，征收社会抚养费19.41万元。积极配合县卫生管理部门做好手足口病防治和食用三鹿问题奶粉婴幼儿筛查工作。

中共街道工委书记：张海林
主　　　　　　任：王连生

【县工业区管委会】 2008年，工业区管委会紧紧围绕沿新三抚线和滦河两岸打造工业走廊（冶金循环经济工业区、栗乡工业园ABCD区和新集工业区）的工作目标，科学制定园区规划，扎实推进项目建设和基础设施建设，加大招商引资力度，推进区内企业绿化攻坚，提供优质服务。

工业区项目建设成效显著。津西中小H型钢等重点项目顺利投产。津西中小H型钢、恒基锰业一水硫酸锰一期、远大万通球墨铸管一期、福春林木业一期实现竣工试生产；津西200万吨焦化、津西中和混料场、友利等温淬火球铁（ADI）铸铁加工等一批重点项目进展顺利。友利焦化二期等在建项目取得突破性进展。光伏玻璃、海德石材、燕山五金、丰林木板、乾宇线材等一批中小项目即将入区建设。争取国债资金，唐承铁路、恒基锰业等72个项目已上报到省、市发改委，其中唐承铁路项目已上报到国家发改委。

工业区规划和基础设施建设稳步推进。由中国社会科学院循环经济与环境预测研究中心编制的《冶金工业区循环经济规划实施纲要》（讨论稿）已根据县领导及相关部门负责同志提出的意见修改三稿，待县政府常务会议讨论通过后实施；栗乡工业园ABCD区整体区域规划已委托亚泰都会（北京城市设计研究所）进行规划设计；A区控制性详规已由中冶京城（秦皇岛）工程技术有限公司编制完成，待县政府评审通过后实施。新集工业区已完成测绘工作，待聘请有关规划设计院进行规划设计。冶金循环经济工业区区域环评工作，已取得省环保局批准的区域环评报告。配合电力部门优化工业区电网结构。栗乡工业园A区1500米简易道路实现通车。

工业区招商引资工作取得一定进展。建设工业区对外招商网，网页从工业区建设情况、投资环境、投资影响、优惠政策等8个方面对工业区进行了详细介绍，已于10月底投入使用。与清华、北京航空航天、北京科技大学等大专院校建立信息互通渠道，储备相关科技项目18个。召开项目发布会，发布重点建设项目26个，10个高科技项目。

工业区企业绿化工作进展顺利。工业区内企业共投入绿化资金150万元，新增绿化面积170亩，栽植各种树木、花草3万余株。

（路文东）

滦　县

【概况】 总面积1028平方公里，耕地面积5.34万公顷，增长0.01%。总人口55万人，人口自然增长率4.5‰。生产总值198.37亿元，比上年增长16.5%，其中第一产业增加值26.57亿元，第二产业增加值108.72亿元，第三产业增加值63.08亿元，同比增长5.8%、11.4%、30.6%。民营经济增加值174.5亿元，增长18%。粮食总产量27万吨，增长6.6%；棉花总产量278吨，减少7.3%；油料总产量5.02万吨，增长10.7%。财政收入12亿元，增长28.4%，其中国税7.6亿元、地税3.5亿元、地方财政9000万元；财政支出11.5亿元，增长62.7%。全年实现社会消费品零售总额53.3亿元，增长22.5%。出口总额3130万美元，增长22%。职工年人均工资2.71万元，增长29.2%；农民年人均纯收入6192元，增长12%；城镇居民人均可支配收入1.35万元，增长23.6%；年末城乡居民存款余额72.7亿元，增长34.1%。固定资产投资81.7亿元，增长31.6%。规模以上工业企业产值综合能耗3.75吨标准煤/万元。治污整顿、停产关闭企业14家；二氧化硫减排量1211.9吨、化学需氧量减排量589.3吨；城市环境空气质量二级及优于二级的天数

为317天。全县有4个工业园区，面积86.2平方公里，进园企业198家。全年49个重点建设项目，35个投资项目完成年度投资任务，总投资49.5亿元。引进外资2557万美元，引进县外资金31.9亿元，完成出口创汇3130万美元。

【县城创建为全国文明县城】于2004年、2005年建成全国卫生县城和全国园林县城后，又开始着手创建全国文明县城。成立以县委书记胡国辉为组长，县长卢宏秋为常务副组长的创建全国文明县城工作领导小组，实行"一把手"负总责，明确责任，落实分工，做到主要领导亲自抓，分管领导具体抓，其他领导合力抓。同时，制定重点工作责任制实施意见，实行县领导分包方面工作、责任部门分包重点工程、相关部门分包重点部位的管理办法，把责任层层分解，落实到具体部门和单位，同15个责任部门签订《创建文明县城责任书》，定任务、定进度、定责任、定目标，做到一级抓一级、一级促一级、一级带一级、层层抓落实。同时，不断强化监督检查，充分发挥舆论监督、群众监督等各种监督力量的作用，聘请50多名老干部作为创建全国文明县城监督员，使创建活动始终处在监督之下，处在"阳光"之下。另外，县委、县政府组织专门力量，经常对重点工程项目、重点部位进行明察暗访和联查评比，有力地保证创建工作年年有部署、事事有督导、件件有落实。

召开创建全国文明县城动员大会，并多次召开调度会议；先后对科级以上干部进行文明县城创建专题学习45次，各级党员干部撰写调研材料和案例剖析720多篇；充分发挥舆论阵地作用进行文明素质教育宣传，组织县级领导干部举办5场"解放思想专题论坛"，以党支部为单位举办1137次解放思想论坛。"两节"期间，坚持开展"文明和谐帮与让"活动，引导广大人民群众扶贫济困、文明礼让；清明节期间，坚持开展以"缅怀先烈、纪念先贤、祭奠先人"为主题的教育活动，弘扬民族传统和爱国主义精神；为大力弘扬古滦州文化，投资2100万元，建成占地34.5亩的滦州文化公园，文化公园不仅凸显滦县历史文化特色，体现时代精神，还成为集休闲、娱乐、教育、宣传多功能于一体的青少年校外活动和历史文化教育场所。同时，抓住每个时期的社会关注点，开展多种形式的文明教育活动。在奥运会召开前夕，开展"迎奥运、树新风，科学发展我先行"活动，受教育人数达30多万；在去年南方雪灾、汶川地震发生后，全县累计捐款1053.7万元，捐物折款18万元，缴纳特殊党费175万元。

创建文明县城的同时强化群众性文明生态创建活动，组织实施"绿化滦县"、"城乡环境综合整治"、"节能减排"、"大项目会战"、"改善民生"等五项攻坚行动。深入开展"创建文明单位、文明行业、文明社区"、"感动滦县爱心人物评选、"感恩教育"系列主题教育。将典型教育与普遍教育有机地结合起来，坚持开展"文明市（村）民标兵""十大杰出青年""优质服务标兵" "五星级"文明和谐家庭、文明和谐楼门等活动，通过典型的带动和引领，在全社会形成人人崇尚先进、人人学习先进、人人争当先进的浓厚社会氛围。2008年底，滦县县城被评为全国文明县城。

【科学发展实践成效明显】 把解放思想作为推动发展的首要任务，通过扎实开展科学发展观学习实践活动，形成科学发展的新局面。广大干部群众对科学发展观的认识有了深刻理解，贯彻落实的自觉性、坚定性明显增强，追求科学发展成为全县上下的共同行动。聘请中国社科院专家编制科学发展示范县战略规划，进一步认清差距、找准定位、明确方向。探索实践科学发展的新模式，以创建科学发展示范镇、村、企业、园区、机关等九大示范体系为载体，在全县开创性地试验示范10个科学发展模式，新农居"六个一"等模式已示范完成，园区循环发展等模式取得实质性进展。构建科学发展的新机制，建立健全重大事项科学民主决策、投资项目准入联审、科学发展督办落实、强县富民立功竞赛奖励办法等一系列体制机制，为持续推进科学发展提供强有力的制度保障。

【大项目建设取得丰硕成果】坚持把项目建设作为加快发展的突破口，以扩张总量、优化结构、培育支柱为目标，围绕"四大园区"建设，动员一切力量，整合社会一切资源。49个重点项目完成投资49.5亿元。司家营铁矿开发一期工程、冀东汽车改装厂等18个项目建成投入使用；司家营铁矿开发二期工程、韩珍钢铁、金地水泥设备、青龙山旅游开发等35个项目完成年度任务；伊利乳业、亿泰焊丝等一批项目顺利推进；500万吨钢联、华能热电联产等重大项目正式签约，前期工作稳步推进；有21个项目进入了国家投资的"大盘子"。全年引进超亿元项目17个，实际利用外资2557万美元，引进县外资金31.9亿元。司家营铁矿一、二期工程搬迁工作顺利推进，8个村2131户的搬迁任务，已有1994户迁入新居。

【经济结构进优化　发展速度加快】

三次产业结构比由14.7：55.7：29.6调整到12.6：55.6：31.8。现代农业建设成效明显，产业化经营率达到66%，比上年提高4个百分点，以伊利乳业为重点的龙头企业达到38家。集约、循环农业迅猛发展，全年有12个规模养殖小区开工建设，完成投资9000万元，其中5个建成投入使用。军英牧场荣获"唐山市畜牧水产业科学发展示范场"称号，宝福种猪场达到国家标准化种猪繁育先进水平。面对"三鹿奶粉"事件的冲击，全县上下齐心协力、共渡难关，奶牛养殖业保持良好发展势头，存栏达到11.52万头，鲜奶总产34.04万吨。工业结构调整步伐加快。围绕建设精品和特种钢材、装备制造、建材制品、农产品深加工、生产型物流五大产业链，实施亿泰焊丝、冀东汽车改装生产线等一批产业关联度大、市场前景好的重点项目，现代产业体系正在形成。重点企业完成投资8000余万元，实施富氧喷煤、余热发电等技术改造项目13个，10个项目完工，企业生产工艺水平不断提升。第三产业发展日趋活跃。完成社会消费品零售总额53.3亿元，比上年增长22.5%。滦州建材、滦州农资等专业市场经营形势良好，"万

村千乡”市场工程深入推进；商贸流通企业发展壮大，其中冀东物贸集团县内纳税1.74亿元。旅游业实现突破性进展。滦河文化生态产业带项目通过省级立项，一期工程建设方案制定完成；青龙山旅游景区部分重点工程完工。

【城乡面貌实现较大改观】 落实省、市城乡面貌三年大变样的工作部署，以“五大攻坚行动”为载体，着力改善城乡环境。按照“三点联动”（新城、老城、响嘡）的城市发展思路，新一轮城市总体规划修编顺利通过市规划委员会审批。结合城乡建设改造和环境综合整治行动，投资7.9亿元启动实施以滦州国际大厦为重点的标志性高层建筑群、新城区工农路、长江大街和老城区解放路等道路完善工程、响嘡中心大街和五岳路、岩山新村等一批工程。完成军营村平改楼工程，在破解城中村改造难题上实现新突破。榛子镇、雷庄镇等小城镇建设迈出新步伐。以县城和205国道为重点，在全县集中开展拆违拆迁攻坚行动，累计拆违、拆迁、拆陋18.7万平方米。城市管理水平进一步提升，顺利通过国家卫生县城第二次和国家园林县城第一次复查验收。大力推进节能减排攻坚，治理和淘汰高污染、高耗能企业232家。投资5000万元开展绿化攻坚行动，植树176.6万株，新增绿化面积5.4万亩。谋划实施龙山和岩山生态园林两个千亩城市森林，景观绿化居全市前列。高标准完成51个文明生态村创建任务，累计达到308个。实现“村民中心”全覆盖。积极推进新民居改造，完成农村“平改坡”3627处。农村环境综合整治工程深入实施，人居环境明显改善。建成文明生态示范村14个、文明生态村51个，实现“村民中心”全覆盖。全面启动18个科学发展示范村、3个科学发展示范镇建设，取得显著成果。响嘡镇大司营村、岩山新村成为全市新农村建设示范典型，农村环境有较大改观。

【人民群众幸福指数明显提升】 县委、县政府牢固树立民生为先的理念，大力实施实事工程，为城乡办一批实事。扩大就业收到实效，全年累计提供就业岗位4501个，2900名下岗失业人员实现再就业。向非农产业转移输出劳动力3.6万人次，创收4.9亿元。135套经济适用住宅工程全面开工，216户廉租房建设已经启动，在住房领域实现公共投入的新突破。实施农村特困户危房改造100户。在实现“村村通”的基础上，投资8000多万元新建改建公路96.7公里。投资9700多万元解决248个村饮水安全问题。引导农民逐步改变传统的生产生活方式，推广沼气池9790个、博士灶2818台。不断扩大农村合作医疗和城镇居民医疗保险覆盖面，进一步提高报销比例，全年支付医药补偿金5661万元，6.2万名城乡居民受益。全面免除义务教育阶段学生杂费、教科书费。实施农村中小学供暖改造工程，结束了农村学校靠煤炉取暖的历史。顺利完成职教中心搬迁工程，投资1690万元改造农村陈旧校舍1.9万平方米，城乡教育条件进一步改善。深入开展助学、助困、助残、助医等活动，再次调高城乡居民最低生活保障标准，有效保障困难群众的基本生活。被征地农民养老保险覆盖面进一步扩大，参保人数达到2499人。广泛开展广场文化、“文化下乡”等活动，新发展农村有线电视1万户。保护挖掘整理历史文化遗存，编纂完成《滦州历史文化丛书》。“十大工程”的实施，让人民群众实实在在地感受到身边的新变化，实实在在地享受到了改革发展的新成果。

中共县委书记：胡国辉
副　书　记：于光辉
常　　委：卢宏秋
赵宝忠
董立群
史玉尊
母树宏
张乙清
孙太和
李长春
张宝才
张志国（援藏）
县人常委会主任：李晓光
副　主　任：卢金增
杨沛文
张奎生
县　　长：卢宏秋
副　县　长：董立群
史玉尊
杨明贵（8月免）
邸　义（7月免）
李　成
王秀丽
刘洪军（8月任）
侍瑞军（8月任）
刘泮芳（7月免）
政协主席：陈铁屏
副　主　席：史桂润
章玉阁
庞庆华
刘玉东（9月任）

【滦州镇】 辖90个行政村，总面积140平方公里，耕地面积6542公顷。总人口8.07万人。生产总值40.98亿元，比上年增长42.24%，其中第一产业增加值2.34亿元，第二产业增加值24.3亿元，第三产业增加值14.34亿元，同比增长11.59%、43.45%、46.18%、。粮食总产量2.85万吨，增长5.8%；油料总产量5524吨，增长10.2%。财政收入2.64亿元，增长27%；财政支出2100万元，增长70%。农民年人均纯收入6420元，增长11.02%。全年3个重点建设项目，总投资2.86亿元。引进外资项目6个，引进外资200万美元，引进县外资金3.24亿元，完成出口创汇400万美元。

立镇行业不断壮大。把项目作为引导发展、推动发展的重要带动点，按照“四个一”的项目管理模式狠抓落实。半碑店铁矿开发、高官营铁矿开发、军营住宅楼工程等三个重点项目完成投资2.88亿元。民营经济得到巩固，重点从资源现状、产业布局、项目优势三个角度出发，有意识、有计划推进集约经济、规模经济、循环经济发展。新发展民营企业80家，新上百万以上规模项目15个，新发展个体工商户1909户，完成民营企业总收入88.19亿元，实现利润5.03亿元。

新农村建设取得新进展。一是城中村开发改造取得新突破。军营村平改，二期村民全部迁入别墅式新居，标志着军营村彻底实现村民变市民的梦想。二是城郊村示范区域建设扎实有效。以新城西出口、北出口各村为重点，进一步完善平青大线精品示范区域工程，搞好城

中与城郊的连带互动。累计投资260多万元，完成拆违拆迁任务72处，修建风景墙1920延长米。贾官营村沿路拆迁改造稳步推进，15户4000多平方米新建二层商住楼基本完工。三是文明生态村创建工作整体推进，9个重点文明生态创建村投入资金930余万元，全部完成创建任务，同时投入440多万元，建成文明生态示范村2个，科学发展示范村2个。

农村文化环境得到优化。加强村级文化阵地建设，新建文体广场5个。发挥田园诗社、乡音艺术团、星星火农民艺术团等文化组织作用，把新农村建设中的新风尚送到群众身边。进一步加强农村精神文明创建，以开展“十星级文明户”评选活动为载体，推进精神文明建设进村、入户、到人。

中共镇委书记：王久福
镇　　　长：宋建华（7月免）
　　　　　　宋振民（7月任）

【响嘡镇】　辖51个行政村，总面积65.63平方公里，耕地面积1920公顷。总人口3.97万人。生产总值15.08亿元，比上年增长39.84%，其中第一产业增加值1.97亿元，第二产业增加值7.71亿元，第三产业增加值5.39亿元，同比增长13.6%、44.7%、46.1%。粮食总产量1.8万吨，增长5.02%；油料总产量2680吨，增长10.11%。财政收入2.56亿元，增长39.67%；财政支出1265万元，增长83.72%。全年实现社会消费品零售总额3.86亿元，增长15.9%；农民年人均纯收入6510元，增长12%。

全力做好唐钢滦县司家营铁矿开发搬迁工作。全年承担着年内完成司家营铁矿省重点建设项目一、二期搬迁及三期征地任务。涉及6个整体村、2个部分村，搬迁2138户5529口人，拆除房屋2037处。完成三期征地458亩，确保司家营铁矿如期进场施工。

小城镇建设取得新进展。随着司营矿的落户该镇和县委、县政府“三点联动”大城区规划的实施，给响嘡的小城镇开发带来得天独厚的发展机遇。2008年，实施“一路二区三化四配套”小城镇建设工程。累计完成投资4.93亿元。其中，研山新村住宅楼建设，投资4.35亿元，占地537.7亩，建筑面积38.6万平方米，安置人口5534人；基础设施建设，累计完成投资5845万元。新修文峰大街和研山路，投资2600万元；南馨园小区建设，投资1045万元，完善小区路面硬化、绿化、量化、外网等各项基础设施；给水工程配水厂建设，投入1170万元，建成日供水能力2万立方米、能解决5万人用水的水厂；污水处理厂，投入资金500万元，日处理能力1500立方米；平青大西侧基础改造，投资400万元，建筑面积3000平方米；完成劳动就业中心楼建设，投资100万元，

生态村创建取得新突破。全年进行6个文明生态重点创建村、6个科学发展示范村建设及前后两批37个“村民中心”建设，共投入资金1460.89万元。修路1.65万延长米，面积5.31万平方米；建村两室13间，完善村民中心7间；建文体活动广场8个，安装健身器材76件；安装路灯347盏，其中太阳能路灯49盏；新建沼气池272个，安装秸秆气化炉190个；植树14376株，绿化面积9600平方米；实施平改坡166处；铺设路肩砖2.82万平方米；建带状公园1个和村民休闲广场2处。现已形成红顶、绿树、白墙的科学发展示范村，已成为全市科学发展试点单位。六个一建设模式和大司营股份制发展模式，已在全省、全国推广，受到市、县主要领导的好评。积极进行农村卫生环境综合整治工作，全镇51个村全部率先达到两面清、两面净，通过县验收。村村通油路工程，投入资金49万元，完成2条通村公路的建设。推进饮水安全工程，总投资906万元，完成37个村的饮水安全工程建设任务，全镇51个村全部喝上安全卫生的饮用水。沼气池建设，完成903个。

中共镇委书记：葛　宏
镇　　　长：甄维满

【榛子镇】　辖61个行政村，总面积97.6平方公里，耕地面积9868公顷。总人口5.58万人。生产总值20.77亿元，比上年增长23.59%，其中第一产业增加值2.46亿元，第二产业增加值13.24亿元，第三产业增加值5.07亿元，同比增长1%、37.21%、46.11%。粮食总产量2.87万吨，增长36%；棉花总产量8吨。财政收入6344.9万元，减少45.87%；财政支出1081.5万元，增长87.7%。农民年人均纯收入6290元，增长15%。全年14个重点建设项目，总投资3.97亿元。引进外资项目1个，引进外资662.5万美元，引进县外资金3.81亿元，完成出口创汇200万美元。

小城镇建设迈出可喜的一步。2008年镇党委、镇政府明确提出把小城镇开发工作作为工作重点来抓，全力打造出全新、亮丽、具有时代特色的小城镇。明确“一年规划打基础，二年建设迈大步，三年发展大变样”的工作目标，提出“连线成片，分步实施，整体规划，集中开发”的工作思路，先后启动2.28万平方米的滨河家园项目，10万平方米的响水花苑项目，8000平方米的中心街改造项目等一批城建项目，总投资已达7030万元。

文明生态村、镇创建效果明显。2008年榛子镇被评为市级文明生态示范镇。全镇61个行政村有50个村建成文明生态村，其中一个村被评为市级新农村建设示范村，两个村被评为市级文明生态示范村。有8条乡道进行重修和绿化，主要乡道绿化率达到100%；全镇61个村全部实现村村通公路；94%农户参加农村新型合作医疗；38村安装有线电视，全部使用自来水，水质达标。近几年来，全镇共投扩创建资金3056万元，硬化水泥路面101公里，改建村办公室60间，沼气池、改水厕达到65%，示范效果明显。

加强基础设施建设。镇党委、政府多方筹资40多万元，修通一镇主街到冯庄的通达工程，及时方便了镇区到冯庄片广大农民群众的通行。多方筹资重修周庄子铁路涵洞，解决周庄子村老百姓出行难的问题。协助交通局做好青龙路、唐榛路的维修改造工作，这两条路于10月份全部完工开通。积极做好于家营小学的搬迁工作，该校选址已完成，正在开工建设中。

中共镇委书记：张永忠
镇　　　长：钱立军

【雷庄镇】　辖29个行政村，总

面积76.84平方公里，耕地面积4566公顷。总人口3.6万人。生产总值14.38亿元，比上年增长13.6%，其中第一产业增加值1.34亿元，第二产业增加值7.83亿元，第三产业增加值5.21亿元，同比增长13.6%、44.7%、46.1%、。粮食总产量1.6万吨，增长6.3%；油料总产量4190吨，增长11.5%。财政收入3453万元，增长6.6%；财政支出910万元，增长72%。全年实现社会消费品零售总额2.4亿元，增长0.07%。农民年人均纯收入6250元，增长11%。全年8个重点建设项目，总投资1.2亿元，引进县外资金1.12亿元，完成出口创汇650万美元。

重点项目进展顺利。小川肉牛养殖公司年累计出口肉牛近7000头，是全国供港活牛数量最多的养殖基地之一，占全省的50%、全国的10%以上，已完成出口创汇650万美元。京安斯格种猪年累计出栏生猪8.48万头，其中商品猪10760头，种猪4612头，产值175.67万元。

小城镇建设项目突显特色。把小城镇建设作为拉动镇域经济发展的主动力，作为营造良好投资环境的重要平台，立足高起点、高站位、高标准，在一期工程的基础上新投入建设资金1600万元，完成建筑面积1.75万平方米，蓝天里、白云里两个封闭式住宅小区6栋住宅楼建设初具规模，成为镇新农村建设的亮点工程和示范样板工程。投资9万元，新建1800平方米的活动广场，为群众创造优美的人居环境。充分发挥小城镇的平台作用，大力发展服务业，餐饮、家电、农资等各种店铺已达到100余家，千余人就业。小城镇的发展已逐渐使雷庄镇成为地区性的人流、资金流、物流中心。

社会事业稳步发展。一是高标准完成三个文明生态村的创建工作，共投入创建资金2349.3万元。新修高标准水泥路1.32万米，安装路灯21盏、太阳能路灯15盏，新安装秸秆气化炉30个，共清运垃圾9000立方米，栽观赏树木490株、经济林木5.64万株，栽植树木4500棵，两室建设11间。二是总投资350万元，建筑面积3200平方米的敬老院改扩建工程完工，11月，老人入住新居。三是广泛开展新型农村合作医疗工作，农民个人参合资金达到44.2万元，参合率93%。四是投资15万元，加强对生殖健康服务室的建设，从而进一步改善健康服务条件，更好地为群众服务。

中共镇委书记：李瑞生
镇　　　　长：宋振民（7月免）
　　　　　　　王大勇（7月任）

【茨榆坨镇】 辖28个行政村，总面积69平方公里，耕地面积3891公顷。总人口2.5万人。生产总值8.48亿元，比上年增长34.7%，其中第一产业增加值2.36亿元，第二产业增加值2.69亿元，第三产业增加值3.43亿元，同比增长13.6%、43.8%、46.1%、。粮食总产量1.9万吨，增长5.8%；油料总产量4951吨，增长10.2%。财政收入793.9万元，增长1.2%；财政支出725.2万元，增长2.1%。全年实现社会消费品零售总额2.01亿元，增长1%。农民年人均纯收入6240元，增长11%。全年4个重点建设项目，总投资1.02亿元，引进县外资金1亿元。

工业项目发展较快。紧紧依托滦县装备制造产业园区建设的优势，全镇工业发展势头强劲。地丰冶金设备制造有限公司投资1000万元扩大生产规模，成功完成技术革新，生产经营状态不断改善，年内生产封头容器2.1万件，实现销售收入3500万元。东寅洗煤厂投资150万元完成前期建设。大石佛庄二村投资500万元创建冀生食用花生油制造有限责任公司，开始试生产，年产花生油6000吨。该公司的建成，为该镇花生产品成功抵制外地压价现象，大幅度增加农民收益作出突出贡献。

农业产业结构不断优化，农民增收渠道不断拓展。形成以南部奶牛养殖，北部鲜切花种植为主的产业格局。2008年万头奶牛规模养殖园区建设全面启动，规模化养殖得以长足发展。投资1300万元完成草塘坨村军英牧场建设，该牧场按照“六统一分”寄养模式，采取养殖户自愿寄养的方式扩大养殖规模。年底优种奶牛存栏达1470头，年产鲜奶3139吨。同时投资83万元建成500立方沼气池1座，有效促进绿色生态养殖。以宋各庄绿园花卉为主的鲜切花种植规模不断壮大，全年新发展花卉标准棚15个，新增百合种植10万株。

新农村建设成效显著。农村生态环境建设得到有效治理，全年完成道路平整2700延长米。新建农户沼气池603个。安装太阳能路灯20盏，建成村民活动广场3个，安装健身器材3套。农村安全饮水工程扎实推进，完成8个村的自筹资金工作。

中共镇委书记：刘治江
镇　　　　长：赵卫东

【东安各庄镇】 辖41个行政村，总面积212.5平方公里，耕地面积6639.6公顷。总人口6.03万人。生产总值14.2亿元，比上年增长39%，其中第一产业增加值2.3亿元，第二产业增加值6.7亿元，第三产业增加值5.2亿元，同比增长15%、46%、44%。粮食总产量2.34万吨，增加4.7%；油料总产量8380吨，增加10.4%。财政收入6729万元，财政支出1062万元。农民人均纯收入6140元，增长11%。全年2个重点建设项目，总投资1亿元，引进县外资金3.73亿元。

工业项目建设取得重大进展。2008年全镇固定资产投资1000万元以上的大项目7个，其中投资超亿元的项目3个，即唐山北通孟家屯铁矿项目、唐山笃生食品有限公司物流项目、博文铁矿5号矿体开发项目；投资超5000万元的项目2个，即唐山泰丰中厚板有限公司、金岩物流公司；投资超1000万元的项目2个，即亚强矿产品物流有限公司、王胜锁拔丝厂项目。

农业生产条件得到明显改善。小营村、史家洼村、昝各庄村总面积7690亩的沙地改造项目全面完成，总投资914万元。三个村筹措配套资金40万元，完成植树1.38万株，修砂石路6.45公里，打井78眼，安装80KV变压器10台，埋设地下节水管道4.6万米，修涵洞一座。

农村引水安全工程圆满完成。全镇22个饮水安全村已累计投入1012万元，其中群众自筹612万元，出义务工5.5万个，共打井24眼，

配套24眼，开挖管道沟55万米，动用土石方60万立方米。全镇4.4万名群众吃上了干净卫生的放心水，在全县第一个完成县下达的农村饮水安全工程任务。

专业村建设有新发展。全年新发展专业村6个，累计达到39个，新增农村协会服务组织3个，新增经济人39人，新建养殖小区3个，新发展龙头企业2个。花生米加工、石粉加工、柳编加工、木材加工、床铺板加工、瓜籽加工、养殖等行业已成为农民增收致富的主要渠道。

新农村建设取得明显成效。一是文明生态村建设动作快，群众生活环境明显改善。全镇有5个村共投入540万元，硬化路面61条，3.7万延长米，建村委会办公室10间，植树30.3万棵，安装路灯168盏，建设村民文化活动广场3个，购置健身器材30件。二是新居民综合改革试点成效明显。累计投入296万元，对432户农民住宅实施“平改坡”改造工程，并顺利通过了市、县两级验收。三是农村环境卫生整治取得阶段性成果。动用铲车、汽车、拖拉机等机械设备25台件，共清理垃圾456吨，拆除牛棚、圈栏、违章建筑1.2万处，粉刷树木1.5万棵，墙体刷白4.2万平方米，建垃圾池40个，农村卫生环境大有改观。

中共镇委书记：张子成
镇　　　　长：刘翠萍

【九百户镇】　辖32个行政村，总面积79.86平方公里，耕地面积2032公顷。总人口3.39万人。生产总值22.71亿元，比上年增长49%，其中第一产业增加值1.45亿元，第二产业增加值16.52亿元，第三产业增加值4.74亿元，同比增长16%、53%、50%。粮食总产量1.9万吨，增长0.2%；棉花总产量103吨，与上年持平；油料总产量530吨，与上年持平。财政收入8506万元，增长4.9%；财政支出496万元，增长3.5%。全年实现社会消费品零售总额3.93亿元，增长10.3%。农民年人均纯收入6280元，增长11%。引进县外资金4000万元。

项目建设稳步推进。先后有金利铝材加工项目、大唐牧业养殖场、建业农业科技园、双岭生态园、真空消失模球铁管件生产线等5个项目成功引进并开工建设。

农业农村建设不断深化。集中两个月时间在全镇范围开展农村卫生环境治理行动，共动用车辆2000台次，清运垃圾1.2万立方米，粉刷墙面1.5万平方米。率先在柳新庄、六百户、郭各庄3个村开展农宅平改坡工程，全镇整体卫生环境得到全面改善；加强沼气池建设和推广秸杆燃气炉技术，全年新建沼气池288个，引进燃气炉262个；深入开展饮水安全工程，共解决26个村群众饮水困难问题；认真做好绿化攻坚工作，对镇内1条县道、4条乡道逐路逐村落实植树地块，共植树890.58亩；深化文明生态村建设，确立闵庄、李庄、小井峪3个生态村创建试点村，使全镇文明生态村总数达到20个，占总村数的62.5%。

社会稳定工作扎实开展。深化矛盾隐患排查，发挥“三位一体”调解模式，加大对问题的解决力度，认真做好奥运期间“三级书记大接访”工作，积极开展主动约访和下访工作，接访率达100%；全面开展节能减排安全生产整顿工作，共检查企业241家次，下达安全生产整改指令书76份，关停35家烧结企业和6家“十小”企业，规范整顿各类企业31家；落实民政优抚及社保工作，有851人享受农村低保，56人享受城镇低保，共发放各类优抚款48.6万元、救济款3.4万元，144人参加城镇居民医疗保险；有组织劳务输出670人，安置就业困难对象22人，劳动技能培训120人。

中共镇委书记：刘振凯（7月免）
　　　　　　　贾彦岭（7月任）
镇　　　　长：陆岳山（7月免）
　　　　　　　李会臣（7月任）

【王店子镇】　辖36个行政村，总面积65.1平方公里，耕地面积2791公顷，与上年持平。总人口2.8万人。生产总值8.65亿元，比上年增长42.9%，其中第一产业增加值1.47亿元，第二产业增加值4.03亿元，第三产业增加值3.15亿元，同比增长33.6%、43.9%、46.5%。粮食总产量23143吨，减少3.6%；棉花总产量77吨，与上年持平。财政收入905.6万元，减少43.8%；财政支出1180万元，增长351.2%。全年实现社会消费品零售总额2.3亿元，增长5%。农民人均纯收入5835元，增长11.6%。全年3个重点建设项目，总投资1.38亿元。引进县外资金9400万元。

招商引资成效明显。占地3600亩的塔山工业园完成土地平整500亩，修路3公里，引入项目2个。河北亿源碳制品有限公司，主要是利用植物秸秆进行炭制品生产，产生的副产品为环保清洁的可燃性气体，技术改造后可作为农村村民日常生活燃气加以利用。目前该项目已被县委、县政府列为科学发展循环经济发展示范模式，总投资1.1亿元，占地100亩。已建成10条生产线投入试生产，燃气利用项目也已完成试点安装，效果良好。滦县恒义机械加工厂，由客商张海军投资800万元，主要生产火车用机械配件，占地面积20亩，项目正在建设中。县重点项目青龙山旅游开发项目今年投入资金8000万元，延古寺重建工程全面竣工。由青龙山西坡至东坡的引水隧洞工程已凿入100米，青龙路入口的牌楼彩绘全面竣工，主体建筑占地5亩的夷齐书院工程现正在施工中。

全面实施“四万、六千、二百”工程，持续改善民生。“四万”工程，即万人饮水工程：投资460万元建成占地5亩水厂一座，可改善1.1万人饮水问题；万亩秸秆碳化项目：引进河北亿源炭制品有限公司项目，实现秸秆等地上附着物的再次利用；万亩优种推广：年内完成优质玉米推广1.1万亩，主要以东单80、乔峰7为主；万只蛋柴鸡养殖：由荒山承包人增养蛋柴鸡1万只。“六千”工程，即千亩药材种植项目：宏文集团投资近100万元完成了以芍药、牡丹为主的1000亩药材种植；千亩荒山绿化工程：已完成青龙山银杏栽植1000亩，荒山造林800亩；千米河道治理：结合县水利等部门，年内完成8000多米管河河道清理；千头奶牛增养：年内新建百亩养殖小区1个，挤奶大厅2个，实现奶牛增养1220头；千亩甜食玉米种植：依托旺达农产品有限公司，推广鲜食甜玉米种植

1000亩，扩大公司+农户科学发展模式效应，实现农业增产、农民增收；千亩浆地改造：治理苏家庄村浆地1000亩。二百工程，即百亩养殖小区：刘庄子村已建成占地500亩，总投资1500万元的奶牛养殖、托养、奶厅及销售为一体的大型奶牛养殖基地；百亩花卉大棚：在孟店子村建成占地120亩的连片花卉种植大棚。

中共镇委书记：商海春
镇　　　　长：宋凤军

【古马镇】　辖29个行政村，总面积69.3平方公里，耕地面积533.3公顷。总人口3.31万人。生产总值7.38亿元，比上年增长32%，其中第一产业增加值2.67亿元，第二产业增加值1.43亿元，第三产业增加值3.28亿元，同比增长13.6%、44.7%、46.1%。粮食总产量2.11万吨，增长5.8%；油料总产量1.01万吨，增长10.2%。财政收入435万元，增长63.2%；财政支出990万元，增长65%。全年实现社会消费品零售总额670万元，增长20%。农民年人均纯收入6060元，增长20%。全年3个重点建设项目，总投资5000万元，引进县外资金5000万元。

农业结构调整有新进展。新建瓜菜大棚160个，开展绿化攻坚，完成通道绿化1200亩，村庄绿化300亩，农田林网1800亩，植树15万株。积极协调应对"三鹿"奶粉事件冲击，奶牛养殖业向规模化、规范化转型，新建奶牛养殖园区一个，在建奶牛公寓2个，推广秸秆青贮75万公斤。

大项目征地工作全面完成。3月份，完成司曹铁路涉及10个村、857户、1000余亩土地征用工作；5月份司家营循环经济园区钢联项目土地征用，用16天时间完成了原定57天完成的7733亩土地的清点、收量、核算补偿及放款，创造了大规模征地收量大、速度快、零上访的历史记录。迁移230根移动光缆、高压线杆，搬迁2196座坟墓。此外，完成滦河鑫丰矿业高官营铁矿涉及该镇土地征用，完成兴坨、兴凝、兴菱3条110千伏高压输出线和鑫丰矿业一条35千伏路线占地、架设协调工作。

新农村建设稳步推进。年内建成市级社会主义新农村示范村2个，市级文明生态村示范村1个，文明生态村3个，29个村均建成村民中心，4个村实现村内道路全部水泥硬化，3个村安装有线电视，投资800万元完成15个村饮水安全工程。包麻子村建成沼气池850个，被评为沼气池建设市级示范村。

民主政治日臻完善。村内事务严格履行民主程序，加强村务公开，通过清理债权债务和财务审计，有效减少财务问题引发的不稳定因素。基层组织建设整体水平提高，连续两年跻身县基层组织建设先进镇，11月，被河北省委宣传部命名为党员"双强"创建示范基地。

中共镇委书记：潘　双
镇　　　　长：张　蒙

【杨柳庄镇】　辖33个行政村，总面积82.5平方公里，耕地面积2850公顷。总人口2.12万人。生产总值18.5亿元，比上年增长42.8%。其中一产增加值1.5亿元，二产增加值11.8亿元，三产增加值5.2亿元，同比增长13.6%、44.7%、46.1%。粮食总产量1.66万吨，增长5.9%，油料总产量15吨。财政收入5896万元，增长25%。财政支出2100万元。农民年人均纯收入6499元，增长12%。引进外资项目1个，引进外资300万美元，引进县外资金3.2亿元。

加强项目建设。冀东水泥集团二期项目，总投资6.22亿元，建设日产4500吨水泥熟料生产线和12兆瓦纯低温余热发电项目。各种手续已办妥，设备订购已完成。滦县天隆公司工业废渣综合利用项目，包括三个子项目，总投资1.35亿元，现已投产，年产水泥40万吨。唐山增益水泥有限公司二期项目，投资5000万元，年增水泥生产能力80万吨。

荣获"中国优质苹果基地百强乡镇"荣誉称号。全镇果树专业村8个，果品总面积8450亩，果品年产量2100万公斤，果品销往全国各地。

农村基础设施建设得到全面改善。到2008年底，全镇已建成文明生态村20个，16个村开通闭路电视，29个村完成农村饮水安全工程，全镇33个行政村全部建有村民中心，全部实现村级公路硬化。完成徐家洼和孟家峪村公路建设2.3公里。实施绿化攻坚行动，全镇境内有省道迁唐线12.1公里，沿途经过8个村，完成绿化任务1881亩。完成26个村500个沼气池。

中共镇委书记：解振华（7月免）
　　　　　　　张广山（10月任）
镇　　　　长：张广山（10月免）
　　　　　　　高　银（10月任）

【小马庄镇】　辖37个行政村，总面积85.9平方公里，耕地面积6029.7公顷。总人口3.48万人。生产总值7.5亿元，比上年增长48.8%，其中第一产业增加值3.39亿元，第二产业增加值2.09亿元，第三产业增加值2.27亿元，同比增长43%、87%、37%。粮食总产量3.33万吨，增长6%；棉花总产量9吨，减少44%；油料总产量1.13万吨，增长12%。财政收入340.1万元，财政支出291万元。农民年人均纯收入6115元，增长11%。全年1个重点建设项目，总投资1800万元，引进县外资金500万元。

全力推进万亩棚瓜基地建设。加大科技服务和指导力度，教育和引导群众按照生态、绿色、无公害环保的要求组织生产，按照国家食品安全标准使用化肥农药，全力打造诚信基地、绿色基地。全镇新增绿色基地面积500亩，累计达到2500亩。"五谷绿色园区"新扩大基地200亩，设施瓜菜面积达到5000亩。"万亩棚瓜基地"建设推动农业增效、农民增收，年创收入356万元，人均增收450元。

积极探索农业内部循环新模式，打造农业增收新亮点。立足经济效益、社会效益和生态效益三效并举，努力践行科学发展观。以滦县宝福集团新型现代化农业示范园区为切入点，积极探索农业内部循环新模式。该园区占地1300亩，位于前邢各庄村。园区由宝福种猪场、宝福新能源有限公司、宝福千亩绿色农业基地和宝军畜牧发展有限公司四个子公司组成，是一个集高效种养殖业、能源节约、绿色环保和农业龙头企业发展为一体的开放型循环经济园区。其中宝福种猪场已建成投产，投资1500万元，占地60亩，

年存栏母猪、种猪共1万头、年出栏仔猪2万头，并带动周边1万多养猪户改善品种，年创经济效益5000余万元；宝军畜牧发展有限公司、新能源有限公司、宝福千亩绿色农业基地都正在建设之中。宝福集团在种猪繁育和奶牛养殖、废物和废水处理、大棚蔬菜和农作物种植中建立了一套“猪（牛）——沼——菜”循环经济模式，产生良好的社会、生态和经济效益，宝福集团的创举在全县尚属首例。

规模养殖业实现新突破。利用“三鹿奶粉事件”后群众对建设小区、集中饲养的愿望比较强烈的有利时机，因势利导，强力推进畜禽养殖“出村进区，出户入场”工程。该镇宝军畜牧发展有限公司，滦县顺和牧场，大领综合养殖场三个大型综合养殖场正在建设之中，总占地600亩，已完成投资3700万元。重帮扶，促发展。镇政府从良种引进、科学饲养、技术服务、资金协调等各方面为养殖户提供帮助。引进优良品种13个，发放科学饲养明白纸2500份，协调资金590万元。

新农村建设取得丰硕成果。按照“生产发展、生活宽裕、乡风文明、村容整洁、管理民主”的要求，扎实推进社会主义新农村建设。农村生态环境集中整治工作成效显著，全镇37个村全部完成整治任务。深入开展文明生态村创建工作。刘各庄等5个村实现村街路面硬化9万多平方米，安装路灯180盏，绿化植树2万株，清运垃圾1.2万立方米，修建垃圾池100个。投入资金100余万元，完善“一部两室三栏”。安全饮水工程顺利完工。该工程涉及到22个村，共打深水井22眼，铺设地下管道6.6万米，饮水工程惠及群众7300余户，全镇37个村的群众全部吃上放心水。沼气池建设工作超额完成任务，安装博士灶202个，建沼气池933个，占任务的117%。

社会事业全面进步。建立健全社会保障体系，积极开展农村最低生活保障制度。全镇共发放优抚资金22万元，低保费25.92万元；为特殊群体报销医疗费3.5万元；深入开展扶贫济困工程，切实保障弱势群体的生产生活，投资10万元，为7家特困户进行危房改造。有计划、有步骤地发展劳务经济，积极组织开展技能培训，不断拓宽再就业门路，完成有组织劳务输出800人，安置就业困难对象10人，办理领保手续8份，办理下岗职工再就业优惠证28份。绿化攻坚工作取得全面胜利，涉及到17个村，绿化面积1116.03亩。拆违拆迁工作进展顺利，拆除违法建筑470平方米。提前完成新型农村合作医疗资金收缴工作，交纳参合资金65万元，参合率达95%。

中共镇委书记：耿立宏（7月免）
宋建华（7月任）
镇　　　长：张　通（7月免）
汪　全（7月任）

【油榨镇】　辖39个行政村，总面积82.2平方公里，耕地面积4241公顷。总人口4.29万人。生产总值15.3亿元，比上年增长16.4%，其中第一产业增加值1.58亿元，第二产业加值9.6亿元，第三产业增加值4.1亿元，同比增长5%、13.5%、32%。粮食总产量22481吨，增长5%；油料总产量2570吨，增长6%。财政收入3871万元，增长41.7%，财政支出841万元，增长106%。农民年人均纯收入6260元，增长12.5%。全年3个重点建设项目，总投资4150万元。引进县外资金1.23亿元。

社会主义新农村建设取得可喜成绩。全镇建成沼气池1009个，从根本上解决脏、乱、差问题，建成全县沼气池建设示范镇；积极实施饮水工程，全镇投入340万元，打岩石井17眼，16个行政村铺设自来水管道，饮水困难的问题得到解决；全镇10311户参加合作医疗，参合人数达到41262人，参合率达到95.89%，广大农民因病致贫、因病返贫的问题得到解决；实施“绿化攻坚”行动，涉及35个行政村，2360户，1829亩土地，圆满完成植树任务。

项目建设取得新进展，成为镇域经济发展的助推力。占地260亩，储量300万吨的迷谷铁矿，已正式投产，投入6800万元；占地65亩，储量200万吨的睢新庄铁矿，已投资9000万元；占地20亩，储量200万吨的孙官营铁矿完成规划设计。

中共镇委书记：吉向明
镇　　　长：贾彦岭（7月免）
高语明（7月任）

【滦河街道办事处】　积极为创建文明县城作贡献。制定创建全国文明县城工作实施方案，出动宣传车2辆，设立宣传栏12个，印发倡议书1.5万份。围绕“倡导文明新风，共建美好家园”主题，组织开展各种教育活动，营造良好的创建氛围。先后举办“滦县‘走向文明’社区文艺汇演”，与县直各机关联合举办“科技携手社区、文明缔造和谐”、“文明连着你我他，社区环境靠大家”、“携手共创文明社区”等活动，发放文明社区公约300份、环保知识宣传单2000份，环保购物袋500个，提高广大居民环境意识，倡导科学文明的生活方式。2008年，滦县成功地创建全国文明县城。

社区环境卫生管理水平逐步提高。一是强化培训，增强保洁人员工作水平。通过培训和以会代训等形式，突出抓好居委干部、卫生督导员、保洁组长、保洁职工的工作水平，调动他们做好工作的积极性和主动性。二是完善制度，使社区环境卫生管理上水平。制定并完善保洁组长每旬例会制度、周检查、月评比制度，严格落实奖惩。三是加强执法，规范社区秩序。充分发挥城区综合执法中队的作用，加大对小区内的店外经营、乱摆推点、流动商贩等违规行为的治理，通过发放温馨提示卡、对车主进行说服教育等方式使小区内车辆乱停乱放现象有明显好转。

社区人口与计生工作得到加强。城区常住人口40652人，已婚育龄妇女10287人。一是抓好常住人口管理。全年组织集中普查4次，及时发现政策外孕人员，有效控制政策外生育。同时，搞好政策咨询服务、生殖健康服务、药具宣传服务、随访服务，提高群众对计生工作的满意度。二是加强流动人口管理。继续与公安、工商、卫生等部门搞好协调，切实把“一证管多证”规定落到实处。三是加大执法力度。在依法行政的前提下，与司法部门配合加大对社会抚养费的征缴力度，营造良好的计生工作氛围。到2008

年底，城区流动人口为599人，流动人口婚育证明的持证率、查验率达到100%，年度内人口出生率8.61‰，符合政策生育率96%，统计数字求实率100%。

维护社区稳定，为平安奥运保驾护航。一是落实“三位一体”调解体系和“两个一”制度，每月组织派出所、司法所、社区单位负责人召开一次治安形势分析会，提出化解矛盾纠纷的意见及对策，做到对社区内的矛盾纠纷及上访隐患早发现、早报告、早解决。二是加强隐患排查工作。完善预警机制，对各种不稳定因素进行拉网式排查。本着街不漏区、区不漏户、户不漏人的原则，排查各类矛盾纠纷36起，62人次，切实把信访问题解决在萌芽状态。三是强化措施做好信访稳控。成立以党委书记为组长的信访稳控工作领导小组，制定工作方案，把做好奥运稳定工作作为压倒一切的政治任务来抓。街道办实行领导带班、24小时值班制度、领导小组日例会制度、居委日报告制度，投入人力163人，对27名重点信访隐患对象进行稳控，实现无越级上访案件发生。

社区服务体系建设得到进一步加强。一是积极扶助弱势群体。本着公开、公平、公正的原则，深入调查核实，扎实做好城镇居民低保工作，做到应保尽保。全年为481户1093人足额发放低保金，停发114户，提高标准68户，降低标准55户，将党的温暖送到弱势群体的心坎上。二是做好劳务输出及再就业工作。全年输出劳务人员1053人，安置就业困难对象119人，进行劳动技能培训160人。三是做好城镇居民医保和新型农村合作医疗工作。通过广泛宣传发动，制定奖惩措施，坚持周调度制度，共完成城镇居民医保6106人，比去年增长715人；完成农村新型合作医疗848人，参合率达到100%。

中共街道工委书记：闫信永（7月免）
魏云利（7月任）
办事处主任：魏云利（7月免）
钱助兴（7月任）

滦南县

【概况】 辖17个镇，594个行政村。全县总人口581985人，比上年增长0.02%，人口自然增长率1.39‰。总面积1270平方公里，耕地108.9万亩。地区生产总值达225.3亿元，比上年增长7.1%，其中一、二、三类产业增加值分别为45.9亿元、111.1亿元和68.3亿元，比上年分别增长7%、4.2%和0.4%。规模以上企业万元增加值综合能耗5.53吨标煤，比上年下降1.01%。民营经济增加值179.8亿元，比上年增长9.5%，占地区生产总值的80.63%。全县有7个工业园区，占地面积71.2平方公里，进园企业475家。粮食总产量38.8万吨，比上年增长2.6%。棉花总产量1271吨，比上年增长4%。花生总产量5.5万吨，比上年增长6.8%。全县财政收入11.53亿元，比上年增长2.7%。财政支出12.08亿元，比上年增长18.2%。社会商品零售总额62.3亿元，比上年增长24%。出口贸易总额1.92万美元，比上年增长1倍。全社会固定资产投资48.17亿元，比上年增长18.3%。职工年平均工资25588元，比上年增长20.6%。农民人均纯收入5850元，比上年增长10.1%。城镇居民人均可支配收入14101元，比上年增长17.2%。年末城乡居民存款余额63.9亿元，比上年增长34.6%。城市空气质量二级的天数为310天。

【农村建设迈出新步伐】 全年拨付支农资金3.68亿元，落实惠农政策，支持农村经济和各项事业发展。农业产业化经营水平进一步提高。实施蓝天牧场标准化奶牛养殖场、利民食品生猪屠宰加工、融商普林种鸡场、姚王庄果菜批发市场扩建等一批龙头项目，五大龙型产业实现产值61.1亿元，占农业总产值的76.1%；农业产业化经营率达到67%，比上年提高2个百分点，高于全市平均水平6个百分点。农业综合生产能力进一步增强。实施标准良田建设、国家级良种补贴、世行贷款中低产田改造等重点农业项目64个，完成投资3.3亿元。农村环境进一步改善。全面完成柏各庄、姚王庄2个科学发展示范镇、18个科学发展示范村、50个文明生态村创建任务；完成314个行政村的饮水安全工程，解决了26.8万人的饮水安全问题；建成村民中心292个，完成“平改坡”1699户，新建户用沼气池1.3万个，新修、改造农村公路128公里；大力实施绿化攻坚行动，新增绿化面积6.8万亩。

【工业发展方式进一步优化】 深入开展项目建设、节能减排和安全生产整顿攻坚行动，加快工业结构调整升级。项目建设力度加大。全年实施重点工业项目24个，累计完成投资22.7亿元。永新纸业30万吨牛皮箱板纸、盛财钢铁100万吨型钢等技改项目，金利海生物柴油一期工程、林海科技高压变频设备等结构调整项目，永新纸业污水深度治理、万浦热电1号燃煤机组脱硫、华西钢铁转炉煤气回收发电等节能减排项目建成投产；鹏程钢铁与唐钢集团的合作迈出可喜步伐，钢铁行业整体技术水平实现新提高；抓住国家出台刺激经济增长政策的有利时机，切实加大项目申报跑办力度，河北荣泰橡塑制品再生利用等12个项目纳入国家投资计划，初步落实国家投资3470.7万元。园区建设得到加强。曹妃甸嘴东循环经济工业园区双龙河大桥主体完工，确定入区项目47个；林场工业区入区项目达到11个，园区规模进一步壮大；宋道口钢锹工业区在国内外市场的占有率进一步提高，被国家特色产业协会命名为“中国钢锹之乡”。节能减排、安全生产整顿成效显著。关闭取缔26家高耗能、高污染企业，单位生产总值综合能耗比上年下降5.53%，化学需氧量、二氧化硫排放量分别比上年削减12.27%和6.97%；狠抓安全生产隐患排查治理，严格落实安全生产责任制和法人代表承诺制，全年未发生较大以上安全生产事故。全民创业势头良好。全县民营企业发展到735家，个体工商户达到1.4万户；民营经济纳税7.74亿元，占全部财政收入的67.1%。

【服务业发展取得新成绩】 城乡市场繁荣活跃，供销大厦、二贸市场改扩建工程全面完成，专卖店、连锁店等新型业态竞相发展，城乡市场服务功能不断增强；“万村千乡市场工程”扎实推进，农资连锁经营网络覆盖全县；“新农村商务信息服务体系”高效运行，搭建低成本、高效率的农产品销售平台。金融服务水平不断提高。制定实施《鼓励金融机构增加有效贷款考核奖励办法》，积极推动金融机构与企业对接，金融机构服务县域经济发展的能力得到提升。社区服务、邮电通讯等服务业健康发展，为群众生产生活提供优质服务。

【县城面貌发生可喜变化】 坚持“拆、规、建、管”并重，积极推进城市建设改造，提升城市化水平。拆违拆迁实现历史性突破。依法拆除违法建设9.4万平方米，拓展城市发展空间。城市发展定位进一步明确。确立“一河两区”县城发展框架，聘请上海同济规划设计院、北京林业大学园林学院、天津市政设计院等国内一流规划设计单位，完成县城总体规划修编、北河公园规划和北河大桥设计。城市功能更加完善。组织实施基础设施、中心商业区、住宅、市场建设四大类城建项目，完成投资4.5亿元，新增多层、高层商住设施12.4万平方米，新修、改建城市道路5.7公里，新增集中供热面积23万平方米，新增集中供水用户1100户。城市管理得到加强，制定16个城市管理规范性文件，集中开展市容市貌、交通秩序、环境卫生、绿化美化亮化等专项行动，“脏、乱、差”现象得到有效治理，顺利通过省级卫生县城验收。

【改革开放扎实推进】 企业产权制度改革、镇级财政管理体制改革、人事制度改革、行政管理体制改革迈出新步伐。完成华服装厂改制，冀腾纸业公司、经委职工医院改制取得实质性进展；县财政拨付资金2800万元，为工促、粮食系统改制企业内退、协保、伤残职工解决生活费、养老保险费等费用，维护职工利益。出台《镇级财政管理体制改革实施办法》，调动各镇谋发展、上项目的积极性。面向社会公开招录教师、医务人员、城管协勤人员，形成公开、公正、公平的人员竞聘机制。组建城市管理行政执法局，相对集中行使行政处罚权，提高城市管理效能。成立城市建设投资公司，拓宽城市建设融资渠道。外向型经济更趋活跃。制定《关于鼓励招商引资的若干规定》，多形式引进资金和项目，外向型经济开创新局面、焕发新活力。全年实际利用外资2014万美元，出口创汇1.92亿美元，分别比上年增长98%和103.3%。

【社会事业协调发展】 高度重视社会事业发展，全年投入资金8000万元，实施农村中小学陈旧校舍改造、取暖设施改造，镇级文化站、村民健身场所建设，基层卫生设施建设等一批社会事业工程，推动社会事业发展。科技推广体系不断完善，成功实施水产科技示范园建设等13项科技推广项目，科技带动战略成效明显。普惠教育深入推进，全面免除义务教育阶段教科书费，落实公办普通高中公助生免学费教育政策，贫困家庭学生资助机制进一步完善。文体事业健康发展，评剧《凤凰坨》荣获中国评剧艺术节四项大奖；广泛开展道德模范评选、文明单位创建及“迎奥运”系列文体活动，营造健康、和谐的人文环境。充实基层卫生院技术力量，进一步补充医疗设备，农村医疗条件持续改善。人口和计划生育工作继续保持省市领先地位，基层基础工作进一步巩固，优质服务水平不断提高，符合政策生育率达到98.02%，稳定了低生育水平。广播电视事业实现新发展，滦南人民广播电台成功开播，无线数字电视进村入户工程扎实推进。续修《滦南县志》通过省专家组评审。

【社会保障能力不断增强】 在可用财力十分紧张的情况下，落实城乡低保、医保、五保老人供养和就业扶助等社会保障资金1.2亿元。社会保障更加有力，新型农村合作医疗参合率和城镇居民基本医疗参保率分别达到93.84%和81%；城镇和农村低保标准分别提高到每人每月205元和每人每年1200元，被征地农民养老保障制度开始实行。帮扶救助机制更加完善，实施残疾困难群众安居工程，对223户农村贫困残疾人危房改造进行援建；大病医疗救助、救灾救济、“一助一”扶贫济困等救助活动广泛开展。就业渠道更加畅通，就业再就业服务体系建设得到加强，有组织输出劳动力7600人，城镇新增就业4400人，下岗失业人员再就业3700人，安置就业困难对象300人，基本消除“零就业家庭”。

【行政服务水平实现新提高】 扎实开展“效率年”活动，全面落实“零成本注册”制度，开通注册登记“绿色通道”，推进政府信息公开和行政权力公开透明运行，深化行政审批制度改革，行政服务环境进一步优化。修订完善《政府工作规则》，出台一系列规范行政行为的文件，建立起务实高效的政务督查机制，促进政府工作落实。认真贯彻落实《行政许可法》和《公务员法》，加强政府法制建设，依法行政水平进一步提高。制定《科学发展示范县建设规划》，科学施政能力进一步增强。自觉接受县人大及其常委会的依法监督，重视发挥人民政协政治协商、民主监督和参政议政作用，承办县以上人大代表意见、建议和政协委员提案130件，办结率100%。执政为民理念得到强化，扎实推进18件为民办实事工程，有效解决群众关注的热点难点问题；积极推行民情信息员、信访代理等制度，深入开展县镇村三级大接访活动，构筑高效、畅通、规范、有序的信访秩序。全力做好奥运安保和维护稳定工作，为推进改革发展营造良好环境。

中共县委书记：秦少清（7月免）
杨　洁（女，7月任）
副　书　记：杨　洁（女，7月免）
蔡洪魁（7月任）
王宝兴（7月免）
韦远东（7月任）
县　委　常　委：姜凤武（7月免）
商振刚
张有利
刘胜祥
于广秋
蔡春奎（7月任）
宋福安

李建华
王殿新（7月任）
人大常委会主任：杜 珍
副 主 任：冯玉志
刘继海
苗贵生
白云泽
县 长：杨 洁（女，7月免）
蔡洪魁（7月任）
副 县 长：姜凤武（7月免）
于广秋
蔡春奎（7月任）
张怀良
卢翠娟（女）
于 军
王殿新（7月免）
张云江（7月任）
县政协主席：李玉鹏
副 主 席：陶顺福
赵瑞军
桑树军
毕仲仓

【倴城镇】 辖50个行政村，人口93284人（含倴城街道办事处32800人）。国土面积84.3平方公里，耕地面积89527亩。粮食产量25808吨，比上年增长3.5%。棉花产量49吨，与上年持平，财政收入1.05亿元，农民人均纯收入5300元。项目建设取得新突破。鹏程实业有限公司钢铁改造项目，完成与唐钢合资合作洽谈。永胜五金有限公司自动化集散控制系统项目，6座厂房建设完成90%。农业基础设施不断完善。打机井105眼，安装变压器23台，架线2.1万米，安装地下管道4万延长米。出口苇帘310集装箱。扩大草莓栽种面积，亩效益突破1500元。全镇奶牛品种改良率达到100%。在牛东庄、周东庄、靳营等村实施环县城绿化带工程，绿化面积5000亩。投入资金103万元，修建垃圾中转站2座，粉刷墙面5万平方米，清运垃圾900立方米，硬化道路1.05万平方米。

中共镇委书记：张树云（女）
镇 长：王建东（12月免）
洪学智（12月任）

【方各庄镇】 辖29个行政村，人口30556人。国土面积41.6平方公里，耕地面积56528亩。粮食产量20504吨，比上年增长12.2%。棉花产量80吨，与上年持平。财政收入364.8万元，农民年人均纯收入4719元。改善民生步伐加快。投资850万元，完成23个联村供水工程，使2.66万人喝上安全水、放心水。投资30万元，对镇内8条主要道路进行绿化，路旁植树3500株。铺垫路肩1.6万延长米。投资10万元，清理主副街道27条，拆除违章建筑8处，绿化植树420株，硬化路面2200延长米。

中共镇委书记：毛俊安
镇 长：张文海

【宋道口镇】 辖65个行政村，人口52106人。国土面积74.7平方公里，耕地面积92428亩。粮食产量44014吨，棉花产量175吨。分别比上年增长13.6%和6.7%。财政收入1520.62万元，农民年人均纯收入5412元。农业条件不断改善。组织实施“利用世界银行贷款加强灌溉农业三期项目”、“滦南县优质大豆良种繁育基地建设”、“大二里庄的省级动态土地整理项目”、“东清水、南店等5个村的市级占补土地整理项目”、“滦南县农业节水灌溉项目”、“唐山市世行三期项目高效农业科技应用示范区建设”6个农业项目，总投资710万元，新打机井212眼，上变压器12台1060KVA，低压线路1.2万米。改善灌溉面积1.98万亩，新增地下节水灌溉面积1.28万亩，新铺田间石渣路1.76万米。项目区内形成水、电、路、林网相配套的格局，生产能力得到迅速提高。规模经济逐步形成。组织实施“大棚甜瓜高效技术示范与推广”、“土地——玉米——大白菜三种三收高效栽培模式推广”两项科技项目。引进早熟土豆“早大白”、“荷兰15”、草莓“童子1号”、甜瓜“红城10”、“红城15”等瓜菜新品种，促进实施草莓、甜瓜栽培取得规模和效益突破。全镇设施甜瓜栽培2000亩，土豆——玉米——大白菜种植6850亩，增加蔬菜产量3.8万吨，增加经济效益1404万元。

中共镇委书记：杨建荣
镇 长：姜伯民

【长凝镇】 辖45个行政村，人口34647人。国土面积54.7平方公里，耕地面积51624亩。粮食产量27784吨，比上年增长0.8%。棉花产量42吨，与上年持平。财政收入1306.55万元，农民年人均纯收入5540元。加大农业基础投资。投资1273万元，实施3个土地整理项目。投资600万元新安装变压器10台，铺设低压线路8530米，修桥涵20座，打机井150眼，修田间道路5000延长米。全镇果树面积达2万亩，其中无公害认证面积1.5万亩。引进黄金梨、甜樱桃10个新品种。新建蔬菜大棚70个。生活质量不断提高。投资450万元，完成3000平方米商品住宅楼开发项目。投资180万元，完成水泥厂至张鲁庄、张鲁庄至平（泉）青（龙）大（清河）公路等3条水泥路的修建。投资987万元，完成41个村的自来水安装。投资1450万元，新建文明生态村3个。

中共镇委书记：孙万柱（7月免）
方君和（7月任）
镇 长：方君和（7月免）
夏茂森（7月任）

【马城镇】 辖23个行政村，人口16343人。国土面积20.3平方公里，耕地面积22633亩。粮食产量9078吨，棉花产量36吨。分别比上年下降5.3%和20%。财政收入328.75万元，农民年人均纯收入5294元。民营经济实力不断提升。镇委、镇政府积极搞好服务，重点扶持冀滦选矿厂、国良水泥地板砖厂、建立铸造厂等初具规模的企业。帮助冀滦选矿厂征地，使其扩大规模。骨干企业的壮大，催生一批新的民营企业。投资1000万元，新建的两个河卵石石粉场投入运营。投资1200万元，新建4个滦河采沙场。投资500万元，新建3个木材加工厂。投资400万元，新建向前纺织厂。形成矿粉提炼、水泥地板砖、采沙粉石、纺织等支柱产业。年销售收入达4亿元。果菜生产彰显经济特色。随着农业结构调整，把发展果菜生产作为立镇产业。以老刘庄、翟庄、多余屯、郝庄等村为骨干，重点建设鲜桃产区，有桃树7000亩，并取得无公害认证。年销售鲜桃5000吨，创收800万元。以湛店子、柏庄、栗园营等村为主，为重点蔬菜产区。采取早玉米套种

大头菜、西红柿、葱头、尖椒等品种，下茬再种大白菜的立体种植模式，提高经济效益。全镇种植2700亩，年创收入700万元。

中共镇委书记：戚玉福（11月免）
王建东（12月任）
镇　　长：杨树栋

【扒齿港镇】　辖42个行政村，人口37934人。国土面积98.5平方公里，耕地面积103535亩。粮食产量31068吨，棉花产量28吨。分别比上年下降2.5%和3.4%。财政收入448.50万元，财政支出1328万元。农民年人均纯收入4503元。文明村建设取得新成就。投资83万元，建设31间村民活动中心和活动广场，并配备活动器材。新建沼气池175个、吊炕120个，38个村庄安装了自来水。投资120万元，完成7所小学取暖设施改造。投资30万元，改善卫生院医疗设备。道路硬化进展加快。投资140万元，修建水泥路7000延长米。投资80万元修建石渣路4500延长米。投资20万元，平整街道1.5万米和完成扒齿港高中道路硬化500米。投资689万元，改造后榆子林、壮里庄等4村6600亩的土地整理项目和铁路占地补偿。

中共镇委书记：吴贵学（11月任）
戚玉福（11月任）
镇　　长：姚向志

【程庄镇】　辖47个行政村，人口51970人。国土面积80平方公里，耕地面积102180亩。粮食产量39855吨，棉花产量86吨，分别比上年增长15.6%和7.5%。财政收入184.25万元，农民年人均纯收入4803元。畜牧经济不断壮大。奶牛养殖是全镇的主导产业之一，利用废弃地、边洼地和开荒地，发展标准百头奶牛场和托牛所，农户由散养逐渐向集团化迈进。投资500万元，新建百头奶牛场4个，托牛所1个，全部投入使用；新建挤奶厅6个，总数达到45个，日产鲜奶200吨。大力发展订单农业。新增果树面积600亩，总面积达到9000亩。引进试种“辽河1号、2号”、“日本清香”核桃200亩。新增蔬菜种植面积1500亩，总面积达到14500亩，订单回收蔬菜有日本雪宝菜花140亩，以色列彩椒20亩，萨粉519西红柿30亩，椹梅20亩，日本黄芯白菜1200亩。在大顾庄二村调整土地100亩，投资120万元，建高标准日光大棚34个，均投入使用，蔬菜长势良好。

中共镇委书记：孙建立
镇　　长：夏茂森（7月免）
张树文（7月任）

【青坨营镇】　辖40个行政村，人口29119人。国土面积79.6平方公里，耕地面积89878亩。粮食产量19977吨，比上年增长2.9%。棉花产量9吨，比上年下降10%。财政收入209.31万元，农民年人均纯收入4840元。夯实农业基础设施。完成青坨营、姜六庄、北夏庄等6个村庄土地整理项目4个，开发平整土地9800亩。投资1112万元，打机井120眼，洗修机井150眼，架设高压线1.5万米，新上变压器16台，增容1600KVA，新增水浇地1.06万亩，铺设防水渗漏管5000米。扩大畜禽养殖规模。加大扶持力度，将上级给予的补贴及时发放到位。建成奶牛养殖场3个，生猪养殖场5个。推广细管冻精技术，改良奶牛品种。有奶牛8600头，改良率占达90%。大力推广无公害蔬菜。全镇瓜菜种植3.9万亩，引进百利、格雷、法国红3个西红柿品种，增加姬菇、杏鲍菇等食用菌品种，在青坨营、大田庄等建立16个绿色无公害蔬菜基地。北荣各庄、陈虎头等食用菌栽培328万棒，成为专业村。大力改善人居环境。投资200万元，对原生态村进行绿化、美化、净化提升档次。投资200万元，对新建的4个高标准文明生态村，修水泥路面9400延长米，村周边绿化植树4000株，清运垃圾2600立方米，村容村貌焕然一新。建成沼气池372个，38个村喝上清洁、安全的饮用水。投资60万元，新建健身文体广场2个，修建60个村民服务中心和完善图书阅览室。

中共镇委书记：高树新（7月免）
张拥军（7月任）
镇　　长：张拥军（7月免）
王海岳（7月任）

【胡各庄镇】　辖33个行政村，人口36806人。国土面积58.2平方公里，耕地面积78542亩。粮食产量25572吨，比上年增长2.3%。棉花产量375吨，比上年下降17.4%。财政收入226.93万元，农民年人均纯收入5112元。新农村建设跨上新台阶。投资603万元，新修水泥路1.39万延长米、石渣路1.72万延长米，新建沼气池618个，改厕300个，装吊炕120个，投资680万元，新建校舍楼、综合文化站、华龙超市，翻修翔鹤大街路面，对二排干渠进行初步治理美化镇区主副街道。推广1000亩设施果菜膜下滴灌，引进移动大棚新技术，兴建占地70亩的移动大棚示范园区。推进养殖业规模化发展，年出栏生猪12万头，出栏肉鸡130万只。积极谋划工业项目。投资8500万元，引进唐山亚捷机械有限公司装备制造项目正式签约。劳务输出实现新突破，全镇有1万名剩余劳力到外地就业，年劳务收入1.1亿元。

中共镇委书记：吴立东
镇　　长：郭庆选

【姚王庄镇】　辖28个行政村，人口17593人。国土面积20.8平方公里，耕地面积29544亩。粮食产量7128吨，比上年增长20.9%。棉花产量13吨，比上年下降7.1%。财政收入105.14万元，农民年人均纯收入8064元。特色产业跨上新台阶。新增高标准日光大棚2000个，总数达到8000个。新建“养猪、种菜和沼气”综合循环生态型温室100个，总数达到150个。引进试种和推广“天宝”、“天禄”牛尖椒、美国西红柿“萨芬519”和“台湾丹珠”等新品种。投资20万元，建立农产品质量检测中心。投资1000万元扩建蔬菜批发市场。由原来的50亩扩大到150亩，建成4个7900平方米高标准交易大棚。人民生活质量不断改善。投资450万元，对富民路进行沥青路面铺设，对乡北路进行混凝土路面改造。新修新刘庄、胡许庄、白庄、土桥等村水泥路和石渣路硬化路面5800米，栽植树木4600株。投资337.6万元，建设李营先进典型村，完成房屋红顶150户，建沼气池200个，吊炕50个。

中共镇委书记：刘兆宾
镇　　长：王海岳（7月免）
张宝宏（7月任）

【坨里镇】 辖19个行政村，人口19074人。国土面积35.8平方公里，耕地面积37147亩。粮食产量18330吨，比上年下降0.5%。棉花产量155吨，比上年增长16.5%。财政收入83.05万元，农民年人均纯收入5227元。大力发展特色产业。镇境东部温室大棚发展到1500个，5000亩设施蔬菜、8000亩果菜全部通过无公害产品认证。西部建成规模养殖小区12个，年内繁殖母猪5000头，生猪存栏25万头。中部以宏兴4珍稀皮毛动物养殖为龙头，不断壮大养殖规模，珍稀皮毛动物出栏20万只。社会事业成绩喜人。投资700万元修建公路15公里，修水泥路4万延长米，边沟6万延长米，新建村民中心7处，文化广场7处。绿化植树1.6万棵栽种花草5000平方米。沼气池建设累计总数达1200个，建吊炕400个，安装太阳能路灯25盏。向曹妃甸、天津、秦皇岛等地输送农村劳动力7500人，实现劳务经济收入超过亿元。

中共镇委书记：赵川波
镇　　　　长：贾贵灵

【司各庄镇】 辖59个行政村，人口44482人。国土面积100.7平方公里，耕地面积116746亩。粮食产量35672吨，比上年下降3.2%。棉花产量27吨。比上年增长3.6%。财政收入135.2万元，农民年人均纯收入4572元。加大农业和各项事业投资力度，人民生活幸福指数不断提高。投资679万元，完成东项各庄、西项各庄、司北、兰坨里南、兰坨里北5400亩省级土地整理项目。投资210万元，翻新东曾庄至周各庄7公里的路面。投资80万元，修建孙坨至魏各庄3.5公里的高标准水泥路。投资702万元，完成32个村的自来水安装工程。投资80万元，扩建司各庄中学校舍、食堂400平方米。投资256.4万元，改建司各庄敬老院。建立覆盖59个行政村2200名党员的远程教育网络。

中共镇委书记：李全在
镇　　　　长：鲁小义

【安各庄镇】 辖29个行政村，人口25751人。国土面积71.3平方公里，耕地面积72021亩。粮食产量18982吨，比上年下降1.7%。花生产量12吨，比上年增长9%。财政收入2355万元，农民年人均纯收入5066元。投资2.5亿元，占地100亩的850型扎机项目投入运营。年设计能力40万吨，主要生产H型钢、钢球扁钢、L型钢和翼型缘板等市场紧缺产品。积极谋划投资2.7亿元、占地150亩的电力发射铁塔项目，已达成协议。投资667万元，完成3000亩国家级土地整理项目。不断壮大棚菜规模，全镇大棚总数达到1.11万个，无公害蔬菜达2万亩。

中共镇委书记：王玉春
镇　　　　长：靳文义

【柏各庄镇】 辖45个行政村，人口47512人。国土面积79.6平方公里，耕地面积78584亩。粮食产量40615吨，比上年增长1%。棉花产量4吨，与上年持平。财政收入497.29万元，农民年人均纯收入5848元。建设港区农副产品基地。随着曹妃甸区人流物流增多，利用区位优势，大力发展生猪、蛋鸡、水产、水稻、果菜产业。全镇生猪出栏60万头，年产鲜蛋100万公斤，海淡水产品1000万公斤，优质大米3000万公斤。投资100万元，搬迁柏各庄集贸市场，市场占地108亩，分为蔬菜、果品、水产品、畜禽制品和干海货五大批发交易区域，拥有1000个经营摊位，市场周围有商贸区1万平方米，经营粮食、日用品及服装等。各类农副产品除满足当地和曹妃甸供应外，还辐射到唐海、丰南周边县区，逢集日参加交易者大万人，年交易额5000万元，为唐山沿海最大的集贸市场。在市场的带动下，全镇个体工商户发展到1800户，商贸专业村达6个。大力发展临港运输业。依托沿海高速、迁曹公路等运输干线，全镇有运输（施工）专业村8个，全镇农民投资1.5亿元，购置大型运输车250辆，挖掘机85台，铲车10台，推土机40台，电夯70台。其中，西城子村有挖掘机33台，推土机8台，大平板车6台，大型运输车23辆，总投资4000万元。守一、守二、守三3个村购置大型运输车86辆，总投资3500万元。王崔各庄拥有挖掘机32台，电夯50台，总投资1800万元。全镇有1200人从事运输业和设备施工。

中共镇委书记：张永明（11月免）
　　　　　　　吴贵学（11月任）
镇　　　　长：曹宝东

【东黄坨镇】 辖17个行政村，人口16861人。国土面积52.1平方公里，耕地面积46228亩。粮食产量13036吨，比上年下降21.4%。棉花产量180吨，比上年增长12.5%。财政收入134.45万元，农民年人均纯收入5166元。农业发展步伐加快。投资127万元，进行西玉坨土地整理项目和3000亩地下节水灌溉项目，新打机井23眼，电力增容220KVA，架设线路2500米。修田间路4500米，清挖排水沟3000米，动土方15万立方米。投资500万元，对原有鱼池进行改造，全镇淡水养殖面积达到5000亩。生猪养殖小区5个，占地167亩，54户进入养殖小区。建成占地100亩的托牛所1个。温室大棚已达497个。工业发展形势喜人。投资300万元，对唐山市益新饲料厂、唐山市鑫业五金工具制造有限公司进行技术改造。投资500万元，建成兴达泡沫厂和双盈泡沫厂，年产值500吨，产值1000万元。投资100万元，新建炭化稻壳厂5个。投资80万元，新建木器加工厂1个，加工各类家具600套，实现产值100万元。投资50万元，对唐山兴达服装有限公司黄坨公司进行扩建，新增服装加工设备40台套。投资30万元，修建水泥路600延长米，栽植树木1900棵。建成沼气池360个、吊炕108个。完成东玉坨、营守庄、郝各庄155户12574平方米的“平改坡”任务。投资12万元，添置教学用具150套，校园绿化9700平方米，校园硬化2600平方米，购置图书5600册。

中共镇委书记：孟德军
镇　　　　长：刘素艳（女）

【南堡镇】 辖18个行政村，人口15122人。国土面积275.7平方公里，耕地面积12554亩。财政收入369.72万元，农民年人均纯收入4989元。产业结构更趋优化。全镇3个水产品深加工企业建成投产，

水产品附加值全面提升。5300亩海水养殖实现立体式混养规模，其中虾鱼、虾蜇混养效益显著，尤其是东方虾与河豚鱼混养，每亩纯增效益1760元。4000亩南美白对虾养殖，每亩效益比去年增长300元。渔民转产专业进程加快，全镇参与曹妃甸港建设的从业人员达2000人，工程机械及船只达1000艘(台)，实现收入2000万元。建成高标准海水工厂化、畜禽、珍稀皮毛动物养殖小区12个，规模化、集约化、生态化的养殖规模初步形成。民营经济蓬勃发展。紧紧抓住曹妃甸港建设带来的新机遇，围绕工程、运输、劳务、服务等行业，努力培植新产业，全镇围绕港口建设的注册民营经济实体达60个，个体经营实体达1200家，实现利税2630万元。

中共镇委书记：霍文旺
镇　　　长：孙建明

【柳赞镇】　辖5个行政村，人口12828人。国土面积54.9平方公里，耕地面积8632亩。财政收入64.85万元，农民年人均纯收入6621元。镇域经济健康发展。全镇对虾养殖面积3.04万亩，产量1.03万吨，创产值4001万元。淡水鱼类养殖面积500亩，产量418吨，创产值310万元。工厂化养殖面积68100亩，产量499吨，产值1097万元。海水捕捞2.25万吨，创产值22289万元。工业建设顺势起步。随着曹妃甸的开发建设，唐山湾“四点一带”的崛起，为工业企业在柳赞落户创造良好的发展环境。投资400万元，建成玻璃棉制造厂，占地15亩，年产玻璃棉600吨，年产值600万元。

中共镇委书记：徐连群
镇　　　长：赵广善

【倴城街道办事处】　为滦南县人民政府的派出机构，列乡镇政府系列。辖友谊路、全兴胡同、祥和路、康乐小区、育才路、学院街、团结小区、冀腾小区、便民路、罗城小区、西城胡同、文明街、千禧小区、曙光仁和小区、爱民路15个社区。有1.1万户，3.28万人。

社区机构健全，设有下岗再就业服务中心、物业管理服务中心、安全保卫、劳动保障站等。以构建和谐新型社区为核心，帮助社区居民解决生活中的实际困难，服务水平不断提高。在小区安装路灯、健身器材，栽树、种花植草坪，绿化美化社区环境，居民生活质量和幸福指数不断提升。

中共街道工委书记：崔东升
主　　　任：高玉兰

（刘占才）

玉田县

【概况】　辖14镇、6乡、1个街道办事处，420个行政村，755个自然村。总面积1165平方公里，耕地面积1039220亩，比上年增加265亩。总人口66.72万人，自然增长率为4.66‰。生产总值197.5亿元，比上年增长12.6%；第一产业40亿元，增长8.8%；第二产业93.5亿元，增长13.8%；第三产业64亿元，增长13.3%。粮食总产量45.42万吨，增长2.4%；棉花总产量3526吨，增长0.9%；油料总产量4115吨，下降6.7%。财政收入8.0亿元，增长17.6%，地方财政收入2.85亿元，增长14%；财政支出9.45亿元，比上年增长26.5%。全年实现社会消费品零售总额49.73亿元，增长20.6%；出口总额7612万美元，增长17.6%。在岗职工年均工资20585元，增长19.5%；城镇居民人均可支配收入10912元，增长12%；农民人均纯收入6140元，增长12%。年末城乡居民存款余额102.78亿元，比上年增加23.44亿元。县级工业园区面积12.3平方公里，累计进园企业92个。治污关闭取缔项目101个，停产整顿企业5家，限期治理治理12家。污染治理工程投资6200万元。城市空气质量等级二级，二级及优于二级的天数为320天，二氧化硫减排放量4610吨，比上年削减7.9%；化学需氧量减排放量8258吨，比上年削减44.5%。

【后湖工业聚集区建设全面推进】
该区位于县城西部，距县城5.5公里，地跨玉田镇、彩亭桥镇、林南仓镇、林西镇、孤树镇五个镇，规划总占地10平方公里。是依托林南仓煤矿丰富的煤炭资源，利用后湖废弃地和未利用地，坚持用循环经济、生态经济的理念，统筹考虑工业区与林南仓小城镇建设，高标准规划设计的现代化工业区。本着节约资源、节约能源、循环利用的原则，重点发展以电力、钢铁深加工、化工、装备制造、建材等为主的重化工业，举全县之力将其打造成为重化工业基地、京津唐产业转移、南资北移的承接基地和循环经济发展示范区。按功能拟分六个区域，即电力及钢铁工业园、煤化工工业园、装备制造工业园、建材工业园、储运区和集中办公区。2月启动，到年底，已进入实质性开发建设阶段，总体规划、控制性详规、产业发展规划等项工作已经完成，土地利用规划获得省政府批准。起步区5300亩土地已征占到位。加大基础设施建设力度，累计完成投资1.2亿元，湖城连接路和园区主干路实现简易通车；道路两侧简易排水工程已经完工；110KV变电站正在加紧建设；园区供水、污水处理、绿化、通讯等配套设施正在进行前期准备工作。园区招商推介和项目建设力度不断加大，先后在香港、天津、唐山等地展开推介及产业对接工作。首个入区企业——总投资12亿元、占地776亩的古玉100万吨煤焦化及10万吨甲醇项目，已完成投资2.6亿元，主体工程正在加紧建设，主要设备已经订购。加强园区管理，成立专门管理机构，制定出台《入区企业优惠政策暂行规定》、《入区项目收益分享办法》等项惠商政策，园区管理机制进一步完善。

【农业产业化和新农村建设扎实推进】　狠抓农业生产，全县粮食播种面积达到119.7万亩，总产45.4万吨，全国粮食生产大县和商品粮基地县的地位得到巩固，成为唐山市唯一获得“全国粮食生产先进县”称号的县区。瘦肉型猪、特色蔬菜、园林花卉、中草药、林草产业五大龙型经济得到加强。瘦肉型猪产业继续保持良好发展势头。全年新建万头猪场3个，新建、扩建千头养殖小区23个。双汇、大北农等龙头企业运转良好。投资1.3

亿元的双汇日产70吨低温肉制品二期工程竣工投产。玉田种猪场被评为“全国养猪百强企业”。与中国农科院合作研究的国内首例种猪克隆技术获得成功。蔬菜产业取得新进展。大力发展高效、精品蔬菜，设修订蔬菜质量标准和生产技术规程11项，重点扶持大安镇丰茂祥种植园、安大有机蔬菜示范园、农研会示范园以及玉田镇棚室蔬菜重点村梁各庄等4个标准化示范区建设。协助唐山汇源食品有限公司谋划并成功申报4450亩的蔬菜出口备案基地，建立生产档案。9个无公害农产品基地通过无公害农产品产地复审认定，7个农产品通过农业部无公害农产品认证。全县无公害蔬菜面积达到45万亩，总产量180万吨，产值18.9亿元。“玉田包尖白菜”成为全省唯一注册成功的蔬菜类地理标志证明商标。投资5010万元的金玉农产品交易中心投入试运营。林果、园林花卉、中药材等产业保持平稳发展，果树种植面积达到10.3万亩，中药材达到1.4万亩，园林花卉稳定在1万亩。支农惠农力度进一步加大。全年发放粮食直补、农资综合直补、农机具购置补贴、能繁母猪补贴、奶牛补贴等扶持资金1.2亿元。农民组织化程度进一步提高，农民专业合作组织发展到65家，服务带动6万多农户增收1亿元以上。农业机械化进程进一步加快，大田农作物耕作机械化水平达到80.45%。农村群众生产生活条件明显改善。投资1.22亿元，解决486个自然村、41万人的饮水安全问题，在全市率先实现饮水安全工程全覆盖。修建村级连接路77公里，维修加固危桥52座。滞洪区已迁出时家定府、毕庄子、芝麻窝、八间房、倪庄子、杨庄子、宋庄、小辛庄八个整村和长沿、齐庄子、高庄子三个村部分户，共2099户、7740人，迁建民房166141平方米，累计完成投资10998万元，完成搬迁任务的70%，毕庄子460亩土地征用工作已经完成，船窝新村址推垫工程正在紧张施工。“百村推进计划”顺利实施，全县新建县级科学发展示范村10个、文明生态村52个，建设村民中心256个，建成沼气池1.36万个。秋冬季绿化工作取得新突破。强力推进“绿化玉田攻坚”行动，全面实施城镇及周边绿化、通道绿化、村庄绿化、农田及四荒绿化、工业园区及企业绿化、矿山修复绿化“六大工程”，完成整地挖坑3.26万亩、栽植2.86万亩，是近年来一次性造林最多的一年。

【城乡基础建设不断加强】 大力推进县城“3824”工程建设，即完善八项规划，编制好县城详细控制规划以及县城集中供气、集中供热、路网、水网、绿化、旧改和玉石线、玉鸦线两条高引线两侧总体建设等专项规划。实施“两水”（县城供水厂、污水处理厂）、“两气”（天然气、集中供热）、“两园”（县城公园、农业生态观光园）、“两场”（垃圾填埋场、大型集中洗车场）等八项重点工程。到年底，完成县城总体规划修编、6.2平方公里控制性详规以及供热、供气、路网、水网、绿化、旧改和玉石、玉鸦两条高引线两侧总体建设等专项规划。坚持市场化运作、多元化投入，城建工程累计完成投资2.5亿元。启动建设第一个总投资3000万元、占地203亩的城市公园，吸纳社会各界人士及企业捐款1290万元，完成地形整理13.5万平方米，栽植常绿树962株、花灌木135株、落叶乔木919株，铺设给水管道7000延长米、排水管道1003延长米，完成主园路碎石、南门主路碎石铺轧。下沉演艺广场、浮雕墙、人工湖、球场等园内主要设施建设正在进行中；投资7000万元的县城供水厂项目，已完成净水厂和5.1公里输水管线建设；投资1.1亿元的污水处理厂项目，已完成部分主体工程和附属建筑物建设；投资3000万元的生活垃圾填埋场项目，一期工程已竣工并投入使用；集中供天然气工程累计完成投资2230万元，入户点火已达1500多户，铺设管道7.8公里。集中供热项目确定承建单位，征地等前期准备工作全面展开。城区旧改稳步推进，火车站东侧住宅工程完成总工程量的70%，北大洼实施拆除110户，新兴街沿线完成拍卖工作，南关、繁荣路北口等5个区域的旧改方案已经完成。全县共拆除违法建筑1.2万平方米，拆迁8.3万平方米。投资2200万元，完成繁荣路北延、兴玉路拓宽、北环路西段辅路铺设等市政道路建设。投资1600万元，完成文明街西段、兴玉路等7条道路绿化工程。集中开展城容城貌专项整治攻坚行动，治理整顿不规范广告牌匾1372块，安装县城主街路灯483盏，完成沿街76个单位夜景亮化工程，建设中小型垃圾中转站59座。加强小城镇建设，鸦鸿桥镇总体规划纲要编制工作全面完成，基础设施投入进一步加大，河西针织市场改造及道路修建等工程竣工投入使用，市场经营条件及辐射带动作用进一步增强。窝洛沽、虹桥等重点小城镇建设档次和水平不断提升。

【社会各项事业全面发展】 科技工作，申报市以上科研项目18项，取得科技成果9项。教育工作，全年投资5650万元，特教中心顺利搬迁，玉田一中体育馆和成教中心综合楼主体工程已经完工，维修翻建陈旧校舍1.8万平方米，完成学校取暖设施改造75所，撤并亮甲店、窝洛沽两所高中，高中教育资源配置进一步优化，实现全县所有普通高中学生均能在省级示范性高中就读的目标，免收义务教育阶段学杂费2650万元、高中学费351万元，发放职中学生助学金410万元，贫困生救助金221万元，并且形成“从领导到群众、从团体到企业、从学校到社会”多层次、全方位的贫困生救助网络，基本保证每一名学生不因家庭贫困而失学。卫生工作，投资2548万元，加强各类医疗机构硬件建设，全县16所乡镇卫生院达到省级规范化标准，420个联建村实现卫生室全覆盖。新农合参合率达到98.54%，全年共为11.1万名参合农民补偿医疗费4710万元。计生工作，农村低生育水平得到较好控制，全县政策生育率达到98.12%。统计工作，完成第二次全国经济普查数据清查工作。社会保障工作，认真落实城镇医保、城乡就业扶助、城乡低保、“五保”供养等政策，城镇居民医疗保险参保率达到82.4%；新增就业5000人次，下岗失业人员再就业1135人次，转移农村富余劳动力1.36万人次；为1.4万名城乡困难群众和

1987名“五保”对象发放保障金1801万元；为205户农村特困户维修改造危房609间，困难群众的基本生活得到较好保障。大力开展支援南方抗击冰雪灾害和四川抗震救灾工作，累计捐款捐物1240万元，援建过渡安置房418套，接纳安置246名灾区学生到县银河中学就读。

中共县委书记：李晓军

副　书　记：纪兴龙　付振波

县委常委：石中波（6月免）
武国生（6月任）
詹晓阳　徐瑞勇
王跃飞　孙春生
周庆岩　解桂林
张晓华

县人大常委会主任：王善强

副　主　任：袁　生　贾文彩
张　富　张宝中

县　　长：纪兴龙

副　县　长：詹晓阳
周庆岩
韩自安
张耀武
王继存
盖青松
李　芳（1月免）
吴宇宏（1月任）

县政协主席：赵广利

副主席：杨守军　高志新
包永玉

【玉田镇】 辖65个行政村，57个自然村。总面积90平方公里，耕地面积73816亩。总人口6.43万人，人口自然增长率为6‰。地区生产总值38.2亿元，一、二、三产增加值分别是5.62亿元、19.81亿元、12.74亿元，农民人均纯收入4900万元，财政收入1.18亿元，固定资产投入7.5亿元。2008年着力改善城容城貌。镇党委、镇政府集中人力、物力、财力，首先开展绿化攻坚活动，完成涉及35个村3800亩绿化租地任务，为在县城建一个2000亩生态园和国、省道园林绿化工程作好前期准备工作；其次是稳步推进拆违拆迁，城区旧改签定协议122户，拆除违章建筑75户，清除建筑垃圾580立方米，分别完成任务数的42.5%、96.2%；第三是有效治理城镇环境卫生，出动车辆700多台次，清理垃圾2100吨，并对城区主要公路沿线村庄建筑物外墙1.8万多平方米进行粉刷。

中共镇委书记：刘得利

镇　　长：马树良

【亮甲店镇】 辖24个行政村，49个自然村。总面积75平方公里，耕地面积81080亩，总人口3.93万人，人口自然增长率6‰。地区生产总值7.9亿元，一、二、三产增加值分别是1.83亿元、4.18亿元、1.87亿元，农民人均纯收入3866万元，财政收入1700万元，固定资产投入2.0亿元。两个亿元项目进展顺利。成功引进翔悦机械铸造和环港塑料两个规模过亿元的项目，而且进展顺利。投资1.2亿元的翔悦机械铸造有限公司项目已完成投资7500万元，基建工程全部完工，大部分机械设备安装完毕，已投入试生产。该项目建成后，全年可生产特种钢坯和钢锭20万吨，年创产值10亿元，实现税收1000万元。环港塑料制品有限公司项目已完成投资7000万元，建成一条生产线，年可生产高档塑胶地板和台布5000吨，创产值3000万元，纳税140万元。

中共镇委书记：刘庆标

镇　　长：单宝东

【鸦鸿桥镇】 辖35个行政村，55个自然村。总面积63平方公里，耕地58551亩。人口5.41万人，人口自然增长率9.2‰。地区生产总值27.0亿元，一、二、三产增加值分别是3.4亿元，8.1亿元，15.5亿元，农民人均纯收入3849万元，财政收入5000万元，固定资产投入3.6亿元。强化市场城镇建设与管理。镇党委、镇政府组织人员对浙江义乌、广东大沥、山东临沂、河北白沟、辽宁西柳等地市场进行考察，结合该实际，确立“巩固老市场，建设新市场，以新建带动旧改”总的建设发展思路，投资150万元聘请清华大学规划设计院对该镇总体规划进行了修编。先后筹集资金9500万元，实施十二项工程，对银河大街东段、富强街东段、富民街、文化路、工业区路东段以及鸦大公路的路面和地下管网进行高标准地改造。针织市场改造、宏祥家园建设、物流中心三期等工程已经完工或基本完工，市场和城镇基础设施的进一步完善。投资15万元，对镇区内三路两街及各专业市场安装有线广播，开办自办节目，印发公开信，成立市场党组织，实行党员商户挂牌经营，增强商户和居民的诚信意识、城市意识。公开招收20名大中专毕业生，组建近30人的综合执法大队，对市场和城镇进行规范化管理。重新组建镇环卫队，增设环卫设施，提高清扫质量，改善镇区环境。加强对市场和社会面的控制，加大对抢劫、盗窃等违法犯罪的打击，规范物流经营，全年治安和刑事处理各类人员165人，为商户挽回直接经济损失200多万元。

中共镇委书记：董仕成

镇　　长：江　村（9月免）
李春光（9月任）

【窝洛沽镇】 辖行政村35个；自然村63个。总面积77平方公里，耕地面积77006亩。总人口5.09万人，人口自然增长率为4.9‰；地区生产总值19.6亿元，一、二、三产增加值分别是3.3亿元、11.06亿元、5018亿元，农民人均纯收入4090万元，财政收入4000万元，固定资产投入6.5亿元。园区建设取得新进展。为整合镇区与园区资源，提高镇区承载力，实现功能分区，投资170余万元完成镇区与园区连接通道的土地租赁，并实现简易通车，拉大镇区框架，拓展园区发展空间，实现镇区与园区的良性互动及资源共享。投资23万元，完成园区南街绿化，栽植草坪10000平方米，绒花树、看柏、垂柳各200株，进一步提高了园区的承载能力。

中共镇委书记：李鸿祥

镇　　长：王　幸（9月免）
崔凤鸣（9月任）

【石臼窝镇】 辖行政村20个，自然村35个；总面积113平方公里，耕地面积97724亩；总人口3.5万人，人口自然增长率为3.1‰；地区生产总值4.8亿元，一、二、三产增加值分别是2.6亿元，1.58亿元，6600万元，农民人均纯收入4700万元，财政收入800万元，固定资产投入5600万元。毕庄子村土地调整工作圆满完成。为加快全县滞洪区搬迁工作进度，按照县搬迁工作的总体部署，该镇需由毕庄子村调占460亩土地给杨家板桥镇玉

船窝村作新村址。为做好此项工作，镇党委、镇政府深入毕庄子村各农户反复做思想解释工作，合理确定补偿标准，经村班子及党员大会讨论通过，并以告知书的形式将相关内容告知全体村民，全村838.02万元的补偿款也由村班子成员集体进行签收，并就如何发放补偿款一事反复征求群众意见，研究制定发放方案。6月7—18日，全村239户中已有191户领取补偿款，领取补偿款户超过全村农户的80%。6月29日，对毕庄子村460亩土地实施挖掘边沟工程。到9月份土地已全部调整到位，杨家板桥镇玉船窝村新村址房基推垫工程全面开工。

中共镇委书记：段广金
镇　　　　长：侯向波

【虹桥镇】 辖17个行政村，31个自然村，总面积55平方公里，耕地57663亩，总人口2.98万人，自然增长率为0.1‰；地区生产总值13.8亿元，一、二、三产增加值分别是2.8亿元、3.9亿元、7.17亿元，农民人均纯收入4626万元，财政收入2500万元，固定资产投入1.1亿元。落实“三年大变样”加强小城镇建设。投资10万元聘请黑龙江城镇规划设计院从环境和小城镇对城镇进行了规划。投资80万元，完成镇区北会村近6000米的水泥路主街及绿化工程。投资30万元，完成镇区低压线路改造。投资80万元，完善有线电视网络。在旧区改造和沿街门店中，完成新建面积6500平方米，镇区主街道平改完成80%。投入650万元，完成绿化面积300平方米。

中共镇委书记：程宏章（9月免）
　　　　　　　王晋仓（9月任）
镇　　　　长：丁历笙

【散水头镇】 辖14个行政村，42个自然村，面积51平方公里，耕地面积48707亩。总人口2.7万人，自然增长率为2.16‰。地区生产总值6.0亿元，一、二、三产增加值分别是1.2亿元、3.4亿元、1.4亿元，农民人均纯收入4932万元，财政收入1100亿元，固定资产投入3.68亿元。造纸行业集群优势明显，产业链条不断延伸。该镇造纸工业小区经过几年发展，现已成为立镇的支柱产业，至2008年，集群优势明显。各造纸企业通过“强强联合”在资本、技术、市场销售、品牌等方面已经初见成效。针对当前造纸行业竞争激烈的形势，镇政府适时引导企业在造纸产业发展中转变思路，在延伸产业链上多做文章，已取得初步成效，至2008年，已建成3家纸业包装制箱厂，完成产业链条的延伸。

中共镇委书记：闫振强
镇　　　　长：娄志学

【林南仓镇】 辖12个行政村，21个自然村。总面积29平方公里，耕地面积24481亩，总人口2.29万人，自然增长率2.08‰；地区生产总值6.0亿元，一、二、三产增加值分别是1.1亿元、2.93亿元、2.02亿元，农民人均纯收入4250万元，财政收入3400亿元，固定资产投入1.21亿元。努力做好后湖工业园区征地等相关工作。后湖工业聚集区涉及该镇土地3400亩，占征地任务的60%。年内首期征地2404.59亩。到5月底全面完成协议签订、青苗补偿款发放以及坟墓迁移等工作，有效保障古玉煤焦化、110KV变电站等首批进区项目如期施工。并配合县级部门做好香小公路以西修路占地评估等准备工作。

中共镇委书记：杨亚东
镇　　　　长：王　兴

【林西镇】 辖行政村27个，42个自然村，总面积68.47平方公里，耕地面积80190亩。总人口3.06万人，自然增长率为-10‰。地区生产总值6.4亿元，一、二、三产增加值分别是2.1亿元、3.11亿元、1.27亿元，农民人均纯收入3850万元，财政收入900万元，固定资产投入2.06亿元。引进扶持农业产业化龙头企业。镇党委、镇政府根据镇区南北不同条件，制定实施不同的引进扶持农业产业化龙头企业的措施。在北部重点发展养鸡业。以于10月份中国农业大学和高庄子养殖公司合作成立的林西镇申农养殖合作社为纽带，实行统一供种鸡、统一供饲料、统一抓防疫、统一保销售、分户饲养的“四统一分”管理模式，促进养鸡业发展。在南部重点发展奶牛养殖业。针对南部地区玉米秸杆饲料丰富的有利条件，通过地价优惠、信贷扶持、政策倾斜等措施，争取在天津发展的林西籍老板回乡创业，建成占地120亩，存栏1000头，投资2600万元的春海奶牛养殖公司。并帮助企业与蒙牛集团签定日销鲜奶7吨的合同。为全镇奶牛养殖业的稳步发展奠定基础。

中共镇委书记：王印宏（9月免）
　　　　　　　曾兆国（9月任）
镇　　　　长：曾兆国（9月免）
　　　　　　　刘　伟（9月任）

【杨家板桥镇】 辖24个行政村、42个自然村。总面积56平方公里。耕地面积57176亩。总人口2.7万人，人口自然增长率0。地区生产总值5.4亿元，一、二、三产增加值分别是1.7亿元、2.5亿元、1.2亿元，农民人均纯收入5060万元，财政收入900万元，固定资产投入8800万元。滞洪区搬迁工作进展顺利。在镇党委、镇政府的周密安排，精心部署下，水四村的搬迁工作正在有序进行。宋庄已完成搬迁，各项公共设施建设已进入尾声，老村址建筑全部拆清，复耕工作已经全面完成。小辛庄新村，已搬迁完成183户，建设住房353处，占搬迁任务的100%，完成村自来水的安装工程、共架设高低压3100米，投资89万元，完成村内3400米的水泥道路硬化。玉船窝已完成房基推垫的招、投标工作。房基推垫已完成推垫任务的20%，目前该村的其他搬迁工作也已全面展开，工程进展顺利。大辛庄的搬迁工作也进入筹备阶段。

中共镇委书记：静国刚
镇　　　　长：胡振伟

【彩亭桥镇】 辖12个行政村，18个自然村；面积28平方公里，耕地28140亩，总人口1.97万人，自然增长率1.6‰。地区生产总值5.1亿元，一、二、三产增加值分别是1.4亿元、2.15亿元、1.57亿元，农民人均纯收入3850万元，财政收入1700万元，固定资产投入1.18亿元。工业小区建设成效显著。在去年工业小区二期工程开工建设的基础上，继续加大投入，镇政府作为投资主体先后投入共计30多万

元，进行基础设施建设。共铺设地下排水管道1000米，修水泥路面1200米，建成高等级的“三通一平”基础设施，现已初具现代化工业园区的规模。到年底，已有10家企业签订入区协议，其中固定资产投资千万元以上企业9家，计划总投资1.1亿元，其中8家企业已建成投产。

中共镇委书记：陶庆群
镇　　　　长：范春生

【孤树镇】　辖16个行政村，35个自然村，总面积44平方公里，耕地33273亩，总人口2.5万人，人口自然增长率为0.3‰；地区生产总值9.1亿元，一、二、三产增加值分别是1.3亿元、6.2亿元、1.61亿元，农民人均纯收入4287万元，财政收入3000万元，固定资产投入1.18亿元。引进新项目与改造老企业并重。镇党委、镇政府坚持老企业是经济发展的基础，新项目是经济发展的动力的思路，引导春城、金顺达、金剑等水泥企业进行产业升级和技术改造，扶持天津市森源建筑有限公司水泥搅拌站投资兴建二期工程，弘也水泥有限公司新建年产8000吨精密铸件项目，以及中国对外建筑总公司在该镇福源石矿建设日产5000吨石料等项目。

中共镇委书记：袁文全
镇　　　　长：臧贵霞

【大安镇】　辖19个行政村，31个自然村，总面积57平方公里，耕地面积45370亩。总人口3.01万人，自然增长率为2.7‰。地区生产总值13.8亿元，一、二、三产增加值分别是4.9亿元、5.24亿元、3.62亿元，农民人均纯收入4410万元，财政收入1300万元，固定资产投入2.0亿元。唐山翠屏湖碧花园开发项目步伐加快。该项目为高档别墅居住区，集旅游、休闲、度假、娱乐于一体，总投资10亿元人民币，由广州碧花园房地产开发有限公司投资兴建，坐落在玉田县大安镇东九户村北。6月7日，举行开工仪式，月底前投入9000万元人民币，用于土地征用、上缴税费及部分基础设施建设。之后，又相继投入1000多万元，进行地质、水文的测量和气象设施的落实、道路的修复、拓宽，并对酒店的开工进行前期准备工作。102国道通往项目区的道路也勘测完毕，土地征用等工作进展顺利。5年建成，预计2013年投入使用。

中共镇委书记：张之彬（9月免）
　　　　　　　孙忠生（9月任）
镇　　　　长：孙忠生（9月免）
　　　　　　　夏兰军（9月任）

【唐自头镇】　辖10个行政村，18个自然村，总面积57平方公里，耕地面积25512亩，总人口1.9万人，人口自然增长率3.36‰；地区生产总值2.5亿元，一、二、三产增加值分别是1.0亿元、8900万元、6400万元，农民人均纯收入3700万元，财政收入400万元，固定资产投入9000万元。农业产业区域发展规模经营新格局基本形成。镇党委、政府在发展传统农业上，加大资金投入，先后引进富士苹果系列及安梨、桃、杏等优良品种，加上套袋、返光膜等新技术的应用，已发展无公害绿色环保果品一万亩，并通过省无公害果品鉴定。利用山区优势，适时引进适宜山区栽培的食用菌及抗旱、价格稳定、经济附加值较高的核桃等特色产业的栽培面积，燕山口村栽植核桃1200亩，50000棵，以杨元帅营为中心辐射带动周边村庄的架油豆生产达到1500亩。在封山育林方面，扩大山区植被面积，对宜林地、无林地，结合林权制度改革，对荒山、荒坡对外公开进行拍卖、承包，鼓励农民种草、种树，对“村村通”公路两侧，本着谁受益、谁管护、谁地段、谁负责的原则，鼓励植树，全镇新植经济林、速生林达到2000亩，封山育林达到5000亩，全镇基本形成北果南菜、东药西菌的农业产业区域发展规模经营新格局。

中共镇委书记：王晋仓（9月免）
　　　　　　　王　幸（9月任）
镇　　　　长：李桂平

【郭家屯乡】　辖行政村25个，自然村43个。总面积83平方公里，耕地面积58259亩。总人口3.3万人，人口自然增长率为3.15‰。地区生产总值7.63亿元，一、二、三产增加值分别是2.33亿元、2.84亿元、2.46亿元，农民人均纯收入4070万元，财政收入600万元，固定资产投入6600万元。因势利导加快现代农业推进步伐。乡党委、乡政府组织人力，积极推广果品套袋和苹果高光效修剪技术，新增面积560亩，面积达到5000亩，亩均增效500元，累计为果农增收250万元。发展核桃等干鲜果品1000亩，更新老果园1000亩。重点抓以邵官屯、徐晓屯等村为中心的无公害蔬菜特色产业，引进有机、无机混合肥，蔬菜的产量大幅度提高。积极发展特色林业，建立东大泉“三特苗”（边界景观苗、园林造型苗、四季移栽苗）基地200亩，栽植雪松、法桐等珍贵树种200亩。

中共乡党委书记：戴福新
乡　　　　　长：王爱功

【林头屯乡】　辖15个行政村，24个自然村。总面积38平方公里，耕地面积37138亩，总人口2.24万人，人口自然增长率4‰。地区生产总值3.55亿元，一、二、三产增加值分别是1.63亿元、1.06亿元、8600万元，农民人均纯收入4047万元，财政收入400万元，固定资产投入5000万元。实施农业产业结构调整，促进农民增收。乡党委、乡政府围绕农业产业化、特色化、规模化的总体思路，引导农民改变过去传统农作物种植模式，发展特色产业和现代农业，壮大无公害果菜基地，努力增加农民收入。全年新发展干果589亩，葡萄158亩，棚室蔬菜50亩；投资1000万元，新建占地30亩的华伟万头养猪场一个，投资400万元，新建占地60亩的甲鱼养殖场一个。同时，利用全县开展绿化攻坚活动，坚持实行谁绿化谁所有，谁投资谁受益，谁管理谁得利的，共签定绿化承包合同443.45亩，签定工程18份，签定苗木合同3份。为促进全乡农民增收开了一个好头。

中共乡党委书记：田春利
乡　　　　　长：赵景海

【杨家套乡】　辖12个行政村，25个自然村。总面积48.4平方公里，耕地面积47954亩，总人口2.77万人，人口自然增长率2.9‰。地区生产总值6.65亿元，一、二、三产增加值分别是2.09亿元、3.5

亿元、1.06亿元，农民人均纯收入4832万元，财政收入800万元，固定资产投入2.12亿元。创新基层党建机制。乡党委从以下三个方面创新基层党建机制：第一，创新基层党建的领导机制，坚持党委班子全员抓党建；坚持整合资源抓党建；坚持以“双领双建”（领班基地，领办协会；建设致富型党组织，建设人才型先锋队）、“双创双争”（创建样板党组织，创建党员示范岗；争当支持党建工作的先进企业，争当支持企业党建工作先进个人）、“双培双学”（培树学习型党组织，培育创新型党员；为经济建设服务，为基层群众服务）活动为载体，建立长效机制抓党建。第二，创新基层党建的工作机制。在全乡推行234村务工作运行机制（党的领导和村民自治二者相结合；党支部、村委会、村代会三位一体；领导、决策、执行、监督四环紧扣）和农村党员干部承诺制，特别是在高桥、杨小联、丁刘等村试点推行农村两委干部和党员承诺制的基础上，在全乡推广普及党员干部因人而宜选择承诺事项内容，有效地发挥先锋骨干作用。同时，深化农村“两个联建”，加快发展与融合进程。第三，创新农村干部队伍管理机制。一方面开展党内互助，实现党内和谐，制定《关于在全乡开展党内互助活动的实施意见》，建立实施结对帮扶制度、走访慰问制度、筹集关爱基金，关爱帮扶贫困党员制度，以及乡村干部学习培训和老干部每月学习制度。另一方面，注重培养新人，增添新鲜血液，确定入党积极分子156名，发展新党员34名。

中共乡党委书记：李振兴
乡　　　　　长：白晓庆

【潮洛窝乡】 辖15个行政村，30个自然村。总面积60.7平方公里，耕地56637亩。总人口2.28万人，人口自然增长率－1.83‰。地区生产总值3.08亿元，一、二、三产增加值分别是1.56亿元、8500万元、6700万元，农民人均纯收入3396万元，财政收入4000万元，固定资产投入8000万元。制定实施党员关爱机制。该乡于5月15日召开全乡党员关爱活动大会，会上分别下发《潮落窝乡关于党员关爱工作的实施意见》（潮字［2008］］4号）和《潮落窝乡党员关爱基金管理和使用的暂行办法》（潮字［2008］5号）。同时，在村党支部书记推行“1＋1”服务活动，即每名村党支部书记联系一名困难党员，在机关干部中开展“三个一”活动，即“联系服务一名群众、帮扶一名困难党员、分包一个村”；在领导干部中开展“四个一”活动，即“联系服务一名群众、帮扶一名困难党员、联系一个村、联系一家非公有制企业”。经调查，全乡共有困难党员50名，遭遇突发性事件党员5名，已经离任的村干部且作出突出贡献的党员5名，党龄在50年以上23名，缺少致富技术、信息的党员24名。完成乡村党员关爱台帐建立工作。此外，全乡共筹集党员关爱基金21500元。

中共乡党委书记：高永成
乡　　　　　长：李春光（9月免）
　　　　　　　　赵伟拓（9月任）

【陈家铺乡】 辖10个行政村、50个自然村；总面积37平方公里，耕地面积40000亩；总人口1.65万人，人口自然增长率2.43‰；地区生产总值2.75亿元，一、二、三产增加值分别是7400万元、1.06亿元、9500万元，农民人均纯收入4800万元，财政收入500万元。在全县率先完成人饮工程。投资436万元，打井28眼，安装自来水管道13.5万米，加上原有的安全人饮设施，从根本上解决全乡1.65万人的饮水安全问题。

中共乡党委书记：李树娟
乡　　　　　长：吴　松（9月免）
　　　　　　　　昝焕军（9月任）

【郭家桥乡】 辖13个行政村，42个自然村。总面积40平方公里，耕地39854亩，总人口1.78万人，自然增长率为1.46‰；地区生产总值3.62亿元，一、二、三产增加值分别是1.07亿元、1.31亿元、1.24亿元，农民人均纯收入4200万元，财政收入400万元，固定资产投入5000万元。乡中学中考成绩名列全县乡镇中学第一。2008年，乡中学共有中考考生118人，考入县一中29人，二中重点班19人，林南仓高中42人，玉田职教中心28人，升学率100%。中考成绩在全县乡镇中学中名列第一。

中共乡党委书记：樊宝国
乡　　　　　长：曹少余（9月任）
　　　　　　　　王乃存（9月任）

（董连权、杨艺华）

乐亭县

【概况】 辖11镇3乡，一个街道办事处，533个行政村，1021个自然村。总面积1308平方公里，耕地面积6.29万公顷。总人口49.7万人，人口自然增长率为1.04‰。实现地区生产总值202.56亿元，同比增长11%；第一、二、三产业增加值分别为48.84亿元、82.22亿元和71.51亿元，同比增长1.2%、9.8%和20.9%；规模以上工业企业产值综合能耗为0.624吨标准煤/万元，下降42.8%；民营经济增加值为186.56亿元，占全县地区生产总值的92.1%；临港产业聚集区规划面积120平方公里，进区项目达32个。全县粮食总产量31.05万吨，棉花总产量1866吨；全部财政收入11.51亿元，同比增长22.1%；财政支出11.48亿元。污染源治理重点项目4个，投资3515万元。年削减二氧化硫排放量1752吨，化学需氧量786吨。城市空气质量等级二级以上天数为322天。全年实现社会消费品零售总额52.07亿元，增长21.9%；出口创汇27131万美元，增长250.8%；在岗职工年平均工资26402元，增长11.7%；农民人均纯收入7263元，增长10%；城镇居民人均可支配收入14721元，增长14.40%；年末城乡居民储蓄余额68.52亿元，增长34.4%。

【工业强县建设步伐加快】 全县实现工业总产值263.90亿元，同比增长38.2%。其中，规模以上工业总产值222.4亿元，同比增长47.7%；增加值70.69亿元，同比增长11%；利税14.56亿元，同比增长36.2%。全社会固定资产投资80亿元，同比增长56.1%。以临港产业聚集区为平台，深入推进“双向”开放，基础设施建设掀起高潮，路网规划、绿化规划、管网规划、

河道改造施工设计全面完成。黄海路、天津路竣工通车，烟台道、塘沽北道、北海西路等工程扎实推进，海港二期供水工程基本完工，三期供水工程正在加紧实施，第二座220千伏变电站获准建设，线路架设全面启动，聚集区承载能力显著增强。中厚板一期配套工程、华能风力发电等一批重点项目相继建成投产；首钢宝业精品钢材，旭阳化工二甲醚、苯加氢，同乐化工搬迁，大中型机械轧辊，榕泽钢材加工，污水处理厂及城市管网等重点项目抓紧施工。对外开放成绩显著，全县实际利用外资2488万美元，同比增长86.8%；引进省外资金6.7亿元，同比增长1.5%。

【农业农村工作再上台阶】 主导产业规模实力明显增强。全县设施果菜面积发展到26.5万亩。畜禽饲养总量1800万头（只），规模化养殖比重达到50%以上。水产品工厂化养殖面积18.5万平方米，优新品种面积达到3.5万平方米。一批种养新技术、新模式广泛应用，标准化生产得到普及。进一步加强农产品检测，发展有机农业生产。《水貂场建设技术规范》作为省级标准发布实施，被命名为毛皮动物和水产品工厂化养殖国家级农业标准化示范区建设单位、“中国果菜无公害十强县”、“河北省农业标准化先进县”等称号。产业化经营步伐提速。欧意金土公司扩建、昌华果汁深加工、垣瑞禽类加工、华盛生态肥制造、赵蔡庄生态农业观光园、诚成肥业等一批农业项目相继建成投产。农民专业合作组织不断壮大，新增专业合作组织、专业协会和农业公司18个，农民经济组织联合会注册团体会员达到108个。品牌化战略深入实施。积极开展出口果品、蔬菜基地认证，订单生产面积达到5万亩，基地认证面积2万余亩。“中金”、“龙王”、“蓝可”等品牌农产品在欧美及东南亚市场占有率不断提升。实现农产品出口创汇1484万美元，增长42%，农业外向化水平进一步提高。新农村建设稳步推进。全年创建文明生态村75个，硬化村内街道174.05公里，打通拓宽街道100余条，栽植绿化树木6.47万株，新建、改造村民中心278个，组织改造新民居29个村，2868户，圆满完成市委、市政府下达的“平改坡”建设任务。新建沼气池9323个，建成“三沼（沼气、沼液、沼渣）综合利用示范区”21个。乐亭镇赵蔡庄村被确定为“全市科学发展示范村”和国家“3A”级景区。改造饮水不安全村179个，农村实现自来水“村村通”，农民饮水条件得到改善。加强农田水利基本建设。重点实施节水灌溉、桥涵维修、灌区配套、二滦河和老米沟清淤等农业基础设施工程，农业综合生产能力实现新提高。秋冬季造林绿化取得成效，共完成造林4万亩

【第三产业繁荣活跃】 旅游业健康发展。按照建设一流滨海生态旅游胜地的发展定位，三岛旅游区总体规划全面完成，滨海森林城规划编制工作进展顺利。李大钊纪念馆及故居实行免费开放，全年接待参观人数70万人次。国家“5A”级景区创建全面启动。三岛旅游码头、菩提岛等景点基础设施和重点项目建设步伐加快，月坨岛被评为国家“4A”级景区。美国哥伦比亚好莱坞影业（中国）集团公司开发姜各庄国家级森林公园影视基地、北京住总集团开发湖林河口湿地等项目正在积极推进。旅游监管不断加强，服务水平持续提高。全年接待国内外游客135.6万人次，实现旅游直接经济收入9800万元，创社会效益4.8亿元。物流产业进一步规范。渤港物贸、中港物流建成投入运营，远大物流、海囤仓储物流等项目加快建设，物流产业向规模化、信息化、生产化转变。服务业逐步壮大。积极培育劳动中介、社区服务、教育培训等新兴服务业，成为新的经济增长点。

【城乡建设面貌大变样】 覆盖城乡的规划体系初步形成。按照唐山湾“四点一带”发展规划纲要，制定乐亭新区《建设科学发展示范区规划》、《发展战略研究》和《一期概念规划》。县城总体规划新一轮修编、西城区2.5平方公里控制性详规、绿地系统规划、城乡道路交通规划等已经完成，长河生态治理规划取得阶段性成果，城区交通、供水、供热等专项规划正在编制，乡镇、村庄规划编制工作积极推进。交通条件明显改善。投资4.7亿元，完成西外环、金融街东西延、乐港路城区段拓宽改造等骨干道路建设工程，改建、修建乡村道路94公里。市政设施进一步完善。投资1974万元实施城区供水改造，月供水能力1.2万吨，供水普及率达100%。投资9500万元、日处理能力4万吨的污水处理厂正在建设。总投资3200万元、日处理能力200吨的垃圾填埋场一期工程建成投入运营。城区改造全面展开，累计拆除各类建（构）筑物16万平方米。危旧平房改造、城区节能改造等稳步推进，范庄村整体平改项目一期工程基本完成，二、三期工程正在实施。城市综合管理水平明显提升，全省城镇道路交通秩序整治三年大变样活动现场会在乐亭召开。县城建成区绿化面积298.8公顷，绿地面积271.1公顷，绿化覆盖率、绿地率分别达到39.8%和36.1%。创建“国家卫生县城”实现一役达标，成为河北省第二个“国家卫生县城”；“国家园林城”建设正在扎实推进。“双城”创建不仅从根本上改善县城面貌、优化人居环境，而且有效提升群众文明素质，极大地促进整体文明水平的提高。

【社会事业开创新局面】 科技支撑作用不断增加，科技发展体系和富民工程建设速度加快。组织开展的“进百村兴百企”活动取得明显成效，被命名为“全国科技进步先进县”。教育工作扎实推进。全年完成9所中小学撤并改造，教育资源不断优化。全县农村中小学全部完成供暖改造，教学仪器不断更新充实，办学条件明显改善。全面推行中小学校长聘任制，公开招录教师150名，教师队伍素质进一步提升，教育教学质量有新提高。医疗卫生条件进一步改善。完成县医院、二院资产重组，卫生资源得到有效整合。乡镇卫生院管理体制进一步理顺，新型农村合作医疗扎实推进，有效补偿比居全市前列，惠农作用进一步发挥。文体事业实现新发展。投资600万元，新建、改造3个乡镇文化站，为115个村添置文体器材。传统文化得到进一步挖掘和弘扬，全面整理、编辑出版《乐亭大

鼓》、《乐亭皮影造型艺术》两部民间艺术专著，并在县内建立全国唯一的“中国皮影艺术研究中心”，荣获“中国皮影之乡”称号。乐亭大鼓艺人张近平获得中国曲艺最高奖——“牡丹奖”。有线电视“村村通”工程进展顺利，新增有线电视村50个，用户8200户。人口和计划生育工作创新发展。全面落实计生惠民政策，提高人口素质，稳定低生育水平，荣获“全国优秀人口和计划生育质量管理单位”称号。社会保障体系不断完善。社保覆盖面进一步扩大，失地农民养老保险、城镇居民医疗保险等各项保险全面实施。就业服务工作力度加大。新增就业岗位4568个，新增就业人员5078名；城镇登记失业率控制在4.2%以下，低于市达指标；培训下岗失业人员2168人，推荐2874名下岗失业人员实现再就业；培训农村劳动力9000人，技能培训2940人，创业培训300人，使11262名农村劳动力实现向非农转移。慈善事业稳步发展。成立慈善协会，广泛募集善款，社会救助体系初步建立。庞各庄敬老院建成投入使用，姜各庄敬老院正在建设之中。城乡居民最低生活保障实现应保尽保。

中共县委书记：苗德成
副　书　记：袁志刚（4月免）
　　　　　　李　忠（4月任）
　　　　　　周安海（7月免）
　　　　　　徐昌盛（7月任）
常　　　委：任玉宝
　　　　　　张加力（7月任）
　　　　　　刘稳昌
　　　　　　刘彩恩
　　　　　　于　红
　　　　　　刘克金
　　　　　　安爱军（女）
　　　　　　张国勇
　　　　　　李东升（3月免）
人大常委会主任：孟宪福
副　主　任：张国福
　　　　　　张艺侠（女）
　　　　　　苑义华（女）
　　　　　　赵瑞川（4月去世）
县　　　长：袁志刚（5月免）
　　　　　　李　忠（5月代）
副　县　长：徐昌盛（7月免）
　　　　　　张加力（7月任）
　　　　　　刘克金
　　　　　　张月仙（女）
　　　　　　徐文辉
　　　　　　薛树滨
　　　　　　李　春
政 协 主 席：郑　银
副　主　席：王庆福
　　　　　　赵春祥
　　　　　　毋春华（女）
　　　　　　陈春昶（5月免）

【乐亭镇】　为县政府驻地，总面积93.1平方公里，辖73个行政村，总人口51739人，耕地面积98787亩。全镇实现地区生产总值23.3亿元；一、二、三产业增加值为7.94亿元、8.9亿元、6.46亿元；财政收入3600万元，农民人均纯收入7321元，固定资产投入1.73亿元。

围绕国家能源战略调整，实施投资15亿元的华能风力发电项目，已完成风机基础32个，16台风机完成吊装，首台风机调试完成。投资1.6亿元的唐山榕泽钢材加工项目备案批复、建设规划预审、环保审批、工商执照等办理完毕，已在奠基施工。占地162亩，投资1.62亿元的乐亭县宝磊板带项目，征占地已经全部落实。

以欧意金土果业发展有限公司、金土地食品有限公司、万吨气调库和冀东果菜批发市场等龙头企业为引擎，着力推动精品农业生产基地建设，进一步巩固标准化生产面积，扩大有机农业生产，建成以东高、西高村为中心的有机果品基地2000亩，同时发展甜玉米2000亩、青豌豆1000亩，促进全镇订单农业的发展。

立足于镇村环境面貌改善，全力做好创卫工作。以县创建“国家级卫生城”为契机，全镇动员，全民参与，积极组织开展镇域面貌“三年大变样”活动，集中开展城中村及城乡结合部环境整治攻坚战、道路建设攻坚战、改厕攻坚战、绿化美化攻坚战、健康知识普及攻坚战，明确专人负责，责任目标到人，实施“网格”化管理。组织投入7000万元，完成道路硬化10.6公里，培植绿地3000平方米，新建密闭式垃圾中转站20座，清运垃圾近7万立方米，拆除私搭乱建违章建筑8000平方米，完成改厕1090座，集中粉刷各村外墙35万平方米，使镇区面貌焕然一新。同时，建立长效管护机制，成立70人的保洁队伍，对城中各村实行全天候保洁，为县城创卫工作一役达标及唐山市争创国家文明城市工作作出应有贡献。

以加快城市化进程为目标，全力服务县重点工程建设。针对镇区地处县城的实际，以服务大局发展为自任，按照县委、县政府加强城市开发改造的总体部署，自觉服从统一调度，全力服务整体工作安排，如期完成西外环路、金融街东西延、乐港路拓宽、大钊路北延等近20项重点城市建设工程用地的入户调查、协议签定、征地、拆迁、补偿等项工作，累计征地1200余亩，做到公平、公正、公开，赢得群众的理解和支持，为进一步提升城市形象，提高群众的幸福指数奠定坚实的基础。

中共镇委书记：李　强
镇　　　长：蔡志忠（7月免）
　　　　　　徐少坚（7月任）

【毛庄镇】　位于乐亭县东北部，镇政府驻地距县城4.5公里，东邻胡家坨镇，西与中堡镇相邻，西南与乐亭镇接壤，东北靠滦河与昌黎县相望。全镇实现地区生产总值12.14亿元；一、二、三产业增加值为3.90亿元、4.10亿元、4.14亿元；财政收入1500万元，农民人均纯收入7266元，固定资产投入5500万元。

工业项目建设。抢抓沿海经济隆起带加速崛起的机遇，利用县临港产业聚集区这个发展平台全力推进项目建设，投资1.2亿元的乐亭县顺鑫机械制造项目已完成立项、环境评估、公司注册、场地回填等项工作，准备进行土建工程。投资1800万美元的河北世创西艾机械制造有限公司项目，主要生产SYBW系列无菌包装机，项目落户临港产业聚集区内，占地131.5亩，相关手续办结，准备进行场地回填。大地汽车部件有限公司技改扩建项目投入资金2000万元，新上消失模生产线，完成1000平方米厂房建设，另一座钢结构、高标准厂房已初步建成，预订部分设备，为开工投产做准备。

依托国际苗木繁育中心和河北

欧意金土果业发展有限公司等农业龙头企业，积极引进、培育、推广国内外知名高产新品种，丰富农产品类型，从金土苗木基地引进温室桃新品种——金奥6号4000株，在南常坨村改良温室12个。在规模化生产中，南部以发展订单苹果为主，种植面积达4400亩；北部重点发展大笤帚生产，大型加工企业3家，年产大笤帚600万把，年出口创汇200多万美元；东西部各村重点发展温室黄瓜、韭菜及错季蔬菜生产，面积发展到6000多亩；中部各村重点发展甜瓜生产，面积达到1万亩。珍皮动物存栏达到10万只。

新农村建设。创建文明生态村32个，建成娱乐场所18个，新建沼气池1200个，自来水安装完毕，普及率达到100%。

中共镇委书记：韩春云（7月免）
　　　　　　　宋东永（7月任）
镇　　　长：张永超

【汤家河镇】　位于乐亭县东南部，镇政府驻地距县城12.2公里，东为姜各庄镇，南邻渤海和县盐场，西为王滩镇，北与胡家坨镇、乐亭镇接壤。全镇实现地区生产总值7.50亿元；一、二、三产业增加值为2.27亿元、9600万元、4.27亿元；财政收入400万元，农民人均纯收入7272元，固定资产投入4700万元。

工业项目建设。唐山泰群生矿产品有限公司投资3500万元的外加工项目，落户海田村，占地70亩，主要依托港口，从泰国进口高品矿石，加工后销往中厚板厂及唐山周边钢铁企业，年加工能力60万吨，可实现利税1200万元。完成乾泰矿产品有限公司投资3000万元的矿石加工项目建设。盘活原麦港粮站闲置资产，完成恒瑞食品有限公司肉鸡加工项目建设，项目总投资1200万元，采取“公司+农户”的形式运作，年加工能力300万只，带动周边肉鸡养殖的发展。引进投资1800万元科力通机电有限公司，占地70亩；引进北方钙业有限公司，4月份已正式签约，总投资1亿元；引进唐山义华混凝土有限公司，占地164亩，预计总投资4000万元，已投资近1300万元，年产混凝土100万立方米。

新农村建设。投资2600万元，建成由镇区通往县临港产业聚集区的公路，起始汤家河村，途径南胡庄、周庄、湖林村、小刘庄子、海田村，全长7500米，大大缩短了镇区和县临港产业聚集区的距离，道路两侧万亩盐碱荒地将得到有效开发利用，第三产业也会迅速兴起，必将带动全镇经济快速发展。投资650万元，海田村原倪家铺自然村71户新民居建设工程完工；投资81万元，硬化路面5.4公里。在南部沿海各村，重新规划开挖长300米、宽20米排水渠，动土3000立方米。改造中低产田近4300亩，建成高标准沼气池483个。投资35万元，建设村活动场所3个。

中共镇委书记：赵利明
镇　　　长：张丽杰

【胡家坨镇】　位于乐亭县东部，镇政府驻地距县城12.5公里，东北部隔二滦河与姜各庄镇相邻，南部与汤家河镇接壤，西依乐亭镇，北靠毛庄镇。大黑坨村是革命先驱李大钊的诞生地。全镇实现地区生产总值7.53亿元；一、二、三产业增加值为2.06亿元、8300万元、4.64亿元；财政收入500万元，农民人均纯收入7267元，固定资产投入7400万元。

全力进行项目建设。投资4000万元的唐山昌华果蔬汁加工项目，年内建成投产，共生产果汁880吨，产值1200万元。唐山唐昂新型建材有限公司，投资400万元，新上电力专线一条，保证电力供应，实现产值5597万元，利税1743万元。投资409万元的土地整理项目，整理土地3120亩，新增耕地320亩。

发展精品农业。高家铺村“寒富”苹果生产基地，经县林业局、河北欧意金土果业发展有限公司跟踪指导，朝着欧洲模式的“矮化高密度示范园”标准顺利实施；以乐亭县兴农工贸公司为龙头，发展天鹰椒产业，实现出口创汇近百万美元。大力发展农村经济合作组织，建成专业合作社4个，专业协会2个。

实施生态富民工程。投资127万元，新建沼气池530个。投资92万元，完成冯庄子、南寨、西走等8个村自来水安装工程。

文明生态村建设。共投入资金近146万元，新修高标准水泥路面6000余米，新建高标准村址17间、文体活动广场两个，人居环境得到改善。

中共镇委书记：王剑秋（7月免）
　　　　　　　翟新村（7月任）
镇　　　长：王运华

【王滩镇】　位于乐亭县南部，镇政府驻地距县城16.6公里，是濒临唐山海港开发区的临港重镇，距京唐港区4公里。全镇实现地区生产总值16.01亿元；一、二、三产业增加值为6.09亿元、2.88亿元、7.04亿元；财政收入1600万元，农民人均纯收入7316元，固定资产投入4700万元。

交通地位及物贸企业建设。随着京唐港区及乐亭县临港产业聚集区的全面建设，王滩镇交通枢纽地位日益显现：滦港铁路、唐港高速公路、沿海高速公路、沿海公路及修建中高标准的乐港公路、滨海大道，分别途径镇区。源源不断的陆路和海路货运途经这里实现转运，从而带动工业及物流行业的发展。乐亭县物流基地及王滩镇工业物流园区分别坐落于镇区南侧（部），均实现水、电、路、讯的基础设施配套，为大项目建设提供良好的外部环境，并已有十多家企业落户运营。投资亿元以上的企业有两家，其中渤港物贸有限公司被评为唐山市2008年“十佳商贸企业”；投资2000万元以上的企业3家已投入生产。

改善农业生产条件，优化主导产业，强化特色产业，促进农民增产、增收。为提高稻区的增产潜力，落实良种补贴，引进丰田系列、盐丰系列和2015新品种，推广面积3万亩；引进玉米新品种11721公斤，种植面积4700亩。全镇投资10万元，清挖各类水渠20条、4000米，动土5万立方米；维修闸门、涵洞8座，维修、新建生产桥2座。

组织劳务输出。面对优越的地理位置，镇党委、镇政府积极组织农村剩余劳动力劳务输出，增加农民收入。王滩镇已成为乐亭县第一劳务输出大镇，有在附近厂企中长期务工人员3300多名，短期务工人员3200名；有从事服务业和建筑施

工人员2000余人。大苗庄、曹庄、孙庄、新海庄各村的半数以上劳动力到企业务工。劳务输出成为农民增收的重要途径，每年务工收入达6000万元，全镇人均增收1200余元。

中共镇委书记：张建国（7月免）
王剑秋（7月任）
镇　　　长：李大海

【阎各庄镇】　位于乐亭县西南部，镇政府驻地距县城13公里，东与王滩镇接壤，南临马头营镇，西与新寨镇为邻，北连乐亭镇。全镇实现地区生产总值12.75亿元；一、二、三产业增加值为4.71亿元、1.09亿元、6.95亿元；财政收入2400万元，农民人均纯收入7264元，固定资产投入1.05亿元。

工业项目建设方面，投资3000万元的福瑞普玻璃钢有限公司，5月份投产。坐落于县临港产业聚集区的唐山中鼎大中型机械轧辊有限公司，已投资1.6亿元，部分设备到位，厂房等基建工程在建设中。

农业基础工作方面，1.5万亩标准粮田建设项目，获得农业部批准。为实现农业生产条件改善，实施1625亩的土地平整治理项目。扶植兴建养殖小区，努力消除三鹿问题奶造成的影响，积极协调与蒙牛集团的关系，扩建周滩、武园两个奶源基地，新建大尖坨、六庄上两个标准化奶牛养殖场，有效解决了奶农的实际困难。

改善农村环境方面，按照新农村建设的基本要求，对文明生态村创建活动进行总体规划，年内5个创建村全部达标。全镇新建沼气池650个；投资200万元，修建全长14.1公里的“村村通”公路，群众的生产生活环境得到改善；投资180万元，完成13个村的自来水安装工程，7000多名群众的饮水安全问题得到解决。到年底，全镇41个村全部实现自来水入户。

发展公益事业。进一步加大农村合作医疗筹款工作力度，参合率达到99.2%；结合县民政局做好低保、五保人员及困难家庭的大病救助工作，实现病有所医；对17户特困家庭的危房进行改造，特殊群体的安居工作落到实处。

中共镇委书记：郭政祥
镇　　　长：陈　武（7月免）
肖仲学（7月任）

【马头营镇】　位于乐亭县西南部，镇政府驻地距县城16.8公里，南临渤海，北靠阎各庄镇，东与王滩镇接壤，西与古河乡、大清河盐场毗邻。海岸线长21公里。全镇实现地区生产总值7.29亿元；一、二、三产业增加值为3.38亿元、0.97亿元、2.95亿元；财政收入900万元，农民人均纯收入7186元，固定资产投入4300万元。

工业建设方面，全镇完成固定资产投资4245.2万元。其中：长鸣气体有限公司乙炔生产扩建项目投资510万元，实现全面生产；唐山瑞诺旧纸分检续建项目投资835.3万元；博晟公司手机壳体生产项目投资520万元，已投入生产；正泰建材有限公司新型建材续建项目投资1837.9万元；绿洲食品有限公司扩建项目投资542万元，已投入生产。

农业建设方面，依托石碑黄瓜协会，全面实施标准化生产，打响“孤竹果”品牌，代表唐山市参加奥运食品安全检查，得到国家农业部领导的认可，并与北京新发地市场实现产品对接。全镇温室总数达到2548个，唐山秋瓜、兔子腿、果味黄瓜等新品种推广率达到92%；棚均收入3万余元，人均增收3000余元。大力发展有机农业，推广有机水稻500亩。进一步调整珍皮动物养殖结构，引进美国短毛水貂、美国黑貂等优良品种，发展到2000余只。全镇珍皮动物存栏总量达到30万只。

新农村建设方面，全镇总投资1262万元，修建水泥路面39.6公里，绿化植树4万棵，安装路灯362盏，新建扩建村址4个，修建街心小广场3个，建沼气池382个，饮水改造10个村，饮水难的村全部解决。尹庄子村与省武警总队建成军民共建示范村。

中共镇委书记：付　奎
镇　　　长：张永新

【新寨镇】　位于乐亭县西南部，东与阎各庄镇、马头营镇接壤，南为古河乡，西邻滦南县，北靠庞各庄乡，镇政府驻地距县城13.5公里。全镇实现地区生产总值7.28亿元；一、二、三产业增加值为2.20亿元、5000万元、4.59亿元；财政收入500万元，农民人均纯收入7203元，固定资产投入4500万元。

经济建设方面，正泰建材有限公司新型建材续建项目投产试车。围绕农业生产条件改善，实施1500亩土地治理项目。年内引进果菜新品种13个。果实套袋面积达到2100亩，苹果高光效技术覆盖面积达90%。简易单玻套棚和中小拱棚生产面积1.3万亩，果菜产量20.4万吨。规划建成1000亩的高标准立体养殖基地，齐星绿色生态农产品开发有限公司生产的“凤窝牌”生态鸡，打入大中城市超市。

小城镇和新农村建设方面，规范科学发展示范村建设，完成宏发街5000平方米的拆迁、新建任务。辖区内县乡公路绿化率达到100%，规划建成300亩片林2处。加大农村基础设施建设，对全镇1188眼机井全部配套，检修、新增农用水泵1056台套，安装电表1388块，改造低压线路5300万米，修建水泥路等硬面路3200米，建成沼气池150个。

中共镇委书记：焦东民
镇　　　长：王利民

【庞各庄乡】　位于乐亭城西7.5公里，北靠汀流河镇，西邻大相各庄乡，南接新寨镇，东邻乐亭镇，唐港高速公路乐亭出入口位于甸子村东侧。

农业结构调整不断深化。经过农业结构调整，全乡农业生产由粗放规模型向集约精细型方向发展，形成种养殖结构合理、品种优化集中、品牌突出的发展态势。种植业呈南果北菜中部瓜的生产格局，主导品种为苹果、桃、番茄、甜瓜和甘蓝，80%以上是保护地生产，其中温室大棚8400亩。人均一亩菜、一亩果，群众收入的70%来源于果菜生产。2008年，全乡总产果品8.7万吨，蔬菜10.2万吨。养殖业以专业村和合作协会为平台，迅速发展，全乡畜禽饲养总量达到150万头（只），主要有猪、牛、羊、鸡、貂、狐、貉，有24个规模养殖场，8个养殖专业村。

新农村建设颇具成效。随着新农村建设和民心工程的实施，群众

的生产条件、生活环境有明显改善。累计投资338万元，成为全县第一个村村通自来水的乡。累计投入528万元，改造乡村公路42.1公里，实现村村通水泥路。道路养护工作措施完备，被唐山市政府命名为“公路养护示范乡镇”。村庄内主副街道全部铺设水泥路，实现“户户通”的村12个。实现村庄亮化的村16个，亮化率达73%。先后建成文明生态村19个。全乡建沼气池总数达到1298个，翻扩建村址7个，新建文化广场3个，安装有线电视的村13个，7个村田间铺设地下管道10万米，实现节水灌溉。

中共乡委书记：郁永良（7月免）
曾庆学（7月任）
乡　　　长：曾庆学（7月免）
张永涛（7月任）

【大相各庄乡】　位于乐亭县西部，乡政府驻地距县城20公里，东邻庞各庄乡，南与新寨镇接壤，西、北与滦南县交界。全镇实现地区生产总值6.90亿元；一、二、三产业增加值为2.76亿元、2.90亿元、1.24亿元；财政收入500万元，农民人均纯收入7223元，固定资产投入4300万元。

工业方面，构筑“一线三点”格局：以乐相公路为纽带，北部河北诚成肥业在陶庄建成投产；中部建有源达锅炉、树民锅炉、朝仲酒厂等民营企业和利用原高频焊管厂址建成投产的韩国独资企业海东建材厂；南部远航食品厂利用史庄蔬菜批发市场旧址建成投产，为外向型蔬菜加工企业。到年底，全乡中小企业达12家，总资产6000万元，并呈现出集群发展之势。

农业方面，构筑“一带三区”格局：在南部房各庄村到北部周庄村一带发展珍稀皮毛动物养殖，建成养殖场14个，皮毛动物总量达到30万只。在北部以马烧村为中心，建成温室果菜区；在中部以崔石潘各庄村为中心，建成有机大白菜为主的精品果菜区；在南部以榆林村为中心，建成设施菜笋为主的中小拱棚蔬菜区。通过引进新品种，不断提高果菜品质，提高市场占有率。

中共乡委书记：宋东永（7月免）
郑洪涛（7月任）
乡　　　长：董双福

【古河乡】　位于乐亭县西南部，曹妃甸港、京唐港两大港区之间，乡政府驻地距县城22.2公里，南临渤海，西部与唐海、滦南两县交界，东部与马头营镇相邻，北部与新寨镇接壤。境内有小清河、新河和盐场北侧渠等主要河流，海岸线长15公里。全镇实现地区生产总值5.89亿元；一、二、三产业增加值为2.83亿元、1.50亿元、1.56亿元；财政收入500万元，农民人均纯收入7206元，固定资产投入6600万元。

积极推进项目建设。唐山齿轮集团有限公司在临港产业聚集区投资5.2亿元的年产10万套重型汽车变速器生产项目，正在进行厂区回填平整。利用京唐四公司闲置厂房投资1000万元，年产2万吨的镍土深加工项目，全部设备已经安装完毕。实施的省、市土地整理项目，改良土地面积5500亩。

大力实施生态富民工程。全乡建沼气池477座，改厕263座。投入资金112万元，对古河、西坨、西阁楼坨等10个村的自来水进行改造。投资316万元，对涉及10个行政村、长度22.2公里的农村公路进行修建。投资88万元，在古河、石桥头、李各庄、后小营等11个村建起高标准活动广场，配备高标准健身活动器材。广泛宣传新型农村合作医疗政策，提高全民参合意识，全乡参合人员20602人，参合率达99.16%。

中共乡委书记：马立存
乡　　　长：张继光

【汀流河镇】　位于乐亭县西北部，镇政府驻地距县城11.1公里，东邻中堡镇，东南为乐亭镇，南接庞各庄乡，西部和北部与滦南县接壤。全镇实现地区生产总值4.03亿元；一、二、三产业增加值为2.83亿元、35.4亿元、2.01亿元；财政收入900万元，农民人均纯收入7259元，固定资产投入6000万元。

小城镇建设方面，以城镇面貌“三年大变样”活动为契机，采取镇政府与东石各庄村委会合作的形式，进行商贸楼开发建设。加大投资力度，全年用于小城镇建设资金达3730万元，为历史性突破。新建彩钢瓦顶商贸楼57栋；健康街安装路灯22盏，铺设排水管道580米；为镇区所有单位和居民安装自来水，铺设供水管网4.6万米；为镇区620户居民安装闭路电视设施。强力推进拆违、拆迁、拆陋工作，共拆违、拆迁、拆陋50户，拆除过街路段违章建筑31户。

农业生产方面，确立“实施品牌战略，提升品牌效益，推进现代农业”的发展思路，通过发展甜瓜产业、实施农业项目建设等措施，逐步提高农业综合生产能力。立足现有产品优势，大力发展保护地甜瓜栽培，培植永甜、红城、京香、香瑞金典等薄皮系列品种近30个，种植面积达2.1万亩，全镇甜瓜年收入2亿元；畜牧业以蛋鸡、肉鸡、生猪、奶牛、珍稀毛皮动物养殖和白鹅孵化为主，建成畜禽养殖小区23个，存栏量达35万头（只）。按照标准化、规模化、集约化发展的要求，投资200万元，在刘庄村兴建占地70亩、存栏700头的奶牛养殖园区；为提升农业综合生产能力，投资300万元，对汀流河、洼里、桑园、孔营、高地、常河、徐于、薛李8个村的土地进行粮田改造，平整土地1万亩，铺设地下管道5万米，修建3米宽机耕路6333米。

打造文化品牌方面，以“打造汀流河镇特色文化品牌”为目标，不断加大文化事业的投入力度。投资50万元，对镇综合文化站进行了改扩建，扩建后的综合文化中心，占地面积2000平方米，内设多功能活动室、图书室、综合娱乐室、老年文体活动室、健身广场等；投资70万元，完善17个村的文化活动室，形成覆盖全镇各个层面的阵地网络。成立由38名农家妇女组成的“三八”擂鼓队，并对擂鼓套路进行创新，擂鼓文化得到丰富和发展。成立老年大学政治理论班和书画班，办讲座3次，写文章50多篇，宣讲30多次，创作诗词30多首，歌曲6首，书写、绘画作品50多幅。

中共镇委书记：裴建忠
镇　　　长：翟新村（7月免）
骆建永（7月任）

【中堡镇】　位于县域北部，镇政府驻地距县城10公里，东邻毛庄镇，南毗乐亭镇，西南接汀流河镇，西北连滦南县，东北靠滦河与昌黎

县相望。全镇实现地区生产总值6.54亿元；一、二、三产业增加值分别为2.93亿元、7600亿元、2.84亿元；财政收入2100万元，农民人均纯收入7305元，固定资产投入5500万元。

引资引项工作方面，引进资金3.5亿元，在县临港产业聚集区建设冶金设备制造、家用燃气壁挂锅炉、丞起汽车零部件技改扩建等三大项目。

农业产业化经营方面，健全三个协会（草莓协会、食用菌协会、奶牛养殖协会）和三个合作社（春香草莓合作社、绿康食用菌合作社、康华奶牛合作社），成立老马坨甜瓜协会和杜赵唐韭菜协会。农村经济合作组织年总产值1.01亿元，人均增收500元。发挥龙头企业的辐射带动作用，重点扶持双山罐头厂、海珠油脂厂等农产品加工企业，走企业+基地+农户发展之路，提高农产品附加值，增加农民收入。

安全防范试点建设方面，先后在勒西、老马坨等村投入60万元，开展安全防范示范工程试点建设，成效显著，被省综治委确定为全省基层平安建设示范单位，被唐山市委、市政府命名为诚信平安乡镇。

实施生态建设。在汀会路两侧，分别栽植宽20米的绿化带，形成长7102米绿化长廊；建设生态片林800亩，完善农田林网165亩，建成经济林1700亩，全镇共有林地面积4.06万亩，森林覆盖率达32%，被命名为河北省绿化先进单位。实施生态家园富民工程。全年建成沼气池767座，沼气池总量达1400多座，普及率16%，群众生产、生活条件得到改善。

中共镇委书记：艾锡宏
镇　　　　长：张福民

【姜各庄镇】 位于乐亭县东部，镇政府驻地距县城18.8公里，东、南毗邻渤海，西与毛庄、胡家坨、汤家河镇为邻，北隔滦河与昌黎县相望。全镇实现地区生产总值24.01亿元；一、二、三产业增加值为9.96亿元、6.68亿元、7.45亿元；财政收入600万元，农民人均纯收入7210元，固定资产投入1.18亿元。

项目建设方面，确定“一线贯通，三区互动”的产业布局，以南北贯穿全镇的沿海公路为主动脉，规划镇域南部为工业小区、中部旅游区、北部商贸区。在南部工业小区内，投资1.8亿元的京乐湾混凝土有限公司混凝土搅拌站项目，日生产能力3600立方米，所产混凝土全部供应首钢。投资3000万元的拓源煤炭有限公司精煤加工项目，日加工精煤2000吨，全部供应通宝焦化有限公司。投资5亿元的华能风力发电一期工程，首台风机调试完成。

新农村建设方面，全面完成文明生态村创建的各项任务，涌现出东南庄、东荒等一批高标准示范村。实施桥头片13个村联村供水工程，8月份水厂建设竣工，开始全面供水，日最大供水量达900吨。实施8个村的改水工程，使全镇70个行政村全部通自来水。投资150万元，对石满线进行改造；投资380万元对六村、柳林、东荒、杨家林等12个村道路实施硬化，并做好“村村通”道路养护工作。

中共镇委书记：王学兵
镇　　　　长：肖仲学（7月免）
　　　　　　　白建新（7月任）

【乐安街道办事处】 坐落在县城，区划面积9.8平方公里，下辖10个社区居委会，人口44053人。

创建国家卫生县城工作。招聘167名保洁员对所辖社区楼院及71个公厕全天保洁。封堵垃圾口4000多个，购置密闭垃圾桶400个、果皮箱100个，引导居民定时定点投放垃圾，推行垃圾袋装化。完善小区内基础设施建设，清除乱围乱种3500多处，粉刷墙体15万平方米，清运垃圾8700余立方米。采取聘请专家讲座、印发宣传材料、安排文艺演出、悬挂健康知识标语、设置健康教育宣传橱窗等形式，对居民进行健康知识教育。拆违、拆迁、拆陋工作有序进行，累计拆除295户4324.5平方米。

社会保障工作。享受低保的总户数达到596户1256人。对1572名企业退休人员进行认证，各社区建立统一的管理网络。加大城镇医保工作的宣传力度，居民参保率达到95%以上。

精神文明建设。开展以“建美好家园、做文明公民”为主题的文明礼仪知识教育活动。组织居民千余人参加全县“贺新春、迎奥运，新年健身长跑”活动和“奥运倒计时全民健身周启动仪式”。在“奥运火炬传递”过程中选派45人的秧歌表演队到曹妃甸进行助兴表演。各社区还开展“为奥运加油、展社区风采”健身操比赛。年内各社区艺术团共举办文艺演出20余场次。

中共街道工委书记：高艳慧（7月免）
　　　　　　　　　陈　武（7月任）
办 事 处 主 任：赵荣华

（任春耕）

唐海县

【概况】 位于唐山东南部，濒临渤海，曹妃甸新区管委会所在地，为冀东经济版块的核心地域。区位交通优势突出，南靠冀东地区最大的深水港——曹妃甸，多条国省干道贯穿境内，全县每平方公里公路网密度已接近长三角等发达地区水平，并且纳入了京津“一小时经济圈”和大北京都市圈。

自然资源得天独厚，人均占有土地7.8亩，县域南部沿海区域有近21万亩荒地、滩涂可供开发利用，可谓大项目建设提供充足用地。湿地资源丰富，全县拥有自然或人工湿地面积80万亩，是国际性鸟类重要的迁徙栖息地，被列为省级湿地自然保护区，此外，县内还有丰富的石油、天然气资源，是国家能源战略储备基地。

唐海县的前身是建于1956年的国营柏各庄农场，1983年建县，总面积960平方公里，其中陆地面积732平方公里，海域面积228平方公里，耕地面积35万亩，下辖10个谷物农场，2个海水养殖场和1个建制镇，总人口14.2万，人口自然增长率4.15‰。全年完成地区总产值55.5亿元，比上年增长17.9%，其中第一、二、三产业增加值分别达到12亿元、22.8亿元、20.6亿元，同比增长2.5%、20.2%、30%。全部财政收入6.89亿元，同比增长41.4%，其中地方一般预算收入3.55亿元，同比增长58.5%，全部财政收入占GDP的比重达

12.4%，提高1.3个百分点，三次产业结构调整为21.7：41.1：37.2，其中二产比重提高4.4个百分点，财政支出6.15亿元，同比增长33.8%，城镇居民人均可支配收入15031元，同比增长15.3%，农民人均纯收入6850元，同比增长24.5%，职工年平均工资20606元，同比增长25%，年末城乡居民存款余额34.3亿元，完成社会固定资产投资41.7亿元，同比增长72.5%，全县实现社会消费品零售总额12.9亿元，同比增长27.1%，出口创汇总额2207万美元，同比增长23.6%，实际利用外资1560万美元，粮食总产量18.9万吨，生猪出栏19.5万头，同比增长15.5%，海淡水养殖产品产量6万吨，同比增长4.7%。

COD和二氧化硫分别消减6170.89吨和704.06吨，削减率分别达到16.31%和6.54%，城市空气质量二级天数255天，万元GDP综合耗能下降5.7个百分点。

全县围绕“三大定位”（新型工业化基地、旅游度假胜地和城乡一体化样板）“五大重点”（园区建设、城乡建设、现代产业、民生改善、全民创业），聚力打造“工业唐海，滨海城市。县域经济综合实力连续两年在河北省138个县市区中名列第11位。

【园区建设实现新突破】 在建设曹妃甸新区，打造沿海经济隆起带中准确定位，全面启动曹妃甸新区配套产业园区、湿地旅游度假区和县城产业项目及生活服务区三大区与建设，以此作为带动县域经济发展。

充分利用南部沿海十里海区域内铁路、公路贯通的交通优势及紧邻曹妃甸新区的区位优势，全面加快规划面积60平方公里的曹妃甸新区配套产业园区建设，大力发展与港口工业配套的以大型仓储、物流以及加工业为主的产业链群，累计投资3亿元用与园区内的水、电、路、气、通讯等基础配套工程建设，改善投资环境，目前，已有19家企业入住园区，总投资超过90亿元。其中文丰火车轮毂和直缝焊管、大昌物流等项目相继开工，天津小猫线缆、海信信息科技园、唐钢制气、奥丰板材加工等项目也完成前期施工。

湿地旅游休闲度假区建设取得实质性进展。在南部七农场境内占地面积33平方公里的曹妃甸湿地公园，经村庄搬迁、绿化美化、湿地修复、供水、供电、供气和道路等工程建设后，一期工程——谐园目前已建成开放，大大改善唐海的投资环境，引起省市领导及有关客商的格外关注。与此同时，举全县之力，集中进行科学发展（曹妃甸）论坛会址建设的双百日大会战，投资21亿元，如期完成论坛会址九大工程，以及渤海国际会议中心会址和相关配套工程，建成国内一流的会议接待、大型会展和商务休闲中心，成功举办中国城郊经济年会、唐山曹妃甸临港产业国际合作会议等大型国内外会议。首钢国际、金熊国际二期工程开始启动，商务休闲港、曹妃湖三岛开发等项目顺利推进，高端服务业迅速兴起。

县城产业项目和生活服务区建设再上新台阶。城西工业园区二期工程全面启动，已有34家企业入驻园区，投资总额13亿元。

2008年，唐海县以园区建设为依托，共启动实施千万元以上项目32个，其中亿元以上17个，完成投资36.6亿元。同时，还抓住全市项目攻坚的有利时机，加快项目审批进度，目前，64个报市项目已全部完成县本级审批手续，13个项目争得国债支持，申请中央资金1664万元。

随着一大批产业项目的开工建设和快速聚集，园区开发的巨大潜能和后发优势开始凸显，引领县域经济快速发展的作用明显增强。

在县城区，全面开展城市建设“三年大变样”活动，加快高档商务设施建设，不断提高城市配套服务功能，全年开工城建项目32项，完成投资20.4亿元，建设大街东延、滨海里、化工里拆迁改造稳步进行，四季华庭等高标准居住小区相继交付使用，唐海明珠等新建小区加紧施工，全年新增商品房面积20万平方米，新增经济适用房面积7.5万平方米。新建2座热力站；10座垃圾转运站，污水处理厂一期工程完工并投入使用，海诺国际等大型商务设施相继开工建设。公用事业建设全面展开，文化馆、图书馆、科技馆、档案馆“四馆”综合楼、县医院新院、计生服务站和妇幼保健院综合楼主体完工，气象站搬迁新建加快实施，全力开战绿化攻坚行动，实施绿化提标、亮化扩面、拆违拆迁等环境综合治理，新增绿化面积13.9万平方米，建成区绿化覆盖面积26%，大规模城市建设使城市承载能力成倍提升，，人居环境明显改善，城市化水平进入省市先进行列。

【城乡一体化建设迈出新步伐】

以城乡一体化试点县建设为契机，全力推进农场“六项重点工作”城乡经济社会实现共同繁荣，全面落实惠农政策，持续加大农田水利基本建设投入，农业生产条件不断改善，新品种覆盖率、机械化作业率、和标准化生产规模不断扩大，水稻、蔬菜等主要农产品均获丰收。四农场农业生态园等一批农业项目进展顺利，以观光、旅游休闲为特征的现代农业前景广阔。城乡社会保障水平全面提升，县财政补贴3000万元，启动建立场镇居民养老保险制度，使达到法定退休年龄没有退休待遇的居民每人每月能领取60元养老金，基本实现养老保险全社会覆盖。新型农村合作医疗人均缴费标准由80元提高到150元，居全省之首。城乡低保标准每人每月提高到205元，农村低保水平比全市高105元，通过开展住房、教育、医疗等专项救助活动，保障城乡弱势群体的基本生活。健全完善城乡就业服务体系，县人才交流中心和就业服务中心投入使用，职教中心与首钢达成定向培训协议，部分场镇相机组建劳务中介公司，建起城乡劳动力共享的技能培训和就业指导平台。全年农村劳动力向非农产业转移1万余人次，实名制劳务输出3500人，城镇登记失业率控制在3.9%以内，新农村建设深入推进，县财政用于新农村建设资金1.4亿元，群众人均受益1400元，完成41个村队饮水改造、68个村民中心建设和9个新民居改造试点工程，创建各级各类文明生态村20个，农村整体面貌得到极大改善，城乡等值化程度显著提高。

【社会事业建设取得新成效】　投资1060万元，全面完成农场幼儿园一日整托改造；试行12年免费教育；财政补贴97万元，全部免除普通高中教育公助生学费；普通高中教育和职业教育办学质量得到较大提升，高考二本线以上上线率跃居全市前列，职业教育中心毕业生就业率达96%，全国科技先进县成果得到巩固，科技成果应用率达87%以上，规范场镇卫生院管理，开通120急救中心，公共卫生突发事件应急处理能力明显增强。坚持集约用地，实施土地整理2.7万亩，在保障重点建设项目用地的同时，实现耕地占补动态平衡。大力加强县场队三级文化阵地建设，广泛开展群众性精神文明创建活动，全力组织向四川等灾区爱心捐赠援建活动，城乡文明程度显著提升。坚持不懈抓好安全生产，建立健全社会预警体系和应急救助机制，编制完成《唐海县防灾减灾综合规划》，并组织开展各种层次应急实战演练，果断处置"三鹿"牌奶粉、水稻白背飞虱、奶牛布鲁氏菌等公共突发安全事件，果断应对城区防洪排涝重大险情，最大限度地确保了城乡居民公共安全，集中开展大接访活动，妥善解决群众的合理诉求，有效化解了各类社会矛盾，维护了社会稳定。

中共县委书记：于冬青（5月免）
王小谦（4月任，10月免）
姚自敏（兼，11月任中共唐山市委常委、曹妃甸新区党工委书记、管委会主任）
副书记：李建新
李可春
县委常委：王瑞天
李金生
杨建文
刘汉义
李　丽（女）
杨靖山
艾文志
孙志东
县人大常委会主任：丁国富
副主任：张　印
孙武勋
刘建敏
高树文
县　　长：李建新
副县长：李金生
杨靖山
周顺增
李季莲
李全民
政协主席：王金生
副主席：孙志广
艾文国
何宝云
王立功
孙兆品

【唐海镇（二农场）】　全镇辖16个农业村队、7个居委会，25家工、建、交、商企业，固定资产5.5亿元，是集农、林、牧、副、渔、工、建、交、商为一体，一、二、三产业全面发展的县城镇。全镇实现国民生产总值2.26亿元，完成全社会固定资产投资4950万元，引进内资880万元，完成区域实交税金总额1795.1万元，农民人均可支配收入3877元。农业，通过实施"一带四区"结构调整战略，进一步优化农业产业发展新格局。3.5万亩耕地，其中水稻种植面积1.6万亩，棉花、玉米等旱作物种植面积1.9亩；淡水养殖面积3179亩，全部实现精养；畜牧业发展迅速，养殖户达472户，生猪存栏7146头，牛存栏114头，羊存栏1335只，鸡出栏68500只，全镇实现畜牧产值681万元。工业，全镇25家国有工建交商企业已完成改制，通过改制，盘活存量资产2亿元，吸引增量投入2400万元。海丰纸业、龙海用呢等骨干企业积极加强产品创新，实施技术改造，增强企业发展后劲，全镇改制企业中有14家步入产销两旺快速发展之路。个体私营，全镇个体工商户和私营企业分别达到1359户和142家，注册资金7.82亿元，从业人员8027人，实现产值、营业收入13.3亿元，注册资金超50万元的私营企业大户发展到83户。

主要产业有：稻米加工业，年产绿色优质大米1.8万吨，是国家重要的商品粮和绿色稻米生产基地；淡水养殖业，年产淡水鱼1000吨；林果业，果园3000亩，年产果品600吨，园艺苗圃105亩，可对内对外供应多种苗木花卉；造纸业，拥有国家大二型造纸企业1家，5条造纸生产线，年抄造能力4.38万吨；服装加工业，拥有大型服装加工企业1家，年加工生产能力100万件套。

中共镇委书记：孟晓存
镇　　长：解立新

【一农场】　位于唐海县东南部，距县城12.5公里，面积56平方公里，人口1.1万人。整个辖区以场部为中心分为15个生产队和1个居委会，涉及全场3500多户。水稻种植业和稻田立体种养业是全场的特色经济产业。全场耕地面积3.3万亩，农业职工2647人。近年来，由于水情的好转、稻谷价格的上扬，农工种地的积极性大大提高。全场水稻种植面积均达到3万亩以上，年产优质大米1.9万吨。稻田立体种养面积也呈恢复性增长，达到1.5万亩的养殖规模。水产养殖面积相对比较稳定，总面积7961亩（不含立体种养面积），其中：海水养殖面积1206亩，淡水养殖面积6755亩，年产淡水鱼虾蟹达1000吨左右，海产品200吨左右。同时，不断探索新模式、引进新品种，向集约型、科技型、精深特方向发展。目前，全场已有工厂化养殖面积4000多平方米。以稻田养蟹为主的水稻立体种养成功推广规模发展后，围绕蟹苗孵化的个体蟹苗孵化站发展较快，达到40多座。国有企业全部完成产权改制，私营企业日渐增多。比较突出的有唐山宏源制衣有限公司、唐海县新宇制衣有限公司、唐海华星家具厂等，吸纳企业职工和下岗人员近500多名，成为农场经济发展的一支主力军。另外，投资1000万元的建筑安装材料厂已成功注册落户。

一农场是农业大场，多年来以水稻种植为主产业。近年来，随着市场经济的不断深化发展，单一的稻粒经济已远远无法满足广大人民群众的需求。自1992年发展稻田立体种养以来，现已逐渐形成规模化发展。场域经济已形成优质稻种植和稻田养蟹两大支柱产业。稻田养蟹初具产业化格局：一是总量初具规模。到2002年稻田养蟹面积已达到1.65万亩，占全场水稻种植总面积的半数以上，年产系列蟹产品1000吨左右，产值达到2500万元左

右。二是模式产品齐全、系列多样化。从单一稻田养殖扣蟹，发展到幼体孵化、大棚豆蟹、稻田成蟹。主要生产蟹花（大眼幼体）、豆蟹、扣蟹、成蟹系列化产品，年产蟹花（大眼幼体）3.2 吨，豆蟹 30 吨，扣蟹 600 吨，成蟹 400 吨，产品远销京、津、唐、秦及南方各省。三是促进配套产业的发展，蟹苗孵化业。全场达到 40 多家孵化站，有效水体 0.6 万立方米，豆蟹大棚达到 300 座。稻田养蟹产业的逐渐形成，挖掘资源潜力，提高了土地产出率，带动整个场域经济。独具特色的稻田立体种养，打出生态牌、绿色牌、特色牌，曾被世界农业组织称为“世界农业可持续发展的杰出典范”，生产的绿色食品稻米。

中共场党委书记：李学军
场　　　　长：韩武庭

【三农场】　位于县城南 4 公里处，沿海公路横贯本场腹地，总人口 6457 人，职工 1674 人。所辖 8 个农业生产队，3 个水产养殖公司，2 个工厂化养殖厂，有工建交商企业 12 家，其中：大型企业年产焦炭 120 万吨焦化厂 1 家、年加工各类服装 100 万件服装厂 1 家和年产丙纶丝 500 吨丙纶丝厂 1 家。服务单位 6 家。经营面积 45 平方公里，农田面积 18892.8 亩，海淡水养殖面积 12549 亩。年产稻谷 11335 吨，绿色大米 3800 吨；年产草鱼、梭鱼、鲫鱼、莲鱼、牙鲆鱼、河豚鱼等 3000 吨，东方对虾 90 吨，河蟹 500 吨；年存栏牛、羊、猪、鸡等 10000 头（只），貉子、獭兔、鸽子、肉狗等达 11 余种。焦化厂、海联公司、服装公司等 187 家个体私营企业和工商户，年产各类丙纶丝、服装、皮鞋、纯棉鞋带、纸板、饵料等十多种轻工产品及水产品，年可创产值 3500 万元，利税 350 万元。

全场实现国民生产总值 9046 万元，同比增长 9.3%，完成年计划的 100.6%。其中：一产增加值完成 3736 万元，同比增长 1.4%，完成年计划的 101.4%；二产增加值完成 1330 万元，同比增长 16.2%，完成年计划的 100.3%；三产增加值完成 3986 万元，同比增长 15.8%，完成年计划的 101.2%；完成固定资产投入 1850 万元，同比下降 2.6%，完成年计划的 102.7%；乡镇企业实现税收 93 万元，同比增长 24%，完成年计划的 100%。人均纯收入达到 2957 元。

主要产业有：种植业：农田面积 18892.8 亩，年产稻谷 11335 吨，绿色大米 3800 吨；海淡水养殖业：海淡水养殖面积 12549 亩。年产草鱼、梭鱼、鲫鱼、莲鱼、牙鲆鱼、河豚鱼等 3000 吨，东方对虾 90 吨，河蟹 500 吨；畜牧养殖业：年存栏牛、羊、猪、鸡等 10000 头（只），貉子、獭兔、鸽子、肉狗等达 11 余种。

中共场党委书记：张会生
场　　　　长：高庆良

【四农场】　始建于 1958 年，地处唐海县城南，南临渤海，交通通讯便利，国家沿海公路与正在兴建的青林线通曹妃甸港口公路纵横交汇，可与京、津、唐、秦、承等大中城市直接相通。全场占地总面积 5500 公顷，人口 6615 人，职工总数 1819 人，辖 10 个农业生产队，1 个淡水养殖公司，工业企业包括塑编、服装、机米加工、饲料加工、水泥铸件、建筑安装等。全场有水稻种植面积 1.9 万亩，水产养殖面积 2.1 万亩，果菜种植面积 60 亩。全场完成国内生产总值 9772 万元，实现税收 88 万元，完成固定资产投资 1940 万元，农户人均纯收入达 2343 元。水稻种植业上，大力调整农业种植结构，发展高效立体种养。巩固百忠特种米种植场基础地位，叫响“蟹田”米、“富硒”米两个农场自创品牌，培育扩大具有一定规模、一定带动作用的米业龙头，使农业结构的深层次调整迈出坚实步伐。淡水养殖业依托精养开发较多、养殖品种较多的现状，继续实施精养开发，提高单位效益，大力调整和优化养殖品种结构，扩大精品养殖规模，提高精品占有率。畜牧业是近年来农场经济发展的重头戏，按照“园区养殖、集约管理、滚动发展、体现特色”的思路，在全场率先建成三队、五队、八队、十队生猪养殖园区、畜牧队特禽养殖园区、鸽狐养殖园区，并配套水电路基础设施，以园区发展带动群众的广泛养殖。目前全场生猪存栏达 6000 头以上，特种养殖品种发展到 10 多种，成为拉动场域经济发展的重要组成部分。

中共场党委书记：吴秋波
场　　　　长：杨建军

【五农场】　位于唐海县城南 9 公里，南临渤海，交通通讯便利，国家沿海公路与正在兴建的青林线通曹妃甸港口公路纵横交汇，可与京、津、唐、秦、承等大中城市直接相通。五农场地处四点一带最前沿，距曹妃甸港区 15 公里，其优越的地理位置正可谓得天独厚。主要收入来源水稻种植及淡水养殖。农场始建于 1958 年，国土面积 60 平方公里，其中：水稻种植面积 1.89 万亩，淡水养殖面积 2 万亩，可利用的滩涂面积 2 万多亩，林地面积 0.32 万亩，全场总人口 6391 人，下设 7 个行政村队，1 个场部居委会，有学校、医院等服务单位 6 个。近年来，五农场牢固树立“服务港区，依港兴场”的战略，充分发挥区位优势，经济和社会事业均取得长足进步，经济平均增长速度达到 20% 以上，年实现国民生产总值 2.86 亿元，税收 1000 万元，人均收入 5526 元。

五农场具有发展经济的良好优势。一是区位优势突出，是通往北方大港曹妃甸的必经之路，临港、近路、依城的区位优势成为承接临港产业的首选之地。二是资源优势突出，人少地多，丰富的水稻资源和淡水养殖资源造就良好的天然生态环境，而 2 万多亩滩涂资源已经规划为临港工业区，富足的资源已吸引八方有识之士投资的目光。三是团结务实、开放创新的领导班子。2008 年，农场一班人坚持以人为本，立足于农场实际，以科学发展观为统领，为农场今后的发展趟出“三条路”即农业规模生态经营之路、劳务输出之路、第三产业之路。同时，深入开展“效率年”活动，建立行政审批绿色通道，真正搭建起利民、便民的高效服务平台。四是具有良好的人文环境。朴实的民风哺育了朴实的文化。现如今，场部文化大院设施完善，已成立象棋、书法、戏曲、舞蹈等协会，使全场居民有所乐、有所好，群众自发的组织起的老年腰鼓队已成为农场一张亮丽的文化名片。

党委按照科学发展的理念，对区域进行科学的总体规划，形成四大功能区，即北部基本农田保护区、淡水资源湿地保护区、南部临港工业园区和中部环境优美的城镇居民生活区。按照这一规划，将加强农副产品基地建设，全面贯彻“三条路”战略；做强工业，加速发展，对工业企业进行技术改造，使企业活力更强。加大招商引资力度，利用好现有的800多亩建设存量用地，打造项目平台，吸引众多企业安家落户，承接更多的临港产业；加速小城镇建设，规划“欧式法国风情”小镇，从而推动新农村建设步伐。在农业实行适度规模经营后，对全场劳动力进行技能培训，提高就业和创业能力，增加农工群众收入。通过增强城市功能和农村劳动力转移，缩小城乡差别，打造城乡一体化的新农村。

中共场党委书记：张秀山
场　　　　　长：丁增林

【六农场】 下辖10个生产队、辖区内共有14家民营企业，实现国民生产总值7888万元，完成全社会固定资产投资2650万元，完成区域税收233万元，农民人均收入3875元。在一、二、三产当中，以农业为主，农业中又以设施农业最具特色。从1998年起，正式拉开以发展设施农业为重点大规模农业结构调整的序幕，经过近8年的精心运作，全场设施农业取得长足发展。共兴建蔬菜大棚1410亩，年产各类蔬菜7000吨，年创产值1000万元。种植经济作物9000亩，亩产值达2743元。农场畜牧业发展迅速，全场养殖大户达132户，建畜牧园区5个，占地总面积达230亩，共有26个养殖大户进园区养殖，2005年全场实现畜牧产值3238万元。农场工业基础扎实，唐山三越化工、万通铁路机车配件厂、九州油脂等优势骨干企业落户农场发展，场域经济发展迅猛，目前，农场正在进行建设用地的开发与整理，等待各方投资商到农场落户发展。

特色产业有：1. 设施农业，年产蔬菜7000吨，远销北京、天津、东北等各大城市市场；2. 林果业，果园360亩，年产果品180吨；3. 化工业，三越化工有限公司年产硫酸4.5吨。特色产品有：1. 绿色无公害蔬菜；2. “锦丰”沙地梨；3. 硫酸。

支柱企业有：1. 唐山三越化工有限公司，位于六农场曾家湾村东，占地面积43330平方米，建筑面积2000平方米，拥有员工120人，固定资产1200万元，年产各种浓度的硫酸4.5万吨，产品主要销往京、津、唐等地，年产值1800万元，利税600万元。该企业目前采用目前国内较为先进的沸腾焙烧，干法排渣，酸洗净化，二转二吸的生产工艺，生产105%、98%和92.5%三种浓度的硫酸，企业计划争取在2—5年内把公司发展成为县内最大的化工企业，成为唐海的化工基地。2. 唐山万通机车配件厂，位于唐海六场工业区，企业占地面积7055平方米，固定资产760万元，拥有高工2名，专业工程师6名，有专业的技术开发人员5名，拥有高级技工15名，CAD计算机辅助设计和一线专业操作队伍，确保产品制造工艺过程中的精度和质量，完全符合产品的技术要求。企业加工生产的铁路机客车配件已在国内铁路制造行业中拥有了长久的立足之地。3. 唐山九州科技有限公司唐海油脂分公司，始建于2000年，该公司拥有固定资产1184万元，总占地面积45亩，建筑面积5282平方米，现有管理人员8人，技术人员9人，生产工人68人。日膨化米糠120吨，日浸出能力为60吨，年产米糠油3000吨，糠粕15000吨。六农场地处环渤海京、津、冀三角洲腹地，是未来曹妃甸港口城市的北大门。随着曹妃甸港口的开发建设，这片沃土将成为港口后方工商业投资的集聚地，开发潜力极大。

中共场党委书记：侯树军
场　　　　　长：孙树林

【七农场】 位于渤海海之滨，比邻京、津、唐、秦，自然资源丰富，地理条件优越，并有难得的湿地自然生态景观，双龙河纵穿全场流入渤海，农业生产资源得天独厚。建场四十年来，经几代人不断开拓创业，全场形成各类资源用地10万亩，其中海、淡水养殖面积5万亩，高产苇田2.5万亩，绿色水稻1万亩，是冀东最大的河蟹养殖基地。其所产恒行牌河蟹畅销全国各地。国民生产总值5716.5万元，完成年计划的103%；全社会固定资产投资1300万元，完成年计划的100%；实际利用外资16.8万元，完成年计划的112%；农民人均收入3180元；实现利税134万元。

经济特色：（一）打造产业品牌在调研论证的基础上，结合农场实际，将湿地开发作为经济发展的特色和农场振兴的重要突破口，举全场之力，发展湿地经济，打造“恒行”产业。2000年5月份在国家商标总局注册“恒行”品牌，2001年12月唐海县以七农场为基地，申报成为中国河蟹之乡，2002年9月1日，集观光、垂钓、观鸟、野炊为一体的“恒行”蟹园试运营，到2008年底，共接待北京、天津、唐山等大中城市游客5万人次。所产“恒行”牌河蟹被河北省质量审定委员会、河北省技术监督局授予省优质产品。“恒行”河蟹已经成为唐山市水产业发展的三大品牌之一，国家、省、市等多家新闻媒体都给予广泛报道，为全场农产品走向市场，拓宽了渠道。“恒行”产业产值已占到农场总产值的85%，已经成为农场经济发展的重要支柱。（二）加快结构调整。重点抓三个调整：一是品种调整。推广津稻308、9618等优质水稻品种8000亩，新品种覆盖率达80%。二是模式调整。淡水鱼蟹养殖突出轮捕轮放，鲜活上市，改过去秋冬出池为春、夏两季出池，打季节差，提高经济效益；海水养殖实现“两多一双”，两多：多中求活，打破单一中国对虾的养殖格局，从品种上、结构上加以调整，引进、示范、试养了蓝对虾、梭子蟹、杂色蛤、蛏、河豚鱼、大棚车虾等；多稀混养殖模式，即多品种、稀放苗，立体综合混养。一双：“一季双茬”养殖，避免了第一茬中国对虾发病早造成的损失，提高综合效益。三是产业调整。在稳定发展水稻种植和海淡水养殖的同时，鼓励发展畜牧养殖和林木种植，畜牧业和林业都有了突破性的发展。

中共场党委书记：李东山
场　　　　　长：王宪忠

【八农场】 全场辖24个行政村(30个自然村),总人口28012人,职工7890人,总面积81.77平方公里,其中场部驻地面积1.02平方公里。现有水稻种植面积26970.41亩,水产养殖面积2713亩,果菜种植面积1530亩,耕地面积65931.19亩。农产品种植以水稻、玉米、小麦、大豆、蔬菜、棉花为主,其中大宗农产品水稻亩平均单产565公斤,总产3.7万吨。畜牧养殖业发展迅猛,省农业产化示范基地——京东养殖总场位于农场中部,固定资产雄厚、产业产品结构合理,示范效应显著,辐射带动本场、本县、本市各县及京、津、辽、吉、蒙等地的广大农户进行商品鸡、蛋鸡养殖,形成“公司+农户”的产业经营模式;蔬菜种殖规模初具,全场地菜种植面积10499亩,温室大棚面积1117亩,年产各种蔬菜近47379吨;场内林果资源丰富,全场果树种植面积1530亩。场内林网密布,全场现有各种经济林木226591万株,苗圃85亩。

工业基础雄厚。境内有大中小型企业40家,涉及造纸、服装加工、机械制造、陶瓷生产、建材、饲料加工、汽车修理、纸制品加工、农资服务、农产品加工、印刷等15个门类。

造纸业作为支柱产业,经过多年的发展,已成为冀东地区最大的造纸工业基地;其下属河北康达企业集团现有总资产12.5亿元,其中固定资产7.4亿元,集团现有员工8850人,拥有各种机制纸生产线46条,年生产能力40万吨,主要产品有一次涂布白板纸、二次涂布白板纸、普通白板纸、灰板纸、高克重灰板纸、复合灰板纸、牛皮箱板纸、普通箱板纸、黄板纸、瓦楞原纸、高强瓦楞原纸、书写纸以及蜂窝纸板十三大系列一百多个品种,产品销往全国九十多个省市地区及港澳地区,集团注册生产的“兴发牌”高克重灰板纸荣获河北省轻工业科技进步特等奖,在珠江三角州被列为免检产品,“兴发牌”高克重灰板纸荣获河北省轻工业科技进步特等奖,在珠江三角州被列为免检产品,“兴发牌”高定量强韧灰板纸和“海征牌”二次涂布白板纸1998年被省政府命名为“名牌产品”。

地缘优势明显,第三产业方兴未艾。充分利用农场近邻京津、地处联结唐山、丰南、唐海三角带的区位优势,依托小城镇规划建设和丰富的地产资源,用足用好一切优惠政策,并在规划、布局、水电配套设施建设方面提供全方位服务,全力鼓励和支持个体私营入区从事商贸、流通和交通运输等么三产业,以小城镇和繁商带建设带动全场个体私营经济和么三产业的快速发展。全场现有个体工商户686户,形成以商饮服务业、信息服务业农副产品加工为主的第三产业。

中共场党委书记:谭　剑
场　　　　长:杨旭东

【九农场】 土地肥沃,季风气候宜人,地处环渤海、环京津开放的开发区地带,西距北京市240公里,东距京唐大港20公里,南距在建的曹妃甸深水大港50公里,北连滦南县,西接唐海县,东与乐亭县接壤,总面积66平方公里。秦唐沧沿海线横贯东西,连接京唐、唐港高速公路的胡柳公路竖穿南北,公路干线四通八达,实现村村通公路,交通便捷。辖21个村队:第一生产队、第二生产队、第三生产队、第四生产队、第五生产队、王庄子、刘庄子、郭庄子、港东、城子、三家子、老营上、张海庄子、太平庄子、新立庄子、桑庄子、西青坨、东青坨、刘家铺、邱家铺、李家房子。

物产丰富,是闻名的“鱼米之乡”。特别是近年来,农场应对“入世”,积极调整农业农村经济结构,着力培育区域特色经济,实现农业和农村经济的全面发展。目前,全场已初步建成1万亩绿色食品稻米生产基地、2万亩优质棉花生产基地、万亩无公害设施果菜生产基地、优质奶牛养殖基地、10万头猪养殖基地、优质种狐养殖基地为框架的各类农产品生产基地6个,总占地5万亩。

粮食产业初步形成以“绿色食品粮食生产基地”为依托,省龙头企业。唐山天源绿色食品有限公司为龙头的龙型经济。基地地处驰名中外的“小站稻”生产带上,自然条件优越。以北京农科所、河北农大雄厚的科研实力为依托,充分发挥科研优势及人才优势,将种植品种科研成果相结合,基地种植的小站稻、杂粮等十几个品种,全部通过国家有机食品认证。公司不断加强技术开发,扩大生产能力,增强优质农业品加工转化能力,公司年产能力达到5万吨,生产的新小站稻米、八宝米、黑香糯、白饭豆等系列产品,荣获国际食品及加工技术博览会金奖,被国家绿色食品发展中心誉为全国绿色食品发展的旗帜。

无公害果菜生产依托科技,适应国内外市场需求,生产错季无公害黄瓜、甘蓝、蕃茄、西葫芦、油桃、葡萄等新品种。为提高产业的规模和质量,投资1000万元建设“唐山天源高效观光农业绿色长廊”,集蔬菜、林果、花卉、种苗、交易、服务、观光、旅游为一体,促进农场农业向科技化、规模化、专业化、效益化发展。全场错季无公害果菜种植面积达到9000亩,年产优质无公害果菜4万吨,远销京津等全国十几个大中城市,深受市场欢迎。

畜牧业发展迅速,投资400万元建成张海庄子畜牧园区,投资700万元,建成万头猪场,引进英系长白、丹麦长白、美系杜洛克种猪自繁自养,投资50万无建成自动化奶站;全场养殖小区达到20个,全场生猪的年饲养量达到13万头;存栏奶牛800头;饲养禽类20万只,狐狸、貉、貂等毛皮动物5000只。水产资源丰富,主要有草鱼、鲢鱼、鲤鱼、南美白虾等。

中共场党委书记:马万里
场　　　　长:李全志

【十农场】 场区面积73583亩,共有人口11581人,职工3309人;辖13个生产队和10个场直单位。共有耕地面积33646亩,其中,水稻种植面积30971亩,旱田种植面积2675亩;有水产养殖面积2000亩,果树种植面积955亩;设施农业园区一个,占地面积260亩;畜牧园区一个,占地面积达70亩。农场下属12个农业村队,4个农业生产单位,4个场直事业单位,其他场属单位3家,各类私营企业家。

农场土地面积48平方公里,引滦主渠三用干及淡水流量充足的双

龙河、戟门河横亘于农场边界，境内河渠交错，林带纵横，其自然条件有益于大农业发展。

农场有耕地面积33646亩，年产水稻2000吨，棉花350吨，玉米3300吨；有淡水精养鱼池、虾池2000亩，年产各类水产品3400吨。有设施农业园区1个，年产西红柿144吨，产芹菜48吨；畜牧园区1个，年出栏肉猪7000头。年人均纯收入3576元。

农场早在上世纪70年代末80年代初就建成以服装、印染、建材、食品、机械为主的工业生产体系。通过多年的发展，形成独特的产业体系和产品。以兴达服装公司为龙头的服装加工企业数量达到12家，年产各类服装530万件；唐山盛达陶瓷公司进行股份组合后，实施内墙砖生产线技改项目，年产瓷砖450万平方米，产品远销东北及华北大部分地区；唐山巍屹印染有限公司年产量规模达到900万米；唐山三旺食品厂年产酱油3000吨，产各类糕点1000吨，生产的“伟英”酱油被河北省消费者协会评为消费者信得过产品。

中共场党委书记：孙秘珍
场　　　　长：李文武

【十一农场】　全场总人口7606人，辖7个农业村队、2个淡水养殖单位，是集农、林、牧、副、渔为一体，一、二、三产业全面发展的农场。水稻种植面积达到3.4万亩，总产稻谷2239万公斤；畜牧业发展迅速，养殖户达427户，生猪出栏5793头，牛存栏21头，鸡出栏13159只，实现畜牧产值1125万元；淡水养殖面积1.1万亩，实现产值9882万元。全场个体工商户和私营企业分别达到86户和10家，从业人员430人，实现总产值2.9亿元。实现国民生产总值18925万元，完成全社会固定资产投资12780万元，农民人均纯收入5529元。

主要产业：1. 稻米加工业，年产稻谷2239万公斤，是国家重要的商品粮和绿色大米生产基地。2. 淡水养殖业，年产淡水鱼438万公斤，河蟹34万公斤，对虾25万公斤。3. 服装加工业，拥有中型服装加工企业1家，年加工生产能力10万件套。4. 休闲旅游观光业，投资450万元，兴建了占地5000亩的平原水库一座，放养河蟹、草鱼、鲤鱼、罗非等各种鱼类十多种，修建莲花池、长寿岛、菱角堡等观鸟、观光岛3座，积极发展集垂钓、观鸟等为一体的湿地休闲观光农业。2007年，农场继续投资1750万元，在一期水库的西邻，修建占地3700亩的平原水库一座，进行二期开发，兴建水上休闲娱乐项目。

主要支柱企业：1. 唐海盛大纸业有限公司。前身是唐海县光明造纸厂，始建于1988年，2001年改制，企业占地面积46.7万平方米，建筑面积5万平方米，固定资产3405万元，员工1200人，实现经营产值9358万元，利润285万元。该公司拥有国内先进的1600型板纸生产线和1760型、1575型文化纸生产线。产品多次被评为消费者信得过产品、质检合格产品。生产的250—1800克灰板纸，50—120克书写纸，55—100克胶版印刷纸及各种合板纸、静电复印纸远销京津唐和东北三省等地区。2. 唐山贺祥耐火材料有限公司。2004年由唐山市环洁陶瓷厂改制后，改建为唐山贺祥耐火材料有限公司，拥有固定资产700万元，职工180人，年可生产烧结砖5000万块，实现产值900万元，创利税300万元。以工业废渣粉煤灰为主要原料生产的页岩粉煤灰普通烧结砖项目，填补了唐海县利用再生资源生产新型墙体材料的空白。3. 唐海县第十一农场服装厂。始建于1985年，1997年完成改制。拥有固定资产54万元，职工100人，实现经营利润30万元。拥有先进的流水作业线2条，年加工服装10万件套。4. 唐山鸿鹏材料有限公司项目。投入资金1.14亿元，生产电焊条、各类烧结焊剂、陶瓷釉料等产品。现已完工达产。

中共场党委书记：郑树森
场　　　　长：孙素慧

【八里滩养殖场】　建于1985年，现有养殖水面1.5万亩，职工619人，是国有大型专业化海水养殖企业。经过多年发展，逐步形成以河豚鱼、牙鲆鱼、东方对虾、日本车虾为主导产品的四大养殖园区，以工厂化养殖、生态立体养殖为代表的新技术养殖格局，经济效益和社会效益显著增加，被确立为唐山市科技兴海示范园区。其中，河豚鱼养殖成为国内最大的养殖基地，工厂化养殖填补了河北省一项空白。养殖场下设三个对虾养殖公司、一个水电公司、一个饵料厂。辖区有1个鑫鑫水产养殖有限责任公司、4个化工厂。

河豚鱼养殖稳步发展。自1995年开始引进一龄河豚鱼进行养殖生产，养殖面积由1995年的800亩发展到现在的3000亩，配建3座高标准越冬温室大棚，总水体达1.5万立方米，可供30万尾一龄河豚鱼越冬。2004年新建冷库一座，目前，已累计销售商品鱼河豚鱼630吨，创产值5214万元，出口创汇额达632万美元。获利税2088万元。

养殖管理上，按照“降成本、促规格、增效益”的总体思路，不断总结经验教训，改进和完善管理方法，对市场进行充分考察调研，走规模不变、增大养殖数量的道路。在结构调整上下功夫，实行多品种立体混养，增加效益，降低成本。该场在考察日本市场及国内周边地区的河豚鱼情况后，正确分析本场河豚鱼养殖所处的位置（处于低劣势），必须采取降成本、攻大个、提规格、早销售的措施，抢占市场，面积不变，增加总量，适时适量投喂，通过措施的采取，使河豚鱼较去年同期规格增大200克，早上市销售较往年提前两个月，养殖的150吨二龄河豚鱼全部销往南韩，赢得了客户，抢占了市场，获产值990万元，获利170万元，创汇额达119.2万美元。产一龄河豚鱼40万尾。

工厂化养殖加大科技含量。从调整海水养殖结构、发展设施渔业的高度出发，建立高标准名贵鱼养殖工厂。由1998年的600平方米发展到现在的10000平方米（1999年建了3000平方米、2000年建了4000平方米、2003年3000平方米），固定资产投资总额达1544万元。在养殖试验中不断完善配套设施，以净化水质为目的，采用新技术，引进先进设备，提高科技含量，使名贵鱼工厂化养殖，取得了较好的经济效益。到目前为止，已累计销售牙鲆鱼279吨，创产值2954万元，获利728.4万元。

中共场党委书记、场长：艾文国

【十里海养殖场】　始建于1985年，集苗种繁育、大田养殖、工厂化养殖、人工越冬于一体，是我国北方名副其实的海珍品繁育、养殖基地，技术水平全国先进。中国对虾养殖曾连续获得单产、总产、规格、效益、出口创汇五项指标全国第一，二十余项科研成果获农业部、省、市科技进步奖励。1997年被列为国家级科技兴海示范区。先后被农业部水产技术推广总站、河北省水产局命名为“南美蓝对虾引进繁育示范基地”、“河北省东方豚类原种场”、“河北省无公害水产品生产基地”。

该场位于唐海县城南20公里处，距离正在兴建的曹妃甸港口18.4公里，是临港经济区的第一着陆点，具有巨大的开发潜力和广阔的发展前景。

十里海养殖场是国有大型海水养殖专业场，养殖面积2.64万亩。近年来，深入实施科技兴海战略，面向市场，依托科技，发挥优势，大力发展特色渔业、设施渔业、现代渔业，加速产业内部结构优化升级，形成专业化生产、区域化布局、规模化经营、集约化管理的滨海特色渔业产业带。

品种结构不断推陈出新，特色养殖方兴未艾。狠抓“种子工程”建设，按照“品种调新、引优育强、多中求活”的发展思路，在搞好传统的中国对虾育苗、养殖的基础上，从1996年开始积极加快品种结构调整步伐，先后引进日本对虾、河豚鱼、牙鲆鱼、海蛰等10余个新品种，走出了一条多元化的特色养殖之路，多项苗种繁育攻关项目获得市级以上科技进步奖励，技术达到我国北方海区先进水平，形成完善的自繁自育体系。

依靠科技挖掘资源潜力，大田养殖体系渐趋完善。该场拥有400余个连片虾池，配套设施完善，实现专业化生产、区域化布局和集约化经营，具有很强的规模优势。几年来，该场不断借鉴成功经验，优化养殖模式，先后探索并推广“多、稀、混”养殖模式、一年双茬养殖模式、海蛰与虾类混养等多种模式，有效降低和转化养殖风险。实施虾池改造项目，建设专业化小型渔塘，促进河豚鱼等特色鱼类养殖向精细化方向发展。

大力开发设施资源，工厂化养殖势头强劲。自1999年以来，先后投资近千万元用于新建和改造工厂化养殖设施。目前，全场拥有五座育苗室（7660立方米）、一座越冬温室大棚（3300平方米）、海水养殖工厂化车间3座（9000平方米），设施渔业总面积达到19960平方米，成为一个多功能、现代化、高标准的工厂化养殖基地。基地以种苗生产为中心，以工厂化养殖作拉动，辐射和带动周边地区海水养殖业，对繁荣京、津、唐以及周边市场起到了促进作用。

中共养殖场负责人：张秀山
副　书　记：李继顺

（刘玉峰）

汉沽管理区

【概况】　实现GDP15.6亿元；实现财政收入1.15亿元，同比增长8.8%；全社会固定资产投资完成5亿元，同比增长25%。立足农业发展条件和资源优势，促进传统种养殖业结构转变，粮经占地比由2007年的10∶90，调整为8∶92；肉、蛋、奶产量将分别达到4000吨、540吨和24800吨，同比分别增长0.86%、80%和27.2%。

【工业园区建设】　谋划中国北方信息产业基地和污水微波处理设备等21个重点项目，6项申报省重点，其中3项被列入2009年第一批省重点项目，2项被唐山市发改委纳入申报中央投资项目库。2008年10月，与市工促局、中国人民解放军总参某部信息安全研究中心、香港东升国际投资管理有限公司共同签订总投资53亿美元的中国北方信息产业基地开发建设合作合同，分四期开发。其中投资2500万美元的污水微波处理设备项目2009年上半年可开工建设，橡塑制品再生循环利用项目、终端安全保密管理系统项目和LED照明设备项目完成审批立项，2010年开工建设。引进总投资5亿元、填补高档玻璃产业空白的蓝欣玻璃项目，截至2008年底完成投资2.6亿元，4条生产线公用设施全部完工，第一条生产线2008年9月点火生产。预计第二、第三条线2009年可建成投产，第四条线2010年建成投产，届时蓝欣玻璃产能将达到1100万重量箱。同时，充分利用预留的800亩土地和蓝欣玻璃现有销售网络优势，针对玻璃深加工项目推进招商，有10多家客商准备以玻璃原片为原料，生产高档玻璃制品。总投资8836万元、年产两万吨的清真食品项目，完成研发中心建设和预付设备款投资8000万元，产品研发中心建成并投入生产，40余种产品全部通过食品市场准入检验，并取得进出口权，2009年4月可正式投产。现正与巴基斯坦大使洽谈，筹备建立阿拉伯国家信息交流中心，面向中东国家出口清真食品。同时，总投资3亿元、占地550亩、建设大型屠宰场、5000吨冷藏贮备库以及优良品种培育中心和养殖场的清真食品循环产业园项目，已上报省重点项目。为与清真食品项目配套，发展牛、羊、鸡、兔等畜禽和水产品的养殖。

【基地建设】　全力推进“康尼”乳制品自主品牌的做大做强工程，康尼乳业公司名列国家质检总局公布的87家未检出三聚氰胺婴幼儿配方奶粉生产企业名单。目前，“康尼”液态奶已上市销售，并被唐山市政府指定为全市唯一放心奶。2007年引进的总投资2.4亿元的新西兰恒天然牧场项目，截至2008年底完成投资2.2亿元，基础设施建设已经完成，由新西兰引进的优质奶牛存栏达到4018头。管理区将整合奶源资源、提升乳制品档次，陆续实施奶粉、奶油、奶酪等奶制品深加工项目，打造现代乳业基地。以秦皇岛长胜科技发展有限公司为技术依托，2008年芦笋种植面积发展到5000亩，1000多人实现就业。以绿芦笋无公害种植被列入第六批全国农业标准化示范Ⅰ类项目为契机，规范芦笋种植技术，申报河北省政府财政项目和唐山市科技项目立项。以虾苗孵化厂为优质种源基地，以中国科学院海洋三所为技术依托，加大对南美虾养殖户的培训和扶持力度，全面推行对虾标准化精细养殖，筹建南美白对虾无公害养殖基地。养殖面积已发展到4800亩，实现产值5200万元，平均每亩纯收益5000元以上。

【城镇建设】 实施建筑面积35万平方米的房地产开发及“平改楼”项目，当年完成建筑面积5.3万平方米。投资100多万元对路南城区地面进行硬化；投资20多万元完成2600平方米的商贸市场改造；唐山燃气集团投资4000万元、规划日用气量100万立方米的天然气接入工程，前期路线选定和接入调查等工作全面启动，2009年上半年可对城区居民供气；投资1100万元，对城区西出口进行改造，打造贯穿城区全长1700米的205国道南侧景观带，主体工程完工。规划与滨海新区仅一路之隔、距中新生态城仅3公里的区域建设新兴繁商区。占地88亩、投资5亿元、建筑面积17万平方米的高标准居民小区开发项目全面开工建设，实现7幢居民楼的结构封顶，完成建筑面积9万平方米。完成涉及310户居民“平改楼”的360亩土地的拍卖，总投资22亿元、建筑面积70万平方米的平改开发项目一期工程已开工建设。

【社会事业】 2008年教育支出970万元，装备第一中学科技楼、硬化六间小学校园和更新第三小学计算机教室等教育重点工程。素质教育被评为2007年度唐山市教育工作先进区。新型农村合作医疗和城镇居民医疗保险正式运行，参合率和参保率分别达到98%和80.2%；职工大病医疗保险，参保职工达到10809人；全年城镇新增就业1732人，安置下岗失业人员910人；养老保险扩面，全年参保人员达到7591人，比去年底净增433人，完成市达任务380人的114%；农村劳动力转移培训“阳光工程”，完成市达1000人的引导性培训任务，农村富余劳动力向非农转移410人次，超额完成市达400人的指标；扶贫济困达到12个层面，发放救助款物110余万元；向南方冰雪灾区和四川地震灾区捐款捐物合计240余万元。投资1300余万元植树1364亩，超额完成秋冬季任务。农村“平改楼”工程，北陈村130户农户平改楼项目开工建设，完成建筑面积9000平方米，2009年居民可回迁；投资80万元完成以“白墙、红顶、绿树”为内容的第五生产队“平改坡”试点工程；总投资745.75万元的农村饮水工程全面实施，完成投资513.04万元；投资1144万元重修全长8公里的县道——陡沽路，拆除津榆支路汉沽管理区段公路两侧商户建筑1.04万平方米；文明生态村队规划建设全年投入资金380余万元，累计达到4200万元，24个村队基本达到文明生态村创建标准，创建活动普及率达到100%；全区18个行政村和13个生产队村民中心全部建成。

中共区工委书记：王随海
副书记：田玉贵
副书记、纪工委书记：唐铁忠
管委会主任：田玉贵
副主任：任旺
　　　　刘国才
副调研员：谢凤英

（陈春文）

芦台经济开发区

【概况】 位于天津市宁河县境内，辖1个镇，20个行政村，1个街道办事处，9个社区。面积133平方公里，人口4.1万，人口自然增长率3.2个千分点。耕地12万亩，其中国有土地5.1万亩。东临蓟运河，西依潮白河，位居京、津、唐腹地，距天津机场、港口45公里，京哈线芦台火车站10公里，205国道横贯全区，连接京沈高速，规划建设中的塘承高速公路、112高速公路将从开发区中心穿越，构成海陆空交通网络。

全区完成国内生产总值16亿元，较上年增长12.8%；其中一产增加值1.89亿元，占生产总值的11.7%；二产增加值10.35亿元，占生产总值的64.2%；三产增加值3.88亿元，占生产总值的24.1%。完成全部财政收入9276万元，较上年增长29.5%；财政支出1.08亿元，同比下降13.1%。完成固定资产投资2.27亿元，同比增长26.1%。万元GDP能耗降低5.1个百分点。职工年平均工资9812元，同比增长3.5%。农民人均收入6300元，同比增长12%以上。各项经济指标均创有史以来的最高水平。

修订完善《开发区工作规则》，制定《招商引资优惠政策》、《节能减排实施方案》、《党风廉政建设制度》、《城镇建设规划》等，编制《开发区科学发展示范区建设实施方案》，改善投资软环境。

【城镇建设】 投入资金近亿元，累计拆违拆迁2万多平方米，城镇面貌大为改观。投资1000多万元实施集中供暖工程，投资4000多万元实施路、桥改造工程，改善交通环境；河东公寓楼、幸福、富华．华庭住宅小区等一批建设项目已经完成。投资200万元完成新华道整体改造，投资180万元进行街道和小区道路的建设以及绿化、美化、亮化和净化工程；投资100多万元完成镇卫生院建设项目，投资400万元完成政法部门房屋建设改造。加强社会事业建设，教育、卫生、人口、环境、社会保障等各项社会事业和谐发展。先后被省政府命名为“小城镇改革、发展试点镇”，被建设部评为“全国小城镇建设示范镇”。

【对外开放】 举办包括上海、天津、河北自行车展销会、镁合金产品推介会、香港贸易洽谈会等各类招商推介活动20余次，并与中央政法委长安法制影视中心、山西新北方集团以及欧美、日韩、东南亚、台湾、香港等多家国内外客商实现签约或达成投资合作协议。合同利用外资1800万美元，实际到位外资501万美元，同比增长23.7%.

拥有外资企业13家，自营进出口企业17家。有化学纤维、休闲家具与非金属制造业、自行车零部件等近十种行业，欣金昌金属制品公司被唐山市人民政府授予出口创汇骨干企业称号；新丽公司的纤维制品、哥华泵业公司生产的各种泵具、阿尔菲索公司生产的耐火纤维制品等大部分出口；以金亨通公司、亨利公司为代表，新型质材自行车车圈、支衣架大量出口，年出口突破1800万美元。全区实现出口创汇7000万美元，同比增长29.3%。

与贝宁共和国德伟、科威农场开展的援建工作，保持良好的合作关系，在取得经济效益的同时，也扩大了开发区的国际影响。

【项目建设】 国内最大的互邦医疗器械公司在开发区投资建厂，为残奥会开幕式主火炬手提供轮椅。香港创技健身器材项目、台湾晟盟电机项目、腾龙生态农业科技园建成投产；翔宇公司扩建、22万伏变电站、塘承高速、112快速公路在我区路段等项目完成审批；荣辉车业项目、泰美自行车、香港南华集团农业开发项目已办理审批手续，即将开工建设。项目总投资20.1亿元，当年完成投资2.27亿元。

【集约用地】 设立入区门槛，对高耗能、高污染、低附加值的项目限入。严格执行国家产业政策，坚持用地规模和供地数量，建设标准厂房，明确行政办公、生产经营和生活服务设施用地比例。充分发挥原农场沟渠较多较宽的特点，重新规划排灌工程，增加先进设施，减少沟渠占地面积，置换耕地面积。利用原有的闲置厂房、场地，以租赁、赎买形式发展建设项目。严格执行国家规定的供地价格，采取提高用地成本的方法抑制土地浪费现象。通过集约用地措施，促使一批建设项目成功落户，同时节约用地近200亩。

【主导产业发展】 农业以畜牧养殖业为主导，形成订单养殖、中介销售的发展模式。奶牛养殖实现精品饲养、以质取胜。与中国农业大学合作，建立克隆牛胚胎移植中心，移植技术、受胎率居较高水平，初步形成产业化模式。新华奶牛场被命名为全国50家奶牛养殖示范场之一。投资3800万元的腾龙农业生态科技园项目4月份建成投产，成为我区“4+2”农业产业化发展模式试验示范单位，被授予“省级农业产业化重点龙头企业”。该项目集种鸡孵化、种猪育繁、生态种植、有机肥加工、大型沼气生产为一体，年孵化种鸡2200万只，是唐山市最大的肉种鸡孵化场和全国生猪活储基地。香港南华集团生态农业开发项目一期工程已开工建设。

工业产业以科学发展示范区建设为统揽，形成门类各异、产业相对集中的工业体系。五金加工业主要产品有自行车零部件、五金柜具和钢木休闲家具、散热器等，其产值占全区工业总产值的90%以上，年消耗钢材40万吨，产值超过20亿元，形成钢材深加工产业集群。机电产品出口已具备相当基础，机电产品出口份额占唐山市出口总量的六分之一，并且年增速保持在40%左右，发展态势强劲，潜力巨大。“河北自行车工业园区”发展迅猛，被河北省政府授予“重点产业集群”之一，成为中国北方最大的自行车零配件生产及研发基地。现入园企业50家，企业总资产5.2亿元，年销售额15亿元，生产38个系列，282个品种。具有科研开发、组装生产能力和国内一流的金属表面处理加工设施，各种自行车零部件总量已经占到北方市场的67%。其中铝合金车圈远销海内外，镁合金自行车属国内首创，发展前景广阔。最近，天津泰美公司投资7.5亿元的自行车项目进入园区，年产电动车、自行车300万辆，将开创整车生产的新纪元。

【高新技术产业】 亨利公司在镁合金的开发利用方面取得优异成果，已获得镁合金车架、衣架、轮辋、泥板、缩径变形管材5项发明专利。镁合金轮毂电机属国内首家推出，并已批量生产。与长春客车集团合作投资生产座椅、栏杆等部件，发展领域和空间十分广阔。大通车料有限公司镁合金熔铸技术和微弧氧化技术，成功运用于自行车零件制造，6月份被省科技厅授予“镁合金特色产业基地”称号。

烁宝焊接设备有限公司与中国焊接技术研究所、天津大学、吉林大学合作，焊接设备科技含量居国内领先水平。“唐王”牌系列焊接设备通过国家“CCC”产品质量认证和ISO9001国际质量体系认证，产品畅销国内市场并批量出口。

阿尔非索耐火纤维有限公司生产的陶瓷纤维制品属高附加值产品，主要产品绝热高温板为国内首创，质量居国际一流，产品80%以上出口外销。采用的消失模铸造技术填补了国内空白。

金湾特炭有限公司主导产品石墨属高科技产品，广泛用于半导体、冶金机械制造、航天等领域，被评定为“河北省高新技术企业”。

哥华泵业公司生产的油田水气分离泵纳入国家星火计划，有6项产品获国家专利。新丽公司纤维制品获美国杜邦公司认证，所产杜邦棉、直立弹絮棉属国内首创，产品以出口为主。

【节能减排】 天正公司板纸厂完成总投资450多万元的废水处理项目，通过熟料纸浆回收技术实现废水闭路循环，达到零排放，纸浆全部回收，年均减少GOD排放180余吨，节省能源，节约资源，提高环境管理水平，成为我区节能减排的典范，成果在全市及部分地区同行业中推广。自行车工业园区内包括亨利、金亨通、天海公司等重点排污企业进行规范化的整治。相继投入资金，建立二级电镀废水集中处理设施工程，所排废水中主要污染物得到有效削减。天海公司投资80多万元，引进哈尔滨先锋环保设备厂的先进电镀废水处理设备，处理后的达标水再用于镀件漂洗，每吨水节省费用3元左右，提高重复用水率。石油焦化厂水浴脱硫除尘锅炉投入使用。为减少烟尘排放，推行集中供暖，拆除小型供暖锅炉，集中供热面积达到11.7万平方米，占47.1%。

上述项目年减少二氧化硫排放29.27吨，化学需氧量削减46.3吨。单位生产总值能耗降低5.1%。超额完成市达考核目标。在奥运环境检查中受到表彰。

【和谐开发区】 完成年初确定的十项民心工程。占地50000平方米的希望广场2月建成，成为群众开展体育娱乐和健身休闲的活动场所。筹资1200万元全部解决2003年前的职工医药费；投资220万元为场部医院购置CT等新型医疗设备；投资400万元的完成广播电视网络全覆盖改造工程，在全市第一个实现农村有线电视全覆盖；投资850万元完成渠道清淤12万米，实施节水灌溉工程4500亩；安置就业人员800人，安置下岗失业人员1629人，基本消除“零就业”家庭；进一步完善医疗保障体系，实现城镇居民医疗保障全覆盖，城镇居民最低生活保障全覆盖，实现“全民医保”；投资300多万元为区医院购置医疗设备，进一步改善医疗条件；投资560万元的张庄小学综合教学楼、全区首个全日托幼儿园教室已正式投入使用；海北镇计划生育服务站顺利完成改扩建工程。

丰富人民群众的文化体育生活，首届全民运动会参加人数达1400多人，芦台拔河队代表唐山市在省首届全会运上夺得团体第三的好成绩并荣获最佳道德风尚奖；《赞科学发展观》、《情系汶川》、《科学发展永向前》、《爱心行动》等自创文艺作品在群众中引起强烈反响；开展“科学发展从我做起”签名承诺活动，全区各界4500余人参与；以“帮扶”为主要内容的百名机关干部下基层活动，为农村、社区办好事实事，深受好评。为四川地震灾区捐款116万元，开发区和互邦（芦台）医疗器械有限公司分别捐赠轮椅200辆，区民政局被河北省民政厅评为“河北省抗震救灾捐赠工作先进单位”；在为期一个月的“变挑战为机遇、加快建设科学发展示范区和人民群众幸福家园”献计献策活动中，征集各种意见和建议1520条，进一步丰富和拓展建设科学发展示范区的工作思路。

中共区工委书记：王建国
副书记：杨玉满
副书记、纪工委书记：李世庄
管委会主任：杨玉满
副主任：莫祖江
李维利
付国强
副调研员：魏立军

曹妃甸工业区

【概况】 2008年是曹妃甸开发建设的“配套年”。按照“规划、港口港区港城、产业、基础设施、体制机制、班子和干部队伍建设、金融支撑”七个配套的要求，以项目建设为重点，抢抓机遇，加快发展。全年完成固定资产投资351.2亿元、财政收入10亿元。

【联系实际 破解难题】 制定出台《关于鼓励国内外客商投资兴办工业企业的暂行规定》、《土地一级开发实施意见》、《项目招投标实施细则》等一系列政策制度，形成科学发展的长效机制。委托中国科学院可持续发展研究中心编制《曹妃甸新区科学发展示范区规划》，进一步明确曹妃甸新区到2020年的科学发展思路、目标、路径、模式、措施以及体制机制。通过发放征求意见函、举办服务对象座谈会、开辟网上论坛、设立建言献策箱等形式，面向全社会广泛征求意见，梳理出项目建设、人才、环境等五个方面129条建议和意见，并逐条明确责任单位，研究制定整改措施130多条。

【规划编制工作】 坚持规划先行原则，按照高起点、高标准、高水平的要求，聘请世界一流规划设计单位，完成一批规划编制。《曹妃甸循环经济示范区产业发展总体规划》、《唐山港总体规划》、《曹妃甸工业区循环经济试点实施方案》等基础规划先后获得国家和省有关部门批准；现代物流、钢铁、石化、装备制造四大产业发展框架及招商导向研究已经完成；工业区综合服务区起步区、北区和甸头区三个控制性详规以及道路、给排水、供热、燃气等10个市政专项规划全面完成。

【基础设施日臻完善】 全年实施基础设施项目63个，完成投资116.7亿元。新增造地面积43平方公里，已累计形成陆域120多平方公里。争取海域使用权工作取得重大进展，用海总面积129.67平方公里的《工业区近期工程区域建设用海总体规划论证》通过国家海洋局评审，保证近期大规模开发建设需求。北环路拓宽、钢厂北路已经完工，唐曹高速公路、西通路竣工通车；工业区一号桥、一号路跨纳潮河大桥正在进行主体工程施工；司曹铁路正在进行基础施工；迁曹铁路运煤专线基本竣工。综合服务区建设全面启动，行政接待中心具备接待条件，曹妃甸置业大厦完成主体框架，口岸查验综合楼已完成项目审批，即将开工建设。净水厂、污水处理厂、综合医院等项目正在加快推进。按照“立体绿化、彩色绿化、微地形绿化、多物种绿化”的原则，针对盐碱地土壤条件，制定《绿化曹妃甸工业区攻坚行动实施方案》，加快推进主干道路、首钢京唐公司等重点企业以及新增陆域的绿化攻坚力度，共完成造林绿化面积107.4万平方米，完成防风固沙面积745万平方米。

【港口建设取得突破】 把港口作为开发建设的龙头，以建设中国北方第一大港为目标，全面加快港口项目的规划、跑办和实施力度。全年实施港口项目5个，完成投资15.5亿元。30万吨级原油码头于8月31日正式通航，煤炭码头一期工程基本完工；首钢成品码头陆续投入使用；一号港池通用码头起步和二期工程5月份正式开工。矿石码头运营良好，接卸铁矿石突破3000万吨。矿石码头二期2个30万吨级泊位正在办理前期手续。保税港区前期工作开始启动，保税区规划实施方案已完成初稿，矿石和原油两个保税仓库建设前期手续正在办理。

【招商合作日益活跃】 围绕现代物流、钢铁、装备制造和化工等主导产业及相关配套产业，面向全球开展招商合作，引进循环经济产业链项目。实施产业项目14个，完成投资219亿元。首钢京唐钢铁厂A焦炉投产，1号炼铁高炉点火烘炉，2250毫米热轧成功轧出第一卷合格板卷，进入全面投产准备阶段；华润曹妃甸电厂2×30万千瓦机组具备供热发电能力。装备制造项目聚集加速，中海油服装备制造与临港作业支持（曹妃甸）基地、中材曹妃甸产业基地、联东U谷海洋工业园、文丰佳源板材精密加工、天津渤油博迈科海洋工程装备制造基地等总投资140多亿元的5个项目陆续开工。总投资500亿元的华电集团大型能源综合项目正式签约，其中投资15亿元华电工程临港装备制造已于2009年1月4日开工建设。总投资3亿美元的豪华游艇项目于2009年1月1日正式签约。

【全力落实市重点项目前期工作】 按照全市重点项目调度会议精

神和市委、市政府抓紧办理列入2009年固定资产投资计划项目手续的通知要求，主要领导挂帅，成立由发改、规划建设、财政、国土等四个部门组成的项目联合审批小组，对2009年确定的新开工项目进行集中梳理，并明确专人跑市赴省进京，集中跑办、盯办。在不到1个月里，完成项目发改手续40项，财政手续37项，规划手续36项，环评手续34项。曹妃甸工业区本级审批的各项手续全部完成，为2009年项目全面开工奠定基础。

【探索可持续发展新路】 按照市委、市政府开展科学发展模式试验示范工作部署，成立以工业区主要领导为组长、分管领导为副组长、有关部门负责同志为成员的科学发展模式试验示范工作领导小组，专门设立区域循环发展、绿色企业、绿色港口、生态城建设、新能源和政府机构节能六个专门工作组，明确分工和工作节点，落实责任和工作标准。各模式示范点累计聘请国内外知名专家进行论证、研究、咨询30余次，完成各类模式推进示意图表、方案30多个，完成试验示范投入34.7亿元。目前，以首钢京唐钢铁公司为试点的绿色企业项目初战告捷，完成投资20亿元，采用的“新一代可循环钢铁流程工艺技术”达到国内先进水平；以唐山曹妃甸实业港务有限公司（25万吨级矿石码头）为试点的绿色港口模式完成投资4330万元，针对铁矿石码头粉尘飘洒等国际性难题进行专题攻关，通过综合整治，码头周边水环境、大气环境均达到国家规定的二类标准；生态城示范点各项规划和控制性详规基本完成，城市发展理念居国际城市发展前沿，基础建设已经展开；在新能源模式方面，首钢风力发电路灯试验项目顺利完成，《可再生能源资源评价及利用技术方案研究》通过专家论证；在政府节能模式方面，曹妃甸置业大厦在规划设计、建筑材料、节能设施等方面充分考虑节能减排因素，采用地源热泵等新的能源技术，将成为工业区首个节能建筑示范项目。

【创新体制机制】 学习借鉴先进地区经验，探索“管委会+公司”管理模式，曹妃甸控股股份有限公司已在国家工商总局完成域名核准和公司章程、出资协议制定，进入股东股本注入阶段，将于近期正式挂牌；曹妃甸循环经济产业投资基金和发展银行已获得国家和省有关部门同意。加大信贷资金争取力度，全年共争取贷款78.3亿元，并申报贷款规模1018亿元，将于2009年及以后年度陆续到位。

【稳定工作效果显著】 以严打整治斗争和流动人口管理为着力点，加强社会治安综合治理，对工业区22家部门和16家重点企业落实社会治安综合治理责任，加强对首钢厂区等重点部位出租房屋的清查，实行昼夜巡查与设卡检查相结合，加强对流动人口、往来车辆的管理和监控，严厉打击盗窃、诈骗、抢劫等违法犯罪行为，联合海洋、公安、海警、边防等执法部门加大非法采砂的打击力度，为重点项目建设提供安全的生产、生活环境。以保安全、保发展为目标，大力加强安全生产工作，组织开展安全生产百日督查行动，确保社会安全稳定。以维护基层群众切身利益为重点，扎实开展矛盾纠纷排查调处工作，坚持人民调解、行政调解、司法调解的有机结合，有效化解农民工工资纠纷和渔民民间纠纷100余起，排查调处率达到100%。

管委会副主任（牵头工作）：姚自敏
副　主　任：李可君（11月免）
王雪增
王永山
李再东（5月任）
李　轶（6月任）
王金成（5月任）
王旭春（12月免）
张知宝（12月任）
刘　钊（挂职，12月任）
党工委副书记、纪工委书记：
韩建民
纪工委副书记、监察局局长：
吴静兰（3月任）
纪工委副书记：韩立山（1月任）
调　研　员：李　轶（6月免）
副调研员：卢　兵（12月免）
才俊驹
裴志祥

海港经济开发区

【概况】 1993年5月经河北省人民政府批准成立，规划面积38.5平方公里，其中港区用地20平方公里。人口7431人，比上年增长16.2%，人口自然增长率为15.29‰。2008年，实现地区生产总值60.01亿元，比上年增长23.5%。其中第二产业完成增加值33.59亿元，比上年增长23.5%；第三产业完成增加值26.42亿元，比上年增长26.2%。第二产业增加值占地区生产总值的比重为56%，比去年上升1个百分点；第三产业比重为44%，比去年下降1个百分点。全年实际利用外资3003万美元，比上年增长45%；实际引进内资48亿元，同比增长23.1%。城镇在岗职工年人均工资33486元，比上年增长4.5%。经济实力在全省34个省级以上开发区综合排名中位居第六位，在唐山市开发区（管理区）中位居第一。

实现全部财政收入14.6亿元，比上年增长44.5%。财政收入占地区生产总值的24.2%，比上年提高9.4个百分点。完成地方财政一般预算收入4.2亿元，比上年增长23%。全年地方财政一般预算支出5.3亿元，比上年增长39.3%。其中教育事业支出增长43.4%，社会保障补助支出增长35%。全区全年实现税收13.86亿元，比上年增长45.9%。国税实现税收6.6亿元，增长46.7%；地税实现税收7.25亿元，增长45%。

完成全社会固定资产投资52.5亿元，比上年增长35.3%。其中第二产业完成投资35.5亿元，比上年增长80.2%；第三产业完成投资17亿元，比上年增长1.2%，其中房地产业完成投资5.1亿元，比上年增长155%。

实现社会消费品零售总额5536万元，比上年增长28%。其中批发和零售业零售额4023万元，比上年增长23.9%；住宿和餐饮业零售额1469万元，比上年增长36.4%。全年进出口总额30774万美元，比上年增长232.5%。其中出口总额23793万美元，比上年增长

179.4%；进口总额6981万美元，比上年增长845.9%。

【项目建设】 2008年共有在建和拟建项目42个，总投资128亿元，其中在建项目22个，总投资88.4亿元；拟建项目20个，总投资39.6亿元。中陶卫浴一期、东升高档骨质瓷、麦迪逊高岭土一期等项目已建成投产；洲丽碳素等项目土建工程基本完工；秦皇岛博恩预应力绞线、首钢特钢公司冷拔钢等项目即将开工建设。物流信息综合服务中心和华科污水处理有限公司中水回用工程已获得810万元中央投资支持；开滦精煤股份有限公司总投资达42.2亿元的15万吨/年己二酸、6万吨/年聚甲醛项目已列入河北省重大产业支撑项目，并获批1800亩土地利用指标。总投资12亿元的中储粮仓储及粮油加工项目正在积极推进，前期工作已完成，正向国家发改委报批。

【投资环境】 基础设施累计投入2.5亿元，新增城市道路8.5公里；完善城市配套服务设施，二期供水工程正式投入运行，拆除各类违章违规建筑3.6万平方米；完成绿化投资2100多万元，新增绿地面积20.2万平方米；绿化累计投入4000多万元；环境综合治理累计投入治理资金6800多万元，完成2020米挡风抑尘墙的建设和270个固定喷淋设施的安装，煤粉尘污染得到较好治理；投资400多万元购置多台环卫专业车辆，在全区基本实现机械化清扫。

【港口建设】 按照建设综合性、生态型、国际化大港的要求，完成建港投资近7亿元，16号－19号泊位竣工投入运营，液体化工码头达到投产条件，20号－22号泊位、10万吨级航道建设进程加快，集装箱场站项目正式启动，唐山港唯一一个进出口保税仓库已完成项目审批，全面启动建设。共接卸船舶5709艘次，货物吞吐量达到7645万吨，同比增长60.9%，完成集装箱运输24万标准箱，同比增长了32%，步入亿吨大港行列，排名位居全国沿海港口第12位。

【区域协同发展】 实施港、区、县一体化发展战略，实现海港经济开发区、乐亭县、京唐港区全方位协调发展。推进规划编制一体化，统筹编制《乐亭新区总体规划》、《乐亭新区空间布局规划》、《乐亭新区产业发展规划》等专门规划；推进基础设施一体化，共同谋划实施乐港路通港大道改造、海港经济开发区三期供水、220千伏变电站等建设工程，形成开发建设新机制；推进对外开放一体化，共打乐亭新区一张牌，先后共同赴香港、成都、大连、沈阳等地开展招商引资活动，增强乐亭新区对外吸引力、影响力和知名度；推进工作对接常态化，建立港、区、县协调会议制度，就三地发展的重大问题加强沟通协商，组建乐亭新区建设投资有限公司，共同搭建投融资平台，形成协调联动、共谋发展的工作格局。

【主导产业】 组织多种形式的招商活动，与一批国内外知名大公司、大集团成功对接，西班牙德佳德斯公司、德国蒂森克虏勃等世界500强企业以及中冶集团、中材建设、大唐国际、中钢集团、中国地煤等国内知名企业落户开发区，初步形成以佳华煤化工有限公司和中润煤化工有限公司为主导的煤化工产业，以中冶恒通冷轧技术有限公司为主导的精品钢产业，以唐山港京唐港区为依托的现代物流产业和以唐山中材重型机械有限公司等为主导的装备制造产业。

【节能减排】 开展节能减排攻坚行动，全区万元工业增加值能耗同比下降11.86%。被列入唐山市“10100”工程的中冶恒通冷轧技术有限公司污染治理设施稳定运行，建成污染源自动监测系统并与唐山市环保局监控中心联网，河北大唐国际王滩发电有限公司、佳华煤化工有限公司和中润煤化工有限公司三家国控、省控环保重点企业，均与唐山市环保局联网，实现污染物排放在线监测。污水处理厂2008年底实现简易运行。全区二氧化硫排放量、化学需氧量同比下降8.2%和10.6%。

【集约用地】 按照“做优存量、做强增量”的原则，盘活现有存量土地，对“圈而不建”、“圈大建小”等行为坚决清理整顿，盘活存量土地1135.8亩，清欠土地出让金2038.16万元，破解发展瓶颈，拓展发展空间。加大对拟建项目用地的审核力度，严格执行工程项目用地控制标准，提高投资强度和土地利用强度，实现土地的集约高效利用。

【改善民生】 各项“实事工程”得到较好落实，居民文化生活、医疗卫生、教育等基础设施建设进展顺利。教学水平稳步提高，初中升学率继续保持全市一流水平，高考上线率位居全市前列；社会保障体系建设继续推进。参加基本医疗保险人数10182人，比上年增加5131人；参加基本养老保险人数6127人，比上年增加2090人；参加失业保险人数6221人，比上年增加2362人；“5·12”抗震救灾捐款捐物合计150多万元。

中共区工委书记：苗德成
常务副书记：周安海
副书记：张大军
副书记：姚连合
管委会主任：苗德成
副主任：陈德山
王克生
副调研员：角士新
李树棠
赵书田

（肖雅心　冯文博）

高新技术产业园区

【概况】 完成地区生产总值50.58亿元，同比增长20.28%；财政收入8.23亿元，同比增长23.62%；实际利用外资2500万美元，同比增长24.82%；实际引进内资11.27亿元，基本与2007年持平；固定资产投资13.71亿元，同比增长24.81%；进出口总额4.7亿美元，同比增长17.57%。人均地区生产总值7.01万元，同比增长13.85%；单位面积地区生产总值

10.12亿元/平方公里，同比增长20.28%；单位面积财政收入1.99亿元/平方公里，同比增长58.35%；全部财政收入占地区生产总值比重达16.25%；第三产业增加值占地区生产总值比重22.07%；高新技术产业产值占工业总产值比重47.67%；万元GDP能耗量降低率6.06%，万元地区生产总值耗水量为0.97立方米，同比下降7.41%，经济发展质量自2005年起已经连续四年在全省省级以上开发区（包括国家级开发区）位居第一。

制定《高新区2008年改善民生十件社会工程》、《关于对区内农村劳动力就业培训实施意见》、《新型农村养老保险暂行办法》、《失地农民失业保险试行办法》、《高新区新农村建设示范工程实施意见》等相关实施意见和办法，形成支撑科学发展的政策体系。在破解发展空间不足、土地受限难题方面，采取结合空港城建设实现扩区发展、积极争列省重大产业支撑项目、集约用地、内部挖潜等多种方法，基本满足急需用地项目的需要。在破解城乡发展不协调难题方面，确立“农村向城市转变、农业向工业和服务业转变、农民向市民转变、传统生活方式向现代生活方式转变”的思路，研究制定推进培训、就业、养老保障、最低生活保障等政策，加快推进平改搬迁步伐。在破解对外开放深度广度不够难题方面，加大对日招商力度，积极推进德国汽车奔驰科技园、韩国现代电梯等项目，并促成爱信汽车零部件二期增资8800万美元进行二期扩建项目、开元集团总投资3亿元的焊接机器人系统和大型焊接装备项目。在破解高新技术辐射带动作用不强难题方面，加大扶持自主创新型企业力度、完善创新创业环境、推进产学研合作，特别是成功引进中科院高新技术研究与转化中心入驻唐山高新技术创业中心，为自主创新搭建新的平台。在破解改善民生普惠性不强难题方面，全面推进教育、就业、社会保障、社区建设、精神文明建设、平安高新区建设等10件改善民生社会建设工程，改善民生总投资近1亿元。

【对外开放】 全年完成进出口总额4.7亿美元，其中出口创汇完成3.2亿美元，同比增长29.6%，在全市各县市区中位列第4位，在各开发区（工业区、管理区）中位居第一。

一批骨干企业实现增资扩股，开元机器人、NGK电瓷三期、陆凯科技等增资扩产项目陆续建成投产。在谈重点项目推进顺利，爱信汽车零部件公司进行二期建设增资8800万美元、江东电气公司增资200万美元。与北京华商投资公司、德国奔驰科技公司签订了投资11亿元建设欧洲汽车科技园的协议。

【高新技术产业】 实现高新技术产业产值54.39亿元，高新技术产业对经济增长的贡献率达63%。创业中心新入驻企业24家，毕业企业12家。特别是中科院科技成果转化基地和唐山首信自动化信息公司、现代金卫等一批国家级科研院所、大型国企和高新技术项目的进驻，为科技创新增添新的活力。有16个项目列入国家、省市科技计划，其中国家重点新产品项目1项，省级项目3项，市级项目12项，获得市以上财政资金支持585万元，区财政配套支持263万元。经过认定的省级企业技术中心达到4家、市级企业技术中心5家、市级工程技术研究中心3家，另有3家企业被列为省、市技术创新示范企业和省重点示范科技企业。

【主导产业发展】 培育、扶持特色产业发展，形成以焊接、汽车零部件、新材料为主，生物医药、智能仪器仪表、节能环保为辅的特色的产业。

焊接产业实现总产值18.89亿元，同比增长17.34%，实现销售收入18.16亿元，同比增长24.71%。唐山松下保持15%增速，实现年销售收入9.3亿元；开元机器人系统公司实现当年注册、当年达产，运行状况良好；开元自动焊接公司与美国阿龙索公司、日本日立公司等国际知名焊接企业的技术合作进一步深化；唐山鸿鹏焊业新厂区、唐山鸿鹏高丽焊接有限公司、唐山鸿鹏阿尔马泰焊机有限公司项目均建成投产；小池酸素年销售收入达2.6亿元。焊接产业5家生产企业年销售收入超过亿元。

汽车零部件产业实现产值9.89万元，同比增长21.78%，实现销售收入9.80亿元，同比增长7.60%。唐山爱信汽车零部件有限公司项目顺利达产并完成二期增资，增资额8800万美元；总投资3000万元的唐山亿威永磁电机有限公司的清洁能源纯电动公交车项目进展顺利，工厂建设已基本完成；总投资5000万元的亚特扩建项目已开工建设。

新材料产业实现产值13.94亿元，同比增长6.51%，实现销售收入15.18亿元，同比增长14.87%。由唐山方舟建筑装饰工程有限公司与加拿大纳可国际投资有限公司合资的总投资12980万元生产销售各种漆产品的兴舟纳米涂料项目完成项目建设前期手续；海螺型材有限公司的彩色型材产品市场占有率有较大提高；NGK三期项目建成投产，扩大生产能力；福恩特特种纤维复合防火、防腐材料产业化项目顺利验收，实现年销售收入8000多万元。

医药生物、智能仪器仪表、节能环保等三个特色产业也获得较快发展，培育一批如开诚电器、汇中仪表、太阳石（唐山）药业、国华科技、陆凯科技、百川智能等具有较强科技创新能力和较大发展潜力的骨干企业。医药生物产业实现产值8.53亿元，实现销售收入7.75亿元；智能仪器仪表产业实现产值4.73亿元，实现销售收入4.15亿元；节能环保产业实现产值4.10亿元，实现销售收入3.87亿元。

【项目建设】 完成25个项目的征地工作，征地面积593亩；完成固定资产投资13.71亿元，全年新开工建设项目17个。欧洲汽车科技园360亩、日皮胶原蛋白项目300亩基本农田调整规划已获省批准，正在组卷办理转用手续。按照保增长、扩内需、调结构的要求，加大项目跑办力度，将高新技术产业、高端服务业、基础设施和改善民生项目作为推进的主攻方向，全面完成40个项目的跑办手续，为2009年项目推进、经济发展奠定良好基础。唐山空港城规划编制工作取得阶段性成果，与市规划局联合委托专业公司编制空港城概念性总体规

划，唐山空港城起步区控制性详细规划也已开始编制。

【城市建设】 龙王庙平改项目已经开工建设，王鄄子、付家屯两村进入拆迁补偿阶段。许鄄子村平改用地范围已取得市规划局批复，正在进行评估和拆迁前期工作。富庄、马家屯两村正在组织编制平改控制性规划。

按照城镇面貌“三年大变样”的要求，开工建设荣华道（卫国北路—学院路）、庆南道（卫国北路—学院北路）、卫国北路（龙华道—大学道），组织对荣华道（火炬路—龙泽北路）、火炬路（大庆道—龙富南道）进行了翻修改造。全面完成市达“拆违、拆迁、拆陋”工作任务，共拆除各类建筑物16.61万平方米。植树15000株，新增绿地面积16.5万平方米。制定区域绿化方案，对区内所有道路、机关、社区、农村、企业绿化不完善、不达标的部位进行完善，对建成和新建城市道路实施四季常绿、三季有花、草坪绿化，对城市道路接点按照乔木、灌木、花、草错落有致的要求实施小品绿化。

【社会事业】 制定《高新区新型农村养老保险暂行办法》，全区18岁以上的农村居民全部纳入养老保险覆盖范围。推进新型农村合作医疗、城镇居民基本医疗保险、农村养老保险制度，新农合参保率达97%以上，城镇居民基本医疗保险参保率达92%以上，农村养老保险男60岁、女55岁以上人群参保率达到100%。开展城乡低保扩面、就业再就业指导、城乡居民最低生活保障制度推行等一系列社会救助工作，解决部分村民和下岗失业人员的生活和就业问题。

提高教师待遇，投入616万元加强区属小学软硬件建设，为各小学和附属幼儿园配备现代化的教学仪器设备，学校硬件设施达到全市一流水平。免除在高新区就读的城乡居民子女及外来务工人员子女学杂费、课本费20.6万元，受益学生达4366人次。社区卫生服务中心、计划生育服务中心、养老院建设项目已经立项。

完善社区管理工作制度，对社区工作人员进行培训，提高福利待遇，社区建设各项工作逐步走上规范化轨道。龙泽源、龙悦新居、吉庆里社区基本达到标准化社区要求，惠安楼、银隆社区相继迁入新址办公。

组织干部群众开展“感恩回报、情系灾区”活动，累计捐款捐物700多万元，缴纳特殊党费27万多元，并派出2支救灾援建队伍赴四川灾区建设过渡安置房。

【节能减排】 工业企业万元增加值综合能耗为0.45吨标准煤/万元，同比降低12.41%；单位GDP能耗为0.85吨标准煤/万元，万元GDP能耗量降低率6.06%，万元地区生产总值耗水量为0.97立方米，同比下降7.41%。完成公共建筑供热计量改造29170.5平方米以及开发区办公楼火炬大厦、创业中心等3个单位的能源审计和公示；完成对7.92万平米的公共建筑和1.84万平米的既有居住建筑实施供热计量和节能改造，据测算，每年采暖季平均节煤339吨、节省投资17万元，减少二氧化碳0.8吨/年、二氧化硫474.6公斤/年、氮氧化物3吨/年、烷烃类169公斤/年、粉尘3.7吨/年，提前超额完成市达高新区节能减排目标任务；完成企业减排年度目标任务，全部为燃料结构调整项目，包括煤气改天然气以及燃煤锅炉改造。共有NGK唐山电瓷有限公司、唐山爱信汽车零部件有限公司等5个企业进行二氧化硫减排工作，完成后可减少排放二氧化硫7.29吨/年。

中共区工委书记：王金凯
副书记：韩亚林
副书记、纪工委书记：朱彦明
管委会主任：王金凯
常务副主任：韩亚林
副主任：孟祥云
苏东红
刘玉林

（王　海）

凤凰新城

【概况】 凤凰新城位于市中心区西北部，是市委、市政府为加快城市化和城市现代化进程、完善城市功能、提升城市品位、提高人民群众幸福指数而开发建设的新城区。南起兴源道，北至大庆道，东临卫国路，西到站前路，辖区面积23平方公里。市委、市政府对凤凰新城的规划、开发建设高度重视，将把凤凰新城建设成为“服务环京津、服务环渤海地区发展的、区域性、现代化商务中心、金融中心、文化中心、总部基地、高新技术产业基地”。以科学发展观为指导，以打造“文化名城、经济强城、宜居靓城、滨海新城”为目标，以“世界一流、中国气派、唐山特色、现代气息、都市风情”为发展方向，把凤凰新城建设成为“规划设计超前、建设管理精细、文化教育繁荣、金融商贸发达、科技产业领先、社区靓丽怡人、城市功能齐全、人民安居乐业”的极具成长活力和发展潜力的现代化、标志性的幸福之城。凤凰新城是钻石地段，是市中心区具有最好地质结构的黄金宝地。世界一流的规划远景、巨大的升值空间将营造出极富生命力和成长性的投资环境，使凤凰新城成为投资者的沃土，创业者的乐园。

区域内原有一个军用机场。1994年总体规划确定原军用机场搬迁，以西北部作为未来城市发展用地。2001年6月至2005年3月间，组织“凤凰新城城市设计咨询国际竞赛”活动，天津华汇工程建筑设计有限公司和美国WRT建筑事务所的方案从众多国内外知名公司提供的方案中脱颖而出，被评为优胜方案。2007年11月凤凰新城管委会成立，凤凰新城开发建设进入加速期。2008年1月3日，市委八届四次全会提出“以建设四大主体功能区为重点，深入推进新型城镇化发展”。凤凰新城列入四大主体功能区之一，全面规划开发建设。

【项目建设】 截至2008年底，开工建设24个项目（10条道路、7个公建项目、7个地产项目），累计完成投资28亿元；27个纳入全市2009年固定资产投资项目，总部基地建筑方案国际竞赛活动最终成果已经完成，40多个重点项目正在积极推进。河北理工大学北校区、唐山商务学校、唐山一中新校区、市

地税局综合业务信息服务楼、市检察院侦察指挥中心、凤凰新城消防站、青少年宫等7个公建项目已经开工或完工。大型综合医院、奥体中心、科技馆、法院综合审判楼等项目正在进行前期准备工作。冀东物贸大厦、晨辉大厦、地质大厦、人寿保险唐山分公司总部大厦、名仕大厦和新合作大厦等6个总部基地项目已完成选址、征地组卷等工作,并于2008年12月26日开始面向国际规划设计竞赛活动。皇冠假日(五星级)酒店、香格里拉酒店等商业项目已完成土地招、拍、挂程序,正在进行规划设计和前期准备工作。红星美凯龙国际家居连锁、韩国乐天玛特综合超市、日本永旺大型综合卖场等项目正在进一步对接洽谈。总投资106.82亿元的鹭港小区、梧桐大道、景泰翰林、荣泰尚都、宏扬香木林、碧玉华府、凤凰世嘉等7个地产开发项目开工建设,进展顺利。蓝天三期、金港国际、静园等2个拟建项目正在办理前期各项手续。新西兰风情社区、新华联地产等项目正在积极洽谈推进。人寿保险唐山分公司大厦、商业银行办公大楼等项目正在快速推进。

【招商引资】 招商引资工作始终坚持大招商、招大商,把引进战略投资者作为主攻方向,通过上门招商、活动招商、信函招商、网络招商、节会招商等形式,先后与132批国内外考察团组广泛对接,就30多个针对性强的项目积极洽谈,并与美国、英国、新西兰、新加坡、香港、日本、韩国等多家世界知名企业、大财团、大商社达成合作意向。在经费十分紧张的情况下,投入资金50余万元,制作公益广告、电视专题片、规划沙盘、宣传展板、宣传画册等,利用新闻报道、城市展览、招商活动等多种平台,全方位、多角度、高频率开展广泛宣传,使国内外宾客和社会各界能够全面、及时、准确了解唐山,了解凤凰新城。

【城市管理和建设】 下发《关于加强区域内新建住房及辖区环境卫生治理的通知》(凤管字[2008]10号),坚决制止污染和破坏城市生态环境的项目建设。协调路北区、高新区、丰润区和城管局、执法局等相关部门,形成合力,及时解决垃圾清运、道路管理等问题,推进拆迁违章建筑、搅拌站和监管建筑垃圾倾倒等项工作。修建友谊东辅路(朝阳道—长宁道)、友谊西辅路(朝阳道—长宁道)等10条道路,完善凤凰新城路网系统。做好配套设施建设,凤凰新城消防站主体工程已经完工,河北省重大工程项目220千伏变电站建设正在进行土地征收、补偿等准备工作。

【科学发展模式试验示范】 开展政府机构节能示范、立体·彩色·多物种绿化和绿色照明节能等6种科学发展模式试验示范工作,在选取管委会机关、宏扬香木林和梧桐大道等3个精品示范点的基础上,还开展城市集雨科学发展模式试验示范工作,并创造"突出城市'第五立面',营造'空中花园'"新模式。

市政府副秘书长、管委会主任:黄敬东
副　主　任:吴玉宝

(薄　海)

编纂 李晓东

代表人物

【唐山市出席中国共产党第十七次代表大会代表】

赵　勇　尚小明　郑喜兰
郑久强　张文学

【唐山市出席第十一届全国人民代表大会代表】

么志义　王义芳　王学红（女，蒙古族）
王惠文　方建平　杨　中
张志刚　张俊玲（女）陈国鹰
房　辉（女）柳宝诚　常玉珍（女）

【唐山市出席河北省第十一届人民代表大会代表】

马印龙　马树强　王大路　王子林　王旭光
王秀峰　王建国　王晓谦　毛英杰　田玉贵
付文才　白春明　白润璋　向绍新　刘国亮
刘建立　刘桂娇　闫景艳　朱秋华　齐守印
关仁山　孙宏文　孙梅云　纪　纯　杜　珍
杜振增　李本华　李全友　李全民　李进有
李国斌　李致华　李晓军　杨　中　杨柏臣
杨恩利　时清霜　佟国敏　辛志纯　宋辰良
张　和　张玉果　张玉柱　张凤梅　张志民
张国栋　张国栋　张桂生　张振喜　张增光
张耀华　陈志强　陈述庭　陈瑞珉　武志雄
苗德成　范绍慧　易建平　周文夫　庞庆华
孟兰芝　孟淑玲　胡国辉　赵　山　赵　利
赵　勇　姚　芸　袁聚祥　莫连营　徐守诚
郭金春　郭庚茂　高素华　高瑞华　姬振海
曹全华　常胜录　梁志忠　韩乃义　韩文臣
韩生雨　韩桂荣　韩敬远　彭　冲　董天利
喻艳君　曾秀兰　薛渤琦　魏宝明

【唐山市第十三届人民代表大会代表】

路南区（35 名）
丁岚（女）　于大中　于全祥
于志辉　王　琦　王玉生　王会生
王建立　王新春　牛久利　任亚利（女）　刘顺利　刘淑芬（女）
庄瑞才　李全兴　李春生　李春霞（女）　李福清　肖克勤　张文勇
张国栋（路南）　张国春　张建军
周仲明　赵　钢　赵世奎　侯树立
夏秀娟（女，满族）　郭耀臣
韩久玲　韩文友　韩铁梅（女）
董建宝　阚友合　阚春凤（女）
路北区(69 名)
于广钊　王士学　王永顺　王存宗
王连灵（女）　王金凯　王春生
王荫成　田津生　边振明　邢　伟
刘大川　刘义生　刘永义　刘咏红（女）　刘学东　刘洪英（女）
刘润军（女）　刘殿来　孙秀合
苏俊杰　李　林　李　虹（女）
李元新　李太山　李艾军　李全民
李寿平　李秀芝（女，回族）
李国杰　李金钰　李建刚　李建明
李瑞祥　吴　惠（女）　宋红梅（女）　宋维信　张小平（女）
张廷华　张军民　张宗亮　张勇平
陈元良　陈建设　陈惠中　尚小明
周作瑞（满族）　郑秀禄　柳宝山
赵　青　赵桂霞（女）　客绍英（女）　袁树森　贾淑英（女）
徐建君　高庆轩　高秀玲（女）
唐志新（女）　黄敬东　曹全民
韩敬荣（女）　董银静（女）
解仁义　解光第　阚志生　衡殿武（满族）　魏灵芝（女）　魏宝明
魏顺全
开平区(28 名)
云首强（回族）　王克先　田立东
白春明　刘国义　刘建国　刘素芸（女）　闫占新　杨桂茹　李庆山
李建华（女）　李敬臣　李翠兰（女，满族）　张书民（女）
张玉良　张志强　张银玲（女）
张增广　张耀华　陈学军　陈淑平（女）　苑国民（满族）　赵志国
钱春芝（女，回族）　崔仕全
康百岁　韩凤奎　董国亮
古冶区（45 名）
马小燕（女）　王　霞（女）
王国栋　王春梅（女）　王海滨
王晓燕（女）　王树春　王锦山
付国民　方成田　刘连仲　刘存柱
刘恩辉（女）　甘得泉　申永福
朱永洪　伦玉华（女）　李再东
李金勇　李俊江　李建华（女）
牟文恒　孙长平　张雨良　张国栋
张桂生　张静娟（女、回族）
张绍斌　汪瑞兰（女、满族）
陈凤武　陈宝贵　苏国义　郑　敏（女）　郑金泳（女）　赵玉爽（女）　赵莉莉（女）　杨宗华
徐建国　周殿新　郭振玲（女）
郭菊秋（女）　高东红　常国栋
葛梦彬　董宝利　丰润区（54 名）
马景忠　王　磊　王立新　王志明
王宝财　王洪岐　王晓光　刘小志
刘开地　刘志平（女）　刘伯军
刘彦华　刘树森　刘家顺　齐　雪
齐树新（女，满族）　闫益泉
许光武　阮继民　寿瑞娟（女，满族）　李忠华　李英华（女，满族）　李春芳　李春旺　李恩久
李景福　李景煌（女）　谷云华（女）　宋荣来　张　龙　张玉玲（女）　张宝乔　陈建华　陈绍增
周文兴　赵国安　钱立军　高贺山

郭玉华（女）　郭彦洪（女）
曹金华　崔　丽（女）　崔信明
崔敬东　梁廷利　董宝泉　董树立
韩晓梅（女）　鲍　莉（女）
翟君芳（女）　熊会云（女）
魏文生　魏华文　魏建成
丰南区（40名）
马玉凤（女）　王庆林　王建国
王树臣　王树华　王胜利　王彦庆
王艳玲（女）　王晓礼　车云生
牛永利　方成毅　方合群（女）
田玉贵　冬瑞芹（女）　冯玉清
刘万利（满族）　刘建立　安树康
关素荣（女）　许德茂　孙荣才
杨恩利　苏常文　李　忠　佟国敏（女，满族）　张　震　张建得
张春波（女）　张维营　孟祥利
赵　彦（满族）　赵翠芝（女）
钟清杰　高志龙　高翠荣（女）
曹洪喜　韩志普　董平原　董秀峰
玉田县(32名)
马树良　王久宗　王清文　王善强
艾　国　田建华　任久红　刘慧绵（女、回族）　江村　许广三
许金玲（女）　许德永　纪兴龙
李国华　李树娟（女）　李晓军
宋志永　杨　文　杨法敏（女，回族）　张云峰　张玉民　陈　卫
郑秀环（女）　赵　勇　赵淑英（女）　徐瑞勇　高世兴　唐长春
黄洪波　常树义　阎永江　臧贵霞（女）
遵化市(36名)
王艳侠（女）　王新合　石国刚
回　建（回族）　刘亚楠（女，满族）　刘任国　刘爱辉　池占江
汤建华　孙士纪　杨荣博　苏建丽（女）　李晓铮（女）　李海鹏
沈成宇　张贵磊　张晓军　张彩虹（女）　张朝利　陈国良（满族）
范连柱　孟凡功（满族）　胡晓江
赵　山　赵英健（女）　赵智兰（女、满族）　侯志宇　莫连营
徐全华　郭海山（满族）　曹贺龙
曹琳瑛（女）　梁辉（女）
梁平安　梁贺祥　魏文娜（女）
迁西县(22名)
于　山　王玉利　王术海（满族）
王东印　王宏伟（女、满族）
付国良　刘文福　刘继忠　刘瑞富
纪　纯　杜　春　苏春生　李云霞（女）　李向贵　李德仁　谷连春
张　海　孟凡新　赵国强　姚会新（女）　高春香　蔡立军（女）

迁安市(34名)
于洪瑾（女）　马贺明　王书成
王学龙（满族）　王明如　王建良（女）　史明星　兰玉岐　刘伟杰（满族）　刘桂东　许晓冰（女）
李艳花（女）　李聪敏（女）
杨立国　杨得清　张　海　张国胜
张淑香（女）　陈　晨（女）
陈国鹰　部振华　范绍慧　周　恒
郑　勇　宫万芹　徐汉有　徐彦军
郭　财　龚洁民　陶　文　韩金哲
鲁杰（女）　靳　伟　戴景珍（女）
滦县(29名)
王久福　王秀丽（女）　王政辉（满族）　王绍忠　卢宏秋（女）
朱建军　朱金武　刘　永　刘金柱
刘洪军　孙桂玲（女）　李占军
李建翔　李晓光　李爱民　杨沛文
杨家庆　张永坤　张爱艳（女）
张福文　陈生龙（满族）　胡国辉
秦海蛟　倪春林　高世远　高瑞华（女，满族）　梁文平　彭金生
韩志艳（女）
滦南县(27名)
丁玉双　马井成　王　成　王仲存
王宝兴　石应刚　田俊民　刘郁红（女）　杜　珍　李志刚　李志敏
李宝根　杨　洁（女）　吴瑞岐
辛志纯　张志民　张树云（女）
张景友　陈久敏（女）　范业凤（女，满族）　周建春　孟凡帝
徐国卉（女）　徐景田（回族）
桑素敏（女）　曹春光　裴文聪
乐亭县(27名)
丁立权　王维成　石志刚　孙文仲
刘江波（女）　刘　浩　齐玉和
杨永山　李　强　何景忠　张晓静（女）　张培江（回族）　陈继雷
苗德成　周玉娟（女）　孟宪福
胡艳雪（女）　赵洪刚　姚清华（女）　袁志刚　徐文彬　郭凤才
席景林　唐凤岗　崔自双　崔焕起
魏以明（女）
唐海县(16名)
丁国富　王　全　王文国　王晓谦
王瑞娥（女）　刘凤阳（女）
刘树祥　安爱国　张跃进　李可君
杨春华　肖玉文　孟晓存　姚自敏
郝有顺　郭志霞（女）
解放军(10名)
马俊斌　王永革　冯国臣　刘国志
朱正怀　吴连丰（满族）　张忠顺
侯法显　韩艳萍（女）　彭明臣（满族）

【中国人民政治协商会议唐山市第十届委员会委员】

中国共产党唐山市委员会(共27名)
于冬青　王　力　王　勇　王玉芹（女）　王金生　卢晓霞（女）
孙法仲　孙荣先（满族）　张国栋
张艳春（女）　李东升　李玉鹏
李秀岩（女）　李建文　杨清波
陈子存　陈铁屏　郑　银　郑文庆
赵士金　赵广利　秦少清　曹凤利
菅文华　蔡永茂　戴　征　魏文成
中国国民党革命委员会唐山市委员会(共12名)
刁文佑　刘志明　孙福志　朱晓丽（女，满族）　张洪涛　汪敏玲
沈　瑾（满族）　姚子全　耿林青（女）　常宝增　韩雪梅（女）
解贵勤
中国民主同盟唐山市委员会(共16名)
马　琳（女）　方觉关　榆君（满族）　刘长锁　刘玉祥　佟世祥（满族）　张立忠　张连元
张俊来　李兴杰　杨启文　肖　飞
周祖光　贾幼民（女）　龚瑞昆
董作华
中国民主建国会唐山市委员会（共17名）
么顺利　王学羽　王敏义　冯志元
刘乃强（满族）　刘凤海　刘洪敏（回族）　孙全臣　朱晓莹（女）
宋　雷　李占民　杜宝中　肖荣江
陈淑清（女）　胡世宁　郭晓东
韩贵元
中国民主促进会唐山市委员会(共11名)
王　菲（女）　王振良　卢品贤（女）　刘　田　刘三伶　张冬梅（女）　李学文　李砚芳　杨　方
徐　品　潘淑荣（女）
中国农工民主党唐山市委员会(共11名)
王　斌　王希柱　冯　杰（女）
库力宏　张立山　张贺珍（女）
李建朝　杨树生　陈如艳（女）
孟祥龙　姚绍鑫
九三学社唐山市委员会(共13名)
马伟成　王凤兰（女）　王志强
王春燕（女）　司雁菱（女）
张广增　张桂芳（女）　李存龙
李金良　周智泉　胡万宁　高金辉
曹亦宾
无党派人士(共6名)
王纯华　刘　军　毕义祥　张文丽

（女，回族） 房开诚 韩 刚
唐山市总工会(共12名)
于九洲 王宝泉 王绍平 纪为红（女） 张文华（女） 李双和
李天平 李长河 李润平 郑久强
柴秋生 郭东民
中国共产主义青年团唐山市委员会、唐山市青年联合会（共10名)
王 权 王子囡（女） 王秀超
王艳辉（女） 史绍辉 张 鹏
李 虹（女） 阎 磊 葛昌秋
甄贵福
唐山市妇女联合会(共11名)
于桂新（女） 牛 燕（女）
田玉霞（女，满族） 伦丽娟（女）
张 旭（女） 张冬梅（女）
李 莉（女） 李学静（女）
侯永坤（女） 高丹丽（女）
潘立英（女）
唐山市工商业联合会(共21名)
尹菊柱 王彦华 边雪松 孙玉春（女） 阮如旺 齐 峰 吴立财
李会和 李宝岩 李树奎 陆之孝
武仁意 郑礼丰 郑顺利 赵祥启
桑树军 耿万生 符晓光 韩敬荣（女） 鲁 宁 翟久玉
唐山市科学技术协会(共10名)
王汝庚 白 冰（女，蒙古族）
阴瑞华（女） 张玉江 李信国
李秋贵 沈凤光 赵 刚 崔发周
章玉阁
唐山市归国华侨联合会(共9名)
马培德 冯志华 刘素芬（女，蒙古族） 杨利军 沈 毅 陈 薇（女） 赵 俭 聂文伟 梁仲琪
农业界(共29名)
王永良 王汉银 王希会 史振民
田国娟（女） 刘智峰 刘殿索
孙福华（女） 吴井泽 张井印
张文忠 张世奇（满族） 张玉安
张伯川 张春生 张继成 张维田
张锦芬（女） 杜文龙 杨学诚
汪笑梅（女） 陈庆富 周彦凯
金增欣（女） 赵福生 唐铁忠（满族） 高建广 盖青松（满族）
董秀峰
文化艺术界(共15名)
马丹青 王贵华 王默根（回族）
冯秀生 冯继红（女） 白俊艳（女） 刘亚安 张旭恩 李真理（女） 杜克武 耀 宗 赵 燕（女） 郭学文 韩进勇 蔡亚男
教育界(共31名)
于素云（女） 任柏石 刘 贵
刘玉东 刘丽红（女） 刘秀芬（女） 刘建山 刘森林 孙兆平（女） 孙学娟（女） 朱福云（女） 邢平均 何秀勤（女）
张 欣（女，回族） 张月仙（女） 张志军 张国富 张锦瑞
李 兵（女） 李如新 杜玉山
杨 洁（女） 杨晓苓（女）
孟文红（女） 赵俊芬（女）
项亚平（女） 徐秀云（女）
贾 林（女） 董惠娟（女）
谭 静（女） 谭永兴
经济界(共65名)
马英魁（女） 尹 群（女）
户 健 王 雪（女） 王久青
王树立 王敬一 冯 卫 冯玉娟（女） 田兴民 田瑞平 艾 松
刘长占 刘玉清 刘连存
刘阔增 孙东旺 孙宏民 孙智先
朱玉成 朱建华 许庆晖（女）
严大刚 何 平 吴 帆（女）
吴长明 张玉民 张玉宝 张志文
张秀峰 张宝泉 张胜富 张顺明
李云祥 李世庄 李冬义 李永全
李秀荣（女） 李国兴 李晓泊
李海宁 谷守贤 邱贺平 陈卫兵
陈淑玲（女） 孟宪友 庞秋原
英洪忠 范金梁 郑文纬 贺静云
赵玉福 赵治川 徐树成 晏金意
贾元明 高文君（女） 崔喜元
梁士臣 焦希群 韩文军 韩建民
裴 华 裴文久 戴来顺
人口、资源、环境界(共23名)
马兰银（女） 王文来 王晓方（女） 冯一军 艾 春 任建丽（女） 刘 季 吉雨顺 孙东富
孙贵石 张 文 张永涛 张贺明
李志强 李冠媛（女） 李树松
杨彩继 罗晓军 姚子忠 晁晓明（女） 秦 庚 郭建军 高士良
科学技术界(共26名)
于克儒 王东林 王永存 王福燕（女） 石凤桐 刘建军 孙玉刚
朱彦明 汤建中 许嘉庆 闫福林
张力新 张振海 李晓军 杨崇厚
陈 洁 周立新 宓振军 林 虹
赵铁政（女） 倪庆隆 徐卫国
高均海 崔敬欣（女） 焦瑞新
韩志强
社会福利与社会保障界(共13名)
王秀平 石贺通 吕文祥 孙岐全
李国际 杜世华 杨文茹（女）
杨振红（女，回族） 陈晓星
罗向军（女） 郭虎巨 黄亚林
董力光
医药卫生界(共19名)
王冠珏 代金荣（女） 母春华（女） 刘 杰（女） 吴志新
李 顺 李金源 陈淑慧（女）
陈德生 周瑞强 孟令军 苗树均
胡艳玲（女） 赵士才 赵玉宏（满族） 郝利明 葛 健
韩 琳（女） 鲁宪凯
社会科学界(共35名)
马祥玺 刘永江 刘晋波 孙国富
安晓良 牟淑敏（女） 纪泽民
许向斌 何燕青 吴振儒 吴铁汉
张乃平 张石华 李 寅 李艳春（女） 李福三 杨 浩（回族）
杨晓华（壮族） 杨继昭 杨瑞忠
陈照印 周景林 孟庆海 郁红祥
郑宝菊（女） 祝明钊 赵 健（女，满族） 耿万海 崔文才
崔明山 康继祥 程 兵 程云瑞
程春丽（女） 冀小山
体育界(共7名)
马 玲（女） 王金栋 关立民
刘之俊 许嗣芹（女） 杨法香（女，回族） 董福丽（女）
新闻界(共6名)
韦 田 张贺忠 侯西岭 赵锡臣
黄 岩 熊国祥
宗教界(共9名)
方建平 王小芹（女） 刘性然
张建林 张振普（回族） 陈国东（回族） 崇 观 常志远（回族）
董志远
少数民族界(共9名)
张 硕（回族） 张金武（回族）
张翠荣（女，满族） 李旭红（女，蒙古族） 李淑香（女，回族） 杨日晖（满族） 陈薇洁（女，回族） 金瑞章（满族）
哈增杰（回族）
三胞眷属界(共10名)
王毅敏（女，高山族） 刘咏静（女） 张守平 张福新 侯雯静（女） 赵本成 袁玉强 崔连红
景大智 韩 宏
特别邀请人士（共29名)
云守才（回族） 王书珍（女）
史桂润 刘东江 刘玉兰（女）
刘绍辉 刘新泉 孙志广 朱连喜
何玉芬（女） 吴 飞（女）
张玉军 张志富 李自学 李晓东
杜彩芹（女） 杨兰亭 杨守军
苏铁成 陈国志 陈春昶 周书祥

周晓成　侯汝彦　赵建华　原部红
贾德武　陶顺福　彭忠臣

模范人物

【全国五一劳动奖章获得者】

单立军　开滦荆各庄矿业公司东井811队支架组组长。连续8年被矿业公司评为红旗标兵，连续5年被开滦集团公司评为劳动模范，连续2年被唐山市评为劳动模范，2007年被评为全国煤炭行业劳动模范，2008年荣获全国“五一”劳动奖章。1988年，18岁的单立军来到荆各庄矿811队当了一名采支工。为了早日成为合格的矿工，他借来《采煤工艺》等专业书籍，刻苦钻研，写出学习笔记就达两万多字。在生产实际工作中，处处向师傅工友们学习掌握各项生产技能，很快成为生产上的多面手、高效能手。连续三年实现打“双排”，并创出打柱21颗，班掘进22架全队最高水平，第二年就当上了生产组长。1994年加入了党组织，同时被聘为中级技师。2007年，集团公司决定取消落后的炮采工艺，在40度倾角采面实施综机采煤新工艺。单立军克服文化低、基础差的困难，通读了大量有关综机采煤方面技术书籍，总结整理了几百条设备使用数据，在全队率先掌握了综采关键技术。先后总结发明了“大倾角平衡稳架法”、“倾角煤层台阶式开采法”等11项先进技能，班割由开始的1.5刀，很快达到4刀水平。他不但自己钻研生产技术，还带领全组职工学习生产技能，让每名职工都掌握三门以上的生产技能，个个都是多面手。他带出的几十名徒弟都成了生产上的骨干，有的还当上了班组长，他所带的班组被誉为培养“尖子”的摇篮。他入矿20年来，每天坚持提前一小时下井工作，从未体过一天病事假，从未呆过探亲假、年休假。20年中他累计奉献业余时间折合工作日相当于1800个，即5年的工作量，按每天多出5吨煤计算，多为国家出煤36500吨，价值达1095万元。他还养成上井不空手的习惯，每天回收15公斤废旧物资，20年来，他整整回收旧料109500公斤，而应给的20万元回收补贴他却没领过分文。2008年春节矿上安排放假，可大年三十全家准备吃团圆饭的时候，却找不到他的人影，只发现了他留下的一张纸条。原来，看到我国南方发生冰雪灾害后，单立军积极响应党的号召，急忙赶到矿上来到井下，为节后生产做准备，用实际行动支援南方灾区。单立军担任组长十几年来，小组的安全确认率，规范操作率在全区总是最高的，从没出现过任何重大事故，年年成为区里先进安全小组。

（郑彦杰）

刘春海　唐山轨道客车有限责任公司机电厂车工高级技师。他在参加省市及全国技能大赛中多次取得骄人的成绩，获得了多项荣誉称号。他不仅是河北省车工技术状元，还被授予中央企业技术能手称号，北车集团拔尖技术能手，全国技术能手，并荣获全国“五一劳动奖章”。刘春海的精细制造技高一筹，加工质量达到完美无缺。2008年下半年，唐车公司承接了大批春运客车生产订单，刘春海自制的定位转臂小孔精镗刀杆、制作车辆减振器座以车代镗工装和车内孔工装，制作的闸瓦间隙调整螺栓的车夹具，提高生产效率3至5倍，质量合格率100%。他刻苦钻研机械加工技术，经常承担一些加工难度高或工序复杂的产品。利用自己所学的理论知识，认真分析、总结加工刀具、切削参数、工装及测量工具等方方面面的问题，化解生产中的矛盾。在2008年公司为北京13号线生产地铁列车过程中，刘春海制作了成型刀具，优选工件转速和适当的冷却方式，在加工中控制球窝深度的标尺和进给的指示装置，提高了加工精度和生产效率，圆满地完成了生产任务。刘春海作为一名车工技师，主动承担了时速350公里动车组国产化配件的试制加工任务，技术难度大，精度要求高。他艺高人胆大，敢接“瓷器活”，加工的过线管、不锈钢锁紧钻套等产品，首件鉴定实现一次合格，受到西门子专家的称赞。他由此成为机电厂首位高速动车组配件加工的首席员工，为高速动车组配件国产化、降低生产成本作出了重要贡献。

樊淑钱　唐山陶瓷股份有限公司骨质瓷分公司二彩车间贴花职工。1988年5月从事贴花工作以来，她怀着对企业的热爱和立志岗位成才的理想，刻苦钻研技术，力求精益求精。面对产品难度大、交货急、小批量、多品种的生产形势，她每天早来晚走，勤勤恳恳、争分夺秒，用灵巧的双手、用辛勤的汗水装点着件件产品，浇灌着朵朵花卉。车间有突击任务，她总是冲在前、干在前，以身作则专拣难度大的品种干。2004年计划工时308.5个，她实际完成656.57个，超产率112.83%，提前跨入2006年。在她的模范行动带领下，全车间范围内形成学先进的良好风尚，为保合同、保出货作出了突出的贡献。樊淑钱不怕吃苦，甘于奉献，虚心拜全国劳动模范苏玉珍为师，潜心钻研“三快一好”贴花操作法，在枯燥的工作中立志岗位成才。自2002年以来，她连续实现生产翻番，年年月月超额完成任务，创出了优质高产的优异成绩。在贴大件系列产品中，由于花面不适应，给操作带来很大难度，造成大部分贴花职工完不成生产任务。为了保合同、保交货、保企业效益，她用心钻研，主动牺牲工余时间，利用中午吃饭和下班的时间，在工作台前一遍遍摸索、一遍遍贴，终于用最短的时间，带头完成了任务。为了让大家尽快掌握操作技术，她还主动向周围的同志传授技术，带动大家共同闯过难关，车间生产任务大幅度提高，并且质量缺陷平均降低80%以上，创出了生产大件产品的好成绩，为企业生产解决了燃眉之急。樊淑钱积极向上，乐于助人，无论工作之中，还是工作之余，她总是毫无保留的把自己所学的技术传授给新工人，反反复复，不厌其烦，精细到每一个动作，细心到每一个操作要领，她所带的徒弟个个成为生产骨干，有的还获得了市级“贴花能手”光荣称号。为了工作，她克服孩子小和父母年迈多病的实际困难，处处从点滴做起，用实际行动实践了一名共产党员的庄严承诺。2006年，由于长时间伏案贴花她患上颈椎增生，时常头晕、呕吐，手脚麻木，厂和车间领导照顾她到辅助工序工作。这年年底，企业转产由生产普通瓷改为生产高档骨瓷，贴花工序也由大膜花纸改为小膜花纸，生产难度增大、技术要求高。为了让职工尽快掌握贴花操作要领，她利用业余时间刻苦钻研、揣摩贴花操作技巧，反反复复摸索，在很短的时间内掌握了高档骨瓷的操作技巧。为了让所有职工掌握操作标准，她手把手的教其他职工，在她的努力下，她所在车间仅一个月彩瓷一级率就完成94.1%。她看到工厂为了保交货，组织职工大干，车间缺少劳力，主动提出到生产一线贴花。几个月的时间里，她带领职工连夜加班大干，通过他们的努力，按质、按量完成了任务。

（鲁凤菊）

郭宝群 丰润建筑安装股份有限公司钢筋班班长。自1990年参加工作成为一名建筑钢筋工人以来，立足本岗、扎实工作。1994年成为公司钢筋班班长后，带领钢筋班圆满出色地完成了数十项大型工程建设的钢筋任务，创建了十多项省、市级优质工程和用户满意工程，为公司、为社会创造了良好的经济效益和社会效益。由于成绩显著，他个人多次被评为公司的“先进生产工作者”和“技术能手”，他所领导的钢筋班也多次被评为公司的“先进班组”。2006年9月17日郭宝群在全国建筑业职业技能大赛钢筋工比赛中获得一等奖，被中华全国总工会授予“全国技术状元”荣誉称号。2006年9月被中华人民共和国建设部、中华人民共和国劳动和社会保障部、中华全国总工会、共青团中央授予“全国建筑业职业技能大赛一等奖”。2006年被河北省总工会授予河北省五一劳动奖章。2006年11月被河北省建设厅、河北省劳动和社会保障厅、河北省总工会、共青团河北省委授予“河北省建筑业职业技能选拔大赛一等奖”。2006年12月被中共唐山市委、唐山市人民政府授予“振兴唐山立功竞赛个人荣誉证书”。2007年3月被河北省总工会授予“河北省职工创新能手”荣誉符号。

高仕卿 唐山市中心血站站长、主任检验师。高仕卿从2002年6月担任唐山市政府献血办公室副主任和市中心血站站长起，就始终坚持立足唐山市情，把加快发展全市采供血事业作为第一要义，高站位地谋划可持续发展策略，带领全站职工一步一个脚印地实现着新的跨越。面对血站承担的全市150多所医疗机构每年递增20%的抢救用血量、年供血达到20吨的重任，高仕卿上任后，首先积极参与地方性法规《唐山市献血用血条例》的制定，为贯彻国家《献血法》、建立无偿献血机制奠定了坚实基础。在他的不懈努力下，唐山市实现了有偿献血到无偿献血的一步到位，每年有8万多人次自愿捐血，全市临床用血100%来自无偿献血，街头自愿无偿献血占全年临床用血的90%以上。针对唐山市人口主要分布在农村的实际，高仕卿把目光投向广阔的农村，专门成立宣传科，并利用各种媒体多渠道、全方位宣传无偿献血知识，使越来越多的农村群众自觉加入无偿献血行列。在高仕卿的主持下，市中心血站积极指导临床科学用血，推广科学、合理、节约用血、一血多用，建立了以红细胞输血为主的科学成分输血模式，使唐山市的临床成分用血率达到98%以上。为此，高仕卿也多次获得唐山市“专业技术拔尖人才”称号。2004年，唐山市中心血站新建成的采供血大楼投入使用，同年，唐山市中心血站在全省率先通过ISO9000质量体系认证。血站相继引进高精尖仪器设备100余台（套），使乙肝、丙肝、艾滋病和梅毒、转氨酶等六个血液检测项目全部实现自动化，并达到国内领先地位。唐山市中心血站在全省率先建成PCR实验室和二级生物实验室，使血液安全有效率达100%。如今的唐山，血液质量安全可靠，患者医疗抢救用血充足，人民生命安全有保障。为此，唐山市中心血站连续四次为唐山市赢得“全国无偿献血先进城市”荣誉称号。市中心血站多次被命名为省、市级精神文明单位、先进集体和省无偿献血先进单位。高仕卿也获得了唐山市劳动模范、河北省五一劳动奖章、全国五一劳动奖章、河北省医德医风标兵等诸多殊荣。

王义芳 唐山钢铁集团有限责任公司党委书记、副董事长、总经理、唐钢股份公司董事长。他以高度的政治责任感和使命感，自觉落实科学发展观，认真贯彻省委、省政府关于加快钢铁工业调整的指示精神，积极参与主持河北省第一大钢铁集团的组建和发展，走出了一条具有唐钢特色的整合之路。2007年，集团主要产品产量和经济效益连创历史新纪录：年产钢达到2275万吨；营业收入、利税、利润分别完成870.9亿元、104.41亿元和57亿元，较整合前的2005年分别增长29.59%、76.36%和126.72%，经济效益是整合前的2.27倍。经济效益增长幅度居全省首位，成为河北省第一家利税超百亿的企业。唐钢集团一跃成为粗钢产量世界第九、亚洲第五的特大型钢铁企业集团，被评为2007年中国最具影响力企业。按营业收入排序，位列中国企业500强第46位、制造业企业第15位、黑色金属冶炼及压延加工业第3位。他心系职工，唐钢每年为困难职工发放补助160多万元，2007年又拨出500万元专门用于职工大病医疗补助。2007年，唐钢获“全国模范劳动关系和谐企业”称号。他高度重视企业的社会责任，2007年，唐钢集团投资9.07亿元，对85个污染源进行深层次综合治理，为河北当年环保投入最多的企业。2007年，仅唐钢股份公司用于社会救助、扶贫的资金就达1800多万元。

李　明 丰南公安交警大队副大队长。为维护良好的道路交通秩序，李明同路检中队民警一起，每天早7时准时上岗，晚7时下岗，沿途往返几百公里，中午不休息，节假日不休息，全身心地投入到纠正交通违法之中。超常的工作量，过度的疲劳，导致他腰椎病的发作，有时全身不能动弹，但他却没住过一天医院，稍能走动，他就又回到了巡逻线上。205国道路况复杂，时常发生交通拥堵，赶上雪天、雾天，更是会堵到后半夜。每次交通疏导他都是第一个到，疏导完毕后最后一个走，甚至一天都吃不上一顿热饭。在他的带动和影响下，路检各个中队工作热情高涨，工作效率倍增，道路交通秩序得到有效治理，交通事故的发生得到遏制，为丰南经济发展和居民安全出行营造了安全、畅通的交通环境。2008年，他累计加班加点800余小时，放弃双休日30余天，共纠正各类交通违法行为1.1万余起，和广大民

警一同用辛勤的汗水和心血铸起了一道预防道路交通事故的钢铁长城。一天刚刚下过大雪，路滑难行，李明和同志们加强了夜间巡查。晚上9点钟左右，巡查车行至52831部队附近时，发现一辆解放牌运煤卡车滑入路边的沟里，冰水淹没了车头，司机在冰水中挣扎。李明见此情景，顾不上脱衣服就纵身跳入了冰水中，其他同志也纷纷下水救人，很快将司机救上岸，当得知水中还有两名司乘人员时，李明和战友们再次潜入水中，几经周折，终于将落水者全部救出。李明拖着一身冰水将三名司乘人员送到了医院。2008年5月12日，四川省汶川地区发生8.0级特大地震后，丰南区派出医疗人员、筹集救灾物资前往四川抗震救灾，李明积极请缨，主动担负起为车队护卫开道的任务。5月14日下午，他来不及与年迈的老母亲和妻子进行告别，就匆匆踏上了赶赴四川的行程。一路上，他克服重重困难，带着丰南人民对灾区人民的深情厚谊，安全抵达四川灾区。在四川，他又投身到抗震救灾中，困了就在帐篷中短暂休息一下，饿了就吃几口方便面，与广大救援人员一起，奉献着全部的爱心和力量。

（潘　艳）

宋晓勇　开滦集团唐山矿业分公司开拓区综采维修电工、高级工、技师。在多年的工作学习中，积极探索，勇于实践，参与生产中的小革小改，多项已被采纳应用，有力地配合了矿山的安全生产工作。1996年对单位的废旧蓄电池机车充电设备进行了修复和技术改造，为单位节约资金几十万元，被开滦集团公司团委授予“开滦十佳青年岗位能手”，并跟踪多年进行考核予以认定。同年，被评为“唐山市百名优秀青年”和“河北省青年岗位能手”。自1998年起，他多次被单位推荐参加唐山矿业公司、开滦集团公司的技术比武，每次比赛成绩总是名列前茅，并且多次取得第一名。2004年和2006年参加开滦集团公司举行的技术比武，分别取得第六名和第四名的好成绩。2007年3月参加了开滦集团公司组织的“开滦杯”大赛综采维修电工培训班，顺利地通过了选手淘汰赛，参加了第二届“开滦杯”全国煤炭行业职业技能大赛，夺得了冠军，获得综采维修电工高级技师职业资格。被煤炭工业协会授予“煤炭行业优秀技术能手”称号，被劳动和社会保障部授予“全国技术能手”称号，被中华全国总工会授予“全国五一劳动奖章”。2007年度被唐山矿业公司评为生产标兵，被开滦集团公司评为集团公司“劳动模范”和“三级岗位带头人”。2008年，在安全发展、安全中国好矿哥好矿嫂评选活动中，被评为“十佳好矿哥”。

（郑宝刚）

【首届新唐山建设卓越功勋奖获得者】

小林诚　日本人，唐山市政府驻日本事务所所长。小林诚先生是唐山松下第一任总经理，自2000年从唐山松下退休后，先后被唐山市高新区管委会和唐山市政府聘为驻日本事务所所长。小林诚先生以其对中国的感情、对唐山的热爱和以促进中日两国经济交流为己任的强烈责任感，用丰富的工作经验，热心宣传唐山，积极推介唐山。在他的积极努力下，先后促成了小池酸素、神钢焊材、关东精密、爱信汽车零部件、江东电气、日东软件、明和科技等一批日资企业落户唐山市高新区，为唐山市高新区日资工业园建设和唐山市的对日招商引资工作作出了卓越贡献。曾荣获中国政府颁发的2007年度“国家友谊奖”，2008年荣获唐山市委、市政府颁发的“新唐山建设卓越功勋奖”特别奖。

常寿祥　乐亭县高效农业研究会副理事长，高级农艺师。1974年到大黑坨村进行良种繁育，从出苗开始，他便一块地、一条垄地查看，经过扬花、授粉、去杂、保纯等十几个环节，逐步积累经验，时间长了，大黑坨村97块地、24000多条垄，谁家挨着谁家，谁家有几条垄，哪条垄是母本，哪条垄是父本，他说得一清二楚，老百姓亲切地称他是“活地图”。他在全国第一个发明玉米杂交育种、代苞去雄新技术，使种子纯度提高近11个百分点；第一个推广黑黏土种植地膜花生新技术，比常规种植增产一倍以上；第一个把棉花繁种栽培技术推广到大田种植，使全县棉花亩产提高20公斤以上；第一个创造了高效节能日光温室大棚新模式，在全县大规模发展；第一个引进SOD西红柿，建成了省级生产基地；第一个提出高台淋碱种养新模式，为全国解决盐碱地有机农业开发利用开辟了新途径。他先后在全县讲课2000多场次，培训农民15万多人次，并创下了一天连讲7堂课的纪录。1996年，他建议把全县科技能人都组织起来，成立了高效农业研究会，并担任副理事长。十多年来，该协会成员已达1000多人，引进各类名、优、特、新品种80多个，并全部试种推广成功，推动乐亭县粮经作物比例由原来的7：3发展到3：7，成为“全国果菜十强县”、“全国农业结构调整先进县”。30多年来，他扎根农村推广农业科技，足迹遍布全县533个行政村，还到丰润、迁安、迁西、天津、秦皇岛等地传经送宝，累计推广新技术100多项，助民增收数亿元，被百姓誉为“农技财神”。

柳宝诚　唐山开元企业集团总裁，中国焊接协会副理事长，中国电焊机行业协会理事长，全国劳动模范，第十届、第十一届全国人大代表。唐山开元企业集团的前身是唐山市电子设备厂，1984年，柳宝诚就任厂长。他积极改革，锐意进取。先后提出了“改变人事制度，改变分配制度，转变经营思想”的改革方针，大胆推进企业改革。制定了“发挥优势，扬长避短，盯住市场，勇于竞争”的经营方针，积极调整产品结构，进入焊机制造领域。成功和日本松下、日本神钢组建合资企业，与美国、日本、德国多家一流公司技术合作，参与全球竞争，实行国际化经营。积极推进国有企业改制，按照现代企业制度要求组建产业集团，企业不断发展壮大。开元集团的主要成员企业有唐山松下、唐山神钢、唐山开元焊接装备、唐山开元机器人系统、唐山小池等11家公司。产品涵盖了所有焊接领域，产品均居世界领先水平，出口世界二十多个国家和地区；在国内造船、汽车、机车车辆、石油化工、核电设备、工程机械等行业市场占有率第一，成为包括国家体育场“鸟巢”在内诸多重点建设项目的首选和指定产品。经过二十五年的不懈努力，唐山开元企业集团已发展成为电焊机行业中国第一、亚洲第三、世界前十的世界著名焊接产业集团。2008年，集团员工1300人，产值16亿元，利税4亿元，分别比1984年增长8倍、1200倍和2500倍。

余卫平 唐山轨道客车有限责任公司董事长。1989获得铁道部“七五”青年建设者称号、2000年被评为长春市劳动模范、2008年被中华全国铁路总工会授予火车头奖章。他2006年11月主持唐山轨道客车有限责任公司以后，带领唐车公司践行创新发展、求真务实、开放包容、争创一流的核心理念，不断向国际一流企业迈进。他确立了公司“两线四系”的产品发展方向，提出打造国际一流创新型企业的目标。管理工作中他把PDCA循环管理方法与企业实践相结合，提出独到的闭环管理和具有新内容的日事日毕的工作方法。工作中奉行求真务实，他强调机制导向工作思路，先后出台鼓励技术人员、管理人员、操作人员等多项管理办法，如创新管理办法、效绩目标管理办法、项目管理办法等。他提出打造一支一流的员工队伍，开展了多维培训。先后有近500多人出国培训，近千人到兄弟企业培训，通过培训公司员工结构得到优化，综合素质快速提升。在余卫平同志带领下，唐车公司取得了时速350公里高速动车组高质量的下线运行，新产品打入蒙古、加纳等国际市场，进入了城轨车市场等骄人的成绩。2008唐车公司被国家部委确定为91家创新型企业，公司技术中心被命名为国家级技术中心。

么志义 三友集团董事长、党委书记。九届、十届、十一届全国人大代表。先后荣获全国劳动模范、全国五一劳动奖章等多项荣誉称号。他以产业报国为己任，做人、做事、做文化，成功走出了一条大型国有企业又好又快发展的道路，三友集团已成为全国纯碱和化纤行业的排头兵、全国制造业500强。集团成立十一年来，他带领三友集团累计投资67亿元，实施399项重点基建技改项目。30万吨烧碱，30万吨PVC，15万千瓦热电，15万吨氯化钙，化纤二、三、四、五期扩建，18万吨有机硅一期等重点项目相继建成投产。么志义同志在全国首创了“两碱一化”循环经济发展模式，集团被列为全省首批循环经济试点企业，所属化纤公司被列为全国第二批循环经济试点企业。2008年，面对国际金融危机带来的前所未有的挑战，么志义带领集团万名员工，按照省委省政府、市委市政府的一系列部署，以科学发展观统领全局，突出“两保一压”（保现金流、保安全生产、压成本），深化链管理、问题管理、极限管理，各项主要工艺、消耗、费用控制均创历史最好水平，在全国同行业率先扭亏为盈。集团效益连续10年大幅增长，纯碱、化纤综合能耗等25项指标在行业排名第一。纯碱、化纤被评为中国名牌产品，三友商标被评为“中国驰名商标”。股份、化纤公司双双荣获河北省质量管理奖。他在国内发起成立了纯碱经济联合体，产品远销30个国家和地区，年创汇1.25亿美元，其中化纤出口量占国内的75%。

（孟 辉）

王钟敏 曹妃甸实业港务有限公司总经理。2003年12月，时任秦皇岛港务集团公司企划部部长的王钟敏受命出任曹妃甸实业开发有限责任公司的常务副总经理兼矿石码头建设现场副总指挥。当时开发建设曹妃甸被列为河北省“一号工程”，并且省委、省政府明确提出，到2005年底曹妃甸25万吨级矿石码头2个泊位要具备靠泊能力。如此重大的工程，工期又这样紧，让王钟敏感到了沉重的压力，但有着近20年党龄的王钟敏毅然接受了这个挑战！建设伊始，通岛公路尚未通车，所有的工程技术人员和设备必须趁着涨潮用渔船运送到岛上。有时稍微一耽搁落潮了，船就只能等第二天涨潮才能返回。王钟敏和同事只得在岛上的简易帐篷里挤一夜。曹妃甸地处渤海深槽，风尤其大，凛冽刺骨。为了取暖御寒，大家就穿着棉大衣紧紧靠在一起，在蒙胧中盼着天明。由于岛上既没有淡水，又没有电，遇到恶劣天气，补给渔船不能及时出海，建设者们往往要面临缺粮断水的窘境。王钟敏和同事最长的一次在岛上被困了6天。2004年10月，曹妃甸25万吨级矿石码头开始施打第一根桩。由于码头位于渤海海沟，流急浪大，施工难度前所未有，施工进度也十分缓慢。为了抢进度，王钟敏一有空就到施工船上，为大家鼓劲。他还注意听取施工方面的建议，并和他们一起研究对策，解决施工中存在的技术问题。在双方的共同努力下，难关一个个被攻破，施工进度明显加快。在工程建设中，王钟敏对施工单位就按工程网络计划说话，从不讲情面，哪个队伍完不成计划就自觉“下课”。一个码头工程下来，被换掉的施工队伍领导就有五六个。王钟敏干事雷厉风行，从不靠在办公室召开协调会解决问题，而是一有时间就亲自到现场指挥。在他的影响下，公司各部门人员都养成了跑现场的习惯，一些难题在现场往往就得到了及时高效的处理。2005年12月初，矿石码头工程进行试投产。在王钟敏的指挥下，同时靠了17万吨和21万吨两艘外籍巨轮，此举开创了国内外同行业的先河。王钟敏和他的团队变压力为动力，没日没夜地奋战。吃饭轮换着去，困了就在中控室的凳子上打个盹，感冒了打完吊瓶继续坚持岗位……那段时间，王钟敏连续七八天基本没合眼，眼睛都熬得红肿，嗓子也哑了，大家劝他回办公室休息，他却婉言拒绝了。2005年12月16日，25万吨级矿石码头正式开港通航。时任省委书记、省人大常委会主任的白克明和省委副书记、省长季允石一行向码头走来，对王钟敏表示祝贺并称他为“功臣”。码头建成了，王钟敏出色的管理才能受到公司董事会的高度肯定。公司董事会决定王钟敏继续留任，管理码头的运营。凭着现代化的管理手段和优质服务，曹妃甸25万吨级矿石码头运营良好，铁矿石吞吐量以每年增长1000万吨的神奇速度递增。王钟敏凭借卓越的建港功勋分别被秦皇岛市和唐山市评为市级劳动模范，并喜获2007年度“河北省十大新闻人物”。2008年获得了唐山市委、市政府颁发的首届“新唐山建设卓越功勋奖”。

（张宝东 王玉军）

【唐山市首届道德模范】 助人为乐模范宋志永 男，36岁，玉田

县玉田镇东八里铺村村民。2008年年初，我国南方遭受严重冰雪灾害。宋志永得知灾情后，立即找到同村的12位农民组成爱心志愿者小分队，大年三十出发，奔赴湖南抗击冰雪。到达灾区后，加入到当地电力部门组织的“抢险突击队”，并被派往灾情最严重的郴州市，投入到搬运电力设施、除冰、架线等繁重的救灾重建工作中。在抗雪救灾一线连续奋战了近20天，受到了郴州人民的高度赞扬，13位农民的义举感动了13亿中国人。5月12日汶川发生大地震后，宋志永即刻找到12个队友，决定组成爱心志愿者小分队，赶赴四川灾区救援。在北川的日子里，哪里需要小分队就到哪里去，哪里最危险，他们就出现在哪里。他们共救出25名幸存者，挖出近60具遗体，还从崇山峻岭中救出被困群众300多人。随着灾区抢险救援转入恢复重建，不少学生陆续转入外省就学。这时宋志永萌发了接孩子到唐山读书的念头。在市、县两级党委和政府的大力支持下，宋志永到四川把246个孩子接到了玉田，安排到银河中学就读，并担任了灾区学生的生活校长。宋志永先后被团中央授予“全国五四标兵”，被省、市文明委授予“爱心使者”、“学雷锋标兵”等荣誉称号，被市委、市政府授予“抗震救灾特殊贡献奖”。

助人为乐模范臧岚　女，63岁，中共党员，路北区缸窑街道高各庄社区居民。她从医30多年，有丰富的临床经验。退休后她自己购置了简单的医疗器械和急救药品，常年坚持为社区居民进行义诊，无论白天黑夜，随叫随到。对社区的残疾人主动上门看病，碰到生活困难的群众经常负责送去药品。社区居民刘鹤友没有忘记，在他老伴患肺癌期间，是臧岚忙前忙后，端水送药，每天两次为老伴输液打针，减轻了老伴的痛苦。老伴弥留之际，她几乎天天陪伴。老伴临终时，拉住臧岚的手不放，感激之情溢于言表。帮扶结对别人只帮一人，而臧岚却不论谁有困难都帮一把。70多岁的孤老陈秀英常年有病，前些日子为厂子拖欠她的医药费，心里十分焦急，臧岚得知后带着病体亲自为她跑前跑后；樊东生夫妻都是盲人，臧岚主动帮他们义诊，陪他们聊天，为他们送医送药；奥运脚步临近，她又主动当起了奥运安保志愿者，每天头戴小红帽围着社区巡逻。她用自己的行动践行着“活一天，就要为社会为他人奉献一天”的诺言，也在感动和影响着身边的每一个人。

见义勇为模范关起印　男，49岁，唐山市富康出租汽车公司司机。2008年1月8日晚，关起印驾驶出租车行至龙富南道会展中心东侧，突遇一个刚遭两名劫匪抢包、正急切拦车的小伙子。关起印师傅毫不犹豫拉上他，急忙驶向劫匪逃跑的方向。此时，两名逃跑心切的劫匪正想劫车逃窜，恰巧遇上了追赶而来的关起印。关师傅见状，马上和小伙子一起跳下汽车，与两名劫匪展开了英勇的搏斗。很快一个劫匪被关师傅制服了，并将其塞进出租车后座。正在这时，另一穷凶极恶的劫匪乘其不备，拔出匕首从背后向关起印的背部、肋部连连刺去，关师傅顿时血流如注，两劫匪乘机逃跑。关师傅忍痛驱车追赶约1公里，终因失血过多，昏倒在方向盘上。送到医院后，经抢救脱离危险。他见义勇为与持刀劫匪展开殊死搏斗，身负重伤的事迹在唐山大地广为传扬。社会各界纷纷捐款慰问，他将其中的两万元捐赠给慈善总会。近日，关起印被评为“全国第二届十大见义勇为好司机”。

见义勇为模范杨晓东　男，35岁，滦南县南堡镇廒上村渔民。2007年4月9日傍晚，渤海海域突然刮起了大风，海浪高达三四米，滦南县南堡镇渔民杨岐双的冀滦渔3229号渔船在行驶至曹妃甸东南方向约六海里处时，船帮突然漏水。全船人随时面临着生命的危险……生死关头，正在驶往曹妃甸港避风的杨晓东立即用雷达探清了杨岐双的渔船所在位置，迅速率领船上的6名船员快速驶向出事海域。危难时刻，杨晓东临危不惧，他们先是用绳子把两名落水船员救上来，杨晓东驾着船在风中摇晃着，命令船员们向杨岐双等5名遇险船员扔缆绳。就这样，杨晓东一边掌舵，一边指挥抛缆绳救人。经过半个多小时的全力营救，最终将7名遇险船员全部营救到自己的船上，遇险船只也随之沉没。杨晓东见义勇为的事迹在家乡传为美谈。

诚实守信模范田玉新　男，42岁，唐山市康尼乳业有限公司董事长、总经理、党支部书记。康尼乳业有限公司凭借严格的管理、先进的设备，保持了产品的优良品质，树立了良好的企业形象。“三鹿奶粉事件”后，国家质检总局公布了87家未检出三聚氰胺婴幼儿配方奶粉生产企业，康尼公司位列其中。今年，被唐山市政府确定为重点扶植企业。多年来，康尼乳业在田玉新的带领下，坚持“以人为本，守法经营，诚信立业”的经营理念，一是对消费者讲诚信。树立全员质量意识确保食品安全，受到广大消费者信赖；二是对奶农讲诚信。在奶源基地建设过程中，田玉新宁可企业受损失，也要保证奶农应得的利益。对奶农除实施设备、技术等方面的必要扶持外，在奶价方面始终把握合理的奶、料价格比，真正做到优质优价，实现奶企双方和谐双赢，共同发展；三是对社会讲诚信。先后投资40多万元用于支援抗震救灾、文明生态村建设和捐资助教等，受到当地百姓的好评。由于康尼乳业诚信经营，在激烈的市场竞争中，一步步将企业做大做强，规模效益滚动发展。公司先后被评为“河北省食品工业优秀企业”、“河北省重合同守信用企业”。

诚实守信模范张国华　男，53岁，中共党员，迁西县胡子工贸有限公司总经理。上世纪八十年代初，张国华在村里开了一个小卖部，商店门口竖起“货物出门，退货都行”的告示，加之他不辞辛苦地送货上门，赢得了顾客，也赢得了信誉。1983年，他积极倡导，在喜峰口85名个体经营者的积极响应下，成立全省第一个“无假冒商品一条街”，向社会承诺：不进假、不售假、不赚黑心钱，店店实行“信誉卡”，设立“监督台”和举报电话。关里关外的群众高兴而来，满意而去。多年来的诚实守信使张国华赢得了栗农们的信任。2006年6月，针对迁西板栗销售掺杂使假的现象，张国华以胡子工贸有限公司为依托，成立河北省第一个板栗专业合作社——喜峰口板栗合作社。规定不管是内销还是外销，都要以诚信为

企业经销根本，所生产的“胡子”板栗必须是绿色无公害的。施肥是农家肥，防虫施行生物防治，销售时严防一粒外地板栗进入。为确保“胡子”板栗的绿色品牌，坚决杜绝搀杂使假现象发生，合作社成立了40多人的小分队为栗农实施科学管理。板栗合作社让入社栗农得到了实惠。几年来，张国华的企业先后被评为“河北省消费者信得过单位”、“唐山市诚信企业”等称号。

敬业奉献模范王晓莉　女，49岁，中共党员，迁安市环卫公司经理。身为环卫公司当家人的王晓莉，管理着拥有725名职工的“大家庭”。在平时的工作中，她坚持把调查研究放在工作的首位，与三名副经理一道深入最前沿，实地走访清洁工人，广泛征求广大员工的意见和建议，大胆探索出了一条适应中等城市建设实际的环卫工作管理模式，公司完成清扫保洁面积6.42亿平方米，清运填埋垃圾量约65700吨，实现了主干道、一般街道、小街小巷的全天候保洁，给全市人民创造了干净、舒适、优美、整洁的生活环境。身为环卫公司经理，在抓管理上，她对自己要求近乎苛刻，每天第一个到岗、中午与职工共进午餐、最后一个下班。她一贯推行“严管厚爱”的管理思路，每道工作流程都有严格的管理制度，谁不把制度当回事，就砸谁的饭碗；严中不乏真情，在日常工作生活中她真心对待每一位职工，用真情、真爱调动清洁职工的工作热情。他们通过制定一系列的规范制度，实现了生活垃圾收集的容器化、袋装化；清运作业的机械化、密闭化；垃圾处理的无害化、科学化，进而提升了全市的卫生水平和居民的生活质量。担任经理十几年来，她把全部精力和心血都倾注到迁安市的环卫事业中。公司先后被评为“河北省建设系统先进单位”、“唐山市文明建设先进单位”。

敬业奉献模范潘秀荣　女，47岁，滦南县光荣院院长。潘秀荣从事民政服务工作近30年。多年来，她坚持以“家”的理念办院，用无微不至的体贴关爱、不是儿女胜似儿女的殷殷深情，把光荣院营造成为一个温馨和谐的大家庭，老人们说：“秀荣就是我们大伙儿的亲闺女！”她要求自己和所有工作人员对每个新进“家”的老人，必须在一周之内了解清楚他们的脾气秉性、生活习惯、兴趣爱好，以便对老人们提供更有针对性的周到服务。为让老人们感到这里就是家，光荣院不允许工作人员称呼老人姓名，一律按照亲人的称呼，叫爷爷、奶奶、大大、大妈；为让老人们享受家庭的温馨，她要求工作人员要经常陪老人聊天，陪老人们活动、娱乐，既消除了老人们的寂寞又增添了亲情之乐；为让一些因身体、年龄、家境等多种原因一生都不曾结婚的革命老人成个家，她尽心竭力地牵红线、搭鹊桥，到目前已经为6对老人主持、操办了婚礼；为让“家”里的每位老人在生日时都能得到更多的祝福，她把每位老人的生日都写在墙上、印在心里，每位过生日的老人，都能在大家的“生日快乐”歌声中吃上生日蛋糕和长寿面。2007年，作为全国13名拥军优属先进个人的代表，她荣幸地受到了胡锦涛、温家宝等党和国家领导人的亲切接见。

孝老爱亲模范卫群　女，22岁，滦县老站小学5年级学生。1999年，不堪家庭重负的母亲向重病中的父亲正式提出了离婚。面对着父母之间的抉择，当时年仅9岁的小卫群做出了一个令所有人都吃惊的决定：和爸爸一起生活！从此，这个刚毅的小姑娘用瘦弱的身躯毅然独自支撑起了破碎的家，一边上学，一边照顾父亲的起居。2002年，原本就患有肌肉萎缩的父亲因突发脑血栓而失去了生活自理的能力，小卫群肩上的担子更重了：早晨，当别的孩子还在温暖的被窝里被父母催着起床时，小卫群早已做好了早饭，帮父亲穿好了衣服，收拾干净了屋子；放学了，其他小伙伴到家后就能吃到可口的饭菜，小卫群还需要在爸爸的指导下做些简单的饭菜。扫地、洗衣服、生火、扔炉灰，晚上帮着爸爸起夜。夜间爸爸睡觉的时候打呼噜，她就会轻轻起来帮爸爸翻身。为缓解爸爸的病痛，她在好心人的帮助下，学会了刮痧，每天晚上睡觉前用半个小时的时间为爸爸刮痧、按摩。懂事的小卫群从来不舍得给自己买零食吃，为的是省下钱来给父亲买药。卫群学习刻苦、成绩优秀，连年被评为“三好学生”、“优秀班干部”，2007年被评为“十佳春蕾女童”和“感动河北十大年度人物”、“感动唐山十大爱心人物”。

孝老爱亲模范马凤楼　女，59岁，古冶区古冶街道西新楼社区居民。22年前，马凤楼一家由震后的简易棚迁入了现在的楼房，并在这里认识了王栋、张玉环夫妇俩。两位老人无儿无女，无亲无故，每月仅靠90元退休金维持生活。而且都身患重病，生活完全不能自理。面对二老的艰难处境，马凤楼看在眼里、急在心上，义无反顾地承担起照顾二位老人生活的责任。1999年8月，张玉环老人病情恶化，全身溃烂，下半身全部坏死。祸不单行，王栋老人又发现患有严重的小肠疝气，不能长久站立，很是痛苦。紧要关头，马凤楼全家细致分工，爱人负责给王栋老人去唐山买药治病，她自己负责张玉环老人的护理，儿子负责老人换药时需用的各种医疗器皿。就这样坚持了9个多月，张玉环老人还是撒手离开了人间。为帮助王栋老人办好老伴儿的后事，马凤楼自己又拿出1500元积蓄，按当地风俗操持了老人的丧事，使王栋非常感动。料理完丧事之后，马凤楼又将王栋送往吕家坨矿医院进行疝气修补术。老人住院期间，他们全家轮流守在床前，让老人不孤单，使老人顺利闯过痛失老伴儿的第二难关。王栋老人感动至极，主动与马凤楼建立抚养关系，并一同到公证处进行了公证，从此老人又有了自己真正的家。马凤楼先后荣获“唐山市十大孝星”、“感动唐山十大爱心人物”、河北省文明市民标兵等荣誉称号。

（殷建国）

专家人物

【享受国务院特殊津贴和有突出贡献专家】 全市享受国务院特殊津贴和省级有突出贡献的专家共计212人。其中市直：享受国务院特殊津贴人员95人，省级有突出贡献专家49人；中央和省属驻唐单位：享受国务院特殊津贴人员49人，省级有突出贡献人员23人。

唐山市市直单位历年享受国务院特殊津贴专家基本情况统计表

序号	单位	姓名	性别	出生年月	获得年度	从事专业	备注
1	民革唐山市委	蒲天惠	男	1940.08	1991	机械制造	2008年12月退休
2	陶瓷集团	李中祥	男	1939.12	1991	硅酸盐	1999年12月退休
3	乐亭县	高学兴	男	1938.05	1992	水产养殖	1998年5月退休
4	陶瓷集团	王锐铭	男	1936.08	1992	硅酸盐	1994年6月退休
5	陶瓷集团	赵立泉	男	1942.01	1992	陶瓷工艺	2002年1月退休
6	唐山骨科医院	李遇俊	男	1940.07	1992	骨科	2000年7月退休
7	冀东化工集团	王兰芳	男	1939.12	1992	化工	2005年3月退休
8	滦县文联	董天柚	男	1943.04	1992	文化艺术	2008年10月退休
9	人民医院	姚硕龄	男	1934.03	1992	肿瘤外科	2003年8月退休
10	唐山市林业局	张海萍	男	1935.07	1992	果树	1995年10月退休
11	农业开发办	史协友	男	1933.12	1992	农学	2001年4月去世
12	唐山市文联	张学梦	男	1940.08	1992	文化艺术	2000年9月退休
13	唐海县	王云鹏	男	1948.02	1992	水产养殖	2002年2月退休
14	唐山师院	王士立	男	1935.11	1992	历史	1996年8月退休
15	陶瓷股份	蒋绳武	男	1941.03	1992	陶瓷工艺	2000年6月退休
16	陶瓷股份	王连海	男	1942.08	1992	硅酸盐	2000年6月退休
17	陶瓷集团	邓满春	男	1940.05	1992	工艺美术	01年5月退休
18	陶瓷集团	董克钧	男	1936.06	1992	工业窑炉	1994年7月退休
19	唐山市防疫站	艾有年	男	1930.01	1992	卫生检验	1998年2月退休
20	玉印集团	王秀峰	男	1938.12	1992	无线电	1998年10月退休
21	唐山市中医院	王国三	男	1930.01	1992	中医	1999年6月退休
22	遵化市	田文峰	男	1943.12	1992	化工	2003年12月退休
23	冶金矿山机械厂	王庆福	男	1933.04	1992	管理	2007年6月去世
24	唐山骨科医院	张宁	男	1939.11	1992	骨科	2001年12月退休
25	唐山农科院	幺永儒	男	1926.04	1992	高粱栽培	1999年2月退休
26	滦南县医院	王有成	男	1933.12	1993	眼科	1996年12月退休
27	唐山市农研所	冯家瑞	男	1937.01	1993	农学	2000年5月去世
28	唐山陡河水库	史相国	男	1953.12	1993	水产养殖	
29	丰润区	贾玉强	男	1950.07	1993	机械制造	
30	唐山工人医院	翟君鹤	男	1933.12	1993	烧伤	2003年3月退休
31	汉沽	王继新	男	1942.09	1993	经管	2003年10月退休
32	环保监测站	李国育	男	1941.01	1993	环境监测	2001年1月退休
33	环保监测站	张凤岗	男	1941.01	1993	环境监测	2000年1月退休
34	开平区	张九增	男	1952.11	1993	陶瓷	
35	科技情报所	何福才	男	1940.01	1993	机械工程	2000年11月退休
36	乐亭县医院	刘祝成	男	1939.01	1993	外科	2001年10月退休
37	芦台	刘进辉	男	1943.11	1993	经营管理	2003年3月芦台农场整体划入，2003年11月退休

38	路北区	林铁良	男	1954.03	1993	陶瓷	
39	路北四塑	张慧徕	男	1940.08	1993	化工	2000年12月退休
40	农机研究所	李兰桂	男	1939.03	1993	农业	1999年4月退休
41	唐山农科院	王祖云	女	1932.01	1993	玉米育种	1993年9月退休
42	唐山铁路医院	彭淑觉	男	1934.08	1993	放射	1995年8月退休
43	农业开发办	董际岱	男	1939.11	1993	农业	1999年11月退休
44	农业开发办	张作中	男	1949.08	1993	农业	2008年9月退休
45	唐山皮影剧团	齐永衡	男	1933.02	1993	皮影艺术	1995年1月退休
46	迁安市	蔡俭	男	1943.02	1993	经济	2003年2月退休
47	迁安市	孟令贵	男	1939.01	1993	造纸	1999年10月退休
48	迁安市	米广中	男	1940.01	1993	造纸	2000年10月退休
49	迁化	李双印	男	1937.07	1993	化工	1994年7月退休
50	迁西县	唐宝勤	男	1953.06	1993	工程经济	
51	唐山市农业局	张锦芬	女	1955.01	1993	农业	
52	唐山市农业局	付荣才	男	1936.12	1993	农业	1996年4月退休
53	唐山市农业局	刘成山	男	1939.01	1993	农业	1999年9月退休
54	唐山市农业局	赵长河	男	1934.09	1993	农业	1994年9月退休
55	唐山市文联	张绍义	男	1943.11	1993	文化艺术	2003年12月退休
56	唐山市政府办	张羽	男	1955.08	1993	行政管理	1995年12月由机车车辆厂转入，2008年8月调入省中小企业局
57	唐海县	王俊之	男	1945.01	1993	水产养殖	2005年8月退休
58	唐海县	扈传富	男	1939.08	1993	农学	1994年12月退休
59	唐山齿轮集团	陆公伯	男	1942.11	1993	机械制造	1985年11月由唐山齿轮厂划入，2002年11月退休，返聘在岗
60	唐山华鼎机械	贺燕兵	男	1952.06	1993	机械制造	1985年11月由唐山齿轮厂划入
61	陶瓷股份	孙会林	男	1941.12	1993	特种陶瓷	1995年12月退休
62	陶瓷股份	王越	男	1938.09	1993	陶瓷	退休
63	唐山职技学院	李治田	男	1960.07	1993	中医	
64	玉田县	陈世增	男	1936.05	1993	企业管理	1997年6月退休
65	玉印集团	陈柱天	男	1946.11	1993	机械制造	2008年1月去世
66	遵化市林业局	徐福山	男	1942.05	1993	果树	2002年5月退休
67	农科院	游双兰	女	1934.05	1993	农业	2008年1月去世
68	乐亭县	陈英奎	男	1941.04	1993	机电	2001年1月退休
69	陶瓷股份	李浩义	男	1942.03	1993	硅酸盐	1994年7月退休
70	唐山市林业局	许福顺	男	1935.08	1993	农业	2003年6月去世
71	环保监测站	曲修霞	女	1944.04	1994	环境监测	2004年4月退休
72	陶瓷股份	王瑞祥	男	1938.06	1994	企业管理	1999年2月退休
73	迁安农技中心	张治中	男	1937.01	1994	农学	1997年10月退休
74	玉印集团	刘俊光	男	1955.01	1994	机械制造	
75	玉印集团	周书元	男	1957.11	1995	机械设计	
76	陶瓷股份	孙靖	男	1963.06	1996	陶瓷	
77	唐山农业局	甄瑞斌	男	1959.02	1996	农业	2004年3月去世
78	环保监测站	阎立荣	女	1938.05	1996	环保	1998年6月退休
79	唐山一中	金钟鸣	男	1948.11	1997	化学	2000年9月调入北京

80	遵化林业局	李海立	男	1954.12	1997	板栗栽培	
81	福赛特公司	王立德	女	1951.05	1998	特殊无机非金属材料	
82	迁安市农技中心	王书成	男	1960.09	1998	农技推广	
83	唐山市畜牧水产局	岳江	男	1939.01	1998	水产养殖	1999年1月退休
84	迁西县林业局	刘宝华	男	1953.11	1999	林果推广	
85	唐山市中医院	任凤蓝	女	1949.12	1999	中医	2002年5月调入北京
1986	三友集团有限公司	幺志义	男	1957.07	1999	企业管理	
87	大清河盐化集团	吴宗生	男	1956.06	1999	盐化工艺	2002年5月调入塘沽盐场
88	唐山市农科所	佟文悦	男	1964.11	2000	农学	
89	唐海县农林局	张玉江	男	1963.03	2000	育种	
90	唐山市热力总公司	寇群	男	1946.12	2002	供热	2006年12月退休
91	唐山市妇幼保健院	李桂荣	女	1954.11	2002	医疗	
92	迁西板栗研发中心	赵国强	男	1966.09	2006	板栗研发	
93	唐山市工人医院	尚小明	男	1956.07	2006	医疗	
94	唐山妇幼保健院	易建平					
95	遵化林业局	陈述庭					

唐山市市直单位省级有突出贡献的专家名册

单位	姓名	性别	出生年月	突贡批准时间	备注
唐山十中	吴炳华		1939.01	1992	退休
迁安市	石振华			1994	
唐山市文联	杨　煜	男	1944.11	1994	已故
唐山松下有限公司	张安石	男	1945.05	1994	
光华电控设备厂	王树华	男	1945.11	1994	
爱信齿轮集团	马怀林	男	1962.01	1995	
爱信齿轮集团	许云	男	1944.03	1995	退休
迁西县科委	刘新生	男	1960.03	1994	
冀东水泥	杜金弘		1946.01	1996	退休
唐海县县委	孙庆民	男	1945.08	1996	退休
市药品监督局	赵乃志	男	1946.05	1996	退休
节能检测中心	宋传芳	男	1944.04	1996	退休
唐海县七农场	孙寅生	男	1950.07	1996	
迁安化肥厂	李树茂		1945.03	1998	退休
迁安市林业局	刘伟杰	男	1956.06	1998	
市船检站	刘维玺	男	1958.05	1998	
卫校附院	李云霞	女	1956.12	1998	
工人医院	尚晓明	男	1956.07	2000	特贴
唐山建支玛钢公司	任久红	男	1950.09	2000	
爱信齿轮集团	李隽明	男	1953.05	2000	
唐山果桑技术站	丁宝堂	男	1950.12	2000	
农研所	张冬梅	女	1964.01	2000	
汉沽农场	浦合群	男	1943.04	1998	退休
唐山怡安生物公司	尹卫东	男	1964.01	1988	调离
	么文博	男		2002	
唐山市国华科技有限公司	赵树彦	男	1960.11	2002	

唐山市交通局	王江帅	男	1958.01	2002	调离
唐山市丰南区农业服务中心	翟子春	男	1957.10	2002	
唐山市林业局果桑技术站	刘希田	男	1954.11	2002	
二院	张志刚	男	1954.12	2004	
评剧团	罗惠琴	女	1965.08	2004	
妇幼医院	庞保东	女	1954.02	2004	
冀东水泥	张增光	男	1959.10	2004	
工人医院	崔建忠	男	1962.02	2006	
妇幼医院	易建平	女	1963.10	2006	特贴
肝病研究所	段建国	男	1955.03	2002	
工业职业技术学院	田秀萍	女	1957.01	2008	
开滦一中	张丽钧	女	1962.04	2008	
工人医院	许丹	女	1966.03	2008	
人民医院	胡万宁	男	1964.02	2008	
第二医院	王志强	男	1962.01	2008	调离
疾病预防控制中心	邢大荣	女	1953.02	2008	
环境监测中心站	李太山	男	1962.01	2008	
国华科技公司	张春林	男	1963.04	2008	
开放办	王甲兴			1989	退休

中央和省属驻唐单位享受国务院特殊津贴和省级有突出贡献专家一览表

序号	工作单位	姓名	性别	出生日期	从事专业	专家类别	批准时间
1	河北理工大学	张玉柱	男	1956.11	冶金工程	特贴、突贡	
2	河北理工大学	吕　庆	男	1954.09	冶金工程	特贴、突贡	
3	河北理工大学	吕方润	男			特贴专家	
4	河北理工大学	黄汉国	男	1935.09		特贴专家	
5	河北理工大学	王子平	男	1934.06		特贴专家	
6	河北理工大学	韩天恩	男	1934.12		特贴专家	
7	河北理工大学	马义德	男	1934.08		特贴专家	
8	河北理工大学	朱占升	男			特贴专家	
9	河北理工大学	卢和乐	男			特贴专家	
10	河北理工大学	王朕增	男			特贴专家	
11	河北理工大学	梁克钧	男			特贴专家	
12	河北理工大学	杨福海	男	1934.12		特贴专家	
13	华北煤炭医学院	袁聚祥	男	1956.02	流行病学	特贴专家	1998
14	华北煤炭医学院	程爱国	男	1946.03	外科学	特贴专家	1992
15	华北煤炭医学院	张之玮	女	1952.11	预防医学	特贴专家	1993
16	华北煤炭医学院	刘信荣	男	1942.10	呼吸内科学	特贴专家	1992
17	华北煤炭医学院	郭晓庄	男	1931.11	内科学	特贴专家	1991
18	华北煤炭医学院	李淑芬	女	1930.11	人体解剖学	特贴专家	1992
19	华北煤炭医学院	韩向午	男	1930.04	流行病学	特贴专家	1992
20	华北煤炭医学院	黄素芳	女	1937.08	人体寄生虫学	特贴专家	1992
21	华北煤炭医学院	张宝栋	男	1927.04	人体寄生虫学	特贴专家	1992
22	华北煤炭医学院	王天日	男	1935.12	外科学	特贴专家	1992
23	华北煤炭医学院	陈国生	男	1942.02	外科学	特贴专家	1993
24	华北煤炭医学院	傅定一	男	1934.10	药理学	特贴专家	1993
25	华北煤炭医学院	赵恩禄	男	1930.06	儿科学	特贴专家	1993

26	华北煤炭医学院	陶智璐	男	1937.07	外科学	特贴专家	1993
27	华北煤炭医学院	孙树勋	男	1937.12	组织学与胚胎学	特贴专家	1993
28	华北煤炭医学院	赵伯阳	男	1938.07	劳动卫生毒理学	特贴专家	1994
29	华北煤炭医学院	张文杰	男	1938.01	外科学	特贴专家	1995
30	华北煤炭医学院	王禹勋	男	1938.10	外科学	特贴专家	1996
31	华北煤炭医学院	汤鸿文	男	1935.01	内科学	特贴专家	1998
32	华北煤炭医学院	李铁生	男	1929.03	病理学	特贴专家	1992
33	华北煤炭医学院	陈牧群	男	1921.12	药理学	特贴专家	1993
34	唐山三友集团有限公司	么志义	男	1957.07	管理	特贴专家	
35	唐钢股份	于勇	男	1963.04	综合管理	特贴专家	1999
36	唐钢股份	常久柱	男	1963.05	钢铁冶金	特贴专家	2002
37	唐钢股份	孔庆福	男	1949.03	钢铁冶金	特贴专家	2004
38	唐钢股份	李树清	男	1934.11	生产管理	特贴专家	1993
39	唐钢股份	张鉴湖	男	1945.01	轧钢	特贴专家	1992
40	唐钢股份	王秉正	男	1946.01	轧钢	特贴专家	1997
41	中冶京唐建设有限公司	萧庆鹏	男	1931.09	筑炉	特贴专家	1991
42	中冶京唐建设有限公司	方芬	女	1934.03	卫生	特贴专家	1992
43	中冶京唐建设有限公司	周本怀	男	1939.08	机械	特贴专家	1994
44	中冶京唐建设有限公司	王焕兴	男	1941.02	工民建	特贴专家	1998
45	中冶京唐建设有限公司	刘恩国	男	1945.01	技术经济	特贴专家	2004
46	开滦集团公司总经理	殷作如	男	1960.12	企业管理	特贴专家	2007
47	开滦集团公司副总经理	李建民	男	1957.06	煤炭开采	特贴专家	2005
48	开滦集团公司国资委特邀研究员	钟亚平	男	1945.04	工程技术	特贴专家	1992
49	唐山轨道客车有限责任公司	孙帮成	男	1963.10	机车车辆	特贴专家	2004
50	河北理工大学	朱立光	男	1965.02	冶金工程	突贡专家	
51	河北理工大学	梁英华	女	1964.02	化学工程与工艺	突贡专家	
52	河北理工大学	李福进	男	1957.01	测控技术及仪器	突贡专家	
53	河北理工大学	刘保相	男	1957.06	数学与应用数学	突贡专家	
54	河北理工大学	郭立稳	男	1964.04	安全工程	突贡专家	
55	华北煤炭医学院	李建民	男	1962.07	神经外科	突贡专家	2007
56	华北煤炭医学院	高俊玲	女	1960.10	组织胚胎学	突贡专家	2007
57	华北煤炭医学院	刘斌	男	1964.9	神经内科	突贡专家	2008
58	唐钢股份	徐向启	男	1949.11	钢铁冶金	突贡专家	2002
59	唐钢股份	齐长发	男	1957.06	轧钢	突贡专家	1994
60	唐钢股份	安瑞臣	男	1950.11	轧钢	突贡专家	1996
61	唐钢股份	武学泽	男	1962.07	冶金设计	突贡专家	2000
62	唐钢股份	姬福顺	男	1952.01	焦化	突贡专家	2002
63	唐钢股份	王云阁	男	1966.02	轧钢	突贡专家	2004
64	唐钢股份	栾景林	男	1963.11	钢铁冶金	突贡专家	2004
65	唐钢股份	徐贺明	男	1962.08	焦化	突贡专家	2006
66	唐钢股份	史东日	男	1961.01	轧钢	突贡专家	2008
67	唐钢股份	张洪波	男	1963.11	连铸	突贡专家	2008
68	唐钢股份	吴石麟	男	1937.07	轧钢	突贡专家	1990、1992
69	唐钢股份	魏岷山	男	1934.11	耐火材料	突贡专家	1986
70	开滦集团公司特邀研究员	钟亚平	男	1945.04	工程技术	突贡专家	1996
71	开滦医院党委书记	阚志生	男	1963.10	党务\外科	突贡专家	2005
72	开滦医院	元小冬	男	1964.01	临床医学	突贡专家	2005

【正高级职称人员】 全市正高级职称人员共计1550人。其中市直852人，县（市）区、开发区（园区、管理区、工业区）161人，中央和省属驻唐单位537人。

市直正高级专业技术资格人员情况统计表

单位及职务	姓　名	性别	出生日期	系列	专业技术资格名称	现从事专业
第五医院业务副院长	徐建国	女	1956.05	卫生	主任医师	精神科医疗
第五医院业务副院长	沈振明	男	1970.06	卫生	主任中医师	精神科医疗
第五医院科室主任	赵安全	男	1963.08	卫生	主任中医师	精神科医疗
第五医院科室副主任	于得霞	女	1965.10	卫生	主任中医师	精神科医疗
第二医院院长	张志刚	男	1954.12	卫生	主任医师	骨科临床
				教育	教授	骨科临床
第二医院副院长	刘德群	男	1955.01	卫生	主任医师	骨科临床
				教育	教授	骨科临床
第二医院副院长	田　敏	女	1962.12	卫生	主任护师	骨科护理
第二医院副院长	石荣光	女	1956.01	卫生	主任护师	骨科护理
第二医院科副主任	曹立海	男	1966.01	卫生	主任医师	骨科临床
第二医院科主任	陈长河	男	1955.01	卫生	主任医师	骨科临床
第二医院科主任	陈　先	男	1964.05	卫生	主任医师	骨科临床
第二医院科主任	戴士峰	男	1966.03	卫生	主任医师	骨科临床
第二医院科副主任	贺宝珍	男	1951.11	卫生	主任医师	骨科临床
第二医院科副主任	蒋文萍	女	1966.01	卫生	主任医师	骨科临床
第二医院科主任	李力更	男	1960.12	卫生	主任医师	骨科临床
第二医院科主任	刘会仁	男	1963.02	卫生	主任医师	骨科临床
第二医院科主任	刘兰泽	男	1964.05	卫生	主任医师	骨科临床
第二医院科主任	曲家富	男	1960.05	卫生	主任医师	骨科临床
第二医院科主任	苏立新	男	1966.02	卫生	主任医师	骨科临床
第二医院科主任	孙柏山	男	1965.12	卫生	主任医师	骨科临床
第二医院科副主任	孙昌俊	男	1966.02	卫生	主任医师	骨科临床
第二医院科主任	王　斌	男	1966.09	卫生	主任医师	骨科临床
第二医院科主任	吴志新	男	1964.11	卫生	主任医师	骨科临床
第二医院科主任	余小妹	女	1962.02	卫生	主任医师	内科
第二医院科主任	张福林	男	1963.03	卫生	主任药师	药剂
第二医院科副主任	张洪斌	男	1967.08	卫生	主任医师	骨科临床
第二医院科主任	赵少平	男	1959.02	卫生	主任医师	骨科临床
第二医院科主任	左玉明	男	1965.09	卫生	主任医师	骨科临床
第二医院科主任	陈德生	男	1969.01	卫生	主任医师	骨科临床
第二医院科副主任	高顺红	男	1968.07	卫生	主任医师	骨科临床
第二医院科主任	李永民	男	1959.09	卫生	主任医师	骨科临床
第二医院科副主任	刘昆鹏	男	1969.12	卫生	主任医师	骨科临床
第二医院科主任	王保仓	男	1969.01	卫生	主任医师	骨科临床
第二医院科主任	张淑艳	女	1963.09	卫生	主任医师	骨科临床
第二医院科副主任	赵国志	男	1969.09	卫生	主任医师	骨科临床
第二医院科主任	李冬梅	女	1964.01	卫生	主任护师	骨科护理
第二医院科主任	李淑芹	女	1957.09	卫生	主任护师	骨科护理
第二医院	刘雅萍	女	1953.12	卫生	主任医师	骨科临床

第二医院	钱永生	男	1957.06	卫生	主任医师	骨科临床
第二医院	李瑞国	男	1964.12	卫生	主任医师	骨科临床
第二医院	孙　玖	女	1965.11	卫生	主任医师	骨科临床
第二医院	邢桂荣	男	1961.01	卫生	主任药师	药剂
第二医院	王晓婷	女	1953.01	卫生	主任医师	放射诊断
第二医院	王　琳	女	1966.02	卫生	主任护师	骨科护理
协和医院副院长	李云霞	女	1955.12	卫生	主任医师	口腔外科
协和医院副院长	信卫平	男	1958.01	卫生	主任医师	神经外科
协和医院副院长	葛　健	男	1960.05	卫生	主任医师	心内科
协和医院副院长	张广增	男	1960.03	卫生	主任医师	心内科
协和医院副主任	鱼学农	男	1965.01	卫生	主任医师	泌尿外科
协和医院主任	艾发元	男	1952.07	卫生	主任医师	中医内科
协和医院副主任	姚秀芳	女	1956.01	卫生	主任医师	药剂科
协和医院主任	崔福悦	男	1949.06	卫生	主任医师	胸外科
协和医院主任	王树满	男	1952.07	卫生	主任医师	呼吸科
协和医院主任	李红民	女	1954.11	卫生	主任医师	病理科
协和医院主任	张静华	男	1960.01	卫生	主任医师	泌尿外科
协和医院副主任	韩亚军	女	1961.03	卫生	主任医师	神经内科
协和医院主任	刘　青	男	1956.02	卫生	主任医师	儿科
协和医院主任	王东海	男	1963.01	卫生	主任医师	耳鼻喉科
协和医院主任	索　洁	女	1956.12	卫生	主任医师	ICU
协和医院主任	佐伯文	女	1954.11	卫生	主任医师	内分泌科
协和医院	孙秀荣	女	1954.09	卫生	主任技师	检验科
妇幼医院党委书记、院长	易建平	女	1963.10	卫生	主任医师	妇产科
妇幼医院副院长	李桂荣	女	1954.11	卫生	主任医师	妇产科
妇幼医院副院长	庞保东	女	1954.02	卫生	主任医师	儿科
妇幼医院副院长	赵育才	男	1953.06	卫生	主任中医师	中医内科
妇幼医院副院长	戴秀华	女	1962.02	卫生	主任医师	儿科
妇幼医院副院长	李凤奎	男	1958.07	经济	正高级经济师	经济管理
妇幼医院主任	刘瑞兰	女	1951.07	卫生	主任医师	儿科
妇幼医院主任	孙宗芝	女	1953.01	卫生	主任医师	儿科
妇幼医院主任	曹丽华	女	1955.07	卫生	主任医师	儿科
妇幼医院主任	钱金洪	男	1954.10	卫生	主任医师	麻醉
妇幼医院主任	王秀兰	女	1955.08	卫生	主任医师	儿科
妇幼医院主任	杨建春	女	1958.03	卫生	主任药师	药学
妇幼医院主任	李瑛瑜	女	1958.11	卫生	主任医师	儿科
妇幼医院主任	寇世和	女	1951.07	卫生	主任医师	超声影像
妇幼医院主任	高丹丽	女	1961.02	卫生	主任医师	妇产科
妇幼医院主任	季淑英	女	1965.08	卫生	主任医师	妇产科
妇幼医院主任	周薇莉	女	1955.08	卫生	主任医师	儿外科
妇幼医院主任	刘秀荣	女	1964.11	卫生	主任医师	妇产科
妇幼医院主任	贾玉珠	男	1950.02	卫生	主任医师	妇幼保健
妇幼医院主任	杨　超	男	1965.10	卫生	主任医师	外科
妇幼医院主任	葛丽娜	女	1957.07	卫生	主任护师	护理
妇幼医院副主任	刘　寅	女	1962.07	卫生	主任医师	儿科
妇幼医院副主任	张慧玉	女	1964.01	卫生	主任医师	儿科
妇幼医院副主任	董　琰	女	1965.02	卫生	主任医师	儿科

妇幼医院副主任	张会敏	女	1965.01	卫生	主任医师	妇产科
妇幼医院副主任	卢滨俐	女	1955.06	卫生	主任医师	麻醉
妇幼医院副科长	董会娟	女	1966.04	卫生	主任护师	护理
妇幼医院	李芙媛	女	1952.03	卫生	主任医师	超声影像
妇幼医院	李桂岚	女	1953.12	卫生	主任医师	超声影像
妇幼医院	张海婷	女	1954.02	卫生	主任医师	儿科
妇幼医院	杨文卓	女	1956.02	卫生	主任医师	儿科
妇幼医院	范　良	女	1959.02	卫生	主任医师	儿科
妇幼医院	鲁丽峰	女	1960.10	卫生	主任医师	妇产科
妇幼医院	吴传发	男	1953.12	卫生	主任医师	内科
妇幼医院	樊桂玲	女	1964.04	卫生	主任医师	妇产科
妇幼医院	孙文丽	女	1963.11	卫生	主任医师	儿外科
妇幼医院	刘双林	男	1951.04	卫生	主任医师	内科
妇幼医院	刘凤珍	女	1952.10	卫生	主任医师	儿科
妇幼医院	周玉玲	女	1963.09	卫生	主任医师	儿外科
妇幼医院	马代明	女	1965.03	卫生	主任医师	儿外科
妇幼医院	孙红卫	女	1966.08	卫生	主任医师	妇产科
妇幼医院	于庆坤	女	1966.05	卫生	主任药师	药学
妇幼医院	厉　红	女	1966.12	卫生	主任医师	儿科
妇幼医院	王春兰	女	1965.07	卫生	主任医师	妇产科
第九医院副院长	金　欣	女	1955.10	医疗卫生	主任医师	管理
中医医院	刘玉洁	女	1954.12	中医	主任中医师	中医
中医医院副院长	杨宝元	男	1955.11	中医	主任中医师	中医
中医医院	毛连侠	女	1951.09	中医	主任中医师	中医
中医医院	郑东利	男	1953.03	中医	主任中医师	中医
中医医院	褚志敏	女	1955.09	西医	主任医师	消化
中医医院	赵民利	男	1963.05	西医	主任医师	心内
中医医院	刘建东	男	1962.10	中医	主任中医师	中医
中医医院	朱大会	男	1954.10	中医	主任中医师	中医
中医医院	段光堂	男	1959.04	中医	主任中医师	中医
中医医院	李秀华	女	1951.11	中医	主任中医师	中医
中医医院	赵　刃	女	1957.06	中医	主任中医师	中医
中医医院	张国瑞	女	1952.07	西医	主任医师	妇产科
中医医院	索　园	男	1957.05	西医	主任医师	血管外科
中医医院	李建朝	男	1956.10	西医	主任医师	儿科
中医医院	李　华	男	1965.02	西医	主任医师	肝胆
中医医院	王振英	女	1954.07	中医	主任中医师	中医
中医医院	田　勤	女	1952.11	中医	主任中医师	中医
中医医院	郑义芝	女	1953.10	中医	主任中医师	中医
中医医院	李东环	男	1957.06	中医	主任中医师	中医
中医医院	刘金祥	男	1962.12	西医	主任医师	血透
中医医院	张英来	女	1962.07	中医	主任中医师	中医
中医医院	苗树均	男	1960.10	西医	主任医师	神经内科
中医医院	刘爱霞	女	1962.10	中医	主任中医师	中医
中医医院	张　洁	女	1963.11	中医	主任中医师	中医
中医医院	张秀敏	女	1965.04	中医	主任中医师	中医

中医医院主任	张增礼	男	1955.07	西医	主任医师	头颈外科
中医医院	张淑敏	女	1955.07	中医	主任中医师	中医
中医医院主任	王政清	男	1965.11	西医	主任医师	Ect
中医医院主任	刘丽萍	女	1965.12	中药	主任中药师	中医
中医医院主任	赵　敏	女	1965.09	西医	主任医师	Icu
中医医院	赵立新	女	1966.10	中医	主任中医师	中医
中医医院	魏　彬	男	1965.12	西医	主任医师	呼吸
中医医院	郝幼敏	女	1966.06	西医	主任医师	心内
中医医院	文亚南	女	1966.01	西医	主任医师	妇产科
中医医院	王玉双	女	1965.08	西医	主任医师	妇产科
中医医院	吕昌惠	男	1962.08	西医	主任医师	口腔科
中医医院	邓素红	女	1966.08	西医	主任医师	口腔科
中医医院	肖玉玲	女	1965.07	中医	主任中医师	中医
中医医院	张　军	女	1968.06	中医	主任中医师	中医
中医医院	李桂林	男	1966.03	中医	主任中医师	中医
中医医院	贺福田	男	1962.04	中医	主任中医师	中医
中医医院	张　茹	女	1963.02	中医	主任中医师	中医
中医医院副院长	陆庆革	男	1967.10	中医	主任中医师	中医
第十医院终检部主任	张贵仓	男	1955.09	卫生	主任中医师	中医
第十医院院长、书记	李春霞	女	1963.09	卫生	主任中医师	管理
第十医院	刘文正	男	1966.02	卫生	主任医师	骨外临床
疾控中心党委书记兼主任	张光仲	男	1956.06	卫生	主任医师	预防医学
疾控中心检验中心主任	邢大荣	女	1953.02	卫生	主任技师	检验
疾控中心理化检验科主任	张文德	男	1952.02	卫生	主任技师	检验
疾控中心慢病防治科科长	陈秀清	女	1967.06	卫生	主任医师	预防医学
疾控中心免疫规划管理科科长	袁立国	男	1960.05	卫生	主任医师	预防医学
疾控中心副主任	苏豪浩	男	1960.03	卫生	主任技师	检验
疾控中心	周庆龙	男	1951.08	卫生	主任医师	预防医学
疾控中心性病艾滋病防治科支部书记	刘淑芬	女	1954.12	卫生	主任医师	预防医学
疾控中心职业病防治科	张　莹	女	1954.01	卫生	主任中药师	职业病
疾控中心微生物检验科	张立山	男	1960.05	卫生	主任技师	检验
疾控中心门诊部主任	王玉君	男	1968.01	卫生	主任医师	预防医学
疾控中心传染病防治科科长	高庆华	男	1969.11	卫生	主任医师	预防医学
疾控中心理化检验科副科长	王金星	男	1966.01	卫生	主任技师	检验
疾控中心免疫规划管理科副科长	宁克清	男	1966.07	卫生	主任医师	预防医学
中心血站站长	高仕卿	男	1955.01	卫生	主任检验师	检验
中心血站	杨增明	男	1950.08	卫生	主任医师	临床医学
中心血站副站长	徐立东	男	1966.09	卫生	主任医师	临床医学
中心血站科长	常在娟	女	1965.03	卫生	主任护师	护理
第三医院院长	杜跃然	男	1960.07	卫生	主任中医师	泌尿外科 内瘤内放疗
第三医院副院长	穆志成	男	1964.04	卫生	主任医师	普通外科
第三医院急诊内科主任	姜鸿雁	女	1963.03	卫生	主任中医师	急诊内科
第三医院	卢改平	女	1967.08	卫生	主任医师	妇产科
传染病医院院长	么作义	男	1965.11	卫生	主任医师	临床医疗
传染病医院副院长	刘富青	女	1956.07	卫生	主任医师	临床医疗
传染病医院	刘宇光	女	1952.03	卫生	主任医师	临床医疗

传染病医院科长	林　娜	女	1955.03	卫生	主任医师	临床医疗
传染病医院	李　睿	女	1957.12	卫生	主任医师	临床医疗
传染病医院	郭宝庆	男	1952.01	卫生	主任医师	临床医疗
人民医院院长	胡万宁	男	1964.02	卫生	主任医师	肿瘤外科
人民医院副院长	张景华	女	1966.05	卫生	主任医师	肿瘤外科
人民医院书记	赵　刚	男	1963.01	卫生	主任医师	肿瘤外科
人民医院副院长	王希柱	男	1967.01	卫生	主任医师	心血管内科
人民医院	么文博	男	1958.12	卫生	主任医师	普通外科
人民医院	潘玉昆	男	1945.08	卫生	主任医师	肿瘤外科
人民医院	董大泉	男	1945.09	卫生	主任医师	心血管内科
人民医院	王翠兰	女	1955.02	卫生	主任医师	放化疗
人民医院	张美英	女	1949.04	卫生	主任医师	普通内科
人民医院主任	郝立科	男	1957.01	卫生	主任医师	神经内科
人民医院	安世英	男	1954.12	卫生	主任医师	呼吸内科
人民医院主任	张海鹰	男	1952.06	卫生	主任医师	胸外科
人民医院主任	张德江	男	1949.01	卫生	主任中医师	中医内科
人民医院副主任	徐建华	男	1949.07	卫生	主任医师	胸外科
人民医院主任	赵慧芬	女	1955.03	卫生	主任中医师	中医内科
人民医院	王敬瑄	男	1963.11	卫生	主任医师	普通外科
人民医院主任	刘宝义	男	1960.01	卫生	主任医师	肾内科
人民医院主任	戴玉良	男	1955.07	卫生	主任医师	儿内科
人民医院主任	孙玉刚	男	1958.03	卫生	主任药师	药剂
人民医院副主任	马正云	女	1957.03	卫生	主任医师	内分泌
人民医院主任	胡文俭	男	1959.04	卫生	主任医师	放射
人民医院	王莲芬	女	1951.01	卫生	主任中医师	中医内科
人民医院副主任	刘桂春	女	1953.08	卫生	主任医师	儿内科
人民医院副主任	刘贵祥	男	1962.01	卫生	主任医师	微创治疗
人民医院副主任	王志强	男	1962.01	卫生	主任医师	胸外科
人民医院主任	刘卫东	男	1965.01	卫生	主任医师	放化疗
人民医院主任	李唐英	女	1955.08	卫生	主任医师	耳鼻喉
人民医院主任	石文建	男	1963.04	卫生	主任医师	神经外科
人民医院主任	冯玉柱	男	1955.02	卫生	主任医师	烧伤外科
人民医院主任	张丽娜	女	1957.01	卫生	主任检验师	检验
人民医院主任	刘远廷	男	1966.01	卫生	主任医师	肿瘤外科
人民医院副主任	张晓民	男	1961.07	卫生	主任医师	心血管内科
人民医院主任	胡艳玲	女	1965.09	卫生	主任医师	心血管内科
人民医院副主任	张成侠	女	1964.01	卫生	主任医师	血液内科
人民医院副主任	牛凤玲	女	1964.05	卫生	主任医师	肿瘤外科
人民医院副主任	王　彦	女	1966.09	卫生	主任医师	神经内科
人民医院主任	陈　杰	男	1966.04	卫生	主任医师	麻醉
人民医院主任	周志祥	男	1954.07	卫生	主任医师	肝胆外科
人民医院主任	杨俊泉	男	1965.06	卫生	主任医师	放化疗
人民医院副主任	马龙滨	男	1965.03	卫生	主任医师	肝胆外科
人民医院	王晓斌	女	1965.03	卫生	主任医师	呼吸内科
人民医院副主任	宋巧凤	女	1969.03	卫生	主任医师	心血管内科
人民医院副主任	纪茹英	女	1963.06	卫生	主任医师	神经内科
人民医院副主任	汪洪江	男	1964.02	卫生	主任医师	神经外科

人民医院副科长	孙亚军	女	1960.08	卫生	主任医师	儿内科
人民医院副主任	董桂兰	女	1967.01	卫生	主任医师	放化疗
人民医院主任	陈宝明	男	1960.06	卫生	主任医师	核医学
人民医院护士长	王秀荣	女	1964.01	卫生	主任护师	护理
监督所所长	孙建立	男	1958.01	卫生	公共卫生主任医师	卫生监督
监督所副所长	王立群	男	1963.08	卫生	公共卫生主任医师	卫生监督
监督所学校卫生科主任	王绍杰	男	1958.03	卫生	公共卫生主任医师	卫生监督
监督所	王广荣	男	1949.08	卫生	公共卫生主任医师	卫生监督
工人医院	郭志军	女	1952.06	卫生	主任医师	肾内
工人医院	马建国	男	1952.03	卫生	主任医师	神经内科
工人医院	陈春悠	男	1962.01	卫生	主任医师	头颈
工人医院	崔建忠	男	1962.02	卫生	主任医师	神经外科
工人医院	司雁玲	女	1954.01	卫生	主任医师	消化内科
工人医院	刘慧林	男	1954.06	卫生	主任医师	ICU
工人医院	刘小玲	女	1955.01	卫生	主任医师	医学影像
工人医院	周立君	男	1955.10	卫生	主任医师	胸外
工人医院	袁庆鑫	男	1955.05	卫生	主任医师	普外
工人医院	尚晓明	男	1956.07	卫生	主任医师	心内
工人医院	陈文姝	女	1958.10	卫生	主任医师	妇产科
工人医院	徐凯智	男	1958.08	卫生	主任医师	麻醉
工人医院	房　辉	女	1964.05	卫生	主任医师	内分泌科
工人医院	王淑珍	女	1948.08	卫生	主任医师	变态反应
工人医院	张秀荣	女	1952.03	卫生	主任医师	感染
工人医院	赵秀荣	女	1951.06	卫生	主任医师	烧伤
工人医院	杜绍琴	女	1951.09	卫生	主任医师	外科
工人医院	薛树祥	男	1953.11	卫生	主任医师	中医
工人医院	李济青	女	1951.07	卫生	主任医师	眼科
工人医院	姜玉如	男	1954.10	卫生	主任医师	心内
工人医院	王建英	女	1954.11	卫生	主任医师	内科
工人医院	刘敏清	女	1956.02	卫生	主任医师	儿科
工人医院	李　鸥	女	1957.07	卫生	主任医师	妇产科
工人医院	李春芬	女	1959.03	卫生	主任医师	风湿免疫
工人医院	孙白云	女	1958.05	卫生	主任医师	呼吸
工人医院	边忠平	男	1956.01	卫生	主任医师	心外
工人医院	李志远	男	1955.10	卫生	主任医师	放射科
工人医院	赵晓莲	女	1951.10	卫生	主任医师	内科
工人医院	郑兰婷	女	1951.09	卫生	主任医师	内科
工人医院	冯珠玲	女	1952.03	卫生	主任医师	内科
工人医院	金英爱	女	1952.02	卫生	主任医师	心理
工人医院	赵明河	男	1952.04	卫生	主任医师	肝胆外
工人医院	蔡翠英	女	1954.08	卫生	主任医师	麻醉
工人医院	吴敏兰	女	1955.05	卫生	主任医师	普外
工人医院	吴　瑜	女	1955.11	卫生	主任医师	病理

工人医院	赵　奎	男	1954.04	卫生	主任医师	外科
工人医院	王瑞林	男	1955.06	卫生	主任医师	放化疗
工人医院	王守山	男	1956.03	卫生	主任医师	骨科
工人医院	马福来	男	1955.07	卫生	主任医师	急诊内科
工人医院	任学勇	女	1956.01	卫生	主任医师	中医
工人医院	邓小蕴	男	1960.10	卫生	主任医师	心血管
工人医院	赵宝春	男	1958.04	卫生	主任医师	急诊内科
工人医院	张士杰	男	1961.03	卫生	主任医师	儿科
工人医院	许玉珍	女	1961.11	卫生	主任医师	妇科
工人医院	赵贺堂	男	1959.05	卫生	主任医师	儿科
工人医院	郑宝君	男	1959.08	卫生	主任医师	普外
工人医院	郭玉环	女	1962.06	卫生	主任医师	核医学
工人医院	张宏义	男	1961.05	卫生	主任医师	神外
工人医院	张　静	女	1961.12	卫生	主任医师	内分泌科
工人医院	才艳玲	女	1962.12	卫生	主任医师	医学影像
工人医院	殷　军	男	1962.10	卫生	主任医师	肝胆外
工人医院	王海平	女	1963.02	卫生	主任医师	医学影像
工人医院	李　莉	女	1963.12	卫生	主任医师	心内
工人医院	柴　铁	男	1963.04	卫生	主任医师	血液
工人医院	徐　刚	男	1965.10	卫生	主任医师	烧伤
工人医院	刘阁玲	女	1965.03	卫生	主任医师	内分泌科
工人医院	袁茂昆	男	1965.09	卫生	主任医师	心外
工人医院	卢满存	男	1955.12	卫生	主任医师	耳鼻喉
工人医院	李永秋	男	1964.08	卫生	主任医师	神内
工人医院	冯宗承	男	1965.11	卫生	主任医师	泌外
工人医院	王　东	男	1966.03	卫生	主任医师	心外
工人医院	李树立	女	1954.10	卫生	主任医师	放射科
工人医院	马新华	女	1958.06	卫生	主任医师	妇产科
工人医院	裴　琼	男	1963.05	卫生	主任医师	泌外
工人医院	曹亦滨	男	1963.09	卫生	主任医师	神内
工人医院	张援月	男	1962.02	卫生	主任医师	外科
工人医院	王建美	女	1963.07	卫生	主任医师	皮肤
工人医院	刘国祥	男	1965.10	卫生	主任医师	消化内科
工人医院	赵碧琼	女	1966.11	卫生	主任医师	心内
工人医院	刘恩令	男	1966.01	卫生	主任医师	妇产科
工人医院	秦吉祥	男	1959.07	卫生	主任医师	呼吸
工人医院	李　健	男	1963.07	卫生	主任医师	神内
工人医院	于柏龙	男	1964.11	卫生	主任医师	创伤外科
工人医院	边进东	男	1965.10	卫生	主任医师	神内
工人医院	崔海燕	女	1965.04	卫生	主任医师	神内
工人医院	许　丹	女	1963.01	卫生	主任医师	心内
工人医院	周玉秀	女	1965.12	卫生	主任医师	风湿免疫
工人医院	阚凤杰	女	1967.10	卫生	主任医师	神内
工人医院	任淑华	女	1971.03	卫生	主任医师	胸外
工人医院	刘晓坤	男	1970.06	卫生	主任医师	心内
工人医院	刘素芝	女	1955.09	卫生	主任医师	神内
工人医院	李国忠	男	1964.05	卫生	主任医师	肿瘤

工人医院	张凤茹	女	1964.04	卫生	主任医师	神内
工人医院	李淑坤	女	1963.11	卫生	主任医师	消化内科
工人医院	史正军	男	1964.12	卫生	主任医师	消化内科
工人医院	张文艳	女	1965.11	卫生	主任医师	呼吸
工人医院	姜玉凤	女	1966.07	卫生	主任医师	心内
工人医院	周立文	女	1967.05	卫生	主任医师	儿科
工人医院	刘小刚	女	1966.07	卫生	主任医师	中医
工人医院	戴　毓	女	1968.06	卫生	主任医师	肛肠
工人医院	马梦华	女	1968.11	卫生	主任医师	医学影像
工人医院	张志勇	女	1970.12	卫生	主任医师	病理
工人医院	高润芝	男	1948.06	卫生	主任医师	心内
工人医院	陈保康	男	1941.07	卫生	主任医师	呼吸
工人医院	陈树强	男	1944.12	卫生	主任医师	麻醉
工人医院	余永昌	男	1942.03	卫生	主任医师	外科
工人医院	汤荣全	男	1940.05	卫生	主任医师	外科
工人医院	张文光	男	1939.07	卫生	主任医师	内科
工人医院	刘志陶	女	1935.12	卫生	主任医师	心内
工人医院	武秀文	女	1935.12	卫生	主任医师	消化内科
工人医院	刘玉琳	女	1952.08	卫生	主任医师	感染
工人医院	霍东欣	男	1946.11	卫生	主任医师	心血管
工人医院	张继红	女	1957.09	卫生	主任护师	护理
工人医院	张丽红	女	1962.11	卫生	主任护师	护理
工人医院	刘晓红	女	1965.10	卫生	主任药师	药学
工人医院	陈梦芝	女	1955.08	卫生	主任检验师	检验
工人医院	田　卫	男	1966.10	卫生	主任检验师	检验
工人医院	戎秀格	女	1967.11	卫生	主任检验师	检验
工人医院	艾建中	男	1966.03	卫生	主任医师	肿瘤外科
工人医院	潘立峰	男	1970.11	卫生	主任医师	肿瘤外科
工人医院	丁新国	女	1969.05	卫生	主任医师	肾内
工人医院	高山林	男	1967.11	卫生	主任医师	泌外
工人医院	裴玉梅	女	1967.11	卫生	主任医师	内分泌
工人医院	田美容	女	1966.06	卫生	主任医师	心内
工人医院	张慧芹	女	1972.11	卫生	主任医师	内分泌
工人医院	张瑛琪	女	1970.08	卫生	主任医师	呼吸
工人医院	赵以芳	女	1961.02	卫生	主任医师	消化内科
工人医院	张晓明	男	1972.06	卫生	主任医师	核医学
工人医院	陈晓钟	女	1965.07	卫生	主任医师	妇科
工人医院	张丽霞	女	1972.01	卫生	主任医师	药学
工人医院	郭彦言	女	1970.09	卫生	主任医师	检验
工人医院	丁　毅	男	1962.04	卫生	主任医师	
唐山爱信齿轮有限责任公司副总经理	马怀琳	男	1962.12	工程	高级工程师	机械制造工程
福赛特（唐山）技术陶瓷工业有限公司执行董事	王立德	女	1951.05	工程	高级工程师	无机非金属材料
电视台常务副台长	吕惠均	男	1955.02	新闻	高级编辑	新闻
电视台副台长	陆　玲	女	1957.08	工程类	高级工程师	技术
电视台副台长	李小林	男	1959.09	新闻	高级记者	新闻
电视台新闻综合频道总监	宋丽安	女	1962.12	新闻	高级记者	新闻

电视台新闻综合频道副总监	王文生	男	1968.04	艺术	一级导演	文艺
电视台新闻综合频道副总监	王新宇	男	1964.11	新闻	高级记者	新闻
电视台新闻综合频道新闻部主任	李晓卫	男	1956.01	新闻	高级记者	新闻
电视台新闻综合频道新闻中心副主任	郭素娟	女	1960.11	新闻	高级编辑	新闻
电视台新闻综合频道新闻中心副主任	杨惠云	女	1954.01	新闻	高级编辑	新闻
电视台新闻综合频道影视创作室主任	姚建国	男	1954.09	新闻	高级编辑	影视创作
电视台新闻综合频道法制部主任	谭胜奇	男	1957.07	艺术	一级摄像	摄像
市广播电视局局总编室主任	韦 田	男	1962.01	播音	播音指导	播音主持
电视台新闻综合频道	冯玉成	男	1953.08	艺术	一级录音师	电视录音
电视台新闻综合频道	王连英	女	1952.11	新闻	高级记者	新闻
电视台新闻综合频道	李久才	男	1948.07	新闻	高级记者	新闻
电视台新闻综合频道	沈晓莉	女	1953.09	新闻	高级编辑	新闻
电视台生活服务频道总监	李晓群	男	1964.04	新闻	高级记者	新闻采编
电视台文化影视频道总监	柴志福	男	1956.1	新闻	高级记者	新闻
电视台公共频道总监	周庆国	男	1964.08	新闻	高级记者	新闻
电视台公共频道副总监	于在春	男	1961.11	新闻	高级编辑	新闻
电视台公共频道副总监	高树增	男	1954.08	新闻	高级记者	新闻
人民广播电台	刘 强	男	1953.07	电子工程	正高级电子工程师	电子技术
人民广播电台	蔡兴业	男	1949.12	电子工程	正高级电子工程师	电子技术
人民广播电台	李学明	男	1952.02	新闻	高级编辑	新闻
人民广播电台	许 颖	女	1955.01	新闻	高级编辑	新闻
人民广播电台	刘 伟	男	1952.04	新闻	高级编辑	新闻
人民广播电台	赵淑英	女	1952.05	新闻	高级编辑	新闻
人民广播电台	程 锐	男	1970.01	新闻	高级记者	新闻
人民广播电台主任	胡继伟	男	1968.09	新闻	播音指导	播音
人民广播电台交通文艺台总监	赵爱群	女	1969.01	新闻	高级记者	新闻
人民广播电台副台长	胡 颖	女	1963.11	艺术	一级剪辑师	艺术
广播电视局总工程师	董 强	男	1954.12	电子工程	正高级电子工程师	电子技术
广播电视局技术中心副主任	董秋林	男	1963.09	电子工程	正高级电子工程师	电子技术
唐山广播电视报社	郑建忠	男	1950.01	美术	正高级美术师	广告
唐山广播电视报社	刘佩烈	男	1969.01	播音	播音指导	编辑
广播电视局	周纯莹	女	1953.01	新闻	高级编辑	新闻
广播电视局广告经营中心主任	张德志	男	1954.08	新闻	高级编辑	广告
广播电视局艺术中心	李春英	女	1963.04	新闻	高级编辑	新闻
果桑技术推广站	丁宝堂	男	1950.12	农业	农业技术推广研究员	果树
果桑技术推广站副站长	孙文耕	男	1960.09	农业	农业技术推广研究员	果树
果桑技术推广站	董志梅	女	1960.11	农业	农业技术推广研究员	果树
果桑技术推广站副站长	张善江	男	1963.9	农业	农业技术推广研究员	果树

果桑技术推广站站长	刘希田	男	1954.11	农业	农业技术推广研究员	果树
电大文经系教师	张冬梅	女	1963.01	高教	教授	经济
电大文经系教师	王树巍	女	1960.10	高教	教授	哲学
电大教管中心副主任	王月华	女	1964.10	高教	教授	经济
电大校长	王振全	男	1950.05	高教	教授	中文
电大理工系教师	李文彬	女	1964.12	高教	教授	机械
电大教务处处长	秦立功	男	1964.09	高教	教授	经济
电大继教中心主任	李向春	男	1964.03	高教	教授	经济
电大外语系教师	毕凤娟	女	1964.10	高教	教授	英语
唐山学院东校区校长	夏玉林	男	1956.01	高教	教授	机械教学
唐山学院东校区教务处长	付云强	男	1961.12	高教	教授	材料教学
唐山学院东校区教师	宋凤娟	女	1961.01	高教	教授	自动化教学
唐山学院东校区教师	彭宝利	男	1959.01	高教	教授	材料教学
唐山学院东校区教师	康英杰	女	1957.06	高教	教授	机械教学
唐山学院东校区教师	宋庆环	女	1962.01	高教	教授	数控教学
唐山学院东校区教师	党长青	女	1966.02	高教	教授	计算机教学
工业职业技术学院院长	田秀萍	女	1957.10	高校教师	教授	教育教学管理
工业职业技术学院副书记	胡珍芬	女	1964.06	高校教师	教授	思政教学、管理
工业职业技术学院教师	钱淑丽	女	1963.01	高校教师	教授	机械教学
工业职业技术学院院长助理、教务处长	马良军	女	1969.05	高校教师	教授	心理学教学
工业职业技术学院公共英语部主任	马艳华	女	1963.10	高校教师	教授	英语教学
工业职业技术学院教师	张玉春	女	1961.03	高校教师	教授	中文教学
唐山师范学院中文系主任	齐玉朝	男	1955.4	高教	教授	教学
唐山师范学院政史系主任	孙尚斌	男	1965.5	高教	教授	教学
唐山师范学院院长	范永胜	男	1955.10	高教	教授	教学
唐山师范学院音乐系副主任	杨兆丰	男	1956.03	高教	教授	教学
唐山师范学院学生处处长	李炳焕	男	1958.03	高教	教授	教学
唐山师范学院学报编辑部主任	琚行松	男	1972.11	高教	教授	教学
唐山师范学院宣传部部长	王凤兰	女	1952.11	高教	教授	教学
唐山师范学院信息中心副主任	车　辉	男	1964.10	高教	教授	教学
唐山师范学院物理系主任	李敬林	男	1960.02	高教	教授	教学
唐山师范学院物理系副主任	田广志	男	1957.11	高教	教授	教学
唐山师范学院物理系副主任	崔乃忠	男	1969.10	高教	教授	教学
唐山师范学院外语系主任	岳春芳	女	1957.10	高教	教授	教学
唐山师范学院图书馆馆长	任海生	男	1965.05	出版	编审	出版
唐山师范学院图书馆副馆长	王学增	男	1970.05	高教	教授	教学
唐山师范学院体育系主任	郑颐乐	男	1963.07	高教	教授	教学
唐山师范学院数信系主任	赵光峰	男	1964.02	高教	教授	教学
唐山师范学院数信系书记	刘久成	男	1953.07	高教	教授	教学
唐山师范学院生命系主任	陈　超	男	1966.04	高教	教授	教学

唐山师范学院生命系书记	陈玉芹	女	1953.07	高教	教授	教学
唐山师范学院科研处处长	客绍英	女	1963.07	高教	教授	教学
唐山师范学院经管系主任	吴文华	男	1960.11	高教	教授	教学
唐山师范学院经管系副主任	刘俊萍	女	1968.11	高教	教授	教学
唐山师范学院教育系主任	周　瑛	女	1952.10	高教	教授	教学
唐山师范学院教务处处长	李学文	男	1957.04	高教	教授	教学
唐山师范学院继续教育学院副院长	张玉刚	男	1956.12	高教	教授	教学
唐山师范学院纪委办主任	贺彩英	男	1960.06	高教	教授	教学
唐山师范学院计算机系主任	英　锋	男	1970.03	高教	教授	教学
唐山师范学院计算机系书记	彭贤智	男	1956.05	高教	教授	教学
唐山师范学院基础教育部主任	邢志国	男	1963.04	高教	教授	教学
唐山师范学院化学系主任	沈玉龙	男	1964.10	高教	教授	教学
唐山师范学院化学系书记	曹文华	男	1954.12	高教	教授	教学
唐山师范学院化学系副主任	张铁莉	女	1963.08	高教	教授	教学
唐山师范学院管委会主任	朱　江	女	1953.08	高教	教授	教学
唐山师范学院副院长	杨振秀	男	1949.07	高教	教授	教学
唐山师范学院副院长	阎满富	男	1958.02	高教	教授	教学
唐山师范学院党委书记	马振远	男	1958.09	高教	教授	教学
唐山师范学院	周进良	男	1966.8	图书资料	研究馆员	图书
唐山师范学院	张东焱	男	1948.09	高教	教授	教学
唐山师范学院	王天泰	男	1946.11	高教	教授	教学
唐山师范学院	邱珂	男	1951.09	高教	教授	教学
唐山师范学院	王相文	男	1955.04	高教	教授	教学
唐山师范学院	陈景林	男	1951.09	高教	教授	教学
唐山师范学院	李庆祝	男	1949.11	高教	教授	教学
唐山师范学院	黎延年	男	1949.02	高教	教授	教学
唐山师范学院	贾砚萍	女	1952.11	高教	教授	教学
唐山师范学院	罗开元	男	1948.11	高教	教授	教学
唐山师范学院	董玉环	女	1957.12	高教	教授	教学
唐山师范学院	李兴杰	男	1955.09	高教	教授	教学
唐山师范学院	孙建友	男	1949.08	高教	教授	教学
唐山师范学院	徐丁林	男	1950.11	高教	教授	教学
唐山师范学院	徐永泉	男	1958.10	高教	教授	教学
唐山师范学院	杨立元	男	1954.02	高教	教授	教学
唐山师范学院	董会娟	女	1957.12	高教	教授	教学
唐山师范学院	付建中	男	1962.10	高教	教授	教学
唐山师范学院	刘博仑	男	1964.05	高教	教授	教学
唐山师范学院	杨胜利	男	1952.06	高教	教授	教学
唐山师范学院	钟瑞荣	女	1964.06	高教	教授	教学
唐山师范学院	孙瑞新	女	1950.12	高教	教授	教学
唐山师范学院	李茹萍	女	1962.12	高教	教授	教学
唐山师范学院	孟德群	男	1955.04	高教	教授	教学
唐山师范学院	王金增	男	1963.10	高教	教授	教学
唐山师范学院	徐付霞	女	1966.04	高教	教授	教学
唐山师范学院	刘玉娟	女	1964.11	高教	教授	教学
唐山师范学院	董朝刚	男	1951.08	高教	教授	教学

唐山师范学院	杨法香	女	1956.12	高教	教授	教学
唐山师范学院	强月霞	女	1964.03	高教	教授	教学
唐山师范学院	汤　跃	男	1959.12	高教	教授	教学
唐山师范学院	崔彩文	女	1964.04	高教	教授	教学
唐山师范学院	郑宪洲	男	1953.05	高教	教授	教学
唐山师范学院	李素玲	女	1964.12	高教	教授	教学
唐山师范学院	张久利	男	1963.05	高教	教授	教学
唐山师范学院	卢爱国	男	1956.05	高教	教授	教学
唐山师范学院	张燕燕	女	1957.10	高教	教授	教学
唐山师范学院	高学全	男	1954.06	高教	教授	教学
唐山师范学院	赵　荣	女	1954.01	高教	教授	教学
唐山师范学院	王朝霞	女	1963.07	高教	教授	教学
唐山师范学院	韩立娟	女	1964.07	高教	教授	教学
唐山师范学院	宋维才	男	1963.07	高教	教授	教学
唐山师范学院	王克诚	男	1949.05	高教	教授	教学
唐山师范学院	闫永增	男	1965.04	高教	教授	教学
唐山师范学院	周亚明	女	1963.01	高教	教授	教学
唐山师范学院	冯桂荣	女	1964.01	高教	教授	教学
唐山师范学院	吴素芹	女	1965.11	高教	教授	教学
唐山师范学院	张爱珠	男	1965.09	高教	教授	教学
唐山师范学院	赵淑梅	女	1965.03	高教	教授	教学
唐山师范学院	王志路	男	1959.11	高教	教授	教学
唐山师范学院	郭文利	男	1963.10	高教	教授	教学
唐山师范学院	李占红	女	1965.08	高教	教授	教学
唐山师范学院	李　艳	女	1968.06	高教	教授	教学
唐山师范学院	张　庆	男	1960.10	高教	教授	教学
唐山师范学院	阴瑞华	女	1960.07	高教	教授	教学
唐山师范学院	石凤良	男	1965.06	高教	教授	教学
唐山师范学院	张素凤	女	1966.01	高教	教授	教学
唐山师范学院	刘　曦	女	1963.11	高教	教授	教学
唐山师范学院	王桂兰	女	1965.12	高教	教授	教学
唐山师范学院	刘永海	男	1968.09	高教	教授	教学
唐山师范学院	王　荣	女	1957.10	高教	教授	教学
唐山师范学院	卢素侠	女	1966.08	高教	教授	教学
唐山师范学院	石文瑛	女	1962.09	高教	教授	教学
唐山师范学院	李淑静	女	1964.02	高教	教授	教学
唐山师范学院	张希民	男	1964.12	高教	教授	教学
河北科技大学唐山分院副院长	邢李红	女	1960.04	高教	教授	机械教学及全院教学管理
河北科技大学唐山分院艺术系主任	姚立志	男	1962.09	高教	教授	艺术教学
唐山职技学院院长	刘学东	男	1962.08	高教	教授	控制科学与工程
唐山职技学院党委副书记、副院长	李治田	男	1960.07	高教	教授	中医教学
唐山职技学院副院长	谢善培	男	1961.02	高教	教授	口腔教学
唐山职技学院宣传部部长	周慧春	男	1963.12	高教	教授	中国语言文学教学
唐山职技学院宣传部副部长	王俊河	男	1966.01	高教	教授	林学

唐山职技学院教务处处长	孙兰颖	女	1966.03	高教	教授	妇产科教学
唐山职技学院保卫部	李艳彩	女	1966.12	高教	教授	兽医
唐山职技学院科研处副处长	刘玉祥	男	1966.03	高教	教授	园艺学
唐山职技学院高等职业教育研究所所长	王　斌	男	1968.04	高教	教授	中国语言文学教学
唐山职技学院图书馆	李泽岚	男	1956.02	高教	教授	应用经济学
唐山职技学院基础部主任	赵新娟	女	1963.08	高教	教授	哲学
唐山职技学院基础部	宋继环	女	1956.12	高教	教授	数学
唐山职技学院基础部	步金芳	女	1964.07	高教	教授	数学
唐山职技学院基础部	耿长彦	女	1963.04	高教	教授	中国语言文学教学
唐山职技学院社会科学部	冯志林	女	1964.03	高教	教授	政治
唐山职技学院公共外语部	马巧茹	女	1954.10	高教	教授	外语
唐山职技学院体育部	马春兰	女	1956.11	高教	教授	体育
唐山职技学院基础医学部书记	田荣云	女	1957.11	高教	教授	心理学
唐山职技学院基础医学部	王惠敏	女	1963.04	高教	教授	基础医学
唐山职技学院基础医学部	王元杭	男	1967.03	高教	教授	化学
唐山职技学院基础医学部	闫瑞君	女	1950.10	高教	教授	基础医学
唐山职技学院基础医学部	宋亚男	女	1957.02	高教	教授	基础医学
唐山职技学院基础医学部	刁凤兰	女	1950.12	高教	教授	化学
唐山职技学院临床医学系主任	刘士生	男	1966.07	高教	教授	临床医学
唐山职技学院临床医学系副主任	冯晓昕	女	1964.02	高教	教授	临床医学
唐山职技学院临床医学系副主任	刘雅馨	女	1968.01	高教	教授	临床医学
唐山职技学院临床医学系	刘小远	女	1954.03	卫生	主任医师	临床医学
唐山职技学院临床医学系	杨金凤	女	1955.02	卫生	主任医师	临床医学
唐山职技学院临床医学系	王　静	女	1967.12	高教	教授	临床医学
唐山职技学院临床医学系	孙　国	男	1954.10	高教	教授	中医学
唐山职技学院临床医学系	陈梦香	女	1965.04	高教	教授	临床医学
唐山职技学院临床医学系	冯桂玲	女	1966.08	高教	教授	临床医学
唐山职技学院临床医学系	秦志聪	男	1951.11	高教	教授	临床医学
唐山职技学院临床医学系	刘英明	男	1952.05	高教	教授	临床医学
唐山职技学院临床医学系	徐铁民	男	1953.03	高教	教授	临床医学
唐山职技学院口腔系主任	马　莉	女	1963.07	高教	教授	口腔医学
唐山职技学院管理系	马瑞平	女	1968.05	高教	教授	应用经济学
唐山职技学院管理系	刘翠芳	女	1962.09	高教	教授	工商管理
唐山职技学院财经系副主任	薛　岱	女	1967.03	高教	教授	应用经济学
唐山职技学院财经系	张凤新	女	1956.03	高教	教授	应用经济学
唐山职技学院财经系	戚素文	女	1954.02	高教	教授	应用经济学
唐山职技学院财经系	高冬秀	女	1962.11	高教	教授	应用经济学
唐山职技学院财经系	张学惠	女	1964.08	高教	教授	应用经济学
唐山职技学院财经系	施宝林	男	1958.12	高教	教授	应用经济学
唐山职技学院财经系	孙艳华	女	1964.10	高教	教授	应用经济学
唐山职技学院财经系	崔红敏	女	1966.11	高教	教授	应用经济学
唐山职技学院财经系	王建祥	男	1969.10	会计	正高级会计师	应用经济学

唐山职技学院信息工程系书记	李艳菊	女	1965.11	高教	教授	中国语言文学
唐山职技学院信息工程系	王　艳	女	1964.09	高教	教授	计算机科学与技术
唐山职技学院文法系主任	王　宏	女	1965.11	高教	教授	政治学
唐山职技学院基础医学部	王学民	男	1964.12	高教	教授	生物学
唐山师院玉田分校	陆　平	男	1953.06	高教	教授	政教
唐山师院玉田分校	齐俊林	男	1959.03	高教	教授	化学
唐山师院玉田分校	宋艳芝	女	1962.12	高教	教授	物理
唐山师院玉田分校	弭宝国	男	1965.03	高教	教授	物理
唐山师院玉田分校	刘国合	男	1950.08	高教	教授	数学
唐山学院党委书记	张心昊	男	1947.11	高教	教授	管理
唐山学院院长	华　玉	女	1955.06	高教	教授	力学
唐山学院教师	贾国安	男	1951.03	高教	教授	英语教学
唐山学院副院长	李　兵	女	1962.12	高教	教授	自动化教学
唐山学院副院长	杨志安	男	1963.11	高教	教授	力学教学
唐山学院教师	艾　智	男	1958.01	高教	教授	化工教学
唐山学院教师	梁庭贵	男	1952.05	高教	教授	电子教学
唐山学院教师	刘大成	男	1962.12	高教	教授	无机材料教学
唐山学院教师	张文双	女	1949.12	高教	教授	数学教学
唐山学院教师	杜　军	男	1960.10	高教	教授	中文教学
唐山学院教师	杨继昭	男	1961.11	高教	教授	哲学
唐山学院教师	沙　彬	男	1961.07	高教	教授	经济管理
唐山学院教师	王　菲	女	1957.10	高教	教授	攻关礼仪
唐山学院教师	朱小梅	女	1966.01	高教	教授	经济管理
唐山学院教师	李艳红	女	1962.01	高教	教授	经济管理
唐山学院教师	陈贵清	男	1964.10	高教	教授	力学教学
唐山学院教师	高晓春	女	1959.01	高教	教授	政治学教学
唐山学院教师	于之东	男	1963.02	高教	教授	无机材料
唐山学院教师	刘印平	男	1956.01	高教	教授	信息管理
唐山学院教师	宋长友	男	1965.07	高教	教授	化工
唐山学院教师	李文良	男	1962.06	高教	教授	英语
唐山学院教师	李雅丽	女	1964.07	高教	教授	经济管理
唐山学院教师	杨国权	男	1962.12	高教	教授	机械制造
唐山学院教师	郭建波	男	1964.04	高教	教授	计算机
唐山学院教师	高淑东	女	1964.12	高教	教授	经济管理
唐山学院教师	康爱荣	女	1965.01	高教	教授	政治学
唐山学院教师	路仙伟	男	1963.02	高教	教授	英语
唐山学院教师	王仲军	男	1963.02	高教	教授	化工
唐山学院教师	王建玲	女	1962.11	高教	教授	机械制造
唐山学院教师	王金明	男	1964.05	高教	教授	管理
唐山学院教师	王晓田	女	1963.01	高教	教授	法学
唐山学院教师	刘文彦	女	1962.03	高教	教授	经济管理
唐山学院教师	吉绍峰	男	1964.10	高教	教授	英语
唐山学院教师	孙皆宜	女	1962.12	高教	教授	物理
唐山学院教师	孙翠先	男	1963.10	高教	教授	数学
唐山学院教师	李剑锋	女	1964.06	高教	教授	哲学

唐山学院教师	李颖杰	男	1963.02	高教	教授	公共关系
唐山学院教师	李聪明	男	1963.05	高教	教授	政治学
唐山学院教师	陈韩梅	女	1962.10	高教	教授	经济管理
唐山学院教师	陈瑞军	女	1964.06	高教	教授	硅酸盐
唐山学院教师	单小艳	女	1964.02	高教	教授	英语
唐山学院教师	郑树清	男	1964.12	高教	教授	数学
唐山学院教师	赵国英	女	1961.12	高教	教授	教育学
唐山学院教师	赵瑞芬	女	1964.12	高教	教授	管理
唐山学院教师	董　莉	女	1963.11	高教	教授	文秘
唐山学院教师	褚祥治	男	1962.08	高教	教授	机械
唐山学院教师	霍振芳	女	1965.08	高教	教授	经济管理
唐山学院教师	魏用中	男	1948.11	高教	教授	政治学
唐山学院教师	魏利滨	男	1963.04	高教	教授	化学
唐山学院教师	王会刚	男	1968.09	高教	教授	机械
唐山学院教师	王秀文	女	1965.08	高教	教授	无机材料
唐山学院教师	王惠玲	女	1964.03	高教	教授	政治学
唐山学院教师	关榆君	男	1958.06	高教	教授	自动化
唐山学院教师	刘炳新	男	1960.07	高教	教授	机械
唐山学院教师	朱晓丽	女	1965.11	高教	教授	无机材料
唐山学院教师	张明霞	女	1966.03	高教	教授	心理学
唐山学院教师	张艳丽	女	1964.01	高教	教授	化工
唐山学院教师	李晓光	女	1966.05	高教	教授	体育
唐山学院教师	汪志明	男	1966.03	高教	教授	数学
唐山学院教师	陆　红	女	1966.06	高教	教授	政治学
唐山学院教师	陈淑娟	女	1963.07	高教	教授	政治学
唐山学院教师	周丽娉	女	1964.11	高教	教授	英语
唐山学院教师	范红辉	女	1967.11	高教	教授	经济管理
唐山学院教师	康　林	女	1962.08	高教	教授	英语
唐山学院教师	彭　震	男	1955.11	高教	教授	力学
唐山学院教师	冯广瑞	男	1965.03	高教	教授	管理
唐山学院教师	李新瑞	男	1967.03	高教	教授	经济管理
唐山学院教师	杨俊生	男	1964.11	高教	教授	管理
唐山学院教师	张治平	男	1958.01	高教	教授	化工
唐山学院教师	齐铁力	女	1967.03	高教	教授	机械
唐山学院	刘晓舒	女	1957.02	高教	正研究馆员	图书资料管理
唐山学院	周春梅	女	1966.04	高教	正高级会计师	财务管理
陶瓷集团机关	杨居苍	男	1936.4	化工	正高级工程师	退休
陶瓷集团机关	赵立泉	男	1942.01	硅酸盐	正高级工程师	退休
陶瓷集团机关	李中祥	男	1939.12	硅酸盐	正高级工程师	退休
白玉瓷厂	陈松龄	男	1939.01	硅酸盐	正高级工程师	退休
唐山陶瓷厂	王锐铭	男	1939.09	硅酸盐	正高级工程师	退休
唐山陶瓷股份有限公司副总经理、总工程师	刘　刚	男	1963.08	工程技术	正高级工程师	技术管理、无机非金属材料
陶瓷研究院	刘得利	男	1951.04	翻译	译审	
陶瓷研究院	王淑英	女	1934.08	工程技术	正高级工程师	
财政局集中支付中心	曹艳芝	女	1953.08	会计	高级会计师	会计

财政局采购中心主任	路宝忠	男		会计	高级会计师	会计
财政局科技担保公司经理	王友凤	女		会计	高级会计师	会计
市政建设总公司总经理	王国志	男	1961.02	工程技术	正高级工程师	市政工程
自来水公司党委书记兼副经理	姚春樑	男	1966.09	工程	正高级工程师	给排水专业
市政环境卫生管理处处长	陈卫华	男	1965.04	土建	正高级工程师	市政建设
市政环境卫生管理处总工程师	马　芳	女	1967.04	市政 园林	正高级工程师	市政建设
园林局局长	张铁民	男	1960.12	土建	正高级工程师	园林绿化
园林设计院	王志农	男	1953.01	土建	正高级工程师	园林绿化
园林局绿化管理处处长	李素乔	女	1961.01	土建	正高级工程师	园林绿化
园林局绿化管理处副处长	洪金祥	男	1962.12	土建	正高级工程师	园林绿化
园林局	刘敬文	男	1963.05	土建	正高级工程师	园林绿化
园林局财务处处长	陈　君	女	1963.05	会计	正高级会计师	会计
园林设计院	刘凤敏	女	1967.12	土建	正高级工程师	园林绿化
园林局绿化办公室科长	陈秀梅	女	1970.04	土建	正高级工程师	园林绿化
档案局编研处处长	贾润贤	女		档案	研究馆员	档案
档案局征管利用处副处长	刘翠红	女		档案	研究馆员	档案
地震局原局长	张建华	男	1938.8	科研	研究员	测震
唐山抗震纪念馆原馆长	李秀英	女	1951.6	社会科学	研究员	社会科学
房管局中房建安公司项目经理	王建发	男	1967.05	土建	正高级工程师	项目经理
城市规划研究信息中心副主任	李成元	男	1955.07	土建	正高级工程师	
环境监测中心站站长	李太山	男	1962.10	环保	正高级工程师	环保
环境监测中心站副站长	刘文莉	女	1968.12	环保	正高级工程师	环保
环境监测中心站	李力争	男	1954.03	环保	正高级工程师	环保
环境监测中心站	张小敏	女	1954.04	环保	正高级工程师	环保
环境监测中心站	常锦会	男	1956.12	环保	正高级工程师	环保
环境监测中心站	张翠萍	女	1954.05	环保	正高级工程师	环保
环境监测中心站	尹景德	男	1956.08	环保	正高级工程师	环保
冀东水泥副总经理	于宝池	男	1960.11	采矿工程	正高级工程师	管理
冀东水泥副总经理	刘　臣	男	1963.6	建材	正高级工程师	
冀东水泥装备部主任	陈桂华	女	1960.12	机械	正高级工程师	技术管理
唐山劳动日报社副总编辑	郑战国	男	1955.08	新闻	高级记者	采编
唐山劳动日报社县级二线	张国信	男	1949.04	新闻	高级编辑	采编
唐山劳动日报社县级二线	韩启超	男	1949.11	新闻	高级编辑	采编
唐山劳动日报社内退	田玉存	男	1949.08	新闻	高级记者	
唐山劳动日报社科级二线	潘福利	男	1954.10	新闻	高级编辑	采编

唐山劳动日报社内退	张北环	男	1952.12	新闻	高级编辑	
唐山劳动日报社科级二线	田　琦	男	1949.11	新闻	高级记者	
唐山劳动日报社办公室副主任	孔祥华	男	1964.07	新闻	高级记者	采编
唐山劳动日报社科级二线	郭忠武	男	1953.09	新闻	高级记者	采编
唐山劳动日报社主任	汪庆成	男	1956.09	新闻	高级记者	采编
唐山劳动日报社总编辑	侯西岭	男	1965.08	新闻	高级编辑	采编
唐山劳动日报社主任	史兆阳	男	1965.08	新闻	高级记者	采编
唐山劳动日报社副主任	刘凤贵	男	1970.02	新闻	高级编辑	采编
科技情报研究所原所资料室主任	孙晓英	女	1953.8	图书资料	研究馆员	退休
人事局人才中心主任	李雅宏	男	1964.03	经济	正高级经济师	管理
人事局人才中心	陈立力	女	1953.04	档案	研究馆员	管理
人事局人才中心	陈瑞强	男	1962.01	经济	正高级经济师	管理
人事局职考中心主任	毕树林	男	1954.08	经济	正高级经济师	管理
市委党校副校长	吴树林	男	1953.12	高等教育	教授	党史党建
市委党校副校长	张联祝	男	1950.07	高等教育	教授	哲学
市委党校副校长	李文利	男	1966.02	高等教育	教授	行政管理
市委党校副校长	张朝民	男	1964.06	高等教育	教授	经济管理
市委党校主任	孙武志	男	1951.11	高等教育	教授	政治经济
市委党校主任	张继成	男	1953.06	高等教育	教授	政治经济
市委党校副主任	康断祥	男	1952.04	高等教育	教授	哲学
市委党校教师	朱向东	男	1953.12	高等教育	教授	法律
市委党校主任	张丽娜	女	1962.07	高等教育	教授	党史党建
市委党校主任	高民杰	男	1962.11	高等教育	教授	经济管理
市委党校主任	琚春林	男	1963.11	高等教育	教授	科社
市委党校教师	常晓梅	女	1964.02	高等教育	教授	经济学
市委党校教师	李　杰	女	1957.04	高等教育	教授	科社
市委党校教师	张伟力	男	1957.10	高等教育	教授	经济管理
市委党校教师	王淑珍	女	1959.09	高等教育	教授	经济管理
市委党校主任	马　燕	女	1955.04	高等教育	教授	政治经济

市委党校主任	张乃娟	女	1956.09	高等教育	教授	政治经济
市委党校教师	肖桂林	女	1961.10	高等教育	教授	党史党建
市委党校副主任	李　馈	女	1963.09	高等教育	教授	法学
市委党校教师	王淑娟	女	1963.08	高等教育	教授	经济管理
市委党校教师	李素新	女	1965.05	高等教育	教授	哲学
市委党校教师	张　涛	男	1958.06	高等教育	教授	政治学
引滦工程管理局邱庄水库枢纽管理处主任	张振忠	男	1963.08	农业工程	正高级工程师	水利工程管理
引滦工程管理局邱庄水库枢纽管理处	李广泉	男	1952.05	工程	正高级工程师	水利工程管理
引滦工程管理局邱庄水库枢纽管理处副主任	范建书	男	1961.05	农业工程	正高级工程师	水利工程管理
节约用水办公室	蒋大友	男	1948.11	工程	正高级工程师	退休
水利规划设计研究院院长	李敬祥	男	1958.04	水利	正高级工程师	水利工程
水利规划设计研究院副院长	郭文斗	男	1966.12	水利	正高级工程师	水利工程
水利规划设计研究院	徐国存	男	1965.09	水利	正高级工程师	水利工程
水利规划设计研究院	刘志华	男	1933.06	水利	正高级工程师	退休
陡河水库管理处	史相国	男	1953.12	水产	农业技术推广研究员	水产养殖
陡河水库管理处	张福东	男	1965.11	农业	农业技术推广研究员	园林绿化
陡河水库管理处	李俊义	男	1950.01	水利	正高级工程师	水利工程
陡河水库管理处	谢维义	男	1960.02	水利	正高级工程师	水利工程
陡河河道管理处	刘桂芳	男	1948.12	水利	正高级工程师	退休
陡河河道管理处	赵淑静	女	1954.02	水利	正高级工程师	水利工程
陡河河道管理处主任	高瑞华	男	1963.11	水利	正高级工程师	水利工程
农村水土保持工作站站长	申瑞香	女	1964.05	水利	正高级工程师	水利工程
滦河下游灌溉管理处主任	许顺哲	男	1954.02	水利	正高级工程师	灌区建设管理
滦河下放灌溉管理处副主任	王万增	男	1957.04	水利	正高级工程师	灌区建设管理
水务局副调研员	张成会	男	1956.03	水利	正高级工程师	公务员
引滦工程管理局迁西渠道管理处主任	张敏岐	男	1956.01	水利	正高级工程师	水利工程
引滦工程管理局迁西渠道管理处副主任	尉素船	男	1963.06	水利	正高级工程师	水利工程
交通局质监处	田全乐	男	1963.04	交通工程	正高级工程师	交通工程
交通局监理公司总经理	张海东	男	1963.08	交通工程	正高级工程师	交通工程
医疗保险基金管理中心主任	田　勇	男	1963.07	经济	正高级经济师	经济工作
就业服务局科员	韩丽娟	女	1958.06	经济	正高级经济师	经济工作
艺校教师	范金亭	女	1928.04	演员	一级演员	退休
艺校教师	洪　影	女	1930.05	演员	一级演员	退休
艺校教师	孙振宇	男	1939.07	演员	一级演员	退休

艺校教师	李忆霞	女	1943.12	演员	一级演员	退休
艺校教师	任喜元	男	1943.03	演奏员	一级演奏员	退休
艺校校长	姚其巩	男	1945.08	教授	一级编剧	退休
艺校	党广锁	男	1946.08	演员	一级演员	退休
京剧团	杨玉洁	女	1956.11	戏曲	一级演员	京剧表演
京剧团	阎瑞芳	女	1958.12	戏曲	一级演员	京剧表演
京剧团	王丽华	女	1957.02	戏曲	一级演员	京剧表演
京剧团	赵　艳	女	1960.04	戏曲	一级演员	京剧表演
京剧团	马占明	男	1957.03	戏曲	一级演员	京剧表演
京剧团	关　键	男	1959.09	戏曲	一级演奏员	京胡演奏
京剧团	孙国良	男	1962.02	戏曲	一级演员	京剧表演
群艺馆已退休	刘荣德	男	1935.12	群文	研究馆员	音乐（退休）
群艺馆已退休	王树生	男	1940.10	群文	研究馆员	美术（退休）
群艺馆已退休	谭会昌	男	1946.09	群文	一级指挥	音乐（退休）
群艺馆已退休	卢玉芳	男	1947.07	群文	一级演员	戏曲（退休）
群艺馆已退休未聘	郭　俊	男	1947.10	群文	研究馆员	音乐（退休）
群艺馆已退休未聘	董桂伶	男	1948.11	群文	研究馆员	群文创作（退休）
群艺馆副馆长	任四一	男	1952.04	群文	研究馆员	舞蹈
群艺馆部室主任	兰　剑	男	1950.05	群文	研究馆员	舞蹈
文物管理处	孟昭永	男	1953.01	文博	研究馆员	文物挖掘
文物管理处	翟良富	男	1957.03	文博	研究馆员	文物挖掘
博物馆	鲁　杰	女	1969.04	文博	研究馆员	文博
书画院	孟欲晓	女	1949.11	美术	一级美术师	美术（退休）
艺术研究所	张书良	男	1957.01	艺术	一级编剧	编剧
艺术研究所	汪　洁	女	1960.01	艺术	一级编剧	编剧
艺术研究所	赵恩舫	男	1946.12	艺术	一级编剧	编剧（退休）
艺术研究所	韩　溪	男	1937.01	艺术	一级编剧	编剧（退休）
艺术研究所	常学礼	男	1945.05	艺术	一级作曲	作曲（退休）
评剧团	罗慧琴	女	1965.08	艺术	一级演员	评剧表演
评剧团	张俊玲	女	1964.08	艺术	一级演员	评剧表演
评剧团	朱宝芹	女	1963.05	艺术	一级演员	评剧表演
评剧团	潘铁柱	男	1964.04	艺术	一级作曲	作曲
评剧团	周志国	男	1958.11	艺术	一级导演	导演
评剧团	李福瑞	男	1944.09	艺术	一级舞美设计	舞美设计（退休）
评剧团	常学礼	男	1945.05	艺术	一级作曲	作曲（退休）
图书馆	李玉玲	女	1957.09	图书	研究馆员	图书管理
图书馆	方雪梅	女	1968.06	图书	研究馆员	图书管理
图书馆	吴凤琴	女	1966.03	图书	研究馆员	图书管理
图书馆	白　坤	男	1947.11	图书	研究馆员	图书管理（退休）
皮影剧团	王俊杰	男	1961.11	艺术	一级演奏员	皮影演奏
皮影剧团	笪建光	男	1962.11	艺术	一级演员	皮影操纵
皮影剧团	苑振平	男	1952.01	艺术	一级演奏员	皮影演奏
皮影剧团	刘淑春	女	1954.08	艺术	一级演员	皮影演唱
皮影剧团	王文岭	女	1956.05	艺术	一级演员	皮影演唱
皮影剧团	赵丽亚	女	1958.01	艺术	一级演员	皮影演唱
皮影剧团	齐永衡	男	1933.02	艺术	一级演员	皮影演唱（离休）

唐剧团团长、书记	郭新明	男	1960.03	艺术	一级舞台美术设计	舞美设计
唐剧团副团长、副书记	徐　朝	男	1953.12	艺术	一级演奏员	二胡演奏兼作曲
唐剧团	倪　力	男	1955.02	艺术	一级作曲	作曲、指挥
唐剧团	郭学文	男	1949.09	艺术	一级导演	戏曲导演
唐剧团	黄　宁	女	1963.01	艺术	一级演员	戏曲表演
唐剧团	崔立国	男	1963.02	艺术	一级演员	戏曲表演
唐剧团	史凤敏	女	1963.04	艺术	一级演员	戏曲表演
唐剧团退休	彭秀兰	女	1949.03	艺术	一级演员	戏曲表演
唐剧团退休	何景田	男	1941.11	艺术	一级演员	戏曲表演
唐剧团退休	宋泽唐	男	1946.12	艺术	一级演员	戏曲表演
唐剧团退休	张春辉	男	1947.08	艺术	一级舞美（灯光）设计	灯光设计（退休）
唐剧团退休	张德忠	男	1949.03	艺术	一级演奏员	长号演奏
水产技术推广站	苏文清	男	1966.01	水产	农业技术推广研究员	水产技术推广
水产技术推广站	刘志强	男	1966.11	水产	农业技术推广研究员	水产技术推广
水产技术推广站	吴文红	女	1967.05	水产	农业技术推广研究员	水产技术推广
动物卫生监督所	姚国安	男	1952.07	畜牧	农业技术推广研究员	畜牧兽医
动物卫生监督所	王桂柱	男	1963.03	畜牧	农业技术推广研究员	畜牧兽医
动物卫生监督所	王爱军	女	1966.02	畜牧	农业技术推广研究员	畜牧兽医
动物疫病预防控制中心	张绍军	男	1963.07	兽医	农业技术推广研究员	畜牧兽医
动物疫病预防控制中心	郑百芹	女	1964.07	兽医	农业技术推广研究员	畜牧兽医
动物疫病预防控制中心	刘乃强	男	1963.12	兽医	农业技术推广研究员	畜牧兽医
畜牧工作站	张　军	男	1964.02	畜牧	农业技术推广研究员	畜牧兽医
中华人民共和国河北渔业船舶检验局唐山检验处	刘维玺	男	1957.05	水产	农业技术推广研究员	水产
畜牧工作站	孙贺春	男	1951.02	兽医	农业技术推广研究员	畜牧兽医
自来水公司党委书记兼副经理	姚春樑	男	1966.09	工程	正高级工程师	给排水专业
文联编辑部部长	方　铭	男	1953.06	文创	文学创作一级	编辑
文联编辑部	刘晓滨	男	1950.02	文创	文学创作一级	编辑
文联编辑部	王家惠	男	1956.06	文创	文学创作一级	编辑
文联编辑部	李思业	男	1956.07	文创	文学创作一级	编辑
文联编辑部	杨永家	男	1951.01	艺术	一级美术师	编辑
文联培训部	何玉湖	男	1954.02	文创	文学创作一级	编辑
文联培训部	张延毅	男	1930.02	文创	文学创作一级	离休
文联培训部	马守仪	男	1934.12	文创	文学创作一级	退休

文联培训部	孟祥聚	男	1943.07	文创	文学创作一级	退休
文联培训部	梁占峰	男	1938.03		教授	退休
文联培训部	李金田	男	1945.03	艺术	一级摄影师	退休
文联培训部	张学梦	男	1940.08	文创	文学创作一级	退休
文联培训部	王立新	男	1949.02	文创	文学创作一级	退休
文联培训部	张绍义	男	1943.11	艺术	一级编导	退休
建设局质监站总工	宋裕增	男	1958.11	建筑	正高级工程师	工程技术管理
建设局质监站副站长	王文龙	男	1958.07	工程	正高级工程师	工程监督
建设局质监站副总工	汪敏玲	男	1964.12	市政	正高级工程师	工程监督
规划建筑设计研究院院总工程师	张树华	男	1927.03	土建系列	正高级工程师	结构
规划建筑设计研究院院工程师	孙庆森	男	1946.12	土建系列	正高级工程师	结构
规划建筑设计研究院副院长	徐长江	男	1946.02	土建系列	正高级工程师	结构
规划建筑设计研究院院总工程师	王连柱	男	1955.03	土建系列	正高级工程师	结构
规划建筑设计研究院院总建筑师	陈合文	男	1955.10	土建系列	正高级工程师	建筑
规划建筑设计研究院院副总工程师	梁社朝	男	1955.05	土建系列	正高级工程师	电气
规划建筑设计研究院院长	王春燕	女	1961.02	土建系列	正高级工程师	电气
规划建筑设计研究院副院长	叶洪章	男	1963.10	土建系列	正高级工程师	暖通
规划建筑设计研究院副院长	宋泽华	男	1965.01	土建系列	正高级工程师	地质
规划建筑设计研究院	尹春玲	女	1956.03	土建系列	正高级工程师	结构
热力总公司副总经理	于海东	男	1969.11	工程	正高级工程师	机械
热力总公司副总经理	马　健	男	1965.08	工程	正高级工程师	建筑工程
热力总公司市区公司经理	孙文来	男	1963.03	工程	正高级工程师	自动化
热力总公司设计院院长	杜文英	女	1966.08	工程	正高级工程师	暖通
热力总公司工程公司总工	杨谊琴	女	1962.01	工程	正高级工程师	暖通
热力总公司计划处处长	蒋桂玲	女	1967.12	经济	正高级工程师	经济

【博士后博士研究生】 全市有博士223人，其中博士后19名。市属单位97名，中央和省属驻唐单位126名。

（张志辉）

唐山市博士后博士研究生名单
（博士后19名，博士204名）

2009.2.19

序号	姓名	性别	学历	毕业院校	专业	工作单位	行政（技术）职务	备注
1	白春明	男	博士后	西南交通大学	通讯与安全	开平区	区委书记	
2	徐树成	男	博士后	中国科技大学	材料学	市工业经济促进局	副主任	
3	杨文平	男	博士后	西北工业大学	机械制造	市改革和发展委员会	副主任	
4	赵　利	男	博士后	日本京都大学	药学	市医药局	副局长	

5	陈贵清	男	博士后	西北工业大学	力学	唐山学院	科研处长	
6	王　玲	女	博士后	英国剑桥大学	化学工程	河北理工大学	副院长	
7	孟宪举	男	博士后	天津大学	机械工程	河北理工大学	科研秘书	
8	张彩军	男	博士后	北京科技大学	钢铁冶金	河北理工大学	教授	
9	许英霞	女	博士后	中科院地质所	矿物学	河北理工大学	副教授	
10	杨　方	男	博士后	协和医科大学	病理学	华北煤炭医学院	院长助理	
11	张　柳	男	博士后	日本新昌医学院	骨组织形态	华北煤炭医学院	附属医院副院长	
12	李　永	男	博士后	南京师范大学	汉语言文字学	唐山师范学院	副教授	
13	张红心	男	博士后	中国农科院	植物学	唐山师范学院	副教授	
14	郑　宇	男	博士后	首都医科大学	神外临床	唐山市工人医院		
15	崔建忠	男	博士后	首都医科大学	神经外科学	唐山市工人医院	副院长	
16	田清旺	男	博士后	中国社会科学院	国民经济学	唐山市委研究室	副主任	
17	李　铁	男	博士后	北京大学	公共管理	曹妃甸工业区管委会	副主任	
18	田　卫	男	博士后	华西医科大学	检验	唐山市工人医院	主任	
19	秦国庆	男	博士后	上海交通大学	材料加工	中冶恒通集团	副总	
20	于　山	男	博士	天津大学	管理科学与工程	唐山市政府	副市长	
21	王　成	男	博士	清华大学	材料加工	唐山市高新区管委会	副主任	
22	邢国军	男	博士	东北大学	采矿工程	唐山市环保局	副局长	
23	苏春生	男	博士	河北工业大学	管理科学与工程	唐山市建设局	副局长	
24	崔小刚	男	博士	中国农业大学	土壤学	唐山市国土资源局		
25	龚　宇	男	博士	中国农业大学	作物栽培学	唐山市气象局		
26	林　澎	男	博士	清华大学	城市规划与设计	唐山市规划局	局长	
27	王　刚	男	博士	华中科技大学	建筑设计及理论	唐山市规划局	副局长	
28	孙朝阳	男	博士	北京大学	政治学理论	唐山市委研究室	副主任	
29	郭志军	男	博士	白求恩医科大学	肾内科学	唐山市工人医院	主任	
30	房　辉	女	博士	天津医科大学	内分泌学	唐山市工人医院	主任	
31	李永秋	男	博士	白求恩医科大学	神经内科	唐山市工人医院	副主任	
32	袁茂昆	男	博士	白求恩医科大学	心血管外科	唐山市工人医院	副主任	
33	王　东	男	博士	北京协和医科大学	心肌免疫	唐山市工人医院	主任	
34	刘晓堃	男	博士	河北医科大学	心血管内科	唐山市工人医院		
35	潘立峰	男	博士	河北医科大学	外科学	唐山市工人医院		
36	刘恩令	男	博士	天津医科大学	妇产学	唐山市工人医院	妇产科副主任	
37	王利民	男	博士	汕头大学医学院	肝胆胰外科	唐山市工人医院		
38	张宝良	男	博士	天津医科大学	普通外科学	唐山市工人医院		
39	王云松	女	博士	首都医科大学	眼科学	唐山市工人医院		
40	时　京	男	博士	中国医科大学	泌尿外科	唐山市工人医院		
41	徐　翔	男	博士	天津医科大学	神经外科	唐山市工人医院		
42	李　华	男	博士	河北医科大学	外科学	唐山市工人医院		
43	张景华	女	博士	河北医科大学	外科学	唐山市人民医院	副院长	
44	汪　萍	女	博士	河北医科大学	外科学（妇科肿瘤）	唐山市人民医院		
45	王　胜	男	博士	黑龙江中医药大学	中医学	二五五医院		
46	翟宝进	男	博士	重庆医科大学	神经外科	唐山市协和医院		
47	张志坤	男	博士	协和医科大学	流行病与卫生统计	唐山市防疫站	副站长	
48	华　玉	女	博士	北京航空航天大学	飞行器设计	唐山学院	院长	
49	杨志安	男	博士	天津大学	力学	唐山学院	副院长	
50	李　兵	女	博士	上海工业大学	自动化	唐山学院	副院长	
51	孙建平	男	博士	北方交通大学	土木工程	唐山学院	副教授	

52	李宝安	男	博士	北京航空航天大学	自动化控制	唐山学院	副主任
53	苑少强	男	博士	北京科技大学	材料物理与材料	唐山学院	科研副处长
54	王会刚	男	博士	北京科技大学	机械设计及理论	唐山学院	副教授
55	郝志华	男	博士	大连理工大学	机电工程	唐山学院	副教授
56	乔京生	男	博士	中国矿业大学	土木工程	唐山学院	副教授
57	张振华	男	博士	东北大学	管理科学与工程	唐山学院	副教授
58	元继学	男	博士	北京理工大学	管理科学与工程	唐山学院	讲师
59	郝　斌	女	博士	北京科技大学	材料学	唐山学院	
60	孙厚生	男	博士	东北师范大学	世界史	唐山师范学院	主任
61	赵光峰	男	博士	西南交通大学	交通信息及控制	唐山师范学院	主任
62	琚行松	男	博士	南京化工大学	化学工程	唐山师范学院	处长
63	吴树新	男	博士	天津大学	工业催化	唐山师范学院	讲师
64	范永山	男	博士	河北农业大学	植物病理学	唐山师范学院	副教授
65	刘博苍	男	博士	山东大学	古代文学	唐山师范学院	教授
66	李学文	男	博士	北京大学	基础数学	唐山师范学院	处长
67	张铁莉	女	博士	北京大学	化学分析	唐山师范学院	教授
68	孙春青	女	博士	南开大学	古代文学	唐山师范学院	副教授
69	景红录	女	博士	北京师范大学	管理工程	唐山师范学院	副教授
70	闫满富	男	博士	中国农业大学	数学	唐山师范学院	副院长
71	殷书柏	男	博士	中科院东北地理与农业生态研究所	环境科学	唐山师范学院	讲师
72	王丽红	女	博士	浙江大学	化学工程	唐山师范学院	副教授
73	杨　静	女	博士	北京理工大学	应用化学	唐山师范学院	讲师
74	李德玲	女	博士	河北大学	高分子化学与物理	唐山师范学院	讲师
75	邓先瑞	女	博士	中国科学院	控制工程	唐山师范学院	讲师
76	董惠娟	女	博士	中国地震局地球物理研究所	地球物理学	唐山师范学院	教授
77	张永平	男	博士	浙江大学	蔬菜学	唐山师范学院	助教
78	宗　鹏	男	博士	北京理工大学	管理科学与工程	唐山师范学院	数学系副主任
79	王　莉	女	博士	中国科学院	凝聚态物理	唐山师范学院	副教授
80	于彦明	男	博士	南开大学	理论物理	唐山师范学院	讲师
81	沈　芝	女	博士	南开大学	世界史	唐山师范学院	副教授
82	闫永增	男	博士	厦门大学	中国近现代史	唐山师范学院	副教授
83	郭　静	女	博士	中央民族大学	少数民族经济	唐山师范学院	副教授
84	刘永海	男	博士	北京师范大学	历史文献史	唐山师范学院	副教授
85	张素凤	女	博士	北京师范大学	汉语言文字学	唐山师范学院	副教授
86	徐付霞	女	博士	天津大学	管理科学与工程	唐山师范学院	教授
87	么孝颖	女	博士	北京师范大学	英语语言文学	唐山师范学院	副教授
88	高光新	男	博士	中国社科院	汉语言文字学	唐山师范学院	讲师
89	李师广	男	博士	上海交通大学	精密仪器与机械	唐山师范学院	讲师
90	姜　峰	男	博士	南京师范大学	细胞学	唐山师范学院	讲师
91	马书燕	女	博士	北京林业大学	森林培育	唐山职业技术学院	讲师
92	杨　中	男	博士	同济大学	机械理论及设计	开滦集团	董事长
93	吴寿岭	男	博士	河北医科大学	内科学	开滦集团医院	开滦医院院长
94	郑晓明	男	博士	山东中医药大学	中医内科学	开滦集团医院	主任医师
95	殷作如	男	博士	中国矿业大学	矿业工程	开滦集团	副总
96	毛征东	男	博士	北京科技大学	材料与工程学	唐山建龙钢铁公司	总工程师

97	迪　林	男	博士	北京科技大学	钢铁冶金	唐山建龙钢铁公司	总工程师	
98	王建民	男	博士	北京科技大学	材料加工	唐山建龙钢铁公司	总工程师	
99	潘克云	男	博士	北京科技大学	材料加工	唐山建龙钢铁公司	总工程师	
100	吴政义	男	博士	日本大阪教育大学	体育心理学	遵化栗源食品有限公司	总顾问	
101	张振堂	男	博士	美国里海大学	高炉燃烧与传热	滦南阿拉伯公司	董事长	
102	秦国庆	男	博士	北京科技大学	金属性加工	唐山宝业集团	总工程师	
103	王平欣	男	博士	美国德克萨斯大学	分析化学	通用化工有限公司	副主任	
104	杨幼林	男	博士	北京大学	临床医学	太阳石药业公司		
105	赵忠新	男	博士	中国地质大学（武汉）	能源地质工程	冀东油田公司		
106	张建忠	男	博士	中国社科院	管理科学	唐钢集团	主任	
107	刘建华	男	博士	北京科技大学	冶金工程	唐钢集团	技术中心副主任	
108	常久柱	男	博士	北京科技大学	钢铁冶金	唐钢集团	副总工	
109	于　勇	男	博士	北京科技大学	钢铁冶金	唐钢集团	炼铁厂厂长	
110	李连平	男	博士	北京科技大学	材料工程	唐钢集团	副总经理	
111	褚建东	男	博士	河北工业大学	电机与电气	唐钢集团		
112	牟文恒	男	博士	北京科技大学	材料工程	唐钢集团	不锈钢厂厂长	
113	朱忠山	男	博士	日本东京大学	工学	唐山爱信齿轮集团	技术副总	
114	袁聚祥	男	博士	中国协和医科大学	流行病学	华北煤炭医学院	院长	
115	刘海涛	男	博士	天津中医学院	中医内科	华北煤炭医学院	主治医师	
116	张松林	男	博士	德国律贝克大学	医学整形外科	华北煤炭医学院	主任	
117	刘和亮	男	博士	北京大学医学院	内科学	华北煤炭医学院	副主任	
118	冯富民	男	博士	军事医学科学院	流行病学	华北煤炭医学院	主任	
119	张宇新	男	博士	首都医科大学	分子神经生物学	华北煤炭医学院	副主任	
120	王相利	男	博士	山东大学齐鲁医学院	骨外科	华北煤炭医学院	副教授	
121	徐卫国	男	博士	北京大学肿瘤医院	肿瘤学	华北煤炭医学院	副教授	
122	姜广建	男	博士	河北医科大学	生物化学	华北煤炭医学院	副教授	
123	张秀军	男	博士	协和医科大学	生物学	华北煤炭医学院	副教授	
124	邹西峰	男	博士	第一军医大学	神经外科	华北煤炭医学院	副教授	
125	孙　红	女	博士	军事医学科学院	病理学	华北煤炭医学院	讲师	
126	肖永红	女	博士	河北医科大学	流行病学专业	华北煤炭医学院	讲师	
127	戚孟春	男	博士	四川大学华西口腔医学院	口腔学	华北煤炭医学院	讲师	
128	李　云	女	博士	北京协和医学院	流行病学	华北煤炭医学院		
129	贾永森	男	博士	上海中医药大学	中医基础理论	华北煤炭医学院		
130	孟宪玉	男	博士	河北大学	中国古代史	华北煤炭医学院		
131	宋会平	男	博士	南方医科大学	人体解剖	华北煤炭医学院		
132	郭志义	男	博士	北京协和医科大学	生物化学	华北煤炭医学院		
133	田　炜	男	博士	日本山形大学	医学	华北煤炭医学院		
134	郝志梅	女	博士	日本山形大学	生命环境医科学	华北煤炭医学院		
135	张志勇	男	博士	天津医科大学	神经外科	华北煤炭医学院		
136	崔健美	女	博士	上海中医药大学	针灸推拿学	华北煤炭医学院		
137	刘　倩	女	博士	吉林大学	生物化学	华北煤炭医学院		
138	闫振宇	男	博士	清华大学医学部	血液病学	华北煤炭医学院		
139	杨文平	女	博士	山西农业大学	动物遗传与育种	华北煤炭医学院		
140	张一兵	男	博士	天津医科大学	泌尿外科	华北煤炭医学院		
141	李昌存	男	博士	中国地质大学	矿产安检	河北理工大学	科研处长	

142	吕　庆	男	博士	东北大学	炼铁	河北理工大学	副校长
143	朱理光	男	博士	北京科技大学	钢铁冶金	河北理工大学	副校长
144	梁英华	女	博士	天津大学	结构工程	河北理工大学	副校长
145	赵红蕊	女	博士	武汉大学	工程测量	河北理工大学	副教授
146	刘　伟	男	博士	天津大学	自动化	河北理工大学	副教授
147	高玉波	男	博士	美国奥本大学	运筹学	河北理工大学	教授
148	郭立稳	男	博士	中国矿业大学	安全技术	河北理工大学	院长
149	王书桓	男	博士	北京科技大学	钢铁冶金	河北理工大学	研究生院院长
150	方　觉	男	博士	德国 Aachen 大学	钢铁冶金	河北理工大学	教授
151	唐　瑞	男	博士	北京科技大学	采矿工程	河北理工大学	副教授
152	戚龙水	男	博士	长春地质大学	岩石学	河北理工大学	副教授
153	史廷春	男	博士	清华大学	材料加工	河北理工大学	教授
154	高洪民	男	博士	北京理工大学	控制理论与工程	河北理工大学	副教授
155	郝俊杰	男	博士	清华大学	建筑材料	河北理工大学	副教授
156	王兴国	男	博士	大连理工大学	建筑材料	河北理工大学	建工学院副院长
157	李志刚	男	博士	北京航空航天大学	计算机	河北理工大学	副教授
158	彭　利	男	博士	北京科技大学	控制理论与工程	河北理工大学	教授
159	封孝信	男	博士	清华大学	材料学	河北理工大学	材料学院院长
160	魏瑞霞	女	博士	南京大学	环境工程	河北理工大学	副教授
161	刘战英	男	博士	东北大学	材料加工工程	河北理工大学	教授
162	李占贤	男	博士	天津大学	机械制造	河北理工大学	教授
163	刘善军	男	博士	天津大学	机械制造及自动化	河北理工大学	教授
164	王福生	男	博士	南开大学	环境科学与工程	河北理工大学	副教授
165	邢宏伟	男	博士	中科院金属研究所	金属材料	河北理工大学	副教授
166	杨立荣	女	博士	天津大学	材料学	河北理工大学	副教授
167	杨金萍	女	博士	华南理工大学	材料学	河北理工大学	副教授
168	陈　超	男	博士	北京科技大学	工程力学	河北理工大学	讲师
169	陈艳华	女	博士	北方交通大学	固体力学	河北理工大学	副教授
170	李俊国	男	博士	南开大学	钢铁冶金	河北理工大学	讲师
171	卜景龙	男	博士	北京科技大学	材料学	河北理工大学	材料党委书记
172	牛福生	男	博士	北京科技大学	矿物加工	河北理工大学	副教授
173	涂军波	男	博士	北京科技大学	材料学	河北理工大学	副教授
174	桑晓明	男	博士	天津大学	材料学	河北理工大学	教授
175	孙进生	男	博士	中国矿业大学	自动化	河北理工大学	教授
176	张云鹏	男	博士	北京科技大学	采矿工程	河北理工大学	交通与测绘院副院长
177	甘德清	男	博士	北京科技大学	采矿工程	河北理工大学	交通与测绘院副院长
178	崔广华	男	博士	南开大学	材料学	河北理工大学	副教授
179	郭爱红	女	博士	南开大学	环境化学	河北理工大学	讲师
180	蔡基伟	男	博士	武汉理工大学	材料学	河北理工大学	副教授
181	陈星彤	男	博士	中国矿业大学	摄影测量与遥感	河北理工大学	副教授
182	左文喆	男	博士	中国地质大学（武汉）	水文学与水资源	河北理工大学	副教授
183	聂铁苗	男	博士	中国地质大学（北京）	矿物岩石材料学	河北理工大学	副教授
184	张瑞成	男	博士	北京科技大学	控制科学与工程	河北理工大学	副教授
185	崔文权	男	博士	中科院成都研究所	应用化学	河北理工大学	副教授
186	许鸿雁	女	博士	中国矿业大学	环境工程	河北理工大学	副教授

187	张俊英	女	博士	中国农业大学	生态学工程	河北理工大学	副教授	
188	马劲红	女	博士	燕山大学	机械设计	河北理工大学	副教授	
189	赵　丹	女	博士	中科院金属研究所	材料学	河北理工大学	副教授	
190	潘玉欣	女	博士	河北农业大学	作物遗传育种	河北理工大学	副教授	
191	吴继轩	男	博士	西北师范大学	人文地理学	河北理工大学	副教授	
192	刘　然	男	博士	东北大学	冶金资源与生态	河北理工大学	副教授	
193	刘文生	男	博士	北京理工大学	管理科学与工程	河北理工大学	副教授	
194	孙红婵	女	博士	北京理工大学	材料加工	河北理工大学	副教授	
195	唐红梅	女	博士	北京协和医学院	细胞生物学	河北理工大学	副教授	
196	王广凤	女	博士	辽宁大学	产业经济学	河北理工大学	副教授	
197	张　林	男	博士	吉林大学	交通信息工程	河北理工大学	副教授	
198	贵永亮	男	博士	北京航空航天大学	材料加工	河北理工大学	副教授	
199	陈海彬	男	博士	北京航空航天大学	工程力学	河北理工大学	副教授	
200	徐海涛	男	博士	吉林大学	物理化学	河北理工大学	副教授	
201	陈志英	女	博士	河北大学	中国古代史	河北理工大学	副教授	
202	王伟之	男	博士	天津大学	环境工程	河北理工大学	副教授	
203	高建霞	女	博士	中科院半导体研究所	微电子学	河北理工大学	副教授	
204	高莲凤	女	博士	中国地质大学	古生物学	河北理工大学	副教授	
205	张振国	男	博士	中国地质大学	海洋地质	河北理工大学	副教授	
206	钟晓晖	男	博士	北京工业大学	热能工程	河北理工大学	副教授	
207	侯彩霞	男	博士	天津大学	化学工艺	河北理工大学	副教授	
208	徐传远	男	博士	华中农业大学	作物遗传育种	河北理工大学	副教授	
209	杨　梅	男	博士	武汉理工大学	固体力学	河北理工大学	副教授	
210	刘亚静	男	博士	中国矿业大学	地图制图学	河北理工大学	副教授	
211	康志强	男	博士	东北大学	工程力学	河北理工大学	副教授	
212	张淑会	男	博士	东北大学	钢铁冶金	河北理工大学	副教授	
213	张润东	男	博士	天津大学	管理科学与工程	河北理工大学	副教授	
214	王　勇	男	博士	中科院测量所	大地测量学	河北理工大学	副教授	
215	葛　楠	男	博士	中国建筑科学研究院	结构工程	河北理工大学	副教授	
216	李娟娟	女	博士	中国矿业大学	环境工程	河北理工大学轻工分院	副教授	
217	苑爱民	男	博士	中国矿业大学	工程测量	煤炭研究院唐山分院	高工	
218	潘永泰	男	博士	中国矿业大学	选煤机械	煤炭研究院唐山分院	高工	
219	白国良	男	博士	中国矿业大学	工程测量	煤炭研究院唐山分院		
220	董　平	男	博士	北京理工大学	管理科学与工程	中冶恒通集团	副总	
221	余卫平	男	博士	吉林大学	数量经济学	唐山轨道客车有限公司	董事长	
222	李国爱	男	博士	哈尔滨工业大学	材料学	唐山轨道客车有限公司		
223	李明高	男	博士	吉林大学	材料加工工程	唐山轨道客车有限公司		

逝世人物

李运昌 1908年生于河北乐亭木瓜口村。1924年加入中国社会主义青年团。1925年考入黄埔军校第4期，同年转入中国共产党。1926年入广州农民运动讲习所学习，后到汕头任广东省农民协会潮梅海陆丰办事处农军部主任，惠潮梅工农革命军第2团党代表。同年9月在湖南桂东参加秋收起义，后返回家乡河北。1936年起任中共京东特委书记。抗日战争时期历任冀东抗日联军副总司令兼第二路军总指挥、八路军13支队司令员、中共冀热边特委书记兼行署主任、晋察冀军区第13军分区司令员兼政委、冀热辽区党委书记、冀热辽军区司令员兼政委、晋察冀中央局委员等职，领导创建了冀热辽抗日根据地。1945年至1948年，历任东北人民自治军第二副总司令、东北民主联军第二副总司令、中共冀察热辽中央分局委员、热河省委书记兼热河省政府主席、冀察热辽军区副总司令、冀察热辽行政办事处主任等职。新中国成立后，历任交通部党组书记兼副部长，中共中央监察委员会专职常委。“文化大革命”期间受到迫害，1978年恢复工作后任司法部第一副部长、党组副书记。李运昌是中共八大、十二大代表；中共十三大、十四大、十五大、十六大、十七大特邀代表；全国政协第一届全体会议代表，第三届、第四届、第五届常委；中央顾问委员会第一届、第二届委员；全国黄埔同学会会长、中国和平统一促进会副会长。李运昌因病于2008年10月24日19时43分在北京逝世。

庞长生 1928年1月出生，1942年10月参加革命工作，1946年6月加入中国共产党。历任黄骅县城关镇公队文书、扣村区青联副主任、扣村区委副书记、第一区委书记、县委宣传部副部长，唐山市石头公司副经理、采石场场长，唐山市明华窑业公司党委书记、经理，唐山东窑陶瓷联合厂厂长、西窑陶瓷厂党委第二书记、党委书记、陶瓷公司党委副书记，省陶瓷公司党委代书记，唐山果园工宣队副队长，唐山陶瓷公司党委副书记、革委会副主任，唐山市委副书记、革委会副主任，唐山市委副书记、副市长，唐山市委副书记，唐山市委副书记、纪委书记等职务。1989年2月离职休养。2008年7月9日因病医治无效，在唐山市中医院逝世。

王树楠 河北高阳人，1909年3月出生。1931年7月加入中国共产党，1938年12月入伍，大校军衔。历任河北省雄县县大队政委、冀中军区民政部副部长、河北省军区定县军分区政治部主任、唐山军分区政委等职。是副军职离休干部。2008年1月1日因病在唐山逝世。

刘靖涛 1937年1月出生在河北盐山。1960年4月南开大学物理学专业毕业留校工作。1984年5月任唐山高等专科学校副校长。1988年3月任政协唐山市第六届、第七届委员会副主席。1988年4月任民进唐山市第二届、第三届委员会主委。1993年5月任政协河北省第七届委员会常委。1999年7月退休。2008年12月2日因病逝世。

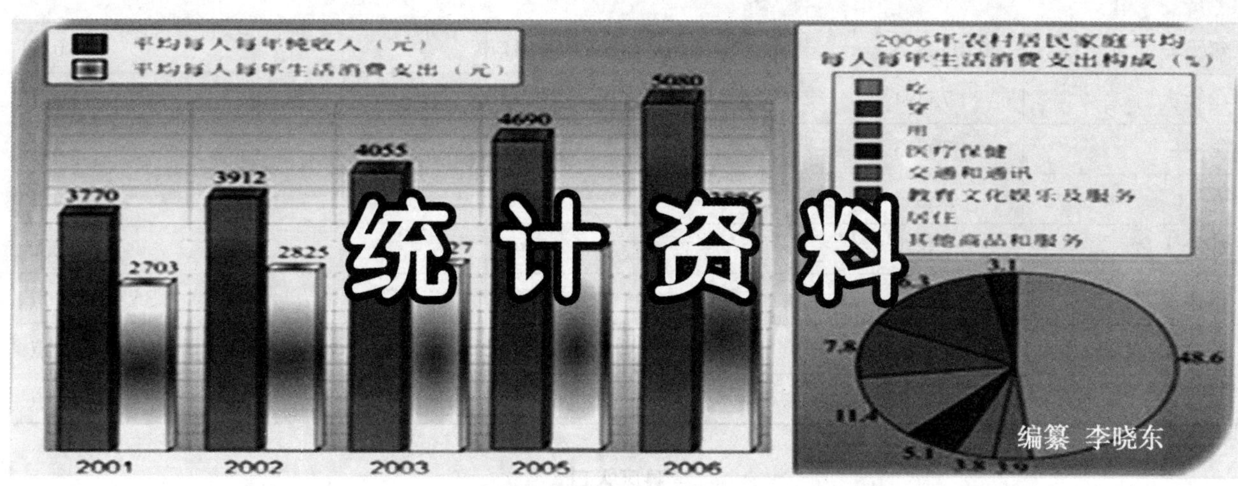

统计资料

编纂 李晓东

主要经济指标完成全年计划情况

指标名称	单位	2008 年	增长%	完成计划%
地区生产总值	亿元	3561.19	13.1	112.4
第一产业	亿元	340.01	7.0	113.3
第二产业	亿元	2113.29	12.9	115.2
#工业	亿元	1955.49	12.5	115.6
第三产业	亿元	1107.89	15.3	107.4
规模以上工业增加值	亿元	1592.94	14.6	120.0
规模以上工业利润	亿元	352.04	5.3	83.2
全社会固定资产投资	亿元	1361.32	31.3	105.0
#城镇固定资产投资	亿元	1108.59	32.6	102.5
社会消费品零售总额	亿元	809.76	24.8	108.5
实际利用外资	亿美元	8.63	29.4	107.9
进出口总额	亿美元	91.99	77.2	148.4
#出口	亿美元	49.43	75.1	152.1
全部财政收入	亿元	405.82	22.7	107.1
#一般预算收入	亿元	146.66	23.0	109.4
城市居民人均可支配收入	元	16382	15.1	102.8
农民人均纯收入	元	6625	13.7	103.4

总户数和总人口

单位：户、人

指标名称	全市	比上年增长%	市区	比上年增长%
总户数	**2248913**	**0.3**	**955567**	**1.0**
总人口	**7294100**	**0.7**	**3055280**	**0.6**
#非农业人口	2443939	3.5	1772003	4.0

年平均人口	7270328.5	0.7	3045641	0.7
出生人口	75394	-0.7	28474	-3.1
男	39763	0.4	14862	-2.1
女	35631	-1.9	13612	-4.1
死亡人口	45859	32.9	17498	22.2
出生率（‰）	10.37	-0.15个千分点	9.35	-0.36个千分点
死亡率（‰）	6.31	1.53个千分点	5.75	1.01个千分点
自然增长率（‰）	4.06	-1.68个千分点	3.60	-1.37个千分点

分县区人口

单位：人、户

县（市）区名称	年末总人口	#非农业人口	年末总户数
总计	**7294100**	**2443939**	**2248913**
迁安市	709845	133315	216904
遵化市	715465	107069	224465
滦县	550042	92686	158512
滦南县	581985	84492	174150
乐亭县	497056	82012	164880
迁西县	375561	49614	108436
玉田县	667270	104828	198743
唐海县	141596	17920	47256
市区小计	3055280	1772003	955567
丰南区	535545	135992	156326
丰润区	916386	271341	279324
路南区	239729	206401	76783
路北区	589646	589646	186581
古冶区	360949	268828	124496
开平区	247188	138432	82409
海港开发区	6169	6169	1378
高新开发区	53918	49444	14874
南堡开发区	21255	21255	5907
芦台开发区	40106	40106	13051
汉沽管理区	44389	44389	14438

地区生产总值

单位：亿元

指标名称	2008年	比上年增长%	对经济增长的拉动率%	对经济增长的贡献率%

地区生产总值	3561.19	13.1	13.1	100.0
第一产业	340.01	7.0	0.6	4.7
第二产业	2113.29	12.9	7.7	59.0
工业	1955.49	12.5	7.0	53.1
建筑业	157.80	17.8	0.7	5.9
第三产业	1107.89	15.3	4.8	36.3

2008 年三次产业构成为：9.5：59.4：31.1。

分县区生产总值

单位：亿元

县（市）区名称	地区生产总值	比上年增长%
全市	**3561.19**	**13.1**
迁安市	495．58	10.5
遵化市	379.70	15.0
滦县	198.37	16.5
滦南县	225.29	7.1
乐亭县	202.56	11.1
迁西县	269.80	16.3
玉田县	197.51	12.6
唐海县	55.50	17.9
市区	1807.73	13.5
丰南区	347.76	13.1
丰润区	328.44	11.3
路南区	42.92	15.5
路北区	57.79	13.4
古冶区	100.81	14.2
开平区	112.45	15.0
海港开发区	60.01	23.5
高新开发区	50.58	20.5
南堡开发区	44.14	20.8
芦台开发区	16.13	15.7
汉沽管理区	15.82	41.7
曹妃甸工业区	69.38	38.5

农业主要指标（一）

指标名称	单位	2008 年	比上年增长%
农林牧渔业总产值	**万元**	**5552960**	**7.3**

#农业	万元	2707811	4.3
林业	万元	102381	4.9
畜牧业	万元	2078486	12.7
渔业	万元	457857	6.0
农作物播种面积			
#粮食	公顷	463700	-3.5
棉花	公顷	32638	7.7
油料	公顷	82482	7.3
蔬菜	公顷	178361	1.6
#设施蔬菜	公顷	42086	1.6
主要农产品产量			
粮食	万吨	287.93	0.5
棉花	万吨	3.75	2.6
油料	万吨	28.4	11.6
蔬菜	万吨	1279.8	3.1
#设施蔬菜	万吨	298.6	0.5

农业主要指标（二）

指标名称	单位	2008 年	比上年增长%
干鲜果产量	万吨	229.5	3.2
干果	万吨	5.3	6.0
#板栗	万吨	4.7	5.2
鲜果	万吨	224.2	3.1
肉类总产量	万吨	54.4	10.8
#猪牛羊肉	万吨	43.5	13.7
禽蛋产量	万吨	30.6	-8.6
牛奶产量	万吨	152.2	5.8
水产品产量	万吨	46.0	4.9
海水产品	万吨	26.4	-0.8
淡水产品	万吨	19.6	13.7
年末大牲畜存栏	万头	90.9	19.9
年末生猪存栏	万头	305.9	19.8
生猪出栏	万头	455.3	16.3
农业机械总动力	万千瓦	984.3	5.6
农村用电量	万千瓦时	118.5	1.3
当年造林面积	公顷	18401	1.1倍

森林覆盖率	%	24.4	持平

粮食、棉花、油料和蔬菜总产量（一）

单位：吨

县（市）区名称	粮食总产量	比上年增长%	棉花总产量	比上年增长%
总计	**2879330**	**0.5**	**37451**	**2.6**
迁安市	205869	-7.6	209	4.5
遵化市	251454	-1.3	72	-28.0
滦县	269694	3.7	278	-7.3
滦南县	388449	1.8	1271	5.9
乐亭县	310485	0.9	1866	3.7
迁西县	75910	7.8	238	19.0
玉田县	454171	6.0	3526	0.7
唐海县	189434	-7.6	1702	3.3倍
市区小计	733864	0.1	28289	1.8
丰南区	222926	-2.8	12616	-1.4
丰润区	402912	3.1	2103	0.1
路南区	6038	-18.4		
路北区	1593	-11.5		
古冶区	27039	-1.7		
开平区	44786	1.6	15	4.0倍
高新开发区	1314	-22.7		
南堡开发区	19261	3.6	771	1.6倍
芦台开发区	5574	-42.5	6770	-8.5
汉沽管理区	2421	21.0	6014	15.7

粮食、棉花、油料和蔬菜总产量（二）

单位：吨

县（市）区名称	油料总产量	比上年增长%	蔬菜总产量	比上年增长%
总计	**283986**	**11.6**	**12798102**	**3.1**
迁安市	33738	18.4	806658	1.8
遵化市	46848	9.5	696505	3.2
滦县	50237	10.7	597582	0.4
滦南县	54893	6.8	1581339	4.0
乐亭县	13764	0.5	2404273	1.2
迁西县	5148	14.4	55672	11.2
玉田县	4115	-6.5	2857596	8.0

唐海县	2360	2.0倍	55049	3.9
市区小计	72883	15.9	3743428	0.9
丰南区	21850	30.1	1912320	持平
丰润区	40045	10.0	1209159	1.5
路南区	239	1.4倍	27582	-12.4
路北区	830	18.6	145694	0.7
古冶区	4939	5.1	299864	2.9
开平区	4712	17.8	137192	7.2
高新开发区	268	34.0	3412	-13.6
南堡开发区				
芦台开发区			3060	15.7
汉沽管理区			5145	94.6

分县区农业总产值

单位：万元

县（市）区名称	2008年	比上年增长%	畜牧、渔业所占比重%
总计	**5552960**	**7.3**	**46**
迁安市	347020	6.9	46
遵化市	433624	5.9	40
滦县	442964	6.1	58
滦南县	803586	7.2	56
乐亭县	750123	3.4	38
迁西县	207766	7.7	39
玉田县	683784	9.0	33
唐海县	227919	2.6	55
市区小计	1446231	4.4	50
丰南区	488005	1.6	39
丰润区	592026	5.9	50
路南区	11839	1.9	42
路北区	27878	8.0	13
古冶区	113012	6.1	44
开平区	105692	1.5	71
高新开发区	2455	20.3	71
南堡开发区	33252	25.3	83
芦台开发区	28111	5.5	45
汉沽管理区	43961	8.0	63

农民人均纯收入和消费支出

单位：元

县（市）区名称	纯收入	比上年增长%	消费支出	比上年增长%
总计	**6625**	**13.7**	**4658**	**13.8**
迁安市	7830	11.8	5433	25.0
遵化市	6690	11.7	4710	27.0
滦县	6192	12.0	4873	29.0
滦南县	5850	10.1	3635	22.7
乐亭县	7263	10.0	4678	36.2
迁西县	6626	11.0	4245	10.5
玉田县	6140	12.0	4403	21.7
唐海县	6850	24.5	4666	32.3
市区	6523	11.2	4784	28.5
丰南区	6846	12.2	4215	20.4
丰润区	6353	11.6	4901	29.3
路南区	6413	10.0	6329	6.7
路北区	6660	14.0	5563	2.1
古冶区	6189	12.0	4461	23.0
开平区	6665	13.7	4993	43.6

2008 年农民恩格尔系数为 38.4%，农村居民人均住房面积为 31.9 平方米。

规模以上工业主要经济指标（一）

单位：个、万元

指标名称	2008 年	比上年增长%
一、工业企业个数	**1451**	
二、工业增加值	**15929431**	**14.6**
（一）按轻重工业分		
轻工业	877587	5.0
重工业	15051844	16.2
（二）按注册类型分		
国有	362882	43.3
集体	381282	16.6
股份合作	6946	-11.8
股份制	10025406	15.3
外商及港澳台投资	3009387	14.1
其他	2143528	13.1
（三）大中型工业	12020556	13.9

（四）国有及国有控股经济	5348970	17.7
（五）私营企业	5058502	14.8

规模以上工业主要经济指标（二）

单位：万元

指标名称	2008 年	比上年增长%
（六）按主要行业分		
煤炭开采和洗选业	610748	19.2
石油和天然气开采业	777336	-2.9
黑色金属矿采选业	2127803	29.1
石油加工、炼焦及核燃料加工业	557222	10.1
化学原料及化学制品制造业	231622	11.1
非金属矿物制品业	665359	5.4
黑色金属冶炼及压延加工业	8270190	18.2
通用设备制造业	241482	12.3
专用设备制造业	120104	15.8
交通运输设备制造业	160183	34.7
电力、热力的生产和供应业	810715	3.0
五大基地	12796560	14.2
基础能源	2198799	4.1
优质建材	665359	5.4
精品钢材	8270190	18.2
化工产业	1027714	11.9
装备制造	634498	21.3

规模以上工业主要经济指标（三）

单位：万元

指标名称	2008 年	比上年增长%
三、工业经济效益		
经济效益综合指数	286.6	32.5 个百分点
资产总计	45622001	22.0
产品销售收入	56010559	36.0
产品销售率	96.32	-2.5 个百分点
应收帐款净额	2006692	48.7
产成品	2049358	29.8
利税总额	5803372	14.1
#国有及国有控股企业	1772730	18.4

利润总额	3520371	5.3
#国有及国有控股	861662	1.7
亏损企业亏损额	284180	2.8倍
#市属及以下国有及国有控股企业	36400	1.2倍
主要行业利润总额		
煤炭开采和洗选业	88452	1.1倍
石油和天然气开采业	250454	-2.7

规模以上工业主要经济指标（四）

单位：万元

指标名称	2008年	比上年增长%
黑色金属矿采选业	1106095	73.0
石油加工、炼焦及核燃料加工业	93620	10.8
化学原料及化学制品制造业	38567	-40.0
非金属矿物制品业	101080	-20.2
黑色金属冶炼及压延加工业	1520188	-10.8
通用设备制造业	71235	25.1
专用设备制造业	31234	25.1
交通运输设备制造业	17142	37.0
电力、热力的生产和供应业	25487	-82.7
五大基地:	**2319626**	**-10.4**
基础能源	364393	-18.2
优质建材	101080	-20.2
精品钢材	1520188	-10.8
化工产业	152301	-11.1
装备制造	181664	30.8

分县区规模以上工业主要经济指标（一）

单位：万元

县（市）区名称	工业增加值	比上年增长%	产品销售率%
总计	**15929431**	**14.6**	**96.32**
迁安市	2660325	5.9	96.50
遵化市	1214658	15.1	96.38
滦县	543136	13.0	98.79
滦南县	493457	6.8	96.45
乐亭县	614940	16.2	100.62
迁西县	991865	8.0	95.37

玉田县	433125	16.6	95.07
唐海县	130684	14.2	99.35
市区小计	8847242	15.7	96.32
#丰南区	1950259	12.5	90.13
丰润区	1572913	10.7	96.62
路南区	49883	6.2	98.13
路北区	48978	3.0	103.39
古冶区	603362	13.5	98.81
开平区	681769	25.0	98.21
芦台开发区	77010	20.3	98.61
汉沽管理区	55086	1.5倍	95.96

分县区规模以上工业主要经济指标（二）

单位：万元

县（市）区名称	利税总额	比上年增长%	利润总额	比上年增长%
总计	**5803372**	**14.1**	**3520371**	**5.3**
迁安市	1698027	22.3	1220393	16.9
遵化市	500263	-15.2	361801	-12.8
滦县	218341	25.3	111482	21.9
滦南县	33464	-69.3	2905	-95.4
乐亭县	140233	32.9	87445	35.3
迁西县	490564	53.4	273434	20.3
玉田县	59415	10.2	33707	16.6
唐海县	30764	16.9	18765	0.7
市区小计	2632300	13.5	1410440	1.4
#丰南区	763575	15.6	536174	17.4
丰润区	213820	-14.8	95392	-32.3
路南区	9559	66.2	4036	96.9
路北区	8837	0.4	2666	3.0
古冶区	21674	-78.6	-24070	
开平区	107869	37.7	39696	29.2
芦台开发区	10472	15.0	6443	13.0
汉沽管理区	18370	88.3	13805	78.3

主要工业产品产量（一）

产品名称	单位	2008年	比上年增长%

原煤	万吨	2741	-1.2
洗煤	万吨	1680	-1.5
原油	万吨	200	-6.0
天然气	万立方米	32053	94.8
铁矿石原矿量	万吨	9606	63.8
原盐	万吨	208	-14.3
乳制品	万吨	68	-9.9
白酒	千升	7601	92.0
啤酒	千升	443959	-25.0
软饮料	万吨	19	14.5
布	万米	541	-50.8
服装	万件	3433	19.4
机制纸及纸板	万吨	174	4.4
焦炭	万吨	1368	-2.4
纯碱	万吨	187	8.9

主要工业产品产量（二）

产品名称	单位	2008 年	比上年增长%
农用化肥（折纯）	万吨	20	-4.7
煤气	万立方米	250800	1.4
水泥	万吨	2844	-6.2
瓷质砖	万平方米	1716	-6.7
卫生陶瓷	万件	2087	5.9
日用陶瓷	万件	12183	-29.9
生铁	万吨	5378	3.3
粗钢	万吨	5850	7.1
成品钢材	万吨	5523	13.1
工业锅炉	蒸吨	2429	23.3
采矿设备	吨	88231	48.3
水泥专用设备	吨	77488	23.3
铁路客车	辆	532	90.0
电焊机	台	106875	16.8
发电量	亿千瓦时	306	-4.3

固定资产投资

单位：万元、万平方米、个

指标名称	2008年	比上年增长%
全社会固定资产投资	**13613226**	**31.3**
#城镇固定资产投资	**11085920**	**32.6**
在城镇固定资产投资中		
按登记注册类型分		
#内资	10298571	31.8
港澳台商投资	422932	0.2
外商投资	358402	1.8倍
按投资产业分		
第一产业	77728	36.6
第二产业	7115933	64.4
#工业	7089745	64.0
#黑色金属冶炼及压延加工业	3441986	1.1倍
第三产业	3892259	-2.2
#交通运输、仓储和邮政业	1003966	-50.6
#住宅	969612	50.7
按隶属关系分		
中央	2999819	87.4
省属	729956	1.1
市属及以下	7356145	21.8
房地产完成投资	928163	50.1
房屋施工面积	1070	2.1
#住宅	858	52.2
房屋峻工面积	277	-1.1
#住宅	155	34.5
施工项目个数	1335	6.3
#本年新开工项目	923	2.8
新增固定资产	**3552041**	**18.8**

分县区固定资产投资

单位：万元

县（市）区名称	全社会固定资产投资	比上年增长%	#城镇固定资产投资	比上年增长%
总计	**13613226**	**31.3**	**11085920**	**32.6**
四点一带	649.32	38.0	576.98	29.1
#曹妃甸新区	384.50	38.1	375.87	35.0

迁安市	1402281	27.2	846786	4.4
遵化市	814731	18.9	472061	1.6
滦县	815956	31.5	615923	22.2
滦南县	481685	18.3	331054	28.5
乐亭县	800859	56.1	634898	65.9
迁西县	560035	60.1	304549	68.0
玉田县	549445	25.9	264825	27.4
唐海县	416949	72.5	208125	10.0
丰南区	767748	39.0	379181	15.9
丰润区	562571	15.3	316529	11.0
路南区	120016	34.9	75996	47.4
路北区	189675	35.3	189675	35.3
古冶区	402846	25.7	356841	27.6
开平区	329027	25.0	164483	34.2

曹妃甸工业区投资完成情况

单位：万元、%

项目名称	计划总投资	累计完成投资	#本年完成投资	完成全年计划
合计	**11640139**	**5944817**	**3272477**	**92.7**
#迁曹铁路	610831	566380	107387	102.3
煤码头起步工程	508497	489072	47742	71.3
原油码头及配套设施工程	179000	178915	16526	103.3
首钢京唐公司钢铁厂	6572800	2439277	1942609	97.1
50 万吨冷弯型钢及钢结构项目	59531	41942	6942	27.8
唐曹高速公路	534000	504000	156686	101.7
滨海休闲区围海造地工程	146569	115479	30002	106.2
公共港区冀东油田基地围海造地工程	179873	106923	36008	96.1
钢铁产业区北部围海造地工程	107332	84423	38483	108.2
港池岛护岸工程	144602	52301	28693	78.5
东南海堤二期工程	163147	39107	22199	27.3
综合服务区围海造地五期吹填工程	97905	62219	21395	81.2
曹妃甸港区通用码头起步工程	82502	30038	30038	75.1
公共港区冀东油田北侧造地工程	172995	52418	52418	80.4
东南区建设基地工程	131572	57023	57023	197.8
装备制造基地围海造地五期	106726	48267	48267	193.1
滦曹公路	94000	31888	31888	106.3

仓储区围海造地工程	179600	36380	36380	138.0

社会消费品零售总额

单位：万元

指标名称	2008 年	比上年增长%
社会消费品零售总额	**8097600**	**24.8**
（一）按行业分		
批发零售贸易业	6786123	24.2
餐饮业	1182717	28.7
其它	128760	22.7
（二）在总计中		
市的零售额	4789055	24.7
县的零售额	1239541	25.8
县以下零售额	2069004	24.5
城乡集市个数	**548**	**0.6**
#专业市场	65	持平
集贸市场成交额	**5798878**	**21.2**
#城市	2588107	21.6

分县区社会消费品零售总额

单位：万元

县（市）区名称	社会消费品零售总额	比上年增长%	#批发零售业	比上年增长%
总计	**8097600**	**24.8**	**6786123**	**24.2**
迁安市	885576	26.4	738224	22.0
遵化市	737543	25.6	571486	24.1
滦县	532637	22.5	436439	25.3
滦南县	622604	24.0	500712	18.7
乐亭县	520692	21.9	459153	24.5
迁西县	375993	22.3	231467	25.1
玉田县	497283	20.6	416330	23.3
唐海县	129492	27.6	91392	21.9
市区小计	3795780	25.9	3340920	25.5
#丰南区	669142	27.0	570209	25.0
丰润区	706584	26.0	614820	23.8
路南区	352139	15.2	320551	18.1
路北区	341128	26.0	253991	24.9

古冶区	414129	25.6	389609	23.7
开平区	305626	20.2	246648	21.7
芦台开发区	22214	14.0	17780	15.2
汉沽管理区	22834	23.4	20603	34.7

利用外资情况

单位：个、万美元

指标名称	项目个数		外资金额	
	2008 年	增长%	2008 年	增长%
批准外资合同项目	**21**	**-44.7**	**29962**	**-12.6**
实际利用外资	**66**	**-4.3**	**86304**	**29.4**
对外借款	2	-66.7	1204	1.1
外商直接投资	61	1.7	83619	30.2
#黑色金属冶炼及压延加工业	9	2.0 倍	46408	-1.4
化学原料及化学制品制造业	4	33.3	3994	-25.0
非金属矿物制品业	3	-25.0	1496	-48.9
外商其它投资	3		1481	16.7
期末实有三资企业	**399**	**4.2**		
已投产的三资企业	**288**	**7.9** 合资企业	186	5.7
合作企业	12			
独资企业	89	14.1		

分县区实际利用外资额（一）

单位：万美元

县（市）区名称	实际利用外资		对外借款	
	2008 年	增长%	2008 年	增长%
总计	**86304**	**29.4**	**1204**	**1.1**
迁安市	3040	-0.7		
遵化市	2509	40.6		
滦县	2557	-5.4		
滦南县	2014	98.0		
乐亭县	2488	86.8		
迁西县	10000	80.8		
玉田县	1004	-18.2		
唐海县	1560	-27.4		
市区小计	61132	27.7	1204	1.1
市直	4798	-37.6	1204	12.3

丰南区	38251	33.0		
丰润区	1612	37.7		
路南区	604	52.5		
路北区	610	51.0		
古冶区	900	12.5		
开平区	5240	7.6倍		
海港开发区	3003	45.0		
高新开发区	2500	24.8		
南堡开发区	2513	22.6		
芦台开发区	501	23.7		
汉沽管理区	600	-60.8		

分县区实际利用外资额（二）

单位：万美元

县（市）区名称	外商直接投资		外商其他投资	
	2008年	增长%	2008年	增长%
总计	83619**30.2**	**1481**	**16.7**	
迁安市	3040	-0.7		
遵化市	2271	1.5倍	238	-72.8
滦县	2557	-5.4		
滦南县	2014	98.0		
乐亭县	2488	86.8		
迁西县	10000	80.8		
玉田县	1004	-18.2		
唐海县	1560	-27.4		
市区小计	58685	26.8	1243	2.1倍
市直	3594	-45.7		
丰南区	37605	30.8	646	
丰润区	1612	53.2		
路南区	7	-98.2	597	
路北区	610	6.8倍		
古冶区	900	12.5		
开平区	5240	7.6倍		
海港开发区	3003	45.0		
高新开发区	2500	24.8		
南堡开发区	2513	22.6		

芦台开发区	501	23.7		
汉沽管理区	600	-60.8		

分县区进出口总额（一）

（海关口径）　　单位：万美元

县（市）区名称	进出口总额	比上年增长%
总计	**919948**	**77.2**
迁安市	62786	43.5
遵化市	34292	1.9 倍
滦县	7458	77.1
滦南县	28718	1.2 倍
乐亭县	27513	2.3 倍
迁西县	62119	1.4 倍
玉田县	9214	20.2
唐海县	2396	31.6
市区小计	685452	70.2
市直	228062	46.2
丰南区	193260	1.2 倍
丰润区	40255	1.3 倍
路南区	25755	1.1 倍
路北区	47511	56.6
古冶区	6446	16.6
开平区	39284	44.4
海港开发区	30774	2.3 倍
高新开发区	47022	14.8
南堡开发区	19175	1.3 倍
芦台开发区	7824	37.5
汉沽管理区	84	-15.2

分县区进出口总额（二）

（海关口径）　　单位：万美元

县（市）区名称	进口额	比上年增长%	出口额	比上年增长%
总计	**425642**	**79.7**	**494307**	**75.1**
迁安市	1009	-68.8	61777	52.5
遵化市	21672	14.2 倍	12620	19.3
滦县	4328	1.6 倍	3130	22.3
滦南县	9525	1.4 倍	19193	1.0 倍

乐亭县	382	-30.7	27131	2.5倍
迁西县	42342	1.9倍	19777	76.6
玉田县	1602	34.5	7612	17.6
唐海县	42	20.0	2354	31.9
市区小计	344740	63.8	340713	77.3
市直	172050	47.9	56013	41.5
丰南区	96556	1.8倍	96704	84.1
丰润区	412	62.2	39843	1.3倍
路南区	2767	77.1	22988	1.1倍
路北区	28792	44.5	18719	79.8
古冶区	67	-83.4	6379	24.5
开平区	12967	-19.8	26317	1.4倍
海港开发区	6981	8.5倍	23793	1.8倍
高新开发区	14679	-8.4	32343	29.6
南堡开发区	9076	1.5倍	10099	1.1倍
芦台开发区	344	23.7	7480	38.2
汉沽管理区	49	-10.9	35	-20.5

城镇单位从业人员人数与报酬

指标名称	单位从业人员	比上年增长%	从业人员劳动报酬	比上年增长%	从业人员平均劳动报酬	比上年增长%
总计	**773639**	**0.3**	**2240837**	**27.5**	**28717**	**25.4**
#市区	516166	-0.7	1641461	26.3	31613	26.0
按国民经济行业分						
农、林、牧、渔业	34354	-4.6	14014	13.4	4005	19.7
采矿业	98851	7.7	430259	49.1	42842	37.4
制造业	227576	-5.0	597887	19.9	25727	21.0
电力、燃气及水的生产和供应业	27956	5.6	127670	13.3	46324	6.3
建筑业	39168	5.6	98973	27.1	22719	20.1
交通运输、仓储和邮政业	34806	-6.4	98555	21.4	27228	21.4
信息传输、计算机服务和软件业	4765	-30.6	18353	-2.3	38712	34.5
批发和零售业	28272	32.3	47700	70.7	17985	36.3
住宿和餐饮业	6220	1.8	10088	23.6	16274	21.3
金融业	33868	12.9	117975	35.9	35925	18.3
房地产业	2990	-11.0	6735	-6.2	22354	5.3
租赁和商务服务业	8399	-17.3	10455	-33.6	14136	-12.4

科学研究、技术服务和地质勘查业	3839	0.9	10533	19.0	27631	18.1
水利、环境和公共设施管理业	14654	-0.2	32767	20.4	22333	20.7
居民服务和其他服务业	994	-71.3	1758	-41.7	17939	1.1倍
教育	92192	0.4	279610	25.6	30461	25.6
卫生、社会保障和社会福利业	32160	1.9	87133	14.3	27515	13.2
文化、体育和娱乐业	4726	1.7	10675	19.7	22636	17.4
公共管理和社会组织	77849	3.7	239697	37.4	31201	33.6

在岗职工人数与工资

指标名称	在岗职工人数	比上年增长%	在岗职工工资总额	比上年增长%	在岗职工平均工资	比上年增长%
总计	**717184**	**-3.9**	2117664	22.8	29225	26.1
#市区	473077	-6.0	1538993	20.4	32284	27.0
按国民经济行业分						
农、林、牧、渔业	34338	-4.7	14000	13.3	4003	19.7
采矿业	84957	-7.4	378316	31.1	43027	37.9
制造业	216673	-6.6	574588	18.2	25972	21.1
电力、燃气及水的生产和供应业	26144	-1.0	125658	11.6	48818	11.9
建筑业	35250	-4.4	92175	18.8	23254	22.8
交通运输、仓储和邮政业	32937	-9.8	93098	17.3	28470	27.5
信息传输、计算机服务和软件业	4068	-40.6	17060	-9.1	42576	47.7
批发和零售业	27658	30.6	46499	67.8	17958	36.0
住宿和餐饮业	5987	1.8	9814	25.2	16437	22.7
金融业	17933	-3.0	93740	28.5	52293	32.7
房地产业	2915	-9.0	6491	-4.5	22071	4.9
租赁和商务服务业	8034	-19.1	10141	-34.9	14350	-12.1
科学研究、技术服务和地质勘查业	3756	1.7	10428	19.3	27927	17.3
水利、环境和公共设施管理业	14026	-2.7	32162	19.4	22909	22.7
居民服务和其他服务业	937	-66.1	1711	-36.0	18492	90.9
教育	91039	-0.1	278512	25.4	30702	26.0
卫生、社会保障和社会福利业	31185	0.8	85611	13.6	27886	13.8
文化、体育和娱乐业	4451	-0.8	10501	18.4	23651	19.3
公共管理和社会组织	74896	1.1	237159	36.5	32036	36.0

分县区城镇居民年人均可支配收入

单位：元

县（市）区名称	2008年	增长%

市区	**16382**	**15.1**
迁安市	16100	14.5
遵化市	15171	18.1
滦县	13513	23.6
滦南县	14101	17.2
乐亭县	14721	14.4
迁西县	15456	14.4
玉田县	10912	12.0
唐海县	15031	15.3
丰南区	15480	16.0
丰润区	15067	16.1
古冶区	12064	15.0
开平区	13581	19.0

财政收入与支出

单位：万元

指标名称	2008 年	比上年增长%
全部财政收入	**4058178**	**22.7**
一般预算收入	**1466590**	**23.0**
税收收入	1232405	23.3
#增值税	329039	19.4
营业税	357662	35.2
企业所得税	109870	17.6
个人所得税	71848	30.5
城市维护建设税	118840	31.7
非税收入	234185	21.4
中央级收入	**2125944**	**20.5**
省级收入	**465644**	**32.2**
政府性基金收入	**577723**	**36.2**
一般预算支出	**2525966**	**30.9**
#一般公共服务	408943	6.1
教育	464808	29.5
社会保障和就业	347188	23.8
医疗卫生	173269	45.3
城乡社区事务	310781	32.7
农林水事务	233382	33.2

政府性基金支出	649400	47.5

分县区全部财政收入

单位：万元

县（市）区名称	2008年	比上年增长%
总计	**4058178**	**22.7**
迁安市	658019	33.6
遵化市	273162	18.6
滦县	121735	26.2
滦南县	115277	2.7
乐亭县	115090	22.1
迁西县	248329	33.3
玉田县	81612	18.4
唐海县	68931	41.3
市区小计	2318073	21.0
丰南区	403524	16.2
丰润区	224666	17.6
路南区	242883	43.0
路北区	720928	8.9
古冶区	127639	8.6
开平区	161757	24.9
海港开发区	145528	58.5
高新开发区	82262	24.4
南堡开发区	87915	21.4
芦台开发区	9274	29.5
汉沽管理区	11514	8.2
曹妃甸工业区	100183	98.9

分县区一般预算财政收入与支出

单位：万元

县（市）区名称	一般预算收入	比上年增长%	一般预算支出	比上年增长%
总计	**1466590**	**23.0**	**2525966**	**30.9**
迁安市	200987	10.8	310891	21.1
遵化市	96115	18.2	178273	22.9
滦县	34596	19.6	117130	65.7
滦南县	38467	4.2	120813	18.2
乐亭县	35387	25.5	112710	42.6

迁西县	53226	18.6	130838	26.9
玉田县	28406	38.2	95464	26.5
唐海县	30207	60.9	71795	37.7
市区小计	949199	32.8	1388052	32.8
市直	504689	16.1	525393	35.2
丰南区	81371	16.2	209314	30.8
丰润区	67066	27.4	138445	19.2
路南区	26168	50.9	52456	19.6
路北区	62138	62.6	100785	41.8
古冶区	23370	23.7	72526	22.4
开平区	26825	22.7	68633	32.8
海港开发区	41742	48.2	53330	40.5
高新开发区	23217	27.9	33941	23.9
南堡开发区	17781	22.1	25629	33.0
芦台开发区	3005	34.5	10536	-15.3
汉沽管理区	6150	73.4	14721	-24.1
曹妃甸工业区	65677	1.1倍	82343	1.2倍

分县区税收完成情况

单位：万元

县（市）区名称	税收收入	国税	地税	比上年增长%
总计	**3967091**	**2716225**	**1250866**	**22.9**
迁安市	638879	440879	198000	30.3
遵化市	254111	192301	61810	17.9
滦县	116830	80100	36730	26.2
滦南县	99694	74094	25600	4.4
乐亭县	107391	80336	27055	25.4
迁西县	242530	176003	66527	32.4
玉田县	75240	48812	26428	16.4
唐海县	61677	33103	28574	41.6
市区小计	2369739	1590597	779142	25.1
市直	271705	271705	20.2	
车购办	70600	70600	12.2	
丰南区	388575	316032	72543	16.6
丰润区	193096	134689	58407	17.1
路南区	181553	152167	29386	46.9

路北区	601061	515851	85210	14.9
古冶区	115878	87588	28290	5.2
开平区	149010	118010	31000	27.2
海港开发区	138572	66072	72500	45.7
高新开发区	79082	50059	29023	23.4
南堡开发区	88050	56241	31809	22.8
芦台开发区	8614	5314	3300	30.6
汉沽管理区	8574	2574	6000	-11.0
曹妃甸工业区	75369	15400	59969	53.9

注：计划口径国税收入同比增长20.0%，其中增值税2197177万元，增长19.4%；地税收入同比增长29.7%。

金融机构人民币存贷款及现金收支

单位：万元

指标名称	期末余额	比年初增减
一、金融机构各项存款	28968549	6504429
#企业存款	7837835	1696156
二、金融机构各项贷款	15540937	3243341
#短期贷款	6520584	178355
#工业贷款	2700300	316281
个人短期消费贷款	12825	-1694
中长期贷款	8194905	2745784
#基建贷款	3686270	746875
个人中长期消费贷款	820767	41236
三、金融机构现金收入	57189181	-7463511
#商品销售收入	5951738	-434680
四、金融机构现金支出	58769418	-7645823
#工资性支出	2215795	-284823
农副产品采购支出	331638	-327252
货币回笼（-）投放（+）	1580237	-182312
五、城乡居民储蓄存款余额	18197781	4426768

居民消费价格指数

指标名称	以上年同期为100		
	全市	城市	农村
居民消费价格指数	**106.1**	**105.1**	**107.9**
一、食品	113.5	112.5	116.0
二、烟酒及用品	102.5	102.5	102.4
三、衣着	101.0	101.3	99.9
四、家庭设备用品及维修服务费	100.8	100.8	100.8
五、医疗保健和个人用品	103.5	103.3	104.1
六、交通和通信	99.1	98.3	101.5
七、娱乐教育文化用品及服务	99.2	98.8	99.8
八、居住	107.4	104.2	111.3
农业生产资料价格指数	**122.9**		**122.9**
固定资产投资价格指数	**104.9**		
建筑安装、装饰工程	107.0		
设备、工器具购置	101.6		
其他费用	105.5		
房屋销售价格指数	105.9		

工业品出厂价格指数（一）

指标名称	指数（上年=100）
全部工业品	**120.52**
按行业分	
煤炭开采和洗选业	128.35
石油和天然气开采业	127.05
黑色金属矿采选业	150.35
非金属矿采选业	119.00
农副食品加工业	108.99
食品制造业	117.64
饮料制造业	110.42
纺织业	104.66
纺织服装、鞋、帽制造业	101.96
皮革、毛皮、羽毛（绒）及其制品业	105.21
木材加工及木、竹、藤、棕、草制品业	105.59
家具制造业	103.85
造纸及纸制品业	114.79

印刷业和记录媒介的复制	105.43
石油加工、炼焦及核燃料加工业	145.98
化学原料及化学制品制造业	125.16
医药制造业	100.17
化学纤维制造业	95.79

工业品出厂价格指数（二）

指标名称	指数（上年=100）
橡胶制品业	109.52
塑料制品业	101.85
非金属矿物制品业	114.76
#水泥、石灰和石膏的制造	119.37
黑色金属冶炼及压延加工业	131.48
炼钢	135.46
钢压延加工	124.02
铁合金冶炼	194.83
有色金属冶炼及压延加工业	100.06
金属制品业	113.05
通用设备制造业	106.70
专用设备制造业	110.45
交通运输设备制造业	101.72
电气机械及器材制造业	100.69
通信设备、计算机及其他电子设备制造业	97.75
仪器仪表及文化、办公用机械制造业	102.65
工艺品及其他制造业	113.94
电力、热力的生产和供应业	102.04
燃气生产和供应业	102.13
水的生产和供应业	99.81

景气调查

（四季度）

指标名称	企业个数	企业家信心指数	企业景气指数
总体状况	**211**	**100.8**	**99.9**
按行业门类分			
工业	111	87.6	88.8
建筑业	35	104.1	126.3

交通运输、仓储和邮政业	8	134.2	101.8
批发和零售业	27	127.4	136.6
房地产业	15	70.1	73.5
社会服务业	6	133.3	116.7
信息传输、计算机服务和软件业	6	141.0	166.7
住宿和餐饮业	13	131.3	139.0
按注册类型分			
国有企业	51	126.2	112.2
集体企业	1	100.0	100.0
股份合作企业	6	144.9	116.7
有限责任公司	89	102.5	110.4
股份有限公司	14	91.8	102.8
私营企业	33	58.4	74.7
外商及港奥台投资企业	27	69.9	74.0
按企业规模分			
特大型	30	93.6	90.6
大　型	102	90.6	101.2
中　型	64	107.8	114.1
小　型	25	104.0	120.0

唐山市国土资源局

赴天津考察

唐山市国土资源局作为政府调控的职能部门，承担着全市土地、矿产、海洋和测绘工作管理职能。机关内设15个行政处室，7个事业单位，下辖19个县（市）区国土资源局，其中有11个直属分局，8个县（市）局，全市设有基层国土资源所124个，全市系统共有人员1621人。

近年来，在市委、市政府和上级主管部门的正确领导下，坚持以科学发展观为统领，以保护资源、保障发展、维护权益、服务社会为宗旨，全面贯彻落实国家和省市对国土资源工作的重大部署，全市国土资源管理工作取得了可喜成绩。土地集约节约利用、地质灾害防治、农用地等级评估、土地登记公开查询系统建设和基础测绘等工作走在全省乃至全国前列。

法制宣传

业务培训

2008年唐山市国土资源局在服务唐山湾“四点一带”、“环城水系”、“四城建设”中做出了突出贡献，得到市委、市政府主要领导的肯定和表彰，为科学发展示范区和人民群众的幸福之都建设提供了有力资源保障。唐山市国土资源局连续七年被市委、市政府评为“实绩突出领导班子”，连续四年被省国土资源厅党组评为“优秀领导班子”，连续七年被评为全市“行风建设优胜单位”。连续被省国土资源厅评为“依法行政先进单位”和“依法行政示范单位”。先后获得“全国国土系统先进集体”、“全国海洋系统先进集体”、“十五”全国地籍管理工作先进单位、全国市县测绘管理工作先进单位等荣誉称号。

效率年活动

唐山市工业经济促进局

局党组书记、局长盛新丰率队在迁安戴尔特公司考察调研

近几年来，市工促局在市委市政府的坚强领导下，深入贯彻落实科学发展观，牢牢恪守“科学发展，服企强工”的工作理念，以昂扬向上的精神状态和创新务实的工作作风，科学应对一系列大事、难事和突发事件的严峻考验，出色地完成了各项工作任务，有力地促进了全市工业经济平稳较快发展。2008年，全市规模以上工业完成增加值同比增长14.6%，总量稳居全省之首，并跨入全国48个中心城市前11位。

在推进工作中，市工促局注重工作创新，注重以人为本，注重服务为先，充分发挥好“参谋、协调、服务”作用。着眼于构建完善的现代产业体系，狠抓工业结构调整转型升级，支柱产业竞争实力进一步增强，钢铁、能源等五大产业对工业增长的贡献率达到76.2%，钢铁产量占到全国的10%，渤海、长城两大地方钢铁集团成功组建；着眼于促进经济发展方式转变，强力推进企业节能减排和循环经济，坚决淘汰落后生产能力，工业企业单位工业增加值能耗同比降低12.7%；着眼于培育新的经济增长点，大力实施信息产业招商，抓好企业技术创新，推进信息化与工业化融合发展，一批信息产业重大项目签约落地，唐山和曹妃甸列入了全国信息化与工业化融合示范区；着眼于促进民营和中小企业发展，大力创优发展环境，营造全民创业氛围，努力搭建服务平台，共建成中小企业创业辅导基地23个，入驻企业1476个，组建担保机构48家，累计为中小企业提供贷款担保25亿元。着眼于提高工业经济运行质量，加强科学预警分析，强化生产要素调控，规范重点行业管理，经济运行保障机制更加有力。

2008年，市工促局先后被授予全省奥运电力安保及电力设施保护先进单位、保奥运空气质量先进单位、中小企业系统综合先进单位；被评为市级精神文明先进单位，党建目标管理、离退休干部工作、信息和督察工作先进单位，并荣获唐山市支援四川抗震救灾先进集体和献计献策优秀组织奖，37人次获省市表彰奖励。

两大集团成立记者见面会现场

“变挑战为机遇，加快建设科学发展示范区和人民群众幸福之都”献计献策活动颁奖典礼现场

中国（唐山）节能减排与资源综合利用投资洽谈会开幕式现场

机关广大党员干部踊跃捐款献爱心，共捐款1.4万元，缴纳特殊党费6.6万元

唐山市总工会

以邓小平理论和“三个代表”重要思想为指导，深入学习实践科学发展观，全面贯彻落实市委八届三次、四次全会精神，围绕大局，履行职能，多项工作取得了新进展。2008年，有13项工作受到全总表彰，30项工作受到省总表彰，5次在全国会议上介绍经验，12次在全省会议上介绍经验，全总在我市召开现场会2次，省总在我市召开现场会3次。

以曹妃甸重点工程建设劳动竞赛为依托，大力开展节能减排竞赛、“工人先锋号”创建以及举办第十二届职工职业技能大赛等活动，动员组织广大职工积极参与经济建设主战场，充分发挥工人阶级的主力军作用。通过对标竞赛、技术攻关赛等系列竞赛，参赛职工达50万人，“五小”活动达500余场，合理化建议实施近万条，职工技术创新成果实现1250项。

曹妃甸重点项目建设建功立业劳动竞赛表彰会在曹妃甸召开

以开展创建和谐劳动关系活动为载体，积极促进和谐唐山建设。全市参与创建企业7161家，3家企业荣获“全国模范劳动关系和谐企业”，54家企业荣获省AAA级劳动关系和谐企业称号，丰南贝钢集团作为全国6个基层代表中唯一企业代表，在胡锦涛总书记与全总领导班子和部分中国工会十五大代表座谈时，就创建劳动关系和谐企业工作作了汇报。全市区域（行业）性职代会已建812个，覆盖企业3365家；签订劳动合同101.9万份，集体合同7935家。职工信访代理工作不断深化，全市累计信访代理机构达3198家，代理员5997名，全年共代理案件134件，惠及职工近万人。

市人大副主任、市总工会主席于大中等视察三友集团学习实践科学发展观“双创”活动成果展

以困难职工帮扶中心为平台，扎扎实实为困难职工办好事实事。市总及14个县（市）区帮扶中心达到省级标准。两节期间支出慰问款1246.99万元，慰问困难职工、劳动模范81687户；发放助学款113.6万元，保障392名特困职工子女顺利入学；建立爱心医院，走访服务病困职工78人，为538名困难职工提供医疗服务；引导职工自主创业，培养出一批创业典型，累计介绍安置下岗职工3728名。

以基层组织建设为着力点，全面激发基层工会组织的活力、凝聚力。全市新发展会员8.25万人，总数达到190.62万人，新增基层工会组织1407个，总数达到12533个；县、乡、村、企四级工会规范化水平不断提高，10个县区工会达到省级标准，50%乡镇达到规范化要求。

唐山市第十二届职工职业技能大赛现场

党组书记、常务副主席杨桂茹为特困职工送彩电

唐山市供销社

长期以来，唐山市供销合作总社紧紧围绕为“三农”服务宗旨，积极践行科学发展观，在市委、市政府的领导下，通过上项目、搞农合、建网络、传信息、勤服务使供销社的各项事业都取得了长足的发展。在2009年仅仅10个月的时间中，完成商品购进总额32亿元，商品销售总额35亿元，帮助农民销售农产品50亿元，助农增收8亿元，顺利走向了凤凰涅槃、再创辉煌的伟大征程。目前供销社服务网络构建完备，企业改革顺利进行，项目建设大刀阔斧，服务平台不断拓展，2009年11月17日，国务院出台了《关于加快供销合作社改革发展的若干意见》。正是好风凭借力、惠农正当时，唐山供销人时刻准备着以“背篓精神”实现供销社的再次腾飞。

2007年11月全国总社党组书记理事会副主任周声涛在副省长宋恩华陪同下考察丰润区金客隆超市

2008年6月19日，唐山市组织贫困边区乡村经济人进行专业培训

2009年6月13日，河北省供销社“心连心”艺术团来唐慰问演出

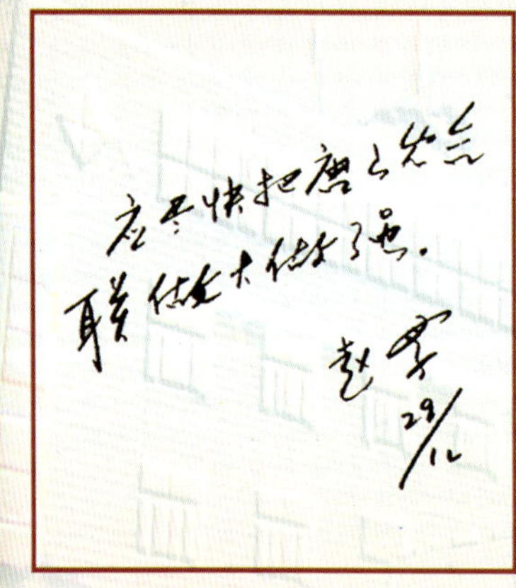
应尽快把唐山农合联做大做好。
赵勇
29/12

二〇〇六年十二月廿九日，省委常委、市委书记赵勇就农合联发展签署批示意见。

玉田县供销社落实“三下乡”时的场景

唐山市总工会

以邓小平理论和“三个代表”重要思想为指导，深入学习实践科学发展观，全面贯彻落实市委八届三次、四次全会精神，围绕大局，履行职能，多项工作取得了新进展。2008年，有13项工作受到全总表彰，30项工作受到省总表彰，5次在全国会议上介绍经验，12次在全省会议上介绍经验，全总在我市召开现场会2次，省总在我市召开现场会3次。

以曹妃甸重点工程建设劳动竞赛为依托，大力开展节能减排竞赛、“工人先锋号”创建以及举办第十二届职工职业技能大赛等活动，动员组织广大职工积极参与经济建设主战场，充分发挥工人阶级的主力军作用。通过对标竞赛、技术攻关赛等系列竞赛，参赛职工达50万人，“五小”活动达500余场，合理化建议实施近万条，职工技术创新成果实现1250项。

以开展创建和谐劳动关系活动为载体，积极促进和谐唐山建设。全市参与创建企业7161家，3家企业荣获“全国模范劳动关系和谐企业”，54家企业荣获省AAA级劳动关系和谐企业称号，丰南贝钢集团作为全国6个基层代表中唯一企业代表，在胡锦涛总书记与全总领导班子和部分中国工会十五大代表座谈时，就创建劳动关系和谐企业工作作了汇报。全市区域（行业）性职代会已建812个，覆盖企业3365家；签订劳动合同101.9万份，集体合同7935家。职工信访代理工作不断深化，全市累计信访代理机构达3198家，代理员5997名，全年共代理案件134件，惠及职工近万人。

以困难职工帮扶中心为平台，扎扎实实为困难职工办好事实事。市总及14个县（市）区帮扶中心达到省级标准。两节期间支出慰问款1246.99万元，慰问困难职工、劳动模范81687户；发放助学款113.6万元，保障392名特困职工子女顺利入学；建立爱心医院，走访服务病困职工78人，为538名困难职工提供医疗服务；引导职工自主创业，培养出一批创业典型，累计介绍安置下岗职工3728名。

以基层组织建设为着力点，全面激发基层工会组织的活力、凝聚力。全市新发展会员8.25万人，总数达到190.62万人，新增基层工会组织1407个，总数达到12533个；县、乡、村、企四级工会规范化水平不断提高，10个县区工会达到省级标准，50%乡镇达到规范化要求。

曹妃甸重点项目建设建功立业劳动竞赛表彰会在曹妃甸召开

市人大副主任、市总工会主席于大中等视察三友集团学习实践科学发展观“双创”活动成果展

唐山市第十二届职工职业技能大赛现场

党组书记、常务副主席杨桂茹为特困职工送彩电

唐山市供销社

2007年11月全国总社党组书记理事会副主任周声涛在副省长宋恩华陪同下考察丰润区金客隆超市

长期以来，唐山市供销合作总社紧紧围绕为“三农”服务宗旨，积极践行科学发展观，在市委、市政府的领导下，通过上项目、搞农合、建网络、传信息、勤服务使供销社的各项事业都取得了长足的发展。在2009年仅仅10个月的时间中，完成商品购进总额32亿元，商品销售总额35亿元，帮助农民销售农产品50亿元，助农增收8亿元，顺利走向了凤凰涅槃、再创辉煌的伟大征程。目前供销社服务网络构建完备，企业改革顺利进行，项目建设大刀阔斧，服务平台不断拓展，2009年11月17日，国务院出台了《关于加快供销合作社改革发展的若干意见》。正是好风凭借力、惠农正当时，唐山供销人时刻准备着以“背篓精神”实现供销社的再次腾飞。

2008年6月19日，唐山市组织贫困边区乡村经济人进行专业培训

2009年6月13日，河北省供销社“心连心”艺术团来唐慰问演出

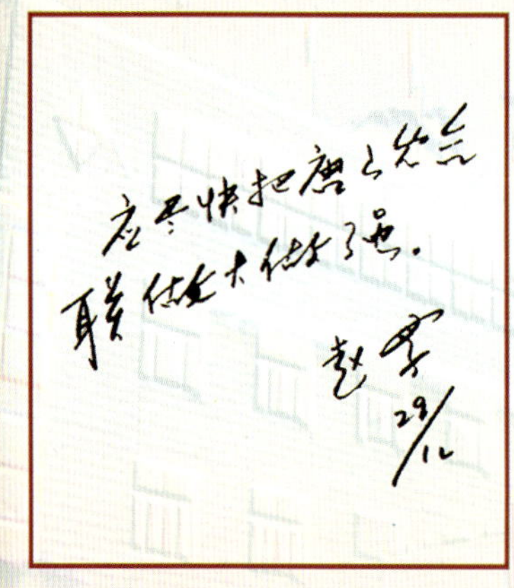

二〇〇六年十二月廿九日，省委常委、市委书记赵勇就农合联发展签署批示意见。

玉田县供销社落实“三下乡”时的场景

情系曹妃甸 忠心卫国门

河北检验检疫局京唐港办事处

国家质检总局原纪检组长郭汝斌（右一）在河北检验检疫局局长程方（左二），原唐山市政务党组成员、副市长祝允林（左一）和刘文欣局长（右二）的陪同下到曹妃甸进口矿石码头检查指导工作

2008年，河北检验检疫局京唐港办事处现有的干部职工60人，大本以上学历50人，研究生学历13人；建造了曹妃甸石油化工国家级重点实验室，面积5500㎡，拥有仪器设备210台（套），价值4250万元，部分设备达国际先进水平，已完成103亿美元检验任务；在唐山市委、市政府和河北检验检疫局的正确领导下，以科学发展观统筹工作，以服务外贸企业为己任，抓基础，谋长远，争创新，求发展，以技术执法促检企共赢，扎扎实实完成了唐山港两大港区特别是曹妃甸港区的检验检疫任务，为落实“省部合作机制”和唐山市建设“四点一带”宏伟蓝图迈出了扎实的一步。全年共检验检疫进出口商品8183批次，货值91.28亿美元，与去年同期相比分别增长了75.71%和106.14%，检出不合格进口货物602批次，货值5.37亿美元，为国内企业挽回经济损失近千万美元，业务总量和对外索赔数量位居河北局系统前列。该处连续多年被评为唐山市行风建设优胜单位，领导班子连续多年被评唐山市优秀领导班子，2005年获全国质检系统先进集体荣誉称号，2007、2008连续两年被命名为全国青年文明号。

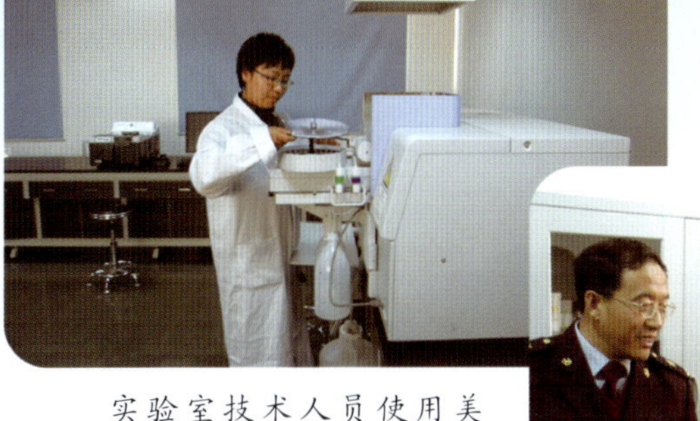

实验室技术人员使用美国PEAA-800原子吸收仪检测进口矿石

河北检验检疫局程方局长（左二）、冯勇副局长（右一）在刘文欣局长（左一）陪同下到实验室检查指导工作

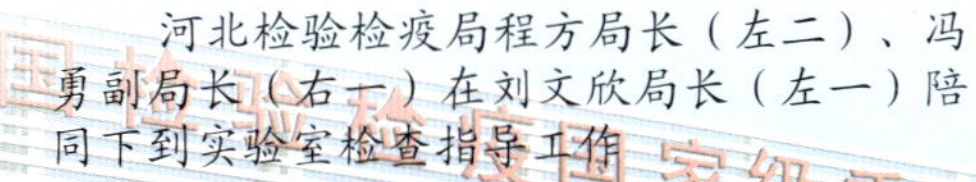

武警唐山市支队

政治委员　刘志善

支队长　刘祥德

武警唐山市支队（以下简称支队）坚持以科学发展观为指导，坚决贯彻武警河北省总队和唐山市委、市政府的指示要求，扎扎实实打基础、科学务实谋发展、忠实履行职责使命、践行当代革命军人核心价值观，在确保固定目标勤务绝对安全的基础上，圆满完成了奥运火炬唐山市传递安保、奥运会秦皇岛分赛区一线备勤任务、中央首长来唐警卫、第十一届唐山陶瓷博览会安全保卫任务。部队全面建设水平不断提升，有效履行神圣使命的能力不断增强，深受市委、市政府和人民群众信赖。

2008年7月21日在唐山市体育场奥运火炬传递演练起跑仪式上的礼兵

“两会”城市武装巡逻

2008年9月25日支队担负第十一届陶瓷博览会焰火晚会现场警戒任务

2008年7月21日官兵在火炬传递演练起跑仪式现场外围警戒

2008年6月25日参加唐山市公安局奥运安保百日大巡逻的官兵

唐山市公安边防支队

公安边防支队为爱民固边模范村颁发牌匾

唐山市公安边防支队为正团级公安现役部队，机关设司令部、政治处、后勤处，现辖4个边防大队、16个边防派出所，截至2008年12月，辖区陆地面积1501.6平方公里，海岸线东起滦河河口西至丰南刘家河河口，全长320.37公里。

根据政法[2001]11号文件精神和冀公委发[2009]3号规定，唐山市公安边防支队执行统一领导管理与分级指挥相结合的体制，隶属于河北省公安边防总队，在唐山市公安局的领导下开展公安业务工作，主要负责沿海乡（镇）、港口、开发区（工业区）、设区市临海街道（办事处）区域内的边防管理、户籍管理、治安管理等公安边防工作。

公安边防支队官兵受领海上勤务

2008年在省边防总队和市公安局党委的坚强领导下，圆满完成了奥运安保辖区防控、圣火团队驻地和部分沿途传递等核心警卫任务，深入实施了爱民固边战略，践行了民生警务。全年接处警1672起，办理各种案件291起，开展海上行动16次，检查行业场所963处次，抓获违法犯罪嫌疑人106名，走访辖区群众和流动人口277852人次，创建爱民固边模范村17个，选拔民警村官35人，救助困难儿童18人，帮助群众解决实际困难623件、抢险救灾1次，收到锦旗52面、感谢信64封，为地震灾区捐款21790元，缴纳特殊党费40700元，为维护我市沿海地区社会和谐稳定，促进经济发展做出了应有的贡献。

公安边防支队处突分队整装待发

公安边防支队派警到海上调处纠纷

公安边防支队官兵参加抢险救灾

唐山市武警医院

政委 韩冰

院长 田广利

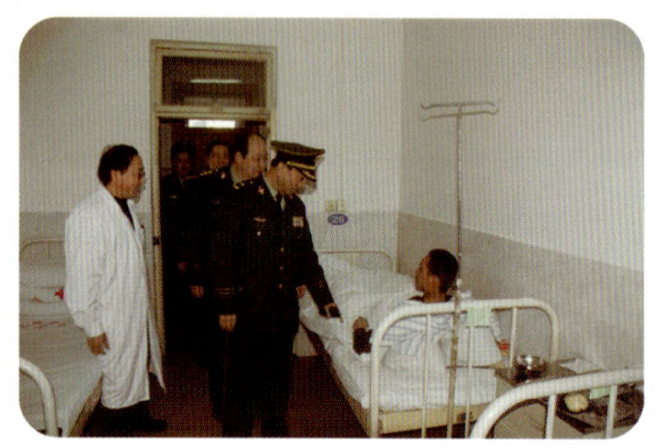
总队长王成少将来医院看望病号

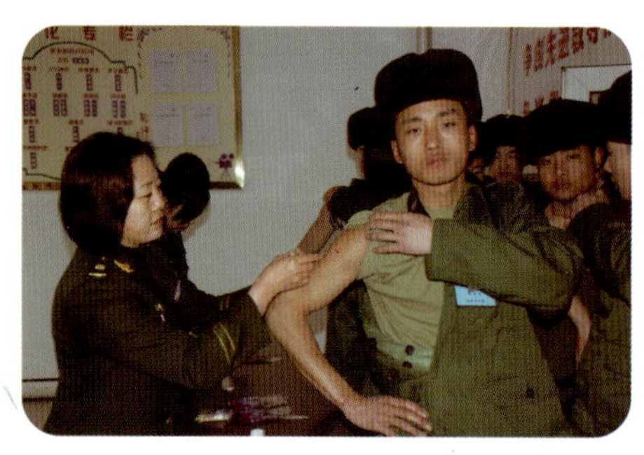
医院医疗队下基层一线为官兵服务

在汶川地震后积极为灾区捐款

中国人民武装警察部队河北总队唐山医院（简称武警医院）位于唐山市南新西道53号，始建于1985年，占地面积6395平方米，建筑面积6666平方米，是一所集医疗、教学、科研、康复、健康教育为一体的综合性部队医院。医院设门诊部、综合病区、药房、辅诊科和机关五个部分，共有一、二级科室15个，编制床位40张，展开床伴130张。医院主要担负驻唐山、秦皇岛、廊坊等地市多个支队级单位官兵、离退休干部的医疗、预防、保健任务。

自建院以来，武警医院官兵始终坚持全心全意为人民服务的宗旨，坚持为兵服务的正确方向，以“严谨、求实、团结、奉献”的精神为思想动力，认真贯彻“立足部队、面向社会、质量建院、重视科技、发展专科、以优取胜、以新求进、以活增益、全面发展“的建院方针，全面提高医院医疗工作质量和护理服务水平，平均每年做大中手术600多例，门诊病人20000余人次，从无任何医疗事故和差错。医院以高超的医疗技术和优质的医疗服务得到了驻地百姓的好评。

医院在坚持以医疗为中心的全面建设中，还坚持把人民的利益放在高于一切的位置上，高度重视拥政爱民工作，积极开展军民共建、军警共建活动。2000年被河北省委、省政府评为省级文明单位，年年被唐山市委、市政府、军分区评为拥政爱民先进单位，经常为驻地人民做好事、办实事，是一个扎根于人民群众之中的拥政爱民先进集体。

医院共获国家专利7项，获军队科技进步三等奖1项、获武警部队科技进步三等奖2项、获唐山市科技进步二等奖2项，参与编写论著4本，发表医学论文120余篇，有两项新技术填补了唐山市医疗界空白，通过20多年的不懈努力武警医院的业务技术建设跃上了一个新台阶，在大医院林立的唐山市，以“小综合、大特色“为核心，在唐山市的医疗界占有一席之地。

唐山市商业银行

党组书记、董事长 张宗亮

2008年，唐山市商业银行以党的十七大和市委八届四次全会精神为指导，全面落实科学发展观，认真贯彻国家宏观调控政策和金融监管要求，综合治理与业务发展并重，扎实推进各项改革，完善经营策略，加强基础管理，改进金融服务，强化科技支撑，提高综合竞争能力，各项业务都取得了一定的发展。截至12月末，各项存款余额119亿元，增幅16%；各项贷款余额63亿元，增幅28%；实现拨备前利润3.2亿元，净利润0.58亿元；资本充足率达到13%；拨备充足率182%；拨备覆盖率111%。

在市委、市政府的高度重视下，在监管部门的指导下，2008年唐山市商业银行完成首期增资扩股5.17亿元，资本总额达到了8亿元，为今后的发展奠定了基础。

辛志纯副市长接见我行领导

唐山市商业银行秉承服务地方经济、服务市民、服务中小企业的市场定位，积极支持地方经济建设，对唐山劳动高级技术学校迁建、外环线改造、困难企业改制、曹妃甸围海造地等一批项目建设重点给予了信贷支持，为地方经济建设做出了贡献。同时，积极协助市政府在全市独家为下岗失业人员提供小额再就业担保贷款，全年累计发放675笔，金额3339万元，为下岗失业人员再创业点燃了希望的火种。还承办了唐山市政府数字工程之一的“城市一卡通”工程，现已累计投入资金近四千万元，“城通卡”已实现了乘车、购物、交费等多种功能，便民利民的作用开始显现，“市民银行”的形象逐渐树立。

在唐山新一轮经济起飞加速期，唐山市商业银行将继续以科学发展观为指导，外树形象，内强素质，抢抓机遇，加快金融创新步伐，努力构建服务范围更广大、内容更充实、方式更具特色的多元化金融服务体系，竭诚为社会各界提供安全、高效、便捷的现代金融服务。

城市一卡通新业务展示会

为客户上门服务

天津银行唐山分行

党委书记、行长 尹桂柱

天津银行唐山分行2008年6月30日正式挂牌成立，是全国首家获准在唐山地区设立一级分行的城市商业银行，开业一年来，秉承“服务地方经济、服务中小企业、服务市民百姓”的经营宗旨，大力开拓存贷款市场，广泛营销优质客户，积极支持地方经济建设，为推动唐山当地经济和社会发展，活跃唐山金融市场，为密切津唐经济联系做出了积极贡献，取得了令人满意的经营业绩。到2009年6月末，各项存款余额208380万元，累计发放各类贷款156558万元，实现账面利润2942万元。

作为一家新开业的银行，分行坚持风险管控优先，突出合规建设，强化内控管理。严格贯彻落实监管部门的监管要求和总行各项制度、措施，构筑风险防控的坚固防线。

开业后，分行逐步完善了各项业务制度并切实做到两个统一：把认识与行动统一起来，切实增强执行的主动性；把制度建设与制度执行统一起来，切实增强执行的有效性，切实把风险防控落实到实处。

优质文明服务

热情接待客户

宽敞明亮的营业大厅

交通银行唐山分行

行长郑道全

唐山交行办公大楼

交通银行始建于1908年（光绪三十四年），是中国早期四大银行之一，也是中国早期的发钞行之一。为适应中国经济体制改革和发展的要求，1986年7月24日，作为金融改革的试点，国务院批准重新组建交通银行，成为中国第一家全国性的国有股份制商业银行，总行设在上海。2005年6月23日，交通银行在香港成功上市，成为首家在境外上市的中国内地商业银行。2007年5月，交通银行回归A股市场，在上海上市，成为我国同时在香港、上海同时上市的最大国有股份制商业银行。目前，交通银行已经发展成为一家"发展战略明确、公司治理完善、机构网络健全、经营管理先进、金融服务优质、财务状况良好"的具有百年民族品牌的现代化商业银行。

唐山交行组建于1989年6月，是我市成立最早的国有股份制商业银行。自组建以来，在唐山市委、市政府的领导支持下，在广大客户的积极配合下，唐山交行始终坚持传承与创新并重，坚持"三个一流"的办行宗旨，在支持地方经济、服务广大客户的同时，自身经营实力不断壮大，资产质量和经营效益稳步提升，存贷款等主体业务指标位居交行系统同类分行前列，业务发展遍布市区、各县和开发区。

随着曹妃甸工业区的深度开发和冀东南堡大油田的发现，唐山经济插上腾飞的两翼，也为唐山交行的快速健康发展提供了广阔的空间。今后，唐山交行一定在市委、市政府的领导下，紧紧围绕把我市建设成为"经济强城、文化名城、滨海新城、宜居靓城"的奋斗目标，提供全方位的金融服务，为我市经济建设作出更大的贡献。

唐山市农村信用社

2004年深化农村信用社改革启动以来，唐山市农村信用社坚持改革、发展、管理并重的方针，开拓进取，扎实工作，实现了各项工作协调健康发展，成效显著。资金实力不断增强。2008年末，各项存款余额达到509.8亿元，比年初增加101.8亿元，比2004年末增加249亿元，增长95.5%。服务“三农”和县域经济发展取得实效。2008年末，各项贷款余额达到312.5亿元，比年初增加43.8亿元，比2004年末增加143.5亿元，增长85%。2004年以来累计投放贷款1300多亿元，支农主力军作用得到充分发挥；经营效益进一步提高。全年实现拨备前利润13.6亿元，比上年增加3.4亿元，比2004年增加9倍多；不良贷款实现余额、占比连年“双降”，信贷资产质量进一步提高；服务质量和效率不断提高，全市农村信用社与全省综合业务网络全面联网，实现通存通兑，全面开办“信通卡”业务，畅通资金划付渠道，并开办了各类代收代付、代理保险等业务，服务功能进一步完善。

开展金融知识宣传

深入调查支持小企业发展

加强设施建设

迎新春座谈会

为客户提供服务

召开全市农村信用社会议

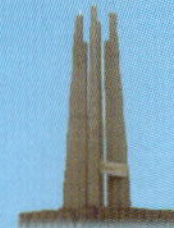

唐山市规划建筑设计研究院

唐山市规划建筑设计研究院主楼位于唐山市路北区华岩路30号,另有华岩路32号、翔云道4号院两个院落，建筑总面积11200多平方米，占地面积15.5亩。

唐山市规划建筑设计研究院，始建于1951年，原为河北三建公司的一个设计科，1978年发展成为唐山市设计院。1983年5月，唐山设计院与唐山地区设计处合并，组建为唐山市建筑设计院。1993年7月，唐山市建筑设计院与唐山市规划勘测设计院合并，组建为唐山市规划建筑设计研究院。

1991年建筑设计院被命名为甲级设计院。组建后的唐山市规划建筑设计研究院是一个知识密集型，集规划、土建、市政、勘察为一体的勘察设计单位，独立核算、自负盈亏，事业单位实行企业化管理。现有在职职工300人，其中高级工程师63人（正高9人、副高54人）、中职76人、初职107人，国家注册师52人（国家一级注册建筑师4人、一级结构师11人、注册咨询工程师5人、注册造价师2人、注册设备师8人、注册电气工程师6人、注册岩土工程师2人、注册规划师4人、注册监理工程师3人）。设计资质计有：工程设计甲级、工程勘察甲级、市政公用行业（地铁、轻轨除外）、全行业甲级，建筑智能化甲级、建筑人防乙级、城市规划编制乙级、工程咨询甲级、建筑工程施工图审查一类资质、市政工程施工图审查二类资质、桩基检测一级资质。

唐山市规划建筑设计研究院下设二十一个生产单位以及综合办公室、财务处、总工办等六个管理处室。

半个世纪以来,唐山市规划建筑设计院，在唐山市的城市建设特别是在震后复建中作出了突出贡献，受到唐山市政府和唐山人民的高度赞扬。

近十年来，唐山市规划建筑设计研究院，获国家优秀设计银奖一项，获建设部设计（科技进步奖）奖七项，获河北省优秀设计奖三十二项。

2008年，唐山市规划建筑设计研究院，在唐山市委、市政府和唐山市建设局的领导下，完成勘察设计工程240多项，总产值达到4547.8万元，创历史新高。特别是圆满完成了四川汶川地区抗震救灾中的捐献工作、过渡安置房的设计工作以及震后复建中的有关工作，受到了汶川人民和唐山市委、市政府的高度赞扬。

凤凰新城总部基地项目

北新道建工中专及五建俱乐部改造项目

鸟瞰屋顶花园

规划建筑设计院

河北钢铁集团矿业有限公司

省委常委、市委书记赵勇到司家营铁矿调研指导工作

公司董事长接受媒体采访

各级领导出席公司成立和揭牌仪式

中关铁矿竖井开工仪式

河北钢铁集团矿业有限公司，于2008年9月挂牌成立，总部位于河北省唐山市建设北路81号，是由原唐钢集团和邯钢集团所属矿山整合组建的以铁矿山采选加工为主业的国有大型冶金矿山企业，现有职工13000余人，下设12个直属矿山（分子公司），固定资产35亿元。

河北钢铁集团矿业有限公司西傍太行、北依燕山、中居冀东资源富饶之地，享有得天独厚的资源条件。司家营铁矿是目前国内少有的特大整装矿体，其丰富的矿石资源占冀东地区矿石资源总储量的40%以上，地质储量达23.23亿吨。经三期工程建成后，将形成年产铁矿石3700万吨、铁精粉1250万吨的生产规模，成为国内乃至亚洲最大的铁矿山。承德地区钒钛资源丰富，总资源量达80亿吨以上。目前，我们正按照省政府“建设承德钒钛制品基地”的战略部署，加快实施资源整合开发。保定涞源地区是我国最后一块尚未开发的大型整装有色金属矿区。我公司作为开发建设责任主体，正在按照省委、省政府的决策部署，全面启动涞源有色工业基地开发建设。

抢抓机遇深发展、志存高远谋新篇。在当前钢铁市场竞争激烈、资源争夺日趋加剧的形势下，矿业公司将牢记使命，不负众望，以科学发展观为指导，以服务钢铁主业为宗旨，以做大做强企业为目标，勇于突破束缚科学发展的思维定势、路径依赖、利益格局和体制机制，高起点谋划、高品质打造、高效率推进，努力把公司建设成为“国内最大、国际一流”的矿业基地。在规划布局上，实施“双一体两翼一补充”（简称“双一二一”）战略，即在产业结构上，以铁矿石采选加工为主体，以有色和钒钛采选加工为两翼，以矿建、矿机、火工品制造和现代物流为补充；在资源布局上，以冀东地区为主体，以宣承和邯邢地区为两翼，以开发省外、境外资源和整合民营资源为补充。创建科学发展示范矿山，倾力打造河北钢铁粮仓。到“十二五”末，使全公司铁矿石资源掌控达到66亿吨（国内58亿吨，海外8亿吨），有色金属量达到150万吨（钼30万吨，锌70万吨，铜50万吨），铁精粉产量达到3000万吨能力，成为河北钢铁集团主业战略发展的资源基地和新的产业支柱，为河北钢铁和地方经济社会发展做出新的更大贡献。

加强与科研院所的合作

唐山曹妃甸国际生态城
投资有限公司

唐山市曹妃甸国际生态城管理委员会李可君主任在签约仪式上致辞

建设中的曹妃甸国际生态城位于曹妃甸工业区的东北部，将以建设“世界一流的生态城市、港口城市、滨海城市、示范性城市、国际性城市和环渤海地区的重要城市”为目标。按照“世界一流、中国气派、唐山特色”的要求，在荒滩上建成一座新型的未来之城。由此，唐山曹妃甸国际生态城投资有限公司应运而生，承担起这座未来之城建设的融资、投建重任。

中冶京唐建设有限公司吴庆余总经理在签约仪式上讲话

2009年3月20日二期吹砂造地工程开工典礼

唐山曹妃甸国际生态城管委会、唐山曹妃甸国际生态城投资有限公司、中冶京唐建设有限公司三方代表在签约仪式上正式签署合作框架协议

曹妃甸国际生态城开工典

曹妃甸国际生态城
开工典礼

欣欣向荣的汇丰焦化

唐山市汇丰炼焦制气有限公司粗苯工段

唐山市汇丰炼焦制气有限公司座落在古冶区大庄坨乡大庄坨村北节地，占地面积500余亩，总资产为3亿元人民币。隶属于唐山市顺利实业集团有限公司，法人代表郑志文，总经理张铁良。现有员工830名，其中具有大专以上学历人员46名。

公司下设炼焦一车间、炼焦二车间、炼焦三车间、化产车间、回收车间、机修车间、电器车间、洗煤车间等。机关设有安环部、财务部、生产部、供应部、销售部、经理办公室等部门。

公司宗旨是“以人为本，团结拼搏、诚实守信、开拓创新”。公司主要生产捣固焦，现有捣固式焦炉6座，年产焦炭100万吨，生产的焦炭达到国家二级冶金焦标准。主要销往丰南、滦县、玉田、汉沽、迁安等地。

唐山市汇丰炼焦制气有限公司焦炉车间

年生产煤气3亿立方米，并入唐山市城市网，主要供居民生活使用。

副产品有焦油、粗苯、硫铵等（符合国家相关部门规定，有质检部门颁发的检验合格证书），主要销往北京、天津、沧州、山东等地。

公司地理位置优越，运输方便，铁路专线直通公司煤场。公司重视环保工作，建有污水处理厂，实现污水不外排。为了更好地优化环境，2008年投资2800万元，新上了一套除尘设备，使烟尘排放达到国家二级标准。公司注重环境建设，绿化用地4000m^2，美化了厂区环境。

一个充满生机，欣欣向荣的汇丰焦化在“科学发展观”的指导下，阔步前进。

唐山市汇丰炼焦制气有限公司焦炉消烟除尘二合一地面站

唐山汇达煤炭集

公司董事长、党委书记 周永起

汇达煤炭集团有限责任公司是以唐山地方国有煤矿为基础组建的大型企业集团，2005年公司毕各庄煤矿整体划转开滦后，经市政府研究决定，2006年9月以汇达煤炭集团为基础组建了汇达资产经营公司。陆续接收了印染有限公司、市轧钢厂、华大纺织有限公司、啤酒集团、胜友机械公司、劳动服务公司、原华新一、二分公司医院、永红橡胶有限公司等多家国有企业，加之汇达煤炭集团原有国各庄煤矿、唐山市罐头厂、范各庄选煤厂和新组建的汇融投资公司、居安建材有限公司，截至2008年，已发展成辖属16家企业、跨煤炭、纺织、轻工、化工、冶金、医疗、投资、建材八个行业的综合型资产经营公司，总资产6亿元，职工总数6500多人。在全市学习实践科学发展观、建设科学发展示范区、打造人民群众幸福之都的大发展环境下，汇达公司顾全大局、勇挑重担，以全新的人本理念、规范的经营管理，承担起了推进市属重点国有企业改制、经营盘活国有资产的重要历史职责。

2008年以来，汇达公司以科学发展观为指导，科学划分脱困、发展和生产经营“三条战线”，坚持“不搞一刀切、一厂一策、因企制宜”的改制脱困方针，快速完成了小企业重组工作，剩余重点困难企业脱困也均已形成定位并全面推进实施。坚持以新项目开发带动实施企业转型发展战略，新组建的汇融投资公司2008年超额完成了利润指标。科学谋划罐头厂土地开发，着力打造唐山西部地标性建筑群和现代商业中心。居安建材公司主导产品CL节能墙体采用获得国家发明专利的新型实用建筑节能技术，被列为“全国建设行业科技成果推广项目”。2008年以来，公司脱困、发展和生产经营“三条战线”各项工作有条不紊地推进，不仅让停产多年的困难企业重焕生机，更维护了6000多名职工的稳定，缓解了社会和政府的压力，为北京奥运会期间的大局稳定发挥了积极作用。同时也锻炼出了一支能打硬仗、能干事业的干部队伍，总结出了一套比较系统的、具有操作性的企业改制和国有资产经营盘活思路，为更好地完成市委、市政府交给的重任打下了基础。

公司召开学习实践科学发展观动员大会

团有限责任公司

公司董事长周永起陪同省市领导视察下属居安建材公司，对CL节能墙体给予高度评价

公司领导视察下属胜友机械公司安全生产

公司领导视察煤矿安全生产

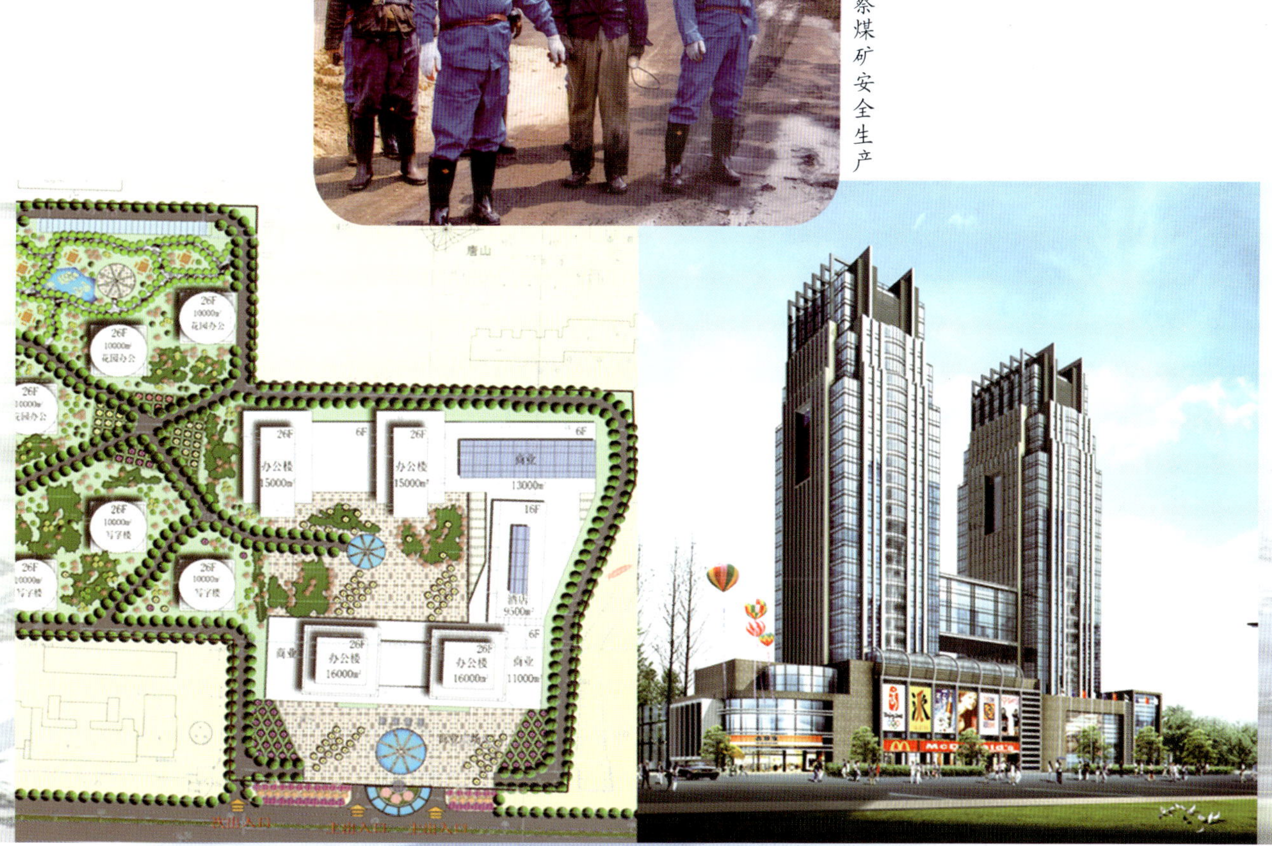

公司谋划罐头厂土地开发推进企业转型发展

中冶恒通冷轧技术有限公司

连轧线

镀锌线

彩涂线

中冶恒通冷轧技术有限公司（MCC Hengtong cold rolling technology co.ltd），简称“中冶恒通”是由世界500强企业集团之一中国冶金科工集团有限公司控股的国有控股企业。位于河北省唐山市京唐港开发区，占地2784亩，员工4000人，总资产125亿元。

中冶恒通是目前我国最大的冷轧及涂镀产品生产基地、冷轧及涂镀技术科研开发及中试基地、冷轧及涂镀装备制造基地。拥有冷轧生产线8条（4条连轧机组、4条单机架）；热镀锌生产线18条；彩涂生产线2条。设计能力为冷轧500万吨/年，涂镀430万吨/年，可以向用户提供0.28–1.50MM×1000(1200;1219;1250)MM100多个规格的有锌花镀锌板、无锌花镀锌板、铝锌硅板、镀铝板及彩涂板。以及酸洗板、油桶板、包装材料用薄板、罩式退火板、连退板。

中冶恒通按照中国第一、世界先进的目标和创新型企业的要求，把中冶恒通打造成为中冶集团乃至业内冷轧及涂镀技术进步的发动机。公司具有大量的自主创新技术成果、多项核心技术，先进可靠的设计技术和丰富的建筑安装经验；公司与钢研总院、东北大学、燕山大学、河北理工大学等国内冷轧行业知名的科研院校建立了广泛而紧密的联系，并与北京院、武汉院、重庆院、设备院等中冶集团内的大型设计院建立了战略合作伙伴关系，共同开发冷轧及涂镀生产装备和工艺技术。通过中冶恒通中试基地的作用，各类成熟的新产品、新技术、新工艺和新设备将不断推向市场，是目前我国最具完整供应链的全功能型冷轧企业。

中冶恒通将秉承“诚信社会为本，客户满意为荣”的经营理念，坚持“诚信第一、质量第一、用户第一”的经营品质，始终坚持与上下游企业加强战略合作的指导思想，永远是广大用户和盟友信赖的伙伴和朋友。

大唐国际发电股份有限公司

陡河发电厂

陡河发电厂厂长 张增广

陡河发电厂认真贯彻集团公司“节约年”和大唐国际“环保年”的工作部署，在唐山地区用电负荷长时间高位运行、区域发电装机容量相对不足、燃煤供应持续紧张、生产设备逐年老化的情况下，同心协力，克服了工作任务繁重等诸多困难，圆满的完成了全年各项工作任务，被中国大唐集团授予“非计划停运国内一流指标”称号。连续三年荣获“一流火力发电厂”称号和“一流火力发电企业”荣誉称号。并荣获河北省“文明单位”称号，获得集团公司“文明单位”和“两型企业”称号。

陡河电厂担负着向首都供电的重任，历年都圆满完成了保大负荷和政治用电任务

2003~2007年连续5年发电量超过100亿千瓦时，2008年克服各种不利因素，完成发电量90亿千瓦时，为京津唐地区经济发展做出了重大贡献

作风严谨 斗志旺盛

河北唐山芦台经济开发区

唐山金亨通车料有限公司

唐山大通车料有限公司产品展销室一角

第一中学

河北唐山芦台经济开发区（原河北省芦台农场）面积133平方公里，12万亩耕地，4万人口。1949年建场，经过几代人的艰苦创业，谱写了农垦事业的辉煌。2003年7月，经省政府批准改建为省级经济开发区，现已发展成为自行车零部件、五金柜具、休闲家具、焊管加工为主导的五金加工产业集群和机电产品出口基地。

开发区地处京、津、唐腹地，东距曹妃甸工业区50公里，南距天津滨海新区20公里，距天津机场、港口45公里，京哈线芦台火车站10公里，205国道横贯全区，连接京沈高速建设中的塘承高速公路、112快速公路从开发区中心穿越，构成了“半小时上天入海，一小时进京下卫”海陆空一体的交通网络。

展望未来，作为唐山市“四点一带”中的唐津两市区合作的“桥头堡”，曹妃甸新区和天津滨海新区辐射的承接区，芦台经济开发区将以科学发展观为统揽，推进改革开放，优化经济结构，提高经济增长质量，站在新起点，打造集群化、园区化、循环化发展新区，创建繁荣、和谐的人民幸福家园。

丰富多彩的群众文化生活

千年古县—遵化

城市记忆—奠基

位于河北省东北部燕山南麓，北依长城，西顾北京，南临津唐、东通辽沈，交通四通八达，素有“畿东第一城”之称。遵化境内三山两川，各种农副产品富集，“京东板栗”驰名中外；矿产资源极为丰富，已探明的矿产资源有铁、金、锰、铬、白云石等30余种，已形成冶金矿山、电力能源、机械制造、建筑建材、纺织服装、医药化工、食品加工等产业；拥有清东陵、古长城两处世界文化遗产和汤泉古温泉池、鹫峰山风景区、万佛园等14处景区景点。2008年，被中国食品工业协会命名为“中国食品工业强市”。

改革开放以来，遵化人民发扬艰苦奋斗的优良传统，以科学发展示范市建设为总揽，紧紧围绕建设“中等城市、和谐遵化”奋斗目标，抢抓机遇，锐意进取，团结拼搏，务实创新，全市社会各项事业发展取得新的进步。

全市总面积1521平方公里，辖25个乡镇，648个行政村，2个街道办事处，27个社区，总人口71.55万。1992年撤县设市，2005年被河北省政府确定为首批扩权的22个县（市）之一。2008年，全市完成生产总值379.7亿元，全部财政收入达到27.32亿元，固定资产投资81.5亿元。在保持全国县域经济综合实力、基本竞争力“双百强”的基础上，成功跻身首届“建设创新型国家百强县”行列。

丰富的自然资源，雄厚的经济基础，深厚的文化底蕴，不仅为遵化的发展奠定了坚实可靠的基础，也为海内外朋友投资兴业提供了无限商机。昂首新时代，勤劳勇敢的遵化儿女将传承前人之优秀，借四海之才智，携手共创遵化更加美好的明天！

人民公园

城市一角

沙河治理河段

黎河斜拉大桥的亮丽夜景

中国优秀旅游城市标志

南堡开发区

2008年是南堡开发区抢抓机遇、应对挑战，承前启后、继往开来，推动经济社会取得长足发展的重要一年。一年来，开发区各级领导、干部职工在市委、市政府的正确领导下，坚持以邓小平理论和“三个代表”重要思想为指导，深入贯彻落实科学发展观，紧紧抓住唐山湾“四点一带”开发开放和曹妃甸新区组建的历史机遇，以“做强海洋化工循环产业，打造经济强区，构建和谐南堡”为目标，以科学规划建设“四园一区”为战略重点，坚持发展第一要务，上项目，打基础，深化招商引资，扩大双向开放，全区经济保持了平稳较快发展。全年实现地区生产总值43.6亿元，同比增长20%。实现大口径财政收入10.9亿元，同比增长15%，全社会固定资产投资15.8亿元，同比增长7.8%。工业项目建设持续推进。天赫钛业海绵钛二期、三孚硅业三氯氢硅二期、梦牌瓷业二期、新鹰卫浴生产线改造和100万件水龙头等一批产业项目相继建成投产，核级海绵锆、医药生产基地、石油焦船舶燃料油、太阳能光伏电池等一批重点谋划项目取得了实质性进展。特别是随着三友集团有机硅等重点项目的陆续建设，进一步夯实了我区海洋化工循环产业基础。城区基础设施进一步完善。城区道路、绿化、亮化、供水及中水回用等公共基础设施建设取得新进展，承载发展的能力进一步提高。特别是世纪路、东风桥的竣工通车，缓解了区内交通压力，提升了开发区对外开放形象。区域社会和谐发展。党工委、管委会高度重视冀东监狱（南堡盐场）和唐山三友集团两大国有企业在区域经济社会发展中的主要地位和作用，牢固树立“大企业的发展就是南堡开发区的发展”的思想理念，积极主动为大企业发展创造有利条件，形成了相互促进、共同发展的良好局面。高度重视农业农村发展。制定出台了支持农业结构调整办法，调动了广大农民勤劳致富的积极性和主动性，年内兑现支农资金1500万元。特别是申立村桥、兰桥、老王庄路的建设，进一步改善了群众生产生活出行条件，社会主义新农村建设工作深入开展。积极推进社会保障工作。新型农村合作医疗农民参合率和报销比例进一步提高，保证了参合农民享有的医疗保障权益；城镇居民医疗保险工作深入开展，参保率达到70%；城镇居民和农村居民低保标准均达到市级标准，应保尽保率达100%。

世纪路通车

唐曹高速南堡开发区收费站

雕塑（渤海明珠）

南堡开发区夜景

迁西县

县长 王东印

迁西地处燕山南麓、长城脚下、滦水之滨，是个“七山一水分半田，半分道路和庄园”的纯山区县。全县面积1439平方公里，人口37.5万，辖17个乡镇、1个街道办事处，417个行政村。

迁西，一块古老而文明的土地,演绎了传奇的历史。36亿年的太平古岩阅尽历史沧桑，7000年的西寨红山文化源远流长，蜿蜒曲折的长城雄风犹在，蓟镇总兵戚继光的旌旗猎猎作响，喜峰雄关大刀曲至今传唱。

迁西，一块丰腴而富饶的土地，广袤的大地藏珍育宝。山场面积158万亩，森林覆盖率60%，是全国绿化造林模范县、全国绿化造林百佳县、全国经济林建设先进县；在这片土地上，孕育了品质上乘的迁西板栗，紫玉般的栗果被誉为“东方珍珠”，“迁西板栗”被评为中国驰名商标，迁西是著名的“中国板栗之乡”。有铁、金、锰等37种矿产资源，冀东铁矿开发的第一声号角在这里吹响，世界一流的H型钢基地、特色铸造产业基地、林板一体化产业基地、系列锰产品生产基地、板栗产业化基地建设正在扎实推进，经济社会实现了协调快速发展，经济综合实力已跻身全省十强和全国百强。2008年，全县地区生产总值完成269.8亿元，全部财政收入完成24.8亿元，全社会固定资产投资完成56亿元，城镇居民人均可支配性收入实现15456元，农民人均纯收入实现6626元。

汉儿庄村的板栗开心拉枝刻芽示范园

迁西，一块美丽而充满神奇的土地，旅游资源得天独厚。在这片土地上，遍布着岩石鼻祖太平寨古岩、最古老的大洋地壳遗址、巨型石英石褶皱等奇特地貌景观，迁西成为地质遗迹的天然博物馆；雄奇的燕山万绿莽莽，丰饶的滦河碧水滔滔，京东名岫景忠山晨钟荡纱，长城古堡青山关万绿拥簇，塞上漓江潘家口山水如画，“诗意山水、画境栗乡、休闲天堂”和“燕山绿色明珠、唐山后花园”正逐步成为迁西靓丽的名片。

迁西，一块和谐而充满活力的土地。以建设“魅力山城、塞上水城、休闲名城”，打造环京津冀生态风情休闲旅游城市为目标，大力实施基础及配套设施项目建设，新型城市化战略加速推进，城市化水平不断提高；按照“打通出口、提升等级、完善网络”的思路，对交通道路建设进行了大谋划、大建设，大交通格局初步形成。推进资源整合，扩大办学规模，教育教学水平不断提高。加大投入力度，县、乡、村三级卫生服务网络初步健全。加强社会保障工作，覆盖城乡的社保、救助、帮扶为一体的社会保障体系初步形成。

青山关

展望未来，迁西县委、县政府将以科学发展观为统揽，突出“解放思想、凝心聚力、奋力突破”一个主题，围绕建设“和谐迁西、魅力山城”两大任务，实施“新型工业、新型城市化、新型社会化”三大战略，强化“实力迁西、生态迁西、和谐迁西、文明迁西”四大品牌建设，实现“经济繁荣、社会和谐、生态优美、体制健全、人民幸福”五个目标，走出“循环经济、生态立县、科学办矿、开放创新、城乡等值、和谐发展”六条道路。

板栗优良品种燕山短枝

彩虹桥夜景

燕山飞出了H钢

唐山市邮政局

河北省劳动模范、唐山市邮政局局长 衡殿武

省公司李利华总经理来唐调研指导工作

坚持以科学发展观为统领，按照“融入地方经济，服务发展大局”的定位，以助推“科学发展示范区和人民群众幸福之都的建设”为己任，积极致力于支持地方经济社会发展，满足城乡居民日益增长的用邮需求，认真履行普遍服务和特殊服务职责，创新经营方式，优化业务结构，推行精细管理，稳妥推进改革。全市实现邮政业务总量46024万元，同比增长11.6%；邮政服务用户满意度达到94.24分。新建邮政支局网点5处，改造破、旧、小网点29处，有31处社区服务中心建成并投入运行，实物网运营能力不断增强。

奥运期间，紧紧围绕五个“百分之百”、“三个确保”的目标要求，层层落实奥运安保责任，建立健全内部问责体系，加大对重点岗位、重点环节、重点人员的监督检查管理力度，及时排查隐患，堵塞漏洞，被河北省公安厅评选为2008年度全省“企事业单位内部治安防范工作先进单位”和“金融安全保卫工作先进集体”。

汶川大地震发生后，全市邮政员工迅速行动，踊跃捐款、捐物、交纳特殊党费，共计33万余元，丰润速递员工张琳同志被市委、市政府授予唐山市支援四川抗震救灾先进个人。积极发挥职代会、局务公开的民主参与、民主监督作用，不断拓宽职工维权的方式和途径，促进劳动关系的和谐。市局、滦南、乐亭、迁西、丰南五个单位获得AAA级劳动关系和谐企业称号。

中国农业银行

唐山分行

行风质询会现场

中国农业银行唐山分行于1979年恢复成立。改革开放三十年，伴随国家金融体制改革的不断深入，唐山农行从专业银行发展成为股份有限公司，形成了完整的商业化经营管理格局，服务水平不断提升，综合实力不断增强。到2008年年末，唐山农行下辖156个营业机构，共有员工2552人。人民币各项存款628.68亿元，较年初增长153亿元；各项贷款余额284.93亿元，当年纯增贷款53.84亿元。全年实现中间收入2.5亿元，同比增加4136万元。此外，投资银行及电子银行等新型业务快速发展，全年实现投资银行业务收入2505万元；电子银行业务收入579万元；基金销售收入2029亿元；第三方托管业务开户数10695户。全行实现拨备前利润16.47亿元，同比增加4.78亿元，位居全国农行系统二级分行第11位。

唐山农行在唐山宾馆举办理财讲座暨新春联谊会，特邀100余名客户代表参加了联谊活动

中国农业银行唐山分行主要业务包括：本外币存贷款业务、本外币结算业务，代收代付等代理业务及基金、保险、债券、实物黄金、理财顾问等理财业务，银行卡及电子银行业务，第三方存管、短期融资券、票据业务、国际结售汇、资信调查以及经银监局批准的其它业务。

中国农业银行唐山分行举办金钥匙春天行动专题保险营销宣传活动

中信银行唐山分行

中信银行 曹妃甸支行

中信银行成立于1987年，是中国改革开放中最早成立的新兴商业银行之一，是中国最早参与国内外金融市场融资的商业银行，并以屡创中国现代金融史上多个第一而蜚声海内外。伴随中国经济的快速发展，中信银行在中国金融市场改革的大潮中逐渐成长壮大。2006年11月，中信银行成功引进战略投资者，与欧洲领先的西班牙对外银行（BBVA）建立了优势互补的战略合作关系。2006年12月，中信银行引入中信国际金融控股有限公司作为股东与中国中信集团公司共同发起，成立中信银行股份有限公司。2007年4月27日，中信银行在上海交易所和香港联合交易所成功同步上市。今天的中信银行，经过二十年的发展，已成为国内资本实力最雄厚的商业银行之一，是一家快速增长并具有强大综合竞争力的全国性商业银行。

在唐山市委、市政府的领导下，中信银行通过收购丰南城市信用社成功入驻唐山，化解了地方金融风险，开创了河北金融界通过收购形式化解地方金融风险的先河，为新的金融机构进驻唐山铺平了道路。自2007年7月18日开业以来，中信银行唐山分行认真落实市委、市政府以及总行各项方针政策，立足唐山，以促进地区经济发展为已任，积极推动唐山地区经济建设。

2008年，是中信银行唐山分行各项业务发展最为关键的一年，也是为各项业务发展打基础的一年。一年来，唐山分行在市委、市政府的大力支持下，在总行和天津分行的正确领导下，分行领导班子带领全体员工奋力拼搏，勤奋工作，坚持围绕“稳健发展、优化结构、控制风险、注重效益、规范管理”五项主题开展工作，实现了年初制定的经营目标。

2009年对金融行业来说是最艰难的一年，也是机遇最大的一年。挑战前所未有，机遇也前所未有。面对金融危机的冲击和挑战，只有勇于战胜困难，奋力攻克难关，才能在风云变幻、激烈的市场上立于不败之地。唐山分行有信心在唐山市委、市政府的领导下，把握机遇，用坚定的信心、顽强的斗志迎接挑战，用科学的发展观、高度的责任感开展工作，使分行在经营管理上再上新台阶，在科学发展的道路上再攀新高峰。

中信银行　唐山分行

中信银行　建设北路支行

太平洋产险唐山中心支公司

公司强化服务理念，突出以管理为基础，以效益为中心，以发展为目标，牢固树立“科学的发展观”，积极贯彻“稳健经营，以效益为中心”的经营指导思想，认真落实“诚信天下、稳健一生、追求卓越”的企业文化核心价值观，积极应对市场竞争，全力推进公司又好又快发展，积极为客户提供完善的风险保障服务。保费规模稳居河北省太平洋产险系统内第一名，管理及经营质量保持同业先进水平。全年实现保费收入16317.45万元，同比增长21.33%；处理各类案件16739件，赔款支出8482.17万元；上交各类税费918.22万元，为唐山的经济发展做出了积极贡献。

一、坚定正确的经营指导思想，确保业务健康、持续、稳定发展。一是坚持以效益为中心，做好龙头业务，实现规模与效益协调发展。坚决克服盲目攀比，反对急躁冒进，坚持稳健经营。在车险业务上，紧跟市场，坚持“抓住交强险、做大商业险”。加强对商业车险的业务分析，依满期赔付率为主要依据，通过费用倾斜、核保政策、激励机制等方法，鼓励发展优质业务。二是多措并举，加快结构调整步伐。在非车险业务发展上，贯彻“抓大不放小”的原则，通过开展业务竞赛，使各险种全面发展，多点开花。三是落实与市场相适应的分配制度，建立阶梯型的员工职业发展平台，修订对团队主管及团队成员考核办法、注重队伍的稳定和发展。

二、强化业务培训，提高服务质量，树立太保品牌的良好形象。一是强化服务理念，改善服务态度。对员工进行市场形势分析及服务理念教育，教育员工树立正确的服务观，要从公司发展与生存的高度来认识服务问题，使员工自觉提高服务意识，改善服务态度。公司每月对营业厅员工在服务态度、仪容仪表、工作纪律等方面进行评比，并将评比结果纳入年终考核，杜绝了“生、冷、硬、推”现象，形成了服务为先的工作氛围。二是加强业务培训，提高服务技能。按照普遍了解和重点掌握的原则，采取集中培训与分岗位培训相结合的方式，进行不间断的业务应知应会培训。三是进一步延伸理赔派驻服务，方便客户索赔。在各县区设有理赔站，实现了较为合理的理赔覆盖面，加快到达现场速度，提高第一现场率，受到保户普遍欢迎和好评。四是加快结案速度，提高理赔服务时限。除按照日常工作进行考核外，还确定了结案率季度达标指标，并与各部门负责人工资挂钩，每月进行赔案检查，对结案率较低的部室，由主管副总经理带头进行督导，对提高理赔速度和减少理赔水分，起到了很好的作用。

三、全面加强基础管理能力，风险控制取得实效。一是加强常规和专项稽核力度、密度。根据检查内容抽调业务、理赔、单证、财务、行政人员组成检查小组，对各岗位进行工作质量关联检查，严格按照检查—整改—检查的流程进行稽核工作。二是进一步加大《县级及以下机构管理办法》的执行力度，规范和促进县级机构发展，确保风险管控落到实处。三是进一步加强应收保费管控能力。将应收保费管理纳入到部门及个人业绩考核中，贯穿到用工制度和分配制度中，并实行“一票否决”制，公司连续4年保持逾期保费零比例控制。

太保产险营业大厅

中国人寿唐山分公司

党委书记、总经理 石贺通

中国人寿与共和国同龄，是国内唯一一家在美国、香港、上海三地上市、荣获全球企业和世界品牌双500强的保险公司，是我国最大的国有金融保险企业。中国人寿保险唐山分公司是中国人寿设在唐山的地市级分公司，在全市各县（市）、区设有分支机构，90%以上乡镇设有保险营销服务部，从业人员超过7000人，拥有适用不同消费群体的近三百款保险产品。

多年来，中国人寿唐山分公司在唐山市委、市政府的大力支持与帮助下，坚持“用心经营、诚信服务”的经营理念，把“关注民生保障、促进社会和谐”作为公司的使命，赢得了广大消费者的信赖，为促进唐山经济发展和社会和谐做出了应有的贡献。2008年，中国人寿唐山分公司保费收入超过32亿元，是1996年分业之初的近30倍，保费收入一直占据唐山寿险市场份额的大半壁江山；全年赔付给付保险金额超过8亿元，为广大人民群众提供了有力的保险保障。

中国人寿唐山分公司连续多年保费收入居全省系统第一位，多次被省、市有关部门授予“文明单位”、“消费者信得过单位”、“行风建设优胜单位”、“十佳消费维权先进单位”、“诚信示范单位”等荣誉称号。

2008年5月，公司向社会赠送环保袋新闻发布会

唐山市第十一届“中国人寿保险杯”元旦长跑比赛

2008年11月，公司上门送赔款

唐山市水务局

市委书记赵勇在市水务局局长肖玉文陪同下视察农村饮水工程施工现场

京唐港二期供水工程施工现场

2008年，唐山市降水量646.5毫米，为多年平均降水量的100.4%，基本与多年平均降水量持平。其中遵化市降水量达到778.6毫米，为全市最高，乐亭县降水量476毫米，为全市最低。全市各县区除乐亭县比多年平均降水量减少18%外，其余各县区基本与多年平均降水量持平。全市地表水资源量6.56亿立方米，为多年平均地表水资源量的44.87%；地下水资源量15.07亿立方米，为多年平均地下水资源量的105%。扣除重复计算量2.12亿立方米，2008年全市水资源总量19.51亿立方米，占多年平均水资源总量24.31亿立方米的80.26%。各县市区水资源量如下：

全市入境水量11.6亿立方米，其中滦河入境水量8.64亿立方米，遵化沙河入境水量1.84亿立方米，迁安青龙河入境水量1.12亿立方米。出境水量2.16亿立方米，其中遵化市出境水量0.58亿立方米，玉田还乡河出境水量1.58亿立方米。入海水量1.29亿立方米，其中滦河入海水量0.82亿立方米，丰南区陡河、沙河入海水量0.39亿立方米，滦南县沿海诸河入海水量0.08亿立方米。

陡河新华闸

唐山市排水公司

2008年3月，唐山市人民政府在工作报告中提出，2年内唐山市所有县（市、区）全部建成污水处理厂，实现污水处理全覆盖。唐山排水公司将紧紧把握住我市建设科学发展示范区的机遇，坚持科学发展，积极开拓唐山市污水处理和再生水利用的市场，努力实现再生水供水规模和质量的新突破。

气势恢弘的北郊再生水广场

一、北郊污水处理厂及再生水深度处理站

北郊再生水深度处理站于2007年3月开工建设，2007年12月1日竣工投入使用。该工程利用亚行贷款建设，总投资5229万元，处理规模7万吨/日，采用“曝气生物滤池+高效纤维滤池”工艺，主要为唐钢、唐山发电总厂等用户供应循环冷却补充水，并为大城山公园提供绿化用水。

二、西郊再生水深度处理站

西郊再生水深度处理站总投资6252万元，利用世行贷款投资建设，规模为6万吨/日，采用“生物曝气滤池+混合反应沉淀池+高效纤维滤池”处理工艺。该工程2006年底开工建设，2007年12月与北郊再生水深度处理站和丰润污水处理厂扩建工程同时竣工并投入使用。

西郊再生水深度处理站主要为西郊热电厂、丰南国丰钢铁公司、丰南贝氏体钢铁公司等用户供应循环冷却补充水。该工程的实施，每年将为唐山市替换出约2040万吨的新鲜水，避免了地下水的过度开采，有效地节约并保护了水资源，为唐山市发展循环经济，实现可持续发展做出重要贡献。

2008年1月，西郊再生水深度处理站正式向国丰钢铁公司和贝氏钢铁公司供应再生水。目前，西郊再生水深度处理工艺运行平稳，供水管道压力正常，水量稳定，供水水质优于设计标准，安全、优质、稳定的再生水得到了用户的好评。

2008年10月，唐山城市排水有限公司下属四座污水处理厂，同时获得“全国城镇污水处理厂优秀运营单位”荣誉称号

三、丰润污水处理厂中水回用工程

丰润污水处理厂中水回用工程是2008年唐山市政府重点为群众办好的20件实事之一。工程计划总投资4000万元，规模为3万吨/日，再生水管网3.28公里，采用“混合反应沉淀池+砂滤池”处理工艺，主要为丰润热电厂二期供应循环冷却水的补充水。

北郊再生水深度处理项目获得“2008年度全国城镇污水处理厂再生水利用先进单位”荣誉称号

再生水项目正在运行的混合反应池清澈透明的出水

唐山明珠

—唐山市陡河水库管理处

省委常委、市委书记赵勇、市长陈国鹰等领导同志到陡河水库视察工作

陡河水库坐落在燕山南部的陡河上游，位于唐山市区东北15公里处，是建国后河北省兴建的第一座大型水库，于1956年建成，引滦入唐输水工程兴建后，又成为终端调节库。水库控制流域面积530平方公里，总库容5.152亿m^3，防洪标准达到千年一遇设计，可能最大洪水校核，是一座防洪和城市生活及工农业生产供水综合利用的大型水利枢纽工程。水库自运用以来，先后调蓄了可致灾洪水17次，确保了唐山市区及下游交通干线、工矿企业的防洪安全。

陡河水库是唐山市唯一地表水水源地，供水遍及唐山市区并远供沿海的大型企业和曹妃甸工业区，农业输水灌溉面积50多万亩。仅2008年，陡河水库调水1.31亿m^3，供工业循环水9.96亿m^3，供工业消耗水2180万m^3，供城市生活用水5100万m^3。随着城市化进程的加快和地下水的短缺，陡河水库已经成为唐山市经济社会发展和人民幸福之都建设的重要支撑和保障。

陡河水库因综合效益显著，风景秀丽宜人而闻名遐迩，被誉为“唐山明珠”。1995年以来，连续保持了“全国部门造林绿化400佳”、河北省“园林式单位”等称号，1998年以来连续保持河北省“文明单位”称号，2004年以来连续保持“国家一级水利工程管理单位”称号，2008年被中央文明委命名为“全国精神文明建设先进集体”。

防汛指挥调度中心　　陡河水库全貌　　湖光山色

中国石化唐山石油分公司

为建设和谐唐山加油鼓劲

中国石化唐山公司孙继国总经理在2009年工作会上讲话

中国石化唐山石油公司2009年工作会议

中国石化唐山石油分公司，是中国石油化工股份有限公司在唐山市的唯一成品油销售分支机构，主要经营汽油、柴油、燃料油、润滑油的批发、零售业务，承担着唐山市半数以上的成品油供应量，尽最大努力满足全市生产生活用油。

中国石化唐山石油分公司以网点布局合理、经营覆盖面广成为唐山市成品油供应的主渠道。全系统共有在用油库3座，年吞吐量为120万吨。在营加油站近300座，覆盖全市各县区城镇和主要交通干道。

唐山公司始终坚持“竞争、开放、规范、诚信”的经营理念，以服务社会、支持经济建设为己任，积极做好成品油供应工作。2008年，在中石化和唐山市的正确领导及大力支持下，面对复杂的市场形势，经过公司全体职工的共同奋力，克服了资源持续紧张、库存长期偏低、价格严重倒挂，供需矛盾突出等困难，抢抓资源，确保重点，统筹兼顾，认真履行国有大企业的政治责任和社会责任，销售总量实现90多万吨，圆满完成了奥运火炬传递、抗震救灾车辆和“三夏”农机用油供应任务，向地方财政提供税收5000余万元，有力地维护了石油市场的稳定，对唐山的经济发展做出了积极的贡献。

一年来，公司投资7000多万元，对位于全市重点道路沿线和国省道以及高速公路的加油站进行了形象改造，截至2008年底，全系统共有172座加油站实现了加油卡系统联网，47座卡站可发卡充值，35座站安装了非油品POS系统，营销网络不断优化，为消费者提供方便快捷的服务，最大限度地满足广大用户的需求。

为保护环境，建设和谐唐山，公司斥资完成了33座加油站和2座油库的油气回收改造工程，安全环保和节能减排等工作先后受到中石化总部和省、市领导的高度评价。2008年，公司先后被河北石油公司授予先进单位称号，被唐山市列为生活资料系统受表彰先进企业，被市财贸工会评为2008年度工会工作先进单位。

中国石化加油站

中国石化唐山公司任各庄油库

中国石化唐山公司坨子头油库

中国石油河北销售唐山公司

组织员工开展迎奥运活动

热情周到的为客户服务

为客户加油服务

南堡储油库

中国石油河北销售唐山公司是负责中国石油在唐山地区的零售批发业务的大型油品销售企业，本部机关位于唐山市南新西道136号。

唐山销售分公司成立于2000年5月，2006年3月进行战略重组，2008年8月再次改组。现有员工1100余人，总资产4.66亿元，加油站132座，年销售成品油30万吨以上。　多年来，本企业在促进唐山市经济与社会和谐发展中，坚持发扬“爱国、创业、求实、奉献”的企业精神，坚持科学发展观，致力于成品油零售做强做大、又好又快发展，坚定不移地推行“资源统一配置，运输统一组织，价格统一制定，结算统一管理”的营销方针，着力建设集约化经营、专业化管理、一体化运作的营销体系，切实履行中国石油的政治、经济和社会三大责任。面对激烈的市场竞争，敬爱怒斥改革创新，努力抢占市场，实行差别化、亲情化服务等营销策略，不断提升服务水平、拓展服务范围、扩大市场份额，全力打造中国石油品牌，单站销量稳步提高，整体效益逐年提升，先后获得华北公司党委“党支部建设示范点”、集团公司先进集体等多项荣誉称号，新华加油站等荣获了集团公司先进班组、共青团河北省委“青年文明号”等多项荣誉。　唐山公司将继续以效益为中心，以精细化管理为追求，以降本增效为重点，以加强党建为保证，创新经营、创新管理，努力打造管理、服务、效益、形象一流的现代化营销企业，为促进唐山市建设经济强城、文化明城、宜居靓城、滨海新城做出积极贡献。

河北理工大学

全国人大外事委员会主任委员李肇星来校作主题演讲

举行抗震救灾大型募捐活动

河北理工大学是河北省政府重点建设的骨干大学，坐落在华北重工业基地—河北省唐山市，是一所以工为主，工、理、经、管、文、法协调发展的多科性大学。

学校百年传承，底蕴深厚。学校组建于1958年，系由唐山铁道学院部分科系的教师和翌年成建制转入的天津大学矿冶系组建而成，天津大学矿冶系前身为1895年创办的北洋西学学堂四大学门之一的矿务学学门，迄今已有114年的办学历史。曾使用唐山矿冶学院、河北矿冶学院、唐山工程技术学院、河北理工学院等校名，2004年5月经教育部批准更名为河北理工大学。著名桥梁专家茅以升先生生前曾担任名誉院长。郭沫若先生曾为学校题写校名。学校1985年开始开始招收硕士研究生，1998年开始与东北大学、北京科技大学、燕山大学、中科院地球物理研究所等单位联合培养博士研究生。胡锦涛、江泽民、温家宝、朱镕基、贾庆林、李长春等党和国家领导人以及许多驻华使节、国内外知名人士曾来校考察。

隆重举行建校五十周年暨办学113周年庆典

唐山市建筑工程中等专业学校

校党委书记、校长 戴恩情

学校始建于1981年，隶属唐山市建设局；是唐山市唯一一所建筑工程类中等专业学校，省级重点中专。挂唐山市建设局培训中心、唐山市城乡建设技工学校牌子，三块牌子，一套人马。学校是唐山建设行业国家职业技能鉴定所、唐山市农村劳动力转移培训基地、唐山市就业再就业培训基地。

学校现有教职工108人，其中专职教师85人，高级讲师25人。在校生3800人。中专专业有土木工程、工程造价、建筑装饰设计、城市燃气、网络工程、广告艺术设计等；技校专业有铆焊工、电工、电钳工、车工、数控车床操作工、机电一体化等；"3+2"大专班专业有土木工程、工程造价等；成人本、专科专业有土木工程、工程管理、工程造价等。形成了中专、技校、本专科教育三位一体的办学层次。

随着学校办学规模的不断扩大，现形成三个校区（校本区、南校区、西校区）。2000年以来，学校年均投入150万元，用于学校硬件建设。全部教室配备了多媒体，建有64座语音教室、多功能报告厅，阅览室、计算机网络中心等现代化教学设施。配备了高标准食堂、医疗室等生活服务设施。

学校具有"建设类培训一级资质"，在行业培训上年均培训人数超过5000人次，被誉为唐山市建设行业人才培养的"黄埔军校"。

学校为唐山市经济建设培养了大批优秀毕业生，就业率连年达到95%以上。学校工作得到社会和政府的高度肯定，被河北省人民政府授予"职业教育先进单位"，被河北省建设厅授予"建设教育先进单位"荣誉称号、被河北省教育厅评为"河北省教育厅教学改革先进单位"，两次被市委、市政府授予"振兴唐山先进单位"、"文明单位"荣誉称号，是河北省教育系统先进集体。

学校的发展得到市政府的肯定，决定对我校实施迁址重建。新校区规划占地159亩，现已完成前期审批手续，各项工作顺利进行中。不久，一所规划合理、功能完善的现代花园式新建工中专将屹立在唐山的大地上，这必将为学校的发展带来巨大的推动作用，为唐山的经济发展做出更大的贡献。

唐山建设集团有限责任公司

风华时代小区

唐山建设集团有限责任公司（简称唐建）其前身创建于1949年2月，始称唐山市建筑公司。随隶属关系变化，先后称为河北省六建、省二建、唐山地建、唐山市一建。1993年3月，组建为唐山建设集团公司。2003年3月，经唐山市政府批准，国有股全部退出，整体改制为股份制企业。近60年来，唐建立足唐山，依托京津，足迹遍布数省、市、区，建起广厦千万间。

上世纪五十年代，在社会主义建设时期，创立不久的唐建便承建了唐山钢铁厂、唐山军用机场、唐山剧厂和唐山市政府办公楼等工程项目，在为国家建设做出突出贡献的同时，也使自身飞速发展状大。

六、七十年代，承建了一大批工业和公用建筑工程以及中央军委、北京军区、第二炮兵的国防工程的建设项目。此外，还奉调赴内蒙、宁夏、青海等省区，支援内地建设。期间，受国家和省市政府委派，远赴蒙古、马达加斯加、柬埔寨等国，承担援外工程的施工任务。

1976年，一场亘古罕见的大地震使唐山这座冀东工业重镇瞬间夷为平地。为震后新唐山的复建，唐建汇入全国各地20余万援建大军之中。在震后复建十年间，作为唐山本土建筑施工企业的龙头，唐建不辱使命，处处挑大梁，时时争第一，独撑新唐山建设的半壁江山，优质高速地建成了唐山宾馆、唐山饭店、唐山酒家等唐山历史上的首批高层建筑，开唐山建筑领域之先河。在唐山复建的高潮期，仅用一年时间便建成了25万平方米的唐山河北1#住宅小区。

改革开放以来，唐建解放思想，锐意进取，再铸辉煌，实现了跨越式发展。目前，唐建已成为集房屋建筑工程施工总承包一级；建筑装修装饰工程专业承包一级；市政公用工程施工总承包二级；机电安装工程施工总承包二级；混凝土预制构件专业二级；预拌商品混凝土专业二级；钢结构工程专业承包二级；房地产开发二级；BRT级压力容器制造；机械施工二级；锅炉安装；建筑小型机械制造；压力管道安装等多重资质于一体的大型建筑施工企业集团。

企业改制以来，公司董事会坚持把企业“做精、做强、做长久”的科学发展观，牢固树立资本运营理念，提出了以建筑施工为主业，以房地产开发和商品混凝土施工为两翼，一业为主，两翼齐飞，其他各业全面发展的经营思路，不断优化企业的资产结构、人才结构和经营结构，经济效益不断攀升，年营业总收入15亿元，年利税总额超过亿元。

唐山市海澳大酒店　丽景琴园三期W · V座　鹭港小区

多年来，唐建以“建精品工程，筑百年丰碑”为己任，所承建的一大批工程分别获“鲁班奖”、部优、省优样板和省、市优工程称号。公司多次被评为国家和省、市先进企业，名列“中国500家最大规模建筑业企业”、“河北省百家优势企业”、“河北省建筑业十强企业”，获“省级工程质量管理先进企业”称号，并多次被评为省、市级“先进基层党组织”和“文明单位”，取得了两个文明建设双丰收。

唐建真诚承诺各界同仁，“立诚信之本，尽产业之责，创新奋进，追求卓越，以建造精品工程和永远争取一流的服务奉献用户”，并期盼与各界精诚合作，携手共创美好未来。

唐山学院北校区主教学楼

遵化市人民医院

团结务实的领导班子

为灾区人民捐款

丰富多彩的职工文化生活

遵化市人民医院是一所集医疗、教学、科研、预防、康复于一体的大型综合性二级甲等医院，国家级爱婴医院，中国卫生部国际救援中心网络医院，中国医学科学院协和医院、阜外医院的协作医院，全国百姓放心示范医院。医院现有床位586张，年门诊量45万人次，年住院病人3.5万人次。专业科室设置齐全，设有临床科室22个，医技科室7个，行政职能科室13个。其中心内科、神经内科、骨科、妇产科、神经外科是我院的重点专科，在唐山市同级医院处于领先水平。医院现有职工920名，专业技术人员780名，其中主任医师7名，副主任医师49名，目前医院不仅能够完成全部二甲医院技术项目，并能够独立完成冠状动脉造影、永久性起搏器安装、颈前路椎间盘摘除取髂骨植骨内固定术、颈后路单开门椎管成形术、断肢（指）再植、人工关节置换；膝关节镜下交叉韧带动力重建术、微创介入治疗高血压脑出血和微创开颅治疗高血压脑出血、腹腔镜下胆囊切除术、血液透析、碎石、宫腔镜微创不开腹治疗子宫肌瘤和子宫不规则出血、妇科肿瘤介入治疗、腹腔镜下卵巢囊肿摘除术等三甲项目。拥有美国螺旋CT、磁共振、数字减影血管造影机（DSA）、遥控胃肠造影机、HP彩超、全自动生化分析仪、免疫化学发光仪、腹腔镜、宫腔镜、经皮肾盂镜、输尿管镜、人工肾、电子胃镜、纤维结肠镜、气压弹道碎石机、动态心电图等大型设备等大型医疗设备。此外，还拥有现代化的中心重症监护系统、中心供氧系统、集中吸引系统、医患传呼系统及计算管理网络系统。

医院即将迁入新址，迁入新址后的医院将以更加崭新的面貌、精湛的医术、周到的服务，以“团结、奉献、敬业、创新”的遵化市人民医院精神，开创性地做好各方面工作。

花园式的医院

唐山新华不干胶彩印有限公司

总经理 焦焕勤

唐山新华不干胶彩印有限公司（前身是路南区新华不干胶印刷厂，1993年建厂）是唐山首创将丝网技术用于不干胶印刷发展起来的民营企业。现公司有两个印刷企业，三条印刷流水线，成为唐山印刷行业首家有三条专业设备流水线和唐山印刷专业设备品种最全的龙头企业。

三条专业生产线即（1）专业印制无碳复写带孔票据卷筒印刷生产线。（2）专业印刷、闷切、烫金为一体的较先进的不干胶商标、标签卷筒印制生产线。（3）专业设计制版彩印平板印刷生产线。

经市工商局推荐、河北省工商局定为唐山市合同示范样本定点印制单位、唐山市守合同重信用单位，并被唐山市政府定为政府采购定点单位。

彩色印刷由设计制版一站印刷服务到位

不干胶印刷机可一次性连续完成四色印刷、烫金、闷切、横切、纵切多功能卷筒印制设备

无碳复写票据机是印刷带孔无碳复写的主要先进设备，可一次性完成打孔、四色印刷扎横线、点线、扎竖线印后自动折叠收起成品，是我市无碳复写票据印制卷筒印刷机械的领先设备

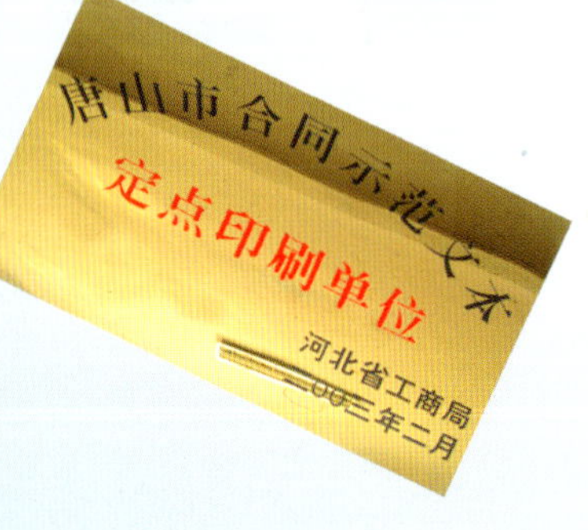

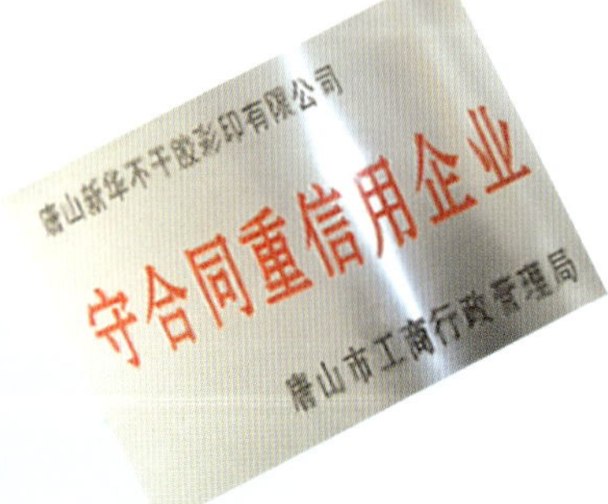

正一律师事务所

主任律师 耿万海

正一律师事务所是根据《中华人民共和国律师法》、《律师事务所登记管理办法》的规定，经河北省司法厅批准于一九九六年六月设立的合伙制律师事务所，地址为唐山市新华西道三号唐山大酒店北楼二层。现有执业律师二十名。

本所自成立以来，以内强素质，外树形象作为开拓业务的手段，以规范化管理作为律师事务所运作的基石。短短的几年，使本所发展成了在唐山市有一定规模，有一定社会知名度的优秀律师事务所，受到社会各界和当事人的普遍好评。正一律师全部具有法律本科以上学历，理论功底扎实，善于分析解决各种疑难复杂的法律问题。曾成功办理过国内有较大影响的地震孤儿王某某诉某摄影有限公司丢失照片精神损害赔偿案；王雪新诉天津某化工有限公司非法传销商品损害赔偿案；外商投资企业拆股清盘案；西郊热电厂国际融资项目等诉讼和非诉讼事务。

本所在不断加强硬件投入的同时，在内部管理上狠下功夫。建立健全各项规章制度32项，狠抓落实，实现制度化管理。为了提高律师政治、业务素质，提高办案能力和水平，坚持利用周六上午半天进行集体学习和案例讨论。要求每位律师每月写出两篇办案体会或法律法规学习心得，并在集中学习时大家讲评。管理结构上实行合伙人大会、管理委员会、管理合伙人、部门负责人四级负责的管理体系；通过民主化+制度化+情感投资的管理手段，构建充满活力的和谐团队。在业务管理上，实行专业化分工，设立了刑事、公司贸易、医疗交通、知识产权、保险证券、房地产、金融投资等七个专业部，专门研究相关法律法规及司法解释，提高专业化服务水平。为了提高服务质量，保障当事人的合法权益，将收费标准、服务承诺、监督电话、服务流程、执业律师的照片、执业证号等公示在所内显著位置，便于社会各界监督；在办理案件过程中，实行律师主、协办制度，明确主协办律师的责任，分工负责，提高了律师的责任心和服务的质量。

本所在坚持走规范化道路的同时，注重律师政治素质的培养，长期坚持开展“送法进社区、进乡村、进企业”的法律宣传活动，全所律师利用节假日，到乔屯里、曙光楼、新华楼等社区和一些外来务工人员较多的厂矿企业开展普法宣传、送法上门活动，为构建和谐社会，建设科学发展示范区贡献自己的力量。全所律师积极参与新闻媒体的法律知识宣传和案例评析，长期担任唐山电视台《以案说法》、《直播50分》、《关注1+1》、唐山电台《阳光热线》、《说法60分》等法制栏目的嘉宾，分析案例，讲解法律知识，取得了良好的社会效益。

司法部、省司法厅领导到所视察给予高度评价

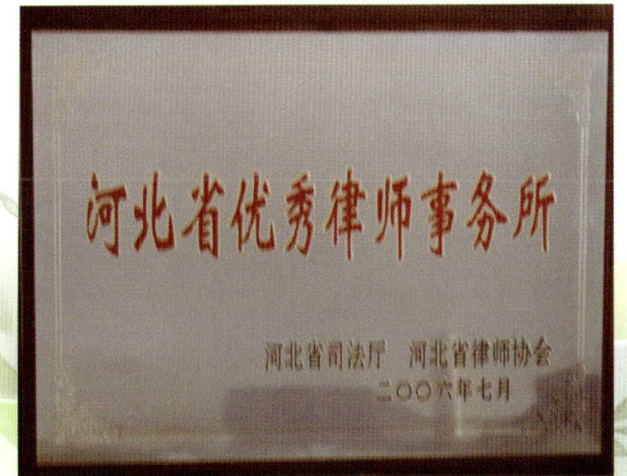

东方家园唐山新天地店

位于新天地购物乐园南端的东方家园唐山新天地店，经营面积48000㎡，是全国最大的建材家居连锁集团一中国东方家园在河北开设的第一家建材家居大卖场，东方家园南临唐山传统建材销售集散地一南新道；北临唐山市标志性建筑一唐山抗震纪念碑，地处唐山市中心商业区，地理位置得天独厚。

自2006年7月1日开业以来，东方家园唐山新天地店以其独特的优势，迅速得到了唐山市家居建材经营者的青睐，他以“绿色环保、天天平价、一站购齐、先行赔付”的经营理念和特色，完全区别的其他传统的建材市场，同时展示了家居建材零售业的现代形象，让顾客天天都能以低廉的价格、优质的服务感受到现代商业文化的氛围。

东方家园唐山新天地店，整体建筑共分四层，其中一、二层为建材精品店，主要经营各类名牌地板、瓷砖、门、壁纸、集成吊顶材料、卫浴洁具、灯具、橱柜、太阳能、散热器、窗帘布艺、家居饰品等。三层建材超市主要经营各类名牌油漆、涂料、五金工具、锁具拉手、家居饰品等。四层为家具广场、家装中心，主要经营中外各类名牌家具，汇集各大家装公司，东方家园是目前唐山市规模最大经营品种最齐全的集建材、家居、家具、家装四位于一体的商场。经营品类有10余种，近1000多个品牌，年销售额约2.5亿多元。

东方家园唐山新天地店，由专业经营管理团队进行统一经营管理，提供统一信息管理、统一形象宣传、统一先行赔付、统一物业管理等，这些都为把东方家园唐山店打造成为“商品一流、环境一流、一服务流、信誉一流”的现代化卖场提供了强有力的保障。

欲穷千里目，更上一层楼，东方家园唐山新天地店在未来的发展中力求完美、精益求精，始终用专业化和规范化为广大消费者服务，共同营造高品质、高品位的和谐家居环境，致力打造环渤海经济圈家居建材第一店。

唐山市截瘫疗养院

截瘫伤员在曹妃甸学习参观

1976年7月28日，举世罕见的唐山大地震给唐山人民的生命和财产带来了重大损失。据统计因震伤致截瘫者3817人，党和政府为了这些截瘫患者的收养、治疗、康复，特在唐山市、县、区建立了18所截瘫疗养院，这充分体现了党和政府对伤残人员的关怀和社会主义制度的优越性。

唐山市截瘫疗养院，隶属唐山市民政局，是全额福利事业单位，兴建于1979年3月，占地面积3万平方米，1981年主体建成并投入使用，建筑面积6350平方米，固定资产170万元，床位设计能力204张，同年5月份第一批截瘫伤员入住。二十多年来，市委、市政府曾多次投资不断改善医疗条件和疗养居住环境，现建筑面积增至1.2万平方米，固定资产增至914万元，设有5个病区，9个职能和业务科室，工作人员编制142人，专业技术人员占70%。

多年来，我院始终坚持以“用我们的爱心和行动向院友传递党和政府的关怀”为宗旨，以“院友的满意永远是我们追求的目标”为目的，以“爱岗敬业，热情服务，科学管理，精益求精，真诚互助，奉献爱心，团结友善，共建和谐”为理念，承担着地震截瘫伤员的医疗康复、心理康复、职业康复和社会康复及民政对象的供养，协助上级制定截瘫伤员救济政策等。

建院以来，收治门诊、住院病人上万人次，积累了大量医疗、康复、管理、后勤保障等方面的工作经验，探索出了适合我国国情的截瘫患者管理与康复的方法，特别是在治疗截瘫各种并发症，如泌尿系感染、褥疮等方面，治愈率达95%以上。在各级杂志及学术会上发表、交流论文二百余篇，同时获得中国康复工作四等奖及河北省卫生厅科技成果奖，本院编撰论文集2部。

在政府的关怀和医护人员无微不至的照顾下，许多截瘫病人自强不息，生活的丰富多彩，涌现出了姚翠芹、李冬梅、王宝占、付平生等一批自尊、自信、自立、自强的残疾人。

多年来，疗养院的发展受到了各级领导的关怀与支持，彭真、李鹏、吴邦国、温家宝、丁关根、李铁映、宋健、迟浩田、黄华、邓朴芳等国家领导人及省市主要领导曾先后来院视察。同时，先后有近百个国家的使节、专家和友人来院参观考察。先后近百次收到各界人士捐款、捐物，总价值达43万多元。

在各级领导的正确领导下，我院干部职工开拓进取，努力工作，取得“两个文明”建设的累累硕果，使疗养院得到了不断发展壮大。已连续15年被唐山市委、市政府评为“唐山市文明单位”，1995年被河北省民政厅授予“省一级福利院”，2000年被河北省绿化委员会授予“省级园林式单位”，2002年被河北省政府评为“河北省民政工作先进单位”。2003年被河北省委、省政府评为“省级文明单位”。

截瘫院友为四川地震灾区捐款　　截瘫院友去北京参观　　截瘫院友与工作人员在渤海剧院同台演出

夷齐故里

滦州国际大酒店

滦县古称滦州，位于河北东部，现属唐山市，辖12个镇、两个街道办事处、507个行政村，总面积1028平方公里，人口55万，是国务院确定的首批沿海开放县。滦县历史悠久，夷齐让国、老马识途等故事都发生在这里，近代的滦州起义、张学良大觉寺易帜的壮烈义举，打造了滦州千年不息的文化传承，滦州皮影、滦州评剧更是滦州人创造的文化精品。滦县位于环渤海地区和冀东经济区的核心区域，是连接京津唐与东北三省的咽喉要冲，毗邻天津、秦皇岛、京唐、曹妃甸四大港口，境内有六条铁路、四条国省干线、两条高速公路纵横穿越，交通区位优势明显；滦县物产丰富，已探明矿产资源20余种，其中铁矿储量24.9亿吨，工业发展具有得天独厚的优势。史称“津东工业，惟栾最盛”。

改革开放以来，勤苦睿智的滦县人民不断书写着新的历史篇章，创造了一个又一个的辉煌，滦县先后被命名为全国体育工作先进县、全国文化工作先进县、全国科技进步先进县、全国食品工业强县、全国牛奶生产强县，创成了国家卫生县城、国家园林县城和全国文明县城，被中国社科院等单位评为“辉煌60周年中国最具投资价值百强县”。特别是近两年来，滦县坚持以科学发展观统领全局，以“全面加速、奋力赶超”为主题，积极应对各种挑战，全力推进科学发展、跨越发展，踏上了跨越争先的新程。2008年，全县完成地区生产总值

响堂镇岩石新村

滦县军英牧场

魅力滦州

亚洲最大的铁矿开发项目—司家营铁矿有限公司

198亿元、全部财政收入12亿元、固定资产投资81.7亿元，县域经济综合实力连续7年跻身全省30强行列。

千年古县，魅力滦州。勇于攀登、开拓进取的滦县人民正在谱写着一曲曲昂扬向上的奋斗乐章，一个向更高目标迈进的新滦县正在冀东大地崛起！

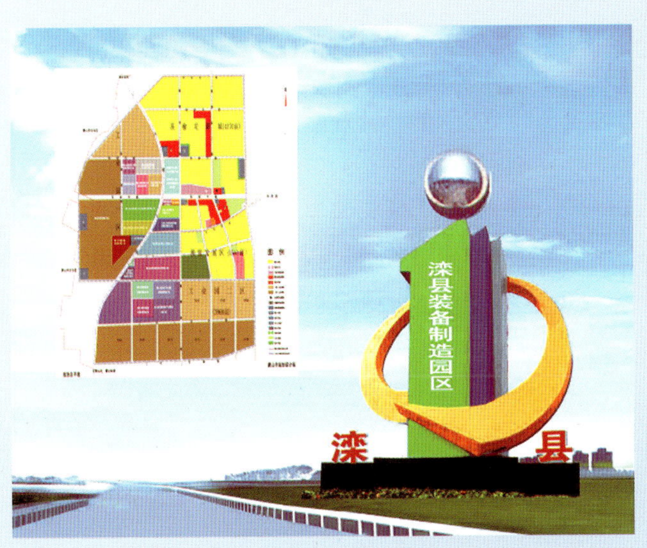

滦县装备制造园区

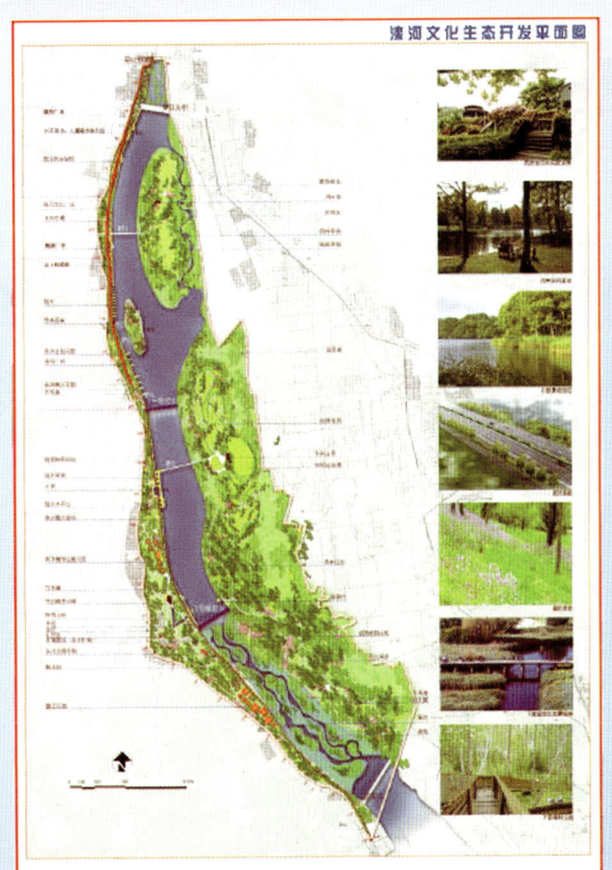

滦河文化生态开发平面图